福建省地方志编纂委员会主编

福建地方志丛刊

八闽通志

（修订本）

上

［明］黄仲昭 纂

福建省地方志编纂委员会旧志整理组
福建省图书馆特藏部
整理

海峡出版发行集团 | 福建人民出版社
THE STRAITS PUBLISHING & DISTRIBUTING GROUP | FUJIAN PEOPLE'S PUBLISHING HOUSE

图书在版编目(CIP)数据

八闽通志 : 全2册 / 〔明〕黄仲昭纂. —3版(修订本). —福州 : 福建人民出版社, 2017.3(2024.1重印)
(福建地方志丛刊)
ISBN 978-7-211-07608-6

Ⅰ. ①八… Ⅱ. ①黄… Ⅲ. ①福建-地方志-明代 Ⅳ. ①K295.7

中国版本图书馆CIP数据核字(2017)第038037号

八闽通志(修订本)

作　　者: 〔明〕黄仲昭　纂
出版发行: 福建人民出版社　　电　　话: 0591-87533169(发行部)
网　　址: http://www.fjpph.com　　电子邮箱: fjpph7211@126.com
地　　址: 福州市东水路76号　　邮政编码: 350001
经　　销: 福建新华发行(集团)有限责任公司
印　　刷: 福州万达印刷有限公司
地　　址: 福州市闽侯县荆溪镇徐家村166-1号厂房第三层
开　　本: 850毫米×1168毫米　1/32
印　　张: 85.625
插　　页: 8
字　　数: 2055千字
版　　次: 2017年3月第3版　　2024年1月第4次印刷
书　　号: ISBN 978-7-211-07608-6
定　　价: 280.00元(全二册)

出版说明

福建省古旧地方志数量繁多，据不完全统计，共约四百余种。这些志书详尽地记载了福建、台湾地区自然和社会历史状况，内容丰富，不但可以补充史书之不足，而且可以给当前两个文明建设提供极有价值的资料，是一项宝贵的文化遗产。可是由于年代悠远，散失很多，流传不广，查阅不便，有的只余孤本，亟待抢救。为了适应当前编纂社会主义新型方志、各方面专业研究和地方党政干部查阅的迫切需要，我们计划分批整理一套《福建地方志丛刊》，陆续出版。

《丛刊》选辑一些稀有的、价值较大的福建地方志，其中包括省、府（州）、县志和个别乡、里、镇志。《丛刊》由福建省地方志编纂委员会主编，由省、地区、市县各级地方志编纂委员会负责组织整理，并邀请高等院校和学术团体参加协作。

《丛刊》整理工作主要是根据原刊本加以分段、断句、标点和校注。校注以校为主，多校少注。校勘方法，有的用理校，有的用他校；注释范围限于少数重要的地方史实和地方性文物典型制度。

整理古籍是一项十分艰巨的工作，限于水平，整理工作中错误疏漏之处在所难免，尚望广大读者予以指正。

福建省地方志编纂委员会
福 建 人 民 出 版 社

前　言

福建省地方志虽然早在东晋孝武帝时就有晋安郡太守陶夔撰的《闽中记》，后来又有萧梁时顾野王撰的《建安地记》，唐林谞撰、宋林世程续撰的《闽中记》，可是久已散佚；宋梁克家撰的《三山志》，所记述的又限于福州及其附近地区，只有明黄仲昭编纂的《八闽通志》才算是现存的第一部福建全省性的地方志。

《八闽通志》由镇守太监陈道监修，黄仲昭编纂，始修于明成化乙巳（1485 年），成于弘治己酉（1489 年），刊行于弘治庚戌（1490 年），翌年又有递修本。现国内只有北京图书馆和湖南师范大学图书馆收藏弘治庚戌的版本各一部，台湾省的藏本有缺卷，国外则美国国会图书馆和日本内阁藏书寮藏有递修本，也均有缺卷。《八闽通志》的版本是稀有的，罕见的。现以弘治庚戌本为底本进行整理。

《八闽通志》编纂者黄仲昭（1435—1508 年），名潜，以字行，号未轩，福建莆田县卜皋村人。明成化丙戌（1466 年）进士，官翰林院庶吉士、编修，以上《谏〈元宵烟火〉诗》疏，讽指朝廷耽于逸乐，粉饰太平，触怒了宪宗，受廷杖责，贬为湖南湘潭知县，改调南京大理寺评事，后升江西提学佥事，于正德丙辰（1496 年）疏请致仕，戊辰（1508 年）病卒于家。

黄仲昭从小好学，熟习经史，博览群书，是个修志专家，又是个经学家和文学家，除编纂《八闽通志》之外，还编纂了《邵武府志》、《兴化府志》、《南平县志》和著述了《黄未轩先生集》、《读〈尚书〉》、《读〈毛诗〉》、《读〈春秋〉》、《纲目书法》等书。在所有著作中，穷毕生精力刻意记述的，就是这部《八闽通志》。

明代福建省共辖八个府，故名《八闽通志》。这种不仿效其他省志通例在通志之上冠以正式省名的做法，在地方志中别具一格，后来王应山纂《闽大记》、《闽都记》，何乔远纂《闽书》，也都袭用此法，直到清康熙时郑开极纂《福建通志》，才采用正式的省名。

《八闽通志》计八十七卷，统十八类四十二目，每一类中大都按省、府、州、县的顺序记述，其中保存了大量的珍贵史料，有的且是未见于其他志乘的，体例也比较齐整，为我省编纂各级地方志之所本。当然，《八闽通志》也像其他旧志一样存在封建糟粕和诡异之说，记述也有前后矛盾或失误之处，纲目编排也不尽合理，正如《四库全书总目提要》所说："于舆地之中，较为完整，然以户口、水利列入食货中，此创例之未协者也。"总之，这部志书还是瑕不掩瑜，具有较大的资料价值的。

参加本书整理的有福建省地方志编纂委员会旧志整理组的廖宗刚、陈衡铨、董珊、李可蕃、徐昭、鲍乐民等同志，福建省图书馆的袁冰凌、许彩娥同志也参加了从六十卷到七十四卷的誊录标点工作。限于水平，错误之处在所难免，尚希广大读者批评、指正。

福建省地方志编纂委员会
福　建　省　图　书　馆　旧志整理组

目　　录

八闽通志序

闽虽为东南僻壤，然自唐以来，文献渐盛。至宋，大儒君子接踵而出，仁义道德之风于是乎可以不愧于邹鲁矣。先哲凋谢，典刑日远，士习民风，渐不如昔，此有志于世道者所为深慨叹也。

仲昭多病早衰，退处山林，窃不自揆，思欲考求前志，表章先哲之典刑，以风厉后学，庶几于世道少有所补，而不终为圣朝弃物也。顾私家无力，不能尽得八郡[1]之志，以备检阅；而书人笔札之属，亦无所取给，盖有志而未能者久之。适今御用监太监五羊陈公[2]奉命镇闽，雅好文事，藩臬诸君子因以诸郡之志久旷不修为言，公慨然曰："谁可属笔者？"诸君子佥以仲昭为宜。公乃具书币，俾行部宪臣踵门而请焉。仲昭亦欲有以毕其初志，故不辞而为定其凡例，随事分类，为大目十又八，所统小目凡四十又二。每类则合八府一州之事以次列之，厘为八十七卷，名曰《八闽通志》。其间若地理、食货、秩官、学校、选举、坛庙、恤政、宫室、丘墓、古迹之类，皆因诸郡所采事迹，随其详略，稍加删次，或遇营建修治之得宜而可以示法于后世者，始备录之。至于人物一类，志或有未载及载而未尽者，必旁搜博考，尤致其意焉。如福之人物，旧志俱未有登载，今则以进士郡人林谨夫所辑《乡贤传》，及闽邑庠司训兰溪郑瓘[3]所辑郡志采入；莆之人物，亦未有类萃而归于一者，今则以郡人方先生时举所著《人物志》、吴先生源所著《名公事述》及今少冢宰彭先生韶所辑《莆阳志》采入；建宁旧志已亡。成化初，郡守安成刘钺尝修之，未及成而迁官[4]，遂并携以去。陈公特遣使诣其家访得之，今悉因其所载者采入；延平则有郡庠司训缙云樊阜所修志；邵武则有前郡守南充冯孜、后郡守仁寿刘元所修志；泉、漳、汀三郡志，则皆近日郡人所纂辑者，今所采人物皆因之。又虑局于见闻之偏，而于公论有未协也，复以质于膳部主事[5]莆田宋端仪，重考论而去取焉。先儒广汉张子尝[6]论修志不可不载人物，岂不以人物乃典刑所系而可以有补于世教乎！仲昭纂辑斯志，而尤慎重于是者，盖亦广汉张子之遗意也。

时预纂修者，福州右卫指挥陶僖，前黄梅司训三山[7]龚章，丽水司训宗侄洙，儒士莆田熊晟、张元绅及樊、郑二司训也。终始相成其事，惟元绅及洙之力为多。提督采取诸郡事迹及纲领纂修之事者，提学佥宪金陵任君彦常实任之。若夫饩廪、笔札、书人、刻工之费，则皆陈公所自区画，一芥不以烦有司。用是，仲昭得以优游岁月以卒其事云。

弘治二年龙集己酉孟夏之朔，莆田黄仲昭序。

校 注

[1] 指明代所设的福州、建宁、泉州、漳州、汀州、延平、邵武、兴化八

个府。

［2］指明成化间派任福建镇守太监陈道。

［3］民国《福建通志·职官志》称郑瓘是广东省番禺县人。

［4］《未轩集》作“迁擢”。

［5］《未轩集》作“属膳部主事”。

［6］指南宋学者张栻。栻为四川广汉（今绵竹县一带）人，官至右文殿修撰，与朱熹、吕祖谦齐名。著有《南轩集》。

［7］指福州。《三山志》以福州的九仙山、闽山（原名乌石山，唐天宝中奉敕改称闽山，明代又复名乌石山）、越王山为三山。

八闽通志序

郡邑有志尚矣，而一藩全志，昉于近时。去离为合，寓繁于简，是亦一道也。然统属既广，该括难周，作者或详近而略远，或粹古而遗今，或为己而忘他人，观者病之。重以序述体裁，去取权度，人各异论，欲为成书之善而可以信今传后，岂不难乎？

八闽初未有通志，内监五羊陈公作镇之五年，因藩、宪二司之请，属笔于吾友今佥宪黄仲昭先生，采辑五六年始克成书，上可以资处分、下可以裨咨询，其功云劳，而所补不少矣。公命亟筹诸梓，且致简于余曰："是书之作，其文则志，其义则资治之史也。愿有序。"嗟呼！闽于天下为弹丸黑子之地，其事若省约；然自古迄于今，疆理、民俗、人才凡三变，非纪述之详何以究同异、验升降而可资以为因革之政哉？盖自秦郡县天下之后，汉属瓯闽于会稽郡，唐以隶江南道，至宋以来，别为一路，专达于天子矣，方岳由是而始列。自汉武徙其民于江淮间，永嘉板荡，乃有衣冠而南；王氏割据复有元从而南；及宋氏都杭，诸名家又益南矣，华俗由是而丕变。自八姓[1]入闽之后，而人才渐有，然犹不乐内仕。至常衮兴学，而文物乃多；宋治休明，而名贤遂辈出矣，人物于是为极盛。故有称吾建谓齿为上国者，谓海滨邹鲁者，又有谓文公阙里者，然则后世之八闽，岂古昔之八闽哉！通志于山川、食货、学校、贡举、坛庙、宫室、宦迹、人物之类，靡不具述，实皆三者之所有事，为政君子仕优而寓览焉。上下千余年之事，粲然在目，其能不抚卷而发感慨之念乎？故思吾全闽完如金瓯，不可不加保护之功；眷彼民俗，翩其反而，不可不致扶正之力；虑今之人才落落如晨星，则作成之术尤不敢后。固宜省刑薄敛，除凶去盗，敬神恤民，礼贤立教，豪杰必使之兴焉，风俗必使之淳焉，河海必使之清且晏焉，然后见斯志也，作者有不言之功，观者得开卷之益，而公勤渠之意不虚负矣。予闽人也，喜见其成，故不辞而序之。

弘治四年，岁次辛亥，冬十一月吉，资善大夫刑部尚书莆田彭韶书。

校　注

[1] 相传晋永嘉时，避乱入闽的有陈、林、郑、黄、詹、丘、何、胡八个家族。见《〈三山志〉序》。

八闽通志凡例

一、纂修事目俱仿《大明一统志》立例。但其书备载天下之事，其採辑不得不从简约；今之所辑者，特一方之事而已，宜加详焉。故于其已载而未悉者增之，未载而可採者补之。自其纂修之后，事有当续者，亦各随类纂入。

一、八郡事迹虽各以其类纂辑，然亦略有次第。盖建置郡邑，疆域既定，然后山川、城郭、乡市之类有所寄，故以地理为首。地理既定，然后户口、土田、贡赋之类有所属，故食货次之。既有土有人矣，如是乎建官设属，而封爵、秩官、公署次焉，于是乎育材取士，而学校、选举又次焉。国之大事在于祀神，故次以坛庙。政之所施，必先穷民，故次以恤政。若夫人物则土地之所重，宫室、寺观、丘墓、古迹、祥异则皆土地之所有，而词翰则又所以纪土地之风俗、形胜者也，故皆以次列之，而终之以拾遗云。

一、各府以建置先后为序。各县除附郭外，亦以建置先后为序。

一、建置沿革，凡各郡所同者，俱见布政司下，而不复重出，观者可互见也。

一、诸郡户口、土贡、财赋及历官、科贡、荐辟之类，凡前代有可考者，悉以次列之，其不可考者阙焉。

一、人物名臣若出处光明、论议剀切、操履纯正、勋业隆盛者，固无容议矣；然所遇有不同，不能人人兼备也，其或有一于此而无愧焉者，亦并录之。道学则取其渊源伊洛，师友考亭，而弗畔于其道者。儒林则取其学明经术行循矩度，而足以表率后进者。他如良吏、忠节、孝义、文艺之类，则亦各举其盛者而著之。要皆不失其正，而可以为世楷范者也。其不合乎此者不录。

一、五代时人物仕于伪闽、南唐、吴越者，其立朝风采虽可观，亦不得与中朝之名臣并列，今特取其一节之尤盛者，各以其类志之。

一、人物史有载于儒林，而今列于道学者；史有载于文苑，而今列于儒林者；史有载于循吏，而今列于名臣者，此类甚多。盖史以纪天下之人物，志以纪一方之人物，其品第差等，自不能不少异也。

一、贞女烈妇已被旨褒旌者，固在所录，或有不幸未及上闻而死者，亦有上闻未及核报而死者，其坚操苦节，皆足为世励也，今故慎择而并录之。

一、仙佛诡异之说，如福州喝水岩、高盖山，建宁幔亭峰、叩冰庵，兴化伏蟒岩、九鲤湖之类，皆未取深信。第以土俗流传，图志记载，其来已久，猝难尽去，姑因旧志，存其大都，观者宜自择焉。

一、诸郡古今碑文甚多，不能悉录，今取其有关于土俗风化，且其事可以备本志之缺略者载之，非敢品第工拙，而有所去取于其间也。

一、诸郡古今题咏，亦取其有关于风俗、山川、人物者录之。其或摘取一二句不成篇章者，则附于本志之下；间有纪咏事迹、摹写景象，可以与本志相发明者，虽全篇亦附载其下，以便览观。

一、名宦人物，必其人既没世而后录之，庶不贻异议；诗文亦然。

一、各项事迹，凡在唐武后时，皆依朱子《通鉴纲目》改用中宗嗣圣年号；其在伪闽僭号纪元之后者，亦改用五代年号；其后地入南唐，仍用五代及宋年号。

一、诸郡旧志多纪载讹舛，不足信据，今悉以国史参互考订而辨正之。

八闽通志卷之一

地　理

闽地之见于载籍，昉自周职方氏。秦变古法，始郡县天下；闽虽为郡，犹弃不属，降君长而已。至汉，无诸国亡，乃渐置郡县，然其详亦不可得而考也。自孙吴奄有其地，迄于隋唐，郡县之制，始大备矣。历代相禅，以至于今，虽其分野之躔度，封域之形势，山川之流峙，潮汐之往来，固无古今之间，然其间郡县之废置，名号之因革，疆土之广狭，道里之远近，风俗之臧否，与夫城郭关梁之或兴或废，乡都闾井之或盛或衰，又纷然不一也。不有记载，则后之考舆图者将何所征乎？乃志地理。

建置沿革

福建等处承宣布政使司

福建，周职方为七闽[1]地。秦为闽中郡。东瓯亦属。汉高帝五年，封无诸王于此，是为闽越国。都冶。冶，山名，即古泉山，今将军山也。孝惠三年，分东瓯即今浙江温州府永嘉县。以封闽越君摇为东海王。建元三年，东瓯举国徙江淮，其地复属闽越。六年，封无诸孙丑为繇王，又封余善为东越王，与繇王并处，故又名东越。元鼎五年[2]，余善反，汉击之。元封元年，繇王居股杀余善以降。武帝以其阻悍，数反覆，改封居股东成侯，迁其民江淮间，遂虚其地。后复立冶县，此时东瓯尚未析出。按《三山志》注云："前后汉及晋以来《地理志》并无此县名。前汉志虽有治县，疑是冶字，然考之后汉志，乃是晋安，今台州临海县地也。惟晋志云：'武帝灭之，徙其人，名为东冶。'旧唐志云：'其逃亡者，自立为冶县'"得之。属会稽南部都尉。光武罢都尉，后又分冶县为东南二部都尉，按《三山志》注云："东曰临海，南曰建安。"窃意分东瓯地为东部而治临海，分闽越地为南部而治建安，故此后东瓯不复来属，直至唐宝应元年，一来而遂去也。此为南部。建安初，始有侯官、即今福州、兴化、泉州、漳州四府之地。《三山志》注云："旧记谓光武以为东侯官，未见其据。"建安、即今建宁府。南平、即今延平府。汉兴即今浦城县等五县，其一史阙书。景耀三年，吴永安三年。以建安为建安郡，改汉兴为吴兴。增置建平、即今建阳县。东平、未详。将乐、即今将乐县。昭武、即今邵武府。东安，即今泉州府同安、南安二县地。凡领九县。晋太康三年，始以侯官、东安为晋安郡，俱隶扬州。吴时以丹阳郡为刺史治所，晋因之，即今应天等府地。元康元年，隶江州。初治今江西之南昌府，后移治九江府。刘宋泰始四年，改晋安为晋平，《闽中记》云："元嘉中改为昌国郡。"考《宋书》无。寻复故。梁天监中，析晋安郡地，置南安郡。即今兴化、泉州、漳州等府地。普通六年，晋安、建安、南安三郡俱属东扬州。即今浙江绍兴、金华、温州、台州及直隶徽州五府之地。陈永定初，升为闽州，领三郡。天嘉六年，仍旧。光大元年，《莆阳志》作“二年”。复升为丰州。隋开皇九年，改为泉州，废建安、南安二郡属焉。大业初，复为闽州。三年，改为建安郡，领闽、旧原丰县，即今福州府。建安、南安、俱见上。龙溪即今漳州府。四县，治闽县。唐武德元年，改为建州。四年，移建州于建安。五年，析南安为丰州。六年，析闽县为泉州。八年，置都督府，治泉州，领泉、建、丰三州。贞观初，废丰州，并入泉州，隶岭南道。即今两广等处地。上既云置都督府，领三州，此又云隶岭南道，疑都督府是岁亦废。嗣圣三年[3]，析置漳州。十六年，又置武荣州。俱旧丰州地。景云二年，改泉州为闽州都督府，又改武荣州为泉州，并建、漳、潮，潮即今广东潮州府。五州属焉。开元十三年，改为福州都督府。十九年，置泉山府兵。二十一年，置经略使。二十二年以漳、潮归岭南，领福、泉、建、汀四州[4]。二十四年，开福、抚抚即今江西抚州府。二州山洞，置汀州。据《唐书》如此。《三山志》注作“二十一年”，恐误。天宝元年，改隶江南东道，即今应天、镇江、常州、苏州诸府，浙江、福建二布政司之地，治苏州。寻改为长乐郡，复领漳、潮二州。十载，复以漳、潮归岭南。至德二载，置经略军宁海军。乾元元年，改为都防御使，兼宁海军使，复为福州都督府。上元元年，升节度使，领福、泉、建、汀、漳、潮六州。按《闽中记》云：“天宝三年，割潮州归岭南。”《三山志》云：“十载，复以漳、潮归岭南。”且注云：“旧记言‘二年’，非，故大历六年，罢节度使。”下又注以“潮州归岭南”，是天宝十载归岭南，后二州又来属。至大历六年，潮州复归岭南，而漳州遂留不复去矣。此云“领州六”，其为福、泉、建、汀、漳、潮无疑。《闽中记》乃谓"上元二年，管温州"，而《三山志》亦收入注中，以[5]欲以补六州之数，然考其所记年号，前后颠错，恐不足信。宝应元年，温州来属。未几，遂归越州。大历六年，罢节度使，置都团练观察处置使，以潮州归岭南。元和间，废经略宁海军。其后王潮据有此土，至乾宁三年，升为威武军，以潮为节度使。五代梁开平三年，封潮弟审知为闽王。贞明六年，升为大都督府。天成元年，审知子延翰伪建大闽国。唐长兴四年，僭号改元。晋天福八年，王延政僭号。于建州，国号殷。开运二年，复称闽王，以福州为东都，领福、泉、建、汀、漳、镛、即今将乐县。镡即今延平府。七州。未几，为南唐所灭。而泉州散员指挥使留从效据泉、漳二州，南唐遂升泉州为清源军，以从效为节度使。汉乾祐元年，闽东都留守李仁达举国归吴越钱氏，南唐改镡州为剑州。周广顺元年，改福州为彰武军。宋建隆三年，从效卒，泉、漳二州寻为其将陈洪进所夺。乾德二年，改清源军为平海军，以洪进为节度使。太平兴国三年[6]，洪进及钱氏俱纳土，复为威武军，领福、泉、建、汀、漳、剑六州，省镛州，省镛州，旧志不载何年。析建州邵武县，置邵武军，属两浙西南路。按《方舆胜览》云："建宁府初隶江南，又隶两浙南路。"《莆阳志》亦云："兴化军初隶江南东路。"而《三山志》不载，未知是否。四年，析泉州游洋镇，置兴化军。雍熙二年，始为福建路。景德三年，置安抚使，以福州守臣兼领。嘉祐四年，带钤辖。大观元年，升为帅府，四年罢。建炎三年，复升为帅府。元至元十四年，置福建、广东道提刑按察司。十五年，置福建行中书省。十六年，改置宣慰使司，省罢。俱治福州。二十年，复置行中书省，宣慰使罢。二十二年，改置宣慰使司，并入江西行省。二十三年，复置行中书省。宣慰司罢。二十四年，改为行尚书省。二十八年，改置宣慰使司，并入江西行省，改福建广东道提刑按察司为福建闽海道肃政廉访司，按治帅府，漕司、军民司属。二十九年，复置行中书省。宣慰司罢。大德元年，立福建平海行中书省，徙治泉州。平章高兴言："泉州与琉球相近，或招或取，易得其情。"故徙之。三年，改置宣慰使司都元帅府，仍徙治福州。据《三山续志》如此，考之《元史·本纪》，谓：至元十五年，属赣州行中书省，增置提刑按察司。十七年，徙行省于泉州。二十年，改按察司为福建闽海道，并泉州行省入福州，罢福建宣慰司，复立行中书省于漳州。二十一年，以管如德为泉州行省参知政事。而《地理志》又谓：至元十四年，立行宣慰司兼行征南元帅府事于泉州。十五年，改宣慰司为行中书省。十八年，迁行省于福州。十九年，复还泉州。二十年，仍迁福州。二十二年，并入杭州。《百官志》又谓：二十三年，并入江浙。俱与《三山续志》不同，未知孰是。窃详《三山续志》修于元致和间，一代典籍尚存，必有所据，而《元史》则修于易代之后，典籍未免散逸，容有未审，疑当以《三山续志》为正。且《元史》、《本纪》、《地理志》、《百官志》本一书，而自相矛盾如此，决难尽信也。至正十六年，复改置行中书省。按《元史·百官志》："是年复置福建行中书省，此后不复废。"而其下又言："二十六年，置福建、江西等处行中书省。"不知何也。二十六年，置福建行枢密院。至是，天下大乱，福建诸路及广东潮州俱平章陈有定据而守之。国朝洪武元年，尽平其地，置福建等处承宣布政使司，领福州、建宁、泉州、漳州、汀州、延平、邵武、兴化八府；置福建都指挥使司，领福州左、右、中及福宁、镇东、泉州、永宁、兴化、平海、漳州、镇海一十一卫；又置福建行都指挥使司，领建宁左、右、延平、汀州、邵武五卫及将乐守御千户所；置福建等处提刑按察司，分福宁、建宁二道，福州、泉州、漳州，兴化属福宁道，建宁、汀州、延平、邵武属建宁道。兼察诸府、县、卫所。三司并治福州府，而行都司则分治于建宁。成化七年，增置漳南道。析漳州、汀州二府属焉。成化九年，升福州府之福宁县为州，领宁德、福安二县，直隶布政司。

福州府

本府，汉初闽越王都此。即今越王山南、布政司北是也。建安初，为侯官县。吴景帝时，置曲那都尉[7]，领谪徒造船于此。旧记："开元寺东直巷，吴时都尉营号船场。"永安三年，属建安郡，增置东安县。晋太康三年，升为晋安郡，迁治今城，领原丰、即今闽长乐、怀安、福清等县地。新罗、即今长汀、上杭、武平、龙岩县地。宛平、未详。同安、即今同安县。侯官、即今侯官、古田、闽清、永福、福安县地。罗江、疑即今罗源县。晋安、改东安为晋安，即今晋江、惠安、莆田、仙游县地。温麻即今连江县、福宁州地。八县。刘宋泰始四年，改为晋平郡，领县五，省新罗、宛平、同安三县。寻复故。梁天监中，析晋安县为南安郡。陈永定初，为闽州刺史治所，后改丰州。隋改泉州，大业初，复为闽州，寻改为建安郡，治闽县，即旧原丰县。领闽、建安、即今建宁府。南安、即今南安县。龙溪即今漳州府。四县。南安即隋平陈之后废，新罗等六县俱省。唐武德初，改为建州。六年，为泉州，领闽、侯官、长乐、连江、长溪长溪即今福宁州并福安县地。五县。析建安属建州，析龙溪属泉州，析南安置丰州。嗣圣十六年，领县六。增置万安。景云二年，改为闽州。开元十三年，改为福州。二十七年，领县七。增置古田。二十九年，领县八。增置尤溪。天宝元年，改为长乐郡。改万安为福唐。本志谓"是年增置古田、尤溪"，恐误。永泰中，领县九。析侯官、尤溪地，增置永泰，至宋，改为永福县。五代梁乾化元年，领县十。以梅溪场增置闽清县。唐长兴四年，伪闽升为长乐府，领县十三。改福唐为福清，以罗源场为永贞县，感德场为宁德县，归化场为德化县。晋开运二年，伪闽以为东都。按本志又谓"五代唐长兴四年，以永顺场为顺昌县，领县十四。晋开运二年，析出顺昌，领县十三"，考之《文献通考》、《宋史》、《延平志》三书，皆谓"南唐以永顺场为顺昌县，隶剑州"，今从之。汉乾祐元年，归吴越，领县十一。析尤溪归剑州，析德化归泉州。宋初，改为福州，领县十二。析闽县九乡置怀安县，至乾兴中，改永贞为罗源县。淳祐中，领县十三。析长溪西乡，增置福安县。见《三山续志》。《宋史》无福安县，盖失于记载也。景炎元年，端宗即位于此，升为福安府。元至元十五年，改为福州路，隶福建行中书省，其后改隶不一，详见布政司下。领路一，析在城十二厢分四隅，置录事司。州二，升福清县为福清州，升长溪县为福宁州。县十一。内宁德、福安二县隶福宁州。国朝洪武元年，改为福州府，属福建布政司，罢录事司，领县十三，闽、侯官、怀安、长乐、连江、古田、永福、闽清、罗源、福安、宁德及福宁、福清二州仍改为县。置福州左、右、中三卫，左右二卫各领左、右、中、前、后、中左六千户所，中卫领左、右、中、前、后五千户所，又置镇东卫，领左、右、中、前、后、中左并梅花、治长乐县。万安治福清县平南里。八千户所。左、右、中三卫并治本府；而镇东卫则分治于福清县。

成化九年，领县十。析福宁县升为州，以福安、宁德二县隶焉。

闽县附郭。本汉侯官县地。晋太康中，析置原丰县，属晋安郡。隋开皇十二年，改为闽县。五代唐长兴四年，伪闽改为长乐县，清泰二年，仍旧。晋天福六年。伪闽又改为长乐县。宋元皆为闽县，国朝因之。

侯官县附郭。本汉治县地。建安初，析置侯官县。三国吴永安中，属建安郡。晋太康中，属晋安郡，隋省入闽县。唐武德六年，更置于州西北之江岸，去州城三十里。贞观五年，复省入闽县。嗣圣十九年，析闽县四十二乡，复置。贞元五年，为洪水漂没，福建观察使郑叔则奏移入州城。元和二年，复省入闽县，五年仍县。五代唐长兴四年，伪闽改为闽兴，以长乐为侯官。清泰二年，俱复旧。宋、元仍为侯官，国朝因之。　按《三山志》，郑叔则以贞元七年来任，盖县为洪水所没在五年，而移入州城则在七年之后也。"元和二年"，《唐书》作"三年"。伪闽以长乐为侯官，即今长乐县。

怀安县附郭。本隋闽县地。宋太平兴国六年，郡守何元昭以闽县画疆，不啻百里，编户二万，吏患簿籍繁，征输远，奏析九乡八千户别置一县，此怀安之所由始也。初治芋原江北三十里，咸平二年，转运使丁谓奏移石岊，始广故驿为治，在州城西北二十五里。元至元二十二年，迁治于县西，寻复旧。国朝洪武十二年，县丞张希闵以县治逼大江，而府城西北隅皆本县地，遂奏移今府治之北。　石岊故治即今怀安递运所，今县治在古罗城永安门外。

长乐县本隋闽县地。唐武德六年，都督王义童析置新宁县，在敦素里之平川，寻改为长乐县。上元元年，防御使董瑜以其地卑潦，移于吴航头。元和三年，省入福唐县，五年，复置。五代唐长兴四年，伪闽改为侯官县，以闽县为长乐。清泰二年，复旧。晋天福六年，伪闽又改闽县为长乐，而以长乐为安昌，明年复旧。宋、元仍为长乐，国朝因之。　平川，今十二都是也。

连江县本隋闽县地。晋太康三年，析温麻船屯，置温麻县，属晋安郡。隋开皇中，省入闽县。唐武德六年，王义童复析置于连江之北，更名连江县。宋、元仍旧，国朝因之。

福清县本唐长乐县地，嗣圣十六年，析其南入乡，置万安县。天宝元年，改为福唐。五代梁开平二年，改为永昌。唐同光元年，复为福唐。长兴四年，伪闽始改为福清，旧治永庆里。晋天福间，徙南台[8]，宋初，徙今治，属兴化军，寻复归福州。元升为州，国朝洪武二年，复为县。永庆里，即今永东里。南台即今台岭，或曰改为南台县，误。

古田县本晋侯官县山洞。唐开元二十七年，都督李亚丘在郡，洞之大姓刘强、林溢、林希辈相与归顺，遂奏置古田县，在双溪之汇，屏山之南。宋转运使杨克让奏迁邑治于水口。端拱元年，转运使崔策复还旧治。宋、元仍旧，国朝因之。《新唐书》谓“永泰二年，析侯官、尤溪置”，误。今水口驿乃县庭古址也。

永福县本侯官、尤溪二县地，唐永泰二年，节度使李承昭各析一乡，置永泰县，宋崇宁元年，始改为永福。元仍旧，国朝因之。《新唐书》谓“咸通二年，析连江及闽县置”，误。

闽清县本汉侯官县地。唐贞元中，观察使王翃析县北十里，置梅溪场。五代梁乾化元年，闽王审知升为闽清县。宋、元仍旧，国朝因之。《新唐书》“贞元元年，析侯官县置”，误。

罗源县本闽、连江二县地，唐大中元年，观察使韦岫以连江县一乡为罗源场。咸通二年，又分闽县地以益之，号永贞镇。五代唐长兴四年，伪闽升为永贞县。宋天禧五年，改为永昌。乾兴元年，始改为罗源县。初治水陆寺西双溪之间，庆历八年，土民陈智津等以其地卑潦多水患，奏请迁之，知县陈偁乃迁治旧县东北之戴坑。元仍旧，国朝因之。

建宁府

本府，汉建安初，始分侯官之北乡，置建安。即今本府。南平、晋太元中改延平县，即今延平府。汉兴吴改吴兴，唐初改唐兴，天宝初改浦城县二县仍属会稽南部。时孙策取会稽，遣贺齐领南部都尉平其地，八年，遂以建安为南部治所。十年，析建安之桐乡置建平县。晋太原中，改为建阳县。三国吴永安三年，始改为建安郡，改南部为建安郡，改都尉为太守。领建安、建平、吴兴、东平、东平未详。将乐、析建安校乡置。今属延平府。昭武、析建安置。晋元康初，改为邵武县，即今邵武府。绥安、析建安校乡西偏地置。今邵武府建宁、泰宁二县地，晋改绥城。按《邵武府志》"置绥安在是年"，而《延平府志》则以为"晋隆安二年"，本志又以为"宋元嘉中"，未知孰是。南平、侯官、东安东安即今同安、南安二县地。十县，仍治建安。晋太康三年，析侯官、东安，置晋安郡。即今福州以南四府地。江左省延平、东平二县。本志但云江左，不言何代，《方舆胜览》谓"宋明帝废延平"。疑二县之省，即此时也。刘宋元嘉中，领县七。析延平县地，置沙村县，即今延平府沙县。沙村，或作沙阳，未知孰是。陈永定初，属闽州，后属丰州。隋开皇九年，郡废为县，是年将乐等县并省，十二年复置邵武县，以属抚州。又本志云："开皇末，郡废为镇。"未知孰是。属泉州。大业初，属闽州，三年，属建安郡。是年析侯官县地，置闽县，并建安、南安、龙溪四县皆属焉。治闽县。唐武德初，属建州，四年，移建州于建安，领县六。闽县仍属。复置唐兴、建阳、将乐、绥城，并建安凡六县。寻为妖贼武遇所陷。五年，刺史谢元冶败之，而复其地。六年，析置泉州，析闽县置。而建州如故。七年，领县七。仍以邵武来属。八年，领县六，省建阳入建安。属泉州都督府。贞观三年，领县四。省绥城入邵武。永徽六年，领县五。复置沙县。嗣圣五年，领县六。复置建阳县。景云二年，属闽州都督府。天宝元年，隶长乐郡，复改为建安郡。乾元元年，复为建州，隶福州都督府。上元元年，属福州节度。大历六年，隶福州都团练观察处置使，十二年，领县五。析沙县属汀州。乾符五年，黄巢寇闽，刺史李乾祐不能守，郡人陈岩率乡兵破之。中和四年，岩为观察使，镇福州，表郡人熊博为刺史，寓治建阳。未几，岩卒，徐归範据州叛，以应王潮，博遇害，郡遂为王氏所有。寻置镇安军节度使，又改镇武军。五代晋天福八年，延政于此建国，称大殷，僭号改元。开运二年，改国号曰闽。未几，南唐灭之，而有其地，改永安军，寻改忠义军，领县八。升归化场为归化县，元祐初，改泰宁县。升永安场为建宁县。升松源镇为松源县；开宝末，改松溪县。宋太平兴国三年，属威武军。五年，《邵武府志》及本志皆作“四年”，《宋史》作“五年”，今从之。领县四。析将乐归南剑州。升邵武为军，而以归化、建宁属焉。雍熙二年，属福建路。端拱元年，升建宁军节度。淳化五年，领县五。升崇安场为崇安县。咸平三年，领县六。升关隶镇为开隶县，政和中，改政和县。治平三年，领县七。析建安、建阳、浦城三县地，置瓯宁县。建炎元年，州兵叶侬叛，[9]明年，知州事方承祚寓建阳，侬诛，始复。绍兴元年，郡民范汝为据州叛，知州事刘子翼移寓崇安。明年，大将韩世忠平之，始复。三十二年，以孝宗旧邸升为建宁府。先是，孝宗封为建王。元至元十五年，改为路，《元史》谓“二十六年升为路”，恐误。隶福建行中书省，其后改隶不一，详见布政司下。领司一，城内置录事司。县仍旧。十七年，改建宁路总管府。二十二年，《元史·百官志》作“十八年”，未知孰是。立建宁分省,既而陈有定据之,复废分省。国朝洪武元年,有定就擒,复为建宁府,属福建布政司,罢录事司,领县仍旧。置福建行都指挥使司,又置建宁左右二卫,各领左、右、中、前、后五千户所,俱治于此。景泰六年,领县八。析政和及福州府福安县地,增置寿宁县。

建安县附郭。本汉侯官县地。建安初,始析置建安县,属会稽南部。自晋至元俱仍旧,国朝因之。

瓯宁县附郭。本建安县地。宋治平三年,析置瓯宁县,并析建阳、浦城二县地以益之,属建宁军。熙宁三年,省。元祐四年,析建安县地之半,复置,而建阳、浦城之地不复与焉。元仍旧,国朝因之。

浦城县本汉侯官县地。建安初,析置汉兴县。三国吴永安三年,改吴兴。隋开皇九年,省入建安。唐武德四年,复置,改曰唐兴。嗣圣八年,改曰武宁。神龙元年,复改唐兴。天宝元年,始改浦城。宋元仍旧,国朝因之。成化十三年,调建宁右卫前千户所守备于此。

建阳县本建安县地。汉建安十年,三国吴析县之桐乡,置建平县,属会稽南部。晋太元中,始改为建阳县,属建安郡。隋开皇九年,省入建安。唐武德四年,复置,属建州。八年,又省入建安。嗣圣五年,复置。宋景定元年,改嘉禾县。元复改建阳县,国朝因之。

松溪县本建安县地。五代时,属吴越,寻为伪闽所有,立松源镇。周广顺元年,南唐升为松源县。宋开宝末,改曰松溪。元仍旧,国朝因之。松源镇,今县东二十五里归伏里即其地也。

崇安县本唐建阳县地,五代时,闽析置温岭镇。南唐为崇安场。宋淳化五年,始升为县。元仍旧,国朝因之。

政和县五代时闽为宁德地。析置关隶镇。宋咸平三年,升为关隶县，而析建安五里以益之，属建宁军。政和五年，始改为政和县。元仍旧，国朝因之。宁德县地即今福宁州宁德县。

寿宁县本政和及福安二县地。国朝景泰六年，福建按察司佥事沈讷以其地险远，大宝坑、银场时被温、处流民盗采，因肆剽掠，且不便征输，遂会三司请于朝，析置寿宁县。治杨梅村。

泉州府

本府，汉建安初为侯官县地，晋太康三年，属晋安郡，即今福州。梁天监中，始析晋安县为南安郡，置龙溪县属焉，治晋安。陈永定初，属闽州，后属丰州。隋开皇九年，郡废，改晋安县曰南安，复析置莆田县，《元和郡县志》谓“陈废帝析南安县地，置莆田县，隋开皇十年省”，未详。皆属泉州，名盖始此，然其治仍在今福州。寻复省莆田县。大业初，属闽州，寻属建安郡。唐武德初，属建州。五年，析为丰州，领南安、莆田二县。是时复置莆田县，疑龙溪县时亦随属。八年，隶泉州都督府。贞观初，州废，并入泉州。嗣圣十六年，析泉州之南安、莆田、龙溪，置武荣州，治南安，领县四，析莆田，增置清源县，后改为仙游县。寻废县，还隶泉州。此亦今福州。十七年，复置。景云二年，改为泉州，今之泉州始此。属闽州都督府。开元八年，领县五，析南安地，置晋江。治晋江。十三年，属福州都督府。二十九年，领县四。析龙溪属漳州。天宝元年，属长乐郡，复改为清源郡。乾元元年，仍为泉州。上元元年，属福州节度。大历六年，隶福州都团练观察处置使。光启二年，为王潮所据。乾宁三年，属威武军，后遂属闽。五代时，仍领南安、莆田、仙游、晋江四县，渐增置同安、五代唐以唐大同场置。德化、闽析唐永泰县归化场置。永春、闽以桃林场置桃源县，后唐长兴初改永春。清溪、南唐以小溪场置。长泰，南唐以武安场置。凡九县。晋开运二年，南唐灭闽，取其地，既而留从效据之。汉乾祐二年，南唐升为清源军。从效卒，复为陈洪进所夺。宋乾德二年，改为平海军。据《纲目续编》如此。《宋史》云“太平兴国改”，未知孰是。太平兴国三年，洪进纳土，复为州，属威武军。五代周广顺元年，尝改威武军为彰武军，时泉州为留从效所据；至是，陈洪进纳土，遂复旧，而泉州属焉。五年，领县六。改清溪为安溪，以莆田、仙游属兴化军，以长泰属漳州。六年，领县七。析晋江，置惠安。雍熙二年，属福建路。元至元十五年，升泉州路总管府，隶福建行中书省，其后改隶不一，详见布政司下。领司一，置录事司以领在城之民。县仍旧。大德元年，为福建平海行中书省治所。三年，省废。至正十八年，立泉州分省。二十二年，西域那兀那纳等窃据其地，未几，陈有定据而守之。国朝洪武元年，平其地，改为泉州府，属福建布政司，罢录事司，领县仍旧。置泉州卫，领左、右、中、前、后五千户所，复置永宁卫，领左、右、中、前、后、福全、治晋江县十五都。高浦、治同安县十四都。嘉禾、治同安县二十三都。金门、治同安县十九都。崇武治惠安县二十七都。十千户所，泉州卫治本府，而永宁卫并左、右、中、前、后五千户所则分治于晋江县二十都。

晋江县附郭。本晋晋安县地，属晋安郡，随省入南安县，属建安郡。唐开元八年，析置晋江县为泉州治所，属泉州。宋、元仍旧，国朝因之。

南安县本汉侯官县地，吴析置东安县。晋改曰晋安，属晋安郡。梁为南安郡治所，隋废郡改县曰南安[10]，属建安郡。唐武德初，属建州，五年，置丰州于此。贞观初，州废，属泉州。嗣圣十六年，为武荣州治所，州寻废，仍属泉州，十七年复属武荣州。景云二年属泉州。宋、元仍旧，国朝因之。贞观初，泉州即今福州。

同安县本汉侯官县地。晋太康三年，析置同安县，属晋安郡，后省入晋安县。隋为南安县地。唐贞元十九年，析南安四乡，置大同场。五代唐天成四年，复为同安县，属泉州。宋、元仍旧，国朝因之。

德化县本唐长乐郡永泰县地。贞元中，析其归义乡为归德场。五代唐长兴二年，闽立为德化县，属长乐府。汉乾祐二年，南唐改隶清源军，割今延平、尤溪县之常平、进城二乡以益之。宋初，属平海军，后复属泉州。元仍旧，国朝因之。长乐郡，即今福州；永泰县，即今永福。

永春县本隋南安县之桃林场。五代时，闽置桃源县。唐长兴初，改为永春县，属泉州。宋、元仍旧，国朝因之。

安溪县本隋南安县地。唐咸通中，析置小溪场。五代周显德二年，南唐始立为清溪县，属泉州。宋宣和初，改为安溪县。元仍旧，国朝因之。

惠安县本唐晋江县地。宋太平兴国六年，析置惠安县，属泉州。元仍旧，国朝因之。

漳州府

本府，梁天监中，析晋安，置南安郡，地属南安。隋开皇九年，郡废，属泉州[11]。自此以上，当与泉州府互观。唐嗣圣三年[12]，广寇陈谦等连结诸蛮攻潮州，左玉钤卫翊府左郎将陈元光讨平之，请置一州于泉、潮之间，以抗岭表，遂析福州西南境，置漳州；并于其地置漳浦县以属。

开元四年,耆老余恭讷等以其地多瘴疠,请徙治李澳川。今漳浦县治是也。二十二年,改隶岭南经略使。二十八年,领县二。析漳浦县地,置怀恩县。二十九年,省怀恩入漳浦,而以泉之龙溪来属。天宝元年,改为漳浦郡,还隶福建,《三山志》谓“是年复领漳州”,而本志乃谓“开元二十九年仍隶福建”,未知孰是。十载,又改隶岭南。乾元二年,复为漳州。上元元年,还隶福建。大历十二年,领县三。析汀州龙岩县来属。贞元二年,从观察使卢惎《闽中记》作“卢谌”,误。之请,徙治龙溪。光启元年,光州刺史王绪渡江陷汀、漳二州,寻为王潮所夺,其弟审知继而有之。五代晋开运中,朱文进擅命,以程赟为刺史,既而留从效杀赟,遂据泉、漳二州,寻改漳州为南州。南唐刺史董思安以其父名章,故改。宋建隆三年,从效卒,陈洪进有其地,始奉宋正朔。乾德四年,复为漳州。太平兴国三年,洪进纳土,属威武军。五年,领县四。析泉州长泰县来属。雍熙二年,属福建路。元至元十六年,改为漳州路,隶福建行中书省,其后改隶不一,详见布政司下。领司一,城内置录事司。领县仍旧。至治中,领县五。析龙溪、漳浦、龙岩三县地,置南胜县,十六年,改为南靖县。至正八年,立漳州分元帅府。二十二年,漳州中书分省右丞罗良据其地。二十六年,陈有定取之。国朝洪武元年归附,改为漳州府,隶福建布政司,罢录事司,领县仍旧。置漳州卫,领左、右、中、前、后、龙岩中治龙岩县。六千户所,治于此。成化四年,领县六。析龙岩县地,置漳平县。

龙溪县附郭。本梁南安郡地。天监中,始析置龙溪县以属。陈光大元年,属丰州。隋开皇九年,属泉州。唐嗣圣十六年,属武荣州，州寻废，县还属泉州。十七年复置武荣州，县仍属焉。景云二年，改属泉州。开元二十九年，始以来属。贞元二年，徙州治于此。宋、元仍旧，国朝因之。“贞元二年”，一本作“乾元初”，恐误。

漳浦县本梁龙溪县南界地。唐嗣圣三年，始置漳州于梁山之下，而置漳浦于漳水之北以属。开元四年，徙州治于李澳川，县从之。二十八年，析置怀恩县，明年，复省怀恩入漳浦。宋、元仍旧，国朝因之。漳水之北，今地名云霄。

龙岩县本晋新罗县苦草镇。唐开元二十四年，置汀州，因升为龙岩县以属。大历十二年，始割隶漳州。宋、元俱仍旧，国朝因之。

长泰县本隋泉州南安县武德乡地。唐乾符三年，邑长张进思始置武德场，以便输纳。文德元年，改为武胜，寻改武安。五代晋天福八年，南唐升为长泰县。宋太平兴国五年，邑民杨海等以其地去泉州三百余里，期会征输不便，请于泉守林金吾，乞舍远就近，遂割隶漳州。元仍旧，国朝因之。

南靖县本龙溪、漳浦、龙岩三县地。元至治中，以其地险远，难于控驭，遂析置南胜县，在九围矾山之东。至元三年，畲寇李胜等作乱，杀长史晏只哥，时同知郑晟、府判喜春会万户张哇哇讨之，失利，邑人陈君用袭杀胜，遂徙治于小溪琯山之阳。至正十六年，县尹韩景晦以其地偏僻多瘴，又徙于双溪之北，改为南靖县。国朝因之。

漳平县本龙溪县地，国朝成化三年，龙岩县民林廷琥等以其地所辖居仁、聚贤、感化、和睦、永福、五里，去县远且险，请别置一县以控制之，明年，遂析置漳平县。

汀州府

本府，晋太康三年，分建安郡，置晋安郡，又立新罗县汀州始基于此。以属,宋、齐、梁、陈、隋皆省。唐开元二十四年,始开福、抚二州山洞,置汀州,领长汀、黄连、龙岩即今漳州府龙岩县。三县。天宝元年,改州为临汀郡,改黄连县为宁化县。乾元元年,复为汀州。初治新罗,按《唐会要》云"天宝元年,改新罗县为龙岩县",则今之龙岩即州之故治也。而《唐书》则以为长汀县地,未知孰是。后迁长汀村,在上杭县北十五里,今名旧州。又迁东坊口。去今州治五里,亦名旧州。大历四年,刺史陈剑又迁白石,据《唐书》如此,而《唐会要》则以为"大历十四年,移汀州于长汀县白石乡"。考之本志云:"《地志》谓大历四年,移东坊口,后十年,陈剑奏移今治。"二说不同,疑当以本志之言为正。即今治是也。十二年,析龙岩县归漳州,以建州之沙县来属。《唐书》谓"是年沙县来属",本志以为"乾元元年,领沙县",未详。光启元年,王绪陷汀、漳二州,寻为王潮所得,其弟审知复继有之。乾宁三年,属威武军。五代晋开运元年,朱文进杀其主延羲,以许文缜来守。未几,泉、漳皆杀文进所署刺史,而以王氏诸子易之,文缜惧,遂以州降于延政。二年,王氏灭,地入南唐。越三年,领县二。"析沙县归剑州",据《延平志》如此,本志作"开运二年",未详。宋开宝八年下江南,悉有其地。太平兴国三年,属威武军。雍熙二年,属福建路,淳化五年,领县四。升上杭、武平二场并为县。元符元年,领县五。析长汀、宁化,置清流县。绍兴三年,领县六。以莲城堡为县。元至元十五年,升为汀州路,隶福建行中书省,其后改隶不一,详见布政司下。领司一,城内置录事司。县仍旧。后改莲城为连城。至正八年,立汀州分元帅府。二十二年,陈有定据而守之。国朝洪武元年,有定就擒,总管陈谷珍以城降，改为汀州府，属福建布政司，罢录事司，领县仍旧。置汀州卫，领左、右、中、前、后、上杭六千户所，治于此。成化六年，领县七。以明溪镇巡检司置归化县。十四年，领县八。析上杭县地，置永定县。

长汀县附郭。本晋新罗县地，属晋安郡。唐开元二十四年，于新罗故城东，置长汀县，为汀州治所。后复随州迁长汀村，又迁东坊口，大历四年，又迁白石乡，宋又迁衣锦乡。元仍旧，国朝因之。

宁化县本晋新罗县地，在唐时介福、抚二州之间。开元二十四年置郡，因置黄连县以属。天宝元年，改为宁化县。宋、元仍旧，国朝因之。《大明一统志》谓"本建州沙县地"，而本志并不言其为沙县所析，未详。

上杭县本晋新罗县地，唐为龙岩县地。大历四年，始析胡雷、下保，置上杭场。周显德元年，南唐徙艺梓保。宋淳化五年，升为上杭县，析长汀县南境隶焉，属汀州。至道二年，徙治鳖沙。咸平二年，徙语口市。天圣五年，徙钟寮场。乾道三年，县令郑稷因民之请，奏徙郭坊，即今治也。元仍旧，国朝因之。　上杭场，即县之丰田里；艺梓保，即县之太平乡；鳖沙，即县之白沙里，去艺梓保二百里；语口市，即县之在城里，去鳖沙二百步许；钟寮场，即县之平安里，以其地坑冶大兴，商旅辐辏，故徙县治。今县治，即县之来苏里。

武平县本晋新罗县地。唐开元二十四年置州，复析其西南为南安、武平二镇，隶长汀县。五代时，伪闽并南安为武平场。南唐为沙县地，属剑州。宋淳化五年，升为武平县，而析长汀西南境隶焉，属汀州。元仍旧，国朝因之，而置守御千户所于此。《大明一统志》谓"唐为龙岩县"，而本志并不书其为龙岩所析。未详。南安、武平二镇相距二百二十里。

清流县本唐长汀、宁化二县地。旧有清流驿，属宁化，宋元符元年，提刑王祖道行部，憩于驿，爱其山水清澈，且以宁化疆土旷远，统理尤难，遂析其六里，并长汀三里，置清流县，属汀州。绍定中废，元复置，国朝因之。

连城县本唐长汀县地，尝置莲城堡。宋绍兴三年，因梅州司士曹事虞观上言："县之南北，去县治三百余里，强者肆其剽掠，弱者难于赴诉，居民患之。"遂析置莲城县。汀守郑强以县境狭隘，又析长汀村古田乡六团里以益之。元至正六年，改莲为连，国朝因之。

归化县本清流、宁化及延平府将乐、沙四县地。国朝置明溪镇巡检司，属清流县。成化六年，汀州同知程熙以其地为将乐、沙、宁化之交，民多伉健难治，议置县以镇之，巡抚副都御史滕昭会三司奏请升为归化县。

永定县本上杭县地。国朝成化十四年，巡检[13]佥都御史高明以其地险民悍，自正统、天顺以来，草寇屡窃发，宜置县以镇之，遂会三司奏请析置永定县。

延平府

本府，汉建安初，始分侯官之北乡，置南平县，据《建宁志》如此，而本志谓"三国吴置南平县"，未知孰是。属会稽南部。三国吴永安三年，属建安郡。东晋太元四年，改为延平县，据本志如此。《方舆胜览》谓"晋武帝平吴，易南平县为延平"，未知孰是。刘宋明帝时废。按《建宁志》谓"江左省延平县"，《方舆胜览》亦谓"宋废延平县"，而本志乃谓"晋太元四年，改为延平，宋、齐、梁、陈皆因之"，二说不同，疑当以《建宁志》及《方舆胜览》为正。隋开皇九年，郡亦废，隶泉州。本志云"隋为建、福、汀三州地"，考之《隋书》："文帝平陈，晋安、建安、南安三郡皆废，惟置闽、建安、南安、龙溪四县”，福、汀二州犹未有也，而谓延平为建、福、汀三州地，恐有未审。《大明一统志》又谓“唐为建、福、汀三州地”，未知是否。大业初，属闽州，三年，属建安郡。唐武德初，属建州，三年，置延平军，仍属建州。[14]《唐书》无延平军，而本志所载者如此，未知是否。五代时王审知改为延平镇，审知子延翰改为永平镇，延政僭位于建州，升为龙津县，寻置镡州。据本志如此，而《方舆胜览》谓“王延翰改永平镇为龙津县，延政改延平镇为镡州”，二说不同。然延翰既改延平镇为永平镇矣，而又谓延政改延平镇为镡州，恐有未审。唐开运[15]二年，南唐兵拔镡州，复以为延平军制置镇，按《通鉴纲目》，晋开运二年为南唐保大三年，始灭闽取其地，本志乃谓“保大二年以为延平军制置镇”，误矣。明年，改为剑州，析建州之延平、即今府治。剑浦、旧龙津县。富沙未详。按《方舆胜览》云：“建宁府，古有富沙驿，城北有大伏洲。”疑去其地不远也。三县属焉，治延平。汉乾祐[16]元年，南唐复以福州之尤溪、汀州之沙县来属，又升永顺场为顺昌县，领县六。据《文献通考》、《宋史》及本志所载如此，而《三山志》谓“五代唐长兴四年，伪闽以永顺场为顺昌县，晋开运二年，伪闽析出顺昌”，未知何据。宋太平兴国四年，因利州路亦有剑州，乃加南字以别之，名南剑州，而以建州之将乐县属焉，领县五，省延平、富沙二县。治剑浦。雍熙二年，隶福建路。元至正十五年，升南剑路。大德六年，改为延平路，隶福建行中书省，其后改隶不一，详见布政司下。领司一，城内置录事司。县仍旧。改剑浦为南平。至正末，陈有定据而守之。国朝洪武元年，平其地，改为延平府，属福建布政司，罢录事司，领县五。置延平卫，领左、右、中、前、后五千户所,治于此。景泰三年,析沙、尤溪二县地,增置永安县,并增置永安千户所以守备之。

南平县附郭。本汉侯官县地。建安初,始析置南平县,属建安郡。晋太元中,改为延平县。刘宋明帝时废。五代时,王审知置延平镇,王延翰改为永平镇,王延政升为龙津县,寻置镡州于此。唐开运三年,南唐改州曰剑州,县曰剑浦。宋仍旧。元大德中,复改为南平,国朝因之。

将乐县本汉建安县地。吴永安三年,始析县之校乡,置将乐县,属建安郡。隋开皇十二年,并入邵武县,隶抚州。唐武德五年,复置将乐县,隶抚州,七年省。嗣圣五年,析邵武及绥城县地,复置。元和二年省,五年,复置,属建州。五代晋开运二年,伪闽以县置镛州,寻复为县,属建州。宋太平兴国四年,始来属,元仍旧,国朝因之,而置守御千户所于此。按《隋书》但云"开皇十二年置邵武",不言以将乐并入,《天文·分野》云"十一年置",《邵武府志》云"十三年置",俱未详。邵武即今邵武府,抚州即今江西抚州府,绥城县即今邵武府建宁、泰宁二县地,今建宁县西三里其治所也。

尤溪县本晋延平县之山洞。唐开元二十二年,经略使唐修忠以书招谕其民,酋长高伏请以千户入版籍。二十九年,始开拓置尤溪县,隶福州。五代晋开运二年,南唐灭闽,取其地,以为制置镇。又三年,割隶剑州。宋、元仍旧,国朝因之。

沙县本汉南平县地。晋太元四年,析其南乡置沙戍,刘宋元嘉中,始置沙村县。隋改为沙县,寻废。唐武德四年复置,隶建州,后省入建安县,永徽六年复置。大历十二年,改隶汀州。五代汉乾祐元年,南唐始以来属。宋、元仍旧,国朝因之。

顺昌县本汉建安县地。唐贞观三年,以其东南二乡置将水场。嗣圣四年,分南乡将水口为斸科镇,景福二年,改为将水镇,寻改为永顺场,隶建州。五代汉乾祐元年,南唐始置顺昌县,隶剑州。宋熙宁三年，以县境褊小，割剑浦县交溪乡以益之。元仍旧，国朝因之。

永安县本沙、尤溪二县地。国朝正统十四年，逆贼邓茂七平，镇守福建都督范雄、刑部右侍郎薛希琏、巡按监察御史陈员韬以其地险远，难于控制，遂会三司奏请置县于此。景泰三年，始析沙县新岭以南、尤溪县宝山以西地，置永安县。

邵武府

本府，三国吴永安三年，以建安县为建安郡，始升昭武镇为县。又析建安校乡西偏地，置绥安县，据本志如此，而《建安府志》谓“宋元嘉中，析邵武、将乐二县地置”，盖将乐本亦校乡地，无可疑者，但谓“析邵武县地”，又以为“宋元嘉中置”，则与此不同，未知孰是。皆属焉。晋元康元年，改昭武为邵武[17]。太宁元年，又改为邵阳。一作武阳。义熙元年，改绥安为绥城。刘宋永初元年，复改邵阳为邵武。隋开皇九年，郡废，县亦随废，属泉州。十二年，以故邵武、绥城二县地复置邵武县，属抚州。《隋书》谓“开皇十二年，置邵武县”，《天文·分野》谓“十一年置”，本志谓“十三年置”，又《隋书》谓“绥城县地并入龙溪”，本志谓“并属抚州”，俱未详。武德四年，即建安郡地置建州，复析邵武县地，置绥城县以属。七年，邵武县亦属建州。贞观三年，省绥城入邵武。嗣圣五年，析邵武及绥城地，置将乐县。据《唐书》如此，而本志谓“是年复置绥城县”，未详。唐末，为王氏所据。五代晋天福初，复为昭武。开运二年，南唐灭之，而有其地，寻复改为昭武，后又升归化场为归化县，宋元祐元年，改为泰宁。升永安场为建宁县，俱属建州。自此以上，当与建宁府互观。太平兴国五年，始置邵武军，本志及《建宁府志》均作“四年”，

《宋史》作"五年",今从之。而割建州之归化、建宁二县来属,治邵武。六年,又析邵武之财演镇,置光泽县,并隶焉,本志作"五年"。《文献通考》、《宋史》俱作"六年",今从之。属福建路。元至元十三年,改为邵武路,隶福建行中书省,其后改隶不一,详见布政司下。领司一、城内置录事司。县四。邵武、泰宁、建宁、光泽。十四年,升邵武路总管府。至正二十二年,陈有定据而守之,二十七年,国朝兵取其地。洪武元年,改邵武府,属福建布政司,罢录事司,领县仍旧,置邵武卫,治于此。

邵武县附郭。本汉建安县地,三国吴始于此置昭武镇,永安三年,升为县。晋元康元年,改邵武。太宁元年,改邵阳。刘宋永初元年,复为邵武,并属建安郡。隋开皇九年,废。十二年,复置,以绥城县并入,属抚州。唐武德四年,复析置绥城县。七年,还属建州。贞观三年,省绥城入邵武。嗣圣五年[18],复析置将乐县。五代晋天福初,伪闽仍改邵武。汉时,南唐复改邵武。宋、元仍旧,国朝因之。嗣圣五年,析置将乐县,详见本府下。

泰宁县本汉建安县地。三国吴永安三年,析其校乡西偏,置绥安县。晋义熙元年,改绥城,并属建安郡。隋开皇十二年,并入邵武,属抚州。唐武德四年,析邵武地及绥城故地,复置县,还属建州。五年,析邵武地,增置将乐。七年,省将乐,以邵武地还属绥城。贞观三年,省入邵武。嗣圣五年,复析置将乐县。乾符二年,宁海军奏请析故绥城县地为归化、黄连二镇,此为归化镇。五代时,唐废镇为场。周显德五年,升为归化县,治炉峰之东,属建州。宋太平兴国五年,始以来属。元祐元年,右司郎中张汝贤用邑人叶祖洽之言,奏改泰宁县。元仍旧,国朝因之。按本志谓"吴永安三年,析其校乡西偏,置绥安县",而将乐志谓"晋隆安二年,割县之西乡,置绥安县";本志谓"晋义熙元年,改绥安为绥城”，而《建宁府志》谓“刘宋置绥城县”；本志及《建宁府志》谓“唐武德四年，析邵武地及绥城故地，复置为县，还属建州”，而《天文·分野》谓“是年始以将乐地析置绥城县”，俱未详。嗣圣五年，复析置将乐县。详见本府下。宁海军，按唐至德二载，于长乐郡置宁海军，乾元元年，改为都防御使，兼宁海军，本志以为今杭州府，误矣。归化镇，《天文·分野》作归仁场，《大明一统志》作归化场，南唐废镇为场，《天文·分野》云“保大四年，罢为镇”。元祐元年，张汝贤奏改泰宁县，《天文·分野》作“元丰八年”。

建宁县本晋绥城县地。唐嗣圣五年析置将乐，水之南隶将乐，属福州，水之北隶临川，属抚州。乾符二年，分故绥城县地为黄连、归化二镇，此为黄连镇。五年，邑人陈岩以镇兵御黄巢之寇，表为建宁军，置鼓角，赐牌印，治永安。五代时，南唐罢为永安镇，又改为永安场。宋乾隆元年[19]，南唐析置建宁县，属建州。太平兴国五年，以永安场来属，改隶邵武军。元仍旧，国朝因之。自此“为黄连镇”以上，当与泰宁互观。本志“南唐罢为永安镇”，《天文·分野》及《武阳志》俱作“永宁镇”，未详孰是。

光泽县本邵武县光泽、鸾凤二乡地。唐于此置洋宁镇，五代周改为财演镇，并属建州。宋太平兴国六年，升为光泽县，属邵武军。元仍旧，国朝因之。《天文·分野》谓“周改为财演镇”，而《武阳续志》云“宋初”，本志云“乾德二年”，未详孰是。

兴化府

本府，梁天监中，析晋安，置南安郡，地属南安。陈天嘉五年，陈宝应据建安、晋安二郡，章昭达败之，逃至莆口，按《资治通鉴》作“莆口”，《莆阳志》作“蒲口”，非是。其地始见载籍。隋开皇九年，始析南安县地，置莆田县，即莆口也。[20]皆属泉州，今福州也。寻复废入南安县。唐武德五年，复置莆田县，属丰州。嗣圣十六年，析莆田县地，增置清源县，并属武荣州，州寻废，县还隶泉州。十七年，复故。按《通鉴纲目》“嗣圣十六年”，即武后圣历二年；“十七年”，即武后久视元年，则圣历未尝有三年也，《唐书》谓“圣历二年，复丰州为武荣州，三年，州废，久视元年，复置”，误矣。景云二年，改泉州为闽州，而以武荣州为泉州。今泉州也。天宝元年，升泉州为清源郡，改清源县为仙游县。乾元元年，复改泉州。光启二年，为王氏所据，后遂属闽，又属留从效，又属陈洪进。自此以上，当与泉州府互观。宋太平兴国四年，析泉州游洋镇，置太平军，寻改兴化军；复析泉州之莆田、仙游及福州之永福、福清地，合游洋、百丈镇六里，置兴化县，是为军之治所。五年，始以莆田、仙游二县来属，《宋会要》云“四年”，未详。领县凡三。八年，转运使杨克让以游洋地不当要冲，始请移治于莆田。宋末，改为兴安州。元至元十四年，改为兴化路，隶福建行中书省，其后改隶不一，详见布政司下。领司一，城内置录事司。县仍旧。国朝洪武元年归附，改为兴化府，属福建布政司，罢录事司，领县仍旧。置兴化卫，领左、右、中、前、后五千户所治于此，复置平海卫领左、右、中、前、后、莆禧治莆田县新安里。六千户所，分治于莆田县武盛里大海之濒。正统十三年，领县二。先是，兴化县人何诚任直隶凤阳府虹县知县，以其地僻民稀，奏省之，至是省入莆田、仙游二县。

莆田县附郭。本晋晋安县地。隋开皇九年，析置莆田县，属泉州，寻废入南安县。唐武德五年，复置，属丰州。宋太平兴国五年来属。元仍旧，国朝因之。正统十三年，省兴化县西南乡地入焉。

仙游县本隋莆田县地。唐嗣圣十六年，析置清源县，天宝元年，别驾赵顺正以县与郡同名不便，奏请易之，遂改为仙游县。宋、元仍旧，国朝因之。正统十三年，省兴化县西北乡地入焉。

福宁州

本州，汉建安初为侯官县地。晋太康三年，析置温麻县，本志谓“汉元光初置”，未详。属晋安郡。隋开皇九年，县废，属泉州。唐武德六年，析置长溪县，寻省入连江，为宁远镇。嗣圣十九年，复置。开元十三年，属福州。开成中，析县地并古田县地，置感德场。五代唐长兴四年，伪闽升为宁德县。宋淳祐中，又析长溪之西乡，本志作“西北”。置福安县。元至元二十三年，升长溪县为福宁州，属福州路，领宁德、福安二县。国朝洪武元年，仍改为福宁县，属福州府。自此以上，当与福州府互观。置福宁卫，领左、右、中、前、后、大金、治本州五十二都。定海治连江县二十七都。七千户所，治于此。成化九年，复升为州，直隶福建布政司，仍领福安、宁德二县。

宁德县本唐长溪并古田二县地。开成中，分置感德场。五代唐长兴四年，伪闽升为宁德县。宋属福州。元至元二十三年，属福宁州。国朝洪武二年，改属福州府。成化九年，仍隶福宁州。至元二十三年，本志作“二十二年”。

福安县本唐长溪县地。宋淳祐五年，析置福安县。元至元二十三年，隶福宁州。国朝洪武二年，改隶福州府。成化九年，仍隶福宁州。至元二十三年，本志亦作“二十二年”。

校　注

[1]《周礼·职方氏》疏：叔熊避难于濮，随其俗，后分七种，故谓之七闽。

[2] 据《史记·东越列传》，馀善发兵反汉为元鼎六年。

[3] 唐中宗李显年号。李显于公元六八四年一月即位，二月被废。是年九月，改元光宅，武则天临朝称制，直至公元七〇四年。本志编纂者对在武则天时事，皆依朱熹《通鉴纲目》，仍用中宗嗣圣年号。此处之“嗣圣三年”，实为武则天垂拱二年。本志类此情况甚多，不再一一校出。

[4] 本志“汀州府”条下云，开元二十四年置汀州，与此处所记不同。按《元和郡县志·汀州》称：“开元二十年，福州长史唐循忠于忠州北、广州东、福州西光龙洞检责得诸州避役百姓共三千余户，奏置州，因长汀溪以为名。”该书成于唐代，所记当较翔实可信。

[5] “以”字疑衍。

[6] 据《宋史》，置邵武军在太平兴国五年。

[7]《元和郡县志》及《太平寰宇记》均作“曲郍都尉”，郍，无此字，疑舟之讹；《三山志》则作“典船都尉”。

[8] 指南台岭，非福州台江之南的南台岛。

[9]《宋史》“元年”作“二年”；“侬”作“浓”。

[10]《隋书·地理志·南安县》注：“(隋)平陈，郡废，县改名焉。”《元和郡县志》：“晋为晋安县，陈立为南安县。”《太平寰宇记》：“晋置南安郡，陈立南安县。”《南安县志·建置沿革》则称：“梁天监中，始置南安郡。隋开皇九年改郡为县。”各书记载互异。

[11] 此处泉州指今福州。详见本卷“福州府”。

[12] 光绪《漳州府志·陈元光传》，称陈元光平陈谦时间为“唐高宗仪凤中”。

[13] 按明制，巡抚带佥都御史。此称“巡检”，误。

[14] 唐武德五年，唐使者始下泉、睦、建三州(见《资治通鉴》)。此谓武德三年置延平军，“仍属建州”，应有误。又，《通典·州郡》及《元和郡县志·

建州》均谓武德四年置建州，然皆不及“置延平军”事。

[15] “开运”系五代后晋出帝石重贵年号。此处谓“唐”，误。

[16] “乾祐”为五代后汉高祖刘暠年号。置顺昌县时间，《太平寰宇记·顺昌县》为“(唐)景福二年(893年)”；《三山志》为“(五代后唐)长兴四年(993年)”；《十国春秋》注为“(十国)闽永隆二年(940年)”，诸说不同。

[17] 据《闽书》，晋太康三年(282年)，因避司马昭讳，改昭武为邵武。

[18] 指垂拱四年。

[19]《太平寰宇记·建宁县》称：“建隆二年，伪唐升为县。”《十国春秋》称：“建隆元年，南唐析置光宁县。”据此，“乾隆”应为“建隆”之误。

[20]《元和郡县志·莆田县》称：“莆田县本南安县，陈废帝分置莆田县，隋开皇十年省，(唐)武德六年复置。”新、旧唐书《地理志》均谓唐武德五年分南安县置莆田县。诸志所载各异。

八闽通志卷之二

地　理

郡　名邑名附

福州府

七闽按《职方氏》注："闽子孙有七种，故曰七闽。"又按《三山志》："七者，所服国数也。"　**闽中**[1]宋曾巩《道山亭记》："福州治侯官，于闽为土中，所谓闽中也。"　**晋安**晋衣冠士类多避地于此，故名。[2]　**长乐**《闽中记》："地名长乐，居者安之。"　**三山**九仙、乌石、越王三山，俱在城中，故名。　**福唐**按《三山志》："绍兴二年，诏福唐缮修城池"，则福州古亦称福唐也。　**合沙**郭璞迁城谶："南台沙合，河口路通。先出状元，后出相公。"

东冶以越王冶铸得名。　**东瓯**旧经："闽越地，即古东瓯。"今建亦其地。考之《史记》：高帝立无诸为闽越王，都冶。惠帝立摇为东海王，都东瓯。苏林注："冶，山名。今名东冶。"《治平图》谓之"泉山"，即今福州将军山也。徐广注："东瓯，今之永宁。后改为永嘉。"然则闽越、东瓯其为两国无疑。旧经谓"闽越即古东瓯"，非也。又见《建宁郡名志》。

怀安县　**石岊**宋咸平间，尝移置石岊。旧记："山曲曰岊。"

长乐县　**吴航**吴尝造船于此，故名。　**新宁**唐名。取《书》"宅新邑，宁厥止"之义。

连江县《三山志》以县治连接江水，故名。《大明一统志》谓："县治南有连江，县名以此。"　**凤邑**山势如飞凤，故名。

福清县旧记谓："县之山自永福而来，溪自清源而分，故名。"考之于志，永福得名乃在福清之后，其说盖未必然。**玉融**县有玉融山，故名。

古田县《三山志》："洞豪刘疆等，以土地、人民归都督李亚丘。咸曰：'祖父咸亨中来此。因古昔田亩垦辟而居。'故名。"**玉田**田中尝产青玉，故名。

永福县《三山志》："唐永泰间置县。"初名永泰，宋避哲宗陵，复改今名。

闽清县本志："县溪与大江汇。江水浊，而溪水清"，故名。**梅溪**溪多植梅，因名。

罗源县《三山志》："溪名，亦姓也。"

建宁府

建安汉建安初置县，吴因以为建安郡。　**建溪**旧建州。**富沙**《方舆胜览》："古有富沙驿。城北有大伩洲，岂以此得名欤？"　**东瓯**本志："府城东南有东瓯城，汉吴王濞世子驹，发兵围东瓯，即此。"考之《史记》："吴王濞反，东瓯受汉购杀濞。驹亡闽越，怨东瓯杀其父，劝闽越围东瓯。"索隐曰："姚氏云：瓯，水名，出永宁山，去永嘉郡城五里入江。昔有东瓯王都城，有亭积石为道。今犹在也。"以是观之，则东瓯城之在永嘉无疑矣；而谓建宁有东瓯城，不知何耶？

瓯宁县亦以东瓯城得名。

浦城县汉东越王馀善筑城临浦，县因以名。　**汉兴**汉名。

建阳县　**建平**吴名。

松溪县　**松源**旧名，以县有松溪也。

崇安县　**温岭**旧为温岭镇。

政和县宋政和中改名。

泉州府

清源唐名。按本志："泉山之上有乳泉，清洁甘美。州名清源盖本于此。"　**武荣**亦唐名。　**桐城**泉州初筑城日，绕城树刺桐，因以名城。　**温陵**图经：其地少寒，故名。

晋江县以邑有晋江名。

同安县　**大同**唐置大同场。　**银城**按本志："城东西广，南北隘，如银锭然，故名。"

德化县　**龙浔**县东北之山突起，蟠绕如龙，前有二水朝之，故名。

永春县本志以四时多燠，故名。　**桃源**县西有桃溪。

安溪县本志："旧名清溪，以县治前有溪，清莹环绕，故名。宋宣和中，盗起陆州[3]清溪洞，时恶其名，改为安溪。"

漳州府

清漳以漳水名。**临漳**同上。

龙溪县以县有龙溪名。

漳浦县唐名。

龙岩县以县有龙岩山名。

南靖县　**南胜**原名。

汀州府

临汀按本志："汀，水名，自北发源，至州境而东，遂南流入海，是天下之水皆东，惟汀水独南。南，丁位也。以水合丁为文。或曰，《尔雅》以水际平地为汀，《说文》以水际平沙为汀。未郡之前，有长汀村，其间水际多平地与沙，以汀名郡，盖取诸此。　**鄞江**以郡内有鄞江，故名。　**平沙**亦取《说文》之义。

长汀县以地有长汀村得名。

上杭县　杭川

武平县　平川

连城县旧名莲城，元至正间，草寇罗天麟平，因去草为连。

延平府

南平汉县名。　**延平**唐名。　**剑津**《晋书·张华传》言：斗牛之间有紫气在豫章丰城，补雷焕丰城令。掘狱基得双剑，一与张华，一留自佩。华报焕书曰："详观剑文，乃干将也。莫邪何为不至？天生神物，终当合耳。"华死，失剑所在。其后焕之子持剑行延平津，剑忽跃出坠水。使人没水取之，但见两龙。时人以为双剑复合，故名。

剑浦　镡川镡，剑鼻、剑口名。　**龙津**俱同上。

将乐县本志："县治在将溪之阳，土沃民乐，故名。"

尤溪县本志："溪之洲多尤姓，故名溪，因以名县。"今尤氏自言，其上世本姓沈，避王审知讳，故改姓尤。非也。

沙县县有沙源。

顺昌县本志："南唐始置县。以其初顺服，故名，取顺而昌之意。"

邵武府

昭武吴名。晋避文帝讳，改邵武。　**邵阳**晋名。　**武阳**本志："以郡在武夷之南。"　**樵川**以郡有樵溪。　**樵阳**同上。

泰宁县国朝邑人梁淮《重修县治记》："泰宁本阙里府号，宋时邑多名士，元丰间因敕以是名县。嘉其郁郁近鲁也。"　**杉阳**以县治在杉溪之阳。

建宁县　**濉江**以地有濉水。

光泽县　**杭川**以地有杭溪。

兴化府

莆田按本志，旧说地多生蒲，故谓之蒲田。其后县多水患，因去水存莆。考之《资治通鉴》："陈天嘉五年，陈宝应败，逃至莆口。"胡三省注云："莆音蒲。"莆地之见载籍自此始。字但作莆，未尝作蒲也。旧说不知何据。　**莆阳**古谶云："白湖腰欲断，莆阳朱紫半。"　**莆中**古名。

仙游县本志："临川何氏兄弟九人学道于此仙去，故名。"后人多以仙名其地，如仙溪、仙乡、仙水之类是也。　**清源**唐名。

福宁州

温麻晋以温麻船屯置县，因名。　**宁远**唐改县为宁远镇，因名。　**长溪**唐宋县名。县南有溪数十里通海。　**福宁**元取福安、宁德二县之名以名州。

宁德县　**感德**唐置感德场。

福安县按本志："初议置邑，邑令范夔梦神人告曰：'须福建安抚来，事乃成。'后朝廷赐名其县曰福安，盖符梦中福建安抚之言也。” **叓山**县之主山曰叓山，因以名邑。今居邑东者曰东叓，居邑西者曰西叓。

分　野

福建布政司各府州县同

闽地在《禹贡》扬州之域。宋蔡沉曰：“扬州之域，北至淮，东南至于海。”熊禾曰：“闽粤虽上古未通，亦当在要荒之服。”《周官》保章氏辨九州之分野，吴越属星纪。《汉书》属牵牛婺女之分。《后汉志》、《晋志》、《隋志》皆属斗牛须女之分。《后汉书·郡国志》云：“自斗十一度至婺女七度，一名须女，曰星纪之次。于辰在丑谓之‘赤奋’若，于律为‘黄钟’。斗建在子，今吴越分野。”《晋书·天文志》云：“自南斗十二度至须女七度为星纪，吴越分野。属扬州。”注云：“费直起斗十度，蔡邕起斗六度。”又云：“陈卓、范蠡、鬼谷、张良、诸葛亮、谯周、京房、张衡并云斗牵牛须女，吴越扬州内会稽入牛一度。”唐一行以山河两戒推之。《莆阳志》：“戒”作“界”，非。所谓南纪者，东循岭徼达东瓯闽中，盖在云汉下流，为负海之国。《唐书·天文志》云：“一行以为天下山河之象，存乎两戒。北戒自三危至朝鲜，是谓‘北纪’，所以限戎狄也；南戒自岷嶓至东瓯闽中，是谓‘南纪’，所以限蛮夷也。故《星传》谓北戒为胡门，南戒为越门。”又云：“东南负海为星纪。负海者，以其云汉之阴也。”又云：“南斗，牵牛星纪也。初南斗九度余千四十二秒十二太，中南斗二十四度，终女四度，为星纪之分，古吴越及东南百越之国。南斗在云汉下流，当淮海间，为吴分，牵牛去南河寖远，自豫章迄会稽，南逾岭徼，为越分。《宋志》以属天市垣东蕃南第六星。《宋史·天文志》："天市垣二十二星，东西蕃各列十一星，其东垣南第六星曰吴越。"《元志》亦以为星纪之次。《元史·历志》："斗四度三十六分六十六秒外入吴越分星纪之次。"国朝《天文·分野》以福建郡县并属斗牛之分，《大明一统志》则以为牛女之分。大抵古书久亡，堪舆虽有郡国入度，非古数也。今其存者十二次之分而已。福建八府一州五十三县，大概可定者，次在星纪，野在扬州之所入，其细度则未易折衷也。

疆　域

福建等处承宣布政使司

东抵大海岸，西抵江西界，广九百二十五里；南抵广东界，北抵浙江界，袤一千七百一十三里。

福州府

在布政司治所。东抵大海岸，西抵延平府南平县界，广四百四十里；南抵兴化府莆田县界，北抵福宁州界，袤四百四十五里。

闽县附郭。东抵连江县界，西抵侯官县界，广九十三里；南抵福清县界，北抵怀安县界，袤八十里。

侯官县附郭。东抵闽县界，西抵永福县界，广八十一里；南抵闽县界，北抵怀安县界，袤九十里。

怀安县附郭。东抵连江县界，西抵侯官县界，广八十五里；

南抵侯官县界，北抵古田县界，袤二百一十里。

长乐县在府城东南一百里。东抵海澳，西抵闽县界，广一百二十里；南抵福清县界，北抵山，袤六十五里。

连江县在府城东北九十五里。东抵大海，西抵怀安县界，广七十里；南抵闽县界，北抵罗源县界，袤九十五里。

福清县在府城东南一百二十里。东抵长乐县界，西抵兴化府莆田县界，广一百二十里；南抵大海，北抵长乐县界，袤一百四十五里。

古田县在府城北二百八十里，东抵连江县界[4]，西抵南平县界，广八十三里；南抵怀安县界，北抵建宁府政和县界，袤二百五十里。

永福县在府城西南一百二十里。东抵侯官县界，西抵延平府尤溪县界，广一百二十五里；南抵兴化府莆田县界，北抵闽清县界，袤一百一十五里。

闽清县在府城西北一百二十里。东抵侯官县界，西抵尤溪县界，广八十五里；南抵永福县界，北抵古田县界，袤一百二十里。

罗源县在府城东北一百六十里。东抵福宁州宁德县界，西抵连江县界，广七十里；南抵连江县界，北抵古田县界，袤九十五里。

建宁府

在布政司西北五百三十里。东抵福宁州福安县界，西抵延平府顺昌县界，广四百五十里；南抵延平府南平县界，北抵江西广信府上饶县界，袤四百里。

建安县附郭。东抵政和县界，西抵瓯宁县界，广一百里；南抵南平县界，北抵瓯宁县界，袤八十里。

瓯宁县附郭。东抵建安县界，西抵建阳县界，广八十里；南抵建安县界，北抵浦城县界，袤一百八十里。

浦城县在府城东二百七十里。东抵浙江处州府龙泉县，西抵崇安县界，广一百七十里；南抵瓯宁县界，北抵江西广信府永丰县界，袤一百九十里。

建阳县在府城北一百二十里。东抵瓯宁县界，西抵邵武府邵武县界，广一百三十五里；南抵瓯宁县界，北抵崇安县界，袤七十五里。

松溪县在府城东一百六十里。东抵浙江处州府庆元县界，西抵政和县界，广九十里；南抵政和县界，北抵浦城县界，袤七十里。

崇安县在府城北二百四十里。东抵浦城县界，西抵江西广信府铅山县界，广一百四十里；南抵建阳县界，北抵广信府上饶县界，袤一百五十里。

政和县在府城东二百四十里。东抵寿宁县界，西抵瓯宁县界[5]，广三百三十里；南抵福州府古田县界，北抵庆元县界，袤四百四十里。

寿宁县在府城东二百五十里。东抵福安县界，西抵政和县界，广一百九十里；南抵福宁州宁德县界，北抵浙江处州府景宁县界，袤二百三十里。

泉州府

在布政司西南四百一十里。东抵大海，西抵漳州府长泰县界，广二百八十里；南抵大海，北抵延平府尤溪县界，袤三百八十四里。

晋江县附郭。东抵惠安县界，西抵南安县界，广二十七里；南抵大海，北抵兴化府仙游县界，袤二百六十里。

南安县在府城西十五里。东抵晋江县界，西抵安溪县界，广七十三里；南抵同安县界，北抵永春县界，袤一百七十里。

同安县在府城西南一百三十里。东抵南安县界，西抵漳州府龙溪县界，广一百一十五里；南抵大海黄牛澳，北抵安溪县界，袤一百三十五里。

德化县在府城北一百八十五里。东抵兴化府仙游县界，西抵延平府尤溪县界，广二百里；南抵永春县界，北抵福州府永福县界，袤一百四十里。

永春县在府城西北一百二十里。东抵南安县界，西抵漳州府龙岩县界，广一百九十里；南抵南安县界，北抵德化县界，袤九十里。

安溪县在府城西一百五十里。东抵南安县界，西抵同安县界，广八十五里；南抵南安县界，北抵龙溪县界，袤一百九十里。

惠安县在府城东北五十里。东抵大海，西抵晋江县界，广八十里；南抵大海，北抵仙游县界，袤一百五十里。

漳州府

在布政司西南六百八十里。东抵泉州府同安县界，西抵汀州府长汀县界，广四百一十里；南抵广东潮州府海阳县界，北抵延平府尤溪县界，袤六百五十里。

龙溪县附郭。东抵泉州府同安县界，西抵南靖县界，广一百一十里；南抵漳浦县界，北抵长泰县界，袤六十里。

漳浦县在府城南一百里。东抵大海，西抵南靖县界，广一百五十里；南抵海阳县界，北抵龙溪县界，袤二百四十里。

龙岩县在府城西北三百一十里。东抵漳平县界，西抵汀州府长汀县界，广一百四十里；南抵南靖县界，北抵延平府尤溪县界，袤四百三十里。

长泰县在府城东四十里。东抵同安县界，西抵龙溪县界，广七十里;南抵龙溪县界,北抵泉州府安溪县界,袤九十五里。

南靖县在府城西四十里。东抵龙溪县界,西抵龙岩县界,广二百四十五里;南抵广东潮州程乡县界,北抵龙岩县界,袤二百八十里。

漳平县在府城西北四百里。东抵安溪县界,西抵龙岩县界,广一百二十里;南抵南靖县界,北抵延平府永安县界,袤二百一十里。

汀州府

在布政司西南一千六十里。东抵延平府永安县界,西抵江西赣州府瑞金县界,广七百里;南抵广东潮州府程乡县界,北抵江西建昌府广昌县界,袤三百一十里。

长汀县附郭。东抵宁化县界,西抵瑞金县界,广一百四十里;南抵上杭县界,北抵瑞金县界,袤二百一十五里。

宁化县在府城东北一百八十里。东抵清流县界,西抵赣州府石城县界,广一百里;南抵长汀县界,北抵邵武府建宁县界,袤二百里。

上杭县在府城南一百九十里。东抵漳州府龙岩界县,西抵武平县界,广一百二十五里;南抵永定县界,北抵长汀县界,袤一百一十五里。

武平县在府城西南一百六十五里。东抵上杭县界,西抵赣州府安远县界,广一百九十里;南抵程乡县界,北抵长汀县界,袤二百四十里。

清流县在府城东北二百一十里。东抵永安县界,西抵宁化县界,广一百三十五里;南抵宁化县界,北抵归化县界,袤七十五里。

连城县在府城东南一百七十里。东抵永安县界,西抵长汀县界，广一百一十里；南抵上杭县界，北抵清流县界，袤二百六十里。

归化县在府城东北二百余里。东抵延平府将乐县界，西抵清流县界，广五十五里；南抵永安县界，北抵宁化县界，袤一百六十里。

永定县在府城南二百四十五里。东抵漳州府南靖县界，西抵上杭县界，广二百七十里；南抵广东潮州府饶平县界，北抵上杭县界，袤一百八十里。

延平府

在布政司西四百一十五里。东抵建宁府建安县界，西抵汀州府清流县界，广三百七十五里；南抵福州府古田县界，北抵邵武府邵武县界，袤三百里。

南平县附郭。东抵建宁府建阳县界，西抵顺昌县界，广一百四十五里；南抵尤溪县界，北抵建宁府瓯宁县界，袤一百八十里。

将乐县在府城西二百二十里。东抵顺昌县界，西抵清流县界，广一百五十五里；南抵沙县界，北抵邵武府泰宁县界，袤一百六十里。

尤溪县在府城南一百五十里。东抵福州府闽清县界，西抵漳州府龙岩县界，广二百八十里；南抵泉州府德化县界，北抵沙县界，袤一百五十里。

沙县在府城西一百二十里。东抵南平县界，西抵永安县界，广一百五十里；南抵尤溪县界，北抵顺昌县界，袤一百四十里。

顺昌县在府城西一百二十里。东抵南平县界，西抵邵武府邵武县界，广九十里，南抵沙县界，北抵邵武府建宁县界，袤七十里。

永安县在府城西南二百里。东抵尤溪县界,西抵清流县界,广一百八十里;南抵龙岩县界,北抵沙县界,袤二百里。

邵武府

在布政司西北六百七十里。东抵延平府顺昌县界,西抵江西建昌府新城县界,广二百六十里;南抵汀州府宁化县界,北抵江西广信府铅山县界,袤六百四十里。

邵武县附郭。东抵顺昌县界,西抵光泽县界,广一百七十五里;南抵泰宁县界,北抵建宁府建阳县界,袤二百里。

泰宁县在府城西南一百四十里。东抵邵武县界,西抵建宁县界,广一百一十里;南抵延平府将乐县界,北抵邵武县界,袤一百里。

建宁县在府城西南二百四十五里。东抵泰宁县界,西抵建昌府建昌县界,广一百一十五里;南抵宁化县界,北抵建昌府南丰县界,袤一百一十五里。

光泽县在府城西北八十里。东抵邵武县界,西抵新城县界,广九十五里;南抵邵武县界,北抵铅山县界,袤一百五十里。

兴化府

在布政司西南二百七十里。东抵海岸,西抵泉州府永春县界,广二百一十五里;南抵海岸,北抵福州府永福县界,袤一百二十里。

莆田县附郭。东抵海岸,西抵仙游县界,广一百二十五里;南抵海岸,北抵永福县界,袤一百二十里。

仙游县在府城西七十里。东抵莆田县界,西抵永春县界,广八十五里;南抵泉州府惠安县界,北抵永福县界,袤一百五十里。

福宁州

在布政司东北五百四十五里。东抵海及浙江温州府界，西抵福安县界，广一百五十里；南抵宁德县界，北抵浙江温州府平阳县界，袤四百一十五里。

宁德县在州城南二百二十里。东抵福宁州界，西抵福州府古田县界，广一百五十五里；南抵福州府罗源县界，北抵建宁府政和县界，袤二百四十五里。

福安县在州城西北二百里。东抵福宁州界，西抵宁德县界，广一百五十五里；南抵福宁州界，北抵浙江处州府庆元、龙泉二县界，袤三百里。

形　胜

福建布政司

闽越地肥衍。唐韩愈《欧阳生哀词》云："有山泉禽鱼之乐。"**凭山负海**，唐杜佑《通典》："闽越遐阻，僻在一隅，云云。"**水清山秀，为东南之尤**。唐黄璞《闽中名士录序》。**东南际海，西北多峻岭抵江**。《宋史·地理志》。**南望交、广，北睨淮、浙**《三山志》。**水陆之险**。宋曾巩《道山亭记》："闽之路，陆出者，或逆坂如缘絙，或垂崖如一发，或侧径钩出于不测之溪，上皆石芒峭发，择然后可投步。其溪行则水皆自高泻下，石错出其间如林立。舟沂沿者，投便利，失毫分辄破溺，其水陆之险如此。"**连山络其精神，巨渊敞其眉目**。元程钜夫《送郭元坦序》："闽之陬，幅员凡几千里，云云。”

福州府

东带沧溟，百川丛会，旧记。北抵永嘉，南出莆田，西连延平。同上。其地坦夷，《图经》：“闽中八郡，建、剑、汀、邵号上四州，其地多溪山之险；福、兴、泉、漳号下四州，云云。”吻海派江。唐《沈亚之集》：“闽城吻海而派江，附山以居，无安沼平池游舟娱乐之地。”长江在其南，大海在其东。宋曾巩《道山亭记》。全闽八郡，长乐为冠。宋蒋之奇文。东南都会。宋蔡襄《学记》并柯述祭文。连山距海，边徼重地。元王恽奏疏。地气磅礴。元贡师泰《重修福州路记》：“云云，物产蕃阜。”

长乐县　东滨大海，西接瀛洲，首石峙其北，长江经其南。本志。

连江县　沉蝶案于水中，耸笔峰于天际，五马内朝，三台外辅。本志。

福清县　东薄大江，西连巨麓，双旗五马距其阳，鹭峰金翅敌其阴。本志。

古田县　文笔峙立乎其东，五华盘礴乎其西，北崒翠屏，南案仙亭。元吴海《送郑训导之古田序》。

永福县　东彻侯官，西界尤溪，莆阳直其南，闽清倚其北。宋知县黄子理《玩芳亭记》。山崖层迭，溪水悍激。同上：“其山崖悬蹙耸伏，迭见层出，其水行山间，悍激回复，走濑藏石。”

闽清县　大江环其左，屏山耸其前，凤凰南翔，朱顶西舞。本志。山水清妍，西高东下。同上。

罗源县　四明角拱，三台臂揖。本志。凤屏拥其后，席帽环其前，金马出其东，铁幢峙其西。同上。两溪左蟠，三川右绕。同上。

建宁府

碧水丹山，梁江淹为吴兴令，尝谓："云云，珍木灵草，平生所爱，不觉行路之远。"东闽剧地。唐权德舆《送建州赵使君序》。东接括苍，北距上饶；西南抵延平，东北带建溪。本志。山水奇峻。同上："闽中号佳山水，建安视闽中，尤号奇峻。"保界闽越，绵地八百。宋杨亿云。东南胜地。本志："南望铁乡、紫盖以次群峰，旁联黄华、白鹤之秀，为东南胜地。"居闽上游。同上："建安为郡，云云，为江浙之要冲，福唐之喉衿。"襟山束水，宋盛均序："惟闽峤一臂西指，则建安在焉，其郡云云，其人狭黠而易随。"溪行石中。宋朝元吉记。

浦城县　雷霆入地，星斗逼人。唐章碣诗："雷霆入地建溪险，星斗逼人梨岭高。"其山奇峻，其水湍急。本志："邑之北有梨岭，层峦迭嶂，迤逦而来。大溪环绕，自西折而东，由建溪而达于海，云云。"吴山峙其左，西崖环其右，前拥回隆之秀，后倚横峰之奇。同上。

建阳县　西北高而山多峻峭，东南下而地稍平夷。本志。群峰襟抱，二水带束。同上。睡龙惊马，东南回护，卧牛踞虎，左右相持。同上。

松溪县　山明水秀。本志："湛卢峙其南，蹲师扆其北，七峰耸其左，虹亭列其右；山之中有双溪逶迤曲折，云云。"

崇安县　春滩水狂。唐罗隐诗："春滩建水狂。"诸峰环拱，二水合抱。本志："黄石山在其北，武夷诸峰在其南，东有三口官山，西有白花崖、尖石。水则石臼从东而来，石碓从西而来，合而环拱于县，至武夷九曲与建溪合。”建溪奇伟。宋苏轼诗：“建溪富奇伟。”

政和县　东抵永嘉，南通福唐，西走建溪，北控龙泉。本志。群山回环，二水萦绕。同上。大奇峰耸翠于左，望渐峰列障于右，南则文笔之效奇，北则黄熊之献秀。同上。

寿宁县　四山列屏，一水萦带。本志。叠嶂重冈，涌若波浪。同上。

泉州府

川逼溟渤，山连苍梧。唐欧阳詹《二公亭记》。近接三吴，远连二广。宋连南夫《修城记》：“惟闽之泉，云云，万骑貔貅，千艘犀象。”闽越奥区，《厅壁记》：“泉州云云，家尚礼乐。”地带岭海。宋钱熙记：“闽之奥区，泉南为最，其地带岭海，华实之物，颇与岷峨同。”闽越领袖。张赞明记清源。表以紫帽、龙首之峰，带以金溪、石笱之阻。宋陈知柔《修二门记》。北枕清源，西拱紫帽，涨海经其南，岱屿襟其会。宋志。水清山秀，宋郑侠诗：“水清山秀传温陵。”东南巨镇。元志：“风气完固，物产夥繁，为东南巨镇。”水陆据七闽之会，梯航通九泽之重。《方舆胜览》。

南安县　九日、姜相、高士诸峰环拱于右，佛迹、灵秀二山盘回于左。本志。揖紫帽、狮子之奇，抱金溪、黄龙之秀。同上。

同安县　东南十一海岛拱列，献奇于前；西北十六峰峦迭出，拥秀于后。本志。

德化县　东接仙游，西连尤溪。本志。诸山环拱，丁溪中流。同上。

永春县　山环水绕。本志："南有象山为应龙，东有双鱼为水口，马岭如张帘幕，乐山如列楼台。桃溪一水中流，卓埔数溪横洑，云云，云气轮囷。"

安溪县　东濒溟海，西北接汀漳。本志。山水环合。同上："大溪横流，龙山拱峙，水口有金龟山。山东有三公峰，云云。"

惠安县　东南濒海，西北依山。本志。陆通闽广，水达诸蕃。同上。螺峰峙其后，文笔耸于前。同上。

漳州府

闽岭奥区。《舆地纪胜》。境旷穷山外，城标涨海头。唐张登诗。在闽会之极南。宋傅自得《道院记》。地旷土沃。同上。东南际海。《宋史·地理》。控引番禺，衿喉岭表本志。天宝紫芝奠于后，丹霞名第拱于前，鹤峰踞其左，圆山耸其右。同上。面临大溪，背负千峰。宋赵崇祥《漳南楼记》："面临大溪，如见九龙之跃也；背负千峰，如见群玉之拥也；名第诸峦，参乎其前，如见伟人秀士之顾揖也。"一水清流，列峰秀出。《宋进士题名记》："漳极闽之南，云云，拥成郡势，不在建、剑下。"地兼山海秀。宋郭祥正诗。两山拥翼，二水襟带。宋陈淳《北溪集》："如天宝山发脉行龙，涌为州治，实郡之宗祖；如圆山雄据西隅，镇翼右臂，实郡之藩屏；如西江发源汀潮，□抱州治，实为郡右襟带；如九龙江发源汀、赣，绕郡东臂，与西江汇归于海，实为郡左襟带。"地偏海近。国朝王伟诗："漳水南边郡，闽乡到此穷。地偏冬少雪，海近夜多风。"

漳浦县　处八闽之极地，为汀、潮之要冲。本志。前屏梁山，旁环鹿水。同上："前屏梁山，而顶有十二峰之并秀；

旁环鹿水，而派有八余溪之交清。”势若神蛟之趋瀚海，形如祥凤之下平原。同上：“海云，鹤岭、印石、鳌峰、大帽、东罗、将军、九侯、鼓雷、太武诸山，势之高下，若神蛟之趋瀚海；形之隐伏，若祥凤之下平原。”山秀溪清。王伟诗：“山秀英灵聚，溪清爽气开。”

龙岩县　东宝环其左，紫金峙其右，奇迈前揖，九侯后拥。本志。龙岩东蟠，虎岭西踞。同上。

长泰县　良冈衍脉于后，登科献秀于前，曷山左踞，西峰右峙，龙津一溪萦绕其中。本志。

南靖县　山水盘旋，土地平衍。本志：“邑治当双溪交流之会，云云。”大帽峙其后，鹅头揖其前，圆山崛起于东南，镜山屹立于西北。同上。

漳平县　银屏臂其左，龙亭翼其右，覆鼎揖其前，石鼓拥其后。本志。清溪东流，碧潭西汇。同上：“县南有溪东流入九龙江，西有碧龙潭。”

汀州府

崇山复岭。本志：“今汀闽越西南与漳、贡、潮、梅接，云云，民生尚武。”南通交、广，北达江右。宋郑强《移创州学记》。介于虔、梅之间。同上。瓯闽奥壤。宋张文潜《修学记》。在山谷斗绝之地。《文献通考》。西邻赣、吉，南接潮、梅。本志：“云云，实江西、二广往来之冲。”山重复而险阻，水迅急而浅涩。图志。前直圆峰，后枕卧龙。黄启宗记。在闽山之穷处。戴觉记：“汀为州，云云，复嶂重峦，亘数百里。”一川远汇三溪水，千嶂深围四面城。宋陈轩诗。

宁化县　山环万迭，献奇拔秀。本志：“云云，翠华、凤凰山在其北，五灵、笔架山在其南。东有城门嶂，卓立如屏；西有牛头山，突兀若扆。”下瞰溪湖之胜。同上。

上杭县　东连清漳，南通东广，西接赣水，北达临川。本志。琴冈横案于前，金山列屏于后，髻峰东峙，旗嶂西蟠，袍山屹立于西南，萝峤覆峙于东北。同上。前襟三折之清漪，后几七峰之苍翠。同上。

武平县　闽之绝域。本志：“武平去汀三百余里，为闽之绝域。”黄龙北峙，笔架南列，梁野障其东，双薦蟠其西。同上。龙溪碧水，环绕合流。同上。

清流县　诸山合作屏风立，一水环成几字流。本志：“屏山拥其后，南极揖于前，东华左峙，西灵右蹲，一水自西南而来，入于凤翔桥，回流出龙津桥，环抱如带，故先辈有曰‘云云’。”

连城县　舟车四塞之地。本志：“连城居万山中，崇冈复岭，为云云。”山水奇秀，图画难形。同上：“其主山自清流蜿蜒磅礴而来，东引莲峰之雄，右拥旗石之胜，而银屏特立案其南；中有文溪一水，环抱县治，复回流九折而东注。他若金鸡、天马诸峰，呈奇献秀，变幻百出，虽图画有不能尽其形容者。”

归化县　山峰罗列，溪水环拱。本志：“楼台鼓角耸于后，三台飞凤拱于前，狮岩峙其东，仁寿矗其西。诸峰四面罗列，一水自黄溪头西来，与惠利桥水合，环拱于县前。”

永定县　卧龙之山峙于后，挂榜之山薄于前，东有龙门之拱揖，西有印匣之镇重。本志。二水交流，一湖莹澈。同上。

延平府

负山阻水，为七闽襟喉。本志。剑溪环其左，樵川带其右。宋余良弼《双溪楼记》：“七闽号东南山水佳处，延平又冠绝于他郡，云云，二水交流。"山川清明伟丽，为东南最。宋杨时《修造记》。占溪山之雄，当水陆之会。宋黄裳《双溪阁致语》："襟带高下，瓯闽占溪山之雄；舟车往来，延平当水陆之会。"枕寒泉，倚青嶂。黄裳《游山记》。崇山峻岭为郛郭，惊湍激流为沟池。杨时《资圣院记》。前临深壑，后逼峻崖。《方舆胜览》。烟雨霏濛，宛然图画。本志："重峦复陇，蜿蜒起伏于一城之中，官舍民庐隐隐于竹树，苍翠相掩映，云云。"

将乐县　崖岫磊砢，溪流清泚。本志："将乐当延汀上郡界，北镇西台山，其山高出霄汉，而支陇逶迤，左环右抱，曰封山，曰五马，崖岫磊砢，翠色浮岚，而溪流清泚，横堑其前。"

尤溪县　双峰北耸，一溪东注。本志："县治北双峰高峙，如剑倚天外[6]，为县之镇山。其他叠嶂层峦，东拱西顾，如象如狮，形状特异。清溪一带，抱县治之后而东注焉。"

沙县　崖壑回旋，溪流澄湛。本志："沙县在延平上游，凤冈北峙，七峰南列，烟崖雾壑，回旋左右，太史溪之流一碧澄湛，十里无声。"

顺昌县　溪山秀丽，宋余良弼《顺昌学记》。介西江东广之冲。本志："顺昌云云，豸角山特立其北，双峰、仙掌诸山列于东西，南则五马山如屏障然，而清溪流其下。"

永安县　巉崖峭壁，惊骇游目。本志："永安介龙岩清流二县之间，大秀山耸立东北，百丈、莲花、金星、玉斗诸山左蟠右转，云云。"

邵武府

居四州之上游。本志。其土夷旷，其势蜿蜒。同上："其土夷旷，其气清淑，其势蜿蜒抱负，如在碧玉环中。"三峰峙其南，一水界其北。同上。瓯闽西户。宋胡寅《军治记》。

前据重冈，后带鹿水。同上。杉关、铁牛控其西，石岐、水口扼其东，梅口、西安阻其南，金山、珠寮障其北。本志："铁牛，关名；石岐，隘名；水口、西安俱寨名。"前跨汀赣，后扆武夷。同上。登高猊踞，石岐龙盘。同上。左剑右盱，枕汀带建，元魏天祐《总管府记》。千山重围，一水中流。宋戴式之诗："千山表里重围过，一水中间自在流。"

泰宁县　山川奇秀。宋叶祖洽《改邑名记》。大杉、茶花厄其北，石门、九盘控其西，何潭汇其东，宝阁耸其南。本志："大杉、九盘皆岭名，茶花、石盘皆隘名。"北枕杉溪，东环三涧。同上。金铙远盘，炉峰近踞。同上。

建宁县　跨赣、盱、汀、剑之交。本志。南耸金铙，北扆凤巘，浮沙、东山环其左，白鹿、西山列其右。同上。百丈嵯峨。濉江萦绕。同上："百丈岭乃江、闽分界。濉江萦纡，而县治居其中，若莲花心然。"风气绵密，外固中宽。同上。山刻水厉。同上。地分麻涧脉，山接武夷根。宋陈轩诗。

光泽县　海峤喉襟。本志。云岩耸其南，九峰峙其北，君山障其东，杭川逶其西。同上。当江闽之交。元况逵《自鸣山神祠记》。

兴化府

介泉、福之间。宋游酢《通判厅壁记》："莆阳云云，通海道舟车所会。"山川之秀，甲于闽中。本志。带山附海。宋颜若愚《赎学田记》："莆田为郡，云云。"仙境峭壶公之碧，前映楼台；清流奔玉涧之泉，右萦城郭。宋陈仁壁《兴化军厅壁记》。北枕陈岩，南揖壶公，东薄宁海，西萦石室，木兰寿溪，环流左右，本志："宁海在府城东，木兰陂在府城西南。"一本云："东薄兰溪，西萦宁海。"误矣。环城千里。[7]

校 注

[1]《通典·州郡》："福州今理闽县，秦为闽中郡。"《太平寰宇记》："福州，古闽越地，秦并天下，为闽中郡。"

[2]《宋书·地理志》："晋太康三年分建安立晋安郡。"是永嘉南渡之前已著晋安之名。

[3] 应作"睦州"。

[4] 万历《福州府志·疆域》："古田县东至罗源县，西至南平县，南至闽清县，北至政和县，东南至侯官县，西南至尤溪县，东北至宁德县，西北至政和县。"按怀安县万历间并入侯官，应以万历《福州府志》为据。

[5] 据《闽书·方域》应作"西抵建安"。

[6]《闽书·方域》作"天斗"。

[7] 此段似缺莆田、仙游两县及福宁州部分。

八闽通志卷之三

地　　理

风　　俗岁时附

福建布政司

其俗颇同豫章。《隋书·地理志》:“豫章之俗,君子善居室,小人勤耕稼。衣冠之人,多有数妇,暴面市廛,竞分铢以给其夫。建安俗颇同豫章。”按隋建安郡,即今八闽之地也。民安土乐业,《宋史·地理志》:“民安土乐业,川原浸灌,田畴膏沃,无凶年之扰。”向学喜讲诵,好为文辞。同上。信鬼尚祠,重浮屠之教。同上。硗确之地,耕耨殆尽。同上:“土地迫隘,生籍繁夥;虽硗确之地,耕耨殆尽。亩直寖贵,故多田讼。终岁勤动,仅足给食。元贡师泰《送李尚书序》。

福州府

遇兵不馑,遇荒不掠。晋郭璞《迁城铭》:“云云,逢灾不染。”其俗俭啬,喜讼好巫。《图经》:“其俗俭啬,争者喜讼,病者好巫。"海滨几及洙泗。同上:"晋永嘉衣冠趋闽,自是畏乱无复仕。神龙中,州人薛令之始登上第。其后,李椅、常衮皆以崇重学校为意,于时云云。女作率登于男。同上。民俗舒缓。本志:"由建、剑溪湍而下,泉、莆潮涨而上,适主是而平,民生其间,故其性舒缓,其志强力,可以久安无忧,真乐土也。"产惧薄以勤羡,用喜啬以实华。《闽中记》。家庠序而人诗书。同上:"自晋、宋文雅以来,教化丕变,云云。"君子外鲁内文,小民谨事畏法。同上。《方舆胜览》作"内鲁外文",恐误。民以鱼盐为生。同上。

长乐县　土瘠民稠。本志。男勤耕读,女尚蚕织。同上。滨海者事鱼钓,附山者为工商。

连江县　地瘠民贫,宋林耕《贡士庄记》。习用俭约,人多尚义,治丧不用浮屠。本志。

福清县　土瘠,物货不产,宋刘克庄《陈公生祠记》:"云云,商贾靡至。"君子多业诗书,细民多执工艺。县地瘠俗贫,秀民读书登第者,与长乐相埒,而小民执工艺以营衣食者,视诸县独多。喜争健讼。其俗劲悍,喜争而健讼,为诸邑冠。

古田县　民识教化。宋邑令陈昌期《学记》:"先是,邑人贵巫尚鬼。景德间,李堪令邑,禁革巫鬼,民始识仁义、礼乐、教化。"民俗鄙朴,颇好评讼。本志。文物彬彬。元吴海《送郑训导序》:"古田在昔,提封之广,居民之众,邑里之华,文物之盛,盖彬彬焉。"迩来凋敝,皆不如昔。

永福县　其民火藾水耕,崖锄陇莳。宋知县黄子埋《玩芳亭记》:"其山居之民,终身不知车马驰骤之逸,云云。"民淳而好礼。元员外林温曰:"云云,又多文学之士。"易治而难服。林岊《虚心堂记》:"簪缨星罗,弦诵风行,髫龀有文,农工知义,云云。”

闽清县　家相率而学，人相率而善。宋常挺《贡土庄增田记》。**材俊辈出。**元黄垚《修庙学记》。**男耕女织，民不侈靡。**本志。

罗源县　髦士辈出，细民知学。本志：“初，县治湫隘，人文寂寞。宋绍兴中，知县陈偁迁之后髦士辈出，细民亦知向学。”**民淳讼简，敦尚本业。**同上。

岁时

习俗随方异尚，观于《豳》诗所述可见矣。《荆楚岁时记》：“原气化之屈伸，著物理之迁变，见闾里之礼节，系人情之醇薄”，其亦《豳》诗之遗意欤！三山曾师建尝效之以记闽事。兹特撮其大概，并著其古今之异尚者，以附于篇，亦风俗之一端也。

元日　祈年五鼓后，郡人无贵贱贫富，皆严洁厅宇，陈酒果，焚楮币，拜上下神祇，以祈灵贶。**序拜**闽俗最重元日，黎明各盛服，飨祀毕，序拜称觞，祝尊者寿，然后出拜亲族邻里，往反更谒，尽节假乃止。按旧志：“岁节往来，自缙绅而下，士民吏胥，商贾皂隶，衣服有等，称谓有常，锱铢不敢陵躐。”盖宋之盛时，风俗如此。南渡以后，渐失等威，历元至今，流风余韵，虽间有存者，然视宋之盛时，相去天渊矣。　**上冢**岁节之二三日，华门巨姓，率携长幼拜扫坟茔，至开假乃止。　**入学**宋之盛时，凡乡里各有社学。岁前一二月，父兄相与议，求有学识行艺可以师表后进者一人，推一二有力者为纠首，以诸生姓名具于关[1]，敬谒以请；既许可，乃于岁节后十日，备礼延致于学，子弟迎谒再拜，执经授业，课试讲改，率有规约，其资质之俊秀者，恒以岁通一经为期。郡守程师孟诗云“城里人家半读书”，又云“学校未尝虚里巷”。故当是时，周希孟、陈烈诸先生相继以德行经术鸣于时。人才之盛，盖彬彬焉。其后士以趋试上庠，率游学四方；而乡之先生，乃各开门以往来者，事师之礼浸衰，教人之法甚略，陵夷以至于今，日以益甚，此有识之士所为慨叹也。

立春 **蔬饼**闽俗立春以为节物。宋蔡襄《立春寄福州郡守燕受》诗[2]“春盘食菜思三九”，又罗源林逌诗“青韭供盘饼面圆”。

上元 **彩山**宋时，每岁元夕，州设彩山以向谯门，集俳优妓女，大合乐其上。渡江后废。绍兴中，张浚为帅，复设，自是不废。入国朝来，民俗祈年，虽间有设于境者，而官府则不复设于此，亦可以观我祖宗节俭之化矣。**观灯**宋时郡守，每遇上元，会监司置酒临赏三夕。元丰中，刘瑾为守，元夕，命民间户燃灯十盏。陈烈作大灯，题诗其上曰：“富家一盏灯，太仓一粒粟；贫家一盏灯，父子相聚哭。风流太守知不知？惟恨笙歌无妙曲。”瑾闻而谢之。按晁氏《家语》谓蔡君谟于上元命民间点灯七盏，陈烈作大灯，书此诗其上，君谟见之，罢灯。其说与此不同[3]。考之于史，君谟与烈同时，最厚，而刘瑾为郡，后君谟三十六年，晁氏之言，或有所据也。

寒食 **开花园**宋时，州园在牙门之西，谓之春台馆。岁二月启钥，纵民游赏，常阅一月，盖与民同乐之意也。蔡襄为郡日，有《开花园》诗：“风物朝来好，园林雨后清。鱼游知水暖[4]，蝶戏见春晴。草软迷行迹，花深隐笑声。观风聊自适，不用管弦迎。”程师孟《春风亭》诗：“为报寻芳沽酒客，年年到此且徘徊。”今园已废，而宦游者亦无暇及此也。 **游山**郡人以是日踏青，东郊尤盛，多拾野菜煮腥，亦唐人杏粥榆羹之意也。太守以假日拉寮属登临。蔡襄有《寒食游西湖》诗，程师孟有《寒食游九仙乌石山》诗。一时太平气象，可想见也。 **墓祭**郡之富室大姓，多有赡茔田。每岁寒食，必祭墓下，祭毕，乃合族人燕饮，款洽竟日，亦尊祖睦族之道也。

上巳 **禊饮**旧记：“闽县东有桑溪，越王无诸尝流杯宴集于此。宋时，太守禊饮之地有三：一曰南湖禊游亭，二曰东禅肖兰堂，三曰圣泉曲水亭。郡守王逵《上巳游东禅》诗："紫陌破清晨，雕鞍映画轮；因修洛阳禊，重忆永和春。" **青饭**民俗，上巳日，取南烛木茎叶捣碎，渍米为饭，染成绀青之色，谓日进一合，可以延年。南烛木者，冬夏常青，《本草》："吴、越多有之。"

端午　**插艾**是日，天未明，插艾于户上，以禳沴气。乡村或采楝木叶插之，谓可禁蚊。**系五色线**是日，长幼悉以五色线系臂，名曰长命缕。又曰续命缕。父老相传，谓可辟蛇。至七夕，始解弃之。**饮菖蒲酒**李彤《四序总要》云："妇礼，五日上续寿菖蒲酒，以《本草》云"菖蒲可以延年"，故也。今郡人是日饮之，名曰饮续。**角黍**楚人是日以竹筒贮米祭屈原，名筒粽。后人相承，遂用箬叶裹米而熟之，名曰角黍，以为节物。**竞渡**楚人以吊屈原，后四方相承，遂为故事，闽俗尤重之。郡南台江沿内诸河，龙舟旁午，钲鼓喧阗，共斗轻驶。宋郡守程师孟诗："三山缥缈霭蓬瀛，一望青天十里平；千骑临流搴翠幄，万人拥道出重城；参差螮蝀横波阔，飞跃鲸鲵斗楫轻；且醉尊前金潋滟，笙歌归去月华明。"绍兴中，因乡村争斗杀伤，遂一切拘纳，分诸院修浮桥船，后稍稍复造，迄今又益盛矣。　**采药**是日，郡人多出城收采诸药品蓄之。

七夕　**乞巧**是夜，儿女罗酒果于庭，祝牛、女二星，瞻拜以乞巧。闽令应廓诗："彩楼乞巧知多少，直到更阑漏欲终。"

中元　**盂兰盆会**郡人以是日严洁厅宇，设祖考斋筵荐献，贫者率就寺院供设，近数十年来此风稍减。　**焚楮衣**前中元一二日，具酒馔祭享，仍以纸衣逐位焚献。

重阳　**登高**郡人率以是日登高临赏，饮菊酒以延年，插茱萸以辟恶。

冬至　**序拜**郡人亦重此节。节前邻里族戚更相馈遗，上冢祭享。至节日，则序拜如献岁之仪。

除夜 **逐疫**郡人谓之打夜狐，即古者乡人傩之意也。曾师建云：“《南史》载：曹景宗为人好乐，在扬州时，腊月则使人邪呼逐除，遍往人家乞酒食以为戏。”今闽俗乃曰打夜狐，岂以作邪呼之语而讹欤？**魄岁** **别岁** **守岁**岁晚相魄遗，除夜则相与燕集，达旦不眠。 **火爆**《荆楚岁时记》云：“山魈[5]恶鬼，犯人辄病，恶爆竹之声。”李彤云：“元日爆竹于庭，辟山魈恶鬼，后人因以火药为爆烧之。” **宿岁**《荆楚岁时记》云：“岁暮，家家具肴馔，为宿岁之储，以迎新年，相聚燕饮。”闽俗亦然。又留饭为节假内之备，谓之隔年饭。 **桃符** **钟馗**书桃符，置户两旁，挂钟馗门上，以厌邪魅。

建宁府

备五方之俗。《建安志》：“自五代乱离，江北士大夫、豪商巨贾，多逃难于此，故云云。”处市井者，尚侈而好浮；居田里者，勤身而乐业，同上。尚气而喜节。同上：“云云，易斗而轻生，君子勇于为善，小人敢于为恶。”其民之秀者狎于文；宋韩元吉记。赋其厉气者，亦悍以劲。同上。家有诗书，户藏法律。同上。其民獉黠而易随。宋盛均序。士风差胜，《建安集》：“农力甚勤，桑麻被陇，茶笋连山，云云。”水无涓滴不为用，山到崔嵬犹力耕。朱行中诗。道义之乡，本志：“自朱文公倡道东南，彬彬然道义之乡。”弦诵相闻。同上：“擢科第、登馆阁者，彬彬辈出，居畎亩、处闾里者，弦诵之声相闻。”贵贱不相等。同上：“贫富不相资，云云。荜门圭窦之士，皆能挟族谱以推流派。”

浦城县 士颇以名节自励。本志。

松溪县 士风淳朴，人性俭约本志：“云云，山多田少，地瘠民贫，男务耕稼，女勤织纴，不事商贾末技。”

崇安县　民知文雅。本志：“其民多悍戾而罕尚文艺，唐李频为建州刺史，以礼法治下，民始知文雅。至宋，胡文定、刘屏山、朱文公诸贤继出，诗书礼乐之盛，几于洙泗矣。”

寿宁县　民节俭而简子礼义。本志：“其地山高水寒，惟宜稻而不宜桑麻。民多务本而少逐末，恒知节俭而简于礼义：一失其平，叫呼四出，析之以理，忿怒亦销。”

岁时

岁首　庆节大概与福州府同。**祀灶**俗谓“正月五日夜，灶神朝天回”，故祭之。　**祭门**正月五日暮，具香烛酒果以祭。**里塾**初旬后，邑人之有子弟者，相率敦请乡先生一人于里塾以教之。

上元　燃灯每岁正月十三日始，至十七日止，郡人各张灯于门，或三盏，或五盏，城中弛禁，彻夜听民观赏。

三月　墓祭郡人自季春朔为始，随便择日，备牲醴率卑幼，谒先茔，祭扫既毕，馂余而归。

端午　插蒲艾　是日，民家各插艾及菖蒲于门，以禳灾沴，或采桃叶插之，谓可以辟邪。　**饮菖蒲酒　角黍　竞渡**大概俱与福州府同。

七夕　乞巧是夜，郡人女子具彩缕，设香烛酒果，以祀牛、女二星，谓之乞巧。

中元　盂兰盆会郡人以七月朔日始，至晦日止，相与率钱请僧建盂兰盆会，以追荐祖考，亦有具牲醴祭于家者。

社日　宴社每岁春秋社日，具鸡豚酒食，以祀土谷之神，已乃会宴，尽欢而退。

重阳　寿糕九月九日，郡人粉米为糕，交相赠遗，谓之寿糕。**茱萸酒**是日,饮茱萸酒,以辟邪气。

十月朝 **荐糍**是日,为豆米糍以祀先,然后交相馈遗。

冬至 **序拜**此节惟家庭自序长幼以拜。**荐圆**是日,粉糯米为丸以祀先,盖取团圆之义。

岁除 **馈岁**以牲畜酒果交相馈遗,谓之馈岁。**祭灶**俗谓腊月二十四日灶神朝天,故祭之。 **桃符** **爆竹**俱与福州府同。 **守岁**郡人遇除夜,俱不就寝,或夜分,或达旦,谓之守岁。

泉州府

民淳讼简,宋王十朋《止讼文》:"泉在七闽之中,云云,素号易治。"**俗尚俭朴**,《图经》:"濒海者恃鱼盐为命,依山者以桑麻为业,大抵皆尚俭朴。"**多好佛法**,同上。**重婚姻丧祭**。同上:"云云,以俭薄为耻。"**槟榔为礼**,同上:"闾里朋友,吉凶庆吊,皆以槟榔为礼。"《方舆胜览》谓"槟榔消瘴",今宾客相见,必设此为重。俗之婚聘,亦借此以贽焉。**风俗淳厚**。宋张阐云:"泉之为郡,云云。"**其人乐善**,同上:"云云,素号佛国。"**素习诗书**。宋曹修睦《建学表》:"地推多士,云云。"**爱身畏法,崇逊耻争。儒者安于闾里,以漂泊为病;仕者守其涂辙,以奔竞为羞。**宋志。**木少桑柘,妇罕蚕织**。同上:"云云。冬无冰雪,或不御绵。"

南安县 **弦诵相闻**。国朝陈叔刚《重建夫子庙记》:"南安去郡治最近,号称剧邑。深仁厚泽之所甄陶者六十余年,百里之间,云云。"

同安县 **邑人知敬信朱子之学**元林泉生《大同书院记》:"今去朱子二百年矣,所谓高士轩者,古老相传,敝则必葺。同安多古碑,凡朱子所撰述者,邑人能成诵之,彼岂为虚敬哉!"

永春县　咏而归者日滋。宋陈知柔《修学记》。

安溪县　掌地成田。宋黄铳诗："掌地也成田。"

惠安县　地瘠民贫。宋陈安国《儒学记》："惠安濒海云云。"

岁时

元日　序拜

上元　放灯　入学大概与建宁府同。

清明　祭扫

端午　插艾　角黍　竞渡

七夕　乞巧

中元　盂兰盆会　焚楮衣

重阳　登高

冬至　序拜

除夕　桃符

爆竹已上各节土俗大概与福州府同。

漳州府

其民务本，不事末作。宋傅自得《道院记》。质朴谨畏。宋陈淳《北溪集》："此间民俗，大概云云。然其间亦有奸雄健讼，为善良之梗，使不获安息者。"俗尚淫祀，同上："云云，多以他邦非鬼立庙。"互作淫戏，同上："此邦陋俗，常于秋收之后，优人互凑诸乡保作淫戏及弄傀儡。"乐善远罪，宋郭祥正《净众寺法堂记》："闽之八州，漳最在南，民有田以耕，纺苎为布，弗迫于衣食，云云，非七州之比。"悍强难治。宋《綦崇礼传》："其俗云云。"敦尚质朴。本志："云云，务业者多，健讼者少。"其民轻死易发。

同上："村落愚民，多因小故忿争，辄服断肠草，毒死诬之。"**业农业渔**。《龙溪记》："业农者，近郭之民；业渔者，濒海之民。"**文物如邹鲁**。国朝王祎诗。**民俗奢僭**。王祎诗："奢僭因民俗。"本志云："民间婚姻，男家务为观美，女家极力以求称之，侈靡无节。亲旧之葬，或设祖祭，数月营办，务求珍异，不计财费；丧家则盛筵席以待之，竞为丰侈。"

漳浦县　俗厚讼稀。宋卓遵《为赵师缙蠲役记》。

龙岩县　俗故穷陋。宋朱文公《学记》："龙岩为县斗僻，介于两越之间，云云。"**商贾不行**。本志："邑处郡西北之极壤，山峻水险，舟楫不通，云云。"

长泰县　不好华丽，不事商贾。本志："邑与龙溪相接，地僻人稀，民勤耕织，云云。"

南靖县　男力耕稼，女勤纺织。本志："其地气候多燠，田一岁两熟，苎一岁三收。云云。"

漳平县　其民朴吝。本志："山畲多陆田，舟楫不通，商贾罕至，云云，自业农桑，以足衣食而已。"

岁时

元旦　序拜

上元　放灯　入学漳为朱文公过化之地，读书者多，每岁上元甫过，即遣子弟从师于里塾。

清明　祭扫

端午　插艾　角黍　竞渡

七夕　乞巧

中元　盂兰盆会　焚楮衣

重阳　登高

冬至　序拜

除夜　桃符　爆竹已上各节土俗大概俱与福州府同。

汀州府

风声气习，颇类中州。宋陈一新《跋赡学田碑》。刚愎好斗。《图志》“气刚愎而好斗，心褊迫而浅中。”岛居者安渔盐之利，山居者任耕织之劳。本志。质直好义。《元志》：“君子云云，而恬于进取，小人颇愿悫少文，而安于勤劳。”

宁化县　男力稼穑而不为高贾，女业麻苎而少事蚕桑。本志。勇敢轻生。同上。

上杭县　奢侈日滋，词讼日炽。本志。

武平县　专尚师巫，不任医药。本志。尚武少文。同上。

清流县　民颇健讼。本志。

连城县　土壤硗瘠，人民贫啬。本志。

归化县　专好浮屠，罕尚文艺。本志。尚质好俭，轻讼易争。同上。

永定县　贫者耕山种畬，而鲜行乞于市。本志。

岁时

元旦　庆节

上元　放灯

清明　上冢

端午　插蒲艾　角黍　竞渡

中元　盂兰盆会　焚楮衣

重阳　登高

冬至　序拜

除夜 **桃符** **爆竹**已上各节土俗大概俱与建宁府同。

延平府

民俭啬质直。本志："民俭啬而颇尚气义，质直而不为奸诈。"五步一塾，十步一庠。同上："家乐教子云云，朝诵暮弦，洋洋盈耳。"称为邹鲁之邦。同上："杨文靖、罗文质、李文靖、朱文公四先生倡明道学，云云。"诸儒讲明道义，遗风余教犹未泯。同上。以耕织为生。《剑浦记》。

将乐县　尚气而轻生。本志。嫁娶过奢。同上："嫁娶多过乎奢，而丧葬则未尽乎礼。"民重去乡井。同上。

尤溪县　民鲜工商。本志。

沙县　商贾工技之流，视他邑为多。本志。

顺昌县　士以诗书相劝，民以耕桑为务。《顺昌记》。小民畏刑宪而寡词讼。同上。

永安县　土壤肥饶，民俗轻剽本志。

岁时

元日　祈年大概与福州府同，间有一二文献之家不为之。序拜　里塾大概与建宁府同。

上元　放灯预期立灯树挂灯，儿童鼓乐迎祀典土谷之神，民家各设香案，候神至，焚楮钱拜送之。

清明　祭墓各县俱以清明祭墓，南平则祭新葬之墓，旧墓或时而行之，不专清明也。祭时则请姻友偕往，祭毕，宴于墓所而归。

端午　插艾是日天未明采艾，谓之鸡鸣艾，插户以禳毒气。乡村或采拣木叶插之，谓可禁蚊；或采桃叶插之，谓可辟疫；或采葛藤悬户外，谓可禁蛇。**竞渡**郡城外双溪诸里，皆造龙舟，随方饰色。每舟数十人，鼓楫共斗，以为赛神。

七夕　乞巧与福州府同。

重阳　茱萸酒是日清晨，采茱萸泛酒，祀先宴宾，谓可辟恶气。

冬至　祭先是日粉糯米为丸，陈牲酒祀宗祖。

岁除　餽祭岁晚姻友以牲醴相馈。　守岁除夕儿女燃灯围炉语笑，达旦不寝。　桃符与福州府同。　春帖用色笺书联句，粘厅堂柱间。　火爆　宿岁俱与福州府同。　烧灯是日以旧竹灯台烧于门前，别制新灯台以俟用，俗谓之除旧取新。

邵武府

犷直尚气，力农重谷。本志："人性犷直尚气，治生勤俭，力农重谷，颇好儒，所至村落，皆聚徒教授，有古之遗意。"信巫尚鬼。同上："人信巫鬼，疾病必祷，罕延医药，乡村尤甚。"　儒雅乐善，轻赍健往。同上："喜以儒术相高，是为儒雅；里人获荐登第，则厚赆庆贺，是为乐善。家有余财，则轻赍健往，贾售他州。"比屋弦诵，号小邹鲁。同上："西山得道南之绪而考亭师友，则蒙谷、台溪、云岩、月洲，理学渊源上接伊洛，比屋弦诵之声，洋洋盈耳，当时号小邹鲁。"嫁娶尚门地，丧祭用古礼。同上。岁少大饥。同上："郡地狭山多，民随山高下而田之，高不惧涝，下不惧旱，故少大饥岁。"民不健讼。同上。富不凌贫。同上："闾巷贫民，未尝为富家所驱役吞并；或遇饥岁，贫者视富家出粟为当然，富人亦往往应之不拒。"俗尚简易。元黄镇成《真率约序》："邵武山川清峻云云，文书省约，无珥笔之风；使传稀少，无刮蹄之辙。"

泰宁县　不事浮华，本志："人性犷尚气，少为商贾，耕织自给,云云。"**健讼喜斗**。同上:"健讼喜斗,而耻不胜。"**习俗淳厚**,宋叶祖洽《改县名记》[6]:"邵武四县,惟泰宁最僻,不与四方商旅交,故云云。"**足用无求**。同上:"处深山穷谷之间,有林泉鱼稻之乐,人自足用。无所外求。"**弦诵相闻**。同上:"比屋连墙,弦诵之声相闻,有不谈诗书者,舆台笑之。"

建宁县　人刚烈峻整。本志:"山厉水刻,故人刚烈而峻整。"**君子逊顺,小人犷暴**。同上:"君子则尚志力学,有逊顺之风,小人则狃斗喜胜,有犷暴之气。"**安于朴素**。同上:"邑山多田少,人无甚贫富,故俗安于朴素,而不事华靡。"**重送终之礼**。同上:"云云,虽甚贫者亦不肯火葬。"**易动难安**。《沿革记》:"邑介汀、邵间,去郡城最远,土俗刚犷,民易动难安,调驭有方,则怡然听命。"

光泽县　俗尚朴素。本志:"人性犷直,云云,男耕女织,啬用寡好,不乐行商,而生理鲜薄,其于华藻之事泊如也。"**理学渊源**。本志:"宋西山、云岩、月洲,皆其邑人。"崇尚儒术。宋□□□《谯楼记》[7]:"其俗务生理,力耕凿,间崇尚儒术。"

岁时

元日　祈年　序拜

上元　放灯　入学

清明　上冢

端午　插艾　饮菖蒲酒　角黍　竞渡

七夕　乞巧

重阳　登高

冬至　序拜

除夜　桃符　爆竹已上各节土俗大概俱与建宁府同。

兴化府

儒风非在常衮后。本志："梁陈以来已有郑露书堂，及唐贞元，林藻伯仲因之肄业，欧阳詹来自泉山，原其所倡，盖非常衮入闽之后也。"**永不动干戈**。唐增涅槃谶云："此地云云。"**文物之邦**，宋黄公度《学记》："莆田文物之邦，自常衮入闽之后，延礼英俊，儒风大振。"**有齐鲁遗风**。同上："僻在南隅，而习俗好尚，有东州齐鲁遗风。"**家贫子读书**，宋陈俊卿对高宗语。**秀民特多**，陈俊卿《贡院记》："莆介于泉、福之间，市廛户版，不能五之一，而秀民特多。"**比屋业儒**，宋游酢《通判题名记》："云云，号衣冠盛处，至今公卿相望。"**诗书礼乐，为八闽之甲**。本志**产薄而用俭**。同上："云云，吉凶之需，称家有无。"**科目得人之盛，天下鲜俪**。同上："莆之科目，肇于唐，盛于宋，而极盛于我朝，每科与试者，视闽居半，与计谐者，视解额恒得三之一，祖孙、父子、兄弟、叔侄联登者，后先继踵，云云。"

仙游县　**邑有四民，士风为盛**。宋陈说《仙游县道庆堂记》："莆中三邑，仙游为壮，邑有四民，士风为盛，士风盛，故巨室多。"**民朴俗淳**。宋陈尧通《杨公堂记》："仙溪云云，去末就本，相安垄亩中，熙熙如也。"

岁时

元旦　**序拜**是日昧爽谒先祠，飨祀毕，乃序拜，称觞上寿于尊长，然后谒族祠会族。　**会族**莆世家大族，各有族祠，是日家庭序拜毕，即谒族祠，祀宗祖已，乃与族属团拜，馂余而退，然后出拜姻党邻里。尝闻乡之老长言，数十年前，乡邻交际，后生少年，见学士大夫，动静语默，皆循循恭谨，不敢少怠肆。闾左氓隶，见故家世族，称谓礼节，皆秩秩有常，不敢少陵躐。盖旧俗然也。近世此风寖变，乡邻旧俗之厚，后生少年皆不可得而见矣。因附志于此，以诏来者。

上元 **放灯**先期各构松棚于户外过街，每棚燃灯六盏或八盏，自十三日起至十九日止。 **祈年**自十三日起至十七日止，里民各合其闾社之人，为祈年醮。是夜以鼓乐迎其土神，遍行境内，民家各设香案候神，至则奠酒果，焚楮钱，拜送之，亦古者乡人傩之遗意也。 **延师**莆地狭人贫，惟以读书为业，故每岁上元后，即筮吉延师，以训子弟。然洪武、永乐间。师道严重，故经其指授者，言动有规矩，学业有次第，而一时风俗之厚，亦由于此也。近二三十年以来，士无以为业，争欲开门授徒，资其修脯之入，以给事育。父兄遣子弟受业，亦多徇人情，而不暇择其学术之能否。故子弟从游，无所畏惮，言动放旷，学业卤莽，甚至对偶反切之学，漫不知为何物，况其文者乎。吾莆风俗古以邹鲁称。比来豪家势族，凌轹乡闾，小子后生，干犯长上。内利而外义，厚疏而薄亲。哗讦之风日起，奢僭俗日滋，是固一时习尚使然，而蒙养弗端，长益浮靡，亦其势之所必至也。然窃闻之，风俗与化移易，其所以匡正而转移之者，尚有赖于吾乡之君子及司民牧之寄者。

清明 **扫松**莆与仙游之俗，多于冬至日谒墓祭扫，近来亦有清明而祭者。**浴沂会**清明前后，里塾诸生，各率钱大小有差，择日具酒殽蔬果，于名山胜刹，延先生暨诸学父燕饮，谓之浴沂会，余钱则以奉先生，为润笔资，俗谓之光斋。

午节 **插艾**与福州府同。**荐角黍**是日具牲醴荐角黍于先祠毕，乃长幼序坐燕饮。莆俗最俭约，寻常会客，惟市沽新酿，必贵家富室，云有老醞也。至是日不问贫富，俱市老醞饮之，谓之饮续。**竞渡**城内外闾左细民，各合其同社之人，为龙舟以竞渡。自初一起至初五日止，每舟岁推一人为首，费用甚夥，有至倾家产者，士大夫皆笑其愚，而莫之能禁也。

中元 **追远** 郡人最重是节，自五六月间即渍纸而糜之，刻模印为金银锭，捶锡为薄，以饰银锭，煮栀子汁，染锡薄以饰金锭，家以数千百计。迨是月十三日各洒扫室堂及庭，设先世像位，日具牲醴庶羞祭奠，至十六日，乃积楮钱杂金银锭，逐位焚献。女子适人者，或父母既没，至是亦归奠如前仪，没身不废，迨其子孙犹然。数日之间，盘合往来，充斥道路。计一家所费，多者钱二三千，少亦不下数百。士大夫往往以为非礼妄费，欲禁止之。或以莆士夫家各有时祭，以展孝诚，闾左细民，终岁或不能一荐，苟于此又禁止之，则是遏其孝思之良心，终无以自尽矣，故卒莫有禁之者。而议者以为有贤师帅为节其无益之费，而定为中正之礼，使得以伸其孝，而不伤于财，亦未为不可也。　兰盆供莆故家世族，旧皆有田租，以备盂兰盆供之费，至中元节，辄命僧于族祠修设。近年士大夫以为非礼，悉革之，而以其田所入致祭，亦一美俗也。

冬至　序拜前期粉糯米为丸，是日早熟而荐之于祖考，已乃少长序拜，或尊长辞则止，而燕饮则仍如元旦之仪。　谒族祠亦如元旦之仪，但不团拜。　岁暮馈岁腊月之末，姻党亲属，各以牲醴相馈遗。

除夜　辞年是夜以牲醴拜荐于祖考毕，乃集诸卑幼而燕饮。　宿岁　桃符　钟馗　火爆俱与福州府同。春帖与延平府同。

福宁州

俗尚朴素。本志："汉晋以来，云云。"文人才士彬彬辈出。同上："自唐林嵩擢高科为一邑倡，厥后云云。"　附山者务农桑，濒海者业渔盐。同上。丧葬尚浮屠，婚娶不亲迎。同上："宋时民物富庶，好尚文雅，及元之季，民户日耗，风俗亦异，云云。"

宁德县　俗尚颇淳。本志。士习诗书，农力稼穑。同上。

福安县 其民俭侈相半。本志:"其民习尚不同,俭侈相半。"

岁时

元日 序拜

上元 试灯自十三日为始,郡人各架竹木张灯,老少笙歌鼓舞为乐。至十八日乃止。 入学州坊都各有社学,每岁上元后,即延师以教子弟,至八月终解馆。

清明 扫松清明前二日,州人各令家人扫松,至日具牲醴。率卑幼,至墓前拜祭毕,享胙而归。

端午 插艾取艾叶菖蒲悬户上,或取楝木叶、石榴花插之,又用五色线系小儿臂,云可以禳灾诊。 角黍 竞渡大概与福州府同。

七夕 乞巧亦与福州府同。

中元 祀先州之军民,不问贫富,各具酒肴羹饭楮衣以祀先,谓之盂兰盆会。

重九 茱萸酒是日州人各具馐,以茱萸泛酒,诣神祠求福,会饮而归。

岁除 送旧迎新是夜各具酒馔,召宗族叙饮,明灯达旦,谓之送旧迎新。 桃符 火爆俱与福州府同。 庆寿州民年满六秩,亲戚咸备彩幛羊酒为贺,主人盛具酒筵燕饮后而已。

里至

福州府

东至海岸一百九十里,西至延平府界二百五十里,南至兴化府二百三十里，北至建宁府政和县五百三十里，东南至海二百里，西南至延平府界三百六十里，东北至福宁州宁德县二百一十里，西北至延平府四百里。自府治至南京二千八百四十五里，至京师六千二百三十里。

闽县

东至海一百九十里，西与侯官县地毗连，南至福清县一百二十里，北与怀安县地毗连，东南至长乐县一百里，西南至怀安县界十七里，东北至怀安县界二十里，西北与怀安县地毗连。

侯官县

东与闽县地毗连，西至永福县界八十里，南至闽县界二里，北至怀安县崎山五里，东南与闽县地毗连，西南至永福县一百二十里，东北至怀安县界二里，西北至闽清县一百二十里。

怀安县

东至连江县界七十五里，西至侯官县界十里，南至侯官县界一十里，北至古田县二百八十里，东南至闽县界二十六里，西南至侯官县界三十里，东北至连江县九十五里，西北至侯官县界十五里。

长乐县

东至梅花千户所五十里，西至太平港口五里，南至福清县一百里，北至连江县界一百二十里，东南至福清县界八十里，西南至福清县界六十里，东北至本县蕉山巡检司三十里，西北至本府一百二十里。

连江县

东至海二十里，西至怀安县界四十里，南至闽县界二十五里，北至罗源县界四十五里，东南至海三十五里，西南至闽安镇二十五里，东北至罗源县界一百二十里，西北至怀安县界九十里。

福清县

东至长乐县松下巡检司五十里，西至兴化府百丈岭六十里，南至大海一百二十里，北至闽县一百二十里，东南至海一百五十里，西南至莆田县一百二十里，东北至薛田岭五十里，西北至闽县常思岭四十五里。

古田县

东至连江县界一百四十里，西至延平府南平县界九十里，南至闽清县界九十里，北至建宁府政和县三百二十里，东南至侯官县界一百九十里，西南至延平府尤溪县三百里，东北至福宁州宁德县二百六十里，西北至政和县三百二十里。

永福县

东至侯官县界六十里，西至尤溪县界六十五里，南至泉州府德化县二百五十里，北至闽清县九十五里，东南至兴化府界八十五里，西南至德化县界一百里，东北至侯官县一百二十里，西北至闽清县界六十里。

闽清县

东至侯官县界一十五里，西至尤溪县界七十里，南至永福县九十五里，北至古田县界七十里，东南至侯官县界一十五里，西南至永福县界一百里，东北至古田县六十里，西北至尤溪县界七十里。

罗源县

东至宁德县八十里，西至连江县一百二十里，南至本县鉴江一百二十里，北至古田县杉洋巡检司一百八十里，东南至连江县北茭巡检司八十里，西南至连江县界三十五里，东北至大海二百里，西北至古田县界六十里。

建宁府

东至福州府古田县分水岭一百五十里，西至延平府顺昌县界一百一十五里，南至延平府界八十里，北至浙江衢州府江山县小竿岭巡检司二百七十里，东南至古田县界二百五十里，西南至顺昌县上洋口大溪一百八十里，东北至浙江处州府青田县寨前二百二十里，西北至江西永丰县界二百六十里。自府治至南京二千三百一十里，至京师五千七百五十五里。

建安县

东至政和县界一百里，西与瓯宁县地毗连，南至延平府南平县大横驿八十里，北与瓯宁县地毗连，东南至古田县筹岭一百四十里，西南至南平县大雪岭七十五里，东北至松溪县界一百一十里，西北与瓯宁县地毗连。

瓯宁县

东与建安县地毗连，西至建阳县界八十里，南与建安县地毗连，北至浦城城县石塔岭下赤岸公馆一百八十里，东南与建安县地毗连，西南至顺昌县上洋口大溪一百八十里，东北至松溪县界一百二十里，西北至建阳县鸡笼顶山八十里。

浦城县

东至浙江处州府龙泉县牌头岭一百八十里，西至崇安县一百八十里，南至瓯宁县营头街巡检司一百六十里，北至江山县小竿岭巡检司九十里，东南至松溪县一百四十里，西南至建阳县二百二十里，东北至浙江严州府遂昌县二百四十里，西北至江西永丰县一百八十里。

建阳县

东至瓯宁县界三十五里，西至邵武府邵武县界一百里，南至瓯宁县三十五里，北至崇安县界四十里，东南至瓯宁县七十里，西南至顺昌县界一百里，东北至浦城县二百二十里，西北至邵武县界一百三十里。

松溪县

东至浙江处州府庆元县界四十五里，西至政和县界四十五里，南至政和县界二十五里，北至浦城县界四十五里，东南至政和县界四十五里，西南至瓯宁县界七十里。东北至庆元县八十里，西北至浦城县一百四十里。

崇安县

东至浦城县一百八十里，西至江西广信府铅山县界七十里，南至建阳县竹湖山七十里，北至广信府上饶县岭阳关八十里，东南至建阳县界八十里，西南至建阳县界八十里，东北至浦城县界七十里，西北至上饶县界七十里。

政和县

东至寿宁县南溪石门七十里，西至瓯宁县界八十里，南至福州府古田县界三百一十里，北至庆元县界九十里，东南至本县赤岩巡检司一百二十里，西南至建安县界三十五里，东北至青田县寨前一百里，西北至松溪县东关巡检司四十里。

寿宁县

东至福宁州福安县界九十里，西至政和县界一百里，南至福宁州宁德县界一百五十里，北至处州府景宁县界八十里，东南至福安县界八十里，西南至宁德县界八十里，东北至浙江温州府泰顺县界七十里，西北至庆元县界四十里。

泉州府

东至大海一百三十里，西至汀州府五百五十里，南至大海一百四里，北至兴化府仙游县一百五十里，东南至大海八十三里，西南至漳州府二百七十里，东北至兴化府一百七十里，西北至延平府尤溪县四百里。自府治至南京三千二百五十五里，至京师七千二百五十五里。

晋江县

东至惠安县界二十五里，西至南安县一十五里，南至本县围头巡检司一百八里，北至仙游县一百六十七里，东南至大海一百一十里，西南至同安县一百二十里，东北至惠安县五十五里，西北至德化县一百八十五里。

南安县

东至晋江县一十五里，西至安溪县七十五里，南至同安县一百二十里，北至永春县一百里，东南至福全千户所八十里，西南至本县康店驿六十里，东北至惠安县六十里，西北至仙游县二百一十里。

同安县

东至南安县一百二十里，西至漳州府一百五十里，南至大海八十里，北至安溪县一百五十里，东南至晋江县界一百二十里，西南至深青驿六十里，东北至康店驿六十里，西北至漳州府长泰县八十里。

德化县

东至仙游县一百三十里，西至尤溪县二百四十里，南至永春县六十里，北至福州府永福县二百五十里，东南至晋江县一百八十里，西南至安溪县二百二十里，东北至永福县界一百七十里，西北至尤溪县界一百七十里。

永春县

东至仙游县一百一十里，西至漳州府龙岩县界一百六十里，南至安溪县九十里，北至德化县六十里，东南至南安县澳头巡检司四十里，西南至安溪县一百里，东北至兴化府一百八十里，西北至德化县五十里。

安溪县

东至南安县七十五里，西至同安县一百一十里，南至南安县界三十里，北至龙岩县一百八十里，东南至康店驿八十里，西南至漳州府二百三十里，东北至永春县一百里，西北至漳州府南靖县三百里。

惠安县

东至大海四十五里，西至晋江县界三十五里，南至惠安场盐课司三十五里，北至仙游县大帽山六十里，东南至崇武千户所五十里，西南至晋江县五十里，东北至仙游县枫亭驿六十里，西北至仙游县一百二里。

漳州府

东至泉州府同安县一百九十里，西至汀州府七百里，南至广东潮州府五百一十里，北至延平府尤溪县六百里，东南至海二百里，西南至潮州府饶平县三百里，东北至泉州府二百七十里，西北至延平府七百三十五里。自府治至南京三千五百二十五里，至京师七千五百二十五里。

龙溪县

东至长泰县三十七里，西至南靖县四十里，南至漳浦县一百二十里，北至长泰县界二十五里，东南至镇海一百二十里，西南至南靖县绿岭三十五里，东北至长泰县朝天岭巡检司七十里，西北至南靖县平南驿一百一十里。

漳浦县

东至海八十里，西至南靖县一百三十里，南至潮州府海阳县三百一十里，北至龙溪县一百二十里，东南至海八十里，西南至潮州府程乡县二百一十里，东北至海一百二十里，西北至龙溪县界七十里。

龙岩县

东至漳平县一百七十里，西至汀州府长汀县三百六十里，南至南靖县二百七十里，北至延平府沙县三百五里，东南至南靖县界二百七十里，西南至汀州府上杭县一百五里，东北至尤溪县三百六十五里，西北至长汀县三百六十五里。

长泰县

东至同安县一百二十里，西至龙溪县三十七里，南至高浦千户所八十里，北至泉州府安溪县一百六十里，东南至同安县深青驿六十里，西南至龙溪县芗州税课局一十五里，东北至同安县苧溪巡检司八十里，西北至漳平县二百二十里。

南靖县

东至龙溪县四十里，西至龙岩县二百二十里，南至程乡县一百五十里，北至漳平县二百四十里，东南至漳浦县一百二十里，西南至海阳县五百四十里，东北至长泰县七十里，西北至安溪县四百五十里。

漳平县

东至安溪县二百四十里，西至龙岩县一百二十里，南至南靖县二百二十里，北至延平府永安县一百二十里，东南至龙溪县三百里，西南至海阳县六百五十里，东北至尤溪县九十里，西北至沙县三百六十里。

汀州府

东至延平府七百里，西至江西赣州府四百一十里。南至广东潮州府程乡县三百三十五里，北至赣州府三百七十里，东南至漳州府六百三十里，西南至潮州府六百六十五里，东北至邵武府六百三十里，西北至赣州府四百四十里。自府治至南京三千二百八十里，至京师五千八百六十里。

长汀县

东至宁化县界八十里，西至赣州府瑞金县八十五里，南至上杭县一百八十五里，北至瑞金县界六十里，东南至连城县一百七十里，西南至武平县二百一十里，东北至宁化县一百八十里，西北至瑞金县界六十里。

宁化县

东至清流县界四十五里，西至赣州府石城县九十里，南至长汀县界九十里，北至邵武府建宁县一百一十里，东南至清流县界六十里，西南至长汀县一百八十里，东北至清流县三十里，西北至江西建昌府广昌县一百二十里。

上杭县

东至漳州府龙岩县大池一百里，西至武平县一百里，南至永定县一百一十五里，北至长汀县一百八十五里，东南至龙岩县一百五里，西南至程乡县三百一十里，东北至长汀县谷奢岭八十里，西北至武平县界八十里。

武平县

东至上杭县一百里，西至赣州府安远县一百四十五里，南至程乡县二百一十五里，北至长汀县界黄公岭一百五十里，东南至潮州府海阳县四百里，西南至程乡县界一百里，东北至长汀县百一十里，西北至赣州府会昌县二百一十里。

清流县

东至延平府永安县界一百一十里，西至宁化县空头岭二十五里，南至宁化县百步岭一十五里，北至宁化县草鞋岭六十五里，东南至连城县一百三十五里，西南至宁化县三十里，东北至归化县九十里，西北至宁化县界六十里。

连城县

东至延平府沙县界一百里，西至长汀县界一十里，南至上杭县界一百里，北至长汀县界六十里，东南至沙县界一百五里，西南至长汀县界七十里，东北至清流县界三十五里，西北至长汀县一百七十里。

归化县

东至延平府将乐县界三十里，西至清流县界二十五里，南至永安县界九十里，北至宁化县界七十里，东南至沙县界一百二十里，西南至清流县九十里，东北至将乐县界三十里，西北至宁化县界五十里。

永定县

东至漳州府南靖县界二百里，西至上杭县界七十里，南至潮州府饶平县界一百里，北至上杭县界一百一十五里，东南至龙岩县绿岭一百二十里，西南至上杭县界六十里，东北至龙岩县界一百二十里，西北至上杭县咸水湖八十里。

延平府

东至建宁府一百二十里，西至汀州府清流县界三百二十五里，南至福州府古田县界一百二十里，北至邵武府邵武县界一百八十里，东南至福州府界一百二十里，西南至泉州府界三百九十里，东北至建宁府界一百二十里，西北至邵武府界一百八十里。自府治至南京二千四百七十里，至京师五千二百九十三里。

南平县

东至建宁府建安县界五十里，西至顺昌县一百二十里，南至尤溪县一百五十里，北至建宁府瓯宁县界一百里，东南至福州府界一百二十里，西南至永安县二百里，东北至瓯宁县界五十里，西北至瓯宁县界一百里。

将乐县

东至顺昌县一百里，西至汀州府归化县白莲驿九十三里，南至沙县界四十里，北至邵武府界一百二十里，东南至顺昌县界四十里，西南至汀州府界一百二十里，东北至邵武府界一百二十里，西北至汀州府界一百里。

尤溪县

东至福州府闽清县百丈岭一百里，西至漳州府龙岩县桃源店巡检司一百八十里，南至本县高才坂巡检司六十八里，北至南平县一百五十里，东南至福州府永福县界一百八十里，西南至泉州府德化县三百二十五里，东北至南平县界一百四十里，西北至龙岩县四百一里。

沙县

东至南平县一百二十里，西至永安县界八十里，南至龙岩县三百五里，北至顺昌县界八十里，东南至尤溪县界一百八十里，西南至永安县□百六十里，东北至顺昌县一百六十里，西北至永安县界一百二十里。

顺昌县

东至南平县一百二十里，西至将乐县一百里，南至沙县界二十里，北至瓯宁县界一百三十里，东南至沙县界二十里，西南至将乐县界五十里，东北至瓯宁县界二十里，西北至邵武县界六十里。

永安县

东至尤溪县界八十里，西至清流县界一百里，南至龙岩县界一百二十里，北至沙县界八十里，东南至龙岩县界一百二十里，西南至汀州府连城县界一百八十里，东北至沙县界八十里，西北至清流县界一百二十里。

邵武府

东至延平府顺昌县界一百二十里，西至江西建昌府新城县界一百四十里，南至汀州府宁化县界三百四十里，北至江西广信府铅山县界三百里，东南至延平府将乐县界一百四十里，西南至建昌府广昌县界三百九十里，东北至建宁府建阳县界六十里，西北至新城县界一百四十里。自府治至南京二千四百五十里，至京师四千八百三十里。

邵武县

东至水口巡检司一百六十里，西至光泽县界八十里，南至泰宁县界七十里，北至建阳县界一百三十里，东南至将乐县一百四十里，西南至建宁县二百二十里，东北至建阳县界六十里，西北至光泽县界五十五里。

泰宁县

东至光泽县界六十里，西至建宁县界四十里，南至将乐县界三十里，北至邵武县界八十里，东南至将乐县界三十里，西南至宁化县界一百里，东北至邵武县一百四十里，西北至建宁县界五十里。

建宁县

东至泰宁县界三十五里，西至广昌县车竿岭一百二十里。南至宁化县安远巡检司八十里，北至建昌府南丰县黄源巡检司九十里，东南至宁化县界六十里，西南至宁化县界一百里，东北至邵武县界二百二十里，西北至南丰县界八十里。

光泽县

东至邵武县八十里，西至泰宁县六十里，南至邵武县界八十里，北至铅山县界一百四十里，东南至邵武县一十里，西南至新城县界一百里，东北至邵武县七十五里，西北至铅山县界一百二十里。

兴化府

东至大海九十里，西至泉州府永春县一百九十里，南至海四十里，北至福州府永福县界一百一十里，东南至大海一百里，西南至泉州府一百七十里，东北至福州府二百三十里，西北至永福县一百八十五里。自府治至南京三千一百四十里，至京师六千四百里。

莆田县

东至平海卫九十里，西至仙游县八十里，南至海四十里，北至旧兴化县八十五里，东南至莆禧千户所九十里，西南至仙游县枫亭驿六十里，东北至福州府福清县蒜岭驿六十里，西北至永福县界一百二十里。

仙游县

东至莆田县八十里，西至永春县一百一十里，南至泉州府晋江县一百五十里，北至旧兴化县七十里，东南至泉州府惠安县一百二里，西南至泉州府南安县一百七十里，东北至莆田县界七十里，西北至泉州府德化县一百三十里。

福宁州

东至浙江金乡卫蒲门千户所一百里，西至福州府古田县一百五十里，南至宁德县飞鸾渡二百一十五里，北至浙江温州府平阳县二百里，东南至大海一百里，西南至福州府罗源县界一百六十里，东北至浙江处州府青田县界一百七十里，西北至建宁府政和县界二百二十里。自州治至南京三千六十里，至京师七千二百里。

宁德县

东至福宁州界七十里，西至古田县杉洋巡检司一百二十里，南至罗源县界二十五里，北至政和县赤岩巡检司二百六十五里，东南至福宁州二百一十里，西南至福州府二百一十里，东北至福安县一百里，西北至建宁府四百里。

福安县

东至福宁州杯溪公馆八十里，西至政和县赤岸赛巡检司二百四十里，南至宁德县飞鸾渡公馆二百一十里，北至温州府泰顺县二百五十里，东南至福宁州二百里，西南至宁德县二百里，东北至福宁州柘阳巡检司一百里，西北至建宁府寿宁县二百里。

校　注

[1] 淳熙《三山志·土俗》作“以学生姓名若干名具关子”。《闽书·风

俗志》作“以诸生姓名具于关帖”。

［2］淳熙《三山志・土俗》作《立春寄福州燕司封诗》。

［3］淳熙《三山志・土俗》只载刘瑾作守张灯，未提蔡襄罢灯事。

［4］《蔡忠惠公集・开州园纵民游乐》诗作“鱼游知水乐”。《三山志・土俗》引句同。

［5］据淳熙《三山志・土俗》引《荆楚岁时记》与《神异经》应作“山臊”。

［6］应作“诏改县名”。

［7］乾隆《光泽县志・艺文志》有明代无名氏《建安记》，文字与本志同；宋《谯楼记》未见。

八闽通志卷之四

地　　理

山　　川

福州府

闽县

九仙山旧名于山。世传何氏兄弟九人仙于此，故号九仙山。《闽中记》云："越王无诸，九日尝宴于此，大石樽尚存。亦号九日山。"曾巩《道山亭记》云："城之中有三山：西曰闽山，北曰越王山，其东即此山也。"宋陈轩诗："城里三山古越都，相望楼阁跨蓬壶；有时细雨微烟罩，便是天然水墨图。"浴鸦池。仙人床。跃马岩。棋盘石。金积园。鳌顶峰。在旧嘉福院内，宋状元陈诚之读书于此。宋王逵诗："眼看沧海近，身与白云高；回影连三岛，盘根压六鳌。"又李尚文诗："三山数外小奇峰，滴翠凝烟倚半空；疑是巨灵分擘日，五丁偷得寄闽中。"玉蝉峰与鳌顶峰相连。琴台。青牛洞。醉乡石。石门。九日台。石龟池。炼丹井。龙舌泉。今九仙观西，傍石岩下有一穴，疑即其处。梅岭。狮子岩。集仙岩。磊老岩。双石祠。（已上俱在九仙山上，皆二十四奇中景也。

余见寺观志。）小华峰在山之南，石上旧刻此三字。金粟台。在山之西麓，郡守程师孟以塔中王氏时所塑金粟像名，石上刻“金粟台”三字，郡守元绛篆。后绛之侄积中为守，绘金粟像于台侧。

罗山九仙山之别支也。　**丁戊山**一名嵩山，又名中山。隐隆磅礴于阛阓之中。（上三山在府城内东南隅。）　**灵山**　**芝山**与灵山相连。（上二山在府城内东北隅。）　**菩提山**跨崇贤、瑞圣二里。　**鼓山**或云有石状如鼓，故名；或云每雷雨作，其中簸荡若鼓声，因名。赵汝愚诗：“几年奔走厌尘埃，此日登临亦壮哉。江月不随流水去，天风直送海涛来。”元黄镇成诗：“岁崱峰头万丈梯，上方高与白云齐。青山尽处海门阔，红日上来天宇低。”石鼓。相传此石鸣，则为兵应。灵源洞。在山之涌泉寺左。岩窦颇嵚怪。五代梁徐寅有十二咏诗及记。将军石。在灵源洞道侧，峙立若甲卒，故名。喝水岩。相传昔有僧神晏诵经于此，恶水声喧轰，叱之，西涧乃涸，逆流于东涧。小顶峰。在涌泉寺后。下视殿阁，若骑其尾[1]。西望郡城，列雉数千。市廛阛阓、丽谯浮图、台门府寺、释老之宫，辉霍崇丽，斗出其间。大顶峰。由小顶而上里许至此，不通人迹。宋咸平中，丁谓始披榛以登。上有石刻朱文公“天风海涛”四大字。国朝邓子静诗：“中天削出玉芙蓉，迥压全闽气势雄；半夜峰头看日出，扶桑近在海门东。”浴凤池。在大顶北。唐末有樵者见五色雀群浴于此。石门。池之南，有石砑立若门。应真台。祖师岩。涌泉窦。泉自平地涌出，因名。甘露松。白猿峡。香炉峰。（已上皆在石门之右。）蹴鳌桥。唐黄璞远祖太和中得道遗迹。翁承赞赠璞诗曰：“烟萝况逼神仙窟，丹灶还应许独寻。”　**蓬岐山**山石重叠中，有蛇坑洞，石生重迭成洞。洞口仅可入一人，其内豁然。屈曲而进，莫知所止。又有剑山，临江有石如剑痕，故名。　**卧牛山**府城东之首山也。山岩浑成，方围数百仞，如卧牛状，故名。（上三山在鼓山里。）　**石龙山**　**云门山**在洋屿。观音岩，松竹苍翠，泉石清幽，古有塑像在其中。弥陀岩。泗洲岩。狮子石。坐禅石。望拜石。仙掌石。长江绕于山前，琴屿、双鱼屿俱在江中。楞迦堂。吸江亭。妙善庵。宋孝宗御笔。石门簏。旧志作“石簏”。僧安永诗：“路绕悬岩万仞头，担泉带月几时休？个中拨转通天窍，人自安闲水自流。”五里泉。（已上号云门山十五奇。）　**芹岩山**上有蒲峰，大江横其下。江之前有山曰龟屿，屿有泉流入于大海。　**后湾山**（上四山在江左里。）　**衡山**屹立百余仞，枕于闽江之左，形如钟。一名藿山，路接鼓山，下有龙脚石，长七八丈，突出跨于江侧。　**风洋山**两峰相应，势如搏凤。旧传仙人王进才飞升于此。山之顶有仙亭遗址，石床、棋枰、几案犹存。峭壁上刻“登龙”二字，地名龙门。**婴台山**旁有铜斗山、天马峰，下有传野桥，龙溪水由此而出。**鹫峰山**上有马面潭，岁旱多祷于此。　**重云山**能兴云雨。中有一岩，平坦十余丈。岩中一井天成，其深莫测，每天朗气清，月华流影，则跃金沉璧，盖里之奇观也。名曰龙井。　**盘石山**山之顶有三石，高十余丈。又有一石，迭于其上，上方如棋盘。每天欲雨，则云出焉。迴港绕其下，水出衡山之龙溪，曲折三十六湾，合流而注诸闽江。港之口有石桥，每风恬浪静，江濑无声，垂纶举网者，旁午其上。　**石门山**南接湖林，北连濂山。山之顶巉岩倾欹，藤萝延绕，两旁壁立万仞，险不容足。上有二石，峭拔凌空，夹峙如门。（上七山在江右里。）　**湖江山**与王崊山对峙。旧有玄妙观。　**王崊山**望之翼然如凤麟。中有海雷石。　**文笔山**在湖江山之后，与金鸡山相连属。其形如笔，有甘泉出其中。又前有双龟，后有五虎。　**五虎山**上有五虎门，下有官母屿。屿之上有巡检司。（上四山在大海中。）　**青羊山**其形如羊，故名。

琅琦山一名罗崎。　**福斗山**林良箴诗：“载酒入江色，应寻福斗游。委蛇山翠晚，汹涌海涛秋；屿合双鳌近，门深五虎浮；风恬鲸练净，月出蚌珠流。”（上七山在嘉登里。）　**峭谷山**　**金鸡**

山《闽中记》："秦始皇时，望气者云，此山有金鸡之祥，遂斵断山脊，㠯厌王气。旧断处为人行路，号曰鸡公巷。" **龙窟山**在金鸡山后。旧记云："黄、陈、郑未入闽以前，此山之穴有蟒焉，夭矫蜿蜒，额有"王"字，人以为龙而祀之，故名。 **东湖山**与龙窟山相连。旧记云："东湖，地名。有宋林观过、林夙二先生之居。"(上四山在孝义里。) **东山**　榴花洞。唐永泰中，樵者蓝超遇白鹿，逐之，渡水入石门，始极窄，忽豁然，有鸡犬人家。主翁谓曰："吾避秦人也。留卿可乎？"超云："欲与亲旧诀乃来。"遂与榴花一枝而出，恍如梦中。再往，竟不知所在。宋蔡襄诗："洞里花开无定期，落红曾见逐泉飞；仙人应向青山口，管却春风不与归。"富沙魏万诗："万迭好峰侵碧落，一泓流水隔红尘。涧边鹿迹知何代，洞口榴花镇似春。"龙首涧。宋许将尝读书于此。治平中，知县陈青刻石，大书曰："龙首涧"。神移泉。唐开元中，僧守正以居高汲远，方患之，一夕，泉迸于居侧，旦视旧井，则已涸矣，若神移焉。故名。文殊岩。岩有古像。狮子峰。象其形也。熙宁中，程师孟于峰之西涧建亭。建炎三年，嗣濮王仲湜书师孟诗："亭为新成号狮子，人曾旧隐作龙头。"许将和："泉近榴花深洞口，亭开狮子旧峰头；八州旗色天边出，三馆芸香海上留。"涵虚沼。松埡(埡与坞同)。松极高大，宋初已有之。宋钱昱诗："僧闲来出世，松老不知年。"天台井。灵芝坞。蛰龙渊。(已上俱在东山)。圣泉。在东山之上。唐景龙元年，僧怀一始卜居爱同寺西，苦乏水。忽一日，二禽斗踪于地，心异之，杖锡往视，因卓其所，俄有泉涌出。乃砻石环其口，分为两道：南滚者为池，东注者以供浣濯。宋蔡襄有诗，下注云："涸十余年今复涌，俗传涌则民安。"又江右里亦有东山，西连盘石，东接象岭。山之旁有石洞，豁然明朗，曲折深邃。内有二石，其形如床，名仙石床。 **凤丘山**有宋尚书彭鹤龄墓。(上二山在瑞圣里。) **长乐山**越王时，山间居民梦神人乘白马至此，因谓之白马山。唐天宝中，改今名。武宗时，建白马庙于其上。　**茶园山**自金鸡山发脉，平田中踊起圆阜，首复蜿蜒南行，其腰为东岳行祠，又南为宝月山。伪闽王延禀为王仁达所败，奔于此。　**三昧山**脉发于金鸡山之左。（上三山在易俗里。）　**饮井山**在仁惠里。山有井泉，味极佳，亢旱不涸。山南有大步岭，其西有唐观察使陈岩庙。　**新安山**跨仁惠、归义二里中。上有石羊，石跪伏石盘上如羊，相传自会稽飞来。　**石鳖山**在永南里。山枕大江之滨，上有三石，其形如鳖，故名。中有一山。耸起平田，去山南一里许，状若蟠龙，有温泉井。山之左有拏公庙。　**玉顶山**下有龟屿。　**君山**山之上有昆仑石室，山之下有马面仙潭。　**朏山**上有石，其形上大下小，名仙芝石。又有石眼泉。　**石山**　**院迹山**有魏国夫人墓。夫人，韩皇后侄女，适帅机张鬲。鬲，龙图篇曾孙也。　**迭石山**高耸众山之上，挺然独秀。前有灵泉，四时不竭。下临绝壑，巨石周匝，故名。又有迭石绕出其旁，如蟠龙拱护，头角昂然。（上六山在永北里。）　**平山**在林浦。宋幼主驻兵于此山，因其崎岖而平之，陈宜中题曰："平山福地。"山前旧有平山阁。　**甘泉山**中有白泉涌出不竭，其味甘，旧有甘泉寺。（上二山在开化里。以上四十二山俱府城东。）

藤山其脉一起一伏，如瓜引蔓。故名。　**鳖头山**由藤山发脉，耸起一峰，反顾藤山之后。（上二山在时升里。）　**高盖山**在仁丰里。闽郡前第三山也。相传汉徐登尝修炼此山。后入永福县，高盖山上升。乡人于此望而祀之，遂缘其名。山有仙人井，在仙坛之上。相传昔有牛堕井中，牧童疾走告其父兄，及至，则牛已出井上。又有青龙池、芦湾洞，洞前有棋盘石。旧有高观堂。

壶屿山在光德里高湖。其山形如倒壶，故名。山之东有一大井，其水清冷，虽亢旱不竭。　**横山**　**惠泽山**在横山之南，钓龙台之北。山之西百步许，名曰独山，上有神祀。　**钓龙台山**山由乌石山一脉蜿蜒起伏，经白马庙，山行数里，至上行尾，崇阜屹立，俯瞰巨潭，台上可坐百余人。旧记云："越王馀善于此钓得白龙，以为瑞，遂于所坐处筑为坛台，因名曰钓龙台。是时闽人占曰：'白者金色，兵甲之象。'后馀善果被诛。元陈亮诗："钓龙遗迹今何处？但见朱门锁石坛。"（上三山在嘉崇里。）　**梁山**在还珠里。一名胡芦山。山上有紫台，乃邦人胜游之地也。　**石壁山**在西集里。山联岱顶。岱顶之南，峭壁数仞。下有群潭。　**东峰山**在方岳里。高不亚鼓山，俗呼灰峰鼻。脉连五仙岩。峰顶巨石有仙人迹。　**塔峰山**方山之别支也。　**木屿山**连于塔峰，周遭有江，三江、陶江潮汐通焉。（上二山在永庆里。）　**方山**　在清濂里。九鼻东向正北，远望突兀端方，故名，宋太守王逵诗："众状皆穷险，兹形独擅方。坦夷中砥砺，端正外青苍。上帝围棋局，炎君避暑床。回看太行路，更近利名场。"又名虎头山。山之阴有峰隆然，逆驰而西，曰黄岩。岁大旱，乡人祷雨于此。郡治前有山三重，是山峭拔秀碧，又出二山之上。上有阿育王塔，又有古坛、石床、石棋局。石床左右有柑橘木，岁所生特甘。唐天宝中，敕号甘果山。　**浮峰山**在光俗里。俗云海潮盈则浮，故名。西有山曰筹岐，岐上有乌石岩。岩之东有王壶山，上有三台石，相传此石自武夷山飞来。山之别支有文笔山，大江环绕其下。　**九龙山**在至德里狂牛岭上。高插天表。　**清凉山**在归仁里，中有仙迹岩，一名法水岩。相传尝有神仙游岩中，倾盂水于地，至今其迹尚存，苔亦不蚀。　**城门山**山之上有鳌顶峰，峰之东有魁星岩，宋侍郎郑湜尝居其下。峰之中有飞来石，石之西有龙观井。峰之下有宋省元林执善宅。　**石几山**　**大翁山**　**傅坑山**　前有大圆石，俗号金鹅覆卵。（上四山在永福里。）　**大象山**其山高耸插天，为城南大障。　**西峡山**脉由大象山而分。山之下即西峡江。　**文殊山**亦由大象山而分，高百余丈。　**珠山**其脉发于大象山。周遭溪水环绕，九山朝顾，俗呼九龙戏珠。　**黄石山**

脉连珠山，有蟠环之势。（上五山在高详里。） **白田山**在钦仁里。上有焦岭，下有焦溪。 **圆头山**俗呼牵牛饮泉。 **马山**形如双马饮泉，故名。（上二山在归义里。以上二十八山俱府城南。） **白鹿山**唐元和中，僧道洪自晋江领徒居此，有白鹿之异，故名。旧记："白鹿山入十五里，号榕溪。" **青洋山**界于福清县。（上二山在府城东南积善里。） **文笔峰**在大义。峰顶三尖，形如笔架。亦名贵人峰。 **三郎峰**（上二峰在府城东西某里。又积善里亦有文笔峰并三郎峰。） **银峰**大象山之别支。山顶有石，其白如银，故名。山腰有岭，界于长乐县，亦名银峰岭。 **琅峰**在绍惠里。其山高耸如旗。东有龙井，水甚甘冷，亢旱不竭。峰之下，江潮环绕。 **枕峰**在归义里西峡渡之南。驿道往来候潮之所。 **金鳌峰**一本作鳌顶峰。在青布。五代时，二徐真人平闽屯兵处也。左有龙湫潭。水激湍急，如龙之喷水。水通苦竹溪，流至林峙浦，抵西峡江。林浔浦前有金墩石出土中，如金色。中有战场及试剑石。今灵济宫在其下。 **玉水峰**在金鳌峰之右。 **富山峰**联于玉水峰。 **贪狼峰** **莲花峰**在金鳌峰之左。 **方岩峰** **白鹿峰**峰之左有雷鼓潭，有龙出没于其间，天旱，乡人祷雨于此，多应。 **古城峰** **飞蓬峰** **紫苔峰** **太平峰** **金仙峰** **天柱峰** **朝阳峰** **金栏峰** **起云峰** **宝台峰** **大座峰** **玉蕊峰** **双童峰**（上二十峰在积善里。已上二十三峰俱府城南。） **剑石岩**在魁岐岭。上有一石，约围五十余丈，石上刻籀文。相传唐末黄巢兵经此，以剑存石下。故名。

五仙岩在高山之上，五石并列，中一石高起二十丈许，石上平坦，无路可登。相传曾有五仙围棋于此，故名。 **紫微岩**相传唐末有紫微公弃官隐此，后得道轻举，因名。岩下旧有杰阁，雄丽可观。宋民先诗云："碧落已骖丹凤驾，红尘空望紫微岩。"（上四岩在府城南方岳里。）　古岭下有铁鼎潭，永乐间，尝有龙潜其中，岁旱祷雨多应。又有车函、观音潭。　鼓崎岭在方崱峰之南。下临大江，上有一石，圆如鼓，故名。　萧湾岭路接岐岭。　魁岐岭（上三岭在鼓山里。）　猎岭　婆岭（上二岭在桑溪里。）　象岭在江右里。岭之北有凤洋。　鹅鼻岭在孝义里。界于怀安县六都。　狂牛岭在至德里。　石湖岭在永北里。　瑞迹岭在开化里。上有巨人迹，长尺余，因名。（已上十一岭俱府城东。）　柏岭在时升里。树木森秀。　青布岭在积善里。路通长乐县。（上二岭俱府城南。）　磕下石在鼓山里。　动石其石甚巨，以一指推之则摇，力推则不动。又桑溪里曲坑亦有此石。　丛岩石（上二石在合北里。）　石壁在江右里。上有"龙门"二字。　海雷石在嘉登里海畔。其石为海涛穿蚀成窍，风荡激则訇然有声若迅雷然。　石步石在归仁里。　石鳖石在永南里江畔。其首旧为雷所击，仅存其中。　石船略如船形，故名。　石笼悬崖之上，其形如笼。（上二石在永北里。已上九石俱府城东。）　老子岩石在府城东南。其形如道士冠帔执简而立，俗呼老子岩。　前屿　后屿一名松山。（上二屿在归善里。）　洋屿　猴屿　殷屿（上三屿在江左里）。　獭屿在江右里。屿之旁有凤宅。　竹屿　横屿（上二屿在瑞圣里。）　龟屿在永北里。由玉山顶一脉渐降落于平洋，俗谓神龟出洞，故名。其上树木森蔚苍翠，为一乡之胜。（已上九屿俱府城东。）　盐屿在仁丰里。　扈屿在还珠里。　刘屿在灵岫里。　枕屿在归义里。　芝屿在积善里。昔尝产紫芝，故名。屿之上有二徐真人灵济祖宫。（上五屿俱府城南。）　螺洲在府城南仁惠里。　投桃洲在马头江中。其形如桃，故名。洲上为田几千亩。　闽江在府城东南江右里。广三百余丈。源出浙之龙泉，建之浦城、崇安，又合建、延、汀、邵及古田、闽清、永福大小诸溪之水至此入海。西峡江。在永福里。受永福印溪之水，流十四里，与东峡江合。峡江。跨归仁、高详二里。两山夹峡，上纳汀、建、延、邵之溪流，下吞兴化、漳、泉之潮汐，其阔可以尺量，其深不可以数计。中流有石，屹然如砥柱，名曰浮焦。焦下有潭，名中焦潭。潭有龙潜其中，凡岁旱，祷无不应。东峡江。南台、西峡二江合流于此。（上三江俱府城南。）马头江。南台、西峡二江皆汇于此。深广莫测，风雨骤作。波涛汹涌，舟人惮之。中有石如马头，潮退则见，潮平则没，故名。琅崎江。在绍惠里。（上二江俱城东南。已上诸江悉由闽江以达于海。盖即闽江上游，但随地而异其名耳。）金锁江。一名金崎。昔有渔父，垂钓得金锁，引锁尽，见金牛，急挽至岸，俄而锁绝，犹得数尺许，因名。濑江。在府城南清廉里。与西峡江水相会。微风激之，声如溪濑。上洞江。在至德里，乃马头江左次港也。下洞江。在江右里。乃马头江左一港也。中有狮子石，与方山对峙，巨浸不没，俗谓“水浸方山鼻，不到狮子耳”。（上二江俱府城东南。已上三江盖闽江之支江也。）

南台江在府城南嘉崇里。与闽江同源，至洪塘岐为二：其一南行，一北行。北行者经钓龙台，为南台江，纳北山众流，过鼓山，复与南行者合流，汇于马头江，历闽江以达于海。南台万寿桥东，旧有洲田数十顷，成化初，溪流海潮日夕冲决，悉陷于江，可通舟楫。台下旧港，流沙渐拥，潮小则舟胶不可行矣。大定江。在府城东南永北里。与南台江同派，至此受上下磕诸水，通马头江，其势横亘，望如拖练也。　**演江**在府城东北。源出山谷，以其沙水平演，故名。　**石湖**在府城东永北里，受麻潭、吴坑诸水，亦通潮汐，今淤塞渐小矣。　**大桥河**晋严高筑城日，从今迎仙馆前开水口通澳桥浦，引潮截城而入，横渡虎节门大桥下，西趣舶浦尾。伪闽时，又从西湖凿渠一支，引北面山源清水，沿乐输门城阳为浴马之所，南驰此河，以涤滓秽。[2]　**新河**从清水堰开河口通澳桥浦，引潮贯城，横渡兼济门，又西逾利涉门直抵舶浦尾，与大桥河通。咸平中，郡守陈昌舆重浚之，名曰通津渠，州人因号曰新河。

义溪在西集里。一名麻溪。　**焦溪**在钦仁里。　**榕溪**在青布。　**白鹿溪**源出于白鹿山。　**苦竹溪**在金鳌峰之下。横溪有桥。（上三溪在积善里。已上五溪俱府城南。）　**桑溪**在孝义里之猎岭。旁有桑园，故名。越王无诸尝于此流觞宴会。　**善溪**旧名鳝溪。在桑溪里鼓山之北、大乘之南山峡间。有二潭，下潭广六丈，深不可计，距上潭五里。相传越王郢时，溪有大鳝，长三丈。郢第三子号白马三郎，有勇力，射中之，鳝怒，缠以尾，三郎人马俱溺，邑人立庙祐之。淳祐八年，郡守陈垲更今名。详见《祠庙志》中矣。　**大坑溪**源出青阳。跨溪有石桥，潮大时亦通。

东崎岊溪　**浩溪**　**荷溪**地名龙井。近溪有元中训计议郑恺所居。中有跃龙津，碑石刻"跃龙津"三字尚存。　**孟溪**北有香炉峰，下有马鞍桥。（上五溪在合北里。已上七溪俱府城东。）

直渎浦南从江岸开河口通潮，北流至海晏门为澳桥浦，又北通东湖，以其直如沟渎，因名。　**马面潭**在江左里大江之上。

昆济潭在狂牛岭南。深邃莫测，实神龙之湫，祷雨辄应。下有穴通马头江，受诸江之泉，然亦不溢也。成化间，亢旱，乡人车水溉田，水去数尺，见其内大刻"昆济潭"三字。（已上二潭俱府城东。）　**三角池**在府城东俗里三叉路边。亢旱时，近池之禾，资其灌溉。　**内汤井**在府城温泉坊。旧有内汤院及温室、振衣亭。　**外汤井**在汤门外数百步。缭以垣墙，作温室及振衣亭。公府休暇，多盥濯于此，俗呼官汤　**温泉**在外汤院。味甘而微和，热甚者作硫磺气。旧志云："人沐浴之，可以荡邪而难老。"

十槽汤在汤门外百步余。　**汤泉**在府城东崇贤里。数十步辄迸一穴，或出河渠中。味甘而性和，热甚者气如硫磺，能熟蹲鸱。旱潦无增减。宋程师孟诗："曾看华清旧浴池，此泉何日落天涯？

徘徊却想开元事，不见莲花见荔枝。” **苏公井**一在嘉荣坊内，一在开元寺前，一在庆城寺前，一在左一坊。石井，俱宋庆历中提刑苏舜元凿。 **天台井**在瑞圣里。 **更门井**在永北里上磕。泉味甘洌，诸井莫能及。

侯官县

乌石山在府城西南隅。唐天宝中，敕改为闽山，与九仙山东西对峙，眉目海上。唐黄滔《万岁寺碑》有云：“公府雄雄，坐龙之腹；九仙、乌石，耸龙之角。”宋蔡襄诗：“低徊倾北斗，突兀起东闽。”国朝杨景衡诗：“邻霄台北道山西，长啸凭高起远思；纵目莫穷登览头，梵宫烟草晚离离。”王孜诗：“鸦飞池水涸，僧去石岩空。”薛老峰。咸通中，侯官令薛逢与神光僧灵观游，创亭其侧，乃倒书“薛老峰”三字。国朝王偁《登薛老峰》诗：“远屿绿波孤岛外，乱山黄叶白云中。”坐禅石。在山之东峰。劲直若笋，峙于磐石，微触即动摇。又名降睡石。天台桥。东峰侧有巨石梁，如天台石桥之状。仙井。仙人任放炼丹于此。宿猿洞。昔隐者畜一猿，因以名之。林向诗：“夜色并来三岛月，水光分破五湖秋；荔枝影里安吟榻，红藕香中系钓舟。”金刚迹。峰顶石上有巨迹。般若台。今为金粟庵。初阳顶。阎济美曰：“每旦，群峰犹暝，独此峰太阳先升。”因名。落景平。即初阳之西。鸦浴池。古记云：“雷震石坛，成一穴丈余，不知泉脉所出，夕阳群鸦乱浴。”故名。华严岩。唐嗣圣十八年，有僧持华严于此。一夕，雷雨大震，擘石为巨室，僧遂宴坐其间。李阳冰篆《般若台记》刻于华严岩顶，与处州《新驿记》、《缙云城隍记》[3]、丽水《忘归台铭》世称四绝。尊胜真堂。知州孟彪、崔幹祠像也。崔公井。在尊胜堂前。崔幹赏其甘美。射乌山。一云九日山。谢公浴堂。凿井引泉为之。不危亭。在山危巅。蟠桃坞。“蟠桃”疑“盘陀”之误。石像。唐天宝八载五月六日，骤雨雷震，须臾晴霁，石上涌出佛像。欧阳詹记。铜像。

王氏用铜六万斤、黄金三百两铸弥勒佛像，方三丈六尺。向阳峰。山顶突起三字，曰“向阳峰”。金蟒穴。宿猿洞之东。五代唐天成间，大石穴中有巨蟒，鳞甲如黄金，屈蟠六七丈。王氏命运土塞之，建大殿以奉佛，今胡卢城是也。（已上俱三十六奇中景，余见《宫室寺观志》。）鳞次台。在山之东麓。头陀岩。安文头陀因游南涧寺山，莽蔓中得岩石，侧足而入，有一穴，仅可容身，遂宴坐其间，号头陀岩。山居阛阓，游者络绎。头陀尝磨石崖云：“客至不点茶，相看淡如水；白云深谷中，稳坐浮生里。”放生池。按郡邑之有放生池，盖宋天禧、绍兴之制也。每岁圣节日。郡守率僚属命缁流放生以祝寿。（已上俱在乌石山中。）　**闽山**在府治西南隅。其山自宋时铲削已尽，惟余巨石岿然，有大篆“闽山”二字刻于石北。熙宁间，程师孟尝游于此，寺僧为刻“光禄吟台”四字于石之西。师孟诗：“永日清阴喜独来，野僧题石作吟台。”今为居人所有。　**大梦山**下有平章池，元陈平章所凿，故名。　**贵庵山**（上二山在草市都。）　**怡山**在西禅浦。一名云山，一名城山。梁道士王霸居此。详见于《寺观志》。　**黄山**下有桥，亦以黄山名。

后山　**凤凰山**　**清泉山**　**末山**　**石山**（上七山在一都。）

洪山在二都。即洪塘山。东环清溪，横溪有桥，俱以洪塘名。

旗山山形如旗，与鼓山对峙。郭璞《迁城记》云：“右旗左鼓，全闽二绝，八郡雄伟。”所谓“右旗”，即此山也。上有仙人石。旗尾偃迤南折十余里为南屿，民居鳞次，如一市廛。屿之上有炉峰石，下有合山桥。　**历山**上有牛姆石。（上二山在三都。）　**厚山**在四都。　**屿头山**在后尾。又名花屿山。周围六桥曰合潮，曰玉浦，曰郑屿，曰温阳，曰山后，曰王垅。　**华棣山**　**赤塘山**　**凤山**在横棣。（上四山在十都。）　**龙潭山**在十二都。山下有龙潭，岁旱祷雨辄应。潭边又有溪源宫。**药山**在塘岸。　**西山**中有瑞、应二潭，故又名龙潭山。（上二山在十四都。已上二十山俱府城西。） **龙台山**在十一都。与赤塘山对峙。上有小塔。 **唐举山**在十八都。上有圆通阁。 **双髻山**在二十四都之小箬。山巅有鳌峰岭，岭下有圣汤。 **芹山**在二十六都。有马仙宫。 **雪峰山**在二十八、九都。旧名象骨峰。高四十余里，根蟠四邑，未冬或雪，当夏无暑。唐乾符间，僧义存结庵以居，改名雪峰。宋刘知玉诗："名山第一雪峰山，六月山头雪尚寒。"凤凰冈。雪峰院主山也。应潮泉。广二三尺，水才数寸，四旁皆顽石，中有数沙眼，潮上则涓涓而出，退则复竭。故老相传以为海眼。无字碑。古颂云："一片如瓶紫翠间，风吹日炙藓花斑。莫言个里无文字，要在当人着眼看。"水磨。旧志云："僧义存自题云：'庵前永日无狼子，磨下终年绝雀儿。'至今信然。"梯云岭。其巅险峻，若登天然，故名。乌石岭在山之巅。仙迹石。鞭斗石。虎豕迹。蘸月池。在雪峰院旁。旧有古杉二株，一真觉禅师手植，一闽王审知手植，今皆不存。汤泉。距雪峰院八十里。僧可遵尝作偈："直待苍生尘垢尽，我方清冷混常流。"宋苏轼赏之。有曾巩、程师孟、蒋之奇诸公留题。今冠盖南北，必憩此。六花峰山之别支也。

永隆庵山在三十都。上有王几峰。（已上六山俱府城西北。）

大帽山在鼓灵山腰。有石室，名天乙岩，深邃可容百人。一名小方广，一名罗汉洞。国朝郑定诗："天一岩头发长啸，云散天高秋杳杳，石室凉生六月寒，海天望断三山晓。"林誌诗："层峰耸翠拂云标，绝顶凝寒暑不消。孤鹄遗踪天路逼，数螺浮黛海山遥。"山之西南隅有一石窍，出甘泉，可资二十人渴饮，饮竭复盈。山前有文笔峰，峭拔如笔。又名古灵席帽山。高棅诗："文笔耸孤翠，高标写层穹；气夺众峰秀，屹为三山雄！何当览奇观，于此巢云松。" **福顶山**上有古灵庙。（上二山在八都。） **仙宗山**在五都百鹤山窠中。松径萦纡十数里，涧流涔涔有声。 **苏岐山**脉发旗山，首逆浯水，树木森蔚。 **大象山**其山蹲伏如象。上有观音泉。山顶外抱中夷。　**寻山**在蟟沙。　**崎头山**在大象山之东。峰峦奇秀。上有仙人石。下横长江，名浯江。山半俯瞰清流，有矶石临水，号醉渔父。又有悬钟石，下悬浯江，其形如钟，故名。(上四山在七都。)　**小台山**　**龙湖山**(上二山在九都。)

石门山二山对峙，中贯清溪，望之如门。溪浒有伍仲襄庙。

超山隔大江沿浦而入，有孤阜突起，故名。山下有四门江桥。(上二山在十三都。)　**梅峬山**在二十五都，界侯官、闽清二县间。下有钟潭。按旧志："潭中有钟，莫知年代。唐贞元中，僧惟亮欲取之，见蛟龙出没其侧，遂不敢近。"(已上十二山俱府城西南。)　**祭酒岭**在府西一都。俗呼为进酒。伪闽湛温，光州人，事王延翰，官至御史大夫、国子祭酒。时延禀守建州，与延翰有隙，遣使来觇虚实，延翰命温往饯，且鸩之。温叹曰："吾宁以一身代万人肝脑涂地。"引卮独酌，毙于岭下，故名。上有祭酒坟。路接洪山桥。　**黄沙岭**在府城西北二十七都。　**越王石**按《闽中记》："在侯官县南海边。"今未详在何处。常隐云雾间，相传云太守清廉乃见。　**石门**在十二都。　**灵石**在十四都真人宫内。内有潭，潭之旁有石凡四：一似龟，一似蛇，一似剑，一似印。(上二石俱府城西。)　**月山崖**在府城西八都，与文笔峰相对。其崖穹然类半月，故名。国朝高棅诗："群峰多献奇，一峰状如月，半影出阴崖，四时挂天阙；游子爱倩辉，逍遥步林樾。"　**董屿**在后尾。

环屿(上二屿在府城西十都。)　**月屿**在府城西南七都。其形如初月，故名。一本云："在府城西南百余里海边。"　**甘蔗洲**在府城西北十五都江心。上有马仙宫、骊珠石。居民数百家，悉以种蔗为业，弥山亘野，岁课甚丰。　**螺女江**在府城西北十一都。上接水口，下接闽江入于海。《方舆胜览》名"螺江"。《搜神记》[4]云："闽人谢端得一下螺如斗，畜之家。每归，盘飧必具。端疑而密伺之，见一姝丽甚。问之，曰：'我，天汉中白水素女。天帝哀卿少孤，遣妾具君膳，今去，留壳与君。'端用以贮粮，其米常满，资给数代。"江以此名。 **马渎江**在十三都。上接螺女江。 **洪塘江**在二都。上接马渎江。（上二江俱府城西。） **黄岸江**在府城西南七都。又名浯江。江之滨有巨石横浸，亦名苏岐。有渡以济涉者。盖大江之支江也。 **陈湖**在府城南三十五都。 **龙湖**在府城西南九都。 **鼋溪**在十九都。渊中多鼋，故名。按旧志："唐大历中，有一女浣纱溪边，为鼋所食，其父号哭不已，闻者哀之。既而取鼋烹之，冤愤差释。"溪之旁有小金沙、古山园。 **仁溪**在二十五、六都。源出连江县界。 **大目溪**在三十一、二都。 **小目溪**在十六都。（上二溪源俱出永福县界。） **蒙溪**在三十四都。上有桥，去白沙驿五里许，源出连江县界。（已上四溪俱流入大溪，迤逦以达于海。） **丰泽潭**在大目溪。相传潭中有龙，大率二年一兴。兴则暴雨涨溪，冲梁突岸。乃以铁缆缆之，上铸铁佛，缝隙皆纳以铁，自此不得为患。（上四溪并潭俱府城西北。） **碧玉潭**在府城西南八都之古灵。溪流清驶，潭底五色石子粲然若机锦。吴朝宗有记。 **长定官池**在旧永钦里。长一百七十丈，阔一丈五尺，深五尺。 **天汤泉**在府城西九都。其地涌出温泉，四时不竭。 **汤泉**在方山高处。有二石池，一冷一温。 **安德泉**在府城西八都悬崖。甘洌如匡庐瀑布。 **苏公井**一在登俊坊内，一在桂枝坊内，一在万寿寺前，一在官贤坊内官衙前，一在甘液坊内，俱宋提刑苏舜元所凿。 **道士井**在县前。初，晋时林氏入闽，有华阳道士谓之曰："可凿井于南山足下，若遇磐石当止，必有泉焉。"林氏如其言，果见磐石。俄有白豕跃入井中，泉随涌出，至今大旱不涸。 **龙瓮井**在府城西北志节里。或传昔有龙樱井甃而上，今迹犹存。

怀安县

越王山在府城北隅，半隔城外。一名平山，或曰屏山。剑池。相传越王无诸淬剑处。唐元和中，僧惟翰浚之，得铜刀、铁环数枚。当时冶灶犹有在竹林间者。国朝以其地为右卫军营，池淤塞殆尽，存者仅半亩耳。今围入新贡院。琴石。昔闽王鼓琴于此。饮马池。昔闽越王饮马于此。越王古井。（俱在越王山南。）

将军山在府城东北隅。旧名冶山。宋治平图曰泉山，熙宁图曰将军山。唐刺史裴次元于其南辟为球场，即山为亭，勒为二十咏，曰：望京山、观海亭、双松岭、登山路、天泉池、玩琴台、筋竹岩、枇杷川、荻芦冈、桃李坞、芳茗原、山阴亭、合清洞、红蕉坪、越壑桥、独秀峰、筼筜砌、八角亭、磐石椒、白土谷，各为诗题于亭壁。又有涟漪亭、东阳坡、分路桥、乾冈岑、木瓜亭、石堤桥、海榴亭、松筠陌、夜合亭，俱未为诗。其自序云："场北有山，维石岩岩。峰峦巉峭耸其左，林壑幽邃在其右。"又作《望京山诗》云："积高依郡城，回拔凌霄汉。"其时山盖高耸，故有望京之名，经累代营造开凿，今卑小矣，所存者惟山骨可坐十数人。上刻"流觞曲水"痕。闽越王故城即此山。西北有欧冶池，相传欧冶子铸剑之地，周围数里，时或风雨大作，烟波晦暝。今湮塞多矣。　**钟山**在府城内西南隅。《闽中记》："梁太守袁士俊居第内有小山，时闻钟声，因名。后舍为寺，即今之大中寺。"又一都亦名钟山。　**龙腰山**在府城北门外。即越王山之后山也。自莲花峰发脉，迢递过飞来峰，半隔城内，为福之主山。山下有水源，接东湖之坝，与潮汐通。相传昔尝欲凿之以通西湖，往往昼凿而夜遂合，故俗云："龙腰不可凿。"　**灵光山**　**后山**旧为陶灶，宋政和初，县乃禁之。迹犹隐隐于荒莽之中。　**岜山**旧岜县之址也。有巨石冠其山巅，名曰岜石。其石高广坦平。　**太平山**　**闽山**与太平山相连。

卧龙山在兴圣坑。亦名伏龙山。陈宝应时，此山有巨石，无故自移。闽人言："石者，阴类。当静而动，臣下僭逆之象。"后宝应果谋逆伏诛。山上有石刻"卧龙山"三大字。　**文山**宋隐士郑育故居也。太守黄裳往谒之，乃石其路，路口有坊，匾曰"文山"，今惟旧址而已。下有小浦环绕，潮汐通焉。 **浮仓山**旧传越王无诸仓廪在焉。其四面皆江，故名。今仓已墟，江亦堙塞为田。（上八山在一都。） **升山**在三都。旧名飞来山。相传越王勾践时，一夕自会稽飞来。今其邑鉴湖，即山之故址也。陈天嘉中，以其西岩石间时闻钟磬之音，故又名灵岩。唐天宝六载，临海人任敦于此得道升举，因改今名。周朴诗："气色虽然离禹穴，峰峦犹自接天台。岩边折树泉冲落，顶上浮云日照开。"任仙公台。按旧志，敦上升处也。相传台之侧有敦洗药池，今池已湮，而台之砌犹存。宋庆历间，郡守王逵构祠于其上，又尝作《升仙赋》刻于石。郡守程师孟诗："行处松萝深似幄，望中城郭细如棋；清泉可惜藏岩下，不作先生洗药池。"陈襄和："云中直有三清路，尘外都如一局棋；闻欲引泉添洗药，未应夺我凤凰池。"通判陈铸诗："海中岛屿分诸国，野外云霞萃一川；贤守乘秋纵登赏，不妨吟到夕阳天。"不溢泉。相传有石池潴泉，虽雨潦弥旬不溢。鬼磨石。升仙崖。朵枝岩。接于灵岩，形势峭然。其地曾产芝草，故名。息龟池。今湮塞不存。寒岩。在山之阴。相传昔有樵者盛夏憩此，云"其中寒气逼人"。（已上俱在升山。） **瓜山**在二十都。山有三峦直下，分派如瓜，故名。其中峦之下，展坡如平旷，居人环绕，为一乡之会。宋儒潘炳居此。 **丁山**在二十四都。路通古田、罗源二县。山形横亘，一麓冲出如丁字，故名。（上十二山俱府城北。） **南阳山**在府城南十二都。山巅有乌冈潭，其潭有四，以风、云、雷、雨为名。岩石险怪，人迹罕到。每潭阔丈许，相传有龙居之。或时潭上云雾腾涌，则大雨如注；岁旱，乡人祷之，多应。"冈"或作"缸"。 **凤池山**山之坳有凤池，广三四亩。相传有五色鸟常浴于此，意其为凤也，故名。按《十国纪年》："闽王葬夫人任氏于闽县凤池山，后忠懿薨，亦葬焉。"方是时，山犹属闽县，至太平兴国间，始析入怀安。宋郡守元绛诗："州人未识凤池山，朱毂时来此往还；四座杯盘在天上，满轩风雨落人间。"后守叶棣诗："闻说治平元太守，殷勤晚到凤凰池。”盖山见于图经，前此未显，绛始披荆榛而大之。山之西有水帘泉，石壁峭耸，泉自石上流泻，望之若水晶帘，故名。温益诗：“竹生石上琼瑶碧，泉落檐间组带垂。”陈赐诗：“地喷飞泉成雨露，根盘乔木列旌旗。”　**莲花山**在桃枝岭上，一名永福山。形圆而尖，若菡萏然，实郡之主山也。闽忠懿王改葬于此。又名莲花峰。　**宝福山**　**马鞍山**以形似名。

九峰山峰顶九出，尖圆不一。　**大鹏山**山势高耸，如飞鹏展翼之状。其东则方山之巅也。（上六山在三都。）　**东室山**在四都。　**龙窟山**　**涧田山**（上二山在附城五都。）　**芙蓉山**在五、六都，山如芙蓉。中有芙蓉洞，洞口可丈许，萦纡十余里。游人篝灯束炬以往，岩石互锁，乍隘乍廓，绀乳时滴，阴气逼人，火光青闪。至开山堂，可坐百人。有石床、石鼓、石盆，过此益凛凛然莫穷其源。　**寿山**在四都，与芙蓉、九峰二山相对峙。山有石莹洁如玉，柔而易攻。大者可一二尺，盖珉类也。宋黄榦诗：“石为文多招斧凿，寺因野烧转荧煌；世间荣辱不足较，日暮天寒山路长。”距山十数里，有五花石坑，其石有红者、绀者、紫者，惟艾绿者难得。（已上十一山俱府城东北。）　**桃源山**在一都。　**沙溪山**　**西室山**与沙溪山相连。（上二山在十三都。已上三山俱府城西北。）　**龙鞍山**　**杨崎山**夹江峙立，不甚高，而连延起伏，形势可观。宋林垌居此，释褐状元，今人犹以状元名境。（上二山在九都。）　**吴山**在十都。相传昔有吴父者隐此，故以名之。

仙崎山在十一都，与杨崎山对峙。山之巅树木阴翳，其下居民稠密，江水蜿蜒。江南北行者，必由此山之径以济渡，今有郑公渡。（上四山俱在府城西南。）　**九峰**在府城北二十二、三、四、五都，邻于龙迹石。其山峭拔若笔格，与芙蓉、寿山共号三山。唐咸通中，改号九峰。　**黄岩峰**在府城东北五都。岩高数十丈，尖峰倚天。旁有瀑布泉，在峰之左，飞流泻天，如练布然；每夜静，潺湲澎湃之声，闻数十里。　**桃枝岭**　**大夫岭**相传旧有大夫墓。俗呼杜武岭，又呼豆腐岭。（上二岭在三都。）　**长箕岭**在四都。通罗源、古田二县界。又名长岐岭。　**梧桐岭**在十三、四、五都。五代晋天福四年，闽王昶出奔至此。（上四岭俱府城北。）**婆岭**在梅亭。　**闽山岭**通从冢岭东之路。（上二岭在府城西二都。）　**北岭**在五都。路通连江县。沿崖而济，高一千八百步。宋嘉祐三年，知县樊纪僦工攻治；奠高为夷，正曲为直，凹者培，陷者续，迄今赖之。岭上有亭，岭之阿有胭脂团，相传旧有忠懿王郡主梳妆楼，乃辰日盥洗脂粉注渍之所也，因名。地周匝约二百余步，坦夷不毛，四时膏润，红光烨人。　**汤岭**在六都。由北岭行十余里，乃至此岭。又三十里至连江县界。谚云："汤岭兜，北岭头"，言至险也。岭半有庵，庵下有温泉，岭因以名。（上二岭俱府城东北。）　**应石**在二都安国院北。石圆而耸，以木石叩之，则诸山响应，故云。　**龙迹石**在十四都。宋初，属闽县兴城里，在龙岭溪旁。唐广德中，有龙从石上飞起，著四足迹，深可数寸。（上二石俱府城北。）　**盘石**在府城东北五、六都。相传越王时，此石在湖中不没如盘，故名。　**石母屿**相传石母常居于此，故名。石出水四尺，巨涨或过丈余，石亦不没。　**盘屿**脉接吴山，通瓜屿。四面旋绕如盘，故名。或云隐者吴父常与故旧燕会，盘桓于此。因名。　**瓜屿**西从凤凰小山迤逦而来，既伏而突起一坡；四周皆平田，而此坡独圆如瓜，故名。（上三屿在九都。）　**芹洲**在府城南十二都泽苗江之西，当永福溪之急流，推沙走石，岁久拥而成洲。周围二十余里，居民稠密，隐然阛阓之区也。洲多产芹，故名。又名瀛洲，以其四面有水。如瀛洲然也。　**石岊江**在府城南北十三都。上接水口江，下接洪塘江，即今芋原驿前大江也。杨崎江。在九都、十都。上接洪塘江，历凤冈至杨崎，纳永福溪及浯溪之水，达于西峡江。泽苗江。发源自永福溪，北流历侯官之古灵而下，是为泽苗江。江之东岸，则瓜山、黄岩、大鹏众山之水所出，合流至仙崎，乃与杨崎江合。新崎江。一名仙崎，源出永福之印溪，东流三十里，接西峡江。（上二江在十都。）黄江。在七、八都。（上三江皆大江之支江也。已上四江俱府城西南。）　**沙溪**源出分水关，经建、剑而来，下至芋原，与大江合。中有沙壅成洲，故名。　**洁溪**[5]源出大鹏、黄岩两山中，与泽苗江合，溉田一十余顷。　**陈塘溪**源出十四都，萦纡至此入江。岁旱则堰石为坝，以溉民田几三十余顷。旧有桥梁，横于其上。　**浯溪**源出瓜山之阳，历平坡之北，由仙坂而注于泽苗江。溉田十五顷。

潢溪源出黄岸峰之左，注廷泽浦而西入于江。溉田一十余顷。

桐溪在十三都。流三十里至万安桥通大江。　**黄石溪**旧名岊江，疑即石岊江之上流也。发源自分关，至白沙合流七十里入西峡江。（上七溪俱府城西。）　**吴山溪**在府城西南。源出永福之印溪，流三十里入西峡江。　**苏公井**宋提刑苏舜元凿。由丰乐门至安定门，其井有三：一在今盐运司前，一在今西察院后，一在今断事司前；由台门至虎节门，其井有六，两两相对。台门第一井，以铜为底，其水用之漏壶，轻重适宜。建炎四年，郡守程迈悉浚之。岁久多湮，或失其处。国朝成化间，镇守太监陈道复令福州府同知韦济体究浚治，尽复其旧也。　**广福井**在城隍庙内。

金鸡井在乾元寺内。相传昔有牧羊儿常见井有金鸡，久乃闻声，因以名其井。　**仙井**在黄岩之巅。大石浑成，中有清泉，虽不甚深，而冬夏不竭；岁旱，乡人祷雨多应。　**桃源井**在桃源山下。其水常溢，虽亢旱不少减。

长乐县

名山在县北一里许，邑之主山也。上有祠坛，岁旱必致祷于此。　**越王山**在上十一都[6]。高一里，周围三十一里。越王勾践七世孙无疆，与楚战不利，子弟或为王，或为君，散居南海上，此其一也。 **董平山**在十一都[7]。山高而秀耸，一名福山。《郡国志云》："上有神人，裸身散发，人见之必获福，因名。又名董奉山。"按《三山》志："吴先主时，董奉常隐此山，往来南海，以灵丹起死疾，后轻举于豫章之杏林，此山之名遂著。中有董岩，奉常于此炼丹。《闽中记》云："永福县西北有此山，下有董奉宅。"恐误。

灵山 **响石山**人行其上，镗然有声，故名。（上二山在二十一都。） **卫国山**在二十都。山形有捍御之势，故名。《三山续志》作"御国山"，又名鱼骨山。（已上五山俱县南。） **冠峰山**山中有石如进贤冠，故名。 **仙山** **五云山**相传唐僧道深过此，清昼澄霁，五色庆云旋覆其上，故名。 **圣娘山**中有天妃宫，故名。（上四山在十七都。） **太常山**即大斛山。（已上五山俱县东。） **登高山**在西隅，去城半里许。重九日，邑人多登高于此，故名。 **翁山**去城三里，东西有二井。 **龟山**在十二都之晁石。山形若龟，故名。蔡襄尝经山中，手书勒于石。白龙岩。在竹林寺后。唐末，甘蔗洲白龙院僧遁于此，故名。石人峰。在山之西偏，状似人形。狮子石。在竹林寺后，状如狮子。白云溪。在山之下。 **大山**其阳有白龙潭，阴有祥云潭。昔有二龙自演江飞起，白者归山阳，为白龙潭；黑者归山阴，为祥云潭。尝有人于潭侧获卵壳大如斗。 **柯林山**宋金紫光禄大夫郑诛居其下。天圣中，诛以三礼出身，因名其乡曰乔柯。（上二山在十三都。）

四明山在□□都。其山屹然如削，高列四峰，中有古坛生钓竹，有井水甘如蜜。 **龟息山**在□□都。[8]（已上七山俱县西。）

六平山距县一里许，蜿蜒六曲，因名。 **雁峰山**在严公湖上。 **筹峰山**《三山续志》作"筹岩山"。高大灵秀，中有黑龙潭及三宝石岩。唐林慎思尝读书于山之石室。（上二山在二十二都。） **炉峰山**在二十三都。状若香炉，故名。 **棋山**在二十四都。西峰顶上有石台，相传昔有二仙于此弈棋，至今台之四旁荆棘不生。宋知县董渊诗："风际有云多世态，海中无底是人心；可堪更向棋山话，一局闲争古到今！"（已上五山俱县东北。）　**首石山**《三山续志》作"出首石山"，在一都。山之巅有石岿然，高二十余丈，广数十步，中有泉穴，四面窥之皆见水，故又云"四水石山"。山有时而鸣，古谶云："首石山鸣出大魁。"　**洋门山**成化十八年，大雨崩澌，压居民数十口。　**大边山**上有龟峰，有石状如龟。　**登龙山**距县二百步。　**龙门山**一名翁山，一名半占山。（上四山在二、三都。已上五山俱县西北。）　**鸿山**在十四、五都。　**蓝田山**在十六都。　**钟门山**在二十都，隔大海。相传昔有僧自广南载钟，经此而没，竟不能起，潮退犹或有见之者，山因以名。（上三山俱县东南。）　**南山**在一都。山势回环，有巨石，状如龟载之物，俯伏其巅。又名登高山。　**白岩山**在溪湄。状如幞头。　**溪湄山**中有珠湖。（上二山在五都。）　**阮山**在六、七都。　**鼎峰山**在七都。按宋黄榦《龙门庵记》："山折为二支，东西迭起，仰而相向，俯而相就，卒而交互以相入。梅溪之水，沿山而流，若往而复，若抵而触，若停而滀，莫知其自出，如是者十余里。然后耸为双崖，泻为三滩。崖东滩驶，嵂崒澎湃；露怪呈奇，不可名状。"（已上五山俱县西南。）　**龟峰**在县南岱边。山内有石如龟，故以名之。　**五峰**在十都。一名莲花，一名云梯，一名品石，一名卧牛，一名仙官。上有仙人椁石。"官"疑当作"棺"。

紫微峰其峰奇秀，下多居民，宅第鳞次。　**翠微峰**与紫微峰相对。（上二峰在十三都。已上三峰俱县东。）　**松石峰**在县西北一都。　**文笔峰**其峰尖圆如笔。　**鹳峰**山多鹳鹤，故名。中有石窟，贮水虽夏不涸，鸦多浴于其中，又名鸦池。又有一石，击之，其响如磬，又名响石。宋黄景翰居于此。　**龙角峰**（上三峰在十四、五都。）　**龙翔峰**在十七都。宋寺簿周芹尝游息于此。又有豹变岩，与龙翔峰对峙，至今二石刻犹存。　**灵峰**在十九都。上有石洞曰“归云”。宋朝奉陈毅诗：“云道无心亦爱山，雨余时向此中还；而今天下焦枯甚，只恐飞龙未放闲。”又有烟炉峰。（上五峰俱县东南。）　**鳌岭**在县南十四都。有宋林岊书“鳌岭”二字犹存。　**黄弹岭**在县西九部。　**古烂岭**在二十一都。　**香炉岭**在二十三都。（上二岭俱县东北。）　**鹤岭**在十三都。宋尚书张镇立碑，至今犹存。　**榕岭**宋嘉祐中，里人植榕夹道，因名。　**魁岭**以其为众山之魁，故名。（上二岭在十七都。已上三岭俱县东南。）　**石尤岭**在县西南五都。　**德成岩**在□□都[9]。众山之中，峰峦迭出，中有草堂，唐林慎思读书于此也。有三十六洞天，石刻至今犹存。　**三宝岩**宋里人刘砥、刘砺避伪学之难，尝居此。（上二岩俱县北。）　**西石岩**在县东十六都。　**稠岩**在县西北十里。群山之间，峰峦迭秀，林慎思月楼在焉。　**宏源洞**在二十一都岩泉院后。　**桃花洞**在二十三都皇恩寺之东北。　**演屿**在县东南十四、五都。　**百石堰**在县西南六、七都。　**石峼**在县东南十三都。　**石屏**在县东隅一都观音寺后。　**石船**在县东二十三都。　**龟石**在泗洲院侧。俱以形似名。　**仙人梯石**有麻姑井，石船，踏之则动。（上二石俱在县西十都。）　**麟石**在县南岱边山。石状如麟。　**闽王禁石**在县东北二十二都海际。周围十余丈。石产紫菜，纤而味美。闽王审知时，岁以供贡，禁民私采，今广石澳是也。　**石梁**在十四、五都。　**双髻石**在十六都。以形似名。十四、五都亦有此石。　**东石**在十八都。（已上三石俱县东南。）　**中丞石**在县西南官道之侧，上刻“中丞”二字。唐潘独坐南归憩此，里人铭之。[10]　**林婆湖**在圣娘山下，故名。　**珠湖**在溪湄山之绝顶。广袤五亩余，冬夏不竭。相传尝有人于湖中得蚌，剖而有珠，故名。　**广石**

江在二十一都。江上之居民繁伙，多以渔为业。　**梅江**在二十四都。古云“梅江水，值千金”即此。（上二江俱县东北。）　**壶井山**在县东南。潮至则没其山。山有井，水泉清洌，可给数百家。潮落则四面皆平沙，沙中多出海错，居民甚利之。　**祉溪**在县南二十都海滨。源出福清之镜岭，流至小祉，入于海。　**获溪**在县南十三都。源出大石白龙潭，经演江，东流十二里，达于海。　**大溪**在县东南八都。源出福清县境，分流至此。萦纡数里，溉田数百亩，至十九都达于海。　**苏老涧**在县西十二都法涧寺前。宋庆历中，宪使苏舜元经此，临流而乐之，后因以名。　**太平港**在县西隅。吴王夫差尝于此造战舰，即古吴航头也。国朝永乐十一年，太监郑和通西洋，泊舟于此，奏改今名。东有十洋街。古谶云：“十洋城市状元来。”　**黄龙潭**在六、七都。相传尝有巫者之妻，沤麻潭侧，见黄龙首藉其上。巫者以告县官，祷雨辄应。郡志作“黄新潭”。　**破石潭**在八都。上有抟纱潭，深不可测，尝有以纱一抟系石，测之不至其底。　**瀑布泉**一在县西十三都光严寺北二里许，一在龟山竹林寺溪会亭之上。　**义泉**在县东二里。宋元祐二年，县令袁正规凿以饮行客，故以义泉名之。　**五峰龙泉**在十都。相传唐大中间，有二龙戏井，亦名龙井。　**龙门二井**在县西三里翁山之左右。其制一方一圆。　**麻姑井**在县东北东皇村。　**七星井**其井凡七，在仙山万寿道院之西。内一井泉清如玉，宋尚书郑丙书“龙泉”二字，刻于石；一井有井阑井盂。乡人皆取给于此，旱犹可汲溉田；一井在仙山道旁，市民仰给也。　**寒碧井**与七星井俱在县东南。

连江县

龙际山县之主山也。冈峦如龙，际水夹涧而下，故名。

湖山去县八里。其山超出诸峰，俗称湖山古道场。相传有仙炉飞置其上，邑人立宫祠之，今九天宫即其地也。　**西山**宋李弥逊归隐于此。（上三山在县北平钦下里。）　**覆釜山**其顶有石，状如覆釜，因名。南峰石门。南峰之麓，有巨石双峙，道出其中，故曰石门。宋龚况诗："岫幌贴松低，羽人闲未归[11]；苔深锁春色，不放晓云飞。"玉华洞。巨石相倚，其中深邃。宋洪壮诗："妙绝天仙镜，飞来佛子家；壶中闲日月，洞里老烟霞。"龚况诗："石壁古苔衣，夹门双杏枝，山阴人少到，长认鹤声知。"玉人峰。龚况诗："霞缀衣红浅，烟妆黛髻匀；无言山色里，几度野梅春。"洪壮诗："谁开云洞锁，放出玉人峰；自有天然态，何劳粉黛容。"石鼓。石圆如鼓，击之有声。半月池。以形似名。洪壮诗："凿破苍苔地，弯如半月边；既能清到底，何必十分圆！"清阴洞。在南峰石门寺之北。巨石合峙，其下平广，可坐数十人，上有佳木阴翳，故名。林淇诗："地无可着尘埃处，不怕尘埃莫掩门。"斗牛石。两石如牛之斗。石鱼洞。洞旁有石如鱼。五台石。有五石高平如台。（已上俱在覆釜山中。）　**金鳌山**在覆釜山之右。山形隐然如巨鳌之出海。

两泉山　**五马山**五峰拱向县治，状如奔马。　**矩庚山**在覆釜山之西。旧传矩、庚二仙居焉。　**荻芦山**《闽中记》作"荻芦港"。一名九龙山，下有九龙江。相传秦始皇以东南气王，自江而南，凡山形秀拔者皆凿之。凿此山得芦根一茎，长可数丈，断之有血，因名；并名其水曰荻芦峡，南北通潮。今呼为荻芦港。　**南乾山**在覆釜山之南。山有仙人棋盘石并足迹。　**北乾山**在覆釜山之北。有大石，不着苔藓，形如纱帽。俗呼纱帽石。　**大坪山**在赤沙馆前。山顶坦夷如平地。（上九山俱在县南新安里。）

云居山在永贵里。山有石塔，塔旁有云居堂。堂之前有大石如壁，上刻"天上云居，人间仙镜"八字。去堂西北二百步，石上有仙人足迹，长二尺许；又有蛤蚌之壳附于石。北有龟石、莲花石，在山之半，上平下尖，周围有瓣，状若莲花。其石甚巨，附于盘石之上，轻摇则动，力撼之则不动，又名动石。　**王孙山**下有五人石，俗传有草丛生其顶，则邑人登第者多，否则登第者必少，故又号状元石。　**上竿塘山**在大海中。峰峦屈曲，上有竹屿[12]湖尾等六澳。　**下竿塘山**突出海洋中，与上竿塘山并峙。山形峭拔。中有白沙、镜腰等七澳。（上二山在二十六都。）洪武二十年，以防倭故，尽徙其民附城以居。　**马鞍山**在二十七都。山势逶迤，以达于海，上有双峦连耸，若马鞍山状。　**三德山**在二十八都。三峰并列，旧名三合，又名笔架。（已上六山俱县东。）　**文笔山**在县西新安里。其山尖锐高耸如笔，故名。　**龟鱼山**在安德里。古谶云："游鱼水上案，须作朝官看；游龟海上来，定出状元才。"　**马鼻山**形如马鼻，突出海滨。　**香炉山**其顶如香炉状，上有石，书"粘云"二字。《九域志》云："昔邑人章寿于此学道得仙，有坛尚存。"又有磨剑石、炼丹井、扫坛竹、石棋盘；又有仙人足迹，长二尺许。宋郑鉴诗："峙立苍茫紫翠间，疏帘半卷镇长闲；神仙似有祈年术，一缕青烟起博山。"《大明一统志》以"章寿"作"张寿"。　**凤凰山**或曰昔有朱雀翔集，又曰以形似名。（上三山在保安里。已上四山俱县东北。）　**东坂山**在仁贤里。旧名归仁里。　**张旗山**在光临里。（上二山俱县西北。）　**福斗山**在县东南安庆里。　**兑峰**在县南新安里。　**鳌鼻峰**其峰秀而特出。　**小华峰**宋绍兴二十四年，锄夫得一圆石，剖之，中有"小华峰"三字。绍熙元年，建亭覆之，后亭坏，而石今犹在丽江，山因以名。（上二峰在县东二十七都。）　**降虎峰**在县西北中鹄里。俗传尝有猛虎中毒矢，至僧法诠庵前，若有所诉，诠为去其簇，拊摩久之，数日，疮愈复来，遂相与驯狎，因以名峰。　**紫岩**在县北中鹄里。其岩高耸，石青紫色。宋潘牥诗云："昔人自有两赤壁，此地何妨又紫岩。"又云："何当瀑布山前路，卧看飞流泻石嵌。"

洄口岩在光临里。其岩陟险，下瞰小洄潭，其水萦洄，故名。

宝华岩在清河里。层崖高峭，半出林梢，中有天然石室，尤称奇胜。（上二岩在县西。） **乌石岩**在县东南钦平下里。上有百丈泉，飞泉直下，流通财溪，俗呼百丈漈。 **白塔岭**在县西半里许。王审知入闽时，先锋陈霸先尝追贼至于此。 **关山岭**在县东南崇德里。 **香庵石**在安仁上中里。其石甚大，有一孔，人以手探之，则香闻于外，故名。 **雷移石**在中鹄里。形如覆釜。俗传唐宣宗时，法诠[13]见绝峰有巨石，欲移其室而未能，乃祷于神。俄而风雷迅烈，石移山下，因坐禅者四十年。（上二石俱县北。） **石马**在永贵里蟾步江滨。屹立中流，俨然如马。 **刻石**在二十七都蛤沙崖。高数十丈。峭立如壁，上刻“刘禹锡过此”[14]五大字。（二石俱县东。） **月石**在县西光临里峰平。其形似月，俗传晦夜有光，故名。 **浮州**在县东钦平下里。琴浦临江，夷旷可居，屡经洪水不没，故名。 **胡蝶案**在县南钦平上里万石江心。常没不见，见则有人登魁选者。 **洑沙**在县治东二里许。[15]其地旧为溆，后洑流拥沙，遂成平地。今高者为屋，低者为田，盖附郭一阛阓处也。 **鳌江**在县治南百步许，横亘钦平上、下二里，即连江也。源出罗源县王土溪黄柏潭，怀古桃洲、密溪三派合流至县前，东西环抱如带，东流入海。又名岱江。 **利坑溪**源出文笔山，逶迤而下，流入鳌江，民田资其灌溉。 **竹溪**在赤砂馆之东，源出王崎山。其流澄澈，经龙塘而入于海。（上二溪在县南新安里。） **财溪**在县东嘉贤下里。发源于陇山漈。流入支塘，灌溉田畴，乡民利之。 **周溪**在县西清河里。源出安定里冻地山。其水自朱公桥至罗仑渡，入于江。 **洋门潭**在贤义里。潭水深广澄澈，下注东湖。 **五峰潭**在仁贤里。潭极幽邃，有灵物居之，岁旱祷雨辄应。潭上五峰耸列，故名。（上二潭俱县北。）　**覆釜潭**在县南覆釜山之右。　**渔沧潭**在钦平下里江之滨，古有石刻云：“渔沧天一之门”。　**财溪潭**高岩耸险，霾雾阴翳，俗传有龙居焉，岁旱祷雨多应。其水下流，入于财溪。　**松皋潭**在二十六都。俗传有神龙潜焉，岁旱祷雨则应。（上三潭俱县东。）　**钵盂潭**在县东北集政里。俗传有龙居之。上有峡山。　**赤坑潭**在县西北安定里冻地山深谷中。俗谓有龙潜其中。　**温泉**在县西北光临里。宋嘉泰中，知县朱定建二室以别男女之澡浴者。今废。　**虎跑泉**在县北中鹄里宝林院内。俗传僧法诠建庵时，苦乏水，俄有虎跑地出泉，故名。　**解酝泉**在县南新安里秦川铿泉堂之侧。俗传其水醉者饮之辄醒。　**玉泉**在光临里。泉出两峰之间，色味澄甘。唐天宝中，浮屠百余，引泉自给，其人筋强骨坚，音语铿然而眸子碧色，寿命弥长。邵太守奏之，赐名玉泉。　**祠山泉**在清河里祠山庙后。泉冽而清，民田资其润泽。（上二泉在县西。）　**美政井**在县治东县丞公廨前。　**傅公井**在儒学东北隅尼山下。宋知县傅伯成所凿。　**尼山井**在儒学尼山堂。　**龙兴井**在龙兴观内。　**河山井**在河山庵下。（上二井在县东。）　**化龙井**在钦平上里灵勇庙前。以其近魁龙桥，故名。　**西宫井**在佑圣宫内。　**九井**一在钦平下里上林街北，一在天王寺前，一在大街西旧社坛巷内，一在大街西，一在大街东兴贤坊口，一在大街东，一在东南隅仁寿境内，一在兴贤坊内，一在县西仙花宫前。（已上十一井俱县西。）　**童井**深仅尺余，不溢不竭。俗传有青衣童子，拨草取水，乘云登炉峰而去，里人掘地得泉，故名。　**炼丹井**在章仙峰。昔章寿炼丹之所也。（上二井在县东北安德里。）

校　注

［1］疑为“骑箕尾”。

［2］淳熙《三山志·地理·内外城壕》注：“相传伪闽时凿渠引西湖清水贯城而入，沿丰乐门城隅与浦尾潮接，为浴马之所，且以涤滓秽。”此言“乐输门”，当系“丰乐门”之误。舶浦尾当即浦尾。下同。

［3］淳熙《三山志·寺观》作《缙云城隍庙碑》。

［4］白水素女故事不载于今本《搜神记》（晋干宝撰），而见于《搜神后记》（晋陶潜撰）。然本志所引文字，又与陶潜所撰不同。

［5］万历《福州府志》作“浩溪”。

［6］弘治《长乐县志·山川》称，越王山在县治南敦化里，而敦化里在二十一都。

［7］弘治《长乐县志·山川》：“董奉山在县治南十二都，相传为董奉炼丹之处。”

［8］同治《长乐县志·地理》称，首石山北为龟息山，迤东为六平山。是龟息山在首石山北六平山西。

［9］弘治《长乐县志·山川》：“德成岩在县治北四十里磐石岩之旁。”

［10］弘治《长乐县志·山川》称，中丞石“在县南十一都。宋有御史中丞未达时过此，誓曰：‘不为中丞，不过此石。’后果其志，人故名之”。同治《长乐县志》则称龙泉寺前有中丞石，为宋李望（沙京人，元丰二年进士，官至御史中丞）所自书。按龙泉寺与十一都俱在县东南。

［11］民国《连江县志·名胜》：宋主簿龚况《石门诗》注：“岫帨贴松低，羽人游来归。”“帨”为“幌”之误。

［12］嘉庆《连江县志·山川》作“竹扈”。

［13］《闽书，方域》作“僧诠”。

［14］民国《连江县志·名胜》注云：“郡志云：‘疑后人姓名相同。在二十八都蛤沙河泊所石马岩。”

［15］嘉庆《连江县志·山川》“洑沙”作“伏沙”，注：“在今治东三里。”

八闽通志卷之五

地　　理

山　　川

福州府

福清县

鹫峰山在北隅。乃县治后来龙之山也。五代汉乾祐三年，有异禽来集，五色炳焕。或曰此灵鹫也，因以名山。上有鹫峰。

海坛山在县东南大海中。南北长，东西狭，周遭七百里，居民布散，村落不一。南曰黄崎、紫兰牧、上砦头、小鳌网、大鳌网、流头、大场、小场、浒头、钱藏；西曰水马山、霸前、金崎头；北曰苏澳、钟门、沙溪；东曰浚门、獭步、军山[1]、流水、广州埕。山势远望如坛，故名。洪武二十年，以倭寇猝难备御，尽徙其民于县，至今尚有遗畜，自相孕育。　**网山**自海口西行可三里。民居皆业渔，故名。宋林奕之尝作亭，读书其上，匾曰“月鱼”，学者因号网山先生。邑宰范处义尝问网山好处。奕之云：“最好是此山，但无读书家”。　**瑞岩山**山之岩洞多幽雅奇秀。佛窟岩。天章岩。香山洞。林诚仲诗："瑞气拥岩峦，中有神仙宅；世代几消沉，溪山自今昔。"天台洞。宋刘克庄诗："崭崭岩石畔，别有一天台；不见桃花水，刘晨莫妄来。"玉虚洞。元林泉生诗："空谷结层云，寒泉落空沼，中有太古灵，悠然隔深窅。"桃花园。休休台。醉石。鉴池。陈曾诗："波澄涵远碧，云净见天光，欲问源头水，令人忆紫阳。"仙人井。其水随海潮盈缩，又名通海井。林诚仲诗："绝顶有渊源，人言脉通海；潮汐验盈虚，小以觇其大。"一滴泉。陈宗鲁诗："龙沫凝珠露，清泠响涧淙。谁携余滴去？云里振风鬃。"（已上俱在瑞岩山中。） **烽火山**在海口北二里。海道有警，则举燧于此。山顶有嵌如屋状，深幽掩暖，凡三十六间，名曰虎屋。 **鹿角山**小溪有石，形似鹿角，故名。山之中大石，上有仙篆数字，人莫能晓。旁有仙井，阔尺有五寸，横入，深不可测。（上四山在新安里。） **拱辰山**山之绝峰，形如牛角而北拱，故名，俗号牛角山。下有石洞，深不可测，有风从洞中出，人不敢入。旁有石如鼓，方广丈余，其下危而不安，以一指微推之则动，两手尽力推之则不动。又有仙人迹、炼丹灶、石盆，迄今尚在。**龙卧山**中有五马石及龙潭，旧传有龙蟠潭中。宋乾道九年，县令刘敦祷雨有感，为立龙堂。淳熙二年，县令范处义刻像祀之。（上二山在方城里。）

小练山在永宾里。五代间，有卢、林二氏自光州固始从王氏入闽，卜居于此；至宋，二族日益繁盛，尝构义斋以教子弟以及旁近之人；淳熙后，登第者相踵，而林颥乃其倡也。山当要冲，商舶多会于此，人号"小扬州"。后与坛山之民同徙连山居焉。 **龙山**在方民里。即海口山也。（已上八山俱县东。） **双旌山**两峰峭立若旌幢然。 **玉融山**县之前山也。旧传山峰第二迭，有石莹然如玉，故曰玉融峰。（二山在县西新丰里。） **白屿山**在县南江阴里。亦名陈田山。山有鸿休岩，在山之绝顶。岩窦天成，下瞰沧溟，四望无极。昔有僧鸿休栖此，因名。又有鸟窠岩，在鸿休岩之西，累石为之。初鸟窠游杭，巢木杪而居。白居易为守，因往访之，曰："得无危乎？"答曰："如公所处则危甚。"诘之，乃曰："薪火不停，识性交攻，安得不危？"白以诗赠之。后居此，故以名岩。

小孤山在文兴里。有和靖寒斋祠。　**灵石山**在清源里。磅礴仅百里，竣拔逾千仞，层林积翠，飞泉漱玉。上有石，久晴，鸣则必雨；久雨，鸣则必晴。山有三峰：曰九迭，其势插天，层级可数；曰留云，云留或经旬不散；曰报雨，久旱欲雨，其峰必有声震响。又有通天石、仙人岩、碧仙洞、戏龙潭。　**石竺山**在永寿里。山形峭拔，其巅有石巍然，上粘蛤蛎壳。山不甚多竹，惟竹根盘错，当春夏之交，饥者多于此采笋以济，然欲多则不可得，号济贫笋。亦名石竹山。紫磨峰。狮子峰。象玉峰。补陀岩。[2]石室。宋林希逸诗："苔入荒崖隙，藤枯半壁花。山灵不敢住，分付与僧家。"仙升坛。按《三山志》："昔有林玄光于此炼丹，丹成，骑虎上升。今有虎岩溪，石上有井，旱不涸，或曰炼丹井。陈遂诗："仙乐寂无响，云旗悄不翻。晓烟生石隙，夜雨涨苔痕。"鹤影石。林泉生诗："鹤来仙已去，谁料虎能飞；怨入青山骨，千年永不归。"朝斗石。宋李丑父诗："身丘魁杓近，月明星露寒，云中几声磬，谁信是人间！"陈遂诗："片石平如砥，朝真仰太空，星后[3]琼简露，月落羽衣风。"双鲤石。林希逸诗："日炙岂曝腮，雷惊不烧尾；真人上升去，留得琴高鲤。"棋盘石。伏虎石。宝所石。月灶。紫云洞。（已上俱在石竺山。）龟山。蛇水。罗汉台。洗耳泉。林希逸诗："是非不须闻，好恶不须听，若要心源清，无如耳根净。"无尽泉。陈遂诗："高山有泉脉，井口半瓢如，汲之亦不尽，不汲亦无余。"（已上俱在紫云洞。）　**黄檗山**在清远里。以山多产黄檗，故名。林峦重复，为邑之胜。梁江淹尝游此，有诗："阳岫飞鸾来[4]，阴溪喷龙泉，禽鸣丹碧上，猿啸清虚间。"上有瀑布泉，下有龙潭泉，垂数十丈，其势甚健，淙崖石为穴，下濬无底。潭口径八九尺，旧传中有龙，祷雨辄应。上绝险处复有一潭，人迹罕至。龙尝自下潭移上潭，所历有爪迹。又有佛座峰、香炉峰、吉祥峰、宝峰、钵盂峰、五云峰、罗汉峰、紫微峰、屏障峰、天柱峰、狮子峰、报雨峰。宋陈确诗："峭拔藏苍龙，烟云昼长锁，天际雨将来，山灵已先报。"山有黄檗寺。寺之西有嵩头陀岩，至今犹有乳香出石罅间。　**金翅山**在永福里。脉从大义白鹿山东走二十里，矗起高数百丈，即此山也。形如鸟展两翅，故名。　**福胜山**　**翁陂山**　**田源山**（上三山在清远里。已上八山俱县西。）　**闻读山**在福唐里。旧名小隐岩。唐陈粲读书于此。一日，樵者蹑山麓，忽闻弦诵声，疑为神人，不知其为粲也。后改今名。上有遏云碣、潜公室、讲经台、狮子迹。　**何山**在井得里。（上二山俱县东南。）　**牛田山**在灵德里。　**草堂山**在光贤里。昔尝有隐者筑草堂于此，因名。宋时松径犹存。旁有小瀑布。坛高数十尺。（上二山俱县西南。）

大姨山在县东大海中。每风色晴定，日未出之先，于山上东望，见一山如空青，微出海面，乃琉球国也。俗谓望见则三日中必有怒风。其下水深碧色，东流而不返，有浮莎错织水上，舟不容转舵，必刳木为盂，乃能旋开浮莎以行。或海上风暴作，渔船漂泊必至此而后止。人为其国所获，则以藤串其足，令耕作山间，故此山夜忌举火，虑其国人望之而至也。　**南交山**亦在大海中。　**灵峰**上有仙坛，前有不溢泉。　**云峰**峰之绝顶为白泽岩，有大石巍然不覆，中有石门，大可容数十人。又有双髻峰，峰之顶有仙坛，天然而成，高二丈余，四面如截肪，上平如削，亦有自然石为级道。宋乾道元年，雷劈为二。　**鹧鸪峰**峰之阴多鹧鸪，故名。（上三峰在县西南安香里。）　**仙举岩**在新宁里，与永福县接界。山形削拔千仞，其巅有石巍然，险不可登。又有一石穴，泉源不竭，可饮数十人。旁有一石如鼓，扣之即鸣。山与灵石九迭峰对峙。相传尝有仙人隐此，岩上仙迹犹存。　**五周岩**在方兴里，与闽县接界。旧传有兄弟五人，隐于岩中，后俱得道上升。上有棋盘仙迹之类。　**石灵岩**在善福里。又名周店岩。　**七仙里**[5]在遵义里。旧传有仙七人隐于此，其洞犹存，洞口虽狭，内通长乐县界。（已上四岩俱县西。）　**螺岭**在县北六十里。岭势危峻，如悬梯而登，至其巅，北瞰方山，如在咫尺。其半属闽县。以其状名。　**灵曜岭**在县南新丰里。　**常思岭**界福清、闽县间。高数十丈，长二三里。又名相思岭。宋王珪赠元绛诗云："□春莫向相思岭[6]。"　**傀儡岭**下有应石，在岭北驿路旁，过者呼之，其应如答。（上二岭俱在方兴里也。）　**石龙义泉岭**在遵义里。（已上三岭俱县西。）　**蒜岭**在县西南光贤里。县志云："山石间多产蒜苗，故名；或曰，山形如蒜瓣状，因名。东望涨海，弥漫无际，岭头旧有照海亭。东有翁承赞庄并昼锦亭，今废。宋刘克庄诗："松气满山凉似雨，海声长夜近如雷。"　**马头石**在县南安平里。石如马头，昂然高大，其旁有石如笋，远望若马系于其上，故名。　**石帆**在南海中。有石如帆，一高一下，石上有泉，甚甘而清。　**五马石**五石骈列，势若马之奔驰，高二丈余，与麒麟石、虾蟆石、狮子岩四面森立。（上四石俱县东。）　**石蛇**在新宁里。石长丈余，如蛇状。　**石人**　**石牛**　**石马**　**石龟**（上四石在福唐里，皆以其状名。已上五石俱县东南。）　**石锣**相传有仙人隐于此。　**卢焦石**在昭灵庙前海中。高阔数丈，风涛漱激为龛岩玲珑之状，上多怪石。　**双髻石**两峰堆起如碧髻然。（上三石在光贤里。）　**石枪**在县西南安香里。岩石一一北向，尖利如枪。　**钟山屿**在海坛里。山形如钟，故名；或云，昔人有钟没于屿旁，潮退，蒲牢犹隐隐可见，故名。海坛山四周涨海，水尽咸卤，独此水清淡可饮。中有老媪石，形如妇人，高二丈。石之前，有石天井，方广二十丈，中有石眼，深不可测，与海潮通焉。

双屿在江阴里海中。二山突起相对，故名。亦曰仙屿[7]。上有渔户百家。尝有蔡道者居石岩，岩可容十余人。有古井，遇旱不涸，水独甘冽。东有数岩及百年洞，乡人立神祠于洞中。又有草屿、堂屿、东草屿、盐屿，屿上居民亦于洪武二十年徙连山。

南匿屿在南日里。居民颇多，成一廛市。地所产盐味稍淡，以卤鱼胜他盐。山多风，人家种一柏树，经十余年，才长五六尺。（上二屿在县南。） **南匿江**在县南南日里，距县隔九海凡二百九十里。其流自莆田县来，东流入于海。 **海口寨江**在海坛下里，距县亦隔九海凡百余里。其源自长乐县石尤岭分水，而下注于江，以达于海。 **海口江**[8]源出旧兴化县界，流为百丈溪，至金应铺为无患溪，东流二十里，合石塍溪，至水陆寺，合东溪，经县之河头，潴为琵琶洋，十八里入海，深广不可测。 **龙江**广五里，深五丈余。旧名螺文江，后改名龙江。上接龙首河源，下通东南渤澥，有桥横跨其上。（上二江在方民里。） **松林江**在永宾里，去海口镇五里[9]。（已上四江俱县东。） **径江**在县西南灵德里。其源有二：一出旧兴化县界金支大泽，合渔溪；一出黄檗山北，过铁场边，北流，并渔溪，合径港，南至锦亭，东抵乌屿门[10]，又南至双屿头，歧而为二，东出白屿，西出后屿，复合于昭应庙前，会迎仙港入海。 **西溪**在县治西门外。其流入龙首河而达于海。

卢溪在县西北永福里。源出台岭，以其绕卢山，故名。 **交溪**在县西善福里。其源一出常思岭而来，一自清源星井窑[11]来而，交流而会于此，故名。 **无患溪**即宏路驿前大溪也。源出石竹山，入于交溪。相传林真人每以此水饮病者即愈，故名。（已上三溪其流皆入西溪。） **苏溪**在县西南安香里。源出莆田县界，西通横山潭，入此溪。古谶云："苏溪不用船，此时出状元。" **渔溪**在县西南清远里。源出黄檗山里洋，与苏溪合流，达于海。 **迎仙港**源出旧兴化县，合桃源之水为大溪，至迎仙市为子鱼潭；又历县境黄茅墩，合蒜溪，出江口，入海口。子鱼潭，详见莆田县《山川志》；蒜溪，即蒜岭溪。 **大蓝潭**在浔阳里。岁旱祷之屡应。

乾道九年，乡人筑石室以祀之。　**瑞龙潭**在新安里。旧传有龙蟠其中。（上二潭在县东。）　**敛石潭**在方兴里。其潭有三，南北相去各三里。北潭极峻险，危石夹径，可梯不可登，至者凛然。祷雨屡应。按《三山志》："敛石院内有龙潭。"注云："海口众流源于此。"疑即此潭。　**龙门潭**祷雨辄应。宋乾道六年，县令吴竑立龙堂以祀之。　**龙溪潭**在龙溪寺后。（上二潭在永福里。）　**东漈潭**在遵义里。昔有龙见于大乘之东乡，邑人即其地祷雨屡应，因五龙堂以祀之。（上四潭俱在县西。）　**扶门潭**在县西南安香里。祷雨有应。　**柏山潭**在县东南福堂里[12]龙堂山之下。按《玉融志》："龙堂山，疑即闻读山，盖其中有龙堂故也。"　**双髻潭**在光贤里双髻山之西。有瀑布泉，高数千尺，下潴为三潭，清澈可鉴。按县有双髻峰，疑即双髻山也。　**横山潭**潭之旁有仙人迹二，各长一尺二寸。石上隐起双字，其大盈尺，字画高二分。乡人祷雨，每有灵应，至者肃然。　**龙水漈潭**去横山潭十五里。去此潭七里。又有可坑潭。（上二潭在苏田里。已上二潭俱县西南。）　**丹井**在方民里福真观内。道士林知源炼丹之井，病者饮之或愈。　**瑞峰井**在瑞峰普光塔西旁。旧湮没不知其处，永乐间，拓地重建佛殿，乃得之，其中石甃依然。泉水清洌，比丹井差胜。（上二井俱县东。）　**龙井**在县西清远里黄檗寺后。一穴如盘状，深不满尺，泉水清洌，虽日汲之不竭。　**拜井**在县东南井得里。相传闽王审知筑占计塘，凿井无泉，拜而得之，故名。

古田县

翠屏山在县北保安里。其形如屏，邑之主山也。旧名环屏山。　**醴酬山**俗传山下有泉，其味如醴。　**仙亭山**山之下有醴泉道院，中有亭。元时，道人项曲舟尝居其间，有仙术，故名。

（上二山在保安里。） **旗山**其状如旗，因名。又杉洋亦有旗山。 **五花山** **五山**（上三山在崇醴里[13]。已上五山俱县南。） **龟山**在保安里。其形如龟。山有蓝洞，洞外草木畅茂，其色如蓝，故名。 **马山**在杉洋之正南，午位，故名马山。 **鼓山**界于旗山、马山之间，其形如鼓，因名。（上二山在安乐里。已上三山俱县东。） **极乐山**去县三里。 **北台山**去县一里。 **黄檗山**在崇礼里。上有宝峰，峰之下有小湖，东有桃溪。旧传尝有逋民由白沙溪溯流而上，至此豁然若洞天。时春风微和，夭桃夹岸，繁英媚川，故谓之桃溪。宋县令许当诗："溪流一何清，想象武陵水，所爱春风时，灼灼花数里。"（上三山在县西。） **石崎山**在新兴里。 **宝泉山**在移风里。（上二山俱县东北。） **月山**形如半月，故名。 **古城山** **花山**（上三山在县东南保安里。） **五华山**在县西南崇礼里。五峰连峙，峭拔千仞，亦名仙山。上有仙楼道院，邑人祷雨于此，多应。 **尖峰** **小尖峰** **文笔峰**溪之东，重峦迭巘，突出一峰，其形如笔，故名。（上三峰在保安里。） **大仙峰**在县西南崇礼里。 **白银峰**在县濑溪里。 **凤冲尖峰**[14]在县东慕仁里。 **幽岩峰**在安民里幽岩寺后。峰有巨石，五代晋天福五年，一夕为雷所击，裂成品字，又号雷峰。 **大夫峰**在盖竹。上有通奉大夫中丞李皇臣先生墓，因名其峰曰大夫。 **麒麟峰** **獬豸峰** **象峰**俱以形似名。（上四峰在县东安乐里。） **仙岩**在县东保安里。 **金仙岭**上有金仙宫。石磴萦回，上至其巅，八荒俱在目睫，邑之胜概也。 **仙岭**[15]在极乐寺后。西山之半有石岩，仅如斗大，中有马仙小像。今名伏虎岩。（上二岭在县东保安岭。） **天宫岭** **覆船岭**上二岭在慕仁里。 **牛头岭**在邵南里。岭高而远，陟降二十余里。 **桃花坞**在崇礼里。 **银场坑**在横溪里。 **石嶂**在横溪里。 **磨剑石**

在保安里鸣玉桥下。古谶云:"磨剑右平,方出公卿。"宋县令刘元亮使匠平之,乃刻云:"剑石已平,公卿出焉。" **龙爪石**在安民里秀峰寺前。巨石峭然,状如龙爪。 **石龟**在移风里。眼口悉具,长二尺,广八九尺,人登其上,亦微动。 **相公林**在县东安乐里。 **桃洲**在慕仁里。 **东溪**流至万安桥下。 **感溪**一名锦溪。其流至石平桥溪尾。(上二溪在保安里。) **濑溪**在濑溪里。流至曹阳桥下之大溪。(上三溪俱通于嵩溪。) **横溪**在横溪里。《三山志》云:"有横口东西溪。" **白溪**其流入西溪。 **庵溪**　**青溪**俗呼青潭渡。水极渊深,又名潭溪。其流亦入嵩溪。(上三溪在新俗里。) **甘溪**在邵南里。古名蓝溪。其流入于东溪。 **西溪**环绕安乐、移风二里。 **水口溪**溪流自县而出,与嵩溪会,均名水口。宋太平兴国中,尝迁县治于此,盖水势至此稍缓,滨溪之地稍宽,剑溪之水至此渐平,下无滩石,故上下舟楫于此泊焉。居民辐辏,桑梓连阴。宋有监镇官,元革。 **焕文渠**在县治北焕文桥下。堰溪水入渠,西流至新宫前,乃南流过迎仙桥之南;又西流与后河合,复南流至劝农桥之南,乃东流过下桥,以入大溪。盖昔人凿之以为邑之襟带。宣德间,知县张昱尝浚之。 **上方龙潭**　**下方龙潭**(上二潭在保安里。) **后溪龙潭**在濑溪里。 **鸣玉滩**在县东溪。有洪濑,清夜听其声,铿锵如珮,故名。清泉在横溪里。 **汤泉**在县之汤头渡,接闽清县界。石穴中水泉温可浴。 **义井**在县西北迎仙桥之西。宋景德初,知县李堪凿其泉,视诸井最为甘洌。 **溪源龙井**在安乐里杉洋百丈漈。宋县尉卢特祷雨有应,因名。

永福县

磨笄山县之主山也。由磨笄而来,溯流而上三十余里,一起一复为笔架山，至极岩，有洞石之胜。由岩而下，形脉联络，犹蜂腰鹤膝；行六七里，峙为圆阜，号曰仙掌。平坡迤逦自东北来，为县前弧矢山。东有展旗山，当溪之冲，襟带环抱，秀耸可爱。

楠木崎山在十六都。 **澄潭山** **钟山**（上二山在十七都。已上四山俱县北。） **陈山**在十一都。中有石龙山，山如龙形，循山之脊为路，俗呼“登石龙”，通福清则溪为十八湾，通兴化则山为十八摺。 **六洞仙山**山极高而秀，旧有仙居之，风雨晦冥不可测，又时有音乐出岩洞外。乡人有沿崖而至其地者，遇二人对弈，越明日，再造，不复见焉。众以为异。遂刻六洞仙像于其上，祷雨祈梦，屡有灵验。昔尝有县尉，因岁旱谒山乞灵，茹荤而往，未至，有蜂数百，若将螫之，竟不达。仙之灵异多类此。对面南山有三石室，中室有一石龙，四面云雾分明，如斲如画。龙口出泉，凿井贮之，四时不溢亦不竭。 **大张山**其山穹窿磅礴，如尊贵人偃坐，而诸山拱列其旁，若人之侍立然，其中六洞仙山尤为秀特。山之南有冲峰。（上三山俱县南。） **龙泉山**在三都。古灵陈氏墓在焉。 **大小妃山**在七都。旧传越王葬二妃于此：一在可坑之道旁，一在洋埔山之麓。（上二山俱县东。） **高盖山**在县西二十都。峰峦秀耸，其上常有紫云如盖，故名。昔徐登、赵炳皆升仙于此。伪闽将郊天，尝封为西岳。玉华峰。宴玉岩。放云峰。水帘。龙吟池。螺泉。石龟。岁旱，祷雨于此多应。飞升坛。有徐登祠。宋知县施常诗：“白云来去自闲闲，锁断千山与万山；仙客已归霄汉去，虚堂流水漫潺潺。”凤立台。龙都峰。其下双崖对峙，拔出千仞，宛若洞门。有三石室，世传赵炳飞升之所，旧有祠宇。宋陈旸诗：“岩顶风云常不散，洞门日日吐烟霞，济时偏解为霖雨，信是神仙第一家。”（已上俱在高盖山。白岩在龙都峰顶。）金支山。山之别峰也。秀插天表，中有泉，色如金，故名。 **大极山**在县西南二十七都。 **铁券山**在县南仁崇里。唐宗室李氏居之，铁券犹存，上署侍郎韩愈押。　**越峰**在元铺里。　**瑞峰**在十七都。群峰高拔。初，僧无爽庐此，名"寄林"，后改今名。

白鸡仙岩在县北十九都。岩极高秀，前有悬瀑。旧传有仙炼丹于此，丹成有白鸡飞来守之，岩因以名。祷雨求梦多应。　**极乐岩**　**方广岩**在县东七都。峭拔千仞，上有石室，可容千人。室之内构阁三重，上雨旁风，皆石室庇之，不假片瓦也。宋黄非熙读书其中，尝摭山中之景为十奇，各有诗以刻于石，有"烟霞不改古今色，山水无闲朝暮声"之句。国朝林鸿亦有诗："玄岩太古色，恍若入鸿蒙，一径攀跻尽，诸天香霭中，云归山殿冷，月出水帘空。"玉泉洞。瑞松坞。钟磬石。听泉崖。瀑布泉。悬崖千丈，散若琼瑶，响如琴筑。龙树岩。灵豁。龙尾泉。有石如龙贯石崖中，泼泼然仅见其尾，有泉缘其尾而下注于石盂，不盈不涸。望仙台。清阴洞。（已上即所谓十奇也。）星岩。仙掌。仙树。仙墙。仙芝。石门。石笋。石灶。石田。石灯。观音影。（已上亦皆山中奇观也。）岩之路口，有井曰白龙，其泉清洌而甘，以瀹茗，号第一泉。　**曹溪岩**在县南二十都。上摩苍空，下临深涧，其巅微有一径，仅可着足。旧传有张、赵二仙尝经于此。上有仙灶、仙厨。　**凤凰岩**　**翠林岩**（上二岩在二十三都。）　**西兴岩**在县西三十二都。岩高二十三丈，其巅有瀑布泉。　**创岭**在二十四都。　**埔岭**在二十五、六都。　**龟岭**在县西南二十八都。旧有宋大夫黄裳庙，故址尚存。　**石壁**在四都。按《永福县志》："古谶云：'天宝石移，瑞云来期，龙爪花红，状元西东。'"宋乾道间，天宝瑞云寺后，崖石横山而行，啮地成溪，既而此石松上复生龙爪花。是年，萧国梁魁天下，继而黄定又魁天下，人以为应。又按《福清县志》亦载此谶，盖瑞云寺西，即永福县境也。但云"天宝陂向有石移"，与《永福志》微不同矣。又按《夷坚志》："福清县石竺山，乾道三年，居民夜半闻山上有声如震雷。明旦，山顶有大石方九丈，飞落半腰间。县士李槐云：'山下旧有碑石曰：'天宝石移，状元来期，龙爪花红，状元西东。'邑境有石陂曰天宝，是岁，永福人萧国梁魁天下。永福在福清西。又三年，兴化郑侨继之，正在福清之东。"此说又与《永福县志》所载多不同。未详孰是。 **太原石**在十一都太原滩上。按《闽中记》："唐太初中，县令王君罢秩，舣舟于此。王令因邑人留饯，至夜未抵舟，其室人题诗于石曰：'何事潘郎重别筵？离情未断妾心悬；太原滩下相思处，猿叫青山月满船。'"宋政和中，县令陈武佑命工刻于石。诗久磨灭，惟"太原"二字犹存。（上二石俱在县东。） **乌石**在县西北三十五都。高峰绝顶，坦然一丘，林峦掩映，幽雅可爱也。 **林壁厓**厓石赤色，屹立于大溪之滨。元县尹王用文游此，因刻"赤壁"二字于石。 **龙屿**在二十四都。 **钓矶**在县治东岳庙前。溪中有巨石平坦，元王用文刻"钓矶"二字于上。 **雁湖**在县东二都。

鉴湖在县之东北，又名冲湾潭，清深莫测。邑人崇德宰黄泰，少与群儿习水。俄顷疾风暴雨，阴暝不辨人色，有物舒鳞鬣，掀舞寒碧；泰视之，乃龙也。群儿恐，未达岸，龙露一爪及泰肩，衣袂成文，泰以为瑞，匣置之。今邑人犹以为有龙潜其间。 **白叶湖**在县南二十五都。宋乾道二年修浚。 **龙屿十八溪**在二十四都。源发于福清县界，至龙屿委蛇盘曲，凡十有八折，流至大樟渡，始合大溪。 **樟溪**在县东三都。源出德化县，流至怀安县境，去杨崎渡三十里入江。 **双江**在县之前，双流带绕。 **漈溪**在十七都。源出瑞峰。按《三山旧志》："溪流会注，曰漈溪。"

龙窟在县治之东。隔仙掌一山，地脉相贯，每霖潦泛滥，水由小溪出，先经鉴湖，未至大溪而龙窟之水已增尺许矣，或以为有龙居于其间之。 **鲲潭**在越峰寺前。古语云："鲲潭生芝草，溪沙架高楼，此时出公侯。" **湖汰潭**县治之西，溪流皆滩石，惟此弥漫衍迤，潴而为潭，时有龙见其中。宋宝祐元年。邑宰杨子咸[16]

创龙神庙于潭之前，故址尚存。　**龙门三滩**在县西三十一都[17]。　**汤泉**在十九都。又待旦里亦有温泉。　**大汤小汤**在县南十五都。在大汤分为四池。小汤分为二池。俱有室屋，各分左右，以别男女。　**渔坑场**在县北十八都溪流之侧。　**龙津汤**在县西二十六都。　**温汤泉**按《闽中记》："在县中流石上，特为弥怪。"　**香泉**在二十七都。

闽清县

台山在县西南，山势平衍，县之主山也。　**钟南山**距县一里许，上有盘谷岩。旧传尝有二人裹粮深入山中，憩草屋下，忽一人自外至，袖中出芋数枚，拨落叶煨之以相啖，迟明遂失其处，但见木叶盈尺，题诗其上曰："偶与云水会，不与云水通，云散水流后，杳然天地空。"山之下又有度仙桥。　**石竹山**在升平坊。山之中有灵坛山[18]。　**大湖山**山之巅有湖，约半里许，因名。唐徐登、赵炳得道于此，乡人祠之。邑有旱蝗，祷无不应。　**凤凰山**山势如凤凰展翼，故名。宋陈祥道居焉。下有起傅岩，祥道之弟旸微时卜宅其侧，后应贤良科，乡人因号其岩曰起傅，盖以旸宅传说也。（上二山在二都。）　**钟湖山**在十五都大江之西。其东有湖泥如浦溆，环生芦荻。旧传其水应海潮盈缩，岁旱，邑人多祷雨于此。　**玉台山**在九都。唐时有杨姓者，炼真于此，乡人创台祀之，名玉台仙山。台旁有井，中产蜥蜴，祷雨立验。台后有石鼓，扣之辄鸣。（上六山俱县南。）　**猴山**在和丰坊。相传山有穴出泉，猿猴多居之，故名。　**白面山**在十九都。有岩屹立，其色白，望之隐隐如人面。下有温泉，涓涓不绝。（上二山俱县东。）

白云山山势最高，林木蓊郁，白云吞吐，中有仙峰巨石。　**朱顶山**唐乾符中，山下有池锡者。家畜一鹤，每旦辄飞起回翔于山间，至暮乃归，因号其山曰朱顶，林曰白鹤，至今子孙家焉。（上二山在十七都。) **偃草山**在十八都。山之草,有一道偃而上,一道偃而下,因名。旧传永福有张姓者,在宋绍兴间居邑之白云寺为头陀,尝因饭牛,见仙人围棋于山巅,往视之,仙人奔去,追不能及,遂卧地滚而下,寻复滚而上,所经处草随偃,铲而去之,复出亦然。 **薛丕山**在五都。相传逸人薛丕居此。又号名山。县志作"薛仙山"。 **石屋山**在十都。有石屋、石棋局。旧传神仙居之。(已上五山俱在县西。) **留钱山**在县西南十六都。唐乾符间,天雨钱于山上,有声铮铮然。及旦而视,不下亿万计,树木皆折,因名。 **大帽仙峰**在县西十一都,接永福县界。峰之巅,旧传有鼓声,或月一二鸣,或经年一鸣。时有云覆其上,岁旱,邑人祷雨于此。 **龙都白岩**在县南旧孝顺里。高数百丈,常有云气缭绕其上,时或闻仙乐之声。岩旁有洞,祷雨辄应。按《永福县志》:"高盖山有龙都峰,其顶为白岩。"所纪事迹,亦大约相似,疑即此岩而界二县间,故并志之。 **乌石岩**在县西南旧宣政里。其岩最峻,登其巅,众山在目。唐薛秘监行祠在焉。 **仙人坐化石**在县西十四都演溪中。旧传张圣君卒于其上。石旁有潭最深,曰九龙潭。游鱼群聚其中,虽洪潦溢不散,人以为异,无敢取者。岁旱,祷雨多应。 **佛迹石**在县东北旧宣政里瞿昙溪旁。盘石上有人足迹,故名。 **仙人迹石**在洛洋溪。大盘石上有仙人迹。旁有石臼。 **龙爪石**在县西十二都。其石穹然,下有澄潭,紫云时见。相传昔尝祷雨于此,有龙悬一足于石,大雨随至,乃立祠祀之,匾曰"紫云堂"。至今爪痕犹存,祈祷辄应。 **钟湖**按《舆地广记》云:"湖中有钟,故名。" **梅溪**在县北和丰坊。源出永福县境,由县西五里入于江。 **演水溪**在县西十四都。源出尤溪。 **瞿昙溪**在县西南十五都。源出永福县境。(上二流俱流入梅溪。) **汤头泉**在县东十九都。 **汤下泉**在县东北旧贺恩里。(上二泉皆温,可以澡浴,各有亭覆其上。) **古井**在县治前升平坊。宋祥符间凿。其泉来自台山之下,清洌而甘美。

罗源县

文殊山其山如伏狮状。旧传邑宰林确尝梦岩间电光四起,明日往视之,见石罅中文殊像,遂构殿居之,因名。山有章突洞,在群玉峰之西,有石突然,其前平坦。相传昔章寿修炼之所也。旧刻"章突洞"三字于石。　**尖山**有王家林岭,岭下有棋盘石,石如棋局。相传尝有二仙对弈于此上。(上二山俱在县东北隅。)

莲花山山形如莲花覆地,故名。中有圣水岩,岩有石洞,洞中有小井,泉可以愈疾。又有奇石二:一尖秀,曰笔;一方平,曰砚。山与市接,岁时登览,冠盖相望,俯视城市,烟树历历,比屋鳞袭,田园棋画,景物之胜,举在目前。又名南山。　**罗汉山**(上二山在西隅。)　**席帽山**在□□□里[19]。形如席帽,故名。(已上三山俱县南。)　**松崎山**　**福原山**中有龙湫,与金镜山龙湫相去二十余里,而泉脉相通。　**帘山**在招贤里濂澳。山有石如帘。前后有石笋、仙人迹、感梦泉、山羊鼻、石虎、双石、文笔峰、马鞍山、通济桥,与帘山为十奇。(上三山俱县东。)　**四明山**在县西隅。一名毒火。上有四峰,故曰四明。相传此山赤松炼丹之地。旧尝有人闻丝竹之音,今石棋局犹存,上粘牡砺壳。茂林中有石洞。又有泉曰洼泉,虽暴雨不溢。　**天堂山**在罗平里。中有李翁祠。　**力石山**在善化里万石村。一名破石山。山顶之左,有一大石如盘,上迭一小石如鼓,右有一石如笼。茂林修竹,映带左右,亦邑之奇观也。　**梧桐山**　**凤山**(上二山在黄重上下里。已上三山俱县西。)　**乌岩山**在招贤里海滨。下有网门。　**白岩山**在临济里。　**后山**在新丰里。　**宝胜山**在新丰上下里。其山最高大。　**仙茅山**两山相连,大者曰大茅,小者曰小茅。山大而峻,嘉木蕃茂。相传徐登尝采茅根于此。上有泥鼓、棋盘石。山之绝顶，有罗喜洞，洞深数丈，环石如垣，敞石如坛，级石如磴，穴石如盆，有水无源，汲之不竭，乃徐登炼丹之所也。旧刻“罗喜洞”三字于石。　**洞宫山**距仙茅山四里许。其山发脉于崇安武夷山，高三百八十步，下有神姥石。旧记云：“昔有仙姥来自罗源，所践之迹入于盘石。”　**陈洋山**山前有小童峰。一峰突出，形如童子拱立，故名。或云，昔有神童出于峰下，因名。　**半岭山**其山四围，佳木森翠。（上四山在徐公里。）　**洪福山**在罗平里。　**金粟山**在临济里。山半有妙喜洞，旧刻“妙喜洞”三字于石。（已上十山俱县东北。）　**曹山**在县西北黄重里。　**登高山**其山状如伏象。上有巨石坦平，可坐六七人。石上旧刻“清赏”二字，环植佳木，邑人多登临于此，故名。按旧志：“石旁有凹，昔人构庵其上。”又有晋冢三砖，各印“永康元年始改晋郡为晋邦”凡十一字。山之旁，有普贤庵，雅有奇胜。　**金钟山　铁障山**二山相连，其一形圆如钟，其一列峙如屏。（上三山俱在县西南西隅。）　**三台峰**在东隅山，突起三峰，故名。　**五马峰**在徐公里。五峰耸翠，若骖马相从之状，故名。（上二峰俱县东。）　**群玉峰**在县治之右二百步许。列石森然，故名。　**道人峰**昔尝有道人修行其间，故名。县志又有道人岩，与此峰同里，下注语亦同，疑即此峰，俗又呼为岩，故记者不察而重出也。　**双箭峰**以形似名。　**鳌峰**宋尚书陈显伯建亭其侧。（上三峰俱在县西梅溪里。）　**仙人岩**相传昔尝有仙修炼于岩下，故名。　**石八娘岩**在临济里湖头，即紫霄岩也。上有飞来石数层，俗呼神女石氏主之，故因名石八娘岩。（上二岩俱县北。）　**匹石岩**在县东北招贤里匹村。一石突然。高数十丈。相传有僧名秀者，遇吕真人于此山，后亦飞锡而去。　**太白岩**在县西北临济里。山巅巨石坦然，石下有龛。相传尝有樵者，见一叟，乌帽白衣，扶筇往来于此，俗疑为太白星也，故号太白岩。亦号星岩。郡志又有太白峰，亦在临济里,疑即此岩,亦呼为峰,志者不察而重出也。　**金炉嶂**在县东。根盘海中,与杨梅湾相对。　**上梅岭**在西隅。岭下有鲫鱼屿在平回中,高丈许,状如鲫鱼,故名。　**下梅岭**在东隅。　**西洋岭**在黄重下里。岭之巅有顺懿夫人庙。(上三县俱县北。)　**龙兴岭**在县西北罗平里。岭旁有氿泉从石罅中出。氿,故角、呼驾二切。《尔雅》:"夏有水、冬无水曰氿。"此泉夏涌冬涸,故名。　**吕洞岭**在县东南一里许。上有金吾祠。　**南华洞**在县东一里许。宋林迥,字子山,号南峰翁,为金华簿,后归院于此中,建风月堂。左为天地窝,右为锦绣谷。　**逍遥洞**在县西南□□里[20]。石上镌"逍遥洞"三字。旧有隐者,构草堂居此。越一里,有地曰甜淡坑,相传民居此则多寿。前有栏盘石,清流漱之,瀌瀌有声。　**石鼓**在鳌峰铺后山上,一石如鼓。宋景祐间自鸣,有丰年之应;后凡鸣,其岁辄稔。　**石鳖**有石高五丈,坦平如砥,上有石鳖,相传夜常下石饮水。石有爪痕。(上二石在县西梅溪里。)　**禹步迹**在县东临济里田间。巨石上有双脚迹,各长二尺许。　**飞来石**在县西北罗平里。山顶一峰突出,上有巨石砥平。又有小石迭其上。　**仙人石**在县南三里许。相传昔有仙人游此,足迹尚存。元泰定中,建亭其上,刻"清赏"二字于石,今亭废石存。陈仓洲诗:"人烟三市近依县,盘石半空长出云。"

鹤屿在县南拜井里江中,与松崎山相对。上有佳木蕃茂,周围潮汐浩荡,尝有鹤巢其上,因名。　**龟屿**在县东招贤里廪江中。屿形如龟,首尾四足俱全。　**罗川**在县治西百五十步。源出蒋山,接金钟潭水,流入四明溪,分为三派:曰中溪,堪舆家谓:"中溪之水,可制四明毒火山。"宣德间湮塞,邑屡有火灾,成化十二年,知县施弘重浚之,曰南溪,曰后张溪。二溪交流入松崎港,以达于海。　**起步溪**源出天堂山,流接觉洋溪、网湾溪、章溪、皇认溪、车溪、朝格溪,至禹步迹,会罗川水。　**九龙溪**旧有谶云:"沙龙长万丈，先出状元后宰相。”其水自揆村直抵松崎江。潮退，沙迹蜿蜒，今不知其几丈矣。（上二溪在临济里。）　**黄沙溪**在新丰下里。源出宝胜山，流入松崎港。（已上三溪俱县北。）　**环溪**在县治南双石桥左。与南北二溪合流，萦回环绕，故名。　**霍口溪**在县西黄重下里。源出古田县，流入连江。　**龙湫**一在县西南金钟山，一在县南福原山，两山相去二十余里，而泉脉相通，祷雨随应。按县志：“金钟山又有龙潭。”疑即此龙湫而重出也。**险岩潭**在县西北林洋里。飞瀑百余丈，下有龙湫潭，祷雨辄应。

横峰龙潭在县东南拜井里。其地险绝，人迹罕到；岁旱，乡人攀藤而上，祷之多应。　**余家塘**在县东东隅。宋余深筑。谶云：“水破余家塘，当立状元坊。”　**仁寿井**在县治东仁寿坊内。宋天禧五年凿，虽亢旱不竭。　**仙泉井**在县西北佑圣宫之右，刻“仙泉”二字于石。旧传凡乡民有暴疾者，焚符调此水，饮之立愈。成化十一年，知县施弘募众重浚。

建宁府

建安县

双髻山在县城北安泰里。两峰相并。亦名笔架山。　**龙池山**山顶有水一泓，旧传龙居其中，遇旱，以物触之，能致雨。**鸡足山**山有三峰，状如鸡足。下有报恩寺，亦曰卧龙庵。　**三门山**五代时，王氏据闽，置栅于此，以守疆场，故以门名。（上三山在登仙里。）　**衮坑山**[21]在铁狮顶下。相传伪闽王延政据建时，有蛟如龙形，自山而下，滚山成坑，洪水暴作。是年，延政卒。

虎头岩山在秦溪外里。山多奇石，状类不一，前耸一峰，高大峻削，若虎首然。山巅有庵奉马真仙，岁旱，祷雨辄应。山之侧有凉伞山，山形如伞，下有孤石高耸，如人拱立，俗又呼为石人山。（上五山俱府城南。）　**白鹤山**《寰宇记》云："东晋时，望气者言此山有异气，命工凿之，朝凿暮合，已而有白鹤双翔其上，因名。山之麓有东岳行宫，宫之中有灵涌泉。俗传泉初涌时，有疾者饮之即愈；又其泉涌涸不常，或遇其涌，邦人以为丰年之瑞。其右有圣母池。　**天马山**状如奔马。（上二山距城二里。）　**响山**距城五里。其山空洞，枕于溪侧，人有声辄响应。　**白土山**以其土色白，故名。　**龙山**状如龙蟠，与凤凰山对峙。其左有龙凤池。伪闽龙启中，制茶焙，引龙凤二山之泉，潴为两池。两池间有红云岛，宋咸平间，丁谓监临茶事时所作也。岛四面植海棠，方旭日始升之时，晴光掩映，常若红云浮于岛上。今塘池湮废，而岛又隐隐可识。又有御泉井、御茶亭。（上二山在吉苑里。已上五山俱府城东。）　**队羊山**连冈迭陇，逐逐而下如群羊焉，故名。详见铁狮山下。　**屏风山**群峰联属，拱揖左右，中一山截然壁立空翠间，状若屏风，故名。（上二山在登仙里。）　**大富山**在房村上里。山不甚高，而土脉膏润，因名。元季，邑人杨福兴[22]尝于此山种木成林，戒子孙留以备学校、寺观、祠庙、桥梁之需，及贫民养生丧死[22]之具。福兴，国朝少师荣之祖也。　**龟山**在璜溪之东。　**箱山**在璜溪东南。（上二山俱以形似名。）　**曹山**在璜溪之东。相传曹圣者尝为邑雷氏择此地，故名。　**队鱼山**在璜溪南。群山突出，若队鱼之状。　**印山**在璜溪西南。其形方而伏，如印之状。　**凤山**在璜溪西。其形如飞凤。　**虎山**在璜溪西北。其形如虎。　**豸山**在璜溪东北。其形如獬豸。（已上十一山俱府城西。）　**黄华山**其脉从马鞍山而来，郡之护龙山也。宋建炎初，韩世忠讨范汝为，屯兵其上。元至正二十年，伪汉陈友谅寇建宁，亦列营于此。　**马鞍山**距城三里。又名瑞峰。其山状若马鞍，实郡之主山也。宋淳熙中，太守韩元吉以山势低于客山，乃种万松于其麓以益之，今已不存，而再植者复苍苍矣。山有瑞峰寺故址。　**鸡笼山**距城五里，与马鞍山联属，以形似名。**凤凰山**在吉苑里。形如翔凤。山有凤凰泉，一名龙焙泉，一名狮泉[24]。自宋以来，于此取水造茶上供。苏轼《凤味石砚铭序》云："北苑龙焙山，如翔凤下饮之状，当其味有石苍黑，坚致如玉，太原王颐以为砚，名之曰凤咮。"即此是也。　**八仙山**在川石里。俗传昔有仙人过此山之上，足迹隐隐犹存。　**辰山**在东葚里。山大而最高，其颠可望见海日初出之处。山有三峰：曰逍遥，曰饮坑，曰牛顶。又有石鼓，击之铿然有声。又有牛心洞，广可丈许，深莫能测，中悬一石如牛心。乡人遇旱，辄相与致其诚洁，往洞中，以纸向石擦之，须臾，水滴如汗，乃盛以净器，致鼓东引归，谓之迎仙，甘雨随至。若不致诚洁，则不可得也。山之下有芦竹洞，相传马仙所居之地。山腰有蛟窟，岁旱，祷雨辄应。（上六山俱府城东北。）　**仙人山**在府城西北房村上里。一名龙山。其山自郭岩发脉，高耸而来，至璜溪始平坦，堪舆家谓如仙人撒网形，故名。　**象山**山形类象，其鼻回转，抱水一泓，冬夏不涸，故又名白象卷湖。　**壑源山**高峙数百丈。此山之茶为外焙冠。俗谓之捍火山，又曰望州山。　**梨山**奇秀冠诸山。唐刺史李频，雅好登临于此，既卒，郡人思之，立祠其上，宋郡守卢干为立碑。下有小梨峰。相传频始葬，立祠于此，忽一夕风雨大作，祠之香火飞挂梨山之树，建人因伐树刻像祠之，此山今亦有小祠，故以小梨峰目之。　**曹高山**一名作高山。古有曹圣者茶场。（上四山在府城东南将相里。）　**百丈峰**在登仙里。上有百丈岩，世传马仙所居。岩畔有双龙泉，岁旱，祷雨辄应。去岩二十余里，有宝盖洞，即马仙飞升之所也。　**黄龙峰**在南才里。有马仙祠。（上二峰俱府城南。）　**铜场七峰**在府城南吉宛里。七峰联属，中三峰并驰，如渴骥奔泉，特异诸峰。　**獬豸峰**在府城西房村下里。以形似名。　**黄栀峰**在府城东南将相里。地多产黄栀。　**灵地岭**相传汉梅福尝修炼于此,丹成上升。　**天湖岭**岭之巅有水一泓,故名。　**大雪岭**闽中雨雪,及地即消,惟此岭极高峻,积雪累日,故名。　**丁坑岭**岭下居人多丁姓,故名。　**曹岩岭**昔曹圣者尝栖息于此,因名。(上五岭在府城西房村上里。)　**白石岩**在府城南秦溪内里。有马仙庵。　**宝胜岩**上有飞泉百尺,直泻涧底,望之若玉虹然。　**八仙岩**旧传尝有八仙憩于此,今石上有仙人足迹。　**灵岩**在玉潭。岩形方而两穴相迭,高一丈五尺,广二丈五尺,其上或有云气飞腾,后数日必大雨。(上三岩在川石里。)　**卧牛岩**在东莨里。以形似名。岩下有窦,可容数人。(已上五岩俱府城东。)　**圭峰岩**有峰峭立如圭,故名。岩之侧有马仙岩。　**石鼓岩**在□溪。岩顶有石如鼓,扣之铿然有声。岩畔有刘圣者庵。　**瑞兴岩**在消溪。旧传岩左右尝产芝,故名。岩畔有观音庵。　**洋山岩**岩前有田数顷,一望平衍。**宝历岩**岩上旧有庵,以祀魏仙,今废。(上五岩在府城西北房村上里。)　**吉云岩**在府城东南南才里。宋侍郎袁枢于此立庵祀龚、刘、杨三圣者,凡乡人有祷必应。　**龙兴岩**前有龙兴观,故名。　**灵仙岩**有庵以祀马仙,凡水旱祷之辄应。(上二岩在房村上里。)　**虎头岩**山形高峙如虎踞状,故名。　**鹤峰岩**其状仙鹤,故名。岩之前,两山并立,俗呼寒山、拾得。山上有庵,以祀魏王、篯铿二仙。旁有水一泓,里人病眼者汲而洗之,即愈。**三姑岩**山形高峙,如人立状,故名。(上三岩在秦溪外里。)　**伏狮岩**在房村下里。以形似名。岩下有越王潭,相传越王尝游其地,故名。　**寒岩**下有南涧,发源于岩上,至其下转南,遂成小涧,流入大溪也。　**定心岩**在詹墩。旧传尝有道人结屋岩前,终日禅定,未尝下山,后人因以名岩。　**威礼岩**在赵家山。相传尝有道者建庵于此，以奉佛氏，因名。 **云竹岩**岩极高耸。其上多松竹。（上四岩在登仙里。已上十岩俱府城西南。） **冥阳洞**在县南南才里。洞穴深邃，初入甚暗，良久方明，故云。旧志云："即后汉宜新太守杨仲产所居之地。" **浮石洞**在响山之前。盖溪中小屿，遇水泛则与之俱浮，人未尝见其没。相传汉梅福炼丹前山[25]，其徒陈先生者，每窃食焉。福怒，拔剑逐之，遂逃入洞中。福曰："此吾丹之功也。"乃释之，故又名逃奴洞。风月之夕，渔舟泊其滨者，或闻水中笛声。 **紫霞洲**在府城内中和坊。宋淳熙间，郡守韩元吉辟北园以增府治，浚池导泉，作亭临之，号紫霞洲，盖取"幔亭紫霞祷"之义。内有玉仙池，即元吉所浚者。其源出处州之龙泉，至乌龙巢口南注，经月城僧舍，穿城而入，潴为大池。盖宋于此置丰国钱监，引之以给鼓铸之用。绍兴以后，官冶停铸，水道弗修，民多窃引以溉私植。郡守韩元吉、赵喜伟相继修治之，水仍入于池，今遗迹尚存。按郡志谓："故老相传，朱文公尝卜居于紫霞洲，构亭子其左，匾曰'溪山一览'。"考之祝穆所著《方舆胜览》，亦载紫霞洲，并不言文公尝居之。穆于文公为内弟，凡文公过化之地，无不详载，而此独不言，恐郡志有所未审也。

石塔在府城东南南才里。塔内有大石，方围三丈余，轻摇则动，重撼之则不动，人以为异。 **东溪**在府城东。源出处州之松源，会松溪、政和之水而下，至城东南隅，转而西合瓯宁西溪之水，为一大溪，自是南流，经延平，抵福州，入于海。《方舆胜览》谓："建溪源出自武夷，至城外，即今东溪。或谓唐人诗："雷霆入地建溪险"，即此。按东溪源出松源，在府城东，而发源武夷至城外者，乃西溪也。《方舆胜览》以发源武夷者为东溪，误矣。且西溪有二源，而独谓出武夷，亦考之未审也。唐人诗盖送人归闽而作，其下句云："星斗逼人梨岭高。"梨岭之路，下接浦城，浦城亦西溪发源之处，恐其所谓建溪，即西溪也；不然，则东、西二溪皆得谓之建溪，未必专指东溪也。 **安泰溪**源出福州府古田县界。 **东**

游溪源出政和、瓯宁二县界首。（上二溪在安泰里。）　**渔溪**源出政和县界。　**川石漈溪**源出政和、瓯宁二县界。（上二溪在川石里。）　**顺洋口溪**在顺洋里[26]。源出古田县界。　**东安源溪**在吉苑里。源出瓯宁县界。　**横谷溪**　**东坤口溪**（上二溪在建宁里，俱源出瓯宁县界。）　**东苌溪**[27]源出古田县界。

千源溪源出政和西里及古田县界，流会东萇口溪。（上二溪在东萇里。已上十溪俱府城东。）　**沙溪**在府城东南将相里。源出南才、顺阳二里，通上一十一溪，其水皆入于东溪。　**登仙普通溪**在登仙里。源出古田县界。　**房村口溪**在房村下里。源出瓯宁高阳里。　**秦溪**在秦溪外里。源出古田县界。（上三溪俱府城西南。）　**璜溪**源出丁坑、九漈、白塔、大埔，[28]凡四派合流。其溪弯环如佩之璜，故名。　**桃源溪**源出龙岩，会璜溪。

起莘溪源出九漈岩，会璜溪。　**龙潭溪**源出白云岩，会璜溪。其溪有龙潭，故名。（上四溪在府城西北房村上里。通上七溪，其水皆入于大海。）　**蛟潭**在府城东吉苑里。萧子开记云："昔有樵者，见潭面浮槎有金环，涉而取之，为蛟所害。"即此潭也。

梨滩在府城南登仙里。滩号最险，舟人惮之。　**东溪二滩**密黯滩。在安泰里。水势汹涌能覆舟，乡人因立灵山庙镇之，故址犹存。　书筒滩。在川石里渔溪口，有岩状类书筒，故名。（二滩俱府城东。）　**放生池**初，止置个一，后以平政桥、济川亭下两流合流处为之。

瓯宁县

天湖山宋郡守赵岍诗有"美景天湖呈六六"之句，盖山有三十六景，如双虹泉、空翠亭、紫芝庵之类，其尤胜者也。建炎兵燹，皆废。　**黑牛山**山之下有黑石，如卧牛状。　**乌石山**在万石滩上。 **北平山**其山，南多石而北坦平，故名。（上四山在兹惠里。） **灵鹫山**半岩有亭，亭藏仙骨一函，昔因祷雨，迎置武夷山。 **将军旗鼓山**山有四峰：左一峰如鼓，右一峰如展旗，中二峰如人耸立，故名。（上二山在崇安里。） **禅岩山**山之绝壁有岩穴，唐僧无垢自古田雪峰来，坐禅其中。至今水旱祷之有应。

蒋峰山山前有蒋庵，盖昔有蒋姓者居此。（上二山皆禾吉里。） **蓬岭山**在禾义里。（已上九山俱府城北。） **铁狮山**一本作"峰"。距府城三里。府治对山也。山之巅有庵，有铁铸文殊狮子像。堪舆家谓："府治東山若猛虎出林，溪西诸山若队羊然。"欲其不为伤也，乃于对山置铁狮以镇之。宣和间，移置开元寺。未几，叶、范二寇继作，且有虎渡河之异，绍兴间，郡守刘子翼复还故处。或云，恐铁狮下视城中，乃于旧府治厅事及建安堂柱下埋小狮二十四，以明子母相应之义。又云，此山对县学[29]，号文笔峰。昔有僧庵其上，因铸铁塔于山巅；郡人以其不利于科举，移置光孝寺。次年，城中遂有卢觉者中第。故谚云："城外打铁塔，城里得卢觉。"自是，科不乏人。山之左有紫芝峰，王氏据闽时，尝产紫芝。山之右有云际山，其麓为开元寺。寺有八奇：曰弥陀岩，中有石室，高深各丈许，阔倍之，内有佛冢；曰补陀岩，岩穴广丈许，亦佳致也；曰定光岩，深邃奇绝，中祀定光佛；曰陆羽泉，相传唐陆羽所凿，然羽实未尝至此。宋杨亿诗："陆羽不到此，标名慕昔贤"；曰石龟池；曰宝月井。余见《宫室志》。 **梅仙山**距府城三里。旧志："汉梅福炼丹于此；丹成骖鸾而去，是日有甘露降。"又"所乘马及鞭，自空而坠"。今山有甘露源[30]、骖鸾渡，城南有坠马洲，亦名仙人洲，县境房村里有遗鞭者，皆因是得名。山巅丹井坛灶遗迹俱存，每秋阴，虹光时现。旧有招隐亭，宋郡守韩元吉建堂其上，匾曰梅仙山，后废，郡守李沈复建，更曰"梅山"；又于山半创二亭，曰骖鸾，曰虹光，亦废。国朝永乐间，都指挥佥事侯镛即堂旧址建阁，匾曰"丹成"。宋曹文姬《梅仙山》诗："鹤驭云軿去不还，乱云深处旧仙坛，凿开天外长生地，炼出人间不死丹。”杨亿《坠马洲》诗：“寒潭吞别派，孤屿屹中流；昔有骖鸾客，因名坠马洲。”　**升山**一名朗山。以晋司马王朗登游之所，故名。伪闽王延政僭筑郊坛于此。宋改今名。　**覆船山**距城三里，以形似名。（上四山俱府城南。）　**天关地轴山**下有天庆观。　**庆成山**下有庆成寺。　**黑窑坑山**山下旧有窑。　**龙首山**距城三里，势若龙举首然。一名华源山。旧志云：“昔有华氏居此，下有华歆井，俗传汉华歆所凿。”歆未必至此，盖因山有华源之名，而好事者遂以为歆所凿也。其井虽旱不竭。宋郡守赵岍爱其泉甘美，作亭庇之，而刻石于其旁。今俗呼枯木泉井。　**石塘山**山之巅，三峰并秀，其麓左陇右石，蓄水一泓，因名。　**斗概山**其山方如斗而顶平，故名。　**吉阳山**接顺昌县界。（上三山在吉阳里。）　**高阳山**在高阳里。山极高峻，先得朝阳，故名。（已上八山俱府城西。）　**天堂山**高出群山，林木蓊蔚。其巅高明爽垲，登者心神舒豁，如在天堂然。　**擎天山**二峰峙立，一峰最秀而圆锐，高插霄汉，如擎天之柱。宋谢枋得游此，尝有记。（上二山在府城东北西乡里。）　**小湖峡山**在禾吉里。以小湖溪流经山麓两崖峡束故，因名。　**天宝山**峰峦联属，延袤五六十里。　**斗峰山**高五六百丈，山形左右低而中高，其高处方平如斗，故名。（上二山在丰乐里。）　**高峰山**界吉阳、梅岐二里，连亘瓯宁、顺昌二县。层峦迭巘，千态万状。具中峰挺然特秀，高五千余丈，欲登其巅，非一日不可到；四顾群山，皆在其下，俯视东南大海，若咫尺然。一名郭岩。一本云：“在郭岩之西。”　**三峰山**山有三峰，其中峰石壁上镌“洞天”二字。　**庵山**山有白鹤庵，故名。　**洋峰山**屹然特出于众山之中，其顶甚平夷。山半有白鹤仙亭，雨旸祷之，无不应。　**鸡笼顶山**与洋峰山对峙，山根盘踞数里。其巅状如鸡笼，故名。　**壶山**相传仙人壶公与费长房尝游此山。

山瞰大溪，石壁峭立，上镌“壶天寒冰玉屏”六大字，每字径二尺许，笔力遒劲苍古。岩半旧有亭，今废。　**东鲁峡山**其山中断溪道于其间。　**般若庵山**山有般若庵。（上七山在禾义里。）**西岩漈山**在慈惠里。山之左有石壁，高十余丈，其巅有亭，祠马、岐二仙。以山在漈头，故名。　**塔岭山**山旧有石塔，因名。　**白石人山**山多白石，或似人形。（上二山在禾供里。已上一十四山俱府城西北。）　**毛仙峰**在紫溪里。相传毛、黄二仙炼丹于此。　**剑门峰**清溪中注，东西两峰对峙如剑。　**圆峰**其峰圆，故名。（上二峰在崇安里。）　**莲花峰**在慈惠里。以形似名。（已上四峰俱府城北。）　**板岩三峰**在府城西梅岐里。山如坂壁峭峻，因名。　**岩丫岭**上有二高岩并峙，故名。　**秋竹岭**　**牛轭岭**岭不甚高，而形屈曲如牛轭然。　**横歪岭**冈陇高低，一路横经其上。　**黄梅岭**下为平林，多梅树。　**黄源岭**界建阳、瓯宁二县间。岭半有泉，黄色。　**巧溪岭**界顺昌、瓯宁二县间。有溪发源岭下，俗呼巧溪。（上七岭在府城西吉阳里。）　**归宗岩**在慈惠里。旧名鬼子岩。宋淳熙间，有曹道人结庵于此，改今名。　**柏香岩**在禾义里。地多黄柏，故名。　**斗回岩**岩侧有小庵以祀梅仙，凡有疾者，饮以庵下之水即愈。岁若旱涝，祈祷无不感应。　**草岩**高耸百余丈。旧有祠以祀暨公长者，民有疾苦，祷之多应。（上二岩在吉阳里。已上四岩俱府城北。）　**白石岩**山石洁白，不附撮土。上有巨穴，穴中有亭，今废。　**徐将岩**前后二岩，峭拔宽广。相传尝有徐将军驻兵于此。黄巢入闽，乡民避岩中，活千余人。（上二岩在崇安里。）　**狮岩**岩有巨石如狮子，故名。每星月夜，人望之，口有白气上升如练，少顷，复收入。旧有道人李姓者，作庵其上，今废。　**云岩**昔有普化大师坐化其上，乡人祠之，今雨旸祷之辄应。其顶有狮子铃石。石凡二，大者如狮子,小者如铃。相传连大师立小石上升。其石,人以一指微指之辄动,有声如铃;若集众力撼之,不能动,其异如此。岩之右有雪岩,双峰并高,连大师用指书一大"升"字于石,后升去,字迹尚存。今与普济大师同祠于云岩,并著灵响。(上三岩在西乡里。)　**郭岩**在梅岐里。岩北古有庵,祀梅福并岐公像。旧传西汉时,岩乃郭仙所居,故名。按旧志:"福为南昌尉,上书不报,隐于建之城南山上,学仙术,后游武夷,望见郭岩有紫气,即往访之。时岐公已先居焉,因与同处。后二人俱乘鹤上升。今其里号梅岐,以此庵前有梅仙留颂石岩。岩下有李偲墓。墓侧有仙人迹、马蹄痕石。相传偲昔升仙于此,此其遗迹也。　**马大仙岩**旧传即马仙所居之所。　**石龙岩**岩势蜿蜒若游龙,泉出岩窦,飞泻而下。有庵以祀马仙;岁旱,祷之多应。　**金凤岩**山势逶迤,有鸾翔凤翥之状。下有佛庵。　**蹑云岩**上有佛庵,并祀马仙,扁匾蹑云。山路极峻峭。邑人有事于庵,必攀萝扪石,然后可到。(上四岩在高阳里。)　**狮子岩**在慈惠里。以形似名。岩畔有马仙祠。　**寿云岩**在县西麻溪里。高插云汉,上有佛庵。(已上十一岩俱府城西。)　**擎天岩**岩峦峭拔,上薄云霄。岩之顶有庵,以祀祖圣者,祈祷多应。　**宝石岩**旧作宝国岩。下有宝国寺,故亦名"宝国岩"。　**北岩**下有北岩寺。宋政和陈朝老尝读书于此。(上三岩在西乡里。)　**西岩**在慈惠里。旧名"曹岩"。

峙狮岩在梅岐里。以形似名。左有小洞,右有天湖池。上建小鹿,以奉梅、岐二仙。后灾。(已上五岩俱府城西北。)　**石桥洞**在府城北崇安里。高峰环抱,内有石潭,其外石壁削立。俗传潭中有龙及怪物。宋游圣者至此,以铁锹铲石壁,作一大石门,潭水遂竭,龙与怪物皆听役使。后圣者化去,乡人建庵祀之。岁旱,来祷者归未抵家,大雷雨随至,溪流涌涨,陂堰多坏,人号为游破陂。　**玉清洞**在府城西天庆观侧溪潭中。[31]旧志云:"昔有渔人没潭中，见石室金字题匾曰'玉清之洞'。一青衣童子出曰：'此司命真君之府也。'" **西峰洞**在府城西北，界西乡、紫溪二里。内可坐百人，有鼎炉、石床。石上五坎如碗形，皆盛石髓，各具五味之一，其中寒气逼人。相传九仙居之。前有巨石如方座，高二十余丈[32]，上列石棋盘。洞左右二石厨，常有锦鸡、野羊分宿其内，皆石壁如削，人不能取。遇旱，乡人攀缘往祷之，多应。 **仙秤石**在府城北西乡里。三峰高耸，顶有巨石如棋盘。相传唐李邑童氏子因母足疾，采药至其顶，见二叟以小石子对弈，目童氏子，而以五石子与之。袖归，母疾随愈。后五世孙生五子，俱贵显。至今族余五百口，石子尚存。 **万安洲**在府城西北万石滩下。沙聚成洲，平衍宽广，不为溪流吞啮，故名。 **淮沙**在府城西通济门外。溪滨沙洲，聚散不常。又城南七星桥上下溪中，亦有沙洲 俗传西为淮头，南为淮尾。旧有谶云："淮沙圆，出状元。"国朝洪武十七年，沙聚而圆。次年，郡人丁显果状元及第。 **西溪**在府城西。源出崇安县分水岭及浦城县渔梁岭，会建阳诸溪之水，至城北别为二派，复交会于城西临江门外；稍南，会建安县东溪之水，合流下延平县境。本谓"源出崇安分水岭"。盖记者之略也。 **大雪山外小溪**源出延平府顺昌县界。 **贯道桥小溪**源出黄源岭下。 **兴贤桥小溪**源出斗概山下。 **桐溪**源出岩丫岭下。唐乾宁间，溪岸有大桐树，上出云气。里人恐其为怪，代而解之，有龙凤文，因制琴以进，故名。一本作"大夫桥小溪"。（已上四溪在府城西吉阳里。） **小松溪**在崇安里。源出蓬岭下。 **宜君溪**由崇安里通慈惠里。 **万石溪**在慈惠里。由漈下至本里。 **紫溪**在紫溪里。源出松溪县皆望山。 **东鲁溪**在禾义里。源出西乡里，经东鲁峡至黄塘，会小壶口之水。 **濠村小溪**源出松溪县大源山，下注清潭溪。 **陈溪小溪**源出崇安县南山岭，下注清潭溪。旧溪侧多陈姓，故名。（上二溪在禾供里。已上七溪俱府城北。）　**壶溪**在禾义里。源出浦城县渔梁岭下。　**玉溪**在西乡里。源出里之竹溪。宋嘉祐间，溪尝有妖作巨浪，里人潮守童志贤以玉尺投溪中，妖遂息，因名。（上二溪俱府城西北。已上一十三溪其水皆入西溪。）　**龙村溪**在府城西西乡里。溪有巨石，有龙磨角痕，旧为雷所裂。穷溪之源，有飞瀑由石岩下注，长数十丈。下有龙井，旁有龙王祠，遇旱祷之必应。　**清潭**在禾义里。即旧水吉里。潭水极清。旁有渡，通浦城县界。　**佛母潭**在慈惠里，与宋家潭相近。常有巨鱼出没其间，俗以为神物云。　**三山潭**在禾义里三山之麓。潭底有大小数石穴，深入如屋，鱼鳖多存其中，人呼为鱼屋，渔人甚获其利。（上三潭俱府城北。）　**东山林龙潭**在府城西吉阳里。石壁峭拔，而潭据其巅，广百余尺，深不可测。环潭竹木葱蒨，登者必攀竹缘藤，方可至也。岁旱，祷雨辄应。　**大雪山龙潭**在府城西北吉阳里。山势极险峻，下三潭相连。西有石壁，泉飞下如布。潭侧空洞，常若风雷之声。山巅巨木阴翳，寒气逼人。盖神龙窟宅也。岁旱祷雨，亦多有应。　**西溪诸滩**　万石滩。在万石溪口，乱石棋布，滩水迅急。　大米滩。　小米滩。　九庄滩。　和尚滩。　洪滩。　主簿滩。（上七滩在丰乐里。）　鸡公滩。在镇安坊。　羊角滩。在慈惠里。（已上九滩俱府城西。）　青铜滩。在丰乐里叶芳驿下。水势奔急，舟师惮之。　罗滩。在禾供里岁家村前。湍急而险。（上二滩俱府城北。）　七里滩。去此上下皆七里，始有滩，故名。此滩水涨岩没则浪平，水落岩出则港道纡曲，最险。　羊耳滩。中有三岩，若羊耳然。　杆岐滩。在雨龙小溪口。水落则平，水涨则险。　五通滩。在小壶村庙前。（上四滩在府城西北禾义里。已上凡十有五滩，特记其大者耳。其余尚多，不能悉载也。）

校　注

［1］乾隆《福州府志·山川》："东最高者曰君山，又名军山。"同治《福清县志·地舆》有君山，无军山。

［2］同治《福清县志·地舆》作"象王峰、普陀岩"。宋林希逸有《石竹山普陀岩诗》。

［3］"后"字疑误。

［4］乾隆《福州府志·山川》梁江淹《游黄檗山诗》作"阳岫照鸾采"。同治《福清县志·艺文》梁江淹《游黄檗》诗作"阳岫飞鸾采"。

［5］同治《福清县志·地舆》作"七仙岩"。

［6］同治《福清县志·地舆》作"颁春莫向常思岭"。

［7］同治《福清县志·地舆》作"仙岭"。

［8］同治《福清县志·地舆》作"海下里江"。

［9］同治《福清县志·地舆》作"去海口镇十里"。

［10］同治《福清县志·地舆》作"东抵息屿门"。

［11］同治《福清县志·地舆》作"盏窑"。

［12］同治《福清县志·地舆》作"福唐里"。

［13］乾隆《福州府志·乡都》作"崇礼里"。

［14］乾隆《福州府志·山川》作"凤羽中峰"。

［15］乾隆《福州府志·山川》作"仙岩"。

［16］乾隆《福州府志·职官》作"杨子成"。

［17］乾隆《福州府志·山川》作"三十二都"。

［18］乾隆《福州府志·山川》作"灵坛石"。

［19］乾隆《福州府志·山川》：席帽山"在县西隅五里许"。

［20］参考乾隆《福州府志》有关记载，应是"化一里"。

［21］嘉靖《建宁府志·山川》作"滚坑山"。

［22］嘉靖《建宁府志·山川》作"杨达卿"。

［23］"丧"应为"送"之误。

［24］嘉靖《建宁府志·山川》作"又名御泉"。

［25］嘉靖《建宁府志·山川》作“响山”。

［26］嘉靖《建宁府志·山川》作“顺阳里”。

［27］嘉靖《建宁府志·山川》作“东莨口溪”。

［28］嘉靖《建宁府志·山川》作“源出丁坑，合九漈、白塔、大富”。

［29］嘉靖《建宁府志·山川》作“郡学”。

［30］嘉靖《建宁府志·山川》作“甘露泉”。

［31］嘉靖《建宁府志·山川》作“在城西移忠坊玄妙观前溪潭中”。

［32］嘉靖《建宁府志·山川》作“高三十余丈”。

八闽通志卷之六

地　　理

山　川

建宁府

浦城县

皇华山宋时建皇华馆于其侧,因名。　**油果山**“油”一本作“游”。唐末占星者云:“山有异气。”凿之,经宿复合。已而用方士术,以油果祀之,遂不复合。宋时有周霞者尝修炼于此,丹灶犹存。　**渔梁山**旧志:“天下十大名山,渔梁其一也。”山之水源:南流为建溪,北流为保溪。[1]　**百向山**俯临大溪,共势挺拔,四面皆见之,故名。(上三山在长乐里。)　**盖仙山**在毕岭里。一名“浮盖山”。界衢信处三府之间,周围三十里。失名氏诗:“涵澄泉泻东西涧,矶碓[2]山蟠南北州。”　仙坛。　石洞。洞口有石如龙口,出泉甚甘美,深处有窍可以窥天。　卧牛石。　水精石。　双笋石。宋汪藻诗:“生来双笋几经春,直上云霄无藓痕;若使坚根解成竹,人应唤作两龙孙。”　石人峰。汪藻诗:“擎天不老岁长在，捧日无言形独尊。”（已上俱在盖仙山中。）　**船山**在官田里。[3]山势高平如船状。前有玉女峰，相传闽平昌王避乱，有女死于此，因名。（已上六山俱县北。）　**回隆山**圆峰秀拔，俯临南浦溪，乃县治前山也。　**将军山**山势耸立，雄伟，如将军然。（上二山在登云里。）　**株林山**在孝弟里。峰峦起伏，林木森秀。山有却笠岭，相传汉华子期既得道，至此却笠而坐，遂仙去。（已上三山俱县南。）　**越王山**自横山蜿蜒而来，融结为县治，其势独出于众山。相传越王于此筑台为烽堠，遗址尚存。其左有金鸡岩，石状如鸡，故名。又有金鸡岭，通处之龙泉[4]。国朝永乐间，知县陈潼建亭其上，以为行人憩息之所。成化十年，又筑城门于其上，匾曰“金凤”。　**吴山**在慕泰里。山四面奇秀，为邑之望，居民多吴姓。汉兴，有吴氏六十户，列屯大泽，即此姓也。上有岩洞，俗号“燕窠岩”。岩半有石穴瀑布，故又名“石窦山”。唐时有僧尝结庵其上。　**太姥山**[5]在忠信里。太姥即魏夫人。道家谓魏夫人栖真于洞宫，此山其邻也。上建太姥寺，故名。山下又有徐渊书斋，故址俱存。（已上三山俱县东。）　**梦笔山**在县西上相里。相传梁江淹为吴兴令[6]，梦神人授笔于此，故名。又以山在环嶂之间，挺然孤立，名孤山。　**横山**峰峦横亘如屏，山阴有井，上有马仙祠。邑人祷雨多应。　**泉山**在永康里。山顶有泉，《汉书·朱买臣传》云“故东越王居保泉山”[7]，疑即此也。（上二山俱县东北。）　**百丈山**尖峰嵯峨，高耸千仞。旧记云：“东岭有钟离亭，已废。上有积石像人，俗谓之马大仙。中有九井，盖龙湫也。宋邑宰谢邦彦遇旱，以诗投之，即雨。”　**温山**旧记云：“山有泉，夏冷冬温，故名。”（上二山在招贤里。）　**铜钵山**山极高峻，南界崇安县。昔有道人创基其上，因开基而得铜钵，故名。中有泉井，乡人遇旱疫祷之辄应。按崇安县《山川志》云：“钵”作“钹”。　**石龙山**界崇安、浦城二县间。俗传有樵者砺斧于石脊，血随沁出，因名。山有三峰，中一峰名“鹅儿”，下有巨石如龙首，其上有井，井有石如珠，井畔有龙堂。（上二山在通德里。已上四山俱县西北。） **子期山**在县东南孝弟里。相传华子期师角里先生，得道后居此山，尝修炼于溪浒之台。有神人语之曰：“台前石鼓鸣，汝功成矣。”子期一日扣之，果有声，遂却笠仙去。

西阳山在清湖里，相传西阳太守全景文居此，因名。 **大同山**唐会昌中，萧、袁二禅师修行其上。时梁国公丘良居山下，一日，遇二师，有虎骤至，师曰：“无惊地主”。良遂舍水源建寺，名“大盅”，后更名“大同”。绝壁穷崖之上有龙湫。又有虎跑泉，相传虎穴地得泉，故名。 **嵩山上**有龙井，祷雨多应。 **大湖山**在靖安里。一名“圣湖山”，巅有湖澄澈无底。俗传采药者见芙蕖满湖，涉而取之，乃石也。（已上四山俱县西南。） **王归峰**在县北官田里。昔平昌王避乱隐居于此，今有平昌王庙。 **致孝岭**在太平里。旧号“章家岭”。相传章得象未贵时，婿于练氏，外舅姑颇不为礼，得象偕练氏归，誓不再登此岭。及外舅姑殁，练氏陟岭上瞻望挥涕。人以是名之。 **梨岭**路通衢之江山县。其土宜梨，故又名“梨关”。宋杨亿《谈苑》云：“天下之水皆东，梨岭之水独北流入广信溪。”欧阳詹诗：“南北风烟即异方，连峰危栈倚苍苍；哀猿烟水偏高处，谁不沾衣望故乡。”按《方舆胜览》载入福州，盖误。 **折桂岭**唐林藻与弟蕴登第，经此岭题诗云：“长记岭头题姓字，不穿杨叶不言归；而今折得两枝桂，又向岭头连影飞。”故名。一名“桂枝岭”，一名“泗洲岭”。宋元绛诗：“路盘云雨际，人在斗牛间。”（上二岭在安乐里。已上三岭俱县北。） **西岩岭**岩岭巑岏，势欲凌空。宋章得象少时尝读书此山下。 **密岭**[8]梁江淹尝游其地。（上二岭在上相里。） **驻岭**在新兴里。岭极高峻，路通崇安县。（已上三岭俱县西。） **柘岭**在县西北雁塘里。界处州丽水县，以地多柘树得名。 **白花岩**在县北通德里。上有坐禅石，昔净空大士尝栖于此。　**白马岩**在大石里。峰峦秀拔，□出群山[9]。旧传尝有仙人乘白马至此，故名。旁有傅竹岩，宋祖秀实故居。（上二岩俱县东。）　**七房岩**在县东北大石里。岩有七层，泉一穴，形圆如镜，名“镜泉”。旧传泉与九石潭通。岁旱，祷之即雨。　**查源洞**在县西北新兴里，查溪之源也。绝壁悬岩，界崇安县。宋绍兴初设西安临江二寨于其地，以备寇盗。

罗汉洞在县西南登云里。洞幽深平敞，旧有双石寺，废址犹存。　**伏水石**在县北安乐里。其形如狮，首尾爪距皆具，故又名“狮子石”。　**石牛冈**在县西南总章里。其石状如牛。　**南浦溪**在县南。源出渔梁山及柘岭，自县北折而东南，汇为大溪；复西绕学宫及县治前，至新溪合流；复转东南，萦纡环抱，堪舆家谓为之“玄水”。由是下接崇安、建阳大溪，合流以达于瓯宁西溪。

新溪在县西，源出百丈山。　**江村溪**在县北雁塘里。源出柘岭，转流与渔梁水会。　**东源溪**在县南孝弟里。源出西阳山，流至登云下沙桥。　**南溪**在县东大石里。自高泉流至锦江[10]。　**前源溪**在县西上相里。源出接登云里[11]下沙桥，至于古湫。　**洪源溪**在县西北招贤里。源出上相里梦笔山前。

石陂溪在仁和里。自大湖山流至总章里两岸。　**临江溪**在清湖里。源出新兴澄湖桥，流至观前。（上二溪俱县西南。已上八溪俱流入于大溪中。）　**九曲沟**在县东南。源出越王台侧，迤逦九曲，入日月池。　**古湫潭**在县南登云里。水极深，虽渔人亦不敢游泳于此。　**白云潭**在县东，即下陂渡。飞湍奔濑，至此深沉净莹。古有白云寺，石塔尚存。　**皁绿潭**在县西。当南浦、新溪二水合流处，以其色名。　**龙背潭**潭有巨石如龙形，高五丈，广十丈。一本云：“东有巨石数十余丈。”二说不同。　**巴兽潭**左右皆石壁，北有石板，长三丈，高八尺。旧传尝有恶兽潜于潭中。（上二潭在总章里。） **九石潭**在孝弟里西洋渡。深不可测，上列九石如狮子状。（已上三潭俱县西南。） **县溪诸滩** 将军山下滩。在登云里，滩势最险。 第洲滩。在孝弟里九石渡下，溪石低昂曲折，颇奇胜可观。（上二滩俱县东南。） 丘源滩。下抵巴兽潭。 塔岭滩。邑之水源悉会于此。（上二滩俱在县西南总章里。） **凤池**在儒学后。相传尝有凤集于此。一本谓"在崇安县学后"。考之《崇安县志》不载此池，而《浦城县志》载之，盖记载之误也。 **日月池**在县南临溪二池，今名"湖塘"。以潴越王山泉，并九曲沟之水。旧传南方火位，凿此所以制火也。 **瀑布泉**在县北乐平里万叶寺后。自山顶泻下数百尺，飞溅寻丈外，若珠帘窣地，天下号为第三瀑布。 **七星井**在县四隅。相传晋郭璞所凿。 **状元井**在儒学明伦堂之西。相传宋章衡未第时所凿，后衡状元及第，因以名之。 **天池井**在乐平里焦山。清洌甘美。 **石井**在安乐里詹溪。 **钵盂井**在雁塘里小福罗山。（已上五井俱县北。） **岩谷井**在大石溪渡。深不可测，内有龙湫。岁旱，乡人祷之即雨。 **龙岭井**水甚清冽。（上二井在县南孝弟里。） **双门井**在高泉里双门山。 **东山井**在泰宁里。（上二井俱县东。）

建阳县

太平山在崇泰里。峰峦秀伟，峭拔万仞，县之主山也。 **阑干山**在崇文里，与武夷山相连属。山之半有石室，可居五六十人。其下古木周列，如阑干然。（上二山俱县北。） **勒马山**在三桂里，以形似名。下有洑洲，溪流回洑，沙聚而成洲。古有谶云："睡龙金马出公卿。"睡龙谓洑洲，惊马即勒马山也。又谶云："山之足，有溪田，水推去，出状元。"后洲田为水所推，邑人丁显登洪武乙丑状元，人以为应。 **莲台山**群峰环立，中有小山，突然如莲叶状。山足有井，水甚清冽，患眼病者汲洗之即愈。下有莲台、水月庵。[12]　**庵山**界建阳、瓯宁二县间。山高万仞，若云生其巅即雨，土人以为候。后唐时，处士石湖结庵其上，因名。今山麓灵济庙，盖祠湖也，其神像乃就山石刻成。山北峰有石，号“狮子岩”。岩之巅有灵泉，出石罅中，一脉甚微，旱不涸，潦不盈，病者饮之多愈。乡人往往扪石攀萝而上，架竹引之以代汲。南峰有石平整，号“龙坛”。坛上迭石为龛，中藏仙骨。　**时山**高五百余丈，凡十三折始造其巅。相传唐末有虎衔小佛像置其上。天降甘露，双松连理，朱道人因结庵居焉。山之阳小山排列无数，堪舆家谓之“罗汉出洞”形。（上三山俱在均亭里。）　**浮石山**在兴贤下里。此山实溪中巨石。相传昔尝洪水，此山独不没，因名。（已上五山俱县南。）　**东山**雄壮秀丽。中一峰高出群山，名曰“妙高峰”。　**横山**与妙高峰相联属，下有灵应庙。（上二山在县东三桂里。）　**赫曦台山**云谷之东。山高万仞，四周峭峭[13]，绝顶平坦，云涛采翠，昏旦万状。宋朱文公游此，因命以今名。　**西山**宋蔡元定结庐山中，后理宗御书“西山”二大字表之，石刻尚存。昔人避兵，尝为寨于山顶。（上二山在崇泰里。）　**龙湖山**又名“湖峰”，山顶有石庵、石门、柴扉映带，前后又有双井，号“龙湖”。

高仰山山之巅若仰掌然。（上二山在崇化里。）　**白塔山**山巅有石，特立如塔状。相传尝夜有火明其上，故又名“天灯山”。下有龙岩洞，洞口有试心石，下有棋盘石，相传唐时有三女炼丹于此仙去。今龙济院所祀即此三女也。又有飞来石，在龙济院前。相传唐贞观六年，一石自空飞来，国朝洪武二十四年又有一石飞来，因名。　**公裳山**山色青润，巍然峙立，远望若人着公服状，故名。　**鹰山**山形如獬豸，下有鹰山书院。（上三山在禾平里。）

五龙山在□□里[14]。山五脉分岐，中有小山如五龙捧珠之状。　**大潭山**在县西隅。旧志，越王筑城其上以拒汉。史称吴王六千户屯大潭，即此地也。山势蟠屈，亦名“卧牛山”。重九日，邑人多游其上，又名“登高山”。　**瑶峰山**上有三济大师庵，水旱，祷之有应。　**灵泉山**其山高耸，下有泉水绕之，故名。（上二山在永忠里。）　**翠屏山**在三桂里。又名“罗汉山”。山势蜿蜒，下有芳洲远注[15]，考亭书院之前山也。（已上十二山俱县西。）　**鼓角山**在三衢里。三峰巍然鼎峙，状如鼓角，上有龙池。相传唐时一日雷雨大作，双龙堕池中，因大雨弥漫，乡人惧，禳之始退。县以闻，命立观祀之。后改为龙隐寺，雨旸祈祷辄应。

童子山相传宋绍兴间重修拱辰桥，落成之日，有仙童七人游戏桥上，寻飞升山顶，故名。　**凤凰山**山势如凤翔。（上二山在同由里。）　**砚山**在洛田里。其西有石，端平如案，上有二处微黑，隐隐若砚状，旁立方石，号书厨，相传汉仙人华子期师角里先生于此。一名“孔夫子案山”。山有泉，凡七穴，每穴之水，一掬则尽；既而复出，但盈坎而止，亦不溢也。　**蕉源山**在崇任德里。相传晋尹真人尝炼丹于此。道书谓此山为十三福地。《事林广记》谓为三十一福地。（已上五山俱县东北。）　**武仙山**山巅有石笋峰，高千余丈。旧传有仙人武装跨于其上，今足迹尚存，深可寸许。石笋之北，有楼台石，层迭磊魂，望之如重楼复阁，故名。山之阳又有白塔岩，石岩如塔，故名。　**九峰山**其山九峰联峙。宋时有异人语朱文公曰：“龙居后塘，其先生归藏之所乎。”后文公卒葬于此。　**毛虚漈山**秀拔冠群山，登其巅者非扪石攀萝不能至。国朝永乐大水，山之源推一石[16]，宽平可坐五十人。（上三山俱在嘉禾里。）　**集公山**宋江侧尝结屋聚徒读书于此，忽有梧叶堕梁下，书“集公山”三字，侧笑曰：“此何义？”俄复堕一叶，书云“集诸贤于此”，故云；既又堕数叶，皆书“官”字。后侧与群弟相继登科，如叶祖洽、游酢、施述其尤显者。有小斋题名石刻，今不存。

龟山宋范元觊、江灏读书于此。按郡志：“二人读书时忽遇山神告之曰：'江君当有官职，泽流后裔；范君名虽成，未免于难。'后元觊登科竟殒于兵；灏历守三郡，享有寿考，子孙俱登科，世禄悉如神言。"山腰有泉脉如一线。（上二山在北洛里。已上五山俱府城西北。）　**九台山**在县东南均亭里。层峦迭嶂，如楼台状。**三峰山**在书坊之前。　**苍峰山**一名"龟岭"。根盘绝壁，苍翠摩空。上有庵祀龚、刘、王三圣者，雨旸祈祷辄应。（上二山在崇化里。）　**葛源仙山**在兴贤中里。其巅有方石如截。相传元时，乡人葛兰翁樵于此，遇二叟弈棋石上，至晚，叟曰："子盍归乎！"言既不知所之。兰翁抵家已三载矣。　**洪山**在兴贤下里。下即洪滩。　**大同山**其山雄峙，高千余丈，上有瀑布泉。　**画山**高百余丈，层峦峭翠，远观如画，因名。（上二山在崇政里。已上六山俱县西南。）　**玉田峰**在县西南兴贤上里。尖如削玉，高出云表。又名"美女山"。山之阳，宋魏掞之旧居在焉。峰下有龟山，山旧有寺，宋陈轩读书于此，及第后重游，有诗云："山树似添新喜色，野猿犹听旧吟声。"　**狮子岩**在兴贤上里凌云寺后。山顶有石嘴悬出，类狮子状。下有龙洞，洞中有物，状类泥鳅，有四足，号曰小龙。岁旱，或得一二迎以下山，即雨，俗因名其处曰龙湫。

白水岩上有流泉百余尺，因名。　**天湖岩**上有井，其水清而莹。四时不竭，因以"天湖"名岩。（上二岩在兴贤中里。已上三岩俱县南。）　**象岩**在县西永忠里。以形似名。　**桃源洞**在县西三桂里。四面皆山，由小径入百步许，旧有小庵，植桃种竹，前后映带，俗号为"桃源洞"。洞口有井，泉清冽而甘。　**松冈**在县西永忠里。其上皆松树，风撼之若波涛声。　**仁义石**在县西崇泰里。二石对立涧旁。古木蔽亏，苍藤蒙络，奇峭可爱。乡人名其左曰"仁"，右曰"义"，岁时祀之。　**仙架石**石方三四丈，厚五尺，平整如截。下有三小石鼎足架之，中虚可容十数人，相传唐罗仙架为游息之所。每风雨骤至，即闻石有鼓声。宋时因名其里曰

“唐石”。去三步许,又有一石卓立端直,长五尺余,人谓之“笏石”。 **龙石**石壁上有龙形,脊胁间有纹如火焰,长二百余尺,非假镌刻,自然天成。(上二石在县西北嘉禾里。) **床石**在县西南崇政里,溪涧中有石,平坦如床。 **云谷**在县西北崇泰里芦峰之巅。翠峦环绕,内宽外密,地气高寒。上多飞云,登者缘崖攀葛,崎岖数里,始到其上。宋朱文公爱其幽邃,因号“云谷”,构草堂名“晦庵”,以为讲道之所,自作记。庵今尚存。 **宝盖洲**在县北崇文里。按旧志:“王审知筑城立寨于此。一叛将据之,既而败亡,以其所窃宝盖弃溪中。后复为洲,入夜或发光彩。” **米洲**在县东三桂里东山观前。俗传洲之沙高与路平,米谷必贱;低则必贵,因名。 **油洲**在县西三桂里。去考亭西十里许,名“瀛洲”。

龙舌洲在考亭溪中,沙汀涌现如龙舌状。宋立社坛于上。朱文公号沧洲即此。 **洗马窟**在朝天桥下沙洲中。邑人洗马于此。 **交溪**在县东南。其源有二:一出县之嘉禾里毛虚漈,经崇泰里而下,一出崇安县分水关合武夷九曲之水而下。交注于东山下,为一大溪。 **油溪**源出油岭。 **锦溪**与刘源坑水合。古有锦江[17]常于此濯锦,故名。国朝永乐间,洪水壅塞;景泰间,知县龙韬始浚通之。(上二溪在梁东同油里。) **武溪**在县西嘉禾里。源出毛虚漈下,经崇泰里。 **考亭溪**在考亭书院前。源出麻沙、莒口二水,至是弯环五里,无滩濑声。 **双溪**在水南朝天桥下。源出嘉禾里,达于考亭,至此分为二支,会于交溪。永乐间,洪水右支壅塞。(上二溪在三桂里。) **徐墩溪**在兴贤下里。源出五峰山,至此始通舟楫。(已上三溪俱县南。) **芹溪**“芹”一作“勤”。在县东北乐田里。源自砚山而下,九曲缭绕,世传为第二十八福地也。 **南溪**在兴贤上里。穿岩渡壑,弯环而流,达于长湍。 **玉溪**在兴贤中里。源出陈源,达于长湍。昔溪尝有怪,陈胜以玉环投之,怪遂息,因名。(上二溪俱县西南。已上九溪其水皆入于交溪，南流以达建溪。）　**莲湖**在永忠里。方百丈，旧多产莲，永乐间淤塞。　**赘湖**在崇化里。乃溪之别派，因以赘名。　**天湖**朱文公母祝氏葬于湖之阳。（上三湖俱县西。）　**水东潭**一名"浮桥潭"。在东山观前，深不可测。相传潭之浒有天机洞，今莫详其所在。　**九石潭**在县东□□里[18]，上列九石，故名。　**龙潭**在县东北乐田里。相传昔有二龙潜其中，一夕见梦里之丘氏曰："此地人众，当辞去。"翌日阴云四合，果有二龙飞升而去。　**放生池**在县治西隅双溪阁下，宋时凿。　**大障山泉**在永忠里。泉出山顶，清洌可疗病。宋绍兴间，太守虞翔有宿疾，饮之遂痊。　**匙涧泉**在三桂里资化寺前。一穴甚圆，田畦屈曲，辏之如匙。宋朱文公尝憩此，命以今名。（上二泉俱县西。）　**汲古井**在考亭书院西，其名乃朱文公所命也。

松溪县

尊师山在县治北。由县西北万山而来，盘回起伏，屹立县后，为县治主山也。旧传有何尊师者，修真于此，因名[19]。　**石壁山**石峭立如壁，高数十丈，县治前山也。下有龙潭，潭之上下皆石滩，甚浅；潭居其中，弥漫停蓄，深不可测。旧传尝有龙出没其间，岁旱祷雨多应，又谓之"龙井"。　**湛卢山**连亘东关、杉溪二里及政和县界。山形峭峻，常有云雾凝其上。唐《拾遗记》[20]、《九域志》并云："昔湛王铸剑于此。"或云，欧冶子铸剑有号湛卢者，因以名山。　剑池。相传铸剑时凿石为池，以淬其锋。今山上有石井，恢廓如池，疑即此也。又有炉冶遗迹，及唐贞观中石刻尚存。　桃花洞，宋祥符间，县尹周公才祷雨获应，立祠其上；或云凿趾之日，有石洞发于西南隅，洌泉随涌流出，有桃花数片，因以名洞。　**妙峰山**峻拔霄汉，冠出群山。　**七峰山**七峰连亘回峦迭巘，上摩青苍。（上二山在东关里。）　**东山**在遂应场五里许。亦名“五家山”[21]。自趾至顶皆石，少树木，旧产银矿，有穿穴十余，深邃盘曲，莫究深浅，取矿者必举火以入。 **圆珠山**在遂应场中。山高数丈，其顶圆净如珠，亦名“珠林山”。 **南屏山**在遂应场南一里许。峰峦横亘，乔木蓊郁，如屏嶂然。上有石狗，下有石龟，旁有石佛、石僧诸像。又名“石林山”。 **石马山**在遂应场北。山有巨石如马。（已上八山俱县南。） **中峰山**众山之中，一峰卓然秀拔。唐景福中，有高僧曰行儒者，创庵其上。山有伏虎坛及塔，或时见祥光。 **万山**山周回五十余里。或谓山所产之物万种，或谓山尝有万氏居之，故名。宋元丰初，有僧海照者结庵其上，故址犹存。（上二山在县东皈伏里。） **亭山**在东关里。山势秀耸，下有石矼，旧立亭其上，因名。世传有头陀柯善者坐化于此，又名“柯亭山”。上有石矼，空洞深邃，中有流泉，大旱不涸，旁有修身岩。 **皆望山**在杉溪里。其山峭然高峻，登其巅，则环邑诸山皆在目睫，故名。 **王认山**在皈伏里。其山秀拔屹立诸山之上。宋益王昰[22]，由浙入闽，道经此山，识其奇胜而叹赏之，邑人因以名山。（上三山俱县西。） **鸾峰山**在县东北永和里。山势峻拔，南接龙泉，北接南浦，周回三百余里，旧传尝有仙人乘白鸾翱游其间，故名。上有古坛，东有龙井，乡中人祷雨多应。 **筋竹山**在县西北豪田里。上有石室，可容数十人。旁有古井，相传尝有异人于此修道，后仙去，今遗坛尚存。东岩有窍常干，岁旱祷之则泉出，以瓶盛之，俄而泉竭即雨。 **南峰山**在县西南杉溪里。其山耸出群峰之表。相传武夷魏、虞二仙尝憩于此。山旧有南峰亭，岁久而圮。天顺四年，道士章清源重建台宇于亭之旧址，名曰“瑞幡”。 **蕊花峰**在东关里。峦峰稠迭，状如花蕊。 **石牛峰**在遂应场西，有巨石如牛。（上二峰俱县南。） **化岩**[23]在县北东关里。岩石五采纹相间，故名。旧传乡人祀马氏仙女于岩罅，俄而岩合，因立祠其上。前有三井及龙湫瀑布，祷雨常应。后有石鼓、石磨二岩，皆以形似名之。

宝胜岩岩有石室，前后有门，常有云气。相传吴道者尝居之，辟谷数年，一旦化去，不知所在。　**瑞岩**下有石室，可容三四十人。石上有黑纹如画丛篁之状。西边有泉迸出，下有石窦，昔僧西洲结庵其上。（上二岩在县南遂应场）。　**灵应岩**在遂应场东南。旧传有柴、胡二仙于此羽化。上有石棋盘，东有龙颈山，西有虎头石，前有飞泉三级。山之巅有小窍，常枯。岁旱，乡人祷之得泉，即雨。　**百丈岩**在皈伏里。旧传马氏女仙于此得道上升，峭壁间有马蹄剪尺痕。上有三圣井，又有石岗如陶成者，中不容一物。乡人祷雨或弗应，以木石投之随滚出，雷雨立至。（上二岩俱在县东。）　**狮子岩**在县西庆元里。以形似名。前有石室，其中一窍可三里许，仅容一人侧行。　**史君岩**旧记云：昔刺史王汝休尝收复此地，因以名岩。　**香婆岩**宋嘉定间，里人陈翁女，名大仙，自幼不醮，日以鬻香为业，有剩香辄焚之岩下；或依岩宿，数日不食，人视为痴，惟李五郎者独礼遇之。一日鬻香还，呼五郎，亟追至岩，已化去矣。因食其所遗饭，亦随以化。邑人遂名其岩曰“香婆”。（上二岩在县东北豪田里。）　**回沙**在放生池上。相传溪潭中回沙成坂，必有士人居首荐。宋时沙回者四，而吴岩夭、李扶、李谧[24]、叶元皆领乡荐首选，人以为验。　**松源溪**在县南。一名“大溪”，源出浙之庆元县松源乡，经梓亭寨迤逦而下，出关口渡，合流抵政和县西津，接七星溪下建安东溪。　**新坑溪**源出庆元梓亭寨，经县皈伏里至新坑桥。　**直源溪**源出皈伏里花岩，东流至县南。（上二溪俱会松源溪。）　**松峡溪**源出东关里铁岭，至关口渡，会松源溪；又有乐平溪，源出遂应场，随入松峡溪。　**杉溪**源出庆元里上亓，南流至杉溪桥。　**白石溪**源出皆望山，西流出官桥。　**渡头溪**源出筋竹山，经永宁里，南过瓦墩。（上三溪俱县西。）　**云溪**在县北。源出狮子岩，南流至政和县界。 **清泉溪**在县西北。源出筋竹山,东北经永和里,出波塘桥。(已上八溪其流俱入松源溪。) **放生池**在县市南惠政桥东大溪之旁。宋时凿,今沦入于溪。

崇安县

黄石山县之背山也。 **石龙山**界崇安、浦城二县间。俗呼"石龙冈"。宋赵抃尹县时,尝于此祷雨赋诗,有云:"直上更无容足地,速回犹在夕阳天。"余见浦城《山川志》。 **济拔山**其山有石坛如琢,飞瀑如玉帘,又有龙湫凡九穴,水极清,可鉴须眉。(上三山在白田里。) **银山**在石臼、大浑两里之界,又名"金鸡峰"。 **白石山**在大浑里。山皆迭石,若楼台状。山巅有雷坛、石室及三井,旧传武夷白石先生居之。(已上五山俱县北。) **武夷山**周回百余里,其峰峦大者三十六,道书谓为"第十六洞天"。相传尝有神仙降此,自称武夷君。又《列仙传》:"篯铿二子,长曰武,次曰夷。"因以为名。二说不同。朱文公序[25]有云:"武夷之名著自汉世。祀以干鱼,不知果何神也。山有枯查插石罅间,以庋舟船、棺柩之属。柩中遗骸,外列陶器,尚皆未坏。颇疑前世道阻未通、川壅未决时,蛮俗所居[26],而汉祀者,即其君长;盖亦避世之士,为众所臣服,没而传以为仙也。今山之群峰最高且正者,犹以'大王'为号。半顶有小丘焉,岂其君长所居耶?"有小溪缭绕群岫之间,凡九曲。李左史诗:"溪流玉雪三三曲,山锁烟霞六六峰。"洪迈诗:"一溪穿空无澎湃,九曲度尽方盘纡。" 大王峰。一名"天柱峰"。昔有张真人坐逝于此山,亦号"仙蜕岩"。峰南一隅棱层三出,可编梯级而上。旧志:"昔魏王子骞与张湛等十二人隐于此山得道。峰之巅有古木、仙果、异竹、奇花、芝草之类。"李纲诗:"孤峰拔地与天通,为问仙人羽化踪,鸾鹤不知何去也,玉楼金锁白云封。"刘子翚诗:"隔竹斜阳泛小舟,揭来天柱访仙游,风声树杪栖笙鹤，云气峰头涌玉虬。”　幔亭峰。一名“铁佛嶂”。旧志：“秦始皇二年八月十五日，武夷君置酒肴会乡人于此。建幔亭彩屋，设宝座，施红云裀、紫霞褥，呼乡人为曾孙。”宋白玉蟾诗：“人间几度曾孙老，惟有青山自古今。”辛弃疾诗：“山上风吹笙鹤声，山前人望翠云屏。蓬莱枉觅瑶池路，不道人间有幔亭。”陈梦庚诗：“山中别是一桃源，彩屋虹桥影不存。山下人痴犹自说，排檐原是武夷孙。”　仙鹤岩。峭壁上有绘鹤，霜翎朱顶，千古不渝。禅岩。又名“望鹤台”。昔有老僧坐禅于此，故名。　山羊岩。在大王峰之西，大小凡六七峰，时有仙羊见，又三曲亦有仙羊岩。虎鼻岩。水中石有两窍仰吸如虎鼻。　狮子岩。其形蹲踞昂首，状若狮子。徐进斋诗：“山中弹压无豺虎，留得孤猿半夜啼。”　升真洞。在大王峰之东石壁上。谽谺一室中，雷文瓷缸五，盛仙蜕；其一置石窑中，窑口狭束不可出。洞前悉以黄心木纵横为栈，若可通往来者。其上又一穴，横插双木为桥。桥之西壁别开一罅，中有香炉、药瓯之属，可望而不可即也。洞下直裂一隙，其旁有鼎炉，号“丹炉石”。白玉蟾诗：“得得来寻仙子家，升真洞口正蜂衙。一溪春水漾寒碧，流出红桃几片花。　投龙洞。在大王峰绝顶。洞门小而直下，垂绠百尺，乃可至水。宋朝屡遣中使投金龙玉简祈雨于此。旁有天鉴池。　大小观音石。二石对耸。其巅草木苍翠，有宝冠螺髻之状。　兜担石。一名“赌妇岩”。古记云：“昔有娶妇者，与仙人赌而随其去，遗下兜担，化而为石。”下有常庵及蔡杭书堂。　水光石。在溪头。（已上俱在一曲。）铁板嶂。在大王峰之右。　三峰。其峰森秀，中者尤高。　玉女峰。亦名“三娘石”。三石差肩而立，其色红润，望之有姝丽之态。下有妆镜台、仙冠石。宋辛弃疾诗：“玉女峰前一棹歌，云鬟雾髻动清波。”蒲心泉诗：“玉女亭亭拥雾鬟，此心如雪照清湾，愿将一曲秋溪水，洗却人间脂粉颜。”　马头岩。状如勒马。　凌霄岩。　仙猿岩。　虎啸岩。在玉女峰侧，草木丛茂，上有崇真庵，后有南山书堂。宋蔡渊并弟沉祠堂在焉。宋李纲诗:“昔年老虎啸幽岩,千里清风皱碧潭。岩上如今无虎迹,一林花雨落毵毵。” 题诗岩。在溪畔,诸名贤多留题。又四曲亦有题诗岩。蔡沉诗:“四曲游人欸乃歌,旧矶千古老渔簑。题诗岩下人来往,春雨年年长绿莎。”(已上俱在二曲。) 张真君上升峰。一名“紫岩峰”。 车钱峰。古记云:“圣姥常鞭牛,以车载钱于此。”因名。上有白玉蟾丹炉。

升日岩。下有金光石。 小藏岩。下临深潭,上亘绝壁,半岩数处谺断,其间或插木架板,望之如栈,中开数室,内有器,圆者如斛,方者如筲,又有如盘,如杵之状者。古记云“昔有仙鸡栖鸣其间”,故又名“仙鸡岩”。其侧有船,架于岩之半壁,亦名“仙船岩”。翁彦约诗:“西溪缥缈接明河,鼓棹仙人泛玉波。却御长风天上去,虚舟千古插嵯峨。” 仙馆岩。半岩有石室,其间几案具在,盖仙家翰墨之馆。一名“仙学堂”。李仲光诗:“天人异所禀,事物皆生知。强名仙学堂,此语将谁欺?我欲借尺地,虚檐敞茅茨,琅琅诵玉章,勉力探希夷。” 水乐石。有琴瑟之韵。 试剑石。旧志云:控鹤仙人试剑于此。石分为二。 会仙石。方平可坐二三十人。(已上俱在三曲。) 宴仙岩。与钓鱼台相对。 李仙岩。大藏岩。下际深渊,岩石罅中有仙骨数函。乡民遇旱则就船以为梯,连属而上,取仙函奉以祈雨。 鸡窠岩。在大藏岩之半壁,有洞穴外狭内宽,木棻纵横其间,如鸡窠然。古记云:“有仙鸡鸣于此岩之上。”翁彦约诗:“仙人清磬读黄庭,长听金鸡半夜声。一夕都随黄鹤去,满窠明月白云生。” 云岩。岩之半有石室,可坐百人,匾曰“云岩庵。” 仙机岩。半岩有石室,机杼犹存。白玉蟾诗:“织就霓裳御冷风,玉梭随手化成龙。天孙归去星河畔,满洞白云机杼空。”翁彦约诗:“辛苦支机耐寂寥,肯同嬴女只吹箫。金梭昨夜成龙去,上与天孙织绛绡。” 钓鱼台。国朝苏伯厚诗:“仙子何年把钓竿。古台依旧势巑岏。严陵老去能游此,不住桐江七里滩。” 拜章台。上平坦,有香炉,浑然天成。(已上俱在四曲。)

大隐屏峰。其峰夷上锐下，拔地峭立如屏，武夷精舍在其下。陈梦庚诗："大隐屏前风月闲，何人手种万琅玕，深深五曲东流水，合作千年洙泗看。"　接笋岩。一名"仙接石"。状如笋立，其半有痕，如断面复续。　玉华岩。　罗汉石。以其顶髡骨露，故名。

天桂石。尖秀如琢成。旧志云："昔魏王于此上升。"下有更衣台，平正如几。（已上俱在五曲。）　三层峰。三峰鳞迭，斜依云汉。每旱暵欲雨，则先出阴霾，欲霁则开豁，远近视以为候。　仙掌岩。岩面三处石纹红润如掌，有瀑流，界于仙掌、仙馆二山，直下千尺。顶有崇真馆，下有仙浴堂。白玉蟾诗："仙子扪萝上翠崖，岩头旧有炼丹台。至今石上留仙掌，十指春葱渍绿苔。林君用诗："汉武升遐几度春，金茎事迹总无闻。悬崖更不承朝露，空印纤纤十指纹。"陈梦庚《仙浴堂诗》："神仙无垢骨犹香，底用山间开浴堂？我欲从之三洗髓，骑鲸散发水云乡。"　石堂院岩。亦名"陷石堂"。宋天圣间，一夜大雷雨，院东白面岩开剥，一巨石飞下，覆压院宇五十余间，陷没成潭，人罹其害，惟僧居仁及行者得免，云有人掖之以去。今石崖横绝，仅可容足，转千余步，则地势平旷，种桃满原，人号"小桃源"。后有刘炝祠堂。白玉蟾诗："高僧参透赵州禅，拔寺移归兜率天。天圣四年二月朔，一宵雷雨撼山川。"　响声岩。其中空洞，人笑语则谷应。　仙迹石。与仙掌岩相对，有脚膝痕。李左史诗："当时天姥立溪边，石上遗踪见宛然。笑杀茂陵缑氏迹，只凭方十口中传。"（已上俱在六曲。）　比廊岩。广袤连属，如廊庑然。　猴藏岩。　铸钱岩。有石梯棱层。　城高岩。山形高峙，长亘五十余丈，若城壁然。　上水龟石。（已上俱在七曲。）　鼓楼岩。岩间有楼，其下四楹，有路可以攀援而上。旧记云是仙家鼓楼。旁有鼎灶。叶梦鼎诗："鼓楼岩下鼓楼开，举世邯郸梦未回。安得老鳌俱唤起，万人醒眼上山来。"　天壶岩。在鼓楼岩之侧，中有道院。　下水龟石。　猫儿石。伏于山巅若猫然。　鼓子石。两峰屹起，一峰旁有石如鼓。

细缭石。石纹缕络如卷丝状。　大小面石。两石相向如人面。　鱼磕石。　将湖石。（已上俱在八曲。）　灵峰下有玄都观。　灵岩。又名“风洞”。两石相倚，长数十丈，中一罅窥见天光，隐隐如线，谓之“一线天”。石洞中可坐十数人，谷口创门，朱文公题匾曰“灵岩”。徐进斋《一线天诗》：“石上烟消绿藓斑，几人车马此盘桓。谁知一线通天处，照见人心万古寒。”　白云岩。半壁如有白云之状。　钟模石。隐然如钟。　三教石。　香石。　大小廪二石。卓立如仓廪。元詹先野隐其下，名“廪江之滨”，即此地也。宋陈梦庚诗：“白石青霞为岁计，佳肴旨酒出仙壶。侵天有廪无支遣，岁恶还能赈贷无？”　鸟石。紫清真人尝炼丹其下。（已上俱在九曲。）　换骨岩。在幔亭峰北，中一岩室。平广可六七丈。室前路断数尺，旧有黄心木为桥。迄今不坏。室中有四柱楼一所，如世俗庋阁。上列置蜕函，函中仙蜕皆质小而红色。世传方外之士得道尸解者，皆于此换骨云。元萨天锡诗：“千丈丹梯万丈岩，天开地辟鬼神劖，夜光玉气横溪过，多是神仙换骨函。”　唐刻石。在换骨石下。唐明皇遣使封名山大川，登仕郎颜行之刻石以记。　三姑石。三峰并峙。相传秦时有三女游于此，因化为石。李纲诗：“风舞芳林鬓脚垂，朝云行雨湿仙衣，不知当日缘何事，化石峰头更不归。”安麐诗：“雾鬓烟鬟仿佛梳，老翁指点说三姑。娉婷不嫁非无意，谁是人间大丈夫？”（已上俱在山之北）。

齐云峰。高出霄汉。顶有圣者庵，时见灯光。　水帘洞。在县南九曲上流。一崖高插，有瀑布状如垂帘，高可七八十丈。又名“唐曜夫岩”。　毛竹洞。亦在九曲上流，遍生毛竹。唐李义山诗：“只得流霞泛一杯，空中箫鼓几时回，武夷洞里生毛竹，老尽曾孙更不来。”翁彦约诗：“毛竹连云路欲迷。洞门深锁落花迟。曾孙几度春风老，未了仙人一局棋。”（已上俱在山之南。）　**峡山**溪回石东[27]，堪舆家谓为县之水口山。（上二山在会仙里。）　**竹湖山**在丰阳里。下有天湖及慈惠庙。（已上三山县南。）　**登高山**

在县治水东之左山。重九邑人登高于此。山之南有官山，前巨石临溪，其首左顾如龟形，右有铁砧山。　**席帽山**在官山数里，县之前山也。其侧有金鸡山，一名鸡笼山。山半石上有巨人迹及马蹄、拄杖迹。　**起贤山**仙洲山之支陇也。起于平村，有茂林修竹。刘屏山、朱文公尝集于此。　**屏山**三峰森立，中一峰最大如翠屏然。宋刘子翚世居其下，因号“屏山先生”。　**拱辰山**三峰雄伟，宋少保刘民先常讲学于此。　**仙洲山**山有两峰，一尖一方，山顶有棋枰石。旧传：尝有仙弈棋于此，樵者过而观之，及弈终而斧已空矣。因名“斧空石”。　**仙亭山**旧传有仙居焉，下有天湖。　**啸天山**一陇横亘平远。　**大王山**　**龟山**以山形似名。宋胡定国[28]世居其旁。（上七山在外五夫里。）　**薰山**[29]

寨山上有石马。五季及宋皆尝立寨于此。（上二山在从政里。）　**寂历山**在上梅里。　**百丈山**在建平里中庵，乃马氏三女修真之地。刘屏山、朱文公、蔡西山每登临于此。　石磴。文公诗：“层岩俯深幽，微径忽中断。努力一跻攀，前行有奇观。

石台。文公诗：“出谷转石棱，俯身窥木末；夕眺岚翠分，朝跻云海阔。”　瀑布。文公记：“东南望见瀑布自前岩穴瀵涌而出，投空下数十尺，其沫如散珠喷雾，日光烛之，璀璨夺目。”又诗：“岩巅出飞泉，百尺散风雨。空质丽晴晖，龙鸾共掀舞。”　小涧。文公诗：“两岩交翠阴，一水自清泻，俯仰契幽情，神襟顿潇洒。”　山门。文公诗：“置屋两三间，巧当奇绝处。峡束百泉倾，涧激回风度。”

西阁。文公诗：“借此芸窗眠，静夜心独苦。安得枕下泉，去作人间雨。”（已上俱在百丈山，号为最胜。通上十四山俱县东。）

西山县治之右山也。山上有庵，庵内有井，其泉盛暑愈甘冽。

白塔山其山高插云表，陟其巅，则闽之山川皆隐约在指顾间。中有云岩洞，洞前有试心石，下有棋盘石，又有龙济道院，乡民祈祷颇著灵响。山之左有笔架山，三峰秀耸，如笔架状。　**回龙山**

中有了空禅师所建佛寺。(上二山在周村里。已上三山俱在县西。) **马鞍山**以形似名。 **金笼山**(上二山在吴屯里。) **铜钹山**见浦城县《山川志》。 **岑阳山**(上二山在石臼里。已上四山俱县东北。) **三髻山**三峰鼎峙,状如螺髻,巍然为万山之宗。相传有神仙居焉。 **金印铜鱼山**(上二山在县西北石雄里。)

寿鹤峰在会仙里石门院之右,俗呼"寿鹤尖"。 **灵龟峰**与寿鹤峰对峙。 **芦峰**在丰阳里。其山最高。朱文公、蔡西山、江德动每游其间。 **青鸾峰**在芦峰之西北。其旁有白马峰,又有油幢峰。(上四峰俱县南。) **五峰**曰金鹅。形如双屏,绝顶有仙坛、仙井、棋盘、插剑迹,又有石室,中存仙蜕。此峰绝顶,人迹罕到,曰莲花,以形似名;曰清湖,在诸峰之中,山顶有雩坛,为乡民祈祷之所,有石洞,风出其中,名曰"风洞";曰石畲,势亦雄秀;曰廪,圆耸如廪,古谶云:"山前却是宰臣家。"宋翁挺居其下。因号五峰。 **双峰**两山并立,夜或有光见其上。 **隐屏峰**方正如屏,上有隐仙岩,其顶一峰樵采所不至;岩之上有仙坛,平广可十余丈,宋刘韐书堂在焉。(上三峰在五夫里。) **白石峰**在从政里。(已上四峰俱县东。) **文笔峰**在儒学前之右,尖耸如卓笔。

马顶峰在黄柏里。古谶云:"马顶峰前宰相家。" **超峰**在黄村里。(上三峰俱县西。) **状元峰**俗呼"插破天"。 **腾云峰**旧有三女仙居此,俗呼"三姑峰"。 **白云峰**在大安水口。山旁一石如人形。(上三峰在县西北石雄里。) **小源岭** **柯岭** **檀香岭**昔邵、汀寇作,乡人立寨于此。 **枯树岭** **蕉岭**抵上饶界。昔尝置寨于此。(上五岭在县北大浑里。) **南源岭**在县南□□里。 **梅岭**岭极高峻,行者病之。邑人丁希作亭于其上,以便憩息。朱文公诗:"去路霜威劲,归程雪意深,往还无几日,景物变千林。晓磴初移屦,寒云欲满襟。玉梅疏半路,犹足慰幽寻。"

崇岭(上二岭在籍溪里[30]。) **中峰岭**在上梅里。 **清泉岭**

在下梅里　**黎岭**刘子翚《双峡桥记》云:"溪之东屹然而高者曰'黎岭'。建之望山也。"即此。岭之路旧为通衢,依山而险隘,行者病之。元延祐五年,县尹夹谷山寿,命工火其石而凿之,遂为坦途,建安翁植为记。又半里许亦依山为路,久而圮于水。国朝正统三年,邑人暨孟舟捐资修甃,人以为便。　**紫岭**以土色名。(上二岭在五夫里。)　**西坑岭**界内、外五夫二里之间。(已上七岭俱县东。)　**棠岭**在黄柏里。昔尝置寨于此。　**温岭**即今营岭。延亘数里,五代时立镇于此。郭璞《行程记》谓:"此处山水极奇,六百年后当为锦绣地,且出状元。"　**牛轭岭**(上三岭俱县西。)　**东岭**在县东北吴屯里。　**佛岭**相传五季时,有水藏菩萨托称徐氏,以钓隐于此,因名。　**小浆岭**　**大浆岭**[31]左有萼司徒庙,右有定光佛庵。　**黄泥岭**　**南岭**　**查木岭**　**梨木岭**　**分水岭**界于江闽之间,乃八闽第一山也。二水发源其下,一入江西界,一入福建界。岭有铭镌于岩石上。有五显祠及大安关。朱文公诗:"水流无彼此,地势有西东。若识分时异,方知合处同。"(已上八岭在县西北石雄里。)　**百花岩**在德星桥之左。旧多亭台花卉,为邑人游赏之地。　**瑞岩**在吴屯里。有扣冰古佛庵。刘子翚诗:"古侠风雷双剑在,夜龛钟梵一灯明。他时净社如容我,竹几蒲团寄此生。"　**百丈漈**新井祷雨多应,俱在瑞岩。

将军岩。在瑞岩绝顶,旧有三神人隐于此,即今义武庙所祀是也。又有石室,旧传有双剑藏其间。　伏虎岩。在瑞岩院侧,扣冰古佛尝于此驱驰猛虎[32]。　**黄洋岩**在石白里。有龙井,乡人祈雨诣焉。又有万丈漈　**桧岩**在□□里[33]。上有三峰,苍桧郁然弥望。　**白花岩**在大浑里。岩半一石屹然当道　登者扪之,则其石如欲坠然,俗呼"试心石"。又有龙井,相传中有神物,祷雨多应。　**望仙岩**与白石山相对。(已上六岩俱县北。)　**九井岩**岩有九井,其泉下注,如更漏然。　**紫云岩**上有庵曰"天然"。

陶真岩昔仙人李陶真尝于此修炼，丹灶尚存。（上三岩在县南建平里。） **将军岩**相传南唐二将既克闽，弃官隐于此，故名。上有将军井。 **北岩**上有庵，每静夜，雷声隐隐出于岩穴中，平地殊未闻有此。（上二岩在五夫里）。 **西岩**在从籍里。岩间有瀑布，旁有观泉亭。（已上三岩俱县东。） **白叶岩**在县西五里。昂首蹲足，堪舆家谓之“朝天狮子”。 **石龙云虚二洞**在县东下梅里。岩穴幽邃，旧传有神仙居之[34]。 **金鸡石**旧记云：“宋崇宁间，有二金鸡翔集其上。上有瀑布，下有龙井。相传井物居之，祷雨多应。” **张原石**宋宝元、康定间有二蛇见，身若松鳞，人见其异，相与立龙祠于其处，祷雨多应。（上二石在石臼里。）

笏石在大浑里寺溪。 **腰带石**在吴屯里溪中。石长三丈，萦绕山腰，水涸则见。上有纹斑驳，隐然若腰带。（已上四石俱县北。） **试剑石**在县南建平里。石有剑痕，相传尝有异人斩蛟，试剑于此。 **鹅笼石**在县东五夫里。 **仙人石**在县西黄柏里。石东北隅有窍绕石而出，攀拿而上，方可至其顶，有石室隐仙骨数函。 **师姑洲**在黄柏里。古有尼寺，因名。 **浯洲**在将村里。（上二洲俱县南。） **压衙洲**在县东。其洲高于县治，故名。 **黄龙洲**在县西黄柏里黄龙溪中。 **天湖**在县东五夫里仙亭山下。又丰阳里竹湖山亦有天湖。 **大溪**在县西四隅里。其源有二：一出于石臼里岑阳瓯岭上，寮竹、同历、济拔等处，至吴屯里纳新丰、浴冰二溪，至大浑里纳寺溪，直抵林渡，是为东溪；一出于分水岭，经大安村至第四渡，会温林寨、竹山观音寨之水，至石雄里，支分入陈湾陂，由县西而下，其正流直抵林渡，是为西溪。二溪会于林渡桥下，过压衙洲，歧而为二，复合于洲尾，绕县治之左流出继贤桥，至望仙桥纳下源溪，又下纳潺溪；经赤石，则西纳高苏陂诸水，东合梅溪渡之水；经武夷，纳九曲溪及陈石二溪，出峡潭至黄亭，又东纳岑陂之水，西纳下陂之水；由是下抵建阳，以达于瓯宁西溪。　新丰溪源出金井坑，经吴屯下旸谷。　浴冰溪源出瑞岩下旸谷。旧传古佛尝扣冰浴于此，故名。　寺溪源出吴屯里小东岭，下会小寺水，经寺口会旸谷水。　东溪西溪其源俱来自县之西北。　下源溪源出到水坑，至此入大溪。

潺溪源出上梅里冯源，由东坡桥下入大溪。　高苏陂源出黄柏里，由长滩下纳浆溪；至黄龙溪又纳棠岭之水，出赤石尾入大溪。　浆溪源出石雄里陈仔洋，接长滩。　梅溪源出五夫里西坑岭，别为内外白水，过白鹇岩而复合，经上梅而接下梅牛皮滩之水，至梅溪渡，入大溪。　九曲溪源出周村里大源山，出曹墩，合周、杉二溪，至黄村溪，达武夷九曲；出石鼓渡入大溪。又有柘溪，源出西坑，下左衢十里许，入九曲溪。　岑陂凡四源。曰籍溪，源出梨岭下；曰潭溪，源出拱辰山，合籍溪；曰瞿溪，源出梅岭，合众流至此，始与籍溪、潭溪合而西，过聚洲转而西南，又与黄石等溪合；曰黄石溪，源出柳源下游畋等溪，经岑陂而至于黄亭也。

下陂源出黄沙桃枝，而合于下陂，由黄亭西溪而入大溪。

萍潭在县北石臼里，两畔岩石相薄，水由岩口斗泻而下，激为盘涡，工师泛木至此，多没潭底，莫能出。　澄波湾潭在县治之左。　碧潭在县东北吴屯里，又名“镜潭”。天将雨则潭先涌波，人以为候。　马审潭在县东南五夫里金鹅峰之阴。　龙潭在武夷东南，二溪合流汇而为潭。旧传有神物潜其中。　百丈漈在县四隅里双溪。　飞鹅漈有巨石裂为三岩。又有九井，其圆如斧，岁旱乡人祷焉。　大小二漈并飞鹅漈俱在大浑里。（上三漈在县北。）　白鹇漈在县东五夫里之白水。　金斗源瀑布在县东从籍里。　密庵瀑布在县东南外五夫里。　县溪诸滩压衙洲滩。在县治左澄波湾潭上。　师姑洲滩。在黄柏里。

磨滩。其流浚急而旋绕，有若磨之转然。　马敞滩。　界福滩。(上二滩在新阳。) 赤石滩。以地名。 三姑滩。 双门滩。(上二滩在三姑石前。) 曹峰滩。在曹峰溪口。 洋淙滩。在程村。(上八滩在会仙里。) 大滩。在丰阳里铁山。溪狭而浚急,石露而巑岏。(已上十滩俱在县南。) **放生池**在县治东。自澄波湾至溪光亭下,禁捕鱼。 **瑞应泉**在瑞岩寺殿后。澄澈可爱。 **白圭泉**在县治西贞节坊之西。清寒可鉴。 **甘泉**在县东北吴屯里。味甘而洌,冬夏不涸。 **欧岭井**井有数眼,中广外狭,深不计寻丈。 **西漈井**(上二井在石臼里。) **许塘井**在大潭里高山之巅。井不甚深广,而不以旱涝为盈涸,上有龙君祠,乡人遇旱则祷之。祠左右多蜂,有不敬者辄遭毒螫,殆神守也。(已上三井俱在县北。) **西井**在县治西。 **西坡井**在仁义坊。 **丁公井**在贞节坊。 **营岭古井**在兴贤坊。泉洌而盛。(已上三井俱县西。) **高禽龙井**在县西北石雄里。源谷清邃,其上恒雾气氤氲,祷雨辄应。 **葡萄井**在县治西南美俗坊。

政和县

黄熊山在县北,县治主山也。相传山尝有熊见,故名。堪舆家谓:"此山形如展旗,而无奇峰峭壁,是无剑戟森布,非武也,特文人之旗耳。"故又名"文旗山"。上有白云精舍,下百步许有福庆堂。 **文笔山**在县南□里[35]。奇峰秀拔,如笔架状。 **铜盘山**在县东感化里。高数千仞,非攀萝扪石不可得而升。相传胡仙姬尝炼丹于此,丹成上升,遗铜盘山上,人有欲持去者,遂化为石。山之上有飞升岩,下有龙井。 **望浙山**在县西长城里。一名浙山。其势拔地摩天,常有云气冒其上。世传古有大鱼姬者,授控鹤仙人丹诀,修道于此,望见白鹤从括苍飞来,喜曰:"浙仙来矣。"遂乘鹤升。山上有池,遇旱不涸。宋季范汝为作乱,元季红巾寇乱,邑人避居其上,全活甚众。 **筹坑山**有天柱峰、狮子岩、罗汉岩、将军岩、屏风石、葫芦石、石室、龙井。又有岭亦名“筹坑”。又有圆照庵，庵前有圣水，凡三石井，中一井外狭内广，深不可测，旧传神龙所居，遇旱以铁石投之，雷雨立至。旁有泉一穴，清甘可饮。昔有双牛斗其畔，见者以石击之，牛奔入穴，雷雨遂大作。　**池栋山**岩壁峭耸，横截溪流，如屋栋然。下有两穴，以泄东池之水。（上二山在县东北政和南里。）　**佛字山**一石上有纹成“佛”字。　**九蓬山**其最高一峰曰“龙马”，宋孝、光二朝间，龙马生马[36]。（上二山在东衢里。）　**南禅山**在□□里。峦峰奇秀，上有龙井。　**奖山**在东平里。其山峭拔入云，山顶凹处，有田百余亩。唐僧玄奘创庵其上，元僧惠空复创庵于其东。又东梅有女子，因旱凿山引水，以溉东梅之田，乡人亦创庵祠之。山有观音岩、石柱岩、白牛岩、石龙洞、双门洞、葫芦潭、七圣潭，皆称奇胜。（已上四山俱县西北。）　**洞宫山**道家谓为三十七福地。其山重迭九峰，状如莲叶，又谓之“九莲峰”。相传古有魏、虞二真人于此修炼，丹成上升，因号“魏虞洞天”。　翠屏峰。在洞宫山。石壁峭立，草树蓊郁，若屏障然。东西二宝台峰。在翠屏峰之南，其西有魏、虞二真人宫，旁有洞宫禅院；院前有飞升坛、香炉峰、巨幕岩、观音岩、罗汉岩、狮子岩、莲花石、石笋、石龟、丹室，世号十奇。　**芝山**岩间有石如龙，下有会仙庵。（上二山在政和西里。）　**大风山**在感化里。岩峦秀拔，绝类庐山五老峰。山有石室，相传古有赵元琦者，授控鹤仙人丹诀修道于此。尝云不畏大风则大山可登，故名。其左为观音岩，右为罗汉洞。又有宝剑庵。庵前有石井，灵物居焉，岁旱，则乡人往祷之。（上三山俱县东南。）　**满月山**在县西南□□里[37]。山峰圆莹，若满月然。上有石坛，世传顾思远炼丹于此，飞升而去。　**飞凤山**一名“正拜山”，一名“皇华山”。元至元间，建宁路管军总管黄华叛，号“头陀军”[38]尝立营于山之上。　**莲花峰**在县东感化里。峰峦高峻，紫翠重迭。下有护国禅师院。院西庑外有宋朱良材墓，熹之祖也。元季邑人张以仁、魏伯坚卜筑峰下，而谢坤、孙蕴余应皆从之游，人称“山中五凤”。　**虾蟆峰**在县西东衢里。宋淳熙初，人闻其上有仙乐音。祷雨多应。　**釜鍪岭**　**虎啸岭**（上二岭在县南东衢里。）　**黄岭**　**俞岭**　**石豹岭**（上三岭在县东政和南里。）　**山表岭**　**姥岭**　**逃奴岭**岭之名，不知何义。旧传诗云：“忆昔炎刘法网疏，季生当醢却佣逋。至今犹号逃奴岭，簇簇人家谁姓朱。”盖借用汉季布之事也。（上三岭在东平里。）　**常思岭**在长城里。（已上四岭俱县西。）　**西门岭**　**金竹岭**　**秋竹岭**（上三岭在政和里。）　**鹤都岭**在感化上里。　**和尚岭**在感化下里。（已上五岭俱县东南。）　**白鹤、白狗二岩**与松溪县湛卢山联属。相传魏、虞二真人尝携鹤与犬游此山，故名。今岩之南有万松庵，北有会龙庵，皆在山顶，极为清绝。　**南安岩**在县西长城里。有石室方广数丈，中有马仙祠。　**硘坑洞**在县西长城里。洞据岩崖石壁之间，其中宽广可容百余人，邑民遇寇乱，多避于此。　**天柱石**在县东政和南里。方广数丈，高数十丈，上下大小如一，望之若柱焉。　**七星溪**在县治前。发源铜盘山下，经感化、东衢、长城三里，迤逦西流，南会浴龙溪，西会东平溪，自是三溪合为一大溪，下接建安东溪。**浴龙溪**发源九蓬山下出考口。　**东平溪**发源奖山，出常口，受松溪之水，至西津，会七星溪。又有东梅溪，源出师姑圳，入松溪。　**山表溪**其源有六，分为二水，西流入瓯宁县界。　**苦竹溪**在县北。源出苦竹岭，自北而南有十里滩。　**下元溪**在县西南。源出筹岭，至蛟龙潭与李洋水合流，入双涧溪。　**双涧溪**在县东。源出西门岭，自东而西，至赤岩寨口折而东流。　**和溪**源出西表岭，至放生潭桥，折而东流。　**淳江溪**源出峡头，东流。（已上五溪俱东流入宁德县界。）　**放生池**在水南考口溪侧，其上有亭。　**定漏泉**在县治东南下药山下，一穴涌出。冬温下洌[39]，色清而味甘。阴阳家取以定铜壶刻数，毫厘不爽。

寿宁县

镇武山在县治北。　**翠屏山**在县治南。　**丛珠山**在县治东。　**天马山**在县治西。　**板仙山**祷雨多应。　**香炉山**　**高山**　**小托山**　**大蜀山**（上五山在县坊隅。）　**官台山**　**渐山**　**孤长山**（上三山在福安里。）　**牧童山**　**紫翠岩山**　**白岩仙山**　**基德八仙山**　**仙人迹山**　**佛漈山**　**古鼎山**　**百里林山**　**东山**　**立茂山**（上十山在政和里。）　**溪头岭**　**弹子岭**　**章坑岭**　**杨梅岭**　**黄客岭**　**清源青竹岭**　**车岭**　**九岭**　**东门岭**（上十岭在县坊隅。）　**石虎岭**　**新峰岭**　**花岭**　**大同岭**（上十岭在福安里。）　**西表岭**　**俞岭**　**虎阱岭**　**芹洋岭**　**尤溪岭**　**小东**　**古鼎岭**　**官田岭**　**立茂岭**　**黄奇岭**（上九岭在政和里。）　**蟾溪**在县治南。发源大蜀山，下经县东流至福安县以入于海。　**茗溪**源出高山。北流入蟾溪。　**源底溪**源出青竹岭下，北流，会祭头入蟾溪。　**南溪**在县南。源出紫翠岩，迤逦流至福安县入于海。　**平溪**在县北。源出西表岭，东流。　**尤溪**在县东。源出虎阱岭，东流。　**丹溪**在县东。源出芹洋岭，东流。　**九岭溪**在县三图。源出大所，东流。（上四溪俱入南溪。）　**铁梗溪**在县东。源出东山下，会杨梅洲溪，经东溪头双港，至福安县入于海。　**上地溪**在县北。源出百里林山下，入杨梅洲溪。　**渔溪**在县东。源出立茂山下，南流绕花岭至福安县入海。　**犀溪**在县东南。源出佛漈山，东流入官田场、龙潭溪，至福安县入于海。　**龙潭溪**与犀溪同源。 **禾溪**在县西。源出牧童坂山下,至溪口,经福宁州入于海。

校 注

[1] 嘉靖《建宁府志·山川》作“信溪”。

[2] “矶碑”为“矶碑”之误。

[3] 《浦城县志·山川》作“船山在永康里,距城四十五里”。

[4] “处”指“处州”。嘉靖《建宁府志·山川》:“通处州之龙泉。”

[5] 嘉靖《建宁府志·山川》作“大姥山”。

[6] 梁普通六年,江淹任吴兴令,时属东扬州。改浦城为唐天宝年间事,江之《赤虹赋》及《青苔赋》均在邑时所作。见嘉庆《浦城县志》。

[7] 《汉书·朱买臣传》颜师古注:“泉山即今泉州之山也。”按颜师古时所谓泉州,指今福州。景云二年改名闽州,而于晋江县置泉州。今之泉州及福州均有泉山,它处亦有以泉名山者,未知孰是东越王所保之泉山。

[8] 嘉靖《建宁府志·山川》作“蜜岭”。

[9] 嘉靖《建宁府志·山川》作“夐出群山”。

[10] 嘉靖《建宁府志·山川》作“自高泉里流至锦江”。

[11] 嘉靖《建宁府志·山川》作“登云里”。

[12] 嘉靖《建宁府志·山川》作“上有莲台、水月庵”。

[13] 嘉靖《建宁府志·山川》作“四围劖削”。

[14] 嘉靖《建宁府志·山川》作“在崇泰里”。

[15] 据嘉靖《建宁府志·山川》,“注”作“诸”。但“远注”似亦可通。

[16] 嘉靖《建宁府志·山川》作“山之源推出一石”,宜补“出”字。

[17] 嘉靖《建宁府志·山川》“锦江”作“锦工”,应据改。

[18] 嘉靖《建宁府志·山川》作“九石滩在县东”,亦不详何里。

[19] 嘉靖《建宁府志·山川》:蹲狮山“形似狮子之蹲足而坐,故名。旧传元索翁者修真于此,俗又谓之尊师山”。

[20] 《拾遗记》为晋人王嘉所撰,非唐时书。

［21］嘉靖《建宁府志·山川》作“吴家山”。

［22］南宋德祐二年正月，文天祥尹临安（今杭州），请以二王镇闽，不从，及元兵迫至临安，徙封昰为益王，判福州、福建安抚大使。本志“昱”为“昰”之误。

［23］嘉靖《建宁府志·山川》及康熙《松溪县志·山川》均作“花岩”。

［24］嘉靖《建宁府志·山川》作“李怿”。

［25］朱熹原题为《武夷山图序》。

［26］一本作“夷落所居”。

［27］嘉靖《建宁府志·山川》作“溪回石束”。

［28］“胡定国”应为“胡安国”之误。

［29］嘉靖《建宁府志·山川》作“董山”，而雍正《崇安县志》不载。

［30］按嘉靖《建宁府志·山川》于南源岭、崇岭、梅岭下注：“上三岭俱籍溪里。”

［31］按嘉靖《建宁府志·山川》与雍正《崇安县志》俱有小浆岭，无大浆岭。

［32］嘉靖《建宁府志·山川》作“驱役猛虎”。应改“驰”为“役”。

［33］嘉靖《建宁府志·山川》作“去县二十五里”。

［34］嘉靖《建宁府志·山川》作“相传有神物居之”。

［35］嘉靖《建宁府志·山川》作“在县南八里许”。

［36］据嘉靖《建宁府志·山川》、道光《政和县志·山川》应作“龙马生焉”。

［37］嘉靖《建宁府志》作“在县南十五里”。

［38］道光《政和县志·山川》：“黄华于元至元十五年冬，集建宁括苍盐夫及畲民妇（自称许夫人）抗元，众三万侵建宁，旋由完都招降，以平陈吊眼功授建宁路管军总管。至是复叛，众十万，剪发文面，号‘头陀军’。”

［39］嘉靖《建宁府志·山川》作“冬温夏冽”，“下”应改为“夏”。

八闽通志卷之七

地　理

山　川

泉州府

晋江县

泉山一名北山，一名齐云山。在棠阴里三十九都。周环四十里，为郡之主山。颜师古注《汉书·朱买臣》所谓越王所保之泉山是也。宋钱熙诗："巍峨堆压郡城阴，秀出天涯几万寻，翠影倒时吞半郭，岚光凝处滴疏林。"　龟岩。在泉山之半，巨石如龟，中空可居。唐林藻、林蕴、欧阳詹皆尝读书于此。有石砚见存。又有崇秀坞、醉月石。　狮子岩。在龟岩之畔，有石嵬然，如狮子状。　清源洞。在泉山，有上、下二洞。上洞名纯阳，在山巅，乃东瓯王避汉兵处。后有石室，宋裴道人仙蜕之所，号蜕骨岩。下洞名紫泽，去上洞半里许，有蔡如金真人祠及丹灶。上有百大石。山阴有梵刹四区，峻峰迭巘，寓目登眺，如在天上。郡人多游焉。　杖藜泉。在清源洞侧，若坎井然，相传蔡如玉手握藜杖，拄地而泉出，故名。　清源泉。在清源上、下二洞间，深不过五六尺，甘洁无比，山以泉名，盖本于此云。　**双阳山**在爱育里四十一都。状如双髻，名大阳、小阳，在南安为朋山，在永春为双髻山，盖三县接界山也。　**白虹山**在常建里四十七都。自仙游县九座山迤逦至郡境十余里。（上三山俱在府城北。）　**宝盖山**在永宁里二十都。上有石塔甚宏壮，商舶自海还者，指为抵岸之期。　**石城山**在沙塘里三十一都。山势逶迤，连续如城。　**龙首山**在常泰里三十三都。蜿蜒盘礴有龙翔之势。俗又呼为龙头岭，相传欧阳詹别墅在焉。　**吴明山**在仁孝里五都，又名吴山。蜿蜒数十里，连跨数郡，郡治前山也。旧传吴氏昆季隐其上，后著灵迹，乡人立庙于其麓，曰吴明宫。山之巅有灵源泉出石罅，大旱不竭。

横山在仁和里十二都。山势长数里许，横于郡治之南，故名。

罗裳山在永福里二十八都。山之东有五髻峰，前有石，高寻丈。相传尝有异人画马于石，每天阴，乡人见马驰骤，复入于石，旧迹尚存。又有龙湫六井，其井各相去半里许，有在高原者，有在平田者，泉脉贯通，汲一井而五井皆动。若岁旱，井鸣有声，不三日即大雨。往往有龙出没井旁，树木时有龙爪痕。（上六山俱府城南。）　**万岁山**宋陈洪进为节度时，筑坛山上，以效嵩呼，因名。　**回龙山**山势遇海而止，有回顾州治之状，因名。（上二山在鸾歌里三十七都。）　**楞伽山**在棠阴里三十九都。（上三山俱府城东。）　**鼓雷山**在府城西兴贤里三十四都。上有雩坛，或云石鸣如鼓，故名。　**皇绩山**按伪闽王审邽墓碑云："皇者天皇，绩者勋绩。"或云皇当作黄。山多黄石堆积，故名。碑所言盖夸辞也。　**梁相山**宋梁克家墓在其麓，故名。（上二山在鸾歌里三十七都。）　**大旗山**在棠阴里三十九都。其峰高耸如旗，故名。山面为龟岩，下有石镜。（上三山俱府城东北。）　**丰山**在仙溪里四十五六都。每水旱，乡人祷于是山，即有丰年之应，故名。

花山在常建里四十七都。（上二山俱府城西北。）　**盖辅山**缭绕永宁卫治之后。 **仙人山**其山巨石盘绕，上有仙人迹。 **象山**形如伏象。（上三山在永宁里二十都永宁卫城内。） **金钗山**在永宁里二十二都。两峰延袤数百丈，若钗股然。其凹处有塔，号“六胜”。旁有魁星堂，宋梁克家读书之处也。上有石狮岩。

石头山在临江里三十六都。与赤城山相连，有三山石杰出，故名。下有石头市，南瞰江亭，昔郡守望祭海神于此。（上五山俱府城东南。） **龟山**在兴贤里三十四都。三峰高耸，其状类龟，今为山川坛。 **紫帽山**在常泰里三十三都。为峰凡十有二，常有紫云覆其巅。 甘泉。在山中，味甚甘。按《方舆胜览》：“山椒有泉眼，相传有龙蟠其间，故名龙池。”疑即此泉也。 金粟洞。在山之阴。其东有凌霄塔，西有石鼓、丹炉、试剑、棋局、仙堂诸峰。相传唐元德真人郑文叔居之，时泉人有客洛阳者，邂逅一羽衣寄书与文叔，既归，授书，遗以粟米半升，还家视之金粟也。宋宁宗御书“金粟之洞”，四字刻于石上。（上二山俱在府城西南。） **云盖峰**在府城北常建里四十七都花山院后。宋林外诗：“一峰特立出尘寰，自昔相传云盖山，不是云来盖山顶，却缘峰峭入云间。”

灵秀峰在府城南弦歌里十九都。挺拔千仞，烟云出没，林木苍蒨，为一郡之胜。上有小岩，其石潮上则润，潮退则燥。 **瞻迹岭**在府城东鸾歌里三十七都。一名斟酌岭，旧传五代时，留从效尝于此斟酌军事。 **观音岩**相传宋元祐间，乡人尝夜见岩上有光，因凿之，得白衣观音像，故名。 **瑞像岩**相传宋元祐中有林道者，诛茅是山，夜梦神人使镌佛像于石，时镌者魏周梦亦如之。遂镌其像。其石面平如砥，而屹立参天，亦名天柱峰。又一峰对峙，危石排列其上，名罗汉峰，陈谠题“北山胜概”四字。一线泉。在岩之下，其出如线，故名。（上二岩俱府城北鸾歌里三十七都。） **陈君岩**在府城南聚仁里二十五都。邑人陈珏尝庐墓于此，乡党孝之，因以名山也。 **四恩岩**相传五代时，僧守息安禅于此，有虎狼驯伏之异。　**梅岩**石高数尺，中可容人坐，前有古梅，因名。云根漱玉泉。在梅岩之下。有双石对峙，泉出其旁。（上二岩在府城东北棠阴里三十九都也。）　**龙角石**在府城西南常泰里三十三都，旁有龙爪迹。　**岱屿**在府城南永宁里二十二都。突起海中，介于石湖、北镇两山之间。自州东海行二日至高华屿，又二日至鼊鼊[1]屿，又一日至琉球国。　**乌屿**在鸾歌里三十八都。四面潮水环绕，居民辐辏。旧有石路，潮至则没，行者病之；宋宝祐中始作桥以通往来。　**澎湖屿**出海门舟行三日始至[2]，屹立巨浸之中。环岛三十六，居民苫茅为舍，皆业耕鱼。施肩吾诗："腥臊海边多鬼市，岛夷居处无乡里，黑皮年少学采珠，手把生犀照咸水。"国朝洪武间，徙其民于近郭，其地遂墟。（上二屿俱府城东。）　**洋屿**在府城西南常泰里三十三都。突起平田之间。　**晋江**在府城南登瀛里三十五都。其水入于海。晋南渡，衣冠士族避地者多沿江以居，故名。　**洛阳江**在府城东北鸾歌里三十八都。源出惠安县界，至县境入于海。唐宣宗尝微行览山水胜概，有类吴洛阳[3]之语，因名。　**龙湖**在府城南。相传湖与海通，中为涌沙所隔，遂别为湖。尝有龙出入其中，故名。　**绿潭**在棠阴里三十九都。有"绿潭瀑布"四字镌于石。　**龙潭**一在善政里四十二、三、四都，有岩曰龙兴，祷雨多应；一在常建里四十七都，相传祷雨者投简于潭，逆流不沉；一在四十四都，潭前有凌云阁。　**白云漈龙岩**在常建里四十七都。旧传龙自此飞起，岁旱祷之，或有雾气升潭中如虹，三日必雨。（上五潭俱府城北。）

芙蓉池在府治南，府学东偏。地连光孝寺，旧见侵于人，今复之。内产芙蓉。　**放生池**在肃清门外。唐天宝六年凿。　**镇西池**在义城门[4]内。俗名七丈潭，池阔数亩，深七丈。中有小山阜，圆如星，水环绕四面，岁旱不竭。旧与木塔对峙。世传城西居民富庶，以此为镇星。（上二池俱府治西。）　**蔡公泉**在常泰里三十三都。曾公济记:“宋皇祐中,蔡襄知泉州,与僚属登山求水,有泉自石罅出,后人作亭其上,因名。” **樟木泉**在永福里二十七都。旧传五代周显□中,岁旱,祷于庙,一夕雷震古樟木,有泉自木中出,因而成井,汲之不竭。(上二泉俱府城南。) **清玉泉井**在织染局内。其水用以染练,胜于他井。 **玉泉井**在师帅坊内。其味清美。 **圣泉井**在崇阳门外。相传旧泉脉屡竭,唐涌泉尊者以杖扣之,自是虽极旱不竭,因名。 **溥泉井**在集贤坊内。味甘。 **炼丹井**在玄妙观内。或云昔通元先生吴崇岳练丹之井。(上五井俱府治南。) **大井**在卫署内。相传留从效所凿,又名留公井。 **会通井**在会通坊内。泉洌。 **义泉井**在义泉坊内。其水清洌。 **赵公井**在奉圣坊内。宋郡守赵令衿凿。 **城中三井**宋淳祐间凿,泉甘洁。 **状元井**在晋安驿内。宋为贡院,故井以状元名,今石盖刻“状元”二字尚存。(上六井俱府治西。) **旃檀林井**在府治东南承天寺旃檀林之南。泉甚甘寒,土人以炼糖霜。 **石眠井**在十六都西壁山之麓濒海石堆中。天然如甃,潮长则没,潮退则味甘琼[5]异他井。 **鼓雷山龙井**在十九都。宋庆历间,有龙蟠绕于井,因名。(上二井在府城南弦歌里[6]。) **涅槃井**在棠阴里三十九都。唐僧黄涅槃以卯位忌风,凿此井以镇之。 **真涌泉井**在护安院前,水清而甘。(上二井俱府城东边。) **卫井**在永宁卫仪门内之左。其泉清洌,酿酒、煮茗尤佳。 **龙坡井**在永宁卫育贤坊,其泉甘洌,冬夏汲之不涸。 **巽水**按《建安志》云:“叶廷珪知泉州,尝通巽水,云后十年当出大魁。后梁克家果魁天下。”

南安县

葵山在三都。山有叠石如葵,号叠经石。 **鹏山**在四都。

谓其形如鹏之张翼，故名。　**四瑞山**在五都。其上多产芝、兰、梅、竹，人以四瑞名之，亦名瑞峰山。　**明心山**在六、七都。其山高大明秀。　**卓云山**山势极高，云雾腾滃，竟日不散。　**乐山**上有福祐真君祠，乡人岁以鼓乐赛祷，故名[7]。（上二山在八都。）　**胡洋山**在九都山下。皆胡氏田塘，故名。　**高盖山**在十一都。山顶方平如盖，唐欧阳詹母葬其下，詹拜墓有诗云："高盖山前日影微，黄昏归鸟傍林飞；坟前滴酒空垂泪，不见丁宁道早归。"后人因詹诗，又呼此山为诗山。按韩愈《欧阳生哀辞》，詹殁时其父母俱在，而郡志载詹哀母诗，殊不合。窃详愈与詹为友，而哀辞作于詹初殁时，其言必可信无疑也。哀母之诗岂好事者假托而为之欤？　**郭山**在十二都。上有威镇庙，其神郭姓，故名。

天竺山在十四都。　**洪岩山**十五都。岩石嵯峨而大。　**城山**在十六都。山势环抱如城。　**卧龙山**状如龙之偃伏。　**香炉山**以形似名。（上二山在十七都。）　**龙源山**在十九都。下有泉自石而出。（以上十五山俱县北。）　**半月山**在三十五都。其形如半月，下有巨石，涌泉尊者尝祷雨其上。　**晏然山**山势巍然，时有云雾拥其上。　**三绢山**三峰并立，奇秀可观。　**留旆山**双麓如旆之带。　**丽碧山**峰峦秀丽，而其山之后，多洁白可爱。（上四山在三十七都。）　**桂山**旧多产桂故名。山畔古有郑氏居之，又名郑山。　**雄山**山甚高，邑诸山皆出其下，一名大雄山。（上二山在三十八都。）　**大半山**山势丰隆，下临大溪，又名太湖山。　**留相山**旧传尝有杨肃者，遇仙对弈于此山。　**鸡暮山**（上三山在三十九都。）　**覆鼎山**在四十都。山四围平坦，如鼎之覆。　**杨山**在四十三都。昔杨肃尝游此山，因名。又名杨子峰。　**华表山**在四十四都。双峰夹拱如华表状，山之麓旧尝产芝，亦名灵瑞山[8]。　**黄渐山**界于同安、南安二县间。山土脉枯瘠，草木不甚荣茂。其麓多产黄菊，又名黄菊山。 **象陷山**山势如象之隐伏，因名。（上二山在四十五都。以上十五山俱县南。） **武荣山**唐尝改县为武荣州，疑因此山得名。 **吴亭山**上有吴氏墓亭，因名。其下为县学。 **佛迹山**唐光启中，忽夜有光现山上，刺史王潮，令踪迹之，得石，上有巨人迹，长二尺四寸，广半之，今见存山之旁。又有灵秀山，屹然特立，秀丽可爱。其后又有灵秀岩，中有石室，祀宾头卢尊者；岁旱，祷雨多应。

龙山其势如龙，伏而复起者凡九，又名九跃山。按同安县亦有九跃山，其所记形势与此相似，盖二县接界山也。 **狮子山**状如狮子。（上五山俱在县东三都。） **九日山**连跨晋江县界。重九日，邑人多登高于此。 无等岩。高丈许，镌"泉南佛国"四大字，唐僧无等建庵其侧，趺座四十年。庵今废。石佛岩。在高士峰之巅，陈洪进镌佛像于大石上，建庵以覆之。翻经石。梁普通中，僧拘那罗陀尝翻译《金刚经》于其上。 一眺石。在莲花峰之巅。高广皆丈余，登其上，则四方万境举在目中。故名。 小清凉石。方广丈余，古木数株掩映其上，登者必先憩于此。 石灶、石盆、石碾、石砚四石。皆在秦君亭侧。相传唐隐士秦系遗物也。 自然磉石。圆如弹丸，周围丈余，出于天成。 碧玉峡。二石相并，如玉之立。 放生池。在寺前，上有翠光亭。 惠泉。宋郡从事表闻一重浚之，陈知柔为铭。 白云井。泉味甘洌，相传，唐进士傅荀尝旦汲井，见云覆水涌，有龙跃其中，又名钓龙井。（已上皆九日山、延福寺三十六奇中景也。） 姜相峰。在九日山之东。唐丞相姜公辅贬为州别驾，卒葬于此，因名。 高士峰。在九日山之西，唐秦系隐于此。上有石，篆刻曰"高士峰"。元张光道诗："淡淡梨花寂寞春，一声啼鸟隔花闻。高峰影射金鸡月，渤海晴横碧峤云。" 莲花峰。在九日山之北。上开八石若莲花然。宋朱文公诗："八石天开势绝攀，算来未似此心顽。已吞缭白紫青外，依旧个中云梦宽。” **金鸡山**俗传尝有金鸡栖其上。上下有渡。（上二山在一都。） **西山**在三都。与佛迹、灵秀诸山相连属，去府城仅有十五里，以其在府城之西，故曰西山。有佛刹十六区，为郡郊胜概。 **齐云山**在二十都。高与云齐，故名。 **双溪山**在二十二都。下有双溪夹流。 **凤凰山**以形似名。 **武城山**山势矗立环抱，其状如城。一名京峰。（上二山在二十三都。）**御看山**在二十四都。其山高下环拱，林木苍翠可爱。 **大宇山**在二十六都。下有大禹铺，今改禹为宇。 **九仰山**在二十七都。众山九面环仰，故名。下有石泉院，邑人多于此祈保佑其父母，又名报恩山。 **大罗山**山高而险，下有小溪，西南与同安县接界，又名灵水山。 **象运山**以形似名。按同安县亦有此山，盖二县接界山也。（上二山在二十六都。） **囷山**山势峭拔秀锐，其状如囷，每风雨雷声多出其下。昔留从效刺郡时，航海者率以此山为标准。岁大旱，祷于山下，雨随至。其坛尚存。 **荣第山**附山居民子弟多业儒，故名。 **蟹坑山**山下有坑，产鱼蟹，因名。（上三山在二十九都。） **小郡山**山旧多人烟，四民辐辏，如郡邑然，故名。 **蔡岭山**山之西与安溪县接界。昔有蔡翁者庐于此，常以汤茗给行人，人德之，因其姓名山。 **鹅眼山**其麓有阜，如累石而成者。宋庆元春，道人陈大受刳其下为洞，名曰开化。 **大帽山**延袤十余里，山顶巨石九层，亦有如帽者，故名。按同安县东大帽所记形势，与此大同小异，盖亦二县接界山也。

梅花山山多产梅。（上五山在三十都。） **平洋山**山下田畴宽衍，俗呼平洋，因以名山。 **四马山**势若马之奔骤，故名。（上二山在三十一都。） **云台山**五代时，刺史王延彬构别馆于此。延彬尝为云台侍中，故名。山形如二象出林，又名双象峰。

堆美山上有数石堆迭，秀丽可观。 **罗水山**下有罗水渡。

福泉山中有流泉，又名龙泉山。（上四山在三十二都。） 乌石山与晋江紫帽山对峙，有石光黑如漆，因以为名。其绝顶有三石列峙，号三公石。山下有石高三丈余。中有石室，像观音于其内，号观音石。又有一石如香炉，高二丈余，号香炉石。山之东有龙水岩，相传有龙潜其下。岩有三峰，多石穴，为虎豹所宅。旁有石室，可容二百余人。其西有九州岩。 宝盖山山形如张盖然。（上二山在三十三都。） 凤栖山在三十四都。上有石柱，端方秀拔，百里之外四望皆见。天欲雨，其石辄水出如泉。 柏峰山在三十七都。山多产柏树，又名云秀山。（已上三十山俱县西。） 朋山两山并立如朋字，故名。余见《晋江县·双阳山》下。

九峰山其山九峰突起。（上二山在县东北三都。） 高田山山最高，其顶有田数十亩。 梁山昔有梁姓者种松于其上，阴森可爱，因以为名。（上二山在十三都。） 白龟山在十六都。上有怪石如龟，其色白。一名白蒙山，又呼白岩山。 文笔山在十八都。尖秀如笔，故名。（上四山俱县西北。） 琼山在二十一都。中有龙潭，祷雨多应，又名龙潭山。 三公山旧传江、杨、林三姓卜筑于此。 谢墓山有谢氏墓，因名。（上二山在三十四都。） 谷口山在三十五都。众山森列其中，盘邃如谷。 壶公山在三十六都。形如倒壶，又名太平山。（上五山俱县西南。）

金石峰在二十都。山上迭石有赤痕，类丹书。又有石刻“金石峰”三字。 石鼓峰在三十一都。山之阴有石状如鼓，旧传有鹳巢其上，乡人以其鸣卜水旱，故又名鹳石峰。（上二峰俱县西。） 高镇峰[9]在县西北二十六都。一名鸡髻山。蔡真人祖父夔尝居其下。又有翠峰屏大成洞。昔詹道者尝居洞中，俗号詹道岩。东有小穴，宋僧法盛居之。吕夏卿尝与之游，题其室曰“晏默”。法盛道行高洁，出入或骑虎，今见祀岩中。 天柱岩在县北十都天柱峰上。极高峻,有石佛长丈余,云烟常覆于其上。**栖真岩**在二十二都大安山下。有大石穴,可容数百人,泉一脉自石窦中出,岁旱不竭。　**龙须岩**在二十八都翔云山下,石罅有泉。　**池溪岩**在翔云山之西南。宋蔡襄尝游此山。山背有石若碑状,长二丈余,面平如削,下有石趺,浑然天成。　**北阳岩**在十三都。巨石嵌空,横广而深,旧名鬼岩。有徐道人者,为农家饲牛,夜栖其中,乡人始未信之,授之以鼓,约以声闻为证,已而果然乃披荆棘,攀石磴,从至其地,架屋宇以居,更其名曰阳岩。**阳调岩**在三十四都松崎山。山有坦平地,可三百余丈,气常温和,其上有岩,乡人祷雨多应。(上五岩俱县西。)　**虎厅岩**在县西北十九都杨梅山下。岩中有石如虎形。　**五峰岩**在三十五都。上有石室,色如银,俗号一片瓦,其中可容三百余人,唐僧道岑居之。宋祥符间,尝建石塔其上,世传山多灵怪,非有道行者不能久居。其后又有狮子岩,大石突起,状如狮子。石下有穴,可容数人。　**白云岩**上有盘石,中虚如屋,时有白云栖其上。下又有小身瑞迹岩。石室天成,下有三小石措之,上一石长二丈余,室中一石长丈余,各镌佛像于其上,长略与石称。(上四岩在县西南三十五里。)　**乌石**在县北二里许。其石高大突出平地,群乌常集其上,因名。　**秀才堤**在县西。唐黄晔有文声,郡守乌仲儒以女妻之,为筑沙堤十里,直抵其庐,号秀才堤。　**黄龙溪**在县南半里许。源出永春、安溪二县界,合两为一,自是渐大,南流经金溪桥,入晋江县界。宋王十朋诗:"清源太守鬓蓬松,未遂归农又劝农;农事正兴天不雨,谁能唤起老黄龙。"　**金溪**在县西一都。古谚云:"金溪通人行,状元方始生。"宋建炎初,县令江慎置小桥,是年梁克家生,即今金溪桥。　**寿溪**在县南四十都。源出覆釜山,萦纡二十余里,溉田三十余亩。昔有王氏居其旁,人多寿考,故名。　**九溪**在县西南三十七都。源出柏峰山,逶迤而东,分为九派，汇龙潭，经通济桥、大盈桥，达安海镇，过安平桥。（上三溪俱入于海。）一本又有桃林溪，在县西二十里，考之旧志不载，此溪询诸邑人，亦未之识，姑记于此，以俟知者。 **洋平龙潭**在县北四都平洋中[10]。其水深黑，俗呼龙潭。 **赤井龙潭**在县南三十八都山边赤石罅间。其深如井，祷雨多应。 **石硿龙潭**在二十一都山下溪旁。深不可测。山顶又有小潭。时或龙现。 **吴潭**在十三都。两山夹峙流注石壁间。其泉湛深，里人目为海眼。时有龙现。 **乌石山龙潭**在三十三都。有水一泓，出石罅间，虽旱不竭。相传有龙潜于其下。 **剑潭**在三十四都。相传宋元符间有两剑从空飞下至潭化为龙，故名。 **留旆山下龙潭**在三十五都。其深无底，疑有龙潜其中。（上五潭俱在县西。）

溪潭在县西北七都。上中下三函如窦，三泓如瓮，水各入泓中，其声如钟，又名弓潭。 **困山龙窟**在县西二十九都。其中泉冷如冰，或云有龙居焉。 **龙泉**在五台龙泉庵。石窟深二尺余，泉出其中，汲之不竭。 **温泉**在城山前。凡四池，三热而一温。（上二泉俱县北。） **泊泉**在黄渐山，出石罅间。祷雨多应。山腰又有石窟，其水盈缩与潮相应。 **清水泉**在扬山之顶。泉自石罅中出，祷雨多应。（上二泉俱县南。） **圣泉**在御看山之巅。水自高石凹处出，能疗眼疾。上有圣泉庵。 **菩提泉**在延福寺后山。泉出大盘石中，其源莫测，湍流奔激有声。（上二泉俱县西。） **周井**在三清宫之侧。深不及数尺，虽亢旱不竭，相传周氏所凿。 **仙人石井**在高盖山下大盘石中。相传渔人尝以石引线数两试之，其深无极。 **仙人井**在仙人漈侧。石窟天成，深不可测。 **小石井**岁旱，乡人祷雨有小蛇见水面，则雨立至[11]。 **昆仑井**在道旁。虽旱其泉常溢。（上二井在十五都。）

隔头井在县西四十三都。深不及二尺，取之不竭，其地临海，随潮消长，而味独淡。　**六龙井**在县东甘棠顶侧。井甃六角，旧有巨榕蟠井上，其根下垂如龙状，故名。　**夜光井**在三十一都。宋绍兴间有夜汲者，见井中有光如半月状，投以汲器，光彩焕发，因名。　**龙井**在报岩院内。天将旱则水溢，将雨则水涸。（上二井俱县西。）　**圣井**在县西北二十六都。相传蔡如玉所凿。

同安县

大轮山在长兴里三、四都。群峰环列如异人奇鬼。或乘车张盖，或露冕峨冠，或如带甲，或如跃马，或如奔轮。　**九跃山**在同禾里五都。自大轮分脉而来，九起九伏，如龙之跃。余见《南安县志·山川》。　**三秀山**在长兴里三都。三峰秀拔，邑之北镇也，又名仙人亭[12]，山上有石榻、禅床及仙人迹。　**斗拱山**其势上摩星斗，故名。上有石岩，西有高齐山，重岗迭翠，山之涧出九节菖蒲。　**应城山**旧有寺钟，声与闽王城钟相应，故名。（上二山在感化里七、八都。已上五山俱县北。）　**昆山**上有石如盘，盘有巨人迹，祈雨多应。　**金鞍山**形若马鞍，上有泉自石罅出，虽大旱不竭。（上二山在从顺里一、二都。）　**宝伞山**在感化里七、八都。形若伞盖，又名宝盖山。（上三山俱县南。）　**卧龙山**以形似名。　**孤卿山**宋少卿林裴居其下，故名。　**东大帽山**其形端圆，广袤十余里，上有巨石，如阶九级。（上三山在同禾里六都。）　**黄渐山**《大明一统志》作“峰”，在民安里十一都。卓然秀出，冠于群山。　**象运山**在长兴里三都。旱岁：此山若带云气，必先得雨。（上三山各详见《南安县志·山川》。）　**三魁山**在民安里十二都。三峰奇秀可爱，故名。（上六山俱县东。）　**夕阳山**在安仁里十五都。以其常带落日，故名。山之上有遁迹岩。相传唐宣宗微时，以武宗忌之，遁迹为僧于此，尝与黄蘗同观瀑布[13]，黄蘗云："穿云越壑不辞劳，到底方知出处高。"宣宗续之曰"溪涧岂能留得住，终归大海作波涛"云。 **天柱山**危峰屹立，若擎天之柱，因名。 **西大帽山**以形似名。（上二山在从顺里二都。已上三山俱县西。） **北辰山**在县东北长兴里三都。高拱北辰，故名。 **莲花山**在归德里九十都。峰峦秀茸，状若莲花，又名金冠山。 **三重山**在安仁里十五都。复岭重岗，高耸千仞。 **万石山**在西安里十六都。其山众石错综。 **大凤山**形如凤之展翼。 **龟洋山**其状如龟。 **吴淮山**高耸霄汉。（上三山在感化里七八都。） **洪岩山**顶有石岩极高大，相传邑士洪姓者尝隐于此。 **大尖山**界安溪县。（上二山在归德里九、十都。已上八山俱在县西北。） **文圃山**在县西南积善里十九都。上有花圃，唐文士谢脩与其弟脩尝读书于此。 **烈屿**在县北积善里二十都。居民有鱼盐之利。 **丙洲屿**在仁德里十一都。居民二千余家，以其地当县之丙方，故名。 **嘉禾屿**在嘉禾里二十二都。延袤五十余里，居民二千余家，上有场老山，唐文士陈黯累科不第，遂隐居读书于此，故名。 **古浪屿**[14]在嘉禾里二十四都。居民二千余家，洪武间尝徙其居民，成化六年仍复其旧。（上三屿俱县南。） **白屿**在仁德里十三都。 **大担小担二屿**在积善里二十都。 **浯洲屿**十七都至二十都之民，皆处其上，凡二千余家，多产鱼盐。上有海印岩，一名太武山。岩有十二奇，曰太武岩，曰玉几峰，曰醮月池，曰眠云石，曰偃盖松，曰跨鳌石，曰石门关，曰古石室，曰蟹眼泉，曰倒影塔，曰千丈壁，曰一览亭。士大夫多题咏。有曰："要知海印分明处，一点青山下大江。" **夹屿**在浯洲、小登二屿之间。 **小登屿**在翔风里十六都。丘宋葵居其上。 **大登屿**在翔风里十五都。（上二屿，洪武间尝徙其居民，成化六年仍复其旧。） **涪州屿**在翔风里，居民千余家。(已上八屿俱县东南。)　**东溪**在朝天门外。源出长兴里三、四都罗山,流过大师桥与西溪会。　**莲溪**源出黄渐山。自萧村外经蔡塘村,一源出大帽山,与蔡塘溪水会流,至董水村,过通济桥。(上二溪俱县东。)　**西溪**在县西厚德门外。源出安溪县界,流与东溪会至丙洲。　**曾溪**在县东北。源出同禾里六都曾溪岭下,流入第一溪,与东溪合。　**苎溪**源出莲花山。流过苎溪桥,与小同溪会。　**沙溪**源出长泰县界,流至安仁里林埭村。(上二溪俱县西北。已上六溪俱入于海。)　**石马潭**　**漈坑潭**(上二潭在县西归化里。)　**北山龙潭**　**广济岩龙潭**(上二潭在县东北长兴里。)　**侯山龙潭**(在县东南同禾里。)　**龙湫潭**在县西南嘉禾里。　**兴福岩泉**一人汲,则足供一人;百人汲则足供百人。　**西源温泉**在平田中。(上二泉在感化里六、七、八都。)　**圣泉**在长兴里一、二、三都白云山上。宋绍兴中乡人因山为岩,忽一童子披缁衣,蓬首危坐石上,有泉涌出,所坐石下尤清甘可饮。(上三泉俱在县北。)　**董塘温泉**在长兴里一、二、三都溪水中。　**洪前盐泉**在仁德里十三都东山浮洋中,海潮所不到,但风日晴明,辄有小盐自沙土中出,乡人取而淋之,可煎成盐。(上二泉俱县东。)　**汤兜温泉**在县西积善里十八都。　**小崎温泉**在民安里十一都。泉有二所,俱涌出石孔中,石池天成,不假修砌。　**瑞泉**在翔风里十八都海岸。有石如臼,宋隆兴中泉始涌出,适有久病者饮之即愈。邑士陈彦先因屋而覆之,名曰瑞泉。(上二泉俱县东南。)　**含光井**在县北梵天寺内,相传尝有红光现其上,故名。　**南门井**在铜鱼门内。　**城边井**在登龙坊内。(上二井俱县南。)　**东井**在东市。　**前街井**在名卿坊内。　**临溪石井**较他水最重,俗传能愈瘴疠。　**岭下井**在岭下。(上四井俱县东。)　**西井**在西市。　**市曹井**在桂林坊内。

蛟井在积善里道旁。有穴横穿极深。　**豪山龙井**在仁德里豪山之巅，每天将雨，辄闻龙击水声如钟磬，有五色蟹出焉。宋朱熹、真德秀祷雨于此，其应如响。（上四井俱县西。）　**仙人井**在小登屿。有三石如品字，泉涌其中，潮来则没，潮退则清甘如旧。

虹井在县西南嘉禾里小山上。有石盘，自然成穴。相传虹尝饮之。

德化县

龙浔山在坊隅。突起数仞[15]，状如龙蟠，县之主山也。**绣屏山**在新化里阔层崖峭壁，若巨屏然，上有仙人迹。　**九坐山**在□□里，重峦迭嶂中有石龛，广阔数丈，唐正觉禅师由九仙山来，宴坐其间。（上三山俱县北。）　**琼山**一名囷山，为县之前山也。上有石堂、石灶焉。　**双鱼山**自琼山发脉，两峰并趋如双鱼然。　**凤翥山**秀出诸峰，如凤之翥。一名鹞山。（上三山在县南永丰里。）　**灵山**奇峰峭壁，常兴云气。岁旱，祷雨辄应。

石牛山上有石如牛。（上二山在县东清泰里。）　**五华山**在永丰里。旧名根山。五峰并峙，状如莲花。上有五峰寺。唐咸通间，无晦禅师凿石为室，与虎同居。室前有虎蹲之迹，故又号虎蹲岩。　**太湖山**四面崔嵬，其顶平广数丈，上有池，阔丈许，影涵太空。　**金鸡山**以形似名。（上二山在小尤中团。以上三山俱县西。）　**九仙山**在东西团。《大明一统志》云："九峰耸起如笔。"《郡志》："昔有隐士九人经此，后皆仙去。"山势高广，甲于诸峰。上有仙洞、龙池、石井、石棋盘、仙人迹，及有丹炉、丹灶之类。

笔架山　**石鼓山**上有石如鼓。（上二山在汤泉上团。）　**钟山**其山四面皆石壁，形如覆钟。相传有僧道徽者趺逝于此，因即其身塑像祠之。　**莲花山**[16]攒峰峻拔，如并蒂之莲，故名。（上二山在杨梅上团。）　**戴云山**在新化里。山顶峭拔，雄跨十里许，其上常有云气。（已上六山俱县西北。）　**南台山**一名台阁山。其势高耸，上平如掌，下有巨石如盘，石上有仙人迹。　**微阳山**山之上有岩曰像山。昔有僧刘姓者化于此，因像而祠之。凡雨旸、疾病祷之多应。（上二山在县西南黄认团。）　**汤岭**在下涌团汤头村，有温泉出焉。　**姑栖岭**在杨梅上团，与钟山对峙。（上二岭俱县西北。）　**伏虎岭**在县东清泰里。状如伏虎。　**大尖岩**在□□里。昔有崔法兴者结庵居此，戒行精勤，后化去，乡人祠之，凡有祷辄应。　**龙湖岩**在小尤上团。昔有僧林自起者居此，后化去，祈祷多应。（上二岩县西。）　**灵馨岩**在县东北□□里。相传昔有樵人于此采杉，获异者，故名。　**狮子岩**在汤泉上团。昔有黄头陀者化于此，乡人祠之，颇有灵应。　**金鸡岩**在新化里。（上二岩俱县西北。）　**金液洞**在纯阳雪山中，深仅丈许。洪武初，有吴、徐二道士羽化于此。洞前有真武祠。**紫云洞**洪武初吴隐山学道于此。每旭日初升，辄有紫云覆其上。石上有仙人迹，长二尺许。（上二洞在县西南坊隅。）　**丁溪**在县南。俗云"水出丁，罗簪缨[17]。"宋时一夕雷雨决流，一纵一横宛然丁字，程扬休果登高第。林应龙诗："水从鳌顶分丁派，人向蟾宫占甲科。"又邑人传颂一联云："水向丁溪分地脉，人从甲第破天荒。"大意与此相似，而句差胜，因并志之。　**丘店溪**在县西北新化里。源出戴溪□云寺[18]，流至涂坂头，并入本县大溪。**大云溪**在县东南坊隅。源出双髻山，至此迤逦达于平埔下仑，与县下溪合流。　**下岬溪**在县南小尤中团。源发小三峰寺，流至尤溪县姜口，并入大溪。　**佐溪龙潭**在县东清泰里。　**石山龙潭**在县西北新化里。

永春县

高镇山在十九、二十都。高出群峰,为一邑之镇。　**三贯山**在十八、九都。三峰秀拔,若贯云表。　**羊岭山**地名黄羊,故岭以羊名。　**武极山**形如步武。　**火焰山**数峰耸立,形如火焰。(上三山在十八、九、二十都。)　**双髻山**自龟龙洋迤逦而来,巨石排立,形如烈焰,耸结二峰,若双髻然。上有水一泓,名仙人池。余见《晋江县·双阳山下》。　**浮空山**一峰突耸,若浮空然。(上二山在二十都。)　**向龙山**起伏屈曲,若龙蛇之拱向。**悬钟山**界德化县。峭峻如悬钟,人有声则谷应。　**御兰山**其山产兰,或一茎三十花,异于常植,故名。(上三山在二十一二都。)　**大鹏山**突起万状,形如鸟翼。　**康山**顿伏而起,为县之障卫。　**高田山**其山夷平,泉水四时流注。昔有高姓者,田于其上,故名。(上三山在二十四、五都。已上一十三山俱县北。)**朝拜山**县治前山也。峰峦苍翠,若人之朝拜然。又名应龙山。　**马岭山**势若马之奔驰。下有龙潭庙。　**塔口山**界南安县。旧名大姑山。　**笔架山**三峰并立,形如笔架。(上四山在十三都。)　**灵山**在四十一、二都。山外一呼,崖谷响应,人谓神灵,故名。(已上五山俱县南。)　**白马山**势若奔趋,过汤洋,耸立一峰为留湾,南唐留从效故居也。　**留安山**留从效尝居此,因名。　**水口山**县治水口山也。　**龙卧山**山势回环,若龙之卧。　**石谷山**迭石峥嵘,而中盘回幽邃,故名。　**谷平山**山势平夷,上有田数亩,半衍宜谷,故名。(上六山在十四都。)　**乐山**周回数十里,时有音乐之声。　**昆仑山**山势峻拔,盘踞数里,人以拟于昆仑仙山焉。(上二山在十五都。)　**万岁山**在十五、六都太平寺后。上有一石,刻"万岁山"三大字,磨之不动。　**蓬莱**

山山势回环秀丽，与锦绣山对峙，有金龟桥横截于外，人以拟于蓬莱仙境焉。　**马德山**旧传有马仙者尝采药于此。（上二山在十八、九都。）　**齐云山**在十九都。峭拔高耸，时与云接。　**翰文山**东接仙游县，亘数十里，岗峦回伏，如禽鸟飞舞之状，故名。

谷山界南安县。下有腴田数亩，宜谷，因名。　**玉柱山**一峰突起，状如玉柱。　**石鼓山**其山有声如鼓，鸣则大降霖雨。（上四山在十八、九、二十都。以上十六山俱县东。）　**贵湖山**与德化县贵湖相邻。　**文章山**宋陈光读书于此，后登进士第，有文章，因以名山。（上二山在一都。）　**白岩山**在二、三都，山势峻拔，下有白石岩。　**雪山**在四都，界德化县。岭极险峻，穷冬积雪，连月不消。　**陈岩山**在六、七都。中峰尖耸，东西二峰屹立，名曰二台，东台之半，有棋局文。又有瀑布泉，飞落数百丈。昔有萧姓者，开路于左，通龙岩、尤溪，凭虚架石，下瞰深涧。过者股栗。　**达里山**在八都。与马德山相接。峰峦苍翠，障于县学之西，又号笔架山，下有达理仙祠。　**碧溪山**在十都。下有清溪澄碧，与山相映。　**大羽山**在十九、二十都。重岗迭障，若鸟张翼。下趋平夷处，始为县治。盖县之主山也。　**东平山**邑诸山皆险峻，惟此独夷平。故名。　**洪步山**与陈岩山相接。高耸凌空，巍然独秀，若步武状。　**周山**在达里山之东北。形势雄壮，绵亘三十余里。（上三山在九、十都。已上十一山俱县西。）

吴田山山顶平处有四十余亩，昔有吴姓者，耕隐于此，因名。

石狮山上有石如伏狮之状。（上二山在十五、六都。）　**锦绣山**在十八、九、二十都。旧名鬼岫山，宋侍郎庄夏筑墓山麓，光宗更今名。　**高岭山**在二十都。山顶平夷，超于众山之上。（已上四山俱县东北。）　**文笔山**在九、十都县学之西。三峰峙立，圆尖如笔。　**大湖山**在二、三都。峭拔摩空，苍翠可爱。　**陈**

田山在二十一、二都。昔有陈姓者耕于山麓，因名。（上三山俱县西北。） **长安山**在县东南十三都。今名小姑。 **瑞云岩**石屋天成，其形如船。 **大池岩**山势屈曲。凡九十九峰，前向大池。（上二岩在县西二、三都。） **泰山岩**在县东南十三都。宋显应普济大师祖居之地。淳祐间，无为道人辟为岩室。 **魁星岩**在县西南十一都，与县学相对。宋乾道中，僧觉圆庵于此。次年登进士第者二人，因名。 **桃溪**在县西四、五都。其源自县西北，南流与山踝水合，过漈溪桥。又有一水由登瀛桥来会，名肥潮溪。又过逵口村，有桥名芳桂，其下为卓埔溪；复有白象坑、达理山、龙堀、马氏山、石漈山，凡五水来会，溪流始大。自是而往，又有苦竹、竭漈头、徐流三水来会，至县东知政桥，流入南安县水江村，历经双溪口，以达于泉州大海。 **龙潭**在县东十四都。旁有雩坛。 **三清潭**在县西一都。澄澈，深数丈。 **龙窟潭**在县西南二都。潭形如龙，不时云腾水涌。（已上三潭，岁旱，祷雨辄应。） **钟山滩**滩势险阻，浪涌冲突，日夜水声如雷，即桃源咽喉之处。 **山门滩**亦名石门滩。（上二滩俱县东十五都。） **汤泉**一在县东十四都龙洋桥下，一在县西二十五都真武殿后，一在县西南七都登瀛桥之北。其汤较热，泉源始出，可熟生物。

安溪县

凤山在坊，乃县治之镇山。又名凤髻山。 **双髻山** **雪山**（上二山在感化里。） **覆鼎山**以形似名。 **高盖山**形如张盖。 **高旗山**形如旗。（上三山在常乐里。） **嵩山**在来苏里。其状如嵩。（已上七山俱县北。） **黄龙山**在□□里。又名登高山。上有石如帽、如床几，下为黄龙渡。其东又有三公山，中峰差低如公字，故名。 **象山**在永安里，界南安县。又名象运山，盖山形如象，故名。（上二山俱县南。）　**高田山**在长泰里，界南安县。　**宫山**山腰有□石可坐数十人，石中空如宫室。　**旗山**山势逶迤，若旗之掩映。（上二山在永安里。）　**北观山**距县五里。　**罗汉山**在长泰里，下为罗汉渡。（已上五山俱县东。）　**白菊山**山多白石，望之如菊，故名。　**荷叶山**以形似名。（上二山在依仁里。）　**龙踪山**在新溪里。石有龙迹，故名。　**石鼓山**在龙涓里。旧传有仙人抱一石如鼓置石盘上。下有穴广丈余，又有石如兔，仰首望如鼓，俗谓玉兔望月。鼓上有仙人手抱迹及脐迹。　**南斗山**在还集里。上有六小山，布列如南斗。（已上五山俱县西。）　**大眉小眉山**在县东北长泰里，与南安县连界。　**大帽山**上有岩其形如帽。　**铁钎山**山产铁钎。（上二山在还集里。）　**驷马山**在崇善里。其势若驷马奔腾。　**佛天山**在□□里[19]。五代詹君泽因爱佛耳山，来监小溪场。至请置县。县成，遂隐此山。以山形如佛，故名。（以上四山俱县西北。）　**金龟山**其状如龟，县之水口山也。　**牝牡山**在罗渡之西。俗呼公母林。（上二山在县东西永安里。）　**黄檗山**在□□里[20]。一名南山，一名午山，堪舆家目为廉贞山。　**龙塘山**在新溪里。下有龙祠。　**阆山**在□□里[21]。俗名浪来山，以其山势之来似浪然。（上三山俱县西南。）　**月峰岩**在县北来苏里，旧名东林岩。　**达摩岩**在还集里。一名玳瑁岩。　**泰山岩**在感化里。　**慈济岩**在依仁里。一名铁砧岩。　**阆苑岩**在永安里。其下有月娘潭，或曰形如半月，故名。相传下有大钟，阴雨则浮。（上五岩俱县西。）　**五峰岩**在黄檗山之半。五峰尖秀，因名。　**仙姑岩**在阆山、五峰二岩之间。　**虎跳石**在县北崇善里蓬溪中。有石四，俱高丈余，一石有巨人迹及虎迹，俗名仙人跳。　**蓝溪**在县治南，即龙津渡。发源万山中，环绕一邑，水清而碧。　**白**

濑龙潭在县北来苏、感化二里界。旧传潭或时鸣，声闻二三十里，旱鸣则雨，雨鸣则晴。　**龙塘庙潭**在依仁里。潭上悬瀑数十尺。相传昔尝祷雨，有龙现焉。今遇岁旱，祷之辄应。　**龙纵庙潭**在新康里。潭侧巨石上有龙迹。（上三潭俱县西。）　**龙潭**在县东北长泰里参洋村。水流为三潭，上有龙祠，岁旱祷之，鱼蛇现则雨，龟鳖现则旱。　**放生池**在县南永安里。旧名陈塘。　**横山汤**在感化里。石砌有亭。　**小横汤**在常乐里。（上二汤俱县北。）　**金汤**　**华汤**（上二汤在县西依仁里。）　**蓬溪汤**在县西北崇善里。旧名便材汤。　**井泉**在县南□□里。泉极甘洌，异他井。　**甘泉**在永安里折柳亭前。味绝甘，邑人多汲以煮茗。　**圣泉**在隘门外。泉涌道旁，砌小池潴之，刻石曰“圣泉”。（上二泉俱县东。）　**瀑布泉**在永安里。雨后奔泻如瀑布状。　**汤泉**在龙兴里。（上二泉俱县西。）　**欧宅林井**在县北凤山之麓，旧云主山之井，又名后田井。　**县庭前井**在县治中东廊下。宋绍兴中，县令龚□□凿[22]以资民汲。　**县内井**在东廊。天顺间知县杨纪凿以资民汲。　**下市井**在县南路傍。湮塞已久，成化八年里人共浚之，味清甘。　**曹主簿井**在下尾。石阑上有“主簿曹公”四字，故名。　**县前井**在兴贤坊外，味甚清洌。（上二井俱县东。）　**佛泉井**在县西新溪里。相传昭应禅师尝过此，天暑渴甚，无井可汲，一老妪汲涧饮之，师感其意，以杖锡卓地，泉出，民随甃为井。

惠安县

螺山县治后山也。旧名罗峰[23]，相传唐罗隐尝寓于此，后以山形如螺髻，故更今名。　**卧龙山**自东平山分一脉，东行二三里，凡十盘九曲，中一峰昂然如龙首，故名。（上二山在三都。）

三髻山在十四都。山势连亘，中起三峰，若三髻然。傍有灵湫，岁旱祷雨多应。　**大帽山**在四都。屹立千仞，其巅平地百丈余，中有龙井，县诸山皆祖于此。　**大圣山**在九都，崖壑幽绝，东临大海，堪舆家谓之大象卷湖，亦邑中之胜也。（已上五山俱县北。）　**楼山**在二都。自登科山发脉，回拱县治。　**龙泉山**在二十八都。下有龙窟，深尺许，泉水涌出，居人时见龙出之状。　**九峰山**在二十九都。山势蟠踞翔伏，其峰有九。　**文笔山**在二十八都[24]。秀耸如卓笔，县之前山也。　**香炉山**在二十九都。以形似名。　**马山**在二十都。其形若马饮泉，又若眠牛，故山之左曰牛坑，右曰马坂。　**陈平山**在二十九都。相传唐时有陈平者，精地理术，乘牛过此，遂瞑目而化。从者至，见其土自涌，尚留一峰示之，后人因谓山曰陈平，墓曰牛客。　**獭窟山**盖海岛也。上有巡检司。　**杨崎山**东汉末，将军杨大眼居山之阳，故名。（上二山在二十五都。已上九山俱县南。）　**螺蚽山**在二十八都。上有盘石，大十丈许，圆如螺蚽。按《韵书》"蚽，薄碑切。虫名。"此云螺蚽，则音如否塞之否，盖泉人呼螺掩为螺蚽，而借用其字也。　**尖山**在三十一都，其山尖圆秀净，又名净山。　**香山**上三山俱县东。　**登科山**在三都。旧名登高。宋卢瞻读书于此，乾道间举八行科，三山郑青子为书"登科山"三大字勒于石[25]。　**鹤堂山**在二十一都。旧传留从效葬时，有二鹤来止于此[26]，因名。　**覆船山**在十九都。以形似名。常有异云覆其上，岁旱祷雨辄应。（上三山俱县西。）　**五公山**山石壁立，上刻"五公山"三大字，及五公符五道。相传梁时有唐公、宝公、至公、化公、朗公居于此。　**龙盘山**山势逶迤，如龙之盘。（上二山在三都。）　**东平山**在十三都。一名北山。群山联属，东有平原，三四里许复突起一峰，因名。（以上三山俱县东北。）　**锦田

山在二十五都。山前有田数顷,相传唐张西湖居此[27],后任漳州刺史,还乡,乡人以为昼锦,山因以名。 **嘶山**在二十六都。相传五季时,其山忽嘶,声闻十余里。山之巅有石如笠,上有巨人迹,入石六七寸许。 **大蚱山**在二十七都。特出海中,有洞可容数百人。 **小蚱山**[28]在三十都。山之阳,多怪石,中穿一洞。洞之中,豁然明朗,可容四五百人。旁有小石门,仅可单人而入。门内丈许,折而右转,有巨石如屏风,以蔽内外。一人持戟守之,虽千百人莫敢犯。永乐间,海倭入寇,民多匿洞中,倭寇百计攻之不克,遂舍而去。 **黄崎山**在三十二都。旧名宁崎山。三面濒海,风涛卤气之所浸蚀,草木不茂,土色微黄,因呼今名。 **峰崎山**在三十四都。以地名。(上六山俱县东南。) **盘龙山**在一都东北。七峰相属而来,其势蜿蜒,若龙之盘。 **危石山**在十七都盘石。上有危石崭然,高三丈余。 **城山**在二十八都。东连大海,西接长江,延袤如城。(上三山俱县西南。) **登龙峰**在县北十六都。宋崔拱偕二子正则、丽则读书于此,后父子相继登第,因名。 **美女峰**在县南二十五都。旧名龙秀山。唐末锦田黄氏女有容色,闽王审知纳为妃,人谓美女峰之应。后妃卒,葬于此。 **太白峰**在县西北十六都。一名莲花峰,有石方直如碑碣,宋蔡襄大书"太白峰"三字于其上。 **陈店岭**在县西十七都鹤堂山之东北。东属惠安,西属晋江。唐末晋安陈转运使居此。

曾师岭在县东北四都。五代时有巫师曾姓者居此,因名。 **三台岭**在□□都。山势连延万迭,三峰耸起,峭绝不可攀,上有云湫仙迹。 **天开岩**在□□都。初没蓁莽间,人莫知者。宋熙宁中,县令吴克见其顶,烟萝蓊郁,疑有异境,攀缘而上,遥望山海,历历如指掌,因名曰天开。宋王献臣诗:"小石大石皆罗列,造化安排非力设:覆者如轩深者洞,方者如屏平者席,可以安尊罍,可以横琴瑟。天边乌兔眼前飞,海上波澜掌中白。" **伏虎岩**在

□□都。相传宋祥符中，僧道养庵于此，与一虎同寝处甚驯，因名。（上三岩俱县北。）　**清水岩**在县南二十二都[29]。有泉一泓，澄澈不涸。　**赤石岩**在县东□□都。峭立如赤壁。　**白马岩**在县西□□都。相传天色晦冥之时，樵牧者见时有白马出于林下。　**虎岫岩**在县西北□□都。上有石窦，可容三十人。相传尝有虎处其内，人莫敢窥，后有佺道者居于此，虎随遁去。

白云岩在县东南□□都。昔有高人道渊者庵于岩下，白云常覆其巅，因名。　**松洋洞**在县东南□□都。洞有石门，仅容一人，侧身而入，中极宽广，唐宋间里人，多避寇于此。洞门石缝自有藤根，直三丈许，入洞时执以缒下。故老相传云：自古有之，不枯亦不萌。　**乐屿**在县北十都。　**竿屿**在县东三十三都。（上二屿在海中。）　**龙湫沟**在雷山之左畔。其水迤逦至学宫前，注于凤池，岁久湮塞，或侵为田圃。成化十八年，知县张桓命工浚之，以复其旧。　**县后溪**发源东平山，出南岭桥，过草马埭。**茭布溪**源出柯溪岭，过居仁浦前桥。（上二溪在三都。）　**驿坂溪**发源禅静寺后，出驿坂桥。　**李林溪**发源竹林寺后，出旧铺桥。　**下田坑溪**源出山半坑，过王孙埭。（上三溪在四都。）**玉田溪**在十三都。源出悬钟岭，折而东流，过茭溪桥。（已上六溪俱流入峰崎港以达于海。）　**西充溪**在十二都。发源角山前，过白水铺桥，入布埭、庄埭以达于海。　**白岩溪**在十四都。其源有二：一自三髻山后大山坑出；一自柯岭山出，为澳溪，西过谷口桥，达洛阳港，以注于海。　**澄果东溪**发源定光寺后，过无量桥。　**真如溪**一本作真女溪。发源横溪岭，历涂岭、官桥会于柳青宫前，过林田。（上二溪在十二都。已上十溪俱县北。）　**南坑溪**在县西十六都。发源马陇坑，过陈公桥，会于上林溪。（以上三溪俱流入添崎港以达于海。）　**黄坑溪**在十八都。发源鹤岭坑，过九斗丘桥。 **下曾溪**在二十都。其源有二：一出上曾溪，过上田小桥；一出上范溪，过上田大桥，会于充口溪。（上二溪在县南，俱由马山埭以入于海。） **左潭**在县东二十四都。潭侧有五龙庙。 **济龙潭**在县西北十七都报劬山下。 **放生池**一在县北七都大湖岩前，一在县治南门内旧学前。 **金莲池**在县南十九都。产花茗莲，其色如金。 **凤池**在县治东南。宋县令赵汝□禀以县治有龙蟠凤舞之势，故凿池于此，浚龙湫沟水灌之。

校 注

［1］“鼋鼊”系“鼍（权俱切）鼊（比激切）”之误。鼍鼊，异种龟。

［2］万历《泉州府志·山川》作“舟行二日始至”。

［3］乾隆《晋江县志·舆地》作“唐宣宗叹曰‘大类吴洛阳’”。

［4］乾隆《晋江县志·舆地》作“在义成门内”。

［5］乾隆《泉州府志·山川》：“泉甚甘洌，潮长则没，退则味甘如故。”“琼”字应为“洌”字之误。

［6］乾隆《泉州府志·山川》、《晋江县志·舆地》均作“在仁风门外”。

［7］乾隆《泉州府志·山川》：“上有通远王庙，以神来自永春乐山，故沿其名。”

［8］乾隆《泉州府志·山川》作“亦名芝瑞山”。

［9］民国《南安县志·舆地》作“高镇山”。

［10］康熙《南安县志·疆域》作“龙潭凡五，一在四都平洋中”。

［11］据康熙《南安县志·疆域》应作“雨立至”。

［12］乾隆《泉州府志·山川》作“一名仙人掌”。

［13］乾隆《泉州府志·山川》作“与黄檗断际和尚观瀑”。

［14］乾隆《泉州府志·山川》作“有大石刻‘鼓浪洞天’四大字”。“古浪”应作“鼓浪”。

［15］乾隆《永春州志·山川》作“山势峻拔数千仞”，乾隆《德化县志·

山川》作“屹立千尺”，互不相同。

[16] 乾隆《德化县志·山川》作“莲花峰”。

[17] 乾隆《永春州志·山川》及《德化县志·山川》均作“水画丁，罗簪缨”。《德化县志》谓：“宋元符中，林程捐资凿流，其子扬休登高第，吴达老贺以诗云：‘水向丁流通地脉，人从甲第破天荒。’”

[18] 据乾隆《德化县志·山川》，应为“戴云寺”。

[19] 嘉靖《安溪县志·舆地类》：“在崇信里。其形如佛，又名佛耳山。”

[20] 嘉靖《安溪县志·舆地类》作“在永安里”。

[21] 嘉靖《安溪县志·舆地类》作“在永安里”。

[22] 据嘉靖《安溪县志·舆地类》，应为“县令龚时可凿”。

[23] 乾隆《泉州府志·山川》作“又名罗山”。

[24] 乾隆《泉州府志·山川》作“在二十九都”。

[25] 乾隆《泉州府志·山川》作“嘉熙间，邑令郑清子勒‘登科岩’三字于石”。

[26] 乾隆《泉州府志·山川》作“下有唐留鸿胪卿坟，相传葬时有二鹤来止”。与此不同。

[27] 嘉靖《惠安县志·山川》：“五代漳州刺史张清溪居此。昼锦归，号其山为锦山，溪为锦溪。”《闽书》：“唐工部侍郎黄讷裕亦家于此。”

[28] “蚱”字为“岞”字之误。嘉靖《惠安县志·山川》与乾隆《泉州府志·山川》均作“小岞山在净山东十里”，而此处所言山阳有洞则属于大岞山，不知孰是。

[29] 嘉靖《惠安县志·山川》作“在二十一都”。

八闽通志卷之八

地　　理

山　川

漳州府

龙溪县

隆寿山在府治北。盖登高山之左支，府治来山也。旧志云："居其下者多寿考，故名。"宋时在城内，今负城址。　**禅月山**登高山左臂第二峰也。旧传尝有光如月，照耀于其上，故名。（上二山俱东北隅。）　**登高山**自天宝山一脉蜿蜒起伏三十余里至此，一峰耸拔。山顶旧有临漳台，山半又有半漳台。宋郡守危稹撤临漳台构亭，匾曰"登高"，后守黄朴复匾曰"碧玉千峰台"。国朝洪武中，建亭山顶曰"威镇"。　日华峰，登高山左臂第一峰也。旭月初升，此峰先得其光，故名。　**净安山**登高山右臂耸起一峰，复耸一小山而下，为府治来山也。其下旧有净安寺。（已上三山俱府治西北。）　**腾龙山**旧名龙亭山。奇石攒凑突起，有亭翼然，俯瞰溪流。旧传尝有龙腾于溪，因名。　**起凤山**旧名高亭山，与腾龙山对峙。宋儒吴勋构亭读书其上。（上二山在府治西南县学前。已上四山俱西隅。） **名第山**在二十一都。旧名天成山，为州前山。唐郡人周匡物、潘存实读书于此。匡物登元和进士第，因名。 **石狮岩山**峰峦奇秀，延袤数里。上多怪石，有若狮子者，有若蟾蜍者，有可梯者，有如门者，状类不一。又有半月池、罗汉峰、超然亭、宝月岩、南泉岩及圆明、石门、龙泉、妙峰、玉泉五庵，以石狮岩为最胜，故以名山。宋李弥逊诗："翠合峰峦万叶椆，云擎佛屋出岩幽。秋光不到迟阴树，晓日先明竹外楼。" **太平岭山**岭道坦夷，行者便之，故名。（上二山在十二、三都。） **九龙山**在二十五都。山北有九龙水，又有金溪水。宋陈尧佐诗："人生五马贵，山有九龙游。" **龙际山**在十一都。下有龙潭，飞泉百尺，直泻而下。潭之前有龙祠，祷雨多应。（已上五山俱府城南。） **观音山**一本作岩，在十一都。与凤凰、水头二山品峙，下有观音寺。 **水头山**在十二、三都。由太平山而下至溪滨，耸拔奇秀，与凤凰[1]山对峙，夹于郡东之水口。按旧志有浮山，在龙溪、龙岩之间，和溪之上，有聚落田水头，盖泛舟溯流至是而止。官盐场之北一里许，有山当路，圆如覆瓯，在两山之间，而不相接，故曰浮山，疑即此山也。 **岐山**与鹤鸣山联峙，三峰秀耸龙江之上，延袤十里许。五代时，僧楚熙居此。 石禅床。凿石为之。宋胡梅所诗："空山危石平如掌，云锁苔封自昔时。不识山僧曾坐处，几回弹舌两龙归。" 题诗石。一石覆之，其文字漫灭，可识者数字而已。 桃源口。胡梅所诗："洞门无锁白云深，洞口闲来一问津。安得当时种桃者，相逢花下说前因。" 诵经坛。有石斜迭，色如银，击之有声。一作诵经石。胡梅所诗："昔人曾此月明中，扫石焚香礼碧空。千载台空人不见，野花啼鸟自春风。" 一人泉。在虚白岩。出于石穴，深不盈尺，清冽可爱。以其水仅足供一人，故名。 潜翁岩。隋唐间，有潜翁者修炼于此。 石棋枰。 虚白岩。上覆全石，下窈而平，日华照耀，洞然虚白。 千人洞。在桂练石下。洞口狭而暗,其中宽朗,可容千人。黄巢之乱,郡人多避于此。胡梅所诗:“天生岩穴受千人,隐隐幽深隔世尘。不识人间经几劫,洞门依旧锁闲云。” 谦师岩。僧从谦坎石为室,居四十年,因以为号。(已上俱在岐山。宋郡守郭永尝即景为十咏。) 石室岩。在岐山之上。巨石如室,其中廓然平朗。正统初,有僧绝尘者,修行于此,因作楼岩前以居。尝刳竹引水入厨,竹节间生笋,遂成丛竹,今号瑞竹岩。 瑞龟岩。屏风石。石壁峭削如屏。 青云洞。在山之阴,峭壁巉岩,有石室。深广丈余,其上时有云气氤氲。按《方舆胜览》谓郭功父有《岐山仙亭十咏》。考之旧志,乃郭永,非功父也。又谓潜翁、虚白、谦师三岩,俱在鹤鸣山。盖岐山与鹤鸣山本一山也。今依旧志移置于此,以足十咏之数。 **鹤鸣山**层峦峭壁,高矗云霄。相传潜翁修炼于此,养一鹤,时鸣山巅,因名。 仙亭岩。相传宋僧从谦见二士对弈,就之,化为双鹤而去。宋祭酒郡人刘植,建亭其处,名曰仙亭。后颜颐仲复拓为庵。胡梅所诗:“风送白云归洞口,钟随明月到人间。”冯善诗:“鸟啼芳树野花落,龙起寒潭山雨来。”陈孟光诗:“风回万壑松声壮,泉落双崖水气清。” 凌云阁、天开图画亭。皆宋颜颐仲所建。 风动石。在山巅,高五丈,围一十八丈,下有大盘石阁之,风来则动。 **凤凰山**[1]在鹤鸣山之南,形如飞凤之展翼,故名。 **好景山**纡回起伏,风景奇胜,故名。(上四山在二十七都。) **仰盂山**在二十八都。其山高大峭拔,顶凹如盂,上有田池,又有仰盂岩。 **金鸡山**在二十九、三十都。山顶有石,亦色,如鸡之展翼,故名。与长泰县钦化里连界。(以上八山俱府城东。) **望高山**在西厢。明秀耸特,出于众山,故名。 **铜钵山**山势蜿蜒数里,内一峰中洼而外圆,其形如钵,故名。 **罗汉山**五代唐天成中,王延休憩此,忽闻异香馥郁,得一龟,背有罗汉像,遂建寺,山因以名。 **尼姑山**山旧有尼寺，故名。（上三山在二十一都。已上四山俱府城西。）　**龙山**在府城东北二十六都。北来诸山，此为最秀。　**天宝山**五峰峭列，周回百余里，郡诸山皆祖于是。宋时山有明珠，夜飞入九龙江，为渔人所得，以贡，因名。旧志作三峰。　**天公山**上有瀑布泉，飞泻数十丈。（上二山在二十一都。）　**石蠔山**在二十五都，尖耸千仞，南下小山累累，盖天宝来山也。其顶石多粘蛎壳，故名。　**望月山**秀出群山之表，每海月初升，此山辄先见，故名。　**鹫峰山**下有鹫峰寺。（上二山在二十六都。已上五山俱府城西北。）　**云盖山**在府城东南四、五都。山多奇石，巉岩峭拔。上有石室。可容百人。云气常覆其上。宋天圣中，勅名云盖山大悲岩。　**圆山**在府城西南二十一都。形如覆釜。顶有石池天坛，每云气冒其上辄雨，郡人恒以为候。旧传尝有人货药于市，自言姓康，家在琵琶坂，语竟不见。今山麓有康仙祠。　**万松峰**在府城内西北。丰衍夷平，乱松蓊郁。　**丹霞峰**在府城南一里许南厢。其峰土石皆赤，每晨夕日照，望之若丹霞然，故名。下有南山寺。　**蔡公岭**在二十四都。旧名揭鸿岭。为安溪、龙岩通道。因其高峻，元末，于其岭南畔少低山腰，别开新岭为道。唐慕容韦诗："闽越曾为塞，将军旧置营。我歌胡感慨，西北望神京。"　**新岭**在二十五都天宝山之东南。石磴盘回十余里，路通安溪、龙岩、漳平三县，旧有亭。（上二岭俱府城北，今废。）　**九龙岭**在府城南十二、三都。两山夹峙，中萦石磴，凡十里许，路通湖广，巡检司在焉。景泰间，知府谢骞建亭其上，以憩行者。　**龙门岭**在一、二、三都。峰头有石，上刻"龙门"二字。　**万松岭**在岐山、鹤鸣二山间。旧名马岐，路通泉福，上有亭。正统间，郡人陈克聪植松夹道，连阴十里，行者便之，因改今名。（上二岭俱府城东。）　**白云岩**有层峦迭巘，上薄苍旻。岩壑间时有白云来往。　**紫云岩**岩前诸峰甚奇，其巅常有紫云覆之。宋僧雪山尝创庵其上。 **乌石岩**在石狮岩山。宋淳熙间，有僧陈圣者居此。（上三岩在二、三都。） **龙泰石**在二十三都。据龙溪、长泰二县界，故名。上有佛庵。（已上四岩俱府城东。） **水西岩**在府城西北二十三、四都。上有佛庵。山明水秀，左右环抱。 **浯屿**林木苍翠，上有天妃庙，官军备倭者，置水寨于此。 **荆屿**多生荆木，故名。 **梁屿**上有水豹水人。（上三屿俱在府城东海中。）

丹霞屿在府城东南海中。一名赤屿。晏殊《类要》云："有石，朝色如丹，晚色如霞。"宋林宗臣诗："笑凭诗句说丹霞，城郭人民数万家。礼接紫阳风俗厚，学传东鲁道源赊。" **宝珠石**在府城北二十五都北溪大濑之下。高大丈余，中一穴，径二寸。旧传渔人所贡之珠，时或飞入其穴，故名。 **西湖**在府城西西厢。发源自金仙院，南流折而东，遂潴为湖。有泉极甘美，可辟瘴疠。宋绍兴初，统制陈敏令军士运薪木填塞几平。谚云："圆山青，西湖平，此时出公卿。"宋张成大诗："水绕漳城湖已平，向来有记出公卿。白袍不倦三冬学，锦绶行看驷马荣。 **九龙江**在府城东二十五都，历二十三、四都及二十二都。旧名北溪。源出汀州上杭、连城二县及延平、沙县界，合龙岩、安溪、长泰诸水，经蓬莱峡，是为柳营江。过虎渡桥，抵到河，会南门溪之下流而注于海。梁大同间，有九龙游戏于江，因名。历代见宝珠辉莹其中而不可得，宋时渔人网得之。江中有潭，潭有五曲，深不可测。夏秋间，时有龙潜跃其中。 柳营江。在二十七都、二十八都之界。蔡如松《十辨》云："漳州东偏之险要也。" 到河，今名福河。 **南门溪**在府城南门外。源接南靖县大溪，入县西界，故又名西溪。历天宝山之南，圆山之北，绕府城西转抱南门，弘澄静深，吞吐潮汐，由薛公桥而出，逆绕城东，折旋西浦，迤逦出镇门，抵到河，会九龙江县境。又有苦竹溪，在府城北二十五都。源出龙岩，历南靖县深渡硿头浦，至龟洋浦下塔，与西上溪合，沿木场双溪，与西下溪合，其流亦入南门溪。　**南溪**在府城东南六、七都。源出三平山分水岭，历百丈漈，从渐山何浔，沿泰江丰田市出港，入于海。　**龙须水**在府学前。按旧志，棂星门内有石沟，出门外，分为两道，达于龙骇瀛池，谓之龙须水。宋淳祐间，郡守章大任重浚治之。　**更鼓水**在府城北二十五都天宫溪中一石漈，高丈余，其水倾泻潭中，激成水泡，自底滚出水面，泡散有声如击鼓，良久复然。春夏水大声细，秋冬水小声洪，夜闻其声，次第不停，故名。　**龙潭**在府城南六、七都。由渐江、何浔二溪合流至北，汇而为潭。尝有龙起潭中，故名。　**茭洋潭**在府城东南四、五都，源出龙漈及澄溪，周围四里许，深四丈余，溉田六百余亩。　**金龟漈**在府城东南四、五都塘头山绝顶。树木阴翳，岚雾霏微，深不可测。岁旱，祷雨多应。　**丽藻山**在府学前。东南通溪，秋冬不竭。夏月绝蛙声。　**满月池**在开元寺。池上有松百余株，号松关。蔡襄有诗。　**盐仓池**在府治东马平街之左。旧传池有神物，遇云雨晦冥，或腾跃而起。　**惠民泉**在府城北门外。泉甚清洌。《泉郡志》作井。　**卓锡泉**在府城东南四、五都大悲岩前。相传昔怀真禅师卓锡于此，泉因涌出，清澈而甘。　**天庆观井**在府城中。相传漳南水土薄恶，初至者饮其水即病，惟此井水极甘美，且可辟瘴疠，凡仕宦者至，必先汲此泉。　**开元寺井**在府治西北开元寺登高山右肩下为井泉第一。今呼为东井。　**天宫井**在西湖天宫院[2]。泉极甘美。　**石眼泉井**在府城北净众寺口。相传井初凿，深丈余，遇石盘，坚不可入，一夕雷震石裂，泉迸出，故名。　**龙井**在府城南六、七都。相传井底有穴，通大帽山。泉极甘洌。岁旱祷雨或应。其上有亭。　**龙须山中井**在府城东北一、二、三都吴真君祠内。其水同海潮消长。相传真君炼丹，取水于此。

漳浦县

罗山在七都。环邑诸山，皆此山发脉，罗列拱邑，故名。山之上有东罗岩。　**大帽山**在县北二十八都。高大圆秀，自泉而下，远见此山。（上二山俱县北。）　**良山**高数百丈。东接潮界。宋贤良潘存实读书于此，故名。　**梁山**高数百丈，周回百余里，秀丽而崇圆，又名圆山[3]。山有大峰十二：曰莲花，山之中峰也，相传为齐武帝所赏，更名齐帝石；曰狮子；曰金刚；曰力士；曰双髻；曰长剑；曰七星；曰八柱；曰观日；曰临海；曰晋亭，在莲花峰之西，相传葛洪常居之；曰青阁。古记云："梁岳，闽中之望也。"《图经序》云："梁山记董奉之游。"唐吴明伟诗："梁山重回首，翠峰三十六。"张登诗："孤高齐帝石，潇洒晋亭峰。"宋潘存实诗："根盘来楚、蜀，作镇表瓯闽。"山之上有中峰岩，又有瀑布泉。宋蔡希蘧诗："会稽之南罗浮北，中有大梁神仙宅，瀑流今古挂长虹，泻下银河数千尺。"山之东南盘石上，有穴屈折上穿如井水泉涌出，大旱不竭，谓之灵泉。山南北两麓又各有汤泉。　**棋山**高百尺许。旧志云："乡人入山采药，因得棋子，故名。"（上三山在八都。）**鼓雷山**在九都。亦作古雷山。其山瞰海，潮声如雷。相传葛洪炼丹其上，丹灶尚存。（上四山俱府城南。）　**印石山**去县数十步。山顶有石高丈余，端方如印。上有仙人足迹。　**海云山**在七都。顶有石如龟。下有清泉，大旱不竭。又有威德行祠及海云岩。　**台山**高数百尺，平坦如台。自近视之，与诸山齐；海上舟人自远望之，则特出乎诸山之上。　**灯火山**距海一里许。海中乘舟夜行者，或见山上有火，光焰如灯，故名。　**香山**有五峰，如马驰凤翥。其麓有灵顺宫，乡人祈祷甚众，香烟时散山谷间，故名。（上三山在十七都。已上五山俱府城东。）　**大武山**在县东北二十三都。高数十仞，周回一百八十里，东邻大海。《图经》云：

“山有大武夫人坛。记云:‘大武夫人者,闽中未有生人时,其神始拓土以居民’。旧亦名大母山。”蔡如松《十辨》云:“世传越王建德避兵于此。按《史记》越王勾践至无疆七世,未有名建德者。惟汉元鼎中,南越相吕嘉反,立述阳侯建德为王,城守番禺。后人误指为越王云。”　**好景山**在县治西北,而县治居是山之麓。其巅有石,状若蹲虎,俗呼虎子山。　**峰山**在县东南八都。山势尖耸秀丽。又名鳌峰。山巅有亭曰“连鳌”,宋时黄克宽所居之处也。

云霄山以其高耸云霄,故名。按县志有此山,而郡志不载。郡志有大神山,亦在六都,而县志无之,恐即此山也。　**将军山**唐将军陈元光初征蛮寇,筑城居之,故名。今有将军父墓在其麓。宋《祥符图经》云:“将军山,蔡如松辨之,以为古闽越王号力驺等为吞汉将军,使之南据险要以拒汉。今自南抵潮梅界,又有将军山,而大海之滨北岐有将军澳,鸿儒屿有将军礁,岂皆元光之迹乎?”(上二山在六都。)　**九侯山**在二都。山半有石室及清泉。郡志谓九侯传夏后之绪,似指夏之子孙。而蔡如松《十辨》云:“九峰之神,各主其一山。”其说不同。(已上三山俱县西南。)　**大桑屿**在井尾港内。居民皆业渔。其地宜桑,故名。　**小桑屿**与大桑屿连属。　**大澉屿**在井尾港口,聚沙成之。产车螯。(上三屿在十七都。)　**小澉屿**与大澉屿连属。　**鸿儒屿**上有树木,多集海鸟。　**沙澳屿**与镇海卫相近。　**茅屿**以产茅得名。　**浮沉屿**潮长则仅露小尖,潮退则大,若浮沉焉。(上五屿在二十二都。)　**将军屿**在十五都。盘石迭耸,舟舶不通。滨海者多乘筏取蜡于此。相传陈元光尝驻兵于其上,故名。蔡如松辨见“将军山”下。　**石城屿**其石巍峨,远望若城壁。(上二屿在十五都。已上十屿俱府城东。)　**竹屿**在港门之内。居民百余家皆业海。　**鱼肠屿**在海门之中。潮通鹿溪。(上二屿在县东南七都。)　**仙迹石**在县之东山路口。左右有二大石,紫色,上有两足迹，长尺许，指踵分明，世传为仙人迹。　**磨剑石**在县西南二都石塍溪。世传唐将军陈元光平寇磨剑于此，故名。　**漳江**在县南八都。　**蜡湖**在县西口都[4]。旧名淡溪，忽有一蜡鱼在其中，因改今名。《郡国志》："漳浦蜡湖，随潮盈缩。"　**傅公河**在府学前。河通鹿溪潮。宋县令傅洓始开[5]。**绥安溪**一名绥女溪，在县南八都。源出县界，东流入海。　**石塍溪**在二都。源发江西闽广之交。杜预《通典》[6]独载此。后人讹为石神。其水恶，涉之则足黑，饮之则病瘴[7]，俗谓之乌脚瘴。　**火田溪**溪之西向皆山，罕有平地，便于畬田，多产黍稷。　**李澳溪**亦名李澳川。源出良山北，灌田千顷。县境又有石峡溪，源出县界东流入于北溪。(上三溪俱在县西。)　**鹿溪**在县东南。源接李澳溪。旧谶云："梁山啸，鹿溪平，此地出公卿。"溪旧波流浩荡，自天顺、成化以来，地拥沙合，溪流日浅，时或暴雨，则其水泛溢，上溯梁山之麓。乡人多堰陂溉田。陂流交响，其声如啸，由是邑人登科甲为显宦者多。或谓古谶之言符于此云。　**温源溪**在县西南。两泉涌出，一微暖，一极热，合流南入县前溪。《图经》云："唐嗣圣间，胡商康没遮经此，将欲，投十钱[8]，泉为涨溢。浴毕，泉复如故。"(上四溪在八都。)　**放生池**在县治东门外。　**龙湫井**在县治北门之旁。泉源不竭。　**龙井**在县东北七都[9]。

龙岩县

天宫山在县北万安里。山常有白云覆之。每阴晦，则闻箫吹之声。顶有瀑布泉飞泻数十丈。唐初有山贼至，为雷所击，因而就擒，故又名天公山。　**奇迈山**在县南龙门里，与县学对峙。峻巘参天，旁有小峰，形如席帽，尤为奇秀，故名。　**东宝山**旧志云："每风雨晦冥之夜，上有火光，人以为宝气，故名。"其左一山，怪石峭峙。山巅有一孔，状如牛角，可容一人。内宽平，可一丈许。有水清冷，四时不竭。岁旱祷雨辄应。成化十年，知县韦济竖表于上，匾曰“天瓢灵源”。　**龙岩山**在屏峰山下，有小石山突起，中有石穴，容百许人。石壁上有纹状若双龙，常有泉滴故名。（上二山俱县东在坊。）　**紫金山**在县西龙门里。层崖迭嶂，壁立千仞。上有石池，泉出石罅，有鱼游泳其中。山石皆紫色，每旭日初升，夕阳返照，恍惚如金之紫，故名。　**九猴山**[10]在县西北表政里。高入云霄，延袤百余里。上有九峰列峙如猴，故名。一名筋山。　**三台峰**[11]在县东□□里，旧志云：东宝峰在右，凉伞峰在左，屏风峰在中，三峰并列，故名。　**砚石岭**在县东北节惠里。峰峦秀丽。其石可为砚。　**龙川**在县南。源出汀之上杭古田里，历龙门，越虎岭，环绕县西，会曹溪小溪，历雁石，合众川而东出华峰三硿，注九龙江。　**曹溪**源出表政里。　**小溪**源出龙门里茶洞，流抵县治来会。（上二溪俱在县南。）　**硔溪**在县东节惠里。源出万安里。滩流箭急，多石硿，故名。　**罗桥溪**在县西。源出龙门里大小池，二水合流而下，春夏雨涨深急。　**罗溪**在县北集贤里。源出延平沙县界，合众流而下。　**藿溪**在县东北万安里。源出汀州连城县界。（上四流俱流入龙川，注九龙江。）　**三井**在县西□□里。以泉味高下，分为上、中、下三井。

长泰县

良冈山[12]在石铭里，县治主山也。上有泉，岁旱祷雨即应。山麓有良冈寺。　**鼓鸣山**旧志云：“每风雨晦冥，则闻鼓声。”**董奉山**旧传仙人董奉尝游于此，今丹灶、棋枰、琴室犹存。（上二山在旌孝里。已上三山俱县北。）　**登科山**在县南。拱对县治。又名登高山　**石鼓山**在彰信里。石上有足迹，世传为仙人迹。

曷山在恭顺里，县治左山也。即吴田尖。（上二山俱县东。）

西峰山在县西北人和里，县治右山也。 **双髻山**双峰突起如髻。 **天柱山**顶有一石柱，高二丈余。旧传道人杨虔诚学道天宝山，忽夜见灯明天柱上，遂移住此山。岁旱祷雨辄应。又有巨石如屏，高九丈，阔五丈，上有“天柱岩”三字，如苔藓纹，各阔三尺。有东、西、南、北四石门。又有石室、石库、百丈岩、观音岩、势至岩、象鼻岩、海湛岩、应潮岩、一线泉、忘归石、盘陀石、香炉石、大帽山、仙人亭、剑脊桥、超凡阁，为二十奇。（上二山在县东南钦化里。） **朝天岭**在县东钦化里，跨天柱、金鸡二山间，乃县人适京之路，故名。上有巡检司。 **佛手岩**在县东彰信里。石形如覆手，其下可容百人。 **龙津前溪**在县治南七十步。源出善化里，流绕县治，入龙溪县。 **高层溪**在县西北□□里[13]。源出安溪县界，过高层与纮濑合。（上二溪俱流入九龙江。） **西湖池**在县治西。宋嘉熙中，县令郑思申凿，因亭其上。 **义泉井**在县治南，旧环珠楼西。宋时凿，虽大旱不涸。

南靖县

欧寮山在习贤里张仓社，又名大帽山，县治主山也。南北二峰峭耸，周回百余里。岁旱，邑人祷雨于此。 **金山**在永丰里。山形尖圆秀拔，堪舆家以为金星，故名。（上二山俱县北。）

鹅头山县治前山也。形如鹅头昂峙，故名。俗呼鹅觜山。

湖山下有黑潭。（上二山在由义里。） **琯山**旧南胜县在其下[14]。 **五牙山**五峰尖耸如牙。山多产矾，又名矾山。南胜县初建于此。 **三平山**岩谷深邃，登者历三险三平，乃止其上，因名。唐僧义中建三平寺。上有龟蛇峰、仙人亭、和尚潭、九层岩、双髻山、高柯岭、煎茶坞、侍郎亭、虎爬泉、锡杖树、大伯山，凡十一奇。（上三山在清宁里。） **麒麟山**在归德里。峰头高仰，若麒鳞状。　**大峰山**在新安里。高大巉岩，顶多巨石。（已上七山俱县南。）　**镜山**在县西北习贤里。夕阳斜照，山崖入映目，光耀烨然，故名。　**峰苍岭**在县北习贤里天宝山之西南。山之腰，石磴盘回，路通汀、赣。其上有亭。　**旧岩**在县北习贤里。**双溪**在县治前，合大小二溪而名。小溪发源永丰里龙岩县界，历金山涌口至永济桥下，与大溪会。大溪发源卢溪太平者，历赫潭而来，发源山布禾平社者，历西林寺等处而来，至县前与小溪会，是曰双溪。自是合为一大溪，经县治东，趋入龙溪县西溪。　**深渡溪**在县西永丰里。源出龙岩县界，趋龟洋，流入小溪。　**三团溪**在县西南永丰里。源出上杭县界，历山城水寨，至西场寨下。　**横溪**源出小平山至溪口。　**九团溪**源出漳浦县，历洋头径下经后市[15]，出铜湖溪口。　**山隔溪**源出三峰，经侯山。**翠微溪**源出翠微社，历三平寺，经圆济桥[16]下。（上四溪在县南清宁里，俱流入大溪。）　**三脚涧**源出峰苍岭，经三脚桥下，入源渡溪。　**峰苍涧**源出峰苍岭铜山寺前，至新寨，过得仙桥而入双溪。（上二涧在县北习贤里。）　**思清井**在儒学大门内。元时所凿，泉极甘美。　**庙前井**在城隍庙大门东。其泉清洌。**温泉**在县北永丰里者二，在清宁里者一，泉深而热不可浴；在归德里者一。

漳平县

仙帽山顶圆如帽，故名。昔乡人遭寇乱匿此，寇将逼，忽西偏大雾濛濛，寇不能及，故又名西雾寨。　**石鼓山**山有大石如鼓状。相传天阴雨则鸣。　**凌家山**峭拔而秀，无林木。山半地势平夷，凌氏居之，故名。（上三山在居仁里。）　**九星山**九峰迭耸，中有石窟，号“仙人插剑”，雨不溢，旱不涸。　**碧凌山**山色青苍，高凌霄汉，故名。　**天柱山**其山势屹立苍冥如柱。　**花瓶山**三峰峭立如屏状。　**马头溪山**上有二石，一大一小，如马之引驹。（上五山在和睦里。）　**赖家山**山高，而其巅平坦，赖氏世居之，故名。　**虎山**如伏虎状，故名。山麓有古寺，号水月堂。（上二山在聚贤里。已上十山俱县北。）　**文笔峰山**[17]去县五里许，为儒学前山，尖耸秀丽如卓笔然。　**新山**山之石可作灰，一邑皆取给于此。　**覆鼎山**山巅突起如覆釜状。（上三山在居仁里。）　**大壮山**在永福里。其势宏壮，为众山之冠。（已上四山俱县南。）　**银瓶山**在居仁里。三峰秀峙，其状如瓶。　**石门隔山**两峰夹峙如门，又有石如将军然。　**云峰山**其势极雄壮，常有云气浮其上，故名。中有宝台岩。（上二山在感化里。已上三山俱县东。）　**高岩山**上有大小二石洞。　**龙亭寨山**山半有清泉一脉。旧有骑龙仙庙，今移置东关山。（上二山在县西居仁里。）　**双髻山**在县东北聚贤里，界漳平、龙溪二县间，以形似名。山有灵异，祷雨辄应。　**牛头相触岭**在县东感化里。两山夹立，中一坑，相去二丈余，深数十丈，水流轰响，峭削险隘，行者病之。乡人朱崇庆募众砌石为桥。人度之者，毛发森竦。　**饮水岭**在县北聚贤里。上有井，泉清洌可饮。　**三重岭**在县南永福里[18]。山极高峻，人迹罕到。中有三龙井，祷雨多应。山之上，三峰迭出，因名。　**百家畲洞**在县南永福里。界龙岩、安溪、龙溪、南靖、漳平五县间。万山环抱，四面阻塞。洞口陡隘，仅通人行。其中深邃宽广，可容百余家。畲田播种，足给衣食。四方亡命者多逋聚其间。凭恃险远，易于为乱。宣德正统间，尝有江志贤、李乌觜、卢赤须、罗兴进者，乌合群丑，跳梁出没，至动方岳。守臣连年剿捕，仅得宁息。然服则人，叛则兽，无常性也。自漳平设县以来，官政易及，不复反侧。然尤在司民社者控御得其道云。　**龙门洞**在县东感化里。其洞如石室，冬温夏凉。中有盘石，可容百余人。　**九龙溪**在县治南。源出汀州上杭县界，历龙岩雁石，绕县治南，东趋华峰三硿，会下折溪，东南流入龙溪县九龙江。　**下折溪**在县南居仁里。源出永福里，曲折萦回而下。　**九房溪**源出汀州府连城县，历龙岩徐溪。　**罗溪**源出延平府永安县，历和睦。　**溪南溪**源出泉州府安溪县，历华口。（上三溪俱入于九龙溪。）　**拦牛潭**在县南。石壁险峻，牛马莫能渡，故名。　**碧龙潭**在县西。其水澄澈若鉴。相传尝有龙游于此。（上二潭俱居仁里。）　**鳌池**在县北聚贤里。周围二十余里，大涝不溢，亢旱不涸。池东有祠，朔望群鱼浮列而向仰之。　**汤坑**在县北聚贤里。其泉如汤，可澡浴。上有亭。

汀州府

长汀县

卧龙山在府治后。为郡之主山，偃卧如龙。登山椒，尽见井邑，它山皆拱揖俯伏其下。一名无境山。宋郡倅郭祥正诗："卧龙胜事堪图画，迥压闽南七八州。"　**鸡笼山**在府城北成上里。以形似名。旧传宋时王中正成道之所。郭祥正诗："神仙之府名鸡笼，千寻翠玉擎寒空。秀色凌风入城郭，半街晓日金濛濛。"　**南山**屹然如屏，青葱可爱，府治前山也。其下坦夷，有文殊、同庆二寺。宋郡守陈轩诗："呀然碧玉洞，屹立分双户。天生护佳景，常恐尘土污。"（上二山在左厢。）　**圆珠山**在右厢。形圆如珠。宋郡守张宪诗："万迭层冈揖卧龙，一峰圆顶翠凌空。"一名龙珠山。俗呼宝珠峰。　**玉女山**在古贵里。旧传王氏女修真之所。月明籁寂。隐隐有音乐声，下有通仙桥。　**赤坑障山**在□□里[19]。　**灵蛇山**在□□里[20]。山旧多蛇，下有佛庐及蛇山庙。

（已上五山，俱府城南。） **东山**在府城内正东，卧龙山之首也。上有鄞江台，傍有五显庙，今废。 **拜相山**俯挹卧龙山，如人之拜。 **莲花山**在左厢。 **笔山**按《大明一统志》作“笔架山”，在归阳里。（上二山皆以形似名。已上四山俱府城东。） **展旗山**在□里。以形似名。 **濑溪障山**在□□里。（上二山俱府城西。） **马鞍山**在左厢。以形似名。 **翠峰山**在府城东北归阳里。壁立千仞，绀碧可爱。其上烟云出没，惟天色晴霁，卓午方见其顶。一本作“翠峰，在府城东南”，误。 **七宝山**在□□里。下有上宝场[21]，今废。（上三山俱府城东南。） **二老峰**在府城东五里。双石峭立如人形，故名。 **西峰**在卧龙山之右。上有西峰、法林、罗汉三刹。 **双峰山**在府城东南□□里[22]。峰峦双耸，高入云汉。 **横冈岭**在府城内卧龙山之左。 **白叶岭**在左厢。上有白鹤庵。 **枣木岭**在□□里[23]。 **分水岭**在成上里。 **蘘荷岭**在□里[24]。地产蘘荷，故名。 **桑溪岭**在□□□里[25]。（上五岭俱府城南。） **东庄岭**在□□里[26]。下有平田千顷。 **枸木岭**在□□里[27]。 **大息岭**在归阳里。（上三岭俱府城东。） **白头岭**常有白云冒其上，故名。 **新路岭**峭险壁立，沙砾崎岖，行者病焉。岭下即隶江西，此天以限闽中也。宋嘉定间，郡守邹非熊尝设隘于此，以备赣寇，名罗坑隘。（上二岭在古贵里。） **佛岭**在左厢，今名通济岩。石壁间有佛庵，宋长史邓曾建。后人复创长史亭于庵侧。 **湘岭流**在□□里[28]。 **流源大岭**在□□里[29]。 **归岭**在□□里[30]。路通连城县。（已上六岭俱府城东南。） **宣岩**在青岩里。宋崇观间，宣明隐居于此。洪刍诗：“一纶涵碧磻溪钓，千穗垂黄谷口耕。”

石燕岩在古贵里。相传尝有飞燕数十，遇骤雨集石上，皆化为石。 **云谷岩**在南山之址。 **朝斗岩**在南山崦。缘石扪萝而上，俯瞰城市尽目睫间。下有祐圣祠。（上四岩俱府城南。）**通济岩**在左厢。上有庵，祀伏虎禅师，祈祷多应。　**霹雳岩**在拜相山之隈。宋元祐间，白昼迅雷一声，岩窦划开，中有丹灶，后建祐圣道院于岩间。（上二岩俱府城东。）　**狮子岩**在府城东南青岩里。双石为门。相传定光佛初振锡于此。　**苍玉洞**在东禅寺前道旁。两石对峙如门，内有烟屿、仙掌、鹤巢、抱云等石，清气逼人。宋蒋之奇诗："苍玉门径阔，白云庭院深。"谢洵诗："溪瘦玉声小，山横翠色深。"　**仙隐洞**在云骧阁下。石径缘溪，嵚崟深窈。洞外两石阁，一小石，天然成门，内颇宽广。宋郡守赵宗模开辟，以发天秘，创溪堂及数亭。继守林岊复创洞天书院及白鸥亭，今俱废。（上二洞在府城东左厢。）　**飞来石**在府城内云骧阁之西。相传一夕随雷雨而至。　**石壁**在府城南□□里[31]。

乌鼻石在府城东惠民桥上流。　**白面石**在府城西□□里[32]。　**鄞江**在府城东，即东溪水。自翠峰发源会鄞坑水，至张家陂，与正溪合。蒋之奇诗："鄞江一丈水，清可照人心。"　**寅湖**距府城二里许，周围百步，以其居郡寅位，故名。湖中一小山，虽水溢不没。宋长汀宰钱厚，濒湖创亭，今废。　**子地湖**在□□里[33]，居郡子位，故名。其地入东禅寺，今垦为田。　**青草湖**在归阳里。深不盈尺，广不逾丈，其中草色长青。蒋之奇诗："地无一勺水，安得有湖名？世事果如此，风波平地生。"（上三湖俱府城东。）　**辛湖**在府城西一里许，周围七十步，居郡辛位，故名。　**正溪**在府城东南，又名大溪。发源宁化县界，出石含，历谢地、新桥、湘洪峡，迤逦至东庄潭，分为二派：一派自有年桥入，一派自济川桥入，至高滩角，复合为一，南流以达于海，即汀水也。详见《郡名志》。　**东溪**即鄞江水。　**梓步溪**源出大息岭，左至南田。　**小湘溪**源出南原，至湘洪庙前。（上三溪俱府城东。）　**西溪**在府城西。源出大原，过杉岭至南拔桥下，官引一派东至为城濠，至崇善坊兴云桥；一派又东至于西田，过富文坊，抵州湖庙前。 **南溪**在府城南。源流不一。经普济桥至南口。 **北溪**在府城北。源出横坑，过攀桂桥。（已上五溪俱流入正溪。） **曲潭**在□□里[34]。 **大潭**在□□里[35]。（上三溪俱府城南。） **龙潭**在左厢云骧阁下。东岸有龙祠，遇旱则祷雨于此。 **白步潭**在□□里[36]。 **东庄潭**在东庄岭下，今水徙于都教场之后[37]。（上三潭俱府城东。） **麻潭**在府城东南右厢。郡之众流皆会于此。山势蟠亘，过此，折为九曲。 **礤角**在古贵里。高岩怒湍。溉田甚广。 **礤头**在归阳里。峭壁数十仞，瀑声如雷。（上二礤俱府城东。） **五百滩**自汀抵潮，溪滩五百。 **放生池**因云骧阁下龙潭为之。 **金乳泉**在府宅堂东卧龙书院之右。旧为枯池，相传宋郡守赵遂良用定光佛偈投池中，得清泉，郡人因偈中语取今名。 **汤泉**一在府城南清泰里，周围数十丈，能熟物。宋绍兴间，郡砌石池，覆以两室，异向，则以别男女。旁结庵名“无垢”。县尉李格为记。一在府城南安仁保，由石窦涌出，溉田甚多。 **法林袈裟泉**在府城西法林寺。旧传有老僧讲《法华经》，夜窗牖忽明，见一龙蟠石上，遂以袈裟覆之。翌旦，石裂一泓如袈裟状，清泉坌溢。 **玉泉**在府城东南□□里[38]。清泚而甘，流为瀑布。旧有佛庵，前后植茶，其品与建溪相伯仲。 **邓长史井**邓曾凿[39]至丈余，遇盘石，闻其下有泉声，以铁杵撞穿之，泉涌出，四时不竭。 **南亭井**在富文坊。阔丈许，引手可掬。（上二井俱府城南。） **鄞江井**在府城东左厢金花坊。深仅三尺，春秋潦而不溢，夏冬泉出不涸，溉田甚多。其水称之，重于它水。 **弼星井**在府堂西。 **巨门井**在府治东北塔院前。旧传白鹤仙迁城之初，谓如斗形，故按斗象开七井，以七星名之。 **禄星井**在府治后园西北。 **廉星井** **武曲井** **文曲井**

(上三井在府治东南。)　**魁星井**在府治仪门外西南。

宁化县

翠华山在城里。山色苍翠，为邑人游览之所。　**宝山**旧传山有五色石，璀璨如宝，故名。其石性刚，或磨以为珠，不堪用。　**凤凰山**崇冈峻陇，蜿蜒起伏，其形如凤。(上二山在龙上下里。)　**陶峰山**峰峦峻耸，四面壁立。旧传有陶姓者结茅其上，因名。　**梳山**以形似名。(上二山在招得里。已上五山俱县北。)　**南山**在兴善里。其山中起一峰如笔架，为一邑之望。流水一带，环绕其下。　**五灵山**在县市。即五家山。上有普惠王祠。祠前昔尝产灵芝五茎，闻于朝，敕改今名。(上二山俱县南。)　**龙须山**在县东招得里。草生岩石如龙须然。　**罗平山**在县东北泉上里。旧传罗平者隐居于此，故名。　**牛头山**在县西北兴善里。以形似名。　**鹫峰**在县南新村里也。　**登高山**在城里[40]。重九日，邑人多载酒囊茱登高于此。　**苦竹岭**以所产名。其岭甚高，四时常有云气。　**神王岭**上有神王庙，乡人旱潦疾疫必祷于此。　**南桥岭**岭势高拱如桥，故名。(上三岭在永丰里。已上四岭俱县北。)　**狮子岭**岭有石，形如狮子，故名。　**罗汉岭**(已上二岭在县南新村里。)　**金船岭**在县东永丰里。旧传山有金船，其光夜现，乡人求之弗得。　**狐栖岭**在县治西龙上下里，其状如屏。相传有白狐栖于此，故名。　**城门嶂**[41]在县东北泉上里。山势卓立如屏嶂。元季寇敌，邑人多避兵于此。　**瑞花岩**在县北□□里[42]，旁有僧舍。又名下岩。　**龙池岩**在县南□□里[43]。旧传尝有龙蟠于此。蒋之奇诗："苍龙蜕骨去已久，山根一穴如天开。寄言俗客不可入，往往白昼生风雷。"　**西岩**在县东北□□里[44]。石笋屹立如门。其中空洞，可坐千人。有数石室：曰宝陀石，中置观音像；曰乳穴，必烈炬然后可入，中有泉，乡人祷雨辄应；曰丹室，一小穴，匍匐乃入，其中宽明，有丹灶之属。其一方丈，初入颇暗，坐久忽明；其一如堂奥，寒气逼人，不容久立。旁有龙井，深不可测。　**东岩**在西岩之侧。其中亦有数石室。初入隐隐若有人形，谛视则无有，谓之仙影洞。旁有石莲数朵，大如车轮。左有石龛，藏经其中。又有石如壶，高可二丈，泉涌出壶口，皆成钟乳。最高处有石鹤，若奋飞之状。

灵隐洞在县北五十里。旧号洞源岩。宋治平间，有僧祖庆者结庵于此，遂芟辟其地。洞前重冈迭巘，小涧横绝，烟云缥缈，群石奇诡，状类不一，野花殊草，香气蓊葧。又有一石，拔地而起。上有洼樽，乳泉滴沥，满而不溢，病者饮之或愈，祷雨亦应。　**黄连洞**在县东五里。地多产黄连。县旧以此得而名之。　**乌路峡**在县南新村里。两岸壁立，水势萦回，深不可测。　**狮子石**在登荣乡田门。以形似得名。　**危石**在□□里[45]。突然一峰，四壁斗绝。宋绍兴间，有僧祖月者结庵其上，名曰翠峰。（上二石俱县北。）　**狂波石**在县东赤冈潭中。旧传有二龙蟠石上，水涨则波涛汹涌，故名。　**蛟湖**在龙上下里。深不可测。昔有僧结庵其上，尝见白龙卧湖面。乡人遇旱，以败铁投于内，辄作暴雨怒涛，涌出其铁而后已。宋嘉泰间，郡守赵映祷雨有应，遂建龙神庙于湖侧。　**柘湖**在泉上里，去蛟湖不远。其水四时不涸，溉田甚多。　**羊鸦湖**在柘湖之侧。旧传鸦噪于木，羊跪于地，忽成此湖，故名。（三湖俱县北。）　**大溪**在县南。溪之源凡六派。其正西自赣之石城县堑岭来会；西南自长汀狐栖岭来会；西北自石城县长坊来会。此三派，县之上流也。其东北自台田岭与邵武建宁县分水至县来会；正北自苦竹岭至马家渡来会；正东自热水窑头至侧潭来会，又至县东渡里许，与上流三派合而为一。然后东至清流县，又东会剑津，抵福州，而入于海。　**龙门潭**在城里。其深莫测。自龙门桥出会大溪。　**神头潭**在兴善里神头岭下。水清澈极深。　**斑竹潭**在七里潭侧。多斑竹，故名。（上三潭俱县南。）　**龙潭**在县东□里[46]。旧有龙神庙，今废。　**赤冈潭**在□□里[47]。（上二潭俱县东。）　**院子坑潭**在县西在城里。遇久雨，水溢，接大溪。　**龙潭磜**在县北泉下里。旧传有鼋浮水面，溪水即涨。岁旱，乡人取其水祷雨多应。　**雷鸣磜**在兴善里。声如雷轰。　**潭飞磜**在县南乡。重冈复岭，环布森列，登陟极难。磜居其中，坦然宽平，山环水合，有田有地，草茂林深，易于藏聚。宋绍定间，有寇作乱于此，后讨平之，因置南平寨。（上二磜俱县南。）　**七孤龙**在县南乌路峡下。清流激湍，逶迤七曲，舟师惮之。　**蓝布地**在县北□□里[48]。旧名水丰池，产藕最佳。　**放生池**在县南。　**万斛泉**在县北石洞中，坌涌而出，流为小涧，下溉田数千顷。　**洁溪泉**在县南□□里[49]。清泚甘洌，一名滴龙泉。　**甘泉**在鹫峰院。　**光严井**在县治后、光严寺前。其水清洌甘美，市人争先汲之不竭。　**太平井**在太平巷口。水极清澈。　**周家井**其水清洌，虽大旱汲之不竭。（上二井俱县治东。）　**古井**在县西五里。清澈甘洌，病者饮之或愈。

上杭县

金山[50]邑之主山也。峦嶂嶙峋，苍翠如画。宋康定间尝产金，因名。山之上有三池，名曰胆水。其上下二池有泉涌出，中一池则蓄上池之流。相传宋时县治密迩其池，水赤味苦，饮则伤人，惟浸生铁，可炼成铜。后县治既迁，则其水遂变，不异常水，而浸铁亦不复可成铜矣。山之侧有百丈磜，高可百丈，一溜如线，自石罅出，旧名黄金坑。山之阳有南宝山，望之如笔插空。旧传有童子牧牛其上，得白璧一双，因名。《大明一统志》云：“据金山之阳，故名。”近山有岩，名曰宝兴。 **灵蛇山**峭拔凌空。旧传山有巨蟒出没，人过其处必祷之，故名。（上二山在平安里。） **七峰山**在城里，为邑之后镇。七峰岌并，翠丽可爱。堪舆家谓上应北斗故又名七星山。（已上四山俱县北。） **袍山**[51]为邑之前镇，以形似名。旧志云：未县之先，林木森蔚，有术者过之，谓其民曰：‘袍山苍苍，朱紫盈坊。’未几，迁县于此。” **横琴山**横亘县前之溪南，平广延袤如横琴然，亦名横琴冈。冈之后有井，凡有疾者，多取其水洗之，云有验也。以其上有观音庵，因名观音井。（上二山在县南在城里。） **冷洋山**在在城里。高出群山，俯见县治。旧有道人结庵其上。 **乱石隔山**在古田里。其上乱石巉岩，故名。（上二山俱县东。） **展旗山**在在城里，为邑之右镇。数峰联属，迤逦若展旗然。 **石狮崃山**在来苏里。山石巉岩，状若狮子。 **铁嶂山**在胜运里。石壁峭拔，势若平嶂[52]。山之西产铁矿。（上三山俱县西。） **覆箩山**在县西北在城里。高耸特立，山顶端圆，若覆箩然。 **高唐山**旧传有姓高、唐者二人，年皆九十余，一日登此山，遂不复归，因名。 **羊厨山**高可百丈，盘亘百余里，据汀、潮二州之界。危峰怪石，千态万状。其巅常有群羊栖止，人迹罕到。（上二山在县西南来苏里。） **插笏峰**在县南□里[53]。其峰有四，葱蒨秀丽，故名。又名美女峰。 **双髻峰**在县东□□里。为邑之左镇。双峰并耸，若双髻然。 **三层岭**在县南□□里[54]。岭三级始至其脊。成化元年，邑民李时英夹道植松五百余株，行者便之。 **罗括岭**旧传有罗括者结庐于此，因名。 **双溪岭**有二小溪环绕其下，与长汀县隔界。（上二岭在平安里。） **炉背岭**在□□里[55]。乡人尝建炉于其前，故名。 **石冷羊岭**在在城里。岭多石，密迩冷羊山，故名。成化十二年，邑民丁质植松数百株，以荫行者。 **香岭**在白砂里。旧有檀香木数本，因名。新志谓上产木乳膏，居人采而爇之，故名。（已上五岭俱县东。）　**大磜岭**在□□里[56]。路通武平。　**石牌岭**下有巨石，方正如牌，故名。　**灯笼岭**上有石若灯笼状。

蜈蚣岭岭路蜿蜒若蜈蚣然。正统间，乡民吴广植松千株，以便行人憩息。　**棉岭**在棉村，故名。景泰间，邑民唐常夹道植木千余株，人赖以荫。（上五岭在县西胜运里。）　**管公岩**在县北平安里。深广数丈，内有石鼓，击之辄鸣。旧传有管姓者修行于此，故名。　**仙女岩**在县东白砂里。负冈瞰溪，中广三丈，有穴上透天光。旧传尝有仙女居此。　**黎公岩**在□□里[57]。旧传尝有黎姓者修炼于此。　**青峰岩**在来苏里。尖耸苍翠，故名。（上三岩俱县南。）　**东安岩**旧传定光佛尝栖息于此。　**石燕岩**天顺间，乡民建庵于其上。（上二岩在县西胜运里。）　**赤面石**上圆下方，峭直如壁，其色赤。　**石龙**横亘大溪中，背有鳞文。遇旱，乡人积沙石于其背，即雨；水涨，荡去沙石乃已。　**观音石**在大溪中。其石有三，以形似名。前有观音潭。（上三石在县北平安里。）　**乌虎石**在□□里大溪中[58]。俨然如虎之蹲踞。

狮子石在□□里梅溪寨之西水口山巅，高数十丈，长称之，状若狮子之卧。　**香炉石**在白沙里九曲水口，以形似名。（上三石俱县东。）　**鬼湖**在县北平安里。广丈有奇，深不可测，旁无寸草，人莫敢狎。相传下通大溪，乃蛟龙窟宅。　**大井湖**在县南新运里[59]。阔五十余丈。旧传深浅莫测，一日水忽涸，而复涌出于十五里之外。今春盈秋涸为常。　**大溪**在县南。发源于长汀县界，众溪汇合，入县境，与旧州语口水会，至县治南山下西流，又南经潭口，抵广东潮州入于海。　**九曲溪**在县东白沙里。源出新坊口，萦纡九折至语口。　**黄潭溪**源出龙岩县石门，至汉漈碇。　**安乡溪**源出东安岩山涧中。（上二溪在胜运里。）　**濑**

溪萦纡至展旗山下。（已上三溪俱县西。） 南宝溪源出南宝山下。纳矾水，会金山下溪，至钟寮场，与南桥小涧竹林坊水合而东流。 矾溪赤水出钟寮场之东，与南宝溪合。 新田溪在钟寮场西。与南宝溪合流，过灵蛇山，会语口溪，南流至旧州。 金山下溪流数里，渗入沙石中，号干坑，数百步外复涌出长流。

水浦溪源出武平县界，经岩头铺至水布滩。（上五溪俱县北。） 苦竹溪在县东北。源出白沙里山涧中，合众流至水西渡。（已上十溪俱流入于大溪。） 草鞋潭在□□里[60]。延袤数里。舟人云，行竟此潭，可成草鞋一双，盖状其长也。 黄土潭在平安里。潭旁土皆黄色。（上二潭俱县北。） 相公潭在县南三里。 滩头潭在县东一里。 石壁潭在县西石壁寨之下。

县溪诸滩 高车滩。旁置高车，转水溉田。 马尾滩。滩水散流若马尾然。（上二滩在县在城里。） 逃船滩。滩势甚险，舟至此，必避溪旁，齐力备器，然后敢过。 掺篷滩。 上徐滩。 下徐滩。 大笼钩滩。屈曲若笼钩然。（此七滩尤险。上五滩在县西胜运里。） 大孤滩。在县南来苏里，众石槎牙，船不可下，行者至此，必易舟而去。 回龙滩。有石如龙渡江。 白石滩。 禾滩。滩侧有石平坦，农者往来，常顿禾其上。 目忌滩。水极湍急，舟人畏视之。 镬风滩。滩有二水，一直一横，浪滚如镬。（上五滩在县北平安里。） 御天池在县南塔院前。蓄水备旱，宏深不竭。 放生池在县西驷马桥下。 佛岭泉在县东□□里[61]。水自石孔中出，清澈可鉴。往来行人饮之，未尝少减。 瀑布泉自山巅直泻而下，如飞链然。 里田汤泉其热可熟生物。旁亦有洌泉，盥濯者恒取以相济。 小拔汤泉其泉性温可澡浴。（上三泉在县西胜运里。） 碧泉井在县南三十步。 观音井在县治西北。 吴公井宋庆元间，有龙见于水中。 射圃井在射圃前。 东门井在昭旸门[62]内。（上五井俱县治东。）**灵源井**大旱不涸，霪雨不溢。　**普济井**　**甘泉井**在进士坊北港内。其水重于它水。　**石固井**在石固庙前。（上四井俱县治西。）**应星前**在县治东北。　**所前井**在县治西北千户所前。　**新开井**在县治西南。

武平县

交椅山在□□里[63]。山两脉交加，形如交椅。　**鹅头山**在□□里[64]。山上有石若鹅头然。（上二山俱县北。）**天马山**在□□里[65]，以形似名。　**梁野山**《大明一统志》作梁山。在信顺团里。高五千余仞，凡十二面。绝顶有白莲池。旧传乡民采茗至一岩，内有佛像经帙钟磬幢盖，焕然如新。后再往，遂失故道。唐开元中，有福僧卓锡此山，毒蟒恶兽为之驯伏。（上二山俱县东。）**双鹰山**在□□里。双峰高插云汉。　**灵洞山**在□□里[66]。山有仙人上马石、蛟池、汤泉、石龟之类。大洞三十六，小洞二十八。下有灵洞院、洞元观，今俱废。又有石井凡三，旧传为葛真人炼丹井。（上二山俱县西。）**石径岭**在□□里[67]。高峻多石，路通羊角，水接江西会昌县界。　**当峰岭**在□□里[68]。凿石为路，其长五里，下接永平寨。上有泉两泓，自石眼出，名双井泉。　**黄公岭**在□□里[69]。与长汀县分界。修阻二十余里。上有圣公泉。旧传定光佛过此，偶渴，因而卓锡，泉迸石中，仅杯勺许，虽千人饮而不竭。（上三岭俱县北。）**伏牛岭**在□□里[70]。岭有石，高广百丈，状如卧牛。　**狮子岭**在县南□□里[71]。上有石若狮子状。　**桥背岭**在县东北五里。路接太平桥。　**南安岩**在县南□□里[72]。其形如狮子。旧为龙鼍窟宅，俗呼龙穿洞。后定光佛卓锡于此。中有二岩：南岩窈窕虚旷，石室天成；东岩差隘，而石龛尤缜密。又有石鼓、石虎、石龙、石龟、石猫，俱以形似名。宋郭祥正诗："汀梅之间山万里，南安岩窦何玲珑！青瑶屹立敞四壁，巧匠缩手难为工。”前有十二峰，森然并峙，若拱揖然。宋孙章诗：“苍峰十二碧岩隈，岂是飞从海上来。灵境莫将巫峡比，但令云雨下阳台。” **象洞**在县南□□里[73]，接潮州界。其初林木深阻，后渐次芟辟为聚落。萦纡环抱之地，凡九十有九，号九十九洞。宋时尝置寨于此。旧传象出于其间，故名。 **绿水湖**在南安岩前。相传定光佛创院时，水色深绿，可以彩画，妆饰院宇所用大绿，皆取于此。及其化去，则水色遂变，不异常水矣。 **化龙溪**一名南安溪，在县治前百步许。源出清平乡，南流合归顺乡小溪，入广东程乡县界。 **千秋溪**在县东。源出梁野山。 **武溪** **濠坑溪**在丘留东里。源出江西安远县界，西南流。（上二溪俱县西。） **渔溪**在县北丰顺平里。源出当峰岭，下会禾丰溪，合径口水南流。 **黄沙溪**在县东南。溪多沙少石，故名。 **禾丰溪**在县东北。源出当峰岭下，南流入渔溪。（已上六溪俱流入化龙溪。） **大顺岭小溪**在县东信顺团里。流自露溪保北入长汀县界七里河。 **顺明溪**在县西顺明里大岭下。西流出江西会昌县界，入大溪。 **露溪**在县东北一里。一溪七湾，俗呼露溪七渡。 **九潭**在县东北。众水所聚。今淤塞已平。 **龙溪潭**在县西□□里[74]。旧传龙穴其间，祷雨辄应。 **云磜溪**在县东□□里[75]。色如白练，又名白水磜。

县溪诸滩 剪刀交滩。在县西归郡里。 白鹭滩。在县南丰顺平里。 七里滩。在县北大湘亭里。 大顶滩。 弩牙滩。 钩丁峰滩。 小笼钩滩。（上四滩俱在县北归郡里。） **放生池**在县治西门外。 **热水泉**在县南□□里。 **龙泉井**在县南禅果院殿后。相传定光佛所凿。其水澄滢甘洌，后有以污浊触之者，一夕，龙斗于井，飞腾而去，自是色味俱变。宋庆元间，龙复见，水复其旧。

清流县

屏山在坊郭里。屹然特立于县治之后，苍翠如屏。　**象形山**以形似名。　**莲花山**中有莲池。（上二山在永得里。已上三山俱县北。）　**龙山**在县南坊郭里。自长汀平原山一脉蜿蜒而来八十里许，至是顿伏，低昂盘旋回顾，乃县之左山也。堪舆家有“左龙右虎”之说，因名。山腰一峰高耸，陟其巅，则邑之风景，俱在目睫，名南极山。上有二小庵。龙山之左有铜锣山，其顶平圆如锣状。又有塔山，盖龙山之支山也。山巅旧有塔，今废。下有万寿寺。　**东华山**高大而长，林中郁茂。上有二庵，一据绝顶尤胜。　**笔山**层峦迭嶂，盘亘数里。中耸一峰如笔。（上二山在坊郭里。）　**莲叶山**　**斗笠山**上二山以形似名，在仓盈里。（已上四山俱县东。）　**方山**在大溪之西。山形方正，故名。　**西灵山**县之右山也。旧有西灵庵。（上二山在县西坊郭里。）　**贵人山**　**梦溪山**　**铁石山**多石，坚黑如铁。或云旧产铁。（上三山在梦溪里。）　**丰山**在罗村里。山极峭绝。其顶如磨，常有云气覆之，秋霁方露全体，人迹罕至。宋有道士刘姓者，尝与其徒五六人，裹粮攀跻，凡六日乃至其巅，坦夷可坐数十人。上有田地，又有棋局、丹灶、础石散于地，如故居废址，疑为神仙窟宅云。（已上四山俱县东南。）　**拜龙山**在坊郭里。与南极山对峙，状若人拜。　**渔沧隔山**　**枫隔山**多枫木。（上二山在四保里。已上三山俱县西南。）　**向阳岭**一名激阳。　**玉华岭**上有玉华西洞，石峰矗立，翠色横空，玲珑穿透，可容百余人。中有石窗、石龛、石观音、石莲花、石狮子之类。宋乾道间，始建佛庐。玉华洞之西有三穴。旧传一道人秉炬赍粮，行一日余，出洞口，乃宁化县境，名石燕洞。玉华洞之东，又有灵龟洞。　**高地岭**在大山中。其地最高。（上三岭在县北永得里。）　**高阳岭**在县东，岭之上先得日光，故名。　**高风岭**在县东北坊郭里。宣德间创亭其上，匾曰“高善”。　**长空岭**在县东南仓盈里[76]。　**蒋公岩**在□□里[77]。从石嵯峨，外险中宽，宋绍兴初，有蒋道人居此，能辟谷，后不知所终。　**七峰岩**七峰突然聚于一处。　**清溪岩**中有一水流出，清莹异常。　**灵龟岩**旧传有僧见大龟于岩下，而心异之，因创庵以居。（上三岩在永得里。）　**狮子岩**在归仁里，以形似名。（已上五岩俱县北。）　**马儿岩**在县东梦溪里。一名马子岩。旧传有马生驹，化而为石。　**灞涌岩**在县东北坊郭里。飞泉怪石，茂林修竹，为一方之胜。旧传定光佛游憩于此。岩前尝有金莲涌出，故又名灞涌金莲岩。　**白云岩**在县东南永得里。相传国初漳州有江姓者栖此岩后，惟见白云冒其上，访其人已化去矣。乡人因像而祠之。　**金乌石**在龙潭桥东[78]，今没于水。　**廪石**在仓盈里。高大圆尖，若廪米然。（上二石俱县东。）　**玉兔石**在凤翔桥北。色莹白，春夏或变青红色，今坠溪中，惟见其底。　**狮子石**以形似名。（上二石在县西坊郭里。）

大溪在县治西。源接宁化大溪，环抱县治三折，经渔沧潭，出九龙滩趋沙县而东。　**芹溪**源出归化县至安镇。　**沙溪**在归仁里。　**连城县溪**自连城至县东六十里罗口。（上三溪俱县东。）　**清溪**在县北。发源宁化县至嵩口。　**梦溪**在县东南山涧合流。　**三港溪**在县西南。源出宁化县。　**半溪**在县东北。源出高地岭至白石桥。（上七溪俱流入大溪。）　**渔沧潭**在龙津桥南。三潭相属，深不可测。西岸有巨石对峙，渔人多萃于此，故名。　**长空潭**　**秋口潭**二潭俱以滩名，皆深不可测。（上三潭俱县东。）　**长空滩**在县东。其中屹立一大石，水势汹涌，舟人惮之。　**九龙滩**在县东南。内三滩在永安县境，故又名六龙滩。详见《永安县志·山川》。　**放生池**在县西登真观前。　**东峰泉**在晏公庙下。邑人架竹引过龙津桥，利济甚多。**东庵泉**在庵山之麓。泉甚清冽，宜作茗饮。（上二泉俱县东。）　**汤泉**在县东南，凡三：曰池溪，曰丘源，曰嵩口，其热如汤，发源处可熟鸡卵。　**泗圣井**在县北平山。　**仓前井**　**真武井**石岩四围，中一穴，泉味清甘可饮。一名圣堂井。今亭于其上。（上二井俱县南。）　**县前井**水清冽而美。尝覆以小楼，水即涸，因撤去之，泉水如故。　**城隍井**水味淡，以煮茗则有矾气。（上二井俱县治东。）　**东岳井**在县治东南。水甘而冽。

校　注

[1] 乾隆《龙溪县志·山川》作“凤山”。

[2] 乾隆《龙溪县志·水利》作“在城西西湖天妃院”。

[3] 康熙《漳浦县志·方域》：“圆峰山在梁山之南小尖之麓。”《方舆胜览》云：“梁山秀丽而崇圆，又称圆山。按梁山崇而不圆，亦未闻以圆称者，所谓圆山疑即此矣。”与此所记不同。

[4] 康熙《漳浦县志·方域》及《闽书·方域志·漳浦七都》注云：“屿曰竹屿，湖曰蜡湖。”然则蜡湖故在七都也。并存以俟考。

[5] 康熙《漳浦县志·方域》作“宋令傅希龙所凿也”。

[6] 应作“杜佑《通典》”。

[7] 康熙《漳浦县志·方域上》引沈存中《笔谈》，以证此水不会致瘴，可互考。

[8] 康熙《漳浦县志·方域》作“将浴投十钱”。

[9] 康熙《漳浦县志·方域》作“在二十八都”。

[10] 道光《龙岩州志·封域》：“九侯山又名九猴山。”

[11] 道光《龙岩州志·封域》无三台峰，只有三尖峰，并谓在州东百里，不知孰是。

[12] 乾隆《长泰县志·舆地》作“梁冈山”。

［13］乾隆《长泰县志·舆地》作“在石铭里”。

［14］按同治《南靖县志·建置》载：元至治中割龙溪、漳浦、龙岩三县地设治，曾一度徙治于此。原名南胜，后名南靖。

［15］同治《南靖县志·山川》作“历洋头，经下里、后市”。

［16］同治《南靖县志·山川》作“历三坪寺，经圆渚桥”。

［17］道光《龙岩州志·封域》作“文笔山”。

［18］道光《龙岩州志·封域》作“在县南三十里居仁、永福之间”。

［19］乾隆《汀州府志·山川》作“崊峰障山”，乾隆《长汀县志·山川》称：“赤坑障山，县南五十里。又名赤峰障山。”

［20］乾隆《汀州府志·山川》及《长汀县志·山川》均作“在县南百八十里”。

［21］乾隆《汀州府志·山川》及《长汀县志·山川》均作“县东南二百里”。惟前者作“下有上宝场”，后者则作“下有七宝场”。

［22］乾隆《汀州府志·山川》及《长汀县志·山川》均作“在府城东南三十里”。

［23］乾隆《汀州府志·山川》及《长汀县志·山川》均作“在县南二十里”。

［24］乾隆《汀州府志·山川》及《长汀县志·山川》均作“县南百里”。

［25］乾隆《汀州府志·山川》及《长汀县志·山川》均作“县南百五十里”。

［26］乾隆《汀州府志·山川》及《长汀县志·山川》均作“县东五里”。

［27］乾隆《汀州府志·山川》及《长汀县志·山川》均作“县东二十里”。

［28］乾隆《长汀县志·山川》作“县南三十里”。

［29］乾隆《长汀县志·山川》作“县东南四十里”。

［30］乾隆《长汀县志·山川》作“县东南五十里”。

［31］乾隆《长汀县志·山川》作“县南二十里”。

［32］乾隆《长汀县志·山川》作“县西五十里”。

［33］乾隆《汀州府志·山川》作“县东十三里”，《长汀县志·山川》及《方舆纪要》作“名子湖，县东十三里”。

［34］乾隆《汀州府志·山川》作“县南十五里”。

［35］乾隆《汀州府志·山川》作“县南六十四里”。

［36］乾隆《汀州府志・山川》作“县东十里”。

［37］乾隆《汀州府志・山川》作“今水仍复故道”。

［38］乾隆《汀州府志・山川》作“在城东八十里”。

［39］乾隆《汀州府志・山川》作“郡人正己开凿”。

［40］乾隆《汀州府志・山川》作“登高岭，在县北门内”。

［41］乾隆《汀州府志・山川》作“城门障山”，谓卓立如屏障。

［42］乾隆《汀州府志・山川》作“在灵隐山东北十里”。

［43］乾隆《汀州府志・山川》作“在县南四十里”。

［44］乾隆《汀州府志・山川》作“在县东北五十里”。

［45］乾隆《汀州府志・山川》作“在县北六十里”。

［46］乾隆《汀州府志・山川》作“在县东一里”。

［47］乾隆《汀州府志・山川》作“在县东北七里”。

［48］乾隆《汀州府志・山川》作“蓝布池”，应改“地”字为“池”字。又“在县北二十里”。

［49］乾隆《汀州府志・山川》作“在县北四里”，与此不同。

［50］乾隆《汀州府志・山川》作“紫金山”，民国《上杭县志・山川》亦作“金山”。

［51］乾隆《汀州府志・山川》及民国《上杭县志・山川》均作“挂袍山”。

［52］乾隆《汀州府志・山川》作“势若屏障”，宜据改。

［53］民国《上杭县志・山川》作“在县南十里”。

［54］乾隆《长汀县志・山川》及民国《上杭县志・山川》均作“在县南十五里”。

［55］民国《上杭县志・山川》作“在县东簩峤山下”。

［56］乾隆《汀州府志・山川》作“在县西十里”，民国《上杭县志・山川》作“在县西十五里”。

［57］民国《上杭县志・山川》作“在县西二里”。

［58］乾隆《汀州府志・山川》志“在县东十五里大溪中”，民国《上杭县志・山川》作“在县东北七里”。

［59］民国《上杭县志・山川》作“胜运湖，一在县南胜运里，一在北门外，有二湖，亦名天井”。“新”字宜改为“胜”字。

［60］乾隆《汀州府志・山川》及民国《上杭县志・山川》均作“在县北长

汀界”。

[61] 民国《上杭县志·山川》作“在县东十五里”。

[62] 乾隆《汀州府志·山川》作“昭阳门”。

[63] 康熙《武平县志·山川》作“在县北十里”。

[64] 康熙《武平县志·山川》作“在县北十五里”。

[65] 康熙《武平县志·山川》作“在县东二十五里”。

[66] 康熙《武平县志·山川》作“在县西十里”。

[67] 康熙《武平县志·山川》作“在县北八里”。

[68] 康熙《武平县志·山川》作“在县北三十里”。

[69] 康熙《武平县志·山川》作“在县北一百五十里”。

[70] 康熙《武平县志·山川》作“在县南五十里”。

[71] 康熙《武平县志·山川》作“石狮岭,在县西十里”。

[72] 康熙《武平县志·山川》作“在县南八十五里”。

[73] 康熙《武平县志·山川》作“在县南一百里”。

[74] 康熙《武平县志·山川》作“在县西六十里”。

[75] 康熙《武平县志·山川》作“在县东二十里”。

[76] 乾隆《汀州府志·山川》作“在县东坊郭里”,与此不同。

[77] 乾隆《汀州府志·山川》作“在县东坊郭里”。

[78] 乾隆《汀州府志·山川》作“在龙津桥畔”。

八闽通志卷之九

地　　理

山　川

汀州府

连城县

后龙山在县北在城里。山之脉自清流县半山东南逶迤而来，至县境，为旗石峰，为西宝山，为三军山，至是屹然峙于县治之后，实县之主山也。　**金鸡山**旧传尝有人至山中，见一庵有金鸡飞鸣，因寄宿庵中，及觉，遂失庵所在。　**银屏山**磅礴屹立，每冬晴雪霁，若银屏然。　**笔架山**三峰联属状若笔架。（上二山在南顺里。）　**云山**峰峦峻耸，势凌霄汉，时有云气出其上。　**高贵人山**挺拔端重，秀出群山之表。（上二山在河源里。）**白云山**在表席里。棱层奇崛，高入青苍。时有白云覆其顶，故名。（已上六山俱县南。）　**西宝山**在县西南顺里。相传尝夜有白光发林麓间，或者以为金银气，故名。　**莲峰山**旧名东田石。峭壁攒峰，盘礴数十里，绝顶坦夷，石泉流衍，宋彭孙尝居之。外有石梯、石巷，仅容一人。官置三寨其上，遇寇警则移民以避于此。又有定光道场，号“白云洞天”。元马周卿取山间奇胜，命题凡十三，以隶书刻石，曰“苍玉峡”，曰“云栈”，曰“天梯”，曰“豸冠”，曰“桃源”，曰“清如许”，曰“芙蓉波”，曰“金字泉”，曰“白云深处”，曰“天光咫尺”，曰“苍谷”，曰“灵虚”，曰“小崆峒”。　**金柜山**山形方正如柜。　**天马山**怪石昂藏起伏，若天马争奔。旧传遇风雨夜则嘶，嘶则乡里不靖。元末雷击其首。　**狮子山**怪石嵌岈蹲踞，状若狮子，故名。　**三仙山**旧传尝有三人聚会山中，优游谈笑，一日皆乘鹤而去，因名。　**上峡山**两山夹立，中有一路达北安铺。（上六山俱县东北安里。）　**文笔峰**在县南表席里，尖耸如笔。　**分水峰**与长汀县接界。岭之水西入长汀，东南入连城，故名。　**彭地岭**相传宋开国侯彭孙尝驻兵于此。（上二岭在县北北安里。）　**垂珠岭**在河源里。相传宋文天祥起兵勤王，经此岭回首垂涕，邑人因表之曰垂珠。**远水岭**在表席里。路接上杭县界，行人遵此岭以避重滩之险，故名。（上二岭俱县南。）　**塔背岭**在县东在城里东塔寺之左。　**虎忙岭**在县南南顺里，陡峻而长，谓虎过之亦苍忙也。岭半有庵。　**灵峰岩**　**南峰岩**中有佛庵。（上二岩俱县南。）　**石门岩**两石相峙，壁立万仞，中有宿云庵、总宜亭、悠然阁。　**鹫峰岩**势如腾云，旁有瀑布泉及石仓。（上二岩俱县东。）　**滴水岩**在县东北□□里。有水一线出石窦，直泻岩下。相传定光佛尝驻锡于此。

七星冈在县南南顺里，冈凡七，环列如星文布。　**龙子冈**在县南南顺里。因后龙山脉过此，故名。　**迎春石窠**在莲峰山上，邑民遇立春日，皆诣迎祷。　**龙爪石**在县南表席里两山之下，形如龙爪。　**香炉石**在莲峰山玄真堂前。圆仰如香炉状。

文溪在县治前。旧名清溪，源出长汀磜[1]，经新林寺，回环屈曲，到县凡九折，东入清流县界。 **莒溪**在河源里。源出龙岩县山中，下接汤家渡，入长汀县界。 **新泉溪**在表席里。源出上罗地，下抵汤泉溪，合流入上杭县界。（上三溪俱县南。） **石门潭**在县北北安里乌石岭下，夹溪两石对峙，潭居其中，深不可测。

杨花潭在文溪之下，夹岸多杨树，故名。其下有莲花潭，相传渔人没水，见潭底有石如莲花。其下又有龙潭，旧传有龙居之，岁久湮塞。 **杨梅滩**在县北北安里。滩之源出长汀县界，合虎忙岭及清泰里，从流而下，滩流险隘，上多植杨梅，故名。 **莲塘**在县西一里。泉水所潴，旧为放生池，今多产莲，故名。 **沙水池**在县南南顺里，冬涸夏溢，姚坊之田赖其灌溉。 **瑞泉**在县治前东畔。 **汤泉**在县南表席里。 **三龙井**在县南□□里。有云腾井上即雨。旧传有三龙居其中，岁旱祷雨辄应。 **福仙井**在县西福仙观侧。 **古佛井**在县西南。

归化县

龙西山在柳杨里。其山奇峭，高约千余丈，中有圣水岩，泉出石中，深尺许，不盈不涸，虽百十人饮之不竭，俗传人或涴其水即雷鸣。 **娥眉山**[2]在县治前。群山联属中，一峰正对县门，若娥眉然。（上二山县北）。 **楼台鼓角山**数峰连属，有高耸似楼台者，有圆而似鼓者，有长而似角者，实邑之主山也。 **印诰山**山形高而平正，故名。（上二山俱县北。按今县治北向，而此二山实县治后山也。） **象山**以形似名，即南山也。 **屏风山**方正而高，若屏风然。 **龟山**一在晏坊，一在石珩村。其形如龟，下有甘潭，深可三丈，水极甘洌。（以上六山在归上里。） **莲花山**在中和里。峰峦皆石，若莲花瓣然。（已上四山俱县东。）**小三台山**在县学之前。三峰联属如台星，故名。 **响石山**其山皆石,以语则响应。(上二山在县西归上里。) **飞凤山**在县东北归上里。望之若凤之下平原。 **五马山**有五峰周遭联属,其中土地平衍,居民殷富,俗谓之“五马归槽”。 **云台山**高入云霄,故名。(上二山在归上里。) **旗山**在归下里。高约三百丈,其形如旗。(已上三山俱县东南。) **银瓶浪盏山**在县西南归上里。四峰联属,中一峰圆尖如瓶,余三峰圆小如盏,故名。

笔架峰在县东□里[3]。三峰联峙,形如笔架。 **仁寿峰**其山最高,云起即雨,人以为候。 **五雷峰**峰之旁有石如雷,因名。(上二峰俱县西。) **大黄岭**在县南归上里。其土黄色得名。 **铁岭**在县东□□里[4]。路通延平、将乐县。 **滴水岩**在县北□□里[5]。有水滴下,亢旱不竭。西有洞,阔可数丈。其石扣之韸韸然,下有水流地中,约数十里,俗传仙人堂滚水即其所出也。 **圣隐岩**在中和里。悬崖峭壁,樛木联阴。相传尝有异人栖息于此,后隐去,故名。(按此见《将乐志》。盖旧属将乐县,今分属本县。) **狮子岩**在晏坊。状如狮子。一石室约阔数丈,里人建庵为游赏之所。 **凤凰岩**在龙湖市。内有一石形如凤凰。(上三岩俱县东。) **黄杨岩**在县东南□□里[6]。去岩二里许有侍郎岩,旧名翠云岩,其旁又有观音洞,并界归化、永安二县间。(详见《永安县志·山川》。) **腾云嶂**在县东归下里。高数百丈,周回百余里。其顶常有云气。 **玉岩洞**在县西□□里[7]。岩石光莹如玉,洞内虚明。相传尝有金鸡夜唱。 **狮子洞**在县西北□□里[8]。怪石蹲踞,状如怒猊。中有数石室,虚明深邃,一柱屹立,文如雕镂。洞外草木葱茏,风景殊胜。 **紫云台**在县东□□里[9]。高约千丈,周回二十里,其顶平夷,有田塘、水碓,居民三百余家。气候多寒,虽盛夏无暑气。每日色岚光相掩映,紫气氤氲,故名。 **棋盘石**在□□里[10]。平正而大。

八卦石在桂山下[11]。涧中一巨石状如龟纹，又有八小石龟绕之，故名。　**门槛石**在珩溪[12]。有石沿渚夹峙一里许，水从中流，如门槛状。　**金盘石**在□□里[13]。形圆色黄，状若金盘石。（上四石俱县东。）　**印石**在县西北罗汉寺溪口，以形似名。相传创寺时每月朔旦其石自能浮动。　**儒冠石**在县东南归上里太平桥外。状若儒冠，俗呼秀才石。　**明溪**在县东象山下，自腰带水而来，流绕福林庵侧，经龙湖涧，接珩溪。又有瀚溪，在县东兴善里，源出龙湖涧，流接雷霆溪。又有布溪，在县东归下里，源接吉溪。（已上诸水俱流接沙溪。自是溪始大，可通小舟，奔汇于岩前而去。）　**腰带水**在县学前。源出五通凹，流至黄溪头始大，环抱学前，形如腰带。　**珩溪**在石珩村。　**雷霆溪**在兴善漈头。沿渚十里，乱石磡矾，声激如雷。　**沙溪**在归下里。　**石硖涧**在县西南二里许。源出山下石硖间，流至惠利桥与腰带水合。　**龙坑潭**在县东兴善里山间。深不可测，有龙居然祷雨辄应。　**百丈漈**在县东□□里[14]。源出山巅，喷如雪花。　**白水漈**在县西□□里[15]山巅。流下如瓶之斟，高约五丈。　**滚水**在县东仙人堂小溪自水底石隙喷出，高一二尺，如散珠然。　**水帘**在县东中和里张源漈石崖间。一派流下，状如垂帘，高约十三四丈。　**鉴池**一在布政分司堂后，一在漳南道堂后。成化八年参政赵昌、佥事周谟凿。　**泮池**在儒学棂星门前。成化八年建学时所凿，形如半璧。　**砚沼**在儒学门东。成化八年，教谕陈冠、训导张恂节缩廪饩，买地凿之，以便诸生。　**白莲塘**在县西觉林寺，广可五丈。　**甘泉**在县西五里叶舍坑山。石窍中溢出，四时不竭，味洌而甘。　**汤泉**在县东南中和里。源出漈头，热可熟物。　**东泉井**在东泉阁下。　**西泉井**在儒学后。（上二井水泉皆佳，虽旱不竭。）　**仙人井**在县东太平桥外。

永定县

卧龙山在溪南里。自茫荡山一脉蜿蜒而来，实县治主山也。　**铜鼓山**高数十仞，周回数里，山有岩窦、井泉，石壁上有倒书“千年”二字。旧传尝有铜鼓坠山中。谚云：“铜鼓声闻则岁大稔。”山下左右各有湖，皆广袤数丈；其一或涸，一虽大旱不涸。

笔架山以形似名。高出群山，为邑之望。　**虎冈山**两山相合，林木阴翳，旧传烟雨晦冥，辄有虎咆哮其上，又名虎光山[16]。山凹中有坑如巨舰，名金船塘。每急雨，山之土四流，略不淤塞。（上三山俱在于太平里。）　**黎袍山**蓊郁苍翠，远望如画。　**茫荡山**[17]盘据上杭、永定二县间。山势崭绝，人迹罕至。（二山在胜运里。已上六山俱县北。）　**挂榜山**邑之前山也。横方如屏，正对学宫，故名。　**龙门山**峰峦连属，与贵人峰并峙，为邑之左镇。（上二山在县南溪南里。）　**印匣山**在县西溪南里，为邑之右镇。平夷方正，若印匣然。　**莲花山**在县东北太平里。峰峦丛峙，状如莲花。　**满山红山**在县西南溪南里。森耸雄丽，与潮州接界。　**三峰**自棕山嶂发脉，萦纡起伏，至于卧龙山。

双髻峰两峰并耸，状如双髻。（上二峰在溪南里。）　**凉伞峰**在胜运里。岗峦崒嵂，亭亭若盖，故名。（上二峰俱县北。）　**水珠峰**两山相向，奇秀特出。上有瀑布泉，又名“双飞蝴蝶”。　**雪竹峰**陡峻插天，为邑之胜。（上二峰在县南溪南里。）　**贵人峰**在龙门山之左。峭峻端重如人形。　**新村岭**在棕山嶂下。延袤十余里，路通胜运里田。　**缘岭**在县东丰田里，接漳州界。岭脊有圆墩，故名，盖误以“圆”为“缘”也。　**分水岭**在县西北溪南里。石径险隘，一水分流南北，入胜运溪南二里，一名猪槽凹。

三层岭在县东南金丰里。层岗三折，最号险隘，今设巡司[18]

于上，以察是非。　**龙显岩**在黄田山麓。昂然一石如龙，奋足掀爪，鳞甲具备。岩壁间有笋突出如牛首，今结小庵于其下。**狮子岩**形势庞厚，状如狮子。　**石钟岩**中有石乳。（上三岩在县北太平里。）　**吴坑岩**在县南丰田里。空洞深窈，中有石如龙蟠。　**棕山嶂**在县北胜运里。山势峻特，绵亘百里，林木笼葱，四时不改。上有石如马。谣云："石马鸣则兵。"成化十四年，草寇窃发，太监卢胜合军士毁其首而碎之。　**松柏嶂**界饶平、永定二县间[19]。迭巘巍峨，林木蓊郁，昔人多避寇于此。　**桃坑嶂**山高林茂，乡民尝建炉冶于此。（上二嶂在县南溪南里。）　**杨梅崃**在金丰里。高峻磅礴，盘亘数十里，多产杨梅，故名。　**牙梳崃**在胜运里。以形似名。界上杭、永定二县间，水分南北。（上二崃俱县南。）　**伯公坳**在县南溪南里。路通潮州。　**寒水坳**在县西胜运里。路通上杭县，石径岩险。行者以为病。成化十七年，知县王环凿石开道，人颇便之。　**横龙石**　**头巾石**上二石俱以形似名。（在县北太平里。）　**莲花石**在大溪中。群石丛生，状如莲花，溪湍怒激，舟行稍失势，辄有覆溺之患。上有石壁，隐然有文，如女妇逐一鹅。又名"渔矶石壁"。　**蓝盘石**雄据水涯。　**九磴石**巨石层迭为阶级者九，故名。　**蜡石**色如蜡，居民因以蜡石名乡。（上四石在县南溪南里。）　**马迹石**在胜运里小涧中，广二尺余，厚四之一，面背皆有马迹。每大水，巨石皆浮离故处，惟此石不动。　**鳌石**在平田中。杭陂水绕其下。（上二石俱县西。）　**晏湖**在儒学县。周围约百丈余，陂水来注，潴而为湖，春夏泄以溉稻，秋冬闭以畜鱼。　**涵水湖**在县西。今名龙安寨。湖澄湛萦环，中起一阜，旁有温泉迸出。　**大洲溪**在县南溪南里。源出龙岩火地[20]，经高陂，由丰田过县治西趋，折而南流至广东潮州入于大海。　**文溪**在县北太平里。源出孔夫，至深度合武溪。 **武溪**在县东丰田里。源出寒袍崃，经缘岭下，由龙潭深度合文溪。 **金砂溪**在县北金砂村。源出分水岭南，分流经金谷寺，出古溪桥。（以上三溪皆流入大洲溪。）

丰稔溪在县北胜运里。源出龙岩县界，经上杭黄潭过丰稔寺前，会跳鱼溪水，合流至汉际崆，入于大溪。 **跳鱼溪**在县南胜运里。源出榇山嶂，经丰朗至丰稔寺前。 **信丰潭**在丰稔寺西。其深莫测。 **齐头潭**旁有民居，因以潭名村。（上二潭在县南胜运里。） **龙潭**在大洲溪。旧传有龙居焉。 **鸬鹚潭**在县西。常有鸬鹚群聚捕鱼，故名。 **县溪诸滩**磨石滩。在县北太平里江沿隔。水势澎湃，舟人至此加谨。 箭滩。水急如箭。

罗滩。湍流奔急，居民因以滩名村。（上二滩在县南溪南里。）

憔滩。在县西。水势奔激，舟人过此有惧色。 **箭滩汤泉**在溪南里。源出小涧不涸。 **下洋汤泉**在金丰里。自石壁流出，四时不竭。（上二泉皆可盥浴。） **里田汤泉**在胜运里。其汤最热，可熟物，旁亦有洌泉，盥濯者恒取以相济。（上三泉俱县南。）

大洲汤泉在县东隔溪。泉出池中，可盥浴。 **双井**在县南溪南里吴坑。其水澄澈不涸。

延平府

南平县

龙山一名龙骑山。城壁环其巅，山之半，道南祠在焉。

西山旧南剑州治之西，郡学据其绝顶。（上二山在府城北隅。）

九峰山在剑津里。九峰岧嶤相接，为郡境诸峰之冠。 **展旗山**在□□里[21]，以状名。宋黄裳诗："峥嵘南揖展旗山，旗鼓相临缥缈间。"（上二山俱府城南。） **衍仙山**在府城东衍仙下里，旧名含源山。晋衍客结庐炼丹其上，传以为仙去，因名。山有支峰，岩中一石峙立如佛，名石佛山。衍，一作演。 **虎头山**在县治之右，形如虎踞。旧县学在其下。 **莲花山**在天竺里。重峰迭嶂，如莲花然。 **溪源凤山**在剑津里。山上一泉井有龙居焉，岁旱祷雨辄应。 **天柱山**在大源里。屹立凌空如柱。 **筼筜山**在安福里。旧多竹。 **宝云山**山势秀拔，时出云气。 **文笔山**一峰耸秀，如卓笔然。（上二山在资福里。） **天马山**在太平里。刘禹锡诗："山如天马奔。"（已上八山俱府城西。） **百丈漈山**在府城东北新兴里，高峻临水。 **云顶山**高与云齐。 **宝龟山**平田突出，一石如龟形。（上二山在府城西北梅西里。）

九龙山在长安北里。九峰蜿蜒如龙。又有石如狮子状，号狮子岩。左有石，壁立峭耸，号禅岩。下有书院，祀宋杨时、罗从彦、李侗、朱熹四先生，废址犹存。 **金山**在余庆里山侧，有石洞名金钟。相传昔有仙居之。 **龙湖山**四山环峙，中为平原，旁有龙湖寺。 **虎掌山**以形似名。（上二山在保福里。） **群山**在晋安里。群峰竞出，故名。（以上五山俱府城东南。） **南山**在罗源里。宋罗从彦家其下。 **金凤山**在太源内里。高出群山，其形如凤。 **金宝山**山形高耸秀丽。 **米头山**相传岩畔有石窍出米，山下道庵赖以给日食。后有吴释子者，大其窍，米遂绝。（上二山在开平里。以上四山俱府城西南。） **文笔峰**在府城南罗源里。高出群山，摩切霄汉。 **小鹫峰**在衍仙下里。岃崱如鹫鸟状。宋元祐间，漕使曹子方过此，爱其奇秀，有诗云："面前山好无人识，定是飞来小鹫峰。" **莲花峰**在崇福里。层峦迭嶂，状若莲花。（上二峰俱府城东。） **紫芝岭**在北隅。岭道逶迤，民居稠杂，通郡学之西山。下有忧水井[22]，水清洌，汲之者甚众，不竭，至炎月愈甘美，故名。 **石鼓岭**在梅南里。其山高耸绝，方圆数丈，中心尺余，以石扣之，其声如鼓，故名。（上二岭俱府城北。） **湖头岭**在府城东衍山下里。昔张鬻设伏败张彻于此。[23]

梧桐岭在府城西资福里。多产梧桐。 **黄源岭** **白沙岭**上产白沙。 **清风岭**高出群山。（上三岭在府城东南金沙里。）

美岩在云盖里。唐刘圣者于此坐化，遗庵尚存。 **麂坑岩**在寿山里。相传山多麂，故名。（上二岩俱府城西。） **容照岩**

百花岩剑溪之东，石壁峭立，方春，百花鲜丽，故名。下有碧云洞。（上二岩在崇福里。） **中岩**在衍仙下里。高出众山，有瀑布自岩中飞下。 **云顶岩**在汾常里。常有云气冒其上，故名。（上四岩俱府城东。） **西岩**其石崔嵬。相传唐宝历初，有蔡、柳二禅师创庵，山神示现，二师拔松倒植于地，而松倒生，山神乃归向。 **天井岩**山石中一窍通明，故名。（上二岩在大源外里。）

圣泉岩在天竺里。当道旁有岩泉清而甘，岁旱不涸，夏日行人竞饮之。相传有圣僧道此，凿以济渴。 **碧岩**在长沙上里。相传曾出异石。 **青岩**在梅东里。四时青色隐隐，故名。（已上五岩俱府城西。） **白土岩**在府城东北新兴里。山产白土，人取以制粉。 **郭岩**在府城西北寿岩里。相传梅福炼丹于此。又云，上有仙翁庵，仙翁郭姓，故名。 **举岩**在长安北里。 **虎掌岩**在余庆西里。状如虎掌，故名。 **紫岩**岩石皆紫色。 **文笔石岩**尖峰如笔。（上二岩在晋安里。以上四岩俱府城东南。）

闻猿洞在城南玄妙观之右。昔有方士袁深尝炼丹其中，二白猿往来而狎，风晨月夕，时闻清啸，故名。□深诗："闻猿何似不闻猿，闻得终妨一夜眠。息个心猿如了得，洞门深锁月明天。" **莲花洞**在府城北梅南里。岩石赤纹，状如莲花。 **隐鳞洞**在崇福里。左依百花岩，右旁藏春峡，直抵双剑化龙之浒。宋隐士吴仪尝渔钓其中。 **石鲭洞**在衍仙下里。（上二洞在府城东。） **花**

心洞在剑津里。上有九曲，似花心焉。　金源仙洞在梅东里。元至正中，有方士隐其姓名，修真于此，赐号“显迹道场”。（上二洞俱府城西。）　平寇颂石李先锋系降寇坐此。郡人刻颂。花纹石有五采纹。　虾蟆石临水如虾蟆状。居迩此石者，夏月无蚊，今铁冶是也。　笏石　幞头石上二石皆以状似名之。（以上五石俱在府城南剑津里。）　金星石其色黄莹如金，故名。

凤味石相传昔有孝子，母思凤肉成疾，遇仙指曰：“此石味同凤肉。”击块煮而食之，疾愈。（上二石在任州里。）　仙书石在崇福里萧坑之前。或指以为仙书。（以上三石俱府城东。）　卤水石　玳瑁石如玳瑁状。（上二石城在府城东长砂上里。）盘陀石在府城东南杜溪里。一石坦夷，方广丈余，四山环峙，清泉涌出其旁，嘉禾阴森，景绝幽雅，宋李侗、朱熹二先生尝游息其上。　马鞍石在府城西南。状如马鞍。　归云峡在府城北衍仙下里。雨后常有云气。　岭峡在府城南长安北里。两岸青山回合，溪流转折而去。　藏春峡在府城东崇福里剑溪之东。两山崇拥，繁花杂卉生其间。筼峡在府城西天竺里。山多产竹。

大洲在寿山里安济铺前。其地多民居。　雔洲在长沙上里，水中平地，民多居焉。（上二洲俱府城南。）　濛洲在汾常里。仙洲有山介二水之间。（上二洲俱府城东。）　黄龙洲一名黄龙沙。在府城东南张司空祠前。每春水后，土人视洲之沙多寡，占岁丰歉。宋黄裳诗云：“看取黄龙沙斗起，满城歌吹入丰年。”金沙　白沙（上二沙在金砂里。）　小沙在崇福里。（以上三沙俱府城南。）　鳖湖在府城南罗源里。　龙湖在府城东保福里。

三溪在府城南。西溪，源出长汀县，经将乐县，东流至顺昌县，西与邵武溪合，又东流经王台驿前，至沙溪口，与沙县溪合，四十里至剑潭，东溪源出浦城、崇安、松溪三县，凡五派合流，会于建宁城外，南流一百二十里，至剑潭，遂合流而下。俗呼为丁字水者，曰南溪，又九十里与尤溪水合，直抵福州而入于海。 **大芹石桥溪**长沙里二小溪，发源尤溪县界丹岭下，约三十里至此。 **太平里溪**溪源自沙县界黄泥隔，约三十余里至筼筜。 **开平里溪**发源自大原里，流五十余里至汉口，又十余里抵大溪。（上三溪俱府城西。） **罗源里溪**发源自咸溪，流经本里，至寿山里。 **云盖里溪**发源自尤溪林平，聚流成小涧，又二十里经罗源里，至寿山里，合罗源溪。 **大源里溪**发源自本里，经大地，历岩头蔡坑口，至伏溪口，约二十里，至大芹石桥下。 **杜溪**发源自坑柄岭下，十里会流入崇仁里，又四十里至水东口。（上四溪俱府城南） **遵教里溪**在府城东南。发源自建安界小溪，流经本里小演溪，约五十余里，至黄源。（以上八溪皆流入三溪。） **常坑**在府城东演仙下里。坑即涧也。 **小常村坑** **小涪村坑** **大涪村坑** **凿滩坑** **小凿坑** **大凿坑** **峰溪村坑**（上七坑俱发源演仙下里山谷间。） **马坑**在府城西。发源自小浴岭后兴化院前，及林坑、胡坑源合流至坑口化龙桥下。 **西门坑**发源小浴岭下，至旧县尉司前石桥下。 **花心洞口坑**源出溪源，经大浴岭下，约十余里，至罗源镇口镇安桥。（上二坑在府城西剑津里。） **水磨坑**源出剑津里尤坑，约七里至坑口。 **田坑**在府城南。源出广教寺之东西坑，至中岩合流，经水云村至府城西四鹤桥下。 **林塘坑**在府城南寿山里。（已上一十四坑水俱注入三溪。） **万丈潭**在府城南剑津里灵源庵之前。其深莫测，潭上有亭，以潭名名之。 **九里潭**在府城东南金砂里。上下皆急滩，惟潭九里澄碧，其平如掌。 **百丈漈**在府城北新兴里。 **罗源漈**在府城南罗源里。 **东溪诸滩**曰汾，曰竹林后，曰高桐，曰凿，曰黯淡。此下直至剑津，接西溪。其中黯淡一滩，古称最险。宋天圣中，郡守刘兹开其港道。元丰中，朝命其地僧院主之，岁度僧一人导湮塞。绍兴间，郡守上官愔、督漕晁谦之、范同、通判吴逵、知县吴叔虎谋以义财，募闲民，凿其险为港，阔三丈，又为二乾港，阔减三之一，官复以钱三十万付院僧收以佐用。于是东溪之险悉平。　**西溪诸滩**曰石柱，曰扛猪，曰张八嫂，曰三门，曰小黄口，曰大黄口，曰张岩，曰虎口，曰樟槎口，曰苏坑口，曰星窟，曰大湍，曰小湍，曰城门，曰将军，曰黄墩头，曰慈油，此下直至剑津接东溪。　**南溪诸滩**曰剑鞘，曰嵩口，曰大伤，曰小伤，曰五港，曰天柱，曰鸠道、曰同场，曰龙窟。其中大伤、天柱、龙窟诸滩，古亦称最险。宋绍兴间，郡守上官愔等既开黯淡滩，愔复议大开诸滩。有僧祖日者，能相滩势，因命董其役。漕司助钱百万凿此滩。愔复请于朝，愿益助费。事下漕司如章，又益钱一百五十万，而南溪之险悉平。　**剑津**在府城南。建宁、邵武二水合流之所。晋雷焕子所佩剑，跃入水化为龙，即其处也。唐欧阳詹诗："想像精灵欲见难，通津一去水漫漫，空余昔日凌霜色，长与澄潭生昼闲[24]。"　**放生池**一在府城东迎思亭之前，旧为宋南剑州放生池；一在溪南玄妙观下，旧为宋剑浦县放生池，即剑潭[25]上下水深处。禁渔捕。　**绿净池**在府治东。地名天河，古放生池也。　**莲花山**在田坑南山之阳。　**叶家池**在府城梅山麓。

茯苓泉在府城北中岩畔。旧有古松，根下结茯苓，泉出其侧。故名。　**槊涧泉**在剑津里。源出山巅，盘回石涧，泓深清洁，具味甘美，土人饮焉。　**育德泉**在延平书院横翠楼之右。其泉寒洌，宋罗从彦、李侗、朱熹三先生讲道于此，饮此泉，取蒙象卦之语名之。（上二泉俱府城南。）　**金泉**在西府城二里许。潭中有沙，人淘之，往往得金。　**佛智泉**在开平寺方丈之后，极清洌，遇旱不竭。　**谯楼门内井**味甘而美，遇旱不涸。　**七星井**水味甘美，夏月不竭。　**双井**在府仪门前左右。成化初，知府郑时凿，泉味甘洌，四时不竭。（上四井俱府治南。） **学粮仓街井**在府治东。俗呼夏郎仓井，水带铁气。 **南山下井**在衣香巷。其泉自下涌上，漫溢平地，色清洁而味甘美，酿酒尤佳。 **河泊所前井**（上二井俱府城西。）

将乐县

西台山一名钟楼山，邑之主山也。巍然高峙，其上坦夷如台，因名。山之麓有真济洞。 **封山**其山高大，群峰环拱，为一邑之镇山。南有王隆万寿宫，昔杨道真君炼丹于此。山麓有小洞名真君洞。宋杨时有记。（上二山在龙池都。） **龟山**实封山之支峰。其状如龟。宋杨时世居山之下，因以为号。今有书院在焉。 **百丈山**在崇善都，与江西南丰分界。悬崖绝壁，高出群山，苍藤古木，高翠拂云，昔越王尝于此建置台榭。 **五台山**在永吉都。峰峦环拱，林木森然。（以上五山俱县北。） **翠帘山**苍翠高耸，如垂帘状。上有天湖山，三面峰环，中夷而旷，有龙窟承天潴水，曰天湖，山因以名。 **天阶山**一名"蹬"[26]。岁崱高若升天，相传赤松子采药处。有玉华洞，洞有二石门相去一二里许，中分二路，会于后门。初窥之黑暗，秉炬而入，中有雷公、溪源、杨梅、果子、藏禾、黄泥六洞，又有灵泉、龙井、石泉合为涧而出，怪石奇伟万状。内产药石，品类颇多，若石英、寒水、禹余粮、井泉砂、钟乳、石燕、龙骨、狗牙，此其最名者八。其邃处有一小窍，上通天光。洞之外苍藤古木，鸟韵蝉声，清人心目，游者忘归。洞之阴曰宝华洞，其中仅容周旋。一石穴，泉寒而洌，不涸不盈。其阳曰南华洞，石室方平，景物尤胜。昔人称为三华。 灵泉。遇旱祷之辄应。 龙井。泉极寒洌。 石泉。其泉微温。（已上俱在玉华洞中。） **马鞍山**两峰突兀，状若马鞍。（上三山在玉华都。） **石壁山**苍崖壁立，周回三四里，险阻难登。 **金泉山**

《建安记》云:“山南枕溪,有细泉出沙,淘之得金。” **五马山**五峰森列如驰马状。　**东宝山**在南胜都。其山高耸,甲于诸山,朝暮尝有光焰,如宝气烨烨,因名。　**天柱山**在三溪都。其山孤特撑云,望之若天柱然。(以上八山俱县南。)　**九仙山**重冈叠陇如龙翔凤翥。相传尝有九异人炼丹其上。　**石帆山**耸峰如帆,故名。《坤元录》云“将乐石似张帆”,即此也。(上三山在忠孝都。)　**孔子山**层峦矗起溪滨,山半有石窍,深邃玲珑,遇水涨则巍然孤立,如石垒然。旧传山有兽人形,名曰鬻鬻[27]。鬻,扶味切,又扶谓切。　**仙桥山**山势横截如飞桥然。(上二山在富谷都。)　**云衢山**在高滩都。势高木茂,时生云气。(以上五山俱县东。)　**含云山**朝暮间常有云气氤氲。其山下有寺,宋杨时尝筑室读书于此。　**凤山**两峰对峙,状若飞凤。(上二山俱县治西。)　**三石山**在县西南。山上有三石,色红白如人形,俗呼为三郎石。　**太阳峰**在万安上都,高插霄汉。日初出,此峰先得其光,故名。　**山门峰**在永吉都。高耸云霄。下有两石,对峙如门,其中小径可通往来。(上二峰俱县北。)　**羊角峰**在隆安都。两峰并秀,如羊角然。　**丫峰**两峰对峙如角状。　**塔峰**其峰岧嶤出云汉之表,绝类浮屠,故名。(上二峰在中和都。)　**君子峰**在南胜都。宋政和间,邑人汤岩居筑室隐居于下。其人文行脩洁,时称君子,因以名山。(上四峰俱县南。)　**笏峰**在县东高滩都。卓立如笏。　**太灵峰**在县东北上衢都。峰峦峭拔,树木阴翳,人迹罕到,岩穴嵌宝。相传有灵物藏其间,故名。　**马岭**在龙渡都。峻绝难跻,如怒马奔跃,故名。　**张源岭**在张源都。岭路盘曲十余里。(上二岭俱县北。)　**亭岭**在玉华都。其岭崔嵬,难于行步。岭半旧有亭,以为行人休憩之所,因名。

三崎岭在胡管都。其岭陡峻三崎,顶有山泉一脉,清澈可爱。

湛岭在蛟湖都，又名蛟湖岭。岭道仅一里许，极险峻，上有古木数株，俯视大溪。蛟湖在其下。 **铁场岭**在兴善都铁场铺，一名铁岭。岭道险峻。可五六里。（上四岭俱县南。） **星窟岭**在龙池都。路出山巅，下有落星穴，故名。 **五岐岭**在积善都。岭道峻绝难跻，其岐有五，故名。（上二岭俱县东。） **藤岭**在县西二里。其岭高峻，起伏萦回。岭侧多藤蔓，故名。 **油云岩**在县北龙渡都。岩石礧砢，瀑泉流其间。每天欲雨，则云气油然而生，故名。 **瑞云岩**在桃源都。一名补陀岩。下有石室，中立观音像。 **永兴岩**在兴善都。岩石峭然，藤萝垂绿可玩。 **春岩**在水南都，又名春谷。林谷阴翳，花卉繁植，四时如春，故名。 **金溪岩**在石壁山之巅。旁有惠应禅师庵，右有亭翼然，俯瞰溪流为邑人游乐之所。（上四岩俱县南。） **甘露岩**在高滩都。相传尝有甘露降其巅，故名。 **龙津岩**在龙池都。岩石森耸，下临龙潭。（上二岩俱县东。） **白云岩**左有石室，杨道真君尝炼丹于此，丹灶尚存，祷雨多应。旁有马仙祠。 **圣水岩**岩穴中有泉一脉，病疫者饮之辄愈。 **仙井岩**在阳岸都。孤峭崔嵬。岩畔有泉一泓如井，深不可测，故名。**普照岩**在隆兴都。巉岩耸立，一览之际，景物无穷。 **圣者岩**其岩最绝处有灵泉，祷雨辄应。 **花岩**多产佳茗。（上二泉在隆荫都。已上六岩俱县西。） **虎头岩**在玉华都。一名龙池头岩。峰峦秀绝。旁一石形类虎，有石门自山下通山顶，其中明爽可居。下有佛刹，重楼复阁，为一邑胜处。 **东岩**在龙安都。岩窦出泉，或谓神龙窟宅，岁旱祷雨多应。（上二岩俱县东南。） **石门洞**在龙池都。相传嵩真人炼丹于此。 **石燕洞**在崇善都。崖壁陡绝，洞方广可丈余，中有数石如燕。 **油云洞**在龙渡都。洞门划然，泉清石洁。相传宋淳熙间有萧公者遇异人于此，遂得道，至今有庵存焉。（上三洞俱县北。）　**金华洞**在永康都。山高数十丈，洞口风出甚急，内多蝙蝠。宋有僧普盈结庵居之。遇旱祷雨多应。　**铁华洞**在大里都。不甚深广，其中云气吞吐，泉声清亮，亦一佳境也。

龙居洞在君子峰之巅。岩谷幽邃，石泉清泚，常有云气蒙洞外，或疑有龙居之，故名。（上三洞俱县南。）　**灵源洞**在县东忠孝都。山峦秀绝，由石径而上一里许，苍崖陡壁，泉响如雷。一石室广可六七丈，旁一窦，俯伛而入，其中深邃微明，多小石奇润，好事者采归，植菖蒲以供清玩。下有泉水，遇旱祷雨辄应。　**星穴**在县南蛟窟之右。旧传村民一夕闻震声如雷，起视之，见一星大如屋，黎明地陷为圆穴。　**蛟窟**在县溪南。相传昔一小儿见溪旁一巨螺，拾归，穴地潴水畜之，未竟日，其地横溃，水势汹汹。民惧以经卷铁器投之，方息。今周回宽亩许，水清澈不涸。　**三公石**三石峭立，俨如人形。　**金鸡石**相传昔人凿石，一金鸡飞出，石穴尚存。（上二石在县北龙都。）　**麻子石**在县南翠帘山下，其石散碎，色斑斓如麻子然。　**龙津岩石**光润可为砚。　**石剑石**铓刺类剑，故名。　**雷公石**与石剑相望。相传石罅中有泉清莹，土人祷雨，汲之即有雷声，故名。（上三石在龙池都。）　**圣石**相传尝有僧祷雨于石，顷之雨澍，故名。　**石门隔石**光润可为碑为砚。（上二石在忠孝都。）　**七贤石**在高滩都。里人余氏世居其旁，相继登科者七人，因名。（已上六石俱县东。）　**石狮石**在县西北大里都铁场山。屹立如狮之蹲。　**竹洲**在县南竹洲都，当溪之中。林竹深茂，故名，亦因以名都。　**饭箩洲**在县东龙池都。每值诏岁，溪中或涌出小洲，形如饭箩，则邑士有预荐者。　**浮洲**在县西蛟湖都渡溪中。其洲高峙广袤，民居十数家，上有佛庐。相传昔人尝立寨避兵于此，俗呼水砦。　**蛟洋湖**在县北阳源都。孤峰绝顶，水光澄澈。相传尝有巨蛟于此化为龙。

西湖在县南桃源都。一名野水，自桃源漈而下，至此汇而为潭，深碧如镜。　大溪在县南水南都。发源南自清流，北自建宁、泰宁，合流至县金溪，萦纡经县前折而东，至顺昌，会邵武溪，至府城入三溪。　安福口溪在积善都。源出泰宁县界，经万安寨前。　龙池溪在龙池都。源出泰宁县张源岭下。　小莫溪在高滩都。源出沙县界。　小常溪在富谷都。源出常源村涧。(上四溪俱县东。)　水口溪在永康都。源出沙县黄源岭下，经南胜都，与龙安都石牌场溪合流，至此抵大溪。　莫溪[28]在睡龙都。　竹洲溪(上二溪发源俱自泰宁县分水而来。)　常溪源出宁化县。(上二溪在竹洲都。)　将溪在义丰都。源出石牌场。　桃源小溪在桃源都。源出桃源□。(已上六溪俱县南。)

望江小溪在子教都。源出本都山谷，会诸涧之流。　獬村小溪在桃源都。(上二溪俱县西。已上十二溪皆流入大溪。)　海溪[29]按《大明一统志》，在县西北八十里，询诸邑人皆不之识，姑志以俟知之[30]。　黄坑口涧源出顺昌县盖竹村。　石帆小涧源出灵源洞。(上二涧在高滩都，俱注大溪。)　白石潭在县南蛟湖都，下连黄竹滩。洲多白石，故名。　龙潭在县东龙池都。二水夹流，汇而为潭，灵物潜焉；每风雨晦冥，则波涛汹涌可愕。　金溪潭在县西南石壁山下。湛碧静深，崖畔有亭。　白水漈在池湖都。一水自高崖而下，可百余丈，望之如白虹。　桃源漈在桃源都。飞瀑悬崖。(上二漈俱县南。)　重滩在阳源都。乱石巑岏，湍势迅驶如注。　摇溅滩在义丰都。滩势曲折，巨浪惊涛，舟过则摇曳然。　黄竹滩在桃源都。乱石龃齬，水势奋涌约一里许。(上三滩俱县南。)　三涧滩在积善郡，滩中聚沙成洲，春涨一分为三，萦纡而下，约一里许，复合为一。　白渡滩怪石屹立，水势奔泻，如建瓴然。　常滩中有沙洲，二水分流，浅水急[31]，仅一里许，较之他滩是为常焉[32]。（上二滩在富谷都。）　**濑口滩**在高滩都。石濑险驶，其声潺潺。（已上四滩俱县东。）　**硿头滩**俗呼谢家硿，又名林滩口。左列乱石，右峙沙洲[33]，当中一石岿然。　**延涧滩**遇暴雨辄涛浪掀轰，晴明则可历而涉。（上二滩在县西睡龙都。）　**将溪滩**在县西北竹湖都。怪石屹立其中，水势迅急，舟师患之。　**仙池**一名仙塘。在县南大里都陇竹山之上，大旱不竭。　**龙池**在县东龙池都。唐大历中廖藏真人祖廖太岁尝以二水交流，渊深莫测，指有龙居其中，名之曰龙池，后因以名都。　**灵泉**在封山之巅。相传昔人祷雨于此，有泉涌出，汲而洒之，辄雨，故名。今有石穴无泉。　**金泉**在石壁山下。其山如金星，泉出其下。　**汤泉**在池湖都灵山寺东崖之巅。其泉混混而出，气温如汤。　**仙泉**在大里都仙塘之侧，其泉时盈时涸。（上三泉俱县南。）　**蟹眼泉**在高滩都。岩上有两石窍如蟹眼状，泉出其中。　**藤岭泉**在藤岭之下，泉味甘美，长流不竭。　**古井**在儒学前。（上二井众汲不竭。）**龙井**一在玉华洞内，一在宝华洞后岩石上，一在县南兴善都一石穴，大如盘。三井泉味甘美，遇旱不竭。　**含云井**在县西含云寺之前。

尤溪县

伏狮山自两髻山南陇逶迤起伏行三十里为贵人峰，峰回突耸而起，状如伏狮，为县之镇山。　**双髻山**双峰峭拔万仞，如双剑倚于天外，又名双峰山。有堂祀观音。山之巅生异草二种：一如妇人束鬓篦，俗名观音篦；一如蜡烛灌油，可燃以照夜，俗呼观音烛。　**小双髻山**状如丫髻。　**碧鸡山**以形似名。（上三山在七都。）　**董山**在二十都[34]。上有石室广丈余，相传为董真人炼丹之所。(已上五山俱县北。) **眠象山**在青印溪之南。 **席帽山**在二十都。(上二山俱以形似名。) **仙灵山**唐末有王道人者,结庐炼丹其上,后不知所终,人皆以为仙,以此山为仙灵窟宅。山有十奇:曰双鉴池,曰灵泉井,曰飞星坛[35],曰卓笔峰,曰宿云洞,曰鹰嘴岩,曰白云庵,曰棋盘石,曰狮子石,曰仙乐台。俱在峰顶。 **蟠龙山**状如龙蟠。(上二山俱在二十三都。) **灵旗山**在二十五都。望之如旗帜然。 **龙门山**在二十六都。高耸千余丈。其巅有石穴,源极清澈,岁旱不涸,相传有龙居焉。(以上六山俱县南。) **应仙山**在十都。其山极秀丽,好游者临绝顶,群峰一览在目。旧名鸡心山。山半有亭曰应仙,因改今名。**参拜山**在湖头溪之东。山势起伏若趋拜然。(上二山俱县东。)

屏帷山在县治西。自贵人峰旁出,环抱县之西市,如屏帷然。

鸡笼山在五都,以形似名。 **仙山**在六都。其山峻绝,势凌双峰山之巅。一石穴吞吐云气,深不可测。相传有牧竖掷石其中,声隐隐若雷,即有异禽飞出。牧竖病死。乡人戒勿亵,因以仙名之。 **灵龟山**在二十九都。山形如龟。 **银瓶山**在三十一都。其状如瓶。旧于此闸办银课。"瓶"或作"屏"字,误。(上四山俱县西。) **登高山**在县西北二百步许。屹起群山之间,邑人士多于此登眺。 **石井山**在县东南十八都。下有龙潭。 **鸬鹚山**在二十四都。其山三面壁立千仞,鸬鹚滩环其下,一径盘旋至山巅,如羊肠然。寇乱,乡人多携家避此。 **金楼山**在二十七都。翠耸云间,状如楼阁。 **九仙山**在二十八都。峰峦秀拔,人迹罕到。上有金鲫池、石棋局、黑白二石马、炼丹灶。时有仙人往来,仿佛闻鼓乐音。昔乡人林五六樵山中,见二人弈,徙倚观之,二白鹤啄杨梅,坠一颗于地,弈者指令拾之,因俯拾以食,遽失弈者所在。暨抵家,遂辟谷之火食,颇知人休咎。(上三山俱县西南。) **莲花峰**在七都,以形似名。峰之顶有天湖,水色绀碧,莫知泉脉所自出，极深，岁旱不竭。鱼鳖充物，人不敢取，盖有神物凭借焉。宋时每现五色云间并蒂莲[36]，则岁大稔，乡人是占之，屡应。　**卓笔峰**在三都。高数千丈，尖耸如卓笔然。（上二峰俱县北。）　**毓秀峰**在县溪南。宋朱文公生于此，故名。有南溪书院。　**文笔峰**在县南二十五都。高数百丈，状如卓笔。**牛角峰**在县西七都。以形似名。　**皇华峰**在县东北十一都。下有亭名仙亭，宋重和元年旱，邑人祷雨于此，忽香火楮钱坠地，有神降于巫体，自称神姬马姓第五，欲托迹山下，致霖雨以苏此方。语毕，雨随沾[37]。　**高原岭**县之龙山自此而来[38]。　**丹溪岭**在十二都。又名桃木岭。界南平县，萦回可十五里，自岭趾至其巅，凡三迭，皆数百丈。回视数十里之中，川源隐隐，沟塍棋布，如身在霄汉间。（上二岭俱县北。）　**分枝岭**在二十三都。南临泉州、德化，岭居二县界。上有大树，南北两枝分二县境，故名。又其上有关，俗呼大关岭。　**黄坑岭**在二十九都。黄筝，苦竹，涧水潺湲。　**板岭**在□□都[39]。（上三岭俱县南。）　**松山岭**在二十五都。下有松山院。　**小村岭**在□都[40]。（上二岭俱县东。）　**戴公岭**在三都。岭道纡回，凡三十二折。　**枣岭**萦回可五里，有瀑布泉泻其巅。　**杉岭**崕峻绝，青印溪□源发于此[41]。　**安州岭**山石峭然，临于潭上，俗呼虎头山。（上三岭在六都。）　**佛仔岭**岭道有石梯。旁有僧伽祠，乡人有祷颇应。　**小王岭**通泉、漳二府。岭道艰于跻攀，邑人朱绂别开坦道，岭遂废。（上二岭在七都。）　**麒麟岭**在二十八都。以形似名。　**铁山岭**在二十九都。山产铁矿。　**急坑岭**在三十一都。山峻险，涧水流甚急。　**白沙岭**在三十八都。岭道高峻，多白沙。　**蓝岭**岭之石阶皆蓝色。　**新岭**岭下有寺。宋淳熙中，寺僧新开此道。（上二岭在五十都。已上十二岭俱县西。）

褒溪岭在八、九都[42]。萦纡约六七里。　**大帽岭**在十五都。以形似名。（上二岭俱县东北。）　**黄林岭**在县东南□□都[43]。

柿榠岭在三十六都。山产铁矿。　**马军岭**在二十九都。昔人尝屯军御寇于此。（上二岭俱县西南。）　**白鹤岩**在县南二十三都。与石梯岭相望。　**珍岩**在县东□□都[44]。　**赖岩**在五都。其上怪石万数，巨者如屋，绵亘可三里，宛然一洞府也。洞口缘梯而上，石室联属，皆有窦如户。俯而入，其中流泉可爱，石罅如窗牖者数百所。宋时尝有怪孽，为鬼，为蛇，为美妇，变态百出，为乡人患。僧智收寓岩中[45]，趺坐几昼夜，怪遂绝。绍熙初，建寇叶亮犯县，乡民匿其间，保安全者千余人。　**铜盘岩**在六都。悬崖峻峭，竹树阴翳，鸟道萦纡，流泉溅沫如雨，岩下有潭，广可四五丈，岁旱，乡人祷雨辄应。　**流溪岩**在二十九都。高约百余丈，其上不毛，其崖石皆铁矿也，凿之皆可煽铁。　**高峰岩**在三十九都，顶有佛庵。岩窟涌泉如渊，深数丈，旧有龙潜焉，乡人遇旱，祷雨辄应。（上四岩俱县西。）　**虎窟岩**悬岩陡峻，前逼流水中，有一窟，可列坐数十人。岩下旧有起传庵。　**彭坑岩**有巨石迭其巅，或云有物凭之，夜发火光，间出虚响，如鼓角声。　**石门岩**在□□都[46]。（上三岩俱县东北。）　**灵惠岩**在县西北四十五都。岩壁峭拔，去地三丈许，有窦可入，内若厅事者二所，可环坐千人。有泉出石缝间，随饮者多寡，为之盈缩，号“圣泉”。旧名“师姑岩”，又名“佛窟岩”。山阴为沙县界。土泥极腴，每三大斗可粪田一亩，农夫经百里来市之。　**连莒岩**在县西南一十九都。岩石峭绝，时有猿数百为群，经此而去。**观音洞**在双髻山之阳。昔有陆道人庐山间，历览奇胜，得一石室，见其泉石可人。他日偕一僧，由石室旁扪萝而上，至高崖极峻处。崖隙中有小石塔，惊异之，遂谋募众力建阁。洞前，方凿石为趾，深及寻尺，得一像如世所谓观音者。众共骇愕，因以名洞。旁有泉一脉，深可尺许，未尝见其溢，然终岁汲之不竭。　**龙门洞**在县南二十六都。洞口广仅四尺，而其深莫测。中有石龙，状石棋局、棋子。石窦滴水如雨，又名“滴水洞”。其水流入石穴，不知所之。入百步许，蝙蝠百千为群，其大如鸦，扑人面，再不可得而入矣。宋朱松诗：“拄藤危磴响，濯足细泉洁。能诗有老休，联句媲前哲。拟结汗漫游，更待欃枪灭。”[47]　**凌霄洞**在县西三都。山崖壁立，惟一窦可跻。宋绍兴三十年寇乱，乡人皆即以避难，自后僧庐其间。　**天神洞**在县东北八、九都褒溪之旁。　**藏剑峡**在县东七都。相传张真斩蛟溪上，匣剑藏峡中。　**石牛石**在小演村。状如卧牛，天欲雨则汗。　**龙爪石**在西华村。有池方广约六丈，池中一巨石，青色，高七尺许。龙爪痕入石者四。（上二石在县南二十四都。）　**宝珠石**在县西五都山涧中。相传尝产异珠，光彩夜发。　**三龟石**三石状如龟，屹立溪中，俗谬呼为“三姑石。”　**仙人石**在沅潭岸侧。昔尝有人凿之，其声轰然，惧而止。（上二石在县东北八、九都。）　**石鱼石**在连莒溪之左。状如鱼，长丈余，大可三尺，首尾鬐鬣毕具。　**石龟石**在连莒溪中。天将雨，此石湿润如汗，乡人占此为雨候。（上二石在二十九都。）　**青印石**在宣化门外平水滩。唐异僧黄涅盘过此留偈云：“塔前青印见，家家亲笔砚，水流保安前，尤溪出状元。”先是尤溪未有登第者，自宋庆历中，林积登进士第，邑人始知学。逮宣和中，士风渐盛。南渡后，青石如印，则比屋弦诵矣。石今尚高丈余。（已上三石俱县西南。）　**洗马洲**在永丰门外。方广平夷，宜洗马。　**应龙洲**在县治东水口。堪舆家以为县山行龙处，故名[48]。　**尤溪洲**在县东，洲多尤姓，故名。今尤氏自言其上世本姓沈，避王审知讳故改姓尤，非也。　**黄沙**在县西黄沙岭。　**沅湖**[49]在县东北十都。两岸巉岩怪石，缘波泓渟，可二里。　**青印溪**在县南。其源出县西九十里沙县界。东行迤逦会山坑溪、王卫溪、牛皮溪、新坑溪、渡源溪、胡鳖溪、飞溪、戴公溪、杉溪、杉岭溪、莒积溪，凡十又一溪，经县前入于湖头溪[50]。 **湖头溪**即尤溪，在县东。其源出泉州德化县，至尤溪境西北，迤逦会汤泉溪、岩下溪、牙坑溪、上踝溪、上下池溪、小湖溪、黄乾溪、石堰溪、茭洋溪、莽荡洋溪、石圳溪、沈村溪、汤溪、白石溪、上芹溪、漈头溪、盖竹溪、横当溪、黑藤溪、青印溪，凡二十源[51]。自是转北流，是为湖头溪，至尤口涵会剑津。按《太平寰宇记》谓"尤溪之源发于双髻山下"。殊不知一源出德化县白石上斤，二源出龙岩县，源流之长几三百里。双髻山在县北二十五里，细流溅溅，深不逾尺。盖当时记者考之不审耳。 **忧溪**两山崇拥，石壁如削，瀑水下注，高千余仞。山□放木筏至此[52]，蹑石磴循山而行，其筏则释令其随水射潭底，移时自浮出，或了无寸木可寻者。 **胡鳖溪**溪有龙潭，深不可测，乡人创龙祠其上，岁旱，祷雨辄应。 **保峰潭** **鬼坑潭**在八、九都。昔乡老有陈归者，见黑龙横亘水面，奔告乡人，皆见之，士人五度状其形，刻于潭侧石壁，以表灵异。后人祷雨，以铁搅潭，有赤蛇见，雨则霶沛。(上二潭俱县东。) **曲尺潭**在六都。石壁嵌岩，临于潭上，瀑泉泻下如飞练然。潭中多产鲔鱼而不可渔钓。以其形如曲尺，故名。 **虎跳潭**在宝城门外青印溪。水澄碧，深不可测，有龙潜焉。宋赐额号"丰潭"。潭之上双崖相逼，俗以虎可跳而过，故名。 **苦竹潭**在二十八都凿棕潭下流。有五龙潜其中，人尝见之。相传尝有人见龙，疑其非是，投以石，少顷波间电起，风雨暴作。 **莒溪潭**其深莫测，有龙潜焉。岁旱，祷雨辄应。 **凿柄潭**潭侧峭壁万仞；攀萝扪石，方可进跬步。山多猿猴，每千百为群，遇之，或以石投人。(上二潭在二十九都。)
大井潭在三十一都石堰、茭洋二水会处。山陡水深，为潜龙之窟。乡人岁旱，多祷雨于此。(以上六潭俱县西。) **沅潭**在县东北八、九都。 **落里潭**在县东南十八都。其水深碧，有龙潜焉。

宋侍郎陈旸自闽清来，致奠祷雨，雨随注。　**百丈漈**在县北十都。高凌云际，林木蔽亏，水极清澈，飞瀑百余丈。　**悬剑漈**在县南七都。水若悬剑。　**杨柳漈**在县西三十九都。极高，水如悬练。下有潭，其深莫测，有龙居于此。　**湖头溪诸滩**曰大截。占湖头溪上流，上踝上下二池二溪，会小湖溪激而成滩，德化县于此截界，故名。曰侧枕。有石状如侧枕，故名。曰春墙。两旁石壁如墙，水冲其间。曰带。延袤七里如带。下此为樟木潭。潭下流凡六滩联属，曰鱼煎，曰鸬鹚，曰樟根，曰大连兴，曰小连兴，曰大石头。下三十里为莽荡洋。洋下凡八滩：曰吴令，曰大览，曰小览，曰大昌，曰小昌，曰三夷，曰钟山，曰连乾[53]，由是疏为张四谿。下流又八滩：曰猿，曰白羊挨，曰太极尽，曰冲，曰沉，曰黄坑，曰牛角，曰鲙[54]。（自此以上诸滩俱在湖头上流，下一百一十里，为滩三十，注尤口函。）　**放生池**在县东积善坊。旧以保安寺后广英亭前之塘为之。宋庆元中，知县詹丙以为浅陋，不称臣子祝寿之意，移就县溪。东自峡头，西至湇坑口，下至小村口，禁渔捕。于东西门外立石，镌"放生池"三大字以识之。　**西园池**在县廨之西。　**双鉴池**在仙灵山三峰之下。　**根口汤池**在县西南二十九都。　**长沆泉**在县治南。发源毓秀山。四时滔滔不竭。宋朱熹诗所谓"源头活水"即此是也。　**龙井**在县东十七都。高峰千仞，下有二石井，琢削天成。每欲雨，必有龙缘崖上下，或盘旋波间，人多见之。岁旱辄祷雨于此。　**通驷井**在县治西通驷坊。味甘冽，潴水石斛仅广二尺，长一寻。朝夕汲之，虽数百人不涸也。相传尝有小金鲫出其间，汲者欲涸水取之，遽失所在。宋秘书黄声居其侧，尝纪异而刻于石斛。　**灵源井**在县西灵源院前。深十余丈，每遇米价高，则涌溢四出，平则止四五尺，乡人以是卜米价低昂。

校　注

［1］“磜”疑为“漈”之误。

［2］民国《明溪县志·地理》作“蛾眉山”，并谓：“一中峰正对县门若蛾眉然。”

［3］民国《明溪县志·地理》作“笔架山”，谓：“在县西三里。”

［4］乾隆《汀州府志·山川》作“在县东兴善里”，民国《明溪县志·地理》作“在县东北三十里”。

［5］乾隆《汀州府志·山川》作“在县北五里”，民国《明溪县志·地理》作“在城东北六七里”。

［6］民国《明溪县志·地理》作“在县东南八十里”。

［7］民国《明溪县志·地理》作“在城西二十里之永安铺”。

［8］民国《明溪县志·地理》作“在县西北二十里”。

［9］乾隆《汀州府志·山川》作“在县东归下里”。’

［10］民国《明溪县志·地理》作“在县东黄陂”。

［11］民国《明溪县志·地理》作“在县东二十五里之瀚溪中”。

［12］民国《明溪县志·地理》作“门限石”，谓：“在石珩之太平桥下，如门限然。”

［13］乾隆《汀州府志·山川》作“在县东岩前溪中”。

［14］乾隆《汀州府志·山川》称：“百丈漈有二：一在县南五十五里之邝坊；一在县西北三十五里之谢地。均石壁峭立，水势湍激。”与此所载不同。

［15］民国《明溪县志·地理》作“在城西十余里之新兴铺”。

［16］民国《明溪县志·地理》作“又名斧光山”。

［17］乾隆《汀州府志·山川》作“茫荡洋山”。

［18］乾隆《汀州府志·山川》作“巡检司”。

［19］乾隆《汀州府志·山川》作“绵亘永定、大浦二县间”。

［20］乾隆《汀州府志·山川》作“源出龙岩大池”。

［21］嘉靖《延平府志·地理》作“在府城之南”，嘉庆《南平县志·山川》作“在资福里”。

［22］嘉靖《延平府志·地理》作“夏水井”，谓：“在郡城紫芝岭下。”嘉庆《南平县志·山川》则作“夏井”。

［23］据《宋史·张觷传》，“张彻”应作“叶彻”。

［24］嘉靖《延平府志·地理》、嘉庆《南平县志·山川》均作“昼寒”。

［25］嘉靖《延平府志·地理》、嘉庆《南平县志·山川》均作“剑津”。

［26］“蹬”疑为“磴”之误。

［27］鸓鸓也称鼯鼯，是一种猿类动物。

［28］嘉靖《延平府志·地理》作“漠溪”。

［29］嘉靖《延平府志·地理》作“梅溪”。

［30］“知之”当为“知者”之误。

［31］嘉靖《延平府志·地理》作“浅而急”。

［32］嘉靖《延平府志·地理》作“视为常然”。

［33］嘉靖《延平府志·地理》作“右峙沙洲”。

［34］乾隆《尤溪县志·山川》作“在九都”。

［35］嘉靖《延平府志·地理》作“飞升岩”。

［36］嘉靖《延平府志·地理》作“云开并蒂莲”，“间”当为“开”之误。

［37］嘉靖《延平府志·地理》作“雨随注”。

［38］嘉靖《延平府志·地理》作“自北而来”。

［39］嘉靖《延平府志·地理》作“在长安里”。

［40］嘉靖《延平府志·地理》作“在七都”。

［41］嘉靖《延平府志·地理》作“青印溪一源发于此”。

［42］乾隆《尤溪县志·山川》作“在九都木溪桥侧，一名马蹄岭”。

［43］嘉靖《延平府志·地理》作“在县东南长安里”。

［44］嘉靖《延平府志·地理》作“在县东进溪里”。

［45］嘉靖《延平府志·地理》、乾隆《尤溪县志·山川》均作“僧智将寓岩中”。

［46］嘉靖《延安府志·地理》作“在十五都”。

［47］据乾隆《尤溪县志·山川》所载原诗于删节处加删节号。

［48］乾隆《尤溪县志·山川》作“形家以为县山应龙，故名”。

［49］乾隆《尤溪县志·山川》作“在九都。两岩巉岩怪石，绿波泓渟”。本志作“在十都”，存疑。“缘波”宜改为“绿波”。

［50］嘉靖《延平府志·地理》所述与此同。乾隆《尤溪县志·山川》"透迤会山坑溪、皇会溪、牛皮溪、郭坑溪、渡源溪、胡鳖溪、飞溪、涪头溪、松坑溪、岭后溪、小溪、七尺溪，凡十有三溪，经县前入湖头溪。"与此稍异。

［51］乾隆《尤溪县志·山川》作"凡二十一溪"，水流稍异，有仙丰溪、尤亭溪，无黑藤溪，并附议其溪源："何乔远谓一出德化，一出龙岩。邓志仍之。刘志谓一出大田，一出本县一、二都。各就所见，彼此不一。"

［52］嘉靖《延平府志·地理》作"山氓放木筏至此"，乾隆《尤溪县志·山川》作"山民放木筏至此"。

［53］乾隆《尤溪县志·山川》无"连乾"二字

［54］乾隆《尤溪县志·山川》作"绘"。

八闽通志卷之十

地　　理

山　川

延平府

沙县

凤冈山县治镇山也。　**屏风山**形类屏障。　**鸡笼山**以形似名。(上二山在九都。)　**马笠山**在十都。高出群山,苍翠可掬。　**吴早山**在十三都。宋给事中张致远居其下,自号吴早山人。　**佐仙山**在十五都。　**将军山**在十七都。山势高峻。宋绍定三年,山寇聚其中,招捕使陈韡[1]祷破之,故名。　**何家山**在十九都。(已上八山俱县北。)　**罗公山**与罗滩对,故名。　**凤凰山**山形如凤,多产梧桐。　**虎丘山**在凤凰山之侧,形如虎踞。(上三山在县治溪南。)　**太平山**界南平县太平里。　**天湖山**其巅有泉,遇旱不竭。(上三山在一都。)　**勒马山**在县东隅,山势如揽辔然。　**玉山**在五都。下有玉山寺。　**铁钵山**与玉山寺对峙,状如钵盂。(上二山在五都。)　**越王山**相传越王尝屯兵于此。山侧有寨,俗呼越王寨。山之下有漈峡。 **武仙山**山势高峻,其顶夷旷,可容千余人。山揖县治,俗呼报衙山。(上二山在八都。) **插笏山**在十都。形如插笏。(已上八山俱县东。) **补陀山**下有观音寺。 **马鞍山**状如马鞍。(上二山在二十一都。) **虎头山**在二十二都。一名虎峰,状如虎蹲。下有瑞云院。 **普贤山**在二十四都。山形如人骑象,故名。(已上四山俱县西。) **赤珠山**在县东北隅。其山土石皆赤。 **淘金山**在洞天岩之下。昔尝有人淘金其下,故名。又昔人尝屯军于此,故亦名屯军山。山顶巨石,可坐百余人。俯瞰井邑,俱在目睫。有泉自山顶飞下,清澈如鉴。胜国时,遍山树桃,春花盛开,游人壶觞无虚。 **獬豸山**昔邓将军光布云,百年后县当出忠义之士,为国触邪。后邑人为台官者相踵,摧击奸宄,谓此山之应。

幼山《寰宇记》云:“孤峰上耸,约三十里,周回三百里。山中山魅形似人,生毛黑色,身长丈余,逢人而笑,乡人谓之‘山大人’。”又云:“山魈,或野人也。”《尔雅》云:“狒狒如人,被发迅走食人”,即此。山之上有普照寺、宴坐峰、铁砧石、聚星石、忘忧石、降魔石、天威石、藏云坞,归云洞。又有风洞,广径尺余,风生洞中,清爽可爱。山之下有龙峡。狒,父沸切。 **笼山**[2]与幼山并峙。自下而望,似高于幼山,及上幼山,则俯视之矣。(上二山在十都。已上四山俱县西北。) **白鹤山**在四都。山形如鹤,故名。 **横山**在七都。山势横截尤溪县界。 **大章山**在八都。(上三山俱县东南。) **聚峰山**在九都。峰峦高耸,众山聚其下,故名。
吕峰山在二十一都。峰之巅有吕七塘。(二山俱县西南。) **文笔峰**在十都。一峰秀拔如卓笔然。 **大灵峰**峰顶有庵。 **小灵峰**(上二峰在九都。) **五谷峰**在十五都。(已上四峰俱县北。) **七峰**在溪滨。《寰宇记》谓之“七朵山”。皆石壁峭立水底,峻嶒而出其上,竹木蓊然如屏障间。宋李纲谪官于此,名其最东一峰曰朝阳，最西一峰曰碧云；朝阳之西一峰曰妙高，妙高之西一峰曰真隐；碧云之东一峰曰桂花，桂花之东两峰相属曰凝翠东峰、凝翠西峰。各赋诗识之。　**双髻峰**在九都。两峰并耸如丫髻然。（上二峰在县溪南。）　**祥云峰**在县东□□都[3]。有祥云庵。　**莲花峰**在县西二十三都。宋经略使郑祚居其下，因自号莲花居士。　**莲花三峰**在县东北十都。遥望三峰若莲花然。

尖峰在县西北二十都。其峰尖削，上有真济庵。　**龙泉峰**其山自尤溪县界分三支陇蜿蜒而来，至此崛起三峰，中有龙泉寺。

蒸饼峰以形似名。上有马仙祠。（上二峰在县东南八都。）

茶盘岭岭极高远。　**蕉坑岭**（上二岭在十都。）　**黄岩岭**在十一都。　**官岭**在十四都。　**磨石岭**在十五都。　**三崎岭**在十八都。岭峻而远。路通将乐岭之下坑。中石岩陡绝，下一潭水极深，相传有龙居焉。（已上六岭俱县北。）　**佛子岭**在县南九都。旧有泗洲亭。　**蒋公岭**在五都。有蒋道者庵，今废。　**黄泥岭**　**倒油岭**（上二岭在八都。）　**灵应岭**在十都。（已上四岭俱县东。）　**栖云岭**在九都。上有栖云亭。　**上城头岭**　**碗米岭**（上二岭在二十都。）　**禅山岭**下有禅山关。　**板岭**（上二岭在二十一都。已上五岭俱县西。）　**栖霞岭**　**东衙岭**（上二岭在十都。）　**篔筜岭**　**茅岭**　**苦藤岭**　**齐岭**（上四岭在十四都。已上六岭俱县东北。）　**罗岩岭**在七都。半岭有蛇岳神祠。

章坑岭曲折十余里。　**桐冈岭**古有桐冈驿并铺。（上三岭在县东南八都。）　**殊胜岩**在十六都。　**雷震岩**　**隆兴岩**（上二岩俱有佛庵，在十八都。）　**龙须岩**在县南九都。　**龙湖岩**下有龙湖。　**铁砧岩**以形似名，又名羊蹄岩。**黄岩**下有玉山寺。　**虎头岩**耸立如虎。（上四岩在五都。）　**龙龟岩**旧有佛庵。　**高岩**上有佛庵。　**龙喷石**屹立大溪之中。相传昔尝有龙蟠其上，至今凫鹜无敢集者。岁旱，则于沙碛中筑坛斩鹅祭之，辄雨。（上三岩在九都。） **罗岩**在七都，极险绝。（已上八岩俱县东。） **洞天岩**在和仁坊。石壁峭立，依险架佛阁。宋罗荐可居其下，因自号岩阿老人。岩之上有小天池。邑人邓右文因葬母得泉一脉，甘冷可给数百人。岩之下有幞头石。又有漈，飞瀑下注数十丈。其下旧有漱玉亭。 **三姑岩**三石差肩而立。 **豪峰岩**岩石峭拔，其上可容千余人。（上二岩在二十一都。） **黄龙岩**在二十六都。（已上四岩俱县西。） **陈震岩**在县东北十三都。 **蕉皮岩**在县东南七都。下有蕉皮洞，深广可一里。清泉怪石，树木阴翳，四时如春。 **涵清洞**在县西琼山亭之下。俯临溪水，于中可容十余人。 **梯云洞** **灵龟洞**（上二洞在县东南七都。） **台峡**在县西二十二都。 **谢峡**在县东北十一都。

善峡在县西北二十都。 **试剑石**长约三丈。相传昔仙人尝试剑于此，故石截为两段，后凿为迎仙桥，至今桥石有肝胆痕。

虎迹石俗呼蒋公石。宋绍圣中蒋道者栖禅于此。（上二石在五都。） **虾蟆石**在高山岩之下，以形似名。（已上三石俱县东。） **琼台石**在县西琼台山之下。 **长洲**在县南太史溪。洲长约三十余丈。宋殿撰罗畸《灵卫庙碑》云："长洲亘其左，有潜虬出水之势。" **山洲**在县东门对岸，一名仙舟，一名崇安洲。溪旁三面皆阻水，唐时崇安镇在焉。 **乐滩沙洲**在乐滩之旁。其上多乐姓者居之。 **圆洲**在龙湖岸。 **溴洲**一名伊洲。 **古县尾沙洲**在旧县治下。（上五洲俱县东。） **大洲**在县西和仁坊，上多民居。 **荆山沙墩**在县西二十三都荆村之下。积沙成墩。

沙源在县东九都旧县治之滨。按旧志云，以县有沙源，故名沙县；又云沙溪之源，县人今指旧县滨为沙源。而《大明一统志》则谓源出汀之宁化，水险巇如龙门。过县东，合建溪，下福州，盖指沙溪也，未知孰是。　**黄沙**在县北十五都。旧为黄氏别业，故名。今为墟市。　**高沙**在县东五都九曲水之旁，即高沙市。多民居，宋枢使曹辅故宅在焉。　**白沙**在县西二十一都大溪之滨。

下龙湖在二都延福寺之右。　**上龙湖**四面皆石壁，其中积水为湖，相传有龙居之。　**蛟湖**相传昔有蛟潜其中。（上二湖在五都。已上三湖俱县东。）　**碧湖**在县西南二十都。其水湛然澄碧。　**太史溪**在县治前七峰下，十里澄碧。宋李纲初以太史谪官居此，因名。纲尝赋诗，有“七峰倒影蘸晴碧，十里平津流向东”之句。溪发源自汀之宁化、连城及漳之龙岩，皆会于吉溪。自是合三溪为一，东流会梅溪、左板溪、郁溪、固发溪、黄沙溪、荆山溪、馆前溪、碧湖、龟溪、洋乡溪，至县治东朝阳峰下，会北乡溪，自是又合二溪为一，经县南门，会洛溪、洛阳溪、高沙溪、九曲水、玉溪、杨溪、丹溪、渔溪、下涌溪、筼筜溪，至沙溪口，与顺昌、将乐溪合流，直抵延平城下。郡人谓之西溪。　**郁溪**源出徭田。　**固发溪**源起自获村。　**黄沙溪**源出自汀之清流县。　**洛溪**源出尤溪县界，北流在小洛溪会，又会双溪尘程溪入大溪。　**洛阳溪**源出尤溪县浊水，西流过漕溪，出漈峡，绕洛阳溪入大溪。　**玉溪**源出大竹下太源。经百丈漈，南流入大溪。　**杨溪**源出窟溪潭，出梅花漈，入大溪。　**丹溪**源出洛阳里。　**渔溪**源出南平县太源里，流入大溪。　**下涌溪**源出自天湖之南，流入大溪。

筼筜溪源出南平县界，出湖光桥入大溪。　**北乡溪**发源将乐县界。南流会涌溪、庇口溪、幼溪、杰溪，至县治东入太史溪。

涌溪源出将乐县界。　**庇口溪**源出顺昌县界。自涌溪而下，与赤溪、黄沙溪会。　赤溪。源出化剑里龙兴寺山，流十里，会庇口溪。　黄沙溪。源出顺昌县界，流三十里，会庇口溪。

幼溪源出幼山。　**杰溪**源发杰村。　**柳坑**　**张坑**　**归坑**（上三坑在县北。）　**前坑**　**长坑**　**黄坑**　**高坑**　**罗坑**（上五坑俱县东。) **北津**在县北。地名官塘。 **南津**在县南翔凤桥头。今税课局。 **东津**在县东登瀛桥侧。 **西津**在县城西坊之侧。 **湖源潭**在四都小坑中。石潭深碧,土人传为龙窟。岁旱,祷雨辄应。 **高山岩潭**在九都。水光澄碧,一巨石屹立潭心。相传尝有龙潜其底。(上二潭俱县东。) **柳源漈**在县北十一都。 **灵应漈**在灵应寺前。高十余丈。 **玉溪漈**在玉山寺之右。飞流约三十丈余。漈上有石桥,中有石窟如井,名黄金井。(上二漈在县东五都。) **陈公漈**在二十一都。瀑流数十丈,下有陈氏居焉。 **莘口银河漈**在县西二十三都。飞流百余丈,如银河下注。下有石桥,跨两山之间。 **梅花漈**瀑流飞注岩石数十丈,石激散沫如梅花然。漈之下石洼为潭,名窟溪潭,极深而清。相传有龙居焉,岁旱祷雨辄应。 **百丈漈**飞流约百余丈。(上二漈在县东北五都。) **小洛漈**在县东南八都。两山崇峙,泉飞其间。 **西溪上流诸滩** 牛角滩。 上黄石滩。 张司空滩。 荆冲滩。 斑竹尖滩。 三姑岩滩。 弦濑滩。 樵峡滩。此滩最险,遇暴雨浊涨,舟不可行。 三花滩。 牛济滩。 黄石滩。一名黄龙。一巨石横亘中流,隐于水底,轰涛掣浪,最能覆舟。 火劫滩。 歌月滩。 水磨滩。此下至县治前七峰下接太史溪。 **西溪下流诸滩** 穷滩。在太史溪下。 腾龟滩。 溢滩。 大矶滩。一名大姨。 小矶滩。一名小姨。(上四滩两旁皆巨石,水势奋激,舟行甚艰。) 池仓滩。 雷霹雳滩。 张婆滩。 排港滩。 石鹤滩。 青龙滩。 将军滩。 龙港滩。 鸬鹚滩。 张判官滩。 雷溅滩。俗呼螺纹滩。滩港弯环若螺旋然,巨石亘于中流,舟行返折,多覆溺之患。 玉山滩。 胡师曲滩。 白苎冲滩。 弦冲滩。 玉陂滩。 牛穴滩。滩之下石壁夹峙,潭汇其中,石渔溪潭。 佛子滩。一名团仔滩。中流一巨石,状如蟾蜍。相传每遇暴涨,有二小团格斗石上，篙师见之，舟往往溺于回洑。后有异人经此，绘金仙象于石，其怪遂灭。上书“佛子滩”三字，行舟以见金佛为候。谚云：“水没佛肩，不敢行船；水浸佛足，舟行宜速。”　乐滩。　烘角滩。　三涉滩。　伊周滩。　水喷头滩。　刀擘石滩。　金沙滩。此下出沙溪口，接南平县界。　**瑶池**在县溪南，俗呼月池。水清澈，四时不竭。　**龙池**一在县东二十里温泉，相传尝有龙潜其中；一在县前，水九曲，名“九曲池”。　**热水池**在洛阳。其水夏冷冬温。　**王母池**在东岳行祠内。（上二池俱县东。）　**放生池**在县治西，宋名“祝圣池”。　**石井泉**在县西□□都[4]。　**琅溪泉**在八都琅口兴明堂前，砌以石栏，其泉甘美可爱。　**浆溪泉**在九都浆溪。　**圣泉**在七都。其泉有三青胆瓶：一在基口岩中，一在大基头岩穴中，一在八都泡坞山岩中。乡人岁旱祷雨，必斋戒登山，启视瓶中，有小红蛇即雨。相传昔有何姓者，为处州龙泉尹，夜梦三美妇人入县厅。及旦，县民祷雨于马仙飞升处，得三瓶泉，争取之不得，讼于官。尹知为神物，悉收之。官满携归藏山岩中。泡坞一瓶，为乡人它鬻，失其所在，基口、大基头二瓶，遇旱祷之，其汹涌[5]盈山涧，或喷起一二丈[6]，见青蛇即雨。（已上三泉俱县东南。）　**澄清井**　**圣泽井**在兴国寺侧。**甘泉井**井底为石窟。　**龙德井**夏月泉愈冷。　**善政井**俗呼梅子岭井。**时清井**俗呼辅头井。　**节义井**许懿节夫人祠前。（上七井在县治东兴义坊，旧名七星井。）　**官需井**在谯楼前左偏。　**耿星井**在县治西江家巷。

顺昌县

华阳山在仙源都。三峰并列。山半有石门，高广数丈，虽盛夏，寒气凛然。中峰顶有仙水坛，石常润，岁旱祷雨多应。一名仙水岩。　**九龙山**在松溪都。其山九垄，蜿蜒若游龙然。（上二山俱县北。) **五马山**五山跃起,如五马然。 **龙山**宋黄裳云"南望一峰若游龙者",即此山也。余良弼尝创庵山下,为游息之所,自号"龙山居士"。今遗址尚存。(上二山在石豆都。) **贵人山**在水南都。堪舆家谓宅基面此山者,必生贵子,因名。(已上三山俱县南。) **板山**相传尝有得道者于此上升。山之巅,故庵遗址存焉。 **鱼袋山**以形似名。(上二山在县东石豆都。) **大明山**孤特峭立,旭日初升,先被其光,故名。山之左,有岩名"白鹤"。山之巅,有石高丈余,如马状,名"石马"。 **岩山**山巅石岩岩然。故名。 **金笼山**与大明山相属。山巅夷旷,旧有坛,岁旱祷雨辄应。茹荤者不敢至其处。(上三山在西峰都。) **凤山**五峰迭翠,高数百仞,势如翔凤然。**景灵山**与凤山对峙。时有云雾蒙其顶,岁旱祷雨辄应,盖神物栖焉。山之左有耳殊岩,多生异草。相传唐耳珠先生尝采药于此。山之下有黄家洞,宋建炎中兵乱,邑人黄氏族数百指避其中。 **圆山**形如覆釜。(上三山在靖安都。) **寨山**在宁安都口昔有伪常侍游姓者,尝于此立寨。 **幹山**在大幹都。周回二十里。山之巅有石洞,可容数百人。中有泉清澈可鉴。晋太康中,道士陈紫幹炼丹于此,因名。 **芹山**在莒口都。泉甘木茂。山多产香芹,故名。里人以为定光佛第二道场。(已上九山俱县西。) **超华山**在白水都。周围甚广,西北入邵武境。山顶有庵。下有泉出石罅中,分为五涧:东出者一,北出者二,俱入顺昌溪;西北二涧,亦入邵武境。山之幽旷处有田园,居民数十家,鸡犬之声在烟霞竹树间,有超出纷华之意,故名。山有岭,名宝岭,旧时出光焰,人以为宝气,故名。 **梅仙山**在兴贤都,界瓯宁、顺昌二县之间。相传梅福尝炼丹于此。有细石,圆如药粒;又有累为塔,危若累卵而未尝坠者。 **七台山**高峰峭壁,几至千丈。山有微云即雨,土人以为候。唐会昌中，有惠应大师于此山乘虎出入。师刘姓，今山有刘圣者庵。

钵盂山与七台山相望，如钵盂然。（上二山在慈悲都。）　**西岩山**在寿荣都。山之巅，石岩礧砢，故名。　**鱼山**在大幹都。二水夹流，山形如鱼。　**吴地山**在驿砧都。旧有邑大家吴姓者墓此山，故名。　**鼓山**在仁寿都。　**屏风山**在桂溪都。（上二山俱以形似名。）　**洪山**在杉溪都。山势宏壮，故名。（上十山俱县西北。）　**宝山**在县西南娄山都[7]。峭拔秀丽。绝顶一庵，梁柱椽瓦之类皆斲石为之。　**狮子峰**在石豆都。以形似名。**七宝峰**在长寿都。七峰奇峭可玩。（上二峰俱县南。）　**祥云峰**宋绍圣中，里人余君锡率乡民抵七台山，奉刘圣者象，祷雨于此。寻有祥云来覆，雨随注，乃创庵祀之。今废址尚存。　**丫峰**两峰并峙，故名。（上二峰在县东石豆都。）　**旗峰**以形似名。　**君子峰**高特端重，故名。或云，堪舆家谓宅墓面此峰者，必生贤达子。（上二峰在县西驿砧都。）　**吴道峰**在县西北仁寿都。相传吴道者修道其上，因名。　**高峰**在县西南靖安都。一峰拔出群山。宋廖刚九世祖镇自将乐徙家其下，自号“高峰居士”。　**松林岭**在县治之北。甃石为道，夹道松荫郁然。　**石湖岭**在石湖都。　**佛岭**在仙源都。岭上旧有佛庵。（上二岭俱县北。）　**徘徊岭**岭旁竹树阴翳，鸟声在苍翠间，行者徘徊不忍去。一名亨龙岭。　**范家岭**岭下居民多范姓。　**泗洲岭**与范家岭相望。（上三岭在县南水南都。）　**蜚沙岭**在县东石溪都。上有草庵。

赤岭在县治西北。山之土赤色。　**交槎岭**在县西南靖安都。以其近交槎[8]，故名。　**吉岩**在吉舟都。相传尝有神珠见，人逐之莫能得。　**龙兴岩**在驿砧都。旧名豸角山。有泉出岩罅间。洪武中，知县张缙开渠引水至县，民享其利。　**乌石岩**在仙源都。上有水一泓，不以旱潦盈涸。一名仙水坛，乡民祷雨辄应。(上三岩俱县北。) **龙头岩**在县南石豆都。山巅怪石磊砢,泉出石罅中,清洌可饮。 **柏木岩**在县东石豆都。旧多产柏。 **白鹤岩**在西峰都。陡绝摩云。 **饶公岩**在靖安都。相传饶公尝祷雨于此。岩顶烟霞起辄雨。 **合掌岩**两石如掌相合。岩前旧有小庵,庵侧一泉极甘美。 **凌云岩**旧有小庵,今废。(上二岩在驿砧都。已上四岩俱县西。) **寒岩**在县西北兴贤都。烟雾蒙罩,虽盛夏犹凛凛焉。 **赤松洞**在县西驿砧都。乔木荫郁,一石室可容十数人。旁有花石,如人物鸟兽之状。 **洋沽洞**在县南长寿都。 **白岩洞**在县西北寿荣都。 **灵龟洞**在县东南石溪都。洞有灵龟石,紫色如金。又有石如钟磬鱼鼓状,叩之,其声清越。旁有通天、藏云、莲花三洞。 **龟石**在县北仙源都。初隐于沙中。宋崇宁间,有术士云:"石龟见,朱紫满。"大观初,洪水推积沙而石龟见,自是邑人登科出仕者寖盛。今沙壅石又隐矣。又县西有石龟捍于水口,首尾皆见。 **幞头石**在县南水南都亨龙庵之侧。 **虎跳石**在石豆都溪中,一石窦通水道,舟楫往来其间。 **郎官石**在石溪都兴国寺,石上有"郎官"二字,不知所自。(上二石俱县东。) **试心石**在七台山。石高数丈,其下空虚,相传茹荤者不敢入。 **庄濠石**在县治前溪南水滨。石上有"庄濠"二字,大径数尺,旧隐于沙。 **仙字石**秋江澄净,则字形隐隐如篆书,世以为仙书云。 **盘石** **浮玉石**与仙字石对,有"浮玉"二字。秋水澄净,则字见焉。(上三石在县西南安靖都。) **蒙谷**在县南长寿都。四面山高,日影不照,常如将雨之状。 **龟屿**在县西门外,形如龟。 **洑洲**在县东□□都。 **上下垄**在县西驿砧都。其地上下高起二凸,故名。

西南溪一名大溪。源出将乐县,至县治,与灌砧溪合流至南平县建兴里。又六十里会沙县溪,东流至剑津。 **竹步溪**在县东石豆都。源出瓯宁县境。　**棋溪**　**石溪**二溪在县东石溪都。源皆出沙县桃源洞。　**沙溪**在县西安富都。源出邵武县境，至沙口与顺阳溪会。　**富屯溪**在县西富屯都。源出邵武县境。

娄杉溪在县西娄杉都。源出邵武县境。　**大幹溪**在县西大幹都。源出幹山下。　**洄村溪**在县南水南部。源出沙县境，至亨龙岭为瀑布，倾泻而下。　**水南溪**在县南。源出长寿都明源，流与苏源小溪合。　**交溪**在县西南。源出沙县交槎岭，流与衢村小溪合。　**顺阳溪**在县西北。源出建阳县境，至白芒畲，始通小舟，流会沙溪，又会密溪。　**密溪**在县西北仙源都。源至瓯宁县境，流与顺阳溪会。（已上一十二溪，皆流会西南溪。）

明溪在县南长寿都。　**鳀溪**在县治南山下。相传其水产鳀鱼，味甘美。　**溪水潭**在县东石溪都济川桥南。　**谾水潭**在县西西峰都。潭有洑洲，岁荒则涌出，人以为异。　**钓潭**在祥云峰上。宋咸平中，里人余起以隐德自高，常扁舟渔钓其中。后人高其风，因以名潭。　**蜚人潭**在县东南石溪都。相传旧有蜚蜚，故名。按《山海经》："蜚，兽如牛，白首一目蛇尾。"又有𩙿，亦音蜚，蠹鸟名[9]，如枭，人面一足，冬见夏蛰。此云"蜚蜚"，未知孰是？　**李将军漈**在县南沙县界。李将军提兵陷于此。遇风雨晦冥，辄闻金鼓之声。　**西溪三滩**牛轭滩。溪自光泽来，迤逦至县吉舟都，一滩屈曲如牛轭，故名。　相公滩。自牛轭滩下流至驿砧都，一滩水急难于牵挽，虽公相亦须下舟，故名。　水磨滩。相公滩之下一滩，弯环如帽旋[10]，故名（已上三滩，虽皆险峻，然少石崖冲激，舟上下视它滩为安流。）　**西南溪五滩**娄杉滩。在娄杉都。　幕坂滩。　交溪滩。　桂岭滩。（此三滩联属，俱在靖安都，飞湍激石，或能败舟。下此，会西溪水磨，流经县治之前，东注。）　石柱滩。在石豆都。下此三十余里，则接南平扛猪滩矣。虽滩势陡峻，而峡东滩石冲激而涛吼，然而舟楫往来持慎,则可免破溺之患焉。 **放生池**即县前大溪。宋时以上下五里为池,禁渔捕。旧在正识院前。 **灵泉**在县北兴贤都梅福炼丹坛边。 **瀑布泉**在县南水南都两山之间。 **冰壶泉**在县西北寿荣都再升院方丈之右。 **古龙井**在县南水南都瀑布泉下。 **刘氏井**在县治西旧吏隐坊。宋时,每天欲雨,其井辄生云气。后有道士曰:“此孽龙也。”投以铁符,有片云飞出,井泉遂枯。 **鳜鱼井**在县西北莒口都。

永安县

栟榈山在县治北二十七都。多产栟榈木,故名。宋邓肃居其下,自号栟榈居士。旧传尝有神仙往来其间。峰峦岩岫,不可胜数。神刓鬼划,高下相属,烟云出没无时,草木蒙茸,四时一色。宋李纲尝目为小武夷。 天柱峰。与狮子岩并耸,百余丈如削。 射垛峰。旧传仙人尝射于降仙台,以此峰为垛。宋明道中,耕者尝得数十箭于台侧。 观音岩。在野云洞侧,石壁万仞。 集仙岩。 头陀岩。相传唐有裴头陀者,铁履渡江,来居此山。披荆棒,创小庵,坐侧石罅日涌米二升以赡之,客至则随增。后人大其窍,米遂绝。 野云洞。其中日夕云雾吐吞。 降仙台。在山之上,一石高大,平如台然。旧传仙人时降其上,足迹尚存。台下一石室,棋局界划分明,有黑白数子。左右苍石可坐,名爛柯石。 步云台。 走马埒山。绝顶宽广而砥平,相传仙人走马其上,蹄迹尚存。 铜盘涧。流十余里,潴而为潭,泓渟涵碧。 接仙桥。 天池。在山之上,广一里许,水澄澈不涸。 金刚石。 宝盖石。 试剑石。(已上俱为栟榈山之奇胜也。) **东山**去县一里许。 **三台山**三峰并列,故名。(上二山俱县治东。) **庄山** **大庄山** **龙会山**山极高峻,其巅群峰簇聚如龙会然。(上三山在二十四都。) **大宝小宝二山**在十四都。产铁矿最佳,因名。　**雪山**在四十一都通天岩侧，与狮子峰对峙。（已上六山俱县东。）　**金星山**在县治西门之外。　**大秀山**在县东北□□都[11]。巍然秀拔于群山之表。　**斗山**一名天斗山。其山高峻，自顶凹下，广可五里，状如斗。山阴一石穴，名风穴。一洞名云洞，每云生即雨。石窦中有一石龙，介风穴、云洞之间，石磴险巇，人迹罕到，惟樵者攀缘而上，得睹其头角鳞介之异。上有白云庵。

文笔山形如卓笔。（上二山在县东南崇仁里。）　**吉山**在吉溪之旁。　**天台山**（上二山在县西南二十九都。）　**卓笔双峰**去县五里，双峰并耸如卓笔然。　**羊角峰**在二十四都。遥望如羊角然。　**狮子峰**在四十一都，以形似名。（上三峰俱县东。）

翠竹峰在县东北二十六都。宋秘书少监陈世卿筑室读书其下。

合掌峰在斗山。　**黄田岭**在县南二十八都，抵漳州龙岩县界。　**牛岭**　**九龙岭**（上二岭在二十四都。）　**陈平岭**在四十都。元至正中，平章陈友定开此岭通尤溪县。　**铁山岭**在四十二都，产铁矿。（已上四岭俱县东。）　**大望岭**在县西二十七都。

新岭在县东北二十五都。上有小庵。　**梨子岭**在三十一都。　**根隔岭**汀州旧志作"艰隔岭"。在三十二都。（上二岭俱县西南。）　**黄杨岩**在二十五都，界永安、归化二县间。岩上多产小黄杨木，故名。又名万寿岩，又名鳞峰岩[12]。岩四壁如削，周回可十里，角出群山之上。上有三洞相连属：一在岩下淳化寺旁，洞户空阔，秉炬而入，萦纡二里许，路狭风驶，炬随灭，不能进，旧传有龙居其中，土人尝得齿牙骨角之类，每云气氤氲，洞户外辄雨，有龙井，又有石龙，鳞爪皆具；一在岩半，名"碧云"，怪石仿佛如狮子，洞极幽邃而路险，人迹罕至，有穴名"虚白"，上通天光，有僧庐其外；一在绝顶，有石井，下透两洞，深不可测。又一穴名"天窗"，或投以石，震响久之，其深莫测。岩之南有梅斋，东有石门。岩顶数峰突起，奇怪万状。宋清流县尉郑域诗："高山如逸民，不肯近人迹。孤峭尺五天，空洞容数百。不招龙自来，其下为窟宅。天下待霖雨，胡乃耽睡癖。我今唤飞廉，驾汝上空碧。吾鞭不妄施，慎勿惮劳瘠。” **侍郎岩**在黄杨岩北二里许，亦界永安、归化二县间。旧名翠云岩。宋熙、丰间，侍郎张驾、祭酒杨时、司谏陈瓘读书于此。相传三君子肄业时，不置卧榻，歠粥饮水，终岁不到岩下。其旁有观音洞，深可里许。内悬石多仿佛观音、罗汉之象。又有石室，广可六七丈。前数十峰如卓笔。下有石鼓及试剑石。绝顶怪石罗列，好事者多采以供清玩。 **黄龙岩**在二十六都。（上三岩俱县北。） **甘乳岩**在县南二十九都。下有甘乳洞，广袤约五十余丈。洞口怪石森列。洞之中，一石突出如莲花，泉自石中迸出，滴巨石上如甘乳。人或以秽器承之，泉脉即断。旁一石穴，风自穴出。昔尝有人秉烛入，越三日乃返，至深处闻溪声澎湃可怖。既出，因以石窒之。洞右一石罅，深不可测。出洞过石桥，缘小径至山巅，有小亭名“看经”。亭之后有小庵。由庵前行，转数十步，一小洞如覆鼎，石光璀璨。洞后又有一洞，名“透天”，相传神仙窟宅。游者必斋戒，否则辄遇怪物云。

百丈岩在二十五都。高约百丈，周围三里。四面削壁，中有一径，陡绝难跻。其巅常冒云气。 **莲花岩**去县五里，状如莲花。 **瑞龙岩**在二十四都。 **通天岩**崖壁峭绝，山半一巨石，横跨如梁。由石梁仔过[13]，仅容一人闯首而入[14]。其中夷旷，泉石幽洁。石梁后阻高山，因以为门。其上如窦，仰见天光。 **苏岩**岩直起千余尺。土人郭氏依岩架层楼，遥望如神仙居。岩中有石龙头吐水注石穴中，名滴乳井。近岩一池，方广可一亩。鳞类虽夥，惟鲫差大。每三岁，水遽红，而鱼辄死。（上二岩在四十一都。已上五岩俱县东。） **官寨岩**在县东北二十七都。旧为官寨。岩石峻绝，幽花异草，四时芬馥。 **赫灵洞**在县北二十五都。 **曹岩洞**在县西崇仁里。空旷可容千余人。 **安沙**在县西南三十都。

聚沙成岸，溪水春激[15]，其岸不崩，因名。　**大湖**在县西二十七都小坑之中，积水成湖。　**燕水溪**在县治西。其源凡三派[16]：一派出汀之宁化县境，流至吉溪；一派出汀之连城县境，经吉山下龙湾，历鸬鹚溪，会吉溪；一派出漳之龙岩县境，入扫溪口，过俞皇，历张坡，出车坂，至县治西，与吉溪合，是为燕水。东北流，会梅溪、郁溪、固发口溪[17]、黄沙溪，下流经沙县，直入剑溪。　**吉溪**在县西南一里许。　**九龙溪**[18]在县西。源出汀州清流县，有九龙滩。其流下接燕水溪。　**大淘口潭**在县南大淘口石岩之下，深不可测。　**石壁潭**在县西一里。岩石如壁，下为潭。　**九龙滩**即九龙溪之滩，曰长龙，曰安龙，曰阳龙，曰马龙，曰三十吴龙，曰五白龙，曰兴龙，曰暮龙，曰下长龙，乃溪水最险处，过者必遵山径空舟而行。内六龙属清流县。下此，又历三十九滩至沙县，曰牛皮，曰狗濑，曰茅镰，曰郁平，曰铜盘滩，曰雷霹雳，曰锤峰，曰大陂墙，曰五港，曰紫阳，曰牛栏角。凡十有一滩在县境，余属沙县。湍石悍利，舟师畏焉。　**汤池**一在热水口，一在苦竹村，一在上村。池水尤热，俱县南二十九都。　**仕洋汤池**在四十都。注为三池，创屋覆之。泉涌如沸，患疥癣者浴之辄愈。　**清水池**在黄假山前。池水极清，桡之不浊。或有兵火之灾，池底水辄先变红，水草皆赤色，池面之水不改。灾平，则池仍清澈底，水草还绿矣。　**温汤池**（上二池在四十一都。）　**龙峰汤池**在四十三都。（已上四池俱县东。）

澄清井在县治前。　**大义井**　**贡川井**（上二井在县北崇仁里。）

邵武府

邵武县

象山与熙春山对峙，状如伏象。　**万峰山**其山据诸峰之会，故名。　**苍山**与万峰山相属，旧名米仓山。　**石鼓山**下有石，状如鼓。　**金山**状如金字。或曰，昔有人得金于此，因名。旧名中山，亦以其状名。宋饶方诗："地将云气吐林峦，至宝曾淘瓦砾间。若把图经重校定，此山宜唤作金山。"上有大漈。　**丫头山**其顶两起若丱角然。（上二山在五十二都。）　**旗山**在五十一都漠口。又月山之右及青云溪边，亦各有旗山，俱以形似名。　**麻姑山**在四十都。俗传麻姑尝寓此修道。（已上八山俱府城北。）　**鹅峰山**在二十五都。以形似名。　**祥云山**在二十九都。上常有云气。　**南午山**山有三峰，俱当午位，与郡治相对。一名华寮山[19]。　**高嶓山**上有风洞，深不可测，时有风自洞出。又有岭路通泰宁，以达汀、广。（上二山在三十一都。）　**道峰山**又名"道人峰"，在三十二都。负长溪，面樵水，跨将乐、泰宁二县界，广八十余里，高出群山之上。郡人每即其上云气验晴雨。宋黄希旦诗："雨欲泽人间，云霞先掩映。"上有池，冬夏不涸。又有棋盘，香炉诸石。软池冈龙井。井如螺壳，旋转而下。时有云气其上，深不可测。山之侧，有罗汉岩，深数丈，俯视诸山，皆出其下。岁旱，祷雨多应。昔有道人号龚圣者结庵于此，颇有异迹。岩前有试心石，长可三丈许，迥出岩外。下视空谷，巇险不测。旧志云："释氏之徒，巧造此名以诬世，或从而试之，一失脚则骨肉齑粉矣。"　**凉伞山**以形似名。　**殊山**双峰笔耸，高插霄汉，亦号"文笔山"。宋上官均诗："高标秀色掩群峦，尘境纷纷意独闲。欲识旱天时雨候，孤云一片起山间。"　**小殊山**在殊山之侧，视殊山小而尤奇。宋上官愔诗云："双岫西南耸，东山小更殊。"又云："气清秋色早，地迥夕阳闲。"（上三山在三十五都。）　**翠云山**在三十八都。上有石泉。　**五马山**在四十八都。五峰环拱县治，状如马。　**伏虎山**状如伏虎。　**丹台山**旧名灵台山。上有炼丹台。世传隋卢真人、唐樊真人、宋支离子、黄希旦皆炼丹于此。

元黄镇成同御史郑彦昭登丹台诗:“晨登炼丹台,云磴互盘曲。遥峰明晚翠,近濑漱寒玉。联镳得骢骑,杖策偶驰逐。坐久独归迟,鸣驺出空谷。”下有灵台坳,今为市廛。(已上十二山俱府城南。)

文笔山以形似名。　**泉山**山之麓,有宋黄中游息之所曰蒙谷。　**旱山**上有田数顷,旱则少收。(上三山在一都。)　**幞石山**上有石,状如幞头。　**仙亭山**诸峰环列,挺然特秀。山岩深邃,中有龙湫,岁旱,乡人祷焉。(上二山在二都。)　**白鹿山**俗传唐樊东师筑坛炼丹于此,后乘白鹤[20]而去,故名。　**青云山**其土白腻堪陶器。(上二山在四都。)　**鸡笼山**以形似名,上有龚、颜二师祠,水旱祷之,有飞蜂至则应。　**鸡鸣山**宋开宝间贼卢绛入闽,居民不知也。忽中夜鸡鸣山顶,人皆起,而贼适至,遂得免于害,因名。《一统志》作“山”,《郡志》作“峰”。　**壶山**与鸡鸣山对峙。(上三山在五都。)　**三台山**又名杨源山,界建阳、邵武二县间。自武夷盘礴而来,形有三级,如台状。旧有广福庵,祀杨圣者。　**四角山**四望皆有角。(上二山在六都。)　**五台山**在九都。　**龙山**在十都。山大而高,抵建阳县书坊界。　**龙须山**在十二都,当顺昌、建阳二县界,周围三十余里。冬有燕子聚其上以万数。多产药品。　**白水山**在十五都。山势高耸,上有瀑布泉飞流数十丈,如素练然。　**九台山**与白水山相对。上亦有瀑布泉。　**莲花山**群峰层出如莲花状。(上二山在十六都。)

宝山旧产铁矿。　**东山**与宝山相属,高百余丈。上有瀑布泉。(上二山在十七都。)　**龟山**其状如龟。　**观音山**(上二山在十八都。)　**天池山**山高大而顶宽平,有池方广数亩,冬夏不涸。　**北崖山**　**清凉山**(上三山在二十二都。)　**云岩山**在二十六都。高出群岫,俯瞰长川。上有岩,吞吐云气。宋严羽常游咏其间。　**纱笼山**在二十九都。群峰攒抱,中一峰独高而直,号“通天蜡烛”，故名。又号“三千贵人峰”。（已上二十七山俱府城东。） **登高山**一名“熙春”。自潮鱼、白鹤山冈峦连属，迤逦至此。一峰特耸，势如猊踞，宋时在郡城之内。旧志云：“山有三峰，谓之灵泉三峰，此其一也。”宋叶仪凤诗：“溪上千峰碧玉环，瞰溪台榭紫云间。鸟啼花落非人世，似此金鳌山上山。” **西塔山**在登高山南。一名金鳌峰，亦灵泉三峰之一也。 **樵岚山**在西塔山后，俗名钟家岐，又名金莲峰，樵水出焉。宋龙图孙谔居其地，故又名“三谏”。中有马鞍、石崇二岭。（上三山俱府城西。）

冠峰山在府城东北三都。上有摇石，高广丈余，推之辄摇动。

象牙山在四十一都。山接光泽县界。 **黄柏山** **天马山**山势如马，从空而下，一起一伏，周十五里。（上二山在四十九都。） **龙湖山**山势峻拔，深谷盘回，绝顶有湖，溉田三万余顷。相传有老蛟穴其中。下有宝乘院，唐僖宗子圆觉道场。 **西乾山**一名大乾山，自乾方来，故名。隋泉州守欧阳祐墓在焉。（上二山在五十都。） **印山**在乾滨溪。山形圆小如印。下有石潭（已上五山俱府城西北。） **福山**旧名鹫峰，又名腰带山。元黄清老读书其中，有听雨轩、云在寮、翠微阁，近废。 **七台山**跨汀、延、邵三郡境，高二十余里。上有七台，曰台星，曰文殊，曰普贤，曰会仙，曰狮子，曰云，曰月。有庵祀真济刘大师。庵前有百花洞。洞畔有石穴，常干。每旱疫祷之，辄有水，以洒田中则雨，以饮病者则瘳。宋黄本仁诗：“登陟最高顶，四围山尽低。星辰可手摘，杉桧与天齐。只觉风生腋，恍如云作梯。何当谢尘事，来此共幽栖。”山之麓，有通判泉，在通判何兑宅前。其泉清洌。兑居官有清节，乡人以拟之，故名。（上二山在十八都。） **石岐山**一在府城东南浮桥头，一在王塘渡头，又名“胡孙岐”。两山互抱，势如龙蟠。 **凌云山**在二十三都。高一千三百余丈，势如狮子仰天。 **浮潭山**在二十八都。三峰秀峙。（已上五山俱府城南。）

寿山有三台峰。　**丹山**在寿山之前,形如半月。　**潮鱼山**[21]在三十九都。三峰鼎立,高出云表。　**狮子山**在四十三都。状如狮子,前有山如球。　**云锦山**在四十四都。有三十六高峰。　**白鹤山**在四十五都。高峻如孤鹤冲天。又名天帝峰。

潭山平田中有潭山寺。一名古山。　**紫云山**岁旱,乡人祷雨于此。元黄镇成诗:"甘泽中霄下建瓴,一帘秋意枕边生。名山有祷神如在,听取村村打稻声。"(上二山在四十六都。)　**白壶山**在四十七都。一峰独秀凌云。　**锦幛山**在四十九都。端平苍翠,望之如玉几然。又名覆船山。中有七宝坑,其泉清洌,祷雨多应。(已上十山俱府城西南。)　**莲花峰**与石鼓山相连。峰峦迭秀,状若莲花。旧有吴梅轩所创漱玉挹爽亭。梅轩旧失其名,惟峰下有墓题曰"梅轩教授",它无可考。　**祥云峰**在三十八都。山势如奔马伏狮之状。　**官尖峰**在四十二都。一名展旗,一名龙楼宝盖,一名太常。　**双台峰**在四十六都。上有二级。(上三峰俱府城南。)　**石人峰**山上有石,状如人立。　**兴云峰**(上二峰在八都。)　**合掌峰**在十都。两峰尖秀相向,状如合掌。

天笔峰在十一都。状如卓笔。又名君子峰。　**金字峰**在十五都。　**兴元峰**在二十九都济川桥头。山麓有奉议泉,其泉清洌,冬夏不涸。元延祐间,郡倅靳某除道得泉,乃甃为井,以饮行者。构亭其上,亦以奉议名,今废。(已上六峰俱府城东。)　**玉龙峰**在府城东北一都。上有白石,状如龙首。　**石鼓岭**在府城北。　**垓岭**去府城三里,路通泰宁县。　**白石岭**在三十二都。

刘师岭在三十八都。旧传尝有刘姓者结庵于此,故名。路通盱江,鸟道崎嵚,绵亘六七里,人以为病,戏名"愁思"。宋上官端义募众甃道,行者便焉。宋上官彦宗诗:"远望轻云绝顶浮,泉声山色破牢愁。当年闻有幽栖客,坐对春风万壑流。"　**黄土岭**在四十五都。　**羊角岭**在四十八都。（上五岭俱府城南。）　**黄冈岭**在一都。　**苦竹岭**在二都，接建阳县界。　**窑岭**　**水车岭**　**倒槎岭**有阜如笏倒原中，长可三百步。（上三岭在五都。）

分水岭在六都。岭之东，水趋建阳；岭之西，趋邵武。　**洪家岭**在林墩驿前。（上五岭路通建阳县。）　**吴师岭**在十都，与建阳接境。　**溥泉岭**在十一都。俗误为虎蹲岭。　**朝天岭**在十二都。　**五通岭**在二十二都拿口。　**佥岭**在二十六都。昔有元姓者，夹道植松千株，今犹存。又名千岭。　**天湖岭**在二十七都。下有万松庵。（上五岭路通顺昌。已上十三岭俱府城东。）　**飞猿岭**在府城西三十九都。其地产纸衾。　**望州岭**在府城西北五十一都。高耸，望见府城。　**星窟岭**在二十都。旧传尝有星陨于此，为三穴，其大如屋，其光如玉。　**磨石岭**　**官际岭**路入大竹。（上二岭在二十九都。已上三岭俱府城东南。）

碎石岭在四十都。　**桃花岭**在四十一都。（上二岭俱府城西南。）　**西岩**在府城北五十二都。中可容百余人。　**会圣岩**在三十五都。石壁峭立。岩内宽广可数十丈。前有池，四时不涸。　**东岩**在三十六都。方平可坐十余人。乡人祷雨于此。（上二岩俱府城南。）　**桃花岩**在府城东二十六都。自小佥岭溯涧流而入十余里，在山之绝壑处，可容百余人。　**罗公岩**在府城东北一都。旧传有罗姓者隐于此。岩有龙井，岁旱，乡人祷焉。

蒙谷在府城东一都。谷口仅通单骑。循涧而入，其中深邃夷旷，有田可数顷。宋黄中归休日，筑精舍于此。山之麓有石泉，澄滢可爱。因取《易蒙》卦义，命曰“蒙谷”。　**桐树坳**在府城南四十七都，通古山。坳，凹同。　**三望坳**在府城东二十都，通将乐县。　**鹤林坪**在府城南四十八都。宋孝子黄桓庐墓于此，时有鹤来巢，故名。　**龙斗坪**在府城西五十一都。宋谢师稷墓在焉。　**铜青石壁**在府城东□□都。上有“魁”字，信斋谢绍祖书。　**鼓石**在鼓石溪侧，状如鼓。唐监镇廖懋镌“石鼓”二字于上。　**巨石**在五十三都。石甚大，下有小石搘之，推之似欲坠者。（上二石俱府城北。）　**印石**在府城东六都。方如印。　**玟杯石**在府城西樵溪一曲，以形似名。　**双鲤石**在十九都溪涧中。双石状如鲤。　**狮子石**在四十七都乌羊尾溪中。状如狮子。（上二石俱府城西南。）　**紫云溪**在府城北。发源自光泽，西北二溪合流，带勋、漠诸水至此，东下，合郡中诸溪至顺昌之富屯，流入剑津，俗名大溪。因樵水入焉，又名樵川。宋郡守苏为诗：“树红云白处，寒濑自渔舟。”　**樵溪**[22]一名“九曲溪”。一名“秀水”。出樵岚山，经城内，逶迤九折，绕泮宫东北流。　**鹿口溪**源出潭山，经芹田，南折到白渚下，北流出鹿口。　**将溪**源出建阳县界，来合诸涧水，循芙蓉陂经此出步云桥。　**青云溪**在青云山下。源出旱坑，合招屯诸涧水出洒溪。　**洒溪**在五都。即青云下流，经溪竹东南流，与壶山溪水合，出洒口。　**莫溪**源出大木演，与诸涧水合流。　**壶山溪**又名九里溪。在五都。源出分水岭，西流经林墩九里至山下，又数里与洒溪水会。　**分水溪**即壶山溪之源。　**交溪**在七都。源出六都坑源，至八都，两水相会而来。　**平洒溪**在八都。合余分漈、台山众水，聚为大湖。在平洒高顶，溉田数五亩，自东南而来。　**洋尾溪**在九都。源出黄竹阜，至太平桥。　**廖坋溪**在九都。源出溥泉岭，合拿口水。　**泽里溪**在十都。源出大垆坑，会大白溪诸水出卢田。

大白溪在十一都。源出上山坊。**下黄溪**在十五都。源出建阳县界，合白水。　**绣溪**[23]在十五都。溪中有巨石，宋谢源明镌“绣溪”二字于其上。　**桃溪**在十八都。源出将乐县界，合七台水。　**水口溪**在十六都。源出建阳县连何源。　**密溪**在二十一都。源出天池山,会密中、密西诸保水并流。 **大拿溪**在二十二都。源出建阳县界,东北流,出拿口。 **大竹溪**在二十五都。源出曾坑。经杨圳,会濑源水至溪下。 **莒溪**在二十七都。源出板阳,至严坊,合沧浪水东北流。 **黄溪**源出西坑,会扁岭诸水至新铺。 **鹤冲溪**源出山坊,东北流出鹤冲桥。 **铜青溪**源出高蟠岭至铜青山下。(上三溪在二十八都。已上二十五溪俱府城东。) **三涧溪**在五十都。源出濑源,东流入勋溪。

勋溪在四十九都。源出龙湖至大乾庙前。 **义溪**源出鹤笼山。**西峡溪**源出光泽县界,与龙斗诸水合。 **漠口溪**源出仁丰茭洋。(上三溪在五十一都。) **药村溪**在五十三都。源出郭前。(已上六溪俱府城西。) **石鼓溪**在府城北二里。源出洞木关[24]。(已上凡三十二溪,皆流入于大溪。) **三溪**在府城南三十三都。源出将乐县界,西北流三十里,又转西南流,入泰宁县大溪。 **太和溪**在三十四都。源出殊山。 **将石溪**在三十五都。源出新城县界西南流。 **官坊溪**在四十二都。源出太常官尖西南流。(已上三溪皆流入于三溪。) **鹿溪**在府城西北。《建安记》:"邵武县众山西北来。溪源出县西乌岭抚州南城界,谓之鹿溪。东流下与密溪合,东南至万福亭入县界。"据《大明一统志》如此。而《方舆胜览》及《郡志》皆不载此溪。县境虽有密溪,亦不言与此溪合。或疑即鹿口溪,而传写之误。然考其源流,亦不合也。《光泽志》云,岂即西溪之源,特因时变更而易其名欤?

县境诸滩泉山滩。在一都。 乌马滩。在五都王塘。 吴公滩。在二十八都。 大孔滩。在二十七都危家渡下。 曲赛滩。在三十三都,又曰铁炉。 小湖操滩。在二十一都。 大湖操滩。与小湖操相连,水石冲急,舟人病焉。 褊孔滩。在十四都。 高坊滩。在十五都。(上九滩在府城东。) 麻仓滩。在四十九都。 狮子滩。在五十一都。 蒙洲滩。在五十三都。

一郎滩。一名“陈家”，在钓鱼台下。（上四滩俱府城西。）　磨车滩。在府城东北。又名“大石”，与石鼓相对。　**白垣漈**在府城南三十一都天平岩左。凡三崖，飞泉如练。崖下石冲激成穴。　**芹光漈**上有田数顷，居民十数家。　**危家漈**（上二漈在六都。）　**天乐漈**在天乐山顶。　**余分漈**在平洒墟。（上二漈俱产纸。）　**白水漈**在十五都。　**上官漈**在二十五都。　**三漈**在二十九都。　**伽蓝漈**在二十都。上有燕子崖。（以上八漈都在府城东。）　**龙湖漈**在府城西北五十都。　**九龙池**在玄妙观内。相传唐贞观间有九龙见于此。　**秀水池**在县学内。旧志谓“自西南引樵水纡曲而入”。今故道湮塞，池底自有泉，四时不涸。　**水南泉**在水南庙右。　**瀑布泉**在十五都。泉自山岩喷激，直下数十丈。（上二泉俱府城东。）　**吴泉**在熙春、西塔两山间。唐末，僧大沩驻锡于此，有泉涌出，又名“大伪泉”[25]，味甚甘。　**龙湖泉**在四十九都。世传龙爪石成穴，涌泉一泓，溉田十余顷。（上二泉俱府城西。）　**府堂井**在府堂阶西南。　**铁阑井**在东南大街。其泉清冽不竭。井口铸铁为阑。　**仙源井**在县治前。相传宋熙宁间，有徐熙春者居此。遇武夷道人，后仙去，井因以名。熙春诗云：“天钟秀气魁文陛，地涌仙源接武夷。”　**乌龙井**在东隅乌龙巷。相传元皇庆初旱，郡守祷雨，井有乌龙升天，大雨七日，因名。　**四孔井**在东北隅。石盖为四孔以汲。　**古井**在三十三都和平市东溪之源。水本甘，俗误呼“古”为“苦”，故又名“苦井”。宋上官均诗：“澄寂应无暗浪翻，何年穿破碧云痕？谁人为引千寻绠，三伏炎蒸洒渴烦。”市又有张家井。

校　注

[1] 民国《沙县志・山川》作“陈韩”；又谓将军山“俗呼牛押山”。

［2］嘉靖《延平府志·地理》、道光《沙县志·山川》均作“龙山”。

［3］嘉靖《延平府志·地理》作“在县东洛阳里”。按一都至十都宋时属洛阳、感义二里。

［4］嘉靖《延平府志·地理》、道光《沙县志·山川》均作“在县西七十里”。

［5］嘉靖《延平府志·地理》作“其泉汹涌”。

［6］嘉靖《延平府志·地理》、道光《沙县志·山川》均作“丈余”。

［7］光绪《顺昌县志·疆域》作“娄杉都”。

［8］嘉靖《延平府志·地理》作“近交槎村”。

［9］“蠹”字为“橐”字之误，下尚漏一“𩇯”字。全句应为“又有𩇯，亦音蜚。橐𩇯，鸟名”（见《山海经第二·西山经》）。

［10］嘉靖《延安府志·地理》作“弯环如磨旋”。

［11］嘉靖《延平府志·地理》作“在县东北十五里”。

［12］嘉靖《延平府志·地理》作“一名麟峰”。

［13］嘉靖《延平府志·地理》作“由石梁行过”。“仔”应为“行”之误。

［14］民国《永安县志·山川》作“仅容二人俯首而入”。“闯”应为“俯”之误。

［15］嘉靖《延平府志·地理》、民国《永安县志·山川》均作“溪水冲激”。

［16］同治《延平府志·地理》、民国《永安县志·山川》均称“源凡四派”。

［17］嘉靖《延平府志·地理》作“发口溪”。“固”字疑衍。

［18］嘉靖《延平府志·地理》、民国《永安县志·山川》均以“阳龙”为“伤龙”，“锤峰”为“缒峰”；县志又以“三悮龙”为“三悟龙”，“下长龙”为“不长龙”。

［19］嘉靖《邵武府志·地理》作“叶寮山”。

［20］嘉靖《邵武府志·地理》作“白鹿”。

［21］咸丰《邵武县志·疆域》作“湖鱼山”。

［22］亦称樵水。

［23］咸丰《邵武县志·疆域》作“谢坊溪”。

［24］咸丰《邵武县志·疆域》作“桐木关”。

［25］咸丰《邵武县志·疆域》作“大沩泉”。

八闽通志卷之十一

地　　理

山　　川

邵武府

泰宁县

钟石山在福兴下保。形如覆钟，周围壁立，其上坦平，下临清溪，高可百尺，缘崖为径，上有泉及鹅髻石。　**南石山**在将溪下保。石皆南向。（上二山俱县北。）　**鼓楼山**在县南水南保。跨将乐县界，山形方峻，状若楼阁。　**应声山**在梅林保大溪之西。山圜谷空，呼则声应。　**凉伞山**在龙湖东保。高数丈，顶平，四面赤石峭壁，层层圆转，黑溜间下，状如凉伞。（上二山俱县东。）　**炉峰山**[1]在县治西五十步。圆峙如香炉，为邑之胜。**虎头山**在梅口保。怪石巉岩，状如虎头。其巅夷旷，有流泉竹木之胜。又名鹤鸣山。　**南会山**延袤数十里[2]。　**凤栖山**又名“凤栖”，石壁崭峻，中有鸟道，萦纡可登。山麓之南，旧有池，广数顷，深甚。两旁崖石峭立，筏乃可渡，既至，旷然平野，可容数百家，昔人尝避地于此，今涸为田。又有南会岩，三石鼎立。旁有数岩，俱有小径可登。上有流泉竹木之胜。（上二山在南会保。）**蓬源山**在大田东保。高六七里，延袤十余里。　**青帘山**在瑞溪保。高广十余里，石崖壁立，林木苍翠，如帘幕然。（已上五山俱县西。）　**旗山**势如展旗，延袤五里余，与炉峰对峙，盖县治来山也。　**古灵山**在长兴保。圆下锐上，高约百余丈，苍松蓊郁，有茯苓。（二山俱县东北。）　**金铙山**山最高大，周回四百余里，跨建宁、宁化、泰宁三县界，多产药材。上有龙湫瀑布、仙池、仙棋枰、马迹石、腰带石、跏趺迹石。《九域志》："昔越王无诸尝游猎于此，遗金铙其上，故名。"旧名大戈山，又名大历山。宋陈轩诗："突兀几千仞，孤高难比伦。巨为三县镇，雄据众山尊。"　**石仙山**高耸而峭，如人形。（上二山在善溪下保。）　**云盖山**在龙安保。山势峭拔，云气常冒其顶。上有龙潭，入有瀑布泉[3]，垂三十余丈。（已上三山俱县西南）。　**峨眉峰**在县北安仁保。周回四十里，高数千丈，类蜀之峨眉峰，因名。峰之左有三仙岩，岩势甚高。石中一小穴，仅容三人。夏月凉飔袭人。石乳滴泉，旱亦不竭，祷雨多应。岩之前有三峰，状如笔架，峰之西接建宁县界。

宝阁峰在县南永兴上保。状如楼阁。　**卓笔峰**在县东长兴、将溪二保间。其峰圆锐特立，宋蒋之奇持节过之，固名之曰卓笔。　**君子峰**在县西南龙安保。山势高耸，苍翠可爱。下有泉，亦以"君子"名，又名圣水。　**大洋嶂**在县北福兴下保。特立高耸，前有三峰，多产药品。上有池，虽旱不涸；下有人迹石，广丈余，上有巨人迹。嶂之东，又有小坑嶂，山势稍平低，县治之后山也。中有小坑村。　**金鸡嶂**在县西南善溪下保。一名阎王嶂。山高林深，人迹罕到。　**鬲岭**在水南保。两山耸峙，岭当其坳，仅百余步，又名甲岭。　**九盘岭**在大田东保，纡回九曲。**藤岭**在龙安保，通宁化县。地多产藤，因名。（上三岭俱县西。）

大杉岭在县西北福兴上保，路通江西。地多杉木。昔闽王遣邓植防寇，屯兵于此，因家焉。乡无异姓。　**挽舟岭**“舟”或作“丹”在县西南梅口保，接建宁县界。高十三里，上有留云亭。

栖真岩在县北长兴保。相传汉梅福修炼之所。中有朝斗石、采药涧。　**天神岩**在龙湖西保。　**瑞庆岩**在将溪上保。岩上有泉，乡人恒祷雨于此。　**宝盖岩**在朱口保。岩如屋，东西五十丈，南北三十二丈，一径自半山入，高旷幽邃。西有石穴，东有漱玉泉，泉出峰顶，冬夏不竭，其声玲玲，如漱玉然。（上三岩俱县东。）　**齐云岩**俯瞰大溪，登之如在半空，故名。其右为狮子岩，下临清溪，有鸟道缘石而登，中一石状如狮子，岩之巅，又有百尺岩，前俯清溪，其下峭削，鸟道萦纡，人迹罕到。　**甘露岩**高十余丈，石门天成，一径仅通单骑。飞瀑垂岩而下，内有石乳滴水甘甚，因名。宋绍兴中，有僧倚岩架重楼迭阁，不假片瓦。梯栈萦纡而上，俯瞰溪流，澄碧数十顷，寻幽者以不到为恨。邑人梁淮诗：“久闻胜地到无由，今日追随雪满头。石髓香生甘露乳，岩檐影落梵玉楼。人愁石径苍苔滑，鸟语山风碧树稠。一缕炉烟飞不断，共谈清话对茶瓯。”　**醴泉岩**上有石泉，其味甘洌，因名。（上三岩在南会保。）　**圣水岩**岩中有三石乳下垂，大四五围，祷雨多应。又名东岩。　**瑞丰岩**高四丈，广十五丈。按《方舆胜览》：“瑞丰岩有院，初辟时得龙骨，以其牙刻观音像。”又有丹霞岩，高三丈余，深广十丈。罗汉岩在瑞丰、丹霞二岩之中，高三丈，深五尺，广十丈许。（上二岩在瑞溪保。）　**宝云岩**在梅口保。时有彩云浮其上，故名。宋邹应龙归老，尝游憩于此。又名“西岩”。（已上六岩俱县西。）　**南谷**在县东南水南保，有古涧迭巘之胜。宋邹应龙归休，日遨游其间。理宗御书“南谷”二字赐之。有南谷亭，应龙神道碑在焉。　**蓦芜坳**在县治西。一名麦湖坳。邑之孤贫及客死者瘗于此。　**乘风石**在县北长兴保。石一穴。高广二丈许,深五丈余,有风从穴出,可乘凉焉。 **鼓石**在□□保。以形似名。 **双峰石**在□□保。顶有洞,中有棋杆石,乡人多梯险祷之以求嗣。(上三石俱县西。) **筲箕石**在县东北将溪下保。周围峭壁,状若覆箕。南一石穴,人迹不可到;内有截木,望之若箱然。 **猫儿石**在依口保。状如猫之蹲踞。 **笔笏石**在善溪下保。二石对峙,一峭立尖锐,一平正稍曲,远望如卓笔植笏之状。(上三石俱县西南。) **麒麟洲**在县西南一十五里。旧传越王洗马于此。 **大溪**在县南。源接邵武县三溪,西南流至梅口,在建宁县滩江之水,是为双溪渡。迤逦径青洲渡,合众水,入将乐县竹洲而东下。 **龙湖东溪**在龙湖东保。源出林阳西北,至龙湖桥下。 **龙湖西溪**在龙湖西保。源出邵武县三十五都,西南流至于颜坊。 **交溪**在交溪保。源出邵武县道峰山下,西北至安济桥。 **梅林溪**在梅林保。源出道峰山麓,西北至梅林保黄公桥。 **将溪**源出[4]□□□□,西南至朱口保。 **朱口溪**在朱口保。源出李家源,西北至朝夫桥下。 **黄溪**在水南保。源出将乐县台山,西北至安泰桥下。 **山夹溪**在福山保。源出太坪坑[5],西北至山夹桥下。(已上八溪俱县东。) **均福溪**源出大坑坳,西北流。 **福冲溪**源出福冲山西北。(上二溪在水南保。) **永兴溪**在永兴上保。源出宝阁峰,西北流至梅口保,为均渎,抵泥坑。 **铺溪**在开善下保。源出宁化县柳洋里,北流至合口滩。 **仁寿溪**在仁寿保。源自萧坑来,北至善溪下保。 **开善溪**在开善上保。源出将乐蓦源,西北至竹洲[6]。(已上六溪俱县南)。 **城步溪**在城步保。源出大嶂[7],西南至县西揭潭。 **瑞溪**在瑞溪保。源出峨眉峰下,西南至南会保临江寺前。 **二十四溪**源出南会保赤坑。两旁夹以石山,曲折二十四渡,西南流至梅口。 **双溪**又名建宁溪。源出建宁县洛阳保，经大田西保至梅口。　**冯家漈溪**源出挽舟岭，南流。（上二溪在梅口保。）　**石塘溪**在南会保。源出大田东保，西南至南会保。　**善溪**在善溪上保，源接建宁县赤上保，南至龙安溪，又南流。（已上九溪俱县西。）　**杉溪**在安仁保。源出茶花岭，西南至县治北。　**龙门溪**在上高保。源出大杉岭，西南至福山保。（上二溪俱县北。）　**龙安溪**在龙安保。源出君子峰，下循开善下保，与铺溪水合流。　**均溪**在梅口保。源接永曲溪水，至泥坑。　**依口溪**在依口保。源出金铙山，南至小溪口。（已上三溪俱县西南。）　**大田东溪**在大田东保。源出九盘岭，下至山坊。　**大田西溪**在大田西保。源接建宁县楚溪下保，水西南流入滩江（上二溪俱县西，皆入建宁县滩江。已上凡二十有八溪，其流皆入于大溪。）　**钴鉧潭**在县北上高保。深不可测，下流为龙门溪。　**鮷溪**[8]在县南开善下保。深不可测，中有旋涡，舟人恒病焉。　**何潭**在县东一里。一名龙潭。黄溪、杉溪二水合流至此，汇而为潭。潭之下有滩，状如斗角[9]，俗传云："何潭流斗角，此地状元生。"宋叶祖洽、邹应龙大魁天下，似为应。《方舆胜览》云："滩江之水，自何山下环绕县治，遂潴为潭。"以今考之，泰宁无滩江，而建宁有滩江，疑即滩误；而何山亦在建宁，故建宁亦有何潭。　**揭潭**在县治西三里。　**水帘漈**在南会保。又名白水漈，泉直泻百余丈，势如垂帘。　**冯家漈**在海口保。（上二漈俱县西。）　**县溪二滩**大夹滩[10]。在县西梅口保。溪乱石巉岩，两旁石崖壁立，奔湍激浪，其声若雷，舟楫至此不通。合口滩。在县西南善溪下保。大溪与铺溪合，故名。滩甚险。　**放生池**在县治南利步桥下，去溪一里。　**醴泉**在南会保。味甘如醴。　**县东井**在县厅前左。洪武九年知县宋定凿。　**县西井**在主簿厅前。石刻志绍兴四年凿。　**天王井**在天王寺内。唐会昌中凿。　**昼锦井**在昼锦桥头。　**崇仁井**在东隅街崇仁坊。　**朱紫井**在朱紫巷内。宋熙宁元年凿。　**圣公井**在南隅溪岸上。　**普劝井**在普劝寺内。唐天祐中凿。　**保安井**在保安寺内。宋天圣中凿。　**集庆井**在集庆庵内。元至正十一年凿。

建宁县

龙归山在县北永城保。山势蜿蜒，若龙归然。上有大乾惠应庙。　**金铙山**在铙村保。据长吉、将屯、洛阳、赤上、赤下六保间，跨建宁、泰宁，宁化三县境。山之绝顶，有圣嘴石，常有云气出其上，邑人每以占晴雨。又有石燕岩，一石罅仅容人身，深二丈许，盘折而入。至正岩，深三丈许，横阔半之。岩之中有石屏，屏后数步，一石窦通天光，俗谓之“石天窗”，有石凳、石床、石廨，位置向背，皆天成；泉瀑清此[11]行采木杪，而注于绝壑，一胜处也。山之半有龙潭，清澈无底。跨洛阳保有东西岩，上旧有巨藤横亘，可通往来。昔何白旗之乱[12]，邑人多避地于此，后藤绝，路遂隔。跨将屯保有长岭山，曲折起伏，长亘数里。　**青山**在迎熏门外旧有宋陈瓘所书“青山”匾刻，及练江亭。（上二山俱县南。）　**何山**一名东山。循石磴而上，其巅有跨鳌亭，盖邑人岁时游赏之所也。下有何潭，环绕县治。详见《泰宁县志·山川》。　**平山**山形如龟，怪石巉岩，其巅平坦，可坐百余人。山之下，濒江有米洲。邑人岁以沙之涨否占米价。（上二山在在城保。）　**开山**在开泰保。宋嘉定间，寇平，父老相贺曰：“泰运自此开矣。”因名其保曰“开泰”，山曰“开山”。　**屏山**在洛阳保。山方峙如屏，上有棋盘石。（已上四山俱县东。）　**凤山**状若翔凤。或传宋元丰间有樵者见五色禽翔集其上，故名。上有东岳行祠、迎厘观、极乐寺。岳祠内有王母池，又有放生池，邑人多游观于此。　**西山**形势耸峭，上有战坪。相传五代宋齐邱尝督战于此，故名。（上二山在在城保。）　**宝山**在都下保。其土可陶器，乡人资以为生，故名。**登高山**形如覆钟。重九日，邑人多于此登眺。　**望君楼山**层迭高耸，状若楼阁，又若人之企望者。（上二山在里心保。）　**云盖山**山势高峻，时有云气覆之。上有石岩悬绝，泻瀑如帘。**金龙山**山有潭，旧传龙见于此，故名。又有钓鳌岭、堆谷峰、马尾漈。　**五龙山**（上三山在客坊保。）　**白鹿山**在安吉保。昔人见白鹿游食其间，因名。（已上九山俱县西。）　**白云峰**在县北永城保。常有白云出其上。旧有三峰亭。　**王仙峰**在饶村保。旧传有王姓者修炼其间。故名。　**仰天峰**在长吉保。（上三峰俱县南。）　**器村峰**峰势峭拔，旁有山如马鞍，又有三峰如笔架。

鸡笼峰以形似名。（上二峰在洛阳保。）　**金斗峰**在楚上保。上有三台、七星石，大石三，小石七，皆圆如星。　**双仙峰**在楚下保。两峰对峙，如人拱立。（已上四峰俱县东。）　**严峰**在客方保。高峻端重，因名。　**禅顶峰**在大南、上查两保间。（上二峰俱县西。）　**龙归嶂**[13]在县北蓝田、安仁、黄溪三保间。势如万马奔骤，有石如门限。　**严嶂**在县南赤上保。　**北山嶂**在将屯保。自仰天峰而来，突起一嶂，高出云表。　**楚阳嶂**在楚上保。俗讹为楚王冈乡人垦艺其间，往往得古器如瓶盎、炉、铫然，盖地气融结而成，既出，随复消毁。　**浮沙嶂**在周平、安仁二保间。山壁立而多沙。（上三嶂俱县东。）　**仙湖嶂**在县西都下保。中有仙女湖，故名。　**百丈岭**在县北蓝田保。岭极高峻，乃江、闽分界处。昔越王无诸尝猎于此，因筑台焉。故址犹存。

狮子岭在县南都上保，以似名[14]。　**蟠湖岭**在县西上黎保，抵江西南丰县界。上有湖潴水不涸。　**华盖岩**在武调保。石磴萦纡而上，上有水名仙塘，四时不涸。　**五龙岩**在楚下保双峰石髻之下。岁旱,乡人祷雨于此。岩有“山水石”,石壁上有“山水”二字,出于天成,故名。(上二岩俱县东。) **云谷**在县南。宋俞丰尝读书于此。有云谷书院,及怡云、来熏、致爽、浮青、舒啸诸亭,皆其所筑也。 **桐树坪**在县东武调保。地势平夷,多产桐木。 **馆前洲**在县东水心。状如游鱼出水,杨柳生其上,有游鱼出鬣侍郎生之谶。 **九仞石**在县南赤上保。凡九石列峙。

仙人石上有人足迹,故名。 **雷鼓石**击之镗然有声。(上二石在楚上保。) **狮子石**在溪潭中。高丈许,状如狮子。 **马迹石**亦在溪中。石方而平,上有马蹄迹。 **禀石**圆正而高,状如米禀。(上三石在黄舟保。) **笏石**在武调保。直方如笏。(已上六石俱县东。) **印石**在县西客坊保龙溪口潭中。方正如印。

濉江县古名绥城,后误“绥”为“濉”。曰江者,邑人侈其称也。俗名大溪。源出宁化县中顺山,经龙下保,曰宁溪;东北流至县治南,曰濉江;自是,又东北会泰宁县水东下将乐,出顺昌,达于剑津。 **都溪**源出江西广昌县云盖山,东南流。 **篮溪**源出篮田保百丈岭,东南流。(上二溪俱入于宁溪。) **洛阳溪**源出金铙山下,东北流经洛阳、将屯、长谷保至县东南二里。 **漠溪**源出安寅保何家山,经开山黄舟保,至县治东南流。 **楚溪**源出楚上保界,东南流。(上三溪俱入于濉江。) **桃源**[15]在县西大南保。众山环秀,一溪三级,中有居民,人以方桃源云。 **九流漈**在县东楚上保楚溪黄澜滩。中有龙潭。 **龙归潭** **龙潭**在黄坪山巅,广数丈,深不可测,溉田可千亩。每风则晦冥,人以为异物潜焉。岁旱,乡人辄祷于此。按《大明一统志》:“建宁县南有龙潭,相传旧有异物潜其中。宋时,其旁居民有享年百余岁者。”疑即此潭也。(上二潭在县南铙村保。) **鱼潭**在县东黄舟保。深数丈,下有穴,鱼常聚其间。 **石印潭**在县西客坊保。深广数丈,旁有巨石如印，因名。　**县溪诸滩**牛轭滩。在县北在城保。滩屈曲如牛轭状。　金滩。在洛阳保。　金鼎滩。乱石硿砑，湍水冲激，中有一石如鼎。　黄澜滩。（上二滩在楚上保。已上三滩俱县东。）　**南街井**在清平坊。其水清洌，四时不涸。　**兴贤井**在县学前。（上二井俱南隅。）　**水巷井**在东街。　**刘家井**在西隅熊家岭上。

光泽县

昂山在县北二十九都。山势秀拔，乡人遇水旱多祷于此。　**管蜜山**在五都山。两峰相望，前后皆石壁。宋淳祐中，有管姓者取蜂蜜于山中，坠岩而死，因名。山有洞光岩，横阔数丈余。　**云岩山**去县一里。宋李方子讲学其下，有云岩书院。虞集记云："崇冈似壁，人迹罕至，最为清致。"宋李月洲诗："乌君之山山北楼，高兴凭空浩不收。万里风云长入梦，百年诗酒只生愁。依稀远树连寒廓，苍莽残阳落暮洲。闻道登临爱诗客，仲宣何必问荆州？"（上二山俱县南。）　**石螺山**在八都。两山相合，大石犄角对峙于溪上，曰石门，仅通单骑。有石如狮子，昂踞水中。旁有石如螺，因名。　**莲花山**前有五峰，号笔架山。　**黄华山**山势蜿蜒，旁支与止马诸山相连属。（上二山在九都。）　**徐公山**在十都。乡人为徐仲仙立祠于此，故名。（已上四山俱县西。）　**乌君山**去县五里[16]。山高二千一百余丈，顶有两石峰，各高二十丈，人谓之双石笋，又谓之珓杯山[17]。《寰宇记》云："秦汉间，有徐仲仙于此采药，遇神仙，其妃偶多假鸟皮为羽，飞走上下，山因以名。"江逌诗："洞中烟锁五云楼，洞口寒泉今古流。见说秋高风雨夜，徐郎骑鹤更来游。"徐彻诗："杭州雄镇乌君山，山头古迹仙人坛。仙人骑鹤去不返，药炉丹灶留人间。至今鬼神与守护，洞口时时起云雾。玉清台殿常依然，缥缈仙踪无觅处。"　**珠寮山**

在十八都。又名诸母岗，谓其为诸山之母。跨邵武、光泽及江西铅山三县，盖邑之巨镇也。 **大和山**在二十七都，抵江西南城县界。山有铁牛岭，岭旧有铁牛关。 **小和山**与大和山相连。旧有大寺寨巡检司，今徙于杉关。（上四山俱县西北。） **大里峰**在县北二十都。 **白云峰** **聚云峰**（上二峰在三都。） **里人峰**在四都。 **顿笔峰**在八都。状如卓笔。 **毫居峰**兴龙峰（上二峰在九峰。） **佥竹峰**在□□都。（已上七峰俱县西。）

象牙峰在县西南□□都，接邵武县界。一峰屹立，旁有二十四峰，森秀如象牙，邑之来山也。 **盘肩岭**[18]在二十三都。东抵县西弋阳县界，西抵江西贵溪县界。山高径险，盘曲而登，故名。 **云际岭**在二十五都。接弋阳、铅山二县界，路通浙江。（上二岭俱县北。） **乌石岭**在兴东。与乌君山接。高二千六百六十丈有奇。 **杉关岭**[19]在县西九都。为福建江西之界。

会仙岩岩口有穴，名“石斗”，内方而深，清泉常满。相传宋嘉定间，有醉者亵渎其地，火从斗中烈焰四起。岩上有桃，实丹色，熟时即坠，人莫能得。 **黄茅岩**有石楼[20]七重，高下相连，后有石壁，水自穴去[21]。岁旱，乡人常祷雨于此。 **七仙岩**高入云际。（上三岩在县北二十二都。） **乌洲**在县东二里。又名月洲。当西北二溪合流之会。 **杭川**俗名大溪。发源自六都极高岭，分水至四都，合杉岭、止马诸水，曰西溪；至县治西，纳杭溪与徐源诸水，曰杭川；至县北乌洲，与北溪合，曰交溪。又东南流三十里，入邵武县界。《大明一统志》：“府城西北有麃溪。”旧志载于县境而云，疑即西溪之源。详见《邵武县志·山川》。 **北溪**源出县北二十五都云际岭，会二十四都诸涧水。 **县溪诸滩** 交溪滩。当西北两溪之合。 龙孔滩。（上二滩在县东。） 黄龙滩。在县西北一里。 搪石滩。在一都。怪石攒矗，飞流迅激，水涸则舟不能进。 雷公滩。在四都。滩声若雷，舟行者止此。（上二滩俱县西。）　**锡杖泉**在十六都崇安寺后。　**过夏泉**在二十七都招禅寺西。（上二泉俱县西。）　**七星井**县治有井曰庙前，在县东张王庙前；曰司前，在建宁道前；曰澄清，在澄清坊；曰县前，曰八角，在卓行坊；曰五通，在五通庙前；曰光禄，在光禄坊。凡七，因命曰七星井。　**六角井**在县北种德坊。　**城隍井**在县治南城隍庙内。　**杭头井**在县西北杭头市。有二井。

兴化府

莆田县

乌石山旧在府城东北，国朝洪武十二年辟城，围其半于城内。上有东岩寺并石浮屠。山半石岩二处，元人俱有刻字：一曰左丞雨，一曰右丞雨，盖纪当时左丞、右丞祷雨有验，但其旁刻细字，俱苔藓蔽蚀，不知所纪为何人也。山之东北隅，有唐大理司直陈嶰墓。古谶云："乌石山前，官职联联。"自唐以来，林、陈、方、黄、宋、刘、王、郑、李九大姓世居之。　**北亭山**在府治东北下。旧有将迎亭。　**陈岩山**在府治北常泰里。山峰三迭，如云飞、如髻鬟。俗传古有陈姓者隐于此，故名陈岩。亦名陈仙山。山之顶峰峦攒矗若莲花，又名莲花峰，亦名九华山。　石洞。在陈岩山上，广可数丈，旁有巨人迹。　石茶灶。　石棋枰。　琉璃院。　桃花坞。　燕子洞。　仙篆石。巨石坦平，文迹纵横若篆书。宋方翥诗："虫文鸟篆不可识，如读岣嵝神禹碑。"　粘蠔石。山高数百丈，距海七十里，今山顶有石壕[22]山，粘壳犹在。方翥诗："累累蠔山着石面，此非所有能无疑？细看大石深孔窍，舟人操篙迹犹遗；乃知此上千载前，汹涌尚作海渺瀰。蛟龙鱼鳖占窟宅，不省造化能密移。"　淘金井。山之麓，井深才二尺，泉甘而清。旧传陈仙于此淘金云。　**壶公山**山有八面，高耸千余仞，郡治正对之山。形方锐如圭首，峙立如展屏，秀特端重，盖郡之镇山也。旧经云：昔有隐者遇一老翁于绝顶，忽见宫阙台殿，似非人间。翁曰："此壶中日月也。"后人因以壶公名山。宋朱文公经莆，望见壶山，曰："莆人物之盛，皆兹山之秀所钟也。"唐翁承赞诗："井邑斜连北，蓬瀛直倚东。秋高岩溜白，月出海波红[23]。"黄滔诗："日月中时近，龙蛇蛰处腥[24]。"宋刘克庄诗："斫木人多山渐瘦，结庵僧去石谁眠。鸟归半岭衔斜日，樵返疏林起暮烟。"国朝黄耕诗："湿云将雨归深洞，古树号风撼怒涛。" 蟹井。在山顶。泉出石穴中，其脉通海，视潮盈缩。中有双蟹。岁旱，县大夫率诣祈祷，以茅叶引之，置缶中迎归，即雨。宋通判刘子翚诗："穴泉类蹄涔，幽灵隐其涯。仿佛小双螯，控御蛟龙随。" 真净岩。在山之绝顶。莆中风物之胜，一览可尽。 灵云岩。在山之阳。上有桃花洞、蘸月池，泉石奇胜，为莆人游赏之地。 虎立岩。宋徐思仁云："李习之谓：凡山居以怪石奇峰、走泉深潭、老木嘉草新花视远为幽，壶山虎丘岩，殆兼有此景。" 盘陀石。 法流泉。 濯缨沼。

石壁峰。 碧溪湾。（已上俱在壶公山，号五奇。） **名山**下有名山庙（上二山在胡公里。） **鼓角山**在惟新里、壶公山之西。宋吴世延诗："白水一陂浮鹭背，青苗千珑[25]迭虬鳞。" **石梯山**峻峭如梯，其上最宜茶。莆之茶，龟山为上，石梯次之。上有炉峰岩。 **浮山**上二山在灵川里。（已上五山俱府城南。） **塔山**在莆田里。旧有石浮屠，后圮，国朝建烽燧于其上。 **双髻山**在兴福里。自西视之，双峰尖耸，故名双髻。自南视之，五峰并列，故又名五侯。亦名笔架山。上有涌泉岩、大云院，今废。其泉亢旱不竭。 **赤岐山**[26]上有炉峰岩。 **白湖山** **印山**山之上有石如印，古刻"印山"二字于其上。 **烂柯山** **东山** **石狮山** **东龙山** **凤石山** **九潮山**[27]（上九山在武盛里。） **大蚶山**按旧志，莆田海滨有蚶田百顷，号大蚶山。山有岩洞，十里之内水草皆香。　**蔡山**　**青山**上有巡检司。　**丘山**（上四山在奉谷里。已上十五山俱府城东。）　**天马山**在南厢。山势起伏如奔马。　**太平山**其山自福之永福延袤而来，峰峦峻拔，为莆之主山。　**石室山**山有二石室（皆广二丈许）及巨人迹石。僧涅槃隐于此，亦名石室岩，又名伏虎岩。岩之右有天泉岩。（上二山在东厢。）　**林葬山**在文赋里。唐林攒葬母处，又名甘露林。（上四山俱府城西。）　**福平山**在兴教里。亦名北平山。唐欧阳詹读书于此。侍御史陈峤墓在焉。山之阳为北螺村，有林氏伯仲九侯墓，今谓之林墓埔。　**澄渚山**在仁得里。旧有陈暄者居之，初名陈渚；唐睦州刺史林披徙居于此，因改"陈"为"澄"。今有林九牧[28]祠堂。　**囊山**在延寿里。形如悬囊，亦名上囊。辟支岩。其中可容数榻，旁有八小石负之。玲珑明澈，如窗櫺然。唐中和元年，异僧黄涅槃栖隐于此。岩石间有小窍。甫径寸，时迸异香，今樵者间犹得之。前有二巨石，对峙如门，右有石，高广可二丈[29]，后人因设药炉、茗碾于其上。宋郭祥正诗："磴道迢嶢接画檐，阴森古木翠相啣。寺形突兀从中涌，山势包藏若外缄。猛虎至今驯片石，异香时复降重岩。欲穷眼界无边际，更到幽人宴坐嵌。"余越诗："千林欲暮山带雨，六合无尘秋满天。"国朝柯潜诗："攀云凌绝顶，一望海天空。野色断桥外，鸟声高树中。烟凝芳草绿，苔衬落花红。万虑都消却，长歌送暮鸿。破晓携余兴，搴梦上辟支。云边孤鸟没，天外数峰奇。拂石题新句，磨苔看旧碑。此中真绝景，能有几人知？"　文殊岩。　佛日山。　石竹山。须涨台。　降龙涧。　于菟窟。　半月池。　伏虎石。　**双鱼山**状如双鱼。下有子鱼潭，亦名小姑潭，在迎仙桥下。广仅数百步，所产子鱼为真，而不可多得。王安石诗："长鱼俎上通三印。"苏轼诗："通印子鱼犹带骨。"黄庭坚诗："子鱼通印蠔破山。"而建安严有翼《艺苑雌黄》亦谓：通印长鱼，古人以为食味之珍，通印者，言其大可容印也。今山上有小庙，政和间立，里人刘仲审始题其额曰“通应”，因以名港。追考岁月，实在三公作诗之后；而王彦辅《麈史》，反以诗讹“应”为“印”，盖考之未审也。　**驷马山**以形似名。　**戴帽山**山高千仞。旁连紫帽山，山有鸲鹆岩。旧传地暖鸜鹆栖焉。（上三山在待贤里。）　**烽火山**在兴教里。三小山突起平田中，旧传常举烽火于此。一名华盖山。　**芗林山**下有灵龟潭。岁旱祷之，若龟浮，乃雨征也。有石梁跨其上。又有石如砥平，可坐数十人，流泉环绕。郑樵诗：“泉声漱玉开心孔，山色挼蓝熨眼花。着手摩挲溪上石，他年来访汝为家。”　**大帽山**下有爵山。南有太湖坑、石门、马尾漈、绿榕桥。王悦诗：“鸡犬一声[30]云一坞，春阳桃李缈成蹊。”　**东山**山多异产。宋郑樵有《东山采药》诗刻于石。旁有西岩。　**棋山**仙掌峰。有石高三十余丈，巉然特立如掌。宋林光朝《丰登楼记》云：“仙掌一带如湘潭，其牵映数处如雁荡。”即此地也。　文笔峰。与朝天马两峰相对，又名石竹峰。峰之麓为故兴化县治。　香炉峰。旧经以为朝天马峰。　仙人台。两石对立，中有蟠石如棋样。　出风穴。大石上有穴大如斗，深不可测，风自穴出。（已上俱在棋山，号五奇。）　龙山。亦在棋山。山岩如圆屏，瀑水高三十尺，流下潴为小潭。又有石如室，深广一二丈。相传五代时有隐者居此地，炉犹存；中有棋山寺，旁有西台。　**百丈山**亦名华盖峰。唐会昌中，僧崇演避地辟谷居于此。山有石室。又有六岩：曰华盖。曰客厅。华盖西北，大峰峻峭，第一石室可坐五十人。曰古仙。此岩向北有石梁架虚以为门。曰石伞[31]。石门向后有一岩，形如层塔，一岩相枕，形如伞盖，下有石床，平坦可容二十人。曰石楼。石伞西北有岩，形如楼台，其下宛转，可容百人。曰重玄。石楼西北连大山鼻，直指玄空中石室可栖息百人，旁沿石壁，乃至其中，即此岩也。又有百丈岭，接福清县界。（上五山在广业里。已上十五山俱府城东北。）**果阳山**　**方山**　**三仙山**在莒溪。（上三山俱在府城西北常泰里。）**城山**在景得里。俗传旧有蜘蛛绕山为城，故名。又名谷城山，与壶公山对峙，为黄石谷清[32]之望山。有石岩可坐十许人。前临国清塘，上旧有竹隐、梅隐、松隐三精舍。今惟松隐存焉。其巅又有呼月台、兴云洞。宋林光朝尝讲道于红泉东井，学者因立祠于此祀之。国朝柯潜诗有云："呼月台前看海色，兴云洞口听龙吟。孝廉坟古苍苔合，文节祠荒碧草深。"又云："好山横碧水穷处，落日留红天际头。"**羊眠山**在安乐里。顶有窠，平数十步。**鲫鱼山**在合浦里。其下有潭。**嵩山**在海滨。山顶有峰名"文笔"，其上石壁有苔纹成"文笔峰"三大字，宛然如书，刮去复然。旁有石室，俗呼"仙姑岩"。峰之下有嵩山院焉。**金山**[33]虎山下有一水，谓之"金溪"。宋林光朝记，此水发源于仙人台，其最上层有云气濛濛然。旁有虎齿石、鸡冠石，又有石室，可容十许人，登高临眺，并见海上数山若莲花之状。**岳香山**　**芝山**峭石巑岏，草树蓊郁，为海滨胜处。山之巅，有庵曰"万松"，国朝柯潜少尝读书于此，及第后归省，重游山中有诗："眼底皆亲旧，相邀访白云。好山看不了，名酒饮都醺。晴旭移花影，轻鸥护水纹。莫谈人世事，诗思正纷纷。"**石马山**（上五山在礼泉里。）**柯山**在安乐里。旧名松山，后以山下多柯姓所居，改今名。**吴山**在崇福里。**岳秀山**　**蒋山**　**龟山**亦曰西山。**芹山**　**塔林山**　**火头山**　**文甲山**　**华胥山**南有吉了巡检司，东有南日山水寨。居民蕃盛，商旅辐辏，亦富饶之区也。（上八山在新安里海滨。已上十八山俱府城东南。）**凤凰山**在南厢。山形如凤之展翼，故名。梁、陈间，邑儒郑露书堂在焉。**横山**在鼓角山之西。**木兰山**其下为木兰陂。（上二山在惟新里。）**将军山**又名将军岩。**龟洋山**产茶为莆之最。旧经云："僧无了尝栖隐于此。遇一大龟蹑四小龟而行，因名。”山有六眸龟池、尊口池。　**紫帽山**与龟洋山相连。晓日笼烟，山色绚紫，故名。（上三山在文赋里。已上六山，俱府城西南。）　**州峰**其上为共乐台。　**梅峰**与乌石山相连，即光孝寺之后山也。（上二峰在城内，今府治西北。）　**大象峰**上有灵石大梦岩。　**鸡足峰**以形似名。又名北岩。（上二峰在东厢）。

仙台峰按《大明一统志》，在府城西。上有石棋枰、马蹄迹。前有石罅，深不可测。又有仙台石。石上有字，锐如镌勒，远则字画分明，近则模糊不可识，其文曰“日月逝酒浆”凡五字，未详何谓。（已上三峰俱府城西。）　**九峰**在永丰里，旧志作延寿里。徐师仁记云：“院之左右峰峦连属，有类香炉之九迭，衡阳之九疑。故名九峰。”　**灵峰**在待贤里。山环五峰。（上二峰在府城东北。）　**卢峰**旧传有卢姓者，炼丹其上。郎中林忌诗：“神仙闻在幽深处，待郎龙宫阅秘龛。”　**越王峰**亦名越王台。旧经云：“环山巅筑台十余层，遗址石础犹存。”《汉书·朱买臣传》：“东越王更徙处。南行去泉山五百里，居大泽中。”今所历之地，多有遗迹。峰之旁有燧峰三，旧传越王举烽火之所。宋宏词方□□[34]诗：“闻道驺余避汉兵，窜身岩谷觊偷生。如云甲马今何在？只见良田万顷平。”峰之西南有钟湖，湖颇深广，每云雨晦冥，则湖中隐隐有钟声。旧传越王金钟飞落于此。　**瑞云峰**旧经云：“峰顶有云起即雨，乡人恒以此为候。”峰之左，旧有神祠，五代周显德中，居民一日见白衣人入祠隐，视之不知其处，但见壁上有金书二句云：“瑞云峰下出三元，东西二里人皆传。”宋熙宁九年，薛奕以武举第一，其孙珩知梅州，寄诗云：“瑞云古谶旧传闻，一曲青山抱小村；簪绂相传今十世，姓名犹未应三元。”旁一里许，有转水岩，又名转水台。旧经云：“穷山之巅，有泉源如车轮在黄茅中，东碍大石，西流永福县界崖壑中。唐末有陆禅师者，以乡民苦旱，振锡大喝，石开，水转而东，溉田数百顷。至今旱岁，远近迎水，其应如响。”《大明一统志》云：“府城东北山岩下有泉，或岁旱，居人傩，水回流入故兴化县，应期而雨。”其说与旧志少异。　**螺峰**　**仙寿峰**相传旧有仙修真于此。　**长寿峰**旧经云：“何氏兄弟九人先隐此山，得不老之术，故名。”其旁有马鞍山、双髻山、鼓角山。峰之东北有金钟潭，亦名“金溪”。旧经云：“俗传昔有胡人自岭外掬溪水饮之，觉有金气，溯流寻至此潭，见金钟浮水西[35]。胡投水戴之，与钟俱沉。至今钟尚留潭中，时隐隐有声，土人常以此卜阴晴。潭在瀑流之下，深不可测，有隙光漏月，又名‘仰月潭’。”（上六峰在广业里。已上八峰俱府城东北。）　**罗汉峰**在府城南南厢。旧记云：“俗传有一僧南来，迫暮过此，忽睹一刹，楼阁层出，钟鼓铿然，榜曰‘罗汉院’，因寓宿焉。达明失所在，诣广化寺言其事，后遂造石塔于此。”下有佛肠坑。旧经云：“俗传广化开山僧吐出肠胃，于此说焉。”　**天竹岩**　**弥陀岩**（上二岩俱在府城西常泰里。）　**紫霄岩**在常泰里。上有精舍，旧名迎福院。　琉璃峡。宋苏舜钦书。　天台洞。　石鼓。考击有声。　石门。　仙人桥。　仙人冢。（已上俱在紫霄岩。）　**上溪仙人岩**旧经云：“岩状如骏马垂颈。颈上有平处，下瞰一洞，可容数十人，中有药炉、丹灶、石棋局；人迹不可到，惟一窦如窗眼，斜窥见之。”　**望江岩**丛山之中，层崖千仞，东望沧海，故名。（上二岩在广业里。已上三岩俱府城东北。）　**龟溪**□城既辟，壕遂湮塞。天顺间，指挥佥事丁晟尝奏请疏凿，以通舟楫。制可之，而未有能任其责者。成化初，知府岳正始命工疏之。自养济院前，抵东水关以达于外河，深四丈，广倍焉。中为三堰，以杀水势；一在养济院前，曰上堰；一在城隍庙旁，曰中堰；一在玄妙观前，曰下堰。其上中二堰之间，潴水成湖，刻石其旁，曰“小西湖”。自下堰以下，名曰“兼济河”。上有石桥三间，即旧宁真门外通衢也。水盛则舟楫或可至桥下，人以为便。其费皆正所自区划，不以烦民，惟士民王行安，尝率千夫助之。正作小西湖时，有诗云："性癖耽山水，莆阳不负吾。林峦青欲滴，城郭隐如无。天险关形胜，坤灵效画图。全功些子欠，我作小西湖。"湖水所产鱼荷，岁入府学，为师生会馔之助。　**延寿溪**在府城北常泰里。源接渔沧溪，流至延寿村为陂，分流新港、芦浦、端平三斗门，入于海。　**南萩芦溪**在府城东北待宾里。发源自游洋溪，流经畖畎陂，五里至妙寂桥，又五里为渔沧溪，历使华陂，过延寿桥。（"萩"一本作"荻"，恐误。）　**莒溪**发源自游洋蔡溪，历九鲤湖，流会萩芦溪，以达于延寿溪。　**渔沧溪**南流入八濑溪，会于延寿溪。（上二溪在府城西北常泰里。）　**上溪**在府城西常泰里。源自林葬坑而下，流五里至南门第二桥，与北港水合。　**迎仙溪**源自北萩芦溪，合桃源白石水。又东流会迎仙港，入于海。　**蒜溪**源出兴化县茭迹山，绕蒜岭，历五峰陂、驷马桥，南合迎仙溪。（上二溪在待宾里。）　**吉宦溪**在张溪下流。源自黄渡，南流过百浚，与碧溪水会于东镇。　**湘溪**亦名上溪。源出石竹峰，南注涨洋，达于萩芦陂。　**碧溪**接湘溪之水，往萩芦溪。　**瓢湖溪**一名萍湖。接大松溪，过马洋，合洙溪。　**百丈溪**在昆山溪下流。源出兜率山下，为福清界[36]。　**洙溪**一名苏溪。在碧溪湖合流之下五里有苏陂。旧经云："大溪之中，有温泉数眼，百沸如汤，混以溪流，不能止其沸。居民三五十家，沐浴烹饪，日取给焉。"　**杉溪**源出长寿峰，下接大松瓢湖水。　**大松溪**源出大松岭，下接瓢湖水，过洙溪合流。　**凤抟溪**源出羡山，并山东注，细流交集。历溪尾，过白虹，折而南流六十里，入碧溪。　**澳溪**盖苏溪、吉宦溪、抟溪合流处也。　**北萩芦溪**在澳溪下。流至萩芦陂，歧而为二：左行者历万安溪迎仙桥，会蒜滨之水，以达江口。右行者过漏头以达新港。各入于海。　**碧溪**在溪下流十里许。（上十二溪在广业里，皆由江口桥以入于海。已上十四溪俱府城东北。）　**濑溪**在府城西南文赋里。其泉自泉之德化、永春及仙游三邑而下，合涧谷之水三百有六十，流至木兰陂，而下于海。　**八濑龙潭**在府城北常泰里。旁有九龙庙，岁旱祷雨于此。或名鳖濑。宋方翥诗："濑寒隐鱼鳖，庙古动龙蛇。"按旧志："郡北十里地方名'善溪'。有大恶潭在峻峰之间，左右石壁峭耸。宋开宝中，县令吕承祐因岁旱祷之，大雨滂霈，或见黑白二龙戏于水上，遂立庙祀焉。"以其地势考之，疑即此潭也。　**龙潭**尝闻，宋绍兴四年，春夏不雨，潭有龙现，即雨。　**鮀潭**源自沐溪而下，其深不可测。旧经云："时有群鮀出乎其间。"（上二潭俱在府城东北广业里。）　**薛公池**在莆田县学大成门之前。宋薛奎知县事时所凿。其后奎入参大政，邑人思之，因名。元至顺初，移建县学于此，遂以为泮池。池植莲，有双萼同干者出于其间，则诸生必有登魁名者。林环、柯潜廷试第一人，皆有此瑞。**桃源温汤池**在府城东北待贤里，锦江之西。其地有仙迹药田、丹灶。宋林大鼐《莆阳风物赋》云："浴桃源之汤者，多年寿。"按旧志：陈洪进时号"静边都"，郑仁畅为使。　**瀑布泉**在府城北常泰里使华亭之西。旧经云："悬流高百丈。"**温泉**在府城南南厢元丰桥之西。深可丈余。　**大泉**在府城东武盛里，平海卫城东二里许。泉脉自石罅中涌出。　**石马泉**在蒜岭之西。立碑道旁，以石马名之。今在福清县界。　**葆光泉**在望江里岩峙。循崖巨石有洼，可容勺，泉涌其中，溜如一线，虽久旱，酌之不竭，宋林光朝以是名之。　**乳泉**在广业里张盖山。（上三泉俱府城东北。）　**观音泉**在府城西北常泰里松岭之半途，负担者取汲焉。浮屠氏筑亭覆之。有石刻曰"观音灵泉"。

西淙瀑布泉在府城西南文赋里西重院之上。瀑流悬崖如练。

留公井在府治内之东，即旧莆田县丞廨之西隅。有石记云："知县留居道重新县廨，累凿井无泉，夜梦神人指示曰：'西隅草色光泽处有泉。'觉而凿之,果得。" **铺前井**在府治前宣化坊总铺内。 **卫前东井**在谯楼之左。 **卫前西井**在谯楼之右,僧涅槃凿。 **梅峰井**在梅峰光孝寺内。 **兴贤里**[37]在馆驿内。

龙津井在太平社仙水行宫内。旧志云:"昔何氏兄弟尝憩于此。"(上七井俱左厢。) **市头井**在市头石塔之前,亦名塔井。

义井在永福寺前之通衢。旧经云:"僧涅槃所凿,岁旱汲之不竭。" **福泉井**在后街。井上有石,刻"福泉"二字。(上三井俱左厢。) **石幢井**在宋黄公度状元坊之侧。僧涅槃凿。 **四穿井**在石幢市。 **郑井**在五巷尾。旧郑氏井也。 **龙井**在乌石山下。(上四井俱东厢。已上十四井俱府城中。) **望仙门外井**僧涅槃凿。 **涅槃井**在元丰桥侧。旧记云:"涅槃自南乡归,同船者渴,涅槃乃登岸,驻锡涌泉以饮之,因名。"(上二井俱在府城南南厢。) **惠井**在平海城内西南。景泰四年,指挥使戴瑄凿,以便士卒,故名。 **龙崆井**按旧志:"在县东筚龙山下。"古井亢旱,泉源不绝。(上二井俱府城东。) **梅井**在府城西一里。泉甘而重,深可八尺,枯旱不涸。旧经云:"昔有叟梅姓者指其所以示人,因名之。"宋林大鼐《莆阳风物赋》云:"饮梅山之井者,无废疾。" **徐井**在常泰里。旧传僧涅槃所凿,与徐氏宅相连,故名。

张井在望江里下张。 **黄井**在待贤里江口、鼓楼山瞰海旁,日给千家,大旱不竭。(上二井俱僧涅槃所凿。) **方公井**在尊贤里白杜路左。唐方峻所凿。 **仙人井**在杉溪之西。 **醴井**味甘,故名。 **郭坡井**(上三井在广业里。已上七井俱府城东北。) **灵惠井**在湖公里白湖之侧,环境皆斥土,而井居其间。旧记云:"时疫,有梦神示一井,凿而饮之,无不愈。是岁神始封灵惠,故名。"亦名灵惠泉。 **双庆井** **莫公井**旧传莫姓者所凿。

东井宋林光朝开义学处。 **琳井**泉源涌出,亢旱不竭。(上四井在黄石，界于连江、景得二里之间。已上五井俱府城东南。）

施水亭井在府城西南南厢。旧经云："僧涅槃凿以施水，即锦亭前井。"今废。

校　注

［1］《闽书·方域志》作"县治主山"，嘉靖《邵武府志·地理》作"镇山"。

［2］《闽书·方域志》及嘉靖《邵武府志·地理》均作"十余里"。

［3］《闽书·方域志》作"上有瀑布泉"。

［4］"源出"下脱数字，按《闽书·方域志》及嘉靖《邵武府志·地理》均只作"溯洄永兴溪水，溯游十里至于泥坊"，未说明源出河处。

［5］《闽书·方域志》及嘉靖《邵武府志·地理》均作"太平坑"。

［6］《闽书·方域志》及嘉靖《邵武府志·地理》均作"入于将乐之竹洲溪。"

［7］《闽书·方域志》及嘉靖《邵武府志·地理》均作"大洋嶂"。

［8］《闽书·方域志》及嘉靖《邵武府志·地理》均作"鳑潭"。

［9］"斗角"疑为"斗甬"之误。斗甬为古代量器。甬，即斛。

［10］《闽书·方域志》及嘉靖《邵武府志·地理》均作"火夹滩"。

［11］"清此"似系"清泚"之误。

［12］乾隆《邵武府志·兵制·寇警》载："乾道四年，群盗何白旗等侵建宁，调汀州左翼兵置罗汉寨以守之。"

［13］《闽书·方域志》作"龙归山"；嘉靖《邵武府志·地理》作"龙归峰"。

［14］应为"以形似名"。

［15］《闽书·方域志》及嘉靖《邵武府志·地理》均作"武陵桃源溪"。

［16］《闽书·方域志》引萧子开《建安记》作"在县西一百里"；嘉靖《邵武府志·地理》则作"去县十有五里"。

［17］《闽书·方域志》作"茭环峰"。

［18］《闽书·方域志》作"肩盘岭"。

[19]《闽书·方域志》作“杉岭”。

[20]《闽书·方域志》作“石鼓楼”。

[21]《闽书·方域志》作“水自穴出”。

[22]“壕”为“蠔”之误。

[23]《全唐诗》作“日上海波红”。

[24]《全唐诗》作“乌兔月中近,龙蛇蛰处膻”。

[25]“珑”似应作“垅”。

[26]弘治《兴化府志·户纪》作“赤崎山”。

[27]弘治《兴化府志·户纪》作“九跳山”。

[28]林披生九子,皆官刺史,世号“九牧林氏”。

[29]弘治《兴化府志·户纪》及《闽书·方域志》均作“五丈”。

[30]弘治《兴化府志·户纪》作“鸡犬数声”。

[31]弘治《兴化府志·户纪》作“石塔”。

[32]“谷清”疑为“谷城”之误。

[33]弘治《兴化府志·户纪》谓:“金山在兴福里。”

[34]明周华《兴化县志·山川》作“方叔震”。

[35]《闽书·方域志》作“水面”。

[36]弘治《兴化府志·户纪》作“入福清界”。

[37]“兴贤里”疑系“兴贤井”之误。

八闽通志卷之十二

地　　理

山　川

兴化府

仙游县

大飞山　**小飞山**县之主山也。蜿蜒数百里，屹立为二，高可千仞，其形翼然，如飞扬之状。下有钟鼎、马鞍二山，东为将军山，后为天马山。　**瀑布山**悬崖瀑布，泉高数千尺，望之如垂练。下有龙潭。（上二山在功建里。）　**大象山**在兴泰里。下有唐光禄郑绩墓。（已上三山俱县北。）　**鸣山**[1]山顶有石，高二十余丈。石上有风穴，穴中有蛎壳，天将雨则鸣，过三日不雨则旱。乡人遇旱，祷之必应。上有鸣峰岩，尝有道人卓姓者，结庵其上。宋县尉黄岩孙诗："卓道当年爱此峰，直于顶上驻禅宫。岩深疑有仙人宅，地僻全无俗客踪。罅石引泉围古屋，断烟拖露[2]滴寒松。夜来冷枕蒲团堰，梦破一声残月钟。"　**白岩山**白石成岩，下插青溪，又名白石山。旧经云："孤标秀异，灵仙所集焉。"

香山旧经云:“昔有人登此山,时闻异香,或于土中得之,若乳香然。”下有院,旁有清溪,其源发于泉州之晋江。水极清泚,而奇峰森列,溪旁小径,可通杖履。又有石梯、挂钱石、银台石马、香炉峰、龙潭。　**九峰山**亦名九仙峰。上有云即雨。县之前山也。

飞凤山东有昭灵宫。　**卧牛山**(上六山在孝仁里。)　**罗山**傅氏族居其下。唐僧涅槃谶[3]曰:“吾居尔室,干戈永息;尔居吾穴,衣冠不绝。”后尝两易为僧舍。又曰:“二百年后,异姓同光。”今林氏同居焉。　**翘足山**自留仙山发脉,以至于此。(上二山在永兴里。)　**柳峰山**自东南望之,其形如帽;自正南望之,其尖如笔。　**九龙山**山分九支,与铜鼎山对峙。　**牛歇亭山**王迈家其南。**照船山**其山秀拔,登其巅,望见南海。　**鸿渐山**山秀丽可观。　**锦屏山**风亭市居人。延迤其下。(上六山在连江里。已上十四山俱县南。)　**鸡子城山**昔越王筑城其上,旧经云:“灵异非人力所为。”又有彭城,相去不远,遗址并存。　**昆仑山**大溪之南。二峰圆整秀拔。山之巅有蟹井,祷雨必应。又有昆仑岩。　**龟城山**其形如龟,故名。(上三山在常德里。)　**石鼓山**在永兴里东渡溪之南。有石如鼓,因名。　**东山**在沙溪桥之东,其下为严坂。又县东北兴泰里,亦有东山,状如伏龟。

白马山　**琼山**山之石莹洁如玉,上有盘石,广十余丈,可坐数百人[4]。(上三山在香田里。已上七山俱县东。)　**宝幢山**在养志里。东为玉幢峰,西为金貂峰。　**诰轴山**　**南林山**　**魁岩山**

正奏山在大帽峰之前,旧名“精进”,旁有烂柯山,下有大□陂[5]。　**泗洲台山**俗传尝有仙人往来其间。又有仙人台。山有天柱峰、大帽峰,其势高大,若展旗然。宋叶颙世居其下。

双桂山双峰峙立,故名,又名双髻。(上六山在万善里。已上七山俱县西。)　**铜盘山**山峰尖锐,其顶坦夷如盘。　**九仙山**自永福县嶙峋起伏而来，至此耸为一峰。石上涌飞泉，色白味甘。世传汉时有何氏兄弟九人，饮此泉因而上升，故名，东有仙迹石，南有侯坂高平山，唐陈峤世居焉。　**高望山**旧名高望峰，在九仙山之西，何岭之上。上有石浮图，下有龙潭，南有双髻峰；又有二石，各高数丈，名曰“笏石”。北有仙人台。　**古重山**在紫洋之东，延袤二十里[6]。其上为古重岩，旁有石室，深四丈许，广亦如之。又有小石室十余，皆有隙路相通。　**玉几山**方平如几，其高与九仙山齐。（上五山在常德里。）　**石犬山**顶有石，状如伏犬。　**林洋山**　**莲花山**状如莲花。　**银岩山**又名“白岩山”，山下有羊山，又有黛蓝山，下瞰清溪，小市数家，水竹映带。

如兰山下有水陆精舍。　**双髻山**又名双笔峰。　**南镇山**

福鼎山[7]与莲花、石所三山峙立。　**南湖山**[8]在何岩之西，旧有万安寺。　**小岩山**中有石门，门中有石镜、石龟、石鼓。

牛岭山　**石屏山**山下旧有亭。　**寻阳山**有大山自西北来，峙为三峰：曰大雪、仙台、香炉。又有鸡髻岩、云顶岩、红袍山、笏山、笔架山、烽火山[9]、大象山、鸾峰[10]、莲花峰环列左右。循南而东，又有石龟岩、龙须岩、银顶峰。宋知县陈昭度《西轩赋》云：“西涧之水，悬流二千尺，开辟已三百年，初发源于银顶。”即其地也。莲花峰之下有龙潭。云顶岩亦名云顶峰。岩有石室十余处，旧传隐者栖息于此，名旧隐岩。旁有化蟒岩、钓月湾、闻猿洞、眠云阁，有石并峙，对望之如阁。又有漈坑。岩之前有郑氏书堂，西挹其秀。古谶云：“漈坑卿监无人识，云顶山前出状元。”宋乾道中，有部使者过此山，曰：“当生异人。”后郑侨果擢魁，荐官至枢相，是其验也。　**高阳山**又名谷目[11]山。崇林蔽翳，居人剢木以识所从出入之路。后人讹传剢木为谷木。宋黄某言：“谷中山小娟秀[12]，如人之眼目，是其清明处也。”（上十四山在兴泰里。剢考之韵书无此字，疑当作“剥”，又疑当作“掾”。）　**蛇湾城山**亦号越王城。(已上二十山俱县东北。) **将军山** **鼓楼山** **北斗岐山** **平光山** **飞鸟山**相传昔有孝子庐墓于此,飞鸟群集,乡人谓孝感所致,因名。郡志“鸟”作乌。 **乌石山**在乌石溪口。又闻贤里亦有乌石山,陈氏居焉。 **大帽山**陈次升世居焉。**金鸡山**顶有石如鸡,故名。(上八山在善化里。) **梁山**旧经云:“平田之中,突起一峰,高插霄汉,其上多神仙窟宅,水旱祷无不应。旧传尝有紫气凝结,经旬不散,邑以祥瑞闻。是时盖梁朝也。故以梁名。” **明山** **祥云山** **九座山**《泉南录》云:“重峦叠嶂之中,巍然高峙,凡九峰,故名。” 盘髻峰。亦名凤顶山,在九座院后。旧经云:“八峰环绕,而一山中峙,迥然峭拔,势如盘髻植笋。嘉木异卉,寒暑不改色,盖绝胜之境也。” 栖真岩。院东三百步有石龛,广逾寻丈。旧记云:“山之中有蟒岩,巨蟒族孕其间。唐僧智广驻锡于此,蟒悉化为石。” 锡杖泉。栖真岩下有浅穴,无水,智广以锡杖叩石,泉忽涌出。 彻云涧。院西三十步,有大涧出于穷山,群石丛萃堆积,水下激石,其声铮然如钟磬环佩。失名氏诗:“延绵不可穷,寒光彻云际。落石旱雷喷[13],溅宝春雨细。” 龙潭。彻云涧北上,跻险扪萝,不啻五里,却入涧中。巨石之下,宽余一丈,深二三尺,水湛而清,旁有阴窦,莫测深浅,岁旱祷,应答如响。 透龙石。潭北有大石,中断如截,旧传尝岁旱,龙蛰其中,智广叱之,透石而去,故名。 **大祐山**[14]其山自金华岭而来,伏为平地者里许,乃复突起一峰。(上五山在闻贤里。已上十三山俱县西北。) **金井栏山**在常德里。 **洪山**旧经云:“洪崖崄峻,层峦清洒,相传旧有紫气盘绕,又时闻丝竹之声。”

魁山与洪山相连。 **留仙山**旧传何氏兄弟尝留憩此山,石棋局犹存。 **大尖小尖山**双峰尖秀而高耸。 **铜鼎山**形如覆鼎,其旁有耳,与垂帘挂幕之山相并。(上五山在永兴里。)
云顶山自洪山、魁山发脉而来,其麓绵厚,黄氏[15]居焉。 **新**

峰山其高凌天，顶平如掌。（上二山在香田里。）　**紫帽山**[16]　**塔斗山**在双溪之上。其顶有螺峰岩，又有浮屠。（上二山在连江里。已上十山俱县东南。）　**郑墓山**　**大智山**（上三山[17]在孝仁里。）　**带帽山**其峰高峻，顶如手掌。九溪居人多依此山。　**钟石山**上有仙门洞，石门高阔大余。其东有碑刻云："古有樵者遇一翁，问其所居，曰，居此山五百余年矣。问其屋宇所在，翁以手指石，遂开为门，入门乃化鹤而去。因号'仙门洞'。"（上二山在养志里。已上四山俱县西南。）　**龟峰**　**文笔峰**峰秀拔如笔，席麻林氏居焉。（上二峰在县西南养志里。）　**乌头岩**在县东兴泰里。有石池清泉。宋林光朝目此山为小武夷。　**飞锡岩**在县西闻贤里。　**北山岩**旧经云："群山之巅，两石峙立，负一石焉，号曰石室，可坐百许人。初泉源以岩石不通，相传雷裂其石，泉始达于石室之下，裂石今尚存。"宋郑樵诗："倚杖岩头秋独望，稀疏烟垄是人间。"　**罗汉岩**　**何岩**俗呼寒岩。上有古河城。城之东，有石洞，可坐百余人。下为何岭。宋陈谠书"何岭"二大字，刻于石，俱以何氏九仙得名。路旁有仙泉井，宋陈照度《仙水第一源记》："何氏兄弟经行于鸡子城，憩于岭畔，炼丹于湖上，丹成，乘九鲤鱼仙去。"后人号其湖曰"仙湖"，岭曰"何岭"，水曰"仙水"，县曰"仙游"。岩之侧有石所山，旧经云：县中北为坦途，山皆石也，故号"石所"。又有滴水岩、麦斜岩、极乐岩、云霄岩、林际岩、南湖岩、名山岩[18]、乐应岩、高望塔，皆错峙于石所之间。山之下有平埔[19]十余里，宋黄定斋建书堂其麓。林光朝、刘夙时至其所，尝曰："天下佳山水，未有如鲤湖石所者也。"石所之南有玳瑁山，下有龟台冈、西瞻山，又有九仙宫。　**蔡溪岩**宋陈易隐居于此。岩前有石如双阙，曰"石门"，高三十余丈，广百十丈。石门之北，洪崖石壁，凌云环立。上有瀑布泉，悬流石壁数百丈，频年不竭。下有龙潭，深不可测。又流而为溪涧，因总名"蔡溪"。又有普陀岩，石壁间可坐三五十人。风日不到处也。与普陀岩相对，有罗汉洞。石门之下有幻游洞，岩水至此，会流如奔雷声，潴为一湖。大木百围，盘屈石上，虽盛夏犹寒。岩之东有象五峰，西有狮子峰。象五峰之下有望赏台[20]，易结庐于其间。台畔有藏真坞[21]、眠云石。（已上四岩俱在县东北兴泰里。） **石碑岭**[22]岭路甚峻。有石立道侧，平阔数石[23]上有鸟迹书，其文漫不可晓。 **仙岭**相传何仙尝憩于此。（上二岭在永兴里。） **马岭**在连江星岭之上有亭，为迎送使客之所。（已上三岭俱县南。） **归仙岭**在善化里。按旧志名"孤单岭"。五代唐陈乘、陈光又[24]居岭畔，登第还乡，因改今名。 **白隔岭**在万善里。 **石狮岭** **磨石岭**（上二岭在闻贤里。已上四岭俱县西。） **辜岭** **白马岭** **长岭**在何岩之东北，通郡治孔道也。昔邑人黄鹏创庵道侧，买田付住僧，使备薪水，以给行旅之宿食者。 **牛头岭**旧经云：按《九域志》旧载百丈岭，今诸岭之峻，犹有绝高于百丈者。大抵环兴化县皆山也，大山如奔虬，小山如促浪，来自建昌、昭武，越尤溪，至于永福，分为三、四。自洑口达九座为仙游，至壶山入于海，笔架、仙台、大雪至于香山，乃其支出也。东自杉溪出为长寿峰，又东为二支：一自浪山为仙寿峰，为日月角山，金芝、璎珞、旸谷、夹漈、越王、乌石皆其别名；一为瑞云峰，为兜率，为百丈，达于福清。其中则为小辜山，为牛岭，为兴化县治。过辜岭、双髻、覆鼎，至于石所，号何岩，下有九鲤湖，直出为龟山，为广化，为华岩，为兴化军治。（上四岭在县东北兴泰里。） **梯云岭**在县西北永兴里。历险沿危，又三十里至九座。 **罗汉墩**在县治之南，高一丈，广数丈。古谶云："水流罗汉墩，仙游出状元。" **浮龟墩**在紫泽观之东，有石墩阙溪旁。相传昔有潦涨，民居悉淹没，独墩上数十家无恙。 **九鲤湖**在县东北兴泰里。汉何氏兄弟九人炼丹于此，丹成各乘一鲤仙去，故名。湖上有九仙宫，西有仙阁。宫之前，左右两山蟠踞环抱湖；其中一水，沿石涧由宫之左而下，汇于湖，澄泓渟蓄，深不可测。前复通一涧，两壁夹耸，石底平远。湖上下凡九漈，春水时至，汹涌激烈，其声如雷。流下石壁，喷为真珠帘；再折而下，散为烟雾。其下即为万仞之壑，为鱼龙蛟螭之所窟宅。西山有瀑布，悬岩数百尺，下与漈水合，奔流数里为莒溪。宫之前有大石平旷，下瞰于湖。石上有穴如烟突，其中水深亦不可测，盖下通于湖也。湖之左右及漈之上，水落石出，其石底有穴，小者如盘，大者如臼，又其大者如鼎镬，不可以数计。每一穴则两窍并立，其中各相关通。又于众窍中迂回虬曲，泉脉亦相流属，虽不雨，水亦不涸。又有湖光台，并棋枰、药炉、丹灶之属。岁旱，乡人祷雨于溪南，隐隐若有声，一二日声不止，乃雨征也。国朝黄孟良诗："石遗丹灶潺湲里，云锁琼楼缥缈中。青鸟去来犹夜月，碧桃开落自春风。"徐资用诗："石门断处疑无地，洞府深中别有天。画幛远开横晚岫，珠帘倒挂泻寒泉。碧桃开谢三千岁，赤鲤飞腾几百年。"　**赤湖**在县南连江里，枫亭市之西。旧经云：周环五里，土色皆紫。其下为焦坑，地形如豹隐眠，故又号"豹眠"。　**仙溪**在县南永兴里。合县西众水，流入莆田县界。

佘溪在县北。源出永春县，流入大目溪。溪旁有佘姓者居之，故名。郡志云："其溪屈曲，状似盘蛇，因号蛇湾溪"，非也。　**可溪**源出香山潘岩，并会仙水桥。　**周溪**东绕龙井，下接仙溪。（上二溪在县南孝仁里。）　**安吉溪**源出九座山之龙湫，流四十里为碧溪，又天里[25]为清光潭，又五里为龙击溪，流入于蒋溪。　**三坑桥溪**在常德里。源出富洋山东，由瀑布山龙潭水磨坑而来。

昆溪在安贤里。源出安吉溪，东流至仙水桥而南，出昆仑山前。王十朋诗："昆溪想自昆仑决。"由此观之，旧郡志以坤溪即昆溪误矣。（上五溪俱县东。）　**蒋溪**在龙华寺前。源出金沙，其沙如金，故名。　**九溪**溪流凡九曲，故名。（上二溪在养志里。）

大济溪源出九座飞□，合众流，由耶湖过石峡为飞鸟溪，又三里为龟峰潭。 **神堂溪**源出富洋山。 **三会溪**其源有二：一出白隔岭，东过古濑溪；一出金华岭，历东山溪、大目溪、石碧潭，与古濑溪会。（上三溪在善化里。） **大目溪**在万善里。其源有三：一出九座岩，一出佘溪，一出石狮岭，东流与众水合。（已上六溪俱县西。） **飞鸟溪**在县西北。源出德化县，流入大目溪。其溪水浅沙平，群鸟翔集，因名。（已上十三溪皆流会于仙溪。）

枫亭溪在县东连江里。其源有二：一出皂洋，合吴坑水而下；一出新岭，东流至沙溪，与众水合，从双溪口而出，至太平港，以达于海。 **沙溪**在县东南。溪之旁，人烟稠密，号沙溪市。 **双溪**亦名沧溪，山水环抱，风景可爱，溪之上，林氏世居焉。 **坤溪**在县东永兴里。其源亦有二：一出皂洋坤村之鹫峰，一出白石山，流会于枫亭溪。 **游洋溪**在县东北兴泰里。源出上院山，与郭洋、石马二溪合，历洙溪与寻阳溪会，为虺潭。又与小姑水会，达于龟岭溪，逾永福大樟入于海。 **郭洋溪**源出云顶峰。 **石马溪**源出银岩山。 **寻阳溪**源出蕨阳岭，迳亮峰[26]与众会历凤阳溪、洙溪。 **小姑水**源出永福县白宝山。 **白浮山**[27]源出屏山，下接寻阳。 **兴角溪**源出东山，下接郭洋溪。（上二溪皆流会于游洋溪。） **黄龙坑**在县北兴泰里。水出三峡间，潴为一潭，名曰“龙潭”。宋嘉定改元，亢旱，县尉朱子昌祷雨，奠献毕，有物似蛇浮水面，大雨随注。越月复旱，知县陈齐精诚祷之，次日大雨。 **何岩水**在何岩之下。其源有三：一出谷目溪，一出杨梅溪，一出莲花峰。 **吴坑山龙潭**在永兴里。 **卓洋**[28]**龙潭**在连江里。（上二潭俱县南。） **西明院后龙潭**在连江里。

寒洋龙潭在养志里。（上二潭俱县西。） **夫人潭**在县北闻贤里角溪中。按《游洋志》：“东瓯吴氏女善巫，尝居于此，潭因以名。” **龙冈漈**上有二潭，水出潭底，下流为漈，其势甚高。下有石洞，岁旱，乡人率扪崖攀萝诣之，以祷雨泽。　**仙人漈**发源于峰山之下。（上二漈在县东北兴泰里。）　**蔡坑池**在县南连江里。　**龙池**在养志里龙华寺寝室之前，龙井之右。其水虽旱不涸。　**放生池**在孝仁里。中有恩波亭。（上三池俱县西。）　**温泉**一在永兴里双林院前，一在安贤里天柱庵侧，一在兴泰里。旧经云：县西南大溪，蟠石中有三两穴，泉出如汤，旁有精舍，以“汤泉”名。旧经所谓县，指旧兴化县也。　**圣泉**在县南孝仁里平坂上，亦号“龙井”。旁有昭灵祠，春农将作，先致祭于祠，泉方涌注，丰岁不加，旱亦不减，溉田千有余顷，冬则枯涸。　**伍泉**　**泉窟泉**　**洋峬泉**　**营前泉**　**乾尾井泉**　**洋泉**　**大泉**（上七泉俱在县东常德里。）　**瑞泉**在县西养志里灵阳山之下。俗传僧正觉卓锡南岩，以杖击开石罅，有泉涌出，失名氏诗：“坐断鳌头千仞壁，击开石眼一支泉。”　**白岩保泉**　**勋洋上保泉**　**勋洋下保泉**　**滩溪保泉**　**坑泉阴泉**（上五泉俱在县西北闻贤里。）　**义井**一在县东街，一在县西街。　**大井**一在县前南门街，一在县东北登贤坊前，一在县学明伦堂前。（已上五井俱建功里。）　**东井**在永兴里石碑、东溪二岭之间，旧名“张赵井”。旧志云：“溪之中流有盘石，上圆，广数尺，旁有膝足迹及鞭迹，俗传张赵跪饮于此。　**道者井**在常德里。自马鞍山而下，旁有泓泉，其味甘美，深不三四尺，虽旱不竭。相传昔僧伽经行卓锡于此，故名。（上二井俱县东。）　**月台院前井**在县西万善里。

福宁州

本州

龙首山在州治后，峰峦秀拔，高出诸山，分为数支。其直下者为州之主山。前挹长溪，东抱华峰，西接莲坡，水光山色，映带城郭。山之顶，平夷千丈，唐季巢寇南侵屯兵于此，号黄巢坪。山之西有泉号“圣水”，其水清洌，可以愈疾，故名。　**飞来山**[29]在二十八都。势极高大，上有石岩，轩豁幽邃，俗呼“仙洞”。相传尝有异人修炼于此，仙去。失名氏诗：“覆石云间丹灶冷，采芝人去洞门空。”(上二山俱州北。)　**洪山**在四十八都。其绝顶势凌青苍，盖州南第一山也。登高眺远，温台之境，如在目中。旧传葛洪至此炼丹，后仙去，因名。山有石洞，洞内有石屏、矶、棋局，浑然天成。上有篆文六字，人莫能识。洞口又有石窍、石罩、石泓，泉通海眼，深不可测。西有大郓山、石马峰、卧龙潭、钓鱼石、桃坑、桔洞、丹泉。东有三丫岭，山阴有洪下村。　**瓢峰山**在四十都。山青水秀，乡之名胜，人多游眺其上。　**鼓楼山**山之下旧为温麻县治。有鼓楼与山相连，因名。宋改建为寺。　**红山**在龙旁山[30]之南，亦名小葛洪山。元教授吴南诗：“眼穷沧海三千里，脚踏红山数万层。”上有大小风门，天欲雨则吐云雾。东有龙潭，西有双髻岩。(上二山在四十一都。)　**罗浮山**在海滨。旧传此山浮海而来，与水澳山相连。　**石笋山**峰峦耸秀，上有清泉一穴，冬夏不竭。(上二山在四十二都。)　**文岐山**在四十三都海中，广袤五里。上有玉井峰[31]、钟冠峰、罗汉岩、金牛迹，桃花村、梅坡[32]。凝烟积霭，宛如海上青螺。　**霞浦山**在四十七都。昔有陀罗仙翁者居此。宋谢邦彦诗：“十里湾环一浦烟，山奇水秀两鲜妍。渔人若问翁年代，为报避秦不计年。”　**南金山**广袤二十里。旧传有客从海道来，宿山下人家，翌日早，遗金二大锭而去。主人兄弟知客所亡，追十里许还之。客谢曰：“得金不取，必非常人，异日声价，当比南金。”后人因称其山曰“南金”，又曰“大金”。伪闽四门博士杨农稷诗：“双金误失在须臾，追送还金世所无。过此令人怀往事，山名万古播芳誉。”　石洞。相传尝有仙居之，内有炼丹灶。 □剑岩。（已上俱在南金山上。） 笔架山。在江中，望之若浮于水上。 沙龙。沙堤若龙，以障海涛者也。（已上俱在南金山下。） 保老山、中峰山。二山南北相向，宛如宾主。 小金山。在南金山之南，山下居民多以渔为业。 **浮膺山**[33]在海中。失名氏诗：“绝顶试穷千里目，烟波深处是琉球。”上有四澳，控压海道。宋元间居民甚蕃，亦有显宦者，如镇国大将军林国祥辈皆居此。国朝洪武二十一年，江夏侯周德兴奏迁其民于大金山，防倭寇也。一本“浮膺”之“膺”作“鹰”。 **笔架山**亦在海中。三峰秀耸于烟波苍莽之中，望之如笔架然。（上三山在五十一都。已上十一山俱州南。） **积谷山**在十三都，峰峦秀拔，景概幽胜，有泉一泓，清泚可玩。旧传有仙游于此，岁旱，取其水祷雨，多获丰年之乐，故名。 **铁障山**在二十都。壁立千仞，其色如铁，亦名“昆岗”。旧有驻履亭，宋时里人程氏所建。知县孙侑诗：“闻说君家千仞岗，着亭山麓费平章。” **俞山**[34]在大海中。内有三十六澳，其地肥饶，生齿繁盛。洪武中，江夏侯周德兴徙其民于八都，以防倭寇。 **七星山**在前山之东。浮立海面如七星北拱，故名。 **莲花山**在四十八都。五峰攒簇，如莲花状。山麓有大小二石如龟，其色莹白俱[35]，首尾可动，背有拆文。宋林杞诗：“天开五华□□□，神龟引子巢其中。千年皮骨老化石，玉色不与□□同。”（以上五山俱州东。） **龙榜山**在州西三十九都。□□飞仙石[36]，石凹[37]，又有仙马迹，山下□□[38]多登科者，故名。 **大姥山**在十都。旧名“上山”[39]，□《力牧录》[40]，容成先生尝栖之。今中峰下有鼎、石臼尚存。王烈《蟠桃记》：□时有老母□□□，□□□业[41]后，获九转丹砂法。乘九色龙而仙□，□□为“大母山[42]”。下有九龙墩，汉武帝命东方朔授天下名山文，乃改“母”为“姥”。山有新月、天冠、神羊、球头、宝旌、仙女、仙童、仙仗、迎仙、象简、呈珠、团玉、碧锷、怪石、三灵、抗天、捧玉、摘星、飞盖、灵龟、龙角、天圭，凡二十二峰，最号秀拔。又有仙掌、石虎、摩霄、悬钟、石笋、天柱、拨云、卓笔、□子[43]、莲花、石鸦、飞仙、棋盘、隐真，凡一十四峰，合之为三十六奇。其他悬崖飞瀑，千岩万壑，不可殚纪。　九龙墩。或云，王氏兄弟九人肄业于此，后为九州太守，故名。唐林嵩记："山旧无寺，祥符间，僧师待始筑居于此，乃图其秀拔二十二峰示林陶，陶因名之如此。"州志所列峰名多与此不同，恐当以嵩之记为正。一本谓闽王封此山为西岳。考之《三山志》，有云："伪闽将郊天，乃封高盖山为西岳，霍童山为东岳。"《三山志》修于宋时，去伪闽未久，必有所据。　**马冠山**在二十都。女仙马氏炼丹于此，井臼犹存。　**昆岗山**在二十一都。高耸凌空，望之如半月。山脊时吐云雾，可知雨旸。　**草堂山**在十一都。旧号灵山。唐林嵩尝筑草堂山间读书，因名。上有岩泉，虽旱不枯。里人祷雨，必有蜂自岩中出[44]，俄而石壁流液，乃取以归，甘霖随应。（上四山俱州东北。）　**望海山**在二十八都。距海百余里，山势极高，上有石池，四时不涸。又有棱层石，蛎壳粘其上甚多。高峰时有云气，土人恒视之以候雨旸。下有二小山，对峙如门，每岁重九日，乡人多登高于此山。　**双髻山**在三十三都。双峰并立，其状如髻。　**柘洋东山**在三十一都。视诸山为极高，绝顶春深积雪不消。东望海外数百里，西南北诸山皆在屦舄之下。（上三山俱州西北。旧志"柘洋"之"洋"作"阳"。）　**松山**在州东南，濒海。唐乾符中，白水仙陈蓬居于此。今山下人家离离，鸡犬之声相闻。蓬尝题所居诗云："竹篱疏见浦，茅屋陋通星。"古谶云："东去无边海，西来万顷田。东西沙径合，朱紫出其间。"昔时风涛险恶，岁有溺舟之患；今流沙渐合，可褰裳而涉也。　**台澳仙崎山**在五十都。俗传葛仙翁尝燕群仙于此。江中有小屿，形如樽俎，又有仙屏山、仙倚石，远望若台。

白瓢山在三十六都。其山色白如瓢，卧大海中，山脊则宁德县界也。(上二山俱州西南。)　**展旗峰**在在坊都。以形似名。又有檀林[45]、文笔峰、石鉴轩、寿山屋、翠萝屏、湛恩池、偃松塔、涅槃石、仙人冢,合之为十奇。　**文笔峰**在西隅都。以其状名。(上二峰在州城西。)　**白虎岩**在十七都桐山之北,状如伏虎。州有登科者,其岩辄鸣。　**合掌岩**在十五都。岩顶之石皆如合掌状。有石鼓、石角,又有石上印指足痕。旧传僧仙居之,祷雨辄应。(上二岩在于州东。)　**任公岩**在州东北。俗传任公旧栖于此,夜眠石碛,驱两龙兴云行雨。岩后悬岩下有篆刻,其文曰"任公凤栖",崖谷清幽。又有"卧石"二字沉渊底,字皆盈尺,笔力精劲,世传任公手笔也。宋元丰中,王谨惩□追记其事,至今乡人目其地为仙源。　**分水岭**在州北十九都。闽□[46]之界也。　**松桥岭**在州南四十四都。宋开宝中。虞部员外郎周济作施饮亭于其上,并以田给之,今废。**王头陀岭**在州东六都。昔有王头陀者,尝砌岭路,因名。北连九岭,崎岖险峻,为九岭之最。宋嘉定中,知县杨志用石甃之,以便行者。方宪武[47]为记。　**池家岭**在二十六都,中有古涧,深百余仞。又有石门,俗呼仙人洞。洞之右石上有巨人□[48],俗呼仙迹。相传深夜或闻丝竹之音。　**杨梅岭**在□□都。旧多产杨梅,故名。宋开禧间建寺,僧始砌岭路。自岭而下,东抵九里亭[49],西抵十八溪,然犹路崎岖荦确,行者患之。宋嘉定十六年,知县杨志捐俸甃之以石。邑人名曰"杨公路"。(上二岭俱州西。)　**石马岭**在□□都。岭甚高峻,有石危立如马。下有石乳流沫,俗传其能耗四乡之粟,居人因凿缺其口。　**骆驼岭**在五、六都。岭之势如骆驼状,其下居人多贵显者。(上二岭俱州东北。)　**梨溪岭**在州西北二十五、六都。其上多产梨木,下临清溪。唐林嵩登第归,结庐憩其上。　**马迹岭**在州西南三十八、九都。上有马蹄行迹,又有石室、石棋盘,皆出天成,世传神仙所居。　**渔洋埕**在渔洋山。势如蜂腰,去海甚近,而隔绝不通,故曰“埕”。若凿港引潮,而舟楫可通,则不经大海,可以避驴头马头之险,舟舶辐辏,实郡之利也。宋淳熙中,县宰议兴是役,邑人翕然聚财至数千缗,后凿之,遇石而止。

白水江旧记云:闽之先居海岛有七种:卢亭、白水郎、乐山、莫傜、游般子、山夷、云家之属是也。此江在州西南一百七十里,先是白水郎停舟之处,因名。按州志谓,昔闽人先居海岛者有七种,或云白水郎乃卢循余种,散居海上,以船为家,冲波逆浪,略无惧惮。唐武德中,招其首领降之。二说不同。 **董江**在州东北廉江里。江边有山,旧传董奉尝居之,后丹成而去,江因以名。 **霞浦江**中有青、赤、黄、玄四屿,若霞之映水,而其状又若凤之展翼然。

砚江与霞浦接流。中有屿,顶平如掌,上有石人拱立,随水出没。(上二江在州西南。) **长溪**在州西门外。源出白岩,流经建善寺前,迤逦至沙塘,溉田数百顷。 **秦溪**在州西三十六、七都。

倒流溪在四都。源出九都乌岩,流至赤岸,其水冬夏不竭,溉田万顷。以其西流,异于众水,故名。 **蓝溪**在十都。源出大姥山西北,东南流。每岁八月中,溪水变蓝色,俗传大姥染衣。居民候其时取水,沤蓝染帛最佳。(上二溪俱州东北。已上三溪俱达于海。) **松山港**在州东南□□□都。其上流接白岩前溪之水至松山前,两潮会合,有沙洲,今海航多泊于此。 **陈八娘坑**在州治北石濠中。有泉自石洞中出,味甘而清,夏月州人多汲而饮。旧传陈八娘病,饮此水得愈,因名。 **龙潭**在州南□□都。源出洪山,至此潴而为潭,溉田数百顷。 **袁二娘潭**在州东□□都,中有石床、石龙[50]、石印、石马蹄,两两相对,□涸[51]见之。相传袁二娘仙于此。 **少府潭**[52]在□□都。旧传尝有县尉祷雨于潭,随感因名。 **盖石潭**在□□都。潭有三穴。旧传上穴为龙居之处,上有石盖;中穴有一大石坦平,而水清冷,为龙浴之处;下穴水泉澄湛,为乡人祈祷之处。凡岁旱精诚祷之,则潭中波涛汹涌，霖雨随至。（上二潭俱州西。）　**纬丝潭**其水澄澈，俗云以纬丝测之，莫知其深。　**北坑、西斜二潭**岁旱，乡人迎其水及鱼虾蟹之类而归，祷雨多应。　**藜溪潭**[53]旧传中有伏龙，每旦至午，云雾不散，岁旱祷之或验。（上三潭在州东北。）　**石池**在望海里。四时不涸。　**双泉井**一在州治东，一在州治西。　**曲井　西巷井**[54]上二井在西门外。　**东津玉井**在州北二十九都。上有怪石穹窿，高数十仞，井门可容一人出入。当门水浅，门内深不可测。绝顶有水三五点常滴，如更漏之声。相传有龙居其中，岁旱祷雨辄应。　**咸井**在五十二都。其井并田，或八月潮大，田中俱没，潮退，井水清甘如旧。里人供酿，酒味特佳，诸井皆不及也。　**后崎双井**在四十都。其地滨海，居民咸赖是井以汲。（上二井在州南。）　**蒙井**在州东十都灵峰寺前，泉清而甘。莆人郑樵尝品题为第一，不让惠山泉。又佛殿石罅中一泓，旧传能愈疾，今湮塞久矣。　**义井**在州西北四十三都。泉水清甘，居人五十余家咸取给焉。

宁德县

霍童山在县北十二都。神仙霍童所居洞天，记谓霍林洞天是也。唐司马承祯于此修炼，后驾鹤飞升，遂名“鹤林”。又吴郡邓元、沛国王元甫、盐官褚伯玉于此授青精饭、白霞丹景之法。天宝间，改名“仙游山”，伪闽封为东岳。山之中，幽岩邃壑，人迹所不到者，不能悉数。每天晴月皎，居人往往闻空中有乐声。山之西有支提山、那罗延岩，西有神僧石窟、葛公仙岩，南有苏溪鹤岭，北有菩萨、紫帽二峰。　大童峰、小童峰。二峰并峙，壁立无际。　左右弼峰。《仙经》云：茅君为左弼仙卿，韩众为右弼仙伯。　宝剑岩。　霍林赤城洞。　都泉湖。广十丈，旁近田资以灌溉。　都尉甘露坑。水绝甘美，饮之去疾延年，俗传茅君尝与二大都尉会于此。　莲花石。　石仙坛。　海鳅井。广五六丈，其深莫测，相传中有海鳝甚巨，或时出井面弄水，久晴必雨，久雨必晴。

石廊。长三十余步，又有石室，室东有石桥横跨涧上，亦有捣药石臼、石盆、石盂，皆天成也。（已上俱在霍童山中。）　高盖山。山之别峰也，洞天正在其上，常有紫云覆之。　**石钟山**在四都。山之脉与石壁岭相连，顶有一石如钟，扣之，有声镗然，因名。

龟山在十都。唐太和中，有二僧携铁钵铜瓶入于幽谷，逢龟即止，曰“此吾居也”，因名。宋程师孟诗：“香焚檐蔔岩云晓，花发莎萝海口春。”　**凤山**在十四都。山之高者卓然万仞，旁分两翼，如凤凰之飞，故名。山有凤池、圣僧岩、虚石岩，其岩四面玲珑。又有卓锡泉。旧传僧湛庵遇旱，泉竭，无水以供湢浴，遂以杖卓地，其泉涌出。（上四山俱县北。）　**金瓯山**在一都。四际平旷，山突出其中，形如覆瓯，又名覆釜山。　**勒马山**东接飞鸾岭，西俯大海。前峰回顾拱挹，状若勒马，为县之前山，与学宫相对。

梅溪山在飞鸾岭之东。前有笔峰，后有屏山，而鸾江绕其下，亦一胜处也。**城澳山**山四面环绕如城郭然。内有南、北、中三澳，可容万人，然四际皆海，中无所产，人迹罕到。　**真龟山**四峰壁立，青翠插天，远望若屏风然。上有一石如龟，凭岩左顾，因名。

杨溪山与梅溪山相连。（上五山在二都。已上六山俱县南。）

棋盘山地极幽胜，中有仙人坐卧形迹及棋盘石。元道士周净白因构庵以祀焉。　**石碑山**其山多石少树木，石皆温润。又有一石突出山前如碑碣之形，故名。（上二山在二十二都。）　**白象山**在二十三都。其山自展旗峰发脉以至于此。其形如象。后峙三台，前对环溪，溪之流萦回清澈，俗谓之“白象临湖”。（上三山俱在县西。）　**莲花峰**其形如莲花万朵，青翠插天，盖一邑之胜概也。　**星帽峰**林木蕃茂，溪谷幽敻，与白鹤峰、瑞峰皆为县治之形胜，亦名展诰峰。（上二峰在一都。）　**双鹰峰**在九都。两峰并立，秀拔千仞，宋提刑郑南家于峰下。其后一门多中科甲，因名。（已上三峰俱县北。）　**玉女峰**在一都。四际皆小山，而此峰独立群山之上，云烟缥缈，如玉女之在帷中，堪舆家谓之“帘幕贵人”。　**仙茅峰**旧传茅仙炼丹于此。中有虚土，击之辄有声，号“仙土鼓”。按《罗源县志》亦有仙茅山，亦谓其中有土鼓，疑即此峰，而界于二县之间也。　**白马峰**峻极云霄，如马昂首之状。（上二峰在二都。已上三峰俱县南。）　**瑞峰**在县东三都海上。秀拔万仞，与白鹤峰对峙，为县治之左山。昔韩、董二仙修炼于此，丹井、棋枰之类尚存。　**白鹤峰**其脉起于白岩，逶迤数里，秀拔千仞，南连飞鸾岭，北接莲花峰，县治之山最高大者无出于此。其下为白鹤岭，道通罗源县。石磴崎岖，峰峦百折，宋枢密曹辅尝构亭凿泉于其上，以便行者。今亭废，而泉犹存。　**文笔峰**其尖如笔，故名。　**展旗峰**峰峦千仞，舒徐委曲，形如风中之旗。西乡诸山皆本于此。又有钟峰，峰之下有大湖曰“钟湖”，水深莫测，鱼龙宅焉。相传昔有金钟自湖中飞腾而去。（上二峰在二十二都。已上三峰俱县西。）　**五云岩**在四都金刚寺。相传旧尝有五色云浮其上，故名。　**狮子岩**在七都。以形似名。
凤凰岩在十二都。形如凤凰展翼，因名。　**仙迹岩**在百步溪边。上有双仙掌及马迹。　**响山岩**二山相对峙，人语则山谷响应，因名。（上二岩在十三都。）　**燕窠岩**在十五都。形如燕窠，因名。　**显圣岩**在十六都。石室可容数百人，有虎溪桥、灵岩井、醉经堂、铁罗汉、灵凉阁、石炉峰、石塔、显然泉、天然池，合之为十奇。（已上十二岩俱县北。）　**万石岩**在县东三都。岩石如室，可容数百人，中有石龟、石井、石床，旁有仙人石，两山之间有石桥。　**道者岩**在县西二十三都。中有石门、石室。昔有姚道人居此，故名。　**金鸡岩**在县东北十都龟山寺。　**峬岭**在七都下。有东墙渡通宝丰银场。　**新岭**在十五都，路通宝丰银场。

最高者曰“大新岭”，其次曰“小新岭”。上有瀑布，如银河倒泻。人过其下，虽盛暑亦萧爽如秋。（上二岭在县北。） **飞鸾岭**在县南二都。形如飞鸾展翼，与勒马、梅溪山一脉，逶迤曲折，以达罗源。岭之下有飞鸾渡，又有飞鸾桥。 **石壁岭**在四都，与石钟山相连。上有石壁峭拔，盖岭之最高者也。上有黯井，巨石之中泉水涌出，清澈而甘美，虽旱不涸，虽涝不盈。（上二岭在县西。） **石塘岭**在县西北二十都，路通古田县。岭之下有塘，以石甃之，清泓可鉴。元陈尚德居岭下，学者因称为石塘先生。

金仙洞在县北八都际山。 **罗汉洞**在二十三都，与石壁岭相对。四山崒嵂，树木蒙密。相传秋夜或闻钟声。尝有樵夫深入，忽遇行脚僧数十趋其后，查[55]无所见，洞边有罗汉桥。 **石室洞**在二十二都。岁旱，或闻洞中有音乐声，必雨，岁乃丰稔。

穹窿石[56]在二十三都。其形穹窿，故名。（已上三洞俱县西。）

天柱窟在县西二十三都穹窿溪尾，有巨石窟，乃天成也，约围十丈，深不可计。 **琢玉洲**在八都。 **桃花洲**在二十都鹤林观东一里，相传唐初始有此洲。其上种桃甚盛，今洲存而桃已竭。

柜洲在十四都。水极险恶难渡，居人凭倚其险，鲜畏怯者。（上三洲俱县北。） **官井洋**在县东三都。源出处洲龙泉县界，东流百里至斜滩，过载首，合松潭溪至廉首村，而汇于洋。 **油溪**在四都。源出古田，合罗源至溪口村，同出于三屿之左，汇于洋。 **外渺溪**在十三都。源出政和县界，至程溪口渡南，合甘露溪、蘢溪，经深渡浦，至长境平水分为二，而汇于洋。（上二溪俱县北。） **飞鸾溪**在县南二都。源出罗源，至于三屿之右，而汇于洋。 **环溪**在二十一都。源出古田县，双溪夹拱，周围环绕，经于天柱窟互岫源而汇于海。 **穹窿溪**在二十三都。源出古田县，合周仙湖东流至此。又东为淀尾，经赤鉴湖而下，汇于海。（上二溪俱县西。） **栖云龙潭**在县南二都。澄深莫测，有龙宅焉，祷雨屡验。　**百丈龙潭**在石壁岭中。有三潭，险绝不可到，缘石攀藤而上，约百余丈乃至，因名。　**险峻龙潭**从石壁岭沿溪而入，其潭有三，地极险绝，故名。（上二潭在四都。）　**午日龙潭**在二十三都桃溪尾[57]。四山环绕，岩头瀑布千寻而下，下有三潭。　**定泉**在县西一都灵溪寺。深仅二尺，大浸不没，大旱不减，故以定名。

福安县

铜冠山在县东北，为县之主山。四时云气蒸郁，青翠不改。山下流泉清冽，有疫疠饮之多愈。　**扆山**在县治后。列峙如扆。（上二山在一都。）　**石马山**在五都。以形似名。　**玉案山**在六都。顶平如案，上有玉女洞。　**石羊山**在七都。上有石如群羊。　**菖蒲山**山中多产菖蒲。其右有乐道岩，岩之上旧有紫微庵，旁有乐道堂，故名。少师王宾诗："林端仙馆千山合，石罅灵泉一派清。"　**昆仑山**高耸万仞，上有天池，池畔有人家。（上二山在八都。）　**东山**在九都。上有天池，积雪不消。相传昔有缪仙者修行于此，邑人呼为"缪仙峰"。下有银坑。　**虎口山**在十一都。（已上七山俱县北。）　**重金山**在县治南，今布政分司在其前。失名氏诗："东迎五马青峰秀，后拥重金紫气高。"　**三公山**距县二里，即儒学之前山。上有尼庵，旁有石塔，邑人谓之文笔山。以三公名，所以期后学也。（上二山在一都。）　**灵岩山**下有金印石、钓鱼台，前有双剑水交流。唐薛令之居此，尝闻龙吟之声，后令之归隐，赐名"廉岭"[58]。里人郑孔材诗："拨破尘怀强自宽，瘦筇扶步访名山。坐看流水心偏静，吟对落花春已阑。梵刹古碑苍藓合，草堂残础白云闲。清风高节今还在，欲酌幽馨想未难。"　**湖山**山之绝顶有积善岩，下有石龟潭。相传古潭水深阔，唐、宋以来,流沙渐拥。古谶云“石龟沙合状元生”。唐薛令之首擢巍科,为闽破天荒进士。其后廉村之人,簪组蝉联不绝,人以为应。　**城山**薛令之弃官隐居之处也。相传唐季巢寇乱,乡民筑城于此拒之,故名。　**缪家岫山**唐时缪氏有子,七岁聪慧能文。开元间以神童召试,赋《新月》诗云:“初出如弓未上弦,分明挂在碧霄边。时人莫道蛾眉小,十五团圆照满天。”人怪其志高迈,窃掘其山,有淡血流出,遂不显。今或呼为蛾眉山。(上四山在二十都。)　**流水坑山**在二十二都。高峰上有一洞,人迹罕到。每山头云起,甘霖即至,邑人视之以占雨旸。　**凤山**在二十六都。形如翔凤,故名。　**覆钟山**在三十三都。以形似名。上有魏、虞二仙石,岁旱祈雨多应。　**马鞍山**在三十四都。如马鞍状,与文笔峰相连,邑人谓之“文武峰”。　**周大山**宋止斋陈传良[59]尝经此留题。　**旗山**形如覆釜,连下三级,又若旗然。(上二山在三十五都。已上十一山俱县南。)　**马顶山**在二、三都。其山两端高起,中央平凹,其顶朝邑中,若奔马状。　**岩湖山**在三都。上有巨石如掌,又有仙掌、马蹄迹。(上二山俱县东。)　**龟仙山**在一都。上有马仙遗迹,岁旱,祷雨多诣焉。至则以空瓶置岩石间,须臾水自溢出,乃迎以归,霖雨随霔。山下有泉,自石眼中出,仅容一勺,取之不竭。　**仙境山**在十五都。峰峦峭拔,怪石嵯峨,岩洞宽豁,石门封固。相传尝有耕叟见三人服唐衣冠,由洞门而入,盖神仙也,因以名山。岁旱,祷雨辄应。　**马仙山**在二、三都。相传马仙尝憩于此。山顶有泉清洌,岁旱祷之多应。

叶仙山相传闻昔有叶姓者,修炼于此。　**福源山**(上二山在十八都穆洋。)　**牛山**在三十六都。山石巉岩,上有牛迹,因名。(已上六山俱县西。)　**狮子峰**在七都蒲家山。峰峦峭峻,岩穴幽邃,其上时有烟雾冥濛。　**天池峰**在十三都。山巅有池,泉水清泚,虽大旱不竭。主簿徐元德诗:“地灵特遣泉通石,天近常流水满池。”**紫藤峰**在二十六都。峰峦峭耸，紫翠参错，亦邑之胜处也。　**莲花峰**在三十五都。　**文笔峰**在三十四都。端重秀丽，尖如卓笔。　**天柱峰**在三十六都。有巨石端方而高，势若擎天之柱，因名。（上四峰俱县南。）　**龙首峰**下有凤渚。

揭旗峰与龙首峰对峙（上二峰在县东二都。）　**奏儒峰**太宰余泽生于此，后人因以名山。考之《科名志》无余泽名，或疑为余深，然深罗源人，岂初生于此，而其后迁居罗源也欤？　**凤翔峰**三峰高耸如凤舞然。（上二峰在县西十八都。）　**更漏岩**在八都。两峰屹立，有瀑布泉沿崖而下百余丈，远闻其声如更漏然。俗呼百丈漈。　**虎口岩**以形似名。　**白公岩**在载首山下，有石室广数丈，俗传灵泽夫人洞，乡人多于此祷雨泽。（上二岩在十都。已上四岩俱县北。）　**宝生岩**在二十一都。旁有三石岩，石形如笏，面有红晕一抹，俗以为仙书，其文奇古，人莫能识。　**柳屯岩**在二十五都。相传尝有异人乘牛至此，牛迹印石上，至今犹存焉。　**百辟岩**在二十九都。相传宋少帝航海入闽，集勤王之师于此，因名。旁有龙。　**韫秀岩**在三十一都，五峰之旁。岩前有石甚平坦。（以上四岩俱县南。）　**狮子岩**里人缪梦攸尝赋诗曰：“蛟龙跃，狮子吼，头角峥嵘，精神抖擞；若问破天荒，还吾霹雳手。”后梦攸擢巍科，岩有响震。按《科名志》缪姓无名梦攸者，惟乾道五年武举有名梦攸者，乃黄姓也，而此岩在县之黄坂，疑作黄梦攸为是。　**普照岩**上有观音阁，名曰“普照”，因以名岩。（上二岩在县西十八都。）　**金鸡岩**在县东北二十四都西峰寺右。相传尝有金鸡出入岩中，故名。　**横障岩**在十三都。壁立苍翠，如画障然。岩之半有石龛，下有石潭。　**金刚岩**在三十四都。石室巉岩，顶有蛎壳，山下分歧如展旗之形。　**白气岩**在三十五都。常有气冒其顶，邑人望之以卜阴晴。（以上三岩俱县东南。） **积善岩**在县西南二十都。湖山绝顶，石洞幽险，上有朱元璋题名石刻。岩之半，石上有仙掌迹痕，其石扣之有声。

岩湖障在县北五都。高二三十仞，阔六七十仞，其平如掌。可容数百人。半岩有穴，可容数十人。下有湖，名曰岩湖。 **铁仙障**在县西北十三都。三峰峙秀，石林阴森，俗传旧有仙人舍于其上。宋郑南诗："瘦节扶我云中去，有怀欲共山灵语。南阳催起卧龙人，早为苍生作霖雨。" **北岭**在县北五都。 **闽川岭**在二十八都。 **双岩岭**在三十四都。宋建炎间韩世忠讨建寇范汝为尝屯兵于此。（上二岭俱县南。） **栖云岭**在十五都。正统间，邑人李伯达建亭其上，以憩行者。景泰五年，郑景修重建。

枣岭　**福岭**　**急堠岭**　**牛岭**（上四岭在十八都。已上五岭俱县西。） **道者岭**在三十五都。 **飞霞岭**在三十六都。（已上二岭俱县东南。） **洪三娘洞**在县东二十五都，俗传洪三娘显灵于此。 **王母洞**在县西二十一都龙首峰之后。相传尝有仙修炼于此，洞中时闻鼓乐之音。 **松源洞**在二十二都。 **马仙洞**在二十四都。俗传有仙自武夷山来，留迹于此，常有云气出洞中。（上二洞俱县东南。） **沙洲**在二十都。旁有望京桥。

兴庆洲在二十五都。夹两溪之中，有良园数顷。（上二洲俱县南。） **龟湖**在县治西一都，旧学宫之泮池也。元至大丙午元旦，水忽应潮盈缩，湖中巨鱼咸见而跃，邑之举子皆以为化龙之祥，竞为文祭之。孚斋张常立石以记。考之元史，前丙午大德十年，后丙午至正二十六年也，今县志以为至大，盖误。 **苏江**在三十一都。宋大观末杨秕寇发[60]，欲劫江东，请于江之神不许，中夜强进，民逆涛击之而止。建炎间叶侬之乱，渡江亦然。通判刘訔尝为文祭之。 **六印江**在三十二都。中有六屿，故名。（上二江俱县南。） **洗心台**在县北东溪中，盘石屹立，方围数十仞，平坦如掌。宋有林氏兄弟争田，乡人劝之遂感悟，置酒石上，相与欢洽如初，因命工镌石曰“洗心台”，志悔过也。　**东溪**源出温州平阳，西流下白石溪，合流至洞口入于海。　**廉溪**在二十二都。源出政和县牛岭白石尖，下穆洋，合流至廉首入于海。唐薛令之归隐溪上，后人因以名溪。失名氏诗：“不是先生清节在，此溪何以得廉名。”　**秦溪**在县治东二十二都。源出福宁州钟龙井，派流至此，以达于大江。　**大梅溪**在县东南二十五都。源出杉洋，北接大溪，南达于海。　**甘棠港**在县南三十四都。旧名黄崎港。先有巨石为舟楫之患，唐观察使王审知祷于海灵，一夕震雷，暴雨达旦，则移其艰险，别注平流。闽人以审知德政所致，表请赐今名，封其港之神为显应侯。　**沙潭**在县北六都。潭水清澈，深不可测，有蛟潜焉。每风雨雷电，则飞跃于潭中。　**庙山潭**在县南二十都。尝有渔人见潭中石洞砑然，疑神物所居也。　**栖云潭**在县西一都。广百余丈，深二十余丈，长不可计。潭中有一巨鼋，屡现灵怪。或亢旱，鼋辄浚潭，有木渣竹屑，浮涌潭面，上雾下潦，次日轰雷震地，则骤雨倾盆矣。　**黄牛滩**在县北七都。两旁怪石巉岩，状如黄牛，滩甚流急。相传昔有池道士者，死为滩神，舟楫上下，必献楮币而后行。　**倒由滩**[61]在县南二、三都。滩水清洌，居人多汲以供饔、饎之用。　**龟镜井**在二十五都。其井潮退则泉满，潮长则泉涸，人不敢饮。　**帽头井**在二十九都。泉清而甘，冬夏不竭。附近居民凡千家，咸资给焉。（上二井俱县南。）　**阜井**在环溪之旁。井高溪下，相去悬绝。井深仅四五尺而泉涌，冬温夏凉，其味甚甘，凡有疾者饮之多愈，元学士龚浚所砌也。　**龟湖井**在西禅寺下。泉清而甘，邑人汲以供酿酒味香洌。（上二井在县西一都。）　**圣泉井**在县东南二、三都，泉水四时不竭，冬温夏凉。上有石屋覆之。　**锦屏井**在县西南一都。泉出石匣中，其味异于常水，邑之百余家共取给焉，冬夏不竭。

潮　汐

福州府

闽县

海在府城东南。唐太和中，闽令李茸[62]筑海堤，跨闽、长乐二县东。**汐**自闽安镇而入，过马头江，歧而为二：左行者为东西峡江，右行者为南台江。县境河口通南台江潮，迤逦至府城下，分为三派：一派由水部门入城，一派绕城东，一派绕城南。沧州诸处亦通南台江潮，濑江诸处则通西峡江潮。各支分派别，几遍县境。其潮候初一、初二、十六、十七日俱午时至；初三、初四、十八、十九日俱未时至；初五、初六、二十、二十一日俱申时至；初七、初八、二十二、二十三日俱酉时至；初九、初十、二十四、二十五日俱卯时至；十一、十二、二十六、二十七日俱辰时至；十三、十四、二十八、二十九日俱巳时至；十五、三十日俱巳未午初至。此潮入府城内河之候也。江潮缓海潮三刻至，入河则又少迟。

侯官县

潮汐县境黄江、南屿诸处，接怀安县阳岐江潮、古灵、浯江诸处，接怀安县瓜山潮，俱旁入港浦，几遍县界。

怀安县

潮汐入县境，阳岐江接西峡江潮，仙崎江接阳岐江潮。俱傍入诸浦。

长乐县

海在县东南。县东有海堤，详见《闽县潮汐至》[63]。　**潮汐**自闽县下洞江而入县境，太平港、龙门渡、白田渡，广石渡皆通潮。

连江县

海在县东南。　**潮汐**入县境凡十有二派：一派抵官塘洋，一派抵荻芦峡，一派抵鳌江，一派抵蛤沙以达大小埕澳，一派抵琯头澳及门边，一派抵大小澳以达东岱澳，一派抵赤崎以达双髻焦，一派抵定海澳以达黄崎澳，一派抵鹤屿澳以达洪下澳，一派抵港头澳，一派抵马鼻澳及黄沙崎澳，一派抵赤石澳及蒜屿澳，一派抵连江港以达罗源县界。

福清县

海在县东南。　**潮汐**入县境，凡二派：一派流入迎仙港、迳港，入迎仙港者至莆田县子鱼潭而止，入迳港者至应天院前而止；一派入海口镇，至水陆院西而止。

永福县

潮汐入县境永福溪，接侯官县浯江潮汐。

罗源县

海在县东南。　**潮汐**自招贤里廉澳门入，历白水洋，经禹步迹，歧而为二。县境起步溪、九龙溪、沈尉桥港皆通潮。

泉州府

晋江县

海在府城东南正东。海道行二日至高华屿，又二日至鼊鼊屿，又二日至琉球国。　**潮汐**自晋江、洛阳江入县境。烟浦、陈埭埔、玉栏浦、植壁港、安海港诸处皆通潮。其潮候初一、初二、十六、十七日俱巳亥时至；初三、初四、初五、十八、十九、二十日俱子午时至；初六、二十一日俱丑未时至；初七、初八、初九、初十、二十二、二十三、二十四、二十五日俱寅申时至；十一、十二、二十六、二十七日俱卯酉时至；十三、十四、十五、二十八、二十九、三十日俱辰戌时至。

南安县

潮汐入县境，双溪口、金鸡桥俱通晋江潮汐。潮大至双溪口，潮小至金鸡桥。

同安县

海在县东南。县境双溪通潮。

惠安县

海在县东南。县境添崎港、峰崎港、网川澳、仪场澳、大岞澳、獭窟澳俱通潮汐。

漳州府

龙溪县

海在府城东南。　**潮汐**分三派入县境：中一派自泥仔洲、乌礁洲、许墓洲三门入，复合流环绕郡治，经通津门外，至西溪而止；左一派由濠门山下入，经柳营江桥，至北溪而止；右一派由海门山下入，至南溪而止。县境一、二、三都、四、五都、八都诸澳，皆通潮汐。

漳浦县

海在县东南一百里许陆鳌千户所城之东，其西旁有溪。**潮汐**通至陆溪桥五里许，经邑之南门桥至官迳而止。县境浯港、径港、黄淡港、蔗港、竹港皆通潮。

兴化府

莆田县

海在府城东南。　**潮汐**入县境凡三派：一派自碧头而入，抵迎仙港；一派自上黄竿而入，抵涵头港；一派自下黄竿而入，抵白湖港。又各旁入于县境诸港浦。

仙游县

潮汐入县境凡二派，俱自莆田系蓼而入，行二十五里许，经小屿以及太湖，又行一十五里，一派入于枫亭溪下，曰太平港，一派入于双溪，曰双溪港。

福宁州

本州

海在州城东南。　**潮汐**按《三山志》，入州境凡五派：一派自松山港口而入，一派自乌崎港口而入，一派自敛港口而入，一派自怯港口而入，一派自沙埕港口而入。州境大桥斗门、饭溪、杨门潭、圆塘、桐山诸处皆通潮。

宁德县

海在县东南。　**潮汐**入县境，凡五派：一派自南桥而入，一派自跨教桥而入，一派自蓝田桥而入，一派自东墙渡而入，一派自铜镜渡而入。

福安县

海在县南。　**潮汐**自县南官井洋、古镇门而入县境。甘棠港、黄崎岭、白沙镇、廉村、化蛟桥诸处皆通潮，又旁入诸港澳。

校　注

[1] 弘治《兴化府志・户纪》谓“亦作鸣峰山”。

[2] “拖露”疑为“挹露”之误。

[3] 弘治《兴化府志・户纪》作“唐妙应禅师”。

[4] 重刊宋本《仙溪邑志・山川》作“数十人”。

[5] 弘治《兴化府志・户纪》作“大官陂”。

[6] 弘治《兴化府志・户纪》及《仙溪邑志・山川》作“数里”。

[7] 弘治《兴化府志・户纪》谓系“覆鼎山”之讹，《闽书・方域志》亦作“覆鼎山”。

[8] 弘治《兴化府志・户纪》作“南湖岩”。

[9] 弘治《兴化府志・户纪》作“烽山”。

[10] 弘治《兴化府志・户纪》作“燕峰”；《闽书・方域志》作“燕峰岩”，并云：“岩有石窟，燕冬蛰焉。”

[11] 《闽书・方域志》谓为“啄木”之误。

[12] 弘治《兴化府志・户纪》作“山水娟秀”。

［13］弘治《兴化府志·户纪》作“雷喧”。

［14］弘治《兴化府志·户纪》及《仙溪邑志·山川》均作“大柘山”，《府志》并云：“以山多柘木得名。”

［15］弘治《兴化府志·户纪》作“吴氏”。

［16］弘治《兴化府志·户纪》、《仙溪邑志·山川》及《闽书·方域志》均作“紫幕山”。

［17］应为“上二山”之误。

［18］弘治《兴化府志·户纪》作“鸣山岩”。

［19］《仙溪邑志》作“平坡”。

［20］《仙溪邑志·山川》作“梦赏岩”。

［21］《仙溪邑志·山川》作“藏春坞”。

［22］《仙溪邑志·山川》作“石牌岭”。

［23］弘治《兴化府志·户纪》作“数尺”。

［24］弘治《兴化府志·户纪》作“陈光义”。

［25］弘治《兴化府志·户纪》作“又五里”。

［26］弘治《兴化府志·户纪》作“凫峰”。

［27］弘治《兴化府志·户纪》作“白浮溪”，此误。

［28］《仙溪邑志·山川》作“皂洋”。

［29］乾隆《福宁府志·地理》作“飞来峰”。

［30］应作“龙榜山”。

［31］乾隆《福宁府志·地理》作“玉牛峰”。

［32］乾隆《福宁府志·地理》作“梅陂”。

［33］乾隆《福宁府志·地理》作“浮瀛山”。

［34］乾隆《福宁府志·地理》及《闽书·方域志》均作“俞山”。

［35］乾隆《福宁府志·地理》及民国《霞浦县志·山川》均作“形体皆具”。

［36］《闽书·方域志》作“下有飞仙石”。

［37］《闽书·方域志》作“石臼”。

［38］有关志书用语互殊，据文意寻绎，似阙“居人”二字。

［39］《闽书·方域志》作“才山”。

［40］据《闽书·方域志》，《力牧录》上缺一字，据文理似是“按”字。

［41］据《闽书·方域志》全句为“尧时有老母家路傍，练蓝为业”。

［42］两句应为“乘九色龙而仙去，因呼为太母山”。

［43］《闽书·方域志》及乾隆《福宁府志·地理》均作“童子”。

［44］乾隆《福宁府志·地理》作“必有蟛蜞见”。

［45］乾隆《福宁府志·地理》作“旃檀林”。

［46］据《闽书·方域志》为“闽浙”。

［47］《闽书·方域志》作“杨宪武”。

［48］《闽书·方域志》及民国《霞浦县志·山川》均作“有巨人迹”。

［49］《闽书·方域志》作“东抵五里台”。

［50］《闽书·方域志》作“石笼”。

［51］《闽书·方域志》作“水涸”。

［52］《闽书·方域志》作“少府龙潭”。

［53］《闽书·方域志》及乾隆《福宁府志·地理》均作“梨溪潭”。

［54］乾隆《福宁府志·地理》作“西港井”。

［55］据《闽书·方域志》，“查”为“杳”之误。

［56］《闽书·方域志》作“穹窿洞”。

［57］《闽书·方域志》作“姚溪尾”。

［58］《闽书·方域志》作“廉溪岭”。

［59］《闽书·方域志》作“陈傅良”。

［60］道光《福安县志·祥异》作“政和中，山寇汤粃率众寇村”。

［61］《闽书·方域志》作“倒油滩”。

［62］乾隆《福州府志·山川》作“李茸”。

［63］为《闽县潮汐志》之误。

八闽通志卷之十三

地　　理

城　池

福州府

府城

闽越王故城，在今布政司北二百五步。晋太康三年，始置郡。郡守严高，以旧城险隘，乃图山川形势，以咨郭璞。璞指越王山南之小山阜，曰："是宜城，五百年当大盛。"遂迁焉。唐中和间，观察使郑镒始修拓其东南隅。文德元年，陈岩复修之。北起小山阜，南至虎节门门外还珠门，东起康泰门，西至宜兴门；又有定安门、清泰门、丰乐门，是曰子城。及王氏据有此土，益加修葺。唐天复元年，王审知于子城外环筑罗城，北起永安门，南至利涉门，东起海晏门，西至丰乐门；又有通津门、清远门、延远门，是曰罗城。梁开平元年，审知又筑南北夹城，南夹城今宁越门东西一带，北夹城自严胜门、遗爱门至迎仙门一带；又有美化门、水部门、井楼门。后归吴越。宋开宝七年，其刺史钱昱复筑东南夹城，南自合沙门而西，至怡山门，东自行春门而北，至汤井门；又有通仙门、船场门,是曰外城。太平兴国三年,钱氏纳土,诏尽隳其城。皇祐四年,复诏郡守曹颖叔渐次修筑,乃自严胜门始甓百五十丈。熙宁元年,郡守章岷请修子城,未及兴工而去。二年,郡守程师孟乃据子城旧基修筑,复增筑西南隅。八年,郡守元积中甃以重甓,密置候楼。绍兴元年,郡守程迈始发石累子城虎节、定安、丰乐、康泰四甕门,设敌楼其上。既而四门尽复旧而敌楼亦随废。淳熙间,子城尚如旧,而罗城则存通津、海晏、延远、永安、安善、清远六门,夹城则存美化、水部、井楼、严胜、遗爱、迎仙六门,外城则存合沙、通仙、行春、汤井、船场、怡山六门。咸淳九年,又增筑外城。元混一天下,城壁复渐堕废。至正十四年,平章陈友定稍缮完之。国朝洪武四年,驸马都尉王恭修砌以石。六年,福州中卫指挥李惠等重加修治,并建楼橹,周而覆之。城高二丈一尺七寸,阔一丈七尺,周围三千三百四十九丈。凡为门七:东门、南门、西门、北门、水部门、汤门、井楼门;为敌楼六十又二;为守宿之铺九十又八;为战屋,以间计之,二千六百八十又四。成化十九年六月,闽大风雨,敌楼、战屋并守宿之铺摧毁殆尽,门楼虽仅存,亦倾欹敝漏,寝以不支。时镇守太监陈道,会巡按监察御史汪奎,及方岳重臣,会计而规划之,借卒于闲羡,募匠于傭顾,取材于商贾之劝分,斥费于公币之余积,渐次缮理,悉复其旧。莆田黄仲昭为记。旧子城、罗城、夹城、外城各有壕,皆自南台东北江岸开河口通潮,北流入城。其间若大桥、雅俗桥、义和桥、仁爱桥、乐游桥、众乐桥诸水,盖旧子城之壕也;安泰桥、通津桥、去思桥、清远门桥诸水,盖旧罗城之壕也;美化门东西二水,严胜门、遗爱门所经之水,盖旧南北夹城之壕也;通仙门、汤井门所经之水,及洗马桥、乐游桥诸水,盖旧外城之壕也。今城壕深七尺五寸,长三千三百四十六丈。唯城北一段连山,不通水源耳。古云:"龙腰不可凿。"伪闽尝凿之,术者以为不可,遂罢。 小山阜。即今布政司后。 虎节门。旧南门,宋郡守严辟疆更今名,即今澄清坊。 还珠门。旧龟头门,严辟疆更今名，即今镇闽台。　康泰门。旧东康门，宋郡守元绛更今名，即今丽文坊稍西东，察院门之东。　宜兴门，即今登云巷口。　定安门。旧东南门，严辟疆更今名，今开元寺前。　清泰门。即今大中寺门之东。　丰乐门。旧西门外罗城门，严辟疆改名“乐输”，以近都仓也。后拓子城，遂为子城门建炎间改今名，即今定远桥东。　永安门。即今怀安县后永安境。　利涉门。即今安泰桥北。　海晏门。严辟疆名，即今澳桥西。　通津门。旧东南门，严辟疆名“兼济”，沈邈更今名。即今青门楼。　清远门。旧西南门，即今澳门桥北。初以丰乐门为罗城，与清远门接，故中间又有金斗门。　延远门。旧东北门，在今贡院前。　宁越门。旧登庸门，后严辟疆改今名。　严胜门。即今北城之东。　遗爱门。旧名“升山”，宋郡守元绛建。后绛去，父老思之，故名，即今北门。　迎仙门。即今西门。　美化门。即今镇海桥北。　合沙门。吴越名“光顺”，后改今名，即今洗马桥北。　行春门。吴越名“东武”，后改今名，即今东门。　通仙门。在美化门之南。

今东门。即旧行春门。　南门。即旧宁越门。　西门。即旧迎仙门。　北门。即旧严胜门。　汤门。即旧汤井门。　大桥。在虎节门外。　雅俗桥。在清泰门外。　义和桥。今俗呼“定远”，疑此旧名也，在丰乐门外。　仁爱桥。在定安门外。　乐游桥。在康泰门外。　众乐桥。在清泰门外。　安泰桥。在利涉门外。　通津桥。在通津门外。　去思桥。即今澳桥，在通津门外。　洗马桥。在合沙门外。　乐游桥。在行春门外。

镇东卫城[1]

在福清县方民、新安二里间。洪武二十年，江夏侯周德兴创筑。周围八百八十三丈三尺，高连女墙二丈三尺，阔一丈。为女墙凡一千三百四十有九，为窝铺凡四十有三。城四隅各辟一门，皆建楼其上。永乐十六年，增建战楼凡三十有一，并筑四门月城，俱高二丈。

万安千户所城在福清平南里。洪武二十年，江夏侯周德兴创筑。周围二百二十五丈八尺，高一丈八尺，阔一丈二尺。女墙八百二十有七，窝铺一十又三，战楼一十又八。东、西、南三面各为门，皆建楼其上。

梅花千户所城在长乐县东北，洪武二十年创筑。高一丈八尺，阔六尺，周围六百四十八丈。女墙一千二百二十又四，战楼二十有四，窝铺二十。东、西、南三面各辟门一，外环以壕。

定海千户所城在连江县二十七都。洪武二十年，江夏侯周德兴创建。高一丈五尺，周围六百丈。窝铺凡一十有六。西、南各辟门一，城外壕阔六尺深二尺。

建宁府

府城

自汉景耀三年[2]，吴以王蕃为郡守，始筑于溪南覆船山下。刘宋元嘉初，太守华瑾之迁于溪北黄华山下。陈刺史骆文广复徙于覆船山下。唐天宝中，有张刺史者，始建楼阁。建中元年，刺史陆长源复筑于黄华山之麓，延袤九里三百四十三步，高二丈，广一丈二尺，为门九：南曰建溪，东南曰资化，西南曰建安，东曰宁远，西曰水西，水西之东曰西津，西津之南曰临江，东南隅曰通安，北曰朝天，后改西津门曰万石。天祐中，刺史孟威增筑东罗城。五代晋天福五年，伪闽王延政又增筑之，周围二十里。宋改水西门曰平政。靖康、建炎间，范汝为作乱，城遂坏。绍兴十四年，复为洪水所圮。明年，郡守张铢修筑，并建宁远门。二十年，郡守黄轺重建朝天门。淳熙元年。郡守傅自得重建通安门。端平二年，郡守姚珏重建建溪、资化、建安、水西、万石、临江六门。元世祖既定江南，遂罢守御，城日颓圮。至正十二年，红巾入寇，郡守赵节因其旧而修筑之,周围九里三十步,为门九:改宁远门为高门,通安门为卷秋门,建溪门为南门,资化门为长桥门,建安门为市门,万石门为西门,后复改市门为管门,其临江、平政、朝天三门,仍宋旧名。二十年伪汉陈友谅入寇,参政阮德柔击败之,因修筑旧城。国朝洪武二年,指挥沐英又拓其西南隅,东北仍旧,复改高门为宁远门,卷秋门为政和门,长桥门为通仙门,南门为广德门,管门为通济门,西门为威武门,其临江、平政、朝天三门,仍依旧名。十九年,指挥时禹复申请而增广之,西自威武门抵朝天门之北,包黄华山于城中,仍增辟二门曰拱北,曰朝阳。城周围二千七十九丈三尺有奇,高一丈九尺。城楼凡二十有四,窝铺凡七十有六,女墙凡三千一百三十又八,壕东北自黄华山下至政和门止,西北自威武门至拱北门止,长五百三十一丈一尺,深一丈五尺,阔五丈五尺;正北依山,西南滨大溪。永乐间,以拱北、朝阳二门地势偏僻,人鲜由之,请于朝塞焉。覆船山下,今瓯宁县西隅光孝寺后。黄华山下,今郡城是也。张刺史者,旧志失其名氏。

浦城县城

汉东越王余善始筑,后废。元至正二十三年,守将岳承祖因旧址复筑,东距越王台,北包黄华山,南濒大溪,西堑深濠[3],广袤七里,辟为四门。二十六年,王师下福建,先克浦城。指挥张某镇守是邑,以其城太宽,减其东一半,更筑之。国朝洪武二年,罢守御兵,城遂废。十二年,知县张宗颜以县治民稠地狭,乃平其故址,以广民居。正统十四年,处州贼犯境,县丞何俊筑土城以保障之。成化六年,巡抚副都御史滕昭以浦城为闽首邑,又其地左邻处州,右接永丰,时有私自攘敚官坑银利者,请复筑城以守。九年,镇守太监卢胜、巡抚副都御史张瑄、巡按监察御史郑昱、佥举按察司副使刘城莅其役,踰年告成。周围一千八百丈,高一丈九尺,而阔倍之,皆砌以石。上列埤堞,下浚沟池,为门凡五,东曰金凤，西曰迎远，曰德星，南曰南浦，北曰拱北，合建楼橹。又附小门五[4]，以通水利。城上为守宿之铺凡二十。学士钱溥为记。

泉州府

府城

郡旧有衙城，衙城外为子城，子城外为罗城。又罗城南外为翼城，内外有壕，舟楫可通城市。岁久城废，壕多湮塞。子城凡四门：曰行春、肃清、崇阳，今俱存，惟泉山门废。元至正十二年，江浙省以淮西盗起，命州郡修浚城。于是监郡偰玉立会僚属议，东西北仍罗城，南仍翼城旧址，役僧道编氓分筑，高二丈一尺，周围三千九百三十八丈；东西城基广二丈四尺，外甃以石；南城基广二丈，内外皆石。为门凡七：东曰仁风，西曰义成，南曰德济，北曰朝天，东南曰通淮，西南曰临漳，濒溪水门曰南薰。门上各有楼，外环以濠，阔三丈七尺，深一丈八尺，潮汐通自西南，抵东北盘石而止。国朝洪武初，泉州卫指挥同知李山增高旧城五尺，城基俱广二丈四尺，内外皆甃以石。建月城六，战楼五，窝铺百四十，壕加浚治。天顺以来，城楼门铺或圮，都指挥佥事武成，知府张岊、徐源，指挥使王浚、王振、王炫，指挥同知王琨，指挥佥事李珏，千户秦昇、何祯等，相继葺而完之。 通淮门。俗呼泥门。 临漳门。俗呼新门。 南薰门。在旧市舶司之旁。

祥芝巡检司城在二十一都祥芝村。周围一百五十丈，广一丈，高连女墙二丈，为窝铺凡六，东西辟二门[5]。

乌浔巡检司城在乌浔村。周围一百五十丈，广一丈，高连女墙一丈八尺，为窝铺凡四，东西辟二门，各建楼其上。

深沪巡检司城在深沪村。周围一百五十丈，广一丈，高连女墙二丈，为窝铺凡七，南北辟二门，各建楼其上。（上二城在十六都。）

围头巡检司城在十四都围头村。周围一百六十丈，广一丈，高连女墙一丈八尺，为窝铺凡四，南北辟二门，各建楼其上。（已上四城，俱在晋江县东南。洪武二十年，江夏侯周德兴创筑。）

同安县城

宋绍兴十五年，县令王轼创筑。高一丈二尺，周围七百九十五丈有奇，濠深广各一丈二尺。十八年县令刘宽缓踵而成之。绍定二年[6]，令韩木以山寇窃发，重加修浚。元至正十四年，安溪山寇李大攻陷县治，城遂毁。十五年，达鲁花赤马哈谋沙复修之，内外皆砌以石，寻复圮。国朝正统十四年，沙、尤寇蔓延至邑。景泰元年，泉州卫指挥使杨海守备是邑，同主簿蔡遴重修，视旧城增高五尺，增广二百二十五丈有奇，东西广，南北隘。成化十八年，知县张伋因城堞门橹多坏，复修完之。凡五门：东曰迎阳，西曰镇兑，南曰来薰，北曰拱辰；或面山，或临溪，惟西北门外良田弥望，因建楼其上，名曰绿野。

高浦巡检司城周围一百四十丈，广七尺，高一丈八尺，为窝铺凡四，南北辟二门。

塔头巡检司城周围一百四十丈，广八尺，高一丈七尺，为窝铺凡四，南北辟二门。（上二城在县南二十二都。）

官澳巡检司城在十七都。周围一百六十丈，广六尺五寸，高一丈八尺，为窝铺凡四，为门一。

田浦巡检司城周围一百六十丈，广一丈二尺，高一丈八尺，为窝铺凡四，东西辟二门。

陈坑巡检司城周围一百八十丈，广一丈一尺，高一丈七尺，为窝铺凡四，为门一。

峰上巡检司城周围一百九十三丈[7]，广一丈，高一丈八尺，为窝铺凡四，为门一。（上三城在十八都。）

烈屿巡检司城在二十都。高、广、门、铺之数，俱与陈坑巡检司城同。（上五城俱县东南。）

小岞巡检司城在惠安县东三十都小岞村。周围一百五十丈，广一丈二尺[8]，高连女墙二丈，为窝铺凡八，南北辟二门，各建楼于上。

獭窟巡检司城在惠安县南二十五都獭窟屿。周围一百五十丈，广一丈二尺，高连女墙二丈，为窝铺凡八，南北辟二门，各建楼于上。

峰尾巡检司城在惠安县北八都峰尾村。周围一百五十丈，广一丈，高连女墙一丈八尺，为窝铺凡六，西北辟二门，并建楼于上。二门内，各建兵马司一所。

黄崎巡检司城在惠安县东南三十二都黄崎村。周围一百五十丈有奇，广一丈，高连女墙二丈，为窝铺凡八，南北辟二门，各建楼于上。（已上一十一巡检司城，俱洪武二十年江夏侯周德兴创建。）

永宁卫城

在晋江县东南二十都，旧永宁里地也。洪武二十七年，江夏侯周德兴以卫在濒海，宜备倭寇，乃遣泉州卫指挥佥事童鼎，率兵校相地，筑城于此。周围八百七十五丈，基广一丈五尺，高二丈一尺，为窝铺凡三十有一，为门凡五：南曰金鳌，北曰玉泉，东曰海宁，曰东瀛，西曰永清，各建楼其上。城外有濠，广一丈六尺，间碍大石，深浅不同，濠水或时涸。永乐十五年，都指挥谷祥等巡视，增高旧城三尺，五门各增筑月城，高与城称。正统八年，都指挥刘亮督同本卫指挥同知钱铬，于各门复增置敌台。成化六年，门楼俱圮，指挥使杨晟重建。

福全千户所城在晋江县东南十五都大滘村。洪武二十年，江夏侯周德兴创筑。周围六百五十丈有奇，城基广一丈三尺，高连女墙三丈一尺，为窝铺凡十有六，城四方各辟一门，并建楼其上。永乐十五年，都指挥谷祥等增高城垣四尺，并筑东西北三月城。正统八年，都指挥刘亮督同本所正千户蒋勇增筑四门敌台，各高二丈五尺。

中左千户所城在同安县南嘉禾屿厦门海滨。洪武二十七年徙永宁卫中左千户所官军于此守御。筑城周围四百二十五丈九尺[9]，高连女墙一丈九尺，为窝铺二十有二，东西南北辟四门，各建楼其上。永乐十五年，都指挥谷祥等增高城垣三尺，四门各增砌月城。正统八年，都指挥刘亮督同本所千户韩添复增筑四门敌台。

金门千户所城在同安县东南浯州屿。洪武二十年，江夏侯周德兴创筑。周围六百三十丈，高连女墙一丈七尺，城台广一丈，为窝铺二十有六[10]，东西南北辟四门，各建楼其上。永乐十五年，都指挥谷祥等增高城垣三尺，并砌西北二月城。正统八年，都指挥刘亮督同本所千户陈旺复增筑各门敌台。

高浦千户所城在同安县西南十四都。洪武二十三年，徙永宁卫中右千户所官军于此守御。筑城周围四百五十丈，高连女墙一丈七尺，城基广一丈，为窝铺一十有六，东西南北辟四门，俱砌月城，并建楼其上。永乐十五年，都指挥谷祥等增高城垣三尺。正统八年，都指挥刘亮督同本所千户赵琁[11]复增筑四门敌台。

崇武千户所城在惠安县东南二十七都。洪武二十年，江夏侯周德兴因小兜巡检司旧址而广之。城周围七百三十七丈，城基广一丈三尺，高连女墙二丈一尺；为窝铺二十有六，城四方各辟一门，并建楼其上。二十八年，本所千户钱忠因门楼敝坏，重修葺之。永乐十五年，都指挥谷祥等增高旧城四尺，及砌东西二月城，各高二丈五尺。

漳州府

府城

郡旧筑土为子城,周回四里,辟门六:东曰名第,曰清漳,西曰登仙,曰朝真,南曰云霄,北曰庆丰。宋咸平二年,浚河环子城外。祥符六年,郡守王冕加浚西河,又于西南隅凿水门,接潮汐,通舟楫,外城惟木栅周回一十五里。绍兴间,郡守张成大毁子城,撤外城东西北三面木栅,以土筑之,独南一面临溪为阻,环子城之河,皆在城内矣。嘉定四年,郡守赵汝谠始于东门左右砌之以石,高十级,长五百余丈。绍定三年,郡倅林有宗复以石砌西南北三面,长二千五百余丈,高一丈七尺,并浚河渠,辟门七:东曰朝天,西曰南丰,南曰通津,北曰环珠[12],西北为小关门,西南为龙溪门,东南为朝宗门。是岁郡守江模始至,拨钱助役,明年讫工。淳祐九年,郡守章大任复修筑而增高之。元至正二十六年,省丞陈友定命总制郡事理问张某改筑东西北三面,视旧基小一千余丈,独南一面仍其旧。周围计二千一百七十三丈,高三丈五尺,惟西北一隅依山,高二丈三尺,月城各周围五十丈,浚河三百五十九丈,东深二丈,广五丈,西深一丈八尺,广四丈,南临大溪,北则依山沟隍而已。门惟以东西南北为称,东西南三面各有水关[13]。国朝洪武初,四门内外,各建楼其上。周城为女墙一千五百一十,月城为女墙各六十,战楼凡二十有五,守宿之铺凡二十有三,水关楼二。正统七年,指挥使杨隆重建西北内外门楼。天顺五年,东门内外楼为飓风所坏,明年杨隆重建外楼五间,重檐高九丈。成化五年,巡视福建副都御史滕昭檄分巡佥事黄隆,重建内楼七间,三檐高一十二丈。十四年,西水关楼坏,指挥王璟重建。城之东南角,溪流冲射,旧有堤捍之,然潦至辄崩坏。九年,巡抚福建副都御史张瑄命工叠石,以护城址。十八年。知府姜谅复规措木石,甃筑外堤，高一丈二尺，长一百余丈，广一十丈，作亭其上，匾曰“保安”。郡人陈舒为记。

濠门巡检司城在府城东一、二、三都。濠门三。洪武二十年，江夏侯周德兴创筑。周围一百五十丈六尺，城北辟一门，建楼其上。

漳浦县城

旧无城，惟立四门：东曰东溪，西曰应龙，北曰永丰，西北一门旧无名，后县令高稷改永丰为拱辰门，淳祐三年，盐寇乘间突入邑中，居民惶惧，始议筑城，未果。元至正十二年，达鲁花赤买撒都刺创筑，以石砌之，周围七里，高一丈二尺，东西南北为门，建楼其上，环城浚濠，各深三尺，广一丈。

青山巡检司城在漳浦县东十五都浦头社。周围一百一十五丈，阔九尺，高一丈五尺，东西南辟三门。

洪淡巡检司城在百社。周围一百一十丈，阔八尺，高一丈五尺，东西辟二门。

金石巡检司城在山东社。周围一百一十五丈，阔九尺，高一丈五尺，东西南辟三门。

东沉赤山巡检司城在上西社。周围一百一十五丈，阔九尺，高一丈五尺，东西南辟三门。（上三巡检司城俱在漳浦县南五都。）

后葛巡检司城在漳浦县东南九都大洋社。周围一百一十五丈，阔九尺，高一丈五尺，东西南辟三门。

井尾巡检司城在井尾社。周围一百一十五丈，阔九尺，高一丈五尺，东西南辟三门。

岛尾巡检司城在岛尾社。周围一百一十五丈，阔九尺，高一丈五尺，东西辟二门。（上二巡检司城在漳浦县东北二十三都。

已上七巡检司城,俱洪武二十年江夏侯周德兴创筑。)

龙岩县城

初惟编竹为限,后易以土墙。宋绍定三年,县令赵性夫始于山巅筑城避寇。县治不在城中,寇至辄毁。元至正四年,邑人卢仲义倡谋砌石为城,周围县治,于是有上、下二城。二十一年,达鲁花赤锁柱间以二城缓急难守,遂修筑合而为一,周围八百七十二丈,高一丈五尺,濠周围九百五十九丈,深一丈八尺[14]。国朝洪武八年,知县刘文彧、守御百户黄宗复修浚之。成化六年,巡视福建右副都御史滕昭、镇守太监吴昱申明治中丘昂所奏,檄参政赵昌、知府王文等计费,令兴、泉、漳三府协助砖石,而委成于知县韦济;八年乃兴工包砌,接于旧城,周围一千九百二丈五尺,高二丈一尺,为门东西南各一,北二,又作水门于其南,工未毕升去。十四年,知县陶博继砌南城三百余丈,并建门楼、女墙、窝铺之属,今悉完备。

长泰县城

旧惟土墙,周回二百五十三丈,高一丈。宋嘉熙元年,县令郑师申率邑人方文子、黄千里始筑土城,为门四:东曰武胜,西曰顺成,南曰登科,北曰良岗。元及国朝皆因之。

南靖县城

自元至正十六年,县尹韩景晦始迁今所。土城周围六百六十三丈三尺,阔一丈。东西南北各为门,西濒双溪,东北浚河。国朝洪武二十五年,县丞黄以能重建小楼于南门,俗呼为水门。

镇海卫城

在漳浦县东二十三都鸿江。周围七百八十三丈六尺[15],阔一丈三尺，高二丈，皆砌以石，东西南北各为门，东北辟水门，女墙凡一千六百六十，门楼五，窝铺二十。

铜山千户所城在五都之东。周围五百五十一丈，阔一丈，高二丈，皆砌以石，东西南北各为门，而建楼其上，南北辟水门，女墙凡八百五十又五，窝铺十又二。

玄钟千户所城在四、五都。周围五百五十丈，阔一丈，高二丈一尺，皆砌以石，东西南北各为门，而建楼其上，东北辟水门，女墙凡八百六十又一，窝铺十又六[16]。（上二千户所城俱漳浦县南。）

六鳌千户所城在漳浦县东南十五都。周围五百五十丈，阔一丈，高二丈五尺[17]，皆砌以石，东西南北各为门，而建楼其上，西北辟水门，女墙凡八百六十又五，窝铺十又五。（已上四城俱洪武二十年江夏侯周德兴创筑。）

汀州府

府城

唐大历四年，刺史陈剑迁筑今所。大中初，刺史刘岐创敌楼一百七十又九间。宋治平间，郡守刘均拓而广之，周围五里二百五十四步，基广三丈，面广三之一，高一丈八尺，浚三濠，深一丈五尺，引南拔溪水东流以绕之。辟六门，东曰济川，西曰秋成，南曰颁条，曰鄞江[18]，东南曰通远，东北曰兴贤。绍兴间，赣卒叛，郡守黄武增修。隆兴元年，郡守吴南老又增修之，为敌楼五百一十又五间。绍兴间，郡守赵充夫以土城缓急不足恃，欲甃以石，定议始于子城，岁甃一里，以及于罗城，未及就而去。嘉熙间，郡守戴挺复规划砖石，始事于颁条门，渐次甃之，又未及就而去。国朝洪武四年，汀州卫指挥同知王圭塞颁条门，改济川门为丽春门，改秋成门为通津门，改鄞江门为广储门，改通远门为镇南门，改兴贤门为朝天门，周城皆砌以砖石。城北卧龙山巅，创总铺一，周城创窝铺八十又一，为女墙一千一百九十又五，为箭眼八百一十又四。按旧志谓刘岐创筑郡城，与郡志不同。又谓治平间缮修，周一里二百九十一步，高一丈一尺，为敌楼二百一十一间，亦与郡志不同，未知孰是。

宁化县城

周围二百八十步，为门四：东曰连岗，西曰通赣，南曰道爱，北曰朝宗。宋端平间，县令赵时谄[19]修辟，以石砌之，周围五百丈，改连岗门曰迎春，改通赣门曰通圣，改道爱门曰端平，改朝宗门曰朝天。宝祐间圮于水，遂废。

上杭县城

宋端平间，县令赵时钺创筑。周回一百六十丈，转车激水，注为濠池，然[20]覆以茅竹，寻毁。淳祐间，县令赵希谌[21]更筑，缩其址而小之，复圮于水。宝祐间，县令潘景丑重加修筑，乃址以石，甃以砖，覆以瓦。元至正间颓圮殆尽。摄县事郑从吉拓其旧址，复筑之，周回五百一十五丈，高一丈，为门四[22]，各建楼其上。后亦圮。国朝洪武十八年，邑人钟子仁作乱，知县邓致中修筑，甫毕而贼至，民赖以全。久复圮。正统十四年，沙、尤寇至，无以备御，县遂为所破。景泰三年，知县黄希礼从邑民郑仕敬、孔文昌等议，奏请复筑，六年肇工。天顺六年，溪南阙永华乱，巡按御史伍骥、左布政使姚龙、按察副使钱琎、佥事游明同擒捕之，乃奏调汀州卫右千户所官军捍御其地。成化二年，巡按御史朱贤、右参政许振、参议张雄、佥事牟俸、刘子肃以城狭不足以居军，乃命知县胡钺拆而大之。继而巡按御史余棐又委成于府同知程熙、通判吴桓，而以邑民唐纪等佐之。其后参政赵昌、副使何乔新、佥事周谟、都指挥吴杲又经划其所未备者，八年始讫工，学士柯潜为记。周围一千四百二十四丈有六尺，基广二丈，南临大溪，砌以石，高三丈，东西北并砌以砖，高减于南三之一。濠广二丈，深半之。为门七：东曰昭阳，西曰通驷，南曰通津[23]，北曰迎恩，上南曰兴文，中南日阳明，下南曰太平，各建敌楼其上，周城为守宿之铺凡三十又三。

武平县城

宋绍兴间，使相张浚帅闽，遣官创筑。端平间，县令赵汝谖重修，周围二里八十步。为门三，东曰永平，南曰南安，西曰人和。后废。

武平千户所城在县西南二十五里。洪武二十年，广寇谢仕真作乱。明年，汀州卫指挥黄敏奉命讨捕之。二十四年，设千户所守御于此，始筑城以居军。周围三百八十九丈有奇，高二丈五尺，广三丈。为门四：曰迎恩，曰涌金，曰常乐，曰永定，各建楼其上，为守宿之铺凡三十。濠周围三百九十九丈有奇，阔三丈，深一丈五尺。

清流县城

旧惟子城，周围二百丈，外无城而为门四：东曰迎恩，西曰登瀛，南曰平坡，北曰拱辰。绍兴间寇乱，县令郑思诚[24]始招集流散，筑城为守备计，岁久颓废。

连城县城

宋绍兴间，县令江钦若[25]创筑。乾道间，县令杨立中[26]作三门：东曰朝京，西曰腾骧，南曰龙门，岁久颓圮。端平间，县令米巨宏因寇乱之余复筑。淳祐间，县令罗应可重修[27]，并作甕城，改朝京门为通京，腾骧门为秋成，龙门为薰风，后复废。

延平府

府城

周围七里一百八十步。宋元间，为门十又一：曰镡津门，在子城之东；曰开平门，在子城之南；曰延安门，在子城之西；曰崇文门，在子城之北；曰延平门，曰延清门，曰披云门，俱临溪；曰建安门，在城东；曰将顺门，在城西；曰通福门，在城南；曰延泰门，在城北。国朝为门九：曰建宁门，即旧建安门；曰炉坑门，二门俱在城东；曰上小水门 ；曰小水门，二门俱临溪；曰福州门，即旧通福门；曰西水门，即旧将顺门；曰西鹤门，即旧延安门；曰大北门，即旧延泰门；曰小北门，二门俱近山。自建宁门抵福州门，临剑溪；自州尼门抵西水门，临樵川；自西水门抵大北门，临山硐；自大北门抵建宁门，城壁衺延，环高岗之巅。将顺门俗呼为小南门。

将乐县城

元至正四年，漳寇李志甫侵县，县人吴文让募义兵剿灭。文让子克忠，因地势高下筑土为城。十二年，临川寇邓思[28]来侵，邵武路总管吴按摊不花加以木栅，既而陈有定据延、邵，复加修筑。周围五里四十余步，为门六：东门旧名攀龙，南门旧名金溪，西门旧名万安，北门旧名安福、桥门、水门。自东门抵南门，临大溪；自西门抵北门，据山麓。壕堑延衺三百五十九丈。国朝洪武元年，始置将乐守御千户所。时千户李济、韦准移西、南二门进五百步；东、西二门仍旧[29]，城壁俱砌以砖石。

永安县城

正统十四年，沙寇邓茂七平，都督范雄奏请于沙、尤二县界筑城,调邵武卫后千户所军置永安守御千户所于此。景泰三年,始置县城,周围五里三十二步。为门四:曰东门,曰西门,曰南门,曰北门。自东门抵北门,又自北门抵西门,壕堑延袤七百一十一丈;自东门抵南门,又自南门抵西门,则负山阻溪,壕堑无事开凿也。

邵武府

府城

古有乌坂城,越王所筑也,在今城东三里许大溪之北,今名故县。宋太平兴国四年置邵武军,治今所,乃别筑土城,西界熙春、西塔二山,周回一十里有奇,辟门七:东曰行春,西曰朝天,南曰武德,北曰北门,东北曰小东门,西北曰车阑门,西南曰樵岚门。元尽隳江南城壁。至元戊戌总管魏刘家奴复筑,垒以陶甓,西南视旧址收入一里许[30],东北仍旧。为门四:东曰行春,西曰镇安,南曰武宁,北曰樵溪。至正二十四年,郡守常瓒又因其旧而筑之,基用石,上用陶甓。国朝洪武初,河南侯仍旧筑浚城,周围一千三百三十八丈八尺[31],崇二丈八尺;女墙俱崇四分之一,址广崇之半。濠东西南深一丈五尺有奇,广倍之,北临大溪,广四十二丈,深二丈许。五年,指挥蔡玉建门楼四,城楼四十又六。九年,指挥车济建城上廊房,以间计之,凡一千一百一十又二,建窝铺五十。永乐十四年,大水圮其半,寻修筑之。成化十二年,知府冯孜奏请,欲仍依宋城旧址修筑,跨熙春山,不特可避水患,万一有外寇,亦不得据熙春之险,以瞰城中虚实也。有司重民力,迄今未及改作。“乌版”一作“马阪”,萧子开《建安记》:“越王筑六城以拒汉,乌阪其一也。”按本志谓:“至元戊戌,总管魏刘家奴筑郡城。”考之《元史》,前至元凡三十一年,后至元凡六年,俱未尝值戊戌岁辰。又按郡志,总管题名,无所谓魏刘家奴者,惟《学校志》尝见其名,但言其为千户，不云总管也。此志谓至元戊戌，又以魏刘家奴为总管，皆误矣。又考之《公署志》，至元十四年，以魏天祐为总管；意者至元复筑郡城，盖魏天祐，而记者误以为魏刘家奴也；不然则魏刘家奴或在至元戊戌年尝为总管，而记者误以为至元也。

建宁县城

宋咸淳二年，县令宋秉孙始筑，宋砌以砖石，周回五千八百二丈五尺，崇二丈四尺，女墙崇四分之一，址广崇之半。为门四：东曰朝天，南曰迎薰，西曰庆丰，北曰拱辰，皆建楼其上。便门二：曰小南门，曰小北门。四年圮于水。六年，秉孙倅本郡，以余盐钱重修。及摄郡日，合得务司零钱近万缗以置田，为修缮之费，廖邦杰为记；元至正四年圮于水，惟迎薰门尚存。

兴化府

府城

宋太平兴国八年筑。内为子城，周回二里三百一十八步，覆以屋，环以通衢；仍拆广外城，版筑草创，土垣茅覆而已。宣和三年，始更筑，崇一丈五尺，基厚半之，栅其上，甃以砖甓，周回七里八十三步。引北涧水为濠，广一丈，深六尺，缭城而达于东南，与西南沟堑合。为门五：东曰望海，南曰望仙，西曰肃清，北曰望京，东北曰宁真门，各建楼于其上。南渡之后，岁久寖废。既而盗起汀郡，势且及境，郡人陈宓始倡板筑之议。郡守王克恭、赵汝固、通判赵汝盥相继经营，未克就绪；及郡守曾用虎至，始踵而成之。长一千二百九十八丈，高一丈八尺，表里以石，覆以砖，五门各为楼堞。昉于绍定三年之春，讫于四年之冬。郡人刘克庄为记。元至正十四年[32]，兴化路同知关保因旧址重修。国朝洪武元年，本卫指挥李春复加缮治。十二年，指挥程昇以增设军士城隘不能容,奏请益以东北隅。遂辟城垣跨乌石山而下,周围凡一十一里一百四十三步[33],高连女墙二丈四尺,阔一丈六尺,为女墙凡二千四百八十有七,为窝铺四十,为敌楼一十有七。为门四:望海、肃清俱仍其旧;改望仙为迎仙;新辟一门曰拱辰,各建楼其上,而宁真门遂废。其后敌楼、门楼俱圮。成化十年,巡抚副都御史张瑄檄知府潘琴、指挥使张瑄重建四门楼:拱辰、迎仙、肃清三门,皆府所建,而望海门则卫所建也。池深一丈,阔二丈六尺[34]。由东北隅逾拱辰门,至东南,则受寿溪之水;由西南隅转而历望海门,以接东北,则受木兰溪之水;惟西北负山,辟城时亦尝凿之,以地势陡峻,艰于用力而止。　望海门。以白湖名,俗呼东门。　望仙门。以壶山陈、胡二仙名,俗呼南门。　肃清门。僧涅槃谶云:"永不动干戈",故名,俗呼西门。　望京门。旧名朝天。古谶云:"拆却屋,换却椽,朝天门外出状元。"宋徐铎居朝天门外,将第而门坏,后改名望京。今废[35],不知其处。但莆阳驿前北行,人犹呼为北门街,疑即此门之所在也。　宁真门。以天庆观名。按旧志:"崇宁初,尝议筑罗城,规划自广化寺路口四览亭越小塘,至龟纹岭、梅井、瑞龙、招福、东岩,下历前埭、后埭、东斗门,距永丰塘合焉。建南门于广化寺路口,西门于龟纹岭,北门于阙下,作通监门于后埭小桥之西。堑山绝涧,役大而无用,俄罢。"

迎仙寨巡检司城在府城东北待贤里江口鼓楼山。城上守宿之铺凡八。

冲沁巡检司城在府城东兴福里冲沁。城上守宿之铺凡四。

嵌头巡检司城在武盛里嵌头山。城上守宿之铺凡六。

青山巡检司城在奉谷里青山。城上守宿之铺凡八。

小屿巡检司城在醴泉里小屿山。城上守宿之铺凡八。

吉了巡检司城在新安里华胥山,即宋之系蓼寨也。城上守宿之铺凡六。(上六城,俱洪武二十年江夏侯周德兴檄兴化卫指挥佥事吕谦创筑，各周围一百五十丈，南北为门，而建楼其上。）

仙游县城

宋绍兴十五年，知县陈致一创筑，以御山寇；寇退，竟不克就。乾道中，知县赵公绸建四门：东曰九仙，西曰甘泽，南曰流庆，北曰横翔。后改九仙为朝京，横翔为拱德，甘泽为元台，流庆为登俊；又改九仙为迓仙，流庆为来薰。今四门俱废，惟迓仙、来薰二匾尚存。

平海卫城

在府城东北武盛里。周围八百六丈七尺，高连女墙二丈四尺，阔一丈四尺，女墙凡一千三百一十，窝铺凡三十。门四：东西各一，南二，俗呼大南门、小南门，各建楼其上。城之北，地势高峻，故不置门，惟筑台以瞭海洋而已。正统八年，户部侍郎焦宏奉命理沿海军务，檄指挥同知王茂增筑敌台凡十所。

莆禧千户所城在府城东南新南里[36]。周围五百九十丈，高连女墙一丈九尺，阔一丈二尺；女墙凡一千四十有九，窝铺凡二十。辟东西南北四门，各建楼其上。东南北三面滨海，西则有濠，长一百一十丈，阔二丈，深八尺。（上二城俱洪武二十一年江夏侯周德兴檄兴化卫指挥佥事吕谦筑。）

福宁州

州城

在龙首山下。洪武二年，海寇侵县境，镇守福建驸马都尉王恭，檄百户宁祥率军士守御。明年，山寇郑隆、姚子美窃发，祥讨平之。又明年，始筑城，高一丈九尺，阔一丈[37]；周围三里。二十年，置福宁卫。江夏侯周德兴乃撤城之东壁，辟其地里许而筑之，增高三尺，周围凡四里。永乐五年，海寇复作，御史韩瑜、都指挥谷祥命增筑四门月城，城壁复增高三尺，沿城壕堑阔一丈，深六尺。历岁既久，四门楼俱圮。成化十七年，指挥佥事朱珍重修。

水澳巡检司城在十二都。

大箬笃巡检司城在十一都。

青湾巡检司城在五都。（上三城俱州东。）

高罗巡检司城在四十三都。

延亭巡检司城在五十都。（上二城俱州南。已上五城皆洪武二十年江夏侯周德兴创筑，各高一丈五尺，周围一百六十丈。）

柘洋巡检司城在州西北，元末袁天禄筑。国朝正统六年，改为巡检司城，高一丈五尺，阔一丈，周围二里。

宁德县城

在白鹤峰下。五代唐长兴四年，伪闽始筑土城，为门四：东曰崇仁，西曰和义，南曰德化，北曰朝天，岁久而圮，今列木为栅而已。

麻岭巡检司城在县北十九都涵村。宣德间创土城，高一丈五尺，周围一百六十丈。

福安县城

在扆山下。旧未有城，惟立四门：东曰瑞应，西曰礼贤，南曰秦溪，北曰衣锦，广袤各二里，周围十有余里，正统间，巡按御史建议筑城未就，今为木栅，以备不虞。

石白巡检司城在州北七都。成化八年，布政司参议陈渤创筑。高一丈二尺，阔一丈，周围二百丈。

大金千户所城在州南海滨五十二都。旧为西臼巡检司。洪武二十年改立千户所，江夏侯周德兴始筑城。高二丈二尺，阔一丈，周围五百八十二丈，东西南各辟一门。永乐十五年，御史韩瑜、都指挥谷祥令增高三尺，复砌三门月城，沿城壕堑，阔一丈，深六尺。

坊　市

福州府

闽县

凤池坊旧号左通衢[38]，即去东门大街口也。宋许将迁右丞，郡守叶棣易此名以期之，并以名乡。国朝成化十三年毁。寻为闽、侯官、怀安三县丁酉科举人立坊，更名“联第”。二十三年又为三县丙午科举人立坊于镇闽台之前，复匾曰“凤池”。　**冠英坊**旧号都市，宋通直韩召居之。崇宁间举人行郡守黄裳[39]更名大隐，后复更今名。　**使旌坊**按《三山志》，地名大石井。宋李浼尝任漳守，乡人因以名坊，今废。俗呼梅枝巷。按《三山续志》云：“内有百花务。”今考为遗迹，俗所呼百花务乃在安民巷对过小巷内，未知孰是。　**嘉荣坊**地名南营口。宋政和间，李俯知婺州后，其子提举□东[40]，乡人荣之，故名。后改“登瀛”，今废。**福星坊**其地伪闽时为五州诸侯馆所，故名“馆前”。宋郎中沈舍年五十致仕归隐[41]，三召不起，时为立坊曰“旌隐”。元宣慰使魏天佑寓坊内，因更今名。国朝成化十九年重建。　**涟漪坊**临河。今废。　**朱紫坊**地名新河，旧号三桥。宋通奉朱敏公[42]居之，兄弟四人，俱登仕版，子孙繁盛，朱紫盈门，乡人因以为名。

兴贤坊在府学街口。旧名“进德”，宋政和间行舍法，改今名。（已上八坊在镇闽台前至南门大街之东。）　**贞节坊**在通贤巷内。成化四年，诏旌李岳之妻刘氏贞节立。　**孝廉坊**在福城坊直街之中。景泰间，为都指挥王胜立。　**发政坊**内旧有居养院、安济坊，以处不能自存者。　**骁骑坊**驻泊营名。（上二坊在福星坊内之北。）　**乡行坊**宋政和间为陈祖武建。（已上四坊俱废。）　**思义坊**地名厂下，旧名阜财。商贾交易之所也。通大隐坊。　**连桂坊**地名梳行。宋给事黄唐传居之，刘延康以其兄弟联科，因名。今废。俗呼厂巷。　**清泰坊**地名石井。大观中，郡守李畸建，今废。　**贞节坊**　**朝士坊**地名小石井。宋时以大夫朱敏元居之，故名。　**仁庆坊**旧名捉生，伪闽营也。郡守黄裳改名“仁庆”。今废。　**拱辰坊**[43]闽王时号新路口。　**昼锦坊**旧名华萼坊，闽王时号新市。　**昭福坊**久废。　**美政坊**地名河西，旧名施政。　**罾浦坊**地名河东。宋天圣中，李正登第，子述继之，叶吏部名其坊曰“世显”。初，郡人有诗曰：“罾浦坊中出辅车。”乡人以久无第进士者，乃剽诗语，更其坊曰“罾浦”，南通渡尾诸营。　**状元坊**旧名团练。嘉熙八年，因许将状元改，后废。国朝成化八年，坊民吴宗寅、贡士李尚达率众重建，侍讲莆田陈音为记。内小巷经纬通诸营。　**尊儒坊**宋蔡伯俙[44]之居在焉。祥符中，应童子科，真宗赐诗美之，后授东宫伴读，坊因以名。　**东岳行宫坊**东门外，地名舶塔，之西通天庆观。　**继伟坊**宋高介卿与子安世同年登科，故名。　**东际坊**（已上一十六坊在凤池坊，抵东门外直街之南。）　**清河坊**元至元二十八年，辟是路通左司理院，因构此坊，今废。巷民多市花，俗呼花巷。

介福坊内有元明王祠，乡人祈祷之所。　**贞节坊**成化间，诏旌高明妻林氏贞节立。　**振名坊**地名后河。宋陈太丞以方医名京师，既而彭文嗣登第，因名。　**太平公辅坊**地名坊门。旧以通太平寺名坊。绍兴末，朱倬拜右相，尚书王师心因加“公辅”二字，坊尾旧有开元坊。　**贞节坊**正统十二年，诏旌陈启妻潘氏贞节立。　**高行坊**地名乡习营。旧以骁勇名坊，盖内有驻泊营地。后赵伯尚举八行，改曰高行。今废。　**秀实坊**旧名升秀。初，士多累举不第，后有登科者，因名。今闽县焉。　**忠顺坊**旧名延庆，以庆城寺前延庆桥名。宋陈景参三世登科，郡守因其字曰子孝，乃取以孝事君则忠，以敬事长则顺，更名其坊，今废。　**闽都坊**旧曰闽会。闽县旧治在焉，今废。　**甘棠坊**　**海晏坊**旧罗城海晏门之旁。　**喜寿坊**卓推官之居。其母陆藻之姊也，年八十余，尚康强无恙，藻知乡郡，因以名坊。　**棣华坊**地名汤巷。宋郑杜[45]兄弟三人中武举，而杜廷试第一，因名。　**温泉坊**地名内汤。（上一十五坊在凤池坊抵东门直街之北。）**素宁坊**在秀实坊内。通井楼门。　**状元坊**在拱辰坊，抵通津门大街之中。宋绍兴十二年为陈诚之立。　**举廉坊**地名黄兼仓。黄郑二姓初入闽所居，后陈尹举八行，改名，今废。　**光泽坊**闽横冲营在焉。内义井二，因名闰泽[46]。后改今名。　**高节坊**旧名严师，因提学林徽之名，后通判杨干引年致仕，更其名曰高节，今废。　**登云坊**旧名志喜，宋时为胡文炳、文炜兄弟同登第而名也。元改今名。废。　**濯缨坊**通使君桥。　**化成坊**临河旧铁冶坊，乃冶铸之所，今废。俗呼铁冶巷。　**鳌峰坊**旧九仙坊。地名仙迹。通水部门街，宋改名登瀛，元改名鳌峰。　**仙迹坊**亦通九仙山。（已上八坊在拱星坊抵法海寺直街之东。）**积货坊**近市内，通捉生营，今废。　**连荣坊**通小石井。旧名既富，以樊仁达、仁远兄弟登科，改今名。　**岳临坊**内有嵩岳行官，故名。今呼新塔巷。　**福星坊**旧名筹师。宋王祖道之居也。祖道两知乡郡，故以名坊。后因与南街福星坊通为一街，故亦更其匾。国朝成化十七年重建。　**兼济坊**在通津门之旁，今废。　**坦履坊**西通朱紫巷，今废。　**全胜坊**地名罗山寺角，今法海寺也，以旧营名。通乡行坊，今废。（上七坊在拱星坊抵法海寺直街之西。）　**登瀛坊**通鳌峰坊。　**蓬莱真境坊**（上二坊在通仙门内之西。）　**沿河东巷**东通长利桥，折北通东牙。　**通贤巷**内有通贤庙。　**提举衙巷**内旧有提举衙，疑即今百花务也。　**万岁巷**内有万岁寺。（已上四巷在旧虎节门外抵南门大街之东。）　**圆通巷**　**教场巷**　**河尾巷**　**后营巷**按《三山续志》："由虎节门南至还珠门，又南至合沙门直街之东，凡八巷。"（此上四巷亦在其内，而新志不载，未详其处；疑在今南门外，而所谓教场巷，即今往教场之路也。）　**石幢巷**在凤池坊抵东门大街之南。　**卢巷**在拱星坊抵法海寺直街之东。　**祠山巷**在闽县学前。南行折东九仙山之麓，有祠山祠，故名。俗呼草履巷。　**德政桥巷**　**东闸巷**　**河务巷**（上三巷在美政坊抵水部门直街之东。）　**使君桥巷**按《三山续志》于此注云"通登云"，而《三山志》于"濯缨坊下"又注云"通使君桥"，则登云疑即濯缨坊，而续志又载登云、濯缨二坊，未详孰是。　**后岸巷**（上二巷在美政坊抵水部门直街之西。）　**南台市**在府城南门外嘉崇里。

侯官县

永通坊内有宗通判衙坊，今废。　**登俊坊**在杨桥街口。旧号右通衢。宋宣和间改名春风楼，今废。　**郎官坊**以宋刘涛子孙皆为郎官，故名。　**文兴坊**在塔巷口。旧名修文。宋知县陈肃，因其中举人数不利，改为兴文，后又更为两优释褐状元坊，今名文兴。 **新美坊**在黄巷口。晋永嘉间黄氏居此，故名黄巷。宋崔大夫及第，改今名。 **贞节坊**在安民巷口。宋刘藻以孝闻，诏赐粟帛旌之，因号其坊曰锡类。后以太宰余深旧居，改曰“元台育德”。元福建省都事贾纳居此，其母贞节，因改今名。 **聚英坊**在官巷口。旧名仙居，内有紫极宫，故名。后崔、李二姓咸贵显，改名聚英，元又改英达，今复名聚英。 **耆德魁辅坊**在急避巷口。宋郑性之居于其内，后以丞相致仕，时为立此坊。闽俗相传。谓腊月二十四日，灶君上天奏人间事，必祭而送之。性之贫时，尝以是日贷肉于巷口屠者之妻。屠者归问之，大怒，径入其舍，索其肉以归。性之乃画一马，题诗其上，焚以祀灶云：“一匹乌骓一只鞭，送君骑去上青天。玉皇若问人间事，为道文章不值钱。”后为江西安抚使，加宝章阁待制，请归里第。监司郡县迎候烜赫，至巷口，屠者睨视之，曰：昔郑秀才乃至此耶！性之令人缚至庭下，数其罪而杀之。自是性之出入，老人皆奔走趋避，故另其巷曰“急避”。考之史志，性之尝游朱文公之门，居官所至有贤闻，宁肯为是耶？窃意性之尝登进士第一人，时呼其巷为“及第”，后因其音相近而讹之，且附会其说如此云。 **利涉坊**在旧罗城利涉门之旁。今巷塞，坊亦废。 **桂枝坊**以乡名。 **官贤坊**在侯官县街口，旧名侯官。里人以侯阙日久，改今名。（以上十一坊，在镇闽台前至南门大街之西。） **泮宫坊**在官贤坊内，侯官县学前之左。 **半盈坊**旧杨桥坊，今废。 **鼎魁坊**旧废。成化七年，为闽、侯官、怀安举人立坊，更名凿□，十九年仆于风，寻复建。（上二坊在后街之中。） **衣锦坊**旧通潮巷口。初以陆蕴并弟藻知乡郡，名棣锦。后王益祥致江东提刑政，居其内，改今名。 **文儒坊**旧山阴巷口，初名儒林，宋以祭酒郑穆居之，改今名。西通金斗桥。 **甘液坊**地名坊井。北行通文儒坊巷。 **光禄坊**旧曰闽山。因法祥寺内有宋郡守程师孟光禄吟台，故名。

风宪坊旧清远门外。宋余深居之，后擢为御史，遂以名坊。其地今无巷道，疑在其居第之前。　**怀德坊**旧名延平。宋司业郑南居之，改曰儒宗。国朝天顺间，镇守少监来往寓于地，平寺重建，改今名。（上六坊在后街之西。）　**永安坊**与怀德坊相直。亦镇守少监来住立，通山兜尾诸营，折北通板桥常丰仓前。　**闽山坊**在文儒坊内之北。通衣锦坊。　**道山坊**在官贤坊直街之南。以道山亭名。　**沿河西巷**　**右院巷**宋右司理院在内，故名。　**万寿寺巷**内旧有万寿寺。（上三巷在旧虎节门前抵南门大桥之西。）　**大水流坑**　**小水流坑**俱在杨桥巷。俗呼后街，抵鼎魁坊直街之西，并通浦尾。　**天王崎巷**在官贤坊，抵怀德坊直街之南，内通天王寺。　**侯官市**在府城西南十都。旧县治也。　**洪塘市**在府城西二都。

怀安县

宣政坊　**澄清坊**上二坊在布政司前大街之中，俱洪武间建。成化九年仆于风。　**依仁坊**元泰定四年毁，后重建。　**登仕坊**今作隘门。（上二门[47]在谯楼前至澄清坊大街之东。）　**遵义坊**元泰定四年毁，后重建。　**肃政坊**在按察司前之左。天顺六年，按察使胡新改建仪门，因立坊，匾以今名。成化十九年毁，是年按察使刘城重建。　**振纪坊**在按察司前之右。成化元年，按察使马文昇辟通衢西出，因立坊，匾以今名，与肃政坊相直。　**浚明坊**在依仁坊直街之南，旧东衙，经纬小巷，今废。　**城隍坊**在依仁坊、直街之北城隍庙巷口。　**亮功坊**宋余深府第。政和中赐名其门曰“贤弼亮功”，因以名坊，今废。　**三元坊**成化十九年，知府唐珣建，列国初以来郡人尝中状元、会元、解元者之名氏于匾上。（上二坊在遵义坊直街之中。）　**眉寿坊**元至治初，居民张安定年一百五岁，总管吴绎为此立坊。 **永和坊**即小避营，又呼义和巷。 **善化坊**元元贞二年，平章高兴于州治西南创东西驿馆，辟道以达西门，因立此坊。（上三坊在遵义坊直街之南，俱废。） **国计坊**在都转运盐使司之前。 **宣化坊**在府治前。成化十九年仆于风，明年知府唐珣重建。 **登云坊**在旧西教场巷。国初重建越山寺，新辟街衢，为立此坊。俗名新街，又名上街。 **西湖坊**旧为赞城坊，俗呼西峰巷坊，今废。（上四坊在遵义坊直街之北。） **丽文坊**地名东渎，在今东察院之东。初名丽景，后改今名，元泰定间废。国朝成化七年，移创贡院于其内，因并立。 **昭利坊** **祐正坊**俱以昭利王祠得名，今废。 **贡院坊** **论秀坊** **登俊坊**俱在贡院前，成化七年建。（已上五坊在丽文坊内。） **华林坊**在登云坊抵北门直街之东，通平山。内有华林寺，故名。 **晏公坊**在登云坊抵北门直街之西。内有晏公庙，古称淳仁巷，通后街后曹。 **拱辰坊**在钱塘巷口。

熙然坊宋政和中立，旧通钱塘巷，今塞。（上二坊在定远桥右巷直街东。） **宜秋坊**在定远桥右巷直街之西，通西湖坊，今废。

东衙巷旧官廨所在也。其南有东总门，自宋季皆为民居，其中小巷经纬二，此其一也。元季匾澄清坊，今废。俗呼为大东衙巷。 **庙巷**内有庙，故云。又俗呼为小东衙。按续志云"通东衙"，则登仕坊巷当为小东衙，所谓经纬者也。 **西衙巷**旧有西总门出其南。内小巷经纬三，与此相通，后以辟新街，遂塞。 **石狮巷** **宜兴桥西巷**在大中寺之东，临河。 **钟山巷** **西营巷** **大避营巷** **西门边巷**（上七巷在遵义坊西门大街之南。） **新丰巷**以内有新丰庵，故名。北通府前，俗呼府巷。 **都仓巷**俗呼旧米仓。 **定远桥右巷** **东峰巷**内有东峰庵，又名东营巷。 **猫皮巷** **余府巷**旧余深府第。（上六巷在遵义坊抵西门大街之北。）　**开元后巷**在开元寺之后，通井楼门。　**欧冶池巷**内通欧冶池。　**存德巷**东通府前，南出新丰巷。　**长河巷**内有长河境祠，故名。　**县前巷**通小鼓楼，小巷经纬，南析通欧冶池巷，东抵贡院前。　**乾元巷**巷内之左有乾元寺，故名。通布、按二分司前。（上四巷在登云坊抵北门直街之东。）

悦济巷在悦济桥旁，通北门后街。　**钱塘巷**通后街拱辰坊。　**熙然巷**旧通后街熙然坊，今塞。（上三巷在登云坊抵北门直街之西。）　**大中寺巷**

校　注

[1] 乾隆《福州府志·城池》作“高一丈六尺，厚一丈二尺，周围五百二十五丈……女墙一千二百”。

[2] 景耀为蜀汉后主刘禅年号。景耀三年即“吴永安三年”。

[3]《闽书·方域志》作“西包黄华山……北堑深壕”。

[4] 嘉靖《建宁府志·城池》作“各建楼橹，又附小门五五。”

[5] 乾隆《泉州府志·城池》作“有南北二门”。

[6] 乾隆《泉州府志·城池》作“三年”。

[7] 乾隆《泉州府志·城池》作“周一百三十丈”。

[8] 乾隆《泉州府志·城池》作“广一丈……周一百九十二丈”。

[9] 乾隆《泉州府志·城池》作“基广九尺”。

[10] 乾隆《泉州府志·城池》作“高二丈五尺……窝铺三十六”。

[11] 乾隆《泉州府志·城池》作“赵瑶”。

[12]《闽书·方域志》作“西曰安丰。……北曰贡珠”。

[13]《闽书·方域志》作“更作东西水关二”。

[14] 道光《龙岩州志·规建》作“高二丈一尺。……深一丈五尺”。

[15] 乾隆《漳州府志·疆域》作“八百七十三丈”。

[16] 乾隆《漳州府志·疆域》作“窝铺十所”。

［17］乾隆《漳州府志·疆域》作“高二丈”。

［18］《闽书·方域志》作“北曰鄞江”。

［19］《闽书·方域志》作“赵时馆”。

［20］按乾隆《汀州府志·城志》及《上杭县志·城市》均无“然”字，疑为衍文。

［21］乾隆《汀州府志·城池》作“赵希绳”。

［22］《闽书·方域志》作“高二丈，为门七”。

［23］乾隆《汀州府志·城池》及《闽书·方域志》均作“通济”。

［24］乾隆《汀州府志·城池》作“郑见诚”。

［25］《闽书·方域志》作“邱钦若”。

［26］《闽书·方域志》作“杨仲立”。

［27］《闽书·方域志》作“应东修”。《汀州府志·城池》作“罗应奇重修”。

［28］乾隆《将乐县志·城池》作“邓忠”。

［29］《闽书·方域志》作“东北仍旧”。

［30］嘉靖《邵武府志·城池》作“西自武德桥沿濠堑至于王墓墩，缩里许”。

［31］嘉靖《邵武府志·城池》作“五百八十二丈五尺”。

［32］《闽书·方域志》及万历《兴化府志·建置》均作“二十年”。

［33］《闽书·方域志》及万历《兴化府志·建置》均作“延袤一十一里，周一千八百三十丈”。

［34］万历《兴化府志·建置》及乾隆《莆田府志·建设》均作“壕长五百九十三丈，广二丈六尺，深二丈”。

［35］按《闽书·方域志》作“‘望京’后改‘拱辰’，至隆庆中犹存”。

［36］据万历《兴化府志·建置》，宜作“新安里”。

［37］乾隆《福宁府志·建置》作“二丈”。

［38］淳熙《三山志·舆地》作“左通街”。

［39］淳熙《三山志·舆地》作“举八行黄尚书裳”。

［40］乾隆《福州府志·城池》作“提举浙东”。

［41］淳熙《三山志·舆地》及乾隆《福州府志·城池》均作“宋湛俞郎中隐居于此”。

［42］淳熙《三山志·舆地》作“朱敏功”，乾隆《福州府志·城池》作“朱敏中”。

［43］淳熙《三山志·舆地》作“拱星坊”。

［44］淳熙《三山志·舆地》作“蔡伯蕃”。

［45］乾隆《福州府志·城池》作“郑柱”。

［46］淳熙《三山志》作“润泽”。

［47］“门”当为“坊”之误。

八闽通志卷之十四

地　理

坊　市

福州府

长乐县

状元坊在县治前十步许。永乐十五年，知县王遵道为马铎立。又一所在县东北大宏里，亦为铎立，后废。成化十八年，巡按御史张稷令知县罗叙重立。　**翰林坊**宋为枢密院使陈合兄弟建。　**梅花坊**与翰林坊相直。（上二坊在县治东。）　**状元坊**永乐十一年，知县王遵道为李骐建，又一所在县东南沙京，亦为骐立。　**永宁坊**在河南巷口。　**文行坊**旧名市中。　**清泰坊**　**鼎清坊**　**严城坊**（上六坊俱县治西。）　**翰林坊**在江田里。永乐中，为进士第二人陈金泊，左春坊、左赞善陈仲完建。　**贞节坊**在旧县治。洪武中，诏旌林以德妻潘氏贞节立。

连江县

宣化坊在县治前宣化桥北。旧名美政。宣德十年，知县刘仲戬改今名。　**起敬坊**在城隍庙前。宣德九年，知县刘仲戬建。　**兴贤坊**在大街东偏。后改凤池，今复旧名。　**解元坊**在宏路街。景泰元年，知县吴琳为翁宾立。　**亲仁坊**在宣化桥东。知县宋日隆建。（上四坊俱在县治东钦平下里。）　**澄清坊**在布政分司前。宣德九年，知县刘仲戬建。　**丛桂坊**在大街西，与兴贤坊相直。后改为龙津，今复旧名。　**怀德坊**在宣化桥西。　**魁龙坊**（上二坊俱知县宋日隆建。）　**省魁坊**在直街。旧名梯云，宋嘉熙六年，知县陈沆以常挺魁兰省，改名省魁。今废。　**龙津坊**在龙津街南，通于江。旧名云津，后改今名。　**进德坊**在万石街。旧名汇进，后改名进德。今废。　**连云坊**（上八坊俱在县治西钦平上里。）　**大魁坊**在县治前江南安庆里。宣德八年，知县刘仲戬为进士第二人赵恢立。　**昼锦坊**宋政和六年，以王元鼎持乡节建。　**状元坊**宋淳熙元年，为郑鉴两优释褐建。（上二坊俱在县东北安得里，并废。）　**大市**在县治前正南街之中。凡县之商旅贸易悉萃于此，朝聚暮散。

福清县

崇教坊在文庙之右。　**兴贤坊**在文庙之左。（俱洪武二十三年教谕王原建。）　**承宣坊**在谯楼下。旧名袭庆，宋政和间为林高一门子姪登第立。绍兴间，县令范处义改名丛桂，景定四年重建，改今名。　**明新坊**在谯楼下东南。旧曰依仁，后改育材，又改由义，又改瑞应，又改东学，又改长春，又改今名。　**由正坊**与明新坊相直。　**玉井冠英坊**在中门之西。旧名冠英，为陈国材、林栗魁国学建。元泰定四年，知州贾思恭重建，易今名。 **澄清坊**旧名爱民，久废。元泰定四年，知州贾思恭重建，改今名。吴涛书匾。 **五马坊**久废。元泰定四年，知州贾思恭重建。 **昼锦坊**宋为龙图学士林通立。 **泮宫坊**在东隅。宋端平二年，县令丁填建，初名隆儒，后易官贤。景定间，县令赵时传改今名。 **通儒坊**在佛顶寺旁。为王棨中宏词科立。（上八坊俱县治东。） **春桂坊**宋淳熙十一年，为林瑑[1]并弟璟、环同登科立。 **西成坊**初名翰林坊，宋为林希入翰苑立。景定中重建，林希逸书额，后改为儒学坊，复改今名。 **新桂坊**在广平寺前。宋为朱木中省魁立。（上三坊俱在县治西隅。） **登瀛坊**在横街。宋元符三年为林仲堪一门子孙登第立。 **词学坊**宋为陈宗绍中宏词科立。 **宏词袭庆坊**宋嘉泰二年，为陈宗绍[2]二子贵谦、贵谊继中宏词科立。（上三坊俱在县治南隅。） **郑公坊**宋为郑侠立。 **遗直坊**为寓贤李彦质立，其上仍建状元楼。（上二坊俱在县治北隅。） **状元坊**在东塘。宋淳熙十一年为林嵘魁武举立。旧为武状元坊，后改为状元坊。 **文介坊**在方民里海口，为网山林亦之立。（上二坊俱县东。） **高士坊**宋宝祐四年建。后改名隐逸。 **文隐坊**宋景定四年建。（上二坊在县西文兴里，俱为林公遇立。） **状元坊**宋时为林良显特魁立。 **兰魁坊**宋时为林良显魁省试立。 **兰魁袭庆坊**宋时为林良显子别院试魁立。（上三坊在仓下。） **文远坊**在塘东。宋时为陈藻立。（上四坊俱在新丰里。） **状元坊**在灵德里径江。宋时为王宗特魁立。 **联魁坊**在苏田里渔溪市之旁。宋端平间为林希逸解试、省试、殿试俱第四人立。（已上六坊俱县西南。） **海口市**在县东方民里海口。 **牛石头市**在县东南平南里。旧蕃舶所聚之地。 **迳港市**在灵德里。乃海舟所聚处也。 **商屿**

市在光贤里。（上二市俱县西南。）

古田县

承流坊在谯楼东，旧名通德。宋县令洪天锡为朱文公高弟林释之[3]建。国朝永乐间，改为承流，后又改善政，成化十年县丞刘福介复旧名。　**宣化坊**在谯楼西儒学之东。洪武初建匾曰善教。成化十年县丞刘福介重建，改今名。　**仁寿坊**在县治南五十步许。宋时建，国朝天顺间知县尹古重建。　**登俊坊**在中街。元时立。　**贞节坊**成化七年诏旌曾缙妻赵氏贞节立。　**文兴坊**宋时立匾曰达英，国初改今名。　**云津坊**宋时立。国朝洪武间为翰林学士张以宁建，改名翠屏。成化中县丞谭宣重建，复旧名。　**兼善坊**在际留仓北。　**云梯坊**在后街。（上二坊俱元时立，国朝洪武初重建。）　**兰魁坊**宋县令留元亮为省元苏大璋立，今废。　**兴贤坊**在后街佑圣宫前。元时立，今废。（已上八坊俱县治北。）　**虾溪市**在县南大江之滨，俗呼虾溪头。其地适当古田大路之冲，水口、黄田西驿之间，商旅多泊舟于此。

永福县

武状元坊在八都。宋时为江伯虎立。　**武释褐状元坊**在十都。宋时为黄东叔立。　**平政桥坊**在十二都。宋淳祐三年昭武黄熙重建。　**明伦坊**在十三都。宋咸淳七年毁，九年重建。（上四坊俱县治东。）　**华封坊**在县西十四都。路通高盖山，旧有通天门，知县钟安老楼其上，匾曰福里；知县杨士训改曰高盖。宋绍定间改名登明，又改名华封，咸淳七年毁。九年徐重望重建。　**太学两优释褐状元坊**在县治南二十五都。宋时为张景忠立。 **拱辰坊**宋咸淳四年立,莆田陈文龙题匾。 **两制坊**宋咸淳七年,知县洪仑移拱辰坊于路尾,为侍郎卢钺建,后毁。(上二坊在县治北十四都。) **龙津坊**在县治东北十二都。宋宝祐三年建,枢密陵虎臣[4]题匾。(已上九坊俱废。)

闽清县

宣化坊正统七年,知县吴清立。成化四年,知县左辅重立。 **崇礼坊**(上二坊在县治前。) **释褐状元坊**在县治东。宋淳熙四年为黄唐立。 **兴贤坊**在儒学前。宋崇宁二年立。 **贤良坊**宋治平四年,为陈祥道立。(上四坊俱废。) **玉山坊**在台山之旁。宋元丰二年立。 **使华坊**在县治南。宋绍兴十五年为提刑刘凯立。 **状元坊**在县东□□里。宋嘉定元年为郑自诚立。 **县前市**在县治前。宋元时,邑人贸易多萃于此。元季兵燹,市遂废。成化四年,知县左辅始创廊屋,招徕商贾,复成市焉。

罗源县

承流坊 **宣化坊**在县治前之左右。俱景泰间知县何器建。成化间,知县施弘重建。 **登贤坊**在万寿塔边。宋嘉祐元年立。 **连桂坊**在环玉馆之右。宋绍熙间为陈与行父子同登第立。 **擢秀坊**在梅关巷口。宋时为侍郎黄序立。 **笃行坊**在水陆寺前。洪武五年,知县郑复初立。(上四坊俱废。) **衮绣坊**在环玉馆内。宋时为太宰余深立。 **梯华坊**在社稷坛前,元至元二年立。 **清源坊**在澄清坊口。宋雍熙三年立。 **庆元坊**在八角井巷。宋开宝三年立。 **延庆坊**在梅关巷下。宋皇祐五年立。 **耆寿坊**在笃行坊口。宋开宝元年立。(上十坊俱县治西。）　登龙坊在沈尉桥北。宋时为尚书陈显伯立。　崇文坊在儒学路口。洪武十一年，县丞庞盖立。（上二坊俱废。）　登泰坊在南岸桥侧。宋淳熙二年立。（上三坊俱县治南。）　使旌坊在县治东南双石桥侧。宋时为少师黄伦[5]立。　昼锦坊在万寿塔边。宋时为安抚黄土清[6]立。　兴贤坊在南庄巷口。宋时为少师张磻立。　澄波坊在西隅。因有澄波桥，故名。　乘驷坊在南门桥侧。宋淳熙二年为张斗南立。（上四坊俱县西南。）　冠英坊宋太平兴国中为张蔚立。　魁星坊宋时为特科第一人陈缜立。（上二坊俱在县西南后张巷。）

建宁府

建安县

弦歌坊　登俊坊　兴贤坊　鼎魁坊在宁远门内。（上四坊俱宋淳熙间郡守赵彦操立。）　澄清坊在福宁道前。　从桂坊在南街。（上二坊俱洪武初知府胡祯立。已上六坊，俱府治东。）　光禄坊在政和门外。陈时为顾野王立。　从化坊右谯楼之左。宋端平间，郡守姚珤立。　明德坊在谯楼之右，亦姚珤立。匾曰怀德。洪武初，指挥沐英重立，改今名。（上二坊在府治西。）　安定坊　崇儒坊宋郡守姚珤立。（上二坊在府治南。）　礼义坊　昼锦坊正统间，知府王顺为少师杨荣立。（上二坊在安定坊内。）　平理坊　中和坊（上二坊俱宋郡守姚珤立。）　北中和坊永乐间，指挥侯镛立。　亲睦坊知府胡祯立。（上四坊在府治北。）　长街头市在弦歌兴仁二坊之间。　寨头市在宁远门内。（上二市俱府治东。）　濠栋市在府治北孚惠、亲睦二坊之间。　东游市在府城东安泰里。

瓯宁县

尚书坊　升华坊　和升坊　阜通坊（上四坊在府治西。）紫芝上坊　紫芝下坊（上二坊在府城南华亭之左右。）德胜坊旧为状元坊，宋时为徐奭立，元守将魏留家奴改今名。永丰坊知府胡祯立。（上二坊在府治北。）隆礼坊　平肆坊　和义坊　广泽坊（上四坊在府治西南。）纯孝坊在府治西北。元初廉访使哈解为孝子张禧立。敬客坊在府西驿前。知府胡祯立。镇安坊　移忠坊旧名显亲，南唐侍中陈诲建。宋庆元间改今名。（上三坊在府城外之西。）太平坊在府城外之北。大街市在和义坊。程西市在临江门内。淮尾市在通济门之南。（上三市俱府治西。）南新街市在府治南。旧迁善坊。新市在府治西南库前街。上洋市在府城西高阳里。

浦城县

真儒坊在县治直街东偏，旧名东祥。承流坊在县治东建宁道之右，旧名澄清。宣化坊旧名德政。中和坊在市中，旧名仁和。（上二坊俱县治西。）迎恩坊旧名集贤。拱辰坊在县治大市北，旧名土墙。宏进坊在前街，旧名上天长。通津坊旧名西祥。（上二坊俱县治西南。）永新坊在县治西北后街，旧名上兴贤。（已上九坊俱宋时立。国朝洪武二十五年，县丞张玉成重立，改今名。）凤池坊在县治东。下天长坊在县治西前街。光禄坊在县治北。豪贤坊在县治东南。太平坊在县治西南直街。皇华坊　下兴贤坊在后街。（上二坊俱县治西北。已上七坊俱宋时立。国朝洪武十五年，县丞张玉成重立。）　文正坊在县治前。洪武十二年，知县张宗颜立。　观澜坊在南浦门北。（上二坊俱县治南。）　登瀛坊在县治西西馆巷。　兴贤坊在县治北拱北门内，旧名“永丰”。（上三坊俱县丞张玉成立。）　大市在县治南市心之西。

市心在太平坊东。　南市北市（上二市在县治西南，俱通心市）[7]。

建阳县

丞相坊在县治西，为宋陈升之立。　光禄坊　世家先哲坊（上二坊俱为宋刘炝立）　道学渊源坊　泰山乔岳坊（上二坊在县西三桂里朱文公阙里之前。）　状元坊在县治南。国初为丁显立，后毁。成化十五年，知县海澄立。　力扶道脉坊

家传心学坊（上二坊俱在县北庐峰书院前，为宋蔡况立。）

将口市在县南崇文里。　回潭市在县北建忠里。（上二市以每月四、九日集。）　莒口市　长埂市（上二市在县北崇泰里，俱以每月三、八日集。）　书市在县西南崇化里书坊。　崇乐市在县西北乐田里。（上二市以每月一、六日集。）

松溪县

育才坊在县治东。宋淳祐间立，旧名崇儒。国初改名升俊。永乐间，知府芮麟改今名。　兴贤坊元至顺间立，旧名朝京。国初改名宾贤，后知府芮麟改今名。　慈善坊（上二坊在县治西。）　宣化坊元皇庆间立，旧名仁义。国初改名镇武。后知府芮麟改今名。　清和坊在县治前街之东。　寿安坊在县治前直街之西。元至元间，达鲁花赤阿思兰立。　永庆坊在县市南。　东梨市在县治西杉溪里。　溪东市在县治东南豪田

里。　沙坑市在县治西北庆元里。

崇安县

澄清坊在县左。宋县令陈叔嘉立，名兴仁。元郡守毛文豹表邑人徐奕老孝其母，易名贞孝。国初设福宁道，知县刘伯益易今名。　仁义坊在县治右。宋县令陈叔嘉立，名濯缨。元延祐四年，旌邑人江贵甫五世同居，曰义□坊，寻易今名。国初县丞安处善重立。　兴贤坊县令陈叔嘉立，名崇义。后县令刘汉传改今名。洪武八年，县丞安处善重立。　贞节坊县令陈叔嘉立，名礼义。元延祐五年，旌邑民邱注妻程氏贞节，遂以名坊。国朝洪武八年，县丞安处善重立。　美俗坊县令陈叔嘉立。洪武八年，县丞安处善重立。　科第坊在儒学之左。　泮宫坊在儒学之右。（俱成化十八年知县余衍立。已上七坊俱县治西。）昼锦坊在县东四隅里溪东昼锦桥之右，洪武二十一年知县张子彬立。今废。　贞节坊在县东南上梅里何墩。成化十年，诏旌程启隆妻江氏贞节立。　五夫市在县东五夫里。　星村市在将村里。　黄土坂市　黄亭市（上二市在丰阳里。）　中村市在节和里。　草平市在建平里。（已上五市俱县南。）

政和县

兴贤坊在县治东门。　登俊坊在县治西龟岩寺前。升朝坊在前街。　折桂坊在直街。（上二坊在县治南。）　织锦坊在县治北。今废。　县市在县坊。　东峰市在县东□□里[8]。　长城市在县西□□里[9]。　岭头市在县东南感化里观都岭上。　东平市在县西北□□里[10]。

寿宁县

承流坊知县陈醇立。　**道德坊**　**齐礼坊**(上二坊,成化十二年知县郭清立。已上三坊俱县治东街。)　**兴贤坊**在儒学之东。主簿史立正立。　**宣化坊**县丞马璲立。　**观风坊**在建宁道之右。典史林承立。(上二坊俱县治西。)　**福民坊**在县治南街。成化十一年,府通判李明立。　**状元坊**在县东南福安里。宋绍定二年为缪蟾立。

泉州府

晋江县

镇雅坊旧名承宣。宋郡守萧国梁易今名。　**忠节坊**国朝为石城教谕崔忠[11]死节立。　**儒林坊**　**解元坊**成化元年,为赵琏立。　**泮宫坊**　**旌孝坊**宋郡守真德秀为孝女吕良子立。(上六坊在谯门南抵德济门直街之中。)　**远华坊**宋河南宪故居在焉[12]。　**通籍坊**旧名阜财。因宋陈祥易改今名。　**登贤坊**旧名佚老。宋郡守叶廷珪为刘圭[13]立,更今名。　**郡庠坊**在府学之南。　**通远坊**(上五坊在谯门南抵德济门直街之左。)　**阛阓坊**俗呼市曹。　**好义坊**　**好德坊**　**熙春坊**　**师模坊**宋郡守吕用中辟郡人张过典教,因名。　**育材坊**在旧州学前。(上六坊俱在谯门南抵德济门直街之右。)　**中和坊**　**公惠坊**

宣化坊在府治右。　**承流坊**在府治左。　**状元坊**宋绍兴三十年为梁克家立。　**衮绣坊**宋郡守姚宪为梁克家立。　**桂香坊**宋时为给事江常立。今废。　**相门神童坊**宋时为留正孙元立[14]。　**清政坊**[15]宋时龙学陈从易立。今废。(上九坊在谯门东抵仁风门直街。） **帅节坊**在东街之右。 **南俊坊**郡人崔拱三世登进士者五人，里人以为南方之俊，因名。 **鼎甲坊**宋时为林洽、林瀛、罗知古相继登甲科立。 **卿月坊**宋时为朝议大夫陈京立。今废。 **论秀坊**宋时为秘书郎温华立。 **定居坊**宋时为通判王维则立。今废。（上六坊在谯门东抵仁风门直街之右。） **绣衣坊**宋广东宪杨注故居在焉。 **耆德坊**宋郡守程卓为尚书杨炳立。（上二坊在南俊坊转玄妙观前街。） **懿孝坊**在桂香坊北。宋郡守真德秀为吴氏孝女立。 **兴德坊**宋时为别驾徐瞻立。 **麟应坊**宋时为知县赵不廳立。今废。 **三秀坊**宋郡守颜师鲁为赵善新、汝儆、汝禊父子同第进士立。 **文昌坊**宋颜棫徙居于此。郡守王会龙为立坊。（上五坊在桂香坊北至朝天门街。） **仙桂坊**宋时以梁熙志兄弟同登进士立。 **忠义坊**宋时为苏缄立。今废。 **良弼坊**宋李邴居宅在焉，故名。 **献规坊**宋郡守程卓为傅伯成立。 **挺烈坊**宋时为李邴孙户部侍郎诜立。（上五坊在鼎甲坊南抵通淮门街。） **平易坊** **省魁坊**宋嘉定间为省元王胄立。 **旌孝坊**成化间为孝子史仕传立。 **棣华坊**宋时为宋程并弟穆相继登科立。 **荣寿坊**宋王传烈母汤氏，年九十四，其子彩侍。郡守李绍为立坊。 **亚魁坊**宋绍定间，为进士陈晋接立。 **解元坊**成化十三年，为蔡清立。 **都宪坊**国朝为朱监立[16]。 **孝感坊**国朝为朱则文立。（上十二坊，在谯门西抵义成门直街。） **万石坊**郡人石选与四子俱出仕，时人比万石君，因名。 **义泉坊**内有义泉井。 **忠厚坊**旧名萃贤，赵希襄易今名。希襄，考之郡志无此名，惟宋南外宗正司知宗，有曰赵希衮者，疑“襄”字即“衮”字之误也。 **三朝元老坊**宋时为留正历相三朝立。 **状元坊**宋庆元五年为曾从龙立。 **昼锦坊**宋时里人为谢仲规立。

宣明坊宋时为光禄卿林杞立。　绿野坊宋留正归休之所，因以名坊。(上八坊在谯门西抵义成门直街之左。)　光华坊宋时为郑良弼立。　忠孝坊宋太宗尝称枢密刘昌言忠孝，里人因以名坊。(上二坊在谯门西抵义成门直街之右。)　永盛坊　魁武坊宋郡守汪大猷为林宗臣魁武举立。　彩华坊宋郡守陆藻为提举张祐二亲具庆立。　台望坊宋给事江常所居。人以台辅望之，因名其坊。(上四坊在光华坊北抵泉山门直街。)　居贤坊宋时为少卿蓝圭立。　进贤坊宋时为刘清立。　兴庆坊　庆远坊宋时为黄夔立。(上四坊在彩华坊转而西街中。)　奏赋坊宋时为陈用魁词赋立。　紫橐坊宋郡守倪思为侍郎赵不流立。　义塾坊宋王沂之设义学，郡守真德秀为立坊。　宏博坊宋时为傅伯寿立。　升俊坊宋时为黄岺[17]首贡辟雍立。　袭魁坊宋赵善谥兄弟中省魁，裔孙琁[18]中解元，郡为立坊。　登瀛坊宋时为吕言登科立。　黄陂坊以工部黄宗旦名立。　紫微坊宋时为知制诰吕夏卿立。　清华坊宋郡守叶宰为秘书少监钱德谦立。(上十坊在万石坊转而南街中。)　望云坊　萼辉坊宋时为赵不厖，不慢兄弟联居立。　孝悌坊宋郡人陈继文累世同居，郡守苏寿为立坊。　拱辰坊　孝友坊宋郡人林颐寿有孝行，郡守叶廷珪为立坊。　启荣坊宋时为蔡曾膺经明行修荐立。　肃政坊(上七坊在谯门内，折东而北，抵朝大门街中。)　亚魁坊在仁风门外。宋嘉定间为进士董洪立。　宝津坊　通远坊　善济坊(上二坊[19]在府城南德济门外。)　朝阳坊在府城东通淮门外。　凌云坊在府城南吴店市。宋嘉定间为王节魁南宫立。　东街市在谯楼东。　西街坊在谯楼西。　南街市在谯楼南。　会通市　通远市　车桥市　新桥市(上三市[20]在府城南德济门外。)　浮桥市在府城西南临漳门外。 **安平市**在府城南八都。

南安县

武荣坊在县治前。唐改县为武荣州,因名。国朝成化十八年,知县陈连忠重立。 **龙云坊**在县治前东街。 **衣锦坊**为唐欧阳詹归省立。 **贰卿坊**宋嘉泰间,郡守倪思为侍郎诸葛廷瑞立。 **进德坊** **登贤坊** **归仁坊**(上二坊[21]在旧学前。) **阛阓坊**在前街。 **协和坊**在西街之中。 **明义坊**在后巷。(上八坊俱县治西。) **知逊坊**在县治西北隅。 **朝天坊**在县东三都潘山中。 **颁云坊**在高士峰之下。 **袭庆坊**在三十三都。宋翁庆寿母张氏,年九十一岁,县令徐鹿卿为立坊。(上二坊俱县西。) **康寿坊**在县北。宋郡守刘炜叔为陈焕然年九十立。 **选贤坊** **忠贤坊** **拱辰坊** **厚德坊**(上四坊在三十六都大盈铺前。) **应星坊**在康店铺前。宋时为度支郎王克恭立。(已上五坊俱县南。) **县前通街市** **潘山市**在县东三都。

同安县

平政坊 **爱民坊**(上二坊,成化九年知县张逊重立。) **激扬坊** **振肃坊**(上二坊,成化八年推官柯汉重立。) **荣成坊** **籲云坊** **名卿坊** **朝元坊**(上八坊,在朝天门至厚德门直街。) **宣化坊**在县治前。成化十五年知县张逊重立。 **登云坊** **福星坊**旧名魁星。宋嘉定间为许巨川立,后改今名。 **两科太守坊**宋王南一擢两科,任漳州太守。尚书洪天锡为立坊。(上三坊在西市巷抵北辰门街中。) **兴贤坊** **儒林坊**(上二坊,成化八年,推官柯汉重立。) **荣贤坊** **仁寿坊** **龙门坊** **龙津坊** **丞相坊**宋时为苏颂立,旧名荣义。朱文公为主

簿，改今名。国朝成化十五年，知县张逊重立。（上七坊在朝天门南转至铜鱼门街中。）　通衢街市在县前。　南通街市　北通街市

德化县

青云坊在儒学之左。　礼贤坊（上二坊俱县治东。）　步瀛坊　登云坊（上二坊在杨梅上团。）　钟秀坊在东西团。（上三坊俱县西北。）　县前通街市

永春县

两制坊宋开禧中为侍郎庄夏立。　龙津坊宋淳祐间立。（上二坊在县治前抵东岳桥街中。）　亚魁坊宋绍定间为司业陈晋接立。　两优释褐坊宋淳熙间为尚书颜棫立。　兴贤坊宋嘉定间为颜耆仲立。　省元坊宋绍定间为王胄立。　魁武坊宋建炎间为陈谧魁武举立。　世科坊宋绍圣间，为陈彦圣、知柔、朴、模相继登第立。　纯孝坊宋绍兴间邑令黄瑀立。　章武坊　仙华坊　正顺坊　蓬壶坊　桃源坊　德政坊　兴仁坊（上十四坊在县治前西抵儒学前街中。）　东街市　西街市

安溪县

中和坊宋宝庆间，县令颜振[22]立。　省元坊宋县令汪愈为陈应霊立。　兴贤坊　升俊坊（上二坊宋咸淳间立。国朝正统间，知县邵公阳重立。）　梯云坊宋嘉定间县令孙昭先立。　兴仁坊宋绍定间县令刘庞立。　进贤坊宋嘉定间县令黄坚叟立。　汇征坊宋宝祐间县令赵汝畋立。　和义坊　瀛洲

坊宋嘉定间立。（上十坊在县治东抵行春门街中。） 宣化坊 熙春坊 育贤坊 仙桂坊（上四坊在县治南抵儒学前街中。） 东街市 南街市 湖头市在县北感化里。

惠安县

儒林坊在县治东儒学之左。正统间，御史柴文显立。 迎恩坊成化十九年重立。 重译坊天顺元年重立。（上二坊在锦田驿之左右。） 光华坊 崇文坊（上二坊俱废。已上四坊俱县治南。） 肃政坊 激扬坊（上二坊在福宁道前左右，俱正统间佥事陈祚立。） 宾贤坊 登龙坊 文明坊 登春坊（上四坊俱废。已上六坊俱县治北。） 南通街市 北通街市

永宁卫

同仁坊在卫前直街。成化十二年，指挥使杨晟立。 宁海坊在卫西街。 柔远坊在卫南门街。 通贤坊在卫北门街。 迎晖坊在卫东北。（上四坊俱废。） 乐雍市 育英市在谯楼后。 东瀛市在卫东南。

福全千户所

威雅坊在所东。 迎恩坊在所西。 育和坊在所北。 泰清坊在所东北。 宣武坊在所西南。 通街市在所南。

漳州府

龙溪县

行春坊在东铺街。洪武八年知府许荣立。 宾贤坊在武

安街。（上二坊俱府城内东隅。）　**解元坊**在高亭街，为江凯建。　**朝真坊**在通判街。（上二坊在府城内西隅。）　**儒林坊**　**泮宫坊**（上二坊在明伦街，俱正统九年同知李恕立，今废。）　**文昌坊**在花园前街。宋时以颜师鲁居之，因名。国朝成化二年其裔孙格登进士，郡为重立。（上三坊俱府城内南隅。）　**名第坊**在府城内东南武安街。唐元和中为周匡物立。　**兴贤坊**在鱼头庙街。洪武初指挥徐玉重立。　**拱辰坊**宣德间重立。　**探花坊**宣德二年为谢琏立。　**少司徒坊**成化十年，亦为谢琏立。（上四坊在府城内东北隅。）　**迎恩坊**在东门外。景泰元年同知李恕重立。　**德安坊**正统十三年同知李恕重建。　**双节坊**为元万户府知事阚文兴并妻王氏立。成化十五年，同知蒋逊重建。　**表忠坊**为元达鲁花赤迭里弥实立。（上三坊俱在府城东门外。）　**旌孝坊**在府城东二十六都赤岭。宋绍定元年，知县傅天骥为孝女陈氏立。　**南市**在双门前。　**北桥寺**在十字街。　**草市**在二十六都。　**乌屿桥市**在二十九、三十都。（上二市俱府城东。）　**华峰市**在府城北二十五都。　**石马路头市**在十一都。　**月港市**在八、九都。（上二市俱府城东南。）　**翰林市**在府城东北二十三、四都。

漳浦县

宣化坊在县前街右。　**仙云坊**在县西旧城隍庙旁。　**朝天坊**在县西门左。　**孝义坊**在城隍庙左。　**积善坊**在西塔寺街口。（上二坊俱县西。）　**忠节坊**在县治后街。宋绍熙间郡守朱文公为高登立。　**怀德坊**在县治北街。元达鲁花赤买撒都剌有惠政于民，既没，民怀其德为立坊。（已上七坊俱废。）　**盛德世祀之坊**在西门外灵著庙前。　**西街市**在县西隅。

龙岩县

朝天坊在县城内之东。 兴文坊 善庆坊 涌泉坊 由义坊(上四坊俱在县城内之西。) 龙门坊在县城内之南。 拱辰坊 忠信坊(上二坊在县城内之北。已上八坊俱废。) 端本坊 澄源坊(上二坊在儒学前左右。) 武安坊在县治西铜钵巷口。(上三坊俱成化十二年知县韦济立。)

长泰县

登龙坊在县治东街。 拱辰坊在县治西街。 状元坊在县治南街。宣德五年为林震立。 靖远坊在县治北。 南市在县南街。

南靖县

进士坊在县治西南归德里。 亚魁坊在县治东北水门内。

漳平县

承流坊 宣化坊(上二坊在县治前左右。) 太平坊在县治东城隍庙之左右。 青云坊在县治西儒学之右。(上四坊俱知县陈栗立。) 桃源市在县北聚贤里。每月以一、六日集。

汀州府

长汀县

承流坊 宣化坊(上二坊在府治前左右。) 旬宣坊惠爱坊(上二坊在布政分司前左右。)　振肃坊　激扬坊(上二坊在漳南道前左右。)　泮宫坊　儒林坊(上二坊在县学前左右。)　都宪坊在府学前街。成化十九年为马驯立。　福善坊在塔院之右。　登贤坊旧名进贤。宋淳化间,郡守卢同父改今名,并书匾。(已上十一坊俱府治东。)　崇福坊在府治西。宋郡守卢同父书匾。　永康坊在有年桥南。宋端平间,郡守李华重建。　崇善坊在丽春门外。　鄞河坊分上、中、下三坊。(上三坊俱府城东。)　兴福坊宋郡守李华建。　清泉坊(上二坊在通津门外。)　崇雅坊在县西。　兴仁坊在通津门外。(上四坊俱府城西。)　敷德坊　爱民坊(上二坊在县治前左右。已上十坊今俱废。)　词学坊在县治前。宋崇宁间为谢潜立。宋端平间,县令宋慈重建并书匾。　青紫坊在旧颁条门外。宋宝庆间,郡守林岊改今名并书匾。　仁寿坊分上、中、下三坊,旧名水南。宋郡守李华改今名。(上三坊俱府城南。)　登俊坊旧名水东。宋郡守李华重立。　郎星坊宋崇宁间为吴简言立。绍定间,郡守林岊重立并书匾。(上二坊在济川桥东南。)　金花坊分上、中、下三坊。(已上三坊俱府城东南。)　攀桂坊在府城东北兴贤门外。宋开庆初重立,郡守胡太初书匾。　富文坊在府城西南,分上、中、下三坊。旧名富民,后改萧云[23],宋郡守李华改今名。(上八坊今废。)　崇善坊市在县治之东。　水东街市在济川桥东。　杉岭市在府城西朱紫坊。　河田市在府城南青太里。

宁化县

登云坊在军营内。　攀桂坊在东街。　擢桂坊在太平巷。　云梯坊在张家巷口。(上四坊俱县东。)　步蟾坊在县西薛家坊。 **进士坊**在寿宁桥头。 **老桂孤芳坊**在溪南。(上三坊俱县南。) **凌云坊**在县北儒学前。 **及第坊**在县西南。 **兴贤坊** **太平坊** **开庆坊**(上三坊俱宋绍定间寇毁。见旧志。) **县市**旧在水南溪边,今迁于寿宁桥头。 **岩前墟**在泉上里。 **湖窟墟**在泉下里。(上二墟俱县东。) **济村墟**在县西龙下里。 **中沙墟**在县北永丰里。 **乌材墟**在县东北泉下里[24]。(已上五墟俱以五日一集,至午而散。)

上杭县

朝绅坊在大街。宋乾道间知县陈朝章立。国朝景泰初知县岑嵩重立。 **双节坊**成化七年,知县孙安为节妇陈氏、黄氏立。(上二坊俱在县治西。) **登俊坊**宋绍定间毁,后重立(见旧志)。 **县市**在县治南大街。

武平县

兴贤坊在县治东。 **人和坊** **和义坊**(上二坊在县治西。) **文明坊** **魁星坊**(上二坊在县治南。) **集贤坊**在县治北。 **县市**在县前中街。

清流县

宣化坊在县前。 **明伦坊**在儒学前。 **朝阳坊**又名朝真。 **龙津坊**在龙津桥南。(上三坊俱县治东。) **拱辰坊**在县治西。 **进贤坊**在县治南。 **龙门坊** **清德坊**(上二坊在县治北。) **十字店市**在进贤坊。 **太平店市**在龙津[25]坊。

连城县

富寿坊　崇儒坊(上二坊在县治东,俱宋绍定间寇毁,后重立。)　擢桂坊在县治南灵显庙之左。绍定间寇毁,后重立,旧分上下二坊。　迎恩坊在县东北接官亭址之左。旧在县西,因绍定间寇毁,移建今所。　俊德坊在县西南十字街之右。绍定间寇毁,后重立。　介福坊　凌云坊　华封坊(上三坊俱绍定间寇毁。见旧志。)　县市在县治南文川桥头。每岁以四月初八日会。　莒溪墟在县南河源里。　北团墟在县北北安里。

归化县

泰和坊　阜民坊(上二坊在县治前东西。俱成化八年佥事周谟立。)　宣化坊在布政分司前。　扬清坊在漳南道前。(上二坊俱成化八年参政赵昌立。)　文林坊　泮宫坊(上二坊在儒学前东西,俱成化九年知县郭润、教谕赵智同立。已上四坊俱县治西。)　六月市在县治前。岁以六月十一日集、十八日散。　岩前市岁以四月八日集。　陈村市岁以九月九日集。(上二市在县东归下里。)　明溪墟在济川桥北。　黄陂墟在县东归上里。　常坪墟在县西柳杨里。　古山墟在县东南归下里。　界阳墟在县西北柳阳里。

永定县

承流坊　宣化坊(上二坊在县治前左右。)　澄清坊在市政分司之右。　肃政坊在漳南道之左。(上二坊在县治东。)　儒林坊在县治西儒学之西。(已上五坊,俱成化十八年知县王环立。） 县市在县治横街。

延平府

南平县

元僚宏博坊在谯门外。 状元坊又名三魁。 迁善坊在平政衖北。 宝阜坊在迁善坊上。 招福坊 镡津坊在镡津门。（已上六坊俱府治东。） 登俊坊 昼锦坊 进贤坊 兴贤坊（上四坊俱宋时立。） 遵道坊在西桥头。 明清坊在延安门。 敛咢坊在铁冶巷口。（已上七坊俱府治西。） 开平坊在开平门。 清水坊在市心下巷。 泰平坊在市心。（已上三坊俱府治南。） 华封坊在府治东北梅山巷。 通衢大市在府治南，自四鹤门远至建宁门。

将乐县

惠施坊在县前十字街。 长安坊 近信坊（上二坊在县治东街。已上三坊俱宋时立，元季毁。国朝洪武五年，知县申文彝重立。） 求仁坊在西街，宋时立，元季毁，国朝洪武四年，知县司明重立。 仁美坊在西门。 凤山坊在凤山之麓。（上二坊宋时立，元季毁。已上三坊俱县治西。） 丛桂坊在儒学前。 魁星坊 宣化坊（上二坊在□□[26]。） 兴贤坊政和间，为钟建侯登第立。（上三坊宋时建，元季毁。） 武德坊元至正间立。以其近武德庙，故名。（上二坊俱知县申文彝重立。已上五坊俱县治南。） 遵道坊在县治北门。 武魁坊在旧永康团。（上二坊俱宋时立。今废。） 十字街市在县治前。 高滩市在县东高滩都。 南口市在永康都。 池湖市在池湖都。（上二市俱县南。）　**万安市**在万安上都。　**儒林市**在龙集都。（上二市俱县北。）

龙溪县

宣化坊在县治前，旧名崇信。宋绍兴间，县令陈嶷改今名；又作门与坊对，亦匾宣化。国朝洪武七年，知县张可大又立二坊于左右，名兴仁、尊前。　**崇文坊**旧名孝行上坊，后以儒学道出于此，故名敦化。元至正十六年，县尹兀颜思温改今名。　**积善坊**宋建炎四年兵变，邑令刘政改名永宁，今仍旧名。　**擢桂坊**旧名孝行下坊。宋宣和间，邑人吴仕逸、卢安邦、李士美相继及第，因改名兴贤。今仍旧名。　**昼锦坊**宋庆历间，为刘积登第立。初名兴贤，后以积帅福州归省，改今名。　**登俊坊**旧名典教，元至正间改今名。（已上五坊俱在县治东。）　**通驷坊**宋国史编修黄声居此。　**登云坊**旧名昼锦，又名升天。（上二坊在县治西隅。）　**兴文境**旧名拔萃。元县尹兀颜思温改今名。　**毓秀坊**为南溪书院立。元至正中，中书省理问爱卨建，初匾曰“闽中尼山”，后改今名。（上二坊在县治南隅。）　**拱星坊**在县治北隅。　**县市**

沙县

平政坊在县治前。　**旌德坊**　**崇因坊**　**资忠坊**　**思齐坊**　**宾兴坊**　**袭庆坊**（上六坊在兴义坊内。）　**明庆坊**　**登瀛坊**（已上八坊俱县治东。）　**崇勋坊**　**尚贤坊**　**俊惠坊**　**庆成坊**　**显志坊**[27]　**延禧坊**　**星德坊**　**荣远坊**（上八坊在和仁坊内。）　**福星坊**　**城西坊**（已上十坊俱县治西。）　**云锦坊**　**和仁坊**宋县令洪唐卿立。　**状元坊**　**兴义坊**俗呼下坊。　**市心坊**　**招庆坊**　**安民坊**　**魁星坊**宋倪闪特奏名第一，县令刘克刚为立坊。　**丛桂坊**《遯斋闲览》云："邑人罗师服者，一夕梦羽衣人授以诗云：'吾闻仙桂作丛荣，紫陌先登历几春。昨夜月娥亲付与，黄金榜上第三名'。"明年陈瓘登第，果符其数，因立此坊。　**劝忠坊**[28]宋陈瓘故居在焉。嘉定三年，郡守余景瞻立。　**无双坊**　**探花坊**宋时为陈瓘立。　**步云坊**（已上一十三坊俱县治南。）　**登俊坊**　**昼锦坊**宋时为邓宁任本路曹立。　**登龙坊**　**及第坊**旧名下状元坊。　**广誉坊**　**龙池坊**　**佐理坊**　**宣化坊**（上二坊在县治后街东西。）　**尊尧坊**宋县令段裳午[29]为陈瓘立。瓘尝著《尊尧集》，因以坊名。　**城东坊**　**折桂坊**（已上一十一坊俱县治北。）　**开明坊**在县东北。　**省魁坊**宋淳熙间，县令段裳午[30]为邓宗仁立。　**显帅坊**宋时建，表安抚郑宗仁宅里也。（上二坊在县西二十一都。）　**大市**在县治大街。　**洛阳口市**在县东八都，又名桥前[31]。　**尾历水东市**在二十二都。　**尾历水西市**在二十一都。（上二市俱县治西。）　**华岩墟**在县东十三都。　**新桥墟**在县西二十五都。　**富口墟**在十一都。　**高桥墟**在十三都。　**黄砂墟**在十五都。　**下茂墟**在十七都。（上四墟俱县北。）　**罗敦墟**在县东南十三都。　**新坊墟**在县西北十九都。

顺昌县

阜成坊在县治前，成化十一年，知县程搢立。　**宣化坊**在县治前之东。　**兴贤坊**在县治东，成化十年重立。　**崇儒坊**　**崇德坊**　**安靖坊**　**凤栖坊**　**吏隐坊**在旧尉厅巷口。（上五坊今废。）　**爱民坊**　**振文坊**旧名顺化，又名兴贤。国朝洪武七年，知县张缙以儒学道出于此，改今名。　**状元坊**宋嘉定中为邑人姚琻立。　**昼锦坊**旧名清肃，因姚琻居此，改今名。　**御史坊**旧名甘泉，宋淳祐间，邑人张杰拜御史，有直声，因改今名。　**通渠坊**洪武七年，知县张缙凿渠疏水，由此以入大溪，故名。　**真节坊**[32]洪武二十五年，诏旌萧贡才妻颜氏贞节立。（已上一十二坊俱县治西。）　**承流坊**在县治西南布政分司前。成化九年，县令赵玺立。**县市**　**幕坂市**在靖安都。　**富屯市**在富屯都。（上二市俱县西。）　**仁寿市**在县西北仁寿都。

永安县

龙兴坊在县治东。　**安仁坊**　**进贤坊**（上二坊在县治西）。　**太平坊**在县治南。　**里仁坊**在县治北。　**仁义坊**在县治西南。　**忠义坊**在县治西北。　**三市**在县治前、中、后三街。　**安沙市**在县西三十二都。　**固发口市**又名贡川市，在二十六都。　**岩前市**　**忠山市**　**新桥墟**（上二市一墟在二十五都。已上三市一墟俱县北。）

邵武府

邵武县

承流坊　**宣化坊**（上二坊在府治前左右。）　**咨度坊**　**旬宣坊**（上二坊在布政分司左右。）　**澄清坊**在建宁道前。　**孝老坊**唐贞观间，为吴氏母立。　**清节坊**宋熙宁六年为龙图孙谔立。　**都宪坊**国朝为郡人陈泰立。（上三坊在县前街。）　**节义坊**宋淳熙间为黄永存母林氏立。　**凤池坊**　**宁泰坊**　**探花坊**为□吴言信立，即今四角亭。　**达德坊**即宁国坊也。　**迎春坊**（上六坊在铁冶街。）　**清宁坊**　**寿宁坊**（上二坊在汤家田街。）隆贤坊在高家巷。文德坊在官巷街。清泉坊在四眼井街。乐善坊在乌龙巷。太平坊　司徒坊成化七年，为侍郎吴玺立。（上二坊在大街。）进贤坊一在城东街，一在城南街。尊道坊宋□溪[33]先生施霆亨所居也，咸淳中表其门。（上二坊在府城东街。已上二十二坊，俱府治东。）

至善坊在中巷。兰魁坊在县学东。宋淳熙五年为省元黄涣立。为善坊一在西门外，一在新街。儒道坊　擢英坊

植贤坊（上二坊在旧学前。已上三坊俱水北街。）侍御坊宋宝祐元年为危昭德立。熙春坊（上二坊在熙春街。已上八坊俱府治西。）泮宫坊旧名兴贤，宋朱文公书匾。誉士坊旧名育才。（上二坊在府学前东西。）魁辅坊宋庆元二年为邹应龙立。达道坊　通福坊　眉寿坊元泰定中，郡人傅氏母寿九十，郡守西逵为立坊。尚书坊尚书谢源明廨院也。魁第坊（上六坊在府城南街。已上八坊俱府治南。）镇雅坊在仓前街东。福民坊　亨道坊（上二坊在福民街。）中和坊在仓前街。通衢坊在水寨巷口。兴孝坊元大德间，为孝子郭回立。（上六坊俱府治东南。）儒科坊在府治西北儒科巷。宋宝祐四年为吴季子立。和平坊在□□□龙图上官□廨院也。界首市在六都，月以四、九日集。固住市在十二都。绣溪市在十八都。拿口市在二十二都。龙潭市在二十六都。（上五市俱府城东。）和平市在府城南三十三都，月以十六日集。潭山市在府城西南四十六都。椒屯墟在府城东三都。宋黄伯原诗："乔木村墟十里秋，渔盐微利竞蝇头。平坡浅草眠黄犊，小渚轻波泛白鸥。竹外客喧山市散，柳阴人醉酒旗收。清幽仿佛西湖上，惆怅归来独倚楼"。将漈墟在三十七都。官坊墟在四十一都。（上二墟俱府城西。）朱坊墟在

十六都。月以二十七日集。　**官田墟**在十九都。(上二墟俱府城南。)　**平洒墟**在府城东南七都。　**将石墟**在府城西南三十五都。

泰宁县

宣化坊　**承流坊**(上二坊在县前东西。)　**崇仁坊**　**积善坊**(上二坊在县治东门街。)　**迎宾坊**在县治西府馆前。　**澄清坊**在县治东南建宁道前。　**状元坊**一在县南中隅,宋时为叶祖洽立;一在水南,宋时为邹应龙立。　**朱口墟**在县东朱口保。月四、九日集。　**梅口墟**在梅口保。月三、八日集。　**依口墟**在依口保。月二十七日集。(上二墟俱县西。)

建宁县

都监坊在谯楼内。　**宣化坊**　**清华坊**(上二坊在东街。)　**城隍坊**在石池前。　**孝子坊**在东隅,元季为冯顺德立。(上四坊俱县治东。)　**文明坊**　**积善坊**　**龙归坊**(上三坊在西街。)　**凤池坊**在凤山路口。　**瑞麟坊**在凤池下。　**绥驿坊**在熊家岭。(上六坊俱县治西。)　**昼锦坊**在县治前。　**清平坊**在南街。　**宏博坊**在南门,宋谢绂故居也。　**贞节坊**在县治前,为节妇李氏立。　**侍郎坊**在水南街,宋俞丰故居也。　**登云坊**在黄岐岭下。　**长吉坊**在县南滩头。　**兴贤坊**在县治南儒学街口。　**天仙坊**在长吉寺前。(上八坊俱县南。)　**万桂坊**在北街。　**弦歌坊**在后街。　**惠宁坊**在显武庙前。　**宁寿坊**在万达桥头。(上四坊俱县治北。)　**贞节坊**在县北蓝田保。为节妇黄氏立。　**孝子坊**在县东南赤下保。元时为张子英立。　**孝子坊**在县西北上黎保。元时为丘敬立。　**永安镇**

市在县西里心保。

光泽县

恺悌坊在县治前。 **承流坊** **宣化坊**(上二坊在县前东西。) **澄清坊**在建宁道前。 **兰魁坊**宋时为省元黄涣立。 **鼎魁坊**(上二坊在弦歌桥。已上三坊俱县治东。) **探花坊**在布政分司之右。宋嘉定七年为李方子立。 **孝感坊**宋时为孝子上官超立。 **眉寿坊**在饶家巷。 **惠济坊**在中街徐公桥下。(上四坊俱县治西。) **种德坊**在县治南后街。 **泮宫坊** **兴贤坊**(上二坊在儒学左右。) **卓行坊**在丁字街。 **光禄坊**在前街何家巷。 **杭头市** **茶焙市**(上二市在县东一都。) **止马市**在县西北十都。 **黄岭墟**在二十一都。 **新田墟**在二十四都。(上二墟俱县东。) **长城墟**在县北十五都。 **崇仁墟**在十九都。 **寨前墟**在二十二都。(上二墟俱县东北。) **清化墟**在县西北十都。(已上六墟俱以子、午、卯、酉日集。)

校 注

[1] 康熙《福清县志·地舆》作"林球"。

[2] 康熙《福清县志·地舆》作"陈宗召"。

[3] 乾隆《古田县志·城池·坊市》作"林择之"。

[4] 乾隆《永福县志·建置》作"凌虎臣"。

[5] 道光《罗源县志·城池》作"黄榆"。

[6] 道光《罗源县志·城池》作"黄士清"。

[7] 嘉靖《建宁府志·坊巷》作"市心"。

[8] 道光《政和县志·建置》及民国《政和县志·城市·图表》均作"去

县东南十里”。

［9］道光《政和县志·建置》及民国《政和县志·城市·图表》均作“长城街，去县西二十五里”。

［10］嘉靖《建宁府志·坊巷》作“东常市，隶东平里，去县西北七十里”。

［11］民国《晋江县志·规制》作“崔惠”。

［12］乾隆《泉州府志·都里》作“宋河南宪石赛故居”。

［13］乾隆《泉州府志·都里》及民国《晋江县志·规制》均作“刘釜”。

［14］民国《晋江县志·规制》作“为留正孙元治立”。

［15］乾隆《泉州府志·都里》及民国《晋江县志·规制》城作“清节坊”。

［16］民国《晋江县志·规制》作“朱鉴”。

［17］民国《晋江县志·规制》作“黄瀚”。

［18］民国《晋江县志·规制》作“裔孙缶”。

［19］应为“上三坊”。

［20］应为“上四市”。

［21］应为“上三坊”。

［22］嘉靖《安溪县志·地舆》作“颜振仲”。

［23］乾隆《汀州府志·城池》作“雷云”。

［24］乾隆《汀州府志·城池》作“泉上里”。

［25］乾隆《汀州府志·城池》作“龙潭”。

［26］嘉靖《延平府志·地理》作“在市中”。

［27］嘉靖《延平府志·地理》作“显忠坊”。

［28］嘉靖《延平府志·地理》作“勤忠坊”。

［29］嘉靖《延平府志·地理》作“段震午”。

［30］嘉靖《延平府志·地理》作“段震午”。

［31］嘉靖《延平府志·地理》作“衙前”。

［32］嘉靖《延平府志·地理》及乾隆《延平府志·坊表》均作“贞节坊”。

［33］咸丰《邵武县志·建置》作“宋云溪”。

八闽通志卷之十五

地　理

坊　市

兴化府

莆田县

宣化坊在府治前之左，即旧县治。宋时建，初名宣化，后改名字民。雍熙间，知县蒋奎有惠政，民思之，因其谥，更曰简肃，后又改安民。乾道二年复今名。国朝成化二十二年，知府丁镛等重建。　**五劝坊**在谯门外。宋元祐六年，漳州通判许长卿来摄郡事，以父遵所作《五劝文》，曰：孝义、务学、谨身、勤力、蓄积，立碑于谯门右，因以名坊。今废。　**耆英坊**在望仙门内街中。景泰元年，知府张澜、知县刘玭为致仕员外郎陈中、行人方瀚、按察使林坦、参议黄常祖、知府方鲤、郑述封、中书李尚经、同知林彀、教授方濬源立。（上三坊在谯门外抵望仙门大街之中。）　**镇雅坊**旧在谯门右。名礼义，寻改宣化，后更今名。　**隆礼坊**按宋郡志，在市之左通鱼行，旧名不欺，郡守赵彦励重立。　**元老旧弼**

坊在望仙门内之东，宋陈俊卿府第在焉。古延福寺地，后为布政分司，今织染局是也。俊卿告老，御札有“元老旧弼”之语，因名。国朝成化间，改建同升坊，即其址也。（上二坊俱废。以上三坊在谯门外抵望仙门大街之东。）　**澄清坊**旧名廉耻，后改镇雅。元置肃政廉访分司于其内，改肃清。国朝改廉访分司为福宁道，复改澄清。　**立义坊**按宋郡志，在市之右，即今西市，旧名宜禾。大观间，以黄詹擢第，更名昼锦。后郡守赵彦励重立，改名立义。今废。（上二坊在谯门外抵望仙门大街之西。）　**通远坊**在文峰宫前街南务巷口，今司狱司前。旧名安业。宋郡守赵彦励重建，更是名。今废。　**善俗坊**在文峰宫前街北县巷口，旧志以为新路巷。成化二十三年，知县卢俊更其匾曰淳风，而移旧匾于县前街之北街口旧坊上[1]。　**激扬坊**在福宁道前之西，旧名兴贤，□□云“在郡西下桥”。天顺间，知府潘本愚重立，改今名。　**亚魁坊**在柴行。宋政和二年为李宗师立，后郡守赵彦励重立。今废。　**解元坊**在左厢东街。正统六年为方玭立。　**都宪坊**成化八年为翁世资立。（上二坊在永福寺前。）　**德义坊**今废。**义海坊**按宋郡志，在东营前，东抵望海门。盖东街口也。今废。（上五坊在东街之中。）　**联桂坊**元至正九年为林应成父子同榜立。　**崇教坊**在义井边，今废。按宋郡志：“唐欧阳詹子孙今居丁此。”（上二坊在东街之南。）　**宰政坊**宋龚茂良居第在焉。郡守赵彦励为立坊。今废。　**旌节坊**成化二十一年，诏旌顾文嘉妻杨氏贞节立。（上二坊在行尾。）　**惠民坊**在西市街。为惠民药局立。　**登云坊**在府学前。初名育材，宋郡守赵彦励立。后更名登云。　**成德坊**在府学西。元天历间，同知廉悲奴立。（上二坊俱废。）　**状元坊**在大路街。景泰间为柯潜立。又一所在府城东南安乐里柯山，亦为潜立。　**朱紫坊**在刺桐花巷，即今方巷，又名袭桂。宋郡守赵彦励重立。 **长寿坊**在后街，以长寿庙名。 **城隍坊**在长寿庙边，城隍庙巷口。 **三贤坊**在后街。成化十一年，御史尹仁为宋蔡襄、陈俊卿、林光朝立。 **解元接武坊**在左厢后街。成化十七年，为吴观及其侄孙[2]棱立。 **孝义坊**在旧宁真门内通井头。宋时为林昭度妻翁氏立。郡守赵彦励重立。 **仆射坊**在橄榄巷。宋时为陈靖立。陈氏谱云："华表新题仆射坊，旧居犹是尚书宅。" **彩衣坊**在留桥。旧名亚魁。宋绍圣四年为方天若立。后郡守赵彦励重建，更名彩衣。 **天禧坊**在东仓前。 **擢秀坊**按宋郡志，旧有待贤驿，故坊名待贤。驿地今入贡院。郡守赵彦励改为擢秀。旧贡院在郡治西城下，元建三皇庙，疑即其地也。坊今不知在何处，姑附于此。 **朝天坊**按宋郡志，在上塘及前街，北抵望京门。 **万安坊**按宋郡志，在上桥，西抵肃清门。（上三坊俱右厢。） **诸老坊**在兼济桥北。成化三年，知府岳正为致仕学士林文、行人方澥、员外郎林肆、通判方熙、知县黄子嘉立。 **解元坊**在东厢宁真门外。正统间为林同立。 **探花坊**宣德六年为林文立。 **状元坊**永乐四年为林环立。（上二坊在石幢市。） **常伯坊**在后埭龙坡庙前之西。成化四年，知府岳正为陈俊立。 **解元坊**在后埭。正统九年为黄誉立。 **探花坊**在拱辰门内。成化八年，知府潘琴为李仁杰立。（上七坊在旧宁真门抵拱辰门大街之中。）

给事坊按宋郡志，在宁真门外尉衙之东，为王晞亮立。今废。坊今不知在何处，疑在坑边巷后巷巷口。其他旧名汤峬，盖王氏旧居也。 **状元坊**在英慧庙前巷口。宋绍兴八年，为黄公度立。绍熙二年，公度之长子知邵州沃重修。其地旧号延福里。唐黄滔有《延福里居诗》，公度其裔孙也。 **一经坊**在荔枝宅巷。宋时为方万立。 **解元坊**在后埭龙坡庙之东。正统十二年，为陈俊立。　**侍郎坊**在英慧庙之侧。宋时为宋棐立。今废。　**解元绳武坊**在东黄。成化十一年，为黄寿生及其曾孙乾亨立。　**旌节坊**在东黄。成化十五年，诏旌黄子厚妻林氏贞节立。　**孝友坊**按宋郡志，在乌石山前，以孝友林氏名。唐御史黄滔有《乌石村诗》注云"即今希刘[3]之故居"。坊今废。　**亚魁坊**在维新里横山。永乐十五年，为黄肠廷对第三立。　**解元坊**在南力里下坂。宣德五年，为李蒲立。（上二坊俱府城南。）　**亚魁坊**宋绍兴八年，为陈俊卿立。今废。　**状元坊**宋绍熙间，郡守赵彦励为陈文龙立。国朝宣德八年，文龙五世孙户部照磨颉重建。（上二坊俱在府城东南白湖。）　**解元坊**在维新里管墩。成化二十年为陈仁立。　**亚魁坊**在景得里。宋乾道八年为黄艾立。　**金紫坊**在上佘。宋绍熙间，郡守赵彦励为佘振立。　**侍讲坊**在琳井。宋淳祐二年为朱桂英立。（上三坊俱废。）　**会元坊**在象店。宣德五年为陈中立。（上三坊在连江里。）　**侍讲坊**在谷清里桂岭。宋端平三年为陈士楚立。国朝永乐、成化间，其裔孙文正、则颜、从和等二次重建。　**状元坊**在澄塘。宋端平二年为吴叔告立。国朝成化二十一年，叔告之裔孙知潮州府绎思重建。　**解元坊**在塘头。正统八年，为宋雍立。成化间，其子青阳教谕具瞻重立。　**解元坊**天顺三年为杨琅立。（上二坊在景得里。已上八坊俱在黄石。）　**旌节坊**在莆田里清浦。成化九年，诏旌周则川妻郑氏贞节立。　**旌节坊**在谷清里洋坊。天顺间，诏旌郑永迪妻徐氏贞节立。　**旌节坊**在兴福里埕江，成化十二年，诏旌吴师舜妻余氏贞节立。　**解元坊**在连江里塘下。景泰四年为许评立。（已上十五坊俱府城东南。）　**师儒坊**在永丰塘北。宋绍熙三年，郡守赵彦励为林光朝立。　**忠惠坊**在蔡宅。宋蔡襄旧居于此，郡为立坊，以其谥名。国朝成化间，巡抚都御史滕昭重建。(上二坊在府城西南南厢。) **状元坊**在延寿。宋熙宁间为徐铎立。延寿有唐徐寅故居,寅尝题诗云:“赋就成都振大名,斩蛇功与乐天争。如今延寿溪头住,终日无人问一声。”铎其裔孙也。 **贤良坊**宋景德四年,邑人陈绰应才识兼茂,明于体用科,授左正言,郡为立坊。 **亚魁坊**在贤良坊之右。宋嘉祐间为陈睦立。(上三坊俱常泰里。) **状元坊**在尊贤里白社。宋淳熙间为特魁方镐立。 **特魁坊**在仁得里。宋时为林洵立。 **孝子坊**在魏塘。景泰间,参政李颙为宋郭义重及其五世孙廷炜重立。 **忠孝坊**元镇国上将军魏天祐为陈淬并子忠刚立。国朝正统十三年,淬十一世孙善理重修。 **贞节坊**正统十三年,佥事况真、知县刘玭为林景靖妻陈氏立。(上二坊在涵头市。) **名贤坊**宋时为郑厚立。 **特起坊**宋郑樵以布衣被召,郡为立坊。 **制锦坊**在旧兴化县治前。 **风化之原坊**在旧兴化县学前。旧名敦化,改名通正。元至正二十六年,兴化府经历克己重建,改今名。 **成德坊**在旧兴化县学西。元至正二十六年知县方景章立。 **彩绣坊**在旧兴化县治通衢之东。宋时以军器少监姚宗之为本路提举立。 **状元坊**在旧兴化县治西偏。宋时为郑侨立。 **释褐状元坊**宋元丰二十八年,知县边慕贤为林自立。(上八坊在广业里。已上十六坊俱府城东北。)

南市在府治东街。旧名行尾,亦名鱼行。初,唐乾宁间,异僧黄涅槃指郡治之基,即今卫署,请陈氏姥曰:“宜迁居,退百步,此地当有鼓角声。”复指行尾众水归流之地曰:“可以立市。”有谶云:“市连义井岁时丰,水绕壶公文物盛。”越七十余年,郡果迁建,即于义井之旁为市。天圣中,复为浮市于郡治前,三年复归于旧,既而又移于西街,旧名西市。久之,周忠等以连年旱涝,谷价腾贵,皆移市所致,引谶文白于郡,请复旧所,即今处。权军事许长卿从之,时元祐六年也。 **北市**在石幢街万寿宫之右。洪武间因辟城，始市于此。　**黄石市**在府城东南，跨连江、莆田、景德、谷清四里。居人延亘千余家。其秀民多读书、登仕版；而处者率以力本为业。果园蔬畦，映带远近。故虽非商贾所聚，而市井之盛，为莆一大聚落也。　**涵头市**在府城东北。市濒海港，鱼盐之所聚，商贾之所集，亦莆名区也。近市则为黄巷。黄氏自侯官黄巷迁筑于此，故犹仍其旧居之名。　**白湖市**在府城东。旧经云："白湖东引沧江，介延寿、木兰二水之间，南北商舟会焉。"陈俊卿旧居于此。

仙游县

承流坊在县治前之东。旧名敦义。景泰七年，知县龙禧重建，改今名。　**宣化坊**在县治前之西。旧名耆德。宋时为邑人陈党立。国朝洪武三十年，知县张溥重建，改曰依仁。景泰七年，知县龙禧复建，改今名。　**积庆坊**　**登龙坊**　**阜民坊**（上二坊俱废。）　**登贤坊**在东街。洪武三十四年知县张溥重建。　**贞节坊**成化十五年诏旌张琳妻王氏贞节立。（已上五坊在县治东。）　**尚贤坊**　**荀元坊**宋绍定间，为叶大有立。（上二坊在县治西，俱废。）　**登云坊**　**梯云坊**旧名登俊，以近儒学立。洪武三十四年，知县张溥重建，改今名。　**宣教坊**（上三坊在县治南，俱废。）　**崇义坊**在县治东南。　**风亭市**在县东南枫亭驿前。旧名太平驿。

福宁州

本州

司寇坊在州治前。成化十七年为刑部尚书林聪建。　**梯**

云坊 兼善坊 达尊坊（上三坊在州治东。） 登龙坊 德贵坊 衍庆坊 朝京坊 冠英坊 撷英坊 抡材坊（上七坊在州治西。） 登俊坊 阜民里 清选坊 兴贤坊（上四坊在州治南。） 联桂坊在州治北。（已上十五坊俱废。） 国储坊在朝天街广盈仓前。成化十三年，州判黄晟建。 登龙坊 状元坊（上二坊在州西门外，旧废。） 东街在州治东。 西街在州治西。 南街在州治南。 北街在州治北。（上四街，成化间知州刘象修砌。）

宁德县

德化坊在县治前。宣德七年监察御史张□建。 澄清坊在福宁道前。洪武十二年知县朱政建。 肃政坊在福宁道前之东。 钟秀坊在儒学前之东。 萃英坊在儒学前之西。 崇仁坊（上五坊俱县治东。） 和义坊在县治西。（上二坊俱洪武十二年知县朱政建。） 国子先生坊在县西二十一都。洪武二十九年为周斌建。 状元坊在一都。宋绍熙元年，为余复建。国朝洪武四年，主簿王溥重修。 都宪坊在七都。成化七年，为林聪建。（上二洪俱县北。）

福安县

还淳坊在东街。 毓秀坊在儒学前之东。旧名登俊，后改今名。 兴贤坊在儒学前之西。 龙首坊在二都秦溪口。（上四坊俱县东。） 迎祐坊 辅文坊 儒藻坊 经济坊 状元坊在穆洋。宋淳祐十年[4]为缪幼节魁武举释褐立。 状元坊在西溪。宋绍定二年为缪蟾魁特奏名立。 省元坊在楼下。宋嘉熙二年，为缪烈立。（上三坊在十八都。俱废。已上七坊俱县西。）**秦溪坊**在南街。　**濯缨坊**　**协济坊**　**搭儿坊**去县五里。　**廉福坊**在廉岭渡头。　**状元坊**在三十一都苏洋。宋嘉熙二年为刘必成魁武举立。今废。　**进士坊**在二十都廉村。宋政和五年为陈昂立。（上七坊俱在县南。）　**东街**在县治东，通瑞应门。　**西街**在县治西，通礼贤门。　**南街**在县治南，通甘棠桥。　**石矶津市**在县南二十都廉村。

乡　都

福州府

闽县

宋分十二乡，统三十七里。元析凤池西乡崇贤里，改为左一、左二、左三、南津四厢，隶录事司，乡仍其旧。合海曲、海畔二里为加登海曲里。共三十六里，隶本县。国朝又析合南里为江左、江右二里，复并合南右里入开化里，仍三十六里，统图凡一百二十六。

左一坊　**左二坊**　**左三坊**（上三坊各统图三。）　**南津坊**统图四。

凤池西乡在府城东南。旧名双桂乡，有都尉、联荣、上仁、棠阴、崇贤五里。宋并为崇贤里。　**崇贤里**统图三。

凤池东乡在府城东二十里。旧无"东"字，宋增之。旧又有清谨、新昌，与今三里为五。宋元并为三。　**归善里**统图二。　**鼓山里**统图四。　**桑溪里**统图一。

晋安东乡在府城东七十里。旧无“东”字，宋增之。　**合北里**统图九。宋海曲里。　**嘉登里**统图七。宋海畔里。　**江左里**统图二。宋合浦南里。　**江右里**统图一。宋合浦北里。

晋安西乡在府城东五里。旧名灵芝乡。有清平、永乐、习贤，与今三里为六，宋元并为三。　**孝义里**统图一。　**瑞圣里**统图三。　**易俗里**统图二。

高盖南乡在府城南十五里。旧无“南”字，宋增之。旧又有仁德、方胜，与今三里为五。宋元并为三。　**时升里**统图七。　**仁丰里**统图二。　**光德里**统图五。

高盖北乡在府城南十里。旧名乌石乡。有周鼎、下惟、令德，与今二里为五。宋元并为二。　**嘉崇里**统图九。　**高惠里**统图二。

崇善东乡在府城南七十里。旧名希福东乡，凡四里。元并为三。　**还珠里**统图三。旧分南北二里。元合为一。　**西集里**宋陈垲为乡师[5]士民请于县，立荣寿坊于大义。盖以垲世居此地也。自是遂改里为荣绣。元复旧。　**方岳里**（上二里各统图一。）

崇善西乡　在府城南七十里。旧名希福西乡。有永庆、慕贤、待士、清廉、灵岫五里。宋并永庆、慕贤为三。元易待士为永庆。　**永庆里**统图三。　**清廉里**统图一。　**灵岫里**统图二。

开化东乡在府城东九十五里。旧无“东”字，宋增之。旧又有受善里，与今二里为三。宋并为二。　**光俗里**统图三。　**至德里**统图四。

开化西乡在府城东南三十里。旧名温泉乡。有归化、崇信，与今三里为五。宋并为三。　**归仁里**　**永福里**（上二里各统图二。）　**高详里**统图一。

赞贤乡在府城南一百里。　**绍惠里**统图一。　**钦仁里**统图二。　**归义里**　**积善里**（上二里各统图三。）

安仁乡在府城东十七里。　**官贤里**统图三。宋为接贤里。　**仁惠里**　**永南里**（上二里各统图五。宋为永盛南里。）　**永北里**旧胜残里。宋为永盛北里。　**开化里**（上二里各统图四。元析为合南右及开化二里，国朝并为一。）

侯官县

宋分为十乡，统五十里。元析桂枝乡荣亲、聚星、永平三里，改为右一厢、右三厢，隶录事司；改乡为三十七都，统四十七里，隶本县。国朝改厢为坊。昔宋荣亲里地，增置西南关厢，复为十乡，统都三十，凡为图六十有八。

桂枝乡在府城西南二里。唐元和间，以里人陈去疾登科，故名。　**右一坊**统图四。　**西南关厢**统图一。宋延福里。咸平间，刘若虚登第，授大理评事，知永嘉县，归乡，大父母、父母俱无恙，郡守谢泌改为荣亲里。　**右三坊**统图四。元并南斗厢之半为一。宋永平里。

东孝悌乡在县南八十里。旧无"东"字，宋增之。　**草市都**统图一。在西门外。宋孝顺里。　**一都**统图三。距府城十里。宋永钦、处仁、正节、美宅四里。　**十六、七都**统图五。距府城九十里，宋驯翚里。（上二都俱府城西。）　**三十五都**统图一。在府城西北八十里。宋安平里。

西孝悌乡在府城西一百里。旧修文乡，宋改今名。　**十二都**统图二。距府城四十里。宋扬名、惠化二里。　**十三都**统图三。距府城四十五里。宋招贤、顺平二里。　**十四都**统图二。距府城六十里。宋齐礼里。（上三都俱府城西。）

胜业乡在府城西十五里。　**二都**统图九。在府城西一十五里。宋孝成、新安、方乐、方兴四里。

修仁乡在府城西南七十里。　**三都**统图三。在府城西四十里。　**四都**统图四。距府城四十五里。宋海平、灵凤、绥平三里。　**五都**统图一。距府城五十里。宋迁蝗里。　**十都**统图三。距城三十里。宋永康里。(上三都俱府城西南。)

永安乡在府城西北一百六十里。　**十九都**距府城百二十里。　**二十、二十一、二都**距府一百三十里。宋永兴、清化二里。　**二十五都**距府城七十里。　**二十六都**距府城一百八十里。宋修仁里。(上四都俱府西城。)　**二十八、九、三十都**距府城二百一十里。宋嘉祥东里。　**三十一、二、三都**距府城一百一十里。宋嘉祥西里。　**三十四都**距府城九十里。宋保安上下二里。(上三都俱府城西北。已上七都各统图一。)

石门乡在府城西北八十五里。　**十五都**统图三。距府城七十里。宋九功上下二里。　**十八都**统图一。距府城一百一十里。宋归德里。(上二都俱府城西。)　**三十六都**统图二。在府城西北七十里。宋万安里。

东太平乡在府城西北百二十里。　**二十三都**在府城西一百五十里。宋安仁里。　**二十七都**在府城西北二百里。宋东安里。(上二都各统图一。)

西太平乡在府城西北百二十里。旧元丰乡,宋改今名。　**十一都**统图二。在府城西南三十五里。宋旗亭、志节、惇和、永宁、兴和、加川、畴川七里。　**二十四都**统图一。在府城西一百五十里。宋仁德里。

五芝乡在城西南一百里旧令善乡。宋改今名。　**六都**统图二。距府城五十五里。宋清政里。　**七都**统图五。距府城六十里。宋闽光、三秀二里。　**八都**距府城八十里。宋新兴里。

九都距府城一百里。宋吉壤里。（上二都各统图一。已上四都俱府城东南。）

怀安县

宋分九乡，统四十四里。元析感应乡赞城里、八座乡观风里为子城厢、右二厢，隶录事司；又分同乐为东西二乡，通十乡二十五都、四十五里，隶本县。国朝改厢为坊，乡都仍旧，统图四十又七。

子城坊统图四。元初有子城东、子城西、东渎三厢。后合为一。　**右二坊**统图二，元初有东西二厢，后合为一。

感应乡　**一都**统图二。在府城西三十里。宋西安、安康、清平、立德四里。内立德宋隶灵山乡，元析隶于此。

崇业乡宋敦业里。　**二都**统图四。在府城西二十里。宋钟山、择善、开化、太平、忠信、钦德、赞城七里。内钦德、赞城二里旧隶感应乡，元析附此。

灵山乡　**三都**距府城三十里。　**四都**距府城四十里。（上二都俱府城东，各统图一。宋怀贤、越城、遵化、宁基四里。）

八座乡　**五都**距府城五十里。　**六都**距府城六十里。（上二都俱府城东，各统图一。宋观风、孝仁、温泉、高迁、稷下五里。）

承平乡　**七都**统图二。距府城三十里。　**八都**统图三。距府城四十里。（上二都俱府城南。宋接下、黄信、顺安、孝弟、安上五里。）

移风乡　**九都**统图三。　**十都**统图二。（上二都俱府城南五十里。宋长寿、崇福、清善、匀化、杨岐五里。内崇福里即元汇泰里也。）

积德乡　**十一都**统图五。距府城五十里。　**十二都**统

图二。距府城六十里。(上二都俱府城南,宋恭顺、高阻、孝廉、胜平、待宾五里。)

侯官乡旧有崇江果[6],宋并。 **十三都**统图二。距府城四十里。 **十四都**距府城五十里。 **十五都**距府城六十里。(上二都各统图一。已上三都俱府城西。宋清泰、安定、北平、德风、宁运、超胜、江阳七里。)

同乐东乡 **十六都**距府城七十里。 **十七都**距府城九十里。 **十八都**距府城一百里。 **十九都**距府城一百一十里。 **二十都**距府城一百二十里。 **二十一都**距府城一百三十里。(上六都俱府城西。各统图一。宋施化、前屯、西屯、后屯四里。)

同乐西乡 **二十二都**距府城一百四十里。 **二十三都**距府城一百五十里。 **二十四都**距府城一百六十里。 **二十五都**距府城一百七十里。(上四都俱府城西,各统图一。宋兴盛焦溪、前屯、中屯、东屯五里。)

长乐县

旧分七乡,宋并为四乡,统三十二里。元改为二十四都,增置崇德里,分崇丘、昆由、弦歌各为上下里,凡三十六里,乡仍其旧。国朝分为东西二隅,二十四都,仍统于四乡。

善政乡在县西一里。宋并永泰乡为之。廉风、建兴、崇德、敦素、崇贤五里,旧属永泰。 **东隅** **西隅**旧德政里,宋因邹异中经明行修科,改为宾贤里。 **九都**宋逍遥、进贤二里。 **十都**宋清平里。(上二都俱县东。) **十一都**宋建兴、廉风二里。 **十二都**宋敦素、崇贤、崇德三里。(上二都俱县东南。)

二难乡在县西南五里。旧崇丘乡。以潘循、潘衢同登第,改其乡曰二难,里曰同荣。宋并安时乡昆田、依福、灵石、泉元、归义五里为之。　**二都**元崇丘上里。　**三都**元崇丘三里。　**四都**宋信德、嵩平二里。　**五都**宋泉元里。（上四都俱县南。）**六都**元昆由上里。　**七都**元昆由下里。　**八都**宋同荣、依福、灵石三里。（上三都俱县东南。）

昌化乡在县东南十里。宋并依德乡为之。海滨、崇化、良田、千零四里，旧属依德。　**十三都**宋仁义、永胜、招贤三里。　**十四都**元弦歌上里。　**十五都**元弦歌下里。　**十六都**宋和风里。（上四都俱县东。）　**十七都**在县东南。宋崇仁里。**十八都**宋崇化里。　**十九都**宋良田里。　**二十都**宋千零里。（上三都俱县南。）

芳桂乡在县东北二十五里。以林慎思兄弟五人登第，故名其乡曰芳桂。又以慎思中宏词科，故名其里曰大宏。　**二十一都**宋敦化、方安二里。元并为从化里。　**二十二都**宋大宏里。　**二十三都**宋方乐里。　**二十四都**宋新开里。（上四都在县东北。）

连江县

旧五乡，宋分为七乡，统二十四里。元复为五乡，分崇德为四里，寻为四都。又分安仁为二里，合光化、临江为光临里，凡二十五里。国朝复并崇德里为三都，又合安仁为一里，而省安义里。凡十九里三都，统三十七图。

宁善乡按宋《三山志》云："宁善乡在县东南四十里，有丰邑，后并入。"而新志以为附郭东西，则县治旧在宁善乡西北，今盖迁于此也。惜其记载阔略，不知旧县在于何所，今县迁于何时耳。姑记于此，所俟知者。　**钦平上里**统图四。在县前大街以西。　**钦平下里**统图五。在县前大街以东。　**二十六都**统图一。在县东北一百里。　**二十七都**统图二。在县东北八十里。

二十九都统图一。在县东二十五里。(上三都宋元崇德里地也,俱隶宁善乡。今县志去其里名,而别列于诸里之后。今姑依旧志。仍附于此。)

宋福乡在县东南二十里。宋志在县南二十四里。　**新安里**　**安庆里**(上二里各统图二,俱在县南五里。)　**永贵里**统图三。在县东十五里。旧分上、下二里,宋并为一。

太平乡在县西北六十里。宋志在县西北四十里。　**光临里**在县西北三十四里。宋光化、临江二里,元并为一。　**清河里**在县西十里。　**安仁上中里**在县北八十里。宋安仁里。元分上、下二里。国朝复并为一。(上三里各统图一。)

名闻乡在县东北三十里。宋志在县西北七十七里。有上、下二乡,元并为一,乡有八里,元并为七。　**加贤上里**在县东十三里。　**加贤下里**在县东一十里。　**贤义里**在县北十五里。宋为进贤。元为贤义,疑以安义里并入而名。　**中鹄里**在县北八十里。旧名通化。唐张莹尝有诗:"一箭不中鹄,五湖归钓鱼。"宋取以更里名。　**仁贤里**在县西北六十里。宋为敦贤,元为仁贤。疑以归仁里并入而名。　**安定里**在县西七十里。(上六里各统图一。)

五贤乡在县东北七十里。宋志在县东北百五十里,有上、下二乡,元并而为一。　**安德里**　**保安里**(上二里距县六十里。)　**建兴里**距县七十里。(上三里各统图二。)　**集政上里**距县七十里。统图一。　**集政下里**距县七十五里。统图三。宋有集政里,招贤上、下里,元志无招贤,有集政上、下里。

福清县

旧十乡,宋并为七乡,统三十六里,元因之。国朝改永西里,旧永庆西里为四隅,寻为六隅。又析海坛、灵德、化北、平南、平北、永宾六里为十六都，余如旧。后又并永寿里入善福里。统图凡一百一十又九。

太平乡在县东五里。旧有龙兴、崇宾二里。宋并入永东、永西、海坛三里。　**六隅**旧永西里。初改为东、西、南、北四隅，今南隅分为上、下图，北隅分为一、二图，是为六隅。　**永东里**统图一。在县治东五里，旧永庆东里。　**修仁里**统图一。在县西北五里。旧属永乐乡，改为嘉禾，后复今名。　**海坛里**在县东南海中，详见《山川志》。元分为海上、海下二里，今海上里为六十六都、六十七都（各统图二）；海下里为六十四都（统图一）、六十五都（统图三）。今居民尽徙他处，里名尚存。

万安乡在县西南四十里。旧有文秀乡，以翁承赞得名，宋嘉祐间并隶万安。　**万安里**统图一。在县西南三十五里。　**新丰里**统图一。在县南五里，旧属太平乡。　**灵德里**（今分上、下都）：**上都**在县南二十五里。　**下都**在县西南二十五里。各统图一。　**苏田里**统图一。在县西南三十里，旧隶文秀乡。　**安香里**统图一。在县西南五十里。　**光贤里**统图三。在县南六十里。翁承赞所居。（上三里旧隶文秀乡。）

崇德乡在县东南五十里。旧有三亭乡，统遵义、遵教、灵瑞、时和四里。宋并入附近诸乡。　**福唐里**统图三。距县三十五里。宋钦唐里。元改今名。　**时和里**统图六。距县四十里。旧以惇和南、惇和北二里并为敦化，宋改今名。（上二里俱县南。）　**化北里**（宋归化北里，元安化北里。隋时掠琉球五十户居于此。今分上、下都）：**上都**距县五十里。　**下都**距县五十五里。（上二都各统图四，俱县东北。）　**平南里**（旧安平南里，隶山亭乡。今分三都）：**五十九都**统图四。距县九十里。　**六十都**统图五。距县一百里。　**六十一都**统图三。距县一百二十里。

（上三都俱县南。） **平北里**（统图十。旧安夷北里，隶山亭乡。今分上、下都）：**上都**在县南五十里。 **下都**在县东南七十里。（上二都各统图五。） **井得里**闽王审知筑占计洋，凿井无水，拜而得之，名拜井里。元改今名。统图四。在县东南四十五里。

孝义乡在县南二十五里。旧有万寿里，宋并。 **隆仁里**统图二。在县东南四十五里。宋栖仁里。 **江阴里**统图六。在县南九十里。隔海，旧隶常德乡。 **临江里**统图二。在县东南五十里。 **南日里**统图二。在县南一百里，旧隶万安乡。**化南里**统图八。在县东南五十里，旧隶常德乡。宋为归化南里。元改安化南里。

长东乡在县西四十里。旧有长乐西乡，北为长乐东乡。宋并西乡，此遂去"乐"字。 **文兴里**在县东三里。旧为隆兴里。**清源里**在县西二十五里。旧为清源里，半属西乡。 **新宁里**在县西四十里。旧属西乡，有里外里，今并。 **方兴里**在县西北二十里。（上四里各统图一。）

感德乡在县东二十五里。旧有鳣庭里，宋并。 **仁寿里**统图一。在县南十里。旧为万寿里。 **浔阳里**统图一。在县南二十五里。旧属孝义乡。 **永滨里**（半为海岛。今分为三都）： **一都**统图一。去县三十五里。 **二都**统图四。去县三十五里。 **三都**统图三。去县四十里。（上三都俱县东。） **新安里**统图四。 **方成里**统图二。 **方民里**旧为方乐，有南北二里。元改方明，今为方民。统图七。（上三里俱县东二十里。）

永福乡在县西十二里。宋为永乐乡，有常乐、元福、立德里。后并。 **永福里**在县西一十里。 **清远里**在县西南三十里。旧隶万安乡。 **善福里**在县西一十里。旧属长乐东乡。**遵义里**旧属山亭乡，在县北一十五里。（上四里各统图一。）

古田县

宋分四乡，统一十三里，元因之，又析为四十八都，而统于里。国朝分为坊五保，在乡为四十二都，统图凡五十有九。

一保在县治□□六里。　**二保**在县治□三里。　**三保**在县治□三里。　**四保**在县治□六里。　**五保**在县治□六里。（上五保俱在坊，各统图一。元属保安里四十八都。）

一都距县九十里。　**二都**　**三都**各距县八十里。（上三都各统图一，俱在县西。元属和平里。旧有四十七都，国朝并入一都。又有四都，永乐十年并入一、三、七、八都。）　**五都**统图一。在县西四十里。元属灏溪里[7]。旧有六都，国初并五都。　**七都**距县四十里。　**八都**距县五十五里。　**十都**　**十一都**各距县一十五里。（上四都俱在县西，各统图一。元属崇礼里。旧有十都，国朝永乐十年并入九都、十一都。按县志云："九都并入在坊五保，又有十都。"二说不同，今姑从县志。）　**十二都**在县西五里。　**十三都**在县南三十里。　**十四都**在县东五里。（上三都各统图一。元属保安里。已上四里，元俱统于建安东乡。宋为建东乡。）　**十五都**距县十五里。　**十六都**距县二十里。（上二都各统图一，俱在县北，元属慕仁里。）　**十七都**距县二十五里。　**十八都**距县四十里。（上二都各统图一，俱在县北。元属新兴里。旧有一十九都，今并入十八都。）　**二十都**统图一。　**二十一都**统图二。（上二都各距县五十里。）　**二十二都**统图一。距县一百二十里。　**二十三都**距县一百八十里。　**二十四都**距县一百三十里。　**二十五都**距县一百五十里。（上三都各统图二。已上六都俱在县北，元属横溪里。）　**二十六都**统图一。距县九十里。　**二十七都**统图一。距县一百三十里。　**二十八都**距县一百三十里。　**二十九都**距县一百八十里。各统图三。(上四都俱在县北。元属新俗里,旧名洛阳。已上四里,元俱统于恩惠乡。)　**三十都**在县北六十里。　**三十一都**在县东七十里。(上二都各统图一。)　**三十二都**统图二。距县一百九十里。　**三十三都**距县一百五十里。　**三十四都**距县一百三十里。各统图一。(上三都俱在县东北。已上五都,元属移风里。)　**三十五都**在县东北。　**三十六都**在县东。(上二都各统图一,距县一百三十里。元属安乐里。)　**三十七都**统图一。距县一百七十里。　**三十八都**统图二。距县一百五十里。　**三十九都**统图一。距县一百一十里。(上三都俱在县东。元属顺委里。旧名慎委,避宋孝宗讳,改为顺员。已上三都,元俱统于寿田乡。)　**四十都**距县一百里。　**四十一都**距县一百五十里。(上二都各统图一,俱在县东。元属安民里。)　**四十二都**距县三十里。　**四十三都**距县四十里。　**四十四都**距县四十五里。(上三都各统图一。)　**四十五都**统图二,距县四十里。(上四都俱在县东北。)　**四十六都**统图一。在县东南四十七里。(上五都,元属邵南里。已上二里,元俱统于元和乡。)

永福县

宋分三乡,统十四里,元因之。国朝析为三十六都,后省为二十七都,今又省为九都,乡仍其旧,而里亦省,仅存其八。

丰和乡　在县东七十里。宋有永泰里,后并。又宋、元俱有唐元里,国初以隶中和乡,今并入永安里。国初有保元里,今并入待旦里。　**永唐里**(合永安、唐元二里而名):　**一、二、三都**旧分为三都,今合为一。　**待旦里:四、五、六、七、八、九、十**

都旧分为七都。内四、五、六、七都属保元里，八、九、十都属本里。今合为一。

中和乡在县南三十步。宋、元名通北，国朝改今名。宋、元及国朝有光德、高盖、官贤三里，与今二里为五。今并为二。高盖，宋、元名平盖。官贤，宋、元名安乐。　元辅里(宋、元为开平里)：　十一、十二都旧分为二都，今合为一。　新丰里：十三、十四、十五、十六、十七、十八、十九、二十、二十一都旧分为九都，内十三、十四、十五都属元辅里，十六，十七都属光德里，二十、二十一都属高盖里，十八、十九都属本里。今并为一。

和平乡在县西南九十五里。　感应里：二十二、二十三、二十七、二十八、二十九、三十都旧分为六都，内二十二、二十三都属官贤里，二十七都属龙津里，二十八、二十九、三十都属本里。今并为一。　新津里(宋、元为新建里)：　二十五、二十六都旧分为二都，今并为一。　保德里：三十一、三十二都旧分为二都，今并为一。　英达里(宋、元为归义里)：三十三、三十四都旧分为二都，内三十三都属保德里，三十四都属本里。今并入为一。　三十五、三十六都旧分为二都，今并为一。

闽清县

宋分二乡，统十里。元析宣政里为二坊，合居仁、护仁为居护仁里，而省苑立里，凡八里，统二十四都。乡仍其旧。国朝因之，但后复分居仁、护仁为二里，凡九里。

奉政乡在县东北三十里。　宣政里(元又有二都，今析入孝顺里)：　和丰坊　升平坊　十五都　十六都(上二都俱县南。)　金沙里：十三都　十四都(上二都俱县西。)　贺恩里(元有十五都，十六都，今析入宣政里)：　十七都　十八都

(上二都俱县东。) 安仁里:十九都 二十都 二十一都 二十二都 二十三都 二十四都(上六都俱县东。)

寿宁乡在县西北五十余里。宋为永宁乡。元改今名。 仁寿里:十一都 十二都(上二都俱县北。) 孝顺里:二都 三都 四都(上三都俱县南。) 居仁里:六都在县南。 护仁里:五都在县西。 盖平里:七都 八都 九都 十都(上四都俱县西。)

罗源县

宋分三乡,统一十三里。元分罗平、招贤、林洋、霍口、黄重各为二里,凡一十八里。国朝改附县为四隅,寻并为二隅,省安全、新顺、霍口三里,合罗平为一里,又分善化、招贤、新丰、黄重各为二里,凡为隅二,里一十又四。

崇德乡在县东南五里。旧有北社里,宋并。宋、元有安金里,今并入东西隅及临济、徐公、拜井等里。 东隅统图一。在县治东。旧有北隅,今并入。 西隅统图一。在县治西。旧有南隅,今并入。 拜井里统图一。在县东二十里。 梅溪里统图一。在县西三十里。元有新顺里,今并入。 善化里(今分为二册): 善化里一册距县十七里。 善化里二册距县八十里。(上二册俱县西。)

常熟乡在县东北一十五里。旧有迁明、新丰二里。宋置招贤里,遂并之。 招贤里(元为上、下里,今分为二册): 招贤里一册 招贤里二册(上二册俱在县东六十里。) 临济里在县北十里。 新丰上里距县四十里。 新丰下里距县三十五里(俱县西北。) 徐公里在县北一十五里。 罗平里在县西三十里。

同乐乡在县西北七十五里。所统三里,旧曰屯。宋改为里。　**黄重上里**去县七十里。　**黄重下里**去县八十里。俱县西。元有霍口里,今并入。　**林洋里**在县西北一百五里。

建宁府

建安县

宋分郡城中为四厢,隶本府。郡城外为四乡,统十二里,隶本县。元改东、南二厢为二隅一坊,属录事司,乡里俱仍其旧,隶本县。国朝析秦溪为二里,共一十三里,坊隅仍旧,统图凡一百四十又三。

东隅统图一。　南隅统图四。　光禄坊统图一。

昼绣乡　将相里统图十。距府城五十里,旧名新会里。　西才里统图十五。距府城一百二十里。(上二里俱府城东南。)　秦溪内里统图十一。在府城南一百五十里。　秦溪外里统图八。在府城西南一百里。

原祐乡旧统登仙、房村、东吉三里。国初割东吉里益永和乡吉苑里,而分房村为二里,属焉。　登仙里统图十。在府城西南四十里。　房村上里统图十五。距府城九十里,旧为黄孙里。　房村下里统图八。距府城七十里。(上二里俱府城西。)

永和乡旧名建安乡。　吉苑里统图十。距府城三十里,旧名北苑里。　顺阳里统图八。距府城九十里,旧属永平乡。　建宁里统图十二。距府城四十五里。(上三里俱府城东。)

永平乡　安泰里统图十二。在府城东一百五十里。

川石里距县一百三十里。旧属永和乡。 **东长里**距县一百五十里。(上二里各统图九,俱在府城东北。)

瓯宁县

宋亦内分四厢,外分四乡,统一十二里。元改西北二厢为二隅一坊,乡里俱仍旧,所辖并与建安县同。国朝因之,统图一百九十又二。

西隅统图四。 **北隅**统图七。 **县坊**统图四。

安乐乡 **梅岐里**统图十五。距府城一百二十里。 **麻溪里**距府城一百五十里。 **高阳里**距府城一百八十里。(上二里各统图十。已上三里俱府城西。)

星会乡旧名新会乡。 **崇安里**统图十六。在府城北四十五里。 **西乡里**统图十七。距府城一百二十里。 **紫溪里**统图十七。距府城一百六十里。(上二里俱府城东北。)

慈善乡 **慈惠里**统图十五。在府城西三十里。 **丰乐里**统图十九。距府城六十里。 **吉阳里**统图十六。距府城一百里。(上二里俱府城西北。)

温柔乡 **禾义里**统图十六。距府城九十里。 **禾供里**统图十九。距府城一百二十里。 **禾吉里**统图七。距府城一百四十里。(上三里俱府城北。)

浦城县

宋分十乡,统三十二里。国朝改宜新里为四隅,并永吉、长乐为一里。余仍旧,凡统图一百五十又三。

安仁乡 **东隅**统图二。 **西隅** **南隅**各统图四。 **北隅**统图二。 **太平里**统图五。在县西北二十里。 **郊阳里**统图六。在县东北三十里。

钦德乡　募泰里统图四。距县一十五里。　泰宁里统图七。距县二十里。　高泉里统图五。距县六十里。（上三里俱县东。）　大石里统图五。在县东北四十里。

永兴乡　永康里统图六。距县七十里。　船山里统图三。距县八十里。　毕岭里统图四。距县九十里。（上三里俱县西北。）

总章乡　永平里统图一。在县西五十里。　通德里统图三。在县西北七十五里。

忠信上乡　清湖里统图五。在县南三十五里。　上元里统图六。距县七十里。　孝悌里统图八。距县四十五里。（上二里俱县东南。）

忠信下乡　新兴里统图七。距县六十里。　仁风里统图四。距县五十里。（上二里俱县西。）

东礼乡　靖安里统图二。距县七十里。　东礼里统图二。距县八十五里。　人和里统图三。距县九十里。（上三里俱县西南。）

昭文乡　上相里统图五。距县一十里。　招贤里统图七。距县十五里。（上二里俱县南[8]。）　登云里统图二。在县南十五里。　总章里统图四。在县西南七十里。

福安乡旧名载初。　官田里统图六。在县北四十五里。　登俊里统图四。在县东北六十里。

乾□乡[9]旧有永吉里，后并入长乐里。　长乐里统图四。在县西二十五里。　乐平里统图二。距县二十里。　安乐里统图六。距县七十里。（上二里俱县西北。）　雁塘里统图七。距县九十里。　忠信里统图八。距县七十里。（上二里俱县北。）

建阳县

五乡，辖一坊十八里，凡统图二百二十。

建宁乡 县坊统图七。 同由里统图十。在县东一里许。 建中里统图七。在县北五十里。 乐田里统图一十五。距县二十余里。 三衢里统图五。距县七十里。（上二里俱县南北。）

群玉乡 三桂里在县南一里许。 均亭里在县东南二十里。各统图十。 崇任得里统图九。在县北二十里。 兴贤上里统图八。距县八十里。 兴贤中里统图八。距县六十里。（上二里俱县西南。） 兴贤下里统图九。在县南二十五里。

仁义乡 崇泰里统图二十五。在县西二十里。 崇文里统图十三。在县北三十里。 崇政里统图十四。在县西南三十里。

崇政上乡 永中里统图十四。距县七十里。 和平里统图十三。距县八十里。 嘉禾里统图十三。距县一百二十里。（上三里俱县西。）

崇政下乡 崇化里统图十九。在县西南七十里。 北乐里统图十一。在县西北一百里。

松溪县

宋分三乡八里，统二十五都。元并兴唐、杉溪为一里。国朝因之。

东平乡 东关里：一都 二都 三都 四都 五都 六都（俱在县南一十五里。） 皈伏里（旧名归复）： 三都

七都　十一都　十三都(俱在县东二十里。)　永宁里:十四都　二十都　二十一都(各距县五十里。)　豪田里:二十二都　二十四都　二十五都(各距县六十里。)　永和里:二十二都距县六十里。(上三里俱县北。)

善政乡　杉溪里(旧隶建安县。宋至道间以益本县):八都　九都　十都　十二都　十六都(俱在县西二十里。)

崇信乡　庆元里(旧隶浦城县。宋至道间以益本县):十五都　十七都　十八都　十九都(俱在县北三十里。)

崇安县

八都[10]辖一十九里,凡统图八十又三。

武泰乡　四隅里统图十一。附县。旧名隐浆东岸。　石雄里统图六。在县北五里。

新丰乡　石臼里统图三。在县北七十里。　吴屯里统图四。距县四十里。　大浑里统图六。距县四十里。(上二里俱县东北。)

新塘乡　黄柏里统图四。在县四十里。

武夷乡　上梅里统图四。在县东三十里。　会仙里统图七。在县南六十里。　下梅里统图四。在县东南三十里。

上仁义乡　黄村里统图一。在县西四十五里。　将村里统图五。在县西南三十里。　周村里统图一。在县西北五十里。

下仁义乡　建平里统图三。距县六十里。　丰阳里统图六。距县七十里。(上二里俱县东南。)　节和里统图七。在县西南七十里。

开耀乡　从籍里统图五。在县东七十里。旧名从政。

内五夫里统图二。在县东北八十里。旧名籍溪。 **外五夫里**统图二。在县东八十里,旧名五夫。

崇政乡 **长平里**统图二。在县西南五十里。

政和县

旧分四乡十里三十二都,统六十四图。景泰间,分东里三都(十三、十四、十五都)、南里一都(十都)、北里二都(十一、十二都),共六都,隶寿宁县。本县统一坊、八里、二十六都。为图凡五十。

在坊统图五。

政和乡 **南里:八都** **九都**(凡统图四。在县东八十里。) **西里:十六都** **十七都** **十八都**(凡统图九。在县南九十里。)

善政乡 **东平里:二十九都** **三十都** **三十一都** **三十二都** **三十三都**(凡统图九。在县西八十里。)

太平乡 **高宅里:二十四都** **二十五都**(凡统图二。在县西二十五里。) **长城里:二十六都** **二十七都** **二十八都**(凡统图八。距县二十五里。上二里俱县东。) **东衢里:十九都** **二十都** **二十一都** **二十二都** **二十三都**(凡统图六。在县南三十里。)

寿宁县

本政和、福安二县地。析于政和者为乡隅及政和里,析于福安者为福安里。凡统图二十又五。

坊隅统图五。 **福安里:一都**距县六十里。 **二都**距县九十里。 **三都**距县六十里。 **四都** **五都**(各距县八十里。) **六都**距县九十里。(上六都凡统图八,俱在县东南。)

政和里：**七都**距县一百五十里。　**八都**距县八十里。　**九都**距县七十里。　**十都**距县五十里。　**十一都**距县九十里。　**十二都**距县四十里。（上六都凡统图十二，俱在县西北。）

校　注

[1] 清重刊弘治《兴化府志·户纪》作“前偏之北街”。

[2] 弘治《兴化府志·户纪》作“其堂侄”。

[3] 弘治《兴化府志·户纪》作“林希列”。

[4] 乾隆《福宁府志》作“宋淳祐七年”。

[5] 淳熙《三山志·地理》作“帅”。

[6] 淳熙《三山志·地理》作“崇江里”。

[7] 淳熙《三山志·地理》及乾隆、民国《古田县志·疆域》均作“濑溪里”。

[8] 嘉靖《建宁府志·坊巷》作“上相里在县西，招贤里在县北”。

[9] 嘉靖《建宁府志》作“乾封乡”。

[10] 应为“乡”之误。

八闽通志卷之十六

地　理

乡　都

泉州府

晋江县

宋分五乡，统二十三里。元分在城为隅，改乡及里为都，国朝因之。凡为隅三，都四十有三，统图一百三十有五。

东隅统图四。　**西隅**统图十。　**南隅**统图三。　**三十九都**统图一，在府城东北八里。宋棠阴里。　**三十四都**距府城三里。宋兴贤里。　**三十三都**距府城一十五里。宋常泰里。（上二都各统图三，俱府城西南。）　**三十五都**统图三，在府城南三里。宋登瀛里。　**三十七都**统图二，距府城二十五里。　**三十八都**统图一，距府城二十里。（上二都俱府城东北，俱宋鸾歌里。）　**三十六都**统图二，在府城东南二十里。宋临江里。（已上七都宋俱统于晋江乡。）　**九都**统图一。　**十都**统图五。　**十一都**　**十二都**（上二都各统图四。已上四都各距府城七十里，俱宋仁和里。）　**十三都**统图二，距府城三十里。　**十四都**统图五，距府城七十里。（上二都俱宋劝善里。）　**十五都**　**十六都**（上二都各统图二，距府城八十里。）　**十七、八都**统图四，距府城七十里。　**十九都**统图四，距府城三十里。（上四都俱宋弦歌里。）　**二十都**统图四。　**二十一都**统图三。　**二十二都**统图一。（上三都距府城五十五里，俱宋永宁里。）　**二十三都**统图四，距府城四十里。　**二十四都**统图七，距府城三十里。（上二都俱宋江阴里。）　**二十五都**　**二十六都**（上二都各统图三，距府城二十里，俱宋聚仁里。已上一十七都俱府城南，宋统于安仁乡。）　**二十七都**统图八。　**二十八都**统图四，各距府城二十五里。宋永福里。　**二十九都**统图六，距府城一十里。　**三十都**统图四，距府城一十五里。（俱宋和风里。）　**三十一都**统图四。　**三十二都**统图二，各距府城二十里。（俱宋沙塘里。已上六都俱府城南，宋统于永宁乡。）　**四十一都**统图一，距府城五十里。宋爱育里。　**四十二、三、四都**统图一，距府城八十里。宋善政里。　**四十五、六都**统图一，距府城六十里。宋仙溪里。　**四十七都**统图一，距府城九十里。宋常建里。（已上四都俱府城北，统于王泉乡。）　**一都**统图一。　**二都**统图三，各距府城三十里。宋养能里。　**三都**　**四都**（上二都各统图一，距府城三十里。宋务本里。）　**五都**统图二。　**六都**统图一，各距府城三十里。宋仁孝里。　**七都**统图一。　**八都**统图四，各距府城五十里，宋修仁里。（已上八都俱府城西南，宋统于开建乡。）

南安县

宋分八乡，统三十二里。元改为四十六都，而统于里。国朝屡省为四十四都。

修文里:一都在县西南。　二都在县南。　招贤里:三都在县东。　礼顺里:二十一都　二十二都(俱在县西。上五都宋俱统于唐安乡。)　钦风里:三十五都　清化里:三十六都　长乐里:三十七都　三十八都　常安里:三十九都　四十都　崇教里:四十一都　四十二都　四十三都　福兴里:四十四都　四十五都　四十六都(上十二都在县西南。宋俱统于太平乡。)　清歌里:二十三都在县西。　仁德里:二十四都　二十五都　崇信里:二十六都(上三都在县西北。)　崇顺里:二十九都　归化里:三十都(上二都俱县西。以上六都宋俱统于金鸡乡。)　太平里:十一都　崇教里:十四都　由风里:十五都　民寿里:十六都　清风里:十二都　十三都　丰年里:十八都　十九都(上八都在县西北,宋俱统于怀德乡。)　崇安里　遵教里:四都　灵感里:五都(上二都在县东北,宋俱统于从政乡。)　田丰里:三十二都　兴集里:三十三都　三十四都(上三都在县东南,宋俱统于唐兴乡。)　崇信里:二十一都在县西。　经善里:二十七都　二十八都在县西北。(上三都宋俱统于归善乡。)　崇仁里:十七都　崇和里:九、十都　嘉禾里:六、七都(上二都在县西北。)　趋庭里:八都在县北。　依仁里:二十都在县西北。(上五都宋俱统于德教乡。)

同安县

宋分三乡,统三十三里。元改里为都。国朝分在坊为二隅,在乡为十一里,统都三十有四,凡为图五十有三。

南北隅统图一。　西南隅统图二。　从顺里(在县西一十里)：　一、二都统图二。　三都　四、五都各统图一。　长兴里(距县一十里)：一、二、三都统图一。　感化里(距县一十里)：六、七、八都统图一。　归德里(距县二十里)：九、十都统图一。(上三里俱在县北。以上四里宋俱统于永丰乡。)

同禾里(距县一十里)：四都　五都　六都　七都各统图一。　民安里(距县三十里)：八都　九都　十都　十一都各统图一。(上二里俱县南。)　翔风里(在县东南六十里)：十二都统图一。　十三都统图二。　十四都　十五都　十六都各统图一。　十七都　十八都各统图三。　十九都统图二。　二十都统图一。　嘉禾里(在县西南七十里)：二十一都　二十二都　二十三都　二十四都各统图二。(已上四里,宋俱统于绥德乡。)　仁德里(距县三十里)：十一都　十二都　十三都各统图一。　安仁里(距县四十里)：十四都

十五都各统图一。　十六都统图二。　积善里(距县七十里)：十七都统图一。　十八都　十九、二十都各统图二。(已上三里俱在县西,宋俱统于盛明乡。)

德化县

宋分五乡,统十一里、九团。国朝以附县为坊隅,在乡为八里十团一都。后屡经裁省,今见辖坊隅一、里二、团六。

坊隅旧灵化、归化、惠民、永丰四里并乡。　汤里泉上团在县北九十里。　清泰里距县二百里,旧嵩平、善均二里并入。

东西团距县一百四十里。　杨梅上团距县八十里,旧汤泉下团及下涌团并入。　杨梅中团距县二百六十里,旧杨梅下团并入。(上一里三团俱县东北。)　新化里距县五十里,旧十八都及小尤上团并入。　黄认团距县二百里。　小尤中团距县

一百八十里。（上一里二团俱县西北。）

永春县

宋分五乡，统一十七里。元改为二十五都。国朝因之。后屡省为□十四都。

十三都 距县□□里。宋开平里。 **二十四、五都**距县□□里。宋和风里。 **十一、二都**距县□□里。宋迎福里。（已上三都在县南，宋俱统于集庆乡。） **十四都**距县□□里，合十五都。宋昭善里。 **十五、六、七都**距县□□里。十六、七都，宋和平里。（上二都俱县东。） **十八、九、二十都**在县北□□里。十八、九都，宋清白里。二十都，宋桃源里。（已上三都宋俱统于善政乡。） **一都**在县西北□□里。宋升平里。 **二、三都**距县□□里。宋福德里。 **四、五都**距县□□里。宋善化里。 **六、七都**距县□□里，宋民苏里。（上三都俱县西。已上四都宋俱统于宣和乡。） **八都**距县□□里。宋安仁里。 **九、十都**距县□□里。九都，宋招集里。十都，宋始安里。（已上二都在县西南，宋俱统于里仁乡。） **二十一、二都**在县西北□□里。二十一都，宋鸣琴里。二十二都，宋常安里。 **二十三都**在县西□□里，宋慕仁里。（已上二都宋俱统于民康乡。）

安溪县

宋分四乡，统十六里。国朝以在县为坊，乡及里仍旧，凡统图四十有一，后屡省为一坊十五里。

在坊

归善乡 **长泰里**在县东□□里[1]。 **永安里**在县南□□里[2]。 **光德里**在县西□□里[3]。 **依仁里**在县西南

□□里[4]。

积德乡　**新溪里**距县□□里[5]。　**新康里**距县□□里[6]。　**崇信里**距县□□里[7]。　**龙涓里**距县□□里[8]。(上四里俱县西北。)

金田乡　**龙兴里**距县□□里[9]。　**还集里**距县□□里[10]。(上二里俱县西北。)　**感德里**　在县北□□里[11]。**常乐里**在县东北□□里[12]。

修仁乡　**感化里**在县北□□里[13]。　**来苏里**距县□□里[14]。　**崇善里**距县□□里[15]。旧有清源里,正统间并入。(上二里俱县东北。)

惠安县

宋分三乡,曰崇武,曰崇善,曰城山,凡统一十八里。又有安民里,统于崇武乡,后并。元改里为三十四都。国朝以附县为坊,而都仍其旧,复分统于四乡,初为四十一都,今辖一坊二十八都,统图凡三十有一。

在坊统图二。宋太康里。

文质乡　**二都**距县五里,旧一都并入。俱宋守节里,统于崇武乡。　**五都**距县二十里。宋崇德里。(上二都各统图一,俱县东。)　**二十八都**距县三十里。　**二十九都**距县二十里。俱宋同信里。　**三十都**距县三十里。宋尊贤里。　**三十一都**距县三十三里。(上四都各统图一,俱县南。)　**三十二都**统图一,在县东南三十五里。(俱宋延寿里,统于崇善乡。)　**三十三都**统图一,距县二十五里。　**三十四都**统图二,距县一十二里。(上二都俱县南。宋民苏里,统于城山乡。)

行满乡　**二十都**统图一,在县西二十五里,与十九都俱宋长兴里,统于崇武乡。　**二十一都**距县二十八里。　**二十二**

都距县三十八里。俱宋平康里。　**二十三都**距县四十里。宋归化里。　**二十四都**距县四十三里。宋祥符里。　**二十五都**距县四十五里。宋温陵里。　**二十六都**距县四十七里。(上六都各统图一,俱县西南。)　**二十七都**统图二,在县南四十里。(俱宋安仁里,统于崇善乡。)

忠恕乡　**六都**统图一,在县东南三十里。旧三、四都并入。　**七都**距县三十五里。　**八都**距县四十里。(上二都各统图二,俱宋德音里。)　**九都**统图一,距县四十五里。(上四都俱县东南。)　**十都**统图二,在县东四十八里。　**十一都**在县东北四十二里。(俱宋光德里。)　**十二、三都**在县东四十里。(上二都各统图一。宋待贤里,统于城山乡。)

信义乡　**十四、五、六、七都**统图一,在县西北四十二里。宋民安里。　**十八都**距县三十五里。宋礼兴里。　**十九都**距县二十五里,与二十都俱宋长兴里,统于崇武乡。(上二都各统图一,俱县西。)

漳州府

龙溪县

宋分六乡三十三里一百一十五保,淳祐间改保为三十都。元析七都隶南靖县。国朝分在城为二隅,附郭分三厢,在乡为十五都。永乐间省一厢,见辖一百五十二图。

东北隅统图三。旧左厢。　**西隅**统图二。旧右厢。　**南隅**统图三。旧城内厢。　**东厢**统图一,在府城东门外。旧城东厢。　**南厢**统图一,在府城南门外。旧城南厢。　**一、二、三都**统图十三,在府城东南八十里。宋新恩里。　**二十七都**

统图九，距府城三十里。宋唐化里。　**二十八都**统图十，距府城四十里。宋海洋上里。　**二十九、三十都**统图十，距府城六十里。宋海洋下里。（上三都俱府城东。已上四都宋俱统于永宁乡。）　**四、五都**统图九，距府城七十里。宋禾平里。　**六、七都**统图九，距府城五十里。宋崇政里。　**八都**统图十，距府城四十里。宋惠恩里。　**九都**统图五，距府城二十里。宋崇仁里。　**十一都**统图十三，距府城二十里。　**十二、三都**统图九，距府城一十里。（上二都宋惠恩里。已上六都俱府城南，宋统于始安乡。）　**二十一都**统图十，在府城南一十里。宋瑞泉里，并乐仁、南北二里。　**二十二都**统图五，距府城二十里。　**二十三、四都**统图十三，距府城二十五里。俱宋龙川里。（上二都在府城北。）　**二十五都**统图十，在府城西北二百里。宋九龙上里。　**二十六都**统图七，在府城东一十五里。宋瑞泉东里。（已上五都宋俱统于游仙乡。）

漳浦县

宋分三乡，统九里一保。国朝改附县为坊，在乡为都。今辖一坊十二都，凡统图七十有六。

在坊统图六。　**二、三都**统图十二，距县一百七十里。宋海滨里。　**四都**统图五，距县一百四十里。宋修竹里。（上二都俱县西。）　**五都**统图五，距县一百五十里。　**六都**统图三，距县七十里。（俱宋浦东保。上二都俱县西南。）　**七都**统图七，距县三十里。宋永清里。　**十五都**统图八，距县四十里。宋含恩里。（上二都俱县东南。）　**二十三都**统图九，在县东一百里。宋砂澳里。（已上七都宋俱统于安仁乡。）　**八都**统图三，距县四十里。宋塘田里。　**九都**统图三，距县五十里。　**十都**统图四，距县五十里。俱宋绥康里。（已上三都在县南，宋俱统于常乐乡。） **十七都**统图六，在县东五十里。宋常乐里。 **二十八都**统图七，在县北一百里。宋钦贤里。（已上二都宋俱统于嘉宾乡。）

龙岩县

旧分二乡，统十里，国朝改为一坊十里，统百有五图。永乐间省为六十八图。成化五年，析五里隶漳平县。见辖一坊五里，统三十五图。

在坊统图十。 **表政里**统图四，在县北三十里。 **节惠里**统图三，在县东南四十里。 **龙门里**统图六，在县西南七十里。（以上三里旧俱统于铁石乡。） **万安里**统图六，在县北一百里。 **集贤里**统图六，在县东北一百六十里。（以上二里旧俱统于九龙乡。）

长泰县

旧分二乡，统八里。国朝改为一坊八里，统三十六图，后渐省为一十二图。

在坊统图二。 **人和里**在县西北五里。 **钦化里**在县东南十里。（上二里各统图一[16]。） **丰成里**在县东九里。 **恭顺里**在县东北四十里。（已上四里旧俱统于归集里。） **彭信里**[17]在县东二十里。 **石铭里**在县西北四十五里。 **旌孝里**在县北五十里。旧名永安，改永福，复改今名。 **善化里**在县东北七十里。（上四里旧俱统于康乐乡。已上六里各统图一。）

南靖县

旧辖二坊七里，统七十二图。宣德七年省一坊，各里所统图亦渐省。今见辖二十七图。

在坊统图一。　**习贤里**统图三，在县西北九十里。　**归德里**统图二，在县南五十里。　**由义里**统图三，在县东南八十里。　**清宁里**统图七，在县南一百五十里。　**永丰里**统图四，在县北一百八十里。　**新安里**统图五，距县二百四十里。　**居仁里**统图二，距县一百里。（上二里俱县南。）

漳平县

旧为龙岩县九龙乡地，凡五里，统图三十有三。

居仁里统图四，在县北十里。　**感化里**统图五，在县东北一十五里。　**和睦里**统图八，距县二十里。　**聚贤里**统图九，距县二十五里。（上二里俱县北。）　**永福里**统图七，在县南三十里。

汀州府

长汀县

宋附郭分六坊，外分三乡，领九里二图。国朝改坊为二厢，并团为十里，统图五十有一。

左厢统图六。旧金华、登俊、鄞河三坊。　**右厢**统图二。旧青紫、福善、崇善三坊。　**归阳里**统图三，在府城东七十里。旧归仁营阳里。　**古桂里**统图一，在府城西六十里。旧古城、仙桂二里。　**清泰里**统图五，在府城西南五十里。旧青泰下里。（以上三里宋俱统于衣锦乡。）　**宣成里**统图八[18]，距府城九十里。旧为宣德南里并成功里。　**成上里**统图二，距府城五十里，旧成功上里。（上二里俱府城西南。）　**成下里**统图六，在府城南一百里。旧成功下里。　**四保里**统图五，在府城东七十里。　**平原里**统图三，在府城西一百五十里。（上二里俱仍旧名。以上五里宋俱统于永宁乡。）　**宣和里**[19]统图六，在府城西南一百四十里。旧宣德北里并河源团。　**青岩里**统图三[20]，在府城东南八十里。旧青泰上里并岩头团。（以上二里宋俱统于古田乡。）

宁化县

宋分二乡，统五里五团。国朝析桂枝乡置在城里，改诸团悉称里，而分攀龙里为二。成化七年，分柳杨、下觉二里隶归化县。今辖一十二里，统图五十有一。

在城里统图十二。　**龙上上里**在县西南六十里。　**龙下下里**在县西四十里。　**龙下里**在县北三十里。（俱旧攀龙里。）　**兴善里**在县西十里。旧迁善里团。　**新村里**在县南六十里，旧新村团。　**永丰里**在县北五十里。（上六里各统图三。）　**会同里**统图六，在县南一百里。（以上八里宋俱统于桂枝乡。）　**招贤里**统图三，在县北七十里。　**招得里**统图五，在县北一百里，旧招化里。　**泉上里**统图四，去县一百里。　**泉下里**统图三[21]，去县五十里，俱旧温泉团。（上二里俱县东。以上四里宋俱统于□□乡[22]。）

上杭县

宋分四乡：曰胜运，曰兴化，曰太平，曰金丰；二团：曰平原，曰来苏；五里：曰平元，曰安丰，曰来苏，曰古田，曰鳖沙。国朝改为十里，统九十二图，后渐省为五十九图。成化十五年，分胜运、溪南、金丰、丰田、泰平五里隶永定县。见辖七里，统图四十。

在城里统图一十三。旧来苏里。　**胜运里**统图九，在县东三十里。旧胜运乡。外二图分隶永定县。　**来苏里**统图五，在县南二十里。旧来苏团。　**白砂里**去县三十里。旧鳖砂里。　**古田里**距县三十五里。旧古田乡。（上二里各统图五，俱县东北。）　**平安里**统图二，在县北四十里。旧平原团。　**溪南里**统图一，在县南九十里。旧兴化乡。外五图分隶永定县。

武平县

宋分七乡：曰顺义，在县东，统武溪、忠孝、禾平三里；曰万安，在县东，统永丰、千秋、大顺三里；曰和顺，在县西，统东流、留田、丘田、顺明四里；曰禾平，在县南，统归平、招仁、安乐、石塘四里；曰永宁，在县北，统相坑、七里、露溪、亭头、象村、大禾、招信七保；曰安丰，在县东，统新恩、竹鉴、丰田、高吴、睦郡上下六保；曰清平，在县南，统长泰、留村、河头三里。国朝改为七里，初统图二十有三，今统图一十有九。

在城高泰里统图四，在县西南五十里。旧高吴保。　**丰顺平里**在县西南六十里。旧武溪里。　**信顺团里**在县东北六十里。旧招信里。　**归郡里**在县东八十里。旧归平里。　**丘留东里**在县北九十里。旧丘田、留田、东流三里。（上四里各统图三。）　**大湘亭里**统图二，在县北一百二十里。旧七里保。　**盈塘里**统图一，在县东南一百三十里。旧石塘里。

清流县

宋分二乡：曰折桂，在县东，统郭下团、仓盈团、永德团、梦溪团、罗村团、北团四保，凡团、保七；曰龙山，在县南，统归仁里。国朝改为九里，统图七十有九。成化八年，分归上、归下二里，隶归化县。今辖七里，统图五十又六。

坊郭里统图七，附县。 **仓盈里**统图十二，在县东南三十里。 **四保里**统图六，在县南一百里。 **永德里**统图八，在县东四十里。 **北团里**统图八，在县东南一百一十里。 **梦溪里**统图六，在县东南九十里。 **罗村里**统图九，在县东南九十里。

连城县

宋一乡，统二里四团。国朝改为六里，统图三十有二。

在城里统图四，附县。旧古田乡。 **姑田里**统图六，在县东九十里。旧姑田团。 **南顺里**统团八，距县四十里。旧南团。 **河源里**统图五，距县八十里。旧河源下里。（上二里俱县南。） **北安里**统图五，在县北六十里。旧北团。 **表席里**统图四，在县东南一百一十里，旧席湖团。按宋志，县有表正里，疑亦并入此里，故合而名之曰表席。

归化县

旧清流、宁化、将乐、沙县地。今分七里，统图四十又五。

归上里在县西南三十里。 **归下里**在县东南八十里。（上二里各统图十二，旧清流县地。） **柳杨里**统图七，在县西四十里。 **下觉里**统图四，在县西北一百里。（上二里旧宁化县地。） **兴善里**统图三，在县东三里。 **中和里**统图二，在县东八十里。（上二里旧将乐县地。） **沙阳里**统图五，在县东北一百里。旧沙县十九都地。

永定县

旧上杭县地，今分五里，统图一十又九。

溪南里统图五，在县治左右。　**丰田里**统图四，在县东四十里。旧安丰里。　**太平里**统图四，在县东六十里。旧太平乡。　**金丰里**统图四，在县南四十里。旧金丰乡。　**胜运里**统图二，在县北八十里。

延平府

南平县

宋分七乡：积善、富沙、归善、上阳、芹啃、延平、垂裕，统三十二里。元改里为团。国朝复分四架，统四十一里，为图凡九十有三。

东架　**衍仙上里**统图一，距府城二十里。　**衍仙下里**统图三，距府城一十里。（上二里俱府城东，旧俱属富沙乡。）**罗源里**统图四，距府城一十里。初名上团，以罗从彦祖自豫章徙居之，故名。　**崇仁里**统图一，距府城三十里，以李侗世居之，故名。　**崇福里**距府城一十里。　**杜溪里**距府城四十里。**寿山里**距府城二十五里。（上三里各统图二。以上五里，俱府城南。）　**云盖里**统图二，在府城西南四十里。（上六里旧属归善乡。）　**瀛洲里**距府城二十五里。　**汾常里**距府城四十里。（上二里各统图二，俱府城东北。旧亦属富沙乡。）

西架　**资福里**统图二，距府城八十里。　**太平里**距府城七十里。（上二里旧属上阳乡。）　**天竺里**距府城六十里。（上二里各统图六。已上三里俱府城西。）　**剑津里**统图一，在府城南一十里。　**长沙上里**统图二，距府城四十里。　**长沙下里**统图一，距府城二十里。　**开平里**统图二，距府城四十里。**大源内里**统图一，距府城八十里。　**大源外里**统图二，距府城五十里。(上七里,旧属延平乡。已上五里俱府城西南。) **梅岐东里**统图三,在府城西北五十里。旧属芹哨乡。

南架 余庆东里距府城九十里。 余庆西里 遵教里(上二里距府城八十里。以上三里各统图二,府城东。) 泰平里统图一,距府城八十里。 普安里统图三,距府城四十里。 金沙里距府城六十里。 迁乔里距府城三十五里。 保福里距府城六十里。 乔保里距府城一百二十里。(上四里各统图二。以上九里旧属积善乡。) 长安南里统图四,距府城一百一十里。 长安北里统图二,距府城九十里。(上二里旧为垂裕乡。已上八里俱府城东南。)

北架 安福里统图二,在府城西八十里。 建兴里统图一,距府城九十里。(上二里旧属上阳乡)。 寿岩里距府城一百一十里。 吉田里距府城一百二十里。 塘源里距府城九十里。(上三里各统图二。) 梅岐西里距府城四十里。 梅岐南里距府城三十里。(上二里各统图三。已上五里俱府城北。) 新兴里距府城四十里。 峡阳里距府城六十里。(上二里各统图四。) 梅岐北里统图二,距府城七十里。(上四里俱府城西北。已上八里旧属芹哨乡。)

将乐县

宋三乡,统九里:曰清平,曰安福,曰长寿,曰扬安,曰永吉,曰龙溪,曰安仁,曰可安,曰常丰。元析为四十一团。国朝改附县为隅,在乡为都。成化八年,分中和、兴善二都隶汀州府归化县。今辖二隅三十九都,凡六十四图。

东北隅 西南隅(上二隅各统图三。) 龙池都距县一里。 积善都距县一十五里。 忠孝都距县二十里。 富

谷都距县三十里。(上四都各统图一,俱在县东。)　**高滩都**统图四,距县三十五里。　**桃源都**距县一十里。　**蛟湖都**距县二十里。　**永康都**距县三十里。　**南胜都**距县四十五里。(上四都各统图一。)　**隆安都**统图二,距县五十里。　**池湖都**距县六十里。　**大里都**距县七十里。(上二都各统图一。以上八都俱县西。)　**水南都**统图四,在县南一里。　**玉华都**统图二,距县一里。　**胡管都**统图一,距县二十里。　**三溪都**统图二,距县三十里。(已上四都俱在县南。)　**子教都**距县四十里。　**义丰都**距县七十里。(上二都各统图二。)　**竹湖都**统图一,距县九十里。(已上三都俱在县西南。)　**龙溪上都**距县七十里。　**龙溪下都**距县六十五里。(上二都各统图一,俱在县东北。)　**莫源都**统图一,在县西北六十里。(通上下二十二都,宋俱统于垂惠乡。"惠"一作"裕"。)　**永吉都**距县一十五里。　**阳岸都**距县四十里。(上二都各统图二。)　**光明都**距县二十里。　**龙集都**距县八十里。(上二都各统图一。已上四都,俱在县北。)　**睡龙都**统图一,距县三十里。　**黄潭都**统图三,距县五十里。(上二都俱在县西南。)　**上衢都**在县东北一百里,统图一。(已上七都宋俱统于将乐乡。)　**龙荫都**统图九,距县九十里。　**阳源都**统图二,距县一百里。(上二都俱在县西。)　**张源都**在县北七十里,统图一。　**万安上都**统图二。　**万安下都**统图一。(上二都皆距县六十里。)　**龙渡都**统图一,距县九十里。　**安仁上都**距县九十五里。　**安仁中都**距县八十里。(上二都各统图二。)　**崇善都**统图一,距县一百一十里。(已上六都俱在县东北。)　**龙兴都**在县西北九十里,统图一。(以上十都宋俱统于荣礼。)

尤溪县

宋四乡，统八里。元改里为团。国朝改团为都。景泰三年，分四十至四十三共四都隶永安县。今辖四十四都，统图一百有九。

一都 **二都**各统图三，距县七十里。 **三都**统图二，距县六十里。(上三都俱县西北。) **四都**统图二，距县五十里。 **五都**统图三，距县三十五里。(上二都俱县北。) **六都**统图六，在县西一十里。 **七都**统图十，附县。 **八、九都**统图六，在县东北二十五里。(以上八都俱宋进溪里。) **二十二都**统图二，距县一百二十里。 **二十三都**统图二，距县一百里。 **二十四都**统图一，距县七十里。 **二十五都**统图三，距县六十里。 **二十六都**统图一，距县七十里。 **二十七都**统图一，距县八十里。(上六都在县南，俱宋和顺里。以上二里俱统于常平乡) **十都**距县三十里。 **十一都**距县五十里。 **十二都**距县八十里。(上三都各统图一，俱县东北。) **十三都**距县七十里。 **十四都**距县八十五里。(上二都各统图一。) **十五都**统图二，距县六十里。(以上三都俱县东。) **十七都**统图一，在县东南九十里。(已上七都俱宋安福里。) **十六都**统图二，距县一百里。 **十八都**统图三，距县三十里。 **十九都**统图二，距县一百三十里。 **二十都**统图五。 **二十一都**统图二，各距县八十里。(上五都在县东南，俱宋长安里。已上二都宋俱统于兴文乡。) **二十八都**统图三，距县六十里。 **二十九都**统图一，距县一百二十里。 **三十都**距县一百三十里。 **三十一都**距县一百四十里。 **三十二都**距县一百四十里。(上三都各统图二。已上五都俱在县南。) **三十三都**统图二，在县西南一百六十里。(已上五都俱宋大田里,统于进城乡。)　**三十五都**统图二,距县一百四十里。　**三十六都**距县一百四十五里。　**三十七都**距县二百里。(上二都各统图一。)　**三十八都**统图二,距县一百八十里。　**三十九都**距县一百六十里。　**四十四都**距县一百四十里。(上二都各统图三。以上六都在县西南,俱宋万足里。)　**四十五都**统图五,距县一百二十里。　**四十六都**距县一百里。　**四十七都**距县一百二十里。(上二都各统图二。已上三都在县西南。)　**四十八都**统图二,距县一百三十里。　**四十九都**统图三,距县一百里。　**五十都**统图四,距县九十里。(上三都在县西,俱宋径田里。已上二里宋俱统于丰城乡。)

沙县

宋三乡,统八里。元析里为三十三团。国朝改附县为坊,在乡为都。景泰三年,分二十四至三十二共九都隶永安县。成化八年,又分十九都隶汀州府归化县。今辖二坊二十三都,统图一百有六。

和仁坊统图九,在县治西。　**兴义坊**统图五,在县治东。　**一都**距县六十五里。　**二都**距县五十里。(上二都在县东南,各统图三。)　**三都**统图二。　**四都**统图一,各距县四十五里。(上二都在县南。已上四都俱元牛里团。)　**五都**统图五,在县东南三十五里,元杨溪团。　**六都**统图二,距县四十里。　**七都**统图二,距县三十五里。元下水源团。　**八都**统图五,距县二十五里。元下水口团。(已上八都在县东南,俱宋洛阳里。)　**九都**统图六,距县五里。元崇善团。　**十都**统图五,距县二十五里。元谢团。(上二都在县东,俱宋感义里。以上二里,宋俱统于新昌乡也。)　**十一都**统图四,距县二十五里。元石团。

十二都统图三，距县三十里。　**十三都**统图五，距县四十里。（上二都俱元善居团。）　**十四都**统图三，距县四十里。元善穴团。　**十五都**统图五，距县四十五里。元重兴团并善庆团。（以上五都在县北，俱宋化剑里。）　**十六都**统图二，距县五十里，元下仁团。　**十七都**统图三，距县五十里，元上仁团并卢源团。　**十八都**统图二，距县六十里，元耆甘团。（上三都在县北，俱宋礼宾里。以上二里，宋俱统于翔鸾乡。）　**二十都**分两团。　**仪奉团**统图六，距县二十里[23]。　**善峡团**统图三，距县三十五里[24]。　**二十一都**统图九，距县四十五里[25]。元尾历团。　**二十二都**统图七，距县五十里[26]。　**二十三都**统图三，距县六十五里[27]。（上二都俱元忠义上团。）　**二十四都**统图三，距县七十里[28]。元忠义下团。（以上五都在县西南，俱宋归仁里，统于龙山乡。）

顺昌县

宋三乡：曰崇义，在县东北；曰崇礼，在县西北；曰交溪，在县西南。领四里。元改里为四乡，领二十九耆。国朝以附县为在城，而改耆为二十八都，乡仍其旧，凡统图六十有八。

鳀潭乡　**在城**统图六。　**石溪都**距县二十里。　**石豆都**距县一十里。（上二都各统图二，俱县东南。）　**水南都**统图一，在县南一十五里。　**驿砧都**统图一，在县西南八里。　**吉舟都**距县二十里。　**仙源都**距县四十里。　**石湖都**距县三十里。（上三都各统图一，俱县西。）

交溪乡　**长寿都**统图三，在县南五十里。　**西峰都**统图二，距县四十里。　**义丰都**距县六十里。　**广福都**距县九十里，各统图一。（上三都俱县西南。）　**宁安都**统图二，距县七十里。　**靖安都**统图三，距县三十五里。（上二都俱县南。）　**娄杉都**统图五，在县西四十里。

招仁乡　**大干都**统图二，距县五十里。　**慈悲都**统图一，距县一百九十里。（上二都俱县西。）　**莒口都**统图四，距县四十里。　**安富都**统图一，距县七十里。　**白水都**统图三，距县八十里。　**富屯都**统图二，距县六十里。　**昏田都**统图一，距县六十里。（上五都俱县西北。）

顺阳乡　**崧溪都**统图二，距县六十里。　**寿荣都**统图一，距县七十五里。　**兴贤都**　**仁寿都**各统图二，距县一百二十里。　**桂溪都**统图三，距县一百三十里。（上五都俱县北。）　**田溪都**统图一，在县北一百里。　**杉溪都**统图一，在县东北五十里。

永安县

旧尤溪、沙二县地。今为一坊一十三都，统图六十有五。

在城坊统图十。　**二十四都**统图三，在县东六十里。旧感义里，统于新昌乡。　**二十五都**统图十，距县八十里。　**二十六都**统图一，距县四十里。（上二都俱县北。）　**二十七都**统图三，在县西二十五里。　**二十八都**统图五，在县南六十里。（上四都旧崇仁里。）　**二十九都**统图四，距县四十里。　**三十都**统图三，距县六十里。（上二都旧俱怀恩里。）　**三十一都**统图二，距县八十里。（上三都俱县西南。）　**三十二都**统图七，在县西九十里。（上二都旧善安里。已上三里俱统于龙山乡，沙县地。）　**四十都**统图一，在县东八十里。　**四十一都**统图三，距县九十里。　**四十二都**统图一，距县一百里。　**四十三都**统图二，距县一百二十里。（上二都俱县东，旧俱万足里，统于丰城乡,尤溪县地。)

邵武府

邵武县

宋分城内为左右二厢,东南二尉,隶本军;分城外为五乡,统二十一里,隶本县。元改厢、尉为四隅,隶录事司;分五乡为上下十乡,统里仍旧,隶本县。国朝析里为五十三都,乡隅仍旧,凡统图百又七十。

东隅统图二。 **西隅**统图二。 **南隅**统图三。 **北隅**统图二。

仁泽上乡 **六都**统图四,在府城东五十里。 **四十九都**统图三,距府城六十里。 **五十都**统图四,距府城三十五里。 **五十一都**统图三,距府城七十里。 **五十二都**统图二,距府城八十里。(上四都俱府城西。)

仁泽下乡(上二乡旧合为一,统庆亲、旌德、仙桂、清德、思顺五里。) **一都**统图四,距府城十五里。 **二都**统图二,距府城三十四里。 **三都**统图三,距府城二十里。(上三都俱府城东北。) **四都**统图三,距府城三十五里。 **五都**统图四,距府城二十五里。(上二都俱府城东。) **五十三都**统图七,附郭。俗名北厢。

富阳上乡 **七都**统图三,距府城四十五里。 **八都**统图四,距府城四十里。 **九都**统图三,距府城一百里。 **十都**统图二。 **十一都**统图三,各距府城一百二十里。(上五都俱府城东。)

富阳下乡(上二乡旧合为一,统怀德、招贤上、招贤下三里。) **十二都**统图三,距府城一百一十里。 **十三都**统图二,距府城一百里。　**十四都**统图二,距府城一百一十里。　**二十一都**统图二,距府城一百二十里。　**二十二都**统图四,距府城八十里。(上五都俱府城东。)

仁荣上乡　**二十都**统图三,距府城一百六十里。　**二十三都**距府城八十里。　**二十四都**距府城六十里。(上二都各统图二。)　**二十五都**统图三,距府城五十里。(上四都俱府城东南。)　**二十六都**统图二,在府城东四十里。

仁荣下乡(上二乡旧合为一,统同福、余庆、嘉善三里。)　**十五都**统图四,距府城一百二十里。　**十六都**　**十七都**(上二都各统图三,距府城一百六十里。)　**十八都**统图三,距府城一百五十里。　**十九都**统图三,距府城一百二十里。(上五都俱府城东。)

昼锦上乡　**三十七都**统图三,距府城一百里。　**三十八都**统图二,距府城一百二十里。(上二都俱府城南。)　**四十都**距府城一百二十里。　**四十一都**距府城一百四十里。(上二都各统图二,俱府城西南。)　**四十二都**统图二,在府城南一百里。

昼锦下乡(上二乡旧合为一,统长乐、和平、太和、岭西、崇儒、仁顺六里。)　**三十三都**统图四,距府城六十里。　**三十四都**统图二,距府城一百二十里。　**三十五都**统图三,距府城一百一十里。　**三十六都**距府城九十里。　**三十九都**距府城一百一十里。(上二都各统图二。以上五都俱府城南。)

永城上乡　**四十三都**统图二。　**四十四都**统图三,各距府城八十里。　**四十五都**统图二。　**四十六都**统图四,各距府城四十里。　**四十七都**统图五,距府城二十五里。(上五都俱府城西南。)　**四十八都**统图六,附郭。俗名南厢。

永城下乡(上二乡旧合为一,统庶康、勤田、新兴、新义四里。) **二十七都**距府城四十五里。 **二十八都**距府城二十五里。(上二都各统图三,俱府城东南。) **二十九都**统图五,附郭。俗名东厢。 **三十都**统图三,距府城一十五里。 **三十一都**统图二,距府城三十里。 **三十二都**统图四,距府城四十五里。(上三都俱府城南。)

泰宁县

宋分二乡,乡统四里,里统二十六保。元因之。国初分城辅保为在城、城步、端溪三保,分福兴、永兴、将溪、善溪各为上下保,共三十二保。乡仍旧,凡统图五十又一。

绥城乡 **在城保**统图七,在县北。 **瑞溪保**统图二,在县西二十里。 **长兴保** **福兴上保**各距县一十五里。 **福兴下保**距县二十里。(上三保各统图一。) **崇化保** 距县三十里。旧名崇仁。 **上高保**距县四十里。(上二保各统图二。) **安仁保**统图一,距县五十里。(上六保俱县北。已上八保,宋俱统于清泰里。一作清化里。) **将溪上保**统图一,距县三十五里。 **将溪下保**统图三,距县三十里。(上二保俱县东北。) **朱口保**统图三,距县三十里。 **梅林保**统图一,距县四十里。 **交溪保**统图二。 **信义保**统图一,各距县五十里。 **龙湖西保**统图二,距县六十里。 **龙湖东保**统图一,距县七十里。(上六保俱县东。已上八保,宋俱统于乐城里。)

崇礼乡 **城步保**统图一,在县西五里。 **水南保**统图一,在县南五里。 **福山保**统图一,在县东二十里。 **永兴上保** **永兴下保**各统图一,俱在县南二十里。 **南会保**统图二,在县西四十里。 **开善上保**统图二,距县四十里。 **开善下

保统图一，距县五十里。（上二保俱县南。已上八保，宋俱统于高平里。）　**梅口保**距县三十里。　**依口保**距县五十里。（上二保各统图二。）　**大田东保**距县五十里。　**大田西保**距县六十里。（上二保各统图一。已上四保俱县西。）　**仁寿保**统图一，在县南四十里。　**善溪上保**距县六十里。　**善溪下保**距县七十里。　**龙安保**距县八十里。（上三保各统图一，俱县西南，已上八保宋俱统于大田里。）

建宁县

宋分为东、西、南、北、孝义、宾贤六乡，统三十四保。元因之。国初并积善上下保为在城保，分赤岸保为赤上、赤下二保，除在城一保外，余三十三保分统于四区，为图凡五十。

在城保统图九。

东区　**开山保**距县五里。旧名开泰。　**黄舟保**距县一十五里。　**武调保**距县二十五里。　**楚下保**距县六十里。（上四保各统图一，俱县东。）　**洛阳保**统图一，在县东南二十五里。　**永城保**距县四十里。　**楚上保**距县七十里。（上二保各统图二，宋俱统于东乡。）　**安寅保**旧名安仁。统图一，距县三十里。宋统于北乡。（已上二保俱县东北。）

西区　**富田保**统图二，距县五里。　**大南保**距县二十里，宋俱统于西乡。　**客坊保**距县六十里。　**里源保**距县七十里。宋俱统于孝义乡。　**排前保**距县三十里。　**里心保**距县四十里。　**新城保**距县六十里。宋俱统于宾贤乡。（上六保各统图一。已上七保俱县西。）　**上查保**统图一，在县西南四十里。　**银坑保**统图一，在县西北六十里。宋亦统于宾贤乡。

南区　**都上保**距县三十里。　**都下保**距县二十五里。

宋俱统于西乡。(上二保各统图一,俱县东。) **周平保**距县四十里。宋统于北乡。 **长吉保**距县二十五里。 **隆下保**距县五十里。宋俱统于南乡。(上三保各统图一。) **饶村保**统图二,距县二十里。宋统于南乡。(以上四保俱县南。) **将屯保**距县五里。 **赤上保**距县四十里。 **赤下保**距县三十里。宋俱统于南乡。(上三保各统图一,俱县东南。) **隆安保**统图一,在县西北八十里。宋统于孝义乡。

北区 **黄溪保**统图四,距县四十里。 **蓝田保**统图一,距县三十里。宋俱统于北乡。 **静安保**统图一,距县六十里。 **上黎保**统图二,距县七十里。宋俱统于孝义乡。(上四保俱县北。) **桂阳保**距县六十五里。宋统于孝义乡。 **安吉保**距县六十五里。宋统于宾贤乡。(上二保各统图一,俱县西北。)

光泽县

宋分二乡,统十里。元因之。国朝分在城为二图,析里为三十都,凡八十图,后渐省为五十图。

在城统图二。

一都统图二,在县西八里。 **十八都**统图二,距县一十里。 **三十都**统图一,距县二十里。(上二都俱县东。以上三都俱宋永宁里。) **十七都**统图一,距县二十里。 **十九都**统图二,距县一十五里。(以上二都在县北,俱宋招福里,一作安福里。) **二十都**距县二十里。 **二十一都**距县四十里。 **二十二都**距县三十里。(以上三都各统图一,在县北,俱宋招贤里。) **二十三都**距县一百里。 **二十四都**距县一百二十里。(上二都各统图二。) **二十五都**统图一,距县一百四十里。(以上三都在县东北,俱宋永德里。) **二十六都**统图一,在县东北九十里。　**二十七都**统图一，距县一百二十里。　**二十八都**统图四，距县五十里。　**二十九都**统图二，距县一百里。（上三都在县北，俱宋崇仁里。已上五里，宋俱统于光泽县。）　**二都**统图二，在县西二十里。　**三都**统图一，在县西南二十五里。**四都**统图一，在县西五十里。（已上三都俱宋归仁里。）　**五都**统图二，距县五十里。　**六都**距县七十里。　**七都**距县六十里。（上二都各统图一。已上三都在县西，俱宋延福里。）　**八都**距县八十里。　**九都**距县七十里。（上二都各统图二，俱县西。）　**十都**统图二，在县北六十里。（上三都俱宋冲霄里。）　**十一都**距县八十里。　**十二都**距县一百里。（上二都各统图一，俱县北。）　**十三都**统图三，在县西一百一十七里。（以上三都，俱宋永历里。一作永安里。）　**十四都**统图一，距县四十里。　**十五都**　**十六都**各统图二，去县三十里。（上三都在县北，俱宋招德里。以上五里，宋俱统于鸾凤乡。）

兴化府

莆田县

宋分六乡，统三十四里。元初改附城三里为四厢，在乡为三十一里。国朝改六乡为七区，并宋崇业乡保丰里、永嘉乡丰城里入常泰里。正统间，并兴化县西南乡清源东、西、中、崇仁、安仁、广业六里之地，合为广业一里。宋属凡三十里，统图二百有六。

一区　**东厢**统图八。宋为清平里，属崇业乡。　**南厢**统图四。宋为嘉禾里，属永嘉乡。　**左厢**统图四。　**右厢**统图二。（上二厢，宋为延陵里，属崇业乡。）　**常泰里**统图一。在府城西北六十里。宋属崇业乡。

二区 **仁德里**统图六，距府城十里。宋属武化乡。 **延寿里**统图十，距府城二十里。 **望江里**统图六，距府城三十里。 **待宾里**统图一，距府城四十五里。（上三里，宋属唐安乡。） **尊贤里**旧名让贤，宋改今名。统图三，距府城十里。宋属武化乡。（以上六里，俱府城东北。）

三区 **连江里**统图八，在府城东二十里。宋属感德乡。 **孝义里**以唐孝子林攒名。统图八，距府城五里。宋属崇业乡。 **永丰里**统图二，距府城三十五里。 **待贤里**统图三，距府城四十里。（上二里，宋属唐安乡。） **兴教里**旧名崇教，宋改今名。统图四，距府城十五里。宋属武化乡。（上三里俱府城东北。）

四区 **南力里**宋名南匿。统图九，距府城十五里。 **莆田里**统图十，距府城二十里。 **景德里**统图四，距府城二十里。 **胡公里**以壶山旧有陈、胡二仙名。统图三，距府城十里。（上四里俱府城东南，宋俱属感德乡。） **新兴里**统图一。 **文赋里**以朱处士郸能赋名。旧传唐先辈徐寅作《雷出地奋赋》，破题未成，郸应声云："阴复阳回，地中出雷。"郸之居，今为五云寺。统图一。（上二里在府城西南二十里，宋俱属永嘉乡。）

五区 **惟新里**统图四，在府城南十里。 **灵川里**统图一，在府城西南二十里。（上二里宋属永嘉乡。） **谷清里**宋名国清，以唐名。统图七，距府城二十里。 **安乐里**统图六，距府城三十五里。 **醴泉里**统图六，距府城四十里。（上三里在府城东南，宋俱属感德乡。）

六区 **兴福里**统图一十七，距府城三十里。 **奉谷里**宋名泰国。统图十，距府城七十里。 **武盛里**统图一十七，距府城八十里。（上三里在府城东南，宋俱属崇福乡。）

七区　**崇福里**统图八，距府城五十里。　**合浦里**统图一十四，距府城四十里。　**新安里**统图一十三，距府城八十里。（上三里在府城东南，宋俱属崇福乡。）　**广业里**统图一，在府城东北八十里。

仙游县

宋分为四乡，统二十六里。国朝乡仍其旧，省廉洁、仁德、保德、清泉、旋珠、永福、咸平、常德、昼锦、香山、仙溪、旸谷、依安，凡一十三里。正统间，析兴化县西北乡寻阳、来苏、兴建、兴泰、福兴五里之地，并为兴泰、福兴二里来属，寻又并为一里，共一十四里。

嘉禾乡　在县西南，统里三。　**功建里**附县。　**孝仁里**在县南二十里。　**养志里**在县西南一十里。

归德乡　在县西北，统里四。　**善化里**距县二十里。　**文贤里**旧名闻纮，又名闻贤。　**万善里**（上二里各距县四十里。已上三里俱县西。）　**兴贤里**在县西北四十里。旧名乐输。

修德乡　在县西北，统里四。　**折桂里**在县东二十里。旧名易乐。　**永兴里**在县南四十里。旧名永春。　**安贤里**在县北二十里。旧名安乐。　**兴泰里**在县东北四十里。

唐安乡　在县东南二十里。　**连江里**　**慈孝里**（上二里俱在县南四十里。）

福宁州

本州

宋分四乡，统二十二里。淳祐五年，析灵霍乡三里、永乐乡六里，置福安县。元析柘阳里为二里，凡一十四里，分为五十三都。国朝因之，凡统图一百九十有九，后渐省为四十三都，统图八十。

劝儒乡唐林嵩登乾符二年第，观察使李晦表请改乡里，因改赐今名。 **擢秀里：一都**统图一，距州十里。 **二、三都**统图一，旧为二都，今并，距州十五里。 **四都**统图五，距州三十五里。（上三都在州东。） **五、六都**统图一，旧为二都，今并，距州六十里。 **七都**统图一，距州七十里。（上二都在州东北。）**望海里：八都**统图二，距州八十里。 **九都**统图二，距州九十里。 **十都**统图三，距州一百里。 **十一都**统图二，距州一百一十里。（上四都在州东北。） **育仁里：十二都** **十三都**（上二都各统图二，距州一百二十里。） **十四都**统图一，距州一百四十里。 **十五都** **十六都**（上二都各统图一，距州一百五十里。上五都俱州东。） **廉江里：十七都**距州一百五十里。**十八都**距州一百六十里。 **十九都**距州一百七十里。（上三都各统图一，俱州东。） **遥香里：二十都**统图一，在州东北一百一十里。 **二十一、二都**旧为二都，今并，距州一百三十里。 **二十三都**距州一百四十里。（上二都各统图一，俱州北。）**二十四都**统图一，在州东北一百四十里。

灵霍乡 **柘洋下里**（宋名柘阳）：**二十五、六都**统图一，旧为二，在州西北四十里。 **二十七都**统图一，在州北五十里。 **二十八都**统图一，在州西北七十里。 **二十九都**统图一，在州西八十里。 **洋上里：三十都**统图一，距州一百一十里。**三十一都** **三十二都** **三十三都**（上三都各统图一，距州一百二十里。已上四都俱州西北。） **万安里：三十四、五都**统图一，旧为二都，今并，在州西南二十里。 **温麻里：三十六、七都**旧为二都，今并。 **三十八、九都**旧为二都，今并。（上二都各统图一，距州四十里，俱州西南。）

安东乡 **安民里：四十都**距州三十三里。 **四十一都**

距州四十一里。　**四十二都**距州二十五里。　**四十三都**距州五十五里。（上四都各统图一，俱州南。）　**新北里：四十四、五都**统图一，旧为二都，今并，在州西南五十五里。　**新南里：四十六、七都**旧为二都，今并，距州四十五里。　**四十八都**距州七十里。（上二都各统图一，俱州南。）　**连海里：四十九、五十一都**统图一，旧为二都，今并。　**五十都**统图二。（上二都俱州南一百里。）　**招贤里：五十二都**距州七十五里。　**五十三都**距州一百里。（上二都各统图一，俱州南。）

宁德县

宋分三乡，统十里。元省临海、金溪、安乐三里，分为二十三都。国朝因之。

安东乡　**陵山里：一都**附县。　**二都**在县南四十里。　**三都**在县东三十里。　**四都**在县西北二十里。　**五都**距县三十里。　**六都**距县二十里。（上二都俱县东北。）

霍山乡　**水际里：七都**距县三十里。　**八都**距县五十里。（上二都俱县东北。）　**九都**距县七十里。　**十都**距县八十里。　**十一都**距县九十里。（上三都俱县北。）　**霍童里：十二都**距县九十里。　**十三都**距县一百一十里。（上二都俱县北。）

青田乡　**东阳里：十四都**距县一百二十里。　**十五都**距县二百三十里。　**十六都**距县二百四十里。　**十七都　十八都**各距县二百五十里。（上五都俱县北。）　**十九都**在县西北一百二十里。　**感德后里：二十都**在县西一百二十里。　**感德前里：二十一都**在县西一百二十里。　**安远里：二十二都　二十三都**（上二都各距县五十里，俱县西。）

福安县

宋割长溪县永乐乡凡六里、灵霍乡内三里隶本县。元析永乐乡为福安、用儒二乡，改灵霍乡为秦溪乡，合归化东西二里为界东里，凡三乡八里，统三十六都。国朝改界东里为东西二里。景泰间割平溪里十一至十四凡四都，隶建宁府寿宁县，今领三十二都，凡九里。乡仍元旧。

福安乡 界东里：**一都**在县西隅。 **二、三都**在县东五里。 **四都**在县北三十五里。 **界西里：五、八都**在县西北五十里。 **六都**距县二十五里。 **七都**距县七十里。（上二都俱县北。） **平溪里：九都**距县七十里。 **上十都**距县五十里。 **下十都**距县八十里。（上三都俱县西北。）

用儒乡旧永乐乡，以佥检郑寀改今名。 **钦德里：十五都**距县十五里。 **十六都**距县二十里。 **十七都**距县二十五里。 **十八都**距县十五里。 **十九都**距县三十五里。（上五都俱县西。） **西兴里：二十都**距县十六里。 **二十一都**距县二十里。（上二都俱县西南。） **二十二都**距县二十五里。 **二十三都**距县三十五里。（上二都俱县南。） **仁风里：二十四都**在县东北六十里。 **二十五都**在县东南四十里。 **二十六都**距县三十里。 **二十七都**距县七十里。（上二都俱县东。）

秦溪乡 沿江里：**二十八都**距县七十里。 **上二十九都**距县四十里。（上二都俱县南。） **下二十九都**在县东南五十里。 **三十都**在县南三十五里。 **三十一都**在县东南四十五里。 **秦西里**（宋为秦溪东西二里，元合为一里。国朝复分之）：**三十二都**距县一百里。 **三十三都**距县一百三十里。

(上二都俱县南。)　**三十四都**在县东南一百二十里。　**秦东里：三十五都**距县一百一十里。　**三十六都**距县一百二十里。(上二都在县东。)

校　注

[1] 嘉靖《安溪县志·地舆》作“去县东一十里”。
[2] 嘉靖《安溪县志·地舆》作“在县治南隔渡”。
[3] 嘉靖《安溪县志·地舆》作“县西五里”。
[4] 嘉靖《安溪县志·地舆》作“二十里”。
[5] 嘉靖《安溪县志·地舆》作“在县西北二十里”。
[6] 嘉靖《安溪县志·地舆》作“在县西北五十里”。
[7] 嘉靖《安溪县志·地舆》作“在县西北八十里”。
[8] 嘉靖《安溪县志·地舆》作“在县西北一百里”。
[9] 嘉靖《安溪县志·地舆》作“在县西北五十里”。
[10] 嘉靖《安溪县志·地舆》作“在县西北七十里”。
[11] 嘉靖《安溪县志·地舆》作“在县西八十里”。
[12] 嘉靖《安溪县志·地舆》作“八十里”。
[13] 嘉靖《安溪县志·地舆》作“五十里”。
[14] 嘉靖《安溪县志·地舆》作“在县东北五十里”。
[15] 嘉靖《安溪县志·地舆》作“县东北四十里”。
[16] 乾隆《漳州府志·疆域》作“各统图二”。
[17] 乾隆《漳州府志·疆域》作“彰信里”。
[18] 乾隆《汀州府志·城池》及乾隆《长汀县志·疆域》均作“统图四”。
[19] 乾隆《长汀县志·疆域》作“宣河里”。
[20] 乾隆《汀州府志·城池》及乾隆《长汀县志·疆域》均作“统图二”。
[21] 乾隆《汀州府志·城池》作“统图二”。
[22] 乾隆《汀州府志·城池》作“登龙乡”。
[23] 乾隆《延平府志·都图》作“距县五十里至八十里”。

[24] 乾隆《延平府志·都图》作“三十里至五十里”。

[25] 乾隆《延平府志·都图》作“距县三十里至六十里又至七十里”。

[26] 乾隆《延平府志·都图》作“距县六十里”。

[27] 乾隆《延平府志·都图》作“距县八十里”。

[28] 乾隆《延平府志·都图》作“距县一百二十里”。

八闽通志卷之十七

地　理

桥　梁

福州府

闽县

通阛桥在左院后河新瓦路，今俗呼花巷。　**勾栏桥**今俗呼玄坛河乾桥。　**马站桥**在普光塔后。　**长利桥**在开元寺前，今俗呼剃刀桥。　**去思桥**旧罗城大壕之桥，即澳桥也。宋景德元年，郡守谢泌谋易木以石，州民陈祐辈奔走营集，泌去三年而桥始成。后泌卒，州人相与缟素，哀而祠之。祥符七年，改曰通津，崔轲为记。熙宁八年，郡守元积中慕泌之政，因改名去思。后陆藻守乡郡，始构亭其上，提刑俞尚为记。　**化龙桥**在曾浦坊内。（上六桥俱在府城东隅。）　**铫炉桥**在府城南隅福星坊内。一名钓鲈桥。　**安泰桥**在府城南门直街，旧利涉门外。宋宣和七年，郡守陆藻创亭其上，亭今废。旧有重修。《津渠志》："在利涉门下。"掌书记陶岳撰。　**德政桥**旧为渡。宋绍兴十四年僧觉渐建。阔九丈,为门三,号新桥。陈稷书"德政桥"三字刻于石栏。乾道二年创亭其上。 **得胜桥**在水步门闸边。 **使君桥**宋大中祥符二年建。初名河西桥。桥之下为清水堰。绍兴二十六年,乡人因置闸名曰使君,并以名桥,俗呼新桥,非。 **通津桥**旧名兼济。旧记云:"从清水堰开河通澳桥津,引潮贯城,横渡兼济门,盖伪闽筑罗城时所凿也。宋咸平中,郡守陈象舆重濬之,并门改名。俗呼新河,通大船往来。" **仁爱桥**在右卫前旧子城定安门。桥今塞,石梁尚存。(上五桥俱在府城东南隅。) **经院前桥**即今左卫前桥,盖卫乃旧经院地也。 **师桥**在寿宁坊前。 **延庆桥**在庆城寺前。(上三桥俱在府城东北隅。) **乐游桥**在行春门外。宋元祐中,道士颜象环建。 **石浦桥**东接凤坂,西抵水步门。 **厚浦桥**南抵凤坂,北连顶屿。(上三桥俱在崇贤里。) **登龙桥**在归善里。 **浦东桥** **蹴鳌桥**在鼓山之上。 **蓬岐桥**(上三桥俱在鼓山里。) **七门桥**在桑溪里凤丘山之右。 **鳌溪桥** **登龙桥**宋嘉泰间建,后毁于兵,架大木以通行者。国朝成化十六年,乡人始累石为桥。 **象西桥**宋乾道间创,后圮于水,以木为之。国朝成化十七年,乡人因旧址伐石重建。 **浩溪桥**宋时建,后圮。国朝成化十八年,知府唐珣命五虎门巡检张守中重建。 **际桥**宋时建。国朝成化十八年,乡人致仕县丞王鑛倡而修之。 **下汤桥**昔人创以泄水。成化间,知府唐珣命张守中修葺。 **横屿斗门桥**连江、闽二县土田之近横屿者皆由此以泄水。旧门狭窄,稍遇暴涨,禾稼辄淹没。成化十八年,知府唐珣命张守中辟而广之。 **马鞍桥**横跨孟溪之上。(上八桥俱在合北里。) **迴龙桥**在江右里迴港之上,长三百余步。 **奉真桥**在东岳庙前。宋元丰三年颜象环建。 **草参亭桥**宋建中靖国间建。 **朝天桥**上有亭。(上三桥在易俗里。)

大坑桥在永北里。(已上二十一桥俱府城东。)　**九仙桥**初名合沙桥。旧为木梁,宋景德间,郡守袁逢吉始易以石。元符二年,颜象环亭其上,更今名。元季毁,今仍为木梁。　**洗马桥**旧洗马于此。　**虎策桥**(上二桥俱在南门外左三坊。)　**青龙桥**在仁丰里。下有清龙池。　**龙头桥**在光德里。　**万寿桥**横跨南台大江,江广三里。旧为浮桥,屡修屡坏。宋元祐间,郡守王祖道置田一十一顷七十二亩,以备修桥之费。元时,田入头陀万岁寺。大德七年,头陀王泫助奉旨创造石桥,募民财以佐费,自帅宪以下,举佽助焉。酾水为二十九道,上翼以石栏,长一百七十丈有奇,南北构亭二;至治二年讫工,翰林学士马祖常为记,御史中丞曹立书匾刻石。国朝天顺间,镇守少监来住重修,翰林编修杜宁为记。成化十七年,镇守太监陈道复修。　**沙合桥**又名小桥。成化六年,知府周铫重建。　**江南桥**在盐仓前。(上三桥俱在嘉崇里。)　**象桥**在高惠里。　**绿榕桥**在大义溪东。成化十六年,知府唐珣重建,乡人按察使陈炜为记。二十年,镇守太监陈道规划修。　**安民桥**横跨义溪之上。　**广坑桥**在大义坊口南去里许。成化十六年,知府唐珣因造绿榕桥而并修之。(上三桥在西集里。)　**苦竹桥**在小苦竹溪头。　**安境桥**(上二桥在积善里。已上一十四桥俱府城南。)　**板桥**在水步门外城边。　**通仙桥**在通仙门之南。宋乾道二年构亭其上。　**韭菜桥**(上三桥在南津坊。)　**红桥**跨永福、归仁二里。桥南有亭。成化二十一年,镇守太监陈道檄织染局副使汪济修。　**登龙桥**在归仁里。(已上五桥俱府城东南。)　**里尾桥**在大田驿之北一里许。成化二十年,镇守太监陈道规划修。　**洋下渡**在鼓山里。初,临水、洋门、洋下、白田四渡,皆贫民以私船乘载,悉在规利弊而不修。中经鸡屿,风涛最险,易致漂溺。宋嘉祐中,长乐县始置三渡于临水,官以船济之,募善水者为桨夫。渡者输钱七,藉给募之余,为船具及补败之资。后因循不举。元祐六年，知县丁掌奏乞举行。明年，敕以白田、临水、洋下、洋门四渡相近且同岸，只设一渡。渡者人输钱五，均给为江淮河港溪渡钱。绍兴元年，流寓民江子清尝乞收之，遂令日收，岁终较额，为殿最后渡者，人输至三十。

螺洲渡在仁惠里。（上二渡俱府城东。） **南台渡**在嘉崇里。 **方山渡**在清廉里。 **王峬渡**在嘉登里。（上三渡俱府城南。） **大义渡**在西集里。过西峡江，凡两潮至渡次。唐贞观中，州帅卫总持见其处商旅宾主有序，因名渡曰大义。 **西峡渡**在归仁、高详二里。峡门风涛险恶。元至元十三年，元帅唆都募民户三十又九，置渡船一十又三，每船水手三人，月给官粮一石二斗。渡之两岸各有亭，为行人憩息待渡之所，岁久而圮。国朝成化二十一年，镇守太监陈道规划重建。 **白田渡**过鸡屿岸，凡两潮至。 **洋门渡** **洞江渡** **营前渡** **洋屿渡** **筹崎渡** **浮崎渡** **翁崎渡**（上十渡俱在府城东南。）

侯官县

澳门桥在府城南隅。旧名清远门桥，又名鸭门桥。 **板桥**在光禄坊内。 **仓前桥**近常丰仓，故名。 **金斗桥**在金斗门东。旧罗城壕也。（上三桥俱在府城西南隅。） **迎仙桥**在西门外城边，以木为之。 **熊兵桥**旧有熊兵营地，故名。俗呼为小桥。 **泥门桥**在泥王庙前，又名平桥。 **观音桥**桥有亭以祀观音，故名。（上三桥在西门外直街。） **高峰桥**在西教场头柴巷。 **打铁桥**在官园前。 **柳桥**（上七桥俱在草市都。） **洗马桥**在西南关厢荣亲里。 **凤凰桥**在凤凰山下香严寺前。旧有亭，成化十九年仆于风。 **西禅浦桥** **石湖桥**在西宫前。（上三桥俱在美宅里。） **中济桥**在柳桥。旧有亭，今废。 **黄**

山桥在黄山前。(上二桥俱在永钦里。)　地藏桥在一都义民仓前。　雷打桥在新安里瓦埕头。又名神仙桥。　洪山桥距城五七里许。旧有石桥,桥门狭隘,水不时泄,民以为病。成化十一年,镇守太监卢胜广其旧址而重建之,规模宏远,十倍于前,佥事章懋为记。二十一年复坏,镇守太监陈道重修。　丁坂桥　带桥俱在洪塘。(上三桥在方鹗里。已上一十八桥俱府城西。)

黄宅桥伪闽谏议大夫黄讽居第在桥之西,故桥以黄宅名。　栖云桥其南有栖云慈峰院。　石碣桥　桐山尾桥(上四桥俱在府城南三秀里。)　鹳头桥在晓岐。　元通桥　新桥在高岐。(上三桥俱在灵凤里。)　合山桥在海平里南屿。以木为梁而覆以亭,绵袤凡数丈。　径桥在江口。　李宅桥其东有李宅村。

下浦桥　辽沙桥　苏岐桥　浯水桥　杜豹桥(上七桥俱在闽光里。)　张坑桥在白鹤。　接武桥　白屿桥(上三桥俱在清政里。)　凉伞桥　六桥在后尾花屿山下。周围凡六桥,故名。(上二桥俱在永康里。)　十四门桥在招贤里。叠石为桥,酾水凡十四道,故名。　绿榕桥在绥平里庆城庄前。(已上十八桥俱府城西南。)　洪塘高崎渡自洪塘渡至水西高崎,故名。

瓦埕渡(上二渡在二都。)　西禅浦渡　报恩前渡　新道渡　林豫洲渡(上四渡在一都。已上六渡俱府城西。)　元口渡在府城西南十八都。　风流崎渡　渡尾渡(上二渡在十一都。)　白沙渡在三十四都。　大箬渡在二十四都仁德里。

安仁渡按旧志:"宋熙宁八年置,绍兴中以安仁、小箬二渡归汤背。"(已上五渡俱府城西北。)

怀安县

车驽桥在员通巷边。旧以木为梁,成化十七年始易以石。

以近三山驿，又名馆驿桥。 **三合桥**在浦尾。旧以木为梁，成化十七年始易以石。 **太平桥**与西门太平闸相接，故名。 **虹桥**上有亭祀观音像，俗呼观音桥。 **王师桥**在浦尾。 **金墉桥**与王师桥连，以木为梁。 **发苗桥**在水流坑。旧桥侧有水闸，基石犹存，后又创为桥。 **双抛桥**与发苗桥相接，一横一直，故名。 **定远桥**在子城丰乐门外。旧名义和，宋时俗呼定远。 **宜秋桥**相传伪闽时，凿渠引西湖清水贯城而入，沿丰乐门城隅，与浦尾潮接，为浴马之所，且以涤秽。 **雅俗桥**在子城清泰门外。今俗呼杨桥。 **宜兴桥**在西门东畔，今塞。（上一十二桥俱在府城西隅。） **大桥**在子城虎节门外，今双门内。旧记云："前大桥河，晋严高开以通舟楫，因名'大航'，相承去'航'字，直曰'大桥'。唐元和中，观察使薛謇重浚，以油杉作堤限。宋熙宁三年，郡守程师孟改为'乐土'。"今俗呼毛应。 **众乐桥**在杨桥东畔。 **新街桥**在大中寺前。 **开通桥**与众乐桥相连。

便民桥在大中寺东畔，今塞。（上五桥俱府城西南隅。） **乐游桥**在府城东北隅，旧子城康泰门外，今丽文坊西，久塞。 **毛胡桥**在北门后街。 **悦济桥**（上二桥俱在府城西北隅） **度桥**按旧志："出西门十五里，旧有之，岁久颓圮。宋绍兴七年，县令江义和重建。" **万安桥**纳洪塘之支流，实驿路要冲也。元季圮于水，存者三址。国朝宣德八年，中贵卓洪、范士明募众重建于旧址之西四十丈许，酾水为五道，上跨修梁而覆以亭，长二十余丈。岁久，洪水冲激一盾几圮。成化十九年，镇守太监陈道复命工修之。（上二桥在府城西。） **小桥** **灵光桥**在灵光寺旁。 **厚屿桥**

拱辰桥（上四桥在一都。） **杨崎桥**在九都。宋嘉祐二年建。

泽苗桥淳熙元年乡人建。 **浦口桥**隆兴四年建。（上二桥在十一都。） **潘舍桥**熙宁七年建。 **通济桥**熙宁八年建。

般若桥　**仙坂桥**俱隆兴二年建。(上四桥在二都。已上十一桥俱府城南。)　**遗爱门池桥**在北门外。上翼以亭。　**文山桥**在文山之下。旧有亭,成化十九年为暴雨所坏。　**江洋桥**在十七都。元大德六年建。　**石塔桥**在十九都。元至正十二年建,以旁有石塔,故名。　**飞坑桥**永乐十五年,古田县民孟贤建,并构亭其上。　**坫板桥**永乐十五年建宁府民刘道同等建。(上二桥在二十一都。)　**林门桥**在二十二都。宋宝庆间建。(已上七桥俱府城北。)　**陈桥**在凤岗。　**周宅桥**(上二桥在府城西南八都。)　**四达轿**在芋原驿之南。洪武三十年建。景泰二年圮于水,三年,知县吴益重造。　**文振桥**(上二桥俱在府城西北。)

石边头渡在七都。　**杨崎渡**在九都、十都。汲流驶险,渡者艰危,元郑潜始创舟济之,仍给田以赡操舟之人。有石刻曰"郑公渡",郡人吴海为记。　**白苗渡**亦郑潜所立。　**吴山渡**在十都。　**新崎渡**在十一都。旧名仙崎。　**沙溪渡**在十三都。(已上六渡俱府城西南。)　**石岊渡**经甘蔗洲、大小目、福院、小箬、大箬,凡百六十里至水口。渡者不遇便风,或跨二宿。尝有监司诗:"朝辞虎节门,暮宿牛□寺,江神也世情,一送三程路。"

黄石渡旧名岊渡。(上二渡俱府城西北。)

长乐县

永泰桥旧溪深可泛,永泰舟人多集其下,故名。　**洋门桥**县洋九溪会泄于此。(上二桥在宾贤里。)　**荻溪桥**在仁义里。光严寺僧志宁造。(上三桥俱县东。)　**桃坑桥**在清平里。　**渡桥**在良田里。旧志作大宏里。　**灵源桥**路通灵源寺。宋元祐间,甘泉院僧德一建,构亭其上。　**溪上桥**距灵源桥里许。路通破石、挎纱二潭,亦元祐间僧德一建,构亭其上。　**中桥**上联郭桥，下控渡桥，此居其中，故名。（上三桥在同荣里。） **郭桥**在昆田里。乡人郭姓者率众创建，因名。 **猎溪桥**跨昆田、泉元二里。宋元祐三年建亭覆之。（已上七桥俱县南。） **云龙桥**在县北安方里。嘉泰三年，里人刘震叔建。 **石梁锦桥**宋淳熙十二年，里人造石桥十有五间，又于桥之西筑海为地三亩，以固桥道。 **震龙桥**唐林慎思未仕时所建也。（上二桥在纮歌里。） **龙津桥**在崇仁里。宋陈嘉谋建。 **化龙桥**评事海田张□建。（上四桥俱县东北。） **航头渡**在县西宾兴里。 **白田渡**在县南嵩平里。 **洋门渡**在县西南崇丘里。县志作龙门渡。 **广石渡**在二十一都方安里。 **文石渡**在二十二都大宏里。（上二渡俱县东北。）

连江县

通济桥在县治南隅，跨鳌江。宋政和四年，叠石为梁，凡一十六间，长五十丈六尺；淳祐间改修。 **宣化桥**在县治前，旧名美政。成化十二年，知县章武改今名。 **登云桥** **北斗桥**下有斗门。 **乌石桥**在乌石山下，跨财溪下流。 **四模桥**正统八年乡人建。 **塘头桥**在浦下。下有闸，以蓄东湖之水。（上五桥在钦平下里。） **大门桥**在乌石山北。有斗门以蓄财溪之水。景泰五年建。 **财桥**在财溪上。（上二桥在嘉贤下里。） **金沙桥**在二十七都。 **化龙桥**在二十九都。下有斗门。 **通仙桥**在二十六都。 **斗门山桥**在永贵里。下有斗门。（已上十一桥俱县东。） **金璧桥** **魁龙桥**（上二桥在钦平上里。） **安利桥**即旧潘渡也。宋绍兴十四年，知县阮珪始创桥，未几，水淙啮以坏。乾道三年，晁子阖更新之，累址十九，长六十五丈，名惠政，后于水中得断石，刻文有“安利”二字，因改今名。宝庆三年，元帅王居安与寓公郑逢辰改建，又名潘渡桥。按县志云："后桥圮，邑人潘舫以舟济渡，因以名渡。"考之《三山志》，绍兴以前已有潘渡。县志盖考之未审也。　**陈溪桥**正统间重建。（上二桥在光临里。已上四桥俱县西。）　**高梁桥**在新安里。　**吴舍桥**在安庆里。（上二桥俱县南。）　**溪尾桥**在县北安仁上中里。　**溪头桥**　**月峰桥**　**上桥**　**黄洖桥**　**镇东桥**　**龙津桥**（上六桥在安得里。）　**天然桥**在建兴里。巨石跨两山，下通流水，出于天成，故名。（已上七桥俱县东北。）　**朱公桥**邑宰朱定建，故名。朱定，县志不载何时人。　**山坪桥**（上二桥俱在县西北仁贤里。）　**浦下渡**在县东钦平下里。　**罗仑渡**在光临里。　**东岸渡**　**七猴渡**（上二渡在安仁里。已上三渡俱县西。）　**赤沙渡**在安庆里。　**船步头渡**　**荻芦寨渡**上二渡在永贵里。（已上三渡俱县南。）　**玉塘渡**　**三子崎渡**　**横槎渡**（上三渡俱见《三山续志》，而县志不载，里都未详。）

福清县

龙首桥在县南门外。初以木为之。宋天圣五年，灵石僧洞然命其徒义韶募缘建。长四十寻，广二丈五尺，高倍广之数，名曰通海。元祐二年，敛石僧显光及乡人林日进复募缘为梁三十，长二十二丈，改名坦履。绍兴二十年，知县黄童、邑人刘允恭又募缘为梁八，长一十六丈，而构亭于其南。合前后三桥，为梁二十有五，长七十余丈，又改今名。元至治二年，州命僧洪琛重修，知州吴涛为记。　**龙江桥**跨方平、仁寿二里。始，太平寺僧守思叠石为基。宋政和三年，林迁与僧妙觉募缘成之。为梁四十有二，广二丈，长一百八十余丈，名曰螺江。龙学[1]林遹为记，提刑刘峤[2]更名永平，后邑人林栗又改今名。　**石塍桥**旧以木为梁，宋治平三年，禅林院僧为贲始伐石累址，为间者五，而梁其上，长四十丈。　**洋子桥**乃石塍下桥也。宋绍兴十八年，里人林昭显与僧法宾募缘建之。广丈余，为梁五，长一十三丈有奇。元至元间圮于水。　**洞溪桥**宋绍圣间，净明院僧契慈建，凡五间。绍兴十一年，里人林昭显与其姪舜英复募缘续建。凡十间，广八尺，长二十四丈。元季圮于水。（上三桥在修仁里。已上四桥俱县东。）　**士林桥**在水陆院之左。宋开宝五年建。治平元年，僧显募缘新之。嘉定九年，圮于水，邑人卓森重建。（“显”字上下必有缺文。）　**无患桥**在宏路驿东南。宋熙宁七年，僧超渐建。为梁十有五，广二丈二尺，长二十有九丈。成化间，桥之北圮；十九年，镇守太监陈道规划重修。　**交溪桥**宋宣和四年，林公孙募缘建，凡二十间，长四十丈，后改名登龙。今圮。（上二桥在善福里。已上三桥俱县西。）　**屯上桥**在县东南化南、平南二里间。宋景德二年建。　**化龙桥**在万安里渔溪。旧名万安，宋嘉祐七年建，崇宁元年为洪水所啮。知县黄国镇率众修之。旧为间十五，续增为十七，广一丈，长十五丈。乾道元年，又为洪水所啮；县尉赵善课复率众修之，更今名。成化间圮。十九年，镇守太监陈道规划重修。　**蹑云桥**在径江翠林。宋元丰中，僧守思及其甥李诚募缘建，长三十丈。政和五年，复筑室于桥亭之西。　**镜桥**岁久而圮。成化十八年，镇守太监陈道规划重修。（上二桥在灵德里。已上三桥俱县西南。）　**王铁桥**　**波澜桥**（上二桥俱成化十九年镇守太监陈道规划重修）　**下渚渡**　**白沙渡**　**双屿渡**（上三渡在江阴里。）　**应天渡**　**段渡**（上二渡在临江里。已上五渡俱县南。）

古田县

丁字桥在冲峰桥之下。二水合流，宋庆元二年，里人林湜捐资建二桥，一纵一横，形如丁字，故名。　**普济桥**在四十四都安章。元时建。国朝永乐十一年，僧法颜募缘修，景泰间重建。

迎驷桥在和平里谷口。宋时建，今废。(上三桥俱县东。)

劝农桥元时建，邑令劝农驻此，故名。今为迎送之所。国朝正统十三年毁，景泰三年，知县杜永济重建。　温泉桥(上二桥在保安里。)　杨桥在汤镇。又名汤寿，宋时建。国朝正统十二年重建，景泰三年圮于水。成化九年，知县黄玠募缘伐石累址，十八年始成。　潮鱼桥(上二桥在和平里。)　曹阳桥在曹阳铺。俱宋时建，名开禧。国朝永乐十年重建，改今名。景泰三年，圮于水，知县杜永济、尹古相继重建，随圮。成化间，知县徐栻又建，仍覆以亭。　洪坑桥成化八年，知县黄玠建。　锦溪桥宋时建，国朝洪武初圮。成化九年，乡人谢畴重建，并覆以亭。　朝天桥在和平里清潭渡。宋时建，今废。(已上八桥俱在县南。)　焕文桥在县治北大街。正统十三年毁，天顺间知县尹古重建。

云津桥在清溪上流，俗呼里安。宋初，邑人廖三益捐资创建。国朝正统间毁，景泰间重建，随圮于水。　平湖桥距县四里。洪武三年，乡民林良、王宗年建，成化十三年毁。十七年，耆民黄元启等捐资募缘重建，并覆亭其上。　郑源桥　高攀桥(上二桥在新兴里，俱废。)　龙江公济桥在横溪里。宋时建，累石为墩五，而构亭其上。(已上六桥俱县北。)　石平桥在县治东南仁寿坊东。宋、元累建而废。国朝宣德间，御史王宝重建，随圮于水。成化十五年重修。为石墩十有一，上覆以亭，为间五十有六。

院溪桥宋时建，今废。　凌桥(上二桥在县西南崇礼里。)

万安桥在云津桥南。元季建。国朝永乐十一年毁。成化十五年，知县王璀倡民重建。十八年，乡民构亭其上，凡四十七间。

鸣玉桥在万安桥之南。宋时建。以其下有鸣玉滩，故名。绍兴元年毁于兵，僧圆证募缘重建。嘉泰间溃于水。开禧初又毁于兵。后复建，改名长桥，寻复毁。　平沙桥　龙津桥(上三桥在保安里。已上四桥俱县东北。）**迎仙桥**在县治西北后街。元季建，国朝正统初知县张昱重修。**汤头渡**在闽清县界。宋时有桥，后废，今亦为渡。**清潭渡**元季有桥，后废，今创为渡。（上二渡在县南一都。）

永福县

东新桥在县东待旦里旁。旧有款“骖亭”。**平政桥**在重光寺前。宋绍圣四年始建浮桥。为梁八十，为舟三十有六。**通京桥** **宣和桥** **政和桥**（上四桥在开平里。）**永安桥**在安乐里。（已上五桥俱县南。）**大漳渡**在三都。**赤崎渡**在六都。（上二渡俱县东。）**越峰渡**在十四都。宋时有桥，后废为渡。**汤泉渡**在二十六都。**丘演渡**在二十八都。**五十口渡**在二十九都。**嵩阳渡**在三十三都。**溪东渡**在三十四都。**洑口渡**在三十五都。旧志作洑口埕渡。（已上七渡俱县西。）**重光渡**在十二都。**洪面渡**在二十八都。（上二渡俱县南。）

闽清县

龙津桥在县东安仁里。元至正十年重建，覆之以亭。**度仙桥**在县南。《三山志》作鹊仙桥。旧传黄天谷访徐、葛二子于此，故以度仙名。国朝洪武二十年，知县沈源尝建亭，岁久而圮。天顺四年，儒学教谕马能重修。**昙口桥**在县西宣政里瞿昙溪口。乡人沈公建。永乐九年，知县朱毅命阴阳训术蔡景暨邑人许闰、朱什募缘重建，仍构亭其上，凡十有一间。正统十三年毁于寇。成化五年，知县左辅命耆民黄荣募财复建。（沈公，县志不载何时人及何名。）**龙爪桥**详见《山川志》。**梅溪渡**在县东升平坊。　**白云渡**在白云庄。　**马坑渡**（上二渡在县西贺恩里。）　**龙冈渡**在县南。元季圮于水。　**天王渡**在天王寺前。元季有浮桥，洪水冲溃，今置小舟以利涉者。　**白塔渡**（上二渡在县东北。）

罗源县

崇德桥在县治西隅。宋元丰三年建。国朝永乐六年，乡人郑子高等募财重建，并亭其上。亭今废。　**四明桥**在上磨。宋绍兴二年建。国朝洪武二十五年圮。成化三年，知县施弘命士民黄孔耕、黄金等募缘重建。　**翠云桥**在黄重下里。旧圮，宣德间，建宁屯军有刘道人者募众重建，构亭其上。（已上三桥俱县西。）　**沈尉桥**宋元祐二年，县尉沈姓者重建，因名。　**南岸桥**二桥相跨，各长四丈。宋元丰八年建。（上二桥俱县南。）　**后张桥**在新路口。　**护国桥**在徐公里护国寺前。元丰二年建。（上二桥俱县北。）　**大获石桥**　**小获石桥**（上二桥俱在县灰南拜井里。）　**双石桥**在县西使旌坊，又名金钗双石桥，各长四丈，元丰三年建。　**匹练桥**在耆德坊对巷。绍兴二年建，今圮。　**澄波桥**在水门。宋绍兴五年建。　**南门桥**宋嘉祐四年建，后圮。国朝成化十一年，邑人致仕知县陆腴[3]重建。（上四桥俱县西南。）　**起步桥**在县东北天庆寺前，绍兴十年建。　**资寿桥**在资寿寺前。二桥相连，各长六丈，元丰二年建。　**白岩桥**在临济里白岩村。绍兴十五年建。　**皇认桥**在认村。宋绍兴三年建。　**洪洋桥**　**叶令桥**在下院。（上二桥俱宋绍圣三年建。）**巨济桥**在罗平里石塘，绍圣元年建，元至正二十五年圮。（已上六桥俱县西北。）　**双溪渡**在县西林洋里。界于怀安、古田二县。

建宁府

建安县

泳泽桥在广实仓前。洪武九年建，俗名仓桥，又名广实桥。

东安桥在光禄坊内，即旧磨坊桥边。宋时建，后圮于水。国朝永乐十一年，都指挥佥事侯镛重建。（上二桥在县治东，俱木梁而覆以亭。） 镇安桥在县治西谯楼前，即旧之镇雅桥也。宋乾道间郡守赵彦端建，后圮于水。国朝永乐十年重建，木址板梁。[4]（已上三桥俱郡城中。） 崩溪桥洪武二十年僧守森建。 张坑桥洪武十年僧文明建。 陆源桥在冷水寺前。永乐十年僧本性建。 将相桥在酒坊前。永乐十六年张建初重建。（上四桥俱木梁而覆以亭。） 钱仓桥洪武三年张仁翁建，凡一十五间。 大宝桥洪武六年僧至善建。（上二桥俱石址木梁，而覆以亭。已上六桥，在将相里。） 水集桥一本作"集水桥"。在东峰屯。洪武三年建。乡民遇岁旱，则聚桥下之水以溉田，故名。

漈下桥洪武四年建。 迎仙桥元至正二十六年，里人萧文酉建。 坤中桥洪武四年，里人叶章建。 仙源桥洪武二年，里人吴顺卿建。（上五桥在建宁里。） 大佛桥宋时建，国朝永乐十三年僧义山重建。 东林桥元至正间，里人翁傅林建。

专舆桥元至正间，里人林观孙建。 筹岭桥洪武二年，僧果缘募众建。 龙源桥宋咸淳九年，礼部侍郎翁合建。国朝洪武五年，里人募众重建。 新桥 溪坪桥（上二桥俱永乐间僧正圆建。） 双溪桥洪武三年，僧福海建。 敷锡桥洪武二年，里人黄任陂建。 昼锦桥洪武八年，里人陈顺建。（上十桥在南村里[5]。） 东达桥旧名安泰桥。洪武五年重建。 步月桥元至正十年，里人裴子才建。（上一十七桥俱木桥而梁以板。）　**龙潜桥**桥下有潭，深不可测。（上三桥在安泰里。）　**星拱桥**元至正间，政和县尹张仲达建，后毁。国朝永乐七年，知县邵直重建。　**普济桥**元至正元年，僧橘隐建。　**碓头桥**元至正十九年，张仲达建。（上三桥俱木桥而梁以板。）　**龙潭桥**永乐间建，成化十四年，圮于水，僧善鉴重建。（上四桥在东莨里。）　**枫连桥**元至顺四年，里民郑淑建。　**中桥**元至正二十五年，巡检黄杰建。　**跃龙桥**元至正九年，里民林成建。（上三桥俱木桥而梁以板。）　**龙蓬桥**即古川石渡也。洪武三十年，僧春谷建。石址木梁，而覆以亭。（上四桥在川石里。）　**化龙桥**元时建，以木为之。国朝永乐元年，里民吴保重建。正统十四年火。天顺七年，郡人监察御史江沂募众创石桥而覆以屋。　**当溪桥**元至正七年建。　**傅筑桥**洪武六年，里民魏昌建。　**回龙桥**元至正二十三年，建宁路同知林国宾募众建。　**上庄桥**永乐十二年，里民魏子俊建。　**郑墩桥**永乐十三年，里民陈孟五建。　**漈下桥**元至正二十一年建。（上七桥在顺阳里。已上三十九桥俱府城东。）　**普通桥**宋时建，后圮。国朝洪武十二年，里人范赐重建。　**来江桥**宋时建，元废。国朝洪武二年重建。（上二桥在登仙里。）　**南庄桥**元至正二十四年建，后毁。国朝永乐二年重建。　**水口桥**洪武二年建。　**辉井桥**　**广福桥**（上二桥均洪武二年建。）　**宝莲桥**元至正四年建。　**北坑桥**洪武初建。（上十有四桥俱木桥而梁以板。）　**龙门桥**洪武二年建。　**西山桥**洪武十八年建。　**白塔桥**洪武二年建。　**傅岩桥**洪武二十九年建。（上十桥在房村上里。）　**吕口桥**永乐元年，邵直建。　**登云桥**洪武十二年，里民张玄建。（上二桥在房村下里。已上六桥俱木梁而覆以亭。通上一十四桥俱府城西。）　**巨济

桥凡一十五间。成化二年重造。　**龙津桥**凡一十五间。成化四年重建。　**龙兴桥**洪武十六年，里民方淼建。　**登云桥**宋绍兴中，里人林成建。（上二桥俱木梁而覆以亭。）　**跃云桥**宋庆元六年，里民张元弼建。　**步云桥**洪武六年，里民阮庆建。

通济桥永乐十四年，里民张杰建。　**叶坑桥**元至正十九年，进士蔡大壮建。（上四桥俱木桥而梁以板。已上八桥在府城南秦溪内里。）　**集瑞桥**洪武初僧茂堂建，成化二年重建。　**场口桥**洪武四年建。　**馆堂桥**洪武初里民廖祖建。（上三桥在秦溪外里，俱木梁而覆以亭。）　**中桥**元至正二年，里人林国兴建。

水尾桥元至正七年，林国兴建。　**黄村桥**洪武十年，里人黄复礼建。（上三桥俱木桥而梁以板。）　**大鲁桥**元至正元年，林国兴建。石址而梁以木。（上四桥在房村下里。）　**刘公桥**在登仙里。宋郡人刘公弼建，木桥而梁以板。（已上八桥俱在府城西南。）　**城东桥**在宁远门外。宋时建。　**泽民浮桥**在白鹤山前。宋开禧间建，后废。即今梨山渡也。　**青洲桥**又名白土桥。今为渡。　**响山桥**旧名东吉。（上二桥在吉苑里，俱宋时建。）　**胡连桥**在川石里。元至正间建。　**安泰桥**在安泰里。宋时建。（已上六桥俱府城东。）　**通仙桥**在府城南广明寺前。宋时建，元毁于兵。国朝宣德四年，郡人许宗道募众重建。石北木址，构亭其上，凡三十余楹。正统二年复毁。　**陈公桥**□陈公质[6]建。　**驷马桥**宋时建。（上二桥在登仙里。）　**通仙桥**在房村下里。宋时建，后圮。　**南瓦口桥**宋时建，元毁于兵。

安济桥　**谢马桥**（上三桥在秦溪外里。已上六桥俱府城西南。通上一十三桥俱废。）　**天堂渡**　**骖鸾渡**（上二渡在光禄坊。）　**梅川渡**在通仙门外。　**铜场渡**　**三圣渡**　**蛟潭渡**

沙溪渡（上四渡在吉苑里。）　**川石渡**在川石里。（上八渡俱府城东。）　**三门渡**在登仙里。五代时，王氏宿吾于此，号为三门寨。　**下房村渡**在房村下里。（上二渡俱府城西南。）

瓯宁县

升华桥在县治西升华坊。洪武十年建，后圮于水。永乐十六年重建，木桥而梁以板。　**德胜桥**在县治北德胜坊。　**恩波桥**在县治西北平理坊。宋绍兴中，建木桥而梁以板，后圮。永乐十六年重建。（上三桥俱府城中。）　**平政桥**在平政门外。旧为浮桥，宋乾道初，郡守陈俊卿始累石为址，架木为梁，而覆以屋。后圮。淳熙初，郡守梁克家重建。庆元三年毁，郡守张叔椿命僧惠通复建。元季毁于兵。国朝洪武元年，指挥沐英重建。凡为址十有一，而梁以木。高七十有二尺，上覆以屋，凡三百六十楹。十年，水坏其三址，都指挥施春修之。永乐四年，水又坏其三址，都指挥师祐募众复修之。十一年，复坏于水，都指挥侯墉、师祐、徐信、郡守刘敬、指挥王用各捐赀率众复建浮桥，凡为舟七十，絙以铁索，而加板其上，翼以扶栏，每岁官藉民夫五十人守视而时葺焉。十四年，洪水荡折殆尽，徐信复与郡守刘敬、同知郭善、经历王文斌、知事吴麒、指挥王用、镇抚王真、建安郡丞顾敏、主簿周公亮、瓯宁县丞李仲穆、主簿朱仕原、僧官南宗鉴中等各捐俸率众悉复其旧。成化十七年，府同知李明、知县桂镐重造。　**威武石桥**在威武门外。成化十七年，坏于水，知县陈英重修。按旧志有桂香桥，大中祥符间建，疑即此桥也。　**万安石桥**在镇安坊，以近万安洲，故名。（上三桥俱府城西。）　**七星桥**在紫芝上坊。旧为浮桥。元至正二十五年圮，智源募众始建石桥。南岸为址十有五[7]，而梁以石，长三十二丈[8]；溪之中因沙洲甃石为路，长二十二丈；北岸为址五，而梁以石，长十丈。复以其余赀建寺于桥之南，名曰方广。　**道源桥**旧有小桥跨山涧上。天顺间，知府刘钺建亭覆之，匾以今名，以屏山祠路所从出也。（上二桥俱府城南。） **太平桥**在府城北太平坊。成化十八年，府同知李明建。 **叶墩桥**宋嘉定间曹圣者建。 **井窠桥**宋时建，元至正间圮于水。国朝洪武十六年，僧宝峰重建。 **顺济桥**宋时建，元季毁。国朝永乐十五年，税局大使解通募众建。 **寨头桥**元后至元二年，僧觉性募众建。（上四桥在高阳里。） **登云桥**元至正八年，余均得募众建。 **胜隆桥**元至正十四年建。 **通济桥**洪武三年建。（上三桥在麻溪里。） **张墩桥**在海溪里。元至正十五年，里人张十一募众建。 **东坑桥**洪武十四年，里人李恭正募众建。 **板坑桥**元至正元年，里人募众建。 **苦竹桥**元至正四年，里人徐秋水募众建。 **池墩桥**洪武五年，里人谢永均募众建。 **仁寿桥** **钱墩桥**元至正二十六年，里人钱伯玉募众建。 **连墩桥**元至元十四年，僧至顺募众建。（上七桥在梅岐里。） **大夫桥**宋朝奉大夫黄驷建，故名。国朝洪武十八年，里民黄保重建。 **兴贤桥**永乐六年，里民张彦和建。 **贯道桥**永乐十四年，里民张和募众建。（已上一十六桥俱木梁而覆以亭。） **清风桥**国朝浙江按察司佥事黄琮建。琮居官有清操，里人因以名桥。 **望考桥**后周王闽生建，以近其父道之茔，因名。 **瓦桥**宣德四年，里人募众建。（上六桥在吉阳里。已上一十九桥俱府城西。） **报恩桥**宋绍兴间，里人童德润建，石址石梁。 **范地桥**洪武三十年重修。 **玉溪桥**旧名魁元桥。元大德五年建，后圮于水。国朝永乐十九年，里人童景祥募众重建。（上二桥俱木梁而覆以亭。） **云津桥**元至正九年建，后圮于水。国朝成化元年，建安义民杨允谦重建，石址木梁，而覆以亭，十四年复圮于水。 **泉峡桥**元至正五年建，后圮。国朝正统四年，里人童文敬募众建。 **竹溪桥**洪武三十年建。 **安龙桥**天顺七年，里人驿丞陈泰等建。　**龙溪桥**宋淳熙三年，僧洪范募众建。　**太平桥**元大德元年建。　**旌文桥**元至正五年建。（上六桥俱木梁而覆以亭。）　**大历桥**宋咸淳五年建。　**俞源桥**洪武七年，里人余显建。（上二桥俱木址板梁。已上一十二桥在西乡里。）　**路口桥**永乐三年，里人吴三建。石址木梁。　**陈溪桥**元至正十二年建。（上二桥在禾供里。）　**花桥**洪武七年建。　**黄口桥**宋名。　**黄石桥**洪武三年重建。　**古竹桥**洪武二十六年建。　**东瑞桥**宋时建，元季毁。国朝洪武六年重建。（上五桥俱木桥而覆以亭。）　**箬溪桥**永乐三年建。木址板梁。　**际下桥**元至正二十四年建。（上六桥在崇安里。）　**白溪桥**洪武三年建。　**知州桥**洪武十九年建。（上二桥俱木梁而覆以亭。）　**云衢桥**成化十七年，知县陈英建。　**联芳桥**宋元祐间，里人游安世洎弟安址建。安世兄弟皆为迪功郎，故名。（上四桥在紫溪里。）　**朱纯桥**洪武二十六年建。　**仁山桥**洪武二年建。　**安口桥**洪武十一年，里人连子俊募众建。（上三桥俱木梁而覆以亭。）　**大梨桥**元至正间建。　**北坑桥**洪武二十六年建。（上二桥俱木址板梁。）　**平州桥**元至正十五年，里人张子寿建。（已上六桥在禾吉里。）　**新村桥**宋时建，元毁于兵。国朝洪武五年，里民张子善募众重建，木梁而覆以亭。　**冯陂桥**正统十一年建，安义民杨允谦重建。石址木梁，构亭二十二楹于其上。（上二桥在禾惠里。已上三十二桥俱府城北。）　**衢口桥**洪武三十五年，僧静空建。　**后沙桥**洪武二十六年建。　**新桥**永乐十五年，里民吴足建。（上三桥俱木梁而覆以亭。）　**丰乐桥**洪武三十二年，知县黄参建；正统三年，里人募众重建。　**视头桥**正统十二年，尚宝建安杨恭建。　**福庆桥**永乐十年，里人张铁建。　**陈公桥**宋时名丰乐桥。国朝永乐十六年重建。

(二桥俱木址板梁。已上七桥在丰乐里。) **高桥**宋时建,国朝洪武二十五年重建。木梁而覆以亭。 **新坊桥**宋时建,国朝永乐十五年重建。 **长汀桥**宋时建,元毁于兵,国朝永乐二年重建。(上二桥俱木址板梁。) **乃石桥**宋淳熙间建,今废为北津渡。(上四桥在慈惠里。已上一十一桥俱县西北。) **砚坑桥** **蟠溪桥** **白水源桥** **陆坑桥** **谢坑桥** **邓坑桥** **蒋坑桥** **何坑桥** **郑坑桥** **卓坑桥**(上十桥,宋淳祐三年郡守王遂重建,今废,旧迹俱不可考。) **岩头渡**在县西北禾洪里。

浦城县

万安桥在县城金凤门外。初建于慕泰里,名清游,洪武、宣德间,道士邵允石、僧善定相继募众修建。成化二年,参议尸谆、副使郎胜檄知县顾恒、主簿吴安迁建今所,累址以石,而梁其上,并构亭覆之。参议三山谢琚为记。 **三里桥**在县城拱北门外。洪武十五年邑人徐宗受建。景泰四年知县何俊重建。成化十四年知县张昞增修。 **大官桥**在县城德星门外。洪武十六年,邑人黄仲美建。 **乌桥**正统十年,知县甘棨建。 **白马桥**正统十年建。 **高岩桥** **南口桥**(上四桥在大石里。) **范桥**景泰三年,里人徐敏募众建。 **横沥桥**宣德六年,里人叶友亮募众建。 **双庙桥**宣德五年,知县周原庆建。(上三桥在高泉里。) **人安桥**洪武九年,里人李子祥募众建。 **济川桥**洪武十一年,里人林仲和募众重建。(上二桥在泰宁里,今圮。已上九桥俱县东。) **迎远桥**正统十四年,县丞何俊建。成化十三年,知县张昞伐石重建。 **新溪桥**永乐十五年,邑人李善升等建。正统九年,知县甘棨命邑人林仕美、叶孜达募众重建。(上二桥在迎远门外。) **虹桥**洪武十六年,里人叶义齐募众建;正统十年,里人李道募众重修。　**下洋桥**成化十四年，主簿孔硕以石创建，酾水为七道。　**等觉桥**即梦笔山前横溪也。　**南峰桥**（上四桥在上相里。）　**祖源桥**洪武十一年，邑人张嗣源建。　**朴树桥**洪武三十年，邑人沈子中建。（上二桥俱景泰四年僧普衍募缘修。）　**新桥**永乐三年，里人张奇建；成化二年，邑人苏甘泉累石重建，并覆以亭。　**浦湖桥**洪武十二年，里人徐嗣源募众建。（上四桥在太平里。）　**镇安桥**宋时建，旧名临江。洪武元年重建，改今名。正统十二年毁，十三年，县丞何俊重建。　**石碑桥**成化十四年，里人张森、柳荣募众累石重建。（上二桥庄清湖里。）

莽岭桥在仁风里。宣德十年僧虚中建。（已上一十三桥俱县西。）　**南浦桥**在县城南浦门外。旧名县南桥。宋隆兴元年，权县事上官端仪建，俗因名上官桥，后坏于水。淳熙间县令曾敷增修，元毁于兵。国朝洪武九年，主簿冯英经始重建，县丞宋德昌成之。叠石为址，架木为梁，上覆以亭，凡二十三间。成化十四年，里人黄孟珪等募众重建。　**余回桥**洪武十五年，谢俊民募建。

太平桥永乐十八年，里人龚宾郎建。（上二桥在孝第里。）

古湫桥元大德间建。国朝洪武十七年，知县李显道等增修，正统十年毁。天顺八年，知县顾恒重建。　**下沙桥**宋建，元圮。国朝永乐十五年，知县陈潼重建；景泰五年，僧道圆增修。宋杨亿诗："梦笔山前君别我，下沙桥上我思君。"　**莲墩桥**宣德二年建；景泰五年，知县何俊重建。　**马公桥**永乐十三年，童氏女建；成化三年，累石重建。（上四桥在登云里。）　**湖头桥**在上原里。正统九年，里人丘子余建。（已上八桥俱县南。）　**五平桥**洪武二十九年，里人徐震募众建。　**平远桥**旧名溪东。洪武十年，里人徐彦篪等建；正统十二年，里人詹应善、僧时清重建，改今名。　**上同桥**（上三桥在永康里。）　**人力桥**在官田里。元季建，国朝洪武三年，知县张鹏举重修。成化九年，知县杨惇重建。

过山桥洪武三十一年，知县倪胜建；永乐二十年，内官朱敬重建。 **甘源桥**洪武三十一年建；正统十二年，知县甘棨重建。

新桥宣德元年，内官陈觉建。（上三桥在登俊里。） **渔梁桥**正统七年，里人主事蒋巽建。 **将嘉桥**正统八年，里人李敬淳募众建。 **三宝桥** **双板桥**（上二桥俱正统间县丞何俊建。已上四桥在乐平里。） **下洋桥**正统十二年，里人林杏童募众建。 **大洋涧桥**宣德十年，里人李仲吉建。 **永安桥**正统十年，里人陆壮募众建。 **毛桥**景泰二年，里人毛仲慕建。 **翁八桥**正统三年，里人章景东募众建。（上五桥在雁塘里。） **龙口桥**宣德六年，里人丘彦璋建。 **大通桥**正统元年，里人何迪建，后毁。成化十五年，府同知李明重建。 **吴墩桥**正统二年，里人吴彦英建。（上三桥在安乐里。） **赤岩桥**在毕岭里。永乐二十年，里人郑通建。（已上二十桥俱县北。） **象口桥**在县西南东礼里。永乐二年，里人徐文幼建。正统十二年，里人方林九重建。 **临江桥**正统十二年，僧善义募众建。 **南谷桥**成化五年建。 **庆远桥**成化三年，里人王仕谔募众建。（上三桥俱在县东北郊阳里。） **官桥**洪武四年，僧圆通募众建。 **揖仙桥**旧名裴道。洪武八年，里人真彦辅等建。正统五年，里人萧老募众重建。 **镇仙桥**洪武八年，里人萧德恭募众建。 **交溪桥**正统三年，里人苏汝文建。（上四桥在长乐里。） **澄湖桥**洪武九年，里人上官一明并道士高□募众建。正统四年，知□[9]周原庆重建。 **槎溪桥**正统八年，里人余文济募众建 **莲花桥**正统十四年，里人叶以成建。（上三桥在新兴里。） **桂林桥**在招贤里。元节妇徐彩鸾死于此。（已上八桥俱县西北。） **陂下渡**在县东隅。下有白玉潭。 **游辣溪渡**在县东募泰里。一名游猎溪渡。　**大石溪渡**宋朱文公过此时，值山花盛开，映水如锦纹，遂于石壁上书“锦江”二字，墨迹犹存；后人为桥于此，亦匾以“锦江”。桥废，今仍为渡。　**九石渡**旁有潭，深不可测，上列九石。（上二渡在县南孝弟里。）　**水北渡**在县东南上原里。　**西桥渡**在县西北招贤里。旧为魏司马西桥，今废为渡。

建阳县

东津浮桥在县治东景阳门外。永乐八年，邑人李仲贤重建。崇安曹茂施田一顷八十三亩于后山堂，以备修桥之赀。正统间，主簿萧旺造船三十，联以铁索，立柱于两岸系文。成化十八年，又坏于水。参议黄澄、佥事谈俊命知县汪律取田之所入重建，其余以付耆民徐坤等收贮而时葺焉。　**朝天桥**在县治正南门外，旧名濯锦南桥，以建阳出美锦，故号小西川，而桥名濯锦。宋绍兴间重建，酾水为十三道，叠石为址，高五丈，而梁其上，仍构屋七十三间覆之，横跨双溪之上。国朝永乐十四年圮于水。十七年，县丞赵璧重建。天顺六年火，监察御史顾俨檄府同知李钺募众复建。　**拱辰桥**在县治北驻节门外。旧名濯锦北桥。宋绍兴间，判簿宋翔重建。桥凡一十八间，上覆以屋，凡八十七楹。旧亦名童游，淳祐中重修，更名淳祐。国朝洪武九年，主簿傅英重修，更今名。永乐三年火。十二年，邑人镇抚翁陆捐资率众重建，未及成，又圮于水。成化十四年，按察副使钱进檄府通判李明规措，而知县刘渊亦赞成之。祭酒吴节、都御史林聪皆有记。　**玉溪桥**在均亭里。正统二年里人丁童建。　**进贤桥**旧名仓蓬。景泰六年知县龙韬重修，因路通县学，故改今名。　**华桥**天顺四年，里人黄理重建。　**新兴桥**成化十七年，知县海澄重建。（上三桥在同由里。已上四桥俱县东。）　**溪山第一桥**路通考亭书院。　**沧州桥**在考亭书院之左，洪武八年，僧大雅建。永乐十四年，圮于水。宣德三年，僧愈隆重修。　**顺济桥**在均亭里。旧名板桥。宣德二年邑人王仕俊建。　**蕉岚桥**一名富义。洪武二十七年，里人李仲贤募众建。　**登云桥**　**望云桥**（上二桥俱洪武二十九年里人陈贵募众建。）　**化龙桥**洪武五年，李仲贤募众建。　**莒口桥**宋咸淳四年建，成化十五年为洪水所坏，知县海澄重建。　**龙门桥**洪武二十七年建。　**铁坑口桥**元至正四年建。　**太平桥**洪武十年李仲贤建，永乐十四年坏。成化十九年，参议黄澄、佥事谈俊命知县汪律伐石重建。　**聚云桥**元至正六年建。　**东桥**元大德元年建。　**西桥**元天历间建。　**步云桥**元皇庆间建。　**般若桥**元至顺间，道士杨云崖建。　**马祖桥**洪武七年，李仲贤募众建。　**行云桥**洪武十七年，道士王一省建。（已上一十五桥在崇泰里。）　**会文桥**宋咸淳三年建。　**祇国桥**宋时建。　**武陵桥**宋时建。旧名锦桥[10]，元改今名。国朝洪武十四年，里人陈仲清重修。永乐十四年圮。成化七年[11]，里人张仲福募众为浮桥代之。（上三桥在永忠里。）　**武溪桥**在和平里。宋淳祐元年建。　**紫阳桥**在嘉禾里。旧名仙源，宋庆元间，改今名。（已上二十四桥俱县西。）　**瀛州桥**宋庆历间，邑人虞坤建。石址木梁，酾水为七道，上覆以屋三十间。永乐十四年，圮于水。成化间，府同知李明檄知县海澄重建，未及就，澄起为御史，知县汪律踵而成之，祭酒王濬为记。　**西安桥**旧名杨柏。正统十三年，里人张善安建。（上二桥在三桂里。）　**虎溪桥**元延祐四年，里人翁义建。国朝景泰元年，里人丁仕显重修。　**荷墩桥**元至正间里人范得建。　**吕公桥**元至正十五年，里人吕五建。（上三桥在兴贤下里。已上五桥俱县南。）　**福地桥**　**崇德桥**（上二桥俱洪武间僧斯可建。）　**福仙桥**永乐六年，僧正因建。　**里仁桥**元至正间建。（上四桥在崇仁得里。）

南屯桥洪武三十一年,里人彭翊建。　回潭桥永乐十一年,里人柳伯善建。(上二桥在建忠里。)　横金桥宋时建。国朝正统五年,义民徐德润重建。　湖龙桥宋时建,国朝景泰六年重建。(上二桥在崇文里。已上八桥俱县北。)　同文桥旧名宝定。　兴文桥旧名虎溪。(上二桥在书市之南,俱成化十五年知县海澄重建,改今名。)　云衢桥在书坊。宋时建,蔡沉书匾。谢枋得诗:"长虹跨陆登云衢,会通四海同车书。"又崇泰里亦有桥名云衢,蔡九峰建。　庆祥桥　会通桥(上二桥俱成化十六年知县海澄重建。)　跻云桥成化七年,知县刘渊重建。　状元桥景泰三年重建。郡志云:"因叶齐、叶祖洽父子状元,故名。"今按:祖洽,邵武泰宁人,与齐异郡,非父子也;而此云然,盖世俗传闻之误,志者弗察尔。(上八桥在崇化里。)　朱阳桥元至正九年,里人李敬建。　升龙桥元至正九年,里人江子卿建。　清溪桥永乐四年,里人欧晓建。　龙津桥永乐六年,里人陈和建。(上四桥在崇政里。)　玉虹桥元大德八年,里人陈贵建。　横塘桥元至正二十五年,里人章子名建。　从心桥元至正十五年,道士郑觉清建。　马坋桥　水南桥(上二桥俱元至正间里人黄仲可建。)　阜龙桥永乐十二年,知县陈宗源建。(上六桥在兴贤中里。已上一十七桥俱县西南。)　水亭桥洪武十七年,里人张仲修建。　太平桥洪武三十五年,里人范氏女建。　通安桥元大德三年,僧智明建。　横步桥元至正二十五年,里人蔡彦清建。　莲溪桥永乐十五年,里人熊伯玉建。　善政桥洪武二十七年,僧清心建。　善济桥洪武十四年,道士有济建。

洪山桥元大德五年,僧志溥建。　石田桥洪武十一年,僧师钦建。　渡汝桥洪武二十年,张仲修建。　下庵桥洪武二十年,里人张仲英建。　驻锡桥宋宝庆间建,元白玉蟾书匾。

芹溪桥一名龙潭。元至正二十四年,里人丘晏建。(上一十三桥在乐田里。) **丁家桥**在三衢里。元大德四年,里人丁伯容建。(已上一十四桥俱县东北。) **梅溪桥** **双溪桥**(上二桥俱洪武八年主簿镏源建。) **顺路桥**洪武二十九年,知县宋添祐建。(上三桥在县西北北乐里。) **清泰桥**在县西。宋咸淳八年建,名后山桥,元改今名。国朝永乐十四年圮于水。 **佛母桥**在县西南兴贤上里。洪武三年,里人黄子顺建。正统十四年毁于寇。

童游渡在县东同由里。 **后山渡** **马铺渡**(上二渡在崇泰里。) **麻沙渡**在永忠里。(已上三渡皆县西。) **南岸渡** **富石渡** **长滩渡** **溪口渡**(上四渡在三桂里。) **神前渡** **亭村渡**(上二渡在兴贤下里。已上六渡俱县南。) **南林渡**在崇任得里。 **将口渡** **酎口渡**(上二渡在崇文里。已上三渡俱县北。) **上角渡** **沅尾渡** **潭头渡**(上三渡在县东南均亭里。)

校 注

[1] 康熙《福清县志》作"龙图学士"。

[2] 康熙《福清县志·地舆》作"刘峤"。

[3] 道光《罗源县志·津梁》作"宋嘉定间建,成化十一年陆晙修"。

[4] 嘉靖《建宁府志·津梁》作"石址木梁"。

[5] 嘉靖《建宁府志·津梁》作"南才里"。

[6] 嘉靖《建宁府志·津梁》作"宋陈公质"。

[7] 嘉靖《建宁府志·津梁》作"为址一十有六"。

[8] 嘉靖《建宁府志·津梁》作"高二丈有奇,梁长二十二丈"。

[9] 嘉靖《建宁府志·津梁》作"知县"。

[10] 嘉靖《建阳县志·山川》作"昼锦桥"。

[11] 嘉靖《建阳县志·山川》作"十七年"。

八闽通志卷之十八

地　理

桥　梁

建宁府

松溪县

惠政桥宋绍兴五年，邑人李时安、李自南建，名平政。后圮于水。十六年，僧圆端募缘重建。淳熙十三年又圮于水。邑士刘无言鬻田倡建，迭石为六址，高五丈许，而梁其上，并覆以亭，凡三十二间。淳祐间，邑人李援之修，徐清叟改今名，后复圮。国朝永乐七年，邑士徐文锡重修。正统六年，主簿马平、王伟命僧会普载、僧妙能、耆老严孔章募众重建。　**报恩桥**洪武三十四年，邑人范文正建。　**永泰桥**旧关口渡也。宋嘉定间，县令何宗稷建，后坏于水。国朝永乐十三年，里人胡仲达募众重建，寻圮。正统二年，义民夙士达捐资重建，而里人李子渊及僧祖方助成之。（上三桥在县治东。）　**西山桥**在县治西。元至正三年，道士谢德山建，后圮。国朝永乐十二年，邑人夙均亮募众重建。　**南门**

桥在县南。洪武三年知县常钦祖建，后坏于水。永乐十三年，邑人艾仲完募众移建上流，后复坏于水。正统三年，义民夙希达重建。　**通济桥**旧名故县桥，古县渡也。宋庆元二年县令林俊卿建，后圮于水。国朝洪武十八年，龙泉沈仲善、杨象募众累石布木重建。永乐五年毁。正统九年，教谕张湜、巡检闻尹捐俸倡，邑人潘祖述、僧会吉祥等，募众复建，长五十六丈，上覆以屋，改今名。张湜为记。　**陂塘桥**洪武三年邑人范文正建。构亭九楹于其上。　**水口桥**景泰五年僧永敬募众重建，上覆以亭。　**中峰桥**洪武九年僧有铭建，后毁。永乐十五年僧志清重建。　**师姑桥**洪武八年里人夏二建。　**新坑桥**洪武八年里人叶彦百建。　**独石桥**洪武二十九年僧本祥募众建。　**山头桥**洪武三十二年知县钦恭建[1]。　**化成桥**洪武三十一年僧有铭建。　**华墩桥**永乐九年邑人艾完募众建。景泰七年僧永敬重修。（上十桥俱在县东皈伏里。）　**官桥**元至正十三年，僧净斋建。国朝永乐八年邑人张旺四重建。　**庵溪桥**洪武二年僧肃翁建，寻毁。永乐十七年，邑人张琅募众重建。　**东梨桥**洪武二十六年建，后圮。永乐十七年邑人张琅募众重建。　**桐源桥**洪武二十一年邑人连子忠建。　**钱园桥**成化十八年僧善庆募众重建。　**杉溪桥**宋邑人李思建，中丞吴执中为记。建炎间灾，邑人吴岩夫重建。岩夫，中丞之子也。（上六桥在县西杉溪里。）　**乐平桥**元至正三年里人叶士荣建。国朝永乐四年，里人刘和募众重建。　**凌清桥**元至正十八年，里人张为恭募众建，后圮。国朝永乐七年，里人张义募众重建。　**乘驷桥**又名峡桥，宋建炎间建，后圮。绍兴末，里人黄明重建，复圮。至隆兴间，复倾家资万缗成之。又为洪水所圮。国朝宣德三年，县丞蒋继成劝义民夙希达捐资累石重建。越四年又圮。正统元年复建，上覆以屋。黄元公为记。　**范山桥**洪武中建，后为洪水所坏。洪熙元年义民夙希达重建。　**魏屯桥**正统六年义民夙希达重建。　**后宅桥**旧在县南二里许，后圮于水。正统六年，义民夙希达移建今所。　**龙津桥**正统八年，僧吉祥建。　**窑场桥**“窯”一作“窑”。　**登云桥**（上二桥俱元至正间邑人范文正建。）　**通驷桥**元至正九年邑人叶彦祥建。国朝永乐十一年，其孙昭募众重建。　**黄淡桥**元至正十七年，邑人范文正、道人薛居洲建。　**大洋桥**元至正十七年，道士谢德山重建。国朝永乐八年，邑人夙均亮重修。　**镇平桥**永乐八年，道士吕仲章募众建。　**漆桥**元至正十八年，邑人张必恭募众建。国朝洪武八年，里人黄正甫重修。　**茭阳桥**正统十三年。里人魏道顺、刘希杰、魏宗育建。　**德政桥**元至正元年，邑人叶德盛、李定光建。国朝洪武五年，僧永寿募众重修。

万石桥元至治二年，邑人叶德盛建，后圮。国朝永乐九年，其孙廷坚重修。　**会春桥**洪武五年僧永寿募众重建。　**聚宝桥**宋咸淳间刘能定建。国朝永乐六年，其孙和募众重建，十三年，耆老刘东复修。（上一十九桥俱在县南东关里。）　**化龙桥**　**大仙桥**　**南山桥**（上三桥俱洪武间僧本祥募众建。）　**渡头桥**洪武十二年，里人蔡贵三募众建。　**李墩桥**洪武十二年，邑人程游父募众建。　**龙首桥**洪武十二年，邑人严文胜建。　**峡口桥**正统八年，里人程文立建。（上七桥在永宁里。）　**船坑桥**元至正五年僧有通建，后圮于水。国朝永乐九年，道士魏觉成重建。

峰尾桥洪武二十一年，邑人范希德募众建。　**横山桥**洪武二十五年，邑人叶进山募众建。　**通宵桥**元至正三年，邑人龚德用募众建。　**一席桥**元至正二十一年，邑人范惟正、道士薛居洲建。　**石桥**元至正十七年，邑人范惟正、道士薛居洲建。（上六桥在庆元里。）　**宜门桥**　**杉坑桥**（上二桥俱洪武间邑人孔鹿募众建。）　**高仓桥**永乐五年，邑人孔牛募众建。　**高路**

桥永乐六年，邑人孔师姑募众建。（上四桥在永和里。）　**东门桥**正统五年，邑人游绍、僧普定建。　**下保桥**元至正六年，邑人吴谷叶建，后圮于水。国朝正统二年，邑人游绍、僧普定重建。　**溪东桥**元至正三年，巡检毛明善建，后毁。国朝正统元年，邑人严海、僧元因募众建。　**铁骢桥**元至正间建，后为洪水所圮。国朝永乐十年，里人谢荣重建。　**衢口桥**洪武十一年，邑人巡检徐勋建。　**詹源桥**元至正间建。国朝宣德五年，僧正因重修。　**后村桥**洪武十九年，邑人严均、田畴建。　**黄塚桥**洪武三十年，道士正觉建，后圮于水。永乐十九年，邑人李仁甫募众重建。正统元年，僧正因复建。　**西山桥**永乐九年，李思敬募众建。正统十二年，邑人游绍、李善殷重修。（上九桥在豪田里。以上二十六桥俱县北。）　**新兴渡**在县东皈伏里。按郡志旧有济美桥，宋淳熙间建，为水所坏。今复为渡。　**龙津渡**在县西杉溪里凤屯。　**溪乾渡**在济美庙前。　**水南渡**（上二渡在县南东关里。）

崇安县

继贤桥在县南待贤坊。宋时建，旧名"昼锦"，因中丞翁彦国、枢密刘珙[2]居桥东，故名。又名忠旌，又名青云。初在宣化坊之左，后圮于水。县令赵彦绳议复之，功未半而坏。嘉定间，县令赵必愿移建今所，改今名。元至正十三年毁于兵[3]。越十年，达鲁花赤道奴等重建。至大二年又圮于水。至正三年，县尹吴世重复修建。国朝永乐中又毁。成化十七年，邑民范勋等白于佥事高崧、谈俊，檄同知李明、知县徐衍规划重新。　**广福桥**在县北一里许。初名德星，后改名济川，又改名慈济。宋端平间县令章端子建，后圮。景定间县令刘汉溥[4]重建，改今名。元泰定二年，县尹彭好古悉撤而新之，后复圮。国朝成化十八年，邑民暨煜捐白金一千两、范勋捐白金二百两为倡，白于按察司佥事高崧、谈俊，檄同知李明、知县徐衍重建。　望星桥邑人彭慈建。　水尾桥　客岭桥　营岭桥（上三桥俱元时建。）　祝公桥　程溪桥邑人丁用贞重建。（以上八桥俱在四隅里。）　冠带桥　清晖桥　大保桥　古楼桥里人穆伯衡重建。　取履桥（上五桥在上梅里。）　昼锦桥　观象桥旁有观泉亭。（上二桥俱知县曹端重建。）　黄石桥宋徐清叟书匾，僧达源重建。（上三桥在从籍里，俱宋时建。）　清沟桥知县曹端建。　拱辰桥僧玉山修。　双桥里人许产恭[5]建。　交溪桥里人钱日新重修。　红桥　会仙桥朱文公书匾。（上五桥俱宋时建。）　玉虹桥　石鼓溪桥　忠文桥旧名舍人，里人刘恒重建，改今名。　野耕桥　西济桥　月溪桥　菀水桥（上二桥俱宋胡寅书匾。）　回澜桥宋蔡抗书匾。（上一十四桥在外五夫里。以上二十二桥俱县东。）　永济桥宋时建。　独坑桥　中和桥旧名存心。（上二桥俱邑人暨孟舟重建。）　黄伯路口桥　彭九歧桥（上二桥俱元时建。）　黄隆桥（以上大桥俱在县西黄伯里。）　徐公桥宋时建。　蓝涧桥又县西南将村里亦有蓝涧桥，知县曹端建。　长谷泷桥　平水庙前桥　三姑桥　南原桥　井水桥　店尾桥　双溪桥　小通仙桥　李田桥　南阳桥　江师桥　茅岭桥　范墩桥（上十四桥俱元时建。）　梯云桥　通仙桥　梅溪桥　赤石浮桥　存心桥邑人王季贤重建。（上二十桥在会仙里。）　双峡桥宋刘子翚为记。　上蓝桥亦名花桥。　虎鼻桥（上三桥在建平里。以上二十四桥俱县南。）　新丰桥　黎口桥（上二桥俱宋时建。）　客苦桥（上三桥在石臼里。）　通济桥又名大王桥，知县曹端建。　黄石桥又名陈公桥，道士俞觉善建。　南埂桥　升仙桥　陈公西

桥　南安桥（上四桥俱宋时建。）　第一桥　第二桥　上虹桥　钓月桥　坑口桥　风门凹桥　南岭桥　铺头桥又县西南将村里亦有铺头桥，元时建。　小浆桥　杜畲桥　横山桥　禾岭桥　举富桥　彭畲桥　栈头桥　李巘桥　南山桥　村尾桥　飞桥　狮岭桥　栈下桥　羊栈桥　窑前桥又县西南将村里亦有窑前桥，元时建。　塚前桥　登云桥　双溪桥　路口桥　翠田桥　黄溪桥　为政桥元至大间，溪流瀑溢，驿路诸溪桥及渡俱漂荡断绝，里人魏文遂随山刈榛，别开一径，自为政桥以达大路，捷于驿路五里。　猪子岩桥（上三十一桥俱元时建。）　下麦坑桥邑人吴汝清重建。　继祖桥旧名惠政，俗呼第三渡。宋赵必愿之祖汝愚帅闽日，尝匾曰“里仁”。后必愿来为宰，道出此桥，改今名。　里仁桥俗呼第四渡。太平西桥俗呼第一渡。知县林均瑞建。　第五渡桥宋县令陆珪建，里人张牖迁今所。　巨济桥俗呼第二渡。　干溪桥（上四十四桥在石雄里。已上四十七桥俱县北。）　潺溪桥里人程伯衡重建。　忠孝桥宋时建。　牛皮滩桥（上三桥在下梅里。）　芦山桥元时建。旧名云山。知县曾端重建。　黄亭桥宋时建。　虹桥知县曹端建，又县南会仙里亦有虹桥，元时建。　太平桥　杨田桥知县曹端建。（上五桥在丰阳里。已上八桥俱县东南。）　乘驷桥里人吕支山建。　后溪桥　马鞍山桥元时建。（上三桥在将村里。）　望仙桥在长平里。里人张伯畴募众建。　福庆桥里人蔡八建。　德博桥里人游伯林募众建。（上二桥在节和里。已上六桥俱县西南。）　虎溪桥旧名霄历，僧与梅建、邑人王景明重建。　浴冰桥僧宗乙建，僧立明重建。　扣冰桥宋和冰禅师建，建炎间赐额。　七星桥里人吴仕恭建。（上四桥在吴屯里。）　跃龙桥　驷归桥（上二桥俱宋时建。）　塔下桥　下廊桥（上二桥俱里人陈子纯重建。已上四桥在大浑里。）　双旌桥宋中丞翁彦国还家，而桥适成。因名。　魁星桥　仙洲桥　湘灵桥　观澜桥　泰原桥　步仙桥谷城黄铢书匾。（上七桥俱宋时建。）　湖塘桥邑人吴汝舟建。（上八桥在内五夫里。已上一十六桥俱县东北。）　平川桥旧名溪南，后改今名。朱文公书匾。　升天桥杜青碧书匾。　阇利桥（上三桥在县西北周村里。）　赤石渡旧有浮桥，圮于水。　梅溪渡旧有桥，圮于水。　石鼓渡（上三渡俱在县南会仙里。）

政和县

星溪桥在县治前。宋建，名县前桥。元至正七年邑人范同重建，改名德政，后圮于水。国朝永乐十五年，知县傅王润命耆老申伯任等募众重建，改今名。正统十二年，毁于寇。景泰四年，知县顾让命耆老林文锐、僧无碍等募众重建。天顺二年复毁。知县王鉴命耆老张惟信等募众重建。　英祐桥即旧西门渡也。成化十九年，邑人训导吴宪募众建，教谕石辉为记。　通津桥旧名步瀛桥。正统五年知县江显建。（上三桥俱县治西。）　附凤桥旧名考口，在县治南。宋时建。国朝景泰五年，僧伯庄募众重建。　黄岭坑桥　魏屯桥宋绍兴间僧铭庵建，后圮于水。国朝永乐十一年，主簿石彦章募众重建。　筹坑桥　牛犊桥　南溪屯洋桥　党远口桥（上七桥俱在县东政和南里。）　西山桥　东林桥　和安桥宋乾道间建，邵知柔为记。后废为渡，名西津渡。　平景桥成化十三年里人吴景宗等建。　石牌界桥（上五桥在县西长城里。）　林屯桥　茶岭口桥　苦竹洲桥　下宅桥　虎啸岭根桥　观定桥旧名都护。天顺间，邑人张惟信、僧普赞等重建。 斧鋆源口桥 斧鋆桥 驻节桥 包源桥 下坑桥(上二桥俱宋时建。) 刚武桥 浆口桥 赤岩坑桥(上十四桥在东衢里) 关隶镇前桥 三字桥 李溪桥 牛迹洋桥 下源桥 苦竹衡前桥 东平庙前桥 盖竹溪桥 丰寿桥 北坑桥 下坾桥 浆口转水桥 后门村桥 溪边村头桥 横坑桥 苦竹源佛堂前桥 茶溪桥 犂垟口桥 柘垟桥(上一十九桥在政和西里。已上三十三桥俱县南。) 鸡木岭桥 石门桥(上二桥在县西南高宅里。) 风口桥 东峰桥旧名步云桥。景泰五年，僧宗实募众重建。 万岁桥 池坑桥(上四桥在感化上里。) 长岭根桥 延福桥 资福桥 庆元界新桥 桃源冈上桥 官峡口桥 花光桥(上七桥在感化下里。已上十一桥俱县东北。) 山表花桥 后田桥 常口桥 界溪桥 浆山口桥 官山桥 新溪桥 范源桥 梅屯桥 新村桥(上十桥俱在县西北东平里。) 瀛口渡在东衢里。 官陂渡在高宅里。(上二渡俱县西。)

寿宁县

东和桥在县治东。天顺元年，邑人叶伯铭、韦荣进、陈伯铭、叶斯拱建。 西城桥在县治西。正统十三年邑人吴永忠等建。 阜民桥在县治南。天顺二年县丞李真、主簿史立正建。 硃涧桥在县治西南。天顺八年知县沈能建。 小托桥 潦头桥 七星桥(上三桥在县西。) 三澄桥在县南。天顺七年邑人叶留芳等建。 大安桥 后段桥天顺七年，县丞李贞建。(上二桥在县北。上六桥俱在坊隅。) 犀溪福寿桥 新桥 翁坑桥 东溪桥(上四桥在福安里一都。) 新丰龙就桥在福安里二都。(已上五桥俱县东。)　平津桥　洋尾桥　南溪桥　南源桥　许屯桥　柯洋长春桥(上六桥在县西政和里八都。)　鱼溪花岭迎仙桥　阳边吕中桥　溪南普济桥(上三桥在福安里三都。)　东坑桥　三岛坑桥(上二桥在福安里四都。已上五桥俱县东南。)　双干桥　周墩桥　可涧桥　板尾桥　花销桥　禾溪澄明桥　红桥(上七桥在县西南政和里七都。)　横渡桥　通济桥　凤竹普济桥(上三桥在政和里九都。)　飞虹桥天顺七年义民黄普要建。　群阳桥天顺七年,里人黄彦荣、黄思聪等建。　尤溪桥天顺七年义民黄普焕建。　托溪荣济桥天顺七年,义民黄普要、吴廷俊建。　永宁桥成化十二年知县郭清建。(上五桥在政和里十都。)　小东桥在政和里十一都。　官田局下桥　官口局上桥　立茂桥(上三桥在政和里十二都。上一十二桥俱县西北。)

泉州府

晋江县

迎春桥在府治东,行春门外。　肃清桥在府治西肃清门外。　通淮桥在通淮坊内。　镇南桥在通远坊。　通选桥在胭脂巷。　花桥在镇南桥之南。　通粂桥其地俗号水沟,旧在城外,米船悉泊于此。宋绍定间始为桥。元至正间,监郡偰世玉拓翼城,围桥于城内。　顺济桥在德济门外。宋嘉定四年,郡守邹应龙始建石桥,长一百五十一丈。元至元间,僧弘济重修。国朝成化七年,知府徐源复修,又疏桥东小圃,引潮入城濠以通舟楫。　车桥在德济门外。商贾往外番者率取水于此。(上七桥俱府治南。)　泉山桥在清源门外。　板仓桥在市舶库右。(上二桥俱府治北。) **放生桥** **甘棠桥**在临漳门。 **通津桥**在通津巷口。 **石笋桥**在临漳门外。宋皇祐元年,郡守陆广为浮桥,名履坦。嘉祐间,郡守卢革重修,改名济民。元丰初,通判谢仲规复修,改名通济。绍兴间,僧文绘始作石桥。庆元中,僧了性又造二小桥相续之,以达于临漳门。国朝宣德中,大桥石梁断其二,里人张实父子及同知谢琛、道士愍默相继修补。成化间,运判张庸又修二小石桥之坏建[6]。(上四桥俱府治西南)。

凤屿盘光桥在三十八都。旧为石路,潮至则不可行。宋宝祐中,僧道间募缘建桥,计一百六十间,长四百余丈,广一丈五尺。

仁风桥在三十九都仁风门。五代周显德中建。(上二桥俱府城东。) **巨济南桥**在江北通济亭西。景泰七年里人王叔济、林健建。酾水为八道,长一十二丈,阔八尺。 **古陵桥**在三都。宋绍圣三年建,长二十九等。 **陈坑桥**在十一都。宋淳熙元年里人陈公亮建,酾水为百四十道,并甃石路八千余丈。 **普利大通桥**宋绍兴十二年,郡人江常捐金命僧智资营建,凡一百八十间,长三百丈。 **悲济桥**宋皇祐中僧法超建,凡一百三十间,长八十丈。元祐中,邑人许荣又于桥南为小桥,并甃旁浦石路,以达于桥。 **通济桥**在石湖。宋元祐中侍禁傅旋倡建。 **登瀛桥**又名回龙,宋僧道询建。(上四桥在十九都。) **玉栏桥**跨海港十余丈。绍熙中僧惠仁重修。 **泔江桥**地滨海,名蚶下。宋元符间,僧怀应甃石为路二十里许,中为巨桥三。曰前埭,曰林湾,曰高港,悉覆以亭。(上二桥在二十二都。) **龙尾桥**在二十三、四都。宋宝庆三年,僧圆光建,并甃石路百余丈。 **清风桥**俗名塘头,宋僧道询建。 **应龙桥**宋端拱中建。(上十二桥在二十五都。) **应台桥**宋淳祐二年建。 **莲花桥**宋咸淳中建。(上二桥在二十六都。) **官汶桥**成化四年,里人庄壬御、林崇等重建。 **适南桥**俗名七男。宋绍兴中司户王元建,元大德六年僧法助重建。 **吴店桥**宋淳祐八年，蔡常卿甃石路百十有七丈，建桥凡四十间。（上三桥在二十七都。） **陈翁桥**宋建隆三年建，釃水为三十五道。元大德二年僧法助重修。 **结砖福利桥**元大德五年僧法助建。（上二桥在二十九都。） **大桥** **小桥**（上二桥在三十二都，俱宋太平兴国中建。） **清濛桥**在三十四都，宋淳化中建。 **行犨桥**元至正中僧法助建，凡六百二十间。国朝洪武中坏，知府金孟浩命里人黄胜生募缘，徙入田中累石建之。 **上保桥**宋淳熙中建。 **下保桥**即乌洲洋中石桥。宋淳熙中建，元大德七年僧法助重修。 **御亭头桥**元至正二十三年僧法助建。（上四桥在三十五都。已上二十六桥俱府城南。）

长溪桥宋绍兴中建，长一十六丈。淳祐六年，阁门蒲开宗重建，并砌桥东路二十里。 **谷口桥**五代周显德三年建。 **龙津桥**旧名濠溪，宋绍兴中建。长二十七丈，上覆以亭。嘉定六年，尚书杨炳重建，改今名。淳祐三年，蒲开宗重修。（上三桥在四十一都。又四十三都亦有龙津桥，元僧道嵩建。） **仙溪桥**在四十二、三都。元僧道嵩建。 **济龙桥**宋淳熙十四年建。 **安济桥**宋乾道八年僧了性建。 **应龙桥**宋嘉定五年里人吴谦光建。

康溪桥宋庆元二年，僧绍杰建，又构屋一十三间于其上。

豪溪桥宋大观三年，僧宗爽建。（上五桥在四十五、六都。） **金溪桥**旧名卢溪，宋乾道八年僧继办等建。 **万金桥**宋淳熙四年建。淳祐九年，里人洪政重建。 **龙潭桥**宋淳熙八年，里人彭映、僧自昕等建，又构屋十有五间于其上。桥之下有龙潭，故名。

龙济桥宋雍熙二年建。 **永安桥** **林田桥**（俱宋端拱二年建。上六桥在四十七都。已上一十五桥俱府城北。） **吟啸桥**唐僧日映架木为梁。伪闽刺史王延彬、余廷英继修之。宋咸平间，邑人王养及僧行珍始建石桥，长十有五丈，以唐欧阳詹尝游憩啸咏于此，故名。　**苏埭桥**宋绍兴二十四年，僧守徽建，凡大桥四，计二十三间，又于田塍径路泥淖难行之处造小桥一百一十四间[7]，长二千三百余丈[8]。（上二桥在二十九都。）　**乘驷桥**在三十七都。旧名普济，宋宝庆间里人高晔建，酾水为七十八道，更今名，仍建庵于其侧。（上三桥俱府城东南。）　**梅溪桥**宋绍兴十六年，邑人苏展建，酾水为十八道，长五十余丈。　**建隆桥**宋绍兴十六年建。　**湖柄桥**宋元符中建。南北为水门，各二十余间，仍构亭于两岸，南曰喜雨，北曰扳龙。（上三桥在一、二都。）

蓤市桥在二都。宋里人苏展建。　**安平桥**在石井镇。宋绍兴八年，僧祖派始议为石桥，镇人黄濩及僧智渊各施钱万缗为之倡，未成而二人俱卒，郡守赵令衿因而成之，酾水为三百六十二道，长八百余丈。　**东洋桥**宋绍兴二十二年郡守赵令衿建，酾水为二百四十二道，长八百六十五步，令衿有铭。（上二桥在八都。）　**玉京桥**在三十三都。宋嘉定四年里人黄玄华建。　**棠阴桥**在三十四都。宋嘉定十二年郡守真德秀建。（已上八桥俱府城西南。）　**万安桥**在府城东北三十八都，亦名洛阳。宋庆历初，郡人陈宠甃石作沉桥。皇祐五年，僧宗已及郡人王实、卢锡倡为石桥未就，会蔡襄守郡踵而成之，酾水为四十七道，长三百六十余丈，广丈有五尺。绍兴以来，郡守张思诚、张坚、颜师鲁、刘伟叔[9]、胡器相继修之。桥之旧址低下，潮至辄没其梁。宣德中，知府冯祯[10]、通判朱旭命僧正淳累石增高三尺有奇。景泰四年，三水道石梁俱断，知府刘靖、同知谢琛重修。宋蔡若水诗："石架长桥跨海成，论功直得万安名。"　**偃月桥**在府城西北三十九都。五代唐天成三年建。　**东山渡**在府城南三十五都。又名东山津。设舟以济往来。　**石井义渡**在府城西南八都。宋尚书杨柄捐俸造舟以济往来，因号义渡。

南安县

云津桥在县学之东。宋嘉定十七年，邑令王彦广建，并疏其下以通流水。　**新桥**（上二桥在三都。）　**九皋桥**在三十都。（已上三桥俱县东。）　**金鸡桥**在一都，一名通济。宋宣和中，邑人江常将葬母，造浮桥以济。嘉定间，僧守净始建石桥。后水决其半，僧惠魁修之。国朝永乐元年火，里人造小舟以济涉，号金溪渡。成化十年，知府徐源复建，桥上覆以亭。十八年亭为风雨所坏，知府陈勉重建。　**小溪桥**在十九都。宣德十年，邑人黄乾明建。成化间，乾明从子永质重修，初建亭于其上。　**横翔桥**在二十都。旧名秋芦。　**大坑桥**在二十二都。又名大迂。　**驷马桥**[11]宋嘉泰四年，僧广德建。　**通郭桥**大德十年，僧道询建。国朝成化五年，里人李尚德、尚器建亭于桥左。（上二桥在三十都。）　**双桥**在三十一都。一在林坑口，一在道王浦。宋绍圣间，僧智从重建，并砌石路。　**北平桥**宋淳熙十二年，刘用行建。旧名太平，后改今名。又县西南三十四都亦有北平桥，宋淳熙中里人翁辅重建。　**上陂桥**俗呼蜈蚣桥，宋开禧中，僧行传建。（上二桥在三十三都。）　**善利桥**在三十四都。宋绍圣中里人陈公研建。元大德中里人许居仁重修。（已上二十一桥俱县西。）　**严浦桥**在二都，宋初建。嘉熙二年僧宗祐重建。　**镇安桥**在三十九都。宋淳熙九年里人杨春卿建，旧名安平，后改今名。淳熙祐[12]三年重修。又三十六都亦有镇安桥，国朝洪武中僧智宗建。　**鳌背桥**在四十都。成化间知县陈廷忠重建，并构亭三间。　**镇西桥**在四十二都，又名龙湾。　**龙弯桥**在四十五都。洪武二十年里人李孔明建，后圮于水。成化九年，邑人黄元良重修。（上六桥俱县南。）　**化龙桥**在七都。宋淳熙间里人黄懋建。桥左有潭[13]，世传龙潜其中，故名。　**板桥**在八都。

旧名龙津。宋淳祐三年，里人王克谐架木为桥，故名。十二年，僧自诉重建。　**梯云桥**在九都。又名登云。宋僧明愍建。元大德五年，僧法助重修。　**活溪桥**在十四都。又名新桥。　**卢溪桥**在十八都。元大德六年僧法助建。（上四桥俱县北。）　**永安桥**在十二都。宋绍兴中，里人黄懋并僧道机建。　**从龙桥**在十六都。宋治平初，僧不睦[14]架木为梁。元祐中，僧普足徙于其西五十步为石桥。绍兴、淳熙中，欧阳瑜、张伯懿相继修建，而高大之。元大德中，僧法助重修。（上二桥在县西北。已上二十七桥俱存。）　**仙人桥**在延福寺后。　**长平桥**在九都。　**维岳桥**在十九都。又名岳麓。　**小石桥**在二十二都。元大德十年，僧法助建。　**弥寿桥**在二十二都。宋端平间，僧道询建，长六十余丈，上覆以屋三十八间。元大德初，僧法助重修。　**平板桥**在二十四都。　**珠渊桥**在二十五都。宋庆元中里人陈公必建，旧名徐亭。　**广福桥**在三十六都。（上八桥俱县西。）　**澳内小桥**在十一都。元大德七年僧法助建。　**平济桥**一名广济。　**通济桥**宋淳熙初里人蔡楫建。（上二桥在三十七都。）　**溪南桥**在三十九都。（上四桥俱县南。）　**张陂桥**在四都。宋嘉熙二年里人张真建。　**瑞龙桥**在五都。宋淳祐元年僧明敏建。　**竹溪桥**在七都。宋嘉定三年，里人刘罕建。元至正中，僧法助重修。　**永济桥**宋绍兴中僧自根建。　**龙跃桥**宋嘉定中重建。　**潘坑桥**元大德五年，僧法助建。（上三桥在十一都。）　**惠泽桥**在十五都。　**安济桥**又名中济。　**三公桥**（上二桥在十七都。）　**观光桥**在十八都。宋宝庆元年里人黄以宁建，旧名朝安。　**象头桥**在十九都。元至正中，僧法助建。　**龙济桥**宋开禧三年僧守净[15]建。　**后吕小桥**元大德七年僧法助建。（上二桥在二十都。已上十三桥俱县北。）　**大盈桥**又名大通，在县西南三十六都。宋嘉熙中里人王弁建。绍定二年重修。**马变桥**在四都。　**青云桥**在九都。　**仁安桥**在十七都。**濯缨桥**在二十一都。宋淳祐十年，僧自新募缘重修。（上四桥俱县西北。已上三十桥俱废。）　**黄龙渡**在县治南半里。　**湾下渡**在二十一都。　**白叶渡**在二十一都。　**罗水渡**　**杨客渡**（上二渡在三十一都。已上四渡俱县西。）　**黄石渡**在县南二都。水中有石蟠结，复有一石叠于其上，高丈许，状如虾蟆。相传此石有黄点，能随水上下，故名。里人造舟于此，以济行者。**澳头渡**在十一都。　**便口渡**在九十都。（上二渡俱县北。）**郑山渡**在县西北十九都。

同安县

太师桥在县城东朝天门外。宋建隆初留从效建，因以其官名。张赞明为记。乾道、治平中，邑人徐溢[16]泊其孙继祖重修。**西安桥**在县城西厚德门外。宋元祐八年，邑人许宜并僧宗定建，酾水为十八道，长百余丈，构二亭于上，以休行者。嘉定九年，许巨川重修。　**铜鱼桥**在县城南铜鱼门外。跨南溪，溪有石似鱼而铜色，故名。宋乾道中，邑令雷光胄修之。国朝成化元年圮；八年，府推官柯汉、知县张逊重修。**三桥**　**宏济桥**在十五都。宋建隆初，叶记[17]甃石为路，遇港辄为桥。乾道、淳熙中，僧宗寿、慈震相继修之。　**石步桥**在民安里。（上三桥俱县东。）**沙溪异石桥**在安仁里。宋建炎三年，里人方义收畚土砌址得异石，因斫而用之，故名。　**饮亭桥**在新塘铺之南。成化十一年，知县张逊重修。　**达川桥**在归德里。初架木为桥，宋绍圣三年僧智礼易之以石。（上三桥俱县西。）　**通济桥**在县东南民安里。宋建元中[18]建，元泰定三年重建。高三丈五尺，广二丈，长一千八百九十步[19]。　**苎溪桥**在仁德里。宋大观中邑人徐诚建，后圮，乾道间，诚之孙应中暨道士法昌重修。邓子实[20]诗："日照松梢宿雨乾，西风剪剪作轻寒；青林缺处云山好，更过桥西仔细看。"　**石狮桥**宋嘉定二年[21]许巨川建。　**太平桥**宋嘉定十年里人许日新建。(上二桥在从顺里。已上三桥俱县西南。)

黄岊渡桥在县东南同禾里。宋元符中建。凡一百五十二间，上覆以亭。淳熙中，又增六十间。今废。

德化县

龙津桥一名李公，一名黄济。宋熙宁中，邑令李嵩架木为桥，嘉定间始易石址，寻毁。嘉泰间，县令叶彦炎重建，改今名。

彭溪桥正统八年，里人范宗旺募众建。　**英溪桥**正统八年，里人刘宗发募众建。(上二桥在小尤中团。已上三桥俱县西。)

承恩桥宣德六年，里人凌光显等重建。　**长安桥**税务大使凌英捐资重建。(上二桥在杨梅上团。)　**佐溪桥**在善均里。**永安桥**在下涌团。(上四桥俱县北。)　**水尾桥**在县东北东西团。正统三年里人蒋晖训建。　**南山桥**　**济川桥**　**西桥**(上三桥在新化里。)　**梁桥**　**孙公桥**(上二桥在东西团。)　**观光桥**在汤泉上团。(已上六桥俱县西北。)　**化龙桥**在县东。宋庆元六年县令叶益命僧了性募缘建。嘉定六年，县令李端谊重修。今废。

永春县

龙津桥在十四都。旧名东渡。宋嘉定间建。国朝洪武二十七年，僧定机重修。　**郑洋坑桥**在十五都。元至正九年里人刘丁仕重建。(上二桥俱县东。)　**石井桥**宋绍兴二年，里人陈有仁建。　**下炉桥**元至正二年里人林进建。(上二桥俱县东。)

山萆石桥在五都。元至正三年里人林永秀建。　**壶口桥**在八都。宋绍兴二年建，长一十七丈。国朝洪武十九年吴孔绍重建。　**白纹坑桥**在九十都。洪武元年里人陈十观建。　**步云桥**在十一都。元至正二十一年里人陈添顺建。　**龟龙桥**在二十都。宋绍兴二年僧法师募众建，长二十有九丈。　**柱坝桥**在二十三都。洪武五年里人郑仕建。　**昼锦桥**在三十五都。宋绍兴十五年建。淳熙十四年，邑人林灏重建。（上九桥俱县西。）

连芳桥在四都。宋绍兴二年，里人苏谧等建。　**兰田桥**在二十二都。宋绍兴六年范天成建。（上二桥俱县北。）　**登瀛桥**在县东北十九都。宋淳熙十六年，邑人黄继之、郑谊建，长一十五丈。　**化龙桥**在八都。一名观澜。宋绍兴二年，里人林胜奇建。又二十都亦有化龙桥，宋绍熙三年重建。　**乘驷桥**在二十一、二都。宋绍熙三年苏正美建。　**白叶桥**在二十二都。宋淳熙二年里人苏得成建。　**岭兜桥**在二十三都。洪武二年，里人郭得人建。（上五桥俱县西北。已上一十九桥俱存。）　**通仙桥**宋绍兴十五年邑人林廷彦建。元至正二年重建。　**登瀛桥**宋绍兴十八年建。（上二桥在县东十五都。）　**丁字桥**在二、三都。元至正二年里人黄细观建。　**漳溪桥**宋淳祐中建。　**高蹇桥**宋绍兴二年，邑人陈知柔、萧公荫建。　**龙济桥**宋淳熙中僧月海建。（上三桥在六、七都。）　**芳桂桥**在九都。宋绍兴三年建。

黄龙桥在九十都。宋绍兴二十年僧智海重建。　**永安桥**宋绍兴五年县尉余安重建。　**建德桥**元至正四年僧比丘建。（上二桥在二十都。）　**源溪桥**宋淳熙五年里人林均德建。　**梯云桥**宋绍兴五年萧源与建。（上二桥在二十一、二都。）　**云津桥**宋嘉定十一年建。　**镇春桥**宋绍兴三年里人陈知柔建。　**庆云桥**宋绍兴三年里人何泰建。（上三桥在二十五都。已上一十三桥俱县西。） **永镇桥**宋建隆间僧普足建。 **长安桥**元至元二年里人吴仲兴建。 **长溪桥**元至正二年里人吴兴仁建。（上三桥在十三都。） **云龙桥**在十四都。宋绍兴中县令林聘建。淳熙中，县令陈宏规重修。（已上四桥俱县南。） **桃源桥**在十八都。宋淳祐元年建。 **金龟桥**在十九都。宋绍兴十年建。元至正三年庄大观重建。 **剧头桥**元泰定二年里人欧以贤建。 **隆兴桥**宋绍兴三年里人何志必建。（上二桥在二十一、二都。） **化鳞桥**在一十五都。宋绍兴十一年重修。（已上五桥俱县北。） **崎兜桥**元至正七年里人郑良建。 **大横桥**元至正八年里人林六观建。（上二桥在二、三都。） **攀龙桥**在二十三都。宋绍定四年里人郑子泰建。（已上二桥俱县西南。） **万安桥**元泰定二年里人陈敬建。 **叶洋桥**元至元十三年，里人黄厚仁建[22]。 **横口桥**元至正十五年僧云海建。 **杨美桥**洪武二十三年，里人萧桂[23]建。（上四桥在二、三都。） **登龙桥**宋绍兴间邑人王胄建。 **亚魁桥**宋绍兴二年僧自云建。（上二桥在二十一、二都。上六桥俱县西北。已上三十三桥俱废。）

安溪县

大禹桥在县东长泰里。 **建口桥**在常乐县，正统六年，邑人巡检李森建，并构屋二十三间于其上。 **大澳桥** **上任下任桥** **石圳单板桥**（上三桥在崇善里。） **源头[24]埔头桥** **牛岭桥**（上二桥在龙兴里。） **马迹桥** **盆口桥** **卓舍后桥** **东山桥** **下坑桥**（上五桥在感化里。已上一十一桥俱县北。） **茫洲桥**[25] **东园桥** **溪口拱桥** **仙人跳桥** **汤头拱桥**（上五桥在崇善里。） **大岭桥**在□□里。（已上六桥俱县西北，自大禹桥至此，先后圮坏，邑人巡检李森陆续修建。） **黄**

塘桥俗呼坂桥，里人吴昱重建。　**龙津桥**宋庆元间建，长六十八丈，广二丈四尺，上覆以屋，凡四十三间。元季圮。国朝天顺五年，邑人巡检李森重建。　**西港桥**在永安里。宋淳熙九年僧性全建。（上二桥在县东。）　**谷口桥**又名佛口。　**双济桥**（上二桥在清源里，俱宋僧普足建。）　**西洋桥**又名宦石[26]，在依仁里。

风池桥宋开禧三年邑令杨承祖建。嘉定六年县令陈宓重修。（上四桥俱县西。）　**埔峙桥**在县西南永永里。（已上七桥俱废。）　**吴浦渡**[27]在溪北五里。　**薛坂渡**在淡南五里。又名仙苑渡。　**大洋渡**在崇信里[28]。又名横撞渡。（上三渡俱县西）。　**建口渡**在常乐里。亦名仙澳渡。　**下林渡**其水发源于来苏里升山。（上二渡俱县东北。）

惠安县

琼田延寿桥在一都。宋时建，凡一百二十九间，长一里许。元至正间里人曾大通等重建。　**大柘海径石桥**在二十四都。元至正二十六年僧法助建。　**獭屈屿桥**[29]在二十五都。宋开禧间，僧道询身率其徒拿舟运石建桥七百七十间，直渡海门，凡五里许，潮平则没，半落则可通人行。　**浮梁桥**在二十六都。酾水为五道，长十余丈。　**尤江桥**在二十七都。宋端拱间建。绍兴二年重修。　**通济桥**在二十八都。宋庆元间里民黄氏建。（上六桥俱县东。）　**龙津桥**宋时建，俗名南岭桥。　**陈公桥**在二都。宋绍兴八年邑令彭元达建。　**得仙桥**在二十六都。宋里民黄氏建。（上三桥俱县南。）　**跃津桥**宋崇宁中里人谢文德[30]建。嘉定初，其从子宜中重修。　**巨济桥**宋时建。（上二桥在三都。）　**菱溪永济桥**在三、四都。宋治平二年邑令张盖建，后圮。绍兴三十二年，郡守赵令衿重建，民为立生祠于其左。

今废。　**丰乐桥**在七都。又名仁寿，俗呼蔡头桥。有亭曰丰乐，庵曰仁寿。　**张店桥**在十一都。宋治平间建。　**青龙桥**在三十四都。宋宝祐中僧道询建。国朝天顺六年僧惠昭重修。（上六桥俱县北。）　**马山桥**在县东南二十二都。元至元十九年僧法助建。　**谷口桥**在县西南十七都。宋绍兴二十一年建。国朝宣德元年里人何贵重建。　**辋川桥**在县东北三十四都。旧为渡，当邑要冲，涉之者众多，有覆溺之患。成化二十一年，知县张桓建，桥凡五十余丈，民甚便焉。晋江蔡清为记。

漳州府

龙溪县

庆丰桥在府城县治之北。旧名瑞丰，宋嘉定间毁，郡守郑昉重建，因其旧址增而高之，改今名。　**朝天门桥**在朝天门外。　**东河头桥**　**教场前桥**在东隅。　**圳股桥**在东厢。（上四桥，俱府城东。）　**安丰门桥**在安丰门外。　**西桥**（上二桥在府城西隅。）　**名第桥**唐元和间建，以周匡物登进士第名。　**龙骇瀛桥**宋淳熙四年，有龙奋其下，故名。　**登仙桥**（上三桥在府城南隅。）　**河道头桥**　**通津桥**旧名曰临清。宋淳祐间，郡守黄朴改今名。　**薛公桥**在通津门外。宋绍熙间始作浮桥。嘉定间，郡守薛扬祖乃累石为址而梁之，长二十六丈。然桥西地势稍下，每洪潦暴至，辄趋桥西，而其田皆沮洳矣。五年，郡守赵汝说[31]既浚沙板为港，复建干桥一十七间于桥南，以杀水势。又为小桥二十四间于干桥之南，以便行人。其西南一带，旧有土堤障水，以朝郡城，潦至辄坏。绍兴元年，尚书颜师鲁守泉，贻书寓公陈宏规累石为堤以障之。淳祐三年，师鲁孙侍郎颐仲复修筑之，视旧差壮。国朝天顺五年，堤决于水，知府童信重修。成化十年，桥二间及石门坏于洪水。十一年，知府张璜重修，复建楼石门之上，匾曰镇海。　**栅尾桥**旧军旗造船置栅于此，因名。　**佘史君桥**其地旧有佘史君家。（上八桥俱府城南。）　**丙申桥**唐元和十一年建。宋淳熙三年重建。其创建、重建之年，俱值丙申，因名。　**洗马潭桥**　**四石人桥**（上三桥俱府城北。）　**开元前桥**在府城西北开元寺前。　**西港桥**洪武六年建，上覆以亭。　**流冈桥**凡四百六十余间，长二百五十余丈。（上二桥在二十六都。）　**东港桥**洪武九年建，上有亭。　**拱成桥**　**留佩洋桥**　**通仙桥**　**通源驿东桥**（上五桥在二十七都。）　**虎渡桥**界二十七、二十八二都之间，即柳营江桥也。相传造桥时有虎渡江，又古谚云："虎渡通人行，渐渐出公卿。"郡人因以名桥。宋绍兴中，郡守赵伯逷始造浮桥。嘉定七年，郡守庄夏累石为址，凡一十有五，架梁而覆以屋，匾曰通济。嘉熙元年火，郡守李绍捐私钱五十万，又规划得钱万缗以助役。越四年，桥成，长二百丈，址高十丈，酾水一十五道，东西各有亭。郡守黄朴为记淳祐，元年毁于兵。国朝洪武三十一年，知府钱古训仍其旧址，以木为梁，构亭其上。正统四年复火毁。六年，知府甘英奏请重建。十一年，分巡佥事陈祚檄经历曾复董其役，明年告成。天顺五年，亭为飓风所坏，寻修复之。成化十年，复为飓风所坏，二十二年知府刘瀚重修。**沧江桥**在一、二、三都。（已上九桥俱府城东。）　**横溪桥**　**南平西桥**　**白蒙径头桥**（上二桥在二十一都。）　**太平桥**在二十三、四都。（已上四桥俱府城西。）　**亿连桥**洪武间建，成化十五年同知蒋浚重修。　**官田桥**成化十五年坏于水。十八年里人曾于清等修。　**南溪前桥**（上三桥在六、七都。）　**月溪桥**在九都。路通镇海，潮汐往来，商贾贸易皆萃于此。　**木绵市南桥**在十二、三都。景泰七年，知府谢骞重修。（已上五桥俱府城南。）　**松州太平桥**　**功德桥**（上二桥在二十三、四都。）　**浦南桥**

在二十六都。元至正三年建。(已上三桥俱府城北。) **七星桥**在府城东南四、五都。 **汤坑桥**下有温泉。 **和溪西桥**(上二桥在府城西南二十一都。) **西渡**在府城二十一都。 **洋西渡**在府城南十一都。 **松洲渡**在府城北二十三、四都。 **西浦渡**在二十七都。 **浮宫渡**在四、五都。 **绿石渡**在一、二、三都。(上三渡俱府城东南)。 **鳌岛渡**在二十二都。 **芗江渡** **蓬莱渡**(上二渡在二十三、四都。) **浦头渡**在□□□都[32]。(已上四渡俱府城东北。)

漳浦县

东溪桥在县东门外。宋庆元四年,郡守傅伯成建。元至正三年,道士温琉累石重建,长三十丈。 **五凤桥**在南门外。宋淳祐间累石为址,跨以石梁,长三十丈。又建干桥一百四十间,长二百丈。国朝洪武三十四年圮于水,主簿程石宗重修。 **长脚桥**元大德二年僧碧潭建。 **吴港桥**宋淳祐二年乡人郭宽建。釃水为一十五道,长八丈九尺。(上二桥在县东七都。) **永济桥**在县西门外。宋淳祐二年僧一行建,长八丈九尺。 **鹿溪桥**在县南。旧为鱼腹渡。宋庆元四年郡守傅伯成建。累石为址,上跨石梁,釃水三十六道,长五十丈,后圮于水。国朝洪武七年,知县焦惟敬命僧汝缘重建。(上二桥俱在八都。) **新亭桥**在县北七都。元至正间僧伯江建。(已上七桥俱存。) **南诏桥**在三都。 **云霄桥**在六都。 **盘陀桥**在八都。(上三桥俱县南。) **度仙桥**在县东南十都。 **蔡坑桥** **茭蓼桥**(上二桥在县西八都。) **三古桥** **黄林桥** **横章桥** **龙山庄桥** **虎坑桥**(上五桥在县北二十八都。已上七桥俱宋庆元四年郡守傅伯成建。通上一十一桥俱废。)

龙岩县

龙津桥在县治南。旧名通阛。初以木为之。宋乾道间，县令李宗四命道人曹法进募众伐石创建。淳熙十五年，县令张能、尉詹利正增修，并构亭二十五间，改名登龙。至正元年火。二年，达鲁花赤捏古柏徙建于县街清高山下，改今名。十四年圮于水。二十七年，县尹朱键重建。　**虎渡桥**在县治西门外。洪武十九年县丞周尚文重建，并构亭二十七间于其上。宣德五年，邑人同知王源捐资倡里人张存吉、林宗鲁等累石为址，架木为梁，覆之以屋三十五间。正统九年，坏于水。时源致仕归，又捐金六百余两，斫石重修，仍覆以屋。　**东桥**在县治东，东宫下。旧在东门外，徙建于此。叠石为址，覆之以屋，今坏。

长泰县

南津桥在县治南一里许，界人和、钦化二里之间。宋嘉泰三年，县令吕炎以县之水西流，创石桥于此障之。王子信诗："西水障成东水去，南津移得北津来。"

南靖县

德仙桥在县治东。永乐元年邑人蒋宗美建。正统六年典史周鼎重建，并作亭其上。十三年寇毁。景泰三年县丞王伟重建，易以石梁。　**育济桥**在县南清宁里。元至正十七年，僧瑞岩建。　**汤坑桥**在县北永丰里。元至元间建。国朝景泰五年，知府谢骞重修。　**永济桥**在县治南。元至正间，僧天岩建。石址木梁，长三十一丈，其上构屋，为间如其长之数。今废。

漳平县

通济桥在县西居仁里。伐石为梁，长十丈。　**前村桥**景泰元年，龙岩县医官陈哲捐资募众重建。　**西城桥**成化六年重建。（上二桥在聚贤里。）　**花桥**天顺二年重建，上覆以亭。**龟湖桥**永乐间，里人卢彦和暨曾氏捐资募众伐石甃其两岸，跨木为梁，构亭九间于其上。　**石马桥**　**泰平桥**（上四桥在和睦里。已上六桥俱县北。）　**龙江渡**在县前。今官为造舟，岁役民操之，以济行者。内有龙井，因名。　**盐场溪口渡**在县西丁坂社。成化十七年，龙溪义民翁实捐资造舟，并构亭东岸，岁入田租以给操舟者。　**罗溪渡**　**南洋渡**在县北九房社。岸东有亭。（上二渡今俱为官渡。）

汀州府

长汀县

济川桥在丽春门外，俗呼水东桥。宋庆元间，郡守赵伯槜[33]始以石易木，后圮。淳祐间，郡守卢同父重建。元末复圮。国朝洪武间重建，寻坏于水。永乐九年，知府宋忠、指挥韦庸捐俸募众重建。十四年复坏于水。明年，忠又捐俸倡郡人丘人福等重建。后又圮。成化十七年，知府黄埕、知县谢珪复捐俸为倡，命义民胡文海等重建。宋郡守陈轩诗："十万人家溪两岸，绿杨烟锁济川桥。"　**惠政桥**五代时名建州桥。宋初重建，改名惠民。绍兴间坏于水。郡守张昌捐俸重建，郡人因呼张公桥。嘉泰间，郡守赵彦𫋇[34]迭石为四址。淳祐间又坏于水，县令叶一新募众重建。国初洪武间复圮。永乐十三年，知府宋忠、知县姚讷各捐俸倡郡人丘人福等重建。　**南阜桥**宋庆元间郡守陈晔创建，未及就，后晔弟映来守□[35]，踵而成之，匾曰棠棣桥。嘉定间，圮于水，郡守傅康捐俸重建，更今名，莆田陈宓书匾。淳祐间又圮于水。寻复建，今废。（上三桥在鄞河坊。）　**有年桥**在永康坊。宋绍兴间建，后圮于水。乾道间郡守谢知几更造浮桥，匾曰太平采虹之桥。淳熙间，郡守赵不搜[36]复作舆架而屋之。嘉定间，郡守邹非熊重建，改名太平。国朝成化十二年，知府徐瓒重修。　**兴云桥**宋宝祐间重建。　**通远桥**今废。（上二桥在崇善坊。）　**金沙桥**在左厢登俊坊。久废。旁有庵。　**清江桥**在青岩里。景泰初，闽人胡汝澜兄弟建，凡四址，架梁而覆以屋。成化十七年圮于水，汝澜之子宽、姪珠、孙女海募众重建。　**新桥**在归阳里。宋郡守赵崇模建，久废。（已上九桥俱县东。）　**七里镇桥**成化十五年，知府戴禧、通判李祺规划，命义官余理董建。　**南拔桥**久废。（上二桥在县西朱紫坊。）　**画眉桥**在鄞河坊白叶岭下。永乐十五年，知府宋忠倡郡民丘人福等建，架木为梁而屋之。　**镇南桥**在罗坊。俗名上渡桥。宋庆元间，郡守赵伯桧建。后圮于水。　**黄蜂桥**在□□里[37]。成化十一年，通判李祺、知县吴潜规划创建，石址木梁而构亭其上。　**普济桥**俗呼横板桥。宋淳熙间圮于水。郡人钟慧常捐资更造石桥，县令刘通政为记。　**广渡桥**宋淳祐间重建，郡守卢同父书匾。宝祐中又圮。（上二桥在青泰里。）　**南安桥**旧为游绳渡。宋淳熙间始建桥，后毁，今复为渡。　**普通桥**旧名石壁桥。今废。（上二桥在古贵里。已上七桥俱县南。）　**攀桂桥**在攀桂坊。亦名盛春。先毁于火，永乐十一年，知府宋忠募众重建。而屋其上。十四年圮于水。景泰六年，知府俞僴复建。

宁化县

双虹桥在县治西。宋绍定间，寇毁。淳祐间重建，寻圮于水，县令林公王复建，后又圮。国朝永乐间，阴阳训术伍渊源同耆老吴羊等重建。　**寿宁桥**正统十三年毁于寇。天顺六年，知县梁昂倡,致仕官伍志亨等募建。 **万寿桥**[38]旧名阜通,宋元丰间县令江渊建。政和间毁。嘉熙间,县令刘焕重建,易今名,以桥下为祝圣放生池故也。宝祐间又毁,县令林公王倡众复建。国朝永乐间,知府宋忠规书□捐俸修复。(上二桥在县治南。) **龙门桥**在县东,旧名龙津。久圮。成化七年,知县郑瑄令耆民伊彦忠等募众重建,为石址十又一,架梁而屋其上。 **东渡**[39]在县东兴善里。 **留口渡**水势屈曲,舟至此必经宿,故名。 **禾口渡**(上二渡在县西龙上下里。) **马家渡**在兴善里。昔有马姓者造舟以济渡,故名。 **石马渡**在龙下里溪。有石如马,因名。(上二渡俱县北。) **程步冈渡**在县西北龙下里。

上杭县

浮桥在镇东街之东。成化十年,佥事余谅檄同知程熙等规划创建,寻坏于水。十二年,谅复檄通判李祺重建,计用舟三十又二,贯以铁索。 **驷马桥**在县治西。旧名通驷。以木为之,屡坏于水。宋庆元间,累石为址,而屋其上,改今名。后亦圮。国朝永乐九年,邑人周永定等捐资重建。成化十年,巡抚都御史张瑄檄同知程熙、知县萧宏规划重修。训导张祯为记。 **东街桥**在县城东。成化五年,邑人林节捐资砌之以石。 **将军桥**叠石为址,上覆以屋。 **郑坑桥**架木为梁而屋之。(上二桥在县东北白砂里。) **语口渡**在在城里。 **黄狁渡** **蓝家渡**(上二渡在胜运里。已上三渡俱县东。) **南塔渡** **张滩渡** **水南渡**(上三渡在在城里。) **南蛇渡**在来苏里。(已上四渡俱县南。) **梅溪渡**在在城里[40]。 **回龙渡**在平安里。(上二渡俱县北。) **水西渡**在县东北在城里。溪水自北西流,故名。

武平县

东安桥在县治东二十步。　**太平桥**在丰顺平里。宋宝祐间重建，改名登云。国朝天顺四年甃石重建。　**万安桥**在□□里。　**金鸡桥**在县东高吴保。（上三桥俱县东。）　**望仙桥**　**通济桥**在千户所城外。成化十年重修。（上二桥俱县西。）　**青云桥**旧名迎恩。天顺五年重建，而屋其上。　**三岭桥**　**化龙桥**元至正间坏于水。国朝景泰四年重建。　**赖坊桥**　**九龙桥**洪武间圮于水。　**南安桥**在□□里。洪武二十年毁于寇。（上六桥俱县南。）　**万方桥**永乐十四年圮于洪水。正统十二年重修。　**双湖桥**洪武二年建，累石为址，而架屋其上。（上二桥俱县北。）

清流县

龙津桥在县治东。旧以舟渡。宋淳熙间，县令吴松始议为桥，功未及半，以寇疫辍。绍熙间，县令曾造捐俸倡率，仅足石墩，嘉泰间，县令吴补之始构亭其上。桥东西为二阁，东曰快倚，西曰凌云，桥旁创庵曰济川。绍定间寇毁。端平间，县令王元瑞重建。元至正间，赣州寇毁。国朝洪武二年，知县朱仲恭复建。宣德间灾。正统七年，主簿徐友谅请于朝，募邑民伍祐等累石为墩八，构亭三十有一间覆之。其总率经划则参政宋彰也。　**凤翔桥**在县治西。旧名魁星。宋淳祐间，县令林奕重建，改名祝圣。后圮于水，宝祐间县令林应龙修复之。元至正六年毁于连城寇。国朝洪武二十九年，知县宋忠重建，并构亭二十又九间，改今名。永乐十三年灾。成化十二年，耆民黄得兴、雷宣、巫祐昌等重建，仅成石墩，分巡佥事周谟规措成之，并构亭三十间。十七年，山水冲激坏其二墩，亭圮殆半，知县凌宷捐俸募众，葺而新之。　**南门浮

桥凡用船十有三，贯以铁索，立桩于两岸系之。成化十七年，水冲坏大半，寻募众重新。　**三港桥**在坊郭里。宋庆元中，僧妙金建。（上二桥俱县南。）　**北门浮桥**其制与南门浮桥同。　**嵩溪桥**在永得里。宋宝祐间，县令林应龙重建。国朝洪武初坏于水，知县朱仲恭重修。成化九年悉圮于水，十六年参议黄澄、副使刘柯命知县凌宲累石为墩而梁之。　**白石桥**　**清口桥**（上二桥在坊郭里。已上四桥俱县北。）　**溪口桥**在仓盈里。　**通仙桥**在梦溪里。（上二桥俱县东。）　**武陵桥**在梦溪里。　**香坪桥**在北团里。（上二桥俱县东南。）

连城县

龙爪桥在县治东在城里。元至正三年，邑民沈得庆建。后圮于水。国朝永乐五年，僧惟禄等募众重建。　**昼锦桥**在县治西。宋县令董与几[41]建。后圮于水。国朝洪武二十三年，知县冯志良命邑民林茂轻募众重建。　**文川桥**在县治南。旧名清溪。宋绍兴间，县令刘国瑞重建，改名擢桂。后圮于水，县令黄荦重建，洪迈为记。寻毁。嘉定间，荦之从子埒来为令，复建，又毁于寇。元至正间，照磨韦周卿重建，改今名。国朝成化十二年毁，县丞吴琬率民叠石为址，梁而屋之。　**通济桥**在县治南在城里。宋庆元间，县令鄞康成建。　**黄公桥**在县治北在城里。元至正五年，邑人黄天祐建。　**龙坑桥**永乐二年，里人叶张兴募众建。　**溪边桥**洪武六年，里人陈轻二募众建。　**永丰桥**元至正二十年，里民陈辛六叠石为址而梁之，复构亭七间于其上。（上三桥俱在县东□田里[42]。）　**常丰桥**宋淳熙间，县令常□建。国朝洪武七年，知县刘雍重建。　**惠济桥**[43]洪武五年，里人陈均实建。（上二桥在南顺里。）　**永龙桥**[44]在河源里。洪武二十年，僧惠广建，石址木梁。上构亭十有一间。（已上三桥俱县南。）

林公桥永乐四年，里人林茂轻捐资创建，并构亭五间覆其上。

李公桥洪武三年，里人李得旻募众建。　**徐公桥**宋邑人徐二八捐资创建，郡守卢同父书其匾曰徐长者桥。国朝洪武二十年毁。二十八年，徐氏之孙仲礼重建，改其匾曰徐公桥。永乐三年，为洪水所坏。今其子孙为舟以济行人，邑人号徐公渡。（上三桥俱在县北北安里。）　**冯口渡**在河源里。　**杨家渡**在表席里。（上二渡俱县南。）

归化县

济川桥在县治东二百步。永乐间圮于水。成化八年，佥事周谟发公帑余资，命耆老吴荣宝[45]督工重建，上覆以屋一十七间，教谕赵智为记。　**惠利桥**在县治南广济街。永乐二十二年建。成化十八年，县丞罗素、主簿祝龄倡众重建。　**白沙桥**成化九年，知县郭润、教谕赵智各捐俸倡众重建。　**太平桥**宣德八年，清流县募众重建。（上二桥在归上里。）　**清平桥**永乐间，清流、将乐二县募众重建。　**龙湖桥**成化八年，知县郭润募众重建。（上二桥在兴善里。已上四桥俱县东。）　**晏公桥**在县西归上里新兴铺。洪武间圮于水。成化十七年，县丞罗素、主簿祝龄倡众重建。　**夏阳桥**在县东北中和里。成化十七年，邑人少监萧忠捐资重建。　**南阳桥**在县西北归上里叶舍坑。成化三年，里人叶长清募众重建。　**岩前渡**在县东归下里。

永定县

古溪桥在县西南溪南里。潮州民江碧淋等募众修建，而屋其上。　**深度桥**在县东北太平里。成化三年，邑民蓝惟时募众建。 **古田渡**在县治东通明门外。 **锦丰渡**在县西。 **司前渡**在县南兴化巡检司前。（上二渡俱在溪南里。） **丰稔渡**在县北胜运里丰稔寺前。 **罗滩渡**在县西南溪南里。

校 注

［1］嘉靖《建宁府志·津梁》及康熙《松溪县志·地理》均作“县令常钦祖建”。

［2］嘉靖《建宁府志·津梁》作“刘拱”。

［3］嘉庆《崇安县志·津梁》作“屏南桥”，并云“元至元间毁于兵”。本志作“至正十三年”，误。

［4］嘉靖《建宁府志·津梁》作“刘汉传”。

［5］嘉靖《建宁府志·津梁》作“许彦恭”。

［6］“建”字疑“者”之误。

［7］乾隆《泉州府志·桥渡》作“百四十间”。

［8］万历《泉州府志·规制》、乾隆《泉州府志·桥渡》及民国《晋江县志·规制》均作“长二千四百余丈”。

［9］乾隆《泉州府志·桥渡》作“刘炜叔”。

［10］乾隆《泉州府志·桥渡》作“冯损”。

［11］乾隆《泉州府志·桥渡》作“驷通桥”。

［12］“熙”字疑衍，“淳熙佑”应为“淳祐”之误。

［13］乾隆《泉州府志·桥渡》作“桥右有潭”。

［14］乾隆《泉州府志·桥渡》作“僧不睡”。

［15］乾隆《泉州府志·桥渡》作“僧守静”。

［16］乾隆《泉州府志·桥渡》作“徐益”。

［17］乾隆《泉州府志·桥渡》作“叶祝”。

［18］宋无此年号。乾隆《泉州府志·桥渡》作“庆历间”。

［19］乾隆《泉州府志·桥渡》作“长一百八十九丈”。

［20］乾隆《泉州府志·桥渡》作“郑子实”。

［21］乾隆《泉州府志·桥渡》作“嘉熙二年”。

［22］隆乾《永春州志·建置》作“华阳桥”，“元至正间民黄原建”。

［23］乾隆《永春州志·建置》作“萧桂发”。

［24］乾隆《泉州府志·桥渡》作“源口”。

［25］乾隆《泉州府志·桥渡》作“芒洲桥”。

［26］乾隆《泉州府志·桥渡》作“旧名官厅石桥”。

［27］乾隆《泉州府志·桥渡》作“吴埔渡”。

［28］乾隆《泉州府志·桥渡》作“在新溪里”。

［29］乾隆《泉州府志·桥渡》作“獭窟屿桥”。

［30］乾隆《泉州府志·桥渡》作“谢文龙”。

［31］乾隆《漳州府志·规制》作“赵汝谐”。

［32］乾隆《漳州府志·规制》作“在城东南三里许。通厦门、海仓、石美、澳头、海澄及附近诸处”。

［33］乾隆《长汀县志·城池》作“赵伯桧”。

［34］乾隆《长汀县志·城池》作“赵彦绣”。

［35］疑缺“郡”字。

［36］乾隆《长汀县志·城池》作“赵不悞”。

［37］乾隆《长汀县志·城池》作“在宣城里”；乾隆《长汀县志·城池》作“在宣成里”。

［38］按康熙《宁化县志·土地·津梁》无“万寿桥”，只载“寿宁桥旧名‘阜通’。元丰间知县事江渊建。嘉熙间。知县事刘焕又建，易名‘万宝’，元祐间毁。知县事林公建，又圮。永乐间，郡守宋忠建，正统十三年寇，又毁。天顺六年，知县梁昂及郎中伍志亨建，易以今名”。据此则“万寿”、“寿宁”只是一桥，本志分作两桥，未知孰是。

［39］乾隆《汀州府志·城池》及《宁化县志·土地》均作“东山渡”。

［40］乾隆《汀州府志·城池》作“在县北梅溪寨”。

［41］民国《连城县志·水利》作“董兴儿”。

［42］乾隆《汀州府志·城池》及民国《连城县志·水利》均载“在姚坊”。

［43］乾隆《汀州府志·城池》作“惠政桥”。

［44］乾隆《汀州府志·城池》作“永隆桥”。

［45］民国《明溪县志·建置》作“吴荣瑶”。

八闽通志卷之十九

地　　理

桥　　梁

延平府

南平县

明翠桥在府城东建宁门外。旧名明秀。　**西浮桥**在府城西水门外。　**东浮桥**在府城南福州门外。(上三桥皆官籍民夫守之,以时修缮。)　**延平桥**在府城东隅。旧名陌平。宋宣和中郡人范淙建,郡守董洪重建,改今名。　**四鹤桥**在府城西隅四鹤门外。　**风雩桥**在府城延平书院前。宋嘉定二年郡守陈宓建。元季兵毁。国朝洪武三十年,里人王希哲重建。　**延安桥**宋嘉定中郡人赵崇鲁建。　**登科桥**　**大凿口桥**(上二桥俱宋庆历中郡人范迪简建。)　**涪口石桥**宋嘉祐中郡人范峒建。**湖头浮桥**宋元丰元年建。国朝永乐十七年坏于水。(上五桥在衍仙下里。)　**乘驷桥**在汾常里。旧名普济。宋熙宁中郡人叶唐懿建。(已上六桥俱府城东。)　**马坑桥**在府城西隅。旧名化龙。元至正十年里人蔡旻轻重建，改今名。 **永庆石桥**宋熙宁中里人尤询建。 **小浴坑口桥**宋熙宁中里人宋宜甫建。 **尤溪口石桥**宋元丰中里人叶唐稷建。（上三桥在剑津里。） **西芹石桥**宋崇宁中里人苏均建。 **小芹口石桥**宋端平中郡人王孟坰建。 **卤水石桥**宋嘉定中郡人赵崇彪建。（上三桥在长砂上里。） **药材桥**[1]元至正中里人康富建。 **杉洲桥**元至正中里人杨兴隆建。 **南洲桥**洪武二十五年里人杨善发建。（上三桥在大源外里。） **唐度桥**[2]在天竺里。宋淳熙中里人郑文举建。（已上一十一桥俱府城西。） **同仁桥**在府城南长安北里。旧名黄龙桥。成化初毁。邑人太监黄赐、潘瑛[3]请以赐金重建，朝廷亦发助[4]之。桥成赐名同仁。御制碑记[5]。 **十里庵桥**旧名利涉。宋绍定中郡人许合建。 **安济桥**旧名通济。宋宝庆中郡人赵必洪建。（上二桥在崇德里。） **清风桥**在长安北里。唐贞观中里人吴益建。（上三桥俱府城东南。） **湖头渡**在府城东演仙下里。 **沙口渡**在府城西长砂上里。 **橘舟渡**[6]在迁乔里。 **岳溪渡**在金砂里。（上二渡俱府城东南。）

将乐县

龙津桥唐嗣圣中里人廖云建[7]。 **龟山桥**宋咸淳中县令黄去疾建。国朝永乐三年毁，邑人杨德敬重建。（上二桥在龙池都。） **濑口桥**元至正三十年里人徐彦卿建。 **枫溪桥**元至正三十年僧惟心募众建。（上二桥在高滩都。已上四桥俱县东。） **三华桥**在水南都。旧名利涉。宋绍兴三十五年，邑人侍郎黄伯固建。后毁于兵。元至正二十三年，署县事理问裴彦直重建。国朝洪武三十四年圮。永乐三年，千户董秩募众重建。叠石为址，架梁而覆以亭。 **升仙桥**宋淳祐十二年建。里人连万等重建。 **圆通桥**宋绍定五年僧玉山建。(上二桥在池湖都。) **张坊桥**宋元丰中僧正心建。 **路口桥**宋淳祐三年僧玉泉建。(上二桥在隆安都。已上五桥俱县南。) **万安桥**在县北万安上都。元延祐元年里人方重简建。 **水东桥** **三硐渡**在积善都三硐滩下。(上二渡俱县东。) **蛟湖渡**在蛟湖都。 **城南渡**(上二渡俱县南。)

尤溪县

坦履桥宋绍兴五年建。国朝洪武二十八年重建。永乐十六年坏于水,十七年,知县雷殷复建。 **毓秀桥**宋嘉定元年县令何自强建,名跨鳌,以朱文公生于此,改今名。国朝洪武三十五年,知县黄采重建,累石为址,构亭其上。正统十三年寇毁。 **昼锦桥**在登云坊旧昼锦下坊也。宋绍兴三年建。(上三桥俱县治西。) **青印桥**在县治南。宋绍兴十九年建。累石为址,覆之以亭。元至正二十四年坏于水。二十六年,县尹袁正重建。国朝宣德二年毁,七年,县丞储礼复建。 **石桥**[8]在十都。 **广济桥**旧名通济。在十六都。(上二桥俱县东。) **迎驷桥** **济川桥**(上二桥俱宋嘉定二年建。) **林奢桥**(上三桥在一都。) **纪板桥**在五都。宋嘉定三年建。今圯。 **陂石桥**元至正间圮。国朝永乐十七年,知县雷殷倡建。 **康安桥**(上二桥在六都。) **德化桥**以路通德化名。俗名林坑桥。宋端平三年建。国朝洪武二十八年,知县王谅重建,上覆以亭。 **石灰桥**在二十七都。元至正二年建。 **袷桥**在□□都[9]。宋嘉定四年建。国朝洪武二十一年毁,三十四年[10]重建。 **大田桥**在三十三、四都。 **嵩安桥**在四十九都。 **兰下桥** **新桥**(上二桥在五十都。已上十四桥俱县西。) **通济桥**在十七都[11]。俗名通路桥。

容戟桥在二十三都。俗呼栲桥。(上二桥俱县南)。　**紫岩桥**宋嘉定三年建。旧名浆溪。国朝永乐九年知县黄采重建,改今名。　**博利桥**俗名大夫桥,以其傍有大夫庙。洪武七年建。(上二桥在七都。)　**周保桥**俗名大池桥,在十都。(上三桥俱县北。)　**荣达桥**旧名董陇桥,在县东南二十五都。　**上驿桥**在县东北十一都。元泰定四年建。　**水东渡**在县治东青印、溪头二溪合流处。旧有浮桥。　**汶口渡**在县西四十七都。源自沙县、龙岩县界,二水合流而来,下流为石龟渡、嵩口渡,西南流为虔村渡,又折而西流为溪流渡、田溪口渡,又下为小黄渡。　**康济渡**在县东北迎春门外。旧有桥。　**沅潭渡**在县东北八、九都[12]。其流自康济来,下为陈大黄渡,又下为樟槾门渡,复迤逦流为雍口渡,又下流为板溪渡,又下流为炉村渡。

沙县

招庆石桥在东岳行宫前。其水自县治前凡九折,出桥下入大溪,名九曲龙池。又四都亦有招庆桥。　**登瀛桥**俗呼东门桥。一山介二水间,俗名山洲。宋李纲改名仙洲,建浮桥命以今名。绍兴二十九年,郡守胡舜举重建,累石为址,而覆以亭,邑人呼为胡公桥。寻圮。绍定三年重建。国朝永乐十六年毁,后济以舟。　**无双桥**在县治前街西。一名前凰桥。宋绍圣二年张致远建。　**无敌桥**在县治后街西。一名后凤桥。宋绍圣二年邑人邓葳用[13]募众建。　**石桥**　**步云桥**　**鸣玉桥**(上三桥俱在和仁坊。)　**翔凤桥**在县治南。宋绍圣四年,县令谢璿初建浮桥,名平津,缩公费赢余,仍市田取米,以备缮修。淳熙十年,县令宋自强[14]徙建凝翠峰驿前,改名凝翠,后复徙旧处。嘉定四年,又改建板桥于凤凰山之下,更今名。始构庵,入浮桥田米,命僧守之。九年毁,寻重建。元至正二十年兵毁,二十六年,综理官都事宋宗泰复建。国朝洪武二十九年重建。正统十三年寇毁。景泰元年,知县余宽仍建浮桥。　**云衢石桥**在县南凤凰山下,宋淳熙十六年邑人黄颢[15]建。　**洛溪桥**在县东南□□都[16]。宋崇宁二年县令王瓘建。淳熙十二年,县令宋自强[17]重建,又名宋公桥。　**陈家楼石桥**一名澄江桥。在一都。　**通济石桥**　**胡光桥**[18]永乐十四年火。(上二桥在二都。)　**渔溪湾石桥**在三都。　**丹溪桥**　**玉口桥**　**隐相桥**一名通津。　**迎仙桥**一名高砂。　**城头石桥**　**鸬鹚口石桥**(上六桥在五都。)　**后宅石桥**　**黄坑口石桥**(上二桥在六都。)　**琅溪桥**　**从安桥**洪武二十四年建。　**福临桥**　**归云桥**(上四桥在八都。)　**熙成桥**　**登平桥**一名揖秀桥[19]。(上二桥在九都。已上一十八桥俱县东。)　**碧峰石桥**　**杉溪石桥**(上二桥在二十二都。又二十四都亦有杉溪桥。)　**延安桥**　**上水口桥**　**华口板桥**　**英风桥**[20]　**橼林头桥**(上五桥在二十三都。已上七桥俱县西。)　**义恩桥**在九都。　**幼溪桥**在十都。　**富口板桥**　**柳源板桥**　**杨村板桥**　**宝峰石桥**(上四桥在十一都。)　**新波桥**[21]　**升平桥**　**黄溪桥**(上三桥在十二都。)　**进福桥**　**高桥**宋开宝八年建。里人张擢[22]举南唐状元及第,而桥适成,因名高桥,盖取高科之义。(上二桥在十三都。)　**大漈桥**　**四洲桥**[23](上二桥在十四都。)　**柳坑桥**永乐十二年建。　**张坑桥**　**八字石桥**(上三桥在十五都。)　**登云桥**　**茂溪桥**(上二桥在十六都。)　**俞屯石桥**　**涌溪桥**　**里仁桥**(上三桥在十七都。)　**俞屯板桥**在十八都。(已上二十二桥俱县北。)　**前坑桥**　**吉平桥**[24]　**长坑桥**　**增禄桥**(上四桥在四都。)　**溪平桥**[25]　**福源桥**　**大基口桥**(上三桥在七都。)　**大黄桥**　**小落桥**[26]　**北充石桥**[27]　**双溪桥**一名双清桥。(上四桥在八都。已上十一桥俱县东南。） **高板桥**在二十都。 **淳祐桥** **徐坊石桥**（上二桥在二十一都。） **连坑石桥** **小溪石桥**（上二桥在仪奉团。） **吉树桥** **福西桥** **太平兜桥**（上三桥在二十四都。已上八桥俱县西南。） **西来桥**在九都。宋嘉泰元年建。 **通济桥** **紫云桥**旧名通驷桥。 **垂虹桥**一名罗公桥。（上三桥在十都。） **黄岩桥**在十一都。（已上五桥俱县东北。）

朱源板桥在十一都。 **归坑桥** **黄北坑桥**（上三桥[28]在十九都。已上三桥俱县西北。） **玉溪渡**在玉溪口。洪武中玉山寺僧钺峰创庵曰崇福，置田一十六亩，以备造舟，并食操舟者。

高砂渡在□都[29]。 **黄公渡**在□都[30]。 **清洲渡**在□□都[31]。 **龙江渡**在□□都[32]，一名琅坑渡。 **将军渡**在真隐、凝翠两峰之间。昔邓将军光布徙县治时置，因名。（上六渡俱县东。） **黄隔口渡**在□□都[33]。 **班竹渡**[34]在□□都。 **王口渡**在□□都[35]。 **台镜头渡**在□□都[36]。 **马铺渡**在□□都[37]。 **溪口渡**在□□都[38]。 **横龙渡**在□□都[39]。

三原渡在□□都[40]。 **管前渡**[41]在□□都。 **杉口渡**在□□都[42]。 **荆村渡**在□□都[43]。（上十一渡俱县西。） **安济渡**在县东北十都。旧有桥，永乐十四年圮。今为渡。

顺昌县

迎福桥在县治东。以近侍中庙，故名。 **棋溪口桥**一名阜通。元至正中里人朱斌[44]建。国朝永乐十四年圮于水，后仅架徒杠。成化十三年，义官刘保改造石梁。 **鸿门桥**成化十三年，义官陈珪建。（上覆以亭，凡二十间[45]。） **蜚沙桥**成化十七年主簿罗□建。（上三桥在县东石溪都。） **宁武桥**一名登仙。元至正二十年，里人杨琳等募众建。 **鹏翔桥**（上二桥在驿站都。) **富文桥**在富屯都。元至顺间,里人廖伯和重建。长一十六丈六尺[46],复覆以亭,凡十有七间。国朝永乐十一年火,后为徒杠。成化九年,县丞赵玺重建,并构亭二十三间于其上。(上三桥俱县西。) **水南桥**在县南水南都。成化八年僧道宁建。 **槎溪桥**在县西南净安都[47]。成化五年邑人陈镡建。 **云衢桥**元至顺间,里人冯大雅重建,长一十二丈[48],为亭十有五间。 **章富桥**[49]元至正初,里人冯马七建,长一十三丈,为亭十有五间。(上二桥在寿荣都。) **要津桥**在仁寿都。洪武十三年里人吴克刚重建,长十有八丈,为亭十有九间。(上三桥在西北。) **济川桥**在县治东。宋元祐中,县令俞伟始建浮桥。绍定中,县令赵必英累石为址,而梁其上,并覆以亭。国朝洪武七年知县张缙重建。二十一年毁,今以舟渡。 **龙溪渡**在水南都。左负山,右临涧,路转山坳,始与桥直。宋绍定二年,寇至,官兵据桥为险与寇敌,寇遂败走。桥久废,今架木以通往来。 **龙津桥**在长寿都。洪武十七年,邑人张子升募众重建,长一十八丈,为亭一十七间。永乐十四年[50]圮于洪水。今为徒杠。(上二桥俱县南。)

万全桥一名仁济,在营口都。元至顺中,里人杨兴甫重建。后圮于水,遂济以舟楫。 **双溪桥**在崧溪都。久废,今渡以舟。(上二桥俱县西北。) **余坊渡**在县治东。 **东渡**在双峰驿前。

西渡在税课前。 **灌站渡**[51]在县西驿站都。

永安县

武陵桥在县治东门外。 **广宁桥**在县治西门外。 **镇清桥**在县治南门外。 **石桥**南县治北门外。 **中村板桥**在二十四都。 **溢洋桥** **杨梅桥**(上二桥在四十一都。) **虎溪桥**[52]在县西三十一都。 **渔潭桥**在二十七都。 **西洋桥**

桂口桥（上二桥在二十八都。已上三桥俱县南。）　**安定桥**在二十都。**德星桥**　**忠善桥**　**建安桥**（上三桥在二十五都。）　**会清桥**　**大陂滩头桥**（上二桥在二十六都。）　**栟榈口桥**在二十七都。（已上七桥俱县北。）　**吉溪桥**在县西南二十九都。　**浮流口渡**在县治西门外。邑人杨彦诚偕弟彦祥置义田给赡舟工以济渡。　**下渡**距县一里许。元乡人王添禄置义田以赡舟工。　**郁溪口渡**在□□都[53]。乡人饶觉置义田以给舟工。　**固发口渡**在二十六都。临溪有阁，匾曰临津。元乡贡进士沙人王中为记。　**东关渡**在二十五都。乡人萧宪置义田以赡舟工。（上四渡俱县北。）　**童家渡**在二十八都。　**小练渡**　**上国巫渡**　**上石船渡**　**上板桥渡**（上四渡在二十九都。）　**大淘口渡**[54]　**小淘口渡**（上二渡在三十都。已上七渡俱县西南。）

邵武府

邵武县

武德桥跨樵溪二曲。宋郡守蔡克□架木为梁，后易以石。　**沙堤桥**跨樵溪三曲。元元统间僧无欲建。　**化源桥**旧名化城。在文庙前，跨樵溪四曲。紫衣道士建。　**泮水八桥**在府学内，跨樵溪五曲。　**泰和桥**在泰和坊，跨樵溪五曲下。元至元三年，郡人张文豪建。今圮。　**仙源桥**跨樵溪六曲。宋熙宁初，郡人徐熙春建。　**晏公桥**跨樵溪七曲。宋咸淳间，道士李有存建。　**升平桥**在升平坊，跨樵溪八曲。元泰定间，郡人黄子文建。　**五姊桥**跨樵溪九曲。正统间郡人李宗显建。　**通津桥**跨樵溪九曲尾。景泰间，郡人谢永宁建。　**辆桥**跨樵溪口。正统五年，郡人李宗亮重建。　**济川桥**在府城西北。俗名水北。宋嘉泰二年[55]，郡守芮立言经始，至嘉定初落成，因名嘉定。绍定三年毁。端平元年，郡宁赵以夫重建，改名端平。淳祐十二年圮。咸淳中重建，改名环碧。元至元十六年构亭其上，寻圮。大德六年重建，改名大德。元统二年复毁。至正三年，同知吴克忠累石为址，凡十有三，架梁而亭之，改名至正。邑人黄镇成为记。二十一年又毁。国朝洪武八年，知府张文昱因旧址重建，改名樵滨。永乐四年又毁。正统十年，知府杨衡累址已就，物故而止。成化四年，知府盛颙[56]以百户刘观奏获成命，遂规指复建，为亭者三，为屋者五十有九，改今名。桥之南别为屋，以居守者。兴化府知府岳正为记。　**东岳桥**在东岳庙前，跨樵溪支流。正统间里人龚祥生建。　**升仙桥**亦跨樵溪支流。俗名吊桥。宋绍兴十八年，里人黄子成建，匾曰永福。国朝永乐十四年圮。洪熙元年重建，寻复圮。宣德中，知县邹良重建。天顺间，知府何友更今名。　**三公桥**旧名行春，后名绣衣。宋咸淳三年漕使黄万石、尚书冯梦得、郡守廖邦杰重建，因改今名。国朝永乐间圮。宣德间知府刘复、知县邹良重建。　**东浮桥**旧名济川，元至正七年，总管郑晟建。(上二桥在行春门外。)　**步云桥**宋淳祐间，道士李守本建，后圮。元元统间，郡人上官东皋叠石重建。

泉山桥洪武三十四年，知县夏祥风始建木桥，永乐十四年圮于水。正统六年，郡人郑德清重建石桥。(上二桥在一都。)　**通济桥**在二都。元至正十六年里人吴源生建。又四十八都亦有通济桥，元皇庆元年里人黄镇成修建。国朝永乐十四年，圮于水。天顺五年，邑人致仕县丞傅恭重建，成未三日，又圮于水。成化二年，恭募众复建。　**将溪桥**洪武三年，里人吴伯受建。成化十七年，郡人高景初募众重建，后圮。二十年，郡人张举生同景初等复建。　**清安桥**元至正十八年里人黄哲建。　**林下桥**洪武八年里人危善建。　**鸣山桥**永乐十五年建。(上四桥在三都。)

洒溪升云桥宋端平间建，后圮。国朝洪武三十三年，知县夏祥凤命僧义峰等重建。永乐十四年复圮。正统五年知县颜宗重建，又圮，成化五年，知府盛颙伐石重建。　**水南桥**郡人苏彦铭建。（上二桥在五都。）　**丁字桥**在绍兴十五年，里人杨和建。后圮。元泰定二年，韩妙圆重建。国朝成化七年圮。知府冯孜重建。

太平桥成化六年，知府冯孜重建。　**乘驷桥**元延祐六年建。

皇华桥元至正十七年建。　**官桥**元至正元年，里人周原受建。（上五桥在六都。）　**龚墩桥**在八都。元大德元年，里人花文开建。　**丰山桥**在九都。洪武元年，里人赵有庆建。　**五通桥**在十都。元至正十年，里人蔡荣友建。　**拱辰桥**在十一都。洪武十年知县刘□建。　**固住桥**在十二都。元至正间建，后圮。国朝洪武十五年重建。　**里仁桥**在十五都。　**泰定桥**宋绍兴十四年，县令张注建。二十三年毁于兵。元泰定三年，县丞赵支石叠石重建，邑人危西仲为记。　**太平桥**宋绍兴十四年建，后圮。国朝洪武十四年重建。永乐十四年圮。寻复建，又圮。成化十年，知府冯孜、知县王拯累石重建。　**龙胜桥**景泰五年里人廖永通建。（上三桥在二十二都。）　**新屯桥**在二十七都。元至正间，拿川范氏累石为址而梁之，长六十丈余，二十二年毁于兵。　**铜青桥**元元统间，以石易木釃水为五道。国朝永乐十四年圮于水。正统四年重建。成化十七年水复坏其半，知府刘元修复。　**鹤冲上桥**　**鹤冲下桥**（上二桥俱永乐间圮。正统五年重建，寻复圮。成化十年，知府冯孜、知县王拯复建。　**东保桥**洪武十六年，里人陈义甫建。　**新铺桥**正统九年，邑人沙彦清重建。天顺二年圮于水。成化十年知县王拯重建。（上五桥在二十八都。已上三十三桥俱府城东。）　**神安桥**在四十三都。宋绍兴二十九年，邑人上官端仪建。　**花桥**宋绍兴间建。绍定间毁于兵。元至正中重建,后圮。国朝天顺元年,里人龚寿孙复建。

神硖桥成化三年,里人龚永达等建。 **高炉桥**成化十七年,里人宁永瑛等建。(上三桥在四十五都。) **昼锦桥**在四十六都。宋皇祐中建。元至正十二年火,国朝洪武初重建。永乐十四年,圮于水。成化十七年,知府刘元命里人高应兴等重建。 **官桥**在四十七都。宋绍兴五年里人徐益建。后圮,仍复建。 **勋溪桥**在四十九都,宋开禧中建。淳祐十二年郡守叶寀重修,随圮于水,寀复建。国朝永乐间又圮于水。(上七桥俱府城西。) **通泰桥**旧名至善,后改今名。永乐元年,同知侯澄重建。天顺二年圮。六年,知府何友复建。邑人佥事邹允隆为记。成化八年又圮。十七年,知府刘元募官好义者,累石为址,梁而屋之。 **仁远桥**宋绍兴五年,郡人李文璧建,朱文公题匾。(上二桥在武宁门外。) **中营桥**在二十九都。元至正五年里人黄绍建。 **药师桥**在三十都。洪武四年里人吴以忠建。成化二十年,郡人危得和重建。 **陈家湾桥**在三十一都。元大德七年里人马元亮建。 **南桥**在三十二都。洪武十八年乡人黄子受建。 **三溪桥**在三十三都。元至正十九年里人谢均善建。 **太和桥**在三十四都。永乐八年乡人萧子忠重建。(已上八桥俱府城南。) **石鼓桥**元天历间里人傅安建。国朝永乐十四年圮。宣德中知县邹良重建。成化八年又圮,知府冯孜复建。 **北浮桥**旧在上流百余步,匾曰望仙。后废。宋淳祐十二年,郡守叶寀重建。元至顺间又废。国朝永乐九年,僧纲尘外重建,移今所。成化四年又废。十年,知府冯孜重建。后又废。十四年知府刘元重建。 **平阜桥**正统九年,郡人殷文升重建。 **赛羊桥** **曾屯桥**(上五桥在樵川门外。) **谟口桥**元至正二十年。里人叶荣建。 **镇龙桥**天顺间,知府何友重建。(上二桥在五十一都。) **何禄**

坑桥[57]景泰二年，邑人陈彦禛等易建以石。　**谟陵桥**成化二十年，郡人吴仕禛建。（上二桥在五十三都。已上九桥俱府城北。）　**密溪渡**在二十一都。　**吴屯渡**在二十二都拏驿前。（上二渡宣德间邑人元辛保置舟，仍给田租七石，以赡舟工。）**新屯渡**在二十七都。　**水口渡**在水口寨。（上四渡俱府城东。）　**洒口渡**在十三都卢田口。（上三渡官设舟以济。）　**黄溪渡**在黄溪口。宣德间，郡人殷文让置舟，并田租十石以赡，又构屋为行旅止宿之所。　**绣溪渡**在绣溪口。宋里人尚书谢源明置舟以济，后废。国朝洪武十三年，郡人饶伯达复置舟。（上二渡在十五都。）　**义渡**在十六都朱坊。洪武间，里人朱妙休置舟并佣工以济。（以上四渡俱府城南。）　**中和渡**在府城北大乾铺前。旧过勋溪渡，又过永崇渡。成化十六年，知府刘元以熊溪岁有覆溺之患，遂改渡于此。勋溪、永崇二渡俱省。　**危家渡**在府城东北八都。　**樵溪渡**在樵溪门外。今有浮桥。郡人周文通诗："芦荻花残一雨晴，寒江晚渡有舟横。航移浦口琉璃滑，棹入波心翡翠明；日暮恍如天上过，月明还似镜中行。蓬窗稳坐诗情惬，飒飒秋风两鬓生。"

泰宁县

利涉桥在县治南，旧在上流二十步许。元至正十二年毁于兵。国朝洪武初，知县陈才为迁今所，石址木梁，酾水为五道。六年，知县何天衢覆以屋，凡四十八楹。永乐十九年，水坏其一址，寻修复之。正统十三年毁于寇。景泰五年，县丞刘盛作浮桥以济。天顺四年，知县张恒仍旧址复建。成化十七年，知县范瀚重建。　**朝京桥**在县治东北半里许。元至顺间建，后圮。国朝洪武二十八年，知县张仲达重建。永乐十八年圮于水。天顺六年叠石为址，而梁以木。成化五年，水又坏其半，知县徐琛命邑人黄受荣等复修,邑人御史叶茂为记。 **昼锦桥**在县东街尾。旧名东桥。以叶祖洽昼锦归,因改今名。至正间毁。 **安泰桥**在水南保。一名延福。洪武三十一年,县丞甘道重建,长一十四丈五尺。 **朝天桥**洪武三年重建。 **迎爵桥**宋淳祐间,乡人萧试甫[58]建,石址木梁,长二十五丈有奇。元至正间兵火毁。国朝景泰三年,仍旧址架梁其上。(上二桥在朱口保。) **瀛州桥**宣德二年,里人游孟和建。成化二年,里人杨秉中等重建。 **黄公桥**元天历间建。国朝洪武二十七年,乡人郑均禄重建,并构亭于其上。(上二桥在梅林保。) **安济桥**在交溪保,元至正间建。国朝洪武二十五年,知县龚才善重建。永乐十八年复圮于水。 **龙湖桥**元至正二十四年,邑人谢申重建。 **升平桥**永乐十九年,里人黄源令建。 **锦淡桥**正统四年,邵武卫指挥胡兴建。(上三桥在龙湖东保。) **山夹桥**在福山保。(已上十桥俱县东。) **隆兴桥**成化五年,知县徐琛重建,长二十丈有奇。 **福兴桥**[59]宋端平间,邑民邹氏建,石址木梁。国朝洪武九年,知县宗定构亭其上。成化十七年,里人江景良等重建。(上二桥在水南保。) **上衢桥**在永兴上保。永乐五年,邑人杨真重建。 **下衢桥**在永兴下保。元延祐间,乡人江大老建。国朝洪武三年,邑人徐月山重造。 **仁寿桥**在仁寿保。元至正间,乡人廖均保建。国朝成化九年,乡人吴志祥等重建。 **开善桥**在开善上保。洪武九年,乡人江马重建。 **均福桥**石址木梁。洪武三十年,道士吴益祖构亭其上。 **福冲桥**元天历间圮,后乡人李茂轻重建。(上二桥在水南保。已上八桥俱县南。) **瑞溪桥**元至正十二年,乡人杨胜甫建。国朝永乐七年,里人李月堂重建。 **神仙桥**景泰二年,里人李景颜建。(上二桥在瑞溪保。) **上高桥**在高保。元至正七年,乡人曹益甫建。国朝正统二年,僧系坚重建。成化十七年，僧晋祥复重建[60]。　**长兴桥**洪武十七年，里人萧马等重建。　**白鹤桥**元至正间，里人冯千五建。国朝正统六年，里人冯伯亨、伯善重建。（上二桥在长兴保。）　**将溪桥**在将溪下保。元至正间建。国朝永乐十五年，里人萧继宁构亭其上。　**杭桥**在福兴下保。元至正间，里人丘仲卿建。（已上七桥俱县北。）

双溪渡在县西梅口保。元至正中，里人颜均庆置舟，仍赡以田十余亩，今官设舟以渡。元黄元实为记。　**青州渡**[61]在县南开善保。

建宁县

镇安桥在朝天门外。宋绍定元年，县令赵纺夫建，累石为址者七，为屋楹者百有四，中为放生亭，东为济川庵。元至正二十一年，邑士冯真卿重建。国朝洪武三十年毁。永乐十八年，邑人廖彦举等重建。正统二年圮，三年复建。　**东坡桥**宋咸淳中建。国朝永乐十三年廖彦举等重建。成化十五年，邑人徐禧温复建。（上二桥在县治东。）　**容驷桥**在县治南水南街。宋乾道八年建。庆元五年，县令赵师荣修。国朝宣德元年重建。正统二年，廖彦走等复建。　**拱辰桥**宋淳祐中建，匾曰庄武。国朝洪武十四年，知县崔士昭亭其上，更今名。天顺五年，主簿丁暹命邑人陈仕澄等重建。　**龙胜桥**　**万达桥**天顺八年，里人丁永深募众重建。（上三桥俱在县治北拱辰门外。）　**枫坑桥**永乐五年，主簿谭克敏建。天顺五年，主簿丁暹复建。　**三溪桥**永乐五年谭克敏建。天顺五年丁暹重建。成化二十年邑人宋鉴重建。

袁庄桥　**龙津桥**（上二桥俱永乐三年知县赵伯润建。已上四桥俱在县东洛阳保。）　**查口桥**在富田保。正统间，邑人刘自善等建。景泰间，里人王文弼等复建。　**龙湖桥**在新城保。宣德二年建。 **磜下桥**在里心保。 **水南桥**在上黎保。景泰元年，乡人黄道坚建。 **锦坑桥**在银坑保。（上五桥俱县西。） **渭岭桥** **吉溪桥**景泰五年，邑人连德寅建。（上二桥在长吉保。） **新安桥**在都上保。景泰五年建。 **饶溪桥**在饶村保。（上四桥俱县南。） **池下桥**在黄溪保。旧名黄溪桥，宣德间重建。天顺六年，乡人刘六三等复建。 **溪峰桥**在蓝田保。宣德八年邑人徐汝受建。 **青云桥**在青云岭下。宣德四年邑人陈仲荣建。（上三桥俱县北。） **下渡浮桥**在县治东。宋开禧三年县令郑继道建，因名郑公桥，后废为渡，名下渡。今为浮桥以济。

三涧桥在县东黄舟保。宋司理张教义建，因名张公桥。今废为渡。 **东门桥**在里心保。洪武十二年，巡检咬住[62]建。今废。 **槎江桥**在富田保。宋咸淳间建，今废。（上二桥俱县西。） **通济桥**在县治南儒学前。后废为渡，名中渡。 **利涉桥**在县治南门外。宋绍定二年，县令赵纺夫建浮桥。淳祐中，县令廖拜杰题匾。后废为渡，名石壁，又名上渡。（已上六桥俱废。）

竹洲渡在在城保。 **兰溪渡**在都上保。（上二渡俱县东。）

枫演渡在县南长吉保。（上二渡俱官设舟以济。）

光泽县

平济桥在朝宗门。旧名东渡桥。宋嘉定中建。元至正十二年毁于兵。 **弦歌桥**在鼎魁坊。元泰定元年县尹况逵建。以其邻于学宫，故名。至正六年，主簿胡日新重建。 **弘济桥**在惠济坊。旧名西渡桥。宋元祐四年，县令魏闳建。后圮于水。嘉定五年，县令徐杰以石重建，因名徐公桥。元至正十九年毁于兵。国朝洪武七年，主簿李祥重建。成化四年，知府颙复重建，改今名。俗呼杭西桥。 **杭桥**在弘济桥西北，跨杭溪。宋嘉定五年县令徐杰建。元至正二十年毁于兵。国朝洪武七年重建。永乐三年圮。八年，邑人黄孟舟等重建。或云旧名西渡桥，即弘济桥，未详。　**通济桥**在县市杭头。宣德八年，主簿曹仕原建，上覆以亭，名环翠。　**陈家桥**元至正间，里人陈千三建，因名，后圮。国朝永乐八年更建以石。　**石卷桥**元至正二十四年，里人危文昌等建。　**永丰桥**宋建，元毁。国朝洪武二年重建。　**黄溪桥**元至正间建。后圮。国朝永乐十六年，里人高用复建。　**官桥**洪武三十年，里人高彦辉重建。（上五桥在二都。）　**路口桥**洪武九年，邑人黄均曙重建。　**九里桥**洪武十三年，僧静逸建。后圮。宣德八年，杉关巡检陈洪重建。元危昂霄词："晴虹十丈跨杉溪，偏称夜凉时，我来正值一滩月响，万木霜□[63]。谪仙不住人间世，此恨有谁知？何人画我倚阑得句，听水忘归。"（上二桥在九都。已上十桥俱县西。）　**万安桥**在十都。旧名清化，元至正六年县尹朱万初重建。十九年，毁于兵。国朝洪武九年，知县林孔孙重建，复圮。永乐十六年，邵武总旗李用珍重建，寻又圮。宣德四年，主簿沈宗重建。八年，水又圮其半，县丞张复修复，训导朱徽为记。　**东西桥**洪武十三年建。永乐十四年圮。十五年里人高伯崇重建。　**华桥**洪武七年建，永乐十六年重建。　**吴屯桥**洪武六年建。（上三桥在十五都。）　**通济桥**在十七都。宋宣和六年，里人严伯和妻陈氏建，因名严婆桥。淳祐十二年圮于水。国朝洪武二十六年重建，复圮。景泰五年，邑人黄文亮等更建以石，改今名。　**崇仁桥**元建。后圮。国朝洪武二年，里人上官寿安改建以石。　**径山桥**元至顺二年建。至正十二年毁。国朝永乐八年，邑人黄孟舟等重建。（上二桥在十九都。已上七桥俱县北。）　**望仙桥**在县东南三十都。元至正八年县尹朱万初建。　**通济桥**即东渡，在县治东。　**大贩渡**在二都西溪。　**镇岭渡**在一都。　**崇仁渡**在十九都。宋淳熙十四年，里人上官邵叟舍田买舟以济。　**茶富渡**在二十六都。（上三渡俱县北。）

兴化府

莆田县

兼济桥在府治东北旧宁真门外。初名宁真。宋太平兴国八年建，其下仅通流水而已。国朝成化三年，知府岳正疏郡城里河，改建石桥，酾水为三道，更今名。上覆以亭，亭之南北各为坊三，南坊匾曰忠贞街，北坊匾曰寿康街，东两坊匾曰河南堤，西两坊匾曰河北堤。　**望海桥**在望海门外。宋邑人林国均修。旧以木为梁，国朝天顺五年，知府潘本愚易之以石。　**章公桥**旧为斗门。宋崇宁二年通判章炳文造，因名。绍兴十四年，知军汪待举重修，为斗门三间，陈俊卿有记。后废为桥。元至正十二年，僧觉真重修，增其址二尺而构亭其上，桥东建观音堂，进士顾承庆为记。（上二桥在东厢。）　**莲塘石桥**去府城三里许。旧以木为之。正统十三年，里人曾用敬伐石重建，参议黄常为记。　**熙宁桥**旧为白湖渡，熙宁间始议造舟为梁。古谶云："白湖腰欲断，莆阳朱紫半。"郑侨诗："千寻水面跨长桥，隐隐晴虹卧海潮。结驷直通黄石市，连艘横断白湖腰。"靖康元年郡守江常合众力鞭石累址，继守张读续成之。栏楯两旁其修四十寻，广二十之一，亦名通济，徐师仁为记。时有议欲移桥于木兰陂之下者，邑人林国均以为不若今所江阔岸平，无喧豗撞击之患，遂不用其言，而桥卒成。

冲溪第一桥　**第二桥**　**通津桥**成化初，知府岳正重建。

岳公桥成化二年，知府岳正开沟泄塘东之水，以溉湖公、南力二里之田，因创桥，民号岳公桥，林文为记。（上五桥在胡公里。）

涵口桥成化二年，知府岳正建。　**新渡桥**　**厝柄桥**（上三桥在南力里。） **樟桥**宋淳熙十六年，僧日山建。 **漏水桥**淳熙四年，里妇陈万一姐建。 **济龙桥**　**咸淳桥**[64]宋咸淳间建。国朝正统间知县刘玭修。 **塘头桥**淳熙十年王铭建。（上五桥在景得里。） **熙春桥**在谷清里。元至正二十五年，里人吴信妃建。 **东埭前桥**天顺间，士民士行安捐资重建。 **石埠桥**成化十七年，乡人郭士清募众重修。 **普济桥**在厔珠。天顺八年乡人朱尚勤募众重修。（上三桥在连江里。） **化龙桥**在莆田里。元延祐四年僧龙源建。国朝洪武十八年，僧空隐修。 **宁海桥**元元统二年，龟洋寺僧越浦始梁石为桥，长一百□十丈。桥南北各支以亭，复建招提，用备憩宿，名曰吉祥。未几，为洪水啮去其梁者十七。国朝洪武三十三年，同知徐源命僧湘江及空隐、霞城、日可等募缘重建，历十余年而始成，凡招提亭宇悉新之，检讨三山王偁、邑人林环皆有记。莆诸桥功力之巨此为第一。[65]

宁海前桥　**圣墩桥**（上二桥俱宋承信郎李富建。已上三桥在孝义里。） **芦浦沟西桥**成化二年，知府岳正重建。 **龚墩桥**　**新沟桥**　**过渡桥**　**欧家前桥**（上四桥俱李富建。已上五桥在延兴里。） **四翁溪小石桥**宋咸淳四年乡人陈芹建。 **杭下溪小石桥**宋德祐元年僧普吉建。 **绶文溪四翁桥**在印山下流，如绶带，故名。陈中诗："峰峦列卫山如印，溪涧来朝水似文。" **文江旧桥**在龙山西。（上四桥在武盛里。已上三十三桥俱府城东。） **城南第一桥**在迎仙门外。旧以木为梁，宋绍兴十七年建亭，有华表，匾曰惠一，后改"一"为"益"，今俱废。天顺五年，知府潘本愚易桥梁以石。 **第二桥**在第一桥之南，旧有华表，匾曰惠二。今废。 **继志桥**洪武十五年，里人黄老圃建，上覆以亭。 **渠头桥**　**沟口桥**（上三桥在惟新里。已上五桥俱府城南。） **使华桥**在府城北。西有使华亭，兴化县令丘铎为记。今俱废。 **龙桥**在塘东。元大德十一年乡人戴福建。 **水口桥**大德间里人戴祐建，因名戴桥。 **下横港桥**大德间里人黄德明建，后为海潮所坏。国朝景泰六年，里人戴旭以修海堰余资迁建。 **水通桥**初名龟塘桥。以其通永丰、通津二斗门之流，改今名。永乐间，里人廖良骥建。天顺六年，其子崇莹修。(上四桥在惟新里。) **新塘桥**在安乐里。宋淳熙二年，乡人李十二秀等建。 **桃梨江桥**元至正三年，乡人徐二秀建。 **小屿桥**宋景炎元年，乡人刘端明等建。(上二桥在醴泉里。) **小石桥**在合浦里庄头村。宋淳祐四年郑郡马建。宋时娶宗室女。俗称为郡马，郑逸其名。(已上八桥俱府城东南。) **永丰塘东斗门桥** **永丰塘西斗门桥**(上二桥俱唐贞观元年邑人方常卿建。) **南寺前桥** **南寺东桥**二桥旧皆有亭。 **南门外柳桥**(上三桥在南厢，俱李富建。) **元丰桥**在南厢。亦曰上杭桥，俗呼杭头桥，在施水亭之东。施水亭即今锦亭。旧温泉渡后为浮桥。宋绍兴二十八年，转运使姚流始建石桥、提刑樊光远、郡守朱定国相继修治，林大鼐为记。绍熙二年，郡守赵彦励更建，并建护桥庵，今废。 **回澜桥**在木兰陂之右。绍兴八年侯官李宏建。因筑木兰陂成，故名。国朝永乐十一年，通判董彬重修。 **花亭桥**在文赋里。元至正六年建。国朝永乐十四年，张圆觉重修，而覆以亭。(上二桥俱府城西南。) **濑溪桥**旧为莆阳渡，当南北要冲。宋绍熙十三年，始造浮桥。乾道三年，郡守钟离松于下流百步山峡间循旧基建桥，弗就。淳熙十年，魏国公陈俊卿、郡守林元仲募众移建于此，方秉白为记。桥北有魏公祠堂。今废。 **猴溪桥**成化二年，知府岳正重建。(上二桥在文赋里。已上十桥俱府城西南。) **后埭通监桥**在府城拱辰门外。宋朱富建。旧为木梁，国朝天顺五年知府潘本愚易之以石。 **猿臂桥** 猿

臂下尾桥　**陈家口桥**　**魏厝前桥**（上四桥在延兴里。）　**魏塘西桥**　**吴刀桥**　**澄渚桥**宋绍兴间始造石梁。（已上七桥俱李富建。）　**澄墩桥**天顺七年，主事黄讷募众重建。　**铁沙桥**成化二年知府岳正重修。（上五桥在仁得里。）　**陈仓下七间桥**李富建，僧德全重建。国朝洪武三十二年僧晦中修。景泰六年里人姚福德重修。　**大泮桥**初为木梁，正统五年姚福德始易以石。成化二十年，里人募众重建。（上二桥在孝义里。）　**杨公桥**洪武十五年僧永谷建。　**仙人桥**在紫霄岩前，后改名听泉。

白杜桥李富建。（上三桥在尊贤里。）　**延寿桥**旧名知政桥，俗呼渡塘桥。桥下溪流无声，其沙晶明如玉。按旧志："昔有瞽者过此，掬水而饮曰：'是间当出状元。'至白杜家塾见侍郎方会曰：'此儿骨相当作状元。'翌日，又遇尚书徐铎曰：'此真状元也，昨日者非。'后果然。"宋建炎元年建。绍兴二十年改今名。国朝正统五年，推官吴思谅重修，方熙为记。　**下溪头延寿桥**李富建，上有亭。今废。（上二桥在常泰里。）　**新港桥**旧为渡，宋建炎三年始建桥。国朝宣德十年主簿唐礼重建。　**新桥**亦名龙桥。

清宁桥旧名涵头市桥。　**吴坂桥**　**刘厝前桥**　**真人宫前桥**　**李峬尾桥**（上六桥俱李富建。已上七桥在延寿里。）

澄渚漏头桥　**峬头桥**（上二桥在兴教里，俱李富建。）　**驷马桥**元至正三年僧古月建。　**江口桥**在迎仙市。东界莆田、福清二县间（南一半属莆田，北一半属福清）。东西二溪所会，榜曰龙津，亦名尚阳。宋淳祐二年建。元延祐间圮。至治三年，福清州知州赵焕卿经划重建，泰定元年始讫功。国朝洪武二十七年复圮。莆田知县王文焯命僧空隐修之，不逾纪而石梁中折。兴化府知府周宗璲复命囊山寺僧永清等修之。未几，石梁再折者六。宣德六年，县丞叶叔文仍命僧永清等修之。桥旧三十四间，溪阔门狭，水势奔突，易于冲啮，遂疏为六十有四，增其高广，邑人顾文为记。天顺元年，知府潘本愚重修，方熙为记。成化二年，知府岳正从分巡佥事刘子肃[66]罚赎之积，撤其旧址之倾圮者。加甃以石而高大之，正自为记。十年同知习襄、十五年知府刘澄亦尝修治，林诚为记。 **迎仙桥**旧名迎仙渡。宋建炎三年，僧祖逊视洛阳桥规划创建，酾水为二十四道，榜曰龙溪。今废。 **蒜溪桥**在迎仙驿北十里，亦名道者桥。此桥以地理计之，当在福清县界，姑依旧志录之。 **桃源桥**在迎仙市西。今废。（上五桥在待宾里。） **报亲桥**在广业里。（已上三十二桥俱府城东北。） **渔沧桥**宋熙宁二年，太守赵彦励重建。今废。 **龙桥** **道堂桥**（上二桥俱李富建。） **林店溪桥** **妙寂寺前桥** **驾龙桥**在莒溪。绍兴三十年僧慧寂建，上有亭。 **熨斗桥**淳熙三年僧无了建，上亦有亭。国朝洪武十三年，僧月庭重修，圮。（上七桥俱在府城西北常泰里。）

仙游县

卧龙桥旧名万安，亦名安利，俗东渡桥。在县东三里石鼓山之麓。宋嘉定初，邑人陈谠命僧守净募众创建，而亭其上，为间凡三十又六。国朝永乐间毁。成化元年翰林检讨郑纪致仕，训导何漆倡邑人陈俊明等凡千余人，合财重建，仍亭其上。以其势峥嵘，形如龙卧渊中，且其地于邑属东方七宿，而乡人又以纪在告中，方之卧龙焉，合是三者更今名，纪有建桥记。八年夏，北岸马头为霖潦冲啮。知县黄灿命工增辟三门，以疏水势，学士柯潜为记。十八年，北岸第四门二墩坏，亭宇一间随之而圮。纪复谋知县彭昭修之。 **石马桥**宋嘉定间，陈谠命僧守净募众建。僧顽庵师杰共成之，上覆以亭，为间六十有奇。元末火。国朝洪武二十五年，僧方石募众重建，仍亭其上，为间四十又四，复圮于水，今石址尚存。 **俞潭桥**一名石云，宋嘉定间，僧师杰建。国朝正统间，典史叶本捐俸银三十两命僧倡众建。（上二桥在香田里。）

拱桥一名广桥，在铁山。正统九年，乡人陈德新捐资创建。其下泄水之处，叠石为弯门，如人拱抱之状，故名。　**通津桥**在东门村。宋宝庆二年，邑人迪功郎林公麟建。　**三坑桥**元至正二十七年，僧方石募众建。（上三桥在折桂里。已上六桥俱县东。）

会仙桥在孝仁里大坂村。宋乾道初，邑人刘文野、僧妙随建，林毅、傅学诗、僧绍杰募众重建，上构亭三十三间，陈谠为记。国朝洪武五年圮于水。十年，龙华寺僧东溟重修。　**大济桥**在大圳。宋崇宁二年建，绍兴五年重修，韩任为记。后圮于水，邑人寺丞叶彦炳、漕元潘梦登、贡元陈大川重建。国朝成化六年，里人郑必谦复募众修之。　**御史桥**在上板村。宋熙宁十年建。御史王回墓在焉，因名。（上二桥在善化里。）　**蒋溪桥**在养志里。宋邑人林革建。县以石为梁自此桥始。　**鹿鸣桥**在碧潭塔庵之东。旧名石碧。宋邑人提举叶元璘建。后改名东溪。成化七年圮于水，十一年，邑人郑纪倡士民吴廷瑞等重建。落成之日，有鹿鸣，故易今名。　**古濑桥**宋叶元琇建。　**朝天桥**旧名中岳，在中岳院之右。旧废。正统五年，邑人郑恒淑捐资重建，改名嵩溪。成化十年圮于洪潦。十一年，其子纪倡众重修，吃流之墩二，泄水之门三，其上有亭。桥成，纪适以丁内艰服阕，将朝京师，乡人因易以今名，郡人林诚为记。　**步云桥**在朝天桥之西数百步。成化八年，郑纪捐资率众创建。乡之人士登云路而入京师者，皆道经于此，故以为名。　**登瀛桥**在朝天桥上流，步云桥之北数步许。成化十九年郑纪率众建，既落成而纪适北上，乡人以其将复登瀛洲也，故以为名。　**高田桥**在高田院前。唐咸通二年建。郑良士诗："到此溪亭上，浮生始觉非。野僧还惜别，游客亦忘归。月满千岩静，风清一磬微。何时脱尘俗，杖履愿相依。"（上六桥在万善里。已上十桥俱县西。）　**仙溪桥**在南溪。旧名升仙,一名南桥。宋绍兴八年,邑人朝奉大夫陈可大捐资倡造。元大德、至大间,王应辰、陈甫孙、僧藏涧重修。国朝景泰元年,里人茅宏赞、张拜重同僧平渊复修。桥南旧有陈公祠堂。 **新桥**在石碑。宋宣和二年,里人朝奉大夫林一鸣、朝散傅桴请卓道者募众建。 **建安桥**宋绍兴间,知县陈扃改道建桥。邑人以扃建安人,因以为名。后卓道者重建,双林寺僧绍趋重修,构亭其上,今圮。 **鲜溪桥**在旧双林寺前。邑人浴温泉者道经于此。成化八年重修。 **和美桥**一名虎尾桥。在罗埔村。宋建炎四年建。(上五桥在永兴里。) **圣泉桥**旧名巩桥。在孝仁里圣泉村。元至正三年建。 **清泽桥**在连江里太平桥西南。上有亭,成化十一年,户部郎中陈迁率众建。(已上七桥俱县南。) **黄桥**在县北功建里黄桥村。宋景德三年建。 **沙溪市桥**宋庆历初,邑人洪忠捐家资建。 **登仙桥**在顾店村。宋时建。国朝洪武间,龙华寺僧东溟募众重建。(上二桥在香田里。) **太平桥**一名金镇桥。在枫亭市。双溪所会,桥状如曲尺。宋庆历元年,邑人洪忠捐资建沙溪、太平等凡七桥。蔡襄为路漕,奏补本军助教。 **坑边桥**旧以木为梁,岁久几圮。国朝正统间,里人郑彦辉□[67]僧募众易之,以石为址。 **双溪桥**在双溪港头。(上三桥在连江里。已上五桥俱县东南。) **通仙桥**旧名城山桥。在孝仁里城山村。宋宣和六年,长者刘宝倾家资造石梁十四间,覆亭其上,知县林涣为记。 **延庆桥**一名杨梅桥。在金沙村。宋绍兴八年,谢嫔游氏建,陈谠为记。 **马山桥**在马山之下。成化十九年,里人吴尚玉建。(上二桥在仁德里。已上三桥俱县西南。) **仙水桥**在仙水庙前。宋崇宁元年林长者建。绍定七年圮于水。郡守赵汝固尝为邑丞丐梦仙水庙,有"十九年再求"之语。后守此邦,果符其梦,遂捐金倡成之。 **金马桥**旧名石马。在文殊院前,亦名文殊桥。绍兴十年,蔡推、叶继益建。(上二桥在常德里。）　**拱桥**在兴贤里浇西村。宋开宝五年建。　**郭洋桥**　**龙津桥**在长岭下。宋时半岭黄氏建。庆元三年圮于洪潦，邑人迪功郎谢廷名、居士黄鹏重修，陈说书额。　**东林桥**宋开禧二年，贡士谢懿德、林衡建。　**鲤湖桥**在鲤湖道南。　**萧桥**在旧平坡铺之北。萧氏建。　**白凫桥**乡人陈彦正偕族人创建。

银岩桥在兴化县址西南。宋知县施禹功建。开禧元年，迪功郎伊鼎重建，未就而没。三年，知县陈嘉始成之。　**恩波桥**旧名东郭。宋崇宁中郭氏建。岁久渐圮。嘉定元年知县陈嘉易而新之。　**寿峰桥**（上二桥在兴化县址之东。）　**忠爱桥**宋绍兴中，知县丘铎建。（上十桥在兴泰里。已上十三桥俱县东北。）

登云桥在闻贤里耶湖。宋天圣五年建。　**官成桥**宋淳祐二年建。　**梁溪桥**旧名上余桥。宋乾道间，邑人余湜捐资建。嘉定间火，湜之孙募众重建。　**飞鸟桥**宋建炎间邑人陈安国建。

龟峰桥在龟峰之下。宋天圣三年建。　**神堂桥**在神堂村。宋淳祐三年建。（上五桥在善化里）。　**环碧桥**在汾阳大勋山下。宋绍兴二十一年，里人李仲举建，上覆以亭。　**双济桥**在九座村。宋宝祐四年，邑人纪一洪捐资募众建，县尉黄岩孙为记。

九座桥宋天圣二年，僧法本建。　**侍者桥**在九座山下。宋天圣三年僧大辨建。（上四桥在兴贤里。已上十桥俱县西北。）

福宁州

本州

赤岸桥宋皇祐五年，僧文果募缘创。南北海船皆萃于此。国朝成化十年，知州刘象命耆老吴汝哲等募缘重建扶栏。　**迎春桥**在州治东门外，以木为之。　**闸头桥**　**阮当桥**在一都。

郡人阮当捐资修建,因名。 **蓝溪桥**在一都。唐乾符三年建。 **石湖桥**在廉江里。里多溪,屈曲互流。昔有王氏号仙源者始创石桥,岁久而圮[68]。成化十六年,里人高宏募缘重建,并构亭其上,凡九间。(已上六桥俱州东。) **金波桥**宋嘉定十六年,县令杨志创建石桥。国朝成化十年,知州刘象建亭其上。 **乘驷桥**在秦溪门外。 **通津桥**郡举子赴试者必经此桥,故名。又桥在临水祠畔,俗因呼夫人桥。(上三桥俱州西。) **南门桥**在宁化门外。宋淳熙五年,进士许晟募众建。今仅存二梁。 **安民桥**在四十都安民里。宋政和元年,乡人杨师隆等募众建。 **漈溪桥**在五十二都大金山。其流峻急,民苦艰涉。元至元三年,宝岩僧妙峰捐资率众就两崖间叠石为址,而梁以巨石。国朝洪武二十年筑大金城,石为官军所折。正统四年,乡人筑土砌石,以通行者。 **载俶桥**距州二里。岁久石址欹侧,乡人募众重砌,俗呼新桥。其下旧通潮,今下流埋塞,潮不能至矣。 **攀龙桥**在昭贤里。元至正二年,里人县尉林洪倡众建,上覆以亭。溪旧名龙溪,因名桥曰攀龙亭。旧有联句云:"大丈夫乘驷马以凌云,亨衢万里。圣天子驾六龙以御极,寿域八荒。" **登仙桥**在霞浦。其水出自蓝峰,旧名蓝峰桥。俗传尝有仙翁飞升于此,故改今名。 **彩江桥**在建善寺左。桥之下,溪水清泚。州人染五色者于此浣之,其色鲜明,故以名桥。 **朝天桥**去州十里。凡仕宦北上者,皆饮饯于此故名。(已上八桥俱州南。) **龙首桥**在州治北门外。永乐十四年,州人募众建,初以木为梁,今易以石。 **饭溪渡**在州东五十里。 **盐田渡**在州西三十五里南海之滨。

宁德县

郑公桥宋绍兴三年,知县郑革建。 **天津桥**在儒学前。

成化十五年县丞潘璇建。(上二桥俱县东。)　**惠政桥**宋元祐二年建，上覆以亭。(上三桥俱在一都。)　**蓝桥**在二十二都，正统二年建。(已上三桥俱县西。)　**鹏程桥**宋元祐五年建。　**泽民桥**　**凤仙桥**(上二桥俱宋治平二年建。)　**圣堂桥**元祐二年建。(上三桥在一都。)　**飞鸾桥**在二都飞鸾岭。宋淳熙三年建。(上五桥俱县南。)　**朝天桥**宋元丰元年建。其上有亭。　**登瀛桥**宋宣和元年建。　**三元桥**元大德元年建。　**崇德桥**正统二年建。(上四桥俱在一都。)　**赵公桥**宋淳熙二年知县赵□建。　**麒麟桥**永乐十五年，福林宫道士倪钦重建。(上二桥在四都。)　**普济桥**在凤山寺前。唐咸通二年建。　**千佛桥**在穹窿溪上。宋太平兴国四年建。(上二桥在十二都。已上八桥俱县北。)　**溪口渡**在县东五都。　**西溪渡**在县西九都。　**飞鸾渡**在县南二都。　**溪南渡**在四都。　**东墙渡**在七都。　**童境渡**在八都。　**青崖渡**在十三都。(上四渡俱县北。)

福安县

甘棠桥在县治南。元至正三年，县尹赵元善建。国朝永乐十二年，知县周南重建。正统十四年，构亭其上。成化五年，桥圮于水。十九年，福宁州同知马迪署县事，捐俸复建。桥畔有池曰金塘，亦名凤眼。　**留江桥**在□□都。宋绍兴十年里人阮楚建。淳祐十一年里人阮升重建。　**龙首桥**元皇庆元年，主簿胡琏建。　**卓坂桥**(上二桥在十八都。)　**道者桥**在□□都。元至顺元年，县尹高琛建。(已上三桥俱县西。)　**登龙桥**在二都。宋乾道五年建。淳祐十年，知县林子勋重建。邑人缪蟾赴春试尝饮饯于此，及第进士第一而归，乡人因以“登龙”名桥。　**通济桥**元皇庆间，主簿胡琏建。国朝成化五年圮于水，乡人募众重建。 **寿山桥**在溪南。 **玉峰桥**宋淳祐七年，里人陈昂伐石创建。 **合掌桥**元至正元年里人刘玉峰建。 **化蛟桥**在二十六都。宋元丰间，卓钧登进士第。邑人因以“化蛟”名桥。国朝成化五年圮于水，乡人募众重建。（已上六桥俱县南。） **梯云桥**在十都。上有亭。洪武十二年乡人林□□建。 **沙潭桥**在六都。以木为梁，建亭其上，凡二十一间。下有灵湫，神物居焉。正统初，里人林宗远建。 **水南桥**在十都。覆之以亭。 **龟灵桥**在九都。上亦有亭。（已上四桥俱县北。） **贵登桥**在县东南□□。元至正四年，里人孙子玉建。国朝永乐十一年，里人孙孔文重修。 **玲珑桥**在县西南二十三都岩港。为石墩凡百余，今圮。 **伏虎桥**在县东北西峰寺前。 **栖云渡**在五都。有亭号曰碧云。 **填头渡** **坂头渡** **长汀渡** **富春渡** **龙潭渡**（上六渡俱县西。） **高家渡**天顺二年，邑人林子勋置。有亭以庇候者。 **任家渡**在□□□。 **白沙渡** **滩头渡**在三十四都。 **下邳渡**在三十六都。 **水北渡**《三山续志》“水”作“永”。 **宦家渡**（上二渡在二十都廉村。） **简崎渡**在二十九都。 **苏江渡**在三十一都。（已上八渡俱县南。） **澄头渡**在十都。 **湖塘渡**在七都。 **岩湖渡**在四都。 **白石渡**在□□□。 **黄崎渡**在□□都。（已上五渡俱县北。） **武溪渡**《三山续志》载此渡，而县志不载，未详。

校 注

[1] 嘉靖《延平府志·地理》及乾隆《延平府志·桥渡》均作“药村桥”。

[2] 嘉靖《延平府志·地理》及乾隆《延平府志·桥渡》均作“广度桥”。

[3] 乾隆《延平府志·桥渡》作“潘英”。

［4］嘉靖《延平府志·地理》作“赉助”。

［5］据嘉靖《延平府志》，应为“有御制碑记”。

［6］嘉靖《延平府志·地理》及乾隆《延平府志·桥渡》作“橘溪渡”。

［7］乾隆《延平府志》作此桥“在龙集都。明余胜建”。据乾隆《延平府志·桥渡》载，唐彦云所建为“龙池桥”，在县东城外，“龙津桥”则为明余胜所建，在龙集都。

［8］乾隆《延平府志·桥渡》作“堎石桥”。

［9］嘉靖《尤溪县志·建置》作“在三十八都”。

［10］嘉靖《延平府志·桥渡》作“洪武三十一年”。

［11］乾隆《延平府志·桥渡》作“在十一都”。

［12］乾隆《延平府志·桥渡》作“十都”。

［13］嘉靖《延平府志·地理》及乾隆《延平府志·桥渡》均作“邓藏用”。

［14］嘉靖《延平府志·地理》及乾隆《延平府志·桥渡》均作“宋南强”。

［15］乾隆《延平府志·桥渡》作“黄灏”。

［16］嘉靖《延平府志·桥渡》作“感义里”。乾隆《延平府志·桥渡》作“九都”。

［17］乾隆《延平府志·桥渡》作“宋南强”。

［18］乾隆《延平府志·桥渡》作“湖光桥”。

［19］乾隆《延平府志·桥渡》作“挹秀桥”。

［20］乾隆《延平府志·桥渡》作“英凤桥”。

［21］乾隆《延平府志·桥渡》作“新陂桥”。

［22］乾隆《延平府志·桥渡》作“张确”。

［23］乾隆《延平府志·桥渡》作“泗州桥”。

［24］乾隆《延平府志·桥渡》作“吉坪桥”。

［25］乾隆《延平府志·桥渡》作“溪坪桥”。

［26］乾隆《延平府志·桥渡》作“小路桥”。

［27］乾隆《延平府志·桥渡》作“北克桥”。

［28］应为“上二桥”之误。

［29］乾隆《延平府志·桥渡》作“在五都”。

［30］乾隆《延平府志·桥渡》作“在八都”。

［31］嘉靖《延平府志·地理》及乾隆《延平府志·桥渡》均作“在一都”。

［32］嘉靖《延平府志·地理》及乾隆《延平府志·桥渡》均作“在五都”。

［33］嘉靖《延平府志·地理》作“在九都”。

［34］乾隆《延平府志·桥渡》作“斑竹溪渡”。

［35］嘉靖《延平府志·桥渡》、乾隆《延平府志·桥渡》及乾隆《延平府志·地理》均作“在县西善峡团”。

［36］嘉靖《延平府志·地理》作“在五都”。

［37］嘉靖《延平府志·地理》及乾隆《延平府志·桥渡》均作“在二十二都”。

［38］嘉靖《延平府志·地理》及乾隆《延平府志·桥渡》均作“在二十一都”。

［39］嘉靖《延平府志·地理》及乾隆《延平府志·桥渡》均作“在二十二都”。

［40］乾隆《延平府志·桥渡》及民国《沙县县志·建筑》均作“三元渡”。嘉靖《延平府志·地理》及乾隆《延平府志·桥渡》作“在二十一都”。

［41］乾隆《延平府志·桥渡》作“馆前渡”。

［42］嘉靖《延平府志·地理》及乾隆《延平府志·桥渡》均作“在二十二都”。

［43］嘉靖《延平府志·地理》及乾隆《延平府志·桥渡》均作“在二十三都”。

［44］嘉靖《延平府志·地理》作“朱武”。

［45］嘉靖《延平府志·地理》作“凡三十间”。

［46］嘉靖《延平府志·地理》作“长二十六丈六尺”。

［47］嘉靖《延平府志·地理》作“靖安都”。

［48］嘉靖《延平府志·地理》作“长二十二丈”。

［49］嘉靖《延平府志·地理》及乾隆《延平府志·桥渡》均作“章埠桥”。

［50］嘉靖《延平府志·地理》作“永乐十七年”。

［51］嘉靖《延平府志·地理》及乾隆《延平府志·桥渡》均作“灌砧渡”。

［52］乾隆《延平府志·桥渡》作“福溪桥”。

［53］嘉靖《延平府志·地理》作“在县北十五里”。

［54］乾隆《延平府志·桥渡》作“大陶口渡”。

［55］嘉靖《邵武府志·津梁》作“宋开禧三年”。

［56］民国《邵武县志·水利》“万年桥”条作“盛容”。

［57］嘉靖《邵武府志·津梁》作“何鹿坑桥”。

［58］嘉靖《邵武府志·津梁》作“萧诚甫”。

［59］嘉靖《邵武府志·津梁》作“兴福桥”。

［60］嘉靖《邵武府志·津梁》作“成化十二年僧普祥重建”。

［61］嘉靖《邵武府志·津梁》作“青洲渡”。

［62］民国《建宁县志·津梁》作“咬柱”。

［63］嘉靖《邵武府志·津梁》作“一滩月朗，万木霜飞”。

［64］弘治《兴化府志·户纪》及乾隆《莆田县志·建置》均谓济龙桥以宋咸淳造，故又称“咸淳桥”。“济龙”、“咸淳”实为一桥，此作两桥，恐误。

［65］弘治《兴化府志·户纪》及乾隆《莆田县志·建置》均无此项记载，但作“洪武三十三年本府同知徐则敬命僧湘江募建。疏为一十五门，修八十二丈”。

［66］乾隆《莆田县志·建置》作“佥事胡子肃”。

［67］弘治《兴化府志·户纪》作“郑彦光倡”。

［68］“汜”应为“圯”之误。

八闽通志卷之二十

食　　货

民惟邦本，而食货则所以养其生、资其用者也。闽地负山滨海，平衍膏腴之壤少，而崎岖硗确之地多，民之食，出于土田，而尤仰给于水利；民之货，出于物产，而尤取资于坑冶。凡是数者，非独民赖以生，而土贡财赋亦由是而出焉。尝考之于史：唐之时，民物犹未甚蕃，故其贡赋亦未甚夥。及王氏僭伪，遂以区区数州之地，而供宗庙百官之费；寻复兄弟相残，分裂割据，百役繁兴，用度不足，乃增田亩山泽之税，至于鱼盐蔬果，无不倍征，民之财力，至是竭矣。宋兴，犹未能尽革。南渡以来，军国之需，皆仰给于江南，供亿繁重，固其宜也。至我国家，稽古立法，贡篚有常，赋入有等，而凡前代一切无名之征，姑尽除矣。《书》曰："庶土交正，祇慎财赋[1]。"此有虞之所以盛也。《诗》曰："大东小东，抒轴其空。"此周室之所以衰也。于此有以见民物之登耗，赋贡之繁简，而世通之隆替系焉，岂细故哉！乃志食货。

户　口

福州府

〔唐〕

户三万四千八十四。　口七万五千八百七十六。

〔宋〕

户三十万八千五百二十九。　口五十九万五千九百四十六。

〔元〕

户一十九万九千六百九十四。　口

〔国朝〕

户九万四千五百一十四。　口二十八万五千二百六十五。

闽县

户二万七十五。　口五万八千四百四十八。

侯官县

户一万八百五十四,内寄庄八百五十二户。　口二万二千七百一十六。

怀安县

户八千九百五十七。 口一万九千一百五十三。

长乐县

户一万六千五百五十。 口五万四千二百六十二。

连江县

户五千九百有八。 口一万六千八百一十七。

福清县

户二万一千八百四十八。 口七万八千五百二十三。

古田县

户七千八十五。 口二万一百一十二。

永福县

户一千二百一十八。 口三千二百七十三。

闽清县

户九百有三。 口三千八十二。

罗源县

户一千九百三十七。 口六千一百八十七。

建宁府

〔唐〕

户二万二千七百七十。　口十四万二千七百七十四。

〔宋〕

户一十九万七千一百三十七。　口四十三万九千六百七十七。

〔元〕

户一十二万七千二百五十四。　口五十万六千九百二十六(据《元史》修)。

〔国朝〕

户一十二万二千一百四十二。　口三十九万二千四百六十八。

建安县

户一万一千四百九十二。　口五万五百有六。

瓯宁县

户二万五千二百一十三。　口八万四千九百七十四。

浦城县

户二万一千一百五十六。　口六万一千九百三十四。

建阳县

户二万四千七百五十五。　口八万三千九百四十七。

松溪县

户八千九百六十八。　口三万一千九百二十二。

崇安县

户一万五百有六。　口八万三千九百四十七。

政和县

户六千八百。　口二万四千七百有四。

寿宁县

户三千二百五十二。　口一万一千六百五十一。

泉州府

〔唐〕

户二万三千八百有六。　口十六万二百九十五。

〔宋〕

户二十五万五千七百五十八。　口三十五万八千八百七十四(据郡志修)。

〔元〕

户八万九千六十。　口四十五万五千五百四十五(据《元史》修)。

〔国朝〕

户四万一千八百二十四。　口一十八万八百一十三。

晋江县

户一万八千七十九。　口六万七千四百有七。

南安县

户六千三百九十五。　口二万二千三百四十三。

同安县

户六千七百一十一。　口三万八千九百二十六。

德化县

户一千一百七十三。　口四千九百七十一。

永春县

户一千九百有八。　口五千八百六十六。

安溪县

户二千三百八十。　口八千六百七十五。

惠安县

户四千五百有六。　口三万二千六百二十五。

漳州府

〔唐〕

户五千八百四十六。　口一万七千九百四十（据《唐史》修）。

〔宋〕

户一十一万二千一十四。　口一十六万五百六十六。

〔元〕

户二万一千六百九十五。　口一十万一千三百有六（据《元史》修）。

〔国朝〕

户四万九千二百五十四。　口三十一万七千六百五十。

龙溪县

户二万一千四百七十六。　口一十二万七千一百五十一。

漳浦县

户一万一千五百九十三。　口六万二千二百八十二。

龙岩县

户四千九百八十五。　口三万九千六百有九。

长泰县

户一千五百五十。　口一万六千三百六十。

南靖县

户四千五百六十八。　口三万四千三百一十五。

漳平县

户五千一百八十二。　口三万七千九百三十四。

汀州府

〔唐〕

户四千六百八十。　口一万三千七百有二(据《唐史》修)。

〔宋〕

户一十五万三百三十一。　口三十二万七千三百八十。

〔元〕

户四万一千四百二十三。　口二十三万八千一百二十七(据《元史》修)。

〔国朝〕

户四万三千三百七。 口二十五万二千八百七十一。

长汀县

户八千八百二十二。 口四万二千八百一十七。

宁化县

户六千五百六十五。 口三万六千一百三十三。

上杭县

户四千六百五十五。 口二万六千八百有一。

武平县

户二千七百三十。 口一万四千五百九十七。

清流县

户八千二百二十三。 口五万六千二百七十二。

连城县

户四千七十五。 口三万五百六十九。

归化县

户五千九百有三。 口三万三千九百一十七。

永安县

户二千二百九十八。　口一万三千七百六十七。

延平府

〔宋〕

户一十五万七千八十九。　口二十九万七千一百四十五。

〔元〕

户八万九千八百二十五。　口四十三万五千八百六十九。

〔国朝〕

户六万三千五百八十四。　口二十三万六千三百二十五。

南平县

户一万二千二十七。　口五万二千四百五十八。

将乐县

户八千三十。　口三万四千六百八十二。

尤溪县

户一万五千八百六十一。　口四万八千一百八十九。

沙县

户一万二千七百六十七。　口三万八千四百一十八。

顺昌县

户六千九百四十八。　口三万三千三百三十四。

永安县

户七千九百五十一。　口二万九千二百四十四。

邵武府

〔宋〕

户二十一万二千九百五十一。　口五十五万八千八百四十六。

〔元〕

户六万四千一百二十七。　口二十四万八千七百六十一。

〔国朝〕

户三万九千六百四十四。　口一十三万二千二百八十二。

邵武县

户一万九千六百一十一。　口五万六千九百有三。

泰宁县

户六千七百九十二。　口二万七千二百一十二。

建宁县

户六千四百二十六。　口二万一千一百二十一。

光泽县

户六千七百九十二。　口二万七千四十六。

兴化府

〔宋〕

户六万四千八百八十七。　口一十四万八千六百四十七。

〔元〕

户六万七千七百三十九。　口三十五万二千五百三十四。

〔国朝〕

户三万一千六百八十七。　口一十八万有六。

莆田县

户二万八千九百九十九。　口一十六万五千四百七十。

仙游县

户二千六百八十八。　口一万四千五百三十六。

福宁州

宋、元本州及宁德、福安二县俱属福州府。

〔国朝〕

本州

户六千二百。　口一万八千三百三十五。

宁德县

户六千七百二十九。　口二万一千三百三十九。

福安县

户七千四百三十。　口二万八千二百五十九。

土　贡

福州府

〔唐〕

蕉布　海蛤　文扇　茶　橄榄

〔宋〕

荔枝干　荔枝煎　生荔枝绍兴初贡，二十四年罢。红蕉花布大中祥符、天圣、元中、元祐间俱贡，绍兴初，以福清观音尼院请罢。　干姜　沙鱼建炎三年罢。　鹿角菜　紫菜俱宣和七年罢。　蕉干建炎初罢。　上供银六万八千七百四十一两四钱。　大礼银每遇郊祀年，别进奉九千两。　上供钱六千贯。　无额上供钱一万五千五百一十八贯七百五十文。　上供军器物料甲叶六万八千九百一十五片，黄牛皮九百四段六十尺，羊皮一千八百一十二张一十尺。认发建宁府黄牛皮四十八段，羊皮八十九张。泛抛每岁两料，甲叶三万五千片，黄牛皮八百段，羊皮七百张。（已上并系通判厅收纳起发。）

〔元〕

锦荔枝二十万颗。　锦圆眼二十万颗。　柑二千二百颗。　橙三千颗（已上闽、侯官、怀安三县贡。）　扫鼠皮二百二十张。福清州、闽、侯官、怀安、长乐、罗源五县贡。　沙鱼皮一百五张。福清州、闽、侯官、长乐、连江、罗源五县贡。　绣缎一百尺。　衲袄二百领。　刺白系腰（已上录事司岁造常课，上下半年驿送。）

〔国朝〕

缎四百二十五尺，合用荒丝一千三百二十八斤二两。　药味七百六十三斤。（已上俱各县分纳。）

闽县

荒丝二百三十六斤四两。　弓三百四十八张。　弦一千七百四十条。　箭八千八百四十五枝。　杂皮二百九十张。　翎毛一万二千根。　翠毛二十个。　军器料银四百八十六分一厘三毫。

侯官县

荒丝一百四十九斤。　弓一百八十九张。　弦九百四十五条。 **箭**四千八百六枝。 **杂皮**二百二十张。 **翎毛**九千五百根。 **翠毛**一十五个。 **军器料银**三百两八钱九分六厘。

怀安县

荒丝九十八斤。 **弓**一百三十五张。 **弦**六百七十五条。 **箭**三千四百三十枝。 **杂皮**一百六十张。 **翎毛**八千根。 **翠毛**十六个。 **军器料银**二百一十九两八钱八分四厘九毫五丝九忽四微。

长乐县

荒丝二百三十二斤。 **弓**三百四十二张。 **弦**一千七百一十条。 **箭**八千六百九十七枝。 **杂皮**四百七十张。 **翎毛**九千三百根。 **翠毛**二十五个。 **军器料银**四百七十四两四钱九分一厘七毫。

连江县

荒丝一百五十斤。 **弓**一百五张。 **弦**二百二十五条。 **箭**二千六百七十枝。 **杂皮**二百五十张。 **翎毛**九千五百根。 **翠毛**八个。 **军器料银**一百六十二两二分四毫九丝六忽四微。

福清县

荒丝二百八十九斤。 **弓**三百六十张。 **弦**一千八百四十五条。 **箭**九千三百八十三枝。 **杂皮**二百八十张。 **翎毛**一万二千根。 **翠毛**三十个。

古田县

荒丝一百二十斤一十二两。　**弓**一百四十七张。　**弦**七百二十二条。　**箭**二千七百三十八枝。　**杂皮**二百张。　**翎毛**六千根。　**翠毛**一十二个。

永福县

荒丝三十八斤一十四两。　**弓**二十七张　**弦**一百三十五条。　**箭**六百八十六枝。　**杂皮**一百二十张。　**翎毛**四千五百根。　**翠毛**四个。　**军器料银**四十六两二钱九分。

闽清县

荒丝二十七斤。　**弓**一十八张。　**弦**九十条。　**箭**四百五十七枝六分。　**杂皮**一百一十张。　**翎毛**三千根。　**翠毛**三个。　**军器料银**三十四两七钱一分八厘六毫五忽七微七纤。

罗源县

荒丝三十五斤。　**弓**四十八张。　**弦**二百四十条。　**箭**一千二百二十枝。　**杂皮**二百四十张。　**翎毛**一千五百根。　**翠毛**四个。

建宁府

〔唐〕

蕉花布　练竹绖

〔宋〕

上供细色茶五纲　粗色茶七纲　练布　年额上供银九千七百五十四两。　大礼助赏银二千七百五十六两。　圣节银　大礼进奉银各一千七百两。　提点司进奉银三十七两五钱。（已上俱建安、瓯宁、建阳、松溪、政和五县所供总数，浦城、崇安二县无考。）

〔国朝〕

缎四百五十二尺，递年分派各县，多寡不同。

建安县

茶一千三百八斤。　金橘五百二十斤。　弓三百五十张。　弦一千七百四十六条。　箭三千四百九十二枝。　杂皮六百五十张。　翎毛一万一千根。　翠毛四十八个。

瓯宁县

缎连闰月八十二匹七尺。　弓四百五十张。　箭四千五百八枝。　弦二千二百五十四条。　杂皮六百三十张。　翎毛一万八千五百根。　翠毛六十二个。

浦城县

缎一百二匹二丈九尺，闰月加六匹。　弓三百二十六张九分。　弦一千六百三十四条。　箭五千八百二枝六分四厘。
杂皮四百九十张。　翎毛一万五千根。

建阳县

杂皮六百二十张。　翎毛一万八千根。

松溪县

杂皮一百五十张。　翎毛六千根。

崇安县

织金缎五匹，闰月加一匹。　素缎一十九匹，闰月加三匹。　弓一百九十五张。　弦九百七十五条。　箭二千八百六十六枝。　翎毛六千五百三十四根。

政和县

杂皮一百二十张。　翎毛四千根。

寿宁县

杂皮五十张。　翎毛一千五百根。

泉州府

〔唐〕

绵　丝　蕉　葛（俱州贡。）　苎布　苎麻　蜡烛开元中贡。　蚺蛇胆元和年始贡。

〔宋〕

蕉布永春县出。　生苎布各二十匹。　绵一百两。南安县出，俱淳祐中贡。　**山姜**　**花**三十朵。　**橄榄子**上色一万颗，次三万颗，治平六年罢。　**绵**一百两。　**蕉布**　**葛布**共五十四。元丰中贡。　**松子**五百斤。宣和六年诏减，后罢。　**上供银**九千六百四十二两三钱。　**上供钱**一万五千七百六十五贯七十五文。　**大礼赏给钱**一万八千九百九贯三百九十五文。　**春冬衣赐钱**二万六千二百贯五百二十五文。　**犒军钱**三千七百二十三贯四百文。（已上本州所辖七县总数。）

〔元〕

砂哩哵　**金樱煎**　**金樱子**一十石。

〔国朝〕

药味一千一百斤，各县分纳。

晋江县

缎二百二十一匹。闰月加一十八匹一丈三尺。　**弓**六百六十四张。　**弦**三千三百二十条。　**箭**九千七百八十六枝。　**杂皮**六百二十张。　**翎毛**一万六千根。　**翠毛**四十八个。

南安县

缎一百二十四，闰月加十匹。　**弓**四百一十五张。　**弦**二千七十五条。　**箭**六千五百三十一枝。　**杂皮**四百一十张。　**翎毛**一万二千根。　**翠毛**一十五个。

同安县

缎一百二十匹，闰月加十匹。　**弓**三百十六张。　**弦**一千五百八十条。　箭三千七百八十一枝。　杂皮三百六张。　翎毛四千根。　翠毛一十五个。

德化县

弓八十四张。　弦四十二条。　箭一千八枝。　翠毛四个。

永春县

弓一百四十四张。　弦七百二十条。　箭一千六百五十九枝。　翠毛四个。

安溪县

弓一百四十六张。　弦七百三十条。　箭一千七百一十二枝。　翠毛四个。

惠安县

缎一百匹，闰月加八匹一丈一尺。　弓三百三十一张。　弦一千六百五十五条。　箭五千二十三枝。　杂皮三百五十四张。　翎毛一万二千根。　翠毛一十四个。

漳州府

〔唐〕

鲛鱼皮二十张。　甲香五斤。

〔宋〕

鲛鱼皮　柑　橘据《宋史》修。

〔国朝〕

药味一千二百五十四斤。

龙溪县

缎一百四匹一分四毫，闰月加八匹四分一厘。　弓九百七十二张。　弦四千八百六十条。　箭九千九百五十二枝。　翠毛五十个。　翎毛二万根。　杂皮一千张。

漳浦县

缎四十六匹七分一厘。　弓四百五十六张。　弦二千二百一十条。　箭四千六百六十八枝。　翠毛二十二个。　翎毛九千五根。　杂皮四百九十张。　鱼线胶以鱼鳔一十一斤八两二钱四分折买，闰月加一十五钱五分。

龙岩县

缎二十五匹七分四厘五毫，闰月加二匹六厘五毫。　弓二百四张。　弦一千二十条。　箭二千八十九枝。　翎毛五千三百根。　翠毛一十二个。　杂皮三百张。

长泰县

缎一十二匹五分五厘四毫，闰月加一匹二分七厘。　弓七十二张。　弦二百六十条。　箭七百三十七枝。　翎毛三千七百根。　翠毛四个。　杂皮一百八十八张。

南靖县

缎三十四一分三厘四毫，闰月加二匹四分六厘。　弓一百九十二张。　弦九百六十条。　箭一千九百六十六枝。　翎毛六千三百根。　翠毛一十个。　杂皮三百二十二张。

漳平县

缎二十五匹七分四厘五毫，闰月加二匹六厘五毫。　弓一百四张。　弦一千二十条。　箭二千八十八枝。　翎毛五千二百根。　翠毛十个。　杂皮三百三十张。

汀州府

〔唐〕

蜡烛二千条。

〔宋〕

蜡烛二百条。　上供银七千九百四十五两八钱三分五厘。　圣节进奉银　大礼银各二千两。　上供钱九千七百七十贯九百一十文。

〔国朝〕

长汀县

弓四百一十二张。　弦二千六十条。　箭三千三十四枝。翎毛一万根。翠毛一十六个。水獭狸皮九十三张。黄鹞狸皮一十张。竹狗狸皮一十张。九节狸皮三十五张。香狸皮一十三张。木狗狸皮一十张。花狸皮一百一十九张。

宁化县

弓三百七十一张。弦一千八百五十五条。箭二千七百枝。翎毛九千一百根。翠毛一十六个。九节狸皮一十张。九节羔皮三张。花狸皮一十张。花狸羔皮五张。香狸皮二十张。羊羔皮五十张。松鼠皮三十张。獐羔皮二十张。黄鼠皮四十张。猪獾皮 狗獾皮各二十张。白面狸皮三十张。

上杭县

弓三百七张。弦一千五百三十五条。箭二千二百四十枝。翠毛二十个。翎毛六千七百八十根。杂色皮一百九十七张。

武平县

弓一百一十八张。弦五百九十条。箭八百五十四枝。杂皮一百七十张。翎毛五千五百根。翠毛六个。

军器料银五十八两八钱五分七厘四毫一丝六忽六微。

清流县

弓三百一十四张。弦二千二百二条。箭二千二百二枝。翎毛二千五百根。杂色皮一百九十五张。翠毛一十六个。

连城县

弓二百一十五张。　弦一千七十五条。　箭一千五百六十二枝。　鹿皮一十张。　小鹿皮三十九张。　斑狸皮二十一张。　九节狸皮一十八张。　獭皮六十六张。　翠毛一十个。

归化县

弓二百一十八张。　弦一千九十条。　箭一千五百五十一枝。　翠毛一十个六分。　水牛底皮四张。　木狗狸皮一十张。　花狸皮五十二张。　香狸皮一十张。　黄狸皮一十张。　水獭皮二十张。　九节狸皮二十张。　竹狗皮一十张。

永定县

弓一百四十五张。　弦七百二十五条。　箭一千五十七枝。　翎毛三千二百二十根。　翠毛六个。　杂色皮九十三张。

延平府

〔宋〕

土茴香　茶据《宋史》修。　银六千三百七十两。此顺昌一县所贡，南平、将乐、尤溪、沙四县无考。

〔国朝〕

南平县

缎二十七匹。 **弓**五百二十张。 **弦**二千六百一条。**箭**六千四百七十七枝。 **杂皮**七百二十张。 **翎毛**一百五十六根。 **翠毛**三十三个。 **军器料银**二百五十九两六分四毫九丝一忽六微。

将乐县

缎一十七匹。 **弓**三百九十六张。 **弦**二千一十五条。**箭**四千八百六十枝。 **杂皮**四百四十张。 **翎毛**一万一千八十根。 **翠毛**二十五个。 **军器料银**二百五十三两五钱。

尤溪县

缎一十四匹。 **弓**四百八十七张。 **弦**二千四百三十八条。 **箭**六千一百三十一枝。 **杂皮**四百六张。 **翎毛**一万一千三十八根。 **翠毛**三十二个。 **军器料银**二百四十九两五分六毫三丝四忽四微。

沙县

缎二十五匹。 **弓**四百六十四张。 **弦**二千三百三条。**箭**五千八百一十五枝。 **杂皮**六百四十三张。 **翎毛**一万七千一百四十根。 **翠毛**三十三个。 **军器料银**二百四十九两五分七厘六毫三丝四忽四微。

顺昌县

缎一十四匹。　弓二百一十五张。　弦一千五十二条。　箭二千七百二十二枝。　杂皮四百二十张。　翎毛一万一千四百根。　翠毛二十二个。　军器料银一百四十九两三钱八分九厘九毫四丝三忽六微。

永安县

缎一十三匹。　弓二百六十张。　弦一千三百条。　箭三千二百六十枝。　杂皮三百七十一张。　翎毛九千六百二十二张。　翠毛二十五个。　军器料银二百五十三两五钱一分六厘六毫八丝一忽。

邵武府

〔宋〕

纻(据《宋史》修。)　上供银一千四百四十一两四钱。乾会圣节银二百五十两。　大礼银四百两。

〔国朝〕

邵武县

弓九百五十八张。　弦四千七百九十条。　箭七千九百八十四枝。　杂皮七百六十张。　翎毛二万一千一百七根。　鱼鳔八斤九两。　翠毛五十四个。

泰宁县

弓二百六十二张。 弦一千三百一十条。 箭二千一百八十四枝。 杂色皮二百六十张。 翎毛五千四百根。 鱼鳔一斤十四两。 翠毛一十五个。

建宁县

弓四百四十张。 弦二千二百条。 箭三千六百六十六枝。 杂色皮三百八十张。 翎毛八千六百五十二根。 鱼鳔一斤。 翠毛一十五个。

光泽县

弓四百四十张。 弦二千二百条。 箭三千六百六十六枝。 杂色皮四百张。 翎毛二千八百八十根。 鱼鳔三斤二两九钱。 翠毛二十七个。

兴化府

〔唐〕

橄榄　沙橘

〔宋〕

绵一百两。 葛布一十匹。 上供钱七千五百四十贯文。 节旦上供银共一千八百三十三两三钱三分四厘。

〔国朝〕

莆田县

缎三百一十四匹。　弓一千七十五张。　弦五千三百七十七条。　箭四千一十二枝。　杂皮二千七百八十四张。翎毛三万七千五十六根。　翠毛六十五个。

仙游县

缎二十四匹四分。　弓八十四张。　弦四百一十八条。箭三百一十二枝五分。　翠毛六十五个。　水牛底皮一张。　白真黄牛皮二张。　杂皮二百一十六张。

福宁州

〔元〕

沙鱼皮一十五张。

〔国朝〕

本州

缎四十一匹三分。　弓一百二十张八分。　弦六百四条五分。　箭三千七十一枝。　杂皮二百张。　翎毛五千九百六十根。　翠毛二十二个。　折熟铁八十九斤七钱六分。鱼鳔一十八斤九两八分。

宁德县

缎四十一匹二分。 弓一百四张三分。 弦五百二十一条。 箭二千二十二枝。 杂皮二百张。 翎毛五千二百三十五根。 翠毛一十个。 折熟铁七十八斤八两四分。 鱼鳔一十三斤一十一两二钱。

福安县

缎五十一匹五分。 弓一百四十六张。 弦七百三十四条五分。 箭三千七百三十五枝六分。 杂皮二百六十张。 翎毛八百三十八根。 翠毛一十二个。 折熟铁一十二斤八两。 鱼鳔二斤一十四两。

财 赋

福州府

〔宋〕

夏税钞共八千六十九贯有奇。 租课钱五千八百九十七贯。 苗米、租米、白米、糙米、豆、麦杂子共一十九万五千二百八十八石有奇。 稷、粟各五斗。 麻皮一十三斤。 苎二斗。 赡学籴本钱、经制钱、总制钱、统制官供给钱、官户不减半役钱、僧道免丁钱共三十五万五千四百六十四贯八百九十七文。

〔元〕

夏秋税钞四千八百六锭。　秋粮租米、麦、豆八万五千一百七十九石七斗有奇。　谷七百八十一石有奇。　盐课钞、诸色课钞、茶课钞、各务办钞、房地租钞共一十四万六千六百六锭有奇。　铁五万七千一百七十四斤四两。

〔国朝〕

铁课九千六十一斤。每年坐派各县，多寡不同，后仿此。

闽县

夏税钞二百五十三锭四贯九百二文。　秋粮米二万四百六十八石五斗有奇。　户口食盐米四千五百一十四石六斗八升。　鱼课米九百七十一石九斗有奇。闰月加米三十八石九斗有奇。　农桑绢七匹余。丝绵一十五两七钱五分。实在桑一万一千三百三十八株，每四十株折地一亩，通折地二顷八十三亩五分。每亩种丝绵五钱。每绢一匹，用丝一斤二两。　原额铸泻课钞六锭一贯五百二十文。　茶课钞二锭四贯八百八十文。　房地赁钞三十二锭二贯四百八十文。　吐退还官园租钞四贯九百六十文。　没官果利钞八锭四贯六百文。　系官房屋租钞一百五十三锭三贯三百文。　本县税课局原额周岁正办商税课钞四千二百一十六锭四贯四百二文。　门摊课钞六百文。　窑冶课钞二十二锭一百八十文。　契本工墨钞一锭三贯。　茶引由钞三锭一贯。　酒醋课钞三百七十五锭一贯一百六十文。　带办江南洲税课局周岁实征课钞　商税课钞二千二百二十八锭一贯五十文。　门摊

课钞九百九锭三贯四百文。　**契本工墨钞**一锭三贯。　**茶引由钞**三锭八百文。　**河泊所鱼鳔**二十七斤一十四两八钱四分。　**翎毛**八千九百三十七根。

侯官县

夏税钞二百一十五锭六百九十一文。　**秋粮米正耗**一万七千四百八十七石一斗二升八合五勺。　**户口食盐米**一千九百八石三斗二升。　**鱼课米**五百八十四石六斗六升四合。闰月加米四十八石七斗有奇。　**农桑绢**九匹余。丝绵三十八两五钱。　**河泊所鱼鳔**一十三斤五两五钱。　**翎毛**五千八百四十七根。

怀安县

夏税钞八十四万八百九文。　**秋粮米**一万二千六百三十八石六斗六合六勺。　**户口食盐米**一千三百八十石八斗。　**鱼课米**三百一十六石五斗九升。闰月加米四十八石七斗。　**河泊所鱼鳔**九斤六两七钱。　**翎毛**三十九根。

长乐县

夏税钞一百七十锭三十四文。　**秋粮等米**一万二千七百四十一石四合。　**户口食盐米**三千七百九十九石一斗二升。　**鱼课米**六百七十四石一斗。闰月加米二十一石有奇。　**周岁实征系官房屋租钞**一十一锭一贯四十文。　**茶课钞**一贯四百八十文。　**本县税课局周岁实征商税钞**一千四百九锭三贯九百八十文。　**门摊课钞**六百九十四锭一贯六百文。　**契本工墨钞**四贯。　**窑冶课钞**二十六锭一贯二百二十文。

酒醋课钞一百二十九锭二贯四百文。　河泊所鱼鳔二十一斤一两五钱。　翎毛六千七百四十一根。

连江县

夏税钞一百四十一锭一贯二百九十一文。　秋粮等米一万二千二百九十一石有奇。　户口食盐米一千二百九十五石九斗二升。　鱼课米八百八十八石一斗七升七合。闰月加米六十五石有奇。　农桑丝绵六两二钱五分。　周岁原额酒醋课钞一百二十五锭九百二十文。　铁课钞一百二十一锭三百七十六文。　官房租钞三十三锭二贯八百四十文。　房地赁租钞六锭四贯七百六十四文。　追问盐课并抄没山园水坝等课钞一十锭二贯三百三十四文。　茶课钞三贯五百八十文。　本县税课局周岁实征商税钞五百七十二锭二贯四百九十文。　门摊钞三百六十三锭二贯四百文。　水磨钞二锭四贯四百文。　契本工墨钞四贯。　河泊所鱼鳔三十九斤一十五两。　翎毛一万二千三百二十四根。

福清县

夏税钞三百九十八锭二百九十六文。　秋粮米三万二千二百六十九石三斗四升五合。　户口食盐米五千二百七十八石八斗八升。　鱼课米三千二百九十八石一斗四升。闰月加米三十四石有奇。　农桑丝绵一十四两七钱五分。　周岁原额酒醋课钞五百五十八贯七百文。　官房屋赁钞四百一贯二十文。　房地租钞四贯二百一十文。　铁课钞六十八贯九百文。　茶课钞一十七贯二十文。　海口税课局课钞八千八百二十贯六百七十文。　径江税课局课钞六千四百五十四贯一百三十七文。 **本县税课局课钞**八千二百六十四贯二百四十二文。 **海口场课盐**一万三百四十四引六斤九两七钱。 **牛田场课盐**九千五百六十引四十二斤一十五两六钱。

古田县

夏税钞一百九十三锭四贯九百二十八文。 **秋粮米**一万四千一百七十四石有奇。 **户口食盐米**一千五百七十五石四斗八升。 **农桑土绢**一匹余。丝一十六两八钱。 **商税钞**六千九百六十三贯五百三十文。内本色钞一半,折钱钞一半,该钱六千九百六十四文。 **课银**一千二十五两。 **课铁**六千五百七十四斤一两。闰月加增五百五十三斤九两七钱。

永福县

夏税钞五十八锭四百四十二文。 **秋粮等米**四千八十五石四斗五升八合七勺。 **户口食盐米**三百三十六石二斗八升。 **农桑丝绵**八两九钱。 **周岁实征酒醋课钞**九十锭一贯八百八十文。 **房地赁钞**九百一十文。 **茶课钞**二贯八百一十文。 **铁课钞**三十六锭。 **系官房屋租钞**二锭三贯三百六十文。 **带办税课局周岁实征商税课钞**一千一百六十三锭二贯七百文。 **门摊课钞**四百八十五锭三贯九百文。

闽清县

夏税钞一百四十一锭一贯二百九十一文。 **秋粮等米**七千三百五十一石二斗七合二勺。 **户口食盐米**二百一十一有奇。 **农桑绢**一匹余。丝绵三两八钱五分。 **周岁实征酒醋课钞**六十锭三贯六百四十文。 **系官房屋租钞**二锭四贯二百六十文。　**房地赁钞**四百六十文。　**茶课钞**一贯五百三十文。　**铁课钞**八十锭二百五十文。　**代办税课局实征商税课钞**七百二十五锭二贯六十六文。　**契本工墨钞**四贯。　**门摊课钞**三百三十七锭四贯六百文。　**窑冶课钞**六十锭九百四十文。　**课铁**一千三百五十四斤三两。

罗源县

夏税钞六十四锭七百一十三文。　**秋粮米**五千石八斗有奇。　**户口食盐米**四百三十二石三斗二升。　**鱼课米**五百八十三石三斗九升一合。闰月加米二十五石有奇。　**农桑丝绵**一十三两六钱。　**商税课钞**一千八百九十五贯八百七十二文五分，中半兼收。

建宁府

〔宋〕

夏税本色绢一万一千八百四十四匹有奇。　**杂折麦、粟、谷、黑豆、马草、秋税糯米钱**共六万二百五十七贯有奇。　**秋粮糙米、白米、官庄屯田米**共六万五千九百一十八石五斗有奇。（已上俱建安、瓯宁、浦城、松溪、政和五县所输总数，建阳、崇安二县无考。）

〔国朝〕

铁课一万三百一十五斤。

建安县

夏税钞三百五十四锭三贯八百九十二文。　**秋粮米**二万七千四百二十二石八斗四升七合。 **户口食盐米**三千八百三石八斗。 **鱼课米**九百二十九石二斗六升九合六勺。闰月加米一百六十八石五斗七升六合二勺。 **农桑生绢**四匹一丈二寸。 **茶**荐新二百一斤,探春二十七斤,先春六百四十三斤,次春二百六十二斤,紫笋二百七斤。 **商税钞**二千九十七锭三贯七百九十七文。 **门摊钞**二千五百九十六锭一贯一百五十文。 **酒醋钞**五十六锭八百文。 **契本工墨钞**一锭一贯四百文。 **铁课**八百六十六斤,折钞一十七锭一贯六百文。 **瓦窑课钞**六十五锭二百文。闰月加钞二锭二贯一百文。

瓯宁县

夏税钞三百四锭六贯九百五十九文。 **秋粮米**二万三千三百八十八石一升三合五勺。 **户口食盐米**五千六百五十八石三斗四升。 **农桑绢**一十二匹二丈四尺。 **鱼课米**九百二十九石二斗六升九合六勺。闰月加米一百六十八石有奇。 **商税、门摊、酒醋、契本工墨、铁冶、瓦窑**共钞四千八百三十二锭八贯九百四十七文。 **铁课**八百六十八斤。

浦城县

夏税钞三百八十九锭四贯三百七十四文。 **秋粮米**五万九千一百七石九斗五升六合九勺。 **农桑生绢**四十三匹二丈八尺三寸。 **户口食盐米**四千四百七石六斗八升。 **鱼课米**七百七十二石六斗八升四合。闰月加米六十四石三斗九升三勺三秒。 **农桑丝绢**二十一匹六尺九寸三分。 **鹅翎毛**一千六百二十九根。 **鱼鳔**三斤六两三钱。 **黑铅铸泻课钞**一十五锭五百一十文。 **房地赁钞**二十锭一贯六百六十文。

茶课钞一十五锭一贯五百五十文。 茶引油钞七锭二贯。 水磨碓课钞二百三十四锭一贯二百文。 本色铁课一千九百五十六斤四两五钱。 铁课钞四锭八百文。 商税钞四千八百七十四锭八百三十文。 门摊钞三百九十四锭三贯七百四十文。 酒醋钞八十八锭三贯七百四十文。 窑冶钞三十五锭四贯五百二十文。 契本工墨钞一锭三贯。 新增过山税钞四百二锭三贯。 银课三千两。

建阳县

夏税钞五百一十锭四贯七百九十五文。 粮米三万五千八百六十七石五斗三升八合五勺六秒。 户口食盐米六千一百四十六石七斗二升。 鱼课米八百二十一石八斗六升七合四勺。闰月加米五十石有奇。 农桑丝绢五匹九尺八分。 鱼鳔六斤一十一两。 翎毛三千一百三十三根。 银课八百九十两。 铁课一千一百三十七斤八两。

松溪县

夏税钞一百二十七锭一贯八百四十四文。 秋粮等米九千三百九十五石九斗六升七合七勺。 户口食盐米二千三百六石八斗八升。 鱼课米一百八石四斗五升一合三勺。闰月加米八石有奇。 农桑绢二匹二丈八尺五寸四分。 夏税绢八匹一丈一尺一寸三分。 茶课钞九锭二贯四百一十八文。 系官房屋并地赁钞一十七锭一贯六百一十一文。 铸泻黑锡钞三贯一百三十八文。 茶引由钞一十锭一贯。 本县税课局周岁额办商税钞八百四十一锭一贯七百二十丈。 门摊钞四百八十五锭二百文。 酒醋课钞八十三锭三百六十文。 **窑冶钞**一十四锭三贯五百二十文。 **契本工墨钞**一锭一贯四百文。 **银课**二千二百两。 **铁课**二千四百九十二斤，折钞一十二锭二贯三百文。永乐八年，奏征本色存留遂应场闸办银课支用，除支用二千一百六十斤外，余铁三百三十二斤输府收贮。

崇安县

夏税钞二百七十八锭一贯五百六十六文。 **秋粮米**二万一千二百四十四石三斗九升八合一勺。 **夏税绢**八十匹一丈六尺八分三厘。 **茶**荐新四百二十八斤，探春三十二斤，先春三百八十斤，次春一百五十斤。 **户口食盐米**三千一百三十一石三斗六升。 **农桑丝绢**八匹二丈一尺六寸。 **鱼课米**四百三十八石六斗四升三合五勺。闰月加米三十六石五斗五升四合。 **翎毛**六千五百三十四根。 **鱼鳔**一十三斤九两七钱七分。 **商税钞**一千七百五十五锭二贯四百八十文。 **门摊钞**一千二百六十九锭四贯九百五十文。 **酒醋钞**一百八锭二贯四百文。 **窑冶钞**四十锭三贯六十文。 **契本工墨钞**二锭一贯。 **银课**一千一百两。

政和县

夏税钞九十三锭四贯八百二十八文。 **小麦**二十六石二斗五升一合。 **丝绵**二十五斤五两八钱六分五厘。 **秋粮等米**七千二百五十三石三斗一合。 **户口食盐米**一千六百三十五石六斗八升。 **鱼课米**四十四石九斗五升二合六勺。闰月加米三石有奇。 **农桑生绢**二匹二丈三尺。 **茶课钞**二十九锭一贯一百二十八文。 **官房屋租钞**二十五锭二贯三百七十八文。 房地赁钞一贯二百二十八文。 黑锡铸泻课钞三贯六百六十四文。 税课局商税钞五百八十八锭三百九十文。 门摊钞一百五十八锭四贯一百二十文。 茶引由钞七锭三贯。 酒醋课钞六十锭九百六十文。 窑冶钞一十六锭八百文。 碓磨钞一十七锭一贯六百八十四文。 契本工墨钞一锭一贯四百文。 银课一千二百两。 铁课二千四百九十一斤一十一两。

寿宁县

夏税钞二十六锭三贯二百文。 秋粮等米二千三百七十六石七斗四升八合二勺。 户口食盐米八十五石有奇。 周岁额办茶课钞七锭九百六十九文。 系官房屋并地赁钞一十六锭三贯六百一文。 黑锡铸泻钞八百三十二文。 茶引由钞一锭四贯七十文。 带办窑冶钞一十三锭三贯三百三十二文。 银课五百五十八两。

泉州府

〔宋〕

嘉泰间产钱三万四千七百八十六贯二百四十六文。 淳祐间产钱三万三千六百四十二贯三百三十六文。 布税小麦秆钱 黑豆钱 盐息钱 陪纲钱 遗利钱 僧道免丁钱并脚钱 岳庙官供给钱 统领官供给钱 在京吏禄钱 统制官供给钱 职田鱼水钱 经总制钱 官户不减半役钱 贴纳盐钱 免役钱 减吏雇役钱 丁米钱 产盐钱 浮盐钱 二五分增税钱 费头钱 转运司职田渔水钱共三十一万三千六十九贯五百四十二文。 **秋税糙米 白米 义仓米 职田米转运司职田米**共九万四千九百二十四石六斗有奇。(已上本州所辖晋江、南安、德化、永春、安溪、惠安七县总数。)

〔元〕

夏税钞八百五十九锭二十三两九钱有奇。 **秋粮苗等米**九千四百六十六石八斗有奇。(已上永春、惠安二县总数,晋江、同安、德化、安溪、南安五县无考。)

〔国朝〕

铁课二万六千七百四十九斤。

晋江县

夏税钞三百二十五锭一贯四百七十二文。 **秋粮等米**三万七百一十七石二斗四升一合一勺六秒五撮。 **鱼课米**二千二百四十八石一斗四升。闰月加米七十四石有奇。 **户口粮盐米**四千八百九十五石四斗八升。 **农桑绢**一匹一丈三尺一寸六分。 **商税等课钞**八千二百八十九锭一贯二百八十六文。 **酒醋等课钞**七百五十锭一百八十文。 **河泊所比附等课钞**一百九十锭三百三十九文。 **浔美场盐课**额办盐二万三千六百一十一引二百六十六斤。 **洒[2]州场盐课**额办盐九千二百八十五引一百二十一斤。

南安县

夏税钞二百八十锭五百九十九文。 **秋粮等米**二万三千四十三石有奇。　**鱼课米**二百九十七石七斗有奇。闰月加米一十六石有奇。　**户口食盐米**一千九百三十九石六斗八升。　**农桑绢**二丈四尺九寸。　**商税等课钞**三千六百七十七锭一贯五百二十二文。　**酒醋等课钞**三百四十五锭一贯三百三十二文。

同安县

夏税钞一百九十八锭四十四文。　**秋粮等米**一万七千七十石有奇。　**鱼课米**七百石有奇。闰月加米五十八石四斗二升。　**户口食盐米**二千八百七十四石八斗八升。　**农桑绢**四匹一丈四尺六寸。　**商税等课钞**一千六百三十八锭五百四十四文。　**酒醋等课钞**四百四十四锭四贯三十一文。　**浯洲场盐课**额办一万四千九百七十六引三百六十一斤。

德化县

夏税钞八十五锭九百八十六文。　**秋粮等米**六千三十八石六斗八升七合四勺。　**户口食盐米**四百五十六石七斗六升。　**农桑绢**一匹一丈八尺六寸。　**商税等课钞**七百一十七锭三贯八百一十九文。　**酒醋等课钞**四百八十八锭一贯二百七十二文。

永春县

夏税钞一百二十七锭一贯六百九十一文。　**秋粮等米**九千四百一十一石九斗一升五合一勺。　**户口食盐米**四百五十二石八斗四升。　**农桑绢**二丈三尺。　**商税等课钞**一千三百二十六锭一贯七百三十文。　**酒醋等课钞**二百六锭三贯四百五十四文。

安溪县

夏税钞一百七锭二贯三百八十五文。 秋粮等米七千九百三十三石二斗一升二合六勺。 户口食盐米七百三十五石四斗四升。 农桑绢一丈九尺九寸。 商税等课钞一千六百二十六锭四贯七百六十五文。 酒醋等课钞一百四十一锭四贯二百七十文。

惠安县

夏税钞一百八十九锭四百四文。 秋粮等米一万五千六百三十六石三斗二升三合五勺。 鱼课米九百二十七石有奇。闰月加米七十七石有奇。 户口食盐米二千三百二十一石三斗六升,连闰共折钞一十八万八千六百一十贯五百文。 农桑绢一匹九尺二寸二分。 商税等课钞一千四百一十三锭四贯五百三十七文。 酒醋等课钞二百八十五锭四贯三百五十二文。 惠安场盐课额办盐七千三百五十二引四十八斤一十两八钱。

漳州府

〔宋〕

嘉定间产绉、铜等钱共三万五千二百六十七贯六百一十一文。 夏秋麦、豆、谷、官田赤、白等米七万五千二百八十五石六斗五升五合。 淳祐间高荒俵寄职田夏秋等钱共一十三万三千三十二贯六百六十四文。 官产豆、谷、赤、白等米共四万四千四百八十二石八斗五升五合。(已上俱本州所辖漳浦、龙溪、长泰、龙岩四县总数。)

〔国朝〕

龙溪县

夏税钞三百八十三锭三贯六百九十七文。　秋粮等米四万一千三百三十六石有奇。　鱼课米五百二十七石七斗有奇。闰月加米四十二石有奇。　户口食盐米七千六百石八斗八升。　农桑绢三匹余,丝一十一两九钱五分。

漳浦县

夏税钞二百四锭四百三文。　秋粮等米二万四千六百一十六石三斗七升六合七勺。　鱼课米四百五十七石八斗七升四合三勺。闰月加米三十八石有奇。　户口食盐米四千五百五石八升。　农桑绢一匹余,丝七两二钱。

龙岩县

夏税钞五百五十五锭三贯八百五十一文。　秋粮等米一万一千二百五十二石有奇。　农桑绢五尺余,丝五两六钱五分。　户口食盐米二千八百七十三石三斗六升。

长泰县

夏税钞六百九十锭四贯四百一文。　秋粮等米一万一千九百二十七石七斗八升九合六勺。　户口食盐米一千二百二十石二斗八升。　农桑绢九匹余,丝九钱。

南靖县

夏税钞一千五十锭八贯七百二十一文。 **秋粮米**一万九千六百三十九石六斗四升七合三勺。 **鱼课米**四石一斗九合一勺。闰月加米三斗。 **户口食盐米**二千五百二十二石二斗。 **农桑绢**五匹余,丝三两三钱一分。

漳平县

夏税钞四百二十锭四贯四十五文。 **秋粮等米**七千二百六十三石有奇。 **农桑绢**四匹余,丝四两五钱一分。 **户口食盐米**二千六百三石。

校 注

[1]《书经体注》作“底慎财赋”。

[2] 字书无“沥”字。“沥”系闽南方言字。

八闽通志卷之二十一

食　货

财　赋

汀州府

〔宋〕

夏税钱四万二千七百九十七贯二百二十四文。　**秋苗米**二万五千九百二十三石八斗七升。（以上本州所辖长汀、宁化、上杭、武平、清流、连城六县总数。）

〔国朝〕

铁课九万九千七百九十三斤。

长汀县

夏税钞三百六十八锭四贯八百二文。　**秋粮米**二万四千一百石有奇。　**户口食盐米**二千八百七十五石八斗四升。**农桑绢**二匹余，丝二两。　**官房官地赁钞**五锭八贯七百八十八文。 酒醋茶课钞一百五十七锭三贯一百五十二文。 窑冶钞四十三锭六百一十文。 商税课钞七百二十六锭一贯三百七十四文。

宁化县

夏税钞二百九十一锭三贯二百八文。 秋粮等米一万四千八百五十三石有奇。 户口食盐米二千八百九十石五斗六升。 周岁该办酒醋课钞三十六锭二贯六百四十文。 窑冶课钞一十二锭四贯五百七十文。 系官房屋赁租钞一十二锭一贯八百一十文。 茶课钞三贯三百八十文。 军务犁耙钞一百六十文。 带办税课局商税课钞一千八锭九百文。门摊课钞三十九锭六百文。

上杭县

夏税钞一百四十五锭四贯八百六十四文。 秋粮等米一万一百七石[1]二斗八升七合一勺。 户口食盐米一千七百五十八石八斗八升。 农桑绢一匹。 桃李柿树钞三贯九百八十二文。 官房官地赁钞二锭四贯七百三十六文。 窑冶门摊契本税契钞七十三锭九贯二百七十五文。 商税钞一千一十三锭二贯七百三十八文。 酒醋茶课钞二十九锭四贯九百九十文。

武平县

夏税钞一百二锭三贯一百五十八文。 秋粮等米七千七十八石有奇。 户口食盐米一千八十七石七斗五升。 周岁该办酒醋课钞五十二锭四贯八百一十文。 茶课钞一锭一贯八百八十文。　茶子油树租钞二百五十文。　房地赁钞一锭二贯八百五十文。　系官房屋赁钞一贯一百九十文。　带办税课局商税课钞三百九十八锭一贯四百九十文。　门摊钞三锭四贯一百文。

清流县

夏税钞七十八锭三贯二百二十三文。　秋粮等米共五千一百四十六石四斗二升六合。　户口食盐米二千二百七十五石二斗八升。　农桑绢四匹。　酒醋课钞四十七锭八贯三百一十四文。　门摊钞一十七锭七百八十五文。　商税课钞八百五锭二贯六百文。　樊公会税钞二百六锭三贯五百文。

连城县

夏税钞一百一十八锭[2]四贯一百一十五文。　秋粮等米七千六百九十七石[3]三斗一升一合。　户口食盐米二千一百二十一石五斗六升。　农桑绢二匹[4]二丈八尺。　鱼课钞六十九锭七十二文。　周岁该办酒醋课钞二十七锭三贯七百二十文。　窑冶课钞三十五锭二贯六十文。　房地赁钞一锭八百八十文。　系官房屋赁钞二锭四贯八百六十二文。　茶课钞一锭三贯五百五十文。　带管税课局商税课钞五百六锭四贯五百文。　门摊课钞二十锭二贯。　契本工墨钞八百文。

归化县

夏税钞一百五十锭一贯四百七十七文。　秋粮等米九千七百三十石二斗八升三勺。　户口食盐米二千九十九石四斗。

鱼课米六十七石八斗二合。 **农桑绢**七匹。 **酒醋等课钞**四十锭一贯三百一十六文。 **商税课钞**三十一锭一贯一十二文。

永定县

夏税钞八十八锭一贯。 **秋粮等米**五千八百五十六石五升二合。 **户口食盐米**九百三十八石[5]二斗四升。 **农桑丝**七两二钱。 **官房地赁钞**六贯[6]八百六十七文。 **酒醋茶课钞**二十七锭一贯七百七十五文。[7] **门摊契本税契钞**八十五锭。 **商税钞**四百六十锭一贯[8]。 **桃李柿树钞**一贯九百九十二文。

延平府

〔宋〕

产钱　夏秋税钱　夏秋料役钱　秋粮租米折价钱　夏税木炭秆草麦钱　秋税油麻粟[9]豆钱　商税钱　酒店户钱共一十二万六千七百九十四贯二百二十四文。 **苗米**四万一千六百四十四石四斗有奇。(以上将乐、尤溪、沙、顺昌四县总数,南平一县无考。)

〔元〕

产钱二百八十五锭[10]六十贯一百八十七文,尤溪、沙、顺昌三县总数,南平、将乐二县无考。 **秋粮正耗水脚**共米五万九千四百六十九石有奇,将乐、尤溪、沙、顺昌四县总数,南平一县无考。

〔国朝〕

铁课三十七万四千二百二十八斤[11]。

南平县

夏税钞二百三十二锭三贯五百九十文。　**秋粮等米**一万六千二百九石有奇。　**户口食盐米**四千二百九十四石九斗四升。　**鱼课米**二千三百二十八石一斗五合九勺，闰月加米二百六十九石有奇。　**农桑绢**二十九匹一丈三尺四寸五分。　**岁办铸泻课钞**一十七锭一百五十文。　**窑冶课钞**一十四锭。　**系官房屋租钞**五十二锭六百四十文。　**房地赁钞**五锭一贯五百九十文。　**茶课钞**七百四锭二百文。　**茶引油钞**一十三锭三贯。　**本县所属西芹等税课局周岁实征商税课钞**五千五百四十七锭五百五十八文。　**契本工墨钞**二锭一贯二百文。　**门摊课钞**一千九百八十一锭一贯一百四十文。　**窑冶课钞**二十三锭三贯一百四十文。　**税契课钞**一百九十五锭一贯三百文。　**水碓磨课钞**八十八锭二贯二百三十文。　**曲糖课钞**一百八十五锭六百五十文。　**酒醋课钞**一百九十九锭四百四十文。　**鱼课钞**一十一锭一贯八百六十文。

将乐县

夏税钞一百八十五锭一贯八十八文。　**秋粮等米**一万一千七百四十八石八斗八升。　**户口食盐米**二千五百五十九石六斗。　**鱼课米**七百七石八斗六升，闰月加米五十石有奇。　**农桑绢**三十二匹[12]一丈。　**周岁实征铸泻课钞**一锭二百八十文。　房地赁钞六锭七百九十九文。　系官房屋租钞三十锭九百二十二文。　牛租钞二十三锭四贯九百七十文。　茶课钞一十八锭三贯四百四十一文。　茶引油钞一十四锭二贯四百六十四文。　酒醋课钞一百五锭一贯四百一十九文。　本县税课局并万安税课局周岁商税课钞三千二百二十四锭二贯二百九十文。　门摊课钞二千九百八十八锭六百文。　税契课钞二百四十三锭二贯三十文。　契本工墨钞二锭三贯九百文。　窑冶课钞四十二锭三贯九百三十文。　曲糖课钞二十六锭四百八十文。

尤溪县

夏税秋租钞二百一十八锭四贯四百一十八文。　秋粮等米一万五千五百二十二石四斗九升四合一勺。　户口食盐米三千四百七十四石五斗六升。　鱼课米四百八十八石三斗四合八勺，闰月加米四十□石有奇[13]。　周岁铸泻课钞二锭三贯二百四十文。　牛租钞二十锭。　系官房屋租钞一十七锭二贯二百二十九文。　房地赁钞六锭三贯九百二十文。　黑锡粉课钞三锭一贯四百文。　茶课钞二十五锭一贯二百六十文。　茶引油钞一十八锭二贯。　比附亏免课钞二十锭二贯六百八十文。　税课局周岁课钞一千三百三十七锭[14]三贯六百一十文。　门摊课钞九百八十三锭二贯六百文。　窑冶课钞三十锭二贯。　税契课钞七十五锭二贯三十文。　契本工墨钞一锭六百四十文。　西瓜课钞五锭四百文。　曲糖课钞一十六锭一贯九百文。　酒醋课钞五十六锭一贯八百四十文。

沙县

夏税钞二百六十二锭五贯四十文。　**秋粮米**一万七千八十九石八斗五升六合二勺。　**户口食盐米**五千六百六十二石九斗六升。　**鱼课米**四千二百六十二石一斗，闰月加米三百五十五石有奇。　**农桑绢**二十四匹[15]一丈五尺三寸。　**周岁铸泻课钞**三锭三贯五百三十二文四分七厘。　**酒醋课钞**一百五锭五百四十一文二分。　**房地赁钞**一十五锭四贯八百九十六文五分。　**系官房屋租钞**六十九锭一贯五十八文三分三厘。　**茶课钞**二十锭七百三十一文九分四厘。　**茶引油课钞**一十一锭[16]三贯二百七十六文四分八厘。　**税课局商税课钞**四千九百二十锭七十文。　**门摊课钞**二千四百五十九锭二贯六百文。　**税契课钞**四百六十八锭一贯一百文。　**契本工墨钞**三锭一贯。　**窑冶课钞**九十三锭三贯二百四十文。　**西瓜莲蓬菱角课钞**七锭三百八十文。　**曲糖课钞**五十锭三贯五百文。

顺昌县

夏税钞一百三十九锭六贯二十文。　**秋粮等米**一万六千八十七石六斗九合四勺。　**户口食盐米**一千二百八十石五斗。　**鱼课米**八百三十一石六斗六升，闰月加米六十九石有奇。　**农桑绢**二十六匹二丈三尺。　**岁征铸泻课钞**二锭。　**系官房屋租钞**六锭二百八十文。　**房地赁钞**三锭二贯二百八十文。　**窑冶课钞**四贯五百文。　**没官水碓磨课钞**二锭一贯六百八十文。　**茶课钞**一十五锭一贯六百七十文。　**茶引油课钞**一十六锭四贯。　**税课局商税课钞**一千二百三十八锭二贯二百六十文。 **门摊课钞**一千一百二十四锭二贯。 **窑冶课钞**一十二锭二百文。 **曲课钞**三锭一贯。 **水碓磨课钞**一百一十一锭四贯四百八十文。 **税契课钞**二百二十一锭四百文。 **契本工墨钞**一锭一贯四百文。 **通天神会课钞**二十三锭三贯二百文。 **酒醋课钞**三十六锭一贯四百四十四文。

永安县

夏税钞一百二十七锭八百五十六文。 **秋粮米**七千九百一十八石六斗一升三合七勺。 **户口食盐米**三千四百二十八石九斗二升。 **鱼课米**一千五百三十五石五斗六升九合二勺，闰月加米一百二十八石有奇。 **农桑绢**一十五匹七尺七寸五分。 **周岁实征铸泻课钞**二锭二百文。 **系官房屋租钞**三十三锭一贯八百六十文。 **窑冶课钞**四贯七十一文。 **茶课钞**一十一锭二百文。 **茶引油课钞**六锭一贯。 **房地赁钞**九锭一贯三百一十文。 **酒醋课钞**五十四锭一百文。**铁课**一万二千八百一十七斤[17]。

邵武府

〔宋〕

咸淳间夏税钱五万一千六百四贯九百七十二文。 **苗税米**[18]二万七千三十四石四斗。(以上本府所辖四县总数。)

〔元〕

苗税米[19]三千八百三十六石五十二升二合。此建宁一县总数，邵武、泰宁、光泽三县无考。

〔国朝〕

铁课一万九千三百九十一斤。

邵武县

夏税钞三百五十二锭四十三文。　**秋粮等米**三万一百八十五石[20]一斗四升一合三勺。　**户口食盐米**四千二百五十七石有奇。　**鱼课米**九百五十一石四斗三升，闰月加米七十九石有奇。　**农桑绢**九匹一丈二尺七寸。　**周岁实征酒醋课钞**一百七十二锭九百六十文。　**系官房屋赁钞**二十六锭二贯五百八十九文。　**房地赁钞**八锭四贯六十文。　**窑冶课钞**七十一锭二贯一百一十文。　**水碓磨钞**二十八锭六贯六百八十文。　**铸泻课钞**四贯三百四十文。　**茶课钞**一十九锭三贯三百四十一文。　**茶引油课钞**二十四锭四贯。　**本县税课局并拿口税务局周岁商税课钞**二千一百八十四锭三十文。　**契本课钞**二贯。　**门摊课钞**八百八十七锭三贯八百文。

泰宁县

夏税钞一百锭八百二十九文。　**秋粮等米**七千六百七十八石三斗七升九合。　**户口食盐米**一千九百六十四石有奇。　**鱼课米**一百四十五石七斗六升七合，闰月加米一十二石有奇。　**农桑绢**五匹九尺。　**周岁实征酒醋课钞**二十锭八百文。　**房屋赁钞**四贯三百六十文。　**房地赁钞**一贯六百八十文。　**窑冶课钞**二十二锭三贯六百八十文。　**水碓磨课钞**八锭四贯。　**茶课钞**四锭二百文。　**茶引油钞**一十七锭三贯二百文。　**税课局周岁商税课钞**五百八十锭三贯八百八十文。门摊课钞六百二十一锭三贯。契本工墨钞一锭一贯。

建宁县

夏税钞二百四十八锭四贯三百四十七文。秋粮等米一万一千二百九十九石七斗五升九合四勺。户口食盐米一千五百五十八石有奇。鱼课米八十一石九斗三升六合，闰月加米一十二石。农桑绢一十四匹三尺三寸。周岁实征窑冶课钞一十六锭五百文。酒醋课钞四锭三贯八百文。房屋赁钞一十四锭一贯九百八十文。房地赁钞一百六十文。茶课钞五锭七百八十文。茶引油课钞一十三锭三贯四百文。税课局周岁实征商税课钞七百一十六锭一贯三百文。契本工墨课钞一锭一贯。门摊课钞五百六十八锭二百文。

光泽县

夏税钞二百五十锭九百九十二文。秋粮等米一万二千九百七十六石有奇。户口食盐米一千九百一十二石有奇。鱼课米二百五十四石七斗三升一合六勺，闰月加米二十一石有奇。农桑绢五匹一丈三尺五分。周岁实征房屋赁钞一锭一贯九百文。房地赁钞二锭八百六十文。茶课钞一十锭三贯六百六十文。窑冶课钞三锭三贯三百五十文。茶引油钞一十一锭。牛租赁钞二十六锭一贯二百五十文。税课局周岁实征商税课钞六百九十锭三贯九百文。门摊课钞四百八十九锭二贯四百文。契本工墨钞三锭一贯。酒醋课钞六锭八十文。过山税钞四千七百锭三贯五百文。

兴化府

〔宋〕

夏税四色钱正钱、布钱、折麦钱、折草钱。　免役夏秋二料钱　官户不该免役钱　僧道免役钱　产盐钱　丁米钱　小米折价钱　都税务额钱　转运司岁给并大礼年分增给钱　春冬衣赐钱　经总制钱无额钱[21]　盐本钱　兴化军学诸色钱　莆田县学每年贴养士钱共二十八万六千九百八十七贯三百九十八文。　秋税苗米官庄米　兴化军学白米　兴化县学粮米共七万三千七百五十九石八斗有奇。建炎三年，因盗起，拨本军米二万五百石，纳于福州，以应军期急用，后遂为定例，谓之犹剩米。隆兴间，知军事张允蹈奏蠲一半。乾道间，知军事钟离松再请全免。

〔国朝〕

莆田县

夏税钞五百八十二锭三贯四百七十二文。　秋粮米四万八千二百二十石三斗七升四合。　户口食盐米一万一千八百三十三石六斗八升。　鱼课米二千五百八十石五斗七升五合。　翎毛二万五千八百一十根[22]。　鱼鳔八十二斤[23]一两二钱五分。　正办本县税课局商税课钞二千七百五十锭一贯五百九十文。　门摊钞三百六十七锭八百六十文[24]。　窑冶钞七十一锭八百六十文。　契本工墨本色钞一锭三贯八百文。　酒醋钞四百七十锭二贯三百五十文。　铸泻钞一锭四贯七百六十文。 系官房屋租钞二百二十锭三贯一百七十二文。 房屋赁钞四锭三贯七百二十文。 茶课钞四十七锭二贯九百五十文。 茶引油钞二十九锭。 带办黄石税课局商税课钞一千六十八锭。 门摊钞二百七十四锭二贯四百二十文。 窑冶钞一百五十一锭三贯六百八十文。 契本工墨钞一锭二贯二百文。

仙游县

夏税钞二百四十六锭[25]三贯二百九十五文。 秋粮等米一万八千九百五十一石有奇[26]。 户口食盐米一千六十三石有奇。 鱼课米一百一十七石二斗六升四合,闰月加米九石七斗有奇。 岁办商税课钞三十三锭[27]三贯三百六十文。 窑冶课钞六锭四贯。 契本工墨课钞一贯一百二十文。 酒醋课钞七十一锭一贯四百五十文。 铸泻课钞一锭三贯四百五十文。 系官房屋租钞七锭三贯二十文。 房地赁钞一锭二贯六百三十六文。 茶课钞七锭一贯七百四十文。 茶引油钞二十二锭四贯。 带办税课局周岁实征商税课钞二千四百七十一锭四贯五百七十文。 门摊课钞四百一十八锭一贯三百文。 窑冶课钞一十九锭一贯七百二十文。 契本工墨钞四贯八百文。

福宁州

〔宋〕

夏税产钱一千一百贯[28]九百二十九文。 秋税苗米一万五千一百五十六石[29]二斗有奇。(以上本州并宁德县总数。)

〔元〕

夏税秋税钞一百六十九锭一十九两四分，此宁德县总数，本州及福安县无考。　**粮米**一万五千一百五十六石二斗三升五合。此本州并宁德、福安二县总数。

〔国朝〕

本州

夏税钞一百六十八锭二贯八百五十七文。　**秋粮等米**一万一千八百六十三石四斗二升五合六勺。　**户口食盐米**一千三百九十三石六斗。　**鱼课米**五百九十五石八斗七升，闰月加米四十九石有奇。　**农桑绢**二匹余，丝十四两。　**商税门摊等课钞**二千六十四锭一贯五百三十七文。　**银课**原额七百七十六两，今加增一千一百七十二两。　**铁课**三千二百三十七斤。

宁德县

夏税钞一百二十五锭四贯七百八十四文。　**秋粮等米**一万六十九石一斗五升二合。　**鱼课米**二百九十八石五斗六升，闰月加米二十四石有奇。　**户口食盐米**一千七百石七斗六升。

农桑绢四匹余，丝一十两七钱一分。　**土苎**六十五斤一十三两一钱六分。　**商税门摊等钞**一百三十三锭一贯一百文。

银课五千九百两。　**铁课钢铁**一千七百五十二斤一十两。

荒铁一千五百八十四斤一十两。

福安县

夏税钞九十四锭六百七十五文。 **秋粮米**六千五百六十三石五斗五升三合七勺。 **户口食盐米**二千二百六十石七斗二升。 **鱼课米**八十三石五斗,闰月加米六石有奇。 **农桑绢**五匹一丈一尺。 **商税门摊等钞**一千九百七十四锭三贯八百九十五文。 **银课**原额三千六百两,今加增一千七百五十一两。

土　田

福州府

〔宋〕

垦田、官庄田、职田、赡学田、园山地、池塘、陂堰、林坂埕并续增田园沙州田共一十万六千二百四十二顷二十一亩有奇。 **房廊屋**六十八间。 **屋地基**三十一所。

〔元〕

计拨民田、官庄田、职田、赡学田、续置田并园林、山地、池塘、溪滩、土埕共四千八百二十九顷八十二亩有奇,并五十三段二截草洲一处,水泱二十步,水圳三十二步,屋二十五间,白地并园一百三十五户。按《三山续志》:"郡自混一以来,未尝经界,若田、若园,岁有计拨顷亩。"注云:"有司具年科官民租粮田土数目申省，谓之计拨。”

〔国朝〕

闽县

官民田园池地山三千二百八十九顷[30]九十三亩二分九厘。

侯官县

官民田园池塘湖地山四千四十顷[31]一十二亩九分五厘。

怀安县

官民田园池地山二千一百五十三顷[32]一十亩六分二厘。

长乐县

官民田地二千二百八十四顷[33]九十八亩五厘。

连江县

官民田园池塘地山一千五百九十九顷七十一亩五分。

福清县

官民田地五千五百六十九顷[34]二十亩六厘。

古田县

官民田园地池二千四百五十八顷三十亩三厘。

永福县

官民田园山塘地七百四十七顷[35]六十三亩八分四厘。

闽清县

官民田园地山一千三百五十七顷[36]二十七亩二分三厘。

罗源县

官民田地池塘山一千三百一十三顷[37]六十一亩三分，内新垦民田地一十亩七分。

建宁府

〔国朝〕

建宁县[38]

官民田地山塘四千八百四顷九十八亩一分三厘。

瓯宁县

官民田地山塘三千六百二顷九十五亩七分八厘。

浦城县

官民田地山塘一万五千六顷[39]三亩六厘七毫。

建阳县

官民田地山塘六千一百四十顷二十亩一分四厘六毫。

松溪县

官民田地山塘一千五百五十九顷六十一亩三分七厘六毫。

崇安县

官民田地山塘三千六百五十九顷一十七亩四分六厘。

政和县

官民田地山塘园一千一百五十八顷五十六亩。

寿宁县

官民田地山塘园三百七十三顷[40]七十七亩七分八厘。

泉州府

〔国朝〕

晋江县

官民田地山荡四千二百四十二顷[41]三亩六厘。

南安县

官民田地山塘荡三千六百九顷五十七亩七厘。

同安县

官民田地山荡二千五百八十八顷[42]一十二亩二分三厘二毫。

德化县

官民田地山林一千五十五顷[43]九十三亩五分四厘。

永春县

官民田地山塘荡一千六百三十一顷[44]六十三亩八分。

安溪县

官民田地山塘一千二百九十一顷[45]七十五亩五分。

惠安县

官民田地山林塘二千四百五十二顷[46]四十二亩二分七厘。

漳州府

〔国朝〕

龙溪县

官民田地山塘蛏埕三千八百六十九顷[47]七十六亩七分五厘，内圆眼树一十株。

漳浦县

官民田地山塘二千五百九十四顷[48]一十七亩八厘，内圆眼树八株。

龙岩县

官民田地塘并水车基折田一千六百五十六顷二十四亩

六分七厘。

长泰县

官民田地塘溪潭山一千四百一十二顷[49]三十九亩八分四厘。

南靖县

官民田地山塘一千八百九十七顷[50]四十一亩五分五厘。

漳平县

官民田地塘九百四十二顷七十七亩五分三厘。

汀州府

〔国朝〕

长汀县

官民田地塘山三千九百二十一顷[51]三亩一分。

宁化县

官民田地山塘二千二百九十六顷五十八亩七分。

上杭县

官民田地山塘一千八百一十九顷[52]九十九亩。

武平县

官民田地塘山一千二百六十三顷四十亩二分五厘。

清流县

官民田地塘八百七十三顷[53]八十三亩六厘。

连城县

官民田地塘山一千三百一十一顷八十二亩四分。

归化县

官民田地塘山一千五百八十顷[54]八十七亩六分四厘。

永定县

官民田地塘山九百七十九顷五十三亩七分。

延平府

〔国朝〕

南平县

官民田地山塘园二千二百三十五顷[55]五十八亩五分五厘三毫。

将乐县

官民田塘一千七百八十七顷三十五亩九分九厘三毫。

尤溪县

官民田地园池并额外废寺基地二千四百六十一顷三十

八亩五分。

沙县

官民田地山园池二千二百九十三顷三十九亩八分三厘二毫。

顺昌县

官民田地园塘一千六百七十四顷三十亩五分。

永安县

官民田地山园池九百五十四顷一十三亩一分四厘五毫。

邵武府

〔国朝〕

邵武县

官民田地塘四千九百五顷[56]三十九亩四分一厘。

泰宁县

官民田地塘一千三百四顷四十八亩八分。

建宁县

官民田地塘一千九百三十九顷二十八亩六分。

光泽县

官民田地塘二千一十八顷五十九亩五分。

兴化府

〔国朝〕

莆田县

官民田地山九千一十四顷[57]一十一亩。

仙游县

官民田地山四千六百八十九顷[58]三分四厘。

福宁州

〔宋〕

民寺观田园地共一万八千九百五十三顷六十四亩有奇，此本州并宁德县总数。

〔元〕

官民田地池塘四千三十四顷八十九亩三分四厘七毫，此本州并宁德、福安二县总数。

〔国朝〕

本州

官民田园地山二千一百五十四顷一十一亩九分。

宁德县

官民田地山溪港一千七百四十八顷八十八亩五分一厘。

福安县

官民田园池塘等一千二百三十四顷七十七亩七分七厘。

水　利

福州府

闽县

按《三山志》:"宋嘉祐二年,郡守蔡襄命三县疏导渠浦,知连江县权闽县事朱定开浚负城河浦百七十六,计二万一千九百七十四丈[59],均用民力,凡八万九千,溉田三千六百余顷。"

石浦桥浦接崇贤里界至台头长八百二十丈。　石浦桥里第一小港至牛路浦长二百三十丈。　第二小港浦长七十三丈。　无量寿院前第三港浦长四百二丈。　第四小港至岳前浦长四十丈。　宝月院前浦长三百一十丈。　宝月院前洋中湖塘长一百五丈。　统军塘浦长一百五十丈。　中间接曲浦长五十五丈。　圳乾浦长一百三十丈。　塘尾浦长一百二十丈。　湖塘浦五段一桥外瑞至里,长十丈,一桥由长七丈[60]二段共长四十丈,一段长十六丈。　林娘塘长四十五丈。　西塘长二十丈。　宝月油车浦道头及小浦七条一长五丈，一长四丈，一长五丈三尺，一长二丈[61]，一长一丈，一长三丈。 林大博车头长二十一丈。 牛路口车头并圳五条长十六丈。 浦西圳长四十丈。 浦东圳长二十五丈五尺，一圳[62]长十四丈，大圳长三十丈。 大浦畔圳长二十五丈。 叶岩墙角圳[63]长二十三丈。 统军塘地圳长十六丈。 岳边洋中圳长三丈。 岳边大圳长十五丈。 岳边圳长三十一丈。 塘尾金家车头长九尺。 古山圳长三十五丈。 王家车头长八丈。 东浦尾吴胜官车头长三十五丈。 郑家车头长二十丈。（上三十一所在易俗里。） 南塘浦长一百五丈。 塘浦长二百三十丈。 潘洋浦长九百五十丈。 前洋浦北面长二百五十丈。 小桥浦长七十丈。 前洋浦北薛陈车头[64]长三丈五尺。 前洋车头长四十丈。 陈稔车头长十一丈。 车口车头长十二丈。 宝月车头长一丈五尺。 王宝车头长四丈。 四石车头长十二丈。 陈兴车头长三丈。 潘洋浦及塘头车头长十九丈。 茆舍前车头长五丈。 经院车头长十二丈。 李宗车头长十六丈。 任日新车头长一丈五尺。 陈保陈元宗车头长八丈。 孙九车头长六丈。 黄赀车头长五丈。 张石保车头长六丈。 小桥浦车头林賨车头长二丈。 经院车头长三丈。 陈□[65]车头长八丈。 经院田下土草湖三车头长一丈五尺。 西浦尾周忻车头长十一丈。（上二十七所在瑞圣里。） 怀安界上浦长四百四十丈。 汤洋王志□车头[66]长三十四丈。 陈司徒等车头长十八丈。（上三所在孝义里。） 叶屿古下浦长六百四十丈。 湖西浦长三百三十丈。 湖塘浦长一百二十丈。 南塘浦长二百一十丈。 湖井浦长一百三十丈。 林都衙小插浦长二百一十丈。 吴

□□石小浦[67]长七十丈。　圳尾插浦长五十丈。　湖塘浦长二十丈。　王纮车头长十二丈。　陈阔车头长七丈[68]。　弥勒车头长三丈。　商伴兄车头长一丈八尺。　庆观车头长六丈。　陈胜车头长八丈。　大乘□车头长二丈。　张足等车头长二丈七尺。　郑八车头长二丈八尺。　□□乘车头[69]长四丈。　陈哥洗车头长一丈五尺。　□□车头长十尺。　赵转车头长三丈。　许清等车头长□丈五尺[70]。　陈后车头长一丈五尺。　大乘弥勒车头长□丈。（上二十五所在桑溪里。）　桥外方家前小浦　□□龙浦（上二浦各长二百丈。）　郑娇小浦[71]　西南屈曲小浦长一百五十丈。　康山小浦长二百五十丈。　湖浦南面长二百一十丈。　潘浦长二丈。　镜浦长一百□十丈。　□尾浦长二百一十丈。　桥里小插浦长六十一尺。　东岳塘长一百四十丈。　郑礤小浦长九十七丈。　阮塘长一丈。　浦东礤内小浦长四十八丈。　方家门前□浦[72]长四十丈。　吴宅浦长二百丈。　邻塘浦长二百五十丈。　□平车头[73]长一百七十丈。　蒋乖浦长三百丈。　郑坂浦长□□丈[74]。　郑五车头长八丈。　瓦埕车头长二十丈[75]。　林家车头长七丈五尺。　李家车头长八十丈。　林师车头长十丈二尺。（以上二十五所在归善里。）　师姑浦长一百四十丈。　官塘浦长一百七十五丈。　东岳至牛头桥浦长二百二十丈。　西塘浦长一百三十丈。　塘尾浦长五十八丈。　报慈浦长二百丈。　前塘浦长七十丈。　龙舌浦长八十丈。　高弧浦长三十丈。　高家浦长一百一十丈。　高家田浦长二十七丈。　薛宅前浦长二十七丈。　报慈浦口大浦长一百丈[76]。　东坂浦长九十丈。　长腹浦长四十丈，（上十五所在古山里。) 象村官塘长七百余丈,溉田五十二顷。 猴屿官塘上屿长四十丈,中港并下屿俱长三十丈,溉田二顷余。 蒜村石泉庄塘长十三丈,溉田仅四顷。(上三所在江左里。旧志在合浦南里。) 翁崎石村官塘东西计七百余丈,溉田十七顷余。 大孟官塘长九百五十丈,溉田十三顷余[77]。 浩溪陈塘长十三丈,潴雨水,溉田一顷余(上三所在江右里。旧志在合浦北里[78]。) 童续洲赡学塘长八十丈,溉田五十亩。 王峬翁塘长三百丈,溉田一顷半。 后屿清福塘长二十丈,溉田六亩。 上湾王塘长七百余丈,溉田七百亩。 白岩陈塘长二百丈,溉田二顷。 良陀林塘长四十丈,潴雨水,溉田五十亩。(上六所在嘉登里。旧志在海畔里。通上九里,凡一百三十八所,俱府城东。) 王中臣浦长二十七丈。 康山浦长六十丈。 白塔浦长一百九十丈。 远南门外水闸边小浦长四百丈。 五龙堂后浦长三百丈。 郑庙边小浦及车头长五十五丈。 后陈南面小浦及车头长一百二十丈[79]。 北面及车头长五十五丈。 王冢小浦及车头长一百二十丈。 王中臣小浦及车头长二十二丈。 羊官路南小浦及车头长三十八丈。 白塔头小浦及车头长十五丈。(上十二所在高惠里。) 洋车路口小浦长三百丈。 资福院前浦长二百五十四丈。 石步头浦至太平寺基庙前分二浦共长一千三百丈。 吉祥庵前浦长四百九十丈。 薛埒重浦长一百五十六丈。 钱塘抵侯官界浦长三百五十丈。 马头抵侯官界浦长八百丈。(上九所在嘉崇里。通上二里,凡二十一所,俱府城南。) 康山浦长九百五十丈。 镙港边浦长七十丈。 石浦桥浦长一百六十丈。 西石浦小桥浦[80]长四百丈。 后王浦长七十丈。 后浦长六百七十丈。 汤门外浦长七十丈。　茶焙浦长三百一十一丈。　石浦南浦长八十丈。　官河北头小浦长九十丈。　南头小浦长二十丈。　税务前浦长一百三十丈。　茶焙浦车头长三十二丈。　第二小车头长五十丈。　后浦四石车头长四十丈。　古山车头长四十八丈。　石浦小桥车头长四十丈。　康山浦车头长九十五丈。　又车头长三十丈。　城外官河长六百十八丈。（上二十所俱在府城东南崇贤里。）　东崎岊溪二水闸积水以溉民田。　浩溪水闸旧创以御海潮，溉民田千有余亩，乡人梁堂重修。　龙塘水闸在孟溪，溉田四十余顷。（上四水闸在府城东合北里。）　海堤按唐志，在县东五里。太和三年，县令李茸筑。初每岁六月，潮水咸卤，禾苗多死，堤成，潴溪水植稻，其地三百户皆良田。

侯官县

按《三山志》："宋嘉祐二年，蔡襄命疏导渠六十九，延袤百二十五里，田主以四分，佃户以六分，开浚偕盘水利者亦四分助之，仍令民以时修治，不用命者有罚。"

白灶浦长二百十四丈五尺。　报恩院前浦长九百八十丈。林野庄前浦　高宅前浦（上二浦俱长一百八十三丈九尺。）　大王小浦长一百五十七丈四尺。　林周园下浦长四十八丈。　末山浦长六十丈。　新桥头[81]长一百丈。　赵宅前浦长一百四十八丈八尺。　曾家桥浦长二百八十丈。石山浦长一百二十丈八尺。　南浦长二百丈。　桥亭小浦长一百二十二丈四尺。旧俱属美宅里。　兴福院小浦长二百二十七丈三尺，旧属孝顺里。　山后大浦长八百八十八丈。高弄浦长四百二十丈。　钱塘王浦长九百三十丈。浦东属闽县。　王石堂小浦长一百七十五丈。　钱塘小浦长一百九十丈。　西桥南小浦长三十九丈。旧俱属正节里[82]。　石湖浦至报恩[83]前浦长一百十二丈。　王山西桥至石湖桥浦长一百七十二丈。　菱角塘浦长二百九十三丈[84]。　官塘浦长四百三十二丈[85]。　西禅塘浦长一百四十二丈。　末山院前小圳长九十六丈。　丘公官池长二百四十丈。　应真前小圳长二百四十二丈。　西禅前小圳长八十丈。旧俱属永钦里。　三会浦长一百四十二丈。　张家洋浦长一百七十六丈。　横圳长一百一十丈。　松帕洋浦长一百七十五丈[86]。　长定官池长一百七十七丈，旧俱属处仁里。（以上三十五所，俱在一都。）　湖塘浦长六百丈。　中浦长五百三十丈。　杨宅浦长三百二十丈。　五曹浦长五百一十丈。　翁宅浦长三十二丈。　宋塘浦长四十丈。旧俱属孝成里。　白灶浦长六百九十四丈。　赵宅浦至水陆塘浦，长三百八十五丈。　道浦二一长一百二十丈，一长九十丈。　邦浦长二百丈。　宋浦长六十丈。　五曹浦尾浦长八十丈[87]。旧俱属新安里。　洪塘浦长五百七十丈。　桥里浦长四百四十丈。　里洲塔前浦长四十丈四尺。　外洲浦长一百二十一丈。　后崎浦长七十丈。　窑头浦长六十丈。　庵头浦长六十九丈。　白叶崎浦长三十九丈。　馆前浦长六十七丈。

王简浦长六十丈。　林师浦长五十丈。　功德院浦至怀安界大章浦上二浦各长五十五丈，旧俱属永乐里。按《三山志》："自石岊石而东，经躄渎至柳桥，俱通舟楫，贞元十一年，观察使王翃开。县西南五里有湖二百四十步，与西湖通，今柳桥是也。"　牛墩浦长四百四十五丈五尺。　郑崎下浦长二百四十八丈。　张崎下浦长二百四十丈。　上浦长五十丈。　西

禅园浦长四十丈。　**翁前浦**　**墩头浦**(上二浦各长六十丈。)　**盐屿上浦**长三十丈,旧俱属方兴里。(以上三十三所俱在二都。)　**西湖**距府城三里,迤逦至城南,流接大壕,通南湖,蓄水以溉民田。伪闽时,周回十数里,筑室其上,号水晶宫。其后尽为民田。宋淳熙间,郡守赵汝愚奏请开浚,悉复其旧。宋陈俊卿诗:"凿开百顷碧溶溶,颖上钱塘仿佛同。杨柳两堤联绿荫,菱荷十里散香风。波承翠巘层层出,潮接新河处处通。舆诵载涂农事起,从今岁岁作年丰。"自宋至今,复淤塞殆尽,旱涝无所蓄泄,民以为患。相传此湖旧有山,越王无诸时,一夕飞往临海郡。一本云在府城西南,误。　**云澳池**在草市都马铺。《三山志》及县志,俱无此池,今依《三山续志》增入。(通上俱府城西。)

怀安县

东湖在府城东北二都。晋太守严高筑城时,与西湖同开凿,以泄雨涝。旧记周回二十余里。宋庆历中,渐塞为民田,而犹有湖,至淳熙间则尽为民田矣。今乡人犹有湖塍之号。《方舆胜览》云"在闽县西";《郡书一览》云"在闽县东",俱误。　**阳崎浦**长一十五里,其间又或散入小浦,八、九都民田皆仰溉此水。　**吴山浦**东去一十余里,十都民田仰溉此水。　**凤岗浦**溉七、八都民田。(上三浦俱通阳崎江潮。)　**泽苗浦**东去一十余里,至湖里,接浩溪之水,溉十一、十二都民田。　**廷泽浦**东去一十余里,接横溪之水,溉十二都民田。　**仙坂浦**东去二十余里,接浯溪之水,亦溉十二都民田。(上三浦皆通泽苗江潮。以上六浦,俱在府城南。按《本志》:"邑所辖地,西北依山,东南濒江。依山之田多高仰,濒江之田多崩陷,其尤甚者,西北一派,接壤芋源,稍值淫雨,则成巨浸,害田伤稼,其患有不可胜言者。故晋郡守严高,凿东西二湖以泄之。今东湖湮塞,而西湖亦浅狭,民所赖者惟水南六浦耳。其他民田，浦所不能通者，成化十七年，知府唐珣又督民浚渠潴水以备之。”又按《三山志》：“嘉祐二年，郡守蔡襄从乐游桥下开，沿城外抵汤门、琴亭、湖心，至北岭下去思桥北，出河尾船场，散入港北小浦、中浦、石泉、安国以北。知县樊纪复作桥十三，曰湿堙、塍北、小浦、中浦、湖心、琴亭、越塘、龙腰、后溪、桑畲、岭下、范溪、漱溪。”）

长乐县

按《三山志》：“长乐滨海，山浅而泉微，故潴防特多，大者为湖，次为陂，为圳，埕海而咸者为塘，次为堰，毋虑百五十余所。每岁蓄溪涧，虽不泄涓滴，亦不足用。必时雨滂澍，乃获均洽。及农事毕，则皆为无用之地矣。以是狡民或侵或清，民失其利。宋咸平、熙宁，屡有识者。建炎初，县令陈可大乃大修塘埕陂湖。乾通九年，县令徐谟复延耆老讲究水利，为斗门及湖塘陂堰百四所，溉田凡二千八十三顷。”

晋溪浦埭长三百五十丈，通淡潮横埭[88]，溉田种二百石。**河头浦埭**长三十丈，中置闸，溉田三顷[89]。（上二所，在县西宾贤里。） **福湖**俗呼北湖。 **嘉禾大石新城屯四堰合为一**长一千九百八十丈，溉田种四百石。 **横屿湖**周三百一十丈，四窦，沟长一千九百丈[90]，溉田种千余石。（上三所在建兴里。）**镜石河师新三堰合为一**[91]长二百丈，溉田十顷。 **晋塘斗门**泄桃阮自龙潭等水入演江。旧志无此斗门，今依县志增入。（上二所在清平里。） **新田陂**长六十丈，溉田种四十石。 **灌洋陂**长一百一十丈，溉田种一百三十石。（上二陂俱食童溪水。）**湖前陂**长三百丈，溉田种四百石。 **丘溪**食童溪水，长二百一十丈，溉田种三百五十石[92]。（上四所在灵石里。） **大塘**跨昆由、敦素、崇贤、同荣四里。大斗门二，知县徐谈筑。基方广二十余丈，两旁抵海，长一千五十丈。沟港共长三千七百丈，潴福清界水，溉田种千石。按《三山志》所载如此，而县志亦有“大塘”，注云：“昔县令李茸谕民筑堤，沿海三万六千余步。以御咸潮，或时冲溃。皇祐中，县令吴仲举、县尉曹元振，俾民高大其址，引同荣、昆由等里大溪之水溉田，余泽以旁及崇贤、敦素、清平十余里，民到如今受其赐。”二说不同，未详孰是。　**荻芦陂**长六十丈，圳长三百五十丈，潴高陂水，溉田种五百石。（上二所在昆由里[93]。）　**凌古塘**在逍遥里。周一百二十丈，二窦，圳长一百五十丈，溉田种六十石。　**金漆湖**湖近江，为飞沙填塞。　**章坂童溪陂**[94]长五百丈，塘一，圳二，溉田三十顷。　**东港**食新塘水，长一千五百丈，圳长八百丈[95]，溉田十顷。（上三所在良田里。）　**覆船洋**在敦素里。横沟、直沟可通潮，圳沟三，食大塘水，长二千二百三十丈[96]，溉田十顷。（通上七里，凡十六所，俱县南。）　**大圳等五浦**长九百丈，溉田四十余顷。　**米笼浦**长二百五十丈，溉田六顷。　**官塘浦**长一百一十丈，溉田五顷余。　**陈师浦**长一百丈，溉田一顷余。　**官丘等四浦**长一千七百二十丈。溉田六十六顷。　**王丘浦**长一百二十五丈，溉田五顷余。　**白灶浦**长五十丈，溉田三顷余。　**鳖石浦**长二十五丈，溉田一顷余。　**后角浦**长九十丈，溉田四顷余。　**银盏浦**长七十五丈，溉田八顷余。　**渡龙浦**长九十丈，溉田七顷余。　**坂塘浦**长三十五丈，溉田四顷余。　**官堰浦**长二百六十丈，溉田十顷。　**古塘浦**长一百五十丈，溉田六顷。　**师娘浦**长三十五丈，溉田四顷。　**浦口小浦**长七十五丈，溉田二顷。　**下笼坂浦**长五十丈，溉田三顷。　**桥头浦**长五十四丈，溉田七顷。　**蛎壳浦**长一百丈，溉田四十顷。　**笼臂浦**长三十五丈，溉田三顷。　**朱湖高浦**长二十丈，溉田三顷。　**延祥斗门**旧志不载，今依县志增入。（上二十二所在崇丘里。）　**东洋塘**长一千二百丈，御卤潮，潴雨水，子塘三，共长一千五百丈。沟一，长三百四十丈，横埭二，启闭以窦，溉田种三百石。 **西洋塘**长九百五十丈，有斗门溉田种九十六石。（上二塘今俗呼白芒坑东西塘。） **郑湖塘**泄水港，抵海，长二百丈，窦三，溉田种四百石。 **崔塘**有斗门，西抵海，埕长一千一百二十丈。 **崔塘洋沟**长一千二百五丈[97]，溉田八顷。 **郑湖**周二十丈，溉田三十亩。 **前塘**长二千余步。 **后崎塘**长一千余步。（上八所在弦歌里。按《三山志》有崔塘，而县志不载；县志有前塘及后崎塘，而《三山志》不载。疑古今废置之异，名号更改之殊，然不可考也。姑并志之，以俟知者。） **荻洋、王背大溪、中圳、刘背二溪**在招贤里，皆出自龙潭。圳五，共长一千九百一十丈，闸四，溉田种三十石。 **黄弄溪**长二百丈，陂长五十丈，溉田十二顷。 **溪口溪三坑**共长一千四百九十丈，溉田五顷。 **横圳**长九百丈，溉田五顷。（上三所在永胜里。） **桃坑湖**即桃枝湖也，东西一百三丈四尺，南北三百一十六丈五尺[98]，埕塍圳四派，溉田种千余石。伪闽时，势家私相转鬻为田。宋咸平间，民讼之，敕复为湖。熙宁间，又有侵耕之者。知县萧竑困括湖塘陂堰，簿而图之，择主领，立经界，培堤岸，碑于湖之旁。今周五百一十丈，为石斗门三，圳长二千三百余丈[99]，潴乾溪水溉田二十九顷跨逍遥清平二里，今俗呼南湖。 **沙坂后洋溪**长五百丈，入桃枝湖，溉田七顷。（上二所在进贤里。） **董塘**长二十六丈，食山泉，溉田五顷半。 **丞天沟**长六百八十丈，溉田七顷。 **韩塘沟**长六百丈，有小圳，潴横源溪水，溉田种七石。 **百石沟**在沙漠下。食宾间尾水，长六十丈，溉田七十亩。（上四所在和凤里。通上六里，凡四十一所，俱县东南。） **赵塘浦**长七十丈。 **芦荨浦**长四百丈。 **官塘浦**长二百五十丈。 **孤塘浦**长四十丈。 **九石浦**长三百丈。 **车下浦**长七十丈。 **新塘浦**长八十丈。

圳兑浦长二百丈。　**孤洲浦**长四百丈。(上九所在嵩平里。)　**石濑陂**长五百丈,溉田种七百石。　**古散陂**长七百一十丈,溉田种三千石。(上二所在同荣里,俱食龙潭水。)　**周陂**食章溪水,长一千丈,溉田种四百石。　**前曾塘**食龙潭水,长二百丈,口为石闸,御溪涨,尾为石涵[100],埕长一丈五尺,溉田种七十石。　**丁塘**食龙潭石濑陂水,长七百丈,溉田种三百石。(上三所在依福里。通上三里,凡十四所,俱县西南。)　**保丰塘横埭**长十丈,溉田种百石。　**岭口三塘**上塘长□十丈[101],下塘长三十丈,溪尾塘长二十丈,食大□大□二水,溉田一百四十石[102]。

金冬坑长四丈[103],溉田种十余石。　**倪塘**长四十丈,通严湖水尾,溉田种三十石。　**林简塘**食龙潭水,长六百五十丈,圳长二百五十丈,溉田种三百石。　**稠港**长一千一百丈,溉田千余顷。　**浦塘洋积水三港及圳**长二千六百四十丈,溉田三十六顷。　**潭头斗门**泄利刘云之水入海。旧志无此斗门,今依县志增入。(上十所在方安里。)　**严公湖**旧名严湖,在大宏里。陈长者严光,施田为之,周三千二百八十丈,潴大奢雨水[104],窦四,溉田四百五十顷,跨方安、敦化二里,今俗呼“西湖”。相传光之子恭,商贩维扬,尝市鼋五十而舍之。光家居,一日,有被黑衣者五十人,送钱五十千,曰:“君之子扬州所附还也。”及恭回,验之,实未尝有,乃悟赎鼋之报。遂舍宅为寺,田为湖。按旧志又云“湖起于唐宝应二年”,未知孰是。　**陈塘港**会七十二洋,水溢则开斗门,归弦歌里沟及林花沟渎入海。　**陈塘大官沟**跨和风、敦化、大宏三里,长三千二百丈,溉田二十顷。　**宾闾湖**唐天宝五年,仓曹林鹍于方乐、崇仁、和风三乡筑堤五处。复舍己田凿此湖,周一千二百丈,窦八,沟八,沟阔一丈二尺,溉田里氏田,凡七百余顷。因复开陈塘港,以泄三乡及西湖之水,而注之江。又奏请立石于炉峰皇恩寺,纪其限界,禁民不得侵傍湖余地为田,以妨水利。详载本湖规簿。今俗呼东湖。《三山志》又云：旧载上下湖，海风飞沙积而成之。　**上湖石塘**长一百二十丈，有斗门，溉田种七百石[105]。　**陈塘斗门**泄宾间上下湖及宏源溪水。旧志无此斗门，今依县志增入。（上五所在方乐里。）　**屈尺塘**在新开里。长一百五十丈，溉田种三十石。　**元祐港**宋元祐中，县令袁正规以十七都之田洼下，岁被淹没，遂开县尉卓某后山为港，以泄其水，抵陈塘港，西注之海。又凿寺簿林岊庄前之山为渠，直出漳港石梁，南注之江。民德之，因请名曰袁公港。正规辞曰，此天子之功也。遂名之曰元祐港。按县志所载如此，旧志但有元祐沟。注云：长千余丈，斗门一，溉田种七百石，而不言开创始末。疑即此港而异其名耳。　**东沟**唐仓曹林鹍凿湖开沟，潦则泄水归陈塘港，旱则潴水以溉民田，转流而东，至登贤官路而此。宋元祐中，县令袁正规开鹏程、卓塘、周庄各洋水路。一凿渠以通石梁锦桥，一凿卓岭及登贤官路，而接此沟，遂名龙津。旧志不载此沟，据县志增入。（上二所在崇仁里，通上五里凡二十所，俱县东北。）　**章港塘**在十五都。　**闾山塘**　**海路塘**（上二所在十四都。）　**南网塘**在十八都。按《三山志》及县志无上四塘。今依《三山续志》增入。县志又有刘山塘，而《三山志》及续志俱不载，疑即闾山塘也。　**卓岭港**在十七都。旧有港，自黄崎东入于海，为沙所壅，凡淹田数十顷。元祐间开港植草，培沙为堤，南自黄庭经牛山入于漳港，而卓岭亦有港泄水而西。厥后俱废。元大德元年，达鲁花赤□□浚卓岭港，经后屯、甘墩入陈塘港。然地势稍高，仅泄水三分之一，余田尚淹没云。此亦据续志增入。（通上五都，凡六所，俱县东南。）　**海堤**按唐志，距县十里。大和七年，县令李茸筑，立斗门十，以御海潮。旱则潴，雨则泄，旁皆成良田。按《三山志》云："唐武德六年，析闽置长乐。"则二邑也，而皆筑于茸之手，相距才四年；必是更宰，不然则摄也。

连江县

小桥塘　四模上下路塘疑即旧志四木洋横塘。　后坂王前塘疑即旧志五前塘。　毗吨后大渠塘疑即旧志龙卧院前塘。　毗吨塘旧志作皮屯。　双碑塘　县东大渠塘疑即旧志大渠塘。　赤炉洋塘　后榄塘　王早洋塘后塘　西林寺前塘疑旧志庵前堂。（上十一所，俱钦平下里。县志无小桥塘、双碑塘、赤炉洋塘，《三山志》又无后揽塘、王早洋塘、后塘、西林寺前塘，疑亦古今废置之殊，名号更改之异也。）　大背县志无此背。　圆塘（上二所在嘉贤上里。）　师子塘[106]　龙山茭湖至新塘　水苋塘　财溪背　王浦塘有斗门。（上五所在嘉贤下里。）　峡塘　水合塘　洗马塘旧志作池。　大小柘塘　松坞塘（上五所在崇德里。）　郑塘水圳　官圳　后塘圳　小涸溪　南般圳　乌烂塘（上六所在安德里。）　王孙塘　管渎二塘（上三所在保安里。）　桔木塘　土花塘（上二所在建兴里。）　横坑塘大潭背　刘舍塘　董舍前塘　外埕塘　孙圳　官田圳　浦头斗门（上八所在永贵里，旧志无此五塘，今依县志增入。通上八里凡四十二所，俱县东。）　县前塘抵浦口塘。　三脚塘　方崎里塘疑即旧志峰崎塘。　下塘疑即旧志峰崎下里塘。　四模洋塘疑即旧志四木洋下塘。

赤炉塘　双木黄塘　双木柴桥塘旧志有双木黄塘，又有双木莲塘，此塘未详的为河塘。　北禅小崎塘　兴庆前墥头五石塘疑即旧志五石塘。　黄贯塘　县前大渠塘　王塘小屿塘　浦下塘（上十四所在钦平上里。旧志无县前大渠塘、黄贯塘、王塘、小屿塘、浦下塘。县志又无三脚塘、北禅小崎塘，疑亦古今废置，名号更改之异也。）　王塘　乌石塘　刘家洞塘

罗喝塘　大门塘　括塘　括大塘　层屈塘　官路塘　猛浦塘（上十所在二贤里。旧志在钦平下里。）　古塘　林湖塘（上二所在清河里。旧志在光化里。）　张坂背　王宅背　炉冲背　古圳　小洄背　中圳背　前塘（上七所在光临里。旧志在临江里。）　溪西背　乌石背（上二所在安仁里[107]，县志无此二背。通上五里凡三十五所，俱县西）　塘圳埔　秦塘　牛圳　多爻塘　王塘有斗门。　龙泉圳　龙潭背旧志作溪。　荻芦岭圳　西桥圳　荐福塘　师姑塘旧志作浦。　西川圳旧志无此圳，今依县志增入。（上十二所，在县南新安里。）　东塘湖在钦平下里北野。旧志在进贤里。隋开皇十三年[108]，邑民林尧等舍田为湖，周二十里，溉七里民田四百余顷。岁久壅淤，奸民侵冒，几半为田。唐咸通初，县令刘逵奏复之，民为立祠，后令李扆为记。宋淳化初，县令鞠仲谋以木斗门易坏，更造以石，复梁而亭之。外造小桥六，小斗门七，又置田园，立斗门户，主其出纳，以备修葺。仲谋自为记。复奏降特敕，约束民间，四山野地，不许请佃，邑人亦为立祠。其后土民复渐次侵耕。至庆历初，县令陈某、汪某又相继复之。而乡人陈铸、林简复授资倡众，筑堤于湖之东西北三面，计一千四百余丈，立石柱一百二十，以表湖界。嘉祐初县令朱定、乾道间县令曾模皆增修之。淳熙间县令傅伯成、嘉定间县令陶武、淳祐间县令游义肃、咸淳间县令宋日隆俱尝修斗门。国朝洪武间，奸民复渐壅塞为田，几及半矣。水利寝废，民复以为患。　东塘溪背　洋门背　柴蛇背　神宫坂背　王坂背　东湾村背　纠泉背　神宫后背　南洋石滩背　石峡神宫背　郑门前坂背　溪柄翁前背　南山背　陈趣背　新洋背（上十五所，在进贤里。县志无此十五背。）　石峡背　大溪背　溪东背　凤山背　溪东大背（上五所在安义里，疑即今仁义里。县志无此五背。通上三里凡二十一所，俱县北。）高梁大塘有斗门。　湖探塘　壇桥堂有南北斗门。　官庄塘　陈舍后塘旧志舍作屋。　长浦塘　郑崎塘　城门塘　石桥塘　可塘　黄崎塘有斗门。　统军塘　水洋中圳　竹桥师姑圳　南塘圳　澄岩背　西泄背　演洋横坑　外塍塘斗门（上十九所，在县东南安庆里。）下廉塘　官桥塘（上二所，在县东北集政上里。）澄田背在县西北归仁里。

校　注

[1] 乾隆《上杭县志·版籍》作"一万二百七石"。

[2] 民国《连城县志·赋税》作"一百四十三锭"。

[3] 民国《连城县志·赋税》作"七千六百一十二石"。

[4] 乾隆《汀州府志·田赋》与本志同，县志则作"三匹"。

[5] 乾隆《永定县志·食货》作"九百四十四石"。

[6] 乾隆《永定县志·食货》作"三贯"。

[7] 乾隆《永定县志·食货》作"酒醋课钞一十四锭二百一十六文，茶课七百七十五文"。

[8] 乾隆《永定县志·食货》作"五百四十三锭一贯"。

[9] "栗"为"粟"之误。按嘉靖《延平府志·食货》作"秋税油麦粟豆"。

[10] 嘉靖《延平府志·食货》作"二百八十五锭"。

[11] 嘉靖《延平府志·食货》作"岁课铁三十四万八千三十斤"。

[12] 嘉靖《延平府志·食货》作"二十二匹"。

[13] 嘉靖《延平府志·食货》作"闰月加米四十石有奇"。

[14] 嘉靖《延平府志·食货》作"一千三百二十七锭"。

[15] 嘉靖《延平府志·食货》作"二十匹"。

[16] 嘉靖《延平府志·食货》作"十有七锭"。

[17] 嘉靖《延平府志·食货》作"九千八百斤"。

[18] 嘉靖《邵武府志·版籍》作“秋粮米”。

[19] 嘉靖《邵武府志·版籍》作“田税米”。

[20] 咸丰《邵武县志·田赋》作“二万九千九百六十七石”。

[21] 时经制总制二色钱以绍兴廿四年所收立为定额。至绍兴卅一年始虚增其额,因在额外,故谓总经制无额钱(见同治《兴化府志·户纪》)。

[22] 同治《兴化府志·户纪》作“二万四千九百根”。

[23] 同治《兴化府志·户纪》作“九十八斤”。

[24] 同治《兴化府志·户纪》作“三百六十七锭四贯”。

[25] 同治《兴化府志·户纪》作“二百六十锭”。

[26] 同治《兴化府志·户纪》作“一万八千九百四十四石”。

[27] 同治《兴化府志·户纪》作“三百三锭”。

[28] 同治《兴化府志·户纪》作“八千一百四十八贯”。

[29] 同治《兴化府志·户纪》作“一十一万一千二石”。

[30] 万历《福州府志·食货》作“三千三百三顷”。

[31] 万历《福州府志·食货》作“四千四十七顷”。

[32] 万历《福州府志·食货》作“二千二百顷”。

[33] 万历《福州府志·食货》作“二千三百四顷”。

[34] 万历《福州府志·食货》作“五千六百五十八顷”。

[35] 万历《福州府志·食货》作“七百五十三顷”。

[36] 万历《福州府志·食货》作“一千三百九十四顷”。

[37] 万历《福州府志·食货》作“一千三百一十六顷”。

[38] 据康熙《建安县志》载,明代宗景泰八年建宁府领县八,其中建安为附郭首县,清因之,与民国《建瓯县志》所载相同,“建宁县”宜改为“建安县”。

[39] 嘉靖《建宁府志·贡赋》弘治五年作“五千二百三十三顷”。

[40] 嘉靖《建宁府志·贡赋》作“三百八十八顷”。

[41] 万历《泉州府志·版籍》作“四千二百五十二顷”。

[42] 万历《泉州府志·版籍》作“二千五百九十六顷”。

[43] 万历《泉州府志·版籍》作“九百八十四顷”。

[44] 万历《泉州府志·版籍》作“一千三百三十六顷”。

[45] 万历《泉州府志·版籍》作“一千四百一顷”。

[46] 万历《泉州府志·版籍》作“二千四百六十九顷”。

［47］光绪《漳州府志·赋役》作“二千六百六十一顷”。

［48］光绪《漳州府志·赋役》作“一千六百七十一顷”。

［49］光绪《漳州府志·赋役》作“一千四百二十四顷”。

［50］光绪《漳州府志·赋役》作“一千六百三十四顷”。

［51］乾隆《汀州府志·田赋》作“三千九百二十二顷”。

［52］乾隆《汀州府志·田赋》作“一千八百二十顷”。

［53］乾隆《汀州府志·田赋》作“八百七十六顷”。

［54］乾隆《汀州府志·田赋》作“一千五百八十九顷”。

［55］嘉靖《延平府志·食货》作“二千二百三十六顷”。

［56］嘉靖《邵武府志·版籍》作“四千五百五顷”。

［57］同治《兴化府志·户纪》作“弘治五年为九千二十五顷”。

［58］同治《兴化府志·户纪》作“四千六百九十顷”。

［59］淳熙《三山志·版籍》载开淘负城河浦长为“二万一千九百七十六丈”。

［60］淳熙《三山志·版籍》作“一桥内长七丈……”，应从之。

［61］淳熙《三山志·版籍》作“二长二丈”。

［62］淳熙《三山志·版籍》作“小圳”。

［63］淳熙《三山志·版籍》作“华岩墙角圳”。

［64］淳熙《三山志·版籍》作“前洋浦北薛东车头”。

［65］据淳熙《三山志·版籍》应补“口”字。

［66］淳熙《三山志·版籍》作“汤洋壬志车头”。

［67］淳熙《三山志·版籍》作“吴石小埔”。

［68］淳熙《三山志·版籍》作“长一丈五尺”。

［69］淳熙《三山志·版籍》作“土乘车头”。

［70］淳熙《三山志·版籍》作“一丈五尺”。

［71］淳熙《三山志·版籍》云“长四十丈”。

［72］淳熙《三山志·版籍》作“方家门前浦”。

［73］淳熙《三山志·版籍》作“平车头”。

［74］淳熙《三山志·版籍》作“长一丈”。

［75］淳熙《三山志·版籍》作“长二十四丈”。

［76］淳熙《三山志·版籍》作“长一百一丈”。

［77］淳熙《三山志·版籍》作“四十三顷余”。

［78］淳熙《三山志·版籍》作“在嘉崇北里”。

［79］淳熙《三山志·版籍》作“长一百三十丈”。

［80］淳熙《三山志·版籍》作“西石小桥浦”。

［81］淳熙《三山志·版籍》作“新桥浦”。

［82］淳熙《三山志·版籍》作“属王节里”。

［83］淳熙《三山志·版籍》作“报恩祠”。

［84］淳熙《三山志·版籍》作“二百九十二丈”。

［85］淳熙《三山志·版籍》作“四百三十一丈”。

［86］淳熙《三山志·版籍》作“一百七十五丈”。

［87］淳熙《三山志·版籍》作“八百丈”。

［88］淳熙《三山志·版籍》作“溪湖横埭”。

［89］淳熙《三山志·版籍》作“溉田二顷”。

［90］淳熙《三山志·版籍》作“长六千九百丈”。

［91］淳熙《三山志·版籍》作“镜石何郎新三堰合为一”。

［92］淳熙《三山志·版籍》作“二百五十石”。

［93］淳熙《三山志·版籍》作“在毗田里”。

［94］淳熙《三山志·版籍》作“章坂章溪陂”。

［95］淳熙《三山志·版籍》作“八圳长八百丈”。

［96］淳熙《三山志·版籍》作“长一千二百三十丈”。

［97］淳熙《三山志·版籍》作“一千三百五十丈”。

［98］淳熙《三山志·版籍》作“南北三百六十一丈五尺”。

［99］淳熙《三山志·版籍》作“圳长二千二百余丈”。

［100］淳熙《三山志·版籍》作“口为石闸，御溪洪，尾为石齿”。

［101］淳熙《三山志·版籍》作“上塘长十丈”。

［102］淳熙《三山志·版籍》作“溉田种一百四十石”。

［103］淳熙《三山志·版籍》作“长九丈”。

［104］同治《长乐县志·水利》作“潴二刘、大畲二溪水”。

［105］淳熙《三山志·版籍》作“溉田种七百石”。

［106］淳熙《三山志·版籍》作“狮子塘”。

［107］淳熙《三山志·版籍》作“安定里”。

［108］淳熙《三山志·版籍》作“隋开皇十一年”。

八闽通志卷之二十二

食　货

水　利

福州府

福清县

东西塘在永东、永西里。县东西之水，分潴以备火患，后东塘民塞其中。宋淳熙三年民居火，乃易塘东民田，凿以广之，横经学门，以像泮水。　**琵琶槽**跨永东、新安二里。宋大中祥符间，士民并海筑埕。政和八年，饕风驾涛坏之。宣和三年重修，长二千余丈，溉田种三百余石，形如琵琶，故名。“新安”旧志作“新丰”。　**石塘陂**在文兴里。宋祥符中，知县郎简筑。并江为之，食河头水，溉田种五百余石。　**西陂塘**　**东陂塘**　**古龙陂**　**程溪陂**（上四所在方城里。）　**后塘**　**龙潭陂**　**建临陂**　**择善院前陂**　**东溪陂**（上五所在永宾里。）　**王洋塘**　**后塘**（上二所在方民里。旧志在方乐南里。通上五里九十二所俱县东。）

庆陂　**姚下陂**　**石蛇陂**　**万安陂**　**镜塘**　**后塘**　**戴塘**

旧志作“陂”。 王塘 姚塘 姚陂 冯陂[1] 上姚陂 后陈陂 姚陂[2] 黄陂(上十五所在清涵里。) 下洋陂 龙潭陂 潘兜陂 张洋陂 大洋陂 景洋陂 里后洋陂[3] 陂头陂 南陂旧志作“南坑”。 新洋陂 岭口陂 段平陂 长潭陂 北洋陂 龙溪陂 新洋 南洋陂 郭陂 龙溪 张陂 岭口陂县志无此陂。 师姑陂 程陂 新陂 董陂 吴陂 大莒陂 文殊陂 北湖 官陂 小陂 白叶丙南湖 简陂 游陂 下宅陂 郑马陇陂 大洋陂 溪西陂 周塍陂旧志作“周陂塍”。 磨陂 龙陂旧志此陂在新安里,而县志乃载于此,未详。(上四十一所在新宁里。) 膳陂“膳”一作“胆”,溉田种三百石。 小洋陂疑即旧志“洋陂”。 翁前陂 漳塘陂 马陂 里洋陂 昆仑陂溉田种四百五十石。 莲荷陂旧志作陂。 陈塘 岩陂疑即旧志上“严陂”。 许陂 游塘 曾舍前陂 西陂 滩陂“滩”一作“摊”。 寺家陂 王陂溉田种一百七十石。 寺后陂旧志作“寺家塘”。 双畎陂[4]溉田种五十石。 章束陂[5] 百众陂(上二陂各溉田种六十石。旧志无上三陂,而续志有章束、百众二陂,又无双畎陂。) 马栖坝见续志。(上二十三所在永福里。) 梁塘 前塘 乌焦塘 竹头塘 宅舍塘 古塘 白鲛塘旧志作“陂”。 兴塘旧志作“陂”。 麻洋陂 周重陂 林塘陂 张塘陂 无患陂溉田种三百石。 章塘溉田种四十石。 田源陂溉田五十余亩。 杜篙陂旧志无章塘及此二陂,今依县志增入。 郑神陂 赌饮陂旧志作“堵饭陂”。 上牙陂 两尽陂[6] 神宫陂 张公陂[7](上六陂,旧志在永寿里。以上三十二所在善福里。通上四里凡一百所,俱县西。) 元符陂在新丰里。唐天宝中置,名“天宝陂”。宋祥符中,知县郎简重修。熙宁五年,知县崔某,岁督田户鸣鼓兴筑,不至者有罚。圳长七百余丈,溉田种千余石。后乡人乞罢之,自是田多旱损。元符初,提举钟某檄知县庄正柔修之。熔铁汁以锢其基,溉田如旧,更今名。至李圮[8]。国朝洪武三十四年,按察司佥事陈灏檄本县募众重修,溉田种一千余石。　**东禅塘**宋开宝中,中山人刘逢以卤地四千丈施东禅寺,乃筑埕塍。塍内港凡三,泥门一,斗门五,十年始成。自是岁收千石。治平初复坏,乃增高其塍,溉田三十二顷有奇。　**灵石庄陂**溉田七十五顷六十亩。　**洪福庄陂**溉田四顷五十亩,旧志无此二陂,今依县志增入。(上三所在灵德里。)　**绵亭洋**安善溪出双髻山,至鹧鸪山下绵亭洋。宋祥符元年,僧惟真截溪十二派,筑堤八百一十丈,斗门四,凡九年乃成。溉田四十顷。　**林塘**　**竹湖后溪陂**　**林横塘**　**东渡陂**　**漆林洋白獭陂**[9]食蒜岭溪水,唐黄蘗僧所开。夹岸埕港,长二十余丈,外埕海潮,内御骤潦,溉田种二百石。(上七所在光贤里。)　**郭塘**　**麻车塘**[10]“车”一作“卑”。　**陈坑**　**塘刘坑塘**(上四所在福唐里,旧志在钦塘里[11]。)**郑塘**　**垆洋塘**　**倪宅塘**　**潘占塘**　**曹塘**　**福坑塘**　**白塘**　**葛坑塘**　**龙潭应塘**“应”一作“磨”。　**信坑塘**　**东一龙塘**[12](上十一所在平北里,旧志在安夷北里。)　**王澳塘**在平南里,旧志在安夷南里。　**嘉塘**　**马屋塘**　**缺塘**　**高岭塘**　**道场塘**(按旧志,上五塘并凤塘,共溉田种百余石。)**林子洋塘**夹海为之。　**江阴塘**旧志无此二塘,今依续志增入。(上七所在江阴里。)　**松潭洋**在仁寿里。　**愿塘**　**南沟**　**北沟**　**横沟**　**赤漏沟**　**中沟**　**凤塘**旧志以此塘属江阴里,而县志载之于此,未详。(上七所在浔阳里。通上九里凡四十二所,俱县南。)　**三十六脚湖**在海坛里海坛山。湖水青碧,荷花丛生其中,鱼鳖甚蕃,鼋鳌有高于人者。湖旁沙善崩,人之往者多陷没。

每一二年或三四年，有大雷雨，则湖之水自决，鼋鳖鱼鳖皆乘流入海。 吴田塘旧志此塘在惇和南里。 寺家塘 郭塘 桑塘 鳗坑塘（上四塘旧志在归化南里。以上五所在化南里。） 洪塘 古塘陂 大松坑 萩芦陂 萧塘陂 萧塘 门前塘 郑塘陂（上八所在隆仁里，旧志在栖仁里。） 陈塘 林塘 杨塘县志无此塘。 沈塘 潘塘 薛塘（上六所在临江里。） 大塘在海旁。闽王筑堤以防海潮，长一千余丈，溉田种三千六百石。 占计塘亦闽王筑。溉田三千余顷。 木椎塘 括塘（上四所在井德里，旧志在拜井里。） 黄蘖海塘跨井得隆仁二里，东西三百五十丈，斗门三间。洪武十四年筑，溉田十五顷。（通上六里凡二十九所，俱县东南。） 漳塘 池家塘旧志无"家"字。 林陂塘 应天寺前陂旧志寺作院。 石臼坑塘 场前塘[13]旧志作"陂"。 溪南陂 西洋陂旧志作塘。

香岩上下洋旧志"岩"作"严"。宋天禧二年，僧师振募众筑堤九百丈，斗门四[14]，泥门五，凡十一年乃成。溉田二十余顷。香岩五老港旧志岩亦作严，老作峰。 卓岭陂 朱步岭陂（上十二所在万安里。） 苏溪陂宋天圣二年，西禅请万安、安香二里卤地，因遏为陂，溉田千余顷，派别为莲塘十六顷。熙宁间，知县郭某诗："万工填巨海，千古作良田。" 横塘 羊陂溉田种三百石。 黄塘 灵石蟹屿塘金山之东，径港之滨，有卤地至蟹屿。宋元丰初僧俱眡埕为田，埕长一千五百丈，港有石斗门。

灵石白麟洋在径江之南。金山溪流奔注，潮水出入。宋元丰中，僧俱眡埕之，长一千□百丈[15]，港大小十有一，石斗门[16]，溉田种六百石。 法海陂溉田四十顷五十亩。（上六所在安香里。） 黄蘖郑渚田在苏田里[17]，旧志在未苏里。渔浦之南，濒江地也。唐天宝中，尝为田，后废。宋天禧初，僧履元堤之。长三百二十丈，斗门二十四，望之若长坂。外埕内防，日与汛涛为敌，而屹然自若，至今无恙。　高陂溉田一顷五十亩。　东圳陂疑即旧志“圳东塘”，溉田三顷二十亩。　贯林陂溉田二顷有奇。　陈下塘旧志无“下”字。　林陂溉田二顷。　后塘陂疑即旧志后溪塘。　窑斜塘溉田二顷三十亩。　黄沙陂溉田一顷五十亩。　南湾塘溉田三顷二十亩。　湖潭陂溉田一顷九十亩。　如塘　笋陂塘溉田一顷。　基陂　南洋陂溉田一顷三十亩。　北洋陂溉田一顷。　横溪塘旧志作陂。　郑塘陂　赵塘陂（上三坡各溉田二顷。）　官塘　镜塘旧志“镜”作“境”。　官洋陂　后溪陂　芦塘陂　桥头陂　官塘县志无此塘。　郑平陂旧志作塘。　陂头陂　屯塘溉田种四石。　下莲塘溉田一顷。　牛台塘溉田三顷。　卓宅塘溉田一顷五十亩。旧志无上四塘，今依县志增入。　（上三十一所，在清远里。通上四里凡五十所，俱县西南。）　溪田陂　洞子陂　石塍陂　后塘陂　官塘　练木陂　刘洋陂[18]（上八所[19]在修仁里。）　潘陂　严陂　吕陂旧志作塘。　马槽陂　官塘　天竺陂　游塘　木溪陂　王盆陂　洪塘　薛洋塘旧志作陂。　陈正陂　牛天塘　麻昌塘旧志作陂。　加塘　官塘县志无此塘。　施塘旧志作陂。　官陂（上十八所在方兴里。通上二里凡二十八所，俱县西北。）

古田县

倪洋在县东横溪里。　上洋陂在和平里，长七十丈，溉田种三十石。　高头洋陂长一百五十九丈，溉田种一百二十石。　西云陂长一百六十五丈，溉田种七十石。（上二陂在崇礼里。已上三陂俱县西。）　平湖[20]　溪源陂长六十四丈，溉田种二十石。 **陈坑陂**长一百五十八丈，溉田种二十石。 **东洋陂**长四十丈，溉田种十石。 **上掘陂**[21]长四十五丈，溉田种二十石。（上五所在横溪里。） **邹洋陂**长四百五十丈，溉田二十顷。 **樟尾陂**今为吴洋陂。长一百二十丈，溉田一十八顷。 **吴元陂**长二百四十丈，溉田七顷。 **岩头陂**长二十丈，溉田三顷。 **双濑陂**长五十丈，溉田二顷。 **溪平陂**长一百五十丈，溉田七顷五十亩。（上六陂在新兴里。） **蒋洋陂**长三百七十丈，溉田种一百二十石。 **徐洋陂**长二百八十丈，溉田种二百五十石。 **漈下陂**长二百二十丈，溉田种二十余石。 **覆舵陂**舵一作船，长一百三十七丈，溉田种十五石。（上四陂在慕江里。通上三里凡十五所，俱县北。） **感溪陂**长十二丈，溉田十顷。 **小溪陂**长八丈，溉田四顷。 **瑞云陂**长一百二十丈，溉田四顷。 **屈斗陂**长一百一十九丈，溉田种三十石。（上四陂在县西南保安里。） **碾洋陂**长五十丈，溉田种五十石。 **湖潭陂**长一百五十丈，溉田种七十石。 **诸家陂**长五十丈，溉田种六十石。 **五峰陂**长五十丈，溉田种五十五石。（上四陂在县东北邵南里。）

永福县

按《三山志》，宋时塘陂，每季官一检举，劝谕兴修。

白叶湖宋乾道二年修，溉田种十石。 **后黄陂**食溪水，绵亘五里，溉田二顷。（上二所在县□[22]康元里。） **官腊二塘**在县□[23]永安里。内塘十四亩百二十步，外塘十八亩八十步，溉田十五石。 **大邹官塘**在县□[24]归义里，周百余丈，溉田二石五斗。 **嵩口塘**食济溪水，周八亩，溉田一顷。 **埔塘**长百余丈，溉田种十石。（上二塘在县□[25]保德里。）

闽清县

按《三山志》，诸里村落，各堰小溪成陂，溉田种五万余石。

樊岭陂在安仁里。　白洋陂在贺思里。（上二陂俱县东。）　梅洋陂在护仁里。　仁王陂在金沙里。　连溪陂在盖平里。（上三陂俱县西。）　溪源陂在孝顺里。　贤良陂源出傅岩，流至礤岭，约三里余，为巨石所遏，邑人陈旸欲凿而通之，石工已备，无所措手。旸乃具服拜祷，有顷，石岩自裂，其流遂通。人获灌溉之，利甚溥。以旸尝应贤良科，因名。　郑峬陂（上二陂在宣政里。）　滤口陂　横宅陂（上二陂在居仁里。通上三里凡五陂，俱县南。）　林峬陂在县北仁寿里。

罗源县

永利渠宋庆历间，县令陈偁疏凿，以溉民田。民蒙其惠，因号曰"永利"，仍建亭渠旁，名曰"陈公亭"。

建宁府

建安县

际上陂　村尾陂　桥亭陂　石坑陂　平林陂　台前陂　袁墩陂　白杜陂　桥头陂　庙前陂　源挺头陂　苏源陂　张分陂　岐头陂　张坑陂　大岭前陂　小广源头陂　小广陂　小坑陂　谢坑陂　复富尾陂　叶坑陂　赤岭陂　郑窠陂　寺前陂　高桥陂　龙焙下坑陂　大汾陂　陈汾陂　陈岸陂（上三十陂宋时建。）　陂头水洐陂溉田二百余亩。　官陂水洐陂溉田二百五十亩。　孤池水洐陂溉田五十余亩。 东山下陂溉田二顷二十余亩[26]。(上四陂国朝建。) 水池塘 叶坑塘 后塘池塘 村头池塘 孤池(上五所宋时开。已上四十所[27]在吉苑里。) 上焙陂 张墩陂 水路陂 魏墩陂 后山陂 桥头陂 李德陂 彻岭陂 狮岭面陂 宁坑陂 苏口陂 泽源官圳陂 徐团陂 东完陂 石壁陂 戏坛陂(上十六陂宋时建。) 叶墩陂溉田二顷七十余亩。 南源陂溉田一顷五十余亩。(上二陂国朝建。已上十八陂在建宁里。) 上村陂 赤岸上村陂 吴屯尾陂 黄家陂(上四陂宋时建。) 庵村陂[28]溉田七十亩。 猪母桥陂溉田六十余亩。 石岭塔陂溉田一顷八十余亩。(上三陂国朝建。已上七陂在顺阳里。) 视波陂 墩尾陂 胡渚陂 上挺陂 张迪功陂 中分陂 大挺陂(上七陂宋时建。) 官陂溉田三顷六十余亩。 交溪陂溉田三顷五十余亩。 郑屯陂溉田三顷七十余亩。 上范陂溉田五顷三十余亩,(上四陂国朝建。已上十一陂在安泰里。通上四里凡七十六所,俱府城东。) 九际陂[29] 高冢墓林前陂 槛坑陂 枧前陂 陈坡陂 尤墩陂 苎溪陂 埂前陂 际尾陂 剧历口陂 柱墩陂 庄前陂 西山陂 丘岭沟陂 横陂 龙门寺前陂 吴大源陂 黄岭陂 萧溪陂 雷坑陂 萧溪庙前陂 雷墩前陂 冯坑陂 药师坑陂 刘坊村尾陂 雷坑陂 刘坊村陂 楼前陂 峡里陂 丁坑陂(上三十陂宋时建。) 西陂溉田五百余亩。 尼山葫芦口陂溉田五顷三十余亩。(上二陂国朝建。已上三十二陂,在展村上里。) 铜溪陂 安浆陂 山头陂 山尾陂 游家场前陂 丘坑陂 凤溪陂 游家车栏坂陂 潽源陂 魏墩陂 黄墩前陂 范墩陂 游墩陂(上十三陂宋时建。) 陈陂溉田一百余亩。　游陂溉田四十余亩。　大坋陂溉田一顷五十余亩，(上三陂国朝建。已上十六陂在房村下里。通上二里凡四十八所，俱府城西。)　大坑陂　搭棚坑陂　萧坑陂[30]　大村陂　叶重兴陂　李村陂　叶夫陂(上七陂宋时建。)　曾顿陂溉田二百余亩。　双溪陂溉田一十一顷五十余亩。　迪口巨济陂溉田五顷一十余亩。(上三陂国朝建。已上十陂俱在府城南秦溪内里。)　官陂　台陂　林墩陂　陈源陂　叶墩陂　叶墩下陂　根口陂　饮井陂　翁墩陂　铁场陂　张墩陂　际头陂　留分头陂[31](上十三陂在南才里，宋时建。)　游家墓下陂　上屯陂　麻历坑陂　冷源坑陂　益源坑陂　边石陂　五十陕陂　分尾陂　小溪陂　郭屯庙前陂　张源陂　赖石口陂　大小漈下陂[32]　石林坂陂(上十四陂宋时建。)　崩溪陂溉田八百余亩。　楮树山大陂溉田一千余亩。按旧志，宋时已尝开筑此陂，而新志又以为国朝洪武间开筑，岂其既废而重建之欤？　益源陂溉田八百余亩，(上三陂国朝洪武间建。)　春塘宋时开。(以上十八所在将相里。通上二里，凡三十一所俱府城东南。)　杉溪陂　东粤陂　乌石头陂　箬历坑头　大挺场陂　上下二邹坑陂　黄源陂　黄富陂即今南富陂。(上八陂宋时建。)　东粤陂头陂溉田二百余亩。　小康村头陂溉田三百余亩。　中村塘溉田八亩。(上二所国初建。已上十一所在秦溪外里。)　陂头陂　罗坑陂　长柄坑陂　浆陂　吕墩陂　谢坊陂[33]　小溪陂　赤岸馆尾陂[34]　溪坡陂　梧鼠陂　上瞿石仓陂　吴墩溪头陂　高陂口百丈溪坑　坑源泉水陂　普通陂　谢马桥陂即今驷马桥陂。　中瞿陂(上十八陂宋时建。)　大百丈溪陂溉田四十余亩。　伯通桥陂溉田五十余亩。(上二陂国朝建。已上二十陂在登汕里。通上二里凡三十一所，俱府城西南。） 苦梯坑陂 佘源坑陂 叶坑陂 巡坑陂 乌石陂 前墩陂 叶东陂[35] 角湖陂 下津陂 刀横坑挺陂 刘坊陂 后山挺陂 陈墩陂 坡下陂 后殿陂 后田塘角陂 麻山下陂 游艇陂考文字书无“艇”字，即“町”字之误。 西皇陂 石壁陂 下洋陂 下莅陂 艇尾陂 黄晏坑陂 麻洲头陂 桃源陂 赤山源陂（上二十八陂宋时建。） 大官陂溉田一十一顷七十余亩。 松嵬下陂溉田七顷三十余亩。 塘谷陂溉田四顷五十余亩。 井后郑墩陂溉田五千余亩。 佥源陂溉田三顷四十余亩。 陂头大陂溉田七顷五十余亩。 大源陂溉田四顷。（上七陂国朝建。以上三十五陂在东苌里。） 连墩陂 前团陂 岭根陂 范团陂 蛮前陂 张团挺陂 吴团陂 重兴院陂 源口陂 莒坑里陂 下源卓家陂 莒坑陂 石门陂 后坡陂 左溪陂 下陂 光坑陂 广岭陂 王潭陂 郑家陂 芦慈陂 石陂（上二十二陂宋时建。） 黄塘源陂溉田一顷三十余亩。 渔溪连屯陂溉田二顷二十余亩。（上二陂国朝建。以上二十四陂在川石里。通上二里凡五十九陂，俱府城西南。）

瓯宁县

曹墩陂溉田二百余亩。 陈田陂溉田一百余亩。 黄墩陂溉田一百二十亩。 余墩陂溉田一百七十余亩。（上四陂在慈惠里。） 钱墩右陂在梅岐里，溉田三顷三十亩。 黄竹垅陂在麻溪里，溉田一百余亩。（通上三里凡六陂，俱府城西，国朝建。） 玉陂在黄塘口，溉田一万余亩。先是有妖为害，屡崩，民以为病。宋时郡人吴栻以玉团尺投之，自后陂不坏，故名。

峡头陂溉田三千余亩。（上二陂宋时建。）　程墩官陂溉田五顷七十余亩。　岭下陂溉田二顷八十余亩。（上二陂国朝建。已上四陂在禾义里。）　南山陂在水吉南山，溉田二万七千余亩。　乌石陂在水吉陈坑，溉田二千余亩。（上二陂在禾供里，宋时建。）　翁陂溉田五百余亩。　楮浒街尾堂前陂溉田二百余亩。（上二陂在禾吉里。）　横山铺前陂溉田五顷二十亩。　塘仔陂溉田九顷七十余亩。　埂头陂溉田一顷五十余亩。（上三陂在崇安里。通上四里凡十一陂，俱府城北。）　黄墩陂溉田二百二十余亩。　东江石壁岩陂溉田三百三十余亩。（上二陂在梓溪里。）　前岚路下陂溉田一百余亩。　龙村虎溪陂溉田八十七亩。　夏鄢玉溪陂溉田二百一十三亩。　大历石壁陂溉田五十三亩。　横坑陂溉田八十五亩。　上墘溪陂[36]　头陂溉田六十七亩。　夏鄢际上角岩陂[37]溉田三十八亩。（上七陂在西乡里。通上二里凡九陂，俱府城东北。）　小大陂溉田三百余亩[38]。　张墩巷口陂溉田四百余亩。　交溪陂溉田二百五十余亩[39]。（上三陂在府城西北吉阳里。已上十二陂俱国朝洪武十年建。）

浦城县

张家庄陂　东石桥陂　裴石屯陂　硋头陂　临江岭陂　吴岭下陂　陂头陂[40]（上七陂在郊场里[41]。）　大剑陂　师姑陂　黄公陂　余家陂　破角陂（上□陂在募泰里。）　官庄陂　中村上下陂[42]　山路头南口陂　高头陂　南溪村陂　双坑椒木坑陂　双溪百众陂　平石上际陂　李村横山前陂　深渡陂　和尚陂　罗屯陂　员盘陂[43]　排章口大陂　杨村陂　平石下际陂　橦木陂　徐三大陂（上十八陂在大石里。）　毛家陂　杨屯陂　小洋源陂　棺陂　方家陂　渔师陂　张家陂　井岭陂　石际头陂　上坑口陂　张屯陂　渎岭陂[44]　李坑陂　郎官大陂　渎源毛家陂　暂村陂（上十六陂在泰宁里。）　曾家洋大陂　苦竹坑陂　破角大溪陂　徐家陂　封陂头陂[45]（上五陂在高泉里。）　株林洋口陂　三孔山陂　蔡坑山陂　西殷陂　吴源陂　龙井岭陂　楮林陂　黄伯洋陂　安铺桥陂　小充坑陂　外村陂　湖尾陂　黄源水坑陂　黄源口陂　高源坑陂　杨家陂　周�陂[46]　周三五陂　叶十八陂　清潭陂　石鼓陂　杀狗陂　陈源陂[47]（上二十三陂在考第里。通上六里凡七十四陂，俱县东。）　寺后陂　余生陂　张家仓陂　交溪陂　石压陂　石岭陂　峡陂　陈源陂[48]　蔡九郎陂　虹桥陂　黄师陂　刘源陂　官塘[49]　大堰（上十四所在上相里。）　魏司马溪陂　洪源溪陂　洪源桥上陂[50]　桥下陂　黄家陂　横源溪陂　横源山坑社稷坛后陂　社稷坛后大陂　登坛陂　岩头陂（上十陂在招贤里。）　庵下陂　杨村桥头陂　大坞山陂　庙下陂　权山前陂　又坞前陂[51]　吴村陂　吴村前陂　权分陂　上铁坑陂　铁场陂　峡分陂　张圳陂　岩前大最陂　南山下陂　上方陂[52]　杨村陂　上场前陂　铁坑陂　官闸尾陂　官闸陂　南山陂　塔源石塘（上二十三所在仁风里。）　莒源陂　瓜洋陂　石陂头陂　吴潭陂　官墈陂　沿洲陂　龙井陂　龙头陂　蛇陂（上九陂在新兴里。）　边村陂　汪家陂　偃潭陂[53]　鼓楼前陂　大陂头陂　九里陂　竹溪陂　吴良陂　秋竹坞新陂　峡口陂　叶陂（上十一陂在永康里。）　大仙殿前陂　安抚源陂　毛

源陂　祖源陂　竹源陂　姜源陂　陆源陂（上七陂在太平里。）　柿洋陂　塘源陂　外洋陂　横陂　长滩陂　南山源陂　赘岭根陂　官桥陂　赘山头陂　溪湖陂　鸡山头陂　北段陂　朝谢道陂　台后山陂　婄姑陂　黄陂　洋坑陂　社坛前陂　责口桥下陂[54]（上十九陂在永平里。通上七里凡九十三所，俱县西。）　随坑碓前陂　仓丘陂　黄段陂　西阳黄村百众陂　蓬源坑翠岩陂　大湖岭庵前陂　牌前陂　西隐寺前陂　万寿寺前陂（上九陂在县南清湖里。）　黄婆陂　水摇头陂　鼓楼陂　东陂　西陂　峡口陂　檀木陂　谢村陂　陂头陂　古寺潭陂　吕村二陂　张村陂　石归山陂　祖村头陂　前溪门前陂　坂心陂　焕头陂　水口陂（上十八陂在官场里。）　杨家陂　杨家口陂[55]（上二陂在船山里。）　灵岩陂　匾山徐村陂　黄伯滩陂　周村陂　朱公滩陂　山早木根陂　五社陂　蒋村陂　黄博陂　里洋陂　里洋神木根陂（上十一陂在忠信里。）　江村古陂　蔡洋鹅头陂　陂头石溪陂　蒋家古陂　长洋头古陂　洪源坛古陂[56]　洪家严肃古陂[57]　蔡坂洋头陂（上八陂在雁塘里。）　詹溪陂　张村陂　李村陂（上三陂在安乐里。）　临江陂　五亩陂　将军山陂　白石陂　吴陂下洋陂　江陂　北源陂　龚陂　乌石上陂　乌石下陂　墈下陂　古楼下陂　墈下头陂　资胜源陂　岭柄陂　何村陂　横历陂　箬竹陂[58]　小盘陂　庙下陂　垅丘源外罗岩陂（上二十二陂在毕岭里。通上六里凡六十四陂，俱县北。）　上村陂　龙堂陂　莲江寺前陂　古溪陂　九石坑口陂　横溪陂　东溪下陂　陈溪陂　岩口陂　中村陂　际头陂　庵前陂　湖头陂　龙阁陂　上台山下陂

广头陂　西村陂　峡陂　石田陂　洋坑陂　上际陂　下际陂　大坑陂　岭根陂　吴礼陂　陈家陂　陂头陂　董家陂　西陂　汪池桥头陂[59]　松岭陂　桥头陂　社屋前陂　游家庄前陂　周家坑陂　村尾陂　磨车前陂　匣尾陂　枣木店陂　陂下陂　竹园陂　下坑陂　桥头陂　龙前陂　黄桥头陂　张公陂（上四十六陂在县东南上原里。）　赖波二陂　郑林二陂　转水二陂　官山陂　半岭三陂　豆岭陂　演坑二陂　常坑陂[60]　演坑头陂　常坑头陂　陈源二陂　洋丘陂　井彼陂[61]　潮充陂　朋完陂　石陂　大浐陂[62]　小浐源头陂　小浐石匣里陂　石匣外陂　小浐尾陂　漈上陂　漈下陂[63]　湖尾陂　萧源陂　萧安礼门口陂[64]　石累陂　广教寺前陂　广教寺陂　西山陂　西源陂　官路下陂　道场陂　桥下二陂　楞伽寺前陂　谢坑陂　路下陂　抗坑陂[65]（上三十八陂在总章里。）　漈下陂[66]　马头丘陂　曹田陂　柳前陂　乌石下陂[67]　蔡村陂　翁八桥下陂　虎猪陂　石卑头陂　驿前陂　盖竹吴廷辉陂　石仓陂　刘乙陂[68]　南桥南寿陂　叶目陂　欧源张陂　李村叶冲陂　小洋陂　刘屯陂　张坂张陂　并源口陂　上洋叶陂[69]　驿前陂　甘山陂　大庙岭下陂　古塘　后塘（上二十七所在清安里。）　石壁面前陂　山福陂　古楼员陂[70]　潘村陂　石硃头陂[71]　翁太傅陂　后溪头陂　李村陂　张司户孙陂　张司户陂　王朝奉陂　杨墈陂　叶南寿二陂　李号陵二陂　叶敦义陂　子桥陂　吴处仁陂　下洋陂　四大陂　重洋陂[72]　叶焕陂　东游陂　叶暹陂[73]　子期陂　黄家段陂　上洋陂（上二十六陂在仁和里。）　溪边二

陂　药石头二陂　溪尾三陂　赖溪陂　赖溪桥头陂　象古桥头陂　象溪陂　洪源陂　将溪尾陂　詹四门首陂　陂头陂　象口陂　及溪头陂[74]　西山下寺陂　赤岭头陂　石坑陂　祥坑陂　葛村二陂　黎岭根陂　赤一二陂　长山尾陂　社坛前陂　张五十门前陂　吴村陂　张村陂　策头陂　石鬼陂　叶村四陂　象源十陂　黄衢桥陂　上庄陂　赤源下陂　石滩桥陂　黄衢桥陂[75]　蒋桥头陂(上三十五陂在东礼里。)　李柘陂　石际陂　将军陂　李梅陂　余落陂　廊韶陂[76]　横桥大溪边陂　章村陂　黄余社稷陂[77]　石壁陂　徐坑陂　监社陂　金家陂　法源陂　子疆石陂[78]　里塘[79](上十六所在登云里。通上五里凡一百四十二所,俱县西南。)　章村陂　王屯陂　陈村陂　茅洋陂　章家屯陂　黄家垯陂　郑杨坑陂[80]　潘屯陂　童乌口陂[81]　甘源二陂　溪边陂　溪尾陂　周家庄陂(上十三陂在县东北登俊里。)　大洋陂[82]　湖陂(上二陂在通德里。)　谷木陂　黄公岩陂　梨梁庙前陂(上三陂在乐平里。)　五平庙前陂　毛家陂　后坂垅陂　后洋莲塘(上四所在长乐里。通上三里凡九所,俱县西北。)

建阳县

黄陂在县南兴贤下里冯源口,邑人黄盛建,溉田七顷有奇。　乩陂[83]在县北崇文里,溉田五顷有奇。　陈陂在县西南兴贤中里,元延祐三年,里人陈宗宝建,溉田八顷有奇。　油陂在县东北同由里,乡人范好问建,溉田五十顷有奇。　臯陂在县西北嘉禾里武溪,溉由二十顷有奇。

松溪县

化龙陂在县西十四都，溉田二百亩。 **黄泉陂**溉田一千五百亩。 **三百陂**溉田三百亩。（上二陂在县南一都。） **庵溪陂**在九都，溉田千亩。 **龙居陂**在十都，溉田千余亩。 **陂角陂**溉田五百亩。 **官桥陂**溉田三百亩，（上二陂在十二都。） **梅圹陂**圹，邑人读如仰音。在□□都[84]梅口。正统十四年，大学生叶鼎捐资，募工伐石，为圹三十余文，溉田五百余亩。 **夙公圹**[85]在八都。宋景定三年，乡人朱仪孙以柯屯之田高仰，谋于同乡夙仪之，凿山为塘，通湖坑之水，溉田十顷余[86]。乡人德之，因名。（通上五都凡六所，俱县西南。）

崇安县

傅公堤在县东街，宋县令傅壅所筑也。濒溪民居，赖以捍蔽。后因溪流骤溢，堤岸崩溃，室庐多坏于水。元达鲁花赤完者秃首捐俸钱，倡民之尚义者修之。 **东陂**在四隅里。 **艺陂** **黄石陂**（上二陂在从藉里。） **昏陂**在下梅里。（上凡五所，在县东。） **王龙陂**在黄伯里。 **芦陂**在黄村里。（上二陂俱县西。） **芦山陂**在半阳里。 **阳陂** **崧陂** **高苏陂**（上三陂在会仙里。已上四陂俱县南。） **清献陂**宋庆历初，县令赵抃以邑多水患，乃叠石为堤，以遏其冲。遂开陈湾陂，分西溪之流，由石雄以入于县。又从县西凿陂于星阳，溉田甚广，人怀其惠，久而不忘，因取其谥以名陂。嘉定间县令赵必愿、淳熙间县令五齐舆修之。 **济川闸**即宋赵抃所筑陈湾陂。后因暴流横溃，县廨民舍，多为冲决。元至治二年，邑宰刘沅祖乃相水所出之地，累石为闸，因旱涝而为启闭，民赖其利。沅祖字济川，因以名之。（上二所在县北石雄里。） **岑陂**在县东南建平里。 **陈屯陂**在县东北吴屯里。

政和县

黄熊陂在县坊。　**范屯陂**　**游田陂**　**姜屯陂**（上三陂在县东感北里。）　**百梨畻陂**在长城里。　**浮竹官陂**在高宅里。（上二陂俱县西。）　**圹头上陂**　**圹头下陂**[87]　**山湾陂**　**瀛口陂**　**吴家陂**在寻路门下坑。（上五陂在县南东衢里。）

泉州府

晋江县

万家湖亦名东湖。旧溉田九百五十顷有奇，后茭葑壅塞，几成平陆。宋庆元初，郡守刘颖募工开浚，总二万八千丈有奇，积泥为小阜凡七。湖之西南，置斗门四以通海潮，岁久寝废。今湖畔多为田。唐欧阳詹有《泛东湖序李谊二仓记》云："城之东隅，有万家湖者，渺瀰十里。"一本分万家湖、东湖为二，盖误也。　**尚书塘**距城一里许，唐贞元五年，刺史赵昌开，溉田三百余顷，名常稔。后昌入为尚书，民思之，因更今名。　**浩浦埭**方围三百余丈。　**洋埭**方围二百二十丈。　**庄埭**方围三十丈。　**嵩埔埭**[88]方围二百二十丈。　**赤霞陂**长一百余丈。　**东禅埭**　**茭塘**周围二百丈。（上九所在府城东附郭鸾歌里。）　**白衣埭**长四十丈。　**沉洲埭**旧名沉洲，每岁五、九月，海涨岸崩，咸水辄伤禾。宣德中，邑氏李瓛捐资筑埭，以捍海潮。　**天水淮**在通淮门外。唐郡守赵启以田多咸壤，凿渠拥抱之，疏涵三十六，榜通江流[89]，入淮渠，溉田至百八十顷。后守陈洪进、曹修睦相继浚治，尽撤旧涵，别营新涵三，视潮往来，以为启闭。（上三所在附郭登瀛里。) 养鱼埭 永福埭各长三十八丈。 徐陂长一百二十三丈。 南洋埭长一十三丈。 石园埭长四十三丈。 谢翁埭长三十七丈。 张埭长五十六丈。 东洋埭长一十三丈有奇。 赤霞埭长二十九丈。 连墩埭长二十一丈。(上十一所在附郭临江里。通上二里凡十二所俱府城东南。) 黄陂在附郭常泰里,长五十一丈。 正陂长三丈。 紫帽坑在紫帽山塔下东西峰之间,水势高下,多为磨砲,下流溉田。 苏陂 吴陂 桃陂 相家陂 官陂 钱塘溪(上六所水源俱出水磨坑。) 岬埔潭周围九丈。(以上九所在附郭兴贤里。通上二里凡十所,俱府城西南。) 泉山陂长一十余丈。 仆射塘唐元和二年,刺史马总开,溉田数百顷。后总赠仆射,人思其功,因名。(上二所在附城东北附郭棠阴里。) 玉栏浦 洑田塘周围四千九百八十丈,中有石牛,水涨不没,鸣则岸溃,乡人为立祠。 新塘 谢埭 蔡塘俱与洑田塘相接。 太沙塘与永福里盈塘相通,周围二十五里,源接波斯沟。 小沙塘周围十里,介于龙田大沙之间。二塘水浊,此塘独清,里人因名为濯缨。 吴埭接少沙塘水。(上八所在聚仁里。) 潘廷埭[90]长八千余丈。 前李埭 后李埭各长三百余丈。 前颜埭 后颜埭各长三百八十余丈。 大吴钟埭长六百余丈。 表园埭长九十余丈。 小吴钟埭长八十余丈。 梅林旧埭长一百六十丈。 梅林新埭长一百一十丈。 陈坑埭长三百八十丈。 涵口埭[91]长六十三丈。 沙尾埭长一十一丈八尺。 蔡坑埭长五十丈。 林坑埭长七十六丈。 水月庵前湖 西坑外埭[92]长七丈。 东石埭永乐初,邑民颜正坚筑,溉田二顷有奇。(上四十八所在仁和里。) 莲埭长一十九丈。 章埭周围二十八丈。 李安埭[93]周围四十五丈。 洒州埭长三十五丈。　峰火埭长七十丈。　井尾埭长四十八丈。　许埭长四十八丈。　石父埭长六十丈。　石乌湖长四十七丈。　新塘　吴填埭　洪塘　十四都新塘　曾埭长二十丈。（上十四所在劝善里。）　𪸩湖　龙湖按《山川志》亦有龙湖，不言在何都，疑即此湖也。姑两存之，以俟知者质焉。（上二湖各周围二十余里。）　沙湖方围长五里。　方湖方围二百八十丈。　姚湖方围四十丈。　吴盈埭长三十丈。　瑶林头埭长三十丈五尺。　拱塘计五百四十亩四十步[94]。（上八所在弦歌里。）　港据埭长五十四丈。　乾湖长三十八丈。　赤湖长一十丈。（上三所在兴宁里[95]。）　植壁港　东安埭长一百二十六丈。　白骑塘方围二十八丈。　周塘长一十五丈。　梅塘长四十三丈。　龟湖长一千八百余丈[96]。　象畔塘长一百七十八丈。　后田塘长九十八丈。（上八所在江阴里。）　盈塘长一千三百余丈。　颜埭长九十三丈。　临禽埭长九十二丈。　蔡青埭长八十四丈。　纸幡埭长二十三丈。　林埭长一十八丈。　陈埭浦　陈埭合南浦诸水，为斗门二。宋庆元间，里人林国华、林成筑。国朝宣德五年，林良稷重修。　吴店小塘　练埭长二十八丈九尺。　朱埭长四十一丈。　蔡陂长二十八丈。　车犊陂[97]长五十三丈。　龙井陂长七十四丈。　香炉陂长一十三丈。　洋塘长八十三丈。　清塘方围八十五丈。　郭岩村塘（上十八所在永福里。）　蔡陂长六十八丈。　黄埭长二十三丈。　苏恺埭长五十二丈。　崇福埭长三十三丈。　蔡县尉埭长四十三丈有奇。　陈通判埭长三十一丈。　林都巡埭长八十三丈。　郑意等埭长一百四十丈。　王推官埭长五十五丈有奇。　涵口埭长二十八丈有奇。　公廨埭长三十八丈。　峰火埭长六十八丈。

傅吏部埭长七十二丈。　方神基埭长六十三丈。　横瓜埭长四十五丈。　太平院埭长三十九丈。　粥院埭长四十八丈。　太温埭[98]长三十八丈九尺。　蔡埭长六十三丈四尺。

苏埭长二百二十九丈。　封崇寺埭长四十三丈。　帝释埭长三十六丈。　资寿寺埭　柯金紫埭各长三十九丈。

烟浦埭广袤五六十里，襟带三十六埭，绵亘永靖、和风、永福、永乐、沙塘、聚仁六里，水源凡九十有九，县田三分之一仰溉于此。众推里之齿德尊且富者主之，以时疏筑，民赖其利。岁久壅塞，富人因而田之。遇旱暵则苗无所仰给。宣德间，里人丁仲孚主其事，因辨于官，累岁不决。适巡按监察御史陈祚按泉，仲孚力争之。其事始白。由是水利悉复其旧。翰林修撰刘灏为记。按旧志：昔有吴姓者，尝倾家资筑此埭弗成，因溺水死，乡人立庙祀之。

烟浦下王大埭　陈侍郎宅埭各长七十五丈。　赤塘长一百一十丈。　广福埭长四十八丈。　沿江斗门永乐十五年，邑人洪克正募众重修。（上三十一所在和风里。）　陂洋陂一名清陂[99]，长三千六百八十丈。　迳塘　苏塘上二塘在陂洋陂之下，萦回十余里。（已上三所在沙塘里。）　东石埭在仁和里。永乐初，邑民颜正坚筑，溉田二顷余。（通上十里凡一百一十二所，俱府城南。）　郭景陂长三十余丈。　渌水陂长十丈。

寺前犊陂长一十三丈有奇。　钟埭长二十三丈。　白石埭长六十一丈。　深陂长四十八丈。　洋埭长七十丈。　留公陂旧名丰谷陂，在谷口。宋右史留元刚[100]筑，直六十步，横十三丈，为斗门五。（上八所在爱育里。）　韩陂　杨木陂　洪岩陂　石壁陂　伏乌陂　八丈陂　仓陂　睹木陂[101]　大陂　林陂[102]　莲塘　翁圳塘　香大塘[103]（上十三所在常建里。）　施陂　王陂　王前陂　王前上塘陂（上四所在善政里。）　吕塘在仙溪里。（已上四里凡二十六所，俱府城北。）

庄塘长三十五丈有奇。　李陂源出葛州，长二十八丈。　北乾陂长三十五丈。　曾塘长二十五丈，发源谢庄。　许陂长四丈八尺。　吴陂长三丈。　张陂与许陂、谢陂相属，其水归盘湖。（上九所在养能里。）　柯宅谷陂长二十丈。　五德陂长二百丈[104]。　柳堰陂长三十丈[105]。　陈塘陂长四十丈。　洪塘陂长三十七丈[106]。　张乌陂长三十丈。　后尾坑陂　五陂　五斗陂（上二陂各长二十丈。）　洪陂长一十二丈。　上吾塘[107]长一十五丈。　粪斗洋陂长十二丈。　曾陂长一十五丈。　高泾陂长九丈。　傥林陂长一十五丈。

曾陂长二十一丈。　黄塘陂长三十一丈。　后洋牛陂长二十六丈。　许陇陂长三十二丈。　都油潭陂长二十丈。

徐塘陂长一十七丈。　深堰陂长二十三丈。　杨塘陂长三十七丈有奇。　贵陂长四十三丈。　黄陂塘周围一十二丈。　牛粪陂长二十五丈。　吴陂长二十丈。（上二十七所在务本里。）　庄陂周围二十九丈。　吴陂长二十八丈。　吕陂长一十丈。　石围潭陂长四十余丈。　陈陂长七十余丈。

周冗塘周围七十余丈[108]。　新塘周围三十余丈。　柳井塘周围六十丈。　南塘陂长一十七丈。　苏坑曾陂长一十三丈。（上十所在仁孝里。）　安海港有灌溉之利。　安海埭永乐初，邑民蔡添祐筑，溉田一顷余。　吕塘长一十八丈。　寺前塘周围二十三丈。　曾苇塘周围一千余丈。　甘塘周围二十一丈。　孙云塘长三十二丈[109]。　谢陂长九丈。　徐李陂[110]长三丈。　石埭陂（上十所在修仁里。通上四里凡五十六所，俱府城西南。）

校 注

[1] 万历《福州府志·舆地》及光绪《福清县志·地舆》、淳熙《三山志·版籍》均作“马陂”。

[2] 万历《福州府志·舆地》、光绪《福清县志·地舆》均作“陀陂”；淳熙《三山志·版籍》作“妵陂”。

[3] 万历《福州府志·舆地》作“里头洋陂”；淳熙《三山志·版籍》作“里后洋陂”。

[4] 万历《福州府志·舆地》作“双亩陂”。

[5] 万历《福州府志·舆地》作“章东陂”。

[6] 光绪《福清县志·舆地》作“雨尽陂”。

[7] 光绪《福清县志·舆地》作“张塘陂”。

[8] 疑为“至元季圮”。

[9] 淳熙《三山志·版籍》作“白濑陂”。

[10] 万历《福州府志·舆地》及光绪《福清县志·地舆》均作“麻东陂”；淳熙《三山志·版籍》作“麻卑塘”。

[11] 淳熙《三山志·版籍》作“钦唐里”。

[12] 淳熙《三山志·版籍》作“福潭磨塘”。

[13] 淳熙《三山志·版籍》作“场门陂”。

[14] 淳熙《三山志·版籍》作“斗门三”。

[15] 淳熙《三山志·版籍》作“长千一百丈”；《县志》作“长千百余丈”。

[16] 淳熙《三山志·版籍》作“港大小十有一，石斗门虹轩十丈”；《县志》作“港大小十有一，石斗门口”。

[17] 应为“来苏里”之误。

[18] 淳熙《三山志·版籍》在“刘洋陂”之后有“郑前陂”。

[19] 陂名疑为七所。《三山志》增一所“郑前陂”，恰符八所之数。

[20] 万历《福州府志·舆地》“平湖陂”。

[21] 淳熙《三山志·版籍》作“上崛陂”。

[22] 淳熙《三山志·版籍》作“县东”。

［23］淳熙《三山志・版籍》作“县东”。

［24］淳熙《三山志・版籍》作“县西南归义里”；万历《福州府志・舆地》“归义里”作“英建里”。

［25］淳熙《三山志・版籍》作“县西南”。

［26］嘉靖《建宁府志・水利》作“溉田三顷二十余亩”。

［27］实仅三十九所。

［28］嘉靖《建宁府志・水利》作“庵后陂”。

［29］嘉靖《建宁府志・水利》作“九漈陂”。

［30］嘉靖《建宁府志・水利》作“萧家陂”。

［31］嘉靖《建宁府志・水利》作“留公头陂”。

［32］嘉靖《建宁府志・水利》作“大小际下陂”。

［33］嘉靖《建宁府志・水利》作“谢墩陂”。

［34］嘉靖《建宁府志・水利》作“未岸馆尾陂”。

［35］嘉靖《建宁府志・水利》“分为两陂”作“叶墩陂”及“水东陂”。

［36］嘉靖《建宁府志・水利》作“上乾溪陂”。

［37］嘉靖《建宁府志・水利》作“漈上角岩陂”。

［38］嘉靖《建宁府志・水利》作“小夫陂，溉田八百余亩”。

［39］嘉靖《建宁府志・水利》作“溉田三百五十余亩”。

［40］嘉靖《建宁府志・水利》作“陂塘陂”。

［41］嘉靖《建宁府志・水利》作“郊阳里”。

［42］嘉靖《建宁府志・水利》作“中羽上下陂”。

［43］疑为“圆盘陂”之误。

［44］嘉靖《建宁府志・水利》作“渎源陂”。

［45］嘉靖《建宁府志・水利》作“封陂大陂”。

［46］嘉靖《建宁府志・水利》作“周塩陂”。

［47］嘉靖《建宁府志・水利》作“陂源陂”。

［48］嘉靖《建宁府志・水利》作“东源陂”。

［49］嘉靖《建宁府志・水利》作“官塘陂”。

［50］嘉靖《建宁府志・水利》作“洪源桥下陂”。

［51］嘉靖《建宁府志・水利》作“杈水下陂、鸠前陂”。

［52］嘉靖《建宁府志・水利》作“上庙陂”。

[53] 嘉靖《建宁府志·水利》作“堰潭陂”。

[54] 嘉靖《建宁府志·水利》作“青口桥下陂”。

[55] 嘉靖《建宁府志·水利》作“杨家门口陂”。

[56] 嘉靖《建宁府志·水利》作“洪源潭古陂”。

[57] 嘉靖《建宁府志·水利》作“洪家岩前古陂”。

[58] 嘉靖《建宁府志·水利》作“筋竹陂”。

[59] 嘉靖《建宁府志·水利》作“汪宅桥头陂”。

[60] 嘉靖《建宁府志·水利》作“常坑山陂”。

[61] 嘉靖《建宁府志·水利》作“井后陂”。

[62] 嘉靖《建宁府志·水利》“石波、大浐陂”只作一陂，名“石波大浐陂”。

[63] 嘉靖《建宁府志·水利》“漈上陂、漈下陂”作“际上陂、际下陂”。

[64] 嘉靖《建宁府志·水利》作“万安礼门口陂”。

[65] 嘉靖《建宁府志·水利》作“杭坑陂”。

[66] 嘉靖《建宁府志·水利》作“际下陂”。

[67] 嘉靖《建宁府志·水利》作“马石下陂”。

[68] 嘉靖《建宁府志·水利》作“刘一陂”。

[69] 嘉靖《建宁府志·水利》作“小洋叶陂”。

[70] 嘉靖《建宁府志·水利》作“鼓楼圆陂”。

[71] 嘉靖《建宁府志·水利》作“垯头陂”。

[72] 嘉靖《建宁府志·水利》作“重阳陂”。

[73] 嘉靖《建宁府志·水利》作“叶涣陂”。

[74] 嘉靖《建宁府志·水利》作“及坑头陂”。

[75] 嘉靖《建宁府志·水利》作“黄衢坑陂”。

[76] 嘉靖《建宁府志·水利》“余落陂”作“金落陂”；“廊韶陂”作“郎韶陂”。

[77] 嘉靖《建宁府志·水利》作“黄余社坛陂”。

[78] 嘉靖《建宁府志·水利》作“子姜古陂”。

[79] 嘉靖《建宁府志·水利》作“李塘陂”。

[80] 嘉靖《建宁府志·水利》作“郊阳坑陂”。

[81] 嘉靖《建宁府志·水利》作“童坞口陂”。

[82] 嘉靖《建宁府志·水利》作“木洋陂”。

[83] 嘉靖《建宁府志·水利》作“乾陂”。

[84] 嘉靖《建宁府志·水利》作“梅坊坡”，并云“在七都”。

[85] 嘉靖《建宁府志·水利》作“夙坊陂”。

[86] 嘉靖《建宁府志·水利》作“溉田十顷”。

[87] 嘉靖《建宁府志·水利》作“坊头上陂、坊头下陂”。

[88] 乾隆《泉州府志·水利》作“嵩浦埭”。

[89] 乾隆《泉州府志·水利》作“旁通江流”。

[90] 乾隆《泉州府志·水利》作“潘径埭”。

[91] 乾隆《泉州府志·水利》作“涵港埭”。

[92] 乾隆《泉州府志·水利》作“西外坑埭”。

[93] 乾隆《泉州府志·水利》作“李安塘”。

[94] 乾隆《泉州府志·水利》作“广四十步”。

[95] 乾隆《泉州府志·水利》“一十丈”作“三十八丈”，又“兴宁里”作“永宁里”。

[96] 乾隆《泉州府志·水利》作“龟塘，长九百余丈”。

[97] 乾隆《泉州府志·水利》作“车棱陂”。

[98] 乾隆《泉州府志·水利》作“大温埭”。

[99] 乾隆《泉州府志·水利》作“清洋陂”。

[100] 乾隆《泉州府志·水利》作“留无刚”。

[101] 乾隆《泉州府志·水利》作“睹林陂”。

[102] 乾隆《泉州府志·水利》作“林塘”。

[103] 乾隆《泉州府志·水利》作“香火塘”。

[104] 乾隆《泉州府志·水利》作“一百丈”。

[105] 乾隆《泉州府志·水利》作“二十丈”。

[106] 乾隆《泉州府志·水利》作“二十七丈”。

[107] 乾隆《泉州府志·水利》作“上五塘”。

[108] 乾隆《泉州府志·水利》作“周穴塘，周围六十丈”。

[109] 乾隆《泉州府志·水利》作“孙云陂，长一丈二尺”。

[110] 乾隆《泉州府志·水利》作“徐李坑”。

八闽通志卷之二十三

食　货

水　利

泉州府

南安县

沙陂　龚塘　萧陂　京塘(上四所在县东三都。)　万石陂距县三里。　王塘陂　吕塘(上二所在二十一都。)　延福陂(在二十二都。)　释迦陂　上陂　吴塘陂　吴陂(上四所在二十九都。通上三都凡八所,俱县西。)　官塘　许塘　吴高塘　新塘(上四所在县南二都。)　五里陂　塔山陂　叶陂(上三所在八都。)　下生院前塘　卢山后陂(上二所在十七都,通上二都凡五所,俱县北。)　陈塘陂　昆仑陂　庄塘陂　沙陂　赤石陂　后安陂(上六所在二十三都。)　吴境陂在三十二都。　官陂　福平陂　寺家陂　蜩蛇陂　东湾小陂　李常陂　黄陂　板桥　洋陂　李陂(上九陂在三十三都。)　官陂在三十四都。(通上四都凡一十七所,俱县东南。）徐塘在一都。　上陂　官陂　张陂新塘陂　竹济陂杨陂　桃梨陂　淡竹陂　白渐陂　苦陇陂　坑阳陂　林湾陂　崎山陂　蔡分陂　坑陂　陈洋陂　坂塘　蔡陂　岑兜桃花陂（上十九所在三十五都。）　孙陂　官陂（上二陂在三十六都。）　官陂　洪塘陂　松塘　枢陂　凿陂（上五所在三十七都。）　官陂在三十八都。　自家洋陂　下尾塘　可塘　许塘陂　洪塘　蓧塘[1]　后塘（上七所在三十九都。）　周陂　黄埭（上二所在四十一都。）　下尾围在四十三都。　曾府埭　官塘　留府埭　郭前塘　昆仑塘　岑头围（上六所在四十四都。通上九都凡四十四所，俱县西南。）塘上陂　徐塘陂　莲塘　马坂陂　曾陂　下甲陂　张家塘　刘陂（上八所在四都。）　赤石庄陂在五都。（通上二都凡九所，俱县东北。）　苏陂　太上陂（上二陂在六、七都。）　黄陂　陈行埔陂　丰荣陂（上三陂在九、十都。）　曾陂　龙潭陂　陈陂　姑陂（上四陂在十一都。）　南乾陂　梁家坡　杨郭陂　上溪陂　官庄陂　源龟陂　田囷洋陂（上七陂在十二都。）　澄境陂　林口陂　延福陂　廖陂　蔡陂　磨陂　东洋陂　徐塘园中陂　蒲提陂[2]　山边陂　柯家陂（上十一陂在十四都。）　黄山陂　官陂　山园陂　蔡头陂　百梁洋陂（上五陂在十五都。）　松陂　官塘陂　坑陂　林坂陂　侯仑陂　长洋陂（上六陂在十六都。）　渐山陂在十八都。　侯安陂　小陂　陈塘（上三所在十九都。）　灵源陂在二十都。　观澜陂　陈陂　牛屎陂　官田洋陂　下村陂　皂荚陂　蕉坑陂（上十陂在二十四都。）　上塘陂　田庞陂　沙陂　蔡真人塘（上四所在二十六都。）　官陂　马塘陂（上二陂在二十七都。）　赵塘陂　八尺陂　中塘

鬼塘官陂　大塘（上六所在十一都。通上十四都凡六十二所，俱县西北。）

同安县

卢陂　溪东陂　大口坛陂　义陂　前冈曾陂　石盘陂　官路塘　王塘　吴塘　科斗塘　刘乌塘　昆仑塘　新塘　韩塘　徐塘　卢塘　魏塘　黄塘　蔡塘　蔡宅塘（上二十所在归化里[3]。）　李陂　新陂　东坑口陂　王陂　洪竹陂　马陂　蔡陂　纸缚陂　马塘　许大塘　三会陂　无底塘　林塘　李塘　萧塘　刘塘　北塘　南塘　上塘　蔡塘（上二十所在安仁里。）　朱心陂　官陂　眉洋陂　辜痕陂　梅龟辇陂　石阜陂　曾陂　叶陂　朱陂　官陂　辰塘　叶塘　圣果塘　欧塘　连塘　可塘　油牙塘　李中塘　许渭塘　缺塘　郑塘　官塘　王塘　徐塘　前村林塘　会新塘　海丰埭　诸埭　陈新埭（上二十九所在仁德里。通上三里凡六十九所，俱县西。）　小同陂　董陂　李陂　余陂　曾陂　石马陂　牛岭陂　吴陂　蔡陂　石竹陂　陈陂　外塘　古漏陂　石泉陂　双林塘　浮乌塘　阮邪塘　陈林塘　李湖塘　普慈塘　东山塘　官塘　戴塘　水塘　杨塘　颜家门前塘（上二十六所在县北感化里。）　钟陂　李陂　曾陂　葛陂　洪坑陂　慈氏塘　林塘　行军塘　郑塘　枣林塘　洪官塘　马塘　苏塘　承天上塘　承天下塘　东洪塘　锜坑塘　莲塘　枣塘　鹿苑塘　掘巷塘　侯塘　莲塘　苏处塘　李塘（上二十五所在同禾里。）　吴陂　徐山陂　傅陂　黄陂　可塘　官塘　陈塘　苏塘　小鲲塘　叶塘　莲塘　张塘　陈塘

蒋家塘　史林塘　庄门前塘　杜门塘　禾里塘　弥塘　宋塘　界头洪塘　王塘(上二十二所在民安里。)　马陂　宋陂　吴陂　信塘　南塘　盈塘　庄塘　白牛塘　吴塘　王塘　牛尾塘　孙辇塘　竹浦林处前塘　浦南塘　新埭(上十五所在翔凤里。通上四里凡六十二所,俱县东南。)　坤陂　吴陂　黄陂　石桂陂　甘陂　姚陂　经冬陂　乌泥陂　赤竹陂　徐陂　许陂　卢陂　目明塘　洪塘　西湖塘　蔡塘　车塘　新塘　西洪塘　前埔塘　小同溪塘　翁处前塘　新塘　曾塘　蔡塘　陇尾塘　山前塘　光孝埭　草埔埭(上二十九所在从顺里。)　刘洋陂　新囷洋陂　王陂　吴坑陂　大辇陂　�竹陂　大洋陂　东陂　南洋陂　马园黄陂　玉峰陂　吴陂　水磨陂　塘潭陂　洋坂井尾陂　外陂　赵塘　洪塘　苟塘　龙鸾塘　谢塘　张塘　下尾塘　郑官塘　林塘　宝林塘　曾塘　南院埭　石埭　沈浦埭　上埭(上三十一所在积善里。)　洪浦桥　官塘　尾塘　欧塘　方塘　鸡髻塘　后洋蔡塘　古楼徐塘　高林埭　浦东埭　陈处埭　曾埭　莲板新埭　陈埭　薛鹅埭　新埭(上十五所在嘉禾里。通上三里凡七十五所,俱县西南。)　官陂　东乾陂　西乾陂　石阜陂　黄陂　张乇陂　碌碡齿陂　西乾下陂　崇胜陂　陈陂　石纯陂　曾潭陂　苟骨塘[4]　李塘　沈塘　林塘　陈库塘　李塘　林后塘　上王屋边塘　潘塘(上二十一所在县东北长兴里。)

永春县

蔡坑桥陂　新塘后门陂　平床高后大陂　留坑桥下

陂　坑源桥下陂　郑坂陂　发洪坑陂　溪潭陂　石碇吴陂　鳖坑陂　林田陂　曾洋陂　大柱山黄栏里陂(上十三陂在十五、六、七都。)　琳田陂　仓头洋头陂　双门陂　姜坑福寿陂　洋源水尾陂　西绢平床陂　龟龙西陂　龟龙桥下陂　盖竹洋大陂　洋斛陂　长沙陂(上十一陂在十八、九、二十都。通上二都凡二十四陂，俱县东。)　汤边陂　陈岩上陂　胡坑陂　陈岩大陂(上四陂在六、七都。)　陂头陂　溪西陂　衡山陂　下粤陂(上四陂在八都。)　陇丘陂　承鱼陂　东湾陂　林陂　郑陂　夹漈东陂　山里陂　流水泉源陂　傅洋陂　上坂陂　西向下尾郑陂(上十陂在九、十都。通上三都凡十八所俱县西。)　东岩陂　大坑陂　南浦尾溪陂　大坂大坑陂　陂兜岩前塠陂[5](上五陂在十一、二都。)　马洋山前陂　瓜陂　郑陂　吴洋浪汤陂(上四陂在十三都。)　崩岑头洋解陂　大禹陂(上二陂在二十四、五都。通上三都凡十一陂，俱县南。)　封崇陂　牛鼻塅漏尾陂　山门陂　东汰仓前陂　大坑陂　官田头陂　白马陂　张埔陂(上八陂在县东南十四都。)　福安路下陈塘陂　杜山兜陂　中坂岩前陂　石埕坑杜山陂　溪洒陂　陈质田头小路口下溪洲南新陂(上六陂在县西南二十三都。)　任田陂　丘田衡山陂　上坑姚田陂　上硿陂(上四陂在一都。)　王坑陂　黄沙陂　归洋令水下湾陂　下洋陂　曲斗陂　上桃林宅际上陂　庄林卞门前少坑陂(上七陂在二、三都。)　葛边陂　香审陂　萝饭头陂(上三陂在四、五都。)　水尾桥头陂　伴林陂[6]　林口陂　剧头铺下坑陂　陈田岭西头陂　卢陂(上六陂在二十一、二都。通上四都凡二十陂，俱县西北。)

安溪县

周塘　苏塘　上洋塘　黄潭塘(上四塘在县东长泰里。)　乌德陂　杨柳陂　乌颠陂[7]　洋塘(上四所在依仁里。)　石蛇陂　洪岩陂[8]　黄新塘　洪塘(上四所在新溪里。)　郑岩陂　卓元东洋陂(上二陂在新康里。)　洪岩洪山陂在新溪。六都二大陂也。　高陂　亭前陂　西门陂　石陂　石鼓陂　山洋陂(上六陂在崇善里。)　陂乌陂在来苏里。　蒋塘在光德里。(通上七里凡十九所,俱县西。)　产坑陂　上塘　可塘(上三所在县南永安里。)　卢灯两塘陂在县北还集里。　前山坑陂在县西北感化里。

惠安县

莲塘湖在县东民苏里。广一里,袤倍广之数,溉田十顷。　溪底湖在县东南安仁里。广半里,袤倍之,溉田二顷。　龙湫沟在县北一里螺山之左畔。岁久湮塞,或侵为田圃。成化十八年冬,知县张桓命工疏浚。　石镜陂　城山陂　承天陂　万岁陂　菱洋陂　普安陂　妙音陂　卢陂　黄陂　前坂陂　淡竹陂　小林陂　仓前陂　大房陂　碣石陂　桃李陂　林乾陂　陈塘陂　洋中深陂　上林陂　前坂下陂　许店前塘　峬洋塘　黄卢垅塘　坑下陂　大普安塘　樟树兜塘　斋堂前塘　林舍前塘　聂新塘　棹林塘　上陂塘　詹塘　郭塘　张路上塘　牛步塘　官埭　后仓埭　石湖埭　后坑埭　大陈埭(上四十一所在崇德里。)　兴陂　康陂　杨陂　延寿陂　上朱坑亩圳　小古坑畎圳[9](上六所在待贤里。)　白坂陂　庵西陂　仓前陂　山前陂山前塘（上五所在泰康里。） 小兜陂 崇福陂 张坑陂 郑陂 东洋陂 苏陂 坑源陂 大兜陂 前径陂 山腰塘 方塘 高仰塘 兜下塘 新塘 小塘 北塘 福胜塘 凭塘 渌塘 张塘 杨宅塘 玉塘 前门塘 许塘 郑塘 苏坑塘 东林塘 大潭 赤湖 石湖 寨湖（上三十一所在守节里。） 承天埭 开元埭 前林埭[10]（上三埭在□□里。通上五里凡八十六所，俱县东。） 索上陂 王明陂 并洲埭（上三所在长兴里。） 张陂 碌水陂 胡陂 后门陂 二八陂 刘塘 西塘 洪塘 林宅塘（上九所在礼兴里。） 封崇塘 浮坑埭（上二埭在□□里。通上三里凡十四所，俱县西。） 刘府埭水浦 壕林埭水浦 曾庄埭水浦 林寻埭水浦 长分陂 石壁陂 故宅陂 白岩陂 百担陂 白叶陂 故项陂[11] 小溪陂 康井陂 长潭陂 白岩畎圳[12] 双髻山兜畎甽[13] 石洋坑畎圳 沿溪上田畎圳 澳溪洋畎圳 林口马垅溪畎圳 大中陂（上二十一所在尊贤里。） 杨燕水浦 曲塘 李坑塘 近山坑源 田畎圳 林塘 溪湖埭 曾崎埭 陈埭（上八所在安仁里。） 郑陂 董陂 洋陂 连酬陂 白岩陂 欧陂 蔡宅陂 贾南陂 洛陂 小陂 大溪上陂 大溪下陂 大溪尾陂 西塘 悬钟坑畎圳 谢宅坑 畎圳 黄田坑畎圳 张庄溪（上十八所在民苏里。） 黄洋陂 六林陂 林前陂 乾峰陂 官陂 新坑陂 林田陂 石盘陂 发洪塘 上板塘 魏林塘（上十一所在同信里。） 马山埭 许内埭 镇奇庄埭 镇奇庄外埭 前头埭 马上外埭 崇福塘南埭 堑头埭（上八埭在□□里。通上五里凡六十七所，俱县南。） 崇福庄北埭 石埮庄埭 大即埭

东洋埭　网川上庄埭　蔡埭　吴埭　布埭庄埭　左丞相埭　戴仓埭（上十埭在县北□□里。）　西洋陂　东洋陂　院前塘　师姑塘　钟井塘　遮口塘　蔡塘　刘师塘　乾塘　林塘　徐店上塘　前吴埭　迁塘　桥塘　江庄塘　历外下塘　缺塘　翁塘　李塘　倚垅大塘　倚垅小塘　方师塘　当溪石桥塘　梁次云埭　林绍埭　陈廷伟埭　长坑埭（上二十七所在德音里。）　西塘在延寿里。（通上二里凡二十八所，俱县东南。）　龙津陂　大部陂　山前陂　江店陂　南坑陂　按山石陂　吴陂　巨济陂　江店塘　官塘　南门外塘　新塘　缺塘　山边田塘　郑门前塘　许坑塘　刘家塘　牛场塘　江店南塘　魏塘　东坑塘　前王塘　周塘　前安塘　辜塘　黄师父塘　寂公塘　上村塘　上坑塘　瓷窑塘　南坂塘　牛场中塘　桥亭池塘　牛场下塘　林边塘　傅庵前塘　东坂路下塘　立店门前塘　胡舍上塘　后洋庵塘　西吴舍前塘　瓷窑后塘　瓷窑下塘　竹坑岭头塘　许坑塘　许塘　后塘　下田塘　官林尾留塘　王孙埭水浦（上五十所在平康里。）　甘塘陂　小陵陂　新陂　乌龟陂　曾陂　官陂　吴陂　大官陂　黄陂　后内官陂　永丰陂　观边陂　黄塘陂　甘泉陂　新塘陂　舍利院前陂　甘坑新塘　官庄塘　后内山兜塘　西吴塘　大陂塘　后埔塘　法石庄塘　兰盘埭　鲈鳗埭　赤屿埭（上二十六所在归化里。）　产田陂　谢陂　王箕陂　曾陂　下梁陂　泽梁陂　刘门前陂　后峬塘　吴塘　石斛塘　洛塘　林门前塘　许塘　新塘　吴塘　陈塘　柳坑塘　泡埭上埭　泡下埭　寿尾坑　柳潭（上二十一所在祥符里。）　杨高塘　吴胜塘　杨汝翰塘　黄师

姑塘　黄西佐塘　吴讷塘　王容埭　杨高潭　吴讷潭　吴欣潭(上十所在温陵里。通上四里凡一百有七所,俱县西南。)　桑田陂　西洋陂　坂上山坑陂　东洋陂　上蔡陂　新宅门前塘　梅林塘　蔡塘　普空前塘　新宅下塘　东郑塘　白石大塘　打捕新塘　乾尾塘　西亭前潭　白石安潭(上十六所在县东北光德里。)　新陂　康陂　章陂　山柄塘　西溪塘　应坑塘　黄浦塘　后蔡塘　白塘　葛将塘　临坑塘　山前塘　黄岭塘　新坂塘(上十四所在县西北民安里。)

漳州府

龙溪县

东湖周回千余亩。宋绍兴间,郡守刘才邵沿湖建斗门,以时启闭,至今民蒙其利。宋郭祥正有诗。　新渠宋绍兴间,郡守刘才邵沿浦筑渠凡四十。颜师鲁为记。　郑公渠在留佩洋。宋嘉定间,郡倅郑焕浚。郡人立石刻曰郑公渠。　章公渠在扬名坊圳股桥。宋淳祐间,郡守章大任浚。民立石刻曰章公渠。(上湖并渠四所,在府城东门外。)　流岗港在二十六都。东通翁建港,接九龙江;西通东港,接南门溪水;北通长墙仪凤;南通蕉山浦尾。溉田数万亩。旧港之西旁数亩堙塞,溪潦时至,辄伤田稼。成化九年,知府张瓒督民浚治如旧。　水口塘在二十七都,溉田二十顷。　洲头洋岸　洋中岸　南壜洋岸　草头洋岸　内田洋岸　旧溪洋岸　五甲洋岸　百分洋岸　深埭洋岸　内州洋岸　新溪洋岸　大埭洋岸　新溪仔洋岸　南葛内田洋岸　上洲中洲洋岸　沙白洋岸　南洋仔岸

北葛洋仔岸　内田洋岸　新溪八分洋岸　东洲洋岸　玉洲新仔洋岸　洲头上溪洋岸　官埭康港洋岸　郭使洲洋岸　苏洲洋岸　瀛洲新丰洋岸　新开围外洋岸　沧洲洋岸　围下东山门口店后洋岸　塘洲仔庵后洲头洋岸　杨洲东洋岸　南边洋岸　东埭洋岸　新泥洋岸（上三十五岸计长三万二千五百八丈二尺，各高一丈二尺，或四、五尺，厚一丈八尺，或二丈二、三、四尺，俱在二十八都。）　官港上通柳营江，下通石美港，长二十余里，溉田二百余顷。岁久壅塞。成化十八年，知府姜谅督民重疏治之。　新埭二所俱濒海，所以障卤水，使不害稼也。岁久崩坏，知府姜谅重修，复增建斗门，以时蓄泄。　吴陂　杨陂　新陂　蠔礁埭岸　海洋埭岸　东边埭岸　乌屿海印埭岸　西墕新埭岸　六甲颜埭岸　茭苧埭岸　直道埭岸　先锋埭岸　施埭堤岸　周染埭岸　外埭岸　石鱼埭岸（上一十三岸计长一万五千九百六十四丈，各高一丈，厚一丈五尺，或二丈。以上十九所在二十九、三十都。通上四都凡五十六所，俱府城东。）　仙溪陂　饷贺陂　竹洋陂　辜洋陂　南丰陂　山溪源陂　独坐陂（上七陂俱在府城西二十一都。）　禾平埭源出漈山及龙须漈，合流而至于此，溉南山寺田数十顷。元延祐间筑。成化十八年，知府姜谅重修，计一千八百余丈。　赵埭积大悲岩坑及金龟漈二水，溉田四顷有奇。　西埭亦积大悲岩坑水，为斗门，以时蓄泄，溉田十顷有奇。（上二埭俱洪熙元年南山僧无溢修筑。）　塘头杜埭岸　禾平庄埭岸　黄埭岸　溪乾带埭岸　溪乾登带埭岸　丰田霞尾溪乾埭岸　丰田市尾庄埭岸　青浦内洪安埭岸　青浦保仙埭岸（上九岸计长八千三百六十三丈，各高一丈二尺，厚二丈五尺或六、七尺。以上十二所在四、五都。）　溪头陂溉田十顷有奇。旧以沙土筑之，岁屡崩坏。成化十八年，知府姜谅檄海门巡检许谦董役，易之以石。　**鸿福埭**潴鸿山之水，溉田十顷有奇。旧法济寺僧掌之，后为豪右所据。成化十八年，知府姜谅复褫以与民，俾修筑之。民乐其利，因改其乡曰“丰乐”。　**吴山平社埭岸**　**许坑社埭岸**　**浮岐社埭岸**　**苏埭岸**　**甘埭岸**　**洪埭岸**　**岭后社内围埭岸**　**龙滦社埭岸**　**双分社埭岸**　**排铺庄埭岸**　**圳尾社埭岸**　**上墩社埭岸**　**东山社埭岸**(上十三岸计长八千二百二十八丈，各高一丈六尺，厚二丈六尺。以上十五所在六、七都。)　**倒港**南接南陂，北从北港，旁通河角谢仓，以至许坑。溉田千亩。　**台埭洋埭岸**　**斜埭洋埭岸**　**黄埭洋埭岸**　**永兴庄埭岸**　**朱埭埭岸**　**宫前后洋埭岸**　**谢仓内埭岸**　**谢仓外包埭岸**　**二十八分外埭洋岸**　**二十八分内埭洋岸**(上十岸计长三千六百三十一丈，各高一丈四、五尺，厚一丈六、七尺。以上十一所在八都。)　**太保陂**昔有谢都官者，筑海为田。继有陈太保者，引水开圳，设斗门，以时蓄泄，溉田百余顷。然沙土善崩，民以为患。景泰初，乡人刘廷奋率众请于郡县，验田聚谷，悉砌以石。　**矶洲埭岸**　**吴边埭岸**　**港头埭岸**　**溪尾埭岸**　**普贤埭岸**　**草尾埭岸**　**翁埭港岸**　**张芦边埭岸**(上八岸计长五千一百丈，各高一丈二尺，厚一丈五尺或七、八尺。以上九所在九都。)　**高洲洋岸**　**新洲后洋岸**　**方处下洲尾洋岸**　**港尾庵后洋岸**　**许溪里洲洋岸**　**福河白莲塘洋岸**　**程尼洲四围岸**　**尼仔洲四围洋岸**　**溪边洲尾洋岸**　**新洲临洲洋岸**　**官洲泥边洋岸**(上十一岸在十一都，计长一万五千九百九十三丈，各高一丈三尺，厚一丈八、九尺。)　**邹塘**源出紫云岩。　**浯淇塘**源出石狮岩下，限以石闸，而时蓄泄之。(上二塘在十二、三都，各溉田百有余亩。)　**施墩**

上圳在□□都[14]，通浯淇塘水，溉田六十余顷，知府姜谅重浚。（通上七都凡六十一所，俱府城南。）　**白银陂**　**郑陂**　**林陂**（上三陂在二十二都。）　**蓬莱港**溉田百余顷，旧为流沙所湮，成化十八年，知府姜谅督民浚之。　**松柑浦**溉田百余顷。　**陈陂**　**白衣陂**　**吴陂**　**县陂**　**张陂**　**林陂**　**董迳陂**　**林角陂**　**大黄陂**　**黄竹陂**　**普通陂**（上十三所在二十三、四都。）

郭坑塘在二十七都，岁久堙塞。成化十八年，知府姜谅重浚，溉田二十余顷。（通上三都凡十七所，俱府城北。）　**月港**南接田尾港溪源，北接西溪上流，潮汐吞吐，溉田以万计，亦通舟楫。

禾平港通坑漈及龙须漈港，两畔为斗门三，以时储泄，溉埭田万有余亩。（上二港在四、五都。）　**广济陂**在八都，宋郡守傅□[15]所筑。累石为堰，长一百三十丈。自洪礁倒港历八都、六、七都及漳浦县二十八都，溉田千有余顷。岁久颓圮。国朝景泰五年，知府谢骞命邑民苏日跻修筑，寻复为洪水所坏。成化十七年，知府姜谅规措财用，托致仕运判苏殷及大使何金督工重修。民感其惠，因呼曰“姜公陂”。　**普贤埭**在九都，潴太保陂水，溉田四顷有奇。知府姜谅重修。　**陈洋陂**　**莒溪陂**　**瞻军陂**　**石陂**

陈陂　**官陂**　**师姑陂**　**大寿陂**　**古溪陂**　**古溪下陂**

蔡陂　**绿陂**　**徐陂**　**吴陂**（上十四陂在十二、三都。）　**西浦**在二十七都。其水自南门溪逶迤回绕。其旁有港，时引潮汐，溉田十顷有奇。上有村，中通舟楫。　**鸿江埭岸**　**许林头埭岸**

西埭岸　**后林埭岸**　**石囷埭岸**　**北市埭岸**　**埕边埭岸**

海沧埭岸　**石甲头埭岸**　**澳头埭岸**　**林尾埭岸**　**观音后埭岸**　**陵坑埭岸**　**赤石埭岸**　**暂尾埭岸**　**钟林尾埭岸**

长屿埭岸　**山头埭岸**　**东坑埭岸**　**后泾埭岸**　**庄水头埭岸**　**后浦埭岸**　**排头埭岸**　**吴贯埭岸**　**马厝前埭岸**

刘厝前埭岸　郑墩埭岸　南内埭岸　南外埭岸(上二十九岸计长三千九百九十七丈,各高一丈五尺,厚一丈八尺,或二丈。通上六都凡四十八所,俱府城东南。以上港浦陂塘及埭,皆仍旧迹。间有尝经浚治者,已各疏其下。其圩岸通计一百二十八处。盖为府治东南濒海,恐潮汐害稼,故筑以捍御之也。岁久渐圮。成化十六年,知府姜谅檄县丞吴鹏、典史应华董其邑民重修。)

朴花陂在府城西南二十一都,溉田百余亩。天顺五年,为洪水所坏。成化十五年知县朱琳重修。　**王陂　石陂　中陂　北陂　官陂**(上五陂在府城东北二十六都。)

漳浦县

西湖在县西门外,邑中众水所汇。宋嘉定间,县令赵师缙凿湖筑岸,创立水门,时其蓄泄,以溉民田。周围五百一十五丈。

开元陂在县南十七都界。旧开元寺有南北二埭,田三十余顷,故筑是陂,潴水溉之。　**陈翁陂　何峄陂　广济陂**详见《龙溪县志·水利》。　**横口陂**(上四陂在县北二十八都。)

龙岩县

郑陂在县东门外。　**谢洋陂**在县西。　**官陂　吴陂**俱在谢洋陂之下。　**新陂**在东山。　**乌石陂**在乌石头。(上二陂俱县南。)

长泰县

永利陂　双圳陂(上二陂在彰信里。)　**方陂**在方成里。(通上二里凡三所俱县东。)　**莼塘陂　史院陂**(上二陂在县西仁和里。)　**颜甫陂**旧为洪水所坏,知府姜谅檄知县刘铎重修。

古楼陂(上二陂在县北旌孝里。)　田水陂在恭顺里。　西洋陂在善化里。(上二陂俱县东北。)　良岗陂在县西北石铭里。

南靖县

车头陂　东山陂　大寨陂　车田陂　油车濑陂　港仔陂　九良陂　庙下陂　马头陂　渡船头陂　湖湫村陂　酒甕潭陂　汤坑陂　倒树径陂　张渠陂　吴田陂　虎爬濑陂　鸿田陂　潭头陂(上一十九陂在县西归德里,共溉田二百顷。)　圳头陂　坂仔陂　新陂　后溪陂　铜鼓陂　南山陂　上坂陂　后塔陂　马溪陂　乌田上陂　乌田下陂　宝峰陂　新岩陂　虎陷陂　湖潭陂永乐十八年里人李伯瑾开筑,灌田千余亩。前主事黄文史为记。(上十五陂在县南清宁里,共溉田一百五十顷。)　溪仔陂　下路陂　龙路亭陂　陈洋陂　涂寨陂　涌口陂　龙山陂　铁山迳陂　宝珠山陂　官洋陂　白浪濑陂　田北下陂　寨下陂　庵头陂　田寮上陂　径头陂　铜岭上陂　溪仔下陂　荒山陂　林口陂　硿口陂　田寮下陂　后到陂　石佛陂　新店陂　铜岭下陂　深渡陂　流下陂　车后陂　余仓陂(上三十陂在永丰里,共溉田二百五十顷。)　釜港陂　河园上陂　田墩陂　河口陂　南门陂　洪溪头陂　岩下陂　岩山陂　小溪上陂　中陂　下陂　张仓上陂　下陂(上十三陂在习贤里,共溉田二百顷。通上二里凡四十三陂,俱县北。)

漳平县

后溪洋陂在居仁里,源出凌家山,溉田六顷有奇。　车陂在和睦里。甃石截溪，车水以溉田，故名。（上二陂俱县北。）

黄畲涧源出三重岭，西流入龙江。 **小坞涧**源出覆鼎山下，历后葛。 **安坑涧**源出凌家山。 **宁坑涧**源出仙帽山及牛隔山。 **高岩涧**源出岩洞，历大青诸处。（上五涧俱流入龙江。每岁东作之时，则筑陂蓄水以溉田。）

汀州府

长汀县

官陂积水之所。 **张家陂** **郑家陂** **中陂**横截鄞坑，广袤数十里。（上四陂在府城东左厢金花坊。） **西田陂**在归阳里。 **南拔桥陂**在在城里。累石为堤，引水入官濠，东流。（上二陂在府城西。） **何田大陂**在府城南清泰里。障刘源溪入中陂，又障黄坑涧，抱山数曲，合流出何田市心，疏为数十圳以溉田，俱成膏沃。

上杭县

官陂在县东白沙里。 **高陂**在县南太平乡。 **梁陂**在县西北[16]在城里。昔乡民有梁姓者，募众累石为陂，溉田数顷。

武平县

黄田陂在县西丰顺平里。

清流县

成陂在龚坊。 **新陂**在白石桥。 **雷公陂**在吴家铺。 **枫陂**在上保。（上四陂俱城郭里[17]。） **胡椒陂**在黄地岩。

阳陂在嵩溪馆上。　黄坊陂在清水塘。　桥下陂在嵩溪[18]。　牛屎陂在潭口。　黄婆陂在完池。　伍陂在大坑门首。　嵩溪陂在馆前下。　大段陂在汤坊。　池陂在池溪。（上十陂俱县东永得里。）　牛河陂在风夹。　石壁陂在西坑。　桥下陂在田头。　新桥陂在罗坑。　和尚陂在李田。　罗汉陂在下冯。　石壁陂　黄陂（上二陂在下谢。）朱家陂在必渊坑。（已上九陂俱县南四保里。）　大陂一在源坑，一在细坑。　际合陂在中地水口。　门首陂在塘下。雷公陂在塘源坑。　牛陂在横坑。　石梯[19]在羊蹄坑。（上七陂俱仓盈里。）　牛家际陂　黄𬱖陂　石硖陂（上三陂在三都。）　小坑陂在二都。　余朋陂在平地夹。　陈家陂在罗坊。　白沙陂在四都。　西坑陂在石拔。　品地陂在一都。

洞口陂在矶头。（上十陂俱梦溪里。）　上湖陂在急龙。马家陂[20]在张家营。　姚坊陂在船湖。　游坊陂在班竹。（上四陂俱北团里。）　石子下陂　段上陂　岩塘下陂　陈家岭下陂　岭下陂　新田上陂　石佛陂　黄家沙陂（上八陂在罗村里。通上四里凡二十九陂，俱县东南。按县志，每岁农隙之时，县官一人循行境内诸陂，督得利之家修筑，以备旱涝。）

连城县

彭坊陂在城里。元初筑。　大田陂在北里吕屋岗。吴公陂在官坊。　牛陂在郭坑口。　店前陂在后洋。　吴地陂在峰头。　隔畲陂在龙坑。（上五陂在姑田里。通上三里凡七所，俱县东。）　大田陂在县西南顺里。　官陂在班竹。

黄城陂在官陂之下。（上二陂在南顺里。）　大安陂在下畲隔口。　丘坊陂在中田尾。　大分陂在赤岭尾。　新陂在壁州溪。 **余坊陂**在余坊尾。 **过路陂**在魏坊尾。 **岭背陂**在李坊村。(上七陂在河源里。) **官田陂**在刘家车。 **陈张陂**在冈溪。 **大洋陂**在席湖。(上三陂在表席里。通上三里凡十二陂,俱县南。) **石陂**在黄公桥之上,元初筑。 **苏坑陂**在北山庵下。 **岩陂**在上江坊。 **夹口陂**在徐坊。 **石航陂**在黄屋山下。 **中陂**在溪源。(上六陂在县北北安里。) **龙爪陂**在县东南在城里,元初筑,以溉县前之田数百亩。(以上县境诸陂皆因其田势卑高而置,以资灌溉。为设守者,稍有崩决,辄加修葺。)

归化县

八字陂在县西兴善里,溉田千余顷。 **杨嬷陂**在县东北归上里黄窠。昔尝有孀妪杨氏捐资创筑,以溉众田,邑民利之,因名。

永定县

高陂在县东太平里。 **大陂**在胜运里,洪武间筑。 **蔡家陂**在南溪里龙漈。昔有蔡姓者募众修筑,因名。(上二陂俱县南。) **杭陂**在县西北胜运里。 **杭陂水圳**在县北胜运里。自接官亭西环绕县前,直抵通明门,以堰坑陂之水,萦纡屈曲,灌溉田畴,居民食饮亦赖焉。

延平府

尤溪县

官陂在县西南二十八都。方广数十亩,溉田数千顷,余浸旁及他境。

沙县

鸬鹚小溪陂在五都，溉鸬鹚村城头坂田。　**西山小溪陂**溉西山一带田。　**天王陂**溉天王寺田。（上二陂在八都。）　**官庄小溪陂**在□都[21]，溉官庄高沙坂田。（通上三都凡四陂俱县东。）　**齐岭根陂**溉俞屯雁山下茂坂田。　**涌溪陂**溉涌溪俞屯黄墩坂田。（上二陂在□□都[22]。）　**官舍坑陂**在□都[23]。溉高桥坂一带田。（通上二都凡三陂，俱县北。）

顺昌县

张公渠在县治北。洪武七年知县张缙开。源出龙兴岩。居民旧于山之腰决小渠，引水溉田，仅载苗米五斗而已。西南有古渠，堙塞已久。缙迹其地[24]，经度卑高，以废田易民田，凿山通渠，爰自龙兴岩山胁过赤岭，行九里有奇，抵县治，官民利之。因效白公渠故事，命以今名。

邵武府

邵武县

大圳陂　**芙蓉陂**各溉田二十顷。　**官陂**溉田一十五顷。　**二侯陂**溉田五顷。　**李家陂**在李家坊，溉田一顷五十亩。　**大源窠口小溪陂**溉田二顷。　**兴圣寺上陂**溉田三顷。（上七陂在一都。）　**百泮陂**在二都，溉田八顷。　**瑞田窠口陂**在三都，溉田六十亩。　**洒口陂**溉田二十顷。　**勋潭陂**溉田一十五顷。　**大陂**在乌茶坑，溉田二十顷有奇。　**石角陂**在樟树下，溉田十顷。　小锦陂在和丰陂下，溉官源下段。　和丰陂在官源浦前，溉田四十二顷。　结子陂溉田二十八顷。

车碓陂溉田七十亩。　王塘其塘有三，曰上麦湖、中麦湖、下麦糊。旧传王氏潴水之所，因名王塘。（上十一所在五都。）丁字桥陂溉田八顷。　饶公陂溉田二十顷。（上二陂在六都。）　黄公陂溉田五顷。　神公陂溉田二十顷。　官塘窠口陂[25]溉田二十五顷。　南山下陂溉田六顷。（上四陂在七都。）　禾窟石陂溉田五顷。　黄广陂溉田四顷。　排下陂溉田六顷。（上三陂在九都。）　杨竹陂在十都，溉田九十亩。

洋头陂在十一都，溉田十顷一十四亩。　桃溪陂溉田四十顷。　鸣山陂溉田二十五顷。　傅家坊陂溉田五十顷。（上三陂在十七都。）　冯墩陂溉田一顷有奇。　兴林寺前陂溉田一十顷。（上二陂在十八都。）　西川坑陂溉田一顷有奇。民田后陂溉田一顷一十亩。（上二陂在十九都。）　槎湖屈陂在二十二都，溉田二顷三十亩。　大竹樟台陂在二十六都，溉田二顷。　天湖岭陂溉田四顷。　赤岸花桥头陂溉田六顷。（上二陂在二十七都。通上十一都凡三十九陂，俱府城东。）　济仙桥陂在四十六都，溉田三顷。　羊角陂在四十九都，溉田一顷。　七士桥陂　高家渡陂（各溉田一顷。）　石壁陂溉田一顷二十亩。（上三陂在五十都。）　徐家陂溉田一十顷四十亩。　任家陂　樵岚陂（各溉田一顷二十亩。）　平阜陂溉田一顷。　油榨陂在樵岚口。其流至悟空寺前，分三道：一视[26]入城内，由上水寨下水寨东出；一由回回山下至山川坛东注白水桥下入溪，溉田一顷有奇；一出濠上圳，入花园，至仁寿段，溉田二顷。永乐间湮塞。天顺间，里人张宾等请官重浚。（上五陂在五十二都。通上四都凡十陂，俱城西。）　小六郎陂溉田一十顷。

黄八罗口陂溉田二顷二十亩。（上二陂在三十都。）　观陂在三十一都，溉田九十二亩。　大洋坪陂溉田一顷五十亩。　山东方陂溉田一顷二十亩。（上二陂在三十二都。）　石堀陂[27]溉田一顷五十亩。　新陂溉田一十顷。　暗溪口陂溉田八十亩。　乌石段陂　石溪头陂（各溉田一顷六十亩。）　官陂溉田一顷二十亩。　梁家平陂溉田八十亩。（上七陂在三十二都。）　梁家陂在三十五都，溉田二顷四十亩。　梁家陂溉田九十六亩。　黎岭陂溉田一顷六十亩。（上二陂在三十六都。）　永丰原陂在三十七都，溉田三顷。　虞陂在四十八都，溉田六十亩。（通上八都凡一十七所，俱县南。）　观音陂在二十八都，溉田四顷。　中营官陂溉田一十顷四亩。　乌田陂溉田一顷三十六亩。　暑山陂溉田十顷。（上三陂在二十九都。通上二都凡四陂，俱府城东南。）　上樵陂在四十五都，溉田四十顷。　竹头陂溉田二顷。　黄柏溪罩头陂溉田一顷五十亩。　松林头陂溉田三十亩。　胡家窠口陂溉田八十亩。　丁家段陂溉田五十亩。（上五陂在四十七都。通上二都凡六陂，俱府城西南。）　屯段陂　观庄陂（上二陂在府城东北，各溉田二顷。）

泰宁县

千圳陂在朱口保，溉田四顷有奇。　大潭陂在福兴下保，溉田二顷。　杨坑陂溉东西二段田五顷有奇。　鸬鹚陂县令胡玻筑，溉田一十顷。（上二陂在水南保。通上三保凡四陂，俱县东。）　杨坊陂在县西瑞溪保，溉田二顷三十亩。　大均陂在永上保，溉田五顷。　中坊陂在仁寿保，溉东岸田二顷。　衢口陂在永兴下保，溉田二顷五十余亩。（上三陂俱县南。）　北庄陂在庄城保。 杨鸦陂在崇化保。(上二陂俱县北,各溉田二顷有奇。)

建宁县

黄陂溉田一顷五十亩。 官陂溉田二顷。(上二陂在永城保。) 税下陂在洛阳保,溉田二顷。 惠安陂溉田二顷二十亩。 雷陂溉田五顷一十亩。(上二陂在开山保。以上三保凡五陂,俱县东。) 鄢家陂溉田三顷。 寺坛陂溉田二顷五十亩。 观音陂溉田一顷五十亩。 滟湖陂溉田五十亩。(上四陂在富田保。) 石角潭陂溉田一顷八十亩。 黄家陂溉田一顷一十亩。 石陂溉田一顷六十亩。 广洋陂溉田一顷一十亩。(上四陂在都上保。) 蟠湖陂溉田四顷。 彭家陂溉田三顷五十亩。(上二陂在上黎保。) 寮前陂溉田二顷五十亩。 萧家陂溉田一顷八十亩。(上二陂在银坑保。) 官陂在里心保,溉田三顷。 石嘴陂溉田□顷一十亩。 德新陂溉田一顷三十亩。(上二陂在都下保。) 李家陂溉田一顷六十亩。 石陂溉田一顷五十亩。(上二陂在大南保。) 郭家陂在静安保,溉田一顷五十亩。 破田陂溉田二顷五十亩。 梅树陂溉田一顷有奇。(上二陂在新城保。) 严坑陂溉田一顷三十亩。 石上陂溉田二顷。(上二陂在桂阳保。) 黄家陂在排前保,溉田一顷五十亩。 竹窠陂溉田八十亩。 塘头陂溉田一顷有奇。 祝家陂溉田八十亩。(上三陂在大南保。)

应家陂溉田二顷。 乌石陂溉田一顷五十亩。(上二陂在安吉保。通上十二保凡二十八陂,俱县西。) 双溪陂溉田二顷五十亩。 张公陂溉田一顷五十亩。 石陂溉田三顷五十亩。(上三陂在将田保。) 石前陂在赤下保,溉田一顷七十亩。

官人陂在赤上陂，溉田五顷。　九亩塘在长吉保，溉田二顷有奇。　九支塘在镜村保，溉田一顷有奇。（通上五保凡七所，俱县南。）　惠安陂溉田二顷二十亩。　雷陂溉田二顷四十亩。　畲陂溉田五顷有奇。　黄源陂溉田一顷五十亩。（上四陂在黄溪陂[28]。）　黄家陂　家在陂（上二陂在黄溪保，各溉田二顷。）　石牛陂溉田二顷五十亩。　蓝坑陂溉田一顷二十亩。（上二陂在蓝田保。）　洋田陂溉田一顷四十亩。　洋背陂溉田二顷四十亩。　漠溪陂溉田一顷五十亩。（上三陂在安仁保。通上四保凡十一陂，俱县北。）

光泽县

大五陂溉田八顷二十亩。　龚家陂溉田二顷一十亩。（上二陂在十六都。）　邓家陂在三十都，溉田三顷有奇。（通上二都凡三陂，俱县东。）　丘家陂溉田二顷。　高田浦前陂溉田一十八顷。　赤岭上陂溉田一顷。　赤岭下陂溉田七十亩。　太傅上陂溉田二顷。（上五陂在二都。）　官家陂溉田一顷二十亩。　洁头陂溉田二顷三十亩。（上二陂在十都。通上二都凡七陂，俱县西。）　梧桐陂溉田五顷。　车磨陂溉田四顷。　张家陂溉田一顷。（上三陂在十九都。）　昭德陂溉田一十二顷。　梁家陂溉田一顷。　大黑风陂溉田一顷四十亩。（上三陂在二十都。）　饶家陂　乌檠陂溉田三十亩。（上二陂在二十一都。）　清塘陂溉田十二顷。　山口陂溉田一顷。（上二陂在二十二都。）　王家陂在二十四都，溉田二顷。

茶皇陂　车头陂（各溉田一十五顷。）　举贤陂溉田一顷八十亩。（上三陂在二十六都。）　阇黎陂在二十八都，溉田一十三顷。　高连陂在二十九都，溉田五十亩。（通上七都凡十六陂,俱县北。) **道士陂**在县西南六都,溉田三顷有奇[29]。 **尚陂**溉田一顷二十亩。 **田头陂**溉田一顷[30]。(上二陂在县东北二十三都。) **南山陂**在十六都,溉田一顷六十亩。 **石城陂**在十七都,溉田八十亩。(上二陂俱县西北。)

校 注

[1] 万历《泉州府志·舆地下》作“篠陂”。

[2] 万历《泉州府志·舆地下》作“蒲堤陂”。

[3] 万历《泉州府志·舆地下》作“归德里”。

[4] 万历《泉州府志·舆地下》作“狗骨塘”。

[5] 万历《泉州府志·舆地下》作“陂兜岩前啼陂”。

[6] 万历《泉州府志·舆地下》作“泮林陂”。

[7] 万历《泉州府志·舆地下》作“乌镇陂”。

[8] 万历《泉州府志·舆地下》于“洪岩陂”条下注云:“长三十余丈,阔六尺,自大岩山之南而来。洪岩、洪山陂二大陂也,水来自大岩山之南者为洪岩陂,来自大岩山之北者为洪山陂。二陂共长三十余丈,阔六尺。”

[9] 万历《泉州府志·舆地下》作“小鼓坑亩圳”。

[10] 万历《泉州府志·舆地下》:“凿沟渠陡门,外捍潮汐,内蓄泄山水谓之埭。”县东有承天庄埭,无承天埭、开元埭、前林埭。

[11] 万历《泉州府志·舆地志下》“故项陂”作“故顿陂”。

[12] 万历《泉州府志·舆地》无此圳。

[13] 万历《泉州府志·舆地下》作“三髻山兜亩圳”。

[14] 光绪《漳州府志·水利》作“属十二、三都诗墩里”。

[15] 查光绪《漳州府志·秩官》,宋代知漳州事傅姓单名者惟傅壅一人,嘉定十二年以朝散郎任。

[16] 乾隆《汀州府志·桥梁》作“在县西二里”。

[17] 乾隆《汀州府志·桥梁》作“坊郭里”。

[18] 乾隆《汀州府志·桥梁》作“在田里”。

［19］乾隆《汀州府志·桥梁》作“石梯陂”。

［20］乾隆《汀州府志·桥梁》作“马山陂”。

［21］嘉靖《延平府志·水利》作“在县治东五都”。

［22］嘉靖《延平府志·水利》作“上二陂在县治东北十七都”。

［23］嘉靖《延平府志·水利》作“在县治东北十三都”。

［24］嘉靖《延平府志·水利》作“缗即其地”,“即”字疑讹。

［25］嘉靖《邵武府志·水利》作“官田窠口陂”。

［26］参稽嘉靖《邵武府志·水利》、咸丰《邵武县志·水利》,“视”似为“流”之讹。

［27］嘉靖《邵武府志·水利》、咸丰《邵武县志·水利》均作“石窟陂”。

［28］参稽嘉靖《邵武府志·封域》应作“黄溪保”。

［29］嘉靖《邵武府志·水利》作“导西溪之水,溉田一顷。泉出极高隘,衍于江家渡,亦溉田一顷”。

［30］嘉靖《邵武府志·水利》作“溉田三顷七十亩”。

八闽通志卷之二十四

食　　货

水　　利

兴化府

莆田县

木兰陂在府城西南维新里木兰山下。溪源自永春、仙游西南下,合涧壑之水三百有六十,会流东注于海。宋治平初,长乐钱氏女始议堰陂于将军岩前,据溪上流,陂成辄坏。既而同邑林从世复来相溪下流,改筑于上杭温泉山口,将成,潮势冲激亦坏。熙宁八年,侯官李长者宏应诏募而来,始相地于今址。会有冯仙智日者,授以规摹,率众钱七万余缗,迭石创陂三十二间,间各树石柱二,而置闸其中,以时纵闭。陂深二丈五尺,阔三十五丈。即陂之右,疏渠导水,障东流而南注者三十余里,为大沟七,小沟无数。溉南洋上、中、下三段民田。上段:维新、南匿、胡公三里,为水泄九,塘四,沟圳八,水瓣斗门一。中段:莆田、南匿、国清三里,为水泄一,沟四,林墩、洋城斗门二。下段:莆田、连江、兴福三里,为水泄二,沟四。合之,凡溉田万余顷。岁输军储三万七千斛。遂以旧潴水横塘、陈塘、许塘、新塘、唐坑塘凡五，给为民田，而截其三，及大孤屿、白水等田，为谷共二百九十三石，二坊一角，白地，夫工、子头等钱共三百七十七贯二百六十二文足，号陂司财谷。陂置役人，正一，副一，甲头一，小工八，水手二。柱倾则支，闸圮则易，圳壅则疏，围缺则补。岁各有酬劳田食钱若干，具有定例。绍兴二十一年，县丞陈弥作[1]复采众议，为札子以上于郡[2]，欲革四弊，立五例，其条画尤为详尽。二十八年，陂失故道，由北岸而东奔。县丞冯无肃修而复之，郑樵为记。元延祐二年，兴化路总管张仲仪复创斗门于陂之北岸，名曰“万金”，而凿渠引水，以溉北洋延兴、孝义、仁德三里民田。国朝洪武八年，岁久陂缺坏，通判计迟润修。永乐十一年，陂堤岸崩，通判董彬命耆民朱季和董役重修，并易闸板以石。先是，陂之石柱为风涛所折，遂减其四间，而砻石以为之护；及是，又各以巨石覆之。致仕教谕林圭为记。宣德六年，陂堤岸复崩，县丞叶叔文尽撤其旧，椓栈入地，以固其址，然后甃石于底，渐杀其上，至石梁而止，视旧堤广加寻有二尺。员外郎陈中为记。天顺六年，陂穿漏而圮坏者凡六间，南北堤岸亦崩缺。知县王常命士民王行安董役，悉撤旧址，先实以灰土而坚筑之，然后布栈累石，尽复其旧。郎中陈俊为记。陂之南岸有二庙，皆宋时邑人所建，以祀宏及钱氏者也。元柯举诗：“壶山水绕恩波在，村北村南处处耕。”国朝朱元道诗：“群黎共戴东西庙，一水平分南北溪。”陂司之例，今废已久。其田尚载版籍，计四顷九十亩七分， 内酬劳陂正副及李长者庙祭祀番灯田三顷二十四亩八分，俱不科粮，着为令。按郑樵重修记：“智日贳酒于宏家，三年不责酬。将行，曰：‘当与子遇木兰山前。’宏先期而俟。智日乃以方略夜役鬼物，朝成竹樊。先是木兰有谶曰‘逢筑则筑’[3]。至是，宏乃依竹作堤，而陂始克成。”又故老相传今陂基下有石盘据水底，横亘北山；陂盖因石为址，而石成之。凡两石相甃处各为函如银锭状，而范铁汁于其中，故能与洪流敌之，经久不坏。万金斗门今不置闸。按郡人龙溪主簿赵孟慈、邵武教授丘臣甫等立石刻《新创万金斗门记》，以为总管张仲仪建；而本路判官林定老撰《协应庙记》，又以为总管郭杂儿、佥宪张仲仪同建。二说不同。窃详《斗门记》刻于斗门初成之时，其言必可据；而《庙记》作于至顺元年，相去仅十五、六年，其所传不同遽如此，不知何也。　木兰陂下大沟，通小沟二在府城南维新里。　沙沟大沟在胡公里，通柯厝桥沟、后黄沟、溪船头沟、新沟，凡四。由柯厝桥沟旧与南力里白埕沟不通；成化二年，知府岳正始开新沟一，通其水源，以溉胡公、南力二里之田。　上下渠大沟、通漏头、东沟等处小沟六　罗外大沟通后陈、樟桥等处小沟七俱在南力里。　洋城斗门前大沟，通小横塘等处小沟四在谷清里。　林墩斗门前大沟，通小沟九　后洋大沟，通小沟三十有八(俱在连江里。)　五龙桥等处小沟九跨连江、景德二里。　清浦化龙桥等处小沟一十有七在莆田里。　南田企石等处小沟四在合浦里。　东山斗门等处小沟六在兴福里。　横塘新塘等处小沟三在安乐里。(已上大沟七、小沟一百有九，俱在府城东南，皆宋李宏所开也。国朝通判董彬、县丞叶叔文、知县刘玭、知府潘本愚、岳正屡尝修浚焉。)　永丰斗门在渠头。元至正二十年创桥。国朝永乐四年，乡人廖良骥改为斗门。宣德三年，其子履常重修。　通津斗门在下楼。与永丰斗门相通。元至元二十年创。国朝永乐初，廖良骥募众修。宣德间，其子履常复募众重修。　郑坂斗门天顺四年，知县潘本愚建。(上二斗门在维新里。)　漳鱼港斗门在南力里。旧已圮塞，成化二年知府岳正重建。　洋城斗门在谷清里。旧为洋城泄，宋淳熙九年，知军事潘时改创，提举宋藻为记。绍熙二年赵彦励重造。溉田六百一十顷七亩。国朝景泰三年，知府张澜、主簿陈焕恭尽撤旧址，迭石为阶，至闸而止，甃为门二[4]：南洋斗门，此其最大者;林墩次之,东山又次之。　**林墩斗门**在连江里。宣德七年,县丞叶叔文命耆老陈彰晦重修。郡人陈中为记。　**东山斗门**在澄口东山之南。木兰之流,至此已绝。旧为涵泄,至元末,始创为斗门。国朝洪武初,里人林用震得东张澄口之地、堤海之田,后其子因私水利,白其事,复修斗门,增设涵闸,自是高亢之田,均沾木兰之流矣。景泰六年,知府张澜命士民吴时耕董役重修。　**水瓣斗门**(上二斗门在于兴福里。已上六斗门俱在府城之东南。)　**胡芦埭涵**　**埭子涵**　**五泮埭涵**　**珠浪村涵**　**新庄埭涵**　**赡齐埭涵**　**港尾埭涵**　**新隐大埭涵**　**涂历埭涵**　**天与埭涵**　**礼拜寺埭涵**　**西塔庄埭涵**　**九洋埭涵**(上十三涵在连江等里,通洋城、林墩、斗门。)　**银盏埭涵**　**开山埭涵**　**瓜藤埭涵**　**了天埭涵**　**慈圣埭涵**　**屈卯埭涵**　**东堂下埭涵**　**草坵埭涵**　**九泮埭涵**　**同知埭涵**　**东堂上埭涵**　**万安埭涵**　**鹅脰埭涵**　**新庄埭涵**　**廿七泮埭涵**(上十五涵在兴福里,通东山斗门。)　**国清塘**在县东南景德里。唐贞观元年置。塘有三十六股,周回三十里。溉田五百顷。宋时阔五十丈,为斗门一,水瓣桥一,沟一,溉田七十顷五十五亩。郡人林大鼐撰《李长者传》云:"木兰陂成,废塘五所,惟留国清塘以备大旱,陂力所不及者。"宋郑耕老《游国清塘》诗:"涌金门外尽菰蒲,四月行人客上都。六月国清塘上望,依稀身更在西湖。"(已上俱南洋水利。)　**均惠陂**在文赋里西淙瀑布泉之下,旧以木为之,名宦陂。陂之下分为二渠:其一历石门由砚头以达下皋;其一径趋西埔。岁久陂废,下皋田多而得水反少,西埔田少而得水反多。成化十九年,按察司副使刘乔行部至莆,民以为言,乃命稽其田之顷数,而定其水之分数。然后伐石为陂,而按其所得分数,以通水道,使各归其渠。由是水利始均,更其名曰"均惠"。　**永丰塘**周回一里,溉田一百顷。宋时阔二十丈,溉田一十一顷六十亩。

塘东西各有斗门。宣德六年县丞叶叔文修。　**诸泉塘**亦名诸小塘，周回三里，溉田四十顷。　**历浔塘**在东埔，周回四里，溉田一百四十顷。宋时阔二十二丈，沟一，斗门一，溉田一十六顷有奇。（上二塘俱废为田。已上三塘在府城西南南厢，俱唐贞观元年置。）　**下黄华严埭上下二斗门**在府城西南南厢。宋元祐七年方广翁创。国朝正统五年，万寿宫道士陈玉玄、陈瑞云重修。（已上俱府城西南诸处水利。）　**延寿陂**在府城北常泰里。唐建中间，郡人吴兴筑，溉田二千余顷。《唐书·地理志》云："溉田四百余顷。"延寿溪，西附山，东距海，南北皆通浦。溪流元出渡塘，赴浦以入于海。兴始塍海为田，筑长堤于渡塘，遏大流南入沙塘坂，酾为巨沟者三，南沟、南沟[5]、北沟广五丈或六丈，并深一丈，折巨沟为股沟五十有九，广一丈二尺，或一丈五尺，并深□丈，横经直贯，所以蓄水也。即陂之口，别为二派：曰长生港，曰儿戏陂。濒海之地，环为六十泄，所以杀水也。其利几及莆田之半。今郡指李宏所开者为南洋，吴兴所开者为北洋云。国朝永乐五年，府通判董彬重修，改名永利陂。今仍旧名。　**儿戏陂**在延寿陂上东边。吴兴虑时水为患，于渡塘溪口别分一派通浦、壅沙为塍，遏水入洋。雨大溪溢自推沙而注于海；水减，顺溪南下，沙复自壅成塍，不劳人力，通塞自如，若儿戏然。今尊贤里田多仰溉于此水。

长生港即延寿陂口中港也。吴兴虑时水为患，于漏塘上开港通溪，港内深八尺，广五丈，其口深四尺，接溪，以大水为则，务欲开拨溪源时水下海，民田获利，遂号长生港。今东厢、延兴、延寿、仁德、孝义诸里田，多仰溉于此水。初尊贤里人以儿戏陂地势稍高，水之入为难，乃私为斗门于长生港，而塞其水，使专注儿戏陂。成化十二年，东厢耆民方叔进、林良弼、方汝清、郑璧辉、郑永宁等，白其状于分巡佥事陈轻，乃檄指挥佥事丁远往区划之。因计其田之顷数，而定其水之分数；大约以长生港应得十之八、九，儿戏陂应得十之一、二。遂定议：复决长生港，而置闸于其陂。每启一昼夜，泄水以溉诸里田，而复闭一昼夜，蓄水注儿戏陂。仍于二水各命里耆一人司其启闭，复于他里之无与此利者一人以总督之。成化十二年，福宁道处分按验，今刻石于龙陂庙。　南大沟一，通小沟二十有一自黄臂桥西至琵琶槽，远及章鱼头。　茆洋段沟二林埭沟灌本埭田；斗门西沟灌西峙田。　芦浦塘沟二东芦沟灌本埭田，乌龟头沟灌芦浦与濠塘田。　新塘沟二横塘圳口沟，灌第二桥田，并叶塘田；猿臂沟灌第一桥田。　叶塘沟四小沟灌林塘洋田，南分沟灌章鱼头田，潘埭沟，第三段沟，各灌本沟田。　南箕段沟二中峙头沟灌王塘洋田，西腰沟灌南箕洋田。　西埒段沟二湖中沟、小林塘头沟各灌本沟田。　琵琶槽段沟四黄官塘沟、李落沟、下沟各灌原沟田；南沟灌琵琶塘沟田。　章鱼头沟一号章鱼小沟，灌本沟田。　陈塘沟一号岭下沟，灌本沟田。　中大沟一，通小沟二十有六自沙塘迤逦至圣墩。　濠浦塘分埭沟灌本沟田，南分沟灌南分洋田，濠浦下沟灌濠浦塘田。　三步段沟二腰沟灌三步段田，南来沥塘沟灌国欢院田。　漏塘沟六吴陇沟、腰沟、七号沟、鸭笼沟、乌程沟、南分沟，各灌本沟田。　陈塘沟二七弓沟灌两畔田，新沟灌本沟田。　深浦塘六黄圳沟灌慈寿院田；郑沟、魏塘沟、南分沟，各灌本沟田；北洋沟灌北平国，灌上生院田；陈埭沟灌本沟田。　北来沥沟三北来沥沟、宁海镇后沟，各灌本沟田；峙浦沟灌本沟及北来沥田。　峙浦塘沟三洪侃屋后沟灌本沟田，峙浦沟灌小峙浦田，高钦屋后沟灌本沟田。　塘头段沟一号新姨沟，灌本沟田。　北大沟一，通小沟一十有二自猞塘出吴刀，汇于魏塘，接太保庄而下。　猞塘沟四后疆圳沟、陈墩前沟、圳古沟各灌本沟田；苏塘东沟灌沥源田。　竿墩塘沟二猪肝沟、竹墩沟各灌本沟田。　荽浦塘沟二方埭沟灌古埭田，王埭沟灌方埭田，郑渠沟灌慈寿院田，游塘沟灌方埭、郑埭田。 **陈塘沟**二畅山边沟灌畅山田，陈塘沟灌陈塘田。

陈坝斗门在孝义里。宋淳熙元年，知军事潘畤重造。绍熙元年，赵彦励更创于旧基之北，溉田四百六十七顷七十亩。仙游傅淇为记。国朝正统六年，知县刘玭重修。学士庐陵钱习礼为记。按旧志，承议郑叔侨《二洋议》："以沿海地皆泥滓，非有坚土盘石可因为基，一小罅漏涌水可遏，上重下虚，随以圮坏。斗门之利，有不能为。"而龙图王悦记云："水泄固甚者费，亦不无小害。溪流暴涨，白于官而往决之，下田已苦浸淫矣。其塞之也，必待水涸，乃施畚筑，高田又无以灌溉矣。其后废而为斗门，虽木实之费不资，而工役易办。以潴水之高下，为版闸之启闭，劳数夫之力于顷刻，下等之田，一均其利。"究观二公一时之论，各以所见，而水泄非复曩时全具斗门，于今实甚利焉。所谓不能为者，顾不能无少劳费矣。夫植基欲固，则浚沟宜深，自无颓圮之患。乃如甃石为之，暂费而永利，固非所宜惮也。今洋城、陈坝二斗门，自潘守经始于其前，赵守更创于其后，皆劚地见底，而后迭木石。自是南北二洋深下之田，旧为水患者，悉变上腴矣。 **芦浦斗门**在延兴里。绍兴二十八年，县丞冯元肃重造斗门三间，郡人王悦为记。淳熙四年，知军事汪作励移创于旧址之西。元延祐间，县尉谢元重修。国朝永乐八年，主薄刘献重修，复圮。二十一年，郡人王道隆奏请复修，里人陈宏滨因改造为两间。 **新港斗门**旧名慈寿，宋端明学士蔡襄创。绍熙二年，知军事赵彦励重造，溉田一百八顷。元皇祐元年，总管郭朵儿迁于新港[6]，因改今名。郡人柯举为记。国朝宣德五年，县丞叶叔文修。郡人陈道潜为记。正统二年，主簿唐礼重修，郡人林文为记。 **泄口斗门**在仁德里。天顺四年，知府潘本愚重修。(已上四斗门俱府城北。) **漏塘下泄**二漏塘泄、郑康泄。 **芦浦塘下泄**二芦浦东泄、芦浦西泄。 **潘埭下泄**一西峄泄今号潘姐泄。 **竿墩塘下泄**二林干泄、香岩泄。　**三步塘下泄二**郑康泄、魏安泄，今号三步泄。　**荽浦塘下泄三**吕端公泄、倪居泄、南浦泄，今号郑泄。　**深浦塘下泄六**今号榕浦林质泄、郭育泄、国欢下泄、林均泄、上生下泄、王圳泄。　**南箕段下泄八**陈司马泄（今号南箕泄）、吴孙泄、潘如泄、欧阳泄、瑞龙泄、正议捷泄、林惠泄、省埭泄。　**叶塘下泄二**第二桥泄（今号东沟泄）、潘塘泄（今号潘埭泄）。　**北来沥段下泄四**郑携泄、永丰泄、陈实泄、洪岭泄。　**峙清段下泄十**刘伴泄、翁修泄、刘槌泄、康因泄、蔡司马泄、周常泄、庄儿分泄、林芳泄、上生下泄、林太屋后泄（今号林太泄）。　**渡头段下泄六**林畎泄、蒋睦泄、林屿泄、陈坝浦泄、杨意泄、陈推官泄（今号陈献臣泄）。　**新塘下泄三**狱塘泄、国欢泄、沥源泄。　**濠浦塘下泄一**濠浦泄。　**琵琶槽段下泄三**芋洋泄、琵琶槽泄、湖中西峙泄。　**濠塘泄**泄旧有隄。宋嘉定十六年，秋潦暴至，隄溃，屡筑屡圮。宝庆三年，郡人陈宓捐俸钱几千缗，通判陈振孙赞之，踰月而成。郡人郑寅为记。（已上水泄，俱在府城东北孝义里。旧有六十条，其口皆广十有二尺，深六尺，承沟之流，以泄于海。乾德中，国欢院僧赂主陂者，匿采鸿泄，而失其一。继而吴氏筑章浦，又失其二。庆历间，迎福院僧筑紫霄埭，复失其三。今所存五十有四，而杀水冲要之所，往往易为斗门。按旧志，陂无岁收财谷，即其地而分为塘者十有一，为段者十。职塘者曰塘长，职段者曰委段，分莅其地，陂长实兼董之。所溉田以种计者万余顷，而外埭之田不与焉。凡佃田种至硕者，出夫二三五㪷者半之。隄岸之有补灌，水泄之有开塞，沟洫之有浚治，塘长、委段各率其二。故凡塘之吏，必择占产之高有田于其间者充之。）　**濠塘抵海长围**宋绍定二年筑。其内学田居之。（已上俱北洋水利。）　**太平陂**宋嘉祐中，知军事刘谔创。引萩芦溪水溉田七百顷，废三塘为田，分太和田以偿。谔之陂作，籍其余及东塘屯前田为陂之修防，计掌陂事；陂首一，陂干一，甲头二，长工二，各有食田。长工食直给与陂首。郡人郑樵为记。国朝永乐二十一年，里人黄道隆奏请重修。 **西吴埭**引萩芦溪水灌田二十八顷一十亩。 **蔡陂 楝林陂**（各引太平陂上流溉田二十六亩。） **太和塘**伪闽时置，周回十五里，溉田五十余顷。后废为圳五，阔一丈五尺，深一丈，引萩芦溪水溉田二十七顷五十亩。 **圭田陂**旧为水圳，溉田十有余顷。永乐二十一年，黄道隆奏请广旧圳为陂，因名圭田。训导李焕为记。（已上在兴教里。） **南安陂**旧分为南弯上下洋二陂，在望江、永丰、待贤三里。俱引萩芦陂水溉田，共一百顷。宋绍兴十五年，县丞王康功修。郡人黄公度为记。国朝正统六年，知县刘玭更创，合二陂为一，改曰"南安"。郡人陈中为记。 **新塘**周围半里，溉田三顷二十亩。 **方塘**亦名白杜塘，溉田二十五亩。 **游塘**溉田一顷三十六亩。 **郑塘**溉田四顷二十五亩。（上四塘后废为田。） **张庄陂**引游溪水溉田二顷二十三亩。 **盐场陂**引张庄陂水溉田二顷七十五亩。（已上俱尊贤里。） **咸潭陂**引游洋溪水溉田一顷二十亩。 **石枝莲陂**引咸潭陂水溉田五亩。 **王峬陂**引石枝莲陂水溉田一顷三十亩。 **林下陂**引王峬陂水溉田二十六亩。 **可畎陂**引林下陂水溉田二顷。 **陈官陂**引可畎陂水溉田一顷八十亩。 **洋利陂 上舍陂 下湖陂**（各亦引游洋溪水相通灌溉。上九陂在常泰里。自咸潭以下三陂，旧在丰成里；自林下以下三陂，旧在保丰里；自洋利以下三陂，旧在本里。） **馆洋陂**引迎仙溪水溉田十二顷二十三亩。 **东渡陂**溉田四顷二十五亩。 **梅林陂**承白獭潭下蒜溪水，溉田三顷四十二亩。 **萩芦陂**亦引迎仙溪、蒜溪二水，以通灌溉。（上四陂在待贤里。按旧志无萩芦陂。） **漖洋塘**唐贞观五年置，周回一十里，溉田二百顷。宋时阔三十丈，斗门一，内外洋沟圳大小一十七，溉田一百单八顷。后更名胜寿塘。宋大观间，宣义郎致仕苏直奏言："滨海之民，决堤涸水取鱼，非惟走失水利，抑亦有害圣朝好生之德。乞增筑堤防，禁民采捕，仍乞名圣寿万年放生池，永不得停废。"朝廷从之。　**西冲塘**阔三十丈有奇，引萩芦陂水溉田二十八顷。（上二塘俱废为田。）　**涵江水心河**溉苏刘埭田。正统八年，知县刘玭疏通。郡人方熙为记。

东吴埭灌田四十七顷。　**端平庄斗门**旧名涵头。宋淳熙十六年，知军事张渊创。元皇庆间，总管郭朵儿迁于下徐，改曰"端平"。（已上在延寿里。）　**新丰埭斗门**永乐四年，里人黄从周创。　**南隐庄斗门**正统十四年，知县刘玭重修。（上二斗门在待贤里。已上俱府城东北诸处水利。）　**苏杨溪陂**溉田三顷六亩余。　**白沙小陂**溉田二顷二十五亩。　**双坑溪陂**溉田二顷十九亩。　**澳洋溪陂**溉田三顷二十亩。　**赤口溪陂**　**罗乾陂**（各溉田三顷十八亩。）　**西音陂**溉田二顷十亩有奇。**龙亭溪陂**溉田一顷二十五亩。　**萩芦溪陂**溉田二顷二十六亩。　**吉埕溪陂**　**名潭溪陂**（各溉田二顷二十六亩。）　**薛洋溪陂**溉田二顷二十亩。（已上十二陂俱广业里水利。澳洋溪陂，旧志在紫仁里。赤口溪以下三陂，旧志在安仁里。龙亭溪以下二陂，旧志在清源中里。名潭溪以下二陂，旧志在清源东里。）

仙游县

乌石陂在县治东二百五十步。旧经云："其侧有巨石盘亘，石黑色，因号乌石陂。溉田二顷三十五亩。"　**曲塘**在县西百五步。溉田一顷二十亩。　**大洋陂**溉田三十亩。　**沈陂**溉田五十亩。　**柳洋陂**溉田十亩。　**林前陂**溉田三亩。　**洋坑陂**溉田五十二亩。　**水磨陂**溉田二顷十九亩。　**蔡陂**溉田六十四亩。　**东分陂**溉田三十亩。　**西塘**溉田三顷九十四亩。

磨上陂溉田十亩。 卢堑陂溉田二亩。 西坑陂 陈秋门前陂（各溉田十九亩余。） 漈底陂溉田三十亩。 西分陂溉田四十八亩。 坑口堰溉田二十亩。 新田塘溉田八亩。 洋头堰溉田二十亩。 陈六门前陂溉田十九亩余。 洪兜堰溉田三亩余。 石岩堰溉田九十亩余。 刘宅堰溉田三十一亩余。 泉井兜堰溉田三十三亩。 小坑口堰溉田二十四亩。 大分堰溉田五十亩。 白苎陂溉田三十六亩。 洪下堰溉田五亩。 玉舍前坑小堰溉田三亩。 郑岭下堰溉田五亩。 磨前陂溉田五十亩。 欧坑小陂溉田四亩。 塘东陂溉田二十二亩。（已上三十二所俱在附县功建里。）

黄宣陂溉田四顷七十亩。 东南乾陂溉田一顷四十一亩。 上廊小陂溉田一顷八十亩余。 黎石堰溉田四顷三亩。 师姑堰溉田三顷。 小洋堰溉田七十三亩。 奚坑小堰溉田八十四亩。 罗汉堰溉田三十亩。 上廊陂溉田四顷二十三亩。 北顷陂溉田一顷二十亩。 屏风陂溉田二顷五十二亩。 郑坑陂溉田三十五亩。 鱼塘陂溉田十一顷四十三亩余。 萧分陂溉田一顷四十七亩。 南乾西圳陂溉田二顷十九亩。 上重坑圳规堰溉田四十二亩。 九仙陂溉田二顷十亩余。 大泉一口溉田十八亩。 神堂陂溉田五十九亩余。 山堰陂溉田九十五亩。 后分陂溉田七十六亩。 青潭陂溉田七十八亩。 九石陂溉田九十五亩。 营前陂溉田六十四亩。 盐坑陂溉田八十五亩余。 潘前都大陂溉田三十亩。 大官陂溉田十九顷二十二亩。 洋泉水口陂溉田四十亩。 下亭堰溉田二十亩。 何岭峰殊坑下圳陂溉田一百亩。 白叶陂溉田二十亩。 侍郎陂溉田四十亩。 柳陂溉田二百亩。 极乐陂溉田一顷余。 陈庄陂溉田三十亩。　大分陂溉田二十亩。　苏陂溉田四十亩。　四君陂溉田五十四亩。　白陂　苏屋前陂　芦乾陂（上三陂各溉田二十亩。）　那坑上下四陂溉田三十五亩。　埕兜陂溉田十五亩。　洋浦泉溉田三十亩。　五泉溉田四十亩。　泉窟溉田五十亩。　刘塘溉田六亩。　陈宅门前塘溉田六亩。　王池塘　王连塘（上二塘各溉田八亩。）　官塘溉田十五亩。　温田桥头塘溉田十亩。　洋平陂溉田五十亩。　白华陂溉田一顷八十二亩。　苏洋陂溉田一顷五十亩。　宅上堰溉田一顷四十一亩。　郑坑堰溉田三十五亩。　城角东坑堰溉田二顷六十八亩。　灵岩院前坑堰溉田二十五亩。　李洋陂溉田六十亩。　吴洑陂溉田四顷八十亩。　西圳陂溉田四顷九十亩。　梅冲陂溉田五顷六十亩。　董陇陂溉田四顷二十八亩。　东揆第七陂溉田三顷四十四亩。　对竹第六堰溉田八顷余。　蒋陂溉田五顷六十亩。　承胡陂溉田六十一亩。　黄陂溉田四顷四亩。　石漈陂溉田四亩。　詹陇塘陂溉田一顷九十五亩。　前仓堰溉田七十八亩。　乌石前坑溉田九十五亩。　乾尾井泉溉田七亩。　东枧洋尾陂溉田二顷七十一亩。　上张洋陂溉田七十七亩。　黄仓塘溉田二十亩。　郑坑陇陂溉田十八亩。　吴塘堰溉田二十亩。　观前陂溉田五十三亩。　杨陂溉田五顷。　新陂　潘田陂　连陂溉田种千石。　北港陂溉田种二百石。　陈州八陂溉田种二十石。（已上八十六所在县东折桂里。自黄宣陂至温田桥头塘，旧在本里；自洋平陂至李洋陂，旧在咸平里；自吴洑陂至陈州八陂，旧在常德里。）　黄坑陂溉田一顷五十五亩。　章林陂溉田十五顷四十亩。　石舟陂溉田七十七亩。　瓷灶陂溉田三十五亩余。　胡因陂溉田五顷。　白湖陂溉田十一顷三十六亩余。　上坂陂溉田五十九亩。　茅洋陂溉田三顷。　章塘陂溉田五十九亩。　陷下洋溉田九亩余。　大夫陂溉田三顷。　溪口及琴陂溉田四顷五亩。　黄洋陂溉田四十二亩。　陈窦陂溉田一顷。　官洋陂溉田一顷五亩。　章槛陂溉田一顷十亩余。　东洋陂溉田八十七亩。　吴陂溉田四十二亩余。　上田塘溉田二十亩。　西洋陂溉田一顷。　韩家门前堰溉田六十亩。　上生乾堰溉田二十亩。　西院堰溉田三十亩。　潘潭堰溉田六十亩余。　竹林前堰溉田三十亩。　双脚堰溉田二十亩。　上田堰溉田三顷。　上田小堰溉田一顷。　谢巷堰溉田五十亩。　官田堰溉田五十五亩。　章乾堰溉田六十亩。　陈分堰溉田二十亩。　竹渊堰溉田二十亩。　李田堰溉田五十亩。　紫田堰溉田九十亩。　何乾堰溉田五十亩。　陈浦堰溉田三十五亩。　因景堰溉田六十亩。　柳洋堰溉田三十五亩。　泥分堰溉田六十亩。　刘陂溉田五十二亩。　姜陂溉田六十五亩。　竹头陂溉田五顷。　陈塘陂溉田六十亩。　桃枝陂溉田五顷三十二亩。　潘陂溉田四顷二十亩。　黄坡水磨陂溉田八十亩。　子田陂溉田八十七亩。　行工陂溉田十四顷八十三亩。　堪坑西洋陂溉田一顷三十八亩。　吴充坑陂溉田六十五亩。　吴仗陂溉田三十亩。　陈陂溉田三十四亩。　岐山方陂溉田二十二亩。　青山陂溉田一顷二亩余。　高望陂溉田一顷五十一亩。　乌石陂溉田一顷四十二亩。　吴彻陂溉田十三亩。　林乾陂溉田五十二亩余。　坑源陂溉田十六亩。　柳引陂溉田四十三亩。　张乾陂溉田一顷三十三亩。　大弄陂溉田九十亩。　杨陂溉田七十六亩。　蔡宅下陂溉田三十亩。　大分枧口陂溉田六亩。

官陂溉田一顷三十七亩。　小柯陂溉田十二亩。　飞乌陂溉田四顷二亩余。　黄塘陂溉田二顷二十亩。　庄前陂溉田一顷二十九亩。　黄塘小陂溉田九十七亩。　陈洋陂溉田四十九亩。　西榄陂溉田二十四亩余。　彭宅陂溉田十亩余。　洋上陂溉田二十四亩余。（已上七十六所在善化里。自黄坑陂至泥分堰，旧在本里；自刘陂至岐山方陂，旧在廉洁里；自青山陂至洋上陂，旧在璇珠里。）　观后田陂溉田五十六亩。　嵩累陂溉田五十五亩余。　潘塘陂溉田一顷五十亩。　陈店陂溉田十四亩。　峬西坑陂溉田二顷十三亩。　幽涧陂溉田一顷十七亩。　大洋陂溉田三顷二十亩。　金牛迹陂溉田一亩。　里官圳洋陂溉田三顷十三亩。　西枧陂溉田三十顷。　罗陂溉田二顷二十八亩。　上坂陂溉田一顷。　圳股头陂溉田五十亩。　圳股溉田三顷。　洋分陂溉田四亩。　乌石陂溉田四顷七十九亩。　麻黄小坑陂溉田一十亩。　刘宅坑陂溉田四十亩。　义规陂溉田十二亩。　潹柄陂溉田六十亩。　卢塘陂溉田一十五亩。　横圳陂溉田六十八亩余。　波畴陂溉田七十亩余。　环湖溉田五十亩余。　洋塘陂溉田五顷。　大洋陂溉田五顷四十三亩。　山峙陂溉田七顷一十亩。　陈宅陂溉田九十三亩。　东溪陂溉田四顷二十六亩。　柘山陂溉田一顷九十九亩。　高坑山鬲陂溉田八十七亩。　苦竹坑陂溉田一顷三十六亩。　后礶坑陂溉田七十亩。　乌石陂溉田四顷九十亩。　李枧陂头堰溉田五十亩。　清泉院前堰溉田三十五亩。　蒋埕陂溉田三十七亩。（已上三十七所在文贤里。自观田陂至环湖，旧在本里；自洋塘陂至蒋埕陂，旧在清泉里。）　章水陂溉田一顷九十亩。　水南陂溉田九十亩。　白杜陂溉田十三亩。　中洋陂溉田五十亩。 官城陂溉田五顷。 刘垅陂溉田二顷四十六亩。 磨下陂溉田二顷。 狐狸陂溉田四十亩。 坑尾陂溉田七十亩。 新坂陂溉田二十亩。 余田陂溉田五十亩。 小官陂溉田三十亩。 古濑陂溉田一顷二十亩。 张陂溉田九十亩。 黄塘陂溉田二十亩。 大官陂溉田一顷七十亩。 郭塘陂溉田二十亩。 水南陂溉田七十二亩。 孤单陂溉田一顷三亩。 洋中陂溉田三十亩。 小孤单陂溉田一顷。 大目官陂溉田七十八亩。 石普陂溉田一顷三十亩。 余田陂溉田二顷余。 崩坽陂溉田二顷十亩。 郭墩陂溉田一顷九十六亩。 荷叶陂溉田十顷十六亩。 黄陂溉田二十五亩。 黄乾石马陂溉田一顷三亩。 寺家陂溉田一顷九十亩。 崩坽后陂溉田二顷四十亩。 郭坑洋陂溉田七十四亩。 黄塘陂溉田八十二亩。 官城陂溉田一顷七十亩。 柘山陂溉田六十三亩。 大目小奚陂溉田五十亩。 黄枧陂溉田三十三亩余。(已上三十七所在万善里。通上三里凡一百五十所,俱县西。) 薛洋陂溉田二顷二十亩。 潘乾陂溉田三十五亩。 西溪陂溉田四十亩。 官塘陂溉田八十四亩。 郑竹洋陂溉田十五亩。 莫分陂溉田一顷五十亩。 阮坂陂溉田四顷。 尤弯陂溉田九十八亩。 前塘陂溉田一顷五十亩。 后门陂溉田二顷九亩。 卓坂陂溉田一顷四亩。 摘乾小陂溉田九十五亩。 大乾陂溉田五十亩。 小坂陂溉田二顷四十亩。 吴塘陂溉田三顷五十四亩。 石斛陂溉田一顷四亩。 大坂陂溉田一顷七十八亩。 含口陂溉田七顷。 芹山陂溉田九十三亩。 罗埔陂溉田七十亩。 前坑陂溉田五十四亩。 上段陂溉田二十亩。 岭兜陂溉田二十五亩。 极漉陂溉田二十亩。 徐泉陂溉田四十亩。　**鱼仓陂**溉田七亩。　**陈平陂**溉田四十一亩。　**店头瓜园陂**溉田四十一亩。　**坡畔陂**溉田三十二亩。　**角宅陂**溉田十九亩。　**陈根陂**溉田二十亩。　**西溪洋中陂**溉田一顷二十亩。　**员陂**溉田四十四亩。　**洋中陂**溉田一顷二十亩。（已上三十四所在孝仁里。自薛洋陂至极漉陂，旧在本里；自徐泉陂至洋中陂，旧在香山里。）　**黄陂**溉田四顷。　**潘充陂**溉田二顷。　**游陂**溉田五十六亩。　**院陂**溉田七十亩。　**瓷灶前柯园陂**溉田十一亩。　**下宅陂**溉田一顷三十六亩。　**巷口陂**溉田一顷。　**盐亭陂**溉田七顷。　**张塘陂**溉田一顷。　**李宅陂**溉田二顷十亩。　**蒋陂**溉田一顷七十亩。　**瓷灶前陂**溉田三十亩。　**陈宅陂**溉田六顷。　**中陂**溉田九十二亩。　**方陂**溉田二顷四十一亩。　**黄岭陂**溉田四十二亩。　**无碍陂**溉田四顷二十亩。　**竹林陂**溉田二顷三亩。　**李宅陂**溉田九顷十亩。　**车陂**溉田九十亩。　**陈陂**溉田一顷五十亩。　**杜陂**溉田三顷三十三亩。　**山头柳六陂**溉田一顷四亩。　**芹山陂**溉田九十二亩。　**罗埔陂**溉田七十亩。　**南塘陂**溉田十五亩。　**前坑陂**溉田五十四亩。　**下坂陂**溉田三十五亩。　**上坂陂**溉田二十亩。　**上洋陂**溉田四顷六十亩余。　**水沟陂**溉田六十亩。　**鬼塘陂**溉田八十亩。　**罗洋陂**溉田二顷二十亩余。　**瓷灶前柯园西陂**　**仓前陂**（上二陂各溉田六十亩。）　**上段陂**溉田二十亩。　**瓷灶陂**溉田七十亩。　**蒋潭陂**溉田一顷十三亩。　**董陇洋中陂**溉田五十三亩。　**小坑堰**溉田二十三亩。　**盐坑下陂**溉田八十五亩余。

卢陂在石牌新桥之东。　**圣泉**在石牌拱桥之西北，昭灵真君灵迹之地。溉田数千亩，号曰圣泉，虽遇旱岁不竭。　**黄陂**在石牌之西。　**水车陂**在南桥溪之滨。　**湖里陂**在县南十里石牌洋。 子陂在县南十里。 大麦陂 柳分陂在溪南七里西溪桥头。 吴井陂在县南七里柳分陂下。 牛皮陂在县南七里。 陈子洋陂在拱桥西。（已上五十二所在永兴里。） 孤塘陂溉田二顷七十亩。 岩头陂溉田二顷三十亩。 七木陂溉田一顷。 萧坑陂溉田一顷八十一亩。 大塘陂溉田一顷八十亩。 五宅陂溉田二顷二十六亩。 温陂溉田八顷。 章塘陂溉田五十亩。 上石马陂溉田四十八亩。 东溪沈陇陂溉田八十亩。 石马陂溉田二顷。 沈陂溉田五顷十亩。 羊蹄陂溉田六十亩。 连坑外陂溉田一顷六十亩。 吴仓前陂溉田六顷四亩。 朱玉陂溉田二顷五十九亩。 石坂陂溉田三顷十亩。 林东墩陂溉田六顷四十亩。 林波涞塘溉田三顷。 林波众塘溉田六顷八十亩。 腊亭外陂溉田八顷。 腊亭里陂溉田二顷六十四亩。 □陂溉田六十九亩。 重东墩陂溉田十三亩。（已上二十四所在连江里。） 郭陇陂溉田二十八亩。 漈口坑堰溉田一顷三十六亩。 黄坑纸礲堰溉田顷三十五亩。 方坑纸礲堰溉田十亩。 石门堰溉田二十三亩。 白坑堰溉田一顷五亩。 鲈鳗空堰溉田七亩。 龙泉陂溉田九顷八十亩。 长寿陂溉田一顷。 蔡地池溉田二十亩。 柳洋陂溉田四顷四十亩。 蔡坑陂溉田四十九亩。 东布洋陂溉田四顷三亩。 新洋陂溉田六十五亩。 吴洋陂溉田一顷。 九龙洋陂溉田十顷六亩。 狗骨陂溉田七十亩。 姜黄陂溉田三顷十五亩。 欧陂溉田六顷。 枫林洋陂溉田四顷。 前政陂溉田一顷。 溪坂陂溉田十顷。 烈石洋陂溉田四顷。 新洋陂溉田一顷。 西洋陂溉田四顷。 章朝洋陂溉田一顷六十亩。 庄前陂溉田六十五亩。 余洋陂溉田一顷三十五亩。　林背头陂溉田八十一亩。　溪尾孙陂溉田一顷。　施坂陂溉田一顷四十四亩。　黄砂洋陂溉田八十九亩。　吴洋陂溉田一顷七十二亩。　东山洋溉田二十二亩。　陈洋陂溉田一顷。　林坂陂溉田二顷。　东洋上高陂溉田一顷四十九亩。　旱洋陂溉田一顷三十四亩。　新田洋陂溉田二十四亩。　大洋陂　东洋陂（上二陂各溉田四顷六十五亩。）　东洋下高陂溉田九十三顷。　宅后洋陂溉田七顷。　割股洋陂溉田三顷。　众洋陂溉田一顷五亩。　官田陂溉田九十九亩。　陈乾小坑陂溉田三十三亩。　紫坑陂溉田十八亩。　宅角陂溉田三十一亩。　宅柄陂溉田二十一亩。　陈桥学陂溉田二十一亩。　塘上陂溉田四十四亩。　郑园下陂溉田三十六亩。　官田洋陂溉田四十四亩。　陈乾乌石陂溉田三十二亩。　陈皂陂溉田六十三亩。　庙前第一陂溉田九十亩。　下格陂溉田二十四亩。　洪溪陂溉田九十亩。　曾陂溉田一顷五亩。　黄淡陂溉田一顷四十亩。（已上六十一所在慈孝里。自郭垅陂至新洋陂，旧在本里；自两洋陂至黄淡陂，旧在依安里。通上四里凡一百七十所俱县南。）　黄洋陂溉田一顷四十八亩。　上陈重陂溉田三十亩。　黄潭陂溉田三十亩。　沙田陂溉田三十三亩。　官背陂溉田三顷一亩。　黄田陂溉田三十亩。　石碧陂溉田一顷四十一亩。　陈潭陂溉田一顷二十亩。　官栗园陂溉田六十五亩。　高埔北坑陂溉田二顷十二亩。　蔡惯陂溉田四十九顷二十二亩。　官背下陂溉田二顷四十九亩。　陈大陂溉田九十六亩。　大官陂溉田四十九顷二十二亩。　林二高陂溉田二十亩。　官陂下水头堰溉田一顷四十七亩。　下湖堰溉田十亩。　漈头陂溉田一十五亩。　相思陂溉田六十八亩。 赤石洋陂溉田九十五亩。 黄洋陂溉田十三亩余。(已上二十一所在县北忠贤里。自黄洋陂至下湖堰,旧在本里;自漈头陂至黄洋陂,旧在昼锦里。) 白杜陂溉田七顷。 黄陂溉田三顷。 张宅小堰溉田五亩 柯陂 连陂(上二陂各溉田三十四亩。) 郑井陂溉田一顷。 井潭陂溉田五亩。李沟上堰溉田四十八亩。 李沟中堰溉田十亩。 田陂溉田一顷七十三亩。 螺坑陂溉田九顷九十五亩。 张陂溉田七十五亩。 南岸陂溉田十一亩。 胡边小堰溉田六亩。 蔡堰溉田一顷。 郭宅陂溉田四十顷。 石潭陂溉田一顷九亩。 官陂堰溉田一顷三十九亩。 连坑堰溉田十亩。 庄前堰溉田九亩。 罗乾堰溉田五十一亩。 赤坑堰溉田十二亩。 东坑堰溉田二顷一亩。 三揽堰溉田二顷二十一亩。 法石前堰溉田一顷二十一亩。 漈下对竹陂溉田三顷十四亩。 卢洋陂溉田五顷十七亩。 连陂堰溉田三十二亩。 新田堰溉田九十六亩。 陈开门前堰溉田三十九亩。 乌石陂溉田七十七亩。 东坑陂溉田一顷一亩。黄塘陂溉田三顷四十九亩。 长元陂溉田一顷一十亩。 阮口陂溉田二十亩。 黄塘积水塘溉田二十亩。 官塘陂溉田十五亩。 虫坑陂溉田五十二亩。 仓前陂 置塘陂溉田一顷七十亩。 上洋陂溉田二顷一十亩。 温岩陂 沈陂溉田五十七亩。 郭洋陂溉田五十二亩。 乌泥陂溉田四十亩。 朱玉陂溉田二顷五十亩。 苏洋陂溉田一顷余。沈塘陂溉田四十亩。 确陂溉田三十一亩。 杜陂溉田二十六亩。 甜竹陂溉田二顷四十六亩。 后坑陂溉田十八亩。 橄榄陂溉田一顷六十一亩。 置塘前陂溉田九十九亩。 松柏陂溉田五十八亩余。 杜陂溉田七十七亩。 柳陂溉田一顷五十九亩。　余洋陂溉田二顷五亩。　郑洋陂溉田六十亩。　洪塘溉田二十九亩。　置塘后陂溉田九十七亩。

石梯陂溉田二顷二亩。　笋坑陂溉田一顷一十亩。　坑西陂溉田六十三亩。（已上六十四所在县东南香田里。自白杜陂至法石前堰，旧在本里；自潦下对竹陂至黄塘积水塘，旧在仙溪里；自官塘陂至坑西陂，旧在旸谷里。）　尚贤陂旧名新田陂，溉田三顷二十亩，后为洪潦堆流，莫能修筑。成化间，居民曾尚贤因水势移上流数十步筑堰，凿山引水，农赖灌溉之利，遂易今名。

白叶陂溉田十五顷。　后洋陂溉田一顷余。　故宅水磨陂溉田二顷五十亩。　大洋陂溉田一顷七十四亩。　北乾陂溉田一顷五亩。　辜洋陂溉田一顷一亩。　赤岭堰溉田二十五亩。　大赤岭堰溉田一顷二十六亩。　后枧陂溉田四十五亩。　林分堰溉田四十亩。　党陂溉田一顷三十四亩。　周洋陂溉田三十五亩。　官陂溉田二十五亩。　大乾陂溉田七十六亩余。　林坂陂溉田三十五亩。　卢口崇因陂溉田三十亩。　因内堰溉田五十六亩。　芦丛陂溉田四十五亩。

椟坑陂溉田十五亩。　刘门前陂溉田十六亩。　潦坑陂溉田十二亩。　庄前陂溉田二十亩。　南塘溉田五十亩。　大岭陂溉田二十亩余。　下仓洋陂溉田二十三亩。　石冈陂溉田十七亩。　中溪故陂溉田一顷六十八亩。　李马陂溉田四十四亩。　陈乾陂溉田四十亩。　高斜陂溉田五十二亩。

础石洋陂溉田二顷一十亩。　张乾陂溉田四十亩。　岐分陂溉田三十八亩。　东林陂溉田三十九亩。　卢宅陂溉田七亩。　上坂陂溉田十四亩。　前坂陂溉田九亩。　杨梅陂溉田十二亩。　张陂溉田四十八亩。　庄宅陂溉田六十亩。　下仓陂溉田二十四亩。　石光陂溉田十八亩。　方宅陂溉田一顷一十亩。 崩岑陂溉田十六亩。 墓尾陂溉田八十亩。 中溪新陂溉田一顷八十五亩。 黄田堰溉田五亩余。 林兜陂溉田六亩。 张溪陂溉田十六亩。 坑口陂溉田八十二亩。 上砂故陂溉田一顷二亩。 碔石上洋陂溉田四十二亩。 水磨陂溉田一顷。 洗马陂溉田九十八田。 石潭陂溉田十一顷三十八亩余。 王廨陂溉田六顷七十三亩。 可坑陂溉田四十三亩。 林背堰溉田十二亩。 大坂坑堰溉田十亩。 白湖堰溉田一顷十八亩。 洪乾堰溉田七十亩。 夕麻坑涵头堰溉田十三亩。 张乾陂(已上六十五所在县西南仁德里。自尚贤陂至南塘,旧在本里;自大岭陂至碔石上岸陂,旧在保德里;自水磨陂至张乾陂,旧在养志里。)

石扇陂溉田二顷三十亩。 县州陂溉田四十亩。 甜竹陂溉田九十亩。 林婆陂溉田五十亩。 耶湖陂溉田七十三亩。 西庵陂溉田四十亩。 仓前陂溉田二顷。 西郑陂溉田十五亩。 杨屋前陂溉田八十亩。 杨坑陂溉田七十一亩。 杨坑后陂溉田一顷二十亩余。 黄淡坂陂溉田六十亩。 白莲陂溉田三十亩。 谢林门坑陂溉田四十亩。 白泉井溉田九亩。 章木陂溉田一顷三亩。 石绳陂溉田四十一亩。 横坑堰溉田十亩。 岐分堰溉田二十亩。 曲斗堰溉田三十亩。 龙堂院前堰溉田十亩。 月台院前井溉田二十亩。 瓦兜堰溉田二十亩余。 井尾洋井溉田十亩。 后黄洋坑溉田十亩。 上垅洋堰溉田五十亩。 下刘前洋堰溉田五十亩。 潘屋前南乾堰溉田十亩。 新乾洋堰溉田三十亩。 后坑前洋堰溉田二十亩。 勋洋上保泉溉田三十六亩。 勋洋下保泉溉田七十九亩。 白岩保泉溉田五十亩。 滩溪保泉溉田三十三亩。 大坑堰溉田二十五亩。　**坑源阴泉**溉田十二亩。(已上三十六所在兴贤里。自石扇陂至后坑前洋堰,旧在本里;自勋洋上保泉至坑源阴泉,旧在永福里。按:仙游县所辖一十三里,陂塘六百二十有七,而规制与莆田木兰、延寿等陂不同,但随溪流高下为之。有司以时禁戒:春则筑陂潴水,以备干旱;秋成开陂,以通舟楫。)

福宁州

本州

营田陂在擢秀里赤岸。始垦于伪闽,至宋开宝初,著作郎王文昉引龙潭水以溉田,寻塞。绍圣二年,知县熊俊明疏而大之,广二十五尺。嘉定九年,知县江润祖重筑,复坏。淳祐二年,参政程伯大命知县黄恪截流骈木为基,其势愈壮。通直郎林甄记。今州东一都田亩,皆借其水之灌溉。　**桐山陂**在廉江里十七都,地高少泉。宋庆历间,士民障海为陂,设水车灌溉田亩,至今赖之。　**官澾**在柘阳之西,障溪为之,溉田种一百余石。《三山志》及州志不载,今依《三山续志》增入。按字书,澾,力浅切,水也。然今俗蓄水陂堰之类,并来见有曰澾者。考之《连江县志》,称蓄水之背,皆从水从辇,疑此亦澾字之误也。　**斗门闸**在建善寺前开化桥下。宋元祐二年,知县马康侯修筑,溉田万顷。　**东斗门**　**南斗门**(上二斗门,《三山志》及州志俱不载,今依续志增入。已上俱州东。)

宁德县

东湖在县东一都。县山高水急,前辈议欲筑堤久矣。宋淳祐间,邑民有请于部者。符下之日,县令李泽民躬率僚佐,鸠工筑堤,凡百丈,周围九百七十五步。由是田无旱涝之虞,邑人德之,号曰“李公堤”。 **周仙湖**在二十都岩峰之上，其深莫测，乡人赖其积水以溉田。相传昔有周姓者仙于此，因名。 **金钟湖**在二十二都。相传宋元祐间，有樵者见金钟浮于水上，因名其西村曰“钟洋”。（上二湖俱县西。） **仙湖堵平湖塘腹塘**州志但作“仙湖”，今按《三山志》旧在修[7]，在县北十二都，隋谏议黄菊[8]创。其长亘一里许，广百有余丈，引大溪之水，溉田千余顷。湖源深远，岁旱不竭，其田为霍童沃壤。宋淳熙三年，有请佃者，官以其妨民不给。知县储□[9]诗：“咫尺仙湖号堵平，先贤曾此劝农耕。若教一日归豪右，敢向黄公庙下行。” **赤鉴湖**在县北六都。宋元祐四年，州人林圭及圣泉寺僧养誉，率陂下田户一百六十家钱创陂。其上为桥，号泗州，以石为址，延三十余丈。又于陂西水漈里筑堤，上广二丈，长二里，址亦以石。复筑堤二以为捍，致斗门二，以司启闭，溉田三百一十八顷，园艺不计也。知县留祐诗：“赤鉴有遗利，旷古无人兴。”又云：“今师欲断海，海若当效灵。”后坏。国朝宣德七年，知县储□命僧重修，[10]不就，斗门亦废。

坑冶

福州府

怀安县

高务坑《三山旧志》云：“微细，今歇。”

连江县

蒋洋南北山铁坑在县东嘉贤上里。

福清县

东窑场　玉据场(俱在江阴里。)　南匿场在江阴里高海鱼台。　高远场在南匿里。(上四场俱县南。)　练木屿场在县东南安夷南里。(已上五场并铁沙场,宋绍兴、乾道、绍熙间发,后俱废。)

古田县

垅溪场在旧邵南里。　郑洋场在旧□里。　游老坑在旧保安里。　温洋场　锥弯场(俱旧新俗里猿溪等处。)　莒溪坑在旧移风里。　保东铁坑　五羊峰银坑在旧崇礼里。(已上坑场俱宋崇宁、淳熙间发,后并废。)　宝兴场在县北二十九都,宋时发,寻废。国朝宣德间复发,正统初罢。十四年仍发,景泰二年罢。天顺间又发。今照民丁粮岁输之课,见《财赋志》。

铁场四所五都、九都各一所,二十一都二所。　铁炉一十四所油麻坑口一所,在五都。七溪、大山、役保各一所,俱在一十都。白鹇、上洋、后填、南坑、九溪各一所,俱在二十一都。吟洋一所,在二十三都。蒋园一所,在二十五都。半坑一所,在二十六都。石门一所,在四十都。丘地一所,在四十一都。

永福县

保德场初银,后铜。　黄洋场银、铜并输。　五龙场　银斜场龙场(俱输银。已上坑场,俱宋庆历、嘉祐、绍圣、政和间发,后并废。)

建宁府

建安县

铁冶八所　铸冶九所(俱在县东南才里。)

瓯宁县

铁冶二所在县西北西乡里。

浦城县

福罗坑　长洋坑　斗潭源坑(俱在县北雁塘里。)　杨梅坑　竹施坑(俱在县东高泉里。)　横缝坑在县东北大石里。　铁冶二所在县南仁风里。

建阳县

银场在县西北嘉禾里。

松溪县

上下官坑　东山上下坑　半岩坑　横缝坑　空缝坑　漈头坑　水垅坑　横阑坑　十八塔坑　后井坑续增。(已上俱遂应场银坑，旧十一所，新一所，今俱废。)　铁冶二所一在县南东关里五都。一在县西杉溪里之八都。

崇安县

银坑在县西北周村里舞仙三堡山之后。

政和县

天寿银场　**吴山银场**(俱在政和南里。)　**温洋银场**在政和西里青田县界。(已上三场俱废。)　**横林银锡场**在感化下里四都。宋庆元间发。旧有横林局。后圹绝，以官田场补额。　**赤石溪银场**在政和南里十六都。即今石豹坑。　**官田银场**在政和里十三都。有山前、炭山、三七、吴泮、乌岩、凤头凡六所。　**谷洋银场**在政和西里十六都，有大磨、七宝、凤尾凡三所。　**铁冶**在东平里三十三都。

寿宁县

大宝坑在县东北十都官台山下。

漳州府

龙溪县

铁冶在□□都。

漳浦县

银坑在县一都金溪山。

龙岩县

银坑在县铁石洋东宝山。　**宝兴铅锡场**在县西南一百五十三步。宋时废。　**铁场**在龙门、兴善、节惠、永福、感化、万安六里。

汀州府

上杭县

铁冶在县东胜运里湖洋,山名铁嶂。

武平县

铁场在县南留村里。今废。

清流县

南山炉在县东南梦溪里。今歇。课以均徭户,岁办之。

永定县

铁冶在县西南溪南里桃杭嶂。

延平府

尤溪县

大蒋坑在县治七都。　鱼滩头坑在县东北七、八都。　三连坑在县东南十四都。　田溪口坑在二十四都。　王大湆头坑　苦竹口坑　七里潭坑(俱在二十五都。)　双溪口坑在二十九都。　匡口坑　溪仔坂坑　火石坑(俱在三十一都。上一十一坑俱县南。)　苏坑在三十六都。　杨坪隔坑在三十七都。　汶口坑　官庄潭坑(俱在三十八都。)　盘古石坑在四十四都。　麻溪坑在四十七都。(上六坑俱在县西南。)　长婆坑在四十八都。　蓝岭田坑　谷口坑(上二坑在四十九都。已上三坑在县西。通上二十坑俱铁场。)

沙县

大济银场宋元祐间置。　**龙泉铜场**(上二场在县西二十九都龙岩县界。)　**古铜场**在县东南九都古县对岸。唐时置。(已上三场俱废。)

永安县

下坑在四十一都。　**地坪坑**　**周坑**　**火烧桥坑**(俱在四十二都。)　**溪南坑**　**含兜坑**

福宁州

本州

玉林场初输银并铅,后输铜。　**钱马坑**　**小叶坑**(俱输银并铜。)　**师姑洋坑**　**新丰可段坑**　**南平北山坑**　**铜盘等处坑**(俱铁坑。)　**东山小乾铁砂坑**　**柄羊埕铁坑**　**新南安民二里大溪岭下等铁坑**　**北峰院后坑**　**牛皮滩澜滩茶洋溪边坑**(以上俱宋熙宁、淳熙间发。后并废。)　**黄海梅坑**在州东北十八都。正统十年发,十四年废。

宁德县

宝丰场在县东十七都。　**宝瑞场**按《三山志》在郭洋。(上二场俱宋元祐间发。历宣和、靖康、绍兴以至淳熙,其间或发,或罢,或并而为一,后并罢。国朝洪武十九年,邑民向安请复之。永乐元年,始复发输课,而宝瑞场以矿脉断绝,遂不复发。)　**阳**

护山铁坑一作阳陵山，在县东十四都。宋政和间发，国朝因之。 **车盂铜场**在二十都。宋元丰间发。 **林家地龙按岭等铜坑**宋淳熙间发，后废。 **新兴坑**在安乐里，银、铜、铅并输。 **宝丰场** **八坊后洋铅坑**（俱宋时发，后并废。）

福安县

刘洋坑银场在县西十六都。 **上坪坑银场**在县北七都。

校 注

［1］弘治《兴化府志·水利》作“陈弥”。

［2］弘治《兴化府志·水利》作“呈户部”。

［3］弘治《兴化府志·礼纪·李长者传》：“唐末，人问妙应大师黄涅槃：‘溪陂几时可筑？’答云：‘逢竹则筑’。”

［4］应为“甃为门三”。

［5］弘治《兴化府志·水利》载：“北洋引延寿陂水为南、北、中大沟三。”此处之“南沟”应为“中沟”之讹。

［6］按元代年号只有“皇庆”、“延祐”，而无“皇祐”，本卷“端平庄斗门”条云：“元皇庆间，总管郭朵儿迁于下徐。”据此，“皇祐”当为“皇庆”之误。

［7］淳熙《三山志·水利》但作“隋谏议黄公创”，无“旧在修”字样。

［8］乾隆《宁德县志·川志》作“黄鞠”。

［9］考乾隆《宁德县志·历官》，自宋至明知县姓储者惟宣和四年储惇叙一人。同书《川志》有录其诗，句与此同，但作明县令。

［10］淳熙《三山志·水利》及乾隆《宁德县志·川志》均作宋“宣和七年”。唯前者称“储知县委僧修筑”，后者则谓“储惇叙重修”。

八闽通志卷之二十五

食　　货

土　产

福州府

谷之属

稻《尔雅》曰："稌稻。"《说文》谓稻为"粳，糯，稌属也"。糯亦名秫。《字林》云："糯，粘稻，而粳稻不粘。"今之食米皆粳稻，酿酒则糯稻也。其名品皆甚多，而八郡土俗所呼，又各不同，不能悉载。兹特取其大者志之。早稻，春种夏熟。晚稻，盖早稻既获再插，至十月而熟者。其米皆有红、白二色。宋马益诗云："两熟潮田世独无"，盖谓是也。大冬稻米，亦有红、白二色，春种冬熟，岁惟一收，然其所获与岁二熟者亦差相等。占城稻无芒而粒细。《湘山野录》："宋真宗以福建田多高仰，闻占城稻耐旱，遣使求其种，得一十石，以遗其民，使莳之。"《三山志》谓其有早、晚二种。《邵武志》谓其种有六十日可获者，有百日可获者，今八郡皆有之。棱稻之圃植者，春种，九十月熟，有芒，米有红、白二色，味香，自福以南四郡皆有植之者，然不多也。（已上俱粳稻。）早秫与早稻同熟。晚秫与晚稻同熟。大冬秫与大冬稻同熟。(以上俱糯稻。)

粟《尔雅》曰:"稷,颗粒细于诸粱,江东呼为粢。"《礼》曰:明粢。有黄、白二种。 **黍** **穄**《欧冶遗事》:"穄米与黍相似而粒大。"(上三种,诸邑山谷中间有种者,然甚少也。) **麦**《广雅》云:"大麰也,小麳也,有类麰而壳稍异者,俗呼米麦。"《莆阳志》所谓"秮麦",疑即此也。又有一种曰荞麦,秆红、花白,实三棱而黑,秋花冬实。

豆菽总名。大者有黄、黑二色,小者有绿、赤、白、黑、斑数色。又有豌豆、江豆、蚕豆、虎爪豆、羊角豆、刀鞘豆及黑、白扁豆。 **麻**有二种:一曰胡麻。《广雅》云:"巨胜膏可压油。"《本草》名脂麻。一曰大麻。《尔雅》云:"枲皮可织布,其实为蕡。"《三山志》:牝麻之子也。

帛之属

丝《闽中记》:"此地蚕桑差薄,所户者多颣,民间所须织纱帛,皆资于吴航所至。" **绸**土产之丝粗而颣,仅可为绸绝耳。 **绢** **绫** **缎** **纱** **罗**往年俱于苏杭售以充贡,近方有织者,然亦不逮远矣。 **吉贝布**长乐梅花诸处间有织者。 **苎布**缉苎为之。圆纱者曰夏布,有杂丝织之者曰兼丝布,诸邑间有之,又有匾纱者曰綀布,出长乐县。 **麻布**连江、福清、永福皆有之。侯官甘蔗洲出者佳。 **蕉布**《海物异名记》云:"取蕉,灰理其皮,织以为布,旧尝入贡。" **葛布**缉葛皮为布。(上二布诸县间有之。)

货之属

银古田、罗源有银场[1]。 **铁**其品有三:曰生铁,曰熟铁,曰钢铁。出闽清、福清、古田三县。 **盐**《海物异名记》云:"编竹为盆,熬波出素。"其法:以竹篾织成,用蛎灰涂缝,卤浸之,竹自不烧也。《南越志》所谓“织篾为鼎，和以牡蛎”是已。《汉书》：“牢盆煮盐，用铁为之，惟蜀与浙为然。”今闽之盐，皆用日晒而成，亦不复煮矣。福清县今有盐埕。　**红曲**出古田县，转鬻四方。　**粉**磨绿豆为之，长乐、福清俱出，然不及建宁者佳。　**糖**煮蔗为之，侯官甘蔗洲为盛。　**蜜**蜂所课也。有岩石间作者，有木枝间作者，皆不若人家畜者蜜浓而味美。　**蜡**蜜脾底也，煮治乃成。

蓝淀叶大丛生，茎短有节。折其茎，以土壅之，辄生。蔡襄《江南月录》云：“采以器，盛水浸，除滓梗，搅之以灰，即成。诸县皆有，闽、侯官、长乐尤多。一种叶如蓼而圆者曰蓼蓝；一种小叶者曰槐蓝。”　**红花**《本草》名红蓝花，用以染绛，子亦可榨油。　**紫草**《尔雅》“藐茈”注云：“可以染紫，一名‘茈莀’。八月末种，二月采根，用密笼藏之。见海风则烂黑。”（上二种诸县皆有。）　**乌梅**盐晒者为白梅，焙干者为乌梅，诸县皆有之，闽县尤盛。　**棉花**即吉贝，诸县间有之。古田平沃处种者稍多，然终非其地之所宜也。　**苎**其皮可以绩布。一科数十茎，宿根至春自生，岁三四收。　**麻**有二种：青麻皮可绩为布，黄麻皮仅可绞索耳。　**纸**竹穰、楮皮、薄藤、厚藤，凡柔韧者皆可以造。旧志谓：“竹纸出古田、罗源村落间，楮纸出连江西乡，薄藤纸出侯官赤岸，厚藤纸出永福辜岭。”今皆少造，惟古田杉洋人造极粗厚者谓之钱纸，即俗祀神楮币也。　**茶**诸县皆有之，闽之方山、鼓山、侯官之水西、怀安之凤冈尤盛。唐《地理志》载：“福州贡腊面茶”，盖建茶未盛前也。　**油**菜油，菜子所压者。麻油，脂麻所压者。桐油，桐子所压者。柏油，柏子所压者。诸县俱出。　**硝**取故墙咸土，淋水煎熬而成。凡制大器、炼金银皆用之。出闽、侯、怀三县。

蔬之属

菘与芜菁相类，梗长而叶不光者为芜菁，梗短叶阔厚而肥者为菘。周颙所谓“秋末晚菘”是也。张九龄自函京携种归曲江种之,闽中呼为“张相菘”。曾师建记谓:“北地无菘,南地无芜菁,体性相似,而形状不同,地土然也。” 芥味辛辣触鼻,其品不一。青芥似菘而有毛。紫芥茎叶通紫,作齑最美。白芥子粗大,色白如粱米,可入药。南芥、花芥、石芥。(以上皆菜之美者也。) 莱菔俗呼萝卜。又有一种叶似茴香,根黄色,味甘而香,曰胡萝卜。

白菜本出北地,近亦有之。 油菜叶如白菜,青色,根微紫,子可压油。 芥蓝叶如蓝而厚,青碧色,亦菜之美者。台心尤佳。 莴苣《遁斋闲览》:“莴苣出莴国,有毒,百虫不敢近。又有一种如莴苣,叶有白毛,曰白苣。” 蕹菜蔓生,花白,茎中虚。摘其苗,以土壅之,辄活。一名“甕菜”。《遁斋闲览》:“此菜本生东夷古伦国,番舶以甕盛之,译不通,但言甕菜。能解野葛毒,其汁滴葛苗立萎。” 菠薐又作波棱。刘禹锡《嘉话录》:“此本出西域颇棱国,有携其子来,讹‘颇’为‘波’。”《闽中记》:“以叶如波纹有棱,岂以义求之欤?” 苦荬《诗》“薄言采芑”是也。《本草》:“可傅蛇虫咬。蚕蛾出时,近之则青烂。蚕妇亦忌食。” 莙荙茎灰淋汁,洗衣白如玉色。 同蒿令人气满,不可多食。 胡荽《湘山集》云:“即园荽也。”或谓之“香荽”。《幼幼新书》云:“鹅不食草。” 苋赤苋,茎叶深赤。白苋,色青而大。紫苋色紫。花苋,人苋,野苋也。又有一种曰马苋,即马齿苋也。 蕨《尔雅》云:“蕨,鳖也。初上可茹。其根可以为粉。” 荠《尔雅》注:“荠,味甘,人取作菹及羹甚美。”东坡有《食养法》,且曰:“天生此物为南人山居之禄也。师旷占曰:‘年将丰,甘草先生。’甘草,谓荠也。”

茄一名落苏。紫茄、黄茄、白茄、清水茄。 瓠似越瓜,长者尺余,夏熟,味甘。又一种名瓠瓠,夏末始实,秋中方熟,经霜可取为器,俗呼葫芦,小者名瓢。 芋《本草图经》云:“蜀川生者,形圆而大,状如蹲鸱,谓之芋魁。闽中出者,形长而大,小者如卵,生于大魁旁，食之尤美。” **冬瓜**　**越瓜**　**丝瓜**　**笋**详见“竹之属”。　**蕈**《尔雅》云：“蕈，似盖，亦名菌。”俗谓之菰，其品不一。胭脂菰，生山林平沃地面，鲜红而光泽，其底与茎俱白色。香蕈菰，生深林腐木上，味极香美。木耳菰，亦生木上。　**薯蓣**今呼山药。蔓生，茎紫，叶青，有三尖角，似牵牛而光泽。开细白花，结实如铃。生山谷间。根细如指，白色，极紧实，刮磨入汤煮之，作块不散，味更珍美，食之尤益人，过于家园种者。又有一种，根如姜、芋之类，而皮紫，大者一枚重可斤余。刮去皮，煮食之俱美，但性冷于山药耳。土人呼为薯，音若殊。　**姜**老者为母姜，嫩者为子姜。　**葱**有二种：胡葱，香葱也；长生葱，七月种。　**韭**《说文》云：“一种而久”，故谓之韭。《纂要》云：“一剪，一加粪，一岁不过五剪。”《养生诀录》云：“性暖，号草钟乳。”　**薤**《本草图经》云：“似韭，叶阔多白，无实。”又云：“凡用葱薤，皆去青留白，盖白冷而青热也。”　**蒜**大者曰葫，无瓣者俗呼独脚蒜。　**水蕲**音芹，生池泽中。有两种：荻芹，根之白者可菹；赤芹，茎叶并堪作菹。
紫菜附石生海上，正青取干之则紫色。其纤者味尤珍。近海诸邑皆有之，而出福清者尤佳。　**赤菜**《海物异名记》：“菜海生而紫蔓，其大者曰鹿角莱，能解面毒。”

果之属

荔枝树高二三丈许，大至合抱，颇类桂木、冬青之属，四时荣茂不凋。花似木犀，青白色，微香。实初青，渐红，肉淡白如脂玉。性畏高寒，州北数县皆不可种。连江之南虽植，成熟亦晚。直至北岭而南，始大蕃盛。其品不一。桂林，皮粗厚，大如鸡子，味甜。中冠，皮光而薄，味清而甘，视桂林差小。金钟，皮略粗厚，色青黄，味佳，大亦类桂林。（上三品俱六月熟，今取以充贡者也。）江家绿，类莆田陈紫而差大，独香味次之。绿核，荔枝核皆紫，而此独绿。圆丁香，荔枝皆旁蒂大而下锐，此种体圆，味亦胜。虎支，色红而有青纹，正类虎斑。牛心，以状言之，长二寸余，皮厚肉涩。玳瑁红，上有黑点，类玳瑁斑。朱柿，色如柿红，而扁大。葡萄，穗生，一朵至一二百颗。蚶壳，壳为深渠，如瓦屋状。蜜荔枝，纯甘如蜜。丁香，核如小丁香，亦谓之焦核。大丁香，壳厚色紫，穰多而味微涩。双髻，每朵数十，皆并蒂双头。真珠，剖之纯瓤，圆白如珠。十八娘，色深红而细长，人以少女比之。俚传闽王有女第十八好啖此，因而得名。将军，五代间有为此官者种之，后人因以其官号其树，而失其姓名也。钗头，颗红而小，可间妇人女子簪翘之侧。粉红，荔枝多深红，而此以色浅为异。中元红，荔枝将绝才熟，以晚重于时。(以上见蔡襄《荔枝谱》。)一品红者，言于荔枝为极品。状元红者，言于荔枝为第一也。(以上见曾巩《荔枝录》。)驼蹄，以其长大而甘柔也。金粽，上锐而下方，色深黄。栗玉，似金粽而圆，其味差胜。洞中红，出于宿猿洞，因名。火山，核大而味甘酸，四月先熟。星球红，此一本出于灵岫里田间，枝条生叶大三倍，色红而不绛，蒂根于脐，锐者如瓜，扁者如橘，圆者如鸡子，颀者如皂荚，形殊状诡核皆如丁香，亦有绝无者，食之甘脆而有韵，盖神品也。夺其枝而植者竟莫逮焉。(以上旧志所载。)馒头，以其大如之，皮亦粗厚而味甘。磨盘，皮亦粗厚，味甘，大如鸡子，其近蒂处甚平，故名。鸡母引鸡子，一朵数十枚，大小错出。其大者核小，小者无核。(上二种俱七月熟。)山中冠，实大而圆。山金钟，实大微长。六月大，实密，此荔枝之中等者也。扇画，实如馒头，皮薄，上大下小，味甘。中秋绿、松柏垒，皮厚而粗，大如馒头。争江瓶，实如馒头，皮光，上大下小。(上七种俱山荔枝。)

龙眼树似荔枝而叶微小，凌冬不凋。春末夏初生细白花，七月而实成。形如弹丸，皮黄褐色，肉白而甘。荔枝才过，龙眼即熟，故南人目为荔枝奴。　**柑**树高丈许，叶厚，色深青而泽，花白而香，俱冬熟，而品不一。酥柑，叶大，实形长而扁，皮黄而酥，味甘微酸，过冬纯甘。佛酥柑，一名佛头酥，皮礧魄而虚厚，色红而黄，瓤小，味酸，微甘。脂柑，出连江，又名连江柑。叶似酥柑而差小，皮红黄色，味甘。（以上三种俱出闽、侯、怀三县。）里尾柑，出福清县，以其地名。叶长而圆尖，实上小下大，皮黄色，颇厚，味极甘，少核。闽、侯、怀亦出，而少，呼为蜜柑。　**橙**亦柑类。大似佛酥柑而皮光，实味酸甜。　**香橼**树有刺，叶大而微厚，实大者长尺余，黄色，皮厚而香，可食，瓤微酸而苦。又有一种色味皆如香橼，形似人手，名佛指香橼，又名佛手柑，亦名花柑。　**柚**亦名香柑。树高一二丈，叶重台而大，花五瓣而卷，气甚香冽。实圆大，金黄色，皮厚，肉小，味甘酸。一种实扁而小。又一种肉红而甘，其种自广传来，尚未多见。　**橘**树如柑而叶差小，花白而香，冬熟，其品亦不一。镜橘，一名境柑。形圆而扁，色红黄，皮光莹有楞，味甘微酸。连江橘，以其地名。花叶差小，实扁而圆，皮薄，色黄，味甚甘。闽、侯、怀亦出，但少耳。酒橘，形亦圆扁，色红黄，皮薄，味甘。四时橘，花实相继，频年不绝，皮薄，味甘，冬熟者尤佳。剪橘，叶稀少，圆尖，色黄，皮薄，味甘酸。猴橘，一名橘花，叶密而尖小，结实最多，大仅如钱，色黄，皮甚薄，味甘酸。洞庭橘，似镜橘而差小，色红黄，皮薄，味甘酸。（上七种俱出闽、侯、怀三县。）匾橘，一名塌橘，色淡黄，皮薄，味甘酸，出闽县。里尾橘，出福清县，亦以地名。叶圆尖而密，实扁皮薄，其瓣明白可数，色黄红，味甘而香。金橘，树叶花实俱小于诸橘，而皮香甘可食，尤可蜜煎以寄远。　**桃**其品不一。王桃，又名樱桃，又名早桃，又名梅桃，三四月间熟。金桃，大径二寸，味甘，七月终熟。银桃，又名白秋桃，大径二寸，味甘。合桃，一种四月熟，味甘酸；一种五月熟；一种六月熟；俱味甘。七月桃，大径二三寸，味甘。扁桃，又名盘桃，味甘酸。十月桃，大径寸半，味甘酸。白蜜桃，大径寸半，味甘。矮桃，树高者仅三四尺，实如金桃而小，秋熟。绯桃，花纯红色。美人桃，花粉红色。碧桃，花俱千叶。柰桃，花叶形味皆桃，但实光泽无毛，为少异耳。　**李**其品亦不一。白李，亦名“鹅黄”，实清脆，五六月熟。胭脂李，皮肉俱红，味甘，夏熟。琥珀李，皮红，肉黄，味微涩，秋熟。夫人李，皮粉红色，肉深红，味甘，七月熟。真珠李，大如龙眼，色青红，味差淡而酸。　**杏**花如红梅而丰艳，实如梅而甘。本出北地，今郡亦有植者，然结实甚少。　**林檎**一名来禽，一名花红。实似梨而小，六月熟。王逸少有《来禽青李帖》。陈后山诗云：“来禽花高不受折，昨暮胭脂今日雪。”又有一种，花繁生如郁李而差大，实如来禽而差小。　**柰**似林檎差小而长，浅青色。《莆阳志》云：“即青李也。”　**频婆**似林檎而大，味尤胜。本出北地，今郡亦或种之。　**梨**其品不一。鹅梨，皮薄而浆多。轻消梨。拒霜梨。水梨。赤梨。紫梨。煤梨。绵梨，梨之糜者也。　**柿**其品非一。花柿。卵柿。乌柿。朱柿。古田、永福诸邑为多。　**石榴**《酉阳杂俎》：“甜者曰天浆，堪充果品；酸者入药用。花有红白二色。又有千叶者，花红艳可爱，不实。”　**枣**其品非一。大概有红、白二色，今闽中但有白者。　**栗**外刺如蝟，熟则罅析。闽清、永福诸山邑为多。　**杨桃**“杨”字亦作“羊”。《临海异物志》：“杨桃，其色青黄，有五瓣，或谓之五瓣子。”　**枇杷**一名卢橘。叶似驴耳状，四时不凋。谢瞻赋云：“禀金秋之青条，抱青阳之和气。肇寒葩于结霜，成炎果乎纤露。”言备四时之气也。

橄榄木端直而高，秋实，而味先苦后甘。美者曰“碧玉”。

杨梅木似荔枝，叶细阴厚，实生青，熟红，如鹤顶状。诸邑皆有，而怀安桐口所产者尤佳。　**黄弹子**《祥符图经》云“黄檀子”。《海物异名记》云：“黄弹子实如弹丸，叶如山桂。”又云：“本出越王祭坛之侧，曰王坛子。”杨郁赋曰：“果则龙目、荔枝、王坛、丹橘。”

菩提果花如冠蕤，叶似冬青而长，实似枇杷而大，味清而香。或云，西域有此果，故谓之“菩提”。　**木瓜**《尔雅》谓之“楙，木”，状如柰，春末开花深红色，实如小□酢可食[2]。　**银杏**一名鸭脚子，以其叶似鸭脚也。欧阳公诗云："鸭脚生江南，名实未相浮。绛囊因入贡，银杏贵中州。"又名公孙树，言其实久而后生，公种而孙始食也。欧阳公诗云："始摘才三四，岁久子渐多。" **余甘**《海物异名记》："庵摩勒果，圆莹如珠，食之余味始甘，能蠲蛊毒，山谷以其先苦后甘，名之曰'敢谏子'。"出福清县。 **胡桃**本出羌胡，今闽亦有之。 **山核桃**木高数丈，叶翠如梧桐，其实坚。《三辅黄图》谓之"万岁子"。 **金斗**叶似榄榄而长，实红色，味甘酸。

椎生山谷间，似栗而绝小，诸邑皆有之。 **葡萄**一名马乳。西汉时，其种自西域来，有青紫二色，今闽中但有青者，亦不多也。韩昌黎诗："剩欲满盘堆马乳，莫辞添竹引龙须。" **个摩子**藤生，附大木上，成熟外皮黄色，中有壳裹，里肉如莲子，可煮而食之。或取以充果，然非贵品也。出福清。 **蕉**《本草》名甘蕉，俗呼芭蕉。叶长而大，其卷心中抽子作花，一茎只一干。花如倒垂菡萏，每开一瓣，则子骈生附干，自中夏开直至中秋后方尽。子凡数十枚，生青熟黄，食之甘美，亦可晒干寄远。闽中所产者，大概有二种：一种树可丈余，子差大，俗呼象牙蕉；一种树高五六尺，子差小，俗呼佛指蕉。又一种树高二三尺，茎小，开红花，无实，俗呼红蕉。又一种无花实，其苗可缕为布，即所谓蕉布也。 **甘蔗**赤者曰"昆仑蔗"，白者曰"荻蔗"，土人捣取其汁，以为沙糖。 **西瓜** **甜瓜** **黄瓜** **土瓜**一名新罗葛。藤似葛根，大者如碗，小者如拳。色青白，味甘，可以解酲清渴。 **莲**红白二种，有千叶者，俱有实。《尔雅》及陆机疏："荷为美蕖，华未发为菡萏，已发为芙蓉，其实莲，其根藕。" **鸡头**芡也。《埤雅》曰："蓬镈似鸡首，故曰'鸡头'。"俗云，荷叶日舒夜敛，芡叶昼合宵炕，此阴阳之异也。"梅圣俞诗云："蝟毛苍苍磔不死，铜盘矗矗钉头生。吴鸡斗败绛帻碎，海蚌扶出真珠明。" **菱**芰也。叶浮水上，花黄白色，实生渐向水中。《埤雅》曰："楚谓之芰，秦谓之薢茩。"《武陵记》云：

"四角、三角曰芰,两角曰菱。"其花昼合宵炕,随月转移,犹葵之随日也。 **茨菰**叶三尖如剪刀草,根如凫茨差大而长,味甘,方言谓之"苏"。 **凫茨**苗如龙须草,生下田,根如小芋而扁,色黑。

药之属

薏苡春生苗,茎叶如黍,开红白花,作穗,实青白色,形如珠而长。 **黄精**二月生苗,高一二尺,叶如竹叶而短,两两相向。茎梗柔脆,颇□桃枝[3],本黄末赤。四月开细青白花,如小豆花状。子白如黍,亦有无子者。根如嫩生姜,黄色,八月采。山中人九蒸九曝,作果甚甘美。 **石菖蒲**生石碛上,叶有脊如剑者为真,其无脊者名溪荪。生下湿地,大根者名昌阳,入药,以生石上一寸九节者良。今黄檗山龙湫崖下瀑布飞溅处生者绝佳,然非神全不为溅悸,不能采也。 **地黄**叶生布地,上有皱纹,根如手指,通黄色。 **天门冬**春生藤蔓,大如钗股,高至丈余,叶如茴香,极尖细而疏淆[4]有逆刺,根大如指,长二三寸,一二十枚同撮。 **麦门冬**叶青似莎草,长及尺余,冬夏长生,根生连珠形如广麦颗,故名。 **艾**有大叶者,有小叶者。 **紫苏**叶下紫色,甚香。夏采茎叶,秋采实,俱入药。 **薄荷**叶尖,冬不死,夏秋采茎叶,暴干。 **白蘘荷**春初生叶似甘蔗,根似姜而肥。《本草》谓可以防蛊,亦可辟蛇。 **茵蔯**春生苗,秋枯,经冬不死,春复因旧苗生新叶,故名茵蔯。又一种大叶者曰山茵蔯。 **豨莶**俗呼火枕草。 **庵蔺**状如蒿艾,可以辟蛇。 **苍耳**《本草》作"葈耳",即《诗》所谓卷耳也。一名羊负来。 **莳香子**亦名茴香。叶似老胡荽,疏细作丛花,头如伞盖,黄白色,实如麦而小。又一种,茎叶花实全类茴香,但其实差小,味尤香冽。土人呼为芹,疑即莳萝也。 **天南星**苗似荷,梗高一尺许,叶似蒟蒻,二枝相抱。花似蛇头,白色,结实成穗,似石榴子,根似芋而圆。 **马鞭草**其穗类马鞭，故名。　**蓖麻子**可压油。以其形如牛蜱，故名。近有自北地携子来种者，茎实视土产者倍大。　**牵牛子**蔓生篱落间，叶有三尖，花带碧色，实作球，内有黑子三棱，如荞麦状。又有子白者，不堪入药。　**车前子**即芣苢也。大叶长穗，好生道旁。一名马舄，一名虾蟆衣。　**括楼**《诗云》“果蓏之实”。《尔雅》云“天瓜”。《本草》云“地楼蔓生”。花浅黄色，实在花下，亦名黄瓜。方家捣其根作粉入剂。　**香附子**莎根也。　**剪刀草**按《本草图经》，生近水沙碛中。叶如剪刀状，苗最□散[5]，色深青绿，每丛十余茎，内抽出一两茎，上分枝，开小白花，四瓣，蕊深黄色，根大者如杏，小者如杏核，色白而莹滑。一名慈菰，一名白地栗，一名河凫茨。福州别有一种小异，采其根叶，治痈肿良。　**商陆**俗名章柳根。叶如牛舌而长，花作朵红紫色，根如芦菔而长。《释文》云：“如人形者有神。”又有一种，花色白。　**香薷**似白苏而叶细，一作香莱，生山谷石上者尤佳。　**决明子**苗高四五尺，叶似苜蓿而大，花黄白色，秋深结角，其子生角中，如羊肾，主明目。其叶春间亦可为蔬，主肝毒热。　**荆芥**味辛温，茎高一尺许，开花成穗。　**何首乌**春生苗。叶叶相对，如山芋而不光泽，其茎蔓延竹木墙壁间。根大者如拳，各有棱瓣，似小甜瓜，赤者雄，白者雌。本名交藤，因何首乌服而得名。　**羊蹄**秃菜也。叶狭长，色深绿，茎节间紫赤，采根醋磨，涂癣速效。　**牛膝**春生苗。茎高二三尺，青紫色，有节如牛膝，因名。　**益母草**《诗》谓之“蓷”。《本草》谓之“茺蔚”。郭璞云：“叶似荏，方茎白花，花生节间。”今园圃及田野多产之，茎叶皆如郭说，但其花色淡红为少异耳。

半夏独茎生。茎端出三叶，浅绿色，颇似竹叶而光，根下相重生，上大下小，皮黄肉白。　**香茅**苗叶如茅而香，可煮作浴汤，辟邪气，令人身香。其花即茅香花。　**细辛**其根细，而其味极辛，故名。　**石益**生山中，子治蛊毒。　**连翘**按《本草图经》有大翘、小翘二种。南方生者,叶狭而小,茎短,才高一二尺,花黄,实房黄黑,内含黑子如粟粒。 **石韦**《本草图经》云:“一名石皮,丛生石上,叶如柳,背有毛,而斑点如皮,故名。”福州自有一种石皮,三月开花,采叶煎汤浴,云主风。亦有生古瓦上者,名“瓦韦”。 **石蚕**草根之似蚕者,出山石上,四时常有。其苗青,亦有节,三月采根焙干。主走疰风,散血,止痛。 **独脚仙**生山林旁阴泉处。春生苗,至秋冬而叶落。其叶圆,上青下紫,其脚长三四寸。夏采根叶,连梗焙干,治妇人血块。 **赤孙施**叶如浮萍草,治妇人血结不通。四时常有,采无时。《三山志》云:“一名岁寒浆,一名酸浆。” **紫金牛**味辛,叶如茶,上绿下紫,实圆如丹朱,根青紫色。八月采,去心,暴干,颇以巴[6],主治时疾脚气,如风痰。 **小青**生捣其叶,治痈疮甚效。 **建水草**其枝叶似桑,四时常有。土人取其叶,治走疰风。 **琼田草**春生苗,叶无花。土人采其根叶治风。 **石垂**三月有花。土人采其子治蛊毒。 **鸡项草**叶如红花,叶上有刺青色,亦名千针草。根似小萝卜,枝条直上,三四月苗上生紫花,八月叶凋。其根可治下血。 **香麻**四季常有苗叶而无花,土人以煎浴汤,去风甚佳。(上一十一品,按《本草图经》俱出本州。) **茯苓**深山有大松处皆有之。是多年松脂流入土中变成者。自作块,不附着根上。其抱根而轻虚者为茯神。茯苓千年又化为琥珀。 **枸杞**《尔雅》云:“枸杞[7],一名地骨。”按《本草图经》谓:“其实形长而枝无刺者,枸杞也。圆而有刺者,枸棘也。枸棘不堪入药。”而《衍义》又谓:“凡杞未有无棘者,虽大至有成架,然亦有棘。但此物小则多刺,大则少刺耳。”今历观诸处所产枸杞,未有无刺者。《衍义》之言,似为可据。 **吴茱萸**叶似椿而阔厚,实似椒子,嫩时微黄,熟则深紫。 **金樱子**生郊野中,类蔷薇,有刺,开白花,实如小石榴。 **土红山**《本草图经》:“福州生者作细藤,似芙蓉叶。其叶上青下白,根如葛头,治劳瘴甚佳。”　**盐麸子**叶如橘子，秋熟为穗，粒如小豆，上有盐似雪，食之酸咸止渴。蜀人谓之“酸桶”，吴人谓之“乌盐”。　**蒴藋**其木轻虚无心，主续筋骨。《本草》谓之“接骨木”，亦谓之“蒴藋”。

使君子藤生，花红白相间，实如栀子，而棱瓣深，壳青黑色，内有仁，白色。始因潘州郭使君疗小儿，多独用之。　**紫金藤**按《本草图经》：“生福州山中，春初单生，叶青色，至冬凋落，其藤似枯条，其皮可治丈夫肾气。”　**千金藤**主一切血毒，根黄赤，如细辛。　**丁公藤**生依南木，故号南藤。茎如马鞭有节，紫褐色。《南史》：“解叔谦母有疾，夜祷庭中，闻空中云：‘得丁公藤治之可差’。”即此是也。　**石南藤**其苗蔓延木上，四时不凋，茎可治腰痛。　**含春藤**其苗蔓延木上，冬夏常青，叶可治风。　**感藤**大如鸡卵，汁甘美如蜜。生研，傅蛇虫咬伤疮。一名甘藤，盖甘、感声相近，而讹耳。又名甜藤。　**桑螵蛸**螳螂子也。生桑上者为佳，以其得桑之津气故尔。

木之属

松有五鬣者，有三鬣者。花上黄粉名松黄，人多取以为饼，或作汤点之甚佳。其节为松明，其脂为白胶。皮上绿藓衣名艾蒳香，用和诸香烧之，其烟不散。　**柏**樊宗师《图记》谓柏为“苍官，其子香而可爇。”东坡诗云：“铜炉樊柏子。”又有叶侧向而生者为侧柏。　**桧**《尔雅》云：“柏叶松身。”　**杉**木类松而劲直，叶附枝生，若刺针然。土人作宫室，以此木为上。　**樟**亦名豫章。木高大，叶似楠而尖长，其气极辛烈，为大舟及诸器皿多用之。禽鸟含种所生者曰“乌樟”。　**枏**郡人作宫室，多以为栋梁，亦美材也。字亦作“楠”。古称楩楠豫樟，其所谓楠即此。　**楮**叶如侧柏。

椤木可为器，极奈久远[8]。　**檬**亦可为栋宇，然久则蠹腐，不及杉远矣。　**柽杉**略似水绵，而木理轻松，心赤色。　**杜松**叶如杉而小，尖劲如刺，木似松而有文。　**水绵**类杉，修干而细叶。郡城内外，凡滨水处多植之。　**桐**其种不一。今闽产大概有二：一种叶有三杈，结子如胡椒可食者曰“梧桐”；一种叶圆而末尖，二月开淡红花，子可压油者曰“油桐”。二种之中，惟油桐为多。梧桐间有之，然未见有结子者。　**梓**似桐而叶小，花紫。陆机云：“楸之疏理白色而生子者。”　**相思**木坚而有文，可旋为器，亦可作几案棋局之类。　**桑**　**柘**与桑异种，皆可饲蚕。　**乌桕**叶似梨杏，花黄白，子黑色，土人多取其叶以染皂，子可压油，即桕油也。　**冬青**其叶常青，四时不改。许浑诗云：“未秋红实浅，经夏绿阴寒。”唐禁中呼为“万年枝”。韩子苍诗云：“无人知是万年枝。”　**槐**《遁斋闲览》载俗语云：“槐花黄，举子忙。”谓槐之方花，乃进士赴举之时。翁承赞诗：“雨中装点望中黄，勾引蝉声送夕阳。忆得当年随计吏，马蹄终日为君忙。”乃知俗语亦有所自也。

檀叶似槐。　**椒**木有刺，子朵生，味辛，与蜀椒同类，但不及蜀中者气味浓冽耳。俗呼“花椒”。　**椋**生山中，叶与子似茱萸《尔雅》云：“椒椋醜核，桃李醜核。”言桃李属皆内核，椒椋属皆外莍也。　**榄**字亦作榄[9]。其木有刺，子朵生如茱萸，辛辣如椒，杀腥物。　**皂荚**《南史》云：“黄尘污人衣，皂荚相料理。”又一种曰“肥皂”，亦可洗衣。　**木槵**叶如橄榄而小，实可浣垢。今释子多取其子为手珠。《本草》谓之“无患子”。　**水杨**叶圆阔而赤，枝条短硬，多生水岸。　**柳**叶狭长而青，枝柯长软。《埤雅》云：“柳柔脆易生之木，与杨同类。虽纵横颠倒，植之皆生。然使十人植之，一人摇之，则无生柳矣。立贤之道何以异耶？又况植之之人寡，而摇之之人众乎？”其言婉而有味。又有一种，皮如槐檀，叶如樗而狭长，亦生水侧，名榉柳。　**枫**似白杨，叶圆而歧，有三尖。取其脂可以为香。　**槦**字亦作“榕”。《海物异名记》云：“材拥肿，不中绳墨，故谓之槦。或曰：其荫覆宽广，故谓之榕。宋熙宁中，郡守程师孟多命植此，自为诗云：“三楼相望枕城隅，临去重栽木万株。试问国人行住处，不知还忆使君无？”此木自州以南为多，至剑、建则不复产矣。　**楮**《诗》谓之“谷”，生子如杨梅，皮可绩为布，亦可捣为纸。陆机云：“树皮斑者为楮，白者为谷。”　**金荆**《闽中记》云：“木坚有文采，可为床榻器用。”　**槠**似柞，而子可食，作屋柱不腐。　**楝**《东皋杂录》：“江南自春至夏有二十四风信，梅花最先，楝花最后。”唐人诗云：“楝花开后风光好。”　**黄连茶**木高二三丈，叶似槐而尖长。春初芽始生，可治以代茗饮，亦可为茹，味香美。俗又呼凉茶树。　**加条**《闽中记》云：“其叶可用磨犀角、象牙。”　**朴**叶如加条差小，皮鳞皴而厚，因以得名。

白牙木理极坚白，可为器玩。　**栎**《诗》云“苞栩”，注作“栎”也。其子为皂斗，壳可以染皂。陆机云：“徐州人呼为杼。”《尔雅》曰：“栎，其实梂。”释曰：“梂，盛实之房，其实橡也。”然则栎也，杼也，栩也，皆橡、栎之通名也。　**蘖**木如石榴，皮黄，子赤，如枸杞子，两头尖，枝可剉以染黄。生山石间。一名“山石榴”。《本草》谓之“小蘖”。　**黄杨**叶细，皮薄，岁长三寸，遇闰年则退一寸。东坡诗：“山中草木随时长，惟有黄杨厄闰年。”　**石楠**叶如枇杷有小刺，凌冬不凋。人多植庭宇间，阴翳可爱，不透日气。其木坚劲，可为斧柯。　**柽**叶细而枝柔，夏着花粉红如粟，一名西河柳。

罗汉松叶长而狭，色苍秀可爱，凌冬不凋。　**棕榈**亦曰“栟榈”，子嫩赤吐者可采充茹。□棕鱼。梅圣俞诗：“青青栟榈树，叶散如车轮。”　**桄榔**树似棕榈而高大，外坚中虚，斫其间有□[10]，子作穗，生木端叶下，有须。木紫黑色，有文理，可以制器。　**竹木**其状类竹，可为杖。《漳州志》有桃枝竹，疑即此也。　**吉兆藤**亦名“乌理藤”。紫色，其根为降真香。　**金刚藤**根赤色，土人或取以染鸭子，俗呼菝葜[11]。　**香藤**缘木而生，其气清香。

又有南藤,土人或取以酿酒。 **王孙藤**柔韧,可为缆。

竹之属

戴凯之《竹谱》:"竹有生日,谓五月十三日,移植最宜,亦谓竹醉将枯则生花,或云劈竹多用辰日。"山谷诗云:"夏栽醉竹逾千个。"又云:"根须辰日属斤。" **猫竹**方言谓之麻竹,大者径七八寸,土人或取其叶以裹角黍。笋夏生。 **江南竹**粗大而坚直。笋冬生。 **淡竹**肉薄,芦间有粉,南人烧之以取沥者,叶亦可入药。 **慈竹**任昉《述异记》云:"南中有子母竹,生不离本,今慈竹是也。"王勃云:"宗生族茂,天长地久,万柢争盘,千株竟纠。" **斑竹**永福县鹤洋多产之,差及湘江者。 **紫竹**小而色纯紫。 **苦竹**笋味甚苦。又有苦伏竹,笋冬生,土人以为珍味。 **石竹**节疏而平,可以为器用。 **筋竹**内厚而窍小,可为弓弩材。 **箭竹**可为箭干。 **方竹**外方内圆,可以为杖。笋秋末生。 **秋竹**甚小,可为篾用。 **苦油竹**内厚而叶长阔,以为枪,中虎即毙。 **含朵竹**大如指,土人以编藩篱者。 **虫竹**丛生如芦,每节生虫如新蝉之未翼者,外无窍隙,随竹而长,竹将枯,乃穴其旁而出。 **豁竹**节长细,可为笛材。笋味最美。 **凤尾竹**梢叶森秀,如凤尾然。

花之属

梅其品不一。 **绿萼梅** **红梅** **品梅**一花三实,又曰"双梅"。 **千叶梅** **鹅梅** **山梅** **蜡梅**黄山谷谓:"京洛间有一种花,香气如梅,类女工撚蜡所成。"因名"蜡梅"。 **山茶**花深红色,冬盛开。东坡诗云:"叶厚有棱犀甲健,花深少态鹤头丹。" **海棠**花如紫锦。又有垂丝海棠,色淡红而多叶。 **酴醾**

蔓生，承之以架。花白而香，春晚极盛。又有檀心而紫色者尤香。

蔷薇枝干有刺，花红紫色，三月盛开如锦。亦有黄蔷薇，花如棠棣，金色。有淡黄蔷薇，鹅黄色。又有野蔷薇，香亦清洌。

玫瑰亦名徘徊。有白、紫二色。翁承赞诗："三株红芍药，一架紫玫瑰。"　**金沙**亦玫瑰之流，而香不及。山谷诗云："紫绵揉色似金沙。"　**佛桑**叶类桑，花如牡丹而尤红，四时常开，朝开暮落，亦名朱槿。一种色淡红，一种色淡黄。又有花开单瓣者，色亦深红可爱。　**木槿**有白者，有紫者，有粉红者，又有一种花莹白如玉，中心无紫色者，名"蕣英"。郭璞云"蕣英不终朝"，言朝开暮落也。又名日及花。施肩吾诗："但看日及花，惟是朝可怜。"　**长春**枝干有刺，花红，四时常开。　**胜春**亦名斗雪红，又名月季。花如玫瑰，而香色次之，四时常芳。　**杜鹃**一名踯躅，一名山石榴，一名映山红。有深红、浅红及紫者。白居易诗："九江三月杜鹃来，一声啼得一花开。"俗传杜鹃啼血，滴地而成此花，故名。　**山丹**其花一蒂百余蕊，如绣球状，深红色，一花四英。东坡所谓"错落玛瑙盘"是也。亦有粉红者，四月开花，至八月尚烂漫。又有四时常开者。　**栀子**一作"支子"。《上林赋》云："鲜支黄砾。"注："鲜支，支子也"。谢灵运赋云："林兰近雪而杨猗。"注："林兰亦支子也。"佛书呼为檐蔔。花开六出，故东坡诗有"六花檐卜林间佛"之句。其实七棱，亦名越桃，可入药。有花开百叶者，名水栀花，郡人呼玉楼春。　**紫薇**俗谓之"不奈痒花"，爪其本，则枝叶俱动。自五月开花，至九月尚烂漫，又谓之"百日红"。梅圣俞诗："薄肤痒不胜轻爪，嫩干生宜近禁庐。"杨万里诗："谁道花无红十日，紫薇长放半年花。"今郡人呼为佛相花。　**茉莉**夏开白色妙丽而芳郁，此花惟闽中有之。佛经谓之"末丽"。蔡襄诗云："团圆茉莉丛，繁香暑中折。"又有一种红色，曰"红茉莉"，穗生，有毒。　**素馨**蔓生，夏开白色，露浥愈香。蔡襄诗："素馨出南海，万里来商舶。” **阇提**南海种，商舶传人闽中。花晰白而香，胜如素馨，盖岩桂之流品也。仙书曰“阇提花春”即此，亦名蛇蹄。 **木芙蓉**一名拒霜花。红白二色，有单瓣者，有重瓣者，朝开色白，午后则渐红者曰“醉芙蓉”。 **岩桂**一名木犀。有丹、黄、白三色，凡色胜则香薄，四时开者曰“月桂”。 **瑞香**花紫、白二色，紫者香胜，冬春之际盛开。东坡词云：“领巾飘下瑞香风，惊起谪仙春梦。”其意甚婉。 **紫荆**木似林檎，花深紫可爱。《本草》云：“田氏之荆。”周景式谓：“古有兄弟，意欲分异，睹三荆同枯，而惊叹复合。” **含笑**其香酷冽，开尽则香减，故以含笑名，有纯紫者，有外白内紫者，白者曰“牙笑”。 **半年红**曾师建《闽中记》云，谓之“渠那异”。其种来自西域。木高丈余，叶长而狭，花红色，自春徂夏，相继开不绝。又名夹竹桃，谓其花似桃而叶似竹也。 **夜合**叶似皂荚、槐等极细而繁密，至暮而合。花发红、白色，瓣上若丝茸然，至秋而实，作荚，子极细薄。一名合欢，一名合昏。崔豹《古今注》云：“欲益蜀人之忿，则赠以青裳。”青裳，即合欢也。 **度年红**干高而花难凋，自冬末涉春，不少变。 **越橘**树如黄杨，花如瑞香而白，实如朱樱。 **真珠**花有单叶者，有千叶者。许将诗：“蔌蔌圆英淡分妆，肯随桃李媚春阳[12]，金刀不到春风外，草密林深只自香。” **凤尾**有二种，大者高丈余，花穗生，黄心而白英，长竟尺，若凤尾然；一种高数尺，花疏而香胜，一名凤柳，一名七里香，置之书皮，可以辟蠹。 **御带**枝长，花密如带。 **棣棠**条生，花淡金色，梅圣俞所谓“韡鄂芸黄殿后花”是也。 **半丈红**花如御带而差大，一名棠棣。 **凌霄**藤生附大木，其花黄，亦有毒[13]，凌晨仰视，花露滴目则丧明。古诗云：“凌霄倚树生，树倒凌霄死。劝君莫倚势，倚势亦如此。” **鹰爪**藤生，花淡黄色，末锐似鹰爪，夏开，香如烂瓜气。 **牡丹**按《三山志》，州旧无之；庆历间，罗源林迥隐居南华，有《出山遇慈恩长老献牡丹》诗，盖有之矣。今古田、连江亦间有植者。　**芍药**即亦有植者，然不甚盛。　**菊**其品不一。《遁斋闲览》："南方花发，较北地常先一月，独菊花开最迟，菊性宜冷也。"有一种花深黄色，如滴滴金者，夏开。　**兰**黄山谷云："一干一花而香有余者兰，一干五、七花而香不足者蕙。"今闽人所植之兰，又有紫、白二种。窃尝考之《传》曰："德芬芳者佩兰"，《楚辞》所谓"纫秋兰以为佩"是也。今之所谓兰，叶既无香，花虽香，亦不过经夕而止，果可佩乎？古有兰者，盖以兰藏之书中辟蠹，故名。今之所谓兰果可辟蠹乎？《草木疏》曰："兰为王者香草，其茎叶似泽兰，广而长节，节中赤，高四五尺。"今之所谓兰，其形状果如是乎？吴草庐尝著《兰畹说》，辨之甚悉。　**萱**《诗》曰："焉得谖草。"《埤雅》谓"一名鹿葱，草之可以忘忧者"。《本草》谓花名宜男。《风土记》云："怀孕妇女，佩其花生男也。"夏开者，茎高而叶大，秋开者，茎短而叶小。亦有花红黄色而百叶者，又有花鹅黄色而香者。　**蜀葵**《尔雅》云："菺戎葵。"释曰："即今蜀葵，亦名戒葵。"盖戎蜀所自出，因以名之。花有红、白、紫、淡红数色，小花者名锦葵。又有一种，叶尖狭多刻缺；花浅黄，心下有紫檀色，名黄蜀葵。　**水仙**叶如蒜，一茎数花，花白，中有黄心如盏状，故俗呼金盏银台。黄山谷诗有"山矾是弟梅是兄"之句。　**扁竹**按《本草图经》："春生苗，高二三尺，叶似蛮姜而狭长，横张疏如翅羽状。叶中抽茎似萱草而强硬，六月开花，黄红色，瓣上有细纹，秋结实作房，中子黑色。一名乌扇，一名乌翼，而扁竹者，今俗名也。其根名射干，可入药。"　**紫罗伞**《本草图经》："名鸢尾。叶似射干，而花紫碧色，不抽高茎，今俗呼紫罗伞，其根即鸢头，亦入药。"　**玉簪**一名白鹤，质素而香。诗云："宴罢瑶池阿母家，飞琼扶上紫云车；玉簪堕地无人拾，化作东南第一花。"又有一种似玉簪而小，色浅紫，名紫簪，亦名紫鹤。　**百合**茎高三尺许，叶如柳，四面攒枝而上，四五月开白花，长蕊下覆，花心有檀色。根入药,亦可蒸食,或以为粉。子生枝叶间,不附花,此又异也。一名强瞿,俗呼倒仙,又呼玉手炉。一种花斑红,名川百合。又一种茎、叶俱小,花深红色,俗呼鹤顶红。 **鸡冠**秋生,紫色如鸡冠之状,亦有白者。 **滴滴金**叶露滴地而生,秋开花,黄如金色。陶弼诗云:"九秋珠露滴成芽。" **金凤**花如飞凤,有白、紫、红、粉红数种,一名凤仙。 **金钱**花深红色,圆薄如钱。 **剪金**红花圆无香,叶分数,歧如刀剪之状。 **罂粟**花有五色,实如小罂,子如细粟,亦名御米。 **御仙**一曰"丽春花",有小罂如罂粟。 **聚八仙**状类琼花,而八蝶簇一心。又有蝴蝶垂枝条而两两相对者,又有小蝶簇聚如碧玉者,皆曰"玉蝴蝶"。又有"玉翼蝉"、"碧蝉"[14]。 **宝相**藤生,花类酴醿,而秀整过之。 **玉屑**藤生,花白如碎玉之状。 **玉笼松**藤生,花微红而圆。又一种花相类而叶尖,名醉杨妃。 **滚绣球**藤生,花一簇数十蕊,其圆如球,初开微带粉红色,开尽则白。 **锦竹**一名石竹。丛生,高尺许,花如缬锦。李太白有"石竹绣罗衣"之句。俗呼天南竹。 **剪春罗**花淡红色,旁如剪刻。 **黄雀儿**一名迎春。晏殊诗:"浅艳侔莺羽,纤条结兔丝。" **红豆蔻**丛生,叶如箬叶而厚,花开一穗数十蕊,淡红色,重则下垂,如葡萄然,俗名孽花。又一种山孽,柔韧可为绳。 **金灯**茎直上,末分数枝,枝一花,光艳如灯,按文献之说如此。今闽俗呼为天蒜,又呼为花叶不相见。

草之属

蒲陂湖间,嫩者可食,《诗》所谓维笋及蒲是也。 **茭**一名菰,生泥浦中,其叶如蒲,土人缚为荐,以借寝席。初生笋亦可食,大者如儿臂,亦谓"菰手"。中有黑者,名茭郁[15]。 **蓼**《诗》曰:"以薅荼蓼。"集传云:"在陆曰荼,在水曰蓼。" **水葓**《本草》谓之

"荭草",似蓼而叶大,赤白,高丈余,《诗》云:"隰有游龙"是也。

苹叶圆,阔寸许,季春始生,可糁蒸为茹。 **藻**聚藻也,生水底,茎如钗股,叶如蓬蒿。又一种叶似鸡苏,茎大如箸,长四五尺,皆可糁蒸为茹。 **浮萍**有大小二种,亦谓之"瓢"。 **灯心**丛生泽地,茎圆细而长直,亦可为席。 **蒉**生有三棱,《尔雅》谓之"蒉"。江生者为淡蒉,近海者为咸蒉。土人采以捆屦织席,亦可为缆。 **独扫**《尔雅》曰"马帚",注云:"可以为帚荵。" **荵**似第,可为绳索履屦,亦可为帚。 **芦**或谓之"葭",小者曰"萑。" **管**似第而光泽无毛,根下五寸许有粉者,柔韧可为索。 **鼠曲**生平冈熟地。叶有白毛,黄花,杂米粉作粿,食之甜美。 **马蓝**叶如苦益菜,即《尔雅》所谓"葴"[16],马蓝是也,土人多采以治鲵鱼毒。 **石龙刍**丛生,俗名龙须草,今人以为席者。 **鸡肠**一名蘩缕。叶似荇菜而小,其茎作蔓,断之有绿缕,细而中虚,以其似鸡肠,因名。 **佛甲**多附石向阳而生,似马齿苋,纤小而长。

仙人掌多贴石壁上生,如人掌,故名。能治肠痔泻血。 **虎杖**《尔雅》云:"似荭草而大,可染赤,煎以为饮,色如琥珀。" **戒火**人家用瓦缶植之,云以警火。 **虎耳人**多栽石上以为玩。 **吉祥**叶如萱而小,四时葱翠不凋。 **鳢肠**一名莲子草。叶似柳而光泽,茎似马齿苋,花细而白,实如小莲房,可以止血,俗呼"断血草"。又其茎摘之有汁出,须臾而黑,故古方乌髭发多用之。

紫背解一切蛇毒。

畜之属

按《字林》,"畜"作"兽",《说文》曰:"兽也,今之畜养者也。"《尔雅》释兽,惟马牛羊彘犬鸡,今凡人家可常畜而驯扰者悉载之。

马海坛旧诸牧有之,但驽蹶驿突,须久服习,乃可乘也。今诸牧久废,所产益少。 **牛**有二种,黄牛角缩而短悍,水牛丰硕而重迟。水牛新孳,其下乳[17],治以充馔,名曰“乳饼”,出城东松屿。　**驴**近方有畜之,以供驼载者,然亦少也。　**骡**尤少。　**羊**岁两生息,出福清。　**猪**《尔雅》曰“彘”,或谓之“豕”,其子曰“豚”。　**犬猫**《酉阳杂俎》云:“猫名‘乌圆’,其目睛旦暮圆,及午黑睛如线。”　**鸡鸭**家畜曰“鸭”,野曰“凫”。　**鹅**东坡云:“鹅能惊盗,亦能却蛇。”盖其粪能杀蛇,蜀人园池养鹅,蛇即远去,一名舒雁。　**鹁鸽**谚谓“千鸠不如一鸽”,言其美也。性甚驯,善认主人之居,舶人笼以泛海,有故则系书放之还家,故又曰“舶鸽”。

毛之属

虎依山处多有之。　**豹**尾赤而文黑为“赤豹”,文圆者曰“钱文豹”,又有“黑豹”。　**熊**类大豕而性轻捷,好攀援上高木,见人则颠倒自投地而下,当心有白脂如玉,味甚美,俗呼熊白。冬蛰不食。饥则自舐其掌,故其美在掌。　**鹿**性惊防分背而食。食则相呼,群居则环其角外向,以防物之害己也。《诗》注:“牝鹿曰麀。”　**獐**《尔雅》谓之“麇章”,麇其总名也。共性善惊,饮水见其影,辄奔走。崔豹《古今注》云:“有牙而不能噬。”　**麂**獐类也,其皮可为履舄,胜于众皮。　**兔**《礼》曰“明视”,今闽中间亦有之。　**豺**似狗而长,尾白,颊高前广后,其色黄。季秋取兽,四面陈之,世谓之“祭兽”,今俗呼豺犬。　**狼**大如狗,青色。其鸣,诸窍皆沸。《埤雅》曰:“狼将远逐食,必先倒立以卜所向。”其灵智如此。　**猴**《诗》谓之“猱”,俗呼胡孙。性躁而多智。唐大历中,有猴数百,集古田杉林中,里人欲伐木杀之。中有一老猴飞下,纵火燔林。林近屋,里人惧,亟走救火。猴遂得脱去。　**猿**似猴而长臂,善啸,便攀援,或杀其子,必自投而死。剖之,肠皆寸断。亦名“猿父”。　**玃**似猿而苍色。《尔雅》曰“玃父”,陆机曰:“猴之老者为玃。”　**狸**口锐身长似猫,其种不一。香狸,所过处则草木皆香。玉面狸，面白色。九节狸，其尾有九节。皆嘉味也。　**狐**似狸而黄。鼻尖尾大，能媚人为妖。　**獭**似狐而小。青黑白，肤如伏翼，水居食鱼，孟春取鲤于水裔，四方陈之，进而弗食，世谓之“祭鱼”。　**山犬**状类家犬。赤苍色，好食果实。　**山羊**《尔雅》谓之“羱羊”[18]。有筋力，甚能陟峻，生深山岩穴中，皮堪鞸用。

野猪亦名“山猪”。似家猪，但腹小脚长，毛色褐，牙利如镰刃。又有豪猪，毛黑如锥，鬃有刺，怒则奋以射人，其刺可以为簪。

猩猩连江五峰山有之。　**刺蝟**状似鼠而身多刺，人触之辄藏头足，其刺不可向迩。《埤雅》曰：“猬能制虎，鹊能制蝟。”盖物之相制，迭为君臣如此。　**竹鼦**苍色如鼠，食芦苇根。乡人亦谓之“芋豚”。王彪之《闽中赋》云：“竹则桃枝育虫。”注云：“育虫，竹鼦也。”《赞宁杂志》云：“竹根有鼠，亦名‘稚子’，人或竹刺入肉不可出者，啗此物立消。以竹鼦食竹，故消竹毒也。”旧志云：“竹鼦苍色如鼠，亦食芦苇根，故乡人又谓之‘官豚’[19]。”　**鼠狼**注：“山野中似鼠[20]，善捕鼠。”　**鼫鼢**[21]形似鼠狼，苍黑而小，尾多毳，善缘萝藤而走。《埤雅》云：“栗鼠也。取其毫于尾，可以制笔。”世所谓鼠须栗尾者是已。《莆阳志》谓之“鼪鼢鼠”。　**鼯鼠**似蝙蝠而小，膏疗耳聩。　**鼹鼠**身似牛，鼻似猪，足短。性贪，饮溪水若恐不足。故曰：“鼹鼠饮河，不过满腹。”

羽之属

喜鹊《禽经》云：“鹊俯鸣则阴，仰鸣则晴，人闻其声则喜，故云喜鹊。”《埤雅》云：“鹊知人喜，皆传枝受卵，故一曰乾鹊。”《西京杂志》云：“乾鹊噪而行人至。”　**乌**纯黑而反哺者曰“慈乌”，腹白而不反哺者曰“鸦”，亦名“鸴”。《诗》曰：“弁彼鸴斯。”集传云：“鸦乌也。”又一种似乌而小，多群飞作鸦声者曰“慈鸦”，今谓之“寒鸦”。　**鸠**《诗》曰：“宛彼鸣鸠。”集传曰：“鸣鸠，斑鸠也。”陆氏曰:“似鹁鸠,项有绣文。”《本草》云:“斑鹤[22],又名‘斑鸠’,春分化为‘黄褐侯’,秋分复为‘斑鸠’。”又云:“黄褐侯如鸠,作绿褐色,声如小儿吹竽。”又有一种大于斑鸠而青色,曰“青鸠”。 **鸲鹆**似鸥而有帻。剪其舌端,能效人言。又有白色者差小。 **信鸟**似鹊而小。能为百禽声,忽鸣而过庭檐间,其占为有喜,亦名进鸟,又名信鸟。 **山鹊**俗呼山鹧。《尔雅》:“鸴,山鹊。”注:“似鹊而有文采,长尾,嘴脚赤。” **郭公**头尾黑而身赤,一名赤鸟。 **莺**《诗》云“仓庚”,疏云黄莺,又名黄鹂、鹂鹧、黄公、黄栗留。昌黎诗云:“麦黄韵鹂鹧。”东坡云:“若厌黄公聒昼眠。”欧公云:“黄栗留鸣桑葚熟。” **燕**《诗》谓之“玄鸟”,《礼记》谓之“乙鸟”。陶隐居云:“胸紫身小者为越燕,胸斑黑而声大者为胡燕。” **百舌**似鸲鹆而身差长,无帻。《月令》谓之“百舌”。《朝野杂记》云:“春啭夏止。”张芸叟诗云:“学尽百禽语,终无自己声。” **布谷**《诗》曰“鸣鸠”,集传云:“秸,鞠也,亦名戴胜,即今之布谷也。” **啄木**《尔雅》云:“䴕斫目。雌褐而雄斑,喙如锥,长数寸,常斫木索蠹食之。其声剥啄然。” **吉吊**略似百舌,群飞鸣聒,如云“吉吊”,因以名之。 **画眉**白眉褐质,善鸣好斗。 **白头公**似雀而大,头有白点。 **鹡鸰**一名雍渠,小鸟也。飞则鸣,行则摇长尾。尖喙,背上青灰色,腹下白,颈下黑如连钱。 **雀**一名嘉宾,言栖宿人家如宾客也。又有黄色者,八九月飞稻田间,多至数千,谓之“黄雀”。 **鷦鸩**[23]《诗》曰“桃虫”,《释鸟》[24]云:桃虫,鹪,其雌鸩。”陆机曰:“今鷦鹩是也。”似黄雀而小,化而为雕,其喙尖利如锥,取第秀为巢。巢至精密,以麻紩之,如刺袜然。一名袜雀,一名巧妇,一名工雀,一名女匠。方言呼杠鼓。 **鸥**伯劳也。陈思王《恶鸟论》曰:“凡阳气则为仁义,阴气则为残贼。伯劳以五月鸣,应阴气之动,盖残害之鸟也。”《埤雅》曰:“鸥善制蛇,鸣则蛇结。”又曰:“服虔以为鶪鸩是也。” **雉**《书》云:“华虫。”汉避吕后讳,改名野鸡。雄者有冠,长尾身有文采,善斗。其羽为翟。又有一种,微小于翟,走而且鸣,《诗》所谓“鷮”是也。　**白鹇**似雉,色白,背有细黑文。《尔雅》曰“鵫”。《西京杂记》曰:“汉闽越王尝以献高帝。”　**竹鸡**俗呼泥滑滑,盖以其声似之也。旧志云:“白蚁闻其声,尽化为水。”亦名“越鸟”。　**鹧鸪**形似牝鸡。臆前有白圆点,背间有紫赤毛,鸣云“钩辀格磔”,飞必先南翥。　**杜鹃**《埤雅》云:“一名‘怨鸟’。夜啼达旦,血渍草木。凡始鸣皆北向,啼苦则倒悬于树。《说文》所谓蜀王望帝,化为子规是也。至今寄巢生子,百鸟为哺其雏,尚如君臣云。”《尔雅》曰“巂周”。闽人呼为拨芋,又曰“谢豹”。　**红娘**丹嘴翠身,略似鹈鹕。　**采囊**似鸡而小,顶有五色囊。　**雷舞**苍赤色,闻雷声即舞。　**鹰**一名鹈鸠。苍黑色,鸷鸟也。七月,则取禽以祭天。　**鹯**似鹞,青黄色,燕颔勾喙。向风摇翅,乃因风飞急疾击鸟雀食之。《诗》曰“晨风”,即此。　**鸢**鸱类,鸣则将风。　**鹞**大如鹰,苍黑色,尾稍短,善击凫雁。其种不一,俊而大者,俗谓之“木鹞”,最下者羽毛粗重,鼻根黄如蜡色,俗谓之“蜡鼻”。　**鹳**《诗》注:“水鸟也,将阴雨则鸣。”陶隐居云:“似鹄而巢树者为白鹳,黑色曲颈者为乌鹳。”或取其子则旱,以能飞薄层霄,激散云雨也。　**鸿雁**寒露来宾,及春北向。　**鹄**似鹤,身白而微红。　**海鹘**《方言》:“鱼鹰也。”苍色似鸱,攫鱼而食之。　**鹈鹕**一名洿泽。大如苍鹅,颔下有胡如囊大可容数升。好群飞入水食鱼,俗呼淘河。　**鹭鸶**《尔雅》:“鹭春锄,顶有长翰如丝,欲取鱼则弭之。”　**鸬鹚**水乡人多畜之,绳系其颈,使之捕鱼,蜀人谓之“乌鬼”。杜少陵诗云“家家养乌鬼”是也。　**鸂鶒**《埤雅》云:“鸂鶒五色,尾有毛如船舵,小于鸭。”性食短狐,盖溪中之敕邪逐害者。陈昭裕建州图经曰:“鸂鶒宿水渚,先少若有敕令。又其浮游,雄者左,雌者右,群伍皆有式度。”

鸳鸯匹鸟有思者也。雄雌未尝相离。人得其一,一思而死。

凫水鸟，其飞甚速。　**鸥**《南越志》云："随潮上下。"　**翡翠**旧云，雄赤曰"翡"，雌青曰"翠"。《埤雅》云："鹬也，名前为'翡'，名后为'翠'。"性善捕鱼，故又名鱼虎，亦名鱼师。闽地所产者差小，亦翡翠之类。而翠不及，俗呼鱼狗。　**鸡䳢**似鹜而小，绿衣。《尔雅》曰："鵅畜之厌火灾。"《博物志》云："鸡䳢巢于高树，子生，衔其母翅飞上下。"《埤雅》云："此鸟长目，其睛交，故有鸡䳢之号。"　**鸂鶒**[25]溪禽，似鹜而黑色。　**孤鸡**其鸣曰"姑恶"，昼夜不绝，俗传妇以姑虐死，化为此鸟，其声故云。林谞记曰"鹍鸠"，非也。　**呼潮**色苍似鸽，潮至即鸣，风雨弗渝。　**鹚**水鸟苍色。方言谓之"卢鹚"。　**鹣鹣**《尔雅》曰："比翼鸟，似凫，青赤色。"　**鸮**《周礼》："哲蔟氏掌覆妖鸟之巢。"注云："恶鸣之鸟，若鸮鹏也。"贾谊云："鹏似鸮。"《本草》云："其实一物，入室，主人当去。"此鸟盛午不能见物，夜则飞鸣。又有一种似鸮而小，俗呼孤猿。

鳞之属

凡水族之无鳞者悉附。

鲤鱼《埤雅》："一名鳝鲤，其当胁一行，自首至尾，无大小，皆三十六鳞，鳞各有黑点。"陶隐居云："鱼王，其大者能神变。"　**金鱼**其状如鲤，金红色。　**鲈鱼**鳞细身有黑文，肉白可为脍。隋炀帝谓"金齑玉脍，东南之佳味"。盖芼之以橙缕也。　**莲鱼**口小，鳞细，身扁，色白，其种来自江西，人家池塘中多畜之。又一种色红，谓之"红莲"。　**草鱼**其种亦来自江西，土人畜于池塘，而饲以草。因名。　**大姑鱼**似鲤而差小，大鳞无鲠，冬月子肥味美，生湖塘间。　**白刀鱼**白鳞形似刀，生江河间。　**白鱼**板身，肉美多细鲠，大者六七尺，色白头昂，可脍，生江中。　**鳊鱼**板身锐口，缩项，味甚肥美。苏东坡诗云："一钩归钓缩项鳊。"　**鲷鱼**亦名甜鱼。　**乌鱼**色黑，江海皆有之。　**鲫鱼**一名鲋，形似鲤，色黑而体促，腹大而脊隆，无小大皆有子。　**鳢鱼**《诗》注："鲖也，鲩也，鳞细有黑花文。"《本草》注云："公鳢，蛇所变，然亦有相生者。诸鱼之中，惟此鱼胆甘可食。其首戴星，夜则北向，即今黑鲤鱼，道家以为厌者也。"俗呼鳢鱼。　**蛊鲐鱼**尾有星，多穴于田塍或泥岸中。　**鳗鱼**似鳝而腹大，色青黄鳞[26]。《本草》曰："鳗鲡鱼善攻碕岸，使辄颓圮。出海中者相类而大，海人名'慈鳗'，又曰'猲狗鱼'。"　**鳝鱼**似蛇无鳞，有黄白二种。《汉书》："鹳雀衔三鳣。'鳣'即'鳝'字，或作'鲜'。"陶隐居谓"荇芩根所化"。《风土记》云："夏出冬蛰。"　**鲇鱼**《本草》曰"鳀"，注云："即鳀鱼也。大首方口，背青黑，无鳞多涎。"　**鉠虬**似鲇而小，腮边有刺，能螫人，其声鉠虬然。《本草》云："黄颡鱼[27]至能醒酒。"**田瑟**穴田塍间，无鳞，有刺弹人。《莆阳志》谓之"弹瑟"。　**泥鳝**《埤雅》曰："鳝似鳝而短，无鳞，以涎自染，难握，与鱼为牝牡。""鳝"字亦作"鳅"。（以上各县江湖池泽多产之。）　**鳝鱼**其大如船，舟人或相值，必鸣金鼓以怖之，布米以厌之，则悠然而没。不然，鲜不为其所害。间有舟者，土人梯而脔之，刳其脂为油，以灰船甚佳。　**鲨鱼**其种不一。胡鲨，青色，背上有沙，大者长丈余，亦有长三五尺，鼻如锯，皮可剪为脍缕，曝其由为脩，可充方物，俗呼锯鲨。鲛鲨，鼻长以蛟，皮可饰剑靶，俗呼锦鲑。出入鲨，初生随母浮游，见大鱼，乃从母口中入腹，须臾复出。青鲨。黄鲨。大鲨。淡鲨。夹鲨。乌鳍鲨，鳷尾皆黑。帽鲨，肥两边有皮如戴帽然。　**鲻鱼**似乌鱼，目赤身圆，口小鳞黑。吴王论鱼，以鲻为上

训制鱼《尔雅》谓之"当板"，肥美而多鲠。按旧志文有"鯏鱼"，注云："板身多鲠。疑即训制鱼而重出也。"　**棘鬣**似鲫而大。其鬣如棘，红紫色。《岭表录异》云："吉鬣，盖声相近也。"**赤鬃**似棘鬣而大。鳞鬣皆浅红色。　**方头**似棘鬣鱼而头方，味美。　**鲥鱼**纯白色，大者长数尺，肥腴多鲠，春末有之。又一种，

春涨溯溪流而上,月长一寸,至十月盈尺者佳,或云即子鱼之别种。 **石首鱼**头大尾小,金色,随其大小,脑中俱有两小石如玉。诸鱼中此独不腥。鳔可为胶。一名金鳞,又名黄瓜。又有一种小者,朱口金鳞,长七八寸,曰“黄梅”。 **鲶鱼**形如石首而差大,鳞细口红。 **鲋鱼**板身,口小,项缩,肥腴而少鲠,其小者俗呼鲳鳊。又有金点而差厚者,曰“黄蜡樟”。 **子鱼**似乌鱼而小,冬深子盈腹,其味尤珍。 **黄鱼**身扁薄而多鲠,味佳。 **鳜鱼**巨口细鳞,背上有黑斑纹。 **黄乡鱼**鳞细,黄赤色。 **鲽沙**形扁而薄,俗呼鞋底鱼,一名漯沙。 **银鱼**口尖身锐,莹白如银条,作鲊尤佳。 **比目鱼**形似鲽沙,鳞细,色紫,一目两相比乃行,南人谓之“泥鞋鱼”,江淮谓之“拖沙鱼”,俗呼为“卑末鱼”。 **鲩鱼**广人呼为绵鱼。 **鮆鱼**身狭长有须,《尔雅》注谓之“剑鱼”,俗呼刀鱼。 **琵琶鱼**身扁如琵琶状。 **鲳鱼**似鲻而目大,似鲤而鳞粗,能以鬣刺水蛇食之。 **绯鱼**其色如绯。 **斗潮**乘波雾集,故名。 **鳆鱼**长七八寸,骨柔无鳞。唐李柔入闽,称此鱼为“银羹”,水母为“玉脍”。 **马鲛鱼**青斑色,无鳞,又名章鲅。《连江志》谓之“章胡鱼”。 **带鱼**身薄而长,其形如带,无鳞,入夜烂然有光,小者俗名带柳。 **鳙鱼**雌生卵,雄吞之成鱼,青色无鳞,盖庸鱼也,故谓之鳙,俗呼松鱼。 **魟鱼**形圆如扇,无鳞,紫黑色,尾长于身,能刺人。 **海燕鱼**有肉翅,能飞水上。 **鲵鱼**一名胡夷,一名河狁,或谓之“鲑”,又谓之“鯸鲐”。《本草衍义》云:“此鱼有大毒,味虽珍,然修治不如法则杀人,厚生者不食尤佳。” **白鳔**其形圆薄类钱,一名金钱鳔。 **青鳞**俗呼青鲫。 **鳁鱼**似马鲛鱼而小,有鳞,大者仅三四寸。 **鲂鲜鱼**大如母指,有五色。 **骹鱼**细如米粒,可为鲊。 **鹿角鱼**《海物异名记》:“芒角持戴在鼻。”小者醃为鲊,味甚佳;大者长五六寸许,其皮可以角错，亦谓之“鹿角鱼”。　**要鱼**其状纤细，又曰“黄丝要”。　**泥猴鱼**大如母指，须鬣青斑色，生泥穴中，夜则骈首朝北。《海物异名记》云：“登物捷若猴然，一名弹涂。”　**章鱼**腹圆，口在腹下，八足聚生口旁，足上皆有圆文凸起紫色。一种似章鱼而极大，居石穴中，人或取之，能以足粘石拒人，曰“石”[28]，又有一种曰“章举”，亦曰“红举”，足短者曰“涂婆”。　**柔鱼**似乌贼而小，色紫，俗呼锁管。小者曰“猴染”，又小者曰“墨斗”，腹中皆有墨。　**乌贼**《埤雅》曰：“乌鲗，八足绝短，集足在口，缩喙在腹，怀板含墨，每遇大鱼，辄噀墨溷其波以远害。若小鱼虾过其前，即吐墨涎以致之。又曰‘墨鱼’。”　**水母**《博物志》云：“状如凝血，形圆，大数尺，有足无目，凭虾而行。”郭璞《江赋》曰：“水母虾目。”《海物异名记》云：“有淡色者，有白色者。一名乍鱼。”《本草》谓之“蜡”，字亦作“蛇”。　**虾魁**《岭表录异》云：“前两脚大如人指，长尺余，上有芒刺铦硬，手不可触。脑壳微有错，身弯环，亦长尺余，熟之鲜红色。一名虾盃。俗呼龙虾。又有一种，状如蜈蚣而大，能食虾，《开元遗事》谓之“虾姑”。（以上滨海诸县多产之。）　**虾**其类不一。草虾，头大身促，前两足大而长，生池泽中。白虾，生江浦中，郡城南有白虾浦是也。梅虾，梅雨时出洲诸间。芦虾，相传芦苇所变者。泥虾，相传稻花所变者，出田中。（以上俱出淡水。）对虾，土人熟而干之，两两对插，可以寄远。赤尾虾，虾之小者。金钩子，又小于赤尾，而味尤珍。涂留，《海物异名记》谓之“酱虾”。细如针芒，波旋顷聚若淖泥，海滨人盐以为酱。（以上俱出咸水。）　**鲮鲤**似鲤而有四足，鳞甲坚厚，常吐舌出涎，须蝼蚁满其上，乃卷而食之。即穿山甲也。

介之属

鼋《埤雅》云：“大鳖也。”大者阔可丈余。　**龟**有生于陆者，有生于水者。 **鳖**俗呼团鱼。《荀子》曰:"跬步不休,跛鳖千里。"言鳖行蹒跚而又跛焉,今其卒致千里,则亦不辍焉,故学不可以已也。 **蟹**《埤雅》曰:"蟹旁行,故今里语谓之旁蟹。"又有一种似蟹而小,生水田中,曰"田蟹"。 **蚌**字亦作"蜯"。又有一种曰"马刀",长三四寸,阔五六分以来,头小锐,俱生于池泽中。**蚬**壳黄黑色而小,俗呼为蟟,出江中。(以上各县江湖池泽多产之。) **鲎腹**下有十二足,壳覆身,尾长有刺,子大如菉豆,黄色,血碧色,骨眼,眼在背上,口在腹下,状如便面。刘渊林云:"形如惠文冠,雌尝负雄行。"韩昌黎诗云:"鲎实如惠文,骨眼相负行。"

蟳似蟹而大。《埤雅》云:"蝤蛑大者,长尺余,随大潮退壳,一退一长,两螯至强,能与虎斗,虎不如也。"又有斑文如虎者,曰"虎蟳"。 **蠘**似蟹而大,壳两旁尖出而多黄。螯铦利,截物如剪,因以得名。 **彭蜞**似蟹而小,似彭蜎而大。晋蔡谟初渡江食之,濒于死,叹曰:"读《尔雅》不熟,几为勤学所误。" **拥剑**螯大小不牟,以大者斗,小者食,一名执火,以其螯赤故也。《埤雅》曰:"一名桀步。"岂非以其横行而名之欤?旧志谓之"揭哺子"。 **石盐**状如彭蜞,长不及寸,广谨半之。土人治以荐酒,颇有风韵。**千人擘**旧志云:"状如小蟹,人尽力擘之不开。"《海物异名记》云:"聚刺犷壳,擘之不能开。"二说微不同。《酉阳杂俎》谓之"千人捏"。 **蛎房**生海岛石上。其壳魂礧相粘如房,故名。《岭表录异》谓之"蠔山"。韩昌黎诗云:"蠔相粘为山,百十名自生。"又一种生海中大如杯,渔者以绳系腰入水取之,俗呼"草鞋蛎"。 **车螯**壳有花文,肉白,大者如碟,小者如拳。欧阳公诗云:"璀璨壳如玉,斑斓点生花。" **蚶**壳厚,状如瓦屋,肉紫色。《岭表录异》云:"卢钧镇南海,改为'瓦屋子',名其肉曰'天脔肉'。" **蛏**生海泥中。大如指,长可二三寸,两头稍开。 **蛤**形短而小,壳斑驳如雕镂。按《本草》:“海蛤,文蛤一种,而有新陈之异,皆可入药。唐时尝充土贡。”又有紫色而长大者,谓之“紫蛤”,出连江鹤屿者胜。　**海红**形类紫蛤而大。　**蛤蜊**壳青白色,能解酒毒,以萝卜煮之,其柱易脱。　**蝴蜆**形似蛤蜊而白,合口处色黑。又有一种曰“蝭蝴”。　**白蛤**似蛤而小,壳薄,白色,出福清。　**沙蛤**壳紫而薄,中有沙,俗谓之“西施舌”。出长乐。　**沙虱**状如蝴蜆,而壳差薄。　**壳菜生**生海石上,以苔为根,壳坚硬紫色,其味最珍。亦名淡菜。又有一种,形如淡菜而小,名沙箭。　**乌粘**状如壳菜而绝小,生石上,须刬取之,故名。　**海胆**壳圆如盂,外结密刺,内有膏黄色,土人以为酱。旧志又有“石榼”,注云:“形圆色紫,有刺,人触之则刺动摇。”疑即海胆而异其名也。　**石决明**附石生,惟一壳无对。大者如手,小者如两三指,旁有十数孔。或云即鳆鱼,王莽所食者。《本草图经》谓鳆鱼别是一种,与决明相近耳。　**龟脚**以形名,一名石蜐。生石上,如人指甲连支带肉,春夏生苗如海藻,亦有花,故郭璞《江赋》曰:“石蜐应节以杨葩。”

泥笋其形如笋而小,生泥沙中。　**海月**形圆如月,亦谓之“砺镜”。土人多磨砺其壳,使之通明,鳞次以盖天窗。《本草》云:“水沫所化,煮时犹化为水。”海蛤类也。　**石华**《方言》谓之“石雹”,《文选》曰:“挂席拾海月,扬帆采石华。”　**石帆**紫黑色,枝柯相动,连带不绝,生海中石穴间。　**沙箸**长尺余。《玉融志》云:“其状如簪,故又名涂叙。”《岭表录异》:“生海岸沙中,春时吐苗,其心苦,骨白而劲,可为酒筹。”(以上滨海诸县多产之。)　**螺**其类不一。田螺,生水田中。溪螺,似田螺,差小而长。(以上俱出淡水。)黄螺,壳硬色黄,其味珍,黑而微刺者尤佳。米螺,小粒似米,肉可食。香螺,大如瓯,长数寸,其拼杂众香烧之,使益芳,独烧则臭。诸螺之中,此螺味最厚。《本草》谓之“甲香”。红螺,肉可为酱。钿螺,光采如钿,可饰镜背。蓼螺,大如母指,有刺,味辛如蓼。梭螺，壳细长，文如雕镂，味佳。竹螺，壳文粗而尾脆，味清香。紫背螺，紫色有斑点，俗谓之“砑螺”。鹦鹉螺，状若鹦鹉，堪作酒杯。（以上俱在咸水。）

虫之属

蛇其类不一。蝮蛇，蛇之中，此独胎产，裂母腹而生，蛇之最毒者也。花蛇，好入人家，捕鼠食之。红蛇。白花蛇。乌蛇，不螫人，可入药。蚺蛇，蛇之绝大者，可食。尾圆无鳞，身有斑文如锦缬。医家取其胆入药，即以线合其疮，纵之。后遇捕者，辄自见金疮，以明无胆。青竹蛇，与竹同色，小而不可视。白颈蛇。黄颔蛇。　**蜥蜴**似蛇而四足，尾青碧，以五色备者为雄，而不备者为雌。生草泽中，一名蛇师，一名蝾螈，一名石龙子。又一种喜缘篱壁间，形小而黑，曰“蝘蜓”，一名守宫。　**蛙**背青绿色。韩昌黎诗云：“一夜青蛙鸣到晓”，即此。又有黄文者，谓之“金钱蛙”。　**黾**大腹而脊青，其鸣甚壮，俗谓“土鸭”。一种黑白色，俗谓之“蛤子”，亦名水鸡，土人以为珍味。又有一种名石鳞鱼，生山涧中，亦名绵袄子，又名谷蝀，其味尤珍。　**蟾蜍**《埤雅》云：“吐生，腹大背黑，皮上多痱磊，跳行舒迟，其肪涂玉则软，刻削如蜡。”《本草》所谓“能合玉石”者也。又曰“虾蟆一名‘蟾蜍’”。盖虾蟆背有黑点，身子能跳，接百虫，善鸣。与蟾蜍不类。　**蜈蚣**多足，能制蛇，亦啮人。　**蝙蝠**类鼠而有翼，昼伏夜飞，一名伏翼，一名飞鼠，一名夜燕。

建宁府

谷之属

稻　**麦**　**豆**　**脂麻**

帛之属

丝浦城多。　**红绿锦**出建阳，今有濯锦桥。　**土绫**　**土纱**　**土绢**（俱出瓯宁、浦城二县。）　**克丝**凡数种，其厚者可及湖湘间隔织。出建安。　**腰机布**即“絺布”，出瓯宁、建阳、崇安三县，而浦城亦有苎布。　**木绵布**八县俱出，而出崇安者可及三梭。

货之属

书籍建阳县麻沙、崇化二坊，旧俱产书，号为图书之府。麻沙书坊元季毁，今书籍之行四方者，皆崇化书坊所刻者也。　**银**浦城、松溪、政和三县出。　**铜**宋时出建安县东长里吉铜坑，久废。　**铅**宋时出建安县大挺场，久废。　**铁**建安瓯宁、松溪、政和四县出。　**光粉**化铅为之，久废。　**糖**出建阳、崇安二县。　**蜜**八县皆出，浦城、建阳、崇安三县尤多。　**黄蜡**　**白蜡**取蜡虫种于冬青树，至秋结蜡，缠绕枝上如雪，乃采而为之。出浦城，崇安二县。　**蓝淀**八县俱出。　**红花**　**绵花**出浦城、松溪二县，亦不多。　**苎**出建安、瓯宁、浦城、松溪、崇安、政和六县。　**纸**出建阳、浦城、崇安三县。又有稻稿纸，出松溪。　**纸被**以楮树皮为之。陆放翁诗：“纸被围身度雪天，白于狐腋暖于绵。”出瓯宁、建阳、松溪、崇安四县。　**墨**出瓯宁、建阳。　**茶**八县皆出，而龙凤、武夷二山所出者尤号绝品。宋蔡襄有《茶录》。　**漆汁**粘黑，可饰器者。出浦城、建阳、崇安三县，然亦甚少。　**油**其品不一。桫油，用桫子压之者，即茶油也。出浦城、建阳、崇安三县。桐油，出建阳、崇安二县。柏油，出浦城、建阳、崇安三县。　**棕榈**出建阳县。　**棕帽**结棕为之，出瓯宁。　**草席**出松溪。

兔毫盏出瓯宁之水吉。蔡君谟《茶录》云:“建安所造黑盏,纹如兔毫。其毫色异者,土人谓之毫变,盏价甚高,且艰得之。今其窑久废,不复有矣。” 鲙瓦以泥为器用而烧熟者,出建安、瓯宁。

瓷器出松溪,又建阳亦有碗窑。

蔬之属

芥 萝卜 白菜 油菜 芥蓝 莴苣 菠薐 苦荬 莙荙 茼蒿 园荽 胡萝卜 苋蕨 茄瓠 芋 冬瓜 稍瓜即越瓜也。 笋 香蕈 红菌俗呼朱菰,即胭脂菰也。薯 山药 紫姜 葱 韭 薤 蒜 蔊菜生泉石间,味极辣。朱晦菴《和刘屏山食蔊》诗云:“小草有辣性,托根寒涧幽。懦夫曾一嘬,感愤不能休。” 水芹 莼菜

果之属

柑 橙子 香橼 柚 橘 金橘 桃 李其品不一,有紫李、黄李,又有黄白李。 杏 林擒 柰 枣 梨 石榴 柿 樱桃春花夏实,大如珠,颗红色。《礼记》谓之“含桃”。 栗 榛子似栗而小。 杨梅 枇杷 木瓜 银杏 胡桃 榧子 毛栗似北榛,产于崇安县五夫里,相传以为翁中丞所遗之种,浦城间亦有之。 香楂 梧桐子九月熟。 株子其类不一。银株,大如栗。米株。岩株。(以上味俱甜。)苦株,味甜苦。 山枣味酸甜。(与上株子俱出建阳县。) 葡萄 蔗 西瓜 黄瓜 白瓜 枕瓜秋生,其形如枕,可久留,出崇安五夫里。其种相传刘丞相自外邦传来者。 香瓜色黄、实小,如西瓜而长。 土瓜 鲜葛 莲 菱角 藕

药之属

薏苡 黄精 地黄 天门冬 麦门冬 紫苏 薄荷 苍耳 天南星 车前子 括楼 香附子 商陆 香薷 牛膝 益母草 干葛 紫背草 荆芥 桔梗根略似人参,黄白色。 萹蓄春中布地生茎,节赤,叶细绿如竹,花亦甚细,青黄色,好生道旁,可食。 马兜铃藤绕树生,叶如山芋,花黄紫色。子状如铃,作四五瓣,根名“云南根”,亦名土青木香。谷精草春生谷田中,叶细,花白而小,圆似星。又名戴星草,二三月采花用。 柴胡 泽泻丛生浅水中,叶似牛舌,独茎而长花白色。 黄连叶如小雉尾草,经冬不凋。 络石叶圆如细橘。正青,冬夏不凋。花白子黑,其茎蔓延。茎节着处,即生根须,包络石上,故名。 蛇床子叶青碎,作丛似蒿枝。每枝有花头百余结同一窠,似马芹类。开白花,子如黍米。至轻虚。 玄参叶似脂麻,又如槐柳,细茎青紫色,开花青碧色,子黑色。 前胡似花胡而柔软。 大、小蓟叶并多刺,相似。但大蓟高三四尺,叶皱;小蓟高一尺许,叶不皱为异。小蓟初生时,山野人多取为蔬。 姜黄叶青绿,长一二尺许,阔三四寸,有斜文如红蕉蓟而小。花红白色,根盘屈,类生姜而圆。 白术叶大而有毛,甜而少膏。 芎䓖蘼芜[29]也。生山谷间。 吴茱萸 茯苓 黄蘗 枳壳一曰“枳实”,叶似橘而小,多刺。 金樱子 厚朴木高三四丈,径一二尺,叶如木斛叶,红花而青实,皮极鳞皴而厚,紫色。 乌药木似茶,高丈余。一叶三桠,叶青阴白,根黑褐色。 磁石俗呼摄针石。按《政和县志》,出东衢里黄谷山。云母石按《政和县志》,出感化下里,庆元县界。 石南藤 左缠藤花名金银花。

木之属

松　柏　杉　樟　楠　椤　桐有二种：油桐；梧桐，即有实者，土人取以充果。　梓　枳枸《诗》谓之“枸”。树高大似白杨，有子着枝端，大如指，长数寸，味甘，能解酒毒，人家有此树，则酝酒不咸。亦名木密，建阳谓之“皆拱子”，崇安谓之“兼勾”。　相思　桑柘　乌桕　冬青　槐　杨　柳　榆　枫　槠　楝　朴　白杨　柞　黄杨　白断　藤　钓钩藤　紫荆藤

竹之属

猫竹　江南竹　斑竹　紫竹　黄竹小而黄色。　苦竹土人以作纸者。　石竹　筋行　箭行　方竹　秋竹　钓丝竹　绵竹谓其软如绵，故名。　水竹　火竹用以取火。　白眉竹土人以作笔管者。　长寿竹出崇安黄亭。　鹤膝竹茎瘦，节大，可以为杖，笋味甚美。　潇湘竹　人面竹其干与常竹无异，惟两节间突起如人面，可以为杖。　毛竹出武夷毛竹洞。每竹生数节，每节旁出一杆。杆之巨细与根等，土人多以为杖。　观音竹杆细而叶小，土人多盆植为玩。

花之属

梅　山茶崇安有一种白色而千叶者，清香可人，盖茶花中之绝品也。　海棠　荼蘼　蔷薇　金沙　佛桑　木槿　长春　丽春花似长春而差大，三月开。　杜鹃　玉楼春即百叶栀子花也。　紫薇　茉莉　素馨　芙蓉　桂花　紫荆　含笑　凤尾　棣棠　凌霄　矮桃有重瓣者，花而不实。

剪春罗秋开者名剪秋罗。　泼雪冬开白花。　牡丹　芍药　菊兰　萱蜀葵　玉簪　百合　鸡冠　金凤　绣球

草之属

蒲　茭　蓼　苹　藻　浮萍　茅芦　菅　龙牙　虎耳　观音

畜之属

马　牛　驴　骡　羊　猪　犬　猫　鸡　鸭　鹅　鹁鸽

毛之属

虎　豹　熊　鹿　獐　麂　兔　豺　猴　猿　狸有二种：玉面狸、九节狸。　狐　獭　山犬　野猪　豪猪　竹鼦俗号土豚。　山猂状如鼠，其尾方，俗呼毫鼠。腊而食之，甚香美。

羽之属

鹊　乌　鸠　鸲鹆　山鹊　莺　燕　百舌　啄木　画眉　白头公　鹡鸰　雀　雉　白鹇　锦鸡　竹鸡　鹧鸪　子规　鹰　鹞　鹘鸷鸟也。　鹳　鹭鸶　鸬鹚　鸂鶒　鸳鸯　凫　鸥　翡翠　鸮俗呼古鼎。

鳞之属

鲤鱼　鲢鱼　草鱼　鳊鱼　鳜鱼　鲂鱼身长鳞白。　圆眼鱼口尖，眼圆而赤。　鲭鳀背青，身长，即青鱼也。

鳙鱼　**鳗鱼**　**鲜鱼**　**鲇鱼**　**鴂鱼**　**泥鳅**　**抱石鱼**出于山溪[30]，背偃而腹平，其大如指，带贴于石上，土人取之为腊。**鲮鲤**

介之属

龟　**鳖**　**蟹**　**蚌**　**螺蛳**

虫之属

蛇　**蜥蜴**　**蛙**　**黾**其类之一。田鸡，即水鸡也。　**石鳞**　**石蛤**状类田鸡而大，皮黄色，俗呼为黄蛤，味极美。　**蟾蜍**　**吴蚣**　**蝙蝠**

校　注

[1] 乾隆《福州府志·物产》引《正德府志》："古田、罗源旧有银场，久塞。"又引《古田志》："旧志载：'宝兴银场在新俗里二十九都，宋天禧间发，明弘治间封禁。在弘治以后又有游家银坑在三十一都，赤岩坑在二十八都，亦先后封闭。'按此古田银场今俱属屏南。"

[2]《尔雅·释木》郭璞注："实如小瓜，酢可食。"

[3] 淳熙《三山志·物产》作"颇似桃枝"。

[4] 淳熙《三山志·物产》作"极尖细而疏滑"。

[5] 按《闽产录异·药属·剪刀草》引《八闽通志》作"苗最软嫩"。

[6] 淳熙《三山志·物产》作"颇似巴戟"。

[7]《尔雅·释木》郭璞注："杞，枸檵，今枸杞也。"此误。

[8]《闽部疏》作"最耐久远"。

[9] 淳熙《三山志·物产》无此句。

[10] 淳熙《三山志·物产》作"内有面"。《闽产录异·木属》作："内有

粉赤黄色，可为面”。

［11］淳熙《三山志·物产》作“菝颉”，疑为“菝葜”之误。

［12］淳熙《三山志·物产》所引许诗作：“蔌蔌圆英滴粉妆，肯随桃杏媚韶光。”字句略异。又“蔌”应作“簌”。

［13］《本草》云：“花及根无毒，凉血生肌。主治之症甚多”。

［14］乾隆《福州府志·物产》作“又有玉翼、碧蝉”。

［15］淳熙《三山志·物产》作：“又有白色者，其根可食，谓之茭郁。中有黑点，岁久生白台如小儿臂，谓之茭手。”与此小异。

［16］《尔雅·释草》郭璞注作“葴”，不作“箴”。

［17］淳熙《三山志·物产》作“水牛新孳，下其乳为团”。

［18］《尔雅·释兽》郭璞注：“羱羊似吴羊而大角，角椭，出西方。”

［19］淳熙《三山志·物产》作“竿豚”。

［20］淳熙《三山志·物产》作“似猫”。

［21］“鼧鼢”疑为“鼧鼥”。《字汇补》：“音未详。”《禹贡》合注：“山鼠名鼧鼥”。

［22］鹤即“雏”。《诗·小雅·四牡》：“翩翩者雏。”

［23］《闽产录异·羽属》载：“福宁呼‘竿郑’，福州呼为‘鹘鸼’。”

［24］此为《尔雅》篇名。

［25］鸀鳿应为“鸀（直角切）鳿”之误。《广韵》：“鸀鳿，鸟。”陈藏器曰：“鸀鳿，状如鸭而长大，项赤、目斑、嘴毛、嘴绀色，名鸑鷟。”

［26］按鳗无鳞，此“鳞”字衍。

［27］《本草纲目·鳞部》作“黄颡鱼，黄颊鱼”。李时珍注：“颡、颊以形。”

［28］淳熙《三山志·物产》分“石拒”、“章鱼”为两则。谓“石拒能以脚粘石拒人”，故名。此处“曰石”二字之下，似脱一“拒”字。

［29］麋芜或作“蘼芜”。

［30］《闽产录异·鳞属》：“抱石鱼产建安、瓯宁、松溪、政和溪涧中。”

八闽通志卷之二十六

食　货

物　产

泉州府

谷之属

稻　粟　黍　穄　麦　豆　脂麻

帛之属

土绢　绵布俱出晋江、南安、同安三县。　苎布七县皆有之。　北镇布织苎为之，极佳。出惠安县北镇，因名。　蕉布　葛布俱出南安、同安、德化、永春、安溪五县。

货之属

铁同安、安溪、永春、德化四县出，旧有场。　盐晋江、惠安、同安三县出，有场。　糖俱出晋江、南安、同安、惠安四县。　蜜　蜡　蓝淀　红花出同安、惠安二县。　茶七县皆有，而晋江清源洞及南安一片瓦产者尤佳。　**香茶**一名孩儿茶。其法用脑、麝诸香和而成之，味芬性凉，泉物产之奇也。　**油**麻油，俱出晋江、南安、同安、安溪四县。柏油。茶油。俱出德化、永春、安溪三县。桐油。　**吉贝**一名木棉花。宋林夙诗："玉腕竹弓弹吉贝，石灰荖叶送槟榔。泉南风物良不恶，只欠龙津稻子香。"　**苎**　**青麻**　**黄麻**俱出南安、安溪二县。　**青椒**即花椒也。　**蓖麻子**（以上七县俱有出。）　**薯榔**茎蔓如薯，根似何首乌，色黑肉红，可染。　**箬叶**似竹叶而大，舟人以絮篷者。　**白瓷器**出德化县。

蔬之属

菘　芥　白芥　芦菔　白菜　油菜　苋　芥蓝　莴苣　蕹菜　菠薐　苦荬　莙荙　同蒿　胡荽　蕨　茄　瓠　芋　冬瓜　丝瓜　薯　姜　山药　葱　韭　薤　蒜　水芹

果之属

荔枝蓝家红，其品为郡第一。法石白，出法石院，色青白，其大次于蓝家红。（以上见蔡襄《荔枝谱》。）大将军，宋叶庭珪尝植诸品于圃，王十朋第之，以此为冠。诗云："别有深红霸园圃，郡中呼作大将军。"七夕红，王十朋诗云："宅堂荔子无名字，自我呼作七夕红。"（已上见郡志。）桂林，俗呼野种。金钟。杨师姑，此品俱多樵核。（以上三品今所称者。）　**龙眼**诸县皆有，郡中尤盛。叶廷珪诗云："形如玉弹圆差大，味似江珧柱最珍。"王十朋诗云："实如益智元非药，味比荔枝真是奴。"　**柑**凤柑。珠榴柑。先柑，先诸柑而熟，俗曰"仙柑"。青柑。　**香橼**　**橘**风橘。蜜橘。

金橘。洞庭橘。珠榴橘。金豆。　**桃**红桃。合桃。苦桃。金桃。银桃。　**李**紫李。胭脂李。红李。粉李。蜜李。　**林擒**　**梨**青消梨。黄消梨。菜梨。狗梨。鹅梨。　**石榴**　**柿**钟柿。红柿。猴柿。　**枣**　**栗**　**羊桃**　**枇杷**　**橄榄**　**杨梅**　**黄弹子**　**木瓜**　**松子**《大明一统志》以为泉州土产。今无。　**丹粘子**一名倒粘子，俗呼逃军粮，味甜可食。　**葡萄**　**西瓜**　**黄瓜**　**甜瓜**　**蕉**　**蔗**　**莲鸡头**　**菱**

药之属

芙蓾俗名荖叶。蔓生，叶如薯而差大，味辛香，土人取其叶合槟榔并蚶壳灰食之，温中，破痰，消食，下气。出晋江县。　**菖蒲**　**天门冬**　**麦门冬**　**艾**　**紫苏**　**薄荷**　**苍耳**　**茴香**　**莳萝**三四月生苗，六七月采实。味辛香，可和口五味杀鱼肉毒。　**天南星**　**牵牛子**　**车前子**　**括楼**　**香附子**　**香薷**　**决明子**　**荆芥**　**葛根**　**半夏**　**覆盆子**蓬虆实也。苗短不过尺，茎叶皆有刺，花白，子赤黄，如半弹丸大，其下有茎承之，如柿蒂状。味甘酸，俗谓之莓。　**木鳖子**蔓生，状似括楼而极大。生青而熟黄。实上有刺，核如小鳖。　**枸杞**　**吴茱萸**　**食茱萸**其木高大，有长及百尺者。枝茎青黄，上有小白点，叶正类油麻，花黄，子如吴茱萸而颗粒较大。　**金樱子**　**使君子**　**丁公藤**

木之属

松　**柏**　**桧**　**杉**永春最盛，安溪、德化次之也。人生女，课种百株，木中梁栋，其女及笄，借为奁资焉。　**樟**　**橡**　**椿**　**水棉**　**梧桐**　**相思**　**桑**　**柘**　**乌桕**　**槐**　**杨**　**柳**　**枫**　**榕**　**楮**　**柯**木修直，可作船及桨子，名榛子。　**苦楒**即株木

也。子名苦榛，可食。　罗汉松　桄榔　棕榈　荔枝藤蔓缠山树间，色紫。　吉兆藤

竹之属

猫竹　江南竹坚直可作鱼篾。笋甘美，又名小竹。　慈竹　斑竹　紫竹　苦竹　石竹　筋竹　箭竹　方竹　笙竹笋夏生。　雪竹似猫竹，笋秋生。　槌竹肉厚而窍小。绿竹　凤尾竹　卢竹丛生溪涧下湿之处。　潇湘竹　钓丝竹　人面竹

花之属

刺桐木类梧桐，有刺，夏初开花，殷红烂然。　梅　山茶　海棠　酴醾　蔷薇　佛桑其重瓣者土人呼为鹤顶。　木槿　长春　丽春　杜鹃　山丹　山栀　紫薇　指甲花一名七里香。树婆娑，略似紫薇。蕊如碎珠，红色。花开又如蜜包，清香袭人，以置发间，久而犹香。其叶捣和盐，以染指甲，甚红。　茉莉　素馨郡人傅伯成诗："昔日云鬟锁翠屏，只今烟冢伴荒城。香魂断绝无人问，空有幽花独擅名。"注云："素馨南汉宫女名。"　阇提　芙蓉　岩桂　瑞香　紫荆　含笑　凤尾　棣棠　鹰爪　牡丹出德化县。　芍药　菊　兰　萱　蜀葵　水仙　玉簪　鸡冠　滴滴金　金凤　金钱　罂粟其实土人以充果品。　汉宫春花色金黄，略似滴滴金而美，春末夏初开。　石竹　红荳蔻

草之属

蒲　蓼　芰　苹　藻　浮萍　灯心　茅

畜之属

马 牛 驴 骡 羊 猪 犬 猫 鸡 鸭 鹅 鹁鸽

毛之属

虎 豹 熊 鹿 獐 麂 兔 豺 猴 猿 狸 狐 獭 山犬 野猪 豪猪 兕似牛一角。青色，其皮坚厚，可以制铠。 刺蝟 竹鼦

羽之属

喜鹊 乌 鸠 鹁鸽 信鸟 山鹊 莺 燕 百舌 啄木 画眉 白头公 鹡鸰 雀 鸮 雉 白鹇 鹧鸪 鹰 鸢 鸥 鹳 鹭鸶 鸳鸯 水鸭即凫也。 鸥 翡翠

鳞之属

鲤 鲈 鲫 鳗 鳝(以上各县江湖池泽多产之。) 丁珏鱼生坑谷间，长仅二三寸，善斗，相遇辄腮鬣怒张，展转交噬，移时不释，乡人多盆畜之，以角胜负。 鲨虎鲨，身有虎文。双髻鲨，头如木拐，盖即帽鲨也。锯鲨。狗鲨，其头似狗。乌髻鲨。黄鲨食百鱼，大者五六百斤。贴鲨，身扁贴沙而行，大者不过二三斤。鲛鲨。 髻鬣《福州府志》谓之棘鬣。 乌鸡似鲫而大，尾鬣俱黑色。 石首鱼 鲍鱼黑白二种，尾如燕尾。形扁而阔。味美，盖即鲳鱼也。 子鱼宋郭祥正诗："仙鱼通印胜鸮炙。" 鳜鱼 银鱼 马鲛 白带亦名带鱼。 魟鱼本志曾作鲯。

飞鱼头大尾小，有翅，一跃十余丈。　**海燕**　**章鱼**本志谓之望潮。　**石拒**　**锁管**　**乌贼**　**虾魁**（以上滨海诸县多产之。）

虾其类不一，咸淡水俱有之。

介之属

龟　**鳖**　**蟹**（以上各县江湖池泽多产之。）　**鲎**　**蛘**　**蠘**　**蛎**　**车螯**　**江珧柱**亦名马甲柱。《海物异名记》云："其甲美如玉。"郭璞《江赋》谓之玉珧。王安石诗云："章举马甲柱，固以轻羊酪。"　**蚶**　**蛏**　**蛤**　**蛤蜊**　**西施舌**形如蛤蜊而大，味甚佳。　**土铫**一名沙屑。壳薄而绿色，有尾白色，味佳。　**空豸**似蛤而小，壳薄白色，一名泥星。　**蛤青**似蚌而壳薄，味最佳。**红绿**似蛤而差小。色红绿，味美。　**龟脚**本志又名仙人掌。**吐铁**壳似螺而薄。又名泥螺。　**螺**花螺，有斑点。香螺。海蛎螺。鸲鸲螺，青褐色。鹦鹉螺。粒螺，大如指，壳扁红黑色，上有斑点，肉肥软如糍，因名。

虫之属

蛇　**蜥蜴**　**蛙**　**黾**　**蟾蜍**　**蜈蚣**　**蝙蝠**　**斑猫**[1]豆叶上甲虫也。甲上有黄黑斑文，如巴豆大。　**螽斯**蝗类。青色，长角长股，能以股相切作声。性和集，一生九十九子。

漳州府

谷之属

稻成化初，郡人有戍云南者，得安南稻一种，五月先熟，米白，余并同福州。　**粟**　**黍**　**麦**　**豆**

帛之属

绸　木棉布　苎布　青麻布　蕉布　葛布

货之属

银龙岩县出。　铁龙溪、龙岩二县出。　水晶漳浦县大帽山及梁山俱出。掘之至水乃得，亦无大者。　盐龙溪县出。　糖　蜜　蜡　红花　矾煮石而成，出南靖县青宁里。　紫草　青麻　黄麻俱可为布。　纸　茶　油茶油。麻油。菜油。桐油。青麻子油。　樟脑出长泰县。

蔬之属

芥菜　莱菔　白菜　油菜　芥蓝　莴苣　蕹菜　菠薐　苦荬　莙荙　同蒿　胡荽　牛唇菜　菜蔓生，叶圆，子黑色。　兰香有香似兰。　茄　瓠　芋　冬瓜　丝瓜　笋　木耳　薯蓣　姜　葱　韭　薤　蒜　水芹　溪菜生海溪会流处，如紫菜，其色青。　赤菜鹿角菜之细者。　海苔绿色如乱丝状，生海石上，可食。

果之属

荔枝何家红，树在郡人何氏家，故名。见蔡襄《荔枝谱》及曾巩《荔枝录》。火山，本出广南。四月熟，味甘酸而肉薄，郡所产生者绝胜。中半，五月熟，其品今佳。陈家虎，皮斑，瓤厚，核如丁香，味美而香，郡人品题，以为第一。陈红、水团、大绿、小绿、余家绿，俱名品也。（以上见旧志。）　龙眼　柑朱柑，色朱而泽，味甜而香，为诸柑之冠。乳柑，兴福间亦有之，而漳地尤宜。白柑，花香皮薄，亦曰银柑。胡芦柑，有脐，盖乳柑之别种也。　橙　香橼　橘朱橘。丝橘。山橘。洞庭果。沙橘。金橘。金豆。　桃　李　林擒　梨　石榴　柿　枣　栗　羊桃　枇杷　橄榄　黄弹子　木瓜　银杏　余甘　山核桃　倒粘子　葡萄　芭蕉州中所出者佳。　蔗　西瓜　刺瓜即黄瓜也。　莲　鸡头　菱

药之属

芙留藤　黄精　石菖蒲　地黄　天门冬　麦门冬　艾　紫苏　苍耳　茴香　萆麻子　牵牛子　车前子　括楼　香附子　决明子　羊蹄　木鳖子　覆盆子　蛇床子　高良姜春生，茎叶如姜苗而大，花红紫色。　苦参苗高二三尺许。叶极似槐，春生冬凋，其花黄白，七月结实作荚，子如小豆，根极苦。一名地槐，一名水槐。　卷柏春生。苗似柏叶，而细碎拳挛如鸡足。青黄色，高三五寸，无花实，多生石上，虽甚枯槁，得水即苍翠。俗呼长生不死。　牛蒡子《本草》谓之恶实。叶如芋而长，实似葡萄核而褐色。外壳如栗，球小而多刺，鼠过之则缀惹不可脱，故又谓之鼠粘子。根可作菜茹。　忍冬花藤生，绕覆草木上。苗茎赤紫色，叶上下微有毛，花黄白相间，凌冬不雕。俗名金银花，又名金钗股，又名老翁须。　猴姜根生大木或石上。引根成条，上有黄毛及短叶附之。又有大叶成枝，面青绿色，有青黄点。背青白色，有赤紫点。无花实，惟根入药。《本草》谓之“骨碎补”，又名胡孙姜。　枸杞　金樱子　蒴藋　使君子　黄蘗皮　枳实　桑螵蛸

木之属

松　柏　桧　杉　樟　楠　水棉　桐　梓　相思

山棉色黄色，略如杉，可为栋宇。 梨可为器用之类。 桑 柘 冬青 槐 椒 皂荚 柳 榕 楮 金荆 黄杨 罗汉松 桄榔 吉兆藤。

竹之属

猫竹 慈竹 斑竹 苦竹 石竹 箭竹 筀竹 雪竹 绿竹 含竹 长枝竹丝之，可以为器。 潇湘竹 桃枝竹丛生石间，可以为杖。节间相去常四寸，亦谓之“桃笙”。言可为簟，又谓之“蒲葵竹”，以其叶如棕也。 金丝竹纹如金丝，故名。 钓竹其尾下垂如钓。

花之属

梅 红梅花百叶，郡人陈克聪诗云：“雪态冰容意自佳，谁将脂粉点香霞？黄昏淡月前村路，几误行人问酒家。” 山茶 海棠有千叶者。 佛桑 木槿 长春 山丹 山栀 紫薇 茉莉 素馨 木芙蓉 岩桂 瑞香 紫荆 含笑 大笑青苞，粉蕊，白英，香闻数十步。有四时者，其花差小而香嫩。 郁李一名车下李，一名御园李。 碧桃 绯桃花俱千叶。 凤尾 御带 鹰爪 菊 兰 萱 蜀葵 玉簪 百合 鸡冠 金凤 金钱 金灯。

草之属

蒲 茭 蓼 苹 藻 浮萍 茅

畜之属

马 牛 驴 骡 羊 猪 犬 猫 鸡 鸭 鹅

鹁鸽

毛之属

虎　熊　鹿　獐　麈似鹿而大，其尾辟尘。以置旧帛中，能令岁如红色不黦[2]，又以拂毡，令毡不蠹。　猿　猴　狸　狐　獭　豪猪　野猪。

羽之属

喜鹊　乌　鸠斑鸠。青鸠。绿鸠，似斑鸠而小，身绿，嘴足红。　鸲鹆　莺　燕　布谷　吉吊俗呼嗓林鸟。　画眉　白头公　鹡鸰　雀　雉　白鹇　锦鸡羽毛有白圆点，嗉藏肉绶，天晴则徐舒其绶，人谓之吐锦。　竹鸡　鹧鸪　鹰　鹞　鹳　鸬鹚　鹭鸶　鸥　翡翠

鳞之属

鲤　鲈　乌　鳢　鲫　鳗　鳝　泥鳅（以上六县皆有之，产池泽中。）　海鳝　鲨胡鲨。帽鲨。出入鲨。鲛鲨。　鲻　鲥鱼　棘鬣　赤鬃　方头　时　鳍子鱼　黄鱼　鳜　鲽沙　银鱼　鲎鱼　乌颊　鲆鲈之别种。　黄樯鬣黄色。　鲅　马鲛　带鱼本志作白鱼。　魟本志作“鲂”。　海燕　觋本志作“鲑”。　黄雀似鲥鱼而小。　青鳞　鹿角鱼　泥猴　章鱼　石柜　锁管　乌贼　水母　虾魁　虾　虾姑

介之属

鼋　龟　鳖　蟹　蚬出溪水中，亦名蝤[3]。太守舒雄

《忆漳南》诗:"六月北溪蝤。"(以上六县俱有,产池泽间。) 鲎 蚪 蠘 彭越 彭蜞 卢禽 揭哺 蛎房 车螯 江珧柱 蚶 蛏 蛤 蛤蜊 螂蜆 空豸 淡菜 乌粘 龟脚一名石砌[4]。 海月 石华 螺田螺。马蹄螺。砑螺。红螺。梭毛螺。香螺。花螺。蓼螺。(以上多出于龙溪、漳浦。)

虫之属

蛇 蛙 黾又有水鸡、谷蛛。 蟾蜍 蜈蚣 蝙蝠

汀州府

谷之属

稻 粟 麦 豆 脂麻

帛之属

绸 绢 绫 苎布 麻布 蕉布 葛布

货之属

金上杭县出。 银长汀、宁化二县出。 铜 锡俱长汀县出。 铁长汀、上杭、宁化三县出。 糖 蜜 蜡 蓝淀 茶 油麻油。茶油。桐油。楳子油。(以上八县俱出。) 蕈 纸 降真香(以上俱连城县出。) 漆清流、归化二县出。

蔬之属

芥 萝卜 菠薐 苦荬 莙荙 苋 蕨 茄 瓠 芋 冬瓜 丝瓜 笋 薯 山药 姜 葱 韭 薤 蒜

水芹

果之属

柑　金橘　桃莺嘴桃。小桃。(色皆半红。)　李青李。红李。紫李。珍珠李。　花红　柰　梨　石榴　柿　栗　枇杷　杨梅　樝《本草》谓之“榠樝”。木叶花实酷类木瓜，谷辨之看蒂间别有重叶如乳者为木瓜，无此者为[5]榠樝也。　葡萄　蔗　西瓜　土瓜　莲　菱

药之属

黄精　石菖蒲　地黄　麦门冬　姜黄　苦参　艾　紫苏　薄荷　天南星　牵牛子　车前子　香附子　香薷　荆芥　何首乌　牛膝　半夏　猴姜　黄蘗　黄连　莳萝　茯苓　五倍子其木青黄色，七月结实，无花，初青，至熟而黄。内多虫，一名百虫仓，又名文蛤。　茱萸

木之属

松　柏　杉　樟　楠　桐　桑　乌柏　冬青　槐　檀　杨　柳　枫　槦　楮　槠　棕。

竹之属

猫竹　江南竹　紫竹　黄竹　苦竹　实竹可剖为器用。　筋竹　赤竹节长可为箭。　笔竹　菉竹

花之属

梅　山茶　海棠　酴醾　蔷薇　木槿　长春　山丹

栀子　玉楼春　茉莉　木芙蓉　岩桂　紫荆　芍药　菊　兰　萱　蜀葵　玉簪　鸡冠　凤仙　宝相

草之属

蒲　蓼　苹　藻　浮萍　茅

畜之属

马　牛　驴　骡　羊　猪　犬　猫　鸡　鸭　鹅　鹁鸽

毛之属

虎　豹　鹿　麂　兔　猴　猿　狸　獭　山羊　山马　野猪　豪猪　竹鼦

羽之属

喜鹊　乌　鸠　莺　燕　百舌　啄木　画眉　雀　雉　锦鸡　鹧鸪　杜鹃　伯劳　鹰　鹞　鹳　鹭鸶　鸂鶒　鸳鸯　翡翠

鳞之属

鲤　鲢　草　鲫　鳗　蝉　黄颡疑即鲇也。　鳅　虾（八县俱有之，产池泽中）　鲮鲤

介之属

龟　鳖　蚌　田螺

虫之属

蛇　蛙　黾又有石蝓，即石鳞也。　蜈蚣　蝙蝠

延平府

谷之属

稻　粟　麦　豆　脂麻

帛之属

木棉布　白苎布各县俱出，将乐尤佳。　葛布

货之属

银南平、将乐、尤溪、沙四县出，今无。　铜尤溪沙二县出。　铁南平、尤溪二县出。　糖　蜜　黄蜡　白蜡　棉花　苎麻　葛　棕　毛　茶各县俱有，出南平半岩者尤佳。　纸各县俱有，出顺昌县者尤佳。　纸被　油茶油。桐油。柏油。　卤水石出南平县。宋叶梦得《避暑录》[6]云："石有三种。其一出卤水。可为砚，虽细润，而不甚发墨。"　花孜石出南平县。色青纹白，有山水禽鱼状，可为砚，为屏。世传产黯淡滩湍下，故不易得。《大明一统志》谓之"花纹石"。

蔬之属

蕈　芥　萝卜　白菜　芥蓝　莴苣　蕹菜　菠薐　苦荬　莙荙　同蒿　胡荽　苋　葵菜叶圆，似葵花叶，俗呼"奇菜"。　乌藤叶稍似当归，根色黑。　蕨　茄　瓠　芋

冬花　折笋或云“接笋”，大如拇指，长四五寸，生于南平县新兴里高山上。山下有涧泉，土人取笋浸泉中一夕，其色白味佳。郡人用以餉宾，为笋之最。　香蕈　薯　姜　葱　韭　薤　葫大蒜也。　水芹。

果之属

香橼　柚　橘又有金橘，南平、沙二县尤多。　桃又有矮桃，俗呼道州桃。　樱桃　李　梨　石榴　柿　栗　枇杷　杨梅　银杏　葡萄　西瓜　黄瓜　土瓜　莲　菱

药之属

黄精　地黄　天门冬　麦门冬　紫苏　薄荷　苍耳　茴香　天南星　马鞭草　黑牵牛　车前子　括楼　香附子　常山俗呼甜叶。　何首乌　茯苓　吴茱萸　枸杞。

木之属

松　柏　桧　杉　樟　桐　相思　桑　柏　冬青　槐　椒　皂荚　杨　柳　枫　榕　楝　柽　棕榈　莎萝树高丈余，干直，叶如天竹，丛生于颠，而圆覆类伞盖，土俗祭厉时，取二株树于坛前，因呼孤魂树。

竹之属

猫竹　江南竹　紫竹　绿竹夏笋可食，土人重之，馈送不过四五茎而已。　黄竹　石竹　苦石　绵竹　秋竹　人面竹。

花之属

梅　山茶　海棠　酴醾　木槿　长春　杜鹃　山丹　山栀　茉莉　素馨　千叶榴　木芙蓉　瑞香　含笑　菊　兰　萱　蜀葵　玉簪　滴滴金　凤仙

草之属

蒲　苹　蓼　萍　葭　茅　长生草采之，悬于梁，不用滋培。弥岁长青。　青蒿味凉，土人以重阳日取而干之，煎汤服，以辟暑气。

畜之属

马　牛　驴　骡　羊　猪　犬　猫　鸡　鸭　鹅　鹁鸽

毛之属

虎　豹　熊　鹿　獐　麂　兔　豺　猿　猴　狸　狐　獭　山羊　野猪　豪猪　鼠狼　竹鼬

羽之属

喜鹊　乌　鸠　鸲鹆　山鹊　莺　燕　布谷　啄木　画眉　白头公　伯劳　雀　蜡嘴其喙黄色。　太平鸟　提壶其鸣若云"提芦葫"。　白练雀似雀而差大，一白一黄，有黑斑，尾长。　雉　白鹇　鹧鸪　鹰　鹞　鹳　鹭鸶　鸬鹚　鸂鶒　凫

鳞之属

鲤　鲈　鳜　鳊　鲫　白鱼色白可脍。　黄颡　黄尾鱼似鲤而尾微黄，食之，微有土气。　鳗　鳝　鳅　虾　鲮　鲤

介之属

鼋　鳖　蟹　螺。

虫之属

蛇　蛙　黾又有石鳞。　蜈蚣　蝙蝠　螽斯

邵武府

谷之属

稻　粟　黍　麦　豆　脂麻

帛之属

苎布四县俱有，而泰宁为多。　葛布出建宁县永城、开山二保。

货之属

银出光泽、泰宁、建宁三县，宋时有场，今废。　铜出邵武县，今无。　铁出邵武、光泽二县，垆今废。　铁丝亦名针条。　苎　漆俱出泰宁县。　竹纸　楮衾即纸被，俱出邵武县。　茶光泽、泰宁二县为多。　茶油邵武、泰宁、建宁三县尤多。

蕨粉岁饥，人多赖以济。　**棕毛**光泽、邵武二县为多。　**银硃**旧志曰：“故老相传潭山出朱红，得三樵水濯之，其色尤鲜。”今无煎炼者。　**白瓷器**出邵武青云窑、泰宁际口窑，建宁兰溪窑，而以泰宁际口者为胜。　**琉璃**郡城旧有一二家能造之，法用黄石焰硝之类炼成，今无。　**石灰**炼石为之。　**姜黄**出邵武县一都。

蔬之属

芥　萝卜　白菜　油菜　芥蓝　莴苣　蕹菜　菠薐　苦荬　莙荙　胡荽　苋　蓴　蕨其根即可为粉者。　茄　瓠　葫芦　芋　冬瓜　丝瓜　笋　蕈　菌一名地蕈。熟可食，生则毒人。中其毒者，用生脂麻擂酒服之即愈。　薯　姜　葱　韭　薤　蒜　荇菜《诗》集传云：“接余也，根生水底，茎如钗股。上青下白，叶紫赤，圆径寸余，浮在水面，可为菹。”

果之属

橙　柚　金橘　桃红桃。白桃。水蜜桃，味最佳，亦少有也。　李麦李，与麦同熟。胭脂李。赤皮李。黄蜡李。青葱李，色青色。　杏　林檎　樱桃　梨桃梨，大而长。縻梨。消梨。铁黑蜜，其色黑而肉实，味极佳。　石榴　柿　枣　栗　榛　枇杷　杨梅　木瓜　甘蔗　西瓜　黄瓜　土瓜　莲　菱角　茨菰　凫茨

药之属

薏苡仁　菖蒲　天门冬　麦门冬　乌药　紫苏　苍耳　蓖麻子　五味子春初引赤蔓于高木，叶尖圆似杏叶，三四

月开黄白花，类小莲花，七月成实，如豌豆大，生青，熟红紫色。 车前子 括楼 山药 香附子 牛膝 芎穷苗 蒟蒻苗叶酷似天南星，但茎斑花紫为异耳。蜀人取以作酱，味酢美。 香薷 枸杞 茱萸 金樱子 使君子 五倍子

木之属

松 柏 桧 杉 樟 楠 桐有二种：油桐、梧桐。其实视建宁诸郡为多。 梓 桑 柘 乌桕 冬青 槐 皂荚 柳 枫 楮 櫬按本志："似楝而叶小，可染乌。子曰'象汁'，可食。" 楝 栎 榛 蘗 黄杨 棕榈

竹之属

猫竹冬笋不出土，味最佳；春笋乃能成干。 江南竹笋可生食。 筀竹 簝竹 苦竹 甜竹 黄蜡竹最坚实，笋味亦最佳。 方竹

花之属

梅 山茶 蜡蒂花深红，颇似红梅，先花后叶，隆冬开。 蔷薇 木槿 杜鹃 山丹 欲留春即玉楼春。 茉莉 素馨 木芙蓉 木犀即桂花也。 瑞香 郁李 凌霄 牡丹 芍药 菊 兰 萱 蜀葵 扁竹 鸡冠 滴滴金 金凤 碧雪丛可一二尺，花细而色白。

草之属

葸 吉祥

畜之属

马　牛　驴　骡　羊　猪　犬　猫　鸡　鸭　鹅　鹁鸽

毛之属

虎　飞虎似猫而翼亦小。　豹　熊　豺　鹿　麞　兔　猴　猿　狸俗呼果子狸。　狐　獭　山犬俗呼山黄狗。　野猪　豪猪　山牛毛如小牛，角短如黄牛。　刺蝟　竹鼦俗名土豚。

羽之属

喜鹊　乌　斑鸠　青鸠　鸲鹆　山鹊　莺　燕　百舌　啄木　画眉　白头公　鹡鸰　雀鸡　雉　白鹇　锦鸡　竹鸡　鹧鸪　杜鹃　鹌鹑　练鹊　鹰　鸢　鹞　鹘　鹳　鹭鸶　鸬鹚　鸂鶒　鸳鸯　凫　鹝。

鳞之属

鲤　鲢　草鱼仲春取子于江曰“鱼苗”，畜于小池。稍长入塍塘曰“塍鳙”，可尺许，徙之广池，饲以草，九月乃取。　鲫　鳜　青鱼背正青色。　鳟《尔雅》曰：“鲶鳟，似鲤而鳞细眼赤，鱼之美者。”　鳢俗呼乌鲤鱼。　乌鰡似草鱼，头与口差小而黑色，食螺。又有色黄者曰黄鰡。　鳗　鳝　鲇　鳙　鲨鱼大如指，狭长而圆，身有黑点，常张口吹沙，故又名吹沙。　泥鳅　虾长须，生水田池沼中。（以上各县俱有。）

介之属

龟　鳖　螺　蚌。

虫之属

蛇　蛙　黾又有田鸡、石鲶。　蟾蜍　蝙蝠　蜈蚣　蚰蜒《尔雅》曰“螾衔”。疏曰:“象蜈蚣,黄色而细长,喜入人耳,俗曰‘飞杨虫’。”

兴化府

谷之属

稻　粟　黍　穄　麦　豆　脂麻。

帛之属

绸　兼丝布细缉苎麻,杂丝绩之。宋本军土贡葛布十匹,后以非土宜,而代之以此。　生苎布　白纻布以灰治之,其色纯白。(以上莆田、仙游二县俱有,而莆之涵头、吉了出者尤佳。)

货之属

盐　糖　冰糖曾师建《闽中记》:“荻蔗节疏而细短,可为稀糖,即冰糖也。”　蜜　蜡　鲨鱼脍　鱼鳔(以上莆田、仙游二县俱出,而莆田为多。)　青淀　红花　丝　绵　绵花近来间有种者,亦不甚多。　苎　青麻　黄麻　芙蓾俗谓之“茎”。

蔬之属

芥　萝卜　芥蓝　萵苣　蕹菜　菠薐　苦荬　莙荙　茼蒿　牛唇菜　胡萝卜　胡荽　苋　蕨　茄　匏　芋　冬瓜　丝瓜　笋。蕈俗谓之菰。胭脂菰。香蕈菰。木耳菰。重菰，出仙游九座山，土人以为佳品。扫帚菰，如鹿角菜而大，黄白色，味亦佳。　薯　山药　姜　葱　韭　薤　蒜　芹　莼　紫菜　赤菜　海苔。

果之属

荔枝陈紫，其树晚熟，其实广上而圆下，大可径寸有五分。香气清远，色泽鲜紫，壳薄而平，瓤厚而莹。膜如桃花红，核如丁香母。剥之凝如水精，食之消如绛雪。色香与味，俱为第一。方家红，可径二寸，色味俱美，言荔枝之大者，皆莫敢拟。岁生一二百颗，人罕得之。小陈紫，其树去陈紫数十步，初一家并种之，及其成也差小，又时有櫼核者，因而得名。宋公荔枝，树极高大，实如陈紫而小，甘美无异。周家红，亦荔枝之上等者。圆丁香，丁香荔枝他种皆旁蒂，大而下锐，此种体圆与味皆胜。琉黄，颜色正黄，而刺微红，亦小荔枝，以色名之也。龙牙，荔枝之变怪者。其壳红，可长三四寸，弯曲如爪牙，而无瓤核。水荔枝，浆多而淡，食之益渴，盖其植近水田，清泉流溉，其味遂尔。（以上俱见蔡襄《荔枝谱》。）皱玉。郎官红。游丁香。紫璚。百步兰寿香。西紫。黄香。大小红绿。瑞堂红。松红。麝囊红。百步香。黄玉。（以上俱见旧志。）玉堂红，今为莆之绝品。其树在城南之蔡宅，仅一株耳。延寿红，其品不减于玉堂红。亦惟一株，在延寿桥侧。状元红，出仙游之枫亭。绿纱，色微绿。白蜜，色白而甘。（以上皆近所称者，余若火山、山荔枝，其名尚多，今不悉录。）　龙眼郡人植之者亦多，然其品不若三山所出者远甚。 **柑**柑桔之品，泉漳为盛，莆之所植，三二品而已。近年以来，亦稍有传其种而植之者，郡水南为多。乳柑，福人谓之佛苏柑。先柑。苏柑。漳柑，虽有植者，亦甚不多。白柑，形亦似先柑，极酸，不可啖。龙树柑似柚，其大有过于碗者，味酸，熟亦微甜。 **橙**又有一种，至冬黄色，久而复青，名曰青橙。 **香橼**又有佛瓜香圆，福人谓之佛手柑。 **柚** **橘**塌橘。真红橘。丝橘。洞庭橘。株榴橘。金橘。又有一种极小者，曰金豆。 **桃**银桃。昆仑桃。饼子桃，亦谓之"矮桃"，出波斯国，今亦有之。又曰"人面桃"，以其核有三棱也。寒桃，冬熟。千叶桃。御爱桃。金桃。李桃。碧桃，无实。 **李**黄甜李。琥珀李。青皮李，即红腹李。赤李。 **梨**拒霜梨。水梨。沙糖梨。绵梨。 **石榴**银榴，子莹白而甘。白榴，花白。紫榴，子小而硬。海榴，实酸，四时皆有。千叶榴，不实。 **柿**牛心柿。红柿。猴柿。 **枣** **栗** **杨桃** **枇杷** **橄榄** **黄弹子** **菩提果** **木瓜** **银杏** **余甘** **山核桃** **椎**曾师建记作"锥"，以其末锐于锥。郡北一里许，有地曰椎林，今山谷中多有之。饥岁，贫民多赖以济， **葡萄** **个摩子** **丹粘子** **蕉**大小二种。又有红蕉花。 **甘蔗** **西瓜** **甜瓜** **黄瓜** **莲** **菱角** **鸡头** **凫茨** **茨菰**。

药之属

芙蓿藤方言曰茏。 **薏苡** **石菖蒲** **天门冬** **麦门冬** **艾** **紫苏** **薄荷** **白蘘荷** **豨莶** **苍耳** **莳萝** **天南星** **马鞭草** **蓖麻子** **蛇床子** **牵牛子** **车前子** **括楼** **香附子** **香薷** **决明子** **荆芥** **羊蹄** **半夏** **香茅** **牛蒡** **石益** **木鳖子** **苦参** **芎䓖** **金银花** **覆盆子**

茯苓　枸杞　吴茱萸　金樱子　蒴藋　使君子　枳实　千金藤　桑螵蛸

木之属

松　柏　桧　杉　樟　椐　橡　柽杉　杜松　水棉　山棉　油桐　梓　相思　桑　柘　乌桕　冬青　槐　椒　榇　棁　皂荚　木槵俗呼其实为墨圆子。　柳　榉柳　枫土人于上巳日采其叶，渍米为青饭。方翥诗云："年年此日尝青饭，路傍山枫却忆家。"　榕宋庆历中，郡有一株，三十七根，附于一干。太守钱尚因绘为图，以示知福州王逵，逵遂以嘉木名之。有诗云："清阴随日远，翠影共烟浮；避暑疑无夏，当风别有秋。"　楮　金荆　槠　楝　黄连茶方言谓之"蓝香"。　加条　朴　白牙　柞传曰："柞之性坚强，而不为霜露之所迁，得土之正气，今人取以为梳材。"　栎　漆山浅无拱抱者，故土人不以取漆。　山樗　黄杨　西河柳　罗汉松　棕榈　桄榔郡人方明之诗云："蜜叶剪开青凤尾，柔条缀尽碧龙须。"　蒲葵叶似棕，可为扇，亦可为笠。　竹木　吉兆藤

竹之属

猫竹　江南竹亦名"雪竹"。　笙竹　慈竹　斑竹　紫竹　苦竹　石竹　筋竹　箭竹　赤竹　苦油竹　发竹　钓竹一曰"绵竹"。其笋有毒。　含桀竹[7]　淡竹　古散竹即"桃枝竹"也。　勒竹林谞记："中心坚寒，枝干相交。"《岭表录异记》："荆竹，枝上有荆，南人呼为'荆勒'。"东坡诗云："倦看涩勒暗蛮村。"　桃竹杜工部《桃竹杖引》云："江心蟠石生桃竹，斩根削皮如紫玉。"则其色正紫，或云桃枝竹，非也。　斑桃

枝竹一曰“界金竹”，又曰“黄金间碧玉竹”。林谞记云：“闽人呼其笋为黄笋，亦名黄竹。” 箬叶竹　筼筜竹　人面竹亦曰“佛眼竹”。

花之属

梅绿萼梅。红梅。双梅，一花双实，又曰“品梅”。黄香梅。千叶梅。鹅梅。蜡梅。　山茶曰丹茶，花深红色，单瓣，大者径三四寸。宝珠茶，花深红而千叶。槟榔茶，一本而日丹、宝珠二花杂开。粉口茶，花大如日丹，而色淡红。蜡蒂茶，花小如钱，粉红色。　海棠　垂丝海棠　酴醾　木香茎叶俱似酴醾，而花差小，其香尤清。又有一种，花黄色，无香。　蔷薇　玫瑰　金沙　佛桑其单瓣者俗呼照殿红。　木槿　长春　胜春　木丽春藤生花如胜春，明媚有香。　杜鹃　海红枝叶如木瓜，花深红色。　山丹　山栀　山樊木高数尺，花春开，极香，北人呼为玚花。玚，玉名，取其白也。山谷其名曰“山矾”。盖土人取其叶以染，不假矾而成色，故以名耳。　紫薇　茉莉又有一种曰“蕃茉莉”，叶如茉莉，而花如素馨，合二者为一，其香差薄。　素馨　阇提　木芙蓉　指甲花旧志谓之“蕃桂”。　岩桂　瑞香　紫荆　含笑　大笑　俱那卫三山人呼为半年红。　真珠花　凤尾　刺桐郡有刺桐巷，即唐补阙翁乾度之故居，列植此花，今不复存矣。　御带　棣棠俗名为千叶郁李。　郁李　山桃花如血色，有花无实。　半丈红　凌霄　鹰爪　蜜樝花红千叶。　木笔一名辛夷。其花初发如笔，因名。　满堂红一曰“花柳”，一曰“朱草”。花穗生，浅黄色，香闻百步，开即以为瑞。　玉印山崖间抱石而生，一曰“玉髻”。　菊　兰　萱　蜀葵　玉簪　百合　川百合　鸡冠　麝香花

滴滴金　金凤　金钱　剪金红　罂粟　御仙　聚八仙又有玉蝴蝶、玉翼蝉、碧蝉。　锦竹　黄雀儿　红豆蔻俗呼孽花。　金灯　玉灯亦曰“水蕉”。

草之属

蒲　茭　蓼　水蒢　苹　浮萍　灯心　萉　零陵香俗谓之铃铃香，又谓之“燕尾草”。　紫草　通草　独帚　荩　芦　菅　茅白花，《诗》曰“手如柔荑”即此。　鼠曲《艾轩集》谓之“暑菊”。　马蓝　虎杖春采入风药用。　青蒿常蒿绿色，此蒿独青色。　蛇麻叶如青麻藤，蔓生于篱落间，土人采为曲用。　鼠网山谷谓之“幽涧兰”，佛书曰“兜率香”。　山孽长生其枝茎无根而生。　候潮叶间有荚如榆荚，潮至则开，退则合。　酸浆《尔雅》曰“葴”，注云“酸浆也”。　乌云草叶似蒴藋，可治蛇毒。　虎耳　吉祥　鳢肠　紫背

畜之属

马　牛　驴　骡　羊　猪　犬　猫　鸡　鸭　鹅　鹁鸽

毛之属

虎　豹　鹿　麂　獐　兔　豺　猴按：徐师仁《壶山集》：“宣和间，莆田尉向生所畜猴，产一子，乳之勤甚，每昼辄抱持升屋，为理毛去虱。屋角大榕，群鸱栖其上，忽一鸱掣其子去，母不胜悲。生惧其伤也，俾从者与游市里，冀以顺适其意。经屠门，见大脔机上，遽攫之以还，复踞屋，置肉怀中，为抱儿状。前鸱复来，阳若不省。稍逼，始与争。又伪不胜。鸱益狎，遂坠怀中肉。

鸱下取之。则就擒焉，裂其肌，碎其骨，扼吭啗髓而后已。” 猨 香狸 狐 獭 山犬 山羊旧志作“羺”。 野猪 豪猪 鼠狼 竹鼦 鮕齡鼠[8]本志“鮕”字作“鼟”。

羽之属

喜鹊 乌 鸠 鸲鹆 信鸟 山鹧 郭公 莺 燕 百舌 布谷 啄木 吉吊 画眉 白头公 鹡鸰 雀 黄雀 五色雀俗呼为音声雀，言其五色驳杂。如乐官之衣也。绍兴间，尝翔集于郡治榕木之上。 鷦鹩宋郡人黄彻诗：“但遣一枝居巧妇。不须大厦贺嘉宾。”巧妇谓鷦鹩，嘉宾谓雀也。 伯劳 雉 白鹇 竹鸡 鹧鸪 杜鹃 雪姑儿毛羽黑白相间。 鹰 鸢 鹞 鹳 海鹘 鹈鹕 鹭鸶 鸬鹚 鸂鶒 鸳鸯 凫 水鸌天兮切，似凫而小，膏可莹刀剑不锈，盖鸊鹈也。《尔雅》云“鸊鹈”。 鸥 翡翠 鸡鹊 鸊鸰 孤鸡 呼潮 鸮。

鳞之属

鲤 鲈 鲗 乌 鲫 白 鳊 鳗 鳝 鲇 弹瑟（以上俱产于江河池泽。） 石伏鱼伏于溪石下，旧兴化县有之。 鲨蛟鲨。出入鲨。锯鲨。青鲨。黄鲨。大鲨。夹鲨。乌鳍鲨。帽鲨。 洲制 棘鬣 赤鬃 乌颊 黄檣 方头 鲊 鲥 石首 鲹 子鱼宋黄公度云：“莆中所产，惟子鱼、紫菜、荔枝、蛎房。” 黄鱼 鳜 黄彡 鲽沙 银鱼 镜鱼《闽中记》：“眼圆如镜，水上翻转如车，方言云‘翻车鱼’。” 火鱼随潮蔽江，结阵而来，故名。 针鱼状似鯈鱼，其喙如针。 白泽《海物异名记》：“群生随波，潮缩在泽。曰‘白泽鱼’。” 拨尾林谞记以为子鱼。非也。　**鯊鱼**　**鲳鱼**　**绯鱼**　**斗潮**　**戗马鲛**　**带鱼**　**鳙鱼**俗呼青松，亦呼松鱼。　**魟**　**海燕**　**青鳞**　**黄雀鱼**或云黄雀所化也。　**鳁鱼**　**鲂鲆**　**鹿角**　**鲘鱼**大者长五六寸，白质黑文，味美，少鲠。　**枫叶鱼**《海物异名记》："海树霜叶，风飘浪翻，腐若萤化，厥质为鱼，故名枫叶鱼。"　**沫鱼**梅雨时，海水凝沫而成形，雪色无骨，其大如筋，故曰"沫鱼。"　**鯸鲐**即鯢鲀。　**泥猴**　**章鱼**　**石拒**　**锁管**　**乌贼**　**蛇**　**虾魁**　**虾姑**　**虾**赤虾。黄虾。白虾。青虾。梅虾。芦虾，宜作鲊，土人谓之"金钩子"。酱虾（以上俱产于海。）　**鲮鲤**。

介之属

龟　**鳖**　**蟹**　**鲎**　**蚂**　**蠘**　**彭越**　**彭蜞**　**步倚**　**揭哺子**本志作"蝎步"。　**千人擘**　**牡蛎**　**车螯**　**江珧柱**　**蚶**　**蛏**　**蛤**　**蛤蜊**　**蝴蜆**　**蚬**似空豸而小，甲差厚，淡黄色。一种色红差大，味尤胜。　**空豸**《三山志》谓之"白蛤"。　**淡菜**　**石磡**俗呼"龟脚"。　**海月**　**石华**　**石帆**　**沙筋**　**螺**香螺。红螺。蓼螺。梭尾螺。田螺。

虫之属

蛇乌蛇。花蛇。青竹蛇。红蛇。白蛇。白花蛇。　**蜥蜴**　**蛙**　**黾**又有水鸡、谷蜍。　**蟾蜍**　**蜈蚣**　**蝙蝠**

福宁州

谷之属

稻　**麦**　**豆**

帛之属

绸　绢　纱　绫　苎布　蕉布　葛布

货之属

银本州及宁德、福安二县俱出。　铁宁德县出。　盐　糖　蜜　蜡　蓝淀　红花　紫草　苎　麻　茶　油麻油。茶油。桐油。柏油。

蔬之属

芥　萝卜　白菜　蕹菜　菠薐　苦荬　茼蒿　胡荽　茵蔯　苋　蕨　春不老　荠　茄　瓠　芋　冬瓜　丝瓜　笋　蕈　山药　姜　葱　韭　蒜　石辣生山中。　牛唇　芹　鹿角菜　蓝菜生海岩上，味甜可食。　石菜　紫菜（以上四菜俱出海乡。）

果之属

荔枝　龙眼　柑　橙　香橼　橘又有金橘。　桃　李　杏　林檎　梨　石榴　柿　枣　栗　杨桃　枇杷　橄榄　杨梅　菩提果　木瓜　蔗　莲　菱角

药之属

薏苡　地黄　天门冬　麦门冬　艾　茴香　马鞭草　牵牛子　车前子　香附子　香薷　半夏　蛇床子　兔丝子　白芷　木鳖子　玄参　干葛　吴茱萸　五倍子　紫金藤　使君子

木之属

松　柏　桧　杉　樟　桦　桐　漆　相思　桑　柘　冬青　槐　柳　枫　榕　朴　黄榉　棕榈　牲有油。　吉兆藤　拿藤附本而生，甚长，性亦柔韧，土人多取以为束缚之用。　黄藤可缠束屋柱，又名水藤。　胪藤　鳖藤俱可毒鱼。　鸡翁藤　金刚藤　黄爽藤

竹之属

猫竹　江南竹　慈竹　方竹　斑竹　苦竹　石竹　绿竹　箭竹　调丝竹节疏性柔，可作器用。　紫竹　赤竹　筋竹　桃竹　含竹　豁竹　观音竹　人面竹　罗汉竹　箬竹　槌竹

花之属

梅　山茶有红白百叶者。　海棠　酴醾　蔷薇　木香　长春　杜鹃　山丹　山栀　茉莉　素馨　木芙蓉　岩桂　瑞香　紫荆　凤尾　牡丹　芍药　菊　兰　萱　蜀葵　水仙　鹤顶红　鸡冠　金凤　金钱　剪春萝　罂粟

草之属

蒲　茭　浮萍　蒉　芦苏可为席。　茅　通草　龙须　虎耳　剪刀草

畜之属

马 牛 驴 骡 羊 猪 犬 猫 鸡 鸭 鹅 鹁鸽

毛之属

虎 豹 熊 鹿 獐 麂 豺 兔 猴 狸 狐 獭 山牛 山狗 野猪 豪猪 野猫 猩猩宁德县支提寺林中,尝有之。 竹鼦(以上州及二县俱有。)

羽之属

喜鹊 乌 鸠 鸲 鸽 莺 燕 山呼 拖白练练雀也。 画眉 雀 雉 白鹇 鹧鸪 鹌鹑 雁 鹈鹕 鸳鸯 翠鸟

鳞之属

鲤 鲈 鳜 草 鲫 鲜鱼其色微黑。 溪斑 鳗 鳝以上生池泽中。 鲨青鲨。黄鲨。鲛鲨。 鲥 石首 鲳 鲳鳊 子鱼 黄鱼 银鱼 鲶 鲵 马鲛 白刀 魟 燕 鲂 黄雀 弹涂俗名跳鱼。 白颊似跳鱼而色白。 章鱼 石拒 锁管 乌贼 水母 虾对虾。黄虾。苗虾。(以上州及二县俱有。) 寸金鱼色黄,长寸许。出宁德县七都。

介之属

龟 鳖 蟹以上生池泽中。 鲎 蛶 蠘 蛎 车螯 蚶 蛏 蛤 西施舌 蚌 海月 江珧柱

虫之属

蛇　**蛙**　**黾**又有田鸡、石鳞。　**蟾蜍**　**蜈蚣**　**蝙蝠**

校　注

[1]《本草纲目·虫部》称:“亦名斑蝥”。

[2] 麈,《本草纲目》不收,光绪《漳州府志·物产》未载。此处似应作“能令岁久红色不黦”。

[3] 光绪《漳州府志·物产》作“俗呼为蟟”。

[4] 石砌应作“石砌”。

[5]《本草纲目·果部》分“樝子”与“榠樝”为两则。李时珍以为樝子乃木瓜之酢涩者,小于木瓜,榠樝比木瓜大而黄色。《本草》别列“山樝”一则,谓:“‘山樝’味似樝子,故亦名‘樝’,世俗皆作‘查’字,误矣。查音槎,乃水中浮木,与樝何关?”

[6] 查《四库全书简明目录》,叶梦得书名为《避暑录话》。

[7]《闽产录异·竹属》及《海错百一录·记壳石》作“含朵竹”。

[8]《乐雅》作“鼦鼢,斑鼠”。

八闽通志卷之二十七

封　　爵

七闽之地，在周职方氏，盖必有君长，然载籍无纪，不可考矣。自汉亡诸启封，历晋、宋、齐、梁、陈，以及于唐，屡有封建。至王氏奄有其地，遂为僭国。宋既南渡，定都临安，闽地实为近服，亦屡有封建。迨其季年，临安失守，遂以为行都。其间事上之礼，或顺或逆；传受之序，或正或变；股肱之寄，或忠或邪；师旅之兴，或曲或直；政事之施，或得或失；有可为法者，有可为戒者，皆不可废也。乃志封爵。

福州府

〔汉〕

闽粤王亡诸粤王勾践之后也。初，夏少康封庶子于会稽，二十世至勾践，又六世至无疆，为楚所灭，子孙播越海上。又七世至亡诸，姓驺氏，一曰路氏。秦并天下，使尉屠睢平百越，废为君长，以其地为闽中郡。及诸侯叛秦，亡诸帅闽中兵，归番阳令吴芮，所谓番君者也，从诸侯灭秦。项羽主命弗王，以故佐汉伐楚。高帝五年，复立亡诸为闽粤王，王故地，都冶。亡诸卒，郢继立。按高帝诏曰："故粤王亡诸，世奉粤祀，秦侵夺其地，使其社稷不得血食。”以是观之，则亡诸在周世，盖尝自立为王矣。　**郢**盖亡诸之子也。初，孝景三年，吴王濞反，欲从闽粤，闽粤未肯行，独东瓯从。及吴破，东瓯受汉购，杀吴王丹徒。吴王子驹亡闽越，怨东瓯杀其父，屡请击之。建元三年，闽越围东瓯，使人告急天子。天子遣严助发会稽兵救之。闽越闻风而遁。六年，郢击南粤。南粤守天子法，不敢擅发兵，而以闻。上复遣王恢、韩安国两道击之。兵未逾岭，郢发兵拒险，其弟余善与宗族谋，杀郢，遣使者上符玺请所立。汉以繇君丑独不与谋，使立为繇王，奉亡诸祭祀。“欲从闽粤”者，招粤令从之也。东瓯王名摇皆粤王勾践之后也，与亡诸同姓。先尝王闽越，秦废为君。孝惠三年，亦以伐楚功多，立为东海王，都东瓯。　**丑**亡诸孙也，闽粤别封于繇，曰繇君。既立为王，余善以杀郢威行国中。民多属，遂窃自立为王，繇王不能制。上闻之曰：“余善首诛郢，师得不劳。”因立为东越王，与繇王并处。丑，史志俱不言其系，而本传但以为亡诸之孙。　**余善**郢之弟也。元鼎五年，南粤反，余善上书，请以八千卒从楼船将军击吕嘉等。兵至揭阳，以海风波为辞，阴使南粤。及汉破番禺，楼船将军杨仆请引兵击东越。上不许，令屯豫章梅岭以待命。余善闻汉兵临境，遂发兵距汉道。号将军驺力等为吞汉将军，入白沙武林梅岭，杀汉三校尉，自称武帝。上诏朱买臣与韩说出句章，浮海东往；杨仆出武林；王温舒出梅岭；越侯出若邪、白沙击之。元封元年，入东越。繇王居股杀余善，以其众降。吕嘉南越相也。　**居股**嗣繇王，既杀余善以降，上以闽地阻悍，数反复，改封居股东成侯万户，徙其民江淮间，遂虚其地。亡诸祀遂废。居股，史志俱不言其系，疑丑之子也。粤衍侯吴阳前在汉，汉使归谕余善。余善不听。及横海军至，阳以其邑七百人反，攻粤军于汉阳，余善诛，汉封为卯石侯。按《汉书》本传作“卯石”，功臣表作“外石”，《三山志》又作“印石”，疑表志误。粤建成侯敖，敖与居股谋杀余善，诛。汉封为开陵侯。

〔吴〕

孙亮永安三年，黜为侯官侯，夫人随之国，居侯官。

〔东晋〕

孔坦咸和中，封晋安男。

〔刘宋〕

柳元景　沈庆之（孝建中，俱封晋江郡公。）　**晋安王子勋**孝武第三子也，大明四年封，食邑二千户。泰始二年，伏诛。　**周盘龙**泰始二年，封晋安郡晋安县开国子，食邑四百户。　**晋平王休祐**文帝第十三子也，初封山阳王。泰始四年改封。六年，以休祐贪虐，不可莅民，留之京邑，卒谥曰“刺”。七年，追免为庶人。凡十三子，并徙晋平郡。元徽元年，听还都。　**原丰县侯宣彦**休祐次子也，泰始末封，寻免。

〔齐〕

晋安王子懋武帝第七子也，初封江陵公。建元四年进封。　**晋安王宝义**字智勇，明帝长子也。建武元年封。梁受禅，封巴陵郡王，谥曰“隐”。　**晋安郡王宝寅**字智亮，明帝第六子也。建武初封，后改封鄱阳王。中兴二年谋反，奔魏。

〔梁〕

简文帝讳纲武帝第三子也，天监五年，封晋安王。大宝元年，入即位。　**敬帝讳方智**文帝[1]子也，承圣元年，封晋安郡王。绍泰元年，自寻阳入即位。　**陈宝应**晋安侯官人也，世为闽中四姓。父羽，有材干，为郡雄豪。宝应性反覆，多变诈。梁时，晋安数反，累杀郡将，羽初并扇惑成其事，后复为官军乡导破之，由是一郡兵权，皆自已出。侯景之乱，晋安太守宾化侯萧云，以郡让羽。羽年老，但主郡事，令宝应典兵。侯景平，元帝因以羽为晋安太守。陈武帝辅政，羽请归老，求传郡于宝应。武帝许之。绍泰三年[2]，封侯官县侯。武帝受禅，授闽州刺史，领会稽太守。文帝即嗣，加其父光禄大夫，仍命宗正录其本系，编为宗室。宝应娶留异女为妻。侯安都之讨异。宝应遣兵助之，又资周迪兵粮，出寇临川。及都督章昭达破迪，文帝因命讨宝应，诏宗正绝其属籍。宝应据建安湖际，逆拒昭达，昭达深沟高垒，不与战，但命为筹。俄而水盛，乘流放之，突其水栅。宝应众溃，执送都，斩建康市。

〔陈〕

晋安王伯恭字肃之，文帝第六子也，天嘉六年封。

〔唐〕

福王绾顺宗第五子也，永贞元年封。　**王潮**光州固始人也。父恁世业农。潮为县佐，唐末群盗起，寿州人王绪攻陷固始。闻潮及弟审邽、审知俱材勇，召从军中，以潮为军正，信用之。是时蔡州秦宗权方略众以益兵，乃以绪为光州刺史。宗权责租赋于光州，绪不能给。宗权怒，发兵攻绪。绪惧，悉举光、寿二州兵五千人渡江，转掠江、洪、虔州。光启元年，陷汀漳。绪以道险粮少，令军中无得以老弱自随，犯者斩。惟潮兄弟挟其母以从。绪怒，命斩其母。潮等曰："潮等事母如事将军，既杀其母，安用其子？请先母死！"将士皆为之请，乃舍之。有望气者，谓绪军中有王者气。于是绪见将卒有勇略及气质魁岸者，皆杀之。众皆自危。行至南安，潮说其前锋将，伏壮士篁竹间擒绪。绪自杀。众遂奉潮为将军,引兵将还光州,约其属,所过秋毫无犯。行及沙县,泉州人张延鲁等以刺史廖彦若贪暴,帅耆老奉牛酒,请潮为州将。潮乃引兵围泉州,逾年克之。福建观察使陈岩遂表潮为泉州刺史。潮招怀离散,均赋缮兵,吏民悦服。大顺二年,岩疾病,遣使召潮,欲授以军政,未至而卒。都将范晖讽将士推己为留后,发兵拒潮。潮遣从弟彦复为都统,审知为都监,攻福州。经年不下,白潮罢兵。潮报曰:"兵与将俱尽,吾当自往。"彦若等惧[3],亲犯矢石,急攻之。晖弃城走。为将士所杀。潮入城,自称留后,素服葬岩,以女妻其子延诲,厚抚其家。汀、建州降,群盗自溃。是岁,唐即以潮为福建观察使。黄连洞蛮围汀州,潮遣兵击破之。闽地略定,乃遣僚佐巡州县,劝农桑,定租税,交好邻道,保境息民,闽人安之。乾宁三年,唐以福州为威武军,拜潮为节度使。四年潮卒,审知代立。　**审知**字信通,状貌雄伟,隆准方口,常乘白马,军中号"白马三郎"。初,潮为观察使,以审知为副使[4],有过犹加捶挞,审知无怨色。潮寝疾,舍其子,命审知知军府事。光化元年,拜威武节度使,累迁同中书门下平章事,封琅琊王。梁开平三年,加中书令,封闽王。审知为人俭约,常蹑麻屦,府舍卑陋,未尝营葺。宽刑薄赋,公私富实,境内以安。是时,杨行密据有江淮,审知岁遣使泛海朝贡于梁。一时知名士如王涤[5]、杨沂、徐寅辈皆依审知仕宦。又建学四门以教闽士之秀者,招来海中蛮夷商贾。一夕,雷击海上黄崎以为港,闽人以为审知德政所致,号"甘棠港"。后唐同光三年卒,谥曰"忠懿"。子延翰立。

〔五代〕

延翰字子逸,审知长子也。同光四年,唐即拜延翰节度使。是岁,庄宗遇弑,中国多故,延翰乃自称大闽国王。宫殿百官,皆仿天子之制,而犹禀唐正朔。延翰为人长大,美晰如玉。其妻崔氏陋而淫。延翰不能制。审知丧未期,撤其几筵,又多选良家女为妾。崔氏性妬，良家女之美者，辄幽之别室，系以大械，刻木为人手以击颊，而以铁锥刺之，一岁中，死者八十四人。崔氏后病见以为祟而死。初，延翰之立也，骄淫残暴，蔑弃兄弟，出其弟延钧为泉州刺史。延翰选良家女为妾，延钧上书极谏，由是有隙。审知养子延禀本姓周氏，为建州刺史。延翰使之采择，延禀复书不逊，亦有隙，遂合兵袭福州。延禀先至，梯城而入，执延翰，暴其罪恶，斩于门外。延钧至，延禀纳之，推为威武留后。　**延钧**审知次子也。天成二年，唐即拜节度使，累加检校太师中书令。三年，封闽王。初，延禀既杀延翰，而立延钧，将还建州，延钧饯于郊。延禀谓之曰："善继先志，毋烦老兄复来。"延钧衔之。长兴二年，延禀时为奉国节度使，闻延钧有疾，率其子建州刺史继雄，将水军袭福州。延钧遣楼船指挥使王仁达拒之。仁达伪降，继雄喜，登舟慰抚，仁达斩之。延禀众溃，追擒之。延钧见之曰："果烦老兄复来！"延禀惭不能对，遂杀之。乃遣其弟都教练使延政如建州，慰抚吏民，唐即拜延政为建州刺史。延钧好神仙之术，道士陈守元、巫者徐彦、林兴、盛韬共诱之，作宝皇宫，极土木之盛。守元谓延钧曰："宝皇命王少避其位，后当为六十年天子。"延钧欣然逊位，命其子继鹏权主府事。既而复位，遣守元问宝皇，六十年后将安归？守元传宝皇语曰："当为大罗仙人。"四年，有言其封宅龙见者，延钧更命其宅曰"龙跃宫"。遂诣宝皇宫受册，备仪卫入府，即皇帝位，更名鏻[6]，国号闽，改元龙启，追谥审知为"昭武孝皇帝"，庙号"太祖"。立五庙，置百官。闽地狭，国用不足，命中军使薛文杰为国计使。文杰性巧佞，以聚敛求媚，鏻亲任之。文杰阴求富民之罪，籍其财。被榜捶者，胸背分受，仍以铜斗火熨之。建州土豪吴光入朝，文杰利其财，将治之。光怨怒，帅其众且万人叛奔吴。文杰又说鏻抑挫诸宗室。其从子继图不胜忿，谋反坐诛，连坐者千余人。文杰又言于鏻曰："陛下左右多奸臣，非质诸鬼神不能知也。盛韬善视鬼，宜使察之。"文杰恶枢密使吴勖。勖有疾，文杰省之曰:“主上以公久疾,欲罢公近密。仆言,公但小苦头痛,将愈矣。主上或遣使来问,慎勿以他疾对也。”明日,使韬言于辚曰:“适见北庙崇顺王讯吴勖谋反,以铜钉钉其脑。”辚以告文杰。曰:“未可信也,宜遣使问之。”果以头痛对。即收下狱,遣文杰治之。勖自诬服,并其妻子杀之。由是国人益怒。吴光请兵于吴。吴信州刺史蒋延徽引兵会攻建州。辚遣其将王延宗救之。兵士在道不肯进,曰:“不得文杰不能讨贼。”辚惜之不与。太后及福王继鹏请与之以纾难,乃以槛车送文杰军中。文杰善术,自占云,过三日可无患。送者闻之,疾驰二日而至。士卒脔食之。明日,辚使人赦之,已不及。初,文杰为辚造槛车,谓古制疏阔,乃更其制,形如木柜,攒以铁芒内向,动辄触之。既成,首被其毒。龙启三年,改元永和。王仁达有擒延禀之功,性慷慨,言事无所避,辚心忌之,尝问仁达曰:“赵高指鹿为马,以愚二世,果有之耶?”仁达曰:“秦二世愚,故高指鹿为马,非高能愚二世也。今陛下聪明,朝廷官不满百,起居动静,陛下皆知之。敢有作威福者,族灭之而已。”辚惭,赐以金帛,退谓人曰:“仁达智略,在吾世可用,不可遣后世患。”卒诬以罪杀之。辚妻早卒,继室金氏,贤而不见容。审知婢金凤,姓陈氏,陋而淫,辚嬖之,遂立为后,而以其族人守恩、匡胜为殿使。初,辚有嬖吏归守明者,以色见幸,号归郎。辚后得风疾,陈氏与归郎私通。又有百工院使李可殷,因归郎以通陈氏。辚命锦工作九龙帐。国人歌曰:“谁谓九龙帐,惟贮一归郎。”辚婢李春燕有色,其子继鹏烝之。辚已病,继鹏因陈氏以求春燕,辚怏怏与之。其次子继韬怒,谋杀继鹏。继鹏惧。先是,继鹏恨匡胜无礼,而皇城使李倣亦恨可殷谮己。辚疾甚,倣使人杀可殷。陈后诉之。辚力疾视朝,诘可殷死状。倣惧而出,俄引步兵鼓噪入宫。辚匿帐下,乱兵刺杀之。倣与继鹏遂杀陈后及守恩、匡胜、守明、继韬。继鹏即位,更名昶。谥辚曰“惠皇帝”,庙号“太宗”。吴勖,《五代史》以为吴英。辚初娶汉女,使宦者林延遇置邸于番禺,掌国信。汉主问以闽事，延遇不对。退谓人曰："去闽语闽，去越语越，处人宫禁，可知是乎？"至是闻变求归，不许。素服向其国三日哭。　昶鏻长子也。既立，改元通文。以李倣判六军诸卫事。倣专制朝政，阴养死士。昶与拱宸指挥使林延皓等谋，因倣入朝执斩杀之，枭首朝门。诏暴倣弑君及杀继韬等罪，告谕中外。昶亦好巫，方士有言白龙夜见者，遂作白龙寺。又拜陈守元为天师，信重之。更易将相，刑罚选举，皆与之议。守元受赂请托，言无不从，其门如市。尝教昶作三清殿于禁中。以黄金数千斤铸宝皇老君像，昼夜作乐，焚香祷祝，冀得大还丹。林兴以巫见幸，事无大小，兴辄以宝皇语命之而后行。昶忌其叔父延武、延望。兴与之有怨，托鬼神语云："二人将为变。"昶不复诘，使兴杀之，并其五子。后兴事败，亦被杀。而昶愈惑乱，立父婢春燕为淑妃，后立以为后。时百役繁兴，用度不足，有司除官，皆令纳赂，藉而献之，以货多寡为差。又以空名堂牒卖官于外。民有隐年者杖背，隐口者死，逃亡者族。果菜鸡豚皆重征之。晋天福二年，昶遣使朝贡京师，高祖遣散骑常侍卢损册封昶闽王。损至，昶称疾不见，命弟继恭主之。有士人林省邹私谓损曰："吾主不事其君，不爱其亲，不恤其民，不敬其神，不睦其邻，不礼其宾，其能久乎？"继恭遣其佐郑元弼随损至京师，贡方物，致书晋大臣，册命以既袭帝位辞[7]。高祖怒其不逊，下诏暴其罪，归其贡物不纳。兵部员外郎李知损上书，请籍没其物，而禁锢使者。于是以元弼下狱。狱具引见，元弼俯伏曰："昶夷貊之君，不知礼义，陛下方示大信，以来远人。臣将命无状，愿伏斧锧，以赎昶罪。"高祖乃赦元弼遣归。初，闽以太祖元从为拱宸、控鹤都。及昶立，更募壮士为腹心，号"宸卫都"，禄赐甚厚。二都怨望，将作乱。昶好为长夜之饮，强群臣酒，醉则令左右伺其过失。从弟继隆醉失礼，斩之。叔父延羲阳为狂愚、以避祸。昶赐以道士服，幽于私第。数侮拱宸、控鹤军使朱文进、连重遇，二人怨之。天福四年，北宫火，求贼不获。昶命重遇将兵扫除余烬，士卒苦之。又疑重遇知纵火之谋，欲诛之。内学士陈郯私告重遇，重遇帅二都兵迎延羲，共攻昶。昶与李后如宸卫都。比明，宸卫战败，奉昶及李后出北关。至梧桐岭，众稍逃散。延羲使兄子继业将兵追之，及于村舍，醉而缢之，并李后及诸子皆死。延羲自称闽国王，更名曦。遣商人间道奉表称藩于晋，谥昶曰“康宗”。六军判官叶翘为内宣徽使。翘博学质直，昶擢为福王友。昶以师傅礼待之，多所裨益，宫中谓之“国翁”。昶既嗣位，骄纵，不与翘议国事。一旦，昶方视事，翘衣道士服趋出。昶召还，拜之曰：“军国事殷，久不接对，孤之过也。”翘顿首曰：“老臣辅导无状，致陛下即位以来无一善可称，愿乞骸骨。”昶曰：“先帝以孤属公，政令不善，公当极言，奈何弃孤去?”厚赐金帛慰谕，令复位。昶元妃李氏，昶嬖春燕待之甚薄。翘谏曰：“夫人先帝之甥，聘之以礼，奈何以新爱而弃之?”昶不悦，放归永泰，以寿终。谏议大夫黄讽以昶淫暴，与妻子辞诀，入谏。昶欲杖之。讽曰：“臣若迷国不忠，死亦无怨。直谏被杖，臣不受也。”乃黜为民。　**曦**审知少子也。既立，改元永隆。铸大铁钱，以一当十。曦自昶世，倔强难制，昶相王倓每抑折之。新罗聘闽以宝剑，昶举以示倓曰：“此将何为?”倓曰：“不忠不孝者斩之。”曦居旁色变。至是，新罗复献剑，曦思倓前言，而倓已死，命发冢，戮其尸。曦立，为淫虐，猜忌宗族，多寻旧怨。其弟建州刺史延政数贻书谏之。曦怒，遣亲吏叶翘[8]、杜汉崇监其军。二人争据延政阴事告曦。延政逐之。曦乃举兵攻延政，为延政所败。唐主即遣使和曦及延政。延政遣人持誓书及香炉至福州，与曦盟于宣陵，然猜恨如故。天福五年，晋册曦为闽国王。六年，曦以书招兄子泉州刺史继业还，赐死，杀其子于泉州。司徒杨沂丰与之亲善，下狱族诛。自是宗族勋旧，相继被诛，人不自传。谏议大夫黄峻舁榇诣朝堂极谏，曦怒，贬漳州司户。曦淫侈无度，资用不给。国计使陈匡范请日进万金，乃增算商资数倍以献。曦曰：“匡范，人中宝也。”已而岁入不登，贷诸省务钱以足之。恐事觉，忧悸而卒，祭赠甚厚。诸省务以贷帖闻，曦大怒，剖棺斫尸，弃之水中。以黄绍颇代之。绍颇请令欲仕者输钱，以资望高下及户口多寡定其直，自百缗至千缗。从之。是年秋，曦自称大闽皇，冬复称帝。泉州刺史余廷英尝掠人女子。事觉，曦以属吏。廷英献买宴钱万缗，曦曰："皇后贡物安在?"廷英复献钱于李后，乃遣归。自是诸州皆别贡皇后物。曦尝嫁女。朝士有不贺者，笞之。以御史中丞刘赞不纠举，将加笞，赞义不受辱，欲自杀。谏议大夫郑元弼切谏，曦曰："卿欲效魏征耶?"元弼曰："臣以陛下为唐太宗，故敢效魏征。"曦悦，乃释赞。曦妻李氏，悍而酗酒，贤妃尚氏，有色而宠。李仁遇，曦甥也，以色嬖之，用以为相。曦尝夜宴，群臣侍酒，醉而不胜。有诉及私弃酒者，辄杀之。从子继柔弃酒，并杀其赞者一人。他日又宴，侍臣皆以醉去，独翰林文学士周维岳在。曦曰："维岳身甚小，何饮之多?"左右曰："酒有别肠。"曦欣然，命剖视其酒肠。或曰："杀维岳，无人复能侍陛下剧饮者。"曦乃止。校书郎陈光逸上书，陈曦大恶五十事。曦怒杀之。连重遇杀昶，惧为国人所讨，与朱文进连姻以自固。曦心疑之，常以语诮重遇等。重遇等大惧。李后妒尚氏之宠，欲图曦而立其子亚澄，乃使人语重遇等曰："上心不平于二公，奈何!"六年三月，曦出，重遇等使马步使钱达弑于马上。谥曰"景宗"。文进自称闽王，悉收王氏宗族五千余人，皆杀之。以重遇判六军诸卫事，元弼时为礼部尚书，独执辞不屈。开运元年，文进称藩于晋。晋以为闽国王。　**延政**审知子也。天福六年，延政请于曦，欲以建州为威武军，自为节度使。曦以建州为镇安军，延政为节度使，封富沙王。延政改镇安为镇武而称之。延政与曦数治兵相攻，互有胜负。镇武判官潘承祐屡请息兵修好，延政不从。曦使者至，延政语悖慢，承祐长跪切谏。延政怒，顾左右曰："判官之肉可食乎?"承祐不顾，声色愈厉。八年，延政建国称殷，改元天德，以承祐为吏部尚书，杨思恭为兵部尚书同平章事。时国小民贫，军旅不息。思恭增田亩山泽之税，至于鱼盐蔬果，无不倍征，国人谓之“杨剥皮”。承祐上书陈十事，言甚切直。延政大怒，削其官爵，勒归私第。开运元年，闽泉州牙将留从效等诛朱文进所署刺史黄绍颇，传首建州。延政遣吴成义帅战舰千艘讨文进。唐闻闽乱，遂发兵攻之。成义闻有唐兵，诈福州吏民曰：“唐助我讨贼，大兵今至矣！”福人益惧。南廊承旨林仁翰谓其徒曰：“吾曹世事王氏，今受制贼臣，富沙王至，何面见之！”帅其徒三十人，趋连重遇第，斩其首示众曰：“重遇已死，何不亟取文进以赎罪！”众踊跃从之，遂斩文进。迎成义入城，传二首于建州。二年，闽之故臣共请延政归福州，政国号曰闽。延政以方有唐兵，未暇徙都，以从子继昌镇福州，而令指挥使王仁讽将兵卫之。赏仁翰甚薄，仁翰未尝自言其功。发两军甲士万五千人，诣建州以拒唐。初光州人李仁达、浦城人陈继珣，俱叛延政奔福州。自是二人不自安，说仁讽杀继昌及成义。仁达欲自立，恐众心未服，以雪峰寺僧卓岩明素为众所重，相与迎之，立以为帝。延政闻之，族仁讽家，命统军使张汉真将水军会泉漳兵讨之。汉真至福州，仁讽闻其家夷灭，开门力战，执汉真斩之。岩明无他方略，但于殿上噀水散豆，作诸法事而已。仁达自判六军诸卫事，使仁讽屯西门，继珣屯北门。仁讽从容谓继珣曰：“人之所以为人，以有忠信仁义也。吾叛富沙，非忠。人以从子托我，而与人杀之，非信。属者与建兵战，所杀皆乡曲故人，非仁。弃妻子，使人鱼肉之，非义。此身十沉九浮，死有余愧。”因拊膺恸哭。继珣曰：“大丈夫殉功名，何顾妻子，宜置此事，勿以取祸。”仁达闻而杀之。由是兵权尽归仁达。仁达大阅战士，教军士突前刺杀岩明，共拥仁达使居岩明之坐。仁达乃自称威武留后，奉表称藩于唐，亦遣使入贡于晋。唐以仁达为节度使。或告延政福州援兵谋叛之。延政收其铠仗，遣还，伏兵杀之，死者八千余人，脯其肉以归为食。唐兵围建州既久，建人离心。或谓董思安，盍早择去就，思安曰：“吾世事王氏，危而叛之，天下其谁容我?”众深感其言,无叛者。唐拔建州,延政降。思安整众奔泉州。三年,唐兵攻福州,克其外郭。仁达固守,筑二城,遣使求救于吴越,吴越发兵救之。明年,吴越败唐兵,取福州。其戍将杀仁达,夷其族。晋开运三年丙午,南唐保大四年也。是岁,李景兵破建州,王氏灭。《江南录》云“保大三年,虏王氏之族迁于金陵”,谬也。据王潮实以唐景福元年入福州,拜观察使,而后人纪录者,乃用“骑马来骑马去”之谶为据,遂以王潮光启二年,岁在丙午,拜泉州刺史为始年,至保大四年,岁复在丙午而灭,改为六十一年。然其奄有闽国,则当自景福元年为始,实五十五年也。今诸家记其国灭丙午是也。其始则牵于谶书,谬矣;惟《江南录》又差其末年也。

〔宋〕

福王与芮理宗之弟也,咸淳三年,由荣王进封。　端宗皇帝讳昰初封吉王,德祐二年正月进封益王,判福州。闰三月,陈宜中等奉为天下兵马都元帅,广王昺副之。开府福州,发兵除吏,以秀王与择为福建察访使,先入闽中,抚吏民,谕同姓,檄召诸路忠义同奖王室。五月朔,即位于福州。以大都督府为垂拱殿,便厅为延和殿。是日,有大声出府中,众皆惊仆。

建宁府

〔刘宋〕

建安王休仁文帝第十二子也,元嘉二十九年封。

〔齐〕

建安王子真武帝第九子也。

〔陈〕

建安王叔卿宣帝第五子也，太建四年封。

〔宋〕

孝宗皇帝讳昚绍兴五年封建国公，三十年进封建王。**度宗皇帝讳禥**太祖十一世孙，福王与芮子也，初改赐名孜，封益国公。淳祐十一年进封建安郡王。

泉州府

〔陈〕

南安王叔俭宣帝子也。

〔五代〕

留从效泉州永春人。幼孤，事母兄以孝悌闻。颇知书，好兵法。晋天福末，朱文进杀闽王曦，据其位，署其党黄绍颇为泉州刺史，程赟为漳州刺史，许文稹为汀州刺史。时，曦弟延政在建州。从效为泉州散员指挥使，谓其党王忠顺、董思安及所亲苏光诲曰："文进屠灭王氏，遣腹心分据诸州，吾属世受王氏恩，而交臂事贼。一旦富沙王克福州，吾属死有余愧！"众以为然，乃各募敢死士，得陈洪进等五十二人，夜饮从效家。从效绐之曰："富沙王已平福州，密旨令吾属讨绍颇。诸君从吾言，富贵可图。不然，祸且至矣。"众皆踊跃，操白梃逾垣而入，执绍颇斩之。从效持州印诣王继勋第，请主军府。从效等三人自署为统帅，洪进等皆为指挥使。继勋令送绍颇首于建州，奉延政为主。文进闻绍颇死，大惧，募兵攻泉州，从效大破之。会江南李景遣将攻福州，两浙钱氏发兵来援，景将但克汀、建而归，福州入于钱氏。从效乃以兵劫继勋，送江南，自领泉、漳二州留后。景即建泉州为清源军，授从效节度泉、漳等州观察使。闽中五州，自此分矣。景累授从效同平章事兼侍中中书令，封鄂国公、晋江王。从效出自寒微，知人疾苦。在郡专以勤俭养民为务。常衣布素，置公服于中门之侧，出则衣之。每言："我素贫贱，不可忘本。"民甚爱之，郡内安治。王氏有二女，嫁为郡人妻。从效奉之甚谨，资给丰厚。每岁取进士明经，谓之"秋堂"。周世宗征淮南，而景以兵十万保紫金山。从效累表于景，言其屯兵老师，形势非便，既而果败，江北之地尽入于中朝。从效遣衙将蔡仲贇等为商人，以帛书表置革带中，自鄂路送款内附。又遣别驾黄禹锡间道奉表入贡，世宗锡诏书嘉纳之。从效又乞置邸京师，世宗以其素附江南，虑其非便，不许。宋初，从效遂上表称藩，贡奉不绝。会景迁洪州，从效疑景讨己，颇惧，遣其从子绍錤赍厚币献京，又遣使假道吴越入贡。太祖特命使厚赐以抚之。使未至，从效疽发背卒，年五十七。景赠太尉灵州大都督。从效无嗣，以兄从愿之子绍錤、绍镃为子。从效寝疾时，从愿守漳州，绍錤在金陵，绍镃尚幼。衙校张汉思、洪进等，率兵劫从效迁东亭，汉思自称留后，洪进为副使。时建隆三年也。明年，洪进又废汉思而自立。大中祥符七年，从效孙丕式诣阙上从效所受太祖朝制书，授三班借职。

〔宋〕

陈洪进泉州仙游人。幼有壮节，颇读书，习兵法。及长，以材勇闻，隶兵籍。从攻汀州，先登，补副兵马使。从留从效杀黄绍颇，将以绍颇首送建州，请出兵为援。群下以道阻贼盛，惮其行。洪进虑事久生变，独请往。至尤溪，贼数千人遮道不得前。洪进绐贼曰："福州、泉州已为义师所袭，尔辈复为何人戍守？"即持绍颇首示之，曰："我送此于建州，迎嗣君以归国。尔辈将安归乎？"

贼遂溃，渠帅数人皆听命。洪进至建州，延政大悦，以为本州马步行军都校。自是，漳州杀程赟，迎延政子继成为刺史。许文稹以汀州降。连重遇杀朱文进，福州人又杀重遇，延政遂遣洪进归泉州。及延政入江南，景以从效为清源军节度使，洪进为统军使，与副使张汉思同领兵柄，累立战功。从效卒，少子绍镃典留务。月余，洪进诬绍镃将召越人以叛，执送江南，推副使张汉思为留后，自为副使。汉思年老醇谨，不能治军务，事决于洪进。汉思诸子并为衙将，颇不平洪进，图欲害之。汉思亦患其专，乃大享将吏，伏甲于内，将害洪进。酒数行，地忽大震，栋宇将倾，坐立者不自持。同谋者以告洪进。洪进亟去，众惊悸而散。汉思事不成，虑洪进先发，常严兵为备。洪进子文显、文颢，皆为指挥使，勒所部欲击汉思，洪进不许。一日，洪进袖置大锁，从二子，常服安步入府中，直兵数百人，皆叱去之。汉思方处内斋，洪进即锁其门，使人叩门，谓汉思曰："郡中军吏请洪进知留务，众情不可违，当以印见授。"汉思惶惧，不知所为，即自门间出印与之。洪进遽召将校吏士告之曰："汉思昏耄，不能为政，授吾印，请吾莅郡事。"将吏皆贺，即日迁汉思别墅，以兵卫送。遣使请命于李煜，煜以洪进为清源军节度泉南等州观察使。时，宋太祖平泽潞，下扬州，取荆湖，威震四海。洪进大惧，遣衙将魏仁济间道奉表，自称清源军节度副使，权知泉南等州军府使，且言张汉思老耄，不能御众，请臣领州事，恭听朝旨。太祖遣通事舍人王班赍诏抚谕。建隆四年，洪进屡遣使朝贡。乾德二年，制改清源军为平海军，授洪进节度泉、漳等州观察使，检校太傅，赐号"推诚顺化功臣"。铸印赐之。以文显为节度副使，文颢为潭州刺史。洪进每岁以修贡朝廷，多厚敛于民，第民资百万以上者，令差入钱，以为试协律奉礼郎，蠲其丁役。及江南平，吴越王来朝，洪进不自安，遣其子文颢入贡。太祖因下诏召之，遂入觐。至南剑州，闻太祖崩，归镇发哀。太宗即位，加检校太师。明年来朝，朝廷遣翰林使程德玄至宿州迎劳。

既至，赐钱千万、白金万两、绢万匹，礼遇优渥，又增其食邑。以其子文颢为团练使，文顗、文项并为刺史。洪进遂上言，愿以所管泉、漳两郡献于有司。太宗即优诏嘉纳之，以洪进为武宁军节度同平章事，留京师奉朝请。诸子皆授以近郡，赐白金万两，各令市宅。六年，封杞国公。雍熙元年，进封岐国公。洪进年老，富贵且极，上言求致仕。优诏免其朝请。二年，以疾卒，年七十二。赠中书令，谥曰“忠顺”。洪进弟铦，初为泉州都指挥使，开宝四年授漳州刺史。入贡至宿州卒。铦子文连，供奉官阁门祇候。文显，字仲达，洪进领泉、漳节制，署左神机指挥使，迁泉州马步军都指挥使右军押衙。乾德初，朝命平海军节度副使，累加检校太保。洪进归朝，授文显通州团练使，知泉州。未几代还。时太宗征太原，朝于行在。久之，出为青齐、庐寿、西京、水南、陕州四州都巡检使。文显与诸弟不睦。咸平初，御史中丞李阁清抗疏，论其罪，乞置散秩，以警浮俗。诏以其父有忠勋，令御史台告谕之，许其改过。以疾改通许镇都监，卒。子宗宪，历虞部员外郎，为西京作坊使，宗元殿中丞。文颢，初为泉州右散兵马使衙内都指挥使。俄权知漳州刺史凡七年，求还泉州，署行军司马。开宝末，江南平，洪进遣第三子文顗入贡。文顗不欲行，乃遣文颢至京师自陈，留以俟父入觐。太祖嘉之。及洪进归朝，授文颢容州刺史，改康州。端拱初，出知同州。钱若水为从事，文颢深礼之，委以郡政。咸平初，知耀州，又徙徐州，坐用刑失入，责授左武卫大将军。上念其纳土效顺，复以为康州刺史，留京师。大中祥符初，改衡州，特给内地刺史奉料。未几代还，以老疾，累表求致仕。诏免朝谒，岁给公费及月廪并如故。六年卒。文顗，始为泉州衙内都指挥使，知漳州。洪进归朝，授滁州刺史，仍旧知州。俄召归奉朝请。景德中，换光州，以久次领和州团练使，历知汉、濮、潍、沂、黄五州信阳军，所至无能称。卒，录其子宗绶为大理评事，孙永弼永升为三班借职，次子宗缵太子中书。文项，本文显子。初，洪进在泉州，有相者言一门受禄，当至万石，时洪进与三子皆领州郡，而文项始生。乃以文项为子，欲应其言。初补泉州衙内都校，又为衙内都监使，朝命领顺州刺史。即朝为登州刺史。沧、棣有寇盗，命为巡检使。寻改舒州刺史，淳化三年卒。文项颇知书，亦工画。子宗绛，为殿中丞。　帝昺初封信王，德祐二年进封广王，判泉州。

延平府

〔刘宋〕

南平王休玄文帝第二子也，元嘉十六年封。

〔齐〕

南平王锐高帝第十五子也。　南平郡王宝脩字智宣，明帝第九子也，建武元年封。二年，改封邵陵王。中兴二年谋反，太后令赐死。

秩　官

福建自孙吴始郡县，历代皆为藩服。职兹土者不独守令而已，有总治之府焉，有分治之司马，大小百执事，相统相承，秩乎其有序也。然不纪职员，则无以著职业而考员数；不纪历官，则无以列序次而鉴贤否；不纪名宦，则无以昭善政而劝将来。且历代之制，因革损益又各不同，皆不可无纪也。惜乎自宋季以迄于元，诸郡之志多阙而不修。入国朝来，百二十余年，旧志残缺，公牍多散逸，而故老亦凋谢无几，无所考质。其所存者，盖千百之十一耳。失今不纪，益久，将并其所存者而失之，不亦重可惜哉！乃志秩官。

职　员

方　面

闽地自汉建安以后，或属南部都尉，或隶扬州刺史，或隶江州刺史，或隶东扬州刺史，至陈始为闽州刺史治所。方面之设，盖仿于此。然其建官设属之制，载籍未详，其可考者，实自唐始。

〔唐〕

都督府唐为中都督府。五代梁升为大都督府。经略军、宁海军、威武军附。　**都督一员**，掌督诸州兵马、甲械、城隍、镇戍、粮廪，总判府事。　**别驾、长史、司马各一员**，上三职盖都督之佐也。中都督府吏，有典狱十四人，问事八人，白直二十人。旧志不载，今据《唐书·百官志》纂入，后仿此。　**录事参军事一员**，掌正违失，莅符印。其吏有史三人。　**录事二员**，**功曹参军事一员**，掌考课、假使、祭祀、礼乐、学校、表疏书启、禄食、祥异、医药、卜筮、陈设、丧葬。其吏有府二人，史三人。　**仓曹参军事一员**，掌租调、公廨、庖厨、仓库、市肆。其吏有府三人，史五人。　**户曹参军事一员**，掌户籍、计帐、道路、过所，蠲符、杂徭、逋负、良贱、刍稿、逆旅、婚姻、田讼、旌别孝弟。其吏有府三人，史五人，帐史一人。　由曹参军事一员，掌园宅、口分永业及荫田。其吏有府、史各二人。　兵曹参军事一员，掌武官选兵甲、器仗，门禁、管钥、军防、烽候，传驿畋猎。其吏有府三人，史六人。　法曹参军事一员，掌鞫狱、丽法，督盗贼，知赃贿没入。其吏有府三人，史六人。　士曹参军事一员，掌津梁、舟车、舍毫、工艺。其吏有府三人，史六人。　参军事四员，掌出使赞导。　市令一员，掌交易，禁奸、非，通判市事。　市丞一员，其吏有佐一人，史二人，帅二人，分行检察，仓督二人，专莅出纳，史二人。　文学一员，掌以五经授诸生。县则州补，州则授于吏部，然无职事，衣冠耻之。其学生凡五十人。　医学博士一员，掌疗民疾。　助教一员。其学生凡二十人。

经略使开元间置。按《三山志》："诸州在节度内者，皆受节度，福州经略使不在节度内。"　都防御使，乾元初置。　副使、判官、推官各一员。　节度使，按《文献通考》："都督加以旌节，谓之节度使。"又按《唐书》："节度使掌总军旅专诛杀。"　副大使、知节度事、行军司马、副使、判官、掌书记、推官、巡官各一员，同节度副使十员，馆驿巡官四员，府法院直官、要籍、逐要亲事各一员，随军四员。以上俱按《唐书·职员》列之，而当时建置多寡，盖无可考也。后团练观察处置使官属仿此。　都团练观察处置使，大历间置，乾宁间罢。按《唐书》，观察处置使掌察所部善恶，举大纲。　副使、判官、推官、巡官、衙推各一员，以上俱团练使官属。　副使、支使、判官、掌书记、推官、巡官衙推、随军要籍、进奏官各一员。以上俱观察使官属。按《三山志》又有监军使。　节度使观察留后说见"宋承宣使下"。

以上诸使皆郡守领。

〔宋〕

威武军梁开平以后，更置不一。宋初，复为威武军，又有大都督府之名。按《宋史》："端拱初，越王为威武军节度福州大都督府长史。"　**节度使**宋初兼三司发运使、大都督府长史。　**承宣使**按《宋史》："无定员，旧名节度观察留后。政和七年，诏观察留后乃五季藩镇官以所亲信留充后务之称，不可循用。可冠以军名，改为承宣使。"

福建路安抚司雍熙初，改威武军为福建路。景德间，置安抚司，而威武军之名犹在，但节度使不常置。　**安抚使**按《宋史》，安抚使一人，掌一路兵民之事；皆仲其属而听其狱讼，颁其禁令，定其赏罚，稽其钱谷、甲械出纳之名籍而行以法。以知州兼充，太中大夫以上或曾历侍从乃得之。品卑者止称主管某路安抚司公事。中兴以后，职名稍高者出守，皆可兼使。如系二品以上，即称安抚大使。　**参议官一员，添差参议官一员**，绍兴间置厘务，隆兴间省。乾道间复置，不厘务。　**主管机宜文字、干办公事各一员，主管书写机宜文字一员**，建炎三年置。后省。　**准备差遣五员**，绍兴初置。八年改一员作干办公事。后尽省。　**准备差使五员**，绍兴初置。后尽省。　**措置招捉盗贼官一员**。绍兴十五年置。后省。　**安抚司兵官：福建路兵马副总管**，按《宋史》："每路委文臣一员，充安抚使以治民，武臣一员充都总管以治兵。"又按《三山志》："福建路只有副总管一员，以路分钤辖。"　**福建路兵马钤辖一员**，说见上。　**福建路兵马都监一员**，按《宋史》："路分都监掌本路禁旅屯戍、边防、训练之政令，以肃清所部。"又按《三山志》："元丰后，福州、建州各立路分都监一员。"　**东南路第十将副各一员**，元丰间置。福州驻扎。绍兴间，移副将建州驻扎。　**准备将领一员**，

队将二员，福州、建宁府驻扎各一员。 **押队三员**，福州、建宁府、泉州驻扎各一员。 **训练三员**，泉州、南剑州、兴化军驻扎各一员，于州军见任都监内差兼。 **延祥寨水军正副统领各一员，准备将、提辖官、训练官、指教官、钱粮官各二员，荻芦寨水军统领兼福州兴化军都巡检使一员**，于福州连江县荻芦置寨。 **缉捕官一员，准备将领二员，漳泉二州都巡检使一员**。于泉州南安县潘山置寨。 **福建路钤司**：置于漳州。按《清漳志》："福建一路八州，必于漳州置司者，漳近湖广，蛮獠出没之地故也。其职多以武翼武功大夫或武郎充之。" **福建路兵马钤辖一员，安抚司使臣正任厘务指挥二员，添置厘务听候差使一十员，添置厘务听候差使下班八员，添置厘务指挥使准备差使大小使臣校尉五员，沿海缉捕盗贼一员，添置不厘务使臣二员，添置不厘务准备差使大使臣三员，添置不厘务指使散祗候小使臣校尉六员，走马承受一员**。按《宋史》："走马承受，诸路各一员，隶经略安抚总管司。无事岁一入奏，有边警则不时驰驿上闻。"又按《三山志》："大观元年，以福州帅府，置走马承受内臣一员，武臣一员。政和八年，改为廉访使者。靖康元年，复为走马承受。"

福建制置司按《宋史》不常置，而《元史》谓"王积翁仕宋为福建制置使"，则是福建亦常置制置司也。 **制置使**按《宋史》："掌经划边鄙军旅之事。"

福建转运司按《文献通考》："宋艺祖惩五季之乱，藩臣擅有财赋。自乾德以后，僭伪略平，始置诸道转运使，以总利权。庆历中，皆带按察之任。后罢之。"又按《宋史》："掌经度一路财赋，而察其登耗有无，以足上供及郡县之费。岁行所部，检察储积，稽考帐籍，凡吏蠹民瘼，悉条以上达，及专举刺官吏之事。"福建转运司初置于建宁府。建炎二年移置福州。绍兴二年复旧。三年又移福州。寻复旧。　**转运使**按《宋史》，有军旅之事，或别置随军转运使一员，或诸路事体当合一，则置都转运使以总之。随军及都运废置不常，而正使不废。若副使、若判官，皆随资之浅深称焉。　**副使、判官，**（上二职盖转运使之佐也。）　**主管文字一员，干办官一员，文臣准备差遣，武臣准备差使。**（上二职，按《宋史》，员数多寡不一。）

提刑司《宋史》云："提点刑狱公事，掌察所部之狱讼而平其曲直。所至审问囚徒，详核案牍，凡禁系淹滞[9]而不决，盗窃逋窜而不获，皆劾以闻，及举刺官吏之事。"　**文臣提刑一员，**淳化二年，尝遣使察本路刑狱，寻省之。景德四年，始置提点一员，副以武臣。　**武臣提刑一员，**同提点刑狱。　**干办公事一员，**绍兴二十二年添差一员。　**检法官一员，提刑司使臣正任厘务缉捕盗贼四员，添置厘务缉捕盗贼三员，添置厘务指使三员，添置不厘务准备差使大使臣二员，添置不厘务指使六员。**又有添差指使小使臣三员，添差缉捕小使臣二员，校尉一员。又添差不厘务缉捕副尉一员，不厘务准备差使大使臣二员，不厘务指使小使臣五员，不厘务使唤小使臣一员，下班七员，副尉二员。

提举常平茶司[10]按《宋史》："掌常平、义仓、免役之政令。凡官田产坊场、河渡之入，按额拘纳；收籴储积，时其敛散以便民；视产高下以平其役。"又按《三山志》："崇宁、大观间，以转运司兼领奉行茶事。政和三年，专置提举茶事官，置司建州。二年，建兵叛，权移福州。绍兴五年，并以提举常平司为名，置司泉州。九年，经制使司总领诸路常平。寻罢经制司常平，令提刑兼领，福州置司。十二年，归建州。"　**主管**按《宋史》："提刑司委通判或幕职官充。"　**提举常平茶盐公事**《宋史》："绍兴十五年，诏诸路提举茶盐官改充提举常平茶盐公事。"又按《三山志》及洪迈《代福建提举谢上表》,俱止称提举茶事,岂福建当时独未有盐事耶?

干办官《宋史》,其属有干办官。

诸　司附

西外宗正司按《宋史》:"崇宁三年,置南外宗正司于南京,西外宗正司于西京,各置敦宗院。仍诏各择宗室之贤者一人为知宗,掌外居宗室。而置教授以课其行艺[11]。又诏敦宗院宗子有文艺、行实众所共知者,许外宗正官考察以闻。"南渡后,"南外移镇江,西外移扬州,其后屡徙。"绍兴三年,西外置于福州,南外置于泉州,盖初随其所寓而分管辖之。　知宗正司事一员,丞一员,以本州通判一人兼。　簿一员,以本州签判兼。　敦宗院主管一员,文武各一员,后省武臣一员。　宗学教授一员。

南外宗正司置司泉州。　职员俱与西外宗正司同。

启运宫奉迎神御所按《三山志》:"景德四年,真宗诏西京建院于艺祖诞圣之地,迎奉神御。至建中靖国间,六祖神御相继祀之。建炎四年,令干办官李啓迎自温州,权奉安福州开元寺。绍兴间,敕匾今名。"　干办官一员。建炎四年置。绍兴、淳熙中,增置一员。

提举坑冶司按《宋史》:"掌收山泽之所产及铸泉化[12],以给邦国之用。岁有定数,视其登耗而赏罚之。元丰初,分置两司。在饶者领江东淮浙福建等路。"　提点一员,干办公事二员,检踏官六员,称铜官、钢官各一员。

提举市舶司按《宋史》:"掌番货海舶征榷贸易之事,以来远人,通远物。元祐初,诏福建路于泉州置司。仍委逐处知州、通判、知县、监官同检视[13],而转运司总之。"又按《中兴会要》:"绍兴二十一年，李庄除福建提举。上曰：'提举市舶司委寄非轻，若用非其人，则措置失当，海商不至矣。庄可发来禀议，然后任提举。'"

提举学事司按《宋史》："掌一路州县学政，岁巡所部，以察师儒之优劣，生员之勤惰，而专举刺之事。"又按《三山志》："崇宁三年置[14]，宣和三年罢提举。"

〔元〕

福建行中书省按《元史》："行中书省掌国庶务，统郡县，镇边鄙，与都省相表里[15]。国初，有征伐之役，分任军民之事，皆称行省。其后嫌于外重，改为某处行中书省。凡钱粮、兵甲、屯种、漕运、军国重事，无不领之。"福建行中书省，或置于福州，或置于泉州，或并入江西，或并入江浙，废置不一。又尝改为行尚书省，设官与行中书省同。详见《沿革志》。**平章政事二员**，按《元史》："至正十六年，置福建等处行中书省于福州，铸印设官，一如各处行省之制。以江浙行省平章左答纳失里、南台中丞阿鲁温沙为福建行省平章政事。"是二员并设也。而《三山续志》止书一员，岂初置惟一员，至是始增为二员欤？　**右丞、左丞各一员，参知政事、签省各二员，郎中、员外郎各二员，都事、管勾、照磨各一员**。自郎中至照磨，皆行省幕官也。行中书省吏，有知印二人，通事二人，蒙古译史四人，回回译史二人，令史、宣使各二十五人，典史八人，皆依《三山续志》纂入。后仿此。　**随省官属**：按《三山续志》不载随省官属职员，而《元史》有之。《泉州志》平海省职员亦载焉。今增入。**检校所检校一员**，按《元史》有书吏二人。　**理问所理问、副理问各二员，知事、提控案牍各一员，都镇抚司都镇抚、副都镇抚各一员**。　**分省**按《元史》："至正十八年，福建行省右丞朵歹分省建宁，参政讷都亦分省泉州。”

福建平海行中书省按《三山续志》:“大德元年立。徙治泉州。” **本省及幕官职员与福建行中书省同**。但签省省一员。 **随省官属职员与福建行中书省官属同**。但理问所惟理问一员,都镇抚司惟都镇抚一员。

福建道宣慰使司按《元史》,宣慰司掌军民之务,分道以总郡县,行省有政令则布于下,郡县有请则为达于省。福建宣慰司与行中书省迭为废置,亦详见《沿革志》。 **宣慰使二员,同知一员,副使二员,经历一员,都事二员,照磨兼架阁管勾一员**。按《三山续志》止书照磨,《元史》又有兼职。自经历至照磨,皆宣慰司幕官也。宣慰司吏有知印、通事务一人,蒙古译史二人,回回译史一人,令史二十五人,奏差二十人,典吏四人。

福建道宣慰使司都元帅府按《元史》:“宣慰司有边陲军旅之事,则兼都元帅府。”福建置宣慰使司都元帅府,自大德三年始。 **宣慰使都元帅三员**,据《三山续志》所列职员如此。考之《元史》,福建宣慰使都元帅三员,副都元帅、佥都元帅事各二员。 **同知副都元帅一员,副使二员,经历、知事、照磨兼架阁管勾各一员**。自经历至照磨,皆帅府幕官也,此据《三山续志》所列员数。考之《元史》,经历、知事各增一员。盖既设帅府,则幕官亦自宜稍更改耳。

福建闽海道肃政廉访司按《三山续志》:“廉访之职,与台察相表里。询民瘼,察冤滞,纠劾诸不职者。宋置提刑司,设提点刑狱官,其职与此略同,然任分而权轻。元至元十四年[16],设福建广东道。二十年,改福建提刑按察司闽海道。二十八年,改按察司为肃政廉访司,辖八路,按治帅府漕司军民司属,兼照刷诸司文卷迟错,责违慢官吏,独运司官吏年终按问刷卷亦如之。” **廉访使、副使各二员,佥事四员**,按《三山续志》:“廉访使二员,长曰监司，次曰大使。监司守司次官，每年九月分司，次年四月还司。独大使于西厅置分司，按治本司属。阙则次官代之。副使以下，分按兴、泉、漳、建、汀、延、邵七路。夏六月，冬十二月，二次审囚，就刷所按路分司属上下半年文卷，余不系分按审囚时月完坐视事。”**经历、知事各一员，照磨兼管勾一员**。按《三山续志》止书照磨。《元史》又有兼职。自经历至照磨，皆廉访司幕官也。廉访司吏有通事、译史各一人，书吏一十六人，典吏二人。又按《元史》，又有奏差五人。

寄　治附

行御史台按《元史》：“至元十四年，始置江南行御史台于扬州，寻徙杭州，又徙江州，又徙建康[17]，以监临东南诸省，统制各道宪司，而总诸内台。”“至正二十五年，御史大夫完者帖木儿奏：‘江南诸道行御史台尝奉旨于绍兴路开设。近因道梗，湖南、湖北、广东、广西、海北、江南、福建等处，凡有文书，北至南台，风信不便，径申内台，未委事情虚实，宜于福建置分台，给降印信，俾各道文书由分台以达内台，于事体为便。’有旨从之。”**御史大夫、御史中丞、侍御史、治书侍御史各一员，经历、都事、照磨、架阁库管勾、承发管勾兼狱丞各一员**，自经历至承发管勾，皆台之幕官也。**察院监察御史十员**。以上俱按《元史》江南行御史台职员列之，而福建分台职员，盖无可考也。

诸　司附

福建等处都转运盐使司按《三山续志》：“至元十六年，设转运使，榷盐货兼市舶。二十四年，兼榷盐、铁、酒、醋诸课。二十九年，改置提举，始专司鹾。三十一年，设转运使。大德八年罢。十年，改置提举。皇庆元年，复设都转运使，各有佐属，以治其事，凡鬻运及仓场之官隶焉。”又按《元史》：“至元十四年，始置市舶司，领煎盐征课之事。二十四年，改立盐运司。二十九年，改立提举司。大德四年，复为运司。九年复罢，并入元帅府兼掌之。十年，复立都提举司。至大四年，复升运司，径隶行省。”二说不同。

运使二员，同知、副使、运判各一员，据《三山续志》所列职员如此。考之《元史》，则同知二员，运判二员，而无副使。　**经历、知事各一员，提控一员，**按《元史》无此职。　**照磨一员。**自经历至照磨，皆运司幕官也。都转运盐使司，有知印、通事、译史各一人，书吏一十五人，奏差一十二人，典史二人。　**盐课提举司**说见“都转运盐使司下”。　**提举二员，同提举、副提举各一员，知事、提控、照磨各一员。**自知事至照磨，皆盐课司幕官也。　**盐场**凡七场：曰海口，曰牛田，曰上里，曰惠安，曰浔美，曰浉州，曰浯州。　**司令、司丞、管勾各一员，典史一员。**典史盖幕官也。（以上职员七场皆同。海口、牛田二场，各有场吏四人。余场无可考。）

市舶提举司按《元史》：“延祐元年，改立泉州。”考之《泉州历官志》，大德间已有是官，二说不同。余见“都转运盐使司下”。

提举、同提举、副提举各二员，知事一员。知事盖幕官也。

儒学提举司按《元史》：“各处行身所署之地，皆置一司，统诸路、府、州、县学校祭祀教养钱粮之事，及可校[18]，呈进著述文字。”《三山续志》不载，而《泉州志》平海省随省官属有之。今增入。　**提举、副提举各一员，吏目一员。**吏目盖幕官也。按《元史》，儒学提举司有司吏二人。

医学提举司按《元史》有官医提举[19]，掌医户差役词讼。

惟河南、浙江[20]、江西、湖广、陕西五省各立一司，余省并无。而《泉州志》平海省随省官属有此司，其员数品从与《元史》俱不同。今姑增入。　**提举一员**。按《元史》，提举从六品，而《泉州志》以为从五品。《元史》又有同提举、副提举各一员，而《泉州志》但有提举一员。

人匠提举司按《元史》及《三山续志》俱不载此官，而《泉州志》平海省随省官属有之。今增入。　提举一员。

〔国朝〕

文职

福建等处承宣布政使司　左布政使、右布政使、左参政、右参政、左参议、右参议各一员。以上俱旧制职员。后又增设提督海道坑场各一员，或参政，或参议，皆奉敕专理。司有通吏二人，令史一十四人，典吏三十六人，知印一人，承差六人。

经历司经历司、照磨所皆设于布政司内，盖司之幕官也。经历、都事各一员。司有典吏二人。　照磨所照磨、检校各一员；所有典吏四人。　理问所自理问所至司狱司，皆随布政司而设，故悉附焉。理问、副理问各一员，案牍一员。案牍盖幕官也。所有司吏四人，典吏九人。　广积库大使、副使各一员。库有司吏典吏各一人。　司狱司司狱一员。有狱典一人。按察司、都司二司狱司吏仿此。

福建等处提刑按察使司　按察使一员，副使二员，佥事四员。以上俱旧制职员。后又添设提督学校、海道、坑场、屯略一员：或副使，或佥事，皆奉敕专理。司有书吏一十人，典吏二十二人，承差四人。　经历司经历司，照磨所皆设于按察司内，盖司之幕官也。经历、知事各一员。司有典吏一人。照磨所照磨、检校各一员。所有典吏四人。 司狱司以其司按察司所系囚狱，故附焉。司狱一员。

武职

福建都指挥使司 都指挥使、都指挥同知、都指挥佥事。以上俱无定员。司有令史六人，典吏一十八人，知印一人，承差四人。 经历司都司幕官也。经历、都事各一员。司有典吏一人。断事司掌断都指挥使司一切狱讼，而司狱司则主其所系囚也，故皆附焉。断事、副断事各一员，吏目一员。吏目盖幕官也。司有司吏、典吏各四人。 司狱司司狱一员。自经历至此，俱用文职充。

福建行都指挥使司建宁府置司。 本司及经历司、断事司、司狱司职员俱与都指挥使司同。行都指挥使司有令史七人，典吏一十六人，知印一人，承差四人。断事司有司吏、典吏各四人。司狱司有狱典一人。

属　司附

福建都转运盐使司 运使、同知、副使、判官各一员。司有书吏四人，典吏一十二人。 经历司运司幕官也。经历、知事各一员。盐课司凡七场：曰海口场，曰牛田场，上里场，惠安场，浔美场，浯州场，浯州场。七场并批验[21]、盐仓，俱隶运司，故悉附焉。大使、副使各一员。（上二职员，七场皆同。） 竹崎批验盐引所大使、副使各一员。 闽安镇批验盐引所大使、副使各一员。 盐仓大使、副使各一员。

市舶提举司初置司泉州，后徙福州。 提举、副提举各一员[22]，吏目一员。吏目盖幕官也。司有同吏二人，典吏四人。

校　注

[1] 应作“简文帝”。

[2] 南朝梁敬帝绍泰没有三年，应是太平二年，也即陈武帝永定元年(557年)。

[3] 应为“彦复等惧”。

[4]《瑯琊王德政碑》无以王审知为副使事。

[5]《新五代史·闽世家》作“王淡，唐相溥之子”。

[6]《资治通鉴》“镃”作“璘”。此从《新五代史》。

[7]《新五代史·闽世家》作“致书晋大臣，迷昶意，求以敌国礼相往来”。

[8]《十国春秋·闽景宗本纪》作“邺翘”。

[9]《宋史·职官志》作“淹延”。

[10]《宋史·职官志》作“提举常平茶盐司”。

[11]《宋史·职官志》作“又各置教授以课其行艺”。

[12]《宋史·职官志》作“泉货”。

[13]《宋史·职官志》作“乾道初仍委逐处知州、通判，知县、监官同检视”。

[15]《宋史·职官志》作“崇宁二年置”。

[16]《元史·百官志》作“为表里”。

[17]《元史·百官志》作“十五年”。

[18]《元史·百官志》作“二十三年迁于建康”。

[19]《新元史·百官志》作“考校”。

[20]《元史·百官志》作“官医提举司”。

[21]《元史·百官志》作“江浙”。

[22]《明史·职官志》作“批验所”。

[23]《明史·职官志》作“副提举二人”。

八闽通志卷之二十八

秩　　官

职　　员

郡　县

闽地在秦虽为闽中郡，而载籍未详，汉初以封亡诸，其版图未入中国。武帝以后，始有治县[1]。吴永安中，始置建安郡。历魏、晋、齐、梁、陈、隋，郡县之制寖备。然建官设属，犹未能一一尽考也。自唐以来，见于郡志国史者始详焉。

福州府

〔唐〕

福州长乐郡中都督府按《三山志》："唐都督及节度观察等使，皆刺史领之。"则都督府之官即州官也。　职员已见都督府。

闽县望。按《文献通考》："唐县有赤、畿、望、紧、上、中、下七等之差。近京都所治为赤县，京之旁邑为畿县，其余则以户口多少，资地美恶为差。” **令一员**，掌导风化，察冤滞，听狱讼，凡民田收授，县令给之。每岁季冬，行乡饮酒礼。籍帐、传驿、仓库、盗贼、堤道虽有专官，皆通知县。 **丞一员**，为县令之贰。**主簿一员**，掌行事，勾稽省署抄目，纠正县内非违。 **尉二员**，掌分判众曹收率课调。按《唐书》：“凡县有司功佐、司仓佐、司户佐、司兵佐、司法佐、司士佐、典狱门事等，畿县减司兵，上县有司户、司法而已。” **经学博士、助教各一员**。按《唐书》：“京县学生五十人，畿县四十人。中县以下各二十五人。”

侯官县紧　**长乐县**上　**福唐县**上　**连江县**上　**上四县职员俱与闽县同。**

长溪县中下　**令、丞、主簿、尉各一员。**

古田县中下　**梅溪县**中　**永泰县**中　**尤溪县**中下　**上四县职员俱与长溪县同。**

〔宋〕

福州大都督府长乐郡威武军旧领福建路钤辖。建炎三年升帅府。按《宋史》：“初[2]，革五季之患，召诸镇节度会于京师，赐第以留之。分命朝臣出守列郡，号权知军州事。军谓兵，州谓民政也。其后，文武官参为知州军事，二品以上及带中书、枢密院、宣徽使职事，称判其[3]府、州、军监。诸府置知府事一人，州、军、监亦如之。” **知州事一员**，掌总理郡政，宣布条教，导民以善而纠其奸慝。岁时劝课农桑，旌别孝悌。其赋役、钱谷、狱讼之事，兵民之政皆总焉。福州自景德以后，知州多兼安抚使。 **通判军州事二员**，掌倅贰郡政，与长吏均礼。凡兵民、钱谷、户口、赋役、狱讼听断之事，可否裁决，与守通签[4]。所部官有善否及职事修废，得刺举以闻。宋制大郡置二员，余置一员，州不及万户不置。　签书判官厅公事、节度推官、观察推官、节度判官、观察判官、节度掌书记、观察支使各一员，自签判以下，俱掌裨赞郡政，总理诸案文移，斟酌可否，以白于其长而罢行之，皆幕官也。凡员数多寡，视郡小大及职务之繁简。　诸曹官：录事参军一员，掌州院庶务，纠诸曹稽违。　司户参军一员，掌户籍赋税，仓库受纳。　司法参军一员，掌议法断刑。　司理参军一员。掌讼狱勘鞫之事。按《三山志》有左、右司理，而《宋史》但为司理，盖后省一员也。　州学景祐四年，诏藩镇始立学，他州勿听。庆历四年，诏诸路州、军、监各令立学，学者二百人以上，许更置县学。自是州郡无有不学。　教授一员，以经术行义训导诸生，掌其课试之事，而纠正不如规者。　州司武官福州兵马钤辖一员，驻泊兵马都监一员，景德二年，始置提举本路诸州军兵马巡检公事。元符初，置驻泊兵马都监，主州禁卒一营而已。绍兴中，添差凡五人。　兵马都监四员，兼在城巡检小使臣为监押。旧置二员。建炎中，添差小使臣宗室一员充监押。绍兴中，添差大供臣宗室一员充都监。　监里外盐税务三员，监在城茶盐商税务二员。天圣间置监闽安镇税兼沿海地分巡检一员。　监作院三员，旧本州都监兼管。宣和中，置一员差小使臣，添差二员。　监甲仗库一员，福剑州巡辖马递补[6]一员。

宫观岳庙宗室按《三山志》："绍兴三年，敕添差不厘务宗室本州十员，闽、侯官等十一县各三员，长乐二员。淳熙六年，敕裁定帅府十五员。诸县宗室满罢，更不作阙。"　添差大小使巨亲民各一员，小使臣监当五员，宫观岳庙共八员。

归朝、归正、归附忠顺官附按《三山志》有此官，未详隶于何司，姑附于此。　归朝官绍兴六年，州置六员。　归正官绍兴三十一年以前，归正帅府大使臣三员，小使臣六员。三十一年以后，归正官帅府十员。　**归附官**乾道九年，淮西总领所及镇江府驻扎御前诸军统制司，计发到五十一员，添差将领等差遣任满申奏存留再任。

闽县望。按《文献通考》：“建隆元年，令天下诸县除赤、畿外，有望、紧、上、中、下。”注：“四千户为望，三千户以上为紧，二千户以上为上，千户以上为中，不满千户为中下，五百户以下为下。”

知县事一员，按《宋史》：“掌总治民政、劝课农桑、平决狱讼，有德泽禁令，则宣布于治境。凡户口、赋役、钱谷、赈济、给纳之事皆掌之，以时造户版及催理二税。有水旱灾伤，则以分数蠲免[7]，民有流亡[8]，则抚存安集之，无使失业。有孝弟行义闻于乡闾者，具事实上于州，激劝以励风俗。”宋用京、朝官知。　**丞一员**，按《三山志》：“宋初废置不一，绍兴令诸县及万户注县丞一员。”**主簿一员**，按《三山志》：“开宝三年，诏诸县一千户以上依旧置令、簿、尉三员。绍兴十六年，臣僚言：‘国初人物稀少，县小而事简者，诸簿常缺员，而尉兼之。其后县满万户置丞，而簿犹缺。又言万户以下县，已不差县丞，犹多有主簿兼尉者，乞许增主簿一员。从之。”　**尉一员**，按《宋史》：“掌阅习弓手，职奸禁暴[9]。凡县不置簿，则尉兼之。建隆三年，每县置尉一员，在主簿之下，奉赐并同。邑大事烦，则置二员。”　**刘崎巡检一员**。衔带长乐、连江、闽县沿海巡检私盐贼盗公事。

侯官县望。　**职员与闽县同**。　**甘蔗洲巡检一员**。元丰七年差使臣一员充巡检，专一于甘蔗洲捕捉盗贩私盐。

福清县望。　**职员与闽县同**。**监海口镇一员**，元丰五年置。初或以巡检兼监税，或以主簿监盐仓兼镇务，后于京、朝官内选差，兼管本镇烟火。　**监海口盐仓一员**，绍兴六年，添差监仓一员。　**海口巡检一员**，旧治钟门。皇祐之后移海口，嘉祐间复移钟门，治平初复归海口，熙宁二年再移钟门，后移上马门，又移苏澳。以小使臣充，衔带海口巡检，兼巡拦香药沿海巡检及催纲巡捉私茶盐矾，防护番船。 **松林巡检一员**，绍圣五年，兼管巡检防护海口镇官物。后以小使臣充，衔带长乐、福清、松林巡检，专巡三处地分私煎贩盐公事，兼催纲巡捉私茶盐矾，主管巡拦货物事。 **南匿巡检一员**。以小使臣充，衔带南匿屿巡检福清就近水陆贼盗公事，兼催纲巡捉私茶盐矾。

古田县望。 **知县事兼兵马监押一员**，太平兴国以后率用武臣，景德中兼兵符，天禧初始授文吏。 **丞、主簿各一员，尉二员**，初置一员，元丰二年增置西尉一员。 **监商税务二员，监水口镇一员**，旧有税务，以古田县官兼监。大中祥符中置供臣一员，司盐仓给纳，遂兼管收税。景德中以罢盐仓省，移巡辖马递铺使臣于水口，巡捕私茶盐、收税如初。皇祐中复盐仓，就令本县主簿兼监并收税。绍圣中，分命官二员文臣监盐仓兼商税，使臣专管巡捕，寻废盐仓，遂以监税兼本镇烟火公事。绍兴间，差京、朝官，后以京官充。 **水口巡检一员**。衔带水口镇巡捕私茶，以小使臣充。余见监水口镇下。

永福县望。 **职员与闽县同。** **辜岭巡检一员**。衔带福州永福、兴化军兴化两县地分巡检兼催纲巡捉私茶盐贼盗公事，以小使臣充。

长溪县望。淳祐中，析其西乡置福安县。 **知县事兼兵马监押一员**，咸平初，以使臣为兵马监押兼知县事，庆历后用文臣，以知县兼兵符。 **丞主簿、东尉各一员，西尉一员**，元祐五年有县丞置[10]。 **监黄崎镇一员，烽火巡检一员**。衔带长溪、宁德二县巡检兼烟火巡捉私茶盐矾。

长乐县紧。 **职员与闽县同**。建炎元年，以县未满万户，省丞一员。 **监岭口盐仓兼催煎一员，监商税务一员。**

监商税务一员。崇宁三年置。寻省,仍以本县官兼管。

罗源县中。　知县事、主簿、尉各一员,监商税务一员,南湾巡检一员。衔带连江、罗源两县南湾巡检,兼催纲兼管沿海陆路私盐贼盗巡拦市舶物货,兼管两县私煎贩主管本澳烟火事。

闽清县中。　职员与罗源县同。崇宁二年置丞一员,五年省。　监商税务一员。旧本县官兼管,崇宁三年置。

宁德县中。　职员与闽县同。　蛇崎巡检一员,衔带长溪、宁德两县巡检捉私茶盐矾,以小使臣充。　监商税务一员,崇宁间置。政和间,以商税不满千贯,罢监官,而以县官兼监。

怀安县望。　职员与闽县同。　鸡菜镇巡检一员,衔带闽、侯官、怀安、闽清、古田五县巡检兼催纲巡捉私茶盐矾。　监盐仓一员。旧主簿兼监,绍兴间,差小使臣一员专监。

连江县望。　职员与闽县同。　监商税务一员,荻芦寨水军统领兼福州兴化军都巡检使一员。

〔元〕

福州路总管府上。按《元史》:"至元二十年,定十万户之上者为上路,十万户之下者为下路,当冲要者,虽不及十万户亦为上路。"又按《三山续志》:"至元十五年,改福州为路,十七年,始设路官,职专治民,上隶帅宪,下辖州司县官。"　达鲁花赤一员,以蒙古人任。　总管一员,以汉人、南人任。(上二职皆路之长,并兼管劝农事,后仿此。)　同知、治中、判官各一员,推官二员。至元二十三年置,专治刑狱。《三山续志》作"二十四年置"。　经历司经历、知事各一员,提控案牍一员。按《三山续志》所列职名如此,《元史》则有照磨兼承发架阁一员,而无此职名,未详何谓。自经历以下,皆路之幕官也。路吏有通事、译史各一人,司吏三十人,贴书六十人。 司狱司自司狱司以下,皆随总管府而设,故皆附焉。司狱一员。按《元史》又有丞一员。其吏有狱典一人。 儒学教授、学正、学录各一员。有学吏一人。 蒙古学教授、学正各一员。 三山书院山长一员。 医学教授二员,学正一员。 阴阳学教授、学正各一员。(上二学,《元史》无学正一员。) 永丰仓监支纳大使、副使各一员。按《三山续志》,永丰仓、平准库、盐仓、常盈库,共有攒司六人。 平准行用库提领、大使、副使各一员。 盐仓大使、副使各一员。 宣慰司崇盈库本路常盈库官兼。 廉访司赃罚库本路常盈库副使一员兼。 本路常盈库监支纳一员,副使二员。 运司广盈库监支纳大使、副使各一员。库子二人,攒司一人。 在城税务提领、大使、副使各一员。在城站正提领、副提领各一员。

录事司按《元史》:"至元十五年,行中书省于在城十二厢分四隅,置录事司。十六年并其二,置东西二司。二十年复并为一。"又按《三山续志》:"至元十七年设。"二说不同。 达鲁花赤一员,以蒙古人任。 录事一员,(上二职皆司之长。后仿此。) 判官一员,兼捕盗之事,俱以汉人、南人任,后仿此。典史一员。司之幕官也。司有司吏六人,贴书一十二人。

闽县中。按《元史》:"至元二十年,定江淮以南三万户之上者为上县,一万户之上者为中县,一万户之下者为下县。" 达鲁花赤一员,以蒙古人任。 县尹一员,以汉人、南人任。(上二职俱县之长,后仿此。) 主簿一员,县尉一员,主捕盗之事,后仿此。 典史一员。县之幕官也。后仿此。县有司吏五人,贴书一十人。　儒学教谕一员，大义巡检一员，有巡吏一人，后仿此。　闽安镇巡检一员，闽安镇务提领、大使、副使各一员，江南州务大使、副使各一员，大田站正提领、副提领各一员。

侯官县中。　本县及儒学职员与闽县同。县吏亦与闽县同，但增邮长一人。　甘蔗寨巡检一员，洪塘税务提领、大使、副使各一员，白沙、小箬二站正提领、副提领各一员，行崎批引所提领、大使各一员。

怀安县中。　本县及儒学职员与闽县同。县吏与侯官县同。三县寨巡检一员，税务提领、大使、副使各一员。

古田县上。　达鲁花赤、县尹、县丞、主簿、县尉各一员，典史一员。按《元史》："上县典史二员。"而《三山续志》但一员。县有司吏六人，尉吏、邮长各一人，贴书一十二人。　儒学教谕一员，谷口、杉洋、西溪三寨巡检各一员，县务提领、大使、副使各一员，水口务都监、同监各一员，水口、黄田二站提领各一员，副提领各一员，际留仓大使、副使各一员。仓有攒司一人。

闽清县中。　本县及儒学职员与闽县同。县吏与闽县同。　安仁里巡检一员，税务提领、大使、副使各一员。

长乐县中。　本县及儒学职员与闽县同。县吏与侯官县同。　北乡巡检一员，税务提领、大使、副使各一员。

连江县中。　本县及儒学职员与闽县同。县吏与侯官县同。　宁善等乡巡检一员，名闻等乡巡检一员，税务提领、大使、副使各一员，际留仓大使、副使各一员。

罗源县中。　本县及儒学职员与闽县同。县吏与闽县同。　南湾寨巡检一员，税务提领、大使、副使各一员。

永福县中。 本县及儒学职员与闽县同。县吏与侯官县同。 漈门巡检一员，税务提领、大使、副使各一员。

福清州下。按《元史》："至元二十年，定江南地五万户之上者为上州，三万户之上者为中州，不及三万户者为下州。"又按《三山续志》："至元十三年至元贞元年设县，职员与古田县同。二年升县为州。" 达鲁花赤一员，以蒙古人任。 知州一员，以汉人、南人充。（上二职俱州之长，后仿此。） 同知二员，州判二员，兼捕盗之事，后仿此。 吏目二员。州之幕官也。州有司吏一十人，贴书二十人。 儒学学正一员，蒙古学学正一员，龙江书院山长一员。 南日、海口、练门、径上四寨巡检各一员，本州、迳上、海口三务提领、大使、副使各一员，际留仓大使、副使各一员，仓有攒司一人。蒜岭、宏路二站正提领、副提领各一员。

福宁州上。按《三山续志》："至元十三年以来设县，职员与闽县同。二十二年升县为州，仍隶福州府，领宁德、福安二县。" 达鲁花赤、州尹各一员，同知、州判各二员，知事一员，提控案牍一员。旧为提领案牍。（上二职皆州之幕官也。）州有司吏一十二人，邮长二人，贴书二十四人。 司狱官一员。有狱典一人。儒学教授一员，蒙古学教授一员，阴阳学教授一员。 行用库库官一员，有库子二人。 小臼、小澜、蒋洋、盐田、裤溪、桐山六寨巡检各一员，税务提领、大使、副使各一员。

宁德县中。 本县及儒学职员与闽县同。按《三山续志》："达鲁花赤一员，镇南王位下。县吏亦与闽县同。" 三县寨巡检一员，东阳麻领巡检一员，县务提领、大使、副使各一员，峬村务都监、同监各一员。

福安县中。　达鲁花赤一员，按《三山续志》："此一员，荣王[11]位下。"县尹、主簿、县尉各一员。县吏与闽县同。儒学教谕一员。渔溪迳巡检一员，辜岭巡检一员，务都监、同监各一员，仓大使、副使各一员。

亳州翼万户府按《三山续志》："至元二十四年，移济南东平万户翼戍福建，后为亳州上翼。二十七年复设福新万户翼，辖新军；复令二翼官属相参署事，曰福兴镇守万户。大德四年，定例兴化路止令千户镇守，亳州与福新轮委万户一员分镇，一年一更；其汀、泉、漳等路，并委百户。至大元年，又以沿海俱通番邦，亳州与福新轮委万户一员，沿海上、中、下三流巡防半年一更，上隶阃帅，下辖镇抚千户、弹压百户，并得世袭，幕官则有更代。或军民交讼，则委官会议裁决。"　达鲁花赤、万户、副万户各一员，经历、知事、提控案牍各一员。自经历至此，皆幕官也。府有译吏一人，司吏六人。　镇抚所镇抚二员，蒙古、汉人参用，后仿此。　都目一员。都目，盖镇抚幕官也。镇抚所有司吏一人。

高唐冠州千户翼　达鲁花赤、千户、副千户各一员，提控案牍一员，提控案牍，盖千户翼幕官也。按《三山续志》："亳州万户府上千户所有司吏一十人；下千户所有司吏一人。"所分上、下千户所，未详，始附志于此。　弹压二员，蒙古、汉人参用。后仿此。　上百户二员，下百户一十五员。

东平等路千户翼　职员与高唐冠州千户翼同。但上百户增四员，下百户省四员。

德州、东昌千户翼　职员与高唐冠州千户翼同。但下百户省六员。

济南、高唐千户翼　职员与高唐冠州千户翼同。但有百户十员，不分上、下。

济宁、太安千户翼　职员与高唐冠州千户翼同。但有百户一十三员，不分上、下。

济宁、濮州千户翼　职员与高唐冠州千户翼同。但改提领案牍为吏目，又下百户省三员。

东平、济宁千户翼　职员与高唐冠州千户翼同。但有百户一十员，不分上、下。

济南、东昌千户翼　职员与高唐冠州千户翼同。但有百户一十三员，不分上、下。

永平、德州千户翼　职员与高唐冠州千户翼同。但改提领案牍为都目，又上百户、下百户各省一员。

济宁、建康千户翼　职员与高唐冠州千户翼同。但上百户省一员，下百户省二员。

延平等路千户翼　职员与高唐冠州千户翼同。但有百户六员，不分上、下。　哈刺鲁千户一员。

福新万户府　说见亳州翼万户府。　职员与亳州翼万户府同。府有译吏一人，司吏四人。　幕官及镇抚所职员亦同。镇抚所有司吏一人。

上千户翼　职员与高唐冠州千户翼同。但有下百户一十四员，无上百户。上千户翼有司吏二人。

下千户翼　职员与高唐冠州千户翼同。但上百户增二员，下百户省四员。下千户翼有司吏三人。

中千户翼　职员与永平、德州千户翼同。但有下百户一十员，无上百户。中千户翼有司吏一人。

姚千户翼[12]　职员与济宁、濮州千户翼同。但有下百户五员，无上百户。

只里瓦歹千户翼　职员与济宁、濮州千户翼同。但有百户七员，不分上、下。

哈剌哈孙千户翼　职员与只里瓦歹千户翼同。

〔国朝〕

文职

本府　知府一员，同知一员，通判一员，后又增设一员，专督属县税粮。　推官一员。府有司吏一十二人，典吏二十九人。　经历司经历司、照磨所俱设于府内，皆府之幕属也，后仿此。经历、知事各一员。司有典吏一人。　照磨所照磨、检校各一员。所有典吏二人。　司狱司自司狱司以下，皆随府而设，故悉附焉。后仿此。　司狱一员。有狱典一人，后仿此。　织染局大使、副使各一员。局有司吏一人。后仿此。　常丰仓大使、副使各一员。仓有攒典一人。后仿此。　三山驿驿丞一员。有驿吏一人。后仿此。　三山递运所大使一员。所有司吏一人。后仿此。　阴阳学正术一员，医学正科一员。　僧纲司都纲、副都纲各一员。　道纪司都纪、副都纪各一员。　儒学教授一员，训导四员。生员廪膳、增广，各四十人。后仿此。学有司吏一人，后仿此。

闽县国朝之制，凡县编户满二十里以上者，其官全设；编户不满二十里者，省丞簿二员。　知县一员，县丞一员，主簿一员，典史一员。典史，县之幕官也。后仿此。县有司吏六人，典吏一十四人。　儒学教谕一员，训导二员。生员廪膳、增广各二十人。后仿此。学有司吏一人。后仿此。　五虎门官母屿巡检司、闽安镇巡检司巡检各一员。各有司吏一人。后仿此。　税课局大使一员。有攒典一人。后仿此。　大田驿驿丞一员。河泊所河泊官一员。有攒典一人。后仿此。

侯官县　本县及儒学职员与闽县同。吏员亦同。竹崎巡检司巡检一员。　税务局大使一员。　小箬驿白沙水驿驿丞各一员。

怀安县　本县及儒学职员与闽县同。吏员亦同。五县寨巡检司巡检一员。　税课局大使一员。　芋原驿驿丞一员。　怀安递运所大使一员。

长乐县　本县及儒学职员与闽县同。吏员亦同。松下石梁、焦山、小祉山三巡检司巡检各一员。　税课局大使一员。　长乐仓大使一员。　河泊所河泊官一员。　阴阳学训术一员。　医学训科一员。　僧会司僧会一员。

连江县　本县及儒学职员与闽县同。吏员亦同。北茭巡检司巡检一员。　定海仓副使一员。　蛤沙河泊所河泊官一员。　阴阳、医学、僧道会司职员俱与长乐县同。

福清县　本县及儒学职员与闽县同。吏员亦同。壁头、牛头门、泽朗山三巡检司巡检各一员。　海口、迳江二税课局大使各一员。　福清仓大使一员，万安仓副使一员。　蒜岭、宏路二驿驿丞各一员。　河泊所河泊官一员。　阴阳、医学、僧道会司职员俱与长乐县同。

古田县　本县及儒学职员与闽县同。吏员亦同。杉洋巡检司巡检一员。　黄田、水口二驿驿丞各一员。　水口递运所大使一员。　阴阳、医学、僧道会司职员俱与长乐县同。

永福县　知县一员，典史一员。县有司吏二人，典吏八人。　儒学职员与闽县学同。　际门巡检司巡检一员。

阴阳、医学、僧、道、会司职员俱与长乐县同。

闽清县　本县及儒学职员与永福县同。吏员亦同。阴阳、医学、僧、道会司职员俱与长乐县同。

罗源县　本县及儒学职员与永福县同。吏员亦同。河泊所河泊官一员。　阴阳、医学、僧、道会司职员俱与长乐县同。

武职

福州左卫指挥使司　指挥使一员，指挥同知二员，指挥佥事四员。以上俱旧制员数，今无定员，后仿此。卫有令吏二人，典吏五人。后仿此。　经历司卫之幕官也。经历、知事务一员，以上二职俱用文职充。后仿此。　镇抚二员。有司吏一人，后仿此。　左、右、中、前、后及中左六千户所正千户各一员，副千户各二员，以上俱旧制员数，今无定员，后仿此。所有司吏一人，后仿此。镇抚各一员，百户各十员。今无定员，后仿此。

福州右卫指挥使司　本卫并经历司、镇抚、左、右、中、前、后、中左六千户所职员，俱与左卫同。吏员亦同。

福州中卫指挥使司　本卫并经历司、镇抚、左、右、中、前、后五千户所职员，俱与左卫同。吏员亦同。

镇东卫指挥使司置于福清县。　本卫及经历司、镇抚、左、右、中、前、后、中左六千户所职员，俱与福州左卫同。吏员亦同。

梅花千户所、置于长乐县。　万安千户所，置于福清县。（以上二所俱隶镇东卫。）　上二所职员俱与福州左卫六千户所同。吏员亦同。

建宁府

〔唐〕

建州建安郡上。 刺史一员，掌宣德化，岁巡属县，观风俗，录囚，恤鳏寡。 别驾、长史、司马各一员。上州有典狱十四人，问事八人，白直二十人。 录事参军事一员，有史二人。 录事二员，司功参军事一员，有佐二人，吏五人。司仓参军事一员，有佐二人，史五人。 司户参军事二员，有佐四人，吏六人，帐史一人。 司田参军事一员，有佐二人，史五人。 司兵参军事一员，有佐二人，史五人。 司法参军事二员，有佐四人，史七人。 司士参军事一员。有佐二人，史五人。 参军事四员。 市令一员，市丞一员。有佐一人，史二人，帅三人，分行检察仓督二人，专莅出纳史二人。

文学一员，助教一员。其学生凡五十人。 医学博士一员，助教一员。其学生凡二十人。

建安县上。 职员与福州闽县同。

邵武县中下。 职员与福州长溪县同。

浦城县紧。 建阳县上。 二县职员俱与建安县同。

将乐县中下。 职员与长溪县同。

〔宋〕

建宁府按《宋史》，本建州建安郡旧军事，端拱初升为建宁军节度。绍兴末以孝宗旧邸升府。 知府事一员，职与知州同。 长史、通判府事。按《宋史》，建隆四年，诏知府公事并须长史[13]通判签议连书，方许行下。时大郡置二员，余置一员。

幕官[14]、诸曹官、学官职员俱与福州同。　本府武官：兵马都监，按《宋史》，州、府以下都监，皆掌其本城屯驻、兵甲、训练、差使之事，资浅者为监押。　兵马监押。

建安县望。　职员与福州闽县同。　大挺场监官，筹岭、黄孙、赤岸、党口、埃竹五寨巡检各一员。

浦城县望。　职员与闽县同。　临江、大湖、渔梁、盆亭四驿，职员未详。　临江、迁阳二镇监官各一员，监税务一员。

嘉禾县望。　职员与闽县同。　监麻沙镇一员，景德中置。绍兴中，郡守魏矼奏差朝官监管。　麻沙寨巡检一员。

松溪县紧。　职员与闽县同。　梓亭寨巡检一员。兼管龙泉、遂昌、政和凡四县巡捕之事。

崇安县望。　职员与闽县同。　武夷驿。职员未详。

政和县望。　职员与闽县同。　监关隶镇一员。

瓯宁县望。　职员与闽县同。　水吉都巡检。员数未详。　富沙、水吉二驿。职员未详。　监合场一员，惠民东西二局提领。员数未详。　丰国监按《宋史》：咸平二年置，铸铜钱。监官。员数未详。

寄　治附

殿前司左翼军案本志："旧驻扎泉州，统制官一员统之。其分戍建宁、汀、漳诸将皆隶焉。绍兴中，将校周喜平泉、漳、邵武、建宁寇，就留屯本府，以喜为统制。泉州但置统领官屯驻。"

统制,统领员数俱未详。

〔元〕

建宁路总管府下。 达鲁花赤、总管、同知、判官、推官各一员。 幕官职员与福州路同。 司狱司司狱、丞各一员。 儒学教授、学正、学录各一员。 蒙古学教授一员。 医学教授一员。 阴阳学教授一员。 府仓大使、副使各一员。 平准行用库提领、大使、副使各一员。 织染局局使、副使各一员。 杂造局大使、副使各一员。 惠民药局提领一员。 税务提领、大使、副使各一员。 录事司职员与福州路录事司同。

建安县中。 瓯宁县中。 浦城县中。 建阳县中。 上四县并儒学职员俱与福州路闽县同。

崇安县中。 本县及儒学职员与闽县同。 星村、七市、黄亭、墟头四镇巡检各一员。

松溪县下。 政和县下。 上二县儒学职员俱与闽县同。

〔国朝〕

文职

本府 知府、同知、通判、推官各一员。府有司吏十人,典吏二十五人。 经历司经历、知事各一员。 照磨所照磨、检校各一员。 司狱司司狱一员。 税课司大使一员。 杂造局大使、副使各一员。局有司吏一人。 广实仓大使、副使各一员。 建宁递运所大使一员。 阴阳学正术一员。　医学正科一员。　僧纲司都纲、副都纲各一员。　道纪司都纪、副都纪各一员。　儒学教授一员，训导四员。

建安县　本县及儒学职员俱与福州府闽县同。县有司吏七人，典吏十七人。　筹岭巡检司巡检一员。　税课局大使一员。　太平水驿驿丞一员。　朱文公裔孙世袭翰林院五经博士一员。附。

瓯宁县　本县及儒学职员俱与闽县同。吏员亦同。　营头巡检司巡检一员。　税课局大使一员。　城西、叶坊二驿驿丞各一员。　河泊所河泊官一员。

浦城县　本县及儒学职员俱与闽县同。吏员与建安县同。　盆亭、高泉二巡检司巡检各一员。　税课局大使一员。　阴阳、医学、僧、道会司职员俱与福州府长乐县同。

建阳县　本县及儒学职员俱与闽县同。吏员与建安县同。　建阳税课局、后山税课局大使各一员。　建溪水驿、东锋马驿驿丞各一员。　建阳递运所大使一员。　阴阳、医学、僧、道会司职员俱与长乐县同。

松溪县　本县及儒学职员俱与闽县同。吏员亦同。　二十四都、东关二巡检司巡检各一员。　税课局大使一员。　阴阳、医学、僧、道会司职员俱与长乐县同。

崇安县　本县及儒学职员俱与闽县同。吏员与建安县同。　分水关巡检司巡检一员。　税课局大使一员。　长平水驿、大安驿、兴田驿驿丞各一员。　河泊所河泊官一员。　崇安、大安二递运所大使各一员。　阴阳、医学、僧、道会司职员俱与长乐县同。

政和县　本县及儒学职员俱与闽县同。县有司吏六人，典吏十五人。　赤岩巡检司巡检一员。　阴阳、医学、僧、道会司职员俱与长乐县同。

寿宁县　本县及儒学职员俱与闽县同。吏员与政和县同。　渔溪巡检司巡检一员。　阴阳、医学、僧、道会司职员俱与长溪县同。

武职

建宁左卫指挥使司

建宁右卫指挥使司　上二卫及经历司、镇抚、左、右、中、前、后五千户所职员俱与福州左卫同。内前所官军调守备浦城县。

校　注

[1] 淳熙《三山志·地理·冶县》注："前后汉及晋以来地理志并无此县名。前汉志虽有治县，疑是冶县，然考之后汉志，乃是章安，今台州临海县也。"

[2]《宋史》作"宋初"。

[3]《宋史·职官志》作"称判某府"。此处"其"为"某"之误。

[4]《宋史·职官志》作"与守臣通签书施行"。

[5]《宋史·职官志》作"户曹参军"。

[6] 淳熙《三山志·秩官》作"巡辖马递铺"。

[7]《宋史·职官志》作"有水旱则有灾份之诉，以分数蠲免"。

[8]《宋史·职官志》作"民以水旱流亡"。

[9]《宋史·职官志》作"戢奸禁暴"。

[10] 淳熙《三山志·秩官》载："丞一员，元祐五年省。"此处"有"疑为

“省”之讹。

［11］《元史·诸王表》只有“营王”而无“荣王”，“荣王”疑系“营王”之讹。

［12］“姚”下似脱一“州”字。按《元史·地理志》：“至元十二年立姚州。”注：“元宪宗七年立千户，隶大理下万户。”

［13］《宋会要·职官》及《合璧事类》后集均作“长吏”；《宋史·职官志》原作“长史”，中华书局一九七七年版据上两书校改作“长吏”。

［14］《宋史·职官志》作“幕职官”。

八闽通志卷之二十九

秩　　官

职　　员

郡　县

泉州府

〔唐〕

泉州清源郡上。　**职员俱与建州同**。州有典狱等，各曹有佐史等及经学生、医学生亦同。

晋江县上。　南安县紧。　莆田县上。　上三县职员俱与福州闽县同。

仙游县中。　职员与福州、长溪县同。

〔宋〕

泉州望。按《宋史》："清源郡，太平兴国初改平海军节度。

本上郡，大观元年升为望郡。”　知州事、通判军州事、佥书、判官、节度推官、观察推官、节度掌书记、观察支使各一员。　诸曹官：录事参军、司户参军、司法参军、司理参军各一员。　州学教授一员。　监在城税务文武各一员。　本州兵官：驻泊兵马都监、兵马都监、添差兵马都监、兵马监押、押队。　监、作院。员数俱未详。

晋江县望。　职员与福州闽县同。　石湖四县巡检、石井镇巡检。员数俱未详。　监石井镇一员。

南安县中。　同安县中。　上二县职员与福州罗源县同。

惠安县望。　职员与福州闽县同。　小兜四县巡检。员数未详[1]。

永春县中。　职员与罗源县同。　永春、德化、安溪三县巡检各一员。

安溪县下。　德化县下。　上二县职员俱与福州罗源县同。

寄　治附

殿前司左翼军宋以殿前左翼军镇泉州。　统制、统领员数俱未详。

〔元〕

泉州路总管府上。按《元史》：“初尝置平海行中书于泉州，及迁行省于福州，遂为泉州路总管。”职员与福州路同。　经历司经历、知事、照磨各一员。　司狱司司狱一员。

儒学教授、学正、学录各一员，训导六员。 蒙古学、医学、阴阳学职员与福州路同。 广平仓监纳大使、副使各一员。 平准行用库职员与福州路同。 丰衍库大使、副使各一员。 杂造局大使、副使各一员。 都税务提领、大使、副使各一员。 清源站正提领、副提领各一员。

脱脱禾孙掌盘诘使客辨其真伪。脱脱禾孙、副脱脱禾孙各一员。 录事司初立南北二司，后并为一。职员与福州路录事司同。

晋江县中。 达鲁花赤、县尹、县丞、主簿、县尉各一员。按《元史》："中县不置丞。"而《三山续志》："闽县亦中县也。"皆不置丞。《泉州志》："晋江、南安皆中县，而各有丞。"又元诸县皆有典史，而《泉州志》诸县皆无之[2]，疑志误也。

南安县中。 职员与晋江县同。

同安县下。 达鲁花赤、县尹、主簿、县尉各一员。

德化县下。 永春县下。 安溪县下。 惠安县下。上四县职员俱与同安县同。

湖州翼万户府 本府及幕官职员与福州路亳州翼万户府同。 镇抚司本志作"司"，《三山续志》作"所"。镇抚二员。 镇遏司千户、百户各二员，照磨一员。

上千户所 达鲁花赤、千户、副千户各一员，案牍一员，弹压二员。按本志，各所皆有弹压司，皆有弹压二员。

中千户所 职员与上千户所同。改案牍为都目。

下千户所 职员亦与上千户所同。但改案牍为吏目。上百户所百户二员。蒙古、汉人参用。 下百户所百户一员。

左副翼万户府 职员俱与湖州翼万户府同。

水寨官、湖州翼、左副翼百户各一员。

〔国朝〕

文职

本府及经历司、照磨所、司狱司、儒学、税课司职员俱与建宁府同。府有司吏十一人、典吏二十七人。　织染局大使、副使各一员。　广平、永宁二仓大使、副使各一员。　晋安马驿驿丞一员。　阴阳、医学、僧纲道纪司职员俱与建宁府同。

晋江县　本县及儒学职员俱与福州府闽县同。县有司吏七人、典吏十六人。祥芝、深沪、围头、乌浔四巡检司巡检各二员[3]。　税课局大使一员。　福全仓副使一员。　河泊所河泊官一员。

南安县　本县及儒学职员俱与闽县同。吏员与晋江县同。　澳头巡检司巡检一员。　康店驿驿丞一员。　阴阳、医学、僧道会司职员俱与福州府长乐县同。

同安县　本县及儒学职员俱与闽县同。吏员与建宁府建安县同。　峰上、塔头、高浦、陈坑、官澳、田浦、烈屿、苎溪八巡检司巡检各一员。　金门、嘉禾、高浦三仓副使各一员。　大轮、深青二驿驿丞各一员。　河泊所河泊官一员。　阴阳、医学、僧道会司职员俱与长乐县同。

德化县　本县及儒学职员俱与福州府永福县同。县有司吏一人、典吏七人。　安仁、高镇二巡检司巡检各一员。　阴阳学、僧道会司职员俱与长乐县同。

永春县　本县及儒学职员俱与永福县同。吏员亦同。

阴阳、医学、僧会司职员俱与长乐县同。

安溪县　本县及儒学职员俱与永福县同。吏员亦同。源口渡巡检司巡检一员。　阴阳、医学、僧道会司职员俱与长乐县同。

惠安县　本县及儒学职员俱与闽县同。吏员亦同。小岞[4]、峰尾、獭窟、黄崎四巡检司巡检各一员。　崇武仓副使一员。　锦田驿驿丞一员。　河泊所河泊官一员。　阴阳、医学、僧道会司职员俱与长乐县同。

武职

泉州卫指挥使司　本卫及经历司、镇抚、左、右、中、前、后五千户所职员俱与福州左卫同。

永宁卫指挥使司　本卫及经历司、镇抚、左、右、中、前、后、福全、高浦、嘉禾、崇武、金门十千户所职员俱与福州左卫同。

漳州府

〔唐〕

漳州漳浦郡下。　刺史、别驾、司马各一员。下州有典狱八人、问事四人、白直十六人。　录事、参军事一员，有吏二人。　录事一员，司仓参军事一员，有佐、史各二人。司户参军事一员，有佐一人、史四人、帐史一人。　司田参军事一员，有佐、史各二人。　司法参军事一员，有佐一人、史三人。　参军事二员，文学一员，元和六年废。其学生凡四十人。　医学博士一员。其学生凡十人。

龙溪县中下。　龙岩县中下。　漳浦县中下。　上三县职员俱与福州长溪县同。

〔宋〕

漳州下。按《宋史》:"漳浦郡军事。"　知州事一员,通判军事一员,按本志,又有添差通判,然废置不一。　军事判官一员,军事推官一员。按宋漳州推官黄桂《重建厅记》:"国朝有两使防团军事推判官,漳闽偏州,推判官曰军事。"　诸曹官:录事参军、司理参军、司户参军、司法参军各一员。　州学教授一员。　本州武官:兵马都监一员,兵马监押二员,监都税务一员。

龙溪县望。　职员与福州闽县同。　四县同巡检一员,中栅巡检一员。

漳浦县望。　职员与福州古田县同。

龙岩县望。　长泰县望。　上二县职员俱与闽县同。

〔元〕

漳州路总管府下。　本路及幕属职员俱与建宁路同。

录事司　职员与福州路录事司同。

龙溪县　漳浦县　龙岩县　长泰县　南靖县(俱下。)　上五县职员俱与福州路闽县同。

〔国朝〕

文职

本府及经历司、照磨所、司狱司、儒学职员俱与建宁府同。吏员亦同。　税课司大使、副使各一员。　常平、镇海二仓大使、副使各一员[5]。　丹霞驿驿丞一员。　杂造局、阴阳、医学、僧纲道纪司职员俱与建宁府同。

龙溪县　本县及儒学职员与福州府闽县同。县有司吏八人、典吏十八人。　柳营江、濠门、海门社三巡检司巡检各一员。　江东、甘棠二驿驿丞各一员。

漳浦县　本县及儒学职员俱与闽县同。吏员与建宁府建安县同。　洪淡、后葛、青山、井尾、乌尾、金石、东沉、古雷、盘陀九巡检司巡检各一员。　陆鳌、云霄、玄钟三仓副使各一员。　临漳、云霄、南诏三驿驿丞各一员。　阴阳、医学、僧道会司职员俱与福州府长乐县同。

龙岩县　本县及儒学职员俱与闽县同。吏员与建安同。　雁石、东西洋二巡检司巡检各一员。　阴阳、医学、僧道会司职员俱与长乐县同。

长泰县　本县职员与福州府永福县同。有司吏二人、典吏七人。儒学职员与闽县同。　朝天岭巡检司巡检一员。　阴阳、医学、僧道会司职员俱与长乐县同。

南靖县　本县及儒学职员俱与闽县同。吏员与建宁府政和县同。　小溪、九龙岭、和溪、永丰四巡检司巡检各一员。　长平驿驿丞一员。　阴阳、医学、僧道会司职员俱与长乐县同。

漳平县　知县、主簿、典史各一员。有司吏二人，典吏八人。　儒学职员与闽县学同。　桃源店、溪南、归化三巡检司巡检各一员。

武职

漳州卫指挥使司　本卫及经历司、镇抚、左、右、中、前、后、龙岩中六千户所职员俱与福州左卫同。

镇海卫指挥使司　本卫及经历司、镇抚、左、右、中、前、后五千户所职员俱与福州左卫同。

汀州府

〔唐〕

汀州临汀郡下。　职员俱与漳州同。州有典狱等，各曹有佐史等，及经学生、医学生亦同。

长汀县　宁化县　沙县（俱中下。）　上三县职员俱与福州长溪县同。

〔宋〕

汀州下。按《宋史》："临汀郡军事。"　本州及州学职员俱与漳州同。　本州武官：兵马都监、按本志，有添差兵马都监厅二所。　兵马监押。员数俱未详。

长汀县望。　职员与福州闽县同。　古城寨巡检。按本志同巡检一员。

宁化县望。　职员与闽县同。　安远、中定、南平、北安四寨巡检。员数未许。

上杭县上。　知县、丞、尉各一员。　梅溪寨巡检一员。

武平县上。　职员与福州罗源县同。　三折溪、象洞二寨巡检各一员。

清流县　职员与罗源县同。　明溪寨巡检一员。

连城县　职员与罗源县同。北困寨巡检。员数未详。

寄　治附

殿前司左翼军按本志:"绍兴间,屯左翼军数百,置正副将,寻命郡守领节制焉。"　正将、副将各一员。

〔元〕

汀州路总管府下。　本路及幕属职员俱与建宁路同。

录事司　职员与福州路录事司同。

长汀县　宁化县(俱中。)　清流县　连城县　上杭县　武平县(俱下。)　上六县并儒学职员,俱与福州路闽县同。

〔国朝〕

文职

本府及经历司、照磨所、司狱司、儒学、税课司职员俱与建宁府同。府有司吏八人、典吏二十人。　预备仓大使、副使各一员。　阴阳、医学、僧纲、道纪司职员俱与建宁府同。

长汀县　本县及儒学职员俱与福州府闽县同。吏员亦同。　古城县巡检司巡检一员。　临汀、馆前二驿驿丞各一员。

宁化县　本县及儒学职员俱与闽县同。吏员与建宁府政和县同。　安远寨巡检司巡检一员。　石牛驿驿丞一员。　阴阳、医学、僧道会司职员俱与长乐县同。

上杭县　本县及儒学职员俱与闽县同。吏员与政和县同。　平西、蓝屋二驿驿丞各一员。　阴阳、医学、僧道会同职员俱与长乐县同。

武平县　职员与福州府永福县同。旧有县丞、主簿各一员，景泰间省。有司吏二人、典吏九人。　儒学职员与闽县同。　永平、象洞二寨巡检司巡检各一员。　阴阳、医学、僧道会司职员俱与长乐县同。

清流县　本县及儒学职员俱与闽县同。吏员与政和县同。　铁石巡检司巡检一员。　九龙驿驿丞一员。　阴阳、医学、僧道会司职员俱与长乐县同。

连城县　本县及儒学职员俱与闽县同。吏员与政和县同。　北团寨巡检司巡检一员。　阴阳、医学、僧道公司职员俱与长乐县同。

归化县　本县及儒学职员俱与闽县同。吏员与政和县同。　夏阳巡检司巡检一员。　明溪驿驿丞一员。　阴阳、医学、僧道会司职员俱与长乐县同。

永定县　职员与永福县同。吏员与武平县同。　儒学教谕一员。　兴化乡、太平、三层岭三巡检司巡检各一员。　阴阳、医学职员俱与长乐县同。

武职

汀州卫指挥使司　本卫及经历司、镇抚、左、右、中、前、后、上杭六千户所职员俱与福州左卫同。

武平守御千户所直隶行都司。将乐守御千户所仿此。正千户一员，副千户二员，百户一十员，吏目一员。吏目以文职充，所之幕官也。

延平府

〔宋〕

南剑州上。按《宋史》："剑浦郡军事。"本志不载宋、元职员，考究多未详。

本州及州学职员俱与漳州同。　本州武官职员未详。

剑浦县紧。　职员与福州闽县同。　大历寨巡检一员。

将乐县上。　职员与闽县同。　万安寨巡检一员。

顺昌县上。　职员与汀州上杭县同。　仁寿寨巡检一员，监商税务一员。

沙县中。　职员与福州罗源县同。　北乡、浮流二寨巡检各一员，监商税务一员。

尤溪县上。　职员未详。英果寨巡检一员。

寄　治附

殿前司左翼军按本志，泉州分兵来镇。　职员未详。

〔元〕

延平路总管府下。　本路及幕属职员俱与建宁路同。

录事司　职员与建宁路录事司同。

南平县中。　职员与闽县同。　大历巡检一员。　茶洋、王台二站职员未详。

尤溪县中。　职员与闽县同。　英果、高才坂二寨巡检各一员,税务大使一员。

沙县中。　职员与闽县同。

顺昌县中。　将乐县中。　上二县职员俱与闽县同。

〔国朝〕

文职

本府及经历司、照磨所、司狱司、儒学、税课司职员俱与建宁府同。府有司吏九人、典吏二十三人[6]。　剑浦、岭峡二递运所大使各一员。　丰衍仓大使、副使各一员。　剑浦驿驿丞一员。　河泊所河泊官一员。　阴阳、医学、僧纲道纪司职员俱与建宁府同。

南平县　本县及儒学职员俱与福州府闽县同。吏员亦同。　岭峡、大历二巡检司巡检各一员。　西芹税务局大使一员。　茶洋、王台、大横三驿驿丞各一员。　西芹河泊所河泊官一员。

将乐县　本县及儒学职员俱与闽县同。吏员与汀州府上杭县同。　万安寨巡检司巡检一员。　税课局、万安税课局大使各一员。　三华水驿、白莲马驿驿丞各一员。　河泊所河泊官一员。　阴阳、医学、僧道会司职员俱与福州府长乐县同。

尤溪县　本县及儒学职员俱与闽县同。吏员与上杭县同。　高才坂、英果寨二巡检司巡检各一员。　税课局大使一员。　阴阳、医学、僧道会司职员俱与长乐县同。

沙县　本县及儒学职员俱与闽县同。吏员与上杭县同。　北乡巡检司巡检一员。　税课局大使一员。　阴阳、医学、僧道会司职员俱与长乐县同。

顺昌县　本县及儒学职员俱与闽县同。吏员与上杭县同。　仁寿巡检司巡检一员。　税课局大使一员。　富屯、双峰二驿驿丞各一员。　河泊所河泊官一员。　阴阳、医学、僧道会司职员俱与长乐县同。

永安县　本县及儒学职员俱与闽县同。吏员与上杭县同。　安砂、湖口二巡检司巡检各一员。　税课局大使一员。　阴阳、医学、僧道会司职员俱与长乐县同。

武职

延平卫指挥使司　本卫及经历司、镇抚、左、右、中、前、后五千户所　职员俱与福州左卫同。

将乐守御千户所职员与汀州府武平守御千户所同。

永安守御千户所旧隶邵武卫。景泰五年奉旨调守永安。职员与福州府梅花千户所同。

邵武府

〔宋〕

邵武军按《宋史》，同下州。　知军事、通判、军事判官

各一员。按本府《官制志》，宋有节度、观察推官各一员。考之《宋史》，邵武在宋为军同下州。而宋下州但有军事推官，并无节度、观察推官之名。又考本府《公署志》，宋军治但有通判、签判二厅，至元始有推官厅。又考本府题名志，亦但有通判，而无推官。又考兴化府在宋亦为军同下州。宋志亦但有判官，而无推官。则志所列节度、观察推官，其误明矣，今正之。　诸曹官：录事参军、司理参军、司户参军、司法参军各一员。　军学教授一员。　监税务一员。

邵武县望。　职员与福州闽县同。

泰宁县望。　职员与闽县同。　监税务一员。

建宁县望。　职员与闽县同。

光泽县望。　职员与闽县同。　监税务一员。

〔元〕

邵武路总管府下。　本路职员与建宁路同。　儒学教授、学录各一员。　樵溪、云岩二书院山长各一员。　富有、行用二库提领、大使、副使各一员。　司狱司司狱一员。　蒙古学必阇赤、教授各一员。　医学教授、学正各一员。　医工提领所提领、副提领各一员。　税务提领、副使各一员。　僧纲司僧录、僧判、知事各一员，提控案牍二员。　道录司道录、道判、知事各一员，提控案牍二员。

录事司　职员与福州路录事司同。

邵武县中。本县及儒学职员俱与福州路闽县同。杨坊、拿口二商税务务使、副使各一员。　水口、杨坊、拿口、同巡四寨巡检各一员。　樵川、林墩、拿口三站提领各一员，副提领各一员。 僧录司都纲一员。 道录司威仪一员。

光泽县中。 本县及儒学职员俱与闽县同。 大寺寨巡检一员。 止马商税务务使、副务使各一员。 杭川、杉关二站提领、副提领各一员。 僧道录司职员俱与邵武县同。

泰宁县中。 本县及儒学职员俱与闽县同。 商税务务使、副使各一员。 僧道录司职员俱与邵武县同。

建宁县中。 本县及儒学职员俱与闽县同。 西安寨巡检一员。 商税务务使、副使各一员。 僧道录司职员俱与邵武县同。

〔国朝〕

文职

本府及经历司、照磨所、司狱司、儒学、税课局职员俱与建宁府同。府有司吏六人、典吏十四人。 常丰仓大使、副使各一员。 阴阳、医学、僧纲道纪司职员俱与建宁府同。

邵武县 本县及儒学职员俱与福州府闽县同。县吏与汀州府上杭县同。 水口巡检司巡检一员。 樵川、拿口、林墩三驿驿丞各一员。 河泊所河泊官一员。

泰宁县 本县及儒学职员俱与闽县同。县吏亦同。 阴阳、医学、僧道会司职员俱与福州府长乐县同。

建宁县 本县及儒学职员俱与闽县同。县吏与上杭县同。 西安巡检司巡检一员。 阴阳、医学、僧道会司职员俱与长乐县同。

光泽县　本县及儒学职员俱与闽县同。县吏与上杭县同。　大寺寨巡检司巡检一员。　税课局大使一员。　杭川　杉关二驿驿丞一员。　河泊所河泊官一员。　阴阳、医学、僧道会司职员俱与长乐县同。

武职

邵武卫指挥使司　本卫及经历司、镇抚、左、右、中、前、后五千户所职员俱与福州左卫同。

兴化府

〔宋〕

兴化军按《宋史》，初名太平军，后改今名，同下州。　知军事、通判各一员，军事判官一员。国初，军监皆以判官兼同知。咸平初兼通判。天禧间，流内铨请自今军监判官更不兼通判，从之。元丰间，为佥书判官厅公事。后复旧为军事判官。　诸曹官：录事参军、司理参军、司法参军兼司户各一员，军学教授一员。元丰初置一员。宣和间行三舍法，增置三员，后复旧。　兴化军武官：按旧志，自清源析而为军，有屯驻、驻泊巡检，兵士俱隶焉。又按《泉州刺史题名》，淳化二年，知州事衔带管勾泉、福、漳州、兴化军屯驻、驻泊巡检本城兵士。至道元年，加提举都同巡检。咸平六年，改提举泉、漳、福州、兴化军都同巡检捉贼公事。庆历三年，止。　兵马都监兼在城巡检一员，兵马都监一员，按本志，又有添差二员。淳熙中省一员。　监在城都商税务一员，兴、泉巡辖马递铺一员。

宫观、岳庙、宗室、添监　主管宗道观三员，岳庙二员，监税不厘务二员，戚里添监不厘务一员。

使臣　正任厘务二员，拣汰离军大小使臣下班副尉、添监、岳庙十五员，十三处战功大小使臣添差不厘务四员。

归正忠顺官　添监不厘务大小使臣七员，岳庙一员，下班副尉八员，忠顺官二十三员。

莆田望。　职员与福州府闽县同。　监涵头盐仓一员。兼烟火公事，绍兴间置。催煎官一员，淳熙间省。　迎仙巡检一员，衔带兴化军同巡检。　系蓼巡检一员。衔带兴化军泉州巡捉私盐兼沿海巡检。

仙游县望。　职员与闽县同。

兴化县中。　职员与福州府罗源县同。

〔元〕

兴化路总管府下。　本路及幕属职员俱与建宁路同。

录事司　职员与建宁路录事司同。

莆田县中。　仙游县　兴化县(俱下。)　上三县职员俱与福州路闽县同。

〔国朝〕

文职

本府及经历司、照磨所、司狱司、儒学、税课司、杂造局职员俱与建宁府同。府有司吏八人，典吏一十九人。　大有仓大使、副使各一员，平海仓大使一员。　莆阳驿驿丞一员。　阴阳、医学、僧纲道纪司职员俱与建宁府同。河泊所河泊官一员。

莆田县　本县及儒学职员俱与福州府闽县同。县有司吏八人，典吏一十九人。　迎仙、冲沁、小屿、吉了、青山、嵌头六巡检司巡检各一员。　税课局大使一员。莆禧仓副使一员。　涵头、莆禧、黄石三河泊所[7]河泊官员各一员。

仙游县　职员与福州府永福县同有司吏六人、典吏七人。　儒学职员与闽县同正统二年省训导一员。　枫亭驿驿丞一员。　阴阳、医学、僧道会司职员俱与福州府长乐县同。

武职

兴化卫指挥使司　本卫及经历司、镇抚、左、右、中、前、后五千户所职员俱与福州左卫同。

平海卫指挥使司　本卫及经历司、镇抚、左、右、中、前、后、莆禧六千户所职员俱与福州左卫同。　平海卫学教授一员，以文职充。正统八年，指挥同知王茂奏立武学，以教武职及军中子弟之俊秀者，曰官生、曰军生；天顺四年，湖广蕲水县教谕莆人宋叔昭奏以近卫民间子弟之俊秀者附入，曰民生，俱无定额。成化二年，制令武生年深者，许间岁贡一人入太学，如县学廪膳生员之例焉。　训导。弘治元年始除一员。学有司吏一员。

福宁州

〔国朝〕

文职

本州唐、宋俱为长溪县，元升为福宁州，皆隶福州。国朝初为福宁县。成化间复升为州，直隶布政司。　知州、同知、判官各一员，吏目一员。州之幕官也。州有司吏七人、典吏一十七人。　儒学学正一员，训导三员。生员廪膳、增广各三十人。学有司吏一人。　松山、大筼筜、水澳、青湾、高罗、延停、柘洋六巡检司巡检各一员。　税课司大使一员。　广盈、大金二仓大使各一员。　河泊所河泊官一员。　阴阳学典术一员，医学典科一员。　僧正司僧正一员。　道正司道正一员。

宁德县　本县及儒学职员俱与福州路闽县同。县有司吏六人，典吏一十三人。　东洋麻岭巡检司巡检一员。　河泊所河泊官一员。　阴阳、医学、僧道会司职员俱与福州府长乐县同。

福安县　本县及儒学职员俱与闽县同。吏员亦同。　白石巡检司巡检一员。　阴阳、医学、僧道会司职员俱与长乐县同。

武职

福宁卫指挥使司　本卫及经历司、镇抚左、右、中、前、后、大金、定海七千户所职员俱与福州左卫同。

校　注

［1］万历《泉州府志·官守志》作“小兜巡检一员”。

［2］万历《泉州府志·官守志》:“晋江县、南安县皆中县,各有典史,其它下县则无。”

［3］万历《泉州府志·官守志》作“巡检各一员”。

［4］万历《泉州府志·官守志》作“小岞”。

［5］光绪《漳州府志·秩官》载:“常平仓大使一员,副使一员,镇海卫仓副使一员。”

［6］嘉靖《延平府志·官司志》作“府司吏十人”,注:“吏、礼、工各一,户、兵、刑各二,承发一。”“典吏二十有五人”注:“吏、礼、工各二,户、兵、刑各四,承发、架阁、经历司各一,照磨所四。”

［7］弘治《兴化府志·吏纪》载:“县属三河泊所官为黄石、莆禧、莆田。”

八闽通志卷之三十

秩　　官

镇　　守

〔国朝〕

王恭[1]洪武初以驸马都尉镇守。按《城池志》:“洪武四年任。” **周德兴**洪武间,以江夏侯镇守。按《城池志》:“洪武二十年任[2]。” **戴细保**景泰元年以尚宝监监丞镇守。五年还朝。 **薛希琏**浙江丽水人。景泰元年以刑部侍郎镇守。三年升本部尚书。四年还朝。 **费钊**正统十四年以崇信伯奉命讨贼。景泰元年敕留镇守。二年还朝。 **范雄**正统十四年以都督佥事奉命讨贼。景泰元年敕留镇守。二年还朝。 **廖秀**正统十四年以太监奉命监军讨贼。景泰元年敕留镇守,复征沙县。二年还朝。 **来住**正统末以内使提督市舶,升长随奉御。景泰四年协同监丞戴细保镇守。及细保还朝,就留镇守,升监丞,寻升少监,未受命而卒。 **孙原贞**见《名宦志》。 **冯让**浙江丽水人。天顺二年以都知监右少监镇守。八年还朝。 **吴昱**成化二年以都知监太监镇守,卒于官。 **卢胜**成化五年以御用监太监镇守。十六年回京[3]。　**陈道**字安理，广东顺德人。成化十六年以御用监太监镇守。

巡　抚

〔国朝〕

杨勉应天府江宁人。□□□□□部侍郎巡抚[4]。　**焦宏**正统八年以户部右侍郎巡抚。　**刘广衡**江西万安人。景泰六年以都察院左副都御史巡抚。　**滕昭**字自明，河南人。成化六年以都察院右副都御史巡抚。　**张瑄**字廷玺，应天府江浦人。成化八年以都察院右副都御史巡抚。十年还朝。　**高明**见《名宦志》。　**王继**字述之，河南祥符人。成化二十三年以都察院右都御史巡抚。

提督市舶

〔国朝〕

卓洪　**范士明**俱宣德间以内使提督。　**梁著**　**杨□**俱正统初以内使提督。　**韦查**成化□□年以都知监少监提督，升本监太监。弘治元年卒于官。　**董让**弘治二年以御用监监丞提督。

巡　按清理军政刷卷及按治给事中附

〔国朝〕

巡按监察御史　陈述[5]洪武二十三年　蒋彦禄　魏清[6]　何器　况必安　欧彦贵（俱永乐三年。）　李素　李仲芳　周宗范　李彬（俱永乐六年。）　李旭　黄员相　贾旭　陆和（俱永乐九年。）　孟亨　张敔　屈伸　赵文　刘恺（俱永乐十二年。）　张显　郑璘　周远　陈恕　刘琏（俱永乐十五年。）　王纲　饶礼　杨渊　张敬　王昌（俱永乐十八年。）　曹习古　邹杰　姚坚　陈绍夔（俱永乐二十一年。）　王琏　王宝　张铎　范宗渊（俱宣德元年。）　方端　张鹏（俱宣德四年。）　杨政吉水人，宣德七年。　黄振宣德九年。　金敬宣德十年。　周铨　郝敬　计澄（俱正统三年。）　王珉正统十一年。　柳华苏州人。正统十二年。　柴文显建德人。正统十三年。　汪澄正统十四年。　丁瑄东鹿人。　张海　陈员韬台州人。（俱景泰元年。）　许仕达见《名宦志》。　邢宥琼州人。景泰三年。　倪敬无锡。景泰四年。　练钢苏州人。景泰五年。　盛颙无锡人。景泰六年。　夏埙见《名宦志》。　庄歙徽州人。天顺二年。　唐彬山阴人。天顺三年。　刘圩安福人。天顺四年。　滕昭天顺六年。　伍骥见《名宦志》。　魏瀚　朱贤六安人。（俱成化元年。）　任玺山西太平人。　涂棐丰城人。（俱成化二年。）　左钰成化三年。　吴璘扬州人。成化四年。　洪性成化七年。

李钊台州人。成化九年。　**郑昱**常山人。成化十年。　**叶稠**富阳人。成化十一年。　**戴用**万安人。成化十三年。　**阎佐**陕西商县人。成化十五年。　**徐镛**兴国州人。成化十六年。　**张稷**宝应人。成化十八年。　**汪奎**徽州人。成化十九年。　**刘信**四川南溪人。成化二十年。　**董复**绍兴人。成化二十一年。　**吕炯**宁波人，成化二十三年。　**刘缨**新淦人。弘治元年。

清理军政及刷卷监察御史　**杨义**永乐十二年。　**陈永**正统十二年。　**应灏**淳安人。景泰二年。　**陶复**南城人，景泰四年。　**顾俨**天顺三年。　**马震**河南汲县人。天顺七年刷卷。　**邵智**南海人。成化四年。　**沃频**定海人。成化七年。　**尹仁**安福人。成化十年。　**易居仁**泰和人。成化十三年。　**姜昂**昆山人。成化十六年。　**张昺**慈溪人。成化二十年。　**韩明**余姚人。弘治元年。

按治给事中　**李守中**永乐三年。　**郭良**永乐九年。

历　官

方　面

〔唐〕

都督府经略军、宁海军、威武军附。**都督**　王义童[7]武德末任。　**张承庆**景云初任。　梁惟忠　辛子言　李亚丘

(俱开元间任。) 王镇大中末任。 李瓒咸通间任。(以上俱福州刺史兼。) **别驾** 卫总持 任弘毅(俱贞观间任。) **长史** 王孝敬永徽间任。 唐循中开元间任。 李偕广德初任。 **司马** 萧嗣德咸亨初任。 **经略使**[8] 唐循中开元间,长史兼。 吉浑至德间,授经略宁海军使。 李元宗开成间任。 裴炜大中间任。(上二人俱泉州刺史兼。) **都防御使** 董玠乾元初任。 李行穆大历间,由泉州刺史兼[9]。 **副使** 暨克华乾元初任。 **节度使** 李承昭上元中任。 **都团练观察处置使** 李椅[10]见《名宦志》。 鲍防大历间任。 常衮见《名宦志》。 孟皞建中间任。 卢惎 吴诜 吴凑见《名宦志》。 郑叔则 王翃 柳冕 阎济美(上二人见《名宦志》。以上俱贞元间任。) 陆庶 裴次元 裴乂[11](俱元和间任。) 徐晦宝历初任。 张仲方 桂仲武 段伯伦(俱太和间任。) 唐扶开成初任。 李记[12] 杨发大中初任。 李景温见《名宦志》,咸通中任。 李晦 李播俱乾符间任。 郑镒广明初任。 陈岩中和末,逐观察使郑镒,自称观察使。 王潮景福间任。 **团练副使** 李贻孙大和中任。 陈岩中和间任。 **判官** 武自和元和间任。 李敬彝大和初任。 **巡官** 权幻公[13]元和间任。 **观察支使** 卢昂元和间任。 **判官** 杨邵伯[14]元和间任。 侯勣大和间任。 **推官** 冯审元和间任。 **监军使** 鱼献 刘元弼 **节度观察留后** 皇甫政大历间任。 范晖 王潮(俱景德间,自称留后。) 王审知乾宁末,自称福建留后。光化初,授节度观察留后。

〔伪闽〕

节度使 王延翰五代唐天成初授。 王延曦五代晋天福间，自称节度使。　**副使**　王延翰同光间任。　王继鹏长兴间任。（俱五代唐授。）**（威武军）节度观察留后**　王延钧五代唐天成初授。　**（威武军）节度使**　王延钧五代唐天成初授。　王继恭　王延曦（俱五代晋天福间授。）**（威武军）节度副使**　王亚澄五代晋天福间授。

〔南唐〕

（威武军）节度使　李仁达五代晋开运间，仁达杀卓岩明，自称威武军节度使留后，南唐授仁达威武军节度使，赐名弘义，后又更名弘达。

〔吴越〕

节度留后　李孺赟知福州留后。　吴程知节度事。（俱五代汉乾祐间任。）**知彭武军节度事**　五代周广顺初，更威武军为彰武军。　钱弘儇　钱元璳（俱广顺间任。）沈承礼宋开宝间任。按《三山志》："太祖授承礼威武军节度、福州管内观察处置三司水陆发运使，沈承礼移为安□军节度使。"

〔宋〕

（威武军）节度使　皇子元隽雍熙间遥领。皇子楞元符中遥领。　童贯政和末授，依前领枢密院事。　郑居中宣和初，授充佑神观使。　李显中乾道中，授充左金吾卫上将军。**承宣使**　姚平仲　宗室有忠（俱靖康间遥领）。　**节度观察留后**　皇伯承范嘉祐间遥领。　**观察使**　王德用仁宗朝任。　皇伯世闻大观中遥领。　**观察留后**　高继勋　高化（俱景祐间任。）

(福建路安抚司)安抚使 林遹建炎间任。 张浚 叶梦得 辛次膺 汪彻 陈俊卿 郑侨 辛弃疾 蔡幼学 杨长孺 杨栋(上十人俱见《名宦志》。) 何琮端平间任。 魏了翁 赵必愿 徐清叟 吴潜 吴渊 马天骥 江万里 洪天锡(上八人俱见《名宦志》。) 雷宜中咸淳间任。(以上俱知福州兼。) **干办公事** 王晞亮 李诚之 徐鹿卿(俱见《名宦志》。) **(兵官)福建路兵马总管** 马秦绍兴间任。 鹧巴乾道间任。 **福建路兵马钤辖** 燕度见《名宦志》。 鱼泽 李贵 黄庠(上三人俱绍兴间任。) **福建路兵马都监** 姜特立见《名宦志》。 **(福建路钤司)福建路兵马钤辖** 张思孟 辛恩俱武翼大夫。 张世贤武功大夫。 郭钦修武郎。 来处恭武功大夫。 王炳武节大夫。(俱嘉定间任。) 寿困武节大夫。 辛恩再任武功大夫。(俱宝庆间任。) 毛楷之 缪震武德郎。 张世雄武经郎。(上二人端平间任。) 徐森木武翼大夫,嘉熙初任。 赵藻武翼大夫。 施梦龙武节郎。 林宋英修武郎。 孙宗礼武翼大夫。(俱淳祐间任。)

(福建制置司)制置使 王积翁宋末以《全闽八郡图籍》献于元。

(福建转运司)转运使 杨克让见《名宦志》。 崔荣雍熙末任。 任维则 牛冕见《名宦志》。(俱端拱间任。) 赵中和周渭(俱淳化间任。) 丁谓至道间任。 赵贺 刘炤(俱咸平间任。) 陈世卿见《名宦志》。 袁炜景德间任。 彭维节大中祥符初任。 方仲荀 韩庶 唐肃(俱天禧间任。) 吕言 苗稹 王奇 张方 俞献卿 李应言 王嘉言(俱天圣间任。) 赵湘 庞籍(俱见《名宦志》。) 边

调　陆轸(上三人俱景祐间任。)　吕绍宁　刘立德(俱宝元间任)　刘适　张徙华　王建中　安积　高易简　邵饰　蔡襄　张去惑(俱庆历间任。)　陈荣古　唐询　杨纮　盛中甫(俱皇祐间任。)　卢革见《名宦志》,治平间任。　罗振　张徽　许抗　蹇周辅(俱熙宁间任。)　贾青元丰初任。　谢卿材元祐初任。　朱宗见《名宦志》。　马天骥知福州兼。　江万里(上二人俱景定间任。)　吴坚　刘震孙　李伯玉　黄万石　冯梦得　雷宜中　曹元发(俱咸淳间任。)　赵崇机德祐间任。(以上九人俱知建宁府兼。)　**副使**　张吉甫　苏澥　徐亿　李竦(俱熙宁间任。)　王子京　陈纮(俱元丰间任。)　吕温卿　张询(俱元祐间任。)　陈建　赵岍(俱宣和间任。)　张穆　程迈　祖秀实(俱建炎间任。)　陈郭遂　李承造　刘窾　郑士彦　陈椈　贺允中　余应求　陈敏识　王浚明　赵伯牛　张宇　马纯　钧光祖　曹戬　赵令讴　王时升(俱绍兴间任。)　陈良祐　陈良翰(俱见《名宦志》。)　沈度　任文荐　王淮　赵子英　沈枢　傅自得(俱乾道间任。)　郑丙　柴瑾　钱佃　谢师稷　赵公硕　颜度　苏岘　赵彦操(俱淳熙间任。)　周颉　陈公亮(俱绍熙间任。)　王括　张孝曾　曾炎(俱庆元间任。)　权安节嘉泰间任。　何综　刘克庄(俱端平间任。)　饶虎臣淳祐末,知建宁府兼。　袁立儒　高斯得见《名宦志》。(俱宝祐间任。)　洪勋　赵孟传(俱景定间任。)　家铉翁见《名宦志》。　**判官**　马遵　刘文炳(俱庆历间任。)　张翥　陈宗古　宁瞻　曹元举　蔡延庆(俱嘉祐间任。)　黄照　郭宏(俱治平间任。)　湛俞　蒋之奇见《名宦志》。　谢仲规　曾默董钺　石赓　王子京　周沃(俱熙宁间任。)　蒋续元丰末任。 孙奕刘士彦 曹辅 韦骧 李孝广 王得臣 陈郛(俱元祐间任。) 秦定 黄思 文勋 黄诰(俱绍圣间任。) 张康国 檀宗旦(俱元符间任。) 孙馨见《名宦志》。 郑可简 唐绩(俱宣和间任。) 谢如意 鲁詹(俱建炎间任。) 张棠 侯懋 徐宇 宇文师瑗 薛昌宋 钱秡 郑士彦 晁谦之 范同 黄积厚 徐琛 范寅秩 苏策 赵令诅见《名宦志》。 鲍延祖 袁复一 丘砺 陈起 姚沆 赵不溢 黄轺 陈弥作 王瀹俱绍兴间任。 邵及之 芮烨 赵不敌 吕企中 陈岘 杨由义(俱乾道间任。) 王佐 刘祖礼 王师愈 王回 林枅见《名宦志》。 沈作砺 陈公亮(俱淳熙间任。) 薛叔似见《名宦志》。孙绍远 卢彦德(俱绍熙间任。) 权安节 苏林 赵充夫(俱嘉泰间任。) 赵善闾 赵善防 李浃(俱开禧间任。) 赵善宣 章良肱 綦奎 费培 俞建 魏大中 赵彦倓 赵伉夫 谯令宪 王松(俱嘉定间任。) 陈汶 郑如冈(俱绍定间任,兼知建宁府职事。) 袁甫见《名宦志》。 姚珏(俱端平间任,兼知建宁府。) 陈埙见《名宦志》。王伯大 方大琮见《名宦志》。(俱嘉定间任。) 项寅孙 谢公旦 康植 包恢 郑次申 史季温(上四人兼知建宁府,以上俱淳祐间任。)陈觉民 徐常 方天若 翁彦国宣和中任。 柳廷俊 黄愿 柯赐 毛奎 曾仔 诸葛安节 章铸 何处任景定初任。(以上一十二人,建宁旧志俱不载何官。) **主管文字** 余祖奭见《名宦志》。 **干办官** 赵彦橚见《名宦志》。

(提刑司)文臣提刑 马亮见《名宦志》。 丁逊景德末任。 刘□[15]大中祥符间任。 王文震 耿克从(俱天禧间任。）　王耿乾兴初任。　林宥天圣初任。　刘立之　韩琚　栾源（俱景祐间任。）　李敷宝元初任。　丘倚　王罕　高易简　苏舜元　卢咸（俱庆历间任。）　章君陈　吕公孺（俱皇祐间任。）　张肃　施元长　王陶见《名宦志》。（俱嘉祐间任。）　罗拯见《名宦志》。　陈益俱治平间任。　阮绅　宋道　李景亮　叶温叟　沈叔通　徐总（俱熙宁间任。）　闾丘孝直　李茂直　喻陟（俱元丰间任。）　彭寂　钱唤　祖无颇　曹振（俱元祐间任。）　王祖道　张琬（俱绍圣间任。）　程遵彦元符初任。　周谊建中靖国初任。张向　毕渐　乔世材（俱崇宁间任。）　句仲甫　陈觉民　邵琦（俱大观间任。）　陈建　郑南（俱政和间任。）　王仲闳　俞向　耿南金（俱宣和间任。）　陈桷见《名宦志》。　李芘　林杞　梁泽民　王绾（俱建炎间任。）　廖刚见《名宦志》。　徐庚　刘峤　吕聪问　施垌　宋孝先　李维　方庭实见《名宦志》。　李公懋　李靴　王元鼎　吴序宾　孙汝翼　赵令珢　吴逵　沈大廉　樊光远　王大宝见《名宦志》。　梁仲敏　李莫　沈枢　何佾（俱绍兴间任。）　任尽言隆兴间任。　李若朴　何逢原　吴龟年　赵子英　吕企中（俱乾道间任。）　郑良嗣　谢师稷　孙宪文　陈孺（俱淳熙间任。）　周必大见《名宦志》。　陈公亮绍兴初任。　宋之端庆元初任。　杨潜嘉泰初任。　李孟传见《名宦志》。　陈彭寿　刘应祖　朱端常（俱嘉定间任）　郑如冈绍定间任。　徐愿端平中任。　项寅孙　赵纶　王爚　包恢（上二人见《名宦志》。）　史季温（俱淳祐间任。）　李伯玉见《名宦志》。　刘震孙　徐明叔（俱咸淳间任。）　**武臣提刑**　王守元景德间任。　韩□大中祥符间任。　张□　丁谏（俱天禧间任。） 寇用和乾兴间任。 赵易简（俱天圣间任。） 张之雄 刘逵（俱景祐间任） 王翼宝元初任。（以上俱阁门祇候充。） 李傅供备库副使充，宝元间任。 张□阁门祇候充。 郭承规供备库副使充。 张显普 鲁经（俱阁门祇候充。以上俱庆历间任。） 翟承恭左藏库副使充，皇祐间任。 柴肃阁门祇候充。 李宗孟内殿承制充。（俱嘉祐间任。） 杜该内殿崇班充，熙宁初任。 郑兴裔旧志“裔”作“宗”。见《名宦志》。 叶南仲敦武郎。 郑槐武经大夫。（俱淳熙间任。）

检法官 余武弼见《名宦志》。

（提举常年茶司）提举常平茶盐公事 谢仲规熙宁间任。 蹇周辅 蒋续（俱元丰间任。） 黄诰绍圣间任。 鲍由见《名宦志》。 江公著元符中任。 王仲闳政和间任。 李承遇 徐琛 杜圯 洪昕 袁复一 丘砺 王秬 王瀹 张元礼 张汝楫 刘嵘 周操 沈枢 钟世明 黄章（俱绍兴间任。） 姜诜隆兴间任。 吴龟 王次山 李元老 郑伯熊 周自强 王逨[16] 薛居实（俱乾道间任。） 胡倚 姚宗之 何称 陈苍舒 陆游 吴飞英 周颉 陈仲谔 宋若水 孙绍远 应孟明见《名宦志》。 吴斑（俱淳熙间任。） 陈杞 李沐 张涛 宋之端（俱绍熙间任。） 蔡幼学见《名宦志》。 林思齐 陈棅 张经 杨潜（俱庆元间任。） 苏林 赵公升（俱嘉泰间任。） 盛庶 魏梦熊 李孟传（俱开禧间任。） 陈铸 胡窠 陈纪 陈彭寿 潘友文 刘允济 宣缯 刘应祖 朱端常 赵彦纾 罗仲舒（俱嘉定间任。） 王梦 沈谧（俱宝庆间任。） 史弥忠 郑如刚 方備（俱绍定间任。） 徐愿端平初任。 彭方 叶奭 李升英 赵纶（俱嘉熙间任。） 蔡籥 王

寓　赵师耕　楼治　袁立儒　范午之(俱淳祐间任。)　谢子强　赵嘉庆　汤汉见《名宦志》。(俱宝祐间任。)　李伯玉　赵逢龙见《名宦志》。　留梦炎　胡弌之[17](俱景定间任。)　刘震孙　徐明叔　陈纬　林畔(俱咸淳间任。)　**干办官**　陆祐见《名宦志》。

诸　司附

(西外宗正司)知宗正司事　士樽　子滇　士溓　士衎　士礽(俱绍兴间任。)　子潚隆兴间任。　子英　士秀　士程　不敌(俱乾道间任。)　子涛　公廙　公迥(俱淳熙间任。)　不慮开禧间任。　师耕淳祐间任。

(南外宗正司)知宗正司事　士樽建炎间任。　令廰　□仲　士瞰　士源　士珸　士剸　子游(俱绍兴间任。)　不猷隆兴初任。士豢　士穆　士歆(俱乾道间任。)　士石　不敌　不流　子涛　公迥　不逿[18](俱淳熙间任。)　不艰　不戒(俱庆元间任。)　彦禔　不慮(俱嘉泰间任。)　伯棣开禧间任。　善践　不棓　善锐(俱嘉定间任。)　篯夭宝庆间任。　汝固　彦侯(俱绍定间任。)　师蹇　崇嵒(俱端平间任。)　汝恭　师赈(俱嘉熙间任。)　师恕　师珂　希循　希衮　与分(俱淳祐间任。)　**(敦宗院)主管**　黄祖舜建炎初任。　李衎　张洵　梁李珌(俱乾道、淳熙间任。)　林行知嘉定间任。　**(宗学)教授**　郑汝谐　傅伯成　林淳厚泰定初任。　林信厚　黄叔度　王迈见《名宦志》。　黄自然。

(提举市舶司)提举　徐确　上官厚　钱景邈　周需

乐昭衍　章焕文　施述　蔡楠[19]（上二人政和间任。）许大年　张佑（俱宣和间任。）　鲁詹靖康初任。　邵邦达建炎间任。　徐与可　李承遇　王权　赵奇　吕用中　鲍仔[20]　韦寿成　楼砘　曹泳　赵士鸣　李庄　张子华　郑寀　傅自修　张汝楫　陈之渊　黄绩　何俌　林之奇（俱绍兴间任。）　郭知训隆兴初任。　程祐之　马希言　陆沅　张坚（俱乾道间任。）　虞似良　苏岘　韩康卿　彭椿年　严焕　林邵　潘冠英　胡长卿　张逊（俱淳熙间任。）　王涣　赵汝彧（俱绍熙间任。）　许知新　詹徽之　黄缵（俱庆元间任。）　余茂实　曹格　郭晞宗（俱嘉泰间任。）　赵盛　赵亮夫（俱开禧间任。）　朱辅　王枢　赵不熄　傅庸　叶元澥　赵崇度　施棫　魏岘　赵汝适（俱嘉定间任。）　谢采伯　李韶（俱绍定间任。）　叶宰　黄朴（俱端平间任。）　刘炜叔　赵涯　王会龙（俱嘉熙间任。）刘克逊　赵希楙　陈大猷　赵师耕　杨瑾（俱淳祐间任。）

〔元〕

（福建行中书省）平章政事　拜降　伯颜　唐元歹　阇里　高兴　史弼（上二人见《名宦志》。以上俱至元间任。）　史燿　普兼善　普化帖木尔　亦黑迷失　月约迷失元贞间任。　阔里吉思大德间任。　左答纳失里　阿鲁温沙　燕只不花　完者帖木儿　陈有定（俱至正间任。）　**右丞**　忙古歹　拜降　伯颜　灭里（俱至元间任。）　月约迷失元贞初任。　脱脱大德初任。　廉惠山海牙　忙兀台（俱见《名宦志》。）　庄嘉　朵歹（俱至正间任。）　**左丞**　董文炳　忽剌出（俱见《名宦志》。）　伯颜管八都　廉复　孛鲁迷失

海牙　完颜(俱至元间任。)　扎剌　立丁元贞初任。　吴铎　魏刘家奴(俱至正间任。)

参知政事　李庭　忙古歹　蒲寿庚　唆都　焦德裕(上二人见《名宦志》。)　胡忙古歹　魏天祐　蒲师武　忽怜马合马(俱至元间任。)　帖木儿　李家奴(俱大德间任。)　讷都赤　赵唐兀歹　卓思诚　陈有定(俱至正间任。)　**佥省**　严忠祐　岳乐也奴(俱至元间任。)　**郎中**　赵□　韩□　孙□　哈剌歹阿里　刘□　木八剌　杨□(俱至元间任。)　郝□元贞间任。　虎都铁木禄　柏帖　穆尔王澣(俱见《名宦志》。)　**员外郎**　萧俊　刘□　冯□　解□　扎剌丁　张□　王冕　严翼(俱至元间任。)　阿里王□(俱元贞间任。)　**都事**　蓝光见《名宦志》。　马世杰　刘公弼　张□　严翼　周德元　赵□　张纪　吴均　樊□　张光祖(俱至元间任。)　李□　贾讷(俱元贞间任。)　**管勾**　李□　毋□　李瑀(俱至元间任。)　**照磨**　杨守信至元间任。

(福建平海行中书省)平章政事　阔里吉思　高兴　月的迷失(俱大德间任。)　**右丞**　脱忽脱大德初任。　**左丞**　乌马儿大德初任。　**参知政事**　铁木不花　李家奴(俱大德间任。)　纳都赤至正间任。　**佥省**　岳罗大德初任。　**(随省官属)检校**　张陆　猪狗(俱大德间任。)　**(理问所)理问**　秃满　塔不歹(俱大德间任。)

(福建道宣慰司)宣慰使　塔里赤　李恒(俱见《名宦志》。)　张荣　王积翁　李庭　魏天祐　王刚中　太不花　阿里罕　岳乐　也奴　石天璘　高兴俱至元间任。　墨黑至正间任。　**同知**　李珏前至元间任。　保定奴至正间任。 **副使** 捏古伯 张开白 陈珪 宋熙(俱至元间任。) **经历** 罗□ 白□(俱至元间任。) **都事** 韩琛 姜□ 许好仁 张光祖(俱至元间任。) **照磨兼架阁管勾** 攸天祐 秦谅(俱至元间任。)

(福建道宣慰使司都元帅府)宣慰使都元帅 百家奴见《名宦志》。 扎剌立丁 帖木儿 李家奴 八思儿不花八剌蛮 塔剌赤 撒都 李也先不花(上八人俱大德间任。) 孛罗 八失忽都鲁万奴 帖乞绵赤 冻阿术 李果(俱至大间任。) 腆合皇庆间任。 剌失 刘良 不剌罕 纳速剌丁 定注海牙(俱延祐间任。) 马速忽 郭完泽(俱至治间任。) 牙安的斤 脱劝 王都中见《名宦志》。 众家奴(俱泰定间任。) 搠思监见《名宦志》。 庄嘉 **同知副都元帅** 马翃 米诚 田可宜(俱大德间任。) 帖木儿答失至大间任。 阿思兰 端徒(俱延祐间任。) 不花帖木儿至治初任。 脱儿赤颜 怯来(俱泰定间任。) 彭庭坚 陈君用(俱见《名宦志》。) **副使** 忽都不丁 王柔 刘良 王寿 胡继毅 廉忱(俱大德间任。) 亦祖丁至大间任。 罗罗沙 史埜(俱皇庆间任。) 苫思丁 答儿马失立 任拯(俱延祐间任。) 朵儿只至治初任。 暗都剌泰定间任。 **经历** 辛升 答术丁 任拯(俱大德间任。) 傅泽至大间任。 郭瑛皇庆初任。 李良杰延祐间任。 郜从乐至治间任。 萧翥 任文通(俱泰定间任。) **知事** 冯愿 郭惠 段文富 李霖 暗都剌张翥(俱大德间任。) 吕正臣至大间任。 郭皞 万朵儿别歹 赵敏 高从政(俱延祐间任。) 江正 纪昱(俱至治间任。) **照磨兼架阁管勾** 曹璘 孙谦 安贞(俱大德间任。) 傅进皇庆初任。　张渊延祐初任。　陈凯至治间任。　杨杰泰定间任。

（福建闽海道肃政廉访司）廉访使　王恽见《名宦志》。　忽鲁忽都　云从龙未曾到任。　程钜夫见《名宦志》。　教化的（俱至元间任。）　脱脱木儿　赵文昌　严度　奥兀兰　普化（俱大德间任。）　乌古孙泽见《名宦志》。　和尚　塔里牙赤　月列（俱至大间任。）　张思诚皇庆间任。　阿里　赵宏伟见《名宦志》。　多礼质班　别里哥秃（俱延祐间任。）　咬咬　张古（俱至治间任。）　答里马"里"，《题名碑》作"儿"，见《名宦志》。　郑荣祖　王都中　杜贞　易释董阿（俱泰定间任。）　卜咱儿　西汉杰（俱天历间任。）　拜降　朵儿质班（俱至顺间任。）　秦从德　笃思弥实　王瓛（俱元统间任。）　罗廷王　寿僧宝寿（俱后至元间任。）　顺昌　埜仙忽笃　魏中立　丑德　欧阳玄　荣祖　保定奴　崔帖谟迩　普化　黑黑　僧家奴　也先不花　许从宣　庄嘉　贡师泰见《名宦志》。　讷都赤　郭兴祖　不八沙恩宁普　赡思下　橐欢　帖木列思　孙三宝　韩准（俱至正间任。）　**副使**　不花　仇锷未曾到任。　李果　哈觪（俱至元间任。）　商晦　钦察（俱元贞间任。）　毕偁　张孝思　秃满　式列乌台（俱大德间任。）　吉天祐　哈散　杜溥（俱至大间任。）　伯伯　刘参（俱皇庆间任。）　李俞　密兰　张揆（俱延祐间任。）　月忽难至治间任。　宋节　寿僧（俱泰定间任。）　伯颜不花　王恭亮　李端　玉速帖不儿（俱至顺间任。）　察八的月思元统间任。　杨焕　大都　穆八剌沙（俱后至元间任。）　干玉伦徒　秃鲁　李执中　梁克中　太茶花　马合麻　索元岱　宝哥见《名宦志》。

张珪　普华帖睦尔　朵儿只班　普颜帖木儿　郭兴祖　元奴　李好直　元德　张士坚　易普剌金　易理雅思　大都(俱至正间任。)　**佥事**　张孝思见《名宦志》。　木敦　殷尚敬　赵钦止　讹陀义　潘昂霄　陈锡(俱至正间任。)　秃满元贞间任。　沙的　王寿　张祯　阔阔歹《三山续志》以为副使,与《题名碑》不同,疑当以碑为正。　忽里歹　聂辉　田滋　忽辛　崔杰(俱大德间任。)　奥屯履　张天翼(俱至大间任。)　忽剌孙　迷沙　吴泰(俱皇庆间任。)　任拯　八剌　狗儿　王文昌　阿术　李企贤　沙班(俱延祐间任。)　王笴　海僧　宋鼎新(俱至治间任。)忽先"先",《三山续志》作"辛"。　普颜笃鲁弥实　张忽都答儿　马益孛罗俱泰定间任。　倒剌沙天历初任。　韩搏阿剌忽失　马合马(俱至顺间任。)　丑问　杨不花　元童(俱元统间任。)　别鲁　史焯　俎冕　当住　在答纳失里　孙士敏　耶律权(俱至元间任。)　山东　答儿麻　赵承禧　王虚　火儿忽达　脱因　拜住　司廩　六十九　张止　普颜铁睦尔　安谦　观音保　申屠驹　奥鲁赤　赫德尔　田九嘉　郭兴祖　普颜帖木儿　脱因　乃马歹　薛端　丁木薛　余德水　忽扎马丁　李贤翼(俱至元间任。)　暗都剌　赵执中　扎剌鲁丁木薛　忽都不丁　石哈剌不花(俱大德间任。)　廉也先海牙　张天纪(俱皇庆间任。)　脱因　范德郁　朵儿伯台　沙的　王从政(俱延祐间任。)　赛甫丁　中都海牙　钱光弼(俱至治间任。)　密剌沙　蒲居仁　忽辛　郭都(俱泰定间任。)　**同知**　焦昶　张卫　速来蛮　赡思丁(俱至元间任。)　八哈鲁思元贞初任。　麻速忽　木八剌(俱大德间任。)　范德郁皇庆初任。

孙英延祐间任。　范忠至治间任。　贺贞泰定初任。　**副使**　扎剌鲁丁木薛　阿老瓦丁　周邦达　梁琮　严翼（俱至元间任。）　陈或　辛升（俱大德间任。）　迭烈思八皇庆初任。　忽辛　马速忽延祐间任。　廉大悲奴至治间任。　哈都儿丁　木八剌沙（俱泰定间任。）　**运判**　樊忠　许荣祖　周邦达　张天璘　阿答（俱至元间任。）　**经历**　马克温　曹显　严翼　张琇　张天麟　马合抹沙　卫璧　苏谓（俱至元间任。）　吕正臣元贞间任。　孙英　许可（俱大德间任。）　刘李庄皇庆初任。　董德用延祐间任。　严琦至治间任。　冯廷琇　曹泰亨（俱泰定间任。）　**知事**　孙荣　孙泰　张可　张纪　阿答　张逵　向泉　赵思恭　张引　贾尔　周浩　波若帖木儿　亦怜真　刘完者　释迦奴　必剌的纳　郑潜　刘守信　速来蛮　德寿　李文彬　刘答实帖木儿　管不花　王伯　颜不花　张孝理　八里颜　月忽难　**经历**　赤盏显忠　程仲温（俱至元间任。）　房瑜　任凤（俱大德间任。）　凌时中至大间任。杨铉皇庆初任。　张国维　刘艺（俱延祐间任。）　陈瑞　李世英（俱泰定间任。）　何执礼至顺间任。　杨烈元统间任。　**知事**　张伯淳　武履常（俱至元间任。）　高汝楫　杨铉（俱大德间任。）　耶律行简皇庆初任。　赵植　吴泰（俱延祐间任。）　王鹏翼至治间任。　范椁见《名宦志》。　赵礼天历间任。　焦懋至大初任。　萨都剌　杨瑛（俱后至元间任。）　**照磨**　刘英至元间任。　谢守礼贞元间任。　卜渊大德间任。　张渊至大间任。　杨刚中皇庆初任。　刘自持延祐间任。　刘恕至治间任。真圣奴至顺间任。　李君谅后至元间任。

寄　治附

(行御史台)　治书侍御史　韩准见《名宦志》。

诸　司附

(福建等处都转运盐使司)运使　刘巨源　魏天祐宣慰使兼。　扎剌儿觧　马合马　阿里　燕宗龙　扎剌鲁　张昉(俱至元间任。)　王茂元贞间任。　辛昱　彭椿(俱大德间任。)　贾思恭皇庆初任。　冯廷琇　欧阳谦受(俱延祐间任。)　王克让至治间任。　真渊子　孙继先(俱泰定间任。)　**提控**　王克让　虞泽　许文翼　沙的　郁知柔　张逵　张之道(俱至元间任。)　完颜瑛元贞初任。　冯禧　李缙　刘德源　夏济(俱大德间任。)　赵敬　邢让(俱延祐间任。)　李彧至治间任。　李彦实泰定间任。　**照磨**　韩天翼　刘大亨　任渊　吴惠　田道明(俱至元间任。)　李贤元贞初任。　刘可　高显忠(俱大德间任。)　张从政皇庆初任。

(市舶提举司)提举　黑的　宋熙　张铎　陈珪(俱至元间任。)　八哈迭儿　马合谋　段庭珪(俱大德间任。)　沙的　石抹羌吉剌歹　孙国英　海寿(俱至大间任。)　赡思丁　木八剌沙　严文　哈散　朱善辅　廉寿　山海牙(上五人俱延祐间任。)　剌倒沙　裴坚(俱至治间任。)　昔宝赤　赵敏　八都鲁丁　刘选　亦思马因　暗都剌　蛮子海牙　忽都鲁沙　也先帖木儿　乌枢葛绍祖　驴儿　合

山　聂世英　回回　项棣孙(上七人俱至□间任。)　**同提举**　高闾至元间任。乌马儿大德间任。刘侃　王良弼(俱至大间任。)　马合麻　拜住至治间任。　怯烈　怯来　马合马沙　袁成　忻都　翟从德　谢不花　李也先(上三人俱至正间任。)　**副提举**　卫璧至元间任。　阿不撒　刘孚(俱大德间任。)　木八剌沙　别都鲁丁　忽辛(俱至大间任。)　杨思敬　石廷玉　乐礼延祐间任。　刘文佐　赵敬(俱至治间任。)　施泽　答亦儿不花　买驴　刁昔剌不花　刘克礼　严亮　买住(上二人俱至正间任。)　**知事**　高升至元间任。　张复礼至大初任。　**提控**　张禧　虞泽(俱至元间任。)　康珪大德间任。　蔡时亨至大间任。　**照磨**　张埜　袁裔(俱至元间任。)

〔国朝〕

文职

(福建等处承宣布政使司)左、右布政使　郑思先见《名宦志》。　吴昭　薛大昉　张机(俱洪武间任。)　张拱辰　邹昱　麻冕　刘瑾　吴福(俱永乐间任。)　周颐　侯轨　宋彰　孙升　范理(俱正统间任。)　黄懋　石瑁　黄舆(俱景泰间任。)　徐瑾　姚龙　刘让(俱天顺间任。)　刘敷　张斌　朱英桂阳人。　路璧　王高(俱安福人。)　钟清瑞安人。　李田　李嗣广州人。　钱琎鄞县人。　温琮华阳人。　陈渤余姚人。　徐贯淳安人。　章格常熟人。(俱成化间任。)　戴珊浮梁人。　陈宾无锡人。　**左、右参政**　蔡喆　杨景衡　王钝(俱见《名宦志》。)　唐俊　阮崇

礼　高晖　吕崇艺　瞿庄　萧礼(俱洪武间任。)　房安见《名宦志》。　王平　祖述　钱祖(俱永乐间任。)　彭春　张璘　颜泽　胡廙(俱宣德间任。)　杨盛　宋彰　彭森　周礼　王士华　吴高(俱正统间任。)　陈瑊　张斌　刘让　许仕达徽州人。　李颙博罗人，见《名宦志》。(俱景泰间任。)　徐敬天顺间任。　陈蕙　陆杲苏州人。　赵宬　钟清　李昂杭州人。　徐贯　刘观　应颢淳安人。　冯遵　刘大夏华容人。　秦夔　陈宾　沈晖宜兴人。　王范开州人。(俱成化间任。)　叶萱松江人。弘治元年任。　**左、右参议**　郑湜见《名宦志》。　王钝　郭琎见《名宦志》。(俱洪武间任。)　李烨　李文华　叶仲贤　刘隆　辛彦博　孙恪　杨鼎　苗贤(俱永乐间任。)　李珏　樊翰(俱宣德间任。)　金敬　徐杰　刘萃　荆璞　陈浩　赵象　陈琰(俱正统间任。)　刘琛　赵庆　李迪　邓履纯(俱景泰间任。)　陈云鹏　李春　唐世良(俱天顺间任。)　袁芳　赵昌　张雄　丁本　黄霖　裴忠　崔仪　陈渤　黄澄　孔宗显　张琳余姚人。　沈晖　叶祚吴县人。　叶萱(俱成化间任。)　程廷珙浮梁人。　**(经历司)经历**　冯宪　徐善(俱永乐间任。)　孙震兴化府知事署。　何景春建阳县县丞署。(俱宣德间任)　李祐景泰初任。　唐庆　罗瑄(俱成化间任。)　**都事**　曾性　熊纪(俱永乐间任。)　周仲礼宣德初任。　张震正统间任。　徐善景泰间任。　顾铭　徐缙(俱成化间任)　曾庆弘治元年任。　**(照磨所)照磨**　郑琚景泰间任。　沈埙　阎恪　蔡宣(俱成化间任。)　**检校**　周季方永乐间任。　张隆　司义(俱正统间任。)　韩昇天顺间任。　汪澄　严正(俱成化间任。)　龙升弘治元年任。

(理问所)理问　刘庭兰　陈满(俱永乐间任。)　林宪　刘景昭　孙英(俱成化间任。)　**副理问**　金谅正统间任。吴本　李均(俱成化间任。)　倪逢盛弘治元年任。　**案牍**　郭文辅　张贯(俱永乐间任。)　马杰成化间任。

(福建等处提刑按察司)按察使　陶垕仲见《名宦志》。阮友彰庐陵人。　张盟淮安人。(俱洪武间任。)　李观苍梧人。　朱应祖武陵人。　邵玘见《名宦志》。(俱永乐间任。)　李素见《名宦志》,宣德间任。　谢庄武进人。　方册德兴人。　陈璞嘉定人。(俱正统间任。)　杨珏临海人。胡新建昌人。(俱景泰间任。)　马文升钧州人。天顺末任。张鹏涞水人。　刘敷永新人。　洪弼淳安人。　唐彬山阴人。　温琮　刘城饶州人。　王继　谢绶抚州人。(俱成化间任。)　高崧襄城人。弘治元年任。　**副使**　王琏见《名宦志》。　李惟益阳曲人。　贺弼　闻人善庆余姚人。陆仲英山阳人。(俱洪武间任。)　李温　虞文达余姚人。陈思聪奉节人。　樊彧闻善人。　高永康　童铨淳安人。李公止襄垣人。　张翥威县人。　钟永用醴陵人。　许升上海人。　卫浩常熟人。　李琳定远人。　刘隆彭泽人。谢孚当涂人。　祝戒兰溪人。(俱永乐间任。)　成宁可盐城人,洪熙初任。　刘棻慈溪人。　王增南城人。　胡智会稽人。(俱宣德间任。)　姚震杭州人。　王让安福人。　高敏华亭人。　邵宏誉　曹祥获嘉人。　丘俊程乡人。　周瑄淳安人。(俱正统间任。)　胡新　徐朝宗分水人。　顾睢长州人。(俱景泰间任。)　吴中见《名宦志》。　郑颙钱塘人。沈讷昆山人。　郎胜建德人。　王凯庆都人。　郑佑见《名宦志》。　钱珊鄞县人。　浦清上海人。(俱天顺间任。)

余洵鄞县人。　牟俸　何乔新广昌人。　潘祯六安州人。　辛访襄阳人。　游明见《名宦志》。　应灏　刘珂安福人。　温琮　刘城　刘乔万安人。　林荣番禺人。　周鼐贵溪人。　李冕剑州人。　汪进婺源人。　胡荣新喻人。　高崧　张玉吴桥人。（俱成化间任。）　郝志义清涧人。　罗璟泰和人。　萧谦　佥事　周仪　陈善道　张翥任城人。　谢肃见《名宦志》。　陆维彰上虞人。　丁琳南城人。　张敏　俞居善　方显（俱洪武间任。）　武信滁州人。　高勉寿光人。　袁方乾州人。　秦俊临汾人。　沈全故城人。　黄栩浦江人。　姚宣嘉兴人。　龚岩崇明人。　陈扩吴县人。　胡恪高唐人。　蔡完　夏儒潜山人。　张翼归安人。　沈镒见《名宦志》。　孙完萧山人。　冯本清余姚人。　丁宁宜兴人。　杨杰　严梅安陆人。　徐则宁金溪人。　陈鉴江陵人。　刘选大邑人。　陶玮星子人。　吕升见《名宦志》。　刘吕大邑人。　钱遂志吉水人。　周常定远人。　徐誉江阴人。　徐隆东阳人。（俱永乐间任。）　王生新乡人。　鲁穆见《名宦志》。　薛景安华亭人。　杨勋崇仁人。　周英　沈敬华亭人。（俱宣德间任。）　廖谟泰和人。　王玑　高超吉水人。　张崇东阳人。　张居彦上虞人。　李实丰城人。　李在修吉水人。　况真高安人。　董应轸麻城人。　王迪金华人。　陈祚　马嵩东州人。　王骥吉水人。　陈烈蕲州人。　蔡云翰大庾人。　吕昌新昌人。　张彦丰城人。　杨珏　李颙（俱正统间任。）　曾蒙简泰和人。　沈讷　孙振望丰城人。　赵访麻城人。　宋洵滦县人。　马琓丹阳人。　宋钦乾州人。（俱景泰间任。）　徐彬黄岩人。　牟俸见《名宦志》。　曹景句容人。　包瑛山阳人。　陈全宜兴人。　康麟顺德人。　游明　萧銮潮阳人。　齐昭山阳人。　黄隆鄞县人。　刘子肃南昌人。　朱毅余姚人。(俱天顺间任。)　康弘敬泰和人。　周谟新淦人。　李英临桂人。　杨德夏邑人。　钟瑊当涂人。　张鸾吉水人。　余谅新会人。　章懋兰溪人。　陈轻青阳人。　高崧　林克贤黄岩人。　谈俊德清人。　周孟中庐陵人。　戴祐嘉兴人。　任彦常应天府人。　李蓴四川人。　杨廷贵岳池人。　伍希闵安福人。　胡富绩溪人。(俱成化间任。)　杨泽天台人。弘治元年任。　**(经历司)经历**　余庆正统间任。　**知事**　蒋澈宣德间任。　**(照磨所)照磨**　陈岳　胡献正统中任。　潭清　梁甫(俱景泰间任。)　王浚天顺间任。　杨暄成化间任。　**检校**　沈锜永乐间任。　李镗宣德间任。　王彦才天顺间任。　朱迎勋成化间任。

武职

(福建都指挥使司)都指挥使　谢玉柱初名柱。　张得宜　赵奎见《名宦志》。　史炯(俱洪武间任。)　王观　张远　蒋贵(俱永乐间任。)　**都指挥同知**　王诚　计忠(俱洪武间任。)　李玉　张远　王观(俱永乐间任。)　孙安　雍埜　秦敏　陶旺　刘宽(俱正统间任。)　闵忠天顺初任。　郑贤　高贵　窦杰　马澄(俱成化间任。)　**都指挥佥事**　李观　计忠(俱洪武间任。)　郑琦　王观(俱永乐间任。)　金英　陶旺(俱宣德间任。)　刘海　朱成　王胜见《名宦志》。　赵钢　刘宽　邓安见《名宦志》。(俱正统间任。)　金昂由福宁卫指挥使升。　钱辂见《名宦志》。　陶勇　杨海由泉州卫指挥使升。　桂福由镇海卫同知升。(俱景泰间任。） **武成**见《名宦志》。 **张瑛**（俱天顺间任。） **刘源** **沈海** **朱升** **辛晟** **董良** **沈贵** **房骥**（俱成化间任。）**（经历司）经历** 方综景泰初任。 方贯 董骏（俱成化间任。） 丘禄 **都事** 殷礼正统间任。 袁琮景泰间任。 柳慎成化间任。 **（断事司）断事** 黄训宣德间任。 竺廉正统间任。 孙晖 李明成化间任。 **副断事** 邓进天顺间任。

（福建行都指挥使司）都指挥使 师祐由本司佥事升，永乐间任。 王亮正统间任。 **都指挥同知** 马雄由本司佥事升。 曹敬正统间任。 张福 阚文（俱成化间任。）**都指挥佥事** 师祐 侯镛 徐信由建宁左卫同知升。（俱永乐间任。） 张觊宣德间任。 马雄 张瓛 张凯 范真 吴刚（俱正统间任。） 丁泉见《名宦志》。 仲荣天顺间任。 杨海 吴杲由建宁卫指挥使署。 王皞（俱成化间任。）**（经历司）经历** 项良善 叶寿 汤杰 沈荣 吴锦 **都事** 丘泰 金□ **（断事司）断事** 田盛 王敏（俱洪武间任。） 范雯 夏瓛（俱成化间任。） **副断事** 鉴昭成化中任。

属　司附

（福建都转运盐使司）运使 史潜景泰初任。 严贞 刘玑天顺间任。 康骥 朱稳 周凤 金迪（俱成化间任。） **同知** 胡杰正统初任。 魏安天顺间任。 张睿 徐福 郝志义 高辅 张盛（俱成化间任。） 胡赞弘治元年任。 **副使** 胡缙天顺间任。 田昭 石旻（俱成化间任。）**判官**　叶汝梅宣德间任。　张昱　苏瑛（俱正统间任。）伍巩　符芳　陈明（俱成化间任。）**（经历司）经历**　卫俊明永乐间任。　林庠　陈廉（俱成化间任。）朱义弘治元年任。　**知事**　熊彦才　王通　周伦（俱成化间任。）

郡　县

福州府

〔后汉〕

侯官长[21]　商升建安元年任。　**南部都尉**　贺齐见《名宦志》。

〔晋〕

太守　严高　刘琨[22]（俱见《名宦志》。）赵理　郑逸　杨岱　卓宏永兴中任。

〔东晋〕

太守　郭粹　贺乔　杨羡　谢栌　陈熙　师畅　陈云　谢永　顾飏　薄旧　朱真　祖曾[23]　魏随　王昭（上二人俱升平间任。）陶宏　李崇（俱兴宁间任[24]。）江谅咸安初任。　戴固康宁初任。　贺期　王祐　戴眇　王楚之　陶夔　孔粲（俱太元间任。）谢景兴　刘延寿（俱隆安间任。）刘玄元兴初任。　张须元　殷隐　张裕　胡昶　胡方生（俱义熙间任。）

〔刘宋〕

太守 颜胡 乐探之 何融(俱永初间任。) 张先顼 阮弥之 池云子 阮仁之 丘祚 阮永之 颜仲文 刘隐 范璩 王粹(俱元嘉间任。) 何恢孝建中任。 殷瑶 王环之 孔灵产 江辉 刘瞻(俱大明间任。) 周景 袁俅 谢飏 虞愿见《名宦志》。(俱泰始间任。) 王秀之见《名宦志》。 刘正(俱元徽间任。) **内史** 刘德愿元嘉间任。

〔齐〕

太守 丘仲趋 孔景之 萧世轨(俱建元间任。) 王份 袁利 孔彻 王德元(俱永明间任。) 陈休尚建武间任。 谢璟永泰间任。 刘景超永元间任。 **内史** 刘常永明初任。

〔梁〕

太守 范缜见《名宦志》。 刘业 彭永年 崔远珍 刘融 谢茂 王瞰 柳津 徐松[25] 萧机(俱天监间任。) 崔仁普通间任。 徐惬大通间任。 袁士俊 臧厥百姓谓之“臧兽”。(俱中大通间任。) 萧永以观宁侯知。 萧正表以封山侯知。 萧推以南津侯知。(俱大唐间任[26]。) 萧基以长乐侯知,中大同初任[27]。 萧云以宾化侯知,太清间任。 陈羽大宝初任。 陈宝应羽之子,以郡传之。绍泰初任。 **内史** 江彦标天监中任。 **监郡** 羊侃见《名宦志》。 袁狎大同中任。

〔陈〕

太守　王质天嘉末任。　曹仕明　樊毅光大初任。　萧纪以宜黄侯知。　罩文奏　骆文牙(俱太建间任。)　章大宝　吴惠觉(俱至德间任。)

〔隋〕

太守　刘弘　郑万顷　莱桂国护　韦冲[28](俱开皇间任。)　陈升　杨许(俱大业间任。)　章世超义宁初任。
通守　阎弘吉大业间任。

〔唐〕

(福州长乐郡中都督府)刺史　王义童武德末任。　薛登　方叔述　杨遏[29]关长信　刘伯瑛　元韶(俱贞观间任。)　薛士通永徽间任。　王大礼龙朔初任。　张承庆　袁德仁(俱景云间任。)　任乾英先天初任。　梁惟忠　傅黄中　谢光庭　王崎作“琦”。　田义昌　辛子言　许融　李亚丘　徐峤(俱开元间任。)　卢昇明　李晄　裴悟　高璠　许炅　刘寡悔　杨知古(俱天宝间任。)　吉湒至德间任。　董玠乾元间任。　李承昭上元间任。　李椅　皇甫政　鲍防(俱大历间任。)　常衮　孟皞(俱建中间任。)　卢惎[30]　吴诜　吴凑　郑叔则　王翃　李若初　柳冕　阎济美(俱贞元间任。)　陆庶　元义方　裴次元　薛謇　元锡　裴义(俱元和间任。)　徐晦　卫中行(俱宝历间任。)　独孤朗　张仲方　桂仲武　段伯伦(俱太和间任。)　唐扶　卢正(俱开成间任。)　崔干　罗让　李贻孙　黎

植　杨发　王镇(俱大中间任。)　杜宣猷　孟彪　李瓒　李景温(俱咸通间任。)　李晦　李播　韦岫(俱乾符间任。)　郑镒广明初任。　陈岩中和末任。　范晖景福初任。　王审知乾宁末，兄潮命知。　**别驾**　卫总持　任弘毅(俱贞观间任。)　**长史**　王孝敬永徽间任。　唐循中开元间任。　**司马**　萧嗣德咸亨初任。

(闽县)令　李茸见《名宦志》。

(福唐县)尉　林攒见《名宦志》。

(连江县)令　刘逵见《名宦志》。

〔伪闽〕

刺史　王安翰同光间任。　王继鹏长兴间知[31]。(俱五代唐授。)　王继昌五代晋开运间知。

〔吴越〕

刺史　李孺赟[32]　吴程(俱五代汉乾祐间任。)　钱弘儇　钱元璝　钱俑(俱五代周广顺间任。)　钱俊五代周显德间任。　鲍脩让宋建隆初任。　孙赞明　孙承祐　沈承礼　钱昱(俱宋开宝间任。)

校　注

[1]《明史》无王恭传，太祖十六女之驸马都尉亦无王恭名。惟太祖长兄南昌王女福成公主嫁王克恭。洪武元年册福成公主，授克恭驸马都尉。克恭尝为福建行省参政，后改福州卫指挥使。

［2］《明史·周德兴传》载洪武三年封江夏侯。十三年命理福建军务。十八年从楚王桢讨思州蛮,楚人德之。还乡。居无何,帝谓德兴:“福建功未竟,卿虽老,尚勉为朕行。”未明言二十年任。

［3］民国《福建通志·名宦传》载:张瑄巡抚福建,镇守太监卢胜暴横,瑄以闻,胜坐革去。并谓张瑄成化八年巡抚福建,十年还朝。

［4］民国《福建通志·名宦传》称杨勉累升刑部右侍郎,永乐十九年巡抚福建。

［5］民国《福建通志·职官志》作“陈仲达”。

［6］民国《福建通志·职官志》谓魏清系“宣德丁未(1427年)进士”,此则谓永乐三年(1405年)任巡抚。未知孰是。

［7］淳熙《三山志·秩官》作“王羲童”。

［8］《新唐书·方镇表》:“开元二十一年置福建经略使。”淳熙《三山志·秩官》引《治平图经》:“开元二十一年八月敕:‘福州先有泉山府兵,宜加经略使。但与诸州不同,不受福建经略使节度。’”

［9］《新唐书·方镇表》:“上元元年,升福建都防御使为节度使,大历六年废节度使,置都团练观察处置使。”则大历间似不应有由泉州刺史兼都防御使事。民国《福建通志·职官志》谓:“是时已无防御使,以从《闽书》兼观察使为是。”

［10］《旧唐书·代宗本纪》作“李琦,继李承昭任”,淳熙《三山志》作“李锜”,注:“《重修学记》‘锜’作‘椅’。”《新唐书》李锜入《叛臣传》。

［11］淳熙《三山志·秩官》作“裴乂”。

［12］《旧唐书·文宗纪》载:“开成四年,以司农卿李玘授职,不果。”此处误“玘”为“记”。

［13］民国《福建通志·职官志》作“权幼公”。

［14］民国《福建通志·职官志》作“扬部”。

［15］淳熙《三山志·秩官》有:“刘文济,殿中侍御史,大中祥符五年至七年在任。”

［16］民国《福建通志·职官志》作“王速”。

［17］民国《福建通志·职官志》作“胡式之”。

［18］民国《福建通志·职官志》引《闽书》作“伯遏”。

［19］民国《福建通志·职官志》作“萧棣”。

[20] 民国《福建通志·职官志》作“鲍存”，并称《闽书》“存”作“仔”。

[21] 民国《福建通志·职官志》作“东部侯官长”。

[22] 民国《福建通志·职官志》：“案《八闽通志》‘严高’下尚有‘刘琨’，注云：‘晋平太守。’然宋泰始四年始改晋安郡为晋平郡，琨时何得有晋平？盖别有刘琨，乃元徽间晋平太守，因而致误也。”同书“晋平郡”下载：“刘琨，长沙王道怜曾孙。”《宋书·长沙王道怜传》载琨为晋平太守。但此处注并无晋平太守字样。淳熙《三山志·秩官》则称：“太康三年尹高为晋安太守。”严高后为赵理、郑逸、杨岱三人。又称：“元徽四年，刘正为晋平太守，旧记作‘昆’。”

[23] 淳熙《三山志·秩官》：“太守三年，祖曾。”注：“旧记在魏隋之前。”

[24] 淳熙《三山志·秩官》：“从永兴至兴宁二十三年内十二人，恐兴宁字误。”《闽书》“祖曾”注：“俱永兴至太宁间任。”

[25] 淳熙《三山志·秩官》作“徐崧”。

[26] 按“大唐”应是“大同”之误。

[27] 淳熙《三山志·秩官》作“大同七年任”。此处“中”字疑衍。

[28] 淳熙《三山志·秩官》“开皇十四年，韦冲”注：“开皇中检校泉州事，旧记授监州。”民国《福建通志·职官志》作“韦冲作检校刺史”。

[29] 淳熙《三山志·秩官》作“柳逷”。

[30]《旧唐书·德宗本纪》：“贞元元年正月丁未，以饶州刺史卢惎为福州刺史、福建观察使。”淳熙《三山志·秩官》：“贞元元年，卢惎自饶州刺史迁福州刺史、观察使，旧记作卢谌，误。”此处“碁”字显系“惎”字之讹。

[31]《三山志·秩官》：“长兴三年，王延钧以其子继鹏权知军府事。开运二年，王延政以从子继昌都督南都（王延政称帝以福州为南都）内外诸军事，长乐尹，镇福州，为李仁达所杀。”

[32] 原名“李仁达”，以称臣乞兵于吴越，赐今名，命知福州留后。谋叛，为鲍修让所斩。见《十国春秋》。

八闽通志卷之三十一

秩　官

历　官

郡　县

福州府

〔宋〕

(福州大都督府长乐郡威武军)知州事　杨克让　侯赟见《名宦志》。　何允昭　商夷简(俱太平兴国间任。)　孙逢吉　魏咸熙(俱雍熙间任。)　源护端拱间任。　李伟　张昭允　张从式(俱淳化间任。)　冯砺　冯伉(俱至道间任。)　陈象与咸平间任。　谢泌　袁逢吉(俱见《名宦志》。景德间任。)　严辟疆　李欣　王平见《名宦志》。　任晓(俱祥符间任。)　王世昌　王臻见《名宦志》。　康孝基(俱天禧间任。)　陈绛　胡则　章频(上二人见《名宦志》。)　尹锡

孙溉　郑载见《名宦志》。（已上俱天圣间任。）　高觌见《名宦志》。　张沔　梁逸　范亢（上三人俱景祐间任。）　许宗寿宝元间任。　沈邈见《名宦志》。　王逵　蔡襄见《名宦志》。　成戬（上三人俱庆历间任。）　李上交　刘夔　曹颖叔（上二人见《名宦志》。已上俱皇祐间任。）　刘忠顺　燕度　范师道　元绛（上二人见《名宦志》。已上俱嘉祐间任。）　张伯玉　章岷（俱治平间任。）　程师孟见《名宦志》。　丁竦　元积中　曾巩见《名宦志》。（俱熙宁间任。）　孙觉　刘瑾俱见《名宦志》。　谢卿材（俱元丰间任。）　许懋　林积　柯述　范峋　王祖道（俱元祐间任。）　叶伸　温益（俱绍圣间任。）　程之邵　柯述见《名宦志》。（俱元符间任。）　陈轩见《名宦志》。　王祖道　陈觉民　叶棣（俱崇宁间任。）　檀宗旦　罗畸（俱大观间任。）　孙琦　张劢　黄裳　苏晔　陆蕴[1]（俱政和间任。）　孙竢　余深　刘抬见《名宦志》。　柳庭俊[2]　陆藻（俱宣和间任。）　李友闻　江常见《名宦志》。靖康间任。　林安上　林遹　程迈见《名宦志》。（俱建炎间任。）　张守见《名宦志》。　曾楙　张致远见《名宦志》。　折彦质　张浚[3]　叶梦得　莫将　薛弼见《名宦志》。　张宗元　王纶见《名宦志》。　张澄　方滋　李如冈　沈调　辛次膺　王师心　汪应辰见《名宦志》。（已上俱绍兴间任。）　赵子潚见《名宦志》。　王之望　汪澈　薛良朋　陈俊卿　史浩见《名宦志》。（已上五人俱乾道间任。）　陈俊卿　沈夏　梁克家　赵汝愚（上二人见《名宦志》。）　贾选[4]　马大同（俱淳熙间任。）　林枅见《名宦志》。　郑侨　辛弃疾　詹体仁见《名宦志》。绍兴间任。　木待问　陈居仁见《名宦志》[5]。　叶翥　张抑（俱庆元间任。）　何澹嘉泰间任。　萧逵　李大性见《名宦志》。(俱开禧间任。)　倪思　黄度俱见《名宦志》。　叶时　蔡幼学　卫泾　程卓　杨长孺　任希夷　曹彦约见《名宦志》。(俱嘉定间任。)　王居安见《名宦志》。　杨栋　真德秀见《名宦志》。　魏了翁　余天锡　曹豳　赵葵(上三人俱见《名宦志》。)　李鸣凤　赵必愿　徐清叟　吴潜　吴渊　程珌　汤汉　史嵩之　陆德舆　史宇之　陈韡　马天骥　陈宜中见《名宦志》。　江万里　王镕见《名宦志》。　洪天锡　吴革见《名宦志》。　雷宜中　赵顺孙　赵与泽　王刚中　**通判军州事**　陈铸　林雩　姚希德(俱见《名宦志》。)　钟元鼎　叶伟　江涛　**签书判官厅公事**　陈公琰治平间任。　胡铨见《名宦志》。　**观察推官**　李思义治平间任。　林深之　罗必先(俱见《名宦志》。)　**节度判官**　王珪天圣间任。　董汶嘉祐间任。　**观察判官**　沈唐治平间任。　**(诸曹官)司理参军**　方峤　张次夔(俱见《名宦志》。)　**(州学)教授**　陈烈皇祐间任。　周希孟嘉祐间任。　庄柔正　张读(俱崇宁间任。)　张洙绍兴间任。　刘翔见《名宦志》。　缪烈淳祐间任。　**(州司武官)福州兵马钤辖**　廖虞弼建炎间任。　**驻泊兵马都监**　刘文质

(闽县)知县事　江文秉建隆间任。　孔延乢　贾人冲庆历间任。　陈清治平间任。　吕百能　方叔完(俱熙宁间任。)　黄德裕见《名宦志》。　叶默绍兴间任[6]。　庄谊崇宁间任。　陈麟政和间任。　苏绩　方横　李公彦[7]　苏钦(上四人俱绍兴间任。)　丁长卿乾道间任。　赵彦佩　刘燏　胡岩起(上二人见《名宦志》。)　师舆[8]淳祐间任。**丞**　林亮功绍兴间任。　赵师奎淳熙间任。　黄克宽嘉定间

任。 **主簿** 丁彦先元祐间任。 林枅绍兴间任。 **尉** 丘立之宣和间任。 杜杲见《名宦志》。

(侯官县)知县事 沈邈宝元间任[9]。 方叔完见《名宦志》。 陈南复宣和间任。 詹庇[10] **主簿** 郑叔侨元祐初任。 **尉** 吴及 方伯謇(俱见《名宦志》。) 王寿元符间任。 余克济见《名宦志》。

(福清县)知县事 郎简 方偕(俱见《名宦志》。) 郑孟宾康定间任。 崔宋臣 胡景道(俱熙宁间任。) 方叔完元祐间任。 庄正柔见《名宦志》。 陈大和建炎初任。 王诛[11] 范处义 傅祯 颜师鲁[12](见《名宦志》。俱绍兴间任。) 曹绩 刘朔见《名宦志》。 李宗思 刘夙 刘敦 边应祥 方棫 桑廷珪 赵希汉 李元吉 章伯奋 徐辉(上六人见《名宦志》。) 娄演淳祐初任。 王庚景定间任。 **丞** 傅楫见《名宦志》。 方适 林孝泽见《名宦志》。 林枅绍兴末任。 吴源乾道间任。 **主簿** 方次彭 刘崇之见《名宦志》。 **尉** 黄国镇见《名宦志》。

(古田县)知县事兼兵马监押 薛琪 李堪(俱见《名宦志》。) 许当 杨恕(俱庆历间任。) 陈昌期见《名宦志》。 汤选 吕晋夫绍兴间任。 杨汝南乾道间任。 赵师瑶 廖天觉 陈谅 傅康 薛顺庸 苏文本(上五人俱见《名宦志》。) 刘克逊嘉定间任。 宗炳端平间任。 留元亮见《名宦志》。 洪天锡 许鉴见《名宦志》。 黄时中 丘双荐 赵若禯 **丞** 郭能乾道初任。 鲍友龙见《名宦志》。 **尉** 吴公诚 游九思 赵希佞 杨士训 卢特 林仲国(俱见《名宦志》。)

(永福县)知县事 郑慈庆历间任。 沈亚夫熙宁初任。　顾沂　翁缜　吴栻　萧崿　曾绛　魏谔　萧彦　林深之　郑仁达大观初任。　刘永怀　方镈　阮符（上二人宣和间任。）　陈炎建炎间任。杨泳　董鸿道　叶秉仁　黄叙　杨充　朱宪明　林萱　张暄　黄允　钟安老　陈大年　周因　杨楙　汤选　林光朝　杨楙琮（上二人见《名宦志》。）　颜沏　杨士训　方大琮（上二人俱见《名宦志》。）　陈武祐　邓刚　施常　滕定　卓雄　李教　卢希载　游时升　邓觌　江安止　**丞**　王幹　储敦叙　黄寿　邓汴　吴庭表　朱铣　任忠志　应灼　郑择善　王发[13]　张志仲　李梗　陈寀　范括　陈百朋　郑仲龙　王正夫　邓良　赵良球　李侯说　赵希骎　**主簿**　徐骧　曾平　魏钧　王长世　方士万　林文之　章鹗　吴严谷　黄云翼　戴员　黄必昌　赵希洁　赵希橙　游义阅　林嵘甫　蔡义和　彭奕休　**尉**　薛南　卓遵　夏僎　吴昺若　邓明　任一震　张禹　方澄　赵时囦　江信　魏鼎　赵汝卫　赵崇埜　徐一之　姚震特　郑元序　章春　陈福龙　王仅　范绍之　蔡德言　赵汝景　陈硕　黄晋祖

（长溪县）知县事兼兵马监押　杜枢庆历间任。　周尹嘉祐间任。　马康侯元祐间任。　熊浚明绍圣间任。　叶安节大观间任。　潘中　黄龟朋（俱见《名宦志》。）　杨士豁　姚迥嘉泰中任。　刘显　杨志　方之泰（上二人见《名宦志》。）　江涧祖嘉定间任。　范夔宝庆间任。　孙侑　袁正规　黄恪淳祐间任。　鲍逊　**丞**　关唐　林起初　**主簿**　姚东见《名宦志》。　李挺　何仁敌淳祐间任。　**尉**　冯躬行元符初任。　黄琮　赵时焕（俱见《名宦志》。）　（儒

学)教谕 陈崇文建炎间任。

(福安县)知县事 郑黼 林子勋(俱见《名宦志》。) **丞** 赵梦龙 赵希嗂(俱淳祐间任。) **尉** 蔡址 林栋 杨东(俱淳祐间任。)

(长乐县)知县事 方廷范 李葺[14]太平兴国间任。 董渊庆历间任。 吴仲举 徐倪 关有声[15](俱皇祐间任。) 胡昱 陈公言 王企 方次彭(俱嘉祐间任。) 萧竑见《名宦志》。 施文元丰间任。 袁正规 陈可大(俱见《名宦志》。) 陈昭度 徐世英 杨味道 陈齐贤 王奉议 **丞** 曹元振皇祐间任。 翁艺 陈师韩嘉祐末任。 陈毅 蔡雍元祐间任。 雷豫 刘有源 **主簿** 陈之邵 曾孝杰 雷嗣庆 赵文孙 **尉** 陈伯孙大中祥符间任。 陈维德见《名宦志》。 陈师韩熙宁间任。 林文端 黄荣(俱绍兴间任。) 黄本

(罗源县)知县事 陈偁庆历间任。 袁符元祐间任。 吴确 陈球(俱建炎间任。) 张溥 陈文(俱绍兴间任。) 林介卿见《名宦志》。 林僖[16] 赵彦琰 程成 **主簿** 王葵淳熙间任。 **尉** 陈舜耕 施炎(俱淳熙间任。)

(闽清县)知县事 李念咸平间任。 史温大中祥符间任。 徐绛熙宁间任。 黄琮见《名宦志》。 赵甫瓗[17] 苏钦绍兴间任。 傅伯成 朱桀 胡特(上二人俱淳熙间任。) 陈伋宝祐间任。 **尉** 王元鼎淳熙间任。 李清绍兴间任。

(宁德县)知县事 宋棐 储惇叙 赵侁之 赵善悉 徐梦发(俱见《名宦志》。) 周茂良 黄克宽(俱嘉定间任。) 陆镇 赵善封 李泽民(上二人见《名宦志》。) 阮先

留佑　陈谏　**丞**　卢觉乾道间任。　杨士豁绍熙间任。　赵希肱淳祐间任。　**主簿**　叶衡　陆游(俱见《名宦志》。)　苏本文淳祐间任。　王骧　**尉**　康梦龙淳祐间任。　李元宗

(怀安县)知县事　吴评见《名宦志》。　洪子著绍圣初任。　吴与[18]大观初任。　樊纪　徐豫[19]宝庆初任。　**主簿**　上官植崇宁间任。　黄刍绍兴间任。　**尉**　陈中复熙宁间任。　魏必昌见《名宦志》。

(连江县)知县事　吴举　鞠仲谋见《名宦志》。　洪中庆历间任。郑事道元祐间任。　黄泳政和间任。　林觉　阮圭(俱绍兴间任。)　傅伯成见《名宦志》。　曾模(上二人俱乾道间任[20]。)　苏懋淳熙间任。　赵善谥庆元间任。　赵汝训[21]　洪侣　赵善旷　赵善嵩　朱定(上三人俱见《名宦志》。)　游义肃　郑沆[22]　宋日隆　**主簿**　黄琮政和间任。　**尉**　刘立之　杨绍　林桴　傅伯成

〔元〕

(福州路总管府)达鲁花赤　许进　黄头　脱欢　孛罗合沙　捏古伯(俱至元间任。)　阿老瓦丁元贞初任。　脱欢　忻都　哈剌(俱大德间任。)　塔必迷失至大间任。　兀都蛮皇庆初任。　阿散忽都鲁　乌马儿沙　专帖纳怜不花(俱延祐间任。)　阔里　吉思至治间任。　脱列海牙泰定初任。　**总管**　郭琛　岳天祯　杨忠　纳速儿剌　燕宗龙　张铎(俱至元间任。)　赵巩元贞间任。　贾庭直　赵执中(俱大德间任。)　夏若水　吴释(俱延祐间任。)　王从政至治间任。　刘元亨泰定间任。　**同知**　杨

兀鲁　刘君泽　忽辛　朱德　帖木儿(俱至元间任。)　亦的失元贞初任。　重福　徐梦竒　阿里别(俱大德间任。)　小云失不花至大间任。　禾八剌皇庆间任。　程显　阿老瓦丁(俱延祐间任。)　法忽鲁丁至治间任。　燕帖木儿泰定间任。　**治中**　刘渊　韩良佐　尤思恭　刘天祐　奴剌丁　周旺(俱至元间任。)　徐梦竒元贞初任。　勘马剌丁　宪德明　唐珪　贺镒(俱大德间任。)　钱勉至大间任。　木八剌沙皇庆间任。　潘允巡延祐间任。　靳大中至治初任。　张阿八赤　夹谷山寿(俱泰定间任。)　**判官**　何荣祖　冯奕　马合谋　八忽答儿(俱至元间任。)　郝谦元贞间任。　傅泽　秣思忽　张南仲(俱大德间任。)　孟思诚至大初任。　冀祥皇庆初任。　马振铎　长寿(俱延祐间任。)　郄衍至治初任。　张伯颜　靳孟亨(俱泰定间任。)　**推官**　郭忠恕　赵彦琇(俱至元间任。)　张恕元贞初任。　邓文亮　任拯　卫德政　王居敬　马振铎　董祯　邵德(俱大德间任。)　董德谦至大初任。　贾弼皇庆初任。　李良弼　刘智延　孙谦　刘湜俱延祐间任。　郑惟寅　马钦(俱至治间任。)　**(经历司)经历**　张仁　杨福　李瑞　张温　韩琛　史政　杨德贞(俱至元间任。)　杨德懋　曹翔　吴冲　马智(俱大德间任。)　郑居仁至大德间任。　孙谦皇庆初任。　周瑞　蔡邦彦(俱延祐间任。)　侯惟清至治间任。　叶森　齐晋[23](俱泰定间任。)　**知事**　冯祐　马禧　李良　王彬　祝敬　郑居仁　魏丙炎(俱至元间任。)　终思义　张元亨　杨世鉴　王朝信(俱大德间任。)　谢元发皇庆初任。　张升延祐间任。　杨也先至治初任。　王缵　伍英(俱泰定间任。)　**提控案牍**　赵君泽

宁惟行　王文质　陈澄　纽克让　谢泽　路泰亨　张惠　范祯　刘自立　李埜　秦禄　柳诚(俱至元间任。)虞泽　唐珪(俱元贞间任。)　崔景植　马达　田道明　范祯　郇和柔　孔思义(俱大德间任。)　刘可皇庆间任。陶叵叔延祐间任。　林从(泰定间任。)　**(儒学)教授**　熊朋来　刘直内(俱见《名宦志》。)

(闽县)县尹　郭升之大德间任。　张悳泰定初任。**(儒学)教谕**　丁尧至元间任。　韩挺持元贞初任。　高琳至大间任。　蒋景说泰定间任。

(侯官县)县尹　郄衍　魏杨祖(俱至大间任。)　王寿元符间任。

(怀安县)县尹　马振铎大德间任。　李仁延祐间任。**(儒学)教谕**　方超大德间任。

(古田县)达鲁花赤　木薛[24]至大初任。剌会隆至正间任。　**县尹**　王奂　马合麻(俱见《名宦志》。)　陈均延祐末任。　何玉至治间任。　赵孟吁至顺间任。　**县尉**　张宁元贞初任。

(闽清县)县尹　张渊至大初任。　董祯　蔡嗣宗(俱见《名宦志》。)

(长乐县)达鲁花赤　答失蛮至元末任。　**县尹**　吕复见《名宦志》。　**主簿**　马进义至顺间任。

(连江县)达鲁花赤　拜住泰定间任。　抄耳赤[25]**县尹**　董政至元末任。　夹谷德明皇庆间任。　成和天历初任。

(罗源县)达鲁花赤　山童　塔海泰定间任。　**县尹**　丁德孙见《名宦志》。　**主簿**　刘秉仁至治初任。

(永福县)达鲁花赤 扈全至元末任。 木薛至大初任。

(福清州)达鲁花赤 沙的元贞初任。 乌马儿 亦不剌金乃苓儿(俱大德间任。) 捏只不丁至大间任。 马速忽皇庆初任。 撒的里迷失 木忽宾(俱延祐间任。) 秃忽鲁至治间任。 忽答沙泰定间任。 马合马沙见《名宦志》。 **知州** 吴安元贞间任。 母逢辰 吴英 孙仪 郭惠(俱大德间任。) 刘铎至大间任。 潘允[26] 冀德茂[27] 吴涛(俱延祐间任。) 王佐至治间任。 贾思恭泰定间任。 陈天锡[28] 林以顺 林泉生(上二人见《名宦志》。) **同知** 孙天祐元贞间任。 冯喜 忻都 布伯 李蒙 古歹 陈天玙 朱善甫(俱大德间任。) 卢栋至大间任。 赵友石 余孔明 尹正 周瑞 刘玙(俱延祐间任。) 贾镇珪 马大英(俱至治间任。) 李恭 木八剌(俱泰定间任。) **州判** 杨世荣 柴天福(俱元贞间任。) 詹埜 段荣祖 杨守信 僧家奴 李荣 李维仲 林天锡 宗世元(俱大德间任。) 杨秀 王平孙(俱至大间任。) 杜珍皇庆初任。 杨天瑞 乃麻歹 杨曙 叶应桂(俱延祐间任。) 余清高 赵涣卿(俱至治间任。) 颖孙 张复 彭希骥(俱泰定间任。) 曹道振见《名宦志》。

(福宁州)达鲁花赤 怯烈歹 蒙速速 忻都(俱至元间任。) 马合谋 秃哥里不花 别鲁忽(俱大德间任。) 忽你歹至大间任。 月鲁皇庆初任。 小云失不花延祐间任。 秃满至治初任。 迭烈忽八泰定初任。 **州尹** 白璧 樊忠(俱至元间任。) 陈翼元贞初任。 解朵儿赤 沈中祥 术甲(俱大德间任。) 吴恭祖至大间任。 殷尚敬皇庆初任。　母逢辰　袁凯才　袁中议（俱延祐间任。）　王察罕泰定初任。　张伯颜　王伯颜（俱见《名宦志》。）　**同知**　脱欢察至元末任。　忻都　孙璧（俱元贞间任。）　脱脱　魏文质　魏荣（俱大德间任。）　杨和　答剌海（俱至大间任。）　阿散皇庆间任。　忻都回回　普达世礼　木八剌　黄真（俱延祐间任。）　也先帖木儿至治间任。　答术丁　董举仁（俱泰定间任。）　董德至正间任。　**州判**　赵全　探马赤（俱至元间任。）　彭仁皇庆间任。　赵逢辰延祐间任。　李德荣至治初任。　皇甫彬　杜元贞[29]（俱泰定间任。）　薛天祐元统间任。　**（儒学）教授**　刘棠　韩桂华（俱延祐间任。）　**学正**　陈天锡

（宁德县）县尹　徐卯孙至元间任。　李普颜至正间任。　**主簿**　徐赐见《名宦志》　**县尉**　林拱至元间任。　林椿至正间任。

（福安县）县尹　王畿至大间任。　忙兀歹　高琛[30]（俱见《名宦志》。）　蒲高奴元统间任。　赵元善至正间任。　**主簿**　徐元德　胡琏见《名宦志》。　**县尉**　**徐宝**至大间任。　唐兀至正间任。

（儒学）教谕　陈禹圭延祐间任。　方贤孙　卓说（俱至正间任。）　训导　郭养德延祐间任。　林班至元间任。

（亳州翼万户府）达鲁花赤　孛鲁迷失海牙以资德大夫福建行省左丞领。　银山海牙袭父孛鲁迷失海牙职。（俱至元间任。）　也失海牙袭父银山海牙职。大德间任。　和实海牙袭兄也失海牙职。皇庆间任。　**万户**　乔隆绪以明威将军充。　乔梓袭父隆绪职。至元间任。　乔世臣以武节将军袭父梓职。至大间任。　**副万户**　朱贇以武德将军充。至元间

任。　朱鼎袭兄贇职。大德间任。　朱蛮子以明威将军袭父贇职。延祐间任。

(福新万户府)达鲁花赤　九住以显武将军充。至元间任。　课儿袭父九住职。　佛住以明威将军袭兄课儿职。(俱延祐间任。)　**万户**　高谦以明威将军充。至元末任。　高天骥袭父谦职。至大初任。　**副万户**　曹杰以奉训大夫招讨副使领。至元末任。　曹帖哥以昭信校尉袭祖父杰职。大德间任。

〔国朝〕

文职

(本府)知府　杨士英见《名宦志》。董彦哲　李庸　廖崇德　刘鉴(俱洪武间任。)　唐循中　宋珉　王荣(俱永乐间任。)　张辉　王泰(俱宣德间任。)　张徽　吴信(俱正统间任。)　雷碫景泰间任。　毕亨天顺间任。　吴渊　周钝　郑时　唐珣　陆珩(俱成化间任。)　陈勉弘治元年任。　**同知**　宋贵实洪武初任。　周孟初宣德间任。　郭琰正统间任。　丘晟　韦济(俱成化间任。)　**通判**　陆镃洪武间任。　朱瑛　唐忠(俱永乐间任。)　刘澈正统末任。　郑祺天顺间任。　张珽　汪瀚　毛祚　罗锷　周仁广　陆璘(俱成化间任。)　**推官**　管思义永乐间任。　张斌　傅允中(俱正统间任。)　冯璘　黎景(俱成化间任。)　**(经历司)经历**　于瑾　温绍(俱永乐间任。)　翁禧景泰初任。　刘淮成化初任。　**知事**　彭季瑜　彭润(俱永乐间任。)　李芳宣德间任。　沈晔成化间任。　**(照磨所)照磨**　吴骥正统间任。　**检校**　张通　章文（俱永乐间任。）　潘廷易弘治元年任。　**（儒学）**　教授　徐宏洪武初任。　**训导**　林汝初　陈敏学　郑垣（俱景泰间任。）　杨杰天顺间任。　李居义　谢宏　陈忠（俱成化间任。）

（闽县）知县　路圆玉洪武初任。　魏谷才见《名宦志》。　王孚永乐间任。　吴谦　陈敏政（俱宣德间任。）　李福正统间任。　谢□　邵珪　陆润　欧阳麟　沈□　何浚　周天民（俱成化间任。）　**县丞**　刘琼永乐间任。　吕璧宣德间任。　戴冕正统间任。　吴施　唐□[31]　从常　王玘（俱成化间任。）　上官雍弘治元年任　**主簿**　吴英永乐间任。　丁玉正统间任。　郭旺　**典史**　沈镒洪武间任。　姚宗泰永乐末任。　杨伏初正统间任。　杜骈成化间任。　**（儒学）教谕**　欧阳翰正统间任。　**训导**　郑伯芳洪武间任。　郑瓘成化间任。

（侯官县）知县　张继洪武末任。　毛原辉永乐末任。　周冕宣德初任。　梁叔蒙正统间任。　单宇　张恒（俱景泰间任。）　莫泰天顺间任。　叶宽　乐宗茂　熊达　吴奎（俱成化间任。）　陈庠弘治元年任。

县丞　冯彝　吴让（俱永乐间任。）　欧子义宣德间任。　王仕英　陈抗（俱正统间任。）　周琬天顺间任。　朱贵　刘瓒　何隆（俱成化间任。）　**主簿**　严毅见《名宦志》。　张铎宣德间任。　韩镛　张志高　熊钊　时恭（俱成化间任。）　**典史**　刘子敏见《名宦志》。　李伟宣德间任。　王礼　陆璇（俱正统间任。）　刘铭　何敬（俱景泰间任。）　姚余庆　成复恭　麦盛　李魁（俱成化间任。）　**（儒学）教谕**　罗伦　黎公颖（俱正统间任。）　蒋实天顺初任。　倪敏

王淙　胡浙（俱成化间任。）　**训导**　彭肃正统间任。　钟士永景泰初任。　纶升天顺间任。　石润[32]　邓诚　李厚　林臯（俱成化间任。）

（怀安县）知县　崔居敬　薛武见《名宦志》。　何汝文　周禧　蒋稳（上二人见《名宦志》。已上俱洪武间任。）　徐拱辰永乐间任。　项祐　吴益（俱正统间任。）　张定景泰间任。　刘繁　何克智（俱天顺间任。）　胡爷见《名宦志》。　何恕　李亮　施昂（俱成化间任。）　**县丞**　赵敷　陈希闵　柴士隆　冯□　夏迪（俱汝武间任。）　吴九成　徐振辰（俱永乐间任。）　冯以礼宣德初任。　邵衢　张□（俱正统间任。）　王端　向勉（俱景泰间任。）　鲍存正　史昶天顺间任。　游□　张应鹏　危继（俱成化间任。）　**主簿**　任忠　张毅　李季初（俱洪武间任。）　朱亮　朱彪（俱永乐间任。）　顾斌　孙善明（俱正统间任。）　冯俊　李然（俱景泰间任。）　李郁天顺间任。王缙　汪圭　朱新（俱成化间任。）　**典史**　祝祯洪武间任。　黄金生永乐间任。　陈祥宣德初任。　王信　陈宗　王志（俱正统间任。）　虞□　吴员文暹　何壹　丁辂（上二人成化间任。）　**（儒学）教谕**　刘金　郑斌　司马符　陈琼（俱永乐间任。）　丘纯宣德间任。　丁泰亨　沈善（俱正统间任。）　王灏景泰间任。　张克廉天顺间任。　陈文　彭昌（俱成化间任。）　**训导**　袁性善　黄谷民（俱永乐间任。）　胡奎　胡渊（俱宣德间任。）　黄涛宁　严绩（俱正统间任。）　卢守导景泰间任。　杨昕天顺间任。　陶升　陶逊　林敞　厉鄮（俱成化间任。）

（长乐县）知县　丘宗亮　刘文炳（俱洪武间任。）　詹奎章　王遵道见《名宦志》。（俱永乐间任。）　龙韬正统间任。

高骐[33]景泰间任。　孙叔伦　陈播　任衡　齐普　黄琬　汪正　罗叙（俱成化间任。）　潘府弘治元年任。　**县丞**　项原望　张佑（俱永乐间任。）　叶镇景泰间任。朱褒天顺间任。　**（儒学）训导**　朱载经　谢璧（俱宣德间任。）　黄攀正统间任。

（连江县）知县　王得钦　张益　范希节　李凤　侯炯（上三人见《名宦志》。已上俱洪武间任。）　杨廷芳见《名宦志》。　董庸　伍升（俱永乐间任。）　刘仲戬宣德间任。　周升　吴琳（俱正统间任。）　欧阳瀚景德间任。　李俊　孙珏　李纪　章武　林鸿　凌玉玑（俱成化间任。）　**县丞**　商准洪武间任。　黄子政　参安[34]（俱永乐间任。）　苏全宣德初任。　叶訚正统间任。　黄永初景泰间任。　骆宣　徐瑛　陈锷[35]　胡瑞　李林（俱成化间任。）　**主簿**　张人卿　鲍近仁　田祐　杨安（俱洪武间任。）　陈道祐景泰间任。　曾瑄天顺间任。　陈谷　李彦瑫（俱成化间任。）　**典史**　赵真洪武间任。　李安景泰初任。　余善　陈雷　陈华　梁必通（俱成化间任。）　**（儒学）教谕**　许贞　陈乾　郑嗣善（俱永乐间任。）　吕迪宣德间任。　**训导**　项善庆永乐间任。

（福清县）知县　江仁[36]见《名宦志》。　余懋永乐间任。　郭淮　康永韶　严胤昌　庞瑽　吴崇岳（俱成化间任。）　**县丞**　余升永乐间任。　金镛　黄衷　蔡琮（俱成化间任。）　**主簿**　王文　叶禧　李海　方汴（俱成化间任。）　**典史**　谢清　段瓒（俱成化间任。）

（儒学）教谕　王原洪武间任。　方思得永乐间任。　潘信　吴公器（俱成化间任。）　**训导**　盛平永乐间任。

李郁宣德间任。 邹泰 汪澄 陈谟 哀明 简讼(俱成化间任。)

(古田县)知县 韩秉吉[37] 陈韶 毛秀 邓恭 王安 王友俊(俱洪武间任。) 马陶 花润生见《名宦志》。 林皋 陶衍 张昱见《名宦志》。(上二人俱宣德间任。) 丁思广 陈复(俱正统间任。) 杜永济景泰初任。 尹古 徐栻[38](俱天顺间任。) 黄玠 余敏 汪催[39] 茅和(俱成化间任。) 侯昶弘治元年任。 **县丞** 吕泰 魏庸(俱洪武间任。) 夏忠永乐间任。 陈端 项良(俱正统间任。) 赵辰 许□ 叶英(俱景泰间任。) 潘王 丁志(俱天顺间任。) 谭宣 吴仪 刘福介 沈敬通(俱成化间任。) **主簿** 苏琏 姚孟与见《名宦志》。 陈惠清永乐间任。 井旺 王理 龚钺正统间任。 杨□[40] 翁真(俱景泰间任。) 王谨 李英(俱天顺间任。) 邓□ 彭升 谢忠 留衮 苏瑶(俱成化间任。) **典史** 袁升正统间任。 黄惟发景泰间任。 贺鉴天顺间任。 丁伯安 严恭 沈靖(俱成化间任。) **(儒学)教谕** 陈胤见《名宦志》。 周瑄天顺间任。 **训导** 林士名洪武间任。 董秀景泰间任。

(闽清县)知县 叶宗 沈源见《名宦志》。(俱洪武间任。) 王珩 朱毅(俱永乐间任。) 龚瑾宣德初任。 吴清 杨克勤 辛节俱正统间任。 余珍见《名宦志》。 徐昌景泰间任。 解文 左辅 章度 方定 袁明 杨麒 黄滢(俱成化间任。) **主簿** 郑本洪武间任。 **典史** 李通景泰间任。 余铭天顺间任。 陈彦洪 林翱 郑宗(俱成化间任。) **(儒学)教谕** 刘惟勉 任宣(俱宣德间任。）王怀中　王宁　徐宗盛（俱正统间任。）马能　鲁玙（俱天顺间任。）傅珍　李充（俱成化间任。）**训导**　王恭　王沦（俱宣德间任。）朱庸正统间任。　顾幸孙　陆驷　余太（俱天顺间任。）郑英　陈敏　叶韶　杨东（俱成化间任。）

（罗源县）知县　郑复初　杨清卿　郭宗文见《名宦志》。（俱洪武间任）李悌　傅希悦　唐庆　范仝　汤文端　沈勗　王鼎（上二人俱宣德间任。）孙昱　黄宽（俱正统间任。）何器　邵褒（俱景泰间任。）赵升　陈洁天顺间任。　余升　施弘　陈琼（俱成化间任。）麦谨弘治五年任。　**县丞**　庞益　陈逊　甘志和（俱洪武间任。）**主簿**　宋建　孔思敬（俱洪武间任。）郭刚永乐初任。　**典史**　陈训　叶崇　谢志保（上二人俱正统间任。）陈阜景泰初任。　彭福清　穆盛　郑叔清　邹顺安　周政　胡锐　吴习　黄耿（上二人俱成化间任。）**（儒学）教谕**　汪时俊　陈思立（俱洪武间任。）方永宁　杨忠（俱永乐间任。）余恕宣德间任。　钟观　黄绶（俱正统间任。）李昱景泰间任。　陈宰　吴荣　萧夔（俱成化间任。）**训导**　林载洪武间任。　叶光祖　朱宗武　董许　林滔　顾宣宣德间任。　王佐　陈亮景泰间任。　冯旻　孙渊　忻祥（俱成化间任。）

武职

（福州左卫指挥使司）指挥使　洪杰袭父世英职。成化间任。　陈镨袭祖父俊职。　张让袭祖父英职。（俱成化间任。）**指挥同知**　齐全袭祖父兴职。　花朝袭父盛职。（俱成化间任。）**指挥佥事** 李荣袭父铎职。 朱玉替父瑢职。 储昂袭父积职。（俱成化间任。）

（左千户所）副千户 李聪袭父广职。 杜钰袭父琳职。 **百户** 洪鉴天顺间任。

（右千户所）副千户 徐诚替父冬职。成化间任。 **百户** 林安成化间任。

（中千户所）副千户 陈珪成化间任。

（前千户所）正千户 陈宽天顺间任。 **副千户** 金勇由本所百户升。景泰间任。 **百户** 陈雄成化间任。

（后千户所）正千户 陈宸袭父俊职。成化间任。 **副千户** 王锷袭父诚职。成化间任。 金胜替父勇职。成化间任。 **百户** 吴得天顺间任。 马诚 姜行义 刘安 连成 王顺 顾泽 陈福（俱成化间任。）

（中左千户所）副千户 胡宁袭父琰职。成化间任。

（福州右卫指挥使司）指挥使 刘玉袭父纲职。 刘钦袭父都指挥宽职。 朱旻袭兄景职。 胡玘袭父都指挥戎职。（俱成化间任。） **指挥同知** 朱光袭父瑛职。天顺间任。 陈镐袭祖父通职。 王钦袭父都指挥胜职。 赵庆袭父荣职。（俱成化间任。） **指挥佥事** 杨逢袭父通职。天顺间任。 陶僖袭祖父义职。 张义替父良职。 郑昂袭父雄职。 卢渫袭父鸿职。 周纲袭祖伯鼎职。 冯恩袭父盛职。 阎海袭侄光职。（俱成化间任。） **镇抚** 陈俊袭父恭职。 郑宗完袭父诚职。（俱成化间任。）

（左千户所）正千户 孙荣 张恕（俱由本所副千户升。正统末任。） **副千户** 汪斌宣德间任。 李琦 徐贤（上二人俱由本所百户升。正统末任。） 徐旺袭父贤职。成化间任。

百户　徐进永乐间任。　夷福　韩贵　汪清　姜瑛　李信　马榕　贾清　陈亮　李琦　徐贤　韩胜袭父贵职。景泰末任。　林春　陈安袭父亮职。　陈傅　汪浩袭父清职。　夷寿袭父福职。(俱天顺间任。)

(右千户所)正千户　阎御　**副千户**　孙信　韩清由本所百户升。正统末任。　孙鉴袭父信职。成化间任。　**百户**　罗垒五洪武间任。　罗恭袭父垒五职。　童贵宣德间任。　石岩　王贤　石纲袭父岩职。正统间任。　罗祯袭父恭职。景泰间任。　张荣　王清袭伯贤职。　张华袭父荣职。(俱天顺间任。)

(中千户所)正千户　张华　**副千户**　叶臻　叶赐袭父臻职。　赵纲(俱景泰间任。)　**百户**　刘福永乐间任。　彭胜　罗福　朱亮　钟清　罗贤　金玉　朱荣　张旺　罗俊袭父福职。　彭嘻袭父胜职。　钟源袭父清职。景泰间任。　万鉴　朱源袭兄荣职。　张顺袭父旺职。　罗琮袭父贤职。(俱天顺间任。)

(前千户所)正千户　张良　王义　王铨袭父义职。天顺间任。　**副千户**　赵纲景泰间任。　**百户**　孔得永乐间任。　陶景　张亮　唐志　吴斌　张旺宣德间任。　孔诚　陶锄袭父景职。　张清袭父亮职。(上二人俱正统间任。)　林广　唐旺袭父志职。(俱天顺间任。)

(后千户所)正千户　冯政　郭义由本所副千户升。景泰初任。　**百户**　刘彬　孙义　蔡齐　尹诚宣德间任。　刘福　朱海　刘源袭父彬职。　薛珝　孙受　李贵　朱晟袭父海职。　孙宽袭父义职。(上三人俱天顺间任。)　薛璘袭父珝职。成化间任。

(中左千户所)正千户　阎源　张荣景泰间任。　管瑄由兴化尉调。成化间任。　**副千户**　于清　周成　于权袭父清职。　王敬　**百户**　贺得　刘雄　黄胜　杨斌　张能　王忠　郑鉴　贺能袭父得职。(上二人俱天化间任。)　刘海袭父雄职。　金辅　**镇抚**　郑浩　郑祖袭父浩职。天顺间任。

(福州中卫指挥使司)指挥使　李震替父辅职。成化间任。　刘杰替父清职。弘治间任。　**指挥同知**　彭铭替父琰职。　刘德辉替父玉职。　萧海袭父政职。(俱成化间任。)　**镇抚**　戴瑄袭父祥职。天顺间任。

(左千户所)正千户　李海袭父通职。景泰间任。　**副千户**　戴铣袭父坚职。成化间任。　李存善袭父泰职。天顺间任。　**百户**　徐钦　王玺　沈岗(俱成化间任。)　聂勉　庞镐(俱弘治间任。)　郑必能　沈贵(俱成化间任。)

(右千户所)副千户　郑镛袭父源职。　牛钰袭父俊职。(俱成化间任。)　**百户**　屠谨正统间任。　陶瑀　袁铭　徐祥　李俊(俱成化间任。)

(中千户所)正千户　崔振袭父征职。天顺间任。　**副千户**　房昊替父智职。成化间任。　王纲景泰间任。　姚诚袭父颐职。　刘纲袭父贤职。(俱成化间任。)　**百户**　张诚天顺间任。　张纲　陈玉　罗贵　翟纲　朱胜(俱成化间任。)　张钋天顺间任。　姚谅弘治间任。　**所镇抚**　莫雄袭俊父职。

(前千户所)正千户　邓瑀替父瑛职。　孔锐袭父琏职。(俱成化间任。)　**副千户**　王昊袭兄玺职。弘治间任。　孙镐袭父贤职。天顺间任。　**百户**　唐安　陆淮　赵成

严宽　唐钰（俱成化间任。）　邵廷璋　谢琚（俱弘治间任。）

（后千户所）副千户　吕钦袭父诚职。　李鸾袭父海职。　杨广袭父顺职。（俱成化间任。）　**百户**　林镛　胡俊（俱天顺间任。）　苏春　罗绮　刘润　陈英　王福（俱成化间任。）　赵润　甘泉（俱景泰间任。）　**所镇抚**　袁洪袭父海职。成化间任。

建宁府

〔吴〕

（建安郡）太守　王蕃见《名宦志》。　郑胄

〔晋〕

太守　危京

〔刘宋〕

太守　华谨之　陆斌

〔齐〕

太守　王彬　何胤　陶季直（上二人见《名宦志》。）　王隽

〔梁〕

太守　何敬容见《名宦志》。　王环　司马询之　傅谋　孙北之　陆道玩　檀修黄　何通　王佥　萧乾　孙

瑒　陆善　陆子隆　吴惠党　王思远　江蒨　刘溉见《名宦志》。　谢碬　萧基　谢竭见《名宦志》。

〔陈〕

太守　骆文广

〔唐〕

(建州建安郡)刺史　叶颢见《名宦志》。　谢元治　虞韶　李德仁　陈行武　王仁彻　李寅义　赵环　张晖　张文琮见《名宦志》。　卢广　张隐之　李齐晏　姚仁访　姜神翊　许咸感　李克顺　林祥祥一作详。　张均天宝末任。　独孤晞　裴潜　陆藏器　魏明　鲁洌　李瑾　陆易　韩洮　李𫖯[41]　李皆　陆长源见《名宦志》。　崔造　长孙会　裴孝初　裴鄙　郝成隘　王溥　孙裔　薛公(上六人俱元和间任。)　王伦　郑腾　殷蹇　李减[42]　张聿　李景俭　裴克谅　李公度　严君舰　王同　郑襄　崔耿(上四人俱太和间任。)　李元瑜　汤克卿　朱公敏　王翊　常克俭　吴居易　李亘　樊综　李俱　陈思诲　张居绪　杜肱　于延陵见《名宦志》。　崔逢　胡竦　朱倚　爰庆　彭崇　王从初从一作崇。　袁远　贾佣　陈芬　王讽　李频见《名宦志》。　司马保　李乾祐　李彦坚见《名宦志》。　李仲章　高惜　王汝缙　陈伓　徐归范　熊博　魏郃　孟威

〔伪闽〕

刺史　程斌乾元初任。　王延禀贞明初任。(俱五代梁

授。）　王继雄延禀之子。同光间任。　王延政　王继严（上二人长兴间任。已上俱五代唐授。延政清泰间及五代晋天福间俱在任。）　王延武　郑湘　章子钧（俱五代晋天福间任。）

〔南唐〕

刺史　查文徽　王崇文　刀彦熊（俱五代汉授。）　朱斥业[43]　张承杰　许文缜　陈诲　陈谦诲之弟。　夏侯绥　陆昭符　柴克　尚全恭　梁延祥（俱五代周间任。）

〔宋〕

（建宁府）知府事　骆仲舒　戚处休太平兴国间任。　王协　王元　干成昂端拱初任。　杨璧　张晓　周奋　王亶　成肃　滕晏　李奉天　陈世卿　高惠连（上二人俱景德间任。）　周绛　黄长庆　莫纮　孙诱　陈绛　卢干　曾会（上四人俱大中祥符间任。）　胡咸秩　陈靖　任布　郑载（俱天禧间任。）　舒雄　查拱之　许绅　郑为（俱天圣间任）。　徐起明道初任。　刘有方　王硕　杜杞　阎览见览一作贤。　冯天锡　谢衍　谢祯　周延德（上三人俱庆历间任。）　潘衢　王鼎见《名宦志》。　卢革　刘夔（俱皇祐间任。）　裴太亮　张铸　薛纶至和间任。　徐仲谋　窦彤俱嘉祐间任。　吕元现　王秉彝俱治平间任。　江宽　韩奕　朱越　元晾[44]　李正臣　许当（俱熙宁间任。）　石禹勤　王彭　陈闽　周处厚　毛恺（俱元丰间任。）　陈阐见《名宦志》。　刘握　黄伸见《名宦志》。　胡师文　黄浩　鲍祇见《名宦志》。　吴亮　陈觉民　乔世材　方叔完见《名宦志》。　李绛大观间任。　郑邦彦　叶

祖武　陈举　上官公裕　陈惟纲　刘震　孙穆　洪中虞芹　苏晔　陆蕴见《名宦志》。(俱政和间任。)　詹丕远重和间任。　翁彦国　赵岍　王淮俱宣和间任。　张励　江当　张勋[45]　方承　李德昭见《名宦志》。　林仲堪　韩珉(上四人俱建炎间任。)　王俊民　刘子翼　曹枢　向伯奋　江少虞　魏矼　赵士源　郭璋　郭东　张铢　赵不群　林文　丘砺　郑鬲　韩岊　邓文饶　韩膺胄　宋暖一作暖。　章服　程芾　黄轺　王传(俱绍兴间任。)　陈正同隆兴间任。　陈良翰　陈俊卿见《名宦志》。　徐嘉一作嘉。　王淮见《名宦志》。　沈度　赵彦端　任文荐　杨由义　梁克家见《名宦志》。(俱乾道间任。)　傅自得　韩元吉见《名宦志》。　赵善俊　苏峤　洪迈见《名宦志》。　郑伯熊　周自强　赵公硕　郑丙　赵彦操　龚茂良　张大经(上二人见《名宦志》。)　陈良祐　程大昌　王师愈　韩俣　吴珽　陈倚(已上俱淳熙间任。)　郑湜　郑侨　陈居仁(上二人见《名宦志》。)　单夔(俱绍熙间任。)　黄遹　张叔椿　傅伯寿(俱庆元间任。)　汤硕　丁常任　倪思(俱嘉泰间任。)　王遘[46]　张时修(俱开禧间任。)　李浃　谢源明　傅伯成见《名宦志》。　李大异　蔡幼学　李沈　沈作宾　俞建　史弥坚　洪伋(俱嘉定间任。)　叶时宝庆间任。　吴珌　陈韡见《名宦志》。(俱绍定间任。)　袁甫见《名宦志》。　黄埒　姚珏(俱瑞平间任。)　王埜见《名宦志》。　黄壮猷(俱嘉熙间任。)　王极　王遂　杨恢　包恢见《名宦志》。　楼治　郑次申　汤中　赵性夫　饶虎臣(俱淳佑间任。)　赵汝腾　潘凯　孙梦观见《名宦志》。　谢堲　叶梦鼎见《名宦志》。(俱宝祐间任。)　陈昉　史宇之　江万里

(俱景定间任。)　吴革　吴坚　刘震孙　李伯玉　黄万石　冯梦得　雷宜中　曹元发　赵崇钒(俱咸淳间任。)　**通判府事**　李觉　方旬(俱见《名宦志》。)　李佩　袁复一　林敏元　周端虚　邓庾　杜圮　方颖　徐端益　黄轺　诸葛行仁　段彦升　汪应辰见《名宦志》。　叶仁　赵勣之　胡廷直　高绎(俱绍兴间任。)　梁兴祖隆兴间任。　陈岘　徐瑺　文好谦　石如壎　管鉴　范榛(俱乾道间任。)　陈伟节　黄公廙[47]　王涣　汤硕　李本　王益　汪文叔　赵伯肆　赵盥　李升　宋翊　赵公若　赵彦铠(俱淳熙间任。)　黄直向　赵不逊　钱闻礼　赵师傅　吴应时(俱绍熙间任。)　陈接　胡恭　赵善防　周震　赵善蒙(俱庆元间任。)　常建　赵善泳　赵伯肃(俱嘉泰间任。)　赵善弁　吴炎　翁韶(俱开禧间任。)　黄荣　谢渠伯　林至　张国均　赵伯骏　张珌　黄以宁　周之瑞　洪侃　赵希瞿　叶武子(俱嘉定间任。)　史改之宝庆间任。　姚瑶[48]绍定间任。　赵珌夫　赵汝固　张国成　李德孺　黄学行　沈悉　曾默　赵与时　任棠(上二人俱端平间任。)　陈洪见《名宦志》。　项颙　钟霖　宗炳(俱嘉熙间任。)　赵汝暨　葛嗣孙　赵与谨[49]　洪儆　黄恪　林公奕　孙度　洪天锡见《名宦志》。(俱淳祐间任。)　林震宝祐间任。　余师鲁　赵时昂　潘公潚(俱景定间任。)　赵汝浮　李天泽　赵良维　徐椿年　叶汉老(俱咸淳间任。)　陶虎　施总　赵不议　汪彭年　赵令芹　黄中　邓怍　傅自强　杨邦弼　陈大方(已上十人旧志失载莅任年号。)　**观察判官**　施广勤　张皞　康述祖　李谂　祝林　郭炎　汪时中　赵宠夫　王桧　龚葆　赵汝掖　凌似祖　方

应旗　陈济孙　赵公折　舒若朴　曹瀹　任伯凤　赵时楫　孙自昌　陈廷震　毛樟　赵善魁　王既济　丘汲古　季炳　詹文刚　赵希霅　莫天觉　**(府学)教授**　陈原恺　洪杞　叶克

(建安县)知县事　王仁寿　刘领　曹泂　魏贯　范洪　何应志　方俣　李友直　方偕见《名宦志》。　石廉　高棐　叶莳　陈惟孝　杨谆　陈义刚　向士伟　叶绾　陈佐尧　韩元吉　张栋　李亿年　林思永　留元圭见《名宦志》。　夏汝翼　赵不愧　赵汝或[50]　张翮　折允兹　章箴　范仲武　刘敏中　常御孙　张裴　余南仲(上三人俱庆元间任。)　韩径　张櫂　郑倚　梁正已　刘植　陈德豫　薛叔惓　黄孟永　王元应　罗知吉　留元圭　梁致恭　余观国　连元　黄龚甫　赵必躬　叶迈　闾丘　于丞　上官端义见《名宦志》。

(浦城县)知县事　赵谷皇祐末任。　李广文　周说　苏晔　郑禧　辛次膺　朱藻(上二人见《名宦志》。)　曾聿　何志正　傅演　刘昱　何洪　向汤　潘华　赵彦曾[51]　黄杞见《名宦志》。　孔履常　李知孝　吴美中　李夷仲　张泳　赵善岫　吴倚　左玙　孙慈明　吴焕　余闳　上官端仪　张叔振　曾壸　谢邦彦见《名宦志》。　林子升　赵彦佩　王深仁　赵师邁[52]　赵善邢　鲍恭叔　赵师竦　赵伯处　曾丰　赵善杰　钟大猷　孙端懿　钱谦光　陈至和[53]　陈鉴　谢孙复　赵彦庚　程源　王潭　邓文举　姚镃　赵彦倪　宋植　蔡爷　陈昉　鹿愿　卓樗　赵汝通　赵希锪　罗端常　朱直清　**主簿**　陈襄见《名宦志》。　郑昭光　陈逢寅

(嘉禾县)知县事　晏詹　田元瑜　杜杞　蔡黄裳(上二人见《名宦志》。)　盛约　盖何　郑纲　林积　陈谟　梁宗旦　陈琪　皇甫朝光　廖平　张好古　陈觉民　蔡说　张梦臣　翁述　陈忱　范建侯　周需　丁懈　黄兑　林极　陈道本　黄无愿　杨朏　陈直方　辛况　李宋臣　阮骏　邓时可　张宪武　陈鲁彦　黄邦光　丁昌　周顺　郑思诚　高公诞　陈亚卿　梅敦礼　周宗元　韦能述　彭汝霖　傅稹[54]　章三捷　李损　曹训　萧之敏见《名宦志》。　朱邵　林震　王渥　王中立　李彭年　陈仆　姚耆寅　黄谦　陈子诲　李庾　程起宗　李椿　储用见《名宦志》。　**丞**　方伯蹇见《名宦志》。

(松溪县)知县事　林敏元　吴处仁　林实　吴芳庆　林隶　蔡逋　石深道　周升　张栋　陈扁　姜处厚　何蕴　陈执刚刚一作中　陈友信　姚实　林颖宣和初任。　赵载　尤果　黄寅　娄浒　俞冷　徐知柔　孙正之　黄月永黄一作王。　沈惇之　林缓卿　刘君房　刘雨鹏　周大老　张南金　闻人松　冯有年　叶守　吴良显　赵汝音　陈涛　王元方　吴镗　赵希介　桀桀　林通　赵崇卫　何宗稷　赵彦嶓　**尉**　陈尠淳祐间任。

(崇安县)知县事　范雍　赵抃　翁谷(俱见《名宦志》。)　蔡传　王纯　娄寿(俱绍兴间任。)　诸葛廷瑞　赵彦绳(俱见《名宦志》。)　王齐舆淳熙间任。　张嗣孙　林澧嘉定初任。　傅纏　赵必愿　林士尹　赵崇萃　赵善郈　郑思忱(俱见《名宦志》。)　章端子端平间任。　冯端荣　曾贺孙(俱见《名宦志》。)　赵时镙宝祐间任。　林天瑞　刘汉传(俱见《名宦志》。)　**丞**　陈康嗣绍兴间任。　**尉**　翁邵见《名宦志》。 胡权绍兴中任。 佘发林 朱莫见《名宦志》。

(政和县)知县事 韩国昌 毛国华 卜早 芾成之[55] 周公才 王瓘 张梦臣 刘谔 胡章 余焕 李敏求 陈正敏 向子铨 林次皋 郑公才 翁范 谢方 林实 杨申 李圭 沈谏 陈琦 郑思诚 张民彝 方深道 邓琇 谢邦彦 何志正 刘謩 程焘 汪逌 吴申 赵左之 向亿 周炤 韩康国 袁采 吕祖壸(上二人见《名宦志》。) 赵不愚 谈庄 赵伯果 蔡颙 高志南 辛爽邦 林清卿 刘秀裴 胡虞老 王昌崇 赵载 叶大方 陈仲谔 吕章 林叔垣 蔡大中 吴良骥 李说仲 赵师琦 吴灼 戴佑甫 余大临黄东 萧忱 陈言应 冯尧宝 胡济 赵善浩 王褒 陈戌 赵彦高 章焘 丁光远 管浚 赵善邢 叶笥 米钧 李铭 吴秀真 赵善鉴 刘琰[56] 叶南夫 施季谦 刘庆 柯洽 陈俞 王节 陈裴 胡森 赵悉夫 黄棨 祝士奇 江公实 杨茂元 朱衍 吴实卿 刘三畏 程岫 孔圣义 蔡庾 赵普夫 徐应辰 赵崇常 张希文[57] 黄燮 赵善逢 叶彦昞 商玗孙 柴庠 姚德辉 **主簿** 赵师善 **尉** 朱松见《名宦志》。 李岩起乾道间任。

(瓯宁县)知县事 范璇 林朝浚(俱绍兴间任。) 崔发 任古 朱伟 王彬 富肃 朱榕[58] 魏彦林 陈端彦 薛琛 嵇忻 刘元升 赵伯光 黄瑜 张任 方伯达 李淙 李时中 叶笺 杜颖 潘景连 董康嗣 刘唯然 向濂 丁大声 丁执惓 陈震见《名宦志》。

刘三杰　赵汝汲　邓文蔚　唐士列　赵崇忞　朱况[59]　颜彦林　梁镛　袁汝宽　余克济　刘璲叔　郑仲度　石孝广　蹇森之　许镐

〔元〕

(建宁路总管府)总管　杨芳春至元间任。　暗都剌至顺间任。　**同知**　彭廷坚　陈君用(俱见《名宦志》。)

(建安县)县尹　徐属至正初任。

(浦城县)县尹　叶景仁　吴元芳(俱见名宦志。)　陈楠孙

(建阳县)县尹　陈天锡　辛思谦(俱见名宦志。)　黄周

(崇安县)县尹　邹伯颜　任德用　杨靓俱见《名宦志》。　张茂至元间任。　顾锐至大间任。　夹谷元祐间任。　张端本泰定间任。　彭好古　彭廷坚　伯颜(俱见《名宦志》。)　**主簿**　周礼见《名宦志》。

(松溪县)达鲁花赤　创兀　阿散　阿思兰见《名宦志》。　**县尹**　李荣实见《名宦志》。　林诚祖　李荣芳　赵子瀹　张信　郑洙　颜岱　李元恭　于泽　陈谦　刘光　凌说

(政和县)达鲁花赤　马速忽　真宝(俱见《名宦志》。)　**县尹**　董秃　坚帖木儿　**县尉**　马哈麻

校　注

［1］淳熙《三山志・秩官》作“陆藴”，淳熙《三山志・秩官》及乾隆《福州府志・职官》“陆藴(蕴)”下俱作“黄裳以龙图阁学士、大中大夫再知”。

［2］乾隆《福州府志・祥异》作“柳廷俊”。

［3］淳熙《三山志・秩官》及乾隆《福州府志・职官》“张浚”下俱作“程迈以显谟阁直学士、左中奉大夫再知”。

［4］淳熙《三山志・秩官》及乾隆《福州府志・职官》俱作“贾逵”。

［5］淳熙《三山志・秩官》及乾隆《福州府志・职官》“陈居仁”下俱作“郑侨以资政殿大学士、光禄大夫再知”。

［6］万历《福州府志・官政》“叶默”下作“绍圣间任”，此作“绍兴”，误。

［7］万历《福州府志・官政》“李公彦”下有“丘铎、张维”，乾隆《福州府志》于“张维”下并注：“检《朱子文集》补，有传。”

［8］万历《福州府志・官政》、乾隆《福州府志・职官》俱作“胡舆”；乾隆《福州府志》注：“胡一作师。”

［9］万历《福州府志・官政》、乾隆《福州府志・职官》“沈邈”下尚有“庄谊”，并注：“熙宁间任。”

［10］《闽书・文莅》“詹庇”下尚有“刘元高、黄洧、陈士楚、林鼎、林思诚”五人。

［11］万历《福州府志・官政》、乾隆《福州府志・职官》绍兴间知县事无“王洙”，而有“黄洙、王金洙”。

［12］万历《福州府志・官政》、乾隆《福州府志・职官》俱作“颜思鲁”，并谓“思”一作“师”。

［13］万历《福州府志・官政》作“王友”。

［14］万历《福州府志・官政》、乾隆《福州府志・职官》均作“李葺”。

［15］万历《福州府志・官政》、乾隆《福州府志・职官》均无“关有声”，而有“闵希声”；乾隆《福州府志》注：“闵一作关，希一作友。”

［16］万历《福州府志・官政》、乾隆《福州府志・职官》均作“林僖子”。

［17］万历《福州府志》、乾隆《福州府志》俱作“赵甫瑀”。

［18］万历《福州府志・官政》作“吴兴”。

［19］万历《福州府志・官政》作“徐瑑”。

［20］万历《福州府志・官政》、乾隆《福州府志・职官》均作“淳熙间任”。

［21］万历《福州府志・官政》、乾隆《福州府志》赵汝训均作“嘉定九年任”，在赵善旿、赵善嵩之后。

［22］万历《福州府志・官政》、乾隆《福州府志・职官》均作“陈沆”。乾隆《福州府志》注：“陈一作郑。”

［23］万历《福州府志・官政》作“齐政”。

［24］万历《福州府志・官政》、乾隆《福州府志・职官》均作“木薛”。

［25］万历《福州府志》、乾隆《福州府志》俱作“沙耳赤”。

［26］万历《福州府志》、乾隆《福州府志》均作“潘允”。

［27］万历《福州府志》、乾隆《福州府志》俱作“莫德茂”。

［28］万历《福州府志》、乾隆《福州府志》俱作“陈天赐”。

［29］清《福宁府志・秩官》作“杜元桢”。

［30］清《福宁府志・秩官》作“高深”。

［31］万历《福州府志・官政》作“唐彬”。

［32］万历《福州府志・官政》、乾隆《福州府志・职官》俱作“石涧”。

［33］万历《福州府志・官政》、乾隆《福州府志・职官》俱作“高琪”。

［34］万历《福州府志・秩官》作“黎安”。

［35］万历《福州府志・秩官》作“陈谔”。

［36］万历《福州府志・官政》、乾隆《福州府志・职官》俱作“汪仁后改名恕”。

［37］万历《福州府志・官政》、乾隆《福州府志・职官》俱作“韩秉嚞”，注：“嚞，一作吉。”

［38］万历《福州府志》、乾隆《福州府志》均作“徐忒”。

［39］万历《福州府志》、乾隆《福州府志》均作“汪瓘”。

［40］万历《福州府志・秩官》作“杨洁”。

［41］“褠”疑为“褠”字之讹。

［42］嘉靖《建宁府志・官师》作“李咸”。

［43］嘉靖《建宁府志・官师》作“朱斤业”。

［44］“昡”疑为“暕”字之讹。

［45］嘉靖《建宁府志·官师》作“张勤”。

［46］“邌”疑为繁体“迈”字之误。

［47］“廣”疑为“廙”字之误。

［48］嘉靖《建宁府志·官师》作“姚琉”。

［49］嘉靖《建宁府志·官师》作“赵与迺”。

［50］嘉靖《建宁府志·官师》作“赵汝成”。

［51］嘉靖《建宁府志·官师》作“赵帝曾”。

［52］“邁”疑为“迈(迈)”字之误。

［53］嘉靖《建宁府志·官师》作“陈志和”。

［54］嘉靖《建宁府志·官师》作“李稹”，“稹”疑为“稍”字之讹。

［55］嘉靖《建宁府志·官师》作“篩成之”。

［56］嘉靖《建宁府志·官师》作“刘璿”。

［57］嘉靖《建宁府志·官师》作“张帝文”。

［58］嘉靖《建宁府志·官师》作“朱瑢”。

［59］嘉靖《建宁府志·官师》作“朱柷”。

八闽通志卷之三十二

秩　　官

历　　官

郡　县

建宁府

〔国朝〕

文职

(本府)知府　胡禛　芮麟见《名宦志》。　鲁仁杰　施仁　裴冕(俱洪武间任。)　刘敬见《名宦志》。　史常　徐子王永乐间任。　张顺　王溥(俱宣德间任。)　张瑛见《名宦志》。　孙亶景泰间任。　贺沈　刘钺(俱天顺间任。)　浦镛　曾会　张正(俱成化间任。)　刘玙弘治元年任。　**同知**　陈永　吕敏　杨志铭永乐间任。　王信　李钺(俱天顺间任。）刘文　林荣　李明（俱成化间任。）**通判**　方以正宣德间任。　萧瓌[1]　莫震天顺间任。　陈翼　杨秀[2]（俱成化间任。）**推官**　郎子贞　陈永见《名宦志》。（俱洪武间任。）胡缉天顺初任。　齐敬　戴春　李时新见《名宦志》。（俱成化间任。）**（经历司）经历**　闵玉天顺间任。　张祥成化间任。　**知事**　吕政景泰间任。　潘满　吴海　何容（俱天顺间任。）姜仕溢　陈镗（俱成化间任。）**照磨所照磨**　张敏天顺初任。　靳清　齐鉴　吴旺（俱成化间任。）**检校**　李新永乐间任。　王珣天顺间任。　冯冕成化间任。　**（儒学）教授**　周斌　张信永乐间任。　彭勗　俞深　丁侃　罗能　任善　董珏　黄伯川　**训导**　萧韶永乐间任。　姚懋　黎方　王玓　范升　徐玉　汪廷贵　顾珣　汪玧　李让　罗文　王瓘　彭璲　张濂　严经　罗镛　周珏　陈瑚　陈文　任球　何杰　程匡　吴纪

（建安县）知县　裴珏　余子恭（俱洪武间任。）张准见《名宦志》。　戴肃洪熙初任。　胡钦正统间任。　葛琬景泰间任。　胡霖　张端　周正　徐琮　桂镐（俱成化间任。）**县丞**　姚震洪武间任。　缪瑞成化间任。　**主簿**　袁贵成化间任。　**典史**　余子隆永乐初任。　王轸成化间任。　**（儒学）教谕**　朱义天顺间任。　吕凯　楼伟　金许升（俱成化间任。）**训导**　汪赐　张瑺　董衡　康庄（俱成化间任。）

（瓯宁县）知县　展鉴　王迪（俱洪武间任。）黄参永乐间任。　章盛宣德间任。　齐端　焦从周正统间任。　陈祚景泰间任。　乔铭见《名宦志》。　林鸿　陈英（俱成化

间任。）**县丞**　李普永乐间任。　叶镇　刘跃（俱天顺间任。）　陈恕　顾完　陈旭　胡智（俱成化间任。）　**主簿**　印志　叶勤（俱宣德间任。）　王偁景泰间任。　吉永琇　林凉[3]（俱天顺间任。）　徐宇　曾昕　顷敏（俱成化间任。）　**典史**　郑友富天顺间任。　周冕　杨春　张信　封良广（俱成化间任。）　**（儒学）教谕**　薛仲南　周芳　罗翰永乐间任。　宋毓宣德间任。　王公拳正统间任。　戴委景泰间任。　袁亮天顺间任。　金许升　陈梅　余燠　郭甫俊（俱成化间任。）　**训导**　叶机洪武间任。　吴仲贤永乐间任。　姚懋　倪最[4]宣德间任。　方式　童伉　金祐　盛箴（俱正统间任。）　王邦直　王逊夫　孔文献（俱天顺间任。）　裴崇礼　徐埙　胡希岳　曹祖龄　顾盛　沈汉　邓敬（俱成化间任。）

（浦城县）知县　张鹏举见《名宦志》。　宋性　张宗颜　徐瓒　史志可（上三人见《名宦志》。）　胡观　陈憧[5]（俱永乐间任。）　周原庆见《名宦志》。宣德间任。　张镛　甘棨　何俊（俱正统间任。）　顾恒天顺间任。　杨惇　张昞　刘珩　许澄（俱成化间任。）　**县丞**　裴思明　张玉成（俱见《名宦志》。）　朱德昌（俱洪武间任。）　王廉　何巽（俱永乐间任。）赵利　吕昭　何俊（上二人俱见《名宦志》。已上俱正统间任。）　李善天顺间任。　黄俊　王震　程清　夏寅（俱成化间任。）　**主簿**　叶子寿洪武间任。　周聚正统间任。　吴安　葛琳　孔硕　杨本（俱成化间任。）　**典史**　罗仲固永乐间任。　李贵　周监[6]　周颉　高明　潘宁（俱成化间任。）　**（儒学）教谕**　余守弘洪武间任。　王乐孟　胡清景泰间任。　毕遵　胡昱　李璞（俱成化间任。）

训导 赵景和洪武初任。 徐彦诚永乐间任。 张协 倪深[7](俱宣德间任。) 应杰景泰间任。 陈璨 罗恒 郑璇 任荣 唐应征 赵彩 唐哲(俱成化间任。)

(建阳县)知县 吴义 范子畴 郭伯恭 陈敏(上二人见《名宦志》。已上俱洪武间任。) 陈宗源 徐铎 张光启见《名宦志》。(俱宣德间任。) 何景春 王原善 尹戴鲁(俱正统间任。) 叶荣 宋烈 龙韬 陈让[8](俱景泰间任。) 陈显天顺间任。 刘渊 项旻 海澄 汪津[9](俱成化间任。) **县丞** 陆镒见《名宦志》。 金荣 周荣景泰间任。 何景春见《名宦志》。 梁懋 刘昂天顺间任。 杨贞[10] 邓仁 熊杰(俱成化间任。) **主簿** 丘松 陈宗源(俱见《名宦志》。) 萧旺正统间任。 姜衡景泰间任。 许雄 陈员(俱成化间任。) **典史** 钱象正统间任。 夏昂天顺间任。 武昭 任乙秸 赵铭(俱成化间任。) **(儒学)教谕** 李继 阮得顺 王篪 欧阳时俊俱正统间任。 徐龄 徐律(俱天顺间任。) 宋谦 陈畅 张轮(俱成化间任。) 训导 李文我[11] 熊圭 范志谦(俱洪武间任。) 董镛[12]永乐间任。 李继宣德间任。 周玉正统间任。 周福 金熙(俱天顺间任。) 严彪 华山 孙谋(俱成化间任。)

(松溪县)知县 常钦祖 梁楚材 周常 刘进 刘中霄 高耿中 李景初 李宗中 敷季雅 韩敏 钦恭(俱洪武间任。) 曾惟中 赵子述[13] 周景辰(俱永乐间任。) 周思敬 邹良 曹逊 王杰宣德间任。 李坚 张绅(俱正统间任。) 张禛景泰间任。 刘恒[14] 杨观天顺间任。 周吉昌 沈立 欧阳麟 褚潭(俱成化间任。)

县丞　张惟清　李嘉(俱洪武间任。)　吴邦达　范秉和　张翥景泰间任。　伍爵　谢谦(俱天顺间任。)　管良　虞虑[15]　高弘　叶兴　刘芳(俱成化间任。)　**主簿**　洪子润[16]　吴岱景泰间任。　靖泰　陈政(俱天顺间任。)　汤浚　刘洪　黄庆　陈玄玉(俱成化间任。)　**典史**　王敬景泰间任。　濮旻天顺间任。　沈溥　梁升　徐德　严政　潘富(俱成化间任。)　**(儒学)教谕**　刘觐永乐间任。　张湜正统间任。　张忞景泰间任。　夏坦[17]　曾稌　李辅　冯触(俱成化间任。)　**训导**　傅小岩　叶均祐　李子傅[18](俱洪武间任。)　宋宽　李铨　干怡　俞珣　晏绂(俱成化间任。)

(崇安县)知县　陈虉　徐得　刘伯益　夏德章　邵文昂　张子彬　曹端(上二人见《名宦志》。已上俱洪武间任。)　谢雅卿　赵麟(俱永乐间任。)　金怀宣德间任。　姚宗显景泰间任。　唐纪　张锐　王肃　余衍(俱成化间任。)　**县丞**　安处善见《名宦志》。　段璧　杨以章(上二人俱永乐间任。)　陈让见《名宦志》。　柳春　李干(上二人俱正统间任。)　刘英景泰间任。　梁善天顺间任。　张麟　杨芾(俱成化间任。)　**主簿**　卢铭永乐间任。　齐整宣德间任。　金铧正统间任。　冉清景泰间任。　王锭　张纪(俱成化间任)。　**典史**　王浩顺永乐间任。　何文质宣德间任。　陈鉴景泰间任。　金玉天顺间任。　**(儒学)教谕**　胡云洪武中任。　章皞永乐间任。　程光义宣德初任。　黄通　刘艮(俱正统间任。)　杨彦心景泰间任。　刘秩成化间任。　**训导**　彭逊　冯回(俱洪武间任。)　丘纯　刘奎(俱永乐间任。)　蒋希温　卢廷俊宣德间任。　周勤

夏朝甫[19](俱正统间任。) **李让** **金□**(俱景泰间任。) **张锷**[20]天顺间任。 **刘晋**成化间任。

(政和县)知县 李子春 黄裳(俱见《名宦志》。) 吴朝宗 叶应祥 傅玉润 赵克礼 张惠见《名宦志》。 黄斌 张焕 江显见《名宦志》。 叶志高 顾让景泰间任。 王廷举 靳学 王鉴 刘经 吴理 陈绮 沈伦成化间任。 **县丞** 许穆见《名宦志》。 熊达 赵继祖 沈伯瑜 夏谟 朱蒸民 杨义 车勿 李邦达 陈继祖 黄思义 范廷贵 雷富 杨启 张浚 康谟 萧铨天顺间任。 陶添伦 潘玘 郑充 沈清(俱成化间任。) **主簿** 石彦章 杨让 陆文铭 方遇生 吴禛 涂铣 金舄 陆常 徐显 袁尚宾 陆义 扈子贤 张熙 史宪成化间任。 **典史** 郭斯屋见《名宦志》。 黎珣 林皋 文宗信 余本 张铜 符祐 蒋景芳 叶志豪 钮惠 王良 杨机成化间任。 **(儒学)教谕** 刘彦行 王守约(俱洪武间任。) 吕敏永乐初任。 姚孟 黄人正 陈思宣德间任。 辛珪 叶宗维 章琦 胡质 黄定 濮智 石辉(上三人俱成化间任。) **训导** 余应 章邦彦[21](俱洪武间任。) 薛孟谦 陈泰 潘子羽 王汝绩(俱永乐间任。) 王礿 张庸 林皋 冯浩 涂自节 颜颜果 潘福 杨经(俱天顺间任。) 顾荣 赵颙 钟玑 章源[22] 沈晔(俱成化间任。)

(寿宁县)知县 陈醇景泰间任。 谢俊 王肃 沈能(俱天顺间任。) 鲍凤 郭清(俱成化间任。) **县丞** 马璲景泰间任。 李真天顺间任。 魏昶 何显 郑环 李荣(俱成化间任。) **主簿** 史立正景泰间任。 王纶天顺间任。

何初　王存芳　王缙　周运(俱成化间任。)　**典史**　林永景泰间任。　陈浩　陈彰　卢畊(俱天顺间任。)　范澄　李孟　李滔　戴敏津(俱成化间任。)　**(儒学)教谕**　彭玶　姚俊英(俱天顺间任。)　黄干　于冕　劳俊(俱成化间任。)　**训导**　周序天顺间任。　刘熙　陈纪　王玺(俱成化间任。)

武职

(建宁左卫指挥使司)指挥使　沭英洪武初任。　冯钊由本卫同知升。永乐间任。　冯渊袭父钊职。　杨铎　范铎袭父贡职。正统间任。　冯杰袭父渊职。　冯荣袭兄杰职。　范泽　冯琇袭父荣职。　阚玉袭父文职。(上三人俱成化间任。)　**指挥同知**　冯钊洪武间任。　徐信　凌洋(俱永乐间任)。　陈良洪熙初任。　李恕　陈贤袭父良职。正统间任。　黄文以父友授本卫佥事有功升任。　徐钺袭祖父信职[23]。　李镛以父禛授本卫佥事有功升任。　蒋伯良　陈璨袭父贤职。(俱景泰间任。)　李铠袭兄镛职。　凌福袭叔洋职。　蒋大材(俱天顺间任。)　徐溥袭父钺职。　李昂(俱成化间任)。　**指挥佥事**　王用洪武间任。　黄斌　李信　杨英(俱永乐间任。)　杨茂袭兄塽职。宣德初任。　黄友袭父斌职。　李禛袭父信职。　杨忠袭父茂职。(俱正统间任。)　吴靖由中所千户升。　康贵由后所千户升。　黄庆(俱景泰间任。)　张统袭父觊职。天顺间任。　康荣袭兄贵职。　张顺袭父统职。　杨荣袭父忠职。　黄明袭父庆职。　吴剡袭父靖职。　黄昕袭兄明职。　黄镇袭父昕职。　**镇抚**　贺荣洪武间任。　周得永乐间任。　贺得袭父荣职。 周智袭父得职。宣德间任。 贺锐袭父得职。 周钰袭父智职。 贺渊天顺间任。

(左千户所)正千户 后玖 后平袭姪玖职。俱洪武间任。 后理袭父平职。永乐间任。 后荣袭父理职。天顺间任。 **副千户** 齐整 金试美(俱永乐间任。) 金安 齐铭(俱宣德间任。) 齐文袭父铭职。 金亮袭父安职。(俱景泰间任。) 金勇袭父亮职。 齐贤袭父文职。(俱成化间任。) **百户** 朱耀 潘祐 王环 阮得 孙璧(俱洪武间任。) 杨政 朱兴袭父耀职。 潘贵袭父祐职。 阮守 呼安(俱永乐间任。) 杨真袭父政职。 孙胜洪熙初任。 呼贵袭父安职,宣德间任。 杨能袭父真职。 阮凯袭父宁职。 王贵袭父环职。 朱寿袭父兴职。 孙铭袭父胜职。 朱胜袭父寿职。 潘祥袭父贵职。 王贇袭父贵职。 杨钰袭父能职。 王纲 呼纲袭伯贵职。 孙滨袭父铭职。 杨忠袭兄钰职[24]。 王镇袭父纳职。成化间任。

(右千户所)正千户 祈义本所副千户升。 孙荣俱永乐间任。 祈璧正统间任。 **副千户** 祈义洪武间任。 刘勇永乐间任。 **百户** 林旺 韩礼(俱洪武间任。) 林永 韩隆袭父礼职。 韩文袭兄隆职。 林福 韩胜袭叔文职。 林亨 韩能正统间任。 林禛成化间任。

(中千户所)正千户 吴达由百户升。永乐间任。 吴靖 武能成化间任。 **副千户** 杜贵洪武间任。 褚子贵 褚斌袭父子贵职。(俱永乐间任。) 杜斌袭父贵职。 杜礼借兄斌职。 杜胜 褚宁袭父斌职。景泰初任。 杜能袭父胜职。 崔勋天顺间任。 杜刚袭父能职。 褚华袭父宁职。(俱成化间任。) **百户** 钟富 桑荣 路达 桑彬袭父荣职。(俱洪武间任。)　**王礼**　**吴荣**　**王晟**袭父礼职。(俱永乐间任。)　**路英**袭父达职。　**王荣**袭父晟职。(俱宣德间任。)　**桑隆**袭父彬职。正统间任。　**王信**袭父荣职。景泰间任。　**路通**袭父英职。　**桑保**袭堂兄隆职。(俱天顺间任。)

(前千户所)正千户　**谢成**永乐间任。　**谢福**袭兄成职。　**谢荣**袭兄福职。　**谢庆**袭父荣职。　**谢英**袭父庆职。景泰初任。　**副千户**　**方玉**宣德间任。　**方伟**袭父玉职。　**方俊**袭兄伟职。　**洪均**由百户升。(上二人俱景泰间任。)　**洪清**袭伯均职。天顺间任。　**百户**　**丘忠**　**鲁真**　**邹喻**(俱洪武间任。)　**王得保**由总旗升。永乐间任。　**丘镛**袭父忠职。　**邹斌**袭父喻职。　**鲁瑄**袭父真职。　**丘鉴**袭父镛职。　**邹实**袭堂兄斌职。　**鲁忠**袭父瑄职。　**王顺**袭父得保职。正统间任。　**鲁锐**袭父忠职。　**丘福**袭父鉴职。天顺间任。　**王佐**袭父顺职。　**丘禛**袭兄福职。　**邹荣**袭父实职。　**鲁靖**袭父锐职。(俱成化间任。)

(后千户所)正千户　**王大**永乐间任。　**康贵**　**百户**　**徐荣**洪武间任。　**鲍斌**　**罗镇**　**徐成**袭父荣职。(俱永乐间任。)　**罗海**袭父镇职。　**鲍胜**袭伯斌职。洪熙初任。　**徐鉴**袭父成职。正统间任。　**罗升**袭父海职。景泰初任。　**鲍昂**袭兄胜职。　**徐璟**袭父鉴职。(俱成化间任。)

(建宁右卫指挥使司)指挥使　**高镛**宣德间任。　**马隆**　**吴杲**　**张瑾**　**仲德**　**高淳**袭父镛职。　**张铠**袭父瑾职。　**指挥同知**　**师镇**洪熙初任。　**宫显**由本卫佥事升。　**杨泰**由右所副千户升。景泰间任。　**师穗**袭父镇职。　**杨烨**袭父泰职。(俱成化间任。)　**指挥佥事**　**徐义**　**庞威**(俱洪武间任。）张子荣永乐间任。翟亮　邵成（俱洪熙初任。）宫显　邵铎袭父成职。翟兴袭父亮职。宣德间任。邵忠袭父铎职。邵旻袭父忠职。邵瑛袭兄旻职。**镇抚**　胡□洪武间任。刘通永乐间任。胡敬　胡彬袭父敬职。刘喜　刘泰　刘钺成化间任。

（左千户所）正千户　朱忠洪武间任。朱庸　**百户**　曹让　焦中　董成　陈林（俱洪武间任。）焦谅袭中职[25]。董胜　焦敬袭父谅职。焦建袭兄敬职。陈良保袭父林职。焦谦袭父建职。陈宗袭父秀保职。焦荣袭父谦职。陈泰袭兄宗职。夏贵景泰间任。刘铭天顺间任。董祐成化初任。

（右千户所）副千户　张福　张灵官（俱由本所百户升。）张荣（俱永乐间任。）王原宣德间任。王英袭父原职。张仁袭灵官职[26]。正统间任。杨泰　裴敬由百户升。景泰间任。裴瑛袭父敬职。天顺间任。张胜袭父仁职。王庸袭叔英职。成化间任。**百户**　蒋士进　潘忠　孙旺　许盛　张荣（俱洪武间调任。）张福　刘智　潘诚袭父忠职。朱铭　张童袭父荣职。张灵官袭兄童职。孙旺（俱永乐间任。）刘贵袭父智职。孙整袭父旺职。（俱宣德间任。）潘让袭兄诚职。正统间任。朱真袭父铭职。刘真[27]袭祖父贵职。孙镇袭父整职。（俱景泰间任。）潘胜袭祖父让职。朱源袭父真职。朱全袭兄源职。成化间任。

（中千户所）正千户　赵得　赵成袭父得职。（俱洪武间任。）杨贵袭父成职。赵辅袭父贵职。正统间任。**副千户**　娄贵洪武间任。娄胜袭父贵职。正统间任。**百**

户　刘玉　窦斌　吴忠　戴巽　汪保　周得(俱洪武间任。)　郭兴　窦雄袭父斌职。　吴琮袭父忠职。　戴胜袭父巽职。　汪源袭父保职。　周文袭父得职。　郭信袭父兴职。　窦真袭父雄职。　吴镛袭父琮职。　戴铭袭父胜职。　汪敬　周垣袭父文职。正统间任。　窦寿袭父真职。　戴兴袭父铭职。(俱天顺间任。)　郭敏袭父信职。　汪荣　吴清袭伯镛职。(俱成化间任。)

(后千户所)正千户　铁仲刚洪熙初任。　铁宽袭父仲刚职。　铁敬袭父宽职。　**副千户**　周坚洪武间任。　周通永乐间任。　王震由本所百户升。景泰初任。　王弘袭父震职。天顺初任。　**百户**　杨春　王文广　王贵　沈兴(俱洪武间任。)　苏玉永乐间任。　王礼袭父贵职。　沈亮袭父兴职。　苏和袭父玉职。　王震袭父礼职。　沈镛袭祖父亮职。　苏禛袭父和职。　苏麟袭父禛职。　苏关袭堂弟麟职。

(浦城守御千户所)正千户　夏谨景泰间任。　**副千户**　张俊天顺间任。　王遇　李璇(俱成化间任。)　**百户**　许钊天顺初任。　孙恺　周铨　余祐(俱成化间任。)

泉州府

〔唐〕

(泉州清源郡)刺史　刘怀恩嗣圣间任[28]。　许辅乾　杨承衮(俱景龙间任。)　冯仁智[29]　冯敬言[30]　张琮　云盈　朱钦道　尹项　阴俨　李元澄(上六人俱元开间任。)　云遂　贾长源　尚献忠　昝慎交　姚思礼　虞涣

李仙舟　薛昱[31]见《名宦志》。　暨克华乾元初任。　侯令议宝应初任。　李偕广德初任。　韦万信　陆偃（俱永泰间任。）　苏妙　王仲达　李构　李行穆（俱大历间任。）　薛播　丁琼（俱建中间任。）　贾系　赵昌见《名宦志》。　李坚　席相　裴泾　李震　长孙湛（俱贞元间任。）　王沦　马总　李谞　韦执中　张浮　李位　韩衢　李桔（俱元和间任。）　李逈　田谓（俱长庆间任。）　乌重儒宝历初任。　赵启[32]见《名宦志》。　张偁　李震　贾继宗[33]（俱大和间任。）　崔恭伯　李元宗　韦庸（俱开成间任。）　苏球　郑衮　王固（俱会昌间任。）　蒋侣　郑沼　裴伟[34]　薛凝　卢全白　郑孺复　窦师衮（俱大中间任。）　崔戳　邵雄　成丕　韦翾　韦薄（俱咸通间任。）　郑公绰　裴宗夏　林鄠（俱乾符间任。）　王潮光启初任。　王彦复　王审邽（俱乾宁初任。）　王延彬天祐初任。　**别驾**　姜公辅见《名宦志》。

（晋江县）令　赵颐正见《名宦志》。

（莆田县）令　□隐之[35]　陆珩（俱贞元间任。）　孔仲良宝历间任。　李丹咸通间任。　**丞**　许□[36]贞元间任。　蔡文彻光化间任。　**尉**　李翔　苏穆贞元中任。

〔伪闽〕

刺史　王延钧　王延彬（俱天成间任。）　王继崇延彬之子。长兴间任。　王延美　王延武（俱清泰间任。已上俱五代唐授。）　余廷英　李仁遇　王继严　王继业（俱天福间任。）　王继勋开运初任。（已上俱五代晋授。）

〔南唐〕

(清源军)节度使　留从效五代汉乾祐间任。

(平海军)节度观察使　陈洪进宋乾德间任。

〔宋〕

(泉州)知州事　陈文显　乔维岳　查元芳　曾坏[37]　孙逢吉(俱太平兴国间任。)　商夷简　宋维干(俱雍熙间任。)　李式端拱初任。　韩崇训　董俨　张从式　张昭允(俱淳化间任。从式至道间再任。)　宿翰至道间任。　陈钦祚　楚明(俱咸平间任。)　曾致尧　韩国华见《名宦志》。(俱景德间任。)　高惠连　舒贲　陈靖见《名宦志》。　秦义[38](俱祥符间任。靖天禧间再任。)　李允元天禧间任。　李遹　钱昆　王奇　郎简　方慎言见《名宦志》。(俱天圣间任。)　邹覃　苏寿　曾修睦　吕士龙(俱景祐间任。)　沈周见《名宦志》。　江钧　富严　毕庆长(俱庆历间任。)　陆广　汤夏　张肃(俱皇祐间任。)　蔡襄见《名宦志》。至和及嘉祐中两任。　刘忠顺　卢革　关咏(俱嘉祐间任。)　翟舜中　丁竦(俱治平间任。)　晁宗恪　刘袭礼　李从周　陈偁见《名宦志》。　陈枢(俱熙宁间任。元丰间再任。)　黄伸　王道祖[39](俱元丰间任。)　翟思　朱服　胡宗师　陈康民　陈慎夫　沈迈(俱元祐间任。)　唐垌　蒋长生(俱绍圣间任。)　江公著元符间任。　潘珏建中靖国初任。　江谷　郭时亮　陈觉民见《名宦志》。(俱崇宁间任。)　黄辅国　邵涛　余清(俱大观间任。清，政和末再任。)　陈建　郑南　苏烨(俱政和间任。南，宣和间再任。)　陆藻见《名宦志》。

蔡亘(俱宣和间任。) 游酢 陈元老靖康初任。 章思永 谢克家 孙梦观见《名宦志》。 叶份(俱建炎间任。克家,绍兴间两任。) 林之平 杜纯 李芘 陈戬见《名宦志》。 连南夫 陈戬 刘子羽见《名宦志》。 赵思诚 赵鼎见《名宦志》。 富直柔 汪藻见《名宦志》。 吕用中 吴序宾 陈康伯见《名宦志》。 叶廷珪 赵令衿见《名宦志》。 林大鼐 李如冈 陈诚之 宋之才 辛次膺 范如圭见《名宦志》。 邓祚[40] 李涧 徐嚞(俱绍兴间任。) 陈俊卿见《名宦志》。隆兴间任。 韩仲通 赵子潚见《名宦志》。 周葵 王十朋见《名宦志》。 薛良朋 周藻[41] 汪大猷见《名宦志》。(俱乾道间任。) 萧国梁 张坚 姚宪 莫济 陈弥作 韩彦直 程大昌 赵必愿(上二人见《名宦志》。) 司马伋 林枅见《名宦志》。 傅淇 曾逮 郑丙 颜师鲁见《名宦志》。(俱淳熙间任。) 朱佺绍兴间任。 邓驲 林思齐 刘颖(俱庆元间任。) 倪思见《名宦志》。 叶适 章良能(俱嘉泰间任。) 陈子冲 方铨(俱开禧间任。) 梁丙 章颖 邹应龙 黄中 程卓 真德秀 宋均[42](上二人见《名宦志》。) 章棶 王栋(俱嘉定间任。德秀,绍定间再任。) 游九功宝庆初任。 方淙绍定间任。 李韶 叶宰 黄朴(俱端平间任。) 刘炜叔[43] 赵涯 王会龙(俱嘉熙间任。) 颜颐仲 汴斗南 刘克逊 陈大猷 赵师耕 韩识 杨瑾 汪应元(俱淳祐间任。) 赵隆孙 谢□[44] 吴昮(俱宝祐间任。) 汤举 吴洁 赵孟传 赵希槐(俱景定间任。) 常挺咸淳初任。

通判军州事 乔维岳见《名宦志》。太平兴国间任。 仲安常 林孝渊见《名宦志》。(俱建炎间任。) 吴序宾 石令问

朱舜元　陈炎　时升　王易　向涓　林茂　韩习　黄匪躬　邓柞　赵不紊　邹及　吴大与　徐僎　田昕(俱绍兴间任。)　王巩隆兴间任。　李端彦　陆浚　马耆年　李榕　黄庭瑞(俱乾道间任。)　颜曹孙　钱从之　林淳　陆世良　江文叔　陈实　折知刚　黄瓒(俱淳熙间任。)　江伯虎　萧颉(俱绍兴间任。)　周櫂　陈子冲　朱曾(俱庆元间任。)　陈永叔　周庭藻(俱嘉泰间任。)　李焕开禧间任。　洪祒[45]　陈士表　李楠　石范　康丕祖　何松　施诚一　潘颢伯　林力行　黄孟永(俱嘉定间任。)　谢汇伯　许经(俱宝庆间任。)　徐起宗　陈允协(俱绍定间任。)　孙叔谐　谢溥(俱端平间任。)　李挺芳　江师心(俱嘉熙间任。)　张晋之　叶檠　沈愿　任鄚　刘戸(俱淳祐间任。)　**添差通判军州事**　吴棫　傅自符　李友直　张阐见《名宦志》。　戴溪庆元间任。　陈士廉嘉泰间任。　赵不摭开禧间任。　朱在　李韶见《名宦志》。(俱嘉定间任。)　林良显宝庆间任。　陈梦庚端平间任。　蔡公申　卢同父(俱嘉兴间任。)　孔万春　刘如渊　郑偘　吴洁(俱淳祐间任。)　**签书判官**　刘昂　王化基太平兴国间任。　游酢　傅知柔　黄公度(俱见《名宦志》。)　董元龙　陈希黯　**节度推官**　元规　郑丙绍兴间任。　邓驲淳熙间任。　赵必莘　林希逸　**观察推官**　陈俊卿　李方子见《名宦志》。　赵崇弁[46]　**(诸曹官)录事参事**　傅臻　林观　刘知已　**司户参军**　张植　戴闿　周滂　**司法参军**　杜纯见《名宦志》。　**司理参军**　张从　赵必临　**(州学)教授**　柯述皇祐间任。　郑侠元祐间任。　林孔彰绍兴间任。　陈党淳熙间任。　赵与寰

(晋江县)知县事 曾淳太平兴国间任。 史居方淳熙间任。 韩洞 常正辞(俱淳化间任。) 杨士衡正道间任。 李旦 裴晓(俱咸平间任。) 郑夷简 成范(俱景德间任。) 史程 乐至 张祐之 臧制(俱大中祥符间任。) 丁文熙 吴世范(俱天禧间任。) 王植 郭周 许因其 王宝臣(俱天圣间任。) 张从善 童颖(俱景祐间任。) 宫世隆康定初任。 黄展 周舜卿 丘颖(俱庆历间任。) 王宗士 章拱之(俱皇祐间任。) 黄从政 皇甫常 王克(俱嘉祐间任。) 张祥治平间任。 危雍 李川 方晞道(俱熙宁间任。) 蔡谨 方次彭 何甫 陈毅(俱元丰间任。) 吴翃 戴安仁 王昌彦(俱元祐间任。) 毛渌绍圣初任。 魏敭元符初任。 董洵美 蔡圭(俱崇宁间任。) 何廷坚 刘广 陈戬(俱政和间任。) 李科宣和初任。 蔡梗 陈惟刚(俱靖康间任。) 孙点建炎间任。 阎益 张应辰 洪元英 傅佇 陈廷圭 詹好信 张嘉宾 李纶 叶菜 陈升卿 傅佇见《名宦志》。 廖过(俱绍兴间任。) 余善言隆兴初任。 顾澥 黄中立 侯彦准(俱乾道间任。) 李潮 张耜 林埭 苏邳 余唐叔 赵师硕(俱淳祐间任[47]。) 方烝绍兴间任。 赵师诤 林偰(俱庆元间任。) 潘文焕 柯谦宗 鲍华 陈岷 赵公卣 郑闿 曾噩 陈琰 徐叔川 江公宜 姚自(上五人俱嘉定间任。) 林子升 戴栋 黄桀 郑鼎新见《名宦志》。绍定间任。 陈义和端平间任。 林躬行 朱景彝(俱嘉熙间任。) 林奭 陈士谨 丘元龙(俱淳祐间任。) 赵珒 **丞** 顾介孙 林安行 **主簿** 郑全

(南安县)知县事 姚宗古太平兴国间任。 赵利先

端拱初任。　　段用成　李陟　舒雄(俱淳化间任。)　王九思　黄龟长(俱至道间任。)　杜明[48]景德间任。　刘悦　杜惟则　李仲昱　杨吉(俱大中祥符间任。)　张嵩　周兴让(俱天禧间任。)　陈统乾兴初任。　沈宗颠　叶宾见《名宦志》。　魏幽求(俱天圣间任。)　林徽明道初任。　张范景祐初任。　王演宝元初任。　夏化育　周备　董寿(俱庆历间任。)　陈元　张应符(俱皇祐间任。)　张藻至和初任。　陈庆孙　宁麟　王宗愿(俱嘉祐间任。)　刘元卿治平间任。　鱼康伯　林昌符　龚原(俱熙宁间任。)　刘说　黄彦臣　吕防(俱元丰间任。)　江与几　黄中(俱元祐间任。)　惟官方绍兴间任。　朱敏修　曾升(俱崇宁初任。)　陈升大观初任。　黄厚智　滕薿　黄大名　朱遇(俱政和间任。)　江祐之　段彦弼　丘之立　张登　余遹　刘孔修　李造　张端　余武弼见《名宦志》。　马升　李恂　曹绮(俱绍兴间任。)　王少恺　陈滋　鹿何　朱端子　赵伯璟(俱乾道间任。)　朱文伯　柯岳　张竦　刘柲　陈大亨　施誉　赵师暄(俱淳熙间任。)　赵善笺　颜质(俱绍兴间任。)　叶元泌　林轰(俱庆元间任。)　杨注嘉泰初任。　郑康成　陈介之　林迪(俱开禧间任。)　方阜周　赵汝恭　林拱之　邓朴　纪徽　王彦广(俱嘉定间任。)　毛淮宝庆初任。　刘珙　梁三聘　徐鹿卿见《名宦志》。(俱绍定间任。)　余伯禄端平初任。　赵时膏　薛季良(俱嘉熙间任。)　林躬行　赵缜夫　叶同　赵崇暾(俱淳祐间任。)　**尉**　陈大方绍兴末任。

(同安县)知县事　仲谷　李显　刘护　靖昼　张起予　乐良　许铉　侯居实　张识　李应言　李道　宋若

水 潘衢 方谨从 林高 张师颜 葛源 林祖义 朱湜 马德方 郭及 刘天锡 张瑞 梁慈实 蔡准 陈用之 莫兼 上官隆 李镐 邵直温 张鉴 韩震 阮邈 黄子春 林溇 张达权 李□[49] 朱敏元 鲍安平 陈粹 方醇道 林敷 曹将美 陈泌 赵文仲 李泳 张天麟 陈师心 林宗卿 黄琮见《名宦志》。 危秉文 陈待举 马冲 顾汝美[50] 王朝俊 林宗孟 陈若冲 龚月新 林骧 刘宽 余麟 王纯 陈宋霖 吴庭表 蔡颢 王谈 赵伯瓌[51] 黄辅之 雷光胄 陈仲珪 陈彭夫 黄仲远 杜立道 叶镐 郑公显 赵善璋 李延年 缪仲虎 余元 顾根 陈汝益 韩漳[52] 张士彦[53] 孙格 毛当时 章大蒙 陈绰 顾栈 叶守 周大老 王楷 方杰 韩木 张溥 张豹变 洪僖 黄师镃 谢奕恭 郭伟 赵崇贡 赵与谏 林栋 沈金焕 刘同祖 **主簿** 朱熹见《名宦志》。 **尉** 萧里见《名宦志》。

(惠安县)知县事 胡纬端拱初任。 杜从善淳化间任。 王诛至道初任。 许载 胡克顺(俱咸平间任。) 孔好言 周航(俱景德间任。) 张愈 包令议 陈执中(俱大中祥符间任。) 郑炎 钱喆 张仁术(俱天禧间任。) 李畋 陈宗奭 陈铸 杨伉(俱天圣间任。) 侯敏 谢忠恕 牛日新(俱景祐间任。) 张谔康定初任。 鲜于亨 曾楷(俱庆历间任。) 辛终吉 贺仅(俱皇祐间任。) 燕叔达至和初任。 崔彦升 张盖(俱嘉祐间任。) 路载治平间任。 李民中 萧辟 吴克 马康侯(俱熙宁间任。) 周嵩 张极(俱元丰间任。) 袁符 宋观(俱元祐间任。) 李绛绍圣间任。　崔登元符间任。　洪中　陈惟仲[54]　郑畴(俱崇宁间任。)　吕深大观初任。　徐楫　吴伟明(俱政和间任。)　谢仲逸　吕若常(俱宣和间任。)　周志行靖康初任。　陈范建炎间任。　张木　李广文　彭元达　陈安国　周迴　陈璞[55]　欧阳晔　高维宁　陈轸　林昌言　陈梦符　陈荷　陈宣(俱绍兴间任。)　朱登　丁康臣　陆俱　陈珣　黄迈(俱乾道间任。)　魏钧　陈子昕　蔡易　郑揆　王琁　陈匪白　丁邦友(俱淳熙间任。)　周震绍兴初任。　郑少魏　余宋兴　龚晸(俱庆元间任。)　赵彦越　吕启宗(俱嘉泰间任。)　黄之仁　张士炳[56]　郑举之　刘衍　陈宿　陈沂　史弥恣(俱嘉定间任。)　钟弥邵宝庆初任。　张豹变　曹南老(俱绍定间任。)　郑良翰端平初任。　郑清子嘉熙初任。　余荐鹗　赵与官　黄恺　赵时铣　陈绂[57](俱淳祐间任。)

(永春县)知县事　林滂开宝间任。　张绅至道初任。　孙及咸平间任。　文钧景德初任。　龚会元　阎惟吉(俱祥符间任。)　曹脩古天禧初任。　叶宾　刘定基　张士明(上二人俱天圣间任。)　刘介明道间任。　高易简景祐初任。　梁惟甫　张中庸　胡世卿　张晓　邓永世[58]　杨禹珪　张闾　任允　王国仪　卫观　杨彦国　林师中　何与京(上三人俱熙宁间任。)　吴执中　任谔(俱元丰间任。)　刘说　朱寘(俱元祐间任。)　张叡　江公望(俱绍兴间任。)　范湜元符间任。　李敦锡　留镕(俱崇宁间任。)　章思永　吕耆　方叡　姚安仁　杨尚友(俱政和间任。)　江翃宣和间任。　陈麟靖康初任。　徐永建炎初任。　柳绶　李禤　方渐　洪旦　林聘　林廷彦　黄童　吴毅黄瑀见《名宦志》。 林闻一 管铨 宋煜(俱绍兴间任。) 苏绰 杜铎 林羔(俱乾道间任。) 薛珙 林丛 黄俅 陈宏规 林抝 李揆 王珙(俱淳熙间任。) 林叔秀 杨应(俱绍熙间任。) 黄概 谢师孟 沈绶(俱庆元间任。) 叶三锡 张鬲[59] 张傅林 谢渠伯 方述 林致祥 黄仲奂 林百嘉 施余庆 林寿公[60] 徐润 叶涛 陈珙 任敞 陈起 赵汝环 蒋有秋 林光庭 梁垌 林灏 黄宜任 赵必钦 郑至 邹嶌 吴起渥 陈豹孙 王国遇 陈应魁[61] 傅与 **丞** 颜惟真 丁若水(俱至道间任。) 詹好敏咸平初任。 赵彦靖景德间任。 赵崇宣 陈允进(俱祥符间任。) 赵璧天禧初任。 许彦粲 方克昌(俱天圣间任。) 林澡 胡拱(俱明道间任。) **主簿** 杨武开宝初任。 刘天遂景泰末任。 徐柿祥符间任。 张隆祖 赵若洽(俱天圣间任。) 董熺明道间任。 周忠厚景祐初任。 赵与寄元丰初任。 刘泳元祐间任。 **尉** 钟世明明道初任。 黄惟则景祐间任。 叶镐宝元间任。 涂及皇祐初任。 池申熙宁初任。 陶永元丰间任。 方达可 魏总(俱绍圣间任。) 傅诚 杨踰(俱崇宁间任。) 刘泳

(安溪县)知县事 萧仁宪 李九成 薛莹 胡勉 赵爰 王继明[62] 李衡 郑自明 邢渭 宋克协 吴在木 刘元亨 张令宣[63] 陈杰 杨佑贤 李宋范 许致 丁立 徐庸 郭惟清 张韵 孟逢 钱检 王纮 王硕 李炳 杨萃 俞士廉 王振 许噩 诸葛寘 谢履 李通 盖永 苗颖 黄仁杰 徐大亮 曾拱 赵说 张古 叶沃 李颉 江时 邹子济 詹铠 王泽

黄愿　游长文　吴铨　柳襄　郭大受　刘直夫　郑佑　阮骏　陈安行　丁先民　郑祖德　洪范　陈秉文　王伯淮　陈能[64]　倪줄　李茂则　杨干　龚时可　黄煜　韦能惠　李著　廖兼　黄朴　梁扬名　李铸　方士举　赵善竦　石如松　赵彦勋　谢映　岳震　林澈　王孝廉　孙昭先　叶有秩　赵师戬　龚晏　杨承祖　赵遵夫　陈宓　赵彦侯　周玮　赵彦毛　叶宲[65]　颜振仲　林日选　刘庞　吴丙　林应辰　赵崇粟　黄坚叟　郑师申　赵戋夫　汪愈　赵汝畋　潘继伯　陈莹翁　李务观　黄裳　钟国秀　林泳　郑德济　陈时可　**主簿**　林钟淳祐间任。　吴源　薛季泽（俱宝祐间任。）　陈应瑞开庆初任。　郑履正　任岂潜（俱景定间任。）　林日起　朱牧（俱咸淳间任。）　**尉**　杨炎午淳祐间任。　胡驲[66]　赵必椽（俱宝祐间任。）　谢文纪开庆初任。　连保孙　张泳涯（俱景定间任。）　吴幼桶　赵必汵[67]（俱咸淳间任。）　林袭孙景炎元年冬，为薛世长所逐。

（德化县）知县事　刘文敏建隆初任。　吴仁辩开宝初任。　王愈　赵称　陈从愿（俱天圣间任。）　李检明道初任。　黄璠　李思刚（俱景祐间任。）　鲍安上宝元初任。李昭用宝历间任。　温宗质　刘诚（俱皇祐间任。）　吴知章至和间任。　常宗仁嘉祐间任。　徐伯琥　吴居倚（俱熙宁间任。）　丘同元丰间任。　祖谨修　陆如冈绍圣间任。　王恂崇宁初任。　刘正宣和间任。　杨丞[68]绍兴间任。　谢之任乾道间任。　梁京淳熙间任。　叶益庆元间任。　李端义嘉定间任。　鲍朝孺　吴仲谟　张翱　陈居方　杨处愿　萧谔　李处道　李颉　周纯　林天若　吕深

曹三锡　吴铨　陈与京　王交　陈熊　胡禹　柯若禔　高预　马升　叚彦质　吴崇年　叶掞　林及　李则　蒋雝　李嵩　赵不椽　陈彭夫　陆洝　陈阜　林叔度　刘隆　颜敏德　郑旦之　季元才　吴汝舟　赵彦逵　林寅　赵彦濂　江应　李大器　林季孙　陈概　卓然　林应龙　杨震孙　谢适　赵汝琀　林倚　黄之望　叶彦郯　胡应梅　赵崇伣　黄忠叟　康渊　吴一鸣

寄　治附

（殿前司左翼军）统制　刘宝　韩俊　孟义　**统领**　陈敏　卢真　周喜

〔元〕

（泉州路总管府）达鲁花赤　唆都　乞升　忽撒术丁　阿沙　阿里答　失蛮俱至元间任。　马速忽元贞间任。　苫思丁大德初任。　剌锡至大初任。　阿来皇庆初任。　沙不丁　撒都丁　乌马儿　达儿　马失里（俱延祐间任。）　脱大赤　节吉（俱泰定间任。）　马速忽沙至顺间任。　也先不花元统间任。　撒剌马丁　哈剌章（俱后至元间任。）　帖木迭儿　偰玉立见《名宦志》。（俱至正间任。）　**总管**　马坦之　王之问　脱和思　贾庭直（俱至元间任。）　沈严元贞间任。　李贤骥大德间任。　高久住　李倜（俱至大间任。）　扎剌儿台皇庆初任。　廉忱延祐间任。　阿鲁威至治间任。　怯烈　沙的（俱泰定间任。）　怯来至顺初任。　张朵儿只班　孙文英（俱至元间任。）　**同知**　王宏　马

速忽沙　苫思丁乌马儿(俱至元间任。)　重福大德间任。　苫思丁木忽必皇庆初任。　押忽　张谦(俱延祐间任。)　李良杰泰定间任。　燕琦天历间任。　九十不花元统间任。　燕只吉歹至元间任。　邹伯颜　倒剌沙(俱至正间任。)　乸穆泰见《名宦志》。　**治中**　赵敏　李元佐　马合谋(俱至元间任。)　贺承务元贞初任。　塔里牙大德初任。　毛答佛礼至大初任。　忽都鲁别皇庆初任。　傅泽　钱勉　都兰沙(俱延祐间任。)　抹赤至治初任。　乌马儿沙　廉恰里八哈(俱泰定间任。)　刘真元统初任。　于继祖　喜春　刘志仁(俱至正间任。)　**判官**　南秉直　李仁杰　丁昭信(俱至元间任。)　阿里大德初任。　忻都至大间任。　沙的皇庆初任。　忽辛延祐初任。　纳速剌沙　杨守信(俱至治间任。)　刘卜颜帖木儿(泰定间任。)　马合马天历初任。　火你赤至顺间任。　蒋世荣　孛兰奚　孛罗(俱后至元间任。)　爱赤普华　卢僧孺　忻都　魏秃普申(俱至正间任。)　**推官**　完颜从礼　郝谦(俱至元间任。)　朱淮元贞初任。　丁彦　张光祖　潘元　成汝楫　杨彦祥　卫德政(俱大德间任。)　王居政　潘闰(俱至大间任。)　马元裕皇庆间任。　高适　朱元瑛　田彦珪(俱延祐间任。)　张元亨　赵敏(俱至治间任。)　周天凤　侯惟清(俱泰定间任。)　范祐　郝光祖(俱天历间任。)　冯宗衍　高克柔(俱至顺间任。)　李士元　王良(俱元统间任。)　乌古孙良稹　陈洪　袁永澄(俱后至元间任。)　孟柽　岑良卿　潘吉　沈公谅　徐居正(俱至正间任。)　**(经历司)经历**　邵德　徐渊　穆鉴(俱至元间任。)　翟从仕　杜将仕　孙英(俱大德间任。)　苏谔至大初任。　吴浦皇庆初任。　秦禃孙思孝(俱延祐间任。) 钱宗显至治初任。 宫伯英泰定初任。 冯珪天历初任。 陈章至顺初任。 林泉生元统间任。 陈震 廉宝宝(俱至元间任。) 王英 熊谦 宋琦 惠敏学(俱至正间任。) **知事** 许禛 王彬 董彧 杨德询 周达(俱至元间任。) 张元真大德间任。 刘文彬至大初任。 沈仲祥皇庆初任。 孔仁 王克让(俱延祐间任。) 冯廷诱至治初任。 陈天赐泰定初任。 叶起天历初任。 梁国枢至顺间任。 邵宪祖 秦元亨 韦元辅(俱至元间任。) 赵谦 部洪 郑士凯 马思忽(俱至正间任。) **照磨** 乞石烈 马庭珪 王嗣昌 攸天裕 刘禛 刘元亨 徐朵浑歹儿 郇和平 高显忠 冀易 吕伯达(俱至元间任。) 崔景枢 吴敏(俱元贞间任。) 王都 袁满 徐仲谦 王埜 李进 叶茂(俱大德间任。) 王圭 欧阳桂发(俱至大间任。) 王思孝 朱仲礼(俱延祐间任。) 王君弼至治初任。 诸葛元中泰定间任。 林俊天历初任。 张君祥至顺初任。 杨杙元统初任。 李希祖 将士达(俱后至元间任。) 王国器 何璧 徐天麟 汪顺 吴彦博(俱至正间任。) **(儒学)教授** 朱沂至治初任。 陈应麟元统间任。 卢仲义至正间任。 **学正** 陈世英至治初任。 郭元发元统间任。 黄元渊至正间任。 **学录** 郑琳至治初任。 郑惟宪元统间任。 陈南至至正间任。 **训导** 傅柱臣 胡洵 庄履孙 蔡德润至正间任。

(晋江县)达鲁花赤 杜珍 也速歹 塔海 干落欢 夏家奴 也里海牙 马合谋(俱至元间任。) 阿散元贞初任。 沙的 马合马 马合麻(俱大德间任。) 建忒该乌马儿(俱至大间任。)　暗都剌那思　木薛飞(俱延祐间任。)　木八剌至治间任。　怕达儿　黑斯天历初任。　和尚至顺初任。　亦速夫官保杪耳赤至元间任。　合住　沙班　仙源(俱至正间任。)　**县尹**　栾英　徐荣宗　刘郁　窦均　吴英　林大琮　也里海牙　傅珪　朵儿歹　刘润(俱至元间任。)　冀祥边邦息　罗偁大德间任。　孙瑀至大初任。　饶润　李居仁延祐间任。　杨春至治初任。　乞答歹　李让天历初任。　侯克敬　石楚　朱继鲁　袁成　丘公优　龙德明　纪庆翁　陈弦(上四人俱至正间任。)　**县丞**　王兴　赵良噩　王德(俱至元间任。)　**主簿**　周信庄中正　阿里　李琇　朵罗歹　但济川　阿鉴　李忠　程天英　杨思诚　郜从乐(俱至元间任。)　阿里火者　元善　暗都剌　谢元发(上三人俱大德间任。)　李仲杰至大初任。　孟天祐　捏只不丁　王安世(俱延祐间任。)　史本一　贺乃麻歹泰定初任。　孙绪至顺初任。　叶谨翁[69]　马良佐　周伯颜不花　万选　欧阳贤(上三人俱至正间任。)　**县尉**　赵忠　卢廷信　胡瑞　阿里火者　乐谦(俱至元间任。)　兀都蛮元贞初任。　马合马　马让　阿里　张祐　杜元真(上三人俱大德间任。)　苏鲁蛮　马大禄　南大与(上二人俱延祐间任。)　教化的至治初任。　萧宗显天历初任。　也先至元间任。　失里月失　王埜　刘益(俱至正间任。)

(南安县)达鲁花赤　吴谦　李祐　王德　李实　脱欢察　忻都　脱因　合迷丁　八合的牙儿　帖木合　也先帖木儿　伯牙　达儿　那怀　也先帖木儿(上三人俱大德间任。)　忻都　阿思兰　忽哥儿延祐初任。　阿扎剌丁

久住　脱脱　脱别胎　六十八相要歹　答思不花　亦赤马丹　**县尹**　王忙哥　李日华　杨禹偁　张羽　刘孚　汪蒙　马振铎至元间任。　赵彦琇元贞初任。　张铸　扈全　程荣(俱大德间任。)　常居仁　杨春　许可　魏杨祖　张居恭　刘□火儿[70]　叶白韶　杨璧　陈和卿　张夔　白榆　**县丞**　赡思丁　王成　邢守忠　阎清　魏天佐　方秀仁　**主簿**　李荣　董成　陈注　邢守忠　徐德楙[71]　秦廷杰　杨思议　王璋　彭青　马合谋　王从龙　王益　撒都丁　乐谦　答剌真[72]大德间任。　许仁友　严琦　沙答甘　陈天赐　吕迪吉　吕宪　沙合不丁　马合谋火失坛[73]　王用和　塔海帖木儿　孟思温　刘昌裔　韩思诚　**县尉**　吴裕　郑磪　黄天琦　不早赤　李世英　忽都歹儿　张怀仁　邵和仲　周文郁　刘兴　李思恭　杨文炜　伍岳宗　张祐　亦速　齐安仁　安答儿秃　方积　魏弼　孙友安　伯颜

(同安县)达鲁花赤　韩武略　的斤　阿散　布伯哈嗞丁　阿回　哈散　帖木不花　阿散　忽里牙忽思　木八剌沙　怯烈　礼乐　塔海　伯颜　达实帖木儿　廉宝宝　罗里　杨孛颜　也先帖木儿　爱林　**县尹**　苏进　沈安　杨玉　续福仙　朱元英　唐国祥　高克明　杨郁　刘从信　郭祥　李成　刘术　连文质　赵必樰　项八儿思不花　刘术　徐印孙　陈震　任瑾　**主簿**　吴庢　阿散　阿里　阿思兰　阿散　叶兰沙　夏子盛　陈伯颜　李仁杰　答木丁　马里沙　囊加歹　马哈沙　**县尉**　阿思牙　吴祐　吴镠　刘德　钱定　张世英　张幼英　秦契　伯颜察　梁居仁　扈海　陈阳盈　余成

(德化县)达鲁花赤　合只　千奴　八礼　回回　乌马儿大德间任。　火底仕　僧家奴(俱至大间任。)　亦不剌金　伯颜　撒都鲁丁　阿散泰定间任。　塔出　迭里迷失(俱天历间任。)　阿里思兰　咱法儿沙(俱后至元间任。)　忙古歹　剌马丹(俱至正间任。)　**县尹**　翟彬至元间任。　刘嘉喜　卜弼　王锐　沈思温　王茂　徐耕孙　郑世英至治间任。　朱沂天历初任。　张世英后至元间任。　雷杭　李宗仁(俱至正间任。)　**主簿**　黄鉴　朱彰　李德仁至元间任。　郑宜　潘麟趾　朱箕　沙的(上二人俱大德间任。)　胡汝楫至大间任。　杨椿延祐间任。　方卜脱罕至治间任。　王佐　林从　林孔硕　王珪　宋鉴　何□　赵焕文　方忙桓歹　**县尉**　夏昭　王祐　李知本　王良质　余伯颜　王佐　张安仁　李子良

(永春县)达鲁花赤　林纯子　李成　哈迷丁　忽都鲁别　兀那蛮　薛里吉思　秃鲁　阿里　那才罕　阿里　苫思丁　伯颜帖木儿　脱欢沙　朵罗孛于　帖儿帖该　镇奴　回回　沙的　速剌蛮　**县尹**　李璧　杨景华　卜弼　韩居敬　刘企祖　汪蒙　李罗仲　徐真孙　真宜孙　李文崇　赵塔纳　方惟慥　于泰来　张焕　方建翁　卢琦见《名宦志》。　黄伯颜　牛忠　刘世亨　**主簿**　朱机　邵泰　汪蒙　朱彰　王杰　朱荣发　钱宗显　许文义　刘可　捏古伯　王键　黄寄孙　陈文积　夏侯贵　**县尉**　张敏　万家奴　马合麻　吴圣　曹元嵩　哈散　李忠　沙的　曾元烈　胡惠

(安溪县)达鲁花赤　创元　秃忽鲁　乌马儿(俱大德间任。)　舍剌忽丁至大初任。　塔塔儿不花延祐间任。

哈散　埜兰沙[74]　伯颜帖木儿泰定初任。　阿思兰天历间任。　锁秃　真宝沙合木八剌　孛兰奚(俱至元间任。)　**县尹**　常居仁　顾子敬　何克明(俱至元间任。)　袁大有　陈钧　完颜锐　常居仁(俱大德间任。)　赵忠至大初任。　王志行　李仲杰　钱宗显(俱延祐间任。)　杨遇泰定初任。　孙盘　段鹏骤[75]　孔仁至顺初任。　吕宪　江廉　吕文桂(俱至元间任。)　谢成已　张钝　袁居敬(俱至正间任。)　**主簿**　卢古歹　谭兴　杨曙　惠明　伍绵孙　宋义　刘忽都歹(上五人俱大德间任。)　耿义延祐间任。　姬义至治初任。　也先不花泰定初任。　吴文让天历初任。　刘中立[76]至顺初任。　唆那海马速忽　刘俨(俱至元间任。)　杨文泳　刘唐　兀歹　郑礼　张康(俱至正间任。)　**县尉**　杨进　杨时兴　贾闾　徐大同　郭珍

(惠安县)达鲁花赤　马合谋　里吉思　阿剌赤沙　塔出　忻都　阔里吉思　乐礼　锁奴　万奴　扎剌马丁　怯烈　马合马沙　易里雅思　**县尹**　赵仲臣　赵孟吁　刘信　段荣祖　阿必赤合　李善　郭跃云　马也先不花　孔桂　刘完泽　吴杰　陆文英　雷机　**主簿**　李亨　王佑　吴贵　盖从祀　万家奴　吴石里罕　高瑛　卢德福　路元亨　周仁杰

(湖州万户府[77])　达鲁花赤　孛都鲁至元末任。　赤于　**万户**　罗明至元间任。　孙天[78]大德间任。　钱泰义泰定间任。　方必达至正间任。　**副万户**　郑寿至正间任。　**(上千户所)千户**　郑乾　郑福乾之子。

校　注

[1] 嘉靖《建宁府志·官师》作“萧环”。

[2] 嘉靖《建宁府志·官师》作“杨琇”。

[3] 嘉靖《建宁府志·官师》作“林源”。

[4] 嘉靖《建宁府志·官师》作“倪勗”。

[5] 嘉靖《建宁府志·官师》作“陈潼”。

[6] 嘉靖《建宁府志·官师》作“周鉴”。

[7] 嘉靖《建宁府志·官师》作“倪琛”。

[8] 嘉靖《建宁府志·官师》作“叶让”。

[9] 嘉靖《建宁府志·名宦》作“汪律”,有传。

[10] 嘉靖《建宁府志·官师》作“杨真”。

[11] 嘉靖《建宁府志·官师》作“李文义”。

[12] 嘉靖《建宁府志·官师》作“萧镛”。

[13] 嘉靖《建宁府志·官师》作“赵于述”。

[14] 嘉靖《建宁府志·官师》作“刘烜”。

[15] 嘉靖《建宁府志·官师》作“虞宪”。

[16] 嘉靖《建宁府志·官师》作“洪子顺”。

[17] 嘉靖《建宁府志·官师》作“夏增”。

[18] 嘉靖《建宁府志·官师》作“李子传”。

[19] 嘉靖《建宁府志·宫师》作“夏朝辅”。

[20] 嘉靖《建宁府志·官师》作“张谔”。

[21] 嘉靖《建宁府志·官师》作“童邦彦”。

[22] 嘉靖《建宁府志·官师》作“童源”。

[23] 嘉靖《建宁府志·官师》作“袭父信职”。

[24] 嘉靖《建宁府志·官师》作“袭父钰职”。

[25] 嘉靖《建宁府志·官师》作“袭父中职”。

[26] 嘉靖《建宁府志·官师》作“袭父灵官职”。

[27] 嘉靖《建宁府志·官师》作“刘直”。

［28］乾隆《泉州府志·文职官上》作“刘怀恩，武荣州刺史，武德间任”。

［29］《闽书·文莅》作“许辅乾、冯仁智，武荣州刺史；杨承衮，泉州刺史，景龙间任”。

［30］《闽书·文莅》作“冯敬言，泉州刺史，先天中任”。

［31］乾隆《泉州府志·文职官上》姚思礼、虞涣、李仙舟、薛昱均作“天宝间任”。

［32］乾隆《泉州府志·文职官上》作“赵棨”。

［33］乾隆《泉州府志·文职官上》作“曾继宗”。

［34］万历《泉州府志·文职官上》作“裴炜”。

［35］弘治《兴化府志·吏纪三》载：“唐德宗贞元十三年，隐之，姓亡，以司功参军摄。”

［36］弘治《兴化府志·吏纪三》载：“贞元十五年，许某名亡，以判尉摄。”

［37］乾隆《泉州府志·文职官上》作“曾坏”。

［38］乾隆《泉州府志·文职官上》作“秦羲”。

［39］乾隆《泉州府志·文职官上》作“王祖道”。

［40］乾隆《泉州府志·文职官上》作“邓柞”。

［41］乾隆《泉州府志·文职官上》作“周操”。

［42］乾隆《泉州府志·文职官上》作“宋钧”。按：钧，莆田人，绍兴间进士。

［43］《闽书·文莅》及万历《泉州府志·官守》俱作“刘伟叔”，乾隆《泉州府志，名宦》有传。

［44］万历《泉州府志·官守》作“谢植”。

［45］乾隆《泉州府志·文职官上》作“洪梠”。

［46］乾隆《泉州府志·文职官上》作“赵宗弁”。

［47］《闽书·文莅》作“淳熙间任”，疑是。

［48］乾隆《泉州府志·文职官下》作“杜萌”。

［49］乾隆《泉州府志·文职官下》作“李适”。

［50］乾隆《泉州府志·文职官下》作“颜汝美”。

［51］“璪”疑为“璪”之误。

［52］乾隆《泉州府志·文职官下》作“韩章”，乾隆、嘉庆、光绪《同安县

志·职官上》及民国《同安县志·职官》均作“韩璋”。

［53］乾隆《泉州府志·文职官下》作“张仕颜”。

［54］乾隆《泉州府志·文职官下》作“陈惟中”。

［55］乾隆《泉州府志·文职官下》作“惠安县知事胡迥，绍兴间任”，有“陈亮”，无“陈璞”。

［56］乾隆《泉州府志·文职官下》作“张仕炳”。

［57］乾隆《泉州府志·文职官下》作“陈缓”。

［58］万历《泉州府志·官守上》作“邓世永”。

［59］万历《泉州府志·官守上》作“张嵩”。

［60］万历《泉州府志·官守上》作“林公寿”。

［61］万历《泉州府志·官守上》作“陈应圭”。

［62］乾隆《泉州府志·文职官下》作“赵琼、王继仁”。

［63］乾隆《泉州府志·文职官下》作“张令宜”。

［64］乾隆《泉州府志·文职官下》作“陈熊”。

［65］乾隆《泉州府志·文职官下》作“叶枭”。

［66］乾隆《泉州府志·文职官下》作“胡绎”。

［67］乾隆《泉州府志·文职官下》作“吴幼牖、赵必练”。

［68］万历《泉州府志·官守上》作“杨烝”。

［69］《闽书·文莅》及乾隆《泉州府志·文职官下》均作“叶谨”，无“翁”字。谨，金华人，《名宦志》有传。

［70］乾隆《泉州府志·文职官下》作“刘升火儿”。

［71］乾隆《泉州府志·文职官下》作“徐孟楙”。

［72］乾隆《泉州府志·文职官下》作“答剌贞”。

［73］乾隆《泉州府志·文职官下》作“马合谋、火失坛”，系二人。

［74］乾隆《泉州府志·文职官下》塔塔儿不花、哈散、埜兰沙俱作“延祐间任”。

［75］疑为“段鹏骥”之误书。

［76］乾隆《泉州府志·文职官下》作“刘正中”。

［77］乾隆《泉州府志·武职官》作“潮州万户府”。

［78］乾隆《泉州府志·武职官》作“孙天有”。

八闽通志卷之三十三

秩　官

历　官

郡　县

泉州府

〔国朝〕

文职

(本府)知府　常性　张灏　李凤　胡器(上二人见《名宦志》。以上俱洪武间任。)　陈立　方圆　姚恕(俱永乐间任。)　魏文昭　曾恪　冯祯　蔡锡见《名宦志》。(上二人俱宣德间任。)　尹宏见《名宦志》。　杨文奎　曾弘　熊尚初见《名宦志》。(俱正统间任。)　胡志和　刘静　张嵓(俱景泰间任。)　舒曈　欧阳复见《名宦志》。(俱天顺间任。)

李宗学　徐源　沈海　陈勉　马岱　毛理(俱成化间任。)

同知　郭伯泰(洪武间任。)　张文郁永乐初任。　董仪　裘参宣德间任。　吴祯　王彧(俱正统间任。)　谢琛　陈禧(俱景泰间任。)　李志洪　孔惠(俱天顺间任。)　高祐　胡琏　王恪(俱成化间任。)　**通判**　郝中　吴祖淳　胡羽　胡钊　洪葆见《名宦志》。(俱洪武间任。)　朱旭宣德间任。　朱芳　张骏　王敔(俱正统间任)。　张轸　许刚(俱景泰间任。)　赵鼒天顺间任。　张瀞　杨清　萧贵路(俱成化间任。)　**推官**　张时谅洪武间任。　刘任永乐间任。　董敬　费谨　王溥(上二人俱正统间任。)　朱贤天顺间任。　胡杰　吴镗　柯汉　杨璘(俱成化间任。)　**(经历司)经历**　罗冕洪武末任。　王友中　王溥正统初任。　孙祐　赵荣　徐敬　胡琏　宗惠(上三人俱成化间任。)　**知事**　曹试　陈辉(俱洪武间任。)　李让正统间任。　景祥景泰初任。　沈执天顺初任。　刘杰　狄钟(俱成化间任。)　**(照磨所)照磨**　张志道洪武初任。　盛祥　韩同正统末任。　张本天顺初任。　罗裕　倪渊　景祥(俱成化间任。)　**检校**　林伯光　杨文兴正统间任。　石琰景泰初任。　陈纯天顺间任。　赵儒　张钦　陈华(俱成化间任。)

(儒学)教授　曹聪　欧阳初见《名宦志》。　曾振　王廷玉　曹升　姚禧　邓韵　黄结见《名宦志》。　徐鼎　梁相　杜华　曾进　马文(上五人俱成化间任。)　**训导**　陈熙　王道　高善继　周太初[1]　林珩　卢昺　林文玉　陈仲安(俱洪武间任。)　钱俊永乐间任。　张侗　黄玄　傅鉴　周伯玉　皮岳　杨必大　张文　杨赟贯　叶琼正统间任。　叶纂　曾确[2]　张通　徐本[3]　叶锐　臧

珉　王孜　谢杰　张勤　陈撒　陈谟　王辅(上六人俱天顺间任。)　叶圭　张福　杨琦　郑腾　林廷仪　解玑　徐镛[4]　黄瓒(俱成化间任。)

(晋江县)知县　韩居庸洪武初任。　董淳　宋仲祥　刘安(俱永乐间任。)　刘珪宣德初任。　陈纲　徐瑛见《名宦志》。(俱正统间任。)　卜从吉　张迪　龙祥(俱景泰间任。)　胡晏　何以源　蒋浚(俱天顺间任。)　周英　陶庆　吴云　郑瓘(俱成化间任。)　**县丞**　王盛　徐子良　刘惟铭(上二人俱正统间任。)　薛彦铭　陈忠　方膺　徐敬(上三人俱景泰间任。)　邢宥天顺间任。　曹存礼　陈让　曾鉴　郭霈　周冕　倪侃(俱成化间任。)　**主簿**　詹仰　廖鼎　史孟常(俱正统间任。)　钱琬　张文用(俱景泰初任。)　谢济天顺初任。　王伦　王德　倪琮　商永贵(俱成化间任。)　**典史**　许常　陶清　张嘉会(上二人俱正统间任。)　洪汝衡　徐余　常福　龚秉初(上三人俱天顺间任。)　王铭　王文洪　张自刚　魏瑄(俱成化间任。)　**(儒学)教谕**　王敬　孙善同　刘守身(上二人俱永乐间任。)　王棨　梅友实(俱宣德间任[5]。)　王洪　留志德[6](俱正统间任。)　林旸　金恺(俱景泰间任。)　陈洪[7]　徐振　陈文(俱成化间任。)　**训导**　王敬　杨曜宗洪武间任。　林孟生　梁真　傅叔达　林汝严　詹景威　葛阜　陈源清(上二人俱宣德间任。)　叶著　葛纯　刘溥(俱正统间任。)　张瑄　胡增(俱景泰间任。)　饶旭天顺间任。　蒋仕杰　阮颐　李经纶　洪富(俱成化间任。)

(南安县)知县　王罕洪武间任。　罗安　余庆(俱永乐间任。)　叶政　尹瑶　吴渊(俱宣德间任。)　曹盛　俞宗玉(俱正统间任。)　唐斌景泰间任。　邹琏天顺初任。　吴俊　张铎　马璲　陈廷忠(俱成化间任。)　**县丞**　张尹纲宣德间任。　陈义正统间任。　王冕景泰间任。　刘通天顺间任。　曾禄　谭颢　廖吁　胡琏　施澄(俱成化间任。)　**主簿**　邵惟善洪武间任。　李恕永乐间任。　鲁华景泰间任。　胡瑢天顺间任。　徐洪　王浩　江泓　沈俊　凌现(俱成化间任。)　**典史**　李溥宣德间任。　赵恺正统间任。　林寿　王希贤(俱景泰间任。)　吴惟政　刘文　金武(俱成化间任。)　**(儒学)教谕**　陈胤永乐间任。　包原明宣德间任。　范仝正统间任。　费隐景泰间任。　彭显烈天顺间任。　张广　林祐　龙腾(俱成化间任。)　**训导**　韩劝宣德间任。　陈子实　柴同恩　王珦(俱正统间任。)　王纯[8]　郭器(俱景泰间任。)　戴魁天顺间任。　邵章　戴僖　林洪　袁俦(俱成化间任。)

(同安县)知县　吴铭　庾大有　李时发　庾亮　时执亮见《名宦志》。　吕复　王琬　邝子真　杨木　方子中[9]　王凯　倪仕嵩[10]　郑宗洧　刘性同永乐间任。　胡渊　韩积礼　张琦　朱微　管忠　徐览　陈昱景泰间任。　陈祯　刘宽(俱天顺间任。)　张思忠　张逊　张伋(俱成化间任。)　**县丞**　丘均进　滕文泽　钟起　叶应良　吴淳　刘谊　梁思弼　吴志道　余范中　朱隆　朱应　李济　叶用　郭锐　刘珣器天顺间任。　潘镛　唐祚　何文宣[11](俱成化间任。)　**主簿**　刘志道　胡英雄　梁考中[12]　吴得全　陈立　江彦清　钟成　江宝　陈宗琼　蔡遴　郭震景泰末任。　文伯兴天顺间任。　施英　黄福　白灿　何瀚　骆忠　施春(俱成化间任。)

典史　吴用能　陈森　黄澄　何庆　李聪景泰间任。　黄泓天顺间任。　单思浩　蒋忠　邹元　华得荣（俱成化间任。）　**（儒学）教谕**　李文郁永乐间任。　方立正统间任。　高郎[13]景泰间任。　彭厚天顺间任。　康威　游理（俱成化间任。）　**训导**　毛翼　章文宣德初任。　卢盛　邓朴　翁俊（俱正统间任。）　蒋德景泰间任。　王达天顺间任。　颜真　黄治（俱成化间任。）

（德化县）知县　王巽　王真[14]　刘德善　石德让　冯翼　应履祥见《名宦志》。（俱洪武间任。）　孙应辰　李勉　刘谥[15]　孔宗嗣（俱永乐间任。）　陈昱　陈清[16]　王彤　曾昌　丘恭　萧镛（上二人俱成化间任。）　**县丞**　王用名　刘宗　袁伏泾（俱洪武间任。）　**主簿**　尹子文　刘崇[17]　戴景宗　古彦辉见《名宦志》。（俱洪武间任。）　**典史**　蓝礼渊洪武间任。　陈灵威　梁区保（俱永乐间任。）　王志安正统间任。　李昌　方祖　李贵　李信　汤淳　吕信　李胜　陈宁　费玮　**（儒学）教谕**　潘同洪武末任。　龙登[18]　潘吉　范宗道　赵琬　刘伟　姚玉　王福成化间任。　**训导**　吴仲贤洪武间任。　潘嵩　涂亨

（永春县）知县　蔡暹洪武间任。　温琇见《名宦志》。　杜住　李敏（上三人俱宣德间任。）　邹端　周范　毕仲安（俱正统间任。）　刘浚　车政（俱景泰间任。）　张铭　赵建　张克绍（俱天顺间任。）　刘刚　孙贵　罗纲　方敏（俱成化间任。）　**县丞**　王忠洪武间任。　**典史**　卢贤　翁昶　陈受（俱正统间任。）　刘海景泰间任。　廖贵天顺间任。　何源　邓韶　宗懋（俱成化间任。）　**（儒学）教谕**　陈思

旻宣德间任。　杨暹正统间任。　童伉景泰间任。　闻恭天顺初任。　高峻　汪赐　左宏(俱成化间任。)　**训导**　余亨正统初任。　梁端天顺初任。　严观　许炯(俱成化间任。)

(安溪县)知县　侯士举洪武间任。　郑烈宣德间任。　潘靖见《名宦志》。　邵公阳　路亨　刘祯(俱正统间任。)　饶守中景泰间任。　杨纪　叶暹(俱天顺间任。)　李晟　魏荣　陈锜　谷廷怡　吴英(俱成化间任。)　**典史**　傅纯　赵显　徐顺道　任佺(上二人俱宣德间任。)　王维　洪宽　漆昶　管得中　陈景祥(俱正统间任。)　徐岱　谢日新(俱景泰间任。)　朱信　周密　江庭琩　陈安　傅鼎(俱成化间任。)　**(儒学)教谕**　胡侪永乐间任。　都纲　钟兴　陈政宣德间任。　陈汝荣　袁纲　陈催　徐碧　杨瓛　方盛　王炜　盛凤仪　**训导**　吴衡　黄华　黄琮　陈政　卢宗　江永安　许珣　郑璋　方允奇　李玐

(惠安县)知县　宋敏中　安景贤　阎宏　吴克刚　陈永年见《名宦志》。(俱洪武间任。)　闭祯见《名宦志》。　王览景泰间任。　蒋怡初　康永韶　陈栗　张恒(俱成化间任。)　**县丞**　李匀　张克昌　李德遂　阴铭　刘铎(俱洪武间任。)　李时正统间任。　周琦景泰间任。　孙恺　张用　俞积　童吉(俱成化间任。)　**主簿**　段好礼　李仕俨　戴鲁(俱洪武间任。)　闭祯　何自康景泰间任。　孙玘天顺间任。　梁昆　蒋沐[19]　谢龙(俱成化间任。)　**典史**　劳福成洪武间任。　杨荣永乐间任。　赵辅天顺间任。　谭海　王恒(俱成化间任。)　**(儒学)教谕**　朱瓛　卢浩然[20]　张端生宣德间任。　张廷嵩　方循矩景泰间任。

李维　钟琳　丘尚(上二人俱成化间任。)　**训导**　刘智　戴雄(俱宣德间任。)　杨舆　李诚　戚宁　杨彧(俱正统间任。)　蒋恭景泰间任。　李观天顺初任。　叶福　张瑜　刘颎　李璠(俱成化间任。)

武职

(泉州卫指挥使司)指挥使　王鉴永乐初任。　王浚袭叔鉴职。宣德初任。　杨铎由建宁左卫调。　杨海袭父铎职。(俱正统间任。)　王桀景泰间任。　王振袭兄桀职。天顺间任。　王炫袭父振职。成化间任。　**指挥同知**　李山洪武间任。　贤清洪熙初任。　江高　江富　贤斌袭父清职。　马润(俱宣德间任。)　马玉袭父润职。　贾铨袭父斌职。　江澄(俱正统间任。)　王亨[21]由本卫佥事升。景泰初任。　王琨　江源[22](俱天顺间任。)　钱堂袭父铭职。　马凯袭父玉职。　陶琨由福州中卫调。　贾海袭父铨职。(俱成化间任。)　**指挥佥事**　朱真　童鼎　朱安袭父真职。　童真袭兄鼎职。(俱洪武间任。)　唐海由平海卫调。　童拱袭叔真职。　朱清　唐胜袭父海职。　童瑜袭伯拱职。(俱永乐间任。)　李清洪熙初任。　李敬袭父清职。　张鉴　张广袭父鉴职。(俱宣德间任。)　魏通　唐凯袭父胜职。　李钰袭父敬职。(俱正统间任。)　赵立由本卫后所副千户升。　张盛袭父广职。(俱景泰间任。)　王政　王亨　武成　郭显　王谦　王雄　童源袭父瑜职。　赵洪袭父立职。　唐睿袭父凯职。(上三人俱天顺间任。)　张昱袭父盛职。　魏瑾　朱源　朱关　丁远见《名宦志》。　李瀚袭父钰职。　赵椿袭父洪职。　孙宁(俱成化间任。)　**(经历司)经历**　刘镇永乐间任。　杨宗　张英(俱宣德间任。)　黎真正统初任。　姜昶　黄胜(俱景泰间任。)　沈佐天顺间任。　李盛　钟璘(俱成化间任。)　**知事**　诸达　张翼(俱正统间任。)　袁弥嵩天顺间任。　顾琏　卢护(俱成化间任。)　**镇抚**　曹义　徐智　徐镛(俱洪武间任)。　白荣洪熙初任。　史敬宣德间任。　徐浩正统间任。　徐海景泰初任。　白贵天顺间任。　史敏　徐祝　白章(俱成化间任。)

(左千户所)正千户　方兴永乐间任。　方琳洪熙初任。　赵受宣德初任。　方成　平安　秦玘(俱正统间任。)　平震景泰初任。　赵瑾袭父受职。　方荣　于旺　魏瑾由本卫佥事降。　秦钰(俱成化间任。)　**副千户**　何谅　魏泼儿由本卫军升。(俱洪武间任。)　黄忠宣德初任。　张旺由本所百户升。　何祯(俱景泰间任。)　**百户**　阎贵　郭均友　陈原真　王胜(俱洪武间任。)　王隆　施任　陈雄　盛贵(俱永乐间任。)　百通宣德初任。　王琉　阎瑄　郭斌(俱正统间任。)　张旺　王玉景泰间任。　陈志　百恭　盛能　郭荣(俱天顺间任。)　王真　王宁　王凯　王瓛(俱成化间任。)

(右千户所)正千户　方安洪武间任。　方深　方琉(俱永乐间任。)　方锵宣德初任。　方清正统间任。　阎海由本所副千户升。景泰初任。　阎栾　张铎　方枫(俱成化间任。)　**副千户**　陈璲洪武末任。　阎海　赵郁由本所百户升。景泰间任。　赵谅天顺间任。　**百户**　王真　王良　杨春　陈保　陈信　邓起　邓回(俱洪武间任。)　陈晟　李忠　张友道　张荣(俱永乐间任。)　张敬洪熙初任。　任庆宣德间任。　邓铜　陈果　张安(俱正统间任。)

赵郁 任盛景泰初任。 陈纲天顺初任。 邓溢 张清 邓瑛 卓友由兴化卫后所副千户降。 孟春 孟得(俱成化间任。)

(中千户所)正千户 聊瑄永乐间任。 武成 聊铭成化间任。 **副千户** 王遵洪武间任。 王英 郑兴(俱永乐间任。) 侯山 李旺(俱宣德间任。) 郑贵 王雄(俱正统间任。) 李景寿[23] 王宽 郑涂[24] 宋安由本卫后所调。(俱成化间任。) **百户** 李阿关 高兴 高安 王用 高旺(俱洪武间任。) 王源 金杰 李福 高荣 吴旺 陈兴(俱永乐间任。) 郭懋 高华 桂斌(俱宣德间任。) 桂林 王诚 金铎 郭瑄(俱正统间任。) 陈清 李春(俱天顺间任。) 桂源 金胜 吴童(俱成化间任。)

(前千户所)正千户 秦惟洪武末任。 秦雄 屈真(俱永乐间任。) 秦杰 武旺由本所副千户升。(俱景泰间任。) 武能 秦升 屈鉴(上三人俱成化间任。) **副千户** 石玉 章夔[25] 武胜(俱永乐间任。) 石万 孟政(俱宣德间任。) 孟瑄 孟铨 章安正统间任。 武旺 章钦 石懋(上二人俱成化间任。) **百户** 俞敏 李关 王斌 王海(俱洪武间任。) 陈旺 陈谅 俞永安 陈文 李福 陈胜 傅琉 陈寿 陈福 郭斌 陈贰(俱永乐间任。) 陈宗 俞逊 王瑄(俱宣德间任。) 俞政正统间任。 陈昱景泰初任。 李春天顺初任。 俞升 王瓒 陈晏 陈懋 汤铭 郭胜 丘成 蔡广 秦刚(俱成化间任。)

(后千户所)正千户 翟礼 丁祥 丁禧(俱洪武间任。) 丁贤 翟裕(俱永乐间任。) 翟纪宣德初任。 丁斌正统间任。 江清 曹福(俱由本所副千户升。景泰间任。)

曹雄　江宽　翟勇　江宏　丁盛(上四人俱成化间任。)
副千户　江义　江通(俱洪武间任。)　江清永乐间任。
赵立　曹福　宋福(俱宣德、正统间任。)　杨庆天顺间任。
杨琏　宋安(俱成化间任。)　**百户**　李愿胜　王贵　王斌　许成　欧泉　汤潮(俱洪武间任。)　周寿　王震　姚斌　姚冕　周斌　许贵　张逊　管永　汤真(俱永乐间任。)　阎敬　杨暹宣德初任。　周诚　陈福由本卫前所调。
蔡洪　杨忠(俱正统间任。)　陈海　汤泳(俱景泰间任。)
管铨　周忠(俱天顺间任。)　许兴　汤泉　陈广　蔡钦
周璇　陈璘　张斌(俱成化间任。)

(永宁卫指挥使司)指挥使　阚俊　阚玉袭父俊职。
干勇(俱宣德间任。)　杨春正统间任。　干殷后缘事充军。
杨兴袭叔春职。天顺间任。　阚瑄袭父玉职。　杨晟袭父兴职。(俱成化间任。)　**指挥同知**　王斌由金门正千户升。
张昱[26](俱永乐间任。)　杜成洪熙间任。　钟瑢宣德间任。　钱铬　钟演袭父瑢职。　钟浚袭伯演职[27]。　杜刚袭堂叔职。(俱正统间任。)　沈镛　余冕(俱由本卫佥事升。景泰初任。)　张昶天顺初任。　张寿袭父昶职。　杜俊袭父刚职。　余端袭父冕职。　钟森袭父浚职。　沈继宗袭父镛职。(俱成化间任。)　**指挥佥事**　洪海　吴忠　丘遇
沈真由福州右卫千户升。　洪远袭父海职。　沈瑾袭父真职。(俱洪武间任。)　李普由漳州卫调。　李敞由金门副千户升。　丘荣袭曾祖父遇职[28]。　高祥　余斌　李安袭父普职。(俱永乐间任。)　李祯袭祖父敞职。　丘升(俱宣德间任。)　丘珙　沈镛袭父瑾职。　余冕袭祖父斌职。　丘昶
李纲俱正统间任。　王纲由本卫中所正千户升。景泰间任。

刘海由本卫右所正千户升，天顺初任。 丘嵩袭父昶职。 王斌 刘欧袭父海职。（俱成化间任。） **（经历司）经历** 吴凤 龚茂敬 黎薰成化间任。 **知事** 林子森[29] 王廉 王衡 熊应祥成化间任。 **镇抚** 翟荣由镇东卫调。洪武末任。 王荣 翟和袭堂伯荣职。（俱永乐间任。） 翟宁袭堂兄和职。 王刚袭父荣职。（俱正统间任。） 翟贵袭伯宁职。景泰初任。 翟庆袭父贵职。 王纪袭父刚职。（俱成化间任。）

（左千户所）正千户 孟荣由金门百户升。 李忠（俱永乐间任。） 赵瑄天顺初任。 张晟成化间任。 **副千户** 潘岩永乐间任。 潘贵 潘基天顺初任。 **百户** 李源永乐初任。 贲胜 李晖（俱景泰间任。） 阮玉天顺初任。 施镇 徐瓒 周通（俱成化间任。）

（右千户所）正千户 马升永乐间任。 刘贵宣德间任。 刘海袭祖父贵职。正统初任。 马瑛天顺间任。 郭铉成化初任。 **副千户** 段兴永乐间任。 段琼景泰初任。 袁得天顺间任。 杨缙成化间任。 **百户** 朱琛正统初任。 徐海 吴源（俱景泰间任。） 朱涌天顺末任。 傅欧 金瑛 张勇 林海（俱成化间任。）

（中千户所）正千户 陈继永乐间任。 穆留住 王刚（俱正统间任。） 王龙成化初任。 **副千户** 张贵永乐间任。 姚铭由本所百户升。景泰初任。 李景成化初任。 **百户** 姚原 马胜（俱永乐间任。） 丁广 郝进 薛瑾（俱正统间任。） 姚铭 郭祯 陶璟（俱景泰间任。） 马镛 陈显（俱天顺间任。） 张顺 臧胜（俱成化间任。）

（前千户所）正千户 张关住 范云（俱由金门所百户

升。永乐初任。）　王真成化间任。　**副千户**　李允永乐间任。　蔡璟天顺间任。　**百户**　潘熊　朱刚（俱正统间任。）　宋斌　沈亮　孙权　岳宗（俱成化间任。）

（后千户所）正千户　沈寿天顺初任。　高源成化间任。　**副千户**　花成　姜青（俱永乐初任。）　花俊景泰间任。　周中天顺间任。　**百户**　陈胜永乐间任。　张文景泰间任。　吴洤　吕权（俱天顺间任。）　潘顺　梁寿　朱昱（俱成化间任。）

（福全千户所）正千户　蒋元启成化间任。　**副千户**　刘栱[30]成化间任。　**百户**　佘武[31]景泰初任。　王斌　柳铭（俱天顺间任。）　李辉　翟旺　阎斌　吕荣　陈良　吉洋　王铭　路忠（俱成化间任。）

（高浦千户所）正千户　李宏天顺间任。　孙干成化间任。　**副千户**　赵珫正统间任。　徐忠天顺间任。　张沆成化间任。　**百户**　陈刚景泰初任。　刘瑛　张祥　郭通（俱天顺间任。）　朱贤　方琛　栗瑊　赵隆　杨杰（俱成化间任。）

（嘉禾千户所）正千户　赵熊成化间任。　**副千户**　韩勇成化间任。　**百户**　彭添天顺初任。　阮升　倪晓　黄成　卞钊　吴钊　孟贤　萧旺　陈宽（俱成化间任。）

（崇武千户所）正千户　铁瑛[32]　张镇（俱成化间任。）　**副千户**　王宽成化间任。　**百户**　张雄天顺初任。　经庸　吴仁　徐通　申铭　汪澄（俱成化间任。）　**镇抚**　黄泰景泰间任。　黄毅成化间任。

（金门千户所）正千户　王斌永乐初任。　**副千户**　李敞永乐初任。　姚崇景泰末任。　杨雄　陈暹（俱天顺末任。）王嶷成化间任。　**百户**　陈继　孟荣　张关住　范云（俱永乐间任。）陈雄天顺间任。　钱桓　周海　卢元浚　黄胜　陈棨　陈清（俱成化间任。）

漳州府

〔唐〕

（漳州漳浦郡）刺史　韩泰见《名宦志》。

〔宋〕

（漳州）知州事　陈文颉　刘援　于翊[33]（俱太平兴国间任。）张彻雍熙初任。　邵□至道初任。　司立坦　石□[34]（俱咸平间任。）王言彻景德初任。　召成范　舒雄　王冕　刘有方（俱大中祥符间任。）刘滋　吴耀卿（俱天禧间任。）刘起乾兴初任。　章迪　刘有政　林休复（俱天圣间任。）陈永锡明道初任。　方慎从　刘适（俱景祐初任。慎从皇祐初再任。）丁诵康定初任。　萧禋　凌景阳（俱庆历间任。）杜彬　许巽见《名宦志》。　向综　郑偕　葛闳[35]　陈侁（上三人俱嘉祐间任。）郭永治平初任。　臧论道　宋直　许当　马渊　郑倩（俱熙宁间任。）陈洌　黄稹（俱元丰间任。）杨孝孺　曾孝绰　蔡立　范峒（俱元祐间任。）徐师贡　杨嘉言（俱绍圣间任。）王嘉言　王谡　陈次升（俱崇宁间任。）方谷　陈知先（俱大观间任。）江淮　宋观　李院（俱政和间任。）陈显仁　胡惕　李康　方翼　佘澜[36]（俱宣和间任。）陈公格　綦崇礼见《名宦志》。（俱建炎间任。）黎确　吴次宾　王辟章　陈国

瑞　马鹭　胡铨　廖刚　李弥逊(上三人见《名宦志》。)韩岊　李庄　张成大　刘才邵见《名宦志》。　王模　邓邦宁见《名宦志》。　温革　陆涣　赵叔岑　陈康侯　赵澳　逄□[37]　王晞亮(以上俱绍兴间任。)　林孝泽见《名宦志》。隆兴间任。　赵不溢　高禹　刘度　何侑(俱乾道间任。)　刘敏求　赵公绸　林椿　刘敦义　陈仲谔　何万　黄启宗见《名宦志》。　林元仲　傅伯寿　朱熹见《名宦志》。(俱淳熙间任。)　邓驲　陈守(俱绍熙间任。)　赵伯逖　傅伯成(俱见《名宦志》。)　陈朴(俱庆元间任。)　方铨　余亨宗(俱嘉泰间任。)　毛窑　林行知(俱开禧间任。)　薛扬祖　钱蓥　赵汝谠　庄夏(上二人见《名宦志》。)　胡粢　张声道[38]　叶元汴　傅壅　郑昉　危稹见《名宦志》。(俱嘉定间任。)　方淙宝庆初任。　赵伯骏　江模　李勋(俱绍定间任。)　赵以夫见《名宦志》。　郑寅(俱端平间任。)　李韶见《名宦志》。　李烨[39]　徐槖(俱嘉熙间任。)　黄朴　方来　王璞　章大任见《名宦志》。(俱淳祐间任。)　**通判军州事**　李干　刘奕　林杞(俱庆历间任。)　李平　王浃(俱皇祐间任。)　郑惇仁至和初任。　刘勋　李之翰(俱嘉祐间任。)　张知常　安保衡(俱治平间任。)　郑茜　石选　张知古　张植　石百能　柯述见《名宦志》。(俱熙宁间任。)　苏子元　俞括　杨注(俱元丰间任。)　邓宁　陈粹　许长卿(俱元祐间任。)　周明之　方谷(俱绍圣间任。)　周兑元符初任。　石亚建中靖国初任。　朱置崇宁间任。　黄因大观初任。　华镇　陈高　林元定(俱政和间任。)　陈骥宣和初任。　蔡亢　黄琮见《名宦志》。(俱宣和间任。)　林即靖康初任。　顾端礼建炎初任。　李长民　顾丙

赵不弃　梅充实　宗庠　赵恂　高棐　吴昭　侯文仲　方旸　赵勣之　朱定国　苏文瓘　辛敩　傅自强　李闳之(俱绍兴间任。)　赵不敌隆兴初任。　陈文中　余邦式　赵伯璪朱辚(俱乾道间任。)　陈峄　孟镈　祝锷　赵蕴　李诜　陈仲珪　陈芷(俱淳熙间任。)　高伉　朱曾　黄岩卿(俱绍熙间任。)　丘微之　陆侃　方寿曾(俱庆元间任。)　刘椝　留筠(俱嘉泰间任。)　张大任开禧初任。　林寅　黄之传　林潜　谢棐伯　陈亹　黄履道　郑涣　曾治凤　许经(俱嘉定间任。)　黄官宝庆初任。　郑棐　林有宗　钱相(俱绍定间任。)　项博文　陈梦章(俱端平间任。)　沈昌言　赵彦瓛(俱嘉熙间任。)　谢溥　湛吁　皇甫鉴　薛季良　黄坚叟　王震定(俱淳祐间任。)　**添差通判军州事**　郑玙绍兴末任。　石起宗　赵不庞　赵伯瑱(俱淳熙间任。)　张斗南庆元初任。　张师懿开禧间任。　方灼　方淙(俱嘉定间任。)　杨垓仲宝庆初任。　王万绍定初任。　王迈端平初任。　臧元曾　薛嵘(俱嘉熙间任。)　郑泾甫　徐明叔　王南一(俱淳祐间任。)　**军事判官**　蔡襄见《名宦志》。　王世衡　李珏　何致远　黄景渊　叶观　蒋介卿　赵彦道　陈愿　吴澄　郎觊　赵善䌌　陈乘之　吴良显　周武林　赵汝琈　陈梦升　赵必逮　赵希瀜　**军事推官**　王渥　张世贤　叶瑞　游玠　吴昮　余伯宽　黄大中　萧舜咨　何圭　彭汝砺见《名宦志》。　林宜季　黄桂　张翀　汤谌　赵与謩　郑缕　赵至夫　薛易年　方东起　陈云老　朱承祖　赵希文　高涛　游清夫　赵必洪　陈豹孙　**(诸曹官)录事参军**　林枅　孔铸　余脩　童挺　赵希绛　赵师虡　林观国　熊之纲

李大有　薛颀　叶文炳　陈仪之　陈檕　杨文庭　林直之　许彦棻　戴员　赵维　尤拱之　陈又闻　郑清子　谢明复　赵与琳　赵汝徕　郑簹　赵阜　**司理参军**　赵善绰见《名宦志》。　林文之　陈崇信　方杰　陈谦孙　施梦说　薛庶庶　董瑑　赵希澮　朱子中　陈植　赵与贵　朱震仲　何士颐　刘同叔　潘公潚　**司户参军**　蔡次傅　陈友龙　赵崇惠　郑师申　王日清　赵希倢　湛露　赵孟模　郑一桂　**司法参军**　赵偕夫　王颐　曾□　陈绍孙　赵汝耆　王元震　赵希㭼　李丙　**工曹**　陈可大见《名宦志》。　**(州学)教授**　罗长康　陈定国　范津　邓文饶　任文荐　林宋弼　叶仪凤　丰至　陈知柔　曾光　刘洵直(俱绍兴间任。)　杨嘉绩隆兴初任。　石邦彦　张广　李稠(俱乾道间任。)　李纶　黄师尹　田澮　林子蒙　杨范(俱淳熙间任。)　张时举　陈廷杰(俱绍熙间任。)　陈孝谦　滕珙(俱庆元间任。)　黄珣嘉泰初任。　洪果[40]开禧初任。　李元辅　敖陶孙　陈邃　刘珙　陈德林　朱庆朝(俱嘉定间任。)　林护宝庆初任。　谢伯恭　郑列(俱绍定间任。)　陈大章端平初任。　林桶嘉熙初任。　陈光大　沈烨　赵宗㳕(俱淳祐间任。)

(龙溪县)知县事　张庆余　孙及　起圮(俱大中祥符间任。)　楚继芳　王衮(俱天禧间任。)　谢徽　王昌符(俱天圣间任。)　邵峻　孟化成(俱景祐间任。)　乐富国宝元初任。　梅佐　张绎(俱庆历间任。)　马随　范宗言(俱皇祐间任。)　刘偁至和初任。　许仪　刘孝廉(俱嘉祐初任。)　阎维治平初任。　古宗说　李上傧　张纪　邓宁(俱熙宁间任。)　王晦　蔡均(俱元丰间任。)　林璋　夏臻　上官衍(俱元祐间任。) 许毂绍圣初任。 方醇道元符初任。 吴千建中靖国初任。 李庚崇宁间任。 崔国镇大观间任。 林迪见《名宦志》。 陈律(俱政和间任。) 郑雄声 张浚 曾履(俱宣和间任。) 杞开建炎间任。 潘湛 刘细 许彝 陈孝则 陈积中 高维宁 陆竑 辛永世 王康德[41] 王维则 陆俱 石如埵[42](俱绍兴间任。) 邓森隆兴初任。 刘公持 冯陶叔 郭弥大(俱乾道间任。) 刘希旦 杨嘉积 赵侯夫 阳易 林世用 赵不病 翁德广见《名宦志》。(俱淳熙间任。) 王褒 段硕辅 李鼎 刘褒(俱庆元间任。) 陈光祖嘉泰间任。 傅伯瑞开禧初任。 林大章 陈士会 方祖同 陈嘉 李宗达 郑庆孙 江叔豫(俱嘉定间任。) 林及之宝庆初任。 傅天骥 苏应衡(俱绍定间任。) 赵绛夫端平初任。 黄师雍嘉熙初任。 陈骏之 赵时儁 潘津 黄端叟 陈子实[43](俱淳祐间任。) **丞** 储惇叔[44]见《名宦志》。

(漳浦县)知县事 吕琦见《名宦志》。 陈贯通绍兴中任。 李锡 黄安国 施珪 高公极 钱大荣 王谷 林聘 陈致一 欧阳直卿 吴自得 黄轨 余峣 连洞 薛世清 傅侠[45] 陈仕英 王訔 黄惟深 李谊 赵师说 王侃 傅希龙见《名宦志》。 柯知彰 陈公绍 许仲容 叶才老 黄自求 沈造 陈舜申(上二人见《名宦志》。) 李钦止 高稷 赵崇祉 欧阳赓 赵师缙绍定间任。 鬲若楫 林若谷 吕克导 陈洽 姚有容 潘顿 赵善书 萧郊 郑勺 陈祖奭 陈森 赵宗秘 黄林发 赵与湇 杨浩然 林宜高(上二人,俱淳祐间任。)

（龙岩县）知县事　石复大观间任。　李宗回　林鼐（俱乾道间任。）　陈焕淳熙间任。　陈祐之绍熙间任。　杨中立　林介卿　吴珏（上三人俱见《名宦志》。）　傅伯崧嘉泰初任。　赵汝勉开禧间任。　方世功嘉定间任。　赵孟芷　庄梦说　赵性夫绍定间任。　林子阳　陈椿寿嘉熙间任。　俞林　傅知柔见《名宦志》。　陈英　陈斗应　赵宗揆　李拱辰　蔡彤　陈通事　赵荣淳祐中任。　**丞**　李永　曾秘（俱淳熙间任。）　**主簿**　朱金发淳熙间任。　**尉**　苏公永绍定中任。　余景屋淳祐间任。

（长泰县）知县事　翁□　洪仁璲　胡□　蔡冲[46]　宋元庆　宋翯　徐文侃　丁日观　焦余庆　王俨　宋玄[47]　蒯令图　窦文杰　刘庆之　范和宁　张延骥　连运　郭棠　寇宁　汪随　阮孝若　杨允怀　王某　王楷　张序　张知常　裴令孙　田圭　方浃　张某　杨缙　张泽　郑叔明　许原　陈辑　林开　晏隅　林昌符　孙齐　郑适　钟升　郑永　吕季述　黄颖见《名宦志》。　陈圻　杨偶　林诜　倪权　苏櫄　王朝俊　蔡元璋　李莫　陆竑　陈倬然　王振　陈蔡　滕京　朱明作　李观　朱慥　徐琰　卓弥彰　李愿学　蔡纲　余致和　陈安卿　方昕　郑桌　陈大亨　王孝恭　王万章　丘微之淳熙中任。　林丙绍兴间任。　黄师厚　赵师旂　李志甫　吴臧[48]　吴炎　杨霓　王自强　黄孟永　余克济（上三人俱嘉定中任。）　陈纯仁绍定中任。　郑师申端平中任。　赵与坦淳祐中任。　**主簿**　张牧绍兴间任。　叶壎淳祐间任。　**尉**　余鼎绍兴间任。　赵时楚绍定间任。　赵必镩[49]淳祐间任。

〔元〕

(漳州路总管府)达鲁花赤 要忽难 迭理迷实(俱见《名宦志》。) **总管** 张泉逸 金玙(俱见《名宦志》。) 张三八 **同知** 郑晟 罗士龙 **推官** 乌古孙良桢见《名宦志》。

(龙溪县)县尹 唐大年 邓朝阳(俱见《名宦志》。)

(漳浦县)达鲁花赤 买撒都剌至正中任。 **县尹** 张镇[50] **主簿** 林信至正中任。

(长泰县)县尹 董秃坚帖木儿

(南靖县)县尹 扈海见《名宦志》。 韩景晦至正间任。

〔国朝〕

文职

(本府) 知府 □君助 潘琳见《名宦志》。 许荣 白寿 余克敬 胡添锡 王仲谦 钱古训(上二人见《名宦志》。) 李晟 薛□ 叶亨 殳文通宣德间任。 甘瑛见《名宦志》。 李春正统间任。 马嗣宗 谢骞见《名宦志》。(俱景泰间任。) 周天民 董信(俱天顺间任。) 潘本愚 王文 张璜 姜谅 刘瀚(俱成化间任。) 邝文弘治元年任。 **同知** 侯渊 夏振永乐间任。 金勉 王琰 李恕 张瑾 阎鳌 傅佐 章俊 胡珉 蒋浚 吴黼(上四人俱成化间任。) **通判** 王祎见《名宦志》。 黄昌 梁定玉永乐间任。 郭肫 关谅宣德间任。 彭道初 沃

能　孙柱　高昙　刘敏学景泰间任。　李铉天顺间任。　谢谅成化间任。　**推官**　朱德铭　戴宗辅永乐间任。　潘隆　黄性　吴性　周辉景泰初任。　江白天顺间任。　王经　张德[51]　程霄　张新(俱成化间任。)　**(经历司)经历**　张瓒　曾复　胡清　**知事**　严子华　王仲实　陈倍　俞珍　林锜(上二人俱成化间任。)　**(儒学)教授**　彭善　王理　陈思贤见《名宦志》。　张骥　丘谷　余晟　刘永刚　戴文贵　王度　曾佐　钟鉴　**训导**　徐逊　刘良　周永　史经　杨贤　顾富　钱烨　王钝　张旭　何觐　卢脩[52]　黄泮　廖正　黄□　戴琰　潘□

(龙溪县)知县　杨保诚　刘宪　方以铭　刘孟雍见《名宦志》。　高辉　施诚　徐□　俞□　相儒　沈庸宣德中任。　顾鸿正统间任。　黄霆　梨满(俱景泰间任。)　周琳天顺间任。　张宁　林璞　朱琳　伦善　李棨(俱成化间任。)　**县丞**　刘伯翼永乐初任。　张祖兴　黎汝舟正统间任。　萧聪　张质(俱景泰间任。)　刘观天顺间任。　罗臻　成已[53]　吴鹏(俱成化间任。)　**主簿**　杨文质[54]正统中任。　李通　李广　黄本(俱景泰间任。)　刘浚天顺间任。　景浩　郑华　郑广聚　叶寨[55](俱成化间任。)　**典史**　何宗海正统间任。　王岳景泰末任。　颜真[56]天顺间任。　张修　应华(俱成化间任。)　**(儒学)教谕**　林原洪武间任。　高庆生　谭旦景泰初任。　祈福天顺初任。　陈甫　黄深　吴志浩(俱成化间任。)　**训导**　韩组永乐间任。　廖海天顺初任。　金元　刘焞[57]　黄修　卢俊(俱成化间任。)

(漳浦县)知县　张理洪武初任。　梁硕永乐间任。

黄辉正统末任[58]。　林瑛景泰初任。　苏通　钱玑[59]　闵乾(俱天顺间任。)　俞济　刘璧　邵有良　金弘　汪瑾(俱成化间任。)　**县丞**　陈尧民洪武初任。　何乔绅　陈安(俱景泰间任。)　尤鉴天顺初任。　罗绅　严显　汤宁　钟鼎　孙同(俱成化间任。)　**主簿**　程石琮永乐初任。　谈瑾景泰间任。　文景隆　还复(俱天顺间任。)　阎道政　徐铭　王鄷　童仕俊(俱成化间任。)　**典史**　方好文洪武初任。　沈洪启景泰初任。　叶春　陈善(俱天顺间任。)　陈觐　项端　黄禧　关演　闻奎(俱成化间任。)　**(儒学)教谕**　叶胜祖宣德中任。　程孟予[60]正统末任。　黄中景泰间任。　汪高　季芳　张辂　廖用(俱成化间任。)　**训导**　李若英永乐间任。　吴充景泰末任。　欧阳祥天顺间人。　李英　周高　郑章　范琏　杨规　车广　周谅　郑璇(俱成化间任。)

(龙岩县)知县　赵荣祖见《名宦志》。　刘文彧(俱洪武间任。)　徐拱辰永乐间任。　吕庆　唐庆　李昊　王璲(上二人俱天顺间任。)　韦济　陶博(俱成化间任。)　**县丞**　周尚文洪武间任。　江海源　金兰　伍伦(上二人俱成化间任。)　**主簿**　黄钧宣德间任。　徐泰　伍细佐　**典史**　陈叔大　郑裕　曾荣(上二人俱成化间任。)

(长泰县)知县　张寿洪武间任。　赵铭[61]　陈愚　徐仲经[62](俱永乐间任。)　刘奎宣德初任。　曹忠　罗缇(俱正统间任。)　高翥　裴颙(俱景泰间任。)　朱景云天顺初任。　简奭　陈良　刘铎　李通(俱成化间任。)　**县丞**　王本　伍均济　刘文宣德间任。　何谦　郑永恭　谢贵　刘聪　**主簿**　刘伯玉　施闰　游　溎　吴魁谅　**典史**

孙立　高安　苏聪　周鼎　朱皋　陈礼　卫琰　徐崇伍(上二人俱成化间任。)　**(儒学)教谕**　章参　张骥宣德间任。　陈素行　倪绅　彭经景泰间任。　刘浩　桂昌　**训导**　王敏　伍常　张惠　程凯　王存　蒋瑛　唐观　应杰　徐进　蔡轼　洪升

(南靖县)知县　杨通见《名宦志》。　林廷真正统间任。　傅平　张本　包琎　张鹏举(俱成化间任。)　**县丞**　王荣　杨荣　林尚宁　吕瓒(俱成化间任。)　**主簿**　谢刚　董习　曹禄(俱成化间任。)　**典史**　刘深[63]见《名宦志》。　侯汝永乐间任。　周鼎正统间任。**(儒学)教谕**　李孜　夏璇成化间任。　**训导**　孙鸣凤　郭宣　邵珉　孙琳(俱成化间任。)

(漳平县)知县　李仁本洪武间任。　张文盛正统间任。　陈栗　王埙　陈纶　李斌　余蒙　李让(俱成化间任。)　**主簿**　罗海　邓进　曹海　袁善(俱成化间任。)　**典史**　朱昌　谢周吉　李持　刘翊　潭贵(俱成化间任。)　**(儒学)教谕**　韩浙　屠琛　宋郁　林世光(俱成化间任。)　**训导**　王昱　盛瓛　冯万浓(俱成化间任。)

武职

(漳州卫指挥使司)指挥使　杨春由同知升。　杨忠(俱永乐间任。)　杨隆　王源(俱宣德间任。)　王荣正统间任。　杨挺　王璟(俱成化间任。)　**指挥同知**　黎政　黎永　侯黑厮(俱永乐间任。)　张成洪熙初任。　甘斌　张英　侯福　陈旺(俱宣德间任。)　黎震　甘俊(俱景泰间任。)　陈绶天顺间任。　侯鉴　张璲　甘寿(俱成化间任。)

指挥佥事 覃忠 李普 覃庸(俱洪武间任。) 顾逵 顾忠 夏瓛 顾斌见《名宦志》。 夏瑄 王玉(俱永乐间任。) 周能 朱福(俱宣德间任。) 杜麟 夏泽 周铠 王荣 李昂 杜泰 覃黼(俱正统间任。) 李明景泰间任。 覃黻 夏顾 王镇(俱天顺间任。) 朱瑄 顾瑜 夏頫 覃兴 夏铠 李顺 杜统 周琏(俱成化间任。) **镇抚** 陈贵 陈胜(俱宣德间任。) 王隆由本卫左所千户改。 陈隆(俱成化间任。)

(左千户所)正千户 王贵 王受(俱洪武间任。) 王瑄 王震 曹祐 王清 王斌(俱永乐间任。) 曹宁宣德间任。 王诚正统间任。 王能 曹庆(俱成化间任。) **副千户** 屈敬洪武间任。 钱麟 屈谦 屈清(俱永乐间任。) 屈政洪熙初任。 钱海 王受(俱宣德间任。) 王环 唐杰(俱正统间任。) 钱升 屈瑄(俱景泰间任。) 沈禧 唐俊 王隆(俱天顺间任。) 屈忠 屈住 沈洪 唐用(俱成化间任。) **百户** 徐禄仔永乐间任。 徐钦 徐俊

(右千户所) 正千户 田凤永乐间任。 李崇宣德中任。 岳翊 田隆(俱正统间任。) 李嵩景泰间任。 岳安 田庸 晏敬(俱天顺间任。) 晏然 晏玺(俱成化间任。) **副千户** 晏民 晏然 晏荧(俱永乐间任。) 晏诚 晏諴景泰间任。 **百户** 常如意永乐间任。 王循宣德间任。 常贵正统间任。 王玺天顺间任。 常□ 王璧(俱成化间任。)

(中千户所)正千户 赵兴 康用由本所副千户升。 赵瑛(俱永乐间任。) 康泰正统间任。 赵隆 赵孟 康政(俱成化间任。) **副千户** 刘凯洪武末任。 康用

刘耀　刘珪(俱永乐间任。)　刘清宣德间任。　刘镇天顺间任。　刘环　刘禴(俱成化间任。)　**百户**　徐春　康成　赵兴　左保　左忠　赵福(俱洪武间任。)　鲁真　蔡真　曾敬　左真　曾庆(俱永乐间任。)　赵瓛　蔡常　徐英　徐智(俱宣德间任。)　鲁震　蔡銮　曾贤(俱正统间任。)　曾瑛　赵璋(俱景泰间任。)　左昱　鲁彪(俱天顺间任。)　徐伟　鲁庭　徐政成化间任。

(前千户所)正千户　刘伯名　刘忠(俱洪武间任。)　刘义　刘雄(俱永乐间任。)　张刚　张忠(俱宣德间任。)　张福　刘瑞　张政(俱天顺间任。)　刘璘成化中任。　**副千户**　管亮洪武末任。　管斌永乐初任。　管谦　梁兴　王大　张渊(上三人俱宣德间任。)　管信　王贵　管瑛　梁得(俱正统间任。)　张淮景泰初任。　王宽　梁颙　张祝(俱天顺间任。)　梁宗　管顺(俱成化间任。)　**百户**　黄成　张泽(俱洪武间任。)　黄清　张通　唐斌　黄旺　张纲　张杰(俱永乐间任。)　张怀　张宁(俱宣德间任。)　张璘　唐玉(俱天顺间任。)　张雄　黄瑶(俱成化间任。)

(后千户所)正千户　王礼永乐间任。　王能　王鼎　李真(俱宣德间任。)　李德正统初任。　王源景泰初任。　李璋天顺初任。　**副千户**　张忠　郭义(俱宣德间任。)　张斌正统初任。　郭昱景泰初任。　**百户**　施敬　邓通(俱洪武间任。)　陈清　陈升　邓贵　杨兴　江宗(俱永乐间任。)　施禳宣德初任。　杨逊　施忠　邓清　江立　陈祯(俱正统间任。)　邓钦天顺初任。　江端　邓瑛　施俊　杨瓌(俱成化间任。)

(守御龙岩中**中千户所)正千户**　朱忠　李镇(俱成化间

任。）**副千户** 江真 王俊 马德（俱成化间任。）**百户** 鲁参 石坤 刘义 张享 方全 罗全 许瑛 强顺（俱成化间任。）**镇抚** 李靖 路纲（俱成化间任。）

（镇海卫指挥使司）指挥使 田旺 **指挥同知** 桂福正统间任。 侯爵袭父珑职。成化间任。 王铠袭父福职。成化间任。 赵隆袭父忠职。景泰间任。 祝璘袭父恒职。弘治间任。 **指挥佥事** 张文 侯勋袭父宗职。成化间任。 刘珙袭兄凉职。景泰间任。 郭宽袭父铭职。弘治间任。 曹昂袭祖父义职。成化间任。 陆忠袭伯韬职。成化间任。 彭瓘袭祖晟职。弘治间任。 **镇抚** 童浚袭父海职。成化间任。 廖义袭父智职。成化间任。

（左千户所）正千户 牛诚袭父杰职。景泰间任。 王升袭父茂职。成化间任。 **所镇抚** 罗能景泰间任。 **百户** 王庸 周瑛 易鉴 杨钊 韩文 品嵒（俱成化间任。） 张海天顺间任。

（右千户所）正千户 郑瑛袭父斌职。成化间任。 **副千户** 武得袭父真职。成化间任。 褚隆袭父斌职。天顺间任。 **所镇抚** 谈广袭父福职。成化间任。 **百户** 张广 张铠（俱成化间任。） 朱辅景泰间任。 李玉天顺间任。 郑宗保弘治间任。

（中千户所）正千户 张勋袭父能职。弘治间任。 张鹏袭父珩职。成化间任。 **百户** 周俊 关泰（俱成化间任。） 朱昱景泰间任。 岳镛 陈纲 刘勇（俱成化间任。）

（前千户所）正千户 徐英袭父真职。成化间任。 刘鉴袭父旺职。成化间任。 **副千户** 蔡忠袭父智职。成化间任。 汤淮袭父浩职。成化间任。 白鉴袭兄祥职。成化年调。　**所镇抚**　汪经袭父敬职。成化间任。　**百户**　干英　宋瑄　朱荣　杨广　陈表(俱成化间任。)

(陆鳌千户所)正千户　张镐袭父勇职。成化间任。　冯绶替父玺职。成化间任。　赵霦袭父能职。成化间任。　陆瑛袭父兴职。成化间任。　李昂袭父升职。成化间任。　**副千户**　徐刚替父杰职。成化间任。　**所镇抚**　杨德袭祖父兴职。成化间任。　**百户**　陈璟　丘瑛　查森(俱成化间任。)　刘钱正统间任。　李广　丁表　吴全(俱成化间任。)

(铜山千户所)正千户　文瑄袭父义职。成化间任。　**所镇抚**　刘通袭父永职。成化间任。　**百户**　裴铨景泰间任。　袁聪　李通　刘安(俱成化间任。)　廖雄　王政(俱成化间任。)

(玄钟千户所)正千户　李帛袭父敏职。成化间任。　陈冕替父宗职。成化间任。　于胜替父旺职。天顺间任。　**副千户**　韩瑛袭祖父显职。成化间调任。　**所镇抚**　师铭袭父雄职。成化间任。　高岗袭伯敏职。成化间任。　**百户**　吴瑛　张胜(俱成化间任。)　罗珙弘治间任。　鲁胜　张端　刘祯(俱成化间任。)　赵麟天顺间任。　万升　周成(俱成化间任。)

校　注

[1] 万历《泉州府志·官守》作"周大初"。
[2] 万历《泉州府志·官守》作"叶祯、鲁确"。
[3] 万历《泉州府志·官守》作"徐木"。
[4] 万历《泉州府志·官守》作"徐庸"。

［5］万历《泉州府志·官守》载："王槃正统间任；梅友实天顺间任。"

［6］万历《泉州府志·官守》作"刘志德"。

［7］万历《泉州府志·官守》作"陈弘"。

［8］万历《泉州府志·官守》作"王钝"。

［9］万历《泉州府志·官守》作"方子张"。

［10］万历《泉州府志·官守》作"倪士嵩"。

［11］乾隆《泉州府志·名宦》载："何文宣正统九年任。"

［12］乾隆《泉州府志·名宦》作"梁可中"。

［13］乾隆《泉州府志·名宦》作"高朗"。

［14］万历《泉州府志·官守》作"王贞"。

［15］万历《泉州府志·官守》作"刘谧"。

［16］万历《泉州府志·官守》"陈清"作"李青"。并载："陈昱宣德间任，李青天顺间任。"

［17］万历《泉州府志·官守》作"刘宗"。

［18］万历《泉州府志·官守》作"龙澄"。

［19］乾隆《泉州府志·名宦》作"汤沐"。

［20］万历《泉州府志·官守》作"朱黼、虞浩然"。

［21］各府志均作"王亨"。

［22］万历《泉州府志·官守》有"江景"，无"江源"。

［23］万历《泉州府志·官守》作"李华寿"，系李旺之子。

［24］万历《泉州府志·官守》有"郑钦"，无"郑涂"。

［25］万历《泉州府志·官守》有"章京"，无"章夔"。

［26］万历《泉州府志·官守》作"张翼"。

［27］万历《泉州府志·官守》载："钟浚，演弟。"此似应作"袭兄演职"。

［28］万历《泉州府志·官守》作"丘荣，遇子"。

［29］万历《泉州府志·官守》作"林子霖"。

［30］各府志均作"刘拱"。

［31］各府志均作"余武"。

［32］万历《泉州府志·官守》作"钱瑛"。

［33］乾隆《漳州府志·秩官》作"于诩"。

［34］乾隆《漳州府志·秩官》载："邵某失名，至道二年以国子监丞任。

又石某失名，咸平六年以国子博士任。”

［35］乾隆《漳州府志·秩官》作“葛闳”。

［36］乾隆《漳州府志·秩官》作“余洄”，注：“旧作涂。宣化七年以朝散郎直秘阁任。”

［37］乾隆《漳州府志·秩官》作“逢汝舟以左朝请郎任”。

［38］乾隆《漳州府志·秩官》作“张声远”。

［39］乾隆《漳州府志·秩官》作“张烰”。

［40］乾隆《漳州府志·秩官》作“洪杲”。

［41］乾隆《漳州府志·秩官》作“王康功”。

［42］乾隆《漳州府志·秩官》作“石如壎”。

［43］乾隆《漳州府志·秩官》作“陈子植”。

［44］乾隆《漳州府志·秩官》作“储惇叙”。

［45］乾隆《漳州府志·秩官》作“傅淶”。

［46］乾隆《漳州府志·秩官》作“蔡处冲”，注：“冲，一作中。”

［47］乾隆《漳州府志·秩官》注：“县志作‘宋贤’，通志作‘宋纮’。”

［48］乾隆《漳州府志·秩官》注：“吴臧，一作藏。”

［49］乾隆《漳州府志·秩官》作“赵必铈，一作鏋”。

［50］乾隆《漳州府志·秩官》作“张钫”，注：“县志作镇。”

［51］乾隆《漳州府志·秩官》作“张德广”。

［52］乾隆《漳州府志·秩官》作“虞修”。

［53］乾隆《漳州府志·秩官》作“成纪”。

［54］乾隆《漳州府志·秩官》作“杨文贤”。

［55］乾隆《漳州府志·秩官》作“叶臻”。

［56］乾隆《漳州府志·秩官》作“颜正”。

［57］乾隆《漳州府志·秩官》作“刘惇”。

［58］乾隆《漳州府志·秩官》作“莫辉，景泰元年任”。

［59］乾隆《漳州府志·秩官》作“钱机”。

［60］乾隆《漳州府志·秩官》作“程孟于”。

［61］乾隆《漳州府志·秩官》作“赵瑢”。

［62］乾隆《漳州府志·秩官》作“金仲经”。

［63］乾隆《漳州府志·秩官》作“刘琛”。

八闽通志卷之三十四

秩　官

历　官

郡　县

汀州府

〔唐〕

(汀州临汀郡)刺史　元自虚开元间任[1]。　樊晃天宝间任。　陈剑见《名宦志》。　蒋防　张又新元和间任。刘岐见《名宦志》。　钟全慕　钟翱　梁□[2]　王廷宋　**别驾**　林披见《名宦志》。　魏齐之天宝间任。　裴胄

(长汀县)令　林披。

(沙县)令　沈师直大和间任。　曹朋见《名宦志》。

〔伪闽〕

刺史　王延宗五代唐天成间任。　王继业见《名宦志》。　王延政　王延喜　许弘钦（俱天福间任。）　许文缜开运初任。（以上俱五代晋授。）

（宁化县）令　钟彦俦五代梁开平间任。

〔南唐〕

刺史　缑进筠五代汉乾祐间任。　包洪实　马忠摤[3]（俱五代周显德间任。）　**通判**　张承翰五代汉授。

〔宋〕

（汀州）知州事　王嗣宗见《名宦志》。　欧阳程咸平初任。　陈彦博景德初任。　赵遂良　胡成秩（俱大中祥符间任。）　黄吉甫天圣间任。　余谔景祐间任。　陈文宝　黄若水　刘有方　余中（俱嘉祐间任。）　王彬　刘均　林东乔（俱治平间任。）　蓝丞　周约　石民英　王稷　许当[4]（俱熙宁间任。）　方峤见《名宦志》。　唐諲　黄稹　陈轩见《名宦志》。（俱元丰间任。）　谢履　萧佐　董威　曾孝总（俱元祐间任。）　林可　黄彦成[5]（俱绍圣间任。）　陈粹见《名宦志》。　章清大观初任。　谢洞[6]　掌之纯　上官复　詹时升见《名宦志》。　王田（俱政和间任。）　李倩[7]　潘辟（俱宣和间任。）　苏公才靖康初任。　王令温　封赓　陈直方（俱建炎中任。）　郑彊见《名宦志》。　钱景贤　詹尚　袁思永　张宪武　梁宏祖　高允文　吴顺之　张昌见《名宦志》。　陈升　黄武　董华　晏崇古　钟镗　孙祖

善　斛继善（俱绍兴间任。）　吴南老隆兴初任。　晁子健　韦能定　韩显祖　谢知几　赵澥[8]（俱乾道间任。）　吕翼之　赵不惀　汪睿　程大昌　江满[9]（上二人见《名宦志》。）　吕大猷　赵汝劼　赵不戒　赵师德　宗嗣郎[10]　祝櫰　刘坦之俱淳熙间任。赵善镰　赵充夫[11]　朱端厚　赵伯桧（俱绍熙间任。）　陈晔见《名宦志》。　四橡　宋思远（俱庆元间任。）　陈映　赵彦楝（俱见《名宦志》。）　陈铸嘉泰间任。　曾槃开禧初任。　邹非熊　赵不摭　鲍澥之[12]　江端中　罗勋　陈模　傅康　赵窑模[13]　林昆（俱嘉定间任。）　李直柄　陈孝严　李华见《名宦志》。（俱绍定间任。）　张翀　黄寔（俱端平间任。）　戴挺　姚元特（俱嘉熙间任。）　刘玺　郭正已　黄炳　卢同父　李景勉（俱淳祐间任。）　罗必先　周晋[14]　朱诜　胡大初见《名宦志》。（俱宝裕间任[15]。）　**通判军州事**　朱敏功　李希孙　许噩　叶庭方　杨良显　李缥　王求　徐大方　张瑞　方士宁　郭祥正见《名宦志》。　任□　熊浚明元符间任。　毛完　柯常崇宁初任。　商师雄　刘震　葛师望　方开之（上三人俱政和间任。）　何正矩　陈时敏（俱宣和间任。）　许端夫建炎初任。　程胎[16]　赵不积　陈吉老见《名宦志》。　汤时孙　唐浚　赵子璋　阮怿　陈亚卿　周阑[17]　彭端　张遹　向瀫[18]　邵得之　向士俊　王冈（俱绍兴间任。）　邓昌国隆兴初任。　孟铿　季壄　韦启心[19]　熊取新　魏冻（俱乾道间任。）　吕济　冯世显　刘坦之　林栩　陈研　徐文善　游次公　林叔度（俱淳熙间任。）　赵师瑟见《名宦志》。　赵善悟　陈以（俱绍圣间任。）　林文仲　叶安行　虞大中（俱庆元间任。）　赵师宲　聂唐臣（俱嘉泰间任。）　林士衡　陈天宜　黄大全　江爕[20]　楼鐩[21]　吴灏　刘继祖　陈贵诚　方祖同（俱嘉定间任。）　韩休卿　钱元忠（俱宝庆间任。）　王杆见《名宦志》。　赵彦俔（俱绍定间任。）　赵性夫　杨绍绾（俱端平间任。）　孙叔偕　徐拭[22]（俱嘉熙间任。）　郑发　黄焕国　黄坚叟　孙基　单谓大　林光庭（俱淳祐间任。）　赵时海　陈樵子　王衜翁（俱宝祐间任。）　**军事判官**　钟建侯建炎初任。　郑硕　黄褒　周松年　朱璟　张颐老　谢之才　蔡颙[23]　张希祖　李棣　卢临（俱绍熙间任。）　翁灌隆兴初任。　陈海[24]　王贻训　黄义孙　许闻礼　侯括（俱乾道间任。）　魏好问　黄东　姚锡　王似椿　余楙（俱淳熙间任。）　魏逵[25]　王昌期（俱绍熙间任。）　王嘉谋　赵善屦（俱庆元间任。）　林戛[26]嘉泰间任。　赵希孝开禧间任。　徐蒙发　董鉴　林诚　史伯亹　赵戒夫　曾颖秀（俱嘉定间任。）　赵希文宝庆初任。　李宗启　刘骐[27]　江鐩（俱绍定间任。）　赵希澮　叶一新（俱端平间任。）　赵宗邵嘉熙间任。　虞应龙　连端壸[28]　赵汝流　梁椿（俱淳祐间任。）　许必发　周顺　邹思（俱宝祐间任。）　**军事推官**　郭涛建炎间任。　谢仲元　苏清　董天民　赵公健　张维　滕庴　张安孙　刘街　徐昴　赵彦龄（俱绍兴间任。）　李宗说隆兴初任。　蒋之才[29]　尤昴　陈公绍（俱乾道间任。）　余致和　赵师炤[30]　潘赫　韩虒　赵师章　张无豫　陈峰[31]（俱淳熙间任。）　郑诚绍熙间任。　曾缜　元植（俱庆元间任。）　赵彦饬嘉泰间任。　沈焘　林大问　赵希馆（俱开禧间任。）　冯硕　余经国　徐洁　赵汝琉[32]　郑志学（俱嘉定间任。）　赵汝岊宝庆初任。　李

昴英 李顺甫 赵崇能(俱绍定间任。) 周仲舒端平间任。 赵镟夫 林浩嘉熙间任。 郑璁 赵汝耆 赵希治(俱淳祐间任。) 朱吉甫宣祐间任。 **(诸曹官)录事参军** 余迥 林霖[33] 郑公弼 周毅 刘师尹见《名宦志》。 林懋能(俱绍兴间任。) 滕怿隆兴间任。 吴三傑 赵汝遂 徐铸(俱乾道间任。) 李友直[34] 吴筠 廖庆 郑尧卿 卢铸(俱淳熙间任。) 赵善謢 黄樵仲见《名宦志》。(俱绍兴间任[35]。) 杨愿 宁寿隆(俱庆元间任。) 姚椝嘉太间任。 赵汝朴开禧间任。 余亮 林绰然[36] 赵崇誉 冯三杰 陈稚黔 陈谦(俱嘉定间任。) 龚镇宝庆间任。 陈光大 贞德林[37] 俞林端平初任。 赵锡夫[38] 吴泽 王仲贤嘉熙间任。 上官迁 赵珇夫 任公泽 虞德厚[39](俱淳祐间任。) 赵必曦 赵汝赍(俱宝祐间任。) **司理参军** 黄子正 曾文甫 杨伯纯(俱嘉定间任。) 陈仪宝庆初任。 林光远 徐驿(俱绍定间任。) 赵必延端平初任。 周得之嘉熙初任。 赵希逢 潘公溢 赵埜夫 刘文虎 赵与宁(俱淳祐间任。) 姚煃 朱搏(俱宝祐间任。) 李沼子[40]开庆初任。 **司户参军** 任文荐 郑李□ 尤昴[41] 贾逸祖 王垂 黄藻 赵公迥见《名宦志》。(俱绍兴间任。) 余寿 宋晋之 余偁(俱乾道间任。) 赵汝挺 陈敏学 许惠卿 方璟(上三人俱绍熙间任。) 赵希汴[42] 俞机 赵希馆见《名宦志》。 李任 颜东老 陈云老 陈椉[43](上五人俱嘉定间任。) 赵汝胖宝庆间任。 方逢吉 余师夔(俱绍定间任。) 郑衡之端平间任。 龚祉嘉熙初任。 萧仪之 赵若渥 沈富求 彭沚(俱淳祐间任。) 李谦之 赖梦铃[44](俱宝祐间任。) **司**

法参军　赵与侍端平间任。　赵与拓嘉熙初任。　郑㷣　陈渭　洪箴　赵与瑶(俱淳祐间任。)　赵若忠　任志珍　赵必衍(俱宝祐间任。)　**(州学)教授**　戴觉[45]　邓鷽　罗革　王晞亮[46]　李秀实　林伟　徐世英　连潜　张潜(俱绍兴间任。)　叶晞旦　柴必胜　赵容(俱乾道间任。)　杜申　王椎　王得遇　朱鼎　张汝明　郑革(俱淳熙间任。)　江史绍熙间任。　陈一新　王冲用(俱庆元间任。)　谢藻嘉泰初任。　何峄　李仲光[47](俱开禧间任。)　许应龙　孔梦符　林赵卿　邓宗仁　李以称(俱嘉定间任。)　杨寅仲宝庆初任。　黄士革[48]　黄复初(俱绍定间任。)　王公瑾端平初任。　张实甫　魏鼎(俱嘉熙间任。)　徐革老　程应斗　萧虞韶　黄正一(俱淳祐间任。)　潘同叟　赵与沐(俱宝祐间任。)　吴光开庆初任。　赵必趯景定间任。

(长汀县)知县事　张景休见《名宦志》。　李存贤元祐初任。　吴贲　梅琉绍圣初任。　杨朏见《名宦志》。　詹林政和初任。　黄渥　陈果　刘孔修　严褒　吴枥见《名宦志》。　陈珏　余可义[49]　刘昱　张搏　叶浩　方子昂　陈梦远　李宗望(上十二人俱绍兴间任。)　苏缜　张希祖　余嵘　赵不宧(俱乾道间任。)　商侑　陈文康　黄如圭　刘适正　谢知任　赵汝坚(俱淳熙间任。)　薛元肃　王千秋(俱绍熙间任。)　赵不临　谢邦宪(俱庆元间任。)　谢周卿见《名宦志》。　李德祐(俱嘉泰间任。)　刘泳之开禧间任。　朱堂　连三益　钱厚　刘元英　黄普　朱子恭[50](俱嘉定间任。)　赵汝汲宝庆初任。　宋慈见《名宦志》。　朱起元[51]端平间任。　陈显伯见《名宦志》。　黄松(俱淳祐间任。)　任鄚　**丞**　薛东嘉定间任。　王澈宝庆初任。　朱起元　赵时钺[52]　王元瑞(俱绍定间任。)　王九万端平初任。　范弥正　陈师宗(俱嘉熙间任。)　陈与彊[53]　叶懋佐　赵汝栳　黄梦礼(俱淳祐间任。)　邓尧　邓伯东(俱宝祐间任。)　**主簿**　张振古见《名宦志》。　赵希平　夏腆　赵希佐　古宗英[54]绍定间任。　吴彪端平间任。　陈继祖嘉熙间任。　姚琥淳祐间任。　郭鼎亨　林梦畴(俱淳熙间任。)　何衍　叶伯忱(俱宝祐间任。)　祐　赵师峙　李伯扆[55]　雷复　赵槱夫　黄亮　江鐩　陈正夫绍定间任。　倪正卿端平间任。　陈长孺嘉熙初任。　邓攀龙　王有先　陈必大[56]　黄孝祥(俱淳祐间任。)　刘雍　雷子发　陈适(俱宝祐间任。)　洪子寿开庆初任。

(宁化县)知县事　高照熙宁初任。　吴开元丰间任。　危建侯　邹括　施禔　周尧卿(俱见《名宦志》。)　林寅绍兴间任。　赵汝鉴嘉定间任。　黄徕　廖寿翁(俱宝庆间任。)　汪亨　赵时馆[57]见《名宦志》。(俱绍定间任。)　何建端平间任。　刘焕嘉熙间任。　李多　林云　张爟　林颢(俱淳祐间任。)　徐极　林公玉(俱宝祐间任。)　**丞**　米巨宏　陈大章(俱绍定间任。)　赵澪夫端平初任。　乙大度　郑元吉(俱嘉熙间任。)　刘志平　赵师叆(俱淳祐间任。)　赵与康　潘荣(俱宝祐间任。)　**主簿**　陈谦孙　李茂　李万　张元之　谢骏　陈丝　翁次夔　赵必逢[58]绍定间任。　冯子威　赵必衍(俱端平间任。)　赵必谕嘉熙初任。　李胃　陆梦吉　卢文郁　赵汝蔼(俱淳祐间任。)　谢清甫　俞义刚(俱宝祐间任。)　**尉**　颜颐仲　李顺甫　赵希立　赵崇积　吴瑞[59]　赵崇企　何正夫　赵澪夫　祭益[60]　朱元光(上五人俱淳祐间任。)　吴龙翼　吴栋[61]

(俱宝祐间任。)

(上杭县)知县事　上官拯　孙瑞见《名宦志》。绍兴末任。　郑稷　陈朝章见《名宦志》。(俱乾道间任。)　任文茂　萧辂(俱淳祐间任。)　薛洽　黄葵(俱庆元间任。)　陈沂开禧间任。　林半千　郑必学　曹南老　赵彦挺见《名宦志》。(俱嘉定间任。)　陈准宝庆初任。　赵时钺见《名宦志》。　方应祥端平初任。　谢观国嘉熙初任。　余继祖　赵希滬　王延庆　杨仁吉　潘景丑(俱淳祐间任。)　李务行见《名宦志》。　林似孙(俱宝祐间任。)　**丞**　何镐见《名宦志》。　吴伯固[62]　饶洽　陈铉才　吴次春(上四人俱嘉定间任。)　江寅绍定间任。　林桂　廖武子(俱端平间任。)　赵汝嵩嘉熙间任。　赵时　晧梁涛　陈稷(俱宝祐间任。)　**尉**　林韶　陈上震　柯枝　张窝[63](俱嘉定间任。)　康济　陈梦凯(俱绍定间任。)　林翊龙端平初任。　黄师心嘉熙初任。　赵时新[64]　陈侨　陈时学　赵时儵(俱淳熙间任。)　陈时可宝祐间任。　郑应雷开庆初任。

(武平县)知县事　王慈大中祥符间任。　翁仲通[65]　陈阐(俱见《名宦志》。)　宋仕衡[66]天禧初任。　陈居亮　吴群嘉祐初任。　杨敦仁元符初任。　叶曾　江翎　梁义从[67]黄沐　梁仲衍崇宁初任。　陈□政和间任。　张元林　黄雷　上官实　张安节　蔡吁　黄次元　王正国(俱绍兴间任。)　赵贲　石应成[68]　唐廷坚　汤说(俱乾道间任。)　程起宗　詹岳　董文昌　叶谦之(俱淳熙间任。)　陈岣　周稷　陈绚(俱绍熙间任。)　赵汝庆　何自强(俱庆元间任。)　赵善绰　赵怜[69]　王由之开禧初任。　陈孝通[70]　赵汝玱　傅大声　李文伯　赵师峙　黄袭甫

(俱嘉定间任。) 颜东老宝庆间任。 赵汝珇绍定间任。 赵汝谡端平初任。 田圭嘉熙初任。 黄应翁 林震 杨一夔 沈富求(俱淳祐间任。) 阮逢午宝祐间任。 朱搏开庆初任。 **主簿** 张楫开禧初任。 余洪 上官损见《名宦志》。 傅庶 翁浦 赵与环(俱嘉定间任。) 张庭实 张安 谢滋 蒋逢泰 梁应庚(上二人俱绍定间任。) 尤龚之端平间任。 吴应酉嘉熙间任。 刘堪 郑自任 林一龙 连通(俱淳祐间任。) 黄梦鉴 赵与都 丁世用[71](俱宝祐间任。) **尉** 林昉 林亿 林公绍 黄亦 黄从 杨景睦 陈洪[72] 鲍石 孙鼛见《名宦志》。 曾绍显 钟茂福绍定间任。 翁甫 赵时旻 杨可久 陈傅[73] 赵崇玙 龚奎 颜友龙[74]淳祐间任。 吴遇聘 赵崇栟 刘应霆[75](俱宝祐间任。)

(清流县)县知事 刘叙 黄藻(俱见《名宦志》。) 陈祖尹 吴辅之庆元间任。 郭泰亨泰定间任[76]。 王洽开禧间任。 赵希本 何湇 王征 何汶 沈燧 刘惟允(俱嘉定间任。) 卓然宝庆初任。 黄应龙 江亨之 陈光人(俱绍定间任。) 王元瑞端平初任。 赵槱夫嘉熙初任。 林奕 赵必达 林昌泰 陈子渊(俱淳祐间任。昌泰宝祐间再任。) 陈子椿 林应龙(俱宝祐间任。) 倪文一 **主簿** 张栩端平间任。 徐登嘉熙初任。 蔡应龙 王荣 黄庚孙 施有容 张天应(俱淳祐间任。) 余良平 赵希腆 邹龚(俱宝祐间任。) **尉** 方洞叔 饶子齐 潘立本 赵彦閵 萧安之 李湑 叶自 林璧 黄伯坚(上五人俱淳祐间任。) 陈立翁 林继祖(俱宝祐间任。) 林耸开庆初任。

(连城县)知县事　卓庠见《名宦志》。　石敦义　陈南复　冯锐　吴祐[77]　丘钦若见《名宦志》。　谢龚　刘国瑞见《名宦志》。　熊取义　周莘　黄中立　杨立中[78]　王彤　常闾　潘安英　刘崇奭　安嗣宗　徐擢　刘爚见《名宦志》。　李昌龄　黄荦　詹廉能　靳康成　董与几[79]　刘晋　傅壅　黄南一[80]　赵汝樵　沈柔孙　孙若拙　林有宗　黄垺　陈森　赵櫄夫[81]　徐价　米巨宏见《名宦志》。　曾宗鲁　饶子齐　李继申　吴嗣明　罗应奇　丁熙之　赵从璆[82]　徐公亮　**主簿**　陈肱　郑良臣　薛高　林更　陈文孙　吴懿德　叶履常　陆嘉礼　董璩　陶季侍[83]　冯荐　林公度[84]　叶一新　陈鸿渐　赵珏夫绍定间任。　徐梦符端平初任。　高钱[85]嘉熙初任。　张应卯　罗垚[86]　边应时　洪思　卓梦吕(俱淳祐间任。)　刘泌　李驲(俱宝祐间任。)　**尉**　薛仕颖[87]　傅允升　赵宗契[88]　吴功亮[89]　张鼎　赵希乔　张贵朴[90]　周鼎来　陈贞卿[91]　岳玭　赵崇春　林焯　陈绾　叶郯　赵戈夫　沈膺　张逢辰[92]　赵与赉　刘庠　马岩叟[93]　李务行　李宗勉　曹有同　赵与骏[94]　张应瑞　赵必边　冯应及　邓观光

寄　治附

(殿前司左翼军)训练禁军官　蔡显　杨坦　陈椿(俱武翼大夫。)　刘岗[95]　黄毅　刘琛[96](俱武德大夫。)　杨森武节大夫。　吴演武经大夫。　宋辉　张润(俱修武郎。)　彭勍　周德　郑拣[97](俱武德郎。)　郭宗德　张友

忠　王允文　成禹功　杜之美(俱武郎[98]。)　孙大昕　王宗达　陈深　李暠[99]　钮富　林宝　宋钺(俱武翼郎。)　张公明　王汝弼　曹椿[100]　梅林(俱武节郎。)　林滋武经郎。　冯椿　**正将**　翟皋　卢真　呼延迪(俱统领。)　巨宾　谢宣[101]由副将升。　李实　贾立　王敖　黄宝　李明　陶进　张道　张兴祖　萧猛　丘彦　高杞[102]　朱端　巫极　陶安国　刘俊　李彦　丁世端　邓起　郑先　张焕　陈世才　李珍　唐受　虞澮然进义副尉。　詹珽由副将升。　周荣统领武翼郎。　王立进义副尉,由副将升。　边林进勇校尉。　陈全进义副尉。　陈忠守阙进勇副尉。(上七人俱淳祐间任。)　江武进武校尉。　杨胜守阙进勇副尉。　贝国珍统领守阙进勇副尉。(俱宝祐间任。)　**副将**　谢宣[103]　刘明　张福　郑明　张德　邓先[104]　黄元　鲁昱[105]　蒋成　陈德威　陈应　詹珽　姜彦忠　王立　徐政　宋旺　丘振　陈忠　成坚　于从龙进义校尉。

〔国朝〕

文职

(本府)知府　杨文　郭景华　李质　徐煜　杨大本　许□　王均保　陈升　张宽甫　何贵　李广(俱洪武间任。)　徐逊　宋忠见《名宦志》。(俱永乐间任。)　刘焘　许敬轩　顾祥　陆征　俞侗　刘能　舒瞳[106]　李琼　张宁　王稳　黄存礼　李桓　徐瓒[107]　戴僖　黄埕[108](上四人俱成化间任。)　**同知**　赵敏学　赵权　金诚　潘

仁　王处善　朱宁(俱洪武间任。)　潘弘　姚讷(俱永乐间任。)　周诚　任良　陈溢　周灏　阎芳　陈满　方瓒　程熙　陈铱　刘安之　樊鲲　杨宪(上五人俱成化间任。)

通判　陈高　王彦诚　冯颙　李允　朱玷　吴祯　邛林　鲍麟[109]　吴琼　朱曜　顾祥　彭□　谢富　吴桓　李祺　徐荣　张忠(上四人俱成化间任。)　**推官**　陈□　赵□(俱洪武间任。)　吴预[110]永乐间任。　陈□　罗□　桑羲[111]　焦贤　淡瑞　沈南　安盘[112]　沃新　诸原恭　熊德　唐镛　王璨(上三人俱成化间任。)　**(经历司)经历**　宋鳞　赵规　罗北聪　易文聪(俱洪武间任。)　雷震永乐间任。　王得仁见《名宦志》。　杨安景泰间任。　王琛　黄珍(俱成化间任。)　**知事**　孙雄　严世能　叶怡[113](俱洪武间任。)　傅碧溪　陈从善　周琛　**(照磨所)检校**　李得中[114]景泰间任。　潘廷易成化间任。　**(儒学)教授**　郑炜　郑叶祖[115]　蔡敏　黄胤宗[116](俱洪武间任。)　李寿　张举[117]　舒巷(俱永乐间任。)　秦彧宣德间任。　**训导**　谢处贵[118]宣德间任。　周瓛成化间任。

(长汀县)知县　孙庸　陈伯正　游皓　刑惟一[119]　杨景福　吴颖　郭聪　袁九龄　袁辑　凌铭秀　潘同　梁得善(俱洪武间任。)　符节　林森　刘通　姚调　李存(俱永乐间任。)　陈宗周正统间任。　曹通景泰间任。　杨懋天顺间任。　杨翔　吴潜　谢珪(俱成化间任。)　**县丞**　程德胜　林廷远　徐若　王季清　柳端　刘真　徐永嘉　冯惟则　季庆齐[120]　岳文贵　汪团[121](俱洪武间任。)　王震　李泽善[122]　郎复成[123](俱永乐间任。)　谢冕景泰间任。　陈璧天顺间任。　王冕　叶宁　郑景华（俱成化间任。）　**主簿**　李毅　陈文　程刚　郭子成　郭桂根[124]　王都民　曹康平　童仲美　徐希远　沈一钟镛　卜昌（俱洪武间任。）　梁弟　傅惠良　汤彦友[125]（俱永乐间任。）　樊伯昭景泰间任。　罗弘天顺间任。　杨谨　罗素　何瑀（俱成化间任。）　**典史**　张得中　谢福春　浦博　周礼　李仁　张琳　黄思恭　周好德　俞教　李希古（俱洪武间任。）　沈璇永乐间任。　刘孟安景泰间任。　李思旻　曾祐　邓圯[126]（俱成化间任。）　**(儒学)教谕**　陈宗敬　萧韶　章唐景泰间任。　颜琏　沈铨　陈曜　张斐[127]　**训导**　萧元吉　曾鼎　仲顺　陈褒　项霖　蒋沭　张宁[128]

(宁化县)知县　陈时中　朱本清　牛仲原[129]　丁受　张思诚（俱洪武间任。）　梁珤[130]　韦清（俱见《名宦志》。）　梁昂景泰间任。　李景孟天顺间任。　徐蕃　吴纲　郑瑄　徐廷曜[131]（俱成化间任。）　**县丞**　熊进隆[132]　李师　李仲旭（俱洪武间任。）　唐叔畤永乐间任。　陈陵[133]正统间任。　张珤[134]景泰间任。　张凤　何荣（俱天顺间任。）　卢贵　伍经　陈□[135]　邓福（俱成化间任。）　**主簿**　李善政　陈养素[136]　袁直　姜昌（俱洪武间任。）　郑预　李聪　张荣　闵鉴　朱罄　郑邻[137]　王徽（上四人俱成化间任。）　**典史**　荣清　景忠（俱见《名宦志》。）　胡浩　李旺　郑昌　汪清　郑汶来　周浸[138]　**(儒学)教谕**　陈仲复　甘质　徐贵[139]　沈和正统间任。　王祐　陈彦端天顺初任。　姚琦　蔡材　曾恺（俱成化间任。）　**训导**　胡勗永乐间任。　丁茂　邓浚[140]　戴贵

曾葵　邓孚　袁熙(上三人俱成化间任。)

(上杭县)知县　夏煜　刘亨　邓致中　韦贞　王彦良　秦斌(俱洪武间任。)　顾祥见《名宦志》。　刘绍　梁贞　沈新　张光启(俱永乐间任。)　刘伯蕴洪熙初任。　姚秀林　胡泰　张琳(俱宣德间任。)　罗enz　熊琰　岑嵩见《名宦志》。(俱正统间任。)　杨瑾　黄希礼(俱景泰间任。)　刘弘[141]天顺间任。　胡钺见《名宦志》。　孙安　萧宏　石塘　李日思(俱成化间任。)　**县丞**　周文郁　黄甦旺　何仕能　汪信立[142](俱洪武间任。)　潘义　梁衡(俱永乐间任。)　杨孜宣德间任。　易华　刘致思(俱正统间任。)　赵荣景泰间任。　留绅　熊琏　陈清　赵镱(俱成化间任。)　**主簿**　王守中　王裕　魏原泰(俱洪武间任。)　孙俊　王敬(俱宣德间任。)　张镇正统间任。　王规景泰间任。　吴盛天顺间任。　朱文锡　孙必通　阮振　潘辅　余嵩(俱成化间任。)　**典史**　李进永乐间任。　童明洪熙间任。　叶世聪宣德间任。　吴文富[143]　熊正安　童庆(俱正统间任。)　罗璇[144]　岳崇　牛贵(俱天顺间任。)　先永义[145]　万瑀　罗宗仁[146]　王宗荣　王信(俱成化间任。)

(儒学)教谕　黄元震洪武间任。　李广[147]　陈思旻(俱永乐间任。)　吴克谦宣德间任。　叶儒林　刘贵　廖润(俱正统间任。)　陈选[148]　季远(俱景泰间任。)　胡匡　孙能(俱成化间任。)　**训导**　胡子俊[149]洪武间任。　曾宜勉　郑孟年[150]　毛诚　王泸渊[151](俱永乐间任。)　卢功名　顾继(俱宣德间任。)　奚让　郑自强　罗震(俱正统间任。)　潘启民　吴崧(俱景泰间任。)　李盛　李寿(俱天顺间任。)　郑镏[152]　李锴　张贞(俱成化间任。)

(武平县)知县 李燧 徐杰 吕祥 陈得贵(俱洪武间任。) 周能永乐间任。 方恢 余忠 朱诚 闾常 袁旻天顺初任。 皇甫渊 刘哲 徐端 邵惟 陈增(俱成化间任。) **县丞** 蒋昭洪武间任。 徐寿 邓亚有 曾贯 谢原 吴景贤 黎祖晋 陈泰祥 刘义 杨禄 胡琏 **主簿** 柳秉道 卢受 皮仕诚 卢仲英 李魁 蔡英 **典史** 冯恭弼 叶道直 何昂 谢礼 徐吉 陈俊[153] 沈清 周正 金彝 区存玘 丘鉴(上三人俱成化间任。) **(儒学)教谕** 周宽 娄宗(俱永乐间任。) 罗子浚[154]景德间任。 周文 刘瀚(俱正统间任。) 钟福景泰初任。 史原善[155]天顺间任。 周容 周荣 高越 王銮 包恕 罗傅[156](俱成化间任。) **训导** 黄原禄宣德间任。 孙本 徐瑱[157]天顺间任。 方俊 欧阳粲 周珊(俱成化间任。)

(清流县)知县 朱仲恭见《名宦志》。 方士英 向士英 于勉 蔡以谦 宋忠 朱以芳(俱洪武间任。) 宋宗显 李庠见《名宦志》。(俱永乐间任。) 周杰 康勉 吕镛见《名宦志》。(上二人俱正统间任。) 吴中景泰间任。 邢旻 谢富阳 凌寀(俱成化间任。) **县丞** 陈吉老 赵仲先 奚文达 张升(俱洪武间任。) 刘玄 项孔明 **主簿** 徐友谅正统间任。 赵秉中[158] **(儒学)教谕** 黄烈 冯钝 **训导** 王章 孔衍

(连城县)知县 黄福 邓升见《名宦志》。 刘重 刘雍见《名宦志》。 冯志良 丁良恭 孙麒见《名宦志》。(俱洪武间任。) 胡俊[159] 叶思诚 冯源见《名宦志》。 周景辰(俱永乐间任。) 吴衡见《名宦志》。 陈立羽正统间

任。　方至　何熙　白良辅　凌友宽　梁济　张允　吴纲　卫璁　陈敏(上四人俱成化间任。)　**县丞**　林显永乐间任。　陈训谋[160]宣德间任。　谢式　江远(俱正统间任。)　李时景泰间任。　田友鉴　吴廷忠(俱天顺间任。)　于齐　胡琏　石嵩　吴琬(俱成化间任。)　**主簿**　崔景洪武间任。　许利见《名宦志》。　龚清正统间任。　陈绶　张宁(俱天顺间任。)　刘祥[161]　郑昂(俱成化间任。)　**典史**　杨忠正统间任。　胡琏[162]　曹旭(俱天顺间任。)　李春　喻琳[163]　萧俊(俱成化间任。)　**(儒学)训导**　沈辅之洪武间任[164]。

(归化县)知县　郭润　金玉　袁旻　赖永正(俱成化间任。)　**县丞**　杨粲[165]　罗素　习忠俱成化间任。　**主簿**　孙复　冯祥　蔡恩　祝龄(俱成化间任。)　**典史**　艾清　赵沂　严永(俱成化间任。)　**(儒学)教谕**　赵智　杨昶　陈冠(俱成化间任。)　**训导**　利元善　张恂(俱成化间任。)

(永定县)知县　王环(俱成化间任。)　**典史**　张明贤　胡浩(俱成化间任。)　**(儒学)教谕**　谢弼成化间任。

武职

(汀州卫指挥使司)指挥使　严仪袭兄威职。天顺间任。　**指挥同知**　王杰替父真职。　杨济替父瑛职。(俱成化间任。)　张韬替父玛职。弘治间任。　**指挥佥事**　刘广袭父皞职。　张熊袭父琏职。　韦镐袭父敏职。　王瓒(袭父靖职。)　李琼替父杰职。(俱成化间任。)　李智袭祖真职。弘治间调。　**镇抚**　蔡全[166]替父旺职。　闵珪袭父端职。

(俱成化间任。)

(左千户所)正千户 朱琏袭父瑄职。成化间任。 **副千户** 刘敏袭父宽职。成化间任。 陈瑞袭父广职。 李谦替父隆职。(俱成化间任。) **所镇抚** 陈钰袭父清职。成化间任。 **百户** 吕贵 丁球 俞经(俱天顺间任。) 刘浩 朱瑛(俱成化间任。)

(中千户所)正千户 袁朗袭兄胜职。天顺间任。 **副千户** 刘勣袭父敬职。 洪震袭父亮职。(俱景泰间任。) 黄序袭父义职[167]。成化间任。 **百户** 王安正统间任。 康安 朱明 蔡璚(俱成化间任。)

(前千户所)正千户 杨端袭父成职。成化间任。 **副千户** 惠瑱[168]替父聪职。 王升袭父兴职。 许斌袭父宣职[169]。(俱成化间任。) **百户** 强端 刘庆 华瑛 唐志 秦璧 张俊(俱成化间任。) 段祺弘治间任。

(后千户所)正千户 宋璧袭父忠职。成化间任。 **副千户** 孙钰[170]替父兴职。成化间任。 田庆袭父旺职。 刘溶袭父刚职。(俱弘治间任。) **百户** 石铭正统间任。 张信祖 季忠(俱景泰间任。) 周崇 李暹(俱天顺间任。) 周和成化间任。

(武平守御千户所)正千户 陈能袭父泰职。成化间任。 **副千户** 张鹏袭父冕职。 张鼎袭父誉职。(俱成化间任。) **百户** 王爵 黄镐 徐吉 郑端 陶鎔 吴瓒 丘崇(俱成化间任。)

(上杭守御千户所)正千户 张滃[171]替父瓒职。弘治间任。 **副千户** 潘俊袭祖父敬职。景泰间任。 余兰替父昶职。弘治间任。 **百户** 庄璐[172]天顺间任。 王得

王澍　汤彝　姚钢　孙秀(俱成化间任。)　曹瑛成化间任。　饶弘[173]弘治间任。

延平府

〔宋〕

(南剑州)知州事　郭玭开宝间任。　吴远[174]雍熙初任。　吴铉　魏拱　姚铉(俱咸平间任。)　刘翼景德间任。　许田　陈绛　胜元锡[175]　姚道古　杨庶　韩庶(俱祥符间任。)　江拯　王冕(俱天禧间任。)　田益　崔育材　刘滋　曹修古(上二人见《名宦志》。)　孙昱(已上俱天圣间任。)　张锡　沈厚载(俱景祐间任。)　杨寿　李祺　葛原[176]见《名宦志》。(俱庆历间任。)　蔡安晏　孙夷甫[177]　葛宫见《名宦志》。　王稷(俱皇祐间任。)　刘均　石民英　刘纯(俱嘉祐间任。)　吴天常　蓝丞(俱治平间任。)　钱揆　郭倩　万公仪(俱熙宁间任。)　程博文见《名宦志》。　吴荀元丰间任。　王兢　王汝舟见《名宦志》。　祝纲　萧伯仪见《名宦志》。(俱元祐间任。)　刘瓛绍圣初任。　方叔元元符初任。　朱敏元靖国初任。　王仙猷崇宁间任。　黄佖大观初任。　方醇道　魏裔　上官恢见《名宦志》。(俱政和间任。)　谢皓　连端夫　林遹见《名宦志》。　庄安常(俱宣和间任。)　徐行　郑强　张甯见《名宦志》。　吴岩夫　叶佺(俱建炎间任。)　向伯奋　林积　刘子翼(上二人见《名宦志》。)　周绾　曹枢见《名宦志》。　上官愭　王冕　王迎　李文渊　路采　郑椿年(上三人见《名宦志》。)　王榕　温革　李持正　董将　许兴古　胡舜举见《名宦志》。

鲍仔　王次山（俱绍兴间任。）　傅自强隆兴初任。　翟绂　王纲（俱见《名宦志》。）　刘敏求　李庚《见名宦志》。（俱乾道间任。）　吴松年　陈安节　林栗　张次卨[178]见《名宦志》。　沈维　赵善周　林淳　俞淑则　王揖[179]（俱淳熙间任。）　吕行已　叶镐　杨祐　徐阅[180]（俱绍熙间任[181]。）　黄瀚　范节　徐□　陈景俊[182]（俱庆元间任。）　朱瓻　叶筠见《名宦志》。（俱嘉泰间任。）　王宗孟　唐辂（俱开禧间任。）　余嵘　赵宗祉　刘允济（俱见《名宦志》。）　施祴　留应祖　朱端常（上二人见《名宦志》。）　施祴　林洁已　陈宓　陈汝造[183]（上三人见《名宦志》。已上俱嘉定间任。）　傅康见《名宦志》。　薛师旦（俱宝庆间任。）　赵遵夫　陈辨　黄埒　董琪[184]　徐元杰（俱见《名宦志》。）**通判军州事**　晏琦　梅昌谟　季几复　陈彤　杨告见《名宦志》。　刘若济　掌之纯　黄懋　叶秉圭　陈道夫　蔡倬　余日孜　林仲堪　王元鼎　吕叙　吴逵见《名宦志》。　陈秉文　刘侯亚　黄驰　王徽　朱倬见《名宦志》。　陈康侯　晏崇古　蔡域　孙祖善　强绂[185]　王筠　郑锐夫　李衡　王刁　宋申　戴觊　薛锐　林宋可　陈敏行　沈作成　江自任　赵世夫　徐说　赵师复　林湜　林良　薛珪　董居安见《名宦志》。　姚仲钦　章子获　李时中　龚椿　俞闻中　赵若怡　曾洁　留硕　商逸卿　陈绅　袁子寿　黄棐　黄庶　詹大椿　陈岷[186]　黄铢　祝祖仁　赵崇亢　郑起沃　潘刚中　王孝通　徐质夫　赵以夫　余珪　赵时玠　林得中　**添差通判军州事**　赵�之　苏籀　赵不给　赵拱之　赵善羡[187]　赵善谧　赵善咏　王伯大　黄埒　董洪　黄师

参　**（诸曹官）录事参军**　林深之　谢如意（俱见《名宦志》。）　**（儒学）教授**　翁子礼建炎初任。　石公辄　刘希亮　虞翔　陈师孟　薛舜俞（上二人见《名宦志》。）　吴康　任文荐　余溥　张敦颐　严有翼（上二人见《名宦志》。）　江鹏　鲍乔（已上俱绍兴间任。）　唐隼　叶伟　王师古（俱乾道间任。）　周擢　雷孝友　林丙　陈允升　何叔忱（俱淳熙间任。）　林庚　黄穮（俱绍熙间任。）　林弥明　潘梅（俱庆元间任。）　毛珍嘉泰初任。　傅烈开禧初任。　杨宏中　方大琮　王冲用　汤干　叶克　陈朴（俱嘉定间任。）　郑斗祥宝庆初任。　刑濋　林公俊[188]见《名宦志》。（俱绍定间任。）　赵时廷常平中任。　**（书院）山长**　蔡念成见《名宦志》。　**场官（新丰场）**　辛炳见《名宦志》。**（石碑场）**　方偕[189]见《名宦志》。

（将乐县）知县事　上官基　傅文[190]　陈摅　方大琮　叶尧蓂（俱见《名宦志》。）　翁永年　黄去疾见《名宦志》。

（顺昌县）知县事　俞伟见《名宦志》。　吴睿绍圣间任。　丘之立　赵公岘　王奎（俱见《名宦志》。）　詹好礼（俱绍兴间任。）　董居安见《名宦志》。　**丞**　熊遹见《名宦志》。　**尉**　许安仁　陈焕（俱见《名宦志》。）

（沙县）知县事　洪唐[191]　刘克刚　杜京庆历初任。　谢璿　王瓘　郭汝贤（俱见《名宦志》。）　黄存道宣和间任。　叶先[192]　万谔　连三益　王浔　王洪之（俱见《名宦志》。）　刘简绍定间任。　翁永年　段震午（俱淳祐间任。）　宋南强见《名宦志》。　徐铨开禧间任。　**丞**　赵希侒见《名宦志》。　**主簿**　黎靖德嘉祐间任。　**尉**　许抗见

《名宦志》。 黄师窃[193]嘉定间任。

(尤溪县)知县事 宋咸 王挺彦[194] 张溥 刘正 彭亿 林行可(俱见《名宦志》。) 苏灏 林嶷绍兴末任。石塾[195]见《名宦志》。 李修嘉熙初任。 黄揆 濮坦(俱见《名宦志》。) 范渍 詹丙庆元初任。 施渍淳祐间任。黄岩孙咸淳间任。 **尉** 朱松见《名宦志》。 李文广

〔元〕

(延平路总管府)总管 赵巩 文富(俱见《名宦志》。)郑文瑞 项棣孙(俱至正间任。) **同知** 赤盏至正间任。**推官** 雷机至正间任。 **(经历司)经历** 贺舜韶 **知事** 朱彬见《名宦志》。 高瑛至正间任。 **(儒学)教授** 张史鱼至顺间任。 陈阳志至正间任。 **学录** 郭圭见《名宦志》。

(南平县)主簿 王益子[196]见《名宦志》。

(尤溪县)县尹 兀颜思温 袁正(俱至正间任。) **主簿** 金刚奴见《名宦志》。 **县尉** 曲惠至正间任。

(沙县)达鲁花赤 哈散沙彦彬至正间任。 **县尹** 陈洪至正间任。

(顺昌县)县尹 刘思礼 鲁崇仁(俱见《名宦志》。)

(将乐县)县尹 郭野仙 普华至顺间任。

〔国朝〕

文职

(本府)知府 唐铎 胡寿昌 李显 俞廷芳(俱见

《名宦志》。）　方伟永乐间任。　雷诚见《名宦志》。　王彪正统间任。　饶恒　胡钦（俱景泰间任。）　孟钊见《名宦志》。天顺间任。　郑时　冯孜　盛颙　刘侃　王范（俱成化间任。）　沈棨弘治元年任。　**同知**　黄□[197]洪武间任。　任充景泰初任。　朱隆　程嵩（俱天顺间任。）　莫震　王祺　刘瀚（俱成化间任。）　**通判**　钱宗礼洪武间任。　程昉宣德间任。　李默　杨秀琦（俱正统间任。）　宋玺　吕存礼（俱天顺间任。）　陈裕　张昱　朱珙　汤篪（俱成化间任。）　**推官**　李秉　蒙正　刘谦（上二人俱景泰间任。）　黄永　叶雄（俱天顺间任。）　高富　王瑀　陈灿　黄通（俱成化间任。）　**（经历司）经历**　马文饶见《名宦志》。　秦惠正统末任。　翁禧天顺间任。　郑时琇[198]　徐澄　丁让（俱成化间任。）　**知事**　莫廷光　熊敬（俱景泰间任。）　余启　顾本（俱天顺间任。）　黄直[199]　顾升　甘淳（俱成化间任。）　**（照磨所）照磨**　艾廉长[200]见《名宦志》。　杨懋景泰初任。　姚鸾天顺间任。　赵翥　孟希严　周瑄[201]　王文　刘恒　李彬（俱成化间任。）　**检校**　袁彪永乐间任。　杨升　童政天顺间任。　覃钊　杨斐[202]　吴道东（俱成化间任。）　**（儒学）教授**　正谕宣德间任[203]。　李挺见《名宦志》。正统间任。　吕公愿　忱恺[204]　袁宁　陈益（俱成化间任。）　**训导**　陈常　杜谦[205]　李敬永乐间任。　樊阜成化间任。

（南平县）知县　刘居信　朱孟常　徐中（俱见《名宦志》。）　胡滨正统间任。　刘铭　欧阳兴见《名宦志》。（俱景泰间任。）　何韶天顺初任。　王贯　苏昭　方定　王佐（俱成化间任。）　**县丞**　罗南山洪武间任。　蔡显[206]　李芳(俱景泰间任。) 刘咠见《名宦志》。 蔡芳 邢容[207] 金安 李文勉 郑贤(俱成化间任。) **主簿** 杨忠见《名宦志》。 王昭 周义景泰间任。 王璟天顺间任。 姚泰 周克铭 王端 苏顺(俱成化间任。) **典史** 陶晔[208]正统间任。 张旻景泰间任。 徐律 张迪(俱天顺间任。) 冯居正 宁显 陈陇 杨升(俱成化间任。) **(儒学)教谕** 张文衡 彭秉德(俱洪武间任。) 邹文简景泰间任。 **训导** 邵同永乐间任。

(将乐县)知县 司明 申文彝 王克刚[209] 吴信(上二人见《名宦志》。) 余瓒 杨文真(已上俱洪武间任。) 金文吕 魏荣 苏忠(俱永乐间任。) 周堂 杨旭 蒋珉 陶俊[210](俱宣德间任。) 金晟正统间任。 钟伟景泰间任。 吕锡 姚潧[211] 郑瑄 唐简 谭名[212] 廖璋 高鉴(俱成化间任。) **县丞** 陈宗瀚[213]永乐间任。 张理 黄必富 熊美(俱正统间任。) 王裕 郭仪 邬宗仁 王瑜 吴旭 伍瓒(俱成化间任。) **主簿** 曹名善[214] 吕鼎 江洪(俱永乐间任。) 顾善 冯珩(俱宣德间任。) 苏诚[215]正统间任。 吴景昂 邢冕 谭铨[216](俱成化间任。) **典史** 戴子奇永乐间任。 吴本初 韩温(俱宣德间任。) 郑增正统间任。 郁本清景泰间任。 陈富天顺末任。 任勉 仇洪积 陆义(俱成化间任。) **(儒学)教谕** 王文通洪武间任。 邵升永乐间任。 吴山成化间任。 **训导** 汪宾永乐间任[217]。 黄成 徐卿(俱成化间任。)

(尤溪县)知县 薛昉 张可大见《名宦志》。 牛义 王谅 黄采见《名宦志》。(俱洪武间任。) 汪诚 雷殷(俱永乐间任。) 施泰宣德间任。 萧学敏 陈孝轲(俱正统间任。)　杜宥景泰间任。　周禧　孙旺[218]　高琏　唐纶(俱成化间任。)　**县丞**　梁观见《名宦志》。　储礼宣德间任。　周辙正统间任。　罗智景泰间任。　王杰　杨盛　廖旋(俱成化间任。)　**主簿**　张奉先　张敏(俱见《名宦志》。)　林埜景泰间任。　郭弘[219]　陈良(俱成化间任。)　**典史**　龚华　欧郁　王规(俱成化间任。)　**(儒学)教谕**　钟子完永乐间任。　陶启宣德间任。　侯简景泰间任。　**训导**　赖锡　林凤(俱景泰间任。)　朱进

(沙县)知县　霍帷忠　陈善见《名宦志》。　许斌　倪峻[220]见《名宦志》。(俱洪武间任。)　郑恕　刘徽(俱永乐间任。)　余宽景泰间任。　张泰　左聪　易恕[221]　郭祯[222](俱成化间任。)　**县丞**　彭修见《名宦志》。　刘文仲洪武间任。　朱志永乐间任。　杨冲　曾澄　陈政　叶思和(俱成化间任。)　**主簿**　邓宗闻[223]洪武间任。　章纪　潘良(俱成化间任。)　**典史**　叶畅天顺间任[224]。　王麟　刘成海(俱成化间任。)　**(儒学)教谕**　张善教见《名宦志》。　陈素宣德间任。　吕晋景泰初任。　周正[225]成化间任。　**训导**　魏得升　郑源隆[226]　赵以玉　王以敬　夏诚[227]宣德间任。　周□[228]景泰间任。

(顺昌县)知县　丁守节[229]　张缙　周政　胡乾立　胡众仲[230](俱洪武间任。)　张登　黄惠(俱永乐间任。)　钱道宁正统间任。　滕肃景泰间任。　宋琏天顺初任。　张倬　范九德　康永韶　程搢[231]　张乾　冯子昌(俱成化间任。)　**县丞**　杨准德[232]　黄思敬　严贰(俱洪武间任。)　施得　程璀(俱景泰间任。)　宋仁旭[233]　汤镛(俱天顺间任。)　蒋时万[234]　赵玺　黄瑗　梁玉　赵杰(俱

成化间任。) **主簿** 王汝贤永乐初任。 吴诚 许鉴 王志(俱景泰间任。) 岑政天顺初任。 王珪 裘绅 吴瑄[235] 陈宪 利时用 罗观(俱成化间任。) **典史** 沈诚 张谧(俱景泰间任。) 方志坚天顺间任。 李斌 姚宗 彭洪 周善(俱成化间任。) **(儒学)教谕** 张绂成化中任。 **训导** 萧传永乐间任。 何义成化间任。

(永安县)知县 韩隆景泰间任。 李睿 刘忠器 施谦 沈复 邓概(俱成化间任。) **县丞** 赵昂景泰间任。 冯进 宋善 陈铭 陆辅 钟质(俱成化间任。) **主簿** 张冲景泰间任。 孙永安 丁源 王昱 汪广 朱皓 洪仲 方旭 **典史** 欧广宁 杜凤 冯琬 彭宣 汪俊 周良 **(儒学)教谕** 曾衡景泰间任。 萧高天顺间任。 都昂 陈绅(俱成化间任。) **训导** 姚旭 顾祐[236](俱景泰间任。) 叶诚天顺间任。 陈湍 朱明 徐让 刘玉(俱成化间任。)

武职

(延平卫指挥使司)指挥使 刘泰袭父玉职。 侯正袭父本职。 徐锖袭父鹏职。(俱成化间任。) **指挥同知** 丁梁袭父都指挥泉职。 王龙替父珍职。 金玉袭父铸职。(俱成化间任。)

都指挥佥事 周铎替父全职。景泰间任。 于泰袭父斌职。 蔡贵袭父寿职。 张胜袭祖父瑄职。 刘宽[237]袭父福职。(俱成化间任。) 王礼袭父智职。弘治间任。 **镇抚** 马雄袭父诚职。成化间任。 徐杲袭父清职。弘治间任。

(左千户所)正千户 张璜替兄显职。成化间任。 **副**

千户　安能袭父荣职。　李瑛[238]袭父志保职。　张斌袭父鉴职。(俱成化间任。)　赵荣袭父辅职。弘治间任。　**百户**　王璟天顺间任。　梁振[239]　葛淦　殷兰　熊纪　段珍　萧泰(俱成化间任。)　潘珍弘治间任。

(右千户所)正千户　李广袭父全职[240]。成化间任。　**副千户**　祝昱袭父昱职。天顺间任。　陶恭袭父荣职[241]。　郭镄[242]替父铭职。(俱成化间任。)　**所镇抚**　邓安成化间任。　**百户**　陈清　陈颢(俱天顺间任。)　黄镛　汪宏[243]　吴春　罗应(俱成化间任。)

(中千户所)正千户　冯富袭父烂职[244]。成化间任。　**副千户**　袁方袭父伯广职[245]。　刘福袭侄钦职[246]。(俱成化间任。)　王篪袭叔敷职。成化间任。　**百户**　舒胜天顺间任。　张绅　赵熹　吴杰　王珍(俱成化间任。)　谢昱弘治间任。

(前千户所)正千户　杨瑛袭父琮职[247]。景泰间任。　**副千户**　刘音袭兄顺职。正统间任。　胡玟袭父铭职。天顺间任。　王胜袭父广职。成化间任。　**百户**　谈璟正统间任。　余海　李胜(俱天顺间任。)　金成　符纪(俱成化间任。)

(后千户所)正千户　胡玥袭父忠职。成化间任。　**副千户**　黄能袭父震职。　宋能袭父祥职。　张真袭父鉴职。　杨功赏[248]袭兄成职。(俱成化间任。)　**百户**　田秀景泰间任。　石成天顺间任。　薛贵　王荣　朱能(俱成化间任。)

(永安守御千户所)正千户　崔诚[249]袭父敬职。景泰间调。　**副千户**　王升袭父铎职。成化间任。　陈谅替父戳职。弘治间任。　**百户**　董懋成化间任。

(将乐守御千户所)正千户　徐忠洪武间任。　徐斌袭父忠职。　蒋聚宣德间任。　徐靖袭父斌职。　蒋雄袭父聚职。　徐升袭父靖职。　徐寿袭父升职。　**副千户**　沙旺洪武中任。　吴海　董秩(俱永乐间任。)　许旺宣德中任。　董子彝由指挥佥事降。　贺珍[250]　沙永保袭父旺职。　罗诚由百户升。　许通袭父旺职。　董祓[251]袭父子彝职。　沙瑛袭父永保职。　罗瑛袭父诚职。　贺深[252]袭父珍职。　许安袭父通职。　董谨袭父祓职[253]。　沙忠袭父瑛职。　罗缙袭父瑛职[254]。　许勣袭父安职。　沙辅袭父忠职。　**百户**　唐名　翟敏(俱洪武间任。)　罗镇永乐中任。　翟庆袭父敏职。　唐升袭伯名职[255]。　翟璘袭父庆职。　唐晟[256]　陈恭　安本存　李璇[257]　谢瑄　陆端　颜荣　唐璟袭父晟职。　陆澄袭父端职。　颜政袭父荣职。　陈刚袭父恭职。　安胜袭父本存职。　李鉴袭父璇职[258]。　谢琨袭父瑄职。

校　注

[1] 乾隆《汀州府志·职官》作"元自虚唐元和中任",列在陈剑之后、蒋防之前。

[2] 乾隆《汀州府志·职官》有"梁孕",下有"王廷宋"。此处"梁"下空一字。或即"孕"字。

[3] 乾隆《汀州府志·职官》作"马忠琏"。

[4] 乾隆《汀州府志·职官》作"许富"。

[5] 乾隆《汀州府志·职官》作"黄彦臣"。

［6］乾隆《汀州府志·职官》作“谢诇”。

［7］乾隆《汀州府志·职官》作“李清”。

［8］乾隆《汀州府志·职官》作“赵公瀚”。

［9］乾隆《汀州府志·职官》作“江璊”。

［10］乾隆《汀州府志·职官》作“宗嗣良”。

［11］乾隆《汀州府志·职官》作“赵克夫”。

［12］乾隆《汀州府志·职官》作“鲍瀚之”。

［13］乾隆《汀州府志·职官》作“赵崇模”。

［14］乾隆《汀州府志·职官》作“罗必元、周普”。

［15］乾隆《汀州府志·职官》作“宝祐间任”。

［16］乾隆《汀州府志·职官》作“程昭”。

［17］乾隆《汀州府志·职官》作“周兰”。

［18］乾隆《汀州府志·职官》作“向瀫”。

［19］乾隆《汀州府志·职官》作“常启心”，下注“常一作韦”。

［20］乾隆《汀州府志·职官》作“游燮”。

［21］乾隆《汀州府志·职官》作“楼趋”。

［22］乾隆《汀州府志·职官》作“孙叔偕、徐栻”。

［23］乾隆《汀州府志·职官》作“蔡灏”。

［24］乾隆《汀州府志·职官》作“陈晦”。

［25］乾隆《汀州府志·职官》作“魏达”。

［26］“蔓”疑为“夓”之讹。夓，古“夏”字。

［27］乾隆《汀州府志·职官》作“李宗起、刘琪”。

［28］乾隆《汀州府志·职官》作“赵瑞壳”。

［29］乾隆《汀州府志·职官》作“蒋之林”。

［30］乾隆《汀州府志·职官》作“赵师诏”。

［31］乾隆《汀州府志·职官》作“陈琈”。

［32］乾隆《汀州府志·职官》作“赵汝珫”。

［33］乾隆《汀州府志·职官》作“林霈”。

［34］乾隆《汀州府志·职官》作“李友宜”。

［35］乾隆《汀州府志·职官》作“俱绍熙间任”。

［36］乾隆《汀州府志·职官》作“林卓然”。

[37] 乾隆《汀州府志・职官》作"真德林"。
[38] 乾隆《汀州府志・职官》作"赵录夫"。
[39] 乾隆《汀州府志・职官》作"虞得垕"。
[40] 乾隆《汀州府志・职官》作"李诏子"。
[41] 乾隆《汀州府志・职官》作"郑李宗、尤昂"。
[42] 乾隆《汀州府志・职官》作"赵希抃"。
[43] 乾隆《汀州府志・职官》作"陈搛"。
[44] 乾隆《汀州府志・职官》作"赖梦龄"。
[45] 乾隆《汀州府志・职官》作"邓觉"。
[46] 乾隆《汀州府志・职官》作"王希亮"。
[47] 乾隆《汀州府志・职官》作"李仲兆"。
[48] 乾隆《汀州府志・职官》作"黄士华"。
[49] 乾隆《汀州府志・职官》作"陈瑶、余亨义"。
[50] 乾隆《汀州府志・职官》作"黄晋、朱子泰"。
[51] 乾隆《汀州府志・职官》作"朱启元"。
[52] 乾隆《汀州府志・职官》作"朱启元、赵时钺"。
[53] 乾隆《汀州府志・职官》作"赵与疆"。
[54] 乾隆《汀州府志・职官》作"古采英"。
[55] 乾隆《汀州府志・职官》作"李南垕"。
[56] 乾隆《汀州府志・职官》作"陈必夫"。
[57] 乾隆《汀州府志・职官》作"赵时镩"。
[58] 乾隆《汀州府志・职官》作"许必逢"。
[59] 乾隆《汀州府志・职官》作"吴端"。
[60] 乾隆《汀州府志・职官》作"蔡益"。
[61] 乾隆《汀州府志・职官》作"吴冻"。
[62] 乾隆《汀州府志・职官》作"吕伯固"。
[63] 乾隆《汀州府志・职官》作"柯岐、张高"。
[64] 乾隆《汀州府志・职官》作"赵时著"。
[65] 乾隆《汀州府志・职官》作"翁仲道"。
[66] 乾隆《汀州府志・职官》作"宋士衡"。
[67] 乾隆《汀州府志・职官》作"梁从义"。

［68］乾隆《汀州府志·职官》作“石应城”。
［69］乾隆《汀州府志·职官》作“赵璘”。
［70］乾隆《汀州府志·职官》作“赵孝通”。
［71］乾隆《汀州府志·职官》作“赵与郿、丁世周”。
［72］乾隆《汀州府志·职官》作“陈共”。
［73］乾隆《汀州府志·职官》作“陈传”。
［74］乾隆《汀州府志·职官》作“赖文龙”。
［75］乾隆《汀州府志·职官》作“刘应震”。
［76］乾隆《汀州府志·职官》作“嘉泰间任”。
［77］乾隆《汀州府志·职官》作“吴佑”。
［78］乾隆《汀州府志·职官》作“杨中立”。
［79］乾隆《汀州府志·职官》作“董兴几”。
［80］乾隆《汀州府志·职官》作“王南一”。
［81］乾隆《汀州府志·职官》作“赵犹夫”。
［82］乾隆《汀州府志·职官》作“赵宗璆”。
［83］乾隆《汀州府志·职官》作“陶季待”。
［84］乾隆《汀州府志·职官》作“林公庆”。
［85］乾隆《汀州府志·职官》作“高箓”。
［86］乾隆《汀州府志·职官》作“罗世”。
［87］乾隆《汀州府志·职官》“薛士颖”之前尚有“李铎”。
［88］乾隆《汀州府志·职官》作“赵崇契”。
［89］乾隆《汀州府志·职官》作“吴公亮”。
［90］乾隆《汀州府志·职官》作“张贵朴”。
［91］乾隆《汀州府志·职官》作“陈直卿”。
［92］乾隆《汀州府志·职官》作“张逢春”。
［93］乾隆《汀州府志·职官》作“马岳叟”。
［94］乾隆《汀州府志·职官》作“赵与开”。
［95］乾隆《汀州府志·职官》作“刘刚”。
［96］乾隆《汀州府志·职官》作“刘深”。
［97］乾隆《汀州府志·职官》作“郑栋”。
［98］乾隆《汀州府志·职官》作“俱武训郎”，此处漏一“训”字。

[99]“皜”疑为“暠”字讹书。“暠”同“皓”。

[100] 乾隆《汀州府志·职官》作“曾椿”。

[101] 乾隆《汀州府志·职官》作“谢瑄”。

[102] 乾隆《汀州府志·职官》作“高祀”。

[103] 乾隆《汀州府志·职官》作“谢瑄”。

[104] 乾隆《汀州府志·职官》作“郑先”。

[105] 乾隆《汀州府志·职官》作“曾昱”。

[106] 乾隆《汀州府志·职官》作“舒曈”。

[107] 乾隆《汀州府志·职官》作“徐璿”。

[108] 乾隆《汀州府志·职官》作“黄理”。

[109] 乾隆《汀州府志·职官》作“鲍鳞”。

[110] 乾隆《汀州府志·职官》作“吴豫”。

[111] 乾隆《汀州府志·职官》作“桑义”。

[112] 乾隆《汀州府志·职官》作“安磐”。

[113] 乾隆《汀州府志·职官》作“华怡”。

[114] 乾隆《汀州府志·职官》作“李得仁”。

[115] 乾隆《汀州府志·职官》作“郑华祖”。

[116] 乾隆《汀州府志·职官》作“黄孕宗”。

[117] 乾隆《汀州府志·职官》作“张文举”。

[118] 乾隆《汀州府志·职官》作“谢处起”。

[119] 乾隆《汀州府志·职官》作“邢惟一”。

[120] 乾隆《汀州府志·职官》作“李庆齐”。

[121] 乾隆《汀州府志·职官》作“汪圃”。

[122] 乾隆《汀州府志·职官》作“李择善”。

[123] 乾隆《汀州府志·职官》作“邬复成”。

[124] 乾隆《汀州府志·职官》作“郭桂根”。

[125] 乾隆《汀州府志·职官》作“汤友彦”。

[126] 乾隆《汀州府志·职官》作“邓玘”。

[127] 乾隆《汀州府志·职官》作“张棐”。

[128] 乾隆《汀州府志·职官》无“蒋沐、张宁”，有“刘宁、刘潮。俱成化间任”。

［129］乾隆《汀州府志·职官》作“朱仲原”。

［130］乾隆《汀州府志·职官》作“梁瑶”。

［131］乾隆《汀州府志·职官》作“徐廷耀”。

［132］乾隆《汀州府志·职官》作“熊致隆”。

［133］乾隆《汀州府志·职官》作“陈棱”。

［134］乾隆《汀州府志·职官》作“张瑶”。

［135］乾隆《汀州府志·职官》作“陈经”。

［136］乾隆《汀州府志·职官》作“’陈善素”。

［137］乾隆《汀州府志·职官》作“朱璿、郑璘”。

［138］乾隆《汀州府志·职官》作“郑汝来、周旻”。

［139］乾隆《汀州府志·职官》作“徐贲”。

［140］乾隆《汀州府志·职官》作“邓濬”。

［141］乾隆《汀州府志·职官》作“刘泓”。

［142］乾隆《汀州府志·职官》作“汪立言”。

［143］乾隆《汀州府志·职官》作“吴文敬”。

［144］乾隆《汀州府志·职官》作“罗旋”。

［145］乾隆《汀州府志·职官》作“朱永义”。

［146］乾隆《汀州府志·职官》作“罗宗仍”。

［147］乾隆《汀州府志·职官》作“李庚”。

［148］乾隆《汀州府志·职官》作“陈巽”。

［149］乾隆《汀州府志·职官》作“胡子时”。

［150］乾隆《汀州府志·职官》作“郑孟华”。

［151］乾隆《汀州府志·职官》作“王卢渊”。

［152］乾隆《汀州府志·职官》作“郑韬”。

［153］乾隆《汀州府志·职官》作“陈浚”。

［154］乾隆《汀州府志·职官》作“罗子濬”(濬,简化字作“浚”,相通)。

［155］乾隆《汀州府志·职官》作“史元善”。

［156］乾隆《汀州府志·职官》作“包荣、罗传”。

［157］乾隆《汀州府志·职官》作“徐埙”。

［158］乾隆《汀州府志·职官》赵秉中下注:“洪武间任。”此列在正统后,未知孰是。

[159] 乾隆《汀州府志·职官》作“孙骐、胡儁”。

[160] 乾隆《汀州府志·职官》作“陈训”。

[161] 乾隆《汀州府志·职官》作“刘翔”。

[162] 乾隆《汀州府志·职官》作“胡连”,胡连之前尚有“郑杰”。

[163] 乾隆《汀州府志·职官》作“俞琳”。

[164] 乾隆《汀州府志·职官》作“正统间任”。

[165] 乾隆《汀州府志·职官》作“杨灿”。

[166] 乾隆《汀州府志·职官》作“蔡铨”。

[167] 乾隆《汀州府志·职官》作“袭父曦职”。

[168] 乾隆《汀州府志·职官》作“惠镇”。

[169] 乾隆《汀州府志·职官》作“袭父瑄职”。

[170] 乾隆《汀州府志·职官》作“孙旺”。

[171] 乾隆《汀州府志·职官》作“张瀚”。

[172] 乾隆《汀州府志·职官》作“庄玮”。

[173] 乾隆《汀州府志·职官》作“饶宏”。

[174] 嘉靖《延平府志·官师》作“吴遂”。

[175] 乾隆《延平府志·职官》作“滕元锡”。

[176] 乾隆《延平府志·职官》作“葛源”。

[177] 乾隆《延平府志·职官》作“孙彝甫”。

[178] 乾隆《延平府志·职官》作“张坎卤”。

[179] 嘉靖《延平府志·官师》及乾隆《延平府志·职官》均作“王楫”。

[180] 嘉靖《延平府志·官师》作“徐闶”。

[181] 嘉靖《延平府志·官师》吕行己、叶镐、杨祐、徐闶四人亦作“淳熙间任”。

[182] 嘉靖《延平府志·官师》及乾隆《延平府志·职官》于“陈景俊”下增“真德秀”。

[183] 嘉靖《延平府志·官师》作“赵汝造”。

[184] 嘉靖、乾隆两府志均作“董洪”,《名宦志》有传。

[185] 嘉靖《延平府志·官师》及乾隆《延平府志·职官》均作“强溉”。

[186] 乾隆《延平府志·职官》作“陈珉”。

[187] 乾隆《延平府志·职官》作“赵善美”。

［188］嘉靖《延平府志·官师》作“林公浚”。

［189］嘉靖《延平府志·官师》作“方楷”。

［190］嘉靖《延平府志·官师》及乾隆《延平府志·职官》均作“傅汶”。

［191］乾隆《延平府志·职官》作“洪唐卿”。

［192］乾隆《延平府志·职官》作“叶光”。

［193］乾隆《延平府志·职官》作“黄师禼”。

［194］嘉靖《延平府志·官师》及乾隆《延平府志·职官》均作“王廷彦”。

［195］乾隆《延平府志·职官》作“石嶅”。

［196］乾隆《延平府志·职官》作“王益字”。

［197］嘉靖《延平府志·官师》及乾隆《延平府志·职官》均作“黄斌”。

［198］乾隆《延平府志·职官》作“郑时秀”。

［199］乾隆《延平府志·职官》作“黄贞”。

［200］乾隆《延平府志·职官》作“艾廉”。

［201］乾隆《延平府志·职官》作“孟希颜,周宣”。

［202］嘉靖《延平府志·官师》及乾隆《延平府志·职官》均作“杨裴”。

［203］乾隆《延平府志·职官》作“王瑜,洪武间任”。

［204］嘉靖《延平府志·官师》及乾隆《延平府志·职官》均作“忱凯”。

［205］乾隆《延平府志·职官》作“杜谟”。

［206］嘉靖《延平府志·官师》及乾隆《延平府志·职官》作“陈显”。

［207］嘉靖《延平府志·官师》作“刑容”。

［208］乾隆《延平府志·职官》作“陶奕”。

［209］嘉靖《延平府志·官师》作“黄克刚”。

［210］嘉靖《延平府志·官师》作“陶后”。

［211］嘉靖《延平府志·官师》及乾隆《延平府志·职官》作“姚增”。

［212］上述两府志均作“谭明”。

［213］乾隆《延平府志·职官》作“陈宗潮”。

［214］嘉靖《延平府志·官师》作“曹子善”。

［215］嘉靖《延平府志·官师》作“苏城”,乾隆《延平府志·职官》作“苏城”。

［216］乾隆《延平府志·职官》作“郝冕”;嘉靖《延平府志·官师》作

“谈铨”。

[217] 嘉靖《延平府志·官师》及乾隆《延平府志·职官》均作“汪滨，宣德间任”。

[218] 乾隆《延平府志·职官》作“孙珏”。

[219] 乾隆《延平府志·职官》作“郭洪”。

[220] 嘉靖《延平府志·官师》作“倪俊”。

[221] 上述两府志均作“易赐”。

[222] 嘉靖《延平府志·官师》作“郭禛”；乾隆《延平府志·职官》作“郭正”。

[223] 乾隆《延平府志·职官》作“邓宗文”。

[224] 乾隆《延平府志·职官》作“叶畅，正统间任”。

[225] 嘉靖《延平府志·官师》及乾隆《延平府志·职官》均作“周政”。

[226] 上述两府志均作“邓原隆”。

[227] 嘉靖《延平府志·官师》作“夏成”。

[228] 嘉靖《延平府志·官师》及乾隆《延平府志·职官》均作“周复”。

[229] 上述两府志均作“于守郎”。

[230] 上述两府志均作“胡朝立、胡众中”。

[231] 乾隆《延平府志·职官》作“程楷”。

[232] 嘉靖《延平府志·官师》及乾隆《延平府志·职官》均作“杨惟德”。

[233] 上述两府志均作“施德、程璀、宋仕旭”。

[234] 乾隆《延平府志·职官》作“蒋时孟”。

[235] 嘉靖《延平府志·官师》及乾隆《延平府志·职官》均作“吴宣”。

[236] 乾隆《延平府志·职官》作“饶旭，顾佑”。

[237] 嘉靖《延平府志·官师》作“张胜，袭父宣职；刘宽，袭祖父瑛职”。

[238] 嘉靖《延平府志·官师》作“李瑛，袭父忠职”。

[239] 嘉靖《延平府志·官师》作“梁震”。

[240] 嘉靖《延平府志·官师》作“李广，袭父诚职”。

[241] 嘉靖《延平府志·官师》作“陶恭，袭祖父诚职”。

[242] 嘉靖《延平府志·官师》作“郭璳”。

[243] 嘉靖《延平府志·官师》作“汪宠”。

[244] 嘉靖《延平府志·官师》作“冯富，袭父斓职”。

[245] 嘉靖《延平府志·官师》作“袁方，袭父广职”。

[246] 嘉靖《延平府志·官师》作“刘福，袭伯钦职”。

[247] 嘉靖《延平府志·官师》作“杨瑛，袭父璟职”。

[248] 嘉靖《延平府志·官师》作“杨功赏，袭父盛职”。

[249] 嘉靖《延平府志·官师》作“崔瓛，景泰五年调本所”，其下并有“崔福，袭父儆职”。

[250] 嘉靖《延平府志·官师》作“贺继”。

[251] 嘉靖《延平府志·官师》作“董栊”。

[252] 嘉靖《延平府志·官师》作“罗真，袭父诚职；贺琛，袭父继职”。

[253] 嘉靖《延平府志·官师》作“董谨，袭父栊职”。

[254] 嘉靖《延平府志·官师》作“罗缙，袭父真职”。

[255] 嘉靖《延平府志·官师》作“唐升，袭父名职”。

[256] 嘉靖《延平府志·官师》作“唐晟，袭父升职”。

[257] 嘉靖《延平府志·官师》作“李旋”。

[258] 嘉靖《延平府志·官师》作“李鉴，袭父旋职”。

八闽通志卷之三十五

秩　官

历　官

郡　县

邵武府

〔宋〕

(邵武军)知军事　张度　陈从易　石中立　苏为　曹修睦　滕宗谅　吴师服　宋咸(俱见《名宦志》。)　张华　张师中见《名宦志》。　高某嘉祐间任。　吴梦得治平初任。　陈汝奭　周约(俱熙宁间任。)　张德源　袁毂见《名宦志》。(俱元丰间任。)　方泽元祐间任。　李端夫元符初任。　林豫见《名宦志》。　杨准(俱政和间任。)　王洋　赵子木(俱见《名宦志》。)　徐端修　江安止　田伯强(俱绍兴间任。)　张溥　杨獬　赵师龙　侯彦绳(上三人俱淳熙间任。）陈接绍熙间任。　高子津　赵不谫（俱庆元间任。）张罴　李闻之　芮立言（俱见《名宦志》。）赵崇度　姜注　陈彭寿见《名宦志》。（上三人俱嘉定间任。）田澹开禧初任。　蔡开见《名宦志》。　余观国宝庆间任。　史宣之　周瑋　刘必端（俱绍定间任。）王遂　赵以夫　王埜　刘克逊　王迈　方岳　叶寀（俱见《名宦志》。）叶彦炳淳祐间任。　张纮　翁丹山宝祐间任。　方澄孙见《名宦志》。　钱谦孙（俱景定间任。）林经德　廖邦杰（俱见《名宦志》。）师得遇咸淳初任。　宋秉孙　赵时赏（俱见《名宦志》。）**通判**　林元元符初任。　王允恭淳熙中任。　施寅嘉定间任。　赵纺夫　王埜（俱绍定间任。）宋慈嘉熙初任。　钱谦孙景定间任。　毛炳　**（诸曹官）司户参军**　游酲　何自明　**（军学）教授**　陈之茂　叶仪凤（俱见《名宦志》。）张惇颐绍兴末任。　徐元德　戴式之（俱见《名宦志》。）黄登嘉定末任。　王日新　侥愿[1]嘉熙初任。　方澄孙淳祐间任。

（邵武县）知县事　张仕逊见《名宦志》。　王裕民　高斯衍（上三人俱元祐间任。）曾升元符初任。　解致君政和初任。　宋棐见《名宦志》。　曾受　张注　叶遂（俱绍兴间任。）陈元平　陈孔硕（俱见《名宦志》。）史定之庆元间任。　谢倜　王埜绍定间任。　陈蕃　朱子广　张德（上三人俱咸淳间任。）**丞**　梁熙志政和初任。　谢源见《名宦志》。　谢逸[2]淳祐间任。　**尉**　蔡充　刘彝（俱见《名宦志》。）

（泰宁县）知县事　陈师立大观间任。　章元振见《名宦志》。　范振绍兴初任。　黄琮　吕蕡　周居权　林育

吴逵　徐寿　吴畀　江钿　赵时馆(俱见《名宦志》。)余炳　**主簿**　游其藩宣和间任。

(建宁县)知县事　葛佑天圣间任。　王永寿　上官拯[3]　李山甫　王述　高正卿　谢潜　吴播　黄唐佑　林宗显　江默　赵师棠　钱衢(俱见《名宦志》。)郑继道开禧初任。　林孝闻见《名宦志》。　赵时侑嘉定间任。　赵纺夫见《名宦志》。　祝沂嘉熙间任。　林公明见《名宦志》。　廖邦杰　连端悫(俱淳祐间任。)林经德　林潮孙见《名宦志》。(俱宝祐间任。)马世隶　林大博　宋秉孙(俱景定间任。)程梦桂见《名宦志》。　陈熠咸淳间任。　**丞**　谢公旦见《名宦志》。　徐文畅端平初任。　段震午见《名宦志》。　吴仲宁咸淳间任。　**尉**　余炳　洪天骥　洪振龙(俱见《名宦志》。)赵纺夫

(光泽县)知县事　王垂象祥符间任。　雀修[4]景祐间任。　尹洙见《名宦志》。　许良辅嘉祐间任。　范迪简治平间任。　上官均见《名宦志》。　赵仕畋政和间任。　江逌见《名宦志》。　魏闳　张硕见《名宦志》。　赵不困　王聿求建炎末任。　张沂　赵善珏(俱见《名宦志》。)徐杰　陈观奕(俱嘉定间任。)**丞**　林育　徐察(俱绍兴间任)**主簿**　王元琳　赵师蹇嘉定间任。　包恢见《名宦志》。

〔元〕

(邵武路总管府)达鲁花赤　石抹　王弼　明安答儿(俱至元间任。)阿沙　蛮子海牙(俱大德间任。)木八剌　别鲁思延祐间任　阿来天历初任。　海鲁牙　王从善(俱至顺间任。)哈剌虎台后至元间任。　郑吉　曲出　吴

按摊不花（上二人见《名宦志》。已上俱至正间任。）**总管**　魏天祐见《名宦志》。　李杓　许进　赵巩　张祐　续玮（俱大德间任。）　高久住　王寿　廉忱见《名宦志》。　刘恭　刘参泰定初任。　西达见《名宦志》。　脱脱　汪（一作王）从善（俱至顺间任。）　郑晟　胡文甫　常瓒（俱至正间任。）　**同知**　元淮　杜祥　万不花见《名宦志》。（俱至元间任。）　赵伯元　母逢辰（俱大德间任。）　吴克忠见《名宦志》。　陈均（一作君）用　吴慕义　萧夤　石合剌不花（俱至正间任。）　**判官**　囊家歹　韩德麟至顺间任。　吴世显　陈洪（俱至正间任。）　**推官**　赵仲信大德间任。　苏玙天历初任。　李路　刘泰亨见《名宦志》。（俱至正间任。）　**（经历司）经历**　严琦　李彦实（俱至顺间任。）　易理雅思至正初任。　郭瑛见《名宦志》。　揭佑民　**知事**　陈良信大德间任。　陈元履泰定初任。　李质至顺间任。　徐善观至正间任。　**照磨**　王隆至顺间任。　马思忽　王大顺（俱至正间任。）　**（儒学）教授**　上官当可　董一甫　朱林　朱淑（上二人俱泰定间任。）　陈沆至顺间任。　冯熺　周溥（俱至正间任。）　**学录**　张铁山　李静斋　陈士元　夏道子（上二人俱至顺间任。）　周僖至正间任。　**（录事司）达鲁花赤**　赤克明　伯颜　施杰（俱至正间任。）　**录事**　伍森　**判官**　钻震至正间任。

（邵武县）达鲁花赤　耶律惟一见《名宦志》。　帖木儿不花　**县尹**　王应祚见《名宦志》。　徐端元统初任。　陆文英　孔公俊（俱见《名宦志》。）　安达儿秃　傅仕谦见《名宦志》。　张祥（俱至正间任。）　**县尉**　林希源至正中任。　**（儒学）教谕**　洪黄中至元间任。　上官文子大德间任。

朱玺泰定间任。 萧德馨见《名宦志》。 黄彰翁后至元间任。 郑之纪 李宗扆(俱至正间任。)

(光泽县)县尹 沈该 况逵 朱万初(俱见《名宦志》。) **主簿** 胡日新至正间任。

(泰宁县)县尹 王成吉至元间任。

〔国朝〕

文职

(本府)知府 周时中 张文昱 徐济 叶仲贤 刘士傅(俱见《名宦志》。) 赵麟永乐间任。 刘复见《名宦志》。 徐述 杨衡见《名宦志》。(上二人俱正统间任。) 甘瑛 王庭 何友(俱景泰间任。) 季亨 盛颙(俱天顺间任。) 冯孜 刘元(俱成化间任。) 潘洪弘治元年任。 **同知** 尹勗 单翯(俱见《名宦志》。) 察文质洪熙初任。 宋贵宣德间任。 聂用乂见《名宦志》。 顾旻(俱正统间任。) 林远 王琳(俱天顺间任。) 王佐 刘志诚(俱成化间任。) **通判** 章文旭 张干(俱见《名宦志》。) 沈□永乐间任。 王□宣德间任。 董仲 郭和(俱正统间任。) 蔡礼 周复(俱景泰间任。) 姜昱天顺初任。 徐有学 洪瑛见《名宦志》。 刘贯 崔铎 万理 邹冕(俱成化间任。) **推官** 常理 郑侃(俱见《名宦志》。) 赵□永乐间任。 邵升宣德间任。 吴缉 吴容正统间任。 马□景泰间任。 周仲斌见《名宦志》。 叶墀 廖铎 徐璞 吴经(俱成化间任。)

(经历司)经历 萧彬 宋讷 沈孟源[5]宣德间任。 罗参 梁叔蒙 熊思名(俱正统间任。) 袁举景泰间任。

商汝舟天顺间任。　李勗　黄珣　任世庸(俱成化间任。)　**知事**　符在篆　魏礼(俱永乐间任。)　王维宣德间任。　刘广　赵庆　季濂(俱正统间任。)　寇良景泰初任。)　张瑺天顺初任。　陈和　张显　刘溥　彭琏(俱成化间任。)　**(照磨所)照磨**　翁俊民　汪猷洪熙初任。　陈铉正统初任。　黎龙　张鉴(俱景泰间任。)　刘文修天顺初任。　孙颉　潘雍　袁俊(俱成化间任。)　**检校**　金仲　李春见《名宦志》(俱正统间任。)　刘安景泰间任。　吴慎天顺初任。　吴广　赵升　余逊　曾瑄(俱成化间任。)　**(司狱司)司狱**　曹文禄永乐末任。　甘周广　陆安(俱正统间任。)　娄成　戴宗　杨赞(俱成化间任。)　**(儒学)教授**　林必忠见《名宦志》。　郭伯寅　程僖见《名宦志》。(俱洪武间任。)　杨升　方嵩　陈巽(俱见《名宦志》。)　徐信　陈文绅(俱永乐间任。)　杨时中　何清(俱宣德间任。)　刘惟勉　杨文(俱正统间任。)　崔盛　张济见《名宦志》。　张濬　周洪(上三人俱成化间任。)　**训导**　李文起　上官仲敏　黄叔仲　刘廉　李裕　黄清　翁芹泉　梁桐　洪源　罗汝宽　罗子□　洪德　李文辉见《名宦志》。　严善(上四人俱永乐间任。)　王善庆洪熙初任。　余萼伟　谢敩　黄原(俱景德间任。)　钟鼎　余达　方义　张衮[6]　林应(俱正统间任。)　叶兴　王弁见《名宦志》。　吴方　尚忠(俱景泰间任。)　毛敏　许武　酆辅　戴珣　王镐　周昌　程英　徐恒　梁厚　李彻(俱成化间任。)

(邵武县)知县　水甦民　庄九畴(俱见《名宦志》。)　刘□　夏祥凤见《名宦志》。　詹得铭(俱洪武间任。)　李复观见《名宦志》。　蒋忠永乐间任。　邹良见《名宦志》。　颜宗正统间任。 同鏊见《名宦志》。 童广 李仁(上二人俱天顺间任。) 王拯 王济 秦淳(俱成化间任。) **县丞** 傅砺见《名宦志》。 蓝□ 柴育春宣德间任。 艾得成正统间任。 夏霖 蒙惠(俱景泰间任。) 张翱 王玺 王瑛(俱天顺间任。) 温泰 顾和 陈禄 徐祚 舒镗(俱成化间任。) **主簿** 魏源 林夙 汪彦端宣德间任。 沈宗 田□(俱正统间任。) 梁淮景泰间任。 舒得常 章晨天顺间任。 姜安 杨彬 刘成 殷章(俱成化间任。) **典史** 张□永乐间任。 金铢宣德间任。 杜英正统间任。 万伯成景泰间任。 刘准 熊□ 罗聪天顺间任。 翁持 汪贵 徐逸 陈善 詹哲(俱成化间任。) **(儒学)教谕** 黄溥 姚宪 郑铎宣德间任。 谢卓 金渊 章延嵩(俱正统间任。) 包瑜 萧彪(俱景泰间任。) 黄裳 陈梅(俱成化间任。) **训导** 林仲雍 赵思义 葛祉 丁彦信 周复 崔宁 胡奎永乐末任。 郑铎宣德间任。 胡正 曾所沂 沈曰禛(俱正统间任。) 项瑀 程伟(俱景泰间任。) 叶祯 金英 邬玗 陈惠 余淳(俱成化间任。)

(泰宁县)知县 陈抝见《名宦志》。 何天衢 定定见《名宦志》。 龚才善 张仲达 王可宗见《名宦志》。(俱洪武间任。) 于寿实 吴志盛 张渊 周英(上二人见《名宦志》。) 夏时敏 金鼎(已上俱永乐间任。) 张泉洪熙初任。 王定宣德初任。 陈大伦 洪镛(俱正统间任。) 顾珣 袁景(俱景泰间任。) 张恒 胡玻(俱天顺间任。) 侯骥 徐琛 邵正 范瀚(俱成化间任。) **县丞** 周仕铭 蒋□ 宋尚宾 傅谧 邓志宁 徐叔仪 胡谷隐 罗仁清 张仲达(俱洪武间任。) 夏景和 甘道 潘昶 叶思

恭　潘永和（俱永乐间任。）　杜昱宣德间任。　虞升　周仕良（俱正统间任。）　刘杰　刘盛（俱景泰间任。）　李贤天顺末任。　范浩　康谟　包镛　李让　林盛（俱成化间任。）　**主簿**　吴□　孙克庸　轩□　崔□　赖固楷　周仁宗　熊时中　孙敬　朱庸　王必成　潜玉　萧子愚　戈宗古洪武间任。　潘立　吴永中　郑猷（俱永乐间任。）　胡友贤宣德间任。　黄瑞正统间任。　万先　徐均义（俱景泰间任。）　胡祥　张通　沈埙（俱天顺间任。）　靳福　梁谓　方礼　范文礼（俱成化间任。）　**典史**　程彦清　王整　王士铭　王子真　赵进　王兹教　罗复祁（俱洪武间任。）　叶泽民　泰忠　陈广铭　周大有　金鍊（俱永乐间任。）　李原得　蒙亮（俱宣德间任。）　邓瑾　梁和　朱福（俱景泰间任。）　谢通　潘浩　陈协　孙佳　沈禧（俱成化间任。）　**（儒学）教谕**　王永言洪武间任。　陈贤盛　蒋卓（俱永乐间任。）　李卓正统间任。　李芳景泰间任。　陈希和天顺初任。　萧仰　何震　刘孟纯（俱成化间任。）　**训导**　丁端生洪武间任。　罗参　周寿南　胡奎（俱永乐间任。）　蒋寔正统间任。　周亮　王义　吴嵩　齐真　冯则哀英　莫愚　张罍（俱成化间任。）

（建宁县）知县　程思道　董焕　李协中　毕原　崔仕昭（上三人见《名宦志》。）　杨廷佐　萧道昭　彭日新　刘宗贵（俱洪武间任。）　赵伯润　刘士杰　刘进（上二人见《名宦志》。）　郭仲琏（已上俱永乐间任。）　温恭宣德间任。　傅砺　龙仪　齐原铭　汪荣见《名宦志》。（俱正统间任。）　金瑄景泰初任。　周忠天顺初任。　林俭　谢雍　费琦（俱成化间任。）　**县丞**　端木孝思旧志作端孝忍。　方道衡

王恪　羿忠　方得(俱洪武间任。)　叶囊　邵福(俱永乐间任。)　任整　刘兴(俱宣德间任。)　周逵　吕泰(俱正统间任。)　马遂　曹铭(俱景泰间任。)　蔡谅天顺间任。　孙员　王瑶　吴昌(俱成化间任。)　**主簿**　许贞洪武间任。　谭克敏　陈政　吴守璞(俱永乐间任。)　郭智　周长文(俱景泰间任。)　傅恭见《名宦志》。　丁暹景泰间任。　李质　田升　周伟　曹杰(俱成化间任。)　**典史**　黄澄　李廷忠　褚景祥(俱永乐间任。)　江文荣　熊谦　魏子惟(俱宣德间任。)　凌旺正统间任。　朱碧　吴学(俱景泰间任。)　曹升天顺初任。　朱瑄　鲍瑄　喻旻(俱成化间任。)

(儒学)教谕　马骧　张惟康　邓禧宁　江敬　王钦　丁瑄　包瑜景泰间任。　黄伯川天顺间任。　陈载弘　陈定　崔广(俱成化间任。)　**训导**　曾伯舆洪武初任。　张伯羽　稽扩　黄煜　陈时懋　李菑永乐间任。　吴宁　曾节　张芹　赵辅　王录(上二人俱景泰间任。)　吴鉴　杨播(俱天顺间任。)　俞瑄　徐昭　陈绅　朱瓘　王昂　吴誉　郭铉(俱成化间任。)

(光泽县)知县　卢充间　林孔孙见《名宦志》。　姚伯和(俱洪武间任。)　曾成烈　马伯　朱干(俱永乐间任。)　陈度宣德间任。　盛埙见《名宦志》。　徐晋(俱正统间任。)　李纲　庞敬　赵昶(俱景泰间任。)　屈伸　陈纪　何昌言(俱成化间任。)　**县丞**　赵德润　商仁(俱永乐间任。)　张履宣德间任。　曹孟　王清(俱正统间任。)　李琳　蒲裕(俱景泰间任。)　楚絅天顺末任。　陈隆　杨鹏　熊显(俱成化间任。)　**主簿**　李祥　曹士原　张濬(俱洪武间任。)　郭永安永乐间任。　沈宗　曹士(俱宣德间任。)　郑

浚　黄旒（俱正统间任。）　毛宁景泰间任。　孙迅天顺间任。　陆义　江澄　郭训（俱成化间任。）　**典史**　陆纯宣德间任。　马训　侯隆（俱正统间任。）　何源广　孙周胜　陈巽（俱景泰间任。）　孙埙天顺末任。　周孔传　金彝（俱成化间任。）　**（儒学）教谕**　陈子良　尹安　段永（俱见《名宦志》。）　万守真　叶清　丘纯（俱正统间任。）　陈奂　张贯（俱景泰间任。）　陈谅天顺间任。　叶瑛　陈链（俱成化间任。）　**训导**　邹启见《名宦志》。　刘钦永乐间任。　朱徽见《名宦志》。　史淤　余俨（俱宣德间任。）　朱伦　彭瑀（俱正统间任。）　杜伦　余吉（俱景泰间任。）　康迪天顺间任。　祝安　陆时　姚朴　赵谏　王玘（俱成化间任。）

武职

（邵武卫指挥使司）挥指使　高鉴见《名宦志》。　刘福由本卫同知升。正统中任。　杨智由本卫同知升。景泰间任。　高升袭父鉴职。　刘全袭兄福职。（俱天顺间任。）　曹铎　刘胜袭兄全职。（俱成化间任。）　**指挥同知**　车济　杨豫（俱洪武间任。）　刘安借兄豫职。永乐间任。　杨春洪熙初任。　杨广见《名宦志》。　刘聚（俱宣德间任。）　刘福袭父聚职。正统间任。　杨智袭叔安职。　杨瑛袭父广职。天顺初任。　宫铠　杨瑄袭祖父智职。（俱成化间任。）　**指挥佥事**　耿旺　胡得　李完　丁贵　胡宽袭父得职。（俱洪武间任。）　李雄袭兄完职。　丁震袭父真职。　李斌袭父雄职。　胡宁袭父宽职。　杨昱　李信　吴琛（俱永乐间任。）　胡兴袭兄宁职。洪熙间任。　杨贵袭父昱职。　杨祚袭兄贵职。　李安袭祖父信职。（俱宣德间任。）　吴隆袭父琛职。　李信袭兄斌职。　杨镇袭父祚职。（俱正统间任。）李荣袭父信职。　胡祥袭从父兴职。（俱景泰间任。）　丁膜袭父震职。　杨铧袭兄镇职。（俱天顺间任。）　吴晟袭兄隆职。　丁松袭父膜职。　李垣袭父荣职。（俱成化间任。）

（经历司）经历　韩本初宣德间任。　赵伦正统间由主事出任。　杨臣清景泰间任。　宋贵　张辟（俱成化间任。）　**知事**　王海正统间任。　陆文逵　黄铨（俱景泰间任。）　陈玘天顺间任。　陈斌　陈怡　刘海　王绶（俱成化间任。）

镇抚　孟祥　孟先袭父祥职。　傅金（俱洪武间任。）傅濛袭父金职。永乐间任。　孟熙袭父先职。正统间任。傅杰袭父濛职。　孟瑛袭父熙职。　傅棨袭兄杰职。（俱天顺间任。）　傅烜袭父棨职。成化间任。

（左千户所）正千户　余材　余谅袭父材职。（俱洪武间任。）　余海袭父谅职[7]。永乐间任。　余真袭父海职。谢琛　谢郁袭从父琛职。（俱宣德间任。）　谢寰袭父郁职。正统间任。　余福袭父真职。景泰初任。　**副千户**　蔡威洪武末任。　蔡辉袭父威职。　董成　董政袭父成职。（俱永乐间任。）　赵琳　赵纲袭父琳职。（俱宣德间任。）　蔡能袭父英职。　董瑄袭父政职。（俱成化间任。）　**百户**　陶志　黄受　阮濛　徐正　丘质　杨仁　董世英　杨德　顾再兴　孟思敬　薛来儿　梅显　萧德　余哲　周胜　黄信　王信　陈信　顾铭袭父再兴职。　萧隆袭父德职。余清袭兄哲职。　王预袭父信职。　吕达（俱洪武间任。）梅英袭父显职。　毛斌　陈旺袭父信职。　顾鼎袭父铭职。　余景袭父清职。　薛喜袭伯来儿职。　孟谦袭父思敬职。　黄员袭父信职。　王斌袭父预职。　黄富袭□员职。

吕旺袭从父达职。　孟让袭兄谦职。　毛福袭伯斌职。　周文袭父胜职。　顾诚袭兄鼎职。　薛悬袭父喜职。　王勇袭兄斌职。（俱永乐间任。）　萧琳借□隆职[8]。　孟礼袭□让职[9]。　王顺袭兄勇职。周贵袭父文职。（俱宣德间任。）　萧盛袭□琳职[10]。正统间任。　陈鼎袭父旺职。　余庆袭父景职。（俱景德间任。）　周全袭父贵职。　孟祥袭父永职。

毛行袭堂兄福职。　顾荣袭父诚职。（俱天顺间任。）　王聚袭祖顺职。　萧旻袭伯盛职。　薛荣袭父悬职。　黄镛袭父富职。　余纲袭父庆职。　周刚袭父全职。　孟瑄袭父祥职。　陈俊袭父鼎职。（俱成化间任。）

（右千户所）正千户　谢寰由本卫左所调。成化间任。

副千户　朱铭　王敬　刘海　朱安袭兄铭职。　刘荣袭父海职。（俱宣德间任。）　王孝袭父敬职。正统间任。　朱荣袭从父安职。天顺间任。　王礼袭父孝职。成化间任。

百户　孙成　陈成　史真　许忠　贲隆　张春　王忠　陈保儿　徐润　杜显　潘得　何遂祥　赵俊　刘朝用　廖忠　曾端　贾谦　黄富　刘庆袭父朝用职。　潘贵袭父俊职。　陆经（俱洪武间任。）　何继袭父遂祥职。　刘受借兄庆职。　黄兴袭父富职。　曾兴袭父端职。　潘鉴袭兄贵职。　贾安袭父谦职。　黄澄　黄鉴袭父澄职。　刘兄袭叔受职。　廖兴袭父忠职。　曾旺袭兄兴职。　陈胜（俱永乐间任。）　陈刚袭伯胜职。洪武初任。　赵斌袭父贵职。

潘诚袭父鉴职。（俱宣德间任。）　贾昱袭父安职。　黄福袭父鉴职。　廖贵袭父兴职。　曾玹袭从父旺职。（俱正统间任。）　何濬袭父继职。　刘观袭父兴职。　黄清袭父兴职。（俱景泰间任。）　黄寿袭兄福职。天顺间任。　潘铭袭兄诚职。 陈铭袭父刚职。 赵福袭父斌职。 贾瑛袭父昱职。 陈瑄袭父铭职。 何友袭父濬职。 赵纲袭父福职。 黄濬袭父清职。(俱成化间任。)

(中千户所)正千户 马全宣德间任。 马通袭父全职。正统间任。 韩节由汀州尉调。 韩辅袭父节职。(俱成化间任。) **副千户** 董斌 姬玉 姬俊袭父玉职。 董凯袭父斌职。(俱永乐间任。) 姬祥袭兄俊职。 魏聚(俱宣德间任。) 魏珍袭父聚职。正统间任。 姬荣袭父祥职。景泰间任。 董云袭父凯职。天顺间任。 魏纲袭父珍职。成化间任。 **百户** 池渊 吴成 吴贤 丁显 谢瑛 王胜 薛吉 李换 董观 张禛 夏忠 尧通 刘仲良 陈贵 刘仁 刘聚 尧清袭父通职。(俱洪武间任。) 丁福 刘旺袭父聚职。 董志 陈福袭父贵职。 尧寿袭父清职。 刘春袭父仲良职。 顾锁住 夏政袭父忠职。 顾铭袭父锁住职。 赵信(俱永乐间任。) 赵升袭父信职。 丁政袭父福职。 顾兴袭兄铭职。(俱宣德间任。) 陈兴袭父福职。 尧顺袭父寿职。 顾全袭叔清职。(俱正统间任。) 刘智袭父春职。景泰间任。 刘勋袭父智职。 尧兴借兄顺职。 刘真袭从父旺职。 赵安袭父升职。(俱天顺间任。) 尧旺袭叔兴职。 陈广袭父兴职。 刘理袭父真职。(俱成化间任。)

(前千户所)正千户 张山永乐间任。 张琳袭祖父山职。宣德间任。 张钦袭父琪职。 张哲袭父钦职。(俱成化间任。) **副千户** 赵旺 赵粹袭父旺职。 汪信由本所百户升。(俱洪武间任。) 徐均受 徐政袭兄均受职。 汪广袭祖父信职。(俱永乐间任。) 蔡原 徐斌借兄政职。 蔡胜袭父原职。(俱宣德间任。)　徐福袭叔斌职。　赵㦸袭父粹职。(俱正统间任。)　蔡仁袭父胜职。景泰间任。　赵璧袭父㦸职。　汪应袭父广职。(俱成化间任。)　**百户**　刘骥　李荣　周仁福　潘吉　李康　卜合歹　赵贵　戴宜　仲成　丘荣　张山　王得　金仲名　丘富　蔡名　杜良　张纯袭父山职。　金胜袭父仲名职。　时真　王斌袭父得职。　汪信　蔡茂袭父名职。(俱洪武间任。)　李通　王贵袭父斌职。　张诚袭父纯职。　马忠　杜忠借兄良职。　吕旺由本卫左所调。　丘旺袭父富职。　马亮袭父忠职。　时福袭父真职。(俱永乐间任。)　金海袭父胜职。　蔡琏袭父茂职。　丘珍袭父旺职。　杜善袭叔忠职。　马敬袭父亮职。(俱宣德间任。)　张真袭父诚职。　蔡瑄袭兄琏职。　时升袭父福职。　蔡能袭叔瑄职。　吕宁袭父旺职。　王瑄袭父贵职。(俱正统间任。)　吕宣袭兄宁职。　马政袭父敬职。(俱景泰间任。)　王胜袭父瑄职。天顺间任。　杜富袭父善职。　金福袭父海职。　张钰袭父真职。　王荣袭兄胜职。(俱成化间任。)

兴化府

〔宋〕

(兴化军)知军事　段鹏见《名宦志》。　夏侯伟　孙守质(俱雍熙间任。)　冯亮　骆宁　李及见《名宦志》。(俱淳化间任。)　严必强至道间任。　轩辕范　胡允升(俱咸平间任。)　文钧　邓九龄(俱景德间任。)　涂餗　李㑲　马庄　林殆庶(俱大中祥符间任。)　陈询　姚拱(俱天禧间任。）杨令问乾兴初任。 陈漳 柳宏 李余庆 毕世长 曹修古见《名宦志》。（俱天圣间任。） 崔则正 林升 汪随俱景祐间任。 钱尚康定初任。 陈宗元 曹观 陈执方（俱庆历间任。） 俞希孟 潘衢 陈徽卿（俱皇祐间任。） 夏侯锡 刘锷见《名宦志》。 徐师闵 陈良 吴靓 盛献甫 杨偓（俱嘉祐间任。） 赵植 窦彤（俱治平间任。） 许当 徐迈 狄遵礼 陶舜卿 游烈 赵与迺 李川（俱熙宁间任。） 谢仲规 李勋 谢履 陆衍（俱元丰间任。） 董威 陈龙辅 辛珍 许长卿 狄明远（俱元祐间任。） 傅镕 黄彦臣 楼常 饶方（俱绍圣间任。） 刘说元符初任。 邓裴建中靖国初任。 郭重崇宁间任。 詹丕远 朱敏功（俱大观间任。） 张驾 黄畛 詹时升见《名宦志》。（俱政和间任。） 张穆 廖刚见《名宦志》。 江常（俱宣和间任。） 张读见《名宦志》。 史安民 张宗成（俱建炎间任。） 段敏学 吴伟明见《名宦志》。 仲安常 刘登 孙莶 杨大任 范伯奋 江待举见《名宦志》。 陆涣 汪辟章 黄丰 陈起 傅自得 姚沇 樊光远 朱定国 韩彬 吕大举（俱绍兴间任。） 刘韫 张允蹈见《名宦志》。（俱隆兴间任。） 钟离松见《名宦志》。 何偁 薛居宝[11] 潘畤见《名宦志》。（俱乾道间任。） 姚康朝见《名宦志》。 林栗 汪作励见《名宦志》。 孙绍远 林元仲 葛郛 朱端学 张渊见《名宦志》。（俱淳熙间任。） 赵彦励 何纮 王克恭 王居安（俱见《名宦志》。） 林希逸 詹延 陈与行嘉定末任。 曾耆年 吴炎见《名宦志》。 林清之宝庆间任。 曾用虎见《名宦志》。 楼昉（俱绍定中任。） 范镕 杨梦信见《名宦志》。（俱端平间任。） 陈仲埴张友见《名宦志》。　项博文(俱嘉熙间任。)　杨栋　汪元春(上二人见《名宦志》。)　陈友宗　全雅翁　吕大圭(上三人俱咸淳中任。)　**通判**　章炳文　张祖良(俱崇宁间任。)　陈裕　詹时升(俱大观间任。)　谢濈　陈详　余忱　林元定　潘辟(俱政和间任。)　孔传　郭汝贤见《名宦志》。　章防　鲍辉(俱宣和间任。)　上官敏[12]靖康初任。　黄懋　张矩　刘子翚见《名宦志》。(俱建炎间任。)　杨允　史兴[13]　余恂　王公孺　江安正　樊滋　刘正　赵绍之　冯寿生[14]　庄革　赵子櫖　钟镗　赵不猷　谢师稷　潘文孝　曾忻(俱绍兴间任。)　陈锷　卢方庆(俱隆兴间任。)　葛延年　张公寿　廖过　周必达(俱乾道间任。)　赵善仁　周侗　吕大琮　赵师造　李琮　谭寿卿　董彬　徐衡(俱淳熙间任。)　薛舜庸　郭昭子绍熙初任。　颜振仲　王孝遵(俱见《名宦志》。)　赵汝珬嘉定末任。　赵汝盥绍定中任。　颜振铎端平间任。　吴腾淳祐间任。　赵汝隶　江锳(俱咸淳间任。)　江叔豫　赵崇彪　郑子善　陈用虎景炎末任。　**军事判官**　程必东　赵汝渋[15]绍定间任。　**(诸曹官)录事参军**　王显世　魏必昌(俱见《名宦志》。)　**司法参军**　刘汝舟　魏公寿(俱见《名宦志》。)　**(军学)教授**　徐士龙绍兴中任。　陆琰乾道中任。　黄灏淳熙中任。　林选绍熙中任。　张邦用开禧间任。　陈森　陈汲　郑子充(俱嘉定间任。)　张汝愚绍定间任。　颜若愚　俞来淳祐间任。　苏思恭　王庚　萧起大　张诜　潘懋　洪煃咸淳间任。

(莆田县)知县事　留居道建隆初任。　黄禹锡太平兴国中任。　薛奎　王保隆(俱见《名宦志》。)　吕之材宣和中任。 严已天禧间任。 张纬庆历间任。 黄远 张溥政和间任。 傅丑绍兴间任。 元伯泾 颜师鲁 黄庚 丘铎 林介乾道中任。 廖德明见《名宦志》。 张少英(俱淳熙间任。) 邹应博绍定中任。 林仲默淳祐中任。 彭耕道嘉熙中任[16]。 陈洪见《名宦志》。 陈偘 **丞** 冯元肃 陈弥作(俱绍熙间任[17]。) 李诜乾道中任。 陈子顺绍定中任。 **主簿** 刘诜 李昞嘉定中任。 陆祐 郭祚 **尉** 王克 高禾淳熙中任。 郑必中 陈仲微 陈字(上二人见《名宦志》。)

(仙游县)知县事 翁处厚建隆中任。 羊志宁咸平中任。 孙敏天禧中任。 孙谔 孙起(俱天圣间任。) 赵时明道初任。 皇甫当景祐间任。 刘德正康定初任。 林杞 吴丕显 陈佩(俱庆历间任。) 许抗至和间任。 阎仲甫嘉祐初任。 范褒 李晋贤(俱治平间任。) 林济熙宁间任。 李适 陈几(俱元丰间任。) 郑造元祐中任。 蔡彰绍圣中任。 黄允元符间任。 黄克 钱闻 傅共(俱崇宁间任。) 陈亨衢大观间任。 孙球 翁侍举 刘丕显(俱宣和间任。) 叶抟 詹叔迥 徐睾 黄沂 梁宗范 李敏求 鲍琚 曾履 潘堪 林大受 谢天民 陈致一 郑叔昭见《名宦志》。 陈扃 周春年见《名宦志》。 蔡孟容 黄濬 黄烈 梁国材 陈滤 赵不泯 赵公绸 郑公弼 林栩 黄严卿 陈昭嗣 刘公度 陈景肃 陈接 赵公虾 郑肇之 吕祖平 高之美 高禾见《名宦志》。 徐拣 樊泰之 叶文炳 施伯狸 许伯诩 赵滚夫 邢兴祖 刘端成(上七人俱嘉定间任。) 周晋乡宝庆间任。 黄登绍定间任。 林首善端平间任。 姚

遇　黄清叟(俱嘉熙间任。)　蔡次传　胡元衮　翁永年　赵时铸　王稼(俱淳祐间任。)　赵汝泌　朱濬(俱宝祐间任。)　傅极　赵时澺　邓桂发景定初任。　赵必燧咸淳初任。　陈继祖　**丞**　翁珪　陈如埙(俱崇宁间任。)　上官埴大观初任。　陈亨衢　曾孝基(俱政和间任。)　陈向　张逾　林著　梁之仪　蔡章(俱宣和间任。)　王干靖康初任。　朱庭扬　林忠厚　余溉(俱建炎间任。)　任旼　刘侯亚　赵绍之　陈倪　陈亚卿　辛敩　孙申　陈大元　张升　赵不敏　张云翼　冯臬(俱绍兴间任。)　康恺　李光邦　张竢　李诜　赵彦勋(俱乾道间任。)　赵善秉　叶昌言　朱益　陈诜　阎涓　叶益(俱淳熙间任。)　司马遈　陈峄　黄泰(俱庆元间任。)　林瓌　章定(俱嘉定间任。)　赵汝固开禧间任。　贺岘　赵善芾　吴子斌　留载　赵师介　黄之信　王庸之　姚默(俱嘉定间任。)　赵璱夫宝庆初任。　郑应龙　阮有开(俱绍定间任。)　黄密　赵希齐(俱端平间任。)　赵孟辩嘉熙间任。　曾何孙　徐澮　赵汝俫　黄乔异(俱淳祐间任。)　赵汝惟　陈侨宝祐间任。　赵时歆　王节　曾桂孙　郑伯东　林椿　王光大　周希奭咸淳间任。　**主簿**　邓贺天圣中任。　黄励熙宁中任。　曾怡　黄邦式(俱绍兴间任。)　杨中立　陈畦(俱淳熙间任。)　徐有猷　方沂　骨舜辅　赵彦延　邵应祥　张公望　韩漪开禧间任。　丁德元　林唯　郑继侨　赵希竦　朱清孙　林度(俱嘉定间任。)　黄勤伯宝庆间任。　林灼　赵详夫　赵雄夫(俱绍定间任。)　陈一新　赵与瑶(俱嘉熙间任。)　林戴冽　吴文子　魏成甫　刘庆孙(俱淳祐间任。)　刘必应　陈光宝[18](俱宝祐间任。)　林大成刘受祖景定间任。 林贡孙 赵若淬咸淳间任。 尉 段全 陵景阳(俱见《名宦志》。) 邢渊天圣间任。 张贲熙宁间任。 李瓌元祐间任。 叶椿 冀世长(俱绍兴中任。) 宋恭甫隆兴初任。 周汝翼 曾壸 徐茂孙(俱乾道间任。) 赵师传 陈伯昌 赵师瑟 蔡天均 谯令宪(俱淳熙间任。) 余用之 黄棣(俱绍兴间任。) 赵彦俑 朱大同(俱庆元间任。) 林策嘉泰初任。 黄吁开禧初任。 陈万言 王榕 庄梦说 罗云中 赵汝腴 高涛(俱嘉定间任。) 赵时膏宝庆初任。 林云 徐颉(俱绍定间任。) 周端常端平初任。 杨伯震 陈荣国(俱嘉熙间任。) 陈大钧 赵淄夫 陈腾 庄弥高淳祐间任。 黄岩孙见《名宦志》。 林公衡宝祐间任。 吴权 吴有定 赵崇菜 王必登 赵孟福

(废兴化县)知县事 段鹏太平兴国间任。 孙逢吉雍熙初任。 刘文义端拱初任。 杜征用 魏文德(俱淳化间任。) 侯德照至道间任。 田芳咸平间任。 张奉 王芳明(俱景德间任。) 王易简 吴世范 李周明 胡辟 刘辂(俱大中祥符间任。) 赵崧天禧初任。 杨思齐乾兴初任。 查适 侯延之 张定(俱天圣间任。) 陈助 朱安(俱景祐间任。) 何述康定初任。 王昂 许世昌见《名宦志》。 李域(俱庆历间任。) 袁立皇祐初任。 李仙芝至和初任。 张彦博见《名宦志》。 盛考甫 王温故 陈介(俱嘉祐间任。) 张铭 徐大亮(俱治平间任。) 李适 李驿 朱敏元 马蒙叟(俱熙宁间任。) 梅泽 边慕贤(俱元丰间任。) 吴千 林锷(俱元祐间任。) 陈需 毛原(俱绍圣间任。) 朱棐靖康初任。 上官植 黄愿 丁澥(俱崇宁

间任。）　陈谞　蔡巩（俱大观间任。）　蔡亢　黄琮　黄惟深　杨汝贤　陈武祖　卓特立　游其藩（俱政和间任。）　何兑　郑绍　路舜中（俱宣和间任。）　郭中行　柯孟宗　施禹行（俱建炎间任。）　詹卓然　崔璘　周次中　丘铎　曹勋（上二人见《名宦志》。）　江珩　叶拒　黄逸见《名宦志》。　潘商老　张昉　陆楠（已上俱绍兴间任。）　何叔达　王瀛　任文茂　张钧　林外　刘瀼（俱乾道间任。）　余善述　余席珍　邵景之　符庶　阎涓　王子阳　谯令宪　梁录见《名宦志》。（俱淳熙间任。）　黄瑾绍熙间任。　张擢　林振见《名宦志》。（俱庆元间任。）　何时中嘉泰初任。　王克　陈嚞（俱开禧间任。）　刘政忠　翁琛　赵彦仞　陈希黯（俱嘉定间任。）　周果宝庆初任。　**丞**　赵璱夫宝庆间任。　**主簿**　颜师鲁　孙昭先（俱见《名宦志》。）

〔元〕

（兴化路总管府）达鲁花赤　万家奴延祐中任。　元奴至正中任。　**总管**　郭朵儿见《名宦志》。　张元　鲁威　哈都至顺中任。　吕君政　曲出　乌古孙泽见《名宦志》。　安童　林德隆　袁仁（上五人俱至正间任。）　**同知**　廉大悲奴泰定中任。　嗔奴　脱因都鲁迷失　官保　教化　陈从仁（俱至正间任。）　**判官**　完者都延祐间任。　吴涛　林定老　马哈马沙　乃麻歹　柳伯祥（上三人俱至正间任。）　**推官**　丁德孙　王谨　林德隆（俱至正间任。）　**（经历司）经历**　李约见《名宦志》。　黄宷　袁正　克克（俱至正间任。）　**知事**　卢端智至顺中任。　韩哲至正中任。　**（儒学）教授**　曹忠元贞初任。　宋眉年　郭隚（俱大德间任。）赵必禳延祐中任。陈三正天历中任。上官文子至顺中任。黄焘 程克霖 叶应礼（俱至正间任。）**学正** 陈尧龙延祐中任。陈英观 杨相孙（俱至正间任。）**学录** 林君辅延祐中任。黄烈 黄德生（俱至正间任。）**训导** 王光朝 李厚 方槐生（俱至正间任。）

（录事司）录事 赵敬叔延祐中任。杨德懋至正中任。

（莆田县）县尹 董用广 秃坚帖木儿至正中任。**典史** 施杰延祐间任。

（仙游县）达鲁花赤 倒剌沙至正中任。**县尹** 任兴至正中任。**主簿** 要木束至正中任。

（废兴化县）县尹 蔡真 吴厚 叶衡 宋熹（俱见《名宦志》。）方景章至正间任。**主簿** 赵文涣见《名宦志》。

〔国朝〕

文职

（本府）知府 盖天麟 李春（俱见《名宦志》。）邢敬 耿惟宁 余原善 宋麟 周达 张仁 陈刚 徐济见《名宦志》。于霖（俱洪武间任。）周宗璲 陈宗辉 李至刚见《名宦志》。（俱永乐间任。）钟旭 陈敬 余炅（俱宣德间任。）陆孜 胡琛（俱正统间任。）张澜景泰初任。潘本愚见《名宦志》。韦观（俱天顺间任。）岳正见《名宦志》。蒋云汉 潘琴 陈表 刘澄 丁镛（俱成化间任。）**同知** 赵享 刘昱 陈文璧 徐得源 孙凯 徐则敬 杨克俭（俱洪武间任。）张旭升见《名宦志》。程用常 张质 林越（俱永乐间任。）姚讷宣德间任。黄□ 刘忠(俱正统间任。)　高宏景泰初任。　吴亮天顺初任。　习襄　孙兰　桂籍(俱成化间任。)　朱海弘治元年任。　**通判**　尉迟闰见《名宦志》。　曹大德　何文会　龙光正　任刚　董彬见《名宦志》。孙旼(俱洪武间任。)　朱璧　严成　张铉　惠芾(俱永乐间任。)　熊纶　丘彦庸正统间任。　陈广　章盛　施斌　郝镗　丁泰见《名宦志》。　李直　薛伟　赵仁　章哲　周正(俱成化间任。)　**推官**　杨□　张政　褚仲良　姜名(俱洪武间任。)　丁□　蔡真　杨征(俱永乐间任。)　丁□　丁□　牧义　吴思谅　刘希阳　陈宏　刘组景泰中任。　徐文昌天顺间任。　薛伟　李俊　张训　郑夔(俱成化间任。)　冯卓弘治元年任。　**(经历司)经历**　叶均洪武中任。　周楫永乐中任。　崔缜　黄敏见《名宦志》。　陈纪(俱正统间任。)　欧阳宁见《名宦志》。　张源天顺初任。　徐俊　王琰　陈文　段徽(俱成化间任。)　**知事**　丁继宗见《名宦志》。　陈与亮　蓝政壹(俱永乐间任。)　孙震　陈瑾　谢廷美(俱宣德间任。)　叶永宁正统间任。　田寿景泰中任。　周安天顺中任。　黄金殷(俱成化间任。)　**(照磨所)照磨**　费广正统间任。　赵善景泰间任。　贾逵天顺初任。　戴冕　檀容　王颐(俱成化间任。)　**检校**　马骙永乐初任。　马崇道宣德间任。　高义　徐履谦　岑斌(俱正统间任。)　谢兴景泰间任。　莫崇　岑义(俱天顺间任。)　崔纶　程俊(俱成化间任。)　**(儒学)教授**　吴源　何敬　欧阳贤　郑景周(俱洪武间任。)　傅显　上官尹(俱永乐间任。)　方玙宣德间任。　毛信正统间任。　戚贵景泰间任。　褚玙天顺末任。　王镛　罗伦(俱成化间任。)　**训导**　吴叔向　万朴　柯钦　顾文

陈贤　黄孟仁(俱洪武间任。)　姜柱　龚璠　黄隽(俱永乐间任。)　吴克谦　朱应　王公拳(俱宣德间任。)　赵以端　钱永　金镛　申宏　曾勗　金文　陈煜　萧亨(俱正统间任。)　马骥景泰初任。　李爵　陈谏　方端(俱天顺间任。)　杨逊　宋瀓　张昕　陈敏　陈琏　张万钟(俱成化间任。)　陈韶　程匡　朱风(俱弘治元年任。)

(莆田县)知县　任益　董仁仲(俱见《名宦志》。)　王文焯　曾子唯　罗□　朱性实　许英　刘玭正统中任。　陈纨　李景孟(俱景泰间任。)　王常天顺间任。　张肃　王玉　叶琛　洪远　林世远　卢俊(俱成化间任。)　**县丞**　赵宗源　胡克恭见《名宦志》。(俱洪武间任。)　刘诚忠永乐间任。　余□　叶叔文　郑公勉　高顺　何曾(上三人俱正统间任。)　鲁进景泰间任。　王翥　杜亨天顺初任。　赵蜀　王福　杜福　朱瑾(俱成化间任。)　**主簿**　郭真见《名宦志》。　贾思忠　刘献(上二人俱永乐间任。)　袁人宣德间任。　唐礼正统初任。　马璘　陈焕恭　栗茂天顺初任。　张文　苏坦　陈弘　谭铨　赵坚　孙敬　王文忠(俱成化间任。)　刘□弘治元年任。　**典史**　蒋德辉　李咸(俱洪武间任。)　卫秉初　李仲和　王改　孔观赐　沈忠宣德间任。　张义项　孟善(俱正统间任。)　陈广景泰间任。　施振　石崑(俱天顺间任。)　双华　张灏　王灌　何廷献　张谦(俱成化间任。)　陆雄弘治初任。　**(儒学)教谕**　方德举洪武初任。　徐铎　余濬(俱宣德间任。)　朱敏　危岳(俱正统间任。)　马升景泰间任。　樊义天顺间任。　王器　任简　杨瓘　程凤仪(俱成化间任。)　**训导**　林履　方德举　阮良玉　陈振　勒思恭(俱洪武间任。)

钟镛宣德中任。　郭曜　朱子彰　郭应祥　谢震(俱正统间任。)　陈瑢　应进修(俱天顺间任。)　谢荣　余肆　杨廷用　潘绍(俱成化间任。)　吴暄　吴兴贵(俱弘治元年任。)

(仙游县)知县　周从善　顾思敬见《名宦志》。　安处善　张溥(俱洪武间任。)　李弼永乐间任。　王彝见《名宦志》。　丘孟真[19]　杨信　宋华(俱正统间任。)　龙禧景泰间任。　孙广　赵鸾(俱天顺间任。)　张胜　黄璨　彭昭(俱成化间任。)　**县丞**　岳仲芳　黄伯威　谢有立　张寅　方宁保　张诚　龚鉴(上二人俱永乐间任。)　薛本宣德初任。　**主簿**　张蠡　张瑾永乐间任。　梁通　刘敏　闻聪宣德间任。　**典史**　李宗侃　王信　洪忠　练闲　叶清宣德间任。　李春　倪敬敏　叶本(俱正统间任。)　叶德明　张威(俱景泰间任。)　夏忠天顺间任。　汪肃　吴谆[20]　林永通　胡昂(俱成化间任。)　**(儒学)教谕**　杨士良　张文渊　潭子敏(俱洪武间任。)　叶原生　蔡阳(俱永乐间任。)　熊宗性　陈光　张侗(俱宣德间任。)　侯尚震　曾添恕(俱正统间任。)　胡缙景泰间任。　欧阳潘天顺间任。　杨庸　欧廷瓒　周高(俱成化间任。)　**训导**　林焘　方梦　游宗　方文正(俱洪武间任。)　沈圮　萧濂(俱永乐间任。)　黄葴宣德间任。　沈宗　钟潮(俱正统间任。)　仲顺天顺中任。　黄孜　王琰　陈传(俱成化间任。)

(废兴化县)知县　吴旭　杨武(俱见《名宦志》。)　刘泰正统间任。　**县丞**　祝芳年见《名宦志》。　**典史**　王源正统间任。　**(儒学)教谕**　黄灏永乐中任。　**训导**　倪正正统间任。

武职

(兴化卫指挥使司)指挥使 俞良辅 王允 卢镇(俱洪武间任。) 张广永乐间任。 张刚袭父广职。 张宏(俱正统、景泰、天顺间任。) 张瑄袭父刚职。 张魁袭父宏职。(俱成化间任。) **指挥同知** 李景齐洪武初任。 王得 法海 洪亮(俱宣德、正统、景泰间任。) 王俊天顺间任。 法广袭父海职。成化、弘治间任。 **指挥佥事** 赵端 陈恭 吕德 程用 吕谦 胡敬(俱洪武间任。) 黄聚由本卫右所百户升。 胡瑛袭父敬职。 陈用(俱永乐间任。) 丁忠 徐忠 阎兴(俱宣德间任。) 丁晟 胡忠袭兄瑛职。 阎能袭父兴职。(俱正统间任。) 阎盛袭从弟能职。 胡瑄袭父忠职。(俱天顺间任。) 丁远袭父晟职。 阎玉袭父盛职。 丁贤袭父远职。(俱成化、弘治间任。) **镇抚** 邓斌 阮忠(俱洪武间任。) 李福 鲁敬(俱永乐间任。) 鲁贵景泰中任。

(左千户所)副千户 孙遇洪武间任。 **百户** 孙斌 林得宗 罗继孙

(右千户所)千户 邵忠永乐间任。 **副千户** 陈耕洪武间任。 **百户** 黄聚后升本卫指挥佥事。

(中千户所)正千户 管纲正统、景泰间任。 管瑄袭父纲职。调福州右卫。 王福成化间由本卫指挥同知降任。 **副千户** 姚成洪武间任。 **百户** 柳兴 刘杰(俱永乐间任。)

(前千户所)正千户 王良洪武间任。 **百户** 丁实洪武间任。 谢忠 林长(俱永乐间任。)

(后千户所)正千户　夏文洪武间任。　**百户**　翁信后升本卫所副千户。永乐间任。

(平海卫指挥使司)指挥使　张魁袭父宏职。成化七年调。　**指挥同知**　王昃袭父辅职。成化十二年任。　钱叡替兄堂职。弘治二年任。　**指挥佥事**　朱熙袭父能职。成化八年任。　孙鼎袭父纪职。成化十四年任。　张钦袭父濬职。弘治二年任。　**镇抚**　胡纪袭兄纲职。成化二十二年任。

(左千户所)正千户　丘纲袭父福职。成化十二年任。　**副千户**　贾英袭父宏职。成化间任。　魏辉替父椿职。弘治间任。　**所镇抚**　戴宏成化间任。　**百户**　姚洪　沈端　张清(俱成化间任。)　平隆　温庆(俱弘治间任。)

(右千户所)正千户　冯璟袭父能职。成化间任。　**副千户**　李杲袭父通职。成化间任。　林昂替父瑛职。弘治间任。　**所镇抚**　王琏　李信(俱天顺间任。)　**百户**　沈通　鲁政俱天顺间任。　林明　冯清　宋荣　袁通　魏升(俱成化间任。)　谢镇弘治间任。

(中千户所)正千户　隋杰袭父俊职。天顺间任。　褚昭袭父斌职。成化间任。　**副千户**　刘勤替伯宣职。　李演替父镇职。(俱成化间任。)　**百户**　吕聪　王锭　庞元　郑融　许震　袁灏　杨雄(俱成化间任。)　李旻　张诚(俱弘治间任。)

(前千户所)正千户　贾雍袭父鼎职。　王玉袭父让职。(俱成化间任。)　**副千户**　陈英替父贵职。天顺间任。　段玉替父让职。　王俨替父胜职。(俱成化间任。)　**所镇抚**　朱勇成化间任。　**百户**　尹宏　刘旺(俱天顺间任。)　包旺　许濬　裴鉴　张俊　陈宏(俱成化间任。)　侯琮弘治间任。

(后千户所)正千户　叶侬袭父禄职。天顺间任。　刘俊袭父海职。成化间任。　**副千户**　熊俊袭父清职。天顺间任。　杨雄替父旺职。成化间任。　**所镇抚**　邵璇　孟祯(俱成化间任。)　**百户**　陈昱天顺间任。　缪能　宋琁　陈敬　戚源　史杰(俱成化间任。)　钱广　高崇　罗镇(俱弘治间任。)

(莆禧千户所)正千户　李琇袭叔勇职。　梁通袭父杰职。(俱成化间任。)　**副千户**　武智袭兄英职。景泰间任。　曾昊袭父荣职。天顺间任。　王俊袭父升职。成化间任。　**所镇抚**　孟瑛成化间任。　**百户**　陈忠天顺间任。　许铭　黄暹　王能　李顺(俱成化间任。)

福宁州

〔国朝〕

文职

(本州)国初为福宁县,成化九年升为州。　**知县**　郭徵　赵仲名　龙存仁　尹昌隆(上二人见《名宦志》。已上俱洪武间任。)　郑不已　陈思恭　秦海(俱永乐间任。)　钱宥　娄希贤(俱宣德间任。)　项智　刘渊(俱正统间任。)　胡庭芳　辜志(俱景泰间任。)　贺敬　易珪(俱天顺间任。)　岳俊成化初任。　**县丞**　郭淳见《名宦志》。　宋昌　钟普　石名振　黄嘉齐　胡浚　吴得茂　储镩永乐间任。　范伯奇　卢敏(俱宣德间任。)　吕顺　余忠　阴允　叶琬

(俱正统间任。)　梁惠　高必旺(俱景泰间任。)　施□　宣谦(俱天顺间任。)　胡惟一　刘福介(俱成化初任。)　**主簿**　周常　虞中泽　张道善　彭友庆　朱晖(俱永乐间任。)　陈灏　王纯(俱宣德间任。)　夏敩　王荐　黄政(俱正统间任。)　赵熙　高瑛(俱景泰间任。)　杨安　吴原道(俱天顺间任。)　叶克恭　王存芳(俱成化间任。)　**典史**　陈九思洪武末任。　蒋政　王文　吴孟春　蔡原刚　陈盛祖(俱永乐间任。)　陈昉　唐鉴　朱昂(俱宣德间任。)　刘钊　刘荣祖　宋安(俱正统间任。)　胡湘景泰间任。　陈亨天顺间任。　平文成化初任。　**(儒学)教谕**　陈子文　赵鼎(俱洪武间任。)　章参　赵聪　陈孟贤　詹叔长(俱永乐间任。)　邓炜宣德初任。　程奎　程逵(俱正统间任。)　彭素景泰间任。　罗英祖天顺间任。　王匡　曾敏(俱成化间任。)　**训导**　吴子恭　徐以年　龚升(俱洪武间任。)　李昕　陈启　成规(俱永乐间任。)　王泗宣德初任。　刘奭　林文升(俱正统间任。)　申宏景泰间任。　叶永安天顺间任。　舒朴成化初任。

知州　刘象　张逊　郭祥鹏(俱成化间任。)　**同知**　张翀　马迪(俱成化间任。)　**判官**　黄晟　蒋瑛(俱成化间任。)　**吏目**　顾平通　周纶　关锦(俱成化间任。)　**(儒学)学正**　丘秉中成化间任。　**训导**　余恒　陆龄　倪鼒　聂纶(俱成化间任。)

(宁德县)知县　王溥　朱政(俱见《名宦志》。)　陆仲蔚洪武中任。　关可诚见《名宦志》。(俱洪武间任。)　贾得善　张初　詹应　许希颜(俱见《名宦志》。)　鲍玄玙　董景风　裴高　郑文睿景泰间任。　周汇天顺初任。　周钟

胡篪　江伟　王缅　郑镏(俱成化间任。)　**县丞**　竺永酿宣德间任。　颜清　董庸　潘贵景泰初任。　谢荣天顺初任。　黄昭　危成　蔡镒　潘璇　何寿(俱成化间任。)　**主簿**　曾奉　刘福　杨恕　江思堡景泰间任。　黄端晖　陈文信　徐靖　朱珍　严凯(上三人俱成化间任。)　**典史**　黄明　何源清　姚崇正统间任。　韩永　王曦(俱天顺间任。)　蔡涔　李璇　陈洪　谢俊　鲁鉴(俱成化间任。)　**(儒学)教谕**　戴福海　丘伯安(俱洪武间任。)　俞琛　戴本(俱永乐间任。)　林约仲宣德间任。　张协正统间任。　杨思勉景泰间任。　李辅天顺间任。　陈震　罗恒(俱成化间任。)　**训导**　林戣　陈山南　陈养之　林士琦(俱洪武间任。)　高德　周泰(俱永乐间任。)　陈则中　蔡智宣德间任。　张景悌　卢纯(俱正统间任。)　俞浩　董秀　刘贵(俱景泰间任。)　傅贤　彭銮(俱天顺间任。)　萧玉　周铉　戴肃　陈昙(俱成化间任。)

(福安县)知县　崔孚　叶理　李让[21]　黄理　郑齐[22](上二人见《名宦志》。已上俱洪武间任。)　李思明　周南(俱永乐间任。)　陈庸　史升　徐永进(俱宣德间任。)　沈铸　叶诚忠(俱正统间任。)　孟充景泰间任。　陈谟　陈震(俱天顺间任。)　郭纲　刘顺　骆善(俱成化间任。)　**县丞**　王柱[23]洪武末任。　夏试英永乐间任。　刘崇胜[24]宣德间任。　项庸　何靖　胡晨见《名宦志》。(俱正德间任。)　胡瑾天顺间任。　曹铨　赵琏　项镃　鲍恭(俱成化间任。)　**主簿**　陈侃文永乐间任。　杜原谋宣德间任。　张璕正统间任。　张源　陈恭　陈善(俱天顺间任。)　侯铭　陈礼　高珍(俱成化间任。)　**典史**　史迪　何靖(俱永乐间任。）张昌宣德间任。　田清正统间任。　周福　金孟远（俱天顺间任。）张敬　戴远　沃恺　常瑶（俱成化间任。）**（儒学）教谕**　包廉永乐间任。　孔铎宣德初任。　何护　王政（俱正统间任。）包祥景泰间任。　左惟德天顺间任。　俞琰　项孔昌　成矩　戴让（俱成化间任。）**训导**　卓惟善洪武末任。　王洇永乐初任。　胡文秀　徐忠宣德初任。　余昱　倪瑾　董仕显正统间任。　郭琬　乐洪（俱天顺间任。）骆俊　严璇　黄杰　赵溧　李坚（俱成化间任。）

武职

（福宁卫指挥使司）指挥使　平宏永乐任间。　周麟由本卫同知升。　卢英（俱正统间任。）金昂　周珙袭父麟职。　平容袭父宏职。　卢清袭父英职。　金璋袭父昂职。　周铎袭父珙职。　**指挥同知**　张政永乐间任。　周彬　邓林（俱宣德间任。）沈荣　周麟袭父彬职。（俱正统间任。）　张武袭政。　邓荣袭兄沐职。　张翔袭父武职。　沈琎袭父荣职。　邓刚袭兄荣职。　**指挥佥事**　张义　汪祥（俱洪武间任。）王端永乐间任。　张忠袭父义职。　汪濬袭父祥职。　张胜洪熙初任。　朱旺宣德间任。　工铨袭端职。　张勋袭父忠职。　汪鉴袭父濬职。　朱福袭父旺职。　张宏袭父胜职。　朱珍袭父福职。　王源袭父铨职。　张麟袭父勋职。　汪茂袭父鉴职。　**（经历司）经历**　梅旺永乐间任。　谢子谕宣德间任。　刘冲正统间任。　郑益景泰间任。　冯澄天顺间任。　周立　周建　李瑛　杨序（俱成化间任。）**知事**　王护景泰初任。　白□天顺间任。

郜春　陈弘纲　王端　聂裕　余秀（俱成化间任。）**镇抚**　于谅永乐间任。　张成宣德间任。　于斌袭父谅职。　张旺袭伯父成职。　于俊袭父斌职。　张福袭父旺职。　张升袭父福职。

（左千户所）正千户　高启　李英（俱永乐间任。）李实袭伯英职。　李龙袭父实职。　**副千户**　穆雍　朱宏由右所调。　朱俊袭父宏职（俱成化间任。）

（右千户所）正千户　吴真洪武间任。　吴贵袭父真职。　吴彤袭父贵职。　**副千户**　朱真　焦玉　门贵（俱永乐间任。）门政袭父贵职。　朱宏袭父真职。　焦璟袭父玉职。　门福袭□政职。　焦定袭父璟职。　焦寿袭堂兄定职。　门韬袭父福职。　**百户**　金广成化间任。　杨铭景泰间任。　许政弘治间任。

（中千户所）正千户　张斌永乐间任。　张瑄袭父斌职。　**副千户**　谢赐洪武间任。　谢员袭父赐职。　谢铨袭父员职。　**百户**　朱鉴　彭誉（俱成化任。）

（前千户所）正千户　王贵永乐间任。　刘忠宣德间任。　王纲袭父贵职。　刘荣袭父忠职。　刘坛保袭父荣职。　王俊袭父纲职。　**副千户**　平大文洪武间任。　平思敬袭兄大文职。　柯盛永乐间任。　马驴儿宣德间任。　平思恭袭兄思敬职。　平江袭父思恭职。　柯源保袭父盛职。　马翥袭父驴儿职。　柯俊袭父源保职。　马潮袭父翥职。　平钦袭父江职。　**百户**　刘斌　张文

（后千户所）正千户　刘坛保由本卫前所调。天顺间任。　**副千户**　丁文　刘泉（俱洪武间任。）丁锐袭父文职。　刘琫袭父泉职。　刘铣袭父琫职。　丁琮袭父锐职。

刘铱袭兄铣职。　**百户**　刘春天顺间任。　耿亮　朱明(俱成化任。)

(大金千户所)正千户　余春永乐间任。　詹荣　余亮袭父春职。　张得正统间任。　詹福袭父荣职。　张仪袭伯得职。　余宏袭父亮职。　詹玉袭父福职。　张观袭父仪职。　**副千户**　高信启之子。由左所正千户降。　高犖袭父信职。　**所镇抚**　李英天顺间任。　周裕成化间任。　**百户**　高贵　易福(俱天顺间任。)　宋琏　龚惠　李晏　刘英　朱荣(俱成化间任。)

(定海千户所)正千户　高云袭兄胜职。成化间任。　汤淏替父城职。　郭霖替兄信职。(俱弘治间任。)　**副千户**　方宗袭祖义职。　李荣袭父茂职。(俱天顺间任。)　**所镇抚**　葛贵天顺间任。　张澄成化间任。　**百户**　金元　朱玘　卢顺俱天顺间任。　朱景　杨清　赵登　丁桢　方春　任定(俱成化间任。)

(镇东指挥使司)指挥使　丘宣替父赞职。　刘纲袭兄钊职。　盛裕替父琦职。(俱成化间任。)　胡英袭父政职。弘治间任。　**指挥同知**　奏瑛袭父都指挥敏职。成化间调。　**指挥佥事**　黄刚袭父真千户。景泰间任。　闻升袭父璇职。　戴昱替父瑄职。　高俊替父倒刺火只职，赐姓。(俱成化间任。)　商玉袭父义职。弘治间任。　**镇抚**　赵瑢替父震职。天顺间任。　李俊替父诚职。成化间任。

(左千户所)正千户　寇麟替父祯职。　王平替父晋职。　张胜替父瑛职。(俱成化间任。)　**副千户**　宁杰袭兄俊职。成化间任。　庞钰袭父鉴职。弘治间任。　**百户**　郁旺景泰间任。　徐敏天顺间任。　梅盛　孙寿　翟雄　李

宣 谢源 莫俊 马政 周潮(俱成化间任。)

(右千户所)副千户 王玉替父清照。 崔震替父福职。(俱成化间任。) **百户** 金玉 陈良 牛通 殷经(俱天顺间任。) 林钰 林义(俱成化间任。) 童广弘治间任。

(中千户所)正千户 穆琮袭父晟职。景泰间任。 顾宁袭父妙安儿职。天顺间任。 李刚袭父诚职。成化间任。 王佐袭父瑄职。成化间任。 **副千户** 呼志袭兄忠职。成化间任。 卢璁袭兄珍职。 刘敏袭兄敬职。(俱弘治间任。) **百户** 赵进 王恕 沈亮(俱天顺间任。) 邓銮 纪顺 叶锦 何俊 张杰 宋玉 杨福(俱成化间任。)

(前千户所)正千户 许升替父政职。 任暹替父安职。 曹谦袭父纲职。(俱成化间任。) **副千户** 吴杰替父汉职。 林安袭祖瑄职。(俱成化间任。) 谢钢袭父昆职。弘治间任。 **百户** 朱兴正统间任。 杨宁 顾海(俱天顺间任。) 王明 夏胜 黄仁(俱成化间任。)

(后千户所)正千户 陈良替父俊职。 赵镛袭父嵩职。(俱成化间任。) **副千户** 宋瑛袭兄琏职。 黄钦袭祖信职。(俱成化间任。) **百户** 孙兴 冯庆(俱天顺间任。) 李福 黄钰 赵震 郑杰 高福 袁珍(俱成化间任。)

(中左千户所)正千户 童瑛袭父政职。 姜安袭兄宁职。(俱成化间任。) **副千户** 赵成袭父亮职。成化间任。 **百户** 邓镛天顺间任。 姜清 林宏 赵淮 曾荣(俱成化间任。)

(梅花千户所)正千户 萧庆替父旺职。景泰间任。 王瑛替父贵职。 吴斌袭父荣职。(俱成化间任。) 李洪替父广职。弘治间任。 **副千户** 张泰袭父玺职。景泰间任。

孙升替父瑞职。弘治间任。　**百户**　**龚瑄**天顺间任。**龚德**　**周景**　**李镛**　**王通**　**陈裕**　**邢亮**(俱成化间任。)**孙靖**　**黄钰**(俱弘治间任。)

(万安千户所)正千户　**张荣**袭父顺职。天顺间任。**夏升**替父琏职，成化间任。　**副千户**　**王钊**袭父胜职。天顺间任。　**陈恕**袭父能职。　**许震**袭父宗职。　**宋俊**袭侄晟职。(俱成化间任。)　**百户**　**冯珊**天顺间任。　**李铨**　**夏旭**　**侯升**　**陈鉴**　**张俊**(俱成化间任。)　**所镇抚**　**王广**天顺间任。　**汪浩**　**翁福**　**郝鉴**　**陈礼**　**李彪**(俱成化间任。)

校　注

[1] 嘉靖《邵武府志·秩官》作“饶愿”。

[2] 嘉靖《邵武府志·秩官》作“谢无逸”。按清舒梦兰《白香词谱》：“谢逸，字无逸。”

[3] 嘉靖《邵武府志·秩官》载：“上官拯，邵武人，至和间任建宁县丞。”不载知县事，与此及《名宦志》不同。

[4] 嘉靖《邵武府志·秩官》作“崔修”。

[5] 嘉靖《邵武府志·秩官》作“沈孟经”。

[6] 嘉靖《邵武府志·秩官》作“张褒”。

[7] 嘉靖《邵武府志·秩官》作“余兴袭父材职，余海袭父兴职”，无“余谅”。

[8] 嘉靖《邵武府志·秩官》载：“萧琳袭兄琏职。”

[9] 嘉靖《邵武府志·秩官》作“孟礼以侄袭让职”。

[10] 嘉靖《邵武府志·秩官》作“萧盛以侄袭琳职”。

[11] 弘治《兴化府志·吏纪》作“薛居实”。

[12] 弘治《兴化府志·吏纪》作“上官闵”。

[13] 弘治《兴化府志·吏纪》作“史经”。

[14] 弘治《兴化府志·吏纪》作“冯寿康”。

[15] “渫”疑为“渫”之误。

[16] 按嘉熙年号在前,淳祐在后,此倒列。

[17] 弘治《兴化府志》载:“冯元肃绍兴二十八年任,陈弥作绍兴四年任。”

[18] 弘治《兴化府志·吏纪》作“陈光”。

[19] 弘治《兴化府志·吏纪》作“邱孟真”。

[20] 弘治《兴化府志·吏纪》作“吴淳”。

[21] 乾隆《福宁府志·秩官》及乾隆《福安县志·职官》均作“崔孚、叶礼、李让,洪武间任”。

[22] 乾隆《福安县志》作“黄理、郑齐俱永乐间任”。

[23] 乾隆《福安县志·职官》作“王桂”。

[24] 乾隆《福安县志·职官》作“刘宗胜”。

八闽通志卷之三十六

秩　官

名　宦

方　面

〔唐〕

观察使　李椅[1]大历间为福建观察使，崇学校，励风俗。按，《闽中记》云："李郕公锜，大历中，廉按比部，乃大启府学，劝诱生徒。"而《重修学记》则云"李椅"。考之《唐书》，李锜未尝有郕公之称，亦未尝官福州，疑当以《学记》为正。　常衮京兆人。建中初，以前宰相起为福建观察使。始，闽人未知学。衮至，为设乡校，使作为文章，亲加讲导。与为客主均礼，观游宴飨与焉。由是俗一变，岁贡士与内州等。卒于官。后闽人立祠郡学，春秋祀之。是时不别置刺史，多以福建观察使守福州刺史，衮盖亦然也。

吴凑濮州濮阳人。贞元四年为福建观察使，益政勤清，美誉四腾，凑起自外戚，才敏锐，多所建白，而谦畏自持，富贵令终，为世外戚表云。　**柳冕**字敬叔，蒲州河东人。贞元中，以立朝论议劲切，执政不善，出为婺州刺史。寻徙福建观察使，自以久疏斥，乃上表乞代，且推明朝觐之意，曰："朝会，礼之本也，自安史乱常，始有专地，四方多故，始有不朝。臣忝牧圉之寄，愤不朝之臣，思一入觐，率先天下。"表累上，德宗许之。　**阎济美**自元末[2]，由婺州刺史为福州观察使。先是，观察使柳冕奏于闽中置监牧马，民间怨苦，济美奏罢之。　**李景温**字德已，并州文水人。历谏议大夫、福建观察使，徙华州刺史，以美政闻。

〔宋〕

福建路安抚司　**张浚**字德远，汉州锦竹人。绍兴间以前宰相充福建安抚大使兼知福州。闽俗健讼，浚入境，一切谕以义理，饬守令诚意民事，令乡里老长知书者，率劝后生及强悍者毋为乡党羞，民皆戴仰。每出，观者至升屋登木如堵墙。细大之事必躬理之。讼事清简。山海之寇招抚无余。时引秀士与之讲论；复奏以宁德芹溪籍没田入学，以增养士。去郡之日，军民送者咨嗟号泣相属于道。　**叶梦得**字少蕴，苏州吴县人。绍兴间以观文殿学士知福州兼福建安抚使。海寇朱明猖獗，诏梦得挟御前将士便道之镇，或招，或捕，或诱之相戕，遂平寇五十余郡。　**辛次膺**字起季，莱州人。绍兴二十八年以左中大夫敷文阁制待制知泉州。明年移知福州，兼福建安抚使。为政贵清静，先德化，所至人称其不烦，亦无丝毫挂吏议。　**汪彻**字明远，其先新安人，徙居饶州浮梁。乾道间，自宁国移知福州兼福建安抚使。尝自言其起寒远，所以报国惟无私不欺尔。其自奉清约，虽贵犹布衣时。

陈俊卿乾道间以前宰相知福州，兼福建路安抚使。政尚宽厚，独严于治盗，海道晏清。转运判官陈岘建议改行钞盐法，俊卿移书宰执，极言福建盐法与淮浙异，遂不果行。明年，请祠归。淳熙初,再知州事,民习其政,不劳而治。始至帑藏空竭,俊卿节省浮费,用亦不乏。会有旨尽发本路海船及拣中禁军士,俊卿皆奏止之。俊卿治郡,崇尚风教,所至民相率为生祠,且立碑以颂。俊卿亟禁止而碎其碑。　**郑侨**绍熙中知福州。以简静致理,罢义仓和籴之需,减古田偏重之赋。庆元中除本路安抚使,再知州事。

辛弃疾字幼安,齐之历城人。始从耿京归宋。绍熙二年提点福建刑狱,寻知福州,兼福建安抚使。弃疾为宪时,尝摄帅,每叹曰:“福州前枕大海,为贼之渊,上四郡民顽犷易乱,帅臣空竭,急缓奈何!”至是务为镇静,未期岁积镪至五十万缗,榜曰“备安库”。谓闽中土狭民稠,岁俭则籴于广,今幸连稔,宗室及军人入仓请米,出即粜之。候秋价贱,以备安钱籴二万石,则有备无患矣。又欲造万铠,招强壮,补军额,严训练,则盗贼可以无虞。事未行,为台臣王蔺所劾,遂乞祠归。　**蔡幼学**嘉定间知福州,进福建路安抚使。政主宽大,惟恐伤民。福建下州例抑民买盐,以户产高下均卖者曰产盐,以交易契纸钱科敷者曰浮盐,皆出常赋外,久之,遂为定赋。幼学立请蠲之,不报。提举司令民以田高下藏新会子,不如令者,籍其资。幼学曰:“罔民而可,吾忍之乎,惟有去而已。”因言钱弊未均,秤提无术,力求罢去。　**杨长儒**吉水人。嘉定间知福州,兼福建安抚使。理宗尝问廉吏,真德秀对曰:“若杨长儒之守闽,今廉吏也。”　**杨栋**字元极,眉州青城人。理宗朝提点福建刑狱,寻权知福州兼本路安抚使。栋之学本诸周程,尝进对,帝曰:“止是正心修身之说乎?”栋对曰:“臣所学止此,用之事亲、取友、治凋郡、察冤狱,至为简易。”　**魏了翁**字华甫,邛州蒲江人。嘉熙初自绍兴改知福州,兼福建安抚使。累章乞骸骨,诏不允。疾革,复上疏,门人问疾,犹衣冠相与酬答。且曰:“吾平生处已澹然无营。”□授遗奏,少焉拱手而逝。　**赵必愿**字立夫,汝愚之孙也。淳祐五年,知福州、福建安抚使,三辞不许。必愿平易而近民,忠信以厚俗,恻怛以勤政,行乡饮酒,旌退士,奖高年，裁僧寺实封之数。尤留意武事，甫入境，即以军礼见戎帅，申明左翼军节制事宜，措置海道，修水教，士卒知劝。居官四年，累乞归，及命召，又三辞，皆不许，卒。　**徐清叟**淳祐间以宝章阁直学士自温州改知福州、福建安抚使。史称清叟风采凛乎班行之间。　**吴潜**字毅夫，宣州宁国人。淳祐间知福州兼本路安抚使，徙知绍兴府，后拜右丞相。理宗在位长久，命相实多，若潜之忠亮刚直，才数人焉。　**吴渊**字道夫，潜之兄也。宝祐间，知福州兼本路安抚使，后以功拜参知政事。渊有材略，迄济事功，所至兴学养士，然政尚严酷，故时有《蜈蚣》之谣。　**马天骥**字德夫，衢州人。景定初知福州兼福建安抚使，以职事修举，升大学士，改知平江府。史谓其未见卓然有可称道者。　**江万里**字子远，都昌人。景定四年知建宁府兼权福建转运使。明年，移知福州兼福建安抚使。度宗即位，累迁参知政事。咸淳十九年，元兵渡江。先是，万里凿池后浦，匾其亭曰"止水"。至是竟赴止水死。　**洪天锡**晋江人。初知古田县，行乡饮酒礼。邑剧，牒愬猥多，天锡剖决无留难。有倚王邸势杀人者，诛之不少贷。度宗初，为福建安抚使。亭户买盐至破家陨身者，天锡首罢之，民作佛事以报。罢荔枝贡。召为刑部尚书。　**王晞亮**字季民，莆田令保隆六世孙也。绍兴中，为福建安抚司监官两任。会山寇窃发，焚劫郡邑，帅独委晞亮从军，俾授诸将方略。时大将马铃、韩京不相禀承，最难调护。晞亮周旋其间，处置得宜。诸将或陷贼，或罔上，晞亮以轻重论罚，功罪明允。以故俞澈明、五里龙数年逋诛之寇，皆束手请命。　**李诚之**字茂钦，婺州东阳人。受学吕祖谦。庆元间，干办福建安抚司公事。嘉定十四年守蕲州，已逾满，代者不至，欲先遣其孥归，闻金人犯淮南，遂慨然为死守计。料敌应变，屡破金兵。会黄州失守，金人并兵攻蕲州，城陷，与其妻孥俱死之。

徐鹿卿字德夫，隆兴丰城人。嘉定间，教授南安军，辟干办福建安抚司公事。会汀郡寇作，鹿卿赞划备御。动中机会。避寇者入城，多方赈济，全活甚众。郡多火灾，救护有方。后改知尤溪，真德秀守泉，复辟宰南安。鹿卿居官廉约清峻，毫发不妄取。　**燕度**字唐卿，青州益都人。嘉祐中知州事。闽故多盗，度请假事权制摄一道，遂加兵马钤辖。度有心计，所至善状日闻。　**姜特立**字邦杰，丽水人。淳熙中，累迁福建路兵马副都监。海贼姜大獠[3]寇泉南，特立以一舟先进擒之。帅臣赵汝愚荐于朝，除阁门舍人。后与谯熙载俱得幸光宗，恃恩无所忌惮，时人谓曾觌、龙大渊再出。　**福建路转运司**　**杨克让**字庆孙，同州冯翊人。太平兴国初，以两浙西南路转运使权知州事。泉州民啸聚为盗，众十余万。克让即率其屯兵至泉州，与王明、王文宝共讨平之。《三山志》谓克让以本路转运使权知。盖是时钱氏初纳土，福建犹属两浙西南路也。　**牛冕**字君仪，徐州彭城人。端拱初为福建转运使。建议废邵武军归化金坑，士人便之。　**陈世卿**字光运，南剑人。景德初知建州。真宗知其才干，逾月授福建转运使，规划南剑州安仁等银场，岁增课羡，诏奖之。　**赵湘**字巨源，华州人。尝为福建路转运使，史称其廉问疾苦，按不称职者，世不多见也。　**庞籍**字淳之，单州武城人。初为殿中侍御史，数劾范讽罪。讽贬，籍亦降知临江军。景祐中寻复官，徙福建转运使。籍长于吏事，治民颇有惠爱，及为相，声望稍减。　**卢革**字仲辛，湖州德清人。神宗时为福建转运使，请外。神宗谓宰相曰："革廉退如是，宜与嘉郡。"遂与宣州。　**朱宗**字成德，仙游人。绍兴初，建安盗起，制置使诛捕无功。除宗福建转运使，趣入对，宗曰："愚民穷困无聊，弄陛下兵，将吏养寇弗除，诛敛益急，将尽驱齐民为盗。乞退还制置使，专付臣绥集之。"复移书责制置使辛企宗不当复募兵，诛责粮饷。卒如其策，而盗平。　**秀实**浦城人。绍兴中为福建转运使，事之害民者，一切革去。赋入，率先诸路。　**陈**

良祐字天与，婺州金华人。隆兴初为福建转运使，后累迁吏部尚书。朝廷议遣讯使，请地于金，良祐惧开衅端，力止之，忤旨，窜斥而甘心焉。淳熙年起知徽州，寻知建宁府，卒。　陈良翰字邦彦，台州临海人。隆兴中知建宁府。乾道初，徙福建转运副使。良翰在台府时，历诋奸倖，直言无隐，事上忠而自信笃，足以当大任。　高斯得字不妄，邛州蒲江人。宝祐中为福建计度转运副使。朝廷行自实田，斯得言："按《史记》秦始皇三十一年令民自实田，主上临御适三十一年，而异日书之史册，自实之名，正与秦同。"丞相谢方叔大愧，即为之罢。后以显文阁待制知建宁府，官至参知政事。以论贾似道误国，留梦炎乘间罢之，于是宋亡。自实田，谓令民自具田亩实数。　家铉翁眉州人。宋末知建宁府兼福建转运副使，后佥书枢密院事。元兵次近郊，铉翁独不署降表。宋亡，旦夕哭泣，不食饮者数日。成宗即位，放还，赐号处士。赐赉皆不收，竟以寿终。　蒋之奇字永叔，常州宜兴人。新法行，为福建转运判官。时诸道免役，推行失平。之奇约僦庸费，随算钱高下，均取之，民以为便。之奇为部使及典会府俱以治办称，且孜孜以人物为己任。在闽尝荐处士陈烈，每行部，必造之。特以畔欧阳修之故，为清议所薄。　孙鼛字叔静，钱塘人，徙江都。徽宗时，为福建转运判官，召为屯田员外。道遇蔡京，京逆谓曰："我若用于天子，愿助我。"正言拒之。　赵令让字君序，宋宗室也。绍兴中，由永丰丞累迁福建运判兼提点刑狱公事。令让莅事明敏有风采，在朝多所建白。但在广东日，尝与副使章茇不协，阴中以法陷茇于死，世以此少之。　林枅福唐尉横九世孙也。淳熙中，除直秘阁福建路转运判官，申豁汀州无额经总制钱，减放宁化、泰宁两县苗米，论漳州子斗司收诸绝产，为豁除诸县税色，有旨兼领泉州。　薛叔似字象先，其先河东人，后徙永嘉。光宗时为福建转运判官，后为端明殿学士。言者谓其迎合韩侂胄以开兵端，又谪福州。叔似雅慕朱熹，穷道德性命之旨，谈天文、地理、钟律、象数之学。　**袁甫**字广征，庆元府鄞县人。端平初知建宁府，寻兼福建转运判官。闽盐隶曹司，例运两纲，供费后增至十有二，吏卒并缘为奸，且抑州县变卖，公私苦之，甫奏复旧例。丁米钱久为泉漳兴化民患，会知漳州赵以夫请以废寺租为民代输，甫并捐三郡岁解本司钱二万七千贯助之。　**陈塤**字仲和，庆元府鄞县人。嘉熙初为福建转运判官。塤轻财急义，明白洞达，一言之出，终身可复。虽为史弥远之甥，然不以私亲而废天下之公论。

方大宗嘉熙末为福建转运判官。时岁荒，闽人艰食，首发常平赈粜，自乡郡始，上四州委寓士蔡杭措置粜事。改创富沙庙学，撤去建安魁星祠，决滞讼，礼高年，关防乡郡挠政，未尝以公帑遗故旧。　**余祖奭**主管福建转运司文字，时建卒叶侬叛，逼漕台官吏窜匿，祖奭挺身谕贼，晓以逆顺，贼感其诚，遂退。　**赵彦棣**字文长，宋宗室也。累官福建路运干，属邑负粮盐本钱数千万，累岁不能偿，彦棣白其长蠲之。　**提刑司**　**马亮**字叔明，庐州合肥人。淳化间知濮州。会诸路转运司置纠察刑狱官，以福建路命亮覆讯冤狱，全活者数十人。迁知福州，苏易简荐亮才任繁剧。召还，后以太子少保致仕。吕夷简少时，从其父蒙亨为县福州，亮见而奇之，妻以女。世以亮为知人，但所至无廉称。

王陶嘉祐中提点福建路刑狱。以涤冤择物为心，日著声誉，但深诋陈烈为贪诈，极攻韩琦如仇雠，又忘故人姜布衣之义，君子少之。按《大明一统志》及《三山志》俱不载其字及其州邑。《宋史》有字乐道者，京兆万年人。考其出仕正在此时，疑即此人也。

罗拯字道济，祥符人。提点福建刑狱。泉州兴化军水坏庐舍，拯请勿征海运竹木，经一年，民居皆复其旧。迁转运使，邵武之光泽，不榷酒，以课赋，民号黄麴钱，拯均之，他三邑人以为便。泉商黄谨往高丽，馆之礼宾省，其王云天圣后职贡绝，敬命使与谨俱来。至是，拯以闻，神宗许之。遂遣金悌入贡，高丽复通中国自兹始。 **陈桷**字季任。温州平阳人。宣和七年提点福建路刑狱。福州调发防秋兵资粮不满望，杀帅臣，变生仓卒，吏民奔溃，阖城震骇。桷入乱兵中，谕以祸福，贼气沮，邀桷奏帅臣自毙。桷诡从其请，间道驰奏，以前奏不实待罪。朝以桷知变，释之。叛兵既调行，乃道追杀首恶二十余人，一方以安。建炎间，复除福建路提刑，寻以疾乞祠。绍兴五年，除直龙图阁知泉州。 **廖刚**建炎中，丁父忧，服阕，除工部员外郎，以母疾辞。绍兴初，盗起旁郡，官吏悉逃去，顺昌民以刚为命，刚谕从盗者使反业。既而他盗入顺昌，部使者檄刚抚定。刚遣长子迟谕贼。贼知刚父子有信义，亦散去。除本路提点刑狱。 **郑兴裔**字光锡，开封人。乾道间为福建路兵马钤辖。过阙入见，询以守吏臧否。兴裔条析以对。帝曰："卿识时务，习吏事，行当用卿。"会复置武臣提刑，就命为之。郡县积玩，检验法废。兴裔创为格目，分界属县，吏不得行其奸，因著为令。建、剑、汀、邵盐筴屡更，漕臣请易纲运为钞法。兴裔极言其不可。海盗倏去忽来，调兵常无及，兴裔请置澳长，寇至，径率民御之。兴裔，旧志作为兴宗。 **王大宝**字元龟，其先由温陵徙潮州。绍兴中，提点福建刑狱，道临漳有峻岭曰蔡冈，蓁簿蔽翳，山石荦确。盗乘间剽劫。大宝以囊金三十万，募民抉薮甃道十余里，行者便之。 **方庭实**绍兴中，以论和议力请外补，出为福建提刑。时海盗窃发，初以庭实为儒生，易之。庭实引用郑广辈，得以盗御盗之法，遂相次遁去。又奏除福建铺例和买之害，发泉州常平米斛，以赈旱饥，民赖以济。 **谢师稷**淳熙中为福建提刑，兴利除弊，有惠以及于民，详见邵武府《人物志》。

周必大字子充，庐陵人。孝宗时权给事中，曾觌龙大渊得幸，并迁知阁门事，必大力阻之，遂出知南剑州，改提点福建路刑狱。后拜左丞相。 **李孟传**字文授，越州上虞人。宁宗朝为太府丞兼考功郎。以不附韩侂胄，出提举江东常平，移福建。诏入对，首论用人宜先气节后才能，益招徕忠谠，以扶正论。故人有在政府者，折简问劳，勤甚。孟传逆知其意，即谢曰："孤踪久不造朝，获一望清光而去，幸矣。"对毕，即出关。至闽大饥，发廪劝分，民无流殍。嘉定初就迁提点刑狱。　**王爚**字仲潜，绍兴新昌人。淳祐中提点福建刑狱。爚为人清修刚劲，贾似道归天台葬母，过新昌，爚独不见之。后以元老入相位，值国势危亡之际，天下所属望也，而卒与陈宜中不协而去。　**包恢**字宏父，建昌人。淳祐中提点刑狱。闽俗以九月祠五王生日，靡金帛，倾市奉之。恢曰："彼非犬豕，安得一日而五子同生，非不祥者乎？而尊畏若是。"众感悟，为之衰止。恢历仕所至，破豪猾，去奸吏，政声赫然。　**李伯玉**字纯甫，初名城，饶州余干人。理宗朝提点福建刑狱，后又提举本路常平。度宗欲用以参大政，贾似道忌之，而伯玉寻卒。赵汝腾尝荐伯玉，请铜山铁壁，立朝风节大较似之。　**余武弼**字直孺，祖爽子。以文林郎充福建提点刑狱检法官。适临汀剽聚成擒，多武弼之策。　**提举常平茶司**　**鲍由**字钦止，处州龙泉人。徽宗朝提举福建常平。由常从王安石学，又亲炙苏轼，以诗文名世。

应孟明字行实，婺州永康人。淳熙中为福建提举常平。陛辞，帝曰："朕知卿爱百姓，恶赃吏，事有不便于民，宜悉意以闻。"孟明至部，具以临之遣意咨访之。帝一日御经筵，因论监司按察曰："朕近日得数人，应孟明其最也。"寻除江东提点刑狱。　**蔡幼学**字行之，温州瑞安人。光宗朝为校书郎。宁宗将进用之。时韩侂胄方用事，指正人为伪学，异论者文黜。幼学遂力求外补，特除提举福建常平。既至官，日讲荒政。朱熹居建阳，幼学每事咨访，遂为御史刘德秀劾罢，奉祠。　**汤汉**字伯纪，饶州安仁人。宝祐间提举福建常平，劾福州守史嵩之、泉州守谢堇。后又判福建转运，及两知福州，兼福建安抚使。汉介洁有守，恬于进取。　**赵逢龙**

字应甫，庆元之鄞人。历提举广东、湖南、福建常平。每至官，有司例设供张，悉命撤去。日具蔬饭，坐公署，事至即面问决遣。为政务宽恕，抚谕恻怛，一以天理民夷为言，民是以不忍欺。居官自常俸外一介不取。赋有逋负，悉为代输。尤究心荒政，以羡余为平籴本。 **陆祐**侯官人。为福建茶盐司干办公事，其于茶法尽心讲究无所苟。每谓榷无良法，能以仁恕存心，宽其禁网，使公家不失大利之源足矣。泉南当海舶运输之冲，部使者欲复市易。祐曰："此渔夺之术也。"言之切至，乃止。 **南外宗正司** **王迈**为南外睦宗院教授时，真德秀守福州，迈竭忠以裨郡政，相从甚欢。 **使臣** **吕文仲**字子臧，歙州新安人。雍熙中，以左正言巡抚福建，后改刑部侍郎。文仲富辞学，器韵淹雅。尝使高丽，善于应对，清洁无求，远俗悦之。然性颇龌龊，不为时论所许。

方峤仁宗朝为都官员外郎，庞籍、孙沔交荐其可用，余靖、韩宗彦又以才行遗逸举之。会遣使宽恤诸路民力，乃以峤使福建。峤询访利病，条上者甚众，后赦令施行，多峤所言。

〔元〕

福建行中书省 **高兴**字功起，蔡州人。少慷慨，多大节。世祖既灭宋，充衢、婺招讨使。从帅臣平福、建、漳三州，诏立福建行省，而命兴立行都元帅府于建宁以镇之，遂平黄华、高日新等叛乱。迁浙东道宣慰使，平处州、福建及温台海洋群盗。寻为绍兴、福建等处征蛮右副都元帅，平漳州高安寨及陈吊眼诸盗。改浙西宣慰使。黄华复叛，兴疾趋与福建军合而平之。后以参知政事行福建宣慰使，降漳州盗欧狗，迁福建行省右丞。以征爪哇功，拜福建行省平章政事。 **史弼**字君佐，一名塔剌浑，蠡州博野人。通国语，膂力绝人。至元二十一年，黄华反建宁。春复霖雨，米价涌贵。弼时任浙西宣慰使，即发米十万石，以平价粜之。而后闻于省,省臣欲增其价。弼曰:“吾不可失信,宁辍吾俸以足之。”省不能夺,益出十万石,建民赖不以饥。二十九年,拜福建行中书省平章政事。　**廉惠山海牙**字公亮,畏吾人也。布鲁海牙之孙。弱冠,大臣欲俾入宿卫,辞曰:“吾大父事世祖,以通经号廉孟子,方今设科取士,愿读书以科第进。”至治初登进士第。至正间累迁福建行省右丞,以兵镇延平、邵武,境内以宁。居岁余,奉诏还治省事,总备御事,且督赋税由海道供京师,朝廷赖焉。　**忙兀台**蒙古达达儿氏。宋二王航海,世祖命忙兀台为闽广大都督行都元帅府事,与江西右丞塔出会兵收之,降漳州守将何清。寻拜参知政事。诏与唆都等行省于福,镇抚濒海八郡。沙县盗起,忙兀台复讨平之。既而唆都召还中书,唆都在福建麾下扰民,致南剑等路往往杀长吏叛,及忙兀台至,招来七十二寨,建宁、漳州稍安乐。有旨忙兀台仍镇闽。未几,转右丞。时宣慰使王刚中以土人饶资,颇擅作威福。忙兀台虑其有变,奏移之他道。拜江淮行省平章政事。　**董文炳**字彦明,真定藁城人。宋既亡,文炳以中书左丞奉诏讨未下郡县。师既逾岭,闽人欢迎载道。漳、泉、建、邵皆送款,文炳悉慰抚之,不妄杀一人。惟兴化、汀未下,文炳欲招之。或曰:“遣一偏师,如泰山压卵耳,何以招为?”文炳曰:“执迷不服,独陈参政耳,民何辜,宁不能为数万众忍须臾哉?”未几,吴浚等以汀来归,兴化又不至,乃发兵讨之。闽人室家相保,井里如故,业市不移,民德之最深,造生祠祀焉。陈参政谓文龙也。

忽刺出蒙古氏。从伯颜取宋,屡立战功。至元十九年为福建行省左丞。黄华叛,同高兴等平之。　**唆都**扎刺儿氏,骁勇善战。宋亡,留董文炳守临安,择唆都为副。时衢、婺诸州兵起,唆都悉平之,又攻下建宁府松溪县并怀安县,迁福建道宣慰使行征南元帅府事。令其子百家奴破宋兵于崇安,夺南剑州,降福州守臣王积翁,破兴化军。攻降漳州,进参知政事行省福州。　**焦德裕**字宽父,雄州人。通《左氏春秋》,拳勇善射。世祖时累立战功,而宅心仁恕，不事苛刻。拜福建行省参知政事。　**虎都铁木禄**好读书，与学士大夫游，字之曰汉卿。仁宗尝顾左右曰："彼字汉卿，汉名卿不让也。"其母姓刘氏，故人又称之曰刘汉卿。至元末，为福建行省郎中。延祐中，大臣以浙东倭奴商舶贸易致乱，奏遣汉卿宣慰闽、浙，抚戢兵民，海陆为之静谧。　**柏帖穆尔**字君寿，蒙古人。居官所至，以廉能著声。至正中，累迁福建行省左右司郎中。国朝兵至福州，柏帖穆尔知城不可守，引妻妾坐楼上，慷慨谓曰："丈夫死国，妇人死夫，义也。今城且陷，吾必死，若等能吾从乎？"皆泣曰："有死而已！"缢而死者六人。有十岁女，度其不能自死，则绐之曰："汝稽颡拜佛，庶保我无恙也。"甫拜，即挈囊米压之死。独念宗祀不可绝，有男仅三岁，命乳媪抱匿旁近民舍，而敛金珠畀之曰："即有缓急，可以此赎儿命。"有顷，兵入城，即举灯自燃，四围窗火大发，遂自焚死。　**王翰**字用文，庐州人。初袭父爵为领兵千户，省宪共言其才，除庐州路治中，改福州路。适三魁贼起，地险猝难用兵。翰自造其垒，谕降之。升同知，又升理问官，综理永福、罗源二县。泉州土帅柳莽跋扈，连结旁郡邑，民惧汹汹。翰使人谕之，莽遂退。擢福建、江西行省郎中。陈平章以翰威望素著，表授潮州总管，兼督循、梅、惠州。元亡，屏居永福山中十年。洪武中，有上书荐之者。命下。翰叹曰："女可更适人哉？"乃为诗别其友曰："昔在潮阳我欲死，宗祀如丝我无子。彼时我死作忠臣，覆宗绝嗣良可耻。今日征书忽到门、丁男屋下三人存。寸刃在手固不惜，一死了却君亲恩。"遂自引决。翰性强介，精敏有胆略。居官廉洁，吏畏若雷霆。而其行事则一以爱民为主。　**蓝光**字仲晦，江西人。尝受业于吴澄之门。初为安南路知事。江西陷，光入闽，转行省照磨，寻升检校，综理闽清邑事，邑民怀之，改行省都事。时八郡骚扰，陈参政方事兴复。光总藩幕，独謇謇持正，偶一言不合，遂拂衣而退曰："吾岂贪禄者哉？"省宪交章荐之。会国朝兵南下，全闽弗守。光深衣幅巾，隐居教授，趣三十二载卒。光清淡寡欲。延接士类，不苟假借。善诗文，考古制度尤加精密。　**福建道宣慰使司**　**塔里赤**康里人。幼颖异，好读书，尤善骑射。从丞相伯颜渡江。塔里赤领军至福建，所过秋毫无犯，降者如归，以功迁福建招讨使。时诸郡盗起，而陈吊眼最盛，陷漳州。行省承制，命塔里赤为闽广大都督、征南都元帅，总四省军，复漳州，生擒陈吊眼，诛之。后改福建宣慰使。

李恒字德卿，其先姓于弥氏，唐末，赐姓李，西夏国主之后也。元初，为福建宣慰使，寻改江西。文天祥复取汀州，围赣州尤急。或言，天祥坟墓在吉州者，遣兵发之必下。恒曰："王师讨不服耳，岂有发人坟墓之理！"　**福建道宣慰使司都元帅府**　**百家奴**唆都之子也。元初，以平闽、广功，为海外诸藩宣慰使，兼福建道市舶提举，守福建，俄兼福建道使司宣慰使都元帅。是时，福建多水灾，百家奴出私钱市米以赈贫民，全活者甚众。　**王都中**字元俞，福宁州人。泰定间，由福建闽海道肃政廉访使迁福建道宣慰使都元帅。当世南人以政事之名闻天下，而位登省宪者，惟都中而已。　**搠思监**怯烈氏。元统初为福建宣慰使都元帅；居三年，通达政治，威惠甚著。后改江浙行省右丞。福建盐法久坏，诏搠思监往究其私鬻、盗鬻及出纳之弊。至则悉廉得其利病，为罢行之。搠思监早有才望，后为相，乃与朴不花賫缘为奸，论者谓元之亡搠思监之罪居多云。　**彭庭坚**字元诚。至正中摄佥都元帅府事，与邵武路总管关按滩不花[4]夹攻邵武，寇遁，追斩渠凶董元帅等，邵武悉平。升同知福建道宣慰使司副都元帅，镇邵武。寇陷建宁县，庭坚率民兵降之。江浙行省檄庭坚节制建宁、邵武诸军。镇抚万户岳焕隶麾下，素悍，纵卒为暴，庭坚欲绳以法。焕惧，使部卒诈为贼兵，突入，众皆溃，庭坚独留不去，遂遇害死。柩还崇安，民立祠祭祷，数降灵响，旁邑立祠亦如之。事闻，赠福建道宣慰使都元帅，封忠愍侯。庭坚，《建宁志》字舜臣。　**陈君**

用字子材，延平人。少负气，勇猛过人。初，汀寇骚动，君用集壮士保其乡里，寻从征讨，屡获赏。海寇陆梁，君用讨平之。及红巾寇闽，帅府授君用南平县尹，给楮币五万缗，募兵击之。君用益以私财，应者甚众，无不以一当十。每战，君用必先登陷阵。诸邑为贼所陷者，悉复之。以功授同知建宁路事。无何，红巾围福州，君用自建宁率兵来援，大败贼众。廉访佥事郭兴祖佩君用明珠虎符，使权同知副都元帅。遂引兵逾北岭，至连江，阻水而阵。率壮士六十人徒涉斩杀，贼稍溃。既而复合，君用大呼，转战中枪而死。事闻，赠怀远大将军同知浙东道宣慰使事副都元帅，追封颍川郡侯，谥忠毅。 **福建闽海道肃政廉访司** 王恽字仲谋，卫州汲县人。福建闽海道提刑按察使，黜官吏贪污不法者凡数十人。察系囚之冤滞者决而遣之。戒戍兵无得寓民家，而创营屋以居之。每谓闽郡县连山距海，而治之本于得人[5]。乃上言，请释清望素著有文武才者[6]为行省官，以镇静之。时行省讨剧贼钟明亮无功。复上言，宜选精兵，申明号令，专命重臣节制，以计讨之。

程钜夫初名文海，后避武宗庙讳，以字行，建昌人。至正三十年[7]，内侍御史授福建廉访使[8]，兴学明教，士有才行者与之为礼。至于正风俗，恤民隐，奖廉勤，察贪残，表贞节，尤加之意。御吏甚严为，然不以微罪弃人，吏民畏爱之。 乌古孙泽字润甫，临潢人。其先女真乌古部，因以为氏。泽性刚毅，读书举大略，一切求诸己，不事章句，才干过人。至元十四年，从元帅唆都平闽、广，累官至海北、海南廉访使。至大元年，改福建。泽宿有德于闽，闽人安之。有芝五色产于宪司澄清堂，士民以为泽所致。

赵宏伟字子英，甘陵人，后徙颍川。延祐三年为福建道肃政廉访使。未几以疾辞。宏伟以战功致通显，然居官所至，尝擅发官廪，以活饥民，延礼名儒，以教后学。他善政尤多。 答里马高昌人。泰定元年为福建廉访使，朝廷遣宦官伯颜催督绣段，横取民财。宣政院判官术邻亦取赂于富僧，答里马皆劾之。 拜降字子谦。至顺元年为福建廉访使。初,闽有巨跖志在专欲,以计尽去同列,民罹其害。文宗闻之,亟遣拜降莅闽,以拯涂炭。时拜降任平江府尹,视篆甫旬日,闻命即行。比至,廉得巨跖之状,闻于朝,殛之,而复耨剔其奸秽,抚摩其疮痍,闽人大悦。寻迁使浙西,闽人为立去思碑。　**贡师泰**字泰甫,宁国之宣城人。至正十五年为福建廉访使,未几,除礼部尚书。二十年又除户部尚书,俾分部闽中,以闽盐易粮,由海道转运给京师,凡为粮数十万石,朝廷赖焉。　**宝哥**畏兀氏。至正初为闽海道肃政廉访司副使,莅官廉洁有风力,官吏畏其威而修其职,士民乐其政而安其生。既去,民为立去思碑。　**张孝思**佥福建廉访司事,至元三十年按郡至兴化,廉直守法,摧击奸贪,发廪以活饥民,筑堤以遏海潦,宽征均徭,戢兵弭盗,复置养济院于望京门外,官给廪饩以居养郡之疲癃残疾颠连而无告者。　**范椁**字亨父,一字德机,清江人。由翰林供奉改擢福建闽海道知事。闽俗素污,文绣局取良家子为绣工,无别尤甚。椁作歌诗一篇,述其弊,廉访使取以上闻,皆罢遣之,其弊遂革。椁持身廉正,居官所至,兴学教民,雪理冤滞甚众。吴澄为文志其墓,以东汉诸君拟之。　**行御史台**　**韩准**字公衡,沛县人。登进士第,历江西湖南道廉访副使、江西行省参知政事、行台治书侍御史、江浙行省左丞,改福建廉访使,复为侍御史,请老未报。国朝兵下闽,城陷,准籍稿堂下,以丧礼自处。吏来追其宣敕,准取而枕之,厉刃向吏曰:"此吾所受于君者,必欲取之,并取吾首去。"吏不敢迫。制度更新,乃着帽终日,及病,遂不服药而卒。准性端严,在江西时,陈友谅攻破隆兴,来见准。准疾,面壁卧不答。既去,使人致粮,亦却不受。平居端坐,寡言笑,然对宾客谈论,亹亹不倦。为文章简古,不事华藻,所著有《小学阙疑》及《水利通编》。　**奉命征讨帅臣**　**完者拔都**钦察氏,其先彰德人。至元十八年,闽贼陈吊眼作乱,由高邮达鲁花擢镇国上将军福建等处征蛮都元帅,命往讨之。遂擒吊眼至漳州,斩以示众,加管军万户，仍兼本官。　**阿剌罕**扎剌儿氏。至元十年三[9]以参知政事同左丞董文炳率高兴等攻浙、闽诸郡，入建宁。知邵武军赵时赏弃城走；知南剑州王积翁、知福州王刚中俱以城降，漳州亦送款。不妄杀戮，闽人德之。江南平，仍以本官行江东宣慰使。

使臣　**野讷**畏吾氏。武宗时，野讷以侍御史兼将作院使。闽有绣工，工官大集民间子女居肆，督责吏因为奸利，野讷奏罢之，闽人感悦。寻兼太医院使。　**齐履谦**字伯恒。泰定二年，以太史院使奉使宣抚江西、福建，黜罢官吏之贪污者四百余人，蠲免括地虚加粮数万石。州县有以先贤子孙充房夫诸役者，悉罢遣之。福建宪司职田每亩岁输米三石，民不胜苦，履谦命准令输之，由是召怨。及还京，宪司果诬以他事。未几，诬履谦者皆坐事免，履谦始得直，仍复其官。　**李士瞻**东安人。为翰林学士承旨封楚国公。尝使闽，适海酋据福州城，王师攻之不下。瞻谕以祸福，酋遂出降，闽人立祠祀之。

〔国朝〕

福建等处承宣布政使司　**郑思先**洪武中为福建布政使。学通经史，于为政宽严适宜，务与民同其好恶，人皆安之。

蔡喆洪武中为福建参政。廉明自持，政事以正风俗、合民心为要，民皆慕之。　**杨景衡**永嘉人，洪武间为福建参政。廉慎自持，识达大体，佐闽藩三十余年，终始不渝其美，人皆称之。　**王钝**洪武中为福建参议，升参政。宽慎廉介，民怀其惠。　**房安**永乐初为福建参政。莅政有方，抚良善，纠贪墨，郡县肃然。

李颙惠州博罗人。景泰间佥福建按察司事，公明而有断，一时风裁凛然。升福建布政司参政，提督海道。兴化有豪家隶戍籍，连姻卫帅，怙势武断乡曲，威夺人田地子女，莫敢谁何。颙廉得其实，捕置于法，阖郡称快。郡有郭孝子，墓祠久废，颙为重建之。

其他善政尤多。后入工部侍郎。　**郑湜**字仲持，浦江人。有诬其家交通贼臣者，祸不可测。湜与其兄濂争下狱。太祖闻之召见，慰谕甚至，拜湜为福建布政司左参议。湜至，吏民稔闻其家声，相戒勿犯。豪将病民者，湜与之争可否，亦皆帖服。南靖县民为乱，诖误者数千人，部曲多掠其妇女为婢。湜言于诸将，悉纵遣之。有商为盗所杀，盗既获，以无尸可检验，不服。湜夜取盗鞫讯，因缚置于庭，而匿吏案下，俾听其私语，果得其撇尸之处，闽人以为神。　**郭琎**洪武末为福建参议，咨询民瘼，兴学劝士，立政事处，官僚不同而和。尝遇祭祀，猪羊已备，御吏退其小者，民诉于琎，琎乃大书朱字于头角曰"验中"，卒用之。　**福建等处提刑按察司**　**陶垕仲**洪武中为福建按察使。下车即进耆老，谘诹民瘼，禁豪强，戒侵渔，与师生讲经习射，执宾主礼。尝劾布政使薛大昉贪墨，大昉亦诬垕仲。始垕仲去，军民号泣拜留，为之谣曰："陶使若归天有眼，薛公不去地无皮。"比还，迎者数千人欢呼遮道。　**邵汜**金华之兰溪人。永乐中为福建按察使。用法平恕，而严明之政，廉洁之操，二十余年始终一致。　**李素**宣德中以副都御史调福建按察使。刚方简重，宪度肃然。秩满，民遮留之，乃进二品禄。及致仕去，民思之。　**王琏**洪武中为按察司副使。以激浊扬清为己任，深得风宪体。尤精于法律，凡审狱不恃鞭挞，必由理以探其情，无有隐其慝者。　**吴中**眉州人。天顺初为福建按察司副使。莅官严毅而不过猛。分宪所至，官吏敬而惮之。时未设提学，宪臣中考校诸生，黜陟允当，人服其公明。**郑佑**衢州常山人。天顺中为福建按察司副使。正而不激，严而不苛，宽而不纵，持宪务存大体。时有旨命巡按御史会藩宪重臣考察郡县官，宪司因推佑以行。所至黜陟甚当，论者以为佑之助居多。后以公事过家卒，闽人惜之。　**游明**字大升，南昌丰城人。天顺中为福建按察司佥事。奉敕提督学校，待诸生有恩义，而尤以公廉著称。满九载，进副使，仍提督学校。未几，成化间卒，八郡诸生皆为位于僧寺而哭之。 **谢肃**洪武中为福建佥事。质性端谨，文词雅赡，与陶垕仲协持风纪，闻望烜赫，人皆称仰之。

沈镒洪武中，由佥事左迁闽县典史。公勤敬慎，兴学校，恤下民。永乐中，复升福建佥事，持守如一日。 **吕升**永乐中为福建佥事，笃学励操，狱多平。仆从之类，亦训以《论语》、《孝经》，声誉大著。 **鲁穆**台州天台人。宣德中为福建佥事，肃清宪度，申理冤抑，除害旌善，作兴人才，入为佥都御史。穆刚正清谨，内恕外严，执法不回，介然有守，敭历中外三十余年，被服一如寒士。

牟俸字公爵，重庆巴县人。天顺中佥福建按察司事，行部所至，郡县肃然，人称其有风力。 **福建都指挥使司** **赵奎**洪武中为福建都指挥使。刚直忠厚，训练士卒，号令严明，能以恩威兼济。在任十年，镇之以静，军民咸赖之。 **邓安**定远人，福建都指挥佥事。多智计，有威望。正统己巳，沙、尤寇邓茂七攻劫城邑，诸邑民多避地入城，城中群不逞将乘机为奸利。安捕杀其首恶数人，而复精选将士，勤训练，严讥察，以警备之。一城生聚，咸倚赖然。 **钱辂**字廷用，滁之全椒人。初为永宁卫指挥同知，有才略，以荐协辅都指挥王胜总督军务。时海寇严启盛恃险为乱。辂躬率舟师追七日夜，至黑水洋及之。大小十一战，贼败走。寻复从征沙、尤，斩贼酋周政通，以功升福建都指挥佥事。辂知书，事母孝，教子严，治家有法，闺门内外肃然。 **武成**顺天府通州人。初为泉州卫千户，有勇略，善骑射。正统末，沙、尤寇起，成累立战功，升本卫指挥佥事。天顺间，龙岩、上杭寇窃发，成复有战功。成化初，当道荐其有将才，召至京，以母老乞归养。寻升福建都指挥佥事，总督海道。成性孝友，又能礼贤敬士，不类行伍中人。 **王胜**字子奇，庐州合肥人。正统间为福建都指挥佥事，奉敕提督海道。景泰初，贼首陈宽让聚众千四五百人，寇海上，胜悉招抚复业。未几，贼首严启盛复聚众寇海上，杀掠官军，胜又奉宣朝廷威德谕之，亦皆纳款。事闻，俱有织金文绮之赐。天顺初，巡按御史夏埙复荐胜专署都司事。胜事母甚孝，莅官清介，终始不渝。尚书孙原贞镇闽，高其行，尝为树表于通衢，匾曰“孝廉”。后有司复以其孝行上，请诏旌表其门闾。

福建行都指挥使司

丁泉东平汶上人。为福建行都司都指挥佥事。天顺六年，上杭草寇窃发，泉往备御之，邑赖以全。明年，寇复攻城，泉躬率士卒，且战且守，寇力屈退去。未几，巡按伍骥奉命督诸军往剿，捕之。泉直捣其巢穴，攻破石马岐等寨。泉与贼遇，力战而死，邑民哀感，像而祠之。

镇守

孙原贞江西德兴人。历河南参政、浙江左布政使，升兵部左侍郎，巡抚浙江。景泰间改镇守福建，宽而有制，廉而有为。寻复巡抚浙江，升兵部尚书致仕。

巡抚

高明字上达，江西贵溪人。累官南京右佥都御史。成化六年，以亲老无他兄弟侍朝夕，乞致仕归，不允。章凡三上，朝廷勉循其意，暂许归养，命亲终复来供职。十四年，汀之上杭草寇窃发。廷议明有才略，可委以平寇之任，仍遣使奉玺书就其家，起之。明闻令，幡然就道。未至，闻寇已平，乃躬诣其地，招流亡，抚疮痍，民既安辑，复奏立永定县以控制之。事竣，复赐敕留巡抚福建。明遂引疾，遣人缴纳其所奉玺书，乞骸骨，不俟命，径归。朝廷怜之，特赐致仕。卒于家。

奉命征讨帅臣

汤和凤阳人，刚毅有智略。元末，兵起，率子弟归附从征，渡江领兵征伐，所至克捷。累功，官至御史大夫。由海道入闽，市不易肆。论者谓其全闽之功视元董文炳有过无不及也。卒追封东瓯王，谥襄武。

巡按

许仕达徽州歙县人。景泰初巡按福建。时兵荒之余，仕达欲裁省郡县冗费，以纾民力，乃创置簿籍，官识以印章，分给县各里，凡里中供应所出多寡，皆令长里者自书于籍。按临所至，辄取而稽考焉。自是，郡县有所畏惮，科征颇省。居一年，与巡抚大臣可否事，交上章争辩，有旨命仕达还朝。闽之耆老相率诣阙，乞留之。因命复巡按一年，仕达按闽，风采凛然，后升福建布政司参政，声望遂减。 **夏埙**台州天台人。天顺初巡按福建，提宪简重得大体。尝奉命考察方面大臣，黜陟甚协舆论。 **任骥**字体驯，吉安安福人。天顺六年巡按福建。时上杭寇起，骥不俟调兵，仅以数卒自随，直抵其他，为备御计。寻奉命督诸军剿捕。寇至，屡战却之。夙夜在军，不避艰险，月余振旅而还。竟以劳致疾，抵京卒。邑民感其功，立祠祀焉。

郡 县

福州府

〔后汉〕**贺齐**字公苗，会稽人，建安元年孙策渡浙江，以齐领南部都尉。时会稽太守王朗奔东冶，候官长商升为朗起兵，齐告喻陈祸福，升遂降。既而建安兴，南平复乱，郡发属县五千兵，各使本县长将之，皆受齐节度。遂大破之，斩首六千级，各帅尽擒。

〔晋〕**严高**太康中为晋安太守。以宽惠得人心。在郡尝改筑州城。 **刘琨**字越石，中山魏昌人。为晋安太守。后以战功著名。 〔刘宋〕**虞愿**字士恭，余姚人。泰始末为晋平太守。前政与百姓交关，质录其儿妇，愿遣人于道夺取，还之。在郡不事生业，立学堂教授。郡旧出蚺蛇，胆可为药。有遗愿蛇者，愿不忍杀，放二十里外山中。一夜，蛇复还床下。复送四十里外，经宿复归。论者以为仁心所致。海边有越王石，常隐云雾，相传清廉太守乃得见。愿往就观，清彻无所隐藏。 **王秀之**字伯奋，瑯琊临沂人。元徽间为晋平太守，遗书朝士曰："此郡承虞公之后，善政犹存，遗风易遵，差得无事。"期年求还。或问其故，答曰："此郡沃壤珍阜日至，人所昧者财，财生则祸遂，智者不昧财，亦不遂祸。

吾山资已足，岂可久留，以妨贤路。”乃上表请代。时人以为王晋平恐富，求归。　〔梁〕　**范缜**字子真，南乡舞阴人。天监初为晋安太守。在郡清约，资公禄而已。迁尚书左丞。及还，虽亲戚无所遗。　**羊侃**字祖忻，泰山人。南归建邺，仕梁为监郡，治迹著闻。　〔宋〕　**侯赟**并州太原人。开宝中，历知建安军、扬、徐二州，皆有善政。太宗即位，移知福州。　**谢泌**字宗源，歙人。景德初知州事，代还卒。民相与缟素，立祠祀之。继守严辟疆，询其思之故。民曰：“侯于吾民，天地也。不张权，不恃威；兄弟相争者，训之；顽狠者，类之；讼几乎息矣。”是时，辟疆尚严，闻其言，刑亦为宽。陈烈为祠记。　**袁逢吉**字延之，开封鄢陵人。初知夔州，会遣使川陕采访，因条上知州通判有治迹者七人，逢吉与焉，皆赐诏褒谕。景德三年知福州。　**王平**大中祥符中知州事。转运使王赘言：“福州官田宜依漳、泉例课租。”平奏赘额外增税，乃止。民受其惠。　**王臻**字及之，颍州汝阴人。天禧中知州事。闽人欲报仇，或先食野葛，而后趋仇家求斗，即死其处，以诬仇人。臻辨察格斗状，被诬者往往释去，俗为之少变。又民间数以火讹相惊，悉捕首恶，杖之，流海上，民乃定。　**胡则**字子正，婺州永康人。乾兴初坐丁谓党，自太常少卿降知信州。天圣初徙福州。时张希颜奏请福州官庄田纳二税外，仍输租米。则奏云：“官田多瘠少肥，且地临巨海，风潮漂荡，州县艰于催督，乞仍纳二税，不输税课。”诏从之，民以为便。则果敢有才气，但居官无廉名，又崇信龙昌期异端之学，君子病焉。　**章频**字简之，浦城人。以雅善丁谓，由侍御史降监饶州酒，起知信州。天圣中，寻知福州。王氏时赋民官田岁输租税而已，至是，转运使方仲荀鬻之可得缗钱二十余万。频上疏言：“钱数浩大，督输严峻，有佃户九百余人，俱诉贫乏，无可输价，望赐蠲除，则二万余家庶获存济。”诏悉除之。

郑载天圣末知州事，时称循良。先是，谢泌、王臻、章频皆贤，故民歌曰:“前有谢王,后有郑章。” **高觌**字会之,宿州蕲人。初为京西转运使,徙益州,奏罢彭州采金之役。王蒙正恃章献太后亲,多占田嘉州,诏勿收赋,又极论其不可,坐失察嘉州守张约受赇,贬通判杭州。明道中徙知福州。 **沈邈**字子山,信州弋阳人。初补大理评事,知侯官县。康定二年知福州。邈疏爽有治才,立朝言事甚切,然性少检,颇以酒失自累。 **蔡襄**庆历间,由右正言直史馆出知福州,以便养亲。未几,改福建转运使,兴水利,减口税。值岁旱,襄为文祷于鳝溪庙,大雨随至。寻以外艰去。嘉祐初再知福州,复疏导附城河浦,溉民田至三千六百余顷。延礼名士,诲诸生以经学,作五戒以教民。又教民医药而断除其巫觋主病及蛊毒杀人等害。闽俗重凶礼,亲亡或秘不举,至破产饭僧,亦下令痛禁止之。民刻石以纪其政,仍立生祠祀焉。 **刘夔**字道元,崇安人。皇佑中知州事。郡人周希孟学行高古,夔亲至其学舍,质问经义。未几,请解官,入武夷山为道士,弗许。知建州。寻以户部侍郎致仕。 **曹颖叔**字秀之,亳州谯人。皇祐中,侬智高寇岭南,朝议以闽中久驰兵备,擢天章阁待制知福州。颖叔所至,能推恩行利,划烦去蠹,其治不下古人。 **范师道**字贯之,苏州长洲人。嘉祐六年,为兵部员外郎兼御史,与谏官御史数奏枢密副使陈升之不当用。升之罢,师道亦出知福州。顷之,入为三司盐铁运使。师道厉风操,前后在言责,俱有闻。 **元绛**字厚之,钱塘人。嘉祐间知州事,以文学为士民师范。奏罢闽中钱氏时无名之征。凡其所莅,皆有异政。但谄事王安石及其子弟,时论鄙之。 **程师孟**字公辟,吴人。熙宁初知州事。先是郡守章岷奏修筑子城,郡人皆以为费多役广,恐不可成。师孟至,谓转运使曰:“第得钱二十万,半载可就。”乃拓旧基西南隅修筑,浚隍为桥,果半载讫工。一时治行为东南最。师孟累领剧镇,为政简而严,发隐摘伏如神,所部肃然。历洪、福、广、越,民皆为立生祠。《宋史》本传谓其在福尝建学舍。考之旧志,盖郡人韩昌国等白师孟,出己钱以建。　**曾巩**字子固,建昌南丰人。熙宁末知州事。时剑州将乐盗廖恩既降,余众复合,阴相结附,旁连数州,居人慑恐。巩以计罗致之,继自归者二百人。又擒海盗数十人,奏增并海巡检员。自是境内盗尽息。独多佛刹[10],其富饶争欲为主守,赇请公行。巩俾其徒相推择,识诸籍,以次补之。授帖于府庭,却其私谢。又禁妇女毋得入僧寺。福旧无职田,岁鬻园蔬,收其直自入,常三四十万。巩曰:"太守与民争利,可乎?"罢之。巩尝谓州县因于文移烦数,民病于追呼之扰,故所至州不遣人至县,县不遣人至田里,所者文移至数倍,令行禁止,囹圄屡空。吏民初或惮其严,已而皆安其政。既去,久弥思之。　**孙觉**字莘老,高邮人。元丰初知州事。闽俗厚于婚丧,其费无艺。觉裁为中法,使资装无得过百千。令下,嫁娶以百数,葬埋之费亦率减十五。　**刘瑾**字元忠,吉州人。元丰中知州事。瑾素有操尚,所莅以能称。然御下苛严,少纵舍,好面折人短,以故致訾怨。　**柯述**元祐中知州事。时社稷坛在乌石山之阴,述辟而新之。自景德建学,大比例为集试所,生员逡巡,邸宿于外,甚至先圣释奠亦移他所。述乃择州治东南公廨及废地为试院,构室至百二十区,士人便之,为立祠院中。后又尝提点福建刑狱。　**陈轩**崇宁初知州事,以仁爱及百姓。　**邓宁**知福州有治绩,详见延平府《人物志》。　**刘韐**宣和五年知州事。后入朝出使死国难。　**江常**靖康初知福州,有治绩,详见泉州府《人物志》。　**程迈**徽州黟县人。建炎末知州事。时建寇猖獗,迈乞师于朝,合孟庾、韩世忠讨平之,郡人立孟、韩生祠于圆明寺野意亭,而立迈生祠于圆明三门之中阁,因更"武备堂"曰"止戈"。虎节门内旧有六井,岁久多湮,迈悉浚之。

张守字子固,常州晋陵人。绍兴初知州事。时右司员外郎张宗臣请筑福州城,守奏州人困弊请俟他年,遂止。闽自范汝为之扰,公私赤立。守在镇四年,抚绥凋瘵,且奏蠲福州所贷常平缗钱十五万。初伪闽以八州之产分三等,上者给寺观,中下者给土著、流寓。守与士大夫谋为实封之说,存留上等四十余刹以待高僧,余悉为实封,金多者得之,岁入不下七八万缗,以助军衣,余宽百姓杂料,时实便之。 **张致远**沙县人。绍兴初,建寇范汝为已降,犹怀反侧,而招安官谢向、陆棠受贼赂,阴与之通。致远谒告归,知其情,还白执政,捕棠等付狱。诏孟庾、韩世忠讨之,辟致远为随军机宜文字。贼平,除两浙转运判官,迁侍御史,请罢榷福建盐。累迁显谟阁待制,知台州。朝廷以海寇郑广未平,改知福州。广等降,致远选留四百人置营城外,余遣还业。复遣广讨他郡诸盗,数月悉平。 **薛弼**字直老,温州永嘉人。绍兴间,福州大盗有号管天下、伍黑龙、满山红之属,其众甚盛。诏升弼集英殿修撰,知福州,弼言昔守章贡,有武夫周虎臣、陈敏者,丁壮各数百,皆能战,视官军可一当十,乃以虎臣为副将,陈敏为巡检,选丁壮千人,号奇兵,日给糗粮,责以灭贼,凡四年,而贼平。弼始为岳飞参谋。秦桧诬飞下吏,弼以尝游桧门下得免,且为桧由,世以此少之。 **王纶**字德言,建康人。绍兴间为监察御史。以忤桧罢去。桧死,召为起居舍人,累迁资政殿大学士,知福州,高宗解所御犀带赐之。 **汪应辰**字圣锡,信州玉山人。绍兴末知州事,宽厚待民。奏蠲一切苛征。 **赵子潚**宋宗室也。隆兴初知州事。岁饥,告籴旁郡,米价顿平,民赖以济。 **史浩**字直翁,明州鄞县人。乾道末,以前宰相知福州。淳熙五年再入相。史谓其宅心平恕,而不能相其君恢复之谋。 **梁克家**淳熙间以前宰相知福州,在镇有政绩。又尝纂集《三山志》四十卷。赵雄奏欲令再任,降旨,仍知州事。克家才优识远,谋国尽忠,尤留意民事,不以贵显自泰。 **赵汝愚**字子直,宋宗室,居饶之余干县。淳熙中知福州。仁厚恺悌,持身洁白。州西旧有湖,溉民田数万亩,后为豪猾湮塞为田,遇旱则西北一带高田无从得水,遇涝则东南一带低田沦为巨浸。汝愚请复开浚,从之。越四载,移四川制置。绍熙初以敷文阁学士再知州事。逾年，召知枢密院事。　**林枂**绍兴中主闽县簿，累调福清丞。敏于为政，以清惠称。每征里正，必下阶与之语，人人感激。尝出己俸以修学馆。后知福州。前守马大同、赵汝愚欲甓城不果，枂遂成之，周围四千丈，竣事而民不知。在郡简讼宽赋，民方便之。　**詹体仁**字元善，浦城人。孝宗将复土，体仁言：永阜陵地势卑下，非所以妥神灵。与宰相异议。除太府卿，寻直龙图阁，知福州，言者竟以前论山陵事罢之。在郡尝出钱助修郡学，以毕前守辛弃疾之功。　**陈居仁**庆元二年知福州。入境，有饥民啸聚，部分逻兵遮击之[11]，首恶计穷，自经死。治宗室之暴横，申蛊毒之旧禁。又明年，被召去。居仁风度凝远，处己应物，一以诚信，临事毅然有守。所至号称循吏，皆立祠祀之。　**李大性**字伯和，端州四会人。累官至户部尚书。朝论将用兵，大性条陈利害，主不宜轻举之说，忤韩侂胄意，出知平江，移知福州。后再知平江，引疾丐祠。　**倪思**字正甫，湖州归安人。历知泉州、建宁府，后为礼部尚书，因论事忤史弥远，力求去。遂以宝谟阁直学士知镇江府，移知福州。弥远拜右丞相，陈晦草制，用“昆命元龟”语。思叹曰：“此舜禹揖逊也。”乃上省牍，请贴改麻制，诏下分析，弥远遂除晦殿中侍御史，即劾思藩臣潜论麻制，镌职而罢。史称思直辞劘主，又屡触权臣，三黜不变其风概，有可尚焉。　**黄度**字文叔，绍兴新昌人。嘉定二年知福州。始至，讼牒日千余，度随事裁决，日未中而毕。史称其守正不阿，进退裕如，可谓粹然君子也。　**曾彦约**字简浦，都昌人。尝从朱熹讲学，嘉定末，以宝谟阁待制知成都，改知福州。史称彦约可与建立事功。　**王居安**字资道，台州黄岩人。宝庆间知福州，寻提举崇福宫。将行，盐寇起宁化。居安以书谕汀守曰：“土瘠民贫，业于盐，可尽禁耶？且彼执三首恶以自赎，他可勿治。”部使者遣左翼军将邓起提兵往。起贪夜冒险与寇角以死，军遂溃。事闻，命居安专任招捕。居安既留，募军校刘华、丘锐者，授以计划。至汀，而贼已至郡矣。贼知帅有抚纳意，即引退。华、锐出入贼中，指期约降。有以右班摄汀者，倔强好大言，以知兵自任，欲出不意为己功。贼知其谋，败降约，而建、剑诸郡并江西啸聚蜂起矣。居安议不合，叹曰："吾可复求焦头烂额之功耶？"即拜疏而归。　**真德秀**字景元，后更字景希，浦城人。端平初知州事，戒所部无滥刑横敛，无徇私黩货，罢市令司曰："物同则价同，宁有公私之异。"闽县里正苦督赋，第之属县苦贵粜，便宜发常平赈之。海寇纵横，次第擒殄之。复迎聘耆儒，月临讲席，以教郡之秀民。去任，郡人走送，自谯门至舟次，弥望数里不绝。　**余天锡**字纯父，庆元之昌国人。理宗朝知福州。天锡性谨愿，与其弟天任友爱尤至。

曹豳字西士，温州瑞安人。初为左司谏，与王万、郭磊卿、徐清叟俱负直声，时号"嘉熙四谏"。因论余天锡、李鸣复忤旨，迁起居郎，进礼部侍郎，不拜，疏七上。久之，起知福州。再以侍郎召，为台臣所沮，遂守宝章阁待制致仕。　**赵葵**字南仲，荆湖制置使方之子。淳祐二年，以大学士知潭州，改福州。三年，葬其母，三上疏，乞追服终制。史称葵自端平以来朝廷倚之如长河之势，及其筋力既老，而卫国之志不衰，亦曰壮哉。　**陈宜中**字与权，永嘉人。景定中知福州。在官得民心，岁余，入为刑部尚书，后拜右丞相。元兵入临安，宜中随二王航海。景炎二年，度国事不可为，逃之占城。元兵伐占城，宜中走暹卒。　**王镕**景定五年知州事。先是，州学火，镕至悉重建之，庙学一新。　**吴革**咸淳二年知福州。为政雅重风化，尝创道立堂，祠濂溪以下诸贤，而附以贤牧。又创经史阁。官至户部尚书。　**陈铸**康定初知南雄，秩满，以母老不复请郡，求通判福州以便亲养。蔡襄序其行卷，谓铸之孝，足为人子之劝。福州自景祐建学，弦诵无间。铸亟赞其守延师增廪以教之，一时学者靡然偏慕。详见兴化府《人物志》。　**林霁**字德浦，深之之子也。绍兴中通判福州。适朝廷计僧口给食，悉籍余财输户部。雱以闽中地瘠民贫，州郡色色取办寺观，若余财悉籍户部，则州之岁计敛必及民，遂白府帅张澄，乞奏于朝，自计口外，余财充岁计。朝廷如其请。　**姚希得**字逢原，潼川人。为福州通判，徒步至侯官，吏不知为通判也。希得忠亮平实，清俭自持，好引善类，不要虚誉。　**胡铨**字邦衡。任绍兴间为枢密院编修官，上疏痛排和议，乞斩秦桧、孙近、王伦。桧怒，黜铨监广州盐仓，寻改佥书威武军判官。　**林深之**字原叔，莆田人。为福州观察推官。时观察温定简公事无钜细一听深之处裁。尝以疾在告，定简语客曰："吾左右手今日病矣。"按《三山志》，绍圣四年，温益知州事，考深之为推官正在此时，疑温定简即益也。　**罗必元**字亨父，隆兴进贤人。嘉定间为福州监察推官。有势家李遇夺民荔枝园，必元直之。遇为言官，以私憾罢之。必元学有渊源，见理甚明，风节甚高，人尊慕焉。　**方峤**景祐中为福州司理参军，刚直自任。州民郑以诬系狱，守促令引服，峤力辩其无罪，守不能夺。郑感泣，像峤祠之。　**张次夔**为福州司理，有直声，详见建宁府《人物志》。　**刘翔**为福州教授，善于其职，详见建宁府《人物志》。　**〔元〕　熊朋来**字与可，豫章人。宋咸淳中登进士第。元初隐处州里间。江西省臣列荐为闽海提举官，而朝廷以东南儒学之士，惟福建、庐陵最盛，特起朋来连为两郡教授。所至，考古篆籀文字，调律吕，协歌诗，以兴雅乐。制器定辞，必则古式，学者化焉。既满考，以常格调建安主簿，不赴。晚以福清州判官致仕，朋来视之漠如也。　**刘直内**东武人。大德间为府学教授。尝改创尊道堂以祀先贤，而列祀乡贤、贤牧于其两庑。又凿池构亭于其东，为诸生游息之所。卒祠于学。　**陈旅**笃志于学，于书无所不读。用荐者为闽海儒学官。　**〔国朝〕　杨士英**洪武初知福州府。持身廉洁，为政严明，兴礼让，厚风俗，凡百建置，俱有条理。吏民感服，清誉大振，邻郡皆取则焉。　**福州右卫**

陈旺字邦盛，连江人。自少笃于孝友，兄兴为副千户卒，未有子，旺袭其职。越五月，兄子恭始生，未五岁，调为福州右卫镇抚。濒行，其嫂氏惧涉瘴乡，负恭匿去。旺泣下，索之旬余始得，遂携以偕行。又迎寡姑及嫂氏与俱，冀以全其节。比恭长，即以其职归之。将卒，嘱其二子分家资之半以与恭。平生凡闻人语及其父母兄弟，或接之于梦寐，辄泪下，竟日不乐。居官以廉谨练达著名。

校　注

[1] 见卷三十校注[10]。

[2] 雍正《福建通志·名宦》作“贞元末”。

[3] 雍正《福建通志·名宦》作“海贼姜大獠”。

[4]《闽书·文莅志》作“吴按不花”。

[5]《闽书·文莅志》作“治在得人”。

[6]《闽书·文莅志》作“请择清望素著有文武才者”。

[7] 按至正为元顺帝年号，仅二十八年。此言三十年有误。据《元史》本传，应是元世祖至元三十年。

[8]《闽书·文莅志》作“由侍御史授福建廉访使”。此处“内”字为“由”之误。

[9]《元史》本传作“至元十三年春”。

[10] 万历《福州府志·官政》作“福多佛刹”。

[11] 此句费解。据万历《福州府志》，“部”字为“即”之误。“迓”字疑衍。全句似应为“即分兵遮击之”。

八闽通志卷之三十七

秩　官

名　宦

郡　县

福州府

闽县

〔唐〕　**李茸**太和中令闽县。县滨海，潮水咸卤，禾苗多死。茸筑堤及立斗门以卸潮，旱则潴水，雨则泄水，其地遂为良田。

〔宋〕　**黄德裕**邵武人。知闽县。详见邵武府《人物志》。　**陈麟**大观间知闽县，甚有治绩。详见延平府《人物志》。　**刘爚**由连城令改知闽县。治以清简，廷无滞讼，兴利除害，知无不为。　**胡岩起**嘉定中知闽县。卓行危论，奇文瑰句，一时士大夫皆自以为不可及。　**杜杲**初授海门买纳盐场，未上，福建提点刑狱陈彭寿檄摄闽尉。民有甲之子死，诬乙杀之，验发中得沙，而甲舍旁有池沙类发中者，鞫问，子果溺死。 〔国朝〕**魏谷才**永乐初知闽县。平易近民，爱好士类，事必详审而后行，民得以输其情焉。

侯官县

〔宋〕 **方叔完**峤之子也。宋元丰中补知侯官县。民以筑港潴水，害怀安民田，二邑交讼。叔完往按之，曰："吾为令岂私吾民耶？"乃命改筑。时曾巩以文章学术帅郡，于人少与可，叔完独为所信任。檄权节度推官，且上荐之，移知祥符县。按本志作方仲宇，字叔完，而《莆阳志》及《莆阳名公事述》皆以仲宇为叔完之兄，而令侯官则叔完也。二书皆据其家传纂辑，有足信者，今从之。 **吴及**字几道，通州靖海人。年十七以进士起家，为侯官尉。闽俗多自毒死以诬仇家，官司莫能辨。及悉为谳正，前后活五十三人。提点刑狱，移其法于一路。 **方伯謇**叔完之兄也。补侯官尉。有盗杀人，追捕无验，伯謇聚里民，各询姓名，至曾忍者，熟视之曰："田中杀人者汝也。"一讯而伏。 **余克济**尉侯官县，有声称，详见泉州府《人物志》。 〔国朝〕 **严毅**洪武中为侯官主簿，以清谨著称。邑尝旱，祷雨辄应。有盗摽掠，毅遣捕之。其徒甚众，有一巨魁欲害毅。乃诈为武官之任，置酒筵款。毅悟，就席擒之，盗遂息。 **刘子敏**洪武中由御史左迁侯官典吏，持守不二，民服其公。尝自署曰："禄薄俭常足，官卑廉自高。"永乐初，复入为御史。

怀安县

〔宋〕 **吴评**治平中知怀安县。尝兴水利，详见建宁府《人物志》。 **魏必昌**尉怀安县，有治绩。详见泉州府《人物志》。 〔国朝〕 **薛武**龙泉人。洪武九年，由训导迁知怀安县。莅官清谨公勤。时县治始迁于子城之北,武知民力已困,益留心抚字,不事刑罚,民赖之如父母。　**周禧**洪武中知怀安县,刚方端谨,好为民便。时邑之奸民九十余人夤缘充诸司爪牙,恣为民害,号"野牢子"。禧至察知,悉擒罪之。　**蒋稳**庆远宜山人,洪武三十年知县事。为人廉介严谨,而政尚宽简,其于吏弊则惩之。尝置三等策,立循环簿。凡有科差,量图里之高下,审业产之重轻,锱铢不爽。暇辄留意学校,以崇风化。　**胡节**龙游人。成化七年来知县事。惩隶卒入乡扰民,因为木隶代之。民有以不孝闻者,恳恳论以天衷民彝,其人卒感化。暇则教其属吏讲律,尤以修举废坠为务,先学校次公署,条理秩然。为政公谨廉勤,民爱戴之。甫踰年丁外艰归,耆民相率追送。赙以白金,节为取少许。濒行,投之于水。抵家,躬负土营葬,而庐于墓上,寻卒。

长乐县

〔宋〕　**萧竑**熙宁中知长乐县,一新庶政,百废俱举。兴水利,根括东、西、南、北四湖[1]。　**袁正规**字道辅,元祐中知县事。持己临民,皆有足称。尝浚港道以溉民田。其他修弊、举废、兴利、除害,惟恐不及。暇则论文赋诗,绰有古儒吏之风。　**陈可大**知长乐县有惠政,邑人德之。详见兴化府《人物志》。　**陈维德**天禧中为长乐尉。邻县民有被诬当死者,狱已成,檄维德复验。维德以计察其诬,白之,时年方十九。吏民初以年少轻之,及是乃大服。详见兴化府《人物志》。　〔元〕　**吕复**初为江西行省左右司都事,与广东廉访司佥事获独步丁皆闲居,寓福州,而复以行省命,摄长乐县尹。国朝兵下福州,复曰:"吾世食君禄,今虽摄官,若不以死报国,则无以见先人于地下。"引绳自经死。获独步丁亦投井死。　〔国朝〕　**王遵道**苏州人,永乐中知长乐县。省刑薄敛,兴利举废,礼贤下士,时称贤令。去任,民恳留之。

连江县

〔唐〕 **刘逵**咸通初知县事。尝奏复东湖水利。民感其德，立庙祀之。 〔宋〕 **鞠仲谋**端拱二年知连江。大兴东湖水利，邑民德之，因与刘逵并祀焉。 **傅伯成**字景初，晋江人。隆兴初以进士调连江尉，累迁知闽清县，丁父艰。服除，知连江县。东湖溉田二千余顷，隄坏，即下流南港。为石隄三百尺，民蒙其利。 **赵善旿**登庆元第，授宣教郎，知连江，有政绩。详见泉州府《人物志》。 **赵善嵩**嘉定改元，知县事。尝祈雨出郊，询知南墱水利可以溉田，遂琢石为斗门，其泽甚远，民歌谣之。 **朱定**缙云人。嘉定间知连江。疏东湖之水利，新刘鞠之祠宇，决淹狱，正役版，威以肃奸盗，惠以恤困穷。吏服其明，民乐其政。

〔元〕 **刘濬**字济川，河南人。至正间为连江县宁善乡巡检。江西贼帅王善寇闽，濬妻史氏有才识，乃谋于濬，尽出奁中物，募兵以捍一方。贼寻破罗源，分道攻福州。濬拒战屡捷，俄复与贼遇，突其阵，斩前锋五人。贼兵大至，鏖战三时顷，濬中箭坠马。其仲子健即下马掖之，俱被获。濬忿，戟手大骂。贼渐次砍其手指且尽，复斫两腕，以及两足。濬色不少变，骂弥厉，遂刈其喉舌而死。健亦以死拒贼。善义而舍之，使瘗其父尸。健归，请兵帅府，以复父仇。弗听乃尽散家资，结死士百人，诈为工商流丐，入贼中，夜半发火，大噪。贼惊扰，自相屠戮。健手斩杀其父者，并擒善等来献，磔之。事闻，赠濬福建行省检校官，授健古田县尹官。濬立祠福州北门外，有司岁时致祭云。 〔国朝〕 **范希节**鄞县人。洪武中知连江。视篆之初，岁歉讼夥，政务繁剧；希节奋然力兴其治，以廉敏见称。在官尝浚东湖水利。 **李凤**海阳人。洪武中知县事。莅政公勤，尤以安养为首务。尝立观稼亭于明德堂之后，以寓省州劝农之意。 **侯炯**南丰人。洪武三十四年知县事。

浚九井，修道路，吏服其能，民怀其惠。后擢佥陕西按察司事。

杨廷芳衡州南山人，永乐间以进士知县事。恤民兴学，绰有政声。尝自题门曰："治邑存三省，为官畏四知。"

福清县

〔唐〕 **林攒**字会道，莆田人。贞元间为福唐县尉。母羸老，未及迎而病，攒闻弃官。后以孝行旌表门闾。 〔宋〕 **郎简**字叔廉，杭州临安人。大中祥符间知福清县，以慈祥称。尝捐俸钱市药以饮病者。又尝筑海为湖，民号曰"郎官湖"。又尝浚筑石塘陂，溉废田百余顷，邑人为立生祠。按《三山志·元符陂》注云："知县郎简重修"。而《名宦志》又谓简尝作永福陂。考之《宋史》本传，则谓简尝浚筑石塘陂，岂本一陂而前后异其名欤？今姑依《宋史》修之。 **方偕**真宗朝知福清县，吏至质衣以自给，县人颂之。性喜饮酒，既醉，聪明尤过常时。吏常乘酒白事，明日覆之，吏隐其一。偕曰："有某事在。"吏叩头谢。 **庄柔正**莆田人。元符间知福清。尝改筑天宝陂。陂之旁有大榕，柔正日听讼其下以董役，凡投牒者，人负一石。理之曲者，输石以赎罪。陂迭石为基，而计铁以锢之[2]。数月讫工，改名"元符陂"。 本志作"正柔"而《莆阳志》作"柔正"，今从之。 **叶廷珪**知福清县。好读书，长于钊繁，有惠政于民。详见建宁府《人物志》。 **颜师鲁**龙溪县人。绍兴中知县事。常决水利滞讼，辟陂洫绵四十里，岁大浸，发廪劝分有方而不遏籴价，船粟毕凑，市籴更平。郑伯熊为常平使，荐于朝，帅陈俊卿尤器重之。"四十里"，《宋史》本传作"四千里"，恐误[3]。 **刘朔**莆田人。孝宗朝知福清县。县更两令，不治，去。朔至，一以诚待之。听讼使两辞自诣，无追呼者。市食，挂钱于门，民当其物，持钱而去。邑廷常空，失械索所在。以疾请祠归。后除福建安抚司参议官。 **方棫**莆田人。知福清县，爱人下士。尝新学校，创祭器，文章政事俱有可称。　**赵希汉**邵武人。尝从朱文公熹学。举进士，知福清。为人清正有经略。尝慕赵广汉之为人，以钩拒得事情，吏民铢两奸欺皆知之。苟有犯法，虽公卿子弟亦不贷焉，颇以酷闻。在县，人人皆侧足而立，时号“赵阎罗”。邵武科名、人物志俱不载希汉，未详何谓。

李元吉湖州人。知福清，颇以师儒自任。为人仁明峭直，不可干以私。始视事，每日二百余状。未期月，惟三状。时剑、建盗起，他处置隅官练兵，尽激其变，独福清晏然，监司亦不之责。尝曰：“我为政，惟容吏辈一二人。”故一时雁鹭弃逐殆尽[4]。易箦之际，惟以悯民恤刑为念，对妻子无私语。　**章伯奋**温州人。知福清县。为人风流蕴藉，建义阡以葬遗骸，捐家赀以贷国课。

徐辉知福清县。聪明疆敏绝人。每视事，五更公服端坐，望之若神明。凡听讼，视其状，挥笔即判。有乞详状者，辉掩纸朗诵如流。在官三年，无事遗忘。凡有伪辞，皆记其时日姓名折之，无敢欺者。　**傅楫**为福清县丞。郡守曾巩负材倨视天下士，独与楫均礼。　**翁邵**元祐间福清县丞，有贤声。详见延平府《人物志》。

林孝泽字世传，枅之父也。宣和中尝摄福清丞，为政严不可犯。后知漳州、福建计度转运副使。　**刘崇之**字智父，建阳人。淳熙间为福清簿时，梁克家为守，器之，檄摄幕属。后克家再入相，荐于朝，累官户部郎中。　**傅大声**淳熙中为福清县主簿，有善政。详见兴化府《人物志》。　**黄国镇**字子芳。元符三年登第，为福清尉，孤介不可犯。每游佛寺，僧瀹茗饮之，必偿以钱而去。及去官，一奴荷笼纵步南归。后仕至本路提刑。　**〔元〕**

马合马沙字士达。由泉州市舶提举迁福清州达鲁花赤。至官，出己资贷民，以给军兴之费。痛屏隶卒之为民害者。断狱明允，人不敢欺。治蒜岭、宏路二驿马政尤严。濒海有凶徒，窜名兵籍，构亭户之不逞者，得私鹾，辄诬良民以取贿。不厌其欲，讦诸漕司。漕司拘关文法，虽知其罔，不得脱。民惧受害，无敢白者，凶党益炽。乃毅然曰："吾岂顾身之利害，俾千里罹其毒耶？"悉捕之，痛惩以法不少贷。境内大安，民立石颂德。　**林以顺**后至元间知福清州事。廉静好礼，为政宽简，民不忍欺。　**林泉生**永福人。至正间知福清州。性严重，不容人吏过，而洁己奉公，爱民下士，始终不少变。州人戴之如父母。在官尝更创庙学，士风为之振起。州有盗数十，往来海陬，泉生捕之。贼皆惧曰："我昨夜梦至一所，见神官俨然甚似太守，今日命绝，不可逃避。"乃尽杀之。　**曹道振**为福清州判官，刚明公正，无所回挠。与知州林泉生协和政理，民俗翕然。　**〔国朝〕　江仁**后更名恕，汉阳人。洪武间知福清县。宣布教条，使民知向善背恶。性刚介廉洁，遇事果断，人畏而爱之。官终台州知府。

古田县

〔宋〕　薛琪宋初知古田县。在官以清操著。后二十有五年，李堪来知县事，自以为不及。　**李堪**字仲任，常州人。景德间知县事。务本抑末，爱民重士，建学立社，尊高年，行乡饮，毁淫祠，黜异教，以礼法变民俗，以仁义淑人心。暇复集诸生、耆民，讨论政理，由是治化翕然。　**陈昌期**嘉祐间知县事。修学劝士，平易近民，民皆德之。　**廖天觉**知古田县有治声。详见延平府《人物志》。　**陈谅**字友仲，仙游人，知古田县。一意抚字，不忍苛取，民号为"佛子"。及解归，以帑存无赢几为司财赋者所沮。朱文公熹为言于帅曰："陈宰，廉吏也，若以此逗留，则为善者何以劝乎？"事遂释。　**傅康**嘉定初知古田县，有政声。详见泉州府《人物志》。　**薛舜庸**知古田县有惠政，民称颂之。详见泉州府《人物志》。　**苏文本**知古田县。平易近民，不听吏言，不受豪贵请托，民赖以安。　**留元亮**泉州人。淳祐间知县事，有仁惠及民。民立祠祀之。　**许鉴**温州人。淳祐间知古田县。有风力，抑强扶弱，人畏惮之。尝迁建本县庙学。　**鲍友龙**宝祐中丞古田。尝授俸置田，以赡学养士。“友”一作“文”。　**吴公诚**第大观三年进士，调古田县尉。政和初，林利等首寇山谷，公诚独将数卒生擒利，置诸法，而尽散遣其余党。提举何谊直嘉其功，累章论荐，改承奉郎。　**游九思**后更名九言。乾道间为古田县西尉。律己廉，莅事敏，抚民仁，邑人爱之。　**赵希侒**开禧中尉古田，有政绩。详见漳州府《人物志》。　**杨士训**清漳人。开禧间为古田西尉。文行政事，与游九思相伯仲。九思亦常称之。**卢持**为古田尉[5]。常奉县檄，祷雨于蓝田溪源龙井，精诚感格，见龙跃出，露一爪，须臾潜去，雨亦随至。　**林仲国**字仲叟，莆田人。登进士第。咸淳间为古田西尉。廉慎自持，处事不经宿，馈送。虽微物亦却不受。月俸不给，常典以充衣食。在官三年，无纤瑕可指，士民敬而爱之。　**〔元〕**　**马合麻**延祐中为古田达鲁花赤。在县三年，民不见吏。苞苴不入，权势不行。听讼明察如神，邑民心服。　**王奂**至元末尹古田。多善政，得吏民心。尝修学校，建社坛，功成而民不扰。　**〔国朝〕花润生**邵武人。永乐中知古田县，美绩甚著。详见邵武县《人物志》。　**张昱**平乐贺县人。由进士宣德间知古田县。疏焕文渠，改杨梅岭路，建鸣玉浮梁，葺城隍祠宇，其他功绩尚多，民为立碑，而附主灵应庙祀之。　**姚孟玙**洪武中为古田主簿。时邑人多逃亡，户绝赋存，艰于征输。孟玙招徕抚摩，为核荒田千顷，请于朝，废其额，民至今赖之。　**陈胤**字孝原，钱塘人。初以徐州训导召入文渊阁纂修《永乐大典》。书成，升古田教谕。秩满，诸生疏留再任。二十年间勤于训迪，科目得人，视昔为盛。

永福县

〔宋〕　**林光朝**初为袁州司户参军，乾道三年以名儒荐对，颁及龙大渊、鲁觌[6]二人罪，由是改左奉郎，知永福县。而大臣论荐不已，乃台试馆职。 **杨楙**知永福县有惠政。详见泉州府《人物志》。 **杨士训**知永福县甚有治迹。详见漳州府《人物志》。

方大琮理宗时知永福县。值兵饥，守隘、立栅、禁港，发廪无虚日，而时延致士友，讲论文义。

闽清县

〔宋〕 **黄琮**初尉福清邑，有卢岭峭险百丈，琮捐俸倡民石其路，人以为便。升知闽清县。时方兴道藏，安抚黄裳命十二县分疏敛民钱，县各数百万。琮独以己俸输之。民为立生祠。改知同安。俄被命为福州方田指教官。琮至，均量无毫发私。闽清人喜其复来也，聚落欢呼，如出一口。郡通判许景衡摭民谣，为《公复来词》，刻于生祠下。继以漕台檄摄侯官县。县有余太宰之香火寺，倚势不输上供银，每移增于诸刹，琮严惩之，如经数乃已[7]。时诸司相与语曰："黄公清廉无比，执拗有余。"余见兴化府《人物志》。 〔元〕 **董祯**至顺中尹闽清。为政和易清简，恩威兼尽，吏不敢为奸。在官六年，逋流回归。野有新畲，学有新官，邑人戴之如父母。及殁，民为立庙，岁时奉尝之，孝敬如子孙。 **蔡嗣宗**由晋江尉迁闽县簿，又升知闽清县事。时邑有外寇，嗣宗募民兵却之，百姓安堵，乃歌曰："彼寇来仇兮，得吾侯而蒙休。彼寇远遁兮，吾侯锡我室家之无忧。" 〔国朝〕 **沈源**字文渊，湖州人。洪武中由御史出知闽清县。立攀桂亭，以励诸生。建渡仙桥，以便行旅。治状上闻，复旧职，升知韶州府。 **余珍**正统中知闽清县。沙、尤寇犯境，珍率民兵捍御之。既而保定伯入闽征讨，珍整众往迎焉。保定疑其为寇，欲肆屠戮，珍直前白其故，保定始悟，吏民得以全活。满秩去，父老遮留弗获，至今犹感念不忘。

罗源县

〔宋〕　**叶荐**绍兴中为福建帅幕，调罗源令，有政绩。详见建宁府《人物志》。　**林介卿**登绍定第，调罗源令。罗源多巨族，前令是者，多徇请托，枉直率不分。介卿遇事侃侃，不少回挠，细民爱之如父母焉。　〔元〕　**丁德孙**字惟一，鄞县人。至正间知罗源。为政宽惠明信，词讼清简，尤能以兴起斯文、作新后学为己任。秩满，士民不忍其去，为立碑颂德，复绘像附黉舍而祀之。　〔国朝〕　**郭宗文**洪武中知罗源县。教民以孝第忠信礼义廉耻，民渐其化。及卒，民泣慕如父母。

建宁府

〔吴〕　**王番**仕吴为太守，建立郡治，纪纲庶务多其功。

〔晋〕　**张华**建安从事，以文学推重于时。

〔齐〕　**何胤**仕南齐建安太守。政有恩信，人不忍欺。每伏腊，放囚还家，依期而还。"胤"一本作"嗣胤"。　**陶季直**建武中守建安。为政清净，百姓便之。

〔梁〕　**何敬容**天监中为守，清白有美绩。　**刘溉**天监末为守，其友任昉，以诗赠溉，求一杉[8]。溉答曰："予衣本百结，闽中徙入蚕，假令金如粟，讵使廉夫贪！""刘"一本作"到"　**谢竭**梁末守建安。郡为寇所焚，因迁治溪西。有惠政，郡民悦之。

〔唐〕　**叶颢**唐建州刺史。武德初，郡妖贼武遇作乱，颢婴城捍贼，城陷，不屈而死。郡人立庙祀之。　**张文琮**武城人。永徽中，州尚淫祀，不立社稷。文琮下教，俾民祭春秋二社，除去淫祀，安靖而有惠政。既去，民为立祠。　**陆长源**字泳[9]　吴人。建中初刺史。明法令，布恩信，均赋役，辟田畴，劝农桑，修城郭，设学校，立市墨，举孝廉，礼耆艾。民歌之曰："令我州郡泰，令我户口裕，令我活计大，陆员外。”又曰：“令我家不分，令我马成群，令我稻满囷，陆使君。”既去，民立祠祀之。　**于延陵**为刺史，宣宗曰：“建州去京师几何？”对曰：“八千里。”“卿到彼为政善恶，朕皆知之，勿谓其远。”　**李频**字德新，寿昌人。懿宗时刺史。以礼治法下，时更布教条。于时政乱，盗兴，相推夺，而郡赖以安。及卒，父老相与扶柩归葬。立庙梨山，岁祠之。　**李彦坚**字成实，乾符间为御史中丞。黄巢寇闽，僖宗以彦坚闽人，素知山川险阻，命守建州。未至，刺史李乾祐弃城走。彦坚招募民兵，与贼战于政和，不利。贼进兵逼之，遂自刃而死。　**张谨**字信美，闽人。累官至招讨使。黄巢寇闽，谨率师迎贼，多所冲陷。后遇于政和之团，连战九合，杀伤甚多。贼以奇兵守隘，绝道不得前。士卒乏食，疲困不能斗，谨意气自若。其偏将郭荣字景华者，赤颊长髯，颇类关羽，勇敢有膂力，能挽一石弓，举重千斤。谨与荣及诸校江、李、曹、葛、许、将等十八人持白刃突入贼阵，直贯左右，大呼，声震山谷，斩首数百级[10]。贼皆披靡，欲解去。会探知王师兵矢且尽，死者十八九，贼乃蚁附，奋击未已。自旦至晡，十八人俱死，荣亦死，谨被创甚，遂废，乃握刀箕踞，瞠目大骂，为贼所害。妻子及荣妻皆骂贼而死。

〔宋〕　**王鼎**字鼎臣，馆陶人，知州事[11]。俗生子，多不举，鼎为条教禁止。时盗贩茶盐者众，一切杖遣之。监司数以为言，鼎弗为变。吏治最诸郡。　**许章**知建州有声。详见兴化府《人物志》。　**陈阐**监建州丰国监，为帅臣划策以弭盗。及去，民祠之。详见兴化府《人物志》。　**黄伸**邵武人。初知泉州，调知建州，俱有治绩。详见邵武府《人物志》。　**鲍祇**绍圣中知建州，决事如神，吏民化服。既去，图其像祠之。　**方叔完**由祥符令迁知建州，命摄提举常平，奏罢县令、监税之不才者数人。　**陆蕴**知建州时，其弟藻出为泉州，过蕴，合乐燕款，闽人以为盛事。

李德昭建炎初知建州，治有劳绩，建人怀之。详见兴化府《人物志》。　**韩元吉**字无咎，颍川人。初知建安县，自作《厅壁记》云："用广而赋啬，贸迁咸鹾[12]，以佐其费，折狱蔽讼之外，计量犹大商也。"至是知本州。　**洪迈**字景盧，番阳人，知府事。富民有睚眦杀人束刃篡狱者久拒捕，迈正其罪，黥流岭外。　**龚茂良**初为吏部郎官，尝极论龙大渊、曾觌之奸，家居待罪章再上，除直秘阁，知建宁府，廉勤有为。自以不为群小所容，请祠不允。**张大经**字廉文[13]，南城人。初为礼部尚书，屡请祠。孝宗曰："卿公廉，必能为朕牧民。"以徽猷阁学士知建宁府。　**郑侨**绍兴中知府事。以公使钱为下户代夏输，而力请捐诸县版帐太重者。光宗谓留正、胡晋臣曰："使人人如侨，民力其少纾乎?"寻移知福州。本志谓除本路安抚使，而《三山志》但谓知州事，未知孰是。

陈居仁知府事。岁饥，出储粟平其价，弛逋负以巨万计，代输畸零茧税。有因告籴杀人者，会赦免，居仁曰："此乱民也，释之，将复出为恶。"遂诛之。观察推官柳某死，贫不克归，二子行乞于道，闻而怜之，予之衣食，买田择师以教养之。　**傅伯成**嘉定中知府事，有治声。按《宋史》本传但言伯成知漳州，不言其知建宁[14]或记述之略也。　**陈韡**福建招捕使兼知建宁府。衢寇汪徐来二破常山开化，势张甚，韡命将提兵夜薄其寨，贼出迎战惊曰："此陈招捕军也"，皆大哭。急击之，衢寇悉平。　**袁甫**知建宁府。郡屯左翼军，本备峒寇，招捕司移之江西。甫檄使迁营。俄寇作唐石，即召之以行，而贼悉平。　**王埜**字子文，金华人。知府事。陛辞，理宗命之曰："游、胡、朱、真流风未泯，表宅里以率其民，则予汝怿。"至郡创建安书院，祠朱熹，以真德秀配。　**包恢**以建宁守袁甫荐，为府学教授，监虎翼军，募土豪讨唐石之寇。淳祐中，提点福建刑狱，兼知建宁府。　**孙梦观**字守叔，慈溪人。理宗时知府事。蠲租税，省刑罚。郡人徐清叟、蔡杭以为有古循吏风。民有梦从者甚都，迎祠山神，出视之，则梦观也。俄而梦观得疾卒。　**叶梦鼎**字镐之。宁海人。开庆初知府事。作桥梁，置驿舍，建大安关，决疑狱，甚有善政。　**李觉**字仲明，慈都人，通判建州。秩将满，州人借留，太宗诏褒之。　**陈俊卿**以宰相出判建州者三人，俊卿、王淮、梁克家，皆名重于时。　**方旬**通判建州。凶渠范仙桂啸聚，骚动境内，旬平之。详见《人物志》。

汪应辰字圣锡，玉山人。绍兴中为秘书省正字，以言事忤秦桧，出通判建州，有政声。　**陈洪**通判建宁府，摄府事，有治绩。详见泉州府《人物志》。　**洪天锡**通判建宁府。大水，擅发常平仓振之。　**陈纲**淳化中登第，为建州监察推官。尝奏区划茶事有法，民受其惠。详见泉州府《人物志》。　**郑格**福清人。理宗时为建宁司理。豪贵有强取官地为屋者，格力与之争。同僚谓之曰："千年常住一朝僧，何自苦如此？"格曰："宁可坏一朝僧，莫坏千年常住。"卒复其地于官。　**陈复中**熙宁六年登进士第。初调福州怀安尉，再监建之茶务，植茶百万本，国课立办。

〔元〕　**彭庭坚**至正中尹崇安。时铅山寇周良窃发，犯闽关，庭坚御之有法，寇不入境。于暇日重新庙学，立文定书院，修文公社仓。尝有蛤蟆至县厅，向庭坚鸣。祝之，遣人随以出，果得一尸。盖其妻有外私而害之也，遂正其罪。升同知建宁路总管府事。江西寇炽，庭坚率民兵克服建阳，又进兵平浦城。寻摄佥都元帅府事。　**陈君用**至正中，红巾起江淮，由抚、盱入闽。闽阃授君用南平县尹，给钱五万缗，俾募千兵。君用散家财继之，导官军复建阳、浦城等县，以功授同知建宁路事。

〔国朝〕　**芮麟**洪武间知府。宽厚而文。岁饥，劝富民出粟赈济，全活甚多。郡学灾，麟卜地重建，规制宏伟，士风益振。

刘敬永乐间知府。律己廉明，莅政勤慎，崇学校，修祀典，郡中大治。　**张瑛**正统中知府。存心爱民，多善政。尝以巡抚、巡按檄掌福建按察司事，亦有声。景泰间升福建布政司参政，仍掌府事。沙、尤逆贼邓茂七寇建宁，瑛愤不顾身，亲率兵拒战，陷阵而死。　**刘钺**安福人，翰林侍讲，谥忠愍，球之冢子也。登周旋榜进士，累官兵部职方员外郎。天顺间知府事。为政恺弟平恕，尤以兴学敦化为首务。公暇辄诣学课，励诸生，躬为讲析疑义。凡先贤祠宇有倾圮者，皆修葺之。又尝纂修郡志，未及脱稿，迁广东布政司参政，卒。　**陈永**建宁推官，治狱平允，请谒不行。朝廷遣官旌赏之，擢本府同知。

建安县

〔宋〕　**方偕**权知建安县，复为汀州判官。唐肃使福建，建之建安多讼，日数千百人，檄偕权莅，旬月而清。县管茶山，岁先社日，发民数千鼓噪山谷中，助达阳气，偕以为害农，奏罢之。　**留元圭**知建安县，有政绩。详见泉州府《人物志》。　**上官端义**邵武人，建安县丞。详见邵武府《人物志》。　〔国朝〕　**张淮**永乐初知建安县，有惠政。尝因饥岁，请以钞折粮及蠲户口、盐税，免捕军役，以恤民困，皆见允纳，郡民便之。

瓯宁县

〔宋〕　**陈震**知瓯宁县，有惠政。详见泉州府《人物志》。　〔国朝〕　**乔铭**天顺间知瓯宁县。刚明而有断，吏不敢欺。尝值岁饥，劳心赈恤，民赖以安。巡抚大臣课其治行为八闽最，九载考绩。卒于道，民思之不忘。

浦城县

〔梁〕　**江淹**字文通，为吴兴令，政尚文雅。《方舆胜览》谓淹为吴兴令，本志以为建安令，未详。　〔宋〕　**辛次膺**绍兴初，闽寇范汝为陷建州。宰相吕颐浩以次膺宰浦城，遏贼冲。比至，寇已焚其邑。于是披荆棘，坐瓦砾中，安辑吏民，料丁壮，治器械，扼险阻，号令不烦，邑民便之。　**朱藻**处州人。知浦城县，首延耆宿，周询幽隐。约民垦荒田，满三载乃征。政事一决于己，吏无所售其奸。比三年，户税增倍。兴学校，修夫子庙，公暇辄训吏属读书识法。岁旱袒跣祈雨，三岁三祷皆应。　**黄杞**初尉宁化，改知浦城县。详见漳州府《人物志》。　**谢邦彦**知浦城县。绍熙间旱，邦彦精诚祈祷，以诗投百丈山龙湫，即雨。　**陈襄**浦城主簿，摄令事。县多世族，以请托胁持为常。襄每听讼，必使数吏环立于前，私谒者不得发。兴学劝士，亲为讲说。士之自远方来者，至数百人。民有失物者，捕偷儿数辈相撑柱。襄曰："某庙钟能辨盗，犯者扪之辄有声。"乃引偷儿诣钟所祭祷。阴涂墨钟上，而以帷蔽之，命其暗扪。出视手，一人无墨，扣之遂服。　**〔元〕**

叶景仁松溪人，尹浦城。闽中盗起，景仁率民兵捕之，为贼所害。其子隽倾家资募壮士，从间道入贼境，歼厥巨魁，载父尸以还。事闻，授以官不受。　**吴元芳**浙江人。至正间尹浦城县。爱民下士，以廉能称。每岁旱，祷雨辄应。去官，民思慕之。

〔国朝〕　**张鹏举**钟离人。洪武初知浦城县。端方公恕，有惠爱于民。时邑初归附，学校、坛壝、公署多其所创也。　**张宗颜**冠县人。洪武中知浦城县。公勤廉恕，吏不敢欺。尝开拓邑城，以广居民庐舍，民至今德之。　**徐瓒**吴县人，洪武中知浦城县。学问优赡，而心尤公恕。为政务先德化，不尚刑罚。尝因岁旱，躬祷于百丈山，甘雨随至。　**史志可**宁波人。洪武间知浦城县。以公恕存心，以宽和为政，刑罚不施，奸弊屏息，尤以兴学礼士为意。

周庆原丽水人。宣德间知浦城县。公忠清介，一时囹圄几空，吏民悦服。　**裴思明**淮安人，洪武初浦城县丞。礼士恤民，勤于政务。时邑初归附，流移未复，思明躬诣旁邑，以招徕之。

张玉成广济人。洪武间浦城县丞。除弊奢奸，勤于抚字，民敬仰之。　**吕昭**字克明，昆山人。浦城县丞。薅锄奸秽，培植善良，境内帖息。　**何俊**字士高，金溪人。浦城县丞。廉平果断，有政声。正统己巳，处州盗贼屡侵县境。俊筑城堑，备器械，率民兵拒之。既而檄往崇安犒迎王师，贼遂乘间攻毁县治。俊闻亟奔回，贼乃窜去，民赖以安。镇守藩县上其治状，擢本县知县。

建阳县

〔宋〕　**杜杞**字伟长，无锡人。知建阳县，强敏有才。闽俗老而生子，辄不举。杞使保伍相察，犯者得重罪，俗为之易。**蔡黄裳**大中祥符初进士，知建阳县，邑民爱之。详见泉州府《人物志》。　**萧之敏**字好学。乾道间知建阳县。首崇学校，以邑人游酢、陈洙、陈师锡皆有学行，建三贤祠祀之，以风励后学。后卒于官，邑人怀之，合祀于三贤祠。　**储用**知建阳县，邑民甚爱戴之。详见泉州府《人物志》。　**方伯謇**尝为建阳丞。时部使者行县，欲摭令事，延伯謇，使言令所为，且许荐之。伯謇曰："堑人以自进，所不敢为，且实不知，知亦不当言也。"部使者惭而罢。〔元〕　**陈天锡**福宁州人。尹建阳。文学优赡，政理公勤，尤笃意斯文。邑人称颂其德。　**辛思谦**建阳尹。长于儒术，勤于吏治。兴学校，广生徒，轻徭薄赋，兴利除害，民爱之如父母。〔国朝〕　**郭伯泰**洪武间知建阳县。廉介明审，爱民好士。东广有军旗，道径其邑，甚为民忧。伯泰执付于狱，以其事上闻，朝廷特赐敕加奖，擢泉州府同知。　**陈敏**永嘉人。知建阳县。慎刑罚，均徭役，兴学劝士，除害恤民。尝岁歉，发廪劝分济之，民赖以活。又值天旱，斋沐祷于上下神祇，一雨三日，是岁大稔。　**张光启**建昌人。知建阳县。锄强去暴，尤笃意斯文，邑民畏服。**陆镒**洪武中建阳县丞。处事明决有方。尝与知县郭伯泰奏东广军旗之为民害者,同被加奖,擢福州府通判。　**何景春**建昌人。宣德中建阳县丞。有为而善谋,豪强帖服,民赖以安。其于兴学劝士,尤所留意。擢本县知县。　**丘松**洪武之季主建阳。佐政有方,吏畏民服。尝新学校,手书文公白鹿洞学规,揭之于壁,以教学者。　**陈宗源**祁门人,建阳典史。莅官九载,民服其公正,相与白于宪司留之,遂擢本县知县。

松溪县

〔元〕　**阿思**兰色目人,松溪达鲁花赤,抚民兴学,戢盗剔蠹,以良吏称。尝以大府征往莅戎事,县为土寇所据,阿思兰亟请兵扫平之。浦城寇池元甫猖獗,阿思兰单骑往说,元甫遂降。未几,复叛,寇松溪,阿思兰遣将士刺杀元甫,率兵袭破之,邻邑之民悉赖以安。　**李荣实**汶上人,松溪尹。学问该博,性简重,好礼,有节操。邑民旧多诡寄田亩。兵后奸黠之徒悉去其籍,以逃租税。荣实力为核实,邑民德之。《大明一统志》作"荣实",本志作"荣昉",未详。

崇安县

〔宋〕　**范雍**字伯纯,河南人。祥符三年,以殿中丞知崇安县,有惠政。后赠太子太师,谥忠猷。绍定间祀于学宫。　**赵抃**字阅道,衢州人。康定元年知崇安县。为政简静,本于孝悌。邑旧多水害,抃作石隄捍之。又尝凿陂以溉田,民号清献陂。今祀于学宫。　**翁谷**字子静,建安人。权知崇安县,廉介善干。宣和初,浙寇迩闽境甚炽,谷团结乡兵于分水、寮竹二寨,以控扼之。邑赖以安。时与黄琮、陈麟皆以善治邑有声闽部,号"三循吏"。　**诸葛廷瑞**字麟之,泉州人。乾道初知崇安县。时朱文公方家食,廷瑞犹及登其门,故其治邑以教化为先,邑人贤之。　**赵彦**

谌[15]福州人。淳熙中知崇安县。学无田，彦谌核废寺田二顷有奇给之，朱熹为之记。 **傅壅**字仲珍，伯成子。嘉定三年知崇安县。听讼率得其情，吏不能欺。尝增筑旧堤，以遏水患，增籴均惠仓粟以备荒歉，立祠以祀朱熹，买田以益学廪，立火冢以葬露骼。邑人祀之。 **赵必愿**字立夫，余干人。嘉定间知崇安县，剖判如流，吏不能困。修学政，兴水利，立催科法，革胥吏鬻盐之弊。复出私帑建继贤桥，及增籴均惠仓粟。尝岁歉，擅发社仓以活饥民。力主义役之法，上下便之。朝廷因下其式于八郡。秩满，民共立祠刻石。 **林士尹**温州人，嘉定间知崇安县。政平讼理，禁暴戢奸，百里肃然。 **赵崇萃**福州人，嘉定间知崇安县。爱民兴学，尝捐俸请买开平废寺田，以充学廪。又为请佃西林、兴福二废寺租，以折纳羡馀，助养士之费。 **赵善鄙**信州人，宝庆三年知崇安县。政尚严明，人号赵铁面。绍定初，汀州寇乱，邑当孔道，应给军需不扰而集。 **郑思忱**字景千，泉州人。绍定初知崇安县。喜读书；听讼犹不释卷，俗吏多迂之口。有谮于州者，移浦城丞。真德秀与语，知其贤，乃言于太守，复其任，有惠于民。详见泉州府《人物志》。 **冯端荣**字景庄，福州人。淳祐间知崇安县。勤恤小民，病则给之药，死则施之棺，民至今祀之。 **曾贺孙**淳祐间知崇安县。有惠民之政，民甚爱之。详见泉州府《人物志》。按《泉州志》"贺"作"荷"。 **林天瑞**字子辑，温州人。景定二年辟知崇安县。政尚严明，尝蠲人户助纲钱，其给孤贫钱米。其于邑之前贤，尤所崇重。 **刘汉传**字习甫，会稽人。景定五年知崇安县。礼士爱民，严于驭吏。重定庙学及先贤祠，置田立丰惠仓，修建桥梁，开辟道路，筑义阡，创养济院，请拨举子米，以赡孤贫，邑人生祠之。 **翁邵**元丰间尉崇安县。详见延平府《人物志》。 **朱某**名逸，倬之大父也。尉崇安日，获寇二百，坐死者七十余人。某谓此饥民剽食尔，乌可尽绳以法？悉除其罪，不以徼赏。　〔元〕　**任德用**许州人。至元十四年从丞相唆都入闽，充军民，达鲁花赤，留镇崇安。时兵后，极力抚摩。军还，俘掠甚众。德用诣军前，释归附男女五百余口。邑草寇骚动，德用平之，民赖以安，呼为“任佛”。　**邹伯颜**字从吉，高唐人，为崇安尹。崇安赋役不均，小民重困，伯颜率以粮之多寡均之。邑有赵清献所凿沟，岁久湮塞，田卒芜废。伯颜复之，而田为常稔。安庆路尝遣卒械囚至崇安，求其党，因肆虐良民。伯颜执而归诸安庆，民无滥及者。时称循吏第一。　**杨靓**至元间尹崇安。廉勤公谨，爱民如子，礼士如友。同官有贪虐立威者，靓以德柔之，卒不为暴。时和买木棉布，限严数夥，靓区划有方，不厉于民。先是平黄寇之乱，邑民妻孥俘于北者甚众，至是，民廉知其处，列诉于靓，亟移所属，咸得释还。政平讼理，民至于今称之。　**彭好古**字德明，维扬人。泰定三年尹崇安。每朔望及上下旬暇日，辄率邑儒与吏诣学讲习经史。立惠民局，新广福桥，多所兴建。

伯颜唐兀氏大同人，尹崇安。至正末，江西红军猖狂，伯颜理军治民，兼尽其道，一时军戢民安。国朝混一，征至京师，以老乞归崇安，老稚皆知敬爱，而以故侯称之。　**周礼**崇安簿。定六班役法，按籍品配高下，一夕而毕，吏不能欺，人服其公。　〔国朝〕　**张子彬**吉水人，知崇安县。留意学校，招致明师，以教学者，所造就甚多。　**曹端**华州人，洪武间知崇安县。廉以律己，勤以莅事，首置二簿，纪民善恶，时加劝惩，民用感化。他如兴利除害，恤灾植弱，课农桑，修学校，政绩尤多。　**安处善**猗氏人，洪武初崇安县丞，以勤政称。　**陈让**字克逊，钱塘人。宣德间崇安县丞。勤于赞佐，征输徭役，皆处之得宜。

政和县

〔宋〕　**袁采**淳熙间知政和县。廉敬有惠泽。尝著《政和杂志》,及《县令小录》。 **吕祖壸**其先东莱人,祖谦从兄弟也。光宁间[16]知政和县,有廉名。 **朱松**徽宗时为政和县尉,以赖以安。尝建云根书院,延师以教邑人子弟。又建星溪书院,为藏修之所。丁外艰去,改尉尤溪。 **〔元〕 马忽速**色目人,为政和达鲁花赤。廉善有政声。尝验民田所产厚薄,定租税为九等,民甚便之。 **真宝**字朝用,蒙古人。由崇安主簿迁政和达鲁花赤。律己严,而待物恕,设施举措,侃然不违于理。凡闽中诸郡疑狱难析者,行者必以属于真宝,径其讯谳无弗允也。后调南平,政和之民相与集录其政绩为书,名曰《东和善政录》。 **马哈麻**回回人,尉政和。法令公明,盗贼屏迹。秩满,父老借留之。夷兵入寇,马哈麻率乡兵拒战,弗利,被执,瞋目骂贼。贼怒剖其腹,肠出委地,犹骂不绝声而卒。 **李铉**字伯鼎,父名濬州卫县人[17]。至正间,兄钧字伯衡者,累功至怀远大将军,郢复上万户府副万户,讨寨寇于清流而殁。铉袭职守延平,擒宁化寨寇魏梅受,解福州海寇围。进击福安寨寇,战于政和泗州桥,弗克。铉赋诗:"战败诚宜死,沉思恨复牵。君亲恩莫报,忠孝事难全。埋骨应无地,知心只有天。孤魂托明月,夜夜白云边。"遂死之。事闻,追赠镇国上将军、江东道都元帅、护军陇西郡公。 **〔国朝〕 李子春**山东人。洪武初知政和县。廉慎勤敏,在任三载,妻自执爨,无异布衣时,人以为难。 **张惠**字泽民,平南人。永乐中知政和县。首以学校为务,每三日辄课生徒学业,多所造就。莅官以清谨著称。 **黄裳**字迪吉,番禺人。永乐中知政和县。尝值岁歉,劝富民发粟以贷贫乏,官为置籍,令其秋成每石出息二斗偿之,民以不饥。 **江显**字显中,建昌人。正统中知政和县。下车首革里胥滥征之弊。流民有以白金三百两求私采银矿者,显悉却之。岁歉,即劝富民出粟以赈饥,民怀其惠,至于今不忘。 **许穆**上饶人。洪武初政和县丞。有惠政,尤以廉洁著称。 **郭斯垕**字伯载，会稽人。永乐中政和典史。尝纂修邑志，邑人重其文学，称为会稽先生。

泉州府

〔唐〕**薛昱**清源太守，以清德著。郡人歌云："郡号清源，官有清德。"　**赵昌**字浜祚，天水人。贞元间刺史。凿塘水灌田三百余顷。后昌为尚书，民思之，因名曰"尚书塘"。　**赵棨**太和中刺史。开晋江县天水淮，灌田百八十顷，民德之。　**姜公辅**爱州日南人。贞元末宰相，因论唐安公主造塔，德宗怒，谪为泉州别驾，卒于官。

〔宋〕　**韩国华**字光弼，安阳人。真宗时知州事。性纯直，有时誉。　**陈靖**大中祥符及天禧中两知泉州。尤重农事，民德之。　**方慎言**知泉州，有惠政，泉人甚爱之。详见兴化府《人物志》。　**陈偁**两知泉州，有治绩，详见延平府《人物志》。　**沈周**康定中知州事。治尚简易，讼有可已者，辄谕以义，使归思之，狱以故少。州旧多盗，日暮市门尽闭，禁民勿往来。周至，除其禁，而盗亦止。　**蔡襄**至和及嘉祐中两知州事。州有万安渡，绝海而济，往来畏其险。襄立石为梁，其长三百六十丈，种蛎于础，以为固。又植松七百里，以庇道路。闽人刻碑纪德[18]，立祠记焉。　**陈觉民**知泉州，有惠政，寻迁本路提点刑狱。详见兴化府《人物志》。　**陆藻**宣和中知州事。崇尚高年，招致郡中谢事五老，藻赋诗云："五老三百九十七，俱生仁祖承平时；名齐庐阜又传世，身异商山深采芝。"藻，《历官志》作宣和二年任，《名宦志》又作嘉祐中任，今合二志考之，《历官志》似为有据。　**孙梦观**字守叔，慈溪人。知州事，兼提举市舶。重名节，蠲租省罚，为政有循良之誉。　**陈戬**绍兴中知泉州，疏远权势，朝廷闻而嘉之。　**刘子羽**绍兴中以徽猷阁待制，知州事。子珙亦尝知是州，民爱之如父母。子羽按熹所撰墓志铭,珙以集英殿修撰知泉州,未行,改知衢州。自此以后未尝复知泉州也,而本志云然。未详。 **赵鼎**字元镇,闻喜人。高宗时为相,秦桧恶其逼己,罢知绍兴府,寻徙知泉州。 **汪藻**字彦章,德兴人。父谷尝任晋江丞,于时藻始生,后为郡守。藻谢表有曰:“访六十年之父老,恍若前生;佩二千石之印符,敢期今日。” **赵令衿**宋宗室也,博学有能文声。绍兴中知泉州。泉属邑有隐士秦系故庐唐相姜公辅葬邑旁,令衿建堂合祀之。郡人感其化。 **陈康伯**字长卿,弋阳人。绍兴中知泉州。时海盗间作,朝廷遣刘宝、成闵逐捕。康伯以上意招怀之,盗多出降,籍为兵。久之,不逞者阴倡乱,康伯讯得实,论杀之。州以无事。 **范如圭**字伯逵,建阳人,绍兴中知州事。南外宗官寄治,郡人挟势为暴,占役禁兵以百数,如圭以法义正之。

陈俊卿绍兴中为泉州观察推官。服勤职业,同僚宴集恒谢不往。一日,郡中失火,守汪藻走视之。诸椽属方出饮,俊卿与卒亦假之行列,以后至被诘,俊卿唯推谢。已而知其实,问故,俊卿曰:“某不能止同僚之行,又忍自解以重人之罪乎?”藻叹服,以为不可及。隆兴间,以礼部侍郎知州事。 **赵子㮚**[19]乾道初,自福州移知泉州。吏有掠民女为妾者,其妻妒悍,杀而磔之,贮以缶,抵其兄兴化椽安廨中。妾父诣郡诉,吏不决。子㮚访知状,亟遣人往兴化,果得缶以归,狱遂决。其发擿概类此。 **王十朋**字龟龄,永嘉人,知泉州。初到任,会七邑宰劝酒,历告以爱民之意,出一绝云:“九重天子爱民深,令尹宜怀恻怛心。今日黄堂一盃酒,使君端为庶民斟。”其为政甚严,而能以至诚感动人心,士之贤者诣门以礼致之。朔望会诸生学官讲经询政。讼至廷,晓之以理义,多退听者。僚属间有为不善者,反复告戒,俾之自新。又尝割俸钱,创贡闱。他善政尤多。去之日,父老儿童攀辕者不计其数,十朋亦为之垂泪。泉人怀之如父母。 **汪大猷**字仲嘉,鄞县人,乾道中知州事。毗舍邪尝掠海滨，岁遣戍防之，劳费不资。大猷作屋二百区，遗将屯留。故事：蕃商与人争哄，非伤，折罪，皆以牛赎。大猷曰："安有中国用岛夷俗者？苟在吾境，当用吾法。"

程大昌字泰之，休宁人。淳熙中知州事。江州贼沈师作乱，戍将萧统领战死，闽部大震。大昌趣统制裴师武讨之，贼遂散去，民赖以安。　**赵必愿**知州事，罢白土课及免差吏榷铁，讽诸邑行义役。秋旱，力讲行荒政，乞拨永储、广储二仓米赈救。　**林枅**淳熙中知州事。以清德律贪，除诸色无名科扰。讼牒盈廷，剖决无留，一时豪强敛迹。莆泉密迩，亲故不敢干以私。后帅闽卒，民立祠以祀。余见兴化府《人物志》。　**颜师鲁**淳熙中知州事。专以恤民宽属邑为政。始至，即蠲舶贷，诸商贾胡尤服其清。泉人塑像祀之。　**倪思**字正甫，归安人。嘉泰初知州事。新学校，修城郭，缮器械，训士卒，浚河渠，造桥梁，葺候馆，立养济院，百废俱兴。　**真德秀**嘉定中知泉州。时番舶畏苛征，至者岁不三四。德秀首宽之，至者骤增至三十六艘。输租令民自概；听讼，惟揭示姓名，人自诣州。泉多大家，为闾里患，德秀痛绳之。海贼作乱，官军败衄，德秀祭兵死者，乃亲授方略，擒之。绍定中再知州事，深村百岁老人亦扶杖出迎，欢声塞路。诸邑二税，尝预借至六七年，德秀首禁之。诸邑有累月不解一钱者，郡计赤立，或咎宽恤太骤，德秀谓民困如此，宁身代其苦。决讼，自卯至申未已。或劝留养精神，德秀谓无力惠民，仅有政平讼理事当勉耳。前后两任，他善政尤多。　**宋钧**嘉定间知州事。州旧为台、信、建昌、邵武抱纳上供银，大为民病。奏乞各从初赋，从之。蠲逋赋，纾下户，创局讲荒政，所活万计。钧代真德秀治郡，善继其政，民戴而祠之。

乔维岳字伯周，南顿人。太平兴国初，陈洪进纳土，以其子文显为泉州留后，而以维岳为通判。会盗起仙游，众十余万，攻城。城中兵裁三千，势甚危急。监军何承矩、王文宝欲尽屠其民，燔府库而遁，维岳挺然抗议，坚守。既而转运使杨克让率兵破贼，围遂解，诏褒之。　**林孝渊**字全一，孝泽之兄也。建炎间通判建州，再通判泉州。乱卒屡无礼于守，而信孝渊之言，不敢暴。提举市舶邵邦建荐孝渊曰："材术疏通，吏事详练，协赞郡治，绥靖兵民，千里帖然，内外按堵。"盖实录云。尝按收舶货归，吏循例取脑一匣以纳。孝渊厉声曰："公则官物，私则商货，何例之有！"斥反之舶库。　**张阐**字大猷，永嘉人，绍兴中通判泉州。累官工部尚书，赠端明学士，谥忠简。　**李韶**字元善，漳州守，弥逊之曾孙也。端平初通判泉州，忠厚纯实。郡守游九功素清严，独异顾韶。后又以宝章阁学士知泉州。　**游酢**泉州佥事判官，以道学淑士心，以公勤奉官长，寻召为监察御史。　**傅知柔**泉州佥判。莅官有声绩。详见兴化府《人物志》。　**黄公度**绍兴间签书平海军判官。有流民数百自汀、虔下，守将疑其变，尽系之，行旅骚然。公度力争，以为此皆平人饥饿，流徙出于下计，奈何又急之使聚而为盗？如其言纵去，数百人得全性命，而军亦赖以安。　**李方子**嘉定中泉州观察推官。详见邵武府《人物志》。　**杜纯**字孝锡，甄城人。泉州司法参军。泉有番舶之饶，杂货山积。时官于州者私与为市，价十不偿一。惟知州关诶与纯无私买。后事败，狱治相牵系，独两人无与。诶犹以不察免，且檄参对。纯愤懑陈书使者，为讼冤，诶得不坐。　**朱松**字乔年，婺源人，文公熹之父，监泉州石井镇。抱负经济，耻于自售。后胡世将抚输东南[20]，见松奇之，以闻于朝，召试馆职。　**郑侠**神宗朝以言新法不便，窜英州。哲宗即位，放还。用苏轼、孙觉等荐，除泉州教授。秩满，诸生苦留，得再任。元符初再窜英州。徽宗即位，赦归，复为泉州教授。崇宁初又为蔡京所夺。　**王文宝**阳武人。宋太宗时监泉州兵。郡盗大起，文宝与转运使杨克让、知州乔维岳共讨平之。

〔元〕　**偰玉立**字世玉，畏吾人。至正中知泉州路达鲁花赤。时元纲陵夷，偰玉立筑城浚河，为捍御计。而复兴学校，修桥梁，赈贫乏，举废坠，政绩甚多，郡人立祠祀之。

〔国朝〕　**李凤**洪武间知府。凡征输期会，不事鞭笞督责，而民信服。尝疏通河道之湮塞者，以便灌溉。而于祀事，尤致精严。　**胡器**洪武末知府。力拯病民之事。每判死刑及徒配籍案，辄郁郁不乐。或问其故，曰："吾为民父母，不能化民以德，而使之至此，此吾所以不乐也。"　**蔡锡**鄞县人，宣德末知府。革奸弊，均徭役，奏除洛阳、东山、大桥三镇守兵，民甚便之。　**尹宏**字克宽，历城人。正统初知府。廉正公勤，深得民心。及卒，民为刻石立祠。　**熊尚初**南昌人。正统末知府。刚忠廉勤，有善政。汀寇犯境，尚初率民兵讨之，不克，遇害。郡人立祠祀焉。**欧阳复**桂阳人。天顺末知府。廉明宽厚，事集而民不扰。其讯决狱讼，平反尤多。忽遘疾，郡人咸走谒群祠，为之祈祷。及卒，老稚悲恸，思之至今不忘。　**洪葆**字子厚，新城人。洪武末泉州通判。一时政教赖其赞理，郡以治称。及卒，民为立祠祀之。**欧阳初**字遂初，潮阳人。府学教授。其教人必先德行而后文艺，故及门之士出而见用于时者，多矜名节。尝葺礼殿及文公祠，凡学之废坠者，多修举之。满考，改教授柳州卒，泉人思之，祀于先贤祠。　**黄结**字资友，东莞人。景泰间任府学教授。笃意教人，克举其职。泉旧无读春秋者，结至，以授于其徒，若包文、王埙，皆以是经取科甲，实结所造就也。迁辽府长吏，卒。　**颜贤**高安人。洪武初泉州府司狱。性温良而果毅。郡人翁彦立系狱，通判胡钊以私憾，囊沙将压之。贤正色曰："彼罪不至死，不敢闻命！"彦立获免。有卓六秀者，与其党八人皆重罪，而狱未成，一夕，狱邻火，郡守欲诬以因火反狱而尽杀之。贤力拒曰："囚非反狱，岂可诬之？狱犹未成，岂可杀之？"守惭而退。狱囚贫饿者，辄给以食。每重囚引决,必诣贤谢而去。时称能举其职。 **泉州卫** **丁远**字士毅,全椒人。先为兴化卫指挥佥事,巡按藩臬以其能,调署泉州卫事。清白勤慎,以抚恤军士为心。克剥有禁,训练有方,老幼有养,劳逸有节,号令明,赏罚信,骄卒悍兵一时屏迹。甫三年,复归兴化。寻卒。泉人思之。

晋江县

〔唐〕 **赵颐正**开元末为晋江县令。县有晋江,颐正凿沟通舟楫至城下,民德之。按《唐书·地理志》以颐正为别驾,本志以为县令,未详。 **〔宋〕** **傅伫**政和末为南安县丞,绍兴中知晋江县,俱有美绩。详见兴化府《人物志》。 **郑鼎新**知晋江县。详见兴化府《人物志》。 **〔元〕** **陈弦**至正中为泉州浔美场盐官。以恩信得民,调晋江县尹。抑豪右,恤凋瘵,境内宁谧。后升广东盐课提举,代返,父老因留居泉州。及卒,立祠祀之。 **〔国朝〕** **徐瑛**杭州人。正统末知晋江县。廉慎宽平。汀寇作乱,宁阳侯统军驻延平,檄调晋江民兵。瑛恐民心动,躬诣军前,陈其利害,得免。及保定伯统军至泉,瑛从容酬应,于民无所扰。邑人德之。

南安县

〔宋〕 **叶宾**知南安县,人称其明。详见兴化府《人物志》。 **余武弼**知南安县,子视其民,民至千百成群祷丛祠,祝其勿遽去。提点刑狱吴某适出旁郡,民争请乞留,武弼以父老,力丐归养。 **徐鹿卿**真德秀守泉,以其道同志合,可以拯民,辟宰南安。既至,首罢科敛之无名者,明版籍,革预借,决壅滞,达冤抑,邑以大治。岁饥,处之有法,富者乐分,民无死徙。德秀寻帅闽,疏其政以劝列邑。 **〔元〕** **廼穆太**字景善,蒙古人。至正末，以同知延平路总管综理南安县事。当寇盗之际，调度转输，以给军饷，劳徕绥辑，以复流亡。复以其暇日重新庙学，时称良吏。

同安县

〔宋〕　**黄琮**知同安县，邑民祠之。详见兴化府《人物志》。　**朱熹**主同安簿。选邑秀民充弟子员，日与讲说圣贤修己治人之道。禁女妇之为僧道者。　**萧里**庆元间为同安县尉。详见漳州府《人物志》。　〔国朝〕　**时执亮**东平州人。洪武中知同安县。公勤廉恕，以礼让导民，不事刑威，吏民安之。

德化县

〔国朝〕　**应履祥**奉化人。洪武末知德化县。廉谨平恕，劝学奖士，寻迁吏部郎中。《大明一统志》名应平，未详。　**古彦辉**洪武末为德化主簿。性敏而果，精吏事，识大体，尽心于民，不为苛察。寻迁监察御史。

永春县

〔宋〕　**黄瑀**绍兴中知永春县。时当寇乱，凋瘵之余，首蠲宿负，民有业去税存者，悉厘正之。输赋后期，则揭其姓名于市，期日而至，不使吏与其间。豪强侵刻细民，必穷治之，不少贷。所听断发擿隐伏如神，卒亦归于仁恕。大治学馆，延择修士，课试以时。遭旱，出俸钱，具牲酒，躬走群望，不以劳为惮，雨为立应。愚民私立塔庙与僧杂处者，辄按律令撤之。丞有女病，巫言城隍神役者为祟，瑀杖其土偶而投之溪，女病即愈。瑀为政，公廉强介，察见微隐，吏不能欺，而民不忍欺。

〔元〕　**卢琦**至正十二年尹永春。始至，赈饥馑，止横敛，均赋役，减口盐一百余引，蠲包银榷铁之无征者。已而讼息民安，乃新学宫，延师儒，课子弟，月书季考，文风翕然。时兵革四起，列郡汹汹，独永春晏然。越四五载，调宁德尹。去之日，民遮道涕泣。

〔国朝〕 **温琇**新会人。永乐中知永春县。劝农兴学，平赋均徭。尝奏减岁造皮张，士民德之。

安溪县

〔宋〕 **孙昭先**淳熙中知安溪县。为政简易，催科有程。其于差役，必亲按户籍，第其先后又多方以宽恤之，民至有先期愿充者。又修学官，躬课程，斥废刹之田，以赡教养。邑人德之。

〔国朝〕 **颜振仲** **黄朴**（俱知安溪县。有政绩。详见漳州府《人物志》。） **潘靖**金华人。正统初知安溪县。恤茕独，抑豪右。逋逃者来归，强愎者慑服。邑尝大饥，靖礼谕巨室，各输羡馀，以赈贫乏，全活者众。卒于官，民为立石。 **戴玠**安溪县丞。兴学校，课农桑，立条约，除烦苛，招复流移，梗化者喻之不悛，然后绳之以法。安溪称治。

惠安县

〔宋〕 **上官端义**邵武人，惠安主簿。详见邵武府《人物志》。 〔国朝〕 **陈永年**新淦人，洪武末知惠安县。廉慎爱民。邑尝有蝙蟆之患，永年祷于城隍。翌日，鹳鸧蔽空而下，尽啄食之，其患遂息，岁以有秋。 **闭禛**宣德间惠安主簿。克勤抚字，秩满，以邑民愿留，升本县知县。适县境有虎患，禛募人捕杀之，余皆远遁。正统末，邻邑寇乱，禛设险拒守，邑赖以安。满去，民为立碑。

校　注

［1］万历《福州府志·官政》载:“邑有东西南北四湖,竑复而浚之。”此“根括”二字似应作“复浚”。

［2］万历《福州府志·官政》作“石皆镕铁以锢之”。

［3］《宋史》本传作“四千里”,恐误。按今本《宋史》亦作“四十里”,不误。

［4］“雁鹭”疑为“雁鹜”之误。

［5］万历《福州府志·官政》作“开禧初尉古田”。

［6］《宋史·列传·佞幸》作“曾觌”。

［7］万历《福州府志·官政》作“如数乃已”。此处“经”字疑衍。

［8］嘉靖《建宁府志·名宦》作“索衣”。循其意,“杉”疑为“衫”字之误。

［9］嘉靖《建宁府志·名宦》作“陆长源,字泳之”。

［10］嘉靖《建宁府志·名宦》作“斩首百余级”。

［11］嘉靖《建宁府志·名宦》作“皇祐间知建宁”。

［12］嘉靖《建宁府志·名宦》作“贸迁盐鹾”。

［13］嘉靖《建宁府志·名宦》作“字彦文”。

［14］按中华书局1977年版《宋史·傅伯成传》称:伯成曾“以集英殿修撰知建宁府。该书“校勘记”谓:“建宁府,原作‘建昌府’,刘克庄《后村先生大全集》卷一六七《傅伯成行状》作‘建宁府’。今改。”

［15］嘉靖《建宁府志·名宦》作“赵彦绳”。

［16］光、宁指宋光宗、宁宗。

［17］嘉靖《建宁府志·名宦》作“濬州卫县人”。无“父名”二字。

［18］同治重刊乾隆《泉州府志·名宦》作“泉人刻碑记德”。

［19］同治重刊乾隆《泉州府志·职官上》及《泉州府志·名宦》均作“赵子潚”。

［20］同治重刊乾隆《泉州府志·名宦》作“抚谕东南”。此处“输”字显为“谕”字之误。

八闽通志卷之三十八

秩　官

名　宦

郡　县

漳州府

〔唐〕 **韩泰**字安平。初为户部郎中，以附王叔文，贬虔州司马，历漳州刺史。悉心为治，官吏惩惧，百姓安宁。韩愈刺袁州，尝举以自代。

〔宋〕 **许巽**知漳州，有廉声。详见兴化府《人物志》。 **綦崇礼**字叔厚。高密人，后徙维之北海。建炎间知州事。漳俗悍强难治。属有巨寇起建州，声撼邻境，人心动摇。崇礼牧民御众，一如常日。讫盗息，环城内外安堵此故。 **胡铨**字邦衡，庐陵人。绍兴间知州事。初为兵部侍郎。时宰相汤思退与张浚和战异议，浚罢政。未几，金人犯难，铨上章言："臣不忍见今贼之入门。"由是遗铨措置海道，寻改知泉州。《宋史》本传谓铨"乾道初知漳州”。未知孰是[1]。　**廖刚**绍兴中知州事。州人素尚侈靡，婚葬皆逾制。刚首立条约，亲为文谕之。尝应诏言事，乞早正建国储君之号。　**李弥逊**绍兴中知泉州。以兴学校为事，始复庆历旧规。郡人立崇学祠以祀之。朱文公守漳，尝为文祭之曰：“力辟和议，见忌群臣；出守此邦，治行亦著。”　**刘才邵**字美中，庐陵人。宣和中中宏词科。高宗即位，以亲老居闲十年。廖刚荐之，累迁为中书舍人，兼权直学士院。尉宰忌之，出知漳州。即城东开渠十有四，为牐与斗门，以潴汇决，溉田数千亩，民甚德之。

邓邦宁知漳州有声称。详见邵武府《人物志》。　**林孝泽**隆兴间知泉州。军兴，调兵戍边；及还，罗立廷下，索添支钱不去。孝泽坚坐不动，曰：“若辈岂欲反？幸先杀太守，添支不可以强取”。叱令还营，取一二老者置之法[2]，遂皆帖服。余见兴化府《人物志》。　**黄启宗**淳熙中知漳。有诏：“启宗清廉律己，抚字有劳，除秘阁修撰。”再任。　**朱熹**淳熙中知州事。奏除属县无名之赋七百万，减轻制钱四百万。以习俗未知礼，采古丧葬嫁之仪，揭以示之。时即学校训诱诸生，请业问难者，就接不倦。土俗崇信释氏，男女聚僧庐为传经会，女不嫁者，为庵舍以居，熹悉禁之。治漳仅期年，僚属励志节而不敢恣所欲；仕族奉绳检而不敢干以私；胥徒易虑而不敢行奸伪；豪猾敛迹而不敢冒法禁；一时政化大行。熹常病经界不行之害，会朝论欲行泉、汀、漳三州经界，熹乃访事宜，择人物及方量之法上之。而土居豪右，侵渔贫弱者，以为不便。宰相留正，泉人也，其里党亦多，以为不可行，因相与沮之。明年，遂以子丧请祠去。漳民怀其德，立祠祀之。　**赵伯逷**知漳州有惠利于民。详见泉州府《人物志》。　**傅伯成**庆元中知州事。以律己爱民为本，推朱文公遗意而遵行之。创惠民局，济民病，以革机鬼之俗[3]。由郡南门至漳浦，为桥三十五，治道千二百丈。尝劝人户粜，有林仁寿者，告其兄尧寿户钱之高，令先粜谷，伯成判曰：“官司宁可无二百石谷，而兄弟告讦之风不可长。” 赵汝谠嘉定中知州事。修学校，广生徒，造南门石桥，奏蠲经总制无名钱。“谠”一本作“说”。按《宋史》汝说有传，并不言其尝知漳州。恐作汝谠为是。 庄夏嘉定中知州事。始建通济桥，奏罢高荒俵寄产钱，纳苗米，听民自概量。 危稹字逢吉，临川人，旧名科。淳熙中举进士，孝宗更今名。嘉定中知州事。漳俗视不葬亲为常，往往栖寄僧刹。稹命营高燥地为义冢三，约期责之葬其无主名，若有主名而力弗给者，官为葬之，凡二千三百有奇。废淫祠，创龙江书院，横经自讲，人用歆动。邑令有贿闻者，劾去之，籍其财，以还民。郡有经总制无名钱，悉奏罢之。 赵以夫字用文，长乐人。端平初知漳州。始下车，邻寇猝至，诸道之兵皆会于郡，调度繁兴，应之裕如。卒生擒其渠帅，槛车以献。劳赐吏士，费以千万，民不加敛。先是，漳民苦于丁钱，以夫奏以废寺租代民输之。安抚真德秀闻而击节，上于朝曰：“漳州此举，可为分符守土者法。”诏可其奏。 李韶嘉熙初知州事。捐己俸，置学田，创虎渡口石桥。治以廉平称，民号为“李生佛”。

章大任淳祐中知州事。兴利除害，知无不为，而尤崇重学校，奖励诸生。郡人为立生祠。 柯述熙宁中通判漳州。以救饥得民。有双鹊栖其厅事，逮去，鹊亦逆之，漳人异焉。 黄琮宣和初通判漳州。时乡人方冀为守，琮与之可否相济，卒成美政。会金虏入寇，命琮统督建剑土兵，以备攻守。寻更盐法。 蔡襄天圣八年擢甲科，为漳州军事判官，处之以静，公余吟咏最多。

彭汉砺字器资，鄱阳人。治平二年举进士第一，历漳州军事推官，有能名。王安石见其所著诗，议补国子直讲。 赵善绰庆元中，司理参军。属邑鹾商有群聚杀人者，内二囚俱曰“陈十三”，盖同姓名而异首从。吏受赂，故出入之。狱成，下左院。善绰引囚讯问，得其实，力争于郡不听，遂投印而去。郡守改容从之。莅官三年，无私交，独与郡人陈淳游。秩满，淳尝为序送之。 陈

可大漳州工曹，兼右推，谳狱有声。详见兴化府《人物志》。

〔元〕　**要忽难**至元中为漳州路达鲁花赤。筑城以备不虞，保民以安其业，民至今德之。　**迭理弥实**字子初，合鲁温氏，西域人也。性刚介，事母至孝。至正末为漳州路达鲁花赤。时兵余民困，迭理弥实乃厘庶务之利病而兴除之。敏于吏事，而务存忠厚，不事苛细。居三年，民甚安之。国朝兵既取福州，兴化、泉州皆纳款，迭理弥实仰天叹曰："吾荷恩厚，有死而已。"及闻招谕使者至，乃具公服北面再拜，引斧砍其印文，又大书手版曰"大元臣子"，即端坐取佩刀刺喉中以死。既死，犹手执刀按膝坐，俨然如生。时郡人相聚哭廷中，敛其尸葬东门外。　**张泉逸**延祐间为泉州路总管。宽以恤民，严以取吏，以学校为己任，漳人翕然向化。　**金玙**后至元初为总管。淳厚廉谨，吏不敢欺。在任百废俱举。　**乌古孙良祯**泽之子也。初以荫补江阴州判官，调武义县尹，有惠政，改漳州路推官。狱有疑者，悉平反之。上言："律，徒者不杖，今杖而又徒，非恤刑意，宜加徒减杖。"遂定为令。移泉州，益以能称，复转延平判官。　**阚文兴**为漳州万户府知事。至元庚辰陈吊眼寇漳州，招讨傅全及其一家俱遇害，官军死者十八九，文兴力战死。妻王氏被掠，义不受辱，绐曰："葬吾夫即汝从"。贼为积薪焚尸，王氏赴火死。事闻，褒赠立庙。按翰林揭傒斯所撰《双节庙碑》，有云："文兴不知何许人，至元十三年，从贾万户戍漳州。"而判官后安所撰《旌表烈妇王氏祠记》则云："文兴以建康士军隶傅招讨为军府知事，出戍于漳。"二说微不同，未知孰是。

〔国朝〕　**潘琳**山西平阳人，洪武初漳州知府。历十载，治政卓然，一时郡守无能出其右者。　**王仲谦**洪武初知府事。廉谨自持，而为政有方，讼亦清简。又崇奖士类，学者用劝，郡民德之。　**钱古训**洪武中知府事。以文章饰吏事。表著忠孝，激励风俗，当时甚有声称。　**甘瑛**丰城人。正统间知府事。兴学校举废坠。时军卫横取，其弊日甚，瑛奏革之。海门山民恃险为非，瑛复奏移近地，而籍废寺之田给焉。　**谢骞**当涂人。景泰间知府事。为政以锄奸恶、翼善良为务。海民通番舶为盗，骞下令随地编甲置牌，而设长以统之，复印烙其船，以五六尺为度，听其生理。一时境内盗息民安。　**王祎**字子充，义乌人。洪武初为漳州通判。文学政事推重一时。尝作《风俗》十咏。　**陈思贤**广东茂名人。洪武末府学教授。以忠孝礼义帅诸生，随才教育，多所成就。　**漳州卫**　**顾斌**凤阳人，袭父职为漳州卫指挥佥事，有勇略。正统戊辰，沙、尤寇邓茂七倡乱，其党杨福率众数万围漳城，吏民震慑，无敢出敌者。时斌督兵备倭海上，闻之，夜率兵冒围入城，尽散其家资，募敢死士，亲督为前锋，开门进战。贼大败，斩首及溺死者甚众，余悉奔溃，城赖以完。事闻，擢福建都指挥佥事。

龙溪县

〔宋〕　**林迪**知龙溪县，县人爱之。详见兴化府《人物志》。　**翁德广**淳熙中知龙溪县。朱文公熹尝奏荐之，谓其天资刚直，才气老成，不为赫赫可喜之名，而每有恳恳爱民之实。其于刑狱，能上体国家哀矜庶狱之意；其于词讼，能使百姓无屈抑不伸之讼；其于财赋，能足用裕民，而无抑配科敛之患，盖庶几乎古之循吏者。　**储惇叙**龙溪县丞。民爱之。详见泉州府《人物志》。

〔元〕　**唐大年**以行省知事摄龙溪尹事。宽以惠下，毅以任重，吏不敢欺以私，民不敢违其令。　**邓朝阳**龙溪县尹。为政以兴利除害为务。又择学行之士为师以教民，犷悍之俗因以尽革。民甚爱之。　〔国朝〕　**刘孟雍**洪武末龙溪知县。革诸弊政，吏畏民怀。秩满，升知祁州，龙溪民奏乞还任，朝廷从之。祁州一本作安州。

漳浦县

〔宋〕　**吕琦**知漳浦县。有治政，邑民祠之。详见泉州府《人物志》。　**傅希龙**字廷允，知柔从父也。知漳浦县，开河达县学之前，人为立石为学曰“傅公河”。　**沈造**字次仲，缙云人。知漳浦县。时海寇作乱，将及境，闻造政声，悉引去。　**陈舜申**知漳浦县。大有惠利于民。部使者以治状闻，累迁著作部。

龙岩县

〔宋〕　**杨中立**知龙岩县，有惠利于民。详见泉州府《人物志》。　**林介卿**知龙岩县，治绩甚著。详见泉州府《人物志》。　**吴珏**知龙岩县，治有嘉绩。详见兴化府《人物志》。　**傅知柔**知龙岩县，邻寇惮其威名。详见兴化府《人物志》。　〔国朝〕　**赵荣祖**淮安人。洪武初龙岩知县。为政以安民为首务，弊无不革，利无不兴，凡百废坠，悉皆修举。

长泰县

〔宋〕　**黄颉**知长泰县，兼权龙溪县尉，二邑之民皆爱之。详见兴化府《人物志》。　**王序**知长泰县。政尚爱民，民蒙其惠。详见泉州府《人物志》。

南靖县

〔元〕　**扈海**至正中南靖县尹。兴学校，均赋役，抚字勤劳，政清讼简。时畲寇扇乱，海屹不为动。既而贼夜入，海骂曰：“尹承上命，以父母汝者，汝欲杀父母耶?”贼皆骇散。其后盗息民安，民为立“去思碑”。“至正”一本作“至元”。

〔国朝〕 **杨通**洪武间南靖知县。均平赋役，兴起学校，毁淫祠，创廨宇。既去，民有遗思焉。 **刘深**洪武末为南靖县典史。练达有为，坚于持守，抚字勤劳，民怀其惠。教谕植士，谦上其绩，升知宜兴县。

汀州府

〔唐〕 **陈剑**大历中刺史。汀自开元置郡，累迁东坊口，岁屡不登，民多疾疫，咸谓治非其所，剑乃更卜卧龙之白石，即今之郡治也。 **刘岐**大中初刺史。自迁郡以来，庶事未备，岐乃筑子城，创罗城敌楼，郡之壁垒至是始具。 **林披**初为临汀曹掾。郡多山鬼，披著《无鬼论》。刺史樊晃表为临汀令，廉使李承昭奏授临汀郡别驾，知州事。

〔五代〕 **王继业**其父延宗尝为汀州刺史。天福初，继业复出守，父子相代，俱有治绩。

〔宋〕 **王嗣宗**字希阮，汾州人。太平兴国中知州事。太宗遣武德卒潜察远方事，有至汀者，嗣宗械送京师，因奏曰：“陛下不委任天下贤俊，猥信此辈以为耳目，臣窃不取。”太宗怒，遣吏械嗣宗，下吏削秩。既而怒解，嘉其直节，特迁其官。 **方峤**英宗时，汀、虔盐寇剽劫为暴，朝廷急择守，遂除知汀州。峤至，悉以计平之。详见兴化府《人物志》。 **陈轩**字元舆，建阳人。元丰中知州事。治尚清静。黄庭坚诗云：“平生所闻陈汀州，蝗不入境年屡丰。” **陈粹**字伯光，福州人。元符间知州事。劝农桑，创学舍，禁博戏及宰杀耕牛，尤申严溺子之令，奏课为天下第三，赐书褒宠。考满，民借留之。 **詹时升**知州事，有治绩。详见建宁府《人物志》。 **郑疆**[4]字南美，长乐人。绍兴初知州事。时庙学荒圮，疆首卜地建之，且市腴田以增饩廪，择严师以职教导，于是升堂者数倍于昔，人以不学为耻。越三年，登进士四人。后立祠稽古阁下，春秋祀焉。　**张昌**绍兴间知州事。政尚宽和，民不忍犯，时以“张佛子”呼之。　**程大昌**徽州休宁人。淳熙中知汀州。贼帅作乱，戍将萧统领与战死，闽部大震。漕檄统制裴师武讨之，师武以未得帅符不行。大昌手书趣之曰：“事急矣，有如帅责，君可持吾书自解。”时贼谋攻城，先使谍者裹甲纵火为内应。会师武军至，复得谍者，贼遂散去。后知建宁府。　**江璊**淳熙中知州事。先是银坑发泄，岁代建昌，临川输银六千两，二郡岁偿绵、绢。后经兵火，二郡绵绢不至，坑场停开，仍取于民。璊疏陈其害，获旨蠲免。　**陈晔**字日华，长乐人。庆元初知州事。为治精明，岁以郡帑钱二百贯助学。又以隶官田百亩充诸生廪饩，减户口食盐价，以纾细民。作义冢以掩遗骼，殡无所归者以千数。汀俗尚鬼信巫，晔痛惩禁之，俗为丕变。　**陈映**晔之弟也。嘉泰初知州事。为政一守其兄之法，首蠲积逋，以宽属县，葺兵营屋千余间，甃清流路百四十余里。晔尝创桥于南山高滩角上流，至映方毕工，邦人因以“棠棣”匾之。秩满，皆迁广东宪，人以为荣。

赵彦棣嘉泰间监登闻鼓院。时韩侂胄方柄用朝士悉趋其门，彦棣切叹惋，出知汀州。州民叶姓者，啸聚汀、赣间，彦棣遣将捕戮之。　**李华**字实夫，建安人。绍定间以安丰倅来摄州事。有才略。时礤寇猖獗，禁卒欢呶，华悉剿平之。朱积宝为乱，岁且荐饥，华移粟给食，全活甚众。复念民力凋瘵，乃削苗斛盐价，置济仓[5]，邦人赖焉。　**胡太初**宝祐间知州事。爱民好士，有古循吏之风。开庆间，值岁歉，捐米数千斛入均济仓，以活饥民。大兴学校，规制伟然，士民德之，为立生祠。　**郭祥正**字功父，当涂人。通判汀州，有善政。公暇辄与太守陈轩登山临水，觞咏酬唱极多。　**陈吉老**绍兴间丞清流，以绩最迁通判军州事。赣寇侵郡境，势甚炽。吉老誓众与战，大破之。时境内寇旁午，吉老每督捕,长子希造即为先锋,累战皆捷。后与贼胡保钟十四花战于武平,偶应兵后期,遂遇害。吉老忍痛再率兵破贼。凯旋,郡将道迎慰问。吉老笑曰:“马革裹尸,丈八男儿,吾人所喜慕,大丈夫特患死不得其所耳。吾儿报国,死得其所,又何憾耶!”六县感之,皆为立祠。至今父子血食于汀。 **赵师瑶**通判汀州,有靖寇功,郡人祀之。详见泉州府《人物志》。 **王杆**字元佐,无为军人。绍定初通判汀州。时郡将陈孝严引外寇朱积宝兄弟为腹心,仇视禁卒,黄宝等愤而叛。杆谕以祸福,不从。俄有欲杀孝严者,杆怒叱之曰:“若欲杀守,须先杀我。”众感动解去。孝严度不为众所容,因付郡章于杆。杆固辞弗获,乃权摄州事,众遂安。既而积宝兄弟失势,亦叛,啸聚几万人,屡犯州域。杆指授方略,力捍御之,汀赖以全。民感其德,比屋祠之,曰“权郡王生佛”。 **刘师尹**字伯任,长乐人。绍兴间为汀州录事参军。时长汀县令陈梦远诬郡士叶椿等以死罪,郡倅向士俊党梦远,欲传致其狱。师尹知其冤,抗辨再三。士俊怒,督之益急。师尹乃取款状书其尾曰:“吾宁弃官,不可陷人于非命。”毅然纳禄而去。后帅司体究得实,梦远、士俊俱镌秩,椿等始获免。邦人德师尹,绘像祠之。 **黄樵仲**淳熙中为汀州佥事参军。详见漳州府《人物志》。 **赵公迥**绍兴末汀州司户,有政绩。详见泉州府《人物志》。 **赵希错**字君锡,汀州司户。峒寇米元砺方起,汀人震惧,郡会僚佐议守城。希错言:“距城三十里有关曰古城,若悉精锐以扼其冲,贼不足虑矣。”守以付希错,遂审形明问,申令谨候[6]。贼遣谍窥关。希错纵其举火相示,而羸以误之,然后严兵待贼。夜半贼数百衔枚突至,希错命矢石俱下,贼无一免者。余党闻风而遁。诏升州推官,治疑狱,决滞讼,慑下邑,弭乱卒。去之日,军民遮道泣送者数十里。 **李光**字泰发,上虞人。靖康初,以侍御史极论蔡攸、朱勔,谪监汀州酒税。

〔国朝〕 **宋忠**崇阳人。洪武间知清流县。兴学劝农,剔奸划蠹，有惠爱于民。以艰去。寻升户部员外部。清流民思之，奏于朝，升汀州知府。　**王得仁**宣德间汀州府经历，升推官。正统末，沙县寇攻城，得仁划策捍御之。民匿山中者，守御官以为贼，欲擒杀之，得仁力争乃止。又老稚三百余人来避者，官军亦诬为贼，得仁辨而释之。未几卒于营。民哀慕不忘，请于朝，立祠祀焉。　**汀州卫**　**黄敏**洪武中为汀州卫指挥佥事。广贼谢在真寇武平，敏率军剿捕，贼惊走，因追擒之。又于武平筑城，分军守御，境内卒以无虞。

长汀县

〔宋〕　**张景休**其先洛阳人。初为荆南戎判。公贞廉谨，手不释卷，馆阁知名。秩满，以著作佐郎为长汀令。　**杨朏**字持正，闽县人。元符初，以渭水推官摄长汀县事。催督租赋，不扰而集。时多盗贼啸聚，朏捕治首要，境内肃清。　**吴栃**绍兴初知长汀县，有治效。详见建宁府《人物志》。　**谢周卿**嘉定初知长汀县。创县治，建社坛，给田以赡学职，除诸乡逃绝户盐。　**宋慈**有钊繁治剧之才。绍定间，招捕使陈晔檄慈同监军李革平汀寇，参赞之功居多，遂辟知长汀县。时当师旅饥馑之余，慈明于听断，境内大治。　**陈显伯**淳祐间宰长汀，有惠爱于民。增广学舍，规钱以养士，士民爱戴，生祠之。　**张振古**清江人，淳熙间长汀主簿。刚正有守。郡督诸乡税急甚，振古悯小民困穷，且多逃绝户虚，数告于郡将，乞宽期限。郡将怒，欲加谴责，振古曰："我不忍奉上官，暴贫民。"即纳印而去。

宁化县

〔宋〕　**危建侯**元祐间知宁化县三年，民怀其德，生子有以危为名者。　**邹括**泰宁人，知宁化县。详见邵武府《人物志》。

施禔建炎间知宁化县，有治绩。详见建宁府《人物志》。　**周尧卿**绍兴间知宁化县。提刑杨铉入境，见有被刑而耘苗者，就询其故，对曰："贫以利故，为人直其任，令不我欺，而我欺之，我又何怨？"铉以所闻荐之。　**赵时馆**绍定间知宁化县。当寇乱之后，修学筑城，创县治及诸官廨舍，复旧观。　**〔国朝〕　梁琁**永乐间知宁化县。视民如子，不事苛刻。莅任数年，政修利举。　**韦清**景泰初知宁化县。清俭勤慎，植弱抑强，勤于抚字。未三载，卒于官，民哀慕之。　**荣清**洪武间宁化县典史。奉职勤敏，存心笃实，政务举，案牍清，人以为贤。　**景忠**永乐□□间宁化县典史。廉公爱民，守法尤谨。

上杭县

〔宋〕　孙瑞绍兴末知上杭县。首创学舍，给田以养士。暇日辄戾学，与诸生讲论经史，自是士风稍振。　**陈朝章**乾道间知上杭县。先是宰郑稷从民之请，将迁县治于郭坊，方任始，遽以忧去，继之者，未暇及也。朝章至，慨然以为己任，于是区处分划廛井涂径，俱有条理。　**赵彦挺**嘉定间知上杭县。尝重新学舍，增置学田。　**赵时钺**绍定间知上杭县。寇平之后，城垒、县治、官廨鲜有完者，时钺悉营创以复其旧。　**李务行**宝祐间知上杭县。尝葺庙学，创朱、杨二先生祠于学之西。　**何镐**上杭县丞，有惠政。详见邵武府《人物志》。　**〔国朝〕　顾详**永乐初知上杭县。常禄之外，一无所需。其为政，以崇儒士、抚弱抑强为首务，故吏不敢欺，而民畏爱之。　**岑嵩**德州人。正统末知上杭县。寇乱之后，绥怀有方，流亡悉复。　**胡钺**嵊县人。成化初知上杭县。清勤公正，不喜谀佞。时初调千户所守御兹邑，悍兵骄卒，往往肆虐于民，钺白于当道，而以法绳之，自是军民各安其业。

武平县

〔宋〕　**翁仲通**知武平县有治绩。详见建宁府《人物志》。　**陈阐**知武平县。洞獠手刃贩盐，久为民害。阐立斥堠，训丁壮，境内晏然。　**上官损**武平主簿。详见邵武府《人物志》。　**孙礬**字叔静，钱塘人。武平县尉。捕获名盗数十，谢赏不受。

清流县

〔宋〕　**刘叙**元符初知清流县。时县初创，叙实经理之。抚民处事，俱有条法。　**黄藻**延平人。乾道间知清流县。兴学养士，躬课试而激劝之。县有贴银钞盐钱，素为民害，藻请于朝，一切蠲免。凡有催科，尤必究其利病，惟恐厉民。岁尝大歉，藻行劝分之法，民以不饥。邻寇作乱，自相戒曰："彼有善政，慎勿犯也。"秩满而去，老稚攀辕，数日始得出境。　〔国朝〕　**朱仲恭**江西兴国人。洪武初知清流县。时当元季寇乱之余，招徕流亡，劝课农桑，修学校，延明师，以训学者，政事卓然可见。　**李庠**西安人。永乐间知清流县。先是县毁于寇，庠至，新县治，建学官，定役法，以均差徭，严课试以励学者。莅任凡十有五年，始终如一。民至今思之。　**吕镛**湖广蕲水人。正统间知清流县。抚字有方，邑民悦服。岁己巳，沙、尤贼邓茂七寇县境，镛尽力保障。民或逃窜，则躬巡历招抚之。未几，贼众二万余攻县。镛率民兵与战，众寡不敌，为贼首陈正景所执，欲逼降之，镛大骂不屈而死。邑民哀思，遂于其被害之处构草舍祀之。成化丙午，复请于朝为立祠。

连城县

〔宋〕　**卓庠**绍兴间以长汀丞摄连城县事。时县初创，庠揆方审势，悉自指授廛井涂径，条理秩然。 **丘钦若**绍兴间知连城县，未期年，邻寇窃发，钦若经划地势，筑城三百丈，率其民捍御之，寇不得入境。 **刘国瑞**绍兴间知连城县。肇建学舍，给官田百亩以赡，弟子员士由是知学。 **刘爚**由饶州录事调连城令。罢添给钱及纲运例钱，免上供银钱及纲本二税、甲叶钞盐军期米等钱。大修学校，乞行经界。寻改知闽县。 **米巨宏**绍定间知连城县。当寇乱之余，创廨宇，修学官，给田以养士，定纲运额，立卖盐法。郡守李华上其功，特改合入官[7]。 **〔国朝〕** **邓昇**南丰人。洪武间知连城县。性严恪，勤于抚字。国初郡邑草创，凡廨舍坛壝祠宇皆创建一新。 **刘雍**平阳人，洪武间知连城县。勤于政事。暇即读书。首建学校，崇礼师儒。教民耕种，民受其惠，去任之日，老稚攀留不忍释。 **孙麒**海宁人。洪武末知连城县。为人谦谨廉勤，尊礼贤士，招徕逋逃，自奉日蔬食而已。卒于官，邑人哀之。 **冯源**仁和人。永乐间知连城县。政治精明，废坠修举，而尤以学校农桑为先。 **吴衡**江阴人。宣德初知连城县。为政明恕廉勤，而于学校尤加意焉。 **许利**海阳人。永乐初连城主簿。公平勤慎，佐政有方，决壅如流。去任之后，民犹思之。

延平府

〔宋〕 **刘滋**天圣中知州事，多善政。详见建宁府《人物志》。 **曹修古**天圣中知州事。始建学馆，市田饩士。为诸郡倡。政平讼理，吏民畏服。 **葛源**庆历间知州事。属吏尝有隙于源，同进者因谗之。源察其旨，不听，而以为举首，人服其明。

葛宫字公雅，江阴人。皇祐间知州。土豪彭孙聚党数百，凭依山泽为盗，出害吏民，不可捕。宫遣沙县尉许抗谕降之。并溪山多产铜银，吏挟奸罔利，岁课不登。宫一变其法，岁羡余六百万。

三司使闻于朝，当赏，卒不言。　**程博文**元丰间知州事。政尚宽平，以僧牒募人凿黯淡滩，往来者自此无覆舟之患。博文，元丰间知州事，一本作“皇祐”，未详。　**王汝舟**元祐间知州事。廉明不阿，兴学校，奖进士类，赈恤孤贫，时有治声。　**萧伯仪**元祐间知州事。性通敏，廉明不阿。治专爱民，讼至廷，晓以义理，多退听者。僚属有不法，反复善谕之，俾之自新，时称其德。**上官恢**知州事，有时名。详见邵武府《人物志》。　**林遹**宣和间知州事。治尚清简。时福州兵叛，害其帅[8]，拥众数千，道出南剑。遹遣司录谢如意谕以祸福，众乃缚渠魁至，斩之。　**张觷**建炎初摄郡事。郡卒丘虞等结党为变，觷得其籍，捕而杀之，无漏网者。后守剑州，会建寇范汝为谋据福唐，遣叶彻寇南剑。时统制官任士安不肯力战。觷独率州兵，分为数队，将战，则先食之。更迭交战，兵力不乏，彻中流矢死，众溃。觷知士安惧无功，函彻首与之，州兵皆愤。觷曰：“贼必再至，非与大兵合力，不能破也。”士安得之大喜。后彻二子引众声言复父□[9]，士安遂与州兵夹攻，大败之，城赖以全，濒海四郡皆不罹其祸。及卒，南剑民为立庙。《宋史》本传谓“庙食邵武”，未详。　**林积**知南剑州。尝送张天师子狱中，而奏云：“其祖乃汉贼，不宜使子孙袭封。”绍兴中仕至侍郎。朱文公举其事以告门人，谓“一时人皆信之，而彼独能明其为贼，其所奏必有可观者。”　**刘子翼**绍兴间知州事。政尚清简，发奸擿伏如神。州学兵毁，子翼卜地改营之，功成民不告劳。详见建宁府《人物志》。　**曹枢**绍兴间知州事，有善政。修学，增置学田，以赡生徒。　**李文渊**绍兴间知州事。治尚简易，讼有可已者，辄谕以义，使归思之，狱无滞囚。修学养士，创阁以存御书。　**路采**绍兴间知州事。律己甚严，为政以爱民为本，重兴学校，以循廉名。　**郑椿年**绍兴间知州事。修学，广生徒，政尚平易，吏民率服。　**胡舜举**绍兴间知州事。清静恺弟，吏不忍欺。

尝置田于学，以充养士之费。 **翟绂**乾道初知州事。兴利除害，奖劝士类，以善治称。 **王纲**乾道间知州事。政善民安，寇盗屏迹。公余亲诣州学，为士子讲说经义。 **李庚**乾道间知州事。廉勤有为，创丛冢，为掩骼埋胔之地，分男女左右两塔，造庵宇命僧守之。 **张次卨**淳熙间知州事。廉敏有为，兴学校，赈贫困，士民颂其德政。 **叶筠**嘉泰间知州事。性慈惠，州俗贫家生子多不举，筠请立举子仓赈给之。为政大率以爱民为本。 **余嵘**嘉定初知州事。性清介，为治简严，疾恶如仇，而乐道人之善。桀骜之徒屏气，善类赖焉。 **赵崇祉**嘉定间知州事。宽平公直，布上恩，恤民隐，兴学劝士，亲为讲说经义，儒风振于东南。 **刘允济**嘉定间知州事。州俗，贫家生子辄不举，允济善诱而严戒之，举者给粟赈贷，不举者罪焉，俗为之易。 **留应祖**嘉定间知州事。廉慎有治声。尝以士之肄业于学者，焚膏继晷，费无所出，月出公帑钱二十千给之。 **朱端常**嘉定间知州事。为政贵宽和，先德化，人称其惠。尝创惠民仓，歉岁民赖以济。 **林洁己**嘉定间知州事。强敏有才。置漏泽园，听民从便安厝，戒民火葬及弗得委柩僧舍，郡民德之。 **陈宓**嘉定间知州事。时大旱疫，蠲逋赋十数万，且弛新输三之一，躬率僚吏持钱粟药饵户给之。仿白鹿洞规制，创延平书院，延明儒主教事，置田以赡生徒。他善政尤多。 **赵汝造**嘉定间知州事。通敏博学，遇事剖决如流，黠吏不能困。沙县有地曰岩前，山僻民犷悍，时或窃发为盗。汝造据险立寨，置帑庾养士兵防御之，患遂息。 **傅康**宝庆初知州事。廉慎自持，创祠堂，祀周敦颐、张载、程颢、程颐、司马光、陈瓘、杨时、罗从彦、李侗、朱熹、廖德明、黄榦诸君子。籍废寺田入延平书院，以赡生徒。创安福庵，遇有丧不能举者，为备衾榇敛葬焉。详见泉州府《人物志》。 **赵遵夫**绍定初知州事。政专恤民宽属邑。始至郡，蠲逋租，兴学校，节缩他费之赢入学，充养士之费，缙绅颂焉。　**陈铧**绍定间，知南剑州兼福建路招捕使，亲提兵至沙县、顺昌、将乐、清流、宁化，督捕盗贼，所至克捷。　**黄埒**绍定间知州事。廉介自立，为治严而有则。沙寇丘文通会合晏头陀寇将乐，埒挺身入贼垒，谕以祸福，郡寇遂降。　**董洪**端平初知州事。治身严，奉法令甚谨。州治凋敝，勤而拊之，遂复旧观。州有延平书院颓圮，且其址逼危山，临急湍，洪迁于邃坞而新之。创剑浦弓兵营，营卒感其德，为立生祠。详见泉州府《人物志》。　**徐元杰**淳祐初知州事。会峡阳寇作，元杰擒斩其渠魁，余释不问。郡有延平书院，会诸生，亲为讲说。民讼，以理化诲，多感悦而去。输苗听其自概，合郡德之。　**杨告**字道之，绵竹人。皇祐间通判南剑州。晓法令而不事苛刻，时号能吏。　**吴逵**初知顺昌县，继通判南剑州，俱有治效。详见建宁府《人物志》。　**朱倬**字汉章，闽县人。绍兴间通判南剑州。建寇阿魏众数千，剑邻于建，兵软不可用，倬重赏募卒擒获，境内迄平。　**董居安**淳熙间通判南剑州，多惠政。先是，州有物力钱，州县两处差科吏肆其奸，民不堪命，逋负者逃亡居半，其积蔽，盖百余年矣。居安摄郡事，尽为释去，郡民感悦，相与绘像于梅福院祠之。

林深之熙宁间为建州松溪尉，历南剑州录事参军。时侍御张汝贤察访闽部，方按建、剑，讼牒堆积，欲择吏阅定，或谓深之有吏能，汝贤急委之。深之为一一条具白，某事可行，某人当治。时他郡连起大狱，追逮相属于道，二州独赖深之以免。　**谢如意**邵武人。宣和间为南剑州司录参军。尝以太守林遹命，往谕福州叛兵之在南剑者。叛兵听命，缚其渠魁二十余人，至斩之，一郡帖然。　**辛炳**字如晦，侯官人。登进士，累官殿中侍御史，以疏蔡京发运之弊，谪监南剑州新丰场。持己廉慎，有善政。后复召为侍御史。时福建八州添差至八十余员，炳言艰危多事之时，冗食之官无益，当罢，从之。方偕监南剑州石碑场，月入白金余三万两。 **陈师孟**绍兴间教授南剑州。襟怀冲旷，外物不能扰。尝曰："官以教民。不教人，则实违名也；教不本诸身教，犹不教也。"朝夕饬励群行，以倡诸生，合郡称贤师。 **薛舜俞**同安人。早攻文艺，登进士，教授南剑州。晚年学问淹贯，为文长于表启，有文集三百余卷。 **张敦颐**绍兴间教授南剑州。性精密，不妄嬉笑，读书务明义理，士子翕然从化，学□士田[10]久籍于僧寺，敦颐力请当路复之。 **严有翼**绍兴间教授南剑州。学精理明，动以师道自任，搜剔经髓，讲授诸生，意融而言随，闻者争听，户外之履常满。 **黄櫄**绍熙中教授南剑州。详见漳州府《人物志》。**杨宏中**侯官人。开禧初教授南剑州。复杨时故宅，祀罗从彦于杨、李之间。 **林公俊**绍定间教授南剑州。博学善属文。其教人则一以诚笃为本，学者多慕效焉。 **蔡念成**九江人。嘉定初长延平书院。学博而精，行谊尤明粹，一时学士倚为斯文桢干。西山真德秀帅长沙，未上，亦来预讲。冠履趋跄，弦诵洋洋闻朝夕。

〔元〕 **赵巩**缙云人。前至元间剑州路总管。时兵戈甫息，巩至，苏痿起痍，一以廉静不挠为先务。及三年，乃完城郭，创候馆，建浮梁，百废俱举。尤重学政，简职员，励课业，士风复振，诸生立碑颂焉。历邵、汀、建、漳创五路总管，爵蒙城郡侯，谥懋康。**文富**庐陵人。宋丞相天祥之孙。至正间守延平路。博学善文，慷慨重节义，重新庙学，奖劝士类，莅民多善政，士论归之。**朱彬**崇安人。文公四世孙。至正间为延平路知事。读书有文，克绍家学，士子从游者甚众，誉流列郡。 **郭圭**至正间为延平路学录。德器温粹，所交皆当世名士，于六经百家之书无不究之，虽事物度数之微，亦皆讨核其异同。大抵其学濂、洛诸儒为宗，粹然一出于正。

〔国朝〕 **唐铎**虹县人。洪武初知府。首建学校，以崇风化，抚绥凋瘝，不事苛刻，吏不忍欺。及召赴京师，民怀其德，不忍舍去，留一靴悬于仪门之右。　**俞廷芳**丽水人，洪武间知府。政尚简易，尤笃意学政，蠲役劝士，儒风渐振。民多其德，既去而尤思之。　**李显**乐平人。洪武间知府。廉明宽厚，存心爱民，长于吏事，而不尚苛刻。比及三载，囹圄几空。尤好尚德，见一善士，辄倾身下之。卒于官，吏民悲泣如赤子之失慈母。　**胡寿昌**字子祺，吉水人。洪武间知府。政尚宽平，修饬学校，躬励士子，建祠祀李愿中，务以礼化。期年，百废俱举，郡民敬信。　**雷诚**丰城人。宣德间知府。性廉介，不阿不诡，抚民以仁，为政务植善良而抑强暴。兴学校，修祠宇，誉闻烨然。　**孟钊**泌阳人。天顺间知府。刚正廉明，不喜谀佞。汀寇起，官兵道延平，需饷严甚，郡民震怖。钊调度有方，秋毫不取于民，民安堵如平时。　**马文饶**金华人。宣德、正统间延平府经历。廉明正直，勤于赞政，务以恤民为先。寻升高州府通判，民思之不忘。　**艾廉**长沙人。宣德间延平府照磨。好读书，用儒饰吏，有声于时。　**李珽**济宁人。正统间延平府学教授。有学行，勤训迪。沙、尤寇叛，攻郡邑，生徒遑遑思窜匿，珽辄以龚遂所谓"小丑弄兵潢池，不足深虑"之言开谕之，讲课弗辍。　**延平卫**　**丁泉**汶上人。正统间为延平卫指挥同知。沙、尤寇罗丕众猖獗甚，泉率兵御敌，倡勇而先，杀获甚多。捣破岩贼垒，俘首恶萧政通、林福禄，以功升都指挥佥事。　**金广**固始人。景泰间为延平卫指挥佥事。沙、尤寇邓茂七就戮，余孽未殄，广躬率壮兵，追至政和县力战，俘首恶金洪三，余党悉平。以功升本卫指挥同知。

南平县

〔元〕　**王益子**元贞间，为南平县主簿。持身廉洁，以文学饰吏事，士民敬爱之。　**〔国朝〕**　**刘居信**扬州人。洪武初知南平县。廉慎勤敏，抚恤凋瘵，仁意备至。凡百建置，俱有条理，而尤急于兴学校，振士风，清誉闻于列郡。　**朱孟常**余姚人。永乐间知南平县。性恺悌，为政不尚苛严，有古循吏之风。西芹河泊所业户凋残，鱼课累岁逋负，孟常奏蠲之。县有强寇赵子贵，数为民患，购置于法，士民悦服如父子然。　**徐中**鄞县人。正统间知南平县。慈惠廉明，棰楚不施，一毫不取诸民，民甚悦服。　**欧阳兴**安福人。景泰间知南平县。性简静，为政先德化而后鞭扑，有古循吏风。未四载，力请致政，士民留之弗得。　**刘尋**万州人。天顺间为南平县丞。宽惠有干才，持身谨，遇贤士甚谦。创庙学，修坛壝，条划有方，而民不告劳。在官仅六载，力请致仕归。尋，一本作灵山人。　**杨忠**青州人。洪武间为南平县主簿。廉静质直，不苟阿同于人。粗衣粝食，泊如也。尤恤民重士，君子以清贫苦节高之。

将乐县

〔五代〕　**郭显忠**固始人。伪闽王延政时为镛川刺史。政尚清简，化民以德，民有丧不举者，捐俸赙之。岁歉，辄发廪赈贷，民不知饥。及卒，立祠祀焉。　**〔宋〕**　**上官基**光泽人。知县事，有治绩。详见邵武府《人物志》。　**傅汶**初尉清流，捕盗改秩，知将乐县。朝廷以军兴鬻僧责之县，他邑视民产均敷之，汶遣吏赍度牒往三山，减直而售，官出余直以足数，不扰而办。余见兴化府《人物志》。　**陈摅**四明人。绍兴间知将乐县。性敏达仁恕，政尚宽平。初，邑民贫者生子多不举，摅严禁止，仍给官钱周之。岁歉辄发廪赈贷，民赖以存活者甚众。卒，立祠祀焉。　**方大琮**开禧初，南剑州学教授。上官送所昵士，拒不纳。后为将乐知县。其教授南剑时，已封崇罗仲素墓，至是，式杨时庐，偕其孙曾款谒松楸，祀八贤于学，务以礼逊迪。　**叶尧蓂**知将乐县，有治绩。详见建宁府《人物志》。　**黄去疾**邵武人。咸淳间知县事。详见邵武府《人物志》。　**〔国朝〕　王克纲**临淄人。洪武间知将乐县。持身廉洁，为政仁明，知民疾苦，吏不敢欺。由是民获力农，渐致富庶。　**吴信**进贤人。洪武间知将乐县。公明廉慎，政尚宽恕，均徭省赋，视民如子，凡所施为，酌之以礼，而断之以义，黠吏不得少逞其奸，民甚德之。

尤溪县

〔宋〕　宋咸建安人。庆历初知尤溪县。端慎公廉，剖决无滞，能名冠一时。重建庙学，教养有方，多士翕然从化。邑人林积始以文学进士，实咸诱掖之力也。　**王廷彦**字英臣，庐陵人。元祐间知尤溪县。性朋敏，力锄强悍。县人王象为郡都吏，不输租，廷彦以事谒郡，退即馆，呼象至，示以断案，杖之，乃趋郡廷请罪，守萧伯仪因是益器重焉。监司有滞讼疑狱，辄委决于廷彦。漕使陈宗，按部过县境不入，留诗挐洋驿云："畬田高下趁春耕，野水涓涓照眼明。莫道深山最深处，人人解说长官清。"　**张溥**字道济，开封人。绍圣间知尤溪县。晓达吏事，剖决如流，廷无留讼。公余手不释书卷，尝取孝钦、慈爱、谦逊、忠信、勤俭五善，作文以谕俗。　**刘正**字道醇，侯官人。建炎间知尤溪县，廉明不阿。绍兴初，建、剑寇起，正训练民兵，以卫县境。弓手余招酗酒跃马入队，扰其众，队长不能止，正斩以徇，部下肃然。未发，乡民林悌、郑郁招集亡命欲为乱，正廉得其情，执而戮之，民赖以安。

彭亿字宋延，福州人。绍兴间知尤溪县。明敏有干才，尝徙建县学，增置学田及建县治。邻封盗起，民多流窜，亿募精兵固守，贼不敢犯。诸生立祠于学，民亦立祠祀焉。　**林行可**三山人。绍兴间知尤溪县。博学敷行，为缙绅所重。时尤溪政务蠹坏，殆不可为，铨曹无肯就注拟者。诸司以行可荐。至官，修政事，办财计,禁苛扰,振士风,其政治术业,可以历世遵行。 **石嶅**字子重,会稽人。乾道间知尤溪县。始至,官吏以财匮请借民租。嶅不答,但日治税簿,见民逃绝而田入见户,及鬻产而不能更其籍者正之。又谨视其出纳之际,吏不得容其奸。关市之征,亦损其数。县学校久废,嶅命其友古田林用中来掌教事,而增其弟子员,亲卒佐吏宾客往临之,因为陈说圣贤修己治人之学,而讲求其义理至当之归,闻者兴起,异邦之人亦或裹粮就学,乃广学官,买田市书以充入。既成,为考古制,举乡饮酒礼以落之,于是士始知学,而民俗亦变。远乡有据险自豪,数十年不输租赋,日与邻比为仇敌者,嶅为榜谕之,即敛手听命。民有犯罪,具狱上,府吏邀求无厌,欲致之死,嶅争之不听,则请自对狱代民死,民乃得免。岁大疫,多治药饵,遣医散之村落,赖以活者甚众。及代去,民画像祀之。

黄揆字端甫,三山人。淳熙间知尤溪县。为人勤敏,济以仁厚。时县乘累年弊政之后,困匮不支,揆理财抚民,不为表暴,家给人足,而田里相安。升知琼州,民为立生祠于福星堂。 **濮坦**淳熙间知尤溪县,廉明有吏才。至官,当县凋弊之余,每事振刷自立,井井可观,士民颂之。 **朱松**宣和间补尤溪尉。时承平日久,境内绝桴鼓声,且邑居僻左,终岁无将迎。松于公事之余,读书力学,无一息少废。子熹生于尉之官舍,是为文公。 **林用中**乾道间教尤溪学。博通经史,极深性理之学。以余力为文,辞畅而粹。其笃行类邹鲁士,民彦率化,而顽傲之徒亦翕然服之。

〔元〕文海涯字贯道,南昌人。至正间监尤溪县,廉介明敏。时寇难屡作,规划措置悉有方轨,平徭简赋,戢奸抑暴。有陈十军、陈合一者,素犷悍,各聚党为乱。海涯捕其渠魁,置于法,余党尽释之。尤重儒雅,兴学政,增置弟子员。凡乡社俱令立学,择师儒以主教事,士民咸慕,为立祠于南溪书院。 **金刚奴**至元间为尤溪主簿,廉慎有干济才。赈贷饥荒,扶植善良,挫抑豪猾,政有不便者，辄改为之。　**曲惠**字顺卿，真定人。至正间为尤溪尉。郡守郑文瑞重其才，檄摄县事。不越月，决滞讼六十余事。红巾寇压境，惠谓其子师善曰："臣死忠，子死孝，大节也。吾父子皆食君禄，万一不幸，愿以合门徇。"乃行保甲编伍之法，发常平赈民，劝巨室出粟赡兵，首倡勇敢拒战，邑赖以全。后承阃檄，率兵抵晋安，死于贼。闻者痛悼。　**〔国朝〕　张可大**将乐人。洪武间知尤溪县。廉明公直，遇事条理不遗。先是，山民顽犷，不输赋税，不供徭役。可大示以约令，谕以祸福，民始帖然归顺。

黄采字宗素，苏州人。洪武间，由监察御史改知尤溪县。政尚宽恕。先是，县用市民，拘絷里胥以集事，采即释之，示以信义，事集民安，逃亡者亦皆复业。后复召为监察御史。　**梁观**增城人。永乐间为尤溪县丞。廉直有吏才，为政宽简，不事苛刻。心一于爱民，民多德之。　**张奉先**偃师人。洪武间尤溪县主簿。廉明而宽，黠吏畏之，不敢欺。轻刑简役，兴学劝士，民仰之如父母。既去，尤眷眷不忘。　**张敏**徐州人。正统间尤溪主簿。莅政廉勤，存心忠厚。沙寇罗丕犯县，敏率众御之。或以贼势猖獗戒勿行，敏曰："吾受命莅职兹土，忍视民患而不救乎？吾尽吾职，即死无憾。"遂倡勇而先。贼据险与战，兵少，力惫而死，民痛惜之。

陈仕渊绍兴人。永乐间为尤溪英果寨巡检。刚毅有膂力，尤溪氓吴十师寇德化诸县，仕渊谋于耆老叶文祯等，率众往捕之，十师就戮。余党复起，势张甚，官兵至，惧不敢进，仕渊倡勇力战于罗舍场，兵败死焉。

沙县

〔唐〕　曹朋字仲镒，固始人。中和中，以汀州司录摄沙县事。与崇安镇将邓光布协谋，徙县治于沙箦坂，即今县治是也。有功德于民，民多爱之。　**邓光布**字明远，固始人。乾符初为崇安镇将。智略绝人,与摄沙县令曹朋协谋徙县治。后黄巢破闽,光布率众御之,误中流矢而死,沙民立祠祀焉。〔宋〕**谢浚**邵武人。绍圣间知沙县。多善政,吏民悦服。尝捐俸创平津桥。 **王瓘**字元玉,明州人。崇宁间知沙县。改福建转运司主管,领县事,历任岁久,多善政,民为立生祠于太平兴国寺。今寺僧祀为土神。“瓘”,一本作“权”。 **郭汝贤**字舜卿,建安人。宣和间,以兴化军通判摄沙县事。治绩彰明,遂实授知县。廉明简重,吏民怀其德,亦畏其威。 **叶先**处州人。绍兴间知沙县。政尚宽厚,严于除害革弊。秩满,民欲留,弗果,为立祠于灵卫庙。

万谔字叔康,饶州人。绍兴间知沙县。宽厚,有惠爱于民。广寇犯闽境,谔被漕檄,督饷事,慨然率巡检吴铸、尉陈永忠以乡兵千余人逆拒之,贼遁追蹑逾日,履险坠空,从舁还治,卒。民感其忠义,为立祠。 **连三益**知沙县,民爱之。详见泉州府《人物志》。 **王浔**字景渊,合州人。嘉泰间知沙县。政尚宽简,民得其惠。尝捐俸建石桥。开禧初解职去,民立祠祀之。 **王洪之**建宁人。嘉定间知沙县。廉明不苛,吏畏民怀,时称能吏。调拜大理评事。 **宋南强**字子居,山东人,绍兴、淳祐间知沙县。治专德化,不事刑罚。劝农桑,兴学校,缮修桥梁道路。凡一考,解职去。民为甘棠路碑,以表去思之意。碑在县东南感义里。

赵希佞开禧间为沙县丞,有治声。详见泉州府《人物志》。 **黎靖德**永嘉人。嘉祐间为沙县主簿,摄县事。清谨,善理繁剧,博学能文词,尝修《沙县志》。 **刘纯**建阳人。沙县主簿。持身廉而遇事果。适岁大疫,躬治剂药救疗存活甚众,其死者作大冢瘗之。 **许抗**字损之,南城人。宣和间为沙县尉。时草寇彭孙啸聚亡命,阻山为固。抗挺身,□垒[11],说而降之。转运使陈荣言于朝曰:“若许抗者,可谓能减九重之焦劳,救一方之涂炭。”擢大理评事,改知仙游县,亦有能声。 **李纲**宣和初,以起居舍人疏陈时政，出监沙县税务。题咏正多，略不以黜谪自沮。官至宰相，谥忠定。〔元〕**陈洪**至正间尹沙县。为政廉明而济以宽简，民讼纷纠，剖决无滞，久而民自畏服，无敢至讼廷者。进士曹道振，尝作《平狱颂》以美之。〔国朝〕**陈善**夏邑人。洪武初知沙县。廉勤仁惠，捕灭冯谷保寇党，民获安息。兴礼让，重贤良，革奸暴，吏不欺而民悦服焉。**倪峻**字惟岳，无锡人。洪武末知沙县。廉静寡欲，禁淫祠，兴学校，厥宇坛壝，莫不一新。郡五邑税粮，先是悉转输镇东卫。山民不谙海道，舟多覆溺，辄责使赔偿，民甚苦之。峻为疏其状于朝，遂改输福州卫及延平卫，民感其德不忘。**彭修**洪武间为沙县丞。持身廉洁，为政务先爱民，自奉甚薄，无异布衣时。寻召为监察御史。**张善教**琼山人。永乐间沙县学教谕。学行粹洁，嶷然以立，师道修明职业。弗踰年，士皆从化。倡诸生以新文庙，县父老闻之，欣然来助，迄底于成。

顺昌县

〔五代〕**林揆**伪闽王延政时为永顺场官。南唐升场为顺昌县，仍以揆为令。当干戈相寻之际，政尚简易，民多德之。
〔宋〕**俞伟**字仲宽，四明人。元祐初知顺昌县。初，县民生子多不举，伟集耆老谕以理，贫者许赡以粟，所活不可胜计，多以伟之姓字名之。俗婚娶尚侈，伟戒以俭，而省浮费。民有健讼者，伟反复开谕，悉感谢去。县治前大溪艰涉，伟率富民出资，编舟为梁以济之，复籍废寺田数十亩，储租以备缮修。为县凡两考，木生连理，粟一茎十二穗，民歌颂焉。**丘之立**字斯行，建阳人。绍兴初知顺昌县。廉明仁惠，县遭寇乱之余，民多困惫，之立力抚摩。政先农业，田之荒者借种与牛，宽其租限。未几，讼息刑简，而民日阜安。**赵公岘**字唐卿，绍兴间知顺昌县。廉明勤敏，而政尚宽简，廷无留讼。岁歉，辄发廪赈贷，民不乏食。有辛大者谋窃发，诉者踵至。公觇阳叱之以为妄，众皆愕然。密遣擒捕，尽获其党。民有停柩者，谕之葬，而贫甚不能举者，则官助其费。修学养士，文风大变。张魏公帅闽荐于朝，遂改秩去。 **王奎**字景文，四明人。绍兴间知顺昌县。政尚宽简，心先爱民，不深鞭罚，而民畏服。 **董居安**字子安，松溪人。乾道间知顺昌县，清俭如寒士，遇事明敏不倦。时县之鹾法更变，帑藏空虚。吏请如旧令，计民产赁钱，谓之纲本。居安以为赋外之敛，不听。优游措划，不烦而办。凡追所逮，传符下里，未尝一遣公皂至民家。先是，令以只日晨兴收讼谍。居安无昏昕，至则进之，冤枉易达。讼者多饰词，凡所连逮，吏规以为利；居安推摘一二切要，余无所问。民为立生祠祀之寿考[12]。 **熊遹**字述之，建阳人。绍兴初为顺昌县丞。明敏绝人，而浑然有长厚之德。令丘之立，遹同里人，甚相友善，遹事事与之协济，故兵乱之后政无不举。而又持己廉，待人恕，吏服其断，民被其惠，时以循吏名。 **许安仁**字仲山，少从苏轼学诗，有声称。晚以累举授官，政和间为顺昌尉，甚得士民之誉。

陈焕字其华，建阳人。绍兴间为顺昌尉。宽和廉静，不迫不扰，邑政赖以裨益者甚多，而未尝自以为能。人乐其政，号之曰“陈佛子”。 **〔元〕刘思礼**字季和，高唐人，至顺间为顺昌县尹。廉明公正，疾恶如仇。民有亲属因财而讼者，以理谕之，遂悔悟息争。江西民有为钞者[13]，事发，妄攀指别县平民。县吏因乘机诈为文移，追逮无辜以谢利。思礼一见印文，洞知其诈，人以为神。

鲁崇仁字子元，蜀郡人。至正间为顺昌县尹。为政简易，深得民心。先是，邑公田最为民病。崇仁至，因民情所欲，而为之法，民亦乐输，而弊自除。遇岁歉，严私粜之禁，仍谕储粟之家假贷赈饥，粟不增价，民无匮乏。兴学校，崇祀事。他善政尤多，人民立碑颂德。

校　注

［1］按《宋史·胡铨传》称："乾道初，以集英殿修撰知漳州，改泉州。"本志失检。

［2］光绪《漳州府志·宦绩一》作"置为首者一二人于法"。

［3］光绪《漳州府志·宦绩一》作"以革机鬼之俗"。"机"应为"机"之误。

［4］乾隆《汀州府志·名宦》作"郑强"。

［5］乾隆《汀州府志·名宦》作"置均济仓"。此脱一"均"字。

［6］乾隆《汀州府志·名宦》作"申令守斥堠"。

［7］"特改合入官"疑为"特改令入官"之误。

［8］乾隆《福州府志·祥异》载（转录《宋史》）："靖康元年八月，福州乱军杀知州事柳廷俊。"当指此。

［9］据嘉靖《延平府志·名宦》所脱为"仇"字。

［10］据嘉靖《延平府志·名宦》所脱为"赡"字。

［11］据嘉靖《延平府志·名宦》所脱为"入"字。

［12］嘉靖《延平府志·名宦》作"立生祠祀之，以丐寿考"。

［13］嘉靖《延平府志·名宦》作"有伪造钞者"。

八闽通志卷之三十九

秩　官

名　宦

郡　县

邵武府

〔**唐**〕　**陈岩**字梦臣，建宁县人。慷慨有智略。乾符间，黄巢寇福建诸州，岩聚众数千，号“九龙军”，保乡里，巢不能为害。时邑为黄连镇，岩表为义宁军，置鼓角，锡牌印，遂剪除余寇，境内悉赖以安。《资治通鉴纲目》谓岩建州人，盖是时邵武犹未置郡，地属建州故也。　**上官泊**乾符末为镇将。时黄巢自浙东踰江西，破饶、吉、虔、信等州，因刊山开道，直趋建州。泊与子兰率兵勤王，誓曰：“不收黄巢，不敢见先君于地下。”遂直趋建昌，拒贼力战，父子皆被害。事闻，并赠将军。

〔**五代**〕　**邹勇夫**固始人，随王审知兄弟入闽。及审知王闽，勇夫为陈大义，奉梁正朔。时南唐有并闽意，而归化镇适当要冲，审知遣勇夫镇遏之。至则荆榛满目，烟火仅百家。勇夫招集流亡，葺理宅舍，民襁负而至，始遂生息。五代干戈相寻，是邑独不被兵，人物蕃阜，田野垦辟，勇夫之力也。归化镇后为泰宁县。

〔宋〕　**张度**太平兴国中知军事。首创军治，有治绩。**陈从易**字简夫，晋江人。专务以德化民，召修《册府元龟》。**石中立**字表臣，洛阳人。淳化间知军事。后拜参知政事，谥文定。　**苏为**祥符间知军事。政尚清简，在郡多题咏，人传诵之。后袁毂为守，尝诗云："手掬樵溪尘可濯，恨无雄笔继苏为。"　**曹修睦**天圣间知军事。性廉介自立，首创建学校，有善政。杜衍荐为侍御史。　**滕宗谅**字子京，河南人。天圣间知军事。文章政事皆可纪。按《宋史》本传但言宗谅知邵武县，而本志谓知军事，未详。　**吴师服**知邵武军，有惠于民。详见建宁府《人物志》。

宋咸庆历间知军事。笃意爱民，尤拳拳于劝学，虽牒诉盈庭，必躬诣学，与诸生讲论酬应不倦。学徒至者日益多，乃为增广学舍，复买田以给之。李泰伯作《庄田记》。他如公署、桥梁、道路，亦多所修建。　**张师中**字吉老，嘉祐间知军事。治尚简要。**袁毂**元丰间知军事。莅官清介。尝有诗云："沧浪不须濯，缨上本无尘。"　**林豫**知邵武军，有遗爱于民，民祠之。详见兴化府《人物志》。　**王洋**字元渤，楚州人。绍兴间知军[1]。有吏才。俗生子多不举，洋奏立举子仓，凡贫民当产者，例以钱米给之。民有袁氏，夫死，诣庭，投牒丐他适。洋见衰绖之下，红裳微露，且无戚容，命械击之，一掠而服，果毒死其夫，徙问如初，遂决之。人服其明。按《大明一统志》，洋知邵武县，而本志以为知军事，未详。

赵子木绍兴间知军事。时上官愔守延平，魏矼守建安，而子木守邵武，俱刚介有政声，当时有"铁铛脚刺史"之号。　**张罡**知军事。时金人犯顺，遣使约罡归附，罡怒斩其使，人皆壮之。**李闻之**开封人。知军事多治功。　**芮立言**嘉泰初知军事。为政清廉明决。 **陈彭寿**天台人。嘉定中知军事。廉介明劲，锄击横暴，闾井肃然。尤尽抚摩惠养之方，郡人德之，祠于大乾庙之右庑。 **蔡开**崇德人。知军事，政尚宽和。 **王遂**字去非，又字颖叔，金坛人。绍定间，福建寇扰甫定，朝廷选贤能吏，劳来安集，以遂知邵武军，兼福建招捕司参议官。遂过江山、浦城道中，遇邵武避地之人，即遗金为归资，从者如市。至郡，抚摩疮痍。又檄建阳刘纯摄邵武县，剪平凶孽，民恃以安。 **赵以夫**绍定间知军事。治尚安靖。时下瞿贼犹据险，戕县令，拒官军。以夫慨然以夷难葺废为己任。既清溪洞，遂再造府治。以夫一本作“访夫”。 **王埜**绍定初，汀、邵盗作，辟议幕参赞，摄邵武县，有政绩。后复摄军事。盗起唐石，埜亲勒兵讨之，屡挫其锋。初悉从其党遁去，冀以自全。贼复益其党来侵，埜乃率兵直捣其巢穴，贼大溃，首恶自缢死，余党俘戮殆尽，民赖以安。埜后尝知建宁府。王埜历官据《宋史》本传如此，而本志谓先宰邵武县，绍定间倅本军，寻知军事，疑当以《宋史》为正。 **刘克逊**知邵武军，有嘉政。详见兴化府《人物志》。 **王迈**淳祐间知军事。尝因岁歉，作《劝粜歌》。制置杜果自江右载米数千斛归，闻其歌，遂减价贱粜，民赖以济。州仓收税米，尽削斛面，听民自概，民尤德之。

方岳淳祐间知军事，有德政，诗名尤著。 **叶寀**建安人。知军事，以学行称。尝作郡乘，买田筑祠，祀文公于郡泮，复给田若干顷，祠文公于光泽县，而以其师李果斋配。他政绩多可纪。 **方澄孙**淳祐间教授邵武军。宾礼耆宿，作成俊乂，一经赏识，后多知名。尝裒学廪赢钱及校官例卷，置贡士庄。景定间知军事。时郡岁三易守，公私赤立。澄孙躬清苦节缩，支吾乏绝，拊柔犷俗，表倡儒行。建樵川书院，祀李忠定，以广教养。 **林经德**字伯大，福唐人。初知建宁县，政尚文雅，每诣学启迪诸生，士民德之，以最闻，升知本军事。 **廖邦杰**字怀英，顺昌人。淳祐间知建宁县。修学官，增学廪，辟贡士庄，建惠宁仓，创仁寿庐。岁饥疫，治药饵糜粥以济民，赖全活者甚众。咸淳间，以帅参摄军事。尝修图经。他政绩亦多。　**宋秉孙**字彝仲，建安人。初知建宁县，适值义岁歉[2]，秉孙悉力赈给，有劫民谷者，即尸于市以徇，境内肃然。邑旧无城壁，乃度地兴筑，不期年而成。后倅本郡，又拨余盐钱置田，为缮修费，民怀之不忘。　**赵时赏**字宗白，宋之宗室，居太平州。景炎初知军事。时赏风神明俊，议论慷慨，有策谋，尤为文天祥所知。空坑之役，兵败，为元兵所执，不屈，死之。

陈之茂绍兴间军学教授。先是，郡罹兵燹，而学独存。有撤而为吏舍，之茂请于部使者，因给以漕台盐运而重建之，庙学一新。　**叶仪凤**三山人。绍兴末军学教授。时称其有学。　**徐元德**永嘉人。淳熙末军学教授。尝辟讲堂之东创李忠定祠，朱文公为记，雅称重之。　**戴式之**天台人。军学教授。有学行，尤工诗。　**谢望**建宁县人。为镇将，尝领兵讨贼。县旧有将屯寨，盖望遗迹也。其子彦斌，黑面长须，御寇有功，人以“铁龙”目之。累官至招讨使。　**胡斌**潮州人。绍定间，以殿司裨将从童德兴讨汀寇。德兴尽锐而进，留弱卒不满五百人。嘱斌守邵武。俄寇大至，斌奋身迎战，贼败走。寻复益兵四集，斌率残兵死战，大呼曰：“吾死救百姓。”手挥双刃，杀贼甚众，血凝两肘。双刃既折，复以铁鞭击之，至莲塘前遇害，犹执鞭僵立，数日始仆。郡人赖其拒战，获奔免者以万计。贼退，民为殓葬，仍即其地祠之。事闻，赐额“忠勇”。“五百人”一本作“二百人”，“僵立”作“僵坐”。

〔元〕　曲出维扬人。邵武达鲁花赤。俭朴宽仁，清心寡欲，为政不扰，僚属化之。汀寇犯境，赖其保捍，郡以无事。　**吴按摊不花**三叶人。至正间，建宁贼应必达召江西余一、童违等陷建、泰，遂据邵武城，众数万，剽掠顺昌、将乐诸处。按摊不花方奉省檄，募兵援江浙，有卒三千，遂与弟子赣、侄完者秃、千户魏淳帅之进讨，殪贼数千，复顺昌。宣阃因命专意克复。按摊不花乃分兵水陆并进，俘斩数千，进逼城下，杀违及贼党千余人。未几，贼合众复数万，自陔岭薄城。按摊不花身先士卒，追斩殆尽，必达等悉就擒。事既定，议者谓城汙于贼，当悉焚弃，以新观听。按摊不花恻然曰："民为贼胁持耳，岂得已哉？"悉置不问。贼党犹有狃恶嗜乱者，按摊不花从容应机，悉扫荡之，疆境底宁。　**魏天祐**字吉甫，益都人。至元十二年为福建路管军总管，并知邵武军事。时而邑作乱，天祐以身捍御，郡赖以安。省、府上其功，遂升军为府。会剑寇入境，天祐发兵收复，城毁于乱。天祐再至，乃重建府治。后为福建行省参政，献计发民一万，凿山炼银，乃赋民钞市银输官，而私其一百七十锭，为台臣所按。"至元十二年"《元史本纪》作"十三年"。　**廉忱**延祐间邵武总管。崇学宫，饰从祀象，有政声。　**西达**字善卿，濮人。邵武总管。廉静简质。**吴克忠**按摊不花之兄。至正间以宣慰元帅同守邵武路。修学校，周匮乏，均酒酤赋，建至正桥。　**万不花**至元中邵武路同知。尝创樵溪书院，请于省，注山长以诲生徒。　**刘泰亨**至正间邵武路推官。时汀寇啸聚，泰亨署府事，抚辑赈济，且募民义扞御寇暴，境内以安。　**郭瑛**邵武路经历。尝置惠老慈济堂城西，以居穷民之无告者，而复买田若干顷赡之。又买山于水北为义冢，以葬贫人及无后者。　**魏淳**至正中邵、汀翼万户府千户。建宁贼应必达等陷邵武诸郡，淳与吴按摊不花率兵讨之，境土遂安。

〔**国朝**〕　**周时中**江左人。洪武初知府。时郡承元季兵革之余，民多流离。时中抚驯安辑，俾各遂其生养之乐，郡人爱之。后擢吏部尚书。　**张文昱**字克敏，应天府人。洪武间知府。廉介爱民，善诗文，后擢刑部侍郎。　**徐济**苏州人。洪武间知府。公勤俭约。善楷书。　**叶仲贤**奉化人。永乐初知府。慈祥勤慎。后改福建布政司参议。　**刘士傅**南海人，永乐间知府。公勤廉慎，兴学劝士，多所造就。他政绩亦多。　**刘复**南昌人。宣德初知府。博学能文，政尚简静。　**杨衡**岢岚人。正统间知府。刚果有为。沙寇邓茂七乱，衡选民兵协武臣守备。一日，贼众奄至城南，即勒兵讨之。贼退，顺昌及诸乡民来避贼，武臣拒不纳。衡曰："城池为卫民设，奈何拒之？"乃启钥悉从其入。时大军经邵武，部校有索贿者，衡以时难民困，正辞拒之。未几，建泰二邑为贼焚荡。贼既去，衡虑重扰民，不报。监军大臣让之。前索贿小校因售其诬，遂遇害。郡人至今哀之。　**尹朂**淮安人。洪武初，邵武同知。廉谨公勤，为政有方，吏民敬爱之。升泉州守。　**单龕**永平人。洪武间邵武同知。廉能果断，吏民敬服。　**聂用乂**丰城人。正统间，以监察御史出同知邵武府事。公平廉介，抚民有方。　**章文旭**武进人。洪武间邵武通判。廉洁有干材。时承兵燹之余，学校、廨舍、桥梁创建修饰，皆其功也。　**张干**祥符人。洪武间邵武通判。性笃孝，为政有方，而廉洁之操始终如一。　**洪瑛**淳安人。成化间邵武通判。廉洁耿介。　**常理**湘阴人。洪武间邵武推官。存心廉恕，故用刑不滥，而狱无滞囚。亦精于诗。　**郑侃**浙之平阳人。洪武间邵武推官。廉明果断，决狱平允。　**周仲斌**宜春人。天顺间邵武推官。诚信孚感，刑不妄施。郡人悦服。　**李春**正统间邵武检校。沙寇邓茂七乱，一日，其党入寇，至城南陔岭，郡守杨衡命春率民兵出战。春亲冒矢石，为兵卒先，连发辄中，贼遂却。又屡提兵出讨贼，郡人赖之。　**林必忠**洪武初府学教授。时以元千户魏刘家奴第宅为郡学，其地甚湫隘，必忠请于省、府，以樵溪书院建焉。　**程禧**乐平人。洪武末府学教授。有学有为，尝撤三皇庙材建大成殿，请府前总铺地建明伦堂，购民地为先贤祠。　**杨昇**钱塘人。永乐初府学教授。善于诱掖，作人为多。　**方嵩**咸宁人。永乐初以进士教授郡学。条约严明，顽钝者畏威改行，得人为多，时称郡博之最。尝两司江西文衡及预修《永乐大典》。　**陈巽**繁昌人。永乐间府学教授。待诸生有恩义，人乐从其教。　**崔盛**字志瑶，清江人。景泰初府学教授。条教严明，尝修庙学，建泮桥。　**张济**字公济，华亭人。成化初府学教授。性简严，每以忠义廉耻激昂诸生。尝奏请以郡人李纲入祀典。　**陈文辉**化州人。永乐间府学训导。勤于诲人，多所造就。　**王弁**南城人。景泰间府学训导。性豪宕不羁。至官未几，即引疾家居，三年复来任，则沈潜淳笃，讲授之暇，竟日静坐观书不少辍。或论及财利，辄赧然不出一语。诸生有所奉，亦却去。士大夫咸敬服之。　**邵武卫**　**高鉴**宣德初邵武卫指挥使。武略精熟，操守严正，爱恤军士，不轻差遣。　**杨广**泰州人。正统间邵武卫指挥同知。沙寇邓茂七乱，广领兵守将乐。贼数万至，以车攻城。其车之制，高约与城齐，冒以牛革，上用大竹二，交揉系之，如抱手状，竹之上置版数片。及城，则发竹以避兵，版随行而下，跨城以度众。广积铁熔之，而植木城上以俟。比至，竹为木所捍，不得发。又以铁锚钩其车，令不得进退。取草裹竹灯檠投其上，乃以所熔之铁浇之。草着铁即炽，车悉焚毁。贼溃，广与千户徐升乘胜出战，剿杀甚众，城赖以完。

邵武县

〔宋〕　**张仕逊**字顺之，光化军人。景德初知邵武县。以宽厚得民。县尝旱，祷雨欧阳太守庙。庙去城过一舍，仕逊撤盖，雨沾足始归。尝手植海棠于听讼之所，因以名亭。后登台衮，邑人封植之以方甘棠。卒谥文懿，民为立祠于大乾庙。　**宋棐**字成材，莆田人。绍兴初知邵武县。时盗毛涅龙、范汝为者始出就招，所过需丁壮负荷，小拂意，即屠割啖食之。棐先寇至，令空邑遁去。寇既无所获，夜持兵群譟，直至卧内。棐徐起喻遣，不为调一夫。去邑二十年，龚茂良为法曹，见邑人每语及棐，犹涕下。

陈元平绍兴初知邵武县。性英迈强毅，立言必信，而熟于民情军政，虽老吏宿将不能难之。尤向慕儒术，甚为黄勉斋所称许。

陈孔硕绍兴中知邵武县。聪明慈爱，甚得民心。　**刘纯**建阳人。绍定间，寇晏头陀等啸聚汀郡，陷南剑，犯建宁。纯发家财募士，得一千三百余人，号“忠勇军”，与陈韡击破潭飞磜，谕降莲城七十二砦，头陀伏诛。寻以郡守王遂檄，剪除邵武余寇有功，更号其军曰“忠武”。未几，建宁下瞿之寇猖獗，纯提兵直抵其巢穴，兵败，死之。诏赠三官，与一子下州文学，封义壮侯。详见建宁府《人物志》。　**谢源**字资深，临川人。淳熙间邵武县丞。静重有守，喜愠不形，政用翕和，民以不扰。卒，朱文公铭其墓。　**蔡充**字公度，南城人。邵武县尉。好自洁清，平居衣冠，容貌肃然。临事以沉默慎静为主，无或过差。人以廉节称之。　**刘彝**邵武县尉。有惠政。　〔元〕　**耶律惟一**字用中，许文正之高弟子也。至正间达鲁花赤。兴学奖士，后以其学敷教成均。　**王应祚**字舜卿，清源人。泰定间邵武县尹。性廉温直谅，文而有才气。恒以陈古灵令仙居者教民。尝新县治，葺学宫。　**陆文英**檇李人。至正间尹邵武县，政浃民和。尝重新庙学。　**孔公俊**字师道，曲阜人。宣圣五十三代孙。至正间尹邵武县。时邑新被寇，公俊存恤劳徕，惠化兼施。尝曰：“逆节之萌，由教养之无法也。”乃轻徭薄赋，爱重民力。首输佐费之泉，且会廪捐之羡，大修学宫，俾摄学事，李宗崖董其役。役不及民，财不敛众，而功告成。

傅士谦临川人。至正间，尹邵武县。当兵革之余，悉意抚绥，尤以兴学化民为务。未期月，流窜归，呻吟息廛有新居，公无逋税，政通人和，声称籍甚。　〔国朝〕　**水甦民**无锡人。洪武初知邵武县。廉明慈爱，为政有方。　**庄九畴**宁波人。洪武间知邵武县。廉勤公正，爱民好士，善楷书，尤长于诗。　**夏祥凤**嘉兴人。洪武末知邵武县。以文章政事著称。尝曰：“廉为士之大节，居官而不能守廉，大节亏矣，虽有政事，何足尚哉！”及代去，囊箧萧然。 **李复观**饶州人。永乐初知邵武县。能以文学饰吏事，不假鞭扑而民信服。及去，犹思慕之。 **邹良**乐安人。宣德间知邵武县。有治才，后升衢州守。 **同蠡**交趾人。景泰间知邵武县。廉慎爱民，鲠直不阿。 **傅砺**钱塘人。永乐间邵武县丞。清谨精勤，有政绩。后升知建宁县，亦以廉能著称。

泰宁县

〔宋〕 **章元振**知泰宁县。建炎初，盗贼四起，县赖以全。详见建宁府。《人物志》。 **黄琮**知泰宁县。廉访使扬安时数干以私，不答。安时切齿图报，琮不为动。 **吕蕡**蓝田人。知泰宁县。治尚简静，政不烦苛。按《宋史》作“吕蕡”，本志“蕡”作“贲”，恐非。 **周居权**知泰宁县。俗有生子不举者，居权为文劝戒，民多感而从之。 **林育**知泰宁县。沉静寡欲，政绩可称。 **吴逵**知泰宁县。爱民如赤子，驭吏如束湿，邑人德之，为立生祠。详见建宁府《人物志》。 **徐寿**知泰宁县，有惠爱。详见建宁府《人物志》。 **吴畀**知泰宁县。用儒术饰吏事。 **江钿**知泰宁县。时值寇乱，钿躬率兵讨平之。 **赵时官**庆元中知泰宁县。抚治有方，民俗安帖。 〔国朝〕 **陈扔**金溪人。洪武初知泰宁县。时承兵乱之余，扔披荆榛，集流散，兴学校，课农桑，锄强暴，不期而百废俱举。 **定定**字伯安，高昌人。洪武间知泰宁县。尚行实，敦风化，作士气。凡公署、学舍、坛壝多所修建。以考最，升广德州同知。致仕归泰宁，卒，邑人为之营葬。 **王可宗**溧阳人。洪武末知泰宁。庄重廉介，均赋薄敛，得为政之体。 **张渊**华亭人。永乐初知泰宁县。倜傥廉洁，勤于抚字。邑自元季以来，学官废弛，渊锐意作兴，多所造就。民有讼于廷者，必从容开谕，使自悟焉。　**周英**字子杰，合浦人。永乐间知泰宁县。爱民训士，政尚宽平。去之日，民遮道不忍舍。

建宁县

〔宋〕　**王永寿**皇祐初知建宁县，有能声。　**上官拯**至和间知建宁县。听讼明敏，奸黠无所肆其巧伪。　**李山甫**南城人，嘉祐间知建宁县。尝迁建学校，择士以充弟子员，劝督有求，儒风以盛。　**王述**建阳人。治平间知治建宁县。以治行闻。　**高正卿**高密人。元丰间知建宁县，有治才。　**谢潜**知建宁县，治声最著。详见汀州府《人物志》。　**吴播**延平人。绍兴间知建宁县。谨厚有吏才，而饰以文学，省科役，击强暴，奉法爱民，民甚便之。　**黄唐佑**江夏人。绍兴间知建宁县。当兵乱之时，抚摩镇定，邑民安堵，尝创建庙学。　**林宗显**字孝扬，长乐人。乾道间知建宁县。听讼精明，廷无留牍。用度省节，县计以饶，而复为民兴利除害，民甚德之。　**江默**知建宁县。有政声。后卒于官，邑民像而祠之。　**赵师棠**汴州人，寄居福建。庆元三年任。首辟学宫，市民地以益之。后守汉阳。　**钱衢**字守道，钱塘人。开禧间知建宁县。敬以事神，诚以莅民，增修学校，士风以振。　**林孝闻**字质文，福州人。知建宁县。为政廉明，尤工于文。尝斥俸置田，以充学计，号林公庄。　**赵纺夫**初尉本邑，有才名。后中法科，历大理评事，节制往来兵马，单车入境。抚摩制驭，并得其宜。继合诸路兵，直入筋竹洞，扫荡贼窠，元恶授首，邑境肃清。劳来流离，重创公宇学校。　**林公玥**字自明，福清人。淳祐间知建宁县。为政精明，吏不能欺，不科敛横费，尤留意学校。　**林潮孙**字伯凤，闽县人。宝祐间知建宁县。莅事精勤，深达民隐。邑乡饮酒礼久废，潮孙复举行之。　**程梦桂**咸淳间知建宁县。政尚爱民，尤重儒雅，尝捐己俸二千余缗，增新邑学。

又为祠以祀先贤，政化翕然，士民感悦。 **谢公旦**临川人。绍定间建宁县丞。安静不扰，号称贤佐。郡守赵虚斋檄为幕宾。后为福建漕。赵虚斋疑即赵以夫也。 **段震午**字能可，汉阳人。建宁县丞。振废滞，有遗爱在民，亦以文学称。 **余炳**绍兴人。初为建宁县尉，岁己丑，汀兵压境，令佐皆宵遁，炳独护县事，亲率士卒首挫贼锋。用能系一邑遗黎之望，以待王师。后以功升知泰宁县。 **洪天骥**字逸仲，温陵人。建宁县尉。邑之上下坊，夙有町畦争讼，天骥谕以威福而讼遂息。周平、虎溪二保之民交隙，天骥沿台檄体实，折以一言而定。尤重儒学，每以文章课邑士。 **洪震龙**三山人。建宁县尉。刚明不可犯，尝累请宽敷盐事，虽触时讳不顾。所至屏绝馈遗，鸡犬不惊，乡人德之。 **〔国朝〕** **李协中**河南人。洪武初知建宁县。抚字有方，断决明敏，廷无留讼，吏不敢欺。 **毕原**洪武初知建宁县。敬神爱民，甚得政体。 **崔仕昭**洪武中知建宁县，有政声。 **刘士杰**蒲县人。永乐间知建宁县。均赋爱民，刚毅廉介，无所阿附。 **刘进**青邑人。永乐中知建宁县。兴学劝农，尚廉耻，不任刑罚。 **汪荣**歙县人。正统末知建宁县。时沙寇残毁治邑，民亦有从贼者，荣多方抚谕，悉复其业。 **傅恭**分宜人。正统末建宁主簿。沙寇境[3]，民多被其胁从，丞典以下皆遁去，恭独挺身护县事，率民兵悉力保障，反复以利害开谕其民，民于是鲜有从乱者。

光泽县

〔宋〕 **尹洙**字师鲁，河南人。康定间知光泽县。内刚外和，博学有识度，邑之学者专务程文，洙以古文勉励之，学者大悟。文体一变。为治尤有绩效。 **上官均**初为监察御史里行，以论蔡确，谪知光泽县。有巫托神能祸福人，致资甚富。均焚其像，杖巫，出诸境。又尝立义仓，甚有治绩。 **江逌**陈留人。知光泽县。定经界，于民无所扰，民感戴之。　**张硕**知光泽县。勤恤民隐，赈济尤最。　**张诉**毗陵人。绍兴间知光泽县，尝仿社仓之法，立仓境内，以济市里之民无盖藏者及中下之家生子不举者。又附仓列屋，以待行旅之疾病无所归者。其法甚精。朱文公为之记。　**赵善珏**宋宗室。知光泽县。以风化为先。　**包恢**以邵武守王遂辟光泽主簿。尝平寇乱。　**〔元〕　沈该**至治中光泽县尹。有惠政。　**况逵**字肩吾。天历间尹光泽。兴崇儒学，善决讼。尝有兄弟争田者，逵曰："吾视若貌非不恭友者。"授以《伐木》之诗，亲为讽咏解说，于是兄弟皆感泣求解，知争田为深耻。　**朱万初**江西人。至正间尹光泽。政浃民和，时致嘉瑞。

〔国朝〕　林孔孙山东人。洪武间知光泽县。兴学校，崇教化，课农桑，修废坠，政平讼理，民赖以安。　**盛埙**钱塘人。正统间知光泽县。为政得体，吏民怀之。　**陈子良**邵武县人。永乐中光泽教谕。学规严整，训迪有方，邑士以经术显者，多其所造就。　**尹安**字仕安，上饶人。宣德中以进士教谕光泽。刚介慎默，勤于训导。　**段永**字仕悠，余干人。宣德初以进士教谕光泽。好古守礼，条教严明，人雅敬之。　**邹启**字迪善，庐陵人。洪武末光泽训导。恭谨笃实，勤于启诲。　**朱徽**字文徽，新城人。有文学，善书，尝修邑志。

兴化府

〔宋〕　段鹏太平兴国中知兴化县事。教民以礼乐忠信，旧染之俗为之一新，邻郡之民亦望风向化。寻加著作佐郎，知兴化军事。治自游洋迁莆田县，皆鹏之所经理也。　**李及**知兴化军。性清介，所治简严，喜慰荐下吏，而乐道人之善。　**曹修古**字述之，建安人。明道初知兴化军卒，家贫不能归葬，郡僚属吏民相与赙钱五十万。季女泣语其母曰："君子不家于丧，且吾先人忠节名天下，不幸以直言谪死，安可受此，以浼其全德哉?”卒拒不受。

刘谔宋嘉祐中知兴化军。大兴水利，创建太平陂，溉田万余顷，人蒙其惠。　**詹时升**初，通判兴化军，后复知军事。有惠政。详见建宁府《人物志》。　**廖刚**宣和中知军事，镇以清静。时郡人蔡京当国，未尝一造其门。　**张读**字圣行，晋江人。靖康中知兴化军。以儒雅饰吏事。时国步方艰，卒伍骄恣，有不逞者肆凶谋，读诛其渠魁，一郡整肃。建军变，始窥福唐，觇知我有备，望风遁去。境内帖然，视如长城焉。　**吴伟明**绍兴中知军事，有政声。详见邵武府《人物志》。　**汪待举**绍兴中知军事。夜宿公寝，五鼓晨兴，灯下读《中庸》一过，乃出莅事。尝奏蠲本军诸色渔人所输税及浦生之草，采者毋出钱，从之。　**张允蹈**隆兴初知军事。先是，盗发建、剑、汀郡间，转运司取拨本军苗米二万五百石，输于福州，以应军期急缺，遂沿袭为例，谓之犹剩米。允蹈具其利害于朝，诏蠲其半，郡民德之。　**钟离松**乾道中知军事。退然自下，治郡如治剧邑，穷日之力，为不足，以火继之。先是，知军张允蹈奏除本军犹剩米之半，松继其后，奏尽除之，郡人深感焉。　**潘畤**字德鄜，金华人。乾道中知军事。时郡民多争讼，畤究其利病施置之方，为科条以属吏，简易严密，无所偏倚，郡以大治。有女官道士求敕额，挟签枢张说书，属上其事，不从。尝奏蠲绍兴中虚增经制钱一万一千九百八十贯有奇。又奏蠲岁输丁米钱千万。筑洋城陈霸斗门及木兰陂以溉田。岁旱，讯得冤狱二人，释去，大雨立至。适岁荐饥，募客舟与钱博籴，而宽其限，人始莫喻其意；既而籴者得以其间往还一再，然后及期，则籴价久已自平矣。人服其有谋。　**姚康朝**字廷宾，吴兴人。淳熙中知军事。为政平易，不宽不猛。年登盗息，闾里晏然。郡初无贡院，康朝为相地于军治之西，属通判赵善仁督而成之。　**汪作砺**淳熙中知军事。尝葺军学，改建芦浦斗门，溉田五百余顷。　**张渊**淳熙中知军事。为政以农事为先，尝建涵头斗门。　**赵彦励**字懋训，浚水人。绍熙初知军事。适春夏雨涝，奏撙节官钱，代民输税。又奏蠲僧道免丁钱，修郡学，建廪藏，作舆梁，砌衢路，筑斗门，以兴水利。斥废刹田，以赡学廪。复以其余力施诸亭传坊陌，而一新之。又尝编《莆阳志》十五卷。莆人绘其像于学官祀焉。

何紘字文伯，永嘉人。庆元中为守甫二年，凡事关教化而利在农桑者，悉次第为之。新桂籍堂，修《人物志》，创平潭桥，雨旸祈祷，辄有应验。时称儒吏。　**王克恭**知兴化军，有治绩。详见泉州府《人物志》。　**王居安**开禧中知兴化军。既至，条奏便民事，乞行经界。且言番舶多得香犀象翠，崇侈俗，泄铜铁，有损无益，宜遏绝禁止，皆要务也。通商贾以损米价，诛剧盗以去民害。又尝修郡拨废刹田以佐学廪。　**吴炎**知兴化军，政绩甚多。详见邵武府《人物志》。　**曾用虎**绍定中知军事。立平粜仓，捐楮币万六千缗为粜本，益以废寺之谷；岁歉价高，则发仓以粜之，岁丰价平，则散诸寺，易新谷为藏焉。莆旧未有城，属盗起汀、邵，郡人陈宓倡板筑之议，前后守倅皆有意，未就，用虎以兴利除害为己任，遂经理而成之。他若除盗以卫民，给役以赡学、浚陂、蠲税、锄奸、植善，善政尤多。民为立生祠。详见泉州府《人物志》。　**杨梦信**庐陵人。端平中知军事。天资恺弟，待僚属如子弟，右礼下士，户庭坦夷，有前辈风。简淡清苦，未尝一毫妄取妄费，而独拳拳于学校。尝捐公帑钱六十万，赎学田之入于巨室者。　**张友**毗陵人。嘉熙中知兴化军。修学校，割废刹田租三百斛以佐学廪。郡人德之，绘其像于学官祀焉。　**杨栋**字元极，青城人。淳祐中知军事。孔子之裔有居涵头者，栋为建庙辟田，训其子弟。后历本路帅漕，入参大政。　**汪元春**字景新，奉化人。咸淳初差知兴化军事，妻妾不之官。却例册，禁官员，每食蔬饭一盂，事至即面问而立决之。为政率以教化为先，抑强扶弱，修弊起废，甫二月而卒。卒后三日,众为立庙祀之,且以金助其道里之费。其弟与子恐污元春,泣辞不受。众因刻其祭诔、哀词、杂著为《遗爱录》。　**郭汝贤**通判兴化军,有政绩。详见建宁府《人物志》。

刘子翚建炎中通判军事。诚心爱民,为政务存大体,尤汲汲于劝民兴行。时逸寇杨勍犯闽,子翚与郡将张当世划计备御,如素服戎事者,贼不敢犯。事闻,诏还莅故官。子翚始执父丧致疾,至是以不堪吏责,辞归武夷山。　**颜振仲**通判军事,有政绩。详见漳州府《人物志》。　**王孝遵**嘉定中通判军事。时莆学弟子员日众,而岁屡不登,庖廪告匮,孝遵摄郡事,因以废刹田一顷有奇赡之。　**王显世**为兴化军录事参军,以公廉称。详见泉州府《人物志》。　**魏必昌**兴化军录事参军。刚毅廉正,人不敢干以私。详见泉州府《人物志》。　**刘汝舟**政和中兴化军司法。有善政。　**魏公寿**兴化军司法。有时名。(上二人俱详见建宁府《人物志》。)

〔元〕　**郭朵儿**延祐间为兴化路总管。尝自木兰陂浚沟引流,环郡东北,与延寿溪会,溉北洋田万余顷。又芦浦重建斗门二,视旱涝而闭泄之,民获其利。复即陂下建通济桥,以使行者。

乌古孙泽至正十五年知兴化军。继改军为路,授泽行总管府事。先是,泽从唆都攻兴化,唆都欲屠城,泽以计说止之。及莅兴化,民歌舞迎候于道,曰:"是吾民复生之父母也。"郡新残于兵,首令瘗暴骨,衣食其流离之民,置慈幼曹,以字孤幼。民战死者,田产并给其族姻。郡中恶年少求窜名卒伍,以后得计功版授,泽严禁戢之。初江南盗起,民自相什伍,保卫乡里。至是行省议籍为兵,泽白其利害罢之。尤留意学校,召长老及诸生讲肄经义,行乡饮酒礼,士咸知向慕。后以泽与常衮,方仪并肖像祀于学宫。按郡志以泽为兴化路同知,而《元史》谓行总管府事,今从之。　**李约**字审初,吉之庐陵人。至正中兴化路总管府经历。其为政多直民冤。仙游令马某虐其民，陈一壶谋变，焚其官署，马趋匿山泽中。大府檄约捕一壶。仙游闻约至，共缚一壶置槛车，县境帖帖，部使者檄约摄县事，民欢曰："父母来矣！"会亢旱，约徒步□雨于龙湫。既而大雨，约遘疾，趋具汤沐浴，正衣冠，呼其子曰："今日午时吾将终。"言毕，约所乘马，泪下如注。约遂逝。薄暮，民仿佛见约乘白马，扬青旗，入城隍祠中。初，约摄仙游，马心撼之，至是，夜使人投石为妖怪，民列梃为备，乃止。一日，马同其党五人祷城隍神。五人见约据案坐，其色毅然，惊怖而出。未几，皆暴卒，马亦为盗所杀。

〔国朝〕　**盖天麟**洪武三年知兴化府。时天下初混一，天麟既定郡邑公署，重新庙学，乃更政事，变风俗，功泽在人，至于今未泯。　**李春**字崇义，开封荥泽人。洪武中知府事。为政仁恕简易。时展筑郡城，贫民以为忧。春第民赋多寡，均其功役，民以不扰。又修筑陂堰及西湖等十斗门。凡可以利民者，无不为之。后卒于三山，民闻之无不涕泣，谋欲归柩营葬于莆，其妻不许，因留其衣冠窆焉。　**徐济**苏州人。洪武中知府。宽厚长者，而莅官勤慎公清，视编氓如子。至于颠连无告者，尤加惠养。秩满去官，民思之不忘。　**李至刚**松江华亭人。永乐末，由礼部尚书左迁兴化府知府。度量宽洪，日惟留意文事，而簿书期会之务不屑为也。然时方清明，居民无世，人以卧治称焉。　**潘本愚**惠州博罗人。天顺初知府。县有无征之税，岁里甲陪输，小民往往困弊。本愚悉根究其受产之家，输之。间有无从根究者，则令里长陪输，不以累小民。民以为便。尝重建府治，功成而民不知。人称其有政事才。　**岳正**字季方，顺天府漷县人。正统戊辰进士及第，累官翰林修撰。天顺初，命入文渊阁，预机密重务，寻以言得罪，谪戍边。成化初，复起为修撰，出知兴化府。性豪迈不羁，文章诗词，才气飘逸，亦似其为人。民投牒诉讼，一经于目，是非立辨。但好理财，事兴作，人以是疑其营私，谤讟蜂起。及其去任，莆预备仓积谷数万石，凶荒有备，民始德之。而其身后，家计萧然，滨于贫困，人始服其居官有清操云。 **张旭升**抚州人。永乐中兴化府同知。天资刚介，有学有守，吏服其能，民怀其惠。尝以藩宪檄摄泉州府事，除奸革弊，政治肃然。众人爱之。一夕，无疾而卒，囊无余资。 **尉迟润**巩昌人。洪武中兴化府通判。劝农桑，兴学校，以公勤清白著称。藩宪尝檄润复勘漳、泉户口、田粮，润审覆有条，不烦而理。 **董彬**字文质，广平人。洪武中通判。为人刚直，遇事处之以公，而行之以勤。尝修筑木兰陂，民不劳而获其利。 **丁泰**海州人。天顺中由户部主事，调通判兴化府。为政颇有风力，如清理戎政，提督籍册，科征税粮之类，皆处之有法。 **黄敏**字彦材，常州江阴人。正统中兴化府经历。廉正自持，吏不忍欺。时属邑有专擅用刑伤于严苛者，一时号称能吏，莫敢谁何。敏恒戒饬之，不悛，乃绳之以法，不少假贷，一郡肃然。尝督造户口食盐册，验丁论税，立法有方。在任未久卒，郡人思之，相率立碑城外通衢，以纪其善政。 **欧阳宁**吉安吉水人。景泰间经历。风度闲雅，政事平实。兴化民数最少，而贡献供亿皆与福州、建宁诸大府一例科征，民以为病。宁尝奏请欲以民多寡为等差，虽不能尽如其言，然自是一切科征比旧亦稍减。

丁继宗苏州人。洪武中兴化府知事。赞划郡政，一循乎理，未尝阿意取容。凡郡有所委，继宗约民以信，不事鞭扑而事自理，以清勤明敏见称。后卒于官，民哀悼之。

莆田县

〔宋〕 **薛奎**字伯艺，绛州人。真宗朝以大理丞知莆田县[4]，尽蠲南闽时无名之税以便民。后入参大政，民思之不能忘。

王保隆其先自泉州徙莆田。以大理评事知县事。开下坊塘，溉南洋田百余顷，仍筑堤塘上，民获其利。 **廖德明**淳熙中知莆田县。民有奉淫祠者罪之，沉像于江。会有显者，欲取邑地广其居，德明不可，守令僚属谕之，德明曰："太守，天子守土之臣，未闻以土地与人者。"守乃惭服。　**陈洪**知莆田县，有惠政。见泉州府《人物志》。　**陈仲微**字致广，瑞州高安人。宁宗时为莆田县尉。值岁凶，部卒并居民作乱，仲微戮其首谋者。籍闭枭，抑强籴，一境以肃。囊山浮屠与郡学争水利，久不决，仲微按法曰："曲在浮屠。"他日，沿檄过寺，其徒又揭其事钟上以冤，旦夕祝诅。仲微见之曰："吾何心哉？"而质明首僧无疾死。寓公自诵仲微于当路，而密授以荐牍者，受而藏之。逾年，其家负县租，竟逮其奴。寓公有怨言，仲微还其牍，封缄如故，其人惭谢。终其任，不敢挠以私。　**陈字**字伯爱。其先闽人，襄之诸孙，后徙常熟，以荫补莆田县尉。得剧贼，格当沾赏，字愀然曰："吾其可藉人命为自进之阶！"卒辞之。　**祝洙**景定中为涵江书院山长。郡守徐直谅荐其趋向不凡，学问有本。其祖姑实朱熹之母，而其父穆尝从熹于云谷之间。微言绪论，目染耳濡，洙在家庭，讲论精密。比来涵江，阐扬师训，发明经旨，士论称之。　**〔国朝〕**　**任益**陈州顿丘。人。洪武初莆田知县。平赋均徭，而持身廉洁，民爱之如父母。　**董仁中**金华人洪武中知县。莅政精勤，而持之以公。于民一毛无所取。公廷鞭扑，虽设不施，民大悦服。后卒于官，贫不能归葬，民相与营葬于邑之西刘山。按郡志，"仁中"作"仁仲"。今从《大明一统志》作"仁中"。　**胡克恭**南昌府南昌县人。洪武中莆田县丞。戢吏抚民，以廉明著称。秩满，莆人爱之，不忍舍。后升永福知县。　**郭真**杭州人。洪武中莆田县主簿。性重厚质直，而为政一以节用爱民为主。时广拓郡城，真董其役，处之有方，民不知劳。

仙游县

〔五代〕　**贾郁**闽王审知时为仙游簿，秩满为令，正身奉法。邑人有馈果者，辞之，曰："某家新果，众人未知。"郁曰："古人畏四知。今居家子弟及携来者皆知之，是背于古人也。"竟不受。及受代，有一吏酗酒。郁怒曰："吾当再典此邑，以惩汝辈。"吏扬言："公欲再来，犹造铁船度海也"。郁后果复任。时醉吏盗库钱，狱具，郁批曰："窃铜镪以润家，非因鼓铸造铁船以度海，不假炉锤。"移知福清，召为御史中丞。 〔宋〕 **郑昭叔**绍兴中知仙游县。适朝廷行经界法，昭叔讲究详审，诸邑差役未定，而仙游已有次第矣。朱文公守漳日，朝廷复欲行经界，乃备录其说，下之属部，以为经量官吏之法。"昭叔"一本作"昭度"，误。 **周春年**绍兴中知县事，有政绩。详见建宁府《人物志》。 **高禾**知仙游县，有惠政。详见泉州府《人物志》。 **段全**温陵人。咸平中仙游县尉。为人简重而有文，首以兴学化民为事。 **凌景阳**为仙游县尉。尝以事出近郊，有道士挟二童子来见，其眉目疏秀，精神爽朗，因留于邑，躬教以经。二子日进不已。景阳秩满，属太守置郡学中。后二子俱擢高科，即蔡襄与其弟高也。 **黄岩孙**字景传，温陵人。宝祐间仙游县尉。兴学校，通水利，创舆梁，为政一本于儒者之道。尤邃文学，尝纂辑《仙溪志》十五卷行于世。

〔国朝〕 **顾思敏**洪武中仙游知县。通晓世故，凡学校、廨宇、坛场，咸鼎新之。岁尝歉，罄囊易谷以赈之，民赖以全。 **王彝**宁波鄞县人。宣德中知县事。先是，县之田多荒芜，民赋税不给，则称贷以益之，久而益困，流亡者多。彝至，先区划代民输逋赋，然后招集流亡，使垦荒田。不二年，公私给足，民悉复业。痛革诸色侵渔之弊，奏蠲邑民岁编吉了弓兵之役，以至学校坛宇，凡有关于政教者，莫不一新。时以循吏称之。甫三年，卒于官，邑人哀慕不已，立碑颂德。

废兴化县附

〔宋〕 **许世昌**庆历中知兴化县。 **张彦博**嘉祐中知兴化县。按县令梅泽《壁记》云:“由太平以来,至元丰历百余年,临是邦者,唯闻许公世昌、张公彦博称为贤令。” **丘铎**温州人。绍兴中知兴化县。 **曹勋**字上达,应天府人。绍兴中知县。按尉朱谋书丘铎祠堂碑阴云:“勋每自言其能守前政,故至今称贤尹者,必曰丘、曹。” **黄逸**字德俊,晋江人。绍兴中知县。为政根于至诚,尤崇尚学校,建议道堂,日集诸生,刮劘切至。邑人郑侨以文章魁天下,实其所造就云。 **梁录**[5]字廷坚,处州缙云人。淳熙间知县。廉平公直,驭吏严,而爱民如子。县解发官钱入郡,例敷保甲[6],劳扰特甚,录处之有道,民争趋之,后遂为成式。

林振字宗玉,福清人。庆元中知县。资禀冲粹,政事详明,兴滞补弊,不动声色,蔼然儒者之政。在任三载,百姓无犯重宪,狴犴屡空。台宪以闻,特与减磨勘二年。 **颜师鲁**绍兴中兴化县主簿。时黄逸知县事,有贤名,师曾与县尉葛元樵协力赞之,邑以称治。 **孙昭先**淳熙中主县簿。民有冤枉,率于郡自列,愿求直于昭先,郡守器之。 **〔元〕** **蔡真**延祐中兴化县尹。邑民刻碑颂之。称其律己廉,宅心仁,视事勤政,执法严明,均赋役,建义仓,兴学校,表先贤,百废俱举。 **吴厚**字德载。泰定间兴化县尹。去之日,邑人思之,为立遗爱碑。其略曰:“邑有贤尹,前蔡后吴。蔡如子贱,吴若易于。惟我吴侯,来握县符。炯如玉鉴,凛若冰壶。能使鸱枭,化为凤雏。邑无流移,官无负逋。蔡侯去矣,有吴大夫。吴侯之去,继者谁欤?” **叶衡**字仲兴[7],饶州德兴人。后至元间兴化县尹。秩满而去,民立碑颂之。其略曰:民苦赋敛,侯为优助。民苦盗贼,侯为戢捕。治其吞并,仁让以兴。治其虚诞,讼狱以清。御善罪己,旱暵斯息。泣告于神,郡虎屏迹。我有四野,侯辟耕之。我有学校,侯作兴之。侯之爱民,如母护子。民愿受廛,襁负而至。三年善政,感人至深。前蔡后叶,实慰我心。

宋熹字仕明。后至元中尹兴化县。治民以诚,而济以威爱。

秩满，父老不忍其去，立石颂之。 **赵文焕**字有章，真定武邑人。至正中兴化县主簿。恤民隐，察狱情，劝农桑，兴学校，惩奸恶，息盗贼。时有伪称百户巡盐者，比屋骚动，文焕诘之，遂伏辜。一时政化大行，词讼自简。部使者审谳，狱无一囚。 **〔国朝〕**

吴旭字旭旦，抚州临川人。永乐中兴化知县。时岁歉政烦，旭区划有方，民以不扰。尤敦学校之教，而申以孝悌忠信之行。不逾年，化行政举。 **杨武**平阳曲沃人。永乐中知县。惩恶植善，处之以公，而行之以简。先是，邑之岁粮，岁输于平海，舟楫不通，民甚病之。武陈其利害之状，遂得输之于郡。 **祝芳年**广信玉山人。洪武三十三年兴化县丞。廉谨宽恕，视民如子。后致仕去，邑人称贤佐者，必曰芳年云。

福宁州

〔宋〕 **潘中**靖康改元知长溪县。政举化行，民安其业。后为建寇叶侬所执，大骂不屈而死。民立祠祀之。详见建宁府《人物志》。 **黄龟朋**庆元中知县事。兴学校以育才，置学田以养士，政有显迹。 **杨志**嘉定中知县事。视篆数月，百废具举。公暇辄吟咏以自乐，邑人仰慕之。 **方之泰**知长溪县。治绩甚著。详见兴化府《人物志》。 **姚东**庆元中主长溪簿。详见漳州府《人物志》。 **蔡高**景祐中为长溪尉。为政人称神明。详见兴化府《人物志》。 **黄琮**尉长溪县。戢吏便民，每出巡警，乡民不知也。未几，丁父忧，邑令悯其贫，鸠诸刹几千缗以赙，琮固辞不受，徒步护丧归。 **赵时焕**嘉定中尉长溪县，政声大振。详见泉州府《人物志》。

〔元〕 **张伯颜**字正卿，其先河间人，后徙吴门。泰定间、至顺初知福宁州。均赋役，革冗滥，禁侵渔，杜私谒，清刚之操，终始如一。在任尝修学校，创学田，士民感其德惠。 **王伯颜**字伯敬,滨州沾化人。至正九年知福宁州。首革猾吏飞粮之弊。兴学校,课农桑,德政甚多。在官逾三载,贼自邵武间道来逼,乃与监州阿撒都剌募壮兵五万,伯颜与子相驰破之。贼帅王善拥众直压州西门,伯颜与战被执。善欲其仍尹此州,伯颜叱骂不屈。善亦执阿撒都剌,责其拒斗,噤不能对。伯颜复唾善曰:“我杀贼,何言拒耶?我死当为神以杀汝。”遂挺颈受刃。颈断,涌白液如乳。暴尸数日,色不变。州人哭声连巷。贼既杀阿撒都剌,释相欲官之,相亦骂贼死。相妻潘氏,絜二女被获,亦骂贼,母子同死。伯颜既死,贼时睹其引兵出入,竟败。御史余阙以状闻,追封太原郡侯,命本州立庙祀之。

〔国朝〕　**龙存仁**湖广人。洪武十八年知福宁县。修废坠,恤孤寡,兴学校,崇礼义,举贤才,袪民害,理冤狱,均赋役,民爱戴之。　**尹昌隆**字彦谦,吉安泰和人。洪武三十二年,以御史调知福宁县。处心清白,莅事公勤。凡有科差,必验其丁产而高下之,吏不得售其奸。公暇,辄召诸生为之讲解,民敬服焉。　**郭淳**绛州绛县人。洪武中福宁县丞。廉以律己,勤以莅政。民怀其惠,吏畏其威。

宁德县

〔宋〕　**宋棐**政和五年进士,调福州士曹掾,改知宁德县。县久不理,民输送率归吏手。群不逞持文书叫嚣里中,至二三百辈,真伪不复辨。棐至,立革去,邑人德之。　**储惇叙**知宁德县有惠政。详见泉州府《人物志》。　**赵侁之**字宗盛。绍兴初知县。持法明谨,临机独断,吏不能欺,狱无冤抑。岁饥,劝富民赈贷,民赖以济。暇则延耆老行乡饮之礼,兴孝悌之教。邑有群不逞为民害者,侁之严禁戢之,乃阴谋欲焚邑治,乘机为乱,侁之廉得其实,设方略,捕杀其首谋十又四人,邑以安靖。　**赵善悉**字寿卿，宋宗室也。淳熙初知县。其律己廉，其待人宽，作兴学校，劝课农桑，后以治行升嘉禾太守。　**徐梦发**建安人。淳熙中知县[8]。有学有守，为政以礼士爱民为首务。尝修学校，建先贤祠，邑人至今犹感慕焉。　**赵善封**知宁德县。有治绩。详见漳州府《人物志》。　**李泽民**淳祐中知县。居官一以爱民为心，政平讼简，民安其业。尝筑堤九百七十余步，以便行者。　**叶衡**字梦锡，婺州金华人。绍兴中为宁德簿摄尉，以获盗寇，改秩知于潜县。后至宰相。史称衡才知有余，亦一时之选云。　**陆游**字务观，越州山阴人。荫补登仕郎。锁厅荐送及试礼部，俱在秦桧前列，由是为桧所嫉。桧死，始赴宁德簿。后以宝章阁待制致仕。游才气超逸，尤长于诗。　**〔元〕　徐赐**由建宁西安巡检登迁宁德主簿，俱有治绩。详见延平府《人物志》。　**〔国朝〕　王溥**字孟周。洪武四年知宁德县。建学校，礼师儒，重农务本，以公勤著称。　**朱政**字文正，安庆望江人。洪武中知县。人称其有守有为。　**关可诚**惠州归善人。洪武二十二年，由监察御史调知县事[9]。守己奉公，爱民礼士。后升湖广佥宪。　**贾得善**绍兴萧山人。永乐初知县。抑豪强，兴学校，聪明有为。　**张初**潮州安吉人。宣德中知县。明直仁恕，百姓安之。尝大新学校。**詹应**抚州金溪人。知宁德县。有政绩，吏民畏怀。　**许希颜**怀庆人。知宁德县。纲纪严明，仁威并著，民倚赖之。

福安县

〔宋〕　郑黼字文甫，崇安人。淳祐五年知福安县。时县始置，绵蕞为治。黼经划邑居，设施政令，井井有条，而民不知劳。去任，邑人送之，无不垂涕。　**林子勋**字翼之，婺州永康人。淳祐八年知县事。时县治经划已定，而公署未建，子勋踵而成之。居官以廉谨得名。　**〔元〕　忙兀歹**回回人。皇庆中尹福安。

以廉洁正大律身，以孝悌忠信导民，敬老爱士，务农重谷，邑民相率立善政碑。　**高琛**燕山人。至顺初尹福安县。为人刚毅正直，表孝悌以励风俗，兴学校以敦教化。锄强植善，厚本抑末。秩满而去，民不忍舍，为立去思碑。　**胡琏**怀孟人。至大间福安主簿。持身廉谨，而以德化民。尝迁建庙学，创薛补阙祠，造溪口诸桥。　**〔国朝〕**　**黄理**徽州歙县人。永乐中福安知县。礼士爱民，政平讼简，有公勤之誉。　**郑齐**衢州江山人。永乐中知县事。兴学校，均徭役，恤孤寡，而济之以廉勤，邑民怀之。　**胡晨**庐州英山人。正统末福安县丞。时沙寇邓茂七倡乱，旁近愚民乘机啸聚，侵掠县境。晨设方略备御，民赖以安。景泰初，岁歉民饥，仓廪匮竭。晨立券称贷于富家，犹未足，乃议尽借际留仓米赈之。同官欲俟申请然后发，晨曰："申请待报，动经旬日，民死亡过半矣。有罪晨请独当之，誓不以相累也。"遂开仓赈给，民得全活者甚众。

校　注

〔1〕据嘉靖《邵武府志·秩官》"知军"下疑脱一"事"字。

〔2〕嘉靖《邵武府志·名宦》作"适直岁歉"。

〔3〕嘉靖《邵武府志·名宦》作"沙寇犯境"。

〔4〕弘治《兴化府志·吏纪四》作"太宗雍熙三年以大理寺丞来知"。

〔5〕崇祯《兴化县志·宦绩》作"梁陆"。

〔6〕崇祯《兴化县志·宦绩》作"例该付之保甲"。

〔7〕弘治《兴化府志·吏纪四》及崇祯《兴化县志·宦绩》均作"字仲舆"。

〔8〕乾隆《福宁府志·秩官》作"淳祐十二年知宁德县"。

〔9〕乾隆《福宁府志·秩官》载："洪武二十三年知县，后擢广东佥事。"

八闽通志卷之四十

公　　署

闽为东南一藩镇，环数十郡县之地，而统数百万之民，于是乎有岳牧以宣政化，有臬司以正百度，有帅臣以诘戎兵，而复莅之以重臣，察之以台宪，其间百僚庶职分任其事者又纷然不一，而莫不有公署焉。公署者，凡其听事之堂与其燕处之室皆是也。虽职位有崇卑，而等威有隆杀，然堂必高明，室必静深，皆足以为听事安身之所，是岂徒尊崇其身而已哉！实所以疏视瀹听，澄神净虑，以清政令之源也。自版图入我皇朝，初仍元旧，其后渐次改作，迄今百二十余年。自藩省以及列郡大小诸司公署，盖罔有不备，而亦罔有不饰矣。诸君子攸宁于是者，必勉其力之所能为，而尽其职之所当为，使夫俯仰无怍，如《羔羊》大夫之委蛇自公，斯可矣。攸宁于是者，必端于而身，刑于而家，使夫隐显一致，如卫武公之不愧屋漏，斯可矣。若乃刑赏出于爱憎，曲直徇于货贿，假公以营私，矜己以凌人，则处非其据。《曹风》候人之刺，《周易》负乘之讥，其能免乎？朝廷崇公署，以处有位，有意盖如此，而凡吾徒皆不可以不知也。乃志公署。

方　面

统莅使臣公署

镇守衙门在福星坊内，宋尚书王祖道故宅也。国朝洪武初，驸马王恭居之。正统间，遂为镇守内臣公署。其东为花园。其中门外，左为供应所，右家属居室。按《三山志》并续志：伪闽五州[1]诸侯馆所、宋帅属廨舍、元都转运盐使司俱在福星坊内，疑即此也。

巡抚公署在府学大成殿后，旧贡院地也。其前古府学杏坛之址。洪武十七年，布政使薛大昉割以盖贡院。成化七年，迁建贡院于平山之下。八年，遂改创为察院。今为巡抚都御史公署。

提督市舶衙门在光泽坊内，旧织染局地也。初建于府治西南法光寺东。成化十六年，提督市舶都知监太监韦查与织染局互易创建[2]。（上三公署俱布政司东南。）

巡按监察御史察院在布政司西南，旧在按察司西偏。永乐十九年，巡按监察御史陈绍夔以都指挥佥事扬□宅创建。至正统十年，御史陈永始奏迁焉，即今所也。其厅堂南向，自仪门外折而西，复折而北，通西街，为外门。天顺间，乃广其南偏地，建外门于仪门之外，而通道于外门前之东西，旧通西街之外门遂塞焉，成化八年，改建旧贡院为察院，遂以为按察分司。弘治元年，改察院为巡抚公署，仍以此为巡按公署，今俗呼西察院。

清军监察御史察院在布政司之东百步许，永乐间为都指挥钱贵宅[3]。正统六年，以创军器局。其后知府吴信徙局于府治之西，遂旷其址。景泰三年，布政使黄懋重修葺之，以为往来使客寓宿之馆。今为清军御史公署，今呼东察院。

文职公署

福建等处承宣布政使司在子城坊当三山之中。晋郡守严高建为刺史衙。唐为都督府，又为观察使衙，又为威武军衙。五代梁为大都督府。伪闽僭号，改作逾制。宋兴，钱氏纳土，悉废撤焉，独明威一殿仅存。守臣避不敢居，以为设厅，凡勅设宴集，乃在于此。而即其西建大厅，以为视事之所。天圣五年，郡守章频始于其东创都厅。九年，郡守郑载重建大厅。景祐四年，郡守范亢复于大厅之西建小厅，后更名清和堂。宋末，端宗即位于此，以设厅为垂拱殿。元或为行省，或为宣慰司，更置不常。至元十九年火。二十年，右丞蒙古歹建省厅于设厅旧址。置左右司，创诚心堂，立仪门，列东西吏舍军庑。国朝洪武初，为福建等处承宣布政使司正堂。匾曰“宣政”，后堂匾曰“退思”。永乐中，东廊火，布政使吴福重修。正统中，西廊火，布政使孙昇重修。仪门前东西旧各有门，东即古东康门，今塞之，而以其地建分守便厅。西即古西园门，今亦塞之，而以其地建巡海便厅。外为樵楼，其下即外门也。　**经历司**在宣政堂之左。　**照磨所**在宣政堂之右。　**理问所**在仪门外西旁。元至元二十年，右丞蒙古歹建。厅之东有吏目厅。　**司狱司**在理问所内西南，又西为监房。　**广积库**在布政司西廊后西南隅。

福建等处提刑按察司在布政司之南，少西即宋提刑司也。按旧记，公宇有上下衙，盖提刑与同提刑各为一司，皆明道二年提刑刘立之建。乾道间增置武臣，初寓转运行司。淳熙三年，武提刑叶南仲始分建公宇为东西两厅以视事。元初，改为福建广东道提刑按察司，后复改为福建闽海道肃政廉访司，并以东厅视事，以西厅为南台监察分治行司。大德八年，宪使普化增筑东厅旧址，建公厅，匾曰“中正”。复建后堂，匾曰“钦恤”。仍葺两庑而新之。至治三年，仪门火，宪使咬咬重建。国朝洪武二年，改为福建等处提刑按察司。十七年，佥事谢肃重修，更前堂之匾曰“澄清”，而移中正之匾于后堂。建福宁道于中门之东偏，以旧监察行司为察院，巡按监察御史居之。正统五年，移福宁道于钱局，移察院于西街，其地皆入本司。第二门及仪门，旧皆折而东出。天顺三年，按察使胡新更为仪门于中门之南。以旧仪门前之地易民居，辟为广衢东出，其西通西衙小巷。成化元年，按察使马文昇复鬻民居辟为广衢西出。又以旧二门仪门之间空地建便厅西向以为分司。　**经历司**在正堂之东。　**照磨所**在正堂之西。　**司狱司**在按察司中门外之西南。　**赃罚库**　**架阁库**（俱在照磨所之西北。）

属　司附

福建都转运盐使司在谯楼之西，即宋西外宗正司也。按旧记宋转运行衙，在威武门西南，东为运判司，西为转运司，而于其南同一门曰西总。熙宁既筑子城，并二司为一，更其门东向。时提刑二司实在其北，政和间始并入提刑司，而迁转运行司于府东迎仙馆。靖康元年，又以廉访使者衙为之，在试院之西，即旧驻泊厅地也，而迎仙馆遂为转运东行司，寻废。元更置福建等处盐课市舶都转运使司于福星坊内旧福星馆后，或为福建等处都转运使司，或为福建盐课都提举司，或为福建等处都转运盐使司，更改不常。皇庆元年，始移置今所。延祐四年，运使郭朵喜建。国朝洪武初，改为福建都转运盐使司。成化十四年，运使康骥重建正堂之东夹室。二十三年，运使金迪重建后堂及外门。外门之前，旧有坊匾曰“国计”，亦重新焉。又创建运使及添设同知廨舍各一所。　**经历司**在正堂之东。　**架库阁**在经历司之东。　广

盈库在正堂之西。　**南台盐仓**在闽县时昇里，宋天宁寺遗址也。元延祐五年创建，国朝洪武五年重建，凡为廒二十又四，缭以周垣。天顺八年，运使刘玑增建廒六。弘治元年，运使金迪重修，复创建官厅并鼓楼外门。

福建市舶提举司在布政司西南，侯官县之西，都指挥佥事王胜宅也。旧置司于泉州，后番舶入贡，多抵福州河口。成化五年，巡抚副都御史张瑄奏请移建于此。内有吏目厅。　**进贡厂**在府城东南河口，国初创建。凡番国贡献方物，初皆贮于此，然后转以上进。　**怀远驿**在进贡厂之南。国朝创建以为番国使臣馆寓之所。

武职公署

福建都指挥使司在布政司之东南，即宋试院地也。元为福州路总管府。国朝洪武元年，改为福州卫。八年，更为福建都指挥使司，驸马都尉王恭辟而新之。三十一年，前军都督府都督佥事署福建都指挥使司事陈俊重建正堂。宣德八年，都指挥佥事刘海重建后堂。景泰间，都指挥同知刘宽重修。成化十九年，都指挥同知马澄、都指挥佥事辛晟建吏舍三十六间。二十二年，复修葺后堂，并增建左右厢房四间。　**经历司**在正堂之左。　**断事司**在都指挥使司之西，亦宋试院地也。元为录事司。国朝洪武元年，改为福州卫镇抚司。八年，始以为断事司。厅之东有吏目厅。　**司狱司**在断事司之西。　**烽火门等五水寨造船厂**在府城东南河口。旧福州三卫各置一厂，左卫厂在庙前，中卫厂在象桥，右卫厂即今所是也。景泰间，镇守监丞戴细保议悉并于此。每岁选委清干指挥一员，提督修造各水寨备倭舟船。

郡　县

福州府

上司公署

布政司分司在府治东北一里许，与按察分司相并。洪武二十一年，指挥佥事柏坚等创建仓廒，名曰“常儆”，后废。成化间改建以为布政司，清理军政官视事于此，俗呼清军馆。长乐县一所，在县治之西。洪武初建。成化二年，参政赵昌撤而新之。连江县一所，在县治西福宁道之左。旧在钦平上里，成化十年，知县章武改建今所。福清一所，在县治东南，旧为际留仓。天顺七年，参事尹淳建。古田县一所，在县治北文登坊内，正统间建。罗源县一所，在县治西衮绣坊内。旧为税课局，正统元年，典史华崇改建为分司。成化十七年，知县陈瑗重修。

按察司分司在府治东北一里许，与布政分司相并。洪武二十一年，指挥佥事柏坚等创建仓廒，名为“常儆”，后废。成化间改建，以为按察司，清理军政官视事于此。

福宁道在布政司西南三山驿之西，即元西驿也。旧在按察司中门内之东，正统五年迁于钱局。成化七年改建为贡院，迁移今所。长乐县一所，在县治东儒学之北。洪武初建为按察分司。二十八年改今名，后仿此。连江县一所，在县治西。洪武十一年，主簿由祐建。福清县一所，在县治西南，元捕盗司也。国朝洪武十二年改建。古田县一所，在县治西，洪武十一年知县王安建。永福县一所，在县治西，洪武十四年建，后毁。藩臬行部至邑，俱寓治重光寺。闽清县一所,在县治东,洪武九年建。成化五年,知县左辅重建。罗源县一所,在县西衮绣场内,洪武九年署县事税课局大使杨清卿建。

贡院在布政司东北平山下。旧在谯楼之东。宋元祐五年,郡守柯述创建。国朝洪武十七年,布政使薛大昉移于城南兴贤坊内,即今巡抚公署也。成化七年,移建今所。其地元时为三皇庙。洪武二十九年,以古帝王非郡县宜祀,遂废。永乐九年,为铸钱局。正统五年,改为福宁道。至是,尽撤其旧,中建至公堂,后为衡鉴堂,两旁为厢房。堂之东为誊录、受卷、弥封之所,西为对读、供给之所。衡鉴堂之北为内帘中堂,匾曰“公明堂”。东西列屋数间,为考官阅卷之所。两旁庖湢列焉。至公堂之前为试场,场之中为明远楼,南为门三重,前临长街,中建一坊,匾曰“贡院”。两旁为二坊对立,东曰“论秀”,西曰“登俊”。莆田柯潜为记。

文职公署

福州府在布政司之西,即宋安抚司春台馆忠义堂之地也。元为亳州万户府。国朝洪武二年,改建为福州府。七年辟廨宇,二十一年火,二十六年知府廖崇德重建。中门外西南为营造军器库,东为土地庙,直南为外门。外门直街出百步许,临西街立坊,匾曰“宣化”。　**经历司**在正堂之西。　**照磨所**在正堂之东。　**司狱司**在府治中门外之西。　**大储库**在照磨所之东。　**架阁库**在穿堂之西。　**税课司**在府治东南安泰桥北西偏。　**常丰仓**在府治西南,旧为雪峰寺廨院。五代时,王审知改为罗汉寺,后废。国朝洪武十七年,遂以其址建常丰仓。正统五年火,八年重建,为廒凡二十有六。　**织染局**在府治西南地平寺东,旧为提督市舶公署。洪武八年,建于府治东南光泽坊内。成化□□年,以其地建提督市舶公署,遂以此为织染局[4]。　**阴阳学**在布政司谯楼之东。　**医学**在谯楼前街西。景泰三年，镇守奉御来往重建。（上二学俱洪武十八年设，后仿此。）　**僧纲司**旧在府治东南闽县左二坊石井巷，后废。今寓于开元寺内。　**道纪司**在府治东南九仙观。（上二司俱洪武十五年设。）后凡僧纲、僧会、道纪、道会司，俱仿此。　**三山驿**在府治西南，即宋提刑司团结军寨之故基。宋时城中为驿五，后尽废。元至元间，以宋赵资政府为在城驿。元贞二年，平章高兴移今所，创东西二驿，今驿即东驿也，其西驿，成化七年改为福宁道。　**三山递运所**在府治西南三山驿前少东。　**申明亭**　**旌善亭**（上二亭在府治前宣化坊之左右也。旧俱在布政司东，今东察院地也。正统六年，知府吴信移建今所。）

闽县在府治东南秀实坊内，净业寺故址也。旧在闽都坊内，宋嘉祐七年重建。元大德二年，县尹郭升之复建。国朝洪武二年，知县路圆玉移建今所。□□□年，知县邵奎重建典史厅，在正厅之东。县狱在中门外之西。　**五虎门官母屿巡检司**在府城东南嘉登里，洪武二年建。　**闽安镇巡检司**宋为监镇衙，元为巡检司，国朝洪武二年建。　**税课局**在府城南时昇里中洲，今省其税闽安镇税课局领之。　**闽安镇税课局**洪武二年建。（上二公署俱在府东南江左里。）　**大田驿**在府城南西集里。**江南河泊所**在府城南嘉崇里，洪武十六年建。　**旌善亭**　**申明亭**（上二亭在县治外门之左右。）　**横山铺**在嘉崇里。　**江南铺**在时昇里。　**白湖铺**在光德里。　**龙卧铺**在开化里。　**方北铺**　**圆屯铺**（上二铺永福里。）　**方南铺**　**□□□铺**　**梁山铺**在集善里。　**大田铺**在西集里。　**义溪铺**在□□里。　**尤榠铺**在□□里。（以上十二铺俱府城南。）

侯官县在府治南官贤坊内，唐贞元间始自旧县徙入郡城。

元至大间，又徙建于城西旧澄澜阁址。至大十六年，为普平章衙。国朝洪武三年，后为县治。二十九年火，知县张继重建。永乐元年复火，乃权构以莅事。宣德七年，主簿张铎、典史李伟始建厅宇。厅之东为典史厅，西为库。中门外之西为县狱。正统五年，知县梁叔蒙增建穿堂。 **竹崎巡检司**在府城西北十六都，正统六年建，十四年火，景泰五年重建。 **洪塘税课局**在府城西二都，洪武三年建。 **小箬驿**在府城西北三十四都。 **白沙驿**在府城西北三十四都。（上二驿俱元时置，国朝因之。） **旌善亭** **申明亭**（上二亭在县治之左右。） **城西铺**在西关厢。 **陈湖铺**在三十五都。 **叶洋铺**□□□□。 **白沙铺**在二十四都。 **马坑铺**在三十四都。 **大濑铺** **松岭铺**在十九都。 **丰田铺**在三十四都。 **汤池铺**在二十三都。 **小箬铺**在三十四都。 **横路铺**在府城西北。 **嵩滩铺**在二十五都。（上十二铺俱在府城西北。）

怀安县在府治北子城坊内，初治芋原江北。洪武十一年，县丞张希关奏移入城。十二年，知县薛武始建于今所。景泰五年，知县吴益重修正厅之东为典史厅，又东为库，中门外西偏为县狱。 **五县寨巡检司**在府城西北十七都。以其地接闽、侯官、闽清、古田县界，故名。元至元三年设，国朝因之。 **杨崎税课局**在府城西南九都，洪武元年设。旧无廨宇，十七年以没官卓子康宅为之。 **芋原驿**其怀安递运所之西北一都。 **怀安递运所**在府城西南一都，即旧县治也。洪武十二年，县治移入府城，遂为递运所。 **旌善亭** **申明亭**（俱在登云坊内。） **总铺**在布政司谯楼内之东，洪武初建。 **梅亭铺** **土枢铺**（上二铺在二都。） **游崎铺**在十二都。 **葛崎铺**在十四都。 **铁岭铺**在十五都。（上六铺俱府城西。） **来宜铺**在二都。 **北岭铺**

在三都。　**宦溪铺**在四都。　**任溪铺**在五都。(上四铺俱府城东北。)

长乐县在六平山之前,唐武德间置于敦素里平川。上元初,防御使董玠以其地湫隘移建今所。至元三十年,达鲁花赤荅失蛮重建,匾其正堂曰"承宣",后堂曰"退思"。国朝景泰元年,知县龙韬修建一新。正堂之东为典史厅,西为库,中门外之东为县狱。　**石梁蕉山巡检司**在县东南十五都。旧在梅花千户所城,洪武二十年迁今所。　**小祉山巡检司**在十八都龙江。　**松下巡检司**在二十都大祉。(上二司并洪武初建,在县南。)　**税课局**在县治西,洪武间建。成化十七年知县罗叙重建。　**长乐仓**在县东二十四都梅花千户所城东门内。旧隶于所,正统六年,改属本县。后凡卫所仓俱仿此。　**阴阳学**　**医学**(上二学在税课局前,今毁。)　**河泊所**在县东南十五都。　**僧会司**在县治西天王寺内。　**际留仓**在县治中门外之西。　**旌善亭**　**申明亭**(上二亭俱在县东隅。)　**总铺**在县治之西。　**沙径铺**在十都。　**沙头铺**在十七都。　**梅花北辽铺**在二十四都梅花城东。(上三铺俱县东。)　**巴头铺**在县东南十九都。

连江县在龙际山之南,鳌江之北百步许,唐武德间建。宋治平四年重建。元至元三十一年,县尹董正重修。至正六年毁于寇,唯仪门谯楼存。国朝洪武元年,知县王得钦重建,匾其正堂曰"新民",后堂曰"明德"。正堂之西为典史厅。二堂之间,东为库,西为架阁库。仪门之外,东为土地祠,西为县狱。　**北茭巡检司**在县东二十六都。旧为荻芦巡检司,洪武二十年更今名。二十三年,巡检李朝英重建。　**税课局**在县治西钦平上里通济桥西。旧在县治前大街东古收税亭内,洪武十八年圮于水,遂移建今所。　**定海仓**在县东定海千户所城内东北隅,洪武二十年创建。　**阴阳学**在县治西小龙津坊内。　**医学**在县治前大街西，即旧惠民药局也。　**蛤沙河泊所**在县东二十七都，洪武十六年河泊官卫文杰建。　**僧会司**在县治西钦平上里天王寺内。　**道会司**在县治东钦平下里龙兴观内。　**府公馆**在县治西钦平上里。旧为布政分司。成化十年，知县章武迁分司于福宁道之左，遂以此为府公馆。　**际留仓**在县厅西偏耳房内。洪武三年，知县王得钦建于县西天王寺。永乐十四年，知县董庸移建于钦平上里陈厚得没官房地，后改建今所。　**旌善亭　申明亭**(上二亭在县治前之左右，俱洪武十六年建。成化十八年，知县凌玉玑重建。)　**县西铺**在县治西百五十步许。　**罗仑铺**在清河里。　**潘渡铺　陈山铺**(上二铺在光临里。)　**陀岭铺　俞家铺**(上二铺在清河里。)　**赤崎铺**在仁贤里。(上六铺俱县西北。)　**丹阳铺　东禅铺**(上二铺俱在县北中鹄里。已上九铺，俱元至正十五年建，国朝洪武五年主簿张人卿修。)　**东湖铺**在钦平上里。　**贤义铺**在贤义里。(上二铺俱县北。)　**财桥铺**在县东北嘉贤下里。　**松坞铺**在二十九都。　**官岭铺　丽澳铺　埕角铺**(上三铺在县东二十七都。已上七铺俱洪武二十七年主簿杨安建。)

福清县在鹫峰山之麓。自唐嗣圣以来，名号数易，县治不改。宋熙宁三年，县令崔宋臣始大新之。簿廨旧在鹫峰路口，亦迁于县门内之东。明年置丞，又明年，县令胡景通为创丞厅于中门内之西。七年复建尉厅于中门外之左。元至元二十八年毁，大德四年，知州毋逢辰、同知冯喜重建。国朝洪武四年仍改为县匾正堂曰“公生明”[5]，后堂曰“燕清”。典史厅在正堂之东。县狱在中门之左。　**壁头山巡检司**在县南江阴里。元至元间，置于南日里，名南日巡检司。　**牛头门巡检司**在县东南平南里岭前。元至正间置于径江，名径江巡检司。　**泽朗山巡检司**在县东化北里。元至元间置于练门，名练门巡检司。(上三巡检司俱国朝洪武十二年移建今所，改今名。）　**南门税课局**在县南龙首桥之北。元至元元年置[6]，旧名南门务。　**海口税课局**在县东南方民里镇头，元至正间置，旧名海口务。（上二局俱国朝洪武初改今名。）　**径江税课局**在县西南灵得里。宋元丰元年建于径江，名径江务[7]。国朝改为税课局。洪武十八年圮于水，明年乃徙建于径江之北。　**福清仓**在镇东城内东南隅。洪武二十一年，指挥同知王得建，为廒凡二十有三。　**万安仓**在县万安城内千户所之南，洪武二十一年正千户王忠建。　**阴阳学**　**医学**在县南隅场前。　**宏路驿**在县西善福里。宋时建于太平铺之左。元至元十六年徙建今所，名宏路站。国朝洪武十二年改为驿。　**蒜岭驿**在县西南光贤里。宋时建于渔溪市之南。元至元间徙建今所，名蒜岭站。国朝洪武十二年改为驿。　**蒜岭递运所**在蒜岭之旁。　**宏路递运所**在宏路驿之旁。（上二所俱洪武十二年设，后并省入各驿。）　**河泊所**洪武十二年设。　**海口场盐课司**元延祐六年司丞庞证建。（上二公署在县东南方民里海口里。）　**牛田场盐课司**在县南时和里。元延祐间司丞赵焕卿建，后毁于兵。至正十年，司丞刘志重建。（上二司旧名司令司，俱国朝洪武初改为福建都转运盐使司分司。二十五年又改为盐课司。）　**盐廒**在东西南北团之左右，共九十一间。　**僧会司**在清远里黄檗寺。　**道会司**在方民里福真观。　**际留仓**在县门内，即旧县库也。　**旌善亭**　**申明亭**（上二亭在县门外之左右。）　**县前铺**在县治南五十步。　**常思铺**　**磨石铺**（上二铺在方兴里。）　**太平铺**　**高车铺**（上二铺在修仁里。已上四铺俱县西北。）　**金应铺**　**玻璃铺**（上二铺在清远里。）　**渔溪铺**在万安里。　**苏溪铺**在安香里。（上四铺在县西南。）　**蒜岭铺**在县南光贤里。（已上九铺俱元至元间设。）　**宏路铺**在善福里。**浯溪铺**在清源里。(上二铺俱县西。)**店头铺**在县南仁寿里。**海口铺**在县东新安里。**三山铺**在县东南化北里。**桃林铺**在平北里。**后坑铺** **城西铺**(上二铺在平南里。已上三铺俱县南。)**薛田铺**在县东永宾里。(已上十铺俱洪武间增设。)

古田县在平山之南,双溪之汇,唐开元二十九年建。宋初尉簿并置,簿厅在县之侧,尉厅在县之东南。绍兴十年,复移尉厅于行衙右。元丰元年,增置西尉,又建治于教场间。崇宁间复置丞,又为厅于县西。元至大二年,达鲁花赤木薛重修县治,并建典史幕于正厅之西。至正十六年,达鲁花赤剌会萨重修。国朝因之,改典史幕于正厅之东。外为谯楼。楼之下为县门。其左右为县狱。洪武三年,知县韩秉嘉始建廨舍。**杉洋巡检司**在县东三十六都,宋、元间设。国朝洪武十二年,巡检袁兴重建。成化十九年,巡检陈□修。**阴阳学**在县治西云津坊之东,久废。**医学**在县治北兰魁坊,即旧惠民药局也。今废为民居。**黄田驿**在县西二都,宋名使华亭,元改黄田驿,国朝因之。**水口驿**在县南一都。宋时置,名嵩淡驿,其地即太平兴国所迁县治之故址也。元改今名。国朝洪武初重建。**水口递运所**在水口驿旁。洪武三年设置所事水口驿丞姚斌建。成化间,驿丞屠安书修。**僧会司**在县治西北吉祥寺内。**道会司**在县治北贤兴坊佑圣宫西畔。**府公馆**在布政分司之北。洪武二十二年,县丞魏庸建。成化十五年,福州府通判罗锷重建。**际留仓**在县治北兼善坊。元大德七年创,国朝因之。岁储米以给官吏月俸,而廪使客,给孤穷,皆取诸此。成化十六年重修。**旌善亭**洪武十六年设。**申明亭**洪武三年设。(上二亭在县治前之左右。)**总铺**在县治前。洪武初建,成化十七年重建。**曹阳铺** **茶亭铺** **崎岭铺**(上三铺在七都。)**汤寿铺** **常濑铺**

宋初建在水口驿下，成化十七年移建于水口驿上一里许。（上二铺在一都。）　**朱坑铺**　**秀岭铺**（已上七铺俱县西。）　**预洋铺**　**谷口铺**　**竹园铺**　**云顶铺**（上六铺俱在县西北二都。）

永福县在双溪之上。宋初建尉厅于古楼门内之西。元丰二年，建簿厅于县治东隅。崇宁中又建丞厅于古楼门内之左。建炎三年毁。县令陈炎仅立厅宇。绍兴初王禹同继之，乃建鼓楼。二十一年，县令叶秉彝修建始备。宋末复毁于兵。元至元十六年，达鲁花赤扈全重建。国朝洪武间又毁，草创以视事。成化□□年，知县□□重建典史厅，在□□□。县狱在仪门内之西。**际门巡检司**[8]在县西三十三都。宋建于辜岭，名辜岭寨。元至元间移建于此，改今名，国朝因之。　**阴阳学**在县治北大街。**医学**在县治南。　**僧会司**在县治南重光寺内西庵。　**道会司**在县治北香山堂。　**府公馆**在县治东。洪武二十四年建，今废。　**际留仓**在县治内。元时建，名常平仓。洪武十四年改今名。　**旌善亭**　**申明亭**（上二亭在县门外之左右，今俱废。）**总铺**在县治前。　**汰口铺**在十都。　**葛岭铺**在六都。**峡上铺**在三都。（上三铺俱县东。）　**创岭铺**在县东南一都。

闽清县在梅溪之南里许，即梅溪场故址也。五代梁乾化中草创。宋大中祥符初，史温为令，政通人和，大姓四十四人，鸠财大建厅宇。熙宁元年，悉为洪水所荡，县令徐绛谋欲缔造，有僧思远等八十余人以住院遗积复鼎新之。淳熙四年毁。明年县令朱启建，寻复毁。十年，县令胡持重建。□祐四年又毁，独鼓楼存。是年重修，宝祐改元又毁。县令陈仍复建，独鼓楼未备。国朝洪武九年，主簿郑本始构厅宇及谯楼。正统十三年悉毁于兵，独仪门六房仅存。景泰元年，知县余祯权于旧址构小屋三间莅政。天顺七年，典史余铭始建县厅及幕厅。成化四年知县左辅、八年知县黄澄，相继增葺其所未备。　**阴阳学**在县治东昇平坊。　**医**

学在县治东和丰坊。(上二学俱成化十三年毁。) **僧道司**在县西十六都普贤寺。 **府公馆**在县治南。洪武二十五年建,成化四年知县左辅重建八年圮于洪水。 **际留仓**在县治内之西,成化四年知县左辅重建。 **梅溪铺**在县治前二十步。 **眠石铺**在县东昇平坊。 **甕口铺**在县北和丰坊。(上三铺俱洪武元年建,成化六年知县左辅修。)

罗源县在东戴坑。北宋庆历八年县令陈偁建。建炎初毁于建寇。三年县令吴确仍建。淳熙六年县尉施炎重建尉厅。元至治元年主簿刘秉仁复新县治。国朝洪武二十五年,县丞甘志和重加修葺。成化八年知县施弘又撤而新之。十六年,知县陈瑗改建,视旧有加。 **阴阳学**在县治东三皇庙之北。元至治元年主簿刘秉仁建。国朝洪武二十九年圮。寓于县北天庆观法堂之左,今亦废。 **医学**在县治西急递铺之东,即元时惠民药局也。 **河泊所**在县治南沈尉桥之北。洪武十一年县丞庞益建。景泰七年河泊官张用成重建。 **僧会司**在县北徐公里仙茅寺。 **道会司**在县东北起步桥北天庆观。(上二司俱废。) **府公馆**在县治之东,城隍庙之西,旧三皇庙址也。成化十年知县施弘建。 **际留仓**在县东隅沈尉桥之北。洪武二十九年县丞田敬建。 **旌善亭** **申明亭**(上二亭在县治谯楼之左右,俱洪武十一年县丞庞益建。成化十九年,知县陈瑗重建。) **县前总铺**在县治西五十步。 **岭头铺** **三源铺** **护国铺**(上三铺俱在县治东北徐公里。) **鳌峰铺** **应德铺**(上二铺在县西梅溪里。) **黄沙溪铺**在新丰下里。 **新丰铺**在新丰上里。(上二铺俱县西北。)

武职公署

福州左卫指挥使司在都指挥使司东南。宋为荐福寺,元时废。至正十九年，以其地建勉斋书院。国朝洪武八年，指挥佥事宋允创为右卫，内立五所，十八年复增一所。二十一年改为左卫。正统二年，指挥王智重修。　**经历司**在正堂之东。　**镇抚厅**在中门外之左。　**左、右、中、前、后、中左六千户所**（俱在卫内，列于两廊前之东西，各有十百户所。）　**盛储军器库**在侯官县右一坊英达坊内。　**成造军火器局**在闽县南津坊内。

屯田新旧共三十九所洪武二十八年并，永乐二年制令分军屯种，以赡军储，共田地四百九十七顷三十八亩八分，计旗军一千六百九十七名。左所屯五所，俱在侯官县二都西禅铺起至二十二都岭柄白沙止。右所屯五所，俱在闽清县昇平坊渡口起至十都鱼坑止。中所屯五所：闽清县三所，在十六都大樟起至二十一都林浦门止；永福县二所，在一都大樟起至四都牛斜止。前所屯五所，俱在永福县八都郑洋起至十二都鱼坑止。后所屯五所，俱在永福县十九都铁场起至二十四都杉洋止。中左所屯五所，俱在永福县二十五都界竹口起至三十都葛洋止。　**新屯九所**俱在泉州府永春县十都卓铺起至二十都前窗止。

福州右卫指挥使司在都指挥使司之东[9]，即元福州路总管府司狱司故址也。国朝洪武八年省，以其公署为左卫，二十一年复设。二十四年，指挥佥事常弘始改建于此。　**经历司**在卫堂之东。　**镇抚厅**在卫南百步许子城坊内。　**左、右、中、前、后、中左六千户所**（俱在卫中门外，列于东西，各有十百户所。）　**盛储军器库**在侯官右三坊合潮桥西。　**成造军火器局**在怀安县小古楼。　**屯田新旧共三十九所**共田地五百七十六顷六十四亩三分三厘，计旗军一千九百二十六名。左所屯五所，俱在怀安县二都社坞洋起至十三都官口止。右所屯五所，俱在怀安县十五都前冲起至二十都下冲坑止。中所屯五所：怀安县一所在三都上洋；古田县四所，俱在五都破寨乾起至十都前山止。

前所屯五所，俱在古田县十二都起至四十四都赤粧止。后所屯五所：古田县一所，在四十五都胭脂；罗源县四所，俱在二都小获起至七都小桥止。中左所屯五所，俱在罗源县黄童里霍口起至灵济里官口止。新屯九所，俱在泉州府。永春县五所，俱在二十都梅坂起至二十四都汤头止。惠安县四所，俱在十都长轮起至十四都大中止。

福州中卫指挥使司在左卫之东，宋太平寺故址也。国朝洪武八年，指挥佥事张得创为左卫。二十七年改为中卫。景泰五年指挥李善重修。　**经历司**在卫堂之东。　**镇抚厅**在卫中门外。　**左、右、中、前、后五千户所**（俱在卫内，列于两廊前之东西，各有十百户所。）　**盛储军器库**在闽县左三坊法海寺前。原在法海寺内，正统间本寺重建，为改造于今所。　**成造军火器局**在闽县南津巷内。　**屯田新旧三十所**其田地五百四十顷一十四亩，计旗军一千五百九十三名。左所屯四所，俱在闽县南嘉崇里吉祥洋起至嘉登里刘崎止。右所屯四所：闽县一所，在瑞圣里埔头；长乐县一所，在二都姿岭等处；连江县二所，俱在永贵里王孙至二十六都沃里止。中所屯四所，俱在连江县集政里敦玻山起至贤义里桂林止。前所屯四所，俱在连江县沱市起至仁贤里了然止。后所屯四所，俱在连江县中鹄里杜塘起至仁贤里鲤溪止。新屯一十所：泉州府惠安县一所，在二都涂岭；兴化府仙游县九所，俱在光山里砂溪起至来苏里上董止。　**教场**在府城南门外九仙山之南，周围约四里许，中有都帅厅事，并福州左、右、中三卫厅事。城西旧亦有教场废。　**水口关**在古田县南一都。宋初设镇，有监镇官，元时革。今本卫委百户一员守御。

镇东卫指挥使司在福清县方民、新安二里间镇东城内。洪武二十年，江夏侯周德兴奉旨创建。　**经历司**在正堂之左。

镇抚厅在正堂之右。　**左、右、中、前、后、中左六千户所**（俱在卫内列于两廊前之东西，各有十百户所。）　**教场**在卫之东门外五十步，方广二百步中有演武亭。　**埕寨三处**松下寨在县东永宾里；大丘寨在南平里；白鹤寨在平北里。（上二寨俱县南。）

屯田新旧一十八所共田地四百二十七顷九十二亩三分八厘，计旗军一千四百三十二名。左所屯三所：长乐县一所，在永福里等处；福清县二所，俱在遵义里。右所屯三所：福清县二所，俱在平元里，兴化府莆田县一所，在□□里。中所屯三所：福清县二所，俱在灵得里起至新丰里止；莆田县一所，在延寿里。前所屯三所：福清县二所，俱在修仁里；莆田县一所，在常泰里。后所屯三所：福清县二所，俱在善福里；莆田县一所，在合浦里。中左所屯三所：内福清县二所，俱在灵得里；莆田县一所，在合浦里。　**烽燧凡七处**松下、峰前（上二处在县东永宾里）、大丘、后营（上二处在平南里）、白鹤、大壤、垅下（上三处在平北里。以上五墩俱县南）。　**万安千户所**在福清县南平南里万安城内。洪武二十年，江夏侯周德兴奉旨创建。　**吏目厅**在所厅之左。　**镇抚厅**在所厅之右。　**十百户所**在仪门左右。　**教场**在所城西门外三里方广三百步。　**埕寨四处**俱洪武二十年置。　**沙坞寨**

连盘寨　**长沙寨**（上三寨在平南里。）　**峰头寨**在光贤里。（已上四寨俱县南。）　**小埕澳水寨**在府城东北。连江县每岁分附近卫所军士更番备倭于此。方岳重臣合议，推择闽诸卫指挥之有才略者一人，以总督之。其因合分军卫所，又各推指挥一人以分督之。亦终岁而更，后各水寨仿此。福州右卫官一十一员，旗军一千三百八十九名。镇东卫梅花、万安二千户所，官一十七员，旗军二千五百四十二名。福宁卫镇海千户所，官四员旗军四百名。

建宁府

上司公署

镇守公馆在紫霞洲之西南行都司之左，旧名黄衙，本建阳卫公署也。洪武十二年，卫调于太平府，始改为公馆，凡郡所造贡献品物，悉藏于此，及镇守内臣按部煎销各坑银课亦居焉。　**布分政司**在宣化坊府学东，左卫仓故址也。景泰四年，知府贺沈创建。浦城县一所，在县治东西山精舍之后，正统六年主簿周聚创建。建阳县一所，在建宁道之东，正统五年以旧三官堂创置。成化十三年参政刘观建咨度坊于其左。松溪县一所，在县治南临大溪，正统五年创建。崇安县一所，在军营岭之左，宗省仓址也。成化十一年知县王肃创建。政和县一所，在县治西，正统五年知县江显创建。寿宁县一所，在儒学之东，天顺七年，按察副使郎胜命知县沈能建。　**建宁道**在府治东，宋徐参政、元李万户居第也。国朝洪武初，创为福建按察分司。二十三年更为宁武道。二十八年改今名。宣德七年，副使刘棻重建后厅，增庖湢及吏胥之舍。天顺间，佥事牟俸增建外门。成化十八年，佥事谈俊并知府张正增建花亭并小厢廊。按旧志徐参政、李万户俱不言其名。考之《人物志》及《名宦志》，疑徐清叟及李铉也。浦城县一所，在县治东。洪武二年知县周鹏举创建。建阳县一所，在县治东南隅。洪武二年知县吴义建。永乐十四年圮于水，宣德三年重建。松溪县一所，在县治东。洪武初，即旧城隍庙地创建。崇安县一所，在县治左。洪武初创建。政和县一所，在县治东。天顺四年按察副使沈讷重建。寿宁县一所，在县治西，景泰七年按察佥事沈讷建。

福建行都指挥使司在府城内中和、平理二坊之间，旧府治也。唐建中初，刺史陆长源建。乾符间毁于巢寇，郡守高愔重建厅宇。天祐中，节度王崇文乃建大厅为视事之所。宋建炎四年，守韩珉始建便厅。绍兴三年，守向伯奋增创设厅、仪门、东西两廊。东置架阁、甲杖[10]、军资、上供、常平、诸库，西置佥厅、吏舍及支盐库。十四年，双门谯楼圮于水，守张铢重建。二十六年，守宋瑗创射圃，建堂于其中，曰"正已"。孝宗登极，乃升潜藩，更置府额于门上。门之外有二亭，左曰"宣诏"，右曰"颁春"。淳熙间，守韩元吉、苏峤相继缮治。绍兴元年，守郑侨建仪门。至正十七年，改建宁路总管府。二十二年，又改为建宁分省。国朝洪武初，改为建宁卫。八年，更为行都司。　**经历司**在正堂之左。成化十二年，经历叶寿重修。　**断事司**在仪门外之右。宋为西通判厅。元改为瓯宁县。国朝洪武八年，始改为断事司。岁久寖坏。成化十四年，断事夏瓛白于行部大臣，遂给公帑，而命府同知李明共修葺之。厅之东有吏目厅。

文职公署

建宁府在府城宣化坊内，即宋提举司、元肃政廉访司故址也。旧在中和、平理二坊之间。国朝洪武元年改为卫，寻改为行都司，府治寓于建安县。八年知府胡祯始移建今所。堂之北，为架阁、仪杖二库。后堂之东北，为元明庙，宣德七年，知府张顺重修。成化三年，知府刘钺于府门之前为平政坊。又前临大街建楼，为府外门。　**经历司**在府堂之右。　**照磨所**在府堂之左。　**司狱司**在府治之右。旧在行都司前宋之左狱址也。国朝洪武八年设，十四年移建于府治西从化坊之东南。景泰四年，知府贺浤又奏迁今所。　**税课司**在府城中兴仁坊，即宋瑞华馆故址也。国朝洪武八年创建。永乐十四年圮于水，署司事广实仓副使周訚复建。成化十六年，同知李明重建。　**广实仓凡五所**—

所在府城中宣化坊,即宋西仓旧址也。国朝洪武八年,知府胡祯建。十九年,改为建阳卫仓。三十一年,改今名。知府芮麒[11]创建廒十又五,为间凡七十又五。一所在府城中朝天门德胜坊黄华山,即宋盐仓故址也。国朝洪武八年,知府胡祯建廒一,为间凡五。所在府治之右从化坊内。洪武二十三年,知府鲁仁杰建廒四,为间凡二十。一所在府城中亲贤坊内。永乐五年,知府刘敬建廒九,为间凡四十又五。一所在府城中德胜坊内。永乐三年,同知杨志铭建廒十又一,为间凡五十又五。十年,知府刘敬建廒三,为间凡一十又五。十三年,又建廒八,为间凡四十。　**新仓**在府城中宣化坊。旧为指挥杨晔居室,没入于官。成化十八年,知府张正、同知李明建廒一十又二,为间凡三十又六。　**永丰库**在府治之右,旧白云寺址也。洪武十三年建,今不设官。原降铜记本府经历司兼领之。　**织染局**在府城中崇儒坊。洪武六年创建于黄华山下。永乐六年迁府学于其地,遂以旧府学地为之。永乐十四年圮于水,正统十二年重建。　**弓箭局**洪武九年设。旧寓通玄观。正统十二年移附织染局。　**阴阳学**旧景福堂址也。　**医学**(上二学俱在府城中定安坊。)　**僧纲司**在瓯宁寺西隅开元寺。洪武十五年,设于大中寺。二十八年寺毁,徙城南光孝寺。永乐十四年,寺圮于水,因徙今所。　**道纪司**在府城东报恩观[12]。　**建宁递运所**在府城通济门外敬客坊。洪武八年建。永乐十四年圮于水,宣德四年重建。　**公馆**在府城内从化坊。成化七年,通判李明建,为清理军政之所,匾曰"东瓯书院"。　**旌善亭**洪武十六年设。　**申明亭**洪武三年设。

建安县在府治东从化坊,即宋东通判厅址也。初治黄华山下,唐大历间,州寄治于县署,自是遂不知县署徙于何地。宋治平三年,析置瓯宁县,建署于宁远门内。熙宁中,瓯宁县废,遂即其址为建安县署。建炎间没于兵。绍兴二年,知县石廉重建。中门外之左为丞厅，右为簿厅。元至正二年，县尹徐属移建今所。国朝洪武元年重建。正厅之东为典史厅，西为县狱。正统十二年，知县胡钦重建仪门及三门。景泰六年，知县葛琬重建后堂及庙舍。成化七年，知县徐宗重建穿堂，九年，又建库房于后堂之右。

筹岭巡检司在县南南才里龙门桥头。宋建炎间建于岭上，名筹岭寨。元改为巡检司。国朝洪武初因之。九年，巡检穆毅移建今所。　**东游税课局**在县东安泰里。元至正间始设，国朝洪武八年重建。　**太平水驿**在县西南登仙里。元为太平站。国朝洪武二年改为驿。　**北苑茶焙**在府城东吉苑里凤凰山之麓。伪闽龙启中，里人张晖居之。以其地宜茶，悉表而输于官，由是始有北苑之名。北苑之茶为天下第一，而凤凰山所产者，又冠于北苑。山之旁曰壑源，外曰沙溪，皆产茶，官私之焙，凡千三百三十有六，官焙三十有二，以北苑冠其首。苑之中，宋有漕司行衙。启经兵燹，惟茶堂星辉馆及前二门尚存。门之左有仓，受建宁北苑二里秋苗，以给春天之食。茶堂之后有御泉亭，盖造茶时取水于此，景祐间重修，丘荷为记。亭之前有红云岛，元时重加修葺。国朝洪武十年，建御茶亭于其中。亭之前为茶场，场之前为仪门，匾曰“清风”。门之左为茶焙，右为库房，前为外门，南直凤凰山之麓，为御泉亭。外门之东为执事者栖息之舍。宣德八年，知县戴肃建茶堂三间。成化元年，县丞马□建贮茶之室凡六间。三年，知县周正重建御泉亭，并建门楼。成化十八年，知县桂镐建焙茶之室凡三间。　**申明亭**在县治南崇儒坊内。洪武三年建。

报恩铺　**赤铺岸**（上二铺在登仙里。）　**莒口铺**在房村下里。（已上二铺俱宋时设，国朝因之。）　**刘坑铺**　**谢坑铺**（上二铺在登仙里。）　**八仙铺**　**房村铺**（上二铺在房村下里。已上七铺俱府城南。）　**瓦口铺**　**横谷铺**（上二铺在吉苑里。）　**枣林铺**　**井崎铺**　**箬溪铺**（上三铺在建宁里。）　**马鞍铺**　**东游铺(上二铺在安泰里。) 牛头铺 笼逢铺 蕉坑铺(上三铺在川石里。已上十铺俱府城东。通上一十四铺,俱洪武四年设,成化十四年重修。)

瓯宁县在府治西宣化坊,元白公主衙故址也。按旧志,宋治平三年始置,县治在宁远门侧,熙宁中,县废,遂为建安县治。元祐四年复置,乃建治于城北朝天门外。后毁于兵。绍兴四年,知县范璿重建,乃移其故址稍前,以便坊市,后废。国朝洪武元年,知县展鉴因旧址重建。十二年,知县王迪迁于今所。正厅之右为幕厅。仪门内之右为县狱。天顺七年,知县乔铭重建正厅、幕厅及两廊。明年复建县狱,修仪门外门。成化九年,知县林鸿建库房于后堂之左。 营头巡检司在县北禾吉里。正统四年设。九年,巡检郑宽建。成化十五年,巡检蔡珣创建鼓楼。 税课局在县西高阳里上洋口。元至正间建,国朝因之。洪武十四年,知县王迪重建。成化十四年,大使高子晖重修。 城西驿在府城西通济门外敬客坊之右。元为城西站。国朝洪武二年改为驿。 叶坊圮在府城西北丰乐里。元为叶坊站。国朝洪武二年重建,改为驿。永乐十二年圮于水,惟前厅及庖房仅存。成化十六年,驿丞夏璥重建两廊及鼓楼。 河泊所在府城西临江门外移忠坊。洪武十四年设。十六年始建。永乐十四年圮于水,成化四年,河泊所官罗俊建。 公馆在县北营头巡检司之右。成化十八年,知县陈英建,为上官止宿之所。 旌善亭洪武十六年,知县王迪建。 申明亭洪武三年,知县展鉴建。(上二亭俱在县治西南管门之侧。正统丁卯,知县焦从周重建。) 总铺在府治前之左,元刘万户居第故址也。国朝洪武四年建。宣德八年灾,正统五年,知府张瑛重建。 县前铺在旧县治前太平坊。 城西铺在敬客坊。 长汀铺 后沙铺即旧白沙。 交溪铺 丰乐铺 中黄铺(上五铺在丰乐里。已上七铺俱县西。)

雷石铺　横山铺　黄屯铺　花桥铺　冲村铺　溪头铺(上六铺在崇安里。)　北坑铺　箬村铺　营头铺　宝历铺　西瓯铺　浒州铺　罗滩铺　瀛州铺(上八铺在禾供里。)　郭道铺　北平铺　北津铺(上三铺在慈惠里。已上一十七铺俱县北。)　塔岭铺　蓬岭铺　井后铺　新岭铺(上四铺俱在县西北禾义里。)

浦城县在县城光禄街之东,建宁道之西,汉建安中建。宋绍兴四年毁于寇,知县吴中美重建。元至元中,达鲁花赤倚南海涯重修。岁久而圮,国朝洪武元年,知县张鹏举重建。厅之左为幕厅,谯楼之西为县狱。正统十四年悉毁于寇,知县张镛重建,未就而卒。景泰二年,县丞何俊踵而成之。　盆亭巡检司在县西北安乐里。宋元丰三年建为盆亭寨,元因之。国朝洪武三年改今名。知县张鹏举建。　高泉巡检司在县东高泉里。洪武三年,知县张鹏举建。　溪源巡检司在县东北登俊里。宣德八年,巡视银场监察御史杨禧以地连江、浙,寇盗出没,奏请增设,寓县东万安桥局以视事。　税课局在县治北皇华坊。元至正间建,名税课司。国朝洪武三年改为税课局。宣德七年省。正统十三年复设官,僦民居以视事。　阴阳学寓县治谯楼之上。　医学在县治正街之西。　僧会司在县治西北天心寺。　道会司在县治东玄妙观。　府公馆在县治东南。成化九年,府通判李明以玄妙观左隙地创建。　公馆四所一所在县治之西。正统丁卯知府张瑛命主簿阮苗建。凡达官贵客宦游经过者,皆寓宿于此。一所在县治南石岐。一所在县治南临江。(上二所俱成化十八年府同知李明建。凡上官行部,皆寓宿于此。)一所在县北安乐里。宋为枸木铺,元废,今改为公馆。　际留仓二所一所在县治西北。宋为常平仓,元因之。国朝洪武二年,知县张鹏举重建,改今名。一所在县治东半里许,罗汉寺故址也。正统十年,知县甘棠以旧际留仓狭隘增置于此。 **教场**在县治西西隅，为民□演武之所。 **旌善亭** **申明亭**（上二亭俱在县治南。） **县前铺**在县治南。旧名县下铺。宋时设，元因之。国朝洪武四年，知县张鹏举建。 **十里铺**在登云里。 **余回铺**在孝悌里。 **临江铺** **石岭铺**（上二铺在清湖里。） **大湖铺** **蔡家铺**（上二铺在靖安里。） **张家铺**在人和里。 **象家铺**在东礼里。 **南岸铺**在总章里。（已上九铺俱县南。）

校 注

［1］指福、建、泉、漳、汀五洲，闽越设刺史分治。

［2］《闽都记·织染局》作“太监尚春以其地建市舶府，移建今所”。

［3］《闽书·都督府》作“在将军山之西，本指挥王贵宅”。

［4］《闽书·提举市舶衙门》作“成化十六年移建织染局”。

［5］似应作“匾正堂曰公生明”，前“曰”字疑衍。

［6］此指元顺帝至元（即后至元）元年置。万历《福州府志·建置》只称元置，不标年号，海口税课局亦同。

［7］万历《福州府志·建置》作“迳上税课局，宋建于迳口，名迳口务”。

［8］万历《福州府志·建置》作“潦门巡检司”。

［9］万历《福州府志·兵戎》作“在左卫之西”。

［10］嘉靖《建宁府志·公署》作“甲仗”，此误。

［11］嘉靖《建宁府志·官师》作“芮麟”。

［12］嘉靖《建宁府志·公署》作“在府城兴贤坊通玄观”。

八闽通志卷之四十一

公　署

郡　县

建宁府

文职公署

建阳县在交溪之西北。晋太元中，创于建忠里，今保大寺址是也。唐嗣圣中，徙于今所。宋建炎初，毁于范汝为之乱。绍兴二十一年，知县傅耦重建。其县额则朱文公手书也。元复毁于兵。至正十四年，达鲁花赤黄火儿不花复建。国朝洪武元年，知县吴义重修。永乐十四年圮于水。十八年，知县梁溥仍旧址草创视事。宣德四年，知县张光启重建。成化十七年，知县海澄增建谯楼，规制悉复其旧。　**建阳税课局**在县治北街。宋时建于南隅，名曰税务。国朝洪武初改为税课局。十三年大使王贞移建今所[1]。永乐十四年圮于水。正统六年省，十三年复置。成化十三年火。十五年知县海澄重建[2]。　**后山税课局**在县治西崇泰里。宋大观三年设，名曰税务。国朝洪武三年改为税课局，后毁。三十年大使赵益谦重建，正统六年革，十三年复置。十四年大使万伯轩重建。　**阴阳学**寓县治前谯楼上。　**医学**在县东隅，即旧惠民药局也。 **建溪水驿**在县南三桂里。宋时建于水南，政和间迁于县西，改名东阳驿。元因之。国朝洪武二年更今名，知县吴义重建[3]。永乐十四年圮于水，十八年驿丞罗玮复建。宣德六年[4]，知县张光启复新之。成化十七年，府同知李明增建后厅并驿丞廨舍。 **东峰马驿**在县西崇泰里。宋时建于永忠里，名麻沙驿。元因之。国朝洪武二年，知县吴义移建今所，改今名。 **建阳递运所**在县南三桂里。洪武九年，知县范子畴建。永乐十四年圮于水。宣德三年，大使胡泽丞重建。 **僧会司**在县治西隅景福寺。旧在三桂里灵峰寺，后改今所。 **道会司**在县治西关崇玄道院。 **府公馆**在县治南隅，水陆寺故址也。旧在县治前之东。正统五年奉工部檄创建。天顺六年毁。成化十一年，知县项明移建今所。成化十三年又毁。十五年府同知李明檄知县海澄重建。二十二年又毁。 **际留仓**在县治前之左。宋时建，元因之，国朝洪武初改今名。 **新仓二所**一所在县治西福山寺门内，即旧白衣寺址也。一所在县治北驻节门内，即旧河泊所址也。 **申明亭**在乌石街。 **旌善亭**在申明亭之左。（上二亭俱洪武三年建。） **县前铺**在县治鼓楼前。洪武元年知县吴义建。 **白槎铺**在县东南均亭里。 **长湍铺**[5] **黄口铺**（上二铺在兴贤下里。） **李墩铺** **桃芝铺**（上二铺在三桂里。） **黄陂铺**在兴贤下里。（已上五铺俱县南。） **大阐铺**在兴贤中里。 **南溪铺**在兴贤上里。（已上二铺俱县西南。） **后山铺** **杭桥铺** **崇化铺** **东峰铺**（上四铺在崇泰里。） **虞渚铺** **渡头铺**[6]（上二铺在永忠里。已上六铺俱县西。） **叶墩铺** **江源铺**（上二铺在北洛里。） **转水铺** **河船铺**（上二铺在崇仁得里。） **酎口铺** **横金铺**（上二铺在崇文里，已上六铺俱县北[7]。）

松溪县在东关里五斗金。五代时王审知建于皈伏里，以为松源镇。周广顺元年，南唐升为县。宋开宝元年，始迁今所[8]。建炎末，毁于兵。绍兴二年知县林敏元重建。元至正九年，达鲁花赤阿思兰修。国朝洪武二年，知县常钦祖重建。正统十二年复毁于兵。景泰二年，知县张绅、主簿吴岱计划重建。正厅之右为幕厅，仪门之外，东为仪仗架阁库，西为县狱，又前为谯楼。　二十四都巡检司在县北豪田里二十四都。元皇庆间设为寨，国朝洪武二年，改为巡检司。　东关巡检司在县南东关里五都。元皇庆间设于本里遂应场，名东关寨。国朝洪武二年移今所，改为巡检司。　税课局在县治前直街之西，正统六年省，课额县兼领之。　阴阳学正统十二年毁于寇。　医学（上二学俱在县治西。）　僧会司在普戴寺。　道会司在南山观。（上二司俱县治南。）　府公馆在县治南。　际留仓在县治仪门之东[9]，即宋省仓常平仓故址也。国朝洪武十四年置，正统间圮于风雨，今并于预备仓。　旌善亭　申明亭（上二亭在县治谯楼之左右，俱景泰四年建。）　总铺在县治之西。　杉溪铺　南坑铺　第四铺　官桥铺（上四铺俱在县西杉溪里。）　水口铺　岩下铺（上二铺在县东皈伏里。）　寨岭铺[10]　铁岭铺（上二铺在县东南关里。）　车上铺在杉溪里。　刘源坑铺在庆源里。（上二铺俱县北[11]。）

崇安县黄石山之麓。宋至道间创建，绍兴六年，知县蔡传素重建。其后知县王纯、诸葛廷瑞、王齐兴、赵时镖相继增广之。端平二年，知县章端子重建一新。宋季毁于兵，惟前后二厅仅存。元至元十三年，达鲁花赤任德用修建。其后知县张茂续、潘忙古、颜锐、典史林晋相继增广之。元末复毁于兵，亦惟前后二厅仅存。国朝洪武初，知县陈观、邵文昂、张子彬相继修建。典史厅在正厅之东。架阁库在正厅之西。县狱在仪门之右。　分水关巡检司在县西北石雄里。古有寨，宋因之。嘉定间，郡守史弥坚重修，后废。开庆元年，郡守叶梦鼎即旧址立为大安驿，元时废。国朝洪武初，又即旧址建为巡检司。　**税课局**在县治西营岭[12]之左，即旧省仓址也。宋时建于宣化坊之左名税务。嘉定十五年火，寓于民居。元因之。国朝洪武初，即旧址重建，改为税课局。二十一年圮于水，明年，知县张子彬改建今所。正统六年革，因改为布政分司。十三年复设，寓于文定书院内。　**阴阳学**寓县治前谯楼上。　**医学**在县治南，即旧惠民药局也。元泰定二年，县丞彭好古建。国朝洪武间，初设医学，寓于三皇庙，二十九年迁今所。　**长平水驿**在县治南四隅里，旧溪光亭址也。元至元十六年，县尹张茂建于挹清亭之北，名崇安驿。国朝洪武元年改今名，驿丞李从议重建。八年，县丞安处善迁建今所。　**大安驿**在县西北石雄里，宋时设。元因之。国朝洪武元年，驿丞李旺重建。**兴田驿**[13]在县南丰阳里黄亭街。初在兴田，以地不便牧养，遂迁今所。洪武元年，驿丞张克修重建。　**崇安递运所**在长平驿之后，即元时崇安驿故址也。国朝洪武八年，县丞安处善[14]建。　**大安递运所**在大安驿之后，洪武八年建。　**河泊所**在县治南，旧接官亭也。洪武十四年设。　**僧会司**在县治西仁义坊光化寺内。　**道会司**在县治北里仁坊太清宫内。　**府公馆**在县治西营岭布政分司之前。成化十一年，府通判李明买地创建。　**际留仓**在县西兴贤坊。旧为常平仓。元改今名，国朝因之。　**御茶园**在县武夷二曲之西，即宋希贺堂址也。元时创设。大德七年，奉御高久住以其地隘陋，乃相前冈，得石泉一泓，甚清且冽，遂取建安县北苑凤山泉以权衡度之。兹泉差重，于是辟基建殿于内，以储新贡，匾曰“第一春”。殿之前二庑：东为焙，匾曰“焙芳”；西为灶，匾曰“淳光”。前建堂三楹，匾曰“清神”。又有二亭对峙于亭前：左曰“燕嘉”；右曰“宜寂”；二亭今俱废。外设大门，匾曰“仁风”。山之右构亭以覆井匾曰“通仙泉”。门之首，作梁以跨池，匾曰“碧云桥”。南北建二门：一在第一曲，瞰大溪；一在第九曲，临星村里，匾曰“御茶园”。国朝洪武初重修，并建喊祠、思敬二亭于仁风门之左。每岁惊蛰日，县官率所属祠山神毕，令执事者鸣金鼓，扬旗同喊曰：“茶发芽。”自是龙井之泉渐发而满。造茶毕，泉渐浑而缩。武当张真人落魄，至饮其水，曰：“非武夷茶之美，乃兹泉之力也。” 旌善亭 申明亭（上二亭俱在县治谯楼之西。） 隐泉铺[15]在县治左，宋颁春亭故址也。国朝洪武二年，知县陈觀立。 乾溪铺 举富铺 杨庄铺 小浆铺 大安铺 望仙铺 分水铺（上七铺俱在北石雄里。） 新洋铺[16] 梅溪铺 石鼓铺 中奢铺（上四铺在会仙里。） 界牌铺[17] 兴田铺 黄亭铺（上三铺在丰阳里。已上七铺俱县南。） 小寺铺在大浑里。 寺口铺 羊角铺 吴屯铺（上三铺在吴屯里。） 梨口铺在石臼里。（已上五铺俱县东。）

政和县在感化上里东岸口。旧在政和西里大王寺[18]北，即古关隶镇之署也。宋咸平三年徙建今所。建炎末毁于兵。绍兴四年，知县张民彝重建。元至正间再毁于兵，主簿杨璿新之。国朝洪武初重修。正统十四年复毁于兵。景泰五年知县顾让重建。七年，县丞杨启建幕厅及谯楼。 赤岩巡检司在县东政和东里十五都。宋为寨，在政和南里十都，国朝洪武二年移建今所。 阴阳学在柔远门。 医学在登俊坊。 僧会司在柔远门龟岩寺。（上三公署俱县西。） 府公馆在县治西六十步许。 际留仓在县治南。洪武初创建，后迁城隍庙东，今仍徙旧处。 旌善亭 申明亭（上二亭俱在县南星溪桥南。） 县前铺在县治前之西。 桐岭铺在东衢里。 倪屯铺在高宅里。 西津铺在长城里。（上三铺俱县西。） 后里铺在县西北东平里。 东峰铺[19] 池坑铺[20]（上二铺在感化上里。） 魏屯铺胡屯铺[21]　黄岭铺　暖溪铺(上四铺在政和南里。已上六铺俱景泰六年新置寿宁县增设。)

寿宁县在镇武山之南,蟾溪之北。景泰四年[22],按察佥事沈讷相地立县,邑民叶伯铭以其田十又九亩入焉。知县陈醇创建,而主簿史立正赞襄之力居多。天顺四年,知县王肃始增建官僚廨宇并土地祠。　渔溪巡检司在县东官台山,旧在渔溪,属福安县,景泰四年[23],奏请迁建今所,仍旧名。　阴阳学在县治南街。天顺四年建。　医学在县治南。　僧会司在县坊隅三峰寺。景泰四年设。　府公馆在县治南。成化六年府通判李明建。　公馆三所渔溪公馆在县东福安里一都;鼋潭公馆在县南福安里四都;南溪公馆在县西南政和里八部。　际留仓在县治南街。景泰七年建。　教场在县治东。　旌善亭　申明亭(上二亭在县治南街,俱景泰七年建。)　县前铺在县治南。叶洋铺在县治西南。(上二铺俱在坊隅。)　芹洋铺　尤溪铺(上二铺在十都。)　平溪铺　南溪铺(上二铺在八都。以上四铺俱县西南[24]。)

武职公署

建宁左卫指挥使司在府城中和坊行都司之东,元魏参政故第也。国朝洪武八年,指挥佥事包懋建。　经历司在正堂之东。成化十四年,指挥黄文重修。　镇抚厅在本卫之左[25],宋添差于官厅也。国朝洪武八年,镇抚毛荣建。正厅之西为监房。监房之后为卷库。　左千户所洪武八年,千户盛成建。左右两廊列十百户所。　右千户所千户宋成建。　中千户所千户章满建。　前千户所千户方文建。　后千户所即宋司理院也,千户朱钦建。(上四所亦各有十百户所,创建年岁俱与左千户所同。已上五所俱在中和坊。）　**仓三所**俱在府城中。储积建安等县粮米，以备本卫官军俸粮。一所在宣化坊，洪武八年署卫镇抚事所镇抚毛荣建，廒六，为间凡二十有七；一所在中和坊府学之后，永乐三年卫委百户黄良等相继创建，廒五，为间凡二十又四；一所在黄华山亲贤坊，永乐三年卫委百户陈贞等相继创建，廒十二，为间凡二十又三。　**军器局**在中和坊朱文公祠之西。洪武八年建。　**屯田二十一所**共田地四百六顷七十三亩[26]四分八厘，计旗军一千三百五十五名。浦城县一所，在县南清湖里；福州府古田县一十八所，在一等都宝石等处。福宁州宁德县二所：一所在县南二都飞鸾渡，一所在县西一都白鹤岭。

建宁右卫指挥使司在府城中平理坊行都司之右。宋为观察推官厅，元录事司故址也。国朝洪武八年，指挥朱懋改建。

经历司在正堂之左。　**镇抚厅**在中和坊之右。洪武八年，镇抚张义建。左为监房，后为卷库。　**左千户所**千户杨亨建。厅之右为所镇抚厅。　**右千户所**千户徐瑞建。　**前千户所**千户孙宁建。　**后千户所**千户陶廷建。（上二所俱宋左司理院址也。已上四所俱在平理坊。）　**中千户所**在中和坊，千户常俊建。（已上五所俱洪武八年建，亦各有十百户所。）　**仓二所**俱在府城中，储积瓯宁等县粮米，以备本卫官军俸粮。一所在宣化坊，洪武十九年镇抚张翔建，为廒凡三十又六；一所在德胜坊，永乐三年，卫镇抚王贞等相继创建，为廒凡四十又二。　**军器局**在平理坊，宋之都监仓也。元改为军器库，国朝洪武八年改为局。

演武场在府城威武门外万安洲。洪武十三年，都指挥使施春建。永乐十四年圮于水。十六年都指挥佥事徐信重建。　**屯田七所**共田地四百二十顷五十亩[27]五分三厘，计旗军一千四百一十二名。浦城县一所，在县西新兴里。福州府罗源县六所：一所在招贤里一册东洋；一所在招贤里二册西洋；（上二屯俱县东。）一所在罗平里洪洋;一所在善化里一册梨洋;(上二屯俱县西。)一所在新丰上里西洋;一所在林洋里水沟。(上二屯俱县西北。) **浦城千户所**在县西天长坊前街瑞龙庵后园地也。成化十年,巡抚副都御史滕昭奏设。十二年参政刘观、佥事高崧命府推官戴春创建。仪门之左右,列十百户所。 **镇抚厅**在千户所东后街。成化十八年,府推官李时新、知县许澄建。 **军器库**在镇抚厅之右。成化十八年,府推官李时新、知县许澄建。 **教场**在县南南隅[28]。成化十三年建。中为演武亭。

泉州府

上司公署

察院在府治西城隍庙之左。成化十二年,知府徐源创建。外门东西各置公馆,为府卫官属候谒之所。十八年,知府陈勉复割东公馆之地,增创后堂三间。

布政分司在府治西北,旧东仓库址[29]也。先建于府治东南集贤坊内,成化十二年,知府徐源改建于此。同安县一所,在县治东[30],正统九年,知县张节重修。成化十一年,副使刘瑊命知县张逊重新修葺。安溪县一所,在县治东,城隍庙左。正统五年,知县邵公阳建,天顺间圮。惠安县一所,在县治左宾贤坊之右。正统六年,知县闭禛以税课局旧址改建。成化十八年,知县张桓重修。

福宁道[31]在察院东,宋观察推官厅也。元初改为提刑按察司。至元二十八年,改为肃政廉访司。至正十年,监部偰玉立修建一新。国朝洪武八年,改为按察分司。二十四年改为漳泉道。二十九年改今名。同安县一所,在县治东。正统九年,知县张节重修。成化十一年,副使刘瑊命知县张逊重新修葺。德化县一所，在县治东。洪武九年，知县王禛建。景泰五年，知县李青重修，今圮。永春县一所，在县治东。洪武九年设，十三年主簿雷贤重建。正统十四年毁于寇，知县车振重建。成化十八年，为洪水所坏，知县方敏重建。安溪县一所，在县治东城隍庙右。正统五年，知县邵公阳建。成化二十一年知县方汝荣重建。惠安县一所，在县治左。洪武八年，知县安景贤创建。正统十一年，知县闭禛[32]增建寝堂，复于外门左右立肃政、激扬二坊。

文职公署

泉州府在行春门内。洪武二年，知府常性等以县学及风云雷雨坛、州东仓等故址改建。正堂左右为六房，并仪仗库、缮工局，后堂左右为架阁库、丰衍库。永乐十七年，正堂及右廊、仪门火。宣德六年，推官董敬重建正堂。正统十一年，知府熊尚初重建右廊及仪门。天顺三年，知府张岜于仪门外左右建公馆二所。

经历司在府堂之右。　**照磨所**在府堂之左，旧为推官厅。

司狱司在府治内西偏。旧在谯楼内东北，成化十八年，知府陈勉移建今所。　**税课司**在府治南镇雅坊外街之左，即宋都税务也。熙宁八年创建。国朝洪武六年改今名。正统十三年，知府熊尚初重修。　**广平仓**在府治东北，旧泉州卫军仓也。中建厅堂，东西为廒二十又八，厅后又为大廒[33]。正统六年更今名。

织染局在府治西忠厚坊内。正统三年，知县尹宏奉例以宋南外宗正衙故址创置。景泰五年，大使李敬增建后厅及仪门。　**阴阳学**在府治南崇阳门内左巷。旧在府西北灵感坊内，成化二年，知府李宗学移建今所。　**医学**在府治西南崇阳门内。旧有惠民药局，在郡谯门内西偏，洪武十八年改为医学，寻移建今所。正统三年，知府尹宏重修。　**僧纲司**在府治东承天寺。元时为僧录司。　**道纪司**在府治南玄妙观。元时为道录司。　**晋安驿**在府治西肃清门内，即宋之贡院也。元改为清源站。国朝洪武九年，知府张灏即其故址建晋安驿。其东为递运所，驿兼领之。正统十一年，按察佥事陈祚规措重修。　**公馆**在府治东南集贤坊内。正统十三年，知府尹宏建为布政分司，成化十二年改为公馆。

织染所在府治东南南俊坊内。宣德三年，内使阮礼督造至郡，令有司买民地创建，以为织染之所。内有清玉泉井，其水染深青为天下最。旧有二碑记其事。　**旌善亭**　**申明亭**（上二亭在府治外门之左右。俱正统元年知府蔡锡重建。成化十五年，知府沈海重修。）

晋江县在府治西四十余步。旧在州之子城东南，宋太平兴国七年，司谏[34]钱熙移建今所。绍兴五年，知县方丞增建。元延祐二年，主簿孟天祐重修。国朝洪武初，知县韩居[35]复修正厅之东为典史厅，后堂之后为县库并架阁库，仪门之右为县狱。成化六年，知县蒋璿重修　**围头巡检司**在府城南十四、五都[36]。宋时为宝盖寨，后废。国朝徙永春县陈岩巡检司置于此，遂更今名。

乌浔巡检司在十六都。旧在安溪县大西坑，徙置于此。

洋芝[37]**巡检司**在二十一都。旧在石湖，徙置于此。　**深沪巡检司**在十六都。旧在港边，徙置于此。（上三巡检司俱府城东。以上四巡检司俱洪武二十年创建。）　**税课局**在府城南门外新桥头。旧为晋江务，洪武六年改今名，知府张灏建。正统元年省，十二年复设。　**福全仓**在十五都福全千户所城内。洪武二十年立为福全所军仓，正统六年改隶晋江县。　**河泊所**在三十五都法石市，洪武十四年建。　**旌善亭**　**申明亭**（上二亭旧在县治外门东西。成化十六年知县吴云移置仪门内左右。）　**总铺**在府治前之东。旧为东门铺，在仁风门外。洪武二年，移置今所。

古楼铺在三十七都。　**洛阳铺**在三十八都。（上二铺俱府城东。）　**双路铺**在三十五都。　**石龟铺**在三十一都。　**泗行铺在四都。　潘迳铺在六都。（上四铺俱在府城西南。）　宝月铺在二十九都。　新亭铺在二十五都。　白塔铺在十九都。　秀山铺在二十都永宁城外。　山前铺在十七、八都。　苏村铺在十六都。　福全铺在十五都福全城外。　西湖铺在十一都。　白山铺在十都。　安平铺在八都。（上十铺俱府城东南。）

都转运盐分司在府治西肃清门外。宋为兵马都监厅，后改为行衙，又改为添差通判厅。元延祐七年，改为运盐分司，国朝仍之，今渐颓圮。　浔美场盐课司在府城东南十七、八都。元至元十六年置管勾司，至大二年改为司令司。国朝洪武元年改为浔美场，二十五年置盐课司，所辖仓埕共二十所。　南崇仓　前索东仓　安下仓　前索西仓　埕前仓　青石仓[38]　迳山下满仓[39]　壁兜仓　溪浦仓　崟头仓　大南仓　大北仓（上十二仓俱在府城东南十七、八都。）　西崟仓　西銮沙美仓　沙美仓　阜通仓　阜通东仓　东埕仓　南埕仓　北埕仓（上八仓俱在府城东南二十都。）　浯州场盐课司在府城东南十一都，建置更改年代俱与浔美场同。所辖仓埕共十四所。　东埕二仓　西旧埕仓　西新上埕仓　西新下埕仓　西新埕二仓（上七仓俱在府城东南十一都。）　新市上埕仓　新市下埕仓　蔡埭北仓　围头后埭仓　蔡埭南仓　围头北仓围头南仓[40]（上七仓俱在府城东南十四都。）

南安县在黄龙溪之北半里许。晋太康初建。宋大中祥符间重建。绍兴及元至正间两毁于兵。国朝洪武八年，知县王罕修。永乐九年，知县余庆修葺正厅之右为幕厅，仪门之西为县狱，外门为谯楼。成化一十八年，知县陈廷忠增建吏舍。　澳头巡检司在县西十一都，正统间设。　阴阳学在县治西阛阓坊外[41]。　医学在县治西甘棠坊内。(上二学元时俱附三皇庙中。国朝洪武十八年,迁建今所。)　康店驿在县南三十六都。旧为大荣驿[42],宋嘉定十四年,县令宋钧重建,改今名。国朝洪武三十年,驿丞戴景宗重修。　僧会司在县西延福寺。　公馆二所一在县仪门右,天顺二年知县邹琏建;一在县仪门左,成化八年知县张铎建。　旌善亭　申明亭(上二亭在县仪门外之左右,旧在武荣坊左右,成化十七年,知县陈廷忠改建今所。)

武荣铺在县前谯楼内。　黄坂铺在九、十都。　大姑铺　澳头铺(上二铺在十一都。)　塔口铺在十二都。　汰口铺在十六都。　涧程铺　郑山铺(上二铺在十九都。)　锦亭铺在二十一都。(已上八铺俱县西北。)　后田铺在二十一都。　大师铺在二十四都。　大禹铺在二十五都。　珠渊铺在二十六都。　溪口铺在二十二都。(上五铺俱县西。)　大盈铺在三十六都。　康店铺在四十都。　东岭铺在四十一都。(上三铺俱县南。)　石井铺在县西南四十三都。

同安县在大轮山之南[43]。五代唐天成四年创建。宋大中祥符间县令宋若水、元至元间县尹苏进俱尝修建。国朝宣德十年知县张琦、成化九年知县张逊相继修葺。正厅之左为幕厅,右为际留仓。穿堂之左为预备仓,右为库房。穿堂之后为清心堂。清心堂之后为高士轩。朱文公有记。仪门左为土地祠,右为县狱。

高浦巡检司　塔头巡检司(上二巡检司在县南二十二都。)

田浦巡检司　陈坑巡检司　峰上巡检司(上三巡检司在十八都。)　官澳巡检司在十七都。　烈屿巡检司在二十都。(已上七巡检司俱在县东南。洪武二十年创建。)　苎溪巡检司在县西十三都。正统元年设。　金门仓在县东南十九都金门千户所城中。　嘉禾仓在县南二十三都中左千户所城中。

高浦仓在县西南十四都高浦千户所城中。(上三仓俱洪武二十年创建。)　**阴阳学**在县治南擢贤坊内。　**医学**在县治东城隍庙之右。旧在登龙坊之左,成化十九年,知县张伋徙建今所。　**大轮驿**在县治西。宋时为大同驿,在朝天门外,元时移今所,更名同安。国朝洪武九年改今名,知县吴铭重建。　**深青驿**在县西南十五都。宋时为鱼孚驿,在安民铺之侧,元时移建今所。国朝洪武十四年,知县方子张修,景泰元年,主簿蔡璘重修。　**河泊所**在县南三都浦头村。洪武十六年设。　**旌善亭**在县谯楼之左。旧在厚德门外。　**申明亭**在县谯楼之右。旧在县南。(上二亭,俱成化十年知县张逊买民地于此迁建。)　**洪塘铺**在五都。　**沈井铺**在六都。　**店头铺**在十一都。　**小盈铺**在十都。(上四铺俱县东。)　**乌泥铺**在一、二都。　**新塘铺**在九、十都。　**苎溪铺**　**安民铺**(上二铺在十三都。)　**鱼孚铺**在十五都。　**深青铺**在十六都。　**仙店铺**在十九都。　**草市铺**在十五都。　**北门铺**在十四都。(上九铺俱县西。)　**五通铺**在二十二都。　**永丰铺**　**中左东门铺**(上二铺在二十三都。已上三铺俱县南。)　**官澳铺**在十七都。　**平林铺**在十八都。　**金门北门铺**在十八都。(上三铺俱县东南。已上一十九铺俱成化十九年知县张伋重建。)　**浯洲场盐课司**在县东南十七都。建置更改年代俱与浔美场同。所辖仓埕共一十四所。

永安仓　**官澳仓**　**田墩仓**　**沙美仓**　**浦头仓**　**李保仓**[44]　**南埕仓**　**古宁仓**　**宝林仓**　**东沙仓**　**方山仓**　**斗门仓**　**烈屿仓**　**南北二仓**

德化县在丁溪之北。五代唐长兴四年,以旧善业寺址创建。越八十年,宋县令陈居方重建。绍兴十三年,县令吴崇年凿山以开拓之。自淳熙至于元至治,凡一百四十六年,一厄于火,二毁于寇，修建不一。国朝正统十三年，复毁于寇。明年，典史王志安重建。厅之左为幕厅，右为际留仓、仪仗库，仪门两旁为县库。景泰五年，署县事安仁、巡检李海倡民乐助，重建二门及六房，渐复旧观。　**高镇巡检司**在县北东西团。　**安仁巡检司**在县西黄认团。（上二巡检司俱正统间典史李昌奏请创设。）　**阴阳学**　**医学**（上二学俱在县治西，今圮。）　**僧会司**在县治东南程田寺。　**道会司**在县西南永丰里崇道宫。　**旌善亭**　**申明亭**（上二亭在县治谯楼外左右，俱洪武八年建，后圮于水。成化十九年，府知事狄钟重建。）　**县前铺**在县治前之东。　**茭洋铺**在县东南灵化里。

永春县在康山之南。五代晋天福间始建。宋开宝初迨元至正末，县令林滂、姜明、安答儿等修建者八。国朝洪武四年，知县蔡暹重建。正厅之左为幕厅，右为库房、谯楼，门之左为际留仓，右为县狱。永乐十五年，知县温琇重修。正统十四年毁。景泰五年，典史陈受重建谯楼、仪门。天顺二年，知县张铭复建正厅、后堂[45]。成化十八年，后堂并六房俱圮于水，知县方敏重修。**阴阳学**　**医学**（上二学俱在县治南。旧皆附于县东三皇庙内，洪武十八年，始移建今所。）　**僧会司**在县东十五都太平寺。**旌善亭**洪武十六年，主簿张文升建。　**申明亭**洪武八年，县丞崔岩建。（上二亭在县治前之左右，俱成化十八年重修。）　**县前铺**旧名官田铺，在县仪门外之东。　**长安铺**旧名小姑铺，在县东南十三都。　**剧头铺**在县西二十都。

安溪县在凤山之下。五代周显德二年，南唐建为清溪县。宋宣和三年改名安溪。绍兴、淳祐及元至元间，县令韦能惠、黄坚瘦[46]、赵珄夫、何克名[47]相继修建。国朝洪武、正统间，知县侯士举、潘靖复相继修建。正统十四年[48]毁于寇，惟仪门独存。景泰间，上官巡检李森捐资建正厅。天顺间，知县杨纪复建后堂谯楼，并修葺六房。天顺七年，典史谢日新始建幕厅并幕廨。　**源口渡巡检司**在县西龙兴里。旧尝裁省，正统五年，知县邵公阳奏请复设，巡检马郁创建。　**医学**在县治西[49]，即旧为惠民药局也。今圮。　**僧会司**在县西[50]清水寺。　**道会司**在县南龙津观左。成化十九年，道士刘时静重修。　**丁溪书院**在县学前溪上。景泰五年，知县李青建，以为往来缙绅憩寓之所。　**旌善亭**　**申明亭**（上二亭在县门左右，俱正统三年建。）

惠安县在螺山之阳，宋太平兴国六年建。县门外东西为丞、簿、尉厅。元后至元二年毁于兵。至正五年重建正厅。国朝洪武四年，知县时汝楫辟正厅之东建幕厅，西为库房，东南为县狱，仪门之前为谯楼。宣德、正统间，知县高显、闭珍[51]相继修建后堂及廨舍。成化十九年，知县张桓重建一新。　**峰尾巡检司**在县北八都。旧在十都沙格，徙置于此。成化十八年，巡检刘森重修。　**獭窟巡检司**在县南二十五都[52]。旧在南安县芦溪[53]，徙置于此。成化十八年，巡检俞琮重修。　**黄崎巡检司**在县东南三十二都。旧在德化县清泰里，徙置于此。成化十九年，巡检孙约重修。　**小岞巡检司**在县东三十都。旧在小兜，徙置于此。成化十八年，巡检孙约重修。（上四巡检司俱洪武二十年创建。）　**崇武仓**在崇武千户所城中之西北。洪武二十三年建，廒八，为间凡二十又七。永乐二年，千户钱忠增建。　**阴阳学**在县治南。　**医学**在县治北文明坊之右，即旧惠民药局也。　**锦田驿**在县治西南一里许。旧为皇华驿，在县东郭，宋太平兴国中创。元元贞间迁今所，更名龙山驿，又置龙山站，国朝洪武八年更今名。其西为递运所，驿兼领之。　**河泊所**在县东北三十四都辋川澳，洪武十六年设，后圮。今寓海潮庵视事。　**僧会司**在县治东北乾峰寺内。　**道会司**在县治东北东岳宫之东。 **旌善亭**在县治北登龙坊内。洪武十六年建。 **申明亭**在县治南名贤坊内。洪武八年建。(上二亭俱正统六年知县闭祯重建。) **惠安铺**在县治北忠厚坊。旧名牛场铺,洪武四年移建于此,更今名。 **居仁铺** **驿坂铺**(上二铺在三、四都。) **涂岭铺** **白水铺**(上二铺在十二、三都。已上四铺俱县北。) **盘龙铺**在一都。 **前埔铺**在二十都。(已上二铺俱县南。) **上田铺**在县西南二十都。 **黄田铺**在二十五都。 **青山铺**在二十六都。 **崇武铺**在二十七都崇武千户所城中。(已上三铺俱县东南。) **惠安场盐课司**在县东南二十二都,建置更改年代俱与浔美场同。所辖仓埕共八所。 **广运仓** **西湖仓** **林内仓**(上三仓在二十二都。) **前坂仓**在二十二都。 **板西仓** **上仓**(上二仓在二十五都。) **下仓** **下坂仓**(上二仓在二十六都。)

武职公署

泉州卫指挥使司在府治西镇雅坊之北,即宋州治也。元改为泉州路总管府。国朝洪武元年改为卫署。三年,指挥同知李山重建,正堂之东为架阁库,谯楼之东为钟楼。宣德十年,指挥使王浚修。天顺三年,指挥使王振、指挥佥事赵立复相继修建。

经历司在卫堂之东,架阁库之后。洪武三年,指挥同知李山建。成化十五年,指挥佥事丁远重建。十七年,指挥使王炫复建经历廨舍于卫仪门外之东。 **镇抚厅**在卫仪门外西南,即宋通判厅也。洪武六年改为镇抚厅。镇抚曹义重修,岁久而圮。成化十八年,指挥王炫督镇抚徐祝重建,未克就。 **左千户所**在卫仪门外东南,宋佥书判官厅故址也。国朝洪武九年,千户周勋创建。东西两廊列十百户所。成化十八年,副千户何祯购工修葺。

右千户所在左千户所之东，亦宋佥书判官厅故址也。景泰二年，千户方清重修。成化十二年，重建仪门。　**中千户所**在镇抚厅之东。正统十二年，正千户武成重建正厅。成化十二年，副千户李景寿重建仪门。十八年，正千户宋安重修正厅及两廊。

前千户所在右千户所之东，宋市舶司库故址也。景泰元年，正千户秦杰重建正厅及后堂。成化十二年，副千户章钦重修两廊。十八年，正千户秦升重建两翼及仪门。　**后千户所**在前千户所之东，宋司法参军厅故址也。宣德十年副千户赵立、景泰五年正千户翟纪相继修葺。成化十九年，千户江宏同百户汤泉重建东廊，工未克就。　**收料库**在卫西廊。成化十三年，巡按监察御史戴用命指挥童源创设，以贮出海休息并军器等料银。　**军器局**在卫署之东，宋南天王堂故址也。元时为军器库，后废。国朝洪武初，即其址建军器局。正统二年，指挥使王浚修建。　**教场**在府城南门外天妃宫东北，中为演武亭。洪武三年，指挥同知李山创建。宣德十年，指挥王璿重修，并建五所官厅于亭之东西。十六年，指挥同知陶琨重修。十七年，指挥使王炫复增建后厅并东西南北四隘门。　**营五处**俱洪武初创建，后每所各拨六百户半军士屯种，旧营遂多颓圮。左千户所营六百三十间，在通淮门左右，沿城边建置，今仅存三百一十间。右千户所营七百一十间，在东门内左右，沿城边建置，今仅存二百二十间。中千户所营七百一十二间，在南门及水仙门左右，沿城边建置，今仅存三百三十间。前千户所营六百九十间，在西门及临漳门左右，沿城边建置，今仅存三百一十间。后千户所营七百七间[54]，在北门左右，沿城边建置，今仅存三百一十间。　**寨二处**俱在惠安县北十二都白水寨。其地甚峻险。元季扰攘，乡人因垒石为寨以自固。国朝正统十三年，邻境盗起，知县闭祯重修，建门楼其上，晨昏启闭，召兵守之，邑人因呼寨岭。东坑寨，其地亦险固，元季兵乱，邑人多避难于此，因为寨以自卫。 **屯田新旧共四十二所**左所屯新旧九所，共田地二百一顷三十八亩六分，计旗军七百二十八名。晋江县三所：一在四十一都，一在四十二都官洋，一在四十五、六都微口（俱县北）。南安县一所，在县西北十七都芦溪。同安县一所，在县西安仁里地倍。德化县三所：一在县西归化里窑头山，一在小尤中团，一在黄认团（俱县西南）。惠安县一所，在县西十五、六、七都大中。右所屯新旧七所，俱在德化县，共田地二百一顷三十八亩六分，计旗军七百二十八名。一在东山，一在窑头，一在宋祠，一在董坂，一在茭洋（俱坊隅），一在杨梅中团割坑，一在东西团法林寺前（俱县东北）。中所屯新旧九所，共田地二百一顷三十五亩六分一厘，计旗军七百二十八名。德化县七所：一在泊竹，一在小溪，一在什二岸（俱坊隅），二所在县西新化里上洋，一在杨梅上团，一在清泰里东漈（俱县东北）。漳州府南靖县二所：一在县东南田义里北坑，一在县西北习贤里铜山院。前所屯新旧八所，共田地二百一顷七分七厘，计旗军七百二十八名。德化县五所：一在大地，一在黄西坑（俱县坊隅），三所在清泰里高际焦溪湖边[55]（俱县东北）。漳州府龙溪县二所：一所在马岭，一所在龙山。漳浦县一所，在县南八都南洋。后所屯新旧九所，共田二百一顷二十四亩五厘，计旗军七百二十八名。德化县七所：一在石礫，一在程田（俱坊隅），一在县东北清泰里郑地，一在东坑，一在湖岭，一在吉岭，一在石坑（俱县西新化里）。漳州府长泰县二所：一在苏坂，一在杨山（俱县西北仁和里）。

永宁卫指挥使司在晋江县东南二十都。宋为水澳寨，元改为永宁寨。国朝洪武二十年，江夏侯周德兴改创为永宁卫。架阁库在仪门内之东，军器库在仪门内之西，鼓楼、钟楼俱在卫之左。 **经历司**在卫堂之左。 **镇抚厅**在卫北门内之右，监房在西廊之后。 **左千户所**在卫西谯楼之左，东西两廊列十百户所。宣德五年火。景泰四年，正千户张俊重建。工未克就。天顺八年，复坏于风雨。　**右千户所**在卫西门内之右，景泰间圮，惟仪门仅存。　**中千户所**在卫东南小东门内。　**前千户所**在卫南门之右。（上二千户所皆圮。）　**后千户所**在卫西谯门之右，亦景泰间圮，惟仪门仅存。　**公馆**在卫城西门内。正统十二年指挥同知钱辂创建。以为上司及使客馆寓之所。　**收料库**在卫西廊。成化十三年，巡按监察御史戴用令指挥使杨晟创设。

军器局在卫城中城隍庙左，岁久圮坏。成化间，指挥使杨晟移于卫之西廊。　**教场**在卫城西门外坡上。旧在大东门之东，永乐四年，指挥佥事沈瑾移置今所，中为演武亭。成化十七年，指挥杨晟增建左右翼房，绕以周垣。　**营五处**俱洪武二十年创建，后多颓圮。左千户所营八百五十间，在海宁门东街，今仅存四百七十八间。右千户所营八百四十间，在永青门[56]西直街，今仅存四百三十间。中千户所营八百四十九间，在东瀛门东南街，今仅存五百一十三间。前千户所营八百四十间，在金鳌门南街，今仅存四百八十九间。后千户所营房八百四十九间，在玉泉门北街，今仅存五百二十六间。　**垾寨一十五处**洪武间创建本卫，拨军士守瞭，以备要害。俱在晋江县东南。吴山寨、中寨、坑尾寨、沙堤寨、新寨、尾寨、古云寨、沙浦寨、仓后寨、东店寨（上十寨在二十都）、龙婆寨、湖边寨、东浦寨、深芦寨、龙尾寨（上五寨在二十一都）。　**屯田新旧共一十四所**左所屯二所，在安溪县，共田地三十三顷六十亩，计旗军一百一十二名。一在县西光德等里，一在县西南永安等里。右所屯四所，共田地六十七顷二十亩，计旗军二百二十四名。晋江县一所，在县西南一、二都磁灶。南安县一所，在县西三十都八尺。安溪县二所：一在县西新溪等里，一在县东北来苏等里。中所屯二所，共田地三十二顷六十亩，计旗军一百一十二名。同安县一所，在县东一、二、三都丰塘等处。安溪县一所，在县西北新溪等里。前所屯二所，俱在安溪县东北崇善等里，共田地三十三顷六十亩，计旗军一百一十二名。后所屯四所，俱在安溪县西北，共田地六十七顷二十亩，计旗军二百二十四名。二所在崇信等里，二所在龙涓里三洋南斗。 **烽燧二处**俱在晋江县南二十都龙坡、古云。

福全千户所在晋江县东南十五都。洪武二十年，江夏侯周德兴创建。两廊列十百户所。成化五年，正千户蒋辅重建。 **教场**在所城东门内北偏。 **营八百五十三间**在本所城中，今仅存五百八十一间。 **埠寨一处**在晋江县南十都潘径。洪武二十一年创建。 **屯田新旧二所**共田地六十七顷二十亩，计旗军二百二十四名。南安县一所，在县北九、十都东埔。惠安县一所，在县北二、三等都涂岭等处。 **烽燧十处**俱在晋江县。安平（在县西八都）、坑山（在十六都）、东门外、洋下（上二处在十五都），陈坑（在十一都）、石悃[57]、潘径、隘埔[58]、石头、萧下（上五处在十都。已上九处俱县南）。 **金门千户所**在同安县东南十九都。洪武二十年，江夏侯周德兴创建。两廊列十百户所。 **教场**在所城北门外。 **营八百六十间**在本所城中，今仅存五百六十五间。 **埠寨八处**俱在同安县。洪武二十一年创建。刘五店寨[59]、澳头寨（上二寨在十七、八都）、牛岭寨、秽林寨（上二寨在三、四都）、瓯山寨（在五都。已上五寨俱县东）、洪山寨（在七、八都）、西山寨（在一、二都）、天宝寨（在九、十都。上三寨俱县西）。 **屯田一所**在漳州府龙溪县南二十一等都，共田三十五顷三十亩，计旗军一百三十名。 **烽燧六处**南安县四处：石井（在四十三都）、溪东（在四十五都）、街内、下吴（上二处在四十六都。已上四处俱县西南）。同安县二处：白石头（在县南十都）、叶了（在县东南十九都）。 **高浦千户所**在同安县西南十四都。洪武二十三年徙永宁卫中右千户所创建，更今名。两廊列十百户所。 **教场**在所城北门外。 **营一千二十五间**在本所城中，今仅存八百八十五间。　**埕寨三处**俱在同安县西十五、六都。洪武二十三年创建高浦寨[60]、大员堂寨、马銮寨。　**屯田新旧二所**共田地六十六顷二十二亩，计旗军二百二十四名。南安县一所，在县东南三十二都三峰等处；同安县一所，在县西一、二、三等都萧田等处。　**烽燧五处**俱在同安县。下崎（在三都）、东关浔、亭泥（上二处在四、五都。已上三处俱县北）、刘山、西卢（上二处俱在县南十一都）。　**中左千户所**在同安县西南二十三都。洪武二十七年，都指挥谢柱徙建宁卫中左千户所创建。两廊列十百户所。　**教场**在所城南门外。　**营九百八十七间**在本所城中，今仅有七百一十四间。　**埕寨二处**俱在同安县西南二十二等都。洪武二十七年创建东澳寨、伍通寨。　**烽燧八处**俱在同安县西南。厦门、高浦[61]、径山（上三处在二十二都）、东渡、下尾、流礁（上三处在二十三都）、井上、龙渊（上二处在二十四都）。

崇武千户所在惠安县东二十七都。洪武二十年，江夏侯周德兴以小兜巡检司旧址创建。两廊列十百户所。　**教场**在所城东门外。　**营九百八十七间**在本所城中，今仅存七百一十七间。　**埕寨一处**在惠安县东南二十六都青山。洪武二十一年创建。　**屯田新旧二所**共田地七十二顷，计旗军二百四十四名。晋江县一所，在县北四十一都下庄；惠安县一所，在县西北十五都大中。　**烽燧二十二处**俱在惠安县。海头（在六都）、下头（在七都）、后黄、峰尾（上二处在八都）、大山、高山（上二处在九都）、萧山（在十都）、炉头、下朱（上二处在十一都）、后任（在三十四都。上十处俱县东北）、白沙（在县西南十九都）、白崎（在二十三都）、柯山（在二十四都）、獭窟（在二十五都）、大岞、古雷（上二处在二十七都）、赤山（在二十八都）、程埭、小岞（上二处在三十都）、尖山（在三十一都）、青山、马头（上二处在三十二都。已上一十一处俱县东南）。　**浯屿水寨**在府城西南同安县嘉禾。旧设于浯屿,后迁今所,名中左所。每岁分永宁、漳州二卫军士更番备倭于此。永宁卫官二十六员,旗军二千二百四十二名。漳州卫官一十二员,旗军六百五十六名。

校 注

[1] 嘉靖《建宁府志·公署》作"大使王员移建县西"。

[2] 嘉靖《建宁府志·公署》作"知县张津重建"。

[3] 嘉靖《建宁府志·公署》作"移建今所"。

[4] 嘉靖《建宁府志·公署》作"宣德八年"。

[5] 嘉靖《建宁府志·公署》及康熙《建宁府志·公署》均作"长滩铺"。

[6] 康熙《建宁府志》作"渡口铺"。

[7] 嘉靖《建宁府志·公署》及康熙《建宁府志·公署》尚有白塔、油源两铺,本志未录。

[8] 嘉靖《建宁府志·公署》及康熙《建宁府志·公署》均作"宋开宝八年始迁东关里"。

[9] 康熙《建宁府志·公署》作"在县治后"。

[10] 嘉靖《建宁府志·公署》作"寨头铺"。

[11] 嘉靖《建宁府志·公署》尚载有石桥、长演、花桥、刘屯、官路下五铺。

[12] 嘉靖《建宁府志·公署》作"西营头"。

[13] 嘉靖《建宁府志·公署》及康熙《建宁府志·公署》均作"兴田水驿",并云"洪武八年重建"。

[14] 嘉靖《建宁府志·公署》作"安处若"。

[15] 嘉靖《建宁府志·公署》作"允浆铺"。

[16] 康熙《建宁府志》作"新阳铺"。

[17] 康熙《建宁府志》作"界碑铺"。

[18] 嘉靖《建宁府志·公署》及康熙《建宁府志·公署》均作"天王寺"。

[19] 嘉靖《建宁府志·公署》作"九峰铺"。

［20］嘉靖《建宁府志·公署》及康熙《建宁府志·公署》均作“地坑铺”。

［21］嘉靖《建宁府志·公署》及康熙《建宁府志·公署》均有“新坑铺”，无“胡屯铺”。

［22］嘉靖《建宁府志·公署》康熙《建宁府志·公署》均作“景泰六年”。

［23］嘉靖《建宁府志·公署》作“景泰六年”。

［24］嘉靖《建宁府志·公署》尚有青竹岭、竹管龙、武曲三铺；康熙《建宁府志·公署》尚有大洋、青竹岭、三澄、龟潭、武曲五铺。

［25］嘉靖《建宁府志·公署》作“在本卫之右”，并称系“毛营改重新建立”。

［26］嘉靖《建宁府志·公署》作“四百七十二顷四十九亩四”。

［27］嘉靖《建宁府志·公署》作“五百二十一顷一百四亩”。

［28］此疑有误，府县各志无可考。

［29］万历《泉州府志·规制上》作“旧为西仓库址”。

［30］万历《泉州府志·规制上》作“同安县布政司在县西”。

［31］万历《泉州府志·规制上》及乾隆《泉州府志·公署》均作“兴泉道”。

［32］乾隆《泉州府志·公署》作“闭祯”。

［33］万历《泉州府志·规制上》作“厅后三廒”。

［34］乾隆《泉州府志·公署》作“郡守”。

［35］乾隆《泉州府志·公署》作“韩居庸”。

［36］万历《泉州府志·规制上》作“在县东”。

［37］万历《泉州府志·规制上》“洋芝”作“祥芝”。

［38］万历《泉州府志·规制上》及乾隆《泉州府志·公署》均作“清石仓”。

［39］万历《泉州府志》及乾隆《泉州府志》均作“径山下浦仓”。

［40］万历《泉州府志·规制上》及乾隆《泉州府志·公署》均作“围头后村”。

［41］万历《泉州府志》及乾隆《泉州府志》均作“在县治南应魁亭”。

［42］万历《泉州府志·规制上》作“大盈驿”。

［43］万历《泉州府志·规制上》及乾隆《泉州府志·公署》均作“在三秀山南”。

［44］万历《泉州府志·规制上》及乾隆《泉州府志·公署》均作“季保仓”。

［45］万历《泉州府志·规制上》作“景泰四年，知县车政复建正厅、后堂六房”。

［46］乾隆《泉州府志·公署》作“黄坚叟”。

［47］乾隆《泉州府志》作“何克明”。

［48］乾隆《泉州府志·公署》作“十三年”。

［49］乾隆《泉州府志·公署》作“在县治东”。

［50］乾隆《泉州府志·公署》作“在县北”。

［51］乾隆《泉州府志·公署》作“闭祯”。

［52］乾隆《泉州府志·公署》作“二十二都”。

［53］乾隆《泉州府志》作“沪溪”。

［54］万历《泉州府志·武卫上》作“七百七十间”。

［55］万历《泉州府志·版籍下》作“在清泰里高漈蕉溪湖边”。

［56］乾隆《泉州府志·军制》作“水陆门”。

［57］万历《泉州府志·武卫上》作“石菌”。

［58］万历《泉州府志》作“谧埔”。

［59］万历《泉州府志·武卫上》作“欧山寨”。

［60］万历《泉州府志·武卫上》作“下崎寨”。

［61］万历《泉州府志·武卫上》作“欧舍”。

八闽通志卷之四十二

公　　署

郡　县

漳州府

上司公署

布政司分司在府治西北丹霞驿之右，龙华招善寺故址也。旧在府治之西，正统四年，知府甘瑛建。天顺八年，布政司参议尹淳移建今所。漳浦县一所，在县治东北街，旧税课司地也。正统五年创建。成化十八年，参政冯遵命县官增建东西两廊。龙岩县一所，在县治东漳南道之右。成化十一年，知县韦济创建。长泰县一所，在县西街漳南道之右。宣德十年，知县刘奎建。南靖县一所，在县治东。正统十一年，知县傅平、典史周鼎建。成化十年，圮于水。漳平县一所，在县治东。

漳南道在府卫二署之间，元廉访司分司故址也。国朝洪武二年[1]，知府潘琳建为按察司分司。永乐元年改为福宁道。成化七年改今名。漳浦县一所，在县治之左[2]。龙岩县一所，在县治东布政司分司之左。成化十一年，知县韦济重建。长泰县一所，在县西街，布政司分司之左。宣德十年，知县刘奎建。南靖县一所，在县治东后街，即元肃政廉访分司也。国朝正统十一年，知县傅平、典史周鼎重修。漳州县一所，在县治东，布政司分司之前。

文职公署

漳州府在府城南。唐嗣圣三年始建，在漳浦县梁山之下。开元四年徙于李澳川。贞元二年又徙于龙溪，即今治也。元因之。国朝洪武元年，知府潘琳重建。后堂之西为架阁库。仪门之前为广济库。正统八年，知府甘瑛以府之外门偏出，奏改辟之，遂迁广济库于仪门外之左，迁土地祠于仪门外之右，而建外门于当中。又树坊于外门之外，匾曰"德政"，后改曰"帅正"。成化十八年，知府姜谅重建正堂及后堂。十九年，复重建土地祠。 **经历司**在正堂之右。 **照磨所**在正堂之左。（上二署俱洪武元年知府潘琳建。） **司狱司**在府城内万盈西坊街之西。洪武七年，司狱于庸重修。成化七年，知府王文建楼于西监之后。十八年，知府姜谅复建楼于外门。 **税课司**在府治之南、府学之西。旧在府治之西，宋为都商税务，元因之，国朝改为税课司。洪武三年，知府潘琳徙建今所。成化九年，大使余源重修。 **常平仓**在布政司分司之西。旧在府治内之右。洪武十七年，知府徐克敬移建今所。廒一十又二[3]，为间凡一百又一，今仅存廒四，为间凡四十又一。 **镇海仓**在镇海卫城内东畔。洪武二十年始置。正统八年，府通判高辉重建。成化十年，知府张瓒令照磨何济重建仓廒。二十六年，知府姜谅命耆老陈伯清增建仓廒一，并修葺旧廒之敝坏者。 **杂造局**在府治西南，旧布政分司地也。旧在府治西北龙华寺东偏，今布政分司外门之左。天顺八年，参议尹淳移建今所。 **阴阳学**在谯楼下左偏急递铺之西。旧在府治北三皇庙旁，洪武初创建，寻毁。三十三年，知府钱古训铸铜壶置于谯楼之左，学因寓焉。正统三年，阴阳正术郭崇斌请于巡按御史方端，以闲空府廨为之,即今所也。　**医学**在府城南隅司狱司之右,元时为惠民药局。国朝洪武十八年改为医学。景泰间圮,正科蔡奏申请重建。　**僧纲司**在府治西北开元寺内。　**道纪司**在府治西玄妙观内。　**丹霞驿**在府治之西,布政司分司之东。旧在朝天门外,宋淳祐间,郡守章大任建。元至正间徙于府治之东。国朝洪武三年,知府潘琳移建今所。九年改为清漳驿,寻改今名。正统九年,按察司佥事陈祚重修递运所,附于驿右,驿兼领之。

龙溪县在府治之西。按旧志,县治之建,未详其所始。宋淳熙十二年,县令赵不病重修。嘉定四年,县令陈士会复修。绍定四年,县令苏应衡增修。元因之。国朝洪武初,知县杨保诚重修,匾其正堂曰"道爱"。堂之东为幕厅,西为架阁库。仪门内之东为县狱,仪门外之东为土地祠。正统二年,知县顾鸿重建正堂及架阁库。成化五年,知县张宁重建后堂。十五年,县丞吴鹏市民屋增广吏舍,并以旧架阁库址增建公廨。　**濠门巡检司**在县东一、二、三都。洪武初设于本都海仓洋。二十年徙置于此。

柳营江巡检司在县东二十七都柳营江之西。洪武三年,设为柳营江掣制所,隶福建都转运盐使司。十四年,改为柳营江批验盐引所。正统九年,巡按御史张淑奏改为巡检司。　**海门社巡检司**[4]在县南四、五都青浦社,旧在海门山。正统六年,知府甘瑛以其地民悍,时为患海上,奏置巡检司,以控驭之。七年,尽徙其民,散处近地,遂移巡检司于今所。　**芗洲税课局**[5]在县北二十三、四都。元为商税务。国朝洪武初改为税课局。宣德间省。正统十二年复设。成化十年圮于水。　**江东马驿**在县东二十八都。宋为通源驿。元至正二十二年,改今名。国朝洪武七年,知府许荣重建。正统十年,驿丞洪瀚重修。旧有马厩,在驿前街南,岁久将压,成化十五年,县丞吴鹏易民地于驿丞廨舍之右而改建焉。递运所在驿外门楼之左,驿兼领之。　**甘棠驿**在县南

六、七都。元至正二十五年创建。国朝洪武八年，知府许荣重修，正统十四年寇毁。景泰五年，知府谢骞重建。　**申明亭**在府城内南隅文昌坊，洪武三年知府潘琳建。　**旌善亭**在府城内东北隅，洪武十七年知府徐克敬建。（上二亭俱正统七年知府甘瑛重修。）　**府前铺**在府治之西。　**赤岭铺**在二十六都。　**鹤鸣铺**　**马岐铺**（上二铺在二十七都。）　**江东铺**　**石井铺**（上二铺在十八都。）　**板桥铺**[6]　**龙江铺**（上二铺在二十九、三十都。已上七铺俱在府城东。）　**茶铺**在二十六都。　**月岭铺**在二十一都。（已上二铺俱府城西。）　**橼林铺**　**木绵铺**（上二铺在十二、三都。）　**马平铺**在六、七都。（已上三铺俱府城南。）　**莲浦铺**在十二、三都。　**西陵铺**在十一都。　**祖山铺**在九都。　**月溪铺**在八都。　**龙湾铺**在六、七都。　**官楼铺**在四、五都。（已上六铺俱在城东南。）

漳浦县在县城东西两街之中。唐开元四年创建。景龙间，县令李圭缭以周垣，官廨始不与民居混。宋绍兴二十三年，县令陈贯通重建。淳祐八年，县令杨浩然复大而新之。国朝洪武初重建[7]正堂之左为幕厅，右为库房。东廊之南为际留仓，西廊之南为县狱。正统十四年毁于兵。景泰初，知县林瑛重建正堂，成化七年，知县刘璧续建后堂、幕厅、狱舍及际留仓。　**古雷巡检司**在县南九都。洪武二十年，江夏侯周德兴创建。旧属南靖县，正统六年改隶本县。　**洪淡巡检司**在县南五都。元时设于四都沔州，国朝徙置于此。　**后葛巡检司**在县东南九都[8]。　**青山巡检司**在县东十五都。　**井尾巡检司**　**岛尾巡检司**（上二巡检司，在县东北二十三都。）　**金石巡检司**元时设于龙岩县聚贤里。国朝徙置于此。　**东沉赤山巡检司**元时设于南靖县埔平定南寨，徙置于此。（上二巡检司在县南五都。已上七巡检司俱洪武二十年创建。）　**盘陀岭巡检司**在县南八都。正统间，以其地接潮广，山林深邃，草寇出没，奏置巡检司于此，六年始建。

玄钟仓在玄钟千户所前。洪武二十一年，千户毛麟建，廒五，为间凡二十又一。旧名“常积”，隶千户所，后改今名，隶本县。

陆鳌仓在陆鳌千户所之北。洪武二十一年千户耿瑜建，廒五，为间凡二十又一。旧名“常盈”，隶千户所，后改今名，隶本县。

铜山仓在铜山千户所之东。洪武二十一年千户乐金建，廒四，为间凡十又九。旧名“永聚”，隶千户所，后改今名，隶本县。

阴阳学在县治南孝义坊。　**医学**在县治西仙云坊，旧惠民药局也。（上二学俱圮。）　**监漳马驿**在县治西北仙云坊内，宋置，名“仙云驿”。元改名“临漳”。国朝因之。洪武三年，知县张玉文重建[9]。正统十四年，毁于寇。景泰七年，知府谢骞重建。

云霄驿在县南六都，元时置，国朝因之。洪武十一年署驿事，南诏驿，铺丞黑中重建。成化十年圮于水。十三年府同知蒋璩[10]复建。　**南诏驿**在县南三都南诏城内。宋时置于城外之西北，名临水驿。元时因之。国朝洪武元年迁建于此，今改名。

僧会司在县治西兴教寺内。　**申明亭**　**旌善亭**（上二亭在县谯楼门外之左右。旧在县门内，洪武三年，知事张玉文建。二十二年，知县孟美移建今所。）　**县前铺**在县前，旧名“北亭”。

罗山铺　**饭盘铺**[11]　**长林铺**　**三鼓铺**[12]旧名“横章”。

甘棠铺[13]（上五铺俱在县北二十八都。）　**梅林铺**　**无象铺**旧名产山。　**盘陀铺**（上三铺在八都。）　**黄堵铺**旧名“火田”。　**径口铺**[14]　**云霄铺**　**铁塘铺**旧名“白泉”。（上四铺在六都）　**径深铺**[15]　**深田铺**　**大陂铺**　**古林铺**　**半沙铺**（上五铺在四都。）　**洪坑铺**　**双港铺**　**可湖铺**　**土桥铺**（上四铺在三都。）　**云头铺**在六都。　**陈平铺**　**张塘铺**　**铜山铺**　**崎岭铺**（上四铺在五都。）　**玄钟铺**在四都。（以上二十二铺俱县南。）　**升仙铺**在七都。　**西湖铺**在十五都。

梅月铺在十七都。 石鼓铺 鸿江铺 长岭铺(上三铺在二十三都。) 东山铺 峰山铺 青山铺(上三铺在十五都。已上九铺俱县东。)

龙岩县在县城中,布政分司之西。唐乾宁天祐间始置,屡经兵燹。宋绍兴十七年以后,寓廨于僧舍。乾道六年,知县林鼒创建。淳熙三年,知县陈焕增建宣诏、颁春二门。绍定三年毁于寇。五年,知县赵性夫重建。端平元年,又毁于寇。嘉熙二年,知县陈椿寿重建。元后至元三年,县尹魏德润增修。至正十年,监县捏古柏建谯楼。十七年,监县马哈麻复更其方向重建。二十七年,朱键重修谯楼,仍建楼于正堂之后,未就。国朝洪武三年,知县赵荣祖继成之。正堂之左为幕厅,右为架阁库。仪门之前为谯楼,左为土地祠。三十一年正堂圮。永乐五年,知县程鹏即其旧址前建小厅,后建小堂。七年谯楼圮。正统间,知县李昊重建。成化八年以来,知县韦济、陶博相继修葺。 雁石巡检司在县东节惠里。 东西洋巡检司在县东集贤里。 阴阳学 医学(上二学俱未建。) 僧会司在县治东报恩寺。 道会司在县治西东岳行宫。 公馆三所上坪公馆在县西龙门里。成化十七年,知县陶博重建。镇平公馆在县东万安里。大池公馆在县西龙门里。(上二公馆俱成化八年知县韦济重建。) 际留仓在县治之左。成化九年知县韦济创建。 申明亭 旌善亭(上二亭在县门外之左右,俱成化十三年知县韦济重建。) 县前铺在县治前。登途铺 崎濑铺 马坑铺 三井铺 石罗铺 古楼铺 南墩铺 板寮铺(上八铺俱在县南龙门里。已上九铺,俱成化十七年知县陶博重建。) 铁石洋铺在坊。 恼林铺[16] 东山铺 小吉铺(上三铺在节惠里。) 福村铺[17]在万安里。(已上五铺俱县东。) 新岭铺 牛栏隔铺 蒲山铺[18] 溪西铺(上四铺俱在县西龙门里。已上九铺俱成化十一年知县韦济创建。）

长泰县在县城东北。宋绍定三年毁于汀寇[19]。国朝洪武二十年，知县张寿重建。正统元年，知县刘基复建。正堂之左为幕厅，右为架阁库。仪门之左为土地祠，右为县狱。知县廨舍旧在县后山之麓。成化十年，知县刘铎改建于县堂之后。　**朝天岭巡检司**在县东钦化里。正统五年，知县刘奎奏请创建。　**阴阳学**在县门之东。　**医学**在阴阳学之东。　**僧会司**在县治东报亲院。　**道会司**在县治东慈济宫。　**申明亭**宣德十年，知县刘奎重建。　**旌善亭**成化十六年，知县刘铎重建。（上二亭在县门前之左右。）　**武安铺**在南门西偏。旧在南门外，洪武二十年创建。正统十年圮于水。成化十七年，知县刘铎移建今所。

南靖县在双溪之北。元至治间始建于清宁里九团社。后至元三年迁于琯山之阳。至正十六年始迁今所。国朝正统六年，典史周鼎重建。十四年毁于寇，唯鼓楼及各官廨舍尚存。景泰二年，主簿卜应麟重修。成化十五年，知县张本重建一新。正堂之左为幕厅，仪门之前为鼓楼。　**小溪巡检司**在县南清宁里。元时设。国朝洪武二十年，江夏侯周德兴移建于漳浦县古雷山，以备倭寇。正统五年，因小溪草寇窃发，复设于此。　**九龙岭巡检司**在县北居仁里。　**和溪巡检司**在县南永丰里[20]，界南靖、龙岩二县间。　**永丰巡检司**在县南永丰里寒婆[21]径，初名寒婆巡检司。景泰二年改今名。（上三巡检司俱正统五年创设。）

阴阳学在县治东南，旧慈济宫地也。　**医学**在县治东。旧圣侯庙地也。　**平南驿**在县北永丰里金山社。成化六年创设，县丞陈崇建。　**僧会司**在县治西习贤里安福寺。　**道会司**在县治东前街佑圣宫。　**府公馆**在县东第一坊。成化十九年，知县张鹏举以县前铺旧址创建。　**申明亭**在县治北后街。洪武三年，县丞雷祥建。　**旌善亭**在县治东北后街。洪武十七年，知县郭友仁建。(上二亭今废。)　**县前铺**元时设。国朝洪武三十三年,知县杨通重建。成化十年圮于水,今附府公馆。　**南平铺**　**涌口铺**(上二铺在习贤里。)　**汤坑铺**(已上三铺俱正统五年增设。)　**新店铺**　**金山铺**　**和溪铺**(上三铺俱宋时设,隶龙岩县,今隶本县。)　**隐溪铺**　**圆沙铺**[22](上六铺在永丰里。以上八铺俱县北。)

漳平县在九龙溪之北。成化七年,知县陈栗创建。正堂之左为幕厅,后堂两旁为库房,东廊之前为土地祠,西廊之前为县狱,仪门之前为谯楼。十六年,知县李斌迁建吏舍于知县廨舍之后。十九年,典史刘宣迁其廨舍于主簿廨舍之前。　**桃源店巡检司**在县北聚贤里。桃源店旧在龙岩县集贤里通源,元时设名聚贤、和睦等处巡检司。国初因之。洪武四年,巡检党诚迁今所,因改今名。十四年寇毁。十八年,巡检毕举重建。二十年,江夏侯周德兴以其不当要冲,迁于漳浦县五都金石寨。二十五年,知县季仁本以其去县之远,请复设于故处。巡检刘禛即旧址重建。　**溪南巡检司**在县东感化里。　**归化巡检司**在县南永福里。　**府公馆**在县治之左。　**际留仓**在县治之东。成化七年,知县陈栗创建。　**县前铺**在县东五百步许。　**濑洲营铺**　**黄畲铺**在居仁里。　**饭坑铺**　**硿头铺**　**田尾铺**(上三铺在永福里。已上五铺俱县南。)　**南洋铺**在县西居仁里。(已上六铺俱成化七年知县陈栗创建。)

武职公署

漳州卫指挥使司在府治西,元新军万户府也。至元九年,改为宣慰司都元帅府分府。十五年,改为福建等处行中书省分省。十九年,改为福建、江西等处行中书省分省。国朝洪武三年,改为漳州。指挥同知刘广、指挥佥事尹海龙重建。正统初灾。指挥覃庸重建。　**经历司**在正堂之东。　**镇抚厅**在正堂之西。正统七年，指挥使杨隆重修。　**左千户所**正统十二年，千户王诚重修。　**右千户所**成化十八年，千户李嵩重修。　**后千户所**正统九年，千户马云重修。（上三所在卫西廊之南。）　**中千户所**正统十六年，千户刘镇重修。　**前千户所**景泰元年，千户管瑛重修。（上二所在卫东廊之南。）　**镇抚厅**在卫治之东北，旧丹霞驿故址也。成化八年，指挥黎震重建。　**军器局**在府城后街之北。　**教场**在府城西一里许。北有演武亭。旧在南门外溪南，成化十年坏于水，后移建今所。　**屯田凡三十三所**龙溪一十二所：一在县东门外东厢，一在林坑，一在林前（上二屯在八都，一在九都芦边。已上三屯俱县东），一在谢溪，一在高林，一在天宝，一在林前（上四屯在县西二十一都），一在六、七都排浦，一在十二、三都莲浦（上二屯俱县南），一在赤石，一在洋尾（上二屯俱在县北二十六都）。漳浦县六所：一在南门外溪南，一在长脚营，一在北江（上二屯俱县东七都），一在长桥，一在下径（上二屯俱在县北二十八都），一在县东南七都枫林。南靖县一十五所：一在归德里大寨，一在习贤里官洋（上二屯俱县西），一在归德里五峰，一在黄井，一在洪濑，一在高际（上三屯在清宁里），一在居仁里上乾村，一在新安里禾平（已上六屯俱县南），一在县北习贤里院前，一在浮山，一在草坂，一在前坂（上三屯俱在县东南田义里），一在县西南习贤里涌口，一在吴宅，一在金山（上二屯俱在县西北永丰里。）　**烽燧凡九处**即烟墩也。龙溪县四处：曰海沧（在一、二、三都），曰乌屿（在二十九都，俱县东），曰月港（在县东南八都），曰青浦（在县东四、五都）。漳浦县五处：曰白塘，曰大迳，曰流会，曰卓歧（俱在县东北二十三都），曰烽火山（一云灯火山，在县东十七都）。　**守御龙岩中千户**在龙岩县西北。成化七年，始调镇海卫后所官军守御，改隶漳州卫。知县韦济创建军旗营房，环列于所之左右。　**教场**在龙岩县城外之北，中有阅武亭，成化七年知县韦济建。

镇海卫指挥使司在卫城中。洪武二十年，江夏侯周德兴奉旨创设时指挥佥事李实仅草创三间署事。正统间，指挥同知桂福始辟地营建卫堂，东西各建一厅两房，为上司按临寝息之所。又买地以易卫前军营，创建谯楼，左右亦各建一厅两房，为使客栖息之所。成化十六年以后，指挥佥事张文复渐次修葺。　**经历司**在卫治之东。　**镇抚厅**在卫治之西。　**左千户所**　**中千户所**（上二所俱在卫堂之东。）　**右千户所**　**前千户所**（上二所俱在卫堂之西。已上六公署，俱正统间桂福创建。成化间张文重修。）　**教场**在卫城南门之外，中建演武亭。　**屯田四所**洪武二十四年，制令分军屯种共田地五十七顷七十九亩七分。左所屯一所，在南靖县归德里。右所屯一所，在龙溪县十二、三都神仙尾。中所屯一所，在长泰县石铭里。前所屯一所，在龙溪县十二、三都寺园林。　**陆鳌千户所**在所城中。洪武二十年，江夏侯周德兴奉旨创建。列十百户所于两廊。景泰五年，本卫指挥使田旺辟所堂后空地增建公廨，为使客栖息之所。成化十四年，指挥佥事张文重修一新。　**镇抚厅**　**教场**　**营房**　**寨**　**屯田**一所，在漳浦县东坡洋，其田地一十二顷三十二亩四分六厘，计旗军四十二名。　**烽燧**　**铜山千户所**在所城中。洪武二十年，江夏侯周德兴奉旨创建。列十百户所于两廊间。　**镇抚厅**　**教场**在所城西门之外。　**营**　**寨**　**屯田**一所，在漳浦县六等都林前，共田地一十七顷五十亩，计旗军六十名。　**烽燧**　**玄钟千户所**在所城中。洪武二十年，江夏侯周德兴奉旨创建。列十百户所于两廊。天顺六年，巡海按察司副使王凯增建屋宇于厅后空地，以为使客止宿之所。成化十七年，正千户陈冕申请规措修建一新。　**镇抚厅**　**教场**在所城西门之外。　**铜山西门澳**

水寨在府城南漳浦县五都。每岁分镇海卫并陆鳌、铜山二所军士，更番以备倭寇。镇海卫官一十八员，旗军九百三十七名。陆鳌千户所，官二员，旗军二百五十一名。铜山千户所，官五员，旗军三百二十八名。　**营　屯田**一所，在漳浦县三都良峰山，共田地一十二顷二十三亩，计旗军四十二名。

汀州府

上司公署

布政司分司在府治东。旧在开元寺中东畔，成化八年，参政赵昌命迁建今所。宁化县一所，在县治西二十步许。正统三年典史洪清建，后圮。成化八年，知县吴纲广其基而修建之，工未就而去。十年，知县郑瑄踵而成焉。上杭县一所，在县治东北小街射圃之西。旧在县前，即今府公署也。成化六年，参政赵昌以其迫隘，令迁建今所。知县萧宏复以其地僻在城隅，乃易民地，辟广衢，自司之前直抵大街，皆砌以石。武平县一所，在县治南[23]，禅果寺之东，正统十二年创建。成化七年重修。清流县一所，在县治西，旧为九龙驿。成化十年，参政赵昌以旧布政分司狭隘，命知县邢昊以九龙驿互易创建。连城县一所，在县西门街。成化七年，参政赵昌建。永定县一所，在县治东三十步许。成化十二年，巡抚右佥都御史高明创建。

漳南道在府治东。旧在广储门内城下。洪武初，建为按察司分司。二十八年，改为建宁道。成化六年，又改为漳南道。七年，佥事周谟病其隘陋，令移建今所。宁化县一所，在县治东十五、六步。上杭县一所，在县治东二、三十步许。洪武十三年，知县邓致中重建。成化八年，佥事周谟命同知程熙、知县萧宏撤而新之。武平县一所，在布政分司之东。旧为肃政廉访司分司，洪武二年重建。清流县一所，在县治之西，布政分司之东，旧与布政分司相对。洪武二年建。成化十年,分守参政赵昌、分巡佥事周谟命知县邢昊改创,与布政分司并列。连城县一所,在县西门明溪驿前[24]。化成七年,佥事周谟建。永定县一所,在布政司分司之左,成化十四年,巡抚右佥都御史高明创建。

行都司公馆在府治东预备仓前,旧建宁道也。

文职公署

汀州府在卧龙山下。宋建炎间毁于兵。绍兴元年,郡守陈直方始建厅堂廨舍。十四年,郡守陈定国创设厅、仪门、两廊、甲仗、架阁诸库。绍定间,郡守李华病其隘陋,以次改作。复增高谯楼,建亭于两阶,左曰“宣诏”,右曰“颁春”。又复郡治前官街之见侵于民者。国朝洪武初,因其旧创建正堂西北为庆丰库,后堂之后为架阁库。永乐八年,知府宋忠重修正堂、后堂、仪门、谯楼,并增高月台甬道。成化十一年,通判李祺重建谯楼。 **经历司**在正堂之左。 **照磨所**在正堂之右。 **司狱司**在仪门外之西。 **税课司**在府城东南惠政桥头。 **阴阳学** **医学**(上二学在府治前之左右。) **僧纲司**在府治东定光寺。 **道纪司**在府城东南霹雳岩。 **公馆**在府治之东。 **申明亭** **旌善亭**(上二亭在谯楼前之左右。)

长汀县在府城南二百步许。宋建炎间,知县黄渥修。嘉泰间,知县谢周卿复修。绍定间,知县宋慈重建。国朝洪武三年,知县孙庸重建。正厅之东为典史厅,又东为土地祠,西为架阁库,西廊之后为县狱。正统十四年,毁于寇。景泰初,知县陈宗周重建,未备,成化十六年,知县谢珪、县丞郑景华又廓而新之,并砌谯楼前街道百有余丈。 **古城寨巡检司**在府城西古贵里。旧在河田市,宋绍兴间迁建今所。 **临汀驿**在县治东崇善坊。宋淳熙间,郡守赵汝劼建。元及国朝皆因之。 **馆前驿**在府城东归阳里。元时设，名馆前站。至正二十二年，站提领彭显宗建。国朝改为驿。　**三洲公馆**在府城西宣成里。成化十六年，按察司副使刘珂以驿路遥远，使客住来无所止舍，命通判徐荣、知县谢珪划刘即三洲铺址创建。　**申明亭**　**旌善亭**（上二亭在县仪门之左右。又馆前驿之前，亦有申明、旌善二亭。）　**总铺**在谯楼前东畔。　**百步铺**在左厢。　**南田铺**　**胡坑铺**（上二铺在青岩里。）　**鸳鸯铺**　**大息铺**（上二铺在四保里。）　**新桥铺**　**归仁铺**　**七良铺**（上三铺在归阳里。已上八铺俱府城东。）　**黄馆铺**　**何田铺**[25]（上二铺在青泰里。）　**三洲铺**　**水口铺**　**畲心铺**（上三铺在宣城里。已上五铺俱府城南。）

宁化县在大溪之北，翠华山之前。宋绍兴间，知县王炳彦重建。绍定间毁于寇。端平间，知县赵时馆复辟地营建，后又毁于寇。国朝洪武三年，知县陈时中重建[26]。正统十四年复毁于寇。唯后堂及廨舍仅存。景泰三年，知县韦清重建六房。天顺二年，知县梁昂、主簿郑预重建正堂、后堂、幕厅、仪门、谯楼，并建僚吏廨舍及库。　**安远寨巡检司**在县北招得里。旧名下土寨，宋庆元间创建。绍定二年毁于寇，元初重建。至正间毁于兵。国朝洪武元年，巡检窦户重建，改今名。正统十三年复毁于寇，天顺间重建。成化十一年，知县郑瑄以县去建宁二百余里，中无驿舍，乃于正厅之后创建公馆，为使客往来驻节之所。　**税课局**在县东寿桥头[27]。宋端平元年建，名商税务。国朝洪武三十年，知县张思诚重建，改今名。正统元年省，课额县兼领之。　**阴阳学**在县治前。正统十三年毁于寇。成化十三年，知县徐廷耀重建。

医学在县治左，旧惠民药局也，今圮。　**石牛驿**在县南会同里。宋端平间创，元至正间圮。国朝洪武二年，驿丞叶忠仍旧址创建。成化九年，同知程熙修。十七年，副使刘坷命驿丞澹逊督工重建后堂及东西房。二十二年，参议叶祚、佥事李□命署驿事阴阳训术洪矩督工重修一新。 **僧会司**在县北光严寺。旧在县南慈恩塔寺,后徙今所。 **道会司**在县南凝真观。官久缺,印附道纪司。 **际留仓**在县治北,与儒学相连。洪武十三年创建。凡为廒四。 **申明亭** **旌善亭**(上二亭在县治前之左右。) **县前铺**在县治之东。 **鱼龙铺**在兴善里,成化十四年建。 **黄源铺** **丘源铺** **安乐铺** **杨梅铺**(上四铺俱洪武初建。) **黄地铺** **黄柏铺**(已上六铺在新村里。) **夏坊铺** **石牛铺** **碑岭铺** **罗溪铺** **滑石铺** **张地铺**[28](上六铺在会同里。已上十三铺俱县南。) **下沙铺** **沙坪铺**(上二铺在永丰里。) **杨家铺** **寨前铺** **大觉铺**(上三铺在招得里。已上五铺俱县北。) **柏坑铺**[29]在县东兴善里。

上杭县在县城中,府公馆之西。宋乾道七年,县令陈朝章创建,后毁。端平元年,县令赵时钺重建。淳祐三年圮于水。宝祐五年,县令李务行重建正厅。元至正二十年再毁。二十五年,达鲁花赤伯颜重建。国朝正统间复毁,景泰初,知县杨瑾重建。正厅之左为典史厅,右为仪仗库。仪门之右为县狱,前为谯楼。成化十一年,知县萧宏重修[30]。 **新丰仓**在城内东北隅。成化二年创建。储积粮米,以备军饷。 **阴阳学**在县治谯楼之西。景泰三年,典史童庆始构屋二楹。成化五年,知县石塘重建。 **医学**在县治谯楼之东,旧惠民药局也。正统末毁于寇。成化十九年,知县李曰思重建。 **平西驿**在县东胜运里小拔汤边。成化六年,因合汀、漳二府隶漳南道,始辟路置驿于此。府通判吴桓建。 **蓝屋驿**在县北平安里。成化十年,巡抚副都御史张瑄以县去府道里颇远,中途宜有驿,乃徙清流县玉华驿于此,改今名。府同知程熙建。 **僧会司**在县西天王寺。 **道会司**在县东东岳宫。 **府公馆**在县治东十步许,旧布政分司也。成化七年,改为公馆。十一年府通判李祺重修。 **际留仓**在县治仪门外之左。洪武十三年,知县刘亨建。 **申明亭**在县治西大街。洪武三年,知县夏煜建于县门之右,后迁今所。正统末,寇毁。景泰初,知县杨瑾重建。 **旌善亭**在申明亭左。洪武十七年,知县邓致中建于县门之左,后迁今所。正统末,寇毁。今改建巡警铺。

县前铺在县仪门前。洪武十年,知县刘亨建。成化十九年,知县李曰思重修。 **大磜铺**成化十年巡抚副都御史张瑄,以旧铺太远,令各铺之半,增置一铺。 **岩头铺** **卷笼铺**成化十年增置。(上三铺在在城里。) **山湖铺** **九华铺**成化十年增置。

蓝屋铺 **官庄铺** **回龙铺**(上五铺在平安里。已上八铺俱县西。) **坊村铺** **定塔铺** **张庆铺** **九泰铺**内为公馆。

茶田铺 **双溪铺** **灯笼铺** **汤边铺** **石铭铺**(已上九铺在县东胜运里。成化六年新设漳南道,因辟路置驿,并置铺舍,俱县丞陈清创建。)

武平县在人和坊之东,兴贤坊之西。初在武溪里,后迁今所。宋隆兴间县令王正国、乾道间县令赵贲相继营建。嘉泰间,县令赵善绰[31]用堪舆家趋吉避凶之说重新更造。自是上下阜安,民以为改作之利。绍定间毁于虔寇。端平初,县令赵汝组重建[32],而变嘉泰之旧。县偶多事,议者咎焉。宝祐间,县令阮逢午复改卜其西偏创建。元至正二十三年,知县魏侃夫仍于旧基重建。国朝仍之。正厅之左为典史厅,右为土地祠,穿堂左右为库房,仪门之东为县狱,前为谯楼。正统十四年毁于寇,景泰元年重建[33]。 **象洞寨巡检司**在县南盈塘里。其地与潮梅接界,尝产象,因而得名。宋政和间置为寨。嘉熙间改为南尉司。国朝洪武初复置,改为巡检司。正统十四年毁于寇。成化九年重建。

永平寨巡检司在县北信顺团里帽磜。宋淳祐间,郡守郭正己创建。国朝洪武初,改为巡检司。正统十四年毁于寇,成化八年重修。 **所仓**在所城东。 **阴阳学**未建。 **医学**在县治西五六步许，旧惠民药局也。 **僧会司**在县治东南禅果寺。 **道会司**官久缺，印附道纪司。 **府公馆**在禅果寺内东西。 **际留仓四所**东仓五间，在县南归郡里黎畲。西仓三间，在县北凹上(上二仓俱成化九年建)。南仓九间，在县治东，成化六年建。北仓五间，在永平寨，成化九年建。 **申明亭** **旌善亭**(上二亭在县谯楼之左右。) **县前铺**在县治谯楼前。 **三角铺** **忠田铺** **赖屋铺**(上三铺俱县南。) **黄柏铺**(上四铺在在城里。) **陈坑铺**(上二铺俱县东。) **袁田铺**[34] **黄背铺**[35] **皂角铺**(上三铺俱县东北。已上四铺在归郡里。) **武安铺**在县南千户所城东门外。

清流县在屏山之阳。宋元符元年，县令刘叙创建。乾道间，县令黄藻重修。绍定间毁于寇。端平元年，县令王元瑞复建。嘉熙间，县令赵檩夫重建谯楼。淳祐元年，县令林奕创建颁春、宣诏二亭，翼于县门东西。元至正四年，县尹吴文渊[36]重修。六年，悉为连城寇罗天麟所毁。国朝洪武二年，知县朱仲恭重建。正厅之东为幕厅，仪门之西为县狱。十二年，知县蔡以谦复建谯楼于仪门之外。永乐十四年，为沙寇陈添保所毁，惟知县、主簿二廨舍仅存。后渐次修葺[37]。正统十三年，复为沙寇陈正景所毁。景泰七年，知县吴中重建，寝复其旧。 **铁石巡检司**在县南梦溪里[38]。正统六年，知县康勉以梦溪山势险阻，草寇不时出没，奏置巡检司于此，以警备之。 **税课局**在县东龙津桥西右畔。正统元年省，课额县兼领之。 **阴阳学**未建。 **医学**在县治前之右，五通庙之左，旧惠民药局也。永乐十四年寇毁，今复修建。 **九龙驿**在县治南，元县尉厅故址也。国朝洪武十一年，建为布政司分司。成化十年，参政赵昌病分司狭隘，因命有司以旧九龙驿为分司，以旧分司为九龙驿。十二年，巡按御史叶稠、参政李昂按部，复命有司增建屋宇于驿西隙地。　**僧会司**在县西西峰庵内[39]。　**道会司**在县西登真观内。　**府公馆**在水龙驿之南[40]。成化十二年，巡按御史叶稠、参政李昂命同知程熙创建。　**际留仓**在县南塔背巷，元常平仓也。国朝洪武二年改今名。旧建廒五，成化十八年增建廒二。　**申明亭**　**旌善亭**（上二亭在县治前之左右。旧俱在南门外，正统十三年，寇毁，遂移建今所。）　**县前铺**在县治前，旧在县南半里许，洪武二十九年移置于此。　**雷公铺**　**小嵩铺**　**吴地铺**　**嵩溪铺**　**玉华铺**　**子孙铺**　**太平铺**（上七铺俱在县东北。）　**吴家铺**在县南。　**暖水铺**在县西。

连城县在县城北。宋绍兴三年，摄县事长汀县丞卓庠创建。绍定间为寇所毁。县令徐价经始营建。后县令米巨宏踵而成之。元至正六年，复为邑寇罗天麟所毁。国朝洪武四年，知县邓升重建。正厅之左为幕厅，右为库房。仪门之外为县狱，前为谯楼。　**北团寨巡检司**在县南表席里朗村。宋时设于县北安里。后毁于兵，权寓治县市西隐庵。元末废。国朝洪武四年，知县邓升迁建于县东崇儒坊。十八年，知县丁良恭复迁今所。**税课局**在县治南文川桥之侧，宋时设，名商税务。建炎二年省。元至正十八年复设。国朝洪武四年改为税课局。六年，知县刘雍重建。正统元年省，课额县兼领之。　**阴阳学**寓县治谯楼上。　**医学**在县治西。旧惠民药局也。　**僧会司**在定光寺内。**道会司**在福仙观内。（上二司俱县治西。）　**府公馆**在县治东北百步许，旧预备仓址也。　**际留仓**在县署东廊。洪武八年知县刘雍创建。　**申明亭**　**旌善亭**（上二亭在县仪门内之左右。）　**县前铺**在县谯楼前之左。宋时设，名县下铺。　**北安铺**　**分水铺**（上三铺在县北。）　**新添铺**成化二年设。　**南柴铺**

(上二铺在县西北。已上四铺俱在北安里。除新添一铺外,余三铺并县前铺俱洪武七年知县刘雍重建。)

归化县在广济街东[41]。旧为明溪镇巡检司,隶清流县。成化六年改为县治按察司佥事周谟命通判吴桓、明溪驿丞孙亮督建,知县郭润继而成之。正厅之右为幕厅,仪门内之右为县狱,前为谯楼。 **夏阳巡检司**在县东中和里夏阳墟。旧为明溪寨巡检司,属清流县。宋绍兴间,知县叶梦得奏置。国朝因之。成化六年,以其址为县,遂迁于此,改今名。八年,知县郭润等创建。 **阴阳学** **医学**(上二学俱在县治前。) **明溪驿**在县西门。旧属清流县,宋元符间设,国朝因之,成化六年改属本县。 **僧会司**在县东北觉林寺。成化十七年设。 **道会司**在县东东岳宫。成化十年设。(上二司俱在归上里。) **公馆**在县西门儒学后街。成化七年,府通判吴桓督建。 **际留仓**在县治东广济街。 **申明亭** **旌善亭**(上二亭俱在县治前之西。) **县前铺**在县前泰和坊东。成化九年,知县郭润重建。 **兴善铺** **龙湖铺** **铁岭铺**(上三铺在县东兴善里。) **新兴铺** **永安铺**(上二铺在县西归善里。)

永定县在溪南里田心。成化十五年,巡抚右佥都御史高明、按察司副使刘诚[42]、布政司参议陈渤命府经历黄琛、上杭县知县石塘经始建。及知县王环至,遂踵而成之。正厅之左为典史厅,右为仪仗库及库房,东廊之前为土地祠,仪门之西为县狱。 **兴化乡巡检司**在县南溪南里古镇。洪武五年创置。后徙于虎岗,改为太平巡检司。天顺六年,因寇盗窃发,复置于此。 **太平巡检司**在县东太平里高陂。正统间,陵水教谕。上杭县人范金以太平虎岗山寇盗屡发,奏徙兴化乡巡检司于虎岗,改今名。后为寇所毁。景泰末,巡检何永通徙于今所。 **三层岭巡检司**在县南金丰里。成化十四年,巡抚右佥都御史高明以其地接广东饶平之大小靖，顽民恃险出没为盗，奏设巡检司于此。　阴阳学在县治后第三街。　医学在阴阳学之右。　僧会司在县治东山川坛之西。成化二十年建。　道会司未建。　府公馆在县治西六十步许。知县王环创建。　际留仓二所一所在县西廊，一所在县仪门之左。　申明亭　旌善亭（上二亭在县治前之左右。俱知县王环建。）　市西铺在县治西十余步。　德化铺在县北溪南里。　信感铺在县西北胜运里。

武职公署

汀州卫指挥使司在府治东。洪武四年设，指挥王圭创建。宣德间，指挥同知王祯重建。正堂左右为军器库，仪门之前为谯楼。　经历司在正堂之东。　镇抚厅在正堂之西，其后为监房。　左千户所　右千户所成化二年，调守御上杭县。　中千户所　前千户所　后千户所（上五千户所在卫之两旁。）　军器局在各门兵马司侧。　教场在府城东朝天门外鄞河坊。

屯田五所共田地五十三顷七十九亩二分，计旗军二百六名。江西赣州府信丰县一所。本府宁化县三所：一所在县治东黄连岗，一所在县西龙上下里车田，一所在县北招贤里北安。清流县一所，在县北永得里。　上杭守御千户所在县城北隅。天顺六年，溪南寇攻陷县治，守臣奏请设兵以备御之。成化二年，御史朱贤、参政张雄、佥事牟俸、都指挥杨讯合议调汀州卫右千户所官军守御于此。　吏目厅在所厅之左。　镇抚厅在所厅之右。

十百户所　军器库（俱在所内。）　军器局在城北门内。

教场在县城外西北隅二里许，中建演武亭。　武平守御千户所在县南丰顺平里。洪武二十八年创建。　吏目厅在所厅之左。　镇抚厅在所厅之右。　十百户所　军器库（俱在所内。） **教场**在所城东迎恩门外二里许，中建演武亭。 **屯田**一所共田地八顷一十亩，计旗军二十七名。

延平府

上司公署

布政司分司在府治之左。正统六年，知府王吉建。景泰元年[43]，巡抚刑部尚书薛希琏以其址狭隘，割府照磨廨舍以广之。成化十五年，知府王范重建。将乐县一所，在县治南。尤溪县一所，在县治东，旧三皇庙址也。正统六年，知县萧学敏建。十三年毁于寇。参政王仕华重建。沙县一所，在县治东兴义坊。□□□□知县周敞建。正统十三年毁于寇。景泰元年，知县余宽重建。顺昌县一所，在县治北昼锦坊。正统三年建[44]。永安县一所，在县治北。景泰三年，府通判杨季琦建。

建宁道在布政分司之左，旧通判厅址也。洪武十一年，建为按察司分司，二十八年改今名，永乐七年火，宣德六年，知府雷诚重建。成化十六年，知府王范以其规制弗称，撤而新之。将乐县一所，在县治北。洪武七年，知县王克刚建。尤溪县一所，在县治西，旧县尉司址也。洪武二年，知县薛昉建为按察司分司，寻改为延汀道行按察司，又改为建宁道。正统十三年毁于寇，按察佥事张彦重建。沙县一所，在县治东兴义坊。洪武十一年，知县许斌建。正统十三年毁于寇。景泰元年，知县余宽重建。顺昌县一所，在县治西，旧县尉厅址也。洪武九年，知县周政建。永安县一所，在县治北。景泰三年，府通判杨季琦建。

文职公署

延平府在府城北隅，旧盐仓场址也。宋南剑州治，在今府治东。元改为延平路总管府。国朝洪武元年，以为延平卫署。三年，知府唐铎遂建于今所，匾其正堂曰“集思”，后堂曰“高明”。

经历司在府治之右。　**照磨所**在府堂之左，旧为推官厅。洪武二十七年，设照磨检校，遂改为照磨所。　**司狱司**在府城北隅，延平卫之东。洪武元年知府唐铎建。永乐七年毁。宣德六年知府雷诚重建[45]。　**税课司**在府城北隅府治前街。元为商税务。国朝洪武二年，知府唐铎重建，改今名。永乐十年毁。景泰二年知府胡钦重建[46]。　**丰衍仓**在府城东隅。元至正二十六年建，名太平仓。国朝洪武二年，知府唐铎重建，改今名。东西为廒，凡二十有三。旧有延平卫、永丰、广积等五仓，为廒凡七十。宣德三年，并归有司，俱屡经回禄，所存无几。成化十五年，知府王范重建。　**阴阳学**寓谯楼上。宋时设，元因之。国朝洪武四年楼圮，知府唐铎重建。永乐七年毁，暂以普通岭武安庙前小楼为谯楼，学寄其中。　**医学**在府治左，旧急递铺址也。宋名惠安局，在谯楼门内。元改惠民局。国朝洪武二年徙府治前。二十三年毁，通判钱宗礼徙今所。永乐七年复毁，景泰三年，知府胡钦重建。　**僧纲司**在府城北隅天宁光孝寺。　**道纪司**在府城内东岳行宫。旧在城南玄妙观，后徙今所。　**剑浦驿**在剑浦递运所之右。洪武初，知府唐铎创建。景德初，布政司参议赵象重建[47]。　**剑浦递运所**在府城东门外剑浦上。　**河泊所**在南平县治西隅。洪武十四年，户部差人闸办鱼课，即旧铁局为闸办所，寻置今所。十六年始设官吏。永乐十八年为洪水所圮。

申明亭　**旌善亭**（上二亭在府治前之左右。）

南平县在府治西去城二里许。宋、元在府城北隅，今改为延平卫前千户所。国朝洪武二年，知县刘居信迁建旧贡院址，即今所也。正厅之右为典史厅，左为库房，仪门之前为谯楼。楼内之左为县狱。正统十四年毁于寇。景泰三年，知县刘铭重创，卑陋弗称。成化十五年，知县王佐悉撤而新之。　**岭峡巡检司**在府城东长安北里。宋元丰三年，建为寨。国朝洪武元年改为巡检司。四年创建，二十三年重建。永乐十四年圮于水。宣德六年，知府雷诚重建，正统十三年寇毁。景泰元年重建。　**大历巡检司**在府城西北寿岩里。宋淳祐中建，元至正中兵毁。国朝洪武元年重设。十六年巡检刘贵创建。正统十四年寇毁。景泰五年重建。　**西芹税务局**在府城西天竺里王台馆。旧在长沙下里西芹，洪武四年建，永乐十四年为洪水所坏，正统九年知府王彪重建。十三年毁于寇。成化三年知府郑时徙今所，廨宇未建。　**茶洋驿**在府城东金砂里。宋淳祐中建，名金沙驿。元至正间改今名。国朝洪武初，知县刘居信重建。永乐中，山谷水暴涨，屋宇俱坏。宣德初，驿丞王淑安重建。正统中毁于寇，景德[48]中重建。　**王台驿**在天竺里。宋淳祐中设，名王台站。元因之。国朝洪武初改为驿。正统中毁于寇。景泰中重建，隘陋弗称。成化十九年，巡按监察御史张稷、布政司参议黄澄、按察司佥事谈俊、知府王范檄县丞郑贤易民地，广其基重建。　**大横驿**在府城东汾常里。洪武初，提领程日新建。正统间寇毁。景泰间驿丞冯清重建。宋、元驿站官名提领，此犹云提领者，或国初法制未立，仍其旧名也。　**岭峡递运所**在府城东长安北里。　**申明亭**　**旌善亭**（上二亭俱在县治谯楼前临溪。成化十七年，知县王佐买民地创建。）　**府前铺**在府治前之东。　**坵墩铺**在演仙下里。　**高桐铺**在仁州里。　**大横铺**在汾常里。　**城东铺**（上四铺俱府城东。）　**倪坑铺**　**安济铺**（上三铺[49]在崇福里。）　**橘溪铺**在迁乔里。　**金砂铺**　**茶洋铺**　**白砂铺**（上三铺在金砂里。）　**龙源铺**　**清风铺**　**武步铺**（上三铺在长安北里。）　**岭峡铺**在长安南里。（已上十铺俱府城东南。）　**秋竹铺**在府城西南罗源里。　**西芹铺**　**发竹铺**　**沙溪铺**（上三铺在长砂上里。）　吴坑铺　王台铺（上二铺在天竺里。）　樟槎铺　篔筜铺（上二铺在资福里。）　三连铺在连兴里[50]。（已上八铺俱府城西。）　白塔铺在大源内里。　康隔铺在北溪里[51]。（上二铺俱府城南。）

将乐县在含云山之左麓，宋时建。元至正二十一年兵毁，明年署县事行省理问裴彦直重建。正厅之右为幕厅，左为库房，仪门之前为谯楼，谯楼之旁为县狱。国朝洪武三年，知县司明重建僚吏廨宇。永乐十六年，正厅后堂毁。宣德九年，知县蒋珉重建。

万安寨巡检司在县北万安上都。宋元丰元年建为寨。国朝洪武二十三年改为巡检司。　税课局在县治左。洪武六年大使杨琳建。　万安税课局在县北万安上都。洪武六年，知县申文彝建。　永丰仓在县治左。旧名常丰，后毁于兵。元至正二十四年，署县事理问裴彦直建。国朝因之，改今名。储积粮米，以备官吏俸廪。　阴阳学未建。　医学在县治前宣化坊之西，旧惠民药局也。　三华驿在县治右。旧名站。元至正中提领许子美建，国朝改为驿。　白莲马驿在县东南池湖都，旧将安馆址也。元至治元年，提领傅美改建为站。国朝改为驿。河泊所在县东南水南都。洪武十七年创建。　僧会司在县西含云寺。　道会司在县治前祐圣院。　所仓四所储积粮米，以备官军俸粮。二所在永丰仓左右。洪武四年，千户李济建。二所在城隍庙之后，永乐五年，千户徐斌建。　申明亭洪武三年，知县司明建。　旌善亭洪武十六年，知县王克刚建。（上二亭在县治前之左右。）　县前铺在县治前，旧为桃溪铺，在县南三里桃源都。今徙于此。　莒峡铺在龙池都。　孔山铺在积善都。　懿安铺在富谷都。　高滩铺　黄坑铺（上二铺在高滩都。已上五铺俱县东。） **桃源铺**在龙池都。 **蛟湖铺**在蛟湖都。 **郭公铺**在永康都。 **里湾铺**在南胜都。 **隔岭铺**在龙安都。 **将安铺**在池湖都。 **大里铺** **盖竹铺** **旧场铺** **铁岭铺**（上四铺在大里都。） **龙湖铺** **兴善铺**（上二铺在兴善都。已上十二铺俱县南。）

校 注

[1] 光绪《漳州府志·规制上》作"洪武三年"。

[2] 康熙《漳浦县志·建置》"之左"下有"知县张理建"语。

[3] 光绪《漳州府志·规制工》作"一十一厂"。

[4] 嘉靖《龙溪县志·公署》作"海门巡检司"。

[5] 嘉靖《龙溪县志·公署》作"香洲税课局"。

[6] 嘉靖《龙溪县志·公署》作"管桥铺"。

[7] 民国重刊康熙《漳浦县志·建置》作"张理建"。

[8] 康熙《漳浦县志·建置》作"十都"。

[9] 康熙《漳州府志·规制上》及康熙《漳浦县志·建置》均作"张理建"。

[10] 康熙《漳浦县志·建置》作"蒋濬"。

[11] 康熙《漳浦县志·建置》作"盘石铺"。

[12]《闽书·建置》作"三古铺"。

[13]《闽书·建置》谓："甘棠铺属龙溪县。"

[14]《闽书·建置》作"径石铺"。

[15] 康熙《漳浦县志·建置》作"径心铺"。

[16]《闽书·建置》作"暭林铺"。

[17]《闽书·建置》作"藿林铺"。

[18]《闽书·建置》作"满山铺"。

[19] 康熙《漳州府志·规制上》载："绍定壬辰，汀寇毁民居殆尽，唯署

独存，令郑师中复修；淳祐令赵与坦复建承簿厅。元至正间，寇发残毁无余，主簿陈文积更建之。洪武初，知县郑青重修。”

［20］光绪《漳州府志·规制上》作“在县北”。

［21］光绪《漳州府志·规制上》“寒婆”作“韩婆”。

［22］《闽书·建置》作“员沙铺”。

［23］同治重刊乾隆《汀州府志·公署》作“在县东”。

［24］同治重刊乾隆《汀州府志·公署》作“连城县，漳南道公馆在县东”。

［25］同治重刊乾隆《汀州府志·公署》作“河田铺”。

［26］乾隆《汀州府志·公署》作“洪武三年，知县张思诚重建；二十三年，知县陈时中修”。

［27］乾隆《汀州府志·公署》作“税课司旧在寿宁桥”。

［28］乾隆《汀州府志·公署》作“张家铺”。

［29］乾隆《汀州府志·公署》作“北坑铺”。

［30］乾隆《汀州府志·公署》作“成化间，知县胡越、萧宏相继修葺”。

［31］乾隆《汀州府志·公署》作“赵善策”。

［32］乾隆《汀州府志·公署》作“赵汝谖、田圭相继鼎建”。

［33］乾隆《汀州府志·公署》作“景泰间，知县周希贵修葺”。

［34］乾隆《汀州府志·公署》作“袁畲铺”。

［35］乾隆《汀州府志·公署》作“黄畲铺”。

［36］乾隆《汀州府志·公署》作“王文渊”。

［37］乾隆《汀州府志·公署》作“宣德间，知县李庠、县丞王自永相继重建”。

［38］乾隆《汀州府志·公署》作“在梦溪里铁石矶”。

［39］乾隆《汀州府志·公署》作“僧会司在万寿寺”。

［40］乾隆《汀州府志·公署》作“在县西南九龙驿右”。

［41］乾隆《汀州府志·公署》作“归化县治在广济街北”，并谓“成化七年巡道周谟建”。

［42］乾隆《汀州府志·公署》作“刘成”。

［43］嘉靖《延平府志·公署》作“景泰三年”。

［44］嘉靖《延平府志·公署》作“在县西，正统六年建”。

[45] 嘉靖《延平府志·公署》作“洪武九年,知府唐驿建后屡毁,永乐七年,知府雷诚建”。据卷三十八秩官,雷诚任知府当在宣德六年。

[46] 嘉靖《延平府志·公署》作“知府唐驿建后屡毁,永乐十年知府胡钦、成化二十三年知府陈廷琏迭建”。

[47] 明无景德年号,此显系“景泰”之误。嘉靖《延平府志·公署》作“景泰四年,知府胡钦建”。

[48] 嘉靖《延平府志·公署》作“景泰”。此误。

[49] 嘉靖《延平府志·公署》作“上二铺”。

[50] 嘉靖《延平府志·公署》作“建兴里”。

[51] 嘉靖《延平府志·公署》作“在开平里”。

八闽通志卷之四十三

公　　署

郡　县

延平府

文职公署

尤溪县在县市中，建宁道之东。宋绍兴三年，知县宋咸建。正厅之右为典史厅，仪门之前为谯楼。国朝洪武三年，知县薛昉重建。十年，知县张可大、牛义相继重新谯楼。三十一年，知县黄采重建后堂。宣德三年谯楼毁。正统四年，县丞周辙新之。正统十三年悉毁于寇，惟各廨舍仅存。十四年，知县陈孝柯复创正厅仪门。寻复毁于寇，惟仪门仅存。景泰七年，知县杜宥重建。成化九年，知县孙珏重创六房。十三年，知县唐纶重创后堂并吏舍。

英果寨巡检司在县西七都。宋元丰三年创建。元至元二十一年徙建四十都仕阳汤。国朝洪武四年，巡检朱德亮复改建于旧址。正统十三年寇毁。景泰六年重建。　**高才坂巡检司**在县西二十都，元时建。国朝洪武四年，巡检王有成重建。正统十三年毁于寇，惟鼓楼仅存。　**税课局**在县治东积善坊。元时为税务大使亦速建。国朝洪武初改今名。永乐五年毁，寓治于民居。

景泰二年，大使江子旺仍旧址构第屋署事。 **阴阳学**寓县治仪门之旁。初在三皇庙，庙废，遂徙今所。 **医学**在县治左，旧惠民药局也。初寓三皇庙启玄堂，庙废，遂徙今所。 **河泊所**在县治之东，宣德中省。渔课县兼领之。 **僧会司**在府治东北保安寺。 **道会司**在县治东，东岳行宫。 **公馆**在布政分司之西。 **际留仓**在县治之西。旧在县治东崇文坊，洪武三年创。后毁于寇，因移建今所。 **申明亭** **旌善亭**（上二亭在县治前之右右。） **总铺**在县治左。 **马坪铺**在八、九都。 **白莲铺**在十一都。 **丹溪铺**在十二都。（上三铺俱县东北。） **渚头铺**在五都。 **茅溪铺**在四都。（上二铺俱县西北。）

沙县在凤岗山之南。唐武德四年始建在沙源[1]，中和四年，摄县令曹朋、崇安镇将邓光布以其地阻溪，徙建今所。宋、元因之。国朝洪武二年，知县陈善重建。正厅之右为典史厅，后堂之左为架阁库，仪门之前为谯楼，楼之西为县狱。三十三年毁于寇李乌嘴，惟谯楼及廨宇仅存。永乐元年，知县倪俊重建。正统十三年复毁于寇邓茂七。景泰元年，知县余宽重建，卑陋无称。成化五年，知县张泰重建一新。按本志今县治旧为西北乡，地名杨篢坂，一名杨党坂。 **北乡寨巡检司**在县北十七都。宋元丰三年建为寨。国朝洪武八年，改为巡检司。巡检马中重建。 **税课局**在县治南翔凤桥之西。 **阴阳学**寓县治谯楼上。 **医学**在县治东，旧惠民药局也。 **河泊所**在县治东兴义坊，旧存恤院址也。洪武十五年，知县许斌改建。 **僧会司**在县治西天王寺。 **道会司**在县治东东岳行宫。 **公馆**在县治东兴义坊总铺之右。 **新丰仓**在县治东五十步，旧名际留。正统十三年寇毁。景泰元年，知县余宽重创，改今名。 **申明亭** **旌善亭**（上二亭在县治谯楼前之右。） **县前铺**在县治东兴义坊公馆之左。　琅口铺在八都。　高沙铺在五都。　馆前铺在二都。　青洲铺在一都。（上四铺俱县东。）　洋口铺在二十一都　尾历铺在二十二都。　荆村铺在二十三都。（上三铺俱县西。）

顺昌县在县市中儒学之西。初为永顺场，五代汉乾祐元年，南唐升为县建治于此。宋建炎中兵毁。绍兴元年，县令丘之玄建。元至正三年，县尹鲁崇仁重建。正厅之左为幕厅，仪门之前为谯楼，谯楼之西为县狱。国朝洪武三年，县丞杨维德重修，并建僚吏廨舍。十年，知县周政徙幕厅于正厅西北。正统间毁于寇。景泰二年知县钱道宁、成化十一年知县程播、十九年知县冯子昌、二十年县丞蒋时万相继创建。　仁寿巡检司在县西北仁寿都。宋为仁寿寨。国朝洪武初改今名。七年巡检申原让建。　税课局在县治之西。宋为商税务，国朝改今名。洪武九年，知县周政建。　仁寿税课局在县西北仁寿都。洪武九年设，未置官吏，其课额县兼领之。　阴阳学在县治谯楼上。宋时以谯楼为阴阳学，国朝因之。　医学在县治左，旧惠民药局也。　双峰驿在县治之西。旧为顺兴驿，又为行衙，宋时建。国朝洪武初改今名。　富屯驿在县西富屯都。（上二驿俱洪武十年知县周政重建。）　河泊所在县治之西。洪武十四年，户部差人闸办鱼课，知县胡乾创建。　仁寿河泊所在县西北仁寿乡。洪武十四年，户部差人闸办鱼课，未设官吏，其课米县兼领之。　僧会司在县治北正识寺。　道会司在县治西玉隆道院[2]。　府公馆在县治之西。　际留仓在县治西厅边。旧为常平仓，元至正中，县尹鲁崇仁重修建。国朝因之，乃改今名。　申明亭在县治之西。洪武三年县丞杨维德建。　旌善亭在县治之东，洪武十五年知县胡乾建。　城南铺旧名洄口，在县南水南乡。　郭

闸铺　石溪铺(上二铺在县东石溪都。)　桂岭铺　陈坂铺旧名交溪。　杜原铺(上三铺在靖安都。)　娄杉铺在娄杉都。(已上六铺俱县西南。)　吉舟铺在吉舟都。　顺溪铺在莒口都。　太平铺在崧溪都。　阳坊铺在寿荣都。　仁和铺在仁寿都。　富实铺在杉溪都。(已上六铺俱县西北。)

永安县在县城中儒学之西,旧浮流巡检司址也。景泰三年始置,府通判倪冕建小屋三楹视事。四年,知县韩隆创建。正厅之左为典史厅,右为库房,西南隅为县狱,仪门外为谯楼。　安砂镇巡检司在县西三十二都。旧为浮流镇巡检司。宋元祐五年建为浮流寨。国朝景泰三年,以浮流镇为本县治所,遂徙巡检司于此,改今名。　湖口巡检司在县南三十都。永安、连城、龙岩三县接界处也,正统五年始置。　税课局在县治之西。　阴阳学　医学(上二学在县治东北。)　僧会司　道会司(上二司未设。)　公馆在县治东南申明亭之东。　县仓在县治北。　申明亭　旌善亭(上二亭在县治谯楼前之左右。)　总铺在县治东四五步许。　黄坊铺在二十七都。　贡川铺在二十六都。(上二铺俱县北。)　张关铺　新岭铺(上二铺俱在县东北二十五都。)

武职公署

延平卫指挥使司在府治东。宋为南剑州。元为延平路总管府。国朝洪武元年改为卫署。　经历司在卫正堂之左。　镇抚厅在卫署之西。　左千户所元录事司故址。　右千户所旧万户府故址也。(上二千户所在卫署之东。)　中千户所　前千户所旧南平县址也。(上二所在卫署之西。)　后千户所在卫署之东,元刘万户宅故址也。(已上五所东西两廊各列十百户所。永乐七年，卫及千户所俱毁，惟后千户所独存。卫指挥佥事于鉴重建。景泰元年，卫及镇抚厅中前二千户所又毁。指挥使侯本重建。　**演武场**在府城东衍仙下里。　**屯田凡九所**共田地五百二十四顷五十七亩六分四厘，计旗军一千七百五十名。左千户所屯二所：一在本府永安县，一在福州府闽县。右千户所屯二所，俱在福州府：一在永福县，一在闽清县。中千户所屯二所，俱在福州府：一在怀安县，一在永福县。前千户所屯二所，俱在福州府：一在侯官县，一在怀安县。后千户所屯一所，在福州府侯官县。　**将乐守御千户所**在县治之南，洪武四年建。　**吏目厅**在所厅之右。　**镇抚厅**在所仪门之侧。　**十百户所**在所之两旁。成化十年，千户所并二厅十百户所俱毁。十七年，千户徐寿重建。　**教场**在县治南玉华都。　**屯田凡九所**共田地八十顷四十三亩，计旗军一百五十二名。　**永安守御千户所**在县治东也[3]，景泰三年创建。　**吏目厅**在正厅之左。　**镇抚厅**在正厅之右。延平卫指挥佥事张宣建。　**十百户所**在所之两廊。　**教场**在县治北门三里许。　**屯田二所**共三十七顷一十九亩七分，计旗军一百一十二名，俱在邵武府：一在邵武县，一在建宁县。

邵武府

上司公署

布政司分司在府治东南隆贤坊，旧延福院地也。正统八年，邵武县知县颜宗建。　**泰宁县一所**在县治之右。正统五年县丞虞升建。成化八年，知县徐琛拓而大之。　**建宁县一所**在县治东七十步，旧医学地也。景泰初建。　**光泽县一所**在县南半里许龙兴观左[4]，旧河泊所地也。正统五年，知县盛埙建。

建宁道在府治东百步许，宋通判厅地也。元为闽海道肃政廉访司分司。国朝洪武三年改为福建按察司分司。二十四年改为建武道[5]。二十九年改今名。成化四年，知府盛颙重修。**泰宁县一所**在县治东南百步许，洪武三年建。正统十三年毁于寇，天顺七年，知县胡玻重建。　**建宁县一所**在布政司分司之左，宋尉司地也，国朝洪武三年建。正统十三年寇毁，寻复建。**光泽县一所**在县治东二十余步，旧城隍庙地也，洪武三年建。

文职公署

邵武府在城中西隅。宋太平兴国四年，郡守张度创建。建炎间毁于兵。绍兴十二年，守汪安止重建。绍定三年毁于寇。明年守汪遂建正厅。继守赵以夫建谯楼、仪门、两廊。宝祐六年[6]灾，惟两廊、仪门存。守叶彦炳重建。咸淳六年，守廖邦杰复辨方正位而更作之。元至元十四年复毁于寇。是年，总管魏天祐重建。国朝洪武元年，知府周时中葺而新之。后堂之西为架阁库，仪门之西为富有库，仪门之前为谯楼。二年，改富有库为兴阜库。正统三年，知府徐述重建后堂及谯楼。天顺间，推官周仲斌改建推官厅于仪门东。先是，以元推官厅为知事厅舍，别建于郡厅左，后又以为照磨所，至是复建。即元旧址西偏也。成化间，知府盛颙移兴阜库于后堂之东。九年，知府冯孜重修正堂、右堂及仪门，复撤推官厅而大之。　**经历司**在正堂之东。元时在府治西南隅。国朝改为照磨廨舍，别创于堂左。天顺间，知府何友改建今所。　**照磨所**在正堂之西，旧在堂东，天顺间，知府何友改建今所。　**司狱司**在郡治南治平坊。宋曰军牢，元曰狱，国朝以为司狱司。　**税课司**在府治东南百五十步许。旧行用库地也。宋建于郡治东，旧通判衙前，名税务。建炎二年省，税额兼领于主簿厅。元因之。国朝洪武二年改今名，徙于太平坊。二十一年复迁今所。　**常丰仓**在府治东南镇雅坊。按旧志府仓一所，旧在镇雅坊。洪武六年改建于南隅亨道坊，名新丰仓。卫仓三所：一即镇雅坊，旧常丰仓基，洪武十九年改建，永乐十五年灾；一亦在亨道坊，永乐十二年建；一在南隅下水寨，永乐十三年建。正统元年，以卫仓悉属有司，遂以旧镇雅坊基建，即今仓也。七年，知府杨衡以亨道仓地卑湿，撤并今所。成化十二年，推官廖铎又增广之。　**阴阳学**在府治东南，旧医学地也。元延祐间建。至正中徙于城西三皇庙内南偏。国朝洪武二十年，庙革，学遂废。永乐中复建于旧址，今圮。　**医学**在县治东南，旧以司法厅址创建。元至元中，教授黄必寿买民地改建于旧学之西。延祐间，徙于城西三皇庙内北偏。国朝洪武二十九年，庙革，学遂废。永乐中，复建于旧址，今圮。　**僧纲司**在城西大觉寺。　**道纪司**在郡治南玄妙观。　**申明亭**在旌善亭南。　**旌善亭**在谯楼东南。

邵武县在府治东三百余步。旧在郡城东三里大溪之北，今故县地。宋太平兴国四年，置邵武军，随军迁今所。后毁于兵。庆元五年，县令史定之重建。淳祐十一年，县令高斯衍新之。元至元十四年毁于寇，寻复建。至正十二年又毁于兵。明年，县令孔克俊重建[7]。国朝洪武二年，知县水苏民重新之。宣德中，知县邹良重修。正厅之左为幕厅，两廊之西为县狱，东廊之末为土地祠。成化十五年，知县王拯区划工料俱备，未及修建以忧去。十七年，知县王济因而成之。　**水口巡检司**在县东十六都。宋为水口寨。元因之。国朝洪武二年改为巡检司。巡检杨从德修建。永乐十四年圮于水，寻复建。　**杨坊税课局**在县东六都界首。元为税课务。国朝改为税课局。　**拿口税课局**在县东二十二都拿口市西。元为税课务。国朝改为税课局。　**樵川水马驿**在城东隅宁泰坊，旧净居寺址也。宋建于军治东百步许。元至元二十三年，达鲁花赤明安答儿徙建于城外紫云溪北。国朝洪武元年迁建于今所也。 **林墩马驿**在县东六都。宋设,元因之。国朝洪武四年,驿丞黄子忠重修,正统十四年毁于寇,寻复建。成化九年重修。 **拿口驿**在县东二十三都。元时设。国朝洪武三年,驿丞端友成重建。 **河泊所**在城东行春门外。洪武九年设。所官游仕宗建。永乐十四年圮于水。寻复建。 **申明亭** **旌善亭**(上二亭俱在县治前。) **总铺**在府治前右偏。 **王堂铺** **洒溪铺** **官源铺**(上三铺在五都。) **丁字铺** **梅里铺**(上二铺在六都。已上五铺俱府城东。) **颁春铺**在县西北五十三都。 **药材铺** **漠口铺**(上二铺在五十一都。) **龙斗铺** **破石铺**(上二铺在五十都。) **大乾铺**在四十九都。(已上六铺俱府城西。) **城南铺**在二十九都。 **香林铺**在三十都。 **山口铺** **山心铺**(上二铺在三十一都。) **邢家铺**在三十二都。 **河源铺**(在三十三都。已上六铺俱府城南。)

泰宁县在炉峰之左,杉溪之阳,旧归化镇地也。五代唐长兴元年建。宋绍兴四年,县令范根重建。绍定二年毁于兵,端平间复建。元延祐三年,达鲁花赤也先重建。至正十二年复毁于兵,惟正厅、谯楼存。国朝洪武三年,知县陈扬重建谯楼。九年,知县定定以正厅屋老基隘,撤而大之。正厅之左为典史厅,后堂之北为架阁库,仪门之前为谯楼,谯楼之西为县狱。成化九年,知县徐琛重建后堂。 **税课局**在县治南利涉桥西。宋名税务。建炎二年省,课隶主簿厅。元因之。国朝洪武二年改今名。正统元年省,课额兼领于县。 **阴阳学**在县治西五十步炉峰之麓,元县尉衙址也。 **医学**在县治西五十步。宋为惠安局。元为惠民局。国朝改今名。二十二年重建。正统十三年毁于寇。 **河泊所**在县治东南公馆之前。洪武十九年设。后省,课额兼领于县。 **僧会司**在县西保安寺。 **道会司**在县西龙山观。

公馆在县南河泊所后。洪武三十二年，主簿潜玉重建。　**际留仓**在县南谯楼之东。洪武二十年建。　**申明亭**　**旌善亭**（上二亭俱在县治前。）　**县前铺**在县治前两畔。　**山夹铺**　**宜坑铺**（上二铺在福山保。）　**朱口铺**在朱口保。　**石鼻铺**在梅林保。　**交溪铺**在交溪保。　**龙湖铺**在龙湖东保。（已上六铺俱县东）　**白土铺**　**长滩铺**（上二铺在南会保。）　**梅口铺**　**挽舟铺**（上二铺在梅口保。已上四铺俱县西。）　**石门隘**在县西大田保。　**澹子隘**在上高保。　**茶花隘**在安仁保，旧名茶花岭。（上二隘俱县北。）

建宁县在凤山之东，濉江之北。旧在今县治西南三里许。宋建隆元年，南唐迁治今所。绍兴三年，县令吴播建厅宇，后毁于寇。绍定二年[8]，县令赵纺夫重建。淳祐五年[9]，县令林玥建鼓楼及宣诏、颁春二亭。景定五年，县令宋秉孙建刻漏所于鼓楼之西。咸淳六年，县令程梦桂又拓厅宇而大之。元至正十二年毁于兵。二十年邑人冯真卿建正厅。国朝洪武二年，知县程思道又缮理之。正厅之左为幕厅，正厅之后为库房，仪门之前为鼓楼，仪门东北为架阁库，东南为县狱。正统十三年毁于寇，寻复建。　**西安巡检司**在县西里心保。宋为西安寨，在新城保。元改为巡检司。国朝洪武三年，巡检徐铭迁建今所。正统九年，知县龚仪新之。　**税课局**在县治东，宋税务也。国朝改今名。洪武三年，知县董焕建。三十年火。永乐五年，署局事医官廖寿山重建。正统间省，税课县兼领之。　**阴阳学**在县南迎薰门内。　**医学**在县东宣化坊。永乐九年，医官廖寿山重建。后以其地为布政分司，而以司右畔官地为惠民药局。学犹未建。　**河泊所**寓于县东溪东道院。正统间省，鱼课县兼领之。　**僧会司**在县南迎薰门外长吉寺。　**道会司**在县西迎厘观。　**府公馆**在县治南街东。　**际留仓**在县治西熊家岭。旧在县厅西，洪武二年，知县董焕建。三十五年，知县王思礼迁今所。　**申明亭**　**旌善亭**(上二亭在县治鼓楼之左右。)　**县前铺**在县治西。　**分水铺**旧名椒坑，在县南将屯保。　**源口铺**旧名洛阳。　**袁庄铺**旧名上社。(上二铺在县东洛阳保。)　**枫演铺**在长吉保。　**官桥铺**在镜村保。　**都镜铺**在都上保。(上三铺俱县南。)

光泽县在杭川之南，旧财演镇地也。宋太平兴国四年创建，元至正十二年毁于兵，寻复建。国朝洪武元年，征南将军胡公[10]举、南昌卫镇抚洪忠镇守是邑，乃撤而大之。正厅之右为幕厅，仪门之前为谯楼，县狱在仪门之左，架阁库在幕厅之右。宣德初，主簿沈宗重建谯楼。按旧志，征南将军但曰胡公，不言其名。考之《元史》："至正二十七年，我太祖尝命胡廷瑞率安吉、宁国等军取八闽。"疑此所谓胡公即廷瑞也。　**大寺寨巡检司**在县西九都之杉岭。旧在县北二十二都。元至元二十五年，迁十都之止马。后至元五年，巡检沈兼善重建。国朝洪武三年，巡检胡永忠迁建今所。　**税课局**在县西十都止马市。宋建税务于县治东登云坊。建炎二年省，税课隶主簿厅。元因之。国朝改为税课局。洪武九年，知县林孔孙重建。宣德九年复省，税课兼领于县。正统十一年，布政使方某奏建于今所[11]。　**杭川驿**在县治西孝感坊。旧在惠济坊。宋熙宁中，县令上官均改为惠应庙，迁驿于县治南儒学之右。元因之。国朝洪武六年，知县卢充间迁建今所。景泰元年，驿丞关英重建。　**杉关驿**在大寺寨巡检司之右。元元统元年创建，至正二十年毁于兵。国朝洪武二年，驿丞何祖坚重建。　**河泊所**在县东登云坊，旧税课局地也。洪武八年，知县姚治和始建于县西南惠济坊。永乐十四年圮于水。正统五年，知县盛埙以其地为布政分司，遂改建今所。　**阴阳学**在县东登云坊。旧在三皇庙内，洪武二十九年庙废，改建今所。　**医学**在阴阳学之左。宋为惠民药局。元因之。国朝洪武九年重建，十八年改为医学。　**僧会司**在县西龙兴寺。　**道会司**在县西龙兴观。　**济留仓**在县南后街，洪武六年知县卢充间建。　**申明亭**　**旌善亭**（上二亭在县治谯门之左右。）　**县前铺**旧名财演，在县门外之东。　**直阜铺**　**通津铺**旧名永崇。（上二铺在县东三十都。）　**石岐铺**　**高田铺**　**黄溪铺**　**长山铺**（上四铺在二都。）　**官山铺**旧名半山，在四都。　**止马铺**旧名清化，在十都。　**杉关铺**在九都。（上七铺俱县西。）

武职公署

邵武卫指挥使司在府治东南，宋馆驿址也。元为邵、汀奕万户府[12]。国朝洪武元年改为卫署。二年，指挥蔡玉重建。**经历司**在正堂之东，洪武元年知事李忠建。　**镇抚厅**在街西。洪武四年，镇抚耿班建，厅之右为狱。　**左千户所**在后所之左。洪武三年建于东门内。十一年，千户王盟改建今所。　**右千户所**在后所之右。洪武三年建于南门内。十一年，千户张洁改建今所。　**中千户所**在前所之右。洪武三年建于北门内。十一年，千户高原改建今所。　**前千户所**在中所之左。洪武三年建于南门内。十一年，千户高原改建今所。（上四所俱卫治南。）**军器库**在卫治东南隅。　**演武场**在郡城外水北。旧在城东隅进贤坊下。洪武十一年，指挥包懋迁于今所，建阅武堂于其西。成化十年，指挥高升等请于巡抚副都御史张瑄，又拓民地以广之。

屯田凡十九所永乐十三年，制令分军屯种，共田地一百五十二顷三亩三分，计旗军五百一十五名。邵武县五所：一在县东二十九都莲塘，一在三十二都大王坪，一在四十四都上樵（上二屯俱县南），一在四十九都河上，一在五十二都蒙洲（上二屯俱县西）。建宁县五所：一在县东楚上保，一在上黎等保，一在富田保（上二屯俱县西),一在县南饶村等保,一在县北安仁保。光泽县九所:一在十八都西园,一在二十一都虞塘村头(上二屯俱县东),一在十二都牛田,一在十七都付家(上二屯俱县西),一在三都新坊,一在五都官庵(上二屯俱县南),一在一都仙花,一在二十五都云际,一在二十六都洪家庄(上三屯俱县北)。

兴化府

上司公署

布政司分司在府治东西市[13]。宋为监税廨舍。元初更为录事司。国朝洪武六年改为织染局。正统九年又改为杂造局。成化三年,知府岳正以旧分司湫隘弗称,遂改为杂造局,而以旧杂造局改建分司,复购其傍近民地以广之。仙游县一所,在县治东功建里。洪武初建为税课局。正统二年省。十年,布政司孙升改为分司。十三年毁于寇。十四年,知县宋华重建。

福宁道在府治东北澄清坊之西,宋军治通判厅也。元初为福建闽海道肃政廉访司分司。国朝洪武元年,更为提刑按察司分司。永乐六年改今名。正统十一年,佥事陈祚、况真重修。仙游县一所,在县治东功建里。元至正十五年,知县任兴建为尉衙。国朝洪武元年改为公馆。后改为分司守,改为福宁道。正统十二年,知县宋华重建。

文职公署

兴化府在府城西南隅宣化坊内。旧为莆田县治。宋建隆二年,清源招讨使判县事留居道始新之。天禧元年,知县严已重修。庆历五年,知县张纬更创堂宇。元至正十二年,县尹董秃坚贴木儿重修。国朝洪武二年。以旧府治为兴化卫,知府盖天麟遂改建府治于此。天顺元年，知府潘本愚重修建中堂，易以石柱，匾曰“公生明”，后堂匾曰“正己”，迁方明祠于仪门之左，辟府治前通衢而大之。成化十八年，知府刘澄复迁方明祠于仪门之右，而辟其地建为便厅，为推官鞫刑之所。　**经历司**在府堂之左。　**照磨所**在府堂之左。（俱潘本愚重建。）　**丰盈库**在府后堂之左。旧在谯楼北之东，成化三年，知府岳正移建今所。　**司狱司**在府治东北左千户所之东。宋为都监廨舍。后辟为行衙。绍兴二年，知军事赵彦励重修。元初改为总管府急递铺。国朝洪武元年，知府盖天麟改建为司狱司，其西为监房。　**税课司**在府治东司狱司前务巷内。宋为都税务。宣和七年，知军事廖刚重建。国朝洪武元年改今名，大使龚保重修。旧志云，在行衙之南街通远坊内，盖司狱司尝为行衙[14]，而通远坊即务巷口对行衙坊也。

大有仓在府治东望海门内，即宋都仓常平仓也。国朝洪武元年改为大有仓。知府盖天麟修葺。廒凡二十又五，今存者八。

平海仓在府城东北武盛里平海城内，旧名永聚仓。国朝洪武二十年，兴化卫指挥佥事吕谦建，廒凡十又二。永乐五年，本卫千户，姚得增建廒五。九年，千户詹福复增建廒三。正统六年改隶本府。　**杂造局**在府治东同升坊内，右延福寺地也。正统十年，布政使孙昇建为布政分司。成化三年，知府岳正改为杂造局，而以旧杂造局建布政分司焉。　**阴阳学**在谯楼内，宋军资常平公使库也。天圣七年，知军李余庆重建军资库。元丰二年，知军谢仲规增修。绍熙元年，知军赵彦励重修公使库。国朝洪武元年改建为丰盈库。三年，知府盖天麟复修。成化三年，知府岳正移建于府治后堂之北，而以其地为阴阳学。旧阴阳学在西市布政分司之右，其地今入民间。　**医学**在西市布政分司之左。旧在莆田县治之前。成化四年，知府岳正移建今所。　**僧纲司**在府治东永福寺内。　**道纪司**在府治北万寿宫内。　**莆阳驿**在府治北福宁道之后，宋监押厅地也，使院之址疑亦入焉。元初改建为莆阳驿。国朝洪武二十年，通判曹大德修。成化四年，知府岳正复修建一新。驿之南，旧为递运所，宋作院地也。洪武十七年，知县邢敬建。后省，驿兼领之。至是，遂以其地增建谯楼。 **河泊所**在府城东南，胡公里灵慈庙中。洪武十四年，户部差总旗宋云亿闸办鱼课，寓延兴里留茂庵。十六年始置河泊所，河泊官夏铭移寓今处。 **旌善亭** **申明亭**（上二亭在府治前之左右。旧皆南向，天顺元年知府潘本愚改建东西相对。）

莆田县在府治东北善俗坊内，宋广节指挥营地也。旧在府城西南隅县学之北。洪武三年改为府治，知县任益遂徙建今所。正堂之右为典史厅，后堂之右为架阁库，西廊之南为县狱，旧有土地祠在仪门之东，后改为佐贰官视事之所。凡公署俱南向，外门则东向。宣德十年，县丞叶叔文增辟吏舍。景泰元年，知县刘玭增建穿堂。天顺六年，知县王常重修正堂。 **冲沁巡检司**在府城东兴福里。旧在兴化县浔阳，徙置于此，巡检韩翱建。成化三年，知府岳正檄巡检秦广重修。 **嵌头巡检司**在武盛里。旧在新安里莆禧镇，徙置于此，巡检黄琏建。 **青山巡检司**在奉谷里。旧在武盛里南哨，徙置于此。巡检潘琏建。（上三巡检司俱府城东。） **小屿巡检司**在醴泉里。旧在仙游县枫亭，徙置于此。巡检何拜帖木儿建。 **吉了巡检司**在新安里。旧在仙游县潭边，徙置于此。巡检胡贤建。（上二巡检司俱府城东南。）**迎仙寨巡检司**在府城东北待贤里。旧在嘉禾里施水亭。宋熙宁四年徙迎仙市之北。崇宁元年圮于水。供奉官王亨徙迎仙市之西。国朝徙建于此。（已上六巡检司俱洪武二十年创建。）**莆田县税课局**在府城东北延寿里涵头市。洪武元年建。十八年，大使张彦诚修。二十七年，黄时敏增建后厅。正统二年省。三年，大使李秀实奏请有军卫之处仍宜设之，遂复其旧。 **黄石**

税课局在县东南景德里塘尾。旧在本里市埕，即宋黄石务也。元至正间火提领刘均得移建今所。国朝洪武元年改为税课局。二年，大使张思中修。　**莆禧税课局**寓县东武盛里下渚林朝宗庵。旧在新安里莆禧，洪武三年，大使钱九畴徙今所。（上二税课俱正统二年省，课额县兼领之。）　**莆禧仓**在府城东南新安里莆禧城内。初为莆禧千户所仓，洪武二十三年，千户刘毅建，为廒凡十。正统十年改隶本县。　**黄石河泊所**寓府城东南连江里显济庙。旧寓万善堂，洪武十四年，户部差总旗李腊孙、刘会保闸办鱼课，寓显济庙。十八年，设河泊所。河泊官骆宗本又移寓万善堂，后复寓今所。　**莆田河泊所**寓府城东北延寿里新桥圣寿庵。　**莆禧河泊所**寓府城东南崇福里神山堂。成化间移寓吉了澳庵堂，寻复旧。　**公馆**在福宁道前街南。成化间建，以为府僚候谒上司之所。　**旌善亭**　**申明亭**（上二亭在县治外门之左右。）　**总铺**在府治前之东。　**魏塘铺**　**涵头铺**（上二铺在仁得里。）　**余埔铺**在永丰里。　**江口铺**在待贤里。（已上四铺俱府城北。）　**双牌铺**　**濑溪铺**（上二铺在文赋里。）　**猴溪铺**在新兴里。（已上三铺俱府城南。）　**塘头铺**在谷清里。　**扑模铺**在兴福里。（上二铺俱府城东南。）　**大坑铺**在奉谷里。　**平海卫前铺**在武盛里。（上二铺俱府城东。）　**东林铺**在合浦里。　**郑榄铺**在崇福里。　**莆禧所前铺**在新安里。（上三铺俱府城东南。）

都转运盐使司分司在府城北延寿里涵头市。元至元十六年，设管勾司董鹾事。延祐二年改为司令司。本司官周文郁建。国朝洪武二年，改为福建都转运盐使司分司。本司同知胡杰重修，匾其中堂曰“德政”，后堂曰“中和”。左右设幕厅。　**上里场盐课司**在分司内，以右幕厅为之。又有下里场，俱附于此。凡辖二十四团，团各有仓。天地团，贮一十二灶盐。地玄黄团，贮一十一灶盐。玄黄洪荒团,贮九灶盐。(上三团俱延寿里。)日月团,贮六灶盐。日月盈团,贮八灶盐。洪荒日月团,贮八灶盐。星辰团,贮一十二灶盐。辰宿团,贮八灶盐。宿列团,贮七灶盐。列张团,贮七灶盐。(上七团俱望江里。)寒张团,贮八灶盐。寒宇团,贮一十一灶盐。寒来西团,贮十灶。(上三团俱永丰里。)来西东团,贮一十二灶盐,系待宾里。富盈广衍团,贮九灶盐。富盈团,贮七灶盐。丰实团,贮七灶盐。广衍永济团,贮九灶盐。永济团,贮七灶盐。(上五团俱合浦里。)永宁团,贮一十一灶盐。永宁团,贮八灶盐。永丰团,贮一十一灶盐。盈字团,贮八灶盐。(上四团俱兴福里。)

仙游县在大飞山南五里。初建于今县治之北三十步,唐嗣圣二年始迁今所。宋崇宁二年,知县钱闻重建正门,其上为鼓楼。楼之内有簿、尉二厅,东西相望。淳祐十一年,知县赵时铸重建。东则库帑,西则行狱,元至正十二年毁于寇。十五年,县尹任兴即其故址重建。国朝洪武二年增建,规制悉备。三十三年圮。三十五年,知县张浦以后堂故基更创正厅。西为幕厅,东为库房,仪门外之东为土神祠,祠之前为县狱。宣德八年,知县王彝即正厅故址重建厅事,匾曰"公生明"。更建幕厅于其东,库房于其西,改建外门为鼓楼。莆田林文为记。正统十二年,知县宋华重建后堂。成化九年,知县黄璨修建一新。按县志古有谶云:"欲进前,后山软;欲退后,前山远。此去三百年,有两口山人来裁剪。"后有吕姓者来迁之。　**阴阳学**在县治西三观堂巷。旧在县前东九十步,岁久而圮。成化十年,知县黄璨改建今所。　**医学**在县治东百步许,旧惠民药局也。成化十八年,知县彭昭重建。　**枫亭驿**在县东南连江里枫亭市。按《皇华四达记》,即唐风亭馆。宋为太平驿。嘉祐元年,知县许抗始建厅事。蔡襄尝有书贻乡人之仕者及业文学未仕者,相与共完之。二年,知县阎仲甫增建,堂宇悉备,襄为记。元至正七年,改为枫亭铺。十二年火。二十七年,录事刘杰重建。国朝因之。正统八年，知县杨信、铺丞李绅重建。十年，知县宋华建门楼及廨舍。天顺七年，铺丞方纲修。成化八年，铺丞曾铉重修。　**僧会司**在县西南仁德里龙华寺内。　**道会司**在县治北功建里，福神观内。　**际留仓**在县治仪门外西南隅北仓之前。洪武十六年，知县顾思敬建。成化十年，知县黄璨重建。　**旌善亭**　**申明亭**（上二亭在县治鼓楼外之左右，俱洪武中建。成化九年，知县黄璨以其太逼县治，改辟今址重建。）**县前铺**在县治前谯楼之左。成化九年，知县黄璨以旧铺太逼县治，改辟今址重建。　**石乌铺**　**长岭铺**　**沙溪铺**（上三铺在香田里。俱成化十八年知县彭昭重修。）　**枫亭铺**在连江里枫亭驿东百步许。旧去驿里许，成化十年，知县黄璨以其地卑温，移建今所。（上四铺俱县东南。以上五铺俱洪武四年知县周从善创建。）

武职公署

兴化卫指挥使司在府治东北谯楼内之西。宋为都巡检廨。太平兴国八年，知军事段鹏改创为兴化军治。内有大厅，亦曰设厅。前有仪门，亦曰戟门。仪门之外有中门，在谯楼之西东向。宣和五年，知军事廖刚重修大厅。绍兴九年，知军事孙莳重建仪门及中门。淳熙三年，知军事潘畤始建阁于大厅之上，以崇御书。元初改为兴化路总管府。国朝洪武元年，指挥俞良辅、卢镇奏改为卫。正统五年，指挥使张广重建仪门。景泰四年，广之子刚重修正堂及外门，并建穿堂。　**经历司**在正堂之东。　**镇抚厅**在卫东谯楼之内，宋兴化军佥厅故址也。初为回车院，郡守秩满寓焉。绍兴十七年，知军事王辟章改建为佥厅。国朝洪武三年，镇抚邓斌改为镇抚厅。正厅之左为监房。二十八年，镇抚阮忠增建后厅。　**左千户所**在卫东镇雅坊内，宋兴化军治宣诏亭址也。国朝洪武十三年,副千户孙遇创建。 **右千户所**在卫前前所之左。洪武十三年,正千户陈畊创建。宣德四年千户廖祥重建。 **前千户所**在卫前右所之右。洪武十三年,正千户王良创建。正统九年,千户杜熊重建。 **后千户所**宋兴化军治桂籍堂、正己斋、和简堂、思无邪斋址也。洪武十三年,正千户夏文创建。 **中千户所**宋兴化军治靖共亭、清心堂址也。洪武十四年副千户姚成创建。宣德十年,千户白俊重建。(上二千户所在卫东谯楼之内。已上五千户所,厅前两廊各列十百户所。) **公馆**在福宁道之东,宋兴化军通判厅地也。国朝成化间,建为尉僚候谒上司之所。 **修料库**在卫厅西,以耳房为之。 **军器局**寓玄妙观内东偏。旧寓城隍庙,后移今所。 **教场**在府城东北隅乌石山下,其中有演武亭。景泰三年,指挥使张刚重修,并建演武场。成化间,指挥佥事洪宽重建演武坊。 **屯田新旧凡一十九所**共田地九百一十八顷二亩九分五厘,计旗军三千三百六十名。左所屯七所:莆田县四所:一在县东保丰里,一在县西新兴等里,一在县南醴泉等里,一在县北常泰等里。仙游县二所:一在县东香田等里,一在县西文贤等里。泉州府永春县一所,在县西一、二都。右所屯三所:仙游县一所,在县北兴泰等里;泉州府永春县一所,在县西三、四都;福州府福清县一所,在县西万安等里。中所屯三所,福清县二所,一在县西香田等里,一在县南临江等里。前所屯三所:福清县二所,一在县西清远等里,一在县北清宁等里;永春县一所,在县西六、七都。后所屯三所:福清县二所,一在县西清宁等里,一在县北方兴等里;永春县一所在县西八、九都。

烽燧(即烟墩)**凡七处**俱在莆田县东南,洪武间设。本卫分军守瞭。正统十二年,参政李颙令小屿巡检司弓兵代之。石牛山、太湖、槐左山(上三处在安乐里)、小屿山、赤岑山、嵩山(上三处在醴泉里)、岑山(在灵川里)。

平海卫指挥使司在卫城中。洪武二十年，江夏侯周德兴奉旨创设。兴化卫指挥佥事吕谦督建。正统八年，本卫指挥王茂修。景泰三年，指挥使姜铭安重修六房，并增建穿堂。　**经历司**在正厅之西，久废。　**镇抚厅**在卫治东南。景泰三年，镇抚胡俊、赵震修。成化间重修。　**左右中前后五千户所**俱在卫治南。每所各列十百户所。　**公馆**在卫城西南，指挥使李全廨舍。正统三年，指挥同知王茂改建。　**教场**在卫西一里许，中有演武亭。　**埕寨一处**在奉谷里。　**屯田五所**共田地八十七顷五十亩二分，计旗军二百八十五名。左所屯一所，在仙游县兴泰里观洋等处。右所屯一所，在硿上等处。中所屯一所，在凤冲等处。前所屯一所，在坝头等处。后所屯一所，在马洋等处。（上四屯俱在莆田县广业里。）　**烽燧**（即烟墩）**凡三十二处**俱在莆田县。洪武间创设。本卫分军守瞭。天顺三年，按察司佥事牟溱令各巡检司弓兵代之。浦口（即下徐）、砺头山（上二处在延寿里）、蔡墩山（在永丰里）、岩沁山、余埔山、东蔡山（上三处在望江里。已上六处俱县东北。今属迎仙寨巡检司）、埕口山、双髻山、后峬山（上三处在兴福）、三江口、珠浪、宁海（上三处在连江里）、塔山（在莆田里）、谷城山（在谷清里。已上八处今属冲沁巡检司）、嵌头山、石井山、上欧山、小澳山、赤岐山、石狮山（上六处在武盛里）、大仑山、章厝山、鲫鱼山、林边山、壕山（上五处在合浦里。已上一十一处今属嵌头巡检司）、湖边上、岐头山、棋山、石城山、澄港山、蔡山、东林山（上七处在奉谷里，今属青山巡检司）。

莆禧千户所在所城中。洪武二十年，江夏侯周德兴奉旨创设。兴化卫指挥吕谦督建。厅之前两旁列十百户所，仪门之前为谯楼。　**镇抚厅**　**教场**在所城外西北一里许，中有演武亭。

烽燧（即烟墩）**凡一十四处**俱在莆田县东南。洪武间创设本所，分军守瞭。正统十一年，御史丁澄令吉了巡检司以弓兵代之。

吉了山、塔林山、庵前山、文甲山、山西山、东山柄、尖头山、埋头山、后埔山、度边山、西山(上一十一处在新安里)、大洪山、昊山、蛎山(上三处在崇福里)。 **南日山水寨**在府城东南新安里,吉了巡检司之东,滨海。洪武初,设于南日山,后置今所,名仍其旧。每岁分兴化、平海、泉州三卫军士更番以备倭寇。兴化卫,官九员,旗军一千一百五十名。平海卫,官一十五员,旗军一千七百六十名。泉州卫,官一十二员,旗军一千一百五十名。

福宁州

上司公署

布政司分司在州治东四十余步。正统八年知县项智建。宁德县一所,在县治南一里许。成化十年知县江伟建。福安县一所,在县治南重金山下。

福宁道在州治东三十步许。洪武九年知县赵仲明建。宁德县一所,在县治东二十余步。洪武十年知县朱政建。福安县一所,在县治东。

文职公署

福宁州在州城中龙首山下,即旧县治也。宋建炎二年知县潘中建。元至元间改为州治,同知董德宜重建。延祐六年,知州袁中议撤而新之。泰定四年,州尹张伯颜重修。国朝洪武初,仍以为县治。七年知县郭征、宣德五年知县钱宥俱掌修建。成化九年复以为州治。知州刘象重建。正堂之左为幕厅,右为库房,仪门之前为谯楼,谯楼之西为州狱。 **大筼筜巡检司**在十一都。 **松山巡检司**在一都。 **水澳巡检司**在十二都。 **青湾巡检司**在五都。(上四巡检司俱州东。) **高罗巡检司**在四十三都。　延亭巡检司在五十都。（上二巡检司俱州南。已上六巡检司俱洪武二十年创建。）　拓洋巡检司在州西北。正统六年，主簿王纯以其地山寇出没，奏设巡检司于此，以警备之。　税课局在州治东一十五步。元至元二十四年建为税课局[15]。国朝洪武二年改为税课局。七年知县郭征、正统七年知县项智俱尝修葺。前门基地为军营所侵，成化十四年，知州刘象复之。十八年，大使郑炳重建。　广盈仓在州治西北隅。旧隶福宁卫。正统六年改隶福宁县。成化九年，判官黄晟辟而大之。　大金仓在大金千户所城中。洪武间创建。洪武十年判官黄晟重建。　阴阳学在州治西五十步。　医学在州治西一百六十步，旧惠民药局也。　僧正司在州城东门外建果寺。　道正司在州城北门外玄妙观。（上二司旧为僧会、道会司。成化九年，升为僧正、道正司。）　松山河泊所在州东一都，洪武二十六年建。　馆驿在州治东。旧在州治西门内大街之北。洪武二十年筑卫城时，其址已为军营矣。正统七年，知县项智别建今所。　盐田公馆在州城西三十八、九都渡头。成化十年，判官黄晟建。　杯溪公馆在州治西北三十六、七都。成化十年，同知张翀建。　际留仓在州治议门内。旧在秦溪坊内，元至元三十年设。国朝洪武十六年移于今所。　旌善亭　申明亭（上二亭在州治谯楼外左右，俱洪武十一年，知县赵仲明建。）　州前铺在州治谯楼内，洪武三年置。　金台铺在二都。　倒流溪铺　官田铺　湖平铺　官洋铺（上四铺在四都。）　钱大王铺　龙亭铺（上二铺在六都。）　杜家店铺　杨家山铺　五蒲铺（上三铺在九都。）　白琳铺在二十都。　顾洋铺在二十一都。　王孙铺在二十二都。　岩前铺在十九都。　北水铺　牛岭铺　分水岭（上三铺在十八都。已上一十七铺俱州东。）　石滏铺[16]

在三十六都。 **尤家店铺** **盐田铺**(上二铺在三十八都。已上三铺俱州西。) **黄沙铺**在三十五都。 **渔洋铺**在四十二都。 **高罗铺**在四十三都。 **大金铺**在五十二都。(上四铺俱州南。通上凡二十四铺,俱洪武二十年知县郭征、县丞易大年建。)

宁德县在白鹤洋。旧为盐场,五代唐长兴四年,伪闽创建为县。宋建炎二年毁。绍兴元年,知县赵侁之重建[17]。元至元二十年又毁。明年,知县徐卯孙复建。国朝洪武十年,知县朱政重修。宣德五年重建。正厅之东为典史厅,西为架阁库,仪门之西为县狱,前为谯楼。 **麻岭巡检司**[18]在县北十九都涵村。元时在十五都东洋。国朝洪武元年,知县王子景重建。宣德间移建今所。 **阴阳学**在县治南布政分司之右。成化间建。 **医学**在县治东南三十步许,旧惠民药局也。 **河泊所**在县治东鳌桥之西。洪武元年建为税课局。后税课局省,遂改为河泊所。 **僧会司**在县东五都资圣寺。 **道会司**在县北七都东山宫。 **公馆**在县治南鹏程街。旧为布政分司。成化十年,知县江伟移建布政分司于县治之南,遂以此为公馆。 **鸣坑公馆**在县北九都。 **飞鸾公馆**在县南二都。(上二公馆俱成化间建。) **宝丰公馆**在县西北十七都。永乐元年,监察御史蒋彦禄建。成化十二年,判官黄晟重建。 **际留仓**在县西一里。洪武三年建。 **申明亭** **旌善亭**(上二亭在谯楼外左右。) **县前铺**在谯楼之西。成化十四年,县丞潘璇重建。 **山泽铺** **飞鸾铺**(上二铺俱在县南二都。) **白鹤铺**在□□□[19]。 **界首铺**在三十九都。(上二铺俱县西。)

福安县在扆山之下,宋长溪县西乡尉衙也。淳祐五年改为县治。知县郑辅[20]草创未毕工,九年知县林子勋踵而成之。元至元十三年毁。至大四年,主簿胡琏建。至正三年,知县赵元善重建。国朝洪武八年，知县崔孚复新之。天顺六年，知县陈谟重修。正厅之左为幕厅，仪门之前为谯楼，谯楼内之西为县狱。

白石巡检司在县北七都。成化八年，按察司副使何乔新奏请创建。　**阴阳学**在县治之东。今废为观音堂。　**医学**在县治谯楼之东还淳坊口，即旧惠民药局。宋淳祐五年知县郑辅建。国朝洪武十八年改为医学。　**僧会司**在县治西南龟湖亭。　**公馆**在县治东门。　**湖塘公馆**　**白石公馆**（上二公馆在县北七都。俱成化间参议陈渤建。）　**际留仓**在县治谯楼内东畔。　**白石仓**在县北七都白石巡检司城内。　**申明亭**在谯楼之右。　**旌善亭**在申明亭之右。　**县前铺**在谯楼东。　**柳斜铺**在二十都。　**任家铺**在二十五都。　**化蛟铺**　**大梅铺**（上二铺在二十六都。已上四铺俱县南。）　**松萝铺**在县东南。　**界首铺**在县南。（上二铺俱二十七都。）　**廉村铺**在县西南二十一都。　**大留铺**在县东南二十一都。　**曾坂铺**在县东二十八都。　**龟灵铺**在县西北九都。

武职公署

福宁卫指挥使司在州治之东，旧资寿寺址。洪武二十年，江夏侯周德兴奉旨创建。成化间，指挥同知张武撤而新之。正堂之后为聚勋堂，仪门之前为谯楼。　**经历司**在卫堂之东。成化十八年，经历杨序重建。　**镇抚厅**在仪门之右。　**左右中前后五千户所**在六房之后。南向，每所俱有十百户所。　**仪仗库**　**货财库**（上二库在卫堂左右，以耳房为之。）　**军器局**在卫堂西北。　**教场**在州城西门外，中有演武亭。成化十一年，指挥同知沈正重修。　**寨凡八处**青弯寨、三沙寨（上二寨在五都）、可家寨（在八都）、黄崎寨、小筼筜寨、大筼筜寨（上三寨在十一都)、南镇寨、水澳寨(上二寨在十二都。已上俱在州东。洪武间创置本卫,分军守备。景泰间省,其址犹存)。 **屯田十所**洪武二十八年,制令分军屯种,共田地一百九十二顷七十四亩四分,计旗军七百一十七名。左所屯二所,俱在州一都草坂底起至四都止。右所屯二所,俱在州五都大清化起至六都大飞泉止。中所屯二所,俱在州二十都大坪起至二十一都止。前所屯二所,俱在州二十一都杉洋起至二十五、六都崇儒止。后所屯二所,俱在州四十四、五都青皎起至四十六都下浦止。 **烽燧**(即烟墩)**凡二十一处**俱在州城东。沙松、台澳(上二墩在一都)、后崎、赖离(上二墩在三都)、大青画、小青画、东壁、离智、烽火(上五墩在五都)、梅花(在七都)、三山、大峰、南金、金家(上四墩在八都)、黄崎、白岩(上二墩在十一都)、南岭、白露、水澳(上三墩在十都)、沙埕(在十五都)、右县(在四十一都)。 **大金千户所**在州城南五十二都大金城内。洪武二十年,江夏侯周德兴奉旨创建。 **吏目厅**

镇抚厅 **教场**在所城西门外。旧在东门外网里。洪武二十七年,千户赵□移今所。 **寨凡五所**俱在州南。高罗寨(在四十三都)、下浒寨(在五十一都)、延亭寨、车安寨、西白寨(上三寨在五十三都)。 **烽燧**(即烟墩)**凡一十七处**俱在州南。长门(在四十二都)、积石、间峡、南山、罗浮、赤崎、小南(上六处在四十三都)、北山顶(在四十五都)、塔尾、下许(上二处在五十一都)、青山、界石(上二处在五十二都)、刘金、下篁、车安、石湖、关崎(上五处在五十三都)。 **定海千户所**在连江县东二十七都,埕角澳定海城内。洪武二十年,江夏侯周德兴奉旨创建。 **吏目厅**

镇抚厅 **教场**在所城外东南一里许。 **埕寨一处**在连江县东二十六都之北茭。 **屯田凡一十五所**一所在县治前西,钦平上里场前。一所在词台。一所在朱湾(上二屯在贤义里)。一所在安仁上中里桐湾(上三所俱在中鹄里丹阳。已上二屯俱县东)。一所在定田。一所在新安(上二屯在县南新安里)。一所在二十九都安海。一所在郭宅墩。一所在陀陇(上二屯在嘉贤上里。已上三屯俱在县东)。一所在清河里阮市。一所在光临里可溪(上二屯俱县西)。一所在县东北建兴里高洋。　**烽燧**(即烟墩)**凡八处**洪武间设。俱连江里。官坞、官海、黄崎、裹头(上四处在二十六都)、长崎、大埕(上二处在二十七都)、小澳(在永贵里。已上七处俱县东)、东岸澳(在县东南安庆里)。　**烽火门水寨**在州东一都松山。永乐十八年创设于三沙海面。正统九年,侍郎焦宏以其地风涛汹涌,泊舟不便,命移于今所。每岁分福州左、中、福宁三卫官军更番以备倭寇。福州左卫官一十一员,旗军一千三百八十九名。福州中卫官一十一员,旗军一千三百八十九名。福宁卫官一十一员,旗军九百九十名。大金千户所官四员,旗军三百名。　**把总公馆**在演武亭之东。　**福州左卫公馆**在把总公馆之西。　**福州中卫公馆**在把总公馆之东。　**福宁卫公馆**在福州中卫公馆之东。　**水寨教场**中有演武亭。亭之北为军器局。

校　注

[1] 嘉靖《延平府志·公署》注:“唐治在沙源。”

[2] 嘉靖《延平府志·公署》作“在东岳行宫”。

[3] 嘉靖《延平府志·公署》作“在县治东北”。

[4] 嘉靖《邵武府志·制宇》作“在县治西南龙兴观东”。

[5] 嘉靖《邵武府志·制宇》作“改为宁武道”。

[6] 嘉靖《邵武府志·制宇》作“淳祐六年”。

[7] 嘉靖《邵武府志·制宇》作“令孔公俊重建”。

[8] 嘉靖《邵武府志·制宇》作“绍定六年”。

[9] 嘉靖《邵武府志》作“淳祐九年”。

[10] 嘉靖《邵武府志·制宇》作“胡廷瑞”。

[11] 嘉靖《邵武府志·制宇》作“正统十一年建于止马市,弘治四年令魏默徙建今所”。

[12] 嘉靖《邵武府志·制宇》作“邵汀翼万户府”。此“奕”字误。

[13] 弘治《兴化府志·廨署》作“今县治西三百步,即宋监税廨舍,今呼西市”。

[14] 弘治《兴化府志·廨署》注:“行衙即转运廨舍也。”

[15] 民国《霞浦县志·建筑》作“在县东五十步,元至元十五年立为税课司”。

[16] 民国《霞浦县志·建筑》附:“旧铺递,有西路石泂铺。”此之“滗”疑作“泂”字。

[17] 乾隆《宁德县志·建置》:“宋建炎四年,赵令铣之重建。”注:“通志、府志作建炎二年毁,绍兴元年赵令重建。”又载:“元至元二十一年毁,明年徐令卯孙重修。”又,“铣之”乾隆《宁德县志·宦绩》作“诜之”。

[18] 乾隆《宁德县志·建置》谓:“周墩城其先为麻岭司堡,筑于明宣德年间,巡检司驻焉。”按即现之周宁县。

[19] 乾隆《宁德县志·建置》谓:“白鹤铺在一都白鹤岭上,离城十里,为县前、界首两处交代传递之所。”

[20] 乾隆《宁德县志·公署》作“郑黼,字文甫,崇安人,淳祐五年任”。

福建省地方志编纂委员会主编

福建地方志丛刊

八闽通志

（修订本）

下

［明］黄仲昭 纂

福建省地方志编纂委员会旧志整理组
福建省图书馆特藏部
整理

海峡出版发行集团 | 福建人民出版社
THE STRAITS PUBLISHING & DISTRIBUTING GROUP | FUJIAN PEOPLE'S PUBLISHING HOUSE

目　　录

八闽通志卷之四十四

学　　校

按旧志，莆人郑露倡学于梁、陈之间，福人薛令之登第于神龙之际，则闽人知学其所由来也远矣。而《唐史》则谓自常衮兴学校，而闽人始知学，何欤？盖闽人知学虽已久，至衮大兴学校而始盛也。自时厥后，闽之文物骎骎与上国齿，至宋遂有“海滨邹鲁”之称。有元九十余年，俗沦于夷，学校之教虽未尝废，而斯文终有愧于古。天启文明，我太祖高皇帝廓清海宇，继天立极，乃令天下郡邑皆立学以教髦士。而学必有庙以祀孔子，盖欲学者一以孔子之道为宗，而不为他歧所惑也。

列圣相承，其所以申饬而作兴之者益明且备。故贤才之出彬彬焉轶于唐，而几于宋。猗欤盛哉！闽诸郡邑学校及诸名人贤士讲学之所，贤有司能祗承德意者多所修葺，是不可以无纪。间有废者，其流风余韵亦足以兴起后学，皆不可少也。乃志学校。

福州府

府学在府城南兴贤坊内。旧在子城西北一里许，唐大历间，观察使李椅[1]移建今所。唐乾宁元年，王潮[2]于州四门置义学。五代梁龙德元年，王审知置四门学，以招徕四方之秀。吴越时作新宫，号使学。宋太平兴国中，转运使杨克让始作孔子庙。景祐四年，权州事谢微表请于庙立为府学，从之。诏下，微适罢去，郡守范亢、许宗寿[3]踵其事，历五年乃成。有九经阁、三礼堂、黉舍、斋庐、旁翼两序，庖次井饮，百用皆给。熙宁三年灾。郡人韩昌国、刘康夫等二百人请自创建，郡守程师孟许之。既而属县之士皆如昌国请，不一月，集钱三百万，为门，为殿，为公堂，环列十斋，以居学者。公堂之后，又别为室以藏书，为堂以讲议，为斋以处师友，盖合百有三十间。仍表请更定圣贤像制。元祐八年，郡守王祖道复斥东西序之北二百四十尺，增斋舍为二十。而小学在中门外之左，客次在中门外之右。旧庙学门皆西出，至是改建外门，直中门之南。崇宁元年，行舍法，始自朝廷选择教授，增养士之额，益广为三百五十一区，为堂三，为斋二十有八[4]。后罢舍法，省斋为十有二。嘉熙元年，重建棂星门。景定四年毁。明年，帅守王鎔撤唐安寺材，建礼殿；撤城南禊游亭，建养源堂于殿之东北，创奎文阁于堂之北；复构戟门及棂星门，而别立学门于其东，凿泮池而桥其上。桥之西为米廪，北为中门，中门之西北为钱粮司。又西为守宿房、祭器库。北为学厅。厅之北列横廊三重，前廊之中为中亭。廊各五斋。元大德八年，教授陈仲晦创丽泽亭于奎文阁之后，前立表曰“杏坛”，宪使程文海书匾。皇庆元年，省十五斋为六斋，各设训导。延祐四年，宪使赵宏伟拓礼殿而大之，塑先圣十哲像于中；辟两庑，塑从祀像九十有五[5]。撤旧钱粮司、守宿房、祭器库，拓戟门东为祭器库，西为乐器库。更立棂星门。门之内，东为神厨，西旧更衣亭。泰定二年，棂星门及更衣亭、神厨俱为暴风雨所坏。三年，教授陈震重建。又言于总管刘元亨创建米廪。五年，复以宪使易释董阿之命新厅后中亭。至正十年[6]，教授陈俊建明伦堂及六斋。国朝洪武初，葺礼殿，匾曰“大成”。寻割其后养源堂、丽泽亭并杏坛地为贡院。殿前东西为两庑，南为大成门，又南为棂星门。门内东为神厨，西为常衮祠及更衣亭。

大成门之东为神库。殿之东为明伦堂。堂之前东西为四斋。南为中门，并堂之东为膳厨。宣德九年，又建堂于明伦堂之北，仍匾以“养源”。二堂之间为致斋所二，左曰“斋明”，右曰“肃雍”。学之东为教授及训导廨舍凡四所。学之西并礼殿东壁为号房若干楹。成化三年，巡按御史涂棐以国初所须铜铸祭器如尊、罍、铏之属，皆岁久刓弊，因命工并笾、笠、簠、簋俱范铜而重铸之。十三年，知府唐珣大修庙学，礼殿前翼以舞亭。撤旧明伦堂，北却三丈许重建，为间凡七，并建养源堂，其间如明伦堂之数。旧东西两斋各九间亦增之，合为二十有六。东西号房皆以次修建。泮桥西米廪后改为更衣亭。　**射圃**在学之东偏。旧在明伦堂之东，今光风霁月亭其故址也。宋淳熙四年，郡守陈俊卿创。仍构亭其中，匾曰“序宾”，后废。国朝宣德间改建于今所。正统十年，御史陈永辟其地建观德亭。成化十四年，知府唐珣重建。东西复增两序。十九年为风雨所坏，寻复修葺。

闽县学在府治东南罗山之麓。唐制，倚郭县不复设学。至宋庆历中始建。治平元年修。熙宁中，邑令方叔完重建。崇宁初，舍法行，寓于府学，后复旧。元至元十五年毁。越五年，学官丁尧建礼殿。元贞元年，学官韩挺特建斋庐。大德七年，吴鼎来建讲堂。十一年，陈振玉树皋门，立尊道堂。至大三年，学官高琳子绘从祀像[7]，造祭器。泰定二年，县尹张德、学官蒋景说拓礼殿而深之。国朝洪武二十三年，御史陈述、副使李惟益撤其旧重建。正统十二年，御史陈永复广其规制。继而御史丁澄又悉撤而更之，拓地三倍于旧。天顺间，御史顾俨又鬻民地以广学前之路。成化九年，御史尹仁复拓其后，以取方正。而提学佥事钟诚[8]议欲右市民居后门法海寺地以益其址，知府郑时遂厚其直以鬻之。于是更建大成殿并东西两庑。东南为学门，殿后为明伦堂，列两斋于左右，徙旧崇文阁于堂后，而夹以两翼。十二年，知府唐珣绘殿堂，新戟门、棂星门并殿前舞亭，阶砌墀道，以至号房、庖湢、垣墙、门径，悉修建一新。 **鳌峰书堂**在府城内东南鳌顶峰下。宋状元陈诚之读书处也。今废为民居，故址漫不可考。 **龙首涧书堂**在府城东瑞胜里东山，宋状元许将尝肄业于此。治平四年，知县陈靖大书刊石曰“龙首涧”。今东山大乘寺西庵即其地也。

侯官县学在府治南、县治之东，宋庆历中建，寻复修之。熙宁九年，县令方叔宅建礼殿于讲堂之西，并塑像其中。崇宁舍法行，亦寓府学，后复旧。景定四年，礼殿毁，寻建。元至大二年，县尹郄衍割县东之地以广西庑，创尊道堂于讲堂后。延祐五年，县尹魏扬祖重修。国朝宣德十年，教谕罗伦以其规制隘陋，请于布政使周颐拓其址，重建明伦堂。堂之前左右为两斋，东为膳厨，北为尊经阁。阁之下为养贤堂，南为中门，又折西而南为外门，门内之西为侧门，入礼殿，东为文奎阁。正统十一年，御史丁澄又创集英堂[9]于尊经阁之后。十四年，镇守刑部尚书薛希琏创棂星门，修大成殿，饰圣贤像。成化十八年，知府唐珣重建两庑及棂星门，饰圣贤像。莆田郑瑗为记。 **拙斋书院**在府治西南三山驿前。宋儒林拙斋之奇与其徒吕东莱祖谦讲道处也。乡大夫士仰止二先生学行，遂相与修葺之，像拙斋于其中，而以东莱配。状元黄朴匾其堂曰“尊拙”；莆田陈宓复匾其门曰“拙斋林先生书院”。岁久而圮。国朝成化间，其裔孙培重建。复像拙斋于中，左配以东莱，右祔以拙斋之从子子冲及子冲之子畊，而其门堂之匾则皆仍其旧云。 **三山书院**在府城西关外西湖之上。宋宝祐二年，提刑王似创建[10]。元至元间，参政史弼立匾。政和元年，宪使易释董阿重建。 **古灵书院**在府城西南六十里，古灵溪之滨，宋儒陈襄读书处也。中为堂，塑宣圣燕居像于其中。旁为祠以祀襄。岁久颓圮，惟先圣之像独存。成化改元，乡人林宪率众草创，号“古灵书塾”。

怀安县学在府治西。宋大中祥符四年，主簿陆柬始建庙于石岊旧县治之东隅，柬自为记。嘉祐二年，知县樊纪移于县西，建礼殿、学官、讲堂、斋室咸备。周希孟为记。及舍法行，增至八十一区。建炎中毁于建寇。绍兴初改创县东，为斋三[11]。宝庆三年，知县徐璩重修。元因之。国朝洪武十二年，徙县治入郡城，遂移今所，先建讲堂。正统二年，布政使周颐始市民地建大成殿于讲堂之西南。四年，布政使方正、参政宋彰建东西两庑。肖宣圣及四配十哲像。复拓地创明伦堂及东西两斋于殿之左。七年，御史张淑建戟门及棂星门，又市民地于明伦堂之后，欲建后堂而未果。十一年，邑士民林崇等请助以己资创建会馔堂二。堂之间为中堂。轩、舍、庖、廪咸备。翰林学士庐陵陈循为记。十三年，御史柴文显又辟棂星门之外为路，以抵通衢。建外门，匾曰"儒林"。成化八年知县胡节、教谕陈文修，十六年知府唐珣、知县李亮复修殿堂两庑，更创棂星门以及斋舍，焕然一新。　**登云书院**在府治西登云坊内，旧灵官堂址也。成化十七年[12]，知府唐珣建。中为正堂，塑夫子及四配像，匾曰"燕居"。正堂之后复为堂，为师生讲授之所，匾曰"敬义"。二堂左右及正堂之前为书室，凡二十余间，匾以重门，缭以周垣，庖廪湢溷罔不备具。岁延师其中以训迪诸生，复买田给之。以其地在登云坊之内，因匾曰"登云书院"。莆田黄仲昭为记。　**瓜山义学**在府城南十二都。元至正间，歙人郑潜以泉州总管致仕，寓居于此，因创义学以教乡闾子弟，又置田百亩以供其费。　**绝学寮**在府治北越王山之阿，相传宋张浚读书养素之所。

长乐县学在县治东兴贤坊内。唐乾符四年建。宋邑宰董渊、吴仲举、萧竑、施闻相继缮治，卒莫能就。元祐三年，袁正规宰邑，亟议修建。邑人林通者作县图经，命鬻之，得钱二十万。县之富民皆相与殚力，乃仍旧殿新之。背殿有堂，翼以两序，为斋十二。崇宁初，舍法行，增至五十三区。淳熙间，斋省为三。元延祐八年，创从祀两庑。至正十二年重建礼殿及两庑。北为明伦堂，南为戟门。门外东西为神厨、神库、宰牲房。又南为棂星门,门内为泮池,池上为石梁。东偏为学门,东庑之东为米廪。国朝天顺七年,知县任衡重修[13]。成化十七年,知县罗叙撤明伦堂而新之[14]。附堂东西为两斋。邑人郑序为记。 **射圃**在学之南,构亭其中,匾曰"观德"。 **阜林乡学**初在县南海滨曰"祉溪"。宋英德府学教授林垓子[15]创建,后废。国朝洪武十二年,其孙文镒[16]谋于乡族,改卜于溪之阳曰"阜林",建礼殿、讲堂,左为列舍,以肄诸生。右为祠堂,以崇先贤。门庑庖湢完具。道无所出,里人李麟筑田为之。地有阙,里人林节生奉园足之。吴海为记。

连江县学在县治东南里许。旧在县治东,宋嘉祐三年知县朱定修庙为学,政和初广之,凡四十三区,有善养堂,为斋凡三。绍兴八年,知县林觉移建今所,背长汀,面云居;邑人林日华率陈元礼、林芭[17]、林镎等缗钱万有奇助之。重门修廊,巍殿中峙,有翻经阁、驾说堂,更为四斋。邑人李弥远为记。淳熙八年,邑人郑鉴言:"学与夫子庙东向非宜",邑宰苏懋遂改建南向。殿之后为进德堂,堂之上为稽古阁。增斋为六。嘉祐二年,邑宰赵汝训增筑尼山于学宫之后。宝庆三年,邑宰郑沆凿泮池于戟门之外。咸淳八年,邑宰宋日隆新风池坊于棂星门之前。元皇庆二年,县尹夹德明、教官徐复协力缮修,积二年而庙学复新。政和元年[18],县尹成和复拓殿之前楹而广之。至正二十一年,平章燕赤不花与秘书监乡贡师泰等捐己俸葺大成殿东西庑,建仪门、棂星门,改正德堂为明伦堂。国朝洪武初重建。永乐二十年,教谕吴嗣善捐俸倡众重修明伦堂并稽古阁。正统十年,知县刘仲戬复市材将重建之,以任满去,未果。其后知县欧阳翰[19]踵而成焉。堂之上为阁,以藏书籍,仍匾曰"稽古"。成化十九年,知县凌玉玑以厨廪廨舍岁久而弊,复修葺之。 **射圃**在学之西偏。成化十九年,知县凌玉玑建亭于其中,匾曰"观德"。

福清县学在县治之东。旧先圣像寓于三礼堂,邑人提举游冠卿始舍地创庙。宋元丰元年，复广庙地建学。元祐六年，知县方叔完又广而新之，市钱塘书籍储于经史阁。崇宁初，增至八十四区，为斋三。淳熙元年，知县刘墩增斋为四。明年，改学门南向。元至元三十年，县尹曹琎塑七十二贤像于县之东西庑。元贞元年[20]宪使程文海修学门，仍自书匾。明年升为州学。大德三年，知州毋逢辰即经史阁故址创堂二，曰“道立”，曰“帅正”，并建学官廨舍于尊道堂之东偏。皇庆元年省斋为六。延祐五年，州判乃麻歹移戟门稍进而南，匾其左曰“肃容”，右曰“聚敬”。泰定四年，知州贾思恭复新两庑。至正九年，知州林泉生以为前庙后学类浮屠梵宇之制，乃更作之。左为明伦堂，右为大成殿，殿之南为东西两庑，堂之南为东西两序，又南为泮水，又南为前序。泉生自为记。十二年，知州中国辅[21]建戟门、棂星门，更新两庑及诸从祀像。郡人陈豫为记。国朝洪武初复为县学，寻重建明伦堂。正统四年修。天顺三年为风雨所坏，分巡佥事牟俸命有司重修。神厨在学之南，米廪在学北。成化十七年，知县庞琡以棂星门腐弊，且太迫戟门，乃拓地伐石重建。　**射圃**在学之东北。　**龙江书院**在县东方明里海口。其始，莫详何人所建。宋宣和六年，镇官陈邻重修[22]，附以书堂数楹。后王苹、林光朝、林亦之、陈藻四先生相继讲授于此。端平间重建。元延祐二年，漕台知事贾思恭修。六年，海口场司丞庞证更造明伦堂。后复坏。至正十六年，山长张子房、福清州吏目里人陈子全重建未备，知州申闰奴捐俸率里之好义者修大成殿，构明伦堂。又为三贤堂，以祀光朝、亦之、藻三先生。国朝洪武初，书院不复置官，日渐颓废。二十五年，泽朗山巡检张敬捐俸重建仪门，以为乡人讲学之所。　**石塘书院**在县西文兴里，宋寒斋林公遇讲学之地也。景定四年建。

古田县学在县西隅。旧在县东，宋景德二年，邑宰李堪撤佛宫，毁淫祠，取其材创建庙学，塑先圣十哲及绘诸从祀像。嘉祐二年，邑令陈昌期修。崇宁初增至九十一区，建九经阁、会道堂，左右序为斋八，外为小学。绍兴元年毁于建寇，乃寓于佛宫。三年，邑令周彦耀[23]始创于县西郊。七年，诸生林好古、陈髙、卓冠与其邑人裒金钱百余万，请还学于景德旧址。邑令邓观、帅守张浚许之。岁终告成，堂殿斋舍俱备。二十四年，邑令汤选始移建今所。乾道二年，邑令杨汝南复移于溪东。宝祐元年，邑令许鉴又移于今所。元至元间复毁。元贞元元年，县尹王焕始建礼殿[24]，翼以两庑，其南为戟门，又其南为棂星门，其北建道立堂。殿之东为明伦堂，东西两序为四斋，堂之北为会馔堂，南为教思亭。又南为外门，门内为泮池，而梁其上。延祐七年，县尹陈均建明伦堂。至治二年，县尹阿玉创穿堂于明伦堂之后。国朝洪武五年，知县邓恭创味道堂于穿堂之后，又建会馔所、乐育亭于味道堂之后。改道立堂为文昌祠，其北为学官廨舍，又其北为米廪。十五年，创神厨于明伦堂。东序北为宰牲房。省斋为二，斋之后为诸生栖息之所。正统十一年，主簿龚钺修棂星门及师生廨宇。景泰元年，御史罗澄命有司修饰两庑及诸贤位置。天顺间，教授周瑄立泮宫门于外门之外。成化五年，县丞吴仪重修两庑。十五年，知县汪璀建两庑、棂星门、神厨及会馔堂。是年，提学佥事周孟中出文昌神于道院。 **浣溪书院**在八都伪闽驸马魏鹏祠堂之旁。宋时建。中有夫子庙，朱文公书匾。 **城南书院**在十三都溪东。宋乾道间学基也。元时建为书院，中有夫子庙，后圮。国朝洪武五年改为射圃。八年，署县事永福丞毛琇建亭其中，匾曰“观德”。十五年，主簿苏进仍匾其门曰“城南书院”。 **嵩高书院**在一都水口，宋时建，后废。提刑曾颖监水口镇日，即其故址创为水口镇，学中有夫子庙。端平间，颖持宪节，行州事，乃赡以灵洞废寺之田，仍置副使一员收税。（上三书院俱在县南。） **蓝田书院**在县东三十六都杉洋。南唐员外郎余仁椿创建，中有夫子庙，朱文公书匾，盖其门生余隅[25]所立也。（已上三书院元时以为乡校，各有堂长，县学提督之。） **螺峰书院**在县西九都螺坑，宋时建，今废，惟存“文昌阁”三字，朱文公所书也。　**魁龙书院**在县西南十都之白沙，宋时建。　**东华精舍**在十四都平沙，宋时建。　**兴贤斋**在三十五都龙津境，朱文公门人余范建，文公为名其匾曰“兴贤斋”。　**西斋**在三十六都杉洋镇之西。朱文公门人余隅、余范读书之所。其匾亦文公所书也。（上精舍及斋凡三所，俱县南。自嵩高书院至此凡七所，元季俱废，其址今为民居。）

永福县学在县治东。宋崇宁元年修，凡五十二区，有养士堂，为斋凡三，建炎三年毁。绍兴初，邑宰陈炎重建粗完，更为四斋。乾道间，邑宰谢芘大而新之。后复毁。邑宰侯至果重建讲堂。端平五年，邑宰舒复宗营缮始备。宋末又毁于兵。元至元十八年，县尹窦均与邑人前国子监丞张居中建礼殿、讲堂。延祐间，县尹刘企祖建棂星门。泰定二年，达鲁花赤山童重修，并造祭器。后邻境盗起，庙学俱废。又五年，理问王那木罕[26]莅县事，悉复其旧。中为大成殿，殿前为东西两庑。南为戟门，又南为棂星门。宰牲房、神厨在殿之北，又北为神库。明伦堂在大成殿之东。堂之前列两斋。南为泮池而桥其上。堂之后为后堂。国朝洪熙元年修。景泰元年，知县胡奎重修。仍建兴贤阁于棂星门之左。王那木罕即王翰也，后为潮州守，国初死节，详见《名宦志》。　**射圃**在学之西里许，中为观德亭。

闽清县学在县治之东南。宋景德四年，县令史温即废廪地，创礼殿，塑先圣十哲像，仍图六十子及大儒像于壁。构堂一、阁五、讲堂一。又有谈经楼三、礼堂、祭器库、严奉轩。温自为记。绍圣二年，祝亚为宰[27]，陈旸初擢制科第一以归，与邑人协力新之。又作堂以祀其兄祥道。崇宁初，舍法行，增为四十一区。有稽古阁，为斋凡四。淳熙五年毁，明年重建经史阁，为斋十二。宝祐元年复毁。四年重创未备。元至元三十一年，县丞董祯建棂星门、文昌楼、藏书阁及斋四。泰定三年，县尹贾光祖重修藏书阁；

明年修礼殿及两庑。国朝洪武初，知县赵起居建神厨、祭器库于殿右。十五年，建米廪于明伦堂西。三十五年，知县沈源重修庙学，建两庑及棂星门。永乐十年[28]，知县朱毅以明伦堂倾欹，乃移创于殿北旧基之后，列东西二斋于前，建膳堂、文卷库于左右。正统元年，知县叶宗重修庙学及两庑，饰圣贤像而新之。景泰三年，知县莘节重修棂星门及神库。天顺二年，教谕马能建儒林坊。成化三年，教谕鲁玙重建两庑；知县左辅创尊经阁于殿南，复修棂星门。　**射圃**在学之东。永乐十年[29]，知县朱毅建。成化四年，知县左辅增辟。

罗源县学在县治东南百二三十步。旧在四明寺南，宋庆历八年，邑宰陈偁建，延郡人郑穆为师，以劝民学。元祐六年，邑宰袁符及士民倪昱奏请迁今所。崇宁初，增至九十九区，有议道堂，为斋凡九，外立小学。建炎间毁于建寇，寻复创。绍兴初，主簿廖覞大加修建。嘉定九年，邑人大谏黄序又拓其基而改创之。其后邑人祭酒张磻复增创文星堂于学之西序。元延祐五年，达鲁花赤山童、教谕林兴祖更建大成殿及两庑，前为戟门，又前为棂星门。棂星门之内为泮池，而桥其上。后为明伦堂，之前，东西为斋四。泰定三年，达鲁花赤塔海重修并建外门。至正三年，县尹丁某[30]复大加修葺。建待班厅，翼明伦堂为两祠，左祠乡贤，右祠文昌。广田畴，新斋序。后至元间寖废。国朝洪武初重建。正统十二年，教谕黄缓[31]、典史谢志保重修。创东庑及慎德厅，复创外门。后值兵乱，西庑遂废。景泰六年，知县汤文端、教谕李昱、训导陈亮出己赀，倡邑人修戟门及两庑。重建明伦堂及藏书楼东西两斋。堂后为中堂。凡轩舍廪库俱焕然一新。成化十六年，教谕吴荣、训导析祥以堪舆家谓旧门不利，乃白于同知韦济，遂发帑银，命知县施弘改创于学之西北巷口。　**射圃**在明伦堂后。正统十二年，教谕黄缓建观德亭于其中。成化十八年，知县陈瑷重建。

建宁府

府学在府治东北中和坊黄华山之冈，即古三皇庙故址也。旧在府治西南，宋宝元间始建，赐田五顷以赡生徒。熙宁间，始置教授。于时庙在建溪门内之东，学在郡治之南。元丰间，赐田至十顷。崇宁、大观间，行舍法，学舍增至三百余间。建炎间兵燹，郡守刘子翼复建学舍，始立庙于学。绍兴十四年圮于水，惟礼殿独存。十五年，郡守张铢、漕吏徐琛、马纯请于朝，得钱二十万，兴工重建。郡人范寅秩继领漕事，相与成之。中建大成殿，左右为两庑。殿之后为明伦堂，东西各六斋。由堂而入，有御书阁厨湢仓库毕备。复建教官私第于学之东。郡人胡寅为记。郡守陈正同又于堂之左右为祠，以祀游酢、胡安国。淳熙十一年，郡守赵彦操重修庙学及创建射圃，继守黄遹复嗣修之。宝庆初，郡守叶时又重修殿庙宇、斋舍及三贤堂，仍增辟小学。郡人真德秀为记。端平二年，复毁于兵，殿宇谨存者危欲倾颓。郡守姚珄复建明伦堂。嘉熙中，漕使王伯大建御书阁。阁之下祀游、胡而下诸贤。后守王壮猷[32]重建大成殿。淳祐初，漕使方大宗[33]更议右庙左学之制。元年，博士赵升夫[34]乃始为殿，而安抚徐青叟[35]、漕使项寅孙、庾使李昴英、赵纶、蔡爚[36]皆助其费。继守王埜、王拯、王遂共落成之，并建尊经阁、紫芝堂，庙学之制于是备。王遂为记。岁久而圮。元泰定二年，总管伯颜帖木儿太中[37]，悉复甚旧。教授毛直方为记。后斋舍灾，郡守暗都剌重建。至正二十年兵后，参政阮德柔因旧重葺。国朝洪武六年，教授周斌又加缮修。十九年，建安知县余恭立祠于尊经阁后，祀宋朱熹，以蔡元定、真德秀、刘爚、黄翰配。二十四年悉毁于火。永乐三年，知府芮麟、教授张信改建今所。初，其地半为帅阃廨舍及军士室庐，至是，都指挥师祐、徐信乃撤其居而以地来归。知府刘敬继至，专命检校李新董其役。建大成殿两庑戟门、棂星门、神厨、神库之属于其东，建明伦堂、斋舍、尊经阁、会馔堂、乡贤祠、泮池、学门、庖廪之属于其西，靡不完具。尊经阁下祀朱熹及郡之先贤，匾曰“春风堂”。学门左右又树二坊。匾曰“金声玉振”。成化三年，知府刘钺，又建藏书阁，匾其下者曰“集贤堂”。十五年，知府曾会重修，十七年，尊经阁灾。十八年，钦差镇守太监陈道及提学佥事任彦常等，以棂星门及学门前地势偏狭，而以没官地增拓之。 **射圃**即旧学址也。知府刘敬建[38]，中有观德堂。

建安县学在县治东南登俊坊，即宋贡院元屏山书院址也。宋熙宁三年，瓯宁县废，遂葺其址以为建安县治。学在县中门外之东。建炎初，毁于寇，以学故址置丞厅，学职附于郡庠，县给其俸而已。庆元三年，县令俞南仲别建学于城东宁远门外古社坛之右。元至正二十年毁于兵。国朝洪武初，因旧址重建。十一年，知县裴珏始迁今所。葺旧书院之堂为明伦堂及后堂。二十年，知县余子恭建大成殿于明伦堂之前，东西为两庑，前为戟门，又前为棂星门，复建东西二斋于明伦堂后。永乐十四年圮于水，惟明伦堂及东斋仅存。十七年，知县徐宗重建棂星门，岁久俱圮。正统十年，知府张瑛重建明伦堂。天顺八年，教谕朱义以学基狭隘，请于知府刘钺，买邻居屋地十间有奇以广之。成化八年，通判陈公翼命知县周正、教谕吕凯董建大成殿，翼以两庑前为戟门，左为文昌祠，右为刘屏山祠。戟门之前凿泮池，架石桥其上。又前为棂星门，移明伦堂于右。后为折桂堂，前立东西二斋及号房。中为仪门，前为外门，门之右为教谕廨舍，其后训导廨舍二所。成化十六年，知县桂镐创会馔堂。十八年，重建棂星门。 **屏山书院**在府城南，旧在登俊坊。元至正六年郡守赵镛建。中有祠，祀宋儒屏山先生刘子翚，以门人朱熹及先生从子珙配。盖书院基实珙故宅也。国初改为建安县学，而迁先生像，祠于戟门之右。天顺八年，知府刘钺、推官胡缉即洪山废寺改为分院，舁先生像奉安中堂，配位如故。仍匾以旧额，钺自为记。 **建安书院**在府城中，今府治之北。宋嘉泰二年[39]，郡守王埜承理宗陛辞之命特建以祀朱文公，而以真文定公配，详见《名宦志》。复创燕居堂于其左，以奉先圣，环列斋舍以为郡士子讲学之所，而匾之曰“建安书院”。尝延廖德明门人郑师尹及蔡元定之孙模，以典教事。是役也，经始于埜，而后郡守王遂实成之。国朝洪武十九年，知县余子恭改旧府学为书院，而以旧书院之址建知府廨舍。　**社学**一所在府治南丛桂坊；一所在府治东南兴贤坊；一所在县治南崇儒坊，洪武十六年建旌善亭于此[40]，寻废，成化十六年，知县桂镐白于提学佥事周孟中，改为社学。

瓯宁县学在府治南丛桂坊，即府学故址也。瓯宁自宋治平二年始置县于宁远门侧，而学建于县治之左。熙宁三年，学随县废。元祐四年，县复置于朝天门外，而学在县门外之东。建炎初毁于寇，学附于郡庠。庆元三年，县令刘唯然改创于县治之西。元因之。至正二十年毁于兵。国朝洪武十二年，知县王迪始建学于郡城外建溪之西敬客坊之右。永乐十四年圮于水，惟大成殿、明伦、正谊二堂及仓仅存。十七年，知县焦从周[41]、教谕宋毓等以学隔大溪，水不时溢，艰于往来，白知府张瑛改建今所。创大成殿、明伦堂及东西斋号房，仪门、外门俱在殿之左，教谕廨舍在明伦堂之后，二训导廨舍在明伦堂之右。既而沙、尤寇作，复废。景泰二年，佥事曾蒙简规措而葺新之。三年，知府贺宏[42]、通判萧环等建馔堂及厨房、号房于明伦堂之左。天顺八年，知府刘钺建棂星门及明伦堂两斋号房，修仪门，移学门。至是，学始完美。浙江按察使曾蒙简为记。　**社学**一所在府治西南大中寺右，一所在府治西普照堂左。

浦城县学在县治东南一里。其创建未详何年，盖自宋庆元间已在于是。元季遭兵燹。国朝洪武元年，知县张鹏举重建大成殿，塑先圣四配十哲像，旁建两庑。七年，知县宋始建戟门于殿之前。十二年，知县张宗颜建明伦堂及两斋于殿之后。二十三年，知县史志可凿泮池,作石桥于其上,又建棂星门。教谕余守宏[43]辟学东畔,隙地为神库、牲房及会馔堂、庖厨等屋。宣德六年,知县周原庆修葺两庑及东西斋。正统九年,知县甘启[44]、县丞何俊修大成殿、明伦堂、会馔堂,复构堂于凤池之上。天顺二年,府推官胡缉重建两斋。成化十三年,知县张昞建学之正门。十六年,知县刘珩以大成殿及两庑年久颓坏,白于台省,撤而新之。未几,珩以家艰去。部使者檄府推官李时新来视县事,而同知李明以公事至,遂协谋终其役。知县许澄继至,复加藻饰,焕然一新。修撰谢迁为记。 **射圃**在学门外之东。洪武间,教谕余守宏建,中有亭,匾曰"观德"。 **西山精舍**在县东隅。宋嘉定十四年,真德秀建为讲学之所,匾曰"西山精舍"。中为讲堂,旁翼两廊,后为拱极堂,德秀自有记。元时圮。国朝洪武九年,县丞朱德昌因其旧址重建,以祀德秀,岁久又圮。景泰元年,县丞何俊重修并塑像,而择真氏子孙居之。学士刘俨为记。成化十一年,参议裴衷给田六十六亩以供祀事。 **梦笔山房**在梦笔山麓。亦真德秀所建,为藏修息游之所者也。魏了翁为记。今废。 **读书堂**一在县西上相里西岩岭之麓,宋章得象读书处也。一在县西梦笔山麓等觉寺之右,宋杨徽之读书处也。 **读书阁**在县北长朱里能仁寺之右,宋杨亿读书处也。 **书斋**在县东北忠信里太姥山之麓,宋徐修读书处也。(上四处俱废,故址尚存。) **社学**二所在县东隅,二所在县南隅,一所在县西隅,一所在县北隅。

建阳县学在县治西,废栖隐寺故址也。旧在交溪之浒,即今护国寺是已。宋建炎,兵毁。绍兴七年,知县陈亚卿重建。未几从刘爚之请,以同由里护国寺与学互易。于时知县赵与洵[45]修建一新。王遂为记。其后县尹王渥[46]复增学田,以廪学者。国朝洪武二十八年,主簿丘松因旧重修。永乐十四年,学官两庑皆坏于洪水。正统八年,监察御史罗绮捐俸为倡,知县王原善遂重建及棂星门,并凿泮池,架石为桥,又改建诸生学舍及庖湢之属，罔不毕备。教谕王虎为记。成化九年，巡按监察御史李钊、提学佥事游明，以学隔大溪，每春水涨驶往来不便，乃择徙今所[47]，专命府同知李明董其役。左建大成殿，东西为两庑。前为戟门。门之前凿池而桥其上。桥之前为棂星门。右建明伦堂，堂之东西为两斋及号房。前为仪门，门之左为宰牲房、神厨，右为馔堂。前立儒林坊。明伦堂之后为教谕导廨舍各一。知县海澄为记。十一年，知县项旻复于棂星门之左买民居，增置训导廨舍。一十八年，知县汪律[48]等重建棂星门及改建宰牲房、神厨于右。　**射圃**在儒学明伦堂之前，成化九年随学创建。　**考亭书院**在县治西三桂里南。唐侍御史黄子俊[49]于此建亭以为望仙之所，名曰“望考亭”。宋朱松尉尤溪时经此，爱其山水清邃，恒欲卜居而未果。绍熙三年[50]，其子熹奉承志，筑室居之。五年，以四方来学者众，因建精舍于所居之东以处之。匾曰“竹林精舍”，更曰“沧州精舍”。前为明伦堂，又前为燕居庙，以奉先圣。庆元六年熹卒。宝庆元年，邑令刘先庆，始辟为祠祀焉。淳祐四年，诏立为书院，御书“考亭书院”四大字匾之。十一年，漕使史季温重建燕居庙。元至正二十五年，郡判官方逢辰重建书院。邑令郭瑛又增辟之，复相与规划，增田至五百亩有奇，供祀之余，以赡师生廪饩，名曰义学。初，省、府以熹三世孙沂充书院山长，既没，诸生请以四世孙春袭其职。至是，乃以熊禾、魏梦牛分教大小学。祠以黄干、刘爚、蔡元定、真德秀侑食。邑人熊禾为记。至正元年，郡通守刘伯颜、属县典史陈德、山长朱汝舜、直学张隆祖重葺而新之，学士虞集为记。国朝永乐十四年，圮于洪水。宣德七年，县丞何景春重修。天顺六年，监察御史刘钎、顾俨命府推官胡缉措置改创，中为祠堂，前为明伦堂。堂之左为书斋。祠堂之前为书院，仍揭宋理宗御书匾于上。移燕居庙于祠堂之后，俱翼以廊庑，而库廪庖湢之所，则于祠堂左右附焉。燕居庙之前旧有池，池上有天光云影亭，亦久芜废，至是并新之。事方就绪，刘爚代去，其兄钺来守是郡，遂替成之。学士彭时为记。沧州精舍，周必大题匾，元时即此为祠堂，以祀文公。　**同文书院**在县西南崇化里，即今书坊也。宋乾道七年，朱熹建之，中为堂，以奉先圣。堂前为书室，以贮图书，后遭兵燹。元大德五年，泉州总管府推官张光祖重建。今藏《洪武正韵》、《劝善书》及诸官书印板于其中。光祖乡贯未详，疑其邑人也。　**云谷书院**在县西崇泰里庐峰山之颠。宋乾道六年，朱熹爱其山水函邃，因名云谷，构草堂于中，号晦庵。元季倾圮。国朝成化十七年，按察佥事谈俊捐俸命其九世孙格重建。

鹰山书院在县西禾平里。宋绍兴间游酢尝讲道著书于此。因面山，故名，后废。国朝洪武二十四年，嗣孙勉道重建。又崇安县建书院以祀酢，亦匾曰“鹰山”。　**云庄书院**在县西崇泰里马铺太平山麓。宋刘爚故居也。嘉熙三年，赐“云庄书院”额。中为堂，匾曰“近思”。后为祠堂，以祀爚。前为门，仍揭嘉熙赐额。国朝成化十五年，知县海澄因旧址建二坊于门之左右，左曰“世家先哲”，右曰“光禄”。　**庐峰书院**在县西崇泰里北峰下。宋乾道间，蔡沉尝构精舍于此，为讲道著书之所。宝祐三年，理宗御书“庐峰书院”匾之。其孙公亮给田三百亩以赡学者。元初，其田为有力者所夺，书院亦圮。其孙希仁极力经理而复之。中为堂，堂之前建尊道堂，以祀先圣。又建二堂于尊道堂之前，左曰“传心”，以祀朱熹，右曰“思敬”，以祀沉之父元定及沉。成纪为记。岁久颓废。国朝天顺七年，按察副使郑祐[51]、提学佥事游明重建前厅，厅之前为坊门。成化十三年，监察御史尹仁建传心堂。十七年，监察御史徐镛、按察佥事谈俊建大门三间，又于坊门外立二坊，左曰“家传心学”，右曰“力扶道脉”。　**鳌峰书院**在县西崇泰里熊墩，唐尚书熊秘建。国朝成化六年，按察副使何乔新命府通判李明重建。中为传衷堂，以祀熊禾，后为道原堂，祀先圣，而以颜、曾、思、孟四子配。先圣五十一代孙孔元敬书额。左为晦庵师友道义之祠，五夫刘珙书额。右为南昌熊氏忠孝之祠，南昌族子朋来书额。前为三门，匾曰“鳌峰书院”。成化十五年，知县海澄重建二坊于门外，左曰“道学”，右曰“忠孝”。　**瑞樟书院**在县西永忠里麻沙。唐时有开国公刘姓者卜筑于镇之南，手植樟木，长茂大数十围。浔州太守刘仲会创书室其傍，尝与屏山先生刘子翚讲道于此。既而韦斋先生朱松遣其子熹从屏山游，亦讲道于此。其后右史刘宗之[52]从熹游，又尝讲道于此。匾额犹存。书院岁久颓废。国朝成化十八年，提学宪佥任彦常檄县重建。按郡志尝有异人过此，谓木荣枯刘氏盛衰系焉。绍兴丁酉，刘梦先读书院中，一日得樟实三枚，径三寸，是年遂领乡荐，宝庆元年，魁乡荐，越明年，又魁乡荐，郡守陈旿为立联魁坊。绍定三年，一干微枯，其年监军刘纯没于王事，谥忠烈，其枯复荣。咸淳六年，干发三花，黄色，是年刘氏领乡举者二人，领漕举者一人。凡刘氏有科第除拜，其兆必见于樟，故书院以“瑞樟”为名。　**寒泉精舍**在县西崇泰里。宋乾道六年，朱熹葬母祝夫人于天湖之阳，遂筑室其旁，匾曰“寒泉精舍”。淳熙中，东莱吕祖谦来访于此，共编次《近思录》。　**义宁精舍**在县西南崇化里。宋淳熙元年刘爚建，以为师友讲学之所。朱熹题匾。元季废，旧址犹存。

社学一所在县治北驻爷门外，因旧桥局改建。一所在同由里拱寰桥头东，因旧桥局改建。一所在三桂里[53]，因万善堂改修。

松溪县学在县治东。宋开宝八年建。景祐二年徙于后山之阳。乾道九年，复于旧所重建大成殿。淳熙十五年，知县王袘、教谕李磻增建讲堂、斋庑。绍兴间，知县林俊卿增学田以赡廪饩。元至大三年，县尹李荣昉、达鲁花赤创兀葺治堂庑。至正七年，县尹林成祖增崇其制。十二年毁于寇，惟礼殿独存。十四年，县尹凌说兴复毕备。国朝洪武初，因旧修饰。永乐九年，知县曾帷中[54]捐俸重新。正统十一年，堂、斋、厨、库岁久弊坏，知县张绅、县丞范秉和捐俸市材，去故址十余步建焉。景泰四年，县丞张翥、教谕张志等倡好义者助资，重建大成殿两庑戟门、棂星门。殿之东为明伦堂及东西二斋。凡所宜有者靡不备具。又有廨舍三所，教谕一所，在明伦堂之北。训导二所，一在馔堂之西，一在东斋之东。　**射圃**在县治东隅，东岳宫之东北。旧在学东南七十余步，景泰间改创今所，中建观德亭。　**湛卢书院**在县治西南仅百步。其创建未详何年，盖亦因朱熹所尝讲论游息之所，而建以祀之也。院对湛卢山，故匾曰“湛卢书院”。元至正十六年，行省参政阮德柔拓而新之。国朝洪武初重建。正统十三年，闽浙寇乱，院毁于兵，惟熹像独存。景泰元年，监察御史张谏暨知县张绅规划重建。中为讲堂。堂之后为祠，饰旧像祀之。堂之南为泮池，池上架石为梁，又南为门。院之规模，悉复其旧。张谏为记。

社学一所在县东育材坊，一所在县西慈善坊，一所在县南崇道坊，一所在县北永定坊。

崇安县学在县治西兴贤坊营岭之右。宋绍圣三年，知县王当因旧重建。崇宁间，知县叶祖文增而新之。其后，知县留正臣、赵彦拯[55]、郑思忱复相继修葺。赵彦绳始取废寺之田以廪士，廖纯、傅壅、赵崇萃俱增拨以助其费。景定三年，知县林天瑞新两庑诸贤像。咸淳元年，知县刘汉传捐俸重建大成殿、明伦堂及门庑斋舍之属。宋末毁于兵，惟讲堂独存。元至元十六年，县尹张茂始建礼殿及门庑、庐舍。御史张之翰为记。至治二年，县尹刘沅祖悉撤其旧而修建之。县尹张端本为记。至正十二年，县尹彭廷坚重修。二十五年毁于兵，仅存殿堂而已。国朝洪武四年，知县徐得等重修。十七年，创神厨、库房于射圃故址。二十二年，教谕胡云等建东西斋舍，改修神厨、库房、棂星门，复修明伦堂。二十三年，置宰牲房于神库之中。永乐十一年，县丞杨以章、教谕章白皋等协力重建。十三年，知县赵麟继而完之。中为大成殿，殿之后为明伦堂，堂之前为两斋，堂之右为会馔堂，文兴祠在学门之内，教谕廨舍在学后，训导廨舍在明伦堂右。正统十二年，县丞李干、教谕刘良等又重建两庑及诸生肄业之舍。　**射圃**在棂星门对过，旧甲杖库址也。　**文定书院**在县西兴贤坊营岭之麓，宋簿厅故址也。元至正十一年，县尹彭廷坚建。右为礼殿，祀先圣，而以四子配。前为棂星门，左为祠，祀胡安国，而以其从子宪、子寅、宁、宏侑食，祠之后有堂，朱熹题匾曰“览翠”。祠之前为两廊，中为门，又前为外门，匾曰“文定书院”。　**武夷书院**在五曲大隐屏之下。宋淳熙十年朱熹建，号曰“精舍”。韩无咎为记。屋凡五楹，堂曰“仁智”，室曰“隐求”、曰“止宿”，斋[56]曰“观善”，馆曰“寒栖”，坞曰“石门”，亭曰“晚对”[57]、曰“铁笛”。熹自有诗并序。后其子在孙鉴葺而广之。部使者潘友文、彭方拨公田以赡学者。知县陈樵子重建。王遂为记。景定间设山长以教邑士。元因之。后改设教授，首以邑士詹光祖为之。复修建一新，为屋凡一十七楹。其后教授游鉴、江应、詹天祥，学录詹麟又修葺之。至正二十五年毁于兵。国朝正统十三年，熹八世孙洵、澍复建精舍祀熹，而以黄干、蔡元定、刘沦、真德秀配。　**屏山书院**在县东五夫里屏山之麓。宋时建。国朝洪武二年，刘韐八世孙子长重建。中为堂，以祀先圣，堂之后为祠，祀韐子子翚，左列子翚从子珙，右列朱熹。前为两斋，东曰“不远复”，西曰“毋不敬”。前为门，熹题匾曰“屏山书院”。　**南山书堂**在武夷三曲虎啸岩下。宋儒蔡沉建为讲学之所。后人因建祠堂，与其兄渊并记之。　**石鼓书堂**在武夷八曲鼓子岩下。宋叶梦鼎建。　**希贺书堂**在武夷四曲鸡窠岩前。宋陈仰斋建。　**咏归堂**在武夷一曲兜担石下。宋蔡抗建。　**蔡岩小隐堂**在武夷五曲。宋刘钦道建为读书之所。

少微书院在县南丰阳里黄土坂街左畔。成化十七年，宋江贽六代孙琪建。　**社学**一所在仁义坊，一所在美俗坊，一所在兴贤坊。（已上俱在县西四隅里。）

政和县学在县治东四十余步。旧在县治之南，后徙县治之西，宋绍兴二十年，知县赵伯果始迁今所。国朝洪武七年，训导余应率其徒捐资募工重建大成殿及两庑戟门。十一年重建明伦堂及两斋。二十四年，教谕刘彦行增建神库、神厨、牲室[58]。三十五年，典史郭斯垕、教谕王守约协谋增辟旧址，重建堂斋。永乐二年教谕吕敏倡生徒捐资重塑先圣四配十哲像。景泰四年，按察副使沈讷重建斋庑。天顺二年厄于回禄，讷复建明伦堂及两斋。七年，巡按御史伍骥命知府刘钺重建大成殿及两庑于明伦堂之前，教谕胡质、训导潘福倡民助资，塑先圣四配十哲像，及作从祀神主。成化七年，提学佥事游明建尊经阁于明伦堂之北。十三年，参政刘观、参议裴衷、提学佥事钟成[59]重建戟门，至是学制稍备。又有教谕、训导、廨舍凡三所，在明伦堂之左右。　**射圃**在县治南飞凤山之右。中为观德亭，亭之后为藏弓矢之室。成化十六年，县丞沈清、主簿史宪重建。　**星溪书院**在县治星溪之南正拜山之下。宋政和间，县尉朱松建。元至元间，邑人因塑松及其子熹祀之。后毁于兵。国朝成化十四年，邑人致仕训导吴宪白于提学佥事周孟中，复其旧址。负山临溪，赎民屋为间者六，以为书院。知县沈伦复建阁于其后，匾曰“天光云影”。邑庠生杨晓、赵钲、张英、徐善、吴绶、余俊、叶澄、邑士吴绅共捐资重塑二像，而以黄干、蔡元定、刘爚、真德秀配。又于半山拓地构亭，匾曰“光风霁月”。仍赎民屋三间，以待朱氏子孙来奉祀事。　**云根书院**在县治西五十余步。亦松所建，其子熹岁时来谒祖墓，必信宿于此。今废。桂堂居士谢安时诗：“结屋傍云根，溪山似陆浑；钓舟藏荻渚，吟径入花村。”国朝典史郭斯垕诗：“太极一以开，阴阳互推迁。万化何纷纷，不复知本源。大道既茫昧，遂有玄与禅。捷径生荆棘，行者始多颠。象教由兹起，乃复增尘缘。我思鲁中叟，上继勋华传。精一允执中，昭如日丽天。遗经细披阅，篇篇皆实言。夫何三代下，举世相弃捐？”

寿宁县学在县治之东。景泰六年初置县，按察佥事沈讷择地而经营之，创大成殿及两庑，塑先圣四配十哲像于殿，设从祀诸贤神主于两庑。殿之前为戟门，又前为棂星门，复建明伦堂于大成殿之北。堂之左右为二斋，堂之后为教谕廨舍，而训导廨舍则列于其左。经理其始终者，教谕彭瑛、训导周序也。　**射圃**在儒学东。　**社学**在县治之东。

泉州府

府学在县治崇阳门外之东南。五季以前，宣圣庙创于衙城之右。宋太平兴国初，守乔维岳始迁今所。七年，守孙逢吉即庙建学。祥符中，守高惠连移于育材坊。崇宁舍法行，郡人何术白于郡，复还旧址。绍兴七年，守刘子羽一新庙学，以晋江县学附焉。前学虽复旧，而行门隙地已给编户不可复，乃辟门西向，门内凿河浚池，伐石为桥，以通潮汐。自是庙学规模宏伟矣。郡人张读为记。然其地势差卑，霖潦浸淫，易以颓垫。自绍兴重建迄于庆元，兴修者七。嘉泰改元，守倪思复作棂星门，辟武斋，增小学，葺斋廊庙门以及从祀之屋而一新之。自是迄于淳祐兴修者六。咸淳中，大成殿毁。守赵希卮[60]重建。郡人洪天锡为记。殿之南为池，为桥，又南为戟门。左右列舍十余间，为祭官斋宿之所。元大德三年，福建都元帅扎剌立丁重建明伦堂。至治改元，总管廉忱始甃台塑两庑从祀像，筑杏坛于棂星门之南。康里夔为记。明伦堂前旧有泮池，行循两斋，至正九年，郡判卢增甃桥之。十年，监郡契玉立重建明伦堂，并修议道堂，为斋舍四十间及先贤等祠。朱文霆为记。国朝洪武八年，知府张颢[61]倡，郡之好义曰何大荣者修葺一新。训导周大初为记。三十一年，大成殿圮于飓风，知府胡器、教授欧阳遂初率官民好义者助资重建。亦周大初为记。永乐中，教授彭九思复劝民助资而藻饰之，仍葺两庑，重建棂星门。泉州卫指挥使王浚、教授曾振等重修明伦堂。宣德中，按察佥事鲁穆重修泮桥，护以石栏。正统十一年，按察佥事陈祚葺殿庑斋舍。以明伦堂基地卑下，筑高三尺，即议道堂旧址改建至善堂，并建馔堂、仓库、神厨、宰牲等屋，复疏河道，俾潮汐通于泮池。修撰林文为记。天顺二年，知府张岜以学门西向非宜，乃复旧学门址，建庙门南向，凡出入皆由之。后提学佥事游明复命同知孔惠别建学门于庙门之左，以便出入，并建号房二十间。成化十七年，大水坏东庑，知府陈勉修之。明年，复葺大成殿、明伦堂。堂之后增建穿堂，又建会讲堂、护学祠、祭器库并号房二十间。又有顺真堂及学官廨舍四所。皆未详建于何时。学，旧有尊经阁、小学、夫子泉、魁瑞亭、春意亭、教授厅、正录厅、温知室、儒隐堂、肃容堂、瑞莲堂、淳风轩。今俱废。　**射圃**在府学内，中有观德亭。正统十一年建。

晋江县学在府治东行春门外衮绣坊，即旧泉山书院址也。宋绍兴间，学附于郡学。淳祐四年[62]县令林奭请于郡，得东仓隙地以建学。国朝洪武初，改学为郡治，遂迁庙学于今所。永乐中，训导詹景威等倡诸好义者，重建大成殿及戟门。正统五年，典史张嘉会购民地建棂星门。十年，佥事陈祚、知府曾宏重修礼殿、两庑、戟门、棂星门、明伦堂及东西两斋，并建米廪及会馔堂。员外郎莆田陈中为记。天顺二年，知府张岜以明伦堂后逼近民居，因买民地以广之。复建尊经阁，阁之前为方庭，两旁各有廊屋。成化二年，知府欧阳复建号房四间于东斋之东，前有厨舍。十二年，提学佥事钟晟命、推官柯汉增建号房一十八间于学东。学之外门，旧在棂星门左衮绣坊，后改于棂星门右。知府徐源复还旧址。然出入与编民相杂，不便。十八年，提学佥事任彦常、知府陈勉筑墙一十六丈，旁隔一径，行者始便。廨舍三所以旧会馔堂为之，而以尊经阁左廊为会馔之所。　**射圃**在县学内尊经阁后之东北。

泉山书院即今县学址也。宋咸淳三年，权守赵宗正建。前为先圣、先师殿，后为文公祠，旁列四斋，曰“志道”、“据德”、“依仁”、“游艺”。　**石井书院**在府城西南石井镇，旧名“鳌头精舍”。宋绍兴初，吏部郎朱松尝为镇于此，士向慕之。后其子熹来官同安，间至镇，与镇之耆老访父时事。嘉定四年，镇官游绛因士民之请，于镇西为书院，绘二先生像而祀焉。岁久倾圮，居民请为己产[63]，乡人诉于官复之。成化十二年，知府徐源、推官柯汉重建。

清源书院在府治西北居贤坊。宋嘉泰三年，郡守宗希衮建堂，曰"习说斋"，曰"浚明"、"严尊"、"忠恕"、"爱敬"。元废。

欧阳书室在府城北龟岩[64]。唐欧阳詹读书于此。岁久倾圮。成化十八年，郡人致仕运判张庸偕儒士王宗、贺士高倡率重建书室，立祠堂以祀詹。旁为房舍，以栖学者。　**社学**中和学在府治中和坊前，圣泉学在崇阳门外，晋安学在晋安驿右，紫云学在开元寺东，临漳学在临漳门外，文兴学在仓前，罗英学在泉山门外，镇雅学在远华巷内，荣寿学在三朝元老坊内，徐山学在水沟巷左，静颐学在肃清门外，潘江学在县南十都潘径，杨茂学在三十三都杨茂保，和光学在三十四都石简桥右（上二学俱县西），圆通学在县南三十五都车桥市。

南安县学在县治东二里黄龙溪之左，即今鹏溪。宋靖康间，始建学于县治之西半里许，未几兵燹。绍兴中，邑令刘孔修移建今所。宝庆改元，县令毛淮病其卑隘，请于郡而增高之。元延祐、泰定间，县尹李日晔、刘孚相继修葺。元统二年，县尹刘升、火儿撤而新之。中构礼殿，旁建两庑，并绘从祀先贤。殿之南为戟门，又南为棂星门，殿之右为明伦堂。至正十四年又毁。十七年，县尹李宗闵乃舍故址作新庙于县治之东。后五年，郡学录周异观来摄学事，以学通尉司，喧杂逼隘，请于郡仍复旧址。乃饰夫子四配十哲像。自二十三年至二十六年，县尹孔公俊等相继修殿、堂、门、庑。谢子龙为记。国朝洪武、永乐间，知县罗安等复修斋舍及仪门、棂星门。宣德六年，教谕包原明首倡撤大成殿而新之，修撰陈叔刚为记。正统十年，佥事陈祚命知县俞宗玉等修葺庙学一新，佥事汪凯为记。成化十八年，知府陈勉、知县陈廷忠重修两斋并号房一十二间，改建馔堂及教谕廨舍，并增建号房八间，又重建宰牲房、库房，夹于殿之左右，又有米廪在明伦堂后。训导廨舍二所在学之口。 **射圃**在学之左。 **社学**集贤学在县治西南慈济官边，育材学在县治东城隆庙边，集英、文会二社学俱在县东北三都。

同安县学在县治东南隅登龙坊内。五季之末，县令陈洪济始创。宋建隆二年，县令林滂迁于县西北隅两科太守坊。祥符九年，县令张师颜建于县东南旧巡检司廨地。绍兴六年，邑士陈彦先倡谋迁建今所。二十五年，主簿朱熹建尊经阁于大成殿后，并建教思堂于明伦堂之左。国朝洪武二年，知县吕复建号房十间。七年，建大成殿及两庑，岁久蠹坏。正统九年，按察佥事陈祚重建，并修葺堂宇，仓库之属毕具以固[65]。李贤祐为记。天顺间，县丞刘珣器重建明伦堂、仪门、东西二斋号房并棂星门，改建尊经阁于明伦堂后。学士彭时为记。七年，提学佥事游明重建大成门。成化十一年，知县张逊重建教思堂及增建号房一十八间于堂之左右。十二年，建膳厨于尊经阁之左。 **射圃**在儒学明伦堂之西。成化六年，佥事游明复侵地创建。八年，府推官柯汉复买民地增拓之。十二年，知县张逊建观德亭。 **大同书院**在县治城隍庙之左，即旧大成殿址。元至正十年，县尹孔公俊建，请额赐今名，以祀宋儒朱熹，给租赡士。林泉生为之记。后毁于寇。成化十二年，知县张逊移建今所。中为正堂，堂后为方庭，北作畏霡庵[66]，中设晦庵像。厨舍湢溷列于庭之东西。正堂之前为中门，左右为廊。中门之外少西为外门，缭以周垣。 **浯江书院**在盐场之西。元司令马某建，今废，故址犹存。 **社学**擢贤学在县治东北隅，桂林学在县治西南隅，蓝田学在县东五都，刘山学在县东十一都，湖山学在十七都，白礁学、严林学，上二学在十八都，丹砂学在十九都。（已上四学俱县东南。）

德化县学在县治东偏后，徙于县治之东南。宋建炎中，复建于旧地。淳熙六年毁，县令颜敏德、郑旦之、梁高、季元才相继成之。绍定二年，复毁于寇。五年，县令林倚、黄之望、叶彦剡、胡应梅相继建大成殿、讲堂、棂星门、戟门。上为御书阁。更立斋舍、小学，而县令吴一鸣复完其所未备者。国朝正统十三年，大成殿、明伦堂俱为寇所毁。十四年，典史王志安募民建教谕廨舍于大成殿后，景泰三年，知县胡昱重建大成殿。五年，知县李青建戟门。六年，成东西两庑。七年，构明伦堂及东西二斋于大成殿之左。天顺二年，募义士陈履等塑圣贤像，建训导廨舍。五年，凿泮池于明伦堂之前，而桥其上。七年，训导潘嵩重修泮池。成化十六年，府知事狄钟署县事，建仪门及学门，又谋于训导涂亨、生员陈颢、赖兴等捐资，易百户李春屋，以广学基。　**射圃**在学门之东。天顺五年建亭于其中。

永春县学在县治西官田市。初建于县东十四都东渡桥之西，宋大观四年，县令留鎔迁知政桥之北。绍兴七年，县令方渐移建今所。二十七年，县令黄瑀新学门，辟衢路，构亭于前，匾曰“豁然”。淳熙九年，县令陈宏规重修学舍。元延祐四年，县尹李文崇饰殿堂，作祭器、经籍库，建明伦堂四斋及道源堂、思乐亭。泰定元年，县尹赵鎔新礼殿，岁久蠹坏。国朝永乐间，知县温琇重建大成殿两庑，并建戟门、棂星门、库房、神厨、宰牲房。十三年，训导刘宣率诸生建明伦堂左右二斋并馔堂。寻凿泮池，架石为桥。又建仪门、外门。十六年，典史陈戊以明伦堂规制卑狭而重建之。正统十二年，按察佥事陈祚重修庙学。成化十八年，知县方敏葺大成殿、射圃亭及号房十间，改文昌祠为先正祠，祀邑之诸贤及泉郡守蔡襄等有功德于民者。　**射圃**在学内，成化十八年，知县方敏修。　**社学**上场学在二十三都，儒林学在二十五都（上二学俱县西），寿峰学在县南十二都，龟龙学在县北十九都。

安溪县学在县治东南。宋咸平二年始建学，厥后沿改靡一。绍兴十二年，始定基于此。元至正十四年，毁于兵。国朝洪武六年，郡士蒋宗禧倡好义者重建。十四年，知县侯士举踵而成之。郡人蔡玄为记。岁久蠹坏。正统十二年，按察佥事陈祚重建大成殿两庑、戟门、棂星门及神库、神厨、宰牲房，复迁明伦堂及东西二斋于礼殿之西，建馔堂于礼殿之东。堂之后为学仓，戟门之左为护学祠。学门旧在棂星门之左，后迁于右。成化初，佥事游明命有司移棂星门于戟门之前，徙学门于棂星门之外。十年，知县谷延怡增建东西廨舍十有二间。十八年，巡按监察御史张稷视学，顾斋舍湫隘，命有司修治。适教谕盛凤像署县事，遂于两斋之南增建号房一十间，宰牲房之外建馔堂、厨房四间，宰牲房之右建库房二间。复辟门路、砌中庭，凡圮坏者悉修葺之。 **射圃**在学内。成化十八年，教谕盛凤仪修。 **社学**龙津学在县治南，清溪学在县东南永安里，蓝湖学在感化里，儒林学在来苏里（上二学俱县东北）。

惠安县学在县治之左。宋天圣中，县令李畋始建于县治西南隅。熙宁九年，迁于皇华驿之左。绍兴六年，县令彭元达复建于旧处。知县陈安国为记。士病湫隘，乃移建登科山之阳。元至元十二年毁于兵。元真初，县尹赵中臣[67]始建于今所。至正二十四年，摄县尹陈孚中等重建，教授叶余庆为记。国朝洪武五年，知县罗泰建杏坛于明伦堂前，今改为月台。二十九年，知县冯靖建馔堂。永乐四年，知县陈永年重建大成殿。十六年，典使陈胜宗重建棂星门。宣德六年，知县高显重建馔堂。八年，按察佥事鲁穆改凿泮池而桥其上，旧在戟门之内，改凿于门外。十年，主簿闭真[68]复重建大成殿。正统元年，重建明伦堂。十一年，按察佥事陈祚重建两庑并戟门、棂星门，修大成殿。殿之东开一径达于通衢为外门，而凡庙学、屋宇毕具以周。莆田方熙为记。天顺五年，府同知孔惠等增建号房。成化十九年，知县张桓重建神厨、宰牲所。二十二年，桓用堪舆家之言，以射圃址建明伦堂及斋舍。提学佥事任彦常为记。 **射圃**在学宫之后，旧在西斋之西，成化十一年，知县康永昭改创于馔堂后西畔，而亭其中。二十二年，知县张桓以其址建学，乃移建于今所。　**社学**登龙学在县北登龙坊内，忠恕学在县东北八都，信义学在县东南二十二都，行满学在县东南二十七都。

校　注

［1］宋梁克家《三山志·公廨》作“观察使李锜”。

［2］《三山志·公廨》作“王鸿”。

［3］《三山志·公廨》、明万历《福州府志·建置》及清乾隆《福州府志·学校》均作“范都官元，驾部宗寿踵其事”。

［4］《三山志·公廨》及明万历《福州府志·建置》均作“有御书稽古阁二、养源、驾部、议道堂三、斋二十有六”。

［5］万历《福州府志·建置》及乾隆《福州府志·学校》均作“从祀像一百有五”。

［6］乾隆《福州府志·学校》作“至元十年”。

［7］民国《闽侯县志·学校》作“教谕高琳手绘从祀像”。

［8］万历《福州府志·建置》及民国《闽侯县志·学校》均作“佥事钟城”。

［9］民国《闽侯县志·学校》作“集贤堂”。

［10］万历《福州府志·建置》及乾隆《福州府志·学校》均作“提刑王泌建”。

［11］《三山志·公廨》作“为斋二：资深、日新，与小学为三”。

［12］万历《福州府志·建置》及乾隆《福州府志·学校》均作“成化十一年”。

［13］乾隆《福州府志·学校》及同治《长乐县志·学校》均作“知县任衢宗重新之”。

［14］同治《长乐县志·学校》作“明建文四年知县王遵道创”。

［15］同治《长乐县志·学校》作“宋里人教授林楷创”。

［16］同治《长乐县志·学校》作“明洪武十三年林文溢重建”。

［17］民国《连江县志·学校》作“林庀”。

［18］元无政和年号，此显误。按民国《连江县志·学校》系作“天历元年”。

［19］乾隆《福州府志·学校》作“欧阳瀚”。

［20］万历《福州府志·建置》及乾隆《福州府志·学校》均作“元元贞二年升为州学”。

［21］万历《福州府志·建置》、乾隆《福州府志·学校》及乾隆《福清县志·学校》均作“至正十二年知州申国辅建”。

［22］乾隆《福清县志·学校》作“宋宣和甲辰镇官陈麟以钱三十万重修”。

［23］《三山志·公廨》作“邑令周彦雄”。

［24］万历《福州府志·建置》及乾隆《福州府志·学校》均作“元元贞元年县尹王奂创”。

［25］乾隆《福州府志·学校》作“门人余偶”。

［26］乾隆《福州府志·学校》作“理问王瀚”。

［27］《三山志·公廨》作“祝圣为宰”。

［28］万历《福州府志·建置》及乾隆《福州府志·学校》均作“永乐十五年”。

［29］万历《福州府志·建置》及乾隆《福州府志·学校》均作“永乐十五年”。

［30］万历《福州府志·建置》及乾隆《福州府志·学校》均作“县尹丁得孙”。

［31］万历《福州府志·建置》及乾隆《福州府志·学校》均作“教谕黄绶”。

［32］嘉靖《建宁府志·学校》作“郡守黄壮猷”。

［33］嘉靖《建宁府志·学校》作“方大琮”。

［34］嘉靖《建宁府志·学校》作“赵陛夫”。

［35］嘉靖《建宁府志·学校》作“徐清叟”。

［36］嘉靖《建宁府志·学校》作“蔡龠”。

［37］嘉靖《建宁府志·学校》作“伯颜帖木儿大中”。

［38］嘉靖《建宁府志·学校》作“知府刘钺割废仓基为之”。

［39］嘉靖《建宁府志·学校》作“宋嘉熙二年”。按嘉泰为宋宁宗年号，证以下叙的“王埜承理宗陛辞之命”，显误，似应以府志为正。

［40］嘉靖《建宁府志·学校》作“一在丛桂坊，以旌善亭废址改建”。

［41］嘉靖《建宁府志·学校》作“正统十二年知县焦宗周”。

［42］嘉靖《建宁府志·学校》作“知府贺浤”。

［43］嘉靖《建宁府志·学校》作“教谕来守宏”。

［44］嘉靖《建宁府志·学校》作“知县甘桀”。

［45］嘉靖《建宁府志·学校》作“知县赵兴迫”。

［46］嘉靖《建宁府志·学校》作“知县王渥”。

［47］嘉靖《建宁府志·学校》作“每水涨艰于往来，徙栖隐寺故址”。

［48］嘉靖《建宁府志·学校》作“知县汪津”。

［49］嘉靖《建宁府志·学校》作“黄子陵”。

［50］嘉靖《建宁府志·学校》作“绍兴三年”。

［51］嘉靖《建宁府志·学校》作“郑佑”。

［52］嘉靖《建宁府志·学校》作“刘崇云”。

［53］嘉靖《建宁府志·学校》作“三柱里”。

［54］嘉靖《建宁府志·学校》作“知县曹维忠”。

［55］嘉靖《建宁府志·学校》作“赵彦绳、郑思他”。

［56］嘉靖《建宁府志·学校》作“寮曰止宿”。

［57］嘉靖《建宁府志·学校》作“亭曰晓对”。

［58］嘉靖《建宁府志·学校》作“牲房”。

［59］嘉靖《建宁府志·学校》及民国《崇安县志·学校》均作“提学佥事游明”。

［60］万历《泉州府志·规制》作“赵希侊重建”。

［61］乾隆《泉州府志·学校》作“知府张灏”。

［62］万历《泉州府志·规制》作“淳熙四年”。

［63］考乾隆《泉州府志·学校》石井书院条附录傅凯记有“由宋至今，田既迷失莫究，书院为风雨所震坏，地基为豪黠所侵并而夤缘置屋筑坟于基内”等语，是“居民请为己产”之“请”字当为“侵”字之误。

［64］乾隆《泉州府志·学校》及民国《晋江县志·学校》均作“虎岩”。

［65］“毕具以固”疑“毕具以周”之误。

［66］乾隆《泉州府志·学校》作“畏畾庵”。按畾即古雷字，疑应是畾。

［67］万历《泉州府志·规制》作“元至元初，县尹赵仲臣始建”。

［68］乾隆《泉州府志·学校》作“主簿闭祯”。

八闽通志卷之四十五

学　　校

漳州府

府学在府治东南，宋庆历二年肇建。崇宁中改讲堂为二斋，以学东偏贡院为讲堂。大观中，以迎恩驿为四斋。政和二年，移建于郡左。绍兴九年，郡守李弥逊复建于旧址，中为大成殿，东西为两庑，庑之上为御书经史二阁。前为戟门，又前为棂星门。殿后凿池，中为瑞荷亭，上接尊道堂，东西列十斋。绍熙元年，郡守朱熹创二斋：一曰“宾贤”，以延耆德；一曰“受成”，以训学武。又谋增广学舍，以祠命至，弗果。三年，郡守邓驲移十斋于迎恩驿隙地，别为学门于殿门西，讲堂直北，匾以“尊道”，东西各为斋宿之馆，斋廊后为祭器库。嘉定四年，郡守赵汝谠辟前街，浚故渠，塞新学门，由戟门通驿所建学。十六年，学宫灾，惟新四讲堂存。郡守郑昉重建，实殿后池，复驿所，辟门作泮池，架以石梁，中为文会堂，左右两斋。宝庆三年，郡守方琮改建尊道堂于瑞荷亭址。淳祐九年，郡守章大任浚学渠通泉脉。宋景炎三年毁于兵。元延祐三年，郡守张泉逸、教授高元子重建大成殿、两庑及戟门、棂星门。殿后为杏坛，又后为学廪，廪之东为神厨，厨之东为宰牲房。厨前为神库，殿西为明伦堂，左右为四斋。堂前为亭，亭外为书楼，楼为大门，门外砌石为桥。桥下为泮池，堂后为乐器库。堂西为殿堂。东为教授廨舍，下又东为训导廨舍。天历二年，达鲁花赤纳兄占伯[1]重修明伦堂。国朝洪武三年,知府潘琳复葺而新之。十三年,知府白寿重修大成殿两庑。二十八年,知府王仲谦重修明伦堂四斋及馔堂、书楼。三十年,知府钱古训修大成殿。宣德八年,教授张骥建后堂,匾曰“崇文”,移库房于殿东。正统十年,佥事陈祚重修庙学一新,创训导廨舍于杏坛后。景泰七年,明伦堂火。天顺二年,知府谢骞重建,并建教授廨舍于其东,修四斋,拓棂星门外地。同知傅佐修经阁,易以石柱。成化八年[2],知府张瑞即旧射圃地建斋舍二十余间。十年[3],庙学坏于洪潦。十八年,知府姜谅方区划修葺,而提学佥事任彦常复注意图更新之。二十一[4]年夏,飓风大作,经阁及东斋舍俱圮。二十二年,知府刘澥[5]悉依旧制重建,坚致完美。 **射圃**在大成殿左。旧在馔堂之西,成化五年,知府王文病其浅狭,买民地于此,欲移建之,未肇工即去。

龙溪县学在府治西南。宋嘉祐中,县令许仪建。元祐七年县令夏臻、淳熙九年县丞杨说、十六年县令翁德广、嘉定五年县令陈士会皆修葺之。嘉熙三年,县令黄师雍辟大成殿庭,增广两庑及讲堂,寻毁,惟大成殿独存。县丞赵时禤偕僚佐捐俸为倡,移讲堂于大成殿后。淳祐八年,县令潘津[6]复辟隙地为斋馆。元大德间,毁于兵,县尹赵塔纳重建,因陋就简,寻复坏。国朝洪武十年,知县刘宪、教谕林原重修,中为大成殿,塑先圣四配十哲像。东西为两庑,前为戟门,又前为泮池,又前为棂星门。殿之西为明伦堂,东西为两斋,前为集英门,又前为龙腾门。明伦堂之西为馔堂,堂后为厨房,厨北为学仓。殿之东为学官廨舍。宣德五年,知县沈庸重修大成殿。正统十年,佥事陈祚修建一新,但地势卑下,潦至辄坏。天顺七年,知县周琳增高其址,重建明伦堂及大门,改创两斋于明伦堂东西南向,购西偏军营地,建馔堂、厨房、斋舍。成化元年,同知章俊重修尊经阁。十年,知府张瑞以阁逼近民居,买地广之,而教谕黄深又买地益焉。一十一年,知县李榮重新庙学于明伦堂之南，凿泮池，跨以石桥。堂之右辟楼凡二十有八间，为诸生肄业之所。学之外门旧从东出，至是始鬻民居，通道南出，复为门，架楼其上，匾曰“大魁”。　**射圃**在龙腾山下。成化二十一年，知县李棨鬻民地创建。　**龙江书院**在府治西北登高山，旧为临漳台。宋朱熹守漳时，将筑室讲学未果。后守危稹创为书院，以成文公之志。宋季毁于兵，遗址归浮屠氏。元泰定间，郡儒黄元渊乃别建书院于城外东北隅，仍匾曰“龙江书院”。学士虞集为记。　**芗江书院**在府城东北二十三、四都。洪武三十三年，知府钱古训、知县刘孟雍因里人杨彦章、洪乾之请创建。中塑朱文公像，以陈淳、黄翰、刘宗道配。　**建溪书院**在府城东二十二都。洪武十二年，乡人苏廷贵创建，延邑儒刘宗道教子弟于其中。　**周潘书堂**在名第山下。唐周匡物、潘存实读书于此。　**社学**二所在府治东北隅，三所在西隅，四所在南隅，二所在东厢，二所在南厢，一十所在一、二、三都，一十五所在二十七都，一十所在二十八都，一十一所在二十九、三十都（已上四都凡五十九所，俱府城东），一十所在府城西二十一都，二十四所在六、七都，一十五所在十一都，一十五所在十二、三都（已上四都凡六十四所，俱府城南），六所在二十四、五都，八所在二十五都（已上二都凡一十四所，俱府城北），一十二所在四、五都，二十六所在八都，二十四所在九都（已上三都凡六十二所，俱府城东南），七所在府城东北二十六都。

漳浦县学在县治南官塘。初在县西北隅，宋天圣三年，县令陈坦然迁于印山，庆历三年，又迁于县北，熙宁二年，始迁今所。绍兴二十二年，以水患迁于城冈。乾道五年，复迁今所。元因之。国朝洪武初，知县张理辟建大成殿，塑先圣四配十哲像。通判王祎为记。殿之东西为两庑，前为戟门。门外凿泮池，架桥其上。又前为棂星门。西庑下为祭器库。宫廷外为神厨。殿之左为明伦堂，东西为两斋。前为道义门，门左为膳堂。殿之后为教谕廨舍。斋东为训导廨舍。十五年，知县李贤建学廪于戟门之西。永乐八年，县丞黄礼又增建学廪于射圃之东。宣德九年，府通判关谅以庙学门路褊狭，劝民徐土耕割地广之。正统十年佥事陈祚劝邑士助资，命教谕程子予[7]修建一新。成化六年，知县刘璧徙建明伦堂两斋道义门，修旧明伦堂为教谕廨舍，增建训导廨舍于导谊门外[8]。十八年，知府姜谅令知县汪瑾重建膳堂于大成殿之后，并建神厨于棂星门之西。 **射圃**在学门之前。中有观德亭。

丹诏书院在县南都。宋绍定间南诏场西尉周申建。淳祐中，郡守黄朴书额。 **鸿江书院**在县东十七都。洪武中乡人陈则彝建，授徒讲学，多所造就。正统十三年毁于寇，其子孙重修葺之，延师儒以教乡之子弟。 **梁山书堂**在梁山下。唐潘存实读书于此。 **社学**一所在东街，一所在西街，一所在西门，一所在南门，一所在北街，一所在二、三都，一所在四都，一所在五都，一所在六都，一所在七都，一所在八都，一所在九都，一所在十都，一所在十五都，一所在十七都，一所在二十三都。一所在二十八都。

龙岩县学在县治西。宋皇祐间建于县治之东，后以其地喧而隘，迁于县南通关桥[9]之东。大观间，县令石复以其地卑湿，迁于县东。建炎二年，县令方世功以学地右实左虚，因东徙于宽平之地。绍兴以来，寖以倾圮。淳熙间，县丞李永、曾秘相继营建，朱文公为记。开禧二年，邑士叶琇卿又以地势逼险，请于县令张汝勉[10]改建今所。淳祐六年重建。元至元十六年毁于兵，二十四年重建。大德三年，县尹李璃以规模湫隘，始拓而大之。旁立文公祠。至正十七年，县尹赵昱重建。中为大成殿，东西为两庑，前为戟门、棂星门，后为明伦堂，东西为两斋，堂之右为厨库、宰牲房。国朝洪武二十九年，知县吴子升重建。正统十年，佥事陈祚修建一新。成化十年，知县韦济徙建明伦堂及教谕训导廨舍于大成殿之右，建学廪于道义门之右。十六年，知县陶博重建大成殿东西两庑及两斋号房。 **射圃**在儒学膳堂之北。成化十年，知县韦济建。　**社学**一所在县治东平砦街，一所在县治西下井街，一所在县治北坑头，一所在县西门外，一所在表政里，一所在龙门里，一所在万安里，一所在集贤里，一所在节惠里。

长泰县学在县治东。按旧志，宋绍兴三年，主簿张牧始建学。淳熙间，文庙在县西南。嘉定间，学在县东南。绍定六年，县丞叶惟寅白于县令陈淳[11]，作新学于今所。建大成殿及尊道堂。堂东西为四斋，经籍、祭器各有库。凿泮池，潴水驾石为桥。淳祐间，县令赵与坦为记。国朝洪武二十年，建大成楼于殿南。正统十年，佥事陈祚修建一新。成化十六年，知府姜谅因知县刘铎之请，规措财用，修葺明伦堂、东西斋、膳堂、大成楼。建兴文祠及祭器库于大成楼之东，建教官廨舍三所于明伦堂之东西。又买民地增建号房一十间，修泮池石桥，重建棂星门，易以石柱，辟学门及路。　**射圃**在县治西城隍庙之右。旧在县治东南，宣德初，知县刘奎移建今所。成化十六年，知县刘铎复建观德亭。　**泰亨书院**在县治南。洪武三十五年创建。中为堂，祀朱文公，以东溪先生高登、北溪先生陈淳配。前为斋舍，以便训蒙。成化十八年，知县刘铎重建。　**社学**一所在县东街，一所在县魁街，一所在和平坊，一所在大夫坊，三所在方成里，二所在恭顺里，四所在彭信里（已上三里凡九所，俱县东），四所在旌孝里，四所在善化里（已上二里凡八所，俱县北），四所在县东南钦化里，四所在县东北石铭里，四所在县西北人和里。

南靖县学在县治东。元至治间，始立县于清宁里九团，社学随以建。后至元二年，徙县于馆山之阳，学从之。至正十六年，又徙县于双溪之北，学亦从之，即今所也。国朝洪武三十三年，知县杨通拓其旧址，建大成殿、两庑、戟门、棂星门。永乐十三年，教谕易诚重建明伦堂于大成殿之右，东西为两斋。两庑之后为祭器库。殿之左为神厨、宰牲房。堂后为寝堂。堂右为馔堂。前为仪门，外为大门。正统三年，知县林廷贞买学前民地广二十丈余辟门路。十三年寇毁[12]，惟大成殿、棂星门、学门犹存。景泰元年，知县朱珩、教谕谭信重建明伦堂。三年，县丞黄玮建两庑、戟门及两斋仪门。天顺二年，教谕李孜倡邑民李元功等重建明伦堂、后堂、两斋、号房、仓库及教谕、训导廨舍。成化十八年，教谕夏浚重建学门，梁柱皆易以石。 **社学**一所在县治前街，二所在县东由义里，二所在归德里，二所在清宁里，二所在新安里，二所在居仁里(已上四里凡八所，俱县南)，二所在县北永丰里，二所在县西北习贤里。

漳平县学在县治之右。成化七年，府同知蒋浚、知县陈栗始建。中为大成殿，塑先圣、四配、十哲像。东西为两庑，前为戟门，又前为棂星门，殿后为明伦堂，东西为两斋，堂左右为夹室、神厨、神库。堂后为教谕、训导廨舍。西斋之后为学廪。棂星门之内为泮池及文昌祠。右为宰牲房，左为学门。十六年，知县李斌命工凿石修砌泮池。 **射圃**在儒学学官廨舍之后东隅。

汀州府

府学在府治东。宋咸平二年初创学，在鄞江门内横街，天圣中迁州东横冈岭下。崇宁行三舍法，郡守陈粹以旧学卑隘不足以栖学者，遂迁州东北兴贤门外[13]。绍兴三年，郡守郑强以州学不当置城外，遂度城内地改创，即今学是也。中为大成殿，翼以两廊，分列六斋，殿之后建讲堂曰“明伦堂”。堂之后建藏书阁曰“稽古”，又其后绝高处建阁曰“宸奎”。强自为记。郡人王格始以其家资买田赡学，而强复规田以益之。自是师师之贤者屡有增置。嘉定十一年，郡守罗勋重修。嘉熙二年，郡守戴挺、教授张实甫以学庙混处非宜，乃相学左射圃地，仿太学规模，中创堂曰“文会”，前后各为斋者三，俱南向。学门两房以位职事者。郡守姚元特至，始毕其功。教授魏鼎为记。教授萧虞韶以学前迫隘，市民居撤而辟之。开庆初，郡守胡太初重建大成殿，御书“稽古”二阁、

"明伦"、"芳桂"二堂，视旧皆加宏壮。太初自为记。复浚泮池、作石桥、更建祭品库及斋舍门庑之属，悉完以美。后村刘克庄为记。国初永乐八年，知府宋忠重修。成化十年[14]，巡抚副都御史张瑄视学，慨其堂宇敝陋弗称，命知府李桓、通判李祺、训导周瓛等协心改建。遂贸易军营，增拓其址，徙文奎阁于东偏，进明伦堂于阁之旧基，迁四斋于堂之东西[15]。库廪、泡湢[16]、斋舍、廨址修葺一新。侍郎尹直为记。十五年，提学佥事周孟忠[17]始置乐器，教乐舞，以奉二丁之祭。十八年，提学佥事任彦常允其师生之请，檄府卫相度闲旷之地，贸易学前左军营，增创廨舍号房，事已行而工未告毕。按旧志，郡守赵伯桧、陈晔、陈映、邹非熊、朱诜、胡太初、权郡赵师棠、赵时诲、教授王复初皆尝增置学田，而非熊所增，乃捐己俸一千缗所鬻也。端平间，权郡赵性夫岁拨盐钱库宽剩钱二百贯文以助学。淳祐间，郡守李景勉靳而不发。岁久又坐移用，学廪遂乏。芳桂堂后改名"致极"，取致广大、极高明之义。旧汀学释奠未有乐舞，至成化十五年孟中乃走币请南京神乐观乐师至郡，选郡人道士之明敏者教之。　**射圃**在学之西南广储门外，中建观德亭。

长汀县学在府治东开元寺之右。旧在兴贤门外，宋绍兴三年，迁郡学于城内，遂以旧学为县学，惟大成殿独存。春秋二丁之祭，行礼于北，而士之肄习犹附于郡学。嘉定间，知县谢周卿市民田隶郡学，以廪学职及弟子员。开禧间，知县刘泳之[18]修建学制始备。淳祐间，知县陈显伯修大成殿，复学地僦于民者，改辟学宇为讲堂一，匾曰"丽泽"，为斋三，曰"尚志"、"阅礼"、"修性"。且规钱为养士费，复水圳故道，以从堪舆家之所宜。事未就绪而显伯满去，继知县事赵崇濂遂踵成之。礼部侍郎张播为记。元至正间毁于兵，遂移建县南五里许。国朝洪武六年，知县陈伯正复建于旧处。正统十四年又毁于兵，有司仅葺堂宇以舍师生。景泰七年，教谕章唐白于知府舒曈，首创礼殿，未毕工而去。天顺二年，知府李琼复市民地以拓其址,重建一新,塑先圣四配十哲像于殿,绘从祀诸贤像于两庑。礼部侍郎章纶为记。成化十八年[19],河决近学堤岸,著录生钟正等请于御史洪性、提学按察副使游明、分巡按察佥事周谟、知府李桓等议迁郡城内。乃规官地市易军卫屋基,即今所也。首檄指挥杨瑛、王靖教护属工建大城殿及东西两庑。前为戟门,又前为棂星门,复建明伦堂及东西两斋。堂之后为尊经阁,阁之东西为庖舍、学廪,外为重门。堂之东为号房一十二间,阁之后为教谕廨舍,殿之西为二训导廨舍,学制寖备。十五年,知府戴禧、县丞郑景华、主簿罗素修葺殿堂及两庑。十七年,知县谢珪、教谕张斐迁外门于东左,遂创仪门。提学佥事周孟中复规措买学廪之北民地增广,拓廨舍,并建吏舍。礼部侍郎谢一夔为记。十八年,提学佥事任彦常以庙学弗饰,而号房亦不足以容来学之士,遂檄有司修饰而增广之。于时知府黄珵、通判张忠、推官王灿、教谕张斐、训导蒋沭、张宁及邑人新昌训导钟正即前请迁学者,各捐资助修。复创棂星门,修饰明伦堂,增建学廪及塑先圣四配十哲像。

宁化县学在县治北翠华山上。旧在县东正街,宋建炎二年,知县施禔创建。淳熙十年,知县赵伯虎迁建今所,其后知县杜潮踵而成之。绍定五年兵燹,岿然独存。端平间,知县赵时馆因旧修葺。袁长吉为记。后邑士以大成殿址太高,因平治而改创焉。宝祐间,知县林公玉重创讲堂,左右列四斋。学门之前,创亭绘古今名儒于其内,匾曰“仰高”,又名“魁星”。元末毁于兵。国朝洪武十一年,知县张思诚重建大成殿、两庑、明伦堂、二斋。前为仪门,右为馔堂,凿泮池于棂星门之内,建教谕、训导廨舍于学前之左右。国子助教张震为记。宣德十年,教谕张质、训导丁茂率诸生捐资塑四配十哲像。正统元年,府经历王得仁、教谕沈和重饰先圣像。七年,县丞陈陵[20]修殿堂,创门庑斋舍,琢石甃泮池及桥。以仰高亭废址易民地,增辟学之正路,绘七十二贤像,垣墉器皿修饰一新。成化七年，按察佥事周谟、府同知程熙建书楼于堂之东西各五楹。又建文会堂于堂之北，树二坊于门外之左右，重构教谕、训导廨舍。十四年，知县徐廷曜重新修葺，又创库房于明伦堂之东南，创宰牲房于明伦堂之西，学之规制尤壮于昔。

射圃在学之后山。成化七年，佥事周谟、同知程熙建。中有观德亭。

上杭县学在县治东二百步许。旧在县东五十步，即今城隍庙基是也。宋嘉定十六年，县令赵彦挺以其湫隘，徙建今所。创礼殿及两庑，又创明伦堂及四斋，学制俱备。淳祐十一年圮于水。宝祐五年，县令李务行重构讲堂为楼，以奉先圣燕居像。更学门于堂之左，以别庙学之制。后复圮。国朝洪武九年，知县刘亨、县丞周文郁重建，省四斋为二廨舍，膳堂、庖厨之属悉备。正统元年，知县张琳、县丞杨孜重建大成殿，殿后为明伦堂。景泰六年，大成殿坏于蚁，知县黄希礼重建。少詹事刘铉为记。天顺二年，棂星门坏，诸生李良等捐廪更造以石。成化八年，大成殿复坏于蚁，教谕胡匡、训导郑镏上其状于提学副使游明、分巡佥事周谟，乃劝邑大姓郭端、郭鉴、林崑辈助资，檄府通判吴桓、知县萧宏、县丞陈清易以石柱而重建焉。未几桓去任，府同知程熙踵而成之，并建号房一十一间。诸生孔经等又以民居猥近学门不便为言，遂即射圃隙地易之。中为石台，建亭于其上，匾曰“桂香”，并建宰牲房三间于其左。十年，萧宏、陈清重建明伦堂，邑民郑俭捐资饰先圣四配十哲像。十二年萧宏重建学门。教谕孙能为记。十八年，知县李曰思复修饰其所未备者。学又有池塘二所，在新街北畔军营前。　**射圃**在学东北六十步。中建观德亭。

武平县学在县治西一十五步。旧在县东兴贤坊，宋乾道间，知县唐廷坚创建。绍兴[21]间，知县叶谦之重建。绍定间毁于寇，县尉翁揆创讲堂。端平间，知县赵汝摄[22]创大成殿。嘉熙间，知县田圭创东庑。淳祐间，知县林震创两庑及棂星门、仪门。

国朝成化十年，知县徐端以其址卑陋，奏请迁今所创大成殿及两庑，前为戟门、棂星门。又创明伦堂及东西二斋，前为学门。堂之后为讲堂。讲堂之后为馔堂。馔堂之后为文昌祠。祠之右为学廪。两斋之南各为号房一十间。馔堂东西为庖库。讲堂左右为教谕、训导廨舍。 **射圃**在县南门坝上，其址为居民所侵。

清流县学在县治东，即皇华驿废址也[23]。旧在县南，宋元符元年创建。崇宁间行三舍法，迁建县东。建炎间，宁化尉颜希仲[24]摄邑事，复迁今所。绍兴间毁于赣寇。十三年，知县董谅始创斋舍。十八年，知县张秀颖继创大成殿、棂星门。绍定间又毁于寇。端平初，知县王元瑞始建大成殿。未几，郡守张翀捐金建化成堂，后改为明伦堂。县簿张翊为记。嘉熙间，知县林奕建四斋，县簿徐登为记。元至正六年又毁于连城寇，惟学门仅存。国朝洪武二年，知县朱仲恭重建大成殿、两院、戟门、棂星门。殿后为明伦堂，东西列两斋及号房。他如牲房、馔堂、厨库、廨舍之属毕备。三十二年，知县宋忠重修，并创学廪。永乐十四年又毁于沙寇。洪熙元年，知县李庠重建。正统十二年又毁于沙寇。景泰三年，教谕黄烈率诸生萧凤辈各捐资创明伦堂，有司继创大成殿[25]。巡抚御史高□以学之西偏狭隘，乃市民地增建号房。天顺元年，知县吴中重修殿庑。成化十七年，知县凌寀、范铜为爵凡百三十有八，以备祭器。十九年，大成殿一柱腐折，提学佥事任彦常督有司葺而易之。 **射圃**在县西朝阳坊[26]，中建观德亭。

连城县学在县治东一百五十步[27]。宋绍兴四年，县令陈南复创建。后迁县东南尉司旧址。淳熙间，县令常言[28]复建于旧所。绍定寇乱，暂驻戍兵于学，遂为所坏。县令米巨宏重修。元至正二十一年毁于红巾之乱，惟大成殿岿然独存。二十二年，县尹马周卿、教谕吴源重建门庑及两斋，后复圮。国朝洪武七年，知县刘雍、主簿崔景、训导沈辅之重建。中为大成殿，东西为两庑，前为大成门，又前为棂星门。殿之后为明伦堂，左右为两斋，建库房、神、厨、馔堂于西庑之后，建教谕廨舍于东庑之后，建训导廨舍于堂之东西，建文昌祠于大成门之左，建学仓于明伦堂之西北。李诚任为记。宣德元年，知县吴衡重修饰之，复市学后之地以增学址，教授陈迪为记。成化十四年，主簿郑昂重建馔堂于明伦堂之后。十五年，知县陈敏改建棂星门，并新学门，增建兴贤、育才二坊。　**射圃**在儒学明伦堂之东北。洪武七年知县刘雍等建。　**丘氏书院**在县东莲峰庵之左，宋进士丘麟读书之所也。今废。

归化县学在县西明溪驿前。成化六年按察佥事周谟相土设县，因定基于此。七年知县郭润创建。中为下成殿，东西为两庑。前为戟门，又前为棂星门。戟门之左为神厨，右为宰牲房。殿之后为明伦堂，东西为两斋。明伦堂之后为后堂，西后为馔堂及仓，西前为学门。两斋之下为号房。西斋之后为教谕、训导廨舍。十七年，教谕陈冠、训导张珣改建学门于学之东。　**射圃**在县东山川坛之左。成化十三年，提学佥事钟城檄主簿冯祥、教谕赵智创建。中为观德堂，东西为两廊，前为大门。厥后为潦水所坏。十八年，知县赖永正、主簿祝龄、教谕陈冠、训导张珣重修。　**翠云岩书院**在县东归下里淳化寺侧。宋熙、丰间，侍郎张若谷、谏议陈世卿尝避乱读书于此。今废。　**社学**一所在县东广济街西，一所在县西南馆福庵（已上二所俱归上里）。

永定县学在县治西二十四步。成化十五年，按察司副使刘城、布政司参议陈渤相土设县，因定基于此。十六年，知县王环、教谕谢弼创建。中为大成殿，东西为两庑，前为戟门，又前为棂星门。殿之后为明伦堂，东西为两斋及号房。堂之后为穿堂、后堂。后堂之左为馔堂及厨房。西庑之后明伦堂之西，又各为号房。明伦堂之后为教谕廨舍。他如牲房、米廪之属，靡不完具。十七年，分巡佥事林克贤以学宫前水塘为泮池，前临杭陂水圳直抵戟门，皆学地也。　**射圃**在儒学之后，成化十六年随学创建。

延平府

府学在府治左西山之巅。宋天圣二年[29]，郡守曹修古始建。建炎四年毁于兵，遂以其地为阅武场。绍兴二年，郡守刘子翼徙建于郡西龙津馆，盖旧贡院址也。郡人以其近市，嚣且隘，请复旧基。郡守路采经始于绍兴十五年，未就，采去任，郡守郑椿继之，乃毕前功。中为礼殿，左右为两庑，前为戟门，又前为棂星门。殿后为讲堂，匾曰“进德”。东庑之旁为灵官庙。戟门前为祭器、乐器库。又有直舍以居弟子员。射圃、庖廪悉备。元天历二年，郡守文富塑先圣四配十哲及两庑诸贤像。作堂于戟门西，匾曰“敷教厅”。国朝洪武三年，知府唐铎、改讲堂曰“明伦堂”，左右又建二斋，曰“尊贤”、曰“尚友”，以旧宝楼之下，中为会文堂，左右为二斋，曰“存心”、“养性”。堂右为会膳堂。又为储廪仓于堂之左，为祭器乐器库、神厨、宰牲房于东庑之后。永乐十七年，知府方昞改灵官庙名兴文司土祠。撤直舍斋诸廪仓，以其址创教官廨舍。正统九年，知府王彪改建四斋堂前左右，并建文昌祠于棂星门之东。成化九年，知府盛颙撤文昌司、土祠，建明伦堂于庙左，列四斋于堂前左右，又前为仪门，路经棂星门，前折而北，又转而南，面文笔峰建阁，匾曰“文奎”，阁之后左右为生徒舍斋。由阁前复转而西，建学门抵通衢，名“紫芝岑”，树坊门匾曰“兴贤”。 **射圃**在府城南水南，山川坛前。旧在府学棂星门西，洪武十一年，同知黄祺[30]以其地为府廨，改建今所。

南平县学在县治东郡城隍庙之左。宋绍熙间始建于县治东。元因之，至正间毁于兵。国朝洪武三年，知县刘居以旧址隘陋，徙建虎头山之麓，旧三皇庙故址也。中建礼殿，旁列两庑，前为戟门，又前为棂星门，殿左为讲堂。十六年，县丞罗南山、教谕彭秉德广其西偏，创明伦堂，翼以两斋，馔堂廨舍俱备。以旧讲堂为先贤祠，祀杨时、罗从彦、李侗、朱熹四先生。宣德七年毁，知府雷诚徙建今所。正统改元毁，知县胡滨重建。十三年寇毁，惟存殿堂及两斋。景泰改元，知县刘铭重建。　**延平书院**在府城南九峰山之麓。宋嘉定二年，郡守陈宓仿白鹿洞式建书院于南山下，以祀李侗，并为郡人讲学之所。因学者称侗为延平先生，故名。宓礼聘九江蔡念成为堂长，延李燔定学规，捐俸市田，以赡生徒。时真德秀来预讲，四方名士咸会。其后郡守傅康重建祠堂于礼殿之侧，又籍废寺田以益之。初，书院成，宓请乞赐额，当轴者格不下。端平元年，郡守黄埒复请，乃敕赐"延平书院"额。有礼殿，有祠堂，有阁以尊经，有堂以会讲，有四斋以处肄业之士，有三亭以为游息之所。院之前有池，池之上有桥。二年秋，淫雨为沴，水突山颓，礼殿祠堂俱坏，所存者讲堂四斋及池桥而已。郡守董洪虑后患，迁今所，去旧址仅百步。地势夷衍，山径深邃，枕九峰，频剑潭，绝市井之嚣。礼殿建于右，书院建于左。又建堂祠[31]周颐、张载、程颐、程颢、杨时、罗从彦、李侗、朱熹、廖德明、黄幹十贤。前为讲堂，仍揭旧匾。堂之前列四斋。元至正末毁于兵。国朝洪武三十三年，按察佥事喻居善、知府俞廷芳建堂祠侗，佥事匡颙创楼于堂后，为登眺之所，匾曰"横翠亭"。桥及外门渐复旧规。宣德三年，知府雷诚重修。五年，通判程昉塑侗像，创亭祠。正统十三年，楼毁于寇，祠宇亦就圮。景泰三年，佥事李颙、通判李琦重修祠宇。五年，监察御史倪敬创门，揭旧延平书院匾。天顺七年，南平县丞刘哻创两廊。成化中，好义者悉撤而新之：会讲之堂匾曰"道南"，游息之亭，其一临池曰"濯缨"，其一曰"光风霁月"，其一曰"闻猿"，池上之桥名曰"风雩"。堂之前列四斋，曰"明诚"，曰"忠恕"，曰"中和"，曰"敬义"。　**九龙书院**在府城东南长安北里，始建岁月失记。有礼殿，塑宣圣四配十哲像。有祠堂祀杨时、罗从彦、李侗、朱熹四先生，相传其地盖四先生旧讲道之所也。国朝宣德中，殿堂倾圮，圣贤像迁祀南平县学，门额故址犹存。

将乐县学在县治东南。宋始建城南下山之麓，兵毁，元徙建今所。国朝洪武初元毁。明年,教谕王文通建礼殿斋舍。五年,知县申文彝建明伦堂,翼以两斋。文彝卒,王克刚继之,乃建礼殿旁列两庑。前为戟门,又前为棂星门。门之右为祭品库。殿东凿泮池,池之前创厅曰“敷教”,厅之后为四贤祠,并厨库斋舍。文通复建学仓于明伦堂之东。正统十二年,训导王昌顺建阁于明伦堂后,匾曰“崇文”。 **射圃**在县南风云雷雨山川坛前,去县治三里。 **龟山书院**在县治北封山之麓。宋咸淳二年,礼部尚书冯初心,以时载道而南,为师儒所宗,奏请立书院,度宗书“龟山书院”额赐之。后毁于兵。郡倅毋逢辰重建。元至顺元年,县尹郭野仙普华重修,建礼殿、讲堂斋舍。至正二十一年复毁。国朝洪武七年,知县王克刚拓旧址重建。中为祠堂,祀时,旁列廊房,前为门。

尤溪县学在县治东北隅。宋庆历二年始建在县治西。四年,县令宋咸徙县治东南隅。建炎三年,县令刘正重修。绍兴十一年寇毁,县令彭亿徙今所。中建礼殿,前建两庑,又前为戟门。殿后为明伦堂。堂后创阁,匾曰“稽古”。后县令林嶷复建阁于明伦堂左,匾曰“观大”。乾道九年,县令石墪重修,并建四斋。元至正元年,达鲁花赤里赤海牙、县尹许惟敬重建礼殿西庑、戟门、棂星门、明伦堂、尊道堂、东西二斋。县丞郭奋别创尊经阁于明伦堂后。国朝宣德二年,知县施泰建明伦堂及两斋。正统十三年寇毁。景泰元年,按察佥事张彦创小堂名“采芹”,为生徒讲肄之所。二年,布政司左参政王仕华以旧学址易民地广之。按察使杨珏檄主簿林埜建礼殿。天顺六年,按察佥事刘子肃、府同知程嵩以明伦堂卑隘弗称,因撤而新之。建礼殿、两庑、戟门、明伦堂、两斋、仓库、廨舍悉备。 **射圃**在县东。**南溪书院**在县治南。宋朱松为县尉时,寓郑氏,此即郑氏故居也。嘉熙元年,县令李修建,以祀松及其子熹,中为祠堂,翼以两斋,曰“景行”,曰“传心”。前有方塘半亩,构亭跨其上。县令施渍复创讲堂。咸淳四年,县令黄岩孙创四斋，复于祠堂之右，建夫子燕居堂。堂前为棂星门。重建讲堂于堂之后，庖湢之属悉备。德祐元年，敕赐“南溪书院”额。元至正四年，闽宪佥事赵承禧始命监县文殊海涯分立二祠，改创四斋，曰“明德”、“复礼”、“持至”、“率性”。国朝永乐十二年，知县汪诚、雷殷相继修葺。正统十三年寇毁，惟存敕赐门额。景泰二年，监察御史许仕达、通判杨季琦重创祠堂，匾以旧额。

沙县学在县治东，旧沙阳址。旧在县治西和仁坊，宋庆历二年，县令杜京徙今所。中为礼殿。殿后为堂，东西为生徒斋舍。宣和七年，县令郭汝贤重修。淳祐五年，县令段震午建阁临直舍，匾曰“传心”。开庆元年，县令徐铨孙滨溪筑台，与学门对峙，名“咏归”。元至正二十一年，达鲁花赤哈散沙彦彬建礼门。国朝洪武初重修。中为礼殿，殿后为明伦堂，翼以两斋。永乐七年，知县郑恕、教谕张善教谋撤而新之。首创礼门，修传心阁。恕寻去职，善教募众力建礼殿两庑戟门。正统十三年，寇毁。景泰元年，巡抚刑部尚书薛希琏给缗钱，督知县余宽[32]重建礼殿戟门并学廪馔堂。明伦堂路旧出右偏，毁后居民侵为己有，遂复出左偏。景泰四年[33]，训导周复白于当道复之，增市民地，拓其址，建两庑两斋。　**射圃**在县西，去学二里许。　**谏议书院**在县西劝忠坊，宋陈瓘尝赠谏议大夫，故名。一名“了斋书院”。嘉定二年，郡守徐景瞻即瓘故居建书院祀之，盖表其忠义，以教邑人也。元季寇毁，遗址入于居民。国朝永乐二年，知县倪崄觅其地重建。　**豫章书院**在县西洞天岩之西麓。元至正元年，宋儒罗从彦五世族孙天泽创建以奉祀事，因学者称之曰豫章先生，故名。国朝洪武三十年，县丞刘文仲重建。正统十三年毁于寇。　**凤冈书院**在县溪南凤凰山下。宋淳熙十年，邑人黄颢建。中为讲堂，匾曰“丽泽”，堂后建阁二：一绘先圣先师及周、程诸儒像；一以藏书，曰“尊经”。生徒肄业斋舍凡十有二：曰“辅仁”、“营道”、“尊性”、“尚志”、“时习”、“日益”、“止善”、“敬业”、“笃行”、“循理”、“守约”、

“履正”。别有游息之圃亭阁十余所，宋末兵毁。

顺昌县学在县治东。宋庆历二年始建在县治西，元丰中改建县东二里许，皇祐中徙建今所。绍兴二十年，县令王奎重修。元至顺二年，县令刘思礼重修。国朝洪武十年，知县周政重建。中为礼殿，旁列两庑。前为戟门，又前为棂星门。创明伦堂于殿之右，翼以两斋，馔堂、厨库、廨舍悉备。正统十三年寇毁。景泰二年知县钱道宁创明伦堂。三年，府通判杨季琦建礼殿。天顺二年，府通判宋玺重建明伦堂，创两庑、戟门、两斋厨库。六年，按察佥事宋钦创棂星门。 **射圃**在明伦堂后。 **双峰书院**在县西。宋咸淳九年，邑人廖邦杰持福建闽海道佥宪节始建，祀杨时、廖刚、朱熹、廖德明四先生，以著道南渊源之学。元废。

永安县学在县治东。景泰五年，通判杨季琦、知县韩隆建。中为礼殿，旁列两庑。前为戟门，又前为棂星门。后为明伦堂，翼似两斋：东曰“崇德”、西曰“广业”。天顺六年，县丞宋善创库厨廨舍。

邵武府

府学在府治之前。宋天圣二年，郡守曹修始建于郡治西北隅。庆历七年，郡守宋咸重修，买田五百亩为学计，盱江李觏为记。熙宁后徙建于城外水北。建炎二年，郡遭兵燹，而学独存，有司撤为吏舍，乃栖诸生于县学，教官寓宁国寺。绍兴八年，教授陈之茂请于部使者复建，之茂有泮宫纪事。开禧初，郡守田淡、翁丹山、师得遇、教授黄登、饶愿、方澄孙相继修之。咸淳五年，摄郡事廖邦杰创学门于棂星门左，并增学田。元延祐四年，总管康忱[34]重修，并肖从祀像。泰定元年，总管刘参，天历元年总管西达、至正四年同知吴克忠相继修之。教授朱材复清凉寺所侵学田。六年，学门坏于风雨，同知陈君用[35]复立。十八年毁于盗。魏刘家奴[36]。二十四年，总管胡文甫遂以刘家奴[37]居宅为学。国朝洪武二年通判章文旭、教授林必忠[38]，谓其地湫隘，请于省台，以樵溪书院改建。中为大成殿，前为两庑、戟门、棂星门。殿之北为明伦堂，前为四斋。戟门之左为乡贤祠。东庑之东为神厨、宰牲所。西斋之西为馔堂。东庑之南为教官廨舍。三十二年，教授程禧得明伦堂西官民地，乃徙堂于其上，迁殿于堂之旧址。以旧堂东西四斋增两庑，而戟门因其旧。迁棂星门于溪南。堂前溪为桥，覆以亭曰“观澜”。亭之前东西为四斋，前为泮桥，又前为学门。堂之东，东斋之北为馔堂。永乐十四年，圮于水，惟礼殿存。十五年奉命修建。宣德四年，同知宋贵重建四斋，邵武知县邹良重建两庑，塑从祀像，并建馔堂及学门，徙乡贤祠于殿东。正统四年，知府徐述修大成殿，移戟门、棂星门各进丈余，引五曲溪流为泮池。正统九年，推官吴容造三石桥于殿前。景泰五年，教授崔盛、训导叶兴捐俸劝诸生助财修明伦堂、四斋、仪门。建石桥一于学门外。知府王庭遂修大成殿，建石桥三于棂星门内。同知顾旻修先贤祠。花润生为记。成化二年，知府盛颙重建戟门、棂星门，修神厨等所。六年，师生请于巡抚都御史滕昭、监察御史左钰[39]，仍移棂星门于溪北，移明伦堂退三十尺，筑基高于旧三尺，移东西斋各开若干尺，接堂为轩，东西各易桥以石，撤桥亭，广馔堂，重立仪门、外门各三间，新建号房二十间于殿后。又立二坊于门外之东西。十年，知府冯孜重建两庑及乡贤祠。十六年，知府刘元重建大成殿，徙乡贤祠于棂星门之东南。十七年，增创号房一十六间于殿东南。十九年，以弓匠局隙地易殿东军地，纵六寻横三寻有奇，以广学基。郡守曹修陆建于郡治西南隅，即今学地。熙宁后徙建城北，即今社稷坛地。刘家奴居宅，今射圃地。　**射圃**在府城中西南隅，即旧郡学地也。宋在军学旁，元初因之。至正间。学迁城中，圃遂废。国朝洪武九年，重设于熙春山麓。成化二年[40]，知府盛颙始建今所。前为观德堂[41]，堂后东西为房，中为后堂，后为水天清趣亭。堂之前二丈许为池。池中为桥，缭以周垣。熙春山麓旧三皇庙地。

邵武县学在府城西北隅，宋天圣中军学也。后军学迁水北，因以为县学。绍定三年毁于兵。端平二年，郡倅王埜复建。淳祐十二年，县令朱子广修葺。咸淳五年，县令张湘重建讲堂、乡贤祠及瑞榴轩。元至元二十年，同知石哈剌不花重作文庙及棂星门。教谕洪黄中为记。泰定二年，县尹王应祚重修。至正九年，县尹陆文瑛[42]倡始，耶律唯一继之，又重作庙。杜本为记。十三年，县尹孔公俊复重修庙学。旧有记，失作者名氏。至顺元年，教谕修德馨[43]、训导夏道子、学录陈士元重建乡贤祠及号房，又复侵田及增置学田。黄清老为记。至正七年邑人建宁学谕吴行可、二十四年邑民黄茂皆划田以增学计。县尹陆文瑛、郡士上官文本有记。国朝洪武初，知县水甦民重修。三年，知县詹得铭重建讲堂[44]。永乐十四年圮于水，惟礼殿戟门存。十六年，知县蒋忠建讲堂斋舍。宣德中，知县邹良建两庑后堂，邑人黄文庆塑先圣四配像。成化十年，巡抚都御史张瑄、巡按监察御史郑昱、尹仁、宪副刘城、佥事钟城、陈辁、高嵩相与协谋，属知府冯孜、知县王拯拓地重建。知府冯孜为记。左为大成殿，右为明伦堂，门庑、斋舍、庖廪、泮池、廨舍之属，焕然一新。泮池在仪门前，学旧有秀水池，中有泉，今适当西庑下，乃别凿于此，暗引泉通焉。 **樵溪书院**即今府学地也。宋景定中摄郡事方澄孙、倅钱谦孙肇建于郡城东行春门外，以祀宋丞相李纲。元至元十八年，同知万不花移建于樵溪五曲之上。为礼殿，祀先师孔子；为先贤堂，祀纲及诸乡贤。省注山长一员主之。有田若干亩。泰定三年，总管西达重修。至元四年，监郡浚都王子哈剌虎台又修之。仍建崇文门、咏沂亭。黄清老为记。国朝洪武二年改为府学。 **蒙谷精舍**在府城东一都之故县，宋黄中归休时游息之所也。中有泉，乃取大易蒙卦义，匾曰“蒙谷”。又构亭于泉上，曰“果”，曰“育”。朱熹尝过从其间，为大书其匾。 **台溪精舍**在府城东，宋儒何叔京藏修之所也。叔京从朱熹游，熹尝造焉。以地近七台之麓，小溪之滨，故名。今乡人称曰“学堂”。　**社学**一所在府治东建宁道左，一所在府治南游亨道坊上，一所在东门外，一所在南门外，一所在府城西北济川桥上。五社学俱知府盛颙立。

泰宁县学在县治西炉峰之阳。宋南渡前无可考。庆元间，县令赵时馆建于今所。元至元六年，县尹王成吉重建泮宫、魁星亭、文昌阁。至正十二年兵毁。二十七年，主簿黄悦重建。国朝洪武三年，知县陈枋重修。九年，知县定定重建大成殿，肖先圣及四配十哲像。东西两庑，前为戟门、棂星门。东庑后为神厨、库房、宰牲所。徙明伦堂于殿后，左右翼室为两斋。东斋之左为馔堂。三十五年，知县王可宗重修。永乐十五年，知县周英复新殿庑及戟门。正统十二年，教谕李卓改建明伦堂于殿东，左右为两斋。前辟学门，以旧堂为馔堂。学士王直为记。十三年，明伦堂毁于寇[45]，寻复建。成化七年，教谕何震、训导冯则及诸生以门堂临险善崩，请于提学宪副游明，委知县徐琛复其旧，重建棂星门及学门。　**射圃**在学西社稷坛后，中建正心亭。　**读书堂**在县西瑞溪保丹霞寺内，宋李纲读书之所，今有读书楼犹存。　**社学**一所在朱口保，一所在将溪保（上二所在县东乐成里），一所在县南高平里开善上保，一所在城保，一所在长兴保（上二所俱县北清泰里）。

建宁县学在县治南百余步。宋天圣中，县令葛佑[46]建于县治之西。嘉祐中县令李山甫迁建今所。绍兴九年毁于寇。十二年，县令黄唐祐[47]复建。庆元四年，县令赵师棠购地为讲堂，即旧讲堂基为大成殿，门庑、斋舍、厨库悉备。嘉定十一年县令钱衢、绍定二年县令赵纺夫、淳祐五年县令林玥、十一年县令连端懿相继修建。宝祐二年，县令廖邦杰重修，以堂左翼祠朱熹，右翼祠邑之贤宰及乡贤。景定三年，县令马世颖改创先贤祠于明伦堂后，合熹及贤宰、乡贤祀之。五年，县令宋秉孙重修庙学。咸淳七年，县令程梦桂捐俸二千余缗，撤明伦堂学门而新之，改创魁星亭于门左，殿、庭、门庑、厨库、廨舍，或增或饰，悉完以美。复改创先贤祠于讲堂之西。元至正十二年，毁于寇。二十六年，邑人冯直卿重建大成殿及讲堂。国朝洪武三年，知县董焕重新大成殿，肖先圣及四配十哲像，东西为两庑。前为戟门、棂星门。殿东为厨库及宰牲所。复新明伦堂，东西为两斋。前为泮池，架桥于上。池东西为诸生斋舍。堂之后为馔堂。十六年，知县胡日新建堂于池前，匾曰“敷教”。前为门，堂之西为教谕廨舍，东为训导廨舍。正统十三年毁于寇，教谕陈襄奏请复建。十四年，知县汪荣结茅为厨及学。景泰元年，训导王录、赵辅倡邑士忱文贵撤所舍佛寺，建明伦堂。后文贵兄子友庆遂建两斋于堂之左右。三年，义民廖彦举重建大成殿、两庑、戟门及厨库、宰牲所。知县金瑄、典史朱璧、教谕包瑜、邑士徐伯诚等捐资塑先圣及诸从祀像。郡人花润生为记。 **云谷书院**在县南云谷山下，宋侍制俞丰读书之所也。外有怡云、来董、致爽、舒啸、浮香诸亭，今俱废，故址犹存。

社学一所在东门，一所在西门，一所在南门，一所在北门，一所在东乡楚下保，一所在西乡富田保，一所在北乡黄溪保。

光泽县学在县治东南，宋庆历间建。元至元六年，县尹朱潜虚、教谕陈文通重建，后毁于兵[48]。国朝洪武三年，知县刘克明重建。永乐十一年，知县曹承烈、教谕陈子良重新大成殿。十五年，知县马伯肖十哲像。宣德五年，县丞张履肖两庑从祀像。正统二年，知县盛埙、训导余俨又拓而大之。十四年，知县徐晋修两庑、戟门，迁乡贤祠于戟门右。成化五年，提学宪副游明因教谕陈原之请，相度山川面势，谓向东南为宜，遂与知府盛颙共谋改建，以庙居右，学居左，殿堂、门庑、斋舍、库廪与夫会馔之堂、乡贤之祠罔不具备。十年，知县陈纪又拓地若干丈以广廨舍[49]。按旧志谓元至元六年重建，而重建学记则以为至正六年，二说不同。考之《元史》，前至元六年，岁值己巳，然是时元未混一天下，邵武尚奉宋正朔，志不宜讵以元之年号纪事也。后至元六年及至正六年，又皆与己巳岁辰不相值，此必有误字，然不可考矣。　**射圃**在学官之西。旧在学后，成化五年迁今所。中建观德亭。　**云岩书院**在县南一都云岩山下，宋果斋李方子讲学之所也。元天历二年，县尹况逵请于朝创建，设山长一员。至正十二年毁于兵，故址犹存。逵及学士虞集俱有记。　**崇仁书院**在县北崇仁市。元至正二十三年，邑人龚永同儒士刘廉以所纂《周易尚书解》进，得旨建。国朝洪武三年，知县刘克明撤其材建儒学，故址犹存。　**西山精舍**在县之西山下，宋儒李郁读书之所也。**社学**一所在县治东隅纮歌桥下，知县陈纪创建，一所在十都止马市，一所在十九都崇仁墟，一所在二十四都新田墟。

兴化府

府学在府治之东。宋咸平元年始有诏立学，进士方仪、陈翊愿入资助成之。嗣请于朝，赐地为夫子庙，郡人翕然输钱三十万，建正殿，塑先圣先师十哲像，绘从祀于两壁。仙游尉段全为记。二年，仪与弟能从子慎言复疏乞修三礼堂并御书阁。有旨给钱三十万，六年学成。右司谏孙何为记。皇祐元年，知军事陈执方尝辟庙学。绍兴十九年，教授徐士龙重修，并新教授厅于学之西，设县学于庙之东。郡人黄公度为记。乾道七年，教授陈言应葺大成殿门。淳熙四年，学毁于火者几半。五年，知军汪作砺因其旧而加葺之。绍兴二年，知军赵彦励增饰讲堂，匾曰“道化”。堂前有池，池上有桥。堂之左有忠恕堂，为教授廨舍。忠恕堂之左有正录位，庙门之西，有直学位。学门左右以及两庑为斋凡十。嘉熙二年，知军张友捐金修学，并增廪以赡学者。郡人王迈为记。淳祐六年，教授余来修忠恕堂，建尊经阁于其上。咸淳八年，知军事陈支宗、吕大圭、通判张汝砺相继修葺秘阁，刘希仁为记。元元统二年，知军卢端智重修。郡人黄方子为记。元贞元年，教授曹忞更造两庑。廉访使程文海为记。大德六年，教授宋眉年修道化堂。眉年自为记[50]。至顺二年[51]，同知廉大悲奴筑杏坛于敬义堂后。先是，教授厅为前教授之弟侵居，至是复之。至正八年，学录郡人黄烈请节缩学田羸余，修建庙学，经历黄寀是之，遂以属烈。于是先饰礼殿，大修讲堂，柱易以石者八，庙学俱焕然一新。郡人朱文霆为记。十年[52]，佥宪田九嘉、贰宪朵谐学更置四配十哲坐向，亦文霆为记。二十年，分省左丞郑旼市民地，建棂星门，修乐器、祭器库，塑两庑像，立土神祠。国朝洪武三年，知府盖天麟重修，定四配十哲位次，饰两庑像。改通化堂曰"明伦堂"。省东西十斋为四斋。辟仪门，新会馔堂，建神厨、祭器库、宰牲所于棂星门内之左，立米廪于棂星门内之右。永乐四年，通判孙旻、教授傅显立进士题名碑。参政杨景衡为记。宣德七年，佥事鲁穆命县丞叶叔文重葺庙学。八年，御史杨政募众成之，教授上官尹为记。十年，佥事陈祚奉诏命知县刘玭、主簿唐礼重建庙学，学士钱习礼为记。景泰元年，知府张澜饰庙像，即学前旧射圃地建养牲所。训导萧亨为记。成化二年，知府岳正范铜铸祭器，凡六百三十有四事，仍以旧祭祀锡器为乡饮之器，凡四百五十有八事。成化八年，知府潘琴重建大成门。十年，巡海副使刘坷[53]命增建月台于明伦堂之前。十三年，清军御史尹仁命教授王镛饰两庑像。十二年，同知孙兰命耆民吕景睿[54]重建尊经阁。十八年，教授王镛重立进士题名碑，复别立乡贡题名碑，郡人黄仲昭为记。　**射圃**在迎仙门之右。旧在望海门外，为居民所侵，洪武二十年，知府宋麟斥府学前民地为之。正统八年，佥事李在修复旧射圃之见侵于民者，创观德亭于其中。成化二年，知府岳正以其地远两学，诸生习射俱不便，遂移建今所。

莆田县学在府治前，宋薛公堂地也。旧附军学在大成殿东偏，唐张九龄书额，有职事位及显道、式谷二斋。元至顺二年徙建今所。东为庙，西为学。明伦堂之前为斋二，以旧薛公池为泮池。

建廨舍于大成殿之东。国朝洪武元年，知县任益重修增四配十哲像，立两庑从祀神主。郡人吴源为记。□□□年[55]，知县王文焯创后堂，匾曰“进修”，复新会馔堂，坚[56]棂星门，创米廪于学之西。永乐四年，立进士题名牌。佥事高勉为记。正统八年，御史丁登[57]命主簿唐礼重建会馔堂，迁米廪于旧教谕廨舍，而以其址增建斋舍。是年，佥事陈祚命知县刘玭重修庙学。景泰元年，镇守尚书薛希琏命刘玭易民地为教谕廨舍于米廪之东，知府张澜复易民地建训导廨舍于教谕廨舍之东。训导谢震为记。四年，知县陈统饰圣贤像。天顺七年，按察司副使钱琎命同知吴谅修大成殿，而知县王常又易民地三亩以广斋舍。成化二十一年，教谕程凤仪以庙学俱敝陋不支，请于提学佥事任彦常，彦常乃檄郡邑区划重建。于是知府丁镛捐资为邑民尚义者之倡，而士大夫亦有乐助之者，遂命凤仪及士民吕景浚、林克仁董其役。先建大成殿、两庑以及戟门，及买民地以广学衢。后劝民户出一夫之直，拟重建明伦堂并斋舍，为当道所阻，功未及就。　**射圃**在泮池之东，今废。　**涵江书院**在县东北延寿里涵江玉虚观之右，旧三清殿址也。唐时宣圣三十八代孙仲良为莆田令，因家涵江，至宋更十余传。朱文公过莆，为语郡县正其版籍，为至圣文宣王四十九世孙。淳祐五年，涵江镇官郑雄飞始建书院，在今书院南百余步。知军杨栋创夫子庙，复给田以供祭祀及月廪之费。景定四年，知军徐直谅奏请院额，理宗御书“涵江书院”四大字赐之。元至大中，福建闽海道肃政廉访司牒兴化路，访求孔氏之后，得五十三世孙敬山，遂以明经举充涵江书院山长，令子孙世绍其职。后庙宇颓圮。大德十一年，总管吕君政修。判官吴涛为记。国朝洪武十三年，同知赵亨重修。永乐四年，通判孙旼、董彬复修。训导黄原[58]为记。正统间主簿唐礼、景泰间盐运判周询、张某相继修葺。历岁既久，学田为居民所侵，子孙转徙于仙游，庙宇复圮。成化三年，知府岳正迁建今所，仍购地作室，访其裔孙之转徙者，俾还居之，并复其田，以供祭祀。 **郑氏湖山书堂**在府城西南凤凰山下。梁陈间邑儒郑露读书于此，号“南湖先生”。后以其地施为金仙院，今广化寺讲堂是也。 **林蕴书室**在府城东北兴教里之澄渚，号“读书草堂”。蕴自北螺移居于此，与兄藻誓志业文，凡十年。藻举进士，蕴擢明经，时有“欧阳独步，蕴藻横行”之谚。自是闽人相继登第，殆无虚岁。其后蕴任邵州刺史，有帖戒其子孙，令往来诵读于此，不许析居云。按《莆阳志》：“蕴立券，就陈暄市地以居，故改陈为澄。”又《北梦琐言》载：“唐求言成都距长安三千里，而每岁随计者少。建安之贡，无岁无之，故曰龙门一半在闽川，信然。” **欧阳詹草堂**在府城东北兴教里福平山下。初詹以林藻兄弟肄业于灵岩精庐，自泉山而诣焉，已而改筑于此。其后詹在蜀门寄林蕴诗云：“村步如延寿，川原似福平；无人相共识，独自故乡情。”自注云：“延寿、福平，皆闽中川原之名。延寿，蕴之别墅；福平，予之别墅也。”贞元八年詹举进士，与韩愈、李绛、李观、崔群、王涯、冯宿、庾承宣联第，皆天下选，时称龙虎榜也。 **北岩精舍**在府城东厢书林亭之右，唐陈峤、许龟图、黄彦修读书于此，凡五年。龟图、彦修随计西上，峤复卜筑于北平山。当咸通、乾符之际，龙门万仞，孤进惟艰，以二子词学之懿，累举于礼部，竟无所成名，惟峤至光启四年始擢进士第云。北平山亦名福平山。

东峰书堂在府城西南广化寺内，唐黄滔肄业之所。初，滔与陈蔚、黄楷、欧阳碣葺斋于此凡十年。唐以通榜取人，末流滋敝，咸通、乾符之际，公卿贵游相为汲引，而怀材抱艺之士遐遗草泽，以是三子率不西迈，推滔独随计吏奋迹举场。越二十四年，始擢乾宁乙卯进士。昭宗临轩重试，再中甲科，归寻旧山，遂刻铭贞石以记。旧记云：“今东峰双龙眼树，即往岁书斋之庭阴也。” **漆林书堂**在府城东北待宾里蒜岭之南，唐少府监翁巨隅之别墅也。巨隅尝创一堂，训督子弟。长子承赞，乾宁三年进士；次承裕，光化三年明经释褐；次袭明，旧名承俭，应童子科，天祐五年复第进士。已而承赞御命[59]册王审知为闽王，与册礼使侍郎萧项同寻旧日书堂。项以诗赠之，有云："轺车故国世应稀，昔日书堂二纪归，却对萤窗勤苦处，举头全是锦为衣。"御史黄滔和承赞诗云："山樊南国添烟翠，龙起东溟认夜光。定恐故园留不住，竹风松韵谩安将。"　**郑氏书堂**在县南唯新里木兰陂之旁。宋国子监簿郑耕老读书之所也。耕老尝赋诗云："开怀溪一曲，养拙屋三间。"后分教四明，参政龚良茂尝留题云："木兰春涨与江通，日日江潮送晓风。此水还应接鄞水，为谁流下海门东？"　**东井书堂**在景得里谷城山下，宋艾轩、林光朝倡道之所也。初，光朝族人国钧创书堂于此，延光朝为师，复置田以赡来学之士，学者空郡从之，时谓之"红泉义学"，中书舍人张孝祥书额。有拜经堂，艾轩诗："黄石江平乡相出，几人传说拜经堂。"国朝翰林学士林文有《红泉讲道记》。　**金山草堂**在五侯山涌泉岩之西，林光朝尝与其族人林充、林褒讲学于此。　**仰止堂**在白湖陈俊卿旧第之东偏，朱文公尝馆焉。堂之前有山曰壶公，峻拔端重，若正人端士翔拱而耸立。俊卿之子宓实从文公讲学于此，思文公而不得见，登其堂，望其山，如见其人焉，因此高山仰止之义[60]以名之。黄榦为记。其后邑人黄绩从宓及潘柄学，复与同志十余人集于堂中，旬日一讲。二师既卒，绩遂率同门友筑东湖书堂于县之望仙门外东畔，而请田于官，春秋祀焉，读约聚讲，如二师在时。及绩卒，绩之子仲元推广先志，崇奉尤谨。今二堂俱废。（上三堂俱府城东南。）

夹漈先生草堂在府城西北广业里夹漈山之阳，宋郑樵隐居著书于此，因自号夹漈。尝讨论古今图籍，修而成书分为十类，共五十种。又取历代史籀，始自三皇，终于五季，通修为一书，名曰《通志》，后改名《通史》，厘为二十略。又有修史堂在本里芗林寺内。

上林义斋在府城西南新兴里。唐黄问，字公裕，通五经，尝创学于居庐之南，以聚四方英俊。立为五规：一曰修身谨行，二曰立志抗节，三曰潜心经术，四曰学通世务，五曰限日收功。既卒，尚书右丞皇甫泌诔之曰“义成逸士”。子君俞，幼强学，著书一百卷，刺六经失传，正史氏之非。刘敞得其书，以为似两汉儒者。已而试开封进士，居第一，而四黜于礼部。翰林学士郑解、御史中丞滕甫、知贡举王珪等交章论，应召试舍人院，除国子直讲，累官馆阁校勘，有《六经关言》行于世。 **寿峰义斋**在府城西北广东里。旧经：“天禧间，方泳与其弟洞筑斋于此，以来四方贤士，岁不下五十余人。一夕，山神折花七枝置几上，是岁七人俱荐，相继擢第，独陈升之位跻上相。”推官方晔诗：“义斋昔启虎蹲冈，一夕仙祇预报祥。会客曾闻居鼎席，应须重立相儒堂。”已上书堂及斋俱废，故址犹存。 **忠门义学**在府城东新安里。忠门，元西江陈氏所作也。有学舍以聚生徒，有学廪以赡师儒。前监县原道实相其役，翰林学士周伯温为书其匾。后又欲建先圣殿及先贤祠，温陵卢琦尝为作疏。

仙游县学在县治南百步许。旧在县治之西，宋咸平五年，县尉段全移建今所。前为庙，后为学。全自为记。庆历八年修，元祐九年重修。宣和末圮。绍兴九年邑人肇庆守陈可大捐资倡众重建，知县谢天民助成之。天民自为记。乾道七年，知县赵公绸修，匾殿曰“大成”，堂曰“尊道”，为斋凡六，并建六经阁、祭器库、土神祠。翁元为记。绍定六年，知县黄登新尊道堂。宝祐三年，知县赵与泌建尊经阁、文会堂，新堂庑，置祭器，辟西沟之见侵于民者。卓得庆为记。元至正二十年毁于寇。二十五年，县尹任兴即旧址重建大成殿，塑先圣四配十哲像。国朝洪武四年，知县周从善建东西两庑，立从祀先贤位，为泮池于戟门之外而桥之。池之前为棂星门。门西为泮宫门。改尊道堂为明伦堂。堂之左右为两斋。东西两廊各为号房五。十六年，知县顾思敬建神库、神厨、宰牲房于庙之东，立土神祠于戟门之左。二十八年教谕谭子敬建文昌阁于明伦堂之后。宣德八年，知县王彝新殿庑、斋舍神厨。十年，改建文昌阁为乐育堂。其两翼，东为膳厨，西为祭器库。复修戟门、泮桥。正统二年，重建明伦堂，增教谕、训导廨舍，迁学门于棂星门之东，徙文昌祠于戟门之左，斥民地以广学基。教谕张侗实终始经营之，郡人黄常为记。十二年，佥事陈祚檄知县宋华葺星门，新祭器，构米廪于神厨之前。景泰四年，重新大成门。天顺六年，佥事牟俸令知县赵鸾撤回号房改建为两斋，别建号房于两斋之后。成化元年，教谕欧阳潘摄县事，重建棂星门，易其柱以石，迁教谕廨舍于乐育堂之西。十六年，提学佥事周孟中令典史林永通、教谕周高艺增建月台于明伦堂之前。　**射圃**在棂星门外通衢南之左。旧在西庑后，洪武十六年，知县顾思敬辟而大之，并建观德亭。正统十二年，佥事陈祚重新。成化八年，知县黄灿迁建今所，而饰旧观德亭为训导廨舍。　**义塾**按县志，在县西十余里，绍定间，通判周天赋之弟创建，仍拨田租七十斛，以供束修之费。

平海卫学在卫城内。正统八年始建学设官，权寓指挥陆璘廨舍，设四斋。后斋宇颓圮，复迁寓晏公庙。天顺八年，提调学校佥事游明[61]始以旧都指挥佥事姜铭安廨舍创建庙学，即今所也。指挥同知王辅塑先圣四配像。成化九年，指挥同知钱棠[62]重修殿庑并戟门，改建明伦堂及廨舍，规制始备。

福宁州

州学在州治东南，即宋长溪县学也。旧在州治东保明寺之左，庆历三年，知县杜枢徙今所，筑菱湖地创建。旧学基遂为保明寺所有。元祐二年，知县马康侯又迁于州东门外，以建善寺地为之。五年，仍迁建于今所。大观二年知县叶安节更建殿宇。嘉泰三年知县姚迥、嘉定九年知县江润祖、淳祐七年知县许铸、咸淳五年知县赵时禶、七年知县李季可俱尝修葺。元至元十三年火[63]，惟礼殿仅存。二十二年，盐提举巩元凯塑先圣四祐十哲像。二十六年，州尹白璧新戟门。二十九年，州尹樊忠构明伦堂。元贞元年，州尹陈翼、同知孙璧改建大成殿及戟门，绘从祀先贤像。大德十一年，州知事沈中祥摄学事，造祭器，置书籍，重建稽古阁于明伦堂之后。阁之下为会文堂。延祐四年，州尹袁凯才[64]建学门、两廊及教授厅。至治二年，稽古阁坏。三年，州知事潘瑞孙[65]摄学事，即其址重建会文堂，并修礼殿。至正十年[66]，知州王伯颜重创大成殿，易其柱以石，而两庑、戟门、泮池、棂星门、明伦堂及两斋俱修建一新。国朝洪武二年，复改为县学。九年，知县赵明仲[67]修。二十七年，典史程镒[68]重建两斋及修葺殿庑。宣德六年，知县钱宥重建两庑及戟门。正统六年，知县项智、教谕程奎重葺大成殿、明伦堂并两斋。成化七年，按察司副使潘祯、知府周钝[69]复修葺之。十三年，州判官黄晟创振铎堂于明伦堂之后。十四年，知州刘象伐石修砌垣墉四周。 **东山书院**在州南招贤里[70]。宋淳祐十一年，邑儒林仲明建为读书之所。 **草堂书舍**在州东十一都，唐林嵩读书之所也。

宁德县学在县治之东南[71]。宋嘉祐三年创建。崇宁二年，增为四十区，有敷教堂，为斋四。乾道六年，县丞卢觉重修。七年，知县徐磐建小学。淳熙二年，知县赵善悉改建大成殿于明伦堂之西。殿之南为棂星门。淳熙八年，知县徐梦发更新之。嘉年三年，知县周茂良凿泮池于棂星门之内，而桥其上。五年，摄县事闽县丞黄克宽增建戟门于棂星门之北。国朝洪武五年，知县王溥建米廪于大成殿之西，建祭器库、神厨、宰牲房在大成殿之北，建会馔堂于明伦堂之后。三十三年火，知县关可诚[72]、教谕戴福海重建一新。永乐三年，知县贾得善改建棂星门，并创学门，架石桥于旧塘之上，以通往来。宣德四年，御史张铎、知县张初、教谕林约重修殿庑、斋舍、门墙，创建观澜亭、御书阁以及庖厨、廨宇，俱焕然一新。六年，御史张鹏立进士题名碑。御史三山罗泽为记。景泰五年，邑人都给事中林聪倡其乡人拓明伦堂而大之[73]。天顺四年，御史顾俨、同知古永昌、教谕李辅、训导董秀各捐俸劝富民助资重新修建。　**来青书院**姚周族创。　**郑乡校**郑仓崇创。　**诚斋**阮守饶创。(按《三山续志》,上三处谓之三乡校,县志不载,今纂之。)

福安县学在县治东南。旧在县西南蠡湖之上,宋淳祐五年,知县郑□[74]经划其方位,左为庙,右为学,先建讲堂直舍。八年,知县林子勋建文庙东西庑、戟门并明伦堂、斋舍、库廪,学制始备。元皇庆元年,主簿胡琏兴建龟湖寺,遂迁学于今所,草创殿庑,塑先圣四配十哲像。至正三年,县尹赵元善建戟门、棂星门于殿南,复建明伦堂于殿北。国朝洪武二十八年,知县叶礼重修明伦堂,建两斋于堂之东西序,并建神厨、祭器库、宰牲房于东庑之后。永乐初,知县李思明建会馔堂厨房于明伦堂之西,创学仓于明伦堂之东北。正统六年,知县沈铸建御书阁于明伦堂之后。天顺间,提学参事游明命署县事侯官县丞周琬重修大成殿并两庑。成化间,副使潘稹、参议陈渤、参事锺城檄知州刘象、判官黄晟、知县刘顺、教谕项孔昌、训导黄节重建戟门、明伦堂、两斋,复改建泮宫门于学东。　**大留社学**在旧沿江里。宋绍兴二年,里人校尉郎千、贡士张梦辰建讲堂廨舍,为屋凡百楹,岁延师聚徒,讲习于此。　**化蛟社学**在旧仁丰里。宋元丰间,里人卓钧登第归,聚徒讲学于此。中为堂,以祀先圣,旁为斋,以居学者,岁久而圮。淳熙三年,族人共新之,岁延师训诲子弟。

校　注

[1] 光绪增刊淳熙本《漳州府志·学校》作“达鲁花赤纳儿占伯”。

[2] 光绪《漳州府志·学校》作“成化十年”。

[3] 光绪《漳州府志·学校》作“成化十五年”。

[4] 光绪《漳州府志·学校》作“成化二十年”。

[5] 光绪《漳州府志·学校》作“知府刘瀚”。

[6] 光绪《漳州府志·学校》作“县令潘律”。

[7] 光绪《漳州府志·学校》作“程孟于”。

[8] 光绪《漳州府志·学校》作“增建训导廨舍于道义门外”,按上文应从之。

[9] 民国《龙岩县志·学校》作“通环桥”。

[10] 民国《龙岩县志·学校》作“赵汝勉”。

[11] 光绪《漳州府志·学校》作“陈纯仁”。

[12] 光绪《漳州府志·学校》作“正统三年寇毁”。

[13] 乾隆重刊弘治《汀州府志·学校》作“迁州东北兴贤门内”。

[14] 乾隆《汀州府志·学校》作“成化八年”。

[15] 乾隆《汀州府志·学校》作“创志道、依仁、据德、游艺四斋于堂之东西”。

[16] “泡湢”为“庖湢”之误。

[17] 乾隆《汀州府志·学校》作“提学周孟中”。

[18] 乾隆《汀州府志·学校》作“刘谅之”。

[19] 乾隆《汀州府志·学校》作“成化八年”。

[20] 乾隆《汀州府志·学校》作“陈凌”。

[21] 乾隆《汀州府志·学校》作“绍熙间”。

[22] 乾隆《汀州府志·学校》作“赵汝谡”。

[23] 乾隆《汀州府志·学校》作“在县北皇华驿”。

[24] 乾隆《汀州府志·学校》作“颜熙”。

[25] 乾隆《汀州府志·学校》作“景泰间,知县江稷复倡修”。

[26] 乾隆《汀州府志·学校》作“在九龙驿左”。

[27] 乾隆《汀州府志·学校》作“在县治东北”。

[28] 乾隆《汀州府志·学校》作“常闾”。

[29] 民国《南平县志·学校》作“天圣三年”。

[30] 嘉靖《延平府志·学校》作“王祺”。

[31] “建堂祠”下似漏“祀”字。

[32] 嘉靖《延平府志·学校》作“余亮”。

[33] 嘉靖《延平府志·学校》作“景泰三年”。

［34］嘉靖《邵武府志·学校》作“廉忱”。

［35］嘉靖《邵武府志·学校》作“陈均用”。

［36］“魏刘家奴”下有漏字。嘉靖《邵武府志·学校》作“千户魏刘家奴与光泽龚永构逆，尽焚之”。

［37］“刘家奴”上似漏“魏”字。

［38］嘉靖《邵武府志·学校》作“林必中”。

［39］嘉靖《邵武府志·学校》作“左赞”。

［40］嘉靖《邵武府志·学校》作“成化四年”。

［41］嘉靖《邵武府志·学校》作“为堂曰兴让”。

［42］嘉靖《邵武府志·学校》作“陆文英”。

［43］嘉靖《邵武府志·学校》作“萧德馨”。

［44］嘉靖《邵武府志·学校》作“三十一年知县詹德铭重建讲堂”。

［45］嘉靖《邵武府志·学校》作“十四年毁”。

［46］嘉靖《邵武府志·学校》作“葛祐”。

［47］嘉靖《邵武府志·学校》作“唐佑”。

［48］嘉靖《邵武府志·学校》作“元至正六年丙戌，令朱万初乃建庙学，后兵毁”。

［49］嘉靖《邵武府志·学校》作“是年令陈纪得、王进广地以广廨舍”。

［50］此处记载年次颠倒。从“元统二年”起至“眉年自为记”止一段，应移在“至顺二年……至是复之”后面插入，后面接“至正八年……”。

［51］弘治《邵武府志·学校》作“至顺三年”。

［52］弘治《邵武府志·学校》作“十二年”。

［53］弘治《邵武府志·学校》作“刘珂”。

［54］弘治《邵武府志·学校》作“吕景浚”。

［55］弘治《邵武府志·学校》作“二十九年”。

［56］弘治《邵武府志·学校》作“竖”。

［57］弘治《邵武府志·学校》作“丁澄”。

［58］弘治《邵武府志·学校》作“黄源”。

［59］“御命”似“衔命”之误。

［60］“此”字误，似为“取高山仰止之义”。

［61］弘治《邵武府志·学校》作“学检游明”。

［62］弘治《邵武府志·学校》作“钱镗”。

［63］乾隆《福宁府志·学校》作“至元一年毁”。

［64］乾隆《福宁府志·学校》作“袁凯才”。

［65］乾隆《福宁府志·学校》作“潘瑞”。

［66］乾隆《福宁府志·学校》作“至正九年”。

［67］乾隆《福宁府志·学校》作“赵仲明”。

［68］乾隆《福宁府志·学校》作“程鉴”。

［69］乾隆《福宁府志·学校》作“周纯”。

［70］乾隆《福宁府志·学校》作“在双剑峰,今废”。

［71］乾隆《福宁府志·学校》作“在县城南”。

［72］乾隆《福宁府志·学校》作“关可成”。

［73］乾隆《福宁府志·学校》作“景泰间副使顾雍再拓其地”。

［74］乾隆《福宁府志·学校》作“郑黼”。

八闽通志卷之四十六

选　举

闽自唐神龙以后，举进士、举明经者接踵而起。宋兴，闽八郡之士取名第如拾芥，相挽引居台省、历卿相不绝于世，举天下言得第之多者必以闽为首称。元诸郡之志缺而不修，仅见一二，至我朝而复盛，登科第、膺荐辟者，后先相望，而郡县每岁所贡士又不可胜计焉。是固山川清淑之气所钟，抑亦国家文教渐渍之深而然也。虽然，朝廷设选举之法，所以待豪杰之士也，前之列名于是者，豪杰之士盖彬彬矣，后之来者尚思所以继其芳躅而无愧哉。乃志选举。

科　第

福州府

〔唐〕

真元[1]十年甲戌李程榜　陈通方闽县人，南陵院官。

十三年丁丑郑巨源榜　陈翊闽县人。见《人物志》。

十五年己卯封孟绅榜　邵楚苌闽县人。见《人物志》。

元和五年庚寅李顾行榜　陈彦博闽县人。贵溪令。

十四年己亥韦谌榜　陈去疾侯官人。见《人物志》。

宝历元年乙巳柳璟榜　欧阳衮闽县人。见《人物志》。

太和四年庚戌宋邧[2]榜　林简言福清人。见《人物志》。

九年乙卯郑璀[3]榜　侯固闽县人。见《人物志》。

开辰[4]三年戊午裴思谦榜　李滂闽县人。大理评事。　萧膺侯官人。见《人物志》。

会昌二年壬戌郑颢榜　郑诚[5]闽县人。见《人物志》。

三年癸亥卢肇榜　林滋闽县人。历金部郎中，后王铎辟为判官。

四年甲子郑言榜　陈纳翊之子。大同军副使。

太中[6]元年丁卯卢深榜　陈镛侯官人。复应史科。见《人物志》。

五年辛未李郜榜　林勗闽县人。吉州刺史。

十二年戊寅李亿榜　侯岳固之侄。

咸通二年壬午薛迈榜　薛承裕闽县人。国子四门博士。　王棨福清人。历水部郎中。

七年丙戌韩衮榜　欧阳琳衮之子。再中宏词科，累迁侍御史。

九年戊子赵峻榜　连总闽县人。见《人物志》。

十年己丑归仁绍榜　欧阳玭衮之子。终书记。　林慎思长乐人。见《人物志》。

乾符二年乙未郑合敬榜　陈诜侯官人。见《人物志》。　郑隐福清人。

五年戊戌孙渥榜　陈蜀闽县人。按宋刘若虚尝为陈淑作

《唐登科记》，历考旧志，无陈淑之名，盖即蜀也。

中和五年乙巳许祐孙榜　倪曙侯官人。见《人物志》。

大顺元年庚戌杨赞瑀[7]榜　林衮闽县人。秘书省校书郎。　张莹连江人。见《人物志》。

二年辛亥崔昭矩榜　黄璞侯官人。后徙莆田，见《人物志》。　陈鼎福清人。校书郎。

乾宁二年乙卯赵观文榜　黄诜璞之子。宣义郎节度巡官，始迁长溪白林，有二子，长慕华自白林迁翁潭，终水部员外郎[8]，次慕风自白林迁侯官，终给事中[9]。

四年丁巳杨赞图榜　卓云长乐人。

光化三年庚申裴格榜　翁承裕福清人。按《莆阳志》，承裕于是年明经释褐，而《寰宇志》以为裴格榜进士，恐误。

〔五代〕

唐天成三年戊子郭晙榜　陈保极闽县人。礼部仓中员外郎，赐金紫。

〔宋〕

太平兴国二年丁丑吕蒙正榜　张蔚罗源人。《三山志》无此名，而《寰宇志》及县志有之，今增入。

三年戊寅胡旦榜　李蕤古田人。《三山志》无此名，而《寰宇志》有之，今增入。

五年庚辰苏易简榜　吕奉天闽侯人。

八年癸未王世则榜是榜赐同出身分为三甲，殿试分甲自此始。　林佽闽县人。

端拱元年戊子叶齐榜是年礼部放进士榜，状元程宿；复试下第举人于崇政殿，状元马国祥；又试下第进士及诸科，状元叶齐。 李亚荀连江人。见《人物志》。

淳化三年壬辰孙何榜是榜糊名考校分五等，上三等赐及第，余赐出身并赐儒行篇。 林殆庶见《人物志》。 余贯之（俱闽县人。） 李坦然朝奉郎，大理评事兼水部员外郎。 王彬初挈族奔高丽，以外国生宾贡入太学，至是登第，归省坟墓，终太常卿。（俱长乐人。）

咸平元年戊戌孙仅榜是榜始为小录，用绫谓之金花，贴于卷首，载知举、年甲、行第、家讳、私忌，登科人大书姓，小书名。 吴千仞侯官人。太常博士知处州。

二年己亥孙暨榜 连作砖闽县人。

三年庚子陈尧咨榜是年分六甲，第四甲同进士出身，第五甲同三傅出身，第六甲同学究出身。时林休复名在六甲。赐别科出身自此始也。 陈易则校书郎。 沈厚载历潮、剑、归三州，终屯田郎中。 林休复同学究出身，历知邵武军、漳州，终比部员外郎。（俱闽县人。） 林介 黄诰（俱侯县人。）

五年壬寅王曾榜 刘若虚初为莆田人，后居闽县。见《人物志》。

景德二年乙巳李迪榜 张翼侯官人[10]。

四年丁未林陶闽县人。中词科，特赐同出身，终比部员外郎。

大中祥符元年戊申姚晔榜赐袍笏自此始。 林敦复林复之弟，太常博士。长乐人。 林太素殆庶之弟。历相州节度推官。 陈晔宜兴主簿。 陈庄赞善大夫。 陈宗奭大理寺丞，知惠安县。 陈清[11]易则之兄。惠州归善令。 林祥石城令。（俱闽县人。）《罗源志》以陈庄为其邑人，梅州教授，未详孰是。　潘衢屯田郎中。潘征衢[12]之兄，改名循，著作郎。（俱长乐人。）　刘天锡福清人。宣德郎，大理寺丞。　张黄裳罗源人。

五年壬子徐奭榜　刘晔都官员外郎。　陈简能见《人物志》。　林咸德屯田郎中。　刘若冲若虚之弟。秘书丞。　林太微[13]殆庶之弟。殿中丞。（俱闽县人。）

八年乙卯蔡齐榜　童颖闽县人。父居明没于王事，诏赐一子出身，令本州访其子以闻，颖登第终职方员外郎。　王甲侯官人。　林高福清人。屯田员外郎。

童子举　黄鳌连江人。六岁应举，赐出身。

九年[14]童子科蔡伯俙福清人。四岁应举，赐出身，见《人物志》。

天禧二年己未王整榜　鲍稷闽县人。终实幕[15]。　王平甲之弟。侍御史。

诸科　沈兆闽县人。　陈象侯官人。（并授右职。）

天圣二年甲子宋郊榜　许忱闽县人。　陆广侯官人。司封员外郎，集贤校理，提点京东刑狱。　张沃永福人。饶州都曹。（按《连江县志》又有林卫，旧志及《寰宇志》俱不载。）

五年丁卯王尧臣榜　黄贲库部郎官。　李平都官员外郎致仕。（俱闽县人。《寰宇志》以李平为长乐人。）　江阶侯官人。虞部员外郎。　周辅都官员外郎，知华州。　池泽明[16]旧志无此名，而《寰宇志》、县志有之，今增入。（俱长乐人。）

八年庚午王拱辰榜　刘奕若虚之子。屯田员外郎，通判润州。　韩丙秘书郎。梧州推官。　刘异若虚之子。屯田员外郎。　李述平之子。秘书丞，知饶州[17]。（俱闽县人）

景祐元年甲戌张唐卿榜　林慥太常少卿。　卓祐之秀州判官。 陈诰后改名谟。朝散大夫,连州通判。 郑同文(俱闽县人。) 林嗣复林复之弟。太常博士。长乐人。林概福清人。高之子。省试第二。见《人物志》。

诸科 林孟闽清人。

宝元元年戊寅吕溱榜 林肇敦复之子。屯田郎中。湛俞见《人物志》。 陈序简能之子。丞中郎。 李惟肖秀州户曹。(俱闽县人) 朱鼎臣永泰人。大理丞[18]。

诸科 郑洙侯官人。见《人物志》。

庆历二年壬午杨寘榜 萧汝霖 苏畋都官员外郎。王纶都官员外郎。(俱闽县人。) 陈襄象之子。见《人物志》。 李处厚亚荀之子。朝奉郎,提举淮南等六路茶税。

诸科 林温 陆廙(俱长史。) 刘昇[19]若冲之子。秘书丞。

六年丁亥贾黯榜 林琪殆庶之孙。朝奉郎。 刘彝若虚之侄。见《人物志》。 陈预 林世矩林复之子。楚州教授。(俱闽县人。) 江震侯官人。通判通州,朝请郎致仕。刘偁朝请大夫。 刘易简偁之兄。著作郎。(俱怀安人。) 陈固福清人。秘书丞。 张泽沃之弟。朝奉郎。 黄子春[20]朝散郎。《寰宇志》无此名。

诸科 王茂先闽县人。以殿中丞致仕。 黄质 林国华

皇祐元年己亥冯京榜 萧杰 陈中庸 孙奕见《人物志》。 吴元瑜 林谊汉川令。 丁世衡[21]广州掾。(俱闽县人。) 刘靖侯官人。迪功郎。 林罕广州司理。 李川坦然之子。吏部员外郎。(俱长乐人。) 谢宋臣归安主簿。 赵谷试大理评事,知浦城县。(俱连江人。) 李敷朝奉郎。 刘

处约天锡从侄。殿中丞。(俱福清人。县志又有知砺王硕,旧志及《寰宇志》俱不载。)　魏昂古田人。大理评事。　柯伯华永福人。　黄稹朝请大夫。　萧开丞议郎。开,《寰宇志》作辟。(俱闽清人。)　刘延之　林卞历知山阴县。(《寰宇志》无此二人。)

制科　刘绛应茂才异等科,特授将士郎,终推官。闽清人。

五年癸巳郑獬榜始改四岁一举为间岁。　湛庸俞之侄。惠州司理。　吴君瑜元瑜之兄。兴化县尉。　吴周卿大理评事,知黄梅县。(俱闽县人。)　陈君章襄之弟。朝议大夫。黄嘉会朝奉郎。　曾伉朝散郎,左司员外郎。(俱侯官人。)潘整长乐人。迪功郎。　林彭年连江人。儒林郎,真州郎曹。许原福清人。承事郎,知政和县。　张肩孟永福人。朝散郎,通判歙州。　林揄知山阴县。　郑穆侯官人。见《人物志》。　许叔达(《寰宇志》无以上三人。按《罗源志》又有宋均,旧志及《寰宇志》俱不载。)

嘉祐二年丁酉章衡榜　张宗闵从政郎,知建阳县。李皇臣朝议大夫,知婺州。(俱闽县人。)　陆长倩广之子。朝散大夫。　曾默以太子中允为本路通判。　陆珩[22]朝请郎,通判郓州。　王向平之子。峡石主簿。　王回向之兄。见《人物志》。　陆宪元廙之子。知祥符县。(俱侯官人。)　林密长乐人。慎思曾孙。知潮州。　林开高之孙。校书郎。　林希概之子。省试第一人,哲宗时,除中书舍人。章淳黜元祐诸臣司马光等数十人,希草制,词极丑诋,至以老奸擅国阴斥宣仁皇太后,一日掷笔于地,曰:“坏了名节矣。”拜同知枢密院事,后以端明殿学士知太原府。徽宗立,上河东边计三策,朝廷以其词命丑,正之罪,夺职知扬州。卒,赠资政殿学土,谥文节。　林旦概之子,见《人物志》。 林棐高之侄。新昌令。(俱福清人。) 陈格古田人。终秘书。《罗源县志》以格为其邑人。

诸科 张应 许齐 黄彦 陈奕

四年己亥刘烨榜 陈向校书郎。 朱敏中儒林郎。(俱闽县人。) 陆宣侯官人。广之侄,后改名畸。朝散郎,知潮州。 林邵概之子。宝文阁直学士。 林颜概之子。为太府少卿,最善章惇、蔡卞,惇、卞尝恶陈次升,使颜致己意,赂以美官,次升责之曰:“君为天子卿士,而为宰相传风旨耶?”终中奉大夫直秘阁。 王伯虎朝请郎,枢密院检详。(俱福清人。)

诸科 郑晕

六年辛丑王俊民榜时试中礼部及御试下第者四人,本州陈傅[23]其一也。傅字商老,侯官人,尝著《瓯冶遗事》[24]。 郑适适,《寰宇志》作造。朝请郎,大宗政丞。 吴杲卿周卿之弟。试秘书省校书郎,守兴化军录事参军。(俱闽县人。) 吴卞 陈敦夫襄之侄。朝散大夫,秦凤路提刑。 王冏回、向之弟。新蔡主簿。兄弟皆有文集,曾子固为序曰:“其兄弟皆名闻天下。”(俱侯官人。)

八年癸卯许将榜 许将见《人物志》。 倪材温州推官。(俱闽县人。) 张俗侯官人。 倪箴 游冠卿朝散大夫。(俱福清人。) 王俞永福人。 宋钧罗源人。迪功郎。 林动奉议郎,建州教授。《寰宇志》无此名。

治平二年乙巳彭汝砺榜 李谭 王祖道再举制科,历监察御史,数言事,徽宗时知桂州,希蔡京意,开边置黔南路,擢显谟阁待制,召为兵部尚书,除端明殿学士,知福州,复召为刑部尚书,卒赠宣奉大夫。京败,追贬昭信军节度副使。 辛琮朝奉大夫,本路转运判官。 陈晔(俱闽县人。) 池鄂[25]侯官人。 刘俨怀安人。偁之弟。承议郎,知南恩州。 陈毅长乐人。

朝散郎，知贺州。

四年丁未许安世榜　郑及朝奉郎。　朱敏元敏中之弟。朝请大夫。　黄康民宣教郎。知尤溪县。　陈时奉议郎。　陈几[26]朝奉郎，通判滁州。　王晦朝请大夫，知饶州。　林璋朝散郎，通判温州。（俱闽县人。）　江通侯官人。阶之弟。朝散郎，知黄州。　李处道连江人。亚荀之侄。兴国军知录。　郑侠晕之子。见《人物志》。　陈祥道闽清人。见《人物志》。《闽县志》以祥道为其邑人。

熙宁三年庚戌叶祖洽榜是年御试策一道，至七年以进士既罢词赋，所试策即与制举无异。时政阙失，已许人上封事，遂罢贤良等科。　李适朝议大夫。　朱功《寰宇志》作敏功。敏中之弟。中大夫。（俱闽县人。）　江庶阶之子。知县。　陆长愈广之子。宣州签判。　黄群文林郎，三泉县丞。（俱侯官人。）　陈植古田人。格之兄。莱州司理。《罗源县志》以为其邑人。

诸科　朱稷臣　王砺　郑瑜将作监簿。　郑表将作监簿。　张颢　李倚并试助教。　李颀试文学。

六年癸丑余中榜是年第一甲、第二甲赐及第，第三甲出身，第四甲同出身，第五甲同学究出身。　吴干周卿之子。承议郎。　林安道文林郎。　陈景参序之子。奉议郎，知阳信县。俱闽县人。　夏臻福清人。肩孟之子。中大夫。　余清罗源人，太中大夫。徽猷阁待制，知泉州。　李撰连江人。处厚之侄。朝奉大夫。　张励永福人。肩孟之子。中大夫。

诸科是岁特奏名进士明经诸科人，令三司依例支给长史文学料钱[27]月七贯文，全折到州公参日起支，三年满日住支追历纳省。　林格试监簿。　林枢　柯辟（并长史。）　林诰长乐人。文学。　郑玠文学。　韩昌国(上二人俱连江人。)

九年丁巳徐铎榜是年,诏自第一名以下并试律义、断案,赐官钱、印小录,废明经科。　郑邦直　吴洪奉议郎。(俱闽县人。)　林敷奉议郎,知同安县。　刘会元中奉大夫。(俱侯官人。)　刘诜福清人。处约之子。见《人物志》。　张勔永福人。肩孟之子。朝散郎。　林汴[28]　林昹[29](俱闽清人。)　林祖谊《寰宇志》无此名。

诸科　潘鲠长乐人。衢之孙。宣议郎,知石康县。

元丰二年己未时彦榜是年免试刑法,第一、第二甲赐及第,第三甲、第四赐出身,第五甲赐同出身。　陈举闽县人。龙图阁学士,广东经略。　吴开宣德郎,知宁化县。　崔登朝请郎,通判汀州(俱侯官人。)　唐最怀安人。朝散大夫。　黄选永福人。中奉大夫。　陈邈大学博士。　王玙[30]　陈郊　林介按《连江县志》又有陈度,旧志及《寰宇志》俱不载。

诸科　周石　林程闽清人。　卓士龙　林迥　吴闳[31](上二人俱试监簿。)

五年壬戌黄裳榜　李移忠闽县人。宣教郎,知新昌县。《闽清县志》以为其邑人。　孙大庸通直郎。　黄国才(俱侯官人。)　陈安道闽清人。祥道之弟。宣德郎。　余深罗源人。清之弟。御史中丞,与同郡林摅俱谄附蔡京,拜尚书左丞,历中书门下侍郎。宣和初,进太宰封卫国公。尝言闽中花果扰民之害,以少傅知福州。史载深与京结为死党,京奸谋诡计,得助多者深为首,摅次之。建炎中被论,谪居临江军。

特奏名府学题名,是岁始载特奏名。　翁缜　王震　林愉　林仕元　黄彦博　余利宾罗源人。清之叔祖。　陈翃　林勋　吴君元君瑜之弟。　林赟　许伦闽清人。　黄敏选之父。

八年乙亥焦蹈榜　韩用章丙之孙。承议郎，宗子博士。　刘知至奕之孙。朝请郎，知西外敦宗院。　刘及仪曹相。闽县人。　洪浩[32]朝奉大夫，左司员外郎。　王询信州推官。　陆如冈宪元之子。提举成都府常平。（俱侯官人。）《寰宇志》以陆如冈为怀安人，恐误。　卓元龟怀安人。朝奉郎致仕。　王昭明　刘公挚　张翱　潘震　沈观

特奏名　卢禹民[33]　李勉　林谧　朱敏脩敏中之弟。　余孟坚清之父。以子深恩赠太师。　卓士安　黄绪　郑亨　王庚　黄待问　何总　卢周臣　黄伯厚　刘价　黄元夫　陈傅[34]

元祐三年戊辰李常宁榜　刘介山升之子。朝奉大夫。　湛存俞之孙。建州司理。（俱闽县人。）　陆恂廙之孙。宣教郎。　崔国寅登之从兄。朝请郎，知邵武军。　叶声朝议大夫，知新州。（俱侯官人。）　韩筠连江人。侍御史。　郑侃晕之子。校书郎。福清人。　刘绶《寰宇志》无此名。

特奏名　刘康夫奕之子。见《人物志》。　黄豫　萧规　李诚闽清人。　邹异经明行修。　陆望侯官人。宣之弟。

六年辛未马涓榜是年兼诗赋人，第一场经义三道，专治经人义，两场各五道[35]，第四场各策二道。　林天若　林玮奉议郎。　李师回剑浦令。　杨朏建宁军节度书记。（俱闽县人。）　王勋侯官人。　柯远奉议郎，知南漳县。　陈公器提奉本路常平，终朝请大夫。（俱怀安人）　郑邦彦长乐人。朝散郎，知建州。　卢彦达朝奉郎，湖南提刑。　方甸[36]承奉郎，湖北运干。　李谕国南之弟。朝奉大夫。　林虚希之子。复试宏词第一人，终秘阁修撰。　林辨[37]棐子之。朝请大夫，南

京少尹。　林迪知余姚县。（俱福清人。）按县志又有林成材，旧志及《寰宇志》俱不载。　魏霈古田人。朝请大夫。　萧眪辟之兄。朝奉郎，知袁州。　林𥈵[38]旧志无此名，《寰宇志》及县志有之。𥈵，县志作瑞。（俱闽清人。又萧眪，闽县志以为其邑人[39]。）

特奏名　陈戢　陈耕道　郑彧

绍圣元年甲戌毕渐榜　徐合琰之子。朝议大夫。　王泽晦之子。中奉大夫，華[40]州安抚。　陈元老历吏部员外郎，知漳州、泉州，终朝议大夫。（俱闽县人。）　潘志道参议郎。陈斌（俱怀安人。）　陈杞杞，县志作纪。长乐人。承议郎，通判信州。　陈季渊[41]永福人。司户。　萧磐闽清人。眪之弟。见《人物志》。　湛执中承事郎。南顿县人。　陈裕[42]芜湖主簿。（《寰宇志》无此二人。）

特奏名　陈汇　林桁[43]

制科　陈旸祥道之弟。是年九月应贤良方正能直言极谏科。见《人物志》。

二年乙巳[44]宏词科　林虡[45]时为开封主簿，详定军马司敕例删修官。爵里见前。

四年丁丑何昌言榜　王涛晦之子。朝散大夫。　韩远举丙之曾孙。宣教郎。　李康朝散郎，辟雍司业。　黄唐佐奉议郎，澶州教授。　林亨　陈义夫景参之从兄。中大夫，湖南提刑。　陈天与[46]朝散大夫。（俱闽县人。）　叶源声之兄。承议郎，两浙提举学事。　陆蕴[47]宣之子。见《人物志》。叶辟承务郎。　叶正臣[48]南剑州司理。　柯庭坚朝奉大夫。陈之邵朝奉大夫，宗正少卿。（俱侯官人。）　陈公格公器之从弟。朝请大夫，知漳州。　刘震朝散大夫。　卓元规元龟之兄。杭州教授。　林敏元朝议大夫，知通州。（俱怀安人。）　潘潜长乐人。衢之孙。朝请大夫，知南恩州。　李图南敷之子。宣奉大夫，开府仪同三司。　蔡巩宣教郎。饶州教授。　林虡旦之子。朝请郎，提举淮东学事。（俱福清人。）　黄远永福人。敏之子。文林郎，知莆田县。　陈天常罗源人。《寰宇志》无此名。

特奏名　郑祖仁　翁希愈　庄几

元符三年庚辰李釜榜　高公献[49]朝请郎，知邵武军。　辛炳琮之子。见《人物志》。　黄唐俊唐佐之子。鸿胪少卿。　曾经郓州教授。　王宾历刑部尚书，终龙图阁学士、大中大夫。　陈侁清之曾孙。宣教郎，洪州录事。　陈适道景参从侄。朝请郎，知肇庆府（俱闽县人。）　郑修洙之孙。承议郎，司门员外郎，兼定王、嘉王记室。　陆恺恂之弟。历太常少卿直秘阁，知泉州。　陈锷直秘阁。　余忱利宾之子。朝请大夫。（俱侯官人。按《长乐县志》以陈锷为其邑人。）　高临朝散郎，直龙图阁，知衢州，赠待制。　曾汝霖文林郎。（俱怀安人。）　林登长乐人。罕之侄。承议郎，知连水军[50]。　陈抱连江人。　林適格之子。榜第三人，宝文阁待制，知广州，终大中大夫。　倪登朝请大夫，以取燕云，奉使殁于王事，特赠大中大夫。　丘朝俊朝奉大夫，知肇庆府。　林仲堪朝议大夫，知惠州。（俱福清人。）　张劝永福人。肩孟之子。工部尚书　陈材　宋汝弼罗源人。（《寰宇志》无此二人。）

特奏名　陈谞　黄待举待问之弟。　黄适选之兄。　韩火老[51]丙之孙。（县志又有陈赞，旧志不载。）

崇宁二年癸未霍端友榜　许份将之子。见《人物志》。　陈禹叟　黄唐傅[52]唐佐之弟。徽猷阁待制。　黄懋朝散郎，通判开德府。　陈天禧时之孙。　徐楫终惠安令。　林作义（俱闽县人。）按《闽清县志》以作义为其邑人。　陆藻蕴之弟。见《人物志》。　曾晏杭之子。宣教郎，知泰兴县。　叶预声之从弟。承议郎，太学博士。　方时可守奉大夫。　陈亨衢宣教郎，知仙游县。（俱侯官人。）　陈公彦公器之弟。中大夫，集英殿修撰。　卓毅夫元龟之侄孙。承直郎，知将乐县。　郑南卿连江人。朝奉郎。　刘询福清人。处约之子。太学博士。

特奏名　张致麟京府助教。　张伯之　陈寿朋长乐人。　郑震洙之子。　陈济　陈中　郑孚罗源人。　陈兼　陈从义（并诸州文学。）

三年甲申幸太学上舍释褐　崔瑶登之子。朝奉郎。　林徽之闽县人。朝请大夫，提举江西学事。

五年丙戌　蔡嶷榜　柯棐第二人，右文殿修撰，太子舍人，知宣州，终朝请大夫。　陈靓迪功郎。　黄文仲　潘辟衢之孙。朝散大夫。　韩兼丙之孙。承议郎，国子司业。　李骘辟雍司业。　李撰适之侄。朝议大夫。（俱闽县人。）　陆震恺之子。历太常博士，礼部郎官。　郑强朝请大夫。广东提举。　刘方翼会元之子。朝奉大夫，太学博士。　周思　郑畋朝议大夫。　李迈朝议大夫。（俱侯官人。）　刘登偁之侄孙。朝奉大夫，广东提刑。　黄邦光朝奉郎。　陈天申公器再从侄。朝请大夫，知惠州。　卓献夫毅夫之兄。宣教郎，知瑞安县。（俱怀安人。）　李弥大撰之子。连江人。见《人物志》。　陈国材诸王府直讲。　刘彦适诜之子。省试别头第一人，历广西经略使，再知徐州。　姚合（俱福清人。）旧志无姚合，今依县志、《寰宇志》增入。　黄龟年选之子。见《人物志》。

朱庭杰鼎臣之侄。见《人物志》。　李宋臣颀之子。初名汉臣。中大夫，累赠特进。《寰宇志》无此名。

特奏名　江渐侯官人。庶之子。　陈复　黄廙　许难　郑汝石　陈文伯

大观二年戊子八行　李谔[53]闽县人。承议郎，直秘阁，淮东提举学士。

三年乙丑[54]贾安宅榜　陈尹通直郎，越洲教授。　王朝俊宣教郎。　林云　陈王进朝请大夫。　林天申迪功郎，漳州司理。　陈安上朝奉大夫。　郑存陈州教授。　郑祖德存之兄。朝奉大夫，通判袁州。　朱俊敏中之侄。从政郎。　韩岊东之子。朝奉大夫。　李芘康之侄。见《人物志》。(俱闽县人。)　崔瑀登之子。承务郎，九域志所编修官。　洪元寿浩之侄。承务郎。　吴暇开之侄。朝议大夫。　张穆历本路转运副使。终朝请郎。　蒲觳德州教授。　吴昉开之子。建炎中，知荆南军，与妖贼战殁于阵，宣抚司以闻，赠朝议大夫。官其子。　彭元达朝散郎。　关韶安丘簿。　余恂利宾之子。朝散大夫。　刘实靖之孙。从政郎，岳州兵曹。　崔宛登之侄。从仕郎，河阳教授。　李谦(俱侯官人。)　柯翊远之侄。兴化教授。　叶搏承议郎。　樊绎朝请郎。　曾履朝请郎。　陈公衮公格之弟。宣教郎。(俱怀安人。)　黄邦达朝请郎，提举本路市舶。　潘师孔[55]潜之侄。建州教授。(俱长乐人。)孔，旧志作儿，误。《寰宇志》无此名。　李弥逊撰之子。连江人。见《人物志》。　卓骏朝奉大夫，知兴化军。　黄惟深[56]漳浦令。　全琮[57]朝奉郎。(俱福清人。)　黄夏卿给事中。　黄邦光远之子。通判徽州。　黄大名朝奉大夫，提举广东市舶。(俱永福人。)　林公选朝请大夫。选，县志作远。

陈怀古(俱闽清人。) 余光庭罗源人。时深为中书侍郎,以亲牒试,唱名面奏,非缌麻亲驳放。(按县志又有倪权、陈献能,旧志及《寰宇志》俱不载[58]。)

特奏名 樊权 余丰罗源人。 叶开 李唐英 林积微 黄托唐佐之父。 韩彰明昌国之子。 林孝孙闽清人。 黄理 陈报闽县人。岳州教授。 曹汝砺 林岘 陈希 刘擅 陈宜 朱祖扬[59]

四年庚寅释褐 陈葵闽县人。崇宁初,试上舍优等,复中南省第三人。徽宗初临轩策士,擢甲科,终诸王宫教授。 林安上慎思之八世孙。朝奉大夫,秘阁修撰。

政和二年壬辰莫俦榜 陈汝仕承议郎。 郑励朝请大夫,知循州。 郭茂朝请郎。 林晨天申之叔,御笔改名暾。朝散郎,提举利州路学士。 高适知寿昌县。 柯森棐之弟。从政郎。 郑甸举八行,亲贤宅直讲。 黄觋 黄文若文林郎,江东运干。 刘达夫若冲之孙。越州教授。(俱闽县人。) 黄珪监察御史,刑部员外郎。 谢良翰省试第二人,辟雍博士。 陆绶长愈之侄。吴江尉。 崔实登之侄。汀州陆参。 陆涣衍之孙[60]。举八行,历尚书郎中、广东提刑,知兴化军。 湛刚中宣教郎。 刘宇实之弟。文林郎,京畿运管。 林大声以朝请大夫直秘阁致仕。 陈之美之邵之兄。朝奉大夫。(俱侯官人。) 王与权 陈炳朝奉郎。 陈天益公器之从侄。迪功郎,宿州司理。(俱怀安人。) 王南夫长乐人。监行在左藏库。 林挚希之孙。仪曹。 李接广州签判。 高若虚朝请郎,通判静江府。 石廉朝散大夫,知潮州。 陈浩然承议郎,通判台州。(俱福清人。) 李广文古田人。朝散大夫,知潮州。 卢光前南剑州录参。 黄邦俊远之子。历大理寺丞，终知贺州。　卢楚光前之叔。朝请大夫，知南雄州。　王行已（俱永福人。）　许登闽清人。宣教郎，知盈川县。　余光庭再登科。见《人物志》。　余嗣朝散郎致仕。（俱罗源人。）　刘纲绶之弟。承议郎。《寰宇志》无此名。

特奏名　王宕　陈谟　湛谞　凌琰　许冲远　潘寿　王朴　张眖　柳珙　陈牧　陈扩　陈报　林其麟闽清人，其麟，县志只作麟。　陈介　陈祖武[61]

三年癸巳释褐　黄觌觐之兄。政和二年贡首，奉议郎。　薛锐侯官人。奉议郎，通判衢州。

四年甲午　释褐　洪绰浩之侄。大观二年贡守，承议郎。　刘细绶之弟。朝请郎，通判衢州。

五年乙未何㮚榜　徐登知县。　叶庭芳[62]迪功郎，国子学录。　林深（俱闽县人。）　郭中行从政郎。　李友道知建安县。　陈亨道亨衢之弟。朝奉郎，通判建州。　陈洪通直郎。　郑昂穆之孙，评定九域志所编修官。（俱侯官人。）　陈曦海丰尉。　张嵩见《人物志》。　刘正称之孙。朝请大夫。　曾屐履之弟。宣教郎。　潘宗孟建州教授。（俱怀安人。）　郑载文南城丞。　陈丕显兴化军教授。（俱福清人。）　林庆老古田人。政和四年贡首，迪功郎。　柯宗孟通判广州。　吴天驷宣教郎。　梁汝霖后改名岩老。朝议大夫直秘阁，知泉州。（俱永福人。）　陈积中惕之子。监察御史。　林冲奉议郎。（俱闽清人。）　陈熊奉议郎，剑浦丞。　陈杰承事郎，通判真州。（俱罗源人。）

特奏名　林瑄　王朴　王宋臣　吴默之杲卿之子。　柯亨道　林侃　陈之远　张希参参，县志作彦。（上三人俱闽清人。）　张洵武　刘约　张挺　王旌　薛遘　林康

臣　刘愈　叶中　林确　叶龚　陈公才　陈泾　余思忠　林括　林緦　唐循道　林代工　许君用　陈景先　郑邦伦

六年丙申释褐　胡震闽县人。蔡州教授。　王元鼎连江人。朝请大夫。

医学释褐　吴宗大

七年丁酉释褐　林颖连江人。知松溪县。

重和元年戊戌王昂[63]榜是年，嘉王楷考在第一，朝廷不欲令宗室魁多士，升次名，王昂为首。　柯若禔棐之子。朝奉郎，诸王宫大小学教授。　余伯逵[64]　林实　梁国宾朝散郎。　黄傅康　叶庭杰(俱闽县人。)　叶大任朝议大夫。　陈温卿从政郎。　黄绅宣议郎。　林永　陈向　林求　陈杲(俱侯官人。)　施禹功兴化令。　高预泉州教授。(俱怀安人。)　夏之邵臻之子。　黄祖尧预之子。楚州刑曹。　张大卞承议郎，知漳浦县。　夏之文臻之子。吏部郎中，江西提刑。　林聪朝奉郎。　陈允功功，《寰宇志》作恭。(俱福清人。)　周开迪古田人。宣教郎。　梁宗范永福人。朝请郎，通判信州。　刘滂闽清人。　黄大知　刘侯亚绶之侄。朝请郎。　郑彦敏从政郎。　黄琳　湛亨太学正。(俱郡人。)

特奏名　柯梁元祐五年解首。　徐明　湛仔[65]　林端　叶宽　陈受　王志道　林先民　陈暹　黄辅世　王时发　王戒　方志道　游天与

武举　林汝弼福清人。县志及《寰宇志》以为政和五年进士。　黄定国

宣和元年祐己亥释褐　张元礼闽县人。朝请大夫。

二年庚子释褐　陈才辅洪之子。文林郎，建州节推。陆

竑恂之子。承议郎，知龙溪县。（俱侯官人。）　曾荣长乐人。承议郎。　李弥正撰之子。见《人物志》。　吴舜邻福清人。从政郎。

三年辛丑何涣榜　何彬[66]森之子。文林郎。　陈宾从政郎。　陈允文从政郎。　林朝俊朝奉大夫，知惠州。　林献材宣教郎。　王宁宾之弟。卫尉寺丞。　陈定国诰之孙。朝散大夫，知惠州。　陈亚卿朝请郎，通判汀州。　李茂则师回之子。迪功郎。　王普宾之子。见《人物志》。（俱闽县人。）　周孝嗣举八行，兴化军知录。叶南仲源之侄。知新州。　刘彦和　杨彦迪功郎。（俱侯官人。）　刘颛承事郎。　刘国镇易简之侄。朝请郎。　彭文嗣元达之侄。迪功郎。　崔发承议郎，知瓯宁县。（俱怀安人。）　林安行长乐人。代工之子。晋江丞。　陈良显福清人。旧志无此名，而《寰宇志》有之，今增入。　黄光庭[67]迪功郎。　吴昭朝奉郎，通判归州。（俱古田人。）　陈秀颖迪功郎。　卢榕楚之兄。见《人物志》。（俱永福人。）　陈祚罗源人。宣义郎。　郑季夫邦伦之子。知莆田县。　陈翁荣之弟。朝奉郎，广州通判。（《寰宇志》无此二人。）

特奏名　王粹　刘照　王觏　王时　陈岳　刘时升　陈彦启　林彦明（上二人俱长乐人。）　林继晓瑄之子。闽清人。　卓回　黄南老　潘敏修　曾表正　张章　林稷　林大东[68]　余猎罗源人。

六年甲辰沈晦榜以贡士人众，特添省额一百人，赐御制诗。　黄匪躬朝请大夫，知建昌军。　朱倬敏修之孙。见《人物志》。　朱作敏中之孙。儒林郎。　林彦达[69]奉议郎，通判永州。（俱闽县人。《长溪志》以朱倬为其邑人。）　陈倬然文林郎。 洪元英浩之侄。朝散郎。 郑文经芜湖尉。 刘知己泉州录参。 陆祐衍之孙。见《人物志》。 江逵震之曾侄孙。永新簿。 陈祖礼君章之孙。朝散郎,通判鄂州。 叶颛大任之兄。迪功郎。(俱侯官人。)《寰宇志》无叶颛。 刘衡称之侄。迪功郎。 张安节 黄鲔知龙溪县。 连康时朝奉郎。 李轸承议郎。(俱怀安人。) 陈致一毅之从侄。提举广东茶盐。 李邦光坦然之元孙。朝散郎,太常寺簿。 林遵善迪功郎,南剑州司法。 陈宗礼迪功郎。(俱长乐人。) 林升连江人。兴宁簿。 陈洪范 黄祖舜祖尧之弟。见《人物志》。(俱福清人。旧志无陈洪范,而《寰宇志》有之,今增入。) 李冀古田人。本路提刑司干官。 吴元美见《人物志》。 吴元衡元美之弟。通直郎,广东运干。(俱永福人。)

特奏名 林向勋之子。京府助教。 朱庭资 陈武仲 黄廷俊 刘俊民 刘国钧 林大麟

建炎二年戊申李易榜诏分省额于诸路,令类试计台,时以建寇移于本州。 胡文炳震之再从弟。文林郎,瓯宁丞。 王玠兴化军司法。 胡文炜文炳之弟。政和簿。 陈南美奉议郎,知阳山县。 严褒朝请郎。 林茂朝奉郎,通判泉州。(俱闽县人。) 林安宅敷之侄。历户部侍郎,同知枢密院事,兼权参知政事,终端明殿学士。 陈宗古类省试中第一人,朝奉郎。 孙梦良大廉之子。朝奉郎,知平阳县。(俱侯官人。) 杨干朝奉郎,通判韶州。 陈颜公器之从侄。通直郎。(俱怀安人。) 王聿求连江人。元量之从弟。知光泽县。 陈文昌宣教郎,宜黄丞。 余敦义敦,旧志作教。(俱古田人。) 张嘉宾肩孟之从侄孙。朝奉郎,通判宣州。 郑知刚太府丞,知尹州。 张登(俱永福人。) 陈刚中闽县人。祥道之侄。见《人物

志》。《闽县志》以为其邑人。　陈节县尉。《寰宇志》无此名。

特奏名　卓天显登仕郎。　刘元　赵彦　陈焕　刘翊[70]　林字[71]勋之子。　连希尹　张知　倪本材之子。　陈思　江勃　林大荣　曾世昌经之子。以旧太学生，特与开州文学附特奏名第四等。

绍兴二年壬子张九成榜是举初复诗赋，仍额试。　郑公明祖德之子。宣教郎，知新昌县。　黄溥唐佐之子。泉州司尹。　陈肃易别之侄孙。奉议郎，知石城县。　上官徽南恩州司户。　梁国林通判兴化军。　李简能皇臣之孙。历监察御史，浙西提刑，终朝散郎直秘阁。　胡彦达文炳之从弟。文林郎，洪州司理。　黄廷瑞朝散郎，通判泉州。　吴忠儒迪功郎。闽县人。　陆承休宪元之曾孙。汀州司户。　陈叔嘉倬然之从弟。承议郎。侯官人。　潘飞瑛[72]师孔之子。朝奉郎，知肇庆府。　林聿奉议郎，知瑞安县。（俱长乐人。）　陈若冲承议郎，通判广州。　黄颜荣（俱福清人。）旧志无此名，而县志及《寰宇志》有之，今增入。　黄世昌永福人。　刘安世郡人。下州文学。

特奏名　洪元康京府助教。　王旁　陈行中祥道之子。　陈适连江人。　黄纯　陈嘉会　陈瑞仁　郑良臣晕之孙。　高选　陈时仲[73]

五年乙卯汪应承榜[74]　任文荐见《人物志》。　谢凤建昌军教授。　林笪县丞。　洪毅迪功郎。　薛召朝散大夫，知韶州。　李格芘之侄。文林郎，知四会县。　薛槐平海军节度推官。　郑必明祖德之侄。知于潜县。　周伟主簿。（俱闽县人。）　黄观国[75]从事郎，知平阳县。　黄究迪功郎。　曾旺以直敷文阁知广州，终朝清大夫。（俱侯官人。）　陈从易公器之侄。处州教授。　刘藻偁之侄孙。宣和五年解首，宣教郎，祠部员外郎，赠秘阁修撰。　卓庶元规之子。迪功郎，浦城尉。（俱怀安人。）　周芹辅之四世孙。朝请郎，宗正寺簿。　陈宋霖见《人物志》。　陈佐尧致一之从弟。朝散郎，通判广州。（俱长乐人。）　王元量连江人。元时之从弟。广东经略司机宜。　林上达建州司户。　刘诠处约之从弟。广州教授。（俱福清人。）　刘凯滂之子。朝奉大夫，湖北提刑。　葛延年朝奉郎，知惠州。（俱闽清人。）　曾质泰州教授。　刘师亮从政郎，龙溪丞。（俱郡人。）

特奏名　林长孺登仕郎。　陆文昌侯官人。宪元之孙。　魏康大[76]古田人。昂之侄。　陈瑞　林项（上二人俱闽清人。）　梵禹俞[77]禹功之兄。　翁邦彦　陈祖尧　郑甄连江人。　吴闳　陈凯　蒲彀[78]

八年戊午黄公度榜是岁免殿试。　林寅绍兴四年解首，宣教郎，知宁化县。　陈长方侁之子。江阴军教授。　朱介卿教授。　翁之章从政郎。　陈弥作历吏部侍郎兼权尚书，知泉州，终敷文阁直学士、太中大夫。　周宜禾[79]伟之侄。从政郎，本路帐管。　陈升卿通判泰州。　黄瑀见《人物志》。（俱闽县人。）　彭公永侯官人。元达之侄。奉议郎。　陈休烈怀安人。迪功郎。　林孔彰肇之元孙。南外宗学教授。　魏昜　黄宋翰通判封州。（俱长乐人。旧志无魏昜，而《寰宇志》有之，今增入。）　高沄福清人。若虚之子。潮州教授。　黄毅永福人。朝奉郎，通判钦州。　黄瑜稹之曾孙。　陈嘉猷迪功郎，龙泉主簿。（俱闽清人。）

特奏名　周彦时　刘侯圭侯亚之弟。　王元龟　陈尧问　朱岘　张元老罗源人。　萧宗颜　业闻[80]　范桂

韶　谢美中　林元圭　徐彬　卫介石　陈祺　陈弼　韩峃巴之兄。　李坦夫　刘汴　陈烜　萧稷臣　孙隽侯官梦良之兄。　丘遇　陈时升　王维　陈安国　李抁连江人。撰之兄。　黄亢

十三年[81]壬戌陈诚之榜　陈诚之第一人。见《人物志》。　李榕芘之侄。朝奉大夫。　陈秉哲宜之子。通直郎。　陈锐宣议郎，知金华县。　李椆榕之弟。文林郎，漳州教授。　郑景衡袁州教授。　陈禾报之□。历湖北参议，朝请大夫。（俱闽县人。）　尚元鼎朝请郎，通判。　林安国安宅之弟。承议郎，监建康府，榷货务。（俱侯官人。）　陈干云[82]怀安人。迪功郎，南剑州司理。　王祥后归莆田，许氏，改名公。　林栗见《人物志》。　林玠俱福清人。　黄康国松溪簿。　黄公廙康国之子。（俱古田人。）　叶玮循州教授。　郑炜顺昌簿。（俱罗源人。）　张云翼　刘师贽郡人。《寰宇志》无此名。

特奏名　张元佐　陈嘉绩　黄知新　梁显　韩师孔　林日华（上二人俱连江人。）　徐锐合之侄。　庄鸣道罗源人。　林俊民　陈南强侯官人。公彦之侄。　陈时可　湛峣存之子。　陈琮　林翊　张尚智　陈昭美　高灌　林宋卿　缪朝选[83]

十五年乙丑刘章榜是举复经义、诗赋、论策为三场。　杨丞　陈师尹绍兴十四年，合该特奏名，以系旧太学四人之数，特与赴殿试，终迪功郎。　李应鹭之侄。新州推官。（俱闽县人。）　林机　雀源　黄槐卿　陈伟然　姚公特　叶凤仪（俱侯官人。）　崔惟孝迪功郎。　施鼎宣教郎，知江山县。　何元达宣和三年贡首，承事郎。（俱怀安人。）　郑丙吏部尚书，终端明殿学士。尝疏奏近世士大夫有所谓道学者，欺世盗名，不宜

信用。其后庆元学禁，善类被厄，丙罪为多。卒谥简肃。　黄希文奉议郎，湖南提刑司检法。（俱长乐人。）　黄岩肖　林昌言　许文刚　陈溉杞之子。清湘簿。　李材（俱福清人。按县志又有林拱宸，旧志及《寰宇志》俱不载。又《长乐县志》以陈溉为其邑人。）　陈谏　黄亚仲迪功郎。　陈师孔景先之子。迪功郎。（俱永福人。）　黄琇　潘冠英师孔之侄。郡人[84]。

特奏名　黄元　陈世材[85]　江洵直　陈昭　谢大亨　陈蕃　陈才弼侯官人。洪之子。　陈向　陈任侁之弟。　郑球　缪朝选　林宖[86]　林公迈（上二人俱闽清人。）　林伟　陈修辅　刘忱　郑霦　陈彦宁　张尚德　陈达　韩峀岊之兄。　刘详　黄枸　黄邦佐　黄甸　黄级　陈光表　杨孝杰[87]

十八年戊辰王佐榜是举，经义、诗赋复分两科。　吴琼宣教郎。　李升大冶尉。　陈仲谔　周毅伟之侄。临安府教授。　李全之迪功郎。（俱闽县人。）　蒲尧仁毂之侄。蒲尧章尧仁之兄。迪功郎。　叶翔凤仪凤之弟。朝奉郎，通判广洲。　朱江　余溥利宾之曾孙。通直郎。　刘坦迪功郎。（俱侯官人。）　陈经国迪功郎。　陈伯山公器之侄孙。上高丞。　刘焕称之侄孙。文林郎。　洪泽荆南教授。（俱怀安人。）　陈大方高州教授。　林次融初应童子举。　王尧臣松溪簿。　陈思文承议郎，峡州佥判。（俱长乐人。）　林镎[88]镎，《寰宇志》作镐。连江人。迪功郎，曲江尉。　吴利见福清人。梧州教授。（按县志又有林光祖，旧志及《寰宇志》俱不载。）　梁汝昌迪功郎。莆田尉。　卓冠迪功郎。永康簿。陈秀实秀颖之兄。宣教郎，知兴国军。　王杰宣教郎，东莞丞。（俱永福人。）　陈康嗣罗源人。通直郎，崇安丞。　曾贲郡人。昌之子。

特奏名　林庭佑　洪庸　叶能报龚之子。　林祖文　程嘉成　梁守卓　姚光亨　陈察罗源人。　陈达　余璠古田人。　唐宋臣　杨赣

武举是年新复武举。　柯熙第一人，省试亦第一人。绍兴二十六年初开武学，除武学谕，终成忠郎。

二十一年辛未赵逵榜　陈梦良迪功郎。　林文勉从政郎，万水令。　陈元圭广化司尹。　严袤褒之弟。迪功郎。　陈宾诚之弟。泉州教授。《寰宇志》无此名。　邢炳然循州教授。　曾景奎迪功郎。（俱闽县人。）　陈安卿知信丰县。　林岊　林之奇见《人物志》。　杨嘉绩　郭祚迪功郎，莆田簿。　陆楠承议郎，建康府粮料院。（俱侯官人。）　刘师尹怀安人。俨之孙。奉议郎，提举浙东常平。　林次龄长乐人。次融之弟。初应童子举。　陈镐连江人。迪功郎，监广州东莞场。　李元礼福清人。知同安县。　周颖士古田人。迪功郎。　林仲熊　卓津从政郎，津阳令。　卢炎格之从侄。知平阳县。（俱永福人。）　葛元鹭宣教郎。知晋江县。　林自自，县志作目。　林育岊之从□。光泽丞。　萧德藻磐之侄。（俱闽清人。《侯官县志》以林育为其邑人。）　陈行先罗源人。察之弟。新兴令。

特奏名　黄知远　黄特　林奎文　林会　陈将　林光亨　黄龟　王大猷连江人。　林特道罗源人。　张伦　吴翼[89]　柯端　黄仲臣　陈杰　陈木渐　陈俊乂　陈从道[90]

武举　郑磁闽县人。

二十四年甲戌张孝祥榜　林纶迪功郎。　黄苌承议

郎，通判南安军。 陈巇迪功侄，平阳尉。巇，《寰宇志》作献。 陈刚中景参之孙。迪功郎。 郭文宾州教授。 何士良迪功郎。 潘必强龙岩丞。 萧倬文才郎，湖南提举司干官。（俱闽县人。） 黄谦 洪元芳浩之侄。（俱侯官人。） 程佐迪功郎，惠州盐场。 赵载宣教郎。（俱怀安人。） 陈摹思文之侄。宣教郎，本路主管帐司文字。长乐人。 黄茂材连江人。 林文潜聪之侄。宣教郎，知番阳县。 李昂元礼之从弟。知长兴县。（俱福清人。） 黄中立永福人。通判德庆府。 杨曾迪功郎。 黄槐宣教郎，广东提干。 黄惟则 倪允迪功郎。广州司户。（俱罗源人。） 黄光宗彦之孙。南安簿。《寰宇志》无此名。

特奏名 林赓罗源人。 张发 李葵格裯之父。 郑秀颖适之从侄。 施献功禹功之弟。 连锐 魏文通 余袭庆 黄邦直（上三人俱古田人。《闽清县志》以邦直为其邑人。） 彭公立公永之兄。 黄允功 王钦若 陈侗 林公嗣 胡元忠[91]彦达之弟。 黄仲臣 施权 郑郊 陈和中[92]（上二人俱闽清人。） 梁端宇 萧宗说稷臣之子。 陈全美 陈卓 卢师孟[93] 吴良榦 陈迥 王诛[94]

武举 郑砿磁之兄。第一人。闽县人。 陈雷怀安人。

二十七年丁酉王十朋榜 陈岘诚之之子。 陈确承议郎，知长沙县。 邵德一 黄启宗匪躬之子。 陈许国肃之侄。承议郎，江东抚干。 陈阜宜州教授。 詹元鼎秀州教授。 郑昺枢密院编修官，京西运判。 郑之奇甸之三从侄。 陈芷（俱闽县人。） 陆琰恺之孙。知南昌县。 陈昭嗣 林宋显江西安抚司机宜。 黄崇温州教授。（俱侯官人。） 吴三杰 陈余庆颜之孙。省试第三人，泉州教授。 林秀宣教郎。(俱怀安人。)　陈端友长乐人。鄂州司户。　朱英雄州教授。　林介昌言之子。　张枬太学录。(俱福清人。)　蒋康国古田人。饶州司户。　黄辅之　张春潮州司户。　张广　黄文度(俱永福人。)　周邦弼容州教授。　黄伦[95]槐之弟。右正言,召除太常卿,赠少师。　吴丙成从政郎,马平令。(俱罗源人。)　江文叔洵直之子。　何若士贵之弟。汀州教授[96]。

特奏名　李三英第一人,衡州教授。　陈琦(上二人俱闽清人。)　崔宋佐　王臬　郭南金　郑光朝　张师旦　陆隽卿　郑东卿穆之侄孙。温州永嘉簿。　莫明(上二人俱侯官人。《闽清县志》以郑东卿为其邑人。)　陈起说　林浃连江人。　陈黄中　魏康国　杨大猷　陈诩　林师孔　卢璨　吴汉臣　潘德裕　陈杰　陈卓[97]　卫康承

武举　郑易闽县人[98]。

三十年庚辰梁克家榜是年经义、诗赋兼行。　冯田历武学谕、秘书省正字,终知琼州。　陈峤巘之弟。漳州司户。　余宗建宁教授。　徐寿　林誉教授。　黄冲远　陈宗召　任文茂　陈朝章　陈伯震肃之子。邵州教授。　郑锷甸之再从侄。　黄杲璃之子。宣教郎。　周擢伟之子。(俱闽县人。)。　林仁寿　黄由　王亘　叶世美　姚俊之分宜尉。　解梓(俱侯官人。)　陈唐佑宁国教授。　林世用　王明弼知龙南县。　张竑承务郎。(俱怀安人。)　林抝连江人。县志以为是年特奏。　郑永年汝石之孙。　商份　鲍旂　高衡夫(俱福清人。按县志又有林嘉谋,注云:“省元旧志及《寰宇志》俱不载。”)　林公明　韩成章(俱永福人。)　萧德棻　陈明章(俱闽清人。)　陈善祚之从弟。太学录。　黄枟檜之

兄。(俱罗源人) 林英 林元奋 陈公绍 朱用亨稷臣之曾孙。(俱郡人[99]。)

特奏名 梁大任国宝之侄。 陈制中闽清人。 薛镐 陈文翁 李冈[100] 杨遵 陈坦然长乐人。 崔时亨 周召 杨侠 杜恭光 李武子

武举 樊仁远第一人。仁达之弟。后再登进士。 徐镆[101]长乐人。 林起莘福清人。 林嘉谋起莘之兄。 张发永福人。 陈正己闽清人。

三十二年壬午登极恩上舍释褐 陈简福清主管架阁。

隆兴元年癸未木待问榜是举经义、诗赋复分两科,仍免殿试。 杨翼之 樊仁远前武举第一人。 黄缶冲远之从弟。 王唐朝俊之侄。从政郎。 黄惟孝兴国军教授。(俱闽县人。) 陈敦修杲之孙。绍兴二十六年解首。 陈宋鼒[102]宗古之侄。 莫子震朋之从侄。 程泽迪功郎。 柴子春 林炳然机之侄。从政郎。(俱侯官人。) 王褒 林颖秀 卓迪庶之侄。迪功郎,吉州赡军酒库。(俱怀安人。) 陈梦龄长乐人。南外宗教。 商侑份之弟。 张可速 林椾仲湛之孙。 王仁迪功郎。 郑椿年永年之兄。广州户曹。(俱福清人。《寰宇志》无林椾,又以王仁为长溪人。) 吴拱辰昆山尉。 郑瑞知刚之侄。 吴会玉山丞。 张渊(俱永福人。) 刘己立闽清人。迪功郎。 陈申 李颙年迪功郎。 余席珍 杨秀实(俱罗源人。)《宁德县志》以秀实为其邑人。 黄洽充之侄。第二人。见《人物志》。 何万总之曾侄孙。 林虒国之子。知保昌县。郡人[103]。

特奏名 郑文融 周兴亮 林光大 杨逌 陈九龄兴化簿。(上三人俱长乐人。) 王嗣宗 连斗文 林芘罗源

人。　倪公佐　陈尧佐　林迪　林问礼　黄度植之孙。闽清人。　陈向　陈嘉运[104]　卓诉　刘侯度　耿宪　李文髦　黄鬃[105]　萧宗旦稷臣之子。　陈誉　彭公衮元达之子。侯官人。　陈公衡　黄珪瑜之兄[106]。

武举　黄确　萧确　郑觉[107](俱闽县人。)　陈阅怀安人。　陈万县尉。　黄庚　林尧臣阁门舍人。(俱福清人。)　姚筠侯官人。俊之从弟。　林辅世　郑觉造之侄孙。提举永平寨。

乾道二年丙戌萧国梁榜　赵烨第三人。　陈悦崇安丞。　周抡擢之尉。　许仲容　曾植　张晔　王静唐之侄。县令。　连逢辰　陈祐　黄孔光　南朝英　李桐康之孙。　张少英　王浩唐之侄。迪功郎。　刘岳(俱闽县人。)　彭演公永之子。　余偁利宾之曾孙。　林岳县令。　李宗甫朝奉郎,干办行在诸司粮料院。　田质　杨梅卿彦之侄孙。　陈德铭(俱侯官人。)　杨冲干之侄。宣教郎,宁国府佥判。怀安人。　陈以　刘砺见《人物志》。　林采[108]　刘砥见《人物志》。　陈孔光(俱长乐人。旧志无刘砺、刘砥,而《寰宇志》有之,今增入。)　陈少英[109]连江人。萧山尉。(按县志又有陈善竦,注云:“知衡州。”旧志及《寰宇志》俱不载。)　陈僖国林之从姪。温州司户。　刘潮彦适之侄孙。　张可宗可速之弟。　章次郇　郑焕焕,《寰宇志》作涣。　林资深　黄朋举　郑棠迪功郎。　郑棠迪功郎。丽水簿。　林中(俱福清人。)　陈滂古田人。　萧国梁第一人,见《人物志》。　江司直宣教郎。知萍乡县。　朱涣[110]　梁京　吴景辰拱辰之从兄。　黄功槐[111]迪功郎。(俱永福人。《寰宇志》以吴景辰为长溪人。)　萧必豫盘之侄。　池覆保昌尉。　黄士宏

(俱闽清人。) 张翰[112] 何珪(俱罗源人。《宁德县志》以张翰为其邑人。) 郭梦济迪功郎。 郑湜禹之子。见《人物志》。(《寰宇志》无周抡、郭梦济、郑湜三人[113]。)

特奏名 李杰永福人。 林炳然 张丕宪 吴筠 张维宋 陈弥 杨搏丞之弟。 洪春卿元康之姪。 张世昌 张申卿 萧祐之 林硕 黄宋翰 黄鼎 侯迈[114]

武举 萧绶 陈仲坚 熊飞 李国辅沅州巡检。(俱闽县人。) 林桂 陈策 刘师古 林伟(俱侯官人。) 林概 黄如文(俱长乐人。) 郑恭福清人。惠州巡检。 陈表臣见《人物志》。 赵宋昌(俱永福人。) 刘骧闽清人。

宗子取应 伯玮旧志无此名,今依县志增入。

四年戊子太学两优释褐 黄伦闽县人。渡江以来,释褐自此始。授左承务郎太学录。

五年己丑郑侨榜 陈枢才南美之侄孙。乾道元年解首。 陈泾 卢南金中奉大夫,知钦州。 王深仁 李宗允 林可行 陈孝锡 李宗元宗允之弟。 陈尧佐上舍魁殿试犯庙讳,学究出身,后再由黄榜登科。(俱闽县人。) 洪杞浩之侄孙。建宁府教授。 马玚 莫子春子震之兄。 岳牧 杨应嘉绩之从侄。 陈嘉运南恩州教授。 洪格杞之从兄。承务郎,知瑞金县。 王基 张伯宗 林之懿之奇之从弟。化州教授。 陈山甫(俱侯官人。《罗源县志》以杨应为其邑人。) 林叔秀颖秀之弟。 林亵(俱怀安人。) 郑舜卿邦彦之孙。 徐长卿镆之父。莫州教授。 陈茂英 林奎(俱长乐人。旧志无林奎,而《寰宇志》有之,今增入。) 林昂连江人。 陈震之海盐簿。 高南寿沄之侄。承奉郎。 林棣棣,《寰宇志》作杖。仲堪之孙。晋江令。 林丙[115] 林廷瑞[116]华亭簿。(俱福清人。)　余宋兴古田人。　杜申乾道四年解首。　黄师尹龟年之侄孙。　黄揆(俱永福人。)　黄景说功之姪。　陈泾[117](俱闽清人。)《寰宇志》及县志无此名。　陈骏罗源人[118]。

特奏名　卢大猷　黄作群之侄。　陈擢连江人。　陈光宣　陈夏卿闽清人。县志作为郑夏卿。　陈梦兆长乐人。绍兴十七年解首。　陈袭　林光　方襄时可之侄。　张梦祜

武举　叶良臣　魏有声　张时用　林几[119]　陈昭德县尉。(俱闽县人。)　许祖道怀安人。　林袭连江人。　林惟扬[120]　潘元震后登进士。(俱福清人。)　陈谋表臣之从弟。石门尉。　陈端臣表臣之弟。(俱永福人。)　郑应衡之姪。

八年壬辰黄定榜　李泳葵之孙。　邵观　赵焯烨之兄[121]。　张时举　林致　陈鼎才枢才之兄。　陈炳[122]禾之子。户部侍郎,显谟阁待制,出知邳州。　陈嗣明　林烨(俱闽县人。)　陈亿才辅之孙。鄂州司法。　洪叔庄叔,《寰宇志》作叙。元方之弟。　林行可　李岁　郑晞琦　郑遹修之孙。　陈仲礼才辅之子。(俱侯官人。)　俞言　叶明之(俱怀安人。)　陈伯揆[123]致一之子。　陈百昌致一之子。　翁韶　林榕　黄旦　陈公亮　陈桂　林彦常(俱长乐人。旧志无林榕、林彦常,而《寰宇志》有之,今增入。)　游士衡　潘元震乾道五年中武举。(俱福清人。)　邵景之古田人。　黄定第一人。见《人物志》。　萧说国梁之从兄。　黄岳师尹之弟。　黄方开(俱永福人。)　萧诚意闽清人。　郑少魏[124]　张涣然维宋之子。　梁甫大任之子。保昌丞。　高

安世　高介卿安世之父。迪功郎。　刘文礼师亮之子。(俱郡人[125]。)

特奏名　朱其寿[126]　王藻　林概　陈敦厚　黄景梁[127]　韩待聘　葛少微　郑揆之揆,县志作挺。　叶元凤　刘思衡　黄中行　杨维则　陈馨　王之铎　林颖中　李岩起古田人。见《人物志》。　陈铎　孙邵　曾丕烈默之孙。　李伦岁之叔。(上二人俱侯官人。)　陈介　樊文懋绎之侄。　林奉先　高焕章　林从(上三人俱长乐人。)　郭梦俊梦济之弟。　曾首贲之从兄。　曾元夫质之侄。　王伸之　王时中　陈恭　周师尹　倪珪　余聪思[128]　叶望之(上四人俱罗源人。)

武举　何说　王三俊　吴子仪承信郎。　张凑　章次郭(俱闽县人。)　许国怀安人。　郑霆连江人。　高石[129]福清人。　黄玠永福人。　许宗道祖道之兄。

校　注

[1] 乾隆《福州府志·选举》及《三山志·人物》均作"贞元",宜从。

[2]《三山志·人物》作"宋初"。

[3]《三山志·人物》作"郑璀"。

[4] 乾隆《福州府志·选举》及《三山志·人物》均作"开成",宜从。

[5] 乾隆《福州府志·选举》及《三山志·人物》均作"郑诚"。

[6] 乾隆《福州府志·选举》及《三山志·人物》均作"大中",宜从。

[7] 乾隆《福州府志·选举》及《三山志·人物》均作"杨赞禹"。

[8]《三山志·人物》作"官至水部员外郎"。

[9] 据乾隆《福州府志·选举》及《三山志·人物》,此处漏"乾宁三年沈

崧榜：沈崧，闽县人；翁承赞，福清人，中博学宏词科”。

［10］据乾隆《福州府志·选举》及《三山志·人物》张翼后应补“翁纬，承赞孙”。

［11］《三山志·人物》作“陈清”。

［12］乾隆《福州府志·选举》及《三山志·人物》均作“潘衢衢”。

［13］《三山志·人物》作“林太徽”。

［14］据乾隆《福州府志·选举》及《三山志·人物》“九年”下应补“丙辰”二字。

［15］乾隆《福州府志·选举》及《三山志·人物》均作“终宾幕”。

［16］乾隆《福州府志·选举》作“池泽民”。

［17］乾隆《福州府志·选举》及《三山志·人物》均作“韶州”。

［18］据乾隆《福州府志·选举》及《三山志·人物》应补“翁彦升，福清人，职方郎中”。

［19］乾隆《福州府志·选举》及《三山志·人物》均作“刘升”。

［20］《三山志·人物》作“翁于春”。

［21］《三山志·人物》作“丁士衡”。

［22］乾隆《福州府志·选举》及《三山志·人物》均作“陆衎”。

［23］乾隆《福州府志·选举》及《三山志·人物》均作“陈传，字商老”。

［24］乾隆《福州府志·选举》作《欧治遗事》。

［25］《三山志·人物》作“沈鄂”。

［26］《三山志·人物》作“陈几道”。

［27］乾隆《福州府志·选举》及《三山志·人物》均作“科钱”。

［28］乾隆《福州府志·选举》及《三山志·人物》均作“林忭”。

［29］《三山志·人物》作“林昡”。

［30］《三山志·人物》及乾隆《福州府志·选举》均作“王屿”。

［31］乾隆《福州府志·选举》及《三山志·人物》均作“吴阅”。

［32］《三山志·人物》作“洪皓”。

［33］《三山志·人物》作“卢禹臣”。

［34］乾隆《福州府志·选举》作“陈传”。

［35］《三山志·人物》作“专治经义，人两场各四道”，乾隆《福州府志·选举》亦作“四道”。

[36]《三山志·人物》作“方向”。

[37] 乾隆《福州府志·选举》及《三山志·人物》均作“林辩”。

[38] 乾隆《福州府志·选举》及《三山志·人物》均作“林玮”。

[39] 乾隆《福州府志·选举》及《三山志·人物》均尚有“陈噩”。

[40] “莘”似为“华”字。

[41]《三山志·人物》作“陈秀渊”。

[42] 乾隆《福州府志·选举》作“陈榕”。

[43] 乾隆《福州府志·选举》及《三山志·人物》均作“林衎”。

[44] 乾隆《福州府志·选举》及《三山志·人物》均作“乙亥”。

[45]《三山志·人物》作“林虞”。

[46] 乾隆《福州府志·选举》作“陈天兴”。

[47]《三山志·人物》作“陈藴”。

[48]《三山志·人物》作“叶正官”。

[49] 乾隆《福州府志·选举》作“高公瑊”。

[50] 乾隆《福州府志·选举》作“涟水军”。

[51] 乾隆《福州府志·选举》及《三山志·人物》均作“韩光老”。

[52] 乾隆《福州府志·选举》作“黄唐传”。

[53] 乾隆《福州府志·选举》作“李锷”。

[54] 应为“己丑”。

[55]《三山志·人物》作“潘师儿”。

[56]《三山志·人物》作“黄惟源”。

[57]《三山志·人物》作“余琮”。

[58] 乾隆《福州府志·选举》及《三山志·人物》尚有“余光庆、崔远”。

[59] 乾隆《福州府志·选举》及《三山志·人物》尚有“缪刚”。

[60] 乾隆《福州府志·选举》及《三山志·人物》均作“守衎之子”。

[61] 乾隆《福州府志·选举》尚有“姚能举”。

[62]《三山志·人物》作“叶庭芬”。

[63]《三山志·人物》作“王升”。

[64] 乾隆《福州府志·选举》及《三山志·人物》均作“余伯达”。

[65]《三山志·人物》作“湛存”。

[66] 乾隆《福州府志·选举》及《三山志·人物》均作“柯彬”。

［67］《三山志·人物》作“黄光度”。

［68］乾隆《福州府志·选举》作“林大泉”。

［69］《三山志·人物》作“林彦逵”。

［70］乾隆《福州府志·选举》及《三山志·人物》均作“刘诩”。

［71］乾隆《福州府志·选举》及《三山志·人物》均作“林宇”。

［72］乾隆《福州府志·选举》及《三山志·人物》均作“潘飞英”。

［73］《三山志·人物》作“陈时中”，据乾隆《福州府志·选举》及《三山志·人物》尚有“刘发之、姚祖虞、程嘉德”。

［74］乾隆《福州府志·选举》及《三山志·人物》均作“汪应辰榜”。

［75］《三山志·人物》作“王观国”。

［76］《三山志·人物》作“魏康太”。

［77］乾隆《福州府志·选举》及《三山志·人物》均作“樊禹俞”。

［78］《三山志·人物》作“蒲穀”。

［79］乾隆《福州府志·选举》及《三山志·人物》均作“周宜未”。

［80］《三山志·人物》作“叶闻”。

［81］乾隆《福州府志·选举》及《三山志·人物》均作“十二年”。

［82］《三山志·人物》作“陈千云”。

［83］乾隆《福州府志·选举》及《三山志·人物》均尚有“陈宾”。

［84］《三山志·人物》尚有“林仰”。

［85］《三山志·人物》作“林世材”。

［86］《三山志·人物》作“林宏”。

［87］乾隆《福州府志·选举》及《三山志·人物》均尚有“夏寅”。

［88］《三山志·人物》作“林镩”。

［89］乾隆《福州府志·选举》及《三山志·人物》均作“吕翼”。

［90］乾隆《福州府志·选举》及《三山志·人物》均尚有“陈煜”。

［91］《三山志·人物》作“胡元惠”。

［92］《三山志·人物》作“陈和平”。

［93］乾隆《福州府志·选举》作“卢思孟”。

［94］乾隆《福州府志·选举》及《三山志·人物》均尚有“谢成章”。

［95］乾隆《福州府志·选举》及《三山志·人物》均作“黄抡”。

［96］乾隆《福州府志·选举》及《三山志·人物》均尚有“王家己、

陈骏”。

[97]《三山志·人物》作“陈年”。

[98] 乾隆《福州府志·选举》及《三山志·人物》均尚有“吴茹”。

[99] 乾隆《福州府志·选举》及《三山志·人物》均尚有“杨兴宗、林湜”。

[100]《三山志·人物》作“李刚”。

[101] 乾隆《福州府志·选举》作“林谟”,《三山志·人物》作“林镆”。

[102]《三山志·人物》作“陈宗鼐”。

[103] 乾隆《福州府志·选举》及《三山志·人物》均尚有“林淳、陈言应、林师莘、郑嗣成”。

[104] 乾隆《福州府志·选举》作“陈嘉问”。

[105] 乾隆《福州府志·选举》及《三山志·人物》均作“黄髤”。

[106] 乾隆《福州府志·选举》及《三山志·人物》均尚有“詹羽”,乾隆《福州府志·选举》尚有“郑文融”,《三山志·人物》尚有“杨通”。

[107] 与下之郑觉似有重复。

[108] 乾隆《福州府志·选举》作“林寀”。

[109] 乾隆《福州府志·选举》作“李少英”。

[110]《三山志·人物》作“米渔”。

[111]《三山志·人物》作“黄公槐”。

[112] 乾隆《福州府志·选举》作“张瀚”。

[113] 乾隆《福州府志·选举》尚有“陈朝老、周文耀”,《三山志·人物》尚有“刘岳”。

[114] 乾隆《福州府志·选举》尚有“陈范”。

[115]《三山志·人物》作“林万”。

[116] 乾隆《福州府志·选举》作“林廷端”。

[117] 与上第三人同姓名,似重复误入。乾隆《福州府志·选举》及《三山志·人物》均作“闽县人”。

[118] 据乾隆《福州府志·选举》及《三山志·人物》漏“本榜第一人郑侨”。

[119]《三山志·人物》作“陈几”。

[120]《三山志·人物》作“林维扬。”

[121]《三山志·人物》作"赵烨，焯之弟"。

[122]《三山志·人物》作"陈丙"。

[123]《三山志·人物》作"陈百揆"。

[124] 据《三山志·人物》，郑少魏为长溪人，似应改列福宁州。

[125] 乾隆《福州府志·选举》及《三山志·人物》均尚有"杨继祖"。

[126] 乾隆《福州府志·选举》及《三山志·人物》均作"朱箕寿"。

[127] 乾隆《福州府志·选举》作"黄景良"。

[128]《三山志·人物》作"余思聪"。

[129] 乾隆《福州府志·人物》作"高名"。

八闽通志卷之四十七

选　　举

科　第

福州府

〔宋〕

淳熙元年甲午太学两优释褐　郑监[1]连江人。南卿之孙。见《人物志》。

二年乙未詹骙榜　朱士挺　翁颐[2]　陈升景参之曾孙。　柳东　王廓唐之弟。　王轺　林夙几之兄。　杨梦惠丞之子。　郑肇之祖德之孙。（俱闽县人。）　杨敏中应之从叔。　陈孔硕见《人物志》。　关文通韶之曾孙。　刘商衡　范文寿　余伯宽[3]清之从侄。　彭焕公永之子。　陈次公叔嘉之子。　叶楠仪凤之侄孙。　郑应民　解涣梓之侄。（俱侯官人。）　彭崧文嗣之侄。　刘公予正之孙。（俱怀安人。）　潘必胜　吴节　李中　林立之安上之侄。　张叔问　陈枢尧佐之侄。　陈万（俱长乐人。）《福清县志》以陈万为其邑人。　陈少皋　林颖　杨掀知州教授。　姚宗虞　陈聪　陈宗召　吴桂(俱福清人。)　林文仲闽清人。公选之孙。　王得遇省试第二人。　张斗南　倪民献[4](俱罗源人。)　江立叔洵直之子。　陆伯正郡人。隽卿之子[5]。

童子举　何致远罗源人。特赐将仕郎。《宁德县志》以为其邑人[6]。

特奏名　林时中　刘升　梁大临国宝之子。　林牧　周光宗　姚知默[7]　黄芹　谢章　李道　林祥　陈复之　陈津　张伟　张普　林舜举　陈正中　杨强　陈孔铸长乐人。黄斗南　黄衷　韩颖　黄光度　张甲元连江人。

武举　张鹏甲元之弟。　郑震(俱连江人。)　李国勋国辅之弟。　邵应辰　林汉辅三县巡检。　黄凤(俱闽县人。)　许凤　刘兴宗(俱长乐人。)　林叔起福清人。　林应趾希之侄孙。　萧必胜　张时修时用之弟。

四年丁酉车驾幸太学上舍释褐　杨范翼之之从兄。　陈元升闽县人。

太学两优释褐　黄唐闽清人。太学录。

五年戊戌姚颖榜　湛循峣之孙。　郑应申[8]　陈介卿　孙晞甫　陈石　郑瓒瑀之弟。(俱闽县人)　方暌时可之族。黄泰　林采大声之孙。采,《寰宇志》作木,非。　陈纲(俱侯官人。)　曾春怀安人。　卓杰　卓珣　陈自强询之侄。庆元中由选人谒韩侂胄,得太学录,未几入馆,遂擢右正言、谏议大夫、御史中丞。逾月登枢府,亟迁右丞相,阿附充位,不恤国事。每称侂胄为恩王、恩父。侂胄既诛连贬窜,死于广州。陈绚思文之侄孙。　李鼎　陈觉先　陈丰　刘元成　陈椿年(俱长乐人。) 陈子择择,县志作释。连江人。 邓林见《人物志》。王方 郑铸 林懋 陈震 朱木 任烨(俱福清人。旧志无王方、林懋,而《寰宇志》有之,今增入。) 陈明作 何才笴德化簿。 谢鼎 萧国馨国梁之从弟。 萧国均国馨之兄。(俱永福人。) 潘凤 潘麟凤之兄。 余及 郑禧 陈公显祚之孙。 黄序惟则之子。(俱罗源人。县志以陈公显为十四年进士。) 梁大亮国宝之子。 张若霖 柯甲 张扃 吴竿 陈用之郡人浩之孙[9]。

特奏名 黄元质 林谊 陈敏修敦修之弟。 陆玠震之子。(上二人俱侯官人。) 崔俊 冯异 李次膺 郑千成 黄枢 王经仲 陈唐佐唐佑之兄。 方与权 高岳 王梦有 李莘起古田人。岩起之弟。 陈宗亮 余介卿 郑謩佚之曾孙。 卓嶷元龟之孙。叶之盛 陈宾 卓汝显 杨宗旦 黄公辅 陈自得自强之兄。 朱永叔[10] 陈亨甫 陈安仁嘉祐六年。傅之孙。

武举 陈说第一人。 倪震 杨明辉 郑子遇(俱闽县人。) 邹次凤长乐人。 程汝翼第二人。连江人。 林轼 许必克 许士知(俱福清人。) 黄赜[11]永福人。 姚浩侯官人。俊之之子。 郑炎子遇之弟。

七年庚子童子科先一岁指挥,自今童子举,并要年十岁以下通诵六经及语、孟全文,方许赴试。 林公洽长乐人。以四岁全通九经,特授迪功郎。 何擢怀安人。以九岁全通九经,特授迪功郎。

八年辛丑黄由榜 朱鼎上挺之父。孙格 王瑜 王宗度 陈士表 欧赓 黄左之[12] 陈永叔 黄桷瑾之侄。 何庇 陈宗训仲谔之弟。 李公升泳之从侄。(俱闽县人。《闽清县志》以黄桷为其邑人。）　潘士表　蒋斌　王椿　洪绂先寿之侄孙。　陈扑　陈绰　洪公巽浩之侄孙。　曾铄丕烈之子。　池申　方寀时可之侄孙。　洪铸元寿之侄孙。　陈修亿之弟。（俱侯官人。）　陈珪　李贲　林观国（俱怀安人。《长乐县志》以李贲为其邑人。）　张绍　张绂　陈可行（俱长乐人。）　俞南仲　林偁（俱福清人。）　陈冈古田人。　林谷　王泰之　吴畋　萧轸（俱永福人。）　黄瑾度之子。　葛有兴绍兴三十年解首。（俱闽清人。）　陈天宜　朱渊　潘涓　周震宜老之孙。　曾晔质之子。　陈尧佐以乾道五年学究出身再试。（俱郡人[13]。）

特奏名　林定国　黄绾[14]度之子。　陈贲（俱闽清人。）旧志无陈贲，今依县志增入。连楹　黄开　林惠辅惠，旧志作忠。岳之兄。　何孟文（上二人俱长乐人。）　张骥　高梦卿　陈癸[15]　黄延世光宗之子。　甘霖　商俊福清人。份之弟。　黄时中　郑冲之（俱连江人。）旧志无郑冲之，今依县志增入。　王士廉　陈缜第一人。罗源人。见《人物志》。

武举　吴赟　吴尧仁　李叔淮[16]（俱闽县人。）　施子礼怀安人。　陈缵　黄万石（俱长乐人。）　林浩福清人。　江伯虎第一人。名南强，唱名日，御笔改今名。　林万全（俱永福人。）　蒋梦震侯官人。斌之从弟。　卢南仲南金之弟。

十一年卫泾榜　吕启宗　高首卿　林士衡　潘子仪冠英之从侄。　连虞凤　林昉　郑域[17]　何士显万之侄。　余用之　郑骧　高名世　梁昺[18]（俱闽县人。）　杨宜中　陈畦　杨安　郑昌之昂之孙。　曾愿汪之侄。（俱侯官人。）　林文蔚怀安人。　王益祥见《人物志》。　陈缵觉先之从弟。前武举登第。 陈绾缵之从兄。 邹洙(俱长乐人。按县志又有陈晋卿，旧志及《寰宇志》均不载。) 李橐 陈舜申见《人物志》。(俱连江人。) 林瑑遹之孙。 林叔起 陈子冲 林璟遹之孙。 林复之 林瓌遹之孙。 夏允中 刘袭 薛孟能广东机宜。孟，旧志作梦。(俱福清人。又旧志无林叔起、林复之，而《寰宇志》有之，今增入。) 江伯虎前武举第一人。 张起宗(俱永福人。) 周士贵 叶景温(俱罗源人。) 黄善 陈潮(《寰宇志》无已上二人[19]。)

特奏名 陈谦厚 陈浚宋霖之侄。(俱长乐人。) 黄舆 黄云 林森 许惠卿 陈楠 程万 林抃连江人。 黄嵓

武举 林可大 王亿 赖嘉猷 郑显大 林宋辅(俱闽县人。) 孙祖武 郑良佑 冯涣[20] 黄公举(俱侯官人。) 张泳之 吴冲 施子美子礼之兄。 连向(俱怀安人。) 林子望长乐人。 黄东连江人。 林嶣第一人。 林获(俱福清人。) 刘方辅永福人。

十三年丙午太上皇庆寿恩上舍释褐 潘子直闽县人，冠英之从侄。 林弥明长乐人。

十四年丁未王容榜 林选茸之子。十三年解首。 陈元衡诱之子。 林执则[21] 朱著倬之孙。吏部尚书兼侍讲。 林千 柯垓 郑昭先见《人物志》。 陈诱公格之孙。 陈方 陈诚中 黄恂伦之子。 陈亿 沈康 林拱之 谢伯常 柯谦宗梁之曾孙。 陈焘 林子发 郑德美应申之从弟。 吴申(俱闽县人。) 陈元第二人。 陆彦敏蕴之曾孙。 林翘然 刘松奕之曾孙。 吴孝龄 方岩起(俱侯官人。) 陈绂绾之兄。 林岊 陈宋烈 林时英(俱

长乐人。）黄子善[22]　林琪　李庚[23]　陈德豫见《人物志》。（俱连江人。）方沂　商佾份之弟。　朱金发见《人物志》。（俱福清人。）黄宏斗南之子。　黄自诚（俱永福人。）林伯成[24]闽清人。自之子。　陈公奉公显之兄。　林甫申之弟。（俱罗源人[25]。）

特奏名　黄邦彦公举之兄。　马璋玚之兄。　郑发　林亚文（上二人俱长乐人。按县志又有林龟、高癸，旧志俱不载。）段格　余飞公古田人。　方荐鹗　王良辅　魏应之　吴季山　刘抣　许教　黄九龄　杨兴之　陈梦瑛[26]　陈璟连江人。林应辰

武举　许邦光国之弟。　潘子震子直之从弟。　郑钢　陈介石诱之侄。　熊武飞之侄。　杨举（俱闽县人。）林伯成长乐人。之望之弟。历阁门舍人，知高邮军，终知直州。王复古福清人。　江伯夔伯虎之弟。第二人。历东门舍人，终东南第十将。　黄浩（俱永福人。）潘子礼闽清人。

绍熙元年庚戌余复榜　潘景伯师孙之曾孙。中大夫，淮东提刑。　林迪朝奉大夫，广东提舶。　陈檦几之孙。　林亿千之兄。　林挺秀　李昭简能之侄。　柯时中居永福。李元辅　陈士表朝请郎，广州倅。　黄广　潘灏伯[27]　潘显伯（上二人俱景伯之弟，一本又以为景伯之兄，未详。）黄匀　郑行可　王元应尧臣之孙。朝请郎，大理寺丞。　许俊第（俱闽县人。《长乐县志》以王元应为其邑人。）张益之　王旦亘之兄。　陈子坚倬然之子。　洪搏元康之孙。　姚有容房州倅。（俱侯官人。）高惟月中奉大夫。　潘文焕　李熹仲淹之叔。　郑垕　曾准椿之弟。省试赋魁，朝奉郎，广东提举。（俱怀安人。）林翥忠辅之从侄。　丁壳（俱长乐人。）

陈冲连江人。 林振仲堪之曾孙。朝奉郎，知邕州。 卓石 林灼灼，县志作绰。 刘植 鲍旃 潘梅 冯钦 郑牧之 徐次铎(俱福清人。) 林演古田人。 黄谧 黄千里知建阳县。 梁发 张任国 陈仪之 柯万卿 卢镇[28]榕之孙。 黄甲(俱永福人。) 叶宗鲁 黄瑄谦之弟。 陈朴朝请大夫，邕管安抚。 张牧嗣之子。 陈拟父与行同榜，通直郎。 黄备瑄之子。 陈德进 张从之嗣之子。大理丞，广东运判。 陈与行拟之父。知兴化军。 余天迪(俱罗源人。) 陈泾寄居长乐，万之侄，贯台州。 陈桂寄居湖州。(《寰宇志》无已上二人。)

宗子附进士题名始此。 崇祉知南剑州。 善岐善峙之弟。 彦俑 希锡 善琪 善然(上二人俱寄居连江。) 善佳 善牧

特奏名 陈琦卿[29]当之孙。 陈适正 陈友直(俱连江人。) 王炎 翁章 刘三顾 林岊(俱古田人。) 陈刚刚，县志作逊。葛有成[30] 陈侃 黄洽(俱闽清人。) 杨霓第三人。鲁之子。 陈寅(俱罗源人。) 陈惟中 陈槐卿 陈旦 刘岳 林衮 韩匹萧 刘靖 林梦卿[31] 黄世德 李溥 柯杞 柯若谷 林日休 张仲昴 欧阳实 黄子强[32] 柯端卿谦之子。陈粲章 詹绂 林虞 高癸长乐人。县志以为淳熙十四年特奏。 林寀 陈枢 杜张维 林元明 林廷英 韩缟 黄旆[33]

武举 刘伯威[34]福清人。 李若水杰之子。陈云表臣之弟。(俱永福人。) 林淮太微之孙。 林宋兵 卓孝恭 黄天瑞 郑素行可之侄。 刘汉臣 韩椿罡之侄。 徐珏 林昴 林高 高栖

上舍释褐　黄舜俞闽清人。　谢升

四年癸丑陈亮榜　任一鹗文荐之孙。中奉大夫。李宗申　曾噩植之子。大理寺正，广东漕。　朱荀敏元四世孙。奉议郎，知宣城县。　连士登康时之孙。　陈惟如　苏端准　韩桷寄居岩州。　陈克　陈至和[35]锐之子。　黄民表（俱闽县人。）　陈怡朴之弟。　陈典之邵之孙。　林子冲之奇之侄。　陈忠寿之曾孙。　陈武公次公之弟。（俱侯官人。）　林复之奉议郎，知潮州。　任汇　吴功亮　吴时亮功亮之兄。（俱怀安人。）　陈伯震襄之八世孙。龙图阁学士。　陈景年佐尧之孙。　黄冲用[36]（俱长乐人。按县志又有李嵩寄，旧志及《寰宇志》俱不载。）　陈德一连江人。舜申之子。见《人物志》。　刘之邵国均之曾孙。知六合县。　郑牧（俱福清人。）旧志无郑牧，而《寰宇志》有之，今增入。　林师臬古田人。岊之侄。瑞金宰。　黄守永福人。《福清县志》以为其邑人。　陈万顷　葛有立（俱闽清人。）旧志及县志无葛有立，而《寰宇志》有之，今增入。　林冲龙　黄士清槐之子。知贺州。　黄士特棣之子。镇江倅。　黄说（俱罗源人。县志无黄士清、黄说。）　林献贯湖州，居永福。　林昱福清人，贯泉州。　冯多福（众之父。寄居常州。）　苏兴甫贯兴仁府。陈梦纬贯漳州。介石之弟。（《寰宇志》无已上五人。）

宗子　师叡师懿之弟。　汝朴善湍之子。　师棠师懿之弟。　彦延

特奏名　方冈侯官人。　陈缜缵之兄。　刘毅　林岳（俱长乐人。）　洪信臣　郑梦承（俱连江人。）　刘八成福清人。八威之兄。　陈炳　梁召[37]　卢琳　吴尤礼　刘慨　林择善　林岩　王挺秀[38]挺秀，《寰宇志》作之秀。

郭东美　曾颜　林冲之　赵昱

武举　刘汉臣长乐人。　姜必大知万安军。　陈试伯[39]大用之兄。　程元鼎知高州。(俱连江人。)　许应辰[40]　郭钦　方审侯官人。寀之弟。　危伯熊　黄枢　林宜之　林翘　潘子寓知复州。　陈遇亨衢之孙。

博学宏词　陈宗召

庆元二年丙辰邵应龙榜　邵应祥[41]　郑孝纯　陈鉴　陈同伯克瑄之族。　杨景商大猷之弟。　郑唐臣易之子。　陈京　林景达　邵应瑞应祥之弟。　任一龙文荐之孙。　张可大　郑沆　柯必卿棐之侄孙。　林景中　林应龙　陈谔　阮幡光泽丞。　柯龙受棐之侄孙。朱景筌　林起莘湖南仓。　欧质赓之弟。　郑天麟湜之子。(俱闽县人。《长乐县志》以陈谔为其邑人,《福安县志》以阮幡为其邑人。)　郑拱擢之弟。张士炳　韩同昌国之元孙,椈之侄。　叶莫发之弟。历吏部郎中,江西宪漕,终中大夫。　方隆时可之曾孙。叶发奉议郎。　凌冲琰之侄孙。(俱侯官人。)　洪杲公翼之子。　潘刚　余经国深之元孙。奉议郎。(俱怀安人。)　林关立之之侄,贯漳州。　陈泳彦君之孙。　郑益[42]　王益祺益祥之兄。《寰宇志》及县志俱作梦祺。　周申申,《寰宇志》作用。(俱长乐人。)　陈权叔连江人。　林清之椈之子。中奉大夫,直华文阁,湖南漕。　林僖(俱福清人。)　余叜复之弟。　余亮光庭之侄孙。(俱古田人。《宁德县志》以余叜为其邑人,《罗源县志》以余亮为其邑人)　刘三益永福人。　陈一清罗源人。安仁之子。　王淑贯绍兴。　叶子高贯庆元府。大理评事。　叶观贯兴化军。　刘宜之贯兴化军。　陈季修侯官人。安卿之子。贯泰州。(《寰宇志》无已上五人。)

宗子　善蓬古田人。善彬之弟。　彦假公宾之子。　希梁希魏之弟。　崇恪　彦措彦拯之弟。　彦翱彦代之弟。　汝悉汝孝之弟。　希灏师兰之子。　洵夫沂夫之兄。

特奏名　林概第二人。侯官人。采之弟。徽州通判。　陈淑　陈渊　陈士显　陈旦寿朋之曾孙。（俱长乐人。）　木窋连江人。　陈戍[43]　周申（俱古田人。）　林更　严肃　林元鼎　郑谷　商淖　陈弼　张维　詹骥　郑钧　陈鼎任　李沐溥泳之兄。　郑起莘[44]　高震之　商伉倬之兄。　程憙[45]　高实　湛衍　许仲宏　林士器　林登之　林用中

武举　许应辰长乐人。　陈大用连江人。　陈著永福人。　游昌叔[46]　姚挺侯官人。浚之之子。　林实之　柯国良　黄季鹰　黄宣　陈万石

上舍释褐　郑擢侯官人。拱之兄。　李琪[47]弥逊之孙。国子司业。　黄膺卿[48]架阁。（俱连江人。）

五年己未曾从龙榜　林登岊之兄。居长乐。　汤震　傅起岩　郑硕　郑骏骧之弟。　李起渭　项梦开奉议郎。　池铸寄居连江。　方杰朝奉郎。　杨惟寅（俱闽县人。）　梁丙朝奉郎，知泉州。　李冲遇之父。国子监簿。　蒲开宗尧章之子。　萧杞朝奉郎。　江公宜[49]文叔之子。承议郎。　陈孔夙寄居平江。孔硕之兄。　林袭自之侄。　杨誉询梅卿之弟。　姚子材有容之弟。国子祭酒。　齐琥（俱侯官人。）　王天言　李德立　刘泳若虚之元孙。　陈端（俱怀安人。）　林冠英彝之弟。郡倅。　黄岦朝请郎，潭州签判。　陈起先自强之族先。县志作霖。　高霆（俱长乐人。）　敖陶孙见《人物志》。　林孝闻大理寺丞，知抚州。　陈大雅

陈贵谊宗召之子。后中宏词。 刘沐贯建宁。潮之弟。 林圃(俱福清人。按县志又有林邑,旧志及《寰宇志》俱不载。) 苏大章古田人。见《人物志》。 黄实斗南之子。知汀州。 柯葆才茸之弟。(俱永福人)。 何应酉罗源人。珪之子。知德安府。 李大有丞相纲之孙。奉议郎。 陈梦建伯珪之兄。(《寰宇志》无以上二人[50]。)

宗子 崇节崇皋之弟。 椿夫彦早之子。 綦夫侯官人。彦夔之侄。

特奏名 谢藻第一人。 曾贡禹第三人。椿之弟。侯官人。 林德秀 万彪习震之弟。 林绰然 郑洪 林曾 陈申 张天翼 陈可速 陈禧 颜庶 万习震彪之兄。 刘梦先 陈才召 陈翼之大方之子。 王沂瀛之弟。 林浩翥之弟。 赵震(上四人俱长乐人。) 倪翼罗源人。允之侄。 黄玙[51] 梁廷仪 陈瀛 林宋钧 陈元卿[52] 林亨孙 林果侯官人。宲之弟。 魏谦 朱时 陈钦之 陈瞳[53]

武举 陈良彪第一人。 陈万春垓之父。知雷州,终侍讲。(俱长乐人。) 洪文举 马万里 林早夙之族。 陈涣 陈宗襄 李亮第三人。

嘉泰三年[54]壬戌傅行简榜 柯诚中 陈俞 叶楠明之之侄。 陈梦章 余梦泰 杨景良 林光敖 陈士表岘之子。知岳州。 李增兴(俱闽县人。《侯官县志》以杨景良为其邑人,《寰宇志》无陈士表。) 王同亘之子。架阁。 丁谦 林半千淮西提刑。 姚同 江岩公 陈端甫(俱侯官人。) 田元晋质颐之弟。 林揖[55](俱怀安人。) 林得中南剑州通判。 卓然 林晋之(俱长乐人。)《连江县志》以晋之为其邑人。　张邦用县志以为庆元五年释褐，盖误。　赵琯　陈槐卿少英之子。　侯国（俱连江人。）　陈紘　鲍介然（俱福清人。）　林森古田人。　萧镃国钧之子。　李伯扆（俱永福人。）　黄孟永罗源人。朝议大夫。　潘子京冠英之子。　郑震居闽县，贯建康。　吴俯居侯官。肪之曾孙。贯江阴军。　张涣臣　赵绑贯解州。　林子正贯抚州。（《寰宇志》无已上六人。）

宗子　性夫浙东安抚。　希泝　绎夫彦夔之子。　汝臣　汝仞善秉之子。　汝琉　彦侯彦传之弟。　绳夫綦夫之弟。　希洵　宗洽[56]　汝鄹

特奏名　任伯岳闽县人。文茂之弟。　陈万修坦然之子。　黄燮宜之父。　张黄中　陈衡之（俱长乐人。）　陈朝英少英之族。　陈应求与陈朝英又见开禧元年特奏，未详孰是。　黄佺黄，县志作董。（俱连江人。）　詹纬　陈世公孙说　张孝达　郑杲　陈卤　倪骏　郑桂　林采　柯棠　郑瀛　潘子俨子仪之弟[57]。

武举　曾亨甫闽县人。　林克永福人。　姚简中　吴震　黄桂后登嘉定元年进士第三人。

博学宏词　陈贵谦宗召之子。江苏提刑。

三年车驾幸太学该恩　陆仲逊　吴达之　林访[58]　林溥　林时中　陈元修　林景庄　王榕韶之弟。

两优释褐　林坰侯官人。国子司业，湖北提刑。

开禧元年乙丑毛自知榜　周鼎来毅之孙。　杨公俊省试赋魁，大猷之族。　陈瑢太亨之子。监察御史，终宗正少卿。　刘炳文商衡之侄。　黄灏毅之侄。朝散大夫，刑部郎中。　林执善桷之族。　陈秀麟元圭之族。　连懋逢辰之

子。 李万传 陈垓禾之孙。直宝章阁,淮东提举。 林应行 罗谊 林锠 许公玉 林子昌 诸天祐[59] 陈拚[60]孔硕之子。见《人物志》。 李成大[61]宝庆初转对,阴诋真德秀诸贤,拜监察御史,复论德秀及魏了翁、杨长孺、徐谊、胡梦立宜重加贬窜,除右正言,进左司谏,权刑部侍郎。端平初,洪咨夔、吴泳先后论列,窜潮州。成大天资暴狠,心术险巇,凡可贼害忠良者,率多攘臂为之,与李知孝、莫泽号"三凶"。 李起岩迈之族。(俱闽县人。) 吴应龙均之侄孙。 林公绍 谢伯恭奉议郎。 黄从枢之侄。朝奉大夫,知韶州。 曾应甫晏之曾孙。 杨宏中宜中之弟。见《人物志》。 姚自有容之弟。承议郎。 黄公谨崇之孙。 阮登寄居罗源。(俱侯官人。) 曾鼎春之侄。 余震青深之族。 姚默 卓山甫 郑志学杲之弟。 陈甲公格之族。(俱怀安人。) 郑选长乐人。邦彦之孙。《寰宇志》以为长溪人。 丘师陶 刘庞八成之子。前知瑞州。 姚直夫(俱福清人。)旧志无姚直夫,而《寰宇志》有之,今增入。 陈王度[62]永福人。 葛从龙省试第二人,朝散郎,监丞。 黄庸定之弟。 薛东 陈恺[63]通直郎(俱闽清人。) 陈逵罗源人。公奉之子。历监丞,知楚州。 陈垕居长乐,贯平江。 黄容居永福,斗南之族,贯常德。 吴当可竽之子。历监察御史,终中奉大夫宫观,居江阴。(《寰宇志》无已上二人。)

宗子 汝云善晤之侄。 师詹 彦斑 必广崇璟之子。 汝玖 汝竣不敌之侄孙。 汝固寄居连江。朝议大夫。 伯豫 彦倜彦代之弟。 汝嗣汝悉之弟。 汝信善秉之子。

特奏名 辛晔炳之侄。 韩辉卿彰名之兄。 余倜利宾之曾孙。(上三人俱侯官人。)　郑宁卿易行可之弟。　张万　黄端　马春卿　杜锡百　林百顺浹之孙。　王默　鲁洵美　陈存中　林见独　郑震　陈绚　林岦　赖行之　陈震　余宪　丁似　杨继先　杨鲁　李炎之　鲍景　郭成章　潘迈　李观　黎良能　高评　陈安石　余子韶

武举　郑公侃第一人。　陈子衜连江人。历阁门舍人，终知封州。　林訾　郑嗣之椿年之子。知化州。　章德高　林岩起　施国威古田人。　吴继仲　林登惟扬之侄。

特奏名　林复之　程君举[64]　萧翼　陈天骥

嘉定元年戊辰郑自诚榜　许应龙仲容之子。见《人物志》。　吴实卿[65]　朱起章化诞之子。　任应龙文荐之孙。朝请郎。　邓复　黄德洪溥之孙。　连德嘉逢辰之弟。　周霖伟之族。　郑仲路肇之之子。知连州。　林少从镝之弟。　陈震南美之族。除监察御史，终大理少族。　陈时举　陈子是聪之子。承议郎。　叶棠枏之族。　陈元之同伯之兄。(俱闽县人。)　黄桂第三人。邦彦之子。嘉泰二年武举出身，太常少族。　徐范左史。见《人物志》。　曾梦传伉之元孙。　黄顺卿邦彦之子。主管官诰院。　陈元震椿年之族。　朱伯旻(俱侯官人。)　郑斯立　郑阐珍[66]志学之弟。　陈道卿(俱怀安人。)　陈朴厚贯宁国府。宋霖之孙。　陈有声　陈景仁致一之孙。朝请大夫，江西帅参。(俱长乐人。《寰宇志》无陈朴厚、陈有声。)　孙德舆晞甫之子。江西提刑，特旨一子恩赐。　林获贯临安府。淳熙十一年武举，知梅州。　陈去非　林之昺　陈起(俱福清人。旧志无陈去非、林之昺，而《寰宇志》及县志有之，今增入。)　高子升[67]见《人物志》。　施渐国威之兄。(俱古田人。)　黄安之上舍谥之侄。　黄

与教官第一人。子春之侄。 梁子张京之弟。 冯三杰巽好之侄。 张豹变云翼之族。终都府。 郑梦钧知刚之孙。(俱永福人。) 郑自诚第一人,童子科免文解,湖南漕试赋魁。见《人物志》。 黄燮俑之子。(俱闽清人。) 朱实之知兴化军。 沈更寄居温州。 陈公益贯庆元府,寄居闽县。兵部侍郎兼侍读。(《寰宇志》无已上二人。)

宗子 绩夫[68] 繇夫 綎夫(上三人俱彦夔之子,侯官人。) 必兴崇社之子。 崇萃汝孚之子。 彦傜 汝诚善佳之子。 彦仞公宾之子。 汝庞善障之子。 崇厘汝探之子。 与衮[69]省试取应第一人。知南安军。

特奏名 郑次魏 陆明远侯官人。楠之从侄。 陈复 林昺长乐人。黄庠璧之叔。 林汝能畐之侄。(俱永福人。) 郑实 林宗鲁 陈元卿(俱闽清人) 林公瑞 潘随(俱罗源人。) 林翘如 潘子则 陈言应 林诚之邦符之侄。 陆嘉礼 叶昌之 黄士玠罗源人。

武举 黄良箕永福人。谧之子。 王西应祖道之曾孙。 陈秉硕 赖嘉言 高经连江人。 林万春

特奏名 赖鸣嘉言之弟。 郑议之公倪之兄。 李叔瀛

博学宏词 陈贵谊庆元五年进士。详见《人物志》。

四年辛未赵建大榜 叶应辰 陈辰[70]定国之侄。 郑景仪 林赵卿 郭泳 张宗 刘该松之子。 黄之望寄居连江。 洪卯铸之族。 陈伯宽南美之族。 萧崧申 张辅居永福。 阮宾 朱春 周千里震之子。 林复之[71] 黄飞 蔡公申知惠州。(俱闽县人。《福安县志》以阮宾为其邑人,《寰宇志》无陈辰。) 李照 黄登南剑倅。 徐

孝显　陈飞　陈真卿　黄恺詹之曾孙。　刘庚梦先之侄。　任士宁　陈彦信复之兄。（俱侯官人。）　刘浩知邵武军。　刘珙　林枢椷之兄。朝奉郎。　陈云（俱怀安人。《寰宇志》无林枢、刘珙。）　张羽中朝奉郎，左司郎官。　黄宜[72]宗学博士。　蔡缶　陈子愚　黄千钧[73]（俱长乐人。）　陈德林寄居平江。奉议郎。　黄袭甫知建安县。（俱长乐人。）　孙礼舆晞甫之子。建昌倅。　陈祐孙[74]　林良显省试赋魁。禧之弟。知连州。（俱福清人。）　郑良辅[75]潜之弟。朝散郎，通判。　林元国子录。　黄梦高（俱永福人。《寰宇志》以郑良辅为闽县人。）　张庠　张磻翩之孙。历礼部侍郎，权兵部、吏部尚书，以补缺程元凤论罢。宝祐中，拜端明殿学士，同知枢密院事，参知政事，封长乐郡公，赠少师。（俱罗源人。）　李韶贯平江。宁之弟。见《人物志》。　李宁之韶之兄。知昭州。　林护上舍。贯兴化县。　陈直言[76]贯临安府。罗源人。（《寰宇志》无已上四人。）

宗子　必取必兴之弟。朝奉郎。　彦遏　时嘉董夫之姪。　希谛　与玑　董夫　绛夫彦播之子。　楴夫居连江。知剑浦。　俞夫　希璘　涘夫　崇春汝玖之侄。　谱夫　希予

特奏名　田颐怀安人。元晋之兄。　姜师恪　郑公岳　林逢午　郑骐（俱长乐人。）　林应辰古田人。　朱绂永福人。　萧鉴[77]　张述（俱闽县人。）　黄文羽推则之孙。　林钦天[78]寄居长溪。（俱罗源人。）　余游　吴利见　徐公信　陈伯谦　郑靖　南若砺　陈云卿　林文　陈仲杞　张夔　张炜　陈公柄　郑伯忠　王明之　许梦松　林畐　邹广声　杨勋　何自正　王企　林杲　黄廷　杨

少发

武举　洪丹浩毅之族。　张公复　陆源彦敏之侄。方于宣省元。时可之族。(俱侯官人。)　林卿云[79]

七年甲戌袁甫榜　张正子嵩之侄。知靖州。　朱晋　张元简时修之子。沿江制置副使。　李泽卿　王立节　湛籲循之侄。　曾善亨甫之兄。(俱闽县人。)　陶季诗　陈汲居长溪。最骏之族。　陈子震　吴文震　余观国经国之弟。知邵武军。　郑光增奉议郎。　郑自得畋之曾孙。　李遇中之子。监察御史,秘书监。　陈义和典之侄。前国子监簿。　林仁伯先民之族。　张焕　叶仪凤　黄林发泽庚之孙。　方羽中卿寀之子。奉议郎。(俱侯官人。《寰宇志》无叶仪凤。)　刘拱辰　洪若水　戴杰(俱怀安人。)　曹伯成[80]长乐人。　林子升连江人。宣教郎。　林倚　林炎椭之族。寄居严州。承议郎。　陈绞　颜惟直《寰宇志》颜作顾。　郑扆(俱福清人。)　唐麟古田人。　柯适别院省试第一人。垓之侄。漳州通判。　陈绾(俱永福人。)　黄起宗庸之侄。陈季林峤之子。(俱闽清人。)　黄俅[81]瑄之族。奉议郎。黄钦俅之族。奉议郎。　黄梦颖瑄之子。法曹参军。(俱罗源人。)　李士炜侯官人。伦之孙。贯泉州。　李卫　赵丰亨寄居平江。　许澡[82](《寰宇志》无已上四人。)

宗子　时讓　汝恋[83]　槱夫彦曦之子。　崇祉知漳浦县。(上二人寄居连江。)　汝惓　崇俪　与奕县志作汝奕。　希述与奕之父。(上二人俱古田人。)　彦仟公宾之子。汝槱汝峻之弟。　希沅[84]希洵之弟。　崇思　璱夫彦行之子。

特奏名　张澈第一人。泽之兄。寄居福州。　王轩韶之兄。　曹渭　黄锷　蔡褒怀安人。　郑安夫　吴腾（俱长乐人。）张焕竑之弟。　林夔孙见《人物志》。　阮亨谦（俱古田人。）　曾华　林晞吕誉之子。　王惟月　方梦申时可之族。　高遂　李大壮纲之孙。　杨勋　卓应罗源人。　陈合　郑潜希纯之兄。　萧万里

武举　陈孝严福清人。知光州。　刘益珙之弟。　王介　柯梦旗子冲之兄。知雷州。　柯子冲省试第一人。梦旗之弟。（上二人俱永福人。）

试中教官　陈云

十年丁丑吴潜榜　王惟祺　郑良臣第二人，省魁。钦之兄。太常寺博士。　陈士扐机之曾孙。　黄辰显　潘继伯潜辟之族。　刘勺　林士宗士衡之弟。　李公沆中之侄。居长乐。　陈栗泾之子。　连嵘　梁琮大任之孙。　陈德遇[85]　郑清卿　林应辰士衡之族。　池升　林观过夙之从侄。粮科院。　邓夔　陈士介　潘观刚之侄。（俱闽县人。）　杨公羽　林紘　连世荣士登之子。　王万同之弟。　方应祥时可之元孙。　郑应龙　吴文龙应龙之兄。　方禹锡时可之族。（俱侯官人。）　李仲淹扐之曾孙。　余伯泰（俱怀安人。）　陈调一[86]舞申之子。知新州。　李监[87]广东提举。　包荣父奉议郎。（俱连江人。）　林珪仲堪之孙。奉议郎。　陈伯鼎　林宗烈　姚亨震（俱福清人。旧志无宗烈、亨震，而《寰宇志》及县志省[88]之，今增入。）　力起处州倅。　唐璨最之孙。见《人物志》。　余梦锡[89]宋兴之子。（俱古田人。）　陈兴龙　吴丙惠州通判。　梁子强子张之兄。承议郎。　陈垓省试赋魁。居长乐。淳祐中为监察御史，除左司谏兼侍讲，迁侍御史，与郑寀、周坦辈排斥善类，见讥公议。宝祐

初,宰臣奏其贪赃不法,谪潮州。　梁廷兰[90](俱永福人。)　黄孽闽清人。瑾之子。　黄之望罗源人。茂才之侄。奉议郎。《连江县志》以为其邑人。　秦文焕贯袁州,居怀安。　林公庆[91](《寰宇志》无已上二人。)

宗子　汝瑀　与官　彦传　彦嶓　喻夫[92]彦代之子。　与琳与玑之兄。　与玖与琳之兄。　汝腴不敌之孙。　汝佩　以夫彦括之子。寄居长乐。见《人物志》。　彦倪公宾之子。　与侍　汝登古田人。善逵之子。知石城县。　与枳　与环　师弁[93]　与宰　崇棠　时铸　汝晃

特奏名　陈珏　柯焕宗[94]谦宗之弟。　张夔　谢自信　冯典(俱长乐人。)　张参武举。北海之兄。永福人。　万搏　陈子喻[95]梦纬之弟。　余游　刘从龙　郑籍　陈公升　林正谔　陈应时　刘孝友　林士瞻颖之孙。　叶伯秀(上二人俱连江人。)　苏盛甫　曾复贡禹之族。　陈士蒙侯官人。次公之子。

武举　朱梦得　陈聿甫连江人。　黄子议永福人。　陈端

十三年庚辰刘渭榜　郑颐孙[96]　林子阳　林应运　林公演　黄士革居长溪。　陈如晦余庆之族。　林叔震寄居泉州。　周说鼎来之子。　林公庆　杨时升　陈子直　王庭　黄亮　连少嘉南夫六代孙。　徐敏功[97]寄居庆元府。　黄复[98]居长溪。　陈光大畦之侄。　魏复亨　梁梦庚　潘可叔衢之元孙。宣教郎,淮西运干。(俱闽县人。)　王振父　卢壮父同父之弟。太府少卿,兼直学士院。　曾龄噩之兄。　彭爚公永之孙。历架阁,终南外宗院。　叶一新能报之曾孙。　曾韶显[99]伉之孙。　吴易简元衡之子。居

永福。(俱侯官人。)　陈寅亮　王振　王泰定震定之兄。　陈澄子(俱怀安人。)　陈子诚子愚之族。　周角　徐汉章镁之兄。　林堦(俱长乐人。)　陈景明　刘㕓(俱福清人。)旧志无刘㕓,而《寰宇志》有之,今增入。　林敏省试第二人。古田人。　何守约　黄起渭知富阳县。　黄若凤毅之孙。(俱永福人。)　黄师参景说之子。国子正南剑添倅。　徐梦得　池洙(俱闽清人。)　任友龙第三人。文荐之孙。贯建昌,居闽县。婺州倅。　李公缙起岩之侄。贯平江,居怀安。　柯亨宗端卿之子。贯绍兴,居侯官。(《寰宇志》无以上三人。)

宗子　崇玚　纲夫彦夔之子。　绚夫[100]纲夫之弟。(上二人俱侯官人。)　崇仿通判安吉州。　崇栗汝国之子。(上二人寄居连江。)　崇能　崇侯淮东提举。　希平　崇蒽与灏希平之子。　汝清　汝仇　崇姓崇恪之弟。

特奏名　叶林闽县人。　林国英　黄林茸　林逢午　张早　邹昞(俱长乐人)。　卢㕓镇之子。　黄闳[101](俱永福人。)　郑莹中闽清人。　陈士龙罗源人。　潘唯　陈行申　叶应辰　陈曾之龙兴之叔。　陈士骥童子举。　黄古心[102]古学之兄。　陈衡材　陈应求嘉泰二年、开禧元年特奏俱有是名,未详。　张暄　郑光定　黄祁梦高之侄[103]。

武举　曹翥[104]　卢德宣　莫应辰　郑天翼　黄元吉[105]

十六年癸未蒋重珍榜　谢观国藻之族。知广州新会县。　张如愚宗传之父。知潮阳县。　杜辅良寄居罗源。　郑清子　曾公益[106]　戴翼知邕州。　冯惟说　任一鸣一谔之弟。　陈瑄大亨之子。　任惟明一鸣之弟。　陈士修士表之弟。　郑公孙　陈子颐坚之之兄。知永丰县。(俱闽县人。） 陈梦庚襄之八代重孙。 陈元凤 曾必大 梁柱 黄修革之子。宝庆府倅。 陈应龙太常博士，广德军添倅。 游继荣省试第二人。 叶及新 陈著士表之侄。（俱侯官人。） 林桷通直郎，建宁教官。 刘天乙 林譶明 卓杰 廖福孙[107]（俱怀安人。） 陈逢寅 郭岦[108]（俱长乐人。） 林明之仲堪之孙。 林杲 陈棐 林济 林琥 林炎申之孙。大理丞。（俱福清人。旧志无林杲、林济，而《寰宇志》及县志有之，今增入。） 王公廙 苏士洪（俱古田人。） 林宋讳[109]永福人。昱之叔。广东提刑。 葛崇节从龙之侄。大理寺正，广东运判。 郑德起元枢之子。知兴化军。（俱闽清人。） 黄万罗源人。 彭梦牛后改名耕道。寅之子。 李任韶鉴之弟。贯平江。终朝请郎。 黄炳贯泰州。（《寰宇志》有已上三人。）

宗子 汝溎 崇沆 躧夫 彦偶公宾之子。 希丰 汝潢[110] 彦溧 崇赳 必英崇玠之子。 必漸崇宇之子。 赡夫[111]毅夫之兄。居永福。 崇湲[112] 涌夫沃之之兄。 崇瑟 必偲必漸之兄。 敧夫

特奏名 刘叔侃 黄梦起（俱怀安人。） 郑澥 陈溥多福之子 陈梦良（俱长乐人。） 黄信 李应东（俱连江人。）旧志无应东，今依县志增入。 程若中古田人。本州解魁。 陈梓罗源人。 周宁甫 陈孝浐 林昉 叶端亮 宋复[113] 方寅侯官人。时可之侄。 郑衎 黄巩 林畴 张子华 郑江 陈槪 潘逵 杨梦春 杨梦传 麦国用[114] 陈井

武举 郑自夺[115] 刘扆 徐国英 林霆 何士龙

（原书下缺两页）

宗子　□涵　与倅与官之兄。　汝偪汝仇之兄。　耆夫忍夫之兄。　家夫　悌夫慨夫之兄。　希诲[116]希诵之兄。　彦籥　梃夫寄居连江。　崇仰崇祉之弟。　时来公辅之曾孙。　沂夫　善𬶨崇棠之叔祖。　汝腾善𬶨之侄。见《人物志》。　汝淞[117]不敌之侄孙。（上三人俱古田人。）　敷夫[118]　彦根

特奏名　林石第一人。居福清。　吴中鲁　杨寅申[119]　黄元恭　林一龙[120]　黄升　林衢亨　黄瞳[121]岳之子。　杨云庆　陈士泰伟然之孙。　郑经（上三人俱侯官人。）　张翊穆之曾孙。　郑士宗　郑应龙　黄不欺（俱罗源人。）　杨庠　郭沆　林灏　林梦鉴　林得同（上二人俱连江人。）旧志无此人，今依县志增入。

武举　方枢第一人。审之子。　陆深　杨士倬敏中之侄。（上三人俱侯官人。）　洪应宣升之侄。　方桷　许袭龙　陈武伯

释褐　刘卿月　郑斗祥　林任贵州推官。　郑仕谟西州宗教。（上三人俱福清人。旧志无林任、郑仕谟，今依县志增入。）　林应龙　陈部[122]永福人。云之子。　陈昱伯罗源人。千能之子。宗学博士。

绍定二年己丑黄朴榜　陈松龙省元。大理司直。　方仲嘉禹锡之弟。　林伯顺武博，处州添倅。　连同之得嘉之弟。　谢谦之观国之从弟。　陈桂芳正任之侄。潮州教授。湛霖衍之孙。　连士首琪之叔。　陈伯圭[123]炳石之子。泉州教授。　张元嘉拯之子。　苏士穆省元。居古田。大璋之子。知安福县。　黄昌（俱闽县人。）　黄朴第一人，历馆阁、吏部郎，终广东漕。　余正　章以贵运干。　陈鉴明南省经

魁。居连江。瑜之叔。 徐孝忠显之弟。 李虞卿公缙之兄。 黄用宾居长乐。 杨岂宜中之叔。 陈同叔曾之之侄。 李宗勉国辅之侄。 林机应辰之侄。 潘立本居长乐。津之兄。(俱侯官人。章以贵,一云永福人。) 卓炎子 黄伯歙[124](俱怀安人。) 林开先安上之元孙。 游梦春 吴建中(俱长乐人。) 陈高子炎子之兄。终架阁。 刘汉英(俱连江人。) 林公度公俊之弟。 刘应东贯太平州。潮之孙。 丘元龙师陶之侄。知晋江县。 高建翁(俱福清县人。) 张梦庚古田人。 黄涛直宝文阁,知吉州。 张楠贯太平州。广东运干。 卢宁师孟之孙。(俱永福人。) 陈荐子闽清人。癸之侄孙。知东莞县。 林贡孙罗源人。 彭霆震贯泉州,居闽县。 陈瑜省试第五人。贯兴化军,居连江。鉴明之族。 林公志贯隆兴,居福清。公俊之弟。通判泉州。 彭寅 何士颐 孟端懿 朱珏 林德宜 周俌(《寰宇志》无彭霆震以下九人。)

宗子 琯夫[125] 崇玱古田人。汝钱之侄。 汝再汝催之兄。 棉夫噩大之弟。 崇滐 崇掖 崇橐居连江。汝固之子。 崇莘崇宇之弟。 与琨 时现 师滨[126]

特奏名 徐武子 任一清一谔之弟。 王梦重 施良臣 王应嘉(上二人俱长乐人。) 孙梦县志作梦龙。 郑则仁 林雄县志作雄暨。 陈允中允,县志作元。 王公成 王梦有有,县志作贤。 黄公定(俱连江人。) 张朴 黄棫(俱古田人。) 郑有开 郑元吉 林昺 冯佑(俱永福人。) 丁泰亨[127] 郑有光 陈光 林掞 周起 何岗说之子。 王是龙应之弟。 王介雍[128] 张纲穆之曾孙。 陈伯蒙 林鲂 曾丙孙侯官人。梦博之弟。 刘季冲

蒋振　张行简　崔观　连琪　陈粟　黄皆植　郑德豫　林宋达　任鉴一清之兄。　李特卿　陈梦符　林显亲　徐公备公信之弟。　黄古学　朱涛夫[129]　许维岳　陈谟存大之父。　陈景扆　潘泰亨　任仪　叶逢午　陈自立　林箕　林仪之　陈梦牛　郑豹变　连中立　林总国　陈宜中　陈汝迁　叶檦　林泳　陈致和　王翼起(上四人俱罗源人[130]。)

武举　黄浩改名吉。永福人。

特奏名　周师望第一人。古田人。

四年辛卯释褐　林公俊福清人。公度之兄。太平州通判。

五年壬辰徐元杰榜　郑石　张济之　陈光庭南美之叔。　陈一鹗南剑州司理。　张鲁仲居永福。云翼之子。　陈信岘之孙。　高元裕居长乐。　靳盈之主管官诰院。　林云士衡之子。知宁化县。(俱闽县人。)　陈南美　洪梦龙升之侄。通判。　黄复古居永福。监泉州石井镇。　陈子智　张天定伯宗之孙。　吴琁卿[131]龙应之从兄。　王獬　王必张泰定之子。(俱侯官人。)　张卿明　何涣擢之子。　陈由　魏牧　王子端(俱怀安人。)　郭正子本州解元，廉州教授。　张镇第三人。羽中之子。通判绍兴府。　陈子椿景仁之侄。童科永免。(俱长乐人。)　黄钧　林经德(俱福清人。按县志又有陈章，旧志及《寰宇志》俱不载。)　林贵谦　郑公玉朝请郎，通判潭州。　蒋逢午[132](俱古田人。)　黄一震珪之侄孙。　萧涓国梁之侄。(俱福清[133]人。《连江县志》以黄一震为其邑人。)　陈惟月罗源人。　林元晋贯兴化军。武学博士。　林溶贯安庆府。(俱居长乐。)　郑益祥贯临安，居福清。斗祥之弟。　王璞是之子。知潮州。(《寰宇志》无以上四人。)

宗子　崇缔[134]妆云之侄。　必鹗[135]寄居连江，崇秘之子。　崇暾汝琐之子。　汝瑑善践之子。　崇槃崇林之弟。　埜夫思夫之弟。　时镙时铣之弟。　淄夫　崇诉[136]　瑥夫　时歆

特奏名　庄呰[137]　林升古田人。　林时发闽县人。亿千之弟。　陈应忠　高明远怀安人。　林綵昆之侄。　李嵩寄　林绛采之兄。　许奇祥(俱长乐人。)　陈若森子择之侄。　黄公权　郑梦高(俱连江人。)　游梦开福清人。士衍之孙。　王应甫　邬之邵(俱罗源人。)　任起滨　王洽雍介雍之兄。　陈梦钖　何孝彰　黄奎大名之孙。　王孔硕　方泳　林壮行　李云龙贯临安。贵之侄孙。　詹万石　林达　张虞凤　叶元龟　黄椿　王采　黄泳　陈贵说　王浩士奇之从侄。　曹庚　陈中实　林扬　郑应龙　杨敏中　王士登　王吉　王端甫　刘田　郑应翘　陈靓　蒋季纲　郑隆本　陈梦雷　陈梦星　张茂实　林一龙[138]

武举　刘梦浩长乐人。　黄东叔永福人。　张靖山鬻之曾侄孙。　李师武亮之子。

释褐　李日新　邓景辉古田人。　陈问闽清人。

端平二年乙未吴叔告榜　潘牥第三人。子仪之孙。见《人物志》。　张兴龙架阁。　林存见《人物志》。　郑发先　郭梦龙　陈梦炎定国之曾孙。　王漳　陈垌省试别头赋魁。禾之孙。江州添倅。　陈应甲[139]梦纬之子。主管西外睦宗院。　林似孙　林端起(俱闽县人。)　曾希林必大之姪。

谢正卿藻之子。　赵孺子（俱侯官人。）　陈湜　余帝与[140]　张仕义应卯之叔。　林从实（俱怀安人。）　陈实又新之子。　潘午亭[141]　陈子植溥之子。　陈炎子高子之弟。三省架阁。（俱长乐人。）　张尧翁居永福。　林漫　兰斗南（俱连江人。）　林希逸解试、省试赋魁。介之侄孙。见《人物志》。　许一鸣（俱福清人。）　陈继祖贯闽县，居古田。德应之叔。　林昱内舍省试第五人。永福人。宋约之弟。　叶天祐贯侯官。玮之曾孙。　叶哲佐[142]（俱罗源人。）　连履孙　陈容　郑如祖　王龙应[143]　林应炎　陈福龙　丘升贯广州，居福清。　陈梦龙　裘牲　张宗传　陈登　黄师心　阮嘉谋（《寰宇志》无连履孙以下一十三人[144]。）

宗子　时晕　绂夫　绾夫　与齐[145]　与腙　必萃崇萃之子。　崇礼　时昂洵夫之子。

特奏名　林应辰　林梦庚复之之子。　陈纲　陈应洪　张春卿　陈举　湛露　林定孙　杨冯昌　郑应龙　陈大用[146]　林宋杰　郑开先　张梦荐搢之子。　陈梦雷　张椿　陈仝中　林梦麟　罗镇　林伯耆　刘应奇[147]　叶重开　林梦骥　李汝扐（上二人俱连江人。）旧志无汝扐，今依县志增入。　何宗日[148]　林震龙　王端甫　王三俊　林一龙　陈梦星　林晞白　张茂实　郑景舒　高信己　黄彝叙[149]　罗从直　林楷　杨倬　潘子震　潘庚　潘朝泊　黄逢时　曹梦祥　赵若翁长乐人。　蒋辅国逢午之父。　陈元　林子高　程戬（俱古田人。）　陈有之上骥之子。　柯逢垓之子。（俱永福人。）　林师回　林忠清　陈次公祥道之族。（俱闽清人。）　陆梦良　倪禹钧元翼之族。　林赣孙仲龙之侄。（俱罗源人。）

武举　洪震　李先登连江人。　刘日起

嘉熙元年丁酉上舍释褐　陞夫彦挺之子。

二年戊戌周坦榜　邵泽　陈士登居永福。云之子。林奭元奋之孙。通判宁国府。　刘同叔　欧阳起鸣(俱闽县人。)　许文岳　姚逢午省试第一等。震特之兄。　王履定泰定之弟。　黄士度顺卿之侄。　陈存夫炳谟之子。建安尉。(俱侯官人。)　林昌泰枢之子。　郭元龙(俱怀安人。)常挺省试赋魁。《见人物志》。　陈幼学鉴明之子。端平元年解元。　黄宜(俱连江人。)　刘龙发　彭梦林[150]　颜公起(俱福清人。刘龙发,旧志以为福安人,彭梦林,旧志无林字,《寰宇志》以为宁德人,皆误。按《福清县志》又有陈酉木、林宜公,旧志及《寰宇志》俱不载。)　谢德垕　黄颖恭之侄。　林约(俱永福人。)　黄涣师参之弟。　陈振龙　黄玠辰昷之子。林应龙(俱闽清人[151]。)　陈天兴[152]孝嗣之侄。　黄纲诜之子。　林日华(俱罗源人。)　林以立[153]贯夔州居长乐。徐华老贯建宁。凤之子。　陈中孚贯泉州,居侯官。才弼之曾孙。　徐梦发贯建宁。凤之子。　张应卯　林潮孙　姚震　郑炎　马岩叟　林翊龙　许子正(《寰宇志》无林以立以下十一人。)

宗子　时册　与仫　必宜[154]　与讵　时这[155]寄居连江。慈夫之子。　希志士师之子。　与倌[156]希楝　必宨[157]　与琟　与寚　与宝

特奏名　王宗合第一人。贯绍兴。居福清。　黄恭第二人。居永福。颖之叔。　郑伯麟第三人。　刘应神[158]郑应明　林仲翼　俞梦传(俱连江人。)　黄梦龙　黄应雷　林应之　杨文震(俱罗源人。)　魏成甫　李发先[159]大

有之侄孙。　刘天从泳该之侄。　潘子震　陈震孙　黄公著　郭岊正子之弟。　林时龙　陈深夫　谢仝　李寓　陈应庚　何挺午　陈松　余吕正　陈德舆　张士滋　陈厚　卫福孙怀安人。　张甲绍之仲子。　何梦益(俱长乐人。)　陈大昕[160]　黄甲(俱古田人。)　陈浚　陈子昂　黄三凤　韩梦说(上三人俱永福人。)　黄师伋　黄师轲焕之弟。　池伯益　林忠清(俱闽清人。)　林公望　陈逢午　郭文焕　李宗凯　汪公昭　陈光祖　林有泽　陈行简　何善甄　林一龙　南璋　潘庚　柯傅　程武选　张元龙　黄嘉猷　陈梦星　李公益　陈若泉　陆梦吉　高辙　陈应申[161]　连安中　林朱　黄以宁　李国选　梁中行　罗从直　王参　林梦辰　陈诜景茂之侄。　林钟[162]

武举　林虎臣　黄南叔永福人。东叔之弟。阁门舍人。　项雷发　潘达伯冠英之孙。　林士珂　林亵然　郑景温　林浩

特奏名　林仲龙　吴楠　黄有翼永福人。

词学科　卢壮文[163]侯官人。　林存

校　注

[1] 乾隆《福州府志·选举》及《三山志·人物》均作"郑鉴"。

[2] 乾隆《福州府志·选举》作"翁颐之"。

[3]《三山志·人物》作"俞伯宽"。

[4]《三山志·人物》作"倪子猷"。

[5] 乾隆《福州府志·选举》及《三山志·人物》均尚有"林梦英、王万全、高迈"。

[6] 乾隆《福州府志·选举》尚有“庄大成，永福人”。

[7] 乾隆《福州府志·选举》作“姚如默”。

[8] 乾隆《福州府志·选举》作“郑应中”。

[9] 乾隆《福州府志·选举》及《三山志·人物》均尚有“姚祖赓、杨楫、刘岳、王宗浩、林刘举”。

[10]《三山志，人物》作“林永”。

[11] 乾隆《福州府志·选举》及《三山志·人物》均作“黄颐”。

[12]《三山志·人物》作“黄佐之”。

[13] 乾隆《福州府志·选举》尚有“林尧辅”。

[14] 乾隆《福州府志·选举》作“黄琯”。

[15]《三山志·人物》作“陈葵”。

[16]《三山志·人物》作“李叔准”。

[17] 乾隆《福州府志·选举》作“郑槭”。

[18]《三山志·人物》作“梁禺”。

[19] 乾隆《福州府志·选举》尚有“方寿曾，福清人”。

[20] 乾隆《福州府志·选举》作“冯焕”。

[21]《三山志·人物》作“林执纲”。

[22]《三山志·人物》作“黄子美”。

[23] 乾隆《福州府志·选举》作“李赓”。

[24]《三山志·人物》作“林伯诚”。

[25] 乾隆《福州府志·选举》尚有“林伟，福清人”。

[26]《三山志·人物》作“陈梦英”。

[27] 乾隆《福州府志·选举》及《三山志·人物》均作“潘颢伯”。

[28]《三山志·人物》作“卢埙”。

[29]《三山志·人物》作“陈锜卿”。

[30]《三山志·人物》作“万有成”。

[31] 乾隆《福州府志·选举》及《三山志·人物》均作“林梦钦”。

[32] 乾隆《福州府志·选举》作“黄自强”。

[33] 乾隆《福州府志·选举》及《三山志·人物》均尚有“王以泽”。

[34]《三山志·人物》作“刘八威”。

[35]《三山志·人物》作“陈志和”。

［36］乾隆《福州府志·选举》及《三山志·人物》均作“王冲用”。

［37］《三山志·人物》作“梁吕”。

［38］乾隆《福州府志·选举》及《三山志·人物》均作“王廷秀”。

［39］《三山志·人物》作“陈诚”。

［40］《三山志·人物》作“许应承”。

［41］《三山志·人物》作“邵应清”。

［42］《三山志·人物》作“郑邑”。

［43］《三山志·人物》作“陈成”。

［44］《三山志·人物》作“郑起华”。

［45］乾隆《福州府志·选举》作“程熹”。

［46］《三山志·人物》作“游叔昌”。

［47］乾隆《福州府志·选举》作“李瑱”。

［48］乾隆《福州府志·选举》及《三山志·人物》均作“黄肤卿”。

［49］《三山志·人物》作“汪公宜”。

［50］《三山志·人物》尚有“郑汲、林申”。

［51］《三山志·人物》作“黄屿”。

［52］《三山志·人物》作“陈元钧”。

［53］《三山志·人物》作“陈曈”。据乾隆《福州府志·选举》及《三山志·人物》均尚有“赵震单、刘颀”。

［54］乾隆《福州府志·选举》及《三山志·人物》均作“嘉泰二年”。

［55］《三山志·人物》作“林棹”。

［56］乾隆《福州府志·选举》及《三山志·人物》均作“崇洽”。

［57］乾隆《福州府志·选举》及《三山志·人物》均尚有“张黄中”。

［58］《三山志·人物》作“林昉”。

［59］乾隆《福州府志·选举》作“储天祐”。

［60］乾隆《福州府志·选举》及《三山志·人物》均作“陈靴”。

［61］《三山志·人物》作“梁大成”。

［62］《三山志·人物》作“陈三度”。

［63］《三山志·人物》作“陈垲”。

［64］《三山志·人物》作“程国举”。

［65］《三山志·人物》作“吴宝卿”。

[66]《三山志·人物》作“郑兰珍”。
[67] 乾隆《福州府志·选举》作“高子昂”。
[68] 乾隆《福州府志·选举》及《三山志·人物》均作“缜夫”。
[69]《三山志·人物》作“兴襄”。
[70]《三山志·人物》作“陈晨”。
[71] 乾隆《福州府志·选举》及《三山志·人物》均作“林履之”。
[72]《三山志·人物》作“黄宣”。
[73]《三山志·人物》作“陈子卿、黄子钧”。
[74]《三山志·人物》作“陈孙”。
[75] 乾隆《福州府志·选举》及《三山志·人物》均作“郑良翰”。
[76]《三山志·人物》作“陈宜言”。
[77]《三山志·人物》作“萧鉴之,与张述两人均闽清人”。
[78] 乾隆《福州府志·选举》及《三山志·人物》均作“林钦夫”。
[79] 乾隆《福州府志·选举》及《三山志·人物》均尚有“郑容”。
[80] 乾隆《福州府志·选举》作“曾伯成”。
[81]《三山志·人物》作“黄涞”。
[82] 乾隆《福州府志·选举》及《三山志·人物》均作“许藻”
[83] 乾隆《福州府志·选举》作“汝銮”。
[84]《三山志·人物》作“希沆”。
[85]《三山志·人物》作“陈德通”。
[86]《三山志·人物》作“陈调之”。
[87] 乾隆《福州府志·选举》及《三山志·人物》均作“李鉴”。
[88] “省”疑为“有”之误。
[89] 乾隆《福州府志·选举》及《三山志·人物》均作“余梦赐”。
[90] 乾隆《福州府志·选举》及《三山志·人物》均作“梁庭兰”。
[91]《三山志·人物》作“林公度”。
[92]《三山志·人物》作“踰夫”。
[93] 乾隆《福州府志·选举》作“师升”。
[94]《三山志·人物》作“柯焕文”。
[95]《三山志·人物》作“陈子瑜”。
[96]《三山志·人物》作“郑颐”。

[97]《三山志·人物》作“徐敏公”。

[98]《三山志·人物》及乾隆《福州府志·选举》均作“黄履”

[99] 乾隆《福州府志·选举》作“曾绍显”。

[100]《三山志·人物》作“绚夫”。

[101]《三山志·人物》作“黄闳”。

[102]《三山志·人物》作“黄古之”。

[103]《三山志·人物》尚有“龚郯、程少杜”。

[104]《三山志·人物》作“曾翥”。

[105] 乾隆《福州府志·选举》及《三山志·人物》尚有“陈湜”。

[106] 乾隆《福州府志·选举》作“曾公盛”。

[107]《三山志·人物》作“廖福”。

[108]《三山志·人物》作“郭岳”。

[109] 乾隆《福州府志·选举》作“苏志洪、林宋炜”。

[110]《三山志·人物》作“汝璜”。

[111] 乾隆《福州府志·选举》作“瞻夫”

[112]《三山志·人物》作“崇瑗”。

[113]《三山志·人物》作“宋寔”。

[114]《三山志·人物》作“陈国用”。

[115] 乾隆《福州府志·选举》及《三山志·人物》均作“郑日奋”。

[116] 乾隆《福州府志·选举》作“希仡”。

[117]《三山志·人物》作“汝仳”。

[118]《三山志·人物》作“敷夫”。

[119]《三山志·人物》作“杨寘甲”。

[120]《三山志·人物》作“陈一龙”。

[121]《三山志·人物》作“黄曈”。

[122]《三山志·人物》作“陈郜”。

[123] 乾隆《福州府志·选举》作“陈伯奎”。

[124]《三山志·人物》作“黄伯和”。

[125]《三山志·人物》作“馆夫”。

[126] 乾隆《福州府志·选举》尚有“献夫”,《三山志·人物》尚有“敂夫”。

[127]《三山志·人物》作“丁亨泰”。

[128]《三山志·人物》作“王汾雍”。

[129] 乾隆《福州府志·选举》及《三山志·人物》均作“朱㮚夫”。

[130] 乾隆《福州府志·选举》尚有“黄公成”,《三山志·人物》作“黄公定”。

[131] 乾隆《福州府志·选举》及《三山志·人物》均作“吴瑶卿”。

[132]《三山志·人物》作“薛逢午”。

[133] 上已有福清,此处福清显为闽清之误。

[134]《三山志·人物》作“崇绛”。

[135]《三山志·人物》作“必谔”。

[136]《三山志·人物》作“崇谕”。

[137]《三山志·人物》作“庄岳”,乾隆《福州府志·选举》作“庄嵒”。

[138] 乾隆《福州府志·选举》尚有“张滨子、任起滨”。

[139]《三山志·人物》作“陈应申”。

[140]《三山志·人物》作“余帝兴”。

[141] 乾隆《福州府志·选举》作“潘午亨”。

[142] 乾隆《福州府志·选举》及《三山志·人物》均作“叶蜇佐”。

[143]《三山志·人物》作“王应龙”。

[144] 乾隆《福州府志·选举》及《三山志·人物》尚有“郑土谧、陈淮、陈垲”。

[145]《三山志·人物》作“与岕”。

[146] 乾隆《福州府志·选举》及《三山志·人物》均作“林大用”。

[147]《三山志·人物》作“刘应琦”。

[148]《三山志·人物》作“何日宗”。

[149]《三山志·人物》作“苏彝叔”。

[150]《三山志·人物》作“彭梦”。

[151]《三山志·人物》林应龙作“闽县人”。

[152] 乾隆《福州府志·选举》作“陈天与”。

[153] 乾隆《福州府志·选举》作“林以正”。

[154]《三山志·人物》作“时丹、时仭、必宣”。

[155]《三山志·人物》作“时巡”。

[156]《三山志·人物》作“与官”,乾隆《福州府志·选举》作“与宧”。

[157]《三山志·人物》作“必宅”。

[158]《三山志·人物》作“刘应辰”。

[159]《三山志·人物》作“李发光”。

[160]《三山志·人物》作“林大昕”。

[161]《三山志·人物》作“陈应甲”。

[162] 乾隆《福州府志·选举》及《三山志·人物》均尚有“黄梦龙,罗源人”。

[163] 乾隆《福州府志·选举》及《三山志·人物》均作“卢壮父”。

八闽通志卷之四十八

选　　举

科　　第

福州府

〔宋〕

淳祐元年辛丑徐俨夫榜　潘龙　马载万里之族。任仕宏[1]友龙之子。　郑嗣祖适之族。　刘英发[2]别试副魁。卿月之兄。　翁泾老[3]承赞之族。　陈森寄居福清。陈必大光大之弟。（俱闽县人。）　黄景亮　林畊子冲之子。　陈珪　程应斗　陈首龙　黄泽　陈叔似昭嗣之族。程若水（俱侯官人。）　陈天福　林立叔垧之侄。（俱怀安人。）　高洪宗　卓右龙贯临安。遵之侄孙。　陈知章子震之子。（俱长乐县人。《寰宇志》无卓右龙。）　赵沂孙连江人。　朱伯奇[4]　蔡应龙　林藩贯漳州。　林登　林时龙　高霆（俱福清人。《寰宇志》无林藩，旧志无林登、林时龙，而《寰宇志》有之，今增入。）　陈德应古田人，贯闽县，继祖之叔。

吴附凤　萧泰夫贯建宁。　王荣公泰之孙。（俱永福人。《寰宇志》无萧泰夫。）　黄俞诜之子。丰州教授。　吴龙起（俱罗源人。县志，俞为愈，吴作倪。）　沈金焕贯临安，居福清。《寰宇志》无此名。

宗子　缜夫侯官人。　崇烟汝胖之子。　必逅（俱怀安人。）　崇垟[5]　崇瓃（俱古田人。）

特奏名　林天骥　何善甄[6]　施丙　林应龙逢年之侄。　陈武子溥子之族。　陈德明[7]　陈子炎（俱长乐人。）　林士复连江人。　黄元素第一人。古田人。　郑希纯第二人。良翰之弟。　黄乔翼　张洽（俱永福人。）　许木炎　许近　郑自任　林志清志，旧志作忠，误。（俱闽清人。）　王守约　王士同　陈松福清人。　陈叔鹏　叶首卿侯官人。宽博之曾孙。　林一声　林枢　周应祥　卓勋　郑三玲[8]　陆正明　魏梦龙　陈梦荐　张士滋　詹如　叶谔　陈应和　陈天就熊之孙。　萧梦得　郑梦荐（上三人俱罗源人。）

武举　孔元　高盐[9]　陈□　林国　林英　阮灵

幸学出官　陈宗度永福人。

四年甲辰留梦炎榜（《三山志》此后有缺版，特奏名、武举俱无所考。）　卞元虎　李大有　许必发　林得龙（俱闽县人。《闽清县志》以李大有为其邑人。）　余孟成　王得一　林公玉见《人物志》。　叶自　黄庚孙　林公槐　张荣国　连通（俱侯官人。）　陈梦辰怀安人。　陈合德祐中拜翰林学士同佥书枢密院事，坐罪免。终宣奉大夫、资政殿学士，谥文惠。　张镗　陈多福　朱盛载（俱长乐人。）　林禾　林宜高知漳浦县。（俱连江人。）　郑格见《人物志》。　林畴　陈仝千

卓石　许俊第　冯钦　林振祖(俱福清人。旧志脱版,《寰宇志》无林畴以下六人,今依县志增入。)　陈绰　卢钺　林起岩(俱永福人。)　刘坦孙闽清人。滂之玄孙。　苏谦罗源人[10]。

宗子　与琇古县人。见县志。　必同闽清人。　时掌崇窑(俱连江人。)

特奏名　陈执礼连江人。　黄汝江闽清人。

七年丁未张渊微榜　林孔玚[11]　陈鉴之　王光亨　陈沂夫　陈栋孙贯临安。(俱闽县人。)《寰宇志》无此名。　姚垣[12]同之孙。提辖文思院。　方澄孙寄居兴化。大东之子。　方大任枢之子。　吴珪　叶观光　卓梦吕杰之兄。　叶应得一新之族。(俱侯官人。)　林士恺　曹有开　林应发居长溪。应炎之弟。　陈坚子直之侄。(俱怀安人。)　郑祺光　陈献子震之族。　林鉴(俱长乐人。)　陈应元　陈景仁[13]　孙鼎来　林介甫　郑能定　吴骥伯　黄顺卿　陈应角三复之子。　李国梁(俱连江人。)　林梦畴汀州连城尉。　范处义太学。　林希道　夏闯午潮州推官。(俱福清人。)　张疆[14]贯镇江。　章孝参见《人物志》。(俱古田人。)　葛铸延年之族。　陈福龙(俱闽清人。)　高仝谊[15]贯江阴。《寰宇志》无此名[16]。

宗子　崇迢　与寰希予之子。　与赋　崇覞　时逖涘夫之子。　若藬　时佼闽县人。　与哽怀安人。　崇梏若柑　必崧(俱福清人。)　崇珣[17]古田人。汝登之子。必请永福人。崇峙之子。　崇镝崇镏之弟。　崇璚　崇铲崇镃之弟。

特奏名　陈应斗闽清人。振龙之兄。　郑汝嘉　王域

萧邦杰　黄密玉[18]　叶谔　郑应魏　林得龙　陈应和怀安人。　林辰建[19]孔章之侄孙。　潘荣　王梦龙（俱长乐人。）　李泰来弥大之族。　李谦之选之玄孙。　郑天骥能之叔。（俱连江人。）　林宗益福清人。旧志无此名，今依县志增入。　郑伯东公玉之兄。　黄概　林明炳[20]（俱古田人。）　黄攀龙永福人。曈之侄。　潘怀甫罗源人[21]。

武举　张合永福人。　余士成

特奏名　孙汝勉

九年上舍释褐　陈龙光旧志无此名，今依县志增入。

十年庚戌方逢辰榜　王梦龙　郑应大　陈炤（俱连江人。）　陈君宝监左藏库。　陈西应　林仲子[22]昭州立山尉。（俱福清人。）　陈皆闽清人。　许梦炎　陈天麟　林公glyph　孙附凤　陈无咎　黄裳　陈时　陈元德　方梦开　张尚德　丘闻之　王以宁　潘德远　黄秀实　杨鼎　陈子冲　林开先　王应器　张廷彦　王景曾　游明复　董璜　陈霆　陈与螯　陈垲　陈应弼　黄士虎　黄潮东　洪应辰　林公庆　陈师吕　王同叔[23]　潘同叟　林均　黄维锐　刘元常　萧和　潘泾津之弟。　郑一锷[24]　曾森　陈子祥并之子。　林昌实　王弢伯大之从侄。　曾士得（《寰宇志》无许梦炎以下四十四人[25]。）

宗子　时镉[26]公迈之曾孙。　崇漏汝珇之子。　枪夫[27]　若铦　必谓省元。崇秘之子。（上四人俱居连江。）　必新[28]　孟愈　若壁　若清　崇琱[29]　若琁时光之子。　必莲漳州判官。　良份贵溪尉。（上二人俱福清人。）　时葰[30]琯夫之子。　汝傕　必䄻[31]必薪之弟。　良佑　良侍良佑之弟。

特奏名 谢石孙 陈子翀 陈偕 黄袭甫宜任之父。 黄应瑄 林大举(上三人俱连江人。) 南叔[32] 潘起孙方舆 叶熙孙林之子。 阮康老 叶春观之侄。 张天应 林士元 刘良贤 郭士显 徐实[33] 余日严 程燏孙(上二人俱古田人。) 陈东 黄应雷 林霆[34] 陈子信 黄有大 周似曾 邓尧焕 林梦康 任伟伯 林宜之 阮士轸 林公颐 陈迪罗源人。 陈起渭 缪雷奋 林藻 陆洽 王炳 王震龙 林开祖 陈子继 许伯珍 林大成 陈天应

两优释褐 方颐孙太学。

武举 林仲颖 方南皐南强之弟。 林起岩

宗子取应 必樘连江人。 时淄 时璆

宝祐元年癸丑姚勉榜 孙应高 王文龙 林坤载(俱连江人。《古田县志》以林坤载为其邑人,是年特奏名。) 郭时中 陈汇夫 陈立翁汇夫之子。 林自懋旧志无此名。 林福翁 林公明旧志作公衡。 林泳 林黄旧志作林黄圆。(俱福清人。) 吴起龙 周应复 张锡留济之之子。 苏泰孙 郑得助 吴秀发 郑子酉 冯应及 陈用和 林孔贤 叶木 李特昭 任岂潜 陈刚翁长乐人。朝散大夫,知南剑州。 陈秀璋 张泽 陈懋钦 陈亘子侯官人。樵子之弟。 林懋[35]秀之孙。 邬东之罗源人。其县志以为是年特奏,恐误。 潘文卿泾之侄。 林贡子 黄明伯龢之侄。 陈中正 吴洪 林孔范 王飞卿 周尧咨 陈琥震孙之子。 林友龙应龙之堂兄。 高达之 高载霆之子。 陈应选 陈琰唐祐之孙。 刘公遇[36]半千之子。 陈梦发容之子。 王维新 王霖龙铨魁。 黄岳九

龄之侄孙。　陈梦圆高子之弟。(《寰宇志》无吴起龙以下四十人。)

宗子　与谂[37]　必寓　时壄[38]宾之曾孙。　必琈[39]崇侯之子。　时絪　与宿与宿之弟。　与藒希武之子。　必瑫　希聚[40]与康之从兄。　与桁师薛之从侄。

特奏名　郑肖老第二人。　叶一龙　王炳　谢可贵罗源人。　黄万卿　陈梦符　黄逢原君赏之弟。　郑则俛俛,县志作悦。　陈应甫甫,县志作用。　常显伯挺之兄。　陈平子平,县志作宜。(上五人俱连江人。)　叶起龙　郑日千　林大举[41]　陈泰卿　林大成　丁焯　陈子继　谢恩　郑有声光增之子。　洪卓　方应鹗[42]　王震龙御射升第二等。　陈向源[43]　魏士泰　李特士　张钧　阮宗洙　叶震观之从弟。　陈茂发　陈采　邵弥大　阮士轸　黄魁甲　刘半千君遇之父。　卢泰父[44]侯官人,同父之弟。　常晞尹显伯之弟。　陈天应　王思节

武举　黄佑德文若之三世孙。　林宋卫　周中孚孚,县志作李,福清人。

宗子取应　必祥福清人。　若瑰

四年丙辰文天祥榜　林镗　林春一公庆之子。(俱长乐人。)　刘木润[45]　郑应雷(俱连江人。)旧志无郑应雷,而《寰宇志》及县志有之,今增入。　郑君荐　许自侍郎。　陈龙济　刘午道　章贽　王体文　李周翰[46]　陈卯东立翁之侄。　郭陈庚(俱福清人。旧志无陈龙济、王体文、李周翰,而《寰宇志》及县志有之,今增入。)　苏德载　许一鸣　李斌(俱古田人。《寰宇志》无许一鸣。)　倪洪上舍。永福人。《寰宇志》以为连江人。　张冰之[47]济之之从弟。　张梦高　林

应昂　陈仲宾　郑文龙(俱闽清人。)　陈赏　陈俞罗源人。　杨琦梦斗之兄。太学博士。　林元复　翁仲德　杨次郑梦斗之叔祖。　王龙应　陈明同罗源人。　李光大　李振祖皇臣之玄孙。　杨梦斗次郑之侄孙。　陈若蒙雄之孙。　欧宬　吴之选　林伯介　任汝贤　洪子寿卓之侄。　林椿[48]　黄应辰　吴之道　林尧龙　黄必大　黄遂景亮之侄。　陈懿伯　王良翁　林孟磁　杨叔济(《寰宇志》无陈赏以下二十七人[49]。)

宗子　时瑚　必樘(俱居连江。)　若钰福清人。漳州签判[50]。

特奏名　常时尹　吴梦岩　郑应东(上三人俱连江人。)　谢文纪　余邦彦　李特士　周云龙(俱古田人。)　林迥　黄深　朱伯乐　林康民　陈晔　余善述　陈修　林介　陈孝嗣　谢谦　林杞　陈宏　阮志远　倪俊明　余行甫　黄章　陈子龙　郑伯忠　王大节　黄峣　陈子畊　郑伯荣　林绍(按《闽清县志》是年特奏名四十七人，考之旧志，内二十四人皆以前诸科进士及特奏名，今悉改正，余二十三人无可证据，姑录于此。)

开庆元年己未周震炎榜　赵时玧连江人。《寰宇志》无此名。　陈介潮州判官。　林嵩两浙运干。　陈逢鲤酉木之侄。宁海节度判官。　张雷震主簿。　林方春广州盐干。　林象祖饶州教授。　赵必给县令。(俱福清人。)《寰宇志》无赵必给。　李体学古田人。　郑蜚声　朱文备(俱罗源人[51]。

宗子　崇敦[52]崇祥之弟。　必崇崇璥之侄。(俱古田人。)　时玩[53]居连江。　必给福清人。

特奏名是年赐袍笏。　李子潜　陈洵(俱古田人。)

景定三年壬戌方山京榜　陈岩石介之子。　陈庭芝絃之孙。　王鸮博罗令。　林起东运干。　林友龙县尉。　卢龙应教授。　丘应申制机。　林启龙教授。　林申旦[54](俱福清人。)　黄文熇　萧起夫(俱闽清人。)　王勋　于则仕推官。(俱罗源人。)

宗子　必椢　崇澗(俱古田人。)　崇寀连江人。　与晦[55]福清人。希犁之侄。终户曹。

特奏名　李必大古田人。

咸淳元年乙丑阮登炳榜　陈介　林圭惠安丞。　林君荣吉州司户。　潘应庚潮州司户。(俱福清人。)　林埙　汤芳(俱古田人。)　黄明丰　黄应午　秦季梁(俱闽清人。)　陈天骥罗源人[56]。

宗子　与仆　与榕　时夫　时玲　时瑠　时倘　必弦　必潭[57]　必渗　必徕　若辁　若辅　若瑄　若洂　琛夫(俱连江人。)　崇球　孟溶　孟浀　必瀅　必滥　必侅　必竩　由权(俱古田人。)

特奏名　刘应旗　余大章　黄宜发　林逢午(俱连江人。)

宗子取应　若禄连江人。

三年丁卯幸学出官　林宗英　孙逢辰　高公袭(俱连江人。)

四年戊辰陈文龙榜　陈方叔　陈爚　陈溥[58](俱连江人。)　陈卓　林用中　郭拱龙　陈升翁　郑峄　陈奚章采次旬曾孙。　莫岺[59]　林应申　张敬简　林浚子敬德之子。　林以弼(俱福清人。)　李弼　李梦犇　林君实(俱古田人。) 葛天民闽清人。 邬镇 邬季有(俱罗源人。)

宗子 必寀古田人。 时敬 崇臯(俱连江人。) 举弦希锃之子。 良空 必给开庆元年宗子已有必给,而是年又有必给,未详。(俱福清人。)

特奏名 林贵孙 孙士安 翁履道(俱连江人。)

七年辛未张镇孙榜 林椝连江人。 李文发[60] 何君弼 高庆嵩 王尧佐(俱福清人。) 余发林见《人物志》。 李若虚(俱古田人。) 许若彭 陈恕翁(俱闽清人。) 倪以仕 吴炎午(俱罗源人。)县志无炎午,而《寰宇志》有之,今增入。

宗子 良瑱福清人。

特奏名 黄志召连江人。

武举 叶彪连江人。

十年甲戌王龙泽榜 林名喜 陈坚 林袭龙 林海(俱福清人。) 余逊之古田人。 张锐罗源人。(按县志又有叶挺芳,《寰宇志》不载。)

宗子 孟渚古田人。

特奏名 张致麟 李唐英(俱古田人。)

〔元〕

延祐四年丁巳乡试 高骥生侯官人。

至治元年辛酉宋本榜 杨杙侯官人。 林兴祖罗源人。见《人物志》。

三年癸亥乡试 林同生

泰定四年丁卯李黻榜 张以宁古田人。见《人物志》。

天历二年庚午□□□榜　林泉生永福人。见《人物志》。

元统元年癸酉李齐榜　方季茂连江人。

三年乙亥乡试　陈中　赵森(俱闽县人。)

至正元年辛巳乡试　池福观古田人。

二年壬午陈祖仁榜　林隽福清州人。按《浙江省乡试录》至正七年有林隽始中乡试，而郡志以为是年进士，未详。

七年丁亥乡试　赵嗣鲁录事司人。林隽福清州人。

八年戊子王宗哲榜　陈珪闽清人。

十年庚辰乡试　陈元珪闽清人。　黄尧臣永福人。　薛理元福清州人。　陈善录事司人。　李漳闽县人。　陈俊怀安人。

十四年甲午牛继志榜　林韶福清人。

十九年己亥乡试　庄谷第一人。　林民矩　林韶　林文炜(俱福清人。)　卢良钰　黄厚　元美　黄德(俱录事司人。)　刘衷怀安人。　黄善　张叔震　梁谏　黄超(俱永福人。)　方桂茂连江人。　林良材闽县人。　张伯诚凌州人，寓怀安县。

二十年庚子魏元礼榜　庄谷　薛理元(俱福清人。)

二十三年癸卯杨輗榜　林文寿　林海　徐宏　陈信之(俱闽县人。)　蒋允文侯官人。　潘腾福清人。

〔国朝〕

洪武三年庚戌乡试　黄绶　魏云　郑贞仲[61]　孙文清(俱闽县人。)　李辉　□器之[62]　叶德潜(俱侯官县学。)　陈信之　林德孚[63]　林信孚　赵晟(俱怀安县学。)　林文寿　陈洽祖(俱长乐县学。)　陈执中连江县学。　李升县丞。 张必泰 王玄范 林嘉 薛理原 林大同 蔡子宝[64]县丞。(俱福清县学[65]。)

四年辛亥吴伯宗榜 陈执中连江人。

是年乡试 李邛 邵行清(俱闽县人。) 林文福侯官县学。 杨全怀安县学。 林谷显 周清 赵裕伴读。 陈伯琬(俱长乐县学。) 兰同甫连江县学。 林炜 陈临 马英 林清夫 刘炎 陈彻[66](俱福清县学。) 许孟阳古田县学。

五年壬子乡试 裴希和闽县学。 王孚怀安县学。 叶允吉长乐县学。 陈子晟连江县学。见《人物志》。 林璟 郑宗淳 陈源 郭本初(俱福清县学。) 郑炜古田县学。 柯龚永福县学。 陈珪闽清县学。 陈奎罗源县学。

七年甲寅乡试 陈德琬 叶元吉主簿。(俱长乐县学。) 赵裕知县。福清县学。

九年丙辰乡试 林锦 林希启州判。(俱长乐县学[67]。)

十七年甲子乡试 陈曾 倪炯 高景材庆生长子。 孙崇(俱府学。) 唐震 卢章(俱闽县学。) 陈益侯官县学。 王福 卓闰 林细(俱怀安县学。) 陈仲完 陈洵仁仲完之弟。 罗知 陈讙合之玄孙。德庆知州。 陈湜洵仁之弟。海阳教谕。 林舆英山教谕。(俱长乐县学。) 郑坦 夏伸 王暾(俱福清县学。) 李林 陈焕 林瑜 丁坤 林龟年应天府中。(俱连江县学。) 陈宾 朱聪(俱永福县学。) 郑义闽清县学。 余玱罗源县学[68]。

十八年乙丑丁显榜 倪炯 陈曾(俱闽县人。) 卓闰[69]训导。 王福御史。 林细(俱怀安人。) 陈洵仁给事中。 陈仲完见《人物志》。 罗知御史。(俱长乐人。)县志无罗知。 李林知县。 丁坤县丞。 林瑜江西按察佥事。 陈焕主事。 林龟年县丞。(俱连江人。) 郑珇[70] 夏伸 王暾石首县丞。(俱福清人。) 陈宾 朱聪(俱永福人。) 余玱罗源人。金华府通判。 高景材南康县丞[71]。

二十年丁卯乡试 冯伏 王广 潘善应 林谨(俱府学。) 任贵 胡龙(俱闽县学。) 宋瑜侯官县学。 汪义瑞州教授。 赵纲都督府经历。 陈禄汤阴教谕。 刘琪(俱怀安县学。) 林与[72]希启之子。英山教谕。 陈益淳溪教谕。 陈震金华教授。(俱长乐县学。) 陈昂 游义生(俱连江县学。) 林京 陈坚 王辛 陈铉公安教谕。(俱福清县学。) 彭贡 黄澄温州教授。(俱永福县学。) 张留孙罗源县学。湖广按察司佥事[73]。

二十一年戊辰任亨泰榜 唐震第二人。翰林编修。 胡龙(俱闽县人。) 王广侯官人。 冯伏都督府断事。 潘善应礼部员外郎。(俱怀安人。) 陈昂御史。 游义生御史。(俱连江人。) 王辛 林京 陈坚御史。(俱福清人。) 彭贡永福人。 郑义闽清人。秦府纪善。

二十三年庚午乡试 唐灿经魁。 陈锜 王偁见《人物志》。 陈升 孙源(俱府学。) 张伯福第一人。 王潜 姜宗(俱闽县学。) 赵全平度知州。 陈桂 张信 黄玫(俱侯官县学。) 吴鐩 郑琮 李和(俱怀安县学。) 黄铜光州知州。 陈显国子助教。(俱长乐县学。) 杨谦应天府中,任教谕。 林茱教谕。 孙保济御史。 孙奕 郑麟 郑贞(俱连江县学。) 林演南城典史。 周昌广州教授。

孙达罗城教谕。(俱福清县学。) 陈广罗源县学,书田教谕。

二十六年癸酉乡试 林赐第一人。 孔延 张琁 程扆 林琁 林真 杨仁 陈穆 王褒见《人物志》。 高泽(上二人俱应天府中。已上俱府学。) 唐泰见《人物志》。 李广佑[74] 张顺 陈普(俱闽县学。) 高桢[75] 江辐 潘玄(俱侯官县学。) 傅芦刑部主事。 卞汉 方广(俱怀安县学。) 林赐溧阳训导。 陈京宁波教授。(俱长乐县学。) 林英连江县学。 邬孟福清县学。拜监察御史。 赵定古田县学。晋府纪善。 曹闰闽清县学。应天府中,安仁知县。 林皓晋府教授。 郑遂给事中。(俱罗源县学。)

二十七年甲戌张信榜 高泽主事。 高稹(俱闽县人。) 唐泰 李广佑[76](俱侯官人。) 孔延怀安人。 林英连江人。浙江按察司佥事。

二十九年丙子乡试 林善同 陈长 王通 潘闰 丘良山阴教谕。 方琁[77]陈郊应天府中。(俱府学。) 陈童闽县学。 吴环侯官县学。 郑玄寿州学正。 蔡海宜兴教谕。 陈衍国子助教。(俱淮安县学。) 林耔训导。 兰侃 陈全应天府中,训导。(俱连江县学。) 李骐第一人。定海知县。 陈正武缘教谕。 陈喦德化教谕。 陈锜武宣教谕。 陈赛教谕。 林奇理定训导。(俱福清县学。) 林宝古田县学。应天府中,宁远教谕。 丘庸永福县学。麻阳教谕。 阮复与[78]提举。 李安教谕。(上二人应天府中。) 吴安睢宁教谕。(已上俱罗源县学。)

三十年丁丑陈郊榜是年又有翰克忠榜[79],俱北人,六十一名。 陈郊[80]第一人。闽县人。

三十二年[81]己卯乡试 王端 陈昂新城教谕。王福

（俱府学。）　张聪　郑曦　唐溥经魁。　余铗　余灏　赵奉（俱闽县学[82]。）　叶福　陈亹经魁。　程仲（俱侯官县学。）　曾芑芑一作圮。怀安县学。　唐亨训导。　吴彬知县。　陈节知县。（俱连江县学。）　林福福清县学。山西布政司理问[83]。

三十三年[84]庚辰胡广榜　张聪永康知县，赠主事。　余灏（俱闽县人。）　叶福侯官人。　曾芑怀安人。　陈义生永福人。

三十五年[85]壬午乡试　洪顺经魁。　何曾　王庸　任童　叶容　黄安　郑济嘉定教谕。（俱府学。）　胡敬　陈立本　郑显辽府纪善。　林贤（俱闽县学。）　陈真　王槐　严光祖　陈旻（俱侯官县学。）　程春怀安县学。　王惜长乐县学。瑞安教谕。

永乐元年癸未乡试是岁例应会试。文庙入正大统，因命再乡试，以明年甲申会试。　陈佛福清县学。　马宗诚古田县学。应天府中，任济南训导。　黄锐　黄润揭阳教谕。　黄须番禺教谕。　丘政沛县训导。（俱永福县学。）　陈中罗源县学[86]

二年甲申曾棨榜　严光祖[87]　郑澜　王槐　陈立本（俱闽县人。）　陈贞　胡敬（俱侯官人。）　程春荆山知县。　洪顺见《人物志》。（俱怀安人。）　陈佛福清人。　黄锐永福人。　许容闽清人。　陈中罗源人。

三年乙酉乡试　林真宜兴知县。　刘赐扬州学正。　高同梓之弟。预修大典。以子旭恩赠给事中。　徐麟溧水教谕。　李聪　高应高州知府。　黄岳麟子之子。池州推事。（俱本府学。）　傅兰　葛回　林均（俱闽县学。）　王善　蔡

慈　林京安　林寿　王良（俱侯官县学。）　王璲侯官县儒士。　邵辉国子助教。　陈闰　沈慧国子助教。　王徽　张安宿州同知。　徐礼教谕。（俱怀安县学。）　高沂　陈全　池鲸淳安训导。（俱长乐县学。）　方义　丘文政（俱连江县学。）　汪清　敖旦　郑添（俱福清县学。）　苏光古田县学。主事。　倪济永福县学。封川教谕。

四年丙戌林环榜　黄安考功主事。　蔡慈　葛回山东按察司佥事。（俱闽县人。）　林寿侯官人。鸿胪寺丞。　郑回　邵辉国子助教。　陈闰　赵益监察御史。籍江宁县。（俱怀安人。）　陈全第二人。经筵侍读。　陈骥（俱长乐人。）　郑添福清人。工部主事。

六年戊子乡试　陈辉　陈外　张祝兴宁教谕。（俱府学。）　郑义显之侄。　戴乾　郭崇　林衡　徐福　赵济（俱闽县学。）　陈敏闽县儒士。　林泽侯官县学。　郑瑛侯官县儒士。　陈杰　郑珷教谕。　陈兴广信训导。　秦显九江推官。　林平　林文澧（俱怀安县学。）是年《福建乡试录》无林文澧，疑别省取应。　吴实　林景　林衕新淦教谕。（俱长乐县学。）　陈善　陈润　陈銮（俱连江县学。）　叶极教谕。　陈最万州学正。（俱福清县学。）　陈得安福清县儒士。训导。　王麟　魏亨（俱古田县学。）　郑旼闽清县学。

九年辛卯萧时中榜是年进士乃七年己丑会试，因车驾巡狩北京，至是始临轩策试。　林衡闽县人。监察御史。　王善侯官人。见《人物志》。　吴实长乐人。广西按察司佥事。　陈善连江人。监察御史[88]。

是年乡试　林志第一人。　黄泽第二人。　孙曦　林硕　杨安（俱府学。）　张举第三人。　郭廉（俱闽县学。）

郑宪　戴禧　林寰(俱闽县儒士[89]。)　林定　王弼　陈顺　杨寿洛阳教谕。(俱侯官县学[90]。)　汪继宗龙泉训导。　彭顺训导。　陈芝　陈蓁　林曾(俱怀安县学。)　林文秸怀安县儒士。　陈李蕲水知县。　陈铎进贤教谕。　马铎　陈昌西安教谕。(上二人俱应天府中。已上俱长乐县学。)　林森连江县儒士。嘉兴教谕。　郑苌户部主事。　丁镛濮州知州。　韩魁　丘细应天府中。(俱连江县学。)　韩弘　黄济(俱福清县学。)　林至福清县儒士。　曾斌松阳县丞。　吴牧(俱古田县学。)　黄瑢右城教谕。　许通(俱永福县学。)　林琚罗源县学[91]。

十年壬辰马铎榜　林志第二人。会试第一人。见《人物志》。　戴乾刑部主事。　郑阁见《人物志》。　黄泽浙江布政使。　林硕见《人物志》。(俱闽县人。)　孙曦侯官人。　林文澧怀安人。监察御史。　马铎第一人。长乐人。见《人物志》。　陈润连江人。楚府经历。

十二年甲午乡试　洪英第三人。　陈景著　郑塾　陈皓　陈循　刘凤(俱府学[92]。)　郑莹第五人。　陈叔刚　罗泽　陈宗琦　卓坚　邓斌(俱闽县学。)　童龢[93]闽县儒士[94]。　程震　叶策　林生　王溥　林真(俱侯官县学。)　郑珞瑛之弟。侯官县儒士。　何琼第一人。　严烜　林道　林道明教谕。(俱怀安县学[95]。)　谢复进　刘应　蒋复常山教谕。　曹贤　陈拱松阳训导。　刘徵(俱长乐县学。)　潘正　林希　陈惟待　陈聪　王用怿(俱长乐县儒士。)　孙钦　孙瑀潮阳训导。　孙后(俱连江县学。)　陈廉　林龢教谕。(俱福清县学。)　林添保福清儒士。　江润阳江教谕。　张隆保昌训导。　章润(俱古田县学。)　张泗永福县学。 倪建资罗源县学。

十三年乙未陈循榜 陈景著第三人。见《人物志》。 郑莹 郑塾历礼、工、兵三部主事。 刘凤终镇宁知州。 陈辉见《人物志》。 戴禧 林道监察御史。 郑瑛 刘麒南康知府。籍江宁县。(俱闽县人。) 郑珞见《人物志》。 王良 程震 林定 王弼吏部主事。(俱侯官人。) 林文秸见《人物志》。 洪英会试第一人。见《人物志》。 何琼终雷州知府。 严烜见《人物志》。 林文秩文秸之兄。见《人物志》。(俱怀安人。) 谢复进潞州同知。 曹贤太常寺博士。 陈聪行人。(俱长乐人。) 孙钦按察佥事。 陈銮(俱连江人。) 韩弘见《人物志》。 曾佛四川马湖教授。(俱福清人。) 章润古田人。刑部郎中。

十五年丁酉乡试 林崇 陈良琏 林茂叔[96] 曾联 苏萆[97] 林友清(俱府学。) 刘环 陈源 罗纹泽之侄。武进训导。 王泽 胡琏(俱闽县学。) 吴源 萨琦 罗绎纹之弟。新河教谕。(俱闽县儒士[98]。) 廖伯牛 翁清 陈宗 程晶武邑教谕。 杨佛童更名复。广东布政司参议。 包刚[99]教谕。 戴珏(俱侯官县学。) 林彤安仁教谕。 谢锜(俱侯官县儒士。) 刘哲乐安教谕。 陈恭 张福生训导。 申屠铎教谕。(俱怀安县学。) 李马第一人。 张汶 陈颢终山西按察使。 陈侩于潜教谕。 高淮 林鹭 潘正(俱长乐县学。)是年《乡试录》无潘正,疑别省取应。 何惟善 陈京 冯实(俱长乐儒士。) 张贞 赵雍(俱连江县学[100]。) 陈睿闽清县学。 尤端罗源县学。

十六年戊戌李骐榜 郭廉监察御史。 董龠贵州布政使。 吴源知县。 郑宪衢州通判。 林真监察御史。

王辉（俱闽县人。）　陈蓁主事。　林得户部主事。　林茂叔　张举海宁知县。（俱怀安人。《寰宇志》以林茂叔为闽县人。）　李骐第一人。翰林修撰。旧名马，赐今名。　潘正（俱长乐人。）　林柰州判。　韩魁县丞。（俱连江人。）　郑源闽清人。

十八年庚子　乡试　陈复　姚铣　冯瑗　王溥　林铎　赵建　金璧（俱府学。）　张衍　曾拱　陈乾　陈铎（俱闽县学。）　郑理剧塾之弟。海盐训导。　方立　林元美　林随缘（俱闽县儒士。）　高旭　刘和　姜志　林懽　王献（俱侯官县学。）　陈润　柳广训导。　王信纪善。　林庸教谕。　林文安（俱怀安县学。）　林玉怀安县吏。　郑崇怀安县儒士。　王康　郑瀚　高森柳州学正。　王锡（俱长乐县学。）是年《福建乡试录》无王锡，疑别省取应。　黄文正　潘财　高绍宝（俱长乐县儒士。）　戴均长乐县人。布政司典史。　董密揭阳训导。　赵恢　赵琏程乡训导。（俱连江县学。）　卓观南康教谕。　郑钦（俱福清县学。）　陈实鄞县谕教。　王神祖（俱福清县儒士。）　林瑢[101]永福县学。肇庆训导。

十九年辛丑曾鹤龄榜　陈叔刚见《人物志》。　林元美见《人物志》。（俱闽县人。）　廖伯牛侯官人。　王锡　陈京（俱长乐人。）　林至福安人。

二十一年癸卯乡试　何宣甲辰冬召试奉天门，中第二人，授吏科给事中。　陈治　陈光教谕。　林彦辉　陈繁（俱府学。）　王员　赵悌　萧镄[102]　游炯　刘文端（俱闽县学。）　蔡文璟　张瑜瑢之侄。　林钝兴山教谕。以子清源恩赠南京工部主事。（俱闽县儒士[103]。）　陈均原[104]　黄绍　郑珙（俱侯官县学。）　林琚国子助教。　张衡　林塘[105]（俱侯官县儒士。）　程珙教谕。　陈济训导。　方福教谕。

陈徽教谕。 陈阳教谕。(俱怀安县学[106]。) 李孟玉砀山教谕。 潘仲郇肇庆训导。(俱长乐县学。) 金悌 潘休美 田钧(俱长乐儒士。) 詹堙训导。 林淮宗 陈暾平乐训导。 叶端文昌教谕。(俱连江县学。) 周晅 陈美(俱福清县学。) 曾案乐清教谕。 陈潜(俱福清县儒士。) 林埙罗源县学。

二十二年甲辰邢宽榜 张衍刑部主事。 罗泽浙江道监察御史。(俱闽县人。) 姚铣侯官人。见《人物志》。 陈复怀安人。见《人物志》。 黄文政长乐人。陕西按察司副使。 赵雍连江人。云南布政司参政。

宣德元年丙午乡试 郑建第二人。 杨永 林渭知县。 吴初 晏宁潘州教授。 陈述 王志训导。 黄钧[107]长史。(俱府学。) 郑亮第三人。闽县儒士。 陈康郑府长史。 郑志教谕。 杨澄溧水教谕。 吴康恕开封教授。 陈赐(俱闽县学。) 李宗应 卢惠德庆州学正。(俱侯官县学。) 林惠怀安县学。任学正。 陈昊郓城教谕。 陈俞息县教谕 陈淮国子助教。 陈礿(俱长乐县学。) 张子初连江县学。监察御史[108]。

二年丁未马愉榜 杨永监察御史。 陈赐 陈均厚(俱闽县人。) 陈顺主事，左迁知县。 黄绍员外郎。(俱侯官人。) 吴初怀安人。知府。 林淮宗连江人。刑部主事[109]。

四年己酉乡试 朱珪[110] 刘亹 方员 赵文铿教谕。 陈晶 郑华 冯琁[111]翰林检讨。(俱府学。) 林澄琼州知府。 王珏(俱闽县学。) 张文侯官县学。 陈文升通判。 林震任知州。(俱怀安县学。) 杨谦怀安县儒士。训导。 陈宣[112]济宁州学正。 郑万奎广州教授。(俱长乐县学。）　林柱仪真教谕。　周禧靖江教谕。（俱连江县学。）林昊福清县学。龙川教谕。　林叡古田县学。　赵正第二人。上海教谕。　陈子瞻第三人。罗源县学。

五年庚戌林震榜　萨琦见《人物志》。　郑建见《人物志》。（俱闽县人。）　张文侯官人。按察司副使。

七年壬子乡试　黄环高塘教谕。　刘继金华教授。胡祥[113]教谕，　林昆（俱府学。）　金叔朝　唐坦　林春（俱闽县学。）　郑埕闽县人，籍建阳县。莹之次子。曲江教谕。邓建饶州训导。　徐宗复（俱侯官县学。）　林璟怀安县学。任教谕。　高耿第二人。长乐县学。　陈晴连江县学。知府。余端闽清县学。　陈廷珏罗源县学。宁波训导。

八年癸丑曹鼎榜　郑亮户部主事。　方员广西布政司参政。（俱闽县人。）　高旭侯官人。见《人物志》。　高耿长乐人。　赵恢第二人。连江人。右春坊庶子，兼侍讲。

十年乙卯乡试　高岗第一人。　罗均第四人。　陈傅第五人。　谢回　陈晖定安教谕。　连福（俱府学。）　李清源　张祐　朱章徽州训导。　张谔（俱闽县学。）　黄廷仪侯官县学。第二人。　赵壮知县。　周杰　林应教谕。（俱怀安县学。）　陈敦长乐县学。　王远卫学教授。　林灿武城训导。（俱福清县学。）　黄真罗源县学。

正统元年丙辰周旋榜　高岗刑部主事。　陈傅给事中。（俱闽县人。）　黄廷仪侯官人。河南布政司参议。　周杰怀安人。户部主事。

三年戊午乡试　李忠第五人。孟县教谕。　孟玘　李荣　陈永崇教谕。　刘永刚训导。　江武　陈拳教谕。许敏教谕。（俱府学。）　张厚闽县学。　余昂第二人。训导。 林壤霸州知州。 陈钝(俱侯官县学。) 申屠建教谕。 刘景正教授。 庄监[114](俱怀安县学。) 林侨第一人。无锡教谕。 陈淀[115]梓潼教谕。 郑序(俱长乐县学。) 吴善叶县教谕。 周仪(俱连江县学。) 郭誉泗州学正。 李璨(俱福清县学。) 张铎潮州训导。 庄鉴教谕。(俱永福县学[116]。)

四年己未施槃榜 孟玘拜户部主事。未几,北虏入寇,随大驾讨之。土木之难,玘被伤,幸不死,间关而还。景泰间,升莱州知府,改庐州,以疾致仕卒。 李荣行人。(俱闽县人。) 陈钝侯官人。户部主事。 郑崇怀安人。 李灿福清人。衡州通判。

六年辛酉乡试 罗增第五人。岷府长史,改教授。 赵宁国子学录。 郑镄程乡教谕。 林琇训导。 陈福教谕。 邵增 黄恭教谕。 陈良弼四川按察司提学佥事。 程文杭州教授。(俱府学。) 王吴泽之子。 唐铿归善教谕。(俱闽县学。) 施俊教授。 黄镐 周文瑞赣州训导。 刘贤应天府中。(俱侯官县学。) 陈汉怀安县学。星子教谕。 赵皋滕县教谕。 陈隆苑马少卿。(俱连江县学。) 郑恭教授。 夏裕 林泗绎县训导。(俱福清县学。)是年《福建乡试录》无林泗,疑他省取应。 赵汝宜古田县学。任训导,改河泊。 黄勤永福县学。王府教授[117]。

七年壬戌刘俨榜 王英闽县人。广东布政司参政。 刘贤侯官人。监察御史。 李森 郑序湖广布政司参政。(俱长乐人。) 夏裕贵州按察使。 郑敬(俱福清人。)

九年甲子乡试 沈刚第二人。 陈叔绍第三人。叔纲之弟。 林建教谕。 高升 姚举教授。 郑文镐理剧之子。伴读。　陈兴(俱府学。)　王鉴　郭政训导。　朱宗荣教谕。　王勗翁源教谕。　郑伯纯应天府中。(俱闽县学。)　何浚宣之侄。龙南教谕。　周荣　熊瑛[118]训导。(俱侯官县学。)　刘琮怀安县学。　李达学正。　李叔玉(俱长乐县学。)　许绅　陈庆友德训导。　郑陆瑞安教谕。(俱福清县学[119]。)

十年乙丑商辂榜　沈纲[120]中书舍人。　陈叔绍见《人物志》。(俱闽县人)　黄镐侯官人。见《人物志》。　李叔玉长乐人。惠州知府。

十二年丁卯乡试　邵铜第二人。　唐仪西安教授。　龚福国子学正。　李贵荣之弟。教谕。　谢睿　车宁　林爚(俱府学。)　陈炜叔刚之子。　戴昂东昌教授。　陈瑄汝珪从弟。　潘岳(俱闽县学。)　黄温岳之侄。闽县儒士。仁化训导。　唐濵第四人。　刘景星　林清源(俱侯官县学。)　谢琚第五人。　王浩任知县,终训导。(俱怀安县学。)　戴天锡襄府纪善。　王阜英德训导。　王浚睢宁训导。　林举高州教授。　赵琰扬州同知。(俱连江县学。)　何宜　王克复　俞璟　龚章训导。(俱福清县学。)　唐锵始兴训导。　谢瑀籍福州右卫。(俱闽清县学。)

十三年戊辰彭时榜　车宁闽县人。广西布政使。　刘景星主事。　唐濵山东布政司参政。(俱侯官人。)　谢琚怀安人。浙江布政司参议。　何宜福清人。江西左布政使。

景泰元年庚午　乡试　冯珏　郑浩　王佐褒之侄。　王卢　官伯齐教谕。　林孔滋　陈谷常阳春训导。　卓奇　周崟　庄敬　林荣教谕。　黄德龄大顺知县。(俱府学。)　郑同经魁。　王衡　崔永丰城训导。　林士渊(俱闽县学。）郑宗成闽县儒士。应天府教授。姜竑经魁。归安训导。陈涓教谕。周文奇衢州教授。杨懋实[121]教授。徐安严州教授。（俱侯官县学。）林璟孔滋从侄。黄景隆 林孔仁孔滋之从弟。郑懿知县。（俱怀安县学。）潘汝辅怀安县儒士。陈云粳[122] 谢章甫 林公杰香山教谕。（俱长乐县学。）施伯淳长乐县儒士。双流教谕。翁宾第一人。束鹿训导。林旦泰和教谕。林锦广东按察司副使。宋毅苍梧训导。陈鸿渐（俱连江县学。）林文 李璋屯白训导。敖琎训导。薛世亘知府。（俱福清县学[123]。）

二年辛未柯潜榜 王佐侯官人。广东布政司参政。林璟监察御史，终曹州同知。林孔滋（俱怀安人。）陈鸿渐连江人。刑部郎中。

四年癸酉乡试 林迪 陈郕景著之侄。第五人。教谕。邓珙 陈廷玉第二人，广东按察司佥事。龚鉴济南教授。徐轸句容教授。朱泰训导。郑克载垣之子。教谕。杨胜徽州教授。吴溥 陈演训导。林瀚元美之子。林宗文训导。林城顺德知县。林冈训导。郑必显熟之孙。教授。林璠 林鎣知县。郑钅长应天府中。（俱府学。）黄埙 王晏教谕。郑克刚埕之长子。训导。谢琮莒州知州，军生。（俱闽县学[124]。）张得瑄教谕。陈文铿 林壅翁源训导。宋经训导。林玭 卢玮教谕。林希玉训导。王集 林芝训导。（俱侯官县学。）林廷器玭之从兄。侯官县儒士。张文 曾师孔教谕。曾琳教谕。林宗 娄瑾 吴文澄教谕。陈镒 张汝华 郑垣（上二人俱知县。）郑玉顺天府中，授训导。（俱怀安县学。）　林汉恭松阳教谕。　陈陵全之子。　王思泽　王德训导。　黄熙　谢士元（俱长乐县学。）　黄珪连江县学。庆州训导。　陈玺光禄署正。　林洪开建教谕。　何熙阳山教谕。（俱福清县学。）　江辉龙泉教谕。　许善继增城训导。（俱福清县儒士。）　陈汝珪永福县学。台州教授。　余亮福州右卫左所军，庆州学正。

五年甲戌孙贤榜　庄敬　王衡监察御史。　邵铜温州知府。　郑同东安知县。　王卢（俱闽县人。）　林孔仁唐县知县。　林宗阳县知县。　娄瑾刑部主事。（俱怀安县人。）　谢士元长乐人。右副都御史。　俞璟福清人。广东按察司佥事。　谢瑀闽清县学。福州右卫籍。广东右布政使。

景泰七年丙子乡试　黄华　林敦仁化教谕。　赵德　林淳鄱阳教谕。　陈宽金华教授。　张景纯谔之子。训导。　刘朴阳春训导。　张纯绩之弟。　高瑶番禺知县。　李宗达温州知府。　龚章武生。黄梅训导。（俱府学。）　官舜经魁，程乡知县。　林禋乐会训导。　张续教授。　张灿[125]灵璧教谕。　朱铎　陈汝杰汝珪之弟。　郑克和琅之子。　黄友直祁门教谕。　李烜（俱闽县学。）　陈安教谕。　黄思廉　黄盛本教谕。（俱闽县儒士[126]。）　刘琦训导。　方彦京训导。（俱侯官县学。）　黄维绚秀水教谕。　林必芳（俱侯官县儒士。）　陈廷璧怀安县学。训导。　包绮怀安县儒士。　郑崇　陈铎太平训导。　林时益　林则明开封教授。（俱长乐县学。）　陈德隆长乐县儒士。浦江教谕。　张伟霸州同知。　林治教谕。（俱连江县学。）　林槐宁波训导。　林堉　蔡杰鹿邑教谕。　林璲[127]安陆知县。　戴浚（俱福清县学。）　林孟乔福清县儒士。　赵昂古田县学。

行塘训导。 高应罗源县学。韶州府教授。

天顺元年丁丑黎淳榜 黄埙广东布政司参政。 郑克和郎中。 林迪贵州布政司参政。(俱闽县人。) 王克复副都御史。 林孟乔户部郎中。(俱福清人。)

三年己卯乡试 陈子皋景普之子。第四人。教谕。 林沣钝之子。第五人。 何滉[128]浚之弟。国子学录。 吴伯章[129]乐清教谕。 张浚训导,迁知县。 陈晔 李廷韶(上二人俱教谕。) 高圭州判。 林坤知州。 李埙忠之子。宁国推官。 郭清教谕。 王钊潮州通判。 陈温训导。 王钋(俱府学。) 陈中 李廷美廷韶之弟。 罗玄锡铎之子。惠州府教授。(俱闽县学。) 叶公大 李上达[130] 郑文钥理剧之子。常山训导。(俱闽县儒士[131]。) 叶蕴教谕。 陈纶荆门训导。(俱侯官县学。) 郑弼 陈銮学正。 王佐武生。任教谕。(俱怀安县学。) 陈惟裕 林明德 陈元禄兴国教谕。 马叔文铎之侄。夔府同知。 黄注松江教授。 陈养德宁波教授。 谢炫(俱长乐县学。) 李玒[132]长乐县儒士。黟县教谕。 林崧连江县学。衡水教谕。 陈璜程乡教谕。 林域太平知县。 项澄(俱福清县学。) 庄严古田县学。龙川教谕。 郑文述塾之侄。闽清县学。训导。

四年庚辰王一夔榜 叶公大 李廷美苏州知府。 林清源户部主事,迁南京工部员外郎。 陈炜江西布政使。(俱闽县人。) 黄景隆吉安知府。 陈维裕河南道监察御史。(俱长乐人。) 项澄温州知府。 戴浚岳州知府。 薛世晅临江知府。(俱福清人。)

六年壬午乡试 王俊 姚忠 叶徽(上二人俱教谕。) 郑璲南宫教谕。 王奎教谕。 郑观 廖诚训导。 王禄英之子。　张宝海宁教谕。　胡翩　官瑄训导。　张坚潮阳知县。（俱府学。）　黄政万州学正。　车诚宁之侄。　杨成　赵纲　丘瑛金华教谕。　蓝昌学正。（俱闽县学。）　郑克昭珵之子。　詹景宏（俱闽县儒士。）　许宝第四人。　程刚教谕。　袁昌　曾仪　陈端训导。（俱侯官县学。）　方庄侯官县儒士[133]。　吴伟增城知县。　王弼浩之子。　林玠旺之弟。　严贺煜之子。（俱怀安县学[134]。）　陈潭　郑昊　郭宗瀚　林彦明　李明聪　陈德成罗田知县。　陈阶训导。（俱长乐县学。）　林清　郑昭广信教授。　张谷（俱福清县学。）　韩镛　项潭澄之弟。永福教谕。（俱福清县儒士。）　张境任训导。中进士。　郑钦弼之兄。　林玑（俱永福县学。）　郑文钦理剧之子。闽清县学。富阳教谕。

八年甲申彭教榜先是，七年癸未春二月会试，场屋弗戒于火，诏移于秋八月会试。至是年春三月始亲策唱名。　杨成扬州知府。　郑观垣之子。户部郎中。　李宗达温州知府。（俱闽县人。）　林玭侯官人。浙江按察使佥事。　潘汝辅怀安县人。户科给事中。　黄熙长乐县人。吏部郎中。

成化元年乙酉乡试　邓焯　林镒　孟鼎玘之侄。　陈立诸暨教谕。　叶明　王澧鄗城教谕。　裴俊武生。（俱府学。）　陈士显　陈定训导。　李烨烜之弟。　陈烜应天府中。（俱闽县学。）　黄寯麟子之曾孙。　林谨夫士渊之子。　叶琚石城教谕。　蔡肃　陈纪谷常之弟。　陈华　张源清开化州学正。（俱闽县儒士。）　陈埙乐清教谕。　翁晏　姚珏　林坚庐陵训导。　宋宣（俱侯官县学。）　林瑭侯官县儒士。玭之弟。　郑应懿之弟。　蓝通昌之弟。（俱怀安县学。）　姚倬怀安县儒士。余姚教谕。　高以铣[135]桃源教谕。

谢文礼南丰教谕。（俱长乐县学。） 吕继和连江县学。新城教谕。 陈仲贤连江县儒士。 王驭浮梁训导。 陈鉴（俱福清县学。） 李润藤县教谕。福清县儒士。 陈金古田县学。敏政之侄。

二年丙戌 罗伦榜 林瀚历翰林院编修、修撰，迁左春坊左谕德。 林廷庸知县致仕。 王俊员外郎，袁州知府。 黄寯江山知县，迁户部主事。 邓珙贵州布政司参议。（俱闽县人。） 翁晏侯官人。广东按察司副使。 陈潭长乐人。户部员外郎，迁浙江布政司参议。 韩镛户部郎中，迁布政司参议。 林堉知县，权监察御史。（俱福清人。）

四年戊子乡试 周熊经魁。 叶亨经魁。 郑炯 林璇 陈明高唐学正。 郑宏顺天训导。 郑健广宗训导。 余瀛富阳教谕。（俱府学。） 郭珙 郑琳 林坚芜湖训导。 薛谊训导。 陈烓炜之从弟。（俱闽县学。） 林浚渊泮之弟。第二人。 林世珍 林世龙谨夫之弟。 黄赐陈留教谕。 邓理珙元从弟。庆云教谕。 崔恭永之弟。教谕。 杨仪训导。（俱闽县儒士。） 叶鉴开化训导。 翁玉知县。 陈淮 陈渊训导。（俱侯官县学。） 何俊侯官县儒士。 陈崇 潘昱 游兴 刘武遂昌教谕。（俱怀安县学[136]。） 林昌本 陈汉昌 丁铨 陈遂良武昌训导。 陈则安宿松训导。（俱长乐县学。） 刘则和 陈维新济南训导。（俱长乐县儒士。） 林枢福清县学。 方汉昌化教谕。 杨廷用常山教谕。 林纲（俱福清县儒士。） 李汝洁永福县学。训导。 姚志仁闽清县学。诜之侄。训导[137]。

五年己丑纪升榜 陈纪监察御史。 张纯淳安知县。 叶亨户部员外郎，迁宁国知府。 周熊刑部员外郎。 郑炯户部员外郎。　蔡肃贵州按察司佥事。（俱闽县人。）　张谷广东按察使佥事。　林枢员外郎。　陈鉴（俱福清人。）

七年辛卯乡试　林璧　黄漋[138]镐之侄。庐陵教谕。　薛满淳安训导，升国子学录。　李俊训导。　林良教谕。　陈焯权韶之子。　陈菜吉水训导。　陈氿　强满　林笙硕之孙。（俱府学。）　陈齐　刘宣训导。　董宗道彦之子。潮阳教谕。　谢增　王陞教谕。　吴伟保昌教谕。（俱闽县学。）　李廷仪廷美之弟。经魁。　董宗成宗道之弟。　黄克敬温之侄。广德州训导。　朱麟　郭子声　张孔洁满之弟。（俱闽县儒士。）　危澄教谕。　曾瑞仪之弟。　李源　林璩玭之弟。　马庆凤阳教谕。（俱侯官县学。）　余完侯官县儒士。　丘策杭州训导。　林世重（俱怀安县学。）　陈克震怀安县儒士。慈溪训导。　王有恬　陈景隆　林时润　石璧　梁行壶[139]眉山学正。　林节于潜教谕。　高继文临海训导。（俱长乐县学。）　王棠长乐县儒士。训导。　林泙锦之子。　陈从儒硕之孙。（俱连江县学。）　周信福清县学。　王拱辰福清县儒士。　林壂璧之弟。永福县学。　赵明　张满海宁训导。（俱罗源县学。）

八年壬辰吴宽榜　邓焯刑部郎中。　林璧吏部郎中。　林浚渊刑部员外郎，迁浙江按察司佥事。　李烨监察御史。　林沣大理寺正，迁广州知府。　王禄太仆少卿。（俱闽县人。）　强满侯官人。知县。　游兴怀安人。南京刑部郎中。　林清福清人。

十年甲午乡试　刘琏金华教谕。　李蕡贵之子。　叶拯仁和训导。　王侃训导。　张檕训导。　吴循（俱府学。）　张源洁源清之弟。　陈文玉　叶宗周　郭雍钧州学正。

倪珏　王弼衡之子。　陈文衡(俱闽县学。)　邓烺焯之弟。第五人。　郑璠璲之弟。(俱闽县儒士[140]。)　许坦第三人。　苏镛桐庐训导。　陈宗饶州训导。(俱侯官县学。)　任玺　郑琪坦之侄。东阳教谕。　薛文旭旌德教谕。(俱怀安县学。)　陈崇德长乐县学。　谢文著仕元之从弟。　陈宗泰(俱长乐县儒士。)　郑堪连江县学。高明教谕。　林彦修连江县儒士。　吴华福清县学。德清教谕。　林铎塈之侄。永福县学。　刘琄闽清县学。府城教谕。　陈侃闽清县学。克震之兄。东平学正。

十一年乙未谢迁榜　任文遂刑部郎中。　郑克昭行人。　郭琪户部主事。　李尚达监察御史。　张源洁大理寺正。(俱闽县人。)　宋宣侯官人。户部主事。　王有恬户部主事。　陈景隆武康知县，迁御史。(俱长乐人。)　赵明福州右卫军籍。兵部主事。

十三年丁酉乡试　林篇　马成　林昊　樊廷选　张琦　郑时佐必显之子。徐州学正。　王鼎佐之子。武生。(俱府学。)　林广本府吏。　林时中　王士奇　杨棫丽州训导。　吴世祯(俱闽县学[141]。)　陈仲坚上虞教谕。　吴锵　谢奎　林寔奉化教谕。(俱侯官县学。)　林文振　林茂坚海宁教谕。　翁文泽(俱怀安县学[142]。)　林则方　林德升　林元立嵊县教谕。　黄世忠兖州训导。(俱长乐县学。)　林章长乐县儒士。开建教谕。　林彦学太平教谕。　林智博平教谕。(俱连江县学。)　陈义　黄珏　林经(俱福清县学。)　孙锦　杨禋成之弟。(俱闽清县学。)

十四年戊戌曾彦榜　林壂工部主事。　林昊户部主事。　邓烺翰林编修。　陈烓推官，擢监察御史。　陈文玉知县。　许坦户部主事。　郑璠（俱闽县人。）　余完侯官人。常山知县。　陈崇怀安人。乐平知县。　林璇胶州知州。　刘则和刑部主事。　林则方行人司行人。　林时润宁波府教授。（俱长乐人。）　周信福清人。滁州知州。　张璄[143]永福人。归化知县。

十六年庚子乡试　陈元成第三人。　庄宥敬之侄。第五人。　叶铤　黄世昭[144]维绚之子。　陈敬　林庭桂瀚之子。　陈钦绍兴训导。　程定　郑世泽范之子。（俱府学。）　陈宪　戴同　王文规　张懋光山教谕。　陈文渊教谕。（俱闽县学。）　郑蕴中塾之从孙。大名教谕。　郭文旭　蔡禹肃之弟。（俱闽县儒士。）　王迪　周冕文奇之侄。　黄克守（俱侯官县学。）　刘琮　林镄谋之子。　徐英军生。　康彬应天府中。（俱怀安县学。）　高伯龄　郑孔明　庄礼定陶教谕。（俱长乐县学。）　赵坐连江县学。　张煊[145]　林鸾　敖汝扂　郑栱平州学正。（俱福清县学。）　郑钝古田县学。　林深罗源县学。

十七年辛丑王华榜　庄宥南京户部主事。　陈宪礼部主事。　郭文旭海宁知县。　倪珏户部主事。　林籥潮阳知县。（俱闽县人。）　黄克守揭阳知县。　林瑭监察御史。（俱侯官人。）　林镄　王定安户部郎中。（俱怀安人。）　陈崇德知县。　樊廷选苏州府推官。（俱长乐人。）　陈义户部主事。　张烜南海知县。（俱福清人。）　王鼎福州中卫官籍。乐陵知县。

十九年癸卯乡试　郑复挺之子。第三人。　郑珪同之子。第四人。　曾崧盛本之侄。　何显湜之子。　郑琅平湖训导。　林玘　王仕辉　高文达升之子。　潘常　姚继铣之侄孙。　王泳　陈大喜棻之侄。　郑坤　林克洪鏊之侄。　陈晋晖之子。　林棻鏊之从弟。　张瀚宿迁教谕。　吴文生惠之子。（俱府学。）　张泽满之弟。　郑仲达学正。　黄源大教谕。　陈日章　林焕　林世瑞鏊之从弟。　陈文侨　吴叔和（俱闽县学。）　程士　张彬钝之子。（俱闽县儒士[146]。）　魏廷器[147]　郑升　曾瓘　黄清应天府中。（俱侯官县学[148]。）　唐选仪之子。　郑锡文　陈时宪景隆之侄。　高德进（俱长乐县学。）　陈谦光鸿渐之侄。　陈宠（俱连江县学[149]。）　林秉渊　林文琡（俱福清县学[150]。）　林注永福县学。

二十年甲辰李旻榜　姚继潮州府推官。戴同广昌知县。　林景天[151]景宁知县。　吴锵揭阳知县。　张泽大理评事。　林焕户部主事。（俱闽县人。）　刘琮怀安人。南京户部主事。　郑昊　石璧（俱长乐人[152]。）

二十二年丙午乡试　吴汭　高显　郑炤炯之从弟。　林坙鏊之弟。　宋世用　朱定（俱府学。）　谢瀚睿之子。　陈墀炷之侄。　叶士美　张昱　许显坦之侄。　郑冉　赵文元（俱闽县学。）　林文琛[153]　张经钝之侄。（俱闽县儒士。）　蒋昂文之孙。兴国州学正。　姚锵　曾基训导。（俱侯官县学。）　朱麒麟之兄。第五名。龙游教谕。　廖云腾诚之子。　郑积中复之侄。　陈尚达日章之兄。　阮时懋（俱怀安县学。）　谢廷柱士元之子。　林世铭　林则裕（俱长乐县学。）　黄子敏长乐县儒士[154]。　翁士荣宾之侄。　林衷（俱连江县学。）　林朝材　林贤　敖瓛（俱福清县学。）　谢铎闽清县学。璃之子。

二十三年丁未费宏榜　郑炤翰林庶吉士。　谢翰

何显　叶铤(俱闽县人。)　王迪侯官人。

校　注

[1]《三山志·人物》作“任士宏”。

[2]《三山志·人物》作“刘若发”。

[3]《三山志·人物》作“翁泾若”。

[4] 万历《福州府志·选举》作“宋伯奇”。

[5] 万历《福州府志·选举》作“崇祥”。

[6] 万历《福州府志·选举》作“柯善甄”。

[7]《三山志·人物》作“陈明德”。

[8]《三山志·人物》作“郑三洽”。

[9] 万历《福州府志·选举》作“高鼊”,《三山志·人物》作“高监”。

[10] 万历《福州府志·选举》及《三山志·人物》尚有“高转,长乐人”。

[11] 万历《福州府志·选举》作“林孔旸。”

[12]《三山志·人物》作“姚坦”。

[13] 万历《福州府志·选举》及《三山志·人物》均作“郑景仁”。

[14] 万历《福州府志·选举》及《三山志·人物》均作“陈彊”。

[15]《三山志·人物》作“高全谊”。

[16] 万历《福州府志·选举》及《三山志·人物》均尚有“林祖恭,闽县人”。

[17] 万历《福州府志·选举》作“崇璚”,《三山志·人物》作“崇珲”。

[18] 万历《福州府志·选举》作“王密玉”。

[19]《三山志·人物》作“林辰逢”。

[20] 万历《福州府志·选举》作“林明昞”。

[21]《三山志·人物》尚有“林澡”。

[22] 万历《福州府志·选举》作“林仲仔”。

[23] 万历《福州府志·选举》作“林同叔”。

[24]《三山志·人物》作“郑一鹗”。

[25] 万历《福州府志·选举》尚有“陈和”。

[26] 万历《福州府志·选举》作“时镐”。

[27] 万历《福州府志·选举》作“榆夫”。

[28] 万历《福州府志·选举》作“必薪”。

[29]《三山志·人物》作“崇堌”。

[30] 万历《福州府志·选举》及《三山志·人物》均作“时侈”。

[31]《三山志·人物》作“必褐”。

[32]《三山志·人物》作“陈叔”。

[33] 万历《福州府志·选举》及《三山志·人物》均作“陈硕”。

[34]《三山志·人物》作“林震”。

[35]《三山志·人物》作“林墬”,万历《福州府志·选举》作“林埜”。

[36] 万历《福州府志·选举》作“刘君遇”,《三山志·人物》作“刘君迈”。

[37] 万历《福州府志·选举》作“与琀”,《三山志》作“与谂”。

[38]《三山志·人物》作“时历”。

[39] 万历《福州府志·选举》及《三山志·人物》均作“必埒”。

[40]《三山志·人物》作“希濮”。

[41]《三山志·人物》作“林文举”。

[42]《三山志·人物》作“方应辰”。

[43] 万历《福州府志·选举》作“陈响源”。

[44]《三山志·人物》作“虞泰父”。

[45] 万历《福州府志·选举》作“郑木润”。

[46] 万历《福州府志·选举》作“王体文,崑山人;李周翰,婺源人”。

[47] 万历《福州府志·选举》作“张咏之”,《三山志·人物》作“张泳之”。

[48] 万历《福州府志·选举》作“林春”。

[49] 万历《福州府志·选举》注:“陈龙济、郭陈庚、郑文龙、任汝贤、林春《登科录》无名,又增陈预、郭珏、冯腾茂、黄有、陈锡”。

[50] 万历《福州府志·选举》尚有“必环”。

[51] 万历《福州府志·选举》尚有“长乐高应松”。

[52] 万历《福州府志·选举》作“崇敷”。

[53] 按万历《福州府志·选举》作“时玧”,已见正榜。

[54] 万历《福州府志·选举》作“林甲旦”。

[55] 万历《福州府志·选举》作“与晦”。

[56] 万历《福州府志·选举》尚有“长乐林永、陈辅伯”。

[57] 万历《福州府志·选举》作“必宏、必谭”。

[58] 万历《福州府志·选举》作“陈清”。

[59] 万历《福州府志·选举》作“莫龠”。

[60] 万历《福州府志·选举》无李文发。

[61] 万历《福州府志·选举》作“魏洪、郑贞重”。

[62] 万历《福州府志·选举》作“林器之”。

[63] 万历《福州府志·选举》作“林德亨”。

[64] 万历《福州府志·选举》作“蔡士实”。

[65] 万历《福州府志·选举》尚有“何文信、郑廷实”。

[66] 万历《福州府志·选举》作“陈澈”。

[67] 据万历《福州府志·选举》作“洪武七年甲寅、九年丙辰,旧志所录俱前后榜重出,虽通志亦误,考之掌故,此二年俱不开科”。

[68] 万历《福州府志·选举》尚有“高钧、潘恩”。

[69] 万历《福州府志·选举》作“卓润”。

[70] 万历《福州府志·选举》作“郑珥”。

[71] 万历《福州府志·选举》尚有“孙崇”。

[72] 万历《福州府志·选举》作“郑舆”。

[73] 万历《福州府志·选举》尚有“长乐陈灌、林源、潘良”。

[74] 万历《福州府志·选举》作“李广祐”。

[75] 万历《福州府志·选举》作“高祯”。

[76] 万历《福州府志·选举》作“李广祐”。

[77] 万历《福州府志·选举》作“方瑶”。

[78] 万历《福州府志·选举》作“阮复兴”。

[79] 万历《福州府志·选举》作“韩克忠榜”。

[80] 据万历《福州府志·选举》载:“陈郯被除名,该榜悉改北人。”

[81] 洪武实无三十二年,应为建文元年。本志编成年代系朱棣(永乐帝)后裔当位,恐触忌,故云。

[82] 万历《福州府志·选举》闽县学尚有“李綦”。

[83] 万历《福州府志·选举》尚有“永福陈义星”。

[84] 应为建文二年。

[85] 实为建文三年。据万历《福州府志·选举》注:“洪武三十五年壬午一榜,他郡不同。是岁革除,故次年开科。”

[86] 万历《福州府志·选举》:永乐癸未乡试,将上条洪武三十五年壬午乡试中举姓名全部列入,惟郑济作郑澜,陈真作陈贞,尚增金第、许瑢,无丘政。

[87] 万历《福州府志·选举》作“秦光祖”。

[88] 万历《福州府志·选举》尚有“长乐高浚”。

[89] 万历《福州府志·选举》闽县儒士尚有“林密、刘麟、郑阎”。

[90] 万历《福州府志·选举》侯官县学尚有“郑瓛”。

[91] 万历《福州府志·选举》罗源县学尚有“曾佛、林至”。

[92] 万历《福州府志·选举》府学尚有“郑瑛”。

[93] 万历《福州府志·选举》作“董龢”。

[94] 万历《福州府志·选举》闽县儒士尚有“陈豫”。

[95] 万历《福州府志·选举》怀安县学尚有“林得、林文秋”。

[96] 万历《福州府志·选举》作“林叔茂”。

[97] 万历《福州府志·选举》作“苏华”。

[98] 万历《福州府志·选举》闽县儒士尚有“洪屿、王辉、郑瑛”。

[99] 万历《福州府志·选举》作“包冈”。

[100] 万历《福州府志·选举》连江县学尚有“林柰”。

[101] 万历《福州府志·选举》作“林聪”。

[102] 万历《福州府志·选举》作“萧矿”。

[103] 万历《福州府志·选举》闽县儒士尚有“高谣”。

[104] 万历《福州府志·选举》作“陈均厚”。

[105] 万历《福州府志·选举》作“林瑭”。

[106] 万历《福州府志·选举》怀安县学尚有“陈胜”。

[107] 万历《福州府志·选举》作“黄均”。

[108] 万历《福州府志·选举》尚有古田县学“陈敏政”。

[109] 万历《福州府志·选举》尚有“赵悌,闽县人”。

[110] 万历《福州府志·选举》作“朱奎”。

[111] 万历《福州府志·选举》作“冯瑶”。

[112] 万历《福州府志·选举》作“陈埴”。

[113] 万历《福州府志·选举》作“胡翔”。

[114] 万历《福州府志·选举》作“庄鉴”。

[115] 万历《福州府志·选举》作“陈漩”。

[116] 万历《福州府志·选举》尚有“潘祯，闽县人”。

[117] 万历《福州府志·选举》尚有“郑敬，福清人”。

[118] 万历《福州府志·选举》作“熊汉”。

[119] 万历《福州府志·选举》尚有“丘谷、陈举”。

[120] 万历《福州府志·选举》作“沈刚”。

[121] 据万历《福州府志·选举》杨懋实属府学，非侯官县学。

[122] 万历《福州府志·选举》作“陈云梗”。

[123] 万历《福州府志·选举》闽县学尚有“李熙”，侯官县学尚有“郑浩”。

[124] 万历《福州府志·选举》尚有“陈孟声、张潜”。

[125] 万历《福州府志·选举》作“张璨”。

[126] 万历《福州府志·选举》闽县儒士尚有“孟晟”。

[127] 万历《福州府志·选举》作“林燧”。

[128] 万历《福州府志·选举》作“何湜”。

[129] 万历《福州府志·选举》作“吴伯璋”。

[130] 万历《福州府志·选举》作“李尚达”。

[131] 万历《福州府志·选举》闽县儒士尚有“林廷庸”。

[132] 万历《福州府志·选举》作“李虹”。

[133] 万历《福州府志·选举》侯官县儒士尚有“刘进宗”。

[134] 万历《福州府志·选举》怀安县学尚有“邵济”。

[135] 万历《福州府志·选举》作“高以锐”。

[136] 万历《福州府志·选举》怀安县学尚有“申屠达”。

[137] 万历《福州府志·选举》闽清县学尚有“章楼”。

[138] 万历《福州府志·选举》作“黄湜”。

[139] 万历《福州府志·选举》作“叶行悫”。

［140］万历《福州府志·选举》闽县儒士尚有“任文遂”。

［141］万历《福州府志·选举》闽县学尚有“唐以成，刘芳”。

［142］万历《福州府志·选举》怀安县学尚有“王定安”。

［143］万历《福州府志·选举》作“张镜”。

［144］万历《福州府志·选举》作“叶娗、叶世昭”。

［145］万历《福州府志·选举》作“张烜”。

［146］万历《福州府志·选举》闽县儒士尚有“孟镄”。

［147］万历《福州府志·选举》作“姚廷器”。

［148］万历《福州府志·选举》侯官县学尚有“林廷玉”。

［149］万历《福州府志·选举》连江县学尚有“欧信”。

［150］万历《福州府志·选举》闽清县学尚有“郑仲达”。

［151］万历《福州府志·选举》作“林谨天”。

［152］万历《福州府志·选举》尚有“侯官林廷玉、连江欧信”。

［153］万历《福州府志·选举》作“林文深”。

［154］万历《福州府志·选举》长乐县儒士尚有“林文璧”。

八闽通志卷之四十九

选　　举

科　　第

建宁府

〔唐〕

咸通二年辛巳　叶京建安人。见《人物志》。

〔五代〕

唐长兴□年　江文蔚[1]

周显德□[2]年乙卯　杨徽之浦城人。见《人物志》。张霭初浦城人，后徙崇安。见《人物志》。

〔宋〕

建隆二年辛酉张去华榜　杨澈浦城人[3]。见《人物志》。

太平兴国二年癸未王世则榜　李虚己[4]见《人物志》。陈应期(俱建安人[5]。)　章衮　詹垂宪(俱瓯宁人。)

雍熙二年乙酉梁颢榜　李寅　吴拱辰(俱建安人。)　詹易知　张彝叙(俱瓯宁人[6]。)

端拱元年戊子叶齐榜　李晏如建安人。　陈应元瓯宁人[7]。　叶齐第一人。见《人物志》。　江拯第二人。(俱建阳人。)

二年己丑陈尧叟榜　杨自牧建安人。尚书。　章瑶瓯宁人。　黄震浦城人。见《人物志》。　阮中庆[8]建阳人。见《人物志》。《寰宇志》作阮中度。　张岐崇安人。知琼州。　张篆[9]《寰宇志》无此名。

淳化三年壬辰孙何榜　杨峦[10]　张正符(俱建安人。)　王冕瓯宁人。　张仿[11]见《人物志》。《寰宇志》无此名。

成平[12]元年戊戌孙谨榜　杨子稹[13]建安人。　阮昌龄建阳人。　柳宏建安人[14]。见《人物志》。

二年己亥孙暨榜　章偕[15]建安人。　王昱瓯宁人。　黄旦浦城人。见《人物志》。

三年庚子陈尧咨榜　章得一　魏幽求　章頔[16]　黄禹昌　章琮　黄务本(俱建安人。《浦城县志》以章頔为其邑人。)　吴应一　万章[17]　丘贲贲,《寰宇志》作贯。(俱瓯宁人。)　吴待问浦城人。见《人物志》。

五年壬寅王曾榜　吴曜卿瓯宁人。　章得象浦城人。见《人物志》。

景德二年乙巳李迪榜　章铎　杨倚[18]见《人物志》。　陈知言　黄翼(俱建安人。《浦城县志》以杨倚为其邑人。)　章冲　章可法　张为舟[19]当年特奏并同进士出身。(俱瓯宁人。)　江任建阳人。　章频　黄觉(俱浦城人。)　刘滋(此上四人俱见《人物志》。)　吴航校书郎。(俱崇安人。)

大中祥符元年戊申姚晔榜　曹修古见《人物志》。黄补　黄霖　章佑（俱建安人。）　黄观　张湜（俱瓯宁人[20]。）　陈侀建阳人。赠太师。　张沔浦城人。　詹庠崇安人。（上三人俱见《人物志》。）

二年己酉梁固榜　王希建安人。　陈询瓯宁人。　徐陟浦城人。见《人物志》。《寰宇志》无此名。

五年壬子徐奭榜　王并　曹修睦见《人物志》。　张演（俱建安人[21]。）　徐奭第一人。见《人物志》。　章侁《寰宇志》作张诜。　陈商（俱瓯宁人。）　章徙《寰宇志》无此名。

八年乙卯蔡齐榜　张泌[22]见《人物志》。　黄珪[23]　章傃（俱建安人。）　王述　章大蒙（俱瓯宁人。）《寰宇志》作吴大蒙。　黄鉴浦城人。见《人物志》。　刘夔见《人物志》。柳寘（俱崇安人。）

天禧二年戊午王整榜　程适　黄援援，《寰宇志》作拔。张式见《人物志》。（俱建安人。）　徐的瓯宁人。见《人物志》。　柳三复崇安人。比部员外郎[24]。

天圣二年甲子宋郊榜　章孝基　黄可　黄昱　黄帖　黄凝（俱建安人。）　王初　任凯（俱瓯宁人。）　黄孝先见《人物志》。　黄铸　黄孝元（俱浦城人。《寰宇志》以黄孝先、黄铸为建安人。郡志及县志又无孝元，恐系孝先之误。）　宋咸见《人物志》。建阳人。《寰宇志》无此名[25]。

五年丁卯王尧臣榜　吴育[26]省元。见《人物志》。　杨仪　章维　黄稷　黄补之　黄晋（俱建安人。）　吴方[27]育之弟。　吴京育之弟。　魏巽（俱瓯宁人。）　章岷浦城人。见《人物志》。　阮逸建阳人。见《人物志》。

八年庚午王拱辰榜　黄孝恭[28]　丘荷　柳垂象　黄

展(俱建安人。) 章资 张鉴 吴师服见《人物志》。 杨仲元(俱瓯宁人。) 章岘 杨翊见《人物志》。(俱浦城人。《寰宇志》以章岘为瓯宁人也。) 翁纪 吴诚 翁纯(俱崇安人。)

景祐元年甲辰张唐卿榜 连舜元 黄孝立 张洞 张谟(俱建安人。) 吴秘见《人物志》。 章君陈 章造 陈良 李格 张容 王俞(俱瓯宁人。) 陈升之建阳人。见《人物志》。 章俞浦城人。职方郎中。 柳三变更名永。见《人物志》。 柳三接 吴评见《人物志》。 彭钲(俱崇安人。)

宝元元年戊寅吕溱榜 章岵 章佺 杨纬 阮适 阮邈 吴充[29]见《人物志》。 魏宏见《人物志》。(俱建安人。《浦城县志》以吴充为其邑人[30]。) 黄升 黄师古 陈为宜[31] 陈鼎(俱瓯宁人。) 张诜浦城人。见《人物志》。 游奎崇安人。

庆历二年壬子[32]杨寘榜 章嶙 杨缅 阮遵 何辟非 吴简 阮陶 林术(俱建安人。) 黄握 谢策 丘与龄 陈立(俱瓯宁人。) 陈洙建阳人。侍御史。 吴概松溪人。正奉大夫。 徐九思崇安人。见《人物志》。

六年丙戌贾黯榜 夏噩 张谊 吕百能 吴绛[33] 叶烟 魏式 黄子华 陈倩(俱建安人。) 张达权 章京 叶敦 张安雅光禄大夫。 杨焕 吴见推 叶北 刘泌 曾叔卿 魏珂[34] 邹何(俱瓯宁人。) 章䜣浦城人。光禄大夫。 翁肃见《人物志》。 柳涚著作郎。(俱崇安人。)

皇祐元年己丑冯京榜 游景先 杨仲孺 刘洵 陈潜 陈冽 黄俨[35] 黄默 陈郛 陈瀚 陈与京 连

希元(俱建宁人[36]。)　张详　杨景修　吴申见《人物志》。　詹常　徐昂昂,旧志作昴。　徐洪　施彬(俱瓯宁人。)　王鬲崇安人。见《人物志》。

五年癸巳郑獬榜　章辟强　叶式　章颖[37]　黄萃[38]　张傅[39]　徐伯琥　叶康直见《人物志》。　翁缜[40]　陈傅[41]　卢举元[42]　黄俨[43](俱建安人。)　丘同　游奎　陈绚　郭友贤　周可封　张聘贤(俱瓯宁人。)　柳淇　翁禹[44]　彭仲熊(俱建安人[45]。)

嘉祐二年丁酉章衡榜　刘泾　范岘[46]　黄任　魏洙　黄先先,《寰宇志》作元。　陈戬　李弼(俱建安人。)　彭次云　陈沂　黄翊　杨长聘《寰宇志》作长需。　黄洙　陈让贤　丘高　徐昉(俱瓯宁人。)　章衡第一人。　黄好谦(俱浦城人。)《寰宇志》作孝谦。　陈郛建阳人。　翁仲通崇安人。(上四人俱见《人物志》[47]。)

四年己亥刘辉榜[48]　董威　周权　吴子选(俱建安人。)　黄襄　张衮　谢麟见《人物志》。　陈让庚[49](俱瓯宁人。《寰宇志》以谢麟为建安人。)　章惇浦城人。俞之子。元丰中自翰林学士拜参知政事,改门下侍郎。哲宗朝知枢密院事,出知汝州,召为尚书左仆射。惇为相,专以绍述为国是,凡元祐所革一切复之。引用所亲,协谋朋奸,报复仇怨,至以老奸擅国诋宣仁太皇后。而元祐臣僚被罗织得罪者千余人,天下冤之。徽宗时,知越州,再贬雷司州户参军。　江淑　翁敏政[50](俱崇安人。)

六年辛丑王俊民榜　吴贲　叶斐　魏谔　徐师冉　阮师德(俱建安人。)　傅容[51]后元丰八年焦蹈榜亦有此名,恐非。　叶咫　王彝　陈沆　徐玮　陈世京(俱瓯宁人。)

丁择[52]

八年癸卯许将榜 杨怀宝 吴应 吴道 黄浩 张粤 张括(俱建安人。) 吴毅 章及贤 黄颜 安纬 游勋(俱瓯宁人。) 练定浦城人。陈轩第二人。建阳人。 吴执中松溪人。 詹范崇安人。(已上四人俱见《人物志》。)

治平二年乙巳彭汝砺榜 杨凝 曹极侍郎。 何甫 贾思 彭璟[53](俱建安人。) 范咨 袁符 魏森 廖平 陈让能(俱瓯宁人。) 章粢浦城人。省元。见《人物志》。

四年丁未许安世榜 吴师龙 杨国保[54] 阮述 黄远 张翥(俱建安人。) 刘寻瓯宁人。 黄辙见《人物志》。 叶邦节[55]县志作安节。朝散大夫。《寰宇志》无此名。(俱浦城人。)

熙宁三年庚戌叶祖洽榜 张中 范子渊 章傅 王昕 翁觃 叶表 吕俱 陈节 潘立方(俱建安人。) 陈稷 黄舒 丘述 吴说 刘籲 章修(俱瓯宁人。) 章甫浦城人。见《人物志》[56]。

六年癸丑余中榜 江翊[57] 张元方 杨迁[58] 张益 周彦中 林式 施闻 江与几[59] 祖洽 黄寔见《人物志》。 刘川 黄叙 江彦适(俱建安人。《浦城县志》以黄寔为其邑人。) 施令 黄汝平 黄儒 黄頵 周常见《人物志》。 徐明 黄洽 黄安节 黄彦 王颐[60] 吴栻见《人物志》。 黄详 李端夫 杨夙(俱瓯宁人。《浦城县志》以周常为其邑人。黄颐旧志作王熙。) 江侧建阳人。见《人物志》。 叶隶见《人物志》。 杨郊 练亨甫少年以所业见王安石,安石呼为小友。后迁崇文院校书,坐交通邓绾、谄事王雱被谪,召除给事中。 黄好信 范镗(俱浦城人。黄好信

《寰宇志》作黄孝信[61]。）

九年丙辰徐铎榜　丁湜　陈寮　张元素　魏默　丁褒　施遵　张岷　练仪甫《寰宇志》无此人名。　刘常　叶豫　张戣　吕萛(俱建安人。)　叶康弼　张元弼　章绰见《人物志》。　吕常　熊俊明[62]　黄考甫(俱瓯宁人。《浦城县志》以章绰为其邑人,《建阳县志》以熊俊明为其邑人。)　陈师锡第三人。见《人物志》。　江立(俱建阳人。《浦城县志》以师锡为其邑人。)

元丰三年[63]己未时彦榜　徐常见《人物志》。　祖通　黄秸　黄致致,新郡志作纹。　江鬲　孙夙(俱建安人。《浦城县志》以徐常为其邑人。)　詹国华　卓威　李秸　黄公绰　陈信臣　叶极　陈孟进　叶大方　吴子翼(俱瓯宁人。)　章粹见《人物志》。　何述见《人物志》。(俱浦城人。)　游醇建阳人。　李怿松溪人。朝奉郎。　江时《寰宇志》无此名。

五年壬戌黄裳榜　江隼　吕杭[64]　叶默见《人物志》。　魏扬　叶示　黄君傅[65]　丘传　吴仁凯　王藻　魏闳　黄奕　翁援　黄董[66]　吕察　熊敦常[67]　曹震　黄觉　叶木　叶世隆(俱建宁人。)　叶安节见《人物志》。　吴睿　黄薮　叶孝玉　张谋　吴企[68]　杨恕　谢瓛　刘安行　刘干　黄薮(俱瓯宁人。)　杨训　张巨　黄静(俱浦城人。)　游酢建阳人。　李规松溪人。　暨陶　吴仲虎(俱崇安人。此上七人各见《人物志》。)

八年乙丑焦蹈榜　吕祝　张仲元[69]　陈民光　杨观　姚易见《人物志》。　龚起　江旗　周恭先　黄从周　刘通[70]　张谭　章绎　杨悦　谢冲(俱建安人。《新郡志》

以姚为浦城人，误。） 黄辅国见《人物志》。 范致祥[71]大中大夫。 王叙 叶廷辉 游兖 施迈 吴全[72] 章述之《寰宇志》作术之，新志作衍之。尚书。 黄渐新志作董渐。 吴潜 吴藩 徐遵（俱瓯宁人。《浦城县志》以黄辅国为其邑人。县志无吴潜，《寰宇志》有之，今增入。） 吴骏浦城人。通判饶州。 唐时升[73]建阳人。见《人物志》。 吴逢道[74]崇安人。 陈律政和人。

元祐三年戊辰李常宁榜 章援省元。 黄一正 张徽元[75] 陈南夫 傅列 黄概 徐建常建安人。 叶时 游煦 刘毅[76]见《人物志》。 黄苹[77] 陈渥 章综见《人物志》。 谢得仁 练素（俱瓯宁人。《寰宇志》无陈渥。） 李充[78] 练逢（俱浦城人。） 范致虚建阳人。 江滋（上四人俱见《人物志》。） 刘约崇安人。 丁秩[79]（《寰宇志》无此二名。）

六年辛未马涓榜 叶特材 黄从简 黄蕡[80]见《人物志》。 叶揢 李适 徐载中（俱建安人。《浦城县志》以黄蕡为其邑人。） 黄策 游醉[81] 施述 黄同 江雄[82] 江介 张访（俱瓯宁人。） 李宷浦城人。御史。

绍圣元年甲戌毕渐榜 徐当 詹尚 袁闽儒 吴著 谢烈 黄轩 张得臣 刘谷 谢泰 吴献可后莫俦榜亦有此名。 吴贵[83]贵，《寰宇志》作责。 张粤（俱建安人。） 黄晛[84]见《人物志》。 黄坚 黄献可 何成之 雷觉民[85]见《人物志》。 何贵 李中行 陈修 叶楚材（俱瓯宁人。《寰宇志》无陈修、叶楚材。） 刘袷见《人物志》。 翁彦深见《人物志》。 吴见推 余孝持（俱崇安人。）《寰宇志》无余孝持。

四年丁丑何昌言榜　章持　章佃　范致冲[86]郡志作致启。　翁庆奕　丁淳　王褒　黄巩　章思永　黄遂中　张卿才　黄公述　吕深　游晖　杨杰　丁稠　吕杭（俱建安人。）　郑存　章授省元。见《人物志》。　黄逸　章防　章程　章桀　张公献　徐弁　黄和甫　吴愈　陈沟　黄说　陈逊　陈器则（俱瓯宁人。）　叶常　周武仲　周因（俱浦城人。）　胡安国　翁彦国（此上五人俱见《人物志》。）　暨唐裔（俱崇安人。）

元符三年庚辰李釜榜　范致明待制。　谢孚　陈晔晔，郡志作毕。　魏贡贡，郡志作责。　陈辉　林迪　张公厚　徐端行（俱建安人。）　熊安行　吴伯正[87]　陈炜　丁天民　吕棁[88]（俱瓯宁人。）《寰宇志》无吕棁。　郭汝贤浦城人。见《人物志》。　翁常崇安人[89]。

崇宁二年癸未霍端友榜　陈洛书　练干誉见《人物志》。　曹钦承　翁珪　江去惑　黄升　黄塍　杨桂　江信　曹襄　陈能千（俱建安人[90]。）　叶中行　叶焕省元。终待制。　周丰载　黄炳　陈彦弼[91]朝散大夫。　黄会极　黄平　张公黻　应廊　谢穆　张献臣（俱瓯宁人。《浦城县志》以陈彦弼为其邑人。）　杨授浦城人。见《人物志》。　彭路崇安人。见《人物志》。

四年乙酉上舍释褐是年初，行舍法。　周固第一人。浦城人。见《人物志》。《登科记》作元符三年进士，非。　叶翱第二人。《登科记》、《寰宇志》作政和二年进士，非。

五年丙戌蔡嶷榜　张翔　黄齐见《人物志》。　吕著　廖邦杰[92]　陈昭度　潘建中第三人。　龚宽　张龟龄　叶裕　张章　黄宽　孙量　练表　董管（俱建宁人[93]。）

叶皋　黄锐　吕若常　葛安国　黄量　张虞卿　徐陟　黄理　卓雄　吴仲交　翁兼[94]　张膺　魏扬用　练师中　范伯进(俱瓯宁人。)　章谊见《人物志》。　杨唤见《人物志》。(俱浦城人。)　游斌[95]崇安人[96]。

特奏名　徐遹见《人物志》。　吴栻(俱瓯宁人。)

大观三年己丑贾安宅榜　张临　徐华　游传　丘之力　应时发　王山　谢仲逸　刘廊　魏汝贤　张昭　李弼　黄子服　吕宾　范致厚　徐昉　叶传　叶彦隆(俱建安人。)　徐大明　游时升　张绩　张行己　杨尚友[97]　吕祚　吴师中　叶照邻[98]　叶仲[99]　吴可　丘柔　江涛(俱瓯宁人。)　张豖　练绘(俱浦城人。)　陈戬松溪人。(上三人俱见《人物志》。《新郡志》有陈球，旧志及《寰宇志》俱不载。)

政和二年壬辰莫俦榜　刘畴畴，旧志作时。　陈沃　熊天启　熊迪[100]　丘程　黄卓　陈师尹　张黻　陈舜邻　李骥[101]　梁从义[102]　陈天助　叶逸(俱建安人。新志以熊天启、熊迪皆为建阳人。)　谢逸　翁孝昭[130]　黄达　黄存道　张敦书　丘棠　邓植　彭佶　吴兢　陈居实[104]　李正中　余文(俱瓯宁人。)　江杞建阳人。见《人物志》。　彭拯终沆州倅[105]。　翁彦约见《人物志》。　詹公荐见《人物志》。　卓刚中　翁谷[106](俱崇安人。)　吴直亨[107]《寰宇志》无此名。

三年癸巳上舍释褐　罗暹[108]　张公绰建安人。

五年乙未何㮚榜　黄褒　黄镇　江文中　周庄仲　范舜举[109]　虞少英　郭择仁　黄俊卿(俱建安人。)　叶廷珪见《人物志》。　黄伟　黄天助[110]　杨升　江钿[111]

曹颖士　黄积厚　梁之嘉　黄申　游天衢[112]　吴安中见《人物志》。　虞棐　叶乂　章芹(俱瓯宁人。)　张大年见《人物志》。　谢郧　李颖士见《人物志》。　黄锾见《人物志》。(俱浦城人。《寰宇志》无谢郧。)　章元振见《人物志》。　刘牧　詹卓然(俱崇安人。)　邵知柔政和人。见《人物志》。

重和元年戊戌王昂榜　熊遹[113]　郑穀见《人物志》。　吴斌　游其滋[114]郡志作徐其藩。　徐文虎　吴岑　罗巩　郑毂见《人物志》。　陈郑[115]　徐端臣　林达卿　黄与权(俱建安人。)　卓特立　吴秉文　刘汝舟见《人物志》。　陈彻　章陟　陈观国　叶发明　陈大中　范文(俱瓯宁人。《浦城县志》以刘汝舟为其邑人,政和二年进士,未详。)　杨邦度[116]见《人物志》。县志作公度。　黄璘见《人物志》。(俱浦城人。)　丁偕　翁采右刑曹。　柳绶　刘玮(俱崇安人。《寰宇志》丁偕作丁偕山。)　梁之仪《寰宇志》无此名。

宣和元年己亥上舍释褐　江澴建安人。

二年庚子上舍释褐　祖秀实第一人。浦城人。见《人物志》。　龚日新　张宪武　吴舜卿[117]建安人。

三年辛丑何涣榜　张毂　翁起予　王康佐　魏延世　程端缅　魏公晋　陈缋缋,旧志作绩。　陈延赏　魏孝孙(俱建安人。《寰宇志》以魏孝孙为瓯宁人。)　谢向　叶英杰　黄仲道　张参　魏懋见《人物志》。　陈瑀　李寀见《人物志》。　黄生　陈希孟(俱瓯宁人。)　吕祉见《人物志》。　游操　傅侁[118]　江琦[119](俱建阳人。旧志以谢向为建安人,绍圣元年进士。《寰宇志》以傅侁为瓯宁人。)　胡寅　何昌世　吴逵(上四人俱见《人物志》。)　吴逾(俱崇安人。)　黄修[120](《寰宇志》无何昌世以下四人。)

六年甲辰沈晦榜 葛宏 章杰惇之孙。知衢州。 陈与縻 陈思[121] 周棐[122] 龚浔 谢元礼 范振(俱建安人。) 黄褒 黄悦 周适 江航 章骧 吴介然 严有翼 王以咏见《人物志》。 江祐之 黄朝佐 黄处仁 谢安民[123] 祖日新 张之邵 谢希亮[124] 黄伟 范畴(俱瓯宁人。新郡志以黄悦为元丰八年进士。《寰宇志》以谢希亮作刘希亮。) 丘之起建阳人。《寰宇志》无此名。 江灏见《人物志》。 吴明卓 彭南举 范元凯(俱崇安人。) 魏公晋[125](已上三年何涣榜,而《寰宇志》是年亦无此名。

建炎二年戊申李易榜 叶棻 陈琦 叶衡郡志无此名 叶观 郑谔[126] 杨璟璟,郡志作景。 章籍 黄仲选 叶荐见《人物志》。 张震 黄延平 叶宗武(俱建安人。) 黄铨 吴希说[127] 翁粢[128] 范周翰 张裳 丘之立[129] 陈尧民 欧阳颖士 黄操(俱瓯宁人。《寰宇志》丘之立作丘之文。) 黄衡[130] 范如圭 吴枥(上三人俱见《人物志》。) 魏懋(俱建阳人。) 吴叔虎(《寰宇志》无魏懋、吴叔虎二人[131]。)

绍兴二年壬子张九成榜 范寅宾 杨秬 陈琦 黄子鲁 周广誉 丘钦若 陈佃[132] 龚汲(俱建安人。) 陈廷杰 黄仲适 谢誉 虞翔 叶荣 王勉 陈纲 范彦辉(俱瓯宁人。) 丘之奇建阳人。编修。《寰宇志》无此名。 范芑崇安人。 吴球政和人。见《人物志》。(按《浦城县志》又有黄子游,旧志及《寰宇志》俱不载[133]。)

五年乙卯汪应辰榜 杨秀颖建安人。 胡琏 柯灏[134](俱崇安人[135]。)

八年戊午黄公庆榜[136]　江鹏[137]　叶山　詹如山[138]　王大治　李师中　黄友德　范愉(俱建安人。《崇安县志》以詹如山为其邑人。)　黄篪　黄元量　黄万顷　魏清臣[139]　谢袭　黄拱　章倞[140]　江广　陈扃见《人物志》(俱瓯宁人。)　李弇知连城县。以子贵,赠中散大夫。　虞公辅(俱崇安人。)《寰宇志》无此名。

十二年壬戌陈诚之榜　江符[141]　刘希保[142](俱建安人。)　范文达　陈元祐[143]祐,《寰宇志》作裕。见《人物志》。　王旗[144]旗,《寰宇志》作旌。(俱瓯宁人。)　杨邦弼浦城人。《寰宇志》以为瓯宁人。　刘拱　刘如[145]　宋翔[146](此上四人俱见《人物志》。)　程扩(俱崇安人。《寰宇志》以程扩作程讲,为瓯宁人[147]。)

十五年乙丑刘章榜　谢逵　陈廷筠[148]　倪必强　黄恬　龚冲(俱建安人。)　贾挺　王遵路　刘顺[149]顺,《寰宇志》作颀。　陈云翼(俱瓯宁人。)　祖逢清浦城人。　李秩松溪人。见《人物志》。一本作李扶。

十八年戊辰王佐榜　丘密[150]郡志作密。　吴特[151]　何钦承[152](俱建安人。)　练荣[153]　陈旦　张商卿[154]　倪宽(俱瓯宁人[155]。)　黄嗣廉浦城人。宣义郎。《寰宇志》以为瓯宁人。　何邦昌[156]　詹锐[157]　朱熹[158]见《人物志》。　胡师徐见《人物志》(俱崇安人。《寰宇志》以邦昌、詹锐为建安人。)

二十一年辛未赵达榜　黄汝舟　卢宽　蔡瑀　刘信　魏介卿　程鹗[159]　刘采(俱建安人。《崇安县志》以程鹗为其邑人。)　黄石　陈焕　魏谐　张孝立　萧竑　施一灵(俱瓯宁人。)　徐诩浦城人。见《人物志》。　游岂[160]

赵不槁[161]崇安人。朝奉郎。《寰宇志》无此名。

二十四年甲戌张孝祥榜　黄敷忠　杨椿年　丘畴(俱建安人。)　哀彬　刘璠璠,《寰宇志》作蟠。　哀蕴元　彭奭(俱崇安人。《寰宇志》以哀彬、刘璠、哀蕴元为瓯宁人。)

二十七年丁丑王十朋榜　范大用　周之才　谢灏　贾祺(俱建安人。)　虞机　叶齐山　裴叔度(俱瓯宁人。)　熊克建阳人[162]。见《人物志》。　王文震[163]崇安人。《寰宇志》以为建安人[164]。

三十年庚辰梁克家榜　魏钧　叶延寿(俱建安人。)　虞少詹　虞韶[165](俱瓯宁人。)　祖世英浦城人。见《人物志》。　叶尧蓂崇安人。见《人物志》。

隆兴元年癸未木待问榜　李宗思　徐枏　陈之方　叶元翼　董居安旧志以为童居安。　王畿　邵谟　李拓　周焯　虞寅　张庚　潘赫　周烨[166]　徐闶(俱建安人。)　哀枢[167]见《人物志》。　范璋　袁说友　郭德麟见《人物志》。　徐粼粼,《寰宇志》作翷。　邓高　叶肃　游岳　刘翛[168]　施誉　翁国瑞　张咸　陈洙见《人物志》。　梅瑛(俱瓯宁人。)　詹体仁浦城人。见《人物志》。《寰宇志》俱作张体仁,以为建安人,而《崇安县志》又以为崇安人。　詹岳　李献明(俱崇安人。《寰宇志》以詹岳、李献明为瓯宁人。)

特奏名　翁德兴[169]第一人。建安人。《崇安志》以为其邑人,《寰宇志》以为是年进士。

乾道二年丙戌萧国梁榜　叶有秩　林光见《人物志》。　范汝励　叶镐　杨延年　张藉[170](俱建安人。)　翁德广　谢震　陈尧卿　郑郧　叶才老　游雩(俱瓯宁人。)　黄硕[171]浦城人。《寰宇志》以为瓯宁人。　李岐崇安人。见

《人物志》。

五年乙丑郑侨榜　吴三省　熊可量[172]　梁光　周明仲（俱建安人。郡志以熊可量为建阳人。）　翁子翀改名子中。瓯宁人。　江默见《人物志》。　吴灵　虞大中见《人物志》。　黄鲤（俱崇安人。《寰宇志》无吴灵，又以黄鲤为瓯宁人。）

八年壬辰黄定榜　危崧高　雷霆　贺次章　陈光祖　江泰（俱建安人。）　张成招　李正通　卢特（俱瓯宁人。）　刘爚[173]建阳人。见《人物志》。　欧阳光祖崇安人。见《人物志》。

淳熙二年乙未詹骙[174]榜　马子严　范斗南（俱建安人。）　吴挺瓯宁人。　徐应龙浦城人。见《人物志》。　刘崇之建阳人。见《人物志》。《寰宇志》无此名。　暨寿隆　林澈　赵善沛见《人物志》。　翁华（俱崇安人。《寰宇志》以暨寿隆为建安人，林澈为瓯宁人。）

特奏名　陈应行第一人。建安人。《寰宇志》以为是年进士。

五年戊戌姚颖榜　江珣　范应辰　刘策（俱建安人。）　刘炳[175]见《人物志》。　詹炳　卓寘　陈申（俱瓯宁人。）　熊以宁建阳人。《寰宇志》无此名。　詹克爱　翁允明　刘褒见《人物志》。（俱崇安人。《寰宇志》以詹克爱为瓯宁人[176]。）

八年辛丑黄由榜　刘特　杨偁　王斋翼　徐愿（俱建安人。）　毛可择[177]　李睿　叶师德（俱瓯宁人[178]。）

十一年卫泾榜[179]　梁待聘　陆子忠　张文弼（俱建安人。）　叶文炳　李曼卿（俱瓯宁人。《寰宇志》以叶文炳、李曼卿为建安人。）

十四年丁未王容榜 张应之 虞仁仲 魏复 魏光 叶建中（俱建安人。） 刘源 杨迪 吴鲁卿（俱瓯宁人。） 江史崇安人。见《人物志》[180]。

绍熙元年庚戌余复榜 马任仲 张彦清[181] 李冲 谢子蜚（俱建安人。） 程高 马滂 吴远（俱瓯宁人。） 虞庠崇安人[182]。

四年癸丑陈亮榜 刘填[183]见《人物志》。 李政正 黄张 江畤 袁聘儒 黄志宁 杨与立 游觌（俱建安人。） 李公明 陈总龟 吴瑨（俱瓯宁人。） 邵元龄《寰宇志》无此名。按郡志又别出刘填以为建阳人，绍熙七年癸丑曾易榜进士。考之绍熙仅五年，而癸丑则为四年。又《文献通考》前后俱无状元曾易姓名，疑此即四年特奏名或释褐也。然刘填之名已见于四年进士榜而复重载于此，殊不可晓。

庆元二年丙辰邹应龙郡志作莫子纯，非。榜 李桂 梁铸 张槐 叶祐甫 虞由 张杰（俱建安人。） 丁德元 翁珣 曹建国 刘枸 徐凤[184]见《人物志》。 翁蜀（俱瓯宁人。《浦城县志》以徐凤为其邑人，《崇安县志》以翁蜀为其邑人。） 詹师文见《人物志》。 徐昌之见《人物志》。（俱崇安人[185]。）

五年己未曾从龙榜 叶麟之 吴旂 熊节[186]见《人物志》。 游泽 李勋 陈如 陈梓[187]见《人物志》。 刘必端 甄大中（俱建安人。） 王佮 何知 刘沭 杨圭 叶选 叶湜（俱瓯宁人。） 真德秀浦城人。见《人物志》 詹渊崇安人。见《人物志》[188]。

嘉泰二年壬戌傅行简榜 谢汲古第二人。 黄应酉李芑[189]　李㮚(俱建安人。《崇安县志》以李芑为其邑人。)　丘棣　游金西[190]　刘寅　刘文轨　陈熙甫　江沆(俱瓯宁人。《崇安县志》以刘寅为其邑人。)　叶元之松溪人。　詹㮚见《人物志》。　胡翔卿(俱崇安人。)

开禧元年己丑毛自知榜　郑友直　卓田　李机[191]　朱复之(俱建安人。)　吕稽叔　杜桂[192]　刘升(俱瓯宁人。)　李仲光　陈云　赵汝郛(上三人俱见《人物志》。)　詹甫(俱崇安人。)《寰宇志》以詹甫作郑自诚榜。

嘉定元年戊辰郑自诚榜　华尧封　黄宋兴　刘松　林韶[193](俱建安人。《寰宇志》以林韶为瓯宁人,以黄宋为崇安人。《崇安县志》亦以为其邑人。)　朱吉甫　甄世光　廖闳[194]闳,旧志作闵,《寰宇志》作闽。(俱瓯宁人。)　江埙崇安人。见《人物志》。　雷丑助福州监镇。《寰宇志》无此名[195]。

四年辛未赵建大榜　沈敏　刘灼　周清　郑杜　田传震[196]　刘衍　张毅然(俱建安人。)　吴文　王由之　艾丑　黄定[197]　江孚[198]　张洙(俱瓯宁人。《崇安县志》以黄定为其邑人。)　李华崇安人。见《人物志》。

七年甲戌袁甫榜　冯振祖　叶同　哀梦松[199]　范荣(俱建安人。《崇安县志》以哀梦松为其邑人。)　范骙国学。　熊源　刘世　翁浦[200]　陈晋卿(俱瓯宁人。《崇安县志》以翁浦为其邑人。)　徐清叟见《人物志》。　徐荣叟见《人物志》。(俱浦城人。)　宋秉孙建阳人。《寰宇志》作淳祐四年进士。　陈范崇安人。见《人物志》[201]。

十年丁丑吴潜榜　黄延　虞应龙　陈壬　杨宗元　雷复新州教授。(俱建安人。)　黄自然　陈必大　刘天锡　范会之(俱瓯宁人。)　宋慈建阳人。见《人物志》[202]。

十三年庚辰刘渭榜　吴权　章子仁国学。　哀长吉[203]见《人物志》。　丘发省元。（俱建安人。《崇安县志》以哀长吉为其邑人。）　黄应丙[204]　张国梁　游定山　廖安　张觉先　童英（俱瓯宁人。）《寰宇志》无此名。　彭彝崇安人。知府[205]。

十六年癸未蒋重珍榜　王九万上舍。　黄洪上舍。　陈正夫国学。（俱建安人。）　黄清之　倪汉卿　郑雷震　黄海（俱瓯宁人。）　赵时钺崇安人。旧名时洪。见《人物志》[206]。

宝庆二年丙辰[207]王会龙榜　游鎔　周申　祖吴　李炎之　张申子申子，《寰宇志》作中子。（俱建安人。）　廖武子　叶天藻（俱瓯宁人。）　翁甫见《人物志》。　江寅　江鐩[208]（俱崇安人。《寰宇志》以江寅、江鐩为瓯宁人。）

特奏名　魏壬良建阳人[209]。[210]

绍定二年己丑王朴榜[211]　张权　陈埜　郑永　袁申儒　詹梦龙　谢一龙　翁文凤　陈应之　黄应翁（俱建安人。）郡志无黄应翁，而《寰宇志》有之，今增入。　杨可久　刘德权　周丙　游清夫[212]　蓝兴祖[213]　郑彦实（俱瓯宁人。）　蔡抗见《人物志》。　何元泽　吴七德　李萃老（俱崇安人。而《寰宇志》以蔡抗为建阳人，又以何元泽、吴七德、李莘老俱为瓯宁人。）

五年壬辰徐元杰榜　廖仲光　郑振甫　朱沂　王仲贤（俱建安人。）　范纯甫　刘公权　夙子兴　蔡世德　周纡　朱继芳（俱瓯宁人。）　尤德卿[214]　翁酉　江鎔　江己（俱崇安人。《寰宇志》以尤德卿、翁酉、江鎔为建安人，江己为瓯宁人。）

端平二年己未[215]吴叔告榜　潘希夔　何茂才　杨仁吉　黄叔度(俱建安人。)　游浑　陈德夫　丁熙之　沈助(俱瓯宁人。)　江文龙崇安人。《寰宇志》以为瓯宁人[216]。

嘉熙二年戊戌周垣榜[217]　虞德扆　叶梦材　刘子实　廖举(俱建安人。)　汤铸　杨翼(俱瓯宁人。)　徐华老　徐梦发华老之弟。(俱浦城人,寓居福州。)　翁合[218]崇安人。(上三人俱见《人物志》。)

淳祐元年辛丑徐俨夫榜　张助　翁以孙　吴势卿见《人物志》。　叶应雷　杨鳌　汪子木木,《寰宇志》作本。　吴益[219]　王荣　李申(俱建安人。《崇安县志》以吴益为其邑人。)　游旋叔　黄梦吴　龚荣卿　王佮　叶来[220]　叶泰夫　毛天书　叶宾王　何正夫(俱瓯宁人。)

四年甲辰留梦炎榜　雷绍　陈子和　赵宗楹一作楹。　叶酉大　吴梦龙　郑祥老　周清父　雷子发(俱建安人。)　陈可仁　吴述　赵汝熙[221]　陈谟　张桂子　陈子良　朱天雷　魏复延平法曹。(俱瓯宁人。《寰宇志》以赵汝熙为建安人,又无魏复。)　宋秉孙建阳人。见《人物志》。

七年丁未张渊微榜　黄驷瓯宁人。　范宏忠　蔡益(俱崇安人。《寰宇志》无此三人[222]。)

宝祐四年甲寅[223]文天祥榜　李钥　陈梦华[224]　夙武伯　夏诜仲[225]　黄梦履　祝洙[226]见《人物志》。(俱建安人。)　赵崇铭　刘梦骍　周清老　谢见斗　何德华(俱瓯宁人。)　詹梦璧崇安人[227]。

开庆元年己未周震炎榜　夙师靖[228]　张必先　陈元善　黄德父(俱建安人。)　丘枢　陈德午　魏桂臣(俱瓯宁人。)　赵若柚崇安人。《寰宇志》以赵若柚为瓯宁人[229]。

景定三年壬戌方山京榜　詹复崇安人。《寰宇志》无此名。

咸淳元年乙丑阮登炳榜　魏公圭[230]　翁燧　曹应时(俱崇安人。《寰宇志》无此三人。)

四年戊辰陈文龙榜　吴清伯政和人[231]。

七年辛未张镇孙榜　陈从史政和人。

十年甲戌王龙泽榜[232]　刘应李见《人物志》。　熊新民(俱建阳人。《寰宇志》无此二人。)　熊禾崇安人[233]。见《人物志》。《寰宇志》以为建阳人。　赵若梀崇安人。见《人物志》[234]。

宏词科　黄彦　章杰

八行科　郑瑴　范达如　游安世县令。

武举　谢勋节使。　黄章　吴仲友　练山甫　蓝斌(已上凡十人,旧志不载年月,姑附于此。)

〔元〕

延祐二年乙卯张起岩榜　杨载浦城人。见《人物志》。《寰宇志》无此名[235]。

四年丁巳乡试　虞光祖建阳人[236]。

五年戊午霍希贤榜　雷机建安人。朝散大夫。

泰定元年甲子张益榜　张复字伯阳。

至顺三年壬申乡试　雷杭建安人,字彦舟。

元统元年癸酉李齐榜　雷杭知县。

至元元年乙亥乡试　陈楠老政和人。建阳云庄书院山长。

至正元年辛巳乡试　李岂[237]录事司人。　雷灿建安人。

二年壬午乡试　雷拱[238]建安人。见《人物志》。

七年丁亥乡试　雷燧建安人。　夏里崇安人[239]。

八年戊子王宗哲榜　宋岂建安人[240]。岂，《寰宇志》作奕。

十年庚寅乡试　雷枋教谕。　雷灿再举授主簿。（俱建安人。按本年《乡试录》无雷枋。）

十五年乙未乡试　李仲容　雷栎教谕。建安人。

十九年己亥乡试　雷烜建安人。

二十二年壬寅乡试　雷燉训导。（俱建安人。）　江敏德[241]

二十三年癸卯杨輗榜　雷燧翰林编修。建安人。

二十六年丙午张栋榜　雷埏盐运司知事。

二十七年丁未乡试　杨恭[242]　苏境　雷烁照磨。（俱建安人。）　赵友士　李文昌（俱瓯宁人。）　杨奎　黄普保　宰献　卢清　余哲　张仁伯　陈孟隆[243]

〔国朝〕

洪武十七年甲子乡试　刘伯济源教谕。　谢琁[244]赣州府学训导。（俱府学。）　郑赐　郑辅　曹文　张文贞　张和（俱瓯宁县学。）　章赐浦城县学。西安教谕。　罗寅建阳县学。　陈淇　范朗（俱政和县学。）

十八年丁丑[245]丁显[246]榜　叶复增城知县。　叶耀御史。　叶规杭州通判。　李增知县。（俱建安人。）　郑赐[247]见《人物志》。　郑辅都督府都事。　曹文吏部主事。　张和监察御史。　张文真[248]刑部主事。（俱瓯宁人。）

丁显第一人。 罗寅知县。（俱建阳人。） 李浚见《人物志》。 江观县丞。（俱松溪人。） 陈淇翰林庶吉士。 范朗[249]县丞。（俱政和人。）

二十年丁卯乡试 陈闰上元教谕。 范益经历。 张炯楚府教授。 林穌[250]教谕。 王进教谕。 吴僧训导。（俱建安县学。） 吴道光经魁，礼科给事中。 黄琮江西按察司佥事。 李悌东阳教谕。 姜宗得[251]知事。（俱瓯宁县学。） 谢马 杨元贵[252]（俱政和县学。）

二十一年戊辰任亨泰榜 翁德瓯宁人。承务郎。

二十三年庚午乡试 陈观 林安 黄文贵教授。 童文洯[253]训导。 许寿电白教谕。（俱瓯宁县学。） 刘亢工科给事中。浦城县学。

二十四年辛未许观榜 林安吏科给事中。 陈观（俱瓯宁人。）

二十六年癸酉乡试 刘复建安县学。 叶胜[254]教谕。 张贵 彭福 刘贤教谕。瓯宁县学。 叶文瞳[255] 詹溥[256]知县。 莫保知县。（俱浦城县学。） 李善建阳县学。卫经历[257]。

二十七年甲戌张信榜 刘复[258]建安人。归安知县。 张贵瓯宁人。刑部郎中。 童英崇安人。博平知县。

二十九年丙子乡试 李文保训导。 徐英[259]教谕。（俱建安县学。） 谢悌临淮教谕。 程赐 赵惟文（俱瓯宁县学。） 郑亮国子监学正。 陈颜知府。（俱浦城县学。） 詹易建阳县学。知县。 魏铎松溪县学。任主簿。 张志崇安县学。任训导。

三十年丁丑陈郊榜 程赐建安人。监察御史。

三十二年己卯乡试　杨子荣第一人。　雷填(俱建安县学。)　陈绶　刘得[260]　李瑀　林裸[261](俱瓯宁县学。)　徐奇　黄福见《人物志》。　余保孔目。(俱浦城县学。)　丘锡见《人物志》。　丁护(俱崇安县学。)

三十三年庚辰胡广榜　杨子荣后名荣。见《人物志》。　雷填见《人物志》。(俱建安人。)　刘德监察御史。　李瑀石康知县。　陈绶休宁知县。(俱瓯宁人。)

三十五年壬午乡试　田忠　江铁　江贞　雷坩冠带举人。(俱建安县学。)　张策瓯宁县学。教授。　吴廷用政和县学[262]。

永乐元年癸未乡试　程燧松溪县学。永丰教授[263]。

二年甲申曾棨榜　江祯[264]一作贞。见《人物志》。　田忠见《人物志》。　江铁见《人物志》。建安人。　彭福瓯宁人。行人司司副。　徐安庶吉士。　陈满　潘赐见《人物志》。(俱浦城人。)　吴廷用政和人。见《人物志》。

三年乙酉乡试　吴春　谢沚　魏春经历。　谢善　饶赐　林继宗　陈原祐　林道安(已上俱府学。)　郑洙第五人。训导。　魏福教谕。　连智　闵富兵马[265]。　张珂　雷镗知县。　江济潮州教谕。　叶浚(已上俱建安县学。)　高第　张黻　王观(已上俱瓯宁县学。)　萧福第四人。　饶生　李存礼教授。　陈逊(已上俱浦城县学。)　范普建阳县学。　张宝　李兆(俱崇安县学。)　张美政和县学[266]。

四年丙戌林环榜　吴春婺源知县。　谢沚浦江知县。　叶浚鄱阳知县。　张珂见《人物志》。(俱建安人。)　饶赐知府。　林继宗(俱瓯宁人。)　饶生　萧福兵部员外郎。(俱浦城人。)　斐旻崇安人。见《人物志》。

六年戊子乡试　雷吉生建安人。第二人。　许继瓯宁人。(俱府学。)　谢泌赣州教授。建安县学。　徐表训导。　张意祥符知县。　黄铸教谕。　邹烜监察御史。　张琦　吴安推官。　张策缙云教谕。(俱瓯宁县学。)　张琳教授。　史振(俱浦城县学。)　范澄赵府典宝正。　饶广湘阴主簿。(俱建阳县学。)　杨诚见《人物志》。　江麟[267]知县。(俱松溪县学。)　张珏崇安县学教谕。(是科《福建乡试录》无张意、张珏、张策三人,疑别省取应,后仿此。)

七年己丑萧时中榜　雷吉生建安人。监察御史。　谢善瓯宁人。监察御史。

九年辛卯乡试　孙应　张顺(俱府学。)　陈原祐[268]　叶瓛[269]知县。　杨礼礼部郎中。　黄燧[270]教谕。(俱建安县学。)　李蕙教谕。　杜宗[271]见《人物志》。　杜自然通判。(俱瓯宁县学。)　徐管[272]分水教谕。　王许户簿主事。　李禄州判。　苏赈德兴知县。(俱浦城县学。)　游熊松溪县学。训导。　胡德崇安县学。教谕。　吴敦政和县学。(是科《福建乡试录》无陈原祐、叶瓛、杨礼三人。)

十年壬辰马铎榜　陈原祐建安人。嘉兴府通判。　高第瓯宁人。江西佥事。　陈逊浦城人。见《人物志》。

十二年甲午乡试　谢时清瓯宁县学。　郑以诚　黄仲芳　朱泗州判。(俱府学。)　连均建安县学。　魏瑢　任保教谕。　范忠(俱瓯宁县学。)　叶恕　东珙江阴教谕。(俱浦城县学。)　胡昂松溪县学。　吴安政和县学。

十三年乙未陈循榜　黄仲芳[273]云南布政司参政。连智翰林修撰。　连均[274]见《人物志》。(俱崇安人。)　魏瑢瓯宁人。　叶恕浦城人。监察御史。　胡昂松溪人。监察御史。

十五年丁酉乡试　雷璲[275]　吴任知县。(俱建安县学。是科《福建乡试录》无雷璲。)　李衡知县。　陈祥通判。(俱瓯宁县学。)　刘童建阳县学。知州。　叶敷信宜训导。郑旭余杭训导。(俱松溪县学。)　彭新政和县学。

十六年戊戌李麒榜[276]　雷璲[277]建安人。见《人物志》。　刘童建阳人。知州。

十八年庚子乡试　张畴训导。　雷垲学正。(俱建安人。)　冯绎训导。　范圆教谕。　潭广[278]知府。　彭友滕康见《人物志》。(俱瓯宁人。已上俱府学。)　魏琮教谕。赵震　叶铉知县。(俱建安县学。)　陈悌由御史升南阳知府。是科《福建乡试录》无此名。　暨和经历。(俱瓯宁县学。)张善　鲍宁(俱浦城县学。)　陈恭建阳县学。光禄署丞。林翁崇安县学。经历。　黄穆　余镠　范星(俱政和县学。)

十九年辛丑曾鹤龄榜　张善浦城人。监察御史。

二十一年癸卯乡试　陈升建安县学。任教授。　吴惠清教谕。　游贤瓯宁县学。　徐矩浦城县学。任训导。　杨童　翁琼训导。(俱崇安县学。)　刘恒松溪县学。宁国教授。

二十二年甲辰邢宽榜　陈悌监察御史。　范忠兵部主事。(俱瓯宁人。)

宣德元年丙午乡试　龚锜是科《福建乡试录》无此名。陈华瓯宁县学。推官。

四年己酉乡试　朱樱教谕。　滕员见《人物志》。(俱府学。)　吴智助教。(俱瓯宁县学。)　曾恕浦城县学。麻城教谕。　周志政和县学。

五年庚戌林震榜　龚锜建安人。第二人。翰林编修。

七年壬子乡试　杨文烨训导。　雷潜见《人物志》。(俱建安县学。)　朱奎瓯宁县学。　翁赐教谕。　龚贵知府。(俱浦城县学。)　游敏建阳县学。任教谕。　方成建安县学。任训导[279]。

十年乙卯乡试　陈顺德建安县学。大理评事。　江汉瓯宁县学。任训导。

正统三年戊午乡试　刘福　杨琦训导。(俱建安县学。)　叶玑松溪县学。遂昌训导。

六年辛酉乡试　范光建安县学。任训导。　郑远浦城县学。任训导。　萧崇德州学正,升教授。　丁慈(俱建阳县学。)

七年壬戌刘俨榜　刘福建安人。见《人物志》。

九年甲子乡试　徐庆训导。　冯铤教谕。(俱府学。)　丘福建阳县学。永宁教谕。

十二年丁卯乡试　张敏景州学正。　吴鉴南海知县。(俱建安县学。)　吴宪政和县学。

景泰元年庚午乡试　杨璋鸿胪寺序班。　谢梃郯城训导。(俱府学。)　吴琮光禄寺署丞。　连锐　谢濂始兴知县。(俱建安县学。)　黄智浦城县学。知州。　雷春　陈待(俱政和县学。)

四年癸酉乡试　龚沉　谢文琏[280]　刘玑桐庐训导。　杨仕倧(俱府学。)　刘佐浦城县学。按察司经历。　程勉训导。　陈赐训导。(俱崇安县学。)

五年甲戌孙贤榜　丁慈建阳人。河南按察司佥事。

七年丙子乡试　杨瑛第一人。　雷温　邹员知县。

袁朗（俱建安县学。）　范荣瓯宁县学。知县。

天顺元年丁丑黎淳榜　杨仕倧建安人。无为知州。

三年己卯乡试　杨仕儆中书舍人。　杨仕伟（俱建安县学。）　徐铉瓯宁县学。礼部司务。　赵文建阳县学。宜春训导。　暨文崇安县学。　姜瑛寿宁县学。任训导。

四年庚辰王一夔榜　杨瑛建安人。翰林庶吉士。

六年壬午乡试　陈琦　吴真　雷鸿训导。（俱建安县学。）

成化元年乙酉乡试　江沂　赵钦丽水训导。（俱建安县学。）　谢谏左长史。　吴文元（俱瓯宁县学。）　萧泗建阳县学。

二年丙戌罗伦榜　江沂建安人。四川按察司副使。　吴文元瓯宁人。浙江按察司副使。

四年戊子乡试　滕祐府学[281]。

五年己丑张升榜　龚沅建安人。工部主事。

七年辛卯乡试　黄辅建安县学。教谕。　曾瑾浦城县学。　林一宁政和县学。训导[282]。

十年甲午乡试　雷士旃[283]　叶华（俱建安县学。）　范镃　彭程（俱瓯宁县学。）　林奇　刘忠（上二人俱浦城县学。应天府中[284]。）

十一年乙未谢迁榜　杨仁伟[285]会试春秋魁。兵部主事。　雷仕俑[286]浙江按察司佥事。　陈祥（俱建安人。）

十三年丁酉乡试　杨晃　叶忠　徐键　唐泊[287]（俱建安县学。）　童奇[288]瓯宁县学。　萧锐建阳县学。应天府中。

十六年庚子乡试　黄奎建安县学。训导。　张瑊

十七年辛丑王华榜 彭程瓯宁人。户部主事。

十九年癸卯乡试 杨旦府学。

二十年甲辰李旻榜[289] 滕祐建安人。行人司行人。

二十二年丙午乡试 张秀瓯宁县学。 袁铦建阳县学。 叶镇松溪县学[290]。

二十三年丁未费宏榜 徐键建安人。 彭崑崇安人。

校 注

[1] 嘉靖《建宁府志·选举》及道光《建阳县志·选举》均作"江文尉,建阳人",但康熙《建安县志·选举》则作"建安人"。

[2] 嘉庆《浦城县志·选举》作"周显德二年乙卯"。

[3] 道光《建阳县志·选举》作"建阳人"。

[4] 道光《建阳县志·选举》作"建阳人"。

[5] 道光《建阳县志·选举》作"建阳人"。

[6] 嘉庆《浦城县志·选举》尚有"雍熙童子科杨亿"。

[7] 道光《建阳县志·选举》作"李晏如、陈应元,俱建阳人"。

[8] 嘉靖《建宁府志·选举》及道光《建阳县志·选举》均作"阮中度"。

[9] 嘉庆《建阳县志·选举》作"张岐、张篆,均建阳人"。

[10] 嘉庆《建阳县志·选举》作"杨峦,建阳人"。

[11] 嘉靖《建宁府志·选举》及雍正《崇安县志·科第》均作"崇安人"。

[12] "成平元年"应为"咸平元年"之误。

[13] 嘉靖《建宁府志·选举》作"杨子桢",康熙《建安县志·选举》作"杨子正"。

[14] 嘉靖《建宁府志·选举》作"崇安人"。

[15] 嘉靖《建宁府志·选举》及康熙《建安县志·选举》均作"章楷"。

[16] 嘉靖《建宁府志·选举》及嘉庆《浦城县志·选举》均作"浦城人"。复按康熙《建安县志·选举》并无此人。

[17] 嘉靖《建宁府志·选举》及康熙《瓯宁县志·选举》均作“章万”。

[18] 嘉靖《建宁府志·选举》及嘉庆《浦城县志·选举》均作“浦城人”，《建安县志》查无此人。

[19] 嘉庆《浦城县志·选举》作“浦城人”。

[20] 雍正《崇安县志·科第》作“崇安人”。

[21] 嘉靖《建宁府志·选举》作“浦城人”。

[22] 嘉靖《建宁府志·选举》及嘉庆《浦城县志·选举》作“浦城人”，《建安县志》查无此人。

[23] 嘉靖《建宁府志·选举》及康熙《瓯宁县志·选举》均作“瓯宁人”。

[24] 康熙《瓯宁县志·选举》尚有“童功成”；嘉庆《浦城县志·选举》尚有“杨伟”；雍正《崇安县志·科第》尚有“詹鸾”。

[25] 雍正《崇安县志·科第》尚有“詹保辅”。

[26] 康熙《瓯宁县志·选举》作“瓯宁人”，嘉庆《浦城县志·选举》作“浦城人”。

[27] 康熙《瓯宁县志·选举》作“瓯宁人”，嘉庆《浦城县志·选举》作“浦城人”。

[28] 嘉庆《浦城县志·选举》作“浦城人”。

[29] 嘉靖《建宁府志·选举》及康熙《建安县志·选举》均作“吴克”。

[30] 嘉靖《建宁府志·选举》及康熙《瓯宁县志·选举》均作“瓯宁人。”

[31] 康熙《瓯宁县志·选举》作“张为宜”。

[32] 庆历二年应为“壬午”，此作“壬子”误。

[33] 康熙《建安县志·选举》作“吴伟”。

[34] 嘉靖《建宁府志·选举》及康熙《瓯宁县志》均作“魏轲”。

[35] 康熙《建安县志·选举》作“黄岩”。

[36] 嘉靖《建宁府志·选举》及康熙《建安县志·选举》均作“建安人”。

[37] 嘉庆《浦城县志·选举》作“浦城人”。

[38] 嘉庆《浦城县志·选举》作“黄莘，浦城人”。

[39] 嘉靖《建宁府志·选举》及康熙《建安县志·选举》均作“张传”。

[40] 道光《建阳县志·选举》作“建阳人”。

[41] 康熙《建安县志·选举》作“陈传”。

[42] 嘉靖《建宁府志·选举》及康熙《建安县志·选举》均作“虞举元”。

［43］嘉靖《建宁府志·选举》及康熙《建安县志·选举》查无此人，似与皇祐元年冯京榜重复。

［44］嘉靖《建宁府志·选举》及雍正《崇安县志·科第》均作“翁万”。

［45］嘉靖《建宁府志·选举》及雍正《崇安县志·科第》均作“俱崇安人”。

［46］道光《建阳县志·选举》作“建阳人”。

［47］嘉庆《浦城县志·选举》尚有“特奏名杨昭述”。

［48］康熙《建安县志·选举》及康熙《瓯宁县志·选举》均作“刘晖榜”。

［49］嘉靖《建宁府志·选举》作“陈让夷”，康熙《瓯宁府志·选举》作“陈让彝”。

［50］雍正《崇安县志·科第》作“翁敏修”。

［51］嘉靖《建宁府志·选举》及道光《建阳县志·选举》均作“傅鎔，建阳人”；康熙《瓯宁县志·选举》亦作“傅鎔，瓯宁人”。

［52］嘉靖《建宁府志·选举》及雍正《崇安县志·科第》均作“崇安人”。

［53］康熙《建安县志·选举》作“彭景”。

［54］嘉靖《建宁府志·选举》及康熙《建安县志·选举》均作“杨国宝”。

［55］嘉靖《建宁府志·选举》及嘉庆《浦城县志·选举》均作“叶安节”。

［56］道光《建阳县志·选举》尚有“施述”。

［57］道光《建阳县志·选举》作“江翊，建阳人”。

［58］康熙《建安县志·选举》作“杨选”。

［59］嘉靖《建宁府志·选举》及康熙《建安县志·选举》均作“江与机”。

［60］嘉靖《建宁府志·选举》及康熙《瓯宁县志·选举》均作“王熙”。

［61］道光《建阳县志·选举》尚有“江汝舟”。

［62］康熙《瓯宁县志·选举》作“熊俊民，该县人”。

［63］元丰二年属己未，此作“三年”误。

［64］道光《建阳县志·选举》作“建阳人”。

［65］嘉靖《建宁府志·选举》及康熙《建安县志·选举》均作“黄君浦”。

［66］康熙《建安县志·选举》作“黄童”。

［67］道光《建阳县志·选举》作“熊敦常，建阳人”。

［68］嘉靖《建宁府志·选举》及康熙《瓯宁县志·选举》均作“吕企”。

［69］嘉靖《建宁府志·选举》及康熙《建安县志·选举》均作“吕柷、张

元仲”。

［70］嘉靖《建宁府志·选举》及康熙《瓯宁县志·选举》均作“瓯宁人”，《建安县志》查无此人。

［71］道光《建阳县志·选举》作“建阳人”。

［72］嘉靖《建宁府志·选举》及康熙《瓯宁县志·选举》均作“吴铨”。

［73］嘉靖《建宁府志·选举》及道光《建阳县志·选举》均作“詹时升，建阳人”；雍正《崇安县志·科第》作“詹时升，崇安人”。

［74］雍正《崇安县志·科第》作“吴道逢”。

［75］嘉靖《建宁府志·选举》及康熙《建安县志·选举》均作“张徽言”。

［76］道光《建阳县志·选举》作“建阳人”。

［77］嘉靖《建宁府志·选举》及嘉庆《浦城县志·选举》均作“浦城人”。

［78］嘉靖《建宁府志·选举》作“黄藐”，康熙《瓯宁县志·选举》作“董藐”。

［79］嘉靖《建宁府志·选举》作“俱崇安人”。

［80］嘉靖《建宁府志·选举》及嘉庆《浦城县志·选举》均作“叶蕡，浦城人”；《建安县志》查无此人。

［81］道光《建阳县志·选举》作“该县人”。

［82］道光《建阳县志·选举》作“江翊，建阳人”。

［83］嘉靖《建宁府志·选举》及康熙《建安县志·选举》均作“吕贵”。

［84］嘉靖《建宁府志·选举》及康熙《瓯宁县志·选举》均作“黄觃”。

［85］嘉靖《建宁府志·选举》及康熙《建安县志·选举》均作“建安人”，《瓯宁县志》查无此人。

［86］康熙《建安县志·选举》作“范致君”。

［87］康熙《瓯宁县志·选举》作“吕伯止”。

［88］嘉靖《建宁府志·选举》及康熙《瓯宁县志·选举》均作“吕税”。

［89］康熙《瓯宁县志·选举》尚有“吕沆”。

［90］嘉靖《建宁府志·选举》及嘉庆《浦城县志·选举》均作“浦城人”，《建安县志》查无此人。

［91］嘉靖《建宁府志·选举》及嘉庆《浦城县志·选举》均作“浦城人”，《瓯宁县志》查无此人。

［92］康熙《建安县志·选举》作“康邦杰”。

[93] 嘉靖《建宁府志·选举》作“俱建安人”。

[94] 嘉靖《建宁府志·选举》及康熙《瓯宁县志·选举》均作“翁廉”。

[95] 雍正《崇安县志·科第》作“游彬”。

[96] 嘉庆《浦城县志·选举》尚有“潘中”。

[97] 嘉靖《建宁府志·选举》及康熙《瓯宁县志·选举》作“杨尚文”。

[98] 康熙《瓯宁县志·选举》作“叶昭邻”。

[99] 嘉靖《建宁府志·选举》及康熙《瓯宁县志·选举》作“叶伸”。

[100] 道光《建阳县志·选举》作“建阳人”,但熊迪为政和五年乙未科进士。

[101] 康熙《建安县志·选举》作“季骥”。

[102] 嘉靖《建宁府志·选举》及康熙《建安县志·选举》作“梁义从”。

[103] 嘉靖《建宁府志·选举》作“翁化昭”。

[104] 嘉靖《建宁府志·选举》及康熙《瓯宁县志·选举》均作“吴竞、练居实”。

[105] 嘉靖《建宁府志·选举》作“终杭州倅”。

[106] 康熙《建安县志·选举》作“建安人”。

[107] 嘉靖《建宁府志·选举》及康熙《瓯宁县志·选举》均作“瓯宁人”。

[108] 嘉靖《建宁府志·选举》及康熙《瓯宁县志·选举》均作“瓯宁人”。

[109] 道光《建阳县志·选举》作“建阳人”。

[110] 嘉靖《建宁府志·选举》及康熙《建安县志·选举》均作“建安人”,《瓯宁县志》查无此人。

[111] 道光《建阳县志·选举》作“建阳人”。

[112] 嘉靖《建宁府志·选举》及康熙《瓯宁县志·选举》作“杨申、梁天衢”。

[113] 道光《建阳县志·选举》作“建阳人”。

[114] 嘉靖《建宁府志·选举》作“游其藩,瓯宁人”,道光《建阳县志·选举》亦作“游其藩”,但作“建阳人”,《建安县志》查无此人。

[115] 嘉靖《建宁府志·选举》及康熙《建安县志·选举》均作“陈戣”。

[116] 嘉靖《建宁府志·选举》及嘉庆《浦城县志·选举》均作“杨

公度”。

［117］嘉靖《建宁府志·选举》作“俱瓯宁人”。

［118］嘉靖《建宁府志·选举》及康熙《瓯宁县志·选举》作“傅铣”,《瓯宁县志》并作“瓯宁人”。

［119］道光《建阳县志·选举》作“江錡”。

［120］嘉靖《建宁府志·选举》及康熙《瓯宁县志·选举》均作“瓯宁人”。

［121］嘉靖《建宁府志·选举》及康熙《建安县志·选举》作“陈师孟”。

［122］康熙《建安县志·选举》作“周裴”。

［123］嘉靖《建宁府志·选举》及康熙《瓯宁县志·选举》作“谢安仁。”

［124］嘉靖《建宁府志·选举》及康熙《瓯宁县志·选举》作“刘希亮”。

［125］魏公晋已见宣和三年何焕榜,此重复。

［126］康熙《建安县志·选举》作“郑锷”。

［127］道光《建阳县志·选举》作“建阳人”。

［128］嘉靖《建宁府志·选举》作“翁涣”。

［129］康熙《建安县志·选举》作“丘之立,建安人”;道光《建阳县志·选举》则作“建阳人”。

［130］嘉庆《浦城县志·选举》作“浦城人”,《建阳县志》查无此人。

［131］雍正《崇安县志·科第》尚有“吴适、应孟明”。

［132］嘉靖《建宁府志·选举》作“陈洄”。

［133］道光《建阳县志·选举》尚有“刘淮”,雍正《崇安县志·科第》尚有“翁彬”。

［134］雍正《崇安县志·科第》作“何灏”。

［135］雍正《崇安县志·科第》尚有“邱璀”。

［136］嘉靖《建宁府志·选举》作“黄公度榜”。

［137］康熙《建安县志·选举》作“王鹏”。

［138］嘉靖《建宁府志·选举》及雍正《崇安县志·科第》作“崇安人”,《建安县志》查无此人。

［139］康熙《瓯宁县志·选举》作“魏青臣”。

［140］嘉靖《建宁府志·选举》及康熙《瓯宁县志·选举》均作“章综”。

［141］道光《建阳县志·选举》作“建阳人”。

[142] 嘉靖《建宁府志·选举》及康熙《建安县志·选举》作“刘希杰”。

[143] 嘉靖《建宁府志·选举》及康熙《瓯宁县志·选举》作“范文建、陈元裕”。

[144] 嘉靖《建宁府志·选举》及康熙《瓯宁县志·选举》作“王旌”。

[145] 嘉靖《建宁府志·选举》作“刘珙、刘如愚”。

[146] 道光《建阳县志·选举》作“建阳人”,但为绍兴二十一年榜。

[147] 嘉靖《建宁府志·选举》及康熙《瓯宁县志·选举》另有“程构,瓯宁人”。

[148] 嘉靖《建宁府志·选举》及康熙《建安县志·选举》作“陈庭筠”。

[149] 嘉靖《建宁府志·选举》及康熙《瓯宁县志·选举》作“刘颀”。

[150] 嘉靖《建宁府志·选举》及康熙《瓯宁县志·选举》作“瓯宁人”。

[151] 嘉靖《建宁府志·选举》作“政和人”。

[152] 嘉靖《建宁府志·选举》及嘉庆《浦城县志·选举》作“浦城人”,《建安县志》查无此人。

[153] 康熙《建安县志·选举》作“练暨”。

[154] 嘉靖《建宁府志·选举》及康熙《建安县志·选举》作“张尚卿,建安人”。

[155] 嘉靖《建宁府志·选举》作“政和人”。

[156] 雍正《崇安县志·科第》作“何昌邦”。

[157] 嘉靖《建宁府志·选举》作“詹钒”。

[158] 嘉靖《建宁府志·选举》作“建阳人”。

[159] 嘉靖《建宁府志·选举》及雍正《崇安县志·科第》作“崇安人”,《建安县志》查无此人。

[160] 嘉靖《建宁府志·选举》及道光《建阳县志·选举》均作“建阳人”。

[161] 雍正《崇安县志·科第》作“赵不稿”。

[162] 雍正《崇安县志·科第》作“熊克,崇安人”,但系绍兴二十一年赵达榜。

[163] 嘉靖《建宁府志·选举》作“王震”。

[164] 雍正《崇安县志·科第》尚有“彭范”。

[165] 嘉靖《建宁府志·选举》作“虞诏”。

［166］康熙《建安县志·选举》作“周华”。

［167］嘉靖《建宁府志·选举》及康熙《建安县志·选举》作“建安人”。

［168］嘉靖《建宁府志·选举》作“刘才鼎”。

［169］雍正《崇安县志·科第》作“翁德舆”。

［170］嘉靖《建宁府志·选举》及康熙《建安县志·选举》作“张籍”。

［171］嘉靖《建宁府志·选举》及康熙《瓯宁县志·选举》作“瓯宁人”。

［172］嘉靖《建宁府志·选举》及道光《建阳县志·选举》作“建阳人”，《建安县志》查无此人。

［173］道光《建阳县志·选举》作“刘榆”。

［174］雍正《崇安县志·科第》作“詹骙，崇安人”。

［175］道光《建阳县志·选举》作“刘炳，建阳人”。

［176］雍正《崇安县志·科第》尚有“詹贤玉、应治”。

［177］嘉靖《建宁府志·选举》及康熙《瓯宁县志·选举》均作“毛可释”。

［178］雍正《崇安县志·科第》尚有“程晞”。

［179］似应作“淳熙十一年甲辰卫泾榜”。

［180］雍正《崇安县志·科第》尚有“暨庚”。

［181］道光《建阳县志·选举》作“马任仲，建阳人”；嘉庆《浦城县志·选举》作“张彦清，浦城人”。

［182］雍正《崇安县志·科第》尚有“应荐、邱枢”。

［183］嘉靖《建宁府志·选举》作“刘埙”。

［184］嘉庆《浦城县志·选举》作“徐凤，浦城人”；《瓯宁县志》查无此人。

［185］雍正《崇安县志·科第》尚有“邱和”。

［186］道光《建阳县志·选举》作“熊节，建阳人”。

［187］康熙《瓯宁县志·选举》作“陈梓，瓯宁人”。

［188］道光《建阳县志·选举》尚有“刘铨、刘垌”，雍正《崇安县志·科第》尚有“何大章”。

［189］嘉靖《建宁府志·选举》及康熙《瓯宁县志·选举》均作“李芑，瓯宁人”；《建安县志》查无此人。

［190］道光《建阳县志·选举》作“游金，建阳人”。

[191] 雍正《崇安县志·科第》作“李机,崇安人”。

[192] 雍正《崇安县志·科第》作“杜桂,崇安人”。

[193] 康熙《瓯宁县志·选举》作“林韶,瓯宁人”。

[194] 嘉靖《建宁府志·选举》及康熙《瓯宁县志·选举》均作“廖闽”。

[195] 雍正《崇安县志·科第》尚有“蔡知方”。

[196] 康熙《建安县志·选举》作“田傅震”。

[197] 嘉靖《建宁府志·选举》及雍正《崇安县志·科第》均作“崇安人”,《瓯宁县志》查无黄定。

[198] 嘉靖《建宁府志·选举》及康熙《瓯宁县志·选举》均作“汪孚”。

[199] 嘉靖《建宁府志·选举》及雍正《崇安县志·科第》均作“哀梦松,崇安人”;《建安县志》查无此人。

[200] 嘉靖《建宁府志·选举》作“翁甫,崇安人”。

[201] 道光《建阳县志·选举》作“陈范,建阳人”;另有“宋巩、熊刚大”。

[202] 道光《建阳县志·选举》尚有“刘子寰”。

[203] 嘉靖《建宁府志·选举》及雍正《崇安县志·科第》均作“哀长吉,崇安人”;《建安县志》查无此人。

[204] 康熙《瓯宁县志·选举》作“黄应炳”。

[205] 道光《建阳县志·选举》尚有“叶味道”,雍正《崇安县志·科第》尚有“郑潜”。

[206] 雍正《崇安县志·科第》尚有“游汝梅”。

[207] 宝庆二年应为“丙戌”,此作“丙辰”误。

[208] 雍正《崇安县志·科第》作“江燧”。

[209] 康熙《建安县志·选举》作“魏壬良,建安人”。

[210] 道光《建阳县志·选举》尚有“宝庆三年丁亥科刘垕”。

[211] “王扑榜”应为“黄朴榜”之误。

[212] 康熙《瓯宁县志·选举》作“周炳、游青夫”。

[213] 雍正《崇安县志·科第》以蓝兴祖为崇安人,列入嘉定四年辛未赵建大榜。

[214] 嘉靖《建宁府志·选举》作“游德卿”。

[215] 端平二年应为“乙未”,此作“己未”误。

[216] 雍正《崇安县志·科第》尚有“詹必张”。

[217]“周垣榜”应为“周坦榜”之误。

[218] 嘉靖《建宁府志·选举》作“翁全”。

[219] 嘉靖《建宁府志·选举》及雍正《崇安县志·科第》均作“崇安人”,《建安县志》查无此人。

[220] 道光《建阳县志·选举》作“叶采,建阳人”。

[221] 嘉靖《建宁府志·选举》及康熙《瓯宁县志·选举》均作“赵汝照”。

[222] 雍正《崇安县志·科第》尚有“宝祐元年癸丑姚勉榜:蔡公亮、蓝应午”。

[223] 宝祐四年应为“丙辰”,此作“甲寅”误。

[224] 嘉靖《建宁府志·选举》作“练梦华”。

[225] 嘉靖《建宁府志·选举》作“夏铣仲”。

[226] 道光《建阳县志·选举》作“建阳人”,雍正《崇安县志·科第》作“崇安人”。

[227] 雍正《崇安县志·科第》尚有“陈正夫”。

[228] 嘉靖《建宁府志·选举》作“夙师清”。

[229] 康熙《瓯宁县志·选举》尚有“陈海”。

[230] 雍正《崇安县志·科第》作“魏公珪”。

[231] 雍正《崇安县志·科第》尚有“翁润之”。

[232] 道光《建阳县志·选举》作“王泽龙榜。”

[233] 嘉靖《建宁府志·选举》及道光《建阳县志·选举》均作“建阳人”。

[234] 雍正《崇安县志·科第》尚有“江三德”。

[235] 雍正《崇安县志·科第》尚有“大德十年丙午科赵汝挺、江孚、江涧”。

[236] 嘉靖《建宁府志·选举》及雍正《崇安县志·科第》均作“虞光祖,崇安人”。

[237] 嘉靖《建宁府志·选举》作“李訔”。

[238] 康熙《建安县志·选举》作“雷栱”。

[239] 雍正《崇安县志·科第》尚有“江沦”。

[240] 嘉靖《建宁府志·选举》及道光《建阳县志·选举》均作“建

阳人”。

[241] 嘉靖《建宁府志·选举》及康熙《建安县志·选举》均作“江敏德，建安人”。

[242] 康熙《建安县志·选举》作“杨恭叔”。

[243] 康熙《建安县志·选举》尚有“邹文慧”。

[244] 嘉靖《建宁府志·选举》作“谢瑶”。

[245] 洪武十八年系“乙丑”，此作“丁丑”误。

[246] 道光《建阳县志·选举》作“丁显，建阳人”。

[247] 康熙《建安县志·选举》作“郑赐，建安人”。

[248] 嘉靖《建宁府志·选举》作“张文贞”。

[249] 嘉靖《建宁府志·选举》作“范郎”。

[250] 嘉靖《建宁府志·选举》作“林钥”

[251] 康熙《瓯宁县志·选举》作“姜宗德”。

[252] 嘉靖《建宁府志·选举》作“杨原贵”。

[253] 嘉靖《建宁府志·选举》及康熙《瓯宁县志·选举》均作“童文罗”。

[254] 嘉靖《建宁府志·选举》作“黄胜”。

[255] 嘉靖《建宁府志·选举》作“叶文曈”。

[256] 嘉靖《建宁府志·选举》及嘉庆《浦城县志·选举》均作“詹普”。

[257] 雍正《崇安县志·科第》尚有“童英”。

[258] 嘉靖《建宁府志·选举》及康熙《建安县志·选举》均作“刘福”。

[259] 嘉靖《建宁府志·选举》及康熙《建安县志·选举》均作“徐因”。

[260] 康熙《瓯宁县志·选举》作“刘德”。

[261] 嘉靖《建宁府志·选举》作“林保”。

[262] 雍正《崇安县志·科第》尚有“张瑶”。

[263] 嘉庆《浦城县志·选举》尚有“潘赐、徐安、陈满”。

[264] 康熙《建安县志·选举》作“江贞”。

[265] 似为“兵马司指挥”。

[266] 雍正《崇安县志·科第》尚有“裴旻”。

[267] 嘉靖《建宁府志·选举》作“江麒”。

[268] 陈原祐已见永乐三年乙酉科乡试榜，此似重复。

［269］嘉靖《建宁府志·选举》作“叶瓛”。

［270］康熙《建安县志·选举》作“黄璲”。

［271］嘉靖《建宁府志·选举》及康熙《瓯宁府志·选举》均作“杜琮”。

［272］嘉庆《浦城县志·选举》作“徐营”。

［273］嘉靖《建宁府志·选举》及康熙《瓯宁府志·选举》均作“黄仲芳，瓯宁人”。

［274］嘉靖《建宁府志·选举》及康熙《建安县志·选举》作“连智、连均，俱建安人”。

［275］康熙《建安县志·选举》作“雷燧”。

［276］“李麒榜”似为“李骐榜”之误。

［277］据康熙《建安县志·选举》应作“雷燧”。

［278］嘉靖《建宁府志·选举》作“谭广”。

［279］道光《建阳县志·选举》尚有“郑理”。

［280］嘉靖《建宁府志·选举》及康熙《瓯宁县志·选举》均作“龚沅、谢文瑶”。

［281］康熙《瓯宁县志·选举》尚有“康孙”。

［282］康熙《建安县志·选举》尚有“陈祥”。

［283］康熙《建安县志·选举》作“雷仕旃”。

［284］雍正《崇安县志·科第》尚有“彭崑”。

［285］康熙《建安县志·选举》作“杨仕伟”。

［286］据康熙《建安县志·选举》应作“雷仕旃”。

［287］嘉靖《建宁府志·选举》及康熙《瓯宁府志·选举》均作“唐洎”。

［288］嘉靖《建宁府志·选举》及康熙《瓯宁府志·选举》均作“童錡”。

［289］嘉靖《建宁府志·选举》作“李旻榜”，此作“李雯榜”误。

［290］康熙《瓯宁县志·选举》尚有“童钦”。

八闽通志卷之五十

选　　举

科　第

泉州府

〔唐〕

贞元八年壬寅[1]贾稜榜　欧阳詹晋江人。见《人物志》[2]。

开成三年戊午裴思谦榜　李稠工部尚书。　陈嘏见《人物志》。　欧阳□詹之侄。见《人物志》。(俱晋江人。)

会昌六年丙寅□□榜[3]　傅荀晋江人。第二人。

大中十一年丁丑□□榜　盛均永春人。见《人物志》。

文德元年戊申□□榜　谢偹晋江人。

〔五代〕

梁贞明中　陈遜

唐同光中　黄仁颖

天成三年戊子　陈保极永春人。见《人物志》。

〔宋〕

太平兴国八年癸未王世则榜殿试分三甲，自此始。刘昌言晋江人[4]。见《人物志》。

雍熙二年乙酉梁灏榜　钱熙南安人。见《人物志》。

端拱元年戊子程宿榜　梁希言晋江人。

二年己丑陈尧叟榜　曾会第二人。见《人物志》。　刘易知　陈从易见《人物志》。　苏国华　陈垂象　刘昌龄昌言之弟。　王言彻见《人物志》。（俱晋江人。）　崔拱惠安人。太常丞。

淳化三年壬辰孙何榜　韩曜　陈元稷时中之父。杨令问　蔡丕　吕言为侍御史，终京东利州路转运使。（俱晋江人。）　陈纲同安人。见《人物志》。　陈庶尹永春人。

咸平元年戊戌孙仅榜　黄宗旦见《人物志》。　李庆孙水部郎中。（俱惠安人。）　郑褒见《人物志》。

二年己亥孙暨榜　王中孚　林渭夫　李浚[5]（俱晋江人。）

三年庚子陈尧咨榜　石昭　朱淑　蔡中正　王宗闵　苏季成国华之弟。　杨令绪　陈汝砺　王元之　胡肃　李蔼蔼，郡志作葛。（俱晋江人。）　吴谓惠安人。屯田员外郎。

五年壬寅王曾榜　萧楚材晋江人。

景德二年乙巳李迪榜　梁审言希言之弟。　钱蒙古熙之子。（俱晋江人。）　黄宗望惠安人。宗旦之兄。知柳州。

大中祥符元年戊申姚晔榜　陈话三司副使。　陈时中[6] 蔡黄裳见《人物志》。 刘设 胡靖 张裕 曾寿(俱晋江人。)

二年己酉梁固榜 宋程第二人。著作郎,通判台州。郭咸见《人物志》。(俱晋江人。)

四年辛亥张师德榜 刘适晋江人。

五年壬子徐奭榜 曾愈晋江人。 陈统同安人。

八年乙卯蔡齐榜 钱真古[7]蒙吉之弟。 林真干[8]更名升。 黄虚舟 吴均 陈从直从易之从弟。 曾公度会之子。 谢微[9]初名徵。金紫光禄大夫。(俱晋江人。)

天禧二年戊午王整榜[10] 陈木 谢起 杨湑 萧沆(俱晋江人。) 苏庆民 苏绅见《人物志》。 苏仲昌(俱同安人。旧志无苏庆民,而《寰宇志》有之,今增入。《寰宇志》无苏绅、仲昌。) 崔正则惠安人。拱之子。终山阳令。《寰宇志》亦无此名。

特奏名 曾充 许朝宗 陈渐(俱晋江人。)

天圣二年甲子宋郊榜 曾公亮谥宣靖。见《人物志》。谢伯景见《人物志》。 苏琦国华之子。 张汴[11] 柯庆夫[12] 洪伊 吕造 陈嘉谋(俱晋江人。) 崔丽则惠安人。拱之子。终秘书丞。

特奏名 蔡昌宗晋江人。

五年丁卯王尧臣榜 张惟德 蔡衮 陈顺孙从易之侄。 柯湜 赵诚见《人物志》。 杨克昌 洪仪 曾公奭公亮之弟。(俱晋江人。) 林杞见《人物志》。南安人。

特奏名 蔡黄中 刘半千[13] 陈舜圃 陈积中时中之兄。 许贽 陈日宣(俱晋江人。) 盛奇永春人。《寰宇志》以为是年进士,误。

八年庚午王拱辰榜　谢伯强伯景之弟。　蓝圭太常寺丞。　蓝丞圭之弟。都官员外郎。(俱晋江人。)　朱宜[14]同安人。见《人物志》。　郑芳[15]惠安人。褒之子。南剑州推官。

景祐元年甲戌张唐卿榜　陈光[16]《寰宇志》作侊。　黄炳　许当　苏玠　林積[17]真干之子。　王果　宋穆　蔡巽　柯颖　陈成务　吕琇[18]见《人物志》。　储卿材(俱晋江人。)郡志无卿材,而《寰宇志》有之,今增入。　林植南安人,杞之弟。秘书省著作佐郎。《寰宇志》以为晋江人。　黄豫见《人物志》。　郑慈(俱永春人。)

特奏名　石选[19]　王昊　黄伟　王祐　戴昌符(俱晋江人。)

宝元元年戊寅吕溱榜　谢伯初微之侄。终知府、朝奉大夫。　张翊《寰宇志》作栩。　陈汝奭诂之侄。　陈宗元　杨洙淯之弟。　李惟几(俱晋江人。)　苏缄见《人物志》。　苏纮(俱同安人。)　崔黄臣惠安人。丽则之子。建州别驾。

特奏名　陈嘉猷嘉谟之弟。　王公佐言彻之子。　石震　陈德荀垂象之子。(俱晋江人。)

庆历二年壬子杨寘榜　曾公定公奭之弟。　丘升　蔡若水　吕乔卿　郑广　陈锐从直之侄。　陈补　侯世仪　许端　章孝杨[20]　陈棫　周万　石仲甫　李颇浚之子。　王友直　蔡奕　郑谔　杨丞[21]　吕夏卿乔卿之弟。见《人物志》。(俱晋江人。)　苏颂同安人。见《人物志》。

特奏名　陈万　郑兼济(俱晋江人。)

六年丙戌贾黯榜　许齐　苏勉　卢承　王赟宗闵从侄孙。　林季和　王仪宗闵从侄孙。　石绛　吕元　曾轸　陈谘　杨缓[22]　蔡若拙若水之从弟。　杨注(俱晋江人。） 苏衮同安人。 陈规 林允中（俱永春人。） 胡昱惠安人。终著作郎。

特奏名 谢子房俱晋江人。

皇祐元年乙丑[23]冯京榜 石仲攸 林获 曾绠[24]归姓林，名湏。 陈昌侯统之子。 谢仲规左朝散，历本路转运使。 杨允中 杨绾[25]洙之从弟。（俱晋江人。） 苏结 石遵 石赓终广西转运判官。（俱同安人。）

五年癸巳郑獬榜始改四年一举为间岁。 陈汝曦一作汝义。结之子。 萧伯仪一作义。 陈说 钱效[26]蒙吉之子。 李若讷 李泾 郭纲 李湜（俱晋江人。）

特奏名 陈德昭荀之弟，晋江人。 刘敏永春人。

嘉祐二年丁酉章衡榜 吕惠卿[27]璹之子。历翰林学士、参知政事，加观文殿大学士。少年逢合王安石骤致执政，及安石去位，遂极力排之，至发"其毋使上知之"语。后安石退居金陵，深悔为所误。 苏随琦之子。 蔡洵衮之子。 辜肃 陈龙辅汝爽之子。 杨汲尧昌之子。见《人物志》。 张纪卡之子。 柯世程[28]庆大之子。改名述。 陈思 陈辟（俱晋江人。） 谢履见《人物志》。 陈沼国录。 崔宋臣丽则之子。金部员外郎。（俱惠安人。）

特奏名 陈锡晋江人。

四年己亥刘辉榜 庄确[29]黄裳之子。 林序植之侄。（俱晋江人。） 柯述见《人物志》。 柯迪述之弟。（俱南安人。而《寰宇志》以述、迪俱为永春人，《永春县志》亦以迪为其邑人。） 颜孝初永春人。见《人物志》。 庄公岳惠安人。吏部郎中。元祐中极陈时事。

六年辛丑王俊民榜 曾孝绛轸之从弟。终南恩守。

蔡洙荀之弟。(俱晋江人。)

八年癸卯许将榜　吕陶乔卿之子。　王鉅　王斐贽之从弟。(俱晋江人。)　石亘见《人物志》。同安人。《寰宇志》作咺赓之从弟。　郑前惠安人。方之子。转运推官。

特奏名　陈颉　萧稷楚材之子。(俱晋江人。)

治平三年乙巳彭汝励榜　蔡硕确之弟。　苏咸随之弟。　林世规[30]植之子。　周密　李享伯[31]湜之从弟。　陈端(俱晋江人。)　许权同安人。

四年丁未许安世榜　林皋晋江人。

熙宁三年庚戌叶祖洽榜　吕升卿[32]惠卿之弟。以兄秉政引为侍讲,资性惨刻,喜求人过。章惇谋将尽杀元祐诸臣在谪籍者,遂以升卿察访广南,台谏陈次升力谏乃止。　苏松　王裕民　宋直方见《人物志》。　谢荀(俱晋江人。)　傅霖南安人。　卓天宜永春人[33]。

特奏名　蔡接　杨景[34](俱晋江人。)　王献臣惠安人。秘书郎。

六年癸丑余中榜　吕阳乔卿之子。　黄发　吕厚阳之弟。　曾谔　许公孙当之孙。　韩作[35]建州司理。(俱晋江人。)　苏遇同安人。

特奏名　蔡奭　吕鉴琇之弟。　王景纯公佐之子。　黄洞　王安雅　陈浚谘之侄。　郑聿　许淑　吕伯畋　陈景弼　陈爽　林巩(俱晋江人。)

九年丙辰徐铎榜　杨勉绾之子。　陈京　卢广　颜怿　蔡惟稽　许梁(俱晋江人。)

特奏名　江渊　王访　许琦(俱晋江人[36]。)

元丰二年己未时彦榜　陈遇弼之侄。　蔡彦丕　李

琦　王觉民(俱晋江人。)　苏絅[37]同安人。

特奏名　陈逢　黄节　陈况　蔡亮彦丕之父。　王辟　陈遵逢之弟。　陈昌伦嘉谟之子。　陈楷棫之从弟。　陈宗衮宗元之从弟。　胡偃　杨拱(俱晋江人。)　陈瑊永春人。

五年壬戌黄裳榜　李彦升　林师醇桢之孙。　陈琳改名高。　谢若　吕傃言之曾孙。　张及(俱晋江人。《寰宇志》无李彦升、林师醇二人。)　许良肱　吴桧(俱同安人。《寰宇志》无许良肱,郡志无吴桧,而《寰宇志》有之,今增入。)

特奏名　黄允节之从侄。　杨简　柯庸　陈简中　陈肱　陈准况之弟。　郭寓　郑良　柯宣符　黄琰(俱晋江人。)

八年乙丑焦蹈榜　杨希仲洧之孙。　杨璞汲之侄。　曾说公亮之孙。　许縠梁之弟。　林黄中皋之子。见《人物志》。(俱晋江人。)　林蹈　许楫　刘逵中书侍郎,资政殿学士。(俱同安人。《寰宇志》有林斐而无林蹈,恐字之误,亦无许楫名字。)　郭朏惠安人。秘书丞。

特奏名　陈颂第二人。　王与裕民之兄。　陈必　陈亘　苏复随之兄。　陈存顺孙之侄。(俱晋江人。)

元祐三年戊辰李常宁榜　吕仿吉之曾孙。　秦彰奕之子。(俱晋江人。)

特奏名　陈正卿　吴弼直　杨汶注之从弟。　宋密宜之从弟。　刘勃昌言之曾孙。(俱晋江人。)　黄允升惠安人。终宣抚陕西。

六年辛未马涓榜　戴临彰之从弟。　丁獬[38]　蔡肜彰之从弟。　王公济见《人物志》。　许谅　陈扆　黄冠允之弟。国子监判。(俱晋江人。)　苏象先同安人。

特奏名　辜汇　方奇　陈觉颂之从弟。　陈复古(俱晋江人[39]。)

武举　崔升之惠安人。宋臣之子。陕西宣抚。

绍圣元年甲戌毕渐榜　刘滋[40]　陈圻　梁径　柯炤[41]宣符之子。　杨明述拯之子。　杨勣琯之子。(俱晋江人。)　胡惕惠安人。仓部郎中。

特奏名　林迪　王缅安雅之子。　李潜彦升之兄。　陈对　吴甄　李肃(俱晋江人。)　吴尧封永春人。

四年丁丑何昌言榜　陈询俛之子。　陈详濠州通判。　苏伯材见《人物志》。　曾诞公奭之孙。见《人物志》。　张仲友纪之子。　傅惟肖岳之侄。(俱晋江人。)　林骈　王炳见《人物志》。(俱南安人。)　陈师父《寰宇志》作师文。德化人。　陈彦圣永春人。　张读安溪人。见《人物志》。

特奏名　陈范　力齐　谢滂(俱晋江人。)

元符三年庚辰季釜榜　崇昕[42]冠之从侄。　高羲　林元定[43]杞之孙。　张过[44]　王延世仪之子。　蔡翊　曾询诞之从侄。(俱晋江人。)　刘允迪永春人。

特奏名　宗直躬直方之弟。　卢机[45]　黄章　江既济　吴稷　陈钺从直之侄。(俱晋江人。)

崇宁二年癸未霍端友榜　吕修卿升卿之从弟。　吴格　郑椎飞[46]广之侄。　王傅夔[47]　林景渊杞之侄。知惠州。《南安县志》以景渊为其邑人。　韩谨　王介寿　林延彦　陈宗哲正卿之子。(俱晋江人。)　王昭献臣之侄。知山阳县。　郭郊司户。(俱惠安人。)

特奏名　王孳景纯之子。　吴禺　陈宜民(俱晋江人。）

五年丙戌蔡嶷榜　郭畬纲之子。　谢衮若之子。　吕之材[48]仿之从侄。　郑良弼　林著　储敦叙见《人物志》。　梁熙志经之再从弟。（俱晋江人。）　江常见《人物志》。　黄翰宗旦之侄。江宁令。（俱惠安人。《寰宇志》无江常，郡志以黄翰为晋江人。）

特奏名　辜庇晋江人。

大观三年己丑贾安宅榜　丘价　陈骙补之孙。　梁熙载熙志之兄。　李深通　杨课明述之侄。　曾固愈会之孙。（俱晋江人。）　姚师礼　庄积中（俱永春人。）　黄腾[49]惠安人。终通判。郡志以为晋江人。

特奏名　许思诚　陈旆　辜豫肃之子。　丘世京　苏谧（俱永春人。）　胡靖恭惠安人。惕之从侄。海丰令。

政和二年壬辰莫俦榜　陈骓　李大老　洪壮　陈康年知潮阳县。　林芑须之侄孙。（俱晋江人。）　苏祥德化人。侯官丞。《寰宇志》无此名。

特奏名　林黄美　徐徽　石锐之　郑子元　戴天秩　戴天祥[50]天秩之兄。　蔡萼　陈希楫　留汝弼　蔡和中奭之子。（俱晋江人。）　陈基求永春人。

武举　陈师颜京之侄。　杨友见《人物志》。（俱晋江人。）

五年乙未何㮚榜　陈球　徐瞻见《人物志》。　黄秀实　刘之翰　杨汝贤　王仁寿景之孙。　石倪钺之子。　黄若时章之从弟。　罗枸（俱晋江人。）　温豫改名革。见《人物志》。　吴大径[51]改名达老。见《人物志》。（俱惠安人[52]。）

特奏名　林淇　王资深安雅之侄孙。　王天任改名待任。　黄彦中[53]翰之子。　杨瓒洧之从侄。(俱晋江人。)胡温恭靖恭之从弟。吉安丞。　黄与靡安溪令。(俱惠安人。)

武举　陈师良师颜之弟。

六年[54]丙申上舍释褐　许列晋江人。

重和元年戊戌王昂榜　李则潜之子。　陈才良[55]楷之从弟。　柯楫　陈汝楫[56]　黄驱　林充一作允。(俱晋江人。)　石邻同安人。　林扬休德化人。

特奏名　夏与靡[57]第三人。腾之从兄。　夏式　陈远范之侄。　王宾　张珍(俱晋江人。)

宣和三年辛丑何涣榜　陈元有淑之子。　杨椿年勉之子。　钱大荣　陈孝则况之从弟。　康宁(俱晋江人。)

特奏名　王寘宾之弟。游太学,大观初,蔡京当国,寘与同舍生陈朝老等上书言之。晚年特奏补官[58]。

武举　汤澄晋江人。

六年甲辰沈晦榜　辛永世　王干　陈元巽元有之兄。　刘振(俱晋江人。)　苏钦德化人。见《人物志》。

特奏名　宋诚彦直躬之子。　张鸿飞　陈甲复古之子。　王纬缅之弟。　朱文渊　卢直友　颜具怿之侄。(俱晋江人。)

武举　杨允济　陈诏　陈致家[59](俱晋江人。)

建炎二年戊申李易榜　林迈　徐光实瞻之从弟。见《人物志》。　陈辑宗衮之孙。　留俊(俱晋江人。)　黄丰知兴化军。　陈驱(俱永春人。)　李文会惠安人。御史中丞,除端明殿学士,佥书枢密院事,兼权参知政事。

特奏名　柯遇[60]　熊衮　王大任　黄蔼允之子。　陈芰　储敦史　王符　林文卿序之侄。(俱晋江人。)

武举　朱文明历福建兵马副都监,光尧庆典,以龙飞旧人进一官。

绍兴二年壬子张九成榜　李邦美　刘康时　欧阳清卿　吕靖夏卿之曾孙。(俱晋江人。)　石恍　陈敦仁(俱同安人。)《寰宇志》以敦仁为晋江人,政和五年进士,未详[61]。

特奏名　许祥　陈荀范之子。　叶升　石邦镇(俱晋江人。)

五年乙卯汪应辰榜　戴觉天秩之子。　杨宏材[62]圻之从侄。朝奉大夫。　萧规　陈元师元异之弟。　杨时发　林嘉猷　陈之纯　王维则　杨董才(俱晋江人。)　黄衮惠安人。腾之从侄。知广州府。

特奏名　傅维康[63]惟肖之弟　吴仲孚[64]　吕秉文之才再从弟。　陈汝能　杨世永注之孙。　黄荚允之子。　吴希侁[65]　郑溥(俱晋江人。)　蔡可义[66]惠安人。邕州判官。

武举　胡希广　杨维康　蔡能(俱晋江人。)

八年戊午黄公度榜　申屠亨　陈斯立　高倬知温州。　张搏(俱晋江人。)　吴冈惠安人。见《人物志》。郡志以为晋江人。

特奏名　林若谷　傅惟深[67]惟康之弟。　郑国宾　曾世昌　杨通课之弟。　李安行则之弟。　陈埴　黄民先　黄硕　郑光祖　陈邦式　陈辅　李若虚　陈得时　黄民帅[68](俱晋江人。)

十二年壬戌陈诚之榜　公傅[69]　陈挺卿　张邦闻

陈古[70]彦圣之从侄。　郭能　纪可久(俱晋江人。)　蔡兹见《人物志》。　陈知柔[71]见《人物志》。(俱永春人。《寰宇志》无蔡兹。)　黄顾言惠安人。德庆府推官。《寰宇志》无此名。

特奏名　蔡大成　赵天辅　黄秉德　林格　郭体　林同　曾琅　胡觉　詹犹圣　陈公佐　吕荣义　陈宗禹(俱晋江人。)　吴逢惠安人。德清簿。

十五年乙丑刘章榜　谢安宅　蔡绍　林陈义　陈彦先　徐晋老　谢邦基徽之曾孙。知府。　蔡焕[72]　朱世臣(俱晋江人。)　吴庆宗惠安人。大理司直。

特奏名　康献民　杨孔昭　黄铎　黄光实　黄秉哲　陈国珍　陈议详之弟。(俱晋江人。)

十八年戊辰王佐榜　陈丰提辖文思院。　王宗衡　谢芷　梁南一见《人物志》。　林杆签判南恩州。　谢芘　伯茂[73](俱晋江人。)　陈光签判封州。　苏升知琼州。(俱惠安人。)

特奏名　陈国老　江致尧[74]　谢徽柔　许觉　张登　林埙(俱晋江人。)　陈公坦[75]永春人。

二十一年辛未赵骙榜[76]　李毅[77]　史清　蔡昰莆田尉升化州教授。　郑作求　吕定复姓徐。　黄毅　黄适[78]见《人物志》。　杨齐雄　赵公迥见《人物志》。(俱晋江人。《寰宇志》无黄毅。)

特奏名　黄介　林汝弼　黄浚　陈楷[79]详之弟。　黄彤(俱晋江人。)　庄竑　郑若虚(俱永春人。)

二十四年甲戌张孝祥榜　柯宋英见《人物志》。　辜宗尧(俱晋江人。)

特奏名　吕旃　石侁倪之弟。　谢湜　杨景申[80]（俱晋江人。）

武举　董权晋江人。

二十七年丁丑王十朋榜　杨梦龄[81]见《人物志》。　黄万顷　高似倬之从弟。　郭一飞　孙冀　高伉倬之弟。通判漳州。　蔡椿老若水之曾孙。　苏向　陈登骈之子。　李起　汝德[82]（俱晋江人。）　诸葛廷瑞南安人。见《人物志》。　吴异德化人。《寰宇志》无此名。　黄中立　黄伟大理卿。（俱永春人。）　吴骥惠安人。逢之子。建德令。[83]

特奏名　储阅　杨颇　蔡楫　陈镌[84]　蔡颐能之兄。　宋训彦（俱晋江人。）

武举　郭山晋江人。

三十年庚辰　梁克家榜　梁克家第一人。见《人物志》。　张公显博之从弟。　林外枢之孙。见《人物志》。　柯知彰述之曾孙。见《人物志》。　陈环（俱晋江人。）　留正永春人。见《人物志》。

特奏名　林构　陈宗伯　曾浚　王登　李文纪　方硕　陈耀卿　王韦　陈兼善　李纯臣（俱晋江人。）　章竑德化人。

武举　黄申　萧振（俱晋江人）。

三十二年壬午上舍释褐　苏总龟钦之从侄。提举广南东路。　曹植[85]官司农寺丞，知潮州。（俱晋江人。）　黄万顷[86]同安人。见《人物志》。

隆兴元年癸未木待问榜　谢时若　赵公逮公迥之兄。　魏鼎臣　傅伯成见《人物志》。　陈曼卿　傅伯寿伯成之兄。少与伯成俱从学朱文公，已而草制讥诋道学。终礼部尚书，签书枢密院事。　庄方见《人物志》。(俱晋江人。)　谢亚璟[87]惠安人。漳州教授。

特奏名　许骥　李永　储国瑞　张承祖过之侄。　许通　张公焕[88]公显之弟。　傅佑[89]惟康之子。　刘天麟　徐洵美晋老之从叔。　周南密之从侄孙。　杨文卿　杨时登时发之弟。(俱晋江人。)

武举　谢人杰晋江人。

乾道二年丙戌萧国梁榜　陈研详之从侄。见《人物志》。　陈之筠　杨楙[90]宏才之子。见《人物志》。　杨傥椿年之从弟。　谢时举时若之从兄。　朱子愚　王庚昭之从侄。　吕寔定之弟,复姓徐。　赵彦㮚　蔡天君[91]萼之孙。　高获倬之子。　陈范嘉谋之曾孙。(俱晋江人。)

特奏名　陈辉谘之曾孙。　吕竑靖之弟。　林宗孟　陈铣[92]　陈彤　林果[93]　施实德官签判。有诗文曰《瑶林闲居集》。(俱晋江人。)　蔡豸永春人。

武举　陈仪晋江人。师颜之侄。

五年己丑郑侨榜　石起崇[94]第二人。见《人物志》。　郑钧　郭昭子[95]通判兴化,有惠政。　钟元鼎通判福州。　黄宙见《人物志》。　杨楷之　赵彦为改名彦括。　赵伯逊[96]知庆德州。　吕容寔之弟,复姓徐。　蔡汉杰　蔡温舒　林子辉　柯肱。(俱晋江人。)　颜应时　陈朴见《人物志》。(俱永春人。)　方烜惠安人。分教临贺。

特奏名　陈旃　蔡天锡天若之兄。　陈义(俱晋江人。)

武举　孔异　黄营　丘知刚价之侄。(俱晋江人。)

八年壬辰黄定榜　邵子厚　留定汝弼之孙。　庄傅[97] 吕庭坚(俱晋江人。) 许衍 曾秘[98]见《人物志》。(俱同安人。)《寰宇志》以秘为晋江人,五年进士。 谢汝为惠安人。履之孙。教谕山阴。

特奏名 王纯臣 卢宜 黄炳 王公举(俱晋江人。) 郑凌永春人。 陈世德莆田簿,调惠阳录事。 卢应时瞻之孙。宣义郎。(俱惠安人。)

武举 林宗臣第一人。晋江人。见《人物志》。

淳熙二年乙未詹骙榜 杨柄见《人物志》。 赵师琭见《人物志》。 曾恕 陈开澄之侄。 梁文虎 林昂阜之孙。 尤鹏 陈升(俱晋江人。) 吴钦岩德化人。《寰宇志》无此名。

特奏名 黄确[99]铎之子。 傅坤佑之弟。 蔡天均天锡之弟。 杨震景申之从弟。 唐少恺 柯夐肱之孙。 徐宗礼 林猊 蔡豸(俱晋江人。) 吴旦冈之从侄。德兴学谕。 江沂常之侄。官至转运推官。 吴宪冈之再从侄。教授汾阴。 吴甄冈之从侄。潮阳县丞。(俱惠安人。)

武举 黄甫中之兄。 陈彦直研之从弟。 张欠郭[100](俱晋江人。)

五年戊戌姚颖榜 吕炎 董钧权之侄。 赵师逮 苏养直 王世缵[101]言彻之孙。 陈召 林子蒙(俱晋江人。) 陈廷杰德化人。 郑嵓永春人。

特奏名 陈穆 林次山若之子。 陈硕 高俦获之孙。 郑希孟 王有裕民之从侄。 储杓国瑞之侄。 徐宗义宗礼之兄。(俱晋江人。) 陈辉英永春人。

武举 黄旦晋江人。甫之弟。知钦州。

八年辛丑黄由榜 钟元震元鼎之弟。 王琳 陈谦康年之孙。莆田教官。　刘善庈　赵庚见《人物志》。　苏仕凤　黄禹畴　傅思谦佑之子。　高禾伉之子。见《人物志》。（俱晋江人。）　蒋励德化人。《寰宇志》无此名。　庄夏永春人。见《人物志》。

特奏名　谢齐石第二人。汝为之兄。　陈绾　林庚　张仲堪　廖德远　陈雷　戴举觉之弟。（俱晋江人。）

武举　谢谠伯切之玄孙。任省仓。　王造　林岳（俱晋江人。）

十一年甲辰卫泾榜　赵师瑛[102]　郑革通判汀州。　陈克勤　石大昌起之弟。　蔡廷发[103]见《人物志》。　陈孝谦　石应孙大昌之子。　储用见《人物志》。（俱晋江人。）　苏权德化人。钦之孙。再世居仙游。历知雷、新、封、辰四州。

特奏名　林奭第二人。　唐棶　黄忠　詹利正　张才　柯造　彭缜　林左　李宋翰　夏伦[104]　郭洙（俱晋江人。）　陈宗　戴梦极[105]（俱永春人。）

武举　谢必万　张次仲次郭之弟。　张大用次用之弟。（俱晋江人。）

十二年乙巳两优释褐　颜棫永春人。《见人物志》。

十四年丁未王容榜　柯应辰知彰从侄。　赵善谧见《人物志》。　李天叙则之侄。　林克忠　李希宰[106]《寰宇志》作赵希宰。　赵汝章　蔡元秀　陈震见《人物志》。　杨昭嗣　林飞果之子。　吴逢原　李輶（俱晋江人。）郡志无李輶，而《寰宇志》有之，今增入。　王克恭南安人。见《人物志》。　林洽[107]德化人。见《人物志》。　连之瑞安溪人。《寰宇志》以为晋江人。

特奏名　王次皋[108]　林昭序昂之弟。　许调—[109]

许驷　杨特公允之子。（俱晋江人。）

绍熙元年庚戌余复榜　赵汝契　陈元翁良材之曾孙。　李宗达　赵善新汝契之父。　赵汝仿汝契之兄。见《人物志》。　陈烨辉，《寰宇志》作烨。　薛纯儒　邓一名[110]　吴丰达老之侄。（俱晋江人。）《寰宇志》无此名。　薛舜俞同安人。见《人物志》。　陈一新永春人。见《人物志》。

特奏名　曾应震[111]　林伯山伯寿之兄。　林伯春伯山之弟。　江沂[112]常之侄。　朱孔阳文明之侄。　吴宪[113]冈之从侄。　夏子悱　张梦弼　丘如阜　陈嘉言　黄兴诗　洪庚　许钧　洪茂　陈敳登之弟。　吴梦得　杨治凤　吴甄[114]冈之从侄。　叶廷佑[115]升之孙。　杨泳之楷之兄。　王铎韦之子。　苏振土凤之兄。　刘振宗　陈朴（俱晋江人。）　王子新永春人。（《永春县志》以张梦弼为其邑人。）

武举　萧天与振之子。　郑叔良　林伯玉伯春之弟。（俱晋江人。）

四年癸丑陈亮榜　谢赐衮之孙。　陈晃　赵善谥[116]善谥之弟。以文称。知颍州。　赵师瑀一作瑁。　方元震硕之孙。　杨仕豁见《人物志》。　王冲远（俱晋江人。）　薛舜庸见《人物志》。　刘孟虎通判兴化军。（俱同安人。）

特奏名　郭起　洪祚　赖锐　柯藩　陈山甫致柔之侄孙。（俱晋江人。）　颜迥永春人。

武举　林一飞　庄舒特奏。（俱晋江人。）

庆元元年乙卯释褐　覃恩　黄以宁见《人物志》。（俱永春人。）

二年丙辰邹应龙榜　钱德谦[117]大荣之孙。见《人物志》。　杨复礼孔昭之孙。　赵善嵩　王克有之子。　尤宜中　尤异宜中之兄。　林梦亶　徐伯嵩光实之从孙。　陈槱良才之孙。　赵汝倕善新之孙。　赵邹夫　赵汝佞[118]　陈摶　陈模朴之从弟。见《人物志》。　林孟肃　徐履正伯嵩之弟。　傅壅伯成之子。见《人物志》。（俱晋江人。）　苏汉　陈洽见《人物志》。（俱同安人。）《寰宇志》无陈洽。　林瀛德化人。洽之弟。国子监簿。　陈模朴之弟。知梅州。　陈易　姚选（俱永春人。《寰宇志》无陈模，郡志又无陈易、姚选，而《寰宇志》有之，今增入。）　连三益安溪人。之瑞之从弟。见《人物志》。　谢宜中知录。　吴囦达老之孙。见《人物志》。（俱惠安人。）

特奏名　张履　吴文发　许寓　唐庚楙之弟。　郑众　王伯修克之兄。　陈昌克[119]　施泽　陈力行　陈怀忠　陈崧卿　林藏机　杨要　林冠英子蒙之兄。（俱晋江人。）

武举　廖叔政见《人物志》。　陈汝刚　谢学礼　吴文益文发之弟。（俱晋江人。）

五年己未曾从龙榜　曾从龙初名一龙，第一人，因赐今名。见《人物志》。　赵时和《寰宇志》作时豪。省元。　傅烈[120]见《人物志》。　赵公觊　吴克逭[121]庭坚之子。　陈孝通　程源　陈矶　赵艺夫　杨士宏　吕克广　吕桧[122]（俱晋江人。）《寰宇志》无吕桧。　黄圭德化人。海丰簿。《寰宇志》无黄圭。　林万见《人物志》。　郑宋臣（俱永春人。）　余诚之　余克济诚之从弟。见《人物志》。（俱安溪人。《寰宇志》以余诚之为晋江人。）

特奏名　方焕[123]　吴作霖　吕袭靖之子。　杨丰黄次曾确之子。 林鼎植之曾孙。 吴与 唐范庚之兄。 黄屿 石寅 留文瑞正之族侄。 蔡嘉绍之子。 陈叔董 吴士先[124] 李三接纯臣之子。 董康民 吴舆 辜大卿[125]

嘉泰二年壬戌傅行简榜 陈用赋魁。 林儒藻 赵汝梧善谥之子。 赵希赞 谢居正芷之侄。 陈邃 陈宗�[126]知新州。 钱祖成 赵汝恕 吴朝章 丘迪嚞 马遇 杨仪庭 李兴诗 庄士贵(俱晋江人。) 吴子斌[127]同安人。通判肇庆府。 黄龟明[128]圭之侄。历梧州推官、抚州教授。 郑轮见《人物志》。(俱德化人。)

特奏名 黄谦 白承休 卢迪 张宏休 戴梦中 林奕 陈炎(俱晋江人。)

开禧元年乙丑毛自知榜 罗知古通判兴化军。 陈翊 曾治风从龙之弟。 王有声 陈德新 徐挺[129]履正之族兄。 赵偤夫[130]邹夫之从弟。 陈亨辰 黄尹 陈亨衢 杨景陆[131]见《人物志》。 吴彬建宁司法。 赵彦佻 黄应甲[132] 赵汝褎知施州。 赵汝音汝褎之从弟。知欝林州。 施梦说 苏凯之(俱晋江人。) 颜槦棫之族弟。见《人物志》。 郑炀(俱永春人。《寰宇志》无此二人。)

特奏名 郑南一 徐浩 蔡子衡(俱晋江人。) 郑子春永春人。 吴寅冈之子。惠安人。知莆田县,尤工诗。

博学宏词科 留元刚永春人。正之孙。见《人物志》。

嘉定元年戊辰郑自诚榜 杨保中士诚之子。 洪飞英 纪用可久裔孙。 留大用正之侄孙。 谢南式 赵公逓 刘用行昌言七世孙。见《人物志》。 杨寅翁见《人物志》。 林时中 留良正之族侄。 王世英积之族弟。

陈孝仁[133]　林首善杆之孙。　陈屿屿，《寰宇志》作玙。（俱晋江人。郡志无杨寅翁、林时中，而《寰宇志》有之，今增入。）林鸾德化人。苏州推官。《寰宇志》无此名。　庄任[134]见《人物志》。　黄学行颇言之侄。见《人物志》。（俱惠安人。）

特奏名　梁俶克家之族侄。　陈庆炎　董璪　阮良[135]　高洙（俱晋江人。）　林端行永春人。

武举　谢学诗晋江人。学礼之兄。

四年辛未赵建大榜　郑思议[136]　黄枢才　王伯震　苏思恭见《人物志》。　杨斗南齐雄之孙。　王传烈[137]　赵汝啬汝音之弟。　赵希瑶　赵汝櫄　赵兴侀[138]希宰之侄。　赵汝佟[139]善新之子。见《人物志》。　赵善㝲善嵩之弟。　王度　赵南一本作谢南。　曾子厚恕之从侄。留广运[140]　傅天骥烈之从弟。见《人物志》。（俱晋江人。）留瑞永春人。正之从侄。

特奏名　曾寿秘之从弟。　陈汝坚　陈可　陈萑　陈问礼[141]（俱晋江人。）　陈克俊永春人。

七年甲戌袁甫榜　柯汪知彰之子。　张锐　陈仁爵　赵必魁　赵希洁伯遏之孙。　刘崇卿　高行义倬之孙。　陈子木　赵希婴希遏之孙。　赵汝熊　王节伯震之从弟。戊辰赋魁。　赵希秬师瑁之子。　赵汝䉶　郭宗履　陈祐　陈洪见《人物志》。　苏伯承（俱晋江人。《南安县志》以陈洪为其邑人。）　许巨川[142]同安人。知泉州。文行为后进楷范。　黄霆发德化人[143]。

特奏名　周郁　傅思义[144]　林德进（俱晋江人。）

十年丁丑吴潜榜　李熙绩[145]　王仲高　吴迈　赵汝琈　曾天麟从龙之弟。　李舜举熙绩之从弟。　黄必昌见《人物志》。 赵崇伯 赵善沧 赵希璋 杨华(俱晋江人。) 留元英[146]永春人。正之孙。见《人物志》。

特奏名 陈立礼第二人。 叶准 董祃通判南剑州。 张梦龙(俱晋江人。) 孙瑞 林仲[147](俱永春人。)

十三年庚辰刘渭榜 董洪第二人。见《人物志》。 蔡次传思之侄孙。监察御史,直秘阁。 陈浩洪之弟。连城令。《南安县志》以为其邑人。 林叔震伯玉之侄。 王袭龙节之弟。 萧逮之[148] 黄时中 杨骥 陈霖忠节。见《人物志》。 唐僧介 赵时焕见《人物志》。 赵与才 颜若愚 赵希赐[149](俱晋江人。《寰宇志》无萧逮之。) 庄序永春人。

特奏名 王叔嘉 黄申孙 蔡明[150] 林克定(俱晋江人。)

武举 杨熊晋江人。

十五年壬午上舍释褐 陈桧寿[151]晋江人。

十六年癸未蒋重珍榜 王胄省元。见《人物志》。《永春县志》以王胄为其邑人。 钱宏 王炎震仲高之叔。 郑志果[152] 钱景良德谦之子。 赵必璋[153]必魁之兄。 傅齐伯成之侄。 陈伯璋[154]宗衢之弟。 柯应[155] 曾纯 林挺宗臣之从侄孙。 苏公永 李丽舜举之弟。 赵若武时豪之子,改名若僖。 赵师琇 赵希骠 陈帝臣□之弟[156]。 邓圣佑[157]童之子。 陈德复 周弢夫万之四世孙。 诸葛寅 林魁[158](俱晋江人)

特奏名 刘锐 黄作霖 许钚 杨泰之 何植 陈起炎 陈伦(俱晋江人。)

武举 石城晋江人。

宝庆二年丙戌王会龙榜　赵汝育汝音之弟。　赵与谌与秩之从弟。　蔡潜夫楫之侄孙。　赵善书善沧之从弟。　刘复昌言之五世孙。　蔡端夫　洪佐飞英之侄。　翁日就　赵师饷　赵善拨[159]赵必循　赵汝卞汝育之兄。　赵公迄　赵师寀[160]师琇之兄。　赵与秩[161]与谌之从兄。　王烈傅烈之弟。　吴洋　洪天锡飞英之子。见《人物志》。　胡淡　吴宜济洋之弟。(俱晋江人。)　徐雷开[162]德化人。　苏国兰德化人,居仙游。郡志无苏国兰,而《寰宇志》有之,今增入。

特奏名　陈震　谢发　林及　周元桀(俱晋江人。)　陈梦得永春人。

绍定二年己丑黄朴榜　魏国梁见《人物志》。　胡元衮淡之从弟。　赵崇醚汝佟之子。考之韵书无醚字,疑当作酪。《寰宇志》无此名。　陈龙用[163]补之孙。庄元成[164]　杨云龙上舍赋魁。寅翁之从弟。　赵崇谦[165]汝瑷之子。　赵希敆希婴之弟。　赵希橙[166]师王昌之子。　赵时实　叶明明,《寰宇志》作朋。　赵密夫　王元震(俱晋江人。)　王南一历知漳州。　吴燧见《人物志》。(俱同安人。)　陈霆震德化人。　林时杰万之从弟。永春人。《寰宇志》无此名。

特奏名　王日新　谢骏　黄章　陈时中国珍之从弟。　黄朝瑞[167]　陈用武　赵石　陈趾　吴梗　黄始振[168]　范明　陈维新　蔡辉　林应甲　陈雷焕[169]　朱鸾　陈振(俱晋江人。)

武举　黄朝举晋江人。

五年壬辰徐元杰榜　徐明叔伯嵩之子。见《人物志》。或以为绍兴中进士,误。　李桂高宗达之子。　聂德政　赵与纲[170]师瑟之孙。知揭阳县。　赵若凭　赵崇彪汝佟之子。　赵崇谱汝仿之子。　林禧子　赵时倕艺夫之子。　黄有孚　赵崇霓汝佟之子。　赵必楫[171]必循之弟。　蔡泽民元秀之子。　卓梦卿　黄朋甫有孚之弟。　傅遾天骥之从侄。　董振　黄梦烈(俱晋江人。《寰宇志》无傅遾。)　薛梦纯同安人。　陈晋接永春人[172]。

特奏名　周源弼夫之侄。　黄商楫申孙之弟。　户德常　杨景侃士豁之子。　彭卿月　陈孝一亨辰之弟。　陈楷模之弟。

武举上舍释褐　储申晋江人。

端平二年乙未吴叔告榜　赵希韬　王稼炳之孙。　赵若忠旧名若保。若愚之弟。　王登冲远之侄。　吴仲羽　赵希穰希橙之从兄。　傅应子遾之从叔。　张振仲[173]　黄瑞龙　柯洪汪之弟。　赵希琏　赵时澺[174]旧名时习。　赵珑夫从事郎。　赵时劲　林仲贤　史关　王履信冲远之子。(俱晋江人。《寰宇志》无赵希穰。)　许廷炜　刘半千(俱同安人。)　吴桂德化人。(《寰宇志》无赵希穰、刘半千、吴桂[175]。)

特奏名　曾功懋[176]　谢震声　陈岱　傅光遾之父。　曾邦哲　潘宗甫　陈尤(俱晋江人。)

嘉熙二年戊戌周坦榜　林真子　储应祥儒林郎。　傅直方应子之从弟。　蔡璞元秀之子。　黄春卿若时之侄孙。　傅坤厚直方之兄。　赵时沪　赵时捏[177]时劲之从兄。　赵希府　陈德任[178]　吴克广宜济之从兄。　赵奎夫(俱晋江人。)　林斐德化人。(《寰宇志》无赵奎夫、林斐。)

特奏名　洪濯天锡之从兄。　柯源肱之从侄。　方应

辰　陈仲丙(俱晋江人。)

淳祐元年辛丑徐俨夫榜　魏国佐国梁之弟。　颜若春若愚之弟。　魏必大国佐之从弟。　梁椿选省试经魁。　吴惠濯　赵孟遒与俩之弟。　赵崇玦汝琈之从弟。　赵孟泳　赵嗣嚞省元。若愚之从侄。　赵孟模　赵时焃时沪之兄。　赵时漌时实之从弟。　王廷瑞　王庚履信之弟。　谢士凤　庄与玠(俱晋江人。)　陈需光永春人。《寰宇志》以需光为四年进士。

特奏名　江涛　陈伯良谦之孙。　陈应恺　王廉举(俱晋江人。)　陈握永春人。

四年甲辰留梦炎榜　赵汧夫[179]　赵濒夫　赵崇璔[180]汝畬之子。　魏国龟国梁之从弟。　黄迈伦师谨之孙。　赵崇瑾汝卞之子。　赵与洁[181]师谨之孙。　赵时祩[182]　黄龟助　王必先廷瑞之从兄。　王履(俱晋江人。)

特奏名　王嗣翁庚之父。　陈震龙　郑轸轮之弟。　林应炎　陈扬甫[183]　王克济

七年丁未张渊微榜　吕中见《人物志》。　吕大圭[184]　赵若沪　苏天民　赵时煜时焃之弟。　赵与穑与楔之兄。　赵时芹芹,《寰宇志》作勤。珑夫之子。　陈钚研之侄孙。　谢垚　洪天骥天骥之从弟。　王卿云　赵穮夫　赵济夫[185]　赵沾夫　王序庚之弟。　朱时中(俱晋江人。)　林汝作德化人。源乳簿。　庄弥明永春人。　江奎惠安人。教授泉州。

特奏名　李真英　蔡士瑞[186]　陈洪进(俱晋江人。)　温得一永春人。

十年庚戌方逢辰榜　谢梦叶　李应午(俱晋江人)《寰

宇志》作逢午。　蔡义和永春人。　陈应靁　胡似翁(俱安溪人。)郡志无似翁，而《寰宇志》有之，今增入。

正奏　郑桂发晋江人。

特奏名　吴叶夫[187]永春人。

宝祐元年癸丑姚勉榜　郑帝俞永春人。　许登龙惠安人[188]。

正奏　黄福老惠安人。江州录事。

特奏名　曾子正永春人。

四年丙辰文天祥榜　田真子　林应嘉　吕岳签判英德府。　赵与遴　赵孟镭　蔡福嗣　郭龙发　林耸　赵若晋(俱晋江人。)　陈龙复见《人物志》。　吴有定(俱南安人。)　林时遇　王唐(俱永春人。)　黄岩孙台州录事。　谢次鲁分教南剑州。(俱惠安人。)

特奏名　吴仲明安溪人。

开庆元年己未周震炎榜　黄廷瑞安溪人。　黄瑞龙惠安人。教授台州。(《寰宇志》以此二人为景德三年进士，误。)

景定三年壬戌方山京榜　赵时著　谢梦符　黄克济　赵必功　赵时瑝　赵崇道　赵若林(俱晋江人。)　陈雷震永春人。

正奏　洪刘发晋江人。　薛作霖台州录事。　吴玉润知明州。(俱惠安人。)

特奏名　赵震龙　陈举龙(俱安溪人。)

咸淳元年乙丑阮登炳榜　陈德高永春人。　黄荣甫　赵由灿(俱安溪人[189]。)

四年戊辰陈文龙榜　施沆　林天泽　林沅(俱晋江人。)　陈遇龙　蔡方(俱永春人。)　陈应鳌　赵由烨[190]

《寰宇志》作烨。　陈雨润　薛梦传[191](俱安溪人。)

特奏名　董巨川安溪人。

七年辛未张镇孙榜　周钟　石天祥　赵孟塩[192]一作监。(俱晋江人。《寰宇志》又有林沅，盖即四年进士而重出也[193]。)

释褐　刘志学见《人物志》。　刘璧(俱同安人。)　赵次刘安溪人。

十年甲戌王龙泽榜　赵孟浛　刘叔智见《人物志》。(俱晋江人[194]。)

释褐　王思承[195]晋江人。

八行举　卢瞻惠安人。旧志不载何年，姑附于此。

〔元〕

延祐□□年□□□　吕大奎南安人。

至正元年辛巳乡试　卢琦惠安人。

二年壬午陈祖仁榜　卢琦见《人物志》。

二十二年壬寅乡试　周太初晋江人。同安教谕。

〔国朝〕

洪武三年庚戌乡试　陈章应　何德举(俱晋江县学。)

四年辛亥吴伯宗榜　陈章应见《人物志》。　何德举知县。(俱晋江人。)

洪武初乡试[196]旧志不载何年，姑志于此。　陈显　沈章刑部主事。　林刚中监察御史。(俱同安县学[197]。)

十七年甲子乡试　黄维清　周同生　杨体初(俱晋江县学[198]。)

十八年乙丑丁显榜　黄维清见《人物志》。　周同生保昌县丞转京卫知事。（俱晋江人。）　刘安生安溪人。

二十年丁卯乡试　吴安生　冯亮　颜润生[199]严州府训导。　魏慈生处州府教授。　郭居贤临武教谕。　杨琇潮阳知县。（俱晋江县学。）　郑正石康教谕。　吴贤孙教谕，升监察御史。（俱惠安县学。）

二十一年戊辰任亨泰榜　吴安生　冯亮（俱晋江人。）

二十三年庚午乡试　许同生鲁府典宝。　林弼　林维和大理寺副。　李仪凤（俱晋江县学。）　李容同安县学。　庄宗惠安县学。石康训导。

二十四年辛未许观榜　李容同安人。监察御史[200]。

二十六年癸酉乡试　林正中[201]宁乡教谕。　郭文昌[202]（俱晋江县学。）　徐鲤俊南安县学。经历。　陈隆松江府通判。　王中　陈福山（俱同安县学。）　陈敦[203]惠安县学。惠州教授。

二十七年甲戌张信榜　郭文昌晋江人。知县。　王中知县。　陈福山知县。（俱同安人。旧志是年有林惟和，而《登科录》不载，志盖误也。）

二十九年丙子乡试　李学敏[204]　吴逊　庄谦才　郑懋中见《人物志》。（上二人俱应天府中。已上俱府学。）　马保周府教授。　陈赐教授。　何安江山训导。（俱晋江县学。）　黄升　白兴　洪宗立（俱同安县学。）　陈遂惠安县学。广德州同知[205]。

三十年丁丑陈郊榜　庄谦才晋江人。左参议。

三十二年己卯乡试　薛用昭府学。　甄贯同安县学。终缮所正。　谢仙举伴读。　沈正嗣知县。（俱安溪县学。）

三十五年壬午乡试　倪维哲　谢敏(俱府学。)　林凤廷珪之子。　梁嗣隆琼山训导。(俱晋江县学。)　谢隆祖　康贤庆元训导。　欧阳隆祖金溪教谕。(俱同安县学。)　朱雅惠安县学。南康训导。

永乐元年癸未乡试　刘孔宗[206]　蔡惟溥　林良　赵仝弋阳教谕。　陈真河南教谕。　丘全绍兴训导。(俱府学。)　黄应晋江县学。　辜敏道　叶贤生教谕。(俱南安县学。)

二年甲申曾棨榜　黄应龙游知县。　林凤户部主事。　谢敏遂溪知县。　倪维哲刑部郎中。　蔡维溥钦州知州。　刘孔宗[207]山西布政司。右参议。　林良江浦知县。(俱晋江人。)　辜敏道南安人。临桂知县。

三年乙酉乡试　杨端仪炳世孙。第一人。　朱铎见《人物志》。　李斯义　柯应隆衡山知县。　黄敏(俱府学。)　留震晋江县学。　蒋畴　陈季良雷州训导。　李仲良训导。(俱南安县学。)是年福建《乡试录》无李仲良。　黄同安远训导。　陈文骥四会教谕。(俱同安县学。)　杨贤得安溪县学。县丞。　凌辉德化县学。　郑俊　余福(俱惠安县学[208]。)

四年丙戌林环榜　杨端仪吏部主事。　朱铎户部主事。　李斯义冈州判官。(俱晋江人。)　余福惠安人。抚州府知府,左迁太平府同知。

六年戊子乡试　丘重刑部郎中。　刘宣永春训导。　李祐泰州训导。　王纯礼(俱府学。)　陈公爵乌程知县。　胡守宗(俱晋江县学。)　陈毅南安县学。知县。　林挺户部郎中。　陈显宗　刘时道杭州通判。　张孝纲余姚主簿。(俱同安县学。)　朱雅　陈遂(俱惠安县学[209]。)

七年己丑萧时中榜　叶赐[210]同安人。长兴知县。

九年辛卯乡试　林安复姓陈。见《人物志》。　林仪凤　曾济　傅沇　卓真教谕。(俱府学。)　林广晋江县学。山阳教谕。　蒋畴南安县学。是科福建《乡试录》无蒋畴。

十年壬辰马铎榜　胡守宗晋江人。吏部员外郎。　蒋畴南安人。陕西道监察御史。　凌辉德化人。江西按察司副使。

十二年甲午乡试　杨和陕西按察司佥事。　徐升堂　陈有曾朝阳训导。　吴应宗　傅沇　林礼　陈应良　林凤仪[211]河南道监察御史。　吴凯卫经历。(俱府学。)　吴靖黄梅教谕。　罗闰　蔡辉(俱晋江县学。)　王瓒古城教谕。南安县学。　张守庸　白尚德　张衡(俱同安县学。)　蒋应德化县学。　陈除国子助教。　陈浚训导,历山东道监察御史。(俱惠安县学。是科福建《乡试录》无吴应宗、溥沇、林凤仪。)

十三年乙未陈循榜　林安重庆知府。　吴应宗户部主事。　罗闰广东按察司副使。　傅沇义乌知县。　陈应良湖广道监察御史。(俱晋江人。)　张守庸同安人。

十五年丁丑乡试　王彦英　李英　郑文钦　杨参　许塘[212]　张节(俱府学。)　陈道曾　何季[213]　曾孟初光禄署丞。　王耀武宁知县。　朱鉴见《人物志》。　王立　陈满长沙通判。(俱晋江县学。)　赵庚化州同知。　庄莅长乐知县。　何惠生训导。(俱南安县学。)　徐荣　蔡昭　薛阳生宿迁教谕。(俱同安县学。)　蔡恭　苏观南昌通判。　叶禛顺义教谕。　涂完[214]江浦知县。(俱惠安县学。)

十六年戊戌李骐榜　曾济茂名知县。　王彦英山西布政司左参议。　陈道曾[215]见《人物志》。（俱晋江人。）　白向德[216]同安人。　蔡恭惠安人。

十八年庚子乡试　徐陟　郭全宁都教谕。（俱府学。）　陈璲晋江县学。　彭寿南安县学。昌化教谕。　李让太平教授。　李贤祐　李玹金华知县。（俱同安县学。）　曾灏德化县学。琼山主簿。　翁进永春县学。　冯榖[217]教谕。　林信（俱安溪县学。是科福建《乡试录》无李玹。）

十九年辛丑曾鹤龄榜　徐升堂　柯季徐闻知县。（俱晋江人。）

二十一年癸卯乡试　何观府学。象山知县。　黄贵国子助教。　杨盛基（俱晋江县学。）　王智西安县学。　李玹同安县学。任知县。　陈荣惠安县学。

二十二年甲辰邢宽榜　李贤[218]同安人。户部员外郎。

宣德元年丙午乡试　洪显右长史。　李宗孟（俱南安县学。）　黄杲永春县学。

四年己酉乡试　陈智万全卫经历。　陈永江川王府教授。（俱府学。）　王文晋江县学。博罗训导。　吴爵南安县学。信宜教谕。　余英德化县学。

七年壬子乡试　冯观[219]府学。揭阳训导。　罗裕安溪县学。

十年乙卯乡试　黄凯府学。感恩训导。　崔惠石城教谕。　黄宁儋州学正，升通判。（俱晋江县学。）　陈时敏南安县学。彭泽教谕。　陈性同同安县学。遂平教谕。　张晔惠安县学。袁州训导。

正统三年戊午乡试　薛满南安县学。合浦训导。

六年辛酉乡试　庄敏晋江县学。　叶普亮同安县学。

詹靖安溪县学。开州同知。　吴昴惠安县学。衢州训导。

九年甲子乡试　林瑺晋江县学。

十年乙丑商辂榜　庄敏雷州知府。晋江人。

十二年丁卯乡试　张宽府学。台州教授。　温良第三人。中书舍人。晋江县学。　吕大宜同安县学。是科福建《乡试录》无此名。

十三年戊辰彭时榜　叶普亮同安人。监察御史。

景泰元年庚午乡试　林同　陈亮黄县教谕。(俱府学。)　丘璧重之子。　陈彝端州通判。　庄谏(俱晋江县学。)　彭麟南安县学。龙川教谕。　黄观同安县学。　李昱[220]安溪县学。南丰知县。　柳盛王府教授。　庄琦归善训导。(俱惠安县学。)

四年癸酉乡试　杨智府学。　林嗯　张复(俱晋江县学。)　林纪[221]寿州同知。　陈琳泰顺知县。(俱同安县学[222]。)

七年丙子乡试　黄恭贵之子。诏州通判。　林秀徐闻训导。(俱晋江县学。)　吴琛惠安县学。吴川训导。

天顺元年丁丑黎淳榜　黄观同安人。

三年己卯乡试　李汝嘉　陈璇　崔常[223]晋江县学。高州训导。　傅凯　谢宁惠安县学。

六年壬午乡试　包文第三人。　张贤青州教授。(俱晋江县学。)

八年甲申彭教榜　李汝嘉衢州知府。　杨智化州知州。(俱晋江人。)

成化元年己酉[224]乡试　赵琁第一人。　黄渊　应璇第四人。(俱晋江县学。)　蒋镛南安县学。　庄政惠安县学。

二年丙戌罗伦榜　包文户部员外郎。　赵琁广州提学佥事。（俱晋江人。）　谢宁惠安人。刑部主事。

四年戊子乡试　赵钦青平教谕。　庄恭（俱府学。）　杨勃[225]学录。（俱晋江县学。）

五年己丑张升榜　庄恭晋江人。江西按察司副使。

七年辛卯乡试　王埙晋江县学。

八年壬辰吴宽榜　黄宽晋江人。诸暨知县[226]。

十年甲午乡试　李聪　李信（俱府学。）　林迪晋江县学。　周源同安县学。　吴礼永春县学。　陈睿惠安县学。

十一年乙未谢迁榜　陈睿惠安人。揭阳知县，迁户部主事。

十三年丁酉乡试　蔡清晋江县学。第一人。　陈澄德化县学。胶州学正。　陈暲安溪县学。武康教谕。

十四年戊戌曾彦榜　傅凯南安人。户部郎中。　周源同安人。知县。

十六年庚子乡试　李雍　杨振（俱府学。）　黄正晋江县学。　胡询南安县学。

十九年癸卯乡试　张旺　徐琪（俱府学。）　留芳　林琚　蒋厚道[227]　谢洞（俱晋江县学。）　洪敏同安县学。　庄熙永春县学[228]。

二十年甲辰李旻榜　蔡清晋江人。　胡询南安人。

二十二年丙午乡试　林颇第四人。　王镔　黄铭　石宗　郑贤　郑奎　赵瑺（俱府学。）　田嵓　庄荣　萧存（俱晋江县学。）　林辂第一人。同安县学。　张经　庄鹏　陈升（俱惠安县学。）

校 注

[1] 贞元八年应为“壬申”，此作“壬寅”误。

[2] 万历《泉州府志·人物》尚有“贞元十八年许稷，元和十三年潘存寔”。

[3] 乾隆《泉州府志·选举》作“李景谦榜”。

[4] 乾隆《泉州府志·选举》作“南安人”。

[5] 万历《泉州府志·人物》及乾隆《泉州府志·选举》均作“李俊”。

[6] 万历《泉州府志·人物》及乾隆《泉州府志·选举》均作“陈诂、陈在中”。

[7] 万历《泉州府志·人物》及乾隆《泉州府志·选举》均作“钱贞吉”。

[8] 万历《泉州府志·人物》及乾隆《泉州府志·选举》均作“林贞干”。

[9] 乾隆《泉州府志·选举》作“谢徽”。

[10] 乾隆《泉州府志·选举》作“天禧三年己未王整榜”。

[11] 万历《泉州府志·人物》及乾隆《泉州府志·选举》均作“张沛”。

[12] 万历《泉州府志·人物》及乾隆《泉州府志·选举》均作“柯庆文，南安人”。

[13] 乾隆《泉州府志·选举》作“刘半千，同安人”。

[14] 万历《泉州府志·人物》及乾隆《泉州府志·选举》均作“宋宜”。

[15] 万历《泉州府志·人物》及乾隆《泉州府志·选举》均作“郑方”。

[16] 万历《泉州府志·人物》及乾隆《泉州府志·选举》均作“陈侁”。

[17] 万历《泉州府志·人物》及乾隆《泉州府志·选举》均作“林祯，贞干之子”。

[18] 乾隆《泉州府志·选举》作“吕琦，南安人”。

[19] 乾隆《泉州府志·选举》作“石选，同安人”。

[20] 万历《泉州府志·人物》及乾隆《泉州府志·选举》均作“童孝扬”。

[21] 万历《泉州府志·人物》及乾隆《泉州府志·选举》均作“杨拯”。

[22] 万历《泉州府志·人物》及乾隆《泉州府志·选举》均作“杨琯”。

[23] 皇祐元年为己丑，此作“乙丑”误。

［24］万历《泉州府志·人物》及乾隆《泉州府志·选举》均作“曾鲠”。

［25］万历《泉州府志·人物》及乾隆《泉州府志·选举》均作“杨绶”。

［26］乾隆《泉州府志·选举》作“钱效，南安人”。

［27］乾隆《泉州府志·选举》作“吕惠卿，南安人”。

［28］乾隆《泉州府志·选举》作“柯世程，南安人”。

［29］万历《泉州府志·人物》和乾隆《泉州府志·选举》均作“蔡确”。

［30］乾隆《泉州府志·选举》作“林世规，南安人”。

［31］万历《泉州府志·人物》及乾隆《泉州府志·选举》均作“李伯亨”。

［32］乾隆《泉州府志·选举》作“吕升卿，南安人”。

［33］乾隆《泉州府志·选举》作“卓天宜，晋江人”。

［34］乾隆《泉州府志·选举》作“杨璟”。

［35］万历《泉州府志·人物》及乾隆《泉州府志·选举》均作“韩则”。

［36］万历《泉州府志·人物》及乾隆《泉州府志·选举》尚有“吴经”。

［37］万历《泉州府志·人物》及乾隆《泉州府志·选举》均作“苏驷”。

［38］万历《泉州府志·人物》及乾隆《泉州府志·选举》均作“丁澥”。

［39］万历《泉州府志·人物》及乾隆《泉州府志·选举》尚有“陈淑”。

［40］万历《泉州府志·人物》及乾隆《泉州府志·选举》均作“刘镃”。

［41］乾隆《泉州府志·选举》作“何炤”。

［42］万历《泉州府志·人物》及乾隆《泉州府志·选举》均作“黄晒”。

［43］乾隆《泉州府志·选举》作“林元定，南安人”。

［44］乾隆《泉州府志·选举》作“张过，南安人”。

［45］万历《泉州府志·人物》作“卢杞”。

［46］万历《泉州府志·人物》及乾隆《泉州府志·选举》均作“郑雄飞”。

［47］万历《泉州府志·人物》作“王传夔”。

［48］万历《泉州府志·人物》及乾隆《泉州府志·选举》均作“吕之才”。

［49］万历《泉州府志·人物》及乾隆《泉州府志·选举》均作“黄胜”。

［50］万历《泉州府志·人物》及乾隆《泉州府志·选举》均作“戴天常”。

［51］乾隆《泉州府志·选举》作“原名吴大经，后名吴天经”。

［52］万历《泉州府志·人物》及乾隆《泉州府志·选举》尚有“陈敦仁”。

［53］万历《泉州府志·人物》及乾隆《泉州府志·选举》均作“王彦中”。

［54］万历《泉州府志·人物》及乾隆《泉州府志·选举》均作“政和

五年”。

[55] 万历《泉州府志·人物》及乾隆《泉州府志·选举》均作“陈良才”。

[56] 万历《泉州府志·人物》作“东汝楫”。

[57] 万历《泉州府志·人物》作“黄与靡”。

[58] 万历《泉州府志·人物》及乾隆《泉州府志·选举》均增“蔡肱、杨藩”。

[59] 万历《泉州府志·人物》及乾隆《泉州府志·选举》均作“陈致柔”。

[60] 万历《泉州府志·人物》及乾隆《泉州府志·选举》均作“柯偶”。

[61] 乾隆《泉州府志·选举》尚有“黄权,武平人”。

[62] 乾隆《泉州府志·选举》作“杨宏才”。

[63] 万历《泉州府志·人物》作“傅惟康”,乾隆《泉州府志·选举》作“南安人”。

[64] 万历《泉州府志·人物》作“吴中孚”。

[65] 万历《泉州府志·人物》及乾隆《泉州府志·选举》均作“吴希”。

[66] 万历《泉州府志·人物》及乾隆《泉州府志·选举》均作“蔡义可”。

[67] 万历《泉州府志·人物》及乾隆《泉州府志·选举》均作“傅惟深,南安人”。

[68] 万历《泉州府志·人物》及乾隆《泉州府志·选举》均作“黄民师”。

[69] 万历《泉州府志·人物》及乾隆《泉州府志·选举》均作“公传”。

[70] 万历《泉州府志·人物》及乾隆《泉州府志·选举》均作“陈石”。

[71] 乾隆《泉州府志·选举》作“陈知柔,晋江人”。

[72] 万历《泉州府志·人物》及乾隆《泉州府志·选举》均作“蔡燠”。

[73] 万历《泉州府志·人物》及乾隆《泉州府志·选举》均作“赵伯茂”。

[74] 乾隆《泉州府志·选举》作“江致尧,惠安人”。

[75] 万历《泉州府志·人物》作“郑公坦”。

[76] 绍兴二十一年辛未应为赵逵榜,此作“赵骙榜”误。

[77] 万历《泉州府志·人物》及乾隆《泉州府志·选举》均作“李羲”。

[78] 万历《泉州府志·人物》及乾隆《泉州府志·选举》均将黄适列入“绍兴二十七年丁丑王十朋榜”。

[79] 万历《泉州府志·人物》及乾隆《泉州府志·选举》均作“陈谐”。

[80] 乾隆《泉州府志·选举》作“杨景申,安溪人”。

［81］万历《泉州府志·人物》将杨梦龄列入绍兴二年壬子张九成榜，未知孰是。

［82］万历《泉州府志·人物》及乾隆《泉州府志·选举》均作“赵汝漶”。

［83］万历《泉州府志·人物》尚有“黄惟之”。

［84］万历《泉州府志·人物》及乾隆《泉州府志·选举》均作“陈镐”。

［85］万历《泉州府志·人物》及乾隆《泉州府志·选举》均作“曾植”。

［86］黄万顷已见绍兴二十七年王十朋榜，此似重复。

［87］万历《泉州府志·人物》及乾隆《泉州府志·选举》均作“许亚璟”。

［88］万历《泉州府志·人物》及乾隆《泉州府志·选举》均作“张公涣”。

［89］万历《泉州府志·人物》及乾隆《泉州府志·选举》均作“傅祐”，乾隆府志并作“南安人”。

［90］万历《泉州府志·人物》作“林楙”。

［91］万历《泉州府志·人物》及乾隆《泉州府志·选举》均作“蔡天若”。

［92］万历《泉州府志·人物》作“陈诜”。

［93］万历《泉州府志·人物》及乾隆《泉州府志·选举》均作“林杲”。

［94］万历《泉州府志·人物》及乾隆《泉州府志·选举》均作“石起宗”。

［95］万历《泉州府志·人物》及乾隆《泉州府志·选举》均作“郑昭子”。

［96］万历《泉州府志·人物》及乾隆《泉州府志·选举》均作“赵伯逿”。

［97］万历《泉州府志·人物》作“庄传”。

［98］万历《泉州府志·人物》及乾隆《泉州府志·选举》均作“曾秘”，列入“乾道五年己丑郑侨榜”。

［99］万历《泉州府志·人物》作“黄礶”。

［100］万历《泉州府志·人物》及乾隆《泉州府志·选举》均作“张次郭”。

［101］万历《泉州府志·人物》及乾隆《泉州府志·选举》均作“王世绩”。

［102］万历《泉州府志·人物》及乾隆《泉州府志·选举》均作“赵师琹”。

［103］万历《泉州府志·人物》及乾隆《泉州府志·选举》均作“蔡霆发”。

［104］万历《泉州府志·人物》及乾隆《泉州府志·选举》均作“夏徐”。

［105］万历《泉州府志·人物》作“戴梦拯”，乾隆《泉州府志·选举》作“戴梦振”。

［106］万历《泉州府志·人物》及乾隆《泉州府志·选举》均作“赵希宰”。

［107］乾隆《泉州府志·选举》作“林谷”。

［108］万历《泉州府志·人物》及乾隆《泉州府志·选举》均作“王汝皋”。

［109］万历《泉州府志·人物》及乾隆《泉州府志·选举》均作“许谓一”。

［110］万历《泉州府志·人物》及乾隆《泉州府志·选举》均作“邓一鸣”。

［111］万历《泉州府志·人物》及乾隆《泉州府志·选举》均作“曾应辰”。

［112］乾隆《泉州府志·选举》作“江沂，惠安人”。

［113］乾隆《泉州府志·选举》作“吴宪，惠安人”。

［114］乾隆《泉州府志·选举》作“吴甄，惠安人”。

［115］万历《泉州府志·人物》及乾隆《泉州府志·选举》均作“叶廷祐”。

［116］乾隆《泉州府志·选举》作“赵善谥”。

［117］乾隆《泉州府志·选举》作“钱德谦，南安人”。

［118］万历《泉州府志·人物》及乾隆《泉州府志·选举》均作“赵汝侒”。

［119］万历《泉州府志·人物》及乾隆《泉州府志·选举》均作“陈克昌”。

［120］乾隆《泉州府志·选举》作“傅烈，南安人”。

［121］万历《泉州府志·人物》及乾隆《泉州府志·选举》均作“吕克导”。

［122］万历《泉州府志·人物》及乾隆《泉州府志·选举》均作“吴桧”。

［123］万历《泉州府志·人物》作“方涣”。

［124］万历《泉州府志·人物》及乾隆《泉州府志·选举》均作“吴士元”。

［125］万历《泉州府志·人物》作“辜太卿”。

［126］万历《泉州府志·人物》及乾隆《泉州府志·选举》均作“陈宗衢”。

［127］乾隆《泉州府志·选举》作“吴子赋”。

［128］万历《泉州府志·人物》作“黄龟朋”。

［129］万历《泉州府志·人物》作“徐梃”。

［130］万历《泉州府志·人物》及乾隆《泉州府志·选举》均作“赵犹夫”。

［131］乾隆《泉州府志·选举》作“杨景隆”。

［132］万历《泉州府志·人物》作“杨应申”。

［133］万历《泉州府志·人物》及乾隆《泉州府志·选举》均作“陈孝良”。

［134］万历《泉州府志·人物》及乾隆《泉州府志·选举》均作“庄壬”。

［135］万历《泉州府志·人物》及乾隆《泉州府志·选举》均作“董瓌、阮艮。”

［136］万历《泉州府志·人物》作“郑思成”，乾隆《泉州府志·选举》作“郑思忱”。

［137］乾隆《泉州府志·选举》作“王傅烈”。

［138］万历《泉州府志·人物》及乾隆《泉州府志·选举》均作“赵与俐”。

［139］万历《泉州府志·人物》作“赵汝修”。

［140］万历《泉州府志·人物》及乾隆《泉州府志·选举》均作“刘广运”。

［141］万历《泉州府志·人物》及乾隆《泉州府志·选举》均作“陈闻礼”。

［142］乾隆《泉州府志·选举》作“许巨州”。

［143］乾隆《泉州府志·选举》尚有“杨伯安”。

［144］乾隆《泉州府志·选举》作“傅思义，南安人”。

［145］万历《泉州府志·人物》及乾隆《泉州府志·选举》均作“李熙绩”。

［146］乾隆《泉州府志·选举》作“留元英，晋江人”。

［147］万历《泉州府志·人物》作“林伸”。

［148］万历《泉州府志·人物》及乾隆《泉州府志·选举》均作“萧迈之”，但乾隆府志注“一作遾之”。

［149］万历《泉州府志·人物》及乾隆《泉州府志·选举》均作“赵希旸”。

［150］万历《泉州府志·人物》及乾隆《泉州府志·选举》均作“蔡朋”。

［151］万历《泉州府志·人物》及乾隆《泉州府志·选举》均作“陈椿寿”。

［152］万历《泉州府志·人物》及乾隆《泉州府志·选举》均作“郑至果”。

［153］万历《泉州府志·人物》及乾隆《泉州府志·选举》均作“赵必彰”。

［154］万历《泉州府志·人物》作“陈伯彰”。

［155］万历《泉州府志·人物》及乾隆《泉州府志·选举》均作“柯应明”。

［156］万历《泉州府志·人物》作“陈臣”，乾隆《泉州府志·选举》作“屿之弟”。

［157］乾隆《泉州府志·选举》作“邓圣祐”。

［158］万历《泉州府志·人物》及乾隆《泉州府志·选举》均作“林魁辰”。

［159］万历《泉州府志·人物》作“赵善玻”。

［160］万历《泉州府志·人物》作“赵师霖”。

［161］万历《泉州府志·人物》作“赵兴秩”。

［162］万历《泉州府志·人物》作“雷闻”。

［163］万历《泉州府志·人物》及乾隆《泉州府志·选举》均作“陈龙周”。

［164］万历《泉州府志·人物》作“庄元成”。

［165］万历《泉州府志·人物》及乾隆《泉州府志·选举》均作“赵崇镰”。

［166］万历《泉州府志·人物》及乾隆《泉州府志·选举》均作“赵希攲”。

［167］万历《泉州府志·人物》作“王朝瑞”。

［168］乾隆《泉州府志·选举》作“黄始振，安溪人”。

［169］乾隆《泉州府志·选举》作“陈雷焕，安溪人”。

［170］万历《泉州府志·人物》作“聂德进、赵与钢”。

［171］万历《泉州府志·人物》作“赵必缉”。

［172］乾隆《泉州府志·选举》作“陈晋接，晋江人”。

［173］万历《泉州府志·人物》作“张仲振”。

［174］万历《泉州府志·人物》及乾隆《泉州府志·选举》均作“赵时亿”。

［175］乾隆《泉州府志·选举》增“唐梦斧，安溪人”。

［176］乾隆《泉州府志·选举》作“曾公懋”。

［177］万历《泉州府志·人物》作“赵时炉、赵时涅”。

［178］万历《泉州府志·人物》作“陈德壬”。

［179］万历《泉州府志·人物》及乾隆《泉州府志·选举》均作“赵洴夫”。

［180］万历《泉州府志·人物》及乾隆《泉州府志·选举》均作“赵崇增”。

［181］乾隆《泉州府志·选举》作“赵与素”。

［182］万历《泉州府志·人物》及乾隆《泉州府志·选举》均作“赵时梜”。

［183］万历《泉州府志·人物》及乾隆《泉州府志·选举》均作“赵阳甫”。

［184］乾隆《泉州府志·选举》作“吕大丰，南安人”。

［185］万历《泉州府志·人物》作“赵穮夫、赵霁夫”。

［186］万历《泉州府志·人物》及乾隆《泉州府志·选举》均作“蔡士端”。

［187］万历《泉州府志·人物》作“吴华夫”。

［188］乾隆《泉州府志·选举》尚有“杨必丈”。

［189］乾隆《泉州府志·选举》尚有“咸淳三年特奏名赵必辞”。

［190］万历《泉州府志·人物》作“赵由晔”，乾隆《泉州府志·选举》作“赵由皣”。皣，字典无此字，应是晔。

［191］乾隆《泉州府志·选举》作“薛梦傅”。

［192］万历《泉州府志·人物》及乾隆《泉州府志·选举》均作“石大祥、赵孟瑥”。

［193］乾隆《泉州府志·选举》尚有“傅定保，晋江人”。

［194］万历《泉州府志·人物》及乾隆《泉州府志·选举》尚有“林介卿”。

［195］万历《泉州府志·人物》及乾隆《泉州府志·选举》均作“黄思诚”。

［196］乾隆《泉州府志·选举》作“洪武五年壬子科”。

［197］乾隆《泉州府志·人物》尚有“庄济翁”。

［198］万历《泉州府志·人物》及乾隆《泉州府志·选举》尚有“刘安生，府学，安溪人”。

［199］万历《泉州府志·人物》及乾隆《泉州府志·选举》均作“颜闰生”。

［200］乾隆《泉州府志·选举》尚有“林维和”。

［201］万历《泉州府志·人物》及乾隆《泉州府志·选举》均作“柯正中”。

［202］万历《泉州府志·人物》作“郑文昌”。

［203］万历《泉州府志·人物》及乾隆《泉州府志·选举》均作“陈勃”。

［204］万历《泉州府志·人物》及乾隆《泉州府志·选举》均作“李敏学”。

［205］万历《泉州府志·人物》及乾隆《泉州府志·选举》尚有“高显宗、诸葛珙”。

［206］万历《泉州府志·人物》作“刘孔礼”。

［207］万历《泉州府志·人物》作“刘孔礼”。

［208］万历《泉州府志·人物》及乾隆《泉州府志·选举》尚有“薛克铭”。

［209］万历《泉州府志·人物》及乾隆《泉州府志·选举》尚有“叶旸”。

［210］万历《泉州府志·人物》及乾隆《泉州府志·选举》作“叶旸”。

［211］万历《泉州府志·人物》作“林仪凤”。

［212］万历《泉州府志·人物》及乾隆《泉州府志·选举》作“许一塘”。

［213］万历《泉州府志·人物》及乾隆《泉州府志·选举》作“柯季”。

［214］万历《泉州府志·人物》及乾隆《泉州府志·选举》均作“叶祯、涂元”。

［215］万历《泉州府志·人物》作“陈道会”。

［216］万历《泉州府志·人物》及乾隆《泉州府志·选举》均作“白尚德”。

［217］万历《泉州府志·人物》及乾隆《泉州府志·选举》均作“冯谷”。

［218］万历《泉州府志·人物》及乾隆《泉州府志·选举》均作“李贤祐”。

［219］乾隆《泉州府志·选举》作“马观”。

［220］万历《泉州府志·人物》及乾隆《泉州府志·选举》均作“李煜”。

［221］乾隆《泉州府志·选举》作“林玘”。

［222］乾隆《泉州府志·选举》尚有“黄宽”。

［223］万历《泉州府志·人物》及乾隆《泉州府志·选举》均作“崔瑺”。

［224］成化元年属乙酉，此作“己酉”误。

［225］乾隆《泉州府志·选举》作“杨渤”，但列入“成化十三年丁酉科”。

［226］乾隆《泉州府志·选举》尚有“吴文度”。

［227］万历《泉州府志·人物》及乾隆《泉州府志·选举》均作“蒋原道，府学”。

［228］乾隆《泉州府志·选举》尚有“张定，同安县学”。

八闽通志卷之五十一

选　　举

科　　第

漳州府

〔唐〕

元和十一年丙申郑澥榜[1]　周匡物龙溪人。高洲刺史。郡人登进士自匡物始。见《人物志》。

十三年戊戌独孤樟榜[2]　潘存实漳浦人。见《人物志》[3]。

〔宋〕

淳化三年壬辰孙何榜[4]　陈梦周[5]　杨令问长泰人。职方员外郎。(《寰宇志》无陈梦周。)

大中祥符元年戊申姚晔榜　苏颀龙溪人。《寰宇志》无此名。

天圣五年丁卯王尧臣榜　余畔知融州。　苏逢(俱龙溪人。)《寰宇志》无苏逢。

景祐五年[6]戊寅特奏名　苏迪龙溪人[7]。

广历二年壬午杨寘榜　林曼龙溪人。《寰宇志》无此名。

六年丙戌贾黯榜　陈箴　林修(俱龙溪人。)《寰宇志》无林修。

皇祐元年己丑冯京榜　萧汉臣　曾华旦(《寰宇志》无此二人。)

五年癸巳特奏名　林载周龙溪人。

嘉祐五年[8]丁酉特奏名　李子孚[9]

六年辛丑王俊民榜　蔡瑗龙溪人。见《人物志》。

治平二年己巳[10]彭汝砺榜　刘衍见《人物志》。　李伯亨[11]见《人物志》。　郑俊(俱龙溪人。)《寰宇志》无郑俊。

四年丁未许世安榜[12]　欧阳绅　黄彦臣见《人物志》。(俱龙溪人。《寰宇志》无欧阳绅。)　周纯见《人物志》。　刘弼(俱龙岩人。)以子赠朝奉郎。

特奏名　陈昌弼

熙宁三年庚戌叶祖洽榜　龚原龙岩人,先为邵武人。朝奉郎,知连州,累赠通议大夫。　王聘　叶宗古[13](《寰宇志》无此二人[14]。)

六年癸丑余中榜　曾旼[15]　李绛终宣奉大夫。　陈珏　谢伯宜承议郎。(俱龙溪人。《寰宇志》无曾旼、陈珏。)周纾龙岩人。

特奏名　戴瑜长泰人。

九年丙辰徐铎榜　陈景[16]　萧彦[17]

特奏名　李宋卿

元丰二年己未时彦榜　林砻见《人物志》。　余侔晔之孙。　陈玠璟之兄。承议郎。(俱龙溪人。《寰宇志》无余侔。)

特奏名　苏傅　何中衡

五年壬戌黄裳榜　王巽　吴与漳浦人。见《人物志》。(与,《寰宇志》作兴,而无王巽。)

特奏名　叶伟

八年乙丑焦蹈榜　吴桓朝散郎。桓,《寰宇志》作伯。王梁材见《人物志》。(俱龙溪人。)

特奏名　黄龟　魏茂

元祐三年戊辰李訔宁榜　施象[18]《寰宇志》无此名。

特奏名　林元　郑豫[19]

六年辛未马涓榜　刘棠[20]龙岩人,见《人物志》。　林讦[21]《寰宇志》无此名。

绍圣元年甲戌毕渐榜　留鎔[22]龙溪人。通直郎。王文中《寰宇志》无此名。

四年丁丑何昌言榜　张仲友　蔡圭(《寰宇志》无此二人。)

元符三年庚辰李釜榜　蔡绛[23]　陈敦德[24]璟之侄。(《寰宇志》无此二人。)

特奏名　李文伯　舒坦　陈谔[25]

崇宁三年甲申释褐　吴揆[26]

五年丙戌蔡嶷榜　余峰朝奉大夫。　黄颖[27]彦臣之子。见《人物志》。(俱龙溪人。)　林彦质漳浦人。见《人物志》。

特奏名　陈猨[28]

大观三年己丑贾安宅榜　黄预彦臣之子。见《人物志》。　吴勋举八行。教授。　黄硕预之兄。见《人物志》。　萧铧见《人物志》。　戴天泽通判韶州。(俱龙溪人。)　魏大原　许光亨(《寰宇志》无此二人。)

政和二年壬辰莫俦榜　何静知福清县。　陈大谋[29]广东提举学干,初与弟大诰、大讷同贡,通守黄因为诗美之,有"太平天子丙申年,兄弟三人同得仙"之句。　黄颖彦臣之子。(俱龙溪人。)　翁待举漳州人。知琼州。　李矼《寰宇志》无此名。

特奏名　卢炳　戴天秩　谢锡　蔡庸　林几[30]

五年乙未何㮚榜　陈锡知福州,终朝奉郎。龙溪人。　李功懋　颜晞孔　王亢　陈玉猷　张公懋　陈彦(《寰宇志》无此五人。)

宣和元年戊戌王昂榜　谢程年　蔡章　蔡嵘奉议郎。德庆府倅。(俱龙溪人。《寰宇志》无谢程年、蔡章,又以蔡嵘为龙岩人。)　黄琮　黄靖(俱龙岩人。)　江楫[31]　黄良臣　郑廷芳(《寰宇志》亦无此三人。)

宣和三年辛丑何涣榜　韩铅　刘庭筠　郑晔　陈赣(《寰宇志》无此四人。)　龚克龙岩人。

特奏名　蔡衮侯　吴瓘　陈舜庸　留浚　黄硕侯[32]

六年甲辰沈晦榜　刘巡　王绶　叶和新[33](《寰宇志》无此三人[34]。)

特奏名　陈知　余椿年　苏绍[35]

靖康三年[36]戊申特奏名　郑若德　许宗彦　陈美成

绍兴二年壬子张九成榜　黄世昌　黄京见《人物志》。　颜晞哲(俱龙溪人。《寰宇志》无黄世昌。)　高登漳浦人,见《人物志》。

特奏名　陈皋谟　龚时可龙岩人。　黄文思

五年乙卯汪应辰榜 戴觉[37]《寰宇志》无此名。

特奏名 萧汝规 陈建侯[38]

八年戊午特奏名 林骍 陈嘉绩 陈叔[39] 陈大讷

十二年壬戌陈诚之榜 蔡晟瑗之四世孙。 颜师鲁见《人物志》。 王羽仪通判衢州。(俱龙溪人。) 林观国[40]《寰宇志》无此名。

特奏名 李确 李则龙溪人。德化令。 李实 王逢中 林行中 吴南公[41]

十五年乙丑刘章榜 李恂见《人物志》。 郑闳 杨汝南见《人物志》。(俱龙溪人。《寰宇志》无郑闳。)

特奏名 姚邦宪 谢恂直 颜大猷[42]

十八年戊辰王佐榜 许登 林翰[43]

特奏名 欧阳懿 薛徽 陈元 李颙以子恂官赠朝议大夫。(俱龙溪人。)

二十一年辛未赵达榜 陈文彦 林麟[44](《寰宇志》无此二人。) 陈景肃漳浦人。知南恩州。有学行,师事高登。 杨栻[45]

特奏名 蔡中行 王文柔 卢廷言 杨大猷 王白[46]

二十四年甲戌张孝祥榜 林德彦 王机[47](《寰宇志》无此二人。)

特奏名 陈登龙岩人。 林章 陈孝昌[48]

二十七年丁丑王十朋榜 黄涣彦臣之侄孙。龙溪人[49]。

特奏名 林柽 苏良翰[50]

三十年庚辰梁克家榜 陈兢龙溪人。见《人物志》 林文蔚《寰宇志》无此名[51]。

特奏名　谢克年[52]　林黄中　李庆孙　刘赓　郑方庆　蔡振　刘隆　胡腾　杨凯[53]

隆兴元年癸未木待问榜　丁邦友[54]《寰宇志》无此名。

特奏名　陈鸿　许升　朱同寅　萧声显　薛大鼎　陈敦厚　陈缘　黄琳　林梦翼　叶作新　蔡中孚　郝钧[55]

乾道二年□□[56]萧国梁榜　郑公显见《人物志》。　余震晔之曾孙。南安通判。　李时中朝奉大夫。　余有徽晔之曾孙。知融州。　陈宏规朝请大夫。　林宗臣见《人物志》。　郑翰[57]（俱龙溪人。《寰宇志》无林宗臣、郑翰。）

特奏名　陈上达　陈文达　郑升　李恢　王朝俊[58]

五年己丑郑侨榜[59]　颜敏德知循州，除邕、筦安抚，终朝奉大夫。　郑公敏福清主簿。　龚嶒原之孙。龙岩人。　陈元实　陈师孟璟之孙。　赵彦为　赵伯逊　蔡易（《寰宇志》无此五人。）

特奏名　蔡如松龙溪人。见《人物志》。

八年壬辰黄定榜　王遇羽仪之子。见《人物志》。　陈衡见《人物志》。（俱龙溪人。）　陈尚德[60]　周邠（俱龙岩人。《寰宇志》无陈尚德，黄勉齐撰《王遇行状》云：“遇乾道五年登甲科。”）

淳熙二年乙未詹骙榜　孙昭先太府少卿。见《人物志》。　蔡尽忠瑗之六世孙。　赵彦骢见《人物志》。　陈经知封州。（俱龙溪人。）　杨友谅长泰人。令问三世孙。终推幕。《寰宇志》以为龙溪人。　余端仁[61]晔之孙。　黄万中　谢

师孟　黄符　郑元实(《寰宇志》无此五人。)

特奏名　高发　陈孝宁[62]

五年戊戌姚颖榜[63]　林孔昭见《人物志》。　林士蒙东莞令。　黄樵仲彦臣之三世孙。见《人物志》。　黄杰彦臣之三世孙。(俱龙溪人。)　郭延世　陈方　赵伯壳[64]　杨柟　蔡迪　陈东　欧阳俞[65](《寰宇志》无此七人。)

特奏名　林云　崔公泽　王渊[66]

八年辛丑黄由榜　颜质敏德之叔。龙溪人。　赵师程　许元老　郑灏[67](《寰宇志》无此三人。)

特奏名　林谕　黄体中[68]

十一年甲辰卫泾榜　余嚞[69]龙溪人。见《人物志》。　萧玠　林复亨　郑訚[70]　卢甫　陈介之　丘辙　王材(《寰宇志》无此七人。)

特奏名　陈藻　沈洪　郑天麟　萧琚　蔡维翰[71]

十四年丁未王容榜　黄櫄[72]樵仲之弟。见《人物志》。　许伯凤[73]　萧珏(《寰宇志》无此三人。)

特奏名　林雷　萧辎[74]

绍熙元年庚戌余复榜　林士颐　谢明之见《人物志》龙溪人。　苏叔和漳浦人。终广东提干。

特奏名　卢兴嗣　余有猷　何适道　陈宗一　涂次禹　陈宗说　林师德龙溪人。承奉郎,武冈学签判。　孙开先　刘杲　吕幽[75]　高文焕　陈杲[76]　黄行可　陈国礼　程文成[77]

四年癸丑陈亮榜　赵师楷见《人物志》。　蔡奋忠瑗之六世孙。(俱龙溪人。)　郑名卿《寰宇志》无此名。

庆元二年丙辰邹应龙榜　赵善封见《人物志》。　赵

师业　萧里　姚东(俱龙溪人。)　杨士训漳浦人[78]。(上三人俱见《人物志》。)　林孟肃　杨去锐[79](《寰宇志》无此二人[80]。)

特奏名　余端夫　施泽　陈衎[81]

五年己未曾从龙榜　苏竦　赵善盻(并见《人物志》,俱龙溪人。)善盻,《寰宇志》作善昉。　赵彦庾　李憝　赵希庠　杨博[82]友谅之子。(《寰宇志》无已上四人。)

特奏名　郭公贽　丁知机　陈师皋　黄籥　丘闻[83]

嘉泰二年壬戌傅行简榜　陈厽才朝散大夫,知高州。《寰宇志》作欲才,误。　宋闻礼见《人物志》。　陈万言(俱龙溪人。)　赵希商希庠之弟。　赵彦䌰[84]字书考无䌰字,恐即䌰字之误。　黄应辰　郑介(《寰宇志》无此四人[85]。)

特奏名　施缌　龚惟叙

开禧元年乙丑毛自知榜　赵希侉[86]师业之侄。见《人物志》。　赵汝袭善封之侄。终朝散郎。(俱龙溪人。)

特奏名　林祀[87]　王炎　孙彰先　颜敏则

嘉定元年戊辰郑自诚榜　杨志龙溪人。补之子。通判广州。　黄克宽漳浦人。知封州。　刘士龙　赵法夫[88](《寰宇志》无此人。)

特奏名　林埜[89]

四年辛未赵建大榜　朱春　林嵘[90](《寰宇志》无此二人。)

特奏名　黄子信长泰人。见《人物志》。

七年甲戌袁甫榜　赵汝畋善封之侄。　赵师介(俱龙溪人。)　梁傅　刘旦士龙之弟。　程桂(《寰宇志》无此二人[91]。）

特奏名 林蒙亨 梁渭 蔡恭 颜贇[92]

十年丁丑吴潜榜 赵希流 赵希疏[93] 孙叔谨[94]昭先之子。见《人物志》。 黄桂符之孙。 洪钟 赵希虎[95] 涂子可（《寰宇志》无此七人。）

特奏名 石宗光[96] 林能千 陈淳龙溪人。见《人物志》 余伯瑾[97]

十三年庚辰刘渭榜 蔡履忠[98]瑗之六世孙。 苏溥（俱龙溪人。） 杨士谨漳浦人[99]。士训之弟。 李师言懋之子。 黄择桂之叔。 吴士廉 赵时迓（《寰宇志》无此四人。）

特奏名 施兴诗 梁励臣 潘武龙溪人。见《人物志》。谢元修 颜信仲[100]

十六年癸未蒋重珍榜 赵岱夫彦驯之子。古田尉。 潘戴 黄学皋见《人物志》。（俱龙溪人。） 赵彦居省试经魁。 林幼安宗臣之子。（《寰宇志》无以上三人。）

特奏名 郑申秀龙溪人。儒林郎。 颜几 何尚忠 曾启之 谢涣 林揆 陈渥[101]

宝庆二年丙戌王会龙榜 赵彦弥见《人物志》。 赵希佚归善尉。（俱龙溪人。） 杨汝贤 赵希由希流之兄。 赵汝宭[102] 郑少嘉 蒋逢泰[103] 江泰夫 黄敬 赵时御 涂迈 颜耆仲龙溪人。见《人物志》。（《寰宇志》无杨汝贤以下十人。）

特奏名 何宗德[104] 郑申卿 陈元杨

绍定二年己丑黄朴榜 赵希溙师介之子。教授容州。 赵与并师业之孙。 颜戴敏德之姪。（俱龙溪人） 连寅龙岩人。　赵希尤[105]　戴开（《寰宇志》无此二人。）

特奏名　林庆忌　何相　颜贡　李万言　许伯凤[106]　杨应友谅之子。　叶惟寅[107]

五年壬辰徐元杰榜　张霝震　颜纯敏德之侄。（俱龙溪人。《寰宇志》无张霝震。）

特奏名　方正子[108]

端平二年乙未吴叔告榜[109]　吴浩　赵必修　赵孟傅　陈沆龙溪人。（《寰宇志》无此四人。）

嘉熙二年戊戌周坦榜　赵汝铗龙溪人。善封之侄。仙游尉。　江敏夫[110]《寰宇志》无此名。

特奏名　杨士复

淳祐元年辛丑徐俨夫榜　杨应求《寰宇志》无此名[111]。

特奏名　黄元泰　林雨若龙岩人。《寰宇志》以雨若为是年进士。

释褐　颜复之理宗幸辟雍，赐释褐出身。见《人物志》。

四年甲辰　留梦炎榜　龚颀龙岩人。原之五世孙。陈寐立　吴遇聘（俱长泰人。）　赵与仿[112]希庠之子。《寰宇志》无此名。

七年丁未张渊微榜　连梦魁龙岩人。　张汉杰　杨炎年（俱长泰人。）　吴源浩之兄。　陈泰兴　吴光[113]　庄光华　赵若滂（《寰宇志》无此五人。）

咸淳七年辛未张镇孙榜　陈淼龙溪人。潮州法曹参军。《寰宇志》无此名。

〔元〕

至正七年丁亥乡试　林唐臣龙溪人。

〔国朝〕

洪武十七年甲子乡试　蒋复初　刘海(俱龙溪县学[114])。

十八年乙丑丁显榜　周宗起漳浦人。　黄仁义南靖人。县丞。

二十年丁卯乡试　卢奋　郑文贤　陈应祖　陈炯(俱龙溪县学。)　张哲户部郎中。　林璟训导,升监察御史。(俱漳浦县学。)　朱佛聪　翁茂(上二人应天府中,俱龙岩县学。)　董幼颖长泰县学[115]。

二十一年戊辰任亨泰榜　刘海监察御史。　陈炯兵部主事。(俱龙溪人)　董幼颖长泰人。监察御史。

二十三年庚午乡试　蔡广户部主事。　张贤瑞安知县。　柯志德(俱龙溪县学。)　吴旭漳浦县学。　黄文史[116]

二十六年癸酉乡试　顾玄琏龙岩县学。

二十七年甲戌张信榜　林保[117]龙溪人。保,《寰宇志》作琏。

二十九年丙子乡试　柯祐石城教谕。　苏尚德　谢信祖[118]海丰教谕。(俱府学。)　卢伯可漳浦县学。任教谕。　卢遂新野教谕。　黄功应天府中助教。(俱南靖县学。)

三十二年乙卯[119]乡试　颜隆龙溪县学。　王诚浙江布政司都事。　陈志中龙岩县学。应天府中。

永乐元年癸未乡试　郑宗瑞安教谕。　王升　陈英　胡春同吉安教谕。(俱府学。)　黄仲琏龙溪县学。　许瑛漳浦县学。任教谕。　王源　杨真(俱龙岩县学。)　戴同吉　卢遂(俱长泰县学。)

二年甲申曾棨榜　黄仲琁珉府伴读。　王升见《人物志。》(俱龙溪人。)　王源见《人物志》。龙岩人。　戴同吉浙江布政司参议。　卢遂理宣知县。(俱长泰人。)

三年乙酉乡试　颜琁[120]　陈坤奇(俱府学。)　蔡广　柯志得　陈彧应天府中。(俱龙溪县学。)　蓝通[121]漳浦县学。应天府中。　张观龙溪县学。　林浚南安府通判。林晶灵山训导。(俱长泰县学。)　许英南靖县学。

四年丙戌林环榜　颜琁[122]龙溪人。见《人物志》。

六年戊子乡试　卢琦郡志以琦为辛卯科,误。　郭邦宁广东教谕。(俱府学。)　颜旺祖　卢盛祖(俱龙溪县学。)　黄凤漳浦县学。(是科福建《乡试录》无卢盛祖、黄凤。)　蒋志道龙岩县学。郡志以志道为甲午科,误。　余朝生南靖县学。光禄寺监事。

九年辛卯乡试　蔡肃漳浦县学。留守卫备经历。　苏英龙岩县学。应天府中。　杨骖长泰县学。宁府教授。是科福建《乡试录》无此名。　李贞　江澄　赖清沈府教授。张骥东阳训导。　卢闰新兴教谕。(俱南靖县学。)

十二年甲午乡试　方观南海训导。　陈旺[123]见《人物志》。(俱龙溪县学。)　张知新漳浦县学。是科福建《乡试录》无此名。　唐泰第四人。　蔡升泰合浦训导。　薛莹城固教谕。(俱长泰县学。)　张宗长泰人。按察司吏。　许敬南靖县学。

十三年乙未陈循榜　陈坤奇龙溪人。　蒋志道龙岩人。　张宗兵部主事。　唐泰祈州知州。(俱长泰人。)　李贞第二人。授编修,改高州教授。　江澄户部郎中。(俱南靖人[124]。)

十五年丁酉乡试　王昭处州府学训导。　林懋开建知县。　蔡睦　谢琏（俱府学。）龙溪人。　陈瓛　邓诚（俱龙岩县学。）　刘和国子助教。　薛秀[125]郑县教谕。　蔡铭广州府学训导。（俱长泰县学[126]。）

十六年戊戌李骐榜　蔡禨龙溪人。

十八年庚子乡试　洪祖教谕。　张绅　陈秉质（俱府学。）　许安天长教谕。　黄璋　苏畴（俱龙溪县学。）　陈翼　陈亹（俱漳浦县学。）　陈义安龙岩县学。　刘锐龙岩人。布政司吏。　林震　陈信宗新蔡教谕。　林皞　吴成　王麟　许显　陈先暨茂名训导。（俱长泰县学。）　韩琰（俱南靖县学。）

十九年辛丑曾鹤龄榜　王振龙溪人。　刘锐龙岩人。户部员外郎。

二十一年癸卯乡试　戴骥府学。监察御史。　汪凯第一人。　黄璧（俱龙溪县学。）　郑宪漳浦县学。任教谕。

二十二年甲辰邢宽榜　汪凯龙溪人。浙江按察司佥事。见《人物志》。

宣德元年丙午乡试　林侨龙溪县学。任教谕。　王应龙岩县学。

二年丁未马愉榜　谢琏龙溪人。第三人。户部右侍郎。见《人物志》。

四年己酉乡试　郭潮府学。　陈宠（俱龙溪县学。）蒋辅龙岩县学[127]。

五年庚戌林震榜　林震长泰人。第一人。翰林修撰。

七年壬子乡试　林雍　杨衡　戴傅训导。（俱府学。是科福建《乡试录》无杨衡、戴傅。）　李腾龙溪县学。任教谕、开封府同知。　李峤南靖县学。

十年乙卯乡试　林兆　徐通灵山教谕。（俱龙溪县学。）　张昶漳浦县学。任教授。　郭隆第三人。长泰县学。石康教谕[128]。

正统元年丙辰周旋榜　林兆龙溪人。知府。　陈亹漳浦人。见《人物志》。

三年戊午乡试　赵贤乐清教谕。　林钧[129]辰州学正。（俱龙溪县学。）　倪庸龙岩县学。　洪聪归州学正。　朱荣（俱长泰县学。）

六年辛酉乡试　卢涓府学。东莞训导。　郑敞高阳教谕。　陈盛教谕。　李勤海丰教谕。（俱龙溪县学。）　魏璧诸暨训导。　蔡贵建昌教授。　杨盛应天府中，睢宁教谕。（俱漳浦县学。）　苏霔龙岩县学。　林坚长泰县学。赣州府通判[130]。

七年壬戌刘俨榜[131]　朱荣长泰人。刑部主事。

九年甲子乡试　郑和　周宣　潘荣　侯由按察司佥事。（俱府学。）　蔡浩琼州知府。　蔡瑛平乐知府。　杨绍　郑颐教谕。（俱龙溪县学。）　欧辉长泰县学。　张宽　余慈　王玭　蔡麟顺天府中。（俱南靖县学。）

十年乙丑商辂榜　周宣龙溪人。大仆寺少卿。见《人物志》。　苏霔龙岩人。

十二年丁卯乡试　郑贤寿州学正。　黄严[132]沂州学正。（俱府学。）　李弼龙溪县学。芦州府同知，旌异加四品俸。　杨武漳浦县学。宁都教谕。　赖旺龙岩县学。　杨釜长泰县学。

十三年戊辰彭时榜　郑和云南布政司左参议。　潘荣左侍郎，升南京户部尚书。 杨绍户部主事。（俱龙溪人。） 欧辉长泰人。广东按察司佥事。 王玭南靖人。户部郎中。

景泰元年庚午乡试 卢潭[133]礼部员外郎。 林雍 陈宣[134]御史。 戴耀[135]凤阳知府。 林泰镇江通判。 郭铿 徐福（俱府学。） 陈舒 陈惠 刘孜（俱龙溪县学。） 谢祐全州学正。 侯亚程乡训导。 陈镡严州知府。 吴原 詹肃新会训导，升郑府教授。漳浦县学。 周寅龙岩县学。 庄乾长泰县学。赣州府训导。 杨参南靖县学。南丰知县。

二年辛未柯潜榜 张宽南靖人。监察御史改知县。

四年癸酉乡试 李冀[136]徐闻教谕。 戴经泷水教谕。 郭舒 颜格 马环静江府长史。 黄泰[137]无为州同知。 丁鹏军士。（俱府学。） 杨述 谢维 陈宏 汪范 庄同（俱龙溪县学） 陈爵南靖县学。 蔡章 吴森 叶穆应天府中，河间府同知。（俱漳浦县学。） 王超龙岩县学[138]。

五年甲戌孙贤榜 林雍车驾司郎中。 郭舒户部员外郎。 刘孜知府。（俱龙溪人。） 杨釜长泰人。监察御史。

七年丙子乡试 陈让经魁。 戴和都督府都事。 胡坣[139]永宁知县。 陈耀 蔡靖增城知县。（俱府学。） 王豫新会知县。 林同 宋球饶州通判。（俱龙溪县学。） 郑普镇海卫军生。

天顺元年丁丑黎淳榜 吴森漳浦人。浙江布政司参政。 陈爵南靖人。见《人物志》。

三年己卯乡试 萧璇 沈源 董安 翁辉文昌知县。 颜拳[140]大名府学教授。（俱龙溪县学。） 赵超漳浦县学。文登教谕。 谢炫长奉县学。青阳知县。

四年庚辰王一夔榜　林同龙溪人。江西布政司参议。

六年壬午乡试　余琁第五人。　杨忱太常寺典簿。　马龙武生。无为州训导。　涂庆处州府推官。(俱府学。)　苏镱龙溪县学。　许琮长泰县学。高州府通判。　李荣南靖县学。

八年癸未彭教榜　陈宏湖广按察司副使。　萧璇给事中，改滁州判官。　沈原[141]监察御史，改知县。(俱龙溪人。)　吴原漳浦人。兵部都给事中，累迁户部侍郎。

成化元年乙酉乡试　林谦　魏富　陈顺赵州学正。(俱府学。)　李宝龙溪县学。　周仁云南巨津州知州。　吴怀[142]　林表(俱漳浦县学)。　林塘[143]南靖县学。

二年丙戌罗伦榜　陈惠广信知府。　颜格　魏富浙江按察司副使。(俱龙溪人。)

四年戊子乡试　陈炎　黄荧(俱龙溪县学。)　吴超　吴震　陈奂　许潜(俱漳浦县学。)

五年己丑张升榜　陈耀行人。　董安知县。(俱龙溪人。)　吴环兵部郎中。　林表户部员外郎。(俱漳浦人[144]。)

七年辛卯乡试　陈璋义乌训导。　魏朔(俱府学。)　颜亨龙溪县学。封川教谕。　蒋阳龙岩县学。应天府中，广东布政司经历。　蔡腆长泰县学。河源训导。　陈懋　林惟聪(俱南靖县学[145]。)

八年壬辰吴宽榜　黄荧龙溪人。南京监察御史。

十年甲午乡试　曾瑛　郑发教谕。　林俭漳浦人。(俱府学。)　戴昀　叶仪(俱长泰县学。)

十一年乙未谢迁榜　陈奂漳浦人。工部都水司主事。

十三年丁酉乡试　张松　何乾　张绰　陈鹄　高耸

东莞训导。 许鲲分水教谕。(俱府学。) 张坛 高颙 黄霆 陈清(俱龙溪县学。) 丘俊[146] 沈章(俱漳浦县学。) 张表 王麟(俱南靖县学。) 陈玉振莆田人。贵溪教谕。漳平县学。

十四年戊戌曾彦榜 苏镱龙溪人。长史。 吴超漳浦人。工部都水司主事。

十六年庚子乡试 颜樌 黄贞漳浦人。 吴玭(俱府学。) 黄亮 林晏(俱龙溪县学。) 徐弼 陈杰 吴泰 赵浑(俱漳浦县学。) 黄文中龙溪县学[147]。

十七年辛丑王华榜 赵浑漳浦人。户部主事。

十九年癸卯乡试 谢杰 蔡果[148] 曾逸(俱府学。) 陈璜龙溪县学。 程贵 陈维(俱漳浦县学。) 陈佐南靖县学。

二十年甲辰李旻榜 吴泰漳浦人。震之弟。 陈杰镇海卫人。

二十二年丙午乡试 郑讷 黄圻 林琰 林富(俱府学。) 颜实龙溪县学。 徐辅漳浦县学。 陈冕龙岩县学。 陈珠镇海卫学军生。兴化府莆田县人。

二十三年丁未费宏榜[149] 蔡杲 曾逸(俱龙溪人。)

汀州府

〔唐〕

大中十年丙子崔铏榜 伍愿宁化人。改名正己。见《人物志》。

〔宋〕

太平兴国三年戊寅胡旦榜 罗彧长汀人。见《人物志》。

八年癸未王世则榜 郑文宝宁化人。见《人物志》。

端拱二年己丑王尧叟榜[150] 吴简言长汀人。见《人物志》。

咸平三年庚子陈尧咨榜 梁顾[151]长汀人。见《人物志》。

景德二年乙巳李迪榜 黄迪宁化人。知南丰县。《寰宇志》及县志俱以为太平兴国八年进士。

大中祥符元年戊申姚晔榜 陈宗道教授开封府。林务滋承务郎。(俱长汀人。) 伍祐宁化人。正己曾孙。见《人物志》。

皇祐元年己丑冯京榜 雷宣宁化人。终承务郎,王宫教授。

五年癸巳郑獬榜 吴庚长汀人。简言重孙。青海军佥事。 伍择之祐之子。见《人物志》。

熙宁六年癸丑特奏名 伍锡宁化人。汀州长史[152]。

元丰二年己未时彦榜 雷尧宁化人。通判连州。

元祐中明经[153] 罗祝长汀人。见《人物志》。

绍圣元年甲戌毕渐榜 曾旦邵武法曹。 伍文中[154]正己五世孙。十六魁乡荐,累七举始中第,复应宏词科。(俱宁化人。)

四年丁丑何昌言榜 谢潜长汀人。见《人物志》。

元符三年庚辰李釜榜[155] 伍懋宁化人。祐之孙。承议郎。

大观三年己丑贾安宅榜 王明哲长汀人。邵武丞。

伍仲休宁化人。正己裔孙。承直郎。

政和二年壬辰莫俦榜　雷协宁化人。尧之从弟。兴化军教授。

五年乙未何桌榜　郑立中长汀人。见《人物志》。　张达观宁化人。知建宁县，终承务郎。

重和元年戊戌王昂榜　王宗哲长汀人。明哲之兄。见《人物志》。　王彧宁化人。迪五世孙，建州观察推官。

建炎二年戊申李易榜　罗列长汀人。见《人物志》。

绍兴二年壬子张九成榜[156]　王宣哲长汀人。明哲之弟。奉议郎，枢密院计议官。《寰宇志》无此名[157]。

五年乙卯汪应辰榜　汤莘叟见《人物志》。　伍祀仲询之孙。见《人物志》。　张良裔达观之子。衡山丞。（俱宁化人。）　赖缓清流人。见《人物志》。

特奏名　陈贯长汀人。永州文学。

八年戊午特奏名　伍利用宁化人。连州参军。　刘易简武平人。龙川丞。《寰宇志》以易简为是年黄公度榜进士。

十二年壬戌陈成之榜[158]　黄烈长汀人。知仙游县，终承议郎。

特奏名　谢郏[159]韶州录事参军。　叶彦光平南簿。　罗訚　欧阳元亨　王弁（俱长汀人。）　伍伯思宁化人。潮州司户。

十五年乙丑刘章榜　伍升宁化人。祐之曾孙。南城尉。

特奏名　雷靖宁化人。海丰簿。

十八年戊辰特奏名　伍时可　伍致达（俱清流人。）

二十四年甲戌张孝祥榜　赖遂良长汀人。龙南簿。

二十七年丁丑王十朋榜　李汝明连州司法参军。　欧阳旦知苍梧县。（俱长汀人。）

特奏名　王仕永春令。　王佐仕之弟。循州司法。（俱长汀人。）

隆兴元年己卯[160]木待问榜　杨方长汀人。见《人物志》。

特奏名　陈肃融州司理。　吴与权融州司理。（俱长汀人。）　巫晦信丰丞。　徐衎上饶令。　雷硕嘉州文学。　雷彦国恭城尉。（俱宁化县人。）　张九思清流人。含光令。

乾道二年丙巳特奏名　黄槐高要尉。　伍冕永州文学。（俱宁化人。）

五年己丑特奏名　陈才邵[161]湘乡簿。　黄彬连山尉。（俱长汀人。）

淳熙二年乙未詹骙榜　翁熙长汀人。见《人物志》。

特奏名　钟迪宁都簿。　钟遂迪之弟。湘乡簿。　赖绍烈曲江尉。（俱长汀人。）

五年戊戌姚颖榜　吴雄长汀人。见《人物志》。

八年辛丑黄由榜　张颢[162]清流人。将乐簿。

特奏名　钟秀颖长汀人。迪之弟。广州司户。

十一年甲辰特奏名　萧雍长汀人。迪功郎，监潭州南岳庙。　阴一鹗宁化人。潮阳丞。

十四年丁未王容榜　黄允升[163]宁化人。或之从弟。知会昌县。

特奏名　曾遹司法。　伍必胜（俱清流人。）

绍熙元年庚戌特奏名　吴�长汀人。封州司法。　丘殿爱　曾义节南康簿。（俱宁化人。）　吴得梦[164]　萧梦兆（俱清流人。）

五年甲寅特奏名　伍周曲江簿。　曾光宗[165]高要尉。（俱宁化人。）

庆元二年丙辰邹应龙榜　邹应龙长汀人。见《人物志》。　赵与玙[166]宁化人。承直郎。广东宪干。《寰宇志》作希玙。

特奏名　黄拱迪功郎。　伍群[167]迪功郎。（俱宁化人。）　赖天灵[168]清流人。

五年己未特奏名　谢傅霖清流人。

嘉泰二年壬戌傅行简榜　黄颐[169]允升之弟。颐，《寰宇志》作熙。　丘唐杰沣州法曹。（俱宁化人。）

特奏名　李克己长汀人。　雷倬宁化人。

开禧元年乙丑毛自知榜　赵汝求长汀人。福州观察推官。

特奏名　李蹊　张焕崇海尉。（俱长汀人。）

嘉定元年戊辰郑自诚榜　赖简长汀人。缓之子。宁都尉。

特奏名　张昊潮阳簿。　罗宗友潮阳簿。（俱长汀人。）　巫梦文宁化人。

四年辛未特奏名　郑与瑞溪丞。　黄镐（俱长汀人。）　张谦宁化人。沣县丞。　陈子迂清流人。梅州司法。

七年甲戌袁甫榜[170]　伍唐宁化人。教授卫州。

特奏名　巨光远长汀人。南康簿。

十三年庚辰刘渭榜　黄三益长汀人。广州司理参军。

特奏名　巫潜宁化人。怀集尉。潜作谮。　丘鳞连城人。见《人物志》。

十六年癸未蒋重珍榜　伍梦谐宁化人。漳州录参。　丘鲜知县。旧志、《寰宇志》俱无此名。

特奏名　吴柔胜永福丞。　李恕　罗子纯（俱长汀人。）　刘谔清流人。揭阳簿。　钟自强龙岩尉。武平人。《寰宇志》以为是年进士。

宝庆二年丙戌王会龙榜　赵与堂宁化人。建宁府户曹。《寰宇志》无此名。

特奏名　伍林宁化人。龙岩簿。林，县志作并。　丘方连城人。鳞之侄。宁都丞。

绍定二年己丑特奏名　吴昊文林郎。　李泾　赖炳（俱长汀人。）

五年壬辰特奏名　王梦昌长汀人。会昌簿。

端平二年乙未吴叔告榜　刘并宁化人。见《人物志》。

特奏名　丘梦周宁化人。清湘丞。

嘉熙二年戊戌周坦榜　曾华长汀人。南安军判官。　赵与冈宁化人。滕州司法。《寰宇志》无此名。

特奏名　陈怡长汀人。南康簿[171]。

淳祐元年辛丑特奏名　郑文可循州司理。　江天锡[172]潮阳丞。（俱长汀人。）　晏景春清流人。华乡簿。

四年甲辰留梦炎榜　潘仝长汀人。广州观察推官。　张廷辅宁化人。改县尉。

特奏名　赖应发南康簿。　邹丁崇海尉。　赖记岳祠。　黄大中兴国丞。（俱长汀人。）　伍叔辉清流人。

十年庚戌方逢辰榜　范廷杰长汀人。信丰簿。　伍功甫宁化人。宁府教授。

宝祐元年癸丑特奏名　欧阳应星长汀人。宁都主簿。　黄旂宁化人。石城簿。

四年丙辰文天祥榜　黄潜番禺尉。　伍安然永新簿。

(俱宁化人。)

开庆元年乙未特奏名　黄荣宁化人。上州文学。　林讲郡州司法。　姜文茂　吴融　吴仲衡(俱长汀人。)　伍子正福州文学。　徐行中[173]曲江丞。　伍仲询袁州司法。　伍邦彦将仕郎。　伍民瞻福州司户。　伍文炳仁化知县。　伍文资增城尉。　伍见独潮州司户。　伍纯忠[174]潮州司户。　黄唐臣曲江簿。　刘黼　巫藻(俱宁化人。)　阴光"光"下旧志脱一字。　吴必胜(俱清流人。已上一十八人,旧志俱不载何年,姑附于此[175]。)

〔元〕

□□年□□□榜　詹子微上杭人。连城簿。《寰宇志》无此名[176]。

〔国朝〕

洪武十七年甲子乡试　沈仲继连城县学。应天府中,知广南府[177]。

十八年己丑丁显榜　张子恭长汀人。谏议大夫。《寰宇志》无此名。　李子清连城人。县丞。

二十年丁卯乡试　黄宗岱连城县学。感恩教谕。

二十一年戊辰任亨泰榜　张显宗宁化人。第二人。见《人物志》。《寰宇志》以为二十四年进士。

二十三年庚午乡试　吴禧连城县学。应天府中,礼部郎中。

二十六年癸酉乡试　罗永良连城县学。连州学正。

二十九年丙子乡试　张龄广东、长乐教谕。　赖应祥应天府教谕。（俱长汀县学。）伍明南雄府训导。李和钱塘教谕。（俱连城县学。）

三十二年己卯乡试　高李山[178]上杭县学。归安知县。

永乐元年癸未乡试　李诚上杭县学。开封教授。何志道武平县学。林应福桂林教授。江文胜黄岩训导。（俱清流县学。）

二年甲申曾棨榜　萧清户部郎中。曾子荣教谕。王中布政司左参议。（俱长汀人。）刘隆武平人。山西按察司佥事。谢惠　张永隆鲁府纪署。（俱清流人。）

三年乙酉乡试　叶任　童彦道　陈祥[179]（俱府学。）赖从善广昌教谕。雷迅　张源（俱长汀县学。）陈子义宁化县学。任教谕。李俊分宜教谕。卢政建平县丞。（俱武平人。）赖添贵郑府长史。汤叔良溧阳训导。黄志忠江陵知县。（俱清流人。是年福建《乡试录》无陈子义、黄志忠。）

四年丙戌林环榜　雷迅知府。蓝必宁（俱长汀人。）《寰宇志》是年无蓝必宁，盖误[180]。

六年戊子乡试　谢庆余　吴禄（俱府学。）伍宗源　雷汝康道州知府。（俱宁化县学。）陈观新城教谕。林颙[181]应天府中。（俱上杭县学。）朱永明余姚主簿。清流县学。叶干汉府教授。江浚（俱连城县学[182]。）

九年辛卯乡试　吴得全府学。陈善长汀县学。张彦铭常州通判。陈辰教谕。罗闰[183]　赖海教授。（俱宁化县学。）游莹潮阳训导。梁弼　李仑　郭定安香山训导。（俱上杭县学。）巫章琁[184]建昌知县。伍礼（俱清流县学。）罗矩　余逊　徐行[185]（俱连城县学。）

十二年甲午乡试　周弘府学。上杭人。　吴得诚高要教谕。　徐瑀曲江教谕。　张彦志知县。宁化县学。　刘赞建德教谕。　林庆宗清流县学。[186]

十三年己未[187]陈循榜　伍宗源宁化人。浙江布政司左参政。　梁弼　李纶江西按察司副使。(俱上杭人。)

十五年丁酉乡试　王瑛　王泗茂名训导。(俱府学。)　赖瑄　韩璇(俱长汀县学。)　陈子义宁化县学。　罗泾　吴澄缙云教谕。　曹宁阳江知县。　黄中　黄祐应天府中，浦江县丞。上杭县学。　王琁[188]清流县学。任训导。　吴猷连城县学。

十六年戊戌李骐榜　陈善长汀人。大理寺左寺副。　罗泾上杭人。见《人物志》。

十八年庚子乡试　曾子盛　周冕　王振　林宗袁州府教授。(俱府学。)　郭友贤　赖琛　朱满(俱长汀县学。)　伍志亨礼部郎中。　伍志厚户部给事中。(俱宁化县学。)　丘聪训导。　刘诚　谢佐(俱上杭县学。)

十九年辛丑曾鹤龄榜　吴得全长汀人。　陈详监察御史。　周弘监察御史。(俱上杭人。)

二十一年癸卯乡试　张澜[189]长汀县学。由训导升监察御史，终布政司参议。　范金陵水教谕。　梁昊富川训导。　闽和[190]　龚兴新城教谕。(俱上杭县学。)　叶福清流县学。

宣德元年丙午乡试　王英长汀县学。浙江左布政使。是科福建《乡试录》无此名。　叶兴清流县学。雄县教谕。

四年己酉乡试　曾澜长汀县学。广东中解元。任训导。　冯莹武平县学。武宁训导。　雷亨清流县学。蠡县教谕。[191]

五年庚戌林震榜　赖世隆清流人。翰林院编修。

七年壬子乡试　吕绩清流县学。　陈翊[192]教谕。连城县学。

十年乙卯乡试　王鉴长汀县学。　张祯蔚州训导。陈选万州训导。(俱上杭县学。)

正统三年戊午乡试　魏得福连城县学。

六年辛酉乡试　丘岩上杭县学。归善训导。　廖时中武平县学。桃源教谕。　黄源南宁教授。(俱清流县学。)　许浩志第三人。教谕。　江朝宗教谕。(俱连城县学。)

九年甲子乡试　马驯长汀县学。　赖康清流县学。教授。　李庆

十年乙丑商辂榜　马驯长汀人。右副都御史。

十二年丁卯乡试　胡泰崇宁教谕。　饶熙胙城教谕。(俱武平县学。)　刘宗清流县学。湖州府教授[193]。

景泰元年庚午乡试　张弘　周旋长汀县学。　郭绪上杭县学。程乡知县。　蒋永洪　谢文宝　江誉(俱城连县学。郡志以此三人为四年癸酉科,误。)

七年丙子乡试　邹以伦清流县学。

天顺三年己卯乡试　王秉昌长汀县学。涪州学正。丘弘第二人。　罗懿(俱上杭县学。)　雷琁[194]清流县学。广州通判。

八年甲申彭教榜　丘弘上杭人。户科给事中。尝奏时政十二条曰:“畏天戒,容直言,精选法,抑奢僭,通钱法,息纷争,广储蓄,悯穷民,革弊政,敦风俗,公赏罚,饬边备。”寻迁都给事中,奉使琉球,未出境卒。

成化元年乙酉乡试　王淮长汀县学。

二年丙戌罗伦榜　周旋长汀人。兵科给事中。

四年戊子乡试　王昊长汀人。府学。　李楫上杭县学。

七年辛卯乡试　郭资上杭县学。

十年甲午乡试　陈寿长汀人。府学。　冯森归化县学。任教谕。

十一年乙未谢迁榜　李楫　郭资知县迁御史。(俱上杭人。)

十六年庚子乡试　叶元玉　赖世傅(俱清流县学。)　章墨连城县学。

十七年辛丑王华榜　叶元玉清流人。知县,迁御史。

十九年癸卯乡试　钟文俊第二人。长汀县学。　刘世宽清流县学[195]。

二十年甲辰　李旻榜　赖世傅清流人。

二十二年丙午乡试　赖从善清流县学。　林华连城县学。

校　注

[1] 康熙《漳州府志·选举》及乾隆《漳州府志·选举》均作“郑獬榜”。

[2] 康熙《漳州府志·选举》及乾隆《漳州府志·选举》均作“独孤璋榜”。

[3] 康熙《漳州府志·选举》及乾隆《漳州府志·选举》尚有“王彦昌,漳浦人”,“僖宗文德元年戊申谢脩,龙溪人”。

[4] 康熙《漳州府志·选举》及乾隆《漳州府志·选举》均作“孙和榜”。

[5] 康熙《漳州府志·选举》及乾隆《漳州府志·选举》均作“龙溪人”。

[6] 乾隆《漳州府志·选举》作“宝元元年”,按宋仁宗景祐年号只到四年止,应以乾隆府志为准。

［7］乾隆《漳州府志·选举》尚有“康定元年庚辰黄溥”。

［8］康熙《漳州府志·选举》及乾隆《漳州府志·选举》均作“嘉祐二年”。

［9］康熙《漳州府志·选举》及乾隆《漳州府志·选举》均作“李中孚，龙溪人”。

［10］治平二年系“乙巳”，此作“己巳”误。

［11］康熙《漳州府志·选举》及乾隆《漳州府志·选举》均作“李亨伯”。

［12］康熙《漳州府志·选举》及乾隆《漳州府志·选举》均作“许安世榜”。

［13］乾隆《漳州府志·选举》作“黄宗古”。

［14］康熙《漳州府志·选举》及乾隆《漳州府志·选举》尚有“郑郊，漳浦人”。

［15］康熙《漳州府志·选举》及乾隆《漳州府志·选举》均作“曾皎”。

［16］康熙《漳州府志·选举》及乾隆《漳州府志·选举》均作“陈璟”。

［17］康熙《漳州府志·选举》及乾隆《漳州府志·选举》均于萧彦后作“俱龙溪人”。

［18］康熙《漳州府志·选举》及乾隆《漳州府志·选举》施象均作“龙溪人”。

［19］康熙《漳州府志·选举》及乾隆《漳州府志·选举》均于郑豫后作“俱龙溪人”。

［20］康熙《漳州府志·选举》及乾隆《漳州府志·选举》均作“刘裳”。

［21］乾隆《漳州府志·选举》作“林讶”。

［22］康熙《漳州府志·选举》及乾隆《漳州府志·选举》均作“刘鎔”。

［23］康熙《漳州府志·选举》及乾隆《漳州府志·选举》均作“蔡锋”。

［24］康熙《漳州府志·选举》及乾隆《漳州府志·选举》于陈敦德后均作“俱龙溪人”。

［25］康熙《漳州府志·选举》及乾隆《漳州府志·选举》于陈谔后均作“俱龙溪人”。

［26］康熙《漳州府志·选举》及乾隆《漳州府志·选举》均作“吴揆，龙溪人”。

［27］康熙《漳州府志·选举》及乾隆《漳州府志·选举》均作“黄颖”。

［28］康熙《漳州府志·选举》及乾隆《漳州府志·选举》均作“陈援，龙溪人”。

［29］康熙《漳州府志·选举》及乾隆《漳州府志·选举》均作“陈大谟”。

［30］康熙《漳州府志·选举》作“林凡”。

［31］康熙《漳州府志·选举》及乾隆《漳州府志·选举》均作“江辑”。

［32］康熙《漳州府志·选举》及乾隆《漳州府志·选举》于黄硕侯后均作“俱龙溪人”。

［33］康熙《漳州府志·选举》及乾隆《漳州府志·选举》均作“叶知新”。

［34］康熙《漳州府志·选举》及乾隆《漳州府志·选举》于叶知新后均作“俱龙溪人”。

［35］康熙《漳州府志·选举》及乾隆《漳州府志·选举》均作“陈和、秦椿年”，并于苏绍后作“俱龙溪人”。

［36］乾隆《漳州府志·选举》作“高宗建炎二年”。

［37］康熙《漳州府志·选举》及乾隆《漳州府志·选举》均作“戴觉，龙溪人”。

［38］康熙《漳州府志·选举》及乾隆《漳州府志·选举》于陈建侯后均作“俱龙溪人”。

［39］康熙《漳州府志·选举》及乾隆《漳州府志·选举》均作“陈淑”。

［40］康熙《漳州府志·选举》及乾隆《漳州府志·选举》于林观国后均作“俱龙溪人”。

［41］康熙《漳州府志·选举》及乾隆《漳州府志·选举》均作“王逢中，龙溪人；林行中、吴南公，龙溪人”。

［42］康熙《漳州府志·选举》及乾隆《漳州府志·选举》于颜大猷后均作“俱龙溪人”。

［43］康熙《漳州府志·选举》及乾隆《漳州府志·选举》于林翰后尚有“颜唐臣”，并作“俱龙溪人”。

［44］康熙《漳州府志·选举》及乾隆《漳州府志·选举》于林麟后尚有“俱龙溪人”。

［45］康熙《漳州府志·选举》及乾隆《漳州府志·选举》均作“杨棫，长泰人”。

［46］康熙《漳州府志·选举》及乾隆《漳州府志·选举》于王白后均作

“俱龙溪人”。

［47］康熙《漳州府志·选举》及乾隆《漳州府志·选举》于王机后均作“俱龙溪人”。

［48］康熙《漳州府志·选举》及乾隆《漳州府志·选举》均作“林璋”，并在陈孝昌后作“俱龙溪人”。

［49］康熙《漳州府志·选举》及乾隆《漳州府志·选举》尚有“张嵘，龙岩人”，乾隆《漳州府志·选举》尚有“沈启承，诏安人”。

［50］康熙《漳州府志·选举》及乾隆《漳州府志·选举》于苏良翰后作“俱龙溪人”。

［51］乾隆《漳州府志·选举》尚有“康德，龙溪人”。

［52］康熙《漳州府志·选举》及乾隆《漳州府志·选举》均作“谢尧年”。

［53］康熙《漳州府志·选举》及乾隆《漳州府志·选举》于杨凯后均作“俱龙溪人”。

［54］康熙《漳州府志·选举》及乾隆《漳州府志·选举》均作“丁邦友，龙溪人”。

［55］康熙《漳州府志·选举》及乾隆《漳州府志·选举》于叶作新后均作“俱龙溪人”，又作“蔡中孚，漳浦人”，郝钧后并有“颜敏若，龙溪人”。

［56］康熙《漳州府志·选举》及乾隆《漳州府志·选举》均作“乾道二年丙戌”。

［57］康熙《漳州府志·选举》及乾隆《漳州府志·选举》均作“郑瀚”。

［58］康熙《漳州府志·选举》及乾隆《漳州府志·选举》于王朝俊后均作“俱龙溪人”。

［59］康熙《漳州府志·选举》及乾隆《漳州府志·选举》均作“郑峤榜”，以郑侨为是。

［60］康熙《漳州府志·选举》作“林尚德”。

［61］康熙《漳州府志·选举》及乾隆《漳州府志·选举》均作“余端人”。

［62］康熙《漳州府志·选举》及乾隆《漳州府志·选举》于陈孝宁后均作“俱龙溪人”。

［63］康熙《漳州府志·选举》及乾隆《漳州府志·选举》均作“姚颖榜”。

［64］康熙《漳州府志·选举》及乾隆《漳州府志·选举》均作“赵伯谷”。

［65］康熙《漳州府志·选举》及乾隆《漳州府志·选举》于欧阳俞后均

作“俱龙溪人”。

［66］康熙《漳州府志·选举》及乾隆《漳州府志·选举》于王渊后均作“俱龙溪人”。

［67］康熙《漳州府志·选举》及乾隆《漳州府志·选举》于郑灏后均作“俱龙溪人”。

［68］康熙《漳州府志·选举》及乾隆《漳州府志·选举》于黄体中后均作“俱龙溪人”。

［69］康熙《漳州府志·选举》作“余嚞”，乾隆《漳州府志·选举》作“余嘉”。

［70］康熙《漳州府志·选举》及乾隆《漳州府志·选举》均作“郑闾”。

［71］康熙《漳州府志·选举》及乾隆《漳州府志·选举》于蔡维翰后均作“俱龙溪人”。

［72］康熙《漳州府志·选举》及乾隆《漳州府志·选举》均作“黄櫄”。

［73］乾隆《漳州府志·选举》作“许伯鸾”。

［74］康熙《漳州府志·选举》及乾隆《漳州府志·选举》于萧辎后均作“俱龙溪人”。

［75］康熙《漳州府志·选举》及乾隆《漳州府志·选举》均作“刘杲、吕豳”。

［76］康熙《漳州府志·选举》及乾隆《漳州府志·选举》均作“陈果”。

［77］康熙《漳州府志·选举》及乾隆《漳州府志·选举》尚有“陈肇”，但康熙本作“漳浦人”，乾隆本作“诏安人”。

［78］乾隆《漳州府志·选举》作“杨士训，诏安人”。

［79］康熙《漳州府志·选举》及乾隆《漳州府志·选举》均作“杨志锐”。

［80］康熙《漳州府志·选举》及乾隆《漳州府志·选举》尚有“廖公辅”。

［81］康熙《漳州府志·选举》及乾隆《漳州府志·选举》于陈衎后均作“俱龙溪人”。

［82］康熙《漳州府志·选举》及乾隆《漳州府志·选举》均作“赵彦庚、李憼、赵希庠，俱龙溪人；杨博，长泰人”。

［83］康熙《漳州府志·选举》及乾隆《漳州府志·选举》于丘闻后均作“俱龙溪人”。

［84］康熙《漳州府志·选举》及乾隆《漳州府志·选举》均作“赵彦嵲”。

［85］康熙《漳州府志·选举》尚有“周郊，龙岩人”。

［86］康熙《漳州府志·选举》及乾隆《漳州府志·选举》均作“赵希侒”。

［87］康熙《漳州府志·选举》及乾隆《漳州府志·选举》均作“林杞”。

［88］康熙《漳州府志·选举》及乾隆《漳州府志·选举》均作“刘士龙、赵法夫，均龙溪人”。

［89］康熙《漳州府志·选举》及乾隆《漳州府志·选举》均作“林埜，龙溪人”。

［90］康熙《漳州府志·选举》及乾隆《漳州府志·选举》于林嵘后均作“俱龙溪人”。

［91］康熙《漳州府志·选举》及乾隆《漳州府志·选举》于程桂后均作“俱龙溪人”。

［92］康熙《漳州府志·选举》及乾隆《漳州府志·选举》均作“颜贇”，并于其后作“俱龙溪人”。

［93］康熙《漳州府志·选举》及乾隆《漳州府志·选举》均作“赵希琉”。

［94］康熙《漳州府志·选举》及乾隆《漳州府志·选举》于孙叔谨后作“俱龙溪人”。

［95］康熙《漳州府志·选举》及乾隆《漳州府志·选举》均作“洪钟，长泰人；赵希虎，龙溪人”。

［96］康熙《漳州府志·选举》及乾隆《漳州府志·选举》均作“左宗光”。

［97］康熙《漳州府志·选举》及乾隆《漳州府志·选举》均作“余伯谨”，并于其后作“俱龙溪人”。

［98］康熙《漳州府志·选举》作“蔡训忠”。

［99］乾隆《漳州府志·选举》作“杨士谨，诏安人”。

［100］康熙《漳州府志·选举》及乾隆《漳州府志·选举》于颜信仲后均作“俱龙溪人”。

［101］康熙《漳州府志·选举》及乾隆《漳州府志·选举》于陈渥后均作“俱龙溪人”。

［102］康熙《漳州府志·选举》及乾隆《漳州府志·选举》均作“赵汝嵒”。

［103］康熙《漳州府志·选举》作“杨逢泰”。

［104］康熙《漳州府志·选举》及乾隆《漳州府志·选举》均作“柯宗德”。

［105］康熙《漳州府志·选举》及乾隆《漳州府志·选举》均作“赵希由”。

[106] 康熙《漳州府志·选举》及乾隆《漳州府志·选举》于许伯凤后均作"俱龙溪人"。

[107] 康熙《漳州府志·选举》及乾隆《漳州府志·选举》于叶惟寅后均作"俱长泰人"。

[108] 康熙《漳州府志·选举》及乾隆《漳州府志·选举》均作"方正子，龙溪人"。

[109] 康熙《漳州府志·选举》及乾隆《漳州府志·选举》均作"吴叔诰榜"。

[110] 康熙《漳州府志·选举》及乾隆《漳州府志·选举》均作"江敏夫，龙溪人"。

[111] 康熙《漳州府志·选举》尚有"苏纯，龙溪人"。

[112] 康熙《漳州府志·选举》及乾隆《漳州府志·选举》均作"赵与仿，龙溪人"。

[113] 康熙《漳州府志·选举》及乾隆《漳州府志·选举》于吴光后均作"俱龙溪人"。

[114] 康熙《漳州府志·选举》及乾隆《漳州府志·选举》尚有"郭实"。

[115] 康熙《漳州府志·选举》及乾隆《漳州府志·选举》尚有"郑深道"。

[116] 康熙《漳州府志·选举》及乾隆《漳州府志·选举》尚有"林琻"。

[117] 康熙《漳州府志·选举》及乾隆《漳州府志·选举》均作"林琻"。

[118] 康熙《漳州府志·选举》及乾隆《漳州府志·选举》均作"谢胜祖"。

[119] 应为"己卯"，此作"乙卯"误。

[120] 康熙《漳州府志·选举》及乾隆《漳州府志·选举》均作"颜瑶"。

[121] 康熙《漳州府志·选举》作"蓝逅"。

[122] 康熙《漳州府志·选举》及乾隆《漳州府志·选举》均作"颜宝"。

[123] 康熙《漳州府志·选举》及乾隆《漳州府志·选举》均作"陈睢"。

[124] 乾隆《漳州府志·选举》尚有"柯志得"。

[125] 康熙《漳州府志·选举》及乾隆《漳州府志·选举》均作"薛琇"。

[126] 康熙《漳州府志·选举》尚有"蔡璲"。

[127] 康熙《漳州府志·选举》及乾隆《漳州府志·选举》尚有"郑嘉"。

[128] 康熙《漳州府志·选举》及乾隆《漳州府志·选举》尚有"林严，龙溪人"。

［129］康熙《漳州府志·选举》及乾隆《漳州府志·选举》均作“林均”。

［130］康熙《漳州府志·选举》及乾隆《漳州府志·选举》尚有“林敦”。

［131］康熙《漳州府志·选举》及乾隆《漳州府志·选举》均作“刘偭榜”。

［132］乾隆《漳州府志·选举》作“黄岩”。

［133］康熙《漳州府志·选举》及乾隆《漳州府志·选举》均作“卢谭”。

［134］康熙《漳州府志·选举》及乾隆《漳州府志·选举》均作“陈瑄”。

［135］乾隆《漳州府志·选举》作“戴曜”。

［136］康熙《漳州府志·选举》及乾隆《漳州府志·选举》均作“李骥”。

［137］康熙《漳州府志·选举》及乾隆《漳州府志·选举》均作“黄恭”。

［138］康熙《漳州府志·选举》及乾隆《漳州府志·选举》尚有“周瑛”。

［139］康熙《漳州府志·选举》作“胡塈”。

［140］乾隆《漳州府志·选举》作“颜攀”。

［141］康熙《漳州府志·选举》及乾隆《漳州府志·选举》均作“沈源”。

［142］康熙《漳州府志·选举》及乾隆《漳州府志·选举》均作“吴环”。

［143］康熙《漳州府志·选举》及乾隆《漳州府志·选举》均作“林塘”。

［144］康熙《漳州府志·选举》及乾隆《漳州府志·选举》尚有“周瑛，漳浦人”。

［145］康熙《漳州府志·选举》及乾隆《漳州府志·选举》尚有“陈昂”。

［146］康熙《漳州府志·选举》及乾隆《漳州府志·选举》均作“邱峻”。

［147］康熙《漳州府志·选举》及乾隆《漳州府志·选举》尚有“吴棱”。

［148］康熙《漳州府志·选举》及乾隆《漳州府志·选举》均作“蔡杲”。

［149］乾隆《汀州府志·选举》作“费安榜”。

［150］乾隆《汀州府志·选举》作“陈尧叟榜”。

［151］乾隆《汀州府志·选举》作“梁颀”。

［152］乾隆《汀州府志·选举》尚有“熙宁九年丙辰徐铎榜：杨时，归化人”。

［153］乾隆《汀州府志·选举》作“元祐六年辛未明经科”。

［154］乾隆《汀州府志·选举》作“伍文仲”。

［155］乾隆《汀州府志·选举》作“李釜榜”。

［156］乾隆《汀州府志·选举》作“张九诚榜”。

[157] 乾隆《汀州府志·选举》尚有“特奏名:罗从彦,归化人”。

[158] 乾隆《汀州府志·选举》作“陈诚之榜”。

[159] 乾隆《汀州府志·选举》作“谢郊”。

[160] 隆兴元年应为“癸未”,此作“己卯”误。

[161] 乾隆《汀州府志·选举》作“陈才”。

[162] 乾隆《汀州府志·选举》作“张灏”。

[163] 乾隆《汀州府志·选举》作“王允升”。

[164] 乾隆《汀州府志·选举》作“曾节义、吴梦得”。

[165] 乾隆《汀州府志·选举》作“曾光荣”。

[166] 乾隆《汀州府志·选举》作“赵与屿”。

[167] 乾隆《汀州府志·选举》作“伍鲜”。

[168] 乾隆《汀州府志·选举》作“赖添麟”,列入“庆元二年邹应龙榜”。

[169] 乾隆《汀州府志·选举》作“黄熙”。

[170] 乾隆《汀州府志·选举》作“袁浦榜”。

[171] 乾隆《汀州府志·选举》尚有“赵与冈,宁化人”。

[172] 乾隆《汀州府志·选举》作“汪天锡”。

[173] 乾隆《汀州府志·选举》作“徐行忠”。

[174] 乾隆《汀州府志·选举》作“伍纯中”。

[175] 据乾隆《汀州府志·选举》尚有“开庆二年庚申特奏名:伍泾、伍炡、伍彦远、伍中美、伍居中(俱宁化人)、伍进之(清流人)”;又有“靖康元年特赐出身:雷观,宁化人”。

[176] 乾隆《汀州府志·选举》尚有“至正二年壬午乡试:雷琦”及“至正三年癸未会试榜”,并有“邹大观,清流人”。

[177] 乾隆《汀州府志·选举》尚有“李子清、张子恭”。

[178] 乾隆《汀州府志·选举》作“高季山”,并有“林应福,江文胜”。

[179] 乾隆《汀州府志·选举》作“陈详”。

[180] 乾隆《汀州府志·选举》尚有“何志道,武平人”。

[181] 乾隆《汀州府志·选举》作“林颗”。

[182] 乾隆《汀州府志·选举》尚有“陈驰惠、官谦”。

[183] 乾隆《汀州府志·选举》作“罗润”。

[184] 乾隆《汀州府志·选举》作“李纶、郭定安、巫昌瑶”。

［185］乾隆《汀州府志·选举》作“余行”。

［186］乾隆《汀州府志·选举》尚有“伍宗源”。

［187］永乐十三年应为“乙未”，此作“己未”误。

［188］乾隆《汀州府志·选举》作“王瑶”。

［189］乾隆《汀州府志·选举》作“张兰”。

［190］乾隆《汀州府志·选举》作“梁旻、阙和”。

［191］乾隆《汀州府志·选举》尚有“赖世隆”。

［192］乾隆《汀州府志·选举》作“陈翙”。

［193］乾隆《汀州府志·选举》尚有“温仪”。

［194］乾隆《汀州府志·选举》作“雷瑶”。

［195］乾隆《汀州府志·选举》尚有“吴琚”。

八闽通志卷之五十二

选　　举

科　第

延平府

〔宋〕

开宝八年乙亥南唐张确榜　张确第一人。沙县人[1]。

太平兴国五年庚辰苏易简榜　康亚之[2]剑浦人。

雍熙二年乙酉梁颢榜[3]　江嗣宗剑浦人。　陈世卿沙县人。见《人物志》[4]。

淳化三年壬辰孙何榜　叶温　罗鼎(俱剑浦人。)《寰宇志》无此名。　邓九龄　张若谷(俱沙县人。)见《人物志》。

咸平五年壬辰[5]王曾榜　吴济剑浦人。《寰宇志》无此名。

大中祥符元年戊申姚晔榜　余实　洪询(俱剑浦人。)　余谔顺昌人。

五年壬子徐奭榜　廖淮　江虚舟(俱剑浦人。《寰宇志》

无廖淮。)

八年乙卯蔡齐榜　鲍光剑浦人。

天禧三年己未王整榜　廖淳剑浦人。《寰宇志》无此名。　罗觉沙县人。

天圣二年甲子宋郊榜　康处平[6]　李干(俱剑浦人。)

五年丁卯王尧臣榜　李参剑浦人。

八年庚午王拱辰榜　吴辅剑浦人。见《人物志》。

景祐元年甲戌张唐卿榜　张拟　吴照(俱剑浦人。)

宝元元年戊寅吕溱榜　宋琪[7]　李纁纁,《寰宇志》作缌。　余况[8](俱剑浦人。)

庆历二年壬午杨寘榜　李纬　郑光(俱剑浦人。)

四年甲申贾黯榜[9]　李铎[10]　范迪简见《人物志》。　叶斐恭[11]　杨师颜《寰宇志》作时颜。　廖山甫(俱剑浦人。)《寰宇志》无此名。　林积尤溪人。见《人物志》。　张偁顺昌人。旧志作构。《寰宇志》又重出张构,以为剑浦人。

皇祐元年己丑冯京榜　廖子孟　杨介石　胡试职[12](俱剑浦人。《寰宇志》无此三人。)　陈皓尤溪人。　曹宝臣沙县人。

五年癸巳郑獬榜　王知微尤溪人。　罗仲元沙县人。

嘉祐二年丁酉章衡榜　陈皋谟　吴潜(俱剑浦人。)

四年己亥刘辉榜　范峒剑浦人。

六年辛丑王俊民榜　范岣迪简之子。岣一作岫。　冯泽(俱剑浦人。)

八年癸卯许将榜　王端剑浦人。见《人物志》。《寰宇志》无此名。　萧竑[13]尤溪人。

治平二年己巳[14]彭汝砺榜　廖平　练崧　朱甲立

廖正古(俱剑浦人。《寰宇志》无此四人。)

四年丁未许安世榜　张冕　范竑迪简之子。　杨宇(俱剑浦人。)《寰宇志》无此名。　蔡柏将乐人。　纪辉尤溪人。

特奏名　汪瑶[15]尤溪人。

熙宁三年壬辰[16]叶祖洽榜　萧巆[17]　邓棐初以不窜章表忤章淳，绍圣中为御史，附蔡卞，议诛元祐党人。官至徽猷阁待制。　吴君偁　胡璞(俱剑浦人。《寰宇志》萧巆作萧瑀，与邓棐俱以为沙县人，又无胡璞。)　庄谊尤溪人。　张靓沙县人。

六年癸丑余中榜　叶唐懿　余行之　叶恕　吴辟林修　叶唐稽(俱剑浦人。《寰宇志》无吴辟、林修。)　郑安道徐世英　周谞见《人物志》。(俱尤溪人。)谞，《寰宇志》作谐。曹格　俞括　陈珏　邓宁见《人物志》。(俱沙县人。《寰宇志》以曹格作曹恪。)

九年己未[18]徐铎榜　宋宜甫　曹将美　宗毅[19]蔡元方　尤询　余卞之(俱剑浦人。《寰宇志》以曹将美为沙县人，无宗毅、蔡元方。)　杨时将乐人。见《人物志》。　卢洙尤溪人。　张驾后改名詧。见《人物志》。　罗畸见《人物志》。(俱沙县人。)

元丰二年己未时彦榜　叶唐稷　吴择　施常　罗仲彦　朱起　张齐(俱剑浦人。《寰宇志》以施常为尤溪人，又无罗仲彦以下三人。)　廖正一将乐人。见《人物志》。　陈瓘见《人物志》。　余援(俱沙县人。)余援，《寰宇志》作余授。　邓灿顺昌人。

特奏名　施国张　朱秉彝(俱尤溪人。)

五年壬戌黄裳榜　黄裳第一人。见《人物志》。　魏壬[20]　范嵎(俱剑浦人。《寰宇志》及县志无魏壬[21]。)

八年乙丑焦蹈榜　杨烈　吴常(俱剑浦人。《寰宇志》无杨烈。)　曹约沙县人。　翁邵顺昌人。见《人物志》。

元祐三年戊辰李常宁榜　吴佸[22]　黄尧俞　邓刚[23]　范峣　杨敦仁　李怺(俱剑浦人。《寰宇志》及县志无杨敦仁、李怺。)　吴天民尤溪人。《寰宇志》以为剑浦人。　陈戬　黄习(俱沙县人。)　张元晖　余大老(俱顺昌人。)

特奏名　连正臣尤溪人。

六年辛未马涓榜　徐麟符　胡璪　胡元勣(俱剑浦人。《寰宇志》及县志无胡璪、胡元勣。)

特奏名　林穆尤溪人。

绍圣元年甲戌毕渐榜　张孝裕　杨循道(俱剑浦人。《寰宇志》及县志无此二人。)　萧恒尤溪人。恒,《寰宇志》作暄。

特奏名　戴兴尤溪人。

四年丁丑何昌言榜　冯躬厚　练祇刚　徐公辅(俱剑浦人。《寰宇志》无练祇刚。)　张汝楫　陈升　曹狥[24](俱沙县人。)　吴璋　廖天觉(俱顺昌人。各见《人物志》。)

元符三年庚辰李斧榜　杨道成　李麟　朱齐旦(俱剑浦人。)《寰宇志》无朱齐旦。　庄谌尤溪人。　张公裕公裕,《寰宇志》作元裕。　曹中见《人物志》。　陈城[25]　曹辅见《人物志》。　邓圆中(俱沙县人。)

崇宁二年癸未霍端友榜　郑时可[26]沙县人。

五年丙戌蔡嶷榜　高仁彦　苏均(俱尤溪人。《寰宇志》无高仁彦。)　张公厚　赵祚　廖刚见《人物志》。(俱顺昌人。)

大观三年己丑贾安宅榜　张浚　梁泽民(俱剑浦人。

《寰宇志》无此二人。） 黄声尤溪人。 陈麟沙县人。见《人物志》。 邓公衍 杨武烈（俱顺昌人。）杨武烈，《寰宇志》无“武”字。

特奏名 蒋安上尤溪人。

政和二年壬辰莫俦榜 尤深 范洪[27] 严环 廖方 吴权 尤伸[28]（俱剑浦人。《寰宇志》以严环为尤溪人，无廖方以下三人，县志有尤深，亦无廖方、吴权。） 黄举[29]尤溪人。《寰宇志》无此名。 曹继时 陈荐可后复姓罗。见《人物志》。 乐公衮[30]（俱沙县人。） 余适 吴致尧见《人物志》。（俱顺昌人。）

特奏名 余辟尤溪人。县志以为五年特奏。

三年癸巳释褐 曹立沙县人。

四年甲午释褐 张铢若谷之曾孙。沙县人。

五年乙未何㮚榜 吴播 黄举 张宪武 张俞 罗仁远 刘天牧 吴涛[31]（俱剑浦人。《寰宇志》、县志以黄举为尤溪人，又无张宪武以下五人。） 钟建侯将乐人。 曹瑨贤沙县人。 郑公才 邓公衔（俱顺昌人。）

重和元年戊戌王昂榜 魏贯 陈祇柔 范杞 张时彦 杨申 朱允（俱剑浦人。《寰宇志》无此六人。） 林之纯尤溪人。 邓序 曹仙（俱沙县人。） 余适权 余遹 谢天启 廖揆（俱顺昌人。旧志以四人俱为剑浦人，《寰宇志》又有余适拳，即余适权而重出也[32]。）

宣和二年庚子上舍榜 范悰剑浦人。 吴士逸尤溪人。

释褐 邓文饶 宁姓（俱沙县人。）

三年辛丑何焕榜 吴方庆 卢安邦 李任美 余谊

彭泽　李邦　尤昱　刘浩　张杰(俱剑浦人。《寰宇志》以卢安邦、李仕美为尤溪人,且无余谊以下六人。)　张翊　张致远见《人物志》。　范引吉(俱沙县人。)　杨发顺昌人

特奏名　庄诉[33]

六年甲辰沈晦榜　杨谆　柯发　宗庠　谢方　林邦彦　刘昱(俱剑浦人。《寰宇志》无此六人。)　杨选将乐人。《寰宇志》作汤选。　严日休尤溪人　邓琇琇,《寰宇志》作秀。　邓骥　罗舆(俱沙县人。)

建炎二年戊申李易榜　廖瑜　魏郁　范津　伍渊　范彦邦[34]　郑桂(俱剑浦人。)　钟世明将乐人。户部侍郎。(《寰宇志》无廖瑜已下七人。)　林致用　谢知常　庄光(俱尤溪人。)　邓祚[35]见《人物志》。　邓祥　余敷[36]　叶隆吉(俱沙县人。)　余良弼见《人物志》。　廖昂　李祐正(俱顺昌人。)县志无李祐正。

绍兴二年壬子张九成榜　张大中　廖拱　何铎　伍颖达　陈仙[37]　吴淦(俱剑浦人。《寰宇志》及县志只有吴淦,无张大中以下五人。)　张秀颖沙县人。

特奏名　罗从彦见《人物志》。

五年乙卯汪应辰榜　吴武陵剑浦人。　黄光弼尤溪人。　曹伟　曹袭　陈彭老(俱沙县人。)

八年戊午黄公度榜　张睢[38]　宗序(俱剑浦人。《寰宇志》无此二人。)　邓觉[39]　陈渊(俱沙县人。)　廖伯宪　连潜　廖谦(俱顺昌人。)

十二年壬戌陈诚之榜　张廷杰　蔡士龙　罗无咎(俱剑浦人。《寰宇志》无此三人。)　张夔尤溪人。《寰宇志》以为沙县人。　邓觐　邓服采(俱沙县人。)

十五年乙丑刘章榜　邓玮沙县人。

特奏名　陈惟则[40]尤溪人[41]。

十八年戊辰王佐榜　宗升　段友直(俱剑浦人。《寰宇志》无此二人,非。)　俞肇　陈良弼升之孙。(俱沙县人。)《寰宇志》及《南平县志》俱以为重和元年进士,非。

特奏名　黄作德尤溪人。

二十一年辛未赵达榜　廖挺　杨纯臣　吴渐(俱剑浦人。《寰宇志》及县志无廖挺,而有吴渐,今增入。)　陈损[42]邓郊(俱沙县人。)

武举　汤莺第一人。将乐人。

二十四年癸酉[43]张孝祥榜　廖珪　王宋端(俱剑浦人,《寰宇志》、县志无此二人。)　郑木沙县人。　余宁顺昌人。《南平县志》以为其邑人。

二十七年丁丑王十朋榜　石应城　黄藻　李信甫　吴人瑞[44]　李友直(俱剑浦人。《寰宇志》及县志无李信甫以下三人。)　李冲将乐人。　陈大年沙县人。

三十年庚辰梁克家榜　李淙　张时发　吴天常(俱剑浦人。《寰宇志》及县志无李淙而有吴天常,今增入。)　严均　陈遹(俱尤溪人。)　杨当时顺昌人。

隆兴元年癸丑[45]木待问榜　林希尤溪人。《南平县志》以为其邑人。　萧尹躬沙县人。　任考友[46]顺昌人。

特奏名　林邦干　严日华(俱剑浦人。《尤溪县志》以二人俱为其邑人。)　陈尧佐　詹时发(俱尤溪人。)

乾道二年丙戌萧国梁榜　陈滂　高人杰[47](俱剑浦人。)《寰宇志》及县志无高人杰。　朱紘尤溪人。　连茹顺昌人。

五年己丑郑侨榜　林振　王葵[48](俱尤溪人。《南平县志》以林振、王葵为其邑人。)　邓远举沙县人。　廖德明见《人物志》。　杨晦之　黄缣[49]　廖侯(俱顺昌人。《寰宇志》及县志无黄缣,《南平县志》以廖德明为其邑人。)

特奏名　林希文尤溪人。

八年壬辰黄定榜　田澹　黄衍　陈东(俱剑浦人。《寰宇志》及县志无田澹[50]。)

特奏名　陈瑀第一人。剑浦人。　吴通[51]尤溪人。

淳熙二年乙未詹骙榜　黄傒[52]剑浦人。《沙县志》以傒为其邑人。　邓驷见《人物志》。　张存之(俱沙县人。)县志以存之为五年进士。

特奏名　卓云　纪大圭　黄文纲(俱尤溪人。县志又有林韦。)

五年戊戌姚颖榜　刘文富尤溪人。陈大应沙县人。

八年辛丑黄由榜　高三美　李三有　罗大聘　陈民望(俱剑浦人。《寰宇志》及县志无高三美、罗大聘。)　汤涣将乐人。　陈芘沙县人。

十一年甲辰卫泾榜　郑光　李衍　鄞康成　黄公信(俱剑浦人。《寰宇志》及县志无鄞康成、黄公信。)　纪大章　王训之(俱尤溪人。)　邓鹏举县志作举明。　邓涣　范祥(俱沙县人)《寰宇志》无范祥,县志以为十四年进士。

十四年丁未王容榜　张显父　邓文举　陈备逯[53]考之韵书无备字,疑即邃字误分为二。　张如圭　石中立(俱剑浦人。《寰宇志》、县志无陈备逯。)　纪微尤溪人。徽,县志作微。　罗时用沙县人。

特奏名　林常尤溪人。

绍熙元年庚戌余复榜　范震尤溪人。　陈光远沙县人。

四年癸丑陈亮榜　邓文龙沙县人[54]。

特奏名　吴虎尤溪人[55]。

庆元二年丙辰邹应龙　林善需尤溪人。

五年己未曾从龙榜　黄友直　余谈　吴涣　范倓　廖起宗　崇炳　杨晏　杨子文（俱剑浦人。《寰宇志》及县志无范倓以下五人。）　陈子文　卢人瑞《寰宇志》作卢人世。（俱尤溪人。）　张钤虎沙县人。

特奏名　林枢　杨玉廷[56]（俱剑浦人。《尤溪县志》以此二人皆为其邑人。）　陈驷尤溪人。

嘉泰二年壬戌傅行简榜　王容尤溪人。　曹逌沙县人[57]。

特奏名　陈云卿　卓之才　严环（俱尤溪人。）县志无严环[58]。

开禧元年乙丑毛自知榜　廖渭剑浦人。《寰宇志》无此名。　郑渊　吴中　纪渊（俱尤溪人。）　邓炎沙县人。

三年丁卯上舍释褐　邓子克尤溪人。《寰宇志》、县志俱以为剑浦人，元年进士。

嘉定元年戊辰郑自诚榜　陈鹗县志为鹗言。　赵宗彪[59]　赵崇藩　赵崇廑　萧荣祖　赵汝抚　赵希诛（俱剑浦人。《寰宇志》及县志无萧荣祖以下三人。）

四年辛丑[60]赵建大榜　赵崇隆　赵崇璘　赵崇鲁　赵峙夫[61]　赵时淳（俱剑浦人。《寰宇志》及县志无赵峙夫以下二人。）　王申尤溪人。　邓骙[62]　邓袭之　胡清献　陈玕[63]（俱沙县人。）　姚琁顺昌人。

特奏名　郑勋[64]尤溪人。

七年甲戌袁甫榜　叶仪凤　赵崇锐　刘次恭　黄宜卿　张庚(俱剑浦人。《寰宇志》无次恭以下三人。)　赵睢尤溪人。《寰宇志》睢作维。　邓宗仁沙县人。

特奏名　张安剑浦人。　黄石尤溪人。

十年己丑[65]吴潜榜　彭中　魏梦杜　赵宗谦[66]　陈烨[67]　黄由行　江楫(俱剑浦人。《寰宇志》无陈烨以下三人。)　郑子实　黎大有　施颖(俱尤溪人。)

十三年庚辰刘渭榜　尤拱之　杨武　冯源(俱剑浦人。《寰宇志》无杨武。)

特奏名　施政尤溪人。

十六年癸未蒋重珍榜　杨浩然　杨淳子[68]　黄真卿[69](俱剑浦人。《寰宇志》无此三人。)　杨淳将乐人。

宝庆二年丙戌王会龙榜　赵必延　赵必洪　赵崇丽　赵宗丽[70]　赵崇兑　黄复见《人物志》。　赵必逢　纪济　汤冲　魏鼎　吕桥　冯子威　李多　叶参　叶浚　赵崇允　赵必躬　赵必曼　赵崇霄　赵崇照　赵崇需　赵崇宝(俱剑浦人。《寰宇志》以黄复、赵必逢为沙县人，纪济为尤溪人，又无汤冲以下一十四人。)

特奏名　陈光辅沙县人。

绍定三年[71]己丑黄朴榜　杨武子　蔡应龙　赵必衎[72]　邓焕章(俱剑浦人。《寰宇志》无杨武子、蔡应龙，又以焕章为沙县人。)　陈子大　吴安国[73]　黄子春　吴彪　纪玠(俱尤溪人。)

特奏名　郑矩[74]沙县人。

五年壬辰徐元杰榜　吴一鸣　宗良　赵孟怰(俱剑浦

人。《寰宇志》无宗良。）　许合　上官鼎新（俱尤溪人。《寰宇志》以许合为剑浦人。）

特奏名　倪闪剑浦人。第一人。《寰宇志》以为是年进士。　罗䤹沙县人。

端平二年己未[75]吴叔告榜　吴瑞　赵孟埛[76]　蔡简夫　尤㕔之　萧虞诏[77]（俱剑浦人。《寰宇志》无蔡简夫、萧虞诏。）　赵阜尤溪人。

特奏名　萧石　黄澄　萧玛　陈章　萧燃（俱沙县人。《寰宇志》以此五人为是年进士。）

嘉熙二年戊戌周坦榜　吴应酉剑浦人[78]。

特奏名　邓攀龙　黄汪[79]　乐师叔（俱沙县人。《寰宇志》以邓攀龙、黄汪为是年进士[80]。）

淳祐元年辛丑特奏名　郑垚沙县人。《寰宇志》以为是年进士[81]。

四年甲辰特奏名　邓文勉剑浦人。　陈卓沙县人。（《寰宇志》以此二人为是年进士。）

七年丁未张渊微榜　赵必拟[82]　邓偘（俱沙县人。）旧志以为剑浦人，非[83]。

十年庚戌方逢辰榜　胡驲[84]清献之侄。沙县人[85]。

特奏名　翁次益沙县人。《寰宇志》以为是年进士。

景定二年壬戌[86]方山京榜　吴震剑浦人[87]。

甲科　萧瑆

八行　邓密　邓崇　曹端[88]。

特奏名　张渊　曹融　陈蒚　曹深[89]　曹绘　曹利用　黄当时　徐大光[90]　陈羽　翁木（俱沙县人。以上甲科、八行、特奏名，旧志俱不载何年，姑附于此[91]。）

〔元〕

元统元年癸酉李齐榜　张本将乐人。会试第三十三名。见《人物志》[92]。

至正七年丁亥乡试　周祐南平人。

十年庚寅乡试　周祐第一人再举。　孙伯颜(俱南平人。)

十三年癸巳乡试　尤英南平人[93]。

〔国朝〕

洪武三年庚戌乡试　徐光顺昌县学。

四年辛亥乡试　张文衡　尤旻(俱南平县学。)

十七年甲子乡试　李镛南平县学。　徐子潜顺昌县学。

十八年乙丑丁显榜　邓文铿左佥都御史,出知德安府,转苑马寺少卿。原沙县人,后属永安。　丁永保沙县人。

二十三年庚午乡试　石寿　周盛(俱南平县学。)　陈保训导。顺昌县学[94]。

二十六年癸酉乡试　祝寿　徐贵(俱南平县学。)　陈山户部尚书。见《人物志》。　张康训导。(俱沙县学。)[95]

二十七年甲戌张信榜　王荀[96]南平人。江西龙泉知县。

二十九年丙子乡试　萧讷南平县学。　王暹将乐县学。翰林检讨。　翁德顺昌县学。

三十二年[97]己卯乡试　胡照善训正。　王寿(俱南平县学。)

永乐元年癸未乡试　方达　朱员训导。　章纶(俱南平县学。)　纪子康尤溪县学[98]。

二年甲申曾棨榜　季镡南平人。　吴复将乐人。复,《寰宇志》作福。广西按察司副使。见《人物志》。

三年乙酉乡试　吴恭府学。　王礼第二人。南平县学。　陈璇[99]尤溪县学。　黄皜推官。沙县人。　赵曦　卢聚(俱顺昌县学。)

六年戊子乡试　叶宜　施显　朱隆　梁观南平县学。　刘道祥通判。　陈篚[100]同知。(俱沙县学。)

九年辛卯乡试　朱经　谢瑗　张清(俱府学。)　李胜无为州判官。　王胜(俱南平县学。)　潘宗惠　陈琮　林祖(俱尤溪县学。)　卢聚[101]顺昌县学。

十年壬辰马铎榜　叶宜南平人。见《人物志》[102]。

十二年甲午乡试　上官仪　丘良(俱府学。)　范顺南平县学。　张聚　萧骥(俱将乐县学。)　詹源尤溪县学。　朱庸训导。　邓祖推官。　赖福推官。(俱沙县学。)

十五年丁酉乡试　包耘　吴寿(俱府学。)　陈渊尤溪县学。　杨赐将乐县学。　廖文昌监察御史。　萧让学正。(俱沙县学。)　邓恭　张诚(俱顺昌县学。)

十六年戊戌李骥榜[103]　吴恭南平县人。　张聚将乐人。

十八年庚子乡试　洪宗庆　朱广　高祐　陈宗(俱府学。)　彭寿　吴宁　朱盟(俱南平县学。)　林同南平儒士。　伍讷将乐县学。　郑存性沙县学。任训导。　张彬顺昌县学[104]。

十九年辛丑曾鹤龄　上官仪沙县人。任知县。仪,一作机。

二十一年癸卯乡试　罗胜富　陈得宗(俱府学。)　邓富南平县学。　萧顺将乐县学。

宣德元年戊午[105]乡试　王瑀[106]南平县学。上津教谕。

四年己酉乡试　黄资将乐县学。　叶伟尤溪县学。　刘嗣沙县学。

七年壬子乡试　吴惠　刘祐(俱府学。)　梁高尤溪县学。　周效先　张伟(俱沙县学。)

十年乙卯乡试　林庆沙县人。府学。　邓福知县。沙县学。　黄琛将乐县学。　黄佐顺昌县学。

正统元年丙辰周施榜[107]　张伟沙县人。户部主事。

三年戊午乡试　温仪第四人。将乐县学。

四年己未施槃榜　黄琛将乐人。户部侍郎。见《人物志》。

六年辛酉乡试　符节南平县学。荆州推官。　黄英将乐县学。　赖成沙县学。任教谕。

十二年丁卯乡试　梁高[108]尤溪县学。是年福建《乡试录》无此名。

景泰元年庚午乡试　施观　陈纶(俱南平县学。)　谢昱顺昌县学。光禄寺署正。

四年癸酉乡试　刘璋　罗明(俱南平县学。)　傅轸将乐县学。

七年丙子乡试　徐敏将乐县学。光禄署丞。　朱旭[109]尤溪县学。

天顺元年丁丑黎淳榜　刘璋南平人。左布政使，佥都御史，迁工部侍郎。

二年[110]己卯乡试　朱显　胡启(俱南平县学[111]。)

天顺八年甲申彭教榜　官荣沙县人。

成化元年乙酉乡试　吴珙南平县学。

二年丙戌罗伦榜　罗明南平人。陕西按察司副使。

四年戊子乡试　曹拱辰[112]府学。

七年辛卯乡试　余廉第一人。将乐县学。

八年壬辰吴宽榜　曾拱辰新喻知县。　吴珙龙泉知县,升户部主事。(俱南平人。)

十年甲午乡试　袁宝府学。　王福　李凤翔应天府中。(俱南平县学。)

十一年乙未谢迁榜　廖中顺昌人。山东按察司佥事。

十六年戊子[113]乡试　郑贤府学。　余泰将乐县学。　陈隆永安县学。

十九年癸卯乡试　曾侗沙县学。

二十二年丙午乡试　林文璧尤溪县学。

邵武府

〔宋〕

太平兴国八年癸未王世则榜　李巽光泽人。见《人物志》[114]。

端拱元年戊子程宿榜　龚识慎仪之子。邵武人。见《人物志》。《寰宇志》无此名。

淳化三年壬辰孙何榜　龚纬卫尉少卿。定言之子。邵武人。知桂阳县。《寰宇志》无此名。

咸平三年庚子陈尧咨榜　黄奭邵武人。太常博士。

龚纪纬之弟。邵武人。职方郎中。《寰宇志》无此名。

大中祥符二年己酉梁固榜旧志作元年姚晔榜。　上官升《寰宇志》无此名。

五年壬子徐奭榜　上官师旦《寰宇志》无此名。

天圣五年丁卯王尧臣榜　龚宗元识之子。邵武人。都官员外郎。《寰宇志》无此名。

八年辰子[115]王拱辰榜　龚会元太常少卿。询之子。邵武人。礼部郎官。　黄珀[116]奭之子。邵武人。屯田员外郎。(《寰宇志》无龚会元。)

宝元元年戊寅吕溱榜　危序邵武人。　蔡汝翼泰宁人。(《寰宇志》无此二人。)

庆历二年壬午杨寘榜　上官凝见《人物志》。　黄汝奇都官员外郎。　虞肇见《人物志》。(俱邵武人。)　李诰光泽人。见《人物志》。

六年丙戌贾黯榜　高照邵武人。旧志无此名，而《寰宇志》有之，今增入。　上官拯光泽人。见《人物志》。

皇祐元年己丑冯京榜　游烈职方员外郎。　吴公达(俱邵武人。)《寰宇志》无吴公达。

五年癸巳郑獬榜　吴处厚见《人物志》。　上官汲　黄仅兄仲、侑俱有俊声，人目为"三凤"。　危雍(俱邵武人。《寰宇志》无上官汲以下三人。)　叶祖谊泰宁人。《寰宇志》无"祖"字。

嘉祐元年丙申释褐　黄履第一人。见《人物志》。　黄伸见《人物志》。(俱邵武人)。

二年丁酉章衡榜　黄通见《人物志》。　上官垲广东路转运判官。　孙迪父文准，以孝义闻。(俱邵武人。《寰宇志》无上官垲、孙迪。） 上官基光泽人。见《人物志》[117]。

六年辛丑王俊臣榜[118] 吴默公达之弟。秘书省校书郎。 黄侑伸之弟。（俱邵武人。《寰宇志》无此二人，而以黄履、黄伸为是年进士，恐非。）

八年癸卯许时榜 龚程识之曾孙。 李祥[119]诰之弟。光泽人。见《人物志》。《寰宇志》以为邵武人，又无龚程。

治平四年丁未许安世榜 吴黯邵武人。默之弟。太仆卿。 萧汝武泰宁人。 谢询建宁人。见《人物志》。 上官裕[120]光泽人。基之子。《寰宇志》只有谢询，无吴黯、萧汝器、上官裕。

熙宁三年庚戌叶祖洽榜按本郡有瑞轩记是年郡人登榜者，九十有四人，今逸其七。 上官均邵武人。凝之子。考官苏轼等取置第一，策中用易句革而当其悔乃亡语，忤时相王安石，乃居第二。详见《人物志》。 叶祖洽第一人。泰宁人。见《人物志》。 李绅建宁人。 上官济 何与京 何与狷 萧维[121]（《寰宇志》无上官济以下四人。）

六年癸丑余中榜 孙谔迪之子。邵武人。见《人物志》。 邹斐[122]泰宁人。见《人物志》。

九年丙辰徐铎榜 上官彝 李深诰之子。光泽人。见《人物志》。（《寰宇志》无上官彝。）

元丰二年己未时彦榜 谢浚师稷之父。 吴表深师孙泰山，又师胡安定，知饶州。 李夔中大夫。以子纲恩赐太师卫国公。见《人物志》。 黄德裕裕，《寰宇志》作祐。 吴思为政敏达，长于议论。（俱邵武人。《寰宇志》无谢浚。） 上官敦复未详何县。 上官行拯之孙。知解州。 上官公颖（俱光泽人。《寰宇志》无上官敦复、公颖。）

五年壬辰[123]黄裳榜　上官合　吴点黯之弟。邵武人。见《人物志》。　谢皓词之从子。建宁人。见《人物志》。(《寰宇志》无上官合[124]。)

八年乙丑[125]焦蹈榜　上官恢均之再从子。　上官憕垲之子。　朱蒙正(俱邵武人。并见《人物志》。)

元祐三年戊辰李常宁榜　朱朝倚侍御史,知舒州。　黄邦彦　危咏　龚觃会元之子。通判真州。(俱邵武人。《寰宇志》无黄邦彦以下三人[126]。)

六年辛未马涓榜　上官怡邵武人。见《人物志》。《寰宇志》无此名。

绍圣元年甲戌毕渐榜　上官恂垲之子。教授兴化军。　黄中美(俱邵武人。见《人物志》。《寰宇志》无上官恂。)　邹括[127]泰宁人。斐之弟。见《人物志》。　谢黼[128]词之子。中博学宏词第一。见《人物志》。　李勉知顺昌县。(俱光泽人。《寰宇志》以李勉为邵武人,谢黼为泰宁人。)

四年丁丑何昌言榜　李师呐[129]建宁人。　吴璋光泽人。知韶州。(《寰宇志》无此二人。)

元符三年庚辰李釜榜　黄潜善履之从弟。终尚书左仆射。妒贤嫉能,主和误国,逐李纲汨宗泽,深为士论所鄙。兄潜厚为户部尚书。　黄伯思履之孙。见《人物志》。　萧韶泰宁人。《寰宇志》无此名。　王防建宁人。

崇宁二年癸未霍端友榜　叶兑泰宁人。见《人物志》。

五年丙辰蔡嶷榜　吴伟明见《人物志》。　谢锡朋[130]　谢祖仁南安教授。(俱邵武人。《寰宇志》无锡朋、祖仁二人。)

大观三年己丑贾安宅榜　朱垒邵武人。知柳州。

四年庚寅释褐　上官公陟

政和二年壬辰莫俦榜　上官愔均之子。延平守。　李纲夔之子。见《人物志》。　李陵[131]见《人物志》。　卢奎江西运判。　谢如意见《人物志》。　上官公绰　上官愓曹州户曹。(俱邵武人。《寰宇志》无谢如意以下三人。)

五年乙未何㮚榜　邓邦宁知漳州。　上官维祺(俱邵武人。)　谢寻知潮州。　上官致孝　谢喆长乐令。　朱震详见《人物志》。(《寰宇志》无上官维祺以下五人。)

六年丙申释褐　上官闵

重和元年戊戌王昂榜　何兑见《人物志》。　邓根邦宁从弟。广西经略。　上官祝恢之子。为敕令所删定官。　上官公举　上官闳　上官问　谢诗教授丰州。(俱邵武人。《寰宇志》无上官祝以下五人。)

特奏名[132]　上官愉武安军节度推官。本郡特奏名旧志但记上官氏,余无可考。

宣和六年甲辰沈晦榜　上官全节　谢祖信官至泽州安抚。(俱邵武人。《寰宇志》无此二人。)

七年乙巳释褐　黄应南泰宁人。见《人物志》。

建炎二年戊申李易榜　上官汝明邵武人。会昌尉。《寰宇志》无此名。

绍兴二年壬子张九成榜　黄章履之从曾孙。见《人物志》。　朱岊缶之弟。太守。　上官熚新淦尉。(俱邵武人。《寰宇志》无朱岊、上官熚[133]。)

五年乙卯汪应辰榜　黄中章之兄。第二人。见《人物志》。　谢如圭师稷之子。太常少卿。　孙镇谔之子。官至知州。尝作义庄。(俱邵武人。《寰宇志》无孙镇,又以谢如奎为三十年进士。)　黄庚泰宁人。有器识。判辰州。

十二年壬戌陈诚之榜　冯谔邵武人。　江廷宾泰宁人[134]。

十五年乙丑刘章榜　黄彻邵武人。《寰宇志》无此名。

十八年戊辰王佐榜　王人鉴建宁人。博学能文，人目“策虎”。终赣州判。　黄克仁见《人物志》。泰宁人。　谢鸿佥判。　谢份静江经干。（《寰宇志》无此二人。）

二十一年辛未赵逵榜　朱政恭蒙正之孙。邵武人。《寰宇志》无此名。　刘孝恭建宁人。

二十四年甲戌张孝祥榜　黄永存中美之子。邵武人。见《人物志》。《寰宇志》无此名。　张敦义建宁人。见《人物志》。

二十七年丁丑王十朋榜　赵善俊邵武人。见《人物志》。　丘哲苦学清修。终通直郎。　赵汝舟（俱建宁人。）　黄敦义光泽人。以六经诗赋教七子，皆有成立，曰涣者最显[135]。

三十年庚辰梁克家榜　谢源明如奎之子。终尚书，成都安抚。　吴英见《人物志》。（俱邵武人《寰宇志》无谢源明。）赵善佐见《人物志》。　丘翔（俱邵武人。）《寰宇志》无丘翔。

隆兴元年癸未木待问榜　赵善榜[136]善俊之弟。　黄適忤韩侂胄，黜为江西提刑。（俱邵武人。）　谢酬酢推官。《寰宇志》无此名。

特奏名　上官粹中见《人物志》。

乾道二年丙戌萧国梁榜　俞丰建宁人。见《人物志》。　上官骏《寰宇志》无此名。

特奏名　上官莹中贺州文学。博通传记，学者纷集。

五年己丑特奏名　上官太亨宁德尉。

八年壬辰黄定榜　赵善仪湖北安抚。　赵善侃　赵善恭见《人物志》。　赵善䑋（俱善俊之弟。）

淳熙二年乙未詹骙榜　任希夷见《人物志》。　饶干由吉水尉转知长沙县，适朱文公为守，夙兴治事，暇即听讲。后知淮安军卒。（俱邵武人。）

五年戊戌姚颖榜　黄涣敦义之子。光泽人。南省第一。见《人物志》。《寰宇志》无此名。

特奏名　上官赍见《人物志》。　上官伯忠中州文学。

八年辛丑黄由榜　俞闻中邵武人。知黎州。

绍熙元年庚戌余复榜　吴炎见《人物志》。　黄静夫　李东纲之族孙。知衡州。（俱邵武人。《寰宇志》无黄静夫。）

四年癸丑陈亮榜　黄大全邵武人。《寰宇志》无此名。　张焘[137]建宁人。　李文子方子之弟。光泽人。知潼川府。

庆元二年丙辰邹应龙榜　邹应龙泰宁人。第一人。见《人物志》。龙，一作隆。　黄檦　上官简（《寰宇志》无此二人。）

五年己未曾从龙榜　萧舜咨泰宁人。魁南省。终江西提刑。

特奏名　上官损　上官必克（俱见《人物志》。）

嘉泰二年壬戌傅行简榜　黄棨邵武人。见《人物志》。　邹应麟应龙之弟。　任亨之（俱泰宁人。）《寰宇志》无任亨之。　张汝明建宁人。见《人物志》。

开禧元年乙丑毛自知榜　邹应博泰宁人。应龙之从弟。江西提刑。见《人物志》。　黄顺之　龚宗显（《寰宇志》无此二人。）

嘉定元年戊辰郑自诚榜　上官涣酉邵武人。恢之曾孙。见《人物志》。　黄范（《寰宇志》无此二人[138]。）

四年辛未赵建大榜　刘纲中建宁人。　李闳祖　李壮祖闳祖之弟。(俱光泽人。上三人俱见《人物志》。《寰宇志》无李闳祖、壮祖[139]。)

特奏名　上官发官助教。诚实孝谨。

七年甲戌袁甫榜　叶武子邵武人。见《人物志》。　杜东杲之兄。　杜耒[140]东之弟。能诗。(俱邵武人。)　李方子光泽人。第三人。见《人物志》。(《寰宇志》无杜耒、李方子[141]。)

十年己丑[142]特奏名　上官琦官廉州文学。以文艺杰出流辈。　上官昂迪功郎。　上官知方曲江簿。

十六年癸未蒋重珍榜　廖复之建宁人。倅宜州,结约罗蛮,谕以大义,诸蛮翕然听命。

特奏名　上官启宗[143]宁德丞。

宝庆二年丙戌王会龙榜　赵崇游建宁人[144]。

绍定三年己丑[145]黄朴榜　丘登建宁人。　丁朝佐《寰宇志》无此名[146]。

淳祐元年辛丑徐俨夫榜　上官涣然邵武人。涣酉之弟。见《人物志》。　连翼之建宁人。　任尚(《寰宇志》无上官涣然及任尚。)

四年甲辰留梦炎榜　上官子进邵武人。萍乡尉。《寰宇志》无此名。

特奏名　上官应祺[147]通直郎。　上官庸滁州司户参军。

七年丁未张渊微榜　上官天锡《寰宇志》无此名。

十年庚戌方逢辰榜　吴酉建宁人。

特奏名　上官彦华宜黄丞。

宝祐元年癸丑姚勉榜　危昭德邵武人。见《人物志》。

四年丙辰文天祥榜　吴季子邵武人。国子监丞。《寰宇志》无此名。

景定三年壬戌方山京榜　余凭　赵良硂　谢焕[148]　谢廷荐《寰宇志》作张廷荐。(俱建宁人。)

咸淳元年乙丑阮登炳榜　黄公绍邵武人。旧志无此名，而《寰宇志》有之，今增入。　危彻孙昭德之子[149]。

四年戊辰陈文龙榜　张朝英建宁人。

七年辛未张镇孙榜　林顺豫邵武人。通判本军，元大德间为台州教授[150]。

〔元〕

泰定四年丁卯李黻榜　黄清老邵武人。见《人物志》。

〔国朝〕

洪武十七年甲子乡试　周文通府学。　黄伯圭[151]光泽县学。

十八年乙丑丁显榜　周文通邵武人。给事中。　黄伯圭[152]光泽人。监察御史。

二十三年庚午乡试　吴言信府学。

二十四年辛未许观榜　吴言信邵武人。第三人。翰林院编修。

二十九年丙子乡试　程冕建宁县学。曲江训导。

三十二年己卯乡试　陈颙府学。终县丞。　黄宁序班。光泽县学。　吴琬建宁县学。是年福建《乡试录》无此名。

三十三年庚辰胡广榜　吴琬建宁人。户部员外郎。

三十五年壬子乡试　李普安建宁县学。阳春教谕。

永乐元年癸未乡试　范闰生[153]　刘永贤　黄埜

王定　吴禔　高诚知府　陈子良教谕。黄成宗训导。（俱府学。）

二年甲申曾棨榜　花闰生[154]见《人物志》。　刘永贤贵州布政司左参政。　王定行人司行人。　吴禔江西按察司佥事。　黄楚宁远县知县。（俱邵武人。）

三年乙酉乡试　张安广昌教谕。　邓希宁宜兴教谕。（俱府学。）　黄惠邵武县学。盐运司判官。　萧吾义泰宁县学。应天府中，金华知县。　黄迪　官冕赣州教授。　黄勉东流教谕。（俱光泽县学。）

六年戊子乡试　吴玺户部侍郎。见《人物志》。　詹秬副理问。　许铭生　周贤生卫经历。（俱邵武县学。）　李兆崇化教谕。　杨善荣清远训导。（俱泰宁县学）　张诚　余隆员外郎。（俱建宁县学。）　周士能[155]光泽县学。（是科福建《乡试录》无许铭生、周贤生、张诚。）

七年己丑萧时中榜[156]　张诚泰宁人。见《人物志》。

九年辛卯乡试　魏达临高知县。　朱满清远训导。曾真堡[157]（俱府学。）　朱维祯[158]邵武县学。任知县。　王贤临川教谕。　邹安[159]初从王姓名胜安。翰林检讨。　梁福庆东阳训导。　黄清宾州学正。（俱泰宁县学。）　官望建宁县学。

十二年甲午乡试　黄克昕德庆府同知。　官本歙县县丞。　杨孟知县。（俱府学。）　李得全　官驹[160]（俱邵武县学。是科福建《乡试录》无杨孟。）　王绍宗[161]　李义教谕。伍宁淳安教谕。　王褕　黄端（俱泰宁县学。）　黄原昌建宁县学。　黄正崇德教谕。　高用　江礼初瑞安训导。（俱光泽县学。）

十三年乙未陈循榜　官琚户部郎中。琚,《登科录》作驹。　李得全监察御史。(俱邵武人。)　李绍宗泰宁人。浙江按察司佥事。　黄原昌建宁人。户部员外郎。

十五年丁酉乡试　官佑[162]旧志作上官佑。弋阳知县。　李居正萍乡教谕。　王靖石城教谕。　张先程乡知县。　朱莆阮州判官。　吴环郁林州同知。　危继蓝山训导。(俱府学。)　丘继邵武县学。工部主事。　黄回祖　范永昭[163]灌阳训导。　萧能贵新城训导。(俱泰宁县学。)　张义建宁县学。　侯端　官铭醴陵教谕。(俱光泽县学。)

十八年庚子乡试　黄子禄桂林教谕。　谌敬奉化教谕。　曾泉[164]海宁教谕。(俱府学。)　黄瑛邵武县学。庆都教谕。　萧胤[165]泰宁县学。　谢信建宁县学。台州教谕。

十九年辛丑曾鹤龄榜　曾贞保[166]邵武人。浮梁知县。　侯端光泽人。溧阳知县。

二十一年癸丑乡试　曹泰后复姓陈。见《人物志》。　王勉　李文祯惠州知府。　王广教谕。(俱邵武县学。)　谢灏[167]　李秉組(俱建宁县学。)　傅璇茂名教授。　朱光显龙游知县。(俱光泽县学。)

宣德元年丙午乡试　李惟恭邵武县学。广化训导。

四年己酉乡试　丘九思府学。嘉兴教授。

七年壬子乡试　余智泰宁县学。揭阳教谕。

八年癸丑曹鼐榜　黄回祖泰宁人。翰林庶吉士。

十年乙卯乡试　龚敩邵武县学。　高敬光泽县学。永新县丞。

正统元年丙辰周旋榜　龚敩邵武人。盐运使[168]。

六年辛酉乡试　徐溥邵武县学。　陈秉中泰宁县学。

山阳训导。　李舟光泽县学。富阳教谕。

七年壬戌刘俨榜　邹允隆[169]泰宁人。见《人物志》。乡试失记何科。

九年甲子乡试　邓敬诸城教谕。　危俊许州训导。（俱光泽县学。）

十二年丁卯乡试　谢濂邵武县学。　黄端[170]建宁县学。

十三年戊辰彭时榜　徐溥邵武人。监察御史[171]。

景泰元年庚午乡试　朱浚光禄录事。　官肇和[172]闻永海丰训导。（俱府学。）　杨靖蓬溪训导。　卢孟[173]宜黄教谕。（俱邵武县学。）　阮肇泰宁县学。　董英建宁县学。兴宁知县。

二年辛未柯潜榜　谢濂台州人。随父官，占籍邵武。广东布政司参政。

四年癸酉乡试　周灏海盐知县。　谢颍钱塘知县。（俱府学。）　叶茂泰宁县学。河南按察司佥事。　胡升建宁县学。松江府学训导。

七年丙子乡试　李富邵府县学。归善知县[174]。

天顺七年[175]癸未彭教榜　余志建宁人。石阡知府。

成化四年戊子乡试　朱钦府学。

七年辛卯乡试　宁坚邵武县学。　李夔建宁县学。

八年壬辰吴宽榜　朱钦邵武人。监察御史。

十年甲午乡试　崔中邵武人。府学。任教谕。　江福泰宁县学。

十三年丁酉乡试　孔经邵武县学。

十六年庚子乡试　梁嵩泰宁县学。任教谕。　苏信永安县学。应天府中。

十七年辛丑王华榜　孔经邵武人。

十九年癸卯乡试　罗绅府学。　吴刚[176]建宁县学。

校　注

[1] 乾隆《延平府志·选举》尚有“太平兴国三年吕蒙正榜：廖如壎”。

[2] 乾隆《延平府志·选举》作“廖亚之”。

[3] 乾隆《延平府志·选举》作“梁灏榜”。

[4] 嘉靖《延平府志·选举》及乾隆《延平府志·选举》尚有“陈世则”。

[5] 咸平五年系“壬寅”，此作“壬辰”误。

[6] 嘉靖《延平府志·选举》及乾隆《延平府志·选举》均作“廖处平”。

[7] 乾隆《延平府志·选举》作“宋綦”。

[8] 嘉靖《延平府志·选举》及乾隆《延平府志·选举》均作“余浼”。

[9] 贾黯榜似庆历六年丙戌。

[10] 嘉靖《延平府志·选举》及乾隆《延平府志·选举》均作“李绎”。

[11] 乾隆《延平府志·选举》作“叶斐”。

[12] 乾隆《延平府志·选举》作“胡式职”。

[13] 乾隆《延平府志·选举》作“萧竑”。

[14] 治平二年系“乙巳”，此作“己巳”误。

[15] 嘉靖《延平府志·选举》及乾隆《延平府志·选举》均作“汪琁”。

[16] 熙宁三年系“庚戌”，此作“壬辰”误。

[17] 嘉靖《延平府志·选举》及乾隆《延平府志·选举》均作“萧嵲”。

[18] 熙宁九年系“丙辰”，此作“己未”误。

[19] 乾隆《延平府志·选举》作“宋毅”。

[20] 嘉靖《延平府志·选举》及乾隆《延平府志·选举》均作“魏任”。

[21] 嘉靖《延平府志·选举》及乾隆《延平府志·选举》尚有“特奏名：魏容”。

[22] 嘉靖《延平府志·选举》及乾隆《延平府志·选举》均作“吴括”。

［23］乾隆《延平府志・选举》作“邓光”。

［24］嘉靖《延平府志・选举》及乾隆《延平府志・选举》均作“曹恂”。

［25］嘉靖《延平府志・选举》及乾隆《延平府志・选举》均作“陈珹”。

［26］嘉靖《延平府志・选举》及乾隆《延平府志・选举》均作“邓时可”。

［27］乾隆《延平府志・选举》作“范珙”。

［28］嘉靖《延平府志・选举》及乾隆《延平府志・选举》均作“尤申”。

［29］所列“黄举”与政和五年何㮚榜重复，似以何㮚榜为是。

［30］嘉靖《延平府志・选举》及乾隆《延平府志・选举》均作“乐公究”。

［31］嘉靖《延平府志・选举》及乾隆《延平府志・选举》均作“吴溥”。

［32］乾隆《延平府志・选举》尚有“杨通”。

［33］乾隆《延平府志・选举》作“庄沂”。

［34］嘉靖《延平府志・选举》及乾隆《延平府志・选举》均作“范邦彦”。

［35］乾隆《延平府志・选举》作“邓柞”。

［36］嘉靖《延平府志・选举》及乾隆《延平府志・选举》均作“俞敷”。

［37］乾隆《延平府志・选举》作“陈迁”。

［38］嘉靖《延平府志・选举》作“张维”，乾隆《延平府志・选举》作“张雄”。

［39］嘉靖《延平府志・选举》及乾隆《延平府志・选举》均作“邓莺”。

［40］乾隆《延平府志・选举》作“陈维则”。

［41］嘉靖《延平府志・选举》及乾隆《延平府志・选举》均有“黄大鏊，将乐人”。

［42］嘉靖《延平府志・选举》作“陈楫”。

［43］绍兴二十四年系“甲戌”，此作“癸酉”误。

［44］乾隆《延平府志・选举》作“吴人端”。

［45］隆兴元年系“癸未”，此作“癸丑”误。

［46］嘉靖《延平府志・选举》及乾隆《延平府志・选举》均作“任孝友”。

［47］嘉靖《延平府志・选举》作“高仁杰”。

［48］乾隆《延平府志・选举》作“王揆”。

［49］嘉靖《延平府志・选举》作“黄谦”。

［50］乾隆《延平府志・选举》尚有“宁渊”。

［51］嘉靖《延平府志・选举》作“吴逌”，乾隆《延平府志・选举》作

“吴迪”。

［52］嘉靖《延平府志·选举》及乾隆《延平府志·选举》均作“曹徯”。

［53］乾隆《延平府志·选举》作“陈邃”。

［54］乾隆《延平府志·选举》尚有“黄伯固，将乐人”。

［55］嘉靖《延平府志·选举》及乾隆《延平府志·选举》尚有“林抝，尤溪人”。

［56］嘉靖《延平府志·选举》及乾隆《延平府志·选举》均作“杨王廷”。

［57］嘉靖《延平府志·选举》及乾隆《延平府志·选举》均尚有“罗博文，沙县人”。

［58］嘉靖《延平府志·选举》及乾隆《延平府志·选举》均有“黄宋隆，将乐人”。

［59］乾隆《延平府志·选举》作“赵崇彪”。

［60］嘉定四年系“辛未”，此作“辛丑”误。

［61］乾隆《延平府志·选举》作“赵时夫”。

［62］嘉靖《延平府志·选举》“邓骙”作“特奏名”。

［63］嘉靖《延平府志·选举》“陈玕”作“特奏名”。

［64］嘉靖《延平府志·选举》作“邓勋”。

［65］嘉定十年系“丁丑”，此作“己丑”误。

［66］嘉靖《延平府志·选举》及乾隆《延平府志·选举》均作“魏梦社、赵崇濂”。

［67］乾隆《延平府志·选举》作“陈华”。

［68］乾隆《延平府志·选举》作“杨淳于”。

［69］嘉靖《延平府志·选举》及乾隆《延平府志·选举》均作“黄直卿”。

［70］嘉靖《延平府志·选举》及乾隆《延平府志·选举》作“赵崇禖”。

［71］黄扑榜系“绍定二年”，此作“绍定三年”误。

［72］嘉靖《延平府志·选举》及乾隆《延平府志·选举》均作“赵必衎”。

［73］乾隆《延平府志·选举》作“吴国安”。

［74］嘉靖《延平府志·选举》及乾隆《延平府志·选举》均作“邓矩”。

［75］端平二年系“乙未”，此作“己未”误。

［76］嘉靖《延平府志·选举》及乾隆《延平府志·选举》均作“赵孟岈”。

［77］嘉靖《延平府志·选举》及乾隆《延平府志·选举》均作“萧虞韶”。

［78］嘉靖《延平府志·选举》及乾隆《延平府志·选举》均尚有“张时中，张晞颜，南平人；冯梦得、汤露，将乐人”。

［79］嘉靖《延平府志·选举》及乾隆《延平府志·选举》均作“黄注”。

［80］嘉靖《延平府志·选举》及乾隆《延平府志·选举》均尚有“淳祐元年辛丑徐俨夫榜：谢华、陈微、黄应升、陈案”，又有“上舍释褐：赵若琎”。

［81］嘉靖《延平府志·选举》及乾隆《延平府志·选举》均尚有“淳祐四年甲辰留梦炎榜：张弇、张逢辰”，但嘉靖《延平府志·选举》作“俱剑浦人”，乾隆《延平府志·选举》张逢辰作“将乐人”。

［82］嘉靖《延平府志·选举》及乾隆《延平府志·选举》均作“赵必㠾”。

［83］嘉靖《延平府志·选举》及乾隆《延平府志·选举》均尚有“陈雅、李公足、陈燮，剑浦人”；聂渊潜嘉靖府志作“剑浦人”，乾隆府志作“尤溪人”。

［84］嘉靖《延平府志·选举》及乾隆《延平府志·选举》均作“胡驿”，并于此名后有“冯宝、王应丰、郑元芳、吴珩、李公孺，俱剑浦人”。

［85］嘉靖《延平府志·选举》及乾隆《延平府志·选举》均尚有：①“宝祐元年癸丑姚勉榜：吴元之、姚必椽（乾隆府志椽作‘檖’）、黄介龙、王必谦、赵必□（俱剑浦人。但乾隆府志作‘黄介龙、王必谦尤溪人’）”；②“宝祐四年丙辰文天祥榜：陈桂、赵必䟆、宋日隆（乾隆府志作‘俱剑浦人’）、邓观光、严桂发（乾隆府志作‘俱沙县人’）、聂彦龙、赵琁（乾隆府志作‘俱尤溪人’）”；③“开庆元年己未周震炎榜：邓俨、范又新、吴光国（乾隆府志作‘俱剑浦人’）、钟吉昌（乾隆府志作‘将乐人’）”。

［86］壬戌为“景定三年”，此作“景定二年”误。

［87］嘉靖《延平府志·选举》方山京榜尚有“赵良炿、赵崇泽、杨自得、赵必链（剑浦人）、赵□□（尤溪人）”。

［88］嘉靖《延平府志·选举》及乾隆《延平府志·选举》均作“邓宗、丰端”。

［89］嘉靖《延平府志·选举》作“曹洙”。

［90］嘉靖《延平府志·选举》作“徐光大”。

［91］嘉靖《延平府志·选举》及乾隆《延平府志·选举》均尚有：①“咸淳元年阮登炳榜：赵崇溥、李溶、魏应、陈鄂、赵与撚、赵必途、赵与澴、赵必僉、赵必大、赵良玿、赵必锿、赵孟领、赵孟□、赵时僅（《乾隆府志》作‘赵时仆’）、赵孟沐、赵良琏、赵孟□（嘉靖府志作‘赵时□’）、赵孟锈、赵良玕、赵必

锟、赵崇钵、赵必煓、赵必□、赵孟仲(俱剑浦人)”;②“咸淳四年戊辰陈文龙榜:赵必道、陈□、范联、赵时□、罗诚子、赵必造(乾隆府志另增‘宁章’)”;③“咸淳七年辛未张镇孙榜:赵孟衔(嘉靖府志‘衔’作‘衎’)、赵与玉、朱仲长、徐梦张(嘉靖府志作‘徐孟□’)、罗大孙、赵必凑、魏有庆、陈布禄(乾隆府志作‘俱剑浦人’)、汤传、冯士选(乾隆府志作‘俱将乐人’)、曹玮(乾隆府志作‘沙县人’)、赵孟谦、聂古(乾隆府志作‘尤溪人’)”。

[92] 乾隆《延平府志・选举》尚有“延祐五年戊午霍希贤榜:萧廷臣”。

[93] 乾隆《延平府志・选举》尚有“至正二十六年丙午张楝榜:黄文冲(将乐人)、张秋水、曹道振(沙县人)”。

[94] 乾隆《延平府志・选举》尚有“张凤”。

[95] 嘉靖《延平府志・选举》及乾隆《延平府志・选举》均尚有“王考、徐贵”。

[96] 乾隆《延平府志・选举》作“王考”。

[97] 乾隆《延平府志・选举》作“建文元年”。

[98] 嘉靖《延平府志・选举》及乾隆《延平府志・选举》均尚有“季镡、吴复”。

[99] 嘉靖《延平府志・选举》及乾隆《延平府志・选举》均作“陈镟”。

[100] 嘉靖《延平府志・选举》及乾隆《延平府志・选举》均作“陈镟”。

[101] 所列“卢聚”与永乐三年乙酉乡试榜“卢聚”重复。

[102] 乾隆《延平府志・选举》尚有“林祖”。

[103] 永乐十六年戊戌系“李骐榜”,此作“李骥榜”误。

[104] 嘉靖《延平府志・选举》及乾隆《延平府志・选举》尚有“施为”。

[105] 宣德元年系“丙午”,此作“戊午”误。

[106] 嘉靖《延平府志・选举》及乾隆《延平府志・选举》作“王玙”,并有“张斌”。

[107] 正统元年丙辰系“周旋榜”,此作“周施榜”误。

[108] “梁高”已见宣德七年壬子乡试榜,此重复。乾隆《延平府志・选举》则作“吴麟”。

[109] 乾隆《延平府志・选举》作“宋旭”。

[110] “己卯”系天顺三年,此作二年误。

[111] 乾隆《延平府志・选举》尚有“官荣”。

［112］嘉靖《延平府志·选举》及乾隆《延平府志·选举》均作“曾拱辰”，嘉靖《延平府志·选举》尚有“廖中”。

［113］成化十六年系“庚子”，此作“戊子”误。

［114］乾隆《邵武府志·选举》尚有“雍熙二年乙丑梁灏榜:龚伟”。

［115］天圣八年系“庚午”，此作“庚子”误。

［116］乾隆《邵武府志·选举》作“黄珀”。

［117］乾隆《邵武府志·选举》尚有“龚仕忠，邵武人”。

［118］按嘉祐六年辛丑系“王俊民榜”，此作“王俊臣榜”，误。

［119］嘉靖《邵武府志·选举》及乾隆《邵武府志·选举》均作“李详”。

［120］乾隆《邵武府志·选举》作“上官公裕”。

［121］乾隆《邵武府志·选举》作“萧维申，俱邵武人”。

［122］嘉靖《邵武府志·选举》作“邹棐”，乾隆《邵武府志·选举》作“邹夔”。

［123］元丰五年系“壬戌”，此作“壬辰”误。

［124］嘉靖《邵武府志·选举》及乾隆《邵武府志·选举》均尚有“危建侯，邵武人”，《乾隆府志·选举》尚有“龚远，邵武人”。

［125］元丰八年系“乙丑”，此作“己丑”误。

［126］乾隆《邵武府志·选举》尚有“龚邦彦”。

［127］乾隆《邵武府志·选举》作“邹栝”。

［128］嘉靖《邵武府志·选举》及乾隆《邵武府志·选举》均作“谢黻”。

［129］嘉靖《延平府志·选举》及乾隆《延平府志·选举》均作“李师聃”。

［130］嘉靖《延平府志·选举》及乾隆《延平府志·选举》均作“谢锡明”。

［131］嘉靖《延平府志·选举》及乾隆《延平府志·选举》均作“季陵”。

［132］按乾隆《邵武府志·选举》此特奏名系政和八年，据此，则应列在重和之前，未知孰是。

［133］乾隆《邵武府志·选举》尚有“龚彦彰”。

［134］乾隆《邵武府志·选举》尚有“龚概”。

［135］乾隆《邵武府志·选举》尚有“李安世”。

［136］嘉靖《邵武府志·选举》作“赵善滂”，乾隆《邵武府志·选举》作

"赵善傍"。

［137］嘉靖《邵武府志·选举》作"张寿"。

［138］嘉靖《邵武府志·选举》及乾隆《邵武府志·选举》均有"邹恕，泰宁人"。

［139］乾隆《邵武府志·选举》尚有"龚庆祖"。

［140］嘉靖《邵武府志·选举》作"杜采"。

［141］乾隆《邵武府志·选举》尚有"嘉定十年丁丑吴潜榜：吴琭，光泽人"。

［142］嘉定十年系"丁丑"，此作"己丑"误。

［143］嘉靖《邵武府志·选举》作"上官桀"。

［144］嘉靖《邵武府志·选举》及乾隆《邵武府志·选举》尚有"赵檦夫，泰宁人"。

［145］黄朴榜系"绍定二年己丑"，此作"三年"误。

［146］乾隆《邵武府志·选举》尚有"龚定云"及"绍定五年壬辰徐元杰榜：危梦亨、龚震之，俱邵武人"。

［147］嘉靖《邵武府志·选举》及乾隆《邵武府志·选举》均作"上官应琪"。

［148］乾隆《邵武府志·选举》作"谢涣"。

［149］乾隆《邵武府志·选举》尚有"龚老行，俱邵武人。"

［150］乾隆《邵武府志·选举》尚有"龚雍"。

［151］嘉靖《邵武府志·选举》及乾隆《邵武府志·选举》作"黄伯珪"。

［152］嘉靖《延平府志·选举》及乾隆《延平府志·选举》均作"黄伯珪"。

［153］嘉靖《延平府志·选举》及乾隆《延平府志·选举》均作"花润生"。

［154］嘉靖《延平府志·选举》及乾隆《延平府志·选举》均作"花润生"。

［155］嘉靖《延平府志·选举》及乾隆《延平府志·选举》均作"周仕能"。

［156］乾隆《邵武府志·选举》作"永乐九年辛卯萧时中榜"。

［157］嘉靖《邵武府志·选举》及乾隆《邵武府志·选举》均作"曾

真保”。

［158］乾隆《邵武府志·选举》作“朱维桢”。

［159］乾隆《邵武府志·选举》作“邹胜安”。

［160］嘉靖《邵武府志·选举》及乾隆《邵武府志·选举》均作“官琚”。

［161］嘉靖《延平府志·选举》及乾隆《延平府志·选举》均作“李绍宗”。

［162］嘉靖《邵武府志·选举》及乾隆《邵武府志·选举》均作“上官祐”。

［163］嘉靖《邵武府志·选举》作“危永照”。

［164］嘉靖《邵武府志·选举》及乾隆《邵武府志·选举》均作“曾昶”。

［165］嘉靖《邵武府志·选举》作“叶亷”，乾隆《邵武府志·选举》作“萧允”。

［166］嘉靖《延平府志·选举》及乾隆《延平府志·选举》均作“曾真保”。

［167］嘉靖《延平府志·选举》及乾隆《延平府志·选举》均作“谢颙”。

［168］嘉靖《邵武府志·选举》尚有“正统三年戊午乡试：邹昌”，乾隆《邵武府志·选举》尚有“乡试：邹元隆”。

［169］嘉靖《邵武府志·选举》作“邹昌”。

［170］嘉靖《邵武府志·选举》作“黄瑞”。

［171］嘉靖《邵武府志·选举》及乾隆《邵武府志·选举》均尚有“徐溥，邵武学”。

［172］嘉靖《延平府志·选举》及乾隆《延平府志·选举》均作“上官肇和”。

［173］嘉靖《延平府志·选举》及乾隆《延平府志·选举》均作“虞孟”。

［174］嘉靖《延平府志·选举》及乾隆《延平府志·选举》均尚有“天顺三年己卯乡试：余志”。

［175］彭教榜系“天顺八年甲申”，此作“天顺七年癸未”误。

［176］嘉靖《邵武府志·选举》及乾隆《邵武府志·选举》均作“吴纲”。

八闽通志卷之五十三

选　　举

科　第

兴化府

〔唐〕

贞元七年辛未尹枢榜　林藻莆田人。见《人物志》。

十八年壬午徐晦榜　许稷莆田人。见《人物志》。

光启四年[1]戊申薛贻矩榜　陈峤莆田人。大理司直兼殿中府御史。有文集数卷。

乾宁元年甲寅苏检榜　徐寅莆田人。见《人物志》。陈乘兴化县人。天复间退居故里，与王延彬、郑良士、徐寅以诗唱和。

二年乙卯赵观文榜　黄滔莆田人。见《人物志》。

三年丙辰崔谔榜　翁承赞莆田人。见《人物志》。

天祐二年乙丑归系榜　杨在尧仙游人。

三年丙寅裴说榜　翁袭明莆田人。承赞之弟。终秘书郎。　陈宪义仙游人。

四年丁卯崔詹榜　陈淑莆田人。峤之从子。福建观察推官。

〔五代(梁)〕

开平二年戊辰崔邈榜　陈沆魏博节度，辟为判官。　郑希闵(俱莆田人。)

〔宋〕

太平兴国五年苏易简榜　薛峦兴化县人。莆阳旧志无此名，而《寰宇志》有之，今增入。[2]

八年癸未王世则榜　李欣莆田人。见《人物志》[3]。

咸平元年戊戌孙谨[4]榜　郑褒莆田人。希闵之孙。有文集三十卷。《清源志》载："褒，惠安人。"

二年己亥孙暨榜　陈绛莆田人。见《人物志》。

三年庚子陈尧佐[5]榜　方慎言见《人物志》。　方仪太平兴国中伏阙上书，乞建军学。历大理寺丞，迁著作佐郎。　陈甲元之曾孙。终大理寺丞。(俱莆田人。)

景德二年乙巳李迪榜　翁纬承赞之孙。新会知县。　方慎从慎言之弟。终都官郎中。(俱莆田人。《三山志》以翁纬为福清人。)　叶宾仙游人。见《人物志》。

大中祥符元年戊申姚晔榜　李昂欣之从子。莆田人。　蒋俞仙游人。　陈拱兴化县人。

四年辛亥张师德榜　林正辞莆田人。

五年壬子徐奭榜　陈端沆之孙。终太常博士，知浔州。　李冕昂之弟。(俱莆田人。)　方偕兴化县人。见《人物志》[6]。

八年乙卯蔡齐榜　林徽藻之族孙。秘书丞。　陈深峤之孙。濮州司理参军。　黄肇秘书省校书郎，信州推官。（俱莆田人）

天圣二年甲子宋郊榜　郑充[7]　林瑀藻之裔孙。太常博士。康定初，仁宗亲擢天章阁侍讲，正言梁适劾其干内，降不听，寻命与徐复同修《周易·天人会元纪》，赐五品服。有《太玄经注》十卷、《太玄释文》一卷、《唐书纯粹》一百卷。　翁损朝奉郎，殿中丞。（俱莆田人。）　廖钧仙游人。著作郎，守开封府户曹。

五年丁卯王尧臣榜　宋堂宣德郎，扬州观察推官。　刘师古宣德郎，真州佥判。　陈用之　王献可太子中舍致仕。　林讳承奉郎，楚州录事参军。（俱莆田人。）　蔡衮　张式太常博士，历知濠州、寿州。（俱仙游人。）　陈铸兴化县人。见《人物志》。

八年庚午王拱辰榜　陈说之绛之子。本第一人，夏竦与绛有宿憾，奏滥臣之子不可居人上，降第六人，终秘书丞。　陈动之说之之兄。秘书丞，赠银青光禄大夫。　郑方褒之子。　方任偕之弟。　陈溥　方峻职方员外郎，赠金紫光禄大夫。　林袭明　林茂先太常卿。　游振（俱莆田人。）　蔡襄仙游人。见《人物志》。　郑子庄兴化县人。朝奉郎太常博士。

景祐元年甲戌张唐卿榜　郑邻　郑伯玉见《人物志》。　陈可　翁操损之弟。奉议郎。　翁鉴丞赞[8]之孙。建昌军判官。　蔡昌龄　徐冶　李昭物秘书省校书郎。　陈良尤溪簿。　王洞著作佐郎。　方倪任之从弟。平海军节度推官。　方峤峻之弟。见《人物志》。　陈利和　方龟年仪之从孙。屯田郎中。有《群书新语》、《经史解题》。（俱莆田人。）　刘拯　张平叔　杨晕　蔡准赠太师。　陈诰　叶傅[9]宾之子。

晋江尉，赠少师。　蔡高襄之弟。见《人物志》。（俱仙游人。）　陈昭素三司判官。兴化县人。

诸科　黄价溜之曾孙。容州司理参军。　徐交　方正中仪之子。泉州长史。　叶芳

宝元元年戊寅吕溱榜　陈安国峤之孙。大理寺丞。　林让洪州察推。　丁亥先[10]校书郎。　吴世延朝奉郎，屯田员外郎，知梧州。有诗集二十卷，多与周濂溪唱和。　李昭用　黄琦　杨伯华　翁彦升职方郎中，知归州，历端州、梓州。（俱莆田人。三山旧志以翁彦升为福清人，今依《莆阳杂志》增入。）　许积[11]仙游人。见《人物志》[12]。

诸科　留万

庆历二年壬子杨寘榜　郑伯英充之从子。知县。　宋瑜堂之从子。平江军节度，掌书记。（俱莆田人。）　吴乘　吴秉乘之弟。　郭琪朝奉郎。屯田郎中。　阮遵山南东道节度推官，转通直郎。　郑之尤充之从孙，国子博士。　丘子云　许章屯田郎中，知建州。　许程积之兄。浔州司户参军。（俱仙游人。）

诸科　郑倩充之从侄。三礼出身，知南剑州，改知漳州。　陈衍　陈监臣　林策

六年丁未贾黯榜　林英太常卿。　丘舜元　陈照　洪牧　林谘　林汝平太常博士。　刘孝基　陈藻　方士宁峻之子。都官员外郎，赠通奉大夫。　郑伯喈伯玉从弟。屯田员外郎，知沧州咸平县，赠朝议大夫。　陈琪著作郎。　黄从正朝奉郎，职方员外郎，终福州通判。　许颖著作郎。　方蓁慎言之侄。右司郎中，朝奉大夫，知潮州。（俱莆田人。）　许懋见《人物志》。　余象见《人物志》。（俱仙游人。）

诸科　陈辑通直郎。

皇祐元年己丑冯京榜　杜谘　黄长裕大理评事，知海丰县。　黄允滔之从孙。秘书省校书郎。　林俛奉议郎，知惠州。　李昭文福州连江尉。有诗集。　方简震[13]　欧阳愿　徐谔　方遵度福州司法参军。　王公辅　陈启期[14]沆之来孙。福建路常平提举，赠通议大夫。　林卞(俱莆田人。)　丘子谅[15]　吴演　郑升校书郎。　陈公言宣议郎。知长乐县，赠通直郎。　陈淳　蔡立　陈方《寰宇志》作陈阐。历知漳州、建州、莱州，终朝请大夫。(俱仙游人。)　方次彭兴化县人。见《人物志》。

五年癸巳郑獬榜　方子容峻之子。朝请郎，知惠州，赠通奉大夫。　郑季膺济之郡从，司法参军。　郑叔明伯玉之子。承奉郎，知顺昌县。　吴评泉州司户，赠正议大夫。　黄谕肇之从子，秘书省校书郎。　方齐卿仪之从曾孙。朝奉郎，知郃阳县，赠中散大夫。　方孝锡给事郎，守殿中丞。　郑希韩蒨之从弟。朝奉郎，知道州。　陈奎淑之族孙。朝散郎，知汀州，致仕；敕恩迁朝散大夫，赠太中大夫。　郑介卿希韩之从子。校书郎，知濠州。(俱莆田人。)　蔡项　李昴[16]昴，《寰宇志》作昂。(俱仙游人。)　黄中庸璞之后，兴化县人。太常博士，温公荐其才，除浙西提刑，未拜命而卒。

诸科　蔡禹横[17]　游愷　郑尹[18]仙游人。　丘从　方慎交慎言之从弟。州文学。

嘉祐二年丁酉章衡榜　林辅德　陈若实[19]　林伸伟之弟。见《人物志》。　顾宲　陈侗动之之子。见《人物志》。　林冕　林子春(俱莆田人。)

诸科　宋并堂之族。　方洞次彭之子。三礼出身，诸王官大小学教授。　俞则之　黄维翰滔之玄孙。历龙溪、仙游、草亭主簿。　王世卿　郑少迪[20]尹之郡从。许州判官，赠大理寺丞。

六年辛丑王俊明榜　陈睦第二人。动之之子。见《人物志》。　徐向　方场[21]（俱莆田人。）　许噩仙游人。懋之弟。

诸科　吴志宁评之族。大理寺丞。

八年癸卯许将榜　黄祖陶宣德郎，知济州禹城县。　陈被望淑之曾孙。通直郎，惠州佥判。　郑会卿介卿之弟。通直郎。　李昭远御试《禽畏以饗福赋》，本中第三人及第，以误写御题，降第三甲第一人，改承奉郎、大理寺丞，知江州。有《九江集》。　郑前尹之从子。　陈傢[22]　王錤知河南永宁县。（俱莆田人。）　章启宗仙游人。

诸科　刘景阳第一人。　李昭逢

治平二年乙巳彭汝砺榜　周谭　柯济　方希皋蓁之子。贡州司法参军。（俱莆田人。郡志无柯济，《寰宇志》有之，今增入。）　黄宁[23]仙游人。

四年丁未许安世榜　黄降[24]更名隐。见《人物志》。　林端　黄理隐之从父。校书郎，终临安府教授。　方孝述孝锡之兄。广州推官。　陈孺　郑刚朝奉大夫，福州通判。　方仲宇峤之子。著作佐郎，南安令。　黄君俞见《人物志》。《寰宇志》作陈均俞，非。（俱莆田人。）　朱绂见《人物志》。　陈瑄诰之子。　陈大卞见《人物志》。　傅楫见《人物志》。　叶牧宾之从孙。（俱仙游人。）　方晞道兴化县人。次彭之子。从政郎，知晋江县。

熙宁三年庚戌叶祖洽榜　陈遹　林辟非　陈之邵奉议郎，寿州佥判。有《壶山集》三十卷。（俱莆田人。）　蔡京准之子。历翰林学士承旨，迁尚书左右仆射，改太宰，加司空，册拜太师，晋封鲁国公。为相二十年，擅权植党，迷国误朝，驯致宗社播迁。靖康切，连贬窜侈[25]儋州，行至湖南而死，人犹以不义正典刑、谢天下为恨。　**蔡卞**京之弟，王安石妻以女。绍圣中，除尚书左丞，缔交章惇、安淳，与兄京同恶相济，起史祸，兴同文馆狱，斥元祐诸臣，禁其子孙，时号二蔡。徽宗立，罢知江宁府。崇宁初，知枢密院事，加太子太师，已而与京不协，出知河南府，加观文殿大学士，入为诗读检校少保，卒赠太傅，谥文正。绍兴中，追贬单州团练副使。　**叶皐**宾之从孙。　**郑汝贤**前之从子。（俱仙游人。）　**方次夔**兴化县人。次彭之弟。奉议郎。

诸科　**方演**慎言之从子。宣德郎。　**郑蕤**希韩之从弟。

徐布　**林伯材**泉州司户。

六年癸丑**余中榜**　**刘觉**师古之孙。朝奉郎，河南府少尹。　**方伻**慎从之孙。改名价。知寿州安丰县，用荐召赴堂审，蔡京以其不私诣，报罢，寻复以朝奉郎知侯官县，未几，挂冠而归焉。　**方辅宋**侨之子，更名宙。见《人物志》。　**陈孝纯**端之孙。朝散大夫，知循州。　**方谷**齐卿之子。历四川通判，三州太守，终朝请大夫。　**黄宪章**　**郑仔**　**郑毅**希韩之从侄。　**林嗣先**房州录事参军，监秀州海盐盐场，赠朝散郎。　**郑盘**司法参军。　**方通**慎言之孙，诸王府翊善，坐子轸上书，责监温州酒税。靖康初复官，以朝请大夫致仕，赠朝议大夫。有文集二十卷，《咏史》十卷，《杂志》十卷，《诗书义解》三十卷。　**陈中复**端之孙。见《人物志》。　**王劭**齐州司理参军。　**陈璪**（俱莆田人。）

陈次升见《人物志》。　**郑习**　**许巽**积之子。　**王回**见《人物志》。　**陈开**太常博士，通判沧州、椎州，朝奉大夫，宗正寺丞，赠金紫光禄大夫。　**余授**象之从子。校书郎，朝请大夫，京西路提举。（俱仙游人。）

诸科　欧阳伸詹之后。古田令。　翁抃损之弟。福州长史。　林嗣宗嗣先之兄。福州闽清尉。　刘希文　陈砺　吴世南　翁载承赞之孙。　徐清臣　周长卿　林说　李昭素　方瀣滨之弟。文学。

九年丙辰徐铎榜　徐铎第一人。寅之孙。绍圣末,以给事中直学士院,与蹇序辰同编类元祐诸臣章疏。徽宗时,为丰稷所论,出知湖州。崇宁中,拜礼部尚书,进吏部,赠开府仪同三司。有《易谈》二十卷、《群书总要》一百卷。　方会见《人物志》。　徐锐铎之兄。朝奉郎,赠宣奉大夫。　林植茂先之子。　叶胄朝散郎,佥书威武军节度判官。　林回甫更名清之。朝奉郎,管勾开封府都厢公事。　卓厚除监察御史,迁殿中侍御史,转承议郎尚书,吏部员外郎。　陈志　陈瑗(俱莆田人。)　陈觉民见《人物志》。　林豫见《人物志》。　许异巽之弟。(俱仙游人。)

诸科　陈箴　郑君陈前之从弟。承奉郎。　宋琮堂之从子。福州司理。　方溱演之弟。　蔡士衡宣德郎。　林识　林国辅将作监簿。　黄周辅维翰之弟。将作监簿。　郑伯奇伯玉之从弟。将作监簿。　王绎[26]

元丰二年己未时彦榜　宋观堂之孙。开封府少尹,以朝请大夫出知漳州。　黄中奉议郎。　郑至道叔明之子。知韶州乐昌县,有《谕俗编》。　方师颜倪之子。　刘秘宣德郎,湖州乌程县丞。　谢斯立　陈嘉劭[27]淑之孙。惠州海丰令,赠朝议大夫。　庄柔正福州福清县令。　李敦锡(俱莆田人。)　朱寘绂之从子。秘书丞,入元祐党,起知南雄州,不赴。　蔡观(俱仙游人。)　方公衮洞之从子。诸王官大小学教授。　方安道次彭之子。儒林郎,镇潼军节度掌书记。　方原道次彭之子。从政郎，循州龙川县令。（俱兴化县人。）

诸科 徐楷 方伯通孝锡之从子。 郭甫 刘景山 林楷 方次皋次彭之弟。知罗源县。 方浚凑之弟。将作监簿。 洪仿 林思矩[28]藻之族孙。将作监簿。 方延年龟年之从弟。主簿。 蔡升 张国

五年壬戌黄裳榜 徐确见《人物志》。 吴公辅评之从子。平海军节度推官。 吴公懋评之子。朝请大夫，知泗州。有文集。 林萱嗣先之子。朝散郎，知余姚县。 林晛 林定英之子。太常卿。 郑济见《人物志》。 许安雅 王烨建州司理参军。 方伯镇孝锡之从子。朝奉郎，宗学博士。 黄恭[29]恭，《寰宇志》作泰。 郑佥奉议郎，盱眙令。（俱莆田人。） 许尧夫契之子。仙游人。 林髦自之侄。朝请郎，通判衢州。兴化县人。

特奏名 翁景文损之子。 郑若谷 宋琥堂之从子。承议郎，朝州判官。 蔡雍 郭宏

八年乙亥焦蹈榜 方希朴蓁之从子。朝散郎，通判熙州。 杨英 郑叔侨叔明之弟。见《人物志》。 黄叔延 方瑛（俱莆田人。） 许敦仁仙游人。秘书省校书郎，擢监察御史，以附蔡京，亟迁右正言，除起居郎，守殿中监，拜御史中丞。因请五日一朝，左迁兵部侍郎。 蔡确宾之从子。河北路提举。见《人物志》。

特奏名 郑伯舆伯玉之郡从。推官。 顾孚 王觌[30] 阮之才遵之子。奉议郎，知南雄州。 宋理堂之犹子。宣教郎，知琼州琼山县。 叶锐芳之子。 徐膺确之从弟。见《人物志》。 陈南 朱綖绂之兄。漳州司户，赠正议大夫。 黄恕溜之来孙。终南剑州司户。

国学上舍两优释褐　林自髦之叔。党附蔡卞，与薛昂竞推尊王安石而挤排元祐。终太常博士。有《周易解》、《庄子解》、诗文集。

元祐三年戊辰李常宁榜　陈彦恭伺之子。户部郎中。　许国知潮阳县。　丁景常彦先之犹子。闽县簿。（俱莆田人。）

特奏名　蔡元龟　方襘慎言之从子。真州真阳簿。　洪延宣教郎。　方参知南安县。　陈君弼　郑子卿令卿之弟。浦城县尉。　蔡叔庠

六年辛未马涓榜　方临襘之从弟。朝奉郎，提举广南东路学事。有诗集。　宋珍[31]堂之从子。通直郎，知台州天台县。　郑亨道至道之弟。泉州惠安簿。　陈安仁大卞之子。宣德郎，江宁府司法参军。　余万[32]　郑事道伯玉之孙。朝奉郎，知邵武军。有《小莆川文集》。　吴卞　翁景述景文之弟。筠州筠阳尉。（俱莆田人。）　洪中国子监司业，提举福建路学事。　傅权太学录。　许责异之兄。　陈与　傅希龙楫之从子。承议郎，知漳州，以不附蔡京、蔡卞，入邪簿。　傅求楫之从子。通直郎。（俱仙游人。）　方叔震次夔之子。省试第二人，绍圣四年中宏词科，从政郎，曹州教授。　林成材迁子，司业转朝奉郎，终知汝州。（俱兴化县人。）

特奏名　方师旦　刘晞　陈因　陈谘　林晙　方元寀士宁之弟。见《人物志》。

绍圣元年甲戌毕渐榜　方佩慎从之孙。平海军节度推官。　郑元舆[33]济之郡从。国子博士，承奉郎，秦凤路提举学事。　王寿大理寺丞，朝散郎，通判处州。　陈惟冲[34]甲之孙。朝奉郎，通判岳州。　阮骏见《人物志》。　陈显仁大卞

之子。朝请大夫。见《人物志》。 陈彦和动之之孙。中奉大夫。 许尧辅(俱莆田人。) 傅谅友楫之子。膳部员外郎,改祠部,知和州。有《冰厅文集》。 黄显提举广东学事,知澹州。 傅岩楫之从子。(俱仙游人。) 林迪兴化人。见《人物志》。

特奏名 叶伯元确之父。 吴诏评之从弟。建州司户,赠朝议大夫。 郑贻庆 张弼绍圣二年五月赐号"葆光处士",三年九月特授福州司户,充泉州学教授。有《葆光易解》,黄裳为序。

四年丁巳[35]何昌言榜 方天若正中之子。第二人。善章惇、蔡京,初除漳州推官,未行召对,除秘书正字,累迁右文殿修撰。方京得志时,收置门下,赖其倾险,以为腹心,大起犴狱,多斥善士,天下冤之。官终知泉州。有文集。 黄玖 方监龟年之从孙。承议郎,广南东路提举学事,赠太中大夫。 陈国瑞朝请大夫,直显谟阁,福建路转运使。 郑严 王楫信州上饶令。 陈道本 林积仁见《人物志》。 陈难 陈兴京[36]国瑞之父。德化县令,赠正议大夫。 方旬见《人物志》。(俱莆田人。) 林颜 陈鲁詹(俱仙游人。) 陈旻兴化县人。

特奏名 翁希愈承赞之孙。 方伯宗 陈觊 欧阳翼[37]

元符三年庚辰李釜榜 叶居中胄之子。见《人物志》。 宋执中堂之从孙。承奉郎,肇庆府教授。 陈彦直动之之孙。颖州司户。 苏烨[38]徽猷阁侍制,礼部侍郎。 陈武佑[39] 方綖浚之从弟。安州应岭。 黄国镇提举礼建路常平事。 郑升之奉议郎,平海军佥判。 苏棫烨之弟。国子司业,赠朝散郎。 顾天均一名瑞礼。朝奉大夫,知新州。有《黄庭经注》。 余祖禹[40]更名祖奭。见《人物志》。 方禧慎从之孙。殿中侍御史。　**姚安仁**文林郎。　**黄琮**见《人物志》。　**郑敏之**升之之弟。　**方振**龟年之曾孙。朝奉大夫，知越州，赠正奉大夫。　**王谘**[41]福州古田尉。　**林宋翰**　**林冲之**见《人物志》。　**陈彦方**彦和之兄。大理评事。　**宋邦光**堂之从孙。朝奉郎，知涟水军。（俱莆田人。）　**陈晔**[42]开之子。**郑与权**汝贤之侄。　**傅义夫**楫之子。朝奉大夫，兵部侍郎，赠中奉大夫。　**郭安行**　**陈骥**见《人物志》。　**黄沔**显之侄。秘阁修撰，江、浙、福建、广南等路提点、坑冶使。　**陈高**见《人物志。》　**王履**泉州教授。以名同元祐党籍，改名庠。充国子博士，转承事，通判施州，终朝奉郎。　**余复**[43]（俱仙游人。）

特奏名　**李国良**　**方伯逢**孝锡之从子。　**林载华**　**方适**见《人物志》。　**宋瑢**理之弟。大观切，以八行举从政郎，凤州文学。　**叶宝臣**傅之子。保州文学，例赠少傅，以避父讳降赠少保。　**丘向**

崇宁元年[44]癸未**霍端友榜**　**林震**见《人物志》。　**林扩**　**阮天辅**[45]朝奉郎，常州司录，赠中奉大夫。　**方符**皆之从子。泉州同安丞。　**林思明**定之子。　**陈筑**古田县尉。**方叡**　**顾天倪**天均之兄。朝请郎，同史馆编修，出为泉州通判。（俱莆田人。）　**蔡佃**仙游人。见《人物志》。　**陈维刚**兴化县人。朝散大夫，提举鼎澧路弓弩手。有《燕山集》。

特奏名　**林安义**　**翁师回**抃之子。　**阮辂**[46]

三年甲申**特赐进士出身**是岁建辟雍以待天下，每岁贡士试中者释褐，三试不中者归本贯外三岁乡贡，谓之大比。　**蔡攸**京之子。领枢密院事，加太子太师，封英国公，进太保。京死，窜万安军，寻遣使即所在诛之。

四年乙酉**赐进士出身**　**方昭**会之子。以铨试魁赐进士出身，驾部员外郎。 **陈彦文**见《人物志》。 **方车**[47]次彭之后。兴化县人。太学内舍生，赐同进士出身，秘书省正字。

五年丙辰[48]**蔡嶷榜** **林之平**见《人物志》。 **林伯显**三年，车驾幸太学，免省赴庭试。国子司业，知泉州。 **方里**慎言之从子。承议郎，尚书省管勾。 **陈厚宽**同安县尉。 **王遹**寿之弟。无为军教授。 **李德昭**见《人物志》。 **朱明叔**宗学博士。 **林孝渊**伸之从子。朝奉郎，通判泉州。 **方略**子容之孙。朝请大夫，知潮州、琼州，四任监司，有诗集。 **林涛**藻之后。湖南路提举学使。 **刘烜**奉议郎。 **姚合**洪州教授。（俱莆田人。）《福清志》以为其邑人。 **林焕** **林宋卿**见《人物志》。（俱仙游人。） **陈师立**朝散郎，权知行在官告院，赠太中大夫。有《宣仙文集》。 **方翼**次彭之孙。终朝散郎，提举福建路茶事。（俱兴化县人。）

特奏名 **林辰** **黄隩**降之弟。 **林尚友**[49]

大观元年丁亥**赐上舍及第** **陈磷**觉民之子。朝奉郎，吏部郎中。

二年戊子**特赐五经及第** **黄泳**卷之子。应童子科。见《人物志》。

三年己丑**贾安宅榜** **徐师仁**确之子。见《人物志》。 **陈性仁**大卞之子。奉议郎，知南城县。 **郭彦成**朝请大夫，筠州通判。 **黄詹** **林宗孟**朝散郎。 **宋旅**邦宪之弟。见《人物志》。 **方敦夫**泉州教授。 **方劭**[50]天岩之子。左司郎中，直龙图阁。 **陈隆**奎之从子。茶盐司干官。 **李敦廉**昭远之子。 **吴公诚**公辅之弟。 **陈武平**至之子。（俱莆田人。） **蔡椃**襄之孙。原名桓，避讳改今名。直秘阁，知泉州。 **蔡鯈**京之子。显谟阁待制，以复辟之谤伏诛。 **蔡伸**[51]佃之弟。历徐、楚、饶、真四州通判，除知滁州，改德州，移安州知州，以忤秦桧，迁浙东帅司参谋官，终左中大夫。　陈大和辑之孙。朝散大夫，知琼州。　洪范（俱仙游人。《寰宇志》无蔡伸，郡志又无洪范，而《寰宇志》有之。今增入。）　方亚夫举八行。平江府教授。　郑庭芳[52]终直秘阁，成都府路计度转运副使。方彦回朝奉郎。　董公偃　陈易（俱兴化县人。郡志无董公偃、陈易，而《寰宇志》有之，今增入。）

特奏名　林权　徐昭　詹道中　柯新之[53]知惠州海丰县。　郑范延从子。知安溪县，以朝散郎致仕。　陈处约　王震　方希吕希朴之兄。知博罗县。　陈明术　傅耘　王劭

四年庚戌上舍释褐　陈伯贶彼望之子。第三人。沧州掌书记，后除太学正，未拜命而卒。　郭千之　林正临之七世孙。终左司郎中，两浙转运使。

政和二年壬辰莫俦榜　李宗师第二人。湖州掌书记。　陈范　欧阳盼伸之子。朝散郎，详定司敕令所删定官。许升安雅之子。吉州司户。　阮校　方天任天若之弟。朝奉大夫，比部郎中。　黄宣见《人物志》。　黄静滔之六世孙。见《人物志》。　陈绎之知潮阳县。　方俣慎从之孙。奉议郎，知连江县。（俱莆田人。）　张轮　陈宋辅觉民之子。以上书言权臣京、卞，贬越州余姚县尉。　陈可大见《人物志》。（俱仙游人。）　林闶髦之孙。宣教郎，太常博士。　林子立见《人物志》。　卢熙载（俱兴化县人。）

特奏名　阮晞　阮巾朝奉郎，知南恩州。　阮时发　陈宠　方慎进　卓立　吴京　郭康时　陈次颜　陈次宗　陈彦达　方维朝奉郎，知封州。　陈希孟[54]　方师常

林轩

四年甲午按乐补官 洪子阳举八行，朝散郎致仕。

五年己未何㮚榜 吴贽朝奉郎，知容州。 吴庭书公辅之子。太常博士。 翁子礼朝请大夫。知潮州。 陈显八行。 陈暡 李持正宗师之从子。朝请大夫，知潮州。 陈则承议郎致仕，赐绯鱼袋。 王诰知惠州归善县。 蔡元璋士衡之子。 詹汝升八行，知处州信丰县。 林君卿 李和衷 宋棐堂之曾孙。见《人物志》。 陈膏淑之孙。见《人物志》。 陈梦符 林霆见《人物志》。 戴纬朝散郎，静江府通判。 李宗雍宗师之弟。 黄仲南 方庭实监之子。见《人物志》。 林伯兴伯显之弟。荆湖南路提学司干官。（俱莆田人。） 蔡枢棣之弟。见《人物志》。 蔡仍卞之子。 陈时彦 蔡衍攸之子。 蔡伷[55]伸之兄。徽猷阁待制。（俱仙游人。） 陈起宗兴化县人。郡志无此名，而《寰宇志》有之，今增入。

特奏名 吴绾 卢点熙载之子。 王可 宋执古执中之兄。从事郎，郁林州刑曹参军。 蔡觉 陈志 陈安中 许宗成 陈南卿 陈木 翁楶师回之子。

重和元年戊戌王昂榜 吴灿[56]平海军佥判。 林亨时通直郎，知海丰县。 方渐伯通之从子。朝请郎，知南恩州。 陈南仲 方时希吕之子。惠州佥判，移知海阳县。 郭景纯朝奉郎。 游辅朝散郎，知象州。 李德辉德昭之弟。知南恩州阳江县。 李邦杰 林天禧 顾汝美朝散大夫，徽州通判。 方楫知肇庆府四会县。 陈武任武祐之弟。（俱莆田人。） 陈骈骥之弟。福州节度推官。 傅佇见《人物志》。（俱仙游人。） 方宋宾兴化县人。

特奏名　郑浚　林璟　陈子翼　方复礼渐之弟。郑文　林兑　方柄[57]蓁之孙。广州刑曹。　黄天显

宣和三年辛丑何涣榜　苏良荆湖北路安抚司，主管机宜文字。　林郁冲之之子。见《人物志》。　李汝舟　郭之纯朝散郎，常州通判。　方耩知永福县。　阮符监之从弟。宣教郎，知永福县。　方敦允监之弟。泉州教授。　许彦正　丁广景常之弟。临安府仁和县丞。　黄亮恕之从孙。昭信军节度推官，通直郎致仕。　陈棨德庆府通判。（俱莆田人。）　傅知柔见《人物志》。　许振异之子。（俱仙游人。）

特奏名　郑测第一人。特赐同进士出身，赣州瑞金县令。　薛蕃　龚久中县丞。　阮持骏之弟。　林汝明

六年甲辰□□晦榜[58]　王晞韩奉议郎，大理寺丞。刘涣从政郎，循州龙川县令。　□□[59]承议郎，知将乐县。徐多逊□之族孙。□州推官。　方冈慎言之孙。留守司检点，□堠官。　黄亨亮之弟。修职郎，道州营道县尉。有《渔樵□论》十卷。　杨世荣　陈南复知侯官县。　林孝泽孝渊之弟。见《人物志》。　叶棠　陈鹤嘉部之子。见《人物志》。黄公坦通直郎。　萧榆水部员外郎。　阮鹏御史台主簿，朝散郎，知连州。（俱莆田人。）　蔡榕仙游人。　董悆[60]　陈自仁见《人物志》。　方深道次彭之子。知晋江县。　黄彻中庸之孙。岳州平□□。有《碧溪诗话》十卷。（俱兴化县人[61]。）

特奏名　郑纪　许恽　顾时亨　陈仁远奎之子。林正　吴臣源　方秩里之从兄。潮州海阳簿。　傅行己　许尧臣　陈子硕　陈子翼

建炎二年戊申李易榜　黄埴卷之子。从事郎，吉州推官。　陈贯　刘孔修　方可适之从子。汉阳军佥判。　李

敦正持正之弟。湖州佥判。　吴时修(俱莆田人。)　陈辛　吴自得(俱仙游人。)　薛倞倞,《寰宇志》作谅,误。初为太学生,高宗幸维扬,赐同进士出身,任大理寺丞,狱空,下制褒谕,盖自宣和距兹十七年始奏狱空,故获是赐。出知兴国军,转朝奉郎。　方牧慎言之从孙。(俱兴化县人。)

特奏名　丘山[62]第三人。特旨赐同进士出身,以左朝奉郎致仕。　林问闶之兄。德庆府司理。　林寿千　欧阳晔　方僎慎之孙。信宜簿。　陈昂

准赦文推恩附特奏名　欧阳方[63]伸之子。　郑安世伯玉之孙。司户参军。　叶继颜　陈南夫　陈范　刘渐　林轵[64]　陈昂

三年乙酉赐进士出身　许搏[65]太学上舍生释褐。见《人物志》。

绍兴元年辛亥赐同进士出身。　王晞亮晞韩之弟。太学上舍生释褐。见《人物志》。

二年壬子张九成榜　方升之昭之子。知临安府仁和县。　陈腾承议郎,赣州通判。　林庭信　林庭彦福州路类试第一人。朝散大夫,知抚州。　王谷承议郎,通判夔州。　方扩慎言之从子。朝请大夫,知岳州。有《岳阳唱和集》,又有《小蜡堂文集》十卷。　欧阳清卿盼之子。建宁府教授。　刘粲恒之弟。宣教郎。　郑俊民广州增城县令。(俱莆田人。)　叶颙宾之孙。见《人物志》。　林宋臣宋卿之弟。　林宋弼宋臣之弟。(俱仙游人。)

特奏名　邹天麟[66]景纯之兄。　陈振　傅共权之子。有《东坡诗解》。　朱正叔　李瑰　陈当　陈师文仁远之弟。　郑擢　李发　林佢　林孝宗仲之孙。　陈中　方

翊　徐石　方安正伯通之子。　黄卷周辅之子[67]。

准赦文推恩附特奏名　郭延年　李汝砺汝舟之兄。　陈橄　陈宋宝　方敦　许持搏之兄。

五年乙卯汪应辰榜　林大鼐初为举子，尝答策言秦桧靖康忠义之节，桧时闲居，默识之，既得政，稍荐用焉。历监察御史，迁殿中侍御史，秦桧方嫉佥枢。巫伋大鼐因论其黩货营私，除右谏议大夫兼侍讲，累有建议，皆从之。转朝散郎，试吏部尚书，当路者颇忌之，出知泉州。有《铁砚文集》　黄颜荣长乐尉，太祝。　宋椿棐之弟，别试所第一人。衢州教授。　黄部惠州归善簿。（俱莆田人。）　郑厚南省第一人赋魁。见《人物志》。　陈昭度师立之子。见《人物志》。（俱兴化县人。）

特奏名　黄珽　欧阳亶　陈邈　王庭俊　陈武佐　游骏　叶专　黄元吉　阮诜　徐础

八年戊子[68]黄公庭榜[69]　黄公度静之子。见《人物志》。　陈俊卿见《人物志》。　黄童价之玄孙。宣教郎，知福清县，主管台州崇道观。有《类国春秋》、《松窗纪录》。　龚茂良见《人物志》。　林瀛矩之从子。惠州推官。　林阐承议郎，知潮阳县。　李处宜《寰宇志》作“林处宜”，误。　姚廷瑰主管台州崇道观。　林邓广州东莞县尉。　方翥元寀之孙。见《人物志》。（俱莆田人。）　欧阳迪监潭州南岳庙。　谢史　顾汝义从政郎，知剑浦县　宋藻见《人物志》。（俱莆田人。）

特奏名　黄卓周辅之孙。迪功郎，惠州河源尉。　林靖　陈维楫　余珠　黄宋臣张裕之孙。　李宗旦　黄邠　黄敦节　洪剬　郑汝羲　李彬

十二年壬戌陈诚之榜　王悦见《人物志》。　李次辰[70]奉议郎，南外宗学教授。　林伟汀州教授。　黄端恕之

孙。宣教郎，安溪县令。　吴璲[71]　陈仕宏宣教郎，惠安丞。（俱莆田人。）　郭峣广州南海尉，死于国事，补一子官。　陈骀骥之弟。永春丞。（俱仙游人。）　薛珩见《人物志》。　林玠新州教授。（俱兴化县人。）

特奏名　郭晔[72]次彭之孙。潮州推官。有《寿峰类稿》。　郑庭止庭芬之弟。　刘贯烜之弟。　方夔滨之从孙。海丰县尉。　陈季仲　黄须　傅若　林国材　廖鹏飞　徐邵　徐武京　宋轮[73]堂之孙。迪功郎，广州增城尉。　郭邦文　陈君翼　陈大安　陈明卓　陈维时维刚之弟。　林彦常

十五年乙丑刘章榜　郑耕老见《人物志》。　陈宣朝奉郎，广南东路经略司，主管机宜文字。　方典[74]异之弟。晋江县尉。　林懋龙岩县令。（俱莆田人）

特奏名　林洵美第一人，特赐同进士出身。知潮州海阳县。　周希孟　吴大任　林邦达[75]　李文　叶继益　方庠自之犹子。广州推官。　方复明孝述之孙。　王调[76]　徐捷　方立庠之从子。海丰簿。　陈大年推官。

十六年丙寅应诏献书补官　方于宝伯通之孙。免解进士，因进《风骚大全集》一百卷，补迪功郎。漳浦县有三余斋，聚书数万卷。

十八年戊辰王佐榜　林公望国华之子。　卢彦文信州录事参军。　陈伯山　李清闽清县主簿。　李渊彬之弟。南恩州阳春县令。　龚梦良茂良之从弟。筠州司户参军。　方简舆子容之孙。藤州教授。　顾浣筠之孙。福建路转运司，主管文字。　黄岱衡阳簿。（俱莆田人。）　陈丰骥之子。见《人物志》。　蔡埕[77]（俱仙游人。）　方绾深道之子。海丰县

令。　薛瓅利和之从曾孙。永福簿，有《边防十论》、《考古集》十卷。（俱兴化县人。）

特奏名　陈景　陈邦光　魏绎　陈安仁晞孟之子。　李依仁持正之弟。　郑安邦蒨之从孙。　陈斌　傅知新知柔之弟。　郑文　方泌监之从弟。知宁德县。

二十一年辛未赵逵榜　刘夙南省第二人，赋魁。见《人物志》。　陈居仁膏之子。见《人物志》。　林宋可偓之子。朝散郎，知韶州。　黄刍怀安主簿。林光朝高弟。　吴颋[78]循州教授。　余凤朝奉郎，吉州通判。　林枅孝泽之子。见《人物志》。　刘洵直承议郎，平江通判。　卢炎　林羔汀州通判。　蔡骥琼州通判。（俱莆田人。）　蒋雝泉州教授，有《补斋》遗稿。　林一鹗正之侄。朝奉郎，通判江州。　叶叔侨传之玄孙。（俱仙游人。）　方焕[79]醇道之子。宣教郎，封州教授。兴化县人。

特奏名　陈维嘉　方琥　陈邦光　徐多文　许可久　苏廷彦　郭义重见《人物志》。　郭宏　戴廷珪　黄允升恕之从孙。迪功郎，封川尉。　陈久[80]

二十四年甲戌张孝祥榜　王洪焯之孙。循州教授。林桴矩之孙。连江县尉。　魏吉甫宣教郎，大理评事。　林观嗣宗之孙。承议郎，漳州通判。　吴琁瓅之弟。朝奉郎，知汀州。（俱莆田人。）　傅牧岩之孙。福州长溪县尉。　许知新尧夫之孙。（俱仙游人。）　方雄次彭之孙。兴化县人。

特奏名　丘似　林绅[81]　方庭秀[82]　叶宏中　黄禀亮之弟。修职郎，监行在赡军酒库。　陈纬　林廷俊积仁从弟。梅州司理。　刘珪　方昌朝蔡之孙。梅州佥判。　王杨庭[83]

二十七年丁丑王十朋榜　彭泽宗衡州教授。　黄庚公度之弟。从事郎，惠州推官。　林文瑞长乐尉。　方台符参之孙。番禺丞，终儒林郎，广州市舶司干官。　林颖承议郎。临安府佥判。　张羔宣教郎，知信丰县。　柯岳奉议郎，知南安县。　王日章洪之从子。新州教授。　彭栾休[84]永福簿。（俱莆田人。）　陈施明　蔡峋枢之子。知宁德县。（俱仙游人。）　方士举晞道之孙。承议郎，隆兴府通判。　姚宗之见《人物志》。（俱兴化人。）

特奏名　方济录事参军。　方唐卿适之从曾孙。　郑箕老耕老之兄。　顾瞻　方兴　徐斌　朱庭异　黄渭老　彭与进《易解》，补泰州文学。

三十年庚辰梁克家榜　刘朔夙之弟。南省第一人。见《人物志》。　龚遂良茂良之兄。　林岳瀛之弟。海阳丞，以朝奉郎致仕。　林准岳之弟。从政郎，漳浦县丞。　谢莹德庆府教授。　阮竑骏之孙。文林郎，南外宗学教授。　郑守浩承议郎，知新州。　王烨奉议郎，知沙县。　王进之知常德府。　李纶漳州教授，以奉议郎致仕。　方万慎从之来孙。监行在太平惠民局。（俱莆田人。）　傅淇伃之子。见《人物志》。　陈大亨禧之子。泉州通判。　留洪提举。有文集。（俱仙游人。）　薛元鼎蕃之孙。见《人物志》。　谢洪永丰丞。（俱兴化县人。）

特奏名　陈震　方昕翥之从弟。　欧阳渭卿盼之侄。　陈宗伯　刘瓘　陈梦卿通直郎。　傅从　戴元喜[85]　方元老异之从子。　顾汝隆　徐克仁师仁之弟。　林纬　王宓晞亮之从弟。　郭祖仲景纯之从子。　傅靖　杨榅[86]　陈大知　韩任　吴自牧　吴高　郑齐奭　陈利宾

陈车

隆兴元年癸未木待问榜是岁免御试。　林虙孝宗之子。别试所第一人。奉议郎，主管官告院。有《诗解补缺》、《礼经括》、《西汉发微》、《释奠解》。　林光朝见《人物志》。　林窠孝泽之子。台州教授。有诗集。　方竑济卿之孙。广州通判。　刘焯偘之孙。惠州博罗簿。　陈雅鹤之子。通直郎，知福州长乐县。　谢之任承议郎，知长汀县。　方崧见《人物志》。　郑抟傿之孙。廉州推官。　戴规元喜之子。浔州教授。　郑揆抟之兄。知惠安县。（俱莆田人。）　陈说丰之子。见《人物志》。　蔡珏珵之兄。　许亚璟振之子。　郑文炳宣议郎，增城尉。　留登宣教郎，知龙岩县。（俱仙游人。）　崔世举长溪尉。　黄府彻之子。通直郎，平海军佥判。　陈必大泉州司户。（俱兴化县人。）

特奏名　吴衡　林绩　吴文端　徐敦智确之孙。　郑宜民　阮处约侁之子。　黄郛　陈邴　李逸持正之从子。　游允之　林褒县丞。　李涧持正之从子。　方泳立之子。泉州司法。　刘嘉谋　朱赓推官。　许惟高　柯廷宾　徐可用　郑邂　李才美　方起莘　黄文璨　陈士龙瑞之子。　叶建居中之子。　朱玠　朱玖　黄宸　傅檟　黄丰[87]府之兄。　陈柳　郭邦光[88]

乾道二年丙戌萧国梁榜　彭奎泽宗之弟。德庆府教授。　翁点江东提刑。　范董[89]朝散郎，知容州。　卢篆彦文之子。封州教授。　吴源文林郎，福清丞。　陈焕朝奉郎，荆湖南路安抚司主管机宜文字。　林丛朝请郎，知横州。　郑臬济之孙。军器监。　方烈俣之从子。临安教授。　方耒[90]伸宇之孙。见《人物志》。　戴桂先规之族。知县。　郭惟仁[91]

黄晔宣教郎，知安溪县。　方渭价之孙。两浙路转运司属官。　陈匪白（俱莆田人。）　蔡戡伸之孙。见《人物志》。丘商隐饶州司户。　丘微之山之从子。累迁循州通判，以朝奉大夫奉祠。（俱仙游人。）

特奏名　徐利用确之孙。　方翼亮邵之从子。安远县丞。　林天复　陈筠　薛璆珩之弟。见《人物志》[92]。

四年戊子特赐同进士出身　林彖颜之子。见《人物志》。

五年己丑郑侨榜　黄黼降之曾孙。见《人物志》。　方丞烈之弟。　王由焯之曾孙。绍兴府教授。　苏十能太常博士，迁太常丞。　方元功佩之孙。广州增城尉。（俱莆田人。）许巽仙游人。　郑侨第一人。见《人物志》。　黄钟漳州录事参军。见《人物志》。（俱兴化县人。）

特奏名　黄涛第二人。　方纬《寰宇志》以纬为八年进士，未详。　林充褒之兄。　游伯绚兑之弟。　郑端忠耕老从弟。　郑旼　吴端甫　欧阳卿[93]

八年壬辰黄定榜　黄艾第二人。文粲之从子。见《人物志》。　陈士楚[94]见《人物志》。《寰宇志》作士熊，非。　郑东蒨之曾孙。宗正寺丞，知贵州。　李复卿　张熊羔之弟。（俱莆田人。）《寰宇志》无此名。　朱泳　林璘（俱仙游人。）

特奏名　郑莘夫　林白孝泽之从孙。　黄凤　方拱辰[95]翼亮之兄。东完主簿。　方庇士举之兄。　黄补端之子。见《人物志》。　马骥　廖裕　黄浚静之孙。修职郎，高安丞[96]。

淳熙二年乙未詹骙榜　方夐禧之从孙。从政郎，安溪县丞。　林井孝泽之从子。上书言边事，召对，补迪功郎，楚州司户，寻擢第，除盱昭军推官。有《捐躯录》、《平燕十略》。　龚史良茂良之从弟。历知惠州归善县，终通判。　方秉文伯逢之曾孙。明州象山令。　方士尚[97]昭之孙。（俱莆田人。）　叶立功确之曾孙。鄱阳县尉。　林肃临安府教授。（俱仙游人）　方铨深道之孙。宗正丞，历吏部郎中、大理少卿，终朝请大夫、直宝谟阁。有《杜诗解》。兴化县人。

特奏名　曾会　林皋　方谟　黄真　郑周叟庭芬之子。　林洪　洪居实范之子。　陈由仁　丘纲微之之从兄。　林渭洪之兄。　高誓明　林汝皋[98]

五年戊戌姚颖榜　刘起晦朔之子。秘书省正字兼益王府教授。　黄汝嘉享之孙。广州通判，转朝请郎，主管台州崇道观。　陈宷士楚之从子。　黄度黼之从子。　王元鼎浩之从子。闽清县尉。　方翜夐之弟。潭州攸县尉。　张品羔之从子。儒林郎，梅州佥判。　方同万之从子。文林郎，隆兴府录事参军。　龚友良茂良之从弟。龙岩县尉。（俱莆田人。）余崇龟夐之从子。见《人物志》。　余元一崇龟之兄。见《人物志》。（俱仙游人。）　伊枞兴化县人。德化县尉。

特奏名　蔡棠　陈士器[99]士宏之弟。　黄德基郊之子。　杨珍

八年辛丑黄由榜　刘榘洵直之子。给事中、工部尚书，终宣奉大夫。　方仲能　刘弥正凤之子。见《人物志》　顾杞孚之孙。国子博士。　顾柹杞之从兄。　林浩卿伟之从子。监绍兴府北较酒务。　王棶晞韩之子。（俱莆田人。）　傅诚牧之子。见《人物志》。　傅丙楫之曾孙。（俱仙游人。）

特奏名　傅藻

十一年甲辰卫泾榜　林庚矩之孙。　郑岊起蒨之孙。承议郎，知都昌县。　蔡师言頔之子。知汀州。　方可达同

之弟。终修职郎、广州司理参军。 黄裳 方祈谷之子。 徐初平师仁之孙。 林立义洪之子。 傅诚诚之弟。见《人物志》。 傅公棱丙之弟。长溪县尉。 苏权钦之子。 叶立志立功之弟。终惠州通判。有《见山集》十卷。 蔡谅枢之孙。(俱莆田人。) 黄勋彻之孙。杭州教授。 郑其卿教授。 薛梦龙(俱兴化县人。)郡志无梦龙,而《寰宇志》有之,今增入。

特奏名 蔡谌[100]枢之孙。 方贇滨之孙。 郑农叔明之曾孙。修职郎,端溪尉。 陈元炽 方应庚溱之孙。南安簿。 留俊求 徐文[101] 薛元龟元鼎之弟[102]。

十三年丙午上舍释褐赐进士出身 李茹知湖口县。 陈憺监丞。

十四年丁未王容榜 方芹之元寀之曾孙。 林旂丛之从子。南省赋魁。 方壬芹之之从弟。见《人物志》。 李志甫纶之从子。 林十全伯显之从孙。 陈舜耕绎之之孙。罗源县尉。 林立节渭之子。 郑浦知庆元县。(俱莆田人。) 傅益 郑千之 傅大声见《人物志》。(俱仙游人。) 黄焘勋之兄。承直郎,武冈军教授。 崔志世举之从子。(俱兴化县人。)

特奏名 方镐辅宋之孙。第一人,赐同进士出身。 吴溶源之弟。推官。 吴珏见《人物志》。 许毖可久之弟。 陈度磷之孙。 黄彦筜噢之孙。 林懋和之平之子。 陈师正箴之从子。 余嘉会 陈愈奎之孙。 李芾渊之子。 李才英

校　注

［1］弘治《兴化府志·礼纪》及万历《兴化府志·选举》均作“文德元年”。

［2］弘治《兴化府志·礼纪》尚载有：“建隆元年庚申杨砺榜：翁处厚、翁处易；开宝六年癸酉宋准榜：翁处朴、翁处廉。”均尚有：“太平兴国二年吕蒙正榜：张元龟。”

［3］弘治《兴化府志·礼纪》尚有：“雍熙二年乙酉梁灏榜：翁处容、翁处休。”

［4］弘治《兴化府志·礼纪》及万历《兴化府志·选举》均作“孙仅”。

［5］弘治《兴化府志·礼纪》及万历《兴化府志·选举》均作“陈光咨”。

［6］弘治《兴化府志·礼纪》及万历《兴化府志·选举》均尚有：“五年壬寅王曾榜：刘若虚。”

［7］万历《兴化府志·选举》作“郑克”。

［8］“丞赞”疑“承赞”之误。

［9］弘治《兴化府志·礼纪》及万历《兴化府志·选举》均作“陈浩、叶传”。

［10］弘治《兴化府志·礼纪》及万历《兴化府志·选举》均作“丁彦先”。

［11］弘治《兴化府志·礼纪》作“许稹”，万历《兴化府志·选举》作“许祯”。

［12］弘治《兴化府志·礼纪》及万历《兴化府志·选举》均尚有“薛利和”。

［13］弘治《兴化府志·礼纪》及万历《兴化府志·选举》均作“方简宸”。

［14］万历《兴化府志·选举》作“陈启明”。

［15］弘治《兴化府志·礼纪》作“邱子谅”。

［16］弘治《兴化府志·礼纪》及万历《兴化府志·选举》均作“李昂”。

［17］弘治《兴化府志·礼纪》及万历《兴化府志·选举》均作“蔡禹谟”。

［18］弘治《兴化府志·礼纪》及万历《兴化府志·选举》均作“郭尹”。

［19］弘治《兴化府志·礼纪》及万历《兴化府志·选举》均作“陈若宾”。

［20］弘治《兴化府志·礼纪》及万历《兴化府志·选举》均作“郑少连”。

［21］弘治《兴化府志·礼纪》作“方场”，万历《兴化府志·选举》作“方扬”。

［22］弘治《兴化府志·礼纪》及万历《兴化府志·选举》均作“陈陔”。

［23］弘治《兴化府志·礼纪》作“黄宀”。

［24］弘治《兴化府治·礼纪》及万历《兴化府治·选举》均作“黄隐”。

［25］“侈”疑“移”之误。

［26］弘治《兴化府志·礼纪》尚有“陈诏”。

［27］弘治《兴化府志·礼纪》及万历《兴化府志·选举》均作“陈嘉邵”。

［28］弘治《兴化府志·礼纪》及万历《兴化府志·选举》均作“林矩”。

［29］万历《兴化府志·选举》作“王恭”。

［30］万历《兴化府志·选举》尚有“方颀”。

［31］弘治《兴化府志·礼纪》作“宋琛”。

［32］万历《兴化府志·选举》作“全万”。

［33］弘治《兴化府志·礼纪》作“郑元兴”。

［34］万历《兴化府志·选举》作“陈惟中”。

［35］“丁巳”应为“丁丑”之误。

［36］弘治《兴化府志·礼纪》及万历《兴化府志·选举》均作“陈与京”。

［37］弘治《兴化府志·礼纪》及万历《兴化府志·选举》均尚有“宏词科:方叔震”。

［38］万历《兴化府志·选举》作“苏桦”。

［39］万历《兴化府志·选举》作“陈武祐”。

［40］弘治《兴化府志·礼纪》作“陈祖与”，万历《兴化府志·选举》作“余祖奭”。

［41］万历《兴化府志·选举》作“王鎔”。

［42］万历《兴化府志·选举》作“陈华”。

［43］万历《兴化府志·选举》作“余琼”。

［44］弘治《兴化府志·礼纪》及万历《兴化府志·选举》均作“崇宁二年”。

［45］万历《兴化府志·选举》作“阮夫辅”。

［46］弘治《兴化府志·礼纪》及万历《兴化府志·选举》均尚有“王震”。

［47］弘治《兴化府志·礼纪》作“方卓”。

［48］“丙辰”应为“丙戌”之误。

［49］万历《兴化府志·选举》尚有“方惟深”。

［50］弘治《兴化府志·礼纪》及万历《兴化府志·选举》均作“方邵”。

［51］弘治《兴化府志·礼纪》及万历《兴化府治·选举》均作“蔡伷”。

［52］弘治《兴化府志·礼纪》作“郑廷芬”，万历《兴化府志·选举》作“郑廷芳”。

［53］弘治《兴化府志·礼纪》作“柳新之”。

［54］弘治《兴化府志·礼纪》及万历《兴化府志·选举》均作“陈晞孟”。

［55］弘治《兴化府志·礼纪》作“蔡伸”。

［56］弘治《兴化府志·礼纪》及万历《兴化府志·选举》均作“吴璨”。

［57］弘治《兴化府志·礼纪》作“方炳”。

［58］弘治《兴化府志·礼纪》及万历《兴化府志·选举》均作“沈晦榜”。

［59］弘治《兴化府志·礼纪》及万历《兴化府志·选举》均作“方异”。

［60］弘治《兴化府志·礼纪》作“董念”。

［61］弘治《兴化府志·礼纪》及万历《兴化府志·选举》均尚有“苏钦”。

［62］弘治《兴化府志·礼纪》作“邱山”。

［63］弘治《兴化府志·礼纪》及万历《兴化府志·选举》均作“欧阳芳”。

［64］弘治《兴化府志·礼纪》及万历《兴化府志·选举》均作“林枳”。

［65］弘治《兴化府志·礼纪》作“许抟”。

［66］万历《兴化府志·选举》作“郭应麟”，并注：“景纯兄，前志‘郭’误作‘邹’，今改正。”

［67］万历《兴化府志·选举》尚有“方贞、方忻、方惇、方衡”，并注“前志失载，依宗谱增入”。

［68］“戊子”应为“戊午”之误。

［69］弘治《兴化府志·礼纪》及万历《兴化府志·选举》均作“黄公度榜”。

［70］万历《兴化府志·选举》作“李次浪”。

［71］万历《兴化府志·选举》作“吴琼”，弘治本无此人。

［72］弘治《兴化府志·礼纪》及万历《兴化府志·选举》均作“方晔”，并云“附方次彭传”。

［73］弘治《兴化府志·礼纪》及万历《兴化府治·选举》均作“宋范”。

［74］万历《兴化府志·选举》作“方兴”。

［75］弘治《兴化府志·礼纪》作“林邦逵”。

［76］弘治《兴化府志·礼纪》及万历《兴化府志·选举》均作“王倜”。

［77］弘治《兴化府志·礼纪》及万历《兴化府志·选举》均作“蔡理”。

［78］弘治《兴化府志·礼纪》及万历《兴化府志·选举》均作“吴顼”。

［79］弘治《兴化府志·礼纪》及万历《兴化府志·选举》均作“方涣”。

［80］弘治《兴化府志·礼纪》及万历《兴化府志·选举》均作“黄元”。

［81］万历《兴化府志·选举》作“林仲”。

［82］弘治《兴化府志·礼纪》及万历《兴化府志·选举》均作“方廷秀”。

［83］弘治《兴化府志·礼纪》及万历《兴化府治·选举》均尚有“许士说”。

［84］弘治《兴化府志·礼纪》及万历《兴化府志·选举》均作“彭奕林”。

［85］弘治《兴化府志·礼纪》作“戴元善”。

［86］弘治《兴化府志·礼纪》作“杨提”，万历《兴化府志·选举》作“杨禔”。

［87］万历《兴化府志·选举》作“黄亶”。

［88］弘治《兴化府志·礼纪》尚有“张棐”。

［89］万历《兴化府志·选举》作“范薰”。

［90］万历《兴化府志·选举》作“方来”。

［91］弘治《兴化府志·礼纪》及万历《兴化府志·选举》均作“郭性仁”。

［92］弘治《兴化府志·礼纪》及万历《兴化府志·选举》均尚有“二年准赦文推恩附特奏名余邹、吴昭忠、林榕、严徽(万历本作严微)”。

［93］弘治《兴化府志·礼纪》及万历《兴化府志·选举》均作“欧阳寅卿”。

［94］万历《兴化府志·选举》作“陈壬楚”。

［95］万历《兴化府志·选举》作“万拱辰”。

［96］弘治《兴化府志·礼纪》尚有“黄樌、郑资深”，万历《兴化府志·选举》则作“黄惯、郑资深”。

［97］弘治《兴化府志·礼纪》及万历《兴化府志·选举》均作“方士卨”。

［98］万历《兴化府志·选举》尚有“高哲明”，弘治《兴化府志·礼纪》则

作“高晢明”。

［99］弘治《兴化府志·礼纪》作“陈汝器”。

［100］弘治《兴化府志·礼纪》及万历《兴化府志·选举》均作“蔡谅”，弘治本并云“考蔡氏谱，宋志作‘谌’误”。

［101］弘治《兴化府志·礼纪》及万历《兴化府志·选举》均作“徐汶”。

［102］弘治《兴化府志·礼纪》及万历《兴化府志·选举》均尚有“陈奎”。

八闽通志卷之五十四

选　　举

科　　第

兴化府

〔宋〕

绍熙元年庚戌余复榜　阮砥鹏之从子。　吴昺　方叔治祈之从子。　刘棠椝之弟。诸王宫教授，终秘书监。李宗之德晖之孙。通判邵武军，赠中大夫，人目为"书厨"。程汝发　黄治汝嘉之从弟。郁林州教授。　方阜周彦宝之孙。　陈卓居仁之子。见《人物志》。　蔡点瑢之从子。　吴稚季琏之从子。　叶孝锡秘书郎。　王龟从　余子复祖禹之从孙。（俱莆田人。）　陈梦烈　许兴裔知新之子。　黄南一沔之孙。《寰宇志》无一字。　王鉴古田主簿。（俱仙游人。）

特奏名　康鼎成　蔡颐点之兄。　方士璜昕之子。　唐岳　陈畛中复之曾孙。　方纲　方稷烝之从弟。龙川丞。　林乔木枡之从弟。　叶枢继益之子。　吴琎　何汤

选　徐清卿师仁之从弟。　林文宝纬之从子。　郑衍文洒之子。萍乡县丞。　龚元梦良之弟。　曾渔会之弟。　方将适之曾孙。龙川丞。　林宧[1]　阮初符之子。　陈乐天　林孝友　阮秀朋之从子。　郭鼎卿天麟之子。　陈广度之弟。　郑丙　林士隆[2]　方安世耩之子。循州司户。　郑士表耕老之侄。　方膺原道之孙。　叶登建之子。　徐湘师仁之侄。　龚瓖[3]

武举　陈从龙第一人。

四年癸丑陈亮榜　宋钧藻之孙。见《人物志》。　傅熺　王彦广晞亮之曾孙。　康梦庚鼎成之侄。监察御史，宗正少卿。　吴锡畴南省赋魁。　林百嘉　郑爚臬之子。　方霖峻之子。　龚日岩茂良之侄。怀安尉。　戴孺篪规之子。　黄安石府之子。　陈檠士楚之侄。　陈庶　张埜熊之子。

特奏名　林册　余驺祖禹之侄孙。　卓先厚之从弟。推官。　叶季友颙之侄[4]。

庆元二年丙辰邹应龙榜　龚日章茂良之侄。惠州教授。　赵宠夫保义郎　黄云翼公坦之曾孙。　林光中庚之侄。　黄诰艾之侄。　顾栈[5]孚之孙。　黄汝猷汝嘉之从弟。从事郎，知高要县。　林诚枅之从侄。　赵希灏忠翊郎。　黄钺童之孙。承事郎，通判潮州。　方孺良适之从玄孙。朝奉郎，知雷州。　郑达可济之曾孙。　郑起沃伯玉之来孙。广东提举。　刘起世朔之子。　吴颖　方秉成秉文之弟。（俱莆田人。）　蔡诜襄之五世孙。　陈千龄　蔡敷言颐之子。（俱仙游人。）

特奏名　李梦庚昂之侄孙。　李肃茹之弟。　吴焕颋之子。连江丞。　徐霏[6]　陈起莘　廖复钧之来孙。　洪叔度中之侄孙。 陈如晦利宾之侄。 黄民望 陈公翔 柯庚 林仲舆[7]孝渊之子。 黄楶静之曾孙。迪功郎,和州文学。 李若茹之兄。庆元元年庆恩奏名。 阮颀明之子。 王申寿之子。迪功郎,监狱。

释褐出身 王宗烈晞亮之侄。庆元元年,庆恩上舍释褐。

五年己未曾从龙榜 黄景渊宋臣之孙。提举司干官。 黄宿恕之玄孙。潮州教授,文林郎,广南东路提举市舶司干官。 方灼竑之从侄。朝奉大夫,太府寺丞。 蔡辟开之弟。终国子监丞。 黄伯剂诰之侄。国子学正。 陈道元梦符之侄孙。 李贲录事参军。 方武子秉文之侄孙。梧州判官。 龚日孜日章之弟。浏阳县令。 刘世钧绰之子。连江县令。 黄复元吉之孙。判官。 方符可之从弟。奉议郎,通判徽州。 郑涣[8]起沃之从兄。历知肇庆府,终朝奉大夫、提点广南东路刑狱公事。 郑叔潜□之从侄。(俱莆田人。《寰宇志》无刘世钧以下五人。)

特奏名 宋褒邦光之孙。从政郎,广州节度推官。 黄字[9]补之子。迪功郎,福清县主簿。 方申壬之弟 郑周 林寿白之子。 郭渊峣之从子。 吴琳 李戊 陈闵[10]檝之子。 方士玠昕之子。 李峘茹之侄。 方贲演之孙。惠州归善尉。 叶宇[11]建之子。 方来耒之弟。 周士贵 林如璧豫之孙。 曾羚[12] 伊鼎 吴箕 留文瑞洪澄之从弟。 黄宁公度之子。迪功郎,漳州推官。 陈习之

嘉泰二年壬戌傅行简榜 林益严洵美之从曾孙。别院第一人,以不临轩径升甲科第五人之上。 王濯[13]晞韩之从子。 方秉哲秉文之弟。 刘南叔棨之侄。 丁伯桂彦先之孙。见《人物志》。 黄非熊静之玄孙。朝奉大夫,知德庆

府，转朝散大夫，提举广南市舶，与致仕例补一子官。　李宗迈　柯进德岳之侄。　黄庲黼之子。　吴铨源之子。　陈宗起中复之从曾孙。　黄亦静之曾孙。终朝散郎，知梧州。（俱莆田人。）　郑勋文炳之侄孙。见《人物志》。　余日華崇龟之子。（俱仙游人。）　陈褎师立之孙。　方淙铨之子。终朝奉大夫，直焕章阁，知泉州，赠太中大夫。（俱兴化县人。）

特奏名　陈闻诗居仁之侄。　薛元刍珩之侄。　戴东桂先之侄。　方公显可达之弟。潮州揭阳丞。　阮端叔中之曾孙。　吴叔同卞之元孙。　李升才美之从子。　林成季光朝之从子。赵汝愚辟为门客，终兴国军判官[14]。

开禧元年乙丑毛自知榜　林起辰　姚直夫合之从孙。《福清志》以为其邑人。　方大琮万之孙。见《人物志》。　蔡衡　林起初褎之族。教授。　陈谊卿　林弥大庚之弟。　陈拱之宠之曾孙。（俱莆田人。）　郭子力延年之曾孙。潭州通判。　林复之纬之侄孙。　蔡寯戡之从弟。　郭连子力之叔。　林宜可复之之从弟。　陈荐锜之侄。（俱仙游人。）　陈国高必大之侄。兴化县人。

特奏名　黄琮颜荣之从侄。　傅汝霖知新之子。　吴锷溶之子。　黄檕长裕之曾孙。　方蔡峤之曾孙。　陈林明卓之孙。　苏子牧十能之侄。　黄起白　陈暹

宗子取应　赵不偠汝愚之裔。

嘉定元年戊辰郑自诚榜　欧阳伟昐之元孙。　林汝西瀛之孙。同安县令。　王太冲晞亮之曾孙。见《人物志》。　郑冲之农之子。监广州都务。　黄桀庚之孙。终通直郎，知泾县。　刘用行太常簿。　纪用（俱莆田人。《泉州志》以刘用行为晋江人。）　许彦为巽之子。　陈珙林之侄。两浙运

干。(俱仙游人。)

特奏名　林洙一鹗之侄。　戴员东之兄。　傅大任大声之弟。　郑牧之[15]冲之之弟。琼州推官。　林仲梁复之之兄。　方阜鸣见《人物志》。　黄汝震　陈宜公　朱洸　鲍龟龄[16]

武举　柯梦弼上舍正将。

宗子取应　赵憖夫[17]著夫之弟。

四年辛未赵建大榜　张茂发平叔之玄孙。　吴彬焕之子。　许宗旦　顾孺履炜之侄。朝散大夫,琼管安抚,知琼州。　留三益澄之孙。　林益亮益严之弟。　陈思诚居仁之侄。　林与之观之孙。迪功郎。　方阜高阜鸣之弟。　刘希仁起世之子。中大夫直秘阁,淮南东路转运判官。　顾孺俊孺履之兄。朝散大夫,通判潭州。　张林秀羔之子。　林子贵　林寿公知象州。　游一龙　吴震龙昺之子。　黄君亮(俱莆田人。《寰宇志》无吴震龙。)　陈起褒之子。知梧州。　林嵘复之之弟。(俱仙游人。)　陈鼎玉国高之弟。兴化县人。

特奏名　林子华褒之从侄。　方雍烈之从侄。　林鸿[18]洙之弟。　陈中[19]居仁之侄。　余孝伯崇龟之从弟。　陈东桀之弟。　谢懿[20]浩之侄。　章京　郑可学济之从孙。见《人物志》。　陈准居仁之侄。　留均洪之孙。　陈伯受

七年甲戌袁甫榜　吴立志锷之子。　郑直公　谢泽可洪之侄。　方雷震次彭之六世孙。知封州。　林益之积仁之侄孙。　李筹宗师之曾孙。　郑泾甫伯玉之六世孙。南省赋魁。国子监丞议郎,通判漳州。　赵时帅　方发鹰之子。

(俱莆田人。)　叶槩颙之侄孙。　李梦龙戊之子。　郑可复升之侄孙。　林日选如璧之侄。(俱仙游人。)　陈观国起之兄。兴化县人。

特奏名　陈日中[21]　陈必先　刘棨洵直之子。建安簿。　方汲渭之从弟。　黄由道庚之子。迪功郎,潮州司法参军。　吴必闻昭忠之侄孙。　方其义潮之孙。梧州录事参军。　王斯观　李颜颇之弟。　林立诚渭之子。　柯梦得见《人物志》。

宗子取应　赵时傥尧夫之侄[22]。

十年丁丑吴潜榜　陈作谋大卞之孙。上舍调迪功郎,袁州教授。　赵希澹师礼之侄。　林龟从通判四州。　阮敷骏之元孙。一本作孚。　徐伯鲤上舍。　陈秉直憺之侄。　李俊甫志甫之从弟。　陈秉规憺之子。(俱莆田人。)　王迈鉴之子。见《人物志》。　蒋有秋雝之孙。　林有之宋卿之孙。　蔡廉襄之孙。(俱仙游人。)

特奏名　林万石起初之族孙。　郑国　林必先诚之弟。　林琮庚之弟。崇德簿。　方起学雷震之叔。　朱褙绂之孙。　林季学临轩试射中上等,即入阶官。　黄由义由道之弟。迪功郎,广州南海簿。　黄叔甸　黄一之　林大有[23]

十三年庚辰刘渭榜　蔡淳甫谌之子。　顾益亮时亨之曾孙。　陈炜雅之孙。见《人物志》。　林汝忠嗣宗之孙。司门员外郎。　赵时棣宠夫之子。泉州法曹,移知大庾县。　黄俊求　赵希淑希澹之弟。　方监起孝之弟。　苏应衡十能之侄孙。　方正子武子之弟。　林廷济　刘希道起世之子。　姚亨震合之侄孙。　吴令发颖之从弟。(俱莆田人。)　林

磻　赵憨夫欲夫之弟。成忠郎。　傅烨公稜之子。（俱仙游人。）

特奏名　丘惟清[24]　方萱天若之孙。梅州推官。戴侗　林周　方节如皋县簿。　林复亨　叶焕　傅矩[25]大声之弟[26]。

宗子取应　赵时禑宠夫之子。

十六年癸未蒋重珍榜　方逢吉慎从六世孙。承议郎，知梅州。　赵时朴宠夫之子。　赵麒夫[27]　朱桧　赵必英崇玠之子。　赵时楚宠夫之子，时棣、时朴、时禑之兄。　许梦庚　赵崇校　赵宁夫宠夫之弟。历朝请郎、福建安抚司参议官。　顾梦丙桅之弟。　顾孺采孺俊之弟。　黄汝宜端之孙。通直郎，知晋江县。　蔡荣　洪中立聚之孙。（俱莆田人。）　郑鼎新见《人物志》。　陈獬（俱仙游人。）　郑申之子庄之曾孙。兴化县人。

特奏名　薛履利和之曾孙。　阮杰天辅之曾孙。　卓缜冠之侄孙。　陈云从端之曾孙。　陈伯贤伯受之弟。郑璟仙游人。　郑江农之从子。主簿。　朱首谅泳之侄。陈棠涣之曾孙。太学优等。　郑康时勋之弟。兴化县人。知惠州归善县。　宝赏　郑西畋之子。　陈天叙公言之玄孙。修职郎，泉州惠安丞。　方闻一朴之子。　黄景思长裕之孙。　林日严日选之兄。　柯渊岳之子。　徐叔云师仁之侄孙。　黄师文琮之弟。　郑隆赵岩起之兄。修职郎。陈蒙微　林鼎[28]

宝庆二年丙辰王会龙榜　郑奇　黄缜滔之十世孙。京学教授。　陈秉善憯之侄。　赵必迥汝皓之孙。　方洞叔昕之侄。　方雷作雷震之弟。知龙岩县。　顾孺杰　刘戣夙之孙。知古田县。　赵汝儒　赵希庞　张麓熊之子。　黄炜周辅之玄孙。真阳簿。　林岂深之曾孙。儒林郎，广州司户。　杨大震（俱莆田人。）　丘渔[29]大理司直。　李梦龙[30]戍之侄。　郑列　洪天赋中之孙。　苏国兰钦之曾孙。　林从周磻之从子。　陈立伯宪之曾孙。（俱仙游人。）

特奏名　王震　陈作乂显仁之曾孙。迪功郎，监广州吉和盐场。　张必疆[31]平叔之侄孙。　王彦大彦广之弟。　吴良弼自得之侄孙。　陈伯范

登极升等　郑安之侨之侄孙。　柯立义进德之兄。　徐干能[32]初平之弟。　朱义方桧之兄。　余正平　方林秀符之叔。知龙川县[33]。

绍定二年己丑黄朴榜　黄愚孙夐之侄。　茅贡　陈梦凯大卞之玄孙。儒林郎，邵武军判官。　游霆辅之从侄。　林洪庭彦之孙。　余荐鹗复之子。　方雷涣雷作之兄。（俱莆田人。）　洪叶范之曾孙。　林志之（俱仙游人。）

特奏名　蔡宗传[34]仁辅之子。　朱雍桧之从侄。　刘光叔南叔之弟。　郑垠可学之叔。　陈凤翔　陈冲飞可大之曾侄孙。　黄尧云　谢立道　朱颖之泳之侄。　宋鉴钧之弟。从政郎，台州天台县尉。　戴梦白员之弟。　郑谷列之兄。　陈梦书涣之曾孙。　蔡吉甫言之子。　林立轸磻之从兄。　石龙友　林起犀　陈恭甫卓之弟。　方莹曾旬之孙。　陈千能[35]炜之兄。傅一枝　李箕筹之弟。　陈雷　陈伯奂伯受之兄。　傅苌楫之诸孙。　林百揆百嘉之弟。

四年辛卯释褐　郑涣[36]庭芬五世侄孙。上舍。已免省试，合赴是年殿试，该遇二慈明庆寿，特与先次释褐。

五年壬辰徐元杰榜　赵时愿庚夫之子。甲科第五人。中奉大夫，尚书工部侍郎。　卓得庆厚之元孙。大理少卿。黄桂　朱珪雍之弟。　赵必遒必仜之弟。　陈梦斌国高之从弟。　陈有功榮之侄。　李叔宏赍之侄。　王公瑾　方之泰壬之子。见《人物志》。　杨一夔珍之孙。　李日新茹之侄孙。　余君举荐鹗之侄。　赵与契希商之子。　赵时禑龙夫之子。　赵必仜必遒之兄。　陈直上有功之兄。李一凤升之子。（俱莆田人。）　叶大有颙之曾侄孙。省元。见《人物志》。　蔡仪甫襄之五世孙。　林灏从周之弟。（俱仙游人。）

特奏名　朱履常桧之弟。　陈启惟仲之孙。　陈洁俊卿之侄孙。　朱起发颖之之弟。　方元钧申之子。　叶良遇　李梦疆[37]戊之子。　郑钧涣之弟。　陈梦英鹤之孙。

喻峙字景山。仙游人。未老挂冠隐居大飞山中，以诗与陈密唱酬。　詹万石汝升之曾孙。　陈中实显仁之曾孙。　陈得遇匪白之侄。　陈介可宗起之叔。　詹全　郑域　魏梦极吉甫之侄。　刘耀叔[38]南叔之弟。　苏子严　陈秉

端平元年甲午舍选　方大钧万之孙。迪功郎。

二年乙未吴叔告榜　吴叔告第一人。见《人物志》。方大东符之从弟。宣义郎，泉州永春簿。　林彬之见《人物志》。　李丑父宗之之子。见《人物志》。　方景楫阜鸣之子。

郑侃叔侨之来孙。累官国子博士，知瑞州，以承议郎主管成都府玉局观。　林拱辰朝奉郎，通判，辟安抚司参议官。　方硕子阜鸣之从子。广州南海尉。　郑珽嵩起之子。明州教授，除国子学录，通判泉州。（俱莆田人。）　谢汝翊　陈尧道冲飞之子。初以忤权相去国，元年由太府丞擢秘书郎，除监察御史，累迁

侍御史，拜右谏议大夫奉祠。有《大学中庸说》及《平湖文集》。

陈汤循州兴宁令。　黄君任　谢升贤英德府浛光县尉，知循州兴宁县。（俱仙游人。）

特奏名　王声叔寿之族孙。第一人，特赐同进士出身。承奉郎，温州教授。　郑南起僑之玄孙。　尤彬真州贡阳簿。　王幼曾声叔之子。泉州南安尉。　傅亮之　方孺元士卨族孙。松溪尉。

嘉熙二年戊戌周坦榜　郑玠斑之兄。第八人。福州教授，召为武学教谕，终漳州判官。　方克昌同之子。泉州永春县丞。　方克嗣慎从八世孙。广州东莞县主簿。　黄星卿滔之十世孙。迪功郎，监广州吉利场。　宋之望邦光之玄孙。承事郎，知海丰县，通判肇庆府，转宣教郎，差光提领安边所，主管文字。　郑龙甫叔侨来孙。端溪县尉，广东市舶提举司干官。　方濯光泽尉，从政郎，广州观察推官，除福州教授。　郑有得福州连江尉。（俱莆田人。《寰宇志》无郑玠以下八人。）　郑珪　林龟符（俱仙游人。）

特奏名　方元达　宋铸邦光曾孙。迪功郎，广州新会簿。　黄炳公度曾孙。广州增城尉。　方寿甫福清县尉。（俱莆田人。）

淳祐元年辛丑徐俨夫榜　许一鹗第七人。　赵时锜宣教郎。知福州闽县。　林希孔矩之来孙。雷州佥判。　黄辰昶之来孙。奉议郎，通判惠州。（俱莆田人。）　林汝沆仙游人。

特奏名　黄师锡　林汝砺矩之玄孙。建州建阳县主簿。

舍选　方文炳庭实五世从孙。福州福清簿。　方藻慎言之后[39]。

四年甲辰留梦炎榜 余君节崇龟之从子。仙游人。

六年特赐同进士出身 刘克庄弥正之子。以词赋魁胄监，用荫补官。端平初召入，坐言济邸奉祠，后累迁太府少卿，理宗称其“文名久著，史学尤精”，特赐出身。详见《人物志》。

七年丁未张渊微榜 方澄孙更名蒙仲。大东之子。见《人物志》。 方吉甫 吴起沃叔告之子。宣教郎。 郑子广（俱莆田人。） 蔡仪国 章梦旂（俱仙游人。）

特奏名 彭彝甫第一人。温州教授。 陈之亮惠州归善簿。

舍选 方虎臣丞之孙。莆田人。漳州龙岩尉。

九年己酉舍选 宋国器轭之来孙。

十年庚戌方逢辰榜 方应发渐之玄孙。历太学博士，力攻内侍董宋臣，出通判建宁府。除国子监簿，改秘书郎，忤贾似道去。起知潮州，除著作郎，累迁礼部尚书，除端明殿学士，充福建招捕使。元兵至，应发度不可为，劝陈文龙降之。文龙手剑逐之。宋亡后十余年卒。有《春秋集传》、《续国语通鉴论述》。 郑潜甫伯玉之族孙。迪功郎，惠州归善簿。 林演起初之子。终湖南提举司干官。 郑天骥揆之玄孙。（俱莆田人。） 陈埙伯次升五世孙。仙游人。

特奏名 林士元 蔡德言 郑鎔岩起之孙。 傅奕之[40]

宝祐元年癸丑姚勉榜 丁南一伯桂之侄。潮州教授，兼文公、元公两书院山长。 林丑父岳之孙。

特奏名 黄龙翊

四年丙辰文天祥榜 方义夫琥之曾孙。一名大雅。迪功郎，两浙运干。 林梦协彬之之从子。太学博士，通判建宁府。　黄中钺之孙。泉州德化令，改德庆府端溪令。　方霖孙大琮之从子。南丰令。　林季昌庭信曾孙。惠州推官。傅一新　王里[41]（俱仙游人。）

特奏名　方卨万之从子。南安丞。　陈泰之　方德元　留梦森

舍选　郑与言伯玉八世孙。建昌军教授，婺州书院山长。方大猷义夫之兄。五年释褐，除临安府教授，改国子监官库官。丁大全嫉太学生陈宜中等上书，乃以大猷等为学官，察士子议己者。景定间，坐大全党与，编管远州。后迁太府寺丞，充宣抚司参议官。　方大亨慎从之八世孙。　黄大林粢之孙。迪功郎，广州新会尉。　方时戊大琮从弟。州文学，迪功郎，监狱。

射中推恩　林迈　陈鼎新

开庆元年己未周震炎榜　陈登凤太卞之来孙。潮州教授，累迁通直郎，大理司直，景炎初转奉议郎。　方辰孙霖孙之兄。建州崇安县尉。（俱莆田人。）

特奏名　郑荐玉刚之子。从仕郎，泉州惠安丞。

舍选　方仲立慎从八世孙。　方应箕慎从之后。泉州惠安丞。　方钧之丞之孙。惠州海丰簿。

景定二年辛酉特赐同进士出身　林光世霆之曾孙。初，淮东漕臣黄汉章上其所著《易镜》，由布衣召为史馆检阅，迁校勘改京秩，由将作丞知潮州。开庆元年，召为都官郎官，衔命趣宣抚丞相贾似道进师，似道还朝，进将作监，擢提举浙东常平茶盐。进《嘉言》二十篇，诏赐出身，入为司农少卿兼史馆。明年，被论与祠起家，以朝请大夫直秘阁，知隆兴府；未上，言者劾，寝新命。

三年壬戌方山京榜　黄镛隐之七世孙。宝祐间为太学生，与陈宜中等攻丁大全，坐废放，时称“六士”。大全败，丞相吴潜奏还之。贾似道当轴，复为之请。有旨令赴廷试擢第，除监察

御史，累迁给事中。德祐初，同签书枢密院事，俄兼权参知政事。明年正月，元兵至，除参知政事，不拜，即日乞归养母。不许，遂弃位而去。　**李济孙**丑父之子。迪功郎。六安县主簿，制置司准备差遣。　**林寅公**汝砺之子。福州教授。初，黄镛被逐，寅公与林铸以同舍生饯至徐村，信宿而后返。（俱莆田人。）

特奏名　**林德遇**拱辰之弟。龙江书院山长，摄漳浦县令。　**郑子简**叔侨裔孙。龙溪县主簿。　**林有道**庭信曾孙。福清县丞。

咸淳元年乙丑**阮登炳榜**　**郑献翁**涣之孙。见《人物志》。　**陈文翁**本黄仲元之兄，为陈氏后。　**余谦一**祖奭玄孙。见《人物志》。　**郑希点**东之孙。朝奉郎，太学博士。　**吴凤举**[42]贵州司法，改封州教授，累迁广东市舶司干办公事。元初除兴化县令，数月辞归。有文集二十卷。

舍选　**林铸**乙卯中公试第二人，补内舍，癸亥升上舍，至是，类试中选，辟石井书院山长。

四年戊辰**陈文龙榜**　**陈文龙**第一人。见《人物志》。　**方公权**澄孙之子。见《人物志》。　**徐玉嘉**福建运司属官。　**萧桂发**[43]泉州教授。　**方岩得**元寀七世孙。德化县主簿。（俱莆田人。）

特奏名　**徐端衡**寅十一世孙。第二人。福建提刑司干官，带行国子学录。　**陈荐鱼**作乂之子。宣教郎，古田丞，三省架阁文学。元初，除兴化路儒学教授。

七年辛未**张镇孙榜**　**郑用吉**浚甫之子。迪功郎，汀州司户，丙子除国子书监省仓。　**林汝大**积仁之族孙。宗正主簿，充闽广宣抚司机宜文字。　**黄仲元**缜之侄。见《人物志》。　**林栋**汝大之子。（俱莆田人[44]。）

十年甲戌**王龙泽榜**　**林桂芳**琮之曾侄孙。　**郭廷炜**义重来孙。见《人物志》。(俱莆田人[45]。)

特奏名　**郑钺**一名少伟,字夷白。与黄仲元、郭隚皆闽中之望,有《云我文集》。　**郑时中**事道来孙。将仕郎,监吉州盐场。

舍选　**方斗南**从事郎,三省架阁。　**陈麟之**文龙之弟。太学博士[46]。

〔元〕

延祐二年乙卯**张起岩榜**　**郑南吉**莆田人。用吉之兄。漳州路龙溪主簿。按永乐间所修郡志稿,以南吉为至大四年进士。考之于史,元之设科取士始于延祐之初,是年盖未有进士也。《寰宇志》以为延祐二年进士,今姑从之。

延祐五年戊午**霍希贤榜**　**林冈孙**莆田人。征事郎,福清州判官,终奉训大夫、温州路瑞安州知州。

至治元年辛酉**宋本榜**　**林以顺**汝大之孙。莆田人。见《人物志》。

泰定元年甲子**张益榜**　**朱文霆**莆田人。见《人物志》。

元统三年乙亥**乡试**　**郑稑**

至正十年庚寅**乡试**　**方德至**录事司人。公权之子。

十一年辛卯**文允中榜**　**方德至**见《人物志》。

十九年己亥**乡试**　**林善同**见《人物志》。　**薛弥充**　**林琚**(俱莆田人[47]。)

二十三年癸卯**杨輗榜**　**薛弥充**莆田人。将仕郎,上都路兴州判官,兼翰林国史院编修官。

二十六年丙午**张栋榜**　**方景章**莆田人。大东曾侄孙。从事郎,兴化路兴化县尹。

〔国朝〕

洪武三年庚戌乡试　龚与时　郑潜　林衡(俱莆田人。)

四年辛亥吴伯宗榜　龚与时广东行省检校。　郑潜禹城县丞。　林衡刑部主事,终应天府尹。(俱莆田人。)

五年壬子乡试　方征　王寅　黄至滔十四代孙。阳春县丞。　朱潚兵马司大使。　方毅(俱莆田县人。)

六年癸丑□□□榜　方毅乐会主簿。　王寅给事中。　方征字可久。大琮六世孙。授给事中,兼齐王府录事,出使广西,迁监察御史,月余,升怀庆知府,会诏求言,疏奏六事:"一、风宪不可责以事迹;二、仓库须设官专掌;三、官吏公罪收赎非当;四、在外官员乞依在京省亲;五、府州县祭祀用俗乐不可享神明;六、刑赏之法未尽善。"疏入,遣使令详具所言实迹以报。征所陈忤旨,谪为沁阳县丞,寻坐累,召诣京师,卒年三十一。

十七年甲子乡试　周弼　黄性初　黄裳广东增城教谕。(俱府学。)　黄隽滔之十五世孙。第二人。　郑永五军都督府正断事。　高成　陈著　吴懋(上三人应天府中,俱莆田县学。)

十八年乙丑丁显榜　周弼刑科给事中,迁御史。　黄隽广东乐会县丞,终兴化府学训导。　黄性初广东惠州府推官。　高成广西马平知县。(俱莆田人。)　吴懋仙游人。广东合浦县丞。

二十年丁卯乡试　郑云　程士　吴士崇广东琼山教谕。　林泳直颍沐阳教谕。　李仁广东翁源教谕。　张则铭大理寺评事。(俱府学。)　阮显　顾褧熙宁教谕。(俱莆田县学。)　郭寅仙游县学。湖广卢溪教谕。

二十一年戊辰任亨泰榜　程士吏科给事中。　郑云授湖广按察司佥事，迁广东布政司参议。（俱莆田人。）

二十三年庚午乡试　陈庄广东崖州学正，终潮州训导。　余膓直颍泰州学正。（俱府学。）　林义　王瑛广东香山知县。　张善广东茂名教谕。　林隆（俱莆田县学。）　白至善仙游县学。

二十四年辛未许观榜　林义工部郎中。莆田人。

二十六年癸酉乡试　林曾　许遇生　林要　林士敏见《人物志》。（俱府学。）　萧保浙江遂昌训导。　张振户部员外郎。（俱莆田县学。）

二十七年甲戌张信榜　林曾行人司行人，迁广东按察司佥事。　许谦初名遇生，赐名谦。行人司行人，左迁吉水教谕，改汾水。（俱莆田人。）

二十九年丙子乡试　方安吴县教谕，迁湖州府学教谕。　吴阳保源之侄。会试乙榜，拜韶州府训导，迁仙居县教谕，再迁开封府教授。所至善于教导，与诸生处，情意如家人，而脩脯之薄厚不问也。所造就者多达官显人，去之既久，犹思念不置。官终国子博士。　郑恰生肇庆府学训导，迁黄岩教谕。　吴端[48]应天府中，长乐教谕。　黄耕公度之七世孙。都给事中，左迁清潭县丞。　林洪　林文正应天府中，武平卫经历，改神策卫。　吴宗端应天府中，南海训导。（俱府学。）　陈立莆田县学。应天府中，训导。　王宣莆田县儒士。　陈伟广东雷州训导。　蔡阳广东河源训导。　林荣（俱仙游县学。）

三十年丁丑陈郊榜　林荣行人司行人。仙游人。

三十二年己卯乡试　陈道潜　黄重滔之十五世孙。　林和博罗知县，为政宽恕，不尚鞭扑，增修苏村堤以防水患，民受其利，迁户部郎中。 朱津广东电白教谕。 郑观潮阳教谕，迁临洮教授。 叶保高安教谕，迁顺天教授。 林嵒初为苏州府训导，迁程乡县教谕，致仕卒，以子祥凤恩赠监察御史。嵒为人潇洒自得，胸襟豁如，遇风日佳时，辄携朋选胜游赏以为乐，绰有晋人风致。家无甔石之储，不计也。诗文敏速，信手而书，书法卓诡奇绝，识者重之。 黄寿生滔之十五世孙。 方定雄武卫经历，改南昌左护卫。（俱府学。） 林泰第二人。博罗知县，改浯县。 李良程乡教谕。（俱莆田县学。） 陈继之莆田县儒士。 魏仙兴化县学。

三十三年庚辰胡广榜 陈继之事革，除为户科给事中，以江南僧道多占腴田，蚕食百姓，乃奏僧道人给五亩，余以赋民，从之。洪武三十五年六月，文庙平京师。先是，继之每有建白，辄肆指斥，至是，因与黄子澄、齐泰、郭任、方孝孺、巨敬、韩永等俱以奸臣族诛。 陈道潜见《人物志》。 林洪辰溪知县，迁沧州同知，改儋州。 黄重阳江知县，擢刑部郎中，迁琼州知府。（俱莆田人。）

永乐元年癸未乡试 陈用第一人。 顾本得[49] 陈安泰 戴员保 王信劲[50] 陈砮全椒教谕。（俱府学。） 周慈武义训导。 黄谦（俱莆田县学。） 庄观生兴化县学。

二年甲申曾棨榜 黄谦授□鲁府伴读。雅好文翰，所至多题咏，书法亦见称于时。 陈安泰赵府奉祠正。 林要行人司行人。 顾本德（俱莆田人。） 庄观生兴化县人。镇江通判。

三年乙酉乡试 林恒肃第三人。广州训导，历崇明、安仁教谕。 黄旸 陈吉生[51] 朱隆滦州同知。 黄建隽之从弟。 陈永仪[52] 俞智孙冠带国子生。 孙光开建教谕，迁周府教谕。 陈熊 林乾如皋教谕，迁南康教授。（上三人俱应天府中。已上俱府学。）　林环　郑镛封川教谕。　陈居滦州判官。　林长懋见《人物志》。　方阳　方浚源历宣城、荔浦教谕，迁襄阳教授。　陈实　李全　黄正　赵仲行应天府中。（俱莆田县学。）　朱侃莆田县儒生。　黄显仙游县学。　陈恭　黄隆生仲元之玄孙。应天府中，任进贤训导。（俱兴化县学。）　吴公荣宁县教谕。　黄坦曲江训导，迁教谕。（俱莆田人。是年福建《乡试录》无吴公荣、黄坦[53]。）

四年丙戌林环榜　林环第一人。见《人物志》。　王信功户部主事。　陈实翰林庶吉士。　黄建监察御史。　赵中行刑部主事。（俱莆田人。）

六年戊子乡试　杨慈第一人。　陈中第三人。盐城教谕。　林贤洪之弟。仁和教谕。　吴诚　林熊　黄棨晦[54]河源教谕。　王凯　黄寿生应天府再第一人。　林经吉水知县。（俱府学。）　郑济儋州学正。有《书经讲说》行世。　赵绍献高要教谕。　洪镇开建教谕。（俱莆田县学。）　张端仙游县学。

七年己丑萧时中榜　黄旸第三人。翰林编修。　杨慈会试第二人。　陈用　黄寿生（上三人见《人物志》。）　戴员保大理寺评事。　林熊山东道监察御史。（俱莆田人。）

九年辛卯乡试　吴潜　方鼎　黄常祖　郑兴宗[55]松江教授。　卢质中（上三人应天府中。已上五人俱府学。）　余文　洪成宗桃源训导。（俱莆田县学。）　林遒节长懋之弟。江西中。莆田人。

十年壬辰马铎榜　卢质中淳安知县，终韶州府学训导，以子同恩赠楚府左长史。　黄常祖刑部主事，升山西布政司参议。　吴潜吏部主事。　余文常州知府。　吴诚　王凯大理寺评事，终户部员外郎。（俱莆田人。）

十二年甲午乡试 朱显宗第二人。 林时 林勤士敏之子。嘉善训导，迁奉新教谕。考乡试者二，同考会试者一，年七十致仕卒。所著有《朴庵稿》。 林坦 陈渠 朱胜 佘耀[56] 郭爵济宁州学正，改德州。 黄察璞之后。应天府中。（俱府学。） 林潧陕西行都司断事。 黄普楚府教授。 黄宧终南安教授，以子谨恩赠监察御史。（俱莆田县学。）

十三年乙未陈循榜 林遒节刑部主事，历知泸州，廉介公勤。尤着意于学校，贤能著闻，迁鹤庆军民府知府。 黄察刑部主事，迁江西按察司佥事。 林坦贵州按察使。 林时见《人物志》。 方鼎御史，调阳朔知县。 佘耀[57]见《人物志》。 朱胜浙江道监察御史。（俱莆田人。）

十五年丁酉乡试 吴公荣第二人。湖广鄘县教谕。 郑述 方鲤 郑孟良国子助教。 吴任 黄坦 林季 翁瑛历仁化、桐乡教谕，迁国子助教，终翰林检讨，以子世资恩，累赠户部尚书。 林禄 吴宿鄘县知县。 赵滋开封教授。 魏矩蓬州学正。（俱府学。） 林讲嵒之弟。天台训导。 林寿英 王伟 顾童本得之弟。 郑道考城知县。 林孙歙县训导。 林庭芳应天府中。（俱莆田县学。） 徐资用 翁长赣州府学训导。（俱莆田儒士。） 吴义 李安[58]（俱仙游县学。） 翁文泉训导。 郑球（俱兴化县学。）

十六年戊戌李骐榜 方鲤见《人物志》。 陈渠金溪知县。 林庭芳新会知县罢归。敦朴而有文。殿元柯潜尝从文学。后以子敷恩赠工部员外郎。 王伟云南府知府。以文词为一时乡邦所推。 徐资用揭阳知县。（俱莆田人。）

十八年庚子乡试 吴观第一人。 陈中第二人。 黄暹隽之侄。祁阳训导。　郑砮程乡训导。　吴祀宜黄教谕。　叶琪保之侄。密县教谕。　朱忠宁县教谕。　方懋韶州府学训导。　黄寿训导(俱府学。)　徐存书　林惇　郑慈　郭逞　王时若王府教授。　唐智　黄奎　洪琰　陈禄顺天府中，高州府通判。(俱莆田县学。)　朱晅潮阳教谕。莆田县儒士。　陈关仙游县学。　林佑兴化卫军生。

十九年辛丑曾鹤龄榜　郑述授刑部主事，坐累，调惠州府通判。为政端平，治迹出太守之右，藩宪交章论荐，擢知南雄府。郡当孔道，地狭民贫，且苦役繁，述兴利剔弊，有惠爱于民。致仕卒。　吴观礼部主事。　陈中会试第一人。见《人物志》。　顾童(俱莆田人。)

二十一年癸卯乡试　黄清宁耕之从侄。新会训导，改侯官迁龙游教谕。　郑垟[59]　陈恭河源教谕。　宋灿　卓望(俱府学。)　林崇　陈均　董复(俱莆田县学。)　黄兴第二人。合浦教谕。　李铜　陈可晦宁阳教谕。(俱莆田儒士。)　林辉英之子。河南中式。

二十二年甲辰邢宽榜　林辉莆田人。以子诚恩赠广东道监察御史。

宣德元年丙午乡试　刘武　林文　方熙　郑溶庆元训导。　吴镇连山训导。(俱府学。)　林时望第一人。教谕。　陈珪终文昌教谕，以子俊恩累赠兵部尚书。　陈师舆金山卫学训导，迁乳源教谕。　徐安祖安福教谕，迁廉州府教授。(俱莆田县学。)　朱环莆田县儒士。宜黄训导。　郑师陈庆元教谕，改长乐。　翁福临川教谕，迁登州教授。　萧为保之子。乐昌教谕，以子光甫恩赠宁县知县。(俱兴化县学。)

二年丁未马愉榜　郭逞户部主事，升郎中。　吴任余干知县。(俱莆田人。)

四年乙酉[60]**乡试** **陈嘉**会山训导。府学。 **李蒲**第一人。冠带举人。 **黄谦**约仲之子。(俱莆田县学。) **吴福**观之弟。顺天府中,即墨教谕。莆田儒士。 **王毅**桃源训导,仙游县学。

五年庚戌**林震榜** **林文**第三人。见《人物志》。 **刘武**行人司左司副,迁广东提学佥事。善于教人,远近学者从之游,多所成就。 **方熙**少有文名,选入翰林为庶吉士。方会试时,熙当为书经次卷,主司以其语奇置第五,示与诸经魁齐也。熙才高而志大,然性狭少容,直言无顾忌,人颇惮之。出为潮州府通判,连遭内外艰,家居得目疾,遂不复仕,益以文章为事,诵数酬应无虚日,晚年尤加意古赋,近岁莆言博学者归之。卒年八十二。(俱莆田人。)

七年壬子**乡试** **林同**第一人。宿州学正,左迁顺天府训导,升安福教谕。 **郑观**巢县教谕。 **吴俨**海州学正,左迁安福训导,以子琛恩封户部员外郎。(俱府学。) **李庭修**[61]玑之侄。 **林祥凤**嵒之子。郓城教谕。轻财重义,雅善教人。正统十年,擢监察御史,十四年,扈从北狩,死于土木之难,诏与一子入胄监。 **方迪** **陈喜**[62]绥德州学正。 **林同**信丰教谕,迁南雄教授,国子助教。 **林继**环之子。考城教谕。(俱莆田县学。) **宋雍**顺天府中第一人。

八年癸丑**曹鼐榜** **方迪**户部郎中。 **宋雍**给事中。 **李庭修**[63]历中书舍人、太仆寺丞,迁少卿卒。庭修性颖敏,力学强记,诗文典则清丽,书法亦遒劲绝俗,推重一时。所著有《土苴集》、《梅花百咏》。

十年乙卯**乡试** **蔡亮**鄠都教谕,改项城。 **周哲**常熟训导,改南京监察御史,迁长沙知府。(俱府学。) **翁森**连州学正,迁怀庆教授，左迁吴桥教谕。　**郑炤**廉州学正。　**林道昭**[64]环之从侄。霍丘教谕。　**林渚**环之从侄。　**黄䶮**应天府中。（俱莆田县学。）

正统元年丙辰**周旋榜**　**黄䶮**莆田人。户部主事。

三年戊午**乡试**　**张勉**第三人。沅州学正。　**周坦**安定训导，迁鄞县教谕。　**杨瑛**　**林镇**[65]句容训导，迁芜湖教谕，终广信教授。　**方澥**　**郑夏**师陈之从弟。均州学正，迁襄府伴读。（上二人俱应天府中。已上俱府学。）　**许赐**　**方述**潮州府同知。　**谢逊**安陆州学正，左迁句容训导。（俱莆田县学。）**顾孟乔**文之族子。莆田县儒士。　**陈升**仙游县学。

四年己未**施槃榜**　**方澥**见《人物志》。　**杨瑛**礼部主事，升员外郎。（俱莆田人。）　**陈升**仙游人。行人司正。

六年辛酉**乡试**　**黄深**寿生之孙。第二人。　**吴膺**俨之从弟。临安教谕，改宜黄，迁唐府长史。　**林时深**渚之弟。**丘瑀**清江教谕。　**陈莹**（俱府学。）　**方玭**第一人。泰和教谕，迁韶州教授。　**许济**　**林长清**洪之从侄。（俱莆田县学。）**翁世资**顺天府中。　**郑熊**师陈之子。浙江山、石城训导。（俱莆田人。）　**李梁**　**周莹**莆田人。（俱仙游县学。）

七年壬戌**刘俨榜**　**翁世资**瑛之子。见《人物志》。　**顾孟乔**正统己未礼部会试中式，遽引疾归，壬戌方赴廷试，授刑部主事，历户部迁郎中，改南京刑部，致仕卒。孟乔性豁达无矫伪，善治经学，家居远近学者多造门受业。及出仕，虽处刑名钱谷之烦，亦不废讲解；经其指教者，多擢高科、登显仕云。

九年甲子**乡试**　**黄晖**舒城教谕，迁抚州教授。　**卢同**质中之子。泰和教谕，迁楚府长史。　**郑迁善**兴宗之子。分水训导，终松江教授。　**郑立**已之从弟。易州学正，迁饶州府教授。

林麒山东盐运司副使。 郑贤余姚训导。 黄朝章处州府训导,改南昌府。(俱府学。) 林智熊之侄。宜兴训导,迁铜梁教谕,改宜兴,升苏州府教授。 陈瓒济南府通判。 柯潜

李焕雷州府学训导。 林宗乾之侄。海宁州学正,升扬州教授。 陈暄 方璇征之嗣子。诸暨训导。 黄滋清宁之从弟。顺天府中,青田训导,改淳安。(俱莆田县学。) 黄原瑾[66]兴之弟。松阳教谕。 林时让埭之子。莆田县儒士。 陈鼎升之弟。仙游县学。 黄誉己之侄。第一人。 朱复胜之子。上虞训导,迁澄迈教谕。(俱兴化县学。)

十年乙丑商辂榜 陈暄刑部主事,迁郎中,终韶州知府。致仕归,恬淡无营,士论高之。 林长清埭之从弟。行人司行人,迁户部员外郎。朴素廉静、与物无竞。未六十致仕。 林时深行人司行人。 周莹工部主事,迁抚州知府。(俱莆田人。)

李梁监察御史。仙游人。

十二年丁卯乡试 陈俊珪之子。第一人。 翁世用世资之兄。 陈善 叶峦洪之侄。 严淦兴化卫军生。(俱府学。) 郑循初训导迁驸马府学录、国子博士,擢泰府长史。进从四品秩致仕。 林渠新泰教谕。 林英历永丰教谕、瑞州教授,迁国子助教。 蔡瑄浦江训导。(俱莆田县学。) 陈礼仙游县学。新繁教谕。 吴智 周琰 林暄经之侄。汝宁府教授。 郑重光余干教谕。 陈延国子助教。(俱兴化县学。)

徐宗海资用之侄。湖广中,海阳训导。

十三年戊辰彭时榜 翁世用户部主事,迁郎中,终贵州布政司参议。 周琰户部主事,终饶州知府。 黄誉字廷永。少有志操,刚果自立。初拜南京监察御史,迁浙江按察司佥事,转布政司左参政。所至摧奸戢暴,侃侃不少避。天顺初,英庙方锐

意太平，以威明御下，时有中贵人按事浙省，人心危惧，莫知所为，誉独从容询其所以来之故，且周旋其间，委曲规讽，俾不得纵欲以逞，一时上下咸倚赖之。丁内艰，起复改仕湖广卒。　**陈俊**见《人物志》。（俱莆田人。）

校　注

［1］弘治《兴化府志·礼纪》及万历《兴化府志·选举》均作“林寘”。

［2］弘治《兴化府志·礼纪》作“林士龙”。

［3］弘治《兴化府志·礼纪》及万历《兴化府志·选举》均尚有“郑必豫”，弘治本并云“依游庠志增入”；均尚有“准赦文推恩郑衍、陈广”。

［4］弘治《兴化府志·礼纪》及万历《兴化府志·选举》均尚有“五年辛亥准登极赦恩敕授上州文学蔡硕”。

［5］弘治《兴化府志·礼纪》及万历《兴化府志·选举》均作“顾杙”。

［6］弘治《兴化府志·礼纪》及万历《兴化府志·选举》均作“徐鼒”。

［7］万历《兴化府志·选举》作“柯仲与”。

［8］弘治《兴化府志·礼纪》及万历《兴化府志·选举》均作“郑焕”。

［9］弘治《兴化府志·礼纪》作“黄宝”。

［10］弘治《兴化府志·礼纪》作“陈闳”。

［11］弘治《兴化府志·礼纪》及万历《兴化府志·选举》均作“叶字”。

［12］弘治《兴化府志·礼纪》及万历《兴化府志·选举》将周士贵、林如璧、曾羚三人均另列在“准赦文推恩”条下。

［13］弘治《兴化府志·礼纪》作“王擢”，万历《兴化府志·选举》作“王櫂”。

［14］弘治《兴化府志·礼纪》及万历《兴化府志·选举》均有“二年壬戌童子科陈诏翁、陈寿翁；三年癸亥童子科陈岩翁”。

［15］弘治《兴化府志·礼纪》作“陈牧之”。

［16］弘治《兴化府志·礼纪》及万历《兴化府志·选举》均尚有“林鸿”、“童子科陈槐公”。

［17］弘治《兴化府志·礼纪》及万历《兴化府志·选举》均作“赵怂夫”。

［18］弘治《兴化府志·礼纪》及万历《兴化府志·选举》均无“林鸿”。

［19］弘治《兴化府志·礼纪》及万历《兴化府志·选举》均作“陈申”。

［20］弘治《兴化府志·礼纪》及万历《兴化府志·选举》均作“谢懿德，洪之侄”。

［21］弘治《兴化府志·礼纪》及万历《兴化府志·选举》均作“陈立中”。

［22］弘治《兴化府志·礼纪》及万历《兴化府志·选举》均尚有“射中推恩郑岂卿”。

［23］弘治《兴化府志·礼纪》尚有“郑梦贤”，而黄一之、林大有则列在“射中推恩”内。

［24］弘治《兴化府志·礼纪》作“邱惟清”。

［25］弘治《兴化府志·礼纪》作“傅知”。

［26］万历《兴化府志·选举》尚有“方林季”。

［27］弘治《兴化府志·礼纪》作“赵麟夫”。

［28］弘治《兴化府志·礼纪》及万历《兴化府志·选举》均无“宝赏”；自郑西及以下十一人均列入“准赦文推恩”内，其中“郑隆赵”均作“郑隆起”，“陈蒙微”均作“陈蒙彻”，“林日严”弘治本作“林日岩”。

［29］弘治《兴化府治·礼纪》及万历《兴化府治·选举》均作“邱献”。

［30］弘治《兴化府治·礼纪》及万历《兴化府治·选举》均作“李梦能”。

［31］弘治《兴化府志·礼纪》作“张必强”。

［32］弘治《兴化府志·礼纪》作“徐十能”，万历《兴化府志·选举》作“徐士能”。

［33］弘治《兴化府志·礼纪》及万历《兴化府志·选举》均尚有“柯伟”。

［34］弘治《兴化府志·礼纪》作“蔡宗傅”。

［35］弘治《兴化府志·礼纪》及万历《兴化府志·选举》均作“陈于能”。

［36］弘治《兴化府志·礼纪》及万历《兴化府志·选举》均作“郑奂”。

［37］弘治《兴化府志·礼纪》作“李梦强”。

［38］弘治《兴化府志·礼纪》及万历《兴化府志·选举》均作“刘爟叔”。

［39］万历《兴化府志·选举》“舍选”条无此二人，而方文炳则列在“特奏名”内，并云“旧志方文炳作舍选，今改正”。弘治《兴化府志·礼纪》尚有“四年舍选方文龙”，万历《兴化府志·选举》则是年列“特奏名方文龙、方藻”，并云“旧志误作舍选，今依宗谱改正”。

[40] 万历《兴化府志·选举》尚有“方大钧”,并云“旧志误作舍选科”。

[41] 弘治《兴化府志·礼纪》作“王理”。

[42] 弘治《兴化府志·礼纪》及万历《兴化府志·选举》均作“傅梦澄”。

[43] 弘治《兴化府志·礼纪》及万历《兴化府志·选举》均作“萧继发”。

[44] 弘治《兴化府志·礼纪》尚有“特奏名傅桂发、傅岩起”。

[45] 弘治《兴化府志·礼纪》及万历《兴化府志·选举》均尚有“翁归、傅登炳、傅虎臣、傅雷龙”。

[46] 弘治《兴化府志·礼纪》及万历《兴化府志·选举》均尚有“景炎元年丙子太学推恩傅翘叔、傅腾辉”。

[47] 弘治《兴化府志·礼纪》及万历《兴化府志·选举》均尚有“穆契辉、克霖,俱色目人”。

[48] 弘治《兴化府志·礼纪》及万历《兴化府志·选举》均无“吴端”。

[49] 弘治《兴化府志·礼纪》及万历《兴化府志·选举》均作“顾本德”。

[50] 弘治《兴化府志·礼纪》及万历《兴化府志·选举》均作“王信功”。

[51] 弘治《兴化府志·礼纪》作“陈告生”。

[52] 万历《兴化府志·选举》作“黄永仪”。

[53] 弘治《兴化府志·礼纪》尚有“赵仲行”,万历本则作“赵中行”。

[54] 弘治《兴化府志·礼纪》及万历《兴化府志·选举》均作“黄启晦”。

[55] 万历《兴化府志·选举》作“郑宗兴”。

[56] 弘治《兴化府志·礼纪》作“余耀”。

[57] 弘治《兴化府志·礼纪》作“余耀”。

[58] 弘治《兴化府志·礼纪》作“季安”。

[59] 万历《兴化府志·选举》作“郑祥”。

[60] “乙酉”应为“己酉”之误。

[61] 万历《兴化府志·选举》作“李廷修”。

[62] 弘治《兴化府志·礼纪》作“陈善”。

[63] 万历《兴化府志·选举》作“李廷修”。

[64] 万历《兴化府志·选举》作“林道炤”。

[65] 弘治《兴化府志·礼纪》及万历《兴化府志·选举》均作“林瑱”。

[66] 弘治《兴化府志·礼纪》及万历《兴化府志·选举》均作“黄原谨”。

八闽通志卷之五十五

选　　举

科　　第

兴化府

〔国朝〕

景泰元年庚午乡试　吴琛俨之子。　林桀廷芳之侄。　陈敬　李荣铜之从弟。西华教谕。　李纯赣榆训导，改吴县，迁永丰教谕。　朱宽　许文烨灵山教谕。　陈载莹之从侄。　陈聪莒州学正。（俱府学。）　黄谨宦之子。第二人。　洪楷监察御史，迁绍兴知府。　宋澄　朱贵阳剑川州学正，改邓州。　林思承环之侄。　陈谐　郑庸安远训导。　林宪毂之子。秀水训导。（俱莆田县学。）　郑华　陈思纲（俱莆田县儒士。）　陈燮监察御史，迁广东按察司佥事。　杨瓒　茅昌河源教谕。（俱仙游县学。）　宋泰兴化县学。顺天府中，任湖州府通判。

二年辛未柯潜榜　柯潜第一人。见《人物志》。　吴智户部主事，终四川提学副使。　陈敬河南道监察御史，迁江西按察司佥事。　黄深云南道监察御史。　陈善户部主事，迁山东按察司佥事，寻迁副使致仕。　吴琛户部主事，历员外郎郎中，迁琼州府知府。　叶蛮[1]监察御史。（俱莆田人。）

四年癸酉乡试　许评第一人。昌化训导，改潮州。　卓天锡　周辙莹之侄。　陈经德儋州训导。　卢亨澄迈训导，迁刑台教谕。　林泉　方守　林敷庭芳之子。　方逵述之弟。　高橙霖之侄。　陈博文会同训导，改德清，迁钜鹿教谕。　张绍振之孙。博罗训导，迁吴江教谕。　方和叔瀣之子。石城教谕。　高霖献民之子。　郑杰万安教谕，改河源。　徐文沛资用之侄。　陈贵（俱府学。）　吴绎思第二人。　蔡瓒建德教谕。　李珏汾水训导，迁芜湖教谕。　林籽贤之子。钧州学正。　吴彻武康教谕，改平原。　吕澄雷州府学训导，改繁昌。　李体广纯之从弟。石康训导。　林謇宪之弟。黄县教谕，左迁松江训导。　陈亨　林炯籽之子。惠州府同知。　陈崇书崇仁教谕，迁潮州教授。　萧光甫为之子。潼川州学正，历安县、宁县知县，迁光禄寺署正。　林偃继之子。道州训导，迁黟县教谕。　林伋偃之弟。寿阳训导，迁泰和教谕，终国子助教。　黄士学[2]　陈朝卿永仪之孙。宁县教谕。　吴承宗福之子。罗田训导，迁彭泽教谕。　林弥赞籽之从侄。上饶教谕，迁真定府教授。　郑启善迁善之从弟，内江训导，迁江都教谕。　林诚辉之子。　吴辅阿迷州学正。（俱莆田县学。）　方杰熙之弟。莆田县儒士，昌化教谕。　林越乾之子。广东、长乐训导。　郑纪　陈迁（俱仙游县学。）　王福岩州训导，改韶州，转惠州。　史庆仁化训导。（俱兴化卫军生。）　周瑛莹之从弟。镇海卫军生。　庄贤平海卫军生。义宁教谕。

五年甲戌孙贤榜　黄谨监察御史，终湖广按察司佥事。　林思承冀州知州，迁淮安府同知。　卓天锡会试第四人。历刑部主事、员外郎，擢常州知府，迁广东布政司参政，寻迁贵州按察使。　严洤监察御史，升湖广按察司副使，俱提督学校，寻迁广东按察使，终湖广右布政使。　林时让户部主事，迁郎中，终广东布政司参议。　陈贵监察御史，迁广东按察司佥事。　方逵大理评事，迁宁波知府，终广西布政司参政。　郑华东莞知县，左迁庐陵教谕，升国子助教。　宋澄户部主事。（俱莆田人。）

七年丙子乡试　陈纪合浦训导，升汶县教谕。　陈岳道潜之孙。　方朝宗鼎之从侄。　彭韶　黄纶馳之子。汜水教谕，迁顺德府教授。　黄洙隆生之孙。丽水训导。　林渶时望之子。饶州通判。　丘谅黟县知县。　方绎秀水教谕。　林载文之子。中书舍人。　陈克仁蕲州训导。　黄绪浙江训导。（俱府学。）　林橙武安训导。　许纯雅靖安教谕。　方宽涿州学正，迁严州府教授。　张同襄阳教谕，升知县。　郑钦龙川教谕。　陈鼎[3]教谕。中之孙。　张洽　周敦仁　宋叔昭沂水训导。（俱莆田县学。）　许文著太平教授。　吴琦任之孙。瑞昌训导。　刘学滋昆山教谕。（俱莆田县儒士。）　黄庸平海卫军生，化州训导。

天顺元年丁丑黎淳榜　林棨拜南京监察御史，成化改元，棨与同官疏言七事，皆中时弊。迁广东按察司佥事，提督学政，寻改江西卒。　朱宽南京礼科给事中，与同官王徽等同上疏言事忤旨，调潼川州判官。　徐文沛南京刑部主事，迁郎中，终广信知府。　陈载户部主事，累迁郎中，终广西布政司参议。

周辙户部主事。　方朝宗户部主事，迁郎中。　彭韶刑部主事，历员外郎郎中，四川按察副使、按察使，广东、贵州左布政使，迁右副都御史，寻迁刑部右侍郎兼右佥都御史。　高橙南京户部主事，迁郎中，终广州府知府。　吴绎思德兴知县，历瑞州同知、惠州潮州知府、浙江布政司参政，寻升右布政使。　陈亨行人司行人，历户部员外郎郎中，升顺庆知府。　张洽大理评事，迁寺副，终韶州府知府。　杨瓒吏部考功主事，迁郎中，湖广布政司左参政，改河南。（俱莆田人。）

三年己卯乡试　杨琅第一人。　黄仲昭深之弟。　林大猷勤之孙。新建教谕，累迁国子监丞。　周轸莹之侄。　黄师贡寿之侄。历杭州、饶州训导，国子学录，迁郑府长史。　郑焯华容训导，迁固城教谕，改华容。　姚绵临清训导，迁教谕。　吴希贤　方临熙之侄。直隶兴化教谕，改章丘。　宋巨瞻雍之子。青阳教谕。　郑淮　林时厚时让之从兄。弋阳教谕。（俱府学。）　陈仁杰焕之子。第三人。　陈华玉会稽教谕，迁鱼台知县。　蔡添美　郑大江分水教谕。　陈谦瑞安教谕。　林正　郑缵　吴清观之从侄。丽水教谕，改奉新。　黄琏　丘山谅之从兄。　陈傅　林镳（俱莆田县学。）　吴宏密　吴孜绎思之兄。萍乡训导，历增城、鄞县教谕。（俱莆田儒士。）　郑琁　郑纯衢州府学训导。（俱仙游县学。）

四年庚辰王一夔榜　郑纪仙游人。翰林院庶吉士，授检讨，出为浙江提学副使。

六年壬午乡试　许伯清仕之从弟。望江教谕。　林涧懋之子。云和教谕。　宋汝勤勤之子。安州学正，改濮州，升国子助教。　吴礼保定教谕。　彭钺中书舍人，升工部员外郎郎中，左迁永安州知州。　张文渊勉之子，桐庐教谕。　陈音

余康　方荣武进教谕，升汤溪知县，改广东按察司经历。　林仲璧台州府同知，改惠州。　黄铜文安教谕。　陈按　林杶麒之侄。惠州府同知。　洪忠江都教谕。（俱府学。）　林钫坦之从侄。第二人。高州府同知。　佘祈繁[4]　陈叔勉掖县教谕。　王克谦南昌教谕，迁衮州教授。　黄铎宦之孙。　林廷荣王府纪善。　周卷弘之侄。峄县教谕，改金华。　林堂扬州教授。　林孟和瑄之子。　郑师烈钦天监挈壶正。　顾宗美博罗训导。　李元镇　黄纲秀水教谕。　洪溥楷之叔。应天府中，德清知县。（俱莆田县学。）　黄初第一人。黄岩教谕，迁教授。　朱文环　陈纲纪之弟。（俱莆田儒士。）　郑宽纪之从弟。仙游县学。　吴烈平海卫学，蒙城教谕。

八年甲申彭教榜　陈音翰林院编修，历侍讲，迁南京太常少卿。　杨琅见《人物志》。　郑淮　吴希贤翰林院检讨，历修撰，迁左春坊左谕德，转南京翰林院侍读学士。　林诚广东道监察御史，提督北直隶学校。　陈按南京刑科给事中。　吴宏密自陈愿就教职，除处州教授，迁□襄府长史。（俱莆田人。）　陈迁仙游人。户部主事，历员外郎郎中，迁江西布政司参议。

成化元年乙酉乡试　吴仲珠第三人。　林和　杨义瑛之子。兴国州知州。　曾瑶博野教谕，历南昌教授，迁国子助教。　陈元纲岳之侄。淳安教谕，迁处州教授。　刘正隆原之曾孙。永嘉教谕，改乐平。　蔡信叶县教谕。　黄乔孟黄岩教谕。　刘景辉学滋之侄。万安教谕，改海阳。　翁槐世资之从侄。山阳教谕。　郑宪　林祥博罗教谕，迁饶州教授。　陈懋源　常福通政司经历。（俱府学。）　郑思亨彦成曾孙。第五人。淳安训导。　朱弘纪[5]唐山教谕。　陈镳阜城教谕。　许廷齐魏县教谕，改太平黄岩。　叶琳峦之从侄。

胶州学正，改莒州，迁兴国知县。　陈良海盐教谕。　柯燉潜之族弟。　李元胶江知县。　林讲连州知州。　陈叔畴上饶教谕。　吴世腾孜之从侄。　陈裕　方廷章璇之侄孙。泰安州学正。　许珀寿迁学正。　郑廉孟良之侄孙。扬州府同知。　陈纯定海训导。（俱莆田县学。）　方岳澥之孙。陈麟祥训导。　林体英　方珪　黄铨　林光甫教谕。（俱莆田儒士。）

二年丙戌罗伦榜　陈岳户部主事。　黄仲昭翰林院编修，调湘潭知县，寻改南京大理寺右评事，迁署左寺副事。　林敷四川眉州知州，擢南京户部员外郎，升韶州知府。　林孟和礼部主事，调庆阳府通判。　朱文环户部主事，历郎中，迁江西布政司参议。　余祈繁[6]　柯燉[7]大理寺评事，历寺副，迁广东佥事，改浙江。　林正监察御史，尝巡按苏、松、常、镇四郡，击贪戢暴，凛凛有风裁，后复巡按广东，官吏敛肃，隐然有蛟龙在渊、虎豹在山之势，时称良御史，未几以疾卒于广，士大夫惜之。黄琏户科给事中，迁浙江布政司参议。　丘山瑞安知县，迁监察御史，升贵州按察司副使。（俱莆田人。）　余康庆元知县，迁南京都督府都事。　陈鼐户部主事，迁员外郎，寻迁四川布政司参议。

四年戊子乡试　谢宜善[8]第二人。　朱恺　赵文仲绍献之孙。夏津教谕。　陈察珪之子。慈溪教谕。　林钊文之孙。　黄曰矩朝章之子。莒州学正。　史钦庆之从子。济南教授。　廖德征　郑继崇德教谕。　顾缵嵊县教谕。周公安济宁州学正，改安陆州。　杨元慈之孙。休宁教谕。陈鲤应天府中。　林源（俱府学。）　黄荣　李长源嘉定教谕。　方彬守之从弟。　林谦富阳训导。　方文炜廷章从弟。徐州训导。 宋岳巨瞻之从弟。 吴咏教授。 吴腆南昌通判。(俱莆田县学。) 黄文彬铨之从叔。第一人。 林瑱钧州学正。 高昂 朱悌恺之弟。 陈则孔扬州府训导,升教谕。 黄万硕泰之侄,新建训导。(俱莆田儒士。) 曾琛仙游县学。 吴玉荣 林本从[9](俱平海卫学。)

五年己丑张升榜 周瑛广德州知州,转礼部郎中,迁抚州府知府,改镇远。 李元镇户部主事,迁广东按察司佥事。 方守户部主事,历员外郎郎中,迁云南布政司参政。 廖德征大理评事,累迁广东按察司佥事。 林和刑部主事,历郎中,迁潮州知府。 方岳行人司行人,迁南京监察御史。 蔡元美旧名添美。行人司行人,迁工部员外郎。 陈鲤户科给事中。 方珪翰林庶吉士,授贵州道监察御史。巡历所至,清介有风力,不幸早卒。(俱莆田人。)

七年辛卯乡试 黄穆誉之子。第二人。 郑琳溶之侄。丹徒训导。 方朝清朝宗之从弟。沧州学正,升蒲台知县。 方秉元珪之从叔。 黄以礼 林文仁英之弟。 李伯通体广之侄。 陈熊敬之侄。 杨清琅之侄。无为州训导。 许仁评之侄。淳安教谕。 陈声远 郭绍金溪教谕,改黟县。(俱府学。) 黄节甫荣之从叔。第三人。 方以顺熙之侄。 戴墀 柳照进贤训导。 林宾 许邦瓒丰城训导。 戴日升 潘伟枣强教谕,迁教授。 郑璋(俱莆田县学。) 陈轮导潜之孙。教谕。 黄璗[10]启晦之孙。 黄体勤兴之子。常熟教谕,升开封教授。 郑钦 刘乐阳 黄瑛奉新训导。(俱莆田儒士。) 周刚军生。衢州训导,升增城教谕。 余琦 徐孟溥沾化教谕。(俱平海卫学。) 徐聪安祖之孙。顺天府中,铅山教谕,升顺天府教授。

八年壬辰吴宽榜　李仁杰第三人。翰林院编修。　高昂六安知州。　方郴[11]工部主事。　黄荣刑部主事迁员外郎，寻迁浙江按察佥事。　周轸会试第三人。户部主事，迁员外郎、郎中。　陈裕广信府永丰知县，莅任九载，邑人悦其廉平。裕性愿悫，不事表襮，故一时当道未有知而荐之者，官未及迁而卒。　宋岳　吴玉荣[12]南京太常博士，迁监察御史。（俱莆田人。）

十年甲午乡试　黄乾亨深之子。第一人。　林淮　宋端义[13]汝勤之子。　方永　郑渐恰生之曾孙。长兴教谕。　陈璟　翁端福之孙。教谕。　翁岩世资之从侄。　王朝器　陈瑞岳之从弟。宣城教谕。　程礼　黄芳体勤之从弟。徽州府训导。　吴鉴　卓榕南海教谕。　顾叔龙孟乔之子。　林华　朱世增忠之孙。象山教谕，改揭阳。　陈邦瑞　林元甫（俱府学。）　吴昭阳保之孙。第二人。　吴黍彻之侄。乌程教谕，改丘县。　俞钊泰和教谕。　吴希达希贤之从弟。顺德教谕，改番禺。　林选　黄纪德庆州学正。　彭甫钺之从侄。　吴讲泳之弟。　王原雍伟之侄。休宁教谕。　郑徽立之子。　李敬甫新兴教谕。（俱莆田县学。）　林沂桀之子。　朱璠贵阳之从侄。桐乡教谕。　李德美（俱莆田儒士。）　陈衍惠州、长乐教谕。　杨潄瓒之子。（俱仙游县学。）　吴谷仲珠之从侄。　吴球（俱平海卫学。）

十一年乙未谢迁榜　黄铎刑部主事。　朱恺户部主事，累迁刑部郎中。　余琦大理评事，累迁江西按察司佥事。　吴仲珠义乌知县。　吴谷潮阳知县。　林淮刑部主事，转员外郎，迁云南按察司佥事，乞近地教职，以便养母，得旨除常州教授，亲终仍旧职。　郑钦景宁知县。　陈熊顺德知县。

黄乾亨行人司行人，奉使满剌加国，赐一品服，充副使。遇海祸，赠本司副录，一子入胄监。　陈懋源武义知县，刑部主事，署郎中。　林元甫[14]工科给事中。（俱莆田人。）

十三年丁酉乡试　方宪守之弟。第二人。　郑瑗仪和之子。第三人。　黄秀穆之弟。　陈璲员外郎中之侄孙。北直隶威县教谕。　林典宪之子。西安教谕。　方珊珪之弟。　张宜珍[15]文渊之侄。　方璋瓒之弟。　林俊宗之孙。　梁璋天台教谕。　余一正康之从弟。　郑朝馨缵之从叔。西安教谕。　程乐礼之弟。　吴溱俨之孙。玉山教谕。　方惟翰东莞教谕。　陈员音之弟。　黄缙[16]太平教谕。　方景渊乐平训导。　李仁桐柏教谕。（俱府学。）　游儒教谕。　黄文璋文琳从弟。　徐良珠余杭教谕。　陈钟瓒之侄。建德教谕。　郑育师陈之孙。　林邦辉教谕，擢知县。　彭景（俱莆田县学。）　朱瓘恺之从弟。鄞县教谕。　丁襄景宁教谕。　陈文教谕。　黄燮纪之叔。　郑敏重光之侄。仙居教谕。　李文献伯通从弟。定海教谕。　萧玉教谕。　陈暹（俱莆田儒士。）　阮韬仙游县学。

十四年戊戌曾彦榜　林俊刑部主事，以言事左迁州判，寻复南京刑部主事，署员外郎事，升云南按察司副使。　吴昭南京工部主事，迁员外郎，寻升郎中。　李德美冀州知州，升广西按察司佥事。　黄文琳　陈邦瑞翰林庶吉士。　朱悌行人司行人，迁南京监察御史。　吴球博罗知县，迁南京监察御史。　黄节甫行人司行人。　吴世腾顺德知县，迁太仆寺丞。　王朝器遂安知县。（俱莆田人。）

十六年庚子乡试　蔡大宣信之从弟。第二人。　高俊曲阜教谕。　李文利元之弟。　郑中孚循初从弟。新城教谕。　陈世显恩之子。　周杰莹之侄。　张瑞洽之侄。　黄士英　郑光与　张琏青县教谕。　陈珀堂邑教谕。　程琮礼之从弟。教谕。　林堪洪之曾孙。　陈伦教谕。　翁溹世用之子。　林哲甫元甫之弟。（俱府学。）　吴稜观之从侄。第一人。　黄华荣之弟。　方山澥之孙。　黄宪缙之从叔。教谕。　郑师渐之弟。　柳熙照之从弟。　黄澜[17]　周进隆坦之子。　林文昌孟和从侄。　李璜教谕。　吴鹏容城教谕。（俱莆田县学。）　丘天祐瑀之从侄。　林英甫光甫之兄。　洪幼愚弋阳教谕。（俱莆田儒士。）　张泽鱼台教谕。　陈元观城教谕。　余征文之孙。（俱平海卫学。）

十七年辛丑王華榜[18]　宋端仪礼部主事。　郑瑗南京礼部主事，升郎中。　彭甫南京户部主事。　翁岩　林沂金华推官，升工部主事。　林谌长兴知县。　张宜珍[19]东莞知县。　丘天祐瑞安知县，改饶平。

十九年癸卯乡试　陈仁邦瑞之从弟。第一人。　丘汝亨　姚鸣和　欧泰　曾发云和教谕。　丘泰舒城教谕。　周瓒[20]　黄大中朝章之孙。　吴琯　李有嘉　郑宝　余云龙康之子。　宋时著教谕。　黄秩穆之弟。　林长繁　彭浚诏之子。　廖绚婺源教谕。　周梯莹之侄。（俱府学。）　陈晦纯之子。　林道充[21]智之侄。　柯德赞墩之从弟。山阳教谕。　方璘宽之子。　陈愈（俱莆田县学。）　陈士元嵋州训导。　林宗重恩县教谕。　朱泰玉山训导。　朱文魁世增之侄。虹县教谕。（俱莆田县儒士。）　郑廊用[22]大江之子。教谕。平海卫学。

二十年甲辰李旻榜　方璋　周进隆绍兴推官。　姚鸣和户部主事。　黄华荣之弟。户部主事。

二十二年丙午[23]　方良节朝清之侄。第三人。　林夔大猷之子。　蓝璧　陈嘉谟汶上教谕。　陈彰俊卿族孙。　翁茂南　李浚旌德教谕。　蓝应璧之弟。　陈曰渐谠之子。　陈允谐　曾琰瑶之弟。（俱府学。）　洪创　方让绎之从弟。　郑嘉祐循初之子。均州学正。　黄乾仁仲昭之从侄。　杨铎琅之从弟。　郑庠廉之弟。汤阴教谕。（俱莆田县学。）　崔仪第二人。　王銮泰顺教谕。　林汝明　杨文命瑛之孙。德兴训导。　林光重　吴天与[24]仲珠之从侄。　吴教绎思之侄孙。（俱莆田儒士。）　陈茂烈兴化卫军余。　林贯建昌训导。　郑义淮安训导。　林华（俱平海卫学[25]。）

二十三年丁未费宏榜　黄穆翰林庶吉士。　陈仁　余征　彭景　蓝应　林长繁韶州推官。　欧泰番禺知县。　陈晦　张瑞

福宁州

〔唐〕

神龙元年丙午[26]姚仲豫榜　薛令之长溪人。见《人物志》。

乾符二年乙未郑合敬榜　林嵩长溪人。见《人物志》。

景福二年癸丑　曹愚长溪人[27]。

〔宋〕[28]

端拱元年戊子马国祥榜　周希古[29]长溪人。职方员外郎[30]。

治平四年丁未许安世榜　谢党长溪人。

熙宁九年丁未[31]徐铎榜　姚世举长溪人。知奉宁县，泉州舶务。

元丰二年己未时彦榜　林积仁长溪人。历邓城知县。

诸科　卓钧长溪人。四门助教。

八年乙亥[32]焦蹈榜　高宗[33]长溪人。

元祐六年辛未马涓榜　林岂长溪人。朝散郎，通判安肃军。

绍圣四年丁丑何昌言榜　郑窑宁德人。四川提举学事。

元符三年庚辰李釜榜　丘允长溪人。见《人物志》。郑楫窑之侄孙。朝奉郎，两浙西路提举学事。

崇宁二年[34]癸未特奏名　缪昌道长溪人。

三年甲申幸太学上舍释褐　郑南宁德人。崇之从侄。释褐第一人。朝散大夫，秘阁修撰。

五年丙戌蔡薿榜　杨惇礼历太学博士，通判秀州，乞致仕，除司勋员外郎，再乞致仕，除监察御史，力辞。时年未六十终朝请郎。　黄荐可朝议大夫。（俱长溪人。）

大观三年己丑贾安宅榜　林介卿承奉郎，太学博士。陈雄朝奉大夫，知象州[35]。（俱长溪人。）　陈彦卿宁德人。

特奏名　缪刚长溪人。

政和二年壬辰莫俦榜　王俊通直郎，知莆田县。　朱庭佐[36]敏修之子。太学博士。（俱长溪人。）　刘温伯宁德人。朝散大夫。

特奏名　姚能举长溪人。儒林郎。

五年乙未何㮚榜　陈遇复之子。宣教郎，湖南提举司干官。　陈昂直显谟阁。（俱长溪人。）　陈邦彦[37]宁德人。《三山志》无此名，而《寰宇志》及县志有之，今增入。

重和元年戊戌王昂榜　丘达长溪人。　郑鬲南之弟。宁德人。朝请大夫。

宣和三年辛丑何涣榜　陈最长溪人。见《人物志》。郑昌龄楫之子。宁德人。见《人物志》。

六年甲辰沈晦榜　刘訾通判漳州。　朱倬　陈迁遇之弟。剑浦丞。（俱长溪人。按县志又有朱倬，庭佐之子也，三山旧志以为闽县人，已见《福州府科名志》[38]。）

建炎二年戊申李易榜　谢邦彦浙西提刑。　洪清臣见《人物志》。　陈远迁之弟。宣教郎，知武宁县。（俱长溪人。）

绍兴二年壬子特奏名　刘发　姚祖虞（俱长溪人。）程嘉德　周亨明《三山志》无此名。（俱宁德人。）

十二年壬戌特奏名　陈宾长溪人。

十五年乙丑刘章榜　林仰岂之子。朝奉郎。长溪人。王石宁德人。

特奏名　夏寅长溪人。广州观察。

十八年戊辰王佐榜　王亮功文林郎，漳州教授。　王万修　刘公特[39]温伯之侄。知龙溪县。宁德人。　刘季裴发之子。见《人物志》。长溪人。

二十一年辛未赵逵榜　王履初[40]亮功之弟。旌德簿。马千里　林桷《寰宇志》作补。迪功郎。（俱长溪人。）　陈庄梅州教授。　周翿　张翮（俱宁德人。县志以上二人为是年特奏名。）

特奏名　陈煜宁德人。

二十四年甲戌张孝祥榜　王万章　陈骥雄之侄。王少恺亮功之叔。宁国府佥判。　林同仰之子。　庄行成处州司户。　王汝弼（俱长溪人。）

特奏名　谢成章宁德人。

武举　夏汾叟长溪旧志无此名。

二十七年丁酉[41]王十朋榜　陈元礼肇庆教授。　陈骏雄之侄。见《人物志》。　王宗已亮功之族。见《人物志》。　周直亮邵武军知录。　卓庆集[42]七年解首。迪功郎。（俱长溪人。）

武举　吴茹长溪人。

三十年庚辰梁克家榜　缪从龙　林湜周之侄。见《人物志》。　杨兴宗惇礼之孙。见《人物志》。　高昙见《人物志》。　林良　王成　王定方　缪梦弼　林彪（俱长溪人。）　阮先　陈谧　陈元应（俱宁德人。）

特奏名　罗烨[43]长溪人。

武举　杨玙[44]　陈煜（俱长溪人。）

三十二年壬午登极恩上舍释褐　陈义元礼之兄。长溪人。宣教郎。

隆兴元年癸未木待问榜　薛黼　姚瀛见《人物志》。　陈文卿迪功郎。　王仁迪功郎。　黄子张　林师莘[45]同之弟。　林淳湜之兄。终潮阳尉。　李涣[46]迪功郎。平阳尉。　林光祖　王瀛饶州教授。　丁尚友　韩必大　刘更生　陈渥迪功郎。（俱长溪人。）《长乐县志》以王瀛为其邑人。）　余直方　郑嗣成[47]　陈德明　陈言应（俱宁德人[48]。）

特奏名　詹羽宁德人。

武举　阮瑀　陈赟（俱长溪人。）　连骧宁德人。

乾道元年乙酉童子科　高应　何迈（俱宁德人。《三山志》无此二人。）

乾道二年丙戌萧国梁榜[49] 陈所得福安人。南雄教授。 陈朝老富阳簿。 刘去病 刘确崇安令。(俱福安人。) 王推宗已之从弟。 朱大宝 张叔振见《人物志》。 吴景辰拱辰之从兄。 周文擢直亮之侄。 杨谦之兴宗之侄。迪功郎。(俱长溪人。)《寰宇志》无杨谦之。 郑颖(俱宁德人[50]。)

特奏名 陈庇长溪人。主簿。

武举 薛伟令之十二世孙。武翼大夫,知融州。 施梦枢江西将领。(俱长溪人。)

五年己丑郑侨榜 林隶 张观见《人物志》。 高融昙之从侄。 缪仲虎梦弼之侄。 郑钧 黄楫 林汝能同之从弟。东嘉簿。(俱长溪人。《三山志》无林隶,而《寰宇志》有之,今增入。)

特奏名 刘庆祖池州监酒。 刘季山平江监酒。(俱长溪人。《三山志》无此二人。)

武举 黄梦攸长溪人。 黄钺邵武县尉。宁德人。

八年壬辰黄定榜 杨继祖 刘邵南康教授。 陈绎[51]临安监仓。 陈晃国 谢时举(俱长溪人。) 秦膺刚宁德人。

特奏名 罗寅曲江尉。 吴待聘仙居丞。 刘季云季山之弟。武平尉。(俱长溪人。《三山志》无此三人。)

武举 黄章权知万安军。 杨文志(俱长溪人。)

淳熙二年乙未詹骙榜 许成 谢逵[52] 程翼迪功郎,彬州教授。 林泾楫 王子阳 高迈 王万泉[53]万修之从弟。 葛骓[54](俱长溪人。) 刘烈庆祖之子。 陈接知邵武军。

武举　王节　缪靖(俱长溪人。)《三山志》无缪靖。　黄裳宁德人。见《人物志》。

五年戊戌姚颖榜　姚祖赓瀛之弟。西外宗教。　刘岳季裴之子。南外宗教。　林刘举同之侄。　王宗浩宗已之从弟。　杨楫兴宗之从弟。见《人物志》。　张古心　薛七颖(俱长溪人。)　陈宋辅见《人物志》。　彭梦赐(俱宁德人。)

特奏名　缪守愚黄陂主簿。　周亨升南恩州法曹。宁德人。　缪巩南海丞。(俱长溪人。)

武举　陈英准安抚司准备将领。长溪人。　陈应[55]县志作黄应龙。　黄勣　陈勣(俱宁德人。)

八年辛丑黄由榜　王知章　杨武　谢牧　杨是甫[56](俱长溪人。)　林焞　王宗傅见《人物志》。(俱宁德人。)

特奏名　缪椿长溪人。《三山志》无此名。　何升之宁德人。

武举　姚况知黄陂县。　周肇　姚廓知邕州。(俱长溪人。)　李兴时宁德人。见《人物志》。

童子科　黄枢宁德人。《三山志》无此名。

十一年甲辰卫泾榜　陈雄　黄奕(俱长溪人。)　周峻[57]峻,县志作牧。　黄移忠(俱宁德人。)

特奏名　薛召　林可大(俱长溪人。《三山志》无薛召。)

武举　陈商霖　夏介长溪人。　郑搏宁德人。

十四年丁未王容榜　郑之悌朝奉,知饶州。　林炜楠之弟。　张德明　缪倬　黄致一　杨祖尧　郑肇　高龄(俱长溪人。《福清县志》林炜作林伟,以为其邑人,而《宁德县志》以郑肇为其邑人。)

特奏名　缪兴宗颍州推官。　苏晋《三山志》无苏晋。

（俱长溪人。）

武举　彭安上　王石孙[58]见《人物志》。　陈纪（俱宁德人。）

绍熙元年庚戌余复榜　刑必学[59]炳然之子。　钱易直居温州。著作佐郎，知池州。　黄相知丽水县。　高松融之子。见《人物志》。（俱长溪人。）　余复第一人。见《人物志》。　薛将（俱宁德人。）湖昌尉。县志以薛将为是年特奏名。

特奏名　王东老　王子俊　王仲应　王万侯　蒋具瞻衡之父。　王叔介　黄文仲　姚正国连城簿。　阮大用用安簿。　何既济湘乡丞。　张时敏惠州判官。（俱长溪人。《三山志》无姚正国。）　林炜确之侄。宁德人。

武举　陈昕金州都巡。　陈时昕之兄。新化尉。　郑缙黄冈县尉。　刘泾檝知广济县。（俱长溪人。）《三山志》无刘泾檝。　林定泰[60]居平江。知象州[61]。　周用亨县志作周凤。知循州。　黄时（俱宁德人。）

绍熙四年癸丑陈亮榜　陈从寄居庆元府。　陈奕骥之子。寄居临安。衡州司法。（俱长溪人。）

特奏名　刘季云[62]　缪翥丰州判官。（俱长溪人。）　徐师臣　余昊复之之兄。（俱宁德人。）

武举　王三锡　姚灼（俱长溪人。）

庆元二年丙辰邹应龙榜　黄沐之楫之子。知丽水县。　王舆卓之孙。知南剑州。（俱长溪人。）　李应辰[63]宁德人。兴时之侄。

特奏名　王沂　林冲池州运干。（俱长溪人。）

武举　林仲虎第二人。见《人物志》。　黄囦　黄昌辰（俱宁德人。）　缪德绥鄂州副将。　赵万年武德大夫。（俱长溪人。《三山志》无此二人。)

五年己未曾从龙榜　陈经见《人物志》。　王士奇知章之兄。　林申居台州。虎之子。两浙运判。　薛君用寄居温州。　陈千能寄居罗源。　林赞寄居温州。(俱长溪人。)俞汝益　林时英炜之侄。　高颐处仁之侄。见《人物志》。(俱宁德人。)

宗子　汝似[64]居长溪。

特奏名　缪传梅[65]长溪人。《三山志》无此名。　郑可久宻之孙。　刘颀　龚梅卿　吴秀山(俱宁德人。)

武举　杨商佐长溪人。　黄度宁德人。时之叔。

嘉泰二年壬戌傅行简榜　阮文子通判。　王之制　吴楠(俱长溪人。)　余宗　陈溥　张翔(俱宁德人。《长乐县志》以陈溥为其邑人。)

特奏名　王大任　章正国　郭师颖　陈伟(俱长溪人。《寰宇志》以章正国为是年进士。)　郑怀　谢梦诚(俱宁德人。)

武举　缪震第三人。　陈斌子(俱长溪人。)

开禧元年乙丑毛自知榜　陈时寄居福清。潭州通判。　郑璜硕之子。　蒋蘅[66]知淳安县。　郑邦俊南卿之孙。寄居连江。(俱长溪人。)　黄时宁德人。绍熙初武举。见《人物志》。

特奏名　刘灿明长溪人。道州文学。《三山志》无此名。

武举　徐森木省试第二人。官本路铃。　孙应龙勉滋之兄。廷试第三人。见《人物志》。(俱长溪人。《宁德县志》以孙应龙为其邑人。)

嘉定元年戊辰郑自诚榜　姚洽祖赓之侄。上杭丞。

薛曾[67]召之子。复州推官。　陈登　任一震文荐之孙。湖南提举。　杨公衍干之曾孙。　周平子（俱长溪人。）　林士夔仲虎之侄。通直郎。宁德人。

宗子　师□[68]居长溪。

特奏名　黄丰长溪人。《三山志》无此名。　陈尧卿宁德人。

武举　黄宋英宁德人。度之弟。

四年辛未赵建大榜　林庠[69]泾楫之侄。　余易　周叔茂寄居临安府。　许彦能　陈哲夫　马经德　陈遇明居温州。（俱长溪人[70]。）

宗子　与迈居长溪。肇庆府通判。

特奏名　林渊明　庄起宗（俱长溪人[71]。）

武举　林汝浃第一人。阁门舍人，历四郡。　林问礼　郑容（俱长溪人。）　黄宋彊裳之侄。宁德人。廷试第二人。

七年甲戌袁甫榜　黄翼南城尉。　王伯大万全之子。见《人物志》。　林甄汝能之子。　朱宏孙实之之弟。寄居罗源。承议郎。（俱长溪人。）[72]

特奏名　林仲麟宁德人。《三山志》无此名。

十年丁丑吴潜榜　罗云中四川制干。　尹焕寄居绍兴府。历少卿，江西运判。　黄鉴　林少嘉　陈光远奉议郎。　李润之解魁。　郑士龙　陈衜夫（俱长溪人。）　黄梦雷宁德人[73]。

宗子　时镛[74]居长溪。

特奏名　陈丝长溪人。

十三年庚辰刘渭榜　陈烇烨之弟。见《人物志》。　姚镛　陆闻雷伯正之子。　林瞻龙　林应龙　姚德辉　郭宗仪寄居婺州。　张卨牧之子。寄居罗源。　姚遇知泰宁县。（俱长溪人。）　梁刚中宁德人。（按《福安县志》是年又有林垌，而《三山志》、《寰宇志》俱不载[75]。）

宗子　崇坛汝似之子。居长溪。

特奏名　林介卿[76]　龚郯梅卿之从侄。　程少杜嘉德之孙。（俱宁德人。）

武举　陈湜长溪人。江州计议官。

十六年癸未蒋重珍榜　陈端年[77]丝之子。　上官公举　陈良骥　杨梦龙　吴行可茹之子。知会稽县。寓居江阴军。　薛士囦　陈大章亿之子。　高迁龄之弟。　姚弢德辉之兄。（俱长溪人。《寰宇志》无姚弢，又以陈端年为陈端平。）

宗子　希绶居长溪。

特奏名　陈则厚　林伯大　李端行[78]（俱长溪人。）

武举　林以礼知如皋县。　缪元龙（俱长溪人。）　黄超叔时之侄。宁德人。知辰州。

特奏名　杨文焕道州教授。长溪人。

宝庆二年丙戌王会龙榜　林子文[79]　葛炎骓之弟。　陈翥连江教谕。　林孟冶湜之孙。寄居温州。　高哲[80]居温之平阳。　郑梦登应龙之弟。居罗源。　王维伯大之侄。西外宗教。（俱长溪人[81]。）

宗子　希龚　希祎[82]希龚之弟。　希湛（俱宁德人。）

特奏名　薛希载宁德人。

武举　孙巨源建宁令。　陈起囦　姚允武从议郎。（俱长溪人。）　姚望之见《人物志》。　高处仁颐之侄。　陈公烈知无为县。　陈天瑞（俱宁德人。）

绍定二年己丑黄朴榜　王昱宗浩之子。　郁中寄居平江府。　叶迈寄居婺州。　高錢松之孙。　王大举　缪正叔寄居温州。　庄克家　王从龙　翁洽邵武教授。　郑寀淳祐中除右正言，擢殿中侍御史，迁侍御史左谏议大夫，拜端明殿学士，佥书枢密院事。寀居言路，谄附权臣，不辨君子小人，皆弹拄之。　黄𩨴居永临。（俱长溪人。《寰宇志》无翁洽。）

特奏名　缪蟾守愚之弟。第一人。　梁应龙（俱长溪人。按《寿宁县志》是年又有缪谟、缪宝，而无梁应龙，又皆以为释褐。）

武举　陈霆发[83]知昭州。　陈国弼霆发之弟。（俱长溪人。）

五年壬辰徐元杰榜　韩伯修　黄履翁移忠之侄孙。　黄质梦攸之子。国子学正，知横州，居罗源县。　黄居正　周还淳　郑著　陈申　张翊太常寺丞。　杨滜贯眉州。（俱长溪人。《寰宇志》无此名，《宁德县志》以黄复翁为其邑人。）　陈鹗[84]（俱宁德人。）　吴福元福安人。《寰宇志》以为长溪人[85]。

宗子　时铣　时鏁时铣之弟。　崇铦[86]崇鍱之弟。（俱居长溪。）

特奏名　林克己　徐登光泽丞。　张滨子助教。　林昭卿（俱长溪人。）　黄应辰时之族弟。　周景章（俱宁德人。）

武举　阮国威　郑嗣功（俱长溪人。）

端平二年乙未吴叔告榜　陈准骥之侄。　林孟云甄之子。　王梦炎　林正道（俱长溪人。）　庄师熊　郑士谥[87]谥，一作懿。（俱宁德人。）

宗子　希㤪师峙之子。居长溪[88]。

特奏名　陈尌松溪尉。　刘泳永春簿。　池光庭高州文学。　薛鸾儿知苏州府。（俱长溪人。）《三山志》无薛鸾儿。　林仲彪宁德人。

武举　刘有成福安人。《三山志》无此名。

嘉熙二年戊戌周坦榜　王复　罗垚衢州判官。　林云龙　林孟辰　林企孟云之兄。（俱长溪人。）　缪烈省元。贯开封府。　林晖贯台州。居长溪。（《寰宇志》无此二人[89]。）

宗子　希僊[90]长溪人。

特奏名　林舜俞　林甬　王云　郑湜　黄士奕　黄逢时嘉兴簿。（俱长溪人。）《三山志》无黄逢时。

武举　刘必成有成之弟。第一人。浔州知州。　张万兴化令。（俱长溪人。）　余士武宁德人。

淳祐元年辛丑徐俨夫榜　刘淭[91]新令尉。　刘自省元。　林舜咨泉州司户。　郑溥　王熙居连江。　林元孙　黄囦奕之孙。　林祖中　陈梦受[92]　林思咨　阮许近万载簿。（俱长溪人。）　陈彭年　张文虎（俱宁德人[93]。）

宗子　时逯长溪人。

特奏名　罗从直长溪人。《三山志》无此名。　黄起叔[94]超叔之弟。宁德人。

武举　刘友龙　陈仪子殿司正将。　吴一夔武江尉。　阮霆振武仙宰。（俱长溪人。《三山志》无此四人。）

特奏名　刘友长溪人。

四年甲辰留梦炎榜　郑利宣瑞安尉。　黄拱辰　缪元德居温州。　杨肃　裘珏　唐玠　孙应风贯滁州。（俱长溪人。）《寰宇志》无此名。　陈伯镂宁德人。

宗子　时锿时铣之弟。温州知县。居长溪。

特奏名　林梦井宁德人。　陈埜翥之兄。岳山簿。　吴权仙游县簿。（俱福安人。）

武举　林祖泰宁德人。　林之望殿将。　刘德成[95]必成之兄。殿将。（俱福安人。）

七年丁未张渊微榜　王长孺　林桂发　臧厚　裘概[96]瑶之弟。　郑能应　庄元龙贯泉州。　林孟焕暹之子。　陈梦龙　王元野　姚遂　王宗洙　薛廉生贯温州。（俱长溪人。）《寰宇志》无薛廉生。　林祖恭士夔之子。宁德人。《三山志》以为闽县人。　康惟新南剑教授。　陈德元汲之子。嘉兴尉。（俱福安人[97]。）

宗子　时钒时铣之弟。　与谏（俱长溪人。）

特奏名　林暹孟焕之父。　丘应方　谢敬　马护才　郑刚中　卓台辰　周士曾　魏清之　林澡[98]　叶三益　谢石孙（俱长溪人。）　黄鉴[99]贯闽县。　黄裳荣困之子。　余以正（俱宁德人。）《寰宇志》无余以正。　罗荣孙居福安。

武举　高宗弼廷试第三人。　缪起渭仲虎之孙。　吴安国[100]　杨梦龟（俱长溪人。）　彭林　余士成士武之弟。（俱宁德人。《三山志》无彭林，县志以士成为嘉熙二年进士，又以士武为是年武举，误。）　阮逢午福安人。《三山志》无此名。

特奏名　孙汝勉第一人。宁德人。县志以汝勉为嘉熙二年武举，特奏名误。

十年庚戌方逢辰榜　林之泳[101]福安人。之望之兄。铭山尉。

武举　张亿子福安人。第一人。

特奏名　黄体仁宁德人。

两优释褐　缪幼节福安人。县志以幼节为七年武举，释褐误。

宝祐元年癸丑姚勉榜　姚梦兆宁德人。　黄景师质之子。　陈赞　陈升　吴元龙　柳燮　姚君元抚州蓝江尉。（俱福安人。《罗源县志》以黄景师为其邑人，是年特奏名未详。）

特奏名　赖梦钤[102]宁德人。

武举　阮畴　刘应沐　刘忠嗣　刘囦泉必成之侄。（俱福安人。）

四年丙辰文天祥榜　段舜咨　周淼（俱宁德人。）　陈锡荣　许安国　郑会龙　刘域　张全（俱福安人[103]。）

特奏名　陈价　陈振起[104]（俱宁德人。）

武举　杨湜　黄瀛质之侄。（俱福安人[105]。）

咸淳四年戊辰陈文龙榜　郑同翁宁德人。两浙运使。《三山志》无此名。　倪文一福安人。见《人物志》[106]。

〔元〕[107]

泰定元年甲子张益榜　林仲节至治癸亥江浙省试第一人。宁德人。

至正十九年己亥福建省乡试　陈亮宁德人。《怀安县志》以为其邑人，误[108]。

〔国朝〕[109]

洪武五年壬子乡试　周斌宁德县学。齐府左长史。

八年乙卯乡试　汤宗诚宁德县学。上元知县[110]。

十八年乙丑丁显榜　薛盛福宁人。　翁公质宁德人。

监察御史。(上三人县志俱不载乡试何年。)

二十年丁卯乡试　赵宣宁德县学。兴济知县[111]。

二十一年戊辰任泰亨榜　吴廷进福宁人。兵部主事。　曾寅宁德人。工部主事。(上二人旧志俱不载乡试何年。)

二十三年庚午乡试　黄僧保宁德县学。北流教谕。　陈英汉州教谕。　郑山桐庐教谕。(俱福安县学[112]。)

二十六年癸酉乡试　林观光祖之子。历程乡、永丰、余姚儒学教谕，左迁江山训导，后以子聪恩赠都察院右都御史。　陈添任提举，升郑州同知。　林保童见《人物志》。(俱宁德县学。)　陈锜福安县学。见《人物志》。

二十七年甲戌张信榜　林保童宁德人。知县。

二十九年丙子乡试　周悌福宁县学。浦江知县，升市舶提举。　林宗学宁德县学。海山教谕，升安府纪善。

三十二年己卯乡试　陈玘泾县教谕，擢给事中。　姚熊崖州判官。(俱宁德县学。)　郑富福安县学。临安训导[113]。

三十三年庚辰胡广榜　黄宜宁德人。行人，升通州知州。旧志不载乡试何年[114]。

永乐二年甲申曾棨榜　吴童[115]福宁人。廷进之弟。　陈宗孟添之从弟。见《人物志》。　林泰监察御史。(俱宁德人)　萧显连山知县。　林寿监察御史。(俱福安人。已上五人旧志俱不载乡试何年[116]。)

三年乙酉乡试　林春雷州府通判。　麦镭(俱福宁学。)　陈靖肤施知县。　陈炫(俱宁德县学。)　陈琦福安人[117]。

四年丙戌林环榜　谢霖宁德人。翰林庶吉士。旧志不载乡试何年。

六年戊子乡试　林棠　徐泉(俱福宁县学。)　林辅张辕应天府中，训导。（俱福安县学。）

七年己丑萧时中榜　高浚宁德人。大理评事，升肇庆知府。旧志不载乡试何年。

九年辛卯乡试　郑瑄[118]福宁县学。奉化教谕。是年《乡试录》无此名。　陈彬宁德县学。　陈希福安县学。

十年壬辰马铎榜　陈琦福安人。见《人物志》。琦，旧志不载乡试何年。

十二年甲午乡试　林良　盛福国子学录。（俱福宁县学。）　陈玑　林缙（俱宁德县学。）　陈僖瑞安训导。　王熊　陈新海阳知县。（俱福安县学。）

十三年乙未陈犹榜[119]　陈彬玑之从侄。宁德人。吏部主事。

十五年丁酉乡试　陈纪景寿之孙。广东、长乐教谕。　林尹保童之子。　陈善（俱宁海县学。）　郑珊永康训导。　薛佛连山教谕。　陈弼　郭殷（俱福安县学。）

十六年戊戌李骐榜　林良福宁人。新城知县。

十八年庚子乡试　陈昱福宁县学。番阳教谕。　张昭　汤景（俱宁德县学。）开州州同。　崔敏[120]应天府中，训导。　郑璧广西卫经历。　郑谦（俱福安县学。）

二十一年癸卯乡试　谢崧[121]福宁县学。　林思勉莱州通判，升荆州同知。　林魁赣州知事。（俱宁德县学。）　林铭福安县学。南康县丞。

宣德四年己酉乡试　林荣凤阳训导。宁德县学。

七年壬子乡试　黄澄[122]福宁县学。

正统三年戊午乡试　林聪观之子。宁德县学。

四年己未施槃榜　林聪宁德县人。见《人物志》。

六年辛酉乡试　赵仪宁德县学。龙泉教谕。　郑儒福安县学。

景泰元年庚午乡试　卓越福宁县学。金乡知县。　韩璟湘阴知县。　龚膺　郑永庆仙居教谕。（俱宁德县学[123]。）

四年癸酉乡试　陈和宁德县学。无为州学正。以子寓恩赠刑部主事[124]。

天顺八年甲申彭教榜　龚膺宁德人。户部主事，升郎中，湖广布政司参议。

成化元年乙酉乡试　王淮福宁县学。

四年戊子乡试　林著　陈寓和之子。　左浚宁德县学。余干训导。

五年己丑张升榜　陈寓宁德人。历休宁知县，擢刑部主事员外郎、郎中，升广西按察副使[125]。

十年甲午乡试　崔昌宁德县学。新淦教谕。

十六年庚子乡试　林琦　林文孟应天府中。（俱福宁州学。）　林初宁德县学。邳州学正。

十九年癸卯乡试　康盛福安县学。

二十年甲辰　李旻榜　王淮福宁人。

二十二年丙午乡试　林资福安县学。

校　注

[1] 弘治《兴化府志·选举》及万历《兴化府志·选举》均作“叶峦”。

[2] 万历《兴化府志·选举》作“黄士孝”。

[3] 弘治《兴化府志·选举》及万历《兴化府志·选举》均作“陈鼐”。

[4] 万历《兴化府志·选举》作“余祁繁”。

［5］弘治《兴化府志·选举》作“朱守纪”。

［6］万历《兴化府志·选举》作“余祁繁”。

［7］弘治《兴化府志·选举》作“柯墩”。

［8］万历《兴化府志·选举》作“谢其善”。

［9］弘治《兴化府志·选举》及万历《兴化府志·选举》均作“林文从”。

［10］弘治《兴化府志·选举》及万历《兴化府志·选举》均作“黄堃”。

［11］弘治《兴化府志·选举》及万历《兴化府志·选举》均作“方彬”。

［12］万历《兴化府志·选举》作“王玉荣”，并注“旧从吴姓，今改为王”。

［13］弘治《兴化府志·选举》及万历《兴化府志·选举》均作“宋端仪”。

［14］弘治《兴化府志·选举》作“林见甫”。

［15］弘治《兴化府志·选举》作“张宜琛”。

［16］万历《兴化府志·选举》作“黄缵”。

［17］万历《兴化府志·选举》作“黄润”。

［18］成化十七年辛丑系王华榜，此误。

［19］弘治《兴化府志·选举》作“张宜琛”。

［20］弘治《兴化府志·选举》及万历《兴化府志·选举》均作“周赞”。

［21］万历《兴化府志·选举》作“林道克”。

［22］弘治《兴化府志·选举》及万历《兴化府志·选举》均作“郑廓用”。

［23］成化二十二年丙午系乡试，此处漏书。

［24］弘治《兴化府志·选举》及万历《兴化·选举》均作“吴天兴”。

［25］万历《兴化府志·选举》尚有“张炫、陈珠、柯拱北”。

［26］乾隆《福宁府志·选举上》作“神龙二年丙午”，疑是。

［27］乾隆《福宁府志·选举上》尚有：“乾宁二年乙卯赵观文榜：黄说；乾宁四年丁巳杨赞国榜：卓文。”

［28］乾隆《福宁府志·选举上》尚有：“乾德三年乙丑：陈洪轸，寿宁人；开宝二年庚午张拱榜：阮环，宁德人；开宝六年癸酉安守亮榜：郑罕，宁德人；太平兴国二年丁丑吕蒙正榜：郑浮，宁德人。”

［29］乾隆《福宁府志·选举上》作“周希右”。

［30］乾隆《福宁府志·选举上》尚有“淳化三年壬辰孙何榜：阮睿”。

［31］熙宁九年系“丙辰”，此作“丁未”误。

［32］元丰八年系“乙丑”，此作“乙亥”误。

［33］乾隆《福宁府志·选举上》作“高嵩”。

［34］乾隆《福宁府志·选举上》作“崇宁四年”。但四年是乙酉非癸未，疑误。

［35］乾隆《福宁府志·选举上》作“知泉州”。似应以乾隆志为是。

［36］乾隆《福宁府志·选举上》作“朱廷佐”。

［37］乾隆《福宁府志·选举上》作“陈彦”。

［38］乾隆《福宁府志·选举上》尚有“陈宗礼，福安人”。

［39］乾隆《福宁府志·选举上》作“刘公时”。

［40］乾隆《福宁府志·选举上》作“王复初”。

［41］王十朋榜系“绍兴二十七年丁丑”，此作“丁酉”误。

［42］乾隆《福宁府志·选举上》作“卓集庆”，其后尚有“陈夔、郑永年，俱霞浦人”。

［43］乾隆《福宁府志·选举上》作“罗焯”。

［44］乾隆《福宁府志·选举上》作“杨岂”。

［45］乾隆《福宁府志·选举上》作“黄于张、林师萃”。

［46］乾隆《福宁府志·选举上》作“李焕”。

［47］乾隆《福宁府志·选举上》作“郑嗣诚”。

［48］乾隆《福宁府志·选举上》尚有“杨秀实，霞浦人”。

［49］乾道二年丙戌系“萧国梁榜”，此作“萧国梁榜”误。

［50］乾隆《福宁府志·选举上》尚有“张翰，宁德人”。

［51］乾隆《福宁府志·选举上》“陈绎”列入“童子科免解”。

［52］乾隆《福宁府志·选举上》作“谢达”。

［53］乾隆《福宁府志·选举上》作“王万全”。

［54］乾隆《福宁府志·选举上》作“葛绯”。

［55］乾隆《福宁府志·选举上》作“陈应龙”。

［56］乾隆《福宁府志·选举上》作“杨湜甫”。

［57］乾隆《福宁府志·选举上》作“周牧”。

［58］乾隆《福宁府志·选举上》作“黄右孙”。

［59］乾隆《福宁府志·选举上》作“邢必学”。

［60］乾隆《福宁府志·选举上》作“林泰定”。

［61］乾隆《福宁府志·选举上》作“知泉州”，似应以乾隆府志为是。

［62］乾隆《福宁府志·选举上》作“刘季虞”。

［63］乾隆《福宁府志·选举上》作“李应宸”，其后尚有“阮幡、余嬰，俱宁德人”。

［64］乾隆《福宁府志·选举上》作“赵汝似，福鼎人”。

［65］乾隆《福宁府志·选举上》作“缪傅梅”。

［66］乾隆《福宁府志·选举上》作“蒋衡”。

［67］乾隆《福宁府志·选举上》作“薛会”。

［68］乾隆《福宁府志·选举上》作“赵师峨”。

［69］乾隆《福宁府志·选举上》作“林彦”。

［70］乾隆《福宁府志·选举上》尚有“阮宾，福安人”。

［71］乾隆《福宁府志·选举上》尚有“林钦夫”。

［72］乾隆《福宁府志·选举上》尚有“陈汲，福安人”。

［73］乾隆《福宁府志·选举上》尚有“翁由诲、李鉴，俱宁德人”。

［74］乾隆《福宁府志·选举上》作“赵时镛”。

［75］乾隆《福宁府志·选举上》增“黄士华、黄履、林垌”。

［76］乾隆《福宁府志·选举上》作“林介节”。

［77］乾隆《福宁府志·选举上》作“陈端平”。

［78］乾隆《福宁府志·选举上》作“李瑞行”。

［79］乾隆《福宁府志·选举上》作“林子云”。

［80］乾隆《福宁府志·选举上》作“高嚞”。

［81］乾隆《福宁府志·选举上》增“阮国宾，福安人”。

［82］乾隆《福宁府志·选举上》作“赵希褅”。

［83］乾隆《福宁府志·选举上》作“陈霖发”。

［84］乾隆《福宁府志·选举上》作“陈鹗祥”。

［85］乾隆《福宁府志·选举上》尚有“孙埘凤、孙翼凤”。

［86］乾隆《福宁府志·选举上》作“赵时铦”。

［87］乾隆《福宁府志·选举上》作“郑士懿”。

［88］乾隆《福宁府志·选举上》作“赵时愚，师时子，福鼎人”。

［89］乾隆《福宁府志·选举上》尚有“刘龙发、彭萝林”。

［90］乾隆《福宁府志·选举上》作“赵时僎”。

［91］乾隆《福宁府志·选举上》作“刘潆”。

［92］ 乾隆《福宁府志·选举上》作“陈梦授”。

［93］ 乾隆《福宁府志·选举上》尚有“陈赞，霞浦人”。

［94］ 乾隆《福宁府志·选举上》作“黄起孙”。

［95］ 乾隆《福宁府志·选举上》作“刘得成”。

［96］ 乾隆《福宁府志·选举上》作“裘暨”。

［97］ 乾隆《福宁府志·选举上》尚有“曹有开、林应发”。

［98］ 乾隆《福宁府志·选举上》作“徐澡”。

［99］ 乾隆《福宁府志·选举上》作“黄梦鉴”。

［100］ 乾隆《福宁府志·选举上》作“吴国安”。

［101］ 乾隆《福宁府志·选举上》作“林之永”，其后尚有“徐硕、王弢”。

［102］ 乾隆《福宁府志·选举上》作“赖梦铃”，其后尚有“林士柄”。

［103］ 乾隆《福宁府志·选举上》尚有：“任汝贤、陈宁祖、庄孟芳、张枋，俱霞浦人。”

［104］ 乾隆《福宁府志·选举上》作“陈震起”。

［105］ 乾隆《福宁府志·选举上》尚有“咸淳元年乙丑阮登炳榜：阮登炳，宁德人”。

［106］ 乾隆《福宁府志·选举上》尚有：“郑君老、林天书，俱霞浦人”；尚有“咸淳七年辛未张镇孙榜：杨滉，霞浦人。”

［107］ 乾隆《福宁府志·选举上》尚有“至治三年癸亥科：林仲节，福鼎人”。

［108］ 乾隆《福宁府志·选举上》尚有“至正二十二年壬寅科：陈孟龙”。

［109］ 乾隆《福宁府志·选举上》尚有“洪武三年庚戌科：林德亨、郑廷实”。

［110］ 乾隆《福宁府志·选举上》尚有“十七年甲子科：蒋晟、郑公质”。

［111］ 乾隆《福宁府志·选举上》尚有“吴廷进、曾寅、黄衍，宁德人”。

［112］ 乾隆《福宁府志·选举上》尚有“陈宗孟”。

［113］ 乾隆《福宁府志·选举上》尚有“郑宪、张全、黄宜”。

［114］ 乾隆《福宁府志·选举上》尚有“永乐元年癸未科：萧显、林寿、林泰”。

［115］ 乾隆《福宁府志·选举上》作“吴同”，并增“王澄”。

［116］ 乾隆《福宁府志·选举上》尚有“马忠霞浦人”。

［117］乾隆《福宁府志·选举上》尚有“高浚、谢霖、陈玘”；陈玘，本志系列入“洪武三十二年己卯（即建文二年）乡试”，未知孰是。

［118］乾隆《福宁府志·选举上》作“郑璔”。

［119］乾隆《福宁府志·选举上》作“陈循榜”。

［120］乾隆《福宁府志·选举上》作“崔敬”。

［121］乾隆《福宁府志·选举上》作“谢嵩”。

［122］乾隆《福宁府志·选举上》作“卓勋，霞浦人”。

［123］乾隆《福宁府志·选举上》尚有“刘安，福安人”。

［124］乾隆《福宁府志·选举上》尚有：“天顺三年己卯科：李廷韶、李廷美（俱宁德人）、姜英（寿宁人）；天顺四年庚辰王一夔榜：李廷美。”

［125］乾隆《福宁府志·选举上》尚有“七年辛卯科：李廷仪”。

八闽通志卷之五十六

选举

岁贡

福州府

郑善庆　林坦(上二人俱知县。)　刘琁监察御史。　林秀府知事。　张添赐户部郎中。　郑源县丞。　林泽　陈诚教谕。　程荣[1]　王宗实　陈殷　陈纲　魏瑢[2](上二人俱以恩例冠带。)　萧琚　吴荣知县　甘淳　林冬(上二人俱训导。)　林晶知县。　林英[3]县丞　陈珏府知事。　刘冈教授。　林厚教谕。　赵雍　林瀫　吴仕　郑文充　陈华(上五人俱训导。)　刘德主簿。(上一十一人俱天顺六年援例升太学。)　花茂训导。　陈荣　郑范　陈钧　林章　倪璟　张汉　官正　郑晁(上七人俱训导。)　郭琰　王言　方镔(俱闽县人。)　郭春　蒋文　王文禧　严凝　郑铱　林震　叶康　晏祯　王聪　陈普　孙昱　严璟　唐钦　张溱(俱侯官人。)　刘炫　王肇　马祯　余均　陈鼎　洪纲　张政县丞。　陈隧(俱怀安人。)　林景清　施士奇训导。（上二人成化二十一年援例升太学。已上六十四人俱府学。）赵沂　王荣　郑琅以子克和恩赠员外郎。　连文圭　倪清通判。　罗绍绎之从弟。知县。　林鼪州判。　林顺生府检校。　周华通判。　林俊学正。　王瑄知州。（上七人俱正统十一年援例升太学。）高孔美　戴恩主簿。　陈铸　陈旻　吴文正　施文（上二人俱训导。）叶顺教谕。　木熊[4]　林锐教谕。　王珙　陈瑜教谕。　王镗典史。　林元锜[5]　李晖　林本（上三人俱训导。）王懋　曾文　朱熙[6]（上二人俱县丞。）江埙　孟昊[7]（上十人俱天顺六年援例升太学。）包缵　陈贤训导。郑增教谕。周恕　郭昂　黄升　曹容[8]（上四人俱训导。）吴初　林均　叶坚　陈中文耀之子。成化二十一年援例升太学。（已上四十二人俱闽县学。）陈广　郑兴潜　陈贞保　朱文保　高昊　姚玄　吴道　戴宣　魏济　傅寿按察副使。　林增童主事。　黄琁[9]知州。　郑顺同知。　潘灵　杨荣推官。　姚寿府经历。　冯范同知。　袁端县丞。　上官普监察御史。　孙回府经历。　金复教授。　陈文训导。　陈福　孙珏（上二人俱知县。）吴和　刘添教谕。　郑文主事。　郭济通判。　李祐教谕。　陈良琁[10]推官。　黄源县丞。　马清巡检。　陈宗政[11]教授。　曾闰训导。　郑从善　林文璲[12]教谕。　陈祥训导。　姚乾府经历。　王应　王复卫经历。　沈涣[13]知县。　黄鉴训导。　倪回宗知县。　林源　陈聆训导。　金显宗　卢华知县。　王铸　林鉴府经历。　魏澄教谕。　李德冠带。　张鋐　连璟　姜立训导。　宋宏　陈瀚　徐宜（上二人俱训导。）黄清　杨昞训导。　杨铸（已上六十人俱侯官县学。）王安

福　卓坚主事。　林傅　赵顺知州。　陈熙训导。　林德教授。　李兴知府。　王佐　王济知县。　林璡　林济　陈鼎　林鉴　李质经历。　蔡长知县。　赵原　廖章知县。　游胜　黄和　陆济(上二人俱经历。)　游瑾县丞。　郭显纪善。　林福县丞。　林荣　赵顺　郭畊　丘瑴训导。　王琨知县。　徐习训导。　王以顺照磨。　郑琚州判。　吴诚　王慷　李熙知州。　叶机　王瑄知州。　陈旦通判。　郑敬知县。(上七人俱正统十一年援例升太学。)　叶纲训导。　陈文凝　郑珏善庆之子。训导。　汪均大　王镠　游洪知县。　章复　许铎训导。　林文敏知县。　马杰　曾环县丞。　陈璠训导。　段德　欧缙经历。　刘珙　林魁[14](上二人俱训导。)　郑昱　李景阳知县。　高俊　高景顺　陈文耀机之子。籍闽县。　申屠迪　张文机　李嵩(上一十一人俱天顺六年援例升太学。)　王俶　程钦　许远　刘祥　姚佾　陈皞(上六人俱训导。)　孙镐　潘时(已上七十人俱怀安县学。)　郑敉陕西按察司佥事。　潘思教谕。　潘民序班。　郑森盐运同知。　陈铭大理评事。　林源知县。　刘敦御史。　林绪户部主事。　魏亮卫经历。　刘宽知县。　陈铎教谕。　董岱　陈洙典史。　林应训导。　林彬学正。以善书选预修大典。　郑志方知县。　李珂教谕。　郑侨[15]训导。　陈澧伴读。　林烜县丞。　王景大教谕。　陈文明　李时举　郑孟进　陈洪　上官任(上四人俱训导。)游时豫　林珏训导。　陈德邵　高谷学　黄仕仪[16]　陈礽学正。　李时议知县。　陈瑞　林滔判官。　郑珩　高理叔教谕。　陈普　王浴沂(上二人俱训导。)　高仕烈　卓永济训导。

吴麓　陈日跻教谕。　周文腆　林彦平训导。　王仲华　陈公盛训导。　陈宗礼训导。（上一十一人俱天顺六年援例升太学。已上四十八人俱长乐县学。）　缪原知县。　刘子善同知。　周泽典史。　陈祉　赵光贵　阮嗣参政。　孙芒参议。　詹煜巡检。　黄议知县。　杨河主事。　林枢训导。　孙辅　陈宇卫经历。　郑昌主簿。　孙齐　杨锡　林辰知县。　林祐　李皓[17]　萧曾　翁靖知番禺县，有惠及民，民颂之。　陈彤同知。　陈善从知县。　许洪京卫经历。　赵侃　韩俊　黄式主簿。　陈仍　黄禧知县。　张濯　陈保　王拳训导。　林祯　林江（上二人宣德九年援例升太学。）　林祐知州。　陈琛训导。　杨季知县。　陈宗回通判。　陈郁学正。　郑广宗　赵成通判。　吴昱　郑旷通判。　李芮（上四人俱正统十一年援例升太学。）　赵禄　陈昭　赵泽　翁寿　林禧　黄润主簿。　陈惠　陈辉　林儒　游宣　黄诞（上四人俱训导。）　张庆知事。　陈濯　翁宗衡　吴熙（上二人俱训导。）　林昆知县。　萧文　余宣（上二人俱训导。）　陈置县丞。（上九人俱天顺六年援例升太学。）　陈仪凤　陈濯　丁澶　张敦教谕。　郑埙　赵瑞　王朝　张弘[18]　兰葆（上四人俱训导。）　郑文愈（以上七十三人俱连江县学。）　林荣兵部侍郎。　陈复　郑定　林忠　林清（上二人俱行人。）　陈贤主簿。　陈基广东按察司佥事。　郑荣教授。　刘宪员外郎。　刘宁　林缜典史。　蔡曾知县。　陈和教授。　吴俅知县。　林良　周德　郑观主事。　郑达　陈彰　林洸[19]知县。　方昌　林回兴　陈德通判。　任炼　陈英（上二人俱知县。）　陈仕义　郑陶　林福　陈桐　林盛　夏崇

陈美　欧环　陈福　陈魁　林外卫经历。　潘缵经历。　何好生主事。　戴琼同知。　黄崇　陈添　陈诚（上二人俱训导。）　王湜学正。　林灏　林慈瑞州同知。　林泗训导。　陈澧州同知。　陈容　周泗都司经历。　林经兵马指挥。　夏迪知县。　王佐　夏霖王府典宝。　林灼　欧铿典宝。　杨彻知县。　郑环　林砥　陈隆训导。　林宣　陈富　韩琏训导。　何贡典史。　陈磷[20]卫知事。　潘忠县丞。　王镇　吴文瑞（上二人俱知县。）　郑咸卫经历。　莫恪[21]　李鋐（上二人俱训导。）　张素　郭元钦训导。　潘铸　郑逢　陈文升　莫烜（上三人俱训导。）　林炜（已上七十七人俱福清县学。）　钟良珪给事中。　谢戴[22]御史。　陈泰卫知事。　林英知县。　林谦禄　陈希颜　陈淳教谕。　赵友纪县丞。　何慈广西布政司参政。　张炬员外郎。　魏德按察使。　张政知县。　林良樘都司经历。　陈厚县丞。　罗恩　陈伯（上二人俱知县。）　张宝州判。　林辉同知。　林训　张琳　林原[23]　曾泰　魏运　韩忠　曾约　卓茂　陈臻卫经历。　方成推官。　陈福　陈坤　陈暹府经历。　郑崇通判。　庄收　王仓[24]巡检。　魏宝主簿。　王庭生[25]　罗琳县丞。　朱观知县。　刘俊王府审理。　游灿训导。　何裒推官。　林仕　廖曦主簿。　罗安祥　林果同知。　江诚　陈杲　魏璟府经历。　林愈　张玹　林冲（上二人俱教谕。）　邓玑　王德庆训导。　林璲检校。　林淦[26]典史。　黄玄龄[27]　丁逵府经历。　陈琏　张淇（上二人俱仓大使。）　曾涛县丞。　陈淳　林质　吴絙　曾逕[28]　汤维　黄通（上六十七人俱府学。）　章衡　张淮训导。　李郁　陈璇[29]训导。　夏忠　陈汉　林任（已上七十三人俱古田县学。）　吴彦清　陈整　倪春　黄浚　史晚　杨源　张烟　郑贞　张贞　陈义生　林杨　梁清　赵和　张璇[30]　张克　柯伟[31]　林义　黄显[32]　陈琳　柯伯荣　张瑾　柯庶　吴全　陈锐　廖寿　张祖　沈仁　周全　黄蕙　郑福　廖普　林积　林逵　丘胜　吴保　林泽　王铭　陈苗　陈泰　陈金　张麟　谢贡　叶茂　王文质[33]　刘景清　黄容　朱照　陈璨[34]　黄熺　黄畿　林昊　林淳　林廷美　林润[35]　林塾　陈韶（已上五十六人俱永福县学。）　黄昭　吴德　吕宗敬　黄闰　郑德　谢胜　黄以宁　郑回　洪生　黄墩　林贤　林生　郑义　黄玑　陈璩[36]　黄铭　林旻　韩琏　林春　林听　陈譆　陈寿　黄福卫经历。　卢原政主簿。　郑完　黄仲　黄铭兵马指挥。　赵庭　许惠训导。　丁永宁府审理正。　廖晭　黄中美县丞。　郑瑄　陈经　许杰　曹铎　王溵知县。　郑挺珏之弟。教谕。　陈珪　陈瑢教谕。　黄焯　黄文明　詹安　黄杰　黄韶　黄太（上二人俱主簿。）　张福训导。　陈翰[37]　陈春　黄纪（上二人俱训导。）　谢显县丞。　马铎　罗徽绎之从弟。（上二人俱训导。）　刘梦文[38]　陈积训导。　周昱　谢玘[39]　卢河　何鉴　吕伟　林禄　叶荣所吏目。　李奎[40]　许宝（上二人俱府照磨。已上七人援例升太学。）　谢玘　林焯（上三人俱训导。）　陈永年（已上六十七人援闽清县学。）　陈正主事。　黄寿按察司副使。　陈旻海[41]浙江布政司参议。　黄玮知县。　叶源都司经历。　丘保知县。　黄用主簿。　邬谊　叶岱县丞。　杨汉州吏目。　陆谔　陈义　屠祖

邢铭　郑广　张寿　丁俊州判官。　陈普　林保　周敦(上二人俱县丞。)　欧洪知县。　黄铧县丞。　施荣按察司经历。　潘垣　施征(上二人俱冠带。)　李泰　阮长春(上二人俱卫经历。)　陆晙惟远之孙。知县。　邬玙[42]仓副使。　阮铭主簿。　陈礼　陈昶　倪斌(上二人俱训导。)　陈立礼[43]　陈孟纪训导。　黄澂　陈显　黄潼　林高　黄汶　彭琚州吏目。　林祏[44]卫经历。邵畊　周晖(上二人俱县丞。)　郑彦藩(上六人俱天顺六年援例升太学。已上四十五人俱罗源县学。)

建宁府

林懿　黄昭　陈继宗　江亨　谢伯康　周庸　丘文贞[45]　梁护　张童　张遒　张樵　魏铭　林昭　张惠　刘童　张祃　徐增　林源　邹闻韶　潘起　吴祯　白住　刘铭　杨显　张意　黄赐　徐洙[46]　沈保　丘顺　吴闻礼　郑生　陈琪　雷铧　花通　李时增　黄胜　程复缘　沈悌　游智　张昭　林定夫　李纲　范奇　张生　郑惠　童周　吴坚　魏清　邹干　林惟静　倪庆溥　韩普　施安宁　吴茀赐[47]　林晖　王荣　吴闰　龚惠　徐澍　张芾　黄艮　陈祥　虞庆　陈观瓯宁人，御史。　唐铎　丘福　李明[48]　刘海子翚十二世孙。以母老乞终养，赐七品冠带。　全福　张政　池瑛　连铎　江从东　张华　朱相　连仕清　苏淞　邹量　江宝　杨仕佶　林寿　高泰　龚富　程寿　季福　朱煖[49]　杨生　沈灿　翁昌　刘镃　谢照　江海　黄塗　李荣　刘泽　雷文英以父潜死国事，恩入太学，授云和县丞。　邹瑺(已上九十七人俱府学。）　连白　霍春　叶复　阮孝思[50]　卢清　阮童　张德　林祐　汤保　徐聪　范恕　丁寿　陈振　叶溥　魏赐　邹熙　谢应　黄康　江辅　文生　林昴　张芾　袁文　叶彬　浦渊　谢启[51]　张智　杨希　林铨　王吉　高杨　吴志[52]　刘寿　王坚[53]　陈聪　江谧　吴英　叶芳[54]　张安礼　张俊　张庆　杨熺　杨增　刘禄　江浩　杨世英　魏恕　谢赐　夏常　董志亮　张永　倪文烜　张褒　童荣　叶广　雷德　卓瑞　魏源（已上五十八人俱建安县学。）　黄春　冯邓　李道童　王保　姚保[55]　倪保　刘铧　周正贤[56]　张普庆　徐谦　陈赭　周得闰　严福　张敏　吴华　陈童　黄清　杜自然　林弟[57]　魏员　胡振祖　谢观　黄琏　陈惠　吴寿　赵镃　赵善　张胜　吕昭　范道源[58]　张文弼　徐友　黄道庆　童葵　汪庆　濮通　崔森　张文英[59]　严恭　刘镛　童裕　陈亨　吴淳　刘庆　徐渊　王文恭　杜宣　张善　徐护　吴员　张皓　范亮　张杲　林胜　张宁　林琮　程衡　詹仰　潘忠[60]　谢富　黄渠（已上六十一人俱瓯宁县学。）　章善　黄艺　汪泰　黄佑[61]　林童　池益　余聚　章童　姚璇[62]　程祐　张胜　王焘　江惠　潘住　黄成　朱琼　张深　周著　萧琰　赵守善　陈辉　练惠　真善同　翁秘　陈赐　吴祯　徐瓛　黄畐　林旻　李善　黄荣　陈性　孙端[63]　林敏　徐济　真节　刘鉴　詹淙[64]　丘崇　祝贤　徐中　程琳　童钟　黄瓒　周惠　潘玘　洪霖　章镗[65]　周怡　黄鼎　叶茂　刘宣　林宁　谢普　吴斌　缪琚　陈景龄　徐骥　饶纯　张继　毛理　祝福　周璇[66] 丘康 周冕 廖璨[67] 苏泽 阮俨 黄钦 刘佑 杨璇 郑文晋[68] 刘爱 程逵 叶绶 李文(已上七十六人俱浦城县学。) 江兴 陈或 陈锡 邵祯 李春 范道禄 陈高 余福 丘诚 詹泰 张铭 江遂 刘雅 刘继祖 林星 潘保 张林[69] 黄新 徐得 黄春[70] 王铜 徐和 林升 连璧 吴惠 李贞 吴梦 詹观 李谈 黄廷晖 姜定 吴玉 黄璇 宋经 吕祯 范通 陈焕 李腾 江灏 黄琮 彭善 吴浩 刘銮 虞良 黄煜 吴定 魏庸 刘永 王理 熊郁 黄高 熊郁 范清 范敏 黄庑 官清 李镛 施瓒 刘铛 詹洪 詹铛 李谅 黄论 吴政 梁敏 罗斐[71] 萧锐 萧镇 罗志 李珍 袁镐 詹永 傅宝 傅璇 偰圻(已上七十五人俱建阳县学。) 叶喜 许岩 陈荣[72] 刘材[73] 陈文栋 叶沃 彭和 董良敏 金师善 许招 程璲[74] 陈赐 张于 范贵 叶密 严启 黄密 张曾 张信 叶以得[75] 杨贤 徐文礼 严泰 范珪 严默 范麟 严文宾 江注 叶溥 李昌 叶乔平[76] 叶穆 范信 叶一[77] 吴懋 陈应松[78]谢文英 陈翊 金微[79] 陈瑜 叶鼎 魏清 刘文 胡进 程安 黄琮 魏信 金敏 林英 夙琼 叶森 陈璲 杨儒[80] 江志 李英 魏璘 王富 魏溥 杨玘 叶敏[81] 叶侃(已上六十人俱松溪县学。) 吴敬 彭迩 汪贵 倪应 朱德 吕翁 王祐 阚礼[82] 胡亨 张长 彭溥 王廉[83] 姚志 祝芾 杨纠 李辉 李复 黄广 彭意 范炯 翁保 董炜 徐真 陈泰 陈儒 何禄 徐鉴 倪正 暨祐 周方 杨宣 翁延 詹

达　徐慎　孙吉　翁辅　陈平[84]　周炳[85]　安循　游朗　刘端　张暹　黄锢　杨铭　萧全　李继　江聪　李荫　胡琮　刘炤　彭僖　江轩　丘粲　吴钺　朱炳　翁德　暨澄　江洪　兰玑[86]　吴礼　李清　翁贤　徐森　黄宾　颜明[87]　彭敬　王环　张钦　安玙　王琛　江濂[88]（已上七十一人俱崇安县学。）　陈淇　张得祥　吴卫　黄璇　黄相　黄山[89]　周厢　陈良　吴生　黄童　刘灏　吴瑾　卢亮[90]　吴从　沈潜　张美　张富　周保　范成　张铉　陈霖[91]　吴用敬　林原[92]　魏子成　张壬　申议　陆珸　池璞　张记善　邵潜　张寿　周道　邵建[93]　吴贤　池郁　邵良　游泳　池广　吴寿　赵熙　吴义　倪润　林怀德　黄鼎　钱渲　杨材　吴应　管璇　谢恒　邵铭海　沈安礼　林瑛　张辉　张敬　吴政　倪晓　陈辅　王宪　吴富　吴完　魏斐[94]　王逵　陈广　吴懿　吴福　吴镛[95]　卢翊　周华　吴龙　吴温　吴锾　徐善　余先觉　吴时顺（已上七十四人俱政和县学。）　王宪　倪晓　吴富　项英　黄俊　陈宁　张琛　陈忠　周良　金英　吴泰　童璇　朱启（已上一十四人俱寿宁县学[96]。）

泉州府

朱则明通判。　庄亶给事中。　张昭　史福知县。　陈梦骥[97]伴读。　王溥　梁真御史。　傅宗古知县。　丁允吉　常永诚主簿。　陈养知县。　陈泰生　林佛生同知。　贺添顺按察司佥事。　杨廷锡　陈逊布政司经历。　詹应保卫经历。　王应原　林质知县。　林真主簿。

蔡宝　廖南生知县。　李和检校。　杨诱　朱庚[98]员外郎。　陈颖检校。　陈添　林铭主簿。　陈却推官。　王宁府照磨。　陈春　翁贤主簿。　陈纲提举。　王凤训导。　陈铭　蔡靖同知。　余与道布政司检校。　柯益教授。　孙隆按察司经历。　任思诚千户所吏目。　魏荣　王英司务。　王嗣宗知县。　陈良判官。　罗寿同知。　江福学正。　王琏　翁庆御史。　傅淮典史。　张应　谢德孚判官。　陈逊[99]布政司经历。　陈恩推官。　林瀫知州。　陈义　田庆府照磨。　谢显知县。　蔡宗同　林应原主簿。　黄亨知县。　李康通判。　王直　陈雅县丞。　黄宪府照磨。　陈隽卫经历。　张宽典史。　徐寿教谕。　郭骥　庄敬知县。　庄琛按察司佥事。　吕桀永宁卫人。　吴复训导。　蔡翼太仆寺丞。　陈玙　林贤教谕。　刘纶　蔡祐知县。　史键府同知。　林赐　董瑢教谕。　蔡琳训导。　何祐州同知。　何崇知县。　黄胜教谕。　黄敏州判官。　鲍轸卫经历。　张惠　魏钊(上二人俱知县。)　贺文提举。　李茂训导。　陈睿通判。　蔡绅府照磨。　谢祥知县。　包钰县丞。　唐奎[100]副理问。　戴璇[101]州判官。　蔡璟　张庸盐运司判官。　陈惠知州。　蔡琛　诸葛隆　李琏(上二人俱知县。)　林胜州判官。　姚迪府通判。　张文辉　郭孜河泊所官。　任祯　王崇绪[102]县丞。　陈乾知县。　赵殷　陈章冠带。　庄宗燧[103]州吏目。　薛恭　林隆州判官。　林茂章县丞。　吴遂　刘勤副典实。　陈魁县丞。　陈彦勤州判官。　谢靖冠带。　李勤　顾端　江复(上二人俱县丞。)　王资　王鸿(上二人俱训导。)　王源府经历。　庄楷　林魁　刘瑛（上二人俱县丞。）　刘信知县。　黄晟运司经历。　陈光训导。　庄鉴　陈复主簿。　何真　翁宽　李绍　翁同（上二人俱知县。）　蔡英府经历。　周复知县。　杨真府经历。　杨絅　杨讷知县。　柯秉　张俨　蒲樵[104]　陈泾（上二人俱训导。）　黄性　谢敬　朱洪训导。　李英　陈庠宗　陈禄训导。　朱幡监之孙。以荫入太学。　徐罍　杨莹　李玘（上二人俱训导。）　庄元道[105]　朱辅　饶恕　李仁（上二人俱训导。）　郭浚　庄檠　诸葛凤　黄晏　张桐　吴智（已上一百六十七人俱府学。）　王必祈御史。　陈惠奴　薛铭教谕。　许敏御史。　范惠保　王铭主簿。　张忠按察司佥事。　杨子升　魏勗知县。　黄永宗　陈真　林观州判官。　郑泰兴[106]　黄孟观典史。　郭宙　王必龄知县。　柯宗贤　黄庸府知事。　曹守政　张震知县。　郑良　谢光知府。　谢秉初　常琳推官。　蔡钦　李贤河泊官。　邵钦　陈恭通判。　庄铭琁　林瞳[107]知县。　李奇　彭睿　林盛训导。　王弼　郭斌河泊官。　沙侃　林隆教授。　梁鼎　王昱府同知。　林信　周道京卫经历。　章寅　张玙训导。　曹闺[108]府经历。　丘进　刘铨（上二人俱县丞。）　李惠　董信（上二人俱知县。）　梁拱[109]训导。　史盛员外郎。　洪春冠带。　鲍肃运司经历。　吴勤　陶普（上二人俱典史。）　伍亮府经历。　林崇　林端批验所大使。　涂瓒训导。　傅毓　黄璋[110]县丞。　陈篪河泊官。　伍环　郑福府经历。吴瑄[111]教谕。　张道　萧韶　林章　黄圭[112]　林杰（上五人俱训导。）　尤聪　张端[113]　蔡琏（已上七十二人俱晋江县学。）　王善继主簿。　杨性推官。　刘观成知县。　王文贵典史。 余寿主簿。 高中推官。 李愿主簿。 林宏卫经历。 杨名贤主簿。 叶升闻县丞。 王琏主簿。 陈养知县。 林萮[114]州判官。 张传员外郎。 张式府知事。 徐贵 胡璋 李拱[115] 杨观(上四人俱知县。) 蔡蕃按察司照磨。 陈章训导。 徐琏 庄孟良(上二人俱县丞。) 李应卫知事。 庄凤县丞。 胡琏训导。 吴谦知县。 苏启县丞。 吴逊 李乾[116] 陈胜 黄传 吴义 谢芳训导。 黄嘉 杨雍 陈澄 李旻(上二人俱训导。) 吕和 洪昌 赵聪(已上四十一人俱南安县学。) 许雍卫知事。 欧阳渊主簿。 潘安升[117]主事。 郑兴 吕益宗(上二人俱知县。) 丁护助教。 黄广[118]德庆州知州,尝奏除邑之荒田岁赋五百余石,乡人德之。 郑贤佑[119] 叶雄 林性知县。 周性 林济 林生 张奋 潘体乾通判。 庄谦 朱日新州判官。 王让[120] 魏亨 孙闰[121] 欧阳凤知县。 柯秉昌[122] 许全 周鉴(上二人俱知县。) 陈仕聪 林夔衷 江夏[123]县丞。 洪秉中 李演 陈由中推官。 林玖训导。 陈清州判官。 林森知县。 戴永同 庄忠(上二人俱县丞。) 刘大荣布政司都事。 苏溥 王辅主簿。 蔡应祥 叶蕃[124] 吕宁 陈由德 丁华 林惠 陈凯训导。 陈铎 吴慎 黄堃[125]训导。 叶录 林宗 叶聪 杜美 李桄(已上五十三人俱同安县学。) 陈荣 颜真鸿胪寺主簿。 林茂 赖禄[126]通判。 蒋德高 张善府照磨。 郑庆 陈敬县丞。 郑环庸[127] 赵琼知县。 庄进 郑肃卫经历。 刘德进 陈敞布政司检校。 刘公孙 李遇春卫经历。 郑禄[128] 林泉州判官。 蒋云 蒋文宝[129]卫经历。

陈福　林锡府照磨。　李孜[130]　张纲主簿。　陈公寿[131]　林翥主簿。　郑昭　连城[132]主簿。　张才　李荫主簿。　陈伯高[133]　连碧千户所吏目。　张绚　刘成[134]　范杰教谕。　蒋迪　李祯主簿。　林盛　陈智[135]训导。　张崇　欧阳伸[136]　陈佐　黄廷魁训导。　陈旭　留雝　林新　林洪　陈灏　赖兴(已上四十九人俱德化县学。)　王用知府。　姚勃[137]同知。　吕立敬[138]卫经历。　张政原主事。　王茂都司断事。　陈善御史。　郑庇典史。　许贵知县。　林文进　林森(上二人俱典史。)　陈驻　陈佛赐　林观福　郑应　林胜主簿。　郑全　林盛[139]　郑宗　林毓　郑暹京卫经历。　顾隆[140]按察司佥事。　林升　姚贤(上二人俱县丞。)　林春宁府审理正。　郑逊县丞。　陈荣[141]京卫经历。　陈善主簿。　张永冠带。　林铎知县。　林骥以恩例冠带。　李正主簿。　陈必显仓大使。　郑钦卫知事。　陈安主簿。　林旺知县。　庄敬　潘隆(上二人俱仓大使。)　林旭训导。　王普明巡检。　郑昶照磨。　蔡智　刘政　颜聪　郑溥　魏璘训导。　薛琏　方瑞训导。　颜毓　黄观　姚福　魏暹(已上五十一人俱永春县学。)　周观生[142]评事。　苏元　萧斯　黄端　陈逊　陈永　詹敬训导。　杨复　高明知州。　郑安　陈暹教授。　陈珪　林旺县丞。　张俊　林性州吏目。　苏璋主簿。　陈勉　陈兴　张隽主簿。　吴英　李实　谢逢春同知。　陈福　蒲茂县丞。　苏畴训导。　朱辂　高启(上二人俱县丞。)　张晖　胡瑄(上二人俱教谕。)　蔡瑾训导。　詹颖　胡珍　高昌训导。　李昶　训昌[143]训导。　李焯　胡禄　吴晟(已上三十八人俱安溪县学。）何辉同知。洪沂学正。孙观知县。唐懋[144]县丞。陈琏训导。黄熊通判。庄恭 周佐 陈慈尹（上三人俱知县。）郑文贤州同知。郑俊县丞。陈富理问。陈烈光禄寺监署。王敏 王伸教谕。郑满知县。郭懋训导。黄哲[145]教谕。胡弼知县。施仁州吏目。龚敏赵府纪善。卢安卫经历。吴观知县。陆良卫经历。吴员府检校。林玉推官。康观知县。林济州判官。唐源府照磨。林敏县丞。林训府照磨。陈善 王震冠带。林镛仓副[146]。

（原书缺一页[147]）

漳州府[148]

□宁[149]冠带。李云 李亿 □谟[150] 颜淳知县。魏杰都察院检校。苏殷[151] 陈泰同知。□□训导[152]。陈舆 沈澄 王瑀 李□[153] □□府知事。林□[154]经历。戴黼 陈隆 涂让通判。魏□[155] 林穰 □□[156] 洪赐（上一十四人俱天顺六年援例升太学。）陈□[157] 黄泰 林□[158] 郑旭 洪銮 陈源 李雪 □雍[159] 陈观 □□[160] 丘安（上二人俱训导。）张绅 洪钦训导。陈表 韩宝训导。陈哲 林元 徐相 潘俭 陈鹏（已上俱龙溪县[161]。）□性□ 林楷（俱长泰人。）刘玄[162]漳州卫军生。（上二人亦天顺六年援例升太学。）张□□林苑兵署。李慎（俱南靖人。）张斌 张昕（上二人知县，俱龙岩人。已上一百三□人入学[163]。）陈泰 温恭 刘海 刘信观知州。陈达谦 颜琳[164] 洪午[165] 张用诚[166] 陈正福 曾恭 宗斌主事。赵

兴　林灿　罗旭(上二人俱知县。)　魏显县丞。　郑勃观知县。　陈祐　何宁　黄辰[167]　蔡思诚　林岩[168]教授。　吕彰　彭兴　□贤[169]推官。　吴真通判。　涂广知县。　郑璇　涂逊　雍永卫经历。　尤宾典史。(上四人俱□□。)　王良都司经历。　黄宗府经历。　林定通判。　洪淡　徐锡[170]　翁复　施惠知县。　吴俨县丞。　颜潼冠带。　颜鉴教授。　潘衢　黄琼　张穆　方赞[171](□□□六年援例升太学。)　毛凤　林莺京卫经历。　谢起[172]　宋睿　黄灿(上三人俱训导。)　陈辅　许琼[173]　□明[174](已上六十三人俱龙溪县学。)　吴琏　林懋　□□[175]　蓝智[176]　程亨知州。　黄端训导。　高敏教谕。　周审[177](上五人俱正统十一年援例升太学。)　黄参　王穆　许□[178]　□麟同知。　童迪[179]　黄廷助知县。　吴骥府经历。　施谦[180]　□奭[181]　林春卫知事。　张爵　林棒盈[182](上二人俱冠带。)　□□[183]　周琏知县。　林宗　朱健知县。(上十人俱天□六年援例升太学[184]。)　□敬训导。陈东[185]恩例冠带。　黄升　曾嵩训导。　戴琇　□□　□□[186]　余傅(已上三十九人俱漳浦县学。)　陈思顺通判。　苏惟高　□□[187]　翁茂教谕。　朱佛聪教授。　林瑜　陈志中府经历。　翁□□[188]　苏祥主簿。　连和卫经历。　蒋麟州判官。　林长奇县丞。　陈□[189]　□□赐[190]　黄崇　林衡　林亢推官。　翁智　张冲　□□[191]　赖功定　赖宗　苏英　祁维岩　卢永　□□[192]　陈伉　郭实　陈忠　赵贤　赖贤　何□　□□[193]　苏孔机府同知。　郑礼卫知事。　魏能训导。　丘昂顺天治中。　□□[194]　陈显仁　黄龄教谕。　林

□[195] 林翘知县。 王聪 林□ □麟[196]府照磨。 苏霖 林璲 许应[197] 黄安 蒋阳 揭敏训导。 魏铭 余穆 苏琏[198] 郑旻 黄泰(上九人俱天顺六年援例升太学。) 林杰 欧阳益 林奇 黄晖 刘盈 林綦 苏智(已上六十三人俱龙岩县学。) 王文璧监察御史。 欧允思按察佥事。 薛遂祖 陈名保 赵彭宗 叶文靖[199](上四人俱知县。) 方伯寿卫经历。 杨应甫训导。 杨伟教谕。 林惠保典史。 陈原启 陈真材知县。 吴福观主簿。 陈济御史。 林聚卫经历。 郑和知县。 吴耿训导。 蔡琨[200]知县。 施新县丞。 蔡郡知州。 许容 李耀判官。 蔡琁训导。 曾兴 王秉 施魁 蔡度 王智(上三人俱训导。) 张中兴兵马指挥。 陈纯 陈闰[201] 叶琎正统十一年援例升太学。 陈麟 卢志[202]府经历。 茅厚主簿。 詹缉训导。 邵端断事。 董观 吴兴县丞。 薛期望 蔡清良卫知事。 杨铮 吴鼎 黄钟 萧瑜 唐填[203] 陈养正 薛铛 林扬 胡仕奇(已上五十人俱长泰县学。) 阮宗进训导。 杨贞典史。 唐学□[204]司务。 何晚龄运吏。 顾宗友[205] 陈应锦(上二人俱知县。) 徐先德监察御史。 阮应良助教。 康侯昌教谕。 陈文魁按察司照磨。 陈显知县。 余骥同知。 阮宗泰主簿。 戴辅[206] 谢隆 黄郁(上三人俱卫经历。) 许忠 徐弘远[207] 杨广县丞。 陈瑛训导。 林性睿 蔡忠 陈康(上二人俱训导。) 陈谟典史。 叶盛教谕。 阮谊[208] 范广(上二人俱知县。) 吴达 林廷冕 洪嵩理问。 王乾 徐义知县。 陈镛府知事[209]。 林瑛冠带。 林兴 何澄 陈晔 徐赟 黄鼎训导。

陈闰[210]　许德　郑璘　陈彝　徐礼　韩章训导。陈圭　曾确　吴爵(已上四十八人俱南靖县学。)　陈钟　吴杰　林樽[211](上三人俱训导。)　林宠　邓让　陈玑　陈澄　赖纲(已上八人俱漳平县学[212]。)

汀州府

李福海推官。　夏忠知县。　官谦盐课提举。　严德政　曾兴　张龄(上三人俱教谕。)　张友信卫经历。　梁班盐大使。　陈谦主簿。　汤均祥通判。　丘崇巡检。　曾荣县丞。　陈祐知县。　吴用宾卫经历。　刘敏推官。　李实照磨。　王安福驿丞。　胡璟知县。　吴文素　赖德秀(上三人俱通判。)　巫娇　吴伦一作鎔。主簿。　曾琚县丞。　陈子祥　马荣知县。　丘崇一作聪。知县。　丘惠一作忠。　陈鉴(上二人俱卫经历。)　丘理大使。　汤仕贤知县。　曾子聪推官。　曾鲁通判。　马河图知州。　董璘　叶申　伊仲能(上二人俱县丞。)　刘溓一作谦。经历。　陈喻[213]府检校。　吴宗显[214]按察司经历。　赖瑺州判。　郑琏[215]　汤冕知县。　张晟　胡渊　张诚　范良　赖宣县丞。　罗弘主簿。　傅兴经历。　钟成州判。　袁清州判。　黄敏照磨。　丘宗礼　萧荣县丞。　邓聪巡检。　俞纪卫经历。　罗缨县丞。　邹璧[216]府知事。　廖贤县丞。　黄珪一作钟。仓官。　刘澄训导。　曾旭所吏目。　李盛训导。　丘聪卫经历。　廖辅州司。　胡鉴知县。　许宗贤　熊鸣凤主簿。　吴宗　戴寿所吏目。　许昌按察司检校。　李琚理问。　吴宽　黄玉所吏目。　廖宝　赖旺　张浩　俞礼　陈绅　邓悌　陈滨　曾缙主簿。 曾旋所吏目。 梁政 程显(上二人俱县丞。) 王宣[217] 吴纲(上二人俱主簿。) 王原受[218] 陈能 林荣 温旭 刘稳知事。 刘宣一作定。 雷荣府照磨。 丘诚[219]府知事。 童友荣县丞。 刘灏 雷宗元 林贵 程鹏 钟正 钟宏 萧宁(上七人俱训导。) 叶发 张徽 王纲 马衡 丘用 黄衡(已上一百九人俱长汀县学。)

伍子开给事中。 伍友仁尝奉特旨掌刑部印。 邹路寿通判。 伍辛都司经历。 吴祯卫经历。 黄谦知县。 阴吉推官。 赖元礼知县。 伍伦留守卫都事。 傅清通判。 雷汝霖 章广通判。 邹武 阴复 聂昌 张均诚 曾富春 张寿坚[220] 邹德 徐志宏 徐子高 黄旒 谢得兴 徐宇[221]县丞。 范景隆 丘成主簿。 余学文 连必渊州同知。 陈友志县丞。 赖志隆主簿。 伍德之 罗铉(上二人俱知县。) 范胜府经历。 谢宁卫经历。 阴华县丞。 曾志刚都司经历。 谢安 侯贵(上二人俱典史。) 王政 巫海巡检。 张诚知事。 廖清主簿。 吴昌 张璃仓大使。 张本训导。 周鼎 黄宁 丘陵 伍琮 黄颙 罗全 阴常 陈珪 雷豫[222] 伊俊 谢道 张赐龙[223](已上五十六人俱宁化县学。)

陈德义御史。 张定主事。 陈顺民州司。 黄友杭 邓公仁[224] 官文庆 罗义积 饶仲信训导。 蓝以清教谕。 陈安通判。 李亨推官。 邹忠义知县。 吴仕荣典史。 周亨 罗友亨 江仲远[225] 赖祖隆 吴信 刘祯 高惟琛左春坊司谏。 卜贞府知事。 丘原庆 陈祖义 曹克安(上三人俱知县。) 林参 王善 曾鲁 郭绥 孔政 江浩训导。 丘陵[226]布政司经历。 王温 林濡府经历。　吴宽教谕。　林津通判。　詹穆教谕。　沈文府照磨。　梁宽提举。　雷复照磨。　谢钦　黄瑀(上二人俱知县。)　赖政　胡广知县。　李勉典议。　陈斌　刘观　曹能推官。　李荣　陈纲　丘瑄[227]知县。　曾茂副理问。　李良训导。　曾惠所吏目。　郭辅主簿。　温祐卫经历。　黄鲲府照磨。　胡济训导。　李嗣夔推官。　龚阳　李奎　李应奎　罗文所吏目。　游表通判。　朱和训导。　邓琳　廖廷才　吴琚　孔经　黄鉴　曾光　林繁　林时著　林瑞(已上七十三人俱上杭县学。)　许俊府知事。　戴许保知县。　谢斌卫经历。　钟原清[228]仓副使。　宋昭教谕。　刘美典史。　刘信知州。　谢寄[229]主簿。　刘炎州同。　谢谦主簿。　张友得[230]知县。　林英主簿。　林渊巡检。　钟清府经历。　廖宗政一无政字。　杨震　刘逊　何义　陈隆　钟应　何永　刘兴　钟文广　林宪　廖询　钟永　刘新　何淳　陈旭　何祐　曾童　危安训导。　谢和经历。　钟弘学正。　王宗能知县。　钟遂县丞。　林思善　廖华(上二人俱检校。)　毛伦所吏目。　刘彦　钟升　林志道　钟亨[231]　赖明典实正。　毛振县丞。　刘选仓大使。　赖组主簿。　林瓒训导。谢雍　朱聪　罗俊　石斌　萧馥　林贯　饶皞　杨春　王政　王琼　胡珍　陈璋　刘誉　陈雄　陈琛　李容[232](已上六十四人俱武平县学。)　陈定应佥事。　陈宗志知县。　刘胜禄府同知。　马文茂通判。　谢朝锡给事中。　江浦推官。　余琁知县。　巫原福吏目。　魏仲延典史。　魏福[233]照磨。　陈礼知县。　陈惠教谕。　陈定兴吏目。　张荣郎中。　赖隆署正。　刘敏知县。　丘武训导。

温良经历。　王宾　魏崇(上二人俱知县。)　余敬署正。　魏宁　黄克明　萧凤(上二人俱县丞。)　丘瑄照磨。　马麟巡检。　许显典史。　伍新盐副使。　王宁　雷璧　伍崇善(上三人俱训导。)　雷应知县。　叶俊　丘鉴(上二人俱训导。)　赖佑[234]　雷庆　马善(已上三十七人俱清流县学。)　黄万里监察御史。　谢文敏都司经历。　黄子亮训导。　王谦典史。　张得寿主事。　黄道同知县。　黄子深县丞。　谢文[235]州同知。　陈章受[237]　黄斌(上二人俱知县。)　徐澄知州。　江汉宗教谕。　谢忠知县。　童诚卫经历。　林受通判。　孟善县丞。　伍修知县。　黄祖辉检校。　吕敬州同知。　罗景旸[237]教谕。　徐温　池祖海[238](上二人俱卫经历。)　吕斌知县。　陈友仁卫经历。　揭恕[239]教谕。　傅谦卫经历。　桑时用知县。　赖敏卫经历。　项得辉　沈绍祖　王宽(上二人俱知县。)　陈衡卫经历。　徐良[240]　余得重(上二人俱检校。)　姚勋县丞。　陈琏知县。　徐寿　丘能　官衡(上二人俱县丞。)　黄珏都事。　陈诚卫知事。　沈尚忠知事。　罗纪经历。　黄景贤主簿。　罗应升　罗宗　范景发(上三人俱吏目。)　黄汀教谕。　吴文旭训导。　吴琨　林仪凤　周景昌　黄彦深[241]　罗俊　罗伸[242]　周洪　吴廷赞　徐元　李瑶　林凤翔　蔡诚(已上六十一人俱连城县学。)　张惠　叶康　伍晨　汤澄　伍祐　王溥(已上六人俱归化县学。)　吴蒙知县。　王和光禄寺监事。　陈新照磨。　郑仕[243]主簿。　谢肃教谕。　刘龙县丞。　沈穆　张铎　赖瑨州判。　江沂　卢章　赖迪(上三人俱主簿。)　范升(自吴蒙至此,俱由上杭县学岁贡。)　简重　李瑜　李

珍　吴明胜[244](已上一十七人俱永定县学。)

延平府

黄振光禄寺丞。　张复检校。(上二人南平人。)　张冈[245]　罗铸　萧原　翁巽　马镛　吴坚　张繖　罗旻　黄华知县。　苏绅　王顺　康良　陆敏　朱焘　吴征　陈禄　陈勉　黄琛　朱彬　陈谦　廖铉　黄应　潘亨　杨璞判官。　宁璎[246]　杨林生　杨敬　王道　盛埜　朱森　黄振　罗宗福[247]　罗伯海　罗辉　罗铨　吴纲　曹祯　陈胜通　卢芳(上九人俱沙县人。)　王壬[248]　王琉　江汇　池真[249]　周善　蔡武　张绅　郭富　陈材　张寿　王宗　魏宗知府。　魏宗达[250]　林寿　罗永德知县。　郑宗　沙道寿　官迪　连茹　俞庆[251]　萧韶(上四人俱顺昌人。)　丘永德南平人。同知。　余恭　张景贤　李洞[252]　吴荣　刘昆　吴延寿　魏璟　陈宗　黄谦[253]　萧矩[254]　谢谟　池鳞　曹宗让　叶宗辅[255]　蔡诚　童文　陈光　何应寿　李荣　徐春知县。　陈忠推官。　林敬　谢启县丞。　郭荣　朱玑　萧源　王章训导。　林昂　庄正　吴璇[256]　林永(已上九十四人俱府学。)　杨昱[257]侍郎。　吴毅主事。　周公锡监察御史。　廖壬通判。　李钦主簿。　杨昊[258]佥事。　李真童府经历。　冯銮生光禄寺丞。　林禄卫经历。　魏顺通判。　蔡成知县。　谢善照磨。　池子安推官。　陈安定县丞。　魏宁祖知县。　梁谌[259]通判。　吴长　杨慈(上二人俱知县。)　王显按察司经历。　章璇提举。　陈轸知县。　冯巽[260]光禄寺丞。　魏景[261]知县。　谢诚[262]

吴敬(上二人俱通判。) 黄恭 周全 李琁[263](上三人俱知县。) 杨道泰卫经历。 谢福寿[264] 王琅(上二人俱知县。) 曾道知州。 黄淳通判。 黄性知州。 吴真知县。 郭泰教谕。 林铁 甘汝霖 朱全(上三人俱知县。) 郭镇 王英[265]县丞。 杨寿卫经历。 卢晟 卢善(上二人俱知县。) 林琅通判。 罗护所吏目。 黄镠县丞。 张荣知县。 赵朐[266]推官。 苏钟判官。 郑升卫经历。 李郁县丞。 魏琮 薛宗铸(上二人俱主簿。) 卢童 梁元教谕。 王拱 林盛 郭天举 康荣训导。 罗睿 吴中 郭敬训导。 吴政[267] 冯文兴 魏成(已上六十六人俱南平县学。) 刘德给事中。 吴文显行人。 黄应判官。 余隆典史。 黄政主簿。 黄真副断事。 庄政给事中。 张可用 丘复御史。 吴仲达 余功福[268]所大使。 张颖[269]都司都事。 黄旼 余侃(上三人俱主簿。) 李善知县。 徐冕[270] 萧赛训导。 余炉 黄仙教谕。 萧靖 萧贞[271](俱训导。) 吴让 卢靖(俱知县。) 陈胜训导。 陈真知府。 赵真卫经历。 张忠知县。 危治正理问。 谢成州吏目。 萧定 余闰[272](上二人俱知县。) 叶康 徐光庭[273] 萧全(上二人监察御史。) 萧璟 危福 金生[274] 周森 谢祐 张继 吴玘 吴胜知县。 张文巡检。 官坚卫知事。 张盟知县。 汪斌县丞。 萧瓒 陈玉卫经历。 萧安 何暹 徐满(上三人俱知县。) 萧善按察司知事。 谢穆主簿。 谢光 黄清(上二人俱县丞。) 张诘州吏目。 熊玄[275] 江受经历。 王旒兵马司指挥。 孙兴 吴元善[276]知县。 吴璟训导。 陈公庚通政司知事。 廖镛县丞。

丘成[277]检校。　李汉主簿。　徐玘照磨。　陈瑀吏目。　陶英　廖文照磨。　萧文仓副使。　丁荣　张澄主簿。　徐昶　白皜　曾鹗　徐英　黄谦　李轩　廖安训导。　伍复　李钦（已上八十二人俱将乐县学。）　李公富　林公明　范文彬知州。　吴得乾　斑子兴　杨帖　刘德　王安　黎显知县。　王添主簿。　马童[278]　杨丹珉泰州同知。　吴公寿教谕。　陈子禄[279]　丘涧[280]　汪爱　陈添[281]　王日昌　吴文良　陈爵　陈添与[282]　陈谟　牛寿　施琦　纪学礼　郭琳　纪钦　孙福　纪文寿　陈美文　陈祐知州。　赵璇　陈诚　施溥　吴孟琛[283]知县。　施文　叶盛　谢进知县。　张定　林瑛[284]　陈山　王琮　陈安　刘清　陈烈　陈纪（已上四十六人俱尤溪县学。）　赵公超　罗贵　赵润　乐汝刚　池子中　张震　罗宽　余庆通判。　吴公富　胡安　黄福　罗雅郎中。　严宗胜主事转通判。　姜虔[285]推官。　陈实御史。　陈景阳[286]知县。　魏子干　林森　林胜　庄天锡　辛祯[287]　陈智　李文杲　魏宗续[288]　费成[289]　连酥　罗永　姜佐　余亨　朱广　张贤　刘维彰[290]　陶宗理[291]　邓荣　邓以逊　邓成　王政　陈铎　曹志[292]　沈观　余显　萧仁　陈洪　何祯[293]　陈侃　萧祐　陈昌　黄成（已上四十八人俱沙县学。）　任灿　余恭　张临（上三人俱知县。）　范纯副提举。　游昺　陈复　杨钦（上三人俱知县。）　黄清审理。　俞瓘县丞。　卢侃知事。　刘智检校。　杨琛知县。　张德有典史。　张聚　张隐[294]　黄同　冯成　冯纪[295]　吴政经历。　冯曦京卫经历。　杨观主簿。　黄相教谕。　李敦　吴简　陈琨

余衍　廖时　冯瓒　朱绅　孙仁（已上三十人俱顺昌县学。）陈定　黄华知事。　赖隆　黄懋　姜琦训导。　陈俊　赖洪　王纪　陈崇　曾进福（已上一十八人俱永福县学。）

校　注

［1］万历《福州府志·选举六》及乾隆《福州府志·选举六》均作“程禧”。

［2］万历《福州府志·选举六》及乾隆《福州府志·选举六》均作“魏容”。

［3］万历《福州府志·选举六》及乾隆《福州府治·选举六》均作“林瑛”。

［4］乾隆《福州府志·选举六》作“林熊”。

［5］万历《福州府志·选举六》及乾隆《福州府志·选举六》均作“林元琦”。

［6］万历《福州府志·选举六》作“朱爊”。

［7］乾隆《福州府志·选举六》作“孟旻”。

［8］乾隆《福州府志·选举六》作“黄镕”。

［9］乾隆《福州府志·选举六》作“黄瑶”。

［10］乾隆《福州府志·选举六》作“陈良瑶”。

［11］乾隆《福州府志·选举六》作“陈宗正”。

［12］万历《福州府志·选举六》及乾隆《福州府志·选举六》均作“林文燧”。

［13］万历《福州府志·选举六》及乾隆《福州府志·选举六》均作“沈焕”。

［14］万历《福州府志·选举六》作“林槐”。

［15］万历《福州府志·选举六》及乾隆《福州府志·选举六》均作“郑乔”。

［16］万历《福州府志·选举六》及乾隆《福州府志·选举六》均作“黄仕宜”。

［17］万历《福州府志·选举六》及乾隆《福州府志·选举六》均作“李浩”。

［18］乾隆《福州府志·选举六》作“张宏”。

［19］万历《福州府志·选举六》及乾隆《福州府志·选举六》均作“林洗”。

［20］万历《福州府志·选举六》及乾隆《福州府志·选举六》均作“陈辚”。

［21］乾隆《福州府志·选举六》作“吴恪”。

［22］万历《福州府志·选举六》及乾隆《福州府志·选举六》作“谢载”。

［23］万历《福州府志·选举六》及乾隆《福州府志·选举六》均作“林源”。

［24］万历《福州府志·选举六》及乾隆《福州府志·选举六》均作“庄攸、王沧”。

［25］万历《福州府志·选举六》作“王廷生”。

［26］万历《福州府志·选举六》及乾隆《福州府志·选举六》均作“林淦”。

［27］乾隆《福州府志·选举六》作“黄元龄”。

［28］万历《福州府志·选举六》及乾隆《福州府志·选举六》均作“曾盪”。

［29］万历《福州府志·选举六》作“陈旋”。

［30］万历《福州府志·选举六》作“张浚”。

［31］万历《福州府志·选举六》及乾隆《福州府志·选举六》均作“张克本、柯炜”。

［32］万历《福州府志·选举六》及乾隆《福州府志·选举六》均作“王显”。

［33］万历《福州府志·选举六》作“黄又质”。

［34］万历《福州府志·选举六》及乾隆《福州府志·选举六》均作“陈灿”。

［35］万历《福州府志·选举六》及乾隆《福州府志·选举六》均作

“柳润”。

[36] 万历《福州府志·选举六》及乾隆《福州府志·选举六》均作“陈廉”。

[37] 万历《福州府志·选举六》及乾隆《福州府志·选举六》均作“陈瀚”。

[38] 万历《福州府志·选举六》及乾隆《福州府志·选举六》均作“刘孟文”。

[39] 万历《福州府志·选举六》及乾隆《福州府志·选举六》均作“谢玠”。

[40] 万历《福州府志·选举六》及乾隆《福州府志·选举六》均作“陈奎”。

[41] 万历《福州府志·选举六》及乾隆《福州府志·选举六》均作“陈晏海”。

[42] 万历《福州府志·选举六》及乾隆《福州府志·选举六》均作“邬屿”。

[43] 万历《福州府志·选举六》及乾隆《福州府志·选举六》均作“陈立本”。

[44] 万历《福州府志·选举六》及乾隆《福州府志·选举六》均作“林柘”。

[45] 嘉靖《建宁府志·选举下》作“丘伯贞”。

[46] 嘉靖《建宁府志·选举下》作“徐珠”。

[47] 嘉靖《建宁府志·选举下》作“宋蒂赐”。

[48] 嘉靖《建宁府志·选举下》作“李铭”。

[49] 嘉靖《建宁府志·选举下》作“朱焌”。

[50] 嘉靖《建宁府志·选举下》作“阮思孝”。

[51] 嘉靖《建宁府志·选举下》作“谢桀”。

[52] 嘉靖《建宁府志·选举下》作“吴誌”。

[53] 嘉靖《建宁府志·选举下》作“黄坚”。

[54] 嘉靖《建宁府志·选举下》作“叶方”。

[55] 嘉靖《建宁府志·选举下》作“姚堡”。

[56] 嘉靖《建宁府志·选举下》作“周正资”。

［57］嘉靖《建宁府志·选举下》作“林悌”。
［58］嘉靖《建宁府志·选举下》作“范道原”。
［59］嘉靖《建宁府志·选举下》作“张英”。
［60］嘉靖《建宁府志·选举下》作“游忠”。
［61］嘉靖《建宁府志·选举下》作“黄祐”。
［62］嘉靖《建宁府志·选举下》作“姚璿”。
［63］嘉靖《建宁府志·选举下》作“孙瑞”。
［64］嘉靖《建宁府志·选举下》作“詹崇”。
［65］嘉靖《建宁府志·选举下》作“章璐”。
［66］嘉靖《建宁府志·选举下》作“周璿”。
［67］嘉靖《建宁府志·选举下》作“缪璨”。
［68］嘉靖《建宁府志·选举下》作“杨璿、郑文普”。
［69］嘉靖《建宁府志·选举下》作“张琳”。
［70］嘉靖《建宁府志·选举下》作“王春”。
［71］嘉靖《建宁府志·选举下》作“罗裴”。
［72］嘉靖《建宁府志·选举下》作“陈荣安”。
［73］嘉靖《建宁府志·选举下》作“刘林”。
［74］嘉靖《建宁府志·选举下》作“程燧”。
［75］嘉靖《建宁府志·选举下》作“叶以德”。
［76］嘉靖《建宁府志·选举下》作“叶乔年”。
［77］嘉靖《建宁府志·选举下》作“叶一初”。
［78］嘉靖《建宁府志·选举下》作“陈应崧”。
［79］嘉靖《建宁府志·选举下》作“金徽”。
［80］嘉靖《建宁府志·选举下》作“陈瑞、杨如”。
［81］嘉靖《建宁府志·选举下》作“董敏”。
［82］嘉靖《建宁府志·选举下》作“闻礼”。
［83］嘉靖《建宁府志·选举下》作“王康”。
［84］嘉靖《建宁府志·选举下》作“陈玶”。
［85］嘉靖《建宁府志·选举下》作“周昺”。
［86］嘉靖《建宁府志·选举下》作“兰机”。
［87］嘉靖《建宁府志·选举下》作“赖明”。

[88] 嘉靖《建宁府志·选举下》作“江廉”。

[89] 嘉靖《建宁府志·选举下》作“雷山”。

[90] 嘉靖《建宁府志·选举下》作“虞亮”。

[91] 嘉靖《建宁府志·选举下》作“张钰、陈璘”。

[92] 嘉靖《建宁府志·选举下》作“林源”。

[93] 嘉靖《建宁府志·选举下》作“邵建初”。

[94] 嘉靖《建宁府志·选举下》作“魏裴”。

[95] 嘉靖《建宁府志·选举下》作“吴墉”。

[96] 嘉靖《建宁府志·选举下》尚有“林堃”。

[97] 乾隆《泉州府志·选举四》作“陈孟骥”。

[98] 乾隆《泉州府志·选举四》作“朱赓”。

[99] 乾隆《泉州府志·选举四》作“陈孙”。

[100] 乾隆《泉州府志·选举四》作“曹奎”。

[101] 乾隆《泉州府志·选举四》作“戴璿”。

[102] 乾隆《泉州府志·选举四》作“王宗绪”。

[103] 乾隆《泉州府志·选举四》作“庄宗璲”。

[104] 乾隆《泉州府志·选举四》作“蒲雄”。

[105] 乾隆《泉州府志·选举四》作“蒋元道”。

[106] 乾隆《泉州府志·选举四》作“郑泰与”。

[107] 乾隆《泉州府志·选举四》作“林曈”。

[108] 乾隆《泉州府志·选举四》作“曹润”。

[109] 乾隆《泉州府志·选举四》作“梁珙”。

[110] 乾隆《泉州府志·选举四》作“黄章”。

[111] 乾隆《泉州府志·选举四》作“吴寅”。

[112] 乾隆《泉州府志·选举四》作“黄珪”。

[113] 乾隆《泉州府志·选举四》作“张瑞”。

[114] 乾隆《泉州府志·选举四》作“林畅”。

[115] 乾隆《泉州府志·选举四》作“李珙”。

[116] 乾隆《泉州府志·选举四》作“季乾”。

[117] 乾隆《泉州府志·选举四》作“潘安生”。

[118] 乾隆《泉州府志·选举四》作“黄业广”。

[119] 乾隆《泉州府志·选举四》作"郑贤祐"。

[120] 乾隆《泉州府志·选举四》作"王瀼"。

[121] 乾隆《泉州府志·选举四》作"孙润"。

[122] 乾隆《泉州府志·选举四》作"何秉昌"。

[123] 乾隆《泉州府志·选举四》作"洪夏"。

[124] 乾隆《泉州府志·选举四》作"叶番"。

[125] 乾隆《泉州府志·选举四》作"吴滇、黄荡"。

[126] 乾隆《德化县志·选举》作"赖福"。

[127] 乾隆《德化县志·选举》作"郑环庆"。

[128] 乾隆《德化县志·选举》作"郑缘"。

[129] 乾隆《德化县志·选举》作"蒋文保"。

[130] 乾隆《德化县志·选举》作"李兹"。

[131] 乾隆《德化县志·选举》作"陈公春"。

[132] 乾隆《德化县志·选举》作"连成"。

[133] 乾隆《德化县志·选举》作"陈伯昌"。

[134] 乾隆《德化县志·选举》作"留成"。

[135] 乾隆《德化县志·选举》作"陈治"。

[136] 乾隆《德化县志·选举》作"欧阳仲"。

[137] 万历《泉州府志·人物上之上》作"魏勃"。

[138] 万历《泉州府志·人物》作"吕元敬"。

[139] 万历《泉州府志·人物》作"林盟"。

[140] 万历《泉州府志·人物》作"颜隆"。

[141] 万历《泉州府志·人物》作"郑荣"。

[142] 万历《泉州府志·人物》作"倪观生"。

[143] 万历《泉州府志·人物》作"许昌"。

[144] 万历《泉州府志·人物》作"康懋"。

[145] 万历《泉州府志·人物》作"李哲"。

[146] 据万历《泉州府志·人物》应补"郑贤(知县)、许昂(所吏目)、郑钦(县丞)"。

[147] 据万历《泉州府志·人物》应补:"郑纯(府经历)、柯熙(学正)、曾安(京卫经历)、张茂(县丞)、庄思、卢昭(税课大使)、卢殷(京卫经历)、傅恺

（京卫经历）、余琮、何玑（主簿）、刘明弼（州判官）、胡烈（训导）、洪安沂（县丞）、胡钦、潘金、林昱（教谕）、袁璟（训导）、谢定（训导）、刘洪、何梁（县丞），以上俱惠安县学。”

［148］据康熙《漳州府志·选举三》及乾隆《漳州府志·选举三》应补：“杨政（教谕）、陆元（运判）、戴礼（知县）、林匡（训导）、陈辉、邹清、吴仲（知县）、孙平（知县）、萧琛（知县）、林俊（兵马指挥）、刘敬、林宏（知县）、曹英（推官）、庄敬、方胜、宋阳、黄隆（主簿）、蓝密（都事）、林澄（知县）、郭谅（知县）、余剔（冠带）、（以上庄敬至余剔等八人均正统十一年援例升太学。）颜祐（推官）、魏贞（府经历）、魏诚（知县）、陈翊（乾隆《漳州府志·选举》作‘陈翔’）、叶音、洪福。”

［149］康熙《漳州府志·选举三》及乾隆《漳州府志·选举三》均作“康宁”。

［150］康熙《漳州府志·选举三》及乾隆《漳州府志·选举三》均作“蔡谟”，并有“王溥”。康熙《漳州府志·选举三》及乾隆《漳州府志·选举三》尚有“陈瑢（乾隆府志作‘陈溶’）、吴宏”。

［151］康熙《漳州府志·选举三》及乾隆《漳州府志·选举三》均尚有“林圭”。

［152］康熙《漳州府志·选举三》及乾隆《漳州府志·选举三》均尚有“蔡华”。

［153］康熙《漳州府志·选举三》及乾隆《漳州府志·选举三》均作“李恭”，并有“李纯”。

［154］康熙《漳州府志·选举三》及乾隆《漳州府志·选举三》均作“林中，京卫经历”。

［155］康熙《漳州府志·选举三》及乾隆《漳州府志·选举三》均作“魏忠”，并补“张宗”。

［156］康熙《漳州府志·选举三》及乾隆《漳州府志·选举三》均尚有“萧惠”。

［157］康熙《漳州府志·选举三》及乾隆《漳州府志·选举三》均作“陈积”。

［158］康熙《漳州府志·选举三》及乾隆《漳州府志·选举三》均作“林济”。

［159］康熙《漳州府志·选举三》及乾隆《漳州府志·选举三》均作“李源、涂雍”。

［160］康熙《漳州府志·选举三》及乾隆《漳州府志·选举三》均尚有“陈昱”。

［161］康熙《漳州府志·选举三》及乾隆《漳州府志·选举三》均尚有“张辅、林质、颜穆、蔡峣、温荣，俱龙溪县人”。

［162］乾隆《漳州府志·选举三》作“刘铉”。

［163］“入学”应为“府学”之误。

［164］康熙《漳州府志·选举三》作“颜彬”。

［165］乾隆《漳州府志·选举三》作“洪平”。

［166］乾隆《漳州府志·选举三》作“张用试”。

［167］康熙《漳州府志·选举三》及乾隆《漳州府志·选举三》均作“黄毓”。

［168］康熙《漳州府志·选举三》及乾隆《漳州府志·选举三》均作“林严”。

［169］康熙《漳州府志·选举三》及乾隆《漳州府志·选举三》均作“曾贤”。

［170］康熙《漳州府志·选举三》及乾隆《漳州府志·选举三》均作“洪瑛、徐麟”。

［171］康熙《漳州府志·选举三》及乾隆《漳州府志·选举三》均尚有“谢侃、赵中”。

［172］康熙《漳州府志·选举三》及乾隆《漳州府志·选举三》均作“谢祖”，并有“陈珦”。

［173］康熙《漳州府志·选举三》及乾隆《漳州府志·选举三》均尚有“陈福”。

［174］康熙《漳州府志·选举三》作“袁明”；乾隆《漳州府志·选举三》作“哀明”。

［175］康熙《漳州府志·选举三》及乾隆《漳州府志·选举三》均尚有“黄懋”。

［176］康熙《漳州府志·选举三》及乾隆《漳州府志·选举三》均作“蓝通”。

[177] 康熙《漳州府志·选举三》及乾隆《漳州府志·选举三》均作“周雷”,并有“蔡琁、陈福”。

[178] 康熙《漳州府志·选举三》及乾隆《漳州府志·选举三》均作“许廉”,并有“蔡嵩”。

[179] 康熙《漳州府志·选举三》及乾隆《漳州府志·选举三》均作“徐麟、唐迪”。

[180] 康熙《漳州府志·选举三》及乾隆《漳州府志·选举三》均作“施护”,并有“许璠”。

[181] 康熙《漳州府志·选举三》及乾隆《漳州府志·选举三》均作“吴奭”。

[182] 康熙《漳州府志·选举三》及乾隆《漳州府志·选举三》均作“林捧盈”。

[183] 康熙《漳州府志·选举三》补“蔡恒”;乾隆《漳州府志·选举三》作“蔡坦”。康熙《漳州府志·选举三》及乾隆《漳州府志·选举三》俱并有“涂箴”。

[184] 康熙《漳州府志·选举三》及乾隆《漳州府志·选举三》均尚有“郑文”。

[185] 康熙《漳州府志·选举三》及乾隆《漳州府志·选举三》均作“庄敬、陈柬”。

[186] 康熙《漳州府志·选举三》及乾隆《漳州府志·选举三》均作“戴锈”,并有“丘峻、侯伦”。

[187] 康熙《漳州府志·选举三》尚有“郑惠昌,知县”。

[188] 康熙《漳州府志·选举三》作“翁宗长,经历”。

[189] 康熙《漳州府志·选举三》作“陈雍,户部员外郎”。

[190] 康熙《漳州府志·选举三》作“林宗赐”。

[191] 康熙《漳州府志·选举三》尚有“林显宗”。

[192] 康熙《漳州府志·选举三》作“卢永惠”,并有“林茂”。

[193] 康熙《漳州府志·选举三》作“何清”,并有“余麟”。

[194] 康熙《漳州府志·选举三》尚有“翁恕”。

[195] 康熙《漳州府志·选举三》作“林圭”。

[196] 康熙《漳州府志·选举三》作“林硕、张麟”。

［197］康熙《漳州府志·选举三》作“许雍”。

［198］康熙《漳州府志·选举三》作“蔡琏”。

［199］康熙《漳州府志·选举三》作“薛文清”。

［200］乾隆《漳州府志·选举三》作“蔡琁”。

［201］康熙《漳州府志·选举三》作“陈闰”；乾隆《漳州府志·选举三》作“陈润”。

［202］康熙《漳州府志·选举三》作“卢志景”。

［203］康熙《漳州府志·选举三》作“唐瑱”，乾隆《漳州府志·选举三》作“唐慎”。

［204］康熙《漳州府志·选举三》及乾隆《漳州府志·选举三》均作“唐学明”。

［205］康熙《漳州府志·选举三》及乾隆《漳州府志·选举三》均作“颜宗友”。

［206］康熙《漳州府志·选举三》及乾隆《漳州府志·选举三》均作“黄辅”。

［207］乾隆《漳州府志·选举三》作“徐宏远”。

［208］乾隆《漳州府志·选举三》作“阮谊”。

［209］乾隆《漳州府志·选举三》尚有“林乔”。

［210］康熙《漳州府志·选举三》及乾隆《漳州府志·选举三》均作“陈润”。

［211］康熙《漳州府志·选举三》作“林镈”。

［212］另按康熙《漳州府志·选举三》及乾隆《漳州府志·选举三》所列漳州府岁贡，尚有：

黄璇　何真　张一举　周杰　颜澄　洪彦璋　林隐安　颜先福　洪彦瑛　赵聚德　陈德先　许文灿　许名惠　谢琁　曹定　阮兴全　许祐　吴济　蔡勉　商同生　林孟魁　吴性原　黄举　王瓒　冯兴祖　郑兰　魏源　陈温　秦恭　吴真琁　陈彧　李增　陈逊　王振　叶诚　黄昭　程一规　陈福　陈炘　萧茂　曾进　郑颗　王高　郑璟　黄觊　王绪祖　郭显　姚赐　陈颖　魏欣　李隐　张灏　张复　吴球　柯通　杨性　黄嵩　陈禄（以上俱府学）　郑琁　杨振　张思渠　马普　涂定　杨广　王赐　邱环　谢洪　詹平（以上俱龙溪学）　侯中　柯顼

吴琪 俞文 潘顺 刘端 叶谐 林埙 黄篪 林孚 潘复 黄风 刘田 蔡瑄 陈毓 张珩 郑赐 许谅 张知新 刘观 黄聪 叶穆 陈璜 余琏 王福 黄谦 杨盛(以上漳浦县学) 连英 苏爨 林惠 苏瑢 林森 苏琪 魏彻 陈时 陈璘 林凤(以上俱龙岩县学。仅按康熙漳州府志核补,乾隆志缺) 黄文史 林晶 杨骖 戴秀 杨性 邵环 林德成(以上俱长泰县学) 蒋让 陈谟 许嵩(以上俱南靖县学)

[213] 乾隆《汀州府志·选举二》作"陈谕"。

[214] 乾隆《汀州府志·选举二》作"吴显宗"。

[215] 乾隆《汀州府志·选举二》作"郑瑺"。

[216] 乾隆《汀州府志·选举二》作"郑璧"。

[217] 乾隆《汀州府志·选举二》作"王瑄"。

[218] 乾隆《汀州府志·选举二》作"王源"。

[219] 乾隆《汀州府志·选举二》作"邱成"。

[220] 乾隆《汀州府志·选举二》作"张寿望"。

[221] 乾隆《汀州府志·选举二》作"徐守"。

[222] 乾隆《汀州府志·选举二》作"雷务"。

[223] 乾隆《汀州府志·选举二》作"张赐"。

[224] 乾隆《汀州府志·选举二》作"张公仁"。

[225] 乾隆《汀州府志·选举二》作"江仲达"。

[226] 乾隆《汀州府志·选举二》作"邱陵宗"。

[227] 乾隆《汀州府志·选举二》作"邱宣"。

[228] 乾隆《汀州府志·选举二》作"钟源清"。

[229] 乾隆《汀州府志·选举二》作"谢奇"。

[230] 乾隆《汀州府志·选举二》作"张有得"。

[231] 乾隆《汀州府志·选举二》作"钟享"。

[232] 乾隆《汀州府志·选举二》作"练雄、练琛、李瑢"。

[233] 乾隆《汀州府志·选举二》作"魏福仁"。

[234] 乾隆《汀州府志·选举二》作"赖祐"。

[235] 乾隆《汀州府志·选举二》作"谢文涣"。

[236] 乾隆《汀州府志·选举二》作"陈宗绶"。

［237］乾隆《汀州府志·选举二》作“罗景扬”。

［238］乾隆《汀州府志·选举二》作“沈祖海”。

［239］乾隆《汀州府志·选举二》作“林恕”。

［240］乾隆《汀州府志·选举二》作“徐梁”。

［241］乾隆《汀州府志·选举二》作“黄彦琛”。

［242］乾隆《汀州府志·选举二》作“罗申”。

［243］乾隆《汀州府志·选举二》作“郑士达”。

［244］乾隆《汀州府志·选举二》作“罗珍、吴明”。

［245］乾隆《延平府志·选举》作“张纲”。

［246］乾隆《延平府志·选举》作“宁缨”。

［247］嘉靖《延平府志·选举》作“罗宗付”；乾隆《延平府志·选举》作“罗宗富”。

［248］嘉靖《延平府志·选举》及乾隆《延平府志·选举》均作“王任”。

［249］嘉靖《延平府志·选举》及乾隆《延平府志·选举》均作“池贞”。

［250］乾隆《延平府志·选举》作“魏宗远”。

［251］嘉靖《延平府志·选举》及乾隆《延平府志·选举》均作“余庆”。

［252］嘉靖《延平府志·选举》及乾隆《延平府志·选举》均作“李润”。

［253］乾隆《延平府志·选举》作“王谦”。

［254］嘉靖《延平府志·选举》及乾隆《延平府志·选举》均作“萧举”。

［255］嘉靖《延平府志·选举》及乾隆《延平府志·选举》均作“曹宗骧、叶宗寿”。

［256］乾隆《延平府志·选举》作“吴浚”。

［257］嘉靖《延平府志·选举》作“杨星”。

［258］嘉靖《延平府志·选举》作“杨旻”。

［259］嘉靖《延平府志·选举》作“梁湛”。

［260］乾隆《延平府志·选举》作“冯迳”。

［261］嘉靖《延平府志·选举》及乾隆《延平府志·选举》均作“魏璟”。

［262］嘉靖《延平府志·选举》及乾隆《延平府志·选举》均作“谢成”。

［263］乾隆《延平府志·选举》作“李瑶”。

［264］嘉靖《延平府志·选举》及乾隆《延平府志·选举》均作“谢福畴”。

[265] 乾隆《延平府志·选举》作“郑镇、王瑛”。

[266] 嘉靖《延平府志·选举》及乾隆《延平府志·选举》均作“赵旸”。

[267] 乾隆《延平府志·选举》作“胡政”。

[268] 乾隆《延平府志·选举》作“余功复”。

[269] 乾隆《延平府志·选举》作“张颖”。

[270] 乾隆《延平府志·选举》作“徐晃”。

[271] 乾隆《延平府志·选举》作“萧真”。

[272] 嘉靖《延平府志·选举》及乾隆《延平府志·选举》均作“余润”。

[273] 嘉靖《延平府志·选举》及乾隆《延平府志·选举》均作“徐照”，无“徐光庭”。

[274] 嘉靖《延平府志·选举》作“余生”。

[275] 乾隆《延平府志·选举》作“熊炫”。

[276] 乾隆《延平府志·选举》作“吴源善”。

[277] 嘉靖《延平府志·选举》及乾隆《延平府志·选举》均作“丘诚”。

[278] 乾隆《延平府志·选举》作“马章”。

[279] 嘉靖《延平府志·选举》及乾隆《延平府志·选举》均作“陈真禄”。

[280] 乾隆《延平府志·选举》作“邱间”。

[281] 乾隆《延平府志·选举》作“王添”。

[282] 嘉靖《延平府志·选举》及乾隆《延平府志·选举》均作“陈添兴”。

[283] 嘉靖《延平府志·选举》及乾隆《延平府志·选举》均作“吴孟琮”。

[284] 嘉靖《延平府志·选举》及乾隆《延平府志·选举》均作“林英”。

[285] 乾隆《延平府志·选举》作“姜处”。

[286] 嘉靖《延平府志·选举》作“陈景旸”。

[287] 乾隆《延平府志·选举》作“辛正”。

[288] 乾隆《延平府志·选举》作“魏宗织”。

[289] 嘉靖《延平府志·选举》及乾隆《延平府志·选举》均作“曹成”。

[290] 嘉靖《延平府志·选举》作“刘继章”；乾隆《延平府志·选举》作“刘维章”。

［291］乾隆《延平府志·选举》作“陶宗礼”。

［292］嘉靖《延平府志·选举》及乾隆《延平府志·选举》均作“曹志”。

［293］乾隆《延平府志·选举》作“何正”。

［294］嘉靖《延平府志·选举》及乾隆《延平府志·选举》均作“张隆”。

［295］嘉靖《延平府志·选举》及乾隆《延平府志·选举》均作“冯玘”。

八闽通志卷之五十七

选　　举

岁　　贡

邵武府[1]

谌贱生按察司佥事。　刘以敬同知。　龚克[2]　吴善童知州。　官应知县。　叶光孙知县。　官□[3]　黄仲实　黄或[4]　符济知府。　吴龄监察御史。　□□[5]　危敬(上二人俱知县。)　吴仕民[6]　骆文政州判。　李□[7](上二人俱知县。)　何显　吴性　何观　傅永安府□□[8]。　朱祐　邓诚　张龄(上三人俱知府[9]。)　陈善　廖关　丘和州判。　杨真　蒋得　严定通判。　黄祐□□。　萧员　危崇　吴庆　朱琦　洪安　万□[10]通判。　陈昌主簿。　马澄巡检。　黄诚　高通(上二人俱知县。)　王□　□□受[11]按察司佥事。　李应府经历。　虞宗显训导。　黄永从　□□知县[12]。　周铎知府。　黄荣盐课大使。　周谦布政司经历。　李绍经历。　□轲[13]知县。　蔡荣县丞。　陈永宗知县。　官贞提举司副使。　李畴

□□宗[14]（上二人俱县丞。）　朱贤中书舍人。　张宁　朱纯文公七世孙。湖广理问。　□□[15]　魏显知县。　刘章国子助教。　龚信知县。　饶富　孔章（上二人俱□□[16]。）　朱绅通判。　杨荣　王实（上二人俱主簿。）　梁明判官。　沈康　罗珉知县。　朱正县丞。　黄靖　袁贵　傅奇主簿。　黄琚　徐玉　黄哲县丞。　潘洁州判。　张全　吴复卫经历。　涂观[17]教谕。　危龄州吏目。　胥义　谢琏[18]主簿。　黄华都司都事。　徐恭所吏目。　朱冕府检校。　刘富主簿。　黄宗[19]知县。　季礼县丞。　何瑛卫经历。　王贞　张伦主簿。　张斌府检校。　何全县丞。　段韶　吴镟[20]都司经历。　汤荣府经历。　丁颀　李铨　詹弘（上二人俱训导。）　林义　吴良训导。　聂纲　危升　丘儆[21]　王瑄　刘信训导。　高政　丘福　黄杰　胡广　吴诚　何宝　许卓　曾仪（上四人俱训导。）　黄学　魏佐　陈盈　程俊　池澄（已上一百三十五人俱府学。）　丘子深[22]所吏目。　朱得生　汪平孙　艾禄　傅福　邹子儿[23]　施子安纪善。　吴达知县。　陈善庆　吴友　吴康　曾旻　李惠　吴智知县。　和仲文县丞。　陈观　张祥　孙忠　吴诚主簿。　郑载　邓文惠　曾升都司都事。　吴道教谕。　严端巡检。　龚敬善知县。　丘定主簿。　郑原受山西布政司参政。　吴宁　徐伯亨　吴成宗知县。　林绍州同。　虞定都司经历。　王孟升知县。　詹祐县丞。　黄通盐课提举。　陈谟推官。　邹进[24]典仪副。　龚礼主簿。　王维善县丞。　符侃主簿。　官祥州吏目。　李璟主簿。　梁启[25]　谢亮知县。　徐敬　邓让卫经历。　谢显　苏铭　龚琏[26]审理。　吴绅县丞。 王璘 黄祯(上二人俱府经历。) 谌宁 陈赋(上二人俱训导。) 王用 官弘 魏杰训导。 吴亮 郑淳 丘雍 曾成[27] 曹曦[28] 方通(上二人俱训导。) 李瑶以恩例冠带。(已上六十四人俱邵武县学。) 陈永宁主簿。 雷继 吴继中[29] 林全 萧灏 刘隆 黄宗(上三人俱训导。) 李惠应[30]知县。 李英理问。 范祉卫经历。 萧禄 范鼐 李孟诚知县。 冯谅卫经历。 邹文知县。 江安 李素推官。 江德纯县丞。 廖富府同知。 张泰通判。 叶忠县丞。 江福宁 张志铭 江林[31]都司断事。 江澄同知。 黄柔县丞。 丁忠主簿。 梁安知县。 余新训导。 江荣知县。 李义教授。 江赐按察司照磨。 江伯机主簿。 廖公赐州同知。 廖惟显知县。 萧彦俊都督府都事。 李永昌主簿。 萧迪经历。 叶应诚知县。 江渊州同知。 邹谦县丞。 冯英 萧永泰推官。 李华知县。 冯彧 江深 李茂(上三人俱训导。) 何琛[32]府经历。 陈端仓副使。 吴鉴务大使。 龚应 杨贵[33] 郑和 丘驯 杨纲[34] 江先 邹瑾[35](上五人俱训导。) 萧琏[36] 邹礼 萧瑛[37] 梁玉(以上六十一人俱泰宁县学。) 余泰 危童[38] 李儒 张四[39]教谕。 宋绶[40] 姜回训导。 谢显庆 朱翊[41]判官。 胡迈县丞。 邹英[42] 黄河 谢周 傅广 汤恭知县。 李观 周胜刑部照磨。 柯敩推官。 黄昌同知。 丘德 李唐 李讷[43]知县。 陈忠 夏礼 王永 黄伯舆 潘茂 陈安知县。 李震主簿。 梁志 何彬[44]卫经历。 江安卫知事。 邹永康主簿。 王禅 陈普安府经历。 罗彰训导。 徐益 余靖知州。

张海王府奉祠副。　李秉[45]　陈绶(上二人俱知县。)　宁时主簿。　姜伯润　姜维府照磨。　钱亨主簿。　李贞[46]　谢嘉　罗福　陈孟恭主簿。　阮清王府典宝。　徐铭推官。　阮文礼县丞。　饶荣　连哲　李隆　余贤　谢璘　艾良　黄成[47]　谢瑄　吴祚(上五人俱训导。)　何源吏目。　姜惟高[48]府经历。　汤旺　汪净吏目。　谢祥　柯本端　廖魁(已上六十七人俱建宁县学。)　陈本初知府。　陈山　傅铄检校。　李子明吏目。　王守敬序班。　饶子通　叶子禄(上二人俱知县。)　王思敬都司断事。　黄宽知县。　龚隐乌程县丞,以亲老告归侍,邑民送之云:"乌程送得清官去,光泽迎将孝子回。"乡邻韪之。　官胜祖　官孚　官清(上三人俱知县。)　黄昭　官旸主簿。　邓铎　吕绅　吴廉知州。　汪永[49]　丘礼　沈鼎　官顺[50]　官英判官。　官巽　官道　傅佐　官仕　王清　郭暹(上二人俱知县。)　危颙仓大使。　曾绅　龚顺训导。　张伦[51]主簿。　官爵　陈珍[52]知县。　李节训导。　李端县丞。　危孚知州。　官懋知县。　李睦按察司经历。　官廉　朱浚　王斌州判官。旧志作审理正。　官进县丞。　吴昶　李靖县丞。　朱文兴　傅成[53]　王铨　吴贤　吴懋[54]　黄忠　官崇　黄福　高厚　龚谦　张英[55]　官弁[56]　危恭(已上五十九人俱光泽县学[57]。)

兴化府

洪泰县丞。　唐道童知州。　方济　黄升滔十四世孙。卫知事。　黄枢滔十五世孙。知县。　陈清知州。　陈宗教谕。　戴成知州。　林宇理问。　吴复布政司参议。

林应隆　黄智艾之九世孙。和州判官。　郑行　吴观音保　陈宗炫县丞。　郑宁府照磨。　顾复生知县。　吴应教谕。　徐琦通判。　林文从知县。　陈名高县丞。　黄晖训导。　廖馨州判。　郑源　郑有传通判。　宋徽主簿。　林绮　徐兴祖　郑规　陈琚[58]州判。　许永辉经历。　萧澄训导。　张朝知县。　林逊　陈禄　郭益孙　戴仙保　郑震鲁府纪善。　吴偕通判。　李基[59]　林厚　许宾[60]通判。　郑环　黄晏　黄琳　陈信州判。　郭廷徽留守司经历。　许庠学正。　陈珪都督府经历。　陈琼推官。　朱易训导。　郑已通判。　方灿[61]知州。　林瑋户部员外郎。　叶长知县。　郑贡卫知事。　陈文琼　郑杰教谕。　郑谷知县。　陈寅卫知事。　朱旺户部员外郎。　林献州判。　杨铨　宋劝邦光十一世孙。沭阳训导，以学行重于时。　蔡应元　林珍（上二人俱知县。）　林玹训导。　林庆知州。　江智　黄文廉　林懋重庆府同知。　宋熊兵马副指挥。　李循良教谕。　林祎通判。　刘禄　王钦（上二人俱知县。）　陈淮贤之子。事父母有孝行，女兄嫡母方出，有赘婿，方欲析居，淮涕泣引咎，以腴田美器逊女兄，而取其弃，方乃悦复，许同爨。淮后为南京国子生，值限年例，众谋为减年籍，淮曰："籍可减，心不可欺也。"宁黜而归。家居以礼义训子孙，家门肃睦，卒年八十三。　戴履（上八人俱正统十一年援例升太学。）　戴旻[62]理问。　方新韶州同知，进阶中顺大夫致仕。　陈纪学正。　陈盛训导。　李杰府同知。　陈保　曾景修以经学为后进所宗，一时乡邦名士多出其门。有《大学中庸说》行于世，官终教谕。　林庵　董继主簿。　郑力久彦成次子。少有文才，为诸生时与林环并称，以善书选修

《永乐大典》。卒于京。有文集。　吴禧祖　黄贵　郑德升知县。　陈维阳[63]　郑广　郑祐　顾廷振　郑璲　林进宗　陈禄通判。　宋定典史。　郑诚祖　卢与　赵玑教授。　黄永光知县。　林时乐时望之弟。　徐恺　王镛　李广　林杰　王恒盛知县。　吴添禄仓大使。　郑聚(上三人正统十一年援例升太学。)　林得週训导。　叶茂高保之子。知县。　陈广训导。　周弘[64]教谕。　林藏知县。　郑习乐力久之孙。　郑仪和教谕。　朱学诗主簿。　陈瑜　柯江潜之弟。学正。　朱泰　卓敬　郑墀　郑儒迷之侄。知县。　林创　林聪　吴瑞(上三人俱训导。已上八人天顺六年援例升太学。)　陈钺教授。　陈孟稠道潜之孙。教谕。　林纯　林棐　林申　彭洪纪(上四人俱训导。)　周述　林邦庆(已上六十四人俱莆田县学。)　朱浦县丞。　马祖盛布政司都事。　郑济　何东　傅仁　吴雍　陈和　郑宏主事。　方恩　陈铸　余生(上三人俱知县。)　林振[65]教谕。　程汉卫经历。　何童　陈琼　黄外　卢添　黄任　黄进　苏坦(上二人俱知县。)　廖祥　郑普　苏均　张洪　傅信　陈镔　郭恢副理问。　宋启知县。　吴永　黄迈都司断事。　徐遇保经历。　陈侃通判。　郑照知县。　程旭教谕。　刘慈州判。　柯全　黄仲清　方孟载　朱琏　吴祥　陈定训导。　林莆府知事。　陈应魁知县。　陈廷学正。　黄新民副理问。　方公瓒训导。　郑真县丞。　顾崇正府知事。　林质　林宏深　林洋县丞。　吴琼教谕。　黄克勤训导。　黄联　王瓒　周穆州判。　林永龄援例升教职优等，拜韶之翁源教谕。诸生爱之，尝以巡抚大臣檄摄英德县事，邑民亦爱之。卒，二邑俱为立祠，而英德之民复为立德政碑。 陈敬伯卫经历。 赵旭 林聪 曾文盛(上三人俱教谕。) 陈道瑶训导。 林景纯留守司经历。 方瑶鲤之孙。 郑瓘 何泾 方朝仪(上四人俱训导。) 林纯时之子。教谕。 郑渠训导。 陈崇尹 翁道训导。 郭恺教谕。 陈安 郑容(上二人俱训导。) 戴鼎[66]按察司照磨。 吴瑛训导。 陈恩教谕。 王俊训导。 黄暄 黄永晋府教授。 黄巩州判。 戴兴祖 林洙训导。 翁俨知县。 林慈 彭乐(上二十五人俱天顺六年援例升太学。) 许琳训导。 戴维清通判。 徐文鸿教谕。 李朝善[67] 林轸 宋篪 朱崇受 吴馨 翁述(上四人俱训导。) 林克信 陈谠谦之从弟。 余稷兴训导。 郑莆 周礼 赵鉴训导。 佘信甫 黄哲 张志伯 曾伟 黄廷璧 黄伯止 徐琏 林辉 姚山 丘隅 林文恢 郭安 方芬 朱怀 陈朝祥(已上一百五十六人俱府学。) 宋胤训导。 许性主簿。 薛耿知县。 李泰教谕。 林郁 陈位 王恭教谕。 王让仓副使。 林道教谕。 郑用 陈立添训导。 顾元同知。 薛益通判。 卢智卫经历。 郑澄 阮哲(俱知县。) 蔡伟(上二人正统十一年援例升太学。) 丘进知县。 叶茂瑞[68]茂高之兄。 李芦 方祯(上三人俱莆田人。) 傅启宝钞提举司提举。 林耕训导。 李荇(上二人俱莆田人。) 陈琼府经历。 徐经主簿。 林洋例授迪功郎。 黄泰智之侄孙。平湖教谕。 林庸(上二人俱莆田人。) 李盛训导。 郑乾 陈机[69](上五人天顺六年援例升太学。) 吴源王府教授。 林偁莆田人。伋之弟。 李广(上二人俱训导。) 茅阳教谕。 郑衷 郑巽 陈新 傅铨 张宗(上五人俱训导。）　蔡篪　张定(已上六十九人俱仙游县学。）　郑安府同知。　陈镛[70]理问。　庄保　许崧　陈忠　陈信　方照(上五人俱主簿。）　毕昶楚府审理正。　萧敏卫经历。　薛龚楚府审理。　林崇赵府引礼舍人。　何诚见《人物志》。陈琏(上二人俱知县。）　林诚驿丞。　谢渊　林贡县丞。刘毅训导。　许仕教谕。　夏宏聘训导。　郑琦运司经历。　朱高　吴善训导。　林信　林应训导。(上三人正统十一年援例升太学。已上二十四人俱兴化县学。）　郑河　叶璇　王正　欧观　陈琛(上五人俱训导。）　黄庆　林颉　周绚(已上八人俱平海卫学。）

福宁州

周谨行人，调主簿。　林征主簿。　苏霖　陈德宣县丞。　张斌监察御史。　曹福知县。　翁仪教授。　林安县丞。　卢纪监察御史。　李童府同知。　李绪经历。　王养知县。　林海刑部司务。　俞璟[71]　俞渊(上二人俱训导。）　周潜教谕。　林宏岳训导。　张隐　林祚(上二人俱县丞。）　周睿推官。　郑逊　徐鉴(上二人俱知县。）　吴岳　叶廉县丞。　徐铭主簿。　杜实　俞章主簿。　郑信奎教谕。　郜猷　林弥邵(上二人俱训导。）　方渊　韩纲县丞。　郑演　尹悌(上二人俱卫经历。）　黄禄　黄堪(上二人俱县丞。）　郑璧　顾宾　辛钦　陈璧　陈琇　刘铎训导。　龚敏　杜子肃　盛仕明　李森(上二人俱训导。）　陈骐　许澄　林韬(上二人俱训导。）　林山　陈泽(已上五十一人俱州学[72]。）　龚文志监察御史。　黄衍主事。　张永耕　张兰广东布政司参议。　章原善知县。　林寿县丞。 彭宗显训导。 林绍 吴仕谦[73] 陈宥 陈在悌 彭琬通判。 吴祖恭府同知。 薛旭 石宗善县丞。 张沂兰之侄。县丞。 黄庸 陈英[74] 杨庸 林诚 郑安 阮韶知县。 卓回 汤真 黄直(上二人俱卫经历。) 姚崇吉[75] 陈源清县知事。 崔鉴同知。 宋彬 彭宁(上二人俱知州。) 谢显 许琼 林贤 金伯玉通判。 周徽 黄仲德 陈恪(上三人俱知县。) 林泾检校。 李质典史。福州府闽县人。 黄敏 何俊县丞。 郑玉训导。 蒋序主簿。 宋福太仆寺主簿。 陈祥 张玑(上二人俱训导。) 黄裕 赵英训导。 陈鹃 陈昂训导。 陈潜 周鉴 王佐 韩琼(上二人俱主簿。) 黄泽[76] 杨冕 黄宗明检校。 郑祥县丞。 林玉教谕。 吴福 杨育教谕。 林震 王溢 宋雍 郑瑞(上二人俱训导。) 陈福 林忠 陈亮(已上六十八人俱宁德县学[77]。) 林赫 潘质 苏广居 郑容御史。 杨震[78] 林良贵(上二人俱知县。) 张观王府伴读。 陈生教谕。 陈士府经历。 池生 孙赋知县。 阮容典史。 陈仪主簿。 陈竦府经历。 林春 郑宁代府纪善。 阮复典史。 王璧都察院检校。 林生 黄琛 黄安 阮琚卫经历。 陈礼判官。 陈泰 章定 陈长 吴实 谢廊 刘仕主簿。 杨敏[79] 陈文 周锡主簿。 郑煖 谢铭 林伯畴知县。 刘俊卫学教授。 薛华州吏目。 翁振训导。 吴凤 陈颖 李文(上三人俱知县。) 蔡璲 林唐(上二人俱县丞。) 陈得深[80]知县。 章宝 彭允主簿。 林环 詹汶所吏目。 缪泽县丞。 黄润 陈睿[81](上二人俱训导。) 李璲 王昌教谕。 吴锜训导。 詹湜[82] 余芳

陈昂　林资[83](上四人俱县丞。)　陈炫　陈达教谕。陈柯　卓越　连铭　陈钦(上三人俱训导。)　陈珊　萧凯　阮汉训导。　郑琦　林桓[84](已上六十九人俱福安县学[85]。)

荐辟

福州府

〔宋〕

林元复慎思之十四世孙。绍定初以儒士举,授奉议郎,沙县主簿。　李子潜古田人。以孝行文学举,授永春尉,历长江丞。　倪昱罗源人。天圣间三伏阙上书,移县治,迁县学。绍圣四年,以荐授邑庠教官。

〔元〕

吴玉以荐授太原石州知州。　郑晖孙以名贤子孙出身,例补官,终建宁教授。(已上俱闽县人。)　高庆生骥生之弟。侯官人。尝受学于林泉生之门,部使者以学行荐为龙溪县学教谕。　原奴俱终福建中书省参政。　原德俱廉访副使。段文举泉州路经历。　元彝宾蒙古提举。　郑伯威福建省检校。　汪兴贤建宁路照磨。(上七人以职官子孙例入官。俱怀安人。)

〔国朝〕

陈文肃四川按察司。　林基幼有志古人之学，洪武初连江令佐，聘训导，邑庠有荐之于朝者，廷对称旨，擢吏部员外郎，数论事，未几，为同官所累下狱，基恐祸且不测，遂自杀，时年方三十。上察其无罪，痛惜良久。（上二人以茂才异等举。）　王沂以贤良方正举，终仓部郎中。　邓诚以明经举，初授布政使，俟缺一年，改除知州。　王道训导。　林云翰[86]国子学正。　董秀教谕。　林汝初训导。　郑垣塾之子。本府学训导，以子观恩封员外郎。（上五人俱以经明行修举。）　杨杰曾府判学。　吴复初由知印入仕，累以荐不次超擢，历知县、主事，终工部侍郎。　林汝晢[87]汝初之兄。主簿。　黄麟子洪武中任磁州知州，迁刑部员外郎。（已上俱闽县人。）　黄济初为郡庠生，以荐起，终赵府审理正。　陈兴以明经举，任训导。　黄键以茂才举，终知县。（已上三人俱侯官县人。）　王文广知府。　时安远府经历。　王时中　刘仲明（上二人俱县丞。）　史林忠[88]主簿。（上五人以耆老辟。）　张伯载以孝廉举，授知府。　陈南玉州判。　赵鼎通判。　张汝玉主簿。　李荣祖经历。　刘耆典史。　陈灵瑶训导。（上六人俱以秀才举。）　林仕名国子学录。　郑居真[89]知府。　林日清　赵观（上二人俱府同知。）　郑善知州。　刘伯元主簿。　郑观知县。　余臻　王益信（上二人俱主簿。）　周伯阳知县。　陈伯辅主簿。　夏鼎教授。　陈俊教谕。　林原道训导。　李伯辉　黄谷民（上二人俱教谕。）　陈思远　朱善知（上二人俱训导。）　赵景主簿。　王仲叔教谕。（上二十人俱以明经举。）　陈机知县。　周玄[90]礼部员外郎。　叶仲得知府。

李似龙州判。　余源通判。　车彦举知县。　林佛主簿。　胡原振知县。　周子祐仓大使。　潘惟深县丞。　林琇（上十一人俱以人材举。已上四十三人俱怀安人。）　王坚刑部郎中。　林尚志员外郎。　林聪按察佥事。　李元清　戴岳（上二人俱知县。）　林载训导。　许伯原县丞。　高时外府同知。　潘琦布政使。　陈琪县丞。　陈禹知县。　董玭纪善。　苏文钺[91]国子助教。　叶允吉主簿。　周清　林谷祥　陈夔　陈辅（上四人俱知县。）　林叔仁训导。　戴壮[92]都御史。　陈合祖知县。　林玙　林思敏　林希启　林思温　林思和　陈伯远[93]　倪贵臣　陈汉卿　陈弘道[94]知县。　林慈国子博士。　陈道符　谢璧[95]　黄攀（上二人俱训导。已上三十四人俱以明经举。俱长乐人。）　朱荣　朱安荣之弟。（俱县丞。）　王宁训导。　陈升知府。　蔡宪教谕。　何睦考功监令。　夏太和　魏中叔（上二人俱国子助教。）　晋贤[96]　王廉（上二人俱训导。）　林大可主簿。　任景颐教谕。　王师孟知府。　杨仕良[97]教谕。　郑琦训导。　郑英府经历。　李魁教谕。　陈诚训导。　陈豸教谕。　魏穆训导。　倪中叔[98]国子助教。　林景俊　陈嘉（上二人俱县丞。）　何太初[99]主簿。　陈得夫[100]　陈英（上二人俱知县。）　陈政府同知。　陈曾教谕。　潘驺知州。　陈铸监察御史。　林端教谕。　林礼布政司。　林汝愚主簿。　林泰国子学正。　王原卫知事。　李宗延通判。　刘子善经历。　薛得衡[101]县丞。　欧惟清经历。　李原寿（上四十人以明经举。）　李真以孝悌文学举，任考功监司仓。　李孟仁局大使。　韩铭所吏目。　林观巡检。　郑伯淳知县。　项外断事。　郭原[102]河南布政司参政。 梁寿府经历。 李璞 戴长生盐运知事。(上十人以人材举。) 林嘉通判。 曹茂县丞。 李彦实知县。 陈诗驿丞。(上四人以耆老辟。) 陈孜以怀才抱德荐,任知府。 戴彦真以孝廉举,任县丞。 蔡敏政 林信(上二人俱县丞。) 戴膺知县。(上三人俱邑庠生,以楷书举。已上五十九人俱福清人。) 蔡埜训导。 王孚理问。 郑炜教授。 苏泰布政司经历。 陈泰卫知事。 郑原旅炜之子。训导。 谢汉府同知。 张煜知县。 陈希曾府同知。 魏子泰主簿。 程子器府同知。(上十一人以明经举。) 黄子阳[103]主事。 谢正道监察御史。 郑什鸿胪序班。 张允泰典史。(上四人以秀才举。) 吴达夫知县。 韩民善主簿。 陆德主事。 郑文征主簿。 王伯刚府同知。 赖坤载主簿。(上六人以人才举。) 张文登以孝悌力田举,任县丞。 林澧以贤良方正举,任河泊官。(已上二十三人俱古田人。) 王文遂府同知。 林惟贤推官。 林惟芳县丞。 张惟康教谕。(上四人以秀才举。) 萧惟大按察副使。 谢次文县丞。 黄用主簿。 陈景德 陈忠献(上二人俱知府。) 韩延载[104] 林叔载(上二人俱知县。) 方英主簿。(上八人以人才举。已上一十二人俱永福人。) 陈珪教授。 陆维远[105]县丞。 邬孟彝训导。(上三人以明经举。) 周桓府同知。 周仲和盐课司提举。 黄子祥断事。 陈彦德主簿。(上四人以孝廉举。) 彭德新州判。陈得和[106]巡检。 屠原礼[107] 丁山郎(上二人俱主簿。) 张大同递运大使。 林佛祐税课大使。 黄志亮主簿。(上七人以人才举。) 陈钧以干济举。任县丞。 刘子虞 林子和(上二人以秀才举,俱教谕。) 阮宗大以聪明正直举,任府同知。 余日新以年高有德举，任知州。　翁海以耆老辟，任知县。　林无逸以文学举，任主簿。（已上二十一人俱罗源人。）

建宁府[108]

〔宋〕

夏噩以贤良举。　吴文靖殿中丞。　吴文秀比部郎官。（上二人以文词举。）　章克勤　章庶绩　叶春（上三人以明法举。已上六人俱建安人。）　游安祉安世之弟。以孝行举，官至司理。　童庆仲以明经举，终推官。（已上二人俱瓯宁人。）　真志道德秀之子。以荫补官，累迁户部侍郎，子绍祖府判，同祖同知，孙蜀、孙金德主簿，宜孙永春县尹。　徐莘老凤之子。以荫补县簿，累官礼部尚书。（已上四人俱浦城人。）　范师孔崇安人。宋咸淳间，辟为武夷书院讲书。　雷德闰建安人。以文学荐，累官福州路儒学教授。　叶文兴以贤良举，任提举。　黄龐以学行举，任县丞。　黄克和以明经举，任沿山州判。（已上四人俱瓯宁人。）　丘凿子野四世孙。年十五登神童科。　游钦以省扎辟，官至县尹。　吕桂县尹。　詹景仁抚州路总管。　李文八教授。（上五人以文学举。已上三人俱崇安人[109]。）

〔国朝〕

叶原贺广西按察佥事。　张有年本省按察佥事。　苏镒吏部郎中。（上三人以明经举。）　杨恭[110]荣之子。以荫授尚宝司丞，升少卿。　朱梴文公九世孙。景泰三年，奉特恩授翰林院五经博士，以奉祠事，子孙世袭。　陈鹤以生员策划靖寇有功，帅臣奏授巡检，升主簿。（上六人俱建安人。） 林原礼郎中。 黄胜知府。 黄溥终员外郎。 吴节给事中。（上四人以楷书辟，修《永乐大典》。） 黄瑞知府。 任员主簿。（上二人以人材举。） 叶机以明经举，授本县学训导。 郑余主簿。 高志能州判。 童保刑部司狱。（上三人以茂才举。） 柯禄帅臣荐其有安抚沙寇功，例当授官禄，辞，乃赐冠带。（已上一十一人俱瓯宁人。） 赵景和教谕。 徐彦诚训导。（上二人以明经举。） 缪炅德[111]以贤良方正举，任主簿。 叶子茂 徐善安（上二人俱浙江按察佥事。） 潘至善知府。 黄谷华通判。 东彦名[112]知县。 徐彦篪知县。（上六人以人材举。） 张谷华以耆老辟，任知县。（上一十人俱浦城人。） 张智升之子。终国子司业。 李文我本县学训导。 熊圭未之三世孙。训导。 王相监察御史。 程蕃教授。 卢钦州判。 阮得顺本县学训导。 郑恍[113]主簿。 宋圻典史。 范志谦训导。（上十人以明经举。） 范宗谅以贤良方正举，终员外郎。 张益知县。 游钰主簿。（上二人以人材举。） 李远以楷书辟，任知县。 张镗戍伍开卫，征苗有功，官至千户。 王雅与 陈善安（俱以捕沙寇有功，授所镇抚。已上一十七人俱建阳人。） 柯子远知州。 傅小岩 李子傅 叶钧祐（上三人俱本学训导。已上四人俱以明经举。） 龚遂久以人材举，终知府。 夙道暹天顺间，以捕逆寇有功，授巡检。（以上六人俱松溪县人。） 彭时中 方仲文 杨济（上三人俱知县，并以明经举。） 方直以楷书举，任典史，官至监察御史。 刘奎以文学举，任教谕。 张仲诚知府。 陈韦府同知。 朱明善知县。 朱善照磨。 游福知县。（上五人以人材举。） 张汝实以耆老辟，任知县。（已上一十二人俱崇安人。）　雷承以孝廉举，任知县。　张琛授医学正科，屡承上司檄，捕盗有功，朝廷赐钞币、银牌慰劳。（已上二人俱政和人。）

泉州府

〔唐〕

王玫平阳县令。　杨廷式录事参军。　蔡沼（上三人以明经举。俱晋江人。）　黄晔南安人。有文名，所交皆当世名士，辟为天德军从事。

〔五代〕

康仁杰以荐任文学，迁主簿。性清俭，门无私谒，工诗。　曾敬宗以经明行修举。　蔡俨节俭好施，王审知举为户部郎中。

〔宋〕

许伯诩福州通判。　李缜[114]提举广东常平。　黄夔历知七州。　梁嗣昌左司理。　刘骥钦州守。性敏好学。　傅懿德新兴令。　魏必昌录事。（上七人俱以荫补。）　蔡曾奭之弟。以经明行修举。　杨调以文学举，任知县。　杨茂元以学行举，任知县。　柯汝龙以荐释褐，任司户。（以上俱晋江人。）　谢图南[115]同安人。以才兼文武入仕，封开国男，食邑本县[116]。

〔元〕

赵预以功补，官至司知。　郭明提举。　杨公教谕。

（上二人以学行荐。） 杨应竿[117]以荐累官提举盐使司事。工诗文，俗好不入其心。 庄元弼夏之四世孙。以楷书任蒙古教授。 郭震祖以文学举，任蒙古学正。（已上旧志俱不言其为何县人[118]。）

〔国朝〕

曹聪本府学教授。 林廷珪府同知。 林余庆 陈安仲[119] 周伯奇 林同（上四人俱训导。） 傅铉知县，转教授。 郭德修训导。 杨曜宗累迁右长史。 谢秉初教谕。 高善继[120] 林孟生（上二人俱训导。） 黄普生 张孟宗（上二人俱教谕。） 陈赐教授。 庄济翁[121]夏之四世孙。知县，终员外郎。 庄巽夏之八代孙。户科给事中。 黄进叔[122]主事。 张邦怀知县。 麦茂德布政司都事。 留潜夫知县。 何世忠[123]县丞。 郑谦道 潘敬宗（上二人俱训导。） 杨舆累迁户部侍郎，知永州府。 杨赟贯教谕。 傅鉴 傅叔达（上二人俱训导。） 蔡贤楚州教授。 许进（上三十人俱以明经举。） 黄德甫以孝悌力田荐，任县丞。 林和生[124]辟为郡之阴阳正术，复以荐起为知县。 邹育知县。 薛克铭教谕。（上二人以楷书举。） 麦茂实以文词举，任府知事。 徐福祖以奇童举，任主簿。 诸葛文典史。 张度累官监察御史，人称其得宪体。 薛智县丞。 林懋 魏绍文（上二人俱知县。） 庄师古县丞。 萧保兵科给事中，改卫百户。 傅育驿丞。（上八人以税户生员举。） 高宗显教谕。 徐焕文监察御史。（上二人以经明行修举。） 赵士亨河泊官。 程羽肃福州知府。 石义方知县。 王咨禹县丞。 沙彦良税课大使。 留廷贵[125]仓大使。 柯世良[126]　孙庆安　卫济民(上三人俱知县。已上九人俱以人材举。)　刘仲修以承差入官,累迁工部主事。　陈善以耆老辟,任监察御史。(通上五十七人俱晋江人。)　傅仁孚以怀才抱德举,任教谕。　洪庆以经明行修举,任训导。(俱南安县人。)　颜辟雍盐运司同知。　颜嗣经历。　陈德辉同知。　陈熙训导。　宋旻国子学正。　陈仲复训导。　陈景祖教授。　陈永教谕。　梁仕荣卫经历。　张宗鲁　陈穆(上二人俱教谕。)　陈复初主簿。　黄中正国子学正。(上一十三人俱以明经举。)　洪三友以经明行修举,任理问。　彭周乾[127]以孝悌力田举,任县丞。　张苗以承差入官,累迁通政司通政。　张晖以承差入官,累迁太常寺丞。(已上一十九人俱同安人。)　杨迪郎府同知。　陈珪知府。(上二人俱以孝廉举。)　黄永由吏员入官,以荐起为户部员外郎,迁知府。薛再兴递运所大使。　黄均实　刘添琪(俱知县。上三人以人材辟。已上六人俱永春人。)　陈道安溪人。以孝廉举,终知府。　陈麟以楷书举,任刑部主事。　洪钟[128]以经明行修举,任训导。(俱惠安人。)

漳州府[129]

〔宋〕

颜彻师鲁之子。龙溪人。以茂才辟,终奉议郎[130]。

〔元〕

颜洙以学行举,授福州路录参。　陈迪吉推官。　刘文质天宝局大使。(上二人以人材举。)　王伯谦　陈伯尚县尉。

詹雪斋县尹。　苏也坡主簿。（上四人俱以军功补官。） 黄均复[131]教授。　李汉卿教谕。　黄元渊学正。（上三人以明经举。已上俱龙溪人。）　车日新以人材辟，授龙岩县尹。　李仁甫以贤良方正举，授南胜县尹。　张德之以通经秀才，授龙溪县尹。（已上俱南靖人[132]。）

〔国朝〕

林公玉训导。　许由衷工部主事。（上二人以儒士举。）　王廷遂县丞。　许得禄府经历。　汤绍熙[133]巡检。（上三人以人材举。）　涂益以精音律举，官至员外郎。　邹伯原[134]河南布政司参政。　徐原和湖广按察司佥事。（上二人以治道入官。）　陈孟贞以耆老辟，授知州，转河东盐运司副使，寻致仕。永乐六年，复召掌金华府事，九年，奏乞骸骨归。洪熙元年，诏赐月米二石以赡终身。居官廉谦，年九十卒。　林原功国子助教。　曾与吉　郑闻善（上二人俱本县学训导。）　丘绍宗本府学训导。　黄昌吾纪善。　胡士蒙教谕。（上六人以明经举。）　赵以衡以孝悌力田举，授知县。　苏原茂以茂才举，授知州。　陈温以楷书举，授知县。　胡宜衡以学行举，授中书舍人，预修两朝《实录》，升大理评事。（已上一十九人俱龙溪人。）　陈谦德以明经举，任浙江按察佥事。　蔡琎府同知。　李善哲[135]府经历。　王彦祯[136]州同知。　单贤江西布政司左参政。（上四人以人材举。）　陈汶辉以经明行修举，任吏科给事中。（已上六人俱浦城人。）　林彦良以明经举，任教授。　林用楫以文学举，任主簿。　翁志善税课大使。　苏升之驿丞。（上二人以孝悌力田举。）　王仲玉巡检。　徐永禄府经历。（上二人以孝廉举。）　郑文遂[137]知县。

林子禄工部主事。　郑文善教授。　张友德府经历。（上四人以秀才举。）　赖存忠　蒋宗元（上二人俱巡检。）　赖献民知县。　林荣春驿丞。　刘原德　曾原道（上二人俱主簿。）　陈商贤行人。　曾光瑛光禄寺监事。（上八人以人材举。已上一十八人俱龙岩人。）　陈显道以秀才举，任户部郎中。　郑叔方以儒士举，任教授。　李原道通判。　张智县丞。　蒋云从知县。　李观祖府同知。　许存道教授。　陈宗铭县丞。（上六人以人材举。已上八人俱南靖人。）

汀州府[138]

〔元〕

林懋轻[139]以遗逸举，任商税局大使[140]。

〔国朝〕

叶仲旻以秀才举，任典史。　程元庆[141]以贤良方正举用。　罗宗海（上二人俱县丞。）　赖永亮　王文礼（上二人俱主簿。）　官墀盐运司副使。　张英县丞。　李隆提举。（上六人以人材举。已上八人俱长汀人。）　张惠甫　罗元正（上二人俱知县。）　张震知府。　吴仁辅训导。　张寿材教授。（上五人以明经举。）　刘子立以文词举，终教授。　张得甫[142]主簿。　伍汝祥　邓宗祥　傅玄德[143]（上三人俱县丞。）　王仁寿巡检。（上五人以人材举。）　吴回　王红璧　吴宗（上三人皆以才荐补官。已上一十四人俱宁化人。）　刘秀实以孝廉举，擢知府。　吴湘以算法举，任郎中。　周子信按察司检校。　罗文振河泊官。　梁贞州判。　张谷宾主簿。

张子方巡检。吴仕隆盐场副使。谢志亨 周永忠 丁良宗 李存渊 姜崇 林洪(上六人俱主簿。) 丘璇[144]盐运司副使。周翥(上一十四人以人材举。已上一十六人俱上杭人。) 钟秀崇递运大使。杨友祥主簿。谢文富知县。刘琼主簿(上四人以人材举。俱武平人。) 沈得辅[145]以贤良方正举,任县丞。王得闰以儒士举,任推官。黄陆七[146]主簿。沈安住知县。邓希禹[147]府同知。(上三人以人材举。已上五人俱连城人。) 林秀山以孝廉举,任同知。胡子俊 丘子瞻(上二人俱训导。) 赖以德[148]知县。(上三人以明经举。) 廖子忠知事。王友智巡检。(上二人以人材举。已上六人俱永定人[149]。)

延平府[150]

〔元〕

伍修仲以荐任府照磨。吴文谊以荐补官,终延平路总管。(俱将乐县人。) 叶荆才尤溪人。年甫十二,有隽才,丞相伯颜荐之,后官至朝散大夫。徐锡[151]顺昌人。以掾辟任推官[152]。

〔国朝〕

孙伯延教授。朱汉工部员外郎。尤明知县。尤英山东按察佥事。周谟浙江按察佥事。欧仲玉教谕。(上六人以明经秀才举。) 何琅以楷书举,任卫经历。赵信以人材举,任县丞。骆义以荐起为布政司检校。(已上九人俱南平人。) 张可大以明经秀才举,任知县。钟彦善由吏员入官，荐授兵部主事。　李文殊以楷书举，官至知府。　萧惟清以荐起为户部郎中。　董良善以荐起为教谕。　王锡以人材举，任知县。　张端以怀才抱德举，任铸印局副使。（已上七人俱将乐人。）　蒋谕[153]教谕。　吴谦监察御史，调知县。　吴得实州判。　李景阳通判。（上四人以儒士举。）　徐文泰以秀才举，宣课大使。　林士达以贤良方正举，任税课大使。　潘得厚同知。　郑伯阳　王巨谦（上二人俱县丞。）　廖仲人[154]序班。　陈宗政典史。　叶均志河泊官。　徐添定　谢富（俱县丞。上八人以人材举。已上一十四人俱尤溪人。）　王子罕监察御史。　邓文璧吏目。　张允厚知州。　许金玉州判。　陈景阳[155]知县。　王孚县丞。　魏训知县。　乐达　叶存政　魏长镏[156]（上三人俱县丞。）　朱文昌　张仕鲁（上三人俱主簿。）　高贤巡检。（上一十三人俱以秀才举。）　吴敏之陕西布政司参政。　魏仲敏四川布政司参政。　邓文潜　吴用（上二人俱知府。）　邓汝锡知州。　陈允嘉县丞。　张允继　张繁（上二人俱教谕。）　邓源隆　赵以玉　王以敬　彭真（上四人俱训导。）　魏得升教谕。　上官以大河泊官。　罗伯升税课司大使。　廖源吉河泊官。　陈景文巡检。（上一十七人俱以儒士举。）　罗成以孝廉举，任主簿。　乐汝刚以荐起官至郎中。　罗均辅[157]以荐起任知县。　罗贵主事。　罗宽　陈晋（上二人俱教谕。）　徐均美　林源和[158]（上二人俱主事。）　陈海一[159]布政司都事。　王仕良知府。　刘铿和[160]府同知。　高必进主事。　魏质夫府同知。　杨伯崇通判。　邓本初照磨。　林光运知州。　乐岩归府同知。　刘子初　陈均安　赖冲行[161]　罗彦荣　陈存道　陆伯和　罗善　邓聪恕

陈德夫　杨福善（上十人俱知县。）　张公孙[162]　徐世昌　俞子成　乐子畊　邓祖　俞仲仁（上六人俱县丞。）　吴谅　陈灵　萧永　曾荣彰　陈子荣[163]　胡岩老　范子辉（上七人俱主簿。）　黄绿祥[164]巡检。　范顺祖　邓得辉[165]　范本初　陈康一[166]（上四人俱税课司大使。）　邓伯祯库大使。　陈进[167]　陈玄纲（上二人俱河泊官。）　江祐　乐宽　罗应宗[168]　邓佛祖（上四人俱递运所大使。）　罗源亨卫知事。　郑文质盐场大使。　陈季纯知县。　邓进福巡检。　吴先民　余实荣（上二人俱河泊官。已上五十五人以人材举。）　赵建州吏目。　曹文禄　吴益（上二人俱主簿。已上三人以耆老辟。）　张震以荐起任教谕。（已上九十二人俱沙县人。）　张智礼部侍郎。　廖希曾知县。（上二人以明经举。）　徐原白府经历。　吴宗海知县。　杜思言府同知。　功宜[169]县丞。　黄节教谕。　连禄局大使。　谢文举州判。　黄观　廖希广（上三人俱主簿。）　宁光远

陈均仲[170]（上二人俱知府。）　杨燧湖子。　王相监察御史。　安时典史。　吕宗和巡检。（上十五人以秀才举。）　张泰[171]以楷书举，授所吏目。　黄立以儒士举，终国子学正。

陈济推官。　张礼县丞。　黄子良府经历。（上三人以孝廉举。）　张维宝[172]知县。　杨永进县丞。　杨金知县。

连轩县丞。　方惠庆税课局大使。　潘善县丞。　吴希良[173]知县。　俞景原[174]府知事。　何伯诚主簿。　江以信知县。　李巽县丞。　张益知县。（上一十二人以人材举。已上三十四人俱顺昌人。）　杨伯崇通判。　赖冲行[175]　陈存道　陈福善（上三人俱知县。）　李文茂卫知事。　范应县丞。　范本大使。　吴先[176]河泊官。　郑文质盐课司大

使。　李伯玉典史。　廖余巡检。（已上一十一人以人材举。俱永安人。[177]）

邵武府

〔国朝〕

谢熙邵武县人。训导，升知县。　谢煖熙之弟。训导职，历知县，擢知府。　谢煓煖之弟。训导。（已上三人俱以明经举[178]。）

兴化府

〔唐〕

林著披之子。贞元六年举明经及第，横州刺史。　林荐著之弟。贞元十二年举明经及第，韶州司马。　林慈著之从子。元和中举明经及第，余杭令。　林苇著之兄。端州刺史。　林薛[179]荐之弟。通州刺史。　林蒙薛之弟。循州刺史。　林迈蒙之弟。同州刺史。　林蔇迈之弟。福唐刺史。　徐回横阳县令。　徐褒彭泽主簿。　徐崇殿中侍御史。　徐珍睦州司仓。　徐珦[180]司天台赞府。（上十人俱以荐举入官。）

〔宋〕

翁处易县尉。　翁处厚官至上柱国。　翁处朴泉州部曹。　翁处廉御史。　翁处休判官。　翁处恭法曹。　徐义叟县令。　徐渭叟弘文阁秘书。　徐发龙图阁待制。徐惟德大理判事。　徐谷县丞。　许子高同知。　许孔目照磨。 徐嗣将主簿。 徐公震提刑司干官。(上十六人以明经举。) 徐仁杰主簿。 翁杰陕西运使。 黄君亮通判。 黄灏知县。 郑毅学正。 郑昭文军学正。 林雨粮科院官。(上七人以儒士举。) 郭邦文以秀才举为司法。(已上俱莆田人。)

〔元〕

孙泽由都督府椽,终礼部尚书。 郑得鹏以人材举,官终知事。 宋德福宁州判官。 方震卿兴化路同知。(上二人以武功补官。) 李申伯山长。 陈公福 朱诚都事。 朱健 丘㦛教授。 宋福本路经历。 宋治龙岩教谕。 宋复福州教授。 徐大周[181]县尉。(上九人以明经举。) 曾彦明行省都事。 李伯淳提举。 许永崇典史。 李仲恭提举司学正。 李辰教谕。 黄俊甫照磨。 林景惠经历。 黄原恭教授。 陈焰学录。 徐应贤县尉。 徐宗逸典史。 徐公豫武夷山长。(上一十二人以儒士举。) 黄梓仲元之子。历兴化县教谕、泉州路教授,终罗源县尹。 黄方子滔十二世孙。武平教谕,有《论语通义》本家存稿。 黄焘梓之子。历闽县教谕,终兴化路教授。 黄烈焘之弟。历莆田县教谕、兴化路学正,在二学皆有功绩,终建宁等处儒学副提举。(上四人以文学举。) 孙绰由应奉翰林文字,累官郎中, 李晦叔兴化路同知。 黄诏知县。(上二人以才能举。已上俱莆田人。)

〔国朝〕

林廷纲给事中迁中书舍人。 邹永 徐宝巡检。 陈

宝　宋霖县丞。　林镮　郑相　李孟(上三人俱给事中。)　林望县丞。　林愿监察御史。　陈宗　郑回　谢忠　方志　林稔　李继　郑宣鸿胪序班。　陈士中江西按察佥事。　陈孔彰知县。　陈理原主簿。　陈古淞县丞。　陈彦广东按察佥事。　李广文知县。(上二十三人俱以秀才举。)

方师诚以贤良官任税课局大使。　陈均用广丰仓副使。　徐原畊知县。　彭子良[182]通判。(上三人俱以耆老辟。)　陈士原　陈遂初(上二人俱知县。)　郑万井县丞。　赵允修知府。　宋贵诚福州府同知。　黄埙湖官。　陈立诚知州。　郑景哲州判。　王伯时知县。　郑景从河泊官。　吴烈教授。　王善　郑璇[183](上二人俱教谕。)　林弃训导。

黄孟主簿。　刘晟南海知县。　陈璧主簿。　郑永恭府经历。　徐邦献知县。　徐士英州判。　林璲仓大使。　黄士弘[184]主簿。　林焘训导。　林珩知府。　陈熙泉州府训导。　郑二秀局官。　方德馨税课局大使。　黄安初为兴化府学训导，终户部员外郎。　陈观陕西布政司参政。　阮良玉助教。　余师孔　吴叔向(上二人俱训导。)　陈本初监察御史。　陈士衡巡检。　苏俊训导。　郑文华广东按察佥事。　方弘敬教谕。　余原积[185]员外郎。　林文远推官。　徐邦逊县丞。　陈亿中判官。　蔡惟贤广西按察佥事。　陈兆四竹木场大使。　黄积良试按察佥事，改知县。　林节诚主簿。　黄士玉知县。　黄孟良主簿。　林吉甫推官。　黄光叟税课局官。　朱长久教谕。　王温巡检。　王思诚教谕。　薛彦得国子学正。　方文焴主事。

陈惟岳州判。　郑彦文试按察佥事，转推官。　余士元广西按察佥事。　莫十秀主簿。　伍衡知县。　廖继贤主簿。

陈彦立卫知事。　郑伯和知县。　翁中仓副使。　王德和应天府知事。　郑自育刑部主事。　欧文器县丞。　郭恢州判官。　李文绪主簿。　陈善继府同知。　黄原人训导。　陈贤观之弟。洪武末荐授兴化府训导,迁南康县教谕。永乐中召修大典,积八年书成,改任湖口,致仕卒。贤方严好古,勤心职事,学者称为古道先生,湖人尝塑其像于学,及卒,因以祠之。　林彦实教谕。　黄宗起巡检。　顾文长卿之族。该贯经史,以文章行义重于乡,洪武中用荐为兴化府学训导,累迁金华教谕,四为乡荐考官,卒年九十三。　黄伯恭训导。　林穰卿教谕。　赵乾训导。　黄安善员外郎。　陈文英知府。

高献民知县。　卓钦国子学政。　苏亿三秀[186]教授。

陈彦回知府。　黄彦西滔之十六世孙。终安肃训导。彦西问学该博,尝注《黄庭经》行于世。　龚璠教谕。　林希哲历王山、香山二邑教谕,所至人称为贤师。　林秀　叶良贵　方文冏　林复(上四人俱训导。)　林珪训导。以子思承恩赠翼州知州。　朱应翰林检讨。　陈理常[187]典史。　林子贤主簿。　郑彦成伯玉之后。其学尤邃于《易》,漳浦学者岁延为师,多所造就。洪武间用知者荐,授闽县学教谕,勤于其职,学者翕然宗之,尤以清介著闻于时。有文集。　黄性初国初累辟,以亲老不起,及亲终,始复兴化县训导,甫逾月卒。后以子耕恩赠给事中。　方梦国子助教。　林希悦布政使。　黄神保教谕。　谢复县丞。　丘伯安宁德县教谕。　方福畴县丞。

郑彦明教授。　刘源县丞。　郑万善主簿。　林以舟知县。　郑伯辉　陈质初　柯钦举之曾侄孙。有《采薇》集。

黄原清滔十四世孙。(上四人俱训导。)　郑进彦成长子。终德清知县。有文集。　朱孟庸　萧濂(上二人俱训导。)　许美国子助教。　林祥敏时之弟。道州训导。　黄子嘉寿生之子。初用荐为安福训导，以学行得士誉，继复用荐为束鹿知县，有廉干声。正统末，北虏寇畿甸，子嘉率其民死守，邑赖以完。巡抚大臣以闻，赐敕命旌异之。满九载，邑民诣阙请留，升六品秩，仍遣复任。又三载，恳乞致仕归。归二十余年，卒，年八十一。　黄声叔詘之弟。历仙游、无锡、丽水训导，迁广元教谕，致仕卒。　黄寿　卢守道质中之子。　林缵祥敏之子。（上三人俱训导。已上一百二十人俱以明经举。）　郑直方[188]终国子助教。　黄伯厚洪武中，以荐赴京师，御试制策中第一，寻以疾乞归。　黄仲仪伯原之弟。河泊官。（上三人以文学举。）　黄慈府同知。　朱士安　陈杰（上二人俱主簿。）　林彦中巡检。（上四人以贤良方正举。）　林一初主簿。　柯冈中盐仓副使。　高鹏举县丞。（上三人俱以聪明正直举。）　郑义荣府同知。　陈伯原知州。　林日修　柳纪（上二人俱知县。）　郑隆都督府案牍。（上五人以孝廉举。）　林彦芳　黄琦　黄陶　陈庆县丞。　陈宣　林彀府同知。　黄约仲见《人物志》。　林英兵部司务，迁本都员外郎。（已上八人俱以楷书举。）　方铭甫织染局大使。　李绍白主簿，改仓大使。　朱仲永河泊所官。　杨琁[189]都督府断事。　薛和卿驿丞。　徐廷选县丞。　林彦质知州。　林彦谨司狱。　郑得荣河泊所官。　钱大年县丞。　许景谟判官。　陈乐川县丞。　陈初织染局大使。　郑廷干　李有成（上二人俱县丞。）　李真[190]税课大使。　傅彦济员外郎。　陈友聪县丞。　郑得善[191]主簿。　林彦和府经历。　陈性存主簿。　方孟诚县丞。　顾性善知府。　郑槐按察司照磨，改主簿。　黄八俊[192]县丞。　俞能静知府。　陈义方知县。　郑俊得主事。 彭起潜仓大使。 陈福生主簿。 李德忠[193]知县。 林伯奇 李原美(上二人俱典史。) 宋尚平司狱。 吴传宗理问所案牍。 黄仲玉盐课大使。 郑伯宗县丞。 郑孟年[194]主簿。 张致中驿丞。 梁士通县丞。(上四十人以人材举。) 黄庆滔之后。初为郡庠生,以诖误谪为都察院史。大臣荐其才,授工部营缮司主事,历礼部主客司,升行在礼曹郎中卒。 吴得善主事。 李国宾知州。 薛孔华推官。 李士宏工部主事。 林定户部主事,迁郎中。 杨植宗由景宁知县迁金华府同知。 苏纪都督府都事,苑马寺丞。(上七人由吏部入官,俱以荐进秩。) 李莹成化初,有司应诏,例以才学辟,至京师将授官卒。(已上二百一十九人俱莆田人。) 林隆 陈璘(上二人以楷书举。) 李龙以怀才抱德举,任知县。(已上三人俱仙游人。)

福宁州

〔唐〕

刘行深长溪人。终右军中尉。

〔五代(梁)〕

刘茂长溪人。以宏才硕德举,累官兵部尚书,兼文明殿学士,银青光禄大夫[195]。

〔宋〕

黄谟以贤良举,授忠训郎,升武节郎,出知宾州。 林仲明以三舍法召。 刘俊明以贤良举,任西台御史。(俱长溪人。）　陈志远宁德人。以经明行醇举[196]。

〔元〕

陈天锡　陈阳生天锡之子。汀州路知事。　林拱[197]福宁县尉。（上二人俱以贤良举。）　陈阳积阳生之弟。以文学举，侯官县学山长。　林子南福州路通判。　林子西子南之弟。罗源县尹。（上二人俱以仗义举。）　王克恭以贤良方正举，福宁州判官。　袁天禄以武功举，终江西行中书省参知政事。（已上八人福宁人[198]。）

〔国朝〕

陈宗颜陕西右布政使。　黄希平教谕。（上二人以贤人君子举。）　陈文献国子助教。　郑以祈[199]国子博士。　郑景周教授。　陈仲远　张希祥（上二人俱知县。）　陈德良教授。　林用文府经历。（上七人俱以明经举。）　庄宗玉推官。　林纲[200]主簿。　蒋宗文通判。　俞德勒知县。　张希文县丞。　吴德进教谕。（上六人俱以秀才举。）　陈则新以文学举，任本学训导，调崖州吏目。　丘宁甫以聪明正直举，任监察御史。　阮德善以孝廉举，任知县。　王渊明主簿。　林孔殷知县。　敖坦荣知县。（上三人俱以人材举。）　林均福以耆老举，任县丞。（已上二十二人俱福宁人。）　陈孟龙广东按察佥事。　陈景寿监察御史。　龚彦文教授。　郑礼贤县丞。　黄修竹教谕。　黄得章都督府断事[201]。　陈则中训导。（上七人俱以明经举。）　陈可尚知县。　郑荣县丞。　林伯祥推官。（上二人俱以孝廉举。）　彭中以贤良方正举，终府同知。　林光祖以聪明正直举，任县丞，后以孙聪恩赠都察院右都御史。 陈永 郑隆兴[202](上二人俱巡检。) 郑润驿丞。 杨新恩县丞。 刘汝平知县。 刘景济通判。 阮进卿 黄祖恭(上三人俱县丞。) 陈彦麟序班。 谢流芳通判。 黄执中知县。 林晏工部军器局大使。 郑日登 李天骥(上二人俱主簿。) 林和通判。 杨仲驿丞。(上一十六人俱以人材举。) 郑彦英以孝悌举,任巡检。(已上二十九人俱宁德县人。) 吴注以楷书举,任县丞。

陈垲[203]国子助教。 林均爵教授。 林子初四川按察佥事。 郑伯芳训导。 李景谦江西按察佥事。(上五人俱以明经举。) 陈宗德知府。 陈万顷按察佥事。 程伯福府同知。 黄应昌知县。(上四人俱以孝廉举。) 林升主簿。

卓惟善训导。 高竹轩推官。 程何典史。(上四人俱以儒士举。) 林刚主簿。 郑添锡[204] 陈山童(上二人俱知县。) 林志远县丞。 谢杰斋[205]县丞。(已上五人俱以人材举。) 黄德潜以吏员入官,荐升杭州知府。(已上二十人俱福安人。)

校 注

[1] 嘉靖《邵武府志·选举》及乾隆《邵武府志·选举》均尚有“张保德、高诚、潘普、黄顺、吴实、朱龄、高爵、何宜、章泰、吴经祖”。

[2] 嘉靖《邵武府志·选举》及乾隆《邵武府志·选举》均作“龚克美”,并有“郑升、蒋悌”。

[3] 嘉靖《邵武府志·选举》及乾隆《邵武府志·选举》均作“官保”。

[4] 嘉靖《邵武府志·选举》及乾隆《邵武府志·选举》均作“黄彧”。

[5] 嘉靖《邵武府志·选举》及乾隆《邵武府志·选举》均尚有“朱华”。

［6］乾隆《邵武府志·选举》作“吴仕名”。

［7］嘉靖《邵武府志·选举》及乾隆《邵武府志·选举》均作“李荣”。

［8］嘉靖《邵武府志·选举》及乾隆《邵武府志·选举》均作“府经历”。

［9］嘉靖《邵武府志·选举》及乾隆《邵武府志·选举》均尚有“吴显”。

［10］嘉靖《邵武府志·选举》及乾隆《邵武府志·选举》均作“万钟”。

［11］嘉靖《邵武府志·选举》及乾隆《邵武府志·选举》均作“王应、上官受”。

［12］嘉靖《邵武府志·选举》及乾隆《邵武府志·选举》均尚有“张聪”。

［13］嘉靖《邵武府志·选举》及乾隆《邵武府志·选举》均作“李轲”,并有“朱璧”。

［14］嘉靖《邵武府志·选举》及乾隆《邵武府志·选举》均作“傅荣宗”。

［15］嘉靖《邵武府志·选举》及乾隆《邵武府志·选举》均尚有“傅恭”。

［16］嘉靖《邵武府志·选举》及乾隆《邵武府志·选举》均作“上二人俱县丞”,并有“朱玉”。

［17］乾隆《邵武府志·选举》作“冷观”。

［18］乾隆《邵武府志·选举》作“谢连”。

［19］嘉靖《邵武府志·选举》及乾隆《邵武府志·选举》均作“黄琮”。

［20］嘉靖《邵武府志·选举》及乾隆《邵武府志·选举》均作“吴旋”。

［21］嘉靖《邵武府志·选举》及乾隆《邵武府志·选举》均作“丘璥”。

［22］嘉靖《邵武府志·选举》及乾隆《邵武府志·选举》均作“丘子琛”。

［23］嘉靖《邵武府志·选举》及乾隆《邵武府志·选举》均作“邹子倪”。

［24］嘉靖《邵武府志·选举》作“邹琎”;乾隆《邵武府志·选举》作“邹连”。

［25］乾隆《邵武府志·选举》作“梁桀”。

［26］嘉靖《邵武府志·选举》作“龚进”;乾隆《邵武府志·选举》作“龚琎”。

［27］嘉靖《邵武府志·选举》及乾隆《邵武府志·选举》均作“曾诚”。

［28］嘉靖《邵武府志·选举》及乾隆《邵武府志·选举》均作“曹羲”。

［29］嘉靖《邵武府志·选举》及乾隆《邵武府志·选举》均作“吴继忠”。

［30］嘉靖《邵武府志·选举》作“李应惠”;乾隆《邵武府志·选举》作“李惠”。

［31］嘉靖《邵武府志·选举》及乾隆《邵武府志·选举》均作“江霖”。

［32］乾隆《邵武府志·选举》作“何深”。

［33］嘉靖《邵武府志·选举》作“杨贵和”。

［34］嘉靖《邵武府志·选举》及乾隆《邵武府志·选举》均作“杨刚”。

［35］嘉靖《邵武府志·选举》作“邹璟”。

［36］乾隆《邵武府志·选举》作“萧连”。

［37］嘉靖《邵武府志·选举》及乾隆《邵武府志·选举》均作“萧英”。

［38］嘉靖《邵武府志·选举》作“危安童”;乾隆《邵武府志·选举》作“范安童”。

［39］嘉靖《邵武府治·选举》及乾隆《邵武府治·选举》均作“张泗”。

［40］乾隆《邵武府志·选举》作“朱绶”。

［41］嘉靖《邵武府志·选举》及乾隆《邵武府志·选举》均作“朱翊。”

［42］嘉靖《邵武府志·选举》及乾隆《邵武府志·选举》均作“邹瑛”。

［43］乾隆《邵武府志·选举》作“李纳”。

［44］嘉靖《邵武府志·选举》作“柯彬”。

［45］嘉靖《邵武府志·选举》及乾隆《邵武府志·选举》均作“李秉綖”。

［46］嘉靖《邵武府志·选举》及乾隆《邵武府志·选举》均作“李真”。

［47］嘉靖《邵武府志·选举》及乾隆《邵武府志·选举》均作“黄晟”。

［48］嘉靖《邵武府志·选举》及乾隆《邵武府志·选举》均作“姜维高”。

［49］嘉靖《邵武府志·选举》及乾隆《邵武府志·选举》均作“江永”。

［50］嘉靖《邵武府志·选举》及乾隆《邵武府志·选举》均作“官颐”。

［51］嘉靖《邵武府志·选举》及乾隆《邵武府志·选举》均作“张纶”。

［52］乾隆《邵武府志·选举》作“陈瓛”。

［53］嘉靖《邵武府志·选举》作“傅诚”。

［54］乾隆《邵武府志·选举》作“吴茂”。

［55］嘉靖《邵武府志·选举》及乾隆《邵武府志·选举》均作“张瑛”。

［56］嘉靖《邵武府志·选举》作“官廉”;乾隆《邵武府志·选举》作“上官廉”。

［57］按嘉靖《邵武府志·选举》及乾隆《邵武府志·选举》,除本志所列者外,尚另有增列,特并录备考:

王瑄　祝瑛　姜泰　陈清(以上俱邵武县学)　梁桂　林继生　余荀

梁正德　何道旻　李惠　高广　李昭　叶颜　江童　萧荣(以上俱泰宁县学)　张回　余禧温　余志　鄢文举　廖惠　吴本高　谢英　张英(以上俱建宁县学。)　王彬　高峦　官亮　施惠　翁春　陈璇　危通　丘显　危淑祯　龚慎　官敏　李性(以上俱光泽县学)。

另,嘉靖《邵武府志·选举》于邵武府岁贡尚有“丁泰(泰宁县学)、罗浚、梁安(光泽县学)”。

[58] 弘治《兴化府志·礼纪》作“陈居”。

[59] 弘治《兴化府志·礼纪》作“李机”。

[60] 弘治《兴化府志·礼纪》作“许实”。

[61] 弘治《兴化府志·礼纪》作“方璨”。

[62] 弘治《兴化府志·礼纪》作“戴文”。

[63] 弘治《兴化府志·礼纪》作“陈维扬”。

[64] 弘治《兴化府志·礼纪》作“周宏”。

[65] 弘治《兴化府志·礼纪》作“林震”。

[66] 弘治《兴化府志·礼纪》作“戴昪”。

[67] 弘治《兴化府志·礼纪》作“李朝羡”。

[68] 弘治《兴化府志·礼纪》作“叶茂端”。

[69] 弘治《兴化府志·礼纪》作“陈巩”。

[70] 弘治《兴化府志·礼纪》作“陈庸”。

[71] 乾隆《福宁府志·选举下》作“俞景”。

[72] 乾隆《福宁府志·选举下》尚有“蒋沂、郑瑄,俱州学”。

[73] 乾隆《福宁府志·选举下》作“林继、吴士谦”。

[74] 乾隆《福宁府志·选举下》作“陈瑛”。

[75] 乾隆《福宁府志·选举下》作“姚荣吉”。

[76] 乾隆《福宁府志·选举下》作“黄直”。

[77] 乾隆《福宁府志·选举下》尚有“陈玘、池录、黄钊、薛侨、谢霖、邓公质、曾寅(俱宁德县学)”。

[78] 乾隆《福宁府志·选举下》作“杨振”。

[79] 乾隆《福宁府志·选举下》作“刘任、梅敏”。

[80] 乾隆《福宁府志·选举下》作“陈德深”。

[81] 乾隆《福宁府志·选举下》作“陈浚”。

［82］乾隆《福宁府志·选举下》作“吴奇、詹湜”。

［83］乾隆《福宁府志·选举下》作“林贵”。

［84］乾隆《福宁府志·选举下》作“郑铭、柳垣”。

［85］乾隆《福宁府志·选举下》尚有“连仕、连和存、刘湛、陈倜，俱福安县学”。

［86］万历《福州府志·选举七》及乾隆《福州府志·选举六》均作“林云瀚”。

［87］万历《福州府志·选举七》作“林汝哲”。

［88］万历《福州府志·选举七》及乾隆《福州府志·选举六》均作“史林志”。

［89］万历《福州府志·选举七》及乾隆《福州府志·选举六》均作“林仕名、郑居贞”。

［90］万历《福州府志·选举七》及乾隆《福州府志·选举六》均作“周元”。

［91］乾隆《福州府志·选举》作“苏文越”。

［92］万历《福州府志·选举七》及乾隆《福州府志·选举六》均作“戴庄”。

［93］乾隆《福州府志·选举六》作“陈伯达”。

［94］乾隆《福州府志·选举六》作“陈宏道”。

［95］万历《福州府志·选举七》作“谢璧”。

［96］万历《福州府志·选举七》及乾隆《福州府志·选举六》均作“留贤”。

［97］万历《福州府志·选举七》及乾隆《福州府志·选举六》均作“杨士良”。

［98］万历《福州府志·选举七》及乾隆《福州府志·选举六》均作“魏中叔”。

［99］万历《福州府志·选举七》及乾隆《福州府志·选举六》均作“何太和”。

［100］万历《福州府志·选举七》作“陈德夫”。

［101］万历《福州府志·选举七》及乾隆《福州府志·选举六》均作“薛德衡”。

［102］乾隆《福州府志·选举六》作“郑原”。

［103］万历《福州府志·选举七》作“黄子扬”。

［104］万历《福州府志·选举七》及乾隆《福州府志·选举六》均作“韩廷载”。

［105］万历《福州府志·选举七》作“陆惟远”。

［106］万历《福州府志·选举七》及乾隆《福州府志·选举六》均作“陈德和”。

［107］乾隆《福州府志·选举六》作“屠元礼”。

［108］嘉靖《建宁府志·选举下》尚有“〔南唐〕　游简言（建安人）、林仁肇（建阳人）”。

［109］嘉靖《建宁府志·选举下》尚有：“彭彝（以文章典赡荐，崇安人）、程元（以经明行修荐，瓯宁人）、徐几（以布衣名，崇安人）、郑代孙（以贤良举，建安人）、游安时（以八行荐）、游安祉（以孝行荐）、（俱瓯宁人。）　徐凰（以才行荐，浦城人）、徐鸾（以荐为中书舍人）。”又增：“〔元〕　苏照（以明经荐，建安人）。”　另外，雷德润、叶文兴、黄叔、吕桂、游钦、黄克和、詹景仁等人，均作为元代荐辟，而本志则列入宋代，未知孰是。

［110］嘉靖《建宁府志·选举下》作“杨恭叔”。

［111］嘉靖《建宁府志·选举下》作“缪炅宗”。

［112］嘉靖《建宁府志·选举下》作“陈彦名”。

［113］嘉靖《建宁府志·选举下》作“郑悦”。

［114］万历《泉州府志·人物上之上》作“李纶”。

［115］万历《泉州府志·人物上之上》作“谢国南”。

［116］万历《泉州府志·人物上之上》及乾隆《泉州府志·选举一》均尚有：“卢瞻（以八行举，惠安人）、尤台（以童子举，安溪人）。”万历《泉州府志·人物上之上》另有：“张可封（以童子举，德化人）。”

［117］万历《泉州府志·人物上之上》及乾隆《泉州府志·选举一》均作“杨应芊”。

［118］万历《泉州府志·人物上之上》及乾隆《泉州府志·选举一》均尚有：“黄君辅（以荐授职）、陈信惠（以才能辟）、诸葛晋（以明经荐）、（以上俱晋江人。）　张性祐（以义勇举，惠安人）。”

［119］万历《泉州府志·人物上之上》作“陈仲安”。

[120] 万历《泉州府志·人物上之上》作“高继善”。

[121] 乾隆《泉州府志·选举四》作“庄际翁”。

[122] 万历《泉州府志·人物上之上》及乾隆《泉州府志·选举四》均作“庄进叔”。

[123] 万历《泉州府志·人物上之上》及乾隆《泉州府治·选举四》均作“柯世忠”。

[124] 乾隆《泉州府志·选举四》作“林贤生”。

[125] 乾隆《泉州府志·选举四》作“留廷宾”。

[126] 乾隆《泉州府志·选举四》作“柯世隆”。

[127] 万历《泉州府志·人物上之上》及乾隆《泉州府志·选举四》均作“潘用乾”。

[128] 乾隆《泉州府志·选举四》作“洪锺”。

[129] 康熙《漳州府志·选举一》及乾隆《漳州府志·选举一》均尚有：“〔唐〕陈鄤(举秀才)、陈诉(辟刺官)。”乾隆《漳州府志·选举一》另有：“〔唐〕陈讦、戴器(漳州刺史，漳浦人)。”

[130] 康熙《漳州府志·选举一》及乾隆《漳州府志·选举一》均尚有：“颜慥(辟州教授)、黄涛(荐倅广州)、许伯鸾(以明经荐)、胡志夫(辟承节郎)、胡诲夫(辟都巡检)、(以上俱龙溪人。) 蔡芹(辟度支判官)、蔡期(荐翰林编修)、蔡闰(荐刺史)、蔡震(应荐仕至光禄大夫)、蔡庄(应荐官至翰林侍读)、蔡光世(应荐徐州总管)、蔡嘉(荐县丞)、蔡震先(荐总管)、蔡仁任(应荐官至谏议大夫)、蔡廷瑞(荐训导)、蔡魁(荐太学训导)、蔡希稷(兵部侍郎)、蔡通(荐知县)、蔡预(荐教谕)、陈檠(举才干)、黄淳(以贤良荐)、翁待举(以文字举)、(以上俱漳浦人。) 王仲敬、张汉杰、叶惟寅、王商聘、郑德可、(以上俱以文学荐。) 蔡君泽、许从龙。(以上俱长泰人。)”《漳州府志·选举一》另有：“王子宝(知兴化军)、叶大有(官至刑部尚书)、王阳(应荐海丰丞)、陈麒(以经明行修荐)、林凤(辟学长)、林诏(荐县丞)、卢师尹(荐州守)、陈麒(荐教谕)、陈耀(荐教谕)、卢景祥(荐知县)、王熊(荐训导)。(以上俱龙岩人。)”乾隆《漳州府志·选举一》另有：“丁宗一(辟教谕)、丁鹇(迪功郎)、丁萃甫(以文学荐)、丁樵甫(以茂才荐)、丁思恭(以明经荐)、丁日起(以茂才荐)、丁显成(以文行荐)、丁惠开(以明经举)、丁继宗(辟承务郎)、丁梦旗(辟县丞)、杨子俊(以义行荐)、林徽(大理评事)、杨巡使(承事郎)、林积(通判)、

陈景肃(以学行举)、陈肇(以聪明正直举)。”

［131］康熙《漳州府志·选举一》及乾隆《漳州府志·选举一》均作“苏也陂、黄君复”。

［132］康熙《漳州府志·选举一》及乾隆《漳州府志·选举一》均尚有：“林广发(荐学职)、王羲甫(荐贤良方正)、胡景昌(荐人才)、胡文甫(荐学行)、郭恪(荐明经)、颜贵来(辟茂才)、苏嘉畅(荐教谕)、苏比陂(应荐官同安大使)、苏用宾(荐训导)、(以上俱龙溪人。)陈君献(荐训导)、陈泰兴(以明经荐)、陈泰舆(以经术荐)、陈泰道(应荐朝议大夫)、陈泰遴(举材干)、陈子铤(荐明经)、陈和卿(荐县令)、(以上俱漳浦人。)张邦翰、余宗文、王士杰、陈晋、(以上俱以文学荐。)薛伯玉、薛汝德、杨稷、黄德名。(以上俱长泰人。)”康熙《漳州府志·选举一》另有：“陈继光、陈国真、林德华、(以上均以儒士荐。)卢均用(应荐充典史)、林宜庆(以秀才荐)、王叙、陈微之、(以上均以人才荐。)曾永从(至正间荐)。(以上俱长泰人。)”乾隆《漳州府志·选举一》另有：“丁真典、杨真儒、丁俊开、(以上均以文学荐。)陈仁甫(以明经荐)、王忠(以人才荐)、丁国圣(以文行荐)、王吉才、苏宝、王永、(以上俱龙溪人。)许保玉、林崇德(贤良方正荐)、林崇辅(以通经秀才荐)。”

［133］康熙《漳州府志·选举三》及乾隆《漳州府志·选举三》均作“杨绍熙”。

［134］康熙《漳州府志·选三举》及乾隆《漳州府志·选举》均作“郑伯原”。

［135］康熙《漳州府志·选举三》及乾隆《漳州府志·选举》均作“李性哲”。

［136］乾隆《漳州府志·选举三》作“王彦正”。

［137］康熙《漳州府志·选举三》作“曾文遂”。

［138］乾隆《汀州府志·选举四》尚有：“〔宋〕萧登仕(以人才辟，归化人)、钟四七(主簿，武平人)。”

［139］乾隆《汀州府志·选举四》作“林懋”。

［140］乾隆《汀州府志·选举四》均尚有：“罗仁叟、罗仁受(以御寇有功荐)、邹国宝(以人才荐)、伍龙光(以功荐)、雷绅(以贤良举)、(以上均清流人。)谢英辅(归化人)。”

［141］乾隆《汀州府志·选举四》作“程九庆”。

［142］ 乾隆《汀州府志·选举四》作“张得用”。

［143］ 乾隆《汀州府志·选举四》作“傅铉德”。

［144］ 乾隆《汀州府志·选举四》作“丘璿”。

［145］ 乾隆《汀州府志·选举四》作“沈德卫”。

［146］ 乾隆《汀州府志·选举四》作“王德闰、王陆七”。

［147］ 乾隆《汀州府志·选举四》作“邓希瑀”。

［148］ 乾隆《汀州府志·选举四》作“赖懿德”。

［149］ 乾隆《汀州府志·选举四》尚有：“罗铭（以秀才举）、陈定通（以明经举）、伍旺（以人才举）、王宸、陈伯坚、（均以明经举。）陈玉殿（以贤才举）、（以上均清流人。）王富、谢表、（均以人才举。）杨武（征译字官）、萧荣（举钦天挈壶起官）。（以上均归化人。）”

［150］ 乾隆《延平府志·选举》尚有：“〔唐〕廖彦敏（太常少卿）、廖春（由文学辟）、廖云、廖畅（均由贤良方正辟）、廖曾（博士荐）。”乾隆《延平府志·选举》尚有：“〔宋〕黄谠（通奉大夫）、廖琥（由怀才抱德辟）、廖正道（诏征试文学）、林摅、廖璞。（均由文学辟。）”

［151］ 乾隆《延平府志·选举》作“徐赐”。

［152］ 乾隆《延平府志·选举》尚有：“陈文举（人才辟）、李必达（明经辟）（以上南平人。）、李唐卿（以儒士荐）、郑铿（辟教谕）、（以上顺昌人。） 田坤宜（由经义举，尤溪人）。”

［153］ 嘉靖《延平府志·选举》及乾隆《延平府志·选举》均作“蒋伦”。

［154］ 乾隆《延平府志·选举》作“廖仲仁”。

［155］ 乾隆《延平府志·选举》作“陈景暘”。

［156］ 嘉靖《延平府志·选举》及乾隆《延平府志·选举》均作“魏良镏”。

［157］ 乾隆《延平府志·选举》作“罗均甫”。

［158］ 嘉靖《延平府志·选举》及乾隆《延平府志·选举》均作“林源”。

［159］ 嘉靖《延平府志·选举》及乾隆《延平府志·选举》均作“陈海”。

［160］ 嘉靖《延平府志·选举》及乾隆《延平府志·选举》均作“刘铿”。

［161］ 嘉靖《延平府志·选举》作“赖中行”。

［162］ 乾隆《延平府志·选举》作“张功孙”。

［163］ 嘉靖《延平府志·选举》及乾隆《延平府志·选举》均作“陈

子容”。

［164］嘉靖《延平府志・选举》作“黄缘祥”。

［165］嘉靖《延平府志・选举》作“郑得禅”。

［166］嘉靖《延平府志・选举》及乾隆《延平府志・选举》均作“陈康”。

［167］嘉靖《延平府志・选举》作“陈进弟”；乾隆《延平府志・选举》作“陈进第”。

［168］嘉靖《延平府志・选举》作“罗应”。

［169］嘉靖《延平府志・选举》及乾隆《延平府志・选举》均作“力宜”。

［170］嘉靖《延平府志・选举》作“陈均中”；乾隆《延平府志・选举》作“陈均和”。

［171］嘉靖《延平府志・选举》及乾隆《延平府志・选举》均作“张恭”。

［172］嘉靖《延平府志・选举》作“张惟宝”；乾隆《延平府志・选举》作“张惟实”。

［173］嘉靖《延平府志・选举》作“卢希良”；乾隆《延平府志・选举》作“卢良希”。

［174］嘉靖《延平府志・选举》及乾隆《延平府志・选举》均作“俞景厚”。

［175］乾隆《延平府志・选举》作“赖中行”。

［176］乾隆《延平府志・选举》作“范本初、吴先民”。

［177］嘉靖《邵武志・选举》及乾隆《邵武府志・选举》均尚有：“〔宋〕李玩（以八行荐）、谢克仁（以文词荐）。（俱建宁人。）”乾隆《邵武府志・选举》另有：“〔宋〕龚定言（以茂才荐）、龚马生、龚璋、（均以德行荐，俱邵武人。）李郁（以遗逸荐）、吴万子（以人才荐）。（俱光泽人。）”嘉靖《邵武府志・选举》及乾隆《邵武府志・选举》均尚有：“〔元〕叶缙（以茂才举）、江巨川（以通经举）。（俱泰宁人。）”乾隆《邵武府志・选举》另增：“〔元〕黄镇成、江文富、江九益、江震甫、邹预、江念一、雷福。（以上俱泰宁人。）”

［178］嘉靖《邵武府志・选举》及乾隆《邵武府志・选举》均尚有：“上官子龄、赵玉、吴森、梁用、官诚、江马、李留根、（俱泰宁人。）王伯彰、官彦瞻、何贵芳、江子宝、姚仕瞻、李佛生、娄陈、（俱光泽人。）梁举善（泰宁人）、（均以茂才举。）　曾伯舆、江均实、杨珠、（俱泰宁人。）谢子才（建宁人）、（均以通经秀才荐。）　江兆、江仲本、游兆、官柔、（俱泰宁人，均以孝廉举。）　刘缙（光泽

人)、梁彦诚、梁预、梁礼、(俱泰宁人,均以儒士举。) 王景弘、官信(邵武人)、(均以艺术举。) 李宗富、李吉、邵德武、(俱泰宁人,均以老人举。) 万光祖(邵武人)、官景哲、梁继安、黄孟舟、(俱光泽人,均以人材举。) 张善、危昶、高文、陈仲显。(均以楷书举。)"

[179] 弘治《兴化府志・吏纪》作"林晔"。

[180] 弘治《兴化府志・吏纪》作"徐项"。

[181] 弘治《兴化府志・吏纪》作"徐大同"。

[182] 弘治《兴化府志・吏纪》作"彭子初"。

[183] 弘治《兴化府志・吏纪》作"郑璿"。

[184] 弘治《兴化府志・吏纪》作"黄士宏"。

[185] 弘治《兴化府志・吏纪》作"方宏敬、俞原积"。

[186] 弘治《兴化府志・吏纪》作"苏意二秀"。

[187] 弘治《兴化府志・吏纪》作"陈履常"。

[188] 弘治《兴化府志・吏纪》作"郭直方"。

[189] 弘治《兴化府志・吏纪》作"梁瑶"。

[190] 弘治《兴化府志・吏纪》作"李贞"。

[191] 弘治《兴化府志・吏纪》"陈有聪、郑德善"。

[192] 弘治《兴化府志・吏纪》作"黄八秀"。

[193] 弘治《兴化府志・吏纪》作"黄德中"。

[194] 弘治《兴化府志・吏纪》作"郑伯崇、郑伯年"。

[195] 乾隆《福宁府志・选举上》尚有:"陈宗德(知府)、黄应昌(知县)。"

[196] 乾隆《福宁府志・选举上》尚有:"杨维(举武艺绝伦)、刘现、陈源(府教授)、陈资(举贤良方正)、袁隆(以明经仕)、郑顺(县丞)、周导(以明经仕)、陈嗣光(举孝廉)。"

[197] 乾隆《福宁府志・选举上》作"林棋"。

[198] 乾隆《福宁府志・选举上》尚有:"郑维一(善草书,精兵法)、陈榆翁(书院山长)、林文兴(教谕)、林许献(福宁学正)、庄韶(宁德尉)、(以上俱霞浦人。) 蒋小回(举贤良方正,福鼎人)、刘鉴(蒙古译史)。"

[199] 乾隆《福宁府志・选举上》作"郑以旂"。

[200] 乾隆《福宁府志・选举上》作"林刚"。

［201］乾隆《福宁府志·选举上》作“黄修行、黄德昌”。

［202］乾隆《福宁府志·选举上》作“郑兴隆”。

［203］乾隆《福宁府志·选举上》作“陈原垲”。

［204］乾隆《福宁府志·选举上》作“林纲、郑天锡”。

［205］乾隆《福宁府志·选举上》作“谢杰齐”。

八闽通志卷之五十八

坛　　壝

民资谷以养，而谷资土以生，此社稷之所由以祀也。风云雷雨能滋土以生谷，而名山大川又能出云以兴雨，此风云雷雨山川之所以祀也。若夫厉之有祀，则以鬼无所依或能为害，亦焉往而非为民哉？《传》："国之大事，在祀与戎。"有民社之寄者，其尚知所重也夫！乃志坛壝。

福州府闽、侯官、怀安三县附

社稷坛在府城北天王山[1]下。旧在州南七里。唐观察使杨发迁于南涧寺之东。伪闽时，迁于乌石山之阴。元初又迁于法海寺之北。国朝洪武六年，知府杨仕英移建今所。　**风云雷雨山川坛**在府城南嘉崇里钓龙台。洪武三年，知府杨仕英建于鱼泽山[2]。六年，以其地隘陋，移建今所。　**郡厉坛**在府城西北宝福寺之东山。洪武初，建于马鞍山之后。八年，主簿李季初移建今所。　**闽县里社坛**　**乡厉坛**　**侯官县乡厉坛**在县各都，凡二十九所。　**怀安县乡厉坛**在县各都，凡二十五所。

长乐县　**社稷坛**在县治西南三峰寺之前。宋时建，元至元二十七年重建[3]。国朝洪武间修，成化十八年知县罗叙重修。

风云雷雨山川坛在县西隅南山下。　**邑厉坛**在县西隅首石山下。（上二坛俱洪武初建，成化十年知县罗叙修。）　**里社**

坛　乡厉坛(俱在县各里都,各二十四所。)

连江县　社稷坛在县治前美政街之西。宋庆元间,知县赵善建于玉泉山下[4]。国朝洪武初,改建今所。　风云雷雨山川坛在县治前通济桥之南。　邑厉坛在县治北钦平下里。(上二坛俱洪武初知县王得钦建[5]。)八年县丞商准修。　里社坛在县各里都,凡二十二所。　乡厉坛在县各乡,凡五所。　南海神坛在县东南福斗山上。永乐七年建[6]。

福清县　社稷坛在县治北一里。宋时建于县之西南。元大德七年知州孙仪重建。国朝洪武六年移建今所。成化十七年知县庞琡修。　风云雷雨山川坛在县治南龙首桥之右[7]。　邑厉坛在县治北鹫峰山下[8]。(上二坛俱洪武六年建,成化十七年知县庞琡修。)　乡厉坛在县各里,凡三十六所。(俱洪武二十四年立。)

古田县　社稷坛在县治西一里许[9]。宋景德二年知县李堪建于县东,寻迁县西南,元元贞间县尹王奂移今所,国朝因之。成化十五年县丞沈敬通修。　风云雷雨山川坛在县治东南半里许。洪武三年知县韩秉建。　邑厉坛在县治北[10]二里许。洪武三年知县韩秉建,成化十五年县丞沈敬通修。　里社坛　乡厉坛(俱在县各都,各四十二所。)

永福县　社稷坛在县治北十三都。宋时建于县之西南,元大德六年移建今所。国朝洪武间修。　风云雷雨山川坛在县南十二都重峰山下。元时附于社稷坛,国朝洪武三年改建今所。　邑厉坛在县治北十二都北桥埕。洪武初建。　里社坛　乡厉坛

闽清县　社稷坛在县治北,旧在县治西二里许。宋大中祥符二年知县史温建。元至大元年县尹张渊移建今所。国朝仍

旧址增建。 **风云雷雨山川坛**在县治南二里许。洪武七年建。 **邑厉坛**在县治北一里[11]。洪武三年,知县郑起居仍元之故址增建。 **里社坛** **乡厉坛**(俱在县各里,各七所。)

罗源县 **社稷坛**在县治西隅棣华坊,宋时在县西北。元至大三年达鲁花赤回回改建于此[12]。国朝洪武初增建。 **风云雷雨山川坛**在县东隅沈尉桥之西。宋元时附于旧社稷坛。国朝洪武十二年,县丞陈逊移建今所。 **邑厉坛**在县治东一里许。洪武十三年[13],县丞陈逊因元之故址增建。 **里社坛**[14] **乡厉坛**[15](俱在县各里,各二十六所。)

建宁府建安、瓯宁二县附

社稷坛在府城西门外龙山之上,宋在富沙庙之侧。国朝洪武八年知府张允移建今所。 **风云雷雨山川坛**在府城南门外紫芝上坊。洪武八年知府张允建。成化十五年建安县知县桂镐重建斋宿屋宇。 **郡厉坛**在府城北门外太平坊。洪武八年知府张允建[16]。 **建安县里社坛**[17] **乡厉坛**(俱在县东吉苑里。又县所辖里皆置二坛,各一十四所。) **瓯宁县** **里社坛** **乡厉坛**(俱在县西北崇安里。又县所辖里皆置二坛,各一十三所[18]。)

浦城县 **社稷坛**在县城西北德星门外,旧在县西官社巷。洪武九年,佥事陈汝器建,成化十年筑城,以其址为营房,遂迁建今所。 **风云雷雨山川坛**在县城南南浦门外东隅[19]。旧在县南回隆山下,佥事陈汝器迁建儒学之左。成化十年筑城,又迁建今所。 **邑厉坛**在县城北拱北门外三里桥北。旧在永丰坊左。洪武九年,佥事陈汝器移建今所。景泰五年,典史殷宗重修[20]。 **里社坛**在县各里,凡三十所,洪武九年县丞朱德昌建。 乡厉坛在县各里，凡三十所[21]。洪武二十四年知县胡仲义建。

建阳县　社稷坛在县北二里许，宋元在南岸之后坂。　风云雷雨山川坛在县南三桂里黄花山之阳。（上二坛俱洪武九年知县范子畴建。）景泰六年知县龙韬重修。　邑厉坛在社稷坛边。旧在县北焦湖岭下，成化十一年知县项旻移建今所。　乡厉坛在县各里，凡五所[22]。

松溪县　社稷坛在县北。宋时建，元因之，国朝洪武二年，知县梁楚材因旧址重建。　风云雷雨山川坛在县南石壁庵之后。洪武九年建。　邑厉坛在县北枣岭。洪武九年建。　里社坛　乡厉坛在县各里，各七所。（俱洪武九年立。）

崇安县　社稷坛在县西兴贤坊内。旧在东岳行祠之前，宋淳祐五年知县陈樵子重建。元元贞元年县令杨靓重修。国朝洪武九年知县夏德章迁建今所。　风云雷雨山川坛在县西贞节坊内，灵宝观故址也。洪武九年知县夏德章建。　邑厉坛在县东北二里。洪武九年县丞安处善建。　里社坛　乡厉坛在县各里，各七十六所[23]。（俱正统间立。）　汉祀坛在武夷山大王峰之下。汉武帝遣使置坛，以祀武夷君，仍令祠官领之。见汉《郊祀志》。国朝每岁八月十五日，县正官率僚属致祭。　喊茶山坛在武夷山御茶场之左。每岁惊蛰日，有司于此祭武夷山之神，然后造茶。

政和县　社稷坛在县西顺令门外二里。旧在县南一里许，洪武间知县黄裳重修。　风云雷雨山川坛在县南一里。　邑厉坛在县西门外二里。　里社坛在县各里，凡四十六所[24]。

寿宁县　社稷坛在县东门外。　风云雷雨山川坛在县东门外。　邑厉坛在县西门外[25]。

泉州府晋江县附

社稷坛在府城北三十九都。旧在府治西南明净坊内，洪武二年，知府常性改建今所。正统十一年，佥事陈祚檄、通判张骏重修。成化十八年，知府陈勉重建斋宿屋宇。 **风云雷雨山川坛**在府城西南三十四都石笋江之右。旧在仁化慈坊，东仓隙地[26]。洪武初知府常性改建今所。正统十一年佥事陈祚重修。 **郡厉坛**在府城北三十九都。洪武初知府常性建。正统十一年佥事陈祚重修。 **里社坛** **乡厉坛**在县各里，各四十七所。

南安县 **社稷坛**在县西姜相峰之前。 **风云雷雨山川坛**在县东鹏溪之北。 **邑厉坛**在县北一里许。（上三坛俱洪武初知县王罕建。）正统十三年佥事陈祚重修[27]。 **里社坛** **乡厉坛**（俱在县各里，各四十四所。）

同安县 **社稷坛**在县西北庆丰门外。 **风云雷雨山川坛**在县南厚德门外。 **邑厉坛**在县北拱辰门外。（上三坛俱洪武初建，成化十四年知县张逊重修。） **里社坛** **乡厉坛**（俱在县各里，各二十所。）

德化县 **社稷坛**在县西。 **风云雷雨山川坛**在县南龙津桥左。 **邑厉坛**在县东北。（上三坛俱洪武初建。）正统十一年佥事陈祚修。 **里社坛** **乡厉坛**（俱在县各里团，各七所。）

永春县 **社稷坛**在县西北。 **风云雷雨山川坛**在县西南。 **邑厉坛**在县东北。（上三坛俱洪武初建。）正统十一年重修。 **里社坛** **乡厉坛**（俱在县各都，各二十五所。）

安溪县 **社稷坛**在县西北。 **风云雷雨山川坛**在县西南。 **邑厉坛**在县北。（上三坛俱洪武初建[28]。）正统十一年佥事陈祚修。　**里社坛**　**乡厉坛**(俱在县各里,各一十六所。)

惠安县　**社稷坛**在县北一里许。　**风云雷雨山川坛**在县南一里许。　**邑厉坛**在县北郭外。(上三坛俱洪武初知县罗泰建。)正统十一年,佥事陈祚修。　**里社坛**　**乡厉坛**(俱在县各都,各三十四所。)

永宁卫　**无祀鬼神坛**在府城东南二十都卫城外之东北。成化十九年指挥使杨晟建。

漳州府龙溪县附

社稷坛在府城西里许,宋雷雨师坛故址。　**风云雷雨山川坛**在府城南二里。(上二坛俱洪武三年知府潘琳建,正统九年佥事陈祚重修。成化十年坏于水,十六年知府姜谅修建一新。)

郡厉坛在府城北里许。洪武三年知府潘琳建。正统九年佥事陈祚重修。正统十四年毁于寇。成化十一年知府张瓒、十六年龙溪知县伦善相继修建。　**里社坛**在县各都。按旧志,龙溪县原设一百八十五所,岁久俱废,成化十七年知府姜谅命各都修建。今为二十二所。　**乡厉坛**在县各都。按旧志,龙溪县原设一十所,岁久俱废,成化十五年知府姜谅令各都修建。今为二十三所。

漳浦县　**社稷坛**在县西里许。旧在县西北,即宋社坛风雷雨师也。　**风云雷雨山川坛**在县南五里。　**邑厉坛**在县北里许。(上三坛俱洪武三年知县张玉文建[29]。)正统十二年,佥事陈祚重修。　**里社坛**在县南八都盘陀岭下。洪武九年建,后废。成化十七年知府姜谅令各都创建。今为十又二所。　**乡厉坛**在县东十五都保女径。洪武二十四年建,后废。成化十七年知府姜谅令各都创建。今为一十二所。

龙岩县　**社稷坛**在县城北永宁门外,旧在县西北,即宋元旧址也。国朝洪武三年知县赵荣祖建。成化八年,以其地建千户所,知县韦济乃迁建今所。 **风云雷雨山川坛**在县城南。洪武三年知县赵荣祖因宋元旧址重建,成化十七年知县陶傅重修。 **邑厉坛**在县城北永宁门外。旧在城西北,成化八年知县韦济迁建今所。十七年知县陶傅重修。

长泰县 **社稷坛**在县西门外里许,宋社稷风云雷雨坛师旧址也。 **风云雷雨山川坛**在县南方成里。(上二坛俱洪武初建。正统九年佥事陈祚重修,十四年寇毁。成化十七年知县刘铎重建。) **邑厉坛**在县北门外。正统九年佥事陈祚重修。成化十七年知县刘铎重修。 **里社坛**在县各里。洪武九年创建,后废。成化十七年知府姜谅令各里重建,凡九所。 **乡厉坛**在县各里。洪武九年建,后废。成化十七年知府姜谅命各里重建。凡八所[30]。

南靖县 **社稷坛**在县北习贡里张仓社。 **风云雷雨山川坛**在县南归德里阡陌社。(上二坛俱洪武三年典史黄秉立因元旧址建。成化十八年知县张鹏举重建。) **邑厉坛**在县北门外。洪武三年典史黄秉立因元旧址建。 **里社坛** **乡厉坛**(俱在县各里。久废。成化十七年知府姜谅命各里重建,各五所。)

漳平县 **社稷坛**在县东北。 **风云雷雨山川坛**在县西。 **邑厉坛**在县东三里许。(上三坛俱成化七年知县陈栗建。)

汀州府长汀县附

社稷坛在府城西通津门外一里许。宋庆元间郡守陈晔建。 **风云雷雨山川坛**在府城南镇南门外二里许。 **郡厉坛**在府治北朝天门外卧龙山麓。(已上三坛俱永乐八年知府宋忠重修。) **里社坛** **乡厉坛**(俱在县各里,各十所。)

宁化县 社稷坛在县西隅三里许。洪武六年建。 风云雷雨山川坛在县南隅二里。永乐十二年知府宋忠重修。 邑厉坛在县北一里许。 里社坛在县北一里许。 里社坛 乡厉坛(俱在县各里,各一十四所。)

上杭县 社稷坛在县城西通马门外北畔,旧在县治南。 风云雷雨山川坛在通马四门外南畔。(上二坛俱洪武初知县刘亨建。永乐十四年坏于水,知县沈新等重建。成化九年知县萧宏等修,十八年县丞赵德重修。) 邑厉坛在县城北迎恩门外西畔。成化十八年主簿余嵩修。 里社坛 乡厉坛(俱在县各里,各九所。)

武平县 社稷坛在县西门外一里许。洪武六年建。 风云雷雨山川坛在县南门外一里许。洪武七年建。 邑厉坛在县北一里许。 乡厉坛在县各里,凡六所。

清流县 社稷坛在县西一里许。旧在县南二百余步,宋末迁于今所,元因之。国朝洪武七年知县向士英修,成化十六年重修。 风云雷雨山川坛在县南门外三里。洪武七年知县向士英建,成化十六年修,十七年坏于水,寻复修。 邑厉坛在县北二里。洪武七年知县向士英建,成化十六年重修。 里社坛 乡厉坛(俱在县各里,各六所。)

连城县 社稷坛在县西福仙观之侧,宋元旧址也。 风云雷雨山川坛在县东塔寺之侧。 邑厉坛在县北。(上三坛俱洪武六年知县刘雍建。) 里社坛在县北北安里北安铺南畔。洪武二十四年建。 乡厉坛在县南南顺里黄栏。洪武六年建。(上二坛县各里又各设一所,各六所。)

归化县 社稷坛在县东南山。 风云雷雨山川坛在县东北五舍岭。 邑厉坛在县东北赖家山。(上三坛俱成化八年知县郭润建。） **里社坛**在县各里，凡四十五所。

永定县 社稷坛在县东卧龙山下。 **风云雷雨山川坛**在社稷坛前。 **邑厉坛**在县西迎恩门外一里。（上三坛俱成化十六年知县王环建。） **里社坛 乡厉坛**（俱在县各里，各五所。）

延平府南平县附

社稷坛在府城西隅西山。宋元丰中建，国朝洪武九年重建[31]。 **风云雷雨山川坛**在府城南剑津里。 **郡厉坛**在府城北衍仙下里。（上二坛俱洪武九年建。） **乡厉坛**在县各里，凡四十一所。（俱洪武九年建。）

将乐县 社稷坛在县西。宋元丰中建，国朝洪武九年重建。 **风云雷雨山川坛**在县南水南都，洪武七年建。 **邑厉坛**在县北龙池都。 **乡厉坛**在县各都，凡四十一所。

尤溪县 社稷坛在县西宝城门外。 **风云雷雨山川坛**在县西南毓秀坊。（上二坛俱洪武七年建。） **邑厉坛**在县西昼锦坊。 **乡厉坛**在县各都，凡五十所[32]。

沙县 社稷坛在县西和仁坊。旧在云际寺后，洪武十五年知县许斌迁建今所。 **风云雷雨山川坛**在溪南虎丘山下。洪武二年建。 **邑厉坛**在县东北，旧弥陀庵地也。 **乡厉坛**在县各都，凡二十四所。

顺昌县 社稷坛在县西。洪武二年知县于守节建。 **风云雷雨山川坛**在县东北石豆都，英烈王庙前。洪武十年知县周政建。 **邑厉坛**在县北。 **乡厉坛**在县各都，凡二十八所。

永安县 社稷坛在县西。 **风云雷雨山川坛**在县南。 **邑厉坛**在县北。（上三坛俱景泰五年建[33]。）

邵武府邵武县附

社稷坛在县水北旧儒学地。宋建于府城西北隅，元徙置于西塔山之麓，国朝洪武十一年，知府张文昱[34]迁建今所。　**风云雷雨山川坛**在府城南丹台山之左。元建于行春门外，国朝洪武二年移于府西南寿山之麓，十一年知府张文昱[35]迁建今所。**郡厉坛**在府城西北莲花寺旧基地。洪武三年建于城北演武厅右，成化九年坏于水，遂迁建今所。　**里社坛**　**乡厉坛**（俱在县各都，各五十三所。）

泰宁县　**社稷坛**在县西在城保。宋大观四年县令陈师立，元因之。国朝洪武二年县令陈扬重建。　**风云雷雨山川坛**在县南迎恩亭前。洪武二年建[36]。　**邑厉坛**在县北朝京桥东。洪武七年建。　**里社坛**　**乡厉坛**（俱在县各保，各三十二所。）

建宁县　**社稷坛**在县北门外一里许。旧在县西庆丰门外，宋景定中县令林经德立，元因之。国朝洪武十年迁今所[37]。　**风云雷雨山川坛**在县南在城保。洪武七年知县毕原肇建于水南灵应庙故址，十二年迁建今所。　**邑厉坛**在县北枫树岭。洪武九年建。　**里社坛**　**乡厉坛**（俱在县各保，凡三十四所[38]。）

光泽县　**社稷坛**在县西，宋元旧址也。　**风云雷雨山川坛**在县南一都。（上二坛俱洪武九年建。）　**邑厉坛**在县北平济桥北。洪武七年建。　**里社坛**　**乡厉坛**（俱在县各里，各三十所。）

兴化府莆田县附

社稷坛在府城东北拱辰门外一里许。　**风云雷雨山川坛**在府城西南迎仙门外半里许[39]。（上二坛宋时俱在军治西南，国朝洪武三年知府盖天麟移建今所[40]。正统十一年佥事陈祚修。) **郡厉坛**在府城西肃清门外半里许。洪武初知府盖天麟建,正统十一年佥事陈祚修。 **里社坛** **乡厉坛**(俱在县各厢各里,各三十四所。洪武二十四年建。)

仙游县 **社稷坛**在县西孝仁里。宋乾道六年知县赵公绸建,元因之。国朝洪武十六年知县顾思敬修,正统十一年佥事陈祚重修。 **风云雷雨山川坛**在县南永兴里湖头山。元时在县东朝京门,国朝洪武十六年知县顾思敬移建今所,正统十二年佥事陈祚修。 **邑厉坛**在县西北隅功建里。洪武十三年知县顾思敬建于县北,宣德九年知县王彝以其地隘陋迁建今所[41]。 **里社坛** **乡厉坛**(俱在县各里,各一十二所。)

福宁州

社稷坛在州城外西南。 **风云雷雨山川坛**在州城外之北。(上二坛俱洪武三年建,成化十七年知州郭祥鹏修。) **州厉坛**在州城外西北。洪武七年建。 **里社坛**成化十八年知州张逊修。 **乡厉坛**在州城外东北。成化十七年知州郭祥鹏修。(上二坛俱洪武三年建。)

宁德县 **社稷坛**在县北一都。 **风云雷雨山川坛**在县南。(上二坛俱洪武六年知县王溥建。) **邑厉坛**在一都之北。洪武九年建。 **里社坛**在一都之北。 **乡厉坛**在金欧山下。洪武二十四年建。(上二坛又各都各置一所,各二十三所。)

福安县 **社稷坛**在县西。旧在县东,后迁建今所。 **风云雷雨山川坛**在县东南二里许。 **邑厉坛**在县西一里许。(上三坛俱洪武间知县崔孚建。永乐十二年典史史迪重修。) **里社坛** **乡厉坛**(俱在县各都,各三十二所。)

祠　　庙

礼法施于民则祀之，以勤死事则祀之，以劳定国则祀之，能御大灾、捍大患则祀之，有戾乎此者皆淫祀也。闽俗好巫尚鬼，祠庙寄闾阎山野，在在有之。其间祀典所载，及礼所宜祀者无容议矣，其有肇自古昔，功业虽不甚著而载之旧志者，亦不可弃也，其他妖妄不经，悉在所当去，以祛诬惑，乃志祠庙。

福州府

闽县

忠懿王庙在府治东庆城寺之东。王姓王氏，讳审知，谥忠懿，详见封爵志。晋开运三年，闽地入吴越，钱氏始命即王故第立庙祀之。宋开宝七年，刺史钱昱重新修建，并塑故都押衙建州刺史孟威等二十六人配飨[42]。政和元年，郡守罗畸复修[43]。绍兴二年，郡守张守命闽县知县李公彦重修。中有唐天祐初所立德政碑，银青光禄大夫行尚书礼部侍郎上柱国于竞奉敕撰。　会应庙在左三坊，即旧灵泽庙也。其神号五龙顺化王，塑位五方，配以方邑[44]。相传伪闽所建，宋因之，载在祀典。皇祐中久旱，邑人祭于庙，暴雨大霪，殿中北位黑龙鳞甲犹带池萍，灵迹显异。绍圣四年，郡守温益命闽县知县叶默因其旧增葺之。元符元年庙成，有神光发于殿屋。是冬大旱，麦苗将槁，率僚属祷祠下，读祝未毕，雨随至，命侯官尉王寿，刻石书之。乾道二年[45]，夏不雨，郡守王之望一祷而应，岁大稔，乃请于朝，赐庙额曰“灵泽”，闽县知县丁长卿为记。庙旁有田,及莲塘二十余亩,州许蠲租,命僧掌之。淳熙十四年,安抚使贾选以祷祈,屡大新庙宇,奏改今名,并赐诰命。大观二年,诏封青龙神广仁王、赤龙神嘉应王、黄龙神孚惠王、白龙神义济王、黑龙神灵泽王。 **永惠庙**在仁庆坊,旧名竹林通应庙。内有井,父老相传为龙井,常有金鳞隐见其中,岁旱祷之,有雾覆井上,即雨。宋绍圣中,里人弗戒于火,延毁民居,人望见屋上标竹林旗甲士扑火者无数,火寻灭。淳熙间,庙前周氏火亦然。凡雨旸疾患,祷无不应。嘉泰三年,县为请于朝,赐额曰"永惠"。 **五显庙**在通津门楼上。楼与九仙鳌顶相峙,其下通舟楫,故榜曰"通津之门"。俗呼"青门楼"。庙初在河之南岸,即怀远驿故址,旧名五通庙,亦名龙宫庙,后废,移祀于此。世传神姓萧,兄弟五人,按《苏州志》,五显者,婺源土神也。初封通贶善应昭福永福侯、通祐善□昭信永休侯、通泽善利昭义永康侯、通惠善及昭成永宁侯、通济善助昭庆永嘉侯,后加王爵,冠以显字,遂号五显。又有行祠二:一在布政司谯楼左,洪武二十八年重建;一在乌石山上。 **敕封烈威祖庙**在使君桥之北。神姓陈,与其二弟名讳俱失传。生当五季之衰,一家以贞义自维,没而能为民御灾捍患,祷无不应,宋时累封至威烈昭济侯,二弟长封威显侯,次封显应侯。(上五庙俱在府城中。) **善溪冲济广应灵显孚佑王庙**在古山之北,大乘寺之南。以祀闽粤王郢第三子,世称白马三郎是也。详见《山川志》。唐贞元十年,观察使王翃因岁旱祷之得雨,乃为崇饰庙貌,自后太守躬祷辄应。咸通六年,观察使李瓒奏封龙骧侯。五代梁贞明中,闽王审知奏封弘润王。宋建隆二年,知闽县江文秉重修庙宇。庆历六年旱,郡守蔡襄自为文祷之,读甫毕,大雨,乃命知县贾大冲更葺而新之,文学范宗韩为记。熙宁三年,敕封冲济广应王。绍兴十一年,以丞相张浚奏,增封"灵显",仍赐庙额曰"永宁"。十七年秋大雨,中夜水暴出,声闻数十里,诘朝有石高广可二丈,峙庙后如堵水左右注,庭除无恙,人以为异。绍定五年，郡守李骏奏，增封“孚佑”。淳祐八年，郡守陈垲率知闽县师舆祷雨而有验，阅庙前华表匾曰“鳝溪”，因叹曰：“土俗疑传以鳝为灵，不知王亲杀鳝以为灵也。”遂改鳝为善，以神能体天。而福善沛利泽以苏焦槁，故谓之善溪。又有庙在瑞圣里，曰“永灵宁显王庙”。　**显应庙**[46]在螺江之浒。神姓刘，兄弟三人，伯名行全，仲名德全，季名待全。其先淮甸人，唐刘德威之后也。乾符间，黄巢寇闽，行全兄弟讨之有功，未获封赏而卒，闽人为之立庙。宋淳祐十一年大旱，乡人祷雨立应，乡贡进士陈应角等以闻，赐额曰“灵显”。　**显应庙**在饮井山之西麓。神姓陈，名砰。初与其弟观察使岩同庙祀于里之芦川。宋嘉祐七年春，一夕雷雨大作，神之香火迁于今所。开禧二年蝗，嘉定二年水，十二年雨雹，十四年秋旱且疫，乡人祷之，皆著灵响。宝庆元年，赐额曰“显应”。开庆元年封砰曰仁济侯，岩曰惠济侯，庙有侍郎陈公益记。（上二庙在仁惠里。）　**康山灵树庙**在易俗里。神姓赵，名时畴，宋金紫光禄大夫宾之孙也。元泰定间卒。往往显其灵异，乡人立庙祀之。　**宣封威靖广威通济王庙**在光俗里。宋嘉定元年建。神姓林，名浦，唐末避地海滨，凡斥卤之巅岛屿之涯，可以维舟之处，皆凿井以给行人，人谓之林公井。及卒，甚著灵响，里人祀之，有司上其捍灾御患之功，赐封今号。（已上五庙俱在府城东。）　**武烈英护镇闽王庙**在钓龙台之西。王即汉闽粤王无诸也。详见《封爵志》。高帝五年，遣使封王，王受毋命于此，后遂以其地立庙。武帝时，闽粤国亡，祀遂废。至唐大中十年始建祠。五代唐长兴元年，闽王审知复追封为闽粤王，宋因之，号显圣武勇王。庙有左右二王，相传王二将也。熙宁中，民兵出戍熙河，二王现云端。大战获捷。政和间，复戍桂府，征蛮之际，二王复现，降大雹、飞黄蜂以退蛮兵。宣和二年，浙寇窃发，连陷数郡，将及境，提刑俞向自建康领兵南下，黄蜂数万随舟蔽江，居民咸谓神兵之助，境内帖然。乃大新祠宇，建楹之日，有青红二小蛇蜿蜒香几间累日，暨升梁又见其两端举首北向，移时即隐。仪曹陈琎奉二王像入庙，二蛇又现。庙成，俞向将临奠前夕，梦有神人青色来谢迁祠者。及祀事毕，而青蛇忽现左王之前，而神之容色一如所梦，瞻叹久之，因祷右王曰："愿赐临降。"寻亦现，邦人敬信益笃。州以其实闻，敕赐庙号"武济"，向自为记。六年，进封闽粤王为镇闽王，二王左封灵应侯，右封显应侯。建炎四年，王加封"武烈"，灵应侯加"广惠"，显应侯加"嘉泽"。绍兴三十一年胶西之役，舟师祷于神，战以克捷，王加封"英护"，夫人封"赞灵"，左侯加"协威"，右侯加"翊忠"[47]。元更封真君。国朝洪武十年，布政使叶茂率僚佐祷雨祠下，即获嘉应，因具其灵迹达于中书，下礼官议，从神故封，称曰汉闽越王之神，左参政瞿宗为记。庙旧有田二百一十六亩有奇，为守庙郑广者私以入其户。成化九年，镇守太监卢胜复之。后广之于神[48]复展转诉讼，冀以售其欺。十六年，镇守太监陈道令知府唐珣复核实而正之。郡人唐虞为记[49]。

武胜王庙在南台安闽崎东偏。其神旧传为陈九郎，名讳无所考。五代天福二年，伪闽封宁应侯，八年，改昭义侯，寻升武胜王，建庙立石。宋熙宁中，郡守丁竦重建。宣和二年，既新武济庙，复迁左右二侯像于此，以便民之祠祭。七年，提刑俞向复新庙宇。靖康初，郡守江常立额为武胜王左右二侯庙。国朝永乐二十年，乡人余公旦、王彦履等重修。景泰六年，士民庄思正、张景循等募众创殿于庙门之外，以祀王之将佐。成化十年，重建仪门，两廊门之左为授生祠，右为文昌祠。　**闽越王祖庙**在嘉崇里。永乐十四年重建。（上三庙俱在府城南。）　**祠山祠**在法云寺之东。神姓张，名渤[50]，吴兴人，或曰武陵龙阳人。生西汉末，游茗雪之间[51]，卒而为神，显于广德州之横山闽[52]。郡祠之已久，颇著灵迹，郡人敬事之。岁大比，士子多谒梦于此。成化十八年，镇守太监陈道重修。　**宁海神祠**在东隅石幢后。神敕封广利王，元至正元年建，国朝宣德五年重修。　**乡贤祠**在府学中门之西。宋绍圣初，始祀乡贤陈襄、郑穆、刘彝、周希孟、陈烈于学，号五先生。政和以后，增祀陈祥道、刘康夫、郑侠，又以唐观察使常衮、宋郡守柯述并祀，称为十先生。其后又增王祖道、欧阳詹、陆祐，于是为十三人，号先贤堂。咸淳二年，帅守吴革创道立堂，祀周濂溪以下诸贤，其乡贤及贤牧附焉。元大德六年，教授刘直内更创尊道堂于经史阁之东，祀周濂溪、程明道、程伊川、张横渠、邵康节、司马温公、杨龟山、朱文公、张南轩、吕东莱、黄勉斋诸先生。后以武夷熊禾议，但祀周、程、张、朱、黄六先生。而分乡贤、贤牧祀于两庑，其旧所祀十三人者则以常衮、柯述、王祖道三人并诸贤牧祀于西庑，自陈襄以下十人，又益以薛令之、郑洙、王苹、李茈、李纲、黄龟年、林之奇、李樗、任文荐、陈禾、张矞、黄崇、吴元美、朱淼、林夙、陈藻、黄瑀、林公遇、杨宏中、郑湜、陈孔硕、徐范、郑昭先、赵以夫、张翀、林希逸、潘牥、林存、杨楫、陈合、许应龙、王伯大、杨复、赵汝腾、潘炳、朱牧凡四十六人，俱祀于东庑，后尊道堂与两庑俱废，则立乡贤祠祀之。又益以杨朏、朱倬、黄幹、陈公益、杨翌之、刘直内、林兴祖、林泉生、吴海，凡九人。国朝成化十四年，提学佥事周孟中以旧祠敝陋，而学有文昌祠，非吾儒之所宜祀，因出其神，而以其祠祀乡贤焉。又一所，在闽县学崇文阁后。成化十二年，知府唐珣建，一所在侯官县学文奎阁上，旧为文昌祠，成化十五年，提学佥事周孟中出其神，改为乡贤祠。　**名宦祠**在府学中门之东。宋时，贤牧附祀于道文堂，元时，改祀于尊道堂之西庑，在唐则有常衮，在宋则有蔡襄、赵汝愚、曾巩、柯述、张浚、陈俊卿、王祖道、蔡幼学、孙觉、王瑢、陈韡、吴革、真德秀、徐明叔、洪天锡、汤汉，在元则有王积翁、董文柄、阿剌罕高兴，凡二十有一人。祠岁久而圮，国朝正统十二年重建常观察祠，诸贤牧遂不复祀。成化十四年，提学佥事周孟中以学旧有灵通祠，非所宜祀，乃出其神，而以其祠祀贤牧，更其匾曰“名宦祠”。武夷熊禾曰：“三山郡泮乡牧祠内有某人者，旧曾守土不死封疆，姑且勿论。丁丑戊寅之间，反复变诈,见之大书镂榜,至今人犹诵之以为戏笑。其再叛也何至如此诋毁及其再附也,又何用如此夸谀?后人夤缘美谥,命下之日,有作诗讽之者曰:'两朝忠义传,俱有某人名。'方其反复之际。题门曰:'葵藿有心终向日,杏桃无力漫随风。'是全不知有世间羞耻事。以此齿学校祀典,岂可不为郡泮羞?岂可不为世教惜?"按禾之所讥,盖指王积翁也。因附志于此,俾司风教者,知其奸邪反复,屏而黜之,亦足以为臣不忠者之戒。　**弘仁普济天妃宫**在水步门内之左城垣下。宫之创已久。元至正十七年,宪使兀鲁台庄嘉、副使郭兴祖、行者平章阿理温沙扩而新之,前翰林编修藁城倪中记云:"神姓林,世居莆田湄洲屿,都巡检孚之第六女也。生于宋元祐八年,少而灵异,能知人祸福,乡民以疾告辄已,室处几三十年而卒。有庙在莆田之江口。绍兴间,有司以灵应闻于朝,封灵惠夫人。十有二封,而至灵惠、协正、嘉应、善庆妃。父母娣及神之佐,皆有封号。元改封护国明著天妃。四封而为护国、庇民、广济、福惠、明著天妃。赐庙额'灵应'。"《莆阳志》云:"妃为都巡检愿之季女,母王氏。生于五季之末,年三十余而卒。国朝永乐七年,加封弘仁普济天妃。"按庙记及《莆阳志》所述,妃之父名讳,并妃之生年行次俱不同,未知孰是。然尝考之,妃莆人也,莆之林氏最盛,其谱牒犹有存者。《莆阳志》之言,盖必有所据也。又水步门外河口亦有此庙。俱成化间镇守太监陈道重修。(已上祠并宫俱在府城中。)　**洪恩灵济宫**在府城南钦仁里。神姓徐氏,兄弟二人,兄曰知证,弟曰知谔,南唐人,详见《词翰志》。五代晋开运二年,闽人立生祠于鳌峰。宋太平兴国八年,邑人方珏立祖庙于芝屿。祥符元年,又立庙于潢溪。政和七年潢溪庙废,遂迁建今所,即洪恩灵济宫也。国朝永乐八年,方文照等募众重建。十四年,奉旨拓其基而新之,又有庙曰"旗龙仙祠"。宋宣和七年,初立坛墠,后祈雨有应,遂创祠。　**勉斋先生祠堂**在府治东南仙迹坊内,以祀宋儒黄干。今废。

侯官县

闽山广利威显侯庙右文儒坊内。神姓卓，名祐之，生而正直，精爽过人，尝自谓死当为神，人初未之信，及卒，果著灵显，里人遂即其居立庙祀之，号应公大夫，后敕封广利威显侯。　**惠安明应王庙**在乌石山之西。王姓陈氏。按庙碑云："汉太丘长寔二十二世孙也。旧隐是山，没而显灵，唐元和后始立庙，郡人凡水旱疾疫必祷焉。大中时，观察使罗让祷雨立应。咸通中，观察使李播运饷湖湘，亦获阴佑。至闽王审知，乃表其事，封宁远将军，进武宁侯，增至显应王。五代唐长兴三年，改服远昌运王，后五年，改振义保成王，又十年，改贞固安吉王。后地归吴越，封宣威感应王。宋熙宁八年，改封今号。按旧志，城西旧有石八娘庙，审知务欲以配享，别创闺阁。晋天福五年，骁卫长史徐文遇又于堂东北隅为寝室，检校陈郯撰碑。　**刚显庙**在乌石山之巅。以祀唐处士周朴，详见《人物志》。山旧有三贤祠，以祀僧灵观、薛逢及朴。盖以朴隐居于此，与二人相友善，故合而祀之也。绍兴初，丞相张浚谪福州，将游双峰，夜梦一僧与一金紫人及白袍士来谒，翌日登山堂，见三人容貌如梦中，异之，三人者，朴与观察使李瓒、双峰僧懒安，盖以朴与懒安为禅悦之交，瓒尝请双峰寺额，故亦合而祀之也。及浚为帅，游乌石至其祠，叹朴死节三百年未有庙额，何以激厉当世，乃疏于朝，赐号"刚显"。郡人郑昂为记，有曰："东汉之衰，陈蕃、李固、孔融之徒，相与标榜以节义名世，故虽以曹公之阴贼，终身睥睨汉室不敢取。唐末名节扫地，君子在野，小人在位，朱温以斗筲穿窬之才，谈笑而攘神器，士大夫亦欣然与之，莫敢正议，使公得志，其肯以国与人乎？"（上三庙俱在府城西南。）

古灵庙[53]在八都福顶山。庙之神曰正佑王。唐天祐三年[54]，始降灵于义兴社，后迁于吴屿，已乃迁于此。每岁孟春，土人竞祭以祈福，因以福顶名山。宋政和八年，赐额"昭惠"。绍兴十九年，封普济侯。二十九年，加“威显”。乾道三年，又加“灵应”。　**金崎庙**在金锁江畔。晋康帝时，渔人钓于此，得金锁，因诏立庙。详见《山川志》。　**螺女庙**在螺女江滨。庙之神即螺女也。详见《山川志》。（上二庙在十一都。已上三庙修在府城西南。）　**古灵祠**在万寿巷中。俗呼仙居祠。以祀郡人陈襄。详见《人物志》。祠废，旧址犹存。　**董忠献祠**[55]在三山驿之左。以祀参知政事董文炳。详见《名宦志》。元至元二十五年建。福州路总管刘文亨为记。国朝洪武二十八年重建。　**七贤祠**在西门大街。宋建炎二年建。以祀王忠竭、郑仲贤、郑谨净、郑守道、郑诚、王子元、王子清凡七人，皆钜野人也。五代唐天成中，郡盗啸聚，兹境之民赖神以全，故立祠祀焉。又有行祠在善化坊内，元皇庆元年建。　**栢郎中祠**在后街。洪武中，侍郎夏元吉为采访使，创建以祀元行省郎中栢帖穆尔。详见《名宦志》。今废。（上四祠俱在府城中。）

怀安县

城隍庙在威灵坊内。晋太康中迁城，遂建于此。宋绍兴二十七年，郡守沈调增创堂宇。淳熙五年，作更衣、肃仪二亭于庙之前。元季亭废，后复建一亭。国朝洪武二年，诰封监察司民威灵公，十七年，革封号，但称福州府城隍之神。各府俱仿此。成化十八年，知府唐珣重修庙宇。按宋林通《长乐图经》，庙之神乃西汉御史周苛也。守荥阳，为项羽所烹。高祖既即位，思苛忠烈，令天下郡县各附城立庙祀之。城隍之祀，疑始于此。　**旗纛庙**在都指挥使司后堂之北。洪武元年，礼部奉旨定拟于都督府后筑坛立庙，设军牙六纛神位，每岁惊蛰霜降日祀以太牢，先期各官斋戒，至日戎服行三献礼，凡遇出师，则取旗以祭，班师则以旗纛置于庙。天下守镇官亦于公廨厅后立庙，置祭如前。今自都指挥使司至各卫指挥使司，皆每岁霜降一祭，牲惟用少牢。景泰五年，都指挥同知刘宽重修庙宇。 **严公庙**在府治东北隅。由平山东折而南逾二十寻，旧有城门曰“严胜”，距今城壕数十步许，宋有严氏居迩于壕，家鬻米以赡，取赢极薄，时太守方忧旱，夜梦神人告之曰：“得淑行如严公者祷之必雨。”太守罗致之以祷，果三日雨。后卒，民异而祠之。国朝洪武二十年，都指挥秦艺、左参政王钝以旱祷于神，甘泽大澍，乃撤其旧庙而新之。郡人陈珪为记。庙今废。

陈忠毅侯庙在谯楼之右百步许。元至正十四年建。以祀权福建道同知宣慰司事、副都元帅陈君用。详见《名宦志》。永乐十六年重建。 **明德赞福王庙**在府治之西。汉闽越王郢开州西大路，畚土成丘，后人即其地立庙祀之。累封至明德赞福王。自唐大历以前，闽城得通祀者四，南台、善溪、城隍并此而已。 **昭利庙**在越王山之麓。审知有国，悼其死非罪，为立庙于州北。凡出师捍敌多著阴灵。唐乾宁四年，奏封武宁侯。梁初累封昭感王，贞明五年，进封崇顺王。宋政和二年，知怀安县吴与重新庙宇，与自为记。按旧志，时乌石庙号南山庙，故指此为北庙[56]。

马仙庙在三都占板桥。洪武二十八年建。其神马氏女也。灵显甚著，凡旱干水溢，祷之辄应。 **龙迹山广施庙**在兴城里。按唐林谞记：“广德中，一日清昼，忽云腾雷震，有飞龙自地出，骤雨如注，其迹遗石上可数寸许，是岁大丰，遂名其地为龙迹山。”自宋太平兴国之后，凡遇水旱，有祷辄应，民立庙祀之。嘉祐四年知县樊纪，绍圣元年郡守王祖道、知县洪子著，三年郡守叶伸俱以旱祷于祠，下甘雨随霔。大观三年，知县吴与大新其祠宇，又建亭于其前，名曰“沛然”。与及西湖陈文伯皆有记。政和五年，以转运司奏赐额“广施”。（上四庙俱在府城北。） **显灵庙**在府城西南胜平里。神姓林，名偻，里人也。生平轻财乐施，乡人贫乏者多赖以赒给。宋康定间。浙西寇鄂邻倡乱，由海门入窥福州，偻与其子衎倾家赀，募民船水手，父子分队守隘，贼至，从旁出战，遂大捷，官军掩为己功。偻曰："吾欲保乡井计，岂欲与卒伍争功乎？"衎曰："吾父子出万死一生以击贼，今功成为官军所夺，纵生不封侯，死必庙食。"乃仰天而逝，未几偻亦卒，乡人哀而祠之。自是大显灵贶，凡水旱盗贼及沴气流行，祷之无弗应者。转运司以状闻，赐庙额曰"显灵"。咸淳七年，封偻曰福恩侯，衎曰协惠侯。

灵显庙神姓林，名元。宋季，郡城之外，皆为贼垒，元与其子礼，率乡人保障境土，贼不得入。后卒。元大德间，忽显灵于其乡人曰："我当为此乡之主。"自是乡人遇水旱祷之多应。行中书省以闻，为之立庙，赐额"灵显"。　**振远安福行祠**在府治北。相传北镇之神也。宋嘉泰元年建于北城楼上。元季，海寇攻城，廉访司掌书记曲时敬领兵击之，祷于神，不许与战，果不利。明日再祷，许之，兵既接，仿佛若有神助，遂大胜。时敬感神之庇，乃大新祠宇于门之东。国朝洪武四年，增筑城楼，乃迁建于时敬旧宅，里民有祷辄应。　**天王堂**按旧志，城北旧有门。唐贞元中军悖南旬，乘而入，郡守阎济美塞之。咸通七年，李瓒乃版筑其上作天王堂。天王者，明皇时西蕃寇安西，僧不空三藏言北方毗沙天王神通，可以御之，会安西亦奏将战有神丈余金甲而来，因敕诸道、州、府城东北及营寨并设其像。

长乐县

城隍庙在县治东五十步许。宋元祐二年，里人陈敬重建。国朝洪武二年诰封监察司民显佑伯，十七年革封号，但称长乐县城隍之神。各县俱仿此。正统间，知县龙韬重修。　**郭坑灵感庙**[57]在县东宾贤里。以祀唐汾阳王郭子仪。咸通间，光州人王想以从兄审知节度闽部，假令长乐[58]，奉王之像家于芝山，乃即山之北曰郭坑立庙祀之，号曰"福惠"。又刻汾阳本庙碑铭于庑下，想自为记。宋元祐二年重新。又芝山之阳，溪滩之上亦有此庙。按县志云："宝祐中邑人枢密陈合领兵于汾水之阳，与匈奴战，神有默助之功，归为立祠于此。”　**植柱庙**在县南。唐开元中，有神降于察山之阴，乘大木溯湍流而上，有林姓者，渔于此，负之以趋下流，还不旋踵，复溯而上，如是者三。心异之，取而置石室下，远近望之，若植柱然，遂以名庙。里有洪氏女浣纱其旁，忽一物浮水上，状若银卮，女褰裳探之，水渐深，为蛟所噬，其家诉于神，不终日雷雨暴作，刳蛟于水滨，得女尸蛟腹中。洪氏感涕，乃虚其居，刻所取木为像，塑其女配焉。景祐中，县尉王侯以祷雨获应，倡里人更立庙宇。绍兴三年，赐额“显应”。庆历中，潘奎为记。　**高隍庙**在县东北隅文行坊，旧尉廨址也。故老相传，昔有尉高姓者，尝祀此神，号曰高将军，下车日即于廨宇之侧立庙，匾曰“高隍”。后尉迁而庙犹存，凡捕盗祷之，辄有灵应。　**金吾祖庙**在县东北大宏里。唐开元中，里人有林姓者名通元，有善行，后卒，人莫知其为神也。宋初有寇自梅江而上，欲剽掠其乡，望见神人树旗帜率兵御之，寇遂退。是日降灵于人，自述其生平履历以及父母妻子，靡不详悉。后封为金吾题通王，士人争像而祀之。　**乡贤祠**在儒学西庑之西北。　**天妃宫**在县西南太平巷。永乐七年，太监郑和奉命下西洋泊于此，因创是庙。国子博士林慈为记。

连江县

城隍庙在县治门外之左。宋乾道九年，邑宰曾模即旧学基创建。国朝永乐十七年，县丞参安建正庙。宣德九年，知县刘仲戬增建一新。邑人助教苏文钺为记。景泰五年，知县欧阳瀚重修。　**东岳庙**在王步去县二里许。宋景定三年创建[59]。国朝永乐十六年，税课局大使俞荣修，正统十四年，县丞叶誾捐俸重修，成化十六年，知县林鸿募众重建。　**天妃庙**去县二里许。正统十四年，邑人黄得寿募众建。（上三庙俱钦平下里。）　**大小**

亭庙在二十七都江口。晋时有黄助者,汉黄香之孙也,偕其弟泛舟自海南归,至是遇风,兄弟连臂浮于江岸,每夜画沙成字,以表其履历,复见梦于乡人曰:“为我南山作坟,北山立庙,吾能辟灾降福。”乡人如其言,里无虎豹之患,建盐亭获其利,人号其兄庙为大亭,弟庙为小亭。五代晋天福四年,伪闽封大亭为孚济将军,小亭为昭远将军。 **灵津侯庙**[60]相传始有物浮波间,达境上,睨而视之,石也。众异之,遂立庙。(上五庙俱在县东。) **灵显庙**在省魁坊内。神姓黄名孟,字叔达,句容人。唐初游闽,殁于邑。宋绍兴间,海寇朱明为虐,神见梦于人,以示其默佑之意,未几寇平。景定四年赐额。咸淳二年封“福惠侯”。又县治东钦平下里亦有此庙,永乐十七年建。 **刘鞠二公庙**在东湖坝上。以祀唐县令刘逵、宋县令鞠仲谋。详见《水利志》。国朝正统十年,耆民赵光俊等重建。天顺四年,知县欧阳瀚复更新之。(上二庙俱在县西钦平上里。) **英显庙**在县南新安里兑峰山。神姓萧,名孔冲,字仲谋,建安人。五代唐庄宗时中甲科,不乐仕进,遂削发为僧,志行坚苦,能伏虎豹。既殁,邑人祠之。宋靖康初建,寇叶侬逼县境,神兵见于罗岺山,遂遁去。绍兴中,海寇掠荻芦寨,神兵复现于九龙江,亦遁去。累封昭烈正顺公。宝祐元年,夏大旱,乡人祷之,雨辄应。元监县抄耳赤以神有功于民,闻于朝,封卫善保济著祥公,赐今额。国朝洪武十八年重建,东阁大学士吴沉为记。

炉峰庙在县北号东乡。唐景福中,王氏入闽,淮民随之,始至,有桴浮香炉及书砚漂于岸侧,其人异之,曰:“此吾州杜三郎故物也。”因立庙。伪闽封高义侯,改稽圣侯。南唐升灵瑞侯。郑南卿为记。 **灵应行祠**在县南新安里赤砂馆头斗门之东。元至正间建,国朝景泰元年重修。又城隍庙东侧亦有此祠,永乐四年重建。 **乡贤祠**在儒学内。元至正二十一年,平章燕赤不花等重修,匾曰“道统堂”。

福清县

城隍庙在县治之东。宋康定元年，县令郑孟宾建，相传县之城隍，万安里土神也。乾道末刘朔为宰，一夕睡未熟，梦一老人，白髯道袍，语之曰："省元来早所服之药姑止之，若服，恐增病。"朔素刚正，不之信。至晚，果觉神倦。又梦此翁云："不信吾语，自贻厥咎，但于药肆中买某散服之即愈。"朔用其说，果然，因与家人谈其异，而不知为何神也。后朔以官祠改官，又梦翁叙别曰："吾乃邑之土地，疆域有限，不得送公，前途愿自爱。"　**元明王庙**在县治之西。神陈姓，名讳无所考。尝有功德于民，民立庙祀之。伪闽封王爵。宋嘉祐中，知县王基迁祠为庐，灵怪屡见，寝者弗宁。元祐三年，知县万叔完复为庙，自是灵怪顿息。妻封信耀夫人。四年复创行祠于县之东，以便民之祈祷者也。　**都巡感应庙**在县治西隅。神姓许氏，名忠，建安人。唐末为威武军都巡检使，屯兵福清以备寇盗。乾符五年，黄巢陷福州，神梦天使唐、葛、周三将军助己攻讨，明日决战大破之。巢兵退广南，闽中民遂安。明年卒，人思其功，为立祠请于朝。谥曰"感应"。县阛阓中常火，人有见旌旗森列于屋上者，俄而返风，火遂灭。其他灵应尚多。　**东平王庙**在溪头。其神唐张巡也。　**灵慈庙**在下江，盖天妃行祠也。永乐十三年重建。旁有江天亭，林敏为记。（上二庙在县东方民里。）　**孚应庙**在遵义里石尤义泉岭。神姓陈，能禁虎为暴，乡人赖之。宋淳祐中，敕赐今额，封显济灵祐侯。夫人殷氏，俗呼殷七娘，元时封协祐夫人。庙今废。（已上四庙在县西。）　**昭应庙**在苏田里渔溪。庙之神，闽王牙将虞雄[61]也。雄战殁于渔溪，民立庙祀之，号通感王。甚著灵异，如降洪水、苏旱暵、却海寇之类，不可殚述。绍兴二十六年赐今额。乾道二年，加封"惠济"，咸淳二年，改封德显公。　**昭灵庙**在光贤里佘坑。

相传，昔张仙师道陵乘铁舟抵浮山，舍舟而陆，憩于盘石，陟而北，留巨迹鹿踪于苍石之上。天禧元年，邑人高贇率众为立庙。皇祐中陈良为记。熙宁十年，以旱祷致雨、护饷弭兵有功，封保禧真人。绍兴八年，赐今额。三十年，加封“妙应”。乾道二年，又加“督祐”。三年，天不雨，士民祷之辄应。绍熙元年，加封“灵济”。元时庙废。国朝洪武三十年重建。按《莆阳比事》：真人，姓赵名升，师事张道陵，流俗相传遂以为即张道陵，误矣。又按旧志，其乘铁舟，海旁犹有舟痕，其憩盘石，石上犹有�篮履杖之迹。岁六月，社民集祠其下，时歊热，酒善酸败，辄旬日北风以待之，号“张公酝酒风”，浙商常候以为便。庙有庐焦石，高数丈，海涛漱激为龛岩玲珑之状，或采而为玩，必致神之谴。（上三庙俱在县西。）

郑侠祠宋开禧元年，知县萧尹躬立。　**黄祖舜祠**宋嘉定十三年，知县时其立。　**王苹祠**　**林公遇祠**（上二祠宋绍定端平间邑人林希逸奏立。已上四祠俱在儒学内。）　**陈大参生祠**宋绍定三年，诏罢福清县税，邑人参知政事陈贵谊之邑也。邑人因立祠祀之。　**东岳行祠**在覆釜山下。宋嘉定八年创庙宇，壮丽甲于诸处。国朝洪武十七年重修，二十六年复修。　**康王行祠**在东岳行祠之旁。王姓康，讳保裔，河南洛阳人也。宋咸平中为彭国军节度使，与契丹战于河间，援兵不至，遂力战而死，灵响甚著，天下多立庙祀之。（上二祠在县东新安里。）

古田县

城隍庙在县治西里许。宋景德间知县李堪建。国朝洪武三年，知县韩秉喆重建。　**灵应庙**在县西北台山。以祀宋县令李堪。详见《名宦志》。匾曰“甘棠遗爱”。嘉定间，知县傅康状其事迹于朝。端平三年赐今额。淳祐元年，封道爱侯，后复加“孚惠”。　**顺宁正应灵显庙**在云津坊之西麓。神姓刘名疆，唐开元时邑犹未造，疆辟路山林，乃疆乃亩挈而归诸职方氏，风气日开，富庶以教，公卿辈出，科第蝉联，邑人感其惠立庙祀之，号宁境。自是翊庇生人，除其衮祲，雨旸祈禬，有应如响。宋崇宁二年赐额“忠惠”。政和二年，封顺宁侯，后加“正应”。元既革宋命，邑罹多故，灵迹益显，邑吏民念无以报神惠，乃于大德八年拓庙宇而新之，张以宁为记。至顺间，县尹赵孟吁修葺。国朝洪武八年知县邓恭重修。按旧志以是庙为城隍，今别之。　**灵渊庙**在十五都。庙瞰深溪，下有洞穴，邑人祷雨屡验，旧号羊角龙王庙。宋绍兴十四年赐今额，封□济侯[62]。（上二庙俱县北）　**顺懿庙**在县口临水。神陈姓，父名昌，母葛氏。生于唐大历二年。嫁刘杞，年二十四而卒。临水有白蛇洞，中产巨蛇，时吐气为疫厉。一日，有朱衣人执剑，索白蛇斩之。乡人诘其姓名，曰：“我江南下渡陈昌女也。”忽不见。亟往下渡询之，乃知其为神，遂立庙于洞上，凡祷雨旸，驱疫厉，求嗣续，莫不响应。宋淳祐间封崇福、昭惠、慈济夫人，赐额“顺懿”。　**显应庙**在县东北。神姓黄，名师盖，善巫术，殁于宋景德间，葬竹州，遂祠焉。绍定六年，赐额“显应”，封灵祐侯。　**广惠惠应行祠**在县之溪南。宋嘉定间，邑人创于县西隅为惠应祠，未几迁今所。草创数楹，旁设广惠像，封爵同而位置异，观者病焉。绍定二年冬，积雨妨获，县令刘克逊祷祠下辄霁。时剑、邵不靖声摇邑境，徐村顽民效尤窃发，克逊诣祠乞灵穆卜龟，从贼果就缚，于是辟故址作新宫，合祠二神。莆田刘克庄为记。　**三侯堂**以宋知县李堪尝建学，县丞鲍友龙尝置田赡学，知县许鉴尝迁学，故合祀于此。　**景行堂**以祀先贤。（上二堂在儒学内。俱元元贞元年县尹王奂建。）

永福县

城隍庙在县治左。洪武元年，即元廉坊分司故址创建。

龙溪协济庙在二都龙屿。按宋乾道十年黄定记云:“髫龀时与群儿戏祠下,视东壁尘土间有断碑,载二神事。长神张氏,名大郎,次神李氏,名大敷。唐末由固始来闽,乐兹地佳山水,卜居且将葬焉。轻资急义,时能赈乏,其没也立庙而祀焉。水旱灾疾,有祷辄应。” **灵惠庙**在三都大漳镇。神姓杜[63],名帝涡。唐元里弟溪人。家饶于财,唐末不仕,饷饥拯厄,趋人之急,甚于己私,殁而显灵,乡人祠之。(上三庙俱县东。) **徐真君庙**在县西二十都高盖山。祀东汉徐登。登幼得神仙炼丹之法,尝与东阳赵炳较仙术于此,今俗呼花林庙。 **威济庙**在县东南二里许。神姓陈氏,讳必胜,西汉丞相平之后也。家于闽城乌石山,兄弟九人,皆著奇节,殁而为神显灵,而神则庙食于此。唐永泰二年,兹邑初置,溪潦暴涨,有若枯木溯而上者数四,乃洑口祠所立神之刻像也。邑人柯氏取之,即今庙之址累石为屋祀焉。民祷祀或樵牧过者,往往石室中获铜钱。宋开宝中,号洑口通灵护境庙,绍兴元年,赐额“威显”。九年,封灵贶侯。嘉祐七年,乡贡进士黄彝为记。 **龟岭庙**在县西南二十八都。宋黄大夫[64]与元兵战至洪面,为追兵所斩。大夫英勇异常,身首二处,犹能提其头以就颈,口尚喷喷欲言,遇一妪,忽出声曰:“头断尚可续乎?”而妪答以“不能”,遂僵于地以死。乡人闻之,遂为立庙于辜岭寨。 **广灵助圣二将军祠**在威济庙之左。神兄弟二人,姓名无所考,长曰三郎,次曰四郎。初显灵迹于邑之洑口。宋嘉熙二年,长封广灵将军,次封助圣将军。四年,长进封协忠侯,次进封助顺侯。

闽清县

城隍庙在县西门内,旧在县治之西。洪武元年建。永乐十年知县宋殷修。天顺六年灾,知县左辅移建今所。 **显利龙王庙**在县东安仁里龙津。宋宣和三年敕建。政和六年赐今额。元泰定元年重修。雨旸疾病，祈祷辄应。　**薛丕庙**在护仁里各山之上[65]，即薛丕故居也。丕有神异，乡人立庙祀之。凡水旱祷之多应。正统八年重建。　**梅川昭显庙**在梅川。相传神姓陈氏，事王审知有功于闽，民为立庙。五代末知县张涣、宋咸平初知县李念俱尝重建。天圣四年，淫雨为沴，民居高陵皆垫溺，庙在其下，水独不为害。元符间，民益敬信，裒钱二十万新之。初曰梅川侯，绍兴元年赐额"德威"。三十年，封昭显侯。淳熙十三年，加永济孚佑侯。淳祐元年，进封威应公。元加封保宁感应灵佑公。凡水旱疾疫，祷无不应。国朝洪武二十八年，乡人重建。三十一年，耆民陈昭生募众增建。三十二年，知县沈源建二从神祠于庙之东西。永乐十六年西庙火，正统六年知县吴清率邑人陈仲愚重建之。（上二庙俱县西。）　**德怀庙**在县南钟山之阳。神姓陈氏，宋绍兴三十年，封英惠灵显侯。　**武功庙**在仁寿里龙源。宋绍圣间[66]，朝请大夫萧磐尝在梧州，值风涛之险，遥见江浒有庙，默祷之，云雾中仿佛见三人出，风遂息。磐感其灵贶，拜谒祠下，其神果三人，曰敕封感应将军，曰敕封灵应将军，曰敕封威应将军，皆紫袍金带，俨如向舟次所见者，遂录其封爵以归，立祠于所居主山之后祀焉，给租米一十五石为香灯之费。　**董公祠**在县治之西。以祀元县尹董祯。详见《名宦志》。

罗源县

城隍庙在县治东。宋知县赵彦琰建[67]。国朝洪武十二年，县丞陈逊重建。正统十年，典史谢志重修。　**顺懿庙**在县西北西洋岭之上。其神即临水陈夫人也。详见古田县《祠庙志》。

天妃祠在县东松崎山。　**忠烈王祠**在县西。其神陈姓，名霸先，霍口里人也。五代时，归附王审知，俾为先锋，战胜攻克，以忠义勇略名。追贼至白塔岭，马踣而逝，遂著灵迹，知县程成创祠祀之。宋时敕封护国佑民灵感武宁忠烈王。　**英显王祠**在县南大获。详见连江县《祠庙志》。　**英惠王祠**在河阳村。其神姓陈名苏，邑人也。宋太平兴国二年，陈氏子孙立祠祀之。嘉定二年，敕封英惠王。　**昭祐祠**在罗平里石塘。神姓黄氏，名岳。详见宁德县《祠庙志》。元至正间乡人重建。　**先贤祠**在县学明伦堂之左，以祀乡贤。今废。

镇东卫　**城隍庙**　**旗纛庙**在卫治东偏。

万安千户所　**城隍庙**　**旗纛庙**在所治之后。

梅花千户所　**城隍庙**在所治之□。　**旗纛庙**在所治之□。

校　注

［1］乾隆《福州府志·坛庙一》作“拜郊山”。

［2］乾隆《福州府志·坛庙一》作“惠泽山”。

［3］乾隆《福州府志·坛庙二》作“至元二十七年重建”。

［4］民国《连江县志·惠政》作“知县赵善谥移建于玉泉山前”。

［5］民国《连江县志·惠政》作“洪武二年王德钦建”。

［6］民国《连江县志·祠祀》作“明永乐二年七月，命内官郑和往西洋，在此筑坛祀南海神”。

［7］万历《福州府志·祀典》作“在县北隅玉屏山之北”。

［8］万历《福州府志·祀典》作“在鳌峰山下”。

［9］万历《福州府志·祀典》作“在县治西七里”。

［10］乾隆《福州府志·坛庙二》作“在县治西北”。

［11］乾隆《福州府志·坛庙二》作“在县治北七里”。

［12］道光《罗源县志·祠庙》作“元至正三年，达鲁花赤山重建”。

［13］道光《罗源县志·祠庙》作“洪武十二年”。

［14］道光《罗源县志·祠庙》作“里社坛附邑外，每里一所”。

［15］道光《罗源县志・祠庙》作“乡厉坛邑外，每里一二所不等”。

［16］嘉靖《建宁府志・祀典》作“洪武八年知府胡祯建上三坛”，但康熙《建安县志・秩祀》则作“洪武八年知府胡正建”。

［17］嘉靖《建宁府志・祀典》作“各一十二所”，但康熙《建安县志・秩祀》作“各一十三所”。

［18］嘉靖《建宁府志・祀典》作“二坛各一十一所”，但康熙《瓯宁县志・秩祀》作“上二坛各十二所”。

［19］嘉庆《浦城县志・坛庙祠祀》作“在龙潭门外射圃”。

［20］嘉庆《浦城县志・坛庙祠祀》作“典史殷景重修”。

［21］嘉靖《建宁府志・祀典》作“里社、乡厉二坛各一十二所”，嘉庆《浦城县志・坛庙祠祀》作“在县四乡各里”。

［22］嘉靖《建宁府志・祀典》作“各一十二所”。

［23］嘉靖《建宁府志・祀典》作“里社、乡厉二坛各一十九所”。

［24］嘉靖《建宁府志・祀典》作“里社坛、乡厉坛二坛各一十所”。

［25］嘉靖《建宁府志・祀典》尚有：“里社坛、乡厉坛各二十五所，俱天顺元年知县陈醇建。”

［26］乾隆《泉州府志・坛庙寺观》作“旧在仁惠坊内东仓隙地”。

［27］乾隆《泉州府志・坛庙寺观》作“正统九年知县吴渊修”。

［28］乾隆《泉州府志・坛庙寺观》作“三坛均宋绍兴间县令李著建，绍熙间令王孝廉修，寻废。明洪武初重建，正统间知县路亨、成化间知县方汝荣相继重修”。

［29］康熙《漳州府志・祀典》作“洪武三年知县张理建”。

［30］康熙《长泰县志建置》作“乡社坛凡九所，成化十七年后重修，各里设坛连在坊坛仍九所”。

［31］乾隆《延平府志・坛庙》作“洪武七年重建”。

［32］乾隆《延平府志・坛庙》作“在县各都，凡四十有四所”。

［33］乾隆《延平府志・坛庙》作“乡厉坛在县各都，凡十有三所”。

［34］乾隆《邵武府志・秩祀》作“知府张文煜”。

［35］乾隆《邵武府志・秩祀》作“张文煜”。

［36］嘉靖《邵武府志・祀典》作“在朝京桥西，洪武三年置”。

［37］嘉靖《邵武府志・祀典》作“洪武十一年，令毕原徙置今所”。

[38] 乾隆《邵武府志·民祠》作“在县四境共三十三所”。

[39] 乾隆《莆田县志·建置》作“在南门外,洪武三年建”。

[40] 弘治《兴化府志·礼纪》作“正统十一年在本府重复砌筑”。

[41] 乾隆《仙游县志·建置》作“景泰七年知县龙禧复迁于北门外东北隅”。

[42] 乾隆《福州府志·坛庙一》作“并塑故都押衙程賨、建州刺史孟威等二十六人”。

[43] 乾隆《福州府志·坛庙一》作“政和元年,郡守罗畴复修”。

[44] 万历《福州府志·祀典》作“配以方色”。

[45] 万历《福州府志·祀典》及乾隆《福州府志·坛庙一》均作“乾道三年”。

[46] 万历《福州府志·祀典》及乾隆《福州府志·坛庙一》均作“灵显庙”。

[47] 乾隆《福州府志·坛庙一》作“右侯加协忠”。

[48] 万历《福州府志·祀典》及乾隆《福州府志·坛庙一》所载《闽越王庙籍田记》,均作“广之子神”。

[49] 万历《福州府志·祀典》及乾隆《福州府志·坛庙一》均作“邵人唐濆为记”。

[50] 万历《福州府志·祀典》及乾隆《福州府志,坛庙一》均作“神姓张名渤”。

[51] 万历《福州府志·祀典》及乾隆《福州府志·坛庙一》均作“游苕雪之间”。

[52] 乾隆《福州府志·坛庙一》作“广德州之横山阁。”

[53] 宋梁克家《三山志·公廨三》作“福顶庙”。

[54] 宋梁克家《三山志·公廨三》作“唐天复三年”。

[55] 万历《福州府志·祀典》作“董忠宪祠”。

[56] 宋梁克家《三山志·公廨三》作“昭利庙在越王山麓”,下文为:“故唐观察使陈岩之子。乾符中,黄巢陷闽,公观唐祚衰微,愤己力弱莫能兴复,慨然谓人曰:‘吾生不鼎食,以济朝廷之急,死当庙食,以慰生人之望。’既没,果就祀连江滨屿。宋宣和二年,始降于州,民遂置祠于今所。”又《三山志·公廨三》、万历《福州府志·祀典》及乾隆《福州府志·坛庙》均有“北庙旧在

遗爱门外，去州十里。神王姓刘氏名行全，唐末，事其妻兄王绪为将，绪为秦宋权所逼，拔其军南徙，以王为先锋，至漳州，绪忌而杀之。忠懿有国，悼其死非罪，为立庙于州北”等语。按上述叙事，应立“北庙”一条。

［57］乾隆《福州府志・坛庙二》作“灵威庙”。

［58］乾隆《福州府志・坛庙二》作“节度闽都，摄令长乐”。

［59］民国《连江县志・祠祀上》作“宋景定二年，常挺以龙兴废寺田九百余亩奏为其业”。

［60］民国《连江县志・祠祀上》作“灵津庙，俗呼浮石王庙”。

［61］宋梁克家《三山志・公廨三》及乾隆《福州府志・坛庙二》均作“卢雄”。

［62］乾隆《福州府志・坛庙二》作“封溥济侯”。

［63］乾隆《福州府志・坛庙二》作“神陈姓”。

［64］乾隆《福州府志・坛庙二》作“祀宋大夫黄裳”。

［65］乾隆《福州府志・坛庙二》作“名山上”。

［66］万历《福州府志・祀典》作“宋绍兴间”。

［67］道光《罗源县志・祠庙》作“宋知县赵彦炎建”。

八闽通志卷之五十九

祠　　庙

建宁府

建安县

城隍庙在府治西从化坊内。以唐刺史封昭烈张文琮，刺史陆长源配享。详见《名宦志》。宋崇宁初，飞蝗入境，官吏祷于神，俄而大风逐蝗南去。事闻，封城隍神为惠宁侯，张刺史为昭应侯，陆刺史为嘉德侯，赐庙额曰“显应”。孝宗即位，升州为府，城隍神加号“福应”，张刺史加号“灵贶”，陆刺史加号“显应”。　**旗纛庙**在行都司之后，宋云榭台故址也。　**黄华灵园庙**即山神也。　**神应庙**在光孝观之左。庙祀二神俱袁姓，并一名赐，一名申。相传宋时郡寇窃发，郡人夜梦神报云：“翌日寇至。”遂告于郡守，相率祷于神。其日寇果至，俄而烈风四起，扬砂走石，又有蜂虿数万，飞螫群寇，寇遂惊溃。绍兴间赐今额。凡水旱疾疫祷无不应。国朝洪武二十八年重建。　**显佑公庙**神姓林名旺，初为郡军校，正直灵明，郡人生祠于城隍庙内之右。及卒，祈祷辄应。宋政和初，赐额曰“通灵尊胜太保祠”。建炎间，郡倅叶侬叛[1]，众推魏胜为首，既而疑之。胜语众曰：“但质之太保，方知胜之用心。”乃相与卜之，得吉兆[2]，众始踊然。后侬等就降，郡卒无事。嘉熙三年，赐封灵济侯。咸淳五年，郡城火，郡守祷于神，俄而风雨灭火，敕封显佑公。夫人唐氏封协灵翊惠夫人。国朝洪武九年，知府胡祯移祀今所[3]。（上三庙俱府治东光禄坊。）　**三圣王公庙**在紫霞洲西南。洪武中建。成化十九年，镇守太监陈道捐俸重建。

梨山泽民庙[4]唐季建。以祀郡刺史李频。凡雨旸不调，疫疠间作，祷于祠下，捷如响应。宋绍兴三年，郡民以其事闻，封灵显忠惠公。庆元六年，加封灵祐善应王。嘉泰二年，加号"广济"。开禧三年，加号"昭惠"。淳祐八年，更封灵佑福应威济信顺王。元至元间，黄华窃发，神出阴兵助官军讨平之。天历二年，更封溥泽福惠忠显孚顺王。国朝洪武元年，征南将军左丞何道率兵攻建宁，旬余未下，道怒，戒饬军士，刻日拔城。是夕梦有唐衣冠者，圆目长须，立于帐前，曰："吾以一城生灵付汝，勿妄杀之。"道觉，以其梦中所见之状询诸土人，知其为梨山神也。翌日，守将达元芳以城献。越二日，郡守翟也先率耆老诣军门降。道大悦，以神不我欺也。入城之日，秋毫无犯。十一年，诏去旧号，题其主曰"唐建州刺史李公之神"，命有司春秋致祭。神之座下有一井，相传神龙居，然庙宇历唐以及宋、元虽荐经兵乱，岿然独存。成化二年，知府刘钺重建。又府治东北朱文公祠右亦有庙，盖行祠也。

梨梁广烈庙所祀神，其一为里之土神，其一即梨山灵佑王也。水旱祈祷，响应如答。宋崇宁三年赐额。国朝洪武九年重修。（上二庙在将相里。）　**深渡庙**在川石里。神张姓，兄弟三人仕伪闽，有都将、侍御之号，俗呼三将军庙。后有营将，旧志失其姓名，生而智勇，既卒，乡人复列于三神之次而祀之。国朝洪武十五年重修。　**恭利庙**在吉苑里。神姓张，名廷晖，字仲光。仕闽为閤门使。有园在北苑[5]，周回三十余里，尽输之官，即今之茶焙是也。里人祠之，以为龙焙地主[6]。岁修茶贡，祈祷多验。宋绍兴中赐今额，封美应侯，累加效灵润物广佑侯，进封世济公。夫人范氏封协济夫人。元至正十二年重建。　**东坤都督庙**在建宁里。旧名东密，祀唐观察使陈岩。详见《名宦志》。故志相传，光启初始建祠宇，时岩尚无恙，意乡人为立生祠也。未几岩卒，塑像庙中，适侍中陈诲镇州，加都督，里人因呼其庙曰都督。又传其庙夜有金鼓声。　**龙城庙**在东莨里。又名龟峰庙。元至正九年建。庙之神，唐睢阳忠靖王也。雨旸疾疫，祷之辄应。（上六庙俱府城东。）　**灵济庙**在府城南登仙里。神姓倪名彦松，贵溪人，尝学道龙虎山。后游建安，家于党溪，即今倪坑也。唐乾宁间，闽中亢旱，郡将请神祷雨，其应如响。事闻，封将仕郎，卒葬所居之左山。五代唐同光三年，郡久旱，加以兵后大疫，乡人诣其墓乞灵，拜伏方兴，云生而雨，未十日病者亦十愈七八，乡民戴而祠之。其后伪闽亦请神诣三山祷雨，方入境，甘雨如注，遂封司农大卿。宋庆元中，赐庙额，后进封忠灵公。　**钱仓广威庙**在府城东南将相里。庙记云，神姓李，名文昌，唐天宝中仕闽，挂冠，居城南精舍，卒，僧为立祠。乡民怀其德，请于刺史陆长源，移祀今所。建中二年[7]，始建庙宇，乡民梦神指示云："此有储钱一仓。"掘其处果得钱，土木之费皆取给焉，因名钱仓。乾符间，黄巢乱，神师见云中，有旗帜，曰"建安钱仓庙"。俄而怒风飞石，王师遂大捷，奏封广威王[8]。一本云，神无姓氏，初庙在府城西南，陆长源毁其祠，投之于溪。其香炉附板而流至小溪口，复溯而上，乡人异之，因为立庙[9]。　**灵滋庙**在府城东北吉苑里。神蒋姓，处州龙泉人。唐世官建安，卒，民立庙于壑源祀之。岁修茶贡，祈祷多验，因赐今额，封敷泽侯。累加昭顺显济应灵侯，进封孚佑公。夫人周氏封佑德夫人。国朝洪武四年重修。　**游御史祠**祀宋儒游酢。朱文公为记。　**胡文定祠**祀宋儒胡安国。（上二祠在府学明伦堂之左右，俱宋郡守陈正同建。）　**屏山刘文靖公祠**在府治南。以祀宋儒刘子翚。详见《学校志》。　**朱文公祠**在紫霞洲上。宋宝庆三年[10]，其季子在嫡、孙鉴同建，从士友之请也。国朝景泰中，朝廷命立祠，春秋致祭，而祠旁隙地国初为武臣有力者所侵，故其址狭隘，弗称祀事。文公九世孙梃，白于巡按监察御史庄歙复之，知府刘钺遂即其地而改建焉。按知府刘钺所修《祠庙志》，以此祠即宋郡守王埜所建书院，理宗赐名建安者，考之《建安书院记》云："临北津筑祠以祀文公。"而《古迹志》又云："洪武十九年，改旧府学为书院，而以旧书院之址为知府廨舍。"则此非旧书院之址明矣。　**徐义卒祠**在县治西东，土地祠之东隅。义卒名斌，本衢人，转移执事，因隶建之十二指挥。宋端平二年，翼虎军黄勇等叛，欲杀太守，侍卫者宿与约，夜漏下三鼓，突入郡治。斌时适在郡，阖户拒之，贼不得入。因诱以利，斌不为动。贼乃斩关而入，斌遂遇害。入室则太守已觉而先避矣。明年，后守姚珄[11]为立祠塑像，为文祭之。其略曰："乙未夏初仓卒之变，尔独知义，不忍从乱。拒户以抗，脱守于难。以身死之，闻者浩叹。人孰不死，死义有名。今汝虽死，如生之荣。"　**杨文敏公祠**在府治东北。国朝赠太师，谥文敏。杨荣祠堂，详见《人物志》。成化三年，其嫡孙建宁右卫指挥同知，奏请于朝，以郡废廪地创建。知府刘钺为记。　**雷押衙、徐将军祠**在府城西北房村上里之璜溪。二公俱以忠烈义勇著称。五代末，寇攻其乡，二公率众驱之，因为所害，乡人为立祠。

瓯宁县

富沙庙在尚书坊。俗呼西庙。唐贞观初建，祀郡刺史叶颙。详见《名宦志》。旧在长庆馆，旁有溪潭，每霖潦浸淫，为害特甚。一夕风雨冒其上，翌旦视之，潭已塞矣，人谓神力所致。后移建今所。初封普通侯，宋时封昭定侯。国朝洪武初，诏去旧号，题其主曰"唐建州刺史叶公之神"，命有司岁春秋致祭。　**英烈王庙**在升华坊内。以祀伪闽刺史王延禀。详见《封爵志》。延禀尝以节守建州，喜文学，日与诸儒议论，欲以善道化其民，民赖以安，不见兵革，为之立生祠。及卒，乃更为庙。初封昭灵王，伪闽龙启末，加封"武平威肃"。伪殷天德初，改封"弘烈"。宋乾兴初，以犯忌讳，更为“昭烈”。余见《邵武祠庙志》。（已上二庙俱府治西。）

南台二王庙在府治南紫芝下坊，闽越王无诸行祠也。宋元符二年，神见梦于都史鬲松，遂为大其庙宇。　**童大王庙**在府治西南平肆坊。其地旧为茶场，故号古茶场庙。神名毅，字公辅。初，郡治迁徙不常，民无定居，童氏尽献今城中之地，立城郭，创市廛，民以为土主，故于其殁也庙而祀之。后封通灵侯。成化十年毁。今建安、瓯宁二县皆有此祠。或曰，神生于汉代秦之二年，地献于闽越王建都之时，俱未详何据。　**刘判官庙**在府城西高阳里，界于瓯宁、剑浦、顺昌三县间。神刘姓，旧志失其名。乡人凡有水旱疾疫，祷之多应。宋崇宁间，有旨询访顺昌界首刘信将军庙，当时顺昌境内诸庙之神无此姓名，或谓即此庙也。但莫知朝廷所询之由，无敢以闻者。国朝永乐九年重建。　**灵通庙**在崇安里黄畲。又名英武侯庙。神姓谢，名夷甫，越洲人，唐时为京畿令。凤翔孟湜押兵过其境，纵掠百姓，夷甫捕而斩之。李辅国谮之于朝，流建州。帝后稍悟，未及召卒，葬于此。及代宗立，见梦于帝，自诉其忠烈。有旨为立庙，赐今额。国朝洪武初，诏去旧号，题其主曰“唐京畿令谢公之神”，命有司岁以春秋二仲致祭。

袁田庙在禾义里。神姓袁，名元应，邑之小湖人，仕唐为吏部员外郎。巢寇掠闽，出为本道抚谕使，未几卒。葬湖山龙溪乡，民为立庙，赐额曰“灵应”。南唐封昭显侯。国朝成化十五年重建。

石矶灵佑庙[12]在禾供里。神蒋姓。宋绍兴元年赐今额。先是有张暹者，在唐之季，里有妖邪为虐，且疾疫盛行，暹一日于灵佑庙焚香，祝曰：“暹生不能救民，死为神，以救乡人之厄。”遂卒。乡人因塑像立于神侧附祀之，甚著灵响。后封昭卫侯。国朝永乐七年重建。　**英显庙**在紫溪里。神蒋姓，旧志失其名，尝有功于唐，封英显灵惠侯。国朝永乐十四年重建。（上四庙俱府城北。）　**韩蕲王庙**在府治西南和义坊，旧仁济亭址也。王名世忠，字良臣，延安人。绍兴初，范汝为反，据郡城，其势甚炽。高宗命世忠为福建宣抚副使。世忠曰："建居闽岭山流[13]，贼沿流而下，七郡皆血肉矣。"遂领兵自镇江由海道至福州，趋建安。从凤凰山间道至城下，驻军黄华山，设焚梯、火楼[14]，连日夜并攻。越五日城破，汝为窜身自焚，斩其弟岳告以徇[15]，擒其谋主谢向、施达及裨将陆必疆等五百余人。令军士驰城上毋下，听民自相别。农给牛、谷，商贾弛征禁，胁从者汰遣，独取附贼者诛之。民威更生，为建生祠。绍兴五年，诏有司修其祠宇，因益以司户廨舍，辟而大之。　**武毅王祠**在府城北禾义里。亦闽越王无诸行祠也。其将号挐公，甚著灵响，民祷之辄应。永乐中知县黄参重建。

浦城县

城隍庙在县治东西山精舍之左。洪武元年建，景泰三年，知县何俊重修。　**粤王庙**在清湖里。以祀汉东粤王余善。王尝即拓江之浦筑城以居，后为繇王居股所杀，民为立庙。宋绍兴十二年赐额曰"昭佑"，淳熙十五年封孚惠侯。　**三孔庙**在孝悌里。俗传神王姓，天资勇健。五季之乱，部锐卒以捍县境，民为立庙。宋元丰中，西夏入寇，总管燕达出兵拒敌，梦有神兵助国，曰建州三孔庙[16]。事闻，命有司列于祀典。（上二庙俱县南，今废。）　**冯中郎庙**在茗坑。神西汉人。旧传中郎尝以兵逐吴王濞，没于此，后人为立庙，今废。　**镇安庙**在长乐里。宋时建，盖土神也。真德秀为记。水旱疾疫祷之即应。（上二庙俱县北。）

安边庙在县西南登云里。庙祀二神，一姓黄名宠，一姓范名滔，皆下沙人。唐末，闽中乱，宠为制置镇节级，范为厢虞侯，皆有战功而亡，后人为立庙。五代唐长兴四年，伪闽始改元，并封银青光禄大夫、检校太子宾客兼监察御史上柱国。旱涝疾疫，祷之辄应。　**刺史刘公祠**在县东胜果寺后[17]。刺史名守谦，邑人也。唐肃宗时，讨安禄山有功，授处州刺史。　**朱文公祠**在县东隅，旧资福尼寺址也。天顺二年,府推官胡缉建,缉自为记。成化十一年,布政司参议裴衷以真德秀配。 **江文宪祠**在县西上相里等觉寺右。宋大观元年知县王淮建,以祀梁吴兴令江淹。元废。

冲应真人祠在县北长乐里。后名神景观。真人姓周名霞,字史卿。尝修炼于此,乡人因立祠奉之。水旱有祷,响应如答。宋封冲应真人。四明楼钥为记。国朝宣德二年重建。

建阳县

城隍庙在县治礼义坊。旧在登高山下。洪武元年知县吴义移建今所,永乐十四年圮于水。十七年重建。景泰六年,知县龙滔重修,岁久而敝。成化十八年,知县汪律撤而新之。 **庇民庙**在县治东隅。神姓李,行三。伪闽时,王从珂举兵侵州境,李率义兵拒守,授银青光禄大夫、检校太保,领嘉禾县崇乐镇公事,以战殁,邑人为立庙。宋政和初赐今额。宣和中,封灵贶侯。淳熙末,加封"应顺",累封显济灵应孚惠福安公。国朝永乐十四年圮于水。宣德三年,知县张光启、何景春重建。 **惠祖庙**在县东同由里。神姓詹名翰,里人也。生而神采隽异,言出而人信服之。元末寇乱,乡民赖其保障。陈有定据闽,逼使从己,翰固拒不从,遂遇害。葬于里之九圳头,墓碑见存至正十二年,里人为立祠墓侧,匾曰"惠祖"。凡水旱疾疫,祷之辄应。 **吕相公庙**在禾平里。神姓吕氏,名师诲。唐末与海寇战,殁于福州。是夜乡人闻金鼓之声,旦起视之,见小舟溯流而上,人以为异,遂立庙祀之。

昭福庙在北洛里。其神姓名无可考,五代以来已有之。宋绍兴中,诏赐今额,封忠应侯。其诏词有曰:"旱潦病吾民,而尔阴功弭其灾;寇贼扰吾民,而尔神力销其变。" **侍中庙**在三桂里横山之麓。神姓陈氏,讳师诲。南唐保大间以检校侍中领建州,既殁,邑人祠之。 **敏应庙**在永忠里。宋景德中,岩山院僧杜老因行水次，见大板画神像，丹青甚古，一夕梦神告之曰："吾姓刘，欲居此久矣，而未有所舍，敢以见浼。"杜老于是率乡人立庙，取画像祀之，祈祷多应。绍兴三年赐今额，封德威侯。　**忠烈庙**在永忠里。神姓刘，名纯，字君锡，里人也。生平有武略，既殁，郡守王遂以闻，赠朝散郎，谥义庄，并立庙祀之，赐今额。（上五庙俱县西。）　**威怀庙**在兴贤下里盖竹。俗呼盖竹庙。旧志云，神姓陈名岸，尝为邑录事，以直方清干为己任。子三人俱以行义称。唐贞元中，父子以谗同时遇害，投于溪，溯流而上数十里，邑人收而瘗之，立庙以祀。伪闽封保疆侯。宋元丰中，封威惠侯。政和中赐今额。绍兴五年，加号"翊顺"。十年，加号"显灵"。妻黄氏封慈懿夫人。三子皆封侯爵，曰协义，曰协信，曰协济。三十年，又封显济灵应忠佑威德王，夫人加号"幽赞"，三子亦各加号曰广利，曰广泽，曰广应。王埜、蔡谟皆有记。刘子翚诗："九旒已荷本朝渥，三雁更忻同日侯。我来瞻拜想遗直，叹息此道今悠悠。"　**东平王庙**在兴贤中里横塘岭。元至正七年，里人章文泰建，以祀唐御史中丞张巡，凡水旱祷之辄应。国朝正统十三年，沙寇邓茂七倡乱，其部下吴进保率兵欲攻县治，因祷于神至于三四不许，贼怒焚其庙。有顷骤雨如注，狂风拔木，贼营旗枪皆仆，其徒僵死五六人，众遂惊溃。乡人陈善安、王雅纠众击之，贼众忽闻金鼓之声喧天，所履地若腾涌然，人马皆辟易，昏瞀不知去向，遂大败。斩首千五百级，生擒数十人。明年，陈善安、王雅俱以功擢镇抚，遂募众重建。　**感应庙**在均亭里。神姓柳，名宗彝，字孝翁。邑人也。以正直闻于时。夫人蔡氏，子三人皆仕唐为大夫。兴光中，始即其故居立庙，匾曰"威肃"，伪闽时改今额，或云崇安柳耆卿之族，即神裔也。　**广佑侯庙**在三桂里。神陈姓，志失其名。宋时有功于民，因立庙祀之，赐翊真广佑侯额。国朝洪武四年重建。永乐十四年洪水，庙岿然独存。（上四庙俱县南。）　**洪山庙**在洛田里。按庙碑，神姓朱，名邦式。唐末，盗贼蜂起，神率乡人捍御之,因战而死,乡人为立庙。元至正十九年重修。 **章山庙**又名感应王庙。神姓蒋,名仲贤,兄弟五人,伪闽时俱为大夫,因名所居里曰五大夫,今属崇安县。神平生忠信谨恪,既卒,乡人为立庙于此,凡旱涝灾患,有祷皆应。初,兄弟五人俱有庙,其一在石郭,余三庙俱不知所在矣。 **石郭庙**神姓蒋名季实,章山庙神之弟也。宋建炎中,范汝为、熊志宁寇建阳,邑人相率恳于神。既而寇至,见山林草木皆作人形,乃惊溃去。井里获安,人以为神之威灵所致也。迄今祈祷立应。(上二庙在建中里。已上三庙俱县东北。) **扶政庙**在县西北北乐里。神朱姓,唐末宦游经此,为水所溺,沿流而去,复溯流而来,众以为异,遂收葬而祠之。宋绍兴三年,范汝为之党寇县境,过其地,见黑气四起,旌旗掩映,众遂惊溃,为义兵所杀。五年赐今额。九年封英惠侯。 **四贤堂**在儒学内。宋隆兴间,知县萧之敏建,以祀邑人陈洙、陈师锡、游酢三御史,榜曰“三贤堂”。后之敏亦为御史,以清直闻。淳熙中,知县姚耆寅谓其可以追配三君子者无惭也,遂肖其像而合食焉,更其榜曰“四贤”。朱文公为记。既而工部尚书刘爚卒,邑人又以其言行素履可以追配四君子者无惭也,亦肖其像而合食焉,复更其榜曰“五贤”。陈孔硕为记。

松溪县

城隍庙在县治南一里许。旧在兴贤坊,洪武元年,知县常钦祖移建今所。 **显圣庙**在县治南直街。按郡志,宋初,武尉吴大办殁于王事,绍兴间,知县林敏元建庙于使华馆之左祀之,匾曰“显圣”。 **都头庙**只名余将军庙。在皈伏里旧县之侧。神姓余,名汝程,字千里,邵武人。唐咸通中,为松源镇将,屡与吴战争小梅关,卒于镇。镇民思之,因立庙祀焉。按《通鉴》,唐咸通为懿宗年号,是时吴越钱氏未建国,此所谓屡与吴战,不知何所指也，他无所考证，姑因旧志书之。　**英护庙**在东关里。神姓林，名癸。宋隆兴初，为崇安巡检，措显遂应场，卒于官，乡民为之立庙。庆元二年赐今额。咸淳元年，封忠翊舍人。（上二庙俱县东。）　**济美庙**在县东北东关里。神姑苏人，姓陆名宏，后汉庐江太守康之孙，吴郁林太守绩之长子。仕吴为会稽南部都尉，有惠利于民，是时闽地盖其属也，故民为立庙。唐建中二年，神之裔孙长源刺建州，为葺祠宇，旧名东平威灵王庙。宋宣和二年，方腊寇浙，谋欲侵闽，邑人相与祷于神，贼在邻境，望见步骑数万，旗帜大书“威灵王”三字，众惧而退。绍兴二年，妖贼范中有逆祷，怼神应以凶兆，斧其主而焚之，未几果败。其后凶贼范尚将袭县治，俄见水东竹木皆铁骑，遂惊骇败死。隆兴二年赐今额。知县何蕴、主簿陈执刚皆有记，后累封济美庄佑福惠王，夫人累封慈佑福庆妃。又县治前宣化坊之右亦有行祠。元至正二十一年建。按《吴史·陆绩传》云，子宏为会稽南部都尉，而郡志乃谓宏仕吴为中书侍郎、会稽南部盲民校尉，二说不同，恐当以《吴史》为正。　**湛卢山祠**在县南东关里。宋元符二年，岁大旱，县令周才祷于是山，甘雨随至，乃创祠祀之。旧有祠在绝顶，唐时建号上祠。国朝洪武七年，道士罗觉善又建祠于山之麓号下祠，今凡三祠焉。

崇安县

城隍庙在县治西兴贤坊。旧在宣化坊。按旧志，神姓灌，名婴，汉颍阴侯也。初平江南有功，因祀为城隍神。南唐封辅德侯，宋政和四年，赐庙额“显忠”，绍定三年重建。元至正二十五年毁于兵。国朝洪武元年修建今所。　**会真庙**在武夷冲佑观之侧。祀山之主神魏真君。旧志云，真君名子骞，初求道于武夷山，后于此上升。秦始皇二年八月望，置酒幔亭峰上，以宴乡男女二千余人，皆呼为曾孙。乡人因创祠山下，匾曰“同亭”，取同宴幔亭之义也。祭用干鱼。宋绍圣间，京师、两浙大旱，遣使迎其蜕骨至太乙宫，甘雨十日，封冲妙真君。端平初，京师复旱，又迎之亦雨，加号“孚惠”。政和二年赐今额。庙之从神姓潘，名遇，颇著灵迹。端平元年，封协济侯。嘉熙二年，加号“妙感”。张築为记。庙之右有仙君庙，南唐保大间建，以祀武夷诸洞仙灵。　**昭应庙**在县东五夫里。神姓池名繁禧。仕唐，官至大夫，五季之乱，隐不复仕。岁歉，辄出粟以赈民饥，乡闾德之，因为立庙。宋乾道五年赐额。　**慈惠庙**在县东南丰阳里。神李姓，兄弟三人，孟曰材，仲曰櫼，季曰槐。唐季屡立战功，迁指挥使。乾符间，黄巢入寇，兄弟共率所部兵击贼败之。后追贼至建阳，众寡不敌，因为所缚。贼欲释而用之，兄弟俱不屈而死。越七日容色不变，人始以为异，相与具棺衾以葬。宋绍兴十四年，墓圮于水，其柩溯流而上至竹湖山下，砂石随水涌而埋之。乡人因立祠祀焉。宝庆元年，亡卒叶胜昌乱[18]，纵火焚市，将及祠宇，俄而雷雨大至，火遂灭，群盗悉骇散。伪闽时其封王爵，曰忠显，曰忠烈，曰忠翊。李仲光为记。　**三文祠**[19]在县治西偏，以祀唐殿监彭玙、宋侍郎张承杰、县令翁谷。按旧志，邑之地旧名建阳武夷乡。玙之祖迁左千牛卫上将军，贞观初由丹阳徙家于此，始剪蒿莱，辟土地，凿湖，筑陂，灌田二千余顷，招辑人民居之。未几而成聚，遂名其乡曰新丰。迁子汉永徽中诣阙，请以武夷乡为温岭镇。逾年，复请改镇为崇安场。玙，汉之子也。会昌中，又请改场为县，乡人以县之始建，实彭氏父子之功，因庙祀之。承杰及谷皆预有功县事，故并得配祀。国朝洪武七年，主簿李澄重建。　**二贤祠**在儒学内。宋乾道三年，知县诸葛廷瑞建，以祀邑大夫赵抃、乡先生胡安国。朱文公为记。　**彭庭坚祠**在县治□□[20]。庭坚尝为县尹，御寇有功，至正中累官福建宣慰司副都元帅。讨平群盗，后遇害。故吏张椿、儒士夏忠行、江晃奉柩还崇安，民哀泣如丧父母，立祠像，岁时祭祷，数降灵响。旁邑立祠亦如之。详见《名宦志》。张椿，本志作桌，今从《元史》作椿。　**景行祠**在儒学内。宋咸淳元年，知县刘璜传建，以祀乡先生及邑大夫，匾曰“景行”。待制吴坚为记。宋末毁于兵。国朝永乐间重建。

政和县

城隍庙在县治南七星溪之南，即古儒学明伦堂址也。旧在县治东南二十步，洪武元年移建今所。　**忠节庙**在县东门。祀唐银青光禄大夫、御史中丞、知建州军事李彦坚。详见《名宦志》。宋崇宁间赐今额。又县西南高宅里亦有此庙。　**英节庙**在县南飞凤山前。祀唐福建招讨使张谨。乾符五年，黄巢寇闽中，谨与其偏将郭荣等十八人突入贼阵与战，俱死之。乡人感其义，立庙祀焉。宋崇宁中，赐额“英节”。大观元年，追谥“昭烈”。隆兴二年，加谥“惠应”，由侯进公，复进王爵。宋季加号“英济广惠灵佑显德”。郭荣初封佑灵侯，后进封公爵。国朝成化十年，处州贼将入境，民心惶惧。时参议陈渤按邑，白昼瞑目，梦神大声曰：“贼不入邑，勿惧！”已而果然。因命主簿扈子贤修庙宇。又县东北感化里下源，亦有此庙。　**彭庭坚祠**在县治东南。详见《崇安·祠庙下》。　**三峰处士吴公祠**在政和西里三峰寺。按祠记，唐韶州刺史广信吴武陵有徙居处之庆元者。宋太平兴国时，处士至县之西里，见田野荒芜，请于官，率乡人十余家耕之，不数年而富饶[21]，凡贫乏者施以衣食，疾病者济以药饵。既殁而为神，庙食于此。　**陇西公祠**在政和里。元末，怀远大将军郢复、万户府副万户李铉守延平，与寇战殁。事闻，追赠镇国上将军、江东道都元帅、护军陇西郡公。后人即其战殁之地立庙。（上二祠俱县南。）　**桃源处士范公祠**处士唐末人，天性淳厚，笃于孝友。生九子，皆教以义方。乡人有争讼者，处士援引圣贤之言以开谕之，皆化服去。及卒，乡人祠焉。　**启贤祠**在护国寺西偏，以祀宋退林翁朱森。森字良林，初其子松尉是邑，翁实在养，卒于官舍。

时方腊乱，道梗，权厝护国寺。后以山水明秀，因葬焉。成化四年，提学佥事周孟中因邑人致仕教谕吴宪之言，谋立祠墓前祀之。邑民王窗遂慨然捐资建祠三楹，匾曰“启贤”。以其孙熹集群贤之大成，其庆源实自公启之也。巡抚佥都御史高明檄寺僧守视，仍命有司致祭以为常。孟中自为记。（上二祠俱在县东北感化下里。） **关隶伯祠**在县西北东衢里。祀元政和县尉，追赠关隶伯马哈麻。详见《名宦志》。 **先贤祠**在儒学明伦堂之后，初为先霁亭。洪武十七年，训导童邦彦建。永乐元年，知县黄裳改建为先贤祠，以祀乡贤陈朝老、邵知柔、吴球、余应、吴廷用、丁同。俱详见《人物志》。 **陈征君祠堂**在县西南高宅里禅岩院。以祀宋陈朝老。详见《人物志》。朱熹尝与蔡季通游县院，拜征君遗像，瞻立移时。季通曰：“征君骨相岩稜，宜不享富贵。”熹应声曰：“富贵何如名节香！”

寿宁县

城隍庙在县治东，景泰七年知县陈醇建。

泉州府

晋江县

城隍庙洪武四年，知府常性等建。永乐十一年，知县宋仲祥修。正统间，知府熊尚初重建。 **旗纛庙**云榭台旧址也。洪武十四年建。正统十三年，指挥使王浚修。（上二庙俱在府城西北。） **铁炉庙**在府城西宣明坊内，相传五代时留从效造兵器之所也。庙之神曰应魁圣王，郡士子求科名者多谒梦于此。宋庆元三年秋，曾从龙祷于庙，梦有书幅纸示之云：“两爵并跃于今秋，一荐独横于天下。”又梦一人屈指数云：“四十年事。”是科兄弟同发举，所谓“两爵并跃于今秋”。明年春里擢状元，所谓“一荐独横于天下”。“四十年”者，盖泉州自梁克家登大魁之后至从龙时，恰四十年也。按《方舆胜览》，谓从庆元四年秋，即私居遥祷邵武广佑庙之神，是夕得此梦。二说不同，未知孰是[22]。　**忠显庙**在三十七都。按旧志，唐光启间，光州刘行全为王绪前锋将，绪忌杀之。后王潮刺泉，闻其忠烈，立庙祀焉。初号保安王，宋宣和二年，郡守陆藻因筑城祷之，神见于梦，遂重修其庙宇。建炎间赠今额。绍兴间封灵佑侯。　**福远庙**在三十九都。按旧志，唐乾符中僧大圆筑室东湖从居，时有白龙出没湖中，因以龙名湖，而庙其上。宋绍兴八年旱，郡守赵思诚祷之，龙起而雨，县令洪元英因新其庙。十一年复旱，郡守傅直柔祷之亦雨，遂匾今额。（上二庙俱在府城东。）　**鄂国留公庙**在府城东南留澳。详见《人物志》。庙之后浦，旧有岩石，宋淳熙末，一夕晦冥，石最巨者忽自徙置于岸上。　**宋少卿祠**祀宋郡守宋钧。详见《名宦志》。今废。**倪郡守祠**祀宋郡守倪思。详见《名宦志》。今废。　**真陈二公祠**祀宋郡守真德秀、招捕使陈韡。详见《名宦志》。（上二祠在行春门内。）　**王忠文公生祠**在行春门外。宋绍定间建，祀郡守王十朋。详见《名宦志》。国朝成化间，知府沈海重修。（上四祠俱府治东。）　**三贤祠**在谯楼门东。宋嘉定间，郡守宋钧建以祀中令韩国华、忠献韩琦、忠简赵鼎。今废。　**颜尚书祠**在镇雅坊之右。祀宋郡守颜师鲁。详见《名宦志》。今废。　**林秘书祠**在开元寺东庑。祀宋郡守林枅。详见《名宦志》。（上三祠俱府治西。）　**王刺史祠**在崇阳门楼。唐光启间，王潮刺泉，当干戈扰攘之际，独能兴学养士，保境全民。及卒，士祀之于义学，民祀之于此。宋绍兴间，郡守刘子羽重建。　**韩忠献祠**旧在府治内，今泉州卫后堂也。宋景德间，中令韩国华守泉，其子忠献公琦，实生于官舍。后郡守王十朋因建祠合祀之。今废。　**胡寺丞祠**

在市舶亭侧。祀宋市舶提举胡长卿。详见《名宦志》。 **陈令尹祠**在灵慈宫之东庑。元至正间,邑人为晋江令陈驳建。详见《名宦志》。(上四祠俱府治南。) **卫民祠**在府治北,旧为兴德庵。正统末,郡人以祀知府熊尚初,匾曰“卫民”。详见《名宦志》。 **洪通判祠**在府志西南。永乐间建,祀通判洪葆。详见《名宦志》。 **遗爱祠**在府治东北。正统八年建,以祀知府尹宏。详见《名宦志》。成化十四年,知府沈海又辟其址而新之。 **忠孝祠**宋郡守真德秀建。祀孝行林攒、忠勇苏缄。德秀自为记。国朝成化十年,知府徐源重建。 **贤守祠**以祀宋郡守蔡襄、王十朋、真德秀,国朝郡守胡器、尹宏、欧阳复,凡六人。各见《名宦志》。 **贤宦祠**以祀唐常衮、姜公辅,宋韩国华、孙逢吉、韩琦、游酢、陈称、柯述、郑侠、赵鼎、朱松、刘子羽、程大昌、颜师鲁、林枅、游九功、倪思、程卓、宋钧、陈权、陈韡,元程文海、严度、乌古孙泽、高兴、伯颜、乌马儿、陈骇、锲玉立、马速忽、陈安国、王翰,国朝欧阳初、高绍孟、林文玉,凡三十五人。 **乡贤祠**以祀唐欧阳詹,宋陈从易、曾公亮、苏颂、叶颙、曾怀、傅察、李邴、陈知柔、留正、诸葛廷瑞、梁克家、傅伯寿、傅伯成、庄弥坚、庄复、吕大圭、陈研、杨炳、刘恭、诸葛直清、颜棫、曾从龙、洪天锡、庄梦周、徐明叔、吕夏卿、傅定保,元陈旅、卢琦、龚明安、诸葛晋、丘葵、庄元弼,国朝刘嵩、陈章应、崔惠,凡三十七人。(上三祠俱成化十年知府徐源修建。) **柯郑祠**以祀柯述、郑侠,皆尝典教于此。 **廉侯祠**以祀郡守廉忱,以其有功于学也。 **高公祠**以祀元丞相高兴,以其有功于民也。 **朱许祠** **卢府判祠**(上二祠所祀之人,旧志失载其名。已上五祠俱废。) **棣萼联辉祠**以祀伯颜及其弟乌马儿。儒学提举吴涛为祠记,其略曰:“左丞公作新泮宫,诸生合辞曰:‘闽自大兵之后,疮痍未疗,而公难兄平章公伯颜实来衣食吾泉,公以难弟踵芳躅,主盟吾道,崇饰学官,为一道最,是吾众三生良缘,际此二难也。遂合而生祠之,表之曰棣萼联辉之祠'。"(已上一十祠俱在府学内。)　**朱文公祠**在县学礼殿后。洪武二十一年监察御史钟道玄谒庙学,见文公像,位讲堂中,因命教谕王敬构祠于礼殿后,舁旧像祀之。御史陈仲述为记。宣德五年,教谕王启修。正统十年,佥事陈祚、知府曾弘重修。　**分宪赫德尔生祠**元至正十年,赫德尔按泉,风裁凛然,奸横屏迹,民赖以安,郡人为立祠。　**左佥宪大中祠**元至正中左达纳失里以佥宪按郡,绳不法,黜贪墨,郡民德之,因立生祠以祀。(上二祠俱在府城东三十九都。今废。)　**叶郎中祠**在府城北三十九都清源下洞。宋绍兴中,叶廷圭守泉,政尚清简,郡民爱之,立祠祀焉。　**蔡忠惠祠**祀宋郡守蔡襄。详见《名宦志》。国朝永乐初,知府胡器重修。成化间,巡抚副都御史滕昭复令有司撤而大之。又崇福寺内亦有祠。　**偰监郡生祠**元至正十年,郡人为达鲁花赤偰玉立建。三山吴鉴有记。又详见《名宦志》。今开元寺、资寿寺、浯浦灵慈宫皆有祠。(上二祠在府城东北洛阳桥之南。)

南安县

城隍庙在县治东。洪武初知县刘祥重建[23],正统十一年重修。　**飞阳庙**在县西二十一都。相传旧在江南,晋太康中,夜有雷电起于庙庭,明日已移于江北,因名。唐封显应侯,宋加封孚济灵应王。嘉祐中,郡守蔡襄祷雨有应。遂重新之。襄诗:"年年乞雨问山神,羞见耕耘陇上人。太守自知才德薄,彼苍何事罪斯民?"　**威镇庙**在县北十二都。五代晋天福中,伪闽建。其神郭姓,生而神异,甫十岁,一日忽取瓮酒全牛登郭山绝顶,明日坐逝古藤上,牛酒俱尽。其后常见梦于人,因为立庙,号郭将军。宋建炎中,寇逼近境[24],民祷于神。一夕,大雨溪涨,寇不能渡。有衣白衣乘白马者,诱贼他去,攻具漂荡殆尽,贼亦多溺死,邑以无事。

绍兴间,赐今额,累封广泽孚惠忠应侯。 **龙潭祠**在三十都。岁旱祷雨辄应。元季圮。国朝洪武三十年,乡人蔡谷名重建。

姜秦祠在延福寺内。宋郡守赵令衿建。以祀唐姜公辅、秦系。令衿自为铭曰:“婴鳞神龙,蹇蹇匪躬,姜相之忠,尘视公卿,惟义是荣,秦君之清。” **秦君祠**在九日山下石佛岩之侧。宋绍兴二十一年,郡守邓通建以祀唐高士秦系。详见《人物志》。今废。按旧志云:“延平邓通守郡,建祠以祀秦系。”考之《泉州历官志》及《延平人物志》俱无邓通名,未详何谓。(上三祠俱县西。)

朱文公祠在儒学明伦堂之左。元元统二年,县尹刘升家儿建,匾曰“尊道堂”。

同安县

城隍庙在县治东。洪武间建。成化十年,知县张逊重建。

豪山庙在县西从顺里二都马鞍山之麓。宋朱熹、真德秀尝祷雨庙下,其应如响。国朝成化十二年旱,知县张逊祷之亦应,重修其庙。 **苏魏公祠**在儒学教思堂后。宋绍兴二十五年主簿朱熹建,以祀故相苏颂。元至正十年,县尹孔公俊重建。国朝天顺间,县丞刘珣器复建。学士刘定之为记。成化八年,府推官柯汉改建于明伦堂之左。十二年,知县张逊复建于旧址。 **赵忠简祠**在儒学内。朱文公为簿时建,以祀故相赵鼎。 **朱文公祠**宋嘉定间,县令毛当时建,叶适为记。国朝洪武二年,知县吕复重建,宣德六年重修。 **乡贤祠**在学门之东。成化十一年,知县张逊建。

德化县

城隍庙在县西。宣德元年,知县何复重建。

永春县

城隍庙在县治东。宋开禧间，邑令林敌重建。国朝洪武初撤而新之。永乐间，署县事德化县典史蓝礼渊重修。　**乐山福王庙**在县东十五都。盖乐山神也，甚著灵响，泉俗多敬祀之。宋封通远王，赐额“昭惠”。嘉定中，岁大旱，郡守蔡襄祷祠下，甘雨如注。襄以状闻，封善利王，寻加号“广福”，又加号“显济”。庙之从神曰陈益，累封仁福王；曰黄志，累封辅国忠惠侯。县治之西有行祠，大观三年，邑令留镕建。绍定三年火，邑令徐敞重修。**乐山东台祠**在县东十五都。相传神姓庾氏，唐光启中，从王潮入闽为奋盛将军，戍桃林，殁于乐山，时著灵异，凡水旱祷之多应，因立祠祀焉。　**石鼓祠**在县西二十三都。宋绍兴二十五年，邑令黄瑀建。其祠瞰溪，溪心有石如鼓，或时鸣，声如雷，雨鸣则晴，旱鸣则雨，雨旱祷之辄应。　**龙潭祠**在县东南十三都。相传五代时有袁昭者，以闽王审知命，率兵镇马岭，众服其恩威。及卒，邑人即其地祠之。祠之前有龙潭，宋邑令张藻祷雨祠下，雨立至，因匾今名。

安溪县

城隍庙在县治东。洪武初重建。景泰二年，邑人陈贞德修。成化间，知县谷廷怡、吴英相继修建[25]。　**詹令尹祠**在县治东。詹令尹名敦仁。五代时以邑人辟监清溪场，因请于留从效，改场为县，既成辞去，隐于佛耳山，号清隐。吏民祠之。国朝正统三年，知县潘靖重修。　**郑君祠**在县治东南还集里之清溪。庙记云：“君名振，字叔亨，邑人也。宋绍兴十三年，群盗四起，帅司檄振击之有功，十六年复率众击盗，陷阵不返，乡人立祠祀焉。”

惠安县

城隍庙在县北，旧为灵济宫。宋天圣中，邑令李畋之母精相宅法，谓县白虎山高不利，乃崇是庙，以壮青龙之势。国朝洪武初，改为城隍庙。正统十一年，知县闭祯重修。 **凤山通灵庙**[26]在县西南二十一都。旧传三国吴有王将军者，与其妻曹氏俱葬此山[27]，频著灵异，居民因立庙祀之。一夕雷雨大作，庙移于江滨。宋绍兴间，海寇宋铭犯境，乡人祷于庙，忽有狂蜂毒蛇纷集港口，贼不敢入。淳熙间，杨肇章寇沿海诸处，惟庙之左右一无所犯。邑人进士黄璟以闻，赐额通灵顺惠侯[28]。

永宁卫

城隍庙在卫治东南。洪武间，指挥洪海建。正统间，卫知事王廉修。成化九年，千户陈宗重建。 **旗纛庙**在卫治后之左。正统十一年，指挥同知金冕重建。成化十三年，指挥使杨晟增建外门楼。

福全千户所

城隍庙在所治之右。 **旗纛庙**在所西门内之右。

高浦千户所

城隍庙在所治之右。 **旗纛庙**在所治之后。

中左千户所

城隍庙在所城南门外。 **旗纛庙**在所治之右。

金门千户所

城隍庙在所城内东南。　**旗纛庙**在所治之后。

崇武千户所

城隍庙在所治西南。　**旗纛庙**在所治之后。

漳州府

龙溪县

城隍庙在府治南。宋元祐中，郡倅许长卿重修。嘉定八年，郡守胡滐因旧址辟而新之。十四年灾。明年，郡守郭昉重建[29]。国朝洪武八年知府许荣、三十一年知府李晟俱尝修葺。正统十四年，按察佥事陈祚修建一新。成化九年，知府张瓒重修。十八年，知府姜谅重建。　**旗纛庙**在府城中卫治之北。正统十年，佥事陈祚重修。　**双节庙**在府城东门外。元万户府知事关文兴[30]及其妻王氏死于寇难，追封文兴英毅侯，王氏贞烈夫人。至顺三年，有司为立庙，号"双节"。详见《名宦志》及揭傒斯所作庙记。国朝正统九年佥事陈祚重修。十四年毁于寇。景泰四年知府谢骞重建。主事郑和为记。　**威惠庙**在府城北门外，以祀唐中郎将右鹰卫将军、赠韬卫大将军陈元光。详见《名宦志》。嗣圣中，建庙于漳浦之云霄。贞元二年，州治迁于龙溪，民多祠之。五代暨宋累封灵著顺应昭烈广济王。建炎四年，始建庙今所。淳祐六年，郡守方来因县尉陈首龙之请，岁春秋致祭，郡人争捐资买田以相祀事。后郡守章大任复以废净安寺、嘉政庄、迎福寺、永安庄田地共六顷有奇隶于庙以益之。大任有庙记。国朝正统九年，佥事陈祚重新庙宇。十四年毁于寇。景泰元年知府马嗣宗、四年知府谢骞先后修建。岁久复圮。成化二十二年，知县李榮重修大堂及建两庑仪门，并府县斋宿之所，焕然一新。　**威济庙**在府城北首。汀州陈氏兄弟四人，曰大忠、大节、大勇、大智，敌寇有功，殁著灵异，乡人祀之。宋宣和中赐额。　**表忠祠**在府城东门外。元漳州路达鲁花赤迭理弥实死节，葬于此。国朝成化五年，按察副使何乔新为复其地之见侵于人者，命知府王文等建祠祀之，匾曰“表忠”。乔新自为记。十八年，知府姜谅又尽复其侵地，重建祠宇，塑像其中。谅自为记。仍复其家之土田为人所侵者凡百余亩，以供祀事。迭理弥实死节事，详见《名宦志》。　**五贤祠**在府学前。旧为三贤堂，祀常衮、欧阳詹、周匡物，教授陈知柔为记。后又益蔡襄、高登为五贤祠。　**四先生祠**在府学明伦堂之东。宋郡守朱文公建，以祀濂溪、明道、伊川三先生。后守赵汝谠移建于戟门之西，并塑文公像为四先生祠。汝谠自为记。国朝洪武二十二年，训导胡宗华移建大成殿后。景泰七年火，天顺二年，知府谢骞移建今所。　**崇学祠**在府学讲堂之西，以祀郡守李弥逊、黄启宗、赵汝谠、危稹、方淙、傅伯寿、傅壅、李勋及教官陈德林，以其皆有功于学者。　**辅教祠**盖祀学之士神也。游居士侑焉，居士尝舍游洋庄以瞻学。杨汝南为记。旧在学正位之东，淳祐八年，教授沈辉移建今所。　**东溪高先生祠**在府学内。宋教授田澹建，以祀郡人高登。朱文公为记。　**章使君祠**使君名大任，婺州人。任宋，以司农丞知漳州，有惠泽于民，民立生祠祀之。通判王南一为记。又南城之楼亦有祠，教授赵崇垟为记。(上二祠在府学文会堂之东。)　**朱文公祠**在县学大成殿之东。以乡贤陈淳、王遇配。　**周先生祠**在府城东南名第山。宋张征诗：“漳南周匡物，竞秀元和年；作句诧亲友，进为乡党先。”

北溪陈先生祠在府城西北，旧光孝院也。成化九年，按察佥事林克贤命同知蒋浚创建。十七年，知府姜谅塑像其中，春秋致祭。　**三贤堂**宋嘉定间乡人广州倅杨志建，以祀乡贤谢修、洪文用、石賁。西蜀何致一为记。　**仰止堂**在府学内东偏。宋绍兴末，教授陈知柔绘六一先生而下十余人像而祀之。知柔自为记。　**七贤堂**在县学内。宋嘉定十六年，县令江淑豫建，以祀周敦颐、程颢、程颐、张载、朱熹，而以郡人周匡物、高登配，今废。　**道源堂**在临漳台旧龙江书院讲堂之东。宋淳祐六年，郡守方来建，以祀文公朱熹，而以北溪陈淳配，匾之曰"通源"。通判徐明淑记。初淳袖"自警"诗见公，公得之喜甚，谓之曰："道理须各穷个根源。"因为极论其所以然，堂之名盖本于此。后邦人又以勉斋黄幹侑食[31]。宋季书院毁于兵，惟堂岿然独存。国朝成化四年，按察佥事周谟倡知府王文等重建。副使何乔新为记。

漳浦县

城隍庙在县治南孝义坊。宋时建于县东，元徙于县西仙云坊，国朝复徙今所。正统九年，佥事陈祚重修。　**威惠庙**在县西门外三里许。唐嗣圣中建于邑之云霄，开元四年随州县徙今所。详见本府《祠庙志》。宋庆历中，有群寇自汀、虔直抵漳浦，民皆逋窜。令吕琦祷于神。俄而空中有金鼓之声，贼徒敛手就缚者三百七十余人，自言四顾皆神兵无路以逸。绍定间，汀、邵寇犯县境，居民竞奔走哀告于神。俄而庙有大蜂千百为群，飞集道路，盗不敢过，邑赖以全。　**蜡湖庙**在县西门外。　**高东溪祠**在县治南里许，祀宋古县令邑人高登。成化十四年，举人吴震上言，登有忠孝大节，宜祀于乡郡以是激劝。制可之。十七年，知府姜谅建。　**买公祠**在县北怀德坊。元至正十五年，买撒都剌莅是邑，廉勤公恕，能为民兴利除害。又尝因山寇窃发，累石筑城以备御之。及卒，民怀其德，相率立祠祀焉。

龙岩县

城隍庙在县治东。成化八年，知县韦济修。十八年，知县陶博重修。　**通灵庙**在县西砦山。俗呼邹公庙。神姓邹，名磬，光州固始人。由行军令史升宣府校尉，从闽王审知入闽，平汀州寇，镇雁石。卒，民怀而祀之。元至元四年，南靖贼李志甫寇龙岩，官民相与祷于神，集民兵御焉。神显其灵，贼遂大败。事闻，封通灵忠济威德英明武胜侯。　**灵济庙**在县西。又名龙王庙。两山对峙，中有潭，深不可测，岁旱祷之辄应。宋嘉泰二年，县令傅伯崧建庙，赐今额。　**威惠行祠**在县治西。详见本府《祠庙志》。　**表忠祠**在县西西湖。祀宋左翼军统领崔亮。亮，熙州人，从高宗渡江，领兵戍漳州以讨寇，战殁。绍兴中赐额。

长泰县

城隍庙在县治西。宣德六年，知县刘奎重修。成化十七年，知府姜谅檄知县刘绎[32]重建。　**威惠行祠**在县东人和里。详见本府《祠庙志》。

南靖县

城隍庙在县治东。元至正十七年，县尹韩景晦建。国朝洪武三十二年，知县杨通重建。

漳平县

城隍庙在县治东。成化八年，知县陈栗建。

镇海卫

城隍庙[33]在卫治东。　**旗纛庙**[34]在卫治后。

陆鳌千户所

城隍庙　**旗纛庙**（上二庙俱在所城内。）

铜山千户所

城隍庙　**旗纛庙**（上二庙俱在所城内。）

玄钟千户所

城隍庙　**旗纛庙**（上二庙俱在所城内。）

汀州府

长汀县

城隍庙在府治西通津门内。唐大历间，随郡迁建。宋绍兴间郡守陈直方、董革，庆元间郡守陈晔相继修建。国朝洪武初重修。永乐五年长汀知县林森、八年知府宋忠、成化十一年同知程熙、十八年知府黄埕等俱尝修饰。　**旗纛庙**在卫治后堂之北。**惠泽龙王庙**在府城东。宋景德间，尝筑云坛[35]。绍兴间郡守陈升祷雨辄应，遂建庙。淳祐十一年大水，诸神像皆漂没，惟王之塑像岿然波涛中独无恙，郡人愈神之。　**洲湖润德大王庙**在富文坊。相传神汉末人，以忠义死于此，时显其灵异，郡人为立小庙。一日，山水骤涨，庙随流而下，止于南山之麓，后枕石屏，前瞰麻潭，乡人遂即其地建新庙焉。　**助威盘瑞二王庙**在驻扎寨。相传神汉末人，以身捍敌死城下，郡人祠之，号“石固大王”，累著灵响。庙前小涧一日忽涨溢，有神像乘流而至，矻立于石固之左，众异之，号“石猛大王”。后以息火功，封“石猛”为助威王，“石固”为盘瑞王。宋元丰中建庙。元朱文霆为记。（上二庙俱府城南。） **则顺王庙**[36]在镇南门外。宋建炎间，瘴疠大作，郡倅许端之妻梦金紫人谓曰：“无如扬州紫苏散。”问其官族，自称城中废庙王。明日，如方施药，活者甚众，乃访旧址建庙。端自为记。嘉定间，郡守赵崇谟复辟其址，撤而新之。番禺主簿郑文可为记。

灵蛇庙[37]在青太里。旧传唐统军洪元故居，塑像，乃其骸骨也。所遗印剑各一。其印文曰“大唐统军之记”。后经火，惟印剑腾去。火灭，乃于平田中得之。又河田市无垢庵亦有此祠。

胡知郡祠祀郡守胡大初，盖生祠也。详见《名宦志》。 **崇德祠**宋时建，以祀郡守郑强、陈晔、陈映、邹非熊、罗勋、傅康、林岊、王杆、李华、戴挺、姚元特，皆有德于士民者也。 **王朝奉祠**宋时建。朝奉名格，郡人也。详见《人物志》。祠后废，宝祐间附祀二先生祠。 **二先生祠**宋嘉定间，郡守赵崇模建，以祀文公朱熹及其门人杨方。方，郡人也。详见《人物志》。（上四祠在府学内。） **陈尚书祠**长汀令陈显伯生祠也。详见《名宦志》。显伯后官至尚书，故名。 **六君子祠**宋淳祐间县令陈显伯建，以祀周敦颐、程颢、程颐、张载、朱熹、张栻六先生，而以邦贤郑立中、杨方配。（上二祠在县学内。今废。） **忠爱祠**在府治东龙山下。天顺间，朝廷从汀民之请，命有司创建，以祀汀州府推官王得仁[38]。详见《名宦志》。五月二日，其生之辰也，命有司岁以是日致祭。成化十六年重修。 **张知郡祠**在塔院。祀郡守张昌。详见《名宦志》。 **郑知郡祠**祀郡守郑强。详见《名宦志》。 **陈刘二录参祠**陈录参名希造，刘录参名师尹。详见《名宦志》。（上二祠在南台二王庙。） **见思堂**在府治兴贤坊。以祀宋郡守李华。详见《名宦志》。宝祐间，郡守周晋毁之，改创祠山行祠。

宁化县

城隍庙在县治东。按旧志在治南，洪武二年，知县薛原义迁建今所。永乐十年，府同知姚讷等重建。　**显应庙**在县西草仓。神姓长孙，名山，伪闽锐将也。护刍至县而殁，县人祀之，凡雨旸疫疠，祷之辄应。宋嘉祐间赐额。国朝洪武间重修。按旧志云，神姓长孙，新志云姓孙，恐误。　**招捕使陈公祠**在县治南万寿桥。以祀宋招捕使陈韡。详见《名宦志》。绍定间，民为立生祠。宝祐间毁。开庆间重建。元末复毁。国朝洪武十六年，以其故址改建连山招惠庙。

上杭县

城隍庙在县治东。旧在县西，宋嘉定六年县令赵彦挺移今所。国朝洪武二年，知县夏煋重修。天顺二年，县丞赵荣重建。　**旗纛庙**在所治内。成化二年建。　**黄先师庙**在县治西南。旧在钟寮场石峡间，两崖如束，中通一径可半里许，迁县始更建今所。洪武二十年重建。正统间毁于寇，寻复建。《大明一统志》云："昔有山精、石妖为害，巫者黄七以符法治之，因隐身入于其石不出。石壁隐映，有人影望之俨若仙师像。按旧志，未县前有妖怪虎狼为民害，黄七翁父子三人往治之，因隐身入石，群妖遂息。每风雨时，石中隐隐有金鼓声。二说微不同。　**二先生祠**在儒学之右。宋宝祐五年，县令李务行建，以祀文公朱熹及其门人杨方。　**褒忠祠**在县治东北布政分司之前，以祀巡按监察御史伍骥、都指挥佥事丁泉。详见《名宦志》。初，耆民孔文昌率众塑像，祀于旧城南门楼上。后筑新城，旧门楼毁，乃权移其像寄祀于神祠。成化八年，府同知程熙因命耆民郭明德为建祠宇。教谕胡匡为记。成化十年，知县萧宏以闻，赐额曰"褒忠"，仍命有司岁以仲春致祭。

武平县

城隍庙在县治西，旧在县北谢婆岭上，宋绍兴间移建县北百步许，国朝复移建今所。　**三公祠**在东岳嘉应庙，以祀宋录参陈希道、知县颜东老、县尉钟伯福三公，皆以讨叛寇，殁于邑境，民为立祠。今废。

清流县

城隍庙在县治东北。宋县令赵檦夫建。元至正间毁于寇。国朝洪武二年，知县宋仲恭移建今所。　**渔沧庙**在县东临渔沧潭。神姓樊，名令，字号甫，秀州华亭人。唐末官至银青光禄大夫[39]。时赣寇曾常侍作乱，神奉命征讨，没于王事，殊有灵异。宋淳熙、庆元间建庙。绍兴间，赣贼入寇[40]，近县十五里时，闻金鼓声，俄见兵马旗帜森列山上，遂惊骇而退。元至正四年复大其庙宇。邓林宜为记。国初洪武三年，知县方仕英，以其灵迹上闻。六年，诏题其主曰“唐银青光禄大夫樊公之神”。相传九月朔日，乃其诞辰，因命有司岁以是日致祭。　**江公庙**在县东仓盈里。神名礼胜，里人也[41]。宋时尝为潭州判官，率兵御周保三权，力战而死。汀人义之，因立祠。　**安济庙**在县东南铁石洞口。又名九龙庙。庙之前有大滩九，九滩之内又有小滩十有八，舟行甚艰，过者必祷于庙，威灵显著。五代晋天福二年，伪闽封明威校尉。五年，封兴瑞将军。寻复封阳数潜灵王。宋赐今额。按旧志，宋嘉祐中，蔡襄守泉州。有布衣上谒，自称宁化九龙进士，襄莫测其为神也。及送之庭除，忽不见，始异之，取刺一观，得诗一首。明年襄谒庙，亦答以诗。　**吕公草祠**在县治南门外[42]，以祀知县吕镛。详见《名宦志》。又仓盈里亦有此祠，盖其遇害之所也。

连城县

城隍庙在县治北四十步，旧在县西。宋绍兴间创。淳熙间，县令安嗣重建。国朝洪武五年，知县邓升移建今所。　**彭侯祠**宋时建，以祀邑人彭孙。详见《人物志》。　**三贤祠**宋时建，以祀招捕使陈铧、郡守李华、权郡王杆。绍定间，三公俱有平寇功，故并祀之。今废。（上二祠俱在县东在城里。）　**二先生祠**在儒学之右。宋宝祐间，摄县事长汀令何衍建，以祀文公朱熹及其门人杨方。今废。

归化县

城隍庙在县东登科坊。成化八年，知县郭润等建。　**忠臣祠**在县北，以祀府推官王得仁。详见《名宦志》。　**西山庙**在县东南沙阳里，以祀宋罗从彦。天顺元年，其裔孙黯建[43]。

永定县

城隍庙在县治东六十步。成化十五年，知县王环建。

校　注

[1] 嘉靖《建宁府志·祀典》及康熙《建安县志·秩祀》均作“郡卒叶侬叛”。

[2] 嘉靖《建宁府志·祀典》及康熙《建安县志·秩祀》均作“兆得吉”。

[3] 康熙《建安县志·秩祀》作“知府胡正移祀今所”。

[4] 嘉靖《建宁府志·祀典》及康熙《建安县志·秩祀》均作“唐建州刺史李公庙”。

[5] 嘉靖《建宁府志·祀典》及康熙《建安县志·秩祀》均作“有茶园在北苑”。

[6] 嘉靖《建宁府志·祀典》作“里人祠之，以为茶焙地主”。

[7] 嘉靖《建宁府志·祀典》及康熙《建安县志·秩祀》均作“建中

三年”。

［8］嘉靖《建宁府志·祀典》作“奏封广武王”。

［9］嘉靖《建宁府志·祀典》作“因为立庙，掘地得钱”。

［10］康熙《建安县志·秩祀》作“宋宝庆二年”。

［11］康熙《建安县志·秩祀》作“姚瑶”。

［12］康熙《瓯宁县志·秩祀》作“宋石玑三侯庙，在禾吉里。正殿孚济侯，姓蒋；右殿广惠侯，姓林名必兴；左殿昭卫侯，姓张名暹”。

［13］嘉靖《建宁府志·祀典》及康熙《瓯宁县志·秩祀》均作“建居闽上流”。

［14］嘉靖《建宁府志·祀典》作“设焚梯大龙”。

［15］嘉靖《建宁府志·祀典》及康熙《瓯宁县志·秩祀》均作“斩其弟岳吉以徇”。

［16］嘉庆《浦城县志·坛庙祠祀》作“曰建州三孔也”。

［17］嘉庆《浦城县志·坛庙祠祀》作“在县东隅里胜果寺后”。

［18］嘉靖《建宁府志·祀典》作“亡卒叶胜倡乱”。

［19］嘉靖《建宁府志·祀典》及雍正《崇安县志·祀典》作“三丈祠，”并载有林伟《三丈祠记》。此作“三文祠”误。

［20］嘉靖《建宁府志·祀典》作“在县治东南”。

［21］嘉靖《建宁府志·祀典》作“不数年而富饶，号吴百仓”。

［22］乾隆《泉州府志·坛庙寺观》作“宋嘉泰间，郡人曾从龙重建；明永乐四年通判洪葆修”。

［23］乾隆《泉州府志·坛庙寺观》作“明洪武初，知县王罕重建”。

［24］乾隆《泉州府志·坛庙寺观》作“宋建炎四年寇汤勍逼近境”。

［25］乾隆《安溪县志·城署》作“成化十五年知县谷廷怡、吴英，典史蔡珍相继修建”。

［26］乾隆《泉州府志·坛庙寺观》作“顺济侯庙，旧名凤山通灵庙”。

［27］乾隆《泉州府志·坛庙寺观》及民国重刊嘉庆《惠安县志·坛庙寺观》作“旧传三国吴有黄将军兴及妻曹氏葬于此”。

［28］乾隆《泉州府志·坛庙寺观》作“绍定六年，敕封通灵顺济侯”。

［29］康熙《漳州府志·祀典》作“郡守郑昉重建”。

［30］康熙《漳州府志·祀典》及乾隆《龙溪县志·坛庙》均作“阚文兴”。

［31］乾隆《龙溪县志·坛庙》作“元大历间，邦人又以勉斋黄幹侑食”。

［32］康熙《漳州府志·祀典》作“刘铎”。

［33］康熙《漳州府志·祀典》作“正统十三年建”。

［34］康熙《漳州府志·祀典》作“正统十三年指挥同知桂福建”。

［35］乾隆《汀州府志·祠祀》作“旧为雩坛”。

［36］乾隆《汀州府志·祠祀》作“顺则王庙”。

［37］乾隆《汀州府志·祠祀》作“洪统军庙”。

［38］乾隆《汀州府志·祠祀》作“以祀汀州府推官谢得仁”。

［39］乾隆《汀州府志·祠祀》作“祀唐银青光禄大夫樊令，神松江华亭人”，不列其字。

［40］乾隆《汀州府志·祠祀》作“宋绍定中，赣贼入寇”。

［41］乾隆《汀州府志·祠祀》作“神名礼，本里人也”。

［42］乾隆《汀州府志·祠祀》作“一在县城，一在仓盈里韦埠，知县吕镛死节所”。

［43］乾隆《汀州府志·祠祀》作“天顺元年，其裔孙罗黯茂建”。

八闽通志卷之六十

祠　　庙

延平府

南平县

城隍庙在府城外南隅。旧在北隅开平坊谯楼前，洪武二年，知府唐铎迁今所。成化十七年，知府王范重修。　**灵祐庙**在府城东隅。神姓李名系，唐西平忠武王晟之曾孙也。乾符六年黄巢乱时，王铎为征南行营征讨都统，系世良将，奏为行营副都统，兼湖南观察使[1]，将精兵五万，屯漳州以拒巢。南唐以闽中绎骚将屠之，先遣查文徽攻建州，继遣王崇文讨李仁达于福州。仁达乞师吴越，取道延平，抵福州以拒唐师。州民闻之，咸震骇，匿山谷者半。忽闻有李先锋领兵驻于郡之高桐，以遏其冲，盖系也。吴越师遂从雪峰径趋福州，郡民赖之以安。及系没，民戴而祠之，号李先锋庙。建炎三年，赐庙额。绍兴四年，封威胜侯，寻复加"显应英济"之号。国朝洪武初，诏去其号，题其主曰"唐招讨使湖南观察使李公之神"，命有司岁春秋致祭。　**镇国威惠王庙**在府城外南隅。其神未详。庙有古碑云："唐广明中，黄巢兵经延平，忽风雷雨雹自庙而出，贼大恐引去。"其庙宋天圣中重修。

英显庙在府城北隅。宋时州民建以祀知南剑州张鷟。详见《名宦志》。诏赐号"英显公"。延平旧志云："神姓张名遵，邑之长沙上里人。宋授忠议大夫，摄参军，拜本州守。捐宅地以广州治，有功德于民。既殁，民思之不置，遂立庙州治之右。绍兴中，敕授忠祐王。”按《三山志》则以神为张鬻，而宋《南剑州志》书鬻功业，直称“张英显”，与庙额合，则神为鬻非遵明矣，今正之。 **永庆庙**在剑津里。神姓李名存礼，五代唐庄宗之弟也。同光三年封薛王。寻值郭从谦之乱，匿名以避难，乐延平山水之嘉而留焉，结庐小浴坑口，罄其囊金以赈贫乏。病革，因出封诰示人，始知为薛王也。宋淳熙中，乡人即其所居构祠祀之。 **烈女庙**在长砂下里。神姓段名彩女，宋里人王琅之妻。琅出仕久不归，彩女晨夕登舍后山望之，至今其地名望夫台。绍兴中，乡人悯其贞节，立庙祀之。 **灵贶侯庙**在开平里。宋嘉熙中建。按旧志：“神姓刘名矜，郡人也。尝有功于民，故得血食兹土。”（上三庙俱府城西。）

倪侯庙在府城东南崇福里。神姓倪名师，邑人也。生而颖异，殁而神灵，凡水旱，祷之辄应。宋端平中，乡人立庙祀之。

先贤祠在府学内。宋端平中，建以祀乡先生杨时、陈瓘、陈渊、罗从彦、李侗、廖德明，漕使马纯，郡守曹修古、王汝舟、郑椿年、胡舜举、林栗、留应祖、陈韡、黄埒，教授陈师、孟康[2]、任文荐、张惇颐[3]、严有翼、何淑悦、黄穮、邢渫[4]、林公俊。今废。 **四贤堂**在府学大成殿后，初在东庑之东。宋绍兴中建。祀杨时、罗从彦、李侗、朱熹四先生，匾曰“道南师友之堂”，元，江浙儒学提举邓文原书额。国朝洪武三年，知府唐铎改祀于敷教厅，永乐十七年，知府方昕又改祀于思诚堂。正统九年，知府改建于棂星门之西。成化九年，知府盛颙又改建于文奎阁之北。十五年，提学佥事周孟中以祠直学路，往来乘马过之，殊为亵慢，属知府王范迁其像祀于旧明伦堂，即今所也。匾旧祠曰“思贤亭”。 **道南祠**在府城北隅龙山。祀宋儒杨时，以罗从彦、李侗配。国朝成化元年，有上疏请以时从祀孔子庙庭者，翰林院议从乡郡立祠致祭，制可之，赐今额,知府郑时建[5]。　**豫章罗文质公祠**在府城东南杜溪里。祀宋儒罗从彦。元至正中,其五世孙天泽请建祠堂于沙县,此亦其故居也。故复建祠。国朝景泰中,其十世孙富重建。

将乐县

城隍庙在县治北。旧在县左,洪武二年,知县司明徙建今所。　**旌福庙**在县治东隅。宋时建,祀县令陈摅。详见《名宦志》。咸淳四年赐今额。国朝洪武六年,诏去封号,题其主曰"宋将乐令陈公之神",命有司岁春秋致祭[6]。　**威灵庙**[7]在县治南隅。神姓刘名琼,五代时闽部将也。统兵至将乐,未几,闽降南唐,众推琼为主,琼义弗纳,遂自刎。邑人建祠祀之。宋大观三年,赐今额[8]。国朝洪武中,诏去封号,题其主曰"闽将军刘公之神",命有司岁春秋致祭。　**显惠庙**在县南水南都。神姓穆名肃,江南人。隋末刺临汀,政尚清明。秩满之京,假道将乐金溪,闻唐受隋禅,义不事二姓,遂投水死。邑人义之,敛其尸葬砂碛,立祠祀焉。凡旱涝札瘥,祷之辄应。宋淳祐六年,赐今额,累赠至王爵。国朝洪武六年,诏去封号,题其主曰"隋汀州刺史穆公之神",命有司岁春秋致祭。　**遗爱祠**在县北隅。祀伪闽镛州刺史郭显忠。详见《名宦志》。

尤溪县

城隍庙在县治西。宋淳熙中建。国朝洪武二年,知县薛昉重建。　**正顺庙**在县东崇文坊。宋嘉定二年建。神姓谢名祐,郡人也。元丰中,从剑浦黄裳学。为人质直,素慕张巡之忠烈,愿为其庙从神,预塑像于巡之侧。及卒,数著灵响,凡有祷之者,辄形于梦寐,以是邦人崇奉益虔。绍兴九年,封灵惠将军。淳熙十年,赐今额。咸淳七年,加封"广慧"。　**忠愍庙**在县治西宝城门内。祀宋武节郎赵师槚，师槚，淮右人，客游于闽。绍定中，寇起汀州郡，司农丞潘景伯尝持宪节守高邮，知师槚智勇，荐于提刑王梦龙，俾统兵来戍，后遇贼，转战田中，马陷于泥淖，遂死之，民为立庙。嘉熙初，都丞旨王埜上其事，赠今官，乃赐额。淳熙中，知县施渍重修。国朝洪武六年，命有司题其主曰“宋武节郎赵公之神”，岁春秋致祭。　**卢府君庙**在县治西北隅。神姓卢名珧，世为闽人。五代王审知建国，珧避地尤溪，后以战死。邑人议而祠之，岁时享祀惟谨，雨旸灾殄，祷之辄应。宋乾道中，邑令石塾重修，塾自为记。　**忠显庙**[9]宋端平中建。祀宋烈士余望。望，邑人也，八祖世箴仕南唐，以大理评事判尤溪镇。绍兴中，寇叶亮犯县境，望率乡兵御之，殁于阵。民感其德，立祠祀焉。凡札瘥旱涝，祷之其应如响。绍定间，汀郡寇蹂躏沙县，尤溪接畛盗区，绝无兵备，人心惶怖，相祷于神。适贼遣人来探虚实，至小洛，中宵闻金鼓声，有若万军喧噪者，贼得报惊遁，盖神兵也。既而大丰保[10]隅官梁大杰又率乡兵应沙县，忽闻军声震撼山谷间，遥见西津兵马旗帜甚盛，乡兵疑大军至，心詟而退。事闻，赐今额。国朝洪武六年，命有司题其主曰“宋烈士余公之神”，岁春秋致祭[11]。　**沣泽庙**庙瞰虎跳潭，潭之东西阔数十丈，而桥下之流若杵腰状，波光澄碧可鉴。傍岸有三穴，俗呼为龙穿井，渔者尝没水窥之，有洞深邃，盛暑水冷如冰，旧传遇岁旱鸣铙挝鼓，投以铁龙，顷，有白头龟浮水面，则雨。绍兴二十二年旱，县令范周翰祷之响应。邑人乃相与立祠祀之，乃状其事以闻，赐今额。（上二庙俱县西宝城门外。）　**利泽庙**在县南二十五都枕大溪。庙侧一潭极深，潭上石壁叠起。履之陇陇然有声，嵌岩之下，洑流浩淼，有龙居焉。岁旱投祝辞潭中，祷之立应。宋崇宁元年赐今额。绍兴初，守庙僧病久不瘥，自沉于潭。久之，有采樵潭畔者，忽闻山足若雷震，俯见瀑布之下石井中有物鳞鬣森耸，火光赫然，俄而涎沫涨涌数丈，遂失井所在。绍兴八年，春夏之交，不雨弥月，邑人祷于前潭,不应;或以樵者之言白县令苏灏,诣所失石井处,祷之雨随霔。自后灵异泽著。开禧中封灵济侯。

沙县

城隍庙在县东兴义坊,元镇守军营故址。国朝洪武二年,知县陈善徙建今所。正统十四年,再经寇火,岿然独存。　**灵卫庙**在县治南凤凰山下。祀唐崇安镇将邓光布。详见《名宦志》。累著灵迹,民蒙其祐。　**李邓二公祠**祀宋丞相李纲、左政言邓肃。绍兴中尝拨田入学,因祀之。　**中舍邓公祠**以祀宋中书舍人邓驿。详见《人物志》。淳熙中,丐仓台拨田入学,因立祠。　**安抚薛公祠**以祀宋安抚薛世清。淳熙中,世清丐郡拨洞化院田入学,因立祠。　**通判黄公祠**以祀宋邑人黄复。详见《人物志》。淳熙中,县令翁永年建。　**招捕陈公祠**宋绍定中,权县刘简子建,以祀宋知南剑州兼招捕使陈韡。详见《名宦志》。(上五祠俱在县学内。)　**王县令祠**在兴国寺东庑。祀县令王瓘。详见《名宦志》。(已上六祠俱县治东。)　**谏议祠**在和仁坊。宋建炎中建,以祀陈瓘。杨时为记。　**统制陈公祠**在天王寺。祀宋统制陈敏。绍兴中,邑累遭寇害,敏被命弹压,民获安居。及卒,民德而祠之。　**太师曹公祠**在和仁坊。宋时建,以祀邑人曹辅。　**罗仲素祠**在洞天岩西麓。元至元中建。祀宋儒罗从彦。国朝洪武中修。(上四祠俱在县西。)　**曹长官祠**在灵卫庙西偏。祀唐摄县事曹朋[12]。详见《名宦志》。　**罗先锋祠**神姓罗名义明,邑人也。宋建炎末,邻寇俞胜犯境,义明率士兵拒之,与其子俱遇害。民为立祠。　**谢县令祠**祀宋县令谢浚[13]。详见《名宦志》。　**叶县令祠**祀宋县令叶先。详见《名宦志》。(上三祠俱在灵卫庙。)　**王县令祠**在溪南翔凤桥。祀宋县令王浔。详见《名宦志》。(已上三祠初系生祠。上五祠俱在县治南。)　**万县令祠**在县旧城隍庙。祀宋县令万谔。详见《名宦志》。祠有给事中张致远记。　**安抚邓公祠**在县西南归仁里。祀宋邑人邓柞。详见《人物志》。祠之堂匾曰“垂裕”。**左丞张公祠**在县治东北兴义坊。祀宋邑人张若谷。详见《人物志》。

顺昌县

城隍庙在县治西。洪武二年[14],知县于守节重建。　**英烈王庙**俗呼侍中庙。其神即王延禀[15]也。详见建宁、邵武府人物、祠庙志。　**愍节庙**祀宋烈士范旺。详见《人物志》。初号“忠节”,后改今额。

永安县

城隍庙在县东。景泰四年,府通判杨季琦建。　**唐田王庙**在县治南门外。神姓李名肃,字行中,陈州人。唐世以功封田王。建中间,天子幸奉天,叛将牛氏乘中原有事,闭关窃据。及朱泚平,天子锡王弓矢,命之曰:“闽粤沸庭,汝实征之。”王率精锐数万,至临汀浮流口,卒与贼遇,后兵不继,王力战而死。尸浮水上,弥月不变,乡民詹纠悯王忠勇,具殡敛而祠之。凡有所祷辄应。贞元十五年,有司以开[16],敕封孚祐广烈王,妃陈氏配享。从神五:曰胡,曰陈,曰周,曰张,曰汤,皆其裨将也。国朝正统十三年,沙、尤寇乱,一夕乡民闻庙中喧阒达旦,俄而魁渠邓茂七率其徒数千人来攻浮流,闻空中有金鼓声,遥望四山皆旗影,贼震恐,乡兵从而败之。明年,贼党罗丕复攻浮流,火其庙,神飞腾于北莲花岩山。景泰四年,乡民蔡岩复迎神像归故址,重建庙宇。

邵武府

邵武县

城隍庙在府城南隅亨道坊，宋东岳庙基也，旧在中街之后。国朝洪武二年，知府周时中徙建今所。成化五年，知府盛颙重建。 **旗纛庙**在卫署西北。 **忠勇庙**[17]祀宋殿司裨将胡斌。详见《名宦志》。赐额“忠勇”。 **惠灵通应庙**按庙录，神有三：一宋度宗次子，一枢密院使，一金吾将军，姓名俱逸。德祐二年，与元兵战于郡城莲塘前[18]，元兵纵火焚民居，三人力不敌，遂赴火死。乡人义其忠烈，因即其地立祠祀之。（上二庙在府城东隅。）按《宋史》，度宗三子，长即端宗，次帝昰，次帝昺，无卒于此者。此云度宗次子，岂宗室子欤？ **昭应庙**在府城北隅。祀宋殿撰郡人谢师稷。淳熙间，为福建路提点刑狱，又领漕事，多惠政，郡人德之，立生祠于大乾惠应庙。详见《人物志》。及卒，复祠于此。详见延平府将乐县《祠庙志》。 **忠勇庙**以祀宋吴楚材，名炎，建昌南城人。德祐元年，建昌降。明年春，楚材还其乡领村，纠集民兵。时江西制置使黄万石走邵武，遂由邵武守黎靖德请于万石，乞济师。万石不许，而授楚材迪功郎，权制置司计议官以安之，且戒勿兴兵。楚材不听，自领村率众将攻城。北兵三道蹴之，夺其长梯、铁钩，因进攻，领村拒以木栅，不得入。事闻[19]，益王元帅府承制迁楚材宣议郎，带行太社令，知建昌军，俾聚军图再举，万石匿其命。楚材既失利，且乏援，走光泽，为人所执及其子应登以献，郡遣录事娄南良讯之，曰：“汝何为错举？”楚材抗声曰：“不错，不错！如府录所为乃大错尔！府录受宋官爵，今乃为敌用事，还思身上绿袍自何而得？吾一鄙儒，特为忠义所激，为国出力，事虽不成，正不错也。”南良愧而语塞。及吴浚为江西制置招讨使,斩楚材父子,传首诸邑。益王立于福州,闻而哀之,赠官朝奉郎,即邵武境上立庙,赐名“忠勇”。　**忠烈庙**在行春门外。祀宋邵武监军刘纯。见《名宦志》。赐额“忠烈”。　**丰应庙**[20]在二十九都水南。神姓陆名大岩,五代时为泉州牧,道经邵武,爱其溪山之胜,因卜居焉。卒葬石岐山下,颇著灵异,乡人立庙祀之。宋政和四年,赐额,绍兴间封“昭应灵佑通济侯”,其配封“显顺灵佑夫人”。庙旁有泉极甘洌。　**灵惠庙**在九都。洪武二十五年建。祀隋欧阳太守长子光世。已见《惠应庙志》。宋累封灵应昭惠公,夫人累封赐佑衍福显助淑慈夫人。(上三庙俱府城东。)　**惠应庙**在府城西四十九都。神姓欧阳,名祐,洛阳人也。仕隋为泉州守。义宁二年,官蒲西,归至此,闻隋鼎既迁,耻事二姓,遂挈家溺死。时乡人高计、李定适渔于河,遂殓其夫妇二尸,合葬于大乾山阳,后人又立祠墓侧祀之,匾曰“欧阳太守庙”。宋咸平间,县令张仕逊祷雨有应,遂大其庙。康定元年,封通应侯。元丰五年,封佑民公。崇宁元年,赐额。政和六年,封广祐王,累封仁烈显圣文惠福善王,夫人崔氏累封昭宁慈应顺惠英显妃,祖考迈、考俊臣俱封侯爵,祖妣勾龙氏、妣韩氏俱封夫人,长子光世、次子光祖俱封公爵,长妇燕氏、次妇梁氏亦俱封夫人。庙之东庑上为张文懿、仕逊祠,下为高计祠,庙之西庑上为谢殿撰师稷祠,下为李定祠,四神亦俱封侯爵。有祈梦堂,每岁大比,士人多谒梦于此。又有行祠,在府城西熙春山半。唐宋间,郡有水旱兵疫,必诣大乾迎神祈祷,至则寓于山之会景亭,后人即其地为行祠。宋绍兴二十二年重建,谓之新庙。国朝成化八年,知府冯孜复辟其址而新之,祠有华胥阁、蝴蝶楼,学士万安及孜皆有记。按《方舆胜览》:“祐舟过大乾,爱其江山之胜,顾夫人曰:‘此可立庙。’发舟之夕,江水暴涨,祐夫妇溺焉。其尸沿流而下,至向所舣舟处辄止。见者随流送之二十里,翌日溯流复返,再送之加十里,又如之。于是众惊异,敛而葬之,水旱之祷如响。邵武谓之去天五十里云。"《谒梦录》:"宋李纲尝谒庙,梦神延接,让以主位,纲固辞,神曰:'他日更仗主盟。'及为相,值神加封,果与署名。叶祖洽赴省试,梦神以犬肉一片置几上,命食之,又指殿下竹一束示之,莫晓其义。明年作大魁,方悟一片犬肉置几上,乃'状元'二字。前者廷对皆出赋题,至是始问策。竹一束者,'策'字也。江俞,建昌人。治声律。诣祠下,有祷梦王者告之曰:'俗不如古。'语之至于数四。俞莫之晓。后于解试,出《圣上朴以皇质赋》,以"圣上以此还民之淳"为韵。初欲押'还'字、'民'字、'之'字,俱不稳。忽思梦中之句,遂押'淳'字。破云:'俗不如古,圣期再淳。以此皇风之质,朴夫天下之人。'主司批破题四字冠场,遂中魁选。建安詹必胜兄弟三人谒祠,梦神倒书二句于壁,云'万里无云天一色,秋风吹起雁行高'。及秋闱同预荐,而二弟之名居先,人以为倒书之验。叶尧莫,崇安人。未第时来谒灵梦,王者赐诗云:'十日阴沉雨,皇都喜乍晴;浪平龙角稳,风细马蹄轻。'后领乡荐,就试南宫,放榜之日,积雨开晴,尧莫果擢高第。余不胜纪。" **忠显庙**在灵台坳。祀宋侍郎吕祉。祉,建阳人。详见建宁府《人物志》。葬邑之积善山,子孙因家焉。立庙于此,赐额"忠显"。旧志云"道流占其地为观",今不知其处。 **白渚灵感庙**以祀伪闽建州刺史王延禀。五代时,昭武属建州。延禀与其二弟俱有靖寇功,尝逐盗过南山,屯兵其下,贼退乃去。既卒,邑民怀之,遂即其地为立祠。时晋开运二年也。崇宁中,郡以灵异请于朝,赐额"灵感",后累封显正英烈佑顺善济王,夫人张氏累封昭化慈惠夫人。庙之从神曰朱庆,延禀帐下指挥使也,嘉熙三年,亦封威惠侯。 **灵山永应庙**祀王延禀仲弟也,已见《灵感庙下》。宋宣和四年赐额,绍兴七年封应福灵祐侯,夫人封助顺夫人。 **灵兴威济庙**祀王延禀季弟也,亦已见《灵感庙下》。宋元祐中,立庙赐额。(上三庙在四十八都。已上四庙俱府城南。)按邵武知府刘元所编新志云:"考之史,延禀乃王审知之养子,弑其君延翰而立延钧者也。二弟志逸其名，不知果审知子耶，抑延禀所生父母子也？以事理论之。审知亲子决无使从延禀逐盗之理，其为延禀本宗之弟无疑也。延禀弑其君，而闽人犹祀之，又及其本宗之弟，何耶？其亦徒知延禀煦沫为有德，而忘其弑逆为当讨耶？”　**显应庙**在府城北石鼓岭。神姓廖名懋，铜川人。唐开成中监昭武镇，卒葬于此。宋建炎中，蛇蝎为灾，居民立庙，祷之遂息。政和中，赐额封显化惠济永利侯，夫人宋氏封昭顺协德灵应夫人。国朝洪武间重建，永乐十四年圮于水，寻复建。　**惠安庙**在府城西南三十六都。晋永嘉时，和平居民春秋社，常于张家井巨石侧致祭，号为“和平土主神”。宋绍兴间赐额，封善应侯。　**李忠定祠**在府学前樵溪四曲之滨。祀宋丞相谥忠定李纲。淳熙十三年，教授徐元德始建祠于军学讲堂之东。朱文公为记，见《词翰》。景定中，郡守方澄孙创建樵溪书院于城东以祀纲。元至元十八年，同知万不花移建于樵溪五曲之上。国朝洪武间，以书院为府学，祠遂废。正统四年，郡人弋阳知县上官祐白于知府徐述，复建于府学大成殿之东。吏部尚书王直为记。成化三年，教授张济上言，宜入祀典，以示激劝，制可之，命题其主曰“宋丞相李忠定公之神”，岁以春秋仲月上旬择日致祭。六年，郡诸生又以祠宇僻隘，白于巡抚副都御史滕昭，遂改学旁废化城院为祠。学士柯潜为记。　**乡贤祠**在府学棂星门东南。祀宋上官均、李郁、何兑、黄中美、黄中、李吕、任希夷、何镐、李闳祖、李为子，元黄清老、黄镇成。旧在樵溪书院，元后至元三年，监郡哈剌虎台重修。国朝洪武初，以书院为府学，复建于戟门东。宣德间，迁建大成殿东。正统四年，以为李忠定祠，诸贤附焉。成化六年，别建忠定祠，仍为乡贤祠。十年，知府冯孜重建。十六年，诸生以祠在学宫内，邦人不得时瞻拜以慰企慕之情，知府刘元遂迁建今所。又县学戟门之东亦有乡贤祠，宋咸淳五年，县令张湘建。元至顺元年，教谕萧德馨重建。祀宋龚颖、孙谔、黄中美、上官均、何兑、黄中、何镐、任希夷、杜果、赵善佐、叶武子、吴季子，元黄镇成、黄清老。

泰宁县

城隍庙在县治南，旧在北隅魁星坊。洪武二年知县陈扮移建今所。 **三洁祠**在县治北杉溪之滨。邑儒邹应博建。以祀叶氏二女并叶氏妇三烈女，匾曰“三洁”[21]。详见《人物志》。元至正十二年灾，故址犹存。 **闽越王行祠**在县西城步保。宋咸淳间建，以祀闽越王无诸。 **梅仙祠**在县北长兴保。相传汉南唐尉梅福尝隐居于此。宋宝祐间，乡人立祠祀之。

建宁县

城隍庙在县治东百余步，唐观察使陈岩宅基也。五代梁开平间以建广福寺，宋改建城隍庙。屡经兵燹，国朝洪武元年，知县董焕重建。 **清灵庙**在县东楚上保水东。神姓廉名若，五代时与妻杨氏隐居于此。当乱离之后，教授乡党，以行谊称。一夕水暴涨，夫妇俱溺死；水退，尸止于崖上，容貌如生。乡人合葬于水西，其后累出灵异，因祀焉。宋太平兴国中，改建今所。 **先贤祠**在县学讲堂左右翼室。宋宝佑二年，县令廖邦杰以其左祠朱文公，以其右祠邑宰钱衢、赵纺夫，乡贤俞丰、谢调[22]、谢皓、谢澈、刘刚中。景定三年，县令马世颖改建于明伦堂后。中奉文公像，左则六先生，未详，右则二贤宰五乡贤。咸淳七年，县令程梦桂复建于讲堂西。学正谢伯政又为廖邦杰、宋秉孙、程梦桂建生祠于讲堂之前。

光泽县

城隍庙在县东南隅，旧在县东登云坊，今为建宁道。国朝洪武二年，知县刘克明迁建今所。 **真应庙**在县治西龙兴寺。

神姓何名福，邑之何村人，幼孤，行佣养母，以孝称。宋乾兴元年卒，乡人肖像祀之。崇宁四年，封灵显侯，赐庙额。　**惠济庙**在县治西南种德坊，原庙在三都。相传宋末郡盗入境，有王姓者率众御之，死于寇，身流白血，三日，乡人为殓葬之，仍为立祠。元至正末迁建今所。

兴化府

莆田县

城隍庙在府治东北橄榄巷，旧在子城西北隅。宋太平兴国中建。建炎二年，建卒倡乱，直向福州，郡守张读祷于神，寇寻退。乃出官帑修之。国朝洪武三年，知府盖天麟移建今所。宣德五年，县丞叶叔文重修。　**旗纛庙**在兴化卫后堂之北。洪武二年[23]，指挥李春建。宣德七年，指挥使张广重新。　**长寿灵应庙**在左厢衙后。神姓陈名寅，唐观察使岩之侄也。因侍岩仕闽，后家于莆。好善乐施，年九十余卒。未卒先一日，历言五纪事，后皆验，民乃祀之。五代唐长兴元年始创庙宇。宋初游洋寇窃发，仆射陈靖密祷于神，寇果就获。淳熙九年，海寇陈才逋诛，假梦于方士确迄，就擒。庆元六年，郡市火，神耀赤旗拥甲士扑灭之，台阃以闻。嘉泰四年，赐额"灵应"。开禧三年，封显惠侯。淳佑四年，郡大疫，境之人依神独无恙。加封"孚感"。宝祐二年，民艰食，巨室闭籴，蛇现于囷，急发籴，加封"广济"。景定五年，海盗林长五猖獗，民见神拥旗鼓与湄州神协力擒捕，加封"善佑"。元至大二年，邑民方泰山募众重建。兴化路判官吴涛为记。　**显应庙**在宁真门外，旧龙埔祠也。宋乾德二年创，元丰二年更新之。里人郑叔侨为记。建炎元年。郡卒谋不轨，求助于神，屡卜屡却。凶徒攘臂而出，若狂醉然。乃尽以反状告，俄就擒戮。四年，赐额

"灵显"，寻改今额。绍兴、乾道、淳熙间，累封助顺威惠昭德孚应侯，夫人累封灵祐敷惠顺正。郡人郑叔侨为记。今留桥、魏塘名山，俱有庙记。 **英惠庙**在前埭。旧延福神祠也。宋大观初，里社鼓自鸣，而神童黄泳赐五经及第。绍兴间，郡人王晞亮请于朝，赐今额。乾道六年，封善应侯，后进封孚惠迪德王。 **英惠兴泰庙**在后塘。其神姓何名俨，嘉州人。宋元符间，郡人方慎从守嘉州，绘其像以归，立祠祀之。后慎从家有郁攸之变，神显其灵。嘉定三年，封嘉惠侯。 **灵祐庙**在宁慎门外旧尉廨之后。神姓詹，名持红，社人。有道术，能伏虎疗病。及卒，人祠之。宋绍兴二十七年赐今额。隆兴、淳熙、嘉定、淳祐间，累封至忠利孚惠显烈助顺王。进士郑越记。今废。 **通应庙**在乌石山之阳。淳熙十六年赐额。 **集福庙**在坑边。元至正二十七年建。（上六庙俱府治东北东厢。） **德义庙**在大度街。元至正十六年建。

灵济庙在左厢。即白马庙也。元至正十一年建。 **昼锦庙**在右厢龙门街。洪武间建，成化十六年重修。（上二庙俱府治东。） **惠应庙**在府治西北右厢，旧西馆神祠也。今名仙水行宫，又名太平社。宋熙宁间，郡守窦彤秩满寓旧行衙，夜梦神人请广其祠。翌旦询访至庙中，其神俨然如梦中所见者。既而郡守许长卿为大其祠。乾道二年赐额。淳熙十年封永利侯，绍熙二年加封"昭顺"，夫人封"顺助"。 **英显翊正侯庙**在府城肃清门内。

神应庙在府城南壶公山上。多著灵迹。油云覆顶触石肤寸，不崇朝而雨作，此所谓山川之神能出云雨者也。唐光化中，邑人徐寅记云："昔有陈、胡二仙隐迹兹山，其后羽化，乡人尊而庙之。"宋大观元年，郡人祷雨数应，请赐今额。建炎四年，封显应侯。淳熙十二年夏旱，知县张少英祷而复应，因建拜壶亭，始塑陈、胡二仙之像。知县傅丑为记。 **显济庙**在黄石之林井。神姓朱名默，黄石人，唐古田令曦之后也。父强，母张氏。默在孕胎中时有啼声，及弥月，张氏梦神人长丈余进至堂下，惊觉，遂生默。默生而神异不类凡儿，尝喟然语同舍曰："丈夫当大立功名，终日讲空言何益哉！今两陲用兵，朝廷开幕府，使吾得千人将之，可以鞭笞远夷矣。"父奇之。一日，游谷城山，见古庙中泥塑神马，遂乘之以往。其仆道遇之，见其驺从甚都，走视于家，默方酣卧帐中，仆大惊异。年二十二不疾而卒。宋建炎四年，高宗渡江，舟至中流，风涛大作，忽见默拥朱氏旗至，风遂息。既济，诏封默为章烈侯。淳熙间，族人朱德创庙，并建祠堂及家塾于其中。绍定间，赐今额。又本里林峬亦有此庙，元中统元年创。　**龙官显应庙**在东亭。宋咸淳元年创。七年，封祐文侯。元延祐四年重修。（上二庙在府城东连江里。）　**天妃庙**在新安里鯑江湄洲屿上。其神即弘仁普济天妃。今庙盖其故居也。详见福州府《祠庙志》。宋宣和五年，给事中路允迪使高丽，中流遇风，神显其灵，迄获安济。归闻于朝，赐额"顺济"。绍兴二十九年，江口海寇猖獗，神驾风助威，一扫而去。加封"昭应"。其年人苦疫疠，神降于白湖卑去潮丈许，掘坎涌泉，饮之辄愈，加封"崇福"。乾道五年，福兴都巡检使羌特立上其默相捕盗之功，加封"善利"。淳熙间，岁屡灾旱，随祷随应，加封"灵惠"。床元四年，闽列郡苦雨，莆三邑祷于神，即获开霁。朝廷调舟师平大奚寇，神障以雾，我明彼晦，寇悉扫除。开禧二年，虏逼淮甸，郡遣军士从征，因奉神以行，及遇虏，神拥旗帜见云中，一战解合淝之围。莆民艰食，朔风弥旬，南舟不至，神为反风，不日辐凑。海寇入境，将掠乡村，神为胶舟，悉就擒获。景定二年，巨寇泊祠下祷，神不允，群肆暴慢，醉卧廊庑间，神纵火焚之，贼骇遁去。风沙昼晦，俄各跨浅而败。部使者一一以闻，故在宁宗朝加"助顺显卫英烈"之号，在理宗朝加"协正善庆显济"之号。元以海漕有功，赐额"灵济"。国朝永乐元年，内官甘泉往暹罗，三年太监郑和往西洋，归，上其灵迹，命修庙宇。七年，加封今号。其行祠一在府城内左厢号文峰宫，元至正十七年建，今为郡县春秋致祭之所；一在待贤里江口，绍兴二十七年建；一在胡公里白湖，绍兴三十年建；一在延寿里涵头，号“涵江灵慈庙”，宋时建，成化十八年，镇守太监陈道捐金倡里民重建。又连江里宁海圣墩，景得里城山，莆田里清浦，延兴里南箕，新安里莆禧、吉了，武盛里嵌头及平海，皆有祠。　**灵感庙**在礼泉里秀屿。以祀唐观察使柳冕。冕贞元间观察福建，巡管之内福唐、莆田、仙游皆置马监领牧，悉以“万安”为名，而秀屿其一也。秀屿亦名猴屿，近屿诸村有马坑、马厂，即旧监牧之遗迹。故老相传，柳氏兄弟尝职马政，没而神灵，故莆人立庙于此。凡有所求必祷之，舟行者尤恃以为命，或风涛骤起，仓皇叫号，神灵为之变现，光如孤星，则获安济。其灵响与湄洲之神相望。宋景炎元年，知化州余谦一为记。又营边有庙曰“昌骏”，马厂有庙曰“昌骥”，皆祀冕者也。　**国清惠泽庙**在景德里定庄山。唐武德元年创。国朝永乐九年重修。（上三庙俱府城东南。）　**协应庙**[24]在木兰陂之南岸，以祀宋长者李宏。详见《水利志》。宣和初，郡守詹时升匾之曰“李长者庙”。初，长乐钱氏女捐十万缗创陂，垂成而败；继而同邑林从世复捐十万缗创陂，亦垂成而败；钱氏愤其功不成，赴水死。县委主簿黎畛覆实，畛壮其志节，深叹悼之，忽暴卒。郡人因塑钱氏、林从世、黎主簿三像附祀于庙[25]。淳祐间，更建为前后二堂，前堂祀长者而以林、黎二人配，后堂祀钱氏。郡守赵与湮请于朝，通赐额曰“协应”，其后封长者为惠济侯，钱氏为惠烈协顺夫人。元延祐间，总管张仲仪迁长者像于陂上见思亭内，而以旧庙专祀钱氏。至顺元年，同知廉大悲奴始拓而大之，新长者像于中，以林、黎二人列于左，涅槃、智日二人列于右。判官林定老为记。　**钱圣妃庙**在协应庙之西。以祀长乐钱氏。详见《协应庙下》。永乐十年，通判董彬重修。又本里香山亦有此庙，宋熙宁八年建，国朝洪武十四年重修。　**昭灵庙**在南厢之东埔。其神即保禧贞人也。江口岩浔俱有祠，而郡人亦立庙于此，封号详见福清县《祠庙志》。

宋乾道三年夏，不雨，郡守钟离松祷祠下辄应，寻增修之。　**义勇武安王庙**在南厢永丰塘上。元延祐七年建，至正六年总管曲出等重建。推官陈德孙为记。国朝永乐十一年，通判董彬重修，今废。　**灵君庙**在南厢广化寺万佛阁之左。其神号司马英烈王，相传蜀人也。隋时入莆，游凤凰山曹源洞，遇异人授以数粒服之，遂著灵异。及卒，立祠于此。（上五庙俱府城西南。）　**大蚶光济王庙**在府城东奉谷里大蚶山。《泉南录》云："昔尝海溢，有物如瓦屋乘潮而来，郡人异之，为立庙，凡商舟往来必祷焉。"五代晋开运二年，南唐始封光济王。　**孚应庙**在孝义里。唐神龙中，郡人有吴兴者，埭海为田，陂延寿溪以灌溉。详见《水利志》。时有蛟为孽，陂数溃，兴毅然持刃而往，与众约曰："溪流青则蛟毙，赤则吾死矣。"乃投水与蛟斗。三日，刃出于吴刃洋，血溅于赤桥，兴与蛟俱毙，乡人乃立祠祀之。宋咸平初，邑人郑褒为传。元丰二年[26]始大其祠宇。大观三年，郡守詹丕远以兴有大功于民，且祷雨获应，奏赐今额。绍兴十九年，郡守陆涣奏封义勇侯。国朝永乐十二年，府通判董彬重修。　**祥应庙**在尊贤里白社。五代时已有祠宇，号火官庙。宋大观元年，部使者上其灵迹，赐今额。宣和四年封显惠侯。初，睦之妖贼盗有江浙数州之地，欲掠舟于海以据七闽。闽人奔窜多失所者，莆民先祷于神，得吉卜，后贼果就擒。叶侬寇福州，莆民震骇，贼徒忽见神兵四集，旗帜皆有"显惠侯"字，始怖恐不敢南下。杨勍叛，入闽由漳泉而来，军士惧不敢进，忽闻空中有声曰："显惠兵来矣！"于是贼众望风畏遁。他若旱蝗疾疫之灾，商贾风涛之险，祷之多有灵应。里人方略为记。隆兴二年，加封"威烈"，夫人封"淑静"。淳熙八年，加封"灵润"，夫人加"承济"。　**宁昌庙**在人得里澄渚，旧梯云斋址也。宋绍兴间，以邑人林大鼏之请赐今额。　**灵应庙**在旧迎山驿之左。其号初号[27]平康侯。宋熙宁六年封祐民侯，绍兴十三年，赐今额。三十年，加封“显济”。乾道三年，加封“孚泽”，夫人封“协应”。绍熙元年，加封“广惠”，夫人加“柔应”。邑人林光朝为记。元至正二十年圮于水。 **威济侯庙**在江口鼓楼山。宋庆历中建。初为保禧贞人祠，以侯及灵惠夫人列祀。绍兴三十年，赐侯封号曰“威济”。庙之前有骖鸾阁，学士莫俦诗：“郡山带雨云阴重，沧海连天水气昏。”元至正二十年圮于水。（上二庙在待贤里。） **太和庙**在太和塘[28]。宋绍兴二年创，元至正十五年重修。 **通济庙**在旧枫林驿之左。有敕额。（上二庙在兴教里。）

灵应庙在望江里金墩。其神曰苏侯，名讳无所考。宋淳祐五年，乡人苏得卿建。十一年，乡人薛公顺等状其功以闻，赐今额。

灵显庙在涵江盐仓之西。神姓陈名应功，涵江之东山人。母甘氏当载震载夙之时，梦一苍龙蟠于寝室户枢上，明发而应功实生。年甫弱冠，慷慨忠勇，恒以诸葛忠武侯自许，下视马、臧、张、许诸人，谓不足为。宋太平兴国初，陈洪进尚据漳泉，应功洞识时机，且以爱护乡邦为念，力劝洪进纳士于朝。是年游洋草寇窃发，至有隗嚣、公孙述伪号，诏就近地调兵收讨，应功直诣军前，自请讨贼，遂任前锋。越溪谷鏖战，竟为贼刃所劘。乡人壮之，相率舆棺归葬，而祠之于此。建炎初，里人陈倅宣抚淮南，每出师讨贼，空中时见陈将军旗，前导所向，贼锋披靡。他如海道风涛之恐，岁时雨旸之咎，事无巨细，随叩辄应。宝祐五年，锡号孚善侯。咸淳以来，累封广利嘉泽侯。景炎元年，加封忠祐侯。里人长乐主簿郑子清为记。 **惠泽庙**在仙人台之侧。神姓郭名吕，唐末人，隐居石竹峰下。通经学，为士类所推。既没，显其灵异，乡人为之立祠。宋绍兴十六年，赐今额[29]。 **灵惠庙**在马洋。神姓林名康世，兴化县广业里人。生而神异，殁后百余年，大著灵响。宋乾道三年，赐额。 **瑞沟庙**神姓陈氏，永阳人，名讳无所考。宋建炎二年，封瑞沟英济侯。泰定四年，县尉王祐重修[30]。（上三庙在广业里。已上十二庙俱府城东北。）　**乡贤祠**在府学大成殿之东北。宋绍熙间，尝绘乡之名贤林攒等十有六人从祀于大成殿之两庑。教授黄灏为记。绍兴十九年，教授徐士龙建祠以祀林攒、蔡襄，匾曰“名贤堂”。嘉定三年，知军任一龙更建于大成殿后，增入陈俊卿，匾曰“三贤祠”。一龙自为记。十三年，知军陈汲复立朱文公祠于三贤祠之东。郡人陈宓为记。元至顺二年，同知廉大悲奴改三贤祠为尚贤堂。教授陈三正为记。至正八年，经历黄寀改葺文公祠为尊德堂，绘文公像于其中，而以刘弥邵、黄绩配，复修尚贤堂，增绘林蕴等合祀焉，更名“乡贤祠”。入国朝来，有言文公既从祀孔子庙庭不必专祀者，遂移刘弥邵、黄绩并祀于乡贤祠，而以其祠为文昌祠。宣德八年，教授上官尹定乡贤之祠，增至六十三人，正统间，复增至七十五人。天顺间，知府潘本愚重建乡贤祠，未及就而去，乡贤绘像遂废。成化八年，巡抚副都御史张瑄复增至八十一人。十五年，提学佥事周孟中以文昌祠非儒流之所宜祀，遂出其神于老氏之宫，而改其祠为乡贤祠，即今祠是也。十九年，训导陈琏重立乡贤神主，自是复增至九十三人。前郡守潘琴尝命诸生考论乡之名贤，务求其操履无玷，贞足以典刑后学者祀之。惜其考论未定而去。　**叶丞相祠**在旧郡治之西。丞相名颙。宋乾道中，郡守张允蹈以本郡犹剩米之害言于朝，颙在政府，请悉蠲免，郡人德之。淳祐中，郡守林希逸为立祠。

忠义祠祀宋林冲之使金死，其子郁遇兵变死，从子霆诋和议亦废放以死，莆人称为“忠义林家”。宝庆三年[31]，即其所居立祠。宝祐中，又给田百亩以备祭享。　**三先生祠**在府城东南谷城山下。淳祐中，郡守林希逸建，以祀林光朝及玉融林逸之、长乐林藻。刘克庄为记。　**郭孝子祠**在仁得里[32]。孝子名义重，义重玄孙道卿，道卿子廷炜，俱以孝闻。详见《人物志》。祠久圮，景泰间，参政李颙重建，并绘三孝子像以祀。　**五义祠**在武盛里鸬鹚岭下。按续志：“宋有仕公五人御寇死节，元季乡人为立祠，匾曰‘五义’。”惜其记载阔略，不知五人者为谁何也。（上二祠俱府城东北。） **东岳行宫**在府治东北旧宁贞门外玄妙观之左。 **红泉宫**在府城东南黄石市中。唐元和八年，观察使裴次元于邑之红泉筑堰潴水，垦辟荒地为田三百二十有二顷，岁收数万斛以赡军储。光化二年，监察御史蔡僖来知红泉屯事，亦有惠于民。宫盖祀次元及僖也。国朝成化间，兴祠者私割其地以鬻诸人，里人相率白于官复之[33]，仍重新焉。邑人黄仲昭为记。 **二相祠堂**在旧郡治儒雅堂之东荣。宋淳熙十六年，郡守张渊建以祀郡人叶颙、陈俊卿，匾曰“台两齐色之祠”。 **陈氏二相祠堂**在白湖。以祀宋丞相俊卿洎其从侄孙参知政事文龙。俱详见《人物志》。祀久圮[34]。成化三年，知府岳正重建。 **艾轩祠堂**在府城南三里。宋淳熙九年，郡守林元仲建以祀艾轩。林光朝、陈俊卿为记。 **蔡忠惠祠堂**在府城西南蔡宅。以祀宋端明殿学士襄。详见《人物志》。祠久圮，成化间巡抚副都御史滕昭命有司重建[35]。

仙游县

城隍庙在县治西孝仁里。宋淳祐间知县蔡次传重建。国朝永乐十年，知县李弼重修。景泰元年，知县宋华更新之。 **昭灵显祐庙**在常德里苏山茶园之故址。旧号官庄庙，盖祀保禧贞人也。详见福清县《祠庙志》。按旧志：“贞人尝游仙溪，凿井以溉民田，民受其利，故号其泉曰圣泉，井曰龙井，仍立庙祀之。今孝仁、永兴二里皆有庙。” **明山灵济庙**在香田里。神姓杨氏，兄弟二人，长曰泰，次曰梓。宋建炎间居明山之侧，殁而神灵，里人祀之。绍定间赐额。兄累封威惠昭应广祐侯，弟累封显惠孚应普祐侯。又有行庙在县北功建里市上，元中统二年建，赐庙额曰“普济圣侯庙”。（上二庙俱县东。） **灵惠袁侯庙**在闻贤里上余。

侯名章，甘陵人也。少以骁鸷刚毅闻，仕宋为武翼郎殿前思第四正将。绍兴十五年，江广之寇侵铁县境，侯隶都统张渊麾下，与贼战，死于磨石山。邑人哀之，为立庙。是年邑有丘祁者，良家子，为忠义社首，善武艺，尝与贼战九座山下，亲杀凶渠一人，贼遂退走。后复与贼战，贼不能肆掠。既而祁矜勇深入，遂殁于阵。知县陈致一嘉其勇义，亦附祀焉。致一自为记。　**兴福庙**在孝仁里[36]。神姓林名义，邑之下顿人。殁而神灵，邑人祀之。宋绍兴间，汀寇猖獗，神出阴兵御贼，贼惊惧溃去。乾道间赐额。嘉泰以后，累封威祐彰应通灵孚顺侯，淳祐间封孚佑昭德公。　**灵辉庙**在古濑。宋咸平四年建。凡水旱盗贼，祷之多应。以邑人叶颙请赐今额。累封昭应利忠嘉显佑侯，夫人封忠佑灵惠。　**英济庙**在灵辉庙之左。神姓陈名伯高，灵辉显佑侯之佐也。邑人叶棠状其捍寇之功于朝，封助忠将军。淳祐十一年，加封英济侯。又功建里亦有此庙，宝祐四年建，赐额曰“灵济”。（上二庙俱在万善里。已上四庙俱县西。）　**威惠庙**在县南连江里风亭市之西。宋大观二年建。其神即灵著王陈元光也。详见漳州府《祠庙志》。按漳浦《威惠集》：“神之父政，仕唐副诸卫上将。武后朝戍闽，因家温陵之北，曰风亭。”今庙乃其故居也。又兴泰里亦有此庙。

萧宫冲应庙在县东南连江里。神姓萧氏，兄弟三人，名讳无所考。宋崇宁五年，赐今额，寻封伯孚显侯、仲孚应侯、季孚惠侯。

兴教庙在县西南功建里古盐场之地。宋乾道间赐额。　**仙水灵惠庙**在折桂里九仙山下。相传汉元狩中，临川何氏兄弟九人自临汝来，憩此山，炼丹九鲤湖上，后仙去。里人即其地立庙，士大夫多谒梦于此，与九鲤湖并显。绍兴间赐今额，寻封嘉应侯。天圣间，知县孙谔始至，凡境内祠宇悉毁之。适岁大旱，闻尚有仙水庙，因祷之辄应，庙得不毁，且增饰之。国朝正统九年，里人陈德新重建。按陈谠《梦记》：“王迈丏梦祠下，梦登阁上，中设席，席为四龛，王据其首。俄有童子至，谓王曰：‘左右当坐第四。’次年唱第，果名第四。蒋有秋少名遇，偕昆季谒祠下，梦一童子捧牌题四字曰‘解是名有’，后更名‘有秋’，始预荐。顾幼强自城闉来乞灵梦，一童子授之兰，又一道士从外入，谓顾曰：‘何郎回礼日，方有信息。’觉而莫晓所谓。时其子孺履尚龆龀，后莆阳士子迎奉何侯入城，寓顾所居之地。是秋，父子俱预荐。所谓回礼者，此也。次年同赴兰省，独其子登第，此兰之应也。王梦褀梦有‘名振东南第一人’之句，后登太学补魁。余不胜纪。” **林将军庙**在兴泰里。宋初林氏据此土，后以其居为兴化县廨，因立祠于问政堂后尉衙之东。（上二庙俱县东北。） **天妃行祠**在县南连江里风亭市。宋淳熙五年建。宝祐元年，教授王里请于朝，封其父积庆侯，母显庆夫人。妃显于湄州，而父母封爵自风亭始。 **灵显龙王祠**在县东北九鲤湖之上。湖旧有龙潭，宋乾道间旱，县官祷之立应，因建祠以祀。淳熙十四年，六月不雨，太守朱端学遣郡僚诣祠下请水，至郡，有白龙见，甘雨霶霈，遂斥其祠而新之，且状其灵迹以闻，赐额“显应”。按：县志以此为即九仙祠，而莆郡旧志则但以为龙王祠，略无一言及于九仙，疑此别为一祠，专祀龙王，岁久而圮，县志不察，遂以九仙宫为即此祠也。 **令尹王侯德政祠**在县东朝京门外迎仙馆之右。成化十一年，邑人户部郎中陈迁倡邑之父老捐资创建，以祀宣德间县尹王彝，匾以今额。详见《名宦志》。 **张都统祠**在县西孝仁里水陆院。以祀宋都统张渊。绍兴十五年，江广兵民恣为干纪，聚党而行盗，始自潮、梅，践我汀、漳，遂侵秩于温陵、仙溪之境，渊时以密州观察使奉诏统禁旅三千讨之，有功于民。十六年知县陈致一为立祠。 **朱文公祠**在儒学内。宋平湖陈尧道为记。 **蔡忠惠祠**在儒学尊道堂之东[37]。宋庆元二年，知县郑肇之立。 **叶正简祠**在儒学尊道堂之西。宋嘉定六年，知县叶文炳立。郑偘为记[38]。 **乡贤祠**在儒学外门之左。成化十年，监察御史尹仁立，以祀乡先贤蔡襄、陈次升、朱绂、王回、傅楫、陈大卞、余象林、宋卿、苏钦、陈可大、郭琪、叶颙、傅淇、叶棠、傅诚、陈谠、蒋雝、陈沂、余崇龟、王迈、叶大有、郑勋、谢升贤、陈大亨、弟知至、张弼、陈亨运，凡二十有七人。详见《人物志》[39]。　**王御史祠**在县北一里保福院。宋绍兴间，县令陈致一为邑人王回立。嘉定间，县令樊泰之重修。泰之及陈谠皆有记。

平海卫

城隍庙在卫治之西北。洪武二十年建[40]。景泰四年，指挥佥事朱能重修。　**旗纛庙**在卫厅之东。亦洪武二十年建。　**天妃庙**在卫城东南海隅。宋咸平二年建。

莆禧千户所

城隍庙在所治之西，洪武二十年建[41]，　**旗纛庙**在所治之东。洪武二十二年千户刘毅建。

福宁州

本州

城隍庙在州治东。宋元祐二年建。国朝洪武三年，知县郭徵重建。成化十六年，判官黄晟撤而新之。　**旗纛庙**在卫治。　**宁远侯庙**在松州。神姓张，名讳无所考。翊卫海道尝著灵迹，唐光启元年封宁远侯。　**英惠侯庙**侯姓虞氏，元时人，名讳无所考。为人仁慈尚德义，以农为业。值岁旱，祷雨不应，夜梦一仙翁教以祷雨之术。既觉，疑不自信，以语乡人，或曰：'请依梦试之。'侯如言，果雷雨大作。后卒葬斤山，乡人为立庙，祷雨辄应，封英惠侯。　**显赫侯庙**侯姓叶氏，英惠侯之婿也。存心忠厚，尚义轻财。英惠尝曰：“子之行可通神明。”遂授以梦中祷雨之术。及卒，乡人祠之。御灾捍患，焯著灵应，封显赫侯。（上二庙在四都渔洋。已上三庙俱州东。）　**土主七圣庙**在朝天坊。相传神姓赵名昱，蜀青城山人。仕隋守嘉州，尝斩蛟拯民蛰溺，其民立祠于灌江口祀之。唐初封神勇大将军，玄宗入蜀，进封赤城王。宋贞定加封清源妙道真君。开庆元年，知县李姓者，自蜀郡奉其香火至邑，邑人为立祠。元至正十四年，福宁大饥，神化为商人，由湖广附米舟至指松山，谓舟人曰：“米至是，其直十百。”遂以所执扇畀舟人，乃由小舟登陆，约曰：“明当相迓。”是夕见梦于乡人曰：“米舟至矣，亟往松江迓之。”明日米舟果至，视舟人所执扇，则庙中旧物也。有司以闻，加封灵惠威正博济真君。二十一年，乃重建庙宇。国朝洪武五年，草寇郑龙率三千余人犯境，守御百户宁祥麾下仅六十余人，卜于神，许其进战，兵刃既接，贼见衣绯者率援兵至，遂惊溃，龙等卒就擒。十四年，处州寇作，百户张清祷于神。贼至长岭，望见骑士如林，遂不敢近。十七年，倭寇犯松山，炽甚，守卒无斗志。里人张子政祷于神，鼓勇而前，贼望风披靡。他若雨旸愆期，灾疫流行，随祷辄应。今州人皆敬事之。知县尹昌隆为记。成化十七年，同知马迪率众更新其祠。　**忠勇大夫庙**在州城外。以祀宋知县潘中。详见《名宦志》。旧在登仙坊口[42]，乾道九年灾，移建今所。　**关王庙**在演武场之右。以祀汉寿亭侯关羽。洪武十五年，守御百户张清创建，正统六年，福建都指挥刘海倡众重建。　**顺懿庙**在关王庙之右。其神即临水夫人也。旧在通津桥东，岁久而圮，成化十六年，州人移建今所。

许大夫庙在连海里砚村。大夫名光大，五代周时为沿海都巡检，寓居砚江，适寇至，大夫奋不顾身持短兵接战，谓乡人曰：“胜则江水青，负则江水赤。”既而殁于阵，江水如血者三日，尸随潮以归。乡人即其地立庙祀之，凡祈福禳灾，其应如响。　**玄应侯**

庙在白岩。神姓王氏。宋靖康元年，尝出阴兵助国讨贼。尝于战场内得兜鍪，其上皆书神之姓及庙之地号。灵迹甚著。　**安定王庙**在德贵坊。神姓王氏。里人也。有阴功于民，民祀之。又州城东赤崖亦有此庙。（上七庙俱在州西。）　**阜俗江王庙**在五十二都之大金[43]。唐末有巨木浮海而来，土人将斧以为薪，乃见梦于人曰："吾非凡材也，吾家台之黄岩，姓江氏，名清，有道术，乡人呼为江大圣者即吾也。今殁，当庙食兹土为阜俗神。"乡人因为立庙于南岩之[44]。宋太平兴国中，方始移建今所。元丰八年，更拓而新之。凡雨旸疫疠及风涛险阻，祷之多应。进士莆田王端为记。又州东赤岸有庙曰"西华"，即阜俗王行祠也，元延祐五年建，国朝宣德六年重建。　**白马三郎庙**在四十都。祀闽粤王郢之第三子也。详见闽县山川及祠庙志。元至正间，显于州之洪江[45]，捍灾御患，灵响甚著，里民因相率建祠。按州志以神为闽王审知，盖考之未审也。（上二庙州南。）　**韩将军庙**在州北莆门镇前。旧志云："汉横海将军韩说也。元鼎元年，武帝尝命说击东越王余善，浮海至闽，故闽人祀之。"　**马郎庙**在州东北。晋元帝时，司马浮入闽，后为江夏太守，溺死，乡人祠之，为立庙。

节孝祠在儒学之后，以祀元州尹王伯颜及其子相、妇潘氏。详见《名宦志》。旧有祠在州治内鼓楼之东，又有祠在学宫之西偏，俱圮。国朝成化九年，副使何乔新移于今所，即旧般若庵改建。乔新自为记。　**七贤祠**在儒学内。以祀唐林嵩，宋林维屏、张叔振、孙调[46]、黄幹、杨楫、林湜，凡七人，皆乡之先贤也。详见《人物志》。旧在明伦堂之西。宋淳熙十二年，知县鲍逊重建。匾曰"先贤祠"。逊自为记。元元贞元年，州尹陈翼复建。国朝成化十六年，提学佥事周孟中命移文昌神置于道观，而改其庙为七贤祠。　**张王二州尹祠**在泮池之西南东向。元时立以祀州尹张伯颜、王伯颜。俱详见《名宦志》。（上三祠俱州南。）

宁德县

城隍庙宋乾道六年建。国朝洪武五年,知县王溥重建。成化十一年,知县江伟更新之。　**忠烈王庙**在北山下。祀邑人黄岳。详见《人物志》。先在栖云寺内,宋嘉定元年始建今所。按旧志:"五代时,王审知岁贡方物于梁,舟过黄崎港中流,值石,多覆溺之患。祷于祠,忽震雷碎其石,港道遂平。封永宁公[47]。宋嘉泰元年,部使者上其灵迹数事于朝,赐额"昭祐"。嘉定十四年,封灵惠侯。绍定元年,加号"显应"。四年,贼犯古田,将寇宁德,神出阴兵摧其凶焰,有旗见空中,白质而赤章,大书神之封号于其上。部使者复上其事,加号"昭顺"。淳祐十年,复加号"广利"。后进封广应公,又进封今爵。元至元六年,知铅山州三山林兴祖修。国朝洪武五年,知县王溥重建。(上二庙俱一都。)　**东平王庙**在县治东南新塘头。其神唐张巡也。元至元间,邑人薛某为琼州万户。卒,夫人龚氏奉其香火以归,尝显其灵异,遂立庙祀之。国朝洪武二十八年,乡人重修。林保童为记。　**谏议大夫庙**在县西十二都霍童山下。隋大业中,谏议大夫黄菊尝垦山之荒壤为田,而凿山通涧水以灌溉之。后乡人感其德,建祠庙祀焉。

王都相庙[48]在县北十四都东洋里。庙之神凡三:曰都将,曰尚书,曰指挥使,皆祀于王氏。相传都将、尚书姓刘氏,避钱王鏐讳,去卯刀为金,而指挥使则黄姓,乃刘氏义子也[49]。寇叶侬过县境,见金甲三人拥兵骑凌山四出,遂不敢肆其暴而去。又有群不逞啸聚燃炬出门,神阴灭其炬,县尉李元宗令人掩捕,时夜未央,忽闻鸡鸣,庙中金鼓震响,光明如昼,及既获,天复明矣。其灵异如此。　**防御祠**在县东五都漳湾。宋绍兴六年建,以祀防御史阮大成。详见《人物志》。国朝宣德元年重修。　**先贤祠**在儒学内。宋淳熙八年,知县徐梦发建。

福安县

城隍庙在县治西。宋淳祐十年，知县林子勋创建。相传初度地时，祥光三夜不绝。元至正间，知县赵元善修。国朝正统十年，知县叶诚忠重建。景泰间，按察佥事沈讷欲易庙地为福宁道，夜梦之神与之争地，乃止。迄今灵响不衰。　**阜俗庙**在县东长坂。元时建。详见福宁州《祠庙志》。　**灵祐庙**在县南二十都廉村。神姓薛名芳杜，唐太子补阙令之之孙也。为人清简而寡欲，英明而有断。乡人或有争讼，不之官而之芳杜，得一言皆帖帖服去。肃宗践祚，念令之有启沃旧恩，召用其子孙，芳杜固辞不赴，一时士大夫咸推重之。尝自谓："吾生有骨青，死当为神。"年六十七无疾而卒，颇著灵异，乡人立庙祀之，祈祷辄应。宋嘉定元年，部使者上其御灾捍患之功于朝，赐庙额曰"灵祐"，封侯爵，配陈氏封夫人。按《薛补阙祠记》谓"芳"。　**忠惠庙**在穆洋。神姓罗名汉冲，光州固始人，任江州司户。黄巢之乱，避地入闽，居于穆洋。当是时，其地半皆荆棘，汉冲首垦辟之，召民耕种，遂为沃壤。既没，民怀其德，立庙祀焉。凡有灾患，祷之辄应。后赐庙额曰"忠惠"。　**顺济行祠**在洋头。正统初，乡人募众重建。其神即临水夫人也。　**薛补阙祠**在县南廉村，以祀唐太子补阙薛令之。详见《人物志》。元皇庆元年，乡人肇创以褒清德。教谕方贤孙为记。　**朱韦斋祠**在县北龟龄寺法堂之右。建炎间，韦斋常携其子文公寓居于此。　**乡贤祠**在儒学内。按旧志："宋淳祐八年，知县林子勋尝建先贤祠。"盖即乡贤祠也。

大金千户所

城隍庙在所治。　**旗纛庙**在所治。

定海千户所

城隍庙在所治。　**旗纛庙**在所治。

校　注

［1］嘉靖《延平府志·祠祀》作“兼湖广观察使”。

［2］嘉靖《延平府志·祠祀》作“陈师孟、吴康”。

［3］嘉靖《延平府志·祠祀》作“张敦颐”。

［4］嘉靖《延平府志·祠祀》作“邢淙”。

［5］乾隆《延平府志·祠墓》作“知府郑宗良建”。

［6］嘉靖《延平府志·祠祀》有“成化十年毁，知县谭明重建”一语，此略。

［7］嘉靖《延平府志·祠祀》作“闽将军刘公庙”。

［8］嘉靖《延平府志·祠祀》作“宋大观三年赐庙额曰威宁”。

［9］嘉靖《延平府志·祠祀》作“宋烈士余公墓，在宝城外”。

［10］嘉靖《延平府志·祠祀》作“大曹保”。

［11］嘉靖《延平府志·祠祀》有“上四庙俱在县治西”一语，此略。

［12］嘉靖《延平府志·祠祀》及乾隆《延平府志·祠墓》均作“祀南唐摄县事曹明”。

［13］嘉靖《延平府志·祠祀》作“祀宋县令谢璇”。

［14］嘉靖《延平府志·祠祀》作“洪武三年”。

［15］光绪重纂《邵武府志·民祠》作“显威庙，祀王延禀。神以节守建州，喜文学，与诸儒议论，又有靖寇功，民怀其德，为立庙”。

［16］嘉靖《延平府志·祠祀》作“有司以闻”。

［17］嘉靖《邵武府志·祀典》及乾隆《邵武府志·民祠》均作“胡将军祠，在城东阳，祀宋殿前司裨将胡斌。胡死于王事，民即其战地为祠祀之”。

［18］嘉靖《邵武府志·祀典》作“开庆三年，神率兵坚守杉关，与元兵战”。

［19］嘉靖《邵武府志·祀典》及乾隆《邵武府志·民祠》均作“事闻”。

［20］乾隆《邵武府志·民祠》作“一在县南四十八都，宋绍兴间建；一在县东二十九都，宋政和元年建”。

［21］乾隆《邵武府志·民祠》作“五洁祠”，并作“旧祀叶氏三烈女，增祀黄元实女及齐云岩妻杜氏”。

［22］乾隆《邵武府志·民祠》作“谢诇”。

［23］弘治《兴化府志·礼纪》作“洪武三年”。

［24］弘治《兴化府志·礼纪》作“李长者庙”。

［25］弘治《兴化府志·礼纪》尚有：“熙宁中天子诏募兴陂者，于是长者应诏来，定趾木兰山下，倾其家貲砌筑而陂成焉，南洋田亩资以灌溉者凡数千顷”等语，似应补入。

［26］弘治《兴化府志·礼纪》作“元丰三年”。

［27］“其号初号”似“其神初号”之误。

［28］乾隆《仙游县志·建置》作“宋嘉祐中，知军刘谔始筑太平陂，灌溉田七百顷；绍兴二年里人张应六年念谔功，立庙祀之”。即此所谓太和庙。

［29］民国《兴化县志·庙志》作“宋绍兴十八年(戊辰)赐额惠泽庙”。

［30］民国《兴化县志·庙志》作“五季时永阳陈氏名忠，宋绍兴二十一年封瑞沟英顺忠济侯，景炎二年再封忠顺灵福，至泰定四年县尉王佑重修”。

［31］弘治《兴化府志·礼纪》作“宝庆二年”。

［32］弘治《兴化府志·礼纪》作“郭氏三孝子祠，在仁德里”。

［33］弘治《兴化府志·礼纪》作“典祠者私割其地以鬻诸人，里人王汝敬等相率白于官，复之”。

［34］“祀久圮”应为“祠久圮”之误。

［35］弘治《兴化府志·礼纪》作“成化六年巡抚副都御史滕昭命知府蒋云汉重建”。

［36］乾隆《仙游县志·建置》作“南宋乾道间建”。

［37］乾隆《仙游县志·建置》作“旧在尊道堂祀宋学士蔡襄，嘉定间知县叶文炳建，后移平山云麓”。

［38］乾隆《仙游县志·建置》作“丞相谥正简，叶颙祠一在方濑，一在郡治西，郑侃记”。

［39］弘治《兴化府志·礼纪》作“成化甲午，邑人检讨郑纪倡乡人立祀

蔡忠惠、叶正简等三十七人，中宋三十二人，本朝五人，盖郑公纪所定”。

[40] 弘治《兴化府志·礼纪》作“指挥吕谦建”。

[41] 弘治《兴化府志·礼纪》作“洪武二十四年刘毅建”。

[42] 乾隆《福宁府志·杂志》作“旧在西门外登龙坊口”。

[43] 乾隆《福宁府志·杂志》作“阜俗王庙，在五十一都大金”。

[44] 乾隆《福宁府志·杂志》作“乡人为立庙南山下，宋太平兴国中建”。

[45] 乾隆《福宁府志·杂志》作“元至正间显灵于府之洪江里”。

[46] 乾隆《福宁府志·杂志》作“林调”。

[47] 乾隆《福宁府志·杂志》作“封永灵公”。

[48] 乾隆《福宁府志·杂志》作“黄都相祠”。

[49] 乾隆《福宁府志·杂志》于“刘氏义子也”句后尚有“故统为黄都相”一语。

八闽通志卷之六十一

恤　　政

古先圣王之仁于其民也，凡天下疲癃残疾，茕独鳏寡，颠连而无告者，皆有存恤之典；旱干水溢，黎民阻饥，则有救荒之政；贫穷患难，死无所归，则有掩骼埋胔之令。孟子曰："先王有不忍人之心，斯有不忍人之政。"此之谓也。后世英君谊辟，亦往往有推明其意而行之者，至我国家尤拳拳于是焉。仰惟太祖高皇帝统有万方之初，诏天下郡县立养济院，又命立惠民药局及义冢，而于备荒之政尤加详焉。列圣相承，诏令之颁，必先是数者，盖其心即古先圣王之心，其政即古先圣王之政也。斯世斯民，何其幸欤！闽诸郡县良有司多祗承德意，其于仁民之政，遵行惟谨，皆不可不书。而凡前代已行之法，有惠于民，如朱文公常平义仓之类，亦并列之。庶几有感发兴起而推行之者，其于国家仁民之政，亦未必无所助也。乃志恤政。

福州府

闽县

〔宋〕　安抚司抵当库在安泰桥之东[1]，旧利涉门下；又一所在威武军门之西；又一所在还珠门外。元丰七年建，属常平，后寖废。　**常平库**在旧威武军东偏[2]，附于军资库。　**居养院安济坊**在馆前街发政坊内。元符元年置，以处民之贫乏不能自存者，月以丐者，赡米之半给之。

〔元〕　**义仓三十六所**延祐七年冬，天下路、府、州、县于应置社处立之。社以五十家为率，第其户之高下，每岁收成之日输谷于仓，以备嗣岁之歉而贷之食，及冬则取盈然，石入息一升，社长主之。　**义冢二所**俱泰定四年总管刘元亨言于帅宪二府，乃度四郊依山之地为圹各千，创亭其侧，以便祭享，俾邻近寺僧主之。一所在东门外，旧同庆寺基；一所在南门外，旧吉祥寺废地。

〔国朝〕　**预备仓三所**在府城南光德里。永乐五年设。正统六年修。官籴谷储积于此，遇岁歉，发以赈饥，丰年则抵斗还官。后仿此。　**义仓三所**一所在永庆里，一所在还珠里，（上二仓俱府南。）一所在府城东南崇贤里。（已上三仓俱正统五年置。）

养济院在府治东南左一坊法海寺前。洪武间设，以处老弱废疾及鳏寡孤独不能自存者。月有米，冬夏有衣，病则给药以疗，死则斥官地以葬之。　**城东丛冢**在府城东门外易俗里金鸡山。

城南丛冢在府城南门外嘉崇里吉祥洋。（上二丛冢俱元之义冢址也。旧凡俗不能营葬者，悉焚尸于此。国朝成化十八年[3]，知府唐珣因更辟之以济孤贫不能举者，而革其焚尸旧俗。又各筑室三间于□□山麓，以居守者，而树表于通衢，揭以今名。）

侯官县

〔元〕　**义仓三十八所**　**养济院五所**一所在乌石，一所在文儒坊，一所在北禅，一所在三合，一所在社坛。（已上俱府城西南隅。）　**义冢三所**一所在云林坑，宋时建；一所在湖边兴福庵后，泰定四年建；（上二冢俱在草市都。）一所在一都高安山。

〔国朝〕　**预备仓三所**一所在二都，永乐五年置；一所在一都西禅浦，正统五年置；（上二仓俱府城西。）一所在常丰仓内，成化十八年，知府唐珣以县之预备仓置于外里，艰于支收，乃度常丰仓之隙地以建之。　**养济院**在右三坊文儒坊内，即元之故址。洪武间重建。　**城西丛冢**在府城西门外草市都云林坑，即元义冢址也。国朝洪武中创于贵安山。正统末，镇守尚书薛希琏以其通临官道，乃徙于灌洋坑。成化间，知府唐珣复建今所，仍辟而大之。

怀安县

〔元〕　**义仓三十七所**　**惠民药局**在总管府仪门之西，隆道侯庙之东。大德三年诏置本路，以官钱分给医户规运，存本取息，充药材之费。月选主医二人视疗在城五院贫民及凡系囚之疾病者。

〔国朝〕　**预备仓二所**一所在府城西南九都，永乐五年置；一所在府城内华林寺前，成化中建，号曰“南仓”。　**养济院**在右二坊太平桥边，洪武间置。　**城北丛冢**在府城北门外太平里，旧闽山院废址也。县旧有义冢在太平山，宋绍兴间，郡令芙蓉寺僧营建，男左女右，各四穴，广二丈二尺，深二丈，以待不能葬者。乾道六年，监簿黄启宗又为三圹于其东。永乐中圮于洪水。成化十七年，知府唐珣更建今所。

长乐县

〔宋〕　**常平仓**在县西。皇祐元年始置。初，诏州置常平，翰林侍读学士宋祈[4]以为远县乡保力农之家无由沾被，是岁，州始以常平都数量户口多寡[5]，分九县置仓。　**常平库**在县厅之侧。

〔元〕　**义仓三十五所**

〔国朝〕　**预备仓四所**东仓在县治中门外之东南，西仓在县东十三都，南仓在县南十二都，北仓在县西大宏里。　**养济院**在县西隅。　**义冢**在郑山，距县十五里。

连江县

〔宋〕　**常平仓**在县厅西庑。　**常平库**在县东。

〔元〕　**义仓八十五所**　**义冢二所**一所在观音塔边，一所在兑峰庙边。

〔国朝〕　**预备仓**在县治西钦平上里之白石。永乐间知县伍升创建。　**惠民药局**在县治前宣化桥南之左。成化十九年知县凌玉机改建。　**养济院**在县治东南钦平下里玉步下[6]，洪武五年置。　**义冢三所**一所在清河观音塔西，一所在钦平上里北禅寺侧，(上二冢俱县西。)一所在县南新安里西泉山。

福清县

〔宋〕　**常平仓**在县门内之左。　**常平库**在县厅西街上。

〔元〕　**义仓九所**　**养济院**在州西隅北溪，旧在州北门。大德四年，知州毋逢辰移建今所。

〔国朝〕　**预备仓四所**西仓在县西隅水陆桥之左，南仓在时和里牛里镇[7]，北仓在光贤里蒜岭驿前，(上二仓在县南。)东仓在县东方民里海口市。县旧有预备仓，在县之东南。正统五年，主簿苏克成建。成化九年，参政陆昶令有司分建为四仓，俾四方居民便于出纳。　**养济院**在县西隅后山，洪武间建。成化十九年，知县庞玑重修。　**义冢**在县北隅弥陀寺后山，宋宪使李迪舍立。

古田县

〔宋〕　**常平仓**在县侧。　**常平义仓**在县西北二里，后为民居。　**常平库**在县厅西。

〔元〕　**义仓四百三十二所**　**惠民药局**在县治北。

〔国朝〕　**预备仓四所**洪武二十四年建。东仓在三十六都，西仓在八都，南仓在县治南街坊[8]，北仓在十八都。　**养济院**在县治北后林。洪武八年建。　**义冢**在县治西北伏龙冈，初在县治北二里许，宋县令吕晋夫建，后县令刘元亮移于今所。

永福县

〔宋〕　**常平仓**在县东隅，距县四里。　**常平库**在县治东。

〔元〕　**义仓二十四所**

〔国朝〕　**预备仓**在县西二十六都。洪武三年置。　**养济院**在县治之西。元时建于县东五里，洪武十四年移置今所。　**义冢**在县东五里梁知郡山前。宋县令蔡□建，元及国朝皆因之。

闽清县

〔宋〕　**常平仓**在县侧。　**常平库**在县治。

〔元〕　**义仓九十一所**

〔国朝〕　**预备仓四所**洪武二十七年建，成化五年知县左辅重建。东仓在县东安仁里，西仓在县西盖平里，南仓在县南宣政里，北仓在县北仁寿里。　**养济院**在县西屋山下。　**义冢**在县治之东南。成化十八年知县王澂立。

罗源县

〔宋〕　**常平仓**在县东。　**常平库**在县厅西。

〔元〕 **义仓一十九所** **义冢三所**一所在圣水寺，一所在四明山，一所在铁障山。

〔国朝〕 **预备仓**在县治旁，旧在县东隅沈尉桥之北。永乐五年，主簿郭刚建，成化间知县施弘迁建今所[9]。 **养济院**在县治西南后库。洪武八年，即宋元遗址建。今废。 **义冢三所**俱在县治安金里。一所在铁障山下，宋元符二年北溪张尉创；一所在花山下[10]圣水侧，宋宝庆间环溪陈显伯创；一所在野明山下[11]，元双石桥黄垓创。

福州左卫

〔国朝〕 **预备仓**在经历司后。成化九年巡抚副都御史张瑄奉制命指挥佥事储祯建。积谷以备岁歉，后仿此。

福州右卫

〔国朝〕 **预备仓**在府治西埔尾。成化九年指挥刘钦建。

福州中卫

〔国朝〕 **预备仓**在镇抚厅后。成化九年指挥使李辅建。

镇东卫

〔国朝〕 **预备仓**

建宁府

建安县

〔宋〕 **常平仓**在郡城中和坊内。乾道六年建。其址今为建宁左卫千户所。　**社仓七所**在东衰、安泰、建宁、南材、川石、顺阳诸里。社仓之建，其原出于乡先生、乡大夫念饥民之无告，与其里人相勉以义买田积谷，遇青黄不接，则计口量贷之，以赒其急，秋冬之交，则敛而偿其初之所贷。　**举子仓一十所**[12]在吉苑、建宁、登仙、将相、房材[13]、安泰、东衰、南材、顺阳、川石、秦溪内外诸里。先是，闽人生子贫者多不举。乾道五年，赐常平钱米赈给之。绍兴中，朱文公请立此仓。淳祐中，赵汝愚帅闽，推广其意，括绝没之田产，召佃输租，仍拨籴本建仓，收储租米，遇受赈五月以上者，则书于籍，至免乳日，人给米一石三斗。主之乡官，给贷收息，以司出纳；县掌之丞，郡辖之倅，而隶之帅。后仿此。

常平库在旧郡治内。　**漏泽园**在府城东东塔院巷口。莆阳旧志云："崇宁三年，诏令择不毛之地为漏泽园，以掩骸胔之暴露者。绍兴十四年，臣僚奏请海处盖庵屋两间，募僧二人，主管收齐，月以常平钱米给之。次年又许给棺并絮纸等，人不过三缗。"按《新序》曰："文王作灵台，掘地得死人之骨，王曰：'更葬之。'吏曰：'此无主矣。'王曰：'寡人固其主，又安求其主？'遂更葬之。天下皆曰：'文王泽及朽骨矣。'漏泽园之名盖本于此。"又按建宁旧志云："漏泽园始于开封府界。使者陈向元丰中尝行部，宿陈留佛寺，夜半闻垣外人声汹汹然，起烛之，四望皆积尸蔽野。遂具状请斥官□以葬[14]，神宗可之，仍命向总其事，得骸骨八万余瘗之，复令置佛寺，岁令僧一人掌其籍。自是天下皆置焉。"据此则神宗时已有漏泽园矣，而《莆阳志》乃谓起于崇宁、绍兴间，岂至是臣僚复申明其典欤？　**义垄**在府城东北黄华山下。淳熙□五年，郡守赵善肇置以葬贫而不能葬者，仍建海会庵，以司守视。庵旧废，其故址今围入府城矣。

〔国朝〕　**旧预备仓四所**一所在永平乡安泰里，一所在永和乡建宁里，（上二仓俱府城东。）一所在府城西原祐乡房村上里，一所在府城东南□绣乡将相里[15]。（已上四仓俱洪武十八年建，永乐三年重建。) **新预备仓**在府城内新贤坊布政分司之左。成化十九年知县杜镐建。 **养济院**在府城宁远门外光禄坊之东北,即宋之居养院也。乾道五年创于建溪门外,七年郡守赵彦端移建今所。元改为贫子院。国朝洪武八年改今名。

瓯宁县

〔宋〕 **社仓一十二所**一所在崇安里,一所在西乡里,一所在梓溪里,一所在禾供里,一所在禾义里,一所在丰乐里,一所在禾吉里,一所在慈惠里,一所在吉阳里,一所在梅岐里,一所在麻溪里,一所在高阳里。 **举子仓二十六所**三所在崇安里,三所在禾供里,二所在西乡里,二所在梓溪里,二所在禾义里,二所在丰乐里,二所在禾吉里,二所在慈惠里,一所在吉阳里,二所在梅歧里,二所在麻溪里,二所在高阳里。 **惠民东局**在郡城中和义坊大中寺之侧,其址今为民一[16]。 **惠民西局**在郡城中平政门之左,旧与都监坊相直。其址今为旌善亭。 **义垄**在旧山寺路口。宋淳熙十五年,郡守赵善建。 **漏泽园**在旧观音庵前。(上义垄并漏泽园俱在府城西北太平坊。)

〔国朝〕 **预备仓五所**一所在星会乡禾义里,一所在慈善乡吉阳里,一所在温柔□慈惠里[17],(上三仓俱府城西。)一所在府城北安乐乡崇安里,(已上四仓俱洪武十八年建,永乐三年重建。)一所在府学射圃东边,成化十八年知县陈英建。 **义冢**在府城北太平坊寿山之垄,即宋义冢址也[18]。

浦城县

〔宋〕 **常平仓**在县治之西。 **社仓二所**一所在县北长乐里,又名永利仓;一所在县南东礼里。 **举子仓十二所**一所在县郭,一所在郊阳里宗寂寺,一所在高泉里千山寺,(上二仓俱县东。)一所在人和里宝应院,一所在禅寂院,一所在翠岩院,(上二仓在清湖里。已上三仓俱县南。)一所在船山里安国寺,一所在安乐里构木寺,一所在载初里西瞿院,一所在迁阳镇永利仓,(上四仓在县北。)一所在忠信里灵岩院,一所在通德里松林院。(上二仓俱西北。)　**常平库**在县治西庑。　**漏泽园**在县南隅水南园。

〔国朝〕　**预备仓九所**东区三所:一所在上馆,一所在下馆,(上二仓在太宁里。)一所在孝弟里后塘;西区二所:一所在新兴里,一所在安乐里;南区二所:一所在清湖里,一所在人和里[19];北区二所:一所在长乐里,一所在雁塘里。　**养济院**在县南隅。宋时建,元因之。国朝洪武十四年,知县张宗颜重建。　**义阡二所**一所在县北隅官塘之南,宋时置;一所在县东孝弟里杨源,成化十年邑人吴兰捐地创建。

建阳县

〔宋〕　**社仓九所**一所在西隅开福寺内,一所在麻沙镇,名中兴仓,一所在中兴院内,(上二仓在永忠里。)一所在崇化里靖安院内,一所在和平里,(上四仓俱县西。)一所在兴贤中里罗汉院内,一所在兴贤下里,名长湍仓,(上二仓俱县南。)一所在崇文里,名将口仓,一所在北乐里福田院内。(上二仓俱县西北。)　**举子仓十所**一所在乐田里,一所在建忠里[20]太平院内,(上二仓在县东。)一所在景福院,一所在崇泰里后山院内,一所在永忠里中兴院内,一所在崇政里观音院内,(上四仓俱县西。)一所在县南兴贤中里罗汉院内,一所在嘉禾里龙归院内,一所在福田院内,一所在北乐里。

〔国朝〕　**预备仓四所**一所以孔雀寺废址建,一所在崇泰里,以旧税课局改建,一所在永忠里中兴寺,(上三仓俱县西。)一所在县南兴贤下里徐墩。 **惠民药局**在县治前之左。永乐十四年圮于水，正统六年改为府馆，成化十三年毁。明年，知县海澄建为义学。十七年，医学训科杨敬请复为惠民药局。 **养济院二所**一所在县西门外三桂里，宋时设，元因之，国初重设，更今名；一所在均亭里，地名漳滩头。 **漏泽园**在县南三桂里黄花山，俗呼亡化山。相传唐有镏知县者置地创设[21]。

松溪县

〔宋〕 **常平仓**详见《公署志·际留仓下》。 **社仓**在县西善政乡杉溪里[22]。庆元三年建，元季废，故址犹存。 **举子仓六所**一所在县坊普载院，一所在东关里灵召院，一所在归伏里资寿院，一所在上元里香林院，一所在杉溪、兴唐二里间龙居院，一所在永宁、永和、豪田三里间资福院。 **常平库**在县治内东偏。

〔国朝〕 **预备仓二所**一所在县治西偏枣岭，一所在禾田里[23]二十四都。 **养济院**在县治西隅。 **漏泽园**在县北一里枣岭，凡在养济院者皆葬于此。 **义冢**在顺门外。 **丛冢二所**一所在县东东关里刘屯。邑人巡检夙道暹以己山为之。正统十四年，山贼攻劫，县治又值大疫，骸骨遍野。道暹给棺募民收瘗于此。一所在县西西关里二都之西历。天顺五年，道暹复捐资鬻民山创置，周围三千余步。□乡人丧不能举及客死无归者，悉瘗于此；或无棺者给之。筑垣植木，为亭于中，春秋祀焉。

崇安县

〔宋〕 **常平仓**今际留仓即其址也。 **安抚司社仓九所**一所在回向院，一所在灵阳院内，（上二仓在县东上梅里。）一所在县西黄材里石堂院内，一所在会仙里武夷冲祐观内，一所在丰阳里黄亭，一所在长平里梨园。(上三仓俱县南。)一所在仁义坊光化院内，一所在大浑里报恩院内，(上二仓俱县北。)一所在县东北石臼里乌山院内。　**提举司社仓八所**一所在张坂，一所在东山，一所在大王岭，一所在登山下，(上四仓在县东从籍里。)一所在连墩，一所在湖塘，一所在吉亭，一所在大坂。(上四仓俱在县东北五夫里。已上二司社仓，按《文公年谱》:“乾道四年，县大饥，文公请于郡，得粟六百石以赈给之。秋成，民偿粟于官，因乞留各里，立社仓贮焉，夏贷冬收以为常规。文公自为记。”见《诗文志》。淳熙八年，复请颁其法于天下矣。)　**安抚司举子仓二所**一所在丰阳里黄亭，一所在会仙里武夷冲祐观。(上二仓在县南，俱绍熙间置。)　**举子仓**在县西兴贤坊之营岭。景定三年知县林天瑞置。又丰阳黄亭、会仙里冲祐观亦各置一所[24]。　**均惠仓**在县西兴贤坊之营岭。嘉定间，知县傅壅以春夏之交，邑之饥民苦于艰籴，遂创此以赈济之。　**丰惠仓**在营岭之右。咸淳二年，知县刘汉传建。先是，均惠仓规约废弛，至有赔偿之患，民以为病。汉传遂区画俸余买田积米于此，或遇大祲，随宜减施焉。(上二仓俱废为民业。)　**安乐堂三所**一所在兴贤坊营岭之右，一所在石雄里杨家庄，(上二堂俱县西。)一所在县南丰阳里黄土坂。(已上三堂俱宋时设。)凡军旅往来有遘疾者，令栖止于此，惠民局给药以疗之。旧废矣。

〔元〕　**施饭堂**在县西北石雄里分水岭。延祐间，宣慰马合麻尝度关，怜肩赪担唏有饥渴之勚，乃捐金建屋市田以饭行旅焉。　**惠民局**在县治前谯楼之右。泰定二年，县尹彭好古建。其址今为旌善亭。　**义阡**在西门外二里许。延祐元年，达鲁花赤完者秃以官地为之。

〔国朝〕　**预备仓五所**一所在五夫里三市，一所在黄柏里胡师岭，一所在将村里星村，一所在大浑里旺下，一所在军营岭际留仓内。(上五所俱洪武间设。)永乐二年,知县谢雅建[25]。

养济院在兴贤坊营岭之右[26]。宋景定五年,知县刘汉传建为居养院,元因之。洪武三年,知县陈重建,改今名[27]。

政和县

〔宋〕 **常平仓**在县治东省仓前。 **举子仓一十一所**一所在县坊龟岩寺,一所在石龙院,一所在报恩院,(上二仓在东衢里。)一所在感化里延福院,一所在蓑城里花林院内,一所在报恩院,一所在龙山院,(上二仓俱在东平里。)一所在关隶镇,一所在三峰院,一所在定峰院,一所在资福院。(上四仓俱政和里。) **常平库**在县厅东角。 **居养院**在县西门外折桂亭后。 **漏泽园**在顺令门外交溪之浒。

〔国朝〕 **预备仓二所**一所在县治南,旧文庙址也;一所在县西蓑城里市头。 **惠民药局**在登俊坊。洪武十八年重建。三十二年,知县吴潮宗悉撤其材,增建私衙。永乐元年,礼部檄令郡县置之。四年,县丞熊达始建。 **养济院**在安济坊[28]。 **义冢**在顺令门外。

建宁左卫

〔国朝〕 **预备仓**在卫门之侧。成化九年,指挥使范铎建,前后为廒二。

建宁右卫

〔国朝〕 **预备仓二所**在卫门之左右。成化八年建。

泉州府

晋江县

〔宋〕　**漏泽园**在府城东仁风门外三十六都。乾道元年，郡守韩仲通建[29]。

〔元〕　**惠民药局**在府治西中和坊街北。后改为行用库，今废。

〔国朝〕　**预备仓二所**一所在二十七都郎头，永乐四年建；一所在二十四都龟湖，永乐五年建。（上二仓俱府城南。）**养济院**在府治西北居贤坊内。洪武七年，知府张灏建[30]。　**义冢**在府城东三十七都明教山前。成化八年，泉州卫指挥□铨创建。

南安县

〔国朝〕　**预备仓四所**俱洪武二十四年设。一所在县治东；一所在县西二十二都[31]，旧在府治西，后移今所；一所在县南三十五都；一所在县北十九都。　**养济院**　**义冢**[32]

同安县

〔国朝〕　**预备仓四所**东仓、南仓，成化十八年知县张伋增建三间；（上二仓俱在县后堂之左。）西仓，在县西一、二都路上[33]，知县张伋创建；北仓，在县北七、八都右庄村，成化九年知县张逊建。　**养济院二所**一所在县西北庆丰门外，成化十三年知县张逊建；一所在县南同和里四都溪头[34]，旧在岭下间阎中，成化十八年知县张伋移建今所。　**义冢二所**成化十九年，知县张逊买隙地创建。一所在县东榕溪亭，一所在县西赤阑林[35]。

德化县

〔国朝〕　**预备仓四所**东仓在县治东，西仓在县东北东西团，南仓在县西北新化里，北仓在县东北杨梅中团。　**养济院**在县坊隅龙浔山之麓。洪武三年知县王贞重建。

永春县

〔宋〕　**漏泽园**在县西北白马寺前。

〔国朝〕　**预备仓二所**一所在县北二十都深柄村，一所在县西南十二都吴坂村。　**养济院**在县东十四都东度桥之左。今废。

安溪县

〔国朝〕　**预备仓四所**一所在县西还集里，一所在县西龙兴里，二所在县北感化里。　**养济院**[36]

惠安县

〔国朝〕　**预备仓三所**一所在县南十八都屿头村，一所在县北七都香林村，(上二仓俱洪武二十四年建。)一所在县治内际留仓之西，天顺二年知县王览建。　**养济院**在县西南一里许，旧在县南名贤坊内。洪武三年建，成化十三年知县康永韶移建今所[37]。　**义冢**在县北郭外。宋嘉定十四年县丞张豹变建[38]，今因之。

泉州卫

〔国朝〕　**预备仓**在卫治之西。成化九年指挥使李钰建。

永宁卫

〔国朝〕　**预备仓**在卫仪门之左。成化九年指挥阚瑄建。

漳州府

龙溪县

〔宋〕　**常平仓**在州省仓内。　**惠民药局**在双门楼下之左，旧在奉先院。庆元间，郡守傅伯成给钱二千贯以充药本，减十分钱之二以惠民。绍定元年郡守方淙移建今所。　**和剂局**在道院前，旧在双门内之东，与推官厅相直。郡守方淙建。鬻川、广诸药，委医僧修制丸散三百余方，发入惠民局。淳祐间，郡守章大任虑有欺弊，移建今所，公余亲视，欲有实惠以及于民。

〔国朝〕　**预备仓四所**东仓，在府城外东岳庙之右，成化九年知府王文建；西仓，在府城西隅常平仓内东偏，旧在府治西南双门上，天顺六年，佥事牟俸以其逼近民居，虑有火患，遂改建今所；南仓，在府城外山川坛之左，旧在十二、三都古县社；北仓，在府城中常平仓内西偏，旧在二十三、四都芗州社。（上二仓正统十四年俱毁于寇，成化九年，巡抚副都御史张瑄檄知府王文改建今所。）　**社仓二十所**成化十七年，知府姜谅以郡境连年水旱，民无所仰给，乃讲求朱文公社仓之法，命属邑、乡、都各仿而建之。劝富民出粟贮于其内，岁歉则散，岁丰则敛。各选民之公正者为社正副，以司出纳。一所在一、二、三都金沙社，匾曰“广济”；一所在四、五都沙塘尾，匾曰“永济”；一所在中和保，匾曰“中和”；一所在渐山社瑞香院右，匾曰“惠民”；（上二仓在六七都。）一所在八都林坑社，匾曰“永丰”；一所在九都霞苑社；一所在十一都观音寺之旁；一所在十二、三都古县社旧预备仓址；一所在二十一都双路口，匾曰“金峰”；一所在二十二都翁建社，匾曰“博济”；一所在二十三、四都松洲社，匾曰“广储”；一所在华封社[39]；一所在桃源社；一所在蓝径社；一所在苦竹社；一所在宜招社；（上五仓俱在二十五都。）一所在二十六都翰林社，匾曰“惠济”；一所在二十七都后坑社，匾曰“嘉惠”；一所在二十八都官埭社，匾曰“官埭”；一所在二十九都、三十都石美社[40]南山寺庄之右，匾曰“石美”。

养济院三所旧为存恤院，洪武初改今名。一所在府城西门外二十一都望高山南麓，一所在清凉山，一所在鹫峰坑内。（上二院俱在府城北门外二十六都。） **义冢**按旧志：“绍兴间，诏天下复漏泽园，郡守刘才、邵大为二冢，命之曰“普同”。嘉定中，郡守危祯又为三冢[41]：一在南山寺后，一在城西中峰院前，一在北门外。历元至今，漫无遗迹。成化十八年，知府姜谅谕民于四门近郊及各乡村，度闲旷之地，创立义冢，凡二十有一所。一所在城东门外双节庙后，一所在府城西门外金峰山，一所在府城南门外岭下路边，一所在府城北门外草亭，一所在一、二、三都大观山下，一所在四、五都东鳌山下[42]，一所在小岭埔，一所在龙井埭口，（上二冢在六、七都。）一所在八都，一所在九都詹付[43]山埔，一所在十一都亭尾山王泉岩前[44]，一所在塘北里，一所在浯淇塘上埔，（上二冢在十二、三都。）一所在双路口，一所在天宝市后山，（上二冢在二十一都。）一所在二十二都黄相宝寿院边，一所在二十三、四都同浮社海印寺山[45]，一所在二十六都荒落山[46]，一所在二十七都马岐山下，一所在二十八都兴福山东，一所在二十九都四方山下。

漳浦县

〔国朝〕 **预备仓七所**俱洪武二十三年创建。一所在县鼓楼内，旧在县南门外，成化八年知县刘璧建今所；一所在县东二十三都荷步社，旧在东坂社，正统十四年毁于寇，成化三年主簿阎道政徙建今所；一所在六都云霄社；一所在十都杜峄社；（上二仓在县南。）一所在县北二十八都何峄社；一所在县西南三都南诏社：一所在县东北赤湖社。　**社仓七所**一所在县治鼓楼内之西，一所在二、三都南韶城内衙前巷，一所在十七都赤湖社，（上二仓俱县西。）一所在八都汤坑社无象铺前，一所在九都杜峄社，（上二仓俱县南。）一所在县北二十八都何峄社，一所在县西南六都后山巷中[47]旧窝铺地。　**养济院**在县北门外。　**义冢**在县南梅林铺旁。周围百六十丈，两旁为屋，各四楹，以居守者。岁久渐废，成化十七年知府姜谅檄本县重修。

龙岩县

〔国朝〕　**预备仓四所**一所在县治内，成化十年知县韦济重建；一所在县西龙门里枫朗；一所在县南表正里蒋武；一所在县北集贤里徐溪。　**社仓**在县东雁石社新卢。成化十八年知县陶博创。　**养济院**在县城东门外。成化十二年知县韦济重建。　**义冢**在县永宁门外一里许。方围二十余亩，立石表曰“丛丘”。成化十八年，知县陶博复增辟十余亩，缭以周垣。

长泰县

〔宋〕　**义仓**绍定间，县令陈纯仁创建。随民产多寡借谷为本，每岁孟夏散以贷民，而收其息二分，早禾熟则还母谷，晚禾熟则还子谷。官司所借本各给约与产户执照，十年之后，则以本谷还之。申于提举司，请以主簿主其事，仍择里中善士一人以司出纳。　**常平库**在县治内。

〔国朝〕　**预备仓四所**中仓，在县西城隍庙之东，正统元年知县刘奎创建；东仓，在县东彰信里大夫坊，旧在王显庙上畔；西仓，在中仓之前，旧在人和里郭林；（上二仓俱成化十五年知县刘铎移建今所。)北仓,在县北旌孝里萧宅庵边,成化十五年知县刘铎创建。　**社仓四所**仁字仓在县西,义字仓在县东,礼字仓在县北严宅里,智字仓在县南化善里坂上。　**养济院**在西门外。　**义冢**在县城北[48]。(上社仓、养济院、义冢俱成化十七年知县刘铎建。)

南靖县

〔国朝〕　**预备仓四所**东仓,在由义里园下社;西仓,在习贤里张仓社;南仓,在清宁里小溪社;北仓,在县治之东北。　**养院济**在县西习贤里张仓社[49]。正统七年典史周鼎创建,十四年毁于寇。　**义冢**在县西归德里田墩[50]。成化十七年,知府姜谅檄本县创建,周围四十余亩。

漳平县

〔国朝〕　**预备仓**在县治之东。成化七年知县陈栗创建。

漳州卫

〔国朝〕　**预备仓**在府城东门内之北。成化九年建。

镇海卫

〔国朝〕　**预备仓**在卫城内。成化九年建。

汀州府

长汀县

〔宋〕　**常平仓**在鄞江门内省仓中。　**均济仓**在开元寺东。　**常平义仓**　**举子仓四所**一所在归仁馆，一所在田市，一所在成下里，一所在古城团。　**抵当库**在州治西庑。宝祐六年奉旨创建。　**常平库**　**惠民药局**在佥厅左。

〔国朝〕　**预备仓**在府治东。　**养济院**在县西百步外[51]。　**义冢**[52]

宁化县

〔宋〕　**常平仓**在县治西园之南。　**平粜仓**[53]在县治东北隅。　**淳祐平粜仓五所**[54]一所在华严寺右，一所在黄土寨，一所在安远寨，一所在宝地寺，一所在中定寨。（上五仓俱宋县令刘涣捐俸钱为粜本，委贡士章淡董之，后以粜本买田，积其岁入之禾，遇歉则以济民。）　**举子仓五所**一所在南平寨，一所在鹫峰院内，一所在中定寨，一所在宝地寺，一所在安远寨。　**常平库**在簿厅东。

〔国朝〕　**预备仓**旧四所，正统五年典史汪清创建，十四年毁于寇。成化十九年，府同知程熙增建凡九所。东仓三所：一在城里与际留仓相连，一在泉上里，一在泉下里；西仓在龙上、下里；南仓三所：一在新村里，一在会同里，一在龙上、下里；北仓二所：一在招贤里，一在招得里。　**养济院**在县东二里许。洪武三十年知县张思诚重建，正统十三年毁于寇，成化十一年府同知程熙重建。　**义冢**[55]

上杭县

〔宋〕　**常平仓**在县治东。　**举子仓四所**一所在县门东，一所在鳖沙团，一所在兴化乡，一所在胜运乡。　**常平库**

〔国朝〕　**预备仓二所**在城隍庙左右，天顺间县丞赵荣建。　**赈济仓三所**一所在县治仪门外之右，一所在县东北白沙里华家亭，一所在县东胜运里炉峰城背堂。　**养济院**在县西忠宪坊北。洪武九年知县刘亨建，正统末毁于寇，成化二年知县胡钺重建[56]。

武平县

〔宋〕　**常平仓**在禅果寺法堂东偏，旧在县治西，后移于此。　**举子仓**在禅果寺法堂西偏，旧在常平仓侧，后迁于此。　**常平库**在县治西，附县库。　**举子钱库**在簿厅。

〔国朝〕　**养济院**在县北一里。成化十年建[57]。

清流县

〔宋〕　**常平仓**在县厅西庑。　**举子仓四所**一所在县市，一所在明溪寨，一所在石洞寨，一所在罗村团。　**常平库**

〔国朝〕　**预备仓四所**一所在县东北二百余步，一所在县东嵩溪，一所在县西四保，一所在县东南嵩口。　**养济院**在县西[58]。

连城县

〔宋〕　**举子仓三所**一所在县市，一所在河源里，一所在吕溪墟。　**常平库**在县厅西廊。

〔国朝〕　**预备仓六所**东仓在县治东姑田里；西仓二所，在县治西河源里，知县陈邦真建；南仓在县治南表席里圆觉庵前，知县何熙建；北仓二所：一所在县仪门内，旧在县东五十步，知县陈邦真徙建今所，而以其址为府公馆，一所在县北北安里。　**养济院**在县治西。洪武十二年知县刘雍陶重建[59]。

归化县

〔国朝〕 **预备仓四所**东仓在县治东广济街内，西仓在县西柳杨里三溪寨，南仓在县东中和里下墟，北仓在县北下党里中兴寺。 **养济院**在县北墟间[60]。

永定县

〔宋〕 **举子仓二所**一所在县西北胜运里，一所在溪南里。

〔国朝〕 **赈济仓**在丰田里庆清寺侧。本上杭县所建，今隶本县。 **养济院**在县南。以旧邑厉坛之址创建。

汀州卫

〔国朝〕 **预备仓**在朝天门内。

延平府

南平县

〔宋〕 **常平仓**在省仓之西，又名义仓。 **惠民仓**郡守朱端常建。又峡阳亦有惠民仓，郡守董洪建。 **济粜仓**又名均粜仓[61]，郡守董洪建。 **举子仓**郡守叶筠、赵崇祉、刘允济、傅康相继申奏创置。 **提举司举子仓**[62] **安乐社**嘉定中，郡倅詹大椿创。或二十里、或三十里创一舍，使道路疾病之人归养有所，饮剂有资，而无道殣相望之叹。 **丛冢庵**亦名漏泽园，在府城东。乾道九年，郡守李庚创两塔，分男左女右葬之。复建庵宇，命僧以司守视。月支香灯钱三贯文、米一石。嘉定十三年，郡守林洁己再辟一所，听民从便安厝，筑墙间之。 **安福庵**在马坑兴化院之前。宝庆三年,郡守傅康创男女二塔,封以崇鬣而坎其中,深可四弓而广如之。匾曰“安福”。给官田五十石[63],命僧主之,每遇寒食则依浮屠法资其冥福。端平二年,淫雨漂坏,郡守董洪重修。　**会一庵**在郡城北门外,南平县治之东北,郡守黄埒创[64]。命民之崇奉教者以司守视,每月以漏泽园例给以香灯钱米。　**水铺**在郡城,旧在佥厅之前。延平依山为郡,民多楼居;瞰虚凭高,甍连栋接,民或不戒于火,扑灭良艰。宋绍熙二十八年,郡守胡舜举创水铺以防虞,器具种种毕备。月差禁军守视,轮兵官一人检点,时修葺之。令冷铺[65]创在坊巷,每十余家间辄置一所,蓄灭火之具以备缓急,即古水铺之制,而冷铺则兼防盗贼焉。　**潜火义社**宋时民社也,盖不出于官,故以义名。先是,延平有隅长官,选有物力家充之,专任防虞之责,上下具文,缓急不足倚仗,于是有倡义之人创立义社,敛资财,饬器具,鸠工匠,籍丁壮,皆听命于社首。平时有赛神之犒,遇警有运水之资。在东城曰“东隅”,在西城曰“西隅”,介闤阓之中曰“中隅”,居北门之外曰“北隅”。脱有缓急,彼此相应,不号召而集,不顷刻而至,不争功,不邀赏,此义社规约也。旧废。

〔国朝〕　**预备仓四所**东仓在府城东南寿山里;西仓在府城西剑津里旧县学社,初在长沙下里,后迁今[66];南仓在府城南普安里;北仓在府城北峡阳。(上四仓俱永乐五年知县朱孟常创。西、北二仓正统十三年寇毁,景泰四年知县刘铭重建。)　**养济院**在府城东隅。宋初创在贡院后山之巅,今城西门外。绍兴二年,郡守吕行已徙今所。洪武三年知府唐铎重创。　**义冢四所**成化二年知府郑时创[67]。

将乐县

〔宋〕　**常平仓**在府治东北。

〔国朝〕　**预备仓四所**俱洪武二十四年知县余瓒创建。一所在县西永吉都，一所在县北万安都，一所在水南都，一所在永康都。（上二仓俱县东南。）　**养济院**在县治北。洪武三年知县司明创建。

尤溪县

〔国朝〕　**预备仓四所**福星仓在县治南乘驷坊，旧福星堂；仕阳仓在县西四十都；巷口仓在县南二十八都浮流坂；雍口仓在县东十五都。　**养济院**在县治东儒林坊。洪武十九年创[68]。

沙县

〔宋〕　**常平仓**在县治西。　**丛冢**在县治东北隅，福星禅寺后山弥陀庵之右。宋嘉定十六年县尉黄师尚创[69]。今为厉坛。

〔元〕　**养济院**在县治东兴义坊。皇庆二年创。　**义冢三所**一所在县治东北隅，至正中，邑人倡义置，甃以土砖，创一阁一亭，设守者以时祭扫；二所在县治西北和仁坊。

〔国朝〕　**预备仓三所**东仓在县东南八都；南仓在县八都郎口[70]，旧在二十一都徐坊，后移建今所；北仓在县治东五十步。（上三仓俱正统十三年毁于寇。）　**漏泽园**在县治东北邑厉坛之左。

顺昌县

〔宋〕　**常平仓**在县治西。　**平籴仓**　**备籴仓**[71]

〔国朝〕　**预备仓四所**俱永乐四年主簿王汝贤建。鳀潭乡仓在县东石豆都，交溪乡仓在县西南靖安都，招仁乡仓在县西莒口都，顺阳乡仓在县西北仁寿都。　**养济院**在县治西。洪武二年知县于守节创。　**从家庵**在县治西北赤岭之左。

永安县

〔国朝〕　**预备仓四所**东仓在县治东三百步，景泰三年建；西仓在县西三十二都[72]；南仓在县南二十八都；北仓在县北二十六都固发口，旧沙县西仓也。　**养济院**在县治东，景泰五年建[73]。

邵武府

邵武县

〔元〕　**惠民药局**在县治前。　**慈惠老人堂**在城西熙春山下。经历郭瑛建，又置田若干以养老而无后者。

〔国朝〕　**预备仓五所**东仓在府城东一十二都拿口市[74]，正统六年知县颜宗建，十四年毁于寇，寻复建，新旧各四间；西仓在府城西南四十六都潭山市[75]，新旧各二间，新志[76]二在古山□；南仓在府城南三十二都大阜岗，旧一十一间，新六间，其地界邵武、泰宁二县，因并建堂宇庖湢以为公馆；北仓二所，一所在府城内常丰仓后，旧三间，新九间，一所在府城北五十三都水北街，旧六间，新十间。（已上新仓俱成化九年知府马孜建[77]。）十一年知县王拯增建在城北仓三间。十七年知府刘元又增南仓三间、城北仓六间。　**惠民药局**在府门之左，旧在县门右。成化三年，知府马孜改建今所[78]。　**养济院**在行春门外，宋在南隅常丰仓后，名居养院。元为孤老院。国朝洪武初，改今名。十三年徙建今所。旧屋二十一间。成化十年知府马孜增建一十八间。十七年知府刘元增修一十五间[79]。　**义冢二所**一所在何禄坑[80]，宋时置；一所在赛洋桥里象山田畔，元时经历郭瑛置。

泰宁县

〔宋〕　**常平仓**在县治西南，今为吏舍。　**举子仓**在县学西。　**常平仓**在县治东南。

〔国朝〕　**预备仓四所**东仓在朱口保，旧八间，新三间；西仓在依口保，旧四间，新五间；南仓在永兴上保，旧六间，新三间；北仓在长兴保，旧五间，新四间。（已上四仓俱成化九年知县徐琛建。）　**养济院**在县东大巷之右。宋时建，元因之。国朝洪武九年知县定定重建。成化十七年知县范翰复建。　**漏泽园**在县西蓦口芜坳。

建宁县

〔宋〕　**常平仓**在县北七十步，今为县公廨。　**义仓**在绥城驿之东。　**社仓**在莲花寺前。　**举子仓**在县西旧社稷坛后。　**惠民局**在县治西五十步。　**仁寿庐**在县东。宝祐间，邑宰廖邦杰买地一区，创屋一十二间，中为堂二间，以待道路疾病无告者，又给户绝之田若干亩以赡。　**义冢**在县西大岭上。

〔国朝〕　**预备仓四所**东仓在县东黄舟保，新旧各四间；西仓在县西富田保，新旧各四间；南仓在县南在城保，旧五间，新六间；北仓在县北黄溪保，旧四间，新一间。　**义仓**在县西里心保。正统十年，义民廖义举捐己地创建，旧四间，新五间。（已上五仓内，新仓俱成化八年知县谢雍建。）　**养济院**在县治西，即元之孤老院也。洪武十四年重建。　**漏泽园**在县北在城保黄州坊。

光泽县

〔宋〕　**社仓**　**举子仓**（上二仓俱在县东平齐桥畔[81]。）

惠民药局在县东登云坊。

〔国朝〕 **预备仓四所**东仓在县东十八都，凡六间；西仓在县西十五都，旧六间，新二间；南仓在县南三都，凡六间；北仓在县北十九都，旧六间，新二间。（已上四仓俱洪武二十七年创建，内新仓俱成化十九年知县陈纪增建。） **养济院**在县南一都。洪武三年知县刘克明建。 **漏泽园**在一都东坑。

邵武卫

〔国朝〕 **预备仓**在左所之右。按郡志，洪武十一年增设邵武卫后千户所。二十九年，百户王希始建公署于此。景泰五年，调守御永安。成化十九年，指挥高升等遂改建为预备仓。

兴化府

莆田县

〔宋〕 **常平仓**在军治之东隅天禧坊内都仓之北。景德三年置。旧门西向，绍熙元年知军事赵彦励重修，移其门于都仓之侧，南向。 **平籴仓**[82]在于城西。绍定六年，郡守曾用虎创建，刘克庄为记。 **常平库**在谯门内军资库之西。 **安养院**在府城北一里招福院之旁。淳熙十五年郡守朱端学创。命□□之途有疾患者令就院医治，官给钱米药饵，轮差医□给疗。既愈，则量支路费，津致其行；不幸而死，仍给棺木，假窆于漏泽园。 **仁寿庐**在县南。庆元间县令廖德明创建。使凡道途远来疾病之民，咸得以托宿而就哺。又请于郡，得废寺之产，岁入粟若干斛以供药饵给奉守。其所立条约甚详。朱文公跋于其后。 **漏泽园**在府城南厢广化寺西岗。崇宁二年奉旨建。绍兴十四年复命建屋，募僧守之。嘉熙三年知军事张友修治。今废。

〔国朝〕　**赈济仓四所**一所在府城东景德里定庄村，一所在延寿岑头村，一所在仁德里李墩，(上二仓在府城东北。已上三仓俱永乐四年主簿刘献建。)一所在谷清里埔头村。正统五年，布政使侯轨奉制命主簿唐礼增建，寻废。　**预务仓二所**一曰“有备”，一曰“预备”，俱附于大有仓内。成化三年知府岳正建。**养济院**在府治北梅峰之左。元至正十二年，福建闽海道肃政廉访司佥事张孝里创建。教授郭偿为记。国朝洪武十八年重修。西为厅，匾曰“发政”，东为堂，匾曰“施仁”，立亭于门内，匾曰“必先”，外植坊表，内列房舍，无所不备。　**义冢**在府城南篠塘山之原。宋绍兴元年知军赵彦励创，正统十一年主簿唐礼重修。

仙游县

〔宋〕　**常平仓**在县之中门外，附于省仓内。兴化县常平仓在旧县治之西，亦附于省仓内。

〔国朝〕　**赈济仓二所**俱永乐四年设。一所在养志里龙华寺东，一所在常德里前溪观内。　**养济院**在县北功建里。洪武十五年知县顾思敬建[83]。　**义冢**在县北功建里郭宅宫前。宋知县吕坦平创建，庵养僧以守。之后，知县翁永年重修，盖即今所也[84]。

兴化卫

〔国朝〕　**预备仓**在谯楼内阴阳学之右，以使臣庙之故址为之。成化九年指挥使张瑄建。

平海卫

〔国朝〕　**预备仓**在卫治内之右。

福宁州

本州

〔宋〕 **常平仓**在县治东。皇祐元年建。 **抵当库** **常平库**(上二库在县西。俱元丰元年重建。)

〔元〕 **义仓三百二十所**俱延祐七年建。

〔国朝〕 **预备仓四所**一所在州治内;一所在州东十都,曰"潋村仓";一所在州南四十一都,曰"古县仓";一所在州西北二十七都,曰"井头仓"。 **养济院**在州城西北。元末废,故址犹存。 **义冢**。

宁德县

〔宋〕 **常平仓**在县治内之西。 **常平库**在县东,旧在县西。绍兴二十八年移建于此。

〔元〕 **义仓二十三所**俱延祐七年建。

〔国朝〕 **预备仓四所**俱永乐四年设。东仓在县东七都,西仓在县西二十二都,南仓在县南一都,北仓在县北十五都。

养济院在县北一都。洪武二十年设,成化间县丞潘璇重建。

义冢

福安县

〔宋〕 **安惠仓**在县西。淳祐五年知县郑黼建。每年秋成谷贱,则出钱籴以上仓,谷贵则出粜。每斗收息钱二文,即古常平意也。其息入惠民局买药,余复增添籴米。 **广惠库**在谯楼外迎祐坊口。淳祐九年知县林子勋建。减月俸及民食盐积累子缗充局,命僧掌之,备民间抵当。月收息二分,民有贫不能葬其亲,举息以助之。又局本一百贯足,则收其息以充修筑道路之费。　**惠民局**在谯楼东还淳坊口。淳祐五年知县郑黼建。

〔元〕**义仓九所**延祐七年建。　**常平义仓**在县西龟湖山下。元至正三年知县赵元善建。　〔国朝〕　**预备仓四所**东仓在县南三十都赛村,西仓在县西十八都穆洋,南仓在县南二十都城山,北仓在县北一都龟湖寺北。　**养济院**在县北二里富春东畔,元时建于县南,国朝移置今所。　**义冢**在县西北五都栖云山下。绍兴十六年,洪水横流,民溺死者众,流骸汇聚山下,僧秉大声捐衣钵之资,募工埋瘗[85],勒名曰"流骸冢"。

福宁卫

〔国朝〕　预备仓

校　注

［1］乾隆《福州府志·田赋下》作"在安泰桥北之东"。
［2］乾隆《福州府志·田赋下》作"在旧威武库东偏"。
［3］乾隆《福州府志·田赋下》作"成化十七年"。
［4］乾隆《福州府志·田赋下》作"翰林侍读学士宋祁"。
［5］乾隆《福州府志·田赋下》作"数粮户口多寡"。
［6］民国《连江县志·惠政》作"在王步下街"。
［7］乾隆《福州府志·田赋下》作"在时和里牛田镇"。
［8］乾隆《福州府志·田赋下》作"南仓旧在十三都"。
［9］乾隆《福州府志·田赋下》作"成化间知县施宏迁建今所"。
［10］乾隆《福州府志·田赋下》作"一所在莲花峰下"。

［11］乾隆《福州府志·田赋下》作“一所在明下山，元少师董抡三世孙垓创建”。

［12］嘉靖《建宁府志·古迹》作“一十七所”。

［13］嘉靖《建宁府志·古迹》作“房村”。

［14］似应作“请斥官地以葬”。

［15］嘉靖《建宁府志·公署》作“昼绣乡将相里”。

［16］嘉靖《建宁府志·古迹》作“故址今为民居”。

［17］嘉靖《建宁府志·公署》作“温柔乡慈惠里”。

［18］嘉靖《建宁府志·公署》作“宋淳熙十五年太守赵灵置”。

［19］嘉靖《建宁府志·公署》作“仁和里”。

［20］嘉靖《建宁府志·公署》作“建中里”。

［21］嘉靖《建宁府志·公署》作“相传昔有刘知县置此，以葬民之不能葬及无告者”。

［22］嘉靖《建宁府志·公署》作“善政乡松溪里”。

［23］嘉靖《建宁府志·公署》作“一在豪田里”。

［24］嘉靖《建宁府志·古迹》作“俱闽帅赵汝愚建”。

［25］嘉靖《建宁府志·公署》作“永乐五年知县谢雅重建”。

［26］嘉靖《建宁府志·公署》作“在兴贤坊营里之右”。

［27］嘉靖《建宁府志·公署》作“后灾。洪武三年知县陈观重建，改名存恤院”。

［28］嘉靖《建宁府志·公署》作“在折桂亭，后移建安济坊”。

［29］乾隆《泉州府志·恤政》作“乾道五年郡守韩仲通建”。

［30］民国《晋江县志·恤政》作“知县张灏建”。

［31］乾隆《泉州府志·仓储》及康熙《南安县志·规制》均作“在县西二十六都，后移二十五都”。

［32］乾隆《泉州府志·恤政》作“漏泽园，宋时建于九日山之东”。

［33］乾隆《泉州府志·仓储》作“西仓在县西上路”。

［34］乾隆《泉州府志·恤政》作“在县东同禾里四都溪头村”。

［35］乾隆《泉州府志·恤政》作“东在同禾榕溪亭左，西在从顺社桥左”。

［36］乾隆《泉州府志·恤政》作“旧在县凤池桥西南，宋时为安养院。

嘉定四年，令陈宓建。明洪武八年改名养济院”。

［37］乾隆《泉州府志·恤政》作“明初设于县治南锦田驿北，明成化中知县张桓迁于楼山南”。

［38］乾隆《泉州府志·恤政》作“宋嘉定中知县张豹变创建”。

［39］光绪重刊康熙《漳州府志·规制上》作“华蔚社”。

［40］康熙《漳州府志·规制上》作“石尾社”。

［41］乾隆《龙溪县志·恤政》作“郡守危稹又为三冢”。

［42］康熙《漳州府志·规制下》作“在四、五都东鳌山下”。

［43］康熙《漳州府志·规制下》作“在九都詹村”。

［44］康熙《漳州府志·规制下》作“在十一都亭尾山玉石岩前”。

［45］康熙《漳州府志·规制下》作“在二十三、四都同浮社海印山下”。

［46］乾隆《龙溪县志·恤政》作“一所在二十六都平落山”。

［47］康熙《漳州府志·规制上》作“一所在县西南六都后山港”。

［48］康熙《漳州府志·规制下》及康熙《长泰县志·食货》均作“旧二所：一在北门外山周围一顷；一在西门外石步桥左，道士岩之右”。

［49］康熙《漳州府志·规制下》及同治《南靖县志·规制下》均作“集贤里张仓社”。

［50］康熙《漳州府志·规制下》作“在县西归德里田墩坂”。

［51］乾隆《汀州府志·田赋》作“府治西罗汉寺左”。

［52］乾隆《汀州府志·田赋》作“义冢共十处以上”。

［53］“平籴仓”似为“平粜仓”之误。

［54］似应作“平粜仓五所”。

［55］乾隆《汀州府志·田赋》作“在县南三里”。

［56］乾隆《汀州府志·田赋》尚有“义冢共十二处”。

［57］乾隆《汀州府志·田赋》尚有：“义冢：一在县北厉坛后，一在南门外，一在西门外。”

［58］乾隆《汀州府志·田赋》作“在朝真坊”，并尚有：“义冢一，在水东坊，明知县陈桂芳置冢建亭。”

［59］乾隆《汀州府志·田赋》尚有“义冢在县西郊”。

［60］乾隆《汀州府志　田赋》尚有：“义冢：一在城东半里，一在城西十里。”

[61] 嘉靖《延平府志·地理志古迹》作“济粜仓，又名均粜仓”。

[62] 嘉靖《延平府志·地理志古迹》作“宋时建，元时有七所，在崇胜、开平、报国、慈恩等寺”。

[63] 嘉靖《延平府志·地理志古迹》作“给官田米五十石”。

[64] 嘉靖《延平府志·地理志古迹》作“郡守黄琈创”。

[65] “令”字似“今”字之误。按嘉靖《延平府志·公署》作“冷铺创在城市乡都人烟辏集之处，每十余家间各一所，蓄灭火之具于其中，夜则轮流守宿，以备缓急，即古水铺之制。今则兼儆防盗贼”等语，可以考证。

[66] 嘉靖《延平府志·公署》作“后迁今所”。

[67] 嘉靖《延平府志·公署》尚有：“漏泽园四，分在县治东演仙下里、治西剑津里、治南崇福里、治北演仙下里。”

[68] 嘉靖《延平府志·公署》尚有：“漏泽园在县北二里许，成化元年知县姚曾创置。”

[69] 嘉靖《延平府志·地理志古迹》作“县尉黄师禼创”。

[70] 嘉靖《延平府志·公署》作“南仓在县南八都琅口”。

[71] “平籴仓”及“备籴仓”，似为“平粜仓”及“备粜仓”之误。

[72] 嘉靖《延平府志·公署》及乾隆《延平府志·恤政》均作“在县西三十一都”。

[73] 乾隆《延平府志·恤政》尚有：“漏泽园在东门外龙喷坪。”

[74] 嘉靖《邵武府志·制宇》作“在二十二都拿口市”。

[75] 嘉靖《邵武府志·制宇》作“在四十六都古山市”。

[76] “新志”疑为“新仓”之误。

[77] 嘉靖《邵武府志·制宇》作“知府冯孜建”。

[78] 光绪重纂《邵武府志·户口恤政》作“知府冯孜改建今所”。

[79] 嘉靖《邵武府志·制宇》作“东西为屋一十二楹。成化七年，守冯孜增一十二楹；十七年，守刘元增一十六楹”。

[80] 嘉靖《邵武府志·制宇》作“一所在何鹿坑，一在平阜岭”。

[81] 嘉靖《邵武府志·制宇》作“在县东平济桥，绍熙三年建”。

[82] 似应作“平粜仓”。

[83] 乾隆《仙游县志·建置》作“旧在城东北隅，洪武十二年知县顾思敬建，宣德九年知县王彝重建”。

［84］乾隆《仙游县志·建置》作“漏泽园在功建里弥陀庵侧，宋庆元间知县吕祖平捐俸置”。

［85］乾隆《福宁府志·恤政》作“僧秉大捐衣钵资，募工埋葬”。

八闽通志卷之六十二

人　　物

闽僻在东南一隅，而得与中州上国齿者，岂不以人物为之重欤？自梁陈以来，虽间有兴起者，然山川清淑之气，犹未大发泄以钟于人。唐神龙之后，方渐有闻，历贞元而始盛，至于宋蔑以加矣。或建勋庸于朝者而号名臣，或敷惠泽于黎元而称良吏，或继往开来而承道统之传，或力学践行而耸士林之望，或以文辞鸣，或以风节显，或委身而殉国，或笃恩而敦义，或莅官而著政迹，或敌忾而成武功，至于山林之遗逸，闺门之贞淑，与夫流寓之贤，艺术之良，亦彬彬焉。于戏！前修远矣，典刑犹存。类而列之，必有观感兴起，以益增吾闽之重者，其于风化岂小补哉！若夫仙释之学，固非儒者所宜道，然《大明一统志》已登载者，亦不敢略也。乃志人物。

福州府

名臣

〔宋〕

谢德权字士衡，闽县人。父文节，初仕闽为侯官令，后入南唐为饶州团练使，以骁勇闻。周世宗南征，文节独擐甲度大江，潜规敌垒，吴人号为“铁龙”。后守鄂州拒宋师，战没。德权自南唐归宋，补殿前承旨。咸平初，宜州蛮叛，从陈尧叟经度，单骑入蛮境，喻以朝旨，众咸听命，加阁门祇候。会有凶人刘晔、僧澄雅讼执政与许州民阴构西夏为叛者，按验无状。谢泌谓：“追摄大臣，狱状乃具。”德权曰：“泌欲陷大臣耶？若使大臣无罪受辱，则人君何以使臣，臣下何以事君？”上可之。累迁西染院使，知泗州。德权清苦干事，好兴功利，多所经画。见官吏徇私者必面斥之，所至整肃。然喜采察纤微以闻于上，朝论恶之。

陈襄字述古，侯官人。少游乡校，讲明知天尽性之说。举进士，调浦城主簿，迁知河阳县。富弼为郡守，一见即礼遇之，及入相，荐为秘阁校理，判祠部。译经僧死，遗表度十僧列于庙，三年度一道士，皆抑不行。为盐铁判官，奉使契丹，以设席小异于常，不即坐。契丹移檄疆吏，坐出知明州。累迁侍御史知杂事。论青苗法不便，乞贬斥王安石、吕惠卿以谢天下，又乞罢韩绛政府，以杜大臣争利而进者。官终判尚书都省。襄莅官所至，必务兴学校，平居存心，以讲求民间利病为急。在经筵时，神宗顾之甚厚，尝访人才之可用者，襄以司马光、韩维、吕公著、苏颂、范纯仁、苏轼至于郑侠三十三人对，帝不能用。用[1]时号“古灵先生”，卒谥“文忠”，有文集行于世。

许将字冲元，闽县人。嘉祐中，举进士第一，签书昭庆军判官，代还，当试馆职，辞曰：“愿以守选余日读所未见书。”后知制诰。契丹遣使请代地，岁聘之使不敢行，以命将。将至，契丹使萧禧馆客，果以代州为问。将随问随答，禧惭不能对。历知浑州，上元张灯，吏籍为盗者系狱。将曰：“是绝其自新之路也。”悉纵遣之。自是民无一人犯法，三圄皆空。累官中书侍郎。章惇为相，奏发司马光墓。将曰：“发人之墓，非盛德事。”方党祸作，或举汉唐诛戮故事，将复曰：“本朝治道所以远过汉唐，以未尝辄戮大臣也。"哲宗皆纳之。进门下侍郎。御史中丞朱谔取将旧谢章表祈文句以为谤[2]，且谓其仕于元祐、绍圣以至建中，左右视利，幡然改图，初无定论。遂出，知河南府，终奉国军节度使，卒谥"文定"。同县人陈诚之，字自明，绍兴中亦举进士第一，累官知枢密院事，终端明殿学士。

林旦概之子。举进士，为监察御史里行，甫五月以论李定事罢，累年乃签书淮南判官。累迁殿中侍御史，甫莅职即上疏言："蔡确、章惇既去，其余党常怀丑正恶直之心，愿深留宸虑以折邪谋。"遂论吕惠卿、邓绾，乞投散地以谢天下。又奏编削翟勍之徒，并降支郡营校。又论崔台符、贾种民舞文深酷之罪，逐之。官终河东转运使。子肤，坐元符上书，陷于党籍。

陆蕴字敦信，侯官人。少知名，举进士，累官御史中丞。蕴颇论事，尝言："御笔一日数下而前后相违，非所以重命令；辅相大臣、宦官戚里赐第营筑，纵撤民居；县官市材于民不予直；贵游子弟以从官领闲局奉朝请，为员猥多，无益于事。又赐予过制，中外用度多于赋入数。幸私室，乖尊卑之分，亦非臣下之福。"其言皆中时病。后以龙图阁待制知福州，改建州。弟藻由列曹侍郎出知泉州，后亦知福州。

辛炳字如晦，侯官人。举进士，累官监察御史兼权殿中侍御史，以疏蔡京发运之弊，谪监南剑州新丰场。高宗朝起知潭州。张浚调兵于潭，以炳懦怯不能，罢之。寻复以侍御史召，首言："今日公道壅塞，风俗颓薄。"连疏三省所行乖失数十事，请谕大臣勿废都堂公见之礼，罢福建八州添差见食之官，从之。苏湖地震，下诏求言。炳言："大臣无畏天之心，何事不可为?"其言甚峻。由是宰执吕颐浩居家待罪，炳遂劾罢之。张浚召赴行在，炳论其败事误国，张浚坐落职，除御史中丞。时方遣使议和，炳言："金人无信，和议不可恃，宜讲求守御攻战之策。"以疾请外，除显谟阁直学士，知漳州，未赴而卒。诏以炳操行清修，贫无以葬，赐银帛赙其家，赠通议大夫。

黄龟年字德邵，永福人。登进士第，累迁殿中侍御史。劾秦桧阻止其[3]恢复植党专权。桧罢，并劾桧党王唤、王昞、王守道，皆罢之。桧乃授观文殿大学士，提举江州太平观，官如故。龟年又奏桧徇私欺君，合正典刑，投诸裔土，以御魑魅。章凡三上，遂褫桧职。复上章乞发明诏，暴白桧之潜慝隐恶于天下，以破奸臣之胆，以息朋比之风。累迁中书舍人兼给事中，寻以言者罢归。司谏詹大方希桧意，复劾龟年落职，本贯居住卒。龟年微时，邑簿李朝旌许妻以女。既登第而朝旌死，家甚贫，或劝其别娶，不从。任子恩先奏其弟之子，人皆义之。子衡，仕至湖南提学[4]。

李弥逊字似之，连江人，居苏州。登大观三年第，累官起居郎。政和末，以封事剀切贬知卢山县。宣和末，知冀州。金人犯河朔，邀击其游骑，斩首甚众。兀术北还，戒师毋犯其城。绍兴七年，复迁起居郎，直前论事，鲠切如初，试中书舍人。时秦桧主和议，李弥逊请对，力阻之。桧邀弥逊至私第曰："政府员虚，苟和好无异议，当以相浼。"弥逊正辞拒之。次日再上疏，言愈切直，桧大怒。然和议赖弥逊廷争多所降杀，惟君臣之礼不得尽争。累疏乞归，以徽猷阁直学士知漳州，寻归隐连江西山，号"筠溪真隐"。桧复嗾言者论之，落职。十余年间，不通时相书，不请磨勘，不乞任子，不序封爵，以终其身。常忧国，无怨怼意。卒谥"忠肃"。有奏议、外制、议古及诗数十卷。按：旧志多不录弥逊，盖以其为苏人而黜之，至其曾孙韶始列于《流寓》。尝考之《苏州志》："弥逊，朝奉大夫撰之子也，其先唐宗室，世居陈晋，撰七世祖永嘉令澄始迁连江。祖余庆知常州，卒于官，葬横山，因徙居吴县。"则弥逊虽生长于苏，而其先世居连江已久，其心盖未尝一日忘连江也。观其晚年复归隐连江，则其意可见矣。况撰及三子弥逊、弥大、弥正之名俱载于《三山科名志》，则其在当时固犹以为连江人也。弥逊归连江，至韶又传三世，而以列于《流寓》，则其失益远矣。

李弥大字似矩，弥逊弟也。登进士，累迁起居郎，试中书舍人同修国史。童贯宣抚永兴，走马承受白锷恃贯不报师期。弥大缴奏，锷坐除名，弥大亦出知光州，移鄂州，召为给事中，拜礼部侍郎。金人大举入侵，李纲定城守之策，命弥大参议，不合，罢。寻除刑部尚书。朝廷欲遣兵援河北、河东，弥大画计欲为腹背攻劫之图，遂除河东宣抚副使。张师正于河东溃归，弥大诛之。后宣抚罢，知陕州，历知淮宁府，复召为吏部侍郎，试户部尚书兼侍读。吕颐诰视师，以弥大为参谋官，弥大缴奏忤旨，出知平江府，又被论夺职。复起为工部尚书，又以言者贬两秩，卒。

李弥正字似表，弥逊之弟。宣和初进士，为秘书省正字，轮对言："大臣进退之易，实害治体。"又言："古者创业中兴之主，必有谋臣，任专责重，忧勤逸乐，与之终始。今人之才虽不敢远望古人，愿陛下舍短取长，择忠实可使者，推腹心以任之，则任功可见就绪矣。"上称善。迁点检试卷官，与修神宗、哲宗实录，终朝奉大夫、吏部郎中。

黄祖舜福清人。举进士，累官权刑部侍郎兼侍讲。进《论语讲义》，上命金安节校勘。安节言其书词义明粹，乃令国子监版行。尝奏夺杨愿恩、褫秦禧秩，直气有足尚者。官至同知枢密院事，卒谥"庄定"。所著又有《易说》、《诗·国风·小雅说》、《礼记说》、《历代史议》及遗文十五卷。

朱倬字汉章，闽县人。初为宜兴簿，历南剑州通判，俱有惠政。以忤秦桧久厄于外。桧死，累迁中丞。尝言："人主任以耳目，非报怨任气之地，必上合天心。"每上疏辄夙兴露告，若上帝监临。奏疏凡数十，如发仓廪，蠲米价，减私盐，核军食，率焚稿不传。绍兴末，拜尚书右仆射。长于料事，史浩、虞允文、王淮、陈俊卿、刘拱之进用，皆倬所荐也。卒谥"忠靖"。孙著，嘉定中累官至吏部尚书。

林栗字黄中，福清人。绍兴中登进士，累官兵部侍郎，卒谥

“简肃”。有治才，善论事。金人请和约为叔侄之国，栗上封事极言其不可。冬至，将有事南郊，遇会庆节，有旨上寿不用乐，迨宴金使，乃有权用乐之命。栗言：“祖宗二百年事天之礼，今因一介行人而废之，天之可畏过于外夷远矣！”又尝上疏言：“今日国体于四百四病之中，名为风虚，其状半身不遂是也。非但半身不遂而已，半身存者，凛凛乎畏风邪之乘而不能自安也。故欲起此疾，必禁其嗜欲，节其思虑，爱其血气，养其精神，使半存之身日以充实，则阳气周流，脉络宣畅，将不觉舍杖而行矣。”其论事多类此。但与朱文公论《易》、《西铭》不合，遂上疏肆其攻诋，与郑丙、陈贾之徒党邪害正者同科。虽其畴昔论事，雄辩可观，然不足以盖晚节之谬也。

黄洽字德润，侯官人。累迁太常丞。尝对奏之事：备事莫若储才，士卒当练其心，军政必预为谋。上矍然。洽徐奏：“愿戒饬州郡，毋烦扰以致寇，毋轻易以玩寇，寇扰而后定，伤根本多矣。”后为侍御史。会水旱，因祠祭上言：“此事全在陛下一心专精在民，身虽法官，心则坛壝，洋洋左右，理非漠然。”除御史中丞。奏：“荐举请托必竞于宰执、台谏之门，若宰执、台谏不为人觅举，使士大夫咸自率厉，以公道得之。岂不甚善？或果知其人，露章以荐，亦何不可？”除参知政事。上因商榷除目，洽罄竭无所顾避。累章求去，以资政殿大学士致仕。洽常言：“居家不欺亲，仕不欺君，仰不欺天，俯不欺人，幽不欺鬼神，何用求福报哉！”洽质直端重，有大臣体。立朝论列甚多，未尝捃摭细故他慝，以累其终身，两朝推为名臣。有文集、奏议八十五卷。

郑湜字溥之，闽县人。光宗即位，为秘书郎。因转对，首乞“尽事亲之道，以全帝王之大孝；严家法之义，以正内治之纪纲；明教子之方，以寿万世之基本”。又乞“省燕饮，节用度，亲正人，勤省览”。庆元初，为起居郎权直学士院。时赵汝愚罢相去，知福州。湜草制，坐无贬辞免。后为刑部侍郎，入伪学党。卒谥

“文肃”。

郑昭先字景绍，闽县人。初主浦城簿，叹曰：“侥幸一第，问学未悉。”遂游朱文公之门。迁知归安，邑民爱之。累官知枢密院事兼参知政事，进右丞相，辞不拜。立朝屡有奏疏，言皆切直，料事后多中，人服其先见。景献太子薨，建储未定。昭先谓“当以仁宗为法”。庙谟始决。居政府以沉厚镇浮，静定制变，全护人才，振拔淹滞。常谓：“人臣能以文王事纣之心为心，则未有不可事之君；人子能以赤子事母之心为心，则未有不可事之亲。”陈宓以为名言。一夕，有星坠于故居，遂卒。谥“文靖”。有《日湖遗稿》五十卷，真德秀为序。

陈贵谊字正甫，福清人。庆元中进士，累官参知政事兼同知枢密院事。尝因转对，谓：“言路虽开，触犯忌讳者指为好名，切劘时政者指为玩令，一人言之未已，或至十数人言之则又指为朋党，是非易位，忠佞不分。”又谓：“今民力已竭而科敛馈遗以谋进者未已；军中耻言败北，则阵亡者不恤；耻言弃溃，则逃窜者复招。”又谓：“婉顺巽从者宜屏之，矫拂求正者宜用之。”史弥远不乐。内侍滥受恩赏，贵谊辄封还诏书。将郊，贵谊以民生实艰，吏员尚众，征敛几于夺取，公费掩为私藏，宜大明黜陟，庶有以见帝于郊。理宗面谕之曰：“顷闻忧国之言，朕所不忘。”卒赠少保、资政殿大学士。

陈韡字子华，自号抑斋，孔石子也。韡让父郊恩与弟韨。登开禧初进士。从叶适学，有将帅才。嘉定间，贾涉开淮阃，辟京东河北干官，画策固藩篱，御金兵。后行其策，遂有堂门之捷俘其四驸马者。迁将作监丞，累官仓部员外郎。入对言：“臣所陈夏、周、汉、唐数君之事，如布德兆谋，任贤使能，信赏必罚，区处藩镇，不事姑息，规摹莫大于此。”又言：“人主所以御天下者赏罚而已。”绍定初，盗起闽中，除知南剑州，兼福建提刑招捕使，累迁江西安抚使，悉平闽广江浙之寇。诏曰：“韡忠勤体国，计虑精审，身任讨捕之责，江闽东广讫底宁。”谥乃进权工部侍郎，历端明殿学士、参加政事兼同知枢密院事、福建安抚大使、知福州致仕。卒谥“忠肃”。（一本云“𬭎与弟铢同登开禧进士”，误。）

许应龙字恭甫，闽县人。五岁通经旨，嘉定初举进士，累迁宗学博士。理宗即位，应龙首陈“正心为治国平天下之纲领”。后知潮州，盗陈三枪起赣州，渐迫境土，应龙亟调兵分扼要害，明间谍，谨关隘，断桥开堑，斩木塞途，区划有方，盗不敢犯。去之日，合郡遮道攀送。官至端明殿学士，签书枢密院事。应龙不躁、不竞、不激、不随，不妄荐士，而亦无伤人害物之事。卒谥“文简”。

陈公益字谦父，闽县人。登嘉定元年进士，官至兵部侍郎兼侍读。绍定六年经筵，奏乞以御制敬天、法祖、事亲、齐家四十八条宣付史馆。公益等撰述箴辞附各条之下，揭于缉熙殿，朝夕省览。（按《科名志》嘉定中俱无陈公益，未详。）

郑性之字信之，初名自诚，后改今名，侯官人[5]。弱冠游朱文公之门，嘉定中进士第一，授平江军节度判官。召对以崇圣学、教太子为先。除秘书正字，轮对乞“明国论，强国势，励节谊，重大帅之权，久边守之任”，至万余言。累迁知袁州，召入，言：“执政出一言，侍从之臣间有忠愤不然者，则立中伤之，此使人人箝口，非国家福也。”时东宫虚位，性之乞早定大计。上嘉其请。后出知赣州，历江西安抚使，召为吏部侍郎。入对，言：“为君者不以尧舜自期，则无善治；告君者不陈尧舜之道，则无远猷。”凡二千言。自后札凡六上，皆恳切忠荩。官终知枢密院事兼参知政事，加观文殿学士致仕。性之治郡，所至为民去害就利，尤务崇化厚俗，处父子骨肉争讼，辄启沃谆切，不事刑威。立朝无所附丽。有《端平奏议》，及与陈均同修《宋编年备要》行于世。（一本作“闽清人”，误。）

赵以夫字用文[6]，长乐人。嘉定中正奏名。历知邵武军、漳州，皆有治绩。嘉熙初，为枢密副都承旨，直前奏云：“历家预言，季冬朔日，日食将既，夫日食犹自古所有之异，然日与金、木、水、火四星俱缠于斗；日食将既，则四星俱见，日中见斗，此则自古所无之异也。斗分属吴，祸福有归，伏惟陛下亟侧身修行以消弭之，不然咎已著明，祸必随应。宗社生灵事重，可不念哉！”上为减馔避朝。二年，拜同知枢密院事，淳祐初罢。寻加资政殿学士。时国本未立，以夫编类仁宗、高宗两朝定储本末及诸臣谏疏上之，上曰：“此事实不可缓。”进吏部尚书兼侍读，诏与刘克庄同纂修国史志传。号虚斋。

李韶字元善，号竹湖，弥逊曾孙也。父文饶，为台州司理参军。每谓人曰：“吾司臬多阴德，后有兴者。”韶与兄宁同登嘉定四年进士。初教授南雄，调庆元，累迁右正言侍御史，出知漳州，历户、礼、吏三部侍郎兼中书舍人，迁宝章阁直学士，知泉州，召权礼部尚书。累乞畀祠，以端明殿学士提举万寿观兼侍读。韶教庆元时，丞相史弥远荐士充学职，不与；袁燮求学官射圃益其居，亦不与。治郡所至俱有声。立朝尝谏济王竑狱，讼魏了翁罢督予祠非罪，劾内侍陈洵溢窃弄威权，女冠吴知古在宫掖招权纳贿。其他封事甚多，言极剀切。卒谥“清忠”。韶忠厚纯实，平粹简澹，不溺于声色货利。默坐一室，门无杂宾云。

唐璘字伯玉，古田人。嘉定中举进士，时台臣有奏次对官不许论边事者，璘对策极诋之。调瑞州学教授，用白鹿洞教法，崇礼让，后文艺，士翕然知向。擢监察御史。璘恐谏争或拂上意，忤权贵，重为母累，趋避不敢诣阙。母曰：“而第尽言，吾有儿兄在，勿忧。”璘拜谢，入就职，上疏言：“天变而至于怒，民怨而几于离，陛下乃纵欲累德，文过饰非，疏远正人，狎昵戚宦，浊乱朝政，自取覆亡。宰相不顾民命，轻挑兵端；不度事宜，顿空国帑；委政厥子，内交商人；视国事如俳优，以神器为奇货；盍正无将之诛，以著不忠之戒。”其言切直皆类是。帝为改容。自是弹击无所避。擢太常少卿，寻以内艰哀毁，卒。璘历官所至皆有政绩，立台仅百日，世谓再见唐介。其居官大节盖得于母教为多。史称之曰“古之遗直也”。

赵汝腾字茂实，宋宗室也。居古田，举宝庆二年进士，累官秘书郎。轮对，言：“节用先自乘舆宫掖始。”又累迁至礼部尚书兼给事中，入奏，言：“前后奸谀之臣，伤善害贤，自取穹官要职，何益于陛下，而深损于圣德；兴利之臣，移东就西，顺适宫禁，自遂溪壑无厌之欲，何益于陛下而深戕于国脉；则陛下私惠群小之心可以息矣！”又言：“陛下有用君子之名，无用君子之实。”拜翰林学士，辞归。累召始至阙，以端明殿学士兼前翰林学士承旨，知泉州，知南外宗正事，皆有善政。汝腾平生一言不妄发，一钱不妄取，朝廷赏赐田宅以旌其廉。卒赠四官，谥“忠清”，世号“庸斋先生”。

黄师雍字子敬，闽清人。少从黄干学。举进士，诏为楚州官属。出盗贼白刃之冲，不畏不慑。李全反状已露，师雍密结时青图之，谋泄，全杀青，师雍不为动。秩满，朝议褒异。师雍耻出史弥远门，不往见之。调婺州教授学正，一以吕祖谦为法。李宗勉以其学最闻知，遂之龙溪。转运使王伯大上其邑最，迁粮料院，每忤史嵩之，差知兴化军，旋改邵武，寻拜监察御史。首疏削金渊秩，再疏斥赵纶、项容孙、史肯之，复劾罢史嵩之。帝欲以师雍为侍御史，丞相郑清之沮之，迁起居舍人兼侍讲。清之犹冀其少贬。师雍曰：“吾欲为全人。”终不屈。官终礼部侍郎。师雍简淡寡欲，靖厚有守，于邪正之辨甚明，视外物轻甚，爱护名节，无愧师友云。

李存字以道，闽县人。登进士，试中博学宏词。尝受业于真德秀之门。累官吏部侍郎、中书舍人兼直学士院兼侍讲。时朝廷以参知政事蔡抗擅去国，勉留不返，诏除职予祠，存缴进奏，寝其命。宝祐五年秋，明堂执绥备顾问，称旨，除礼部尚书兼侍读、提纲史事，累迁同知枢密院事兼参知政事。后以资政殿学士知建宁府，不赴；遂提举洞霄宫。复起为湖南安抚使，知潭州。号直斋。

常挺字方权，连江人。举进士，累官监察御史。疏言边阃三事：曰辟实才，曰奏实功，曰招实兵；朝廷二事：曰选良吏，曰擢正人。又言："愿陛下深思宏远之规模，奋发清明之志气；立纲陈纪必为万世之法程，昭德塞违以示百官之宪度。"累迁宝章阁直学士，知漳州，改泉州，权礼部尚书。进《帝学发题》，迁吏部尚书。咸淳中，授同知枢密院事，封合沙郡公，拜参知政事，寻致仕。卒赠少保。

〔国朝〕

张以宁字志道，古田人。元泰定中登进士，授黄岩州判官。时海贼频年为州人害，意以宁儒者必懦怯无备，以宁先募民兵，乘小舟潜布，以俟贼至，一鼓悉擒之。升六合县尹，累官翰林侍讲学士、中顺大夫，知制诰兼修国史，秩二品。国朝洪武二年，征至京师，拜翰林侍读学士，朝列大夫，知制诰兼修国史。寻奉命使安南，未至，其王卒。国人请受印于世子，以宁不许，遣介使偕其国人驰奏。上大喜，赐玺书及诗八章褒之。三年卒，讣闻，遣官迎柩归葬。以宁工诗文，所著有《翠屏集》及《春秋·春王正月考》、《胡传辨疑》。

陈仲完名完，以字行，长乐人。洪武中领乡荐，授延平府儒学训导，改宁国县学。永乐初，用知者荐，擢翰林院编修，寻升左春坊左赞善，仍兼编修，充皇孙讲读官，卒。仲完温厚质实，与物无竞，平居寡言；至于论事，据理义无所回挠。尝有诏，汰在京诸司冗官，时仲完长坊事，即提笔书某当留，某当汰，众皆服其明决。有《简斋迂稿》藏于家。

马铎字彦声，长乐人。永乐中进士第一，授翰林修撰。车驾两幸北京，皆留侍监国。仁宗皇帝屡顾侍臣杨士奇曰："马铎可谓质实无伪者矣。"自是翰林学士、国子祭酒有公务出，皆命铎摄其事。尝建言国子监分献宜用翰林院官，朝廷从之。铎为人坦直无崖岸，于经史百家多所涉猎，为文援笔辄就。卒于官，号梅岩。

洪顺字遵道，怀安人。永乐初登进士第，选入翰林为庶吉士。引见，上亲勉以立志进学，久之授刑部主事。时有李将军者，诈取囚五十金，反诬吏张缘受之，同列畏李之强，皆欲坐缘。顺曰："李固可畏，张缘其不可怜乎？"竟置李于法。仁宗监国，称其廉洁持法，特赐敕褒嘉。未几，以事左迁行人，寻命与修《五经》、《四书》、《性理大全》诸书。丁外艰，起复，升山东按察司佥事。时山东遭唐赛儿之乱，顺划弊理冤，抚循凋瘵，惟恐不及。值岁旱蝗，顺发仓储数万赈之，不待上报。寻升按察使，命下而卒。所著有《鸡肋集》。

王善字师舜，侯官人。永乐中举进士，授南京刑部主事，常以仁恤为心，讼一讯立辨。有诬善受赇者，上因其入朝留之，密使人检其家，惟得所赐银半锭，上乃称其为清勤公谨之臣。秩满，升行在刑部郎中，尤留心恤狱，刑无滥及。宣德中，升云南布政司左参议，惟严大体，不务苛细。麓川叛，善进兵金齿备御。值岁饥，蠲僧寺徭役，令出粟数万，活者甚众。云南永宁府土官南八与四川盐井卫土官剌马非争地累年，仇杀不已，都督沐昂檄善为之剖析，皆帖帖服去。尚书王骥及昂俱欲荐之，善力辞，乞致仕归，二十余年卒，年九十三。

洪英字实夫，怀安人。永乐中会试第一，遂登进士，选为翰林庶吉士，学问宏肆，拜礼部主事，扈从北征。历吏部文选主事、考功郎中，以端谨著称。用礼部尚书胡濙荐，升山东左布政使，有仁恕之政。越三载，升都察院左副都御史，仍巡抚山东。赐以玺书，有"清勤公正，茂著才猷"之语。景泰中，黄河决，运河为其所冲，英董治有功，进右都御史。奉命考察浙江，庶僚臧否而去留之。寻敕镇守浙江。未几致仕，卒。

陈叔刚名枨，以字行，闽县人。永乐中，登进士第，宣德初，拜监察御史。严重不苟。预修太宗、仁宗实录，迁翰林修撰。未几,丁内艰,庐于墓侧,哀毁逾礼。服除,修《宣宗实录》,充经筵讲官,寻升侍读。以父病乞归省,卒。叔刚性温雅忠厚,以文行推重于时,有《絅斋集》。弟叔绍,正统中进士,拜监察御史。当景泰初,朝廷多故,台端凡有所建白弹击,皆叔绍为之倡。升湖广按察副使。尝奉命同刑部郎中许振审录冤狱,多所平反。卒。叔绍有孝行,母病,至尝粪验差剧。有《毅斋稿》。子炜,天顺中进士,亦拜监察御史,累升江西右布政使,迁浙江左布政使,命下,卒。炜历官所至俱有声。

姚铣字孟声,侯官人。登永乐甲辰进士第。宣德初,拜刑科给事中。丁内艰,起复政工科。正统间,引疾家居凡七载,足迹未尝越里门。藩府大臣以其才可大用,因疏于朝,乞起之。改兵科,岁己巳迁兵科都给事中。是秋,大驾亲征北虏,选侍臣扈从,铣与焉。将行,自策其必败,既旋师至土木,竟死于难。铣仪貌端伟,器局夷旷,自入仕历二十余年始迁一级,谨谨然不求躁进,竟以王事卒,士大夫多惜之,同县人陈钝、怀安县人周杰俱登正统间进士,为户部主事,是年皆以扈从同死于难。

萨琦字廷圭,闽县人。为人耿介持正,学有源委。宣德中进士,入翰林为庶吉士,授本院编修,预修《仁庙实录》。后升礼部右侍郎兼詹事府少詹事,卒于官[7]。

赵荣字孟仁,闽县人[8]。正统间以善书荐,授中书舍人,直文渊阁。十四年,北虏入寇至德胜门土城外,朝廷欲遣使,荣请行,遂拜大理寺右少卿,复迁鸿胪寺卿,往复虏营与之论辩。虏退,辞前职,不允,改太常寺少卿,仍直文渊阁。景泰元年,奉使塞外,迎英宗皇帝还京师,升工部右侍郎。未几,复使塞外,还,升左侍郎。是秋河决,命荣董治之,卒复故道。天顺元年,升本部尚书。曹钦犯阙,荣率子弟助官军致讨,升兼大理寺卿,卒。

黄镐字叔高,侯官人。举进士,拜监察御史。正统末巡按贵州。适苗贼煽变,南垂道梗。镐简精锐千人率之,斩苗一酋。

进至镇远，躬擐甲胄，与贼屡战，败之。时兴隆、清平皆被贼围，而平越尤急，镐被围平越九阅月，士卒掘草根、煮皮甲、烹人尸以食。镐多方招抚诸蛮，劝谕赈济，人无叛心。乃以竹筒密疏于朝，调官军项背夹攻，大破群贼，始解围去。在贵三年，凡五十疏皆采纳。时景泰纪元初也。既而苗复蔓延湖、湘，朝议以镐有安贵功，命往治之。既一年，湖、湘又平，升广东按察佥事。丁内外艰，改浙江，皆有风绩。复升广东左参政，迭破雷、廉、高三郡之贼。历浙江按察使、广西左布政使，擢都察院右副都御史，总督南京粮储兼理屯田，迁吏部左右侍郎，进南京户部尚书。年六十四以疾恳求致仕。卒，赠太子少保。

何宜字行义，福清人。登正统戊辰进士第，拜户部主事，累迁兵部职方司郎中。成化之初，疆圉颇多事，边报沓至，皆职方司主之，宜从容区划上闻，裁处多称意旨，及其施行，人皆以为得宜。一时卿佐极加器重，凡有大议皆倚以咨决。迁浙江布政司参政，终江西左布政使。所至以廉谨见称。

陈鸿渐字廷仪，连江人。景泰初登进士第，拜刑部山东司主事。察狱明敏而用法平恕。累迁广东司郎中。其所分治实权贵所在。时权贵之势方张，嘘吸能死生贱贵人，而挟势庇奸，请托纷至，鸿渐一以至公处之，屹不为动。然其素守廉慎，竟亦无间可乘也。尝奉命谳狱于常州，州人裹重贿欲赂之，无敢通者。其同事乃权委武臣，鸿渐与之同寝处而委曲防范之，卒亦不得交一言而去。天顺末，有旨许臣僚不限年得致仕，鸿渐念其亲老，遂抗疏乞归养。居家二十余年，确然不易其素守，士论高之。

良吏

〔唐〕

林勗字公懋，闽县人。大中五年，以开元礼登科为吉州刺史。有清操，饮吉水而已。丁家艰，复起为吉州刺史，秩满终于家。

〔宋〕

张锡闽县人。梁末刘君铎为郓之棣州刺史，辟充军事判官。郓有麴务在棣州，以牙将主之，颇横恣，民有犯麴三斤，牙将置之死，君铎不能救。既而牙将盗麦百斛私造麴，事觉，锡判曰："麴犯三斤求生不克，麦盗百斛免死诚难。"时御史以使府牙将乞免，锡固置于法。同光末，赵在礼举兵于邺，滨河诸州多构乱。锡权知州事，即出省钱赏军，皆大悦，一郡独全。后为淄川令，不畏强御，专务爱民，召为监察御史。累官司门、驾部二郎中，所至以清节闻。周显德中，拜右谏议大夫，致仕。宋初改给事中。锡无子，宰相范质尝兄事之，馆于别墅。锡以执政之门不欲久处，辞去。卒于邓州。

林揆闽县人。国子博士，知南康军，有遗爱于民。

孙奕字景山，闽县人。登进士，历知南陵、海陵、吴县。吕诲知开封，荐知封丘县，及诲为御史中丞，遂荐为台推，迁监察御史。论新法为邓绾所劾，出监陈州酒税。陈襄知杭州，辟为佥判。后襄在经筵，因荐之，曰："士行著于乡闾，节义信于朋友。外虽朴淳，中实强敏，历官所至皆以善政闻，可谓循良之吏，使当一路，岂不足以厚俗而安民哉！"元祐初，除福建转运使。

黄邦俊永福人，徙居福清。父远举进士，知莆田县，尝解《心经》行于世。邦俊元祐初举进士，累迁大理丞，后知英州。有《真阳共理集》二卷、《胥训诰文》三卷、《纂韵谱》六卷、《强记集》八卷。《真阳共理集》载其郡事与同僚唱和诗，《胥训诰文》盖集古今廉吏事，以厉其僚及郡吏也。

萧磐字安国，闽清人。绍圣初进士，官至朝请大夫，权知梧州军，管勾学士兼管劝农公事，提举钱盐，课农桑，兴学校，百废俱举。暇则引诸儒饮射读法，有古循吏之风，引年赐紫金鱼袋。

许份字子文，将之子也。登甲科，累官国史编修。政和中，简功臣牧郡[9]，份知邓州，政尚宽平而诚于劝戒，人服其公。在州四年，狱空一路。时蔡州饥，诏份赈济，置场设食，鸣鼓均给，率三日一问饥饱而疗其羸疾，全活二万六千九百有奇。一日，洪水暴涨，城几没，份登城祝曰："份政有阙失，当没其身，毋害百姓。"翌日水退。后迁龙图阁学士。去之日，百姓遮留，方之为召父杜母云。

李芘字积仁，闽县人。大观中举进士，靖康初侍次，提举两浙常平州。禁卒害其帅以叛，芘徒涉谕以祸福，卒感动，请勤王以自赎。擢直秘阁。建炎初，提点福建刑狱。值叶侬入寇，攻子城丰乐门，芘冒矢石登陴谕之，贼亟去。范汝为反，其乡民张毅乘乱啸聚，袭古田，帅程迈请往招之[10]，芘单车入毅垒，谕使捕汝为自効。贼平，除知泉州，终左中奉大夫。

张觷字柔直，怀安人。举进士，为小官，不与世诡随。时蔡京当国，求善训子弟者，觷适到部，京族子应之以觷荐，固辞不获，遂即馆，京亦未暇与之接。觷严毅耸拔，意度凝然，诸生已不能堪，忽谓之曰："汝曹曾学走乎？"诸生骇而问之。觷曰："天下被而翁破坏至此，旦夕贼来，先至而家，汝曹惟有善走，庶可逃死尔！"诸子告京曰："先生心恙。"京矍然，即见觷深语。觷慷慨言曰："宗庙社稷，危在旦夕。"京敛容问计。觷曰："宜亟引耆德老成置诸左右，以开道上心，罗天下忠义之士分布内外，为第一义耳。"遂以杨时荐。觷后守南剑州，讨平建寇，以劳累官至直龙图阁，知虔州。又荡平余寇，进秘阁修撰。

李广文字梦授，古田人。政和中以舍选登第，雄勇有威名。始尉尤溪，有捕寇功，继令浦城，倅建安。方腊、叶侬入寇，俱为广文所败。尝出罪人于狱，使之破贼以赎罪，又尝挺身独往以戢盐寇之乱。历官自通仕郎至朝散大夫，凡十六任，皆有治绩。惠安、潮、惠之民立祠祀之。

黄瑀字德藻，闽县人。绍兴中举进士，调饶州司户参军。岁旱，郡檄视属县民田当免租者，瑀请免什九，而行他县者以什一告，太守洪皓疑，俾更之，瑀曰："官可罢，此不可易。"改湖北转运司主管帐司，以尚伯奋荐，改知永春县，政教孚洽，邑以大治。迁两浙转运司干官。有献鬻公田之策者，檄瑀视之，历诸郡还，极言其非便。权华亭县事，岁恶民饥，瑀不俟报发廪赈之，全活万计。以汪应辰、汪澈荐，累擢监察御史，而瑀以病矣[11]。平日与杜莘老以节义相劝勉，莘老来问疾，连呼不应，乃大呼曰："吾今日击去王继先矣。"瑀矍然起坐曰："君能任职，吾不病矣！"探枕中片纸示人[12]，乃疏继先罪状甚悉。官终朝散郎，史称其以笃行直道著闻。

黄定字泰之，永福人。乾道中进士第一，累官知潮州，为政务划弊苏瘵，潮民德之。官终国子祭酒、直显谟阁、广东提举。有文集行世。今祀于潮州贤守祠。

陈表臣字正甫，永福人。乾道中，擢武举，知宜州。经略张玠希望赏典，诬韦文仲等六十四人以寇边，欲置之死。表臣按其狱，知其非辜，必欲活之。宜州之政以循良称。

李角字定国，长乐人。淳熙中举进士，累官潮州通判。刚明果断，决狱多所平反，有遗爱于民，潮人以良牧称之。

李大训字君序，闽县人。父仕龙，仕至奉直大夫，直秘阁，以老居里中，后生考德问业者，仕龙应之无倦色。大训初为庐陵丞，历知安远、龙泉二县，在倥偬中力于事功。再知归善县，则以安静修礼教为务，所至称廉勤整办。论者谓其儒而不腐，吏而不俗云。

郑公玉字润甫，古田人。绍定间举进士，官终朝请郎、潭州通判。善评品人才，尤好奖掖后进，诗文亦工，莅官临民，蔼然有仁政。

郑格字迪民，福清人。少颖悟，博闻强记，时号"书橱"。淳祐中第进士，历建宁司理，有清介之操。景定初，授广东察推，其操弥励。所亲规之曰："子冰檗凛然，不知何以为出岭计？"格曰："既能入岭，岂不能出岭？"改知攸县，卒。囊无余财。子坚，字德操，侄聚，皆博学清介世其家；少子堡，字子卫，文亦奇。

〔元〕

林兴祖字宗起，罗源人。至治中登进士第，累官知铅山州。铅山素多造伪钞者，豪民吴友文为之魁，前后杀人甚众，夺人妻女十一人为妾，十余年来无敢发之者。兴祖至，立赏募民首告，俄有告获二人并赃，友文乃自至为之营救，兴祖命并执之，逮捕其党二百余人，悉置之法。至正中，为道州路总管，行至城外，壮贼已迫其后，时湖南副使哈剌帖木儿屯兵城外，以军中乏钞及桐盾，欲退，兴祖夜诣，说留之。明日入城，即以恩信劝盐商贷钞五千锭，取郡楼旧桐板为盾五百，日中皆备。哈剌帖木儿得钞、盾，遂留御贼，贼闻之遁去。永明县洞傜屡窃发，以兴祖廉爱，三年不犯境。春旱，虫食麦，兴祖为文祷之，大雨三日，虫死而麦稔。已而罢兴作，赈贫乏，轻傜薄敛，郡中大治。以年老致仕。卒，号木轩先生。

林泉生字清源，永福人。天历中登进士第，授福清州同知，时山海之寇久为民害，泉生悉以计擒歼之。除泉州经历。民负酒税，械系累年，至有死者，泉生以法谕舶商，使代偿之。迁永嘉县尹，核监郡隐田二百余亩以付民。调漳州推官，畲洞相戒不敢为乱。升知福清州。俗喜杀孤幼、诬人取财，泉生立连逮亲邻之法，民不敢犯。红巾寇连江，泉生承帅府檄，立保伍、置屯栅以镇遏之。盐丁谋作乱，泉生缚其为首者七人，众不敢动。长乐民受贼官爵，约为内应，泉生捕诛三十余人，贼骇不敢过。除翰林侍制，以母老辞。累迁行省郎中。汀寇负固，久不下，泉生往招抚之，得其渠帅以归。召为翰林直学士，知制诰，同修国史。寻卒，谥"文敏”。泉生以志略自负，其学尤邃于《春秋》，工诗，善属文，有《春秋论断》及《觉是集》。

〔国朝〕

陈申字孟肤，闽县人。博学善文词，与林鸿、郑定诸名士相友善。洪武间以荐为衢州教授，寻擢潮州知府，有惠政，人称为“文章太守”，号耔斋。

陈仲晋[13]长乐人。洪武六年，由儒士拜江山知县，有惠爱于民，上特旨褒嘉之。子登，字思孝，洪武中亦由儒士拜罗田县丞。永乐中，入为中书舍人。工篆籀，名重一时。

陆引字惟远，罗源人。严毅方正，不泛交游，乡人号为“独鹗”。洪武中以材荐，入见，上问为政治民之术，引对扬称旨，旨授象山县丞。给之以符，有曰：“往尽乃心，勤乃事，他日来觐，朕将合焉，以考尔职，其敬之哉!”引抵任，锄强植弱，吏畏而民怀之。俸禄之外，计口植蔬以给食，家人不知鱼肉之味。甫二载，以忧劳得疾。一夕，城隍庙阍者梦人传呼“新城隍莅任”，问其为谁，曰：“陆丞也。”惊觉，引已气绝矣。见《宁波府志》。

陈祖长乐人。洪武中以明经荐，授新繁县丞。道遇一妪哭甚哀，问之，妪曰：“夫与子俱丧，止余一孙十岁，昨为大蛇所吞。”祖令具状移县城隍，限日引蛇赴公庭。至期，果有群蛇集厅下，祖谕曰：“无与者退，得罪者偿命。”独一大蛇伏不去，即以剑仰刃置于地，蛇乃就刎其首。民以为异政，立祠祀之。

赵明字景纯，闽县人。洪武间，由国子生拜云南监察御史，与同列七人俱忤旨，处以大辟。上独奇明状貌，特赦为编氓。三十二年，以荐为闽清县学训导。永乐初，擢知上饶县，乞仍旧职以便养亲，不许。既抵任，悉心民事，正风俗，革吏弊，均赋役，审权量，息盗贼，治声甚著。在官几三载，日惟二食。及卒，衣笥中余白金仅一两。邑人哀之，如失父母，相与立祠祀焉。

王孟字文浩，福清人。洪武中以明经荐，授如皋教谕，复改盐城，升国子博士，经其诱掖者咸有成就。荐升大理评事，审谳明允，狱以不冤。寻升沔阳知州，善于抚字，州民德之。永乐中，召修《大典》，卒于京师。孟性劲直，居官以诚悫为本，所至俱有冰檗声，其文章亦似其为人。

王褒字中美，闽县人。洪武中，由国子生领应天府乡试，历瑞州、长沙两学教授。迁永丰知县，首革徭役不均之弊。蝗尝为灾，褒祷于城隍，数日境内蝗皆死。政暇辄戾学，课诸生所业，亲为讲解。永乐中朝京师，与修《高庙实录》，升翰林修撰。又修《永乐大典》，为总裁官。改汉府纪善，卒。褒性孝友，与人交，重气义，博涉群书，有《养静斋集》行于世。

李兴字希杰，怀安人。永乐初，由国子生授太平府推官。以廉慎持身，以公恕析狱。用荐者擢户部郎中，人不敢干以私。丁内艰，家居，终丧不出户。升知严州府，有惠政于民。宣德中，改知广州府，兴利除弊，务欲顺民情，不避权势。秩满，行李萧然。

陈晖字伯炜，闽县人。永乐中举进士，授贵州按察司佥事，政绩茂著。升广西按察司副使，冰檗之操，老而弥励。正统中，以引年致仕。晖学识高远，尤善草书，所著诗文有《存庵集》，藏于家。

陈复字鼎初，怀安人。永乐末举进士，授行在户部主事。户部号剧司，复处之从容暇裕，常若有余。正统间，升知杭州府。存心公正，莅政严明而济以宽静。月朔望必恳恳谕耆老，使言民间利弊而兴革之。杭尤号烦剧，复治之几于无事。公堂端坐读书，时与郡吏讲解律令，以销永日。寻丁内艰去，九邑之民如失父母，相率诣当道乞留者凡七千余人。省宪以闻，诏夺情视事。未几，卒。贫无以为敛，浙江按察使轩輗倡为赙赠，民争馈遗之。其子悉却不受，曰："吾父生平志于清白，吾忍以货污之哉？"假贷以归其丧。

王溵字孔哲，闽清人。景泰间以国子生授巴县知县，为政慈祥节俭，一以爱民为主，越三年，卒于官。邑人为归其柩，复立庙祀之。

道学

〔宋〕

王苹字信伯，福清人。程门高弟也。寓居平江，资禀清粹，充养纯固，平居恂恂儒者。及语当世之务、民俗利病，若习于从政者。绍兴间，守臣孙祐荐其素行高洁，有忧时爱君之心。召对，赐进士出身，除秘书省正字。尝为上言曰："人心广大无垠，万善皆备，盛德大业由此而成，故欲传尧、舜、禹、汤、文、武之道，扩充是心焉耳。"上善之。官至左朝奉郎。杨时尝曰："同门后来成就，莫逾吾信伯。"中书舍人朱震、保文直学士胡安国[14]、徽猷待制尹焞皆举而自代。

林之奇字少颖，侯官人。紫微舍人吕本中入闽，之奇甫冠从之游。时将试礼部行次衢州，以不得事亲而反。学益力，本中奇之，由是学者踵至。累官校书郎，会朝廷欲令学者参用王安石《三经》，之奇言："《三经》率为新法地，晋人以王衍清淡之罪深于桀纣，士民实负王衍之责。"或传金人欲南侵，之奇作书抵当路，以为"欲与之和，宜无惮于战，则其权在我。"又言："战以人才为先，必求可与共患难如庞士元者可也。"由宗正丞提举闽舶，参帅议，遂以祠禄家居，号曰拙斋。吕祖谦尝师之。所著有《书·春秋·周礼说》、《论孟》、《杨子讲义》、《道山纪闻》等书行于世。

黄干字直卿，瑀之子也。从朱文公学，文公语人曰："直卿志坚思苦，与之处甚有益。"尝请吕成公质正所闻。及张宣公亡，文公与干书曰："吾道益孤矣，所望于贤者不轻。"后遂以其女妻之。丁母忧，学者从之，讲学于墓庐甚众。文公作《竹林精舍》成，遗干书，有“他时便可请直卿代即讲席”之语。及编《礼书》，独以《丧祭》二编属干。稿成，文公喜曰：“他日当取家乡、邦国、王朝礼悉放此更定之。”病革，以深衣及所著书授干，手书与诀曰：“吾道之托在此，吾无憾矣！”历官令临川、新淦，知汉阳军、安庆府，皆有善政。安庆人至以“黄父”称之。吴猎帅湖北，李钰制置两淮，干皆尝与论兵事，甚切时宜。在位者忌其誉望，群起挤之，干遂归里，弟子日盛。卒谥“文肃”，学者称其“勉斋先生”。

陈孔硕字肤仲，侯官人，徙居怀安。祖禧为君[15]掌籍。靖康初，福州军乱，杀守臣柳廷俊，朝廷将致讨，禧抱籍焚之，家人泣谏恐致祸。禧曰：“吾以一身易千命，固所甘也。”朱晦庵称其长者。父衡，质直重厚，为乡善人。晦庵为墓铭称其“天资过人，虽未尝问学，而卒能自拔于流俗”。孔硕少即刻志力学，以圣贤自期，尝从张南轩、吕东莱游，后复偕其兄孔夙拜晦庵于武夷，甚为所器重。淳熙初，登进士第，历处州教授，邵武、瑞金知县，淮东、广西提举常平，终秘阁修撰。在处州，成就后学居多；在瑞金，尝新文庙，创坛壝，置社仓，民蒙其惠；在淮东，叛寇胡海挟金虏来袭，遣子韡募死士迎击破之。凡其所莅俱有古良吏之风。所著有《中庸大学解》、《北山集》行于世，学者称为北山先生。孔夙，庆元中亦登进士第。

林用中字择之，古田人。始从林光朝学，后闻朱文公授徒建安，复往从焉。文公尝称其通悟修谨，嗜学不倦，谓为“畏友”，与建阳蔡元定齐名。张栻守潭州，文公偕用中往访之，聚首年余，有《南岳唱酬集》。用中早厌科举业，不求仕进，石憝宰尤溪，延掌学政，仅为一往，后不复出。赵汝愚帅闽日，尝亲过其门，访以政事。弟允中，字扩之，亦受业文公之门，文公尝称其为人，以为“晦外而明于内，朴外而敏其中”者也。有《草堂集》，真德秀为序。用中既卒，子孙世以文行名家，邑宰洪天锡尝匾其门曰“通德”。

潘柄字谦之，侯官人。年十六有志于道，朱文公悉以所学授之。平生多著述,如《易解》、《尚书解》之类。学者号为“瓜山先生”。卒,祠于三山书院。

林夔孙字子武,古田人,号“蒙谷”。朱文公门人也。党禁起,学者更事他师,惟夔孙从文公讲论不辍。文公易箦之际,谓之曰:“道理只是如此,但须做坚苦功夫。”嘉定中,特奏名为县尉。有《书本义》、《中庸章句》并《蒙谷集》行于世。丞相江万里尝从夔孙学,为序其集。

林学蒙字正卿,一名羽,永福人。从朱文公学,因筑室龙门庵下,讲明道德性命之旨,不务俗学,乡人皆师尊之。有《梅坞集》传于世。弟学履,字安卿,与羽同学于文公之门。

儒林

〔唐〕

黄璞字德温,侯官人,后徙莆田。少与欧阳詹齐名,大顺中登进士第,官至崇文馆校书郎。当昭宗时,杜门不仕。黄巢兵入闽,以璞儒者,戒毋毁其居,遂灭炬勒兵而去。自号“雾居子”,所著有《闽川名士传》及文集二十卷。

〔宋〕

刘彝字执中,怀安人。幼介特,居乡以行义称。从胡瑗学,称其善治水,凡所立纲纪规式,彝力居多。第进士,为朐山令。治簿书,恤孤寡,作陂池,教种艺,平赋役,抑奸猾,凡所以惠民者无不至。人纪其事,目曰“治范”。熙宁初,为制置三司条例官属,以言新法非便罢。寻除都水丞。久雨汴涨,彝请启杨桥斗门,水即退。知处州,俗尚巫鬼,不事医药,彝著《正俗方》尽斥淫巫,使以医易业,俗遂变。知桂州,禁与交人互市,交阯陷钦、廉、邕三州,坐贬，又除名为民。元祐初，复以都水丞召还，道卒。著《七经中义》百七十卷，《明善集》、《居阳集》各三十卷。

周希孟字公辟，侯官人。通五经，尤邃于《易》，与陈烈、陈襄、郑穆为友，闽人号“四先生”。知州刘夔，曹颍叔、蔡襄皆亲至学舍质问经义。既而部使者相继论荐，诏赐粟帛，授将仕郎，试国子监四门助教，充本州学教授，三表力辞，不许。卒，门人曾伉等七百人相与塑像祠于五福寺。有《诗义》、《春秋义》并文集行世。

郑穆字闳中，侯官人。性醇谨好学，进退容止必以礼，门人千数。皇祐中举进士，积官集贤校理，历岐王、嘉王侍讲，凡居馆阁三十年，而在王邸一纪，非公事不及执政之门，讲说有法，二王皆敬礼焉。出知越州，奏免湖田逋租万缗，未满告老，与祠。元祐初，召拜国子祭酒，每讲益无问寒暑，虽童子必朝服延接，以礼送迎。故人张景晟死，遗白金五百两托其孤，穆反金而收其子长之。三年，为荆王侍讲，又为杨王翊善。太学生乞为师，复为祭酒，兼徐王翊善。六年，请老，又与祠，给事中范祖禹疏留之，不报。太学之士数千人诣宰相请留，亦不从。于是公卿大夫各为诗赠其行，空学出祖汴东门外。明年卒。子璆军事推官。

陈烈字季慈，侯官人。性介僻，笃于孝友，居亲丧，勺饮不入于口五日，自壮及老奉事如生。学行端饬，动遵古礼，虽御童仆，如对宾客，从学者尝数百人。尝以乡荐试京师不利，即罢举。仁宗屡诏之，不起。人问其故，曰：“吾学未成也。”公卿大夫、郡守乡老交荐其贤，以为本州教授。欧阳修又言之，召为国子直讲，皆不拜也。已而提刑王陶言其为妻所讼，因诋烈贪诈，司马光率谏官争曰：“烈平生操守出于诚实，若夫妇不相谐，则听之离绝，毋使节行之士为横辱所挫。”陶说遂不行。元祐初，部使者申荐之，诏从其尚，以宣德郎致仕。明年，复教授本州。在职不受廪俸，家租有余则推以济贫乏。卒年七十六。

林概字端父，福清人。父高，太常博士，有治行。概幼警悟，举进士，知长兴县。岁大饥，概出俸粟诱富人输数千石以饲饥者。知连州，康定初上封事，请附唐府兵之法，四敛一民，部以为军，闲耕田，被甲皆兵。因命其家咸得畜马私乘，休暇，官为调习。又言："行阵无法而出于临时，将无素备而取于仓卒，军不予权而监以宦侍，若是者，虽得古之材，使循今之法，亦必屡战而屡败。"又请备蛮，籍土民为兵，栅要冲，购傜人使守御。徙淮安军。又言："蜀饥，愿罢川、陕漕，发常平粟，贷民租，募富人，轻粟价，除商旅之禁，使通货相资。"官至集贤校理，卒。著《史论》百篇，《辩国语》四十篇。

王回字深父。父平，字保衡，与兄甲俱举进士，平官终侍御史。回敦行孝友，质直平恕，造次必稽古人，而不为小廉曲谨以求名誉。尝举进士中第为卫贞簿，有所不合，称病自免，退居颍州，久之，不肯仕。在廷多荐者，治平中以为忠武军节度推官，知南顿县，命下而卒。回在颍州与处士常秩友善，熙宁中，秩上其文集，补回子汾为郊社斋郎。回二弟：向，字子直，为文长于序事；同，字容季，性纯笃，亦善序事，皆早卒。向仕止县主簿。

陈祥道字祐之，闽清人。治平中登进士第。尝著《礼书》一百五十卷。近臣以闻，诏尚书给笔札以进，除国子监直讲，迁馆阁校勘兼太常博士，终秘书省正字。又有《论语句解》与《礼书》并行于世。（祥道，《三山志》字"祐之"，《宋史》字"用之"，一本字"复之"，未详。）

陈旸字晋之，祥道之弟也。中绍圣制科，授昌顺军节度推官。徽宗初进《迓衡集》，以劝导绍述，得太学博士、秘书省正字。礼部侍郎赵挺之言："旸所著《乐书》二十卷，贯穿明备，乞援其兄进《礼书故事》给札。"既上，迁太常丞，进驾部员外郎，为讲议司参详礼乐官，累官礼部侍郎。尝坐事夺，已而复之，卒。

刘康夫字公南，闽县人，彝之侄。少从周希孟学。熙宁中五路置学官，有请以康夫主番禺教者。进《志述》二十七篇，其文皆羽翼诗、书，根柢仁义，元祐中，特奏名。先唱名二日卒，郑侠表其墓。

刘诜字应伯，福清人。中进士第，累迁大晟府典乐。诜通音律，尝上历代雅乐因革及宋制作之旨，故委以乐事。又言："今燕乐之音失于高急，曲调之词至于鄙俚，恐不足以召和气。宋，火德也，音尚徵，徵调不可阙。臣按古制，旋十二宫以七声得正徵一调，惟陛下裁取。"徽宗曰："卿言是也。"他日禁中出古钟二，召诜按于都堂。诜曰："此与今太簇、太吕声协。"命取大成钟而和之，果应。又曰："钟击之无余韵，不如石声。"复取以合之，声益谐。官至太常少卿，纂《续因革礼》，卒。诜居母丧尽礼，有双芝生墓侧，人以为孝感。

李复字履中，闽中人。绍圣间为西边使者，犹及识横渠先生。博记能文，有《潏水集》，其间论孟子："养气者动必由理，故仰不愧于天，俯不怍于地，无忧无惧，其气岂不充乎？故曰：是集义所生者，舍是则明有人非，幽有鬼责，自歉于中，气为之丧矣。故曰无是馁也。"朱文公谓："此语虽疏，然却得其大旨。近世诸儒之论，多以过高失之，甚者流于老庄而不知，不若此说之为得也。"

李樗字若林，闽县人。与林之奇俱受业于吕本中。后领乡贡，有《注毛诗解》，黄干尝称之曰："吾乡之士以文辞行义为学者宗师，则若林其杰然者也。"其学以孝弟忠信、穷今博古为主。及门之士亦往往浑厚质实，志尚修洁。樗自号"迂斋学者"，因称为"迂斋先生"。

王普字伯照，福州人。礼学律历皆精深，官至□部侍郎。朱文公尝评福州前辈明礼者三人，普为最优，刘藻次之，任文荐又次之。

刘藻字照信。与王普、任文荐同以礼学称，亦尝解《易》。有曰："见险而止为需，见险而不止为讼；能通其变为随，不能通其变为蛊。"

任文荐闽县人。绍兴间举进士，历监察御史、江西提举、太常少卿、浙江提刑、本路都转运使。王十朋尝称其“直道立朝”。卒，祠于学，所著有《六经章句》。

陈宋霖字元滂，长乐人。绍兴间举进士，令同安。朱文公为簿，日相与切磋琢磨，讲明义理，后升秘监，书问往来不绝。孙枅，字自修，尝受业于文公之门。

刘嘉誉字德称，一名冈，长乐人，贻孙八代孙也。尝受业延平李侗之门，官至将仕郎、乐昌县尉。

刘世南字景虞，嘉誉子也。受业林之奇之门，与吕祖谦相厚善，秉礼蹈义，为乡邦所敬仰，官至吉州司理参军。

邵景之字季山，清之侄也。早负文林，登第后摄教建宁，受业于籍溪胡宪之门，官止莆田令。景之幼丧母，事继母以孝闻。所著有《玉坡集》。

邵整字宋举，清之子也，自号“蒙谷遗老”。与景之以家学自相师友，教授生徒常百余人，邑人苏大璋从之游，终其身。整少尝从合沙郑少禖学《易传六十四卦图说》及《春秋元经》，其纂集《图序》，甫讫而卒。

林蓍字丕显，连江人。从林之奇游，于吕祖谦为同舍生，祖谦少蓍数岁，蓍手抄其诗文默诵之，及祖谦讲学授徒，蓍屈首受业，从诸生后惟谨。祖谦曰：“此闽中瑞物也。”后又参谒朱文公，以资且老不得时见，闻乡人有从学于文公者，虽晚辈亦造门扣问。郡文学以礼延置之，数日而归，曰：“向者违亲而赴金华，为道故也，今又安能舍亲而为人耶?”。

程伯荣字良弼，古田人。与王龟龄、沈有开、傅子渊皆友于朱文公。县志龟龄、有开、子渊俱不言姓，考之《晦庵文集》，文公与此三人皆有书往来，龟龄即王十朋，有开沈姓，子渊傅姓名梦泉。伯荣所与为友者，盖即此三人也。

潘植字立之，怀安人。父滋，贡于乡，为李樗、林之奇高弟，黄干尝受学焉。植以父命与弟柄往武夷从朱文公游。工于文，不赴场屋，励志前修，专以务实为己本，师友交称之。

蒋康国字彦礼，古田人。尝从朱文公讲论文公《楚辞集解》，凡楚集皆质之康国，学者称“鼎山先生”。

陈舜申字宋谟，连江人。七岁能属文，淳熙中举进士，历衡阳秭归教授，累迁知漳浦县，有惠政。入为著作郎，兼侍右郎官。轮对，以“正心任人为先，直而不讦”，上皆嘉纳。由是有忌之者，遂主管武夷冲祐观。起参议淮阃，未赴卒。舜申以学问淑后进，以行义率乡里，以节操立朝廷，以义方教子孙。所著有《易鉴》、《语孟中庸大学集解》、《□□发微》、《审是集》、《兵文订解》及《高斋文集》。

陈缜字师文，罗源人。淳质有守，少慕伊洛、考亭之学。召试礼部，对策，独以“正心诚意”为说，俱见黜。后以时务对，遂擢第。及廷试，慨然曰：“今得对天子之庭，可负所学耶？”复以“正心诚意”对，始终发明伊洛之旨。孝宗见其策，擢为特奏名第一，赐同进士出身。

陈德一字长明，舜申之子也。幼聪敏，经传子史百家之书，靡不通贯。绍兴中擢进士第，寻试教官，中首选，分教京口，官终朝请郎，知宜州。卒之日，家无余财，惟余所著《易传发微》、《横舟文集》诸书板数千片而已。德一兄弟四人，二为知州，二为知县。家以《诗》、《礼》相承，异世同爨，为邑望族云。

林宪卿字公度，怀安人。从朱文公学，色温气仁，择言谨行。诲人必以义理，乡邻化之，皆循雅饬。其徒吴宗万、林士蒙俱知名早卒，宪卿后死无子，乡人即其所创存斋祠之。

曾逢震字诚叟，闽县人。幼读书过目成诵，慨然有求道之志，与郑性之俱往从朱文公学。胸中焕然，洞见道体，遂耻为场屋之文，一意实学，经史百家无不周览。隐居道山，观书自怡，家事有无不问也。尝自编录其诗文名曰《月林丑镜》。

刘砥字履之，世南之子也，号存庵。六岁日诵千言，至览忠孝大节，辄激发感慨。十岁通九经传记，能缀词赋。初尝读释老书，叹曰："此不足习。"乃治举子业，又叹曰："此不宜专习。"因遍取伊洛诸儒书读之，有见，于是帅其弟砺登朱文公之门。文公察其笃志，嘉其敏于学，授《先天太极图传》，充然有得。文公晚修《礼书》，砥预编次。以时方攻道学，遂无复仕进意。年四十五卒。有编《王朝礼》、《论语孟子解》皆未脱稿。为文醇雅宏博，诗不加琢磨而能达其意。

刘砺字用之，砥之弟也，号在轩。幼颖悟孝悌。中童子科，弃举子业，偕其兄受学于朱文公。文公尝曰："履之兄弟却差胜，若更加功，或恐可望耳。"与黄干最相友善。及伪学之说行，志尚愈笃。蔡元定编置道州，砺与其兄餽赆甚厚。年四十七卒。

林亦之字学可，福清人，林光朝之高弟也。光朝尝讲道于莆之红泉，及卒，学者请亦之继其席。门人或劝之著书，亦之作诗曰："讲学红泉不著书，只将心学授生徒。"赵汝愚帅闽日，尝以亦之学业上于朝，命未下而卒，年四十二。所著有《论语考工记毛诗庄子解》，大半皆门人所述，惟《玉融志》数卷、诗数卷则其手笔也。学者称为"网山先生"。景定间，林希逸复以言于朝，追赠迪功郎，谥"文介"。（县志但言赠官，不言赐谥，《三山续志》称"文介先生"，盖私谥也。）

余偶字占之，古田人。朱文公高弟，与林用中齐名，亦尝与吕祖谦、黄幹书问往来，讲明义理，有《克斋文集》。同邑林师鲁号芸谷，亦朱文公门人。（"偶"一本作"隅"，今从县志。）

程若中字宝石，古田人。尝从朱文公学。躬行无伪，终身不违于礼，子孙侍侧，冠服肃然，虽盛暑不少变。有《槃涧集》。

林大春字熙之，古田人。朱文公门人也。尝题十六字云："仲尼再思，曾子三省，予何人也，敢不修整！"号慥斋。大春家世崇尚理学，临终戒子弟不得用浮屠法。至今子孙犹以文行世其家。

刘子玠字君锡，号立斋，砥之子也，父卒乃生，鞠于外家。六岁，哭其叔父如成人。既长，从黄干学，非名士不交，非义理之书不存。尝类列先贤矩范，参之己意，而以教戒其子侄曰："行好事，做好人，足矣！侥求名利，非吾志也。"平居退焉若无有，及其见义必为，不类流俗，则有人之所难能者。尝逊田数百亩与诸子侄，以成母志。一日，忽谓人曰："吾梦与先君游于武夷九冈之上，吾其止于是乎？朝闻道，夕死可矣。"年四十八而卒，人未尝见其旷于礼者。

陈藻字元藻，福清人。家贫，笃志于学，后从林亦之，得林光朝经学之传，遂成通儒，学者称为"乐轩先生"。所著有《语孟庄子杜诗解》并诗集。景定间，以门人林希逸请，追赠迪功郎，谥"文远"。（县志但言赠官，不言赐谥。《三山续志》称"文远先生"，盖亦私谥也。）

林希逸字肃翁，福清人。绍定间进士第四人。希逸师事陈藻，藻之学出于林亦之，亦之出于林光朝，其授受远有源委。一时才名与莆人刘克庄相轧，而评者谓希逸理学实优之。初为平海军节度推官，以清白称。淳祐中迁秘书省正字。因对，乞信任给谏，又乞早决大计，以慰人望，上皆开纳。景定间为司农少卿，言：亦之、藻及林公遇俱经明行修，终于布衣，乞褒赠以厉后学。从之。官终中书舍人，号鬳斋。所著有《易讲》、《春秋传》、《老庄列□义》、《考工记解》、《竹溪稿》等书行于世。

〔国朝〕

王偁字孟扬，永福人，翰之子也。翰死于义，时偁生甫九年，翰之友吴海抚而教之。洪武中领乡荐，为国子生，陈情乞养母归。未几母卒，居丧柴骨栾栾。既合葬，庐墓下者六年。永乐初，以荐授翰林院检讨，进讲经筵，修《永乐大典》为总裁官。张英公征交趾，辟偁以从，多所赞画，归京师卒[16]。偁气节高劲，议论英发，文章雄伟宏博，诗有唐人风，书法亦妙绝一时。学士解缙尝称其人品当在苏长公之列，文亦相类，至于诗则凌轹汉唐，使眉山见之，未必不避灶而炀也。

林志字尚默，闽县人。年十四从王偁学，日记数千言。永乐中乡试、会试皆第一，进士第二，授翰林院编修，与修《性理大全》诸书。累迁右春坊右谕德兼侍讲。宣德初，复与修太宗、仁宗两朝《实录》，未几卒。志为人简静，不苟交处，居官十有五年，恭勤趋事，自奉淡然。其学于经史诸子及天经地志医卜之说靡不通晓。为文章简奥，不蹈袭旧说。诗有唐人风。所著有《易集说》[17]及《蔀斋集》行于世。

陈景著闽县人。永乐中进士第三，授翰林编修，预修《五经》、《四书》、《性理大全》。书成，以母老乞禄便养，改福州府教授，生徒多所造就。

文苑

〔唐〕

陈通方闽县人。贞元中第四人及第，号称名士。同县人陈彦博字朝美，元和中及第；李滂字注善，开成中及第；薛承裕字饶中，咸通中及第；陈蜀字文都，乾符中及第；林衮字说言，大顺中及第，俱有时名。

陈诩字载物。贞元中及第，三府交辟，德宗览奏异之。诩以文章名于时，官终户部员外郎、知制诰。有《诗集》十卷。子纳字广裕，会昌中及第。（按《唐书・艺文志》诩官户部郎中。）

邵楚苌字待伦，闽县人。贞元中及第。有《题马侍中亭子歌》，词极华侈，马惧以此获咎，遂撤毁之，由是诗名益振，为校书郎。

王鲁复字梦周，连江人。文史足用，尤长于诗词，多讽刺。贞元、大历间尝献所为诗于朝，得从事邕府。鲁复意气高迈，尝谒郎中皇甫湜，久未获见，移书责之曰："韩文公接贤乐善，孳孳不倦，公师文公之文，安可后文公之道？自此当携酒吊公之墓，不及门矣。"湜大惭，复书谢之。又尝草衣骑牛，相国王涯、李固言俱赏识焉。在京师，闻台省有疑狱，久不决，白时相请鞠之，不数日得其情。

陈去疾字文医，侯官人。元和中及第，得告还乡。时观察使裴义奖振儒风，特加礼异，又改名其乡曰"桂枝"。后为邕府副使而卒。同县人林杰字智周，幼而聪警，言发成文，年甫六岁举童子科。观察使崔干亦加礼异，副使郑立为作《奇童传》，年十七而卒。

欧阳衮字希甫，闽县人。宝历初及第，有文学重名，为监察御史。二子琳、玭俱登进士，复中宏词。

萧膺字次元，侯官人，开成三年进士。是岁闽中登第者四人，朝士诗云："几人天上争仙桂，一岁江南折四枝。"闽中自是号为文儒之乡。膺官至大理司直。

郑诚字中虞，闽县人。会昌中及第，文笔峭绝。累官国子司业，刑部郎中，郢、安、邓三州刺史。唐《艺文志》载其有集。同县人林滋字原象，亦会昌中及第，长于词赋，尝为《边城晓角赋》，有云："回出探之师，半依空碛；立不牧之马，尽在平芜。"累官兵部郎中，后王铎辟为判官。又有詹雄者，字伯镇，长于诗，格高笔壮。时称诚文、滋赋、雄诗为闽中三绝。

陈镛字希声，侯官人。大中初及第，尤精史传，文体类西汉。后复应史科，终鄂州刺史。

林简言字欲讷，福清人。大中间及第。时罗让为廉帅，简言奏记请蠲门户之役，让深器之，曰："昔盈川徐公以相国免一乡，今福唐林公以上第免一族，不亦宜乎？"官终漳州刺史。同县人王棨字辅文，咸通中及第，复中宏词科，累迁水部郎中，有诗一卷。郑隐字伯超，乾符中及第，累辟府幕。陈鼎，大顺中及第，为校书郎，俱有时名。

林谞闽县人。博学善讲贯，属文尤美。初尝俯从乡举，竟养高不仕，搜捋异闻，作《闽中记》十卷。时廉帅李贻孙极器重之。

连揔字会川，闽县人。咸通中及第，以赋笔典丽，为温庭筠所称赏。

倪曙字孟曦，侯官人。中和中及第，有赋名，为太学博士。唐末，避乱入广，节度使刘隐辟置幕府。隐卒，弟龚僭号以曙，为工部侍郎、平章事。

沈崧闽人。唐乾宁初进士。因归省过临安，钱镠留为海镇军掌书记，奏授秘书少监、检校兵部尚书。及元瓘袭位，拜丞相。卒谥"文献"。当时书檄表奏多崧所撰，有集二十卷。

卓云长乐人。乾宁中及第，时称名士。

张莹字昭文，连江人。大顺中及第，词赋高丽，蔚有时名，仕至礼部尚书。莹少时尝有诗云："一箭不中鹄，五湖归钓鱼，时来鳞羽化，平地上云衢。"后人因采以名其里曰"中鹄"。

〔五代〕

林无隐闽人。有诗名，寓居明州之慈溪大隐村。子鼎，善属文，能书，仕吴越，官至丞相。有文集数十卷。

陈保极字天锡，闽县人。好学能文，天成中及第，终礼部、仓部员外郎，赐金紫。

余璀字崐美，一名赐，古田人。仕南唐为左拾遗，后家南剑之将乐。璀善唐律，有《拾遗集》。

〔宋〕

黄夷简字明举，福州人。父延枢为王审知从事，甚被亲遇，嗣王延钧以女妻之。钱氏取福州，署先禄卿。夷简少孤好学，有名于江东，初为钱惟治明州判官，后随钱俶入朝，累迁都官郎中，掌名表，人颇称其得体。历光禄少卿、秘书监、平江军节度副使，卒。夷简喜谈论，善属文，尤工诗。太宗及真宗俱以其尝劝俶入朝，加礼遇焉。但其晚年奉命护许国长公主葬，希望驸马都尉魏咸信赂遗，弗慊其意，至作诗形于怨诅，且以言于上前，士大夫以是薄之。

林洪范闽县人。自幼苦学，及长博通经传，属文宏丽，构思敏捷，累举不利，教授门弟子，颇有达者。著《诸经义方》数十卷。

吴千仞字仪之，侯官人。师事蔡蒙叟，为高第弟子，文雅风采，乡邦仰之。咸平初及第，累官太常博士，知处州，卒。

林陶闽县人。景德中捷词科，累官北曹员外郎，后屯蹇不达，终于乡里。著《元统》二十卷，文旨精博。

王甲闽县人。少驰俊誉，祥符中及第，释褐而终。（此据《闽中记》，而《三山志》以甲为侯官人。）

黄鳌连江人。六岁能诗，构思敏捷，有设对者应声而答，无不中的。祥符八年，应童子举，赐进士出身。（按《闽中记》但名“鳌”，一本名“鳌如”，误。）

蔡伯俙福清人。祥符中应童子科，真宗见而嘉之，赐诗曰：“七闽山水多灵秀，四岁奇童出盛时。家世应传清白训，婴孩自有老成姿；才当学步来朝谒，方渐能言便赋诗。更励孜孜图进益，青云万里有前期。”寻赐出身，东宫伴读，后为司门郎中，乾州签判。

林仲嘉福清人。以诗名于时，与郑侠、王圣时、林图南、李天与为诗友，尝游京洛，有诗三卷。同县人林子充长于性学，所著有《论语诗五十首》，林之奇解《论语》多引用之，又有《指南集》三卷，诗文二卷。时乡人有“古屯三贤”之号，盖谓仲嘉、子充也，其一，志不著其名。

郑叔豹福清人。元祐间，上《兵器图》、《宗祀书》、《明堂制度》及《酌享冕服之仪》数卷。兄叔熊亦好谈兵，王安石有诗送之归闽。

吴元美字仲实，永福人。宣和中，登进士第。绍兴中，历太常寺簿，出为本路机宜。有文名，尝作《夏二子传》，二子盖指蚊、蝇也。其乡人进士郑炜得之，因以上于宰相秦桧，诬其指斥国家，讥毁大臣，坐谪容州，再谪南雄州，卒。其后杨椿、洪迈等为言于朝，特旨官其子。

陈若冲字德用。以经学词章为汪彦藻、柳彦质、李邴、赵鼎所知。自号乐全，所著有《蓝溪集》。同县人许拱辰字元弼，亦以经学词章闻，所著有《玉融新对》，蒙田黄公度为序。又有高若虔者，字仲容，所著有《渤海诗话》。

李岩起字应求，古田人。乾道间中特科，尉政和，调监临安西酒库，迁池州总干，辞乞致仕，遂监南岳庙。岩起高才好学，为时辈所推服，丞相周必大甚优遇之。

萧国梁字挺之，永福人。乾道中进士第一，历著作郎、太子侍讲兼礼部郎官，终朝奉郎、广东运判。

朱金发字冕仲，福清人。以文词知名，尝作《天人相与交际论》，陈傅良见之，曰：“福清有二仲。”谓俞南仲、朱冕仲也。淳熙中擢第，调龙岩县簿，卒。有史论三卷。

邓林字楚材，福清人。年十五以诗义魁乡校，十六游江湖，与辛弃疾善，又为周必大之客。淳熙中登第，调泰和簿，一时名公如陈傅良、戴溪、朱熹、吕祖谦皆尝与之交游。凡三上书于朝，其略曰：今朝廷无元气，中国无生气，士大夫无英气，故夷狄客气搏虚而入，阴阳沴气乘间而起。大意皆讥切朝政。时朝议欲授以中都干官，或曰："邓林若在中都，此谤议之府也。"遂授石城县丞。有《虚斋文集》行于世。

庄大成永福人。年七岁通五经，绍兴间举童子科，淳熙中诏举贤良，有司以大成应诏。弟鉴，亦举童子科，有闻于时。

林文之字子彬，福清人。宋季文体纤弱，文之独用意为古文，平易高古，学者皆师宗之。刘克庄尝谓文之曰："后来文印属之子矣。"所著有《通鉴纲目朱墨》，并《若存文集》。

林宗道字仲学，福清人。性聪敏，为文章一不经意，词气豪逸，颇以材器自负，尤善隶书，晚年用笔益苍劲。景定间尝领乡荐。

余元泰罗源人。文词博雅。景定中，擢进士第。尝博采邑之先贤事实可裨于名教者，类编成书，名曰《钟幢嘉话》，邑士陈灿复采嘉言善行有补于风化者，附于篇末。

余发林字希董，古田人。举进士，授崇安县尉。才高学博，为文章操纸笔立就。及卒，门人集其文，号《爱梅集》。

叶子仪侯官人。文章博洽，有《绛毫集》及《易玄神契》行于世。

陈琪字孟开，连江人。仕至国子司业。著《春秋王霸世纪》行于世。

卓立字志道，福清人。中特科。有《西溪文集》八十卷。同县人陈宽尝寓龙门，有《龙门集》，后入蜀有《纪梦集》。黄锐有《龙山集》。（按《科名志》特奏名并无立名，未详。）

许天瑞福清人。家贫不娶，以道自乐。尝解六经、语、孟。弟人瑞，亦有名，人号为"二许"。

林万顷字叔度，福清人。有《诗易春秋解》。同县人夏良规，字遵矩，有《六经语孟解》。

黄谔字忠甫，福清人。读书精博，不交世事。所著有《玉融志》、《容安拾稿》。同县人陈革字壮行，亦博学工文，一时名士多器重之。所著有《中隐集》。

林文昭字宗范，福清人。有《论语注》一卷。

郑东起旧名震龙，福清人。家居教授常百余人。为文章有气魄。元宪使程巨夫名其集曰《自然机籁》。亦善字书，学者多宝爱之。

〔元〕

吴鉴三山人。工文词，简洁清新，为一时推重。其集多散逸，残编断简，士大夫家往往犹有存者。

〔国朝〕

郑恺闽县人，号心远。博学善词章，其文深雅，自成一家；诗歌驰骋古淡，颇似金华吴立夫步骤。有集藏于家。

唐泰侯官人[18]。洪武中登进士，授行人，擢浙江按察司佥事。永乐中，升陕西按察司副使，卒。泰善声诗，与黄济辈号"闽南十才子"。所著有《善鸣集》。

郑定字孟宣，长乐人[19]。洪武中，举明经为训导。永乐中入为国子助教。以草书名天下，甚为学士解缙所称许，亦工诗。

林鸿字子羽，福清人。幼颖悟，读书一览辄能记忆，尤工诗，音律体制一以盛唐为宗。先朝遗老如吴海、陈亮辈皆极推许，而一时才士如郑孟宣、高廷礼、周又玄、黄玄之、林伯璟、林汉孟之流皆从之游。其后王皆山、王中美、王孟扬、陈仲完、郑公启、张友谦、赵景哲诸名人以诗名于时，又私淑于鸿者也。洪武中以荐起，官至膳部员外郎。

陈子晟字仲昭，连江人。少喜读书，尝从金华宋濂学，领洪武四年乡荐，入太学选为荆王府伴读，謇谔敢言，荆王甚敬惮之。

未几还京师，卒，年仅二十有六。子晟性敏而志专，每朝退辄观书缀文不少怠。时天台方希直号称名儒，亦雅重子晟之文，其葬也，希直为铭其墓。

高廷礼初名棅，字彦恢，自号漫士，长乐人。永乐初与王恭皆自布衣召入翰林为待诏，迁典籍，卒。廷礼事亲孝谨，与人交无贤愚新故，盎然如一，博学能文，尤长于诗，书画亦清雅，时称三绝。所著有《唐诗品汇》九十卷，《拾遗》十卷，《唐诗正声》二十卷；其诗有《啸台集》、《水天清气集》俱行于世。

王恭字安仲，闽县人，寓居长乐。以诗鸣于时。永乐中，郑定、高廷礼交荐之，拜翰林典籍。号皆山。有《白云樵唱》、《草泽狂歌》、《凤台清啸》三集行于世。

郑洪字公量，怀安人。幼失怙恃，能卓然自立，刻意古学以启迪后进。家贫不屑屑于世务，处之裕如也。作诗有唐人风致，为文务以理胜，不事富丽。

罗泰字宗让，闽县人。性颖异，经传子史无不涉猎，尤邃于《易》、《春秋》，一时乡之后进以二经登高第者多出其门。弟泽举进士，二子纹、绎俱领乡荐，皆其所教也。暇复与同邑林志辈相倡率为古文，诗尤工。有《觉非集》行于世。

校注

[1]“用”字疑衍。

[2]乾隆《福州府志·人物》作“取将旧谢表，析文句以谤”。

[3]“其”字疑衍。

[4]万历《福州府志·人物》作“提举”。

[5]乾隆《长乐县志·人物》作“长乐十都人，徙居侯官”。注引夏允彝志云：“按《一统志》作闽清人，《八闽通志》作侯官人。及考十都龙泉山云梯

石上勒云梯二大字，称里人郑性之书，及坟茔在八都阮山，实系邑之十都人。《一统志》殊误。”

［6］乾隆《长乐县志·人物》作“字同父”。

［7］乾隆《福州府志·人物》称萨琦“其先本色目人，琦一变其俗，丧葬皆用朱子《家礼》”。

［8］乾隆《福州府志·人物》称赵荣“其先西域人，家闽县，舅萨琦”。

［9］乾隆《福州府志·人物》作“简功臣子牧郡”。

［10］乾隆《福州府志·人物》作“使往招之”。

［11］“以病矣”应作“已病矣”。

［12］乾隆《福州府志·人物》作“探枕中片纸示之”。

［13］乾隆《福州府志·人物》及乾隆《长乐县志·人物》均作“陈仲进字伯康”。

［14］乾隆《福州府志·人物》作“宝文阁直学士胡安国”。

［15］“君”当作“郡”。

［16］乾隆《福州府志·人物》称“英国公张辅征交趾，王偁奉命参军事，因与解缙交好，坐解缙党下狱死”。

［17］乾隆《福州府志·人物》作“著《周易集说》”。

［18］乾隆《福州府志·人物》作“闽县人”。

［19］乾隆《福州府志·人物》称郑定闽县人，为陈友定记室。友定败，亡命久之，还居长乐。

八闽通志卷之六十三

人　　物

福州府

士行

〔唐〕

陈执中字允之，侯官人。富于文学，累试不利，时观察使徐晦特加礼焉，辟官幕下。后丁家艰，躬负土营墓。郡守黎植、杨发咸荐之，官终汀州司马。

侯固字子重，闽县人。太和初及第。操履仁厚，谈笑有规准。官至鄜坊、灵武、易定节度使，同平章事。侄岳，大中间进士。

陈说字昌言，侯官人。登三史科，后为本郡长史，以便养亲。累迁春、韶二州刺史，卒。说仁孝廉恭，居官余禄悉与交亲共之，乡邦称美焉。

〔宋〕

林殆庶字希颜，职方员外郎辨之子，揆之侄也。举进士，累官度支员外郎、秘阁校理，知明州。殆庶淳懿孝友，士大夫多重之。弟四人：太素举进士，为相州节度推官；太微亦举进士，为殿中丞；太易为永嘉县丞；太蒙为兴化县丞，累叶簪绂照映，子弟彬彬好学，号称“德门”。

刘若虚字叔扬，侯官人。咸平中及第，历大理评事，知永嘉县。与晏殊同召赐中书，迁大理丞，改殿中丞，累官屯田员外郎，知邵武军，卒。蔡襄铭其墓。若虚有士望，乡党称之。子奕字象伯，天圣中及第，历秘书省校书郎，陕西经略招讨使，以韩琦荐佥判凤翔府，改殿中丞，迁屯田员外郡，通判润州，卒。亦蔡襄铭墓。（按《闽中记》、《三山志》俱以若虚闽县人。）

陈简能字知柔，闽县人。渊懿有士操，深于古文，辞简而理诣，祥符中及第，历泉、建数幕府。

郑洙字教生，侯官人。景祐间，擢三礼科，仕至虞部郎中，致仕，号“东山先生”。初，洙赴举时，陈襄送之以诗，有曰：“荥阳才子东山客，满腹精神太英特，谈文词藻驾曹王，炙地声华压元白。”盖其未仕时，已见重于士林矣。卒，祠于学。

刘达夫字宣子，涣之子也。元丰中入太学，以父年老每岁一归省，因留侍焉。父卒，遂无仕进意，隐居北山，凡数十年。崇宁中，诏举遗逸，州县以达夫应诏，授松江簿。大观中，添差温州教授。后毛友荐于朝，召见，将任以中都官，辞曰：“仕非志也。”遂迁越州教授，卒。

陆祐字亦颜，侯官人。宣和中，举进士为莆田主簿，判湖广南路宣抚司，准备差遣福建茶盐司干办公事。所至尽心职事，察冤狱，有惠爱于民。生平不求荣进，或劝以治生，笑不答。酬酢世务，不随俗之好尚，不顾人之是非，率以《礼经》从事。居母忧，终丧，不忍去坟墓。尤刻意问学，读《论语》、《大学》、《中庸》、《尚书》，反复玩味，究其旨。归，既老里居，士大夫状其学行，乞添差教授，本州帅叶梦得以闻，从之，命下而卒。

王益祥字谦叔，闽县人。淳熙中进士及第，调桂阳军学教授，与知军陈傅良、监赡军酒库吴猎相友善。绍熙中，转建康府学教授，与知郡张杓、安抚司干官游九言为宾友。修学校，增生徒，士风丕变。后以傅良、杓等荐，历监编修说书，出知宁国，改处州。时严伪学之禁，因丐祠去。号“止轩”。后迁江东提刑，以里人陈自强居相位，引嫌归。

吴季发字宗勤，与伯兄起岩同领淳熙十六年乡荐。初为司户参军，籍籍著声称。历秘书省正字、秘书丞、天章阁待制兼右司谏。喟然叹曰：“吾亲没矣，国势亦已危矣！今奸邪据位，吾不能移事亲者以事君，而窃禄不去，宁无愧乎？”遂上章引退终其身。

林子冲字通卿，之奇从子也。学问德业有声乡里间，士宗之者数百人。淳熙中登进士第，初为南丰簿，邑民颂之，尤为邑令陈芾所器重。时郡守陈岐欲修二陈《礼乐书》，以子冲大儒之后，延以特榻；子冲随文释义，补阙订讹。书成，周必大、杨万里皆称其精密。调将乐丞，未上，留盱摄郡太学。丁外艰，徒行扶柩归葬。以哀毁卒，年仅五十又四。自号“云岫居士”。

林公玉字文振，连江人。年十三善属文，淳熙中擢进士第，调建武教授。郡初未有登第者，公玉精讲解，严课试，节浮费，创贡士庄，由是举进士者与内州等。郡人祠之于学。尝校文怀泽，其郡守怙权黩货，以私意嘱公玉为取士，公玉指誓天日，义不为屈。终于太学博士，自号“双涧”。

苏大璋字颙之，古田人。父鸿以阴德闻。大璋少颖悟，年十三通《周易》大义。庆元中，登进士第。嘉泰中，邑大水，民居垫溺，重以饥馑，大璋上书乞常平使者苏霖躬临赈济，民赖以活。为道州教官，以阐扬正学为己任。召试馆职，除秘书省正字，累迁著作郎，转对力言禁锢伪学之非，忤大臣意，遂累章丐外，知吉州。归，自号“双溪”。

高子升字子云，古田人。嘉定初举进士，分为宁尉，累迁泉州佥判兼南外宗正簿，以朝请郎主管崇道观，致仕。静退之风，清修之操，皆足为后辈典刑。

章孝参字鲁士，古田人。淳熙间，补大学弟子员，淳祐中以舍选登第，授德庆府教授。有文行，好奖劝后学，不喜浮躁。洪天锡尝称为大雅君子，又尝语人曰："规行矩步，玉质金声，章君是也。"

刘琛字文璧，福清人。文行雅正，诗赋尤工。不慕仕进，居乡以举子业授生徒，多擢科第显于时者。尝与樗庵先生讲学论道于江山平远楼。乡人重之，虽私相与语，亦称"二老先生"云。

李友直字直之，古田人。世以诗书礼义教授乡里，岁率六七十人，无贫富贵贱，随其贤愚大小而启迪之。家贫人所不堪，而友直处之恬然。父亡，事继母以孝称。

〔元〕

郭隚字德基，长乐人。父正子，宋绍定中进士，教授廉州，著《春秋传论》十卷，号"存斋先生"。隚幼孤，弱冠已为人师。至元中，郡举遗逸，授以泉山书院山长。迁兴化路教授，改吴江州，再调兴化，未行卒。学者私谥曰"纯德先生"，程钜夫为墓铭。隚为人疏通慷慨，谨简易直，为子为父孝以慈，与人交弥久而孚。谈经明白统贯，不刻凿以为异。其诗若文，和平沉深，不琢镂以为工。《四书》、《易》皆尝有述，其杂著曰《梅西先生集》，凡若干卷。

陈仲文字奎甫，长乐人。元季隐居山林，号"乐樵子"。嗜学，能词章，孝友尤笃。尝与族子洁建书堂于蓝桥林壑中，以程朱之学倡其乡人，名曰义学。国朝洪武中，以子辅恩封丰润知县。

〔国朝〕

钟耆德字元长，闽县人。少好学，孝友出于天性。家贫不娶，教授生徒以养亲。晚年经至正之乱，旧业荡尽，每以甘旨不充为恨。亲没哀毁几灭性，与二弟顺德、明德处，怡怡如也。其先本郑姓，耆德承父命，每欲为钟氏求同姓立后，而已乃归宗，以力不逮，乃作《纪源录》以示其后人。耆德清修苦节，其学博极群书，其诗文浑雄严整。所著有《自省录》、《养正集》等书。明德字叔远，清词懿行，与兄齐名。

郑旭字景初，闽县人。洪武中，以学行荐为国子掌仪。上幸太学，亲选才德兼备者十人以傅东宫，旭居第二。后以飞语谪吏云南二十余年。三十二年，以明经荐，起为高安县学训导，卒。旭居家孝友，与人交有信义，一时名士如王偁、林志辈皆敬礼之。其学于五经俱尝涉猎，所著有《诗经总旨》、《初学提纲》、《咏竹稿》等书，藏于家。

林兴祖三山人。洪武初从父宦游，遂家潮之海阳。为人简重。少有大志，苦学不辍，事母至孝，后以才行举。历官工部郎中、广西参议，调交趾，卒。所著有《棠阴清趣集》。

郑阎字公望，闽县人。永乐中登进士第。自乞典学校，遂授安陆州学正，改无为州，迁广信府学教授。所至师道尊严，作人为多，致仕卒。阎性质直刚毅，嫉严不少假借。居官三十年囊无余资。其学精于《礼记》，旁及子、史、医、历之书。时与林志齐名，有《抑斋集》。

严烜字熙叔，怀安人。永乐中，以楷书预纂修，例授八品秩，辞乞归养。卒业后登进士，拜监察御史。奉命按山东，岁旱民饥，奏蠲其科税，大发仓廪以赈之；复按畿甸及四川、河南，皆有声称，升浙江按察司佥事。处州徐子举作乱，连坐者五十余人，烜悉散遣复业。侍郎成均奉诏考察庶僚，有毁之者，遽送吏部改职。烜遂陈情乞典学校，以便养亲，除金华教授，卒。烜性至孝，少时祖母陈疾笃，每夕祷于北辰，求以身代，且刲股肉和粥以进。居官三十余年，屋不增一椽，业不增寸地，士大夫称之。所著有《师韦斋集》，藏于家。

李骐字彦良，长乐人。永乐中乡试第一，举进士复第一，初名马，文庙亲改今名。为人耿介有气节，不肯婞婀依随。仕终翰林修撰。

孙芝字挺秀，连江人。宣德中以国子生授庆都县知县，升沔阳州知州。时有建议欲删削孟子书者，芝上疏极论，以为不可，其言遂不行。

林钝字叔鲁，闽县人。永乐中领乡荐会试乙榜，授常山县儒学训导。常山科第久乏，钝严立教条而勤训督之，终其任，登贤书者凡八人。迁宁国县儒学教谕，立多所造就。尝典湖广、江西文衡。其在湖广时，有士子馈之金求预荐者，钝白于有司，正其罪。及卒，常山、兴国二县志皆著其贤。三子曰清源，曰泮，曰浚渊，俱登进士第，遂以清源恩赠工部主事。所著有《说铃》、《余响》等集，藏于家。

风节

〔宋〕

郑侠字介夫，福清人。治平中随父官江宁，闭户苦学，王安石每称奖之。登进士，调光州司法，感安石知己，思欲尽忠，秩满径入都见安石，言新法不便，安石不答，侠退不复见。久之监安上门，安石犹使其子雱来语，欲辟为检讨，更命其客黎东美谕意，侠正词拒之。时久不雨，侠见饥民妻子流离困苦之状，因绘为图及奏疏上之，且云："如陛下行臣之言，十日不雨，即斩臣以正欺君之罪。"神宗反覆观图，长吁数四，翌日蠲放新法凡十八事，越三日，大雨，安石上章求去。吕惠卿执政，新法尽复，侠又上疏论之，仍取唐魏徵、姚崇、宋璟、李林甫、卢杞传为两轴，题曰《正直君子邪曲小人事业图迹》。在位之臣与之暗合者，各以其类，复为书以献，竟为小人所忌，屏逐终身。绍熙初，赠朝奉郎官。其孙嘉正为山阴尉。嘉正官终知建昌军。

陈蔡闽县人。徽宗时试上舍优等，蔡京预籍元符上书十八人，蔡其一也。

梁岩老字允济，初名汝霖，永福人。政和中擢第。金人犯阙，岩老佐尚书蔡懋守京城北壁有劳。明年，金人再犯阙，岩老奉使虏中，虏幽之荒寺，月给以饮食，食余辄私晒之，复留饮阴渍其壁。既而所渍壁坏，乃挟余粮夜遁，日则伏草莽，夜则望星纬南行，竟全节而归，时建炎初元也。上嘉其节，除直秘阁，知泉州，方欲大用而卒。

翁熙载名绩，以字行，福清人。宣和末，诣阙上书，言夏人无故请和，金人纳款，赵良嗣、董才来降，妄生边隙，乞斩二人，以笃信好。不报。遂飘然南归，老于沧洲之上。熙河帅刘平仲死于战场，而上不之知。熙载以诗哭之曰："千里寒沙迷白骨，一番新鬼泣黄云；偷生同恶终相蔽，安得忠诚达圣君？"时蔡京当国，闻此诗者皆服其直。所著有《天山十议》。

陈刚中字彦柔，祥道之侄也。慷慨挺特，有志事功。建炎初举进士，官迪功郎。绍兴初上书，言"民力凋瘵，国用匮乏，愿罢冗食，去虚文，以定邦用。"迁太府寺丞。应诏上封事，主议恢复，忤秦桧意。同年胡铨以鲠切得罪贬昭州，刚中作启贺其行，有云："屈膝请和，知庙堂御侮之无策；张胆论事，喜枢庭经远之有人。"又有云："知无不言，愿借上方之剑；不遇故去，聊乘下泽之车。"遂与张九成等七人同谪，差知安远县，士论惜之。有诗云："同日七人俱去国，何时万里许还家？"刚中至县，适有岭寇之扰，究心招抚，感瘴而殁。其妻子扶柩葬于杭州龙井山风篁岭沙盆坞。

陈璟字景玉，连江人。补太学生。绍兴间金虏败盟，朝廷擢用张浚都督江淮，虏不敢犯。及逆亮授首，虏酋继立，宰相汤思退议增币讲和，王之望、尹穑附之，相与诋浚，浚遂罢。璟与同列张观等诣阙上书，乞斩思退、之望及穑以正典刑。三人亦皆罢。璟气宇英迈，才行卓荦，当时执弟子礼者百余人，皆名流也。后覃恩授贵州文学。

郑鉴字自明，号植斋，连江人。乾道间补太学生，扣阍言鞠继事。淳熙初，两优释褐，除太学正。入对，上谓龚茂良曰："郑鉴议论甚切。"遂召试馆职对策，论大臣权倖德行其说[1]，上又谓辅臣曰："郑鉴策甚可取。"除校书郎，迁著作郎，权郎官。屡引对，言时政，时相恶之，遂屡丐外，出知台州。陛辞，札凡七上，上为之改容。及辞，东宫太子语之曰："前后讲论无如侍讲切直。"后卒，朱文公祭文有云："伟哉！自明之为人，凛乎有古争臣之风，求之近世，则措之邹、陈之间而无怍者也。"（《方舆胜览》以为莆田人，误。）

陈德豫字子顺，连江人。少好学，博通六艺诸子百家之旨。淳熙中，登进士乙科，调建州户曹，试教官首选，分校宣城。郡学旧有二程遗文，时禁程氏学，令焚毁之，德豫获藏惟谨[2]。改京教，累迁诸军粮料院。岁旱求言，德豫上封事，以"讳天变、讳人言"为致旱之由，乞去二讳以回天变。上嘉纳之。历武学、太学、宗学博士。每抗疏论事，议者皆以为识时务。又累迁著作郎。会胡僧入觐，赐予甚丰，乃历陈梁武之失，异端邪说不足信，即日有旨出胡僧国门之外。官至大理卿。有文稿三十卷。

黄唐字雍甫，福州人。宁宗朝为考功郎中。时韩侂胄为父诚陈乞作谥，唐当覆议，乃见宰相京镗，言不能奉承，因求去。（按《科名志》淳熙四年两优释褐，有黄镗字信厚，闽清人，疑即此人，但字不同耳。）

杨宏中字充甫，侯官人。庆元中，韩侂胄使李沐论罢赵汝愚，祭酒李祥、博士杨简抗疏救之，有命俱补外。宏中时为太学生，与同列林仲麟、徐范、张衢、蒋傅、周端朝伏阙上言："乞念汝愚之忠勤，察祥、简之非党，灼李沐之回邪，明示好恶，旌别淑慝，窜李沐以谢天下，还祥、简以收士心。"侂胄怒，送太平州编管。天下号为"六君子"。久之，宁宗幸学，特旨放参。宏中登开禧初进士，教授南剑州。侂胄诛，特迁宏中一秩，亦不拜。后以余崃、汪逵、赵彦梀荐，累迁太学正。因旱上封事，指切无隐，谏官应武以私憾劾之，遂通判潭州。以亲老请祠，差知武冈军，未受，卒。

徐范字彝父，侯官人。少孤，刻苦授徒以养母，与兄同举于乡，入太学。丞相赵汝愚去位，论救者俱被斥逐。同舍生议叩阍上书，书已具，忽夜传韩侂胄将置言者重辟，有闽士怖，请削名，范慨然曰："业已书名矣，尚何变！"书奏，侂胄果大怒。范谪临海，禁锢十余年。登嘉定初进士，累迁国子监主簿。入对，言多事之秋，宜一意养民以培国本。通判泽州，湖湘大旱，振救多所裨益。知邵武军，寻召赴行在，言事极痛切。以朝奉大夫致仕。卒，赠朝请大夫、集英殿修撰。

张衜字周甫，罗源人。庆元中为太学生，与同郡杨宏中等六人上书救赵汝愚，韩侂胄怒，俱编管五百里外。时衜之伯父磻宰清河，寄之以诗，有云："贾谊谁言终不遇，郦生自谓我非狂，横江一网空朝市，何物充庖荐庙廊？"后侂胄诛，诏褒庆元上书六人，衜受泰如令。

敖陶孙字器之，福清人。少倜傥有大志，为文章援笔立就，弱冠魁乡荐，遂补入太学。韩侂胄用事，逐朱文公，陶孙首以诗送之；赵汝愚谪死，陶孙哀之以文；又揭诗于通衢，云："左手旋乾右转坤，云何群小肆流言？狼狐无地容姬旦，鱼腹终天葬屈原；一死固知公不免，孤忠赖有史长存。九原若遇韩忠献，休说渠家末代孙。"侂胄死，陶孙登进士第，终温陵佥判。有《曜庵集》。

潘牥字廷坚，闽县人。端平二年第进士，牥对曰："陛下承休上帝，皈德匹夫，何异为人子孙，身荷父母劬劳之赐，乃指豪奴悍婢为恩私之地，欲父母无怒不可得也。"又曰："陛下手足之爱，生荣死哀反不得视士庶人，此如一门之内，骨肉之间，未能亲睦，是以童仆疾视，邻里生侮。宜厚东海之恩，裂淮南之土，以致人和。"时对者数百人，独牥语最直。会蒋岘劾方大琮、刘克庄、王迈前倡异论,并诬昉性同逆贼,策语不顺,请皆论以汉法,遂调昉镇南军节度推官,累迁潭州通判。日食,应诏上封事,曰:“熙宁初元日食,诏郡县掩骼著为令。故王一抔浅土,其为暴骸亦大矣。”丞相游似心善其言,方将收用之而昉卒。所著有诗集、《古乐府》。

张疆字定叟,一字弱翁,自号蒙泉,古田人。为人豪迈慷慨,好立功名,以《易》义补太学生。时宰相史嵩之擅朝政,无敢言之者,疆叩阁上书[3],力诋之,嵩之欲置之死地,赖理宗优容得不死。后释褐登第,累迁国子监书库官。复率教官丁应奎、杨潮南等上疏论丁大全误国,并谏迁都之失,理宗皆纳之。时以风节著称。

郑所南名思肖,连江人。宋太学上舍,应博学宏词科,刚介有志操。会元兵南下,所南尝叩阙上书[4],元人争目之,遂变今名曰肖,示不忘赵氏也;曰南,示不复北面他姓也。隐居吴下,坐必南向,岁时伏腊辄望南野哭,再拜乃返,誓不与朝客交往,或于朋友坐上见有语音异者,即引去,人知其狷洁,亦弗为怪。后以寿终。

忠烈死难附

〔唐〕

林慎思字虔中,长乐人。咸通中登第,后复中宏词科,由校书郎至水部郎中、万年县令。巢寇入长安,迫以伪禄,慎思不屈,骂贼而死。著《续孟子》二卷、《伸蒙子》三卷。议论明切,成一家之言。按《崇文总目》:“慎思以为《孟子》七篇非轲著书,而弟子共记其言,不能尽轲意,因传其说演而续之,故曰《续孟子》。”

黄碣闽人也。初为闽小将,喜学问,轩然有志向。同列有假笔者,碣怒曰:“是笔他日断大事,不可假!”后战安南有功,高骈表其能,为漳州刺史,徙婺州,有治绩。刘汉宏遣兵攻之,寡不可守，弃州去，客苏州。董昌为威胜军节度使，表碣自副，久乃应。及昌反，碣谏曰：“大王拔田亩，席贡输之勤，位将相，非有勋业可纪；今不能尽忠王朝，乃自尊大，一日诛灭无种矣！桓文不侮周室，曹操弗敢危汉，今王僻婴一城，乃为大逆，何耶？碣请举族先死，不能见王之灭。”昌怒曰：“碣不顺我耶？”斥出之。碣移书幕府李滔曰：“顺天建元，以愚策之，针可为稍耶？”或窃其书示昌，昌令使者斩之。使以首至，昌诟曰：“贼负我，三公不肯为，而求死耶？”抵溷中，夷其家百口，坎镜湖之南同瘗焉。昌败，有诏赠司徒，求其后不能得。昌已杀碣，滔亦遇害之也[5]。

〔宋〕

朱庭杰字世英，永福人。崇宁中登进士，建炎中为潍州北海令，寻摄倅。金人将犯阙，官属皆惊溃，庭杰独坚守不动。城隅有水，度虏至必饮之，因投以野葛，饮者皆中毒死。俄而左监军达辣引兵入潍，庭杰力不能抗，遂死。后录其功，敕葬于郡之桑溪原，官其一子。

余光庭罗源人。以胄监荐，入试擢第，唱名居前列，其兄深校文，以亲嫌，奏黜之，光庭恬然拂袖东归。大观三年，复领乡荐，试礼部，复中，廷唱仍在前列，上识其名称异之。累官光禄寺丞，出知南阳郡。建炎初，金人陷南阳，不屈而死，举家悉遭歼戮。

卢榕字叔材，初名郁，永福人。宣和中擢第，调安仁令。绍兴初，剧寇曹成拥众数万，自江北掠湖南，时帅臣向子諲驻兵安仁，不满千数，而援兵复不至，俄而寇兵鼓噪入邑，榕乃躬率民兵转战而死。上嘉其忠，赠宣教郎，特官其子沂。沂复与贼战而死，上悯之，亦官其子铸倅。黄辅之哭榕诗：“许国一心如铁劲，阖门万口等毛轻。”

曾升字孟高。初以入粟补吏。靖康中，虏骑犯边，被檄部士卒戍楚州，至昭信县与金人合战，奋不顾身，遂死于阵，然昭信实赖以全。事闻，上录其忠，赠五官，与一子恩泽，后立庙于昭信祀之。

林琦闽人也。德祐二年，元兵迫临安，琦于赭山结集忠义数千人捍御海道，以功补宣教郎。文天祥开府南剑，琦佐其幕。琦外文采，内忠实，数涉患难，无怨怼辞。及潮州移屯，俱被执，至惠州道[6]，复执之北行，赴水，为吏所拔，至建康以忧愤死。

高应松字贯亩，长乐人。开庆元年进士，由衡州教授通判广德军，召为国子监丞，权礼部员外郎、翰林权直。元兵至临安，应松不肯草降表，及元兵自涌金门入，举朝奔窜，从官留者九人，应松其一也。遣[7]中书舍人直学士院，寻迁权工部侍郎，进端明殿学士，佥书[8]枢密院事。从瀛国公至燕，绝粒不语，越七日卒。(此据《宋史·本传》，而县志则以为宝祐四年进士，未知孰是。)

林空斋永福人，失其名。父同官至监丞。空斋举进士，历知县，解官居家。益王立，张世杰图泉州，乃率乡人黄必大、刘仝祖即其家开忠义局，起义兵复永福县。时王积翁以福安送款世杰，然实密约北兵至，屠永福，必大、仝祖等走他邑，空斋盛服坐堂上，啮指血书壁，云："生为忠义臣，死为忠义鬼，草间虽可活，吾不忍生尔，诸君何为者，自古皆有死！"俄见执，不屈而死[9]。(已上俱忠烈。)

倪登字彦及，福清人。时朝廷收云中，登为聘使，殁于王事。有《论语解》行于世。

陈旦怀安人，南唐左司员外郎守约八世孙。嘉定中，武举正奏，授忠翊郎、江州统领，历知霍丘县。绍定中，从陈韡平建、邵寇，没于王事。今祠于南剑州爱仰堂。

朱牧字子文，闽县人。宋季第进士，主安溪簿，调隆兴府法曹。丙子之变死于官。乡之人士咸谓："牧之存也，以文鸣于时，其没也，以节显于世。”因相与私谥之曰“文贞”，祠于乡塾。元延祐初，致仕福州教授陈某奏请祠于学宫，以为名教之劝，从之。（已上俱死难。）

孝义

〔唐〕

林郇阳闽县人。累举不第，以博通三史应诏入内侍讲，授廷尉平[10]。丁艰归，以孝闻。时廉帅罗让尤加礼异，终潮州刺史。

林鷗字祥凤，长乐人。开元中，第进士[11]，为仓曹参军，尝捐己田开滨间潮以溉民田，而其妻赵氏亦捐奁田助之，至今乡人号曰“林婆湖”。

〔五代〕

林安福清人。事母至孝，母死，庐墓旁有石自裂而涌泉，闽王异之，以其庐为涌泉寺。

〔宋〕

林正华字君辅。至和中入太学，后弃归养母。母卒，水浆不入口者累日，已而蔬食，日诵释氏书。越二年，卜葬于涌泉山，凿石营圹，手胝足胼不少懈；既葬，庐于墓侧，寝苫枕块，号摹不已。俄而祥云滃，甘露降，乌鸟翔集，虎豹遁藏。乡人白于官，旌之。正华，安之六代孙也，故世称“涌泉大小孝子”云。

邹异长乐人。亲终，葬于邑之南山，庐墓上凡六年，有甘露芝草之瑞。元祐三年，举经明行修，有司因改其里曰“宾贤”，坊曰“文行”。

许知言闽清人。兄逢言,弟知白、知什、知亿俱业诗书。母病,知言兄弟昕夕不离侧,越三月,药弗效,知言乃斋戒吁天,刲股肉烹调以进,母病遂愈,年七十始卒,知言兄弟哀毁逾礼,俱然香于臂,冀以资其冥福。进士许叔度为立传,刻于药师院。后知亿子禹锡,请改其里为"孝顺",从之。按:知言刲股肉以疗母病,固非圣贤中道,而其兄弟俱然香于臂,以资母之冥福,又流于异端之教,皆不可以为训;然窃尝思之,人子之于其亲,天性至情,当其危急存亡之时,苟可以死亦所不辞,遑恤其他耶?知言兄弟所行虽未正,而皆出于至诚恻怛之意,其爱亲之心有足尚者;况去古既远,民不兴行,人子之事其亲,能如圣贤之无过不及,斯其至矣,若其不能,则如知言兄弟亦岂可少哉。予故录之以告夫世之为人子者,使法其心不泥其迹可也。后凡载刲肝庐墓之类俱仿此。

许俭字幼度,闽清人。朱文公门人也。俭不畜私财,不置私器,三世不分异,庭无间言。郑性之尝大书"孝友"二字以匾其堂。林羽为之记,更名"友顺"。

〔元〕

刘从竹字友直,福清人。事母孝,母终,庐于墓。俄而所居门楣及墓前之石皆有芝产焉。熊禾有诗纪其事。

陈誉字誉夫,福清人。性孝友。至元中,母林氏病,誉刲股肉疗之。子观泗字友达,亦笃孝,父母疾俱尝刲股肉和粥以进。前郡守吴涛诗云:"笼中无药物,膝下有恩深,他日启予足,惟天知此心。"

〔国朝〕

郑英字伯华,侠六世孙也。幼纯笃,事亲孝谨。父年老病剧，英祷于东岳行祠，求以身代，父病随愈。家贫假贷于人，葬祖父母二丧。越数载父卒，哀毁逾礼。既葬，举明经，以母老辞。母数遘疾，英侍汤药未尝解带，亲为涤溺器。及母卒，竭资产营葬。复以明经孝弟举，授广西南宁府经历，卒。

李墉古田人。性孝友，母丧不御酒食者三年。弟求分异，墉不忍闻，面壁而卧，弟因悉取膏腴之田以为己私，而类硗确者为一券以付墉，墉曰："已均矣。"受而藏之，终身不言。年八十三而终。

陈文亮字景明，连江人。生七月而孤，事母笃孝，或以事出外，得一美味必怀以进母。母尝得危疾，文亮每夕恳祷北辰，愿减己年以益母寿，又取粪尝之，验其味苦，母病果瘥。其后母没，哀毁逾制，葬祭一以礼。以子鸿渐恩，累封刑部郎中。卒年七十三。

倪神保连江人。幼失父母，常念罔极之恩莫报，与妻林氏共祷于天，欲得一木两枝刻二亲像奉祀，遂入石芹山求之，果见二木相对，乃拜祝曰："此木可刻吾父母，当自动者三。"三祝毕，其木果三动，即取以归，佣工取直，募匠刻之。既成，夫妇奉祀惟谨，凡冬温夏清，出告反面，一如事生之仪，迨今几三十年不少替。里人嘉其孝诚，为白于有司，乞旌之，未报。

杨崇连江人。其先有曰宗连者传四世至崇，自崇至今又传二世矣。六世之属，男女长幼凡七十余人，皆同居共食，世守其家法不坠。子弟经营有获一钱尺帛必白崇，附籍藏之一库，田园所入俱藏十一廪，婚姻丧葬、祭祀饮食，分给有常数。一门之内男女有别，长幼有序，雍雍如也，肃肃如也。其家隶定海千户所，戎籍当继，崇之再从弟铁及铜相让请行。适崇子孟归自外，请曰："孟居长，当继。"即辞父母趋而应役。成化间，有司应诏以其义行上闻，未报。

林辰孙罗源人。家贫，日营衣食以养父。父病经半载，辰孙号诉于天，刲肝为糜以进，父食之，疾遂愈。乡之耆老合闻于官，厚宴馈之。时有诗美之，曰："刲肝能救父，大孝可通天。"

宦迹

〔唐〕

谢曈字子明，福州人。累举不第，依朱全忠署右职，仕唐为通陵州刺史，颇有政绩，迁亳州团练使、宣义节度观察留后，卒于官。

〔五代〕

贾郁字正文，侯官人。以文策干王审知，补仙游县主簿，迁本县令。县吏多受赇，郁守正奉法以率先之，性尤峭直，不容人吏文过，人吏咸畏惮焉。代去，会延钧建号，闻郁有治称，擢赞善大夫，再令仙游，改福清，满考，召为御史中丞。

〔宋〕

李亚荀连江人。端拱初及第，累官度支员外郎、夔州路转运使。居官严整，所至凛凛有风采。侄余庆，国子博士，知常州；长子模，校书郎；次子处厚，庆历初进士。

林安宅侯官人。绍兴间进士，历知新昌县、户部郎中兼权枢密院检详诸房文字。孝宗即位，擢左司郎中，试右谏议大夫，迁同知枢密院事兼权参知政事。其诰词有云："刚毅有守，直谅多闻；凛然立朝，有古诤臣之直，敏于从政，为时良吏之师。"

吴秀发字□鲁，闽县人。宝祐中进士，判饶州，为政务欲便民，尤留意于平狱讼。尝出犯罪吏民，给以农具，使之生理。值凶岁赈给，饥民赖以全活者甚众。元兵南寇，上疏论屯田战守之计。后以功进中散大夫、光禄卿，加松江制置，仍前判州事。

〔国朝〕

王键字时铨，侯官人。永乐中以茂才荐，授繁昌县主簿，改山阳县。秩满有宦绩，赐敕命以褒荣之，擢阳江知县，卒。键善诗，著有《鼓缶》、《心声》二集。

林硕字茂弘，闽县人。永乐中进士，拜监察御史，有能声。宣德初，升浙江按察使，擒吴寇史庆真，直良民被诬为盗者五六百家。持宪严而不苛，郡邑畏服。秩满，迁广东左布政使，未任而卒。

郑珞字希玉，闽县人。永乐中举进士，入翰林为庶吉士，授刑部主事。宣德中，擢宁波知府。中官裴可烈以公事至郡，贪暴不法，民被其骚扰，珞上其罪状，诏置可烈于法。未几，丁内艰归。适海寇为患，郡民千余人上疏乞留，诏夺情起之，珞辞不允。既复任，黜赃吏，抑豪强，令行禁止，发奸擿伏，治绩为两浙最。满秩升浙江布政司左参政，未上卒于家。

林元美名镠，以字行，闽县人。永乐中登进士第。宣德中授上犹知县。县土田硗瘠，民贫无以供赋税，多逋他境，元美为请于朝，核其无田及有田而污莱者，悉蠲之。邑人旧鲜知学，元美政暇，辄集庠序弟子员，亲为讲经，科第始不乏人。山峡中有盗时出剽掠，元美抚以恩信，后皆向化。正统中擢宁海知州。州置两卫武职，习为民害，元美密条其不法以闻，下台宪绳之，其害遂戢。有二僧至境，以术惑众，执而讯之，乃他郡越狱盗也。人以为神。值岁旱蝗，躬巡历赈恤，具奏减其赋。天顺初，擢抚州知府，年六十致仕。成化初，诏进阶亚中大夫，卒。后以子瀚恩加赠中议大夫。

高旭字时旭，侯官人。宣德中登进士第，授吏科给事中。丁内艰，起复改兵科。正统中，升江西按察提学佥事。景泰初，改本司提刑佥事，卒。旭莅官平恕明慎，其于决狱多所平反。有《榕轩集》,藏于家。

林文秩字礼亨,怀安人。少颖敏不凡。常获禾于田,值迅雷掣去数步,旁有击死者,文秩恬然不少慑。永乐中,登进士第,改庶吉士,拜监察御史,立朝有直声。巡按南畿,风裁凛然。民奏留之,诏复巡按一年。宣德末,擢山西按察副使,进按察使。有告平阳王文简妖言惑众者,连及三百余家,文秩力为辨释,存活几二千人。后致仕,卒。弟文秸,字嘉亨,亦有异质,与文秩同举进士为庶吉士,拜王府审理,改岳州府通判,为政简约,务以抚字为心。尝为云南考试官,有腰黄金数十两求登荐书者,文秸却之。卒。所著有《梅湖稿》。

郑建字弘中,怀安人。宣德中举进士,选入翰林为庶吉士。一日,上御文华殿召试《诸葛孔明可与兴礼乐论》,亲第其高下,以建为第一,赐钞百锭。未几,授南雄府通判。郡民惮徭役,逃窜者多,建悉诏使复业,仍奏蠲其逋负。丁内艰去。服阕,值闽浙之交,民盗银矿争斗,廷议处州府增设通判一员专莅之,遂除建以往。既至,首为平其力役,民以宁谧,银课亦不劳而办。闽寇邓茂七侵掠浙境,建分守龙泉,偕其子黼躬擐甲胄,率民兵与贼抗者数月,斩首五百余级。尚书石璞复檄建除其余孽,建直捣其巢穴,获其男妇之被虏者二千余人以归,其他胁从者悉散遣之。景泰中,以功升本府同知,食三品禄,越二年,迁浙江按察司佥事,专提督银课,寻致仕,卒。

韩弘字士毅,福清人。永乐举进士,授户部主事,历永平府同知,以绩最升扬州府知府。为政恺悌正直,郡民怀其惠。满秩,升浙江布政司参政。景泰初,三上章乞致仕。卒年八十三。

吴复闽县人。由知印授大明府丰济仓大使。正统丙辰以荐者擢知吴县,有治绩,升工部主事。累官通政司右通政,寻迁工部右侍郎。天顺甲申乞致仕归,卒。复莅官淳厚明敏,卓著能声。

隐逸

〔唐〕

陈粲字德宣，福清人。唐水部郎中，早厌荣宠，归隐于弥勒小隐岩读书，人罕见之者。

〔五代〕

王仁缋福清人。闽王审知闻其贤，命试大理评事，仁缋耻伪命，固辞，隐居龙山终其身。

陈贶福州人。志操古朴，不苟仕进，居庐山三十年，学者多师事焉。时南唐主以币致之。贶布裘鹿𫄧，进止闲雅，因献《景阳台怀古诗》，南唐主称善。欲授官，固辞。赐粟帛，遣还旧隐，卒。

〔宋〕

余咸熙闽县人。性尚凝简，操履纯洁，乡邦称为长者。少应举不得利，遂闭户穷经，以道自娱。终于家。有文集十卷。

蔡蒙叟闽县人。博通古今之务，养高不仕，弟子从远方至者常满其门，谏议陈从易洎里中显达者十余人，皆北面焉。郡守李欣荐干朝，授州助教，非其好也。年八十余卒于家。号“贞白子”。著《绳子》三卷，凡五十七篇，行于世。

刘弁字昭伯，侯官人。光禄卿若虚之子。隐居不仕，乡人号曰“隐君”。后以州郡荐，强起之，授将仕郎、大理评事。

陈则之侯官人。有文行，养高不仕，惟以著书为业。一乡之人莫不厉操改行。弟象，天禧中登进士第。

湛俞字仲谟，闽县人。景祐中举进士。累官屯田郎中，为本路转运判官。年五十休致，居于闽之馆前，乡人因名其地为旌隐坊。寻复迁于城南宿猿洞，三召不起。刘康夫为撰《山居记》。

王伯起仁绩玄孙也。少游京师，受经于王安石，学文于曾巩。枢密曾孝宽闻其贤，延而馆之，奏授将仕郎，试国子监簿，以假承务郎授严教授，然非其志也，力辞不就，解官归。自号“西室先生”。一时名人若江公望、陈瓘皆与为友。

刘涣字孟潜，侯官人。太子洗马仲甫之孙。隐居北溪，以歌诗自娱。元祐中，乡人千余交荐其才于郡守许懋，乞以应逸民之诏，懋闻于朝，涣力辞不就。自号“北溪翁”。

邵清字彦明，古田人。元祐间，太学诸生有“十彦”之号，清预焉。尝从张横渠学《易》。崇观间还家，遂不复出。筑室先茔之侧，聚书千卷，角巾鹤氅，徜徉其间。有故人为河南尹，归闽，使人召之，清曰：“是子欲以富贵骄我耶?”卒不往。在乡党，无贤愚皆知敬惮，不敢以名字称之，因其尝应八行举，故呼为“八行先生”。晚年颇好观道书。年八十四卒。

林抟[12]字图南，福清人。举八行入太学，政和五年中特科，授楚州参军，不赴。退隐于灵石九叠峰之下，乡人因目为“九峰公”。抟好鼓琴，尝欲学琴于皇甫道士，道士却之。归至余杭，闻道士死，涕泣呕血不食，曰：“此音绝矣!”不远千里返吊之，未入门而恸，时道士实无恙矣，感其意因授以琴法。抟天性豪逸，尝有谒者以琴请，即携出户去，遇可其意者，始为一鼓。徽宗三召入内，为鼓《悲风》一曲，上恶其名，不乐而罢。有琴谱三卷，诗二卷。(图南，一本作“冲南”。又按《科名志》特奏名并无抟名，未详。)

翁亢字柔中，熙载之子也。有豪侠气，喜谈前辈行事，亦能诗。林光朝尝语人曰：“此翁丘园五十年，城市人尚鲜有知其名者。”

魏几字天随，福清人。师事林光朝。潜德不耀。其昆仲有雪堂、天游，亦名士也。

刘世脩字景周，长乐人。性恬退，不乐仕进。尝授承信郎，监行在赡军激赏库，寻弃归。留意黄老之术，建德闲堂，旁构数亭，列植花果竹木，日与文人羽客觞咏谈玄，不预人间事。其妻兄陈自强与韩侂胄有师友之旧，不数年位至宰相，以有道辟世脩，力辞不就，因号“慧观翁”。后自强败，世脩得不与其祸。年八十端坐而逝。

林公遇字养正，瑑之子也。曾祖遹，龙图学士，祖埏，知沅州，与瑑三世皆早退。公遇性孝谨恬退，初以父荫补宁化尉，不忍舍朝夕养，乞奉南岳祠。及父丧服阕，调建之户曹，复辞不就，乃营精舍以居，匾曰“寒斋”。研思道理，深入奥趣，而不自以名家；考论古今，具有方剂，而不施之用世。闺门雍睦，赡给宗党，里闾视仿，薰为善良。肥遁山林者二十年，一时名公卿若李韶、方大琮、赵以夫、杜范皆极力荐引，终不起。既而诏复荐之，朝廷重违其意，改合入官，主管仙都观。及卒，学者私谥曰“文隐”。所著有《石塘闲话》、《求心录》数卷。弟养直亦有至性，母没，养直兄弟惧戚其父，服勤左右，跬步不离，每夜阑烛尽犹不忍退。

林几复连江人。学问该博，时人号谓“书橱”。隐居不仕，学徒甚众。

李元誉字子真，古田人。以布衣召，除国子录，不起。

郑伯渊号秋浦，罗源人。淳祐中为乡先生，邑青衿半出其门。性好义，乡邻有急虽暮夜必往，不顾利害。咸淳六年，邑大旱，伯渊时年已七十余，躬履险阻，至福源潭为民祈祷，翌日大雨如注。明年又旱，亦如之。邑有三溪，岁久中溪壅塞，水无所泄，邑人以为患，伯渊捐金发粟，协众力浚之，溪流复旧。居民感其德，尝有诗曰：“十里清溪流活水，连村绿稼有甘霖。罗川野叟千年史，秋浦先生一片心。”然也。

〔元〕

林仝字子贞，公遇之子也，与弟合俱有隐操[13]。植梅百株而结庐居于其间，兄弟爱敬有如父子，闺门之内雍睦无闲言。至元中，台郡上其行义，诏征其所著，命之以官，兄弟并辞不就。有《小孤山人》等集行于世。合字子常。

〔国朝〕

吴海字朝宗，闽县人。在元季以学行著称，顾时方绎骚，遂无仕进意，一时名人如贡师泰、林泉生、蓝晦、王翰皆重其为人，深敬畏之。国初，部使者欲荐于朝，海力辞。家居采摭古今孝子、顺孙、节妇、烈女，及兄弟之相友、娣姒之相宜者，附以感应、祸福各为一卷，以贻闾巷小人、妇女、童稚，使诵而习之，名曰《命本录》。又著书论杨、墨、佛、老为六经之贼，管、商、申、韩为治道之贼，遗事外传为史氏之贼，芜词蔓说为文章之贼，欲上之人悉取其书而禁绝之，使天下晓然知正道之当趋，名曰《书祸》。平居喜闻过，因扁其接宾客之所曰"闻过斋"。尝慕邹鲁士风之厚，欲徙居之而不克，因以"鲁客"自号。为文严整雅奥，一归诸理，有《闻过斋集》行于世。

欧道江长乐人。博学洽闻，时誉大振，四方从游者无虑数千人。卒，门生刑部郎中王坚致仕归，为营墓葬之。

郑炎字以明，怀安人。性淳谨。隐居教授，暇则课僮仆耕稼，不慕营利。其大父潜，尝创义学于瓜山之阳。炎每值朔望，必幅巾深衣，率诸生致敬于先圣先师。平生一语不妄发，时人以迂目之，而炎自信益笃，至老不少变。

蔡以俊福清人。少颖悟，凡经史诸子靡不该洽，至老手未尝释卷，人号曰"蔡书橱"。隐居教授，不求仕进，卒年八十。

林绍字淳裕，长乐人。能诗，尤工于五、七言长律，邑人王恭、王坚交章荐于朝，天官下郡邑征之，竟不起。其诗有集曰《林泉清响》，藏于家。

陈亮字景明，长乐人。好文工诗，不屑仕进，家居作储玉楼、沧州草堂，日与名士高廷礼、王恭、周玄辈往来倡和，又与三山诸耆彦为九老会。号“沧州”，又号“拙修翁”。

黄童字仲器，古田人。三岁失怙，稍长事母尽孝，自知奋厉，笃志于学。永乐中，以楷书征入文渊阁缮写《大典》。书成，当拜官，思母老，遂乞恩终养。后累征不起，以寿终。

寓贤

〔陈〕

虞寄会稽人。陈初入闽。时郡守陈宝应性反覆多变诈，志在乱常，寄屡谏不听，遂隐居东山，杜门称疾。宝应怒，遣人焚其舍，寄安卧不动，纵火者寻自救之。至今人犹目其处为“虞寄庵”[14]云。

〔唐〕

韩渥字致尧，京兆万年人。龙纪元年进士，官至翰林学士承旨。昭宗时，朱全忠忌其薄己，斥于上前欲杀之，以郑元规救解乃止。累贬邓州司马。天祐初，复召为学士，不敢入朝，挈其族南依王审知，号“玉山樵人”。

周朴字大朴，吴人。唐末羁泊于郡，黄巢入城，得朴将用之，朴曰：“我为处士，尚不仕天子，安能从贼？”巢怒斩之，涌白膏起数尺，后人为立庙祀焉。

〔五代〕

张睦固始人，从王氏入闽。及审知封琅琊王，授睦三品官，领榷货务。睦佐审知甚忠，能于扰攘之际，雍容下士，招来蛮夷商贾，敛不加暴，国用日以富饶。后睦卒，以薛文杰代领其事，多察民间阴事，致富人以罪，籍没其资，闽人怨苦，思睦之德政，乃塑像祠之。宋开宝中，吴越王钱氏请于朝，赐审知谥“忠懿”，为立祠，遂以建州刺史孟威及睦配享庙廷。长子庑，字居仁。性孝友谦抑，弱不好弄。仕闽为殿中侍御史，弹劾百辟，甚有风裁。及王氏政衰，遂谢事归田里，立宗法，建祧庙，修祀事，乡邦式之。

〔宋〕

郑居津字知要，河南人。高宗南渡，随徙入闽，仕终浙东路提举。居津性鲠直，在官遇时政有不便者辄抗疏论之，不避艰险，致政卒于家。黄干尝祭之以文曰：“职司提举，惠及困民。封章两上，可谓贤臣。”

李纲邵武人。建炎元年入相，仅七十五日，为侍御史张浚所劾，遂以观文殿学士提举杭州洞霄宫；浚章再上，乃落观文之职，依旧宫祠；浚章三上，命纲鄂州居住，寻移澧州；复累谪万安军安置，寻听自便。绍兴初，寓居福州。安抚韩世忠平建州贼范汝为，初疑城中人皆附贼，欲尽杀之，纲驰见世忠，曰：“建州百姓多无辜。”城破，世忠令民自相别，为贼胁从者汰遣，独取其附贼者诛之。及师还，父老请为立祠，世忠曰：“活汝曹者，李相公也。”既而除纲湖南安抚使；三年，复以祠禄居福州；四年，浚谪居福州，服纲忠义，遂除前隙，更相亲善。及浚召还，纲因以奏疏附进，上降诏奖谕。浚又数于上前言其忠。五年，命为江南西路安抚制置大使。七年，复提举洞霄宫。十年，卒于福州寓舍矣。

〔元〕

郑潜字彦昭，歙县人。元至正中为福建监察御史，擢廉访使，后以泉州路总管致仕。寓居怀安之瓜山，买田建义学以教育后进。又立白苗、杨崎二渡，买田以给操舟者之费，人利之至今。(一本云为海北廉访司副使。)

艺术

〔宋〕

陈克勤福清人。善鼓琴，尤长于诗词。同县人陈杰字希古，尝学琴于林抟，亦有名。

林文韬字崇孟，文昭之弟也。精于星历，尝论《史记历书》与汉《历志》皆书汉太初元年丁丑岁，而二说不同，盖《史记》所述乃颛帝历，汉志所述乃黄帝历。有《历集》。

张宏图字巨济，福清人。精于星历，尝论宋朝记礼者多讹舛，因著《大礼记》数卷及《万言书》诣阙上之，大概论祀天神位次之失。复上书论太子星因及皇嗣，赐官保议郎。嘉泰间，复上书宁宗，以慈懿太后攒陵（今在湖曲湖上）宴游，岂履霜露之义？宁宗感悟，沉御鹢于水，转官一秩旌之。（《杭州志》以巨齐为名，宏图为字。按县志谓宏图绍兴间诣阙上《大礼记》，《杭州志》谓嘉泰间上书，宁宗绍兴、嘉泰相去六十余年，窃意“绍兴”或“绍熙”之误也。）

林霆福州人。尝作《致日经》，推阴阳历数以资占决。金华吴荣有诗曰：“昔在江左国，闽人有林霆，白衣召上殿，口诵《致日经》。”

杨士瀛字登父，怀安人。精通医学，尝著《活人总括》、《医学真经》、《直损方论》行于世，学者宗之。

〔国朝〕

钟志字汝持，闽县人。精地理之术，亦善楷法，得欧阳询笔意。为人刚中少容，片言不合，辄拂袖去，不肯脂韦澳忍，徇人以求所欲；或时面折人，颜发赤不少恕。然动止必依礼法，与人交不以势合，不以和迁，食或不充，略不戒于意。人尤以是重之。自号“乐寿山人”。

郑浆字孔济，长乐人。攻医学，其诊脉能知三五年后生死，活人甚多。亦能诗。

林景时长乐人。善画山水，尝召入京，归，士大夫多重之。

朱宗明福清人，徙居长乐。性耿介不屈。善鼓琴。永乐初，征至京师，未几卒，赐棺衾给驿而归。家贫不能葬，其徒马驿率士流为营冢圹。

陈廉字平叔，福清人。少聪敏，嗜古法书，构醉墨堂并云山不碍楼，学书其中凡二十年，篆、籀、草、隶皆尝究意，而草、隶尤为当时所重。性简伉，不该于俗。贵游豪侠多踵门求书，弗屑与之，遇故人家有楮墨当其意，即解衣挥洒，累数十纸不吝，人得之以为奇宝。号“黄山翁”，又号“雪篷散人”。林鸿、高廷礼、王恭、周玄诸名士皆有诗美之。

郑环福清人。父麟自将乐徙居邑之海口，以画名于时，亦能医。环世其家学，而医术尤精，人有求诊视者辄应之，贫者即施以药，不少吝。郡邑嘉其贤，荐任医学训科。

烈女

〔五代〕

石氏二女长名月华，次名雪英，罗源人。幼猎涉书史，父母俱早丧。五代时，处州青巾贼起，二女皆妙年有姿色，被俘，偶行临深渊，月华曰：“我誓不受辱！”遂投之而死，雪英亦继焉。二女既死而精爽弗散，后皆为神。

〔宋〕

利氏女古田人。父卒，无他兄弟，母独与女居，家资甚丰厚；女之从兄公谦，一夕乘间杀其母，尽挈其资以去。女逃匿得免，誓必为母复仇。因削发为尼，周历四方物色之，至处州及湖南遇焉。时公谦方击毬，不之觉，女走诉于州，获之，郡守感其孝，为械送福州，置之法。事在建炎、绍兴之间。

林氏仙游人，知县涣之女，枢相侯官陈韡之妻也。知书能文，有丈夫志。绍定间，寇陷汀、邵、延平诸邑，韡起复守延平，兼招捕使，林氏以书与韡约，曰："死则同死！"遂毅然赴官所。邦人感激相告曰："太守犹携家为死守计，我辈何畏？"有从韡奔走王事而妻子无依者，林氏皆延之州宅，日与游处，其子则与己子同学，人无不尽死力。未几寇平，人谓林氏与有力焉。

黄氏闽县李氏母。夫死誓不改节，朝廷旌表其门。

施氏闽县曾氏母。夫亡守志，诏旌之。

林氏福清人，福建招抚使刘仝子之妻也[15]。其父公遇知名士，宋末仝子起义兵，后亡命自经死。有司执其妻具反状，林叱曰："林、刘二族世为宋臣，欲以忠义报国，事不成天也，何为反乎？汝知去岁有以血书壁而死者乎？是吾兄也！吾与兄忠义之心则一也。死且求治汝于地下，可生为汝等凌辱耶?!"遂遇害。（按：此《宋史·本传》文也，传又谓仝子起义兵事见《林仝传》；又林氏谓"去岁有以血书壁而死者，吾兄也"，考之《宋史·列传》，并无所谓林仝者，惟《林空斋传》云"父同官至监丞"，又云"空斋啮指血书诗于壁，不屈而死"，则此林氏盖同之女，空斋之妹也。又谓空斋与刘同祖等即其家开忠义局起义兵，正与林氏夫刘同子起义兵事相合，窃意"仝祖"即"仝子"，声相近而讹，而此所谓见《林同传》者，当谓见《林空斋传》而误耳。但此谓林氏福清人，父名公遇；彼谓空斋永福人，父名同，则不可晓。因考《福清县志》有林公遇者子亦名同，然隐居终其身，又窃意彼所谓林同官至县丞者，实永福人，传者因其名与公遇之子同，遂误以为福清人，又误以为公遇之女耳。大抵宋末无国史可据，史臣多得于传闻之言，如空斋之名犹且失之，况其他乎？臆度之见，未知然否，姑附志于此以俟博闻者质焉。）

〔元〕

刘氏前行省都事贾讷之母，寓居本路录事司元台育德坊。大德二年旌表。

王氏怀安人。归为同邑吴氏妇，年二十有九而寡，守志不二，大德五年旌表门闾。

陈氏名三，长乐人。嫁同乡柯宗实，其父希亮有末疾而嗣子又微弱，陈氏虽适柯，犹经纪外家事。至正二十年，海贼劫石梁，宗实适在县郭，陈氏治任将逃避，念其父疾弗能远致，奔往省之，与贼遇，执焉。陈氏且行且骂，贼怒，乱捶之，驱至舟置之篷上，使其徒守之。时柯族有童孙枢亦被执，陈氏指以语贼曰："是儿，吾伯氏之子，伯氏早死，惟一儿在，儿怀有金，幸赎儿命。"贼因取其金。置儿大桶中，浮之江，去数篙地，儿闻贼舟喧呼有声，盖是时陈氏已赴水死矣。其父卧中见其女至，呼弗应，心疑之，及枢归，具言其状。贼退之明日，尸逆流而上，止石梁峰旁，宗实验其背有黑子，乃恸曰："是吾妻也！"舆归敛之。时陈氏年甫三十，生一男一女，其一方弥月云。

林氏女福清人。年十九，贫不能嫁。至正末，乌寇剽掠其乡，因避地东郭外，时行省命元帅达吉拥兵镇福清，将卒暴横，莫敢谁何。林之邻有少年慕其色，求之而不得，乃以语军士，达吉令其伍长强林父以聘。父怖，度不能免，欲许之，林誓不从。俄而军士群至，林泣曰："古者嫁娶必以礼，今乃欲以威而劫夺之，吾有死而已，决不能为若妇也。"军士以白，达吉亲往谕之。林曰："儿诗礼家女，宁能为军妇乎？且人各有志，不可夺也。"达吉高其节欲自娶焉，乃使人微风之，林执志益坚，达吉知其不可犯，遂舍之而去。士君子多赋诗美之，有曰"一女三军无夺志，二乔千古有羞颜"。

余氏古田人。乡贡进士李仕远之妻也。夫亡无子,誓不易节,以其田产付诸伯叔,抚其卑幼犹己子。每曰:“我死,汝诸房祀我,则我亦有子孙也。”卒以志节著于乡。

林娥古田儒家女也。时邑有建寇之警,民皆避地山间,娥为强暴所迫,露刃临之,欲加污辱,娥毅然不屈,遂遇害。众义其节,为擒贼,收尸葬之。

陈氏名道回。古田蒋国秀妻。至正十三年,红巾贼攻破县治,国秀亲族俱被杀,道回见太姑苏妙仁为贼所擒,恳告愿代其死,贼杀其太姑,执道回,义不受辱,自刎而死。邑上其事于朝,旌表其门。

〔国朝〕

林氏闽县人。嫁为方山黄氏妇,年二十有五而夫卒,子智犹在乳,誓不再醮,抚智成立,为延平府儒学训导。郡人高廷礼为作《方山节妇歌》。

陈氏侯官人,浙江理问林育之妻也。育卒于官,子甫三岁,陈氏年未三十,孑然一身,扶柩南还。育之兄弟见其盛年子幼,欲夺其志,陈氏以死自誓,终身未尝一出户庭。

余氏怀安人。其夫黄应早卒,余氏年甫二十三,子安方二岁,宁才数月,而舅姑俱老,余氏竭力养老抚幼,誓不复他门。后舅姑卒,丧葬悉尽其礼。念夫家无可恃赖者,乃挈二子依其父仲鲁以居,俾从师受学,安学成,复遣入郡庠,后登进士,官至吏部主事。

林氏侯官人。介甫之女,适怀安人何旻。旻卒,林氏年甫二十九,子琼始生三月,抚之成童,择师教之,力纺织以资其费。琼既长,领乡荐第一,寻登进士第,官至吏部主事。

陈氏、许氏怀安刘氏二子妇也。陈氏年二十九,夫伯元卒于官；许氏年三十，夫伯亨卒于家。诸孤尚在孩提，家业日替，二妇乃相与尽心竭力抚教诸子，冀以绍先业，诸子若稍有违色，辄加笞捶不少贷。故伯元一子、伯亨二子皆业儒，人称为刘氏二贞母云。

王氏长乐人。适林以德，年二十三而孀。时舅姑年老，子孔居尚幼，其兄怜其少寡欲夺而嫁之，王氏毅然誓养老守孤，不易其操。后孔居长，为娶妇戴氏，亦夭卒，生二孙，长三岁，次方晬，又躬抚之。家贫，勤于女红以赡其衣食，又资遣从贤师游。洪武二十八年，有司请于朝，旌之。享年九十有九，见其曾玄焉。

赵氏名耆，连江人。父彦昌，家法严整，赵氏少熏染，动有礼则。及笄，归邑庠生陈宝，事姑甚孝谨，年甫二十一而宝卒。所亲有劝其改志者，赵氏曰："妇以从夫死为烈，能养姑为孝，吾无子当从夫死，以姑老无他子女，故苟生以图孝耳。吾可死，志不可夺也！"言者大惭。后郡邑状其志节请旌之，命未下而卒，年七十有二。

王氏福清人。前监察御史邬孟妻也。孟居官在洪武间，廉介忠谠，有闻于时，尝以诖误将置重辟，王氏击登闻鼓，乞入官为奴，以赎夫罪，诏赦之。一日，孟所鞫囚有窃入其家，置白金二锭于桌而去，王氏方栉，闻有声即持发呼而追之，适遇逻者，为获其囚于官。未几，孟竟卒于非命[16]，其友户部员外郎同郡张瑶敛其遗骸，将归，王氏止之曰："幸少留，妾亦从吾夫归矣。"乃悉偿其夫债负，沐浴更衣自经而死，瑶遂并归其骸，合葬焉。永乐初，前监察御史赵明上其事，请旌之，并乞付史馆以备采录。

卢氏名佳娘。福清人。年二十三适邑人李广，家室甚宜。甫十月，广以暴疾卒，卢氏号恸，绝而复苏，见夫之口鼻有恶血出，悉舐而食之。既殓，每哭辄僵仆，家人相与抱持，宽譬之，若不知者，但曰："吾敬从吾夫于地下矣！"家人恐，晨夕防守不辍。积五六日，卢氏稍起治家事，若自宽然，由是防之少懈，乃潜入寝室自经而死。时洪武十八年也。

倪氏福清人，名文。夫曰游政。政多病，倪事之甚谨。及病革，顾谓倪曰："吾病必不起，不得为孝子矣，汝能为烈女乎？"因手书"烈女不更二夫"示之，倪泣不能答。既而政卒，卒之时口鼻皆流血，倪悉为舐之。每哭诵，顿绝方苏。至夕因更衣哭于别室，及明，家人怪其久无声也，亟启户视之，则已自经死矣。时年二十有二。

陈氏福清人。季之女，魏佑保之妻。年二十六，佑保病。邻妇有改适者，盛服过其门，佑保因谓陈曰："我若死，汝亦似此人乎？"陈答曰："彼禽兽之行，吾岂为耶？"遂与佑保誓欲同死。及佑保卒，陈抱其幼女哭，与之诀。姑觉其意，解之曰："汝幸与我共理家事，徒死何益？"陈曰："姑自有季子在，妇人何为？"既而复绐曰："敬如姑命。"姑遂不之疑，翌日乃窃入寝室自经死。

方氏名惠女。永福人。年十八适福清林愈，仅一年而愈卒。惠女葬愈，因营双窀为同穴计。愈父母早亡，无期功之亲，有慕其容色欲胁而娶之者，惠女遂还依父母以居。又数岁，父母卒，弟镆甫四岁，惠女抚之至于成人，后镆出为浮梁主簿，复抚其侄洵。年六十三卒，镆归，乃奉柩与愈合葬，盖从其初志也。

黄氏名三小，闽县人。年十六适永福民方鸾，未四载鸾卒，黄氏号擗不食三日，自刎而死。时洪武九年也。

王氏侯官人沂之女，年二十一归闽县杨源为继室。逾二载源卒，或劝之他适，辄号恸指天自誓。抚源前室子澄如己出，勤女工以养老姑。后澄领乡荐，典教诸暨、盱眙，俱迎王氏就养。翰林修撰王钰匾其堂曰"甘节"。年八十二卒。

李氏名瑢。闽县人进士荣之姊，归邑人陈绍惠。生子宽甫周岁，绍惠病笃，顾谓李曰："吾如不起，尔能保吾后乎？"李指天誓曰："如有不能保者，天诛之。"绍惠卒，李年二十有七，昼夜治女红以供祭祀，养遗孤。后宽亦卒，李抚诸孙以居。今年已七十有七矣。

吴氏名贤。侯官人。嫁为闽县赵总妻。年二十七，总卒，姑疑其有异志，忧形于色。吴揣知其意，泣曰："既为赵氏妇，义当为赵氏守，况又有老姑幼子乎？"恶笄垢服，日为乡邻女子师，暇则躬纺织以给二子为学。后长子正领乡荐，次子曾举明经，同赴京师，吴谕之曰："若得官江南，可便道归视，吾明年秋必从汝父于地下矣。"正授电白县学训导，曾授本郡学训导，抵家省视，吴已得疾，相见数日而卒，人以为异。

许氏侯官人卢建之妻也。年二十五而寡，子生甫三月，自誓守节以养舅姑。子既长成，为娶妇，越二年子亦早世，其妇年方十有九。许氏哭谓之曰："吾寡居鞠一子，今不幸夭亡，而汝复未有所出，吾将焉依？"妇仰天誓曰："谨奉姑以终天年。"后许氏年六十二而卒，生事葬祭皆以礼，迄今不改其操云。

吴氏名英。怀安民至高之女，适邑人王惟善。惟善疾笃，二子曰福，曰寿，俱在襁褓，母连氏在堂，无他兄弟可以侍养，嘱吴氏曰："吾母老子幼，身后事赖汝维持。"吴应曰："诺。"惟善卒，吴年方三十，值岁凶无所仰给，姑怜其少寡而贫，欲移其志，吴氏励操益笃，每乘月纺绩以资贫乏。后年九十，预知其终之日时，嘱二子及妇区处家务，至期无疾而终。

陈氏名本善，赵氏名贞淑，怀安徐氏二子妇也。本善夫曰明之，贞淑夫曰诚之，俱早世。陈氏生四子，赵氏无子，各屏去膏饰，同心协力经营家业，操履无玷。明之元孙景华居父忧，治丧营墓过毁亦卒。妻丘氏名淑吕，年方十九，一子钦，未周岁，亦矢志不二，乡人称孝友贞节独推徐氏一门为盛。

陈氏怀安人。归于林志学，年二十六孀居，子文贵方四岁，舅垂白在堂，陈氏仰事俯育各尽其道。后五年舅没，丧葬如礼。既而所居屋毁，陈氏携文贵侨寓外家，勤生植业，抚而教之。既为毕婚姻，仍归夫族构屋以居。卒年八十有六。

郑氏名妙玉。怀安人。归为同邑杨英妻，英夭卒无子，惟一女甫四月，家复贫窭，妙玉坚守妇人一醮之义，资机杼以自给，抚教其女有归。初孀时年甫二十有四，迄今年已七十有八。

潘氏名元小。长乐人。少读书知大义，年及笄，父卒，母许妻同乡林佑。佑父以罪流远方，不得已与潘氏绝婚，取原聘财为路费，挈佑偕行。母欲别议婚，潘氏曰："初已妻林，则林妇也，岂可以颠沛而二其心哉?"既而母卒，潘氏依伯父以居。里有许姓者为邑隶兵，窥潘氏孤弱，乃出其妻，欲强委禽焉。潘氏不从，许诉之，逮至官，潘氏词严义正不少屈，县令王遵道嘉其处子有志操，坐许罪。适佑亦还家，潘氏竟归之。士大夫高其节，多歌咏其事。

金氏名善观。定海千户所百户旺之女，归本所正千户汤泉，生一子曰铭，方七岁而泉卒。善观时年甫二十有五，即断发以死自誓，资蚕桑纺织以养姑。姑病，昼夜扶持不少离，汤药必亲尝，复晨夕吁天，求以身代。姑卒，鬻资装以给殡葬，恸哭几丧明。事闻，表其门旌之。

刘氏福清人。适陈敏，年二十四敏卒，子绪犹在腹。刘氏誓不二夫，教绪读书业儒，娶王氏，生孙选甫三岁，绪夫妇相继而夭，刘氏又抚选成立，年六十八而终。

林氏福清人。邵舜民妻。年二十五而舜民卒，子德洪甫二岁。林氏寡居，抚教其子，志行坚白。德洪亦早卒，妇陈氏年二十七，孙二人，嫡曰绳，庶曰矩，皆五岁。陈氏守志事姑三十余年，其孝不少衰。绳、矩既有立，而绳二子曰逵，曰远，矩三子曰巡，曰选，曰达，皆循循克世其家。君子谓此天之所以报二母也。林氏年八十有六卒，陈氏今年亦六十有四矣。

林氏名珠小。福清人。年二十适李彦祥，甫三载彦祥卒，子该方二岁，家复贫，珠小纺织以资生，养太姑林氏及姑陈氏无违礼，教其子能不坠其先。彦祥之兄亦早卒，二子曰语，曰讷，皆幼，珠小视之犹己子，人无间言。今年六十有八。

林氏名懋娘，福清人郑玄妻也。年二十而嫁，嫁逾年而夫卒，无子，力贫养舅姑以终其身。又同县人余氏，乡贡进士许绅妻也，年二十七而夫卒，亦无子，自誓守志以终其身。

陈氏福清人。适翁务，年二十九而寡，抚幼子坦，誓不再醮，卒年七十四。坦妻林氏，年二十七而寡，事姑养生丧死俱尽其道，抚三子曰锐，曰铣，曰鉴，俱底于成。今年亦七十有五。士大夫匾其堂曰"重贞"。

赵氏名妙琉。古田民友拳之女，适同里民曾缙。缙卒，妙琉年二十五，男鼒甫一岁，舅姑年老，妙琉誓不再醮，执妇道终始如一。正统间寇乱，舅姑为贼所击，妙琉冒白刃，求代其死，贼怜之而去。既而家业尽厄于火，妙琉奉舅姑居草庐，纺织以资养，志操愈厉。姑尝遘疾危困，妙琉刲股肉疗之。舅姑卒，丧葬并举无违礼。有司以闻，旌其门。

李氏名妙贵。古田民彦初之女，庠生邓扬宗之妻。扬宗与父俱卒，妙贵年二十有四，男灼生甫三年，族人利其产，讽之使再嫁，不从，则夺其奴婢以逼之，妙贵曰："身可杀，节不可改也！"灼既长，娶妻得孙男三，乃遣其长孙机入学，以继先志。后以寿终。

沈氏名妙孟，古田李拳妻也，年二十四而拳殁，子基甫周岁，姑怜其少寡欲嫁之，妙孟不从，执妇道益谨。姑殁，丧葬并无违礼。基既长，从军观海，妙孟茕然独居，执节弥固。县令杜永济每断失节妇，必令拜于其家，以激励风俗。

罗氏名妙应。古田民以清之女，邑庠生汤琳之妻。年二十一，琳以事将之京，时妙应未有所出，惟庶生一子理，甫八岁。琳语妙应曰："吾兹行未卜得生还否，汤氏止吾一身，万一不幸，子将奈何？"妙应答曰："君何为出此言耶？理非吾子乎？"后琳果不还，妙应誓不易心，抚理不啻己出，卒底成立，以继宗祀。年七十八而终。

苏氏名琇姑。古田人。父坡以适同邑林濡，年二十四而寡，子洪甫三岁，母怜其少欲嫁之，琇姑誓志不从，且曰："若强我，必殒于尺组之下。"母惧，不敢复言，卒全其节。

林氏名玳小。永福人。适翰林检讨王偁之次子拱，生子枢方八月而拱卒，时林氏年甫二十有一。刻苦励操，备尝艰阻，教枢底于成立。年七十而终。

林氏名寿娘。罗源人。年二十其父安以适同邑人饶建。甫半载，建遘疾濒危，顾谓寿娘曰："吾殆不起，汝年少，宜事他人。"寿娘答曰："君如不讳，妾忍独生乎？"及建卒，殡殓甫毕，即自经死，遂与建同穴葬焉。乡人至今称其贞烈。

王氏闽县杨和生妻也。和生夭卒，王年甫二十有八，一子尚幼，家贫，纺织自给。或劝其改适，王泣曰："夫既早世，吾不能守其孤而改适，其何以自立于天地之间乎？"志操弥厉，抚教其子永，后登进士第，拜监察御史。有司以其事闻，旌表其门。

潘氏闽县人。嫁为陈启妻，年二十七启卒。励志守节，教其子傅底于成立，后举进士为刑科给事中。事闻，旌表其门。

刘氏名淑馨。闽县人成德之女，归同邑李岳仅十年，岳卒，淑馨年方二十有八，家甚贫，一女甫九岁，一男甫六岁，誓志抚之，底于成立。有司上其事，诏旌表其门。

钟氏名正。闽县人。归同县林廷振甫五年，廷振殁，钟年方二十有七，二子俱幼，姑疑其盛年不能守，视之渐疏，母家多劝其更适，钟泣曰："此事非惟口不可道，抑亦耳不可闻。"抚成二子，孝养其姑，劬劳万状。后长子士渊领乡荐，任韶州训导，迎养以寿终。

何氏名容，字淑姿。闽县人。颇涉书史，给事中宣之妹，适庠生林广。年甫二十有三，广卒，男泽始生，誓死守节，后以寿终。泽娶朱氏，先母而卒，朱今亦励志守节。

李氏名尽，字淑善。闽县民茂之长女，为曾理琎之妻。年二十三夫卒，二子皆幼，家复贫甚，淑善杜门励操，久而益坚。郡守吴渊上其事请旌之,命未下而卒。将卒之日,正衣襟坐床上,召子妇诸孙为区画家事,戒以勿失和气,兄子仲贤亦趋进,淑善张目厉声曰:"此处岂汝外姓可进耶?"命扶出,正寝而终。

袁氏名妙华。侯邑民袁善女,福州中卫舍人杨浩妻。年二十六夫卒,无子,励死自守,立夫弟男光为嗣。今年七十八。

唐氏闽县人。夫陈晖早卒,唐年甫二十有二,无子,惟一女适人,以夫之侄定为嗣。后定亦卒,抚其子良默以居,今年已七十又五。同县人叶氏名敬小,夫陈泰卒,叶年甫二十有五,亦无子,惟一女适人,以夫之族人华为嗣。今年已六十有七。

林氏侯官人。夫李徽从军没于戍所,林年方二十有八,子源甫一岁,家贫无所仰给,亲族或劝其再醮,林答曰:"古人有言'饿死事极小,失节事极大',吾岂以贫而改节耶?"毅然励操,资纺织以教育其子,遂领成化辛卯乡荐第。四十余年终始一节,乡邻咸称之。

潘氏怀安人。归于闽清谢瑊,寓居郡城。年二十七而夫卒,三子俱在襁褓,舅姑皆耄老,家复贫,潘氏矢志坚守。未几,舅卒,姑患盲,潘氏朝夕扶持,亲为涤溺器。既没,奉柩与舅合葬。躬蚕绩以给诸子,其后子钫为沾化训导。潘氏年已五十七。郡守唐珣以闻,诏旌之。

陈氏名懿娘。怀安人。父塾以适吴孟恭,甫二月孟恭病亟,谓懿娘曰:"吾大父早世,赖大母梁氏守志以鞠吾父;吾父复早世,赖母陈氏守志以鞠吾;今吾病必不起,汝能以吾大母及吾母之志自期乎?"懿娘曰:"敢不如命。"孟恭卒,懿娘年甫二十,遗腹产一子,襁褓而殇。正统间,奉姑避寇归,室庐焚毁,家计荡然。懿娘昕夕蚕织以资养,复积其赢余构屋以居。今姑年逾八十,懿娘年逾六十,士君子咸称吴氏一门三代节义云。

姜氏名景。怀安人。乡贡进士冯珏妻也。珏卒于京师,姜氏闻讣几不能生。时年甫二十有七,誓不食他姓。抚教二孤,克绳家学，始终一节，冰霜凛然，以天年终。

周氏长乐人。归董氏，甫三岁夫亡，未有子，舅姑俱存，父母欲夺而嫁之，周曰："吾少读《烈女传》，知妇人以不再醮为节，善事舅姑为孝，吾知有节孝而已，他则吾不之知也。"年六十余。同邑方安、刘复全以闻，诏旌表焉。

郑氏闽县人余尚春妻也。余之先以诬隶戎籍，尚春走京师诉之。归，卒于崇安逆旅，讣闻，郑犯霜露，冒荆棘，躬扶柩以归。时其大姑及舅亦相继卒，姑且老，子方龀，郑矢心养姑。姑尝病，每夜露祷于北辰，愈而后已。家贫，三丧久不举，或劝之火葬，郑曰："火葬非礼，吾舅与夫皆儒者，吾忍以非礼处之？且其孤万一有成，宁无遗恨乎？"卒葬之如礼。及姑卒亦然。后其子亮领乡荐，授训导。缙绅匾其堂曰"孝节"，且为诗美之。

胡氏、王氏俱闽县人。陈氏二子妇也。胡之夫曰琏，早卒未有子。所亲以其年少微风之，胡曰："夫死，天也；妇人不再醮，义也；吾安可违天背义而他图哉？"王之夫曰住，亦早卒，未有子，或悯其年少劝其改适，王曰："此岂人所言乎？且吾夫嫂胡氏既不负其夫，吾忍负吾夫耶？"胡乃立其夫弟泉之子升为后，王乃立其夫兄庆之子皓为后。娣姒相依，爱如姊妹，后俱以天年终。乡人呼为"双节妇"。

黄氏闽县人。林浚妻也。年甫二十有七而浚卒，朝夕号恸，几不能生。寡居二十九年，今年已五十又五矣。事舅姑克尽孝谨，抚男女各底成立，而复能勤生植业，终始不少怠，宗党贤之。有司上其事，敕旌其门。

陈氏闽县人。乡贡士李烜妻也。天顺七年，烜会试京师，场屋弗戒于火，被焚死。陈氏闻讣号擗，绝而复苏。时年方二十有九，舅姑俱垂老，子宾甫四岁，家复贫，陈氏拮据经营，誓养老字幼以终其身，今年已五十有四矣。郡守唐珣以闻，乞旌之。

王氏名信。闽县人。翁源教谕勗之女，适福州中卫指挥刘玉之从弟琭。年二十五琭卒，未有子，抚二女，勤女红以毕婚嫁。志操凛然，年六十二而卒。

李寄娘侯官人。父富，家甚贫，故寄娘少育于黄氏。后黄氏女归怀安林继诚，遂以寄娘为媵。继诚卒，寄娘年方二十有二，生一男曰文复，甫六岁，一女甫四岁，家计萧然。寄娘励志誓不他适。黄氏令其自爨，寄娘日扫松叶以给薪，夜则纺织以供男女衣食。后男女皆成人，寄娘以寿终。

黄氏名恩。闽县人。浙江布政使泽之女也，为同县林世融妻。夫亡，恩年二十六，守节训孤，始终不谕。

林氏名绂。闽县人。父汝和以归于同邑叶惟节。惟节早卒，林氏年方二十七，纺织以养舅姑抚孤幼，誓不易志。今年已六十七矣。

张氏名锦。士祖之女。闽县人，归同邑陈贤。贤溺死，张氏年甫二十有五，逾四月，子慈始生，家复贫，舅姑垂老，张氏日则教授女徒，夜则辛勤女工以资事育。今年已八十。乡邦称为节妇。

罗氏闽县人。新河教谕泽之女也，适同邑杨珙。珙卒，罗氏年仅三十，生一子二女俱幼，罗氏力贫抚而教之。既而子复早卒，杨氏之嗣遂绝，罗氏乃依其女以居，志操弥厉。今年六十又八。

仙释

〔汉〕

庄君平《夷坚志》云："福有道人，尝见老叟，同室岁余，告之曰：'吾乃庄君平也。'取一书授之。天明，叟出不归，视其书皆修身度世之说。今但记其语云'事业与功名，不值一杯水'，又云'独立秋江水'。"

徐登福州人。《类要》云："高盖山在永泰县。昔徐登在此山得仙，与东阳赵炳斗仙术，即此处也。"

〔后梁〕

义收居万岁寺。时春不雨至五月，义收积薪通衢，将自焚，烟举而雨降。游洪州将归，民俗遮留，乃截左臂付之，曰："去！"后不雨，出以祷，果应。

〔宋〕

逸闽县人。九岁出家，至庐山依开元寺暹禅师，入室颖悟。元丰六年，诏住大相国寺，赐号"正觉禅师"。绍圣中，集众而逝，作颂曰："七十四年如掣电，临行为君通一线；铁牛勃跳过新罗，撞破虚空七八片。"

校　注

［1］万历《福州府志·人物》作"对策，指大臣权倖干政"。

［2］万历《福州府志·人物》作"护藏帷谨"。

［3］万历《福州府志·人物》作"叩阍上书"。

［4］万历《福州府志·人物》作"叩阍上书"。

［5］"之也"二字疑衍。

［6］乾隆《福州府志·人物》"道"作"遁"。

［7］乾隆《福州府志·人物》"遣"作"迁"。

［8］乾隆《福州府志·人物》"佥"作"签"。

［9］按万历、乾隆两《福州府志·人物》所载与此俱不同。万历志谓"林同，字子真，别号空斋，福清人，公遇之子也，荫官家居"；乾隆志谓"林同，福

清人，公遇子，举进士，历知县，解官家居，张世杰围泉州，起义兵复永福县”。

［10］乾隆《福州府志·人物》作“授大理评事”。

［11］乾隆《福州府志·人物》称“开成三年进士”，乾隆《长乐县志·人物》称“开成中进士”。

［12］万历、乾隆两《福州府志·人物》俱作“林搏”。

［13］乾隆《福州府志·人物》作“林仝字子贞，与弟合俱有隐操”，不言公遇子。

［14］万历、乾隆两《福州府志·人物》俱作“虞公庵”。

［15］万历《福州府志·人物》作“刘仝祖妻林氏，福清人”。

［16］万历《福州府志·人物》作“孟后竟以忤旨死”。

八闽通志卷之六十四

人　物

建宁府

名臣

〔宋〕

杨徽之字仲猷，一名仪之。浦城人。父澄，闽浦城令。徽之少工诗赋，与江为、江文蔚齐名。李氏据有江表，间道诣汴、洛。周显德中，第进士，为右拾遗，力言太祖人望所归，不宜典禁兵。太祖既得天下，将因事诛之，晋王谏曰："彼周室忠臣也。"开宝中，除著作佐郎，知全州。太宗朝诏类《文苑英华》，分命徽之编诗，为百八十卷。复上书乞置太学、五经博士。真宗即位，历工部、礼部、兵部侍郎，并兼秘书监。咸甲[1]二年，特置翰林侍读学士，命徽之与夏侯峤、吕文仲为之。徽之纯厚清素，重名教，尚风义，尝言："温仲舒、寇准以搏击取贵位，使后辈务习趋竞，礼俗寖薄。"世谓其知言。卒年八十，赠兵部尚书，谥"文庄"。

杨澈字晏如。建阳人。与亿同宗。父思进徙居青州之北海，仕周为镇赵从事。澈少为文敏速，周时为昭庆令。入宋，建隆初，举进士，调青州司户。太祖知其名，召试禁中，改著作佐郎，知渠州。江南平，改通判处州。令就曹彬分兵以行。乃单骑赴郭再兴营，谕以威信，再兴即纳符印，澈悉科城中丁锐送京师。再知淄州。咸平初，为雍王记室。景德中，充东京留守判官，终祠部郎中。子峦，淳化进士，职方员外郎。

张霭字伯云。崇安人。初仕周为蕲州刺史，建隆中除侍御史。太祖方弹雀后苑，霭亟请入奏事。及见所奏乃常事，太祖怒，霭曰："臣以为尚急于弹雀。"太祖色愈厉，引斧柄撞其口，坠两齿，霭徐拾之。太祖曰："欲讼朕耶？"霭曰："臣不能讼陛下，自有史官书之耳。"出为河中府判官。太宗立，召还，眷宠尤渥，多密启裨赞，官至左司员外郎。子峤字景山，隐居武夷。南唐主恶霭仕周，执峤赴江南。后归宋，通判歙州。盗卢绛入境，与守臣龚慎仪死守。太宗朝拜御史中丞。

李虚己字公受。建安人。父寅有清节，仕南唐至诸司使。后归宋，第进士，为衢州司理。虚己亦登第，太宗朝知遂州，以粮二千石特赐五品服。历侍御史，出为湖南提刑，徙淮南运副；累迁兵部郎中，以龙图阁侍制判大理寺，与查道等同备劝讲。久之丐外，真宗称其儒雅循谨，特迁右谏议大夫，出知河中府，召权御史中丞，进给事中，知洪州，迁工部侍郎。虚己立朝有卓荦大节，历外服，所至著吏能。亦喜为诗，有《雅正集》十卷。

杨亿字大年。浦城人。雍熙初年十一，召诣阙试诗，除正字。淳化中，命试翰林，赐进士第。真宗立，除右正言，参预《太宗实录》。书成，力丐外，知处州，召还为左司谏知制诰。时西鄙未宁，有诏议灵州弃守之事，亿言灵武之存无益，宜退保环庆，命骁将数人分守边城，则寇可就擒。会修《策府元龟》，其序次体制皆亿所定。拜翰林学士，同修国史。除太常少卿，分司西京，起知汝州，召知礼仪院，判秘阁太常寺。天禧中，拜工部侍郎，复为翰林学士兼史馆修撰。亿性耿介，尚名节，文雅雄健，学者宗之。真宗立德妃为后，欲得亿草制，亿不奉诏。卒赠礼部尚书，谥曰"文"。平生诗文及内外制刀笔共一百九十四卷。

杨伟字子奇。亿弟。清慎文雅。景德中进士，通判单州。会巡检部卒李素合州卒二百余人谋杀巡检使，入鼓角门，州将不敢出，伟挺身问曰："若属何为而及？"俱白："将有诉于州，非反也。"伟曰："持兵来，非反而何？若属皆有父母妻子，以一朝之忿而欲鱼肉之乎？"悉令投兵坐，籍首恶得十余人斩之。累迁兵部郎官，同修起居注，命知制诰，权谏院。尝曰："谏臣宜陈列大事，细故何足论？"皇祐中，拜翰林学士，祀明堂，判太常寺，为群牧使兼翰林侍读学士，进中书舍人，赠礼部侍郎。

吴待问字子礼。浦城人。同县杨亿每厚遇待问，门下少年多易之，亿曰："彼他日所享，非若曹可望也。"咸平中登第，迁大理丞。亿为延誉，稍历要职，累官礼部侍郎。庆历中，子育在二府，待问以列卿奉朝请；及育帅永兴，肩舆迎养，时人荣之。赠太师崇国公。子育、京、方、充皆进士高第，同时贵显，方终翰林学士。

张泌字顺之。浦城人。父彝宪字季常，贡礼部三试不利，放怀林壑间。泌笃学，为杨亿所称。祥符中登进士，历知宝应县。庆历中，以章得象荐，召试馆阁，除秘书郎，迁丞。献《经国远猷》十篇，仁宗嘉纳，除右正言，知谏院。奏乞减后宫浮费、抑权幸请托之弊。改殿中侍御史。坐论张尧佐出知维州，移河东路察访使，未行，诏为侍御史，迁礼部侍郎、给事中，进刑部尚书，卒。泌在台，会赵元昊围延安，泌五章极论守将郭劝、钤辖李谓当斩。二人坐贬黜。及卒，仁宗悼之曰："朕方大用，不意遽亡。"赠开府仪同三司。

张沔字朝宗。大中祥符初第进士，历越州萧山尉，知青州千乘县，累迁侍御史。排击奸佞，不避权贵，端亮有操，无愧清议。

章得象字希言。七世祖唐康州刺史，及自南安迁浦城，高祖仔钧以战攻守三策投王审知，审知命为将，戍浦城。得象进士及第，杨亿荐其有公辅器。或问之，亿曰："闽士轻佚，而得象深厚有容，此其贵也。"仁宗朝迁翰林学士。时太后临朝，宦官方炽，后每遣内侍至学士院，必正色待之，或不交一言。宝元初，拜同中书门下平章事，仁宗谓之曰："向太后临朝，群臣邪正朕皆识之，卿清忠无所附，且未尝有所干请，今日用卿职此也。"加工部尚书，封郇国公，以守司空致仕，卒赠太尉兼侍中，谥"文简"。得象在中书凡八年，宗党亲戚一切抑而不进，时称简重之相。

吴育字春卿。浦城人。待问之子。举进士，试礼部第一，中甲科。仁宗朝为右正言。会赵元昊叛，群臣议用兵，育独建议宜援国初江南故事，稍易其名可以顺拊而收之，不宜亟加征讨。后竟如其言。知开封府，先去豪猾之为害者。庆历五年，除枢密副使，寻参知政事。有中使按视山东，还言寇贼不足虑，兖州杜衍、郓州富弼得人心可忧，帝将徙二人于淮南，育曰："小人乘时以倾大臣，祸几不可御矣。"事遂寝。育遇事敢言，与贾昌朝数争议上前，左右皆失色，育论辩不已，乃请曰："臣所辩者职也，顾力不胜，愿罢臣职。"乃复以为枢副。其后自陕州召判尚书省，除宣徽南院使，帅鄜延。夏人既称臣，而并边种落数侵耕为患，庞籍守并州，欲筑堡备之，育谓："要契未明而亟城，则羌人必争，争而受患者必鄜府也。"移文河东，又遗籍书及疏于朝，不报。已而夏人果犯边。改资政殿大学士，卒赠吏部尚书，谥"正肃"。

吴充字冲卿。育之弟，为吴王宫教授，独以严见惮。尝作《宗室六箴》以献。欧阳修以救胡宿之子，补外，充乞与同贬，修得复留，除知太常礼院。英宗立，权盐铁副使。熙宁初，知制诰，同知谏院。王安石参大政，充子安持其婿也，引嫌解谏职，历三司使、翰林学士。三年，拜枢密副使。王韶取洮州，木征遁去。充请招木征，縻以爵秩，使领所部为外臣，不听。进枢密使，数言安石政事非是。安石既去，遂拜同中书门下平章事，首乞召还司马光、吕公著、韩维、苏颂。乃荐孙觉、李常宁、程颢等数十人。光遗书愿变敝法，充不能用。元丰中，以疾罢为观文殿大学士、西太一宫使。卒赠司空兼侍中，谥"正宪"。充内行修饬，为相务安静，世谓其心正而力不逮。子安诗、安持。安诗元祐中为谏官、起居郎；安持为工部侍郎，终天章阁待制。

曹修古字述之。建安人。进士起家，累迁监察御史，上四事，曰：行法令，审故事，惜材力，辨忠邪，辞甚切至。尝偕三院御史晨朝，黄门二人行马不避，修古奏："前史称御史尊则天子尊，今黄门侮慢若此，请付所司劾治。"帝闻立命笞之。晏殊以笏击人折齿，修古奏其忿躁，亡大臣体。禁中以翡翠为服玩，诏市于南越，修古请罢之。时颇崇建塔庙，议营金阁，修古极陈其不可。久之，出知歙州，历殿中侍御史、刑部员外郎、知杂司事、权同判流内铨。会太后兄子刘从德死，录其姻戚至于厮役几八十人，修古与杨偕、郭劝、段小连交章论列，太后怒，皆削一官。修古出知兴化军，卒。修古立朝慷慨有风节，当太后临朝，权幸用事，而修古遇事辄言无所回挠。既殁，人多惜之。明道中，赠右谏议大夫。同县张式字景则，第进士，吕夷简罢相，辟许州观察判官，后自寿州召为开封府推官。时宫中以私财为佛寺置田，式疏以为乱法，时论韪之。

刘夔字道元。崇安人。第进士，权侍御史。李照改制大乐钟磬，夔言："乐之大本与政化通，不当轻易其器，愿择博学之士以补卿丞，凡献妄说以要进者，一切罢之。"桂阳监蛮唐和寇边，以谏议大夫、龙图直学士帅湖南，初至招降不从，乃举兵败之，进破其巢穴。复以京东盗起，命知郓州，发廪赈饥民，赖全活者甚众，盗贼衰息。大臣议欲修复河故道，夔极言其不可，遂罢。迁工部侍郎，知福州、建州，以户部侍郎致仕。英宗立，迁吏部，卒。夔好道家言，尝遇隐者，得养生术，至老强明如少壮时。前死数日作遗表，曰："吾某日死矣！"既而果然。

吴申字景山。瓯宁人。第进士，神宗朝擢侍御史。时王陶论宰相不押常朝班为跋扈补郡，申请留陶以励其节。寻知谏院，司马光、吕惠卿在讲筵言坐仓籴米事，申晃言至论[2]。后出知舒州，卒。

章衡字子平。浦城人。父沂，润州长史。衡进士第一，熙宁初判太常寺，时方议祧庙之制，衡请尊僖祖为始祖而次祧顺祖，以合子为父屈[3]之义；推僖祖侑感生之祀，而罢宣祖配位，以合祖以孙尊之义。复言"自唐开元纂《礼书》，以《国恤》一章为豫凶事，删而去之，故遇事则掇摭坠残，茫无所据，今宜为厚陵集礼，以贻来世。"从之。出知郑州，奏罢原武监弛牧地四千二百顷以予民。复判太常，知审官西院。使辽，燕射连发破的，辽人异之。尝进《编年通载》，神宗谓可冠冕诸史。进知通进银台，司直舍人院，累加集贤院学士。

陈升之字赐叔，初名旭。建阳人俨之子。第进士，累官起居舍人，知谏院，上言"三馆为缙绅华途，近遂为贵游进取之阶，请严其选"。著作郎王瓘遇殿帅郭承祐不下马，执送府，升之言："京官不宜为节度使下马。"因劾承祐骄恣，解其任。张尧佐缘后宫迁三司使，寻为宣徽使；内侍王守忠领两镇留后，求升正班，御史张升补郡久不召，彭思永论事，令穷问所从来，唐介击宰相斥岭南，升之皆极谏。迁侍御史，知杂事。凡任言责五年，所上数十百事。熙宁中拜相，请免条例司；后以使相判杨州，封秀国公。卒，赠太保中书令，谥"成肃"。升之为王安石所引用，阴助安石而阳为异同，以避清议，世谓之"筌相"。

张诜字枢言。浦城人。第进士，神宗朝为夔路转运判官，以建拓泸夷地被进用，历知泰州。先是，将吏贪功，外从羌地猎射，因起边患，诜申令毋得犯，得一人斩诸境上，群羌感悦。迁天章阁待制，知熙州。尝破董毡，斩首万级。元丰初，加龙图阁直学士，知成都府，换通议大夫，知杭州。将行，复命权经略熙河事。会灵武罢师，过阙论西事曰："彼势虽弱，而我师未锐，边备未饬，愿以岁月图功。"哲宗立，以正议大夫奉祠。

覃楶字质夫。频之孙。以世父得象荫入官，复试礼部第一，擢进士正科。哲宗时，召对论边事，称旨，命知渭州。楶阴具板筑守战之备，帅熙河、秦凤、环庆四路之师出胡芦河川，筑二城于石门峡江口好水河之阴。既成，赐名“平复城”、“灵平砦”。方兴役时夏以其众来乘，楶迎击败之。既而环庆、鄜延、河东、熙河皆相继筑城，进拓其境，夏人瞪视不敢动。既而复主将兵围平夏，建高车临城，填堑而进，不能克，一夕遁去。楶谍其驰备[4]，遣骑夜袭，直入其帐，执其统军、监军，尽俘其家，夏主震骇。哲宗连擢楶至端明殿学士。楶在□原四年，凡创州□城砦九。夏自平夏之败，不复能□[5]，屡请命乞和。楶之边功为西方最。徽宗立，拜同知□□院事，喻□□谢事[6]，授资政殿学士、中大一官使□□庄□学经、综、综、绾、綎、缜、缜，孙茇[7]盖俱列显仕。

陈师锡字伯修。建阳人。熙宁中赴廷试，奏名在甲乙间，神宗顾侍臣曰：“此必陈师锡也！”启封果然，擢为第三。历监察御史，请稽仁宗纳谏御臣之意以与治功，又乞止进士习律之令，使专务经术。元祐初，用苏轼荐，除校书郎。徽宗立，自苏州召拜殿中侍御史，疏言：“章惇厚诬司马光、吕公著，包藏祸心，至于追贬。今陛下继统，而惇犹据高位，光等赠谥未还，墓碑未复，愿早摅宸略，以慰中外之望。”又言：“翰林学士蔡京与弟卞同恶，迷国误朝，而京好大喜功，锐于改作，日夜交结内侍戚里，以觊大用，若果用之，天下治乱自此而分，祖宗基业自此而隳矣！”出知颍、卢、滑三州[8]，坐党论，监衡州酒，寻削官，置郴州。绍圣中，赠直龙图阁。

陈轩字元舆。建阳人。进士第二。元祐中，为徐王翊善，历右史，迁中书舍人，疏论：“旧制诸道帅守使者辞见之日，并召对便殿，非特可以周知利害，亦可观阅人才，今视朝数刻而退，惟执政大臣得在帝所，或经旬阅月，台谏官乃得觐，余皆无因而前，非广览兼听之道，愿诏有司如故事。”既而馆伴高丽使者被论出守庐州。徽宗立，除兵部侍郎兼侍读，尝力陈“青苗”为害，愿以清净为治，如文景之恭俭，帝颇听行之。加龙图阁直学士，知杭州、福州。

周常字仲修。浦城人。第进士，历太常博士，以养亲求教授扬州,年未五十即致仕。久之,中丞黄履荐其恬退,再起为博士,辞。已而复申前命,兼崇政殿说书,累迁起居舍人,坐救邹浩被贬。徽宗立,召为国子祭酒、起居郎,从容言:“自昔求治之主,未尝不以尚志为先。”凡所论列,类指切时弊。进中书舍人、礼部侍郎。蔡京用事不能容,以宝文阁待制知湖州。

黄寔字师是。浦城人。孝先之孙。熙宁中第进士,积官提举京西、淮东、常平。元丰末,议罢提举官,寔舅章惇属蔡确,徙寔提点开封府县镇,历梓州路两浙提刑、京东河北转运副使。哲宗以寔久为监司,议召用,曾布、林希皆沮之,移知陕州,为江淮发运副使。贺辽王登位,及境,迓者移牒来称为贺登宝位使,实报以受命无“宝”字,拒不受。还,除太仆卿,已而以宝文阁待制知瀛州、定州。朝旨籍民兵,旁郡因缘扰困,寔怀檄不下,而画其利害上之,事得寝。寔孝友敦睦,世称其内行。苏辙与寔游,因结婚。其后又与轼友善。绍圣党祸起,寔以章惇甥获免,然寔未尝附丽惇,亦不得久于朝焉。(寔,《宋史》本传云陈州人。)

范致虚字谦叔。建阳人。元祐中进士,为太常博士。邹浩以言事斥致虚,坐祖送获罪停官。徽宗立,召见,除左正言,数月间章疏七十余上。进中书舍人,充讲议司,详定官职不合,改兵部侍郎,宣和元年,迁尚书左丞,靖康初,除陕西宣抚使。金人分道再犯京师,致虚会诸道兵入援,兵败。高宗即位,徙知邓州,后贬官,寻复资政殿学士,知鼎州,道卒。

章综浦城人。楶之子。第进士,历陕西转运判官,入为户部员外郎。时中书侍郎刘逵欲渐复元祐之政,综多赞之。蔡京欲挤逵,且惎综不附己,使其党攻之,出综湖州,论者不已,差主管西京崇福宫。京再相,起大狱窜综温州。京败复官,历两浙提刑,除龙图阁直学士,知越州,辟充燕山宣抚司参谋官,后以本官致仕。

吴执中字子权。松溪人。父概,庆历中第进士,为著作郎。执中初登第,历官郡邑,同门婿吕惠卿方贵盛,不肯附以取进,凡三十余年始提举河南常平。大观中，拜御史中丞，论开封府、内侍省、京畿、秦凤违法干请，诏奖其得风宪体。又言郑居中外戚不宜居政地。初，蔡京忌张康国，故引执中居言路，执中先劾刘昺兄弟、宋乔年父子，皆京客也。徽宗语执政，嘉其不阿，康国曰："是乃为逐臣地耳。"已而章果至，执中坐是，黜知滁州，久之复为中丞。徽宗以星变逐京，言者未已，执中谓进退大臣当全体貌，京得不重贬。迁礼部尚书，为御史张克公所论，除枢密直学士，知越州。子岩夫以荫补官，亦游京门下。政和中，拜考功郎，尝为蔡卞撰谥议。钦宗时，自濠州召为左司郎中，语宰相曰："方时艰难，愿拔寒畯以求实材，毋专用虚名、窃位苟禄而已。"丞相不悦，岩夫曰："某与公为道义交，故敢献直，不然自此辞矣。"高宗即位南京，移光禄卿，时虏骑未退，率同列上章，原涓辰顺动，以副四海望幸之心。章再入，乃退保扬州。

黄齐字思贤。建安人。祖展登进士第，仁宗朝都官郎中。齐亦登进士第，历御史，除起居舍人，拜中书舍人、兵部侍郎。二蔡柄用，齐非时不见于私第。以显谟阁待制知通州。

吴栻字顾道。瓯宁人。师服之子。第进士，徽宗朝为开封府推官。高丽自元丰后逾三十年不修贡，栻以给事中往谕德意。还知开封府，进工部、户部侍郎，坐累削秩知单州。单有宓子贱、巫马期二贤祠，为请于朝，得赐额。大观初，知苏州、陈州、河中、成都府，召入奏事，除兵部侍郎，寻除龙图阁直学士，再镇成都。栻辞，上曰："卿清谨循良，故委以重地。"后知郓州中山府，卒。

黄辅国字应图，辙子。元丰中第进士，历知高邮军。时淮右旱蝗，辅国极力赈济，民赖不殍者数万。帅曹列荐，得枢密院编修官，寻以大臣荐除右正言，迁右司谏。尝论列惠民之政及学校之法，皆著为《令典》。拟改太常少卿，上亲擢为起居舍人。时有旨看详元符、元祐臣僚章疏，欲籍为奸党，辅国不奉诏，出知袁州江宁府。诏落职，知光州。大观初，知福、泉二州，召为给事中，未赴卒。

翁彦深字养源。崇安人。仲通次子。第进士,宣和初,除右司员外郎,入对极论谳狱之弊。已而以弟彦国入台,引嫌,改秘书少监,请访国朝以来诸儒论纂可传者,并以上之。盗起睦州,东南大震,彦深上言:“民有疾苦不得上闻,宜取上书人名籍焚诸通衢,下诏求直言,则下情可通,而盗可弭矣。”又言:“羽书遝至,诸路骚然,宜悉求忠臣义士列于谏垣。”其后贼平,南军凯旋,即议北征,力言出师沮盟之害。又以书白宰相,言与金人夹攻契丹非是。除国子监祭酒。时蔡修为礼部尚书,谮彦深以为元祐之学,彦深笑曰:“彼亦知有元祐之学耶?”徙秘书监。时宦者梁师成提举秘书省,彦深不肯造谒,降两官,出知济南府,改知婺州。召为太常少卿,从幸至扬州,力陈维扬无险要,宜早渡江以定基业。后归老而卒。

翁彦国字端朝。崇安人。仲通季子。绍圣中登第,累迁御史中丞。靖康之难,彦国为江、淮、荆、浙制置转运使。京师再被围,彦国领兵而东。高宗开大元帅府,檄召天下兵,未有至者,彦国屡遣使诣行府申述,至淮宁,与京西帅臣何志等誓戮力以安王室,又遣兄子挺诣大元帅请旨。一日,张邦昌使至,彦国拘之于军,以其书申于大元帅,且贻书切责邦昌。已而彦国兵至咸平县,闻大元帅屯济州,乞移近邑,及早正大号。既即位,除江南东西路经制使,卒赠少保。

周武仲字宪之。浦城人。绍圣中,第进士,历监察御史,赈济淮南饥民三十万。因劾两郡守交通内使者,以飞语促迁,出知常州,未行,除比部员外郎,两使辽,归言虏人贪诈,轻与通好,未为得计,宜讲求备御之策,上嘉纳之。累迁御史中丞。坐论童贯、蔡攸芦沟之败,谪居黄州。高宗即位,召为刑部侍郎,进尚书,谓大臣曰:“当今人才如武仲者,未见其比。”后乞祠,至扬州卒。

詹公荐字文举。崇安人。政和中,上舍出身。靖康末,金人犯阙，张邦昌僭立，素喜其才欲官之，公荐逃匿。间道至行在所，奏虏事甚详，上喜曰："卿忠臣也！"擢太常丞，迁祠部郎中，请补外，除广东提刑而卒。

何昌世字正卿。崇安人。宣和中，第进士，南渡任台州司理。时虏猖獗，官吏望风遁去，昌世独守职迎驾入城，上问曰："卿见为何官？"对曰："台州司理何昌世也。"慰劳再三，剪御衣尺许书云："朕南渡以来事未办，独汝能尽忠为国，可执此为照。"绍兴中，特改宣教郎，除大理寺丞，终司农少卿。

祖秀实字去华。浦城人。父洽擢进士第。秀实弱冠释谒第一，除国子博士。靖康之难，虏酋索米于太学，秀实叱之，酋击以剑，绝而复苏。高宗闻其名，首拜礼部郎中，既至迁左司郎中、中书舍人。每赞张浚谋恢复。时议主和，力求补外，直龙图阁、福建转运使，移广东提刑，后知衢州，召为礼部侍郎，不赴。

陈戬字冲休。松溪人。大观中，第进士，累官监察御史，随幸江浙。时统制官范琼附苗、刘，有跋扈意。戬单车入其营谕以祸福，琼颇从命。入对，除太常少卿，上疏论兵将宜节制，使之惟命是从，则寡可敌众，而虏因可破；又论节镇守臣及外补者除罢皆引对，上嘉纳，遂除给事中。上疏论当时有五失：宰执务姑息，将帅邀功赏，台谏言细务，监司守臣多犯法，内侍权渐盛，宜有以禁止之。后以宝文阁待制历知处、明、泉三州。

李宲字亮卿。浦城人。弱冠登进士第，两仟教官。高宗南渡，近臣有以宲荐者，得旨赐对，进札首尾以自治为急，即日除御史台主簿，迁监察御史。挺挺敢言，权悻敛迹。累乞外补，绍兴九年，出为广南西路提点刑狱，未几，奉祠归。

章谊字宜叟。浦城人。第进士。建炎初，通判杭州，从王渊平陈通之乱。会苗、刘为变，高宗御楼问群臣今日之事何如，浙西帅机时希孟应对失当，谊斥之。事平增秩，迁殿中侍御史，言事独存大体。邵青寇平江，谊请置水军于驻跸之地。金人累岁南侵,又献战守四策。会有诏集议明堂配享,谊言:“国家既以太祖配天于郊,比周之后稷,则太宗宜配帝于明堂,以比周之文王。”不听。绍兴二年,除大理卿,寻权吏部侍郎、枢密都承旨。奏乞选五军及诸州各为一卫,合取万人分为两卫,以竟王室。嘉龙图阁学士[9],使金军。至云中,与粘罕兀室论事不少屈。还至南京,刘豫留之,以计得归。历刑部、户部尚书。七年,高宗还自建康,除谊端明殿学士、江东安抚大使,知建康府兼行宫留守。卒谥“忠恪”。子骃、驹、驷、驔、骍、駧、驰、骃。

刘子羽字彦修。韐之长子。宣和末,以浙东帅属佐其父破方腊。后知池州,贻书宰相,论天下兵势当以秦陇为根本,除枢密检详文字。建炎中,与张浚密谋诛范琼。既而浚宣抚川、陕,辟参议军事。金人来侵,浚比至富平,遇战不利,退保兴州,子羽单骑至秦州,召诸亡将,命吴玠等分守要害,遂为利州路经略使兼知兴元府,与玠等数破敌,卒全西蜀,子羽之功居多。绍兴十一年,知镇江府兼沿江安抚使,官终徽猷阁待制,卒赠少傅,谥“忠定”。

郑㲄字致刚。建安人。政和中进士,建炎中为谏议大夫。苗傅、刘正彦作乱,㲄庭立面折二凶,拜御史中丞。时二凶窃威福之柄,肆行杀戮,日至都堂议事,㲄奏将帅之臣不可预政。及闻召吕颐浩签书枢密院事,谪张浚居郴州,㲄知出二凶奸谋,上章乞留颐浩知金陵,浚不当贬,不报。㲄遂遣所亲谢向变姓名,微服为贾人,如平江见浚等,具言城中事,以为严设兵备,大张声势,持重缓进,使贼自遁,无惊动三宫,此上策也。浚等闻之皆感激奋厉为赴难计。高宗复位,进签书,执政甫百日而卒。高宗甚悼之,谓大臣:“朕丧元子犹能自排遣,于㲄殆不能释也。”

范如圭字伯达。建阳人。父舜举第进士,终从事郎。如圭少从舅氏胡安国受《春秋》,登第授武安军节推。始至,帅将斩人,如圭白其误,帅为已署不易也,如圭正色曰:“奈何重易一字而轻数人之命?”帅矍然从之。俄以忧去。近臣交荐,累迁校书郎。时秦桧力主和议，如圭以书责其曲学悖师，忘仇辱国之罪，且曰："公不丧心病狂，奈何为此！必遗臭万世矣。"桧怒，奉祠十余年。桧死，被旨入对，言："为治以知人为先，知人以清心寡欲为本。"语甚切。后提点利州路刑狱，以病请祠。时储嗣未定，乃裒至和，嘉祐间，臣寮乞立皇储，奉议上之，即日以普安郡王为皇子，复起如圭知泉州，以裁正宗官被浸润去，僦舍邵武以居。如圭忠孝诚实得于天，其学根于经术。有集十卷，皆书疏议论之语。子念祖、念德、念兹。念德宜黄令。

刘珙字共父。子羽长子，从季父子翚学，第进士为礼部郎官。秦桧欲追谥其父，召礼官会问，珙不至，坐废。桧死召入，权中书舍人。御史杜莘老以论张去为左迁，珙不草制，莘老遂得留。从幸建康，兼直学士院。时张浚人望所属，朝廷乃以杨存中为江淮宣抚使，珙力论罢之。除翰林学士兼侍读，尝言："圣王之学以明理正心为万事之纲。"拜同知枢密院事，因言："汪应辰、陈良翰、张栻学行才能皆臣所不逮，愿亟召用。"兼参知政事。坐论曾觌、王琪与祠。陈俊卿请留之，改知隆兴府。陛辞，献六事，移荆南府，以继母忧去。诏起复同知枢密院事、荆襄安抚使，珙六上奏，恳辞，引经据礼，词甚谨切，服阕，再帅湖南，过阙入见，极论时事，进大资政以行。淳熙二年，移知建康府、江东安抚使、行宫留守，进观文殿学士，遗奏乞以近习用事为戒，愿召用陈俊卿、张栻。又手书诀栻与朱熹，其言皆以未能报雪仇耻为恨。卒赠光禄大夫，谥"忠肃"。珙精明果断，能受人尽言，所至民爱之若父母，闻讣有罢市巷哭相与祠之者。

翁蒙之字子功。彦深之孙，以祖任调常山尉[10]。时丞相赵鼎谪死，柩过常山，郡将章杰者，惇诸孙，雅怨鼎尝治惇罪，又希秦桧旨，檄蒙之护其丧。忽贻书蒙之，以赵氏私为酒，宜亟置之法，而阴喻使搜鼎知旧往来书疏。蒙之密告，使悉焚之。既搜捕无所得，杰怒，又廉知蒙之于胡寅为妻兄，益怒，乃诬以他罪劾之。会有以其事白桧者，徙蒙之兰溪尉。孝宗即位，近臣以其事闻，嘉叹再三，召监登闻鼓院，寻复补外。晚以龚茂良论荐，召为司农寺丞。

邵知柔字民望。政和人。笃学有志操。第进士，累迁国子祭酒、太子左庶子兼太子伴读。乾道初告老，除龙图阁直学士奉祠。知柔平生清白，至是食或不给，东宫以为言，遣使就国学，特赐金帛以归。同郡杨邦弼，亿之六代孙。绍兴壬戌进士第三人，尝与陈鹏飞同召对，即日并除太学博士，后迁中书舍人。

袁枢字机仲。建安人。试礼部，词赋第一，乾道中为太学录。祖胜之以信义闻，建炎间，张、范二寇欲屠其乡，胜之挺身往说，遂引去。枢[11]张说自阁门以节钺签枢密，枢与同官共论之，上虽容纳而色不怡。枢退诣宰相，示以奏疏，且曰："公不耻与哙等伍耶?"虞允文愧甚。枢喜诵司马光《资治通鉴》，苦其浩博，乃区别其事而贯通之，号《通鉴纪事本末》。孝宗读而嘉叹曰："治道尽在是矣！"累迁太府丞兼国史院编修官，分修国史传。章惇家求为润饰其传，枢曰："吾为史官不隐恶，宁负乡人，不可负天下后世公议。"时相赵雄叹曰："无愧古，即史矣！"历工部侍郎兼国子祭酒，除右文殿修撰，知江陵府，以宝谟阁侍制致仕。枢监民则以治辨闻，立朝则启沃忠谏，克尽乃职，为世师表。所著有《易传解义辨异》、《童子问》等书。

詹体仁字元善。浦城人。父慥，尉信丰，金人谕盟，往见张浚，论灭金秘计，浚辟为属。体仁从朱文公游，第进士为太常少卿。时光宗久不过重华宫，体仁陛对，首陈父子至恩。及孝宗崩，抗疏请光宗亲临祥祭，复密赞赵汝愚定大策，建议寿皇宜谥曰"孝"，卒用其言。除司农卿。韩侂胄且开边，体仁移书庙堂，言兵不可轻动。尝语真德秀以居官莅民之法，曰："尽心、平心而已，尽心则无愧，平心则无偏。"世服其确论。

黄夷行字用之。浦城人。父革，宣和间中武举，官至武功大夫。夷行用荫补官，调监分宁酒税。丁父忧故事，小使臣丧制只百日，夷行恳请持服。尝建论委将帅、训舟师及铨选用人利害，会有以其说闻者，孝宗召对便殿，语复称旨，翌日降诏奖谕，特授阁门祇候，寻假泉州观察使知阁门事。使金既还，主管左右春坊事，东宫甚器遇之。除阁门宣赞舍人，后以疾丐闲。宁宗立，召除带御器械，改左武卫将军。金使至，命夷行充迓客副使，转武功大夫，领贵州刺史，赐宅于宝莲山。

刘崇之字智父。建阳人。第进士，为太府丞，应诏上书论清弭灾变五说。光宗受禅，迁著佐郎，复丞太府，请朝重华宫，除太常丞权兵部郎中。朱熹罢经筵，命从中出，崇之与同列请留之，其书崇之笔也。伪学禁兴，请外，得湖南提举常平使者。言者论周必大并及崇之予祠。久之，提点成都府路刑狱，应诏条上厉民利害九事，已而除户部郎中。四川总饷吴曦叛，崇之上表待罪请师平贼，召对，除湖北提刑。被论，削官永州安置。开禧中，蜀帅安丙表陈崇之不污之节，诏复元官，奉祠。

朱在字叔敬。文公季子也，用荫补官，嘉定初，除籍田令，亢旱，上封事。历将作司农簿，迁丞。十年，以大理正知南康军起家，知信州，入对，以“进学问、振纪纲、求放心”为言。除提举浙西常平茶盐公事，加右曹郎官兼知嘉兴府，召为司农少卿，充枢密副使都承旨，出为两浙转运副使。宝庆中，除工部侍郎，进对奏“人主学问之要”，理宗曰：“卿先卿《中庸序》言之甚详。”因奏：“闵损以下九人并封一字公爵，独曾参封郕侯，乞与并封；杨雄、王雱乞去其像，国家有程颢、程颐、张载，若使之从祀庙庭，斯文幸甚。”除吏部侍郎，请外，除宝谟阁待制知平康府，迁焕章阁待制知袁州，奉祠，卒。子玹，通直郎，两浙运管。

翁甫字景山。崇安人。登进士第，召监登闻鼓院。陛对称旨，除资善堂直讲，论罢开读礼仪与提点官对拜之礼。除兼太常博士。会参政别之杰为明禋礼仪使，跛倚失仪，抗疏论罢之。补外，改知汀州，遂丐祠。后以将作少监召，寻兼右司，仍兼资善堂直讲。俄改两浙漕，迁少府少卿兼知临安府。凡遇节序，供奉内庭仪物，甫悉奏免之。未几，兼太常少卿、兼直舍人院、资善堂翊善、国史院编修、实录院检讨。时方有集庆太乙之役，甫上故事，极论其害。又言："皇嗣入宫，而左右有以果实器玩献者，乞加禁绝。"奏入，皆不报。出为江西漕，逾年，兼知隆兴府。所著有《蜀汉书》、《浩堂类稿》。同县翁合亦第进士，历官中外有声，景定中为侍讲，有《丹山文集》。

徐应龙字允叔。浦城人。第进士，知瑞州高安县。吕祖俭谪死高安，应龙为经纪其丧，曰："缘此获谴，亦所愿也。"迁秘书少监，权工部侍郎。时金主徙汴，应龙言："金人穷而南奔，将溢出而踏吾之境。金亡，更生新敌，尤为可虑。"兼侍讲，进刑部尚书兼侍读，在讲筵多指陈时政。一日，读吴起为卒吮疽事，奏曰："起恤士卒如此，故能得其死力，今军将得以贿迁，专事掊克，未免多怨。"宰相史弥远闻而恶之，免侍读，寻徙吏部尚书，除焕章阁学士。卒谥"文肃"。

徐凤字子仪。浦城人。少能属文，擢进士第，主漳浦簿。先是，帝给笔札于玉堂之庐，时山东诸豪新有功，未见跋扈状，凤因预陈所以鼓舞驾驭之术及箴砭时政之病，娓娓几万言，时论皆以识治材许之。宁宗、理宗朝出入翰苑，屡进嘉猷。尝著《十箴》一卷、《内制》十卷、文集二十卷。终秘书少监，直学士院。弟凰、鸾俱有文名。

游九功字勉之。建阳人。用荫补官。嘉定中，兴元失利，九功知金州，将兵备御，收复邻疆。除湖北运判，知鄂州，召为兵部郎官，首言："守边必先结人心。"又言："征役无艺以资苞苴囊橐，而民心失；将帅朘削功赏不以时下，而军心失；倚仗谀佞，护疾忌医，而士夫之心失。"被论，知泉州。端平初，召为司农少卿。疏论奸贪多佚罚，诸贤或号召未至；又论沿边夫役之弊。兼枢密副都承旨，出知庆元府，以循吏称。入权刑部侍郎，丐祠，再召不赴，除待制，加宝谟直学士。九功清慎廉恪，与兄九言自为师友，讲明理学，号“受斋先生”。宝祐中，谥“文清”。

蔡抗字仲节。建阳人。沈之子。第绍定进士，历诸王宫大小学教授。奏对论正心及内降斜封之弊，又言：“权奸不可复用，国本不可不早定。”宝祐初，由浙东提刑召为国子司业，兼资善堂赞读，以试国子祭酒兼侍立修注官，仍兼资善堂翊善，迁工部侍郎，权吏部尚书。宝祐中，除端明殿学士，同知枢密院事，拜参知政事。抗家学渊源，当时号为君子，卒谥“文简”，改“文肃”。

徐荣叟字茂翁。浦城人。应龙之子。与弟清叟同年第进士，历永康令，以赈饥得民心，召为太学博士兼崇政殿说书。嘉熙中，由左司谏拜右谏议大夫。入对言：“自楮币不通，物价倍长而民始怨；自米运多阻，粒食孔艰而民益怨。外而郡邑苛征横敛，无所不有，严刑峻罚，靡所不施。”又言：“朝廷当以节义励士夫，则缓急必无求生害仁之事。”权礼部尚书兼吏部，拜端明殿学士，签书枢密院事。淳祐初参知政事，寻以资政殿太学士奉祠，卒谥“文靖”。

徐清叟字直翁。进士甲科，除籍田令。应诏抗章乞为齐王置后，词甚鲠切。迁太常博士，复请“原人伦以释群惑，惜名器以示正义，因物望而进人才”。盖欲复济王爵邑，抑史弥远恤典，召用真德秀、魏了翁也。端平中，为殿中侍御史，疏论三渐尤痛激。淳祐末，历签书枢密院事、参知政事。宝祐初，除知枢密院事。时余玠在蜀颇专制，清叟因对，劝帝召还之。及制令余晦代玠，复论晦素无行检，不堪重任。寻以大资奉祠。开庆初，召提举佑神观兼侍读。景定中致仕。卒赠少师，谥“忠简”。父子兄弟皆为名臣。

〔国朝〕

郑赐字彦嘉。瓯宁人。登洪武乙丑进士第，拜监察御史。

时天下郡邑吏以浼冒获戾逮系者多，朝廷宥戍边，命赐就龙江编次其行伍。时暑甚，赐谕以主上恩意，开示大信脱其械，俾各僦居止息，每旦一来见，众感悦，如期无敢后。有疾病羸弱者，日斶禄米具饘粥以给之。秩满迁湖广布政司右参议，诸峒苗僚反侧不常，赐示以恩威，结以信义，诸酋感激，不复为患。丁内艰起复，调北平布政司。太宗皇帝时在藩国，赐服事惟谨，甚被眷爱。寻以事相连，谪置安东屯。未几，上即位，拔为工部尚书，转刑部，复转礼部，宠遇日隆，后为侍郎。赵珏谗间，恩眷浸衰，忧郁暴疾卒，赠太子少师，谥"文安"。赐为人深沉敦厚，恢廓有容，学士解缙尝于上前称其足为君子。所著有《闻一斋集》、《适兴集》及《纪行诸诗》。

杨荣字勉仁。建安人。初名子荣。登洪武庚辰进士，拜翰林编修。太宗皇帝即位，更其名"荣"，命入内阁典机务、知制诰，甚以才见重。迁编撰兼春坊谕德，屡奉命往甘肃议边务，察视守备及处置降虏，皆称旨。既而命掌翰林院事，密言十弊，指斥在廷文武大臣，进文渊阁大学士。尚书夏元吉以兵饷不给坐系，吕震言其柔奸，侍读李时勉尝论事，亦有言其卖直者，皆激上怒，荣悉委曲为之辩解。仁宗即位，累迁工部尚书兼太子少傅、谨身殿大学士。宣宗即位之初，高煦反，在廷多怀贰心，荣力劝上亲征，遂扈从讨平之。寻进少傅。正统五年，谒告省墓，还京道卒，赠太师，谥"文敏"。官其子恭为尚宝司丞。荣历事五朝，扈从北征多所谋议，辅导经筵多所裨益，而一时人才亦多所荐拔。修太祖皇帝以下四朝《实录》，及五经、四书、《性理大全》诸书皆预总裁。为人闿疏果毅，遇事当为，奋前不疑；义辟率归宽恕于四裔，边徼事及将帅勇怯智愚靡不通知，故忖量事势率皆预中，一代相业以荣为首称。所著有《两京类稿》、《退思集》、《北征记》、《训子编》。

雷填字原中。建安人。登洪武庚辰进士第，授工科给事中，纠劾无所避。永乐二年，奉命镇守苏、松、常三府，抚绥兵民，未及一载，封章凡四十上，所言多称旨。继复奉命巡抚广西，官吏畏服。明年卒，有司莅其表，惟干衣半筐、诗文奏稿数帙而已。所著有《原中类稿》。

黄童字仕稚。政和人。由太学生擢陕西按察司佥事，左迁宁远县丞。太宗皇帝即位，升监察御史，奉命巡按直隶及浙江吴江。平望八尺湖多盗贼，童假民船载粟，诈为客商，贼至，密以灰水洒之，翌日，验有灰迹者捕之，悉得真盗，盖即巡检司弓手也。仍奏置石堤于湖中为水门，时其启闭，劫掠之患遂息。尝道见一大蛇昂头若有所诉，童问曰："汝必有冤乎?"蛇即叩头而去。令人尾之，抵一人家后园，入穴内掘之，果得劫杀客商之状，人以为神。后升广西副使，卒于官。

潘赐字文锡。浦城人。永乐初登进士第，授行人，尝使日本，还朝献《德化书大典颂》。太宗皇帝览之称善，命入史馆，擢鸿胪少卿，再使日本回，升江西布政司右参政，后落职。洪熙元年，起为南京刑部主事，宣德间复除鸿胪少卿，又使日本归，宣宗皇帝甚加奖劳。未几，卒于官。赐居官操履方正，所著有《容庵》等集。(据县志所载历官如此，而《大明一统志》谓历官礼部祠祭郎中，升参政，盖记有详略也。)

陈逊字必恭，自号古朴子。浦城人。永乐中，举进士。拜监察御史，有直声。迁云南布政司参政，寻升右布政使。有学有守，克举其官。卒于任，囊无遗资，都督沐昂为棺殓归其丧。

雷璲字有福。建安人。永乐中进士，选为翰林庶吉士，纂修国史。拜监察御史，巡按云南，奏劾内使十有九人，悉置于法，还朝复命，以语音不正，出知芜湖县。后以荐起为浙江按察司佥事。振肃纪纲，风裁凛然。会处州草寇叶宗旗窃发，璲剿灭之。寻奉敕巡视浙江、福建、江西三省海道，许其便宜行事。八载，卒于官，浙人哀之以诗，有"除却数函图籍外，别无一物载归舟"之句。

滕员字尚默。建安人。领宣德己酉乡荐，正统己未，授广东韶州府同知，升礼部祠祭司郎中，俱有贤能声。正统己巳，扈从征北虏，至土木殁于阵。同县人雷替字孔昭，领宣德壬午乡荐，正统初授兵部武选司主事，迁工部屯田司郎中，是年亦以扈从与员同死于难。

良吏

〔宋〕

阮思道字元恭。建阳人。中南唐进士，后归宋为史馆检讨，历守韶、衢、永三州，咸有政声。子昌龄，俊敏能赋，杨亿尝称奇才。咸平初进士甲科，仕剑外有异政，为张诚所知。后昌龄得代，徒行北归，永贻以所乘，仍荐于朝，终殿中丞。

阮中度字正甫。建阳人。思道从子。博学，尤邃于《易》。端拱中第进士。居官仁恕，尝知密城县，盗过私相戒曰："长官贤者，勿暴其民。"丁谓相，除御史。

叶齐字思可。建阳人。端拱初，举进士下第，有旨复试，齐擢第一，为馆陶令。会契丹扰边，太宗诣河北，或言齐督刍粮不足，将加之罪。齐曰："使虏闻此将轻中国，以臣计之，粮草可充十年。"太宗悟而释之，面授著作佐郎。

张岐字邠卿。霭之子。第进士，真宗朝以秘书丞知琼州。琼俗悍朴，牧守御得其道，则岁时以香蜡鱼果为献，否则群起为盗。岐镇以清静，却馈献，民夷服其廉介。其地多飓风，能拔屋，盛夏犹寒，岐教以立屋之法，稍免其患。后倅曹州，移瀛州，卒。

张仿字希古。霭之孙。第进士，调崇仁令，修梓堰万金陂以增灌溉。蛮尝寇近境，视仿有备，亟引去，仿乃慈以抚之。后监镇州粮料。真宗幸澶渊，闻仿名，累迁太常博士。仁宗时，历知容、亳、泰、泗、岳、吉六州。会江淮发运，张纶举仿自代，再命知泰州，复历数郡。官至工部侍郎。子湜、衮皆为郎。

李虚舟字公济。建安人。以兄虚己荫为郊社斋郎，调闽清、靖安尉，俱有能名。迁饶州余干令，毁淫祠建夫子庙。未几，坐事免。后授校书郎，知德安县，不就。晏殊为请于朝，乃除太子洗马，致仕，终尚书虞部郎中。与虚己皆孝友清慎，克世其家。子宽，为尚书金部郎中，定为司农少卿，为吏频有能名。

黄震字伯起。浦城人。第进士，通判遂州。尝有诏给西川军士缗钱，东川军士谋为变，震白主者曰："朝廷岂忘东川耶？殆诏书稽留耳。"即开州帑，散给如西川。明日诏至。擢江淮发运使。先是，李溥为发运，极无状，丁谓党之，无敢言者。震将行，上书自陈，辞颇愤激。真宗知其意在溥，谕之曰："卿当与人和。"对曰："廉正公忠，臣职也，负陛下任使者，臣不敢与之和。"既至，发溥奸赃数十事，徙广东转运使。广南岁进异花数千本，道路苦其烦扰，震奏罢之。子瑊，字君度，国子博士，知抚州。

黄旦字升之。浦城人。咸平二年擢进士第。历知德化、钱塘二县。用荐除大理评事，知光州，代还，迁秘书丞，知黎州，镇以清静，卒，黎人思之，相与立祠祀焉。子铸，天圣初进士，累赠银青光禄大夫；孙敏用，朝散大夫、四川茶马；敏颐，中散大夫；曾孙敦书，中奉大夫，直徽猷阁，两浙转运副使；敦彦，朝散大夫，江东提刑。

刘滋字润之。崇安人。景德中，试开封、礼部皆第一，调知无锡县，通判福州。仁宗时，知南剑州。州北有黯淡滩善覆舟，滋即滩旁开港，疏三巨洲，凿七盘石，转山三曲二百余丈，遂为安流。历典九郡，皆有惠政，官至职方郎中。

徐奭字武卿。瓯宁人。进士第一，天圣初，迁两浙转运使。苏州多水患，奭度赤门以东，筑土石为堤九十里，架桥梁四十余，以济不通。有诏褒嘉之。后召知开封府，卒。

徐的字公准。建安人。擢第，补钦州推官。钦州瘴乡，的白守臣上闻，徙州滨水。守奏留的使办役，民甚便之。累迁广西提刑、湖北转运使。宜州、辰州蛮叛，的闻，示恩信，蛮党悔过自归。摄江陵府事，城中恶少年欲为盗，辄夜纵火，一夜十数发，的籍其氏名，使相保任，火遂息。改淮浙荆湖制置发运使，招抚衡湘诸蛮悉降。以郊祀近，召还计事。蛮复叛，乃除湖南安抚使，诸蛮复降；间有不降者，悉讨平之。

陈偭字仲庄。建阳人。大中祥符间，学究出身，历安福县簿。尝岁饥，民将艰食，请州守发粟赈救，不听，乃自发廪给之。暨守怒，遂上状自劾，守惭而止。摄常熟令，兴利除害，浚福山河以溉田，民甚赖之。朝臣累以才行荐，未报，卒。

章频字简之。浦城人。登第，天禧初擢监察御史，充京西安抚，还为三司度支判官，坐请捕系外戚刘美忤旨，知宣州，再迁侍御史。历知信州、福州、潭州、广西转运使。尝擿宜州守不法，为所讼，贬知饶州，以刑部郎中使契丹，卒。弟颉，字朝宗，咸平初，诣阙言时政，不报，后第进士，为职方郎中。

黄孝先字子思。浦城人。天圣中登第，为广济尉，活死罪十有六人。吴遵路、董诸等以善治狱荐，迁大理丞，知咸阳县，移绵竹县。西夏用兵，诏蜀中税缗钱。孝先曰："岁饥民困。"请益州上其不便，从之。终太常博士、通判石州。苏轼尝序其所为诗文。子好谦、好信。好信第进士，哲宗时职方郎中，知汝州。

魏宏字损之。景祐中第进士，为岳州司理。有囚闭口不食，宏曰："吾能立使之食。"乃引问曰："塞若鼻能久不食乎？"囚惧，承讯服罪。人问其故，曰："彼必善服气，塞鼻则气结，故惧。"后迁朝奉郎。

吴师服字宁得。瓯宁人。第进士，历知蒙州。侬寇犯境，师服度州无城，兵不能抗，乃籍帑庾所储均属诸大姓，使辇而藏之，且听民避贼，独佩州印欲以死守。贼知无所得，引去。改知邵武军。邵武产金而品最下，朝廷尝欲罪主藏者，师服力争之，坐谪。后以职方郎中致仕。元符中卒，寿百岁。

吴评字正词。崇安人。第进士，调鄞尉。岁大旱，部使者以聚敛讳言旱。评检视，惟以实报。郡有大辟数事以属评，评执以正直，不肯阿徇郡守意。通判常州，浚鹤溪，自苏州引湖水灌民田。治平中，知怀安，自云顶山开羊肠溪十余里，入城通济，民甚利之。神宗时，守南京，召为太常少卿，判太常礼院。出知莱州，复兴水利以济民。寻奉祠，赵抃、陈襄、苏颂皆言评不宜置散地[12]。除命不拜，竟致仕。从父航，景德中登第，真宗以潜邸旧臣，拜校书郎，倅永康军。

翁肃字彦恭。崇安人。父纪，屯田郎中，知袁州。肃庆历中踵世科，历知宾、江、峡、袁、潭五州。尝召入陛对，刚正敢言，上器重之。

王鬲字景和。崇安人。皇祐初进士，知处州雩都县。民素嚚讼难治，鬲至，一感以诚，复图古之好义者，列其事以诱劝之。甫逾年，讼息而民化。县南有泉灌田千顷，忽产铅锡，使者闻之，欲置官治[13]，鬲力争不可，其议遂寝。换朝奉郎，通判婺州。

黄好谦字几道。孝先子。幼孤，事母孝。登进士第，调新蔡令。岁饥，民多弃婴儿于道，好谦极力赈济，且下令婴儿给壮者之半，存活甚众。迁著作郎。熙宁初召对，除中书编修条例官，用荐为监察御史里行，论办诬狱及时政阙失，识者韪之。后累官至本路提刑。哲宗立，改为驾部郎中，以疾谢事，不允，知濮州，改颍州，未赴卒。

胡翔卿字仲集。崇安人，嘉祐中登第，调武陵尉。值湖右旱饥，人至相食，翔卿以郡委检视，因恳乞劝分减赋，发常平以济之，民赖以活。寻改桂阳录参，迁横州判官。时郡有病者，潜杀人取肉以疗，谓之“采生”。翔卿正其罪，此害遂息。

陈郛字彦圣。建阳人。第进士，知昆山县。岁饥，属邑希部使者意不敢蠲赋，郛曰："岁敛而赋不蠲，流转沟壑，何以字民？"竟蠲之。后为司农丞，未尝谒政府。迁太府丞，请外，除闽漕，以元祐党坐废。复朝奉大夫，卒。郛性清鲠，历官五十年犹为寒士。

翁仲通字济可。崇安人。登进士第，调尉山阴，迁鄞县，移令武平，签书兴化军，复令黄岩县。所至筑陂湖而民田享其利，遏盗贼而边海赖以宁，自买民地建学以教民，而武平知儒学，宁忤使者输米不听代以钱，而黄岩无流俘[14]。后以亲殁不逮养，遂致仕。

黄辙字遵晦。浦城人。治平中，第进士，调衡州安仁令，率民垦田亩，治沟洫，进秀民于学。蒲宗孟辟荆湖察访司干官，改知筠州新昌县，发奸摘伏而附靡善良[15]，奏课为天下第一。终大理丞，通判筠州。

徐寿字君明。建安人。知泰宁县。会改盐法，州县计口敷民买盐，百姓苦之。寿愿纳袍笏，不肯从令，邑人绘像祀之。元祐中，按察使张汝贤以治状闻，特改京秩。

谢麟字应之。瓯宁人。登第调会昌令。民被酒夜与仇斗，既归而所亲杀之，因诬仇。麟知死者无子，所亲利其财，一讯得实。再调石首令。县苦江水为患，乃叠石障堤，人得安堵。通判辰州，知沅州。猺贼陷辰溪，麟招捕之。诏使经制宜州獠，降其种落四千八百人，纳思广洞民千四百室，得铠甲二万，加果州刺史，知荆南泾、邠二州。元祐初，知潭州，加直龙图阁，历江宁、凤翔府、渭、桂二州。融江有夷警，将吏议致讨，麟以计平之。戍兵从北来，不习水土，麟部土人使极南，而北兵止屯近郡，赖以全者甚众。

陈洙字圣涯。建阳人。嗜学刻苦，博通群书。隆兴初，试南宫，胡铨奇其文，欲以魁多士，诎于异议，不果。后以铨荐历官知安丰县，兴学校，括废田以养士，修芍陂以兴灌溉之利，邑民赖之。性重义，好施予，家无赢余，有以贫告贷者鬻产不靳。官终奉议郎。

章甫字端叔。浦城人。熙宁中登第,授山阴令,首窜奸吏数人。改秩监左藏库,通判宿州,有旨按狱南京,人无冤者,除太府丞。哲宗召对,除府界提举常平事。时河溢为民害,甫因河朔饥民赈而用之,增筑河堤,民不告劳。改知处州。崇宁初,党论兴,甫除郎得对,抗言禁锢元祐臣寮子孙之非。坐是,除朝奉大夫,知泰州。

李扶字特国。松溪人。父怿,元丰中进士,官至朝奉郎。扶幼孤,事母孝。第进士,调永兴丞。适大冶为兵火所荡,郡守及诸司檄摄其事。扶至,招抚流散,安集田里,盗贼屏息,百姓晏然。秩满,改宣教郎,知富阳县。县当水陆之冲,治以平恕,民乐其政。转广西帅司主管。未几,诸司辟为苍梧守,治状最于两广。

章粹字仲容。浦城人。登元丰进士第,调庐江令。有巫以祸福惑人,粹究其奸,罪之。白湖之田沃壤千里,频年水患,粹为筑堤防之。民享其利。代还,迁太府丞,考簿籍之谬误,得羡财几千万。通判恩州,百废俱举,适河溢,亦赖其捍御,迄以无虞。

黄静字安仁。浦城人。登进士第,敭历州县,所至有声。政和中,除福建提举。值岁歉,极力赈济,全活甚众。又置常平仓于仙桥镇[16],以济艰食之民,请于朝,从之,遂出钱数千缗为籴本,以永其利,自为之记。秩满,丐祠以归。官至朝奉大夫。

李规字师正。松溪人。元丰间进士。时朝廷讨西夏,陶节夫总四路节制军马,辟规为府幕。规协力裨赞,招散亡,筑堡寨,夏人远遁。通判丞州,请革陕西钱法之弊。改夔州运判,就移本路提刑,被旨按大狱数百人。以平泸南功转朝议大夫。有文集十卷。子文渊,富阳令;孙大正,四川茶马。

叶安节字亨之。浦城人。第进士,调鄞县簿。县有海晏、太丘、灵岩三乡,介山谷间,王安石尝凿岩起斗门于海滨,未就而去,安节踵成之,三乡蒙其利,遂至富饶。改宣德郎,知诸暨县,发奸擿伏，政号神明。辟管当陕西转运司公事，调为诸王宫大小学教授，迁太府丞，移知吉州、袁州，官至朝散大夫。

何述字明道。浦城人。登元丰进士第，调当涂县。邑滨江，岁多水患，述为筑堤圩御之。崇宁初，除开封推官，从尹以职事对。上顾尹曰："何述详雅可喜，必能助剸决。"累迁开封少尹、司农、光禄卿，出知相州。后除徽猷阁待制，知永兴军。移师泾原，以恩信结诸酋豪，无风烟之警。奉祠卒。有《祀记解》二十卷、《事类领要》十卷、《庐江集》十卷。

詹时升字志行。建阳人。元丰中，第进士，历通判兴化军，知汀州，政尚简易。傍城有水久塞而东流，时升疏引复其旧，自城西南顺流至城下。改知兴化军。大旱，袍笏立烈日中祈祷，民甚德之。宣和初，就除福建提举茶事。

谢勋字致远。建安人。少孤寒，及长，膂力过人。举进士，累历边任。杭州首领黄安俊叛，围杭州，知州张建侯死之。近臣荐勋才武可任，召对称旨。勋会兵进击，安俊败走，仍率士卒捣其巢穴，追获安俊斩之。转右武大夫、迁郡团练使。殁赠威德军节度使，加赠少师。子澈，字莹中，由父任入官。靖康中，以母丧家居。属金人犯京师，执二帝北去，澈诣郡守请剡章赴元帅府劝进。后领祠卒，终朝请大夫。

叶康直字景温。建州人。第进士，知光化县。教民构屋，易竹以陶瓦。时丰稷为谷城令，亦以治绩显。人歌之曰："叶光化，丰谷城，清如水，平如衡。"哲宗时，再知秦州，夏人侵甘谷，康直戒诸将设伏以待，歼其二酋，自是不敢犯境。进宝文阁待制，陕西都转运使，以疾请知亳州。通浚积潦，民获田数十万亩。召为兵部侍郎。

章绰浦城人。楶之长子。楶在西府，命绰为开封推官以便养，后迁户部员外郎、淮东提刑，权知扬州。时方铸崇宁大钱，令下，市区昼闭，人持钱买物，至日旰皇皇无肯售。绰饬市易务致百货以小钱收之,且檄仓吏粜米以大钱予之,尽十日止,民心乃安。新钞法行,旧钞尽废,一时商贾束手或自杀,绰得诉者所持旧钞,为钱以千计者三十万。上疏言钞法误民,请如约以示大信。上怒,罢绰降两官,蔡京再相,贬台州。

刘毅字刚中。浦城人。元祐初进士,调吉水尉,再调丰城丞,政声籍甚。知南丰县,有税官恣横,市井亡赖皆其爪牙,商旅为之不通,市民切齿。毅数其恶于郡,税官阴讽恶少克期劫甲仗库以逞宿积,或泄其谋,毅遂密伏弩徒于吏舍,至期果大譟入县,尽为伏弩所执送郡。郡将怒,核得其实,将加税官以法,毅力为救解,人多其德量。徙知龙泉县。

郭汝贤字舜卿。浦城人。第进士,居丧以孝闻。调知福清县,当官不私,邑人信爱之。宣和初,通判兴化军,权郡事。郡有国清塘,周三十里,溉由数千顷,岁久不修,僝工增筑,民赖其利。后以朝请大夫知琼州,黎洞蛮叛,杀略居民,汝贤设方略前后掩获数百,降其酋豪,州境以宁。以功增秩奉祠。

周因字兴道。浦城人。举进士,授闽县簿,改尉氏丞,通判巩州。以鸠材事忤童贯,讽监司,移倅洮州。寻直其事,改通判宪州。累官京西转运使,奏罢岁调广武、雄武折纳梢草价钱及唐、汝、邓、蔡四州新税。屡迁至荆湖南转运使。上语及溪洞事,对曰:“有边事,边臣之福;无边事,朝廷之福。”时初得燕、蓟,故语及之。建炎间,除直徽猷阁,知桂州,后帅桂林五年,平海外巨寇,岭表帖然。官至中大夫致仕。

吴安中字德固。瓯宁人。第进士,宣和中为睦州建德丞。方腊窃发青溪,安中招降旁盗有力,特除御史台主簿。历知桂阳,监琼州,所至有声。

李充字仲实。浦城人。元祐中,第进士为临海令。方腊倡乱青溪,州郡相继陷没,台守弃城逃,充与倅李景渊守御,以功转官,改寿光令。山东盗起,朝廷方用兵,充引疾归里。

黄烈字元功。浦城人。宣和间知处州，方腊窃发，所部丽水、松阳、遂昌、青田皆陷没，独剑州无虞，诏烈即剑州治事，得腊将洪载降之。重修郡城，民赖以固。

练干誉字克家。建安人。登第为考城令。时督办军赋甚急，坚以民力匮竭为请，宦者或有以私属之者，卒置于法。初与王黼有庠序之旧，及黼当国，未尝一造其门，遂奉祠。靖康初，严陵有警，命干誉收捕，城赖以全，郡人祀之。子粢，补通直郎，以廉称。

杨授字梦锡。浦城人。崇宁中擢进士第，调铜鞮尉，会摄邑事，其俗极陋，前此无应进士举者，授为建学，择秀民教之，士始务学。秩满，迁上津令。终更东归，道经光化，因买田筑室居焉，遂不复出。

王以咏字永言。建安人。第进士，调和州台山县。邑数被兵，以咏拊摩安辑为刘锜所知。已而，以岳飞等论荐，改秩知光泽县，累迁知衡州。尝诵昔人语云："治公家如私家自符天理，惜官物如己物乃合人情。"终其任未尝妄费，又不肯献羡余以求售，官至朝散大夫。同县熊適字述之，性宽和，登第调建德令，廉静慈祥，民安其政。历台州、江州通判，未老挂冠，胡寅深器重之。

李颖士字茂特。浦城人。第进士，调知余姚县。高宗南巡海上，密为望幸之备，未几驾果至，仓卒之间供亿立办。高宗对吕熙浩褒嘉之。秩满，通判绍兴，除大理丞，在棘院六年，平反尤多，除刑部郎中。坐赵鼎党，出监慈利县税，闻命即行。后除江西帅司参议官，未赴卒。

章元振字时举。崇安人。第进士，调宁乡令，帅臣曾孝序请易元振长沙，宁乡民愿留，帅不能强，改休宁县。县丁睦寇之余，元振极力抚绥。属严寇继发，督兵捍御，县赖以全。移泰宁县，邻盗四起，元振度不能抗，处险立寨，迁帑庾，率民兵坚守。后知潮州，悉革蠹弊，民为谣曰："长言法到葵关住，今出葵关到海阳。"秦桧与元振同年故人，坐不通书。久之始移肇庆府，以治行迁朝议大夫、广东提举。

吴必明字若愚。崇安人。父仲虎，元丰中登第，为容州司理。有商夜宿旅舍，同邸杀人者逃去，商为吏所执，诬服。仲虎力争于守臣，不见听，又请缓其事，已而，果获杀人者。终通判石州、权知英州。必明用荫入官，调候官县丞，有豪贵占民田，讼久不决，必明判归原主。又却餽金，以廉闻。后通判汀州，未赴，而叶侬、范汝为窃发，必明竭家财集民兵防护乡井。徐清等倡乱，又出牛、酒招抚，已而与知县贾损协谋剿捕。事闻，玺书褒异，除知邵武军，转朝请大夫、广东提举。

叶荐字宋颖。建安人。第进士，绍兴中为福建帅幕。汀寇作，荐被檄招怀，直造巢穴，谕以祸福，寇悉听命。调罗源令，率民筑白柯塘以捍田。寨官获强盗余二十人在法，县令当被赏，荐悉从轻典释之。

范如璋字仲达。如圭之弟。为袁州万载令，行保伍法极整肃，虽有奸细，更无所容，每有疑似无行止人，保伍不敢著，互相传送至县，县验其无他，方令传送出境，讫任满无一寇盗。后朱文公托袁守张定叟求其法，偶一吏略记大概。文公云："此人有心力，自来言保伍法未有及之者。"

周春年字春卿。因之子。以荫补官，调象山簿。象山滨海，盗贼多伺贾舶，杀人而夺其货。春年籍其名，犯者辄置于辟，恶俗大变。迁抚州判官，疏和买害民于部使者，江西一路俱得裁损，民甚德之。改秩知仙游县，饥民赖以全活，盗贼为之屏迹，而嚣讼者不得以售其奸。终通判通州。

魏懋字觉民。瓯宁人。第进士，绍兴初调虔州雩都令。时江西盗起，虔诸邑多失守，懋出己帑犒励弓级，誓与死守。有巨寇谢樵者来攻邑治，累日不能克，乃遁去。大将岳飞持兵过，见井邑无残毁，甚称赏之。后范汝为寇乡邑，有发掘懋之先墓者，懋号恸曰："此不共戴天仇也！"即弃官归。比至，寇已平，懋缉得二凶，枭之墓右，上状自劾，郡将义之，释不问。后知南昌县，卒。

刘子翼字彦礼。崇安人。韐之季子，用荫补官。宣和中，韐守真定，女真入寇，韐遣子翼入奏战守事宜。累迁浙东提举茶盐事，改广东转运判官奉祠。范汝为、熊志宁相煽为盗，除子翼知建州，事平，移南剑，蠲减科敛，一新郡治。绍兴二年，应诏献言，忤当路，奉祠，郡民借留，不报，乃立生祠以申去思。俄以循吏荐知抚州，徙信州。子翼开明勤决而本之以恕，所至简易不扰，民甚爱之。

江灏字良弼。崇安人。登进士第，调上高尉，有息盗安民、御众勤王之功。迁剑浦丞，未赴，范、熊二寇窃发，建、剑骚动，部使者闻灏上高之政，委以督巡尉，统义兵捕之。寻为无锡令。时师旅数起，邑当孔道，困于供给，灏不忍重敛于民，而兑常平以佐其用[17]。绍兴中，知南康军，却代者之例钱千缗，其廉名籍甚。后知郴、象二州，郡民绘其像祠之。未几，有以廉吏荐者，高宗记其名于屏。

吴逵字公路。崇安人。宣和中登第，调福州永福尉，以获海寇功改秩知泰宁县。县旧有敷茶引钱过重，民甚苦之，逵为力请上司蠲其半。改知顺昌。闽盗蝟起，逵常以身捍贼，威声四驰。通判剑州，州有三溪多险滩，其最剧者九滩，逵上其事于部使者，庀工开凿，尽平之。继知肇庆府，学田久为豪民所吞，逵至置籍，一亩不遗。改知濠州，奏乞垦开民田，以广兵储。擢知庐州，兼淮西安抚司事。寻提点福建路刑狱，漕司食盐害民，下宪司核实，立定纲数，以去科卖之弊。逵条奏规划纲数甚悉，诏从之，民力稍宽，而官以为不利，众论摇之，寻更议定。除直秘阁，知鼎州。

刘汝舟字元造。毅子。政和中，第进士，调兴化军司法。郡有富民王氏死而无嗣，人以户绝告，委验实得资二十万。其妻以遗腹自诉，守欲籍其业，汝舟执不可。既生男，又为办折。守怒，汝舟纳告命乞归。守怒虽稍霁，尚籍其半。王氏子，名济，绍兴中登第。先是汝舟与张浚有故，建炎初献浚平戎十策，浚辟为参谋官。

张大年浦城人。政和中第进士，知萍乡县。时虏寇深入江浙，群盗蝟起。萍乡为江湖要会，日阅民伍，教以兵逆，声闻四境，盗不敢入。广西帅周因辟为经略司干官。会营道蛮獠恃险为逆，帅司以兵属大年，遂分据要害持久以待之，贼果以饥溃。海寇陈韬等出没为两广患，帅司复奏大年通判琼州讨之，贼闻其威略，率众来降。加秩二等，倅道州，后知韶州。

翁彦约字行简。崇安人。仲通长子。初以免解进士应诏，上《格言》二十篇。政和中第进士，调常州刑曹。累迁太常博士，修因革礼。岁余请外，提举河北西路学事。陛辞，言朝廷欲试八行以文辞，与初立法意不合，请俱与廷对，以示详行实、略文叶之意[18]。至河北，尤以荐拔人才为急，及访问民间疾苦，且日与诸将讲画实边制胜之策。除知高邮军，郡当淮孔道，商贩茶盐尤多坐私贸易，虽圭撮铢两抵罪，岁不胜计。彦约至，有告者亟决之，吏自是不得倚法为奸。岁大旱，彦约以祷祠积劳得疾，卒。有文集十卷。

祖世英字颖仲。浦城人。第进士，调衡州教授。一新黉舍，招置生徒，遵胡瑗教条，作成多士。改知南昌县，锄奸剔蠹，令信于下。年饥，散常平米数万赈济。通判融州，部使者辟知容州，卒。世英官至二千石，宅无一区，产无十金，为清白吏。

江安止字元静。建州人。南渡初，知丽水县，抚安善良，严于治盗。邻郡寇至，率丁壮御之，寇退却，境赖以无虞。秩满，民愿留，再任。在邑凡六年，代还之日，吏民泣送出境。

张敦书字载道。平生清明旷远，遇事无凝滞，尝为弋阳丞，摄邑事，政平讼理，邑人德之，为立生祠。升江夏令，卒于官。

黄子游字叔偃。浦城人。绍兴中，自仓部郎官知池州，政尚中和。检察六邑税籍，惟青阳税偏[19]，恻然曰："六邑皆池民，赋入轻重何乃相远如是！"乃求弊所从始，与民之久厄不伸者，归觐奏之，有旨蠲削苗米税钱，苗税悉如五邑例。例命下之日百姓呼舞，相与建祠祀之，且为之立碑。

周嗣武字功甫。浦城人。因之孙，祖荫补官，知临川县。赈饥有方，催科不急，赴阙奏利民三事。擢主管官告院，除太府丞，提举江西常平事。江西民输役钱，官司规其美变省陌为足陌，嗣武奏复旧。改湖北提刑，以平蛮猺功进直敷文阁。召对，除度支郎官，命使蜀稽考财计，奏乞停成都、潼川两路科买一年，以宽民力，又奏蠲兴元茶息钱引二十万。入对，除太府少卿、湖广总领，召为户部侍郎，寻卒。

周嗣恭字作肃。因孙。以世赏补官，授万安尉，升南雄州推官，知邵阳县，累政积弊为之铲剔，未数月庭无留讼。部使者上其绩，干办诸司粮料院，迁籍田令，奏对论民间疾苦，皆闾里根本，九重未及知者。上嘉纳之。出知荆门军。

黄衡字平国。浦城人。建炎中登进士，为安福令。郡守吕源方六月欲修城壁，衡以书谏，且谓庐陵诸邑累因兵火[20]，加之亢旱，岂堪重役！乞早罢之以慰民心。郡守得书劾之，朝廷下其事于宪司，体核得实，守因罢去。衡终得福州教官。未几，用丞相赵鼎、参政孟庚荐，试馆职，除秘书省正字，迁校书郎。累丐补外，得邵武军倅，至家卒。

郭忠顺字移可。浦城人。以荫得官，知襄阳县。金虏寇边，荆、鄂两军戍唐邓，忠顺馈运二十六万斛。诸司交章论荐，改奉化令。邑号难治，下车待士以礼，抚民以宽，束吏以法，尤崇重学校，士人爱之。通判太平州，未赴卒。子德麟，第进士，为荆南录参，以争死狱为帅臣所器。既而知奉化县，治民如其父，邑人立二郭祠祀之。终国子博士，知抚州。

黄仁荣字择之。孝先元孙，以恩补丞务郎，主泰和簿。帅臣季陵辟为录事参军，复荐知金谿县，累官直秘阁，建议请尽鬻州县闲田。及对，高宗奖谕曰：“向论鬻田，户部得缗钱五百万者，卿也。”遂除度支郎中，有沮之者，改浙东提点刑狱，复命知秀州。执政以数更易为名，上曰：“一州得人，更之何害？”明年，除两浙转运副使，寻加直敷文阁，两知临安府，移知赣州，卒。

陈扃字纯中。瓯宁人。绍兴中第进士，通判信州。有诏发郡兵戍江淮，信兵欲因为变。扃方摄郡，取首谋窜之，旋加抚谕，遂慑伏。以朱倬荐被召。陈康伯，郡人也，乞且留治所，除知信州，加直秘阁，迁提举淮东常平茶盐公事。乾道间，刘珙再荐，除江淮坑冶铸钱使。

吴枥字行远。建阳人。建炎中擢进士，宰长汀。每于耕敛三月听囚归业，业毕复来，囚皆如期至。剖决曲直多所原贷，百姓化之。又以盐纲事请于郡，以便民请买之挠。秩满，老稚感泣，遮道丐留有及境外者。移朝奉郎，倅建昌，卒于官。

施禔字子安。建阳人。建炎间，以门荫知汀之宁化县。叶依叛，虚声欲取汀州，禔率所部民守隘，叛卒不敢犯。帅司檄巡尉领弓级会建安，弓级中途惧不进，欲杀尉以应乱。尉知，绐之还，至郊又不入境，禔招以旗抚定之。后仍不悛，禔取其尤者三十人置之重辟，自是肃然。累迁朝奉大夫，知梧州。

翁绩字德功。崇安人。博学负气，尤喜谈兵。建炎初，以仗义护卫乡闾杀贼有功入官，调惠州推官。惠属邑时多盗贼，绩至统郡兵剿杀之，获贼首黄白旗等三百余人。已而至潮阳，剧贼谢花九亦闻风遁去。辟石桥盐场，历黄州推官，迁临武令。所至皆有备御，以慑伏蛮獠、盗贼之心。后以秩满乞致仕，终承事郎。孙华，登第官至奉议郎。

魏公寿字元龄。瓯宁人。行可嫡孙。初尉龙游时，大将刘宝屯三衢，所需无不给，刘甚喜之。太守张嵲驭下如束温，每见公寿为降词色，且以刑法荐。再调莆阳法掾。直阁林孝泽家居省宾客，独见公寿必延语竟日。执政黄祖舜闻其贤，招以书欲论荐之，公寿曰："招其来而荐之，非知我者。"竟不往。后为韶州推官，帅臣复以才智练达荐。

徐诩字元敏。浦城人。父彭年，号散翁。诩绍兴中第进士，调会稽簿，改秩调上元丞。用徐公度荐，升龙泉令。所历三邑皆政绩彰著。召对授监察御史，随上六事，皆时政急务。适容寇李接窃发，以诩提点广西刑狱，权漕事，应办军需。贼平，除成都路转运判官，移知遂宁府。诩所至以兴学为先，捐公帑以置学田，出俸金以葺学官，一时士风为之振起。后有旨知泉州，至上饶改除江东漕，被命次日卒。有《东野居士集》四十卷。

叶尧黄字廷瑞。崇安人。绍兴中，第进士，调鄂州通城尉，以捕获悍贼王刘有功改秩，历知广州清远、南剑州将乐县，茂著慈祥之政。又尝论福建盐弊，及进兵财、宰相进取、风俗论，终南安倅。

俞翊崇安人。以父日新死事恩泽补官，改秩知上虞县，事妥民安，吏服其廉。用丞相汤思退荐知饶州，廷臣言诩资浅不当得大郡，思退力言其能，刬繁治剧，不可拘于资格。到郡果有政声，就除提点坑冶，卒。

黄洧字清臣。瓯宁人。父锐，崇宁中第，终朝请郎。洧以父任补官，孝宗时用陈俊卿荐知南雄州，迁广东转运判官。岭右铨法弊甚，市令供行，丁赋逋欠，尤为民害，一切奏罢之。深入瘴乡问民疾苦。移漕湖南，行部至衡阳，闻郴桂蛮猺为变，间道一夕至郴，贼惊溃。乃譬以祸福，发廪赈给，事遂定。

江点字德与。崇安人。以特恩补官，调郢州录参。时郡常平库偶失缗数甚伙，方捕缉间，有刘福者因贸易得银一笏，上有"田家抵当"四字，为银匠首发，刘不能直。官籍其家约万余缗，法当死。点疑其枉。又见款牍不圆，除首发外皆非正赃，为立言于守，得别委襄阳节推万郎勘问与点同。未几，经总、军资二库皆被盗，失会以万计。时有小使臣李义者，供馆一妓，用度甚侈，点疑之，密嘱人袭妓家，得会一束，白于府，即于行囊中得千余贯，皆三库之物，刘之冤方得伸，人皆服点之见。终汉阳军签判。

张次夔字和仲。大年子，以荫补福州理椽。部使者摄州事以私意挠狱，坚持不可，使者不能夺。帅相陈俊卿荐之，迁西安令，通判兴国军。郡多私铸，大冶尤甚，守用幕官捕治峻急，扰及平民，次夔争不听，已而守果以激变致盗啸聚败去，人服次夔明。后奉祠里居，适岁小歉，查源洞蛮倡乱，次夔请于宰遣兵掩捕，不听，乃走报郡守，随檄次夔集乡民之材武者斩获数级，贼退。乡人建生祠，且为之立碑。

张次卨字宽夫。次夔弟，以父荫补官，调建昌令。以督造军器进一秩，任满，倅南雄，知南剑州。陛辞，论州县科罚苦民事。既到官，治绩为诸郡最。诸司论荐，召对，论福建配盐损民，称旨，擢知徽州，改知邕州，历讲马政。会徼外蛮蜃交争，以卨视事三日，即单骑渡江而慰抚之，于是尽得良马矣，俗亦安。以疾丐祠，卒。

李岐字稚山。崇安人。父弁，绍兴中第进士，知连城县。连城俗以斗狠相尚，弁政务宽平，教以孝友，人不忍欺。有伍氏兄弟争继，连年不决，弁以理开谕，皆感动而出。岐乾道中登第，调应山尉摄邑事，会岁凶，岐捐俸创利民仓以赈之。继知襄阳县，捐俸代五等户输纳税役，民甚感之。通判金州，经总两司财赋实隶焉。先是，军饷支不以时，岐处置得宜，按月请给，由是殿帅曰世卿[21]、郭果等交章上荐，特差权州兼安抚，除知南雄州。至郡，首书“忠廉公恕”四字于州治之壁。时贫民客户以纳丁米为苦，岐悉奏原之。官至朝散大夫。

胡大正字伯诚。崇安人。用季父寅郊恩补官，再调南康军司法。史浩、刘珙荐其贤明清介，改秩佥判泉州。剧贼逼漳州甚急，泉与为邻，忽近郊有荷斧者四五十人，兵捕以闻。时郡政尚勇决，同幕希意请肆诸城下，大正不肯，书牍曰："贼欲破城，乃无戎装、攻具、长兵邪？"询之，果采山菌者，皆释之。

虞大中字士朋。崇安人。登进士第，历知龙兴、新建县，通判汀州，皆有惠政。嘉泰间，除知循州，陛辞，道慈幼恤孤等事。先是，大中家居，朱文公倡立义仓，常与讨论，至是言及之。至郡，廉洁自持，教化盛行，民鲜犯法，改知南康军。嘉定中，遣使秤提会价，大中供张如常时，坐忤，即上章丐闲，不俟报而归。后文公入朝白事，荐除江西仓，不赴。弟庠亦登第。

刘填字仲抚。炳之子。登淳熙中甲科，教授抚州，寻为广东运属。见事风生，吏胥竦畏。及知将乐，邑多强宗大姓，肆为政蠹，莫之谁何，稍有忤者，辄败去。填至，吏事精敏，豪猾已詟服。县有厢西，拘者几千人，皆豪家所拘债负者，填知，悉开关纵之，豪强褫魄不敢犯。寻以病卒，人皆惜之。

吴居仁字温父。建阳人。父睿知侯官县，有廉声。居仁以特科历古田尉、攸县丞、融州节度推官，所至以儒饬吏，听讼必以人伦大谊断曲直，部使者下其所断为州县式。居官奉法，不妄有所取；比殁，无以为殓，同僚致赙始克以丧归。朱文公尝对黄干称之曰"真廉吏"。

刘学裘字傅之。珙之仲子。初，珙殁无子，以学雅、学裘为后。学裘用父荫补承奉郎，多历州县，一以循良为治，吏民皆化之。尝守抚州，修复学校，刻规约于堂以示学者，时一至为解说义理之学。移守邕州，秩满召还。后以疾累得郡不赴，终中散大夫。

詹渊字景宪。崇安人。登进士第，调临江户曹掾。江西俗嚣于讼，案牍有数十年不决者，渊一阅之，皆得其情，凡所予夺，人无异论。部使者知其材，檄致幕府，于是环十一郡之民有求质于有司，皆请以属渊。因为之语曰："宁为户曹非，不愿他官直。"后监行在车辂院。

詹椉字德宽。崇安人。嘉泰中登第，调福安尉。有妇陈氏死非命，臬复验见其腹胀，因得竹刀于隐僻间，贼亦随获。迁瑞州法曹，尝有贼欲劫银坑，初以招饮为名，匠疑而弗往，贼焚草以熏坑，诸匠皆死，贼遂取银去。数日前有与匠争者，其父兄遂诬执之。臬阅按疑不实，乞别缉捕，果获正贼。子甫登第。

赵汝郛字大防。善霈之子。开禧初登第，调知临武县，创仓以赈饥民，修学，以化犷俗。寻授金陵酒所司书，秩满，倅赣州。时峒寇扰攘，宪司引汝郛参谋招捕之，及任转饷之役，迄底平定。除知韶州，遇寇，卒于道。事闻，赠朝议大夫，特官其子。

陈云字会甫。崇安人。开禧初登第，调邵武建宁簿。峒寇李元励窃发，邑民震恐，云赞邑宰极力抚定，境赖以安。就辟海口镇官，以盐堤当水冲，每岁水决公私俱受其害，蠲俸为堤以障之。迁汉阳军法曹，制置使赵方召置幕府。

李华字实夫。崇安人。嘉定中，第进士，调连州法曹，开楞枷峡有功，辟翁源令。翁源瘴乡，同幕谓不宜往，华笑曰："今之仕者每患五削不易得，惟视上官色可否，气馁精摇，为心之病者，甚于瘴也。某无愧于俯仰，将使匹夫匹妇皆无疾苦，瘴焉能病予？"辟占不辞。未几，政声为韶五邑最，台府交荐通籍后，倅安丰。绍定间，护王祖忠军入闽剿汀、邵寇，旋以捷闻，除知汀州。寻进直徽猷阁，知潭州，兼湖南安抚，卒。

陈范字朝弼。崇安人。从朱文公学。嘉定中，第进士，调徽州婺源尉，会有大狱辟疑谳，范察其不当死，令佐受赇，给正其罪，吏请书狱，范叹曰："人命如是之轻乎？吾以书生获一官，当以此力争。"竟不书，后发觉，令佐坐削，人服其明。秩满，调抚州崇仁丞，县令罗必元见而敬之，日与相从讲论，政化大行，范之力也。一日遇疾作，遂解组而归。

赵时钺字子礼。寓居崇安。少有文名，登进士第，摄上杭令。适汀寇甫平，余党出没，有关麻胡者复诱贼酋汝云等为乱，时钺出奇计悉捕获之，民得安，迹遂即息[22]。徐清叟帅广右，辟宾州倅，会逆贼黎梦符寇海道，凶焰甚炽，时钺被檄往攻之。捷闻，就除权发遣南宁军事。未几，卒，特转朝请郎，官其子。弟时馆亦有吏能，官至朝奉大夫，知邵武军。

宋慈字惠父。建阳人。嘉定中，第进士，历湖南提刑，以朝请大夫直焕章阁，帅广东，致仕，卒。慈通经史，能文章，居官所在有声称，尝作《洗冤录》。及卒，理宗以其为中外分忧之臣，有密赞阃画之寄，特赠朝议大夫，御书墓门以旌之。

江埙字叔文。崇安人。学于真德秀，第进士，调知永平县，通判靖州，以廉白清简称。迁知南平军，绥御夷汉，四境帖然。尝条五事以奏，皆熟察民隐可为永利者。帅臣上其治绩，改知开州，未拜命，卒。埙貌肃气和，自幼至老惟以讲学为事。

陈梓字处恭。建安人。扃之孙。庆元中，第进士，历知南恩州。江寇发，帅漕乞移梓知南安军，寇不敢犯境。迁本路漕使，吏间以例册进，梓曰："非君赐皆不可。"就领安抚司事。属岁不登，讲求荒政，诱致米商，卒为稔岁。官终朝请大夫。

詹师文字叔简。崇安人。刻意好学，庆元中，第进士，调婺源尉。时境内盗发，师文率士兵捕获之，且不欲上功以希赏。嘉定八年，再调江西宪司检法官，治狱无冤。及赤水峒寇邓哑九等谋乱，宪司檄师文讨平之。秩满，授西外宗教以归。杜门教子，与真德秀、邹应龙交游，不复仕进。有《慢亭遗稿》及《通典编要》。子梦壁，宝祐中登第。

杨孝定字仁静。浦城人。以外祖荫补官，调弋阳令。民有兄弟讼家财不均者，降阶执手泣谕之曰："以财物主微，伤手足之爱，同气连枝之义，当如是耶？"言已又泣曰："此皆知县不能以德化民，致若辈伤恩背义至于如是。"争者感愧，亦泣而退，不复讼。孝定性纯孝，事母尽养，其母卒，庐墓终丧，乡间称之。

吴势卿字安道。建宁人。宝祐中知处州，大旱，行义仓法计口劝分。松阳盗起，纠率义民剿除，悉平。尤留心学校，亲讲四书、《西铭》,以淑后生。

〔元〕

雷机字子枢。建安人。延祐戊午擢进士,除延平路总管府推官,升湖广等处儒学提学,所至人怀之。年七十,召除朝散大夫、翰林待制,卒。机性乐易,平居和而不流,严而不刻。所著有《易斋》、《黄鹤矶》、《碧玉环》、《龙川》、《鄞川》、《环中》诸稿[23]。

郑旼字德华。浦城人。历翰林国史院检讨,至正中,为福建行中书省左丞。旼醖藉儒雅,巡历所至,兴学劝士,舆论归之。

雷拱字君实。建安人。至正壬午进士,调兴化县尉,以公廉正直称。壬辰岁,因罗天陵乱,委守海口,卒于官。

〔国朝〕

方直字孟周。崇安人。洪武间由学诸生授萍乡县典史,改丰城县,以廉能著称。继入文渊阁纂修,升知海宁县,改新乡县,寻以当道荐为监察御史,颇有风裁。后以不避权势见沮,出知新喻县,致仕,卒。

彭僖字乐善。崇安人。少负才气,由太学生授崇德县丞。县当水陆之冲,民繁事殷,号称难治。僖代其长区划,事事有条,而复以慈祥恺悌行之,民歌诵其德。六载,恳上章乞致仕,老稚留之不可得,相与裹粮挐舟送至浙江,泣别而还。

吴瑾字土瑜。政和人。洪武间,由国子生授直隶常州府推官,证囚讯问务惟诚意,使自引咎甘服,不事考掠,及得其情,恻然哀矜之意见于辞色。在官六年,狱讼几息,廉恕之声,动于畿辅。及再考,以疾卒于京。柩过常州,郡民争先哭祭。

李浚字彦深。松溪人。洪武中,登进士,拜兰溪知县,历任六年,有惠爱于民。

张崇字存高。建安人。永乐中，由太学生授萧山知县，为政仁恕，有恺弟之风。秩满，升通判抚州，转处州，所至有清操，民至今怀之。致仕，卒于家。

江祯建安人。登永乐甲申进士第，授礼科给事中，特立不附。祯面常红赤色，一日，奏对上前，上以为被酒，祯不敢辩，遂谪为都察院吏。逾年上始悟，特除龙游知县。为政务存大体，有惠爱于民，民甚德之。卒于官。

黄仲芳字时茂。建安人。永乐中进士，选为翰林庶吉士，知东阳县。首锄豪民及奸吏之为民患者。邻郡有盗犯境，仲芳以计殄绝之。市有三虎为暴，仲芳移文城隍，果射中其一，余遁去。秩满，邑民请藩臬恳留弗获，有涕泣者。大臣以才行荐，擢湖广左参议。施州有伪土官田姓者，杀兄而夺其位，越十有八年捕之不能得，仲芳设方略擒之。寻迁云南右参政，奏开中盐之法以助军饷，卒子官。所著有《澹庵集》、《旬宣集》、《栞堂薇垣平恕录》。

滕康字景晋。建安人。由乡贡通判松江，改惠州，所至多善政，藩臬交荐之，升知惠州府。廉勤沉静，举措不苟，在任十余年，政绩显著。

吴义字用宜。政和人。景泰间知零陵县，恒以清正自持，吏畏民怀。凡三载丁内艰归，行箧萧然，民争致赙赆，郡守亦怜其贫，以帑藏余财资之，俱不受。比服阕，诣部以疾致仕。

校　注

［1］“咸甲”应是“咸平”之误。

［2］嘉靖《建宁府志·人物》作“申曰：光言至论”。

［3］嘉靖《建宁府志·人物》作“子为父屈”。

［4］嘉靖《建宁府志·人物》作“谍其弛备”。

［5］嘉靖《建宁府志·人物》作“寀在泾源四年，凡创州一，城砦九。夏自平夏之败，不复能军”。

［6］嘉靖《建宁府志·人物》作“拜同知枢密院事，逾年力谢事”。

［7］按嘉靖《建宁府志·人物》作“充太一宫使，卒，谥庄简，子绰、综、琮、绾、綎、缤、缜，孙芟、莒”。嘉庆《浦城县志·人物》略同。

［8］嘉靖《建宁府志·人物》作“出知镇、庐、滑三州”。

［9］嘉庆《浦城县志·人物》作“加龙图阁学士”。

［10］民国《崇安县志·人物》作“以祖荫补登仕郎，尉常山”。

［11］“枢”字疑衍。

［12］民国《崇安县志·人物》作“赵抃、陈襄、苏颂皆言评不宜置散地，不报”。

［13］民国《崇安县志·人物》作“上官欲置冶其地”。

［14］“流俘”为“流殍”之误。

［15］嘉庆《浦城县志·人物》作“抚摩善良”。

［16］嘉庆《浦城县志·人物》作“置永利仓于仙阳镇”。

［17］民国《崇安县志·人物》作“移兑常平仓，佐其用”。

［18］民国《崇安县志·人物》作“略文华之意”。

［19］嘉庆《浦城县志·人物》作“惟青阳税偏重”。

［20］嘉庆《浦城县志·人物》作“累困兵火”。

［21］民国《崇安县志·人物》作“殿帅田世卿”。

［22］民国《崇安县志·人物》作“民得安堵，遂拜真令”。

［23］康熙《建安县志·人物》作“《龙津》、《龙山》、《鄞川》、《环中》、《黄鹤矶》、《梅易斋》、《碧玉环》七稿”。

八闽通志卷之六十五

人　　物

建宁府

道学

〔宋〕

游酢字定夫。建阳人。与兄醇俱以文行知名,所交皆天下士,年虽少而一时老师宿儒咸推先之。程颐见之京师,谓其资可以进道。时程颢知扶沟县,兄弟方以倡明道学为己任,召酢职学事,酢欣然往从之,得其微言,于是尽弃其学学焉。第进士,调萧山尉,县有疑狱十余年不决,酢摄邑事,一问得其情而释之,精练如素官者,人服其明。近臣论荐,召为太学录,迁博士,以奉亲不便,求知河阳县。范纯仁守颍昌府,辟府教授。纯仁入相,复为博士,佥书齐州、泉州判官。徽宗立,召还为监察御史,出知和州汉阳军,历舒、濠二州,所至有惠政,民戴之如父母,去后见思,愈久不忘。后寓居历阳卒。程颐尝称酢"德宇粹然,问学日进,政事亦绝人远甚";杨时谓酢"不为世儒之习,诚于中,形诸外,仪容辞令灿然有文望之知,为成德君子也"。有《易·诗·中庸论》、《孟说》传世。

胡安国字康侯。崇安人。入太学以程颐之友朱长文及靳裁之为师，既仕，又质访于杨时、游酢、谢良佐诸贤。登进士第三，徽宗朝累迁屯田郎。靖康初召见，奏“明君以务学为急，圣学以正心为要”，又乞“定国论以觊中兴”。召试词掖，除中书舍人。时何㮚建议分天下为四道，置诸总管以卫王室；安国谓“莫若据今二十三路帅府，选择重臣付以都总管之权，专治军旅，有急即各率所属守将应援，则一举两得矣”。高宗即位，除给事中，再召不至。绍兴初，除中书舍人，献时政论二十一篇，曰：定计建都，设险制国，恤民立政，核实尚志，正心养气，宏度宽隐。迁给事中，居旬日，再见以疾恳求去，高宗曰：“闻卿深于《春秋》，方欲讲论。”遂以《左传》付安国点句正音，安国奏：“《春秋》经世大典，今方思济艰难，左氏繁碎，不若潜心圣经。”遂除兼侍读，专讲《春秋》。坐论朱胜非积忤吕颐诰，奉祠，宰执台谏交章留之，不报。久之除知永州，再予祠，令纂修，所著《春秋传》，书成，除提举万寿观兼侍读，未行，谏官陈公辅上疏诋假托程颐之学者。安国奏曰：“孔孟之道不传久矣，自颐兄弟始发明之，使学者师孔孟，而禁不得从颐学，是入室而不由户。本朝邵雍、张载、程灏及其弟颐，皆世所师尊，望加之封爵，载在祀典，仍颁行其遗书，使邪说不得作。”奏入，公辅等承望宰相风旨，论安国学术颇僻，再除外祠，进宝文阁直学士。卒谥“文定”。谢良佐尝语人曰：“康侯如大冬严雪，百草萎死，而松柏挺然独秀者也。”有《文集》十五卷、《资治通鉴举要补遗》一百卷。国朝正统间，诏从祀孔子庙庭。成化三年，追封建宁伯。

胡寅字明仲。安国弟淳之子。寅将生，弟妇以多男欲不举，安国妻取而子之。宣和中，擢甲科，历校书郎，从杨时学。金人陷京师，议立异姓，与张浚、赵鼎逃太学中不书议状。及张邦昌僭位，弃官归。建炎三年，高宗幸建康，再迁起居郎。金人南侵，诏议移跸之所，寅上书乞“按行淮襄，罢绝和议，以图中原，不宜退保吴越”；又“必务实效，去虚文；任君子，斥小人”，反复数千言。疏入，宰相恶其切直，除主管江州太平观。会诏求言，寅上十事曰:修政事,备边陲,治军旅,用人才,除盗贼,信赏罚,理财用,核名实,屏谀佞,去奸慝。不报。绍兴四年,拜中书舍人。时议遣使讲和,寅专以复仇为请,乞寝罢使命。既而以与张浚异议乞便郡,除知邵州,历严州、永州。徽宗及宁德皇后讣至,故事,以日易月,寅上疏言:"礼,仇不复则服不除,愿诏服丧三年,衣墨临戎,以化天下。"寻除礼部侍郎,兼侍讲,兼直学士院,丁父忧。免丧时,秦桧当国,除徽猷阁直学士奉祠,俄许致仕。桧既忌寅,愤之不已,坐与李光书讥讪朝政落职,再责[1]官,安置新州。桧死,复元官,卒。寅志节豪迈,初,安国颇重秦桧靖康之节,及桧擅国,寅遂与之绝。新州谪命下,即日就道。在谪所著《读史管见》数十万言及《论语详说》行世,学者称"致堂先生"。

胡宏字仁仲。安国之子。幼事杨时、侯仲良,而名传其父之学[2],优游衡山下余二十年,玩心神明,不舍昼夜。张栻师事之。绍兴间,上书论复仇大义累数千言,有曰:"徽宗、钦宗劫于仇敌,远适穷荒,其愿陛下加兵敌国,犹饥渴之于饮食,庶几一得生还,父子兄弟相持而泣,欢若平生。引领东望,九年于兹,夫以疏贱痛心于此,尚欲有为,况陛下当其任乎?"末言:"陈东、马仲[3]以直谏正论死,而未闻诛一奸邪,黜一谀佞,是虽当时辅相之罪,然以天子威灵,乃不能保二三腹心耳目之臣以自辅助,顾令奸邪得而杀之,窃伤陛下威权之不在己也。"司业高闶请幸太学,宏见其表,作书责之。其略曰:"阁下目睹忘仇灭理北面敌国,既不能建大论明天人之理以正君心,乃阿谀权臣求举太平之典,欺天罔人孰甚焉!"宏初以荫补官,不调。秦桧当国,贻书其兄寅,问二弟何不通书,意欲用之。宏书辞甚厉,人问之,曰:"正恐其召,故示以不可召之端。"桧死被召,竟以疾辞,卒于家。著书曰《知言》。张栻谓其"言约义精,道学之枢要,制治之蓍龟也"。诗文五卷,《皇王大纪》八十卷。学者称"五峰先生"。

刘子翚字彦冲。崇安人。以荫补承务郎,辟真定府幕属。

父韐死靖康之难，子翚痛愤哭墓。三年服除，通判兴化军。寻以宿疾辞归武夷山，不出者十七年。间走父墓，涕泗呜咽，或累日而返。妻死不再娶，事继母及兄子羽尽孝友。子羽之子珙幼嗜学，子翚教之不懈，珙卒有立。与胡宪、刘勉之交相得，每见，讲学外无杂言，他所与游皆知名士。既疾，门人朱熹请入道次第，子翚告之以："《易》，之不远复者，吾之三字符也，佩服周旋，罔敢失坠。于是尝作《复斋铭圣传论》以见志，然吾忘吾言久矣，今乃相为言之。"后二日卒。学者称"屏山先生"。有文集二十卷。

刘勉之字致中。崇安人。滋之曾孙。父元振游太学，吕大临、游酢皆与为友。勉之初诣太学，时方禁挟元祐书，勉之求得，每深夜潜抄而默诵之。复从谯定学《易》，已而揖诸生归，见刘安世、杨时皆请业焉。即邑近郊结草堂，与胡宪、刘子翚日以讲学为事。绍兴间，吕本中疏荐，召诣阙，秦桧方主和，虑勉之见上持正论，乃不引见，但令策试后省给札而已。勉之即谢病归。杜门十余年，学者踵至，随其材品为说圣贤教学之门，及前言往行之懿。学者号曰"白水先生"。友人朱松卒，属以后事，且戒其子熹受学。勉之经纪其家，而诲熹如子侄，熹之得道自勉之始。

胡宪字原仲。居崇安。初从从父安国游，绍兴中入太学。会洛学有禁，独阴与刘勉之诵习其说。问《易》于谯定，久未有得。定曰："心为物渍，故不能有见，唯学乃可明耳。"宪叹曰："所谓学者，非克已工夫耶？"自是一意下学，不求人知，已而归隐故山。折彦质、范冲等上其行义，被召，以母老辞。及彦质入西府，又言于上，趣召愈急，力辞。乃赐进士出身，添差建州教授，学者大化。以母老丐祠，久之，晚岁起为秘书省正字，疏言："金人大治汴京宫室，势必败盟，识者皆谓非张浚、刘锜莫能当，愿亟起用之，臣死不恨。"疏入即求去。方宪之赴召也，适秦桧讳言之。后与王十朋、冯方、查籥、李浩相继论事，太学生为《五贤诗》歌之，人益信宪不苟出，而惜其在位未久，不究厥施云。平生从游者甚众，而朱熹为最久，学者称“籍溪先生”，卒谥“靖肃”。所著有《论语会义》诸书，行于世。

朱熹字元晦，一字仲晦。松之子。初依刘子羽居崇安[4]，晚迁建阳之考亭。绍兴中第进士，待次同安簿，往见李侗，得闻所传《河洛之懿》。秩满，丐祠奉母，被召不赴。孝宗立，应诏上封事，言：“帝王之学不可以不熟讲，修攘之计不可以不早定，本原之地不可以不加意。帝王之学必先格物致知以极事物之变，使义理所存，纤悉毕照，则自然意诚心正而可以应天下之务。”又曰：“今日之计，不过修政事，攘夷狄，然计不时定者，讲和之说疑之也。”又曰：“四海利病系斯民休戚，斯民休戚系守令贤否；监司者守令之纲，朝廷者监司之本，本原之地亦在朝廷而已。”隆兴初，复召入对，三札申言封事之意而加剀切。时汤思退方倡和议，除武学博士待次，已而大臣相继论荐，皆不至。起知南康军，疏言：“天下之务莫大于恤民，而恤民之本在人君正心术以立纪纲。”反复千百言，极陈近习蒙蔽之状。以疾请祠，不报。陈俊卿等力荐，除江西常平使者，改浙东。入对，首陈灾异之由与修德任人之说，所奏凡七事。至部，访民隐，举荒政，劾台守唐仲友，章凡十上；仲友与宰相王淮同里且姻家，颇忤淮意。郑丙上疏诋程氏之学，且以沮熹，淮又擢陈贾入台，阴有所指斥。淮既罢，熹入奏，终篇有曰：“愿陛下自今以往，一念之顷必谨而察之，果天理耶，则敬以充之，而不使少有壅阏；果人欲耶，则敬以克之，而不使少有凝滞。推而至于言语动作之间，用人处事之际，无不以是裁之，则圣心洞然，中外融彻，而天下事将惟陛下所欲为，无不如志矣！”除兵部郎官，以足疾辞。本部侍郎林栗劾奏之，栗竟坐此罢黜，熹亦除职予祠。未逾月，投匦进封事，以“天下大本与今日急务”为言，“大本者陛下之心，急务则辅翼太子，选任大臣，振举纪纲，变化风俗，爱养民力，修明军政是已。斯六者皆不可缓，而本在陛下一心。”翼日除崇政殿说书，力辞，以论撰奉祠，又辞。光宗朝，除知漳州，丐行经界，从之。其后除命屡及门，皆不拜。宁宗即位，赵汝愚首荐，召赴行在奏事，除焕章阁待制、侍讲，辞，不许。入对，首劝宁宗“尽负罪引慝之诚，致温清定省之礼”。又“愿陛下日用之间以求放心为之本，而于玩经观史。亲近儒学益用力焉。数召大臣切劘治道，群臣进对亦赐温颜，反覆询访，以求政事之得失，民情之休戚，而又因以察人才之邪正短长，庶于天下之事各得其理”。又乞遵行孝宗通丧之礼，及议僖祖不当祧。韩侂胄自谓有定策功，居中用事，熹上疏斥言左右窃柄之失，在讲筵复申言之。未几，以宝文阁待制补郡邑，而籍伪学诏落职罢祠，寻卒。学禁解，追复元官，累赠宝谟阁直学士，谥曰“文”。

熹登第五十年，仕于外者竟九考，立朝才四十日，山林之日长，讲学之功深。其学大抵穷理以致其知，反躬以践其实，而以居敬为主。所著书有《易本义启蒙》、《蓍卦考误》、《诗集传》、《大学中庸章句》、《或问》、《论语孟子集注》、《太极图》、《通书》、《西铭解》、《楚辞集注辨证》、《韩文考异》，所编次有《论孟集义》、《孟子指要》、《中庸辑略》、《孝经刊误》、《小学》、《通鉴纲目》、《宋名臣言行录》、《家礼近思录》、《程氏遗书》、《伊洛渊源录》，又有《仪礼经传通解》未脱稿。没，理宗朝赠太师、徽国公，从祀孔子庙庭。

蔡元定字季通。建阳人。少颖悟，父发以二程、张、邵四子遗书授之，元定深涵其义。既长，辨析益精。登西山绝顶，忍饥啖荠读书。闻朱熹名，往师之。熹扣其学，大惊曰：“此吾老友，不当在弟子列。”遂与对榻讲论诸经奥义。尝曰：“造化微妙，惟深于理者能识之，吾与季通言而不厌也。”四方来学者，熹必令先从元定质正焉。尤袤、杨万里论荐，召不起。筑室西山，将为终隐之计。时韩侂胄设伪学之禁，言官承风连攻朱熹，并及元定，元定简学者刘砺曰：“化性起伪，乌得无罪？”未几，果谪道州。州县捕元定甚急，元定闻命即就道。熹与从游者数百人饯别萧寺中，坐客有泣下者，熹微视元定不异平时，叹曰：“友朋相爱之情，季通不挫之志，可谓两得矣。”杖屦同其子沉行三千里，脚为流血，无几微见言面。至舂陵，远近来学者日众，爱之者谓宜谢生徒，元定曰：“彼以学来，何忍拒之？若有祸患，亦非闭门塞窦所能避也。”贻书训诸子曰：“独行不愧影，独寝不愧衾，勿以吾得罪遂懈。”竟卒于贬所。及归葬，熹以文诔之曰：“精诣之识，卓绝之才，不可屈之志，不可穷之辩，不可得而见矣。”侂胄既诛，赠迪功郎，赐谥“文节”。所著有《大衍详说》、《律吕新书》、《燕乐原辩》、《皇极经世太玄潜虚指要》、《洪范解》、《八阵图说》。

刘爚字晦伯。建阳人。与弟炳受学于朱熹、吕祖谦。第进士，庆元中，通判潭州，未上，丁父艰。伪学禁兴，从熹讲道武夷，筑云庄山房为终隐之计。差知德庆府，召为尚书左郎官。请节内外冗费以收楮币，转对言：“愿于经筵讲读大臣奏对，反复问难以求义理之当否，与政事之得失。”迁国子司业，言于丞相史弥远，请以熹所著《论语》、《大学》、《中庸》、《孟子》之说，以备劝讲。疏乞罢伪学之诏，以息邪说，正人心。又请以熹《白鹿洞规》颁示太学，取熹《四书集注》刊行之。除权刑部侍郎兼国子祭酒、兼太子左谕德。时廷臣争务容默。爚奏：“愿明诏大臣崇奖忠谠，以作士气，深戒谀佞以肃具僚。”冬雷，乞遴选监司以考察贪吏为先，访求民瘼，有泽未下流，令未便民者悉以实上，变而通之。兼工部侍郎。亢旱求言，上封事曰：“上既开不讳之门，下必有尽言之士，指陈时政之阙失，明言朝廷之是非。或者以为好名要誉，而陛下听之，则苦言之药，至言之实，陛下弃之而不恤矣；甘言之疾，华言之腴，陛下受之而不觉矣。”权工部尚书，每讲读至经史所陈声色嗜欲之戒，辄恳切再三敷陈之。卒谥“文简”。所著有《奏议史稿》、《经筵故事》、《东宫诗解》、《礼记解》、《讲堂故事》、《云庄外稿》。

蔡沉字仲默。元定次子。从朱熹游，熹晚年训传诸经略备，独《书》未及为，遂以属沉。《洪范》之数，学者久失其传，元定独心得之，然未及论著，曰：“成吾书者，沉也。”沉受父师之托，沈潜反复者数十年，然后成书，往往发明先儒之所未及。初，沉从元定谪道州，跋涉数千里，道楚、粤穷僻处，父子相对，常以义理自怡悦。元定没，徒步护丧以还。年仅三十，屏去举子业，一以圣贤为师。隐居九峰，当世名卿物色将荐用之，沉不屑就。卒谥“文正”。国朝正统间，诏从祀孔子庙庭，成化三年，追封崇安伯。

真德秀字景元，后更为景希。浦城人。第进士，复中宏词科。嘉定初迁太学博士，疏言：“自韩侂胄专政，斥忠良，兴伪学，今当改弦，正宜褒崇名节，明示好尚。”改著作佐郎，言：“金有必亡之势，亦可为中国忧；盖金亡则上恬下嬉，忧不在敌而在我，多事之端，恐自此始。”除起居舍人。史弥远方以爵禄縻天下士，德秀力请去，出为江东运副。山东盗起，朝廷犹与金通聘，德秀朝辞，奏：“国耻不可忘，邻盗不可轻，幸安之谋不可恃，道谀之言不可听，至公之论不可忽。”改知泉州、隆兴府、谭州。理宗立，召为中书舍人，擢礼部侍郎，直学士院。入见首奏霅川之变非济王本心，前有避匿之迹，后闻讨捕之谋，情状灼然，愿讨论追封秦王故事兴灭继绝。尝因经筵进说，谓“惟学可以明此心，惟敬可以存此心，惟亲君子可以维持此心”。德秀屡进鲠言，上皆虚心开纳。弥远讽言官论罢之。既归，修《读书记》，曰：“此人君为治之门也。”绍定中，知泉州。弥远死，上亲政，除知福州。寻召为户部尚书，进所著《大学衍义》，复陈“祈天永命”之说。改翰林学士知制诰，已得疾，拜参知政事。方逾月，三上请词，除资政殿学士、提举万寿观、兼侍读。卒谥“文忠”。德秀立朝不满十年，奏疏无虞数十万言，皆切当世要务，直声振朝廷，及宦游所至，惠政深洽，由是中外交颂，时相益以此忌之。自伪学之名立，凡近世大儒之书皆显禁以绝之。德秀晚出，独慨然以斯文有任[5]，讲习而服行之。党禁既开，而正学遂明，多其力也。所著又有《西山甲乙稿》、《对越甲乙集》、《经筵讲义》、《端平庙议》、《翰林词草》诸书。国朝正统间，诏从祀孔子庙庭，成化三年，追封浦城伯。子志道，户部侍郎。

儒林

〔五代〕

孟贯字一之。建安人。少好学,游庐山,以礼义、文章、节俭为当时师范,人称孟夫子。仕于周。

〔宋〕

阮逸建阳人。仕为镇东军节度推官,景祐初,知杭州。郑向上其所撰《乐论》十二篇并《律管》十三,与胡瑗俱召赴阙,命同校《钟律》,分造钟磬各一虡。寻除镇安军掌书记。康定元年,上《钟律制议》并《图》三卷。皇祐中,更铸太常钟声[6],又召瑗、逸与近臣太常议于秘阁,遂典作乐事,迁尚书屯田员外郎。又有《易筌》及《王制井田图》。

宋咸字贯之。建阳人。登进士第,累官知邵武军,立学置田以养士。移知韶州,以严治郡,骄兵悍卒不敢肆。狄青经制广西,移咸为漕,以功转职方员外郎。奏乞于琼管立学,赐经史以变夷风。所著有《易训》、《毛诗正纪外义》、《论语增注》、《杨子法言注》、《朝制要览》诸书。五世孙翔,字志腾,登第为湖南帅参。

章望之字表民。浦城人。初由伯父得象荫补官,监杭州茶库,寻引疾去。求举贤良方正,得象在相位,以嫌扼之,乃上书论时政,不报。浮游江淮间,其兄拱之被诬坐贬,望之前后号诉章十余上,历数年,卒脱拱之冤。欧阳修、吴奎等同荐其才,除命再临,不赴,以光禄丞致仕。望之宗孟轲言性善,排荀、杨、韩、李之说,著《救性》七篇;又以欧阳修魏、梁正统之论为非,著《明统》三篇。李觏尝言"仁、义、智、信、乐、刑、政,皆出于《礼》",望之著《礼论》一篇以订其说,其议论多有过人者。

吴秘字君谟。瓯宁人。景祐初中甲科，后为侍御史，知谏院，以言事出知濠州，提点京东刑狱。秘好学著书，作《周易通神》五卷，注《杨子》，笺《太玄》。尝叹《春秋》三传同异，欲作集解，因乞闲郡，除守同安。

练绘字质夫。浦城人。少同杨时游程颐之门，颐甚器之。大观中擢进士科，浮沉州县，不以轩冕为荣，而以名教为乐。官至奉议郎。

林志宁建州人。游文彦博门下，求教，彦博云："此中无以相益，有二程先生者，可往从之。"因使人送明道处。志宁乃语游酢及杨时，二人由此遂诣程氏求见。

江侧字处中。建阳人。性纯一，熙宁中学究出身，尝聚士及肄业[7]邑之石壁山，游定夫、施景明、叶祖洽皆从之游。后为将作监簿，与族子汝舟号"二先生"。

杨昭述字宗鲁。浦城人。赋性醇雅而长于议论，乡人多师事之。县主簿陈襄每以乡先生见待。嘉祐奏名出身，授池州石埭尉，选秀民进而教之，邑人自是趋学者众，皆呼为"杨夫子"。任满调海康令，卒。

郑瑴字致远。建安人，父镇。瑴初就学，能知圣人之道在《中庸》，其父奇之。既冠，入太学，所为文不尚时好。执父丧有吁天止火之异。屡举未第，乃走河南，而程子已逝，因游谢显道之门。政和六年以八行举，已而第进士，调御史台主簿，以秘书郎守临江，遂丐祠归。自号"九思"。

练逢字彦默。浦城人。擢进士，授抚州司户，改剑浦令，再调本州推官，部使者交荐其才，改秩而卒。龟山杨时铭其墓云："孝尊于亲，学传于人，政得于民。吁嗟乎！君未闻而终于幕宾，百世而下，有焕斯文。"

江琦字全叔。建阳人。宣和中第进士。著《春秋经解》三十卷、《辨疑》一篇，《语孟说》各五卷。

游复字执中。建阳人。居乡以经学教生徒，游其门者多率德自好。尝举于有司，不第。行实纯明，后进矜式。龟山杨时志墓，深悼其德学不大显于时。

萧𫖮字子庄。浦城人。天资朴实。少孤，事母以孝闻，母丧，庐墓有灵芝之异。与李郁、陈渊、罗从彦同受业杨时之门，尝答范某书云："士之所志，舍仁义而何为哉？惟仁必欲熟，义必欲精；仁熟则造次颠沛有所不违，义精则利用安身而德崇矣。"晚以累举得官，为清流县主簿，终岁而归，徜徉闾里。朱松尝师事之。

黄锾字用和。浦城人。政和中，第进士，尝从杨时学，时器重之。及为工曹，守将高其才，多委以事。适诸邑大水，按视官希部使者意，多不以实闻，锾独减放蠲田租十之八。使者怒，锾占答详雅，卒如初请。再调西安丞。靖康初，李纲宣抚河东，辟幕属。高宗朝拜监察御史，首陈七事，深蒙嘉纳。会廷臣奏事，高宗曰："锾论人君治心事甚详，当处以谏官。"有尼之者，除江西提点刑狱，力求奉祠，以卒。有《奏议杂著》、《论语类观》、《唐史笃论》共二十卷。

章才邵字希古。崇安人。以父元振荫补官。少时谒杨时，时诲以"熟读《论语》，将论'仁'处仔细玩味而躬行之"，故才邵日用践履莫非其所闻所知者，世目为笃实君子。多历外任，典贺、辰二州，召判湖北路参议官。

潘殖字子醇。浦城人。大观中，两以乡荐上礼部，屡不偶。建炎戊申，始以累举出官，调真州推官。性嗜学不倦，尝悟新学之非，于是述《忘筌书》五卷、《理性书》九篇，自号浩然子。刘勉之、胡宪、刘子翚皆喜其书。子翚跋其后，极称其得学《易》门户，于《易》之"复"又尝画为"观象"、"玄契"二图。

谢绰中政和人。时方崇尚王氏新经，绰中间读《仪礼》，朱松为尉，见而异之，即与俱归，勉其所未至。绍兴中第进士，调泰宁簿，自以不能俯仰，领祠而归。所作遗文，朱熹为序。子东卿。

江杞字坚老。建阳人。政和中进士甲科，历仕州县，民安其政。为御史，致仕里居十又五年，讲学著书不倦。郡守魏矼见其所注《孝经》，叹曰："他日变此邦为曾、闵，其必因此书也。"

吴棫字才老。建安人，时号通儒。著《论语十说》，又有《考异》、《语解》诸书。尝患字学讹误，作《补韵》一部。朱熹评近代考订训释之学，唯才老及洪庆善为优，遂据其说以协三百篇之音。

胡安老字康年。崇安人。安国弟也。幼孤，安国抚而教之，与兄安止俱以学术行义名世。恬淡简默，喜周人之急。用安国荫补官，尝知罗江县，终朝奉大夫、知袁州。安止累迁朝奉郎、岳州通判。

余允文字隐之。建安人。以孟轲亚圣大贤，自司马光有《疑孟》数篇，而其后盱江李觏、莆田郑厚著《常语》及《艺圃》折衷其言，颇肆诋毁，允文遂作《尊孟辨》三十余条，朱文公读之，是其说，又为之订定云。

叶庭珪字嗣忠。瓯宁人。登进士第，靖康间，知德兴县。张邦昌伪诏至，不肯拜。中兴，差知福清县，县濒海，民困于鬻盐，多至流徙。庭珪创增盐钱，民稍获其便，又有《煮盐利害图》及书，州县往往遵用之。召为太常寺丞，轮对乞搜访遗书，补中秘府。高宗尝问方今礼乐之事，庭珪以"兵革未息，礼乐未遑"为对，秦桧闻之不悦。未几，出知泉州、漳州。庭珪笃学淳雅，名重当时，叶颙、陈俊卿、黄祖舜、郑丙皆出其门。有《海录》三十卷。

吴楫字公济。崇安人。幼颖悟，绍兴末，试不第，退居田里，闭户读书，与朱熹、李郁往复讲明性理之学，及儒释之辨甚悉。朱熹匾其读书之所曰"悦斋"，遣其子师事之。晚年特恩补官，调靖江府临桂县主簿。从子灵，登乾道五年进士第。

程元字善长，一名骀仲。瓯宁人。温恭旷达，自预舍选，一时后生学士皆慕其行。郡守张铢以经明行修荐于朝，不报。时龚何亦以廉节著，胡宪典教乡郡，延元与何俾参学政，后十年，宪为抚属,以职事至建州,二人皆已卒,因作诗以感悼之。

练未字彦本。建安人。干誉之子。累试礼部不利,以著书自娱,有《大易发微》、《二礼疑释》、《宋野遗民集》十卷。

蔡发字神与。建阳人。博学强记,高简廓落,不能与世俗相俯仰。因去游四方,闻见益广,遂于易象、天文、地理三式之说无所不通,而皆能订其得失。杜门扫轨,专以读书教子为事。子元定生十岁,即教使读《西铭》,稍长则示以程氏《语录》、邵氏《经世》、张氏《正蒙》,而语之曰:“此孔孟正脉也。”晚号牧堂老人。朱文公尝称发所以教其子者,不干利禄而开之以圣贤之学,其志识高远,非世人所及。

胡宁字和仲。安国之次子,用荫补官。秦桧当国,甚留意故家子弟,尝贻书其兄寅,问宁何不通书,宁止叙契好而已。既而召试馆职,除敕令所删定官。会秦桧拜元枢[8],桧问曰:“熺近除,外议云何?”宁曰:“外议以相公必不为蔡京之所为也。”迁太常丞、祠部郎官。初,宁以父兄故召用,及寅与桧忤,言者希意论宁兄弟阿附赵鼎,乃出宁为夔路安抚司参议官,除知澧州,不赴,奉祠卒。安国之传《春秋》也,修纂检讨尽出宁手,宁又著《春秋通旨》以羽翼其书云。

郭绪[9]字天锡。浦城人。幼而岐嶷,读书如素习,晚调上杭簿,留意邵雍象数之学,兼取扬雄所据列山易,以章会统元推之,久而成书,名《易春秋》,按图布卦计二十万言,厘为二十卷,总之以图。隆兴纪元,以其书上,方议推恩而卒。

魏掞之字子实。建阳人。初字元履,少师胡宪,与朱熹为友。试礼部不第。尝客衢守章杰所,杰尝用赵鼎子汾[10],掞之以书责杰,长揖径归,筑室读书,榜以“艮斋”。乾道中,举遗逸,恳辞。宰相陈俊卿招之甚力,乃以布衣入见,极陈当时之务,大要劝上以修德业、正人心、养士气为恢复之本。赐出身守太学录,请废王安石父子从祀,追爵程灏、程颐,列于祀典,不报。复言“大学之教宜以德行经术为先,其次则通习世务,今乃专以空言取人",又不报。曾觌秩满,还至国门外,掞之累疏以谏,复遗书俊卿,责其不能救止,遂以迎亲请归。行数日,除台州教授。既归,叹曰:"君恩深厚如此,而吾学不足以感悟圣意。"乃日居艮斋,以求所未至。属疾,以书召朱文公至,委以后事而诀没。后上思其直谅,赠直秘阁。子应仲,从文公游。

童伯羽字蜚卿。瓯宁人。沉默寡言,好读书,诣云谷师事朱文公。文公尝造其居,为匾其楼曰"醉经",堂曰"敬义"。雅爱林泉,不乐仕进。乡称"敬义先生"。著《四书集成》,诸经亦有训解。

范念德字伯崇。如圭之子。从朱文公游,匾其室曰"读书"。深潜温厚。调庐陵簿,以干敏闻。就辟吉州录事参军,廉勤悃恻,一郡称之。累迁朝奉郎、江东帅机。文公尝得念德所著《杂说》读之,曰:"持守不差,见理渐明。"后文公疾且革,手为书嘱其子在与念德、黄干,尤拳拳于勉学及修正《礼书》为言云。

江默字德功。崇安人。乾道中第进士,历安溪、光泽尉,皆有政声。后知建宁县,卒于官,邑民像而祠之。默从朱文公游,文公称其无他嗜好,一意诗书。尝考本朝典章为书,名曰《纲集》,凡三十六卷,上之。又有《易训解》、《四书训诂》六卷。

欧阳光祖字庆嗣。崇安人。九岁能文,时人目为童瑞。从刘子翚、朱熹讲学,子翚甚称重之,熹亦遣三子师事焉。乾道八年,再举登第,赵汝愚、张栻列荐于朝,方欲召用而汝愚去国。光祖赋诗有曰:"白发骎骎吾老矣,名场从此欲投簪。"熹和之曰:"江山风月依然在,何日重来再盍簪?"后为江西运管致仕。

游九言字诚之。建阳人。九功之弟,父旹,湖南安抚参议官。九言慷慨善议论,方十岁即为文诋秦桧,及长锐志当世。初筮为古田尉,入监文思院,被旨视行在诸邑灾伤,归白都堂,放苗八分以上。孝庙攒官,有司妄费希赏,九言上书极谏。张栻帅广西，辟幕下。栻弟杓帅金陵，辟抚干。学禁方严，九言记上元县明道祠痛讥之。开禧初，为淮西安抚机宜，寻知光化军，充荆鄂宣抚参谋官，卒。端平中，特赠直龙图阁，谥“文靖”。九言始学于栻，栻教以求放心，久之有得，尝序《太极图》，曰：“周子以无极加太极，何也？方其寂然无思，万善未发，是无极也；虽云未发而此心昭然，灵源不昧，是太极也。欲知太极，先知吾心。”读者称之，号“默斋先生”。

刘翔字图南。浦城人。通诸经，尤注意于《易》，以累举得官，调蕲春尉。因上其所著《易卦辞》，有旨看详监学以通经，旨闻，授福州教授。莅任初，谓“教官实风化所系，要当上不负天子，次不负州郡，下不负子弟入学意”。在官轩轾抑扬，尽合公论。再任谭州教授，多士归心，卒于官。所著有《经进易解》十卷，翰林洪迈为之序。

蔡渊字伯静，号节斋。元定之长子。元定尝语三子曰：“渊，汝宜绍吾易学”；曰：“沉，汝宜演吾《皇极数》”；而春秋则以属知方焉。渊既受学家庭，而又偏友黄干、张治诸贤，清修苦节，有父风。与沉俱躬耕不仕。著《周易训解》。尝谓周子无极而太极之说得于“《易》有太极”之一言。易者变易，无体即无极之义。识者谓其发先儒所未发。

刘炳字韬仲。与兄爚从朱文公讲学于寒泉精舍，文公方编集《程氏遗书》成，兄弟研穷诵读，晨夜不置，用力精专。文公尝大书“诸葛大名垂宇宙”一时付炳[11]，所以属之者甚重。第淳熙戊戌进士，累官至朝请大夫，乞祠闲居，自号悠然翁。弟炯，字季铭，亦从文公学，庆元中登第。炯进贤县丞，迁固始令。晚岁挂冠归，徜徉于武夷之麓。

朱塾字受之。文公长子。既受家庭之训，又以父命从吕祖谦学。用荫官将仕郎，早卒，赠中散大夫。子鉴，奉直大夫，湖广总领。

朱埜字文之。文公次子。用荫补官，历监德清县新市镇、户部激赏酒库，赠朝奉郎。子钜，南康尹；铨，监登闻鼓院。

祝穆字和甫。曾祖确，歙名士，于朱文公为外祖，父康国始从文公居崇安。穆少名丙，与弟癸同事文公于云谷，得其微言绪论。性温行淳，学富文赡，著《事文类聚》、《方舆胜览》诸书。子洙在家庭讲论精密，尝著《四书集注附录》，第宝祐四年进士，宰执程元凤、蔡抗取其书进呈，除迪功郎、兴化军涵江书院山长。景定中，知军徐直谅特荐其学行于朝。（按文公所作《外大父祝公遗事》，自穆父康国已居崇安。一本载穆于《流寓》，盖误也。）

刘垕字伯醇，号静斋。建阳人。爚之子。补丞务郎，知江宁县，辟制置司幕官，以收李全功转朝请大夫，知常州、衡州、南剑州，以疾不赴，与其徒熊竹谷辈讲道终老。

熊节字端操。建阳人。甫十岁，读《易》，日诵二卦，即知问难，至通晓而后止。庆元中廷对，条陈三德，累官通直郎致仕。有《中庸解》三卷、《智仁堂稿》十卷，又有《性理群书》。

翁易字碎翁。崇安人。通六经，尤长于《春秋》。尝预计偕从刘爚游，因得登朱文公、蔡西山之门，讲明义理，往复辨难，悉究其旨。晚岁授徒于竹林精舍，言行有法，人称“竹林先生”。

熊刚大建阳人。少敏颖，从蔡渊、黄干游，问学专精而操行笃至。所著有《诗经注解》、《性理小学集解》。

蔡模字仲觉。元定之孙。行甚高，度甚夷，隐居笃学，一以圣贤为师，一时名士多师尊之。尝辑朱文公之书为《续近思录》。淳祐中，谢方叔、汤中乞表异之，以劝后学。有旨补迪功郎，添差本州教授。仍令有司录其所著书，并访以所欲言。卒，学者称“觉轩先生”。

李谊字叔楷。崇安人。苦学嗜书，通六经，尤精《礼记》。与子哲屡魁乡荐，开门授徒，学者多师事之。父子仕皆至司理参军。

徐几字子兴，号进斋。崇安人。通诸经，尤精于《易》，自朱、真后理学之传几称得其妙。景定间，臣僚交荐，与何基同以布衣召，诏补迪功郎，添差建宁府教授，兼建安书院山长。有《经义》行世。

徐宗度浦城人。善议论，通经史。所著书有《皇王大训》，曰："古今大王之道与其为治之具尽在是矣[12]。"又有《经世明道集》，曰："圣贤之道载之言，观其言足以知其所用心。"尝辟教官以卒。

丘富国字行可。建安人。尝受学于朱氏之门人。淳祐中登第，为端阳佥判。宋社既屋，遂不仕。著《周易辑解》十卷、《经世补遗》三卷、《易学说约》五篇，发明朱氏宗旨。

刘应李字希必，初名棨。建阳人。炳之孙。咸淳甲戌进士，建阳主簿。入元不仕，退与熊禾、胡廷芳讲明正道于洪源山，居十有二年，后建化龙书院于莒谭，聚徒讲授，学者云集。

熊禾字去非，号勿轩，一号退斋。建阳人。咸淳二年登第[13]，授宁武州司户参军。入元不仕，束书入山，筑洪源书堂以讲学，其徒数十人，日以周公、孔子之说相磨砻。于文公诸书是信是行，以道教人而信从者众。后归故山，复创鳌峰书室，以为周、程、张、朱五贤为道统之的传，因祠之以侑圣师，而邵、马不与焉。日与四方学者讲肄其中，大肆其力于圣贤之书，如《易》、《诗》、《书》、《春秋》、《四书》、《小学》皆为之集疏；又取文公诸书择其至精且要者为一编，名曰《文公要语》，而以邵、马、张、吕及朱氏门人之说为附录；又为《大学尚书口义》，凡三十卷。今行于世者有《春秋通解》、《大学广义》、《易讲义》、《书说》、《四书标题》诸书。门人崇安安实，字子仁，本姓哀，长吉之孙，易今姓。刻苦务学，志刚理邃，尝预计偕，凡三劝驾，竟龃龉以卒。（一本谓熊禾辑《翰墨全书》，非是。）

张谅字子京。建安人。与弟责学《易》于丘富国，著《经史事类》、《书择》三十卷。后赠翰林应奉文字。责字壮天。

郑仪孙建安人。号翠屏。从丘富国学《易》。咸淳癸酉应贤良举。又明年，少帝北行，仪孙退而著书《易图说群解》、《大学中庸章句》、《史学蒙求笺注》、《性理字训》。郡守吴某率幕属迎于学，师事之。

叶梦鼎建安人。应聘赴临安。少帝北行，遂隐于西瓯，以讲学为事。有《经史旨要》及文集。

童成大字元伟。瓯宁人。博极群书，穷研性理，宋季优游林泉，不求仕进。谢枋得兵败入闽，成大首往省之。有《松壑集》。

〔元〕

张复字伯阳。建安人。仕元为建宁路知事，师事郑仪孙学《易》，得丘氏之传。尝辑诸儒论议，编《性理遗书》十四卷。

〔国朝〕

苏伯厚名垶，以字行。建安人。聪敏博学，元季左丞阮□重其名[14]，累荐不起。益自韬晦，以养亲读书为乐。国朝洪武乙丑，有司以明经荐，授建宁府训导，后学多所造就。升晋府伴读，未赴。太宗皇帝即位，以知者荐，与修《太祖皇帝实录》，迁翰林侍书，复与修《永乐大典》，升检讨。两典春闱文衡，进讲东宫。其为学本于诚实，议论皆有根据。卒于官。有《素履集》。后以子镃恩赠吏部员外郎。

丘锡字永锡。崇安人。领洪武己卯乡荐，莅事工科，自陈愿受学职，除衡州教授。永乐四年，预修《永乐大典》，改衢州教授。宣德七年，又预修《太宗皇帝实录》，书成仍乞学职，改建昌教授，升正九品秩。自筮仕以来，凡典文衡者五，人称其公。性尤嗜学，致仕犹手不释卷，卒年八十。有文稿若干卷。

杨寿夫名松，以字行。建安人。洪武辛巳，郡守芮麟荐，授县学训导，秩满诸生请留，遂升本学教谕，历二十余年，多所造就，凡考典乡试者五，考会试者二。宣德中，少师杨士奇辈交章荐之，升翰林编修，预修《宣庙实录》，升修撰。正统中致仕，卒于家。

黄福字汝锡。博通经史，领乡荐，授杭州府儒学训导，勤于教诲，生徒多所造就。升太常博士，永乐中与修《五经》、《四书》及《性理大全》诸书，升本寺寺丞。

文苑

〔唐〕

叶京字垂孙。建安人。工词赋，咸通中登进士第，为太常博士。州人登第自京始。

游简言建安人。父恭，唐末进士，仕杨行密为别驾员外郎。简言少孤力学，徐知诰镇金陵辟掌文翰。及南唐国建，迁翰林学士、吏部尚书，进右仆射。

〔五代〕

江文蔚字君章。善词赋，后唐长兴中登进士第，南唐时拜御史中丞，坐劾宰相冯延已，贬江州。奉母以行，怡然不以贬谪为意。尝有诗云："屈原若遇高堂在，终不怀沙吊汨罗。"久之召还，为翰林学士、礼部侍郎，与徐絃同掌词命。卒谥曰"简"。有《唐吴英秀赋》七十二卷、《桂香赋集》三十卷。子拯，端拱中登第，太常少卿。

江为建阳人。少游庐山，学诗于处士陈贶，居白鹿洞二十年，与县人江文蔚、杨徽之同时著名，屡举不第。有诗一卷。

钟谟字仲益。其先会稽人，徙居崇安。博识工文，仕南唐为户部侍郎。显德中，周师征淮南，南唐主遣谟及李德明奉表愿为附庸，因留不遣，逾三岁始得还；寻复入周，还，拜礼部侍郎。明年，被命入贡，对世宗赋诗有“归去老陪臣”之句，唐主闻而憾之。世宗问谟：“江南亦修守备乎？”对曰：“既臣大国，不敢复尔。”世宗曰：“吾与江南大义已定，保无他虞，至后世则未可知，当及吾世修城隍、治要害，为子孙计。”唐主乃城金陵，以谟知尚书省事。谟素善张峦，尝屏人与语。先是，唐镐以预谋杀李德明，与谟有隙，至是因谮谟异谋。谟又以议立太子，忤唐主意。会谟请令张峦以所部兵巡徼都城，唐主恶其侵官，贬国子司业，流饶州，杀之。

〔宋〕

黄监字仲卿。浦城人。举进士，除国子监直讲。同郡杨亿尤善其文词，延置门下，由是知名。累迁太常博士，为国史院编修官。尝诏馆阁官后苑赏花，而监特预召。修国史成，进直集贤院，以母老倅苏州。修《三朝宝训》，未及上，卒。有《谈苑》十五卷。

黄亢字清臣。浦城人。年十五以文谒章得象，得象奇之。游钱塘，以诗赠林逋，逋尤激赏。时王随知杭州，奏禁西湖为放生池，亢作诗数百言以奉，士人争传之。亢嗜学强记，文词奇伟，有《东溪集》二十卷。

徐陟字公明。博学强记，日诵万言。年未冠，挟所为文入京师见孙何，何大叹赏，勉试制科，上其奏议五十卷。召试，会有家难不赴。后擢祥符进士第，以朝奉郎判永州。尝作《白马谣》数百言励守边者，有“君恩山岳重，汝命鸿毛轻”之句。

黄觉字民先。浦城人。景德中登第为殿中丞，有诗名，杨亿、刘子仪、章得象、宋祁皆与之唱和。孙萃，仕至职方郎中。

江任建阳人。景德中登第，有诗名。以秘阁校理知秦州，卒。杨亿称之。同县江立熙宁初登第，以文学显，尤工于题咏。

詹庠字周文。崇安人。祥符中进士，官至三门白波辇运判。景祐中，进《君臣龟监》六十卷，有诏褒谕云："汝策名隽科，引籍华序，夙究圣贤之学，而载驰儒苑之名。爰摅敏词，备存懿戒。因燕居之一览，实体要之可称。"今其书行于世。三子，长彦猷，官至屯田郎；次彦迪，季彦方，并应贤良。

杨翊字正臣。天圣中，第进士，调南安尉，偶得微疾，竟投檄去。未几疾愈，或勉之仕，弗出，以诗酒自娱。其声律有晋宋间风度。蔡君谟与翊为同年，尤缔厚，始招以诗，又率同列荐之，俱不起。

杨蟠字公济。建安人。第进士，以诗知名，欧阳修赠诗有"卧读杨蟠一千首，乞渠秋月与春光"之句。元祐中，通判杭州，苏轼尝与唱和，后知温、寿二州。有集二十卷。

柳永字耆卿。崇安人。父宜，工部侍郎。永景祐中第进士，累官屯田员外郎。工于词章，尤擅乐府。范镇见其所作，叹曰："仁宗四十年太平，镇在翰苑十余载，不能出一语咏歌，乃于耆卿见之。"有荐之者，仁宗曰："此人不宜令仕宦。"坐此流落不偶。永与兄三复、三接俱为郎，皆工于文艺，有能名，号"柳氏三绝"。子悦，官至著作郎。

彭彝初名夷，字武山。崇安人。学问该博，谨守节行。侍郎刘夔以彝士检清修、文章典赡荐于朝。被召赴阙，试于紫薇阁，诰词褒美之。授将仕郎，试秘书省校书郎，终大理寺丞。有诗百余篇，皆优柔平易，无怨诽愤怒、无聊不平之语。

练定字公权。浦城人。第进士，绍圣初，吕惠卿知大名府，辟机宜召对论事，以尊主强国为先，忤时相，通判信州，终朝请大夫、广东提刑。有《青丘集》二十卷。

詹范字器之。崇安人。第进士，知惠州。时苏轼谪居，范与之赓和。范尝议葬暴骨，故轼和诗有"江干白骨已衔恩"之句。

吴激瓯宁人。栻之子。以米芾婿，工诗能文，字画俊逸。将命至金，被留。比还，命官翰苑，后迁待制，知深州。有《东山集》十卷。

章岷字伯镇。浦城人。举进士，与范仲淹同赋《斗茶歌》，岷诗先就，仲淹览曰："此诗真可压倒元、白。"官至先禄郎。弟岘、岵、嶙俱登第，岘，广西提刑。

张伯玉建安人。第进士，举书判拔萃科。嘉祐中为御史，尝攻宰相文彦博，彦博不自安而去。后出知太平州。时曾巩为司户，伯玉一日语之曰："吾方作六经阁，子为我记之。"巩数呈稿终不合意，乃自为之，其首云："六经阁者，诸子百家皆在焉，不书尊经也。"巩叹服，从此益励于学。伯玉后迁司封郎官。有《蓬莱诗》二卷。（今按记文为平江作，与此不同。）

徐大正字得之。瓯宁人。尝赴省试过钓台，题诗云："光武初从血战回，故人长短尚论材；中宵若起唐虞兴，未必先生恋钓台。"苏轼见之，遂与定交。尝筑室北山下，名"闲轩"，秦少游为之记，轼为赋诗。人以"北山学士"呼之。

翁迈字仲和。崇安人。熙宁五年，年甫十三为本郡举首，强记能文。同县刘褒字伯宠，十岁能属文，登淳熙进士第，居官有声，除司门郎中。才高见忌，不获久仕于朝，归老林泉，自号"梅山老人"。有《梅山诗集》。官终朝请郎，知泉州。

黄篑字仲实。浦城人。震曾孙也，其从祖监，名尤著，篑少慕之。元祐中，登第为赣县尉，居官不能俯仰，罢去。再起为宣城丞，久之调奉新令，不赴。少年时尝著《易传》，推明大衍之数，号为精确云。

徐常字彦和。浦城人。父融，问学该贯，与陈襄为友。常元丰中登第，敭历州县，所至有声。绍圣间，两任监司，最后除知吉州，奸民猾胥畏如神明。与苏轼兄弟游从甚久，又每慕二宋为人，尝有诗云："事业要须师二宋，文章端是学三苏。"而轼亦尝称其为天下奇男子。弟当，亦登第。

暨陶字粹公。崇安人。长于声律，以赋知名。元丰五年廷对，初定陶为第一，胪唱者乃以洎音呼其姓，迄不应。神宗顾考官苏颂，颂奏当以入声呼之，果出。时以次名递升唱第，已数人矣。陶怡然无恨色。官至承议郎。子唐裔，登第，累官中奉大夫。

章授字荣之。浦城人。得象从孙，少从得象游京师，学擅辞场。绍圣四年，省试第一。元符中，陈瓘荐其贤，除知海州。

江滋字益之，一字德脩。崇安人。第进士，调耒阳令。时舍法行，滋始至，视学宇颓弊，即鼎新之，作《谕学诗》七十韵，备述朝廷勉励士子之意。监司上其事，特迁一官，继知长社县。时苏辙退居颍上，杜门谢宾客，惟滋每造得其容接，旦相与唱酬，有《颍川集》。官至朝议大夫。

姚易字梦锡。浦城人。元丰中擢进士第，两任教官。崇宁初以荐者召对，除诸王宫教授，逾年授开封推官，满秩除通判。里人何述时为府尹，每遇休沐，辄相与觞咏通夕。易与叶常、何去非尤相缔厚，平时酬唱甚多。有《毕集》十卷。同县吴骏字晞远，亦以元丰中登第，官至饶州通判。有《诗解》二十卷、文集十卷。

徐遹字绍闻。瓯宁人。崇宁中，以特奏对策迎合意旨，擢第一人，诏视正奏第一人恩例，遹赋诗云："白发青衫老得官，琼林顿觉酒肠宽。平康夜过无人问，留得宫花醉后看。"入馆为校书郎，改直秘阁，知广德军。

彭路字通吉。崇安人。文思清新。崇宁三年，特奏名第一，徽宗褒谕，路谢以诗，帝命翰林学士和之。孙奭，绍兴中登第。

杨唤字元晖。浦城人。崇宁中，擢进士第，调主锺离簿，表进《中台甘露颂》，改郴州司录。还朝，复进所业二十卷。帝奇其才，擢知大宁监，上殿称旨，除主管官告院，以朝奉大夫出知蕲州。有文集三十卷、《宦游集》十卷。

张豸字正仲。浦城人。登大观进士第，调弋阳县丞。宝学翁彦国举师勤王，辟豸为参赞军事，以争彦国不见听，遂不赴。绍兴初，知海阳县，时军兴敷敛百出，豸与民约必无追扰，军需亦如期而集。豸工骈俪之学，有《双溪漫叟集》二十卷、《松窗摭遗》十二卷。

叶常字权之。浦城人。绍圣中进士甲科，授太学正，迁博士。大观初，除太常博士，迁工部员外郎。累丐祠补外，出知河中府。常喜作诗，有文集五十卷。

周固字适可。浦城人。崇宁中，释褐调萧山尉，用尚书黄裳荐改舒州教授，秩满，调漳州教授，移江东提举司管勾文字；又以尚书曾孝广、丞相何执中荐宜处师儒之任，除太学正，迁博士，除京畿提学，诏拜监察御史，擢辟雍司业。累章乞外，直秘阁知沂州，未赴卒。有《壁水集》十五卷。

何去非字正通。浦城人。学问该博，有识度。元丰中，对策论用兵之要，擢优等，除武学教谕。使校《兵法七书》，书奏，复见褒赏。未几，擢博士。苏轼见其文，惊曰："此今班、马也。"力荐于朝，诏加承奉郎。岁余出为徐州教授，秩满，知富阳县，政课为一道最。改通判沧州，抚绥流民，人赖以安。除司农丞，恳求外补，改庐州通判，卒。有文集二十卷、《备论》四卷、《司马法讲义》三卷、《三略讲义》三卷。

刘韫字仲固。韐之弟。以门荫入仕，历倅三州，典二郡，皆有政声，后以朝散大夫致仕。筑室县南，有台榭花木之胜。自号秀野，与刘子翚、朱元晦诸贤唱酬甚多。子子翔亦能诗，有父风，为浏阳丞，秩满归，不仕。

翁挺字仕挺。崇安人。彦约子。少能赋，及长该博群书，落笔即数十言[15]。政和中，以季父彦国恩补官，调宜章尉。朝臣交荐。召赴阙下，所陈皆朝廷急务。奏对移时，上喜曰："何见卿之晚！"改授少府监丞。时相怒其不附己，逐之，遂不复出，号"五峰居士"。有诗文集二十卷。李纲称其文雄深雅健，渊源浩博；又称其诗凌厉奋发，绝去笔墨畦径间。

熊克字子复。建阳人。好学工文，胡宪器之，曰："之学老于年[16]，当以文章显。”第进士，知诸暨县，部使者芮辉以为古循吏，表荐之，入提辖文思院。孝宗得其文于近习，内批直学士院，宰相不可，乃以为校书郎。克感知遇，数有论奏。后除起居郎。平生博闻强记，喜著述。有《中兴小历》、《九朝通略》、《官制新典》、《帝王经谱》等书。

詹慥字应之。崇安人。安贫守道，一介不取诸人，诱掖后进，孳孳不倦，从游者多所成立，尊为乡先生。为文操笔立就，人以为腹稿。晚为赣之信丰尉。有文集二十卷。

宋翔字子飞。崇安人。幼颖敏，七岁时，刘子翚命赋灯诗，援笔立成，大为所称赏。绍兴中，第进士，累官国子监簿，受知张浚，为浚十客之一。韦太后既归慈宁宫，祥瑞交至，献《绍兴乐府》十二章。寻差湖南帅司参议官，以朝散大夫致仕。有《梅谷文集》。同县刘式字抱一，博学，尤长于笺奏，为乡先生，与翔及翁石氏号“三俊”。晚年由特科调光泽尉。

刘如愚字明远。与从子珙同登第，调秀州海盐尉，获海贼，改秩知福州古田县。秩满，倅德庆，擢新州，寻除行在审计院，就除江西帅司参议官。如愚有才干，善属文，尤喜吟咏，居乡日每与朱文公唱酬。

张炳字叔明。浦城人。少有奇疾，在太学师事蜀士史载之，极医方之妙。暨归乡里，推心究物，无问贵贱贫富，有谒必往视之，不避寒暑，全活不可胜计，乡人德之。嗜学能文，老而不倦。历澧州录参致仕，卒年九十。魏掞之称之曰“太古遗民”。

黄铢字子厚。崇安人。少师事刘子翚，与朱熹为同门友，少熹一岁，为文略相上下，熹每叹其不可企及。其文喜学太史公，诗喜屈、宋、曹、刘，而下及韦应物；尤喜琴书，隶法甚古，得魏晋以前笔意；其于骚词，能以楚声古韵为之。既卒，熹为序其集。

林光字子辉。建安人。乾道初登第，撰《建安志》二十卷，考究精确。历循州教授，用韩无咎荐除敕令所删定官。又尝著

《时务论》、《兵论》、《迂论》数十篇。

彭止字应期。崇安人。自号漫者。诗笔甚高，尝谒辛弃疾，值其昼寝，题一绝于斋而去。辞云："棋子声乾案接尘，午窗诗梦煖于春。清风不动阶前竹，谁道今朝有故人。"弃疾觉，遣人追之，延留累月。所为诗皆清丽典雅，有《刻鹄集》。

赵善沛字济世。居崇安。父不槁，擢进士，官至朝奉郎。善沛克绍家学，淳熙二年亦擢进士。历仕皆以廉勤称，攻苦敷淡[17]，过如寒素，闲居杜门，人罕识其面者。尝赋《雪诗》云："儿笑真珠碎满盘[18]。女疑荷叶雨中来；道人心下无些事，三个柴头品字煨。"后终于南康守。子汝郛。

江史字梦良，号介轩。崇安人。登淳熙进士第。初，史家贫好学，尝慕大魁木待问之名，不远千里而取正焉。逾月告归，待问曰："吾《易》东矣。"后就试南宫。有贾寅者，太学名流也，试罢，遍谒同经参问所试之文，私喜无出其右者。及见史文，惊曰："公第一人矣！寅次焉。"洎揭榜，果如寅言。后历袁、泰、吉三郡学官。

李仲光字景温。崇安人。开熙初进士甲科，每以才高见忌，仕途多颠顿。自雷阳分教归，养晦十余年，放情山水，寓意花木，主盟书社。少精老、庄、韩、柳之文，善记序，有古体，晚年诗笔愈高。时相勉其出，调湖南幕属而卒。有《肯堂集》。

刘济字应徐。崇安人。有诗名。尝题赵必涟梅花庄云："庄后庄前千万枝，元方题匾季方诗。何当把酒对花树，坐到参横月落时。"有《日行辩》、《明德辨》行于世。

袁长吉字叔巽。崇安人。嘉定中，登进士第，调静江军掌书记，秩满，遂致仕。号"委顺翁"，徜徉林泉，托兴吟咏，虽老手不释卷，至道释书亦尝历览，后学多师事之。卒年八十九，有《鸡肋集》。

宋秉孙字彝父。笃志励行，博学能文。宝祐中第进士，官至朝奉大夫、尚书省主管架阁文字。入元不仕，以吟咏自娱，卒。

彭箫岩号归峰。崇安人。尝领乡荐，前辈咸以老成礼之。性不嗜酒，诗文窥韩、杜户庭，掐肝刿肾，不轻缀一字，嗜学至老不倦。县尹杨补植清献梅，命赋云："清献堂前树，无枝可著春。岂知三百载，复有种花人。"

赵必涟字仲连。崇安人。少刻苦读书，开庆间，以父泽当补官，辞不受。晚筑室黄柏里，自号"山泉翁"。植梅数百株，名其居曰"梅花庄"。与弟若褀日徜徉觞咏其中。尤精于医，有《倚梅吟稿》。

赵若褀字自木，号霁山。崇安人。咸淳末登科，入元不仕。性倜傥不治生产，酷好吟咏，常徜徉山水间，遇会心处辄居数日，人以陶、阮辈目之，评者谓其所作得晚唐风致。

范师孔字学可。崇安人。咸淳中预荐，肄业武夷书院，三司辟充讲书，横经析理，后进赖之，与子奔俱能诗。师孔所为诗文号《画饼编》。同县郑德普又与师孔及赵若褀日相酬唱，诗名相伯仲。

〔元〕

毛直方字静可。建安人。宋咸淳中预荐，入元授徒讲学，士争趋之，有《聊复轩稿》二十余卷。尝编《诗宗群玉府》三十卷及《诗学大成》。后被一命，得教授半俸终其身。同县人虞韶，字以成，尝纂集《小学日记切要故事》行世。虞廷硕，字君辅，尝编集《历代诏令》四卷、《制诰》五卷、《古赋准绳》十卷行世。刘边，字近道，工诗，有《自家意思集》。

王佛生字子善。建阳人。资质纯美，攻进士业两举不第，隐居溪源庄，以诗鸣世。尝作《东阳怀古诗》，有"东阳酒味香千古，云谷书声歇几年"之句。

杨载字仲弘。浦城人，后徙杭州。少孤，博极群书。皇庆乙卯，擢进士第，以大臣荐除国史院编修官，出为宁国路推官。其文一以气为主，而诗尤有法，与虞集、范梈、揭奚斯齐名，世号“虞杨范揭”。有诗集行世，梈序之曰：“仲弘天资旷达，气象弘朗，开口论议直视千古，每大众广席，占纸命辞，翚睨横放，尽意所止，若良马下长坂而无留行，一代之杰作也。”

〔国朝〕

张矩字孟方。其先广陵人，父伯岩为五夫巡检，家焉。矩依屏山刘子翚家，得其遗书而读之，遂通五经大旨。洪武初，荐授儒学训导，诸生从者随其资质高下各有所得。所作经义明白简切，一时学者宗之。

蓝智字明之。崇安人。元季从三山林泉生学《春秋》，又从杜清碧学《诗》。洪武十一年，以明经荐，拜广西按察司佥事，廉惠之声著于一道。有《蓝涧集》。兄静之，元季为武夷山长，亦学《诗》于清碧，有《蓝山集》。

蒋易字斯文。建阳人。笃信好学，工诗善属文。有《鹤田集》及编《国朝风雅》行于世。

士行

〔宋〕

柳宏字巨卿。崇安人。崇之子。咸平中登第，兄宣官于济，奉其父以行，及父歿，宏适按狱密州，闻讣徒跣冒雪奔丧。有诏起服，宏诣阙三上章，乞终制，不报，又谒丞相泣诉，终不得请，时论贤之。后因官江东，过庐山乐之，卒居焉。官终光禄卿。

曹修睦建安人。修古之弟。廉介自立。举进士，有声乡里。累官都官员外郎、知邵武军。景祐中,用中丞杜衍荐为侍御史。尝言李照所改历代乐之迂谬。改司封员外郎,出知寿州,徙泉州,坐失举夺一官罢去,后以知吉州不行,分司南京,年五十一即致仕。章得象表其高,诏还所夺官,卒。

刘民先字圣仕。崇安人。熙宁初,试礼部不合,慨然曰:“亲老矣!”归即潭溪作一枝堂以养。后以特奏名入官,封其母“崇安县太君”。民先敦信义,里人有争,或不谒吏而决于民先者。以子韐贵赠太子太保。弟民觉与民先终始孝养,既葬,庐于墓旁,日夜悲哀,乡评尚之。

徐昌之字应时。崇安石臼人。以乡贡入辟雍,登庆元二年进士第,调醴陵尉,有能声。帅守史弥坚荐于朝,未几,父母继卒,昌之慨然曰:“吾为亲而仕,今禄不及养,吾休矣!”继调庐陵丞,宝庆录参,代期至,皆逾年不行,往往代者促之始上,然竟归老于家,时人称其恬退。

〔国朝〕

杨诚字性之。松溪人。永乐中领乡荐,授四会训导。秩满,升天台教谕,改缙云,所至陶淑士子,多所成就,以致仕卒。诚操履端方,问学该博,所著有《冀铁稿》。

赵熙字文辉。浦城人。正统间,由太学生授滨州判官,为人迟纯愿悫,勤于问学,往往百倍其工,不底于成不已也。至其素履尤持重笃实,与物无所忤。自筮仕之初以至归老,冠服不改其旧,人称其有儒素之风。

风节

〔宋〕

徐九思字公谨。崇安人。登进士第,调蕲水尉,历知双流、宣州、南陵三县。时赵抃、唐介交荐，入判三司，坐忤时相，通判广州。神宗召对，面赐褒谕，有老成练事之称。既而，王安石以其讥议新法，又附司马光，坐废十余年。元祐初，召为江淮等路发运副使，致仕。有《新丰集》行世。初唐介以论张尧佐谪英州，九思送诗有“忠谠若教无窜逐，奸邪何计窃安荣”之句，仁宗览之，遂召介还。

杨训字公发。浦城人。元丰中，第进士，历训陕茶干，调山阳[19]、东阳二县令。学问精博，尝著《礼记解》二十卷。初，训受业王安石之门，时蔡京同学，后京当国，余深备道京欲见训之意，训曰：“某辛勤力学，粗立门户，今老矣，荣除非所望；他日蹞足岂能仆仆与诸公为岭峤之行耶？”故卒老常调，人咸高之。

黄砚字东晖。瓯宁人。绍圣初登第，后知曹之属县。童贯宣抚陕西，恐吓官吏以壮其威，道出曹州，郡县罗拜于庭，砚独秉笏挺立。贯密令询其姓名，砚遂弃官去。

叶默字彦思。建安人。第进士，徽宗时知泗州。会诏改宣梵院为神霄宫，默极论：“汉唐之主崇信方士，广建真馆，使民力困于兴作，财用废于土木，非所谓我无为而民自化，我好静而民自正，明道阐教为生民福也！”疏入，谪郴州，已而复官，卒。崇安翁采，字景文，大观中为太学生，屡上书言事，寻登第调归州教授，复疏论花石纲扰民，左迁潭州刑曹。

张巨字国材。浦城人。第进士，为襄邑令，以治最称，擢秘书省正字。徽宗时召对，首论绍述，迁殿中侍御史。燕云之役，巨将论童贯、蔡攸之非才，恐起边衅。章成以语中丞石悆，悆以告攸，有旨不许上殿，坐是出知泰州。历湖南运副，召为司勋郎中，除利州路计度转运使，寻谪池州。钦宗初立，复元官。崇安彭极，字原中，亦登第，历辟雍博士、宗子学录，上书论任子滥恩等事，不报，出通判沅州。

杨公度字元宏。训之子。政和中登第，历福建提举常平司主管。赵鼎尝荐其才。秦桧弟梓与公度同年,称公度学问于桧,或劝使往见,公度诵其父言谢之。公度尝摄潭州事,军兵更戍,有以浮言动众者,立召主将诛首恶数人。有《玉峰集》二十卷。

陈朝老字廷臣。政和人。元符末,为太学生,论事剀切,台谏受蔡京风旨,例以狂妄目之。大观三年,以何执中为左仆射,朝老上书曰:"陛下即位以来,凡五命相,有若韩忠彦之庸懦,曾布之赃污,赵挺之之蠢愚,蔡京之跋扈;今复相执中何为者邪?是犹以蚊负山也。"宣和末,复与陈东等上书论蔡京、童贯、王黼、李彦、梁师陈[20]、朱勔为"六贼",且曰:"愿陛下速取六贼肆诸市朝,传首四方,以谢天下。"书奏,编置道州。建炎改元遇宥归耕石门。绍兴间,三诏征之,坚辞不起,学者称曰"陈三诏"。

徐骧字士龙。刻意问学。居太学时,二帝北狩,上书行在所,朝奏暮召,会有沮之者,卒不用其言,然识者皆服骧之先见。太学初兴,就试者万人,学官以《天下明察》[21]为论题,遂冠多士。丞相秦桧邀骧与其弟游,骧辞不就。以疾请祠,授吏部架阁,卒于官。

朱怀英字晋老。建安人。建炎初,诏求文武材略出伦之士,有司以怀英列。诏从幸扬州,怀英坐后至,罢归。既又上书,其略云:"楚怀王以五千里之地,带甲百万,不能报父兄之辱,臣尝愤此。愿为朝廷衔命折虏,责之以义,而大兵继进,臣虽不免郦生之烹,亦足仰成陛下孝弟之志,虽死犹生也。"时方议和,不果用。

吴球字元璞。政和人。建炎中,赴廷试,首言:"陛下任相非人,太学生陈东以直谏见诛,臣恐异日有指鹿为马,终无敢发其奸者矣!"又言:"陛下有畏避小心,而无规恢远略。"降下州助教。未几。复赐进士出身,历泰州兴国军、福州、明州教授。

欧阳凯士字彦成。建阳人。为文敏健。建炎间一举不第,属兵兴,上书论当世得失,时相以为狂躁,编管洪州。久之得还,徜徉玩世。预知其将死之期。有《无旁集》一编。

陈元裕字德宽。瓯宁人。博学能文，补入辟雍。绍兴十二年廷对，力诋和议。试教官入等，分教明州。汤鹏举为御史，首荐之，召除将作簿。

忠烈死难附

〔宋〕

曹觐字仲宾。建安人。修礼子也，叔修古卒，无子，待制杜杞请授觐建州司户参军为修古后。皇祐中，以太子中舍知封州。侬智高叛，攻封州，州人未尝知兵，士卒才百人，不任战斗，又无城隍以守。或劝觐遁去，觐正色叱之曰："吾守臣也，有死而已，敢言避贼者斩！"麾都监陈晔引兵迎击贼，贼众数百倍，晔败走。觐率从卒决战不胜，被执，贼戒勿杀之，诟使拜，且诱以美官。觐不肯拜，且詈曰："人臣惟北面拜天子，我肯从尔苟生耶？速杀我幸矣！"贼犹惜不杀，徙置舟中，觌两日不食[22]，贼知其无降意，害之，至死诟贼声不绝。事闻，赠太常少卿，录其四子，后立庙封州。

陈洙字思道。建阳人。登第，历殿中侍御史。嘉祐中，上疏助司马光乞早建储嗣，且曰："陛下以臣为怀异日之图，莫若杀臣之身，用臣之言。"疏方上，即仰药以卒，奏下，大计遂定。仁宗闻洙死，赐钱百万。元祐初，用光言官其一子。

刘韐字仲偃。崇安人。第进士，历鄜延、真定帅。靖康中，以资政殿学士充河北宣抚副使。太原陷，召入觐，为京城四壁守御使，方将款师以缓虏谋，宰相沮罢之。及京城失守，始遣使金营，金人欲用之，韐曰："偷生以事二姓，有死不为也！"方议立异姓，讽使为助，即仰天大呼曰："有是乎？"归书片纸曰："金人不以予为有罪，而以予为可用。夫贞女不事二夫，忠臣不事两君，况主忧臣辱，主辱臣死，以顺为正者妾妇之道，此予所以必死也。"使亲信持报诸子，即沐浴更衣，酌卮酒而缢。建炎初，赠资政殿大学士，累赠太师，谥“忠显”。聆重厚谨畏，至临大事毅然不可回夺。靖康死义之臣，聆与李若水尤著。

吕祉字安老。建阳人。宣和初，上舍释褐。绍兴中，知建康府，与吴若、陈充共议作《东南防守利便》三卷上之，大略谓：“立国于东南者，当联络淮甸荆蜀之势，今临安僻在海隅，移跸江上，然后可以系南北离散之心。”金人入淮，韩世忠退保镇江，祉乞亲御六师，车驾至平江，金人退却。寻以刑部侍郎充督府参议军事，加兵部尚书参谋军事。会统制官王德，郦琼不协，德既罢兵，祉亦旋密奏乞解琼等兵柄。语泄，琼大怨怒。既而有旨召琼赴行在，琼遂叛，执祉迫使趋刘豫，祉大骂不从，遇害。赠资政殿大学士，庆元间立庙赐额以旌其忠。

黄璘字邦美。浦城人。政和八年登第，除分水丞，改密州教官，再丞拱州襄邑。靖康元年，金人犯阙，分兵袭拱州，城陷，守臣死。虏据州治迫郡县吏役为向道，一郡风靡听从，独璘移病不出。虏趋迫急，璘遂赴井死。后事闻，诏赠朝奉郎，官其弟之为璘后者[23]。

翁延庆字德甫。崇安人。以父荫补官。靖康初，知聊城县，举义兵从王若讷等勤王，至京南薰门与金人血战，死之。赠朝散大夫，官其子世修。孙允明，登淳熙五年进士第。

魏孝友字移可。瓯宁人。卓荦不羁，弱冠入太学，应诏论时政得失，凡上十余疏，莫不鲠切。金人犯阙，钦宗被留，孝友作歌一篇，情辞凄惋，传播虏营。躬诣军前欲与粘罕辩，伏地两日不得达。傅亮勤王至阙，檄为幕府从事，慷慨请行迎高宗。比即位，授迪功郎，令定远。时群寇犯邑境，孝友出兵与之战，会邑僚先遁，孝友以孤军弗能支，遂死之。赠朝奉郎，官其一子。

魏行可字当时，瓯宁人。自幼机警，日记万言。甫弱冠，恒以立身扬名为孝子事。建炎中，以太学生应募见上，曰：“西郊多垒，卿大夫之辱也，臣不敢爱其死。”上亦呜咽久之，遂假礼部侍郎使金，因留不遣，尝语其属曰："人谁无死？为国死犹生也。"乃遗书金人，譬以不戢自焚之祸。金人逼其仕，不从，即仰天号恸，饮鸩而死。绍兴中，赠秘阁修撰，官其家四人，孙公寿韶州推官。

潘中字民极。浦城人。擢进士第，知长溪县。建炎丙午，二帝北狩，中拜诏涕泣交颐，见者皆为感恸。次日成诗五章，以泄忠愤，辞极凄惋。会建卒叶侬叛，中虑其迫境，团结民兵号"忠义社"以为之备。明年，贼势益张，宁德县令遗书告急，中夤夜赴之，冒险以战，遂为所执。寇闻其名，胁之使从，中叱之曰："汝受朝廷给赏，养父母妻子，辄肯孤恩背叛，我恨不斩汝万段，肯与汝俱生耶?!"遂遇害。事闻，诏赠朝请大夫，官其二子。

刘纯字君锡。建阳人。少喜骑射，以父荫主簿沙县，绍定间调湖北帐干。时邵武寇刘定国等群起，延平、盱、抚、泉、漳之间民罹其毒。纯道闻群寇迫近乡邑，归散家财，招募义勇，为讨贼计。樵守王遂请于朝，命纯知邵武县。纯将所部兵，并收郡之散卒，由是军势大振，诏号其军曰"忠武"。建守赵访夫乞移其军往击贼，俘获甚众，安国亦就擒。翌日，纯率兵往招降下瞿贼，为贼所得，不屈死之。事闻，赠朝散郎。纯之族袷谥"忠显"，子羽"忠定"，珙"忠肃"，领"忠简"，纯封"忠烈"，是谓"五忠刘氏"。

朱浚字深源。文公曾孙。累官吏部侍郎。元师至福安府，王刚中以城降，浚不屈死之。

徐梦发浦城人。嘉熙二年，与兄华老登进士第，累官至朝议大夫、广东招捕使。居官二十八年，平恕仁慈，未尝一息忘忠孝，凡讨捕所至，靡不望风来附。丙子岁元兵下江南，梦发守仙霞，袭兵猝至，左右众溃，独踞坐大诟，遂遇害。唆都闻之，诛其为害者数人，特举其子义，授以平安军同知。（已上俱忠烈。）

王佐才字昌辅。崇安人。少游邑庠有声，善谈兵法，尤精于弧矢。建炎间，范汝为窃发，佐才总义兵御之。后建阳弓级王延胜等聚众剽掠，佐才为先锋讨平之，以功补承信郎。后为吉州水军统领，与胡义战中流，舟坏而殁。吉人为之立庙。子伯宽以父泽补官，终钦州巡检。（死难附。）

〔元〕

彭九万字好古。崇安人。德祐元年，为太学生，上书言贾似道误国，书入不报。元至元二十年，黄华倡乱，时九万客县之石臼里中山，寇以兵胁使从己，九万斥之曰："大命在皇元，鼠辈可逆天乎？吾岂汝徒也！"卒遇害。九万工辞赋，或谓其有楚骚之风。

叶景仁字天德。松溪人。少孤，重信义。至正壬辰，由政和县尉升浦城尹，奉省檄讨政和西里寨寇。值岁饥，出家资饷兵，率先入南里，遇贼邀击败之，擒戮渠魁，抚其胁从者俾归生理。次日进攻贼巢，抵西里蛟龙桥，贼悉众来拒，景仁复战败之，乘胜深入，后援不继，为贼所执，断其右膊，大骂而死。

张昇建阳人。以神童举入胄监，官至江西儒学提举。至正戊戌，陈友谅据豫章，追取诸司印，昇乃投其印于井，不食而死。（已上俱忠烈。）

孝义

〔唐〕

刘常建阳人。父丧，庐墓七年，有灵芝两茎生庐前。建中元年，刺史陆长源、观察使常衮以闻，诏旌其门，赐粟帛，改其里曰"忠孝"。

〔宋〕

杨倚字永年。亿之弟。第进士，真宗以亿故，特升甲科，历开封府工曹。遭母兄之丧，痛念骨立，归凄故庐，不复从官，州里高之。

郭周孚字仲先。建安人。事母至孝。熙宁间,调湖州德清簿,迁闽县令。尝游苏轼之门,声誉籍甚。居母丧,哀毁笃至,既葬,庐墓三年。郡守欲以八行荐,力辞。服阕,以朝散郎通判兴国军。子择仁登第。

张以中瓯宁人。仕至都提举。生事既尽孝,及父殁讣至,哀毁逾礼,自以亲老在堂,宦游于外,且有厚禄,生不能为养,死不得就敛,遂不食,哭死道中。诏旌表其门曰“纯孝之家”。

胡渊字泽之。崇安人。少聪敏能文,长益强识。熙宁初,以亲老家贫,授学江浙。每岁终,度父母所须力能致者尽市归以献,退无私焉。后以母末疾,不复远游,即里闬教生徒,晨夕归省。每诸生馈食有甘膜,必持归以佐母膳,母怜其诚,为之强进,食蔬饮水,躬自安之。比其子安国入官,尽斥其俸以赡,兄弟之子又取而教之。后赠光禄大夫。

胡师徐字宗武。崇安人。于安国为疏属。博学通经,尤长于《诗》。绍兴中,第进士。幼失怙,事母尽孝,名闻乡间,朱文公亦称其操行。母丧庐墓三年。以禄不逮养,竟不仕而卒。

雷觉民字将道。建安人。父将得官卒,其祖叹念不已,觉民誓必继父业。逾十年,第进士。调漳浦尉,甚有政声,改湖州司录。太守不以时给粮,诸军喧于庭,久不退,觉民喻以经制钱代给,后当积月俸为偿之,诸军感谢而去。知南华县,丁母忧,庐墓三年。后倅乡郡,未老丐祠卒。先是,于官所买婢从嫁,询知为宦家,遂辍女奁嫁之。尝有盗窃其妻之冢,觉民怜其贫,遗之以米,乡人称之。

黄昭武字世忠。简肃中之四世孙也。刚毅有勇。其祖自邵武徙瓯宁。德祐间,闽浙骚扰,饥馑相仍,邻郡人多相杀掠;昭武出粟赈其乡人,且告之曰:“若辈当以忠孝存心,与我戮力捍守一方以保身家,毋效彼猖獗,恐他日噬脐之悔无及。”众皆感其义,出死力以相守，无敢擅为非者，一方为之帖然。

〔元〕

祖浩然字养吾。浦城儒家子。至元中，黄华盗起，政和官军剿灭之，还经浦城，掠其母以去。浩然才六岁，声问不相闻者二十又八年。至大间，福建帅府檄为书院长，将之任，忽有告以母在河南而不能名其地，遂悯然弃职，辞父往询之。间关数千里，足迹几遍河南，甫得于唐州之境，奉以来归。于时搢绅士夫贤其孝行，多为诗文赏之。

叶隽字良弼。松溪人。读书通大义，有孝行。祖母年高，足疾不能动履，隽与姊妙儒舁而起卧者五年。至正乙未间，父景仁死于贼，倾家资募壮士从间道入贼境，杀其渠魁，载父尸以还。事闻，授南丰州同知，力辞不拜，庐于墓侧，旦夕悲泣，芝生隧道。自号"湛庐樵者"。

林童字本初。浦城人。生于元季，三岁失怙，事母克孝。读儒书，敦信义，持身端谨，与物无所忤。乡有死丧无告者，即济以棺而敛之，人咸高其行义。

徐添禄字仲贵。浦城人。世读书尚义，至仲贵尤乐施予，尝制良药以疗病者，多所存活。性恬淡，不乐仕进。邻有郑姓者，家素饶于财，尝有白金一缶窖于地，人无知者，既死，徙他所，故庐就弊，而沟渠壅塞，暴雨水四溢，仲贵患之，因浚渠掘地，得前所窖金，即召其子归之。后季子奇仕至广东右布政使，人以为积德之应。

〔国朝〕

叶彬字允均。建安人。父浚，永乐丙戌进士，知鄱阳县。一日公出，暴水坏廨垣，彬祖母令人撤板榜以权蔽。仇家发其事，彬母闻法当论死,欲以身代。彬时年十岁,即自诣官首实,得收赎。后都察院疑其狱,逮问搒掠再四,终始一词,甫得圣裁宥免。未几父卒,祖母亦故,彬与母同扶二柩还家。母誓不再醮,躬亲纺织以给彬学。后彬学有成,历六安、虞城二学教谕。

魏祖忠字邦直。建安人。自幼读书恒以古人自期。父康以丁产应广实仓斗役,亏粮法当论死,祖忠毅然别妻子诣官请代父罪。系狱岁余,典刑官至,将论决,忽遇恩宥得原免,人以为孝感所致。

杨伯安字文思。建安人。性敏能文。蚤丧父,事母孝,尤笃友于义。洪武初,有司尝以人材荐,伯安以母老不就。兄伯祥应斗役,亏粮罪当死,伯安请于母曰:"兄无嗣,而不肖有子,可以代兄死。"母泣,然其请,即诣狱,被械者岁余。临决日忽遇恩宥,乃得原。

胡本字贯通。建阳人。性最孝,尤精地理学。父丧庐墓三年,惟啜饘粥,茹蔬,乡闾称之。年四十五卒。郡守芮麟为篆其墓碑曰"孝子鞠庄先生之墓",旌其孝也。

黄宾字朝用。崇安人。性孝友温和,问学有源委,由邑庠生入南雍,文行为六馆最。援例归省,中途闻父丧,徒跣匍匐至家,葬父于白花岩下。蔬食水饮,庐于墓侧,终其丧。亲族有不克葬者推地以与之。卒之日,邑人咸悼惜,奔走哭吊者踵相属于道。

余应字则亮。政和人。蚤从江惟志游,以私淑文公之学。性凝重,寡言笑,恒以礼自律。家迩阛阓,足迹未尝入县门。蚤失所恃,事继母愉而婉,处继母弟顺而友,凡饮食衣服必先弟而后及己。洪武初,以明经荐,起为儒学训导,迁留守司知事。执父丧一遵文公家礼,不用缁黄。

张添保字求安。浦城人。天性至孝,痛父早世,言及辄流涕哽塞。事母尤谨,承颜顺志未尝少懈。母患痈,亲为吮血,及卒,殡殓葬祭一于礼。乡闾有贫窘无告者,计家资有余即推以赈济之。义方之教尤笃。长子善,登永乐辛丑进士第,拜监察御史。

陈荣字希仁。瓯宁人。少失怙,事母孝谨,备极甘旨。母患目疾失明,昼夜扶侍不少离。每夕稽颡北辰,祈母目复明,似闻有人语曰:"以舌舐之愈。"荣如其言几十年,一旦复明。母后患病卒二日,心尚微温,乃以药灌入鼻,至夜复苏,年九十四终。永乐丙申建大水,二子俱髫年,流一夜余,抵福之螺洲,遇潮冲达岸。邻家弗戒于火,及其庐数四,辄反风而灭。乡人以为孝感所致。

苏森字公懋。浦城人。性孝友,父母尝染沉疾几于不起,森刲股肉为糜以进,疾寻瘥。生平喜读书行义,尤精于医,或以疾告,辄施以剂。学官桥圮,即捐资葺之。景泰中,输谷五百石以助赈济,赐冠服旌之。

校　注

[1] "责"当作"谪"。下有"新州谪命"可证。

[2] 嘉靖《建宁府志·人物》作"而卒传其父之学"。

[3] 嘉靖《建宁府志·人物》作"马伸"。

[4] 按建阳、崇安各县志俱载:"朱松疾革,以家事属刘子羽。子羽为筑室里第之旁,朱子奉母居焉。"

[5] 嘉靖《建宁府志·人物》作"以斯文自任"。

[6] 嘉靖《建宁府志·人物》作"更铸太常钟磬"。

[7] 嘉靖《建宁府志·人物》作"尝聚士友肄业"。

[8] 嘉靖《建宁府志·人物》作"秦桧子熺拜元枢"。

[9] 嘉靖《建宁府志·人物》作"郭缜"。

[10] 嘉靖《建宁府志·人物》作"杰尝困赵鼎子汾,以媚秦桧"。

[11] 嘉靖《建宁府志·人物》作"一诗付炳"。

[12] 嘉庆《浦城县志·人物》作:"徐宗庆尝著《皇王大训》,曰:'古今帝王之道与为治之具尽在是矣。'"

［13］嘉靖《建宁府志・人物》作“咸淳十年登第”。

［14］嘉靖《建宁府志・人物》作“元季左丞阮德柔重其名”。

［15］嘉靖《建宁府志・人物》作“落笔即数千言”。

［16］嘉靖《建宁府志・人物》作“子学老于年”。

［17］民国《崇安县志・宦绩》作“攻苦茹淡”。

［18］“盘”字不协韵，疑当作“杯”。

［19］嘉庆《浦城县志・人物》作“辟川陕都茶司干官”。此处应作“历川陕茶干”。又“调山阳”，嘉庆志作“调山阴”。

［20］民国《政和县志・列传》作“梁师成”，与《宋史》相符。

［21］嘉靖《建宁府志・人物》作“天地明察”。

［22］嘉靖《建宁府志・人物》作“觐两日不食”。

［23］嘉庆《浦城县志・人物》作“官其弟之子为璘后者”。

八闽通志卷之六十六

人　　物

建宁府

宦迹

〔宋〕

王谔字平叔。建阳人。父保宜，兵部郎中。晋开运初，谔以父荫补将仕郎。后佐太祖定天下，以功赐铁券。太平兴国中，迁羽林将军。

杨纮字望之。浦城人。亿从子，为亿后用荫补官。尝知鄞县，设方略，禁贩鱼盐者不得滨海为盗。庆历间，富弼荐为江东转运按察使。属岁饥，开义仓赈之，吏持不可。纮曰："义仓为民也，稍稽人将殍矣。"纮用法严急，与王鼎、王绰号"江东三虎"。左迁知衡州，官至太常少卿。平生聚书数万卷，手抄事实，名《窥豹篇》。

叶隶字彦成。浦城人。熙宁中罢诗赋，隶以礼经第进士。哲宗朝召试，除秘书省正字，迁校书郎，入馆。二年，授礼部员外郎。崇宁中，以朝请大夫知福州。政尚平易，民甚安之。子焕，省试第一。徽宗朝，历帅名藩，遂登禁从。

徐莘老浦城人。凤之子。以荫补官，调平江府长洲簿。郡以廉能荐，就升长洲令，累迁至礼部尚书。弟华老、梦发，嘉熙中同第进士。华老工文辞，累官朝散大夫秘书丞。平生以公勤称。迁国子司业，以疾不拜。

〔元〕

张宁字贵安，号竹居。浦城人。由政和县尹改福清，所至皆以政声闻。

〔国朝〕

徐奇字以正。浦城人。洪武中领乡荐，拜户科都给事中，物论重之。永乐二年，升广东右布政使，政尚宽简。未几以忧归，卒于家。

裴旻字士勉。崇安人。颖敏博学，登永乐四年进士第。任江西按察司佥事，廉介严毅，风声凛然，卒于官。

杜琮字孟清，号蒙斋。瓯宁人。永乐初应诏预修大典，领应天府辛卯乡荐，历上高、全椒二学教谕。用选拜监察御史，升山东布政司左参议，皆克举其职。卒于官所。著有《适兴》《锦江》二集藏于家。

吴廷用政和人。永乐中登进士第，授户科给事中。仁宗皇帝在春宫监国，廷用侍从二十余年，小心谨密，甚蒙宠眷。暨嗣位，特升刑部左侍郎。宣德间，转礼部左侍郎，累章乞归老，卒。

江铁建安人。永乐中，登进士第。选为翰林庶吉士，寻擢监察御史，得风宪体。累官广东布政司右参议，卒于官。

张珂建安人。永乐中登进士第，拜行人，历迁吏部郎中。练达老成。寻升浙江布政司左参政。致仕，卒。

田忠字伯邑，别号静庵。永乐中进士，选为翰林庶吉士。累官江西布政司左参议。莅官以公正勤慎见称。致仕，卒于家。

连均字士平，号素庵。建安人。登永乐乙未进士第。授监察御史，迁江西布政司右参议，转四川左参政，升江西右布政使。所至皆有能声。历任垂四十年，产业未尝有所增拓，人称其廉。天顺初致仕，卒于家。

詹谠字子源。浦城人。幼颖敏，博学强记，旁通阴阳、地理、星命、卜筮之书。历上海、进贤二学训导。正统丁卯，典四川文衡，升南昌学教谕。善诱后进，多所成就。升潮州府学教授，几三载，卒于官。有《竹轩集》。

刘福字崇善，号澹庵。建安人。正统中举进士。拜授监察御史，累官浙江右布政使，后以公过左迁陕西按察使。福内刚外柔，临事不挠。成化庚子卒于官。

武功

〔南唐〕

林仁肇建阳人。刚毅有膂力。初为伪闽将，后入南唐，以潘承祐荐得用。周世宗征淮南，仁肇出援寿州，斩获甚众，官至洪州节度使。仁肇虽居将位，常与士卒均服同食，故得其心。

陈诲字巨训。建安人。赳捷有勇。初为王延政裨将，潘师逵来袭建安，诲逆战于城南，斩之。闽亡，归南唐，拜剑州刺史。福州戍兵叛，诏诲与查文徽攻之。吴越遣兵来救，战于闽江，文徽失利。诲素善水，没入江，凿吴越楼船，船坏，及以木为蛟龙形，涌出江面，吴越兵惊溃，遂大败之，获其将马先进还。累迁忠义军节度使，进侍中，封闽国公，卒谥“忠懿”。子德诚亦有才略。南唐主以其弟景达御周师，遣潘承祐诣泉、建召募饶勇[1]。承祐荐德诚及许文稹、郑彦华、林仁肇可用，唐主乃以德诚等隶景达军，拜和州刺史。

隐逸

〔五代〕

柳崇字子富[2]。崇安人。以儒学著名。五季末，终身御布衣，称处士。王延政据建州，闻其名，召补沙县丞，力谢不仕。后诸子仕宋，法当推恩，崇戒之曰："不可奏请夺吾志。"既没，累赠工部侍郎。子宣、宜、寘、宏、宷、密、察俱显仕。

〔宋〕

丘浚字思道。建安人。精于历数，绝意荣途[3]，京洛多公颇礼遇之，尝为《感事诗》百首，辞多讥讽，执政欲诛之。仁宗曰："狂夫之言，圣人择焉。"遂薄其罪。又尝著《长世论》五十篇，言用兵利害。龙图学士田瑜缴进之，诏除万年县主簿，不赴，退居里闬。郡守谢某表其居为处士坊。

章友直浦城人。卓荦不羁，读书不慕荣进。族人得象欲奏以官，辞。友直善相人，知音乐书画、弈棋，皆名于时。皇祐中，太学篆石经，有以友直荐者，召诣阙。石经成，除试将作监主簿，不就。

熊知至字意诚。建阳人。博学工诗。天圣中五举不第，归隐鳌峰。尝观海，有句云："岸上犹哀惧，舟中争得安？"又《辇下观灯》云："楼台上下火照火，车马往来人看人。"深得晚唐之体。有《鳌峰隐人集》三卷。

詹先野字景舒。崇安人。经史诸子历览无遗。天圣四年领乡荐，继应贤良科，后竟不仕，隐居廪江之滨。每啸咏武夷山水间，人谓其有仙风道骨焉。

熊蕃字叔茂。善属文，长于吟咏。宗王安石之学，分章析句，极有条贯。筑堂名“独善”，号“独善先生”。尝著《茶录》，厘别其品第高下，最为精当。又有《制茶》韵，今传于世。

黄晞字景微。建安人。少通经，聚书数千卷，学者多从之游。自号“聱隅子”。著《歔欷琐微论》十卷。以谓聱隅者，枅物之名；歔欷者，叹声；琐微者，述辞也。石介在太学，遣诸生以礼聘召，晞走匿邻家不出。枢密使韩琦表荐之，以为太学助教致仕，受命一夕卒。又有《易义》十卷。

袁谦字彦先。崇安人。建中靖国间，耕隐县之黄洋原，结庵名“玉泉”。赋诗有“时人不识田园乐，只羡相如驷马车”之句。

谢安时字尚可。政和人。博通经传，涉笔成文。崇宁、大观间，以两优贡入辟雍，谒告归。复预乡荐。靖康之变，携家隐西坑别墅。庭植三桂，号“桂堂居士”。后以累举得官，卒不拜，终于家。乡人挽之以诗，有“不肯上书游北阙，只缘留意在东山”之句。

江贽字叔圭。崇安人。初游上庠，与龚深之以《易》学并著名。后归隐里中，近臣荐其贤，召不赴。政和中，太史奏少微星见，朝廷举遗逸命下，邑宰陈难谒其庐，聘以殊礼，复以诗勉其行。凡三聘不起，赐号“少微先生”。所著《通鉴节要》行于世。

游中孚字大信。崇安人。博文强识，《春秋》、《左传》、汉唐史记成诵如流，能言其同异得失，上下数千载事，缅缅可听。李光知宣州，会李成拥众攻城，议遣官求援于岳飞，道路阻绝，寮属皆惮往，中孚时为光门客，慨然请行。挟十骑，由间道走太平，见飞与饮，屡起请，飞曰：“君姑饮，援兵已至竞陵矣。”围遂解。事平，光欲请于朝官之，中孚力辞，竟不仕。

刘衡字兼道。崇安人。建炎初，以勤王补官。从韩世忠败敌于濠，累功迁秩晚年弃官归，依郭为楼，匾曰“大隐”。闭门谢客，潜心邵雍之学。久乃徙武夷为小隐堂。又为夺秀亭[4]，与胡寅游涉其中。衡常吹铁笛，或慷慨舞剑，浩如也。

刘甫字嶽卿。衡之子。事亲以孝闻。栖隐武夷山北水帘洞，枢密珙将奏以官，辞。朱熹、蔡元定过其庐，惟相与讲义理，不及利禄。方约熹结庐于武夷，未几卒。

丘义字道济，一字仁卿，号子野。建阳人。隐居不仕，颖敏嗜学，该贯子史，尤邃于《易》。与朱熹友善，常相往来问答。有《易说》传于世，及诸诗赋序铭墨迹皆存。熹为书“芹溪小隐”匾其堂楣，作诗序赠之。又著《复斋铭》，并《芹溪九曲》等诗以贻之。

张师禹字卢佐。浦城人。天资耿介，不苟合，不求仕进，从之游者莫不敬畏。号乡先生。其犹子赡于财，师禹病且没，必使作关约析户籍，犹子愿推己产附益之，师禹毅然不受一金。及属纩，士友张具赡来视疾，师禹指心示之，曰：“血气枯竭矣，而一点不动。”言讫，溘然而逝。

詹本字道生。建安人。温言正行，高抗不仕。丞相江万里荐为郎，先致书于本。本方坐门前石矶垂钓，使者至问本居，本绐曰：“前。”即持竿渡溪去，不知所终。

黄淼字水心。瓯宁人。父驷，宋季为吏部郎中。淼通书史，诸经史百家皆精诣。景定间预乡荐，国亡不复仕，隐于天湖山。筑室数椽，四周植柏，每自愧弗能如夷齐之饿死。所著有《正一斋集》。

蒋粹翁政和人。聪敏强记。宋末为太学生，国亡隐于满月山。

〔元〕

赵若字顺之。崇安人。丞相蒙古歹入门[5]，一见器重之，荐于朝，授同安县尹不就，归隐于家。高丞相开闽省，三使人聘之，强为一见，劝之仕，不从。长于诗，尤工音律，有《涧边集》二十卷。

彭炳字元亮。崇安人。游齐秦都下，闻昌平隐者何得之，遂往谒之。驸马乌谷孙事以师礼，朝野自是知炳经业。至正中，征为端本堂说书，不起。为诗专效陶柳，有集一卷。

苏照字明远，号大钝生。建安人。治《诗经》，能诗文，敦尚儒学，深衣博带，有古人风。设教乡间，后进者多所造就。至正间，以明经荐入翰林，预纂修事，后欲授以官，以亲老辞。交游临川刘彦炳，赠诗有“才子曾闻起建安，若为金马得辞官”之句。尤精墨菊山水之类，名著当时。年八十。子伯厚，仕至翰林检讨。

张以仁　魏伯坚俱政和人。元季卜筑莲花峰下，与国子助教谢坤、云龙、知州孙蕴、儒学训导余应相友善。五人者夜则同灯，旦则同窗，讲论经史，至忘饥渴，如是者二十年，号“山中五凤”。后俱以文行知名，而以仁、伯坚隐志不仕而终[6]。

〔国朝〕

苏镛字良璇。建安人。别号守愚。性敏好学，善颜柳书法，以孝友称。正统按，沙、尤寇起，延及乡里，有司以其信行素服于人，委之招抚。躬抵逆巢，众皆退听，邑赖以宁。年七十终。

雷镜字彦达。建安人。幼孤，事母至孝。性纯笃，究心书史，家贫至无以自给，裕如也。永乐初，有司以孝荐之京[7]，固辞乞归，绝迹城府。乡人从其受学者多，如修撰连智辈数十人，皆擢进士第。后相与追号之曰“慎斋先生”。所著有《闲居丛稿》。

苏钲字良声，别号竹坡。建安人。性孝友，尤颖敏淳笃。喜读书，好吟咏，善书翰及写竹石花木山水，为人所珍。虽居城市，日闭门不干与世事，一时士大夫咸礼敬之。所著有《竹坡吟稿》二十卷，藏于家。

林顺字孝从[8]。政和人。号迟迟轩。弱冠为乡校师，学者多所造就。永乐间，邑令黄裳举孝廉，不起。令吴朝宗举楷书，力辞，年八十八卒。

余亩字希尹。政和人，性凝重寡言。早丧父，独奉母以居。读书刻苦有造诣，乡人从之游者，随才质高下皆有所得。下笔作诗文，颇有古意。永乐间，邑以楷书荐，郡守芮麟令书字以观，亩因书《游子吟》复之，遂拂袖归。

徐骥字尚德。浦城人。性恬静，好为诗文，不以荣途介意。由邑学弟子员升太学，偶得例授府知事之职以归。题其游息之所曰“安静”。日以经史自娱。家虽贫，处之裕如也。邑士夫多其学，皆遣子弟从之游。邑之登贤科者，多其所造就也。所著有《洪范解》、《订正皇华诗》及文。

寓贤

〔梁〕　〔陈〕

顾野王字希冯。吴郡吴人。年十二随父烜之建安，撰《建安地记》二篇。仕梁为临贺王记室。陈天嘉中，补撰史学士，后迁光禄卿。宋季郡犹有坊。

〔唐〕

翁承赞字文尧。上世自京兆迁莆田。仕唐为右拾遗，梁时迁谏议大夫。先是，尝寓居崇安，与僧亚齐友。开平中再使闽，有《别亚齐诗》。郑夹漈《通志·氏族略》载承赞莆田人。

〔五代〕

潘承祐兴化莆田人。初仕吴，为光州司法。王延政镇建州，辟判官，因居建安。及延政僭号，拜吏部尚书，以忠谏被斥。后入南唐，为卫尉少卿，以礼部尚书致仕，居于洪之西山。《莆阳旧志》及《宋史·潘慎修本传》俱云莆人。

〔宋〕

丰稷字相之。鄞人。徽宗初立，召为御史中丞，尽言守正。尝论蔡京、曾布奸佞，又言司马光、吕公著宜配享哲宗庙庭[9]。徽宗方将处以尚书左丞，而稷忤贵近，不得留，出知越州。京得政，稷故怨，连贬窜除名，安置建州。

赵士㒟字立之。宗室郇王仲御之子。绍兴间封齐安郡王，权奉濮邸祠事。数言事忤秦桧。及岳飞被诬，愿以百口保其无他。桧大怒，令台官论击之，谪居建州，凡十二年[10]而卒。

林公武不知何许人。建炎初，避地城南。时叶侬作乱，挺身持帛书诣贼垒招降。贼疑为间谍，执公武且杀之。公武无惧色，后竟释之。（按本志，贼将杀公武，以珓卜于神，曰："阴阳胜兆皆杀之，必立珓乃免。"珓到地，倚案而立，贼异而释之。）

朱松字乔年。安徽之婺源人。政和中第进士，为政和尉。父森卒，贫不能归葬，固葬其邑。服除，调尤溪尉。绍兴四年除正字。赵鼎为相，除校书郎，累迁吏部员外郎。秦桧决策议和，松与同列上章极言其不便。使桧怒，风御史论其怀异自贤，出知饶州，未赴，奉祠。松自初筮入闽，后游宦往来闽中，从罗从彦、萧颛学。晚寓建州城南终焉。以子熹累赠至通议大夫。

黄榦字直卿。三山人。从朱熹游，熹妻以女。庆元中卜筑建阳之考亭，熹尝作竹林精舍成，有"他时便可请直卿代即讲席"之语。榦寓居卒业，几二十年。熹殁，榦为主丧礼。嘉定丙子，罢汉阳守，奉祠归考亭，是冬还三山。

曾松字伯坚。章贡人[11]。几之从孙。仕至江西帅参，致仕。敬贤乐善，居官以才廉称。嘉定中，寓居建阳县，东北有山曰竹原，松以其地为刘勉之旧隐，而朱熹问道之所，慨想陈迹，作乐斯庵于其旁。友人黄榦记。

方士繇字伯谟。莆田人。父丰之，娶建阳吕氏女。士繇少孤，依母家，后迁崇安之籍溪，从朱熹游，而往来邵武、建阳间。子丕父讲学黄干之门，干称其刚毅不苟，可为领袖。

叶岳为太学生。开禧初，韩侂胄将开边[12]，岳上书谏止，送建宁州编管。

谢枋得字君直。弋阳人。德祐中除江东制置使，知信州。吕师夔叛降元，引兵攻信州，枋得遣兵御之。兵败，变姓名入建宁唐石山，转荣坂，寓逆旅中，日麻衣蹑履，东向而哭，不识者或疑其被病。已而卖卜建阳市中，有来卜者，惟取米屦而已，委以钱不受。其后人稍稍识之，多延至其家，使为子弟讲学。宋亡，遂居闽中。元至元间，以荐强迫至燕，不食死之。

钟季玉乐平人。尝为江西运判，提点都大坑冶。元兵渡江，季玉徙寓建阳。兵至，不屈死之。

〔元〕

杜本字伯原，号清碧。清江人。尝游武夷杜真人南谷，居宗阳宫，与赵子昂、杨载等会馆中。已而御史大夫忽剌术[13]荐于武宗，不果用。有詹景仁者，故家武夷之平川，延本俱归，相与作思学斋、怀友轩。文宗初立，遣使召，不赴。释《书·无逸》篇附进。至正中，大臣奏授翰林待制兼国史院编修官，本以疾留武林，后复归武夷而卒。有《清江碧嶂诗》一卷。

〔国朝〕

张矩字孟方。其先广陵人。父伯岩，为崇安五夫巡检，遂家焉。因与屏山先生家密迩，得其遗书而读之，遂通五经。而所书诸体皆精绝。国初以当道荐，为本学训导。

艺术

〔宋〕

黄孝绰觉之子。再举进士不第，后特奏名不合。尝游舒州灊山乐焉，自号灊叟。工书，其法本二王、颜、柳。

〔国朝〕

许宏字宗道。建安人。幼读书，学轩岐之术，号为精到，凡奇症异疾，药之多效。又能诗文，写山水，年八十七而终[14]。所著医方有《通玄录》，诗有《南窗草录》，藏于家。

詹林宇字必泰。浦城人。工绘事。天顺间，召入京师。成化元年，授工部文思院副使，直仁智殿。丁内艰归，卒于家。

吴应字允吉。政和人。由邑庠生升太学。能诗，尤工篆隶。

列女

〔五代〕

练氏浦城人。章仔钧妻也。仔钧为王审知将，领兵戍浦城西岩山。南唐卢将军假道山下，忽鼓噪攻垒。仔钧遣边镐、王建封求援建安。已而二校失期，当处以军法，练氏请纵之使逸，复使诸子遗以金，二校遂奔南唐。其后南唐命查文徽取建州，二校已贵显从行。城陷，议屠之。时仔钧已死，其子有为建州幕官者，练氏因居城中。二校入城，衔旧恩，独以兵卫其门。练氏曰："汝今见报，独活我家，岂足为义？合城之人，不下十万，未必皆有罪，汝能全之，乃为报吾恩，不然，妾不能独生也。"二校听之，一城悉赖以完。练氏封至越国夫人，子孙贵显不绝。

郑氏余洪敬妻[15]。南唐将查文徽平建州，郑氏为乱兵所获。文徽欲犯之，郑骂曰：“王师吊伐，凡义夫节妇宜旌赏，乃欲加非礼于一妇人？”文徽愧，求其夫归之。

〔宋〕

曹修古女修古明道中知兴化军，卒，贫不能归葬，吏民赙钱五十万。季女泣白其母曰：“先人忠节名天下，不幸以直言谪死，且君子不家于丧，安可受此以污先人之全德哉？”哭不已，谢而遣之，吏民固请，卒不受一钱。蔡襄为《曹女传》。

刘氏建安曹觐之妻也。皇祐五年，觐守封州，侬智高陷郡，死之。刘逃难林垧中，知夫死，亦自经，曰：“吾不可污于贼”。事平，追封彭城县君，加赠冠帔。

曹烈女觐之妹也，从觐在封州。觐既被害，烈女遂自刎而死。

陈氏建阳余楚妻也。生子翼三岁，楚卒，陈氏尽以其产与前妻二子。翼年十五，使游学四方。翼在外十五年，以进士归，迎侍之官。王安石为志其墓。

吴氏建阳人。兵部尚书吕祉之妻。累封至淑人。祉为郦琼所害，有得祉括发之帛归吴中者，吴氏持帛自缢以殉葬。

〔元〕

余氏名正。顺昌人。年十六，父从周许妻瓯宁黄寿。明年，将乐土豪伍马荣者欲强委禽焉，余氏告其父曰：“婚姻之礼，寸帛为定。既受黄聘，即黄妇也，吾宁死而不失节。”父以其辞辞之。又明年归黄，黄迎之。土豪遣百余价俟于道，杀黄而夺余氏。余氏绐曰：“汝辈且回，致意汝主公，今吾夫既亡，吾年尚少，势不得不再适，待吾至家，受汝主聘，然后归。大则可以正名分，小则可以塞群议。不然，吾必死也。”价信其言去。余氏乃扶黄柩归，白于官，土豪坐诛。遂卜地葬其夫，自杀以从。时至和己巳岁也。

官氏名胜娘，建宁人。夫方宁耨于田，胜娘馌之。见一虎方攫其夫，而胜娘即弃馌奋挺，连击之，虎舍去。胜娘负夫至中途而死。事闻旌之，复其家。

毛氏名清娘。早适人。至正己丑寇乱，阖门走避，毛氏竟不能脱，遂大书其壁云：“宁死义不从贼。”及贼至，毛氏以利刀刺贼首，遂为所杀。

郑氏建宁路照磨雷景炤之妻也。红巾寇乱，剽掠其村落，景炤及父俱为贼所害。郑有容色，义不受辱，遂自杀，盗舍之而去。次日复苏，一子方二周，抚之成立，以继宗礼，竟全节寿终。

廖氏名妙禄。建阳人。归为吴氏妇。年二十，其夫亡，事舅姑至谨。舅卒，奉其姑不少怠，姑七十余始殁。妙禄抚教二子，皆邃于学。有司以闻，未报，翰林学士姚公固侍宴为奏其实，仁宗特封贞节宜人，树绰楔于门旌之，永蠲其家徭役。

李氏名智贞。浦城郑全之妻，左丞旼之母也。七岁能读书，九岁母病，调护甚谨。及卒，哀恸欲绝。奉父极甘旨。初父以智贞许全，后客邵武，邵武豪陈良慕其聪慧，强纳采聘，智贞断发拒之，且数求自死，良不能夺，卒归于全。事舅尽妇道。泰定闻全病殁，智贞悲泣不食数日而死。元季得旌表门闾。智贞尤长于诗，有《静方集》，陈旅为之序。

徐氏名彩鸾，字淑和。浦城人。适邑士李文景。略通经史。元末，青田贼寇浦城，彩鸾从父嗣源逃山谷间。贼欲害嗣源，彩鸾前曰：“宁杀我。”贼舍其父。彩鸾语父曰：“儿义不受辱，今必死，父可速去。”贼拘彩鸾至桂林桥，题诗壁间曰：“惟有桂林桥下水，千年照见妾心清。”乃厉声骂贼，竟投水而死。

黄氏名妙铢。松溪李述父妻。至正丙申，青田寇侵县治，黄氏时方盛年，与群妇逃山谷间，为盗所执，义不受污，哀哭伏地不行。贼怒，驰迫以前，行数里，经高岩数十丈，遂投岩下。盗意其必死，舍而去。至暮，其夫踪迹之，得于崖下，幸不死，遂舁而归，乡党高之。

范氏名回。松溪人。归为遂应场叶彦宽妻。至正间，彦宽得授政和县簿，未任而殁。范氏年未三十，子一人尚幼，誓不履二庭。有介妇同居，亦新寡，将改适，范氏力诤不听，乃独抚其子以居。子既长，从戎，范又抚其孙，孀居五十余年，始终一节，人无闲言。寿八十。

管氏政和张子方妻也。元至正末，䃵寇入邑，邑人子女多驱迫以去，管氏时年二十余，遂自刎死。

〔国朝〕

魏氏名玑。建安人。夫雷焓随父君节尉兴化县，挈魏而行。至正壬辰，罗天陵乱，君节奉檄守海口，焓复絜魏侍继母赵氏，假馆榕城。焓卒，魏年甫二十有六。明年，君节之讣复至，贫无以为殓，魏悉以首饰易丧具，与姑躬诣海口，扶梓侨寓福州。自念力微，二柩不能俱归，乃白于姑，权窆焓柩于福，而独全舅氏之梓归葬于建。自是乱离间关，备尝艰苦。至圣朝混一，始得宁居。坚持冰蘖之操三十余载，洪武乙丑卒，享年五十有八。

丘氏名凤娘。建安魏祖忠之妻。洪武初，祖忠父康应斗役，以亏粮法当死。祖忠欲诣官代父罪，丘氏勉之使行，且誓曰："君能为孝子，妾不能为节妇邪？万一不讳，妾亦随君逝矣。"祖忠就狱，岁余当决。祖忠遗书与父诀，父不忍观，火之。丘氏意夫必死矣，遂更素衣，闭门痛哭自缢死。既而祖忠得遇恩宥归，而凤娘不可作矣，乡党哀之。

江氏建安雷温妻，宪副镛之女也。温著录郡庠，登乡榜，早卒。江氏奉姑不衰，纺绩织纴[16]以为家业。孀居三十余年，一节凛然。

刘氏建阳人。仲华之女也。静厚淑懿。年十八适同邑熊刚中,期年夫亡,昕夕哀恸不辍。既服阕,姑怜其少,劝以他适,刘氏以死自誓。乃求夫之犹子灿为夫后。事姑孝,言动必谨于礼。年七十八卒。洪武间有司上其事,诏旌表其门。

林氏字淑柔。浦城人。归为同邑张伯成妻。生一男二女,而伯成早逝,淑柔年甫二十余,诸孤尚幼,遭元季劻勷,舅姑继殁茕茕无所依,遂携子女往依兄家,后十余年。躬勤织纴,以教育孤幼,俱底于成。洪武间,姑还故居,绍复先业,年八十余卒。君子谓其妇道母仪无愧古人。

郑氏政和人。适同邑吴景文。洪武元年,木溪寨寇至,举邑惊走,郑氏及女伴十余人避难山谷中,寇进逼之,郑氏遂投崖而下。将半,有棘刺钩其衣,久乃复坠,故得不死,而折其右足。当时一女同投者至地,骨肉俱碎,余皆为贼所掠。郑氏子瑾甫周岁,弃草莽间,寇退亦无恙,人谓天相其节云。

黄氏名妙莹。松溪人。适叶继生。洪武初,庆元山寇剽掠其村落,猝至继生家,斩户而入,挥刀斫继生。时黄氏匿暗室中,窥继生为盗所伤,即奔呼而出,以身蔽之,身受数十刃至气绝不动。群盗相视愕然,弃去,继生因得不死。其贞烈如此。

刘氏政和人。洪武中,从其夫吴继祖应南京军役,生子浩成而夫卒。刘氏年二十又一,独抱遗孤还乡里,抚教以底于成。后以天年终。

章氏名聪娘。建安魏寿孙妻。年二十八夫亡[17],始生一子。舅姑俱老,家复贫,聪娘勤织纴以为养。守志四十余年,人无闲言。宣德间,有司以闻,诏旌表其门。年八十八卒。

詹氏建阳人。彦成长女。有淑德,好读书。年二十五适同里黄溥,生子璇甫周岁,夫亡,誓不易志。时舅姑年七十,家贫甚,詹昼夜纺绩以供养。后舅姑相继殁,悉鬻其簪珥,营葬如礼,乡邦以孝节称之。璇稍长，亲教之读书，年十二遣为邑庠弟子员。宣德九年，贡入太学，上疏陈情，诏核实旌之。未几以疾终，事遂寝。

江氏崇安人。父童，以适逸士程启隆，生三女一男，方襁褓而启隆卒。江氏年方二十有七，以死自誓，抚育诸孤，虽极慈爱，而不失内教外傅之严。辛勤二十余年[18]，不变其志。有司上其事，诏旌之。

陈氏政和人。适张彦章为继室。彦章尝为县吏，以罪隶戎伍，临别时，陈年甫十又八，彦章嘱之曰："吾兹行存亡未卜，汝能抚吾幼孤，吾虽死目亦瞑矣。"陈哽咽不能答。既而彦章果殁，陈抚育其子留远及前妻之子留实[19]，纺绩以资生业，并应远卫之役。守志六十余年，年八十九卒。

朱氏建阳人。文公七世孙女也。幼颖敏贞静。及长适刘文简公八世孙潭。生子稳，甫三岁而夫卒。朱氏时年二十又四岁，茕茕孑立，誓不食二姓。抚其子，虽甚爱之，而教之必以义方，乡党皆以贤妇称之。郡贰守周安奏乞旌异，未报而朱氏卒，事遂寝。时年六十有三。

赵氏名富娘。建安人。归为同里滕奎之妻。滕奎为郡学弟子员，以疾卒。赵氏年方二十余，引帛自缢，欲死以殉，家人惊觉救免。执丧以礼，奉舅姑至孝，抚二女，皆适士族，迄今几四十[20]，孝行贞操，内外嘉叹之。

陈氏名仁娘。建安人。适同邑张伯辉。伯辉卒，二子尚幼，陈氏年甫三十，誓志孀居，抚二子俱至成立。次子琮，娶叶氏，生子庆，方二岁琮亦卒。叶氏年甫二十，既毕丧，事姑益谨。未几姑卒，相其夫兄以襄葬事。遗子庆入邑庠，后登太学，士大夫名其堂曰"继节"，多为文词诗歌以美之。叶氏后亦以寿终。

张氏建安人。杨士伦[21]妻也。仕伦遘疾，张氏百方求祷不效，乃刲股肉和粥以进。疾瘳复作，知不可起，泣曰："君脱有不讳，妾当相从，但上有老母，下有幼子，姑忍死以终事育，必不负君。”伦卒，悲恸几绝，力襄大事，誓不二志，时年方二十余。事姑养生，送死尽礼，抚二孤皆底成立。孀居几四十年，志节凛凛。

周氏建安杨仕仪妻，员外周炫女也。年十九归仕仪，逾年而仕仪病亟，顾谓周曰：“吾死乃数也，汝年少，宜自为计。”周泣曰：“一与之齐，终身不改，妇道之常也。况今有娠，幸而得男子，妾志愿毕矣。变节而反其常，何以为人哉？”仕仪卒五阅月，果生男子，以长以教，底于有成，登癸卯乡荐第，人以为节义之报。

蔡氏崇安人。西山九世孙女也。适建阳熊勿轩八世孙普惠，生一子曰继儒，甫周岁而普惠卒，蔡氏年方二十有二。砥砺节行，不二其心。成化二年，听选官熊斌奏请旌表。未几，蔡氏卒，事竟寝。

黄氏名佛姐。建阳人。父曰文真，以适于同邑徐辉，生子振[22]，甫一岁而辉卒。佛姐时年二十又五，誓不食他姓，奉姑刘氏以终其天年。孀居余三纪，人无闲言。

严氏名妙音。松溪杨继义妻也。继义以事逮系之京死，严氏年甫二十又一，生一子孟贵，方九阅月，励操抚遗孤，不易其志，今年已六十四矣。

倪氏政和人。归于同邑陈受荣。正统末，古田寇发，剽掠县境，倪氏与其夫避山中。寇至，虏其夫，驱群妇以去。倪氏义不受辱，遂投山前溪而死。寇退数日，夫求得其尸，面色俨然如生。

刘氏建阳人。文简之十世孙女也。适同邑马澄，生二子：长曰柽，次曰梁，而澄早卒。刘氏年甫二十有四[23]，常语人曰：“忠臣不事二君，烈女不更二夫，吾之不幸则命也。”于是勤纺绩以资生，严义方以训子。其后二子俱成立，遂以柽为邑庠弟子员，宗党贤之。

倪氏建阳人。父宗胜，以妻同邑黄庚，生子三：曰伦，曰俨，曰信，而庚卒。倪氏年甫二十又五，孀居事姑，尽孝敬。姑卒，丧葬无违礼。闺门严肃，躬俭勤以课其子，志行坚白，终始无间。

刘氏建阳人。文简八世孙显之女也。适同邑潘荣，生二子：曰埙，曰篪，而舅姑及夫俱卒。时刘氏年方十九，遂以死自誓。持家有法，教子有方，冰霜之操，久而弥励。

叶氏名文娘。浦城人。年十八适林陈，垂半载而陈赴京以疾卒。讣至，哀毁骨立，誓死不易志。既而遗腹生子行[24]，乃鞠育训诲，至于成立。年六十九而终。

游氏名淑端。浦城苏公亮继室也。年二十余，方娠而夫卒。将卒时，尝嘱淑端曰："如生男，尔当守志，生女则适人可也。"及弥月，乃得女，淑端鞠之，誓不二志。今年已六十矣。

吴氏名懿清。浦城人。归为周景妻。年甫二十又三，方娠两月而景卒。哀毁几绝，殡殓尽礼。躬纺织以奉舅姑、育孤子，始终凛然一节不渝。

范氏政和倪澄之妻也。澄早丧，范年二十未有子，事姑尽孝，取同宗之子洧为嗣，终无异志。

卢氏政和张子铭妻。年二十又四而子铭卒，二子皆在襁褓。所亲或谕之曰："汝年少子幼，恐不克有终也。"卢氏曰："夫家之业，尚可以度日，纵使贫乏不能自存，岂不闻饿死事极小，失节极大乎？"闻者叹服。

魏氏政和王得闵妻也。年二十三而得闵卒，二子曰记应，曰澄，皆幼。魏氏偕二妾奉其姑，依夫之从叔文表以居，终无再醮意。及二子成童，乃携之移居外祖父翰林庶吉士陈淇旧址，成家立业，以承宗祀。

李氏政和人。年二十四而夫林招得卒，生一子方两月。尝有以财私掷于其家欲聘之者，李氏遂持刀自绝，其邻妪觉而止之获免。家计萧然，每借贷纺织，以给衣食，终无二志。

黄氏政和人。年十六归同邑吴公宝。越四载，公宝病亟，谓黄曰:“吾之病必无痊理,命也。所恨者吾无兄弟,一女茕茕,家贫无依,汝将安适?”黄曰:“君善自保,无以妾为念。万一不讳,妾乃君家之鬼耳,安肯失节以玷君门乎?”公宝遂点首瞑目而逝。黄治丧无违礼,杜门纺绩以资衣食。女既长,人皆劝其纳婿于家。黄曰:“是固善矣,其如宗祀何?”遂即育夫从子坦为夫后。乡人服其有识。

周氏政和魏谷宾母也。性慈惠。既丧所天,三子谷宾、彦祥、谷资相继而夭。其冢妇黄氏、次妇[25]季妇张氏皆少,周从容讽以从一而终之义,一妇[26]皆感泣,齧指自誓不二心,闺门之内,肃如也。诸孙总角者则遣就外傅,在繦褓者则皆自抚哺之。每旦辄坐于庭,诸孙环侍,聚童仆训谕,使治生业;晚则稽其勤惰而赏罚焉。如是二十年。寿七十五而卒。三妇遵奉教戒,皆能坚持苦节,以弗坠其业,而治家亦遵用其法不少替云。

严氏名完娘。松溪人。归为江克俊妻。年二十,生子浚未晬,夫病笃,谓完娘曰:“我病必不起,生计微薄,母老子幼,惟汝是赖。”完娘曰“诺。”夫卒,遂誓死不二。姑年八十余,生事死葬举以礼,后子浚又卒,抚育二孙,至于成立。今年七十有六,志节坚白,无罅隙可议。

马氏名妙瑄。松溪叶濂妻也。年二十,夫病亟,语之曰:“吾死无后,汝将何归?”马氏曰:“吾亦有死而已,忍失节以负君耶?”及夫卒,马氏以刃自刎,家人觉而救之,伤其额深寸余,死而复生。今年已五十余,卒全其节。

仙释

〔唐〕

马道一汉州人。容貌奇异,幼落发受戒于渝州圆律师。开元中,习禅定于衡山,遇怀让师,密受心印。登建昌石门山,有洞壑之幽，谓其徒曰："吾当栖此。"遂沐浴跏趺而逝。谥大寂禅师。

扣冰和尚崇安人。名藻光。出家参雪峰真觉师。在瑞岩院前有溪，遇冬辄扣冰而浴。

〔宋〕

周史卿浦城人。宋元祐中，遇异人得养生之要诀。隐油果山一十年[27]，炼丹垂成，一夕风雷大作，丹已失矣，遂出神求之，谓妻曰："七日复来。"有一僧劝其妻曰："学道者，视形骸如粪土。"遂焚之。明日史卿来，空中哑哑责其妻而去。

王法昌建阳人。生不茹荤，幼失父母，落发入福仙寺服勤苦事，不拔生草，不剪生柴。着破衲以为虮虱[28]时常翻易，使之均饱。熙宁辛亥，忽告人曰："吾来年五月十八当去。"至期果然，人惊异之。

姚宥安[29]福州人。幼习儒术，长乃落发为僧。宋熙宁中，至建阳，往武仙山[30]一百二十里，朝发午归[31]。钟楼颓朽，人莫敢登，宥安上梯解钟，如履平地。刘朝奉祈嗣，曰："与尔一子，某年某月生。可名姚哥。"至期果然。

有祯福清人。幼颖悟，好读书。骨相秀奇。落发为僧，遂潜心本宗，闭户独处若禅定然。缁流闻风信向丛集者众。说法作颂，皆造其极。后端坐示寂。所著有《平山诗集》。

〔元〕

白玉蟾琼州人。尝于黎母山中遇神人，授洞玄雷法。后居武夷山，尝自赞云："千古蓬头跣足，一生服气餐霞；笑指武夷山下，白云深处吾家。"宋嘉定中，诏征赴阙，对御称旨，命馆太乙宫。一日不知所往。后往来名山，神异莫测。诏封紫清明道真人。

泉州府

名臣

〔宋〕

刘昌言字禹谟。晋江人[32]。少工文。陈洪进辟功曹，掌笺奏。洪进遣子文显入贡，令昌言偕行，太祖亲劳之。太平兴国二年，洪进归朝，改镇徐州，辟推官。已而第进士，历泰宁军节度判官，入为左司谏、广南安抚使。赵普留守西京，表为通判。召拜起居郎，连对三日，皆至日旰。昌言捷给诙谐，能揣上意，无不称旨。迁工部郎中、枢密直学士，与钱若水同知审官院，俄擢谏议大夫、同知枢密院事。太宗尝谓昌言忠孝两全，真东南一奇士。然而骤用，不为时望所伏。或短其闽语难晓，太宗曰："惟朕能晓之。"先是，昌言在河南，尝保任赵赞。至是，赞坐罪被诛，因太宗言近臣有与赞交者。昌言蹶然出位，顿首称死罪。未几，出知襄州，徙荆南府。真宗即位，就拜工部侍郎。子有方，比部员外郎；有政，虞部员外郎。《宋史》本传云："昌言，南安人。"

苏绅字仪甫。晋江人[33]。第进士，迁太常博士，举贤良方正科。自知扬州归，上十议。历三司盐铁判官，应诏上疏，极言时事。安化蛮蒙光月寇宜州，败官军，绅请乘时加兵，朝廷用其策，遣冯伸已守桂州经制之，蛮遂平。又陈便宜八事，曰：重爵赏，慎选择，明荐举，异服章，适才宜，择将帅，辨忠邪，修预备。书奏，帝喜纳之。进史馆修撰，入翰林为学士。王素、欧阳修为谏官，绅忌之，闵雨请对，意有所指，谏官亦言绅举马端非其人。除知扬州，再入翰林，坐阴中王德用，以侍读学士、集贤殿修撰知河阳，徙河中，未行卒。绅博学多知，喜言事，然性险诐，急进好倾，为世所短。

陈从易字简夫。晋江人。第进士，为彭州推官。邻盗王均陷州县，彭人谋杀兵官应之。从易斩其首谋，誓以死守。盗平，召为著作佐郎，出知邵武军。预修《册府元龟》，历侍御史，除知处州。岁饥，有持杖盗取民谷者，请一切减死论，凡生者千余人。知广州，复以清德闻。入为左司郎中，与杨大雅并命知制诰。二人皆好古笃行，时朝廷矫文弊，故用以风天下。迁左谏议大夫，进龙图阁直学士，知杭州卒。从易性激直，王钦若雅善之。后钦若废居南京，人畏丁谓，无敢往见之者，从易独白谓，欲因就省之，谓曰："王公之门，独君为知我者。"寇准贬道州，谓又谓从易曰："庐陵之事，可以释憾矣。"对曰："当以故相事之耳。"谓有愧色。所著《中书制稿》五卷、《西清奏议》三卷、《泉山集》二十卷。

曾公亮字明仲。晋江人。进士甲科，历翰林学士，判三班院，出知郑州，盗悉窜他境，至夜户不闭。再入翰林，权知开封府。嘉祐初，参知政事，迁枢密副使，修纪纲，除弊事，省冗兵。六年，拜同中书门下平章事、集贤殿大学士。公亮明练文法，更践久习知朝廷台阁典宪，首相韩琦每咨访焉。仁宗末年，琦请建储，与公亮等共定大议。契丹渔界河，又数通盐舟，公亮使雄州赵滋谕禁之。英宗即位，加中书侍郎。夏人犯顺，公亮主议绝其岁贡。辽使以帝有疾，不肯赴宴，公亮折之，乃就席。神宗即位，加尚书左仆射，进昭文馆大学士，封鲁国公。熙宁三年，拜司空兼侍中、河阳三城节度使、集禧观使、奉朝请。起判永兴军，旋以太保致仕卒。赠太师中书令，谥"宣靖"，配享英宗庙庭。公亮方厚庄重，深沉周密，辅弼三朝，号称老成。然始荐王安石可用，及安石变法，无所异同，世讥其持禄固宠云。

曾孝宽字令绰[34]。公亮之子。以荫知咸平县，民诣府诉雨伤麦被杖，孝宽辨[35]其实，得蠲赋。提点开封府，界县镇保甲法行[36]，民讹言且籍为兵，知府韩维乞候农隙行之，孝宽榜十七县，揭赏告捕煽惑者，民兵不敢诉，维言不得行。入知审官东院，判刑部。熙宁五年，迁枢密都承旨。承旨用文臣自孝宽始。拜枢密直学士、签书枢密院事。父丧，服阕，除端明殿学士，知河阳府，徙郓州。郓有孟子庙，孝宽请于朝，得封鲁国公，配享孔子。连徙镇，以吏部尚书召，道卒。初王安石德公亮助己，故引擢孝宽，至执政时，公亮尚无恙，西府迎养，时人荣之。

曾孝广字仲锡。公亮从子。元丰末为北外都水丞。元祐中，议复河故道，孝广以为不可。历水部员外郎，河决内黄，诏孝广行视，遂疏苏村，凿钜野[37]，导河北流，纾澶、滑、深、瀛之害。迁都水使者，洛水频岁溢涌，浸啮北岸，孝广按河隄得废渡口遗迹，即日浚决之，累石为防，自是无水患。后为户部尚书，出知杭州、潭州，加显谟阁直学士，知郓州。孝广与胡安国、邹浩善，皆大观中忤时相，御史论之，夺职历守大郡，寻复元官以卒[38]。其莅官以严称，获盗辄碎其手焉。

曾孝蕴字处善。公亮从子。自知临江军召为左司员外郎，迁起居舍人。时京邑有盗，徽宗怒，期三日不获坐尹罪。孝蕴奏急则遁益远，小缓当自出，如其言果得盗。崇宁建殿中省，擢为监，出知襄州，徙江、浙、荆、淮发运。泗州议开直河，孝蕴不主议，其后竟成而旋塞。历户部工部侍郎。宣和中，知歙州，方腊起清溪，孝蕴分兵守厄塞，境内稍安。会移青州而歙陷，道改杭州，时贼已破杭，单车至城下。城既克复，军士多杀人，下令从者得自首[39]，无辄杀，皆束手不敢擎[40]。官至龙图阁学士。

吕夏卿字缙叔。晋江人。第进士，为江宁尉。编修《唐书》成，直秘阁，同知礼院。仁宗时，陈时务五事，且言天下之势不能常安，当于未然之前救其弊，事至而图之，恐无及已。英宗世，历史馆检讨，同修起居注，知制诰，尝言于帝曰："两朝不惜金帛以和二边，脱民锋镝之祸，古未有也。愿勿失前好。"出知颍州，得奇疾，身体日缩，卒时才如小儿。夏卿长于史，贯穿唐事，博采传记杂说数百家，折衷整比。又通谱学，创为世系诸表，于《新唐书》最有功云。

苏颂字子容。同安人。父绅葬润之丹阳，因徙居焉。第进士，皇祐中同知太常礼院。神宗朝擢知制诰。时王安石用事，以李定为御史，颂以其人不可用，且非故事，封上之。罢归，与李大临、宋敏求并称“熙宁三舍人”。既而除集贤学士，知应天府。吕惠卿谓人曰：“子容吾里先进，苟一诣我，执政可得。”颂笑而不应。元祐中，除翰林学士承旨，知制诰兼侍读，擢尚书左丞，拜尚书右仆射兼中书门下侍郎。颂为相，务在奉行故事，使百官守法遵职，量能授任，杜绝侥幸之原。深戒边臣邀功生事，论议有未安者，毅然力争之最后。贾易除知苏州，颂以易名敢言御史，既为监司矣，不当下迁补郡。谏官杨畏、来之邵，谓稽留诏命，颂遂上章辞位，罢为观文殿大学士、集禧观使。绍圣中，以太子少师致仕。徽宗立，进太子太保卒，赠司空。颂道德博闻，器局闳远[41]，出入五朝，终始一节，朱文公谓其进退不苟，可比古之所谓大臣者。理宗朝，县人吴燧在台，请谥“正简”。

杨汲字潜古。晋江人。第进士，为都水丞。与侯淑献行汴水淤田法，遂酾汴流涨潦以溉西部瘠土，皆为良田。神宗赐以所淤田千亩。迁淮西提刑，提举西路常平，修古芍陂，引汉泉灌田万顷。召判都水监，为大理少卿。时中官石得一以皇城侦逻为狱，汲与崔台符迎伺其意所在，以锻炼笞掠成之，获罪者众。迁刑部户部侍郎。元祐初，除待制，知庐州，被论落职。知黄州，历徐、襄、越州。绍圣中，复为户部侍郎。

梁克家字叔子。晋江人。绍兴末进士第一。乾道中，除给事中。孝宗尝命条具风俗之弊，克家列四条：曰欺罔，曰苟且，曰循默，曰奔竞，遂由枢筦参大政。寻除知枢密院事。与虞允文可否相济，不苟同，允文主恢复，朝臣多迎合，克家密谏，数不协，力祈去，上曰：“兵终不可用乎？”克家曰：“用兵以财用为先，今用度不足，何以集事？”拜右丞相兼枢密使。及允文罢相，克家独秉政，虽近戚权幸不少假借，而外济以和。张说再入枢府，怒士大夫不附己，谋中伤之，克家悉力调护，善类赖之。以议金使朝见授书仪，与说不合，求罢。除观文殿大学士，知建宁府。淳熙中，自知福州召除醴泉观使，复拜右丞相，封仪国公。后以疾除内祠兼侍读卒。赠少师，谥"文靖"。克家风度峻整，谋国尽忠，为文浑厚明白，辞命尤温雅。

曾怀字钦道。孝宽曾孙。绍兴中知真州，训习民兵，为张浚所奇。乾道初，擢户部侍郎，建言量入为出，使天下之财足天下之用。进权尚书，出知婺州，甫三月召还，特赐同进士出身，除参知政事，迁左宣奉大夫，代梁克家为右丞相。淳熙初，台官詹元宗、季棠[42]论李杓、王宗已，因中怀，怀遂引退，且乞辩明诬谤，以观文殿大学士奉祠。续大理寺根究无实，乃贬责元宗及棠，而复相怀。未几，以疾请罢，复以大观文奉祠。怀尝言事之大者视之以小，小者视之以无，天下无复事矣。封鲁国公。

刘敏求字好古。晋江人。绍兴中为大理评事，面对，言："比年监司郡守有以一章而举二人，甚至于三四人，前所举者未用，后来求者复举之，名曰政举，黩害风教，莫此为最。望申严法禁，无故而改，重置以法。"从之。累迁权刑部侍郎，明律令，刊定新书，平治大狱，皆有始末。以秘撰知南剑州、漳州卒。

留正字仲至。晋江人。从効六世孙。第进士，孝宗朝除给事中，兼权吏部尚书。尝言用人莫先论相，望精选人才，与图大计。时相不乐，除知绍兴府。后为四川制置使，知成都府，以简素化民。召除执政，孝宗密谕内禅意，拜右丞相。光宗立，姜特立声势浸盛，奏黜之。绍熙改元，进左丞相。谨法度，惜名器，毫发不可干以私，引用赵汝愚、黄裳诸贤。疏乞建储，不报。姜特立召赴行在，正耻与并位，乞罢相待罪近郊。已而被旨再入都堂视事，拜少傅。孝宗疾笃，数请光宗过宫，至引裾泣谏。孝宗崩，光宗以疾未能执丧，率同列乞早正嘉王储位。寻有手诏："朕历事岁久，念欲退闲。”正得之，惧请对，复不报。即出国门，上表请老。宁宗立，遣使召还。未几以少师观文殿大学士判建康府。张叔椿、刘德秀、张釜先后论列，连贬窜。嘉泰初，复元官，进封魏国公卒，赠太师，谥“忠宣”。

黄维之字叔张。永春人。与兄巽之补太学。绍兴中第进士，迁国子监簿，转对，进所撰《太祖政要》，论爱名器、励廉耻事下馆、学集议，维之奋笔独立议状，可否适宜，孝宗深然之。除大理丞，卿少欲奏狱空，维之以所隶有狱事大，竟不敢书名，寺削去维之名衔以闻，维之白执政，力求外补，差知邵武军。陛辞，赐对，论擢用大臣当如王素对，仁宗宦官宫妾不识名者可充其选。又论《乾道新书》不当删减，内侍不得干朝政。后绾郡章，持使节，出入监寺，直道而行，略无阿曲。居闲十年，手不释卷，尝与朱熹论学，人皆以乡先生事之。

诸葛廷瑞字麟之。晋江人[43]。绍兴中第进士，由胄监摄郎曹。登对言五事，悉称旨。除工部郎官，再登对，孝宗面褒之曰：“卿人才磊落，议论正直，异日当为国家立事。”擢起居舍人。使金，虏人以三节人衣带服色为非是，请易之。诘难数四，不为改。虏露刃驿庭，恐以祸福，廷瑞厉声曰：“臣子之心，有死无二，岂遑他恤？”虏卒不能夺，为之加礼。使还，除兼权吏部侍郎，迁起居郎兼中书舍人。上每以老成端重称之。改兵部侍郎卒，赠太子少保。

石起宗字似之。晋江人。乾道五年进士第二人，由敕令所删定官，召试馆职，条对时务，除秘书省正字，再迁权仓部郎官。轮对，力言君子小人之情状，与天下安危治乱之机。又言当戒妄诞之徒启虏衅以开兵端[44]。添差通判漳州，民绘像祠之。知徽州，除提举浙西常平，入为吏部员外郎。

庄夏字子礼。永春人。淳熙中登甲科，调兴国县令。应诏上封事，言：“君阳臣阴，今威福下移，愿陛下体阳刚之德，使后宫戚里内省，黄门恩不出其位，此抑阴助阳之术也。”召为太学博士，历太府少卿，知漳州。召除宗正少卿，权直学士院。时流民来归，夏言：“荆襄两淮多不耕之田，计口授地，贷以屋庐、牛具，吾乘其始至，可以得其欲，彼幸其不死，可以忘其劳，兵民可合，屯田可成，此万世一时也。”试中书舍人兼太子右庶子、左谕德，言：“今战守不成，而规模不立，则和好之说，得以乘间而入。今日之患，莫大于兵[45]。乞令老弱得以子若弟侄、若婿，强壮及等者收刺之，代其名粮。”宁宗是其议。除兵部侍郎，仍掌内制。后除焕章阁待制，奉祠。

曾植字子直。晋江人。太学上舍生用孝宗登极恩释褐，累迁敕令所册定官、司农寺丞。轮对，言：“用人之道，不当以南北文武二其心，又不当以腐儒之故废弃真儒。”又言敕令所刊《乾道新书》三事。会大理阙丞，上谕执政曰：“曾植久在敕局，深晓法意，向轮对奏札甚耿耿，姑以是命之。”求补外，知南剑州。陛辞，奏言三事，其三曰：“谋国勿用小人，以汉恭、显、唐训、注为戒。”上大悦，出奏札付宰执。改知潮州，未赴卒。

傅伯成字景初。晋江人。自得之子。少从朱熹学。隆兴初，与兄伯寿同登第。庆元间，为太府寺丞，力言吕祖俭不当贬，朱熹不可目以伪学。又言朋党之弊，起于人主好恶之偏。出知漳州，召除工部侍郎，火灾陈三事：曰失人心，曰隳军政，曰启边衅。朝议欲纳金人之叛降者，伯成言不宜轻弃信誓。中丞邓友龙劾罢之。嘉定更化召对，面论：“前日失之战，今日失之和，今之策，虽以和为主，宜惜日为战守之备。”权户部侍郎，拜左谏议大夫。抗疏十有三，皆军国大议。史弥远密谕以当共政，使有所弹劾，谢之曰：“岂可倾人以为利哉?”疏乞诏大臣以公灭私。改权吏部侍郎，俄补郡。八年，召不至。理宗即位，加宝谟阁直学士，予祠。乃进“昭明天常，扶持人极”之说。寻召除宝文阁学士，奉内祠。胡梦昱坐论济王冤状贬，抗疏力论，不报。加龙图阁学士，常慕尸谏，疾革疏草，亟命缮写，朝服而逝。端平中，谥“忠简”。

李訦字诚之。晋江人。邴孙。少传家学有声。知黄州，以缗钱庸饥民开内澳，贾行赖之。改袁州，蓄二万石以备凶歉。持节夔门、湖北，召除户部郎中，迁大理寺卿，修断狱例，著为令。权户部侍郎，乞正邓友龙等罪，以示天下。除集英殿修撰，知静江府，广右多宦殁而家流落者，积钱置局，以周其归。移守建宁，砌官道百二十里，以避滩梗。奉祠，久之卒。子洪宗，修谨有家法。

陈朴字端行。永春人[46]。知柔犹子也。乾道中第进士，提辖左藏库，除大理寺正，出知漳州。撙浮费五万，为民代输身丁。提举湖北常平，召除仓部郎官。以左司郎官接伴金虏从使，舟行大江，中流风暴作，金使骇汗，朴笑傲自若，曰：“此天之所限南北者，守疆息民顺天，则天福之。江有神，不可欺也。”使悚然。擢太常卿，除知广州，兼广东安抚。子亚卿、直卿皆至郡守。

杨炳字若晦。晋江人。世永之孙。少力学，精《左氏春秋》。登淳熙进士第，累官左司谏。尝论治赃吏当自大吏始，且谓“大臣不为私，则小臣不敢干以私；台谏不为私，而后可责人之私”。累迁中书舍人，权吏部尚书。时边衅寖开，与邓友龙异议，遂丐外，因疏论用兵之害。除宝谟阁直学士，奉祠卒。有《易说》、《礼记解》、《西掖稿》[47]、《谏垣存稿》。

颜棫字叔坚。永春人。淳熙中以上舍两优释褐，为温州判官，召除国子正，时有“三隽”之号。已而由三馆出知池州，提举江东常平公事，累迁中书舍人兼直学士院。训词雅丽有体，至为外夷敬慕。进吏部侍郎，权工部尚书兼吏部尚书，卒。所著有《礼记解》、《内外制奏议》、诗文四十卷。子宗老、虞老，皆贵显。

陈模字中行。永春人[48]。林之弟。登庆元丙辰第，除国子正。开禧初，召试馆职。时方开边，模对策谓“王恢首谋之戮，不足以赎僵尸百万之冤”，参政李璧读之，叹曰：“真馆职也。”除秘书省正字，迁校书郎，后知梅、汀二州。有《经史管窥》行世。子晋接登第。

曾从龙字居锡。晋江人。公亮四世从孙。初名一龙，庆元五年进士第一，赐今名。历中书舍人，迁给事中兼直学士院，权刑部尚书。属阴雨，从龙以修德政、蓄人材、饬边备为言。除签书枢密院事[49]，改参知政事。坐论，胡榘劾罢，起知建宁府，历帅湖南、江西，召除内祠，并兼侍读。端平初，除沿江制置使，知建康府。复参大政，并兼同知枢密院事。时有三京之役，极论南兵轻进易退，未几言验。进知枢密院事，俄除枢密使，督视江淮荆襄军马，以忧畏卒，赠少师。当史弥远用事，从龙无所附丽，为士论所与。

留元刚字茂潜。晋江人。正之孙。博闻强记，为文奇峭。开禧三年[50]试博学宏词科。嘉定初，为秘阁校理，累迁直学士院，除起居舍人。谓"国朝左右史立御座后，今乃立朵殿之东，乞复侍立修注旧法"。知温州，勤恤民隐，发好擿伏，人服其精敏。元刚早负盛名，已乃郁郁不适，筑圃北山，号"云麓"。有《云麓集》。真德秀最敬礼之。

留元英晋江人。正之孙。嘉定中登第，理宗朝为监察御史，疏论："试邑两经罢黜，毋得再补县，权摄州郡，过取事例，匮乏郡计，乞饬监司按劾以闻。"又言："诸路州军僚属私役禁军，及闽广州县于常赋外敷盐扰民，乞申严法禁。"皆从之。迁工部侍郎，终宝章阁待制。

洪天锡字君畴。晋江人。宝庆中第进士，历监察御史兼崇政殿说书。累疏言天下之患三：曰宦官，曰外戚，曰小人。劾董宋臣、谢堂、厉文翁，理宗曲为回护。天锡章五上，出关待罪。诏二人已改命，宋臣续处之。天锡言宋臣留，则臣当斥。会雨土，天锡以其异为蒙。蜀中地震，浙闽大水，又言："举天下穷且怨，陛下独能与贵戚巨阉数十人者共天下乎？"会有诉宋臣夺田者，天锡下其事有司，朝廷庇之甚，乃并卢允升皆劾之。又言："修内司动称御前，良民受害。愿毋使史臣书曰：'内寺之横，自今日始。'"疏上至六七，最后请还御史印，谓："明君当为后人除害，不当留患以遗后人，今朝廷轻给舍台谏，轻有司庶府，而北司独重。仓卒之际，臣实惧焉。"言虽不果行，然终宋世阉人不能窃弄主威者，皆由天锡之力。除大理太常少卿，皆不拜。补外，度宗立召入台，辞，疏病民五事，又言"在廷无严惮之士，遇事无敢诤之臣"，累召俱不至。拜刑部尚书，再辞。加端明殿学士，卒谥"文毅"。

吴燧字茂新。同安人。绍定中第进士。淳祐中除监察御史，奏疏以正纪纲、通言路为第一义。冬雷，复论："郑清之初相，人以小元祐目之。比再登庸，内降频出，大计未定，雷发非时，不闻辞位，是君臣皆以天变不足畏矣。宜俾奉册就第，而用宦官宫妾不知名者代之。"疏入，除大理少卿，不拜而去。给事中董槐封上之，亦去。逾再岁，召为秘书少监。入对，愿绝内降，裁私恩，聚忠贤，抑嬖幸，节不急之费，去不良之牧。擢殿中侍御史，兼侍讲。时盛夏犹寒，燧言宜崇阳抑阴。洪天锡论董宋臣等甚，燧乞行其言。改礼部侍郎。未几奉祠。度宗立，除兵部侍郎。

吕中字时可。晋江人。淳祐中第进士。历沂靖惠王府诸王官大小学教授。轮对，首言当去小人之根，次言当革赃吏之弊。迁国子监丞兼崇政殿说书。奏："乞晚轮二员说书，夜轮讲官值宿，以备顾问。又言进讲经史，乞依正文进读，不宜节贴避忌，不惟可察古今治乱，亦以革臣下谄谀之习。"又言："人能正心，则事不足为；人君能正心，则天下不足治。"寻以兄卒无后，请假归葬。明年，以秘书郎召，当路忌其直，徙汀州。在汀州期年，演《易》为十图。景定中，复旧官卒。著《皇朝大事记》、《治迹要略》、《论语讲义》。

庄弥邵字德修。晋江人。夏之孙。父序，大理正。弥邵用荫补承务郎，擢临安府通判。广平天目山寇[51]，以功权知安吉州，有惠爱。除军器监丞。轮对，首以"进德修业"为言，且谓："广殿大廷文对，礼貌亲而情意疏，广厦细旃之讲，诵说多而推行少。”上嘉纳之。进军器监。兄弥坚，字德操，登进士第，为编修官。弟弥大，刑部郎官。宋亡，蒲寿庚同荐于元，俱不之官。

徐明叔字仲晦。晋江人。第进士甲科，辟入江淮制幕。秩满，干办广漕，清节益励。除大学录，通判漳州，以廉闻。知英德府，猺寇不敢犯。召为国子监丞。潮寇起，命知潮州，重赏捕渠魁，戮之。除直秘阁、江右宪，岁歉，发义仓以赈郡民。迁户部侍郎，改兵部侍郎。会元兵南下，忧愤卒。明叔学有源委，与洪天锡齐名，人称之曰“择斋先生”。

〔国朝〕

朱鉴字用明。晋江人。领永乐丁酉乡荐，授湖广蒲圻教谕。秩满，以学行擢监察御史。出按湖广，留三载始得代。再按广东，升山西布政司参政，进右布政使。适虏寇犯西边，升都察院右副都御史，巡抚山西。虏平，赐敕褒奖。正统己巳，虏逼京畿，鉴率骑二万余赴援。既而改镇雁门关，筑重城，浚濠隍，构雁楼，建营堡，兵民恃以为安，仍命巡抚山西。被召还京，再上章乞致仕，卒年八十八。鉴历官中外凡三十年，谏疏至数十上，前后领敕书四十道。

校　注

［1］“饶勇”疑为“骁勇”之误。

［2］万历《建宁府志・人物》作“字子高”。

［3］嘉靖《建宁府志・人物》作“绝意荣达”。

［4］万历《建宁府志・人物》作“夺芳亭”。

［5］嘉靖及万历《建宁府志・人物》均作“丞相蒙古歹入闽”。

[6] 嘉靖及万历《建宁府志·人物》均作“终隐不仕而终”。

[7] 万历《建宁府志·人物》作“有司以孝廉荐之京”。

[8] 万历《建宁府志·人物》作“字孝存”。

[9] 嘉靖及万历《建宁府志·人物》均作“庙廷”。

[10] 嘉靖及万历《建宁府志·人物》均作“十三年”。

[11] 嘉靖《建宁府志·人物》作“字坚伯”,又“章贡人”三字疑为“赣人”之误。

[12] 嘉靖《建宁府志·人物》作“将开边衅”。

[13] 嘉靖《建宁府志·人物》作“忽刺木”。

[14] 嘉靖及万历《建宁府志·人物》均作“卒年八十一”。

[15] 嘉靖《建宁府志·人物》作“余敬洪妻”。

[16] “织纴”二字衍。

[17] 嘉靖《建宁府志·人物》作“年十八夫亡”。

[18] 嘉靖《建宁府志·人物》作“三十余年”。

[19] 嘉靖《建宁府志·人物》作“留宝”。

[20] “四十”下疑脱“年”字。

[21] 嘉靖《建宁府志·人物》作“杨仕纶”,下同。

[22] 嘉靖《建宁府志·人物》作“生子铩”。

[23] 嘉靖《建宁府志·人物》作“年二十”。

[24] 嘉靖《建宁府志·人物》作“生子衎”。

[25] 嘉靖《建宁府志·人物》作“次妇李氏”。

[26] 嘉靖《建宁府志·人物》作“三妇”。

[27] 万历《建宁府志·人物》作“二十年”。

[28] 似应作“以豢虮虱”。

[29] 万历《建宁府志·人物》作“姚有安”,下同。

[30] 万历《建宁府志·人物》作“武夷山”。

[31] 万历《建宁府志·人物》作“朝发夕归”。

[32] 乾隆《泉州府志·文苑》作“南安人”。

[33] 乾隆《泉州府志·循绩》作“字仪父,同安人”。

[34] 乾隆《泉州府志·列传》作“字孟绰”。

[35] “辦”疑为“辨”之误。

［36］万历《泉州府志·人物》及乾隆《泉州府志·列传》均作“镇县保甲法行”。

［37］乾隆《泉州府志·循绩》作“凿巨沟”。

［38］万历《泉州府志·人物》及乾隆《泉州府志·列传》作“寻复原官以疾卒”。

［39］乾隆《泉州府志·列传》作“下令胁从者得自首”。

［40］万历《泉州府志·人物》及乾隆《泉州府志·列传》均作“皆束手不能骛”。

［41］乾隆《泉州府志·列传》作“器局宏达”。

［42］乾隆《泉州府志·列传》作“季裳”，下同。

［43］乾隆《泉州府志·列传》作“其先为南阳人，卜葬于南安，家焉，遂为南安人”。

［44］乾隆《泉州府志·列传》作“当戒妄诞之徒启虏衅以开兵端”。

［45］乾隆《泉州府志·列传》作“莫大于兵冗”。

［46］乾隆《泉州府志·循绩》作“晋江人”。

［47］乾隆《泉州府志·列传》作“《西掖类稿》”。

［48］乾隆《泉州府志·列传》作“晋江人”。

［49］乾隆《泉州府志·列传》作“除佥书枢密院事”。

［50］乾隆《泉州府志·循绩》作“开禧二年”。

［51］乾隆《泉州府志·忠义》作“讨平天目山寇”。

八闽通志卷之六十七

人　物

泉州府

良吏

〔宋〕

黄禹锡字仲元。晋江人[1]。初为留从效别驾，奉表入贡于周，后归宋，以检校水部郎中摄莆田令。时林居裔负险唱乱[2]，讽禹锡为主。禹锡曰："头可断，贼不可为！"密遣长子观与陈靖乞兵于漕使杨克让。贼闻之怒，坐禹锡与其次子薮帐下，持刀临头，父子神色自若不为屈。既而观等以兵至，贼平，诏嘉其忠。寻请老，以疾终。观起家蕲州司法，荐历省府，绰有能声，终兵部员外郎。

留从愿永春人。从效从弟[3]。淳化中为泗州长史，有清节，官敬奉簿[4]，虽藜藿不充，未尝妄干人。太宗闻之，召赴阙，特迁扬州观察支使。

王言彻字子明。晋江人。端拱进士，知南丰县。县人曾致尧为条治绩数十事，擢知邵州。后历漳、鄂、滁等州，皆有善政。鄂、滁人并生祠之。时有事泰山，汾阴郡守例以子弟奉表，得推恩授官。言彻独遣僚属以行，曰："吾子孙但衣白袍入举子场足矣。"所著有《琅琊集》。子千仞、公佐，孙景纯，皆特奏名。

曾会字宗元。晋江人。端拱中擢进士第二人，寻以亲老愿补郡。由史馆迁殿中丞，知宣州。祥符末，由三司判官出为两浙转运使。奏罢丁谓。建钱塘捍江之役，军民如被宥。历真、仁二朝，出入四十五年，凡典七郡，官至刑部郎中、集贤修撰[5]。

陈纲字举正。同安人。父元恺，善属文，终兖州龚丘令。纲淳化中第进士，为建州观察推官。故事，岁春夏间率丁夫数万为采茶之役，纲以夺民时、劳民力，奏请以北苑茶园供御之外，余皆赋民收其租入，在民者官复定其值偿之。诏如其请，建民德之。终淮南、江浙、荆湖制置发运使。弟统，统子昌侯，俱登第。

蔡黄裳字叔文。晋江人。大中祥符初第进士，知凤翔府虢县。郡守有亲校，虢人也，招权受金，黄裳至县，先执校缚传舍，及谒守，具条其奸状，置于法，一府尽惊。知建阳县，秩满解去，邑人遮使者乞再任，从之。后知陈州，因家焉。子确，元丰末为相。

赵诚字希中[6]。晋江人。天圣中第进士，通判抚州，谳疑狱，获免甚众。知归州，州有淫祠曰巴王，岁夕杀人以祭，诚毁祠，投像于江。州东三十里有滩，前后溺载不可胜计，诚条奏利害，力请疏凿，结庐视役，既成，人号曰赵江，即所庐祠焉。历三司户部判官，出知明州，卒于官。

林杞字卿材。南安人。天圣中第进士，历知康、雅、泰、淄四州。在泰修筑海埭，复良田数千顷，使者上课为淮南第一。淄州圭田岁入之外，例输缣六百，杞曰："田种五谷，绢何从出耶？"却不受。抗章请老，卒年九十。兄植，亦有文名，景祐初第进士，终著作佐郎。从子景渊，崇宁中第进士，知惠州。

吕琦字季玉。晋江人[7]。景祐初第进士。历漳浦令，建学择师以教士，募民兵以御汀、虔之盗。既去，民祠焉。知衡山县，撤淫祠以为亭馆。转开封府司录。宦者役殿庐卫士伐后苑木为器用，木堕杀士，事下按验，琦乞重其罪，以肃中禁，宦者卒谪去。历守潮、怀二州，迁光禄卿卒。子惠卿、升卿，俱第进士；谅卿为温州推官，入党籍。

柯述字仲常。南安人。父庆文，第进士，终屯田员外郎。述与弟逑、迪尝袖文见蔡襄，襄异之，未几相继登第。述初为赣县尉，损劫盗赃，以就次赏。知湖州归安县，修水田蓄泄之利。改开封府襄邑县[8]，盗皆逃奔他境。神宗闻其治行，召对便殿，盗意其代去，复窃发，下吏治得所以乘间之状，上益嘉叹，书屏间以记姓名。擢知怀州，移福州。历福建提刑、湖南转运使，奉祠。官终朝议大夫，直龙图阁。子旸，仕至福建漕使。

石亘字彦名[9]。同安人。赓从弟。嘉祐中第进士，累迁司农寺干当公事。熙宁中，淮、浙、江东饥，从司农张谔出赈，所至尽发府库置场给散，又募人收养遗弃小儿，所全活以口计，淮、浙七十万余，江东三十余万。有司劾不循常法，与谔俱罢。亘曰："使事有措，将以施惠于民也，若以法绳之，敢逃罪耶?"终陕西运属。尝编汉、唐名臣奏议五十卷、文集十卷。

谢履字履道。惠安人。嘉祐中第进士，调南安簿，历清溪令，动循礼法。熙宁中，王都水监[10]，迁都水丞，塞曹州灵平决河有功，例当改官，终不自言。知婺州，前守圭廪之入，岁易物帛，履罢任，载缗钱北还。寻乞致仕。有《双峰诗集》。

宋直方字顺中。晋江人。熙宁中第进士，知巩县。巩有桥，水岁败之，直方令父老疏桥柱以杀水怒，益伐石为堤，役成，一邑以为利。使者以率敛劾直方，移知王屋县。性简素，雅好山水之胜。至王屋，即谓家人曰："吾某日当为物外之游。"至期，盥洗正坐而殁。

林黄中字伯玉。晋江人。父皋，治平中进士，调建州理椽，雪活狱囚诖误，不受赏格。黄中，元丰末第进士，调信州永丰尉，密以俸资代邑儒张生者输负租。张免罪。未几擢第，迁惠州归善令，有僧院与豪民争田，各持嘉祐契帖，界至，岁月皆同，先后令不能决，黄中立辩之[11]，豪民伏辜。知徐州彭城县，时彭城号盗区讼薮，黄中治甫半期，狱空几两月。部使者以闻，传宣奖谕焉。

王公济字经国。晋江人。元祐中第进士，知瑞安县。时方腊攻浙东，直趋县境，欲遂窥闽中。公济选丁壮得五千人，朝夕肄习，躬擐甲胄九十余日不入廨舍，民乐为之死。贼至不能动，最后悉众以来，公济张旗以为援兵，贼望见引退。贼平，公济代还卒。有司上其功，官一子。民闻公济死，市哭累日，立庙祀之。

傅惟肖字应求。南安人。绍圣末上舍释褐，知清江县。属岁歉，发仓赈济，饥民逃籴者攘夺之，巡尉希赏，欲以强盗论，惟肖笑曰："迹则似矣，顾未尝结徒侣、操兵械，奈何加以重辟？"由是全活者众。子倘，为潮州录参，蠲上供耗银，民德之。知肇庆府，南山有紫石，可为砚，属县以石工占胥，毋虑数十，倘悉斥去之。

苏伯材字延构。晋江人。绍圣末进士，知潮阳县。有富民杀其侄女，浼吏密怀白金数百两[12]置于前，且白其事。伯材械治之，事连县佐，部使者以闻，诏褒其能。知韶州，宪司吏执，翁源县平民为贼以幸赏，赂县令梁格使狱死，伯材廉知事状，以闻于朝，格坐黥海岛。伯材有文集、《周易解义》三十卷。兄珍玠，子松，俱登第。

储惇叙字彦伦。晋江人。崇宁末第进士，调漳州尤溪丞，知福州宁德县，民皆为立祠。后通判贺州，前两奉祠里居。历官三十余年，屋不增一椽，田不遗一亩。有诗文号《玉泉集》。

江常字少明。惠安人。崇宁末第进士，累迁中书舍人、给事中，出知福州。建贼乘流趋迫州城，常登埤呼其首，谕以祸福，许为腾奏，贼罗拜遁去。靖康初州卒骄横，讙趋牙门，常踪迹得其尤黠者付保伍，因事去之，士卒始识纪律。寻奉祠归，敬友孝亲。岁饥，倒廪赈济，以寿终。有外制十卷、文集二十卷。

杨友晋江人。政和中武举及第，知钦州。先是，交趾与前守争盐利，谋举兵，及友至，遣使通好，宴之天涯亭。交使赋诗，友赓韵云："可怜鳞细闲惊跃，误把新蟾作钓钩。"交使叹诵，谋遂寝。

知廉州，故事，贡珠令民水采，有溺死者，友市于他州以充贡。所得恩泽，先奏兄子焉。

陈康年字季昌。晋江人。政和壬辰舍选，知海阳、潮阳二县。捐俸金代逋赋，运私谷赈饥民。当路交荐，通判潮州，行郡事。寇黎盛犯境，严备却之。历官二纪，公廉如一日。孙谦，淳熙中登第，为兴化军教授。

温革字叔皮。惠安人。政和中第进士。初名豫，后耻与伪齐同，改今名。绍兴初被命与莆人方延实使河南，修山陵，归奏以实，语甚愤激，忤秦桧意，出知南剑州，改知漳州，甚得民誉。终福州转运使。

苏钦字伯承。德化人。政和中第进士。除江西帅属，赣卒叛，为帅漕画策平之。知巴州。旧例有脚乘三千缗，悉以代民输赋。移阆州，首陈州之利病六事，复却例钱、互送钱，诸司以治最荐。得旨再任。未几除利州路转运判官，又条时政五事上之。卒于成都，庆元间编修《高宗实录》，索钦行状、家集奏状并御笔上之。（按兴化军志云，钦迁居仙游。）

谢季成字子立。晋江人。父征，职方郎中。季成以父任历大理评事，绍兴间[13]，累迁内藏库使，知宜州。峒蛮侵叛，悉讨平之。改廉州，筑城浚隍备御之具为一路式。移邕州，邕管外寨戍兵岁物故常千余，季成请以峒丁代戍而教之，不失守备，可以救死亡，咸以为便。邕人立祠号“靖戎将军”。

徐光实字德克。晋江人。瞻之从弟。建炎中第进士。知海盐县，狱囚值岁旦，与告归省，吏白恐亡去为累，曰：“我以诚遣，彼必不以伪应。”囚感泣，皆如期而至。知英州，受代以月五日，郡例新旧守并支俸，光实谓已替则不事其事，俸可两给乎？拒不受。徙连州，清俭如初。

柯知彰字仲晦。述之从孙。祖昉，以学行称，由南安徙居晋江。大观初，郡以不求闻达荐，召赴阙，命下而卒。知彰擢绍兴庚辰进士，为海丰令，浚灵溪陂，溉田三千余顷，民怀之。终通判福州，子汪、洪，俱登第。

卢应时少好学。以特恩为宁德簿。裁决疑狱，民服其神。时有争牛者，令疑莫决，以属应时。挟奸者知不能欺，即归其牛。

高禾字隶叔[14]。晋江人。伯父倬，知南恩州，父伉，通判漳州，皆绍兴中登第。禾淳熙辛丑进士，知仙游县，省泛科，筑下顿桥，人免病涉。知惠州，创杨梅、大奚二寨，且令乡总联比保伍，以御盐客之暴，仍奏乞下诸郡为法。迁提举常平，召为兵部郎官。子溉，通判汀州。

黄适字德夫。晋江人。以词赋称。绍兴中第进士。知广州东莞县，不苛而办。府帅意县有余藏，会适谒府，遣掾摄其职，掾奉意指，籍常赋为赢以献[15]。他日府责赋，适报掾已输矣，府岂欲令再敛邪？文移数十，讫无以应而上。帅因荐适治状籍记中书。秩满，守新州。

赵公迥字仲和。晋江人。绍兴中第进士。调汀州户曹。隆兴御极，郡卒忿支赏缓。群譟谯门，系录曹将加害。公迥谕使归营，而以钱班给之，众始定。录曹虽生还，遭殴频殆[16]，公迥白守将，枭倡乱者十余，州以无事。知邵武军，以荐召对，知西外宗正寺，改南外，摄州事。政简洁，人不敢干以私。除直秘阁卒。兄公逮，字仲及，隆兴初登第，以善乐府称。

柯宋英字子飞。晋江人。绍兴中第进士。教授四明，迁国子监簿，力求外补，知梅州。州故有隐君子程皎[17]以德行著闻，人思之，祠于学宫，宋英辟郡斋名曰“景程”。任满，无一死囚。代还，杜门谢客，人以乡先生称之。

杨梦龄字子寿。晋江人。父世永，尉端溪，以身捍盗死。梦龄第绍兴进士，调瑞安丞。会岁疫，辑病者于僧寺，捐俸资倡民为药粥，日亲察视，悉赖以活。开复塞河数百里。知平阳县，属河下流归海，斗门颓坏，水溢泄俱为患。梦龄捐俸钱首其事。役成，民祠之。秩满，当路交荐，欲处以六察，遽卒于旅舍。邑人闻之，罢市举哀，裒金入都扶护以归。

黄万顷字景度。同安人。绍兴末第进士。知雷州，陛对言马政甚悉，上嘉叹，改知廉州。秩满，除知琼州。从官四十年，不植亩田、椽屋。仕才起辄仆，视之怡然。所著诗文数百篇。又集古今诗话为《笔苑》五卷。

曾祕字泰之。同安人。与朱文公友善。乾道中登第，荐为国子监丞，知惠州。缮亭驿，增冷泉、叱驭、秀麓等庵，以济行者。后知漳州卒。

庄方字邦直。晋江人。隆兴初登第，历富沙钟官[18]。莆守擅放民租，朝旨漕司核实，判官王佐以委方，且言守虚诞之过。方援汲黯矫诏以对，谓减放皆实惠，守得释。为福建机幕。或请更盐钞，法下帅司，方历陈不可。帅贾选以闻，事遂寝。知韶州，改琼莞，政尚廉靖[19]。钟官未详。

陈研字叔几。晋江人。乾道中第进士。官临汀，言民苦于计口鬻盐，乞弛盐禁。从之。权贵欲引为御史，先讽以击故相，研不可，以忤意去，提点湖南刑狱。未[20]有富者为人殴死，官吏利其贿，反抑死者为诬，在理十五年，研平反之。徙计度转运使，除属州铁缆折直钱，民便之。召为起居郎卒。所著有《诗书易礼直解》。里人师之。从弟矶，登庆元己未第。

钟元鼎[21]字和卿。晋江人。乾道乙丑进士。历知鄞县，政尚恺悌，耻以操切为能。赋输不时，台府谅之。终通判福州。弟元震，淳熙辛丑登第。

林宗臣字景何。晋江人。乾道壬辰武举第一。历襄阳帅府机宜，擢阁门宣赞舍人。轮对，言泉、漳、汀三州经界不行之弊，愤激深切，意有所指，朱文公亟称之。出知钦州，条奏边备甚悉。卒于官。

杨楙字楙之。晋江人。宏材之子。乾道丙戌进士，知永福县。休浣辄乘小车，行阡陌，访民疾苦。入提榷货务以卒。初，宏材官四十年，殖产钱仅八十，且以先庐逊其弟。及楙复以㕑田逊弟晐，乡人义之。弟中立，字南强。知龙岩县，捐俸筑南堤，民赖其利。楙之子刚，字时父。峭直能文词。

赵伯逷字致远。宗室子也。父子鏐，南渡始家泉之晋江。伯逷乾道中第进士，知瑞金县。以大臣荐，知南恩州。下车蠲积逋为缗钱万，乞减盐额、丁米以宽民力。改知德庆府，立贡闱，修郡庠。移广东转运，知漳州，蠲鬻盐宿负，可羡钱造浮梁，行者便之。后知西外宗正寺卒。

王侃字仲和。炳之孙。历肇庆纠曹。倅王衣，俘商人数百名以为盗，分圄锻之，将为功，侃持不可。倅适摄郡事，督成愈急。会移狱广东，帅亲谳如侃言，破械释之。知漳浦县，终更得通判福州卒[22]。

赵悰字彦忠。待制思诚之子。晋江人。与朱文公善。为福建运管，宽盐法之病民者。知惠州，惠前称丰郡，后复艰窘，悰曰："必吏欺也。"核之，累得米斛七千、缗钱五万，公入既羡，斥其余惠民，治以最闻。就提举常平，卒于官。子谊，好学能文，聚书万卷，终知富阳县，守南恩州。

王克恭字彦礼。南安人。淳熙中进士第。教授循州，以理义迪后进，讲授不倦。改知宁德县，以最闻。通判广州，海寇掠境，盛夏暑泄，力疾督师，擒其酋以徇。辟知新州，奏裁减丁米，以宽民力。秩满，除监登闻检院，累迁度支郎官，以祠归。起知兴化，汀、邵寇作，从公寓版筑之议，捐不济院钱数万缗相其役属邑点集民兵，措道乘方，几激变，克恭点其胥[23]，论平之。在郡六月卒。子衢翁，尝补国子生，知海阳县。

林谷字声之。晋江人。淳熙中中甲科，知上虞县，通判严州，以荐召审察。时权臣专国，有挽谷输金为寿者，谷叹曰："书生攻苦，俸钱尚不敢多取，焉有以奉权要？若然，审察饵我耳。"径注潮州通判。谷善审讼，或疑其以数钩索，问故，谷笑曰："吾何术？临事心无私系而已。"人以为名言号介庵。子颢，奉议郎，知宁化县。

黄夔字一之。晋江人。父旦以武举登淳熙第，知钦州卒。夔以父任知贵、郁林、宜等七州，所至以廉惠称。月入例卷多不取。宜溪蛮为暴，部刺史辟为守。夔至郡，歼其渠魁，诸峒纳款，事闻，迁三秩。五岭瘴恶，仕者数十待去，夔往来三十年，家人皆无恙。郡守黄朴表其里曰"庆远"。

陈震字省伸。晋江人。淳熙中第进士。知瓯宁县，岁旱，劝分[24]捐俸为倡，再令新造[25]，适更新楮，以帑积旧券，代下户输租，民德之。通判饶州，知韶州，累迁太府丞。奏乞减二广丁钱，缮边郡城壁[26]，填诸州军籍。丐祠归里卒。有《春秋解》、《史编》、《杂著》数十卷。

储用字行之。晋江人。淳熙中登第。知建阳县，有惠政，朱文公亟称之。会党禁起，罢去。后再道旧境，民方苦缪令，拥其车入县，大呼曰："此储长官也，好作样子。"擢守光化，移襄阳，邓民、樊快明率众来附，制司约因欲剿之，用争于朝。又贻书制阃，谓不可使异时有杀降之名。制臣大恚，以是罢归。时海盗犯泉境，用与郡守真德秀、叶谋亲抵海岛围捕，获其首赵郎，余党遁去。直华文阁，知广州，未上卒。子耀，知雷州[27]。

赵师璟字德玉。晋江人。淳熙中第进士。知古田县，通判汀州。上杭峒酋连结他峒为乱，尅日齐发，师璟廉知，伏卒峒口，俟其出，一战擒其酋，郡赖以安。民感而祀之。知德庆府卒。孙与刚，绍定五年进士，知揭阳县。

赵善谧字宁甫。晋江人。淳熙中第进士。知仁和县，治办有能声，除军器监簿。有厄之者，改提辖，榷货务。以言者得祠卒。弟善谌，以文称，与善谧俱省试第一，守典宗表其居曰"袭魁"。历官治行可纪，知循、永二州卒。

陈颖字奇之。晋江人。父孝则，以清节著。颖用荫入官，知潮州海阳县,治尚宽慈,尽蠲无名之赋。擢知惠州,妖巫啸聚,策日为变,帅臣欲兵捕之[28],颖谓捕则坚其必死之心,不若抚之使定,竟就招。改提举广东市舶卒。

赵汝僦字唐卿。晋江人。绍兴初与父善新、弟汝偰同第进士,郡守表其里曰"三秀"。善新为封州倅,汝僦通判德庆府,筑堤障晋康江,亘三十里。先是,濒江之田数淫于涝,至是为上腴。知宾州,筑城覆之以屋。居民旧江汲,汝僦于城中凿七井,民便之。提举广东市舶,迁提举常平茶盐。

薛舜俞字钦父。同安人。绍兴中登第,教授南剑州,未上,除吏部架阁,以言者改江东常平干官,赈荒,多所全活。改知金华县,守督宿逋苛峻,舜俞引谊力争,宽期示信,民悉乐输。罢归,岁余卒。晚年问学益淹贯,里居教授门人,多通显者。有文集及诸书三百余卷。

薛舜庸字惠父。继其兄舜俞登第,调龙溪尉,以赏改分宁丞,知古田县。前此农民牛死输钱于官,舜庸叹曰:"民不幸失牛,又责其财,是重困也。"立命除之。增邑庠廪饩,建阁藏书,以惠生徒。通判兴化军,未上卒。

傅壅[29]字仲珍。伯成之子。庆元中登第。知崇安县,创均惠仓,增学田,立义冢,邑人为立祠。用课最,历大理寺丞,审冤狱得实,卿以下患之,台劾俱罢。旋以狱直,知南剑州,改漳州。先是,伯成兄弟相继守漳,壅治如其父。邦人安之。徙抚州,以都官郎召,未至卒。

傅康字仲良[30]。伯成之子,以父任知古田县。猾胥匿簿书,赋入日少,康籍其家,出所匿,覆得实,邑计以饶。为司农寺丞,知汀州。时兄壅守漳,其父往来就养,乡人荣之。徙南剑,发奸摘伏,吏不敢欺。累进司农少卿,兼左司谏[31]。练熟典章,上甚材之。晚知袁州,直徽猷阁致仕。

留恭字伯礼。正之长子。通判广州,秩满,民疏惠爱二十事请留，部使者荐知南康军，政以朱文公为法。提举浙西常平，全活境内饥民三十六万六千余人。除帅绍兴，号称循吏。改帅广东，猺寇窃发，捕降其豪酋，四十四峒悉平。以直徽猷阁奉祠。起知建宁府卒，赠秘阁修撰。弟丙、籥、硕皆历州郡，以才猷称。子元刚，丙子元治、元钧，硕子元长、元亮，皆贵显。

留籥字端父。恭之弟。历知邵州，奏蠲和籴[32]。入为司农寺丞。使金，察其势必亡，归陈治边策，除度支郎，提点湖南江西刑狱，移广州，请鬻小钞，以弭盐寇。端平中，除直龙图阁，端厚有度。正诸子中籥尤贤，掇遗业三之一，建义庄，赡从效直下诸孙之贫者。元英[33]，理宗朝侍从；元圭，知建安县；元崇，有俊才，通判兴化军。

杨士豁字伯达，晋江人。登绍兴进士第。为宁德丞，令有缪巧者，恒媢忌之，及令劾去，民遮道欲留其装，士豁卫之出境。知长溪县，尉年少气盛，士豁宽而不校。晚知连州，未赴卒。子保中，字和卿，为文典赡，登嘉定戊辰第。

钱德谦字牧仲。熙之从孙。庆元初登第。知无锡县，邑多豪右，悉裁以法，号强项令，竟罢。复知华亭县，华亭视无锡尤甚，德谦以治无锡治之，益有声。累迁秘书监，兼侍讲，晚知建宁府卒。

陈景魏永泰人[34]。知柔从孙。以郊恩补官，历赣州会昌令。石城寇窃发，请乘机掩捕，郡守然其计，破寨擒贼酋，余党悉平。改知潮阳县，岁解丁银，郡守以议者计，督拘锭头钱，尽械邑吏，景魏曰："吾宁以罪去，决不敢奉承，贻害无穷。"守不能夺。由提辖文思院改知惠州。谳出久滞之囚，重正胥魁之罪。时惠经兵毁，景魏痛撙节，新故葺弊。岁大饥，上言民瘵未瘳，减惠阳籴米三之一。擢知潮州[35]，后知英德府卒。

廖叔政字正臣。晋江人。登庆元丙辰武举，历上林、兴宁令。琼莞寇作，帅令督捕，辄以捷报。复剿古县猺寇，台阃上其功，辟守吉阳，改高州，就除邕、莞。逾岁以祠归里。戊寅海寇之警，与寓公储襄募集民船掩覆，获其酋。郡守真德秀荐守金州，命未下而卒。

连三益字叔友。安溪人。登庆元二年第。傅伯成妻以女。知沙县，为政明简，廷无留讼[36]。及去，民遮留者千数。通判广州，将行，伯成告以佐理之法，三益至广，一循其言。却馈例，人服其清。再倅绍兴，未上卒。子端懿，知建宁县。

余克济字叔济。与从弟诚之同登庆元己未第。尉侯官，有贵宦求尉廨及教场益其居，帅诺之，克济袖启力争不可。为浙西常平干官，幕画明辩[37]。诸使交荐之。知梅州，将上，有传其境盗发，或惎之徐行，克济曰："不若乘其未集亟图之。"即日单车就道。至郡，政治宽平，梅人安之。有《春秋通解》十五卷。

陈洽字泽南。同安人。登庆元丙辰第。调韶州佥判，摄郡逾岁，却例卷[38]。崔与之行部，服其公廉。宝庆初，真德秀荐洽文章根乎义理，政事出于慈祥，未召卒。官终广州通判。有遗稿数十卷。族兄翊，字子载，开禧乙丑甲科。

黄以宁字宗一。永春人。维之长子。庆元中上舍释褐，分教惠阳，擢太学录，差淮西漕司干官。会淮南大歉，部使者檄循行赈贷，民赖全活。幕画明辩[39]，漕使严惮之。改秩，通判建宁，守乃史相介弟，喜事尚威，关决有不可，引谊力争。守积不能平，嗾台臣劾之，父老遮留数千计。归里，杜门食祠，延接后进，讲论经义，亹亹忘倦。郡守乐咨以政，以宁一毫不及私。端平亲政，忤权臣者皆召，以宁已先卒。弟以简、以大，皆知州县。

傅烈字承仲。晋江人。以易学授徒。庆元己未擢进士。历南剑州惠州教授，改知保昌县，通判循州，悯盐钞，抑配属邑之扰，招诱商筏，平直售之，不取羸自润，民怀其惠。差知梅州，未上卒。烈事亲孝，恬于荣利，当世称之。弟天骥[40]。

赵巩之字子固。晋江人。知闽清县，有善政，民德之，召为军器监丞，佥大理寺丞，知南外宗正寺事。有《寄庵集》。

许伯翊[41]字子扬。同安人。父衍。伯翊以荫入官，知仙游县，政多惠爱，士民称之。有便民录数十条。终福州通判。

王显世字子亦[42]。南安人。侃之子也。遗泽入官，为兴化录参。时有从官起家守泉，与乡士争田，守意逢迎，嘱使为地，显世曰："法与理是据，门户非所恤。"夺以归士家，一郡称快。受输斛面，却不取，同列为寄食，终更[43]，吏以数上，显世不顾。改秩，知宁都县卒。显世书无不读，以诗鸣。有《容安稿》十卷。

郑轮字景行。德化人。嘉泰壬戌进士。尉保昌。获强盗，不肯论赏，曰："人命可易官乎?"为龙南令，邑上乡邻山峒，民旧不输租，一日，数十人长枪絜钱而至，吏惊怪诘之，曰："闻有好长官，愿为王民。"秩终，民遮留之，改知南城县。会盗发江闽，盱江诸邑骚动，轮悉意拊摩，无一人附贼者。甫代去，而邑被兵。辟知循州卒。

郑思忱字景千。嘉定中登第，为新兴令，除遗利钱三百万。知崇安县，复均惠仓，以私萝面钱市籴实之。后知南恩州，辟浙东帅府参议官。雷变，上封事，言："士溺苞苴，习久难化，民坐困且盗，宜去贫恤，节用蓄力"。除监登闻检院。

吴子斌字伯全。同安人。登嘉泰壬戌第。知南丰县，有惠政。秩满，民诣台借留者千计。通判肇庆府卒。

颜槦字养正[44]。棫之族弟。永春人。开禧中登第，历藤州教授，累官知梅州。赣贼陈三枪逼城四十二日，槦激励将士，分隅拒守又合蜑船，布水阵，攒矢射之，贼遁去。帅垣上其功，会病卒。

董洪字颖实。晋江人。嘉定庚辰进士第二人，为大学正。丐外，通判南剑州，就知州事，蠲役钱、苗米以万计；创峡阳、济粜二仓以待歉岁；更修延平书院，士民德之。

赵汝佟字台卿。晋江人。汝倣之弟。以父任当得官，逊其季，季寻夭，复与其兄之子。后登嘉定进士第。端平初，除知郁林州。陛对,言"国家频年多厄,乞谨德修政,以弭灾召和",时谓得宗臣进言体。将行,改韶州,治以平易,卒。汝佟为人清旷,托僧庐以居,诸子皆联第。

刘用行字圣与。晋江人[45]。昌言七世孙。登嘉定戊辰第。知零陵、巴陵,皆以最书。通判道州,单车临蛮砦,谕自新,蛮感泣去。除知桂阳军,召为太常簿,出知安庆府,改潮州,详刑使者贪暴,用行命左右掩得其赃,械其卒,引章自劾,使者坐罪。知赣州,振削前蠹,声华烨然。终于郡,年八十二。用行貌修伟,遇事有执。诗文典丽,有《北山漫游集》十卷、杂稿二十卷。

赵时焕字元晦。晋江人。宗室子。幼有俊誉,嘉定中第进士。再调长溪尉,奸恶悉奔他境,号称神明。辟湖湘帅干,一夕讹传北兵至,官民皆欲溃,时焕处之如常,人心以安。除太社令,迁太常寺隐[46]。轮对,首论崇公道,次极君子小人之状。改礼部郎中,知抚州。初,州军悍甚,自时焕到官迄代去,无敢谇者。除广东转运判官,罢复税,禁贪污,闻者悚然。卒于官。

陈洪字禹范。南安人。登嘉定甲戌第。教授新州,转致中州书数千卷诲学者。迁知莆田县,有惠政。通判建宁,摄府事,兵燹之后,痛加撙节,郡计以裕,后守深德之。真德秀荐其谨厚可用。晚号"淡轩"。弟浩,庚辰进士,终连城令,有文行。

黄学行字上文[47]。惠安人。登嘉定戊辰第。教授全州,尝疏历代褒封先圣,故实冠服、奠享仪注,上之,有旨颁胄监。后知循州,时赣寇据松梓山,招捕使合兵破之,奔逸岭外,学行邀隅总追擒其酋,以劳迁秩。有《史说》、《坦齐类集稿》。

庄壬字子中。惠安人。嘉定戊辰进士。尉永嘉,盐寇掠境,宪司符夜至,壬谓白郡待命则缓兵致寇,亟发卒偕寨兵俘盗。数辈,上谒,郡守杨简迂,怪恚不先白,建旗立壬与巡检其下,将斩之。巡检惧,亟拜,壬山立不动。通判以下为叩头请曰:"尉能权以济事,可旌也,何诛焉?"简意解,同僚抑令拜且谢,竟不屈,拂衣去。诸台壮其志，交章荐之。终海丰令。尤工于诗。

留元圭字粹中。正之孙，以门功授承奉郎。父籥使金，元圭时典笺奏，礼文悉所裁定。主管南外睦宗院，知建安县，狱有丽重辟者，久不决，元圭一阅案即得情。均徭省讼，绩为诸县最。以疾卒于官。

魏必昌字世复。晋江人。授福州怀安尉。三山户通法律，知诗书，必昌年少，兀如老苍。豪家讼田数年不能决，折以礼法，两争遂息。移兴化录事，持廉壁立，无敢干以私，狱事一清。有新贵人挟中官气势，罗织仇吏于狱，嘱必昌毙之，且胁以危语，必昌竟不为动。吏得免。刘克庄以诗赠之曰："守法仁人勇，防身处女严。"人以为实录。

曾用虎字君遇。从龙之弟。以兄任历官知兴化军，创郡城三步泄，溉田千顷。修太平废陂，民号之曰曾公陂。期年蠲夏税，代编户输僦直弛舍余三万缗。复设平粜仓，以备凶岁。锄盗必竟蹊隧，豪右屏息，招捕陈韡。以课最闻改江西提刑，移转运判官，召为吏部郎。弟治凤，字君仪，开禧中登第。性简俭，累官广东帅，直徽猷阁。

林介卿晋江人。登绍定壬辰第[48]，调罗源令，不畏强御，细民爱之如父母。改知龙岩县，巨寇出没，介卿修西寨，募民储谷，教以弓弩，斥候精明，寇不敢犯。镂朱文公《谕俗》榜以化民，旌孝门，复死事。卒于治所。评者谓其修于家，施于官，不失儒者家法。

曾荷孙字櫜卿[49]。晋江人。弱冠仕为怀安簿，荐知崇安县，蠲合户钱岁二百万。邑罹水灾，亟募舟以济溺，为粥以哺饥，便宜发义廪以贷，自辄餐钱偿之[50]。朝廷遣使巡行，民遮道言状。使者上其劳，竟以勤民得疾卒。

王序字景礼。晋江人。少与兄庚齐名，兄弟继擢咸淳进士第。授尤溪尉，历知长泰县。时郡佥幙预征大礼银，及打量田土，文移甚峻，序白郡力争之。郡守文及翁愈加敬任。后摄守惠州，濒江无城堡，海寇骚绎，人有虞心。序浚濠堑，团保伍，郡赖以宁。得代，航海而归。宋亡，徜徉丘壑以终身。

刘叔智以字行。晋江人。登咸淳甲科第。调婺州金华尉，获盗不肯受赏。改广州录参，帅臣年壮气盛，僚吏莫敢可否事，叔智据款正救为多[51]。后知闽县，士民颂之。通判吉州，请祠。江万里力荐于朝，召主管官告院。轮对，言天下大势与当时急务。有劝使谒郑清之者，谢不往。及清之再相，坐万里党，劾罢，卒。

〔元〕

卢琦字希韩。惠安人。第至正二年进士。十二年稍迁至永春县尹。在县多惠政，而尤以教化为首务。仙游盗发，琦立马喻以祸福，寇挽刃槊请缚其酋以自新。安溪寇来袭永春，琦率乡民大小三十余战，斩获贼众三百余[52]。时列郡兵起，独琦邑境晏然。民为立德政碑，生祠之。十六年，改宁德县。先是，宁德县贼炽，民匿山谷中，闻琦来官，皆复业，贼亦奔溃。升鹾司，民安赋集。后以近臣荐，授温州路平阳州知州卒。有文集若干卷。

诸葛晋字仲昭。晋江人。廷瑞之后。以明经授福建行中书省检校。兵兴，省檄分治尤溪县，保障境内，民赖以安。尤溪乃朱文公毓秀之地，先是，以所居为书院，后废，故地悉为豪家所有，晋首访复之。元亡，徙居颍上，以寿终。

赵甫璘字莹卿。晋江人。领乡荐。除知道之宁远县，廉介有守，爱民礼士，人称政教父母。任满，改新城，以母老表辞归侍，得旨改福州之闽清。后母丧服阕，以疾辞归。

陈信惠字孚中。晋江人。初试有司不利，因学古文词。后以才能应帅府辟，从钱帅平漳寇，累功授山魁、彭湖、芦溪三寨巡检，转南安主簿，升南丰州判官。省檄摄同安尹，转惠安，多惠政，调顺昌县。寻以老疾谢事，自号退翁。有《中斋》等集。

〔国朝〕

郑懋中名辞。以字行。晋江人。由郡庠升大学，领应天府丙子乡荐。擢知程乡县，治先礼义，不尚法律。民谣之曰：“郑懋中，真长者，禁令不烦徭役寡。斯民相见何嬉嬉，昔日无羊今有马。”初，程乡民鲜知学，懋中至，首作新学校，亲为生徒讲解，自是始有进士登第者。一日感疾，戒其子具汤沐，正衣冠，端坐而逝。民哀慕之，共舁其丧归葬，复立像于汉令曾芳之祠而合祀焉。

赵应字孟敭。晋江人。弱冠入邑庠，以诖误谪为吏。宣德间授南昌典史。当道者荐其才，擢知浮梁县，政教浃于士民，威令行于狡猾。县东南有青峰渡，滩水悍急，岁恒一覆舟，溺者甚众，应具牲醴为文祭之，自是其患遂息。满九载，民相率乞留，升六品秩，仍知县事。再满秩，丁内艰。服除，疏乞致仕。年八十四而卒。

儒林

〔唐〕

欧阳詹字行周。晋江人。先是，闽人不肯北宦，及常衮观察闽部，始聚秀民教之，詹独为衮所敬爱。举进士，与韩愈、李观辈联第，时称“龙虎榜”。后为国子四门助教，率其徒举愈为博士，又昌言明何蕃为仁勇。评者谓唐自助教置官以来，善举职者无逾于詹云。詹孝友谦儒，动不逾节。其文章切深回复明辨。有集十卷。詹早卒，愈为作哀词，李翱为传，而廉使李贻孙又序其文传之。子价，居南安。微有文，亦早卒。

〔宋〕

宋宜同安人。天圣八年进士。尝以便亲签判本州。治平中，除太常少卿。宜有文行，为州里所推。元祐中，刘康夫作《修学记》，言其行全乎人理。

张读字圣行。安溪人。绍圣中由上舍擢第，调颖昌府法曹，守范纯礼深器重之。召编修《国朝会要》。以父老求便亲，通判本州。后除诸王府直讲，未几请郡，知兴化军，士卒感服，不敢复骄恣。建炎初，被召不赴，奉祠家居，杜门不出。孝友清俭，里人矜式之。尝客苏辙所，辙撰其兄轼墓铭，独以示读，读曰："斯文妙尽东坡平生，政恐仇人复藉此媒蘖，不若刮磨之为愈。使东坡无此铭，万世之下，其不蜚声腾实乎?"辙深然之。晚年徙居晋江，与李邴尤厚。

吴冈字雅山。晋江人[53]。初与贡籍不第，取所业焚之，曰："是不足学。"益读书。长于经学。绍兴中第进士。教授邵、峡二州[54]，地偏俗陋，人不知学，自冈葺治黉宫，磨励诸生，始相继登第。后官于夷陵，邑人庙祀焉。自号"耐闲翁"。有诗集六卷。黄维之、陈知柔皆推为乡先生。

陈知柔字体仁。永春人[55]。性超迈，读书日诵数百言。绍兴中进士第四人，授台州判官，辨活受诬为海盗者四十余人。历教建州、漳州，知循州，徙贺州。秦桧当国，一时与其子熺同在甲科者，皆拔援贵显[56]，知柔独龃龉不合。雅好山水，盛年从仕，已动归兴，因自号"休斋"。后为福建安抚司参议官，前后凡四食祠禄，教授诸生，著述甚富。

蔡兹字光烈。永春人。绍兴中第进士。仕至南恩守。秩满，除广宪，抗辞甚力，遂挂冠归。筑长春书室。兹尝为考试官，谓人曰："吾取中一后生，三篇策皆欲为朝廷措置大事，他日必非寻常人。"乃朱熹也。

梁南一字力行。晋江人。南省第三人。居乡讲授，从游者甚众。有《六经辩疑》[57]行世。

黄宙字由仲。晋江人。第进士。居乡讲授，学者从之游，多登科者，石起宗其一也。有《论孟解》并诗文杂著。

梁亿字伯安。晋江人。克家之子。襟度夷粹，母性严，亿奉事无违。博亲师友，讲学不倦。以父任补官，累迁未管西外睦宗院，通判福州。尝著《论语集解》，上之秘府，进官一秩。

蔡霆发字子飞。南安人。学行纯笃。登淳熙甲辰第，以邑最登朝，主管官告院。著《家训集鉴》。

陈易字后之[58]。永春人。从朱文公学，文公尝称易及陈淳为学颇得蹊径次第，同郡蔡和累贻书请质。

蔡和字廷杰。晋江人。心慕朱文公，以亲老不能去，勉陈易往受业，而以书请质之。居白石村，丧祭酌古今之礼，乡闾化之。真德秀守郡，李方子为僚，议创书院于东湖，延和为堂长，会易镇不果。号蔡白石。

杨至字至之。晋江人。游朱文公之门，与清漳李唐咨皆文彩发越，粲然可观。蔡元定妻以女。有《文公语录》二卷。

杨履正字子顺。晋江人。朱文公门人。生徒数百人。

刘镜字叔光。惠安人。蒙朱文公学，称高弟。

许升字顺之。同安人。朱文公来为簿，从游最早，恬淡无欲。及文公去任，复从游于建阳。后升卒，文公作文祭之。

王力行字近思。同安人。游朱文公之门，苦学善问，深得其旨趣。尝著《朱氏传授支派图》。

苏思恭字钦甫。晋江人。祖尊已以学行著。思恭嘉定中登第，从陈淳、蔡和游，笃意朱氏之学[59]，践履坚确，时然后言。除兴化军教授，以理义之实革词藻之华，士风翕然为变，陈宓诸贤推重之。调韶州教授。有《省斋文稿》、《曲江志》。

卓琮字廷瑞。永春人。嗜学坚苦，能畅陈淳所授之旨。

黄以翼字宗台。维之犹子。永春人。陈淳、蔡和门人也。庄毅有立，析理精诣，暮年记问益富。有《易周礼说》。

郑思永字景修。安溪人。好学笃行，蔡和爱其朴粹，妻以女，俾从学终身。著《易说》。

黄必昌字景文[60]。晋江人。从陈淳学，又切磋于陈宓、潘炳二贤，有《中庸》、《大学》讲稿。嘉定中登第。

吕大圭字圭叔。同安人[61]。居朴乡，因以为号。少师事陈淳门人王昭，复得文公道学之传。

傅天骥字君遇。嘉定中第进士。调建宁府教授，时朱文公未有祠，白于郡，首立之。与诸生讲伊洛书，不专课以程文，理学由是益盛。改知龙溪县，通判福州卒。有《埜斋集》。兄天骐，天骐文行为邑士模楷，以布衣终。

丘葵[62]字吉甫，号钓矶。同安人。风度修然，如振鹭立鹤。初从辛介叔学，后从信州吴平甫授《春秋》，亲炙吕大圭、洪大锡之门最久。时宋末科举废，杜门刻志，学不求知于人。著《易解义》、《书直解》、《诗口义》、《春秋通义》、《四书日讲》、《经世书》、《声音既济图》、《周礼补亡》，取五官中错简成之。卒祀邑之先贤祠。

郑曾子字子可。晋江人。弱冠有文声，咸淳甲戌试两浙，寓太学。景炎丙子随跸三山，铨中，以迪功郎为湖州司法。未行，泉州降元，元左丞蒲寿庚荐授武略将军、梅州路治中，不就。曾子孝友嗜义，持论能公是非，大夫士遇疑事多请质焉。自号"唯齐"。

刘志学字师孔。晋江人。少与兄璧齐名。咸淳间，璧擢进士第，志学释褐，教授台州，以二亲高年，白郡归省。未几，元兵南下，杜门娱亲，蒲寿庚欲罗致门下不可得。下帷讲诵，四方学者从之如云。暮年与同辈论谈，淋漓翰墨。种菊数十本，号秋圃，以陶潜、韩渥自许。

赵文孙字道鸣，初名必辟。宗室商王九世孙。自绍兴移跸，属籍南外宗正寺，遂为晋江人。咸淳丁卯以登极恩赐出身，除福州长乐县主簿。宋亡，遂不仕。易今名，游居郡庠，不接流俗，专以训诲讲解为事。同县有赵伯晧，亦宗室，与傅定保为友，其文章议论，渊懿浩博，为闽南硕儒。

文苑

〔唐〕

陈蝦字锡之。晋江人。开成三年进士。以词赋擅时名，尤工篆隶，终刑部郎中。宣宗奇其才，曰："陈蝦，琬琰器也。"将大用之，以疾卒。

欧阳秬字降之。晋江人。詹之从子。工文词。时拾遗陆洿弃官隐吴中，被召在道，秬遗书让出处之遽，洿遂不至。秬名益闻。开成中擢进士第，而里人萧本妄言戚属颇恃恩，秬在刘从谏幕府，为辨质其伪，本终得罪。后从谏子积拒命，秬方休假还家，积表斥损时政，或言秬所为，诏流崖州，赐死。临刑色不挠，为书遍谢故人，自誌墓，人皆怜之。

盛均字之才。永春人。博物强记，尝病《白氏六帖》疏略，广为《盛氏十二帖》，囊括经史，贯穿百家，颇资时贤所好。舍人皇甫燠以辩博自处，每宾客及门，必延饮为证事令，屈者多自引去，惟均终席，时谓勍敌。大中十一年第进士，终台州刺史。

王肱字用辅。晋江人。为文好讥刺当世，以是累举不第。尝著《济状》一篇，言浊河贯清济，济诘其浼溷，时甚奇之。又有无题古诗一百三十首，辞多凄惋。

谢脩字升之。同安人。词藻过人，第文德元年进士。其所居山名文圃。

〔五代〕

陈保极永春人。后唐天成间与弟元亮皆仕江南李氏后主，称为"二英"。陈元恺《永春建县记》有云："诗人赋客则陈职方名擅梁国，陈行军声腾江左。”盖美保极兄弟也。所居地右英宅。

康仁杰泉州人。喜儒学，颇自励，尤工于诗。因游江淮，会南唐陈德诚出次池阳，仁杰以诗投之，德诚荐至金陵。时陈洪进据漳、泉，南唐主召问其土俗，仁杰对答无滞，授鄂州文学，补溧阳簿。性循素俭，门无私谒，终汾阳令。

〔宋〕

黄莪禹锡子。晋江人。幼聪悟，以文贽秘监陈致雍，深器之。苏易简知贡举，莪以《皇帝受命赋》万言为献。苏奇之，召试崇政殿。

钱熙字大雅。南安人[63]。父居让，陈洪进署清溪令。第雍熙间进士甲科，用寇准荐，试中书迁殿中丞，献《四夷来王赋》，命直史馆。坐累，出通判朗州、衡州。真宗时，就任加右司谏。李宗谔、杨亿、梁显等表请复熙旧职，不报，徙杭州、越州。熙负气好学，善谈笑，精笔札，狷躁务进。自罢史馆，愤恚成疾卒，年不及五十。尝拟古乐府，著《杂言》十数篇及《措刑论》，为识者所许。有集十卷。子蒙吉，亦进士及第。

李沂字从圣。南安人。以六经、《太玄》讲授闾里。太宗时，赴京师，与孙何、丁谓齐名。前后两试皆不第。归著《帝王纪年通录》。后以唐子孙授校书郎。庆历中，同郡苏绅荐其著书，诏官为缮写上进，改国子监丞，致仕，迁大理寺丞。

郑褒字成之。惠安人。慕韩愈为文，蔡襄评闽人自欧阳詹后，褒尤有闻。尝举进士至辇下，会诏罢举，携文往谒滁守王禹偁，禹偁极称赏之。时方盛暑，留之，俟秋而行，曰：“褒有老母，闻讯必计程以待，若后一日，必贻母忧。”禹偁为赋诗，且市一马送之。咸平初第进士甲科。早卒。有集十卷。子方，天圣中登进士第，任南剑州推官。（褒，《兴化军志》作莆田人。）

黄宗旦字叔才。晋江人。莪之子。总角时，祖父禹锡全赋

《早春诗》,有"就中喜有龙门客,跃出洪波只待雷"之句,声称籍甚。后以文贽寇准、王禹偁诸名公,皆器重之。咸平初进士第二人。晚直史馆,欧阳修尝称为闽中文士。有集十卷。同县李庆孙与宗旦齐名,同中甲科。

陈在中字繇文。晋江人。博物洽闻,尤深于《易》。景德中尝进所著《六十四卦赋》,赐释褐,不仕。子祐,字天经,工诗,祥符初进士高第,终三司副使。

胡靖字立之。晋江人。事继母孝。同三傅出身。李庆孙及黄宗旦见其《弩牙》等十赋,皆惊叹以为弗如。

郭咸字建泉。晋江人。幼嗜学,甫成童,通经义,属文笔翰如流,一洒立就。尤精于法律。善草书篆隶。年十九登祥符壬戌进士,累迁殿中侍御史,改乾州观察推官。未几,复除殿院,出为闽宪,卒于官。所著有《拙庵文集》四卷、《杂咏》一卷。

谢伯景字景山。晋江人。天圣二年甲科,为许州法曹。诗文雄健高逸,欧阳修云:"景山诗颇多,如:'自种黄花添野色[64],旋移高竹听秋声'、'园林换叶梅初熟,池馆无人燕学飞'之类,皆无愧于唐贤。"伯景之女弟希孟,亦工诗,所著百余篇,修亦称其隐约深厚,守礼而不自放,有古幽闲淑女之风。盖伯景母通经,自教其子女,故希孟之诗如此。

黄豫字伯奋。永春人。少颖悟,蜚声场屋。景祐初试《房心为明堂赋》,中甲科。官秘书省校书郎。有诗名。

颜孝初永春人。力学起家。嘉祐中第进士。初廷对有升黜,孝初凡两中南宫。以文名世,尤长于诗,人争诵之。官秘书郎。

丘崇[65]字执礼。晋江人。工诗文,尤精天文象数之学。尝侍父官惠之河原,时苏轼谪居于惠,崇因得闻其余论,而李邴亦常与之唱和。有遗稿六帙。

刘涛字普公。昌言之曾孙。工诗及草书,苏轼尝跋其书,谓其奇逸多才，中有所得，不能自已，因以适情为乐。晚年读书灵泉院，自号“灵泉山人”。

许权同安人。治平二年进士。有文名，平生所为碑文最多，人争传诵。

王献臣字宾虞。惠安人。有诗，号《卧龙翁集》。陈执中尝过其家，有“主公杜陵老，草堂枕溪碧”之句。郡守叶廷珪序其集，谓其间佳句置唐人集中不能辨也。

杨少阳字七公。晋江人。有诗文数百篇，为当时名公称赏，如《建崇福寺碑铭》与《二公亭记》，皆号奇绝。

韩惇[66]字去华。晋江人。崇宁中第进士，调处州教授。以所著诗礼义解上辟雍，得迁国子博士。旋除广南东路提举学事。归以所著《议礼》[67]数篇见当路。时朝廷缉熙典章，大开礼制局，即日除编类御笔所编类官兼礼制局检讨。抗章谢事卒。

吕科字德中。夏卿之子。尝撰《唐史音义》六十卷以进，诏付秘阁看详。仕终建雄军签判。子靖登第。

谢文龙字德翔。惠安人。问学该博，为文敏捷。陈觉民深器重之。范祖禹、庄公岳朝夕与论文，待以国士。尝著《野议》十篇献，赵鼎亦厚遇之。累试不第而卒。遗有诗文号《菱溪集》。

王文献晋江人。尝撰《孝经详解》一卷，绍兴间投进，藏于秘府。

黄址晋江人。长于诗，有集。又有《南华真经解》、《琴书人觉》一十卷。

陈权字巽行。晋江人。号朝阳居士。注老子《道德经》，编类《汉唐君臣图》，有《朝阳诗集》。

颜褒永春人。号唯庵。孝初孙也。长于《易》，工诗善书。陈知柔《咏清涵阁》云：“追忆唯庵真可人，诗成咳唾笔如神。”

林外字岂尘。枢之孙。晋江人。游太学，工诗词，尝题吴江垂虹亭，人以“不食烟火人”语。绍兴末第进士，仕止兴化令。所著有《娴窠类稿》。

尤台字公辅。安溪人。八岁能属文，腹稿立就。庆元丙辰应童子举中书试，以《公则说赋》数刻而成，词藻绝出[68]。竟不仕而终。

杨景陆[69]字伯淳。晋江人。博学强识，讲授经史，钩玄提要，生徒常数百人。学尤邃于《春秋》，复以词赋偕弟联荐登开禧乙丑第，终建宁司法。有《春秋汉唐通鉴史志解》，学者传之。

林德秀字实之。安溪人。家贫苦学，为文敏速，有歌诗杂著传于人。

杨寅翁字仁仲[70]。晋江人。炳之子。颖悟强记，手不释卷。嘉定中登第，以亲老奉祠十年。为文纯丽丰赡，应博学宏词科，擢置高等，除知抚州宜黄县。大臣荐召，命下而卒。弟茂元，会稽令。

杨景申字梦符。安溪人。以特奏名仕湖北帅幕。所著诗文号《凤山集》。

陈机字介行。永春人[71]。知柔从子。学问该贯，吟情咏物信笔立成，若不经思，自出人意表。尝有《读易诗》云：“从此不除窗外草，要观天地发生心。”

吕椿字之寿。晋江人。幼从丘葵学书，过目辄成诵，作文下笔立就。清贫彻骨，终身不仕，授徒自给。著《春秋精义》、《诗书直解》、《礼记解》。工诗，自成一家。

〔元〕

傅定保字季谟，号古直。晋江人。宋咸淳中礼部奏赋第四。时相沮抑新进，未令赴廷试，定保归益力学。未几，杭都不守，德祐，景炎间屡有风以仕者，皆辞。大德初，提学吴涛荐授漳州路学正，首以《太极图》、《西铭》合而讲之，听者悦服。改三山书院山长，阅三月辞归，授徒养母。至治中，以平江路儒学教授致仕。其讲解能守先儒成说。为文温润典裁，有《四书讲稿》及诗文若干卷。

〔国朝〕

龚炯字延璋。晋江人。敦厚周慎，刻志为学，诗文为当时称尚书翰遒劲端严，得欧阳率更笔意。洪武中应荐，以二亲年高，上疏乞归终养，卒于家。

朱铎字允学。晋江人。七岁能对偶，十岁能诗，语皆超绝。弱冠第永乐丙戌进士，授官户部主事。性简亢寡合，退而家居，以经史自娱，请文者户踵常接，得之者以为荣。郡中石刻多出其手。卒年九十。有文集藏于其家。

士行

〔宋〕

卢瞻惠安人。学问该博，操守纯正。以八行应诏。有诗集行世。

石晋老字子明。晋江人。政和进士倪之孙。为清白吏。晋老以先人之赀产尽逊其兄，居乡敦让，一语不欺。傅康称为笃行君子。

林万字仲至。永春人。庆元己未擢省试第二。教授惠州，改两浙运干，擢三省掌故。恬于进取，以谒权要为耻。未几劾罢，复沿海制司干官。改秩，知宣城县卒。

王胄字希武。永春人。以《春秋》擢嘉定癸未省试第一。教授惠州。秩满，入为大学正，迁博士。礼闱较艺，谏官同典举，欲私所厚,以险怪之题冠多士,胄识其文,曰:"必其人也。"典举色阻,易填次列,而心衔之。揭晓,以劾罢,通判惠州。岁余卒于官。

〔国朝〕

陈道曾字端诚。晋江人。章应之孙。性资朴茂,邃于《易》,旁及诸经子史,发为文章,词义精到。制行卓然[72],不苟徇流俗。第永乐戊戌进士,改户科庶吉士。自陈愿受学职,授吴县教谕,升瑞州府教授,迁无为州学正。所至以师道自重,为湖广、浙江、山西考试官,俱以公明称。卒于官。所著有《吴下集》、《筠阳》、《濡须》等稿。

风节

〔宋〕

曾诞晋江人。公亮从孙。与邹浩友善,浩为谏官,属皇后孟氏废,诞三与浩书,劝力请复后,浩不报。后四年竟立贤妃刘氏为皇后,浩抗疏固诤,削官贬新州。诞著《玉山主人对客问》,讥议浩不得为知己士。书即出,识者或以比韩愈《谏臣论》。诞仕亦不显。

王炳字景文。南安人。绍圣中第进士。娶吕惠卿犹子,避吕氏权十年不调,后为沭阳令。秩满入都,时蔡京当国,登其门者悉通贵,以炳与惠卿连姻,嘱使往见,炳不往,左授海陵丞而归。吕、蔡之败,附丽者皆坐谪,炳独得全。通判潮州,改知汀州,未上,提举洞霄宫卒。

徐瞻字德望。晋江人。政和中第进士。历知海阳县,以平恕称。通判广州,台阃交荐,当得郡。瞻与秦桧同年进士,不肯谒见,坐是不调。杜门十五年,觞咏自适。郡守周公葵取治狱,多阴德，子孙必兴之义，表其里曰“兴德”。从孙挺、伯嵩、履正皆登第，从弟光实。

陈一新字又之。永春人。年二十领乡荐。上春官试第三人，登绍熙庚戌第[73]，教授汀州。庆元四年，典试漕闱，时权臣用事，一新发策以谷永、刘蕡之事为问，同列骇视请易之，不可，已而果有以激当国者之怒。后迁国子博士，轮对，深论权幸，劾负。通判婺州，知邵武军卒。

许衍字平子。同安人。慷慨喜论事。隆兴二年，以太学生伏阙上书，士论韪之。明年上舍登第[74]。尝进《本论》二十篇，言四民利害，至如经界、上供银揽户之弊，皆所目睹而心不便者。既疏之《本论》，间诣部使屡言之。通判建宁府未赴，卒。

赵庚字叔初。晋江人。游上庠，行谊为诸生表。淳熙中登第，历广西茶干，寓家八桂，久不调。嘉泰初，相臣移书诸司津，遣入都，将以学官处之。时韩侂胄用事，庚引疾力辞。亲旧交劝不答。帅蔡戡除次对，庚以诗贺之曰：“腰金不足为公重，怀宝无瑕乃席珍。”戡遂丐祠归。

忠烈

〔五代〕

王忠顺晋江人。初，闽主延羲[75]为朱文进所杀，忠顺与留从效、董思安等谋诛文进所署刺史黄绍颇，奉建州延政为主。后南唐兵攻建州，忠顺复与思安领兵赴难，战数不利，城陷，忠顺力战死之。

〔宋〕

苏缄字宣甫。同安人。景祐中第进士[76]，历知英州。侬智高围广城，缄将兵赴难，杀获有功，仁宗特命改官，除广东都监。熙宁中交阯谋入寇，除皇城使，知邕州。缄伺得实，以书抵帅府，前后帅臣沈起、刘彝皆不报。既而蛮众号八万，陷钦、廉，破邕四砦，缄勒部队使分地自守，以待外援。寇至迎战，斩其二酋。缄初求救于彝，彝将张守节逗遛至昆仑，不及阵而覆。寇获北军，使为云梯，又为攻濠洞，蒙以华布，缄悉焚之。寇计穷，将引去，而知援不至，乃囊士傅城，蚁附而登，城遂陷。缄犹领伤卒驰骑战愈厉，而力不敌，乃曰："吾义不死贼手。"亟还州治，杀其家三十六人，纵火自焚。蛮至求尸，皆不得，屠郡民五万余人，隳三州城以填江，民无一叛者。神宗闻之嗟悼，赠奉国军节度使，谥"忠勇"。召其子元，谓曰："邕管赖卿父守御，倘如钦、廉，则贼乘胜奔突，象、桂皆不保矣。以巡、远较之，卿父不能过也。"邕人为立祠。元祐间赐额"怀忠"。子子明、子正，孙广渊、直温，与缄同死，皆蒙褒赠。（缄，《宋史》本传作晋江人。）

曾孝序字逢原。晋江人。公亮从子。以荫入官，历帅环庆，坐忤蔡京罢。京败，起知潭州。以平道州猺，进显谟阁直学士，改龙图，知青州，金人不敢犯境。高宗即位，升延康殿学士，召赴行在。既而青人愿借留，许之。先是，临朐士兵赵晟为乱，孝序副将官王定兵千人捕之，失利而归，孝序责以力战自赎，定乃以言撼败卒夺门，斩关入，孝序出据厅事瞋目骂之，遂与其子宣教郎讦皆遇害。事闻，赠光禄大夫，谥"威愍"。讦赠承议郎。

杨世永晋江人。祖注，庆历进士。世永绍兴初为端溪尉，寇骆科犯郡境，世永贯褚铠[77]，佩两刀，跨羸马独出，伍长挟其徒曰："汝辈不可负官人！"相率以从。行二舍许，遇贼而殁，兵皆号哭死战，无还者。其后守臣真德秀书"义烈"二字表其墓。

王大寿晋江人。泉左翼队将也。海寇王子清犯围头，郡守真德秀调大寿领卒百人防遏。猝与贼遇，奋前控弦，毙贼十余人，后无援者，遂殁。从死者五人。贼就俘，剖心祭之。请于朝，赠官恤其家。

陈霖字传容[78]。晋江人。嘉定庚辰进士，为赣州瑞金尉。绍定中，盗发江闽，霖迎敌力战，盗系之以去，不屈，遇害。

魏国梁字君用。晋江人。绍定己丑甲科，为番禺推官。陈三枪寇河源，国梁以帅檄挺身谕降，道毙。事闻，加赠典，官其后一人。

陈士英永春人。为本县隅总。宝祐六年冬，贼犯境，士英帅民兵二百，忽遇白刃如林，众皆辟易，士英独掀髯奋击，为贼所戕。守吴昺表其门。

卓子信永春人。亦县隅总也。开庆元年春，贼逼县境，子信帅民兵鼓行而前，贼为之骇。第以兵非素练，无敢死战，忽奔溃，子信被擒。贼惜其骁勇，谕使屈服，子信不从，遂遇害。守吴昺嘉其义勇，表其门。

陈龙复晋江人。与文天祥同登第，历官大府少卿。天祥开府南剑，迁福建提点刑狱督府参议官。后分司潮州，积粮治兵，天祥赖之。及移屯，为元兵所袭，死焉。龙复朴茂沈厚，有古士风，平生历仕以清俭称。

〔元〕

郑寿字龄[79]。晋江人。曾子之孙。读书能文。早孤，事母尽孝。由千户升宣武将军，上万户。至正间，万户赛甫丁阿迷里可作乱，荼毒郡民，寿谋讨之，机泄，遂遭其害，一门死者数人，第宅尽毁，子孙离窜。泉人伤之。

〔国朝〕

崔惠字迪吉。晋江人。宋进士拱之后[80]。天性纯笃，学问淹贯，由乡贡士任江西石城县教谕。正统戊辰，叛贼陈椿陷石城，执惠逼令从己。惠骂贼不释口。驱迫行里许，会贼毁草营，遂投火自焚而死。

李思邹晋江人。有勇力，颇读书知大义。正统十四年，沙、尤邓茂七作乱，党酋吴四官据黄山，人皆望风奔投，胁思邹往，思邹正色叱之曰："我太平百姓，岂从汝辈为盗也？"遂以义倡乡里，从者四百余人，立栅为寨备，屡与贼战胜。一日，早适大雾晦暝，咫尺不能辨，贼乘间袭其栅，众仓卒奔溃，思邹独率六七人当栅门力战，为贼所杀。暨敛，颌色如生，人皆异之。

叶秉乾同安人。慷慨尚义。正统辛酉岁饥，出稻二千石入官，储以赈贫民。岁己巳，沙、尤寇发，延及诸邑，秉乾倡义率民兵屡战不利，被擒，贼胁其从己，骂曰："吾奉义讨贼，不幸力屈，速杀为幸，岂从汝反耶？"贼犹不忍杀，谕之数四，不屈而死。成化初，御史徐棐奏旌其门曰"忠义"。

孝友

〔宋〕

林颐寿字褒世[81]。晋江人。父附贡辟雍。祖母杨氏尝苦背疡溃烂，径数寸，颐寿曰："败脓在中，寖蚀旁肉，若拔拭则不堪痛楚。"乃俟其熟寐，潜舐去，傅药而愈。庐父墓有芝产之瑞。事继母弥谨，继母卒，庐墓有白鹊数十往来庐上，人以为孝感。颐寿博览经史，尤工大字。业医，所活甚众。切脉言生死迟速无差。里人为著《孝友传》。年六十八，一夕谈笑而卒。号"华阳处士"。

钱褒晋江人。性纯孝。母丧，负土成坟，结庐居山，荤腥不入口，形容毁瘠，终制方还。熙宁中，郡守顺州人之请，两闻于朝，乞召试擢用，以励风俗。尝著《志孝》六篇，州缴以进。

徐浩字东之。晋江人。第进士。事继母尽孝，母寝疾累年，扶掖不离侧，取中裙厕牏，躬自浣濯之。尝为汀州推官。母子皆以高寿终。

吴达老字信遇。晋江人。政和中第进士。丞建昌，以朝廷更鹾法不便，不避重罪，申军乞奏罢之。有子七人，两遇郊霈，先奏荐弟迪老、述老。其弟以兄多子，未沾恩命为辞。达老曰："一官不足为弟荣，聊以慰吾母心尔！"母年八十余，三奉祠侍养不出。

王凯字和中。晋江人。尝应八行举。徐师仁论其为人履行无玷。事父母笃孝，居丧庐墓三年不忍去。与其弟相友，未尝一日离，虽至贫苦，凡衣食之具，不肯求取于人。

黄驱字公硕。南安人。居父丧，芝产于灵堂前，其叶累百。政和中登第[82]，调崇安尉。有郑主簿者，贫不妄取，卒于官，驱倾囊以赗其行，人皆义之。终南剑州通判。

黄甫南安人。与弟旦友恭交至，每有疾病，相与尽诚叩天，以祈保佑。后皆登第。

吴德彰惠安人。乾道间兵荒，父母俱殁于外，时德彰年幼，不能收骸骨以葬。既长，访求不可得，乃以檀木刻像以葬于谷山[83]。自后山下有香气袭人，经久乃息。人因号其山曰香山。

王沂之字春伯。晋江人。以荫知新知[84]，有惠爱。以曾祖秉尝立义斋，延儒师诲学者，中废，沂之遗命子起震继其志，辟堂于家之南，匾曰"文雅"，列斋四，捐田三百余亩以赡师生。真德秀表其间曰"义塾"。

林彬字彬之。晋江人。家世孝义。彬早预荐，以母老不忍行。时杨仁翁累请祠侍父，郡守真德秀以"温陵二孝"目之。凡乡间义举，彬皆为之倡。晚以一尉终。

陈元吉惠安人。年甫十二，家失牛，随父永学求之。过石洞，有虎跃出，衔其父项，赖所戴蓬笠障碍，牙锋才及发髻，得不死。元吉直前击虎，连十数杖不脱，遂刺虎中目，虎乃释其父而走。父子扶持以归,乡人骇异。

张兴渭德化人。性至孝,母杨氏病笃,累百药弗效,兴渭穷迫无所措,即吁天欲割肝以进,既而母疾立愈。淳祐六年,有司奏表其门。

谢应瑞泉州人。淳祐六年郡饥,应瑞非因有司劝分,自出私钱四十余万籴米以赈乡井,所全活甚众。诏补进义校尉。

〔元〕

黄道贤字君典。晋江人。事母唐氏以孝行称。有司闻于朝,旌其门曰"旌孝坊"

吕祐晋江人。至正末,郡城破,有卒拔刃胁其母,索财不得,欲斫其母,祐夺其刃,手指尽裂,被伤仆地,良久而苏,开目视之,曰:"母幸无恙,我死无憾矣。"遂瞑目死。

颜应祐同安人。母许氏,先以患难迁徙失所之,母子不相知者二十六年。应祐访求不得,常悲号流涕。一日得书,知在云南,即往求之。行至蜻蛉始得母[85],远迎以归。士君子咸歌诗以嘉其孝。

赵深道晋江人。乐善好施。至正甲午岁歉,饥殍载道,深道于中和堂设粥,令饿者列坐供之,所活甚众。既而大疫,死者相枕藉,深道造舟,施轮其下,会众僧以长绳挽拽,沿街搜索,或遇门闭,辄排以入,舟挽各城门外埋瘗之,日不下数次。有司以闻于朝,旌表其门曰"义士"。

〔国朝〕

赵士亨字应嘉。晋江人。试吏于县,未几弃去,杜门读书,移家九峰山。父早丧明,母复风瘫,而奉养极其甘旨,汤药必亲,累岁不少懈。父母卒,丧葬尽礼,庐墓以终制。时山寇吕光甫等啸聚，剽掠村落，焚民庐舍，每相戒勿犯其居。后教授于乡。洪武初，以人材授繁昌仰洼河泊官[86]，以告归，卒于家。

顾黑子顾圭之养子也。圭，扬州人，洪武初，侨居于泉之晋江。圭以事系狱累岁，黑子鬻薪以给其衣食。或有诱之他往者，惟俛首不答。后圭释归，黑子复采薪易甘膜以养之。圭隶戎籍，子闰童当补役，黑子请偕。闰童不事生产，窘窭日甚，黑子仍为酒家佣以给之，积其余为闰童娶妻，复极力为经营家事。后卒，士类咸叹其微贱而有君子之行。

朱则文讳虎。晋江人。幼失怙恃，鞠于伯父德善。遭元末兵乱，欲杀德善以取财。则文起抱号泣，求以身代，兵感其义，遂两释之。洪武间梦神告曰："天锡金助汝不给。"已而果获金数十锭，不以营资产，悉济贫乏。后以子鉴恩赠右副都御史。

史惠字仕传。晋江人。以子盛恩封中书舍人。有司上其有孝行，诏旌表其门。

宦迹

〔宋〕

吴囦字子默。晋江人，达老侄孙。登庆元丙辰第，宰邑以最闻。主管临安府北厢，擢将作监丞。知泰州，提举淮东盐事，钩稽精密，岁课增羡。召还，以言者罢，寓居衢州卒。

林瀛字广叔。德化人。庆元中第进士。知广州东莞县，治绩最诸邑。后迁国子监簿。

诸葛直清字子严。晋江人[87]。廷瑞长子。以父任历知海阳县，通判广州。潮水为州患，谕众修新堤以捍田，利周十保，劝成义役，人甚便之。终奉直大夫。子瑟，知南安军。

庄柟字子修。晋江人。以父任补官荆湖，制帅赵方器之，辟信阳州判官，摄守事。虏围城，与战破之。改罗山令。言迁治霸山之便，朝议是之。乃依万努关筑山砦，虏至扼关击擒之。通判江陵府，修复海柜[88]，又增三海，益兵守隘，以时停泄。知峡州，终江东参议官。（柜字疑误。）

〔元〕

龚名安字俊卿。晋江人。至正中以才能辟宣慰司差，奏事京师，丞相奇其才，擢浔羡场盐官管勾，累迁浯洲场司令。时福建行省奉辞兴兵，讨西域那兀纳等于泉州，先由间道以檄付名安募义兵于海滨。时那兀纳炮烙邦人，杀戮惨酷，闻官军至，复迫民为兵以拒。名安俾其人佯许之，遂命其子泉州学正炳、婿行省理问张仁等率舟师，次于东山渡。翌日，官军至，遂竖行省旗帜，群丑股栗，开门就缚。是时海滨抢攘保障之功，名安居多。

〔国朝〕

陈章应字敏达。晋江人。信惠子。洪武四年登进士第。历榆次、繁峙、安丘三县丞。藩宪以其廉干之状上闻。十八年时降榜揭于其乡之旌善亭以褒之。升礼部主事，卒于官。

庄济翁晋江人。洪武初知宁德县[89]。劝农兴学，惩豪猾，均赋役，修陂堰，造舆梁，民感其惠。

黄维清字源洁。晋江人。弱冠领洪武甲子乡荐，明年登进士第，历职郎署，以才谞闻，升九江知府，特赐敕以往。九江土瘠民漓，号称难治。维清廉勤平恕，渐著治迹，卒于官。

陈安字克成。晋江人。第永乐辛卯进士[90]，授工部营缮司主事，以才行闻，升衡州知府，为政清简。属岁饥，安不待报，开仓赈恤。寻丁内艰，服阕，改重庆府。后患足疾，民苦遮留之，扶曳而治者几二载。竟以老疾辞归。卒年八十。

李珙字延璧。南安人。由胄监除知萧山县[91]。县俗生女多不举,珙立法禁之。其俗稍革。莅官廉慎公勤,虽民安之。景泰元年,以父丧去任,民遮道悲泣。服阕,改怀集县,后乞休致。年八十四卒。

武功

〔元〕

刘益字有谅。晋江人。由良家子弟帅义兵,从帅府讨山寇吕甫,以军功补官。至正中授晋江县尉,以运馈饷至大都,升南昌主簿。西域那兀纳等据泉,虐州民以取货财,不得者多置于死。益悉捐家资赎之,所活者甚众。后谢事家居,无病而逝,年八十四。

校注

[1] 乾隆《泉州府志·文苑》作"惠安人"。
[2] "唱乱"似为"倡乱"之误。
[3] 万历《泉州府志·人物》作"从效再从弟"。
[4] 万历《泉州府志·人物》作"官卑俸薄"。
[5] 乾隆《泉州府志·循绩》作"集贤殿修撰"。
[6] 乾隆《泉州府志·循绩》作"字希平"。
[7] 乾隆《泉州府志·循绩》作"南安人"。
[8] 乾隆《泉州府志·列传》作"襄邑令"。
[9] 乾隆《泉州府志·循绩》作"字彦明"。
[10] 乾隆《泉州府志·循绩》作"主都水监"。
[11] "辩"疑为"辨"之误。
[12] 乾隆《泉州府志·循绩》作"密怀黄金数十斤"。

［13］乾隆《泉州府志·仕迹》作“熙宁中”。

［14］乾隆《泉州府志·列传》作“字颖叔”。

［15］羸，亦作赢，此处指赋税有赢余。

［16］乾隆《泉州府志·循绩》作“遭殴濒殆”。

［17］乾隆《泉州府志·循绩》作“程旼”。

［18］乾隆《泉州府志·循绩》作“历富沙镇官”。

［19］乾隆《泉州府志·循绩》作“政尚廉静”。

［20］“未”字疑衍。

［21］乾隆《泉州府志·仕迹》作“钟元鼎”。

［22］乾隆《泉州府志·循绩》作“后更得通判福州卒”。

［23］乾隆《泉州府志·仕迹》作“克恭黥其胥”。

［24］乾隆《泉州府志·循绩》作“岁旱振饥”。

［25］乾隆《泉州府志·循绩》作“再令新建”。

［26］乾隆《泉州府志·循绩》作“缮边郡城堡”。

［27］乾隆《泉州府志·循绩》作“子擢，知雷州”。

［28］乾隆《泉州府志·循绩》作“帅臣欲以兵捕之”。

［29］乾隆《泉州府志·循绩》作“傅壅”，下同。

［30］乾隆《泉州府志·循绩》作“字仲孚”。

［31］乾隆《泉州府志·循绩》作“兼右司谏”。

［32］乾隆《泉州府志·仕迹》作“奏蠲和粜”。

［33］据乾隆《泉州府志·仕迹》，“元英”前脱“子”字。

［34］乾隆《泉州府志·循绩》作“晋江人”。

［35］乾隆《泉州府志·循绩》作“擢知韶州”。

［36］乾隆《泉州府志·循绩》作“庭无留讼”。

［37］乾隆《泉州府志·列传》作“幕画明辨”。

［38］乾隆《泉州府志·循绩》作“却例卷金”。

［39］万历《泉州府志·人物》作“幕画明辨”。

［40］乾隆《泉州府志·仕迹》作“子天骥”。

［41］乾隆《泉州府志·仕迹》作“许伯诩”。

［42］乾隆《泉州府志·仕迹》作“字子翼”。

［43］乾隆《泉州府志·仕迹》作“将更”。

[44] 乾隆《泉州府志·循绩》作“字子养”。

[45] 乾隆《泉州府志·循绩》作“南安人”。

[46] 乾隆《泉州府志·仕迹》作“迁太常寺簿”。

[47] 乾隆《泉州府志·仕迹》作“字上甫”。

[48] 乾隆《泉州府志·仕迹》作“咸淳十年进士”。

[49] 乾隆《泉州府志·循绩》作“曾贺孙,字景卿”。

[50] 乾隆《泉州府志·循绩》作“自辍俸钱偿之”。

[51] 乾隆《泉州府志·仕迹》作“救正为多”。

[52] 乾隆《泉州府志·列传》作“斩获贼众千余”。

[53] 乾隆《泉州府志·仕迹》作“字稚山,惠安人”。

[54] 乾隆《泉州府志·仕迹》作“教授陕、邵二州”。

[55] 乾隆《泉州府志·列传》作“晋江人,徙永春,再徙建阳”。

[56] 乾隆《泉州府志·列传》作“皆攀援贵显”。

[57] 乾隆《泉州府志·文苑》作“六经辨疑”。

[58] 万历《泉州府志·人物》作“字俊之”。

[59] 乾隆《泉州府志·列传》作“笃志朱氏之学”。

[60] 乾隆《泉州府志·文苑》作“字景甫”。

[61] 乾隆《泉州府志·列传》作“吕大奎,南安人”。

[62] 乾隆《泉州府志·列传》作“邱葵”。

[63] 乾隆《泉州府志·文苑》作“惠安人”。

[64] 乾隆《泉州府志·文苑》作“自种黄花添晚景”。

[65] 乾隆《泉州府志·文苑》作“邱崇”。

[66] 乾隆《泉州府志·列传》作“韩谨”。

[67] 乾隆《泉州府志·列传》作“《义礼》”。

[68] 乾隆《泉州府志·文苑》作“词藻杰出”。

[69] 乾隆《泉州府志·文苑》作“杨景隆”。

[70] 乾隆《泉州府志·文苑》作“字仁叟”。

[71] 乾隆《泉州府志·文苑》作“晋江人”。

[72] 乾隆《泉州府志·文苑》作“操行卓然”。

[73] 万历《泉州府志·人物》作“绍兴元年进士”。

[74] 乾隆《泉州府志·仕迹》作“乾道八年登第”。

［75］乾隆《泉州府志·忠义》作“闽主延曦”。

［76］乾隆《泉州府志·忠义》作“宝元元年第进士”。

［77］“褚铠”疑“赭铠”之误。

［78］乾隆《泉州府志·忠义》作“字傅叟”。

［79］乾隆《泉州府志·忠义》作字“龟龄”。

［80］乾隆《泉州府志·忠义》作“宋进士珙之后”。

［81］乾隆《泉州府志·孝友》作“字袁世”。

［82］乾隆《泉州府志·孝友》作“重和元年进士”。

［83］乾隆《泉州府志·孝友》作“乃以檀木刻像以葬于峪”。

［84］乾隆《泉州府志·孝友》作“以荫知新州”。

［85］乾隆《泉州府志·孝友》作“行至蜻蛉岭始得母”。

［86］乾隆《泉州府志·孝友》作“授繁昌仲洼河泊官”。

［87］乾隆《泉州府志·仕迹》作“南安人”。

［88］“柜”字疑“堰”字之讹。

［89］乾隆《泉州府志·仕迹》作“知宁都县”。

［90］乾隆《泉州府志·仕迹》作“永乐辛卯举人，乙未进士”。

［91］乾隆《泉州府志·仕迹》作“由监生知萧山县”。

八闽通志卷之六十八

人　　物

泉州府

隐逸

〔宋〕

黄登字君涉[1]。少游上庠，与陈觉民有研席之好。及觉民守泉，未尝干以私。卒，觉民以文诔之，谓其穷经耻受一命，学道遂造大方[2]，视蔬茹如享太牢，在燕处若奉五戒。张读亦以隐君子目之。

南安翁南安翁者，漳州陈元忠尝赴省试，过南安，日暮投宿野人家。主翁虽麻衣草履，而举止谈对宛若士人。自言种园为生，十五年不出。少焉二子归，不类农家子。迟明别去，元忠以事留泉城，翌日见翁仓遑而行[3]，元忠追诘之，曰："十五年不到城，今何为？"曰："大儿关外鬻果失税，为关吏所拘。"元忠为谒监征，至则已捕送郡，翁与小儿偕诣庭下，大儿当杖，翁诉曰："某老全赖此子赡给，愿以身代之。"小儿曰："某愿代兄。"大儿又以罪在己，甘心焉。三人争不决。小儿来翁耳旁，若将有所请，翁叱之。儿必欲前，郡守疑而问故，对曰："大人元系带职正郎，宣和间累典州郡。"翁急拽其衣使退，曰："儿狂妄言"。守询诰敕在否？儿曰：

“见作一束置瓮中，埋于山下。”守立遣吏发取，果得之。即延翁上坐。谢而释其子。次日枉驾访之，室已虚矣。

梁公謢[4]字汤夫。李邴之婿也。南安人。晦迹韬光，不乐仕进，隐邑之灵秀山。风节甚高，诗翰清美，人多传之。

许衎衍之弟。同安人。隐居苦学，博通经传子史，编《田舍墨记》四十卷。

林知字子默。晋江人。隐居笃学有志尚，筑室吴山之巅[5]，人鲜见其面。县南有烟浦埭，久废，知修治有劳。民无种可耕者，知为转贷以给。里人德之，为立祠。

陈与桂字弥芳。晋江人。年少博学。咸淳中预乡荐。入元不仕，隐于清溪[6]，足迹不复及城府。暮年文行高古，后生矜式之，号“水竹居士”。

〔元〕

陈成字公美。晋江人。敦行孝义，不慕利禄，号“云心处士”。家居课子孙读书，乡闾有事多捐资焉。至正间年九十余，监郡偰玉立重其四世同居，六叶相见，因表其门曰“高年耆德”，匾其居曰“衍庆斋桐华[7]”，诗社诸名人各赋诗以纪之。河东张翥、临川危素为之序记。

〔国朝〕

庄逢辰字士明。生于元季，躬勤种艺以奉母。虽在乱离中手未尝释卷。母卒，丧葬一据考亭家礼。国朝统一寰宇，或劝其出仕，辞曰：“向遭乱离，首领且不保，今幸际太平足矣，敢饕荣进乎？”日惟教子读书，乡后进多师事之，称“静斋先生”。后以子琛恩赠大理评事。

陈亦言字汝纳。晋江人。至正间由古田侍父琼来官晋江洒州盐场，因家焉。平生不乐仕进，刻苦力学，贯穿经传子史，尤工诗赋。同时萧子玉、赵应嘉、张仕宽[8]、邵石田辈常相往还，讲论吟咏。年几八十卒。有《潜斋集》。

夏秦字西仲。晋江人。少读书，凡经传子史靡不周览。教授乡里，郡守胡器与部使者多造其庐，咨以政治。洪武十八年召试京师[9]，欲任用之，自陈年老，乞骸骨归。箪瓢屡空，晏然以终老。年九十六卒。

张廷芳晋江人。世居县南之方山。父谦斋以文学召为石井书院司纠，廷芳世其业，以讲明理学为务，冠婚丧祭一遵朱子家礼。自号退密翁。尝著《易经十翼章图蕴义》十卷，未上，卒于家。

赵复字无疾。号退翁。晋江人。隐邑之孤山。博通经史，不求仕进。泉俗冠婚之礼率弊于侈靡，丧葬之礼多坏于浮屠，复惓惓以古礼为之倡，人多化之。卒年九十五，门人号曰“庄节先生”。

陈瑊字微仲。号柏崖[10]。由福州来居晋江。性孝友，不求闻达，工诗辞。宣德间累荐不起，人称为征士[11]。

寓贤

〔唐〕

秦系字公绪。会稽人。天宝末避地客游泉州南安九日山，有大松百余章，相传东晋时所植，系结庐其上，穴石为研[12]，注《老子》，弥年不出。刺史薛播数往见之，岁时致羊酒，而系未尝至城门。姜公辅之谪，见系辄穷日不能去，筑室与相近，忘流落之苦。公辅卒，妻子在远，系为葬山下。张建封闻其不可致，请就加校书郎。其后东渡秣陵，年八十余卒。县人思之，为立亭，号其山为高士峰云。

姜公辅爱州日南人。第进士，擢谏议大夫，司中书门下平章事。因论唐安公主造塔事，德宗怒，下迁太子左庶子，后复黜泉州别驾。顺宗立，拜吉州刺史，未就官卒，葬九日山下。宪宗时赠礼部尚书。

陈黯字希孺。颍川人。十岁能诗。举进士，偕计[13]十八上而不第。黄巢之乱，黯奔遁终南山。后隐同安之嘉禾屿，读书笃志终其身。其文有《辨谋》等编，载唐《文粹》，又有《裨正书》三卷，凡四十九篇，朱文公簿邑时得于其家，乃为之序。《唐史·艺文志》云，黯，南安县人，有集三卷。《通志略》云三十卷，今按文公序则其为三卷明矣。但云唐陈昌晦撰，而志谓黯字希孺，又有不可晓者。

周朴唐末隐于安溪小溪场南山下，所居有塘，因名周塘山。余见福州府《人物志》。

韩偓天祐初来依王审知，与王延彬游从甚欢。十一年，卒于南安龙兴寺，年七十二。有《入内庭集》、《金銮密记》、《香奁》诸集行于世。余见福州府《人物志》。

〔五代〕

詹君泽光州人。避乱入闽，隐安溪植德山下。尝诣闽主上书，闽主昶饮留之，君泽以诗谢之曰："周粟纵荣宁忍食，葛庐频顾谩劳思。"既而卜筑清溪，号所居曰"清隐"。

〔宋〕

李邴字汉老。济州钜野人。第崇宁进士。累官参知政事，以资政殿学士奉祠，寓居泉州几二十年，多游佳山水，赋诗自娱。累赠太师，谥文敏，后改谥文肃。因家晋江。子缜、维、纪、纶。缜，累官主管睦亲院；纶，以父任补官。

傅自得字安道。孟州济源人。父忠肃公察，宣和中以吏部员外郎使金，不屈死之。母赵氏，抃之女，携三子避地抵泉，因居焉。自得以父死节补官居泉，杜门读书，三应博学宏词科。乾道间以不受曾觌之招，名闻四方。历福建转运副使。弟自修，工部侍郎；子伯寿、伯成俱登进士第。伯寿至西府，伯成为名臣。

赵思诚字道夫。其先高密人。父挺之，崇宁宰相，兄存诚与思诚相继登进士第，明诚亦富于学，三人皆博雅有远识。建炎南渡，存诚以徽猷阁帅东广，与思诚俱行秩满谋所向，以泉南俗淳，乃自五羊抵泉州家焉。后思诚历中书舍人，以宝文阁待制守泉，明诚以集英殿修撰帅金陵，卒于官。诸子亦徙居于泉。从弟浚、涣俱第进士，涣任御史，以亲党皆在泉，亦移居焉。

王秬字嘉叟。北岳人。父辟章，官著作郎，娶丞相赵挺之孙女。建炎南渡，从诸赵卜居于泉。秬少负才名，虽以荫补官，诸公竞推挽，由敕局删定官登对，改枢密院编修官，历刑部侍郎，在官每抗疏，言论切直，复丐祠归泉南，寓僧寺，未尝一问资产。其诗有“投老归来乏一钱”之句。

韩习字胜非。世居颖昌，忠宪亿之元孙。绍兴间，通判泉州，摄郡事。会密院起禁卒数百，惮于远戍，既出城门，欲倒戈为乱。习密知其谋，设伏擒之，戮其渠魁，再遣往戍，一郡以宁。秩满，寓于是邦。

艺术

〔国朝〕

余廷瑞晋江人。世业医，至延瑞而医学愈精，得张长沙五运六气之妙，用药鲜不效者。洪武中荐授郡之医学正科。闽郡郑定、庐陵胡广尝为赋《橘井秋香》诗，以美其术之良。

列女

〔宋〕

杨氏知钦廉州友之女，适蔡若讷。喜读书，能通大义。若讷卒时年二十三[14]。守节不二，书"乞为寒水玉，愿作冷秋菰"二句于壁以自励。士大夫多歌其事，以节妇目之。

杨氏吏部尚书炳之女弟，适黄公宪。公宪苦学早亡，母老常疾病，杨氏侍奉不离侧。更持二丧尽哀。口授《孝经》、《论语》教其二子，后皆知名。及卒，陈宓书其碑曰"节妇杨氏之墓"。

徐氏丞相留正子恭之妻，元刚之母。为处女时，端简有仪。归留氏，奉丞相无违礼。暨邵阳之贬，徐服劳中馈，供子妇之职，丞相至忘其贬焉。好观经史，见子勤励则喜。故子元刚亦登甲科，而笃于孝云。

傅氏朝散郎烈之女兄，适徐伯嵩。伯嵩以庆元进士终于邑令。家贫、亲老、子幼，勤力奉舅姑，供宾祭，治丧葬，悉如礼节。携三子依舅氏，从师学成乃归，人以为难。国录黄以宁铭其墓曰："立节如烈丈夫[15]，教子如严父师。"

黄氏丞相留正嫡孙洙之妇也。来妇时，丞相尚无恙，黄侍重闱恭谨，处闺庭无间言。年二十三孀居，抚育子女，训以礼法，禁其骄惰浮靡之习。综理家事一如其夫之存。子复继夭，子妇梁氏亦卒，教其孙务已至于成立，及见其贵显。卒年八十四。

吕仲洙女名良子。晋江人。父得疾频殆，女焚香祝天，请以身代。时夜群鹊绕屋飞噪，仰视空中，大星烨煜如月者三。翌日父瘳。妹细良亦相从拜祷，良子却之，细良恚曰："岂姊能之，儿不能耶?"守真德秀嘉之，表其居"懿孝"。

张老女永春人。年及笄未婚。绍定庚寅夏，寇犯邑，入山避之。猝遇掠，欲污之，不从，度不得脱，绐曰："有金帛埋于家，同归取之。"甫入门大呼曰："吾宁死于家，决不辱于贼。"贼怒杀之。越三日面如生。

黄氏名桃娘。德化士族女。美姿色。早丧父。年二十六适同里陈得环，期年得环服役死于外，讣至，痛哭绝而复苏，亟寻夫尸归葬。母怜其年少无子，每逼令再适。黄知终不免，一日，假以浣衣于门前溪侧，遂投水而殁。

〔元〕

李氏名妙严。晋江人。归于同邑尤惠。继姑虐甚，妙严曲尽孝养，遂为姑所爱。惠早卒，男女凡七，俱童幼，妙严恶衣蔬食，辛勤以营家计。及诸孤皆成立，有司以闻，旌其居曰"孝节"。卒年九十有八。

龚氏三女晋江人。父安为上犹县尉，母柯氏。长曰益，适柯允中，允中从戎而殁，益时年甫二十五。次曰嫄，幼能诵说古贤女言行，年十八适张仁，仁为福建行省理问，早卒，嫄年甫二十二，欲死相从，时其孤尚幼，家人苦谕以宗祀无托而止。季曰婉，年十七适刘允正，允正早世，婉年甫十九，携二孤躬负土筑坟。三女俱早孀，而舅姑皆先卒，茕茕无依。及终夫丧，咸挈孤依父以居，甘贫自力，誓死不二。嫄先卒，陈方山特表其墓，称其姊妹三人发已垂白，而同心同气同节，诚昔所无而今有也。

〔国朝〕

庄氏名尽娘。晋江人。归同邑李氏。洪武元年，夫以事诣京师，庄与偕行。至昆山，夫病死。庄具衣衾验葬毕，寓书归遗其亲，自溺而死。

留氏晋江人。年十六适洪晚成。居数岁，晚成当远戍，嘱留曰:"我归期未可必,汝肯事吾母乎?"留应曰:"诺。"逾年而夫死,留年方二十四。勤俭以育幼子,而极甘旨以养姑。姑寝疾累岁,留奉汤药无少懈。及卒,哀毁逾时,鬻室庐以供丧事。年四十六卒。乡人以节孝称之。

李氏名婉娘。南安人。归为晋江林梅妻,年甫二十而寡,仅一子在怀抱中。每祝天曰:"愿得孤儿成立,使妾终为林氏母,足矣。"或强之再适,辄持刀欲自刎,后无敢言者。寿五十八而卒。

黄氏莆田人。适晋江潘逊。年二十二从逊戍镇海,逾年逊殁,与姑吴氏携骨归葬,誓不二适,啮断右拇指以为信。年八十五而卒。

翁氏名顺正。晋江人。年十八妻同邑郭允朝。甫六载,允朝疾革,呼翁嘱曰:"吾疾必不起,吾母老无他兄弟侍养,而二子尚幼,仰事俯育,惟汝是赖。"翁涕泣而诺之。允朝卒,翁时年二十又四,宗戚以其年少,谕使改适,翁叹曰:"夫死时嘱妾以养老母,抚遗孤,妾既许诺矣,宁忍食言耶?"遂断发为信,后姑死,葬祭以礼。二孤俱成立。卒年七十五。

吴氏名洁姿。晋江人。林邑县丞信之女也。年十九适太仆寺丞蔡翼长子茂思。甫六月,茂思卒,吴哀痛几不能生。时乡人宦京师者争求纳聘,舅姑亦悯其少无子欲嫁之,吴泣告曰:"公与吾父皆宦家,儿以夫殁而再适人,岂不贻二家辱耶?"自是孀居三十六年凛然一节。卒年五十又五。

蔡氏名瑞金。晋江人。年十九适郡庠生林光。成化壬寅,光父死于疫,世俗皆畏避不敢举丧,蔡氏相光治棺殓,哀绖哭踊尽礼。洎卒哭,光亦卒,蔡氏悉其所藏衣衾布帛以敛。光既殡,自念夫死无子,舅姑俱殁,恐无所托以全其节,遂自缢而死,年二十二。

许梅同安人。适同里宋隐山之子。未几夫得痼疾,梅奉之恬然无惰容。夫死誓不二志,事姑愈孝谨。父怜其少,逼使他适,临遣,遂投水而死。潮涨,尸不流,人以为异。

何氏字观奴。安溪人。年十六归为同邑陆大妻。未几而夫卒，何氏年方二十，矢志不渝，力贫以事姑教子。卒年七十三。

王氏字静能。泉州卫前所千户秦雄之妻也。雄早卒，王氏年甫二十有一，生子杰未晬，独与母何氏居。或劝其改志，辄号泣不食，自是无敢复言者。一节凛然，终始不二。年几八十卒。

周氏名妙胜。襄阳人，隶永宁卫兵籍。年十四适南海卫百户李蕃。蕃从捕苗蛮阵亡，周氏年方二十有四，矢志弗渝。抚其孤敞，虽甚爱不事姑息，有过辄笞之，每以忠孝不坠门功为训，故敞克底成立，以捕海寇功升永宁卫指挥佥事。周氏茹素终其身，卒于永宁官舍。

赵氏名妙缘，字景福。年二十归永宁卫指挥佥事丘遇长子琳。琳早卒，赵年二十二，一子荣尚在襁褓，矢志不二。荣稍长勉使就学，底于成立。既袭祖父官，娶王氏生子升。荣亦早逝，王年少孀居，贞洁自守，以奉其姑。人称为丘氏双节，后皆以寿终。

张氏高浦千户所千户孙荣妻也。荣早卒，张氏年二十四无子，誓不易节。葬夫，遂营二窆，为同穴计。姑与其兄强使改适，张氏知不可沮，佯诺之。至夕，自缢而死。

曾氏名选玉。晋江人。年十六适庄允祥。年二十九而允祥卒。家窘甚，曾氏罄其奁资以营殡葬。服阕，舅姑哀其年少子幼，欲夺其志，曾氏曰："生死常事也，全节为难。妇人以夫死而改节，孰若自死以全节邪？"舅姑闻之遂不敢强。日夜勤劳以养舅姑，诲育诸子，家道寖以成立。今年八十有三[16]。诸子遵教，闺门严肃，邦人罕比。

朱氏名贞玉。适泉州卫指挥佥事张盛。未逾年而盛卒，朱氏年甫十有七，遗腹方六阅月。既而生子昱，抱之哭，曰："吾有所依以为命矣！"时盛母李氏、祖母火氏、泊祖姑张氏俱无恙，朱氏躬俭勤以养三母，治三丧，抚夫之三弟，家事尽落，乃抱子昱依外祖蒋氏以居。外祖母李氏怜其母子孤寡，欲夺其志，朱氏窃入寝室自缢，家人觉而解之，良久方苏，自是李氏不复敢言。今子昱遵教有成，袭祖父官。朱年垂老，虽邻里亲戚罕识其面者。

仙释

〔唐〕

蔡如金泉州人。天宝间为太原守，弃官居清源洞，修真炼法，敕赐“灵应先生[17]”。或云名南王，字叔宝。

〔五代〕

谭紫霄泉州人。事闽主昶，封“正一先生”。闽亡，寓庐山栖隐洞，其徒百余人有道术，醮星宿禹步魁罡，禁沮鬼魅，禳祈灾福，知人之寿夭。南唐主召至建康，赐之道号，阶以金紫皆不受。金陵既下，紫霄无疾卒，人谓之尸解，莫知其寿算。归葬日，有祥云白鹤盘绕送之。

行云有僧自福州来，陈洪进礼之。一日，谓洪进曰：“汝当为此山河主。”后果牧泉州。行云来见，曰：“凡世报莫不前定，苟怀疑杀人，鲜能令终。”故陈主虽废张思汉[18]，幽于别墅，竟以寿终。

漳州府

名臣

〔宋〕

黄愿字修可。龙溪人。彦臣之子。宣和中，充枢密院编修官，历太府司农少卿，知楚州。时京东震恐，有刘士忠者，肆浮言，愿便宜枭其首以安众，乃请罪于朝。玺书褒奖，徙知扬州，安抚淮南东路，加右文殿修撰。建炎三年，虏骑至城下，时相仓黄，命赴京口计办，坐失官守削秩。未几尽，复元官。

黄预字几先。登第，调汝州教授，以荐除太学正。时舍法行，预笃意训导，特转两官，出知桐庐县，有惠政。入为监察御史，以直言忤蔡京，贬郊之宜禄。寻起为广东仓，未行，复贬宜禄，卒。有《书解》行世。

颜师鲁字几圣。龙溪人。第进士。淳熙中除监察御史，论事无所顾忌。累迁国子祭酒，首言宜讲明理学，严禁穿凿，俾廉耻兴而风俗厚。其教人孳孳以治己立诚为本。除礼部侍郎，尝言："祖宗法度不可轻弛，愿始终持久自强不息。"高宗崩，与尤袤、郑侨定庙号谥议。充遗留礼信使，沿途宴设，力请撤乐。至燕山，复辞簪花，金人不能强以非礼。除吏部尚书兼侍读。光宗即位，首陈正始之说。求去，以龙图阁直学士知泉州，进宝文阁学士。卒谥"定肃"。

郑公显字隐之。龙溪人。乾道中，第进士，调建州司户。秩满，造朝献《时事十论》，除潮州教授，改知同安县，召监进奏院，迁宗正簿。应诏进三说，谓指："陈大政，而毋摭细故，直书事实而毋尚繁文，此其二在大臣；其词简，其事核，然后得以亲览而审择之，此其一在陛下。"除大府寺丞兼敕令所删定官；进权刑部郎官兼权直学士院，历浙西、湖南仓使，再入为侍右郎官、兼左司郎中。公显问学渊源，尤长于俪语，庙堂表制多出其手。

孙昭先字延父。龙溪人。登进士第。嘉泰初入班行论，谨名器，严法度。都城火，复言："五事失于下，则五行汩于上；善改修于此，则和气应于彼。"出知衢州，治行冠一道。召对，论"外攘之策莫急于内治，内治之要，当以安民为先"。嘉定中，再除吏部郎官。入对，因言"朝纲未清，邦用未节，士气未振，民病未苏"四事，除枢密检详诸房文字。岁旱，条陈四病甚[19]悉，兼右司郎中，除太府少卿。

颜耆仲字景英。师鲁之孙，底之子。宝庆中由临安倅擢进士第，除知江阴军。修学养士，救荒多所全活。历吏部郎，除右司郎中，以直秘阁提举淮东。陛辞论君子小人，以为公论所予者为君子，所不予者为小人。召除枢密副都承旨，历中书门下检正诸房文字，复由隆兴帅入为太府少卿。弟颐仲，端平间与耆仲俱以名士被收召。淳祐中，以侍郎知泉州。尝罢溪籴，减商税，除盗贼，教宗室，开东湖，民甚德之。官至吏部尚书。时称"二颜"。

〔国朝〕

刘宗道龙溪人。洪武壬戌征秀才八千余人入试朝政，宗道第一。仍命学士詹徽密察诸儒中特异者，复居德行第一。以布衣侍坐，共论治道。拜都察院左都御史，条上二十事，言甚切直。

林弼龙溪人。元至元中第进士，有文词，著声闽浙间，仕为郡幕。入国朝与修《元史》，除考功主事。使安南还，任丰城县令，有爱在民，民颂其德。再使安南，赆以金珠弗受，其王强致之，既还，悉献于朝，朝廷嘉之。后为考功郎中、登州府知府。所著有文集。

谢琏龙溪人。宣德二年进士第三人。授翰林院编修，进侍讲。尝上治安十五事，切于时政，升南京户部右侍郎，卒于官。

良吏

〔宋〕

蔡瑗字希遽。龙溪人。登进士第，官至朝请大夫，历典五郡。徽宗时上封事，言商三宗严畏、周文王《无逸》，为万世龟鉴。除江、淮、荆、浙、福建、广南等路都大提点坑冶。瑗以文章政事名世，而声律尤长。

刘衎字成之。龙溪人。治平间及第，授英州推官。应材识兼茂科，概言时务，讽及新法，报罢。后知潮阳县，岁大歉，衎发县帑，倾家资运广米，民得不饥。改知新州，以御妖贼功特授朝奉郎。秩满，诣京师，会知杭州赵抃同日引见，议青苗不合，安石叱之曰："汝等不读书故耳。"抃未能对，衎曰："三皇五帝所读者何书？"安石嘿然。力乞致仕，累辟不起。

李亨伯字安正。龙溪人。登治平第。调福之怀安尉，累迁奉议郎，知广州东莞县，县有盗累，政莫敢谁何，亨伯掩捕之。以功迁朝散郎，知梧州，兴学劝士，再转朝奉大夫。用荐者换庄宅使，知澧州。崇宁间，迁永州团练使，知全州，诸蛮皆服其威名。终忠州防御使。年逾六十，即挂冠归。王巩作神道碑，刘安世书其碑阴曰："自嘉祐以来，引年而去者，如欧阳永叔以六十五，范景仁以六十三，公挂冠方六十四耳。目之所睹者，三人而已。"

周纯龙岩人。治平中进士。知建安县。时廖恩剽掠南剑，纯募敢死士千人，踪迹贼所，日夜薄战。更任普宁、项城二县。元祐初，苏辙举纯善治财赋，自御史台主簿提举江西常平，救荒多所全活。历京西运判、淮南提刑，入为户部员外郎，出知应天府。以朝散大夫直秘阁致仕。弟纶，亦登第为郎。时有"大小户部"之称。

黄彦臣字叔粲。龙溪人。登治平第。调南宁簿，历倅泉、广二州，守莆、汀、剑、建四郡，官至朝散大夫，赠少师。彦臣纠郡时，有强盗守欲置之法，彦臣疑其冤，缓之，果获真盗。汀州有贩私盐百余人，计斤当死。彦臣置盐郡庭不问，盐存无几，因得不死。其在建州，切为民兴利除害。建、剑之俗，有生子不举者，彦臣令保正月申官赡之，后为定式。子愿，尉晋江，造轿以遗彦臣，彦臣恶其侈，焚之，仍贻书切责，时服其清严。

李绛字伯华。龙溪人。历知贵州，秩满，除编修国史提举日历,出为福建安抚参议官,知建州。岁荒,绛捐俸籴米活之。左翼军叛,绛出诱谕,军皆庭拜。累赠宣奉大夫。

谢伯宜字晞圣。龙溪人。知湖州长兴县,开水利,蝗不入境。诸台以闻,迁奉议郎,赐绯。官至承议郎。历任凡六,司议谳者四,平反为多。

林磐字定国。元丰二年进士。任汀州教授,知青州千乘县时,诸县旱蝗独不入境。尝自为诗云:"赈济饥荒尚未苏,旱蝗何幸我疆无。悲愁远宦天应悯,不复乡村闹鼓桴。"历知邵武军,丐祠,以朝散大夫致仕。

吴与字可权。漳浦人,徙居龙溪。历四会、余干令,徙学于琵琶洲,后登科者接踵。尝论事于宪台燕若蒙,厉声曰:"乃欲效汉唐令邪?"答曰:"固愿学之,恨不至耳。"燕为改容。累迁奉议郎,通判潮州。

王梁材字廷衿。龙溪人。登元丰第。上书陈朝政阙失,乞减省后宫及行幸不急之费,上嘉纳之。除京西运判,遂为夔州路转运使,移利州路常平使,寻摄成都府事,以母年高再乞就养,诏从之。母卒,庐于墓,服终,起为广南坑冶提举,特转朝散大夫、广东转运判官。

林彦积[20]字彬叔。漳浦人。世业儒。擢崇宁丙戌进士。历任州县以廉称。二蔡用事,朝士多汲引,彦积不肯阿附,遂寝中除之命。迁两浙舶使,移广右条舶司,利病上于朝。秩满归乡里,幅巾野服,将终身焉。以居去城百里,乃捐金募植松柏以荫行者。

萧榉字棠仲。龙溪人。登大观第。调古田尉,获强盗三十余人,为减赃以免死。或告以赃不应赏格,榉曰:"利因命以取官,非吾志也。"迁福清丞,有诬告平民事妖术者,榉为申雪,保全数百家。知南恩州,道遇贼,曰:"闻公德政,愿与更生。"榉招来之。郡苦于海寇,为筑城植刺竹,寇不敢犯。复肇建学校,以免秀民士丁之役。

李恂字顾言。龙溪人。性敏好学。三请乡举[21]，初以捕盗赏改秩知晋江县，官至朝请大夫，知邵武军，除宫观致仕。初，恂登第与史浩同甲，至是浩当轴，累召不起。

杨汝南字彦侯。龙溪人。擢绍兴第。守李弥逊奇其才，勉试词学[22]。既进卷，中书有司以其文崛奇，不署以第，调广州教授[23]。摭《诗》、《中庸》、《春秋》要旨，著《经说》三十篇，以授学者，仍表进于朝。用荐知福州古田县，崇学校，置学田，增教育，日与诸生质疑问难，考德属业。又造安福桥以济涉者。汝南自初筮，即以"廉公平勤"四字自誓，故所至有声称。

颜彻字叔介。师鲁之子。警敏力学，尚志节，父奇之，每奏疏，必与讨论。以茂才辟授南外睦宗院，宰永福，多历外任，有政声。丞相谢深甫等荐士三十五人，彻预焉。官至奉议郎，累赠光禄大夫。

杨承祖字庆袭。汝南之孙。通百家书，尤工于词赋。调邕之理曹，断狱得再情。调循之推幕，多裨郡政。宰安溪县，劳心抚字，去日邑人遮道借留[24]。倅循阳，耆老喜曰："是前日清廉推官也。"摄守惠阳，及代，迎送馈遗皆辞焉。广东司臬首以廉吏荐，知新州，复知梅州。赴阙奏事，极言二广便宜，未几奉祠。

黄涛字寿公。靖康间以荐补，充行营使司准遣，又差京城南壁管干军兵粮草。建炎二年，充淮东帅司机宜。绍兴间，倅广州，廉洁有守。资政颜岐、侍郎李弥逊、给事程瑀、运使李利用、经略薛弼俱荐于朝。

颜敏德字克和。龙溪人。乾道五年进士。知循州，除邕筦安抚，官至朝奉大夫。邕数有峒寇，敏德遇以威信，卒不敢犯界。

颜振仲字景玉。彻之长子。用祖泽补登仕郎，宰安溪邑。有阳嵩岭为盗渊薮，杀掠甚众，尉执平民姜某案具，振仲物色之，的知其冤，遂得释。及倅莆阳，课以羡闻。尤笃意学校，摄郡日，籍废田以赡学。从时[25]有旨调遣招讨司飞雄军，军噪于市，乞增资粮。振仲亲出抚谕，以倅厅官钱增给，皆拜而去。官至朝散郎。

颜钺历仕多在海外，以安黎蛮有功，就改京秩。海外之民以爷呼之。诸峒剽掠昌化军，钺讨捕之，悉平。诏改昌化为南宁，因命守之，就除琼管安抚。奏变差役，士民怀之，立祠焉。

陈衡字季平[26]。龙溪人。登乾道第，调高安尉[27]。以擒海盗获赏，知赣州雩都[28]县。时留正为守，荐除福建帅干，累迁知廉州。陛辞，奏差役之弊。至郡，再上章丐祠，丞相京镗曰："此恬退士也。"除宜州，衡力申前请，除知兴化军。著十论以裨朝议。及至莆，有携权贵书求馆客者，衡曰："宁以身当谤，不以官物徇人情。"撙节用度，增籴备凶，郡人立祠镌碑。

赵彦骢[29]淳熙中第。历官朝议大夫，知临江军。好贤乐善。所居门宇痺隘，晚年筑小亭于湖上，以诗酒自娱。乡贡许葆光以诗美之，有云："有官千里再分竹，无地半畦堪种瓜。"

林孔昭字潜夫。龙溪人。淳熙中进士。宰福清颇有声称。时丞相周必大荐士三十五人，孔昭预焉。历除国子监簿，迁丞，复用荐者言其有风力才望，出守处州。

林士蒙字子正。龙溪人。淳熙中进士。任梅阳推官，律己廉，驭吏严。寻摄郡，崇学校以厉清修之士，严法禁以惩狠斗之民，民甚德之。

谢明之字惟学。先世自光州固始徙居于漳。绍熙初进士。历官雷州教授，通判湖阳，尝摄郡三年，甚有声。寻知邕州，秩满还家，以诗自娱。

姚东字明仲。龙溪人。庆元中进士，调长溪簿。适大旱，东祷即雨，民喜曰："主簿雨也。"令丞廨被燎，独簿廨存，人以为诚爱所格。再调保昌丞，宪台知其廉介，屡以疑狱委，囚不忍欺。以通直郎致仕。

赵善昈字文彬。庆元间进士。知连江，修常平仓，易以新米。又兴水利,赈贫民。调保昌,时有刦盗,善畤疑其非辜,物色之,果得真盗。会有潢池警,善畤设伏浚濠,贼知有备而退。倅潮摄郡,捐官田以赡学,潮士德之。秩满,以朝散郎致仕。

赵善封字德可。登庆元进士第。宰宁德,崇学校,课农桑。当时名卿交荐之,以为庶几古之循吏。寻倅古[30],端正民业,去产存之患。及守容州,尤加意抚字,校户籍以定差役,立保伍以戢盗贼。广右帅臣以善封有风力,檄率藤、梧等六郡之兵以讨贼。方就道,贼已败散。为政宽平,尤尚廉洁。大帅杨长孺尝赠以诗,有"清如玉壶冰,淡若朱絃瑟[31]"之句。

孙叔谨字信之。昭先之孙。以恩补官,调揭阳尉,恪共乃职。除大理评事,持法守正,指陈时事,莫不切当。嘉定十年登进士。除知莆田县,决民讼必酌人情,合法意。迁大理正,陛对恳恳以正心持久为言,上可其奏。丐外,知潮州,凡民之利病,即日罢行之。又以羡钱二万缗[32]代民役,邦人感其惠,为立像祀于韩文公庙。

黄杞字景韦。愿之孙。以世赏补登仕郎。初任宁化尉,以捕盗改秩,知浦城县,有清介声。再知温之平阳,政绩尤著。通判太平州,民岁苦于筑圩,杞召豪户修筑,与免差役,民得无扰。留守胡元质每荐人才,必以杞为首。除知肇庆府,陛辞,奏对称旨,上目送之。求便郡,除知潮州,尤有惠政。寻奉祠以归。杞生九月十九日,守朱熹寿以诗云:"须信九秋饶好景,要迟十日作重阳。"其见敬爱如此。

黄朴字文卿。以世赏补怀集尉,摄邑事。有寇至,官吏失色,朴调乡兵御之,贼畏遁去。调阳江尉,邑之大豪持吏长短,或谒朴,朴数其过,申郡置之法,一邑肃然。海寇刘承兴且吞噬南恩,朴率船迎击,贼闻宵遁。改秩宰安溪,崇学校,课农桑。檄摄韶州不就,力丐祠禄。

赵师楷父伯寿,任漳幕,因家焉。绍熙四年进士。累升浙漕干官。有诬告属邑令者，漕使欲劾之，师楷曰："若凭单辞，得无冤乎？"访之果诬。改湘潭，有旨召对，首论边防，次论募兵，除提举左帑。倅惠阳，多异政。守梅州，谨防盐寇，民赖以安。除提举广东市舶，革无名和买之需，遂为计度转运使，摄帅事。召对，除大府丞，知建宁府，进秩直宝章阁，出帅广东卒。

赵希侒字安道。世业儒。开禧初进士。调古田尉，获盗十七人，只惩其尤者，多所全活。调沙县丞，以廉称。所至崇学礼贤，为时推重。

〔国朝〕

王昇龙溪人。永乐甲申进士。入翰林为庶吉士，出宰安福、罗田二县，俱有惠政。改平谅府推官，转大理评事，寻迁寺正，审谳平允。升知抚州府，赐敕给驿之任。莅政以宽，待士以礼，催科恕，抚字勤。秩满，郡民上疏乞留，上允之。增正三品秩，仍知府事三年[33]，赐诰赠其父母。未几，乞致仕卒。

颜宝龙溪人。永乐丙戌进士。授四会知县，温厚公正，宽猛得宜。奏除诡名田粮九百余石，复申除乡民盐钞一十二万余贯。尤笃意学校，为新其庙宇。至于桥梁圩岸之属，亦悉意缮治。藩臬郡守交章论荐，称为岭南独步。迁秩而去，邑人慕之。

朱珤龙溪人。永乐初，郡守钱古训以茂才荐，授邹县知县。公勤廉干，赋役均平。秩满，邑人奏留者再。卒于官，为筑坟立祠岁祭之，留靴置于县门。

俞文漳浦人。由太学生授常州府照磨，廉介正直，不少阿徇。在官贫甚，高节凛然。以老乞归卒。

陈爵字良贵。南靖人。天顺初进士。授潮之揭阳知县。岁庚辰，岭南山海之寇并起，贼酋魏崇辉、罗刘宁各据要害，爵亲诣贼舸谕之，不从，乃下令撤民庐舍，以其材木围匝于外。然后筑城浚池为守备计。未几海寇大至,爵躬擐甲胄冒矢石,为士卒先,贼度不可犯,遂遁去。寇乱既平,乃抚凋瘵,锄豪强,劝农桑,兴学校,邑民爱之如父母。守臣上其迹,擢韶州知府,以忧制转高州,未及一载卒。揭阳之民请于郡守吴绎思立祠祀之。有王廷烈者,复给田五十亩以供祀事。

道学

〔宋〕

陈淳字安卿。龙溪人。少得朱熹《近思录》读之,遂尽弃举子业。及熹守郡,淳请受教,熹曰:“凡阅义理[34],必穷其根源。”淳闻,而为学益力,日求所未至。熹数语人以南来吾道喜得陈淳。后十年,复往见熹,陈其所得,时熹已寝疾,语之曰:“如今所学已见本源,所阙者下学之功尔。”自是所闻皆要切语,凡三月而熹卒。淳追思师训,痛自裁抑,无书不读,无物不格,日积月累,义理贯通,洞见条绪。嘉定九年,归遇严陵,延讲郡庠。淳叹陆学张王学问无源,全用禅家宗旨,认形气之虚灵,知觉为天理之妙,不由穷理格物,而欲径造上达之境,反托圣门以自标榜。遂发明吾道之体统,师友之渊源,用功之节自,读书之次序为四章,以示学者。明年,以特恩授泉州安溪簿,未上而殁。所著有《语孟大学中庸口义、字义》、《详讲礼诗》、《女学》等书。门人陈沂等录其语,号《筠谷、漱口、金山所闻》。子榘,又编次其文为五十卷。

儒林

〔唐〕

周匡物字几本。龙溪人。元和十一年擢进士。官至高州刺史。初，郡人未有业儒者，登进士自匡物始。兄匡业，贞元八年明经及第，守鄱阳县令[35]。（匡业，一本作匡著，误。）

谢修龙溪人。隐于青礁文圃山。自广明西幸，人多忍耻以事虏，独修遁迹，必俟光启回銮乃出。寻擢上第。同县人洪文用当五季瓜分时，仕者各择其主，文用终不为时屈，又同县人石蒉以世胄仕，鲠论忤时，浩然而归。三家相望，数百年清风照世。

〔宋〕

黄硕字若冲。与其弟预同登科。初调建昌教授，外台交荐，累官至朝散大夫。年五十辞，奉祠里居教授，笔《周礼讲义》[36]。适迁学不利，硕请复旧，捐祠俸以倡之。及卒，郡守李弥逊祭以文曰："隐居好学，远近慕之，其扬元宗之流乎[37]？不慕官荣，优游卒岁，其马少游之俦乎？"时以为知言。

黄樵仲字道夫。预之孙。号敬斋。登淳熙第。居家每旦率子弟衣冠见家庙，退则默坐，终日饮食衣服不求鲜美。居丧三年，未尝见其有笑容。乡里有为非者，恐樵仲知之。朱文公守漳，礼延入学，牒云："器资浑厚[38]，操履端方，杜门读书，不交权利。乡闾有识，莫不推高。若以礼请，屈君教导，必能使诸生观感而化，有所兴起。"及讲小学，文公每称善。初尉永福，再调汀州录参，咸有善绩。自书于屏云："俸薄俭亦足，官卑清自尊。"有《礼记解》、《小学口义》行于世。

林宗臣字寔夫。龙溪人。受学高登，以儒业登科。官至主簿，与参政汪彻友善。汪在乌府，宗臣贻书嘱之，罢本州鬻盐。尝见陈淳趣向不凡，谓曰："子所习科举之文尔，圣贤大业则不在是。"乃以《近思录》授之。

黄櫄字寔夫。樵仲之弟。淳熙中舍选。入对大廷，献十论，升进士内科。调南剑教官，笃意教导，日以龟山了斋之学勉诸生。官终宣教郎。有《诗解》、《中庸语孟解》。

萧里字元举。力学好古，而以《周礼》名家，有《经解》，受业者多为闻人。登庆元第。调同安尉，一介不取。再调广州教授卒。盘庵杨士训为墓铭，其词曰："里与人交，上无谄，下无狎，闻人善必极称誉，若恐人不知，其有不及，必以理晓之使自悟。嗜学如饥也，赴义如欲也。"

苏竦字廷仪。龙溪人。登庆元第。调肇庆府推幕，有廉介声。天资好学，凡所未见书必借阅手抄不辍。博通经史，玩心理学，集先儒《诗》、《易》、《二礼》、《传》折衷己见。履行纯笃，士流慕之。

吴獬[39]龙溪人。尝预乡漕举，退为学者师，与陈知柔、林光朝相友善。知柔称其"貌古、心古、学古、文古，使其闭户著书，当不在子云下"。所著有《省斋集》。

王遇字子正。龙溪人。父羽仪，衢州通判，博学有文。遇第乾道五年甲科，受业于朱熹、张栻、吕祖谦之门，而与廖德明、黄干、陈淳友善。历长乐令，通判赣州，荐章交上。时韩侂胄当国，遇不少贬以求售。侂胄败，召为太学博士，除诸王宫教授。以常州大旱，命为守，遇讲求荒政，民无流殍。又究致旱之由，开掘太湖水之侵塞于豪家者。浙东饥，复诏提举常平事。入对，极论时弊。至官，力言计灶买盐之非策。除大宗正丞，徙右司郎中，以考校殿庐卒。所著有《论孟讲义》、《两汉博议》及文集。号"东渊先生"。

李唐咨字尧卿。与州学正石洪庆、林易简、施允寿皆以旦评推重。朱文公守郡，延于学为诸生楷式，牒云："唐咨、易简或究索渊微，或持循雅饬，察其志行，久益可观。允寿、洪庆皆以耆艾之年，进学不倦，强毅方正，众所严惮。"

杨仕训字君叔[40]。漳浦人。从朱文公游，醇静警敏，刻厉自奋，务求圣贤遗意而躬行之。由大学擢第，调永福令。留意学校，更定祭器，修立社稷风雨师坛，推诚以待物，邑人士诵德不释。诸台亦以恺弟慈祥、听讼平允荐之。会湖广总领请于朝，愿得廉清吏以董军饷，差监鄂州粮料院，逾月卒。同学友人黄干、陈淳皆深痛惜之。

赵师虙宗室子。居漳州。朱文公守郡，熟闻其为人，试以政事，又得其实，遂首举之，其词曰："履行深醇，持心明恕。"闻者心服。

黄学皋字习之。龙溪人。通经史，尤长《诗》、《书》、《春秋》，南宫对策，有曰："愚独爱伊川。"请改试为课，及制"尊贤堂"、"待宾斋"与时论不合，有司大书曰："此必伪学之流。"黜之。久而擢第，再转鄱阳丞。李性传延入郡斋，校勘朱文公《续语录》。又著《评古》一册，补注《东坡诗集》一部上之。诸司论荐，调泉州察推，需次于家，郡守屈置于学，以训诸生。

陈思谦字退之。学问该博，教授后学尝魁乡荐。著《春秋三传会同》及《列国类编》。朱文公喜之，因语其门人李唐咨以女妻焉。

〔元〕

王吉才龙溪人。笃志古道，尤明典礼。郡守知其有心身之学，延为弟子师。后为泉州学正。吉才天性孝敬，亲终皆及期耋，己且老，哀慕痛毁，有如早丧。虽在家庭，亦冠衣敛容，人未尝见其遽言怒色。自号益斋，学者称"益斋先生"。

林广发字明卿。安溪人[41]。性敏嗜学，以诗礼训家庭。至正间，郡学辟为诸生师。部使者端本至漳，即荐为安溪校官，合邑官僚以师事之。时以降寇有功，授本邑主簿。分省寻荐为汀、漳屯田万户府经历。生平孝友，言规行矩，为后学矜式。所著有《三溪集》传于世。

文苑

〔唐〕

潘存实字镇之。漳浦人。登元和进士第，试《修礼耕情田赋》、《玉声如磬诗》。官历户部郎中、左庶子，累迁户部侍郎。

〔宋〕

陈伯温龙溪人。元丰间以词赋称，伯温赋《仁者静》为监元。同邑王补，字肩甫，词赋与伯温并称，不就特科。或谓："伯温肩甫，赋中之虎。"

蔡元鼎漳浦人。少以文章自豪，为乡先生，所著有《中庸、大学解》、《语孟讲义》、《洪范会元》、《杂类》、诗。

吴桓字孟文。龙溪人。熙宁间陈三要三术，甚切时务。登元丰八年进士。官至朝散郎。桓高于文，人争慕之。有文稿及古、律诗传于世。

刘棠字君美。龙岩人。元祐中登第。历诸王宫教授，枢密院编修官，出为利州路提举学事。后提举两浙常平，以朝请郎致仕。同邑陈补与棠俱有诗赋声。时人谓："刘棠陈补，漳岩赋虎。"棠既登科，补遂隐居溪南，赋诗自娱，有云："大不手持卿相印，小无人拥史君符。门前溪水绿如染，好把一竿秋钓鲈。"

余韶[42]字道夫。龙溪人。有学术，举八行。隐东湖，号东湖居士，而以诗人自娱。有《栖静堂集》行于世。

杨珂长泰人。自号竹溪里。不仕，以吟咏自娱。有明月诗云："明月欺人醉不知，夜深偷入读书帷。好将松户牢关锁，留取清光莫放归。"

陈竸字戒叔。宣和间贡辟雍。以特科调贵州法曹，当路交荐不受，乃登绍兴庚戌进士[43]。初尉长汀，再授恩平、新兴二州教授，留正知赣州，辟注龙南令，兼佥慕府事。有《周礼解》及杂文数卷藏于家。

蔡如松字劲节。襄之族，家于龙溪。慷慨有大志，读书于岐山仙亭岩，与颜师鲁友善，同预乡荐。吴獬以文鸣一时，如松与之辨论不为屈。乾道间特奏名，调东莞簿，历四会令、新兴推官。晚节不乐仕，以祠禄乞归。

余嘉字若蒙。龙溪人。补大学生，任惠、浔二州教授。进《圣域记》，特授浙西仓干。复进《皇朝职志》、《高宗政范》，差监枢密院激赏库。进《资时十论》。伏阙上书，论韩侂胄，又上书力沮和议。复为《古鉴录》以进，及上书论边事，进《天门类例》、《括象志》，改通直郎，主管岳祠。所著《周礼解》、《禹贡考》、《春秋地例增释》、《纪年杂编》，前后上书曰《代庵集》、《骨鲠集》。自号淡轩。

林师德字叔正。龙溪人。初任广州东莞尉，获盗改承奉郎，武岗军佥判[44]。在乡里为学者师，游太学与黄櫄齐名，尤长于骈俪。官秩不称其才，士论惜之。

宋闻礼字叔履。龙溪人。补入太学，嘉泰壬戌避亲别试亚选。授叙、化二州教授，改承奉郎，转奉议郎，知潮州海阳县。有《易礼记诗解》行于世。

黄子信长泰人。以文章履行为学者师。初调新会盐场，帅杨长儒以其老榜为监，当心易之[45]，尝捃摭其簿书，子信将拂衣而去，投以诗有云："六年两度拜宸旒，换得青衫白上头。飞鹊只因无树绕，穷猿何暇择林投？明知著脚当来误，几欲抽身不自由。安得有钱了官债，便无三径也归休。"长儒得诗，恨知之晚。及归，又诗云："笑倩西风拂旧埃，归时行李似初来。也知三载清贫好，博得一家强健回。"

陈经字叔纶。龙溪人。登进士第。尝知福清县，首以教化为务。历通判循州，知钦州、封州。经学文于曾樽斋，尤工于诗。

当时名士赵汝谠、敖陶孙、危积、傅伯成皆推服之。杨长孺帅广，得其《封州轸民》、《训兵》二诗，谢之曰："一封无已帖，两首乐天诗。"有《德斋集》。

〔国朝〕

王源龙溪人。永乐初进士。为庶吉士，历官兵部职方郎中，广东、潮州府知府，所至有声。平生嗜学能文，既致仕，年及八十，犹手不释卷。所著有《韦庵集》并《家礼易览》。

陈旺龙溪人。性豪纵不羁，尤聪明强记，博通子史。领永乐甲午乡荐。授国子助教，改常州府学教授，司东广乡试、礼部春闱文衡，善属文，亦精于书。卒于官。常之门人顾言刻其文集若干卷传于世。

林震长泰人。性质颖悟，问学该博。宣德庚戌进士第一人。授翰林修撰。以疾归，卒于家。

士行

〔宋〕

颜慥[46]龙溪人。以德行文章名世，与蔡襄为金石交。读书西湖白莲院。襄为郡幕，与慥相唱和颇多。庆历中辟为本州教授。

陈谔字昌国。龙溪人。少游太学，累试不效，归以其学教授里人，大抵以孝弟忠信为本。初在太学，奔父丧不逾月而至，其兄弟友爱不分居。崇宁初举八行，谔为首举，授岳州文学。

黄京字华叔。龙溪人。世业儒。初在郡学与高登友善，同年擢第。调连州户曹，以清白闻。秩满归里，闻登以直言斥，遂恬无仕进意。时年未四十。性尤乐善，所识有不给者原赒之[47]。

乡人名其家曰“黄长者”。

李则字康成。龙溪人。少孤，力学，试太学升上舍不偶，浩然东归，教授生徒，以仁义为宗。荐乡书前列。自号益壮翁。绍兴辛酉，特奏中乙科，初授桂岭簿，调富川令，调泉州德化令，皆有政声。转通直郎致仕。

潘武字叔允。龙溪人。识性颖悟，履行端方，于书无所不读。与陈淳为道义交。晚从特科，两任岳祠，循资至文林郎。邑子弟多从之游。

陈景肃漳浦人。绍兴间进士。师事高登，有学行。官至朝请大夫，知南恩州。

颜复之字子开。龙溪人。试礼部，寻补入太学。已而迁太学录，调惠阳教授，再调湖南庾干，卒于官。复之貌温气和，不苟訾笑，轻财好义，表里如一。叶侍御尝荐十贤于朝，复之其一也。

〔国朝〕

胡宗华龙溪人。玩心理学，言行为乡邦楷式。洪武三年，以明经荐，训导郡庠，讲说经籍，阐析微奥，教导诸生以身为范。卒，以仲子宜衡恩赠中书舍人。

郭惠字邦文。龙溪人。居家孝友，尝著《兄弟训》。立义学，重义轻财，为乡邦推重。洪武间郡守白寿以学行举，授府学训导，训迪有方。升广东保昌县学教谕，以外艰[48]改增城。增城遐僻，人不知学，乃择少俊十数人，昼夜为之讲解，亹亹不倦，其后与荐书者七人。终琼山县学教谕卒。

郑深道龙溪人。由乡贡两任典教，五司文衡，未尝有过举。洪熙元年，授司经局校书，升梁府纪善，敕褒之，有曰：“文学老成，操履清慎。”累承仁庙谕问及赐膳侍宴，寻致任，卒年八十有二。

胡春同宗华季子。幼失怙恃，事二兄克尽爱敬，由乡贡历任义乌、柳州、吉安教授，日坐明伦堂，教导弗怠，虽祁寒盛暑，衣冠肃如也。生徒馈遗辄却不受，性温厚清苦，笃学好修，至老不倦。卒于官，无以为殓，吉人李昌祺哭之哀，曰："善人云亡，士类嗟惜。"诸生为服其丧。

风节

〔宋〕

黄颖字秀实。以上舍免省赴廷试。时慧星见，颖指陈时政，无所讳忌，抑殿丙科。后历枢密院编修官兼符宝郎。时兄愿为郎，预入台，当世荣之。俄迁中书舍人，方拜命，有忌其才者，遂提点江州太平观。颖温恭廉介，尤工书隶。有《周礼解义》、《春秋左氏事类》行于世。

高登字彦先。漳浦人。少孤力学，事母至孝。宣和中为太学生，金人犯京师，与陈东上书乞斩六贼，且言金不可和，李纲等不可弃，吴敏等不可用。坐斥逐。绍兴间廷对，力陈阙失，有司恶其直，降下州文学。已而调静江府古县令。帅臣胡舜陟以秦桧父旧治，欲为立祠，登持不可。舜陟诬以罪，送赴狱。后为潮州考官，又使诸生论直言不闻之可畏，策闽浙水灾所致之由。桧益怒，坐首事送容州编管卒。久之，梁克家、何万相继以其事闻，追复迪功郎。及朱熹为守，奏乞褒录，特赠承务郎。所著有《家论》、《忠辩》等篇及《东汉集》。

忠烈

〔宋〕

郑枏龙溪人。初从郑建雄赴大理河与西夏接战，以功授汀州黄土寨巡检，捕获王猪奴，辟兴化军吉子寨巡检。宣和七年，金人寇边，柟赴枢密院自陈，乞发河北军前任使，再隶建雄麾下，充本军将领。累立战功，转修武郎。靖康初，虏逼都城，柟为四门都巡检，力战以死。绍兴初，刘光世为请于庙[49]，补其子纶承信郎。

蔡青漳浦人。绍兴间，青与同县人邹进、熊保俱为左翼军步兵。时山寇焚县治，郡发皇甫某领步兵二十五人屯于县北门。贼卒三百余人至西关，皇甫某曰："我等当效力血战。"三人均先被发操戈瞋目叱于众人曰："吾属当为国死。"既而与贼遇，自卯至酉，杀伤甚众。贼分两道而遁，三人乘胜追逐，贼势穷反斗，三人皆中伤以殁。邑人哀之，为衣食棺殓合葬于邑西门外，今犹相传曰："勇士墓"。同时又有陈姓者，旧志失其名，尝为长泰尉，愤贼扰民，发兵讨捕，力不能抗，遂遇害。宪臣李公懋尝为文祭之。

颜公衮字鼎卿。龙溪人。以父泽补官，调循州兴宁县令。绍定间，凶贼陈三枪、罗动天迫兴宁境，或曰："寇至盍去诸？"公衮不可，出县与贼遇，下车谕以理义。贼怒，公衮厉声叱骂之，与主簿徐千能等皆遇害。邑民哀之，为立祠。诏赠朝奉郎，官其子。

〔元〕

萧景懋龙溪人。至元中，南胜民李志甫作乱，景懋与兄佑集乡丁拒战，兵败被执。贼胁使从己，景懋骂曰："狗贼！我生为元民，死作元鬼，岂从汝逆贼邪？"贼怒，缚景懋于树，脔其肉使自啖，景懋骂不绝而死。事闻，诏褒旌之，仍给钱以葬。

陈元善龙溪人。淳之族。世以儒业名家。至正丁未，海壖逃兵作乱，凶渠薛均祥以元善素行孚于乡里，欲先胁之以为民望，执至，吓之曰："能从我则生，否则刀刃刺颈矣。"元善骂曰："吾所畏者义，不畏者死，汝贼岂能久生耶？"与其妻郭氏及三子皆遇害。

〔国朝〕

林京龙岩人。故参政瑜之子。好读书,每观史至忠臣义士,辄抚卷叹慕。正统丁卯,沙、尤贼逼县境,京团结乡民,相官军守邑城,力不能敌,偕其子绶间道走郡城请援,至龙门里上坪为贼所获,胁使拜跪,京不从,贼怒,欲杀之。京瞋目诟曰:“吾头可砍,膝不可屈。”顾谓绶曰:“人生当知顺逆,吾与汝宁死于此,毋为反贼所胁,以亏忠义!”遂与绶皆遇害。贼去,乡人义而哀之,求其尸于暴骸中,面目如生。乃具棺殓瘗于死所。

唐孟元龙溪人。正统戊辰,叛贼寇掠郡邑,多胁良民从乱,孟元洎其弟孟远与众誓曰:“吾当俱良民[50],岂可从贼!”比贼至,孟元兄弟先率众据桥拒战贼,贼不得进。自辰至酉,众见贼益增,势不能敌,欲退走,孟元乃告其弟曰:“尔可去以奉先祀,我当以死敌之!”贼势稍缓,乡人得登舟脱免。孟远曰:“吾兄方危急,吾何忍去!”遂辅孟元力战,同死于贼。众人哀之。

庄伯和龙溪人。正统十四年为邓茂七贼党所获。至赤岭,贼首张永睡欲胁使之从,伯和愤骂曰:“汝等不顾天理,不惧国法,而悖逆如此,我为圣朝良民,安肯从汝贼邪?”贼见其仗义,不忍杀,拘之三日,仍迫以威,伯和骂益甚,遂受戮而死。

孝义

〔宋〕

黄檠字平叔。龙溪人。好学力行。父忠助遘疾,倾资求医,或言不为子孙计,檠泣曰:“苟疾愈,虽子孙饥饿,吾亦无憾!”父年九十六,母郑氏年九十九。父将卒,曰:“为人子若尔者少,吾愿为尔子以报。”言讫而卒。后檠妻有娠,将弥月,梦其舅曰:“吾某月某日某时为尔子”。及期，生子彦臣，官至朝散大夫，封槩承议郎，赐绯，累赠朝散郎。子孙登科不绝，人以为孝行之报。

薛半千字子中。漳浦人。天性孝友。母疾，尝药视膳，衣不解带。疾转剧，乃割股肉以进。其伯兄，亦尝镌心血以调药，仲兄复焚香于顶以资冥福。母疾随愈。兄弟三人日侍亲侧，雍雍愉愉，乡里推重。凡诲子弟者，必欲以半千兄弟为法。县令林稽道因即所居立“孝义坊”以旌之。

颜唐臣龙溪巨旌里有绿石渡，潮平可舟，潮退则淤泞，行者病焉。唐臣乃于北涯舆土填淤，鞭石为堤，从地跨石，长二千七百八十尺，作垂虹亭以憩涉者。子敏若，复筑南堤至新亭，凡一千九百尺。岁久淤深，孙戴复砌石增高，行者便之。昔尝有谣云：“渡不难，待三颜。”此其验也。里人为之立祠。

赵彦弥字仲高。龙溪人。登宝庆第。调番禺簿[51]、古康法曹、翁源令。岁庚子乡郡大饥，谷价腾踊，斛谷钱五百，小民艰食，死者相枕藉。邑富人争利贵粜。彦弥恻然，捐私廪千余斛，日为二粥以续食[52]，不足则粜以继，自是富室争裒谷赒济，实彦弥倡元也。自三月至夏五月，全活数千人。

〔元〕

胡景清龙溪人。元兵下漳南，景清甫五岁，随父母逃难，仓卒失其母。景清长知学，每念母辄涕下。一日，辞其父抵幽蓟寻焉。忽于燕市遇其从叔胡巨川，知母已至燕，而未知其处，逾年始得之，盖母子不相见者四十余年矣。事闻，诏旌表之，仍给驿以归。

陈君用南靖人。至元中，乡民李志甫聚众寇掠邑里，攻围郡城，万户张哇哇、守将棚思监与战失利，君用率乡之有勇力者袭杀之，贼党遂散，民赖以保完。以功授漳州路总管府同知。国史以义士称之。

王初应[53]长泰人。至大四年，初应从父义士樵刘岭上，有虎出丛棘中，搏义士，伤其右肩。初应赴救，抽镰刀刺虎鼻杀之，义士得生。大定二年，同邑施合德父真祐尝出耘，为虎攫于田，合德与从弟发持斧杀虎，父得生。并旌其门。

林原佐龙溪人。至正二十八年，海寇薛均祥犯境，乡人筑砦于文山为自全计，官军围砦，意其皆均祥之党，欲尽诛之。原佐避难郡城，自备牛酒，冒白刃，往告主帅曰："文山之人素守礼义，筑砦以防寇耳，彼实何罪?"帅感其言，为解围去。砦中数千人赖以全活。

〔国朝〕

吕宗爵其先晋江人，洪武初避寇来漳，家于龙溪之观林。兄弟四人，宗爵居长。性纯笃，有孝行。父疾，夙夜扶持，奉汤药。父泄痢，必躬涤厕浣衣，历十余年，孝敬弥笃。父殁，持丧尽礼。母先卒，时家贫，葬不能备礼，至是启之，重敛易棺，与父同窆。乡党咸称其孝。

苏原芳[54]龙溪人。持重好礼，事母极孝敬。让田与弟，绝无吝色。乡邦咸敬慕之。永乐初，以怀材抱德荐，有司敦促就道，未行，卒于家。

卢元漳浦人。景泰二年父卒，贫不克葬，乃鬻其男睿以为葬具。钱主欲就携睿去，元乞襄事即如约，钱主允之。一日，睿出采薪于山，忽得金三锭，归以营葬，并偿钱主，父子遂得完聚。乡人以为孝感所致。

王玄弼龙岩人。正统丁卯，沙贼杨福寇县，民逃避林谷，死者甚夥。时玄弼父与继母及弟先避难漳城，贼势既迫，玄弼与兄用享不得出境，遂走邑之上坪。其兄为仇家所知，欲搜杀之，玄弼自谓曰："我有子三人俱长，兄惟一子尚幼，我出兄必得免，庶老亲有所托也。"遂出，恳诉于贼，以身代兄死。闻者义之。

宦迹

〔宋〕

郑申秀字实之。龙溪人。少力学，三预乡书。嘉定癸未特科第三人。初调南海尉，次调阳江令，历古田、怀安，多有政声。官至儒林郎。

〔国朝〕

林瑜龙岩人。洪武中由太学生授五军断事中司稽礼，迁江西按察司佥事。永乐中升副使。居官平恕，所至民多德之。后升浙江左参政，卒于官。

戴泰一龙溪人。才行敦笃。永乐元年[55]，郡守钱古训以茂才荐，授直隶和州知州，格慎有为[56]，以清白称。卒于官。

陈亹漳浦人。正统初进士。累官吏部考功郎中，迁广东左布政使。宽而不纵，严而不苛，文章政事为时推重。致仕家居十二年卒。所著有《梅庵存稿》、《经籍要览》藏于家。

周宣字政举。龙溪人。正统间进士。授户部主事，迁潮州府知府。时潮寇窃发，宣以计招捕平之。改山西，行太仆寺少卿，寻升本寺卿。丁内艰卒。宣博学能为古文词，时人重之。

隐逸

〔元〕

林逸字国安。自号愚愚。龙溪人。笃行好学，不求闻达。早丧父，独奉母以居。一兄赘居桐城，逸欲贻书请其兄及嫂氏同居以养母，妻杨氏不听，乃自过以感动之[57]，甚至对案不食者累日，杨氏卒化而顺从。及兄嫂归，逸事之甚谨，私房不蓄一钱。乡人有不孝不弟者，诤之不从，则榜以耻之；不改，则具酒劝之，人皆取则焉。有乘争凌犯者，则曰："林先生来，林先生来！"其见敬服于人如此。卒年四十有七。

〔国朝〕

李诚之龙溪人。事亲克孝，践履笃实。隐居城市，开义学以淑乡子弟。不义之财弗视，横逆之怒弗加，防弊隙，杜害源，有古君子风。刘宗道尝曰："吾漳有诚之，犹夜中之孤灯，泾中之脉渭。"

寓贤

〔宋〕

唐介字子方。江陵人。父拱，官漳州，介随侍焉。父卒于官，州人知其贫，合钱以赙，介年尚幼，谢不取。后累官至参知政事。

龚原邵武人，寓居龙岩。熙宁中进士。累官知连州。元丰间，方以财用为急，所司务峻刻，原优游不迫，民便之。子时可、孙嶒，曾孙惟叙皆登第，官于时。

赵鼎解州人。宋高宗时为相，罢知绍兴府。秦桧恶其迫己，徙知泉州。归复上书言时政，桧忌其复用，讽中丞王次翁论之，谪兴化军，移居漳州。

刘子羽建州人。绍兴八年，御史常同论子羽，上批出白州安置。赵鼎曰："章疏中论及结吴玠事，今方倚玠恐不自安。"同疏再上，以散官安置漳州。

向士璧字居玉。常州人。景定中，以权兵部侍郎制置湖南。会元将兀良哈攻围潭州，士璧极力守御，闻后队至，遣将却敌有功，潭州围遂解。事闻，真拜兵侍兼转运使。贾似道以其不关白宣抚司，讽台官捃拾其罪，劾罢之，送漳州居住。

艺术

〔宋〕

康庶字达先。龙溪人。家贫，博览经史，通邵氏数学，善观天文占休咎。郡守欲以学职延之，不受。生平一介不妄取，隐居名第山。一日，自题于壁云："某日太守至。"及期，守傅伯寿果至。果实有生者，皆预知其数。尝谓人曰："某日朝廷有变。"既而光宗遗诏至。又曰："庚午诏乡里不荐士。"其年场屋不靖。所言无不验。

〔国朝〕

詹求达南靖人。自幼失明。宣德间寓居郡城，以人生年月日时推其贵贱寿夭祸福父母兄弟存亡行次多有中者。亦善占法，尤精覆射。又自知其死之年月日时，先诣所知辞谢，至期果卒。

林存祥龙溪人。善医术，用药不拘方类，惟详性味而变通之。凡经其治疗者多愈。成化四年卒，年七十。

烈女[58]

〔宋〕

陈宜人谏议师锡之女，察院黄预之妻。政和间，预以忤二蔡贬知郴州宜阳县卒[59]。郴州去漳几万里，宜人年尚少，有欲夺其志者，宜人斥之。急买舟携幼趋郴州，扶榇航海而归，几为风涛所溺，恍忽若有物救之者。及归，经纪其家，以义方教子。后子潚五举免省[60]，孙樵、仲、杰、㩦相继登科，识者以为宜人节义之报。

蔡氏龙溪田家妇。其夫日与恶少游，蔡屡止之，不从，辄涕泣曰："汝终与此辈为盗流矣！"后果夜携财物以归，蔡拒之曰："不改，我当白之官"。未几，复欲往，蔡力挽而止。后众与暗约，遂背蔡而去。蔡走呼不返，扬言欲告于乡里，其徒遂散。蔡亦屡遭夫殴辱，而持之愈坚。他日其徒皆败露，夫独免。三槐王巩、元城刘安世皆赠以文。

林氏龙溪人。年十九嫁为谢氏妇，逾年而寡。父母以其无子，欲夺而嫁之，誓不许，曰："吾立一嗣亦无不可也。"守志六十余载。嘉熙间，县令赵绛夫为立碑于墓，郡守李韶书曰"宋节妇林氏墓"。颜颐仲、林希逸、戴埴诸名公皆作诗美之。

陈氏龙溪田家女。事父孝。宝庆间父病，药不能愈。女年方十有三[61]，默祷于神，剔取其心肝为馔以进，父服之愈。郡进士陈起岩、林文焕白于郡，乞旌异之。倅林有宗立石，名其所居里曰"旌孝坊"。

王氏龙溪人。苏宋杰妻也。年二十一而寡，方娠，夫家贫，父母欲夺其志，誓不许，父母怒，绝其往来。既生男子，父母意犹未解，不得归宁者七年。及男既长，则曰："吾今不复强汝嫁矣。"钟爱如初。孀居八十五岁而终。

史氏忠职[62]王之孙女，颜少保之妇。克尽孝道。姑尝病，史氏忧形于色，不离左右，汤药必亲奉，衣裳垢必自浣濯。姑卒，极其哀恸，丧葬悉如礼。景定元年事闻于朝，特封孺人，号曰"孝妇"。

〔元〕

廖氏龙溪人。其夫亦颜早卒，子兴嗣孤幼，姑方氏年老，廖年甫二十有四。遭宋末乱离，扶姑携子以避难，饥寒不给。里闬或导其改适，廖感泣截发自誓，力织纴以奉姑鞠幼，艰苦万状。大德间，郡邑以事闻，诏旌表之。

蔡三玉龙溪陈端才妻也。时邻邑盗起，剽掠其乡，端才与三玉之父广瑞各窜去，三玉独偕夫妹出避邻祠中。盗入，砍夫妹，见三玉美，与里妇欧氏同驱纳舟中。行至柳营江，盗欲污之，三玉绐曰："吾衣湿，宜更而从汝。"贼往取衣，三玉得间，遂投于江而死。越三日，尸浮依广瑞舟侧，拨去复至。广瑞移舟于上流，尸亦逆流而上，怪而视之，则其女也。欧氏脱归言状，福建佥宪左答纳失里上其事于朝，命旌门复役，仍给钱以葬。

〔国朝〕

雍氏长泰民黄伯英妻也。年二十七而夫卒，家贫卖饼以养舅姑。既而舅姑继亡。雍氏治丧葬如礼。尝携幼子福磨面于湖头，乡人廖仲紘夺其磨，雍氏号天恸哭，磨为之不转。仲紘惊异，以还雍氏，磨复转。洪武中，耆民李惟则言于邑丞葛仲躬奏旌表之。

陈氏龙溪人。年十六，其父景隆以嫁于长泰李德渊。舅姑继殁，夫亦早亡，陈年甫二十九[63]三丧在堂，辛勤劳瘁，以毕殡葬。谨守妇道，终始无瑕。洪武三十年，耆老童留耕闻于官，诏旌表其门。

黄五姐龙溪人。黄得夷之女，适里人康居禄。年二十六夫死，男昇方四岁，五姐勤纺织以奉舅姑，鞠孤幼，誓无他志。洪武丙午[64]五月，雨暴水涨，平地高数丈，民居漂溺殆尽。五姐登屋吁呼于天，水势顿杀。舅姑继殁，尽卖家业以毕丧，乡党贤之。

陈贞姐龙溪陈伯宋女，宋史之妻也。洪武己卯，夫病亟，嘱贞姐曰："母老子幼，肯守义否？"陈曰："若不守义而再嫁，不若死之为安。"时年二十有六。恪尽妇道，姑屡欲嫁之，陈氏窃缢于房中，姑觉急救之，得不死，卒全其节。

黄氏名妙观，字微志。龙溪黄恩甫女，潮阳令蔡安继室也。元至正丙午，安始拜官，便道过家，时陈友定兵陷漳州，安被擒。黄氏年方二十七，安与黄氏诀曰："此行生死未可期，汝能守志为上，必不得已，亦须再适人。"黄掩泪答曰："烈女不更二夫，谓妾守志可也，谓再适则薄妾甚矣。"即剪发自誓。安果不还，黄纺织教子，矢死靡他。母欲夺其志，黄终始不易。洪武三十二年有司以闻，诏旌表复其家。

杜氏南靖民李吼仔之妻。家甚贫，奉姑极滋味。尝与夫采笋于山，夫为虎所攫，杜氏追及之，拔虎尾而斫其背，虎舍之而去。杜氏负夫还家，绝而复苏，乡里惊叹。

戴氏南靖邑庠生张渊之妻也。年二十夫亡[65]，无子，舅姑怜其少寡，欲嫁之，戴氏誓死不从。力贫奉养，备极艰苦。后舅姑继殁，葬祭皆以礼。平居独坐一室治女工，足迹不至外门，虽子侄至亲亦罕见其面。孀居五十年，始终一节。

连新玉龙岩连子聪之子[66]，年十七归张六一。生子方八月，夫亡，新玉年方二十又一。夫家贫甚，姑康氏性险恶，新玉日以采薪为业，谨事之，终得其欢心。继遭凶年，康氏谕以不能自存之意，欲夺其志，新玉以死自誓，终无他心。知县唐谦上其事，乞旌表之，未报而卒，年七十有五。

江氏龙岩查福隆妻。年十九生子佛保，甫二周而福隆死。家贫无依，江氏守志不二。邑人争欲聘之，或微讽以观其意，江氏家以卖扇为业，时方制扇，因啮其指出血，指扇誓曰："吾若忘所天，而再适他人，有如此扇。"遂屏却膏沐，躬纺织以供衣食。寡居三十余年，终始无玷。永乐己亥，知县徐拱辰上其事，未报而卒。

戴祐姐龙溪人。泰运之女，丘孔文妻也。永乐甲午夏，夫暴死，戴年二十，哀恸不辍。服除，母方氏欲夺其志，戴泣不从。母卒受乡人之聘，戴闻之，投水而死。

郑顺常龙溪人。年十九，父文耀以适吴可赞。未逾年夫卒，将营葬，谓其姑曰："愿乞为双圹与夫同归。"姑不从。翌日告于父母，父母曰："尔年尚幼，胡为出此言？"郑因戚然而归，其家惧而防之。圹成，遂饮药而死，果合葬。乡人称为烈妇。

叶氏名妙玉。龙岩叶建中之女，杨希白之妻也。希白死，叶氏年二十三，家贫无所托，叶氏辛勤奉姑，非有大故不至父母家，人罕见其面者。父母姑悯其无子，欲强之他适，遂引刀欲自刎，父母姑惊叹而止。寡居四十年，始终一致。

林氏名禧，字淑清。龙溪林敬女，年十六嫁同邑方本诚。永乐八年，本诚以事逮系，死于京师。林氏年方十又八，家惟继祖母，老且病，林氏服劳奉养无怠容。夫去后，遗腹产一女，其嗣遂绝。家复零替，人所不能堪，林氏略不萌他志。及祖母殁，田业悉为豪族所侵夺，林氏无告，乃迎神主携幼女归依父母家，纺绩为业。年七十，女婿迎养以终余年。人以为天报其节。

刘氏名柔。龙溪民廷高之女，年二十归为王尚友妻，修行妇道。未及一载，夫殁，姑邹氏怜其少无子。欲嫁之。时漳州卫指挥甘斌闻其淑慎，求配甚恳切，姑欲从其请，刘曰："夫死姑老，何忍弃之？"操守益坚，终不易志。卒年六十有一[67]。

苏氏名宜机。龙溪人，归同邑颜氏。父曰廷贵，夫曰克一。年二十而寡。苏氏颇读书知大义，循礼守制，动罔或悖。或以其少寡，微讽以觇其意，苏氏正色拒之，其人惭服。抚育其二子底于成立，一节凛然。卒年六十。

郭真姐漳浦人。宣德间，父安许嫁同邑许惟长。后真姐手患痼疾，许氏父母欲悔亲，惟长不可，曰："我若不娶，此女终无所归。"遂娶之。真姐入门事舅姑孝敬甚至。不数月惟长以疾卒，俗用火葬，真姐俟其火势正烈，自投火中而死。乡人义之，为聚土为墓。

李淑明龙溪民克旺之女，年十六归于庄士因。姑沈氏患风痺，敬养无怠。夫育癞疾，整奁资以求医，及卒，父欲嫁之，李氏流涕曰："姑老无依，若复改适，非人理也。"奉姑不衰。后姑殁，贫不能葬。正统己巳，强寇剽掠乡村，李氏服哀麻擗踊号恸，贼闻而悯之，不入其家。贼平，乡人怜其节义，相率助营葬焉。

陈氏名正，字淑德。龙溪林端仪妻[68]，同邑陈克聪女。年十八而嫁，甫七月而寡，哀毁几丧明。既服阕，悉屏去华丽之饰，凡遇节讳，辄哀感终日。舅姑悯其年少，欲改嫁之，陈氏泣曰："生为林氏妇，死为林氏鬼，安可他从？若不如志，有死而已。"事舅姑不以孀居而简其礼节，舅姑亦加礼爱焉。一日，登房楼见夫之遗服，伤感涕泣，失足堕楼下，声闻外寝，举家惊视，见其坠簪刺入地，而肢体无少伤，众询之，曰："恍惚如有所乘而下，自亦不觉其何如也。"众皆叹异，以为鬼神实相之。今年七十有三，远近咸高其节。

黄氏名坤真[69]。南靖林辉祥之妻也。年二十三夫亡[70]，长子惟聪[71]甫三岁。家甚贫，纺织以资生，所亲欲移其志，黄氏厉声拒之。遭时寇乱，避地于边城，岁大疫，死者十六七，黄氏母子独保全无恙；乡人异之。年七十终始一节。

杜氏名从正。龙溪杜添传之女，年二十适同邑钱万邦，克谨妇道。越二年夫殁，姑老子幼，家世零替，从正养姑抚幼，不以贫穷而易其节。姑年八十余卒，殓葬如礼。从正自其夫殁，恒素食不御酒肉，今年八十有二，不改其初，乡邦称之。

魏氏名婉。龙溪民魏本成女，年十八嫁颜士朝，二年而士朝卒，遗腹几四月，或劝其改适，魏怒曰："吾夫读书，有志古人，吾宁死不忍贻吾夫之辱也。"昕夕躬蚕织以奉舅姑。吉月则焚香吁天，曰："愿减己寿，乞生男为夫后。"弥月果生男泓，读书好礼，克世其家。孙椂，成化十六年领乡书。人以为魏氏节义之报云。卒年七十八。

陈氏名俞。龙溪人。父尚志。年十九嫁里人徐华[72]，仅二载夫卒，男让甫晬。陈朝夕号恸，哀毁骨立，几至灭性。既衰葬事，称未亡人，誓不食他姓。舅良济遘疾经年，陈侍药涤秽，终始如一日。及卒，丧葬尽礼。姑年九十六，奉之孝爱愈笃，家虽贫而姑恒温饱。孀居今五十余载，郡士夫相率为文表之曰孝节。

韩氏龙溪人。友隆之女，年十八适徐于海。方二载而夫卒[73]，男昱生甫十日。舅姑出仕于外，韩氏竭力丧葬。其母屡讽之改适，韩执操弥厉，至欲投水火。及舅姑归，克尽孝养，始终无间。后昱亦早亡，孙燎年十年不幸又亡。韩氏今七十余，老无所归，乡人莫不哀之。

陈氏镇海卫军余陆琼妻也[74]。年十九归陆氏，淑慎妇行，孝谨备至。未几夫卒，陈氏凭尸哭擗，有不独生之誓，及殓，以厅事狭隘，欲迁柩置山陬，陈氏请于舅姑，愿置卧侧，舅不许，陈氏哀毁，水浆不入口者三日。既而往视其柩，见血凝于外，因大恸曰："妾身既存，而使夫柩暴露如此，不如死之为愈也。"遂自缢而死。时乡贡士周瑛及郡之缙绅多作诗哀之。

庄氏陆鳌千户所军余林华妻也[75]。年二十八生一女，甫二岁，夫因故久病，罄其衣资，遍求医巫治之，皆弗效。夫殁，庄氏叩地出血，死而复苏。及棺殓毕，乃以其女并遗业付夫兄瑛抚养，至夜分自缢而死。本所以闻，乞旌之，未报。

柯氏南靖人陈宗妻也。年二十四而寡。上事其姑，孝养惟谨，下抚其子成立登科，终始一节，逾四十年。今年六十有七矣。成化二十三年有司上其事，诏旌其门。

仙释

〔隋〕

潜翁开皇中炼形于石壁山，养白虾蟇以自随，后不知所终。

〔唐〕

三平大师名义中。唐王讽有碑云："义中祝发，后依大颠太师，宝历中到漳州三平山住持，学者三百人。”卒年九十二。

〔宋〕

刘希岳漳州人。端拱中为道士，居西都老子观中，遇异人得道，号朗然子。尝自言：“辛勤未逾十年，人惊不老，岁月俄经一纪，自觉如新。”又诗云：“夹脊双关至顶门，修行径路此为根。”一日，沐浴更衣，陈席而卧，斯须飞出一金蝉，遂失所在。

从谦庆历中住开元寺，不食四十年，归岐山石门。洪觉范有诗，大觉禅师亦有诗。

校　注

[1] 乾隆《泉州府志・隐逸》作“字君陟”。

[2] 乾隆《泉州府志・隐逸》作“学道深造大方”。

[3] 乾隆《泉州府志・隐逸》作“见翁仓皇而行”。

[4] 乾隆《泉州府志・隐逸》作“梁公护，字阳夫”。

[5] 乾隆《泉州府志・隐逸》作“筑室灵源山之巅”。

[6] 乾隆《泉州府志・隐逸》作“隐于安溪”。

[7] 万历《泉州府志・人物》作“衍庆卒桐华”，“卒”疑为“萃”之误。

[8] 万历《泉州府志・隐逸》作“赵仕宽”。

[9] 乾隆《泉州府志・隐逸》作“洪武十六年召至京师”。

[10] 乾隆《泉州府志・寓贤》作“伯崖”。

[11] 乾隆《泉州府志・寓贤》作“征君”。

[12] 乾隆《泉州府志・寓贤》作“穴石为砚”。

[13] “偕计”似为“计偕”之误。

[14] 乾隆《泉州府志・列女》作“时年二十二”。

[15] 乾隆《泉州府志・列女》作“立节如大丈夫”。

[16] 乾隆《泉州府志・列女》作“卒年八十有三”。

[17] 乾隆《泉州府志·仙释》作“虚应先生”。

[18]《闽书·方外志》作“张汉思”。

[19]“綦”疑为“綦”之误。

[20] 乾隆《漳州府志·人物》作“林彦质”。

[21]“三请乡举”疑为“三试乡举”之误。

[22] 乾隆《漳州府志·人物》作“勉就宏词科词学”。

[23] 乾隆《漳州府志·人物》作“调赣州教授”。

[24] 乾隆《漳州府志·人物》作“遮道拥留”。

[25] 此处似有讹脱。

[26] 乾隆《漳州府志·人物》作“字秀平”。

[27] 乾隆《漳州府志·人物》作“调高要尉”。

[28] 乾隆《漳州府志·人物》作“宁都”。

[29] 乾隆《漳州府志·人物》作“赵彦恺”。

[30] 乾隆《漳州府志·人物》作“倅古田”。

[31] 乾隆《漳州府志·人物》作“淡若朱絃瑟”。

[32] 乾隆《漳州府志·人物》作“三万缗”。

[33] 乾隆《龙溪县志·人物》作“二年”。

[34] 乾隆《漳州府志·人物》作“凡阐义理”。

[35] 乾隆《漳州府志·人物》作“为鄱阳县令”。

[36] 乾隆《漳州府志·人物》作“著《周礼讲义》”。

[37] 乾隆《漳州府志·人物》作“其阳亢宗之流乎”。

[38] 乾隆《漳州府志·人物》作“器质浑厚”。

[39] 乾隆《漳州府志·人物》作“吴澥”。

[40] 乾隆《漳州府志·人物》作“杨士训,字尹叔”。

[41] 乾隆《漳州府志·人物》作“龙溪人”。

[42] 乾隆《漳州府志·人物》作“余诏”。

[43] 乾隆《漳州府志·人物》作“登绍兴庚辰进士”。

[44] 乾隆《漳州府志·人物》作“武冈军佥判”。

[45] 乾隆《漳州府志·人物》作“常心易之”。

[46] 乾隆《漳州府志·人物》作“颜慥”。

[47] 乾隆《漳州府志·人物》作“所识有不给者厚赒之”。

[48] 乾隆《龙溪县志·人物》作“内艰”。

[49] 乾隆《漳州府志·人物》作“为请于朝”。

[50] “当”字恐误,全句疑为“吾曹俱良民”。

[51] 乾隆《漳州府志·人物》作“调番禺尉”。

[52] 乾隆《漳州府志·人物》作“日为一粥以续食”。

[53] 乾隆《漳州府志·人物》作“王应初”,下同。

[54] 乾隆《漳州府志·人物》作“苏元芳”。

[55] 乾隆《龙溪县志·人物》作“永乐九年”。

[56] 乾隆《龙溪县志·人物》作“恪慎有为”。

[57] 乾隆《漳州县志·人物》作“乃自挝以感动之”。

[58] “烈女”似为“列女”之误。

[59] 乾隆《漳州府志·列女》作“忤二蔡,贬知邠州宜禄县卒”。

[60] “省”字下有脱漏。乾隆《漳州府志·列女》作“五举免省解”。

[61] 乾隆《漳州府志·列女》作“女年十五”。

[62] “职”字疑“献”之讹。按《宋史·列传二百四十一》:“史弥远死后封王,谥忠献。为宋臣史姓之唯一封王者。”

[63] 乾隆《漳州府志·列女》作“年甫十九”。

[64] 乾隆《漳州府志·列女》作“洪武丙辰”。

[65] 乾隆《漳州府志·列女》作“年十五夫亡”。

[66] “子”疑为“女”之误。

[67] 乾隆《漳州府志·列女》作“卒年六十二”。

[68] 乾隆《漳州府志·列女》作“林瑞仪妻”。

[69] 乾隆《漳州府志·列女》作“名坤贞”。

[70] 乾隆《漳州府志·列女》作“年二十二而寡”。

[71] 乾隆《漳州府志·列女》作“长子性聪”。

[72] 乾隆《漳州府志·列女》作“涂华”。

[73] 乾隆《漳州府志·列女》作“二十四而寡”。

[74] 乾隆《漳州府志·列女》作“镇海卫军陆琼妻”。

[75] 乾隆《漳州府志·列女》作“千户林华妻”。

八闽通志卷之六十九

人　物

汀州府

名臣

〔唐〕

伍正己字公谨，旧名愿。宁化人。擢甲科，累迁御史中丞，莅官略细故，存大体，尝喻台属曰："有言责者，岂特攻人臣小过而已，小善亦不可掩。庙廊有失，犹当救正。"故正人为邪佞所挤者，极力营救；大臣或以谗贬，辄再三论列。既而朋党渐炽，禁锢名流，正己遂告归田里，年八十一[1]。四子泳、演、浚、洪，三子以荫补官，洪独不肯仕，隐武陵源，自号抱朴居士。（按旧志如此，一本谓子祐中甲科，恐非。）

〔宋〕

罗或字仲文。长汀人。少聪悟。第进士甲科，授大理评事。雍熙以后，历知忠、筠、成三州[2]，所至有惠爱。筠珥笔风炽，或曰："非人好讼，听者不明耳。"或视事部决如神[3]，而奸猾无所措，讼为之衰息。澶渊之役，或以太子赞善太常博士屯田员外郎扈从，命与宰相寇准参议机务。契丹乞和，或为报聘使。还京，丐归里。上嘉其劳，特除诸路提点使，赐锦衣金带、锦旗二，题其上云："明时折桂，衣锦还乡。"以示褒赏，仍知本州事。道卒。（按旧志郡有衣锦乡、折桂里，本此。）

郑文宝字伯玉。宁化人。太平兴国中第进士。淳化二年，为殿中丞奉使川峡[4]均税，奏蠲商人到岸钱。行次渝、涪，闻夔州戍卒劫掠为乱，乃乘舸顺流，一夕数百里，至则悉擒斩之。使还，上面加赏赐五品服，寻为陕西转运使[5]。会岁歉，诱豪户出粟三万斛，活饥民八万六千余人。官至工部侍郎。尝从徐铉学文，尤长于诗。有集三十卷，又有《南唐近事》二卷、《江表志》三卷。

吴简言字若讷。长汀人。年十二有俊声。端拱二年进士，调绵州户曹。崇宁中擢博学宏词科，授著作佐郎。时方招抚西南夷，择有才德者往谕，遣简言为使，还，以功迁祠部郎中。

〔国朝〕

张显宗宁化人。洪武中进士及第，为翰林编修，迁太常丞。时国子祭酒宋讷卒，继者不误旨[6]，显宗以少年被命署监学事，旋即拜真。已而出为交趾布政使，卒于官。显宗操心诚笃，处事公正，在交趾时，民怀其德，建祠祀之。性尤聪敏，读书过眼成诵。奉命撰述有《诸司职掌》、《逆臣录》、《忠义录》等编及立《太学规制》。

良吏

〔宋〕

赖绂字冕仲。清流人。绍兴中第进士，调程乡尉。会贼起，绂划策招捕，境内悉平。迁镇南军节度推官，改京秩，知南剑州某县漕司。增敷民盐，绂知其抑配，坚不奉命，终签书清远军节度判官。

张良裔字景先。宁化人。心非三经义，独好程氏之学。建炎中始中第[7]，调林川簿，以伯父年逾八秩无子，难于迎侍，不赴。郡守高其行，奏辟武平丞，以便侍养。到官，会盗起，良裔单骑造贼垒，谕以祸福，贼皆感泣而散。

伍祐字佑之。宁化人。正己曾孙。大中祥符初进士甲科，调雩都令，历知宜城、海昌，以廉能称。寻差楚州团练推官。先是州有盐场，自唐乾符间废，盖百四十余年未有能起之者。祐至，首议兴复，役不及民，甫期而就，岁入公上缗钱数万，人号为伍祐场[8]。为文近古，尤长于诗。终太常博士，通判潍州。（一本以为正己子，非是。）

谢潜字致虚。长汀人。读书过目，终身不忘。绍圣四年进士，调衢州里掾。崇宁四年应博学宏词科中选，调瀛州教授。上封事讥切时事，坐元祐党籍，更赦，历知古田、弋阳、建宁三县。在建宁治声最著，毁淫祠，禁溺子，邑人生子多以谢名。建炎初，画取二圣[9]策以献，进秩二等，终奉议郎。

郑穆字应和。立中之子，慷慨有父风。调扬州泰兴令，浚河溉田二十顷。再调豪州定远令，枭椎俚之敌寇，葬无归之枯骸，民畏而爱之。丞常熟，摄县事，有溃兵绝江由福山闯关，邑人大惧，穆单车抚谕，遂皆革心。有久讼得直者，袖白金数斤为谢，穆正色却之。终朝散郎徽州通判。

罗烈长汀人。建炎二年进士，调泉州同安尉。杨勍叛，自剑趋泉，烈部兵捍捕，邑人恃而无恐。再调循州兴宁令，会群盗出没，一日贼突入县，执烈以行，烈不为恐，以理晓谕，贼不敢加害，送之还邑，各遁去。无何贼党复来，烈亲率千余人捣其巢，贼溃走，得所掠子女二百余人[10]。终宣教郎。

伍杞字卿材。宁化人。绍兴五年进士，调南安理椽，治狱多所平反。时有外邑尉以赀入官，急于谋赏，盗不及数，诬平民以充。杞得其情，尉惧罪求援至郡，郡欲曲从，杞力争，且不欲贻尉失入罪，止下县更讯，士论高之。终宣教郎，知潮阳县。

翁熙字正之。长汀人。淳熙乙未进士，调袁州户曹。长于吏事，三鞫疑狱，平反明允。守欲上其事，辞曰："受赏则置前勘官何地？"竟已。辛丑秋，被檄验旱伤，徒步阡陌，不惮劳贳。壬寅主行赈济，遍历乡落，劝分富民廪，民赖全活。摄倅，捐俸不受。任垂满而卒。

吴雄字梦锡。长汀人。笃学，尤深于易。淳熙中进士，调隆兴府户曹，宪马大同[11]委决疑狱，剖析如神。宰靖安，有劝民五事，谕民十诗，自注《孝经》一编，戒谕上户毋闲粜，毋文非，务本抑末，有关风化，终广西帐干。

郑应龙字少慈。长汀人。庆元中登第，后试律中首选，调潭州理掾。到官用法称其轻重，丽狴犴者以理开谕，皆得其情，虽编点他州者，亦辞谢而去。有兵士盗帅金下狱，株连数人皆坐流，应龙力争，帅意未解，应龙曰："若使罪及无辜，有去官而已。"帅叹曰："其人若不胜衣，乃能执法如此！"

丘鳞[12]字起潜。连城人。嘉定十三年，特奏召赣州赣县尉，有廉声。归值绍定寇发[13]，郡檄摄连城令，画计御寇，率民登东田石，全活甚众。招捕使陈韡奏其功，辟知邵武军建宁县。

刘并字清叔。宁化人。事继母以孝称。端平二年进士，调会昌尉。当鹾寇往来之冲，尝勒弓手申警，寇不敢犯。嘉熙间，漕帅王埜差临川和粜，时朝廷降见钱充籴本，他官皆易以楮，并独戒吏无得效尤，遂先办。后宪司论擅易籴本钱事，黜者数人，并愈见知。辟大庾令，会谭如海啸聚，宪司檄督捕，遂擒之。后调辰州判官。江西宪辟知瑞金县，筑城建学，能声益著。以平洞寇功就任，改京秩，终奉议郎。

〔国朝〕

罗经字履常。上杭人。以《易经》魁永乐丁酉乡试，登戊戌进士第，除河南淇县知县。廉洁持身，为政尤重农事，尝教民以桔槔溉田，至今人被其泽。后升监察御史，终浙江按察司佥事。

儒林

〔宋〕

伍择之字元宾。宁化人。祐之子。博洽有器识，恬于进取，亲旧力勉，始就场屋。登皇祐癸巳进士，调南丰簿。时曾巩布衣犹未第，择之一见奇之，与为忘年友。治平间，以文彦博荐擢秘书少监。寻以故归里，创义方堂，买监书，延明师，聚族党子弟教养之。元祐间，复出宰长乐。时诸司酷暴相矜，朝兴大狱，乃蹙然曰："以残忍附上官，非我志。"即日归故庐，觞咏自娱，遂不复出。

罗祝字叔和。长汀人。再娶未期[14]，妻卒，悉以房奁归诸外族，契券皆未启缄，人称其廉。闭户读书，人罕识其面。贯穿经史，虽注疏亦皆研究。元祐间，朝廷行十科，祝以明经中第，调漳州法曹。漕使按行，欲秉烛入库，祝坚执于律不可，漕遂止。尝手释六经及注《唐书》，尤精于律数。终明州观察推官。

杨方字子直。长汀人。清修笃孝，行己拔俗。隆兴初登第。平生心慕朱熹，调弋阳尉，还道崇安参谒，面受所传而归。赵汝愚帅蜀，辟机宜。汝愚寻荐于朝，召对，擢宗正寺簿。丐外，通判吉州，知建昌军。召除编修官，首乞朝重华宫，辞甚恳切。宁宗立，除秘书郎，出知吉州。伪学禁兴，坐汝愚、熹党，罢居赣州，闭门读书，自号淡轩。党禁解，起家知抚州。未几奉祠。嘉定更化，召为侍右郎官，进考功节官。不三月复积忤以去。逾再岁，除直宝谟阁、广西提刑，卒于象州。

文苑

〔宋〕

梁藻字仲华。长汀人。强学多识,性乐潇散,父任不就。三举礼部未成名,杜门自适。有诗一编,曰《梁处士集》。

陈宗道字道夫。长汀人。大中祥符元年中甲科,以文墨议论见知于丁谓、寇准,擢开封府教授卒。

伍文仲字仲成。宁化人。正己五世孙。七岁能属文,目为神童。年十六魁乡荐累七举,绍圣元年中进士,后应宏词科而卒。

李元白名齐,以字行。宁化人。博览强记,不能俯就举子业,乃大肆力于诗,出入少陵集中几逼真,记纂杜诗为押韵,又集其句为一编,皆行于世。尝集大观升平词若干首以进,得初品官,即归故庐,笑傲泉石而终老焉。集句始于王安石,而孔毅甫、葛亚卿相继而作,俱声闻于时。

雷协字彦一。宁化人。充贡上庠,以《易》学知名。虽僻书隐传,皆尝涉猎。政和二年进士,调信州上饶尉,迁南安军上犹参,累官宣教郎、兴化军教授。

张达观字子周。宁化人。才气高迈,不拘小节,酒酣为文逾逸。政和五年中进士,调洪州理椽,吉州推官,改秩知邵武军建宁县,终承务郎。

王宗哲字廷俊。长汀人。初省试居末第,会朝廷责有司取人过额,减百人,宗哲亦在数中,遂东归读书,绝意功名,以诗酒自适。至政和戊戌,凡一十四年,以恩沛复取所减百人,廷对,遂中甲科,累官灌阳令。致仕归,创堂,手植六柳,号六柳先生。与郡宰张宪武为诗友,更倡迭和。年八十一卒。

汤莘叟字起莘。宁化人。登绍兴五年进士第。少好吟咏,有《马上吟》云："宿雨洗山新绿嫩，晓风吹杏浅红干。沙头路暖日欲上，行客扬鞭不觉难[15]。"晚年《自述幽居》云："葛巾簪下无多发，茅舍门前有好山。"皆脍炙人口，终饶州推官。

〔国朝〕

沈得卫连城人。性端厚儒雅，读书善歌诗。元末，福建行省参政陈有定重其才，致之宾幕，欲任以官，得卫辞以先陇未葺而去，自是不复出。所居在莲峰下，有泉石梧竹之胜，日与朋旧携酒登高啸咏以自乐。国初郡邑闻其贤，辟为儒学训导，讲教有方，一时人敬重之。所著有《东崖樵唱集》。

伍清源连城人。博学善诗文。国朝洪武初，郡辟为儒学训导，与诸生讲解，昕夕不倦，一时士子争欲授业于其门。洪武十三年，郡守杨大得以清源应明经举，授宝钞提举司副使。后以疾告归，自号秋圃，构轩于后龙山之阳，环植花木，日以诗酒自娱。年八十九卒。

范金上杭人。性沉静寡言，从王卢渊授《春秋》，学博才赡。永乐癸卯以经义甲一道。正统间典始兴、陵水二庠教，既而以疾归养二十余年，士子乐从者众。卒，人咸以位不称才惜之。

士行

〔宋〕

伍仲休字通远。宁化人。正己五世孙。博学善属文，充贡上庠，擢大观三年进士第，调南康军理掾，辟安远令，寻知惠州河源县。丁母忧，勺水不入口，毁瘠致疾。终承直郎。

〔国朝〕

胡时永定人。忠厚淳良，以明经教授于乡。善吟咏，尤工楷书。洪武间，知县刘亨荐授抗庠训导，教人必因其材质高下而授之，多所造就。卒士官。今祀于乡贤祠。

丘子瞻永定人。以学行名。洪武初，求山林儒硕，子瞻年五十余，知县刘亨以名经荐授武平训导。晚归林壑，以觞咏自娱。清明雅望[16]，人敬仰之。祀于乡贤祠。

风节

〔宋〕

雷观宁化人。靖康间在大学上书，略曰："当今夷狄外侮，国势阽圮之秋，扶颠持危，其急在于一相。前日以白时中老谬罢斥，公议称快，意必得贤相当此重任。翌日宣麻，乃递迁张邦昌，士民失望。咸谓邦昌乃前朝辅相之无状者，例从罢黜，已为晚矣，今又相之，将安用哉?"又云："汉陈龟有言：'三辰不轨，擢士为相；四夷不恭，拔卒为将'，此何等时而递迁贵臣耶?"其言激切，士论韪之。

忠烈

〔宋〕

郑立中字从之。长汀人。有节操谋略。政和五年进士，调崇安尉。时方腊余党寇闽，立中部民修分水寨，竖壁以守。贼恃众冲突，立中出贼不意，击败走之，闽人赖之以安。诸司列奏，改承奉郎知海门县，未赴。金人南侵，擢行军总管，奉使募福建民兵，得数千人，转而前攻，复光、蔡等州，因守蔡。虏人再犯，遂被害。特赠朝散郎，官其子穆。绍熙中褒表节义再官其孙岫。县令陈显伯建道学六君子祠于邑庠，独以立中及阳方配食。

〔元〕

伍宗尧清流人。性资刚毅。元末盗起，邑人推宗尧为长。宗尧集士卒设方略以御之，四境获安。至正庚子，江西寇邓克明来侵，宗尧御之，经月弗克。寇使说其降，宗尧乃谕众曰："吾生为元人，死为元鬼。"明日遂与其子希稷、希明、希周、希孔率兵决死战。宗尧奋勇突入贼围，败绩，父子五人俱死于难。寇亦退去。

〔国朝〕

张爱上杭人。膂力绝伦。洪武二十年，盗钟子人同广寇作乱，凶焰可畏，众推爱为队长以备御之。及子人攻县，爱挺身与龙文彪等力战，歼其渠，斩首数百级，贼败而退。复随军进剿，深入被执，骂贼不屈而死。民哀念之。祀士赤岗庙，题曰"勇士张爱之神"。

江瀚上杭人，著录邑庠。正统己巳，沙、尤寇发，瀚避难，将至郡城被执。盗询其知为儒生[17]，欲用之，瀚曰："朝廷养我有年，未能效报，岂可从你反耶[18]？"贼怒，捽近城下，胁之使跪，瀚不屈，骂不绝口，遂被害。贼大声告城上人曰："此上杭江秀才也。"人咸义之。

张秉和上杭人。天顺六年，溪南寇发，秉和被执。令之跪，骂曰："我良民，岂跪你贼耶？"欲杀之，旁贼曰："你跪可免死。"秉和复厉声骂曰："死强盗！你等为此不道，恨不嚗你血，杀即已矣，跪你何为！"遂遇害。

吴海上杭人。富而尚义。成化已亥冬，溪南民摽掠其乡，流移者众，海恻然，散粟济之。明年春，贼复发，海仗义率民兵擒斩贼首钟三等若干人，战于峡头之麓。已而贼潜伏发于中道，海遂遇害。乡人至今怀之。

郑琏[19]清流人。为县刑曹掾，景泰元年草寇复发，攻掠乡村。民骇窜至杨梅径，路狭，人莫能进，贼数十追及，琏挺身与之战。自午至申，贼乱枪伤其胸，琏悍然不顾，贼畏其勇而退，琏亦力疲倚岩石僵立而死。径中之民四百余家悉赖保全。

孝义

〔元〕

顾元禄[20]宁化人。延祐初，赣寇作乱，元禄负母挈妻子入山。寇至，元禄守母不去，寇欲刃其母，元禄以身蔽之曰："宁杀我，毋伤吾母！"时母病渴乏水，元禄含唾哺之。盗窃窥相顾，叹骇不忍害，有掠其妻去者，众盗责曰："奈何辱孝子妇？"使归之。事闻旌表。（一本作赖禄孙，未详。）

宋景辉连城人。幼读书，勇敢有英略。元初寇攘未定，景辉招集义勇，防御有功，授北团寨巡检司头目，乡邑赖之以安。至元间，率众杀贼帅李三十九、殿帅王大王并其党三十余人。复捐家资犒义士，又攻破伪永兴帝巢穴，射中左胁，取其首，并获伪印。累授武略将军，终临江路治中。

郑从吉长汀人。劲直勇敢，胆略过人。元末，上杭寇发，众延之，托以捍御之事，从吉慨然仗义而往。至邑，与众约曰："必欲杀贼乃已[21]。"盗闻之惧而退。境内数被寇掠，民不聊生，县治荒芜，从吉乃闻而治之[22]。招抚流亡，为一邑保障，民大德之。由是省授摄上杭县事。

〔国朝〕

周子礼上杭人。富而好义。洪武间，钟子人等寇县，民皆欲奔避，无肯捍御者，子礼挺然告众曰："有能敌贼者，当罄家业赏之。"时张爱为民丁队长，偕其侣梁文彪率所部以应。子礼与之誓，断左手食指以示信，众皆感奋争先。贼败，子礼遂出白金分赏，金尽又出其家人首饰以继，首饰尽，复出其布帛器物以继，又尽，乃曰："愿以田产立券给赏。"城中有缺食者，乃出米粟周之，民恃以安，而县治亦赖以无虞。

刘敬字谦之。上杭人。早失怙，事母吴氏至孝，凡得食必以遗母。正统己巳，沙寇攻县甚急，家人悉惊窜，惟母在室，时年八十有二，敬度不能行，誓死弗离。乃负母出城，西奔二里许，贼迫及之，箠楚索金，杖及于母，敬抱母号天乞免。母因伤病不能兴，敬含哺以饲。贼退，贫甚，日采拾以养。母卒，哀毁逾礼。至今人称其孝。

宦迹

〔宋〕

梁颀字习之。长汀人。咸平三年进士甲科[23]，博洽能文，见知于年魁陈尧咨，屡加荐引。历知庐州，漕广东，以和戎功迁开封府判官，擢兵部员外郎河南府少尹。

〔国朝〕

王英长汀人。宣德中任户部主事，寻升员外郎、山西布政司参议，终左布政使。所至皆有声，致仕卒。

赖世隆字德受。清流人。宣德五年第进士，为翰林院编修。正统间，沙、尤寇发，世隆自乞协同宁阳侯讨贼，乡邦赖之。

武功

〔宋〕

彭孙字仲谋。连城人。少以材勇自负。田元猛[24]陷辰州，孙讨平之。继讨岭南交趾，屡捷。廖恩寇闽，孙单骑造垒谕降之。复以诡计擒剧贼詹遇，寻命讨泸南叛蛮。会灵武有警，命孙护辎往西陲，孙愿得精卒五万，不为经略节制，则灵州可得而捣。十札皆边防机务。官终莱州防御使。

邓晋字晦之。连城人。有材武，好读兵书，从妇翁彭孙平詹遇，以功擢皇城使。性刚严，然遇下有礼，与士卒同甘苦，故皆乐为之用。收复熙河就命为都统，终武功大夫。

伍全长汀人。状貌雄伟，膂力过人。绍兴间，齐述婴赣城以叛，其势熏灼。时募勇敢士讨捕，全以土豪应命召募，与陈敏等协力围城。述坚壁以守，全叠披铠甲，独攀缘登城，持铁戟重百斤转战，万夫披靡。遂入城启关，以故诸军争赴，大破之。擢广州摧锋军第十七将。后金虏犯顺，有骁将挑战，制帅察军中惟全可以当之，全以素所服习铁戟前击之，虏将应手而毙。上闻，转十官，赐金甲名马，赏赉优渥。虏人识其旗帜，见则辟易，终武显大夫。

曾先字彦登。长汀人。少刚鸷好侠，因交亡命拘囚。朝旨下汀，募义锐手戍边，时畏缩无敢行者，先独倡勇应募，由是得千余人。郡守傅康嘉其忠勇，俾部押以往，隶黄州屯驻。寻因战补进勇校尉，累迁至武显郎，知南□军，兼权琼管。

〔国朝〕

谢柱宁化人。元季从太祖皇帝渡江讨陈友谅。继奉旨从宣德侯取云南诸路，屡见功迹[25]，授武略将军。洪武二十二年，除青州右护卫指挥佥事，累升福建都指挥使，赐名玉柱，嘉其忠勇。复官其次子赐，授福宁卫中所副千户；季子希彦，护驾散骑舍人。

隐逸

〔宋〕

邓春卿字荣伯。长汀人。甘贫乐道。崇宁间，诏举隐逸，郡守陈粹以春卿应诏。后举八行，郡守章清又以名闻，俱辞不就。卜筑南山之阿而老焉。二公累造其室，一旦章访之，春卿谢不能，肃诗云："在陋愧无颜子志，过庐难称魏公心。望尘不敢希潘岳，云满南山雪满簪。"章次韵属和者数十章。自是高卧，年九十六而逝。有诗文三卷。

王格字伯庸。长汀人。尝与计偕，恬于进取，以授徒为乐。少与陈轩厚善，陈来守郡，尝割俸五十万馈之，格不为己有，悉归诸郡庠，且哀劝县人共买田数百亩，汀学有田自格始。子宗哲、明哲、宣哲皆第进士。浚哲贡辟雍。格后以子贵，累赠朝奉郎。

宣明字南仲。长汀人。赏贡辟雍，浩然有归志。爱城南五里岩洞幽邃，泉清木茂，乃疏池筑室，卜隐其间。郡守谢诇榜曰"宣岩"。与其子吏部员外郎瀓时往访之，觞咏终日，暨豫章洪葛、纠曹龚守、户曹谢喆皆有留题。

徐唐字守忠[26]。宁化人。未冠授《春秋》于乡先生吴果，不两月诵析如流。宰晏君奇之，俾受业于李觏，觏曰："胡先生讲《春秋》于上庠，子盍造焉。"于是负笈京师，质疑问难，旁通群经，诸子屈服，遂见知于欧阳修，亟致其馆，未几荐之，仁宗召见讲《易》。嘉祐三年，奔母王氏丧以归，迄庐墓侧不复出[27]。

邓旦字日升。连城人。詧之后也。少颖悟，博极群书，为文典雅。四举于礼部。年甫强，即无复仕进意，日以诗酒自娱。士夫竞致之，寻亦弃去，作《归田记》。卜筑县东十里石岩门之侧，榜小斋曰“尚友”，自为记。客至则高谈痛饮，该免举恩，同侪移书趋行，答曰：“勿复败吾佳思。”隐居凡四十三年，以寿终。

〔元〕

林茂轻连城人。性恬淡寡欲。元末，里人罗天鳞攻破邑治，凡名门巨族，鲜不为所鱼肉者。茂轻慨然尽弃田宅，与其兄卜居于北安里之溪尾，自号清隐居士。天资纯笃，乐与人为善。岁歉辄出米以赈给乡里，人咸德之。复捐己资，建林公、昼锦二桥，行者便焉。一子先卒，三孙俱幼，茂轻躬自抚养成立。年八十四以寿终。尝作遗训以教子孙。

〔国朝〕

张子才宁化人。读书敦行。永乐间，举茂才不起，隐于邑之张豪坑，课子孙耕耘为业，家用以裕。景泰中，知县梁昂援故事劝其纳粟赈济，以膺冠带之荣。子才毅然出粟二百石以输官廪，且曰：“出粟救荒，富者当为事耳。况躬逢盛治，得以优游安居为太平幸民，衣食既足，自当惟其有余以周贫乏，何敢望冠带之赐耶?”固辞不受。享年七十，具深衣幅巾而卒。乡人咸歆羡之。

张彦铭宁化人。领乡荐。历任判府，乞致仕家居终养。崇正学，憎俗流，恶佛老，归乡三十余年，非公事不至公门，动必由矩度。号素庵老人。年九十七。弟彦正，性孝友，少时母疾甚，剜股吁天求以身代母，疾果愈，咸谓孝感所致。既长，读书善吟咏，进修不倦，年九十。号华山隐叟。彦隆，号遁斋，慈祥敦厚，乐善好施与，邑人以乡先生称之。年八十有七岁。行乡饮，兄弟迭为大宾，座人皆服其宜。知县郑瑄命工绘其像为图，属诗人歌咏之。号曰“宁阳三老”。

李颖字士英[28]。宁化人。早失怙，母吴氏抚育之。及长，事母极孝敬。读书好古，深造底里，尤工吟咏。隐居梅坡，因号梅隐。尝教授乡间后进，赖其琢成者众。乡人景仰之，称为“梅隐先生”云。

寓贤

〔宋〕

郑侠福清人。熙宁中监安上门，绘流民图以进神宗，为罢新法数事。王安石既去，吕惠卿用事，侠又言安石创法为民害，惠卿朋党奸邪，壅蔽聪明，独冯京敢与安石校，请黜惠卿，用京为相。惠卿大怒，遂诬以谤讪，编管汀州。

孙升字君孚。高邮军人。哲宗朝，召御史。绍圣中，坐党籍安置汀州。居三岁，卒于贬所。

曾肇字子开。建昌人。累官翰林学士。自熙宁以来，大臣更用事，邪正相轧，肇数不合。崇宁元年出知和州，徙岳州，继贬濮州团练副使，安置汀州四年，归润而卒。

李光字泰发。上虞人。宣和间为侍御史，以论蔡攸、朱勔谪监汀州酒税。高宗朝再除御史，迁参知政事。谥“庄简”。

赵令衿[29]宗室子。高宗时，因观秦桧《家庙记》文，口诵“君子之泽，五世而斩”之句，桧闻怒，责居汀州。桧死，放还。

列女

〔宋〕

叶氏长汀人。归为石城赖仲元妻[30]。事舅姑无间言，勉夫以读书进取，处寒素怡然也。仲元游岭表未还。建炎中盗起宁化，直捣石城。叶以夫旅游，舅姑年迈，势不能遁，委命以待。俄寇至，闾里妇女悉驱迫至叶家。叶极口骂贼，以身自触白刃。寇怒，断其喉并舌。子女皆遇害。

晏氏宁化人。嫁为曾氏归。夫死守幼子，誓不改节。绍定庚寅寇破宁化，晏合亲族田丁据守山寨，倾家资以给廪饷。贼攻围其寨，晏悉裹其首饰金帛以谕众，曰："尔等宜各用命，胜则以是赏尔，不胜即杀我，誓不为贼所辱也。"乃选百人为先锋，亲挝鼓督战，贼败而退。乡人挈家来依者甚众，晏辄助其不给者。又析砦为五，互相应援，贼弗能攻。凡存活老幼数万人。招捕使陈铧以其事闻，封恭人，赐冠帔，补其子为承信郎。

〔国朝〕

张氏宁化人。刘辛一妻也。年十九夫亡，孀居坚守志节，孝事舅姑。其父母兄弟以其年少无子，累欲夺其志，张氏执操益坚。有司奏请旌之，命未下而卒。年九十三。

赖氏宁化人。衡州府教授海之孙女也。配邑人李勣，年二十而寡。奉舅姑克尽妇道。舅姑怜其少而无子，欲改嫁之，赖曰："吾祖尝有训，谓女无再醮之理。夫死而再嫁，实天地间之贱人，不独玷吾夫，抑且玷吾祖。"毅然不从。后舅姑殁，丧葬尽礼。寿至七十三而卒。

陈氏、黄氏上杭人。邑民邵缙绅、缙缨妻也。正统己巳，沙寇至县，势甚猖獗，获二妇于梅溪寨，群盗欲污之，二妇绐曰："此非其所宜，于船渡僻处为便。"盗是之。至中流，各抱其婴儿投水而死。越数日，尸浮水面，其容如生，婴儿犹在抱，人以为异。成化六年，御史余棐以闻，诏旌之，匾其门曰"双节"。

丁氏上杭人。太学生黄友杭妻也。友杭卒，丁年方三十，哀恸几绝，誓不改志。或有讽之者，丁作色厉声以拒，益自砥砺，却华屏饰，惟女事是勤，上以养其老姑，下以保其孤弱，终始不变。

时友杭女弟适丘福泰者亦早寡，守志不二，常曰："吾嫂所以教我也。"至今人称之。

郭氏上杭人。年十八归同邑雷广生。阅二月，广生卒于外。讣闻，号哭几绝，竟旬不食，欲求自毙。夫之兄将夺其志，郭举足蹴地哭，曰："吾闻烈女不更二夫，此足岂肯再履他人门乎？"自是悉屏华饰，谨出入，以死为期。茕居六十年卒，寿八十。

张氏上杭人。曾宗哲妻，年二十四而夫卒。二孤长存政方三岁，次存用方一岁，祖姑郭氏年逾九十，姑温氏[31]年亦七十，俱早年孀居，每怜张氏盛年，欲改嫁之，张氏闻而叹曰："吾家既无伯叔可以应门，若再他图，则二姑何所依，孤子何所托？曾氏之嗣，不几于坠乎？"誓不易志。日勤纺织，以给事育，冰檗之操，终始无间。年七十六卒。

陈氏清流人。德明之女，年十六归于叶福。福中乡举，会试北上，至南丰病还，卒。陈氏誓不再醮，取箧中首饰衣服之美者悉分诸妹。自以年少，恐母家夺其志，绝迹不往来，始终一节。年逾七十而终。

张氏武平人。陈万寿妻。年二十，夫亡守节。正统间，贼攻县治，张氏避地牛轭岭。贼搜山劫掠，见张氏有丽质，欲侵之，不从，贼怒剖其腹，闻者哀之。

钟氏武平人。归于同邑王宗安妻。年二十一，夫亡，生一子甫三岁。钟氏寡居坚持节操，昼夜勤纺织，抚育孤子，底于成立。今年八十有五。有司奏请旌表，未报。

钟氏武平人。适王宗安之子英。甫五载英亡，断发自誓，与寡姑同守志以抚遗孤。孀居三十余年，今年六十矣。

丁三娘连城人。吴继养妻也。夫卒，丁氏年甫二十有三，一子仅二岁，丁氏哀恸顿绝。亲党咸宽谕之，以为有子尚幼，若抚育成立，不愈于自死耶？丁氏感其言，坚守志节，以长以教，子方毕婚冠亦卒。丁氏嫠居茕然，志不少衰。

仙释

〔宋〕

晏仙人樵采本郡山间，见一道人食桃，余半颗饲之，晏受而食之，忽能前知人祸福。乡人目曰晏仙人。

刘女宁化刘安上女。育于雍熙初，九龄与羽人谈道得度。及笄，许妻何氏子，刘氏送之，忽有一白鹅自空而坠，刘女乘之而去。陈轩诗曰："白鹅乘去人何在？青鸟飞来信已遥；若使何郎有仙骨，也须同引凤凰箫。"

黄升长汀人。自幼得道法，钱沉水中者呼之即出。又能内汞于口中，运气炼之，即成白金。有蔡道人死，升为棺殡。后遗书与升云："在崆山相候。"升往见之，曰："吾向时有文字在墙隙间，汝归诵之。"忽不见。升得其文字，自是能役鬼神。后尸解。

应定大师《勤江集》云："初波利尊者自西土来，住盘古山。古有谣曰：'后五百岁有白衣菩萨自南方来居此山，是定光佛也。'至是应定大师乃应之。"

伏虎大师宁化人。汀苦旱，结坛龙潭侧，云："七日不雨，愿焚幻躯。"七日，炬将举，甘雨倾下。有猛虎见师来即远遁。

榉鉴名智孜。长于诗，吟《四皓诗》曰："因秦生白发，为汉出青山。"

延平府

名臣

〔宋〕

张若谷字德元[32]。沙县人。淳化三年第进士。真宗朝历礼、兵、刑三部郎中，江、淮、湖、益四路转运使，两浙、荆湖制置使。召还，为三司度支盐铁副使，拜右谏议大夫，知并州。以地接边险，不宜罢市番马，奏乞仍旧，从之。迁给事中，以枢密直学士权知开封府。出为澧州，移真定府。召为秘书少监，充正史编修官，进秘书监，兼宝录检讨官。复知颍昌府、陈州、江宁府、赵州，所至以循良称。官至尚书左丞卒，赠特进。子庾，知临江军。

林积字公济。尤溪人。庆历四年进士，县人登第自积始。熙宁间，由知泗州召对，神宗嘉其廉能，除江西运判，徙广东提刑，召为三司度支判官，迁库部郎中、太府少卿，出知福州，移河南转运使。积廉谨方严，历官中外，所至著殊绩。初罢六合令，遇王安石于途。时安石掌制有盛名，愿积谒私舍，卒不往，安石器之。及服阕，以公事见安石政府，安石称其才行不置。然终以鲠挺不得用。子义[33]，字德新，官至吏部侍郎、敷文阁待制。

范迪简字道卿。剑浦人。庆历四年第进士。陈襄得其文二轴，大加称赏。后调官至阙下，以尝受赵抃引荐，不肯一谒，识者伟之。子峒、峋、岾、嵎、峣俱登科。峋官至龙图阁直学士。

张咢初名驾，字安时。沙县人。熙宁九年登第，徽宗朝除宗子博士，改太常博士。赐对，擢监察御史。大臣有议作复道，自太庙达南郊斋宫，以宦者董役，畿县骚然，咢请付将作监，民得不扰。在京百司，俱隶台察，而阁门殿中监多嬖倖恃权者，独不隶，怙宠者无所忌。咢请隶台察比他同，从之。未逾月辄复故，咢请罢，徙工部员外郎，知兴化军。召还，再除知信州，以工部郎中知广济军卒。

陈瓘字莹中。偁子。沙县人。元丰二年第进士甲科，调越州签判。章惇入相，道山杨素闻瓘名，访以当世之务及言司马光奸邪，所当先辩[34]，瓘曰："公误矣。果然，将失天下之望。"遂极论熙宁、元丰之事。惇意虽忤，亦颇惊异。至都，用为太学博士。会蔡卞与惇合，正论遂诎。卞党薛昂林自官学省，议毁《资治通鉴》版，瓘因策士，特引序文以明神考有训，昂自意阻。迁秘书监校书郎，以力诋绍述为执政所憾，出通判沧州，知卫州。徽宗即位，召为右正言，迁左司谏，极论京、卞、淳等之恶。所恨[35]又尝撰《遵尧集》，谓修史专据王安石目录不可传信，坐党籍除名，窜袁州、廉州，移彬州[36]，稍复宣德郎，又徙台州、江州，旋至南康，更移楚州，不使一日少安。靖康初，赠右谏议大夫，谥"忠肃"。自号了翁。所著有《了斋集》行世。子正汇，直秘阁，志节不忝其父；正同，敷文阁待制；兄子正敏，朝奉郎，有《遯斋闲览》行世。正式、兴宗皆以诗鸣。孙太方[37]建州通判。

曹辅字载德。沙县人。元符三年第进士。尉宁德，簿安丰。政和二年，中词学兼茂科。历秘书省正字。徽宗多微行，辅上疏谏止，太宰余深曰："小官何敢论大事！"辅曰："大官不言，故小官言之。官有大小，爱君之心则一。"遂编管彬州[38]。靖康初召还，历台谏、御史中丞、签书枢密院事，前后论疏凡百余章，皆一时之要务。金人围京师，辅两使金军。张邦昌僭立，命辅迎康王。及即位，辅仍旧职。以病卒于位。后赠太师福国公，谥"忠达"。所著有《籁鸣集》十卷、奏议十卷。子绅，朝请大夫；纶，度支郎中，以诗鸣，有《约庵集》行世。

曹中字久德。辅之弟。元符三年同第进士。除江宁上元县尉，获盗改秩。政和中，擢词学科第一，拜秘书省正字，改著作佐郎，周旋东观凡六年。同列俱擢美官，恬弗介意。或期偕诣执政门，尝至半途称疾还。自知不合于时，请外，得永州，即奏减盐额，民甚德之。辅上书论中兴事，忤宰相，因罢。靖康中，闻京城失守，愤懑成疾卒。中忠信和易，笃于孝友，文词温雅，如其为人。

廖刚字用中。顺昌人。从陈瓘、杨时学。崇宁五年登第，宣和初擢监察御史。时蔡京当国，奏无所避，以亲老补外。绍兴中为吏部郎官，请稽旧制，选精锐为亲兵。又乞经营建康，以杜金人窥伺之意。再除给事中，首献江淮屯田三策，封还章惇二子除目，徙户部刑部侍郎，以徽猷阁直学士知漳州。日食求言，请正建国储君之号，高宗耸然，趣召赴阙，拜御史中丞。秦桧风刚欲斥逐异己者，答曰："枉道从人，非吾志也。"复论其姻党郑亿年，桧益衔之。金人败盟，刚乞起旧相有德望者处近藩。桧怒，改工部尚书，寻以徽猷阁学士奉祠。子迟、过、遂、邃皆秉麾节，邦人号"万石廖氏"。

邓肃字志宏。沙县人。与李纲为忘年交。宣和中，贡太学，时东南贡花石纲，肃作诗言郡邑扰民，用事者见之，屏出学。钦宗立，召对，补承务郎、鸿胪寺簿。金人犯京师，奉命诣敌营，留五十日而返。张邦昌僭立，肃义不屈，奔南京。高宗即位，擢左正言。先是，贻金人帛一千万，肃在营密觇，均与将士之数大约不过八万人[39]，至是为高宗言之，上言："金人不足畏，但其信赏必罚，不假文字，故人各用命，朝廷则不然。愿诏立功赏一司，申严军法。"从之。复请分伪命臣僚为三等定罪，而被旨奏叛臣之上者有五，乞窜岭外；其次有三，乞于远小处编管；若夫庶官苟禄，稍赦其罪。高宗以为然。又劾奏耿南仲父子阻战误国，并留守范讷、内侍陈良弼罪状。李纲罢相，肃坚乞留之，坐是奉祠。肃在谏垣不三月，凡二十疏皆切直，多见采纳。有《栟榈集》二十五卷。

罗荐可字养蒙。沙县人。政和二年登第，调高邮军司理。金人陷京师，张邦昌伪赦至高邮，守率僚属欲拜之，荐可坚持不可，取赦掷之而出。高宗即位诏下，守忧悸死，荐可名益著。知饶州乐平县，与守不协，罢。李纲制置江南西路，辟为属，入监登闻鼓院，忤秦桧，出知澧州，寇攘之余，招集流亡，州称治。移知筠州，民输纳令自概量。除知常州，卒。

张致远字子猷。沙县人。宣和三年第进士，鲠亮有学识。绍兴四年，除殿中侍御史，奏乞宽民力，薄赋敛。从之。金人与刘豫分道来侵，赵鼎劝亲征，朝士尚以为疑，致远□□其决[40]。迁侍御史，言"聚财养兵皆出民力，善理财者□□邦本[41]"。会有旨，修瓦屋权充太庙，又言“中原陵□□□京师[42]，庙社仅存万一，四方传播，创建太庙，兹□定都[43]，将人人解体，失兴复大计”。拜户部侍郎，言：“陛下欲大有为，愿诏大臣务省节，禁僭侈，自宫禁始，自朝廷始，减额员，并司属，使州县归其余于监司，监司归其余于朝廷。朝廷无横费，惟军需是虑，中兴可致也。”除给事中，丐外，知台州、福州。再入为给事中，出知广州，以显谟阁侍制致仕。

邓祚字成材[44]。沙县人。建炎二年第进士。授建昌军签判。金虏入寇，破洪州，传檄至建昌，守率属纳帛，拟以城降。祚毅然斥之曰：“虏使至，当杀之而焚其书，宁死不降。”守欲执以畀虏，祚不为屈，遂弃官归。李纲宣抚湖广，辟为属，复判静江，迁泉州。以陈康伯荐，召对，擢广西转运判官，迁知泉州。除直秘阁，广东经略。复起知隆兴府、江西安抚，盗贼盈区，祚随宜剿荡，一道以宁。寻以疾请祠，卒。所著有《焦桐集》。从子宗仁，江东安抚使。

黄伯固将乐人。绍兴中用荐授建昌尉。累官四川安抚制置使，终兵部侍郎。为人庞博而坚凝，钩经索史，严义利，重然诺。历官中外，清誉闻于上下。卒谥“忠简”。

邓驿字千里。沙县人。淳熙二年登第。历秘书省正字，迁校书郎，充嘉王直讲，拜右正言，遂为左司谏。亮直敢言，不避权幸。庆元初，召为起居舍人，拜中书舍人。朱熹以忤韩侂胄罢讲筵，驿面奏乞留，不许。李沐除正言，驿行词寓规戒意，沐衔之。吕祖俭上疏请留赵汝愚，并论朱熹等不当逐，语侵侂胄，安置韶州。太学生杨宏中等以救汝愚坐编管，皆封还录黄，不草制。未几，以集英殿修撰知泉州，进华文阁待制奉祠。

冯初心字梦得。将乐人。笃志嗜学，博洽经史。理宗朝历给事中，迁礼部尚书。居官不妄荐拔，时号名臣。

〔国朝〕

张智字原略。顺昌人。以明经举，授夷陵州学正。才识卓异，召为礼部右侍郎，凡礼乐制度多所建明。迁国子司业，德望重于儒绅。

陈山字伯高。沙县人。由举人历始兴、奉化教谕。召入预修《永乐大典》，擢吏科给事中。服阕到铨，拟迁广东布政使，特留掌六科事。寻命授皇太孙经。仁宗皇帝即位，以旧学升左春坊左庶子，寻擢户部左侍郎。宣德中，为户部尚书兼谨身殿大学士，诏领文学士，日侍文华殿，充两朝实录总裁官。尝坠马伤足，上亲研药调酒赐之。高煦叛，驾亲征[45]，命山留守。暨还，召进斋宫命坐赐茶。俄以老请致仕，不许。诏免朝参，命中官扶掖出入，再乞致仕，章四上，始俞允。道卒。有诗稿、奏议藏于家。

黄琛字廷献。将乐人。正统四年第进士。除户部主事，转员外郎，升郎中。奉诏赈济淮北，人赖以全活者万数。除江西左参政，政务繁剧，佐理有道，升左布政使。会洞寇朱绍纲叛，阃臬诸重臣议，据其要害，俟其出而击之，琛曰："贼所恃者山溪之险尔，安知所谓战耶？为今之计，若乘其势之未炽，积之未充，掩其未备，直捣其巢穴，可系颈而致矣。我师一缓，则养彼之强悍，几事害成，斯之谓也。"众意决，遂率师以行。夜二鼓，破其垒，俘绍纲，余党悉平。时服其智。升南京户部侍郎，奉命巡抚四川而卒[46]。

良吏

〔宋〕

陈世卿字光远。沙县人。雍熙二年登第，调东川节度推官。李顺寇两川，州将部分战守，世卿当一面，亲射中数百人，贼寖盛，同幕咸为自全计，世卿曰："食君禄当以死报，焉用避为？"进攻益力。贼既引却，就表堂书记。久之，召为秘书郎，入常博士[47]。真宗朝历福建、两浙转运使、祠部度支员外郎，出漕湖北澧州。诸蛮肆掠，久不能禁，命世卿讨之。未几年，置澧州、武口等寨以控制之。还朝，愿祈剧郡行效，除秘书少监，知广州。奏除计口买盐之害，民德而歌之。赠吏部尚书。子俨、侃、卫、伟、偁并以恩补官。

吴辅剑浦人。天圣八年登第，调道州推官，有传寇至者，郡僚欲毁桥城守，辅曰："自桥而南皆吾民也，安可弃民为自全计耶?"寇卒不至。

陈偁字君举。世卿子，以父任补太庙斋郎，调通判蔡州。尝以疾在告，力争死狱，免死者五人。知惠州，筑丰湖以还民利。召知开封府，属新法行，请外，知泉州，改知尉州，筑堤十里以防皖溪之患。再知惠州，岁旱，偁教民以牛车汲水，入东湖以溉田。旧法番商至必使诣东广，否则没其货，偁请立市舶司于泉。哲宗立，诏从其议。以朝议大夫致仕，赠特进。子瓘。

廖天觉字仲先。顺昌人。励志笃学。绍圣四年第进士。知余姚县。属行方田法，天觉简其事目，民甚便之。兼石堰盐场，岁课增羡，应转三官，不受。移古田令，编民负上供银布几数百万，多方为理偿之。教民文曰："敦孝弟，力农桑，戒杀子，禁游手。"辞旨恳切，民从其化。官余姚时，杨时适在会稽，每语人曰："仲先真古君子。"闽中张穆为部使者，称其可比古循吏。后以朝请大夫致仕。有《鱼山集》十卷。

邓宁字仲吉。沙县人。熙宁六年登第。调威武军□□[48]。高丽贡舟遇风次州境，为治舟修具，使复寻海道□进[49]。移漳州、福州，浮屠侵民腴田，判归于民。迁提举江淮荆浙福建茶盐，东南盐货岁额寖隳，宁为之□画输运[50]，由是岁增数十万。信州饥，发粟赈济，又严盗贼之禁，州赖以安。召对，擢河东提举，迁京西提刑、福建转运判官。以微累坐谪，起知黄州，寻与祠。宁博学工诗文。有《七峰集》十卷。弟密，举八行；子文饶，广东提举，知福州。

陈麟字梦兆。旧居剑浦，娶于沙，因家焉。大观三年登第，调闽县令。有富民诬里人为盗，麟辩其冤，寻获真盗，邑人神之。势家欲徙人墓，以属麟，麟不可，部使者杖县吏撼之，终不为动，使者复令诸邑求翠羽奇花怪石，麟不顾，遣人谓曰："汝何恃敢此？"应曰："孤寒小官，惟洁己自守耳！"时与黄宗、翁谷号"闽中三循吏"。南渡传欲幸闽，人情汹汹，妖巫托神言以惑众，麟召巫叱责之，绝其妖妄。绍兴初知韶州，邻寇至，率所部败之，执其渠魁及余党数百人。擢湖南转运判官。孙光远，石城令。

余良弼字岩起。顺昌人。博学明经，乡试第一。建炎二年登第。历枢密院计议官，通判漳、泉二州。陈康伯入参政，以将作丞召。会交阯回文广西漕台，用印异常时，边吏以闻，道改良弼广西漕。至则缴而还之，蛮计道阻[51]。复覆正冒籍之军。移提点刑狱，平稽诛之寇。除知静江府，经略广西，减鬻爵，禁贩奴，抚诸洞，歼群盗，治效尤著。寻与祠。已而除直秘阁致仕。良弼为政知大体，每以教化为先。聚书几万卷，自为序以教子孙。有《龙山文集》。

张维字振纲。剑浦人。绍兴中登第。孝宗时除广西提刑，召对，谓"今日正当汲汲自治，不可扭[52]于小康，便为太平"，语甚切直，上嘉纳之，且俾察剖内守令臧否[53]。维到官，按行周遍郡县，条上以闻。就除广西帅，戢吏安民，招怀蛮獠，桂人生祠之。召为江东计渡转运副使[54]，面对，孝宗奖其治绩，且命董治屯营，以功加秘阁修撰。召入奏事，论军务得失，留为左司郎中，改司农少卿，再入都司。初，维守桂，尝言"熙丰行义仓法，独不及南方"，未报，至是复以为言，从之。

〔元〕

徐赐字天锡。顺昌人。少业儒，尤娴史事。为汀州路掾史[55]，属武平县有僧杀人坐逮，囚至者众，赐承路檄，拘众僧立庭下，屏左右诘之。忽一僧错愕失次，就讯鞫之，果真杀人者，众获释。迁建宁西安巡检，寇炽民徙，赐即剿捕，获其渠魁，坐以法，余党顺服，徙者复业，一境赖以安。升宁德主簿。先是，岁卖官盐，验丁取直，常课悉增十之五。岁久弊生，盐积不给，民贫无以输其直，公私俱病。赐白部使者为减常额，民德之，立碑颂焉。以延平路推官致仕。

叶荆才尤溪人。幼时丰采特异，丞相伯颜遇于道，命载后车归。既而第进士，累官至总管。尝使闽，度分水关，见迓者辄谦抑，似无爵位者，人益重之。

〔国朝〕

陈真字思诚。将乐人，由太学生拜饶州府通判，转安庆，升知杨州府。政尚平恕，不事鞭楚，于贫民尤加存恤。岁旱，跣足自罪以祷雨，雨随霔。时称有古循吏风。性尤恬淡，寡嗜欲，居官常种蔬以自给云。

王旒将乐人。由太学生知萍乡县，廉慎公正，兴学奖士，尤急于惠民，民德之。时增置一丞，以专赋税，旒疏其职冗，且为民病，奏革之。秩满，迁西城兵马指挥。

杨丹珉字德玉。尤溪人。由太学生知永新县。兴学校，赈穷乏，押强暴，不数载民皆悦服。先是，邑有铺长谋财杀商人住铺者，诬逮甚众。丹珉至，讽鞫之，遂得其实，出尸田禾中，乃抵罪，众被诬者获免，岁旱，祷雨辄应。蝗起不入其境。后移靖水[56]，终泰州同知，俱有治绩。

吴谦尤溪人。以明经举，除山东道监察御史，调知湖广武昌县。县有守御千户所千户周颐挟勋旧虐民，谦劾奏之。寻卒，民德之。有挽以诗云："一封朝奏动雷霆，死后精忠贯日明。惟有武昌东下水，千年□□为先生[57]。"

李胜字仲质[58]。南平人。以楷书荐，预录《永乐大典》，书成，愿就养，务期发身科目。已而中乡举，授无为军判官。莅事公勤，崇儒术，布惠政，民德之，肖其象祀于李冰祠。

温仪字仲盛[59]。将乐人。由举人除温州府推官，廉慎善治狱。会平阳叶八反，仪率士兵攻破夹屿山，入贼垒，获几三百人，还所俘平民男女百八十余人。既而泰顺徐怀思复叛，仪直捣巢穴，斩获甚众，擒怀思并其党三十余人。巡抚尚书孙原贞以闻，进五品阶秩。

道学

〔宋〕

杨时字中立。五世祖自弘农避地居将乐。时策熙宁九年进士。调官不起，以师礼见程颢□□[60]。及归，颢目送之，曰："吾道南矣。"颢卒，复见程颐□洛[61]。一日颐偶暝坐时，与游酢侍立不去。颐既觉，则门外雪深三尺矣[62]。张载尝著《西铭》，二程深推服之。时谓其近于兼爱，与颐往复论辩，闻理一分殊之说，始□然无疑[63]。杜门不仕者十年，久之，历知浏阳、余杭、萧山县，皆有惠政。改荆州教授。适天下多故，用事者欲引旧德老成置诸左右，而高丽国王以使者至，问时安在。使回以闻，召为秘书郎。迁著作郎。面对，陈圣学时政之宜，除迩英殿说书，累疏利病，拜右谏议大夫，兼侍讲。金兵初退，议者欲割－镇[64]以讲和，时遂极言其不可。命兼国子祭酒，因言童贯、蔡京误国之罪，其本在王安石邪说有以启之，乞追夺安石封爵，罢配享。安石遂降居从祀之列，时亦坐是罢祭酒，而元祐诸臣亦以时言次第牵复。寻四上章，乞罢谏省，除给事中，辞。已而奉祠。高宗即位，召除工部侍郎[65]。言圣贤之君未有不以典学为务，除兼侍读，以龙图阁直学士致仕。卒年八十三，谥"文靖"。有《三经义辩》[66]。子迪，字遵道，游太学有声。已而抱经谒程颐，颐器许之。诸经皆通，

《易》、《春秋》尤精诣,早卒。

罗从彦字仲素。先世自豫章避地南剑,因家剑浦,后徙沙县。从彦幼颖悟,不为言语文字之学。初从吴仪游,已而闻杨时得程氏学,遂往学焉,初见三日,即惊汗浃背曰:"不至是,几虚过一生矣。"时熟察之,喜曰:"惟从彦可与言道。"尝讲《易·乾九四爻》,时云伊川说甚善,从彦即走洛见之,闻其说亦不异于时,乃归卒业。既而筑室山中,绝意仕进,终日静坐。间谒时将溪上,吟咏而归,恒充然自得。如是者二十余年,尽得不传之秘。自时倡道东南,士之游其门者甚众,语其潜思力行任重,诣极从彦一人耳。绍兴二年,以特科授博罗县主簿。未几卒。学者称豫章先生。尝采祖宗故事,大要谓艺祖开基。列圣继统,若舜禹遵尧而不变。至元丰改制,皆自王安石作俑,创为功利之图,浸兆裔夷之侮,为书四万言,名《遵尧录》。靖康中,拟献阙下。会国难不果。其遗书又有《诗解》、《春秋解》、《语孟师说》、《中庸说》、《二程龟山语录》。谥"文质"。

陈渊字知默,初名渐,字几叟。沙县人。瓘之从孙,得闻家学。复从杨时游,而与罗从彦为友。时称其深识圣贤旨趣,妻以女。绍兴初,近臣荐充枢密编修官。胡安国继以直言极谏荐,召对,改官,赐进士出身,除监察御史,迁右正言。面对,因论程颐、王安石学术同异。高宗谓杨时之学能宗孔孟,其《三经义辩》甚当理,渊曰:"杨时始宗安石,后得程颐师之,乃悟其非。"高宗曰:"以《三经义解》观之,具见穿凿。"渊曰:"穿凿之过尚少,至于道之大原,安石无一不差,推行其学,遂为大害。盖圣学所传止有《论》、《孟》、《中庸》。《论语》主仁,《中庸》主诚,《孟子》主性,安石皆暗其原。仁道至大。《论语》随问随答。惟樊迟问始对曰:'爱人'。爱特仁之一端,而安石遂以爱为仁,其言中庸所以接人,高明所以处己。《孟子》七篇专发明性善,而安石取杨雄善恶混之,言至于无善无恶,又溺于佛,其失性远矣。"因论和议,渊愿以和为息战之权,以战为守和之备。章五上,益梗切,桧患之。复论其姻党郑亿年,坐解言职,除宗正少卿。有《默堂集》三十卷。

李侗字愿中,剑浦人。祖纁,父涣,皆以儒学起家。侗年二十四,闻罗从彦得河洛之学,以书谒之而请学焉。从之累年,授《中庸》、《语》、《孟》之说,从彦好静坐,侗亦静坐。从彦令静中看喜怒哀乐未发前气象而求所谓中者,久之,而于天下之理该摄洞贯以次融释,各有条序,从彦极称许焉。既而退居山田,谢绝世故,余四十年,食饮或不充,而怡然自适。沙县邓迪尝曰:"愿中如冰壶秋月,莹彻无瑕。"而朱熹亦称:"侗姿禀劲特,气节豪迈,而克养完粹,无复圭角,精纯之气达于面目,色温言厉,神定气和,语默动静,端谨闲泰,自然之中若有成法。平日恂恂,于事若无其可否,及其酬酢事变,断以义理,则有截然不可犯者。"学者称"延平先生"。卒谥"文靖"。遗书有《延平问答》及语录。子友直、信甫,皆第进士。父子兄弟自相师友。信甫历监察御史,知衢州,擢广东江东宪,以持立不容士朝云。

廖德明字子晦。顺昌人。少学释氏,及得杨时书读之大悟,遂受业朱熹之门。乾道五年,第进士,历知莆田县,通判潮州,知浔州,除广西宪,移江西、广东。复以直秘阁知广州,兼广东经略,进直焕章阁,除吏部左选郎官。录奉祠卒。德明初除浔州教授,为学者讲明心学之要。在南粤立师悟堂,刻朱子家礼及程氏诸书。公余延僚属及诸生亲为讲说,远近化之。尝语人以仕学之要,曰:"德明自入仕至为郡,惟用三代直道而行一句。"学禁方严,德明确守师说,不为时论所变。所著有《文公语录》、《春秋会要》、《槎溪集》。

儒林

〔宋〕

周谞尤溪人。熙宁六年登进士第。历知广州新会县。会王安石行新法，郡县风靡，谞独不举行。致书政府，力陈其弊，因求归田里。所著有《孟子解义》。一时门生称为周夫子。同郡王端，字道源，善讲学，最为范祖禹所重。嘉祐八年进士中第。

翁郘字好德，初名醇。顺昌人。博学工文，少有声场屋。元丰八年第进士。调崇安尉。时刘軨在布衣，郘待以国士，人服其知人。迁福清县丞，廉谨方正，当路闻其名，欲罗致之，檄至公堂，犹责以苛礼，郘拂衣回，有弃官意。檄者愧悔，委曲慰安之。已而以疾归里。县令俞伟大兴学校，力屈郘主师席，郘牢让不出。友人杨时贻书敦譬，郘不获已应之。数州之士负箧□集[67]，以儒学鸣于一时。官至宣教郎，杨时尝称其笃信好古云。

罗博文字宗约，一字宗礼。沙县人。殿撰畸之孙。从李侗游学有源委，以畸奏补官。张浚都督江淮，辟为属，侗闻之喜，曰："张公高明宏大，而宗礼以精密详练佐之，殆无过事矣。"浚入相，荐知和州。汪应辰帅蜀，辟参议军府事。秩满请祠，卒，囊无余资，惟书千帙而已。为人和易纯实，人莫见其喜愠。年未三十，屏远声色，一榻萧然，大为朱熹所敬信，状其行哭之，曰："熹既痛公之不幸，不及大为时用，又伤吾道之不幸而失此人。"

余大雅顺昌人。良弼之子。与剑浦游敬仲同时从朱熹游，每见必告以简约切实工夫，而要其归于求放心一言。大雅尝有诗云："三见先生道愈尊，言提切切始能安。如今决破本根说，不作从前料想看。有物有常须自尽，中伦中虑觉犹难。愿言克己工夫熟，便得周旋事仰钻。"熹深与其进。两捧乡书。有《朱子语录》一卷。

肃山沙县人。福州路长溪县丞。性颖敏，于书无所不读。宪极义理精奥，所著有《读诗传》、《论语讲说》、《读易管见》。

曹道振字伯大。沙县人。第进士，除福州路判官。博学通经。至正中，尝编次罗仲素文集为十八卷。

文苑

〔宋〕

廖执象顺昌人。父逊有诗名，初仕南唐，后归宋。执象七岁能诗，牛冕为闽漕，与语甚礼重之。甫冠入京师，献所为诗文，太宗览而善之。端拱初，赴省试，以疾卒，朝野多惜悼之。初，陈抟见执象，谓曰："子谪仙人也，第恐尘世不能久留耳。"有集十卷，徐铉为序。

龚懋字君美。顺昌人。少俊伟，书再读即成诵。仁宗朝举茂才异等，除房州推官。与张方平友善，方平知谏院，懋作十诗寄之，备言交契之厚。庆历初，近臣列荐，召为馆职，未几卒。

黄裳字冕仲。剑浦人。为书生时，常有魁天下之志。元丰四年，郡之谯门一柱，忽为迅雷所击，裳闻之，口占四句云："风雷昨夜破枯株，借问天公有意无？莫是卧龙踪迹用，放教头角入亨衢。"次年对策为天下第一。政和间知福州，尝为礼部侍郎，后迁尚书。

胡璞剑浦人。工于诗，尝经采石渡，题诗吊李白："抗议金銮反见仇，一抔蝉蜕此江头。当时醉弄波间月，今作寒光万里流。"苏轼见之，疑唐人所作，叹赏不置。

廖峣字次山。顺昌人。迪简之子。元符间入太学，属苏轼卒，诸生相与饭僧，以峣工于文，推为荐疏，又作诗悼轼，语皆妙绝。崇宁中，上书言时政，黜还乡卒。有《云溪集》十卷行世。

罗畸字畴老。沙县人。从彦之从父兄弟。少有声太学，熙宁九年第进士。调福州司理，坐忤使者归，杜门读书尔十年[68]，再除滁州司法。绍圣初，设词科，畸苟中选[69]，除华州教授，召为太学录。迁太常博士，论孔子冠冕，以王者十二旒为定制，从之，被命作奠献章二十余首。历兵部郎中、秘书少监。崇宁中辟雍成，命词臣赋诗颂，畸颂居第一，进官一等。以右文殿修撰出知庐州、福州、处州卒。有《文海》百余卷、《讲义》五卷、《道山集》三十卷、《秘阁秘录》四十卷、《蓬山志》五卷、《洞霄录》十卷。

廖正一字明略。将乐人。元丰二年进士第，元祐中召试馆职。苏轼得其策，击节叹赏。轼每以密云龙茶饮之，故名亦得亚于四学士。常言路，著直声，出知常州。蔡肇称其汪洋之学造微，瑰玮之文绝众云。后入元祐党籍，自号竹林居士。有《白云集》八卷。

吴致尧字恪文，一字圣任。顺昌人。政和二年第进士，除安化令，以事忤当路去官。因屏居衡麓，自次其文号《归愚集》。工于诗，尤喜集句。尝作调友十章，达于禁中。绍兴有《集雅词》，世误以为宣和中九重传出者。

〔元〕

张本字在中。将乐人。元统元年会试，以《蒲车轮赋》得高选，擢进士第。官至宁都州判官。同县吴文谊，博学攻文词，至正中为延平路总管。

忠烈

〔五代〕

廖澄顺昌人。少负忠义。梁开平二年第进士，邅迍不显。后仕南唐，累官至大理评事。宋曹彬取江南，师围金陵急，校书林特劝之降，澄曰："吾久仕唐，君臣之义不可废也。"矢死不顾。乃预以身事遣苍头亡归报其家。城陷，遂从容引决死之。

廖居素将乐人。仕南唐，以刚直见忌。骤谏后主不听，乃服朝衣朝冠立死井中。大书于篚曰："不忍见国突主辱也。"

〔宋〕

冯安国字彦修。顺昌人。少力学能文，行谊尤高。时行舍法，非王氏之学不取，安国因晦迹于家。自后虽屡应科选，然皆邅迍不偶，遂绝迹不出城市，惟聚徒讲学于里刹，名播遐迩。建炎中，范汝为据富沙，籍民降附，安国不屈死，时人义之。

范旺顺昌人。少有志操。为县巡检司军校。绍兴初，顺昌盗俞胜等作乱，官吏皆散，士军陈望者素乐祸，与谢士张衮谋举砦应之，旺叱之曰："吾等父母妻子皆受国家廪食以活，今力不能讨贼，反更助为虐，是无天地也。"凶党怒，剔其目而杀之。一子曰佛胜，年二十，以勇闻，贼诈以父命召之，至则俱死，妻马氏亦死。贼既平，旺死迹在地，隐隐不没，邑人惊异，为设像城隍庙，岁时祭享。六年转运使以状闻，诏赠承信郎，更立祠号"忠节"。二十八年，复诏立愍节庙以祀之。

黄复字乾叟。沙县人。宝庆二年第进士，除山阳尉。闻汀寇猖獗，献庙堂三册，境赖以安。真德秀、陈韡交荐之，教授高邮军，改知兴化军兴化县，转通判滁州，与守陈广协力拒虏。广主西门，复北门，射杀虏众数十人。后广中炮死，复摄州事，士气复振。八十余日援不至，前后数百战而殁。在围中遣子书云[70]："父老矣，食君禄，继之以死，虽死犹生也。"总制赵蔡、饷臣吴潜上其事，乞为立庙。所著书凡三十卷。子厔、广，皆从事郎。

张昇字伯起。顺昌人。幼颖悟不群，八岁能诵九经，且以诗名。九岁膺荐赴省，省臣奇之，以神童闻于朝。卒业胄监，年十二除秘书省正字，累官至江西等处儒学提举，阶奉议大夫。至正末，陈友谅陷豫章，索昇所署印，昇叹曰："吾自幼蒙被国恩，今年几七十，可违义苟生，隳先世而辱名教耶？"遂投印井中，不食死。

陈君用南平人。少负气，勇猛过人。元末红巾贼入闽，闽阃授君用南平县尹，遂给钱募兵，复散家财以继之。克复建阳、浦城等县，累官同知副都元帅。引兵至连江，与贼转战而死。事闻，追封颖川郡侯，谥“忠毅”。

吴文让将乐人。至正十五年，漳州李志甫反，文让散储帑募义兵往击之。贼势方炽，兵力不振，力战而死。子克忠誓不共戴天，罄家资率众血战败之，尽殄其丑类。事闻授福建宣尉司都元帅府元帅。

孝义

〔宋〕

倪闪字泰夫。沙县人。颖悟嗜学，家饶于资，用俭而好施。每出辄以钱自随。遇贫窭则掷于其家，不问其知与否。及领乡荐，赴礼闱，在京师施与不减家居时。累试弗偶，人嗤之曰：“君日以济贫为事，何屡屈于春官，岂造物有未知耶?”闪闻益自励。绍兴三年寇起，蔓延广东、江西，破汀州，侵县境。官兵获贼，县狱克牣，闪以愚民无知罹于法，日饮食之。已而贼斩狱出，纵火焚民舍，火将及闪家，贼党相与扑灭，邻家赖之得完。明年大饥，道殍相枕藉，则济以糜靡粥，活者万计。五年赴省，邻人多梦竖旗里门，书曰“饘粥之功”，是岁果魁特奏名。除宁国府教授，出私帑创斋舍，置赡学田，所得俸余，分贻兄弟姑妹。秩满，迁广东提干卒。

王必大[71]尤溪人。性至孝。绍定初除漳州通判，累官至朝请大夫。尚濮雍懿王女。事父母，一饭必躬视，与其兄必学、必让极友爱。尝仿范文正公例以郭外田五百余亩创义庄，以资族人冠婚丧葬之费。又设义塾，延师以训族里子弟。子四，慈、恭、懃、愨皆登进士。

郭居敬尤溪人。博学，好咏诗文而不尚富丽。性至孝，乐亲左右承顺，得其欢心。既殁，哀有过而与礼称。尝摭虞舜而下二十又四人孝行之概，序而诗之，名《二十四孝诗》，用训童蒙。时虞集、欧阳友[72]诸名公欲荐于朝,居敬牢让不起。

宦迹

〔宋〕

吴璋字南玉。顺昌人。自少奇嶷异群儿,既长,问学充博,游上庠有声。绍圣四年第进士,历官州郡。所至奉法修职,以朝请大夫知韶州,赐三品服致仕。子南老,直秘阁,主管经略安抚司公事。

〔国朝〕

吴复将乐人。永乐二年第进士。除湖广道监察御史,升广东按察副使,风节凛然,得宪臣之体。

李文殊字宗礼。将乐人。永乐四年,膺楷书荐,除工科给事中,左迁荣河县县丞。洪熙改元,召为户部照磨,升工部主事,转刑部,升郎中,寻升广信府知府。历仕中外,持身廉介,布素蔬食无异贫寒。退休田里,人甚重之。

叶宜字守义。南平人,自幼颖敏,比长,入乡校有声。永乐十年第进士,除铜仁府同知,丁艰服阕。除户部郎中,迁知卫辉府,升浙江布政司左参政。历官尽职,宽严适宜,务与民同其好恶,吏畏而民爱之。

武功

〔元〕

吴按摊不花将乐人。性刚直不阿。元末,红巾寇据邵武路,按摊不花募义兵克复之。事闻,授福建行省左参政。

〔国朝〕

蒋伯良尤溪人。正统十三年，沙、尤寇邓茂七叛，势甚猖獗。王师至，贼负险不肯战。无如之何。伯良率民兵应之，冒险力战，贼望风奔溃，遂平。总戎宁阳侯陈懋、参赞军务刑部尚书金濂亟称其功，具以□闻[73]，授建宁左卫指挥同知。

林埜南平人。正统未著录郡庠。沙、尤寇起，蔓延邻邑，埜自陈效力，率民兵往战。至建宁高阳里，遇贼鼓噪而前，俘渠魁谢保大党一百八十余人，斩首六十余级，所至克捷。事闻，授尤溪县主簿，升广东布政司经历。

隐逸

〔五代〕

陈陶剑浦人。家世以儒业名。陶性沉敏博学，善属文，于声诗历象无不精究，常以台铉之器自负。南唐元中至洪州，将诣建康，闻宋齐丘秉政，自料与齐丘不合，乃筑室西山，日以诗酒为事。有诗数百篇。

〔宋〕

吴仪字国华。剑浦人。清修力学，荣利不入于心。渔钓橘溪[74]上，超然自适。时或行歌于松蹊竹疃，人莫窥其际，大为杨时所重。时尝题其钓台及咏归堂，罗从彦尝师事之。自号“审律”，时称“审律先生。”

吴熙字季明。博学励隐操。或从之谈道论文，则倾心泻意，怡然终日；语之以势利，俯焉不答竟去。与从兄仪称“双璧”。元祐间，陈瓘里居，以熙兄弟学行言于郡守，守延二人，诣学讲经，令诸生列听，仍以遗逸荐于朝，得召赴阙。

廖衡顺昌人。性警敏绝人，六岁能属文，县尉偕租见之，负抱至天龙菴，命吟《雨中山茶》诗，有"泪多陈后愁离殿，浴出杨妃困倚阑"之句，尉喜甚。尉，湖外人[75]，时方得家书，复即事出对句云"洞庭消息寄来迟"，衡应声云"巫峡梦魂归去早"，尉大奇之。名闻于郡，郡守檄县以礼津遣。至，试以诗，迎题立就，句尤婉丽可喜，即冠赴乡举[76]，主司复[77]其文，置在第三，守以客不在选私易之，自是绝意功名，徜徉林壑终其身。

陈选字舜举。将乐人。读书尚气节，遭宋末，隐居耕樵以为业。

余起顺昌人。学问该博，不求世名，扁舟渔钓祥云峰下溪潭中。后人高其风节，名潭曰钓潭。

〔元〕

张宗华字颖之。沙县人。清介绝俗，善词章，草书为世所重，评其书者，谓如秋云卷雨、苍石缠藤云。元季匿不出，国朝洪武初诏征，以老辞。子允厚知霍州，允继获嘉县学教谕。

寓贤

〔宋〕

朱熹徽之婺源人。父松任尤溪尉，寓延平郑氏而熹生。后遭父丧，徙崇安，依父友刘彦伦居焉。

烈女

〔宋〕

廖氏沙县人。本名妻[78]。性慧，解歌舞。绍定三年，为贼所掠，命之歌舞，廖骂曰："我恨不磔汝，宁肯悦汝耶？"贼怒杀之。时贼方猖獗，欲窥城，廖有娠，贼刳其腹，观男女以卜进退，得女遂引去。招捕使陈韡具闻于朝，诏赠懿节夫人，乡人立庙祀之。（廖氏，旧志不著其夫姓名，"本名妻"一句疑有阙文误字。）

〔元〕

卓氏尤溪施九泰妻。少有志操。嫁未几，九泰卒，卓以死自誓不二志。腹生一子[79]，纺织勤劬以供衣食，教其子成立。至正中，有司以闻，诏旌表，复其家。

林氏名愈娘。沙县刘国美妻也。至正末，江西寇邓克明攻破县治，愈娘失夫所在，奔匿草莽间，为贼所掠，追以行[80]。时同行邻妇十余人，至安济桥顾谓诸妇曰："吾宁死不受辱也！"复拊其怀中子，曰："我之不辰，亦汝之不辰也，与其弃于道，夫谁怜而鞠之，不死犹死也。"痛哭投于河而死。通判刘总以闻，诏旌表其门。

〔国朝〕

张氏名陂娘。尤溪彭阿积妻也。幼有烈操，既嫁，事舅姑以孝闻，尤敬顺其夫。勤于女红。洪武中，阿积溺死，张氏年甫十九，哀恸几绝，誓不二适，以育其孤。后舅姑欲夺其志，许聘之日，即自投水而死。邑人咸义之，见于诗歌。

颜氏名镗。顺昌人。归为萧贡才妻。年二十七贡才卒，一子清翁在襁褓中，誓不他适。元季兵乱，颜扶遗孤陡险而逃，获全于群。洪武间，知县胡众仲以闻，诏旌表其门。

翁氏南平人。赠右副都御史刘通妻，右副都御史璋之母也[81]。幼闲内则，归刘以孝谨闻。邻人魏棨归所假称金具，越宿启视之，中遗白金二饼，骇而还之。年二十九，通卒，长孤旭方髫龀，次璋在襁褓，勤纺织以养其家。有邻妪风之曰："呱呱者何足视？乃自苦如此！”怒曰：“犬彘之行，我忍为耶？矧此足一移，彼呱呱者何所依耶？”言讫哭下[82]，剪发以死自警[83]。璋稍长，即脱簪珥，遣之入学。郡守雷诚欲上其行，亟辞曰：“守节妇之恒，妾初岂以闻而尔也。”人益贤之。卒后八年，璋第进士，拜户部主事，累升至今官，翁赠淑人。

叶氏南平王胜宝妻。端庄清恪。胜宝病亟，语叶曰：“修短命也。我如不起。仅一子甫晬，父母又年迈，其如之何？子能为我养老字幼，我死亦瞑目，否则汝自为之。”叶矢之曰：“妾若有异志，有如皦日。养老字幼，敢忘君子之言欤？”语竟而卒。时叶年二十五，励志事育，以孝节名。卒年七十一。兵部尚书孙原贞节镇八闽，挽以诗，有“想见地下夫，无愧生前好”之句。

仙释

〔晋〕

衍客避乱隐郡之北山，结庐炼丹，丹成举家上升。

〔宋〕

上官道人延平人。辟谷炼气，一日偈云：“处世红尘五十八，混世独存今始没。时人若问吾归处，扫尽云霞一轮月。”后戍兵于广西见之。

常总尤溪施氏子。初母梦金人长丈余，持白莲花授之，觉而娠。总在孩提，闻酒肉气辄呕。年十一出家。总极聪明，深通佛书有道行，杨时过庐山见之，与论性，谓本然之善，不与恶对。胡安国亦喜其说。苏轼尝为作真赞云：“堂堂总公，僧中之龙。”洪觉范作传，以轼言为然。

无求尤溪刘氏子。少业儒，博涉群书。寻弃为僧，遍游名山。颇工诗，有尘外趣，时以诗名。朱松为县尉以诗友，尝为依诗集序[84]。

庆真顺昌萧氏子。出家受其戒，游西江，得法于沩流月禅师，遂大开悟。晚归将乐含云寺，坐荼毗，得五色□□[85]。

校　注

[1] 乾隆《汀州府志·人物》作“卒年八十一”。

[2] 乾隆《汀州府志·人物》作“历知惠、筠、成三州”。

[3] 乾隆《汀州府志·人物》作“剖决如神”。

[4] 乾隆《汀州府志·人物》作“奉使川陕”。

[5] 乾隆《汀州府志·人物》作“陕西转运副使”。

[6] 乾隆《汀州府志·人物》作“继者多不称旨”。

[7] 乾隆《汀州府志·人物》作“绍兴五年进士”。

[8] 乾隆《汀州府志·人物》作“伍公场”。

[9] 乾隆《汀州府志·人物》作“画迎取二圣”。

[10] 乾隆《汀州府志·人物》作“三百余人”。

[11] 乾隆《长汀县志·人物》作“宪司马大同”。

[12] 乾隆《汀州府志·人物》作“邱鳞”。

[13] 乾隆《汀州府志·人物》作“永定寇发”。

[14] 乾隆《汀州府志·文苑》作“期年”。

[15] 乾隆《汀州府志·文苑》作“行客扬鞭不觉寒”。

[16] “清明雅望”疑为“清名雅望”之误。

[17] 乾隆《汀州府志·孝义》作“询知其为儒生”。

[18] 乾隆《汀州府志·孝义》作“岂可从尔反耶”。

[19] 乾隆《汀州府志·孝义》作“邓瑶”。

[20] 乾隆《汀州府志·孝义》作“赖禄孙”。

[21] 乾隆《汀州府志·孝义》作“必歼盗乃已”。

[22] 乾隆《汀州府志·孝义》作“辟而治之”。

[23] 乾隆《汀州府志·文苑》作“咸平三年中举人”。

[24] 乾隆《汀州府志·人物》作“田元猛”。

[25] “功迹”似为“功绩”之误。

[26] 乾隆《汀州府志·文苑》作“字守中”。

[27] 乾隆《汀州府志·文苑》作“结庐墓侧不复出”。

[28] 乾隆《汀州府志·文苑》作“字嗣英”。

[29] 乾隆《汀州府志·流寓》作“赵令衿”。

[30] 乾隆《汀州府志·列女》作“赖元仲妻”。

[31] 乾隆《汀州府志·列女》作“姑翁氏”。

[32] 嘉靖《延平府志·人物》作“字德繇”，并注：“宋郡志，若谷字德先。《宋史》，字德繇”。

[33] 嘉靖《延平府志·人物》作“子乂”。

[34] “所当先辩”疑为“所当先辨”之误。

[35] “所恨”两字疑衍。

[36] 嘉靖《延平府志·人物》作“郴州”。

[37] 嘉靖《延平府志·人物》作“孙大方”。

[38] 嘉靖《延平府志·人物》作“郴州”。

[39] 嘉靖《延平府志·人物》无“人”字。

[40] 嘉靖《延平府志·人物》作“致远独赞其决”。

[41] 嘉靖《延平府志·人物》作“善理财者宜固邦本”。

[42] 嘉靖《延平府志·人物》作“中原陵寝故在京师”。

[43] 嘉靖《延平府志·人物》作“兹焉定都”。

[44] 嘉靖《延平府志·人物》作“邓柞，字成林”，下同。

[45] 嘉靖《延平府志·人物》作“大驾亲征”。

[46] 嘉靖《延平府志·人物》作“巡抚四川，召还仍掌部事卒”。

[47] 嘉靖《延平府志·人物》作“迁太常博士”。

[48] 嘉靖《延平府志·人物》作“调威武军佥判”。

[49] 嘉靖《延平府志·人物》作“使复寻海道以进”。

[50] 嘉靖《延平府志·人物》作“宁为之条画输运”。

[51] 嘉靖《延平府志·人物》作“蛮计遂阻”。

[52] “扭”疑为“狃”之误。

[53] 嘉靖《延平府志·人物》作“俾察部内守令臧否”。

[54] 嘉靖《延平府志·人物》作“江东计度转运副使”。

[55] 嘉靖《延平府志·人物》作“掾吏”。

[56] “靖水”疑为“溧水”之误。

[57] 嘉靖《延平府志·人物》作“千年呜咽为先生”。

[58] 嘉靖《延平府志·人物》作“字仲宽”。

[59] 嘉靖《延平府志·人物》作字“仲威”。

[60] 嘉靖《延平府志·人物》作“见程颢于颍昌”。

[61] 嘉靖《延平府志·人物》作“复见程颐于洛”。

[62] 嘉靖《延平府志·人物》作“一尺”。

[63] 嘉靖《延平府志·人物》作“然无疑”。

[64] 嘉靖《延平府志·人物》作“三镇”。

[65] 嘉靖《延平府志·人物》作“召除给事中”。

[66] 嘉靖《延平府志·人物》作“《三经义辨》”,下同。

[67] 嘉靖《延平府志·人物》作“负箧坌集”。

[68] 嘉靖《延平府志·人物》作“弥十年”。

[69] 嘉靖《延平府志·人物》作“畸首中选”。

[70] “遣”字恐讹,全句似为“在围中遗子书云”。

[71] 嘉靖《延平府志·人物》作“王必正”。

[72] 嘉靖《延平府志·人物》作“欧阳玄”。

[73] 嘉靖《延平府志·人物》作“具以奏闻”。

[74] 嘉靖《延平府志·人物》作“潏溪”。

[75] “湖外”疑为“湖州”之误。

[76] 嘉靖《延平府志·人物》作“既冠赴郡举”。

[77] “复”似为“覈(核)”之讹。

[78] 嘉靖《延平府志·人物》作“本民妻”,并特加校注。

[79] 有脱漏。嘉靖《延平府志·人物》作“遗腹生一子”。

[80] 嘉靖《延平府志·人物》作“迫以行”。

[81] 嘉靖《延平府志·人物》作“赠工部尚书刘通妻,太子少保、工部尚书璋之母”。

[82] 嘉靖《延平府志·人物》作“言讫泣下数行”。

［83］嘉靖《延平府志·人物》作“以死自誓”。

［84］嘉靖《延平府志·人物》作“尝为作诗集序”。

［85］疑为“得五色舍利”。

八闽通志卷之七十

人　物

邵武府

名臣

〔宋〕

龚颖字同秀。愈之孙。父最[1]，守秘书监。颖天资敏悟，通经史。初任南唐为内史学士，随李煜归宋，除御史，言事每称旨。先是，从父慎仪守歙，为卢绛所害，未几绛降，朝廷授以官，颖思所以复之[2]，因其陛见，袖铁简击之。太祖惊问故，曰："臣一为国家除害，一为叔父报仇。"俯伏待罪，与绛相指斥于殿前，诏诛绛，义颖而释之，犹谪知舒州，改鼎州。太宗立，召拜殿中侍御史。进《历年图》[3]，降敕褒谕。祥符中致仕。颖志气英迈，论议慷慨，为名台端。卒年八十二[4]。

龚识字默甫。慎仪之子。端拱初第进士，擢监察御史，从真宗东封，还拜殿中侍御史兼左巡使。先是，犹袭唐制，御史不专言职，台官得言事自识始。后以目疾除司封郎中、平江军节度副使。

黄履字安中。邵武人。从曾祖徽以儒术游梁宋间，与赵普友善，不肯与陈桥议。履嘉祐初释褐第一。神宗时知谏院，力言天地合祭非礼，遂定北郊之议。适有制，侍郎以下不许独对，御史翟思言事，有旨诘所自来，履皆奏寝其事。哲宗立，迁翰林学士，履附章惇、蔡确以排击善类，又自谓有定策功，刘安世论出之。绍圣初，除御史中丞，极论司马光、吕大防、刘挚、梁焘当罪责。拜资政殿学士、尚书右丞。尝与韩忠彦荐引邹浩、陈瓘。后浩以言事贬，履救之，坐罢知亳州。徽宗立，召复右丞，加大学士。

吴处厚字伯固。邵武人。嘉祐初[5]第进士，元丰中为承议郎。以皇嗣不育上言："程婴、杵臼全赵氏孤，乞加封爵。"诏封婴成信侯，杵臼忠智侯，仍立庙绛州。元祐间知汉阳军，有善政。以怨蔡确，言确昨谪安州，作《忧中游车盖亭》绝句十篇，内二篇讥讪尤甚，确遂南窜，擢处厚知卫州。然士夫由此畏恶之。绍圣四年再贬元祐党人，追贬处厚歙州别驾。

孙谔字正臣。邵武人。父迪，嘉祐二年登第。谔以熙宁六年选世科。又中法科第一，拜右正言。力论杨畏在元丰间其议皆与朝廷合，及元祐末吕大防、苏辙为政，则尽变而从之，绍圣初则又变而偷合诡随，人谓之"杨三变"，畏以此落职。又言免役者一代大法，愿博采群言，毋以元丰、元祐[6]为间。蔡京以谔任元祐，罢谔言职，知广德军。在军礼隐士张介，后入元祐党籍。子镇，绍兴中登第，为郡有政绩。

叶祖洽字惇礼。泰宁人。熙宁二年，始以策廷试多士，祖洽陈数千言，贯穿古今，然颇投合用事者，擢第一。绍圣中，累迁给事中，力言王珪于册立时有异论，而深明蔡确有定策之功。官至徽猷阁直学士。

上官均字彦衡。凝之子。熙宁三年，廷对置第一，以不奉新法降第二。元祐初，再除监察御史，论青苗无惠民之实，为终岁之患，愿罢之，而复为常平籴粜之法。蔡确弟硕盗贷官钱以万计，狱既上，均论确为相，挟邪挠法，当显正其罪，以厉百官。张璪、李清臣执政与正人异趣，相继击去之。迁殿中侍御史。西夏自永乐之战欲复故地，朝廷弃四寨，至是又请兰州为寨地，均上疏曰："先王御外国假惠以济威，须威以行惠，然后外国且怀且畏，而今西夏所争兰州寨地皆控扼要路，若轻以予之，恐夏人捣虚，熙河数郡孤立难守，若继请熙河故地，将何辞以拒之？不如治兵积谷，划地而守，使彼晓然知朝廷之意。"苏辙党吕大防而排许将，均言纲纪法令自此败坏，乞罢，出知广德军。绍圣初，召为右正言。时大防、辙已罢政，均论大防、辙六罪，并再黜大防。宰相章惇出彭汝砺而用朱服，均争之，迁均工部员外郎。徽宗朝为给事中，时相欲尽循熙丰法度为绍述以风均，均不从，以龙图阁待制知永兴军。崇宁初，入元祐党籍，久之渐复元官，致仕。

李夔字师和。邵武人。幼聪敏，经书一览成诵，文不停掇，舅黄履器之。与杨时友善。登元丰二年进士第，尝为华亭县尉，有政声，迁县令。累官右文殿修撰，终龙图阁待制，以子纲恩赠太师、卫国公。

谢皓字德夫。建宁人。幼孤，学于叔父诇，诇器之。元丰中第进士，历荆湖两浙运判，召为金部郎官。大观三年，辽使至，接伴张闬等不能对，命皓代之，归录其语。奏上，徽宗曰："明年卿可复使。"乃借太常少卿以往。比还，凡北界山川、地理、名物、虏之情状皆以闻。迁司农少卿，出守建昌、南剑、绛三郡，以公廉称。卒年八十。

谢瀫字彦章，诇之子。少有文名，元祐中第进士，提举河北常平，因改铸当十大钱，奏言诱民为奸利，旧钱且尽，不可。蔡京恶其不附己，连贬窜。后通判潭州，除吏部郎中。以忤权贵，复通判潭州，改兴化军；俄奉祠，终主客郎中。卒年八十四。

黄中美字文昭。邵武人。第元祐元年进士[7]。宣和末，调信德府司录事。时方以收复燕云为事，中美心忧之。已而金兵陷信德，中美以死自誓，有挺刃胁使降者，中美顾左右踣之而逸。金兵既退，宣抚奇其节俾行府事，以内禅恩转朝议大夫，已而迁京师。及张邦昌僭位号，中美义不辱，即日弃官去，不数日病卒。累赠光禄大夫。

上官愔字仲雍。邵武人。均季子。政和二年，第进士。宣和末除太学正。高宗立，召充提举。巡行迎奉一行事务所干办公事。先是，二帝北行，愔上宰相书："请迎康王速即大位，西入京师，以图兴复，若止驻旁郡，恐别生他患。"又言："宜谨号令，振士气，杜私门，开公路，罪奸显白者，虽贵不释，才猷暴著、功绩高异者，虽微必赏。毋迩小人，毋昵阉幸，以冀中兴之功。"建炎二年，迁著作佐郎、吏部员外郎，出知南剑州，以刚介著政声。廖刚论荐堪任察官，恳辞不赴，奉祠。有《尚书小传》、《论语孟子略解》及《史统》、《史旨》。

李陵字延仲。邵武人。登政和二年上舍第三。建炎中除太常少卿。金人南侵，高宗仓卒趋杭州，陵独奉九庙神主负之以行。迁中书舍人。淫雨求言，陵言："将帅之权太盛，宦寺之习未革。"梁杨祖为发运使，陵封还录黄又言："防秋已迫，愿先定兵卫及扈从之臣，万一敌势猖獗，便当亲按营垒，召兵为援，留将相大臣相率死守，勿效前日百官以扈跸为名，弃城池予敌，使生灵堕涂炭，财用填沟壑。"时张浚帅川陕，陵论其太专，罢知太平州、温州，召除临安府，复为中书舍人，除户部侍郎。绍兴中，以徽猷阁待制知广州。惠阳狂寇聚众数千，僭号作乱，陵诱其徒曾衮擒之。卒于官。

李纲字伯纪。邵武人。夔之子。政和二年第进士。宣和初为起居郎。忽京城大水，纲言此夷狄兵戎之象，坐谪。召还，适金人来侵，徽宗因其言遂决传位于钦宗。方议割地，纲言当以死守，除兵部侍郎。靖康元年金兵渡河，宰执议请钦宗幸襄邓，纲力请守城，遂以纲兼亲征行营使，屡却金兵于城下。重围既解，廷臣争为割地讲和之说，纲数陈出师邀击之可以必胜，与其再至之不可不忧，由是再谪。高宗立，首召为相，慨然以修政事、攘夷狄为己任，诛僭逆,定经制,宽民力,变士风,通下情,改弊法;招兵买马,经理财赋;分布要害,缮治城壁。建遣张所抚河北,傅亮收河东,宗泽守京城;西顾关陕,南葺樊邓,且将益据形便以为必守中原。必还二帝之计。在位竟七十余日以观文殿学士罢政事。后历知潭州、洪州、福州。因事献言,率皆畏天恤民自强自治之意,而深以议和退避为非策。卒年五十八,累赠太师,谥"忠定"。有《易传内篇》十卷、《外篇》十二卷、《论语详说》十卷、诗文奏议百余卷。

朱震字子发。邵武人。登政和己未进士。绍兴中用赵鼎荐召见,问以《易》、《春秋》之旨,震具以所学对。高宗擢祠部员外郎,既而以秘书少监与范冲同侍讲。建国公既就资善堂,命震充赞读,进翊善,拜给事中,仍兼侍讲翊善之职。迁翰林学士,卒于位。震学有源委,尝参谒谢显道而友胡安国,以名儒久备劝讲。及卒,高宗甚惜之,赠中大夫。有《易集传》、《易总说》行世。(按《宋史》,震,荆门军人;而元陈士元《武阳志略》以为邵武人,盖必有所据也。)

黄中字通老。邵武人。初以从祖荫补官[8],绍兴五年中进士第二人,以忤秦桧召入辄斥,外徙者二十余年。桧死,召为校书郎兼普安郡王教授,除起居郎。使金还,每进见辄言边事,又独陈备御方略。已而金亮南侵,请择大臣督师,与同列力论杨存中不可遣。时廷臣争遣家属避兵,中与陈康伯独晏然不动。兼给事中,内侍迁官不应法,谏官刘度坐论龙大渊补郡,中皆不书牍,罢去。乾道中,召为兵部尚书兼侍读,会遣使请山陵,中言钦宗梓宫之不宜置不问。复陈十要道以献。除龙图阁学士,致仕。后孝宗手书遣使访朝政阙失,进端明殿学士。卒年八十五,谥"简肃"。朱熹尝裁书以见,欲进于门弟子之列。有奏议十卷。弟章,绍兴壬子第进士,历宰剧县,有能称,不肯媚事权豪。膺荐入为御史台主簿,以持论不阿,出为福建提举常平茶事,知台州。所至有声绩。

黄永存字坚叟。中美第四子。绍兴二十四年登第。以才能有闻于世，召为尚书郎，官军器监。淳熙中，出为淮南转运副使，俾修农战之业以为北向之渐。官至正议大夫。孙大昌，隐德不仕，有《兼山语解》。大昌子公绍，字直翁，号在轩，著《韵会》。

俞丰字德南。建宁人。乾道丙戌登第。自知秀州召为金部郎官。进二札：一乞责监司郡守惠养小民，一言边陲虽安，当为兵备。除浙西提举，改浙东提刑，以检正除太常少卿。时光宗崩，懿宪皇后丧亦未发，众议礼未决，丰引圣经先轻后重之言为证，议遂定。迁中书舍人，尝言命令不可不谨，守令不可不择。除吏部侍郎，因旱上言“人主当振纪纲，不可假外戚以柄”，不报。一日入朝，见苏师旦在班列，趋之者众，即引年求退，以华文阁待制奉祠。

赵善恭字作肃。宋宗室。居邵武。乾道八年登进士第。历知浔、邵二州，入为大理司直，迁寺丞、仓部郎中、右司郎中，除直焕章阁，知静江府，经略广西，改知潭州，安抚湖南，移江陵府；拜司农少卿，总领湖广钱粮，兼知鄂州；权宣抚司事，加司农卿。初善恭在朝，适开禧用兵，力陈不可轻动，至任帅守务以安边静民为事。

任希夷字伯起。其先眉州人。祖贤臣始家邵武。希夷第淳熙乙未进士，调浦城主簿。从朱熹学，笃信力行，熹器之，曰：“开济士也。”开禧初，为太常簿，奏乞编次绍熙以来礼书。从之。迁礼部尚书兼给事中，尝言周敦颐、程颢、程颐为百代绝学之倡，乞定议赐谥。进端明殿学士，佥书枢密院事兼权参知政事。卒谥“宣献”。

邹应隆字景初。泰宁人。庆元二年进士高科。开禧初为起居舍人，值韩侂胄开边，应隆与议不协，苏师旦建节，独不往贺，出知赣州，除江西提刑。侂胄败，擢中书舍人。嘉定初使金还，拜太子詹事、给事中，坐封驳出知泉州，改建宁府、池州、静江府、潭州。理宗初立，召入讲筵，不赴。明年，拜工部尚书。时真德秀、魏了翁皆求去，应隆抗疏力争之，遂奉祠，已而除礼部尚书。郊祀雷雨，因陈恐惧修省并主器之说。北边有警，疏十事言极剀切。嘉熙改元，拜端明殿学士，佥书枢密院事，兼权参知政事，卒赠少保。弟应麟，嘉泰壬戌登第。

邹应博泰宁人。应隆从弟。受学于廖德明。开禧初登第。宝庆中监行在都进奏院。奏对，谓："《书》曰：'人心惟危，道心惟微，惟精惟一，允执厥中。'朱熹谓人不能无人心，亦未尝无道心。人心者，如饮食男女好乐忿懥之类是也，若无此则何以为人乎？惟其纵而不知检，则逐物而迁，故曰人心惟危也。道心者，良能良知也，而此心必甚微而难见，圣人充吾良能良知之心，使天理流行而昭著，则人心自入于检防之中也。"尝知婺州、苏州，提点江南西路刑狱，为真德秀所荐云。

杜杲字子昕。邵武人。父颖，仕至江西提刑。杲用荫补官，辟江淮帅幕。提师援滁州，金人围城数重，杲登陴中矢，益自奋励，卒全滁城。宝庆间，诸将建守河据关复三京之议，杲历陈以谏，及师衄衅开，始服其先见。嘉熙初，知安丰军，元兵来攻，杲战却之，除知卢州。元兵号八十万，围城，杲复败之，诏加淮西制置使，改沿江制置使，知建康府。理宗尝书"安淮堂"以赐。官至龙图阁学士。杲淹贯经史，晚岁专意理学，尝言："吾兵间无左画，无悖谋，得于《四书》。"子庶，字康侯，从父兵间屡立战功，官至两淮制置，知杨州。贾似道诬以罪，系狱死，当世冤之。

叶武子字成之。邵武人。受学朱熹。补太学生。朝议欲函韩侂胄首和虏者，武子曰："奸臣者不足惜，如国体何？"率同舍扣阍力争之。嘉定甲戌擢甲科，调郴州教授，一以白鹿洞学规为诸生准程，刻《四书集注章句》以授之。历国子正，知处州，入为宗学博士。尝以福建保长催科害民，陛对论罢之。进直宝谟阁。平生以得于《易》为多，其言曰："《易》之道莫大于时，时有二义：有在外之时，有在我之时。人之出处须先论在我者，我之时可动，然后论在外之时；若我之时未然，在外之时纵佳亦不暇论，其存乎我者欤?”淳祐初,诏武子雅志恬退,挂冠日久,加直龙图阁,寻加秘阁修撰。

上官涣酉字元之。邵武人。嘉定初第进士。端平中知池州,先事为防江之图,及金人入浮光,乘胜抵江岸,涣酉率舟师往来上下流,张耀声势,敌乃引去。淳祐中充国用所参谋官,首言君子小人胜负之机尚有隐然可虑者,次言屯田军政之弊。迁将作监,轮对,言兵财之权当以宰相兼统,执政则相与参决之,不必分而为二。及为大理卿,又疏论国势、人才、运饷、流民数事,迁起居舍人。宰相将处以琐闼而行所欲,正色拒之,遂以集英殿修撰致仕。

上官涣然字文之。涣酋之弟,以兄奏补为鄞县尉,擢淳祐辛丑进士第,吴渊制置沿江,辟为属,事多折衷之。至创立屯田,涣然力救止,谓无主之田可屯,有主之田不可屯。被荐干办行在诸军粮科院。陛对,疏论:“欲正朝廷当自正君心始,欲明纪纲当自明公道始;爱善类以壮君子之脉,容直言以伸公论之气。”又条陈守边三策以献。迁司农寺丞兼右司郎官。

危昭德邵武人。宝祐初第进士。历官宗正寺簿兼崇政殿说书,迁秘书郎,进兼侍讲。尝条上“厉民四弊”疏,乞为万世根本之虑,为一时仓卒之防;又乞察欣瘁休戚之故,酌利害损益之宜。迁起居舍人、殿中侍御史、谏作崇阳宫,权工部侍郎,兼同修国史实录院,转一官致仕。昭德在经筵以《易》、《春秋》、《大学衍义》进讲,反覆规正者甚多。有《春山文集》。子撤孙,咸淳元年进士。

〔国朝〕

张诚字自明。泰宁人。永乐己丑进士,为监察御史,巡历交阯,尝劾奏镇守大臣及中贵之不法,皆坐罪。既而复按浙江、湖广,皆有风纪声。

陈泰字吉亨。邵武人。宣德丁未中副榜,为安庆府训导。

正统初，荐升江西道监察御史，弹劾无所顾忌。历按贵州、山西、山东等处，擢四川按察使，已已命协将臣守备紫荆关及巡视沿边诸寨。景泰初，升大理右少卿，守备白羊口，转都察院右佥都御史，镇守易州，节制紫荆、倒马等关军马。天顺改元，左迁广东按察司副使，已而四川有警，召复左佥都御史巡抚四川，升右副都御史，总督漕运兼巡抚淮阳等处。成化初致仕。时人服其清操。泰先世赘曹氏，从其姓，至泰贵显，乃奏复陈姓云。

邹允隆光泽人。名昌，以字行。登正统壬戌进士第。除太常博士，升寺丞。凡大典仪文，卿佐不能决者率取正于允隆。改大仆寺丞。天顺初，副祠臣黄谏往谕安南，既至，其酋跣腆倨傲，允隆与谏正色裁之，始慑服致谨尊王之仪。还朝未几，以学行擢广东按察司提督学校佥事。

良吏

〔宋〕

李巽字仲权。光泽人。博学能文，有《上鼓》等赋。举进士，与王禹偁善，禹偁有《送巽赴官序》。为江西提刑，明恕第一，迁两浙转运使。郡人登进士自巽始。

上官凝字成叔。邵武人。庆历二年登第，调铜陵尉。去邑之日，有老叟十数辈送境上馈药，曰："公清白不扰，奉以勤。"舟行，发视皆白金，追而还之，曰："吾不敢私，汝忍吾私耶?"改潭州司理，有吏教盗攀平民以幸赏，凝为辩释之。后知分宁县，治豪右，决滞讼。改安丘县，寓公成向怀宿憾，辗转谮凝于守，守上奏追逮，胥吏验治无状，守愧悟谢之，凝曰："予自信而已。"山东蝗，旁邑皆被害，凝部内有乌万数来食蝗，岁大熟。熙宁中，迁职方郎，通判处州，卒于官，民悲叹之。后赠金紫光禄大夫。

李详字自明。光泽人。诰之弟。幼警悟，善属文，议论纯正，知浔州，立学校，革夷俗。迁太仆丞。

上官基字子固。光泽人。嘉祐二年第进士。尝知将乐县，会寇起，募邑人廖恩歼焉。操履可称。子公颖[9]、族子公弼俱登科。

黄伸字彦发。邵武人。远祖惟谈教子皆登科，世号“黄五经”。伸与兄仅、弟侑齐名，时比“河东三凤”。伸嘉祐六年登进士第，知河南县。文忠烈荐之[10]，赐以束帛。知泉州，建学校，芝生于梁。改建州，未几，称治，有瑞粟生属邑，以治最闻。终司农卿。子滂、沔、沂皆克举其官。

谢诇字诚甫。建宁人。治平四年第进士，调临川令，以刚清名。邑有千金陂，前令谢卿材创筑，寻坏，诇复为修筑，民便利之。邑民闵通好持吏长短，莫敢谁何，通以事至庭下者三，治之不少贷，人谓令怒通，诬其子为盗，诇为辩出之，人服其公平。满去，通父子泣拜于道。改清江县，岁大饥，诇出发粟赈之。当除夕，家人以书促使归，诇批云：“岁节不归，第不饮数十杯酒耳，人失食奈何？”竟宿于外。后守汀州，累赠宣奉大夫。

邹棐字尧叟。泰宁人。熙宁癸丑进士第。始学于刘彝，元丰间又从杨时游。终宣城县令，有德政，时为作哀辞。

黄德裕字仲益。邵武人。登元丰二年进士第。知福州闽县，方劲有为。再知凤翔，卒。

上官愷字正平。邵武人。凝之孙。父恺字彦明[11]，嘉祐二年第进士，官至太守、中允、广东转运判官，才行过人，治有异绩。愷幼孤，从从父均学，登元丰八年进士第，调溧阳尉，改新息，迁濠州录参，改永城县丞。从事十余年，廉正明决，虽不见知，而自信不改。

上官恢字闳中。邵武人，均从子[12]。元丰八年登进士第。崇宁中选河朔守臣，以恢知深州，改南剑州，政尚宽和。移知徽州，专务仁爱，多所宽贷。不得已乃临以威，吏怀服。晚奉祠里居，过者皆云此熙丰名儒也。胡安国贻书宰相，言恢谙历世务，端重有守，宰相遂以恢与杨时并荐，官至中大夫。子模字规神，以荫补官，通判抚州。崇仁、宜黄盗起，势张甚，帅宪二司以讨贼付模，模密受方略，率将士据险扼其冲，纵兵擒贼酋，余皆就缚，众以为神。

邹括字仲发。泰宁人。棐之弟。登元祐九年进士第。知宁化县，县素悍难治，括建学训导，以恩信怀柔之，民为之立祠刻石。后知亳州，适蔡京当国，括以名节自重，闲退二十年，李纲在朝以书劝其出，亦谢之。

吴伟明字元昭。邵武人。崇宁五年进士中第。绍兴中，以朝散郎知兴化军，政尚简严。后奉祠归，缙绅高之。

叶兑字梦授。泰宁人。第崇宁二年进士。性方重，南渡知建康，营行宫，民不知扰，宸翰美之。迁江南西路转运使，亦有伟绩。

黄应南字南仲。泰宁人。宣和七年释褐，历湖广、江浙提刑。视事必正衣冠，尊严瞻视，自俸禄外，一芥不苟取。时称中兴廉吏。

邓邦宁字康国。邵武人。政和五年进士第。守漳州有惠政。从弟根，重和元年登第，知静江府，兼广西经略，以清直称。

赵善俊宗室子。居邵武。登绍兴丁丑进士第。知庐州。上言："朝廷顷者分兵屯田，其不可者有三。臣谓罢屯田者三利：习熟战阵之兵得归行伍，日从事于教阅，一利也；无张官置吏坐以縻稍食，无买牛散种以费官物，二利也；屯田之田悉皆膏腴，牛具屋庐无一不具，以资归正人使之安居，三利也。"诏以田及牛具给归正人，仍募人佃种。弟善滂、善仪、善保、善护俱登科[13]。

谢师稷字务本。邵武人。淳熙中，为福建提刑，建、剑、汀、邵民苦敷盐之弊，按法除之，又为奏免输铁叶钱。秩满再领漕事，凡盐之利害悉罢行之。郡有岁输军储斛面，已免征，时守以经费不足，将复之。师稷请于朝，岁增运盐二纲以助用，得不复。改知明州兼沿海制置使，召为右司郎中，以集英殿修撰知平江府。樽节浮费，未满岁积四十万缗。城坏，遂请以所积缮完之。子如圭，字德新，绍兴乙卯第进士，太常少卿。孙源明，绍兴庚辰进士，成都路安抚。

吴璋字南玉。光泽人。知韶州，蛮夷从化。子南老，有孝行，知广州。孙汉杰，以廉直称，知贺州。

张敦义字行可。建宁人。绍兴甲戌第进士。授醴陵尉，以清廉称。调衡州司理，多所平反。有尉获盗未应赏格，乃罗织平民以充数，敦义被宪檄阅实，兼得其状。宪与尉同里，讽使苟同，不从。宪怒，欲劾之。敦义毅然曰："天可欺乎？吾宁以一官易数人命。"平民竟获免。同县丘哲，字元明，绍兴丁丑第进士，苦学清修，为汀州司理，终通直郎。

廖复之字仁叔。建宁人。倅宜州，结约罗蛮，谕以大义，诸蛮翕然听命。

上官端义字方叔。邵武人。以荫为惠安簿，催科示民以信，民自乐输。调袁州司法，适岁饥，被委发粜，民或有不足于直，为出己资补之。迁建安县丞，摄浦城、瓯宁二邑，皆有惠政。

上官粹中字德厚。均再从曾孙。喜义而嗜学。隆兴初，以累举试策入第[14]。调武冈军佥判，在官以长者称。零陵有重囚狱久不决，粹中往推诘，片言而定，囚感服，更无变辞。秩满，知增城县，勤恤民隐，奖进士类，重农桑之劝，抑催科之严。漕使林光朝上其治行于朝。

上官贲字济叔。邵武人。嘉熙五年，该恩[15]特赴廷对，调浮梁县丞，郡以事送委予决，尽得其情，陂塘渠堰多所修筑。迁贵州推官。致仕手不释卷，岁散囷禾以济贫族。

俞闻中字梦达。邵武人。从学朱熹。登淳熙八年进士第。累官知黎州，悉意抚字，民夷感恩。

吴炎字济之。邵武人。绍熙初擢进士第。开禧初，自武学谕迁太学博士。时韩侂胄擅朝，炎丐外，通判建宁府。嘉定中，知江阴军，陛辞，极言楮法之更，大失人心，又乞复祖宗治贼吏旧法。至郡宽征啬用，以其余力葺郡学贡闱，缮黄田闸，溉民田。改兴化军，先教化，崇礼逊，政绩甚多。终更奉祠，卒。李方子为状其行，而刘克庄志其墓，谓其与叶武子出处略同云。

上官基字仲立。以曾祖恢遗泽补官。监建康仓，留守范成大称其修谨明敏。迁衡州推官。赵丞相汝愚谪零陵，沿途州郡迓送者皆获谴，及至衡阳卒，两台州司略不敢与营办，基无雅素，独往驰驱，讫事悉如礼制。守钱鍪尝上其治于朝，累迁提点铸钱司检踏官以卒。葬时汝愚子崇度适守邵武，临穴哭奠。子铨，好学能文，补登仕郎。

李东字子贤。纲族孙。受学朱熹，号精敏。登绍熙进士第，为庐陵簿，秩满，周必大饯以诗云："地跨江闽秀气兼，玉成界尺直方廉，西曹久处习凿齿，高士惟知孙子严。"迁知万安县。黄干以书荐于漕使杨楫，乞委以事而观其能。

上官损字益之。恢从曾孙。少孤，事祖母以孝闻。博字工文。庆元五年特赴廷试，授汀州武平簿，创养济院以处贫病及行旅之无依者。有盗劫人，乃攀邻人分受其物，已诬服。会令以疾在告，被诬者泣以诉，损呼盗讯之，设方略与之辩白，诬者得释。调道州宁远丞，未赴，卒。

上官必克字复之。愔曾孙。幼孤，事母孝谨，笃学好修，庆元五年，以积举推恩监成都府都税务，钩察精明，洞烛情伪，吏无所容其奸，以是课额增羡，视常岁十倍二、三。诸司荐其材行，调泉州录参，卒。

萧舜咨泰宁人。第庆元五年进士。刚介特立，所至有声。为江西提刑，人服其严。

上官谧字安国。悟之孙。从朱熹游，以祖荫授会昌东尉，调永州推官。简易不深刻求，人怀之。迁四会令，卒。

黄桀字肃甫。中之孙。父瀚，司农卿。桀嘉泰二年第进士，为靖州倅，即州学旁建作新书院，政暇授徒讲学其中，多所成就。官至工部员外郎。子熙，知高州。

赵善佐字佐卿。居邵武。以宗室子试有司连中，授将乐丞，累官知泰州、常德府、赣州。奉法爱民，以勤俭自约饬，不妄费公帑，干请无所应。在赣逾年卒，民哀思之。善佐尝受学于张敬夫，而又从朱元晦游，有《易疑问答》。

〔国朝〕

谌贱生邵武人。洪武中以国子生授岳池县典史，与知县王佐进须知坐事下狱，耆老二十余人诣阙诉二人廉介，且役均民安，勘问果如所诉，遂赐衣靴、筵宴以旌之，复其官。寻用荐，擢四川按察司佥事。

黄孟舟光泽人。初以材干授江浦巡检。宣德初，应求贤举，擢慈利县令，廉能谨慎，爱民如子，民德之，及卒，肖像立祠祀焉。

道学

〔宋〕

何兑字太和。邵武人。重和进士。调广西提刑司检法官。东平马伸抚谕广南，见兑贤之，奏为属，因授以所闻于程氏之说。且悉以平生出处大节告之。既而伸坐论时事贬死，兑归守其学不少变。绍兴中，为辰州通判，睹邮报秦桧自陈存赵之功，谓他人莫预，兑径取所辑伸事状达尚书省，以明伸移书伪楚斥使避位之节。桧恶其分己功，下兑荆南诏狱，削官贬窜[16]，桧死始复官。所著有《易传》。学者称“龟津先生”。

李郁字光祖。光泽人。深之子。幼不喜弄，坐立必庄。少长，从舅氏陈瓘游，逾冠见杨时请业，时妻以女。初，郁闻时言退而求其说，不合，乃独取《论孟》读之，早夜不懈，久之涣然有得，时深许之。时殁，郁以其学淑取后进。尝语其学者曰：“圣贤遗经读之又读，而于无味处益致思焉。至于群疑并与寝食不置，然后始当骤进耳。”绍兴中，宣谕朱异以遗逸荐，召对，陈当世大务，补迪功郎，除敕令所删定官。免丧，以秦桧用事，筑室邑之西山以居，因号西山。久之辟福建帅府机宜文字，卒。所著有《易传参同契》、《论孟遗稿》。

何镐字叔京。兑之子，承家庭源委，又与朱熹友善，讲辨精密，益有以自信，一意操存，言行相循，没身不懈。以父任补安溪簿，未赴，江西帅辟机宜，再调汀州上杭丞。治尚宽简，白罢无名征赋。部使者郑伯熊病，郡事不理，系者或至累月，乃檄镐佐其守，镐悉取文书阅视，得其情，持白守，决遣之，旬日皆尽。又以田税不均，贫弱受病，条其说甚详，他所补助者亦尽其力，而守顾不悦，镐即谢去。一时高其学行，多师尊之，而当路无知己者，竟循资调潭州善化令，将行而卒。镐清夷恬旷，廉直惠和，论经史时事简易条畅，尝匾其书堂曰“高远”以见志。有《易论语说》，熹谓可传者，又有《台溪集》数十卷。学者称“台溪先生”。

李闳祖字守约。光泽人。父吕，字宾老，于郁为从子，初从郁游而又见朱熹于庐阜。吕深于《易》，每言《易》在识时，权之以义，苟非真知义之所在而善言变，反害于《易》矣。有《周易义说》及《澹轩集》十二卷。闳祖早受学家庭，已而与其二弟同从朱熹讲学，笃志学问，强力精思，论义切实，熹置之西塾训诸孙，为编《中庸章句》、《或问辑略》。第嘉定辛未进士。调静江府临桂簿，提刑方信孺、漕使陈孔硕咸咨以史台事[17]。暇日诣学与诸生讲解，习丕变。辟古田令,改广西帅干,勤慎明恕,诸司论荐,改秩,未赴卒。黄榦、李燔、张洽、陈淳皆敬重之。干尝祭以文,极称悼焉。自号絅斋,有《问答》十卷。

李相祖字时可。闳祖之弟。在朱门辩质详明,用心精切,尝以熹命编《书说》三十余卷。弟壮祖,字处谦,与闳祖同登第,调闽清尉,熹亦嘉其有志。真德秀尝以典刑人物荐之。

李方子字公晦。吕之孙。端谨纯笃。初见朱熹,熹谓曰:"观公为人自是寡过,但宽大中要规矩,和缓中要果决。"遂以果名斋。居家竟日危坐,未尝倾侧,对宾客一语不妄发。嘉定七年廷对擢第三,调泉州观察推官。适真德秀守泉,以师友礼之,郡政咸咨焉。暇则辩论经训,每至夜分。秩满,不肯援故事通书庙堂,久之,始除国子录。将选入官,僚不少贬以希合,或指以为德秀党,论罢之。既归,学者群登其门。尝语人曰:"吾于问学未能周尽,然幸于大本有见处,此心常觉泰然,不为物欲所渎尔。"起家通判辰州,卒。所著有《传道精语》等书行世,真德秀、袁甫尝进其《禹贡解》,授朝奉郎致仕。弟文子,字公谨,绍熙中进士,历知绵、阆、潼州,亦从朱熹游,为学者宗仰。

儒林

〔宋〕

游烈字晋光。邵武人。幼以孝节称。从胡瑗学,官至职方员外郎,郡人知经学自烈始。

卢奎字公圭。邵武人。居大学作《毋我论》为众所推,号卢毋我。政和二年第进士,仕至江西运判。尝讲学于杨时[18],所说洙泗言仁及忠恕一贯,皆的有味。晚寓黔中。有《笔录》十卷。

李琉字粹之。建宁人。学行为乡间所推重，同县谢皓、谢黻皆受业其门。叶祖洽暨乡人列于朝者以八行荐，未受命而卒。有诗集行世。

李纯德字得之。诰之孙。光泽人。少治《周礼》兼左氏《春秋》，为文简古，不逐时好。诸弟尝问善人之道，曰："临事而无阴据便利之心，斯可矣。"邑尝以民兵属纯德为制战阵击刺之法，以时阅习，甚有可观。今欲以闻冀其勋赏，纯德笑谢，人益高之。绍兴五年，以特奏恩将入奉廷对，先卒，朱子铭其墓，以"好德有常之士"称之。

丘珏字玉父。邵武人。从朱熹学，有《主敬问答》。学禁严，遂谢场屋。

黄孝恭字令裕。邵武人。从朱熹学，治身严整，起居有常度，论著确实。

吴寿昌字大年。邵武人。初，谒佛者疏山，喜谈禅，后游朱熹之门，著《问答略》。尝论："张栻、吕祖谦，以南轩非寿昌所敢知，东莱博学多识则有之，守约恐未也。"熹深然之。

刘炎字潜夫。邵武人。游朱熹之门，熹卒，祭以文，有云："凛然若衔，驭之甚严，泰然若方，行之无畔，盖久而后得之，又何止流行乎四时，而昭示乎河汉？"

吕胜已字季克。父世居建阳，以尚书护合肥军，死义，敕葬邵武之樵岚，因家焉。胜已从张栻、朱熹讲学，熹为和《东堂九咏诗》。工隶书，得汉法。仕为湖南干官，历倅江州，知沅州，官至朝请大夫。自号渭川居士。

吴英字茂实。邵武人。绍兴三十年第进士。从学朱熹，有《论语问答略》。

饶干字廷老。邵武人。淳熙二年第进士。调知长沙县，适朱熹为守，干夙兴治事，暇即听讲。后知怀安军，卒，有为之铭曰：

“能磨琢而器吾之玉乎？则心皇皇如不足；能烜赫而丹吾之毂乎？则足缩缩如不欲。故乐也不加若性，而污也不惧其辱，是谓善学朱氏者，盖不惟其名而实之笃。”

梁琢[19]字文叔。邵武人。从游朱熹，刻志励学，所论为学工夫及体气魂魄鬼神之说，朱熹多许可之。又辑熹《语录》、《澹台石刻》。

冯允中字作肃。邵武人。从学朱熹，所论惩创后生妄作之弊，及敬义性情心术之说甚善，熹多许可之。尝名其所居曰“见斋”云。

叶寅字直翁。邵武人。少时飘荡豪爽，方士繇语之曰：“以子之才俊何善不可为，乃甘心里巷以辱其身耶？”寅感泣问过可改否？曰：“惟狂克念作圣。”于是奋励修饬，登朱熹之门，问学精谐，言行准绳，乡人敬叹之。

叶涣字德亨。光泽人。父敦义以六经教子，七子皆有成立。涣志笃学博，尝从吕祖谦游。淳熙戊戌，南省第二人，后守岳州，罢厨传，蠲鱼税，除淫祠。卒年八十。兄谦，字德柄，亦游朱、吕之门。

刘刚中字德言。光泽人。自少慷慨。读老庄荀杨之书，词义有契，辄为之赞。后登朱熹门，熹首问读何书，如何用工？刚中以所业对。熹曰：“此非乃所学也。”刚中遂专听熹言，熹为易其字曰“近仁”。与黄干友善，切磋之益居多。既归，筑室讲学，号曰“琴轩”，从学者甚众。嘉定四年第进士。调汉阳簿，转兰溪丞。所著有《师友问答集》、《西汉奇语》若干卷。

叶采字仲圭。邵武人。初从蔡渊受《易》学，已而往见陈淳，淳以其好躐高妙而少循序就实工夫，屡折而痛砭之。采自是屏敛锋芒，俯意信句[20]骎趋著实，淳深喜之。宝庆初，为秘书监，尝论郡守贪刻之害，上嘉纳之。

严粲字明卿。邵武人。精毛氏《诗》，所辑诗名《严氏诗辑》。

吴季子字节卿。邵武人。酷学能文。宝祐四年第进士，官至国子监丞。号“裕轩”。有《大学讲义》。

〔元〕

黄清老字子肃。邵武人。少通经，有文词。泰定丙寅江浙行省乡试第一，丁卯擢进士第。累官应奉翰林文字，同知制诰，国史院编修官，预修英宗、明宗实录。出为湖广行省儒学提举，学者自远从之，率多成就。有《樵水诗文集》、《春秋经旨》、《四书一贯》，号“樵水先生”。

黄元实字廷美。少酷学，性凝重，寡言动，循矩度，终日危坐不少倾倚。天历庚午试浙闱，中乙榜，授郡文学，以剡荐未授而归。至正癸巳，邑有妖民为乱，令延元实议讨贼计，贼奄至，遂遇害。

李学逊纲九世孙。博学治闻，善天文，尤粹于《易》。为文典雅，人有得其片言只字者宝而藏之。所著有《易精解》、《中星仪象》等图。

黄镇成字元镇。邵武人。甫冠即厌弃荣利事，慨然以圣贤践履之学自励。延祐科目行，再试有司不合，遂筑室城南，名曰“南田耕舍”。部使者闻其贤，相继论荐，不应。后以执政荐授江西儒学提举，命下而卒。所著有《尚书通考》十卷、《周易通义》十卷、《中庸章指》二卷、《性理发蒙》四卷、《秋声集》十卷。自号存存子，学者称曰“存斋先生”，集贤定□曰“贞文处士”[21]。

〔国朝〕

花润生字蕴玉。邵武人。永乐甲申登进士第。初为古田令，创公署，兴学校，教民种艺，为弟子置书籍，亲课其业，美绩甚著。迁浙江市舶司副提举，擢浙江按察司佥事，以尚书王直荐改提督学校，年未七十即引年告老归。润生资性刚方，诗文雄健，尝考应天府乡试，两考会试。晚年言动愈谨，足迹未尝轻至公府。有《介轩集》。

文苑

〔宋〕

黄通字介大。邵武人。登嘉祐二年第。韩琦、范仲淹论荐，除大理寺丞。尝骑黄牛吹铁笛，浩歌长啸，众目为异人。有赋元宵灯云："谁将万斛金莲子，撒向皇都一夜开。"通曰："词语未壮。"自作云："秦楼十二玉梯横，紫府千门夜不扃，疑是嫦娥弄春色，彩云移下一天星。"

黄伯思字长睿。履之孙。父应求，饶州司法。伯思幼日诵千余言。以祖任假承务郎。元符三年进士高等。尝为河南府户曹参军，治剧不劳而办，累迁详定《九域图志》所编修官兼六典检阅文字，以修书恩擢校书郎，迁秘书郎。纵观册府藏书至忘寝食，自六经及子史百家，天官地理、律历卜筮之说无不精诣，凡诏讲明前世典章文物，集古器考定真赝，以素学与闻议论，发明居多。卒年才四十。伯思学问慕杨雄，诗慕李白，文慕柳宗元，有文集五十卷、《翼骚》一卷、《淳化法帖刊误》二卷。二子诏，湖南帅机，调怀安尉，裒伯思平日议论题跋为《东观余论》三卷。

李安期字泰伯。建宁人。淹贯经史，援笔成文，以诗名。岳飞死，作《表忠诗》百二十首吊之。一日，谒四川茶马使王涯，奇其才将以贤良举，偶因弈争道，安期推枰曰："公平章天下亦可如此反覆乎?"遂拂衣而去，竟不出。王深自刻责，以末艺失天下士。有《蒙谷诗集》。

王人鉴字克明。绍兴十八年登第。博学能文，人目为"策虎"。官至赣州判官。

黄去疾邵武人。咸淳间宰将乐，创龟山精庐，聚辑简册，政暇与学子诵习其间，又取《龟山纪》而订正之，题曰《年谱》。

严羽字舟丘，一字仪卿。邵武人。有才名，所著《诗辩》议论深到，自号“沧浪逋客”，有《沧浪集》。

〔国朝〕

上官祐字用孚。工诗博学。永乐丁酉乡试以《春秋》魁八闽。初为新城县教谕，荐擢弋阳令。有《武阳志》、《鹤村集》。

风节

〔宋〕

李深字叔平。光泽人。父诰，庆历二年进士登第，官至太常博士，陈瓘称其真率乐易，有古人风。深第熙宁九年进士，为编敕所详检役法文字，因与蔡京、章惇廷争，夺一官。已而叙复元官，迁朝散郎，以言事罢。崇宁中，安置复州，入元祐党籍。有《杭州集》二十卷。弟勉，字安道，元祐九年第进士，知尤溪、顺昌县。素负气节，多忤于时，遂谢事休致，亦入党籍。

吴点字圣与。邵武人。元丰五年第进士。与蔡京旧，京拜相，点为太仆丞，首求去，京不乐，以郡倅处之终身。同县朱缶，第大观三年进士，后秦桧用知柳州，缶耻出其门，以母老归，屡召不起。号悠然居士。

黄克仁字已仕。光泽人。绍兴中第进士。陈书万言忤时相，闻者缩首。历守真、化、雷三州。

黄遹字景声。邵武人。隆兴元年进士第。以不附韩侂胄出为江西提刑，遂请老归。自号熙堂野老。

忠烈

〔宋〕

龚慎仪字世则。邵武人。父愈,南唐太子太傅。慎仪仕南唐为礼部郎中,宋建隆初,贡乘舆服御物于朝,归国迁给事中。开宝初,以太祖命赍李煜书往招刘𬬮,被执,𬬮亡得归,除驾部郎中、歙州刺史。江南平,诏仍守歙。宜春贼卢绛陷歙,且趋闽,欲引慎仪为谋主,慎仪厉声曰:"吾已受真命,虽一日失援,肯从贼反耶?"绛怒,并其家杀之。

李阶字进祖。深之子。崇宁二年礼部第一。特奏名安忱对策言,使党人之子魁南宫多士,无以示天下,遂夺阶出身。遇赦复官,建炎初摄临安府比较务[22]。州卒陈通胁阶叛,阶叱之,遂遇害。事闻,赠右丞事郎,与一子官。

危翁一光泽人。家贫业樵。靖康中,闻徽、钦二帝北行,哭三日骨立而死。寄庵季炳以诗吊之云:"南乡老人危翁一,岁晏雨晴扶杖出,惊闻二圣尘再蒙,归阖柴门哭三日。眼空愁绝声遂止,里人言翁翁死矣,凛然生气申包胥,万古千秋葬忠义。"

上官悟字仲达。均之子。用荫累官秘阁修撰,充京畿转运使。建炎三年,为东京副留守,时济南刘豫叛降金,以厚命节制京东兵马,因遣人说降,悟斩其使,豫复赂悟左右使说,悟复斩之。金兵攻东京愈急,力不能支,城陷死之。赠右文殿修撰,官其后五人。

高谈字景遂。光泽人。平居言动必由礼,乡人敬附之。绍定间,旁郡盗起,诸子请避,谈曰:"四方皆盗区,无可避者。"及盗入,诸子又请,谈曰:"有庙祏在,将焉之?"盗至,谈出曰:"时和岁丰,何忍为此?"盗执诣庭,遗以牛酒金帛,皆不释,谈曰:"将何为?”盗曰:“吾方东破武阳,尔能率是乡子弟,吾其济乎?”谈曰:“斯言奚为至我?”唾贼大骂,遂遇害,而里人赖以免。

丁从龙泰宁人。有勇好义。绍定三年,率乡兵击贼走之,以功授保义郎。端平二年,□兵华安城下与敌大战,攻破土城[23],敌兵奔溃,克复淮安,转忠翊郎。其年秋,遇盗于梧州□□县[24],战死。朝廷褒赠,立庙祀之。

〔国朝〕

李刚泰宁县学生。正统戊辰,沙、尤寇发,刚与乡人同匿山间。一日出遇贼,贼胁刚从逆,刚以义数之,贼怒令跪,刚不屈,骂之不绝口,遂遇害。

孝义

〔唐〕

黄桓邵武人。母丧庐墓三年,芝二本生墓侧。邑素无鹤,时有鹤来巢于墓林,人因称其地曰“鹤林坪”。贞观中旌表门间。

张巨篯邵武人。母丧,庐墓十三年。永淳初,观察李承昭奏蠲其家赋役。

吴海邵武人。母丧,庐墓十三年,墓侧产芝二十茎。海与黄桓、张巨篯俱载《唐史》,郡谓之“三孝子”。

〔宋〕

邹长孺字齐贤。泰宁人。初笃志问学,宋仁宗时与太学试,居上第。闻父丧哀毁逾礼,自京师至家三千余里,冒暑跣足归。庐墓芝生,诸司以八行举,不应。

上官怡字友先。琩之子。工文词,年十六试大学,居第一。

母年高羸疾，方暑，晨夕侍侧以驱蚊蚋，不寝或逾月。居忧，极哀毁。二兄继殁，奉嫂抚孤，敬爱兼笃。

上官超光泽人。性纯孝，母病笃，刲左胁取肝饲母，已而母愈。县令张硕名其门曰“孝感”。

梁从光光泽人。家素饶，淳熙间岁歉，尽发所积以赈饥，近者饷以黍，远者遗以米，日计数百人。终其身，凡遇歉岁皆如之。州县监司旌赏焉。

张子英建宁人。幼孤，侍母王氏独居。元季盗贼扰攘，妻子俱被虏，子英负母逃避，备经险阻。后寓居黄溪，佣书为养。母常思妇孙，寝食不安，子英跪曰：“但得母安，妻子可复返。”贼退，遂奉每归故里，妻子亦果得还。

冯顺德建宁人。早丧父，奉母王氏至孝，饮食必亲供。时遭离乱，负母逃于山谷，孝敬不替。母多病，顺德或终夜不寝。励志学医，亲调药物，母病遂愈，老益康健，年八十四卒。

丘敬建宁人。幼孤。母为寇所虏，敬求之四方不能得，乃刻木肖母像晨昏侍奉，以致孝思。一夕妻馈奠，误侵母像仆地，敬哭泣擗踊几绝，因卜葬交溪之上，服丧三年，春秋祭享。后人称其所居里曰“孝乡”。

黄权建宁人。县东北十五里将溪，经宽平地余一十里入大溪，岁泛溢侵啮为患，权自募夫力迁之东山下，讫今人赖其利。

〔元〕

郭回邵武人。性至孝，家贫竭力养亲，母年九十八卒，佣身得钱以葬，每旦诣墓哭祭，如是者十有四年。守臣以闻，诏旌异之。陈士元诗：“一十四年风雨里，孝心行尽不如君。”(郭回，诸志作“郑回”。)

陈道邵武人。至正丁亥，郡虎昼伤人。一日道父樵为虎所噬，道以柴担奋前纵击，虎舍其父遂噬道啖尽。乡人为敛其父尸葬之[25]。有过者为之语曰："虎口犹能夺父尸，天胡纵虎害斯儿？行人不为呻吟喙，此孝何由众得知。"

〔国朝〕

龚仲贤光泽人。父均实，早丧，家贫，母吴氏纺织抚养，底于成人。洪武壬戌，母以寿终，仲贤痛念不已，遂即母诞日刻木肖像以奉，衣服饮食一如生前，出告反面，朝夕不怠。妻王氏亦知孝养，尝有违[26]，凡十八年如一日。乡里咸称为孝子。

宦迹

〔唐〕

陈岩建宁人。慷慨有智略。乾符间，黄巢转掠福建诸州，岩聚众数千，号"九龙军"，保乡里，巢不能为害。时邑为黄连镇，岩表为宁义军，置鼓角赐牌印，岩剪除余寇，抚安乡井，境内赖之。中和四年，福建观察使郑镒表岩自代。岩为治有威惠，吏民怀服。先是，城壁、公府、学校为巢焚荡几尽，岩悉力完葺，闽中遂安。光启二年，王潮据泉州，闻岩威名不敢犯境，仍遣使请降，岩表潮泉州刺史。大顺二年，岩疾，遣使召潮，欲授以军政，未至而卒。（按史云岩建州人，盖其时邵武未置军，建宁县地隶邵武县，而县属建州耳。）

〔宋〕

虞肇字公初。邵武人。庆历二年登第，充御史台推直官，用法明审。出知南安县，未七十，谢事归。

上官拯字公济。光泽人。庆历六年第进士。调建宁县丞，听讼明敏，奸黠无所肆其巧。迁上抗县令，亦有政声。孙行，知解州，号令明信。

高照邵武人。第进士，为处州司理。有盗驱胁良民，捕者利赏，指以为真盗，将论死，照察其枉，出系者百余人。

朱蒙正字养源。邵武人。元丰八年登第。尝为衡州茶陵丞，仓庾倾圮，吏掾为奸，租赋不时入，亟命葺完，更谨视出入，奸弊遂绝。大观中，以司农寺丞通判德顺军，时郡守武人，越常例遗之甚厚，蒙正辞弗获，乃以所遗寄公帑，后守坐赃除名，而蒙正无所累。

谢如意邵武人。政和二年进士第。宣和中为南剑州司录，尝缚福州叛兵渠魁二十余人赴郡斩之，乱随弭。详见《延平府·名宦》。

张汝明字敏叔。建宁人。嘉泰二年第进士。辟柳州宜章令，有神巫妖言惑众，置之狱，巫不得逞其奸。判汉阳军，时行公田受牒，按境内，使四隅日具官吏所至，至躬临于阅实，虽雨雪不渝，以故吏不得通赇谢，而税均于一路。尝辟为汉阳钱监，董黄州城筑，汝明建议齐安城外磨旗山，虏至可瞰城中，请筑外城以环之。中更虏寇，其城尚存，齐安之民赖之。改四川饷干，卒于道。

〔国朝〕

何道旻字伯清。泰宁人。洪武末为大理寺评事，谳狱多平反。时有疑狱，大脚板坐强盗久不决，高庙临问责理官以受贿，道旻犯颜力争，竟白其事。迁监察御史，照刷四川文卷，及问齐邸谋叛事，皆称旨，升江西按察司副使。赣贼陈平为乱，讨平之，而罪其首恶。移湖广，建言时事得失皆蒙采纳，后坐事免官。永乐初，起为广东按察司佥事，首奏宪使贪墨，黜之。修雷阳坏闸，溉田七十万顷，寻督工匠营造北京，凡六岁，人咸德之。宣德初，擢永州府知府，事必亲区画，吏不能欺，民不以病。再期致仕，卒。

吴玺字言玉。邵武人。自幼端敏谦厚，永乐戊子领乡荐，卒业太学，授兵部主事，迁郎中，遂为户部右侍郎。正统壬戌，北虏来贡马，同官皆以不事事下狱，玺时以疾在告辞，连及玺，谪戍威远。

朱祐字逢言。邵武人。永乐间以国子生授兵部职方司主事，调绍兴府通判，凡有便于民者必力为之。宣德癸丑大饥，故事，仓粮请而后发，祐径以畀民。秩满，士民上章请留，又七年乃去，稚耆咸拜送，有泣下留其靴者。尚书郭琎荐知汉阳府，郡旧无官庾，军民涉江支纳，数遭覆溺，乃请立仓城中，军民便之。正统丁卯，绍兴父老诣京乞除祐守本郡，比至而祐已得请致仕矣。

隐逸

〔宋〕

丁时习字行可。邵武人。父廷彦为太学录，以忤蔡攸辞归卒。时习初试有司不合，遂弃举子业，僦舍掩篱，玩读经史，晏如也。乡朝贵有以书荐子有司，俾自持谒，时习叹曰："使我能俯仰人，不烦书矣。"屏去弗视。晚年节益高，文益奇。妻危氏同甘苦，未尝以贫窘见辞色。子百之、千之，每夙兴供洒扫，具蔬食毕即受业，恭谨终日。杜来为之立传。

〔元〕

李应龙字玉林。郁之后。博学多闻，有节操，为时师表。至元间荐为白鹿洞书院山长，及漳州路教授，俱不赴。所著有《春秋纂例》、《孝经集注》、《四书讲议》。

寓贤

〔宋〕

陈瓘字莹中。沙县人。崇宁二年，坐元祐党人，诏除名勒停，自袁州移邵武军安置。同时有谢文瓘，陈州人，亦坐元丰中论新法及尝贻吕公著书，再调邵武军。

范如圭字伯达。建阳人。绍兴末，起知泉州，坐裁正南外宗官被谮，仍领祠。僦舍邵武以居，学者多从质疑。

艺术

〔国朝〕

廖寿山建宁人。业轩岐术，以活人为心，而不利所直，人赖以生者众，远近德之。洪武十七年，举为本邑训科。

列女

〔宋〕

龚氏二女慎仪女也。开宝初，慎仪守歙，以不从卢绛之乱，举家遇害，独二女被虏以行。至县之王堂香岩寺，绛恣饮，以二女幼不设防，二女遂缢于寺后之小阜。后人名其死所曰“烈女台”。

吕氏建阳县人。归邵武饶伟，生子干甫晬而寡。持守门户，奉承宾祭，辑和上下，内外无闲言。后干登进士第，知怀安军。吕氏年五十六卒，赠宜人。

叶氏二女泰宁人。绍定己丑，寇犯邑，二女与嫂□氏义不辱于贼，及以衣裙相结，皆投于溪而死。邑人邹应博为立祠，匾曰

“三洁”。

叶氏祖诒孙女。适邑人萧玠，生二子，曰舜咨，曰舜申。早孀居，家贫纺绩教子。后二子居官廉洁，所至有能声，皆其训也。叶自幼俭约，子贵，犹服布素，勤女工如贫时。子劝止之，叶曰：“富贵而忘贫贱，可乎?”平生无疾言遽色。卒年一百岁。

〔元〕

黎氏邵武傅君之母。孀居，事姑甚谨，每定省必察其饥寒，夜则抱衾侍寝，若是者余四十年。天历戊辰，姑年九十有九，是岁腊前三日，黎氏病革，姑问之，黎曰：“老人善自养，三日后则为百岁人矣，有诸孙在，请勿为虑。”言既而卒。其姑戚然，三日而卒。

黄氏泰宁邑士元实之女。至正癸巳，乡恶小为乱，元实遇害，黄氏被发跣足，奔父死所，抱尸哭踊。贼怜其色欲污之，黄氏骂不绝口，亦遇害。

危氏光泽丘朱温妻也。至正庚子夏，寇陷杉关，危氏被执，骂贼不辍口，于是夫妇俱遇害于监恨岭。

李氏光泽上官成一之妻。至正末，江西寇陷光泽，邑民依乌君山之玉隆宫以居。邻寇乘机入山剽掠，李氏被贼执缚，驱迫以前行，经龙床石崖，壑深数百尺，李氏力曳所缚绳，与贼俱投崖而死。

陈氏光泽危萱妻。至正末，西寇陷杉关，驱掠乡民男女，栅于里之金灵山，既而尽歼其民。陈氏与萱俱被执，行至隐将岭，贼索金帛不惬其欲，萱被害，胁陈氏去，陈氏骂曰：“强盗！汝杀吾夫，恨不能杀汝，复肯从汝耶?”亦被害。子瑺方七岁，伏父母尸不起，血流满身，盗义之，弗忍杀，遂携而去。

〔国朝〕

丘氏邵武陈文清妻也。永乐初，侍文清从戎福州，文清以公事适延平，遇疾卒。丘时年十七，子永宗生甫四月，讣至，遂抱永宗奔延平，亟殖归葬[27]邵武，誓志不再适，纺织以事舅姑。人有欲夺其志，辄泫然涕下，自是无复敢言者。永宗在大学以其事闻，得特旨旌表其门。后永宗官至河南阳武令。

李氏建宁县危安童妻。年十七适安童，生一女甫三岁，而安童以邑庠生贡成均，授广东陵水县知县。行时语李曰："二亲俱老，远不可致养，又无兄弟，汝可为吾养乎？"李曰："诺。"后安童以事远谪，卒配所。讣闻，哀毁几绝。舅姑怜其少，欲令再适，李闻之痛哭以死誓。舅寻得疾而哑，姑亦多病，家愈空乏，李勤纺织以营衣食，舅姑俱八十余以天年终。孀居四十余年，始终一节，乡党称之。

王氏、江氏邵武徐氏二妇也。王之夫曰存，江之夫曰忠。正统戊辰，同避寇于里之扫帚寨。闻贼将攻寨，妯娌相与涕泣谋曰："万一危急，惟有死而已。"一日贼果至，王抱幼女投崖，江继之俱死，惟江子福昭悬崖树间得不死。俄顷寨破，妇女多被虏辱，存、忠兄弟亦被伤。贼退，始收二妇尸归葬，乡人至今哀之。

仙释

〔唐〕

龙湖禅师名普闻。唐僖宗第三子。往湖南石霜寺参禅，及去，付之曰[28]："汝逢乾即止，逢陈则住。"来邵武，问其山曰大乾，问居者曰一道士姓陈，师悟，遂结庵居焉。一日，师聚徒说法，有老人在旁，师问之，对曰："某此山之龙，因病行雨不职见罚，愿师救之。"师曰："可，易形来。"俄为小蛇，引入净瓶，覆以袈裟，忽云雨晦冥，雷电绕空而散，蛇自瓶出，复为老人，谢曰："非借师力，则腥秽此地矣。山中无水，当以水报。"乃爪石成穴，涌泉一泓。后师跨虎而去，不知所终。

〔宋〕

冯观国邵武人。游方外,遇异人得内丹之法,自称无町畦道人。寓宜春二年,言人吉凶尽验。或有诮其醉狂者,观国以诗谢之,曰:“踏遍红尘四百州,几多风月是良俦。朝来应笑酡颜叟,道不相侔风马牛。”绍兴中端坐而逝。郡守李观民为塑其像于诒平观。

徐熙春郡城人。宋熙宁初,梦铁冠道人仪容修伟。既寤,至城南五峰院后遇所梦者,自云姓蔡,使武夷,遗以五花草,食之甘美,自此不复粒食,惟饮清泉。约以某日会武夷,至期而往,蔡已先至,徐以水深不能渡,止于金身院修炼,尸解而去。

黄希旦长乐里人。号支离子。居九龙观修炼,倏然[29]有出尘之志。熙宁五年,作五福宫成,希旦以戒行清净,召至嘉师[30]。后二年化形于太乙宫,后复见于蜀。有诗寄友人曰:“昔游西太乙,今日返成都,若问去来事,云藏月影孤。”

校　注

[1] 光绪《邵武府志·人物》作“父勗”。
[2] 光绪《邵武府志·人物》作“颖思所以报之”。
[3] 光绪《邵武府志·人物》依《宋史》作“进《运历图》”。
[4] 光绪《邵武府志·人物》作“卒年八十有三”。
[5] 光绪《邵武府志·人物》作“皇祐五年”。
[6] 似应作“右元祐”。
[7] 光绪《邵武府志·人物》作“绍圣元年第进士”。
[8] 光绪《邵武府志·人物》作“以族祖荫补官”。
[9] 光绪《邵武府志·人物》作“子公裕、公颖”。

［10］光绪《邵武府志·人物》作“文彦博荐之”。

［11］光绪《邵武府志·人物》作“上官恺，字彦明，凝长子有三子，憕居其次”。

［12］光绪《邵武府志·人物》作“均再从子”。

［13］光绪《邵武府志·人物》作“弟善傍、善仪、善侃、善佐、善艭俱登第”。

［14］民国《福建通志·选举》和光绪《邵武府志·人物》均作“隆兴元年特奏名”。

［15］民国《福建通志·选举》和光绪《邵武府志·人物》均作“淳熙五年特奏名”。

［16］光绪《邵武府志·人物》作“下兑廷尉，窜英州”。

［17］光绪《邵武府志·人物》作“咸咨以决事”。

［18］光绪《邵武府志·人物》作“尝受学于杨时”。

［19］光绪《邵武府志·人物》作“梁璩”。

［20］光绪《邵武府志·人物》无“俯意信句”四字。

［21］光绪《邵武府志·人物》作“集贤院定谥曰贞文先生”。

［22］光绪《邵武府志·人物》注：“此比较务当是比较酒务”。

［23］光绪《邵武府志·人物》作“领兵讨李全，屯兵淮安城下，攻破土城”。

［24］光绪《邵武府志·人物》作“遇盗于安集县”。

［25］光绪《邵武府志·人物》作“乡人为敛尸葬之”。

［26］光绪《邵武府志·人物》作“妻王氏亦偕敬无违”。

［27］光绪《邵武府志·人物》作“扶柩归葬”。

［28］光绪《邵武府志·人物》作“语之曰”。

［29］光绪《邵武府志·人物》作“翛然”。

［30］光绪《邵武府志·人物》作“召至京师”。

八闽通志卷之七十一

人　物

兴化府

名臣

〔宋〕

潘慎修字成德。莆田人。南唐礼部尚书承祐之子。少以父任仕南唐为水部郎中，开宝末，副李从镒入贡求援兵[1]，捷书至邸，吏促从镒入贺，慎修曰："国且亡，当待罪，何贺也？"太祖嘉其得体。后归宋，历太常博士、直秘阁，景德初，以老求外任，真宗爱其儒雅，不听，擢谏议大夫、翰林侍读学士。初，寇准数毁慎修，及准守邓，有告其不法者，诏慎修验治，乃密疏准材堪将相，所坐皆诖误，不足罪，时称长者。子汝士，直集贤院。

陈靖字道卿。莆田人。父仁壁，仕闽为奉礼郎，闽灭，赴陈洪进[2]，辟从事，迁泉州别驾。开宝中，劝洪进纳土，为通诚款于朝，太祖嘉其忠，擢膳部员外郎、泉州录事参军。靖初以林居裔聚众游佯，负险倡乱，密告转运使杨克让讨之，授泉州德化县尉，参议军事。至道初，为太常博士，会议均田法，靖请"检荒地及逃户田而官籍之，募人耕种，数岁而后授之"，命为京西劝农使。会郡议不协，罢。真宗立，复上其议，亦不果行。历江南转运使，乞省李氏横赋十七事，诏为罢其尤者。平生建划尤详于民事，尝取所陈表章，目曰《劝农奏议录》，上之。官至左谏议大夫，以秘书监致仕。熙宁初，谏官以其奏议上闻，诏藏之中书，复宣索所著《经国集》。特赠左仆射。

李欣字公愉。曾祖丹，唐宗室，咸通中令莆田，卒，因家焉。祖崇为校书郎，朱全忠既篡唐，崇弃官归。欣太平兴国末第进士。为阶州推官，自知州以下皆坐买马得罪，欣独免，由是以清慎知名。后知仪州，忽一日传寇至，民将避去，欣笑曰："狂寇敢犯我耶?"已而果渭州兵讨虏还耳，移知福州，土民相与祠之。历两广、京西转运使。始仁宗为太子，欣处师儒之职，及即位，赐玺书褒问，除卫尉卿，迁谏议大夫。

方慎言字应之。莆田人。咸平中第进士。仁宗朝为殿中侍御史。丁谓贬，命籍其录，得士大夫书悉焚之，不以闻。知泉州，大发仓廪以代民[3]，鳏寡孤独倍加赈恤，又奏蠲其丁税，全活者众，至有育子以方儿为名者。为两浙转运使，钱塘江决数十里，叠石筑堤，外加滉柱以杀潮势，得玺书褒奖。入为右谏议大夫，俄出知广州。弟慎从，景德中登第，历宰六县有政声，寻知潮、嘉、潭三州，官至都官郎中。

方偕字齐古。莆田人。祥符中第进士。中丞杜衍荐充推直官。澧州逃卒佣民家，一日诬告民事摩驼神，岁杀十二人以祭，逮者三百人，久系不决，偕令卒疏所杀主名，按验皆无状，卒以诬论。迁侍御史。南京鸿庆宫灾，引汉罢原庙故事，请勿复修。鄜延帅劾其副赵振不救塞门寨之陷，遣偕按问，为言众寡不敌状，振得减死。出安抚江南三司，岁出乳香、绵绮下州郡配民，奏罢之。入为三司判官，寻兼御史知杂事，纠大臣不才者数人，擢天章阁待制、江淮发运使，终光禄卿。

蔡襄字君谟。仙游人，后居莆田。天圣中第进士甲科。庆历中，知谏院兼修起居注，与欧阳修、余靖、王素号"四谏"。政事有急者，至一夕三上疏，权幸畏敛，裨益为多。以亲老知福州，遂为福建路转运使。复古五塘以溉民田，奏减闽人五代时丁口税之半。复修起居注。唐介以直言贬春州，独论其忠。知制诰兼判流内铨，吕景初，吴中复、马遵坐论事徙他官，封还词头不草制。其后屡有除授，非当者必皆封还之。迁龙图阁直学士，知开封府，再知福州，以经术教人，礼遇周希孟、陈襄、郑穆、陈烈，仍荐于朝。徙知泉州，皆有惠政。召为翰林学士、三司使，除端明殿学士，知杭州。丁母忧卒，淳熙中谥"忠惠"。有文集三十六卷。

余象仙游人。庆历中第进士，为光禄丞。当仁宗时，王安石已有盛名，象言安石议论诡辩，名实炫耀，虽为一时之文人，终为异日之巨蠹。出通判宜州，至官，又疏论安石若果用，必有纷更之失。英宗立召见，除屯田员外郎，寻出通判宣州。州人诣阙，乞象领州事，英宗以问司马光、吕公著，对曰："余象乃陛下之汲黯，内则面折庭争，外则卧治，社稷臣也。"官终礼部郎中。

黄隐字从善，初名降。莆田人。第进士甲科。元丰中，侍御史召对，神宗问以学术，时尊尚王氏，而隐以司马光对，不称旨。元祐初，守国子司业，力排王氏新法，取《三经》板火之，为吕陶等所攻，出守泗州。历监司郡守凡七任，坐尊司马氏学，入元祐党籍。靖康初，追赠直龙图阁。

陈侗莆田人。绛之子。嘉祐中，与弟睦相继第进士。英宗命辅臣韩琦等举馆职，侗兄弟预焉。富弼知汝州，辟侗从事。后弼执政，召试除馆阁校勘。历知陕州、湖州，迁卫尉少卿。熙宁中，以秘阁校理除浙西提刑，召为监察御史。会欲改官制，令即秘阁校雠《六典》，除起居舍人。使高丽还，除纠察在京刑狱，兼知审官东院，转文馆修撰，判尚书刑部官行制，进鸿胪卿，出知潭州、广州，官至宝文阁待制。

朱绂[4]字君贶。仙游人。治平中第进士甲科。元祐中召对，言治道以正心诚意、知人安民为先。邹浩贬，以赆金特厚，追一官。徽宗立，除谏议大夫、给事中，时范纯礼、刘安世、吕希纯、张舜民屏黜，马涓送吏部，江公望出补郡，悉为论列。除宝文阁待制，知真定府，俄落职，入元祐党籍。子宗，字成德，与同县叶确皆蔡京里姻，相与策其必败，朱尝诣其门。绍兴中，除大理少卿，出为福建转运副使。召对陈便宜十事。孙元飞，字彦实，仕宦三十年不营一金之产，惟喜积书。官至福州通判。朱熹为记其归乐之堂。

傅楫字元通。仙游人。治平中第进士。哲宗朝为太常博士，定北郊之议。迁端王府翊善，坐贬邹浩金免官。徽宗立，擢监察御史，论内侍刘瑗，不报。除起居郎、中书舍人。徽宗以旧学多所咨访，每以遵祖宗法度、安静自然为献，曾布由是忌之。建中靖国初，见时事更张，曰："祸其始此乎?"首引去，以龙图阁待制知亳州。从子希龙，以不附二蔡入邪等，仕终漳浦令。

陈大卞字仲循。仙游人。治平中进士，为威武军佥判。与章惇旧，惇当国，屡招不往。以有事明堂得封二亲，拜且泣曰："吾不能与时俯仰，邑勉从事，为吾亲耳。"遂致仕。子显仁，徙居莆田，踵世科，尝上其父所著万言书。官至大名府少尹。

陈次升字当时。仙游人。熙宁间第进士。绍圣中，除殿中侍御史。论章惇、蔡卞奸恶，及请修德求言以应天变。时方编元祐章疏，次升力争之，又论卞客周穜，惇、卞益恶之，迁左司谏。宣仁有追废之议，力辩其诬；吕升卿察访岭南，又谏止之。既而为卞等所挤，坐谪。徽宗立，召为侍御史，首论惇、卞、曾布、蔡京之恶，皆罢黜。迁右谏议大夫，献体道、稽古、修身、仁民、崇俭、节用六事，除给事中，以宝文阁待制知永昌府。崇宁初，入元祐党籍。刘安世称其有功于元祐诸臣。

王回字景深。仙游人。熙宁间第进士。元符中，为睦亲府讲书，与邹浩友善。皇后刘氏立，浩将论之，以告回，回曰："事宁有大于此者？移孝为忠，亦大夫人素志也。"及浩南迁，敛交游钱与治装，往来经理，且慰安其母，事闻，逮诣诏狱，居之晏如。御史诘之，对曰："实尝与议，不敢欺也。"因诵浩所上章几二千言，狱上，除名停废。徽宗立，召复元官，未拜而卒。蔡京为相，列名党籍。

方会字子元。莆田人。峤之从孙。熙宁中第进士，徽宗时帅越州，上其所撰《水战法》。在越凡五年，越人安其平易之政。政和中召还，入对，除给事中兼编修《国朝会要》。迁工部侍郎，以宝谟阁待制试太子詹事，提举醴泉观，编修《六家谥法》。书成，加太中大夫。

郑济字与梁。莆田人。元丰中第进士。徽宗时权吏部员外郎，有选人合改官，吏沮革不行，济引元丰法请与改秩，而不识其面。蔡京客石预欲荐以台职，辞。积四年，迁卫尉少卿，已而竟为京党所挤，出补外。

陈高字可中。阐之从子。仙游人。少游湖学，元符中第进士，召试除太学录，祭酒龚原、司业傅楫荐其潜心经术，尤深于《易》，迁博士。政和中，始建医学，除太医学司业。累上封事，以切直忤卿相蔡京，慨然力请休致。

林震字时敷。仲之之从子。自号介翁。崇宁初，第进士甲科，自京畿提举学事召为国子司业，历左掖后省，以攻京、卞，谏燕云，左迁文馆，出守九郡，甫至辄徙，间关道途以卒。官至秘书监。著《礼问》三十卷、《易问》五卷、《易传》十卷。

蔡枢字子应。襄曾孙。政和中第进士，历京西提举司主管文字，御史常安民谪居陈，时多以党籍为忌，独以师礼尊事之。枢与父传皆年四十余挂冠，时人榜其堂曰"世隐"。宣和中收复燕云，本兵者欲起枢幕职，贻书止之，曰："此非久安之道。"力辞不赴。尝到京，时族父京当国，求善训子弟者，枢以张觷荐，杨时得召用基此。官终于职方郎中。

林之平字国衡。莆田人。崇宁中登第。历监察御史。高宗幸临安，以长江守御之策遍询群臣，议者悉陈招募海舟为不虞之备，遂诏之平为福建广南招募使。之平历闽广募六百余艘，由温台赴行在，适移跸永嘉，海道支费无阙，之平有力焉。时朝议福建行钞盐榷酤之法[5]，之平请罢之。召赴行在，除右司员外郎，论功转官，再迁左司郎中。

陈彦文睦之子。居苏州。以职事登对称旨。崇宁中赐进士出身、户部侍郎、显谟阁直学士，知庆、洪、楚、江四州。在江州视事甫十日，盗张遇犯城，彦文击走之。建炎初，除江淮制置使，诏入都堂议事。

方廷实字公美。莆田人。父监，绍圣中登第，提举广东学事。廷实第政和乙未进士。绍兴中为御史，极论和戎不便。寻充三京淮北宣谕使，至西京先朝陵寝，见诸陵多发掘，泰陵至暴露，解衣覆之。比还，秦桧使谓之曰："见上幸毋及他事。"及对，俱以所见言，高宗为涕下沾襟。桧怒，劾其奉使无状，出为福建提刑。至官，首上书赎胡铨之罪，桧益衔之。徙广东提刑，劾桧党愈急，请老未报，卒。

宋棐字材成。莆田人。曾祖堂，天圣中登第，为秘书校勘。棐第政和乙未进士。绍圣中为金部郎中，扈从幸建康，请诏中外臣僚采访勇力权略之士以备采择，从之。因留总领大军钱粮，秦桧独相予祠。已而展转外庸凡二十年。召为太府少卿，徙太常。自南渡后，典故多出有司省记，至恤章文讳不录属，太后韦氏崩，斟酌一出棐手。擢权礼部侍郎兼侍讲，除敷文阁待制，奉祠。棐和易宽通，临事屹然不可回夺。卒赠宣奉大夫。子煜，淳熙中历知循、宾、惠三州，皆有惠政，终直徽猷阁。

林霆字时隐。震之从弟。政和中第进士。博学深象数。靖康初，三上书，请代诸父冲之使虏，不报，还里不复仕。绍兴中，秦桧以霆有庠序之旧，召为敕令所删定官，谓曰："公何忍以二帝置万里外易一相位乎？"桧怒，方议远窜而桧死，得通判衢州，改湖州。未几挂冠去，当世高之。

陈膏莆田人。政和中第进士。初为汾州教授，佐守臣张克戬捍金人。后知惠州，单骑造会袁贼垒，谕降之。鄞僧王法恩谋逆事觉，或请屠城，膏方为御史，力论多杀非圣世事，胁从者都悉宽宥。官至太府少卿，徙居明州。

陈吉老字子州。仙游人。绍兴中为京东提刑，入对陈练将卒、广储蓄、修城堡、纾民力、严策应五事，除知杨州兼主管安抚司公事，与韩世忠戮力恢复。秦桧主和议，吉老累疏争辩，请斥逐之。未几卒于官，特赠奉直大夫。

王晞亮字季明。莆田人。绍兴初特赐同进士出身。先是，秦桧与晞亮同为学官，素知其行艺，及当国，除敕令所删定官，权太学博士。已而察其不附己，外除福建帅参。久之造朝，宿憾未已，差通判汀州，流落二十余年而桧死，始以国子博士召，除吏部郎官，奏乞优取经义之士，以十分为率，词赋人才不得过三分。累迁工部侍郎兼国子祭酒，除给事中，以定夺朝士公案忤权贵补外。曾孙太冲，擢世科，理宗朝为宗正丞。轮对言："陛下何不以太平责宰相，以谠言责台谏侍从，以富强责主兵财者。"次言："君子屡招而不至，得无有发后汉魏仲英之叹者乎？"除考功郎中。

叶颙字子昂。仙游人。宾之曾孙[6]。绍兴二年登第，历知常州。高宗幸建康，召对舟次，颙言："恢复莫先于将相，故相张浚久谪无恙，是天留以相陛下也。"累迁吏部侍郎，尝编七司条例为一书。乾道初除参知政事，明年拜尚书左仆射、同平章事兼枢密使，首荐汪应辰、王十朋、刘珙、陈良瀚、周操、陈之茂、王佐、王秬、芮晔、林光朝等可备执政、侍从、台谏、给舍之选。又言龙大渊，曾觌窃弄威福。凡进贤退不肖，惟知任怨，不市私恩。会冬至郊雷，颙引汉故事请罢，以左正奉大夫奉祠，讣闻[7]，特除观文殿学士致仕，卒谥"正简"。为人简易清介，与物若无忤，至处大事毅然不可夺。自初仕至相，服食僮妾田宅不改其旧云。

陈俊卿字应求。莆田人。中进士第二人。历殿中侍御史，劾奏韩仲通、刘宝、汤思退、杨存中罢之，乞召用张浚，斩内侍张去为，请减大礼浮费及冗官妄费。隆兴初，参赞张浚都督既归，力诋钱端礼国足之说，奏出曾觌、龙大渊于外，荐刘珙可用。乾道四年拜相，专以惜名器抑侥幸为事。又极论近习弄权纳贿鬻卖将帅之弊云。允文建议朝陵寝，俊卿以大事须万全，俟一、二年吾力稍完乃可，不可迎合以误国事。求去，除观文殿大学士，判福州。既而允文遣使终不得要领，曾觌亦召还。俊卿后起判建康府，过阙入对，从容言曾觌、王抃招权纳贿，士大夫公然趋赴，恐坏纪纲，废法度，败风俗，累圣德，孝宗嘉纳之。以少师魏国公致仕，卒谥“正献”。俊卿立志一以先哲为法，朱熹称其始终全德，无可指议云。

黄公度字师宪。滔八世孙，静之子。绍兴戊午进士第一，召为秘书省正字，坐与赵鼎往来，又尝贻书台官讥诋时政，为秦桧所不悦，被论予祠。久之，通判肇庆府，摄南恩州事，增学廪，广贤才，学者用劝。南恩自唐贞观置郡，至是始有登第者。邦人祠之。桧死，召对，乞揽乾纲，厚风俗。高宗嘉纳之，因询以岭外弊事，除考功员外郎。未几卒，年才四十八。子沃，朝请大夫，知邵州。

宋藻字去华。棐从子。绍兴中，以布衣上“十君论”，召对补官。寻擢第。既而忧虏渝盟，上时议二十篇。及虏杀其酋而遁，朝命王诏讨追袭之，藻恐昧利深入，为虏所掩，诣行阙奏陈，即日议班师。擢知江阴军。乾道初，召对，乞令戎帅各以其兵分屯淮郡，以宽东南民力。除浙东提举，劳绩上闻，复应召对，凡四进，敷陈移时，孝宗褒其劲直。坐劾温州守臣，忤当路，奉祠归。讲学里社，著《群经滞穗》百篇。

龚茂良字实之。莆田人。绍兴中第进士。隆兴初，为吏部郎官，言本朝御敌，景德之胜本于能断，靖康之祸由于致疑。除监察御史，江浙大水，应诏言：“水至阴，其占为女宠、为僻佞、为小人。”迁右正言。内侍梁珂以罪逐，茂良言曾觌、龙大渊害政甚珂百倍。珂死得旨赠谥，茂良请施之赵鼎、韩世忠，而论觌、大渊不已。徙太常少卿，补外。淳熙初，以首参行相事逾再岁，抑滥恩，奖廉退，荐朱熹操行耿介，奏钱良臣侵盗大军钱粮。既而曾觌直省官当道不避[8]，茂良挞之，觌遂用其党谢廓然入台论罢之，寻谪英州。廓然死，复通奉大夫。周必大为相，为资政殿学士，谥“庄敏”。子聂，用荫补官，史弥远当国，修先世故怨，屏不用，聂亦安于退处，最后除知汀州，不赴。

刘夙字宾之。莆田人。绍兴辛未南省第二人。孝宗朝召试馆职，极论荐举之弊，皆由大臣为惠而不为政所致。除著作佐郎，上封事曰：“陛下与曾觌、龙大渊辈觞咏唱酬，字而不明，罢宰相、易大将，待其言而后决，严法守，裁侥幸，当自宫掖近侍始。”请外，除湖北帅参，起知衢州。奏札论舒民力，罢贡献，辨君子小人。曾觌道衢谒夙，不纳。徙知温州，寻奉祠卒。

刘朔字复之。夙之弟。绍兴庚辰南省第一人。孝宗初立，召对曰：“陛下何不延纳愤激敢言之士，而听讦直难堪之言？”因以自考察成败得失，且及曾觌、龙大渊罪状。出知福清县，寻奉祠。再召入对，时虞允文方赞恢复，朔言宜选兵蓄财以待其变。免试除正字，出为福建帅参，道卒。子起晦，字建翁，登第历贵溪令，召为秘书省正字，蔚有时望，识者谓其材行不忝其父云。

蔡洸字子平。徙居霅川。父伸，中大夫。南渡初，戚方降而复叛，伸单骑往招安之，一州赖以全活。洸事亲孝，曾祖襄未易名，请于朝，得赐谥。所得俸每以赈亲族之贫者，去朝之日，囊无余资。仕至户部尚书、徽猷阁学士。从子戡，居毘陵，乾道中登第，历事光宗、宁宗，终宝谟阁直学士。

陈居仁字安行。膏之子。绍兴中第进士，孝宗朝轮对，言：“立国须定规模，陛下锐意恢复，继乃通和，和、战、守三者迄今未定，孰为规模耶？”又言：“文武并用，长久之术，陛下奖进武臣，恐复有偏胜之患。”出知徽州。孝宗称其治行为天下第一，拜起居郎，擢中书舍人。泛恩滥赏，封缴无所避，因论："君人之道贵在执要，今陛下亲细故而忽远猷，事末节而忘大体，愿举纲要以御臣下，省思虑以颐精神。"官至文华阁直学士，谥"文懿"。

姚宗之字元仲。兴化县人。绍兴中第进士。孝宗朝除国子学录，轮对，言："大将而下有偏裨，准备将之属岂无人才可膺主帅之任？乞骤加拔擢，如古人拔卒为将。"从之。迁太常博士兼吏部郎官，请禁授例陈乞之弊，一遵祖宗成法。张栻尝称其议论剀切，有古诤臣风。

薛元鼎字叔云。兴化人。绍兴末，第进士。乾道中为太学正，请以周南仲配享武成王庙，下礼官议，从之。淳熙初，由国子司业提举浙东，奏开运河，公私便之。拜起居郎，擢给事中。一日直前奏事，孝宗以直谅多闻褒之。未几遭母丧卒，有诗文讲义二十卷。

傅淇字元瞻。伫之子。绍兴末第进士。孝宗朝干办诸司粮料院，召对称旨，擢监察御史。时方崇将，武臣幸进为多，淇疏论之。除太府少卿，轮对乞择端颐诚慤之士以备官僚，又言川、广守臣不可轻畀。改宗正少卿，出为浙东提刑，加直龙图阁。

陈谠字正仲。丰之子。隆兴初第进士。庆元中为殿中侍御史，久之坐论事忤陈自强意，从太常少卿补外，召为兵部侍郎。开禧中，贻书权臣，极陈用兵利害，不见听。除敷文阁待制奉祠，寻乞致仕。谠问学该贯，诗文不为险语而雅有典则，工书法，大字尤精，自少至老士林推重，惟攻伪学为世所少云。

黄艾字伯耆。莆田人。乾道中进士第二人，光宗朝以名儒充嘉王赞读，轮对言："今日以天下之大，百官之众，商量一经界三年而不成，使更有大于此者将若之何？"光宗从其请。宁宗擢左司谏，权工部侍郎，兼侍讲，时朱熹罢经筵，艾因讲问逐熹之骤，宁宗曰："始除熹经筵耳，今乃事事欲闻。"艾悃请再三，不听。除中书舍人，改刑部侍郎。

陈士楚字英仲。莆田人。早从林光朝游。乾道中登第,淳熙末召为国子监簿。光宗立,除司封郎兼嘉王府直讲,迁军器少监,出使江东。宁宗朝历起居舍人,明年除侍讲。尝讲《周书·无逸》篇,喻小人在朝君子在野之意,上嘉纳之。未几卒。

郑侨字惠叔。樵从子。乾道五年进士第一。高宗崩,孝宗在德寿宫欲行终丧之礼,群臣表请还内,侨曰:"丧不离次,礼也。"上疏悃陈,孝宗为泣下。使金,金主疾笃,欲令于阁门投进国书,侨以敌国礼使争,迄全仪物以归。庆元初,参知政事,进知枢密院事。伪学禁兴,朱熹罢黜,凡四入札奏留,不报。高文虎之子作《右道学图》,以侨为首。未几除知福州,陛辞,请平国论而无偏听,严边防而无轻信。以观文殿学士致仕,卒,赠太师,谥"忠惠"。

黄黼隐之曾孙[9]。乾道间进士。历给事中,改殿中侍御史。庆元初,韩侂胄攻伪学愈急,黼上言:"治道在黜首恶而任其贤,使才者不失其职,而不才者无所憾,故仁宗尝曰:'朕不欲留人过失于心,此皇极之道也。'"除起居郎,兼权兵部郎中,竟罢之。名入党禁。终部侍郎[10]。

刘弥正字建翁。夙之子。淳熙中第进士。嘉泰末,入为诸司粮料院。时韩侂胄为相,兵祸有萌,召使议铁钱,实欲付以边事,弥正行两淮久而后归,言:"无故而先发,天理不顺;无预而轻举,人谋不从。"嘉定初为考功郎,定朱熹谥曰"文"。终吏部侍郎。

傅诚字至叔。仙游人。淇之从孙。尝从朱文公游。淳熙中登第,由青阳令召提辖文思院,充江淮督府幕官。时参政张岩为都督,著述皆出于诚手。嘉定初,除国子博士,迁太常博士,轮对深忧国势不振,力劝宁宗奋起治功,言甚鲠切。一日登对,忽卒于殿下。从弟諴,字交叔,继诚登第,召监六部门,改宗正寺簿。奉命淮西安集流移,还朝除淮西漕,召为司封郎中,迁尚左郎中。

方信孺字孚若。莆田人。父崧卿,第进士,仕至京西运判。家藏书四万卷,皆手自校雠,尝订正韩文,朱文公考异多本之。信孺有隽才，开禧中，韩侂胄挑虏南寇，信孺年未三十，以选使军前，议和垂成矣，虏有所邀索，皆峻拒之。虏怒，欲留信孺，信孺曰："留于此死，辱命亦死，不若死于此。"及还朝，言："敌所欲者五事：割两淮一，增岁币二，犒军三，索归正等人四，其五不敢言。"侂胄再三问，信孺徐曰："欲得太师头耳。"侂胄大怒，夺官谪临江军。后王柟自北归，请录信孺功。诏自便。官至直宝谟阁。

郑寅字子敬。侨之子。历知吉州，召对，昌言济王冤状，指斥权臣，坐罢。端平初，召为左司郎中兼权枢密副都承旨，首请为济王立庙。又言"三边无备，宿患未除。正纪刚，抑侥幸，裁滥赏，汰冗兵以张国势"。出知漳州，除直宝章阁致仕。寅静重博洽，多识典故。李燔、真德秀、陈宓皆与为友。燔尝荐海内名士十二人于朝，寅其一云。

陈卓字立道。居仁子。绍熙初第进士。丞相吴潜以故欲见，卓谢不往，潜器之。在词掖草褫叛臣李全爵及大庙灾罪己诏，词极警切。端平初，佥书枢密院事，以资政殿学士奉祠，卒。平生不营产业，葬事不能具，潜贻书制置使以助。谥"清敏"。

余崇龟字景望。仙游人。兄元一从朱文公游，与崇龟同第进士，终池州通判。崇龟开禧中为郎，不附韩侂胄，请外，知江州。岁旱，举家疏食为民祈祷，已而果应。迁枢密检详文字。侂胄败，宰相言自权臣专政，朝士中独崇龟中立不倚，即日除监察院史，终兵部侍郎。

丁伯桂字元晖。莆田人。嘉泰中第进士。绍定初，史弥远擅国，留提辖杂卖场积六岁，迁宗学博士，论事戆直无所附丽。端平中，与李宗勉同除监察御史。居言路二年，鲠论剴切。迁中书舍人，韩休除节，伯桂封还词头。嘉熙中，拜给事中，方论驳余天锡召命而卒。赠通议大夫。同县陈炜，字光仲，淳祐中为监察御史，首论"不才执政"。有令换疏者，炜答以"头可断，疏不可换"。除太府少卿，不拜而行，召奏事力辞，除广东转运判官。

方大琮字德润。莆田人。慎从八世孙[11]。开禧初第进士。为人清明和粹，端厚静重，平居言君不出口[12]，至与君相争是非，虽贲育不能夺。端平中，除右正言，以济王冤为第一义，谓必明纲常则天道好还，可以永天命，定国势。后除起居舍人，擢直舍人院。奏对论驳每申及之，竟坐此罢，予祠。起为福建运判。移镇广州，治广凡六年，广人爱之如慈父。就加宝章阁直学士，卒。广人诣阙上其治状，特赠宝谟阁学士，谥“忠惠”。

王迈字实之。仙游人，号曜轩。从真德秀游。嘉定丁丑进士甲科。端平中，为秘书省正字，史嵩之将复相，极言嵩之奸险刻薄不可用。轮对，论“君不可欺天，臣不可欺君，厚权臣而薄同气，此欺天之大者”，理宗为动容。出通判漳州。禋祀雷雨，应诏上言：“曲蘖致疾，妖冶伐性，隐刺覆绝，攸熺尊宠，此天与宁考之所以怒也。陛下方册免三公，遥相崔与之，恐与之不至，政柄他有所属。”于是言官李大同、蒋岘希意论之。补外，徙知邵武军。亢旱，应诏驿奏七事，以撤龙翔宫立济王后为先。终朝请郎，特赠司农少卿。

刘克庄字潜夫。弥正之子。通古今，熟典故，最为真、洪诸君子所知。理宗朝领史职兼两制，论建多纲常国体君身之大者。官至工部尚书，致仕加龙图阁学士，谥“文定”。有《后村集》行世。

李丑父字艮翁。莆田人。父宗之，该博能文，仕至邵武军通判。丑父端平初登第，迁诸王宫教授，坐忤丁大全奉祠，后除著作佐郎权礼部郎官。轮对，言苛政、戚畹、黩货、听言四事，次言竞、侈二习。出使湖南，寻复与祠，有《亭山文集》。

吴叔告字君谋。莆田人，捐介寡合[13]。端平乙未进士第一。为秘书郎，轮对言：“今冰台未来，交口谈清野之效，裸献偶霁，动色称格天之祥[14]。大臣意向回隐，事机牵掣，百执事循默者多，许国者少。”出知抚州，以正风教，扶善良为先，俄奉祠。久之。景定中召为尚左郎官，入对言：“臣窃窥圣德，每患难变异则有悔惧,不知处安乐丰,岁岁常如彼时否?”除大理少卿。

叶大有字谦之。仙游人。颙从曾孙。绍定中省试第一,历侍御史、右谏议大夫,除宝章阁直学士,出入馆阁言路十余年,谏疏至百二十余,奏若储嗣、纪纲、人才及根本之虑有四,又荐蔡抗可用,皆士论所归;但其排击程公许、黄师雍、牟子才诸人,议者不以为然。

林彬之字元质。莆田人。端平中第进士,迁监察御史,首疏言天命、人才、民心,又乞援仁宗故事早立皇储。释左司谏。史嵩之经营复出,力乞扶公道,凝定力,嵩之卒不用。遂为殿中侍御史。劾京尹罢之。权工部侍郎。景定中,以先朝耆旧即家除宝章阁待制。

方演孙字景行。大琮子。景定初,疏奏:“济王存亡继绝一事,及今若能行之,是彰陛下之圣,不然终为人道之歉。”轮对,言群臣缄默之弊。德祐初,除工部郎中。景炎移跸福州,除司农卿。坐忧劳成疾卒。

〔国朝〕

吴源字性传。莆田人。洪武初,由明经授兴化府学教授,后以门生中书舍人林廷纲荐诣阙登对,首以得贤才、敦教化、养黎元为国治之本,拜四辅官,逾月以老丐归,明年再起为国子监司业,卒丁官。有文集二十卷、《莆阳名公事述三编》。

林长懋字景时。蕴之后。由乡贡历德清、南昌二县教谕,升青州府教授。永乐中,选侍皇太孙读书,授翰林院编修,升右春坊右中允。宣德初,出为郁林州知州,以陈言下狱者十年。正统初,再守郁林,疏沟渠,禁淫祀,抚下以恩,而自奉极清俭。时有都指挥陈鉴不法,长懋奏黜之。卒葬桂林县黄江口,州人岁为增土,仍建祠祀之。

林环字崇璧。披裔孙。幼聪慧,读书数遍即成诵,甫成童肆笔成章。永乐丙戌进士第一。除翰林院修撰,明年升侍讲,预修《永乐大典》,为《书经》总裁官。两为会试考官。十三年,扈从幸北京,进讲经筵,音语洪亮,大被宠眷。卒年四十。有《纲斋集》十卷。

林文字恒简。环族叔。宣德年进士第三。除行在翰林院编修,预修《宣宗实录》成,升修撰。两为会试考官。景泰中,升左春坊左谕德兼修撰,迁左春坊左庶子兼侍讲。天顺初,改尚宝司卿,兼职如故,拜翰林院学士,充国志副总裁。引年请老,朝廷以其老成,特留之。宪宗皇帝即位,进太常寺少卿兼翰林院侍读学士,未几致仕,卒年八十七,赠礼部左侍郎。文安静守礼,接人无大小一以至诚,士大夫咸推为醇儒,有《澹轩文稿》。

翁世资莆田人。正统中第进士。历户部主事,升郎中,出使南畿,蠲租发粟,救活甚众。天顺初,擢工部右侍郎,时令苏松织锦绮数万疋,世资主议以岁歉请减半,左迁衡州府知府。成化初,升江西左布政使,就除右副都御史,巡抚山东,入为户部左侍郎,进本部尚书,总督大仓粮储。未几,命掌部事,以老疾乞归,加太子少保致仕,道卒,年六十九,赠太子少傅。世资居官四十年,勤谨和厚,豁达有为,时誉归之。有《冰崖集》。

陈俊字时英。莆田人。登正统戊辰进士,为户部主事,父丧服阕,再入户部。尝督兵三千采运青刍于静海等处,时刍束岁增旧额三十五万,兵惧多窜匿,俊为疏陈,得免输增数,人皆感悦趋令,升员外郎。充会试同考官进郎中,会征广南,命整备粮饷。成化初,擢南京太常少卿,召还为户部右侍郎。北虏寇关西,复命总督边储。时兵荒相仍,刍粟价翔倍蓰,俊设方略转输不扰而办,竣事,转吏部,遂迁左侍郎。九载升南京户部尚书,改兵部参赞机务,进吏部,久之以太子少保致仕。卒谥"康懿"。俊温厚周慎,冲淡清约,虽位至冢宰,服食器用犹若寒士云。

柯潜字孟时。莆田人。景泰二年进士第一,除翰林院修撰，寻升左春坊左中允，迁司经局洗马，皆兼修撰。天顺初，改尚宝司少卿，仍兼史职，充东宫讲读官。宪宗皇帝即位，拜翰林院学士，充经筵官兼修玉牒官。三年，《英庙实录》成，升詹事府少詹事，兼翰林院学士，命日侍经筵。会孝庄皇后崩，无子，内以合葬裕陵为疑，下群臣议。内阁彭时等奏宜合葬，孝庄后居左，今太后于千秋万岁后居右，未即允。潜继率僚属上言："此系纲常，时等所言，度几从宜而不失者从之[15]。"闽有中贵人宠冠一时，常属意于潜，冀其一见，欲有所引拔，潜终不为动。丁父忧，逾年母殁，既葬，起复为国子祭酒，辞不拜，寻卒。潜为人温雅端慎，士大夫方期其柄用，及闻其卒，咸悼惜之。有《竹岩文稿》。

杨琅字朝重。莆田人。第进士，为河南道监察御史。拜官方阅月，会宪宗皇帝初郊还宫，外人颇传有贡献者希进，琅上疏言"宜用贤修德，以永天休"，疏留中不出。继言："尚书王竑有大节，不宜使在散地，修撰罗伦、给事中王徽等坐言事去国，愿召还以开言路。"又尝与同官陈选敕罢大臣不才者数人。时称琅为"敢言御史"，风采隐然动缙绅间。出按江西、浙江二藩，静重不苛，升山东按察司佥事，寻命提督学政。卒于官，士林惜之。

良吏

〔唐〕

林披字茂则。莆田人。目以一览必记于心，年二十以明经擢第。天宝中，授临汀郡曹掾，郡多山鬼淫祠，民厌苦之，著《无鬼论》。刺史樊泥奏署临汀令，以治行迁别驾，复以御史大夫李栖筠奏，授检校太子詹事兼苏州别驾。子苇等八人又皆仕为刺史、司马、长史，号"九牧林氏"。

〔宋〕

陈维德字微之。靖之孙。初任长乐县尉，邻邑有因斗而服毒死者，狱已成，檄维德覆验，乃纳白金钗股于喉中，良久色若傅墨，鞫之果得余毒于其家。庆历间，举能吏，治广南，除知雷州。以公田岁入还官，罢采珠户，终更无所取。改知连州，却圭租税，收其息以抵公帑之费。官至虞部员外郎[16]。

陈铸字师回。兴化县人。天圣中登甲科。康定初知南雄州，秩满，以亲老求通判福州，力赞守臣增学田，延宿儒，教以经术。改倅陈州，时有水患，悉力拯援，全活者众。当路上其劳，擢知潮州，历汝州、登州，尝以恤刑被褒谕。官至光禄卿。

蔡高字君山。襄之弟。景祐中第进士。为长溪尉，县媪二子渔于海而亡，媪指仇家告捕，高阴察其迹，乃宿海上七日，二尸浮而至，验之皆杀也，遂捕仇家伏法。又有夫妇偕出，而盗杀其守舍子者，高亟召里民熟视之，指一人曰："此杀人者也。"讯之果伏，人称神明。迁太康簿，卒年二十八。

许稹仙游人。景祐中第进士。后以考功郎中通判德州。仁宗朝举天下廉吏凡四十九人，稹与焉。除监察御史，未造朝，卒。从子章，字潜通，庆历登第知建州，除屯田郎中，能治繁剧而不问苛细，所至有声，先后论荐之者五十二人。

方峤字次山。莆田人。景祐初第进士。历知循州，阴察不法吏数人流之，郡中肃然。移潮州，民喜曰："循州方君也。"不教而服。两州皆为立祠，而潮以配韩愈。及为闽部使者，条上利病甚众。属汀、虔盐寇窃发，除知汀州，钩得酋长，令捕盗，许其自新，私贩屏迹。汀旧艰其守，自是遂为常调。迁江西提刑，制置汀、漳盗贼。巡检与贼战死，部卒惧失，主帅当死，遂谋为乱，峤谍知，斩其首谋三人，余悉奏免。官至太常少卿。

薛利和字天益。兴化县人。景祐中第进士。历知春、潮、韶三州。熙宁初，王安石方行新法，欲擢利和提举广东茶事。先是，广中未榷茶，利和谓此法一立，民受无穷之苦，作诗谢之曰："一路生灵陡顿平[17]，庙堂康济岂无人？君侯若问茶租法，请把茶租乞与民。”峻拒不为用。孙傹，在太学二十年，不肯作新进士语。金人犯京师，傹昌言于太学，曰：“诸君平昔蒙教育，今将安之？”从傹留者仅三人。高宗朝为大理寺丞，以狱空赐玺褒奖。

许懋字敏修。仙游人。庆历间登进士第。元丰中，为两浙转运副使。衢民坐私酿，久系不决，懋至，为明其冤，悉出之。民感恩，竞诣佛寺饭僧祝寿。时甘露降于州，人谓德政所感，作《甘露颂》。迁左司郎中，除直秘阁，知福州。

陈阐字伯通。仙游人。皇祐中第进士。监建州丰国监。廖恩作乱，阐为帅臣谋，置水口仓，立锁港，均定八州盐估以饵盗。后知定州，岁饥，境内有竞食者，令疑为盗，白于州，阐曰：“一日之聚至数百人，殆以饥争食耳，非盗也。”推检之，果然，遂校而释之，且出粟赈贷，众皆复业。移知莱州，郡人德而祠之。

方次彭字公述。兴化县人。皇祐初第进士。历宰六县皆有治绩。知梅州，兴学校，躬教导之，梅始有登第者。秩满，士民乞留再任凡六年。元祐初，大臣论荐得赐五品服致仕。弟公衮，元丰初以布衣条奏十事，后登科为诸王宫教授。

林伸字伸之。攒之后。第嘉祐进士。熙宁中，调永静幕官。内侍程昉建屯田实边之策，欲开旧河新葫芦河于孟家口，遂为都水使者，沧、双景、德、棣俱被其害[18]，伸条其利病以闻，坐褫一官，改知新会县。邑多诸司职田，岁歉，伸放其租税十之九，吏持不可，曰：“不过为民一冲替耳，人以为辱，我以为荣。”后果符吏言，恬不为意。终朝奉郎致仕。

陈觉民字达野。仙游人。熙宁初登第。元祐中，知漳州、建州、福州，所至有治行，改知泉州。时有司建言欲榷六郡酤，觉民陈五不可，且移书约他郡同其请，事遂寝。迁本路提刑，风采严峻，未尝与僚属妄交一谈，人甚惮之。子宋辅，政和中进士，因论二蔡贬余姚主簿。

林豫字顺之。仙游人。熙宁元年登第[19]。元丰初为涟水军使，淮南贼啸聚，设方略擒之。以苏轼、辙论荐除知通利军。绍圣中，虏人撤霸桥深入，除河北沿边安抚使，改知鄜州、冀州、邢州、邵武军，凡历七郡，悉有遗爱，邢台、邵武之民像而祠之。

徐确字居易。寅六世孙。元丰中登第。调永泰尉。既改官，蔡京以乡旧欲留置讲议司，力辞，得知象山县。久之，召为宗正丞，使两浙，适大水岁饥，疏通堙塞，以常平钱米赈济，民免昏垫之苦。移守江州，中贵人使具舟载花石以贡，确曰："吾州所有，粮纲船耳。"陈瓘方谪居，确贻书蔡京，愿平前冤，少伸忠义之气。官终刑部员外郎。

黄宣莆田人。知蔡州遂平县。时李彦附蔡京，力助公田，胁制郡县，有王时者乞籍遂平之租以供延福内藏，凡三奉御札专委检校，屡为执奏，中使到县核实，又以身扞之，遂平以故无公田。召为太学博士。靖康初，得旨褒封，与一子官。

陈中复仁璧曾孙。熙宁间第进士，崇宁中，提举京畿京西路茶盐香事。时朝廷议行茶法，以中复尝监茶务，令悉陈利害，因欲进用之，谢曰："吾岂以身计为榷利作俑者。"政和中为广东提刑，盗刘花三啸聚潮、梅、循、惠四郡，又与连寇接应，中复悉平之。凡八历外台，所奖拔成就者多知名于世。挽诗有云："南北建牙多故吏，东西开府半门生。"

方宙初名辅宋。莆田人。峤之子。熙宁中第进士，召对除司农丞，章惇、蔡确、蔡京交荐，将处以台阁，辅宋耻之，力请外补，得京西提举常平。奏乞论还程颐旧买汝州荒田。范镇子百揆以非辜罢官，唐介子义问在谪籍中，皆为论奏。官至河东转运判官。

黄颖字仲实。莆田人。从陈襄游。元祐中，举经明行修不赴，孙莘老为中丞荐诸朝，调清溪县尉，转长泰县知县。葺学舍，晨治邑事，日中与诸生讲肄经旨，逮暮而归。又以职田谷三百余石给耕民。兼权龙溪县尉，卒。二县士民争致赙，其子公坦一无所受。后公坦宣和中登第，仕至通直郎。

陈彦恭字子愿。莆田人。侗之子。居苏州。元祐中第进士。通判巩州,以清谨闻。除提辖河南坑冶铸钱,蔡京党王桓欲增监鼓铸,彦恭曰:“山泽之利不可竭,祖宗之额不可逾,以此病民,吾不忍也。”坐罢。后知寿春府,二帝北行,彦恭悉禁旅而西,或曰:“世乱如此,空一府无兵可乎?”曰:“陛下安在,而守臣欲留兵自卫耶?”在郡活人以千万计,民画像祀之。

林迪字吉夫。兴化县人。绍圣初登第。调福州司理,古田县上劫盗五人,迪曰:“民以年荒窃食,法不当死,县吏文致之耳。”既而狱具,帅疑焉,再上再却,迪持益坚,竟从之。差知龙溪县,平易近县民,人咸乞留任,凡九年。蔡京、林出尝欲因是诱迪,迪以非同族拒之。

方旬字时发。莆田人。绍圣中登第。历经西提举学事,坐忤权臣,通判建州。时范仙桂啸聚,旬揭榜许胁从自首者免罪,能杀贼酋来献者受赏,贼徒相睨曰:“此方监州榜也,岂欺我哉?”俄有数人弃兵投军中,悉给据使还农,其夕果杀仙桂以献,首领一十三人皆惧自经死,余众遂溃。后复广东提举。

林积仁字充美。蕴之后。绍圣中登第。历知瓯宁县,时以四最六善课吏居第一,徙维州北海县,以治状凡留五年,被召除广济河辇运,提举江西、河东,发廪赈饥,民赖存活。以转饷功转中大夫,改知平阳府,旬月间皆革弊政,及移京畿提刑,民皆牵衣泣送之。靖康初,平阳父老守阙请积仁为守,再领郡符,终广东计度转运副使。

黄琮字子方。莆田人。元符中登第。初为长溪尉,遭父丧,邑令以千缗为赙,辞,徒步扶榇归。迁闽清县令,捐俸代民输,有“闽清清过伯夷清”之谣。移同安县令,为福州方田指教官,人甚德之。时与陈麟、翁谷号“三循吏”。年五十以母老丐归。傅崧卿荐,不起。母丧哀瘠不食,甘露降于繐帷三日,郡县廉访,琮曰:“岂敢以冥漠要人欺君耶?”

余祖奭字景召。莆田人。元符中登第。知兰州,会地震,山崩城圮,祖奭葬死赈饥,兰人德之,为祠。(此处文字因原稿不明故缺)身谕贼[20],以功转朝奉大夫,知南恩州。海寇卓全曰海焚掠[21],祖奭内严控制,外示闲暇,贼曰:"仁厚长者,毋犯其境。"被召赴阙,指陈时病忤秦桧,奉祠。

林师说字基仲。豫之子。调严州司士,既而以德化令召还,道出桐庐,值盗发支邑,民遮道乞留,郡白之朝,差知建德县,改通判徽州。时虏骑至,师说拥十余骑出城遇虏谍,曰:"吾受命主帅,以城降者赏。"师说叱之曰:"吾闻国家命,不闻贼命。"斩之于市,徽民自是婴城死守。迁知建昌府,以赵鼎荐除广东运判,改浙东提刑,坐忤权近,奉祠。

林宋卿字朝彦。仙游人。尝从陈瓘、杨时学,崇宁中登第,后知恭州,奏罢贵州役,请蠲削下户军需绢。秩满,以治行荐,留再任,自受俸非禄令所著者一介不取,恭人祠之。南渡后,张浚建督,宋卿衔命赴督府禀议,因条《胡北兵筹王利》,又有《胡北事宜》一集、《督府集议》一集。及浚视师江上,辟宣府判官,不赴。

李德昭字子晋。莆田人。崇宁中第进士,自广东提举召对,留为度支郎官,建炎初差知建州。建卒三百人先屯广州,至是闻叶侬贼平径还,郡官疑其从敌,咸请杀之,德昭力言不可,得全活。苗傅、刘正彦之变,列郡戒严,韩世忠既执正彦于浦城,德昭分兵守要冲,获傅槛送京师。寻谢病归,建人祠之于白鹤山。

吴公诚字君与。莆田人。大观中登第,为古田县尉,积阶朝散大夫,清介有闻,历官三十年始终检饬,凡衣服布帛家人所须悉因乡里市致,未尝取之官,死之日家无余资。子廷秀,知德庆府,剧贼李全劫湖南,乘胜捣岭外直抵晋康,廷秀率所部及募善射者拒守。贼薄城下,劲弩齐发,毙其二酋,分骑追击,郡中晏然。

黄静字至一。滔七世孙。政和中登第,任校书郎,通判澧州,力请于朝以湖外有四可罢之事,曰:博易务、茶盐司、弓弩手、廉访司，皆施行如章。终提举京西路盐事。从子泳，字永平，三岁书过目即成诵，大观二年应童子科，明年赐五经及第。

陈可大字齐贤。仙游人。父汝器喜积善，一夕飞钱满其室，祝曰："愿一子光显门闾，钱乞减半。"可大政和中登科，调漳州工曹兼右推，时龙岩上死罪强盗七人，力辩其非辜，得不死。改知长乐县，大修陂塘，县人立碑纪其德政。后知肇庆府，民不能欺，去郡之日唯衣衾书籍而已。官终朝请大夫。

傅伫字疑远。楫之孙。仙游人。政和末登第。调南安县丞，岁大饥，民弃妻孥者相属，请出常平钱米设安养院，具糜粥赈之，明年岁丰，悉访所亲归之。知晋江县，有诏造战舰，伫临督其役，劳费视他邑减半，而事先集，张浚以闻，特减磨勘二年。官至朝奉大夫、南剑州通判。长子汶，知将乐县，县生子多不举，汶令里正籍记，给以钱米，活者万计。历倅广州，知贵州德庆府，所至以惠政称。

陈鹤字闻野。莆田人。宣和中登第。为惠州佥判，亲典教职，执经承学，岁率数百人，惠之倡学自鹤始，迁广州通判，海寇作，鹤敛兵示以无事，俄而掩袭，擒三百余人，兵官欲悉诛戮，鹤请原其胁从。历仕几三十年，阴德在人甚多。

林孝泽欑八世孙。宣和中登第。提举广东市舶，有番妇满持瑰产以献，为子求官得之，孝泽曰："我为使者，岂可以一贾妇而使朝廷废二百年互市成法？"上书力争，固持不遣。就除转运判官，郡县解印绶者数十人。改知漳州，清介特甚，至不用官烛于私室。再除广东提刑、福建转运副使，加直秘阁。

王悦字习之。莆田人。绍兴中登第。性峭直。孝宗立，召见，论不可讲和，甚称旨。除国子监丞兼吏部员外郎。出知衢州，恺悌慈祥，视民如子。属岁饥旱，发廪劝分以给食，竭诚祷雨，绝不茹荤，早晚一粥，凡月余日，有"乞为三日之霖，愿减十年之寿"之句，竟以是卒。众为立祠于徐偃王庙。其丧出城，号恸之声震于原野，阖郡送至江山。事闻，赠直龙图阁，仍宣付史馆。

薛珩字景行。兴化县人。第绍兴进士，历湖北宪司检法官，尝疑鼎州所上盗十余人不当死，辄以去就争之，已而辰州果获真盗，宪臣惊服，交章荐之。珩前后四为法官，平反全活者百余人。官至梅州守。弟璆，由特科监广西西南道场，有私鬻盐六万斤者，吏捕以告，法应受赏，璆曰："刑数十人而易二京官，吾不忍也。"以十之一闻有司，余阴令投之水，犯者得轻坐。终南恩州推官。

丘奂字明远。仙游人。举遗逸，进书数十万言，皆恢复大计，得旨赴堂察，吕颐浩与论，大奇之，奏除湖北帅司干官，改三京宣谕司干官。盗王威寇掠郡县，奂白方廷实单骑造威寨谕降之。后入刘錡幕下，沅州降卒至，佥谓宜杀，奂言既降而杀，此一失信，何以立大事？錡感悟。入监登闻鼓院，论事忤权臣，出知真州。

陈丰字宜中。仙游人。骥之子。绍兴中第进士。初为泉州教授，以陈康伯荐召为敕令所删定官，改太学博士，俄罢去，起知惠州。孝宗初立，诏监司各举循吏二人，丰居首。除知南恩州，清俭无扰，岁旱祷雨，有"愿俾微臣持损数年之寿，乞令合境普沾三日之霖"等语，雨果大至，而丰竟卒。州民哀而祠之。

林枅字子方。孝泽之子。绍兴中登第。孝宗时，知信州，陛辞论："清议者忠臣节士之所慕，而权幸谗谄之所惮也，奈何恶之？"又言："监司郡邑用武臣，非祖宗故事。"至郡，裁骄兵，斥公帑代输物力钱，民德之。再调江西运判，发漕司钱助诸县，岁计埋瘗疫死者至三千。改知泉州，举行荒政，立三贤堂以祀姜公辅、秦系、欧阳詹。除本路运判。光宗初立，拜监察御史，言："汉宣帝自亲政，旧臣张安世皆曰'凛凛而恭、显反用事'。魏明帝政自己出，而内倚孙资、刘毅，公卿大夫不与接者辛毗一人耳。权臣专制，务强主威，辅臣畏避形迹，言官承望风旨，愿以二臣戒。"除江东运副，奏镌广德、建平和买多取之额。以直徽猷阁帅福州，卒。

吴珏字仲玉。兴化县人。孝宗时为龙岩令，益学廪以养士，会有建议增诸邑转输者，珏力争止之。改宁国军佥判，有嫠妇无子，或欲没入其资，珏曰："利毫末以绝人将坠之绪，仁者不为也。"听其立嗣。终通判漳州。珏天性孝友，好行善事，乡评亦归之。

许巽字少杨。仙游人。乾道中举进士，知归善县。尉有捕民为盗者，赂郡守必欲成赏，巽验非实，格不行，守不能强。历秘书郎，知滁州，属吏畏服不敢受赇。除提点成都路刑狱，因辞，乞除知漳州，未上，召赴行在，卒。巽居官所至以廉洁称，人号"耐贫翁"。

傅大声字仲广。诚之从子。淳熙中第进士。为福清簿，辨冤囚四十余人。调广州教授，侍从黄由举天下教官以大声为第一。后通判循州，适寇发，上御贼数策，漕司颁于广东十四州。遂辟知循州，始至，却例册钱千缗。在州四年卒，民祠之。

苏洸字澄老。父钦，自泉之德化迁仙游，官至利州路转运判官。洸以父任入官，知临川县，修治述陂，民号"苏公陂"。通判宾州，时张栻为帅，以廉吏举，除知雷州。秩满，赴阙面陈三札：一乞拆纳徐闻丁米以便民，二乞籍海舟以戢奸盗，三乞戒约广西军寨，不得差人回易。改知新州，民有《来何晚》之歌。移封州，洸首请减放丁米及经制无额之数。所至人皆德之。

叶棠字次魏。颙之孙，以祖任入官，累迁知邵武军。陛辞，奏事乞法孝宗，上问取法何先，棠言："孝宗治效不出仁、孝、勤、俭四字。"俄而由太府丞出知台州。绍定初，权浙东提举，赈饥蠲税，筑堤以防水患，台民德之，图像士焉。以直徽猷阁知绍兴府，坐忤权要请祠，起知太平州、宁国府，再予祠，召为将作监而殁。

朱钧字茂洪。藻之孙。绍熙中登第。通判饶州，会楮币更，抗章极言展收换之期，寝编籍之科。坐忤宰相贬官。后擢知严州，诸邑无名征敛，次第蠲损。被召总领淮东军马钱粮。虏入光州，疏陈攻战方略，又议移沿淮诸军进屯边面，以为进图中原张本。加司农少卿，改知泉州。州旧为台、信、建昌、邵武抱纳上供银，大为民病，奏乞各从初赋，从之。创局讲荒政，所活万计。蠲逋赋，纾下户，家设像尊事之。移镇广州，为治以宽平称。方被召，卒。

陈光祖字世德。吉老之孙，以父希造死事补官。好儒识礼，德行政事皆不凡。知英德日，上供泛输几倍，光祖奏蠲第四户，以宽民力。滇阳渡舟多覆溺，更创巨艘以济。廖德明行部，叹曰："依本分，君子也。"改知邕州，诱洞首李万雄擒之。事闻，除广东提刑，作《钦恤编》以戒僚属，新濂溪祠以崇教道。凡无名之征一切蠲罢，民甚便之。

宋诩字晦叔。棐曾孙。以荫补官，知程乡、归善二县，专意抚字，安静无扰。端平初，通判广州，属摧锋军士作乱，帅臣曾治凤弃城遁，诩戮力守城，且以闻于朝，得旨崔与之领帅事。诩佐与之登城，开门延敌，贼奔循州。与之荐诩知州事。始至，劳军平寇，简徭薄征，通商裕民，流移复业，开渠建桥，美绩大著。循人立生祠于学。官终直焕章阁。

刘克逊字无竞。克庄弟。以父任补官，调古田令，以救荒捕盗著劳绩，辟江西帅干。枰提令行，奴有告主窖镪者，克逊曰不可以训。累迁知邵武军，威爱并行，除剧盗，兴教化。改潮州。初，银价平，每丁赋钱五百，后银贵加至四倍，下教蠲之，曰"纵得罪，无恨"。移泉州，以疾奉祠。克逊一生清贫，尤工于诗，叶适、赵汝谈称之。弟克刚，为泉州录参，真德秀荐知沙县，后知惠州。清俭治办，修弊起废，卒于官。

〔元〕

林以顺字子睦。积仁之后。至治初进士第。调庆元县尹，有弟杀兄而以贿免者，以顺发其狱，按法诛之。移浦江县尹，改台州路推官，治狱皆有善状。海寇滋炽，总管建招安之议，以顺曰："若然，恐遂以姑息乱天下。"历江西儒学提举、福清州知州。时元政已失御，所在盗起，钟三、王小五劫杀乡邑，以计剪除之。寻除福州路同知，致仕，年八十一终。

〔国朝〕

林士敏名懋，以字行。莆田人。枅五世孙。父善同，字舜与，少好学，工词赋，元末领乡荐，署泉山书院山长。国初例起赴京师，以祖母年老辞，既而复起之，竟卒于道。士敏洪武中由乡贡入太学，逾年署大理寺少卿，除刑部郎中，以陈言谪南州州吏。永乐初，起为南康府知府，一意损己厚人，衣服至给取于家。改淮安府，清介愈甚，坐不防水患，贬南宁府镆铘巡检[22]，辟为常州府宜兴县教谕。有《芹边集》、《匡庐小稿》。

林时字学敏。宋都厢深之之后。永乐中，由进士除陕西按察司佥事。初，戎卫未有学，时以为言，朝廷从之，于是天下皆设卫学。迁贵州按察司副使，持节两部，风力廉介，为时所称。

方鲤字庭训。大琮七世孙。永乐间登进士第。为监察御史，风采凛然。升彰德府知府，改绍兴府，皆以严明莅郡，号"良二千石"。正统中致仕，行义尤为乡邦所敬服。

佘耀字叔炫。永乐中第进士。除贤县知县[23]。九载。少师杨士奇荐其贤，移檄即家，命驰传诣阙。升吉安府通判，掌太和县事，调饶州府通判，卒。耀勤敏廉介，历官郡县，所至有声。

何诚兴化县人。正统间由太学生任凤阳府虹县知县。廉正恺悌，不尚威严。每诣村落，教民筑堵植桑，民以赖其利。后以疾卒，囊橐萧然，虹人共买棺殓之。妻南京人，舁其柩以父家即葬[24]。虹人思之，迁柩还葬于县之山川坛右，复建祠祀焉。

道学

〔宋〕

林光朝字谦之。莆田人。壮岁闻吴中陆子静学出于尹焞，因往从之游。自是专心践履之学，言动必以礼。南渡后，以洛学倡东南者自光朝始。平生未常著书。惟口授学者，使之心通理解。其言曰："道之全体存乎太虚，《六经》既发明之，后世句解固已支离，若复增加，道愈远矣。"又曰："日用是根株，言语文学是注脚。"隆兴初擢第，乾道召对论近习，出知永福县，大臣论荐不已，召试馆职，迁著作佐郎。张说除枢密，独不往贺。淳熙中为中书舍人，谢廓然由曾觌得赐出身入台，光朝封还除目不草制，改工部侍郎，卒谥"文节"，学者称"艾轩先生"。门人黄刍，字季野，志行高古，同游士自刘夙、刘朔、林亦之而下皆推让焉。一第而夭，竟止怀安县丞。

黄士毅字子洪。莆田人。号壶山。徙居吴。幼知嗜学为向上事业。方庆元诋诽道学，士毅徒步趋闽，师朱文公，命日观一书，夜叩所见，告以静坐勿杂，唤醒勿昏。居数月，授以《大学章句》，终其身从事于斯。著述甚富，类注《仪礼》、撰次文公《书说》七卷、文集一百五十卷，又因语录成言，分门序次为《语类》一百三十八卷。尝言："孔、孟之道至周、程而复明，至朱子而大明。"识者以为知言。

陈宓字师复。号复斋。俊卿之子。少从其兄守定同游朱文公之门，已而友潘柄、黄干诸贤。以父任补官，嘉定中监进奏院，轮对，言："宫闱仪刑有未正，朝廷权柄而有所分，政令刑赏多舛逆。"又言："人主之德贵乎明，大臣之心贵乎公，台谏之言贵乎直。"补外历南康军、南剑州，所至每为民立久远之图。除直秘阁奉祠。理宗初，李燔、真德秀皆荐宓宜在言地，最后三学生又请起之，殁已阅月矣。端平更化用言者，追赠直龙图阁。宓尝为《朱墨铭》，谓朱属阳，墨属阴，以验理欲分寸之多寡。与干及燔同入庐山，盘旋玉渊、三峡间，俯仰文公旧迹。家居作仰止堂，像文公于中，又筑沧州草堂与诸生讲学。干暮年论当世志道之士：真德秀、李道传及宓三人而已。所著《论语注义问答》、《春秋三传抄读》、《通鉴纲目唐史赘疣稿》。

儒林

〔梁〕〔陈〕

郑露字恩叟。莆田人。梁、陈时卜居南山，与群从、庄淑构书堂于其间，号“南湖三先生”。郡人业儒自露始。（按：宋叶适志郑耕老墓，刘克庄志郑浚甫墓，及国朝方时举《人物志·郑济传》俱称露为太府卿。又按《方舆胜览》及《莆阳旧志》皆以露为梁、陈时人，而郑氏子孙又谓露实生于隋季，至唐官至太府卿。盖其祖昭自梁时入莆，已尚诗、书，至露而始著，故推本言梁时也。）

〔唐〕

林蕴字复梦。披之子。贞元中明经及第，复应贤良方正科，为四川节度推官。刘阐叛，蕴切谏，阐令以刃磨其颈，胁之使服，蕴叱曰：“死即死，我颈岂顽奴砥石邪？”阐知不可屈，释之，斥为唐昌尉。李吉甫、李绛、武元衡为相，贻书讽以六事，皆当时极弊。沧景程权辟掌书记，权上版籍而军中挟权拒命，蕴为陈大义，权乃得去。迁礼部员外郎，终邵州刺史。

〔宋〕

黄君俞字廷佥。莆田人。问之子。试开封府第一，已而四黜于礼部，以大臣论荐，召试舍人院，除国子监直讲，改馆阁校勘。有《尚书诗周礼春秋关言》及《泉书》十卷。

方元寀字道辅。莆田人。峤从子。少与程颐同游润学，书问往复至数十纸，有曰："足下非混俗之流。其志道之士。"又曰："老夫怕执笔，非吾故人不复作此书。"仕终宣义郎、威武军节度推官。

郑厚字景韦。兴化县人。文辞高古奥博，议论自成一家。绍兴五年礼部奏赋第一，调广西提举司干办公事，言者以厚少年著书，若李觏于孟氏之书有所不合，以是不调者十年。迁昭信军节度推官，终湘乡县令。晚岁削去彖象文言大传为存古《易》，学者称"湘乡先生"。厚名重当时，廖刚且欲荐之，既又以其不主和议而止。厚尝论"贬不可惩，胜不可狃"，识者以为名言。

郑樵字渔仲。厚之从弟。隐居夹漈山，博学强记，搜奇访古。遇藏书家必借留读尽乃去，过目不忘。为经旨、礼乐、天文、地理、虫鱼，草木、方书之学，皆有辩论。绍兴中，以荐召对，授枢密院编修官。金人犯边，樵策其酋必毙，已而果然。所著书凡五十八种千余卷，又有《通志》二百卷。

方翥字次云。元寀之孙。从兄略为广东转运副使，作万卷楼储书千二百笥，语翥曰："次云才性，不出户十年，可移吾书入肝膈矣。"翥既第，不涉仕途凡十八年，尽读之。敬事盐官施廷先，而与陆子静、林光朝为友。朱熹过莆谒翥，甚礼敬之。官至秘书省正字。仙游陈昭度与光朝、翥友善，自号"西轩子"，为藤州教授，以致知谨独教学者，终长乐令。

黄补字季全，号吾轩。滔之后。绍兴中，从父官游惠州，得永嘉陈鹏飞师友之。已而以其学教授于乡，及门者数百人。时林光朝讲学城南，补在城东，几与齐名。官至高要县尉。有《九经解》、《论语人物志》。

郑耕老字毂叔。绍兴中第进士。调明州教授，为诸生讲说，恒在科举之外。学舍经女真焚荡，乃更营。从臣以通经术荐，召对因言[25]："太祖尝谓赵普曰：'天下何物最大？'曰：'道理最大。'知道理为大，则必不以私意而失公中。"孝宗亲擢国子监主簿。有《周易洪范中庸解》。

蒋雝字元肃。仙游人。号朴斋。绍兴中登进士第，为泉州教授。尝撰《时政十议》，王十朋见之叹曰："经世之文也。"淳熙中知通州，作三贤堂，以励多士也。

苏权字元中。侍父洸官宾州，因学于张栻。淳熙中登第。历梧州推官，调福州教授，改秩，知余干县，终辰州守。有《春秋解》三卷。子国台，从潘柄讲学。

方壬字若水。元寀曾孙。淳熙中游太学，往返建安必参谒朱熹，至必留月余。擢第为漳州长泰簿。时熹为守，辟壬主学，条上讲说、课试、差补等十事，熹令诸邑仿之。每见民间疾苦，悉别白为熹言之。后熹召还，出《大学章句》俾刊示学者。

方士繇字伯谟。莆田人。会曾孙。父丰之，仕至监方国镇，朱熹称其诗豪壮。士繇少孤，依母家邵武吕氏，已而徙居崇安，从熹游。聪明绝人，持以谦厚，尝累试场屋不利，弃举子业，专以讲学授徒为事，六经皆通，尤长于《易》。绍熙间，熹之门人有至行在者，公卿延致惟恐后。士繇在远闻之，曰："异时必为学者祸。"未几，伪禁果作[26]。又尝劝熹少著书，以熹教人读《集注》为未然。其忧深思远类此。所为诗尤温润，有《远庵集》。

郑可学字子上。莆田人。济从曾孙。号持斋。从学朱熹，以禀性卞急，力于惩忿上做工夫，久之，最称得熹精要，面命问答，率前贤所未发之旨，四方来学者，熹多使质正焉。熹知漳州，延置西塾，其后删定《大学》一编，曰："此书欲付托得人，惟子上足以当之。"前后三奉大对，晚以特科调衡州司户。著《春秋博议》十卷、《三朝北盟与□》一卷、《师说》十卷。初，可学在临安，欲往见陆子静，或云："吾友方学不可见，归必学参禅。"可学以此遂止。朱熹颇是之。

方耒字耕道。莆田人。元寀曾孙。少孤贫苦学。游建安，参谒朱熹。乾道中登第，为善化尉。因见张栻，栻深喜之，谓世之可与共生死同祸福者，耒一人耳。后栻帅荆南，奏耒及游九言为属，曰："是二人，能攻臣过失。"历仕，著廉直声。终连江令。

黄钟字器之。兴化县人。号定斋。从陈昭度游。乾道中登第，待次德化尉，讲学授徒，里人服其教。调漳州录事参军。平生喜著述，有《周礼集解》、《荀杨续注》、《杜诗注》、《释史要》诸书。

方大壮字履之。适侄孙。少好学，不践场屋，专心求道。朱熹至莆，大壮举所学就正焉，得其亲传面命之懿，日与同志话明。自号"履斋"，熹为书其匾。子大东，孙澄、孙会、孙公权，玄孙德至，连四世登科。

郑鼎新字仲实。仙游人。从黄幹、杨复游。嘉定中登第，知晋江县，为守臣真德秀所敬礼。邑人像而祠之。著《礼学举要》、《礼学从宜》二书。

陈沂字伯澡。光祖之子，笃志紫阳之学，以父命从北溪陈淳游，而又遍参当世名儒硕士。尝名其书室曰"贯斋"。淳为之记。官至新州推官。著《大学论语说》、《读易记》等书。

谢升贤字景芳。仙游人。号恕斋。与陈沂为友。端平中登第，官至循州兴宁令。漕使方大琮、提刑杨大异皆荐升贤宜充师儒之选。有《太极图西铭中庸大学解》刻于濂泉书院。

陈均字平甫。俊卿从孙。安贫力学，以累举当奉入对，不就。参稽宋史及司马氏《稽古录》、徐氏《国纪》、李氏《续通鉴长篇》诸书，用朱子纲目义例提要备言辑成《宋编年举要》、《备要》二书，起太祖建隆庚申，迄宁宗嘉定甲申，凡八十八卷。端平初，时宰言于朝，下福州取其书，赐迪功郎，不受。

刘弥邵字寿翁。夙之子。中岁弃科举，务向上，事业行义为乡先生。家贫食于学，晚舍去，并学俸却之。郡守杨栋即学创尊德堂以处弥邵，仅一至。后栋使本道，又论荐于朝，未报，卒。有《易稿》、《汉考》、《读书日记》诸书。学者称“习静先生”。

方之泰字严仲。壬之孙。绍定中第进士。历英德府教授，课试略如中州，士习一变。方大琮为闽漕，辟幕府，与洪天锡、徐明叔号“三贤幕”。迁知长溪县，以邑前辈杨楫、杨复及师儒黄干并祠焉。汰庠序冗职，增弟子员。民间诉米价重，取例钱尽蠲之。终袁州通判。尝裒拾其外祖林光朝遗稿为二十卷。

黄绩字德远。滔之后。初游淮浙，遍参诸老，已而从陈宓、潘柄游。及宓、柄卒，率同门友筑东湖书堂，而请田于官祀之。读约聚讲如宓、柄规约，由是学者皆就正于绩。郡守推入尊德堂以继刘弥邵，又辟充涵江书院山长。绩以“独不惧”名斋。所著有《四书遗说》、《近思录义类》。

黄仲元字善甫。绩之子。咸淳中登第。陆秀夫荐充溢王府撰述官，除武学谕、太常博士兼闽广宣抚司机宜，改国子主簿兼福建招捕司参议官，皆不赴。宋亡，改其名字曰“渊天叟”，又改其“四如”之号，而以“韵乡赘翁彦安”为称。穷居稽古，深入理奥，率以向上自处，不忝其父。年八十二卒。有《四书讲稿》、《经史辨疑》、《四如文稿》。

方澄孙字蒙仲。大壮之孙。淳祐六年廷对万言，终始欲聚君子以续国气脉，明公论以强国精神。又请立涪陵后，锢秦桧子孙，窜史嵩之以谢天下。擢甲科，贾似道尝以“语妙天下”荐之，及似道相，澄孙独祈以外庸自效，出知邵武军，方以秘书郎召，卒。有《通鉴表》、《微洞斋集》、《和刘克庄梅花百咏》。

郑献翁字帝臣。伯玉之后。从黄绩游。咸淳初登第，仕至漳州推官。元既改物，与黄仲元诸人俱以宿儒为郡人模范。

方公权字立道。学有渊源，尤粹于理。咸淳中登第。历广州教授，至太常寺簿。于是宋社既屋，莆城方罢屠戮，而故官或变衣冠求见唆都，公权以大义责之。其著述甚富，时称“石岩先生”。

〔元〕

陈旅字众仲。莆田人。父子脩、兄震皆名儒。旅资禀颖异，从温陵傅定保游，为文纯洁高古。初为闽海儒学官，马祖常使闽奇之，勉游京师。既至，虞集见其文，叹曰："此所谓我老将休，付子斯文者。"延入馆中，日以道义问学相讲习，自谓得旅之助为多。仕终国子监丞，有《安雅堂集》行于世。

〔国朝〕

林圭字信玉。莆田人。洪武初，以明经荐为莆田县学训导，升宁国县教谕，凡六典文衡。致仕家居，讲学明理，启迪后进，经义辞章为莆郡首称。卒年九十。

黄寿生字行中。滔十五世孙。永乐中，以太学生试应天府第一，登辛卯进士，改翰林庶吉士，预修五经、四书、《性理大全》，书成授检讨。九载将满，考试礼闱，得疾卒。寿生自幼庄重，笃孝友，敦行义，勤问学，经史百氏多所通贯，尤邃《诗经》，一时从游之士多取高第，为时闻人，而莆之业是经者，寿生实其初祖也。学者因其所居称为"东里先生"。后以子子嘉恩赠東鹿知县。有《东里文集》。

陈用字时显。莆田人。永乐中第进士，为翰林庶吉士，预修五经、四书、《性理大全》，书成授检讨。丁外艰起，复留南京。宣德间升修撰，正统初升侍讲，掌院事二十余年。丁内艰归，卒。同县陈道潜、黄约仲俱与用同时被选预纂修之列，道潜第庚辰进士，授礼科给事中，改夷陵州判官，永乐中召除监察御史，满九载以老致仕。约仲初以楷书选，大臣有以工诗荐之者，擢翰林典籍，迁检讨，出为汀州教授。有《静斋集》四卷。

杨慈字则惠。莆田人。幼颖敏，下笔数千言立就，其文丰赡典则，直欲追踪古作者。永乐戊子乡试第一，登辛卯进士，改庶吉士。慈体貌丰伟，志气轩昂，恒以科第文辞为儒者末事。抱负甚大，未及用而卒，年甫三十。有文集五卷。

陈中字舜用，大卞之后。永乐辛丑会试第一。资性简率，文思丰赡。宣德初，自南京户部主事召赴行在，与修太宗、仁宗两朝实录，书成升本部员外郎。年五十七以母老致仕，卒年八十三。有文集行世。

方谢字源深。莆田人。正统间，年五十余始第进士。授行人司行人，未六十，恳求致仕归。性介烈，抱经固穷，以讲授为业，未尝轻入城府。晚年尤邃《礼》学，动止语默不少苟。尝著《家礼旁附》行于业。自号“柳东耕老”，学者因称为“柳东先生”。卒年八十二。

校　注

[1] 弘治《兴化府志·人物》作“求缓兵”。

[2] 弘治《兴化府志·人物》作“仕陈洪进”。

[3] 万历《兴化府志·列传》作“以贷民”。

[4] 万历《兴化府志·列传》作“朱绂”。

[5] 弘治《兴化府志·人物》作“行钞盐榷酤之法”。

[6] 弘治《兴化府志·人物》作“宾之玄孙”。

[7] 按弘治、万历《兴化府志》本传均无“讣闻”二字。

[8] 乾隆《莆田县志·人物》作“俾直省官贾光祖等当道不避”。

[9] 弘治《兴化府志·人物》作“五世孙”。

[10] 弘治《兴化府志·人物》作“终权刑部侍郎”。

[11] 弘治《兴化府志·人物》作“慎从七世孙”。

[12] 弘治《兴化府志·人物》作“平居抑畏，言不出口”。

[13] 弘治《兴化府志·人物》作“性狷介，少和寡合”。

［14］弘治《兴化府志·人物》作“今虏冰合未来，交口谈清野之效；祼享偶霁，动色称格天之祥”。

［15］弘治《兴化府志·人物》作“时等所言，庶几从宜而不失者”。

［16］万历《兴化府志·列传》作“以虞部郎中致仕卒”。

［17］弘治《兴化府志·人物》作“一路生灵陟顿贫”。

［18］弘治《兴化府志·人物》作“欲闭旧河，开新葫芦河于孟家口，沧、景、德、棣四州俱受其害”。

［19］弘治《兴化府志·人物》作“熙宁九年登第”。

［20］弘治《兴化府志·人物》作“兰人德之。代还，主管福建转运使文字。时建卒叶侬叛，祖奭挺身谕贼”。

［21］弘治《兴化府志·人物》作“卓全高聚众为暴”。

［22］弘治《兴化府志·人物》作“时部臣……以不防水患劾之，贬南宁府镇铆巡检”。

［23］弘治《兴化府志·人物》作“除进贤县知县”，此漏一“进”字。

［24］弘治《兴化府志·人物》作“欲即父家葬之”。

［25］弘治《兴化府志·人物》作“召对，奏言”。

［26］弘治《兴化府志·人物》作“学禁果作”。

八闽通志卷之七十二

人　　物

兴化府

文苑

〔唐〕

林藻字纬乾。披之子。少有志尚，耻为遐荒农人，慨然欲自奋发在于闾里间，其言曰："张九龄生于韶阳，陈子昂出于蜀郡，彼何人[1]？"乃与欧阳詹刻意攻文，贞元七年用词赋擢进士第。郡人擢第自藻始。官至侍御史。有集一卷。

许稷字君苗。莆田人。贞元十八年擢进士第。历南省员外郎，终衡州刺史。工诗歌，尝为《江南春》三首，词甚绮丽。

黄滔字文江。莆田人。乾宁初第进士。光化中除国子四门博士，迁监察御史里行，充威武军节度推官，王审知据有全闽而终其身为节将，滔规正有力焉。唐社既屋，遂不复西，其文字亦仅见于闽南。论者谓莆郡文章家以滔为初祖。有集十五卷、《泉山秀句集》三十卷。

徐寅字昭梦。莆田人。词赋有声。乾宁初第进士，为秘书省正字，属方镇僭乱，免归闽中，王审知辟居幕下，不乐而去。有赋五卷、《探龙集》五卷、《雅道机要》并诗八卷。

翁承赞字文尧。莆田人。乾宁中进士，再中宏词科。天祐初，以右拾遗受诏册王审知为琅琊王，梁开平四年复为闽王册礼副使，寻守右谏议大夫，后除门下侍郎、同中书门下事，未拜。有诗一卷，《宏词前后集》、《画锦集》共二十卷。

郑良士字君梦。一名昌士。仙游人。景福中献诗五百篇，受四门博士，迁御史中丞；天复中弃官归隐白岩，有《白岩集》十卷。同县陈乘，乾宁初擢进土为秘书郎，后退居里中，每与良士及王延彬、徐寅以诗相唱和。

〔五代〕

陈致雍莆田人。仕伪闽为太常卿，入南唐以通《礼》及第，宪章典故多所精练，后归宋。开宝中除秘书监，致仕。徐铉送以诗，有“三朝恩泽冯唐老，万里乡关贺监归”之句。既还，陈洪进辟掌书记。撰《海物异名记》及《闽王列传》、《五礼仪鉴》。后好事者尝编其在南唐为礼官时论议为《曲台奏议》。

〔宋〕

陈绛莆田人。高祖峤，唐光启中进士，殿中侍御史。绛中咸平二年进士甲科，再试贤良第一，除右正言，历司谏起居舍人凡十年，以工部郎中知福州，左迁藤州通判。有文集十二卷。子动之以文名世，与弟说之同年登第，俱官至秘书丞。王安石、欧阳修甚爱重之。

方惟深字子通。莆田人。父龟年，景祐中第进士，与苏缄齐名，仕至屯田郎中。有《经史解题》四十五卷、《群书新语》十卷，卒葬姑苏。惟深因居吴。举进士不第，晚为兴化军助教。王安石最爱其诗，精诣警绝，谓元、白、陆、皮有不到处，尝书其“春江渺渺”一绝于坐间。其集曰《方秘校集》云。

郑伯玉字宝臣。八岁时叔父试之曰："伐木斧声闻谷口。"即应声云："过桥旗影映波心。"登第为大理司直，韩琦荐充殿中侍御史。郡人以其所著《锦囊集》与陈琦、方孝宁《诗类》聚为一，号《乌山三贤集》。子叔明、叔侨，孙至道、亨道、事道并登科第，叔侨文尤奥古整洁。

徐师仁字从圣。确之子。幼颖悟，甫七岁，外祖疑霍光何以不学，对曰："伊尹放太甲而光不知，非不学而何？"登第为校书郎，文章追配古作者。时修史极天下之选，得四人：倪若川、刘大中、汪藻，而师仁居其一。终著作郎。有《壶山集》七十卷。

方醇道字温叟。兴化县人。次彭从子。知南剑州，以清俭自持，有《笔峰集》五卷、《杜陵诗评》十卷、《类集诗史》三十卷。子毕，以累举恩为潜江簿。有诗集曰《荆南丛录》，郑樵为序。

赵庚夫字仲白。莆田人。举进士不第，以宗子取应得右选。平生志业无所泄，一寓于诗，尝自删取五百首，既没，刘克庄择百篇为《山中集》，属赵以夫序而传之。子时顾，擢进士甲科，仕至工部侍郎。

柯梦得字东海。莆田人。嘉定中屡上春官不第，以特科入官。一生苦吟，古诗学孟东野。有《抱甕集》十五卷，又编选唐绝句为五卷。

余谦一字子同。莆田人。晚宋登科，官至宗正簿。与弟士明俱以文学名，时称"二余"。

〔元〕

顾长卿字子元。莆田人。闻见该博，人目为书橱。用荐为福州路教授，再调泉州浔美场司丞。尝贻书责陈旅不作辽、金、宋三史，既而恐旅未能任，遂自为之。会修三史，以所著上之中书，得辟史属，议不协，移疾而卒。

朱文霆字原道。莆田人。元至治中擢进士。除瓯宁县尹，以泉州路总管致仕。文霆历官有政绩而尤长文，宋濂称其言醇而理彰。有《葵山集》。同县薛弥克，字文羡，至正中第进士，为上都路兴州判官，兼翰林国史院编修官，作文典重而明洁，国初以闲良[2]官留京师。

〔国朝〕

方槐生字时举。初名朴。莆田人。通《春秋》、《诗》、《书》三经，善讲说为文词。元季辟学官不就，与同邑诸人士结壶山文会。洪武初，荐充兴化府学训导。尝修《莆阳人物志》，起唐贞元终元，迄录未成书而被诬以卒，今存于世者仅《名臣》一类不及三卷。

士行

〔宋〕

许抟字公执。莆田人。宣和中在太学，时秦桧弟棣犯学规，王晞亮充直学中堂司，桧充有官学录[3]，折简为棣援，抟曰："事到堂上岂容私！"桧怏怏而去。其从[4]，抟历馆职，除监察御史，出知抚州、严州。会桧当国，丐祠遁迹，特然自立。

方阜鸣字子默。莆田人。秉白之子。嘉定中由特奏名调泉州佥判，时真德秀为守，阜鸣尝言："灭门刺史，破家县令，此衰世事，古人惟曰恺悌君子，民之父母而已。"德秀击节叹赏。改镇南军佥判。阜鸣宿儒，而兢畏抑损特甚于他人，性清俭，居官秋毫不苟取。德秀每以其仕晚用小为恨云。

风节

〔宋〕

方适字彦周。慎言从孙。元符中，以特奏对策，乞复元祐皇后，又上书讥议时政。崇宁中入元祐党籍。从弟俨，自安丰令召赴堂审，以不私谒蔡京报罢，未几挂冠去。

陈骥字德纯。仙游人。元符中由舍选第进士，与直讲张读、参政李邴友善。历宗学博士，性鲠特，蔡京用事，耻为之屈，不肯一见。注温州通判，年六十二即挂冠，自号“安处居士”。

方轸慎言曾孙。父通为诸王府翊善，轸用荫补太庙齐郎。大观初上疏言蔡京“睥睨社稷，内怀不道；视祖宗神灵为无物，玩陛下若婴孩；专以绍述熙丰之说为自谋之计。上以不孝劫持人主，下以谤讪恐吓天下，自昔为臣之奸，未有如京今日之甚”，反复论列至二千余言。京大怒，编管岭南。靖康初复官，后不知所终。

蔡佃莆田人。襄之孙。崇宁初廷对第一，以从祖京当轴降第二，京常欲罗致佃门下，佃不为之屈，会星变求言，上疏论宰相非人，宜举汉汲黯故事以应天。谪监温州税，终直龙图阁。

忠烈

〔宋〕

薛奕字世显。兴化县人。利和之从子。熙宁九年武举第一，时同郡徐铎亦擢进士第一，神宗赐诗有“一方文武魁天下，万里英雄入彀中”之句。元丰中，以正将死于银川寨之役，特赠防御使。子安靖用奕死事补官。靖康初，假河北制置使，城没于虏，安靖忍死五年，得虏命主海州事。绍兴初，杀其守将王企中，举郡来归，赐玺书褒奖，寻除业州刺史，知全州。

叶居申兴化军人。元符中第进士。宣和末除通判睦州，道闻方腊窃发，从吏劝勿行，对曰："吾为州佐，避难是不臣也。"叱驭而前，与贼战不利，众欲拥之去，不可，遂死之。（"居申"一作"居中"。）

宋旅字廷实。莆田人。棐从叔。大观中第进士。宣和末知越州剡县。方腊既陷歙、睦、杭、衢、婺五州，且犯越，越盗亦起应之，县吏多遁。旅独与民据守，以忠义激劝部勒队伍，为豫备计。俄而盗众大至，躬率壮锐，冒矢石，虽颇杀获[5]，终以力不敌，遂死之。帅臣刘韐上其事，赠三官，录其四子。

阮骏字千里。莆田人。绍圣初登进士第。初监台州税属，方腊犯台，被檄司防御，按甲先登，射贼却之。建炎初为河南府少尹，金人来寇，拒战不利，亟收兵护神御殿，而以余兵再战，兵败，抱神御骂贼，至死声不绝口。特赠奉直大夫。

林冲之字和叔。莆田人。元符中登第。靖康初，以主客郎中副陈过庭使金，同被拘执，不屈节，徙奉圣州。过庭卒，金人迫仕刘豫，不听，徙上京，再徙显州幽佛寺。十年病亟，语同难者曰："冲之年七十二，持忠入地无恨，所恨国仇未报耳！"南向一恸而绝。其后洪皓等还朝言状，赠正议大夫，与二孙官。

陈淬字君锐。莆田人。建炎初以军功擢知恩州。王善犯恩，与长子仲刚拒战，飞刃及淬，仲刚以身蔽刃死之。既而迁御营六军都统制，金人犯采石，淬欲伏兵以御，杜充不从，诸军皆溃，淬独战，势穷大骂，刃交于胸而色不动，与其从子仲敏俱死。诏赠明州观察使。

林郁字袭休。冲之之子。宣和中登第。靖康初，为福建转运司干官。建州勤王卒回自京师，求卸甲钱，守持不与，众恚取库兵为乱，杀都监，突入连司，郁闻变，急入谕，众业已害兵官，径前取郁，郁且骂且叱，至死不绝声。事闻，与一子官。

郑振字亨叔。仙游人。建炎中,盗杨勍起,县令檄振集民兵御之,一夕遁去。绍兴癸亥,曾沙龙等众至数万,帅司檄振行,盗素闻其名,不战自屈。丙寅,詹铁义者入振井里,振帅众拒之,杀数十人,遂遇害。庙食里中。

林师益豫之子。靖康中金虏犯京,杨时在讲筵荐其晓达军政,器识可用。后虏渡河,诸将皆遁,师益守原武不动,有旨召入援,行次封丘遇虏,大败之。明日,虏兵大至,以孤军奋勇力战,死之。弟师臯亦死于国事。兴化县人林子立为茶陵令,靖康初以兵勤王,至荆门,遇虏接战,中流矢卒。

叶颉仙游人。宾主孙。初与弟颙并隶太学为弟子员,属金人分道入寇,朝廷始设武艺谋略科,颉首中其选,授承节郎,为京城东北守御官。既而颉度势不可支,使颙归养,而自以其身御敌,登陴力战死之。

陈自仁兴化县人。宣和中第进士,为永丰尉。建炎中金人犯洪、吉二州,隆祐太后护兵叛。杨世雄、梁世美等遂犯县,自仁集尉卒,调民兵,分道进攻,却之。会贼别将至,力穷不支,死之。赠通直郎,官其一子。

蔡懋字子坚。枢之弟。靖康中为虔州会昌西尉。视事数月,遇贼犯境,奋然曰:“吾职也。”即日领所部及士兵御之,会力不胜,遇害。赠承事郎,与一子官。

陈希造字贤复。仙游人。吉老之子。绍兴中,吉老倅汀州,希造以杨州录参往侍。下属胡保等寇武平,吉老捕之,遇于义竿口,希造先登,深入,矢尽路穷,援兵不至,死之。汀人建祠祀焉。

郑勋字景周。兴化县人。嘉泰壬戌登第。端平中,知博罗县。熊乔部下回戍卒焚掠州境,或劝勋避其锋,不从,衣冠坐厅事。贼至谕以祸福,不屈死之。事闻,赠朝奉郎,邑人为立祠祀焉。

陈文龙字君责。俊卿五世从孙。咸淳戊辰廷对第一。历监察御史，论事积忤贾似道，出知抚州。少帝立，起为左司谏，亟迁侍御史。时边事甚急，王爚、陈时中不相能，文龙上疏曰："《书》言'三后协心，同底于道'。北兵今日取某城，明日筑某堡，而我以文相逊，以迹相疑，譬犹拯溺救焚而为安步徐行之仪也。"拜参知政事，未几议降，文龙乞归养母。景炎移跸福州，复除参政，充闽广宣抚使，即本军开阃。元兵袭境招降，使者两至，文龙皆斩之。有风其纳款者，文龙曰："诸君特畏死矣[6]。未知此生能不死乎?"既而林萃[7]、曹澄孙叛，文龙被执至军中，欲降之，文龙指其腹曰："此皆节义文章也，可相迫耶?"卒之屈。俘系至杭，谒岳飞庙大恸，即夕死庙中，谥"忠肃"。

陈瓒字琴玉。宓之孙。少有志节。德祐中，布衣诣阙，上攻守之策，不报。景炎丙子，竭家财航海，助张世杰赡军。世杰奇其才，欲奏以官，不受。元人既执文龙以去，就命林萃为守，瓒阴部署宾客，募民义诛萃，复其城。端宗除瓒知军事，且令乘胜与世杰犄角，复福、泉二州。会唆都兵至，瓒力不支，被执，欲使降，瓒曰："汝知守城不降曰文龙者? 吾侄也[8]。吾家世忠义，岂向胡狗求活耶?"唆都大怒，车裂以殉。张世杰上其事，赠兵部侍郎，谥"忠武"。子若水，张世杰辟督府架阁。

孝义

〔唐〕

林攒字会道。莆田人。贞元初为福唐尉。母亡，水浆不入口者五日。既葬，庐墓有白乌甘露之祥，而观察使遣官属验实，会露晞，里人失色，攒哭曰："天所降露祸我耶?"俄而露复集，乌亦回谢[9]。诏作双阙于里门。欧阳詹作《甘露述》。

〔宋〕

洪忠仙游人。庆历初，出资建风亭、沙溪等桥凡七所，校书郎陈高纪其事。蔡襄使本路以劳绩奏，敕赐本军助教，蠲其役。孙范，大观中登第。

徐膺字思文。莆田人。七岁丧父，朝夕孺慕若成人。母殁，哀毁骨立，卜兆于虎啸岩，庐其旁，蔬食三年。时陟岩巅哀号，声震原野，虎为遁去。坟左有坑堑，深数十丈。一夕山有声如雷，翌旦视之，平地矣。里人欲上其事，膺固却，乃止之。

郭义重字处仁。莆田人。游太学，以操尚称。客钱塘间，母丧徒跣归，每一恸辄呕血，及葬，庐于坟旁，甘露降，白鹊驯集。有司上其事，以绍兴十三年旌表门闾。后义重从特科，仕至德庆府参军录事。

方绾字耀卿。兴化县人。次彭孙。绍兴中登第，官至惠州海丰令。平生俸入惟赒族党之贫及女之不能遣者。少尝从里儒陈姓者学，后因买婢，讯所出，乃陈女也，遂育之如己女，择名族嫁之。

林国钧字公秉，号回年。莆田人。尝建红泉义学，延族子光朝为师，置义田以赡四方从学者，由是红泉东井之学闻天下。绍兴初，郡人伐石海上，将建白湖之熙宁桥，或欲移建于木兰陂之下，谓是处江流且缩，而两堤突起，回年以为江阔岸平则无喧豗撞击之患，遂从其议，国钧因出资以其成助用。子贵封承德郎，二子充、褒俱登科，孙恂如助李宏筑堤防水患，配食宏庙中。

陈亨运字俊民。仙游人。父母继殁，庐墓三年，常倚墓木而哭，木为之枯。乾道间，诏举孝廉，乡人张乾等白县令陈景肃以亨运应诏，亨运坚辞不起，令乃馈粟帛，以旌其孝。

〔元〕

郭道卿义重五世孙。至元初，闽盗起，与弟佐卿守孝子祠不去，被执，兄弟各求代死，贼感，两释之。子廷伟，为建宁路平准库使，辞归侍养。道卿尝病疝危甚，廷伟忧悴扶护，一夕发尽白，有司言状，旌之。

方德至字遂初，少名临生。莆田人。公权之孙。蚤岁家贫，授徒养亲，与其妻廖氏相安于羁穷苦淡中。至正辛卯第进士，授永嘉县丞。已而廖双盲，德至自永嘉代归，父母坚欲其别娶，德至曰："妇无失德，奈何弃之？"父母惭而止，邑人义之。

宦迹

〔五代〕

郑元弼仙游人。良士之子。初仕闽王昶为礼部员外郎，奉使南唐，后事曦为谏议大夫。曦尝欲杖御史中丞刘赞，赞将自杀，元弼谏曰："古者刑不上大夫，中丞不宜加箠楚。"曦释之。加礼部尚书，判三司，尝以扫除不平为事。及朱文进杀曦自立，元弼托辞不屈，黜归田里，将奔建州依王延政，文进杀之。

潘承祐字乾休。先世自高祖皇居莆田。承祐初仕吴为光州司法，以争大狱不得请，弃官归闽，仕王氏为大理少卿。属王延政领镇武节度使，辟判官，数直言极谏，延政甚惮之，及僭号，以为吏部尚书，坐陈十事削官。后城陷，入南唐为鸿胪卿，委以南方之事，升降人物、制置郡县，多用其言。以礼部尚书致仕，居洪山之西。

〔宋〕

叶宾仙游人。景德二年第进士。知泉州南安县，民有诉盗截牛舌者，宾阳斥去，阴令屠之，果有告私屠牛者，宾谓之曰："截牛舌者汝也！"讯之服罪。官至都官员外郎，通判南剑州。

傅知柔楫从孙。宣和中登第。调循州推官，贼曾少龙入境，教民造兵具，伤死者百余人，贼大溃，城赖以全。事闻，擢知龙岩县，虔寇窃发，闻其威名独不敢犯境，及去，遂肆焚掠。调泉州佥判，帅臣檄捕海寇，知柔出帜以示，寇即降。终朝请郎、福州佥判。

隐逸

〔宋〕

林绪莆田人。宋初修饬行藏，名闻乡党。大中祥符间，举草泽遗逸，授本军教授。

茅知至仙游人。操尚介洁，不求闻达。筑庐隐于县西之下顿，以六经教授乡里，蔡襄甚爱重之。景祐中，庞籍以德行荐，补州学教授。有《周诗义》二十卷、《至性书》三卷。

黄裕字公裕。莆田人。璞曾孙。通经有名，创义斋以来多士，立为五规：曰修身谨行，立志抗节，潜心经术，留意世务，限日收功。既没，皇甫泌谥之曰"义成逸士"。

徐复字希颜。莆田人。博闻强记，尤精术数之说。康定中，以宋授、林瑀荐召见，讲《易》及论用兵，因献所为《边防策》、《太一主客立成历》、《洪范论》，命以官，不就。与瑀修《周易会元纪》，岁余求归，赐号"冲晦"。因居杭州。范仲淹守杭，甚礼重之。子晞，年三十余亦致仕，官至国子博士。

张弼字舜元。仙游人。精于《易》学，推名象数出于自得。绍圣初，大臣以处士荐，赐号"葆光"。有《易解义》十卷。

林豕字商卿。仙游人。笃学隐处四十余年。隆兴初屡荐不起，乾道中再以布衣召至行在，特赐进士出身，添差兴化军教授。

方秉白号草堂。莆田人。与其郡从秉俟同时隐居教授。孝宗朝，宪臣以孝廉荐，不起。传家惟书数厨。郡守赵彦蛎辟编《莆阳志》，有《草堂文集》。

寓贤

〔唐〕

孔仲良宣圣四十一代孙。唐贞元、太和中为莆田令，卒官，因家于县之涵头，子孙散居民伍。宋绍兴乙亥，朱熹过莆以告守令，正其版籍，立四十九代孙孔宜户，淳祐中置涵江书院。

欧阳詹自泉山来莆田，与林藻、蕴业文于灵岩精庐，已而改卜于福平山下，卒葬灵岩浮屠之阴。其裔下错居莆田，曰仲、曰盼、曰清乡，俱登科。

黄璞自侯官迁莆田，子孙因家焉。今其所居犹曰“黄巷”，盖袭侯官旧居之号也。（按《三山志》，璞字德温；《唐书·艺文志》云字绍山。）

〔宋〕

徐林为户部侍郎。绍兴间以迁客寓莆田，于郑樵极所敬慕，每闻樵语，必手录之。

林亦之从林光朝学于红泉东井，光朝卒，郡人请亦之即讲席。陈藻从亦之游，及亦之卒，郡人又以藻继之。二人虽贯福州而居莆阳日久，士之出其门者甚众，淳祐甲辰，藻门人林希逸知兴化军，遂即其讲学之地立三先生祠。

艺术

〔国朝〕

方炯字用晦。莆田人。学医于蜀人虞仲文。少年时，有讲僧暴死，众医骇散，将入殓，口已噤矣，炯以管吹药内鼻中，良久吐痰数升，愈。由是莆中他医皆废。炯医以脉为主，必辨其表里之虚实，而无论乎贫富贵贱。岁疫，设鼎孔道，病者造，先使其徒诊视，相与审订而后治疗，率多应验者。能诗工书，自号杏翁，所著有《杏林肘后方》及《伤寒书》、《脉理精微书》传世。族人显，字文谟，传其学，一时号称精诣，文行亦为乡邦所推，自号“橘泉翁”。

林时詹环之从子。长于绘事，山水尤精。天顺庚辰召诣阙，成化初赐冠带，直仁智殿。又明年，除工部文思院副使。年弥七十得请归田。同县许伯明与时詹同时被召，善写花鸟竹石之类，亦为文思院副使。

列女

〔宋〕

程氏蔡襄弟高之妻。高为太康簿，卒于官，时程年二十四。县人哀其贫，以钱百二十千为赙，泣曰：“吾家世廉吏，不可以此污吾夫。”却不受。归乡里，以冰雪自持，终其身焉。

黄氏校书郎赠少保叶傅之妻。傅既蚤死，黄氏年二十四，守节不渝，倾家资创义斋，聘名师教族里子弟。治家最严，子弟问起居，非正衣冠不接见。后以曾孙颙为相，赠卫国夫人。

翁氏莆田人。殿中丞允成女，井头林昭度妻也。昭度以计偕卒于舒城，翁氏时年二十一，守志不可夺。事舅姑以孝闻，教督二子嗣宗、嗣光擢第成名。郡以翁氏有至行，闻于朝，且名其坊曰“孝义”。

王氏睢阳人。适宗室赵子乙。子乙亡，王氏誓不嫁。靖康之变，避地镇江，乱兵陷城，王用垩土自毁，负其姑秀容县君以逃；且襁携幼子，他子引其裙，累然转徙乱尸间，越四年始达温陵，移居莆田，终焉。林光朝为状其行，陈俊卿辈皆有诗哀之。子愚、伯达并登第[10]。

李氏莆田李宣仲女，王孝曾妻也。嫁期月而孝曾死，时年二十八。时有讽其再适者，誓曰：“夫死背之不义，姑老弃之不孝，吾死王氏矣。”谋诸姑，取侄之襁褓者为子。初，其家窭甚，至无以养生送死，后积累成中产，冠婚丧祭未尝求贷，悉举三世藁寄之棺及夫葬于蓼洋山，又葬姑于唐基山。年五十卒。刘克庄志其墓。

林氏陈文龙母也。累封至福国夫人。景炎中，文龙既被执北去，夫人系福州尼寺中，病甚无医药，左右视之，泣下，夫人曰：“吾与吾儿同死，又何恨哉?”亦死，众叹曰：“有斯母宜有是儿。”为收葬之。

朱氏莆田人。通判兴化军陈用虎妻也，封安人。元兵寇闽，用虎之兄文龙知军事，发兵固守，及元兵执文龙以去，朱氏遂自经死。

〔国朝〕

郑氏名惠吉。莆田顾长卿冢子本中妻也。本中以母丧忧悴卒，长卿方宦游。惠吉年二十五，二男在襁褓间，鞠育教训，冠婚以时。既而长男存耕亦殁。长卿致仕归，孝养备至，及卒，以礼安厝，庐于墓三年。时称“节孝郑氏”。

赵氏名原。莆田人。年十九嫁林崇生，逾年而夫亡，一子真宝，仅六阅月。家甚贫，父母欲夺其志，誓曰：“背夫无义，弃子不仁，吾不为也。”会郡改筑城池，先庐没于官，乃携真宝依父家以居。先坟卑湿，悉为改卜，以夫祔焉。孀居三十余年，年五十四卒。

郑氏名妙义。莆田人。李汝能妻。夫死时年二十六，一子方三岁，姑老，事之甚谨，略见忧色，遂不下咽。及姑殁，哀毁逾节，终身布素。年七十以终。

林氏莆田人。适同邑宋奇伯，年二十九夫殁，仅一男劝，家无期功亲属，誓志守节。少姑[11]陈氏老年婴疾，坐卧不离侧，孝养备至。朝夕饬劝读书，卒以学行有闻，为沐阳训导，致仕归，林氏犹及见之。卒年九十二。后其孙汝勤、曾孙端仪同时升朝，人谓孝节之应。

林氏郡学生陈邦贡妻，年二十一夫亡。家甚贫，男烜方五月，以死自誓，孝事舅姑。未几舅卒，罄奁具以治丧葬。姑风疾三年，饮食侍奉无少怠，疾遂以愈，守节四十余年，族里无闲言。

徐氏郑永迪妻也。夫亡时年二十八，二子煛、烨皆幼，妾许氏年二十三，仅生一子燉，徐氏泣谓许氏曰：“妇人以不失身为贵，宜相守以保厥终。”事舅姑甚谨，卵翼三子俱有成，燉仕为曲江簿。时称“郑氏双节”。县令李景孟具其事，与宋寄伯妻林氏、陈邦贡妻林氏同奏请旌异。

林淑清陈经畴妻，学士文之女弟也。嫁逾年而夫死，时年二十一，子昕才九阅月，舅姑俱老。淑清朝夕躬奉甘旨，经理家事，先后葬夫及舅姑，贞洁终其身。

林茂正莆田王崇贡妻。夫亡时年二十一，生一男稜方二岁。王氏产业多荒，而赋税繁重，茂正内外支持，家计渐裕。葬姑及夫，教稜读书成立，为高唐州训导。守节四十余年，郡县为上其事，得旌表门闾。

郑淑慎莆田庄季妻也。季殁时年二十五。子幼，姑老且病，纺织以资汤药，姑殁，脱簪珥营宅兆。县令王常具其事与李淑洁同奏闻于朝。

李淑洁莆田林克绍妻也。夫殁时年二十五，晨夕抚柩誓与俱死。家贫而舅姑垂死，生事卒葬无缺礼，乡族咸称其贤。

郑淑清莆田人。周则川妻也。夫殁时年二十二，仅生二女，誓无他志。或讽以无子，答曰："子可无，身不可失。"其家素富，综理有方，仆婢莫敢欺。以夫兄主事备子越为嗣。后舅姑殁，丧葬方毕，越亦早逝。孙轸方九龄，务调护教督之。及轸预荐，淑清年八十二，犹及见焉。县令上其事，有诏褒表之。

陈淑慧柳廷茂妻也。年二十五夫亡，一子方六岁，姑老病，养之终身无所失。其夫之叔母林孟贞、弟妇林玉清皆妙年守志不渝，号"柳氏三贞节"。

吴贞玉莆田黄德茂妻也。年二十三夫卒。夫家故亭户屡破产，贞玉携遗腹子宽依兄家以居。守节四十年，家虽贫甚，不改其操。

林氏莆田黄子厚妻也。年二十六夫卒，一女甫龀，子季兴遗腹数月始生。誓不改节，葬其舅姑及少姑李氏于佛岭山，教督季兴读书，补入郡庠为弟子员。县令王玉上其事，成化己亥旌表门闾。

王氏仙游人。适同邑张琳。年十九而琳卒，子炯甫三岁，姑李氏患风疾，王氏誓养姑鞠子，不二其心。孀居四十余年，闺门之内肃如也。知县王璨以闻，成化己亥旌表其门。

杨靖娥莆田顾文嘉妻，礼部员外郎瑛之女也。年二十五夫亡，无子，仅生二女，励志守孀。母许氏迫使再嫁，靖娥断发自誓，即返夫家，奉姑尤谨。有司上其事，成化十九年旌表门闾。

李淑清太学生郑习乐妻也。年二十一夫卒，哀痛不食，濒死者屡。或以舅姑在堂，孤儿在褓劝之，乃止。由是孝养二老，勤生教子，克立门户，今年六十余矣。

黄懿德贡士林时清妻也。夫殁时年二十四，守志不二。家贫纺织为业，立夫之兄子为后，守节四十余年，以寿终。

吴淑贞年二十二归于同县黄文广，方阅月而夫亡，断发自誓，纺织为生，孝事舅姑，葬祭以礼。有遗腹子曰宜，教之读书，著录郡庠。持身终始无玷，有司方奏请表异之。

戴节英行人方澥长子旭伯妻也。旭伯省父道卒，节英闻讣哀毁几绝，时年二十五。二子岳、岱俱幼，誓养舅姑，营冢圹以葬其夫。教子岳读书，遂登第成名。其娣朱氏，石城教谕和淑妻也，亦妙年丧夫，无子，食贫励操，始终不二，乡邦贤之。

徐淑净揭阳令资用孙女，朱智深妻也。智深卒于父官所，讣至，淑净哀毁逾节，遂屏去膏沐，抚孤子，事舅姑，丧葬以时。坚持志操三十年如一日云。

余淑玉吴师舜妻也。年二十一夫亡，罄奁妆筑坟葬夫。父母欲夺其志，不从。纺织为生，舅姑垂老，生事葬祭悉皆如礼。成化十二年，为之旌表门闾。

林氏女名贞一。莆田人。南京户部员外郎瑋及户部员外郎长清之姑也。年十三父母许嫁方氏，未及归而方氏子远戍，或有劝其别相攸者，贞一叹曰："妇人从一而终，业已许人而复背之，禽兽之行，吾岂为乎?"家居营葬父母，抚教弟侄，有女丈夫风。未几方氏子卒于戍所，贞一为服丧三年，屏去华饰，茹素终其身。寿至七十卒。

祁淑惠莆田翁志宏妻也。嫁数年无子，买妾祁氏生子可璋。未几夫殁，时淑惠年二十四，妾年二十一。姑老子幼，断发自誓，帅其妾辛勤纺织，以备乏绝，举先庐质钱葬姑及夫于西林山。年几八十卒。

方氏名洁，字淑贞。上虞训导公瓒之女兄，程乡教谕林嵒弟鲁儒之妻也。其父昌龄，文雅善绘事，淑贞少渐染于家，亦读书，工其父业。永乐间父以画士起赴京师，女兄淑仪亦以画女选入禁掖，三弟俱幼，淑贞独与母居，扶植门户。既而母殁，父得旨放归，恒以诗酒自娱，家务一委于淑贞，乃登鲁儒于门而妻之。一载间鲁儒殁，淑贞誓不复出，抚诸弟以底于成。皓首孀居，终始一节，年八十而终。

祁氏莆田人。父廷嘉以妻同邑王伯善，年二十一而寡。一子生甫三月，同居族属有欲夺其产者，侵虐备至，祁氏毅然厉操不少屈，卒抚其子有成，先业亦赖以不坠。乡党贤之。年七十四卒。

林氏洪则干妻也。年二十丧夫。终生屏去华饰，奉姑孝，治家勤俭，教子有义方。贤士大夫多称之。

林淑清莆田李孟宜妻，景州判官献之女。年二十八夫亡，二子方在襁褓，誓不二天，事舅姑愈加孝谨，守身终始无玷云。

郑懿德莆田人郑思睿之女，适同邑陈游励[12]。年二十二，生子衍甫四月而寡。养舅姑，抚教其子，誓死不二。后衍领乡荐为广之长乐教谕，而懿德犹及享其禄养，人以为节行之报云。

林淑贞莆田人。年十八嫁为江舜居妻，生子瑫，未逾月而舜居卒。时姑已没，舅老且病，夫兄复远戍，家无应门五尺之童。林氏日夜勤纺织，以资奉养，舅年八十一而终，凡棺衾之属必尽其心而无所苟，不逾年复脱簪珥葬焉。瑫稍长，即遣郡痒攻举子业，乡人皆贤之。

黄氏莆田人。黄季贤之女，郑府长史师贡之女兄。适林道渊，年二十八而寡。力贫抚弟子文英及女以底成，今年几七十矣。学士林文为著《贞节传》。

吴贞女莆邑庠生陈邦琛妻也。年二十二夫亡，永矢无异志。家极贫，织纴为生，养姑葬夫，抚遗腹子珠底于成立。闾里称贤之。

陈淑贞莆田王德滋妻也。年二十七夫亡，仅生一女方晬，家复贫，鬻田脱簪珥以葬其夫。父母欲再醮之，恸哭失声，誓志弥厉贞操。

福宁州

名臣

〔宋〕

林湜字正甫。长溪人。绍兴末进士，累官监察御史。奏疏言："陛下托股肱于宰执，而所授皆小人；寄耳目于台谏，而弹击皆君子。治乱之源，无过于此。"时论伟之。官至司农卿、直宝文阁，出漕湖北，卒祀于学。有《槃隐集》。

高昙字子云。长溪人。绍兴末举进士。孝宗朝为太学博士，奏疏言"训练士兵，久任帅守"，上曰："卿老成历练，无高论以相诡谲，其言皆可用。"翌日语宰执亦然。迁秘书省著作郎，兼皇孙平阳府教授。再对便殿，悉当上意，既退趋出，上目送之，及门乃起。尝修《乾道会要》，转朝散郎。有《易说》并诗文二十卷。

杨兴宗字似之。长溪人。绍兴末举进士。上封事，召对，除武博士，试馆职，历秘书正字、校书郎、司封郎中。时杨存中援张、韩例乞封，兴宗曰："渡江后，张、韩有大功，存中未尝效微绩，岂得援例?"出知处州，除湖广提举。

张叔振字振之。长溪人。乾道中进士。弱冠横经讲授，状元木待问尝师事焉，一时衣冠之士多出其门。累官知浦城县，通判岳州。入朝四迁为太府丞。凡三登对，所言皆当世急务，上深嘉纳，而一时权贵多忌之。出知信州，卒祠于学。所著有奏疏、诗文集，藏于家。

王伯大字幼学。长溪人。嘉定中举进士，累迁国子正，知临江军。岁饥赈荒有法，复累迁枢密副都承，著左司郎中。进对，其略曰："人主之患莫大乎处危亡而不知，人臣之罪莫大乎知危亡而不言。陛下亲政五年于兹，盛德大业未著于天下，而招天下之谤议何其籍籍而未已也？夫逸欲之害德，戚宦近习之挠政，奸倖佞朋之误国，皆犯前古危亡之辙迹。言者执之而不肯置，听者厌之而不惮烦，于是厌转而为疑，疑增而为忿，忿极而为愎，则凡忤已者皆可逐之人矣。陛下诚能布其所失于天下，而凡人言之所不贷者，一朝赫然而尽去之，则天下之谤不改而自息矣。陛下何惮何疑而不为此哉？"又极言边事，曲尽事情。官至参知政事，以资政殿学士知建宁府，卒。

〔国朝〕

林聪字季聪。宁德人。正统间举进士，拜刑科给事中。十四年，车驾北狩，内外多事，聪多所弹劾。景泰初转都给事中。廷议迎复英宗之礼，聪执议当从后。奸臣建请易储，事下群臣议，聪与二、三辈愤懑弗平，有涕泪者，事虽不能沮，而时论韪之。未几迁右春坊司直郎，寻复为吏科给事中。执政或畏恶之，讽御史劾聪，罗织欲置大辟，有为白于上者，乃左迁国子学正。天顺初，起为左佥都御史，奉命简将士赈山东饥民，升右副都御史。奉命平江淮盐徒曹钦反，既就擒，聪署院事，穷治其党羽，多所平反。成化初复奉命赈江淮饥民，还，升右都御史。七年，巡抚大同。明年，以疾乞致仕。迁家越二年，召赴南台视事。又三载，召为刑部尚书，寻加太子少保。十八年卒。赠少保，谥"庄敏"。聪为人和气满容，及遇事则侃侃然，非辈流所能及之。闲居喜观书，发为诗文，成一家言。有《奏议集》及《见庵集》藏于家。

良吏

〔宋〕

丘允字执中。长溪人。元符中举进士。累官知柳州，蔡京新行茶法，州县遵奉，豪右恃势欺诈良民，官吏不敢诘责，允穷治其奸，远近敬服。时朝廷方崇尚黄老，允上疏力斥之，徽宗称奖。又论广西盐课之弊，朝廷下其法于两广，民以为便。官终朝议大夫。

黄时字景仁。宁德人。绍熙初武举第四人，开禧初复登进士第。累官知德庆州，文章政事皆有声于时。尝追和东坡《仕禄戒知足》诗，即乞休致。又尝撰取圣贤言行可鉴者百余条目，曰《提身录》。所著诗文又有《胖轩》等集。

王宗已字子游。长溪人。绍兴间进士。为增城令，治居广东二十九县之最[13]，上特书其名于御屏。秩满，调常熟县，时水军统制冯某抑配民户，宗已奏乞戒约。有旨除登闻鼓院，寻知广州，迁知蕲州。时待阙者千余人，孝宗指其名示宰执曰："是宰常熟者，宜授之。"官终朝奉大夫。

郑昭叔字显仲。宁德人。朱文公守漳州，朝廷欲行经界之法，乃取昭叔知仙游，曰："经界次第申诸司，乞上之朝省，下之属部，使按差官吏有所取法。"且曰："昭叔致仕家居，老寿康宁，九十六岁而终亦其诚心爱民之报也。"

王定国字安卿。福安人。少有大志。绍兴之末，叩阍上边宜十策，高宗幸金陵，复进十五事。命从赵端招抚山东，张浚留致宣幕。时海州为红巾所据，遣定国与魏胜收复之，就摄判官兼州事，改泗州推官。隆兴间陈敏知高邮，辟定国为判官，协力守城，与虏兵凡九十三战皆捷，孝宗大悦，特创高邮军佥判以处之。丁内艰，改舒州，宰执列荐。召对，上谓大臣曰："王定国忠义勇略，真英士也。"除知高邮军，政绩甚著。终朝奉大夫焉。

倪文一字元芳。福安人。咸淳间沼由进士授安仁县尉，邻境峒蛮窃发，文一单骑至营，抚之以恩，谕之以理，峒蛮咸信服。再授潮州，刘宪召置幕下，有疑狱辄委谳之，民以无冤。秩满行李萧然。升知清流县，元兵南下，遂隐居山林，世祖征之不起。尝作诗曰:“编篱已种渊明菊,凿沼还栽茂叔莲。”后以寿终。

〔元〕

王都中字邦翰。父积翁,初仕宋为福建制置使。元兵入闽,积翁以八郡图籍献世祖,授中奉大夫,累官迁刑部尚书,转江西行省参知政事。奉使日本,至其境遇害。武宗时,追封闽国公,谥“忠愍”。都中以父功授平江路治中,时年十七。遇事剖析,动中肯綮,僚吏皆愕服不敢欺。累拜浙江行省参知政事,卒谥“清献”。都中历仕五十余年,所至政誉□著,而治郡之绩,虽古循吏无以尚之。当世南人以政事之名闻天下而位登台宪者,惟都中一人而已。幼留京师,及拜许衡,即知所趋向,中尤致力于根本之学,自号“本斋”。有诗集三卷。(都中后居苏州,《姑苏志》云,字元俞。)

陈天锡字载之。福宁州人。以文学荐授本州学正,累迁建阳县尹。为人宽洪好善,不尚刑威,而民翕然从化。秩满,以六事兼举,闻于朝,加奉议大夫,知福清州。年未六十即致仕,优游乡曲二十年,寿八十终。有《鸣琴集》。

〔国朝〕

陈琦字公琰。福安人。永乐中进士。累官江西按察司佥事,政通而敏,法平而恕。尝行部至筠,筠方大旱,民以为忧,琦引咎自责,斋沐致祷,甘雨随注。一日坐堂上,庭有大蛇长数尺,翘首向琦若有所诉,琦异之,令人踪迹其去,得古井,中有遗尸。乃密察访,知有张甲妻私于李乙,因与乙杀甲弃井中,捕至遂服罪。筠人以为神。琦敭历所至,善政尤多,此其最著者也。未几卒于京师寓舍。

孙赋字国用。福安人。正统间由太学生授龙川县知县,地僻民稀,素号难治。赋为政明敏,轻徭薄敛,重农劝学,宽严得宜。

数载之间，增垦田米三百余石，奏蠲屯田陪征米五百余石。十四年，黄萧养倡乱，捍御城邑，招集流亡，上下爱之。秩满固请致仕归，卒年八十七。

道学

〔宋〕

杨复字志仁。福安人[14]。受业朱文公之门，与黄干相友善。真德秀帅闽，尝创贵德堂于郡学以处之，学者称曰“信斋先生”。著《祭礼》十四卷、《仪礼图》十四帙，又有《家礼杂记附注》二卷。

儒林

〔宋〕

林维屏字邦稷。长溪人。少从义丰先生游，通性理之学，而于《易》、《诗》、《书》尤有所造诣。梁克家判福州，延礼于郡庠，讲道授业，一时学者云集。克家深器重之。所著有《易诗书春秋等论》、《韩柳辨疑语录》诸书，学者称为“榕台先生”。卒，贫不能葬，县令刘既济为卜地安厝。后县令黄龟朋为立祠，今祀于学宫。

黄宗传字景孟。宁德人。淳熙中进士。问学该博，尤长于《易》。开门授徒，屦恒满户门外。尝自赞，有曰：“何事穷能到骨？只缘气要冲魁。”所著有《易传》行于世。

杨楫字通老。长溪人。与杨方、杨简俱师事朱文公为高弟，时号“三杨”。楫累官司农寺簿，奏札论：“进君子，退小人，勿徇左右之请，以重中书之权，饬执政之臣可否相济，以任忧责；奖廉静之操，绝奔兢之风。”除国子博士。台臣或干以私，答曰：“台有纪纲，学有规矩，当各守其职。”寻出知安庆，移湖南提刑，江西运判，卒祀于学。所著有《奏议》、《悦堂文集》。

黄干字尚质。长溪人。师事朱文公，著述甚富。官至直学士，卒祀于学官。

孙调字和卿。长溪人。其学得朱文公之传，以排摈佛老、推明圣经为本。所著有《策府》五十卷、《易书诗解》、《中庸发题》共五十卷、《浩斋稿》三卷。学者称为“龙陂先生”。卒祠于学。

高颐字元龄。宁德人。祖确，邑称善士，尝与陆游为诗友。颐庆元中进士，其学以《中庸》、《大学》为宗，其治身行事以诚实为主，故其范于居官临民之际，卓然有声。尝语学者曰：“吾身任大责重，无天地生物之功，而有天地生物之心；无经国子民之位，而有经国子民之志。”又曰：“学者学为圣人事，非止读书作文，求仕进而已。”所著有《鸡窗丛览》一百五十卷、《诗集解》、《传》各三十卷。学者称为“拙斋先生”。子伯壔，字汝谐，尝魁漕举，学问践履皆醇正。有《会粹古今事类》二百卷，集关洛诸公语为《传心直指》十卷，及《一得录》、《愚斋类稿》等书。

陈骏字敏仲。宁德人。举进士，登朱文公之门。著《论语孟子笔义》，又著《毛诗笔义》，未及脱稿而卒。号仁斋。子成父，字汝玉，克承家学，辛弃疾持宪节来闽，闻其才名，罗致宾席而妻以女。其学以立诚为本，《近思录》一本，口诵心悟不少辍，故行已皆有法度，安贫守道澹如也。尝升上庠，两预解选。有《律历志解》、《和稼轩诗》、《默斋集》藏于家。

郑师孟字齐卿。宁德人。家贫力学，《六经注疏》手自抄集，受业于朱文公之门。勉斋黄干嘉其志，遂妻以女。尝著《洪范讲义》以发明文公皇极辨之蕴。号存斋。

龚郯字昙伯。宁德人，曾祖允昌、祖必俞俱称善士。郯早从朱文公学，不务口耳，一意躬行，晚与同门友杨复论辨理气先后之说，尤有造诣。自号“南峰居士”，有诗文杂著数卷。

陈经字正甫，号存斋。福安人。庆元中进士，官终奉议郎、泉州泊干。经嗜书成癖，启益后学为多。有《书解》五十卷及《诗讲义》、《存斋语录》行世。

张泳字潜夫。福安人。蚤有志濂洛之学，家居授徒，门弟子多有显者。庆元中禁伪学，大比试天下之言性论，有司读其文惊喜，以为压倒场屋策问伪学。泳抵排异端，力主朱文公正学之传，有司贤之。号省斋，学者又称为“墨庄先生”。有文集传于世。

郑君老字邦寿。长溪人。登咸淳四年陈文龙榜进士。乞归养亲，连丁内外艰，未起，而宋祚已告终矣。元初，知君老者交荐于朝，征书旁午，竟不起。君老十岁能诗，十二能缀文，十六领乡荐首选，十七登进士。家居事父母、处兄弟克孝克顺，内外无闲言。丧乱之后，独立茕茕而学益笃，守益固，乡后进多宗师之。卒，学者私谥之曰“靖节先生”。所著有《五经解疑》、《梅壑集》。

李鉴字汝明，自号一斋。宁德人。嘉定中进士，官终广东提举。鉴事亲克孝。尝从黄干、杨复游，得闻敬义之旨。干语之曰：“汝明资质如此，若志学不倦，异日当为伟器。”归与龚郯创《六经》讲社，推明师说，诱掖后进。居官为政，平易近民。尤晓兵事，尝督捕赣寇，提兵深入梅州界，陈、罗二贼就擒。后梅州寇猖獗，又授以州符，贼惮其威名随遁去。及莅广东，值两浙大饥，鉴运米千艘，全活甚众。所著有《鸣和集》。

林驷字德颂。宁德人。少颖悟，清修苦学，博极群书，虽山经地志、稗官小说、老释之书无所不览。景炎元年以《易》魁乡荐，邻境争迎而师之，聚徒岁以百数。著述甚富，有《皇鉴前后集》、《源流至论》行世。

〔元〕

陈尚德宁德人。自号惧斋。居邑之石塘，学者称“石塘先生”。宋季从会稽韩恂斋先生学，元初隐居为教授，岿然为后学之宗。其学以《四书》为本,《四书》既通,然后教人治经不贵辞,不急仕进,必真知实践,求无愧于古之圣贤而后已。又精通律吕、天文、地志、算数之学。著述有《四书集解》、《书传补遗》、《易说》、《咏史诗》、《算书》行于世。(恂斋,疑韩性也。)

韩信同字伯循。宁德人。幼颖悟,日诵万言,工文赋,尤精骈俪语。既壮,受业陈尚德之门,遂刊《落华藻》,蚤夜究心于伊、洛、关、闽之论,尚德叹曰:"吾老矣,得斯人饮水俟命,复何憾哉?"延祐四年,应江浙乡举,不合而归,即杜门不出。自是四方书币日至,而弟子枢衣请教者履满户外矣。其教人为学,次第规模皆本于尚德,游其门者多知名士。著《书经讲义》、《二礼易经旁注》、《书解集》、《史类纂》及诗文十余卷行于世。

陈自新字贡父,号敬斋。宁德人。通五经,尤精于《易》数,探其理妙,皆本源传义,而推衍以皇极经世书,弟子从游者甚众。著述有《起兴》等集行于世。

文苑

〔唐〕

林嵩字隆神。长溪人。登乾符二年进士。明年归省,极为观察使李晦所重。寻召除秘书省正字。值黄巢之乱,遂东归,观察使辟为团练巡检官,转度支使。秉公赞理,举贤良,裨政化,虽在军旅,不忘俎豆之事。后除《毛诗》博士,官至金州刺史。嵩长于词赋。(按《唐书·艺文志》有赋一卷。)

〔宋〕

王鲸字辰龙。长溪人。熙宁、元丰间尝两请乡举。王安石退居钟山,鲸游金陵,薄其为人,不肯一登其门,而与尚书黄裳、秘阁陈宽民为文字交。苏轼守杭州，开西湖，鲸投以诗，有曰："时辟西湖作胜游，使君元是济川舟。"轼大加称赏。

刘季裴字少度。福安人。十岁能文。绍兴中进士。历秘书丞、监察御史、起居郎兼太子左庶子，终朝散郎、秘阁修撰。季裴乾道间作《十论》以进，中一篇论何承天屯田，矩画甚详，上方欲行两淮屯田事，大见称赏。每经筵顾问，所对皆称旨。所著有《论孟》、《周易解》、《颐斋遗稿》。

陈元老福安人。学者称为"城山先生"。有《城山集》行于世。

姚瀛字子山。福安人。七岁能诵班史，十七岁应举居太学，以文章著名。隆兴初登进士第，凡四任教官。尝辨太玄通潜虚之数。所著有《凤渚集》行于世。

王宗望长溪人。父模，执经义丰之门，宗望亦从义丰学，义丰尝谓之曰："子为文大似唐子西。"宗望学有源委，其于器数、制度考较尤精。先辈林中尝问"宗"、"族"二字之别，宗望引左氏语以对，中叹服。（宗望，一本作公望。）

黄馆长溪人。号古愚。少力学，博通经史，善属文，尤工于诗。有《帚金集》藏于家。

陈应龙字定夫。宁德人。为人豪放英迈，精《尚书》、《春秋》，又喜读孙吴书。淳熙中就试右庠。陈傅良持文衡，见其所作，诧曰："此馆阁人物也。"置之首。选注修仁县尉。徐应龙持宪广右[15]，以应龙缓于趋迎而督过之，应龙书六十韵以呈，有曰："弱冠弄笔砚，耻为章句儒。夜半剑气发，精光射天衢，欲分天子忧，张灯阅地图。"又云："七闽山水秀，我亦思故庐，□官如涕唾，焉能轻重吾？"徐阅之乃曰："豪杰士也。"遂加敬礼焉。

许叔度字端大。宁德人。淳熙七年乡举。尝著《江东十论》，推原三国六朝离合之由，臞轩王迈为之注。亦攻诗。叔度兄弟五人俱有才名。

李兴时字叔起。宁德人。蚤负才名。淳熙中武举擢第，当路交荐之，除武学教谕，明年除博士。宋重儒官之选，右科为博士自兴时起。

余复字子叔。宁德人。少从张翰学，精于《周官》。绍熙初，策士大廷，光宗览复所对，曰："余复直而不讦。"遂擢第一。宁宗即位，诏入史馆兼实录检讨。所著有《礼经类说》并诗文集，藏于家。

陈英字羲叟，号存斋。博通经史百家之学，游江湖，名卿争致之。晚归桑梓，以所学淑诸人，执经北面者半青紫。所著诗文有《乐天集》十卷。

张安修字孟坚，号西麓。宁德人。尝领漕举，以子文虎登第，引年赐承务郎。博通经典，工词赋，达官贵人争屈致宾席。诗文流落江湖者，士大夫多爱重之。有《翠樾集》。文虎亦有时文名。

〔国朝〕

林保童字子成。宁德人。幼聪敏出其辈流，群书一览辄成诵，为文章不烦绳削而自合矩度，先生长者皆器重之。洪武中举进士，知绥宁县。

士行

〔唐〕

薛令之字珍君。福安人。神龙初举进士。开元中为左补阙兼太子侍读，题诗于壁曰："朝旭上团团，照见先生盘，盘中何所有，苜蓿长阑干。饭涩匙难绾，羹稀筋易宽，只可谋朝夕，何由度岁寒？"玄宗东宫幸见焉，索笔续之曰："啄木嘴距长，凤凰毛羽短，若嫌松桂寒,任逐桑榆暖。”令之因谢病东归。玄宗闻其贫,命有司资其岁赋,令之量受之,不肯多取。肃宗即位,思东宫旧德,召之,令之已逝矣。嘉叹其廉,敕其乡曰“廉村”,水曰“廉溪”。

〔宋〕

郑昌龄字梦锡。宁德人。宣和中举进士,性耿介不苟合。时秦桧当国,闻其才名,欲处以美官,尝命其客李姓者先以书谕意,昌龄为诗谢之,有曰:“先生傲睨醉客旁,不觉滂沱入醉乡。来书恐是醉中语,使我大笑讥荒唐。”后以太常寺簿召,不起。官终承议郎。

洪清臣字直侯。长溪人。建炎进士。为人笃厚诚悫,居官以清白著闻。时邑有火灾,清臣默祷于中庭,既而四邻皆烬,其家岿然独存,人以为清操所感。官至朝散大夫,知邵武军。

张翰字云卿,号坎翁。宁德人。以学行为乡先生,高颐、余复皆其高弟也。乾道间举进士,居官莅民所至有声。年七十致仕归。所著有《观过录》三十四章。

陈宋辅字公弼。宁德人。淳熙中举进士,累官柳州教授。平生尚节概,重然诺,士流敬惮之。从兄致远,经明行醇,尝入国学,有才名。

高松字国楹。长溪人。少游学止斋陈傅良之门,颖悟过人,尤笃志励行,傅良贤之。中绍熙初进士。授台州教授,启诲有方,一时州之缙绅皆出其门。

〔国朝〕

周斌字质夫。宁德人。洪武中领乡荐,授建宁府学教授。时兵革甫息,斌修废起弊,严立教条,作新士习。郡县长贰非公事弗造其室,与之语曰[16]皆政教大端,弗及私事。十五年,云南平,撰贺表称旨，有金币之赐。秩满，召至便殿，承顾问，以质直见重。明年，拜中都国子司业，约度明信，诸生悦服。又明年，召还，升齐王府左长吏，辅翼开陈，一以正道。丁内艰，以病卒。

林拱字仲恭，号雪樵。福宁人。少从宁德韩信同学。笃信力行，务求底于无过之地。为学不事口耳，为文词必以理胜，不事华藻。志尚恬退，惟教授乡党，以淑后进。屡以明经荐，俱不起，晚年强召为本邑儒学训导，不半载遂以疾辞去，家困穷，泰如也。又同县人郑犧，字子乘，丱角即与拱结为文友，同受业于信同之门，信同尝谓“二君他日可以续吾闽前贤理学之传”，及信同卒，与拱俱心丧三年而后归。一时文行与拱相埒，皆年八十终。各有诗文集藏于家。

陈宗孟字公孙。宁德人。永乐初举进士，知易州。有学行，为诸生时常上书当道者罢立盐场，乡人多德之。居家严训戒，子侄同居，庭无闲言。有诗文藏于家。

风节

〔宋〕

阮大成字希圣。宁德人。政和中以三舍升国学。靖康元年，金人犯阙，道君播迁，李纲斥罢，白时中、李邦彦、张邦昌、李棁等乘势用事，大成与陈东等伏阙上书，言“李纲奋勇不顾，以身任天下之重，所谓社稷之臣也”，朝廷遂以纲为尚书左丞，充京城防御使。

刘现福安人。宣和二年伏阙上书，言外寇猖獗，而王黼、梁师成之徒不恤国难，肆其奸贪。言甚激切，不报。二年，陈过成、张汝霖以直言为黼所劾，又伏阙上书力争之，亦不报。遂拂袖东归。在朝贤士大夫多荐之者，竟不起，终老于家。

陈最字季常。福安人。宣和间登进士第，授新昌县丞。会杭卒叛，最单骑见贼，以理谕之，贼曰："此公忠义，虐之不得。"遂送最以归。召对称旨，上谕宰执曰："陈最人物可爱，议论可取。"授诸司粮科院。佐郑刪中使川陕，与虏分划地界，虏使乃贺景仁之子，屡与最争，最责之曰："子受本朝大恩，何乃若是?"贺气沮，卒从所议。还朝以闻，上喜。时秦桧方主和议，最力沮之。桧不悦，出知兴国军。

林珦字德润。长溪人。绍兴初，求直言，珦上《砭石论》四十七篇，敕补文资。寻召对，进三札，上面谕云："前见所上书，今复见此札，知卿忠义敢言，不减唐马周也。"改秩，历无锡、宣城令。以枢密杨彦质荐，知无为军，又知太平州，终朝奉大夫。

高准字平一。宁德人。隆兴初丞相汤思退主和议，太学生张观等伏阙上书，乞诛三贼，准与焉。乾道间虞允文当国，献《东南消患书》一卷，因请入北界伺虏虚实，凡山川夷狭、道里远近、郡邑兵赋强弱，悉录以献，并言恢复大要。时允文已去国，朝廷欲授以官，准曰："准之所以效命于虞相国者，正以复九庙陵寝为念，非为身计也!"拂袖归西山之阳，杜门不出。详见本志《张观传》。

张观字达之。福安人。绍兴中入太学。隆兴中金虏渝盟侵扰淮甸，观率太学生七十二人上书请斩汤思退、王之望、尹穑，窜其党洪适、晁公武，而用陈康伯、胡铨等以济大计。言甚切直。后登乾道五年进士第，终新城令。详见《福州府·人物志·陈璟传》。

林仲麟字景仲。宁德人。倜傥有大志。淳熙五年，试太学第一。庆元中，与杨宏中等六人上疏救赵汝愚，韩侂胄怒，送昆陵编管，仲麟毅然不少屈，时有"庆元六君子"之称。详见《福州府·人物志·杨宏中传》。

林仲虎字景瞻。宁德人。庆元中应武举，廷试第二。嘉定初，检详林桷使北虏，辟仲虎为属，虏邀私觌，仲虎力辩不屈。至虏廷锡宴,值宣仁后忌日,仲虎秉礼固辞,虏不能夺。仲虎知兵未可定,乃上奏,其略曰:“乐因循者狃于私意,言进取者病于寡谋。为今之计,当重发而必成,不可轻出而苟且。”忤用事者意,出守浮光。后宰执复举仲虎使北虏议和,除右骑卫中郎将,充通谢副使,至潍阳,闻淮西失守而止。仲虎能属文,尤长于诗。有《百将诗》及《杂诗》行于世。

孙应龙字从之。开禧中应武举廷试,时大臣始开边隙,策召及之。应龙对,再以“兵兴启衅,轻举妄动”为言,有司奇之,欲置首选,或诋其不合时好,犹居鼎魁。历官五典边郡,一总戎轺,深为魏了翁所敬重。

陈烇字孟明。长溪人。嘉定中,进士甲科。累官宗正寺丞。刚直敢言,权奸恶之,出知邵武军。

忠烈

〔唐〕

黄岳宁德人。博通经典,尤邃《易》象数之学。唐末由乡贡入太学。巢寇入闽,避地者无所衣食,闻岳勤施有长者风,从之如归市,赖以不死者甚众。乾宁中,王审知节度威武军,屡辟为属,力辞不就,既而朱温篡唐,审知窃王号,必欲起岳,岳度不能拒,遂投于渊而死。邦人哀之,相与立祠祀焉。

〔元〕

陈阳盈字子谦。天锡次子也。以父荫累官候官县尉,调泉州府税课司副使,丁家艰归。至正中,草寇攻州,知州王伯颜檄阳盈率民兵拒敌,奋不顾身,遂陷于贼。帅王善胁之使降,阳盈执大义骂贼,遂遇害。家业焚掠荡然。事闻,敕赠敦武校尉、安溪县尹，旌表其门闾。

陈端孙字伯都。天锡嫡孙也。弱冠登武举首选。授总管府录事，四迁至福建宣慰使，出镇福清州。时陈友定欲据八闽，勒兵侵州境，端孙率众拒之，中流矢坠马被执，友定胁之使从，端孙愤骂曰："我家三世事元，今从汝反耶？"友定怒杀之，其妻孙氏抱幼女投井死。

〔国朝〕

陈锜字器之。福安人。领乡荐拜监察御史。永乐间监军甘肃，号令严明，军民戴之。忽虏寇将至，或曰寇势猖獗，宜少避其锋。锜奋然勒兵拒战数日，力不能支，被执。锜厉声骂贼不屈，虏怒杀之。事闻，太宗为之涕泣，曰："陈御史忠臣也！"

姚望之字肖吕。宁德人。尝受学高颐之门。宝庆中武举擢第。会恢复三京，赵葵辟为其属。王师抵汴，乘胜复西京，望之以汴河粮运未继，请休养士卒，浚治池垒，以备不虞，未几元戎班师，望之竟殁于王事。

孝义

〔宋〕

陈嗣光字朝倚。宁德人。处己廉，事亲孝，宗族乡党称焉。时朝廷举孝廉，县以嗣光应诏，邑簿陆游为立孝廉坊旌之。

王士奇字永叔。福安人。初以乡荐赴省试，闻弟达州教授知章讣，不赴廷对，即往蜀护其丧以归，凡六年，而后就试。当得官，以母老丐祠。当国者高其行，畀以堂除，凡二十三考方注莆田法曹。真德秀尝语当路曰："王法曹文行俱美，尤孝于亲，当于古人中求之。"后以奉议郎赐绯衣致仕。优游田里，手不释卷，尝书其门云："立行孰先须孝弟，传家有后是诗书。"卒年八十四。所著有《诸经释疑》、《诸史节略》及《宜拙平心集》藏于家。

黄裳字元吉。宁德人。魁岸伟特，少有奇节。应淳熙二年武举，魁南宫，以才见称，守长军，夷酋得颜、得丙等攻清平寨，裳遣兵同熟夷骨绍等大破之。三历郡，俸入多以给亲旧。任子恩必先其兄之子而后己子，人高其义。子师但，能诗，忱恂谨厚，人以长者称之。("守长军"一句，疑有阙文误字。)

王褒长溪人。政和中，建寇猖獗东下，群盗相梃而起，褒率乡人团结义兵守关御之。绍兴初，范汝为据建城，侵掠旁邑，至县境，知其有备，遂取道古田、政和以归。长溪闾井晏然，皆褒之力也。事闻，与其佐王杰等皆补官有差。

〔元〕

王荐福宁州人。性孝而好义。父尝病甚，荐祷于天，愿减己年益父寿，病遂愈。母病渴思食瓜，荐出求之，避雪树下，忽见岩石间青蔓离披，得二瓜以啖母，渴顿止。为人立后治葬，又买棺置义阡以给贫之不能殓殡者，又买田易谷以赈乡人之饥饿者。福建宣慰司上状旌之。详见《宸翰志》。

林大兴福宁州人。性至孝，事其父梅岩能承颜顺志。尝剪竹以护菊，其竹半枯，节上生根，悬于地复生笋。及父殁，殡殓葬祭一循朱文公家礼，居倚庐于中门之外。是年海棠花不开，塘之红莲变开白色，屋后禽鸟朝夕喧鸣不绝，至虞乃已，人以为孝感所致。

宦迹

〔宋〕

张希绍福安人。游学京师，建炎间倡义集河南兵败金虏于平阳军，授郎官。和议成，调秭归县尉。

王石孙字宗略。宁德人。淳熙中武举第一。丞相赵汝愚见其姿容魁伟，议论英发，以一世人物许之。由黔阳尉特授兴州机宜。开禧中，朝廷选知兵才望之士护江浒，与林仲虎同日被命。累官知高邮军。

隐逸

〔宋〕

林伟字文叔。宁德人。学问该洽，与高颐、余复为文字交。年四十不应科举。家居，义方之教甚严。子仕夔，登进士第，学行俱粹。孙祖恭，亦登进士第。

艺术

〔国朝〕

邓彦仁福安人。精医术，急于救人而不责其报，人多德之。

列女

〔宋〕

丘氏宁德人。榕轩先生陈晏妻也。性慈孝，姑病笃，丘氏刺血写经以祈庇佑，姑果感梦而愈。平生轻财好义，每给食以施囚徒。初，建寇叶侬以犯私盐系尉司，日久稔知丘氏孝行，建炎间侬寇县境，戒其徒勿惊动孝妇丘氏，勿焚荡其家产，勿诛戮其亲属。古田杉洋有避寇者闻之，奔入丘氏家，赖以全活，县西一带免罹兵火，皆丘氏之力也。其后孙言应、元应俱登科，世以为活人阴鹭之报。

陈氏名庄。宁德人。年二十，适进士何晋之。事姑孝谨。甫再期晋之卒，一女尚幼，陈氏方有娠，因默祷于天，曰："若何氏有后，死不悔矣。"后果得男。遂屏去脂泽，闭门独居，亲戚故旧罕见其面者。夜课子读书率漏下三鼓，其子卒以文学名，孙元两请漕举。邑人张翰为书其事于《观过录》。

郑氏女名贞。福宁州人，父曰靖，兄君老。贞少端庄，不妄言动，未笄许嫁里人林淼。德祐元年，贞年方十八，元兵南下，凶徒四起，俘掠乡邑。一日，忽寇至，贞独处一室，惧其污己也，乃取剃刀自刎而死，仆于床，手犹执刀甚坚。时君老在外，亦为贼所伤，及苏而归，见贞死流血淋漓，容色不变，欲殓之，乃舒手释刀于地，人咸异之。

〔元〕

陈氏福宁州人林克威妻也。元季袁氏拥兵屠戮克威家，陈氏挟姑抱子走匿山谷中，后潜归母家，收克威□家遗骨葬之[17]。时陈氏年方二十有四，母怜其少，欲使改适，令人微讽之，陈氏泣曰："弃老稚而他适，禽兽所不为也。"毅然励操，终养其姑，抚成其子，年八十三而终。

〔国朝〕

陈氏名四姐。福安人吴三三妻也。三三早卒，陈氏方盛年，抚七岁遗孤，誓不食他姓。伯氏素暴狠，欲夺其田，因劝之改适，陈氏泣曰："适人之道终身不改，况未亡人幸有子，何忍去之？"后揣知伯氏意不善，恐终不免，乃手书先世产业于一纸匿于故籍中，削发为尼；伯氏又逼之，遂投于溪而死，邻里皆为之叹惋，而郡邑未之闻也。成化十九年，伯氏孙仍夺陈氏子田，陈氏子检故籍中得其母手书，诉于同知马迪，为剖析之，陈氏之贞烈始白于世。

连氏名婉娘。福宁州人。父悌以适同里黄坦。年二十，坦卒，子铧，生二年犹不能言，婉娘誓无他志，或讽之曰："青年守节，所赖者子耳。今子复哑，守之何益？"婉娘泣曰："吾之所以不遂从夫地下者，以有姑与子耳，若弃姑与子而他适，是禽兽之行，吾岂为之哉？"正统十三年建寇犯邑境，婉娘尽输储粟以饷师，乃奉姑携子避地南金城，盗息而后返。姑卒，毕丧葬，岁延师教铧学书，以代口语。既长为娶妇，生孙子澄，宗祀赖以不绝。今年已七十矣。

郑氏名贤娘。福宁州人。夫王满卒，贤娘年甫二十四，养老姑，抚幼子，誓不易心。卒之姑赖以终其天年，子恃以底于成立，人以为节孝之称。

杨氏名静德。福宁卫后所千户刘泉妻也。泉卒，杨氏年甫二十九。三乳而生五子，曰琗、曰琇、曰琪、曰璘、曰琥，俱在襁褓，内外无期功强近之亲，日操井臼，夜则纺织，抚教诸孤咸底于成。年八十无疾而卒。

校　注

[1] 弘治《兴化府志·人物》作"彼何人斯"。

[2] "闲良"疑为"贤良"之讹。

[3] 弘治《兴化府志·人物》作"许搏"，光绪《莆田县志·人物》作"许抟"。仅载宣和间尝以事忤秦桧，不载桧弟棣事。《王晞亮传》但载桧为太学正，晞亮为学录。此处疑有错简。

[4] "其从"似为"其后"之误。

[5] 弘治《兴化府志·人物》作"虽颇杀伤"。

[6] 光绪《莆田县志·人物》作"特畏死耳"。

[7] "林萃"作"林华"，下"陈瓒传"同。

[8] 应作“汝知守城不降有曰陈文龙者，吾侄也”。

[9] 弘治、万历《兴化府志·人物》均作“白鸟复翔集”。

[10] 弘治《兴化府志·人物》作“子伯愚、伯达并登第”。

[11] 光绪《莆田县志·列女》作“庶姑”。

[12] 弘治《兴化府志·女德》作“陈逊励”。

[13] 应作“治行居广东二十九县之最”。

[14] 乾隆《宁德县志·人物》作“宁德人”。

[15] 乾隆《宁德县志·人物》作“徐应持宪广右”。

[16] 据乾隆《宁德县志·人物》“曰”字衍。

[17] 乾隆《福宁府志·人物》作“潜收其家遗骨葬之”。此处有错简。

八闽通志卷之七十三

宫　　室

闽为东南名藩，宫室台榭之胜在在有之。其岿然峙于公庭学宫者，多贤守令师儒之遗迹，甘棠之爱存焉；其萧然寄于崇山茂林者，多魁人杰士之高踪，仰止之思系焉。岂直耸观瞻、供临眺而已哉！历岁既久，风雨震凌之余，摧陨多矣。今举兴废而并存之，庶几后之君子履其地、思其人有所感而兴也。乃志宫室。

福州府

闽县

御书阁在养源堂之西北。宋时建。　**经史阁**在御书阁后，即旧九经阁也。宋大观二年，诏曰："比闻诸州学有阁藏书皆以经史名，方今崇八行以迪多士，尊六经以黜百家，史何足云？可赐名曰'稽古'"。绍熙四年，帅守辛弃疾重修，仍匾曰"经史"。朱文公为记。景定四年毁，咸淳二年帅守吴革重建。阁之下匾曰"止善堂"。元至大二年，以止善堂为经史库，凡书版皆贮于此。（上二阁在府学内。）　**望潮阁**在九仙观内，久圮。成化二十二年，镇守太监陈道重建，更名"朝元"。　**清辉阁**在圆明院内。　**三山阁**在平远台之东。（上三阁俱府治东南。）　**美容阁**在府城东东禅寺内。正言邓肃有诗。　**杨灵阁**在府城南汉闽越王庙之左。　**山辉堂**在府城东瑞圣里东山大乘寺。宋郡守张劝诗:"分开远碧鸣泉落,点破寒光白鸟飞,还似山阴秋霁后,照人怀抱欲忘归。"　**松风堂**在府城南时升里报恩光孝寺内。宋李纲寓居于方丈东,得数楹与山巅齐。青松千盖,日影不到,榜为"松风"。　**平山堂**在府城东南开化里濂浦。宋少帝尝驻跸于此,陆秀夫诸贤有诗。　**许将宅**在莆城[1]东门状元坊内。将闽清县人,后迁于此。　**朱倬宅**在府城东街太平公辅坊内。　**张觷宅**在永北里磕源。　**郑昭先宅**在江左里洋屿。致政归,真西山尝名其堂曰"亩忠",并为记。(上二宅俱在府城东。)　**梅边小隐**在府城东门外海印庵。元至正间,僧云磎创,时与客弹琴赋诗于其间,名曰"梅边小隐",贡师泰为记。　**虞公庵**在府城东瑞圣里东山,陈虞寄隐居处也。详见《人物志》。　**思乐亭**　**光风霁月亭**　**桂香亭**(上三亭俱在尊道堂之东。元大德间,教授刘直内因旧射圃址复买其北民地以益之,凿池构亭,北曰"思乐",南曰"光风霁月",又南曰"采芹",为诸生游息之所。国朝宣德间,以思乐亭址建教授廨舍,因浚旧地而砌以石,重构光风霁月亭。成化十三年,知府唐珣更新之。又因采芹亭之址复构一亭,匾曰"桂香"。仙游郑纪为记。)　**天光云影亭**在思乐亭之西南。元至治二年,教授李长翁建。　**乐此亭**在明伦堂之西。宣德间建,成化十三年,知府唐珣重建。　**巍然亭**在正善堂之北,旧名"君子亭"。景定学毁,此亭犹存,更名"巍然"。(已上六亭俱在府学内。)　**振衣亭**在闽县东内汤院,中有温泉。宋嘉祐间,郡守元绛阅郡图得其名,乃浚其源,砻石为井而环之以屋,疏其余于垣外。宣和六年,郡守陆藻命县令谢垂修温室四并振衣亭,浣日一启,非衣冠不许游也。　**一华亭**在九仙山东南。唐景福二年,王潮建。　**四彻亭**在九仙观内。唐元和中郡守元锡建,宋庆历中郡守沈邈修。后建观，亭始废。故址浸不可寻。国朝成化二十三年，镇守太监陈道重建于威震殿之东。 **拱极亭**在九仙观内玉皇阁之北。 **碧云亭**在拱极亭之东北。（十二亭俱成化二十三年镇守太监陈道建。） **野意亭**在九仙山之南圆明院。 **元公亭**因郡守元绛名。绛诗："谁书吾姓揭亭颜？栋宇飞腾气象完。谷口秋风吹鬓发，海东潮日上阑干。地高顿觉群山小，天近须知六合宽。" **望州亭**在鼓山屴崱峰。宋熙宁中，郡守丁竦、提刑沈绅同游，刻《鼓山铭》于峰顶之盘石，而亭其上。 **天风海涛亭**宋朱文公书匾。（上三亭在古山里鼓山寺。） **清音亭** **碧岩亭**宋许将诗："黄叶入秋山出地，白云临晓海垂天，飘然踪迹今何定，别去江湖又一年。"王汝舟和："亭开幽谷草堂边，朝暮清阴落槛前，人去已升蓬岛路，客来空爱玉溪泉。"（上二亭在瑞圣里东山。） **东野亭**蔡襄书额，刘照有诗。 **清阴亭**郡守刘瑾有诗。（俱在东禅寺内。） **迎春亭**成化十五年，知府唐珣建。（上三寺在易俗里。已上八亭俱府城东。） **海月亭**元延祐四年，运使朵儿伯台建。 **来薰亭**宋王之望建。（上二亭在报恩光孝寺内。） **龙桥亭**正统三年，乡人潘文质募众建。（上三亭在时升里。） **白湖亭**在官贤里南畔。洪武四年建。 **吉祥亭**在嘉崇里。（已上五亭俱府城南。） **虹桥亭**在府城东南归仁里。成化元年重建。 **竹石轩**在府学求斋之后临池。宣德间建。 **光霁轩**在竹石轩之东。宣德元年，庠生陈诚建，郡人洪英为记。 **碧云轩** **聚义轩**（上二轩俱在九仙观，旧志并列二十四奇之中。） **荔枝轩**在府城南时升里玉泉院内。 **镇闽台**在布政司前大街之中。五代唐长兴四年，伪闽筑台而屋其上，号"龟头门"，宋祥符间，郡守严辟疆更名"还珠"。元延祐四年，都元帅阿思兰董阿重建。国朝成化十三年毁，镇守太监卢胜暨布政使李嗣、钱王进等经划重建未就，十七年镇守太监陈道复经划成立。翰林学士杨守陈为记。今俗呼“双门”。 **平远台**在法云寺西台之东。有石崖，上刻“平远台”三大字。台上有阁，颇高爽雄丽。宣德间，镇守内使梁著建。成化十五年毁，十六年，雷复震其西垂。 **越王台**在府城南嘉崇里。台上有石刻，大书曰“全闽第一江山”。台下有石刻，宋赵汝愚隶。右大书“南台”二字，置于路口。

侯官县

水晶宫在府城西西湖上。旧志云，伪闽时湖周回十数里，筑室其上，号“水晶宫”。 **拱极楼**在府城英达坊内。宋郑性之建。其匾理宗御书也。 **横山阁**在乌石山。 **黄璞宅**在府城黄巷内。详见《人物志》。 **陈烈宅**在府城郎官巷。 **王益祥宅**在府城衣锦坊。益祥旧居闽县江左里之筹岐，后迁于此。**郑性之宅**在府城耆德魁辅坊内。 **陈襄宅**在八都之古灵。**林安宅**在十都之屿头。宅周围有六桥。(上二宅俱府城西南。)

观稼亭在乌石山之东。唐郡守阎济美陛辞日，德宗喻以农事，到官首创是亭。 **道山亭**在乌石山之西。宋熙宁中，郡守程师孟建，以其前际海门，回览城市，可比道家蓬莱山，故名。曾巩为记。 **放鹤亭**在乌石山之东峰。初，崔干创亭曰“四向”，因得鹤置此，忽冲天去，遂改今名。熙宁初，郡守程师孟又改名“冲天”。 **幽幽亭**在乌石山东北隅。宋明道初，沈邈为侯官令，得释迦院东北隅地作台，曰“俊青”。十年复来守郡，寺僧并台作亭。蔡襄至其下，名之曰“幽幽”。 **击壤亭** **跨鳌亭**即木雁亭也。宋孙□有诗[2]。(上二亭俱在乌石山)。 **飞燕亭**在乌石山旧千福寺内。宋程师孟有诗。 **明远亭**在西禅寺。宋元祐八年，郡守元绛留诗：“野水远涵天盖转，山围高捧斗车来。”

宣和七年,郡守陆藻更名“斗车”。后仍旧。 **凤凰亭**在□□里。相传尝有凤凰来集于此,故名。 **颂德亭**在草市都。旧名“西隐”,相传唐郡守唐扶有惠政,民思之,乃更亭名曰“颂德”,以志不忘。成化十二年,知府唐珣捐资辟地新之,民亦立石其中。(上三亭俱在府城西。) **览胜亭**在府城西南仙宗山之凹。 **望州亭**在府城西北灵峰崇圣禅寺内。 **长乐台**在乌石山西南。宋湛俞诗:“茉莉晓迷琼径白,荔枝秋映绮筵红。” **高风台**在府城西凤凰山下香严寺之西圃。圃有旧台遗迹,元贡师泰增而筑之,名以“高风”,师泰自为记,有云:“方山耸其前,莲峰矗其后,左沧海,右长江,云烟苍茫,极目无际。”又欲亭其上而未果,平章道隐因助以钱,寺僧悟腾、觉馨成之。师泰以凤凰之山左右翼张,若飞鸣而来,因名之曰“鸣凤亭”,亦师泰自为记。

怀安县

长春宫 紫微宫 东华宫 跃龙宫 文明殿 文德殿(已上宫殿凡六所,在旧威武军内。俱伪闽时建,及钱氏纳土于宋,悉皆废撤。) **谯楼**在布政司仪门之南。唐元和十年观察使元锡建,即威武军门也。宋嘉祐八年,郡守元绛更为双门,上建楼十楹,置滴漏鼓角,下为楼以翼之,左曰“宣诏”,右曰“班春”。嘉定十三年毁,十四年安抚杨长孺重建。元泰定四年复毁。遂增筑两观,构重楼八楹,用石柱凡四十有四,高九十八尺,深八十一尺,广二百一十尺。国朝宣德三年,为大风雨所圮,明年,监察御史方端、参政彭春命都纲了心募缘重建,深广悉如其旧,高视旧减二尺,仍置铜壶以司刻漏。 **九仙楼**在旧威武军内,大厅之西南。宋时建,名“清风楼”,熙宁间,以其面对九仙山,故更名“九仙楼”。 **东山楼**在康泰门上。 **望云楼**在子城西。 **缓带楼**在子城北。淳熙五年即其址创超览亭。 **三山楼**在子城东南,其下为长利桥。　**清微楼**在清泰门上。　**堆玉楼**在子城东北隅。绍兴十年,即其址创观风亭。　**蕃宣楼**在旧子城西北隅。即碧峰亭也。　**西湖楼**在蕃宣楼之西。淳熙间,邓汝愚重浚西湖,复即其址创澄澜阁。(上九楼俱熙宁二年郡守程师孟筑子城,创于城上。)　**屏山楼**在府治东北屏山之巅。正统十一年火,都指挥佥事王胜重建。　**凝虚楼**平章普兼善建于居第之东,贡师泰记。　**敕书楼**宋天禧间建,吴延年为记。　**清辉楼**(上二楼在芋原江北旧县,宋知县吴举建。)　**冲天书楼**在府城□□九都之上渡。宋咸淳间陈仁翁预国子监荐,景炎间以迪功郎宁武州节制司准备差遣致仕,建楼六楹,赐额曰"冲天书楼"。　**御书阁**二所。在旧威武军治大厅之东西。宋天圣十年,郡守郑载建。　**衣锦阁**在九仙楼下之东。初名"爽心",熙宁间更名"赏心"。宣和五年,提刑俞向权州事,以太宰余深典乡郡吏,名"衣锦"。　**五云阁**在旧九仙楼下之西。宋宣和元年,郡守孙竢建。唐李若初尝登城西望,有五色云当王霸宅,遂作《冲虚宫》。此阁面对五云,故以为名。　**舾阁**在燕堂之西庑。旧有舫斋,宋元祐四年,郡守林积建阁其上,匾以是名。六年郡守柯述修。宣和七年权州事提刑俞向重修。　**怡山阁**在坐熏台之东,旧望云楼、阅射亭、荔枝楼之地也。宋元祐五年郡守柯述建。绍兴二年,郡守程迈修。(上四阁俱在威武军内。)　**正己阁**　**归云阁**(上二阁在芋原江北旧县,宋知县吴兴建。)　**修令堂**　**自公堂**(上二堂俱宋天圣间郡守章频建。乾道二年郡守王之望立额。)　**日新堂**宋庆历六年郡守蔡襄建。建炎三年以为安抚厅。　**安民堂**在旧大厅之北。宋嘉祐四年郡守燕度建。熙宁间又创谈笑轩于其北,后皆更名"燕堂"。　**眉寿堂**在燕堂之西南,宋使宅之南堂也。绍兴十年帅守张浚为其母秦国夫人名。　**雅歌堂**在眉寿堂之北。乾道间郡守王之望命以是名。　**和乐堂**在雅歌堂之北。淳熙五年建。 **信美堂**在眉寿堂之西庑。嘉祐八年郡守元绛建,后废。绍兴十五年郡守莫将建堂于其北,匾曰“庆雨”;二十六年郡守李如冈建堂于其南,匾曰“爱山”。 **止戈堂**旧安抚厅后架阁库之北。宋元丰四年郡守刘瑾构堂,匾曰“武备”,东西北列甲仗库。建炎四年建寇猖獗,郡守程迈乞师于朝,诏参政孟庚、少师韩世忠率禁旅讨之,绍兴二年贼平,遂更名堂曰“止戈”。宋汪藻诗:“此老胸中百万兵,暂劳试手犬羊群。山头不复望廷尉,柱后何妨用惠文。解带为城聊戏剧,卖刀买犊便耕耘。三山胜处开华屋,千载人传旧使君。” **逍遥堂**在甘棠院东。宋皇祐四年郡守刘夔建。大观三年郡守罗畸修。绍兴二年郡守程迈重修,徐兢篆额。 **忠义堂**在逍遥堂之南。宋治平元年建。堂东西壁绘像凡四十有七,圣人一人周公,社稷忠臣张良以下一十六人,节义忠臣申包胥以下一十九人,谏诤忠臣樊[3]以下一十八人。庭间有池,作亭其上曰“熙熙”,政和元年郡守黄裳更名“得象”,裳自为记。 **威武堂**在忠义堂之西。宋嘉祐间郡守蔡襄建并书额。绍兴二年郡守程迈修。前有教场,西有敦教侯庙。

诚心堂在公厅之北。元至正二十年建。(已上一十三堂俱在旧威武军内。) **虚静堂**在旧提刑司内。宋熙宁五年提刑宋道匾之曰“幸堂”,后更名“虚静”。虚静之北园馆连属,宣和二年提刑俞向更新缮完之,名其北曰“宪堂”,南曰“澄清”。庭之南有二木,其下一亭名曰“双柱”。回廊之外左右二亭,东曰“熙春”,西曰“藏春”。熙春之东楼颇宏丽,向每奉亲游览于此,名之曰“斑衣”;藏春之西有楼遍植荔枝,名之曰“荔枝”。面楼一轩北顾诸亭,左右二沼植莲其中,名曰“清逸”。虚静之东有轩,仍旧其名曰“幸轩”,幸轩之左乃治事之便室,小山耸翠,名曰“山斋”。总而榜之曰“乐圃”。后宪堂更名“中庆”,藏春亭更名“留春”,斑衣楼更名“宿云”。绍兴中灾,更创看楼。(按旧志乐圃作门威武军西南,每岁二月府开西园与民游玩,至三月提刑司亦开乐圃,各一月乃止。） **绣采堂 恕堂 公明堂**（上三堂在旧转运行司厅事之东。宋乾道间，武宪权寓于此而名之。） **清和堂**在绣采堂之东。 **褉游堂**在将军山之下。山之顶有九曲池，岁上巳日，郡人多流觞修褉于此，故名。（按旧志，宣和五年，提刑俞向移欧冶亭材建于是堂之东，又名“东兰堂”，今皆废。） **日休堂 熙春堂 难老堂**（上三堂在芋源江北旧县。宋知县吴与建。） **知本堂**在旧县琴堂后。元至大二年达鲁花赤尔薛建。 **道一堂**在府城北桐溪。宋樊世师、吕居仁，友林少隶，构堂像孔、老、瞿昙而祀之，朱文公书匾并为记。端平间毁。后重建，真德秀书匾，陈宓续记。元至元间废于兵，子孙复廓而大之。（按程钜夫为记所述如此，然考之《朱文公大全集》并无《道一堂记》，所谓文公命名，恐未必然。） **秋兴厅**在旧县。宋知县吴与建。 **甘棠院**在旧威武军内忠义堂之西。宋开宝九年，郡守钱昱始芟辟附郡斋隙地，构亭凡四：其处花心者曰“梦蝶”，瞰水际者曰“枕流”，迎爽气者曰“临风”，眺夕照者曰“绮霞”。而又别创小斋，甲于四亭，其南为门，榜之曰“甘棠院”。天圣中郡守陈绛重修。熙宁八年郡守元积中更名“春台馆”[4]。其后四亭俱废。绍兴十年，郡守张浚理梦蝶亭故址为“偃盖亭”。二十三年，郡守张宗元改创为“秀野亭”，又创“清风亭”于秀野亭之南。 **余深宅**在府城西门内，今入怀安县学。 **佚老庵**在流觞亭西北。宋嘉祐八年郡守元绛建，后更名“隐几”，又更名“净名”。 **怀隐庵**在和乐堂之后，州宅墙之南。宋绍兴十四年郡守叶梦得创。沈括有《怀隐集》载居山之式，后归休于梦溪，梦得慕之，因以名庵。庵东小亭曰“归意”，西小亭曰“柏悦”。 **东斋 西斋 清虚斋**（上三斋在旧县。宋知县吴与建。） **春野亭**在日新堂之东南。宋庆历六年郡守蔡襄建并书额。襄诗有云：“况凭轩牖高，中视田野功。淡沲沐新泽，依微生柔风。江潮涨晚绿，山麓延朝红。耕锄时节动，歌语声意通。"观此可见命名之意也。元丰四年郡守刘瑾修。亭之前有池，淳熙三年郡守陈俊卿建亭于其上。　**万象亭**在燕堂之北[5]。宋绍兴间郡守叶梦得建，十六年郡守薛弼修并立匾。宋富直柔诗："堂后山川面面通，向来奇观窘蒿蓬，元戎小试经纶手，万象都归指顾中。"李弥逊诗："断取方壶壮郡壕，钩连野色上亭皋，星移日转天容丽，江静山明地轴高。"　**春风亭**在东山楼之北。

吏隐亭在城隍庙西北。　**雅歌亭**在城隍庙西南。(上三亭俱郡守程师孟筑城日建。)　**会稽亭**在佚老庵西。宋嘉祐间元绛建，以绛开国会稽名。初，绛出守时，庞籍、王珪、范镇、王安石、司马光等五十三人赋诗五十七章以宠其行，刻其显者置壁间。绛自亦有诗。　**双松亭**在秀野亭之东北。宋嘉祐间郡守蔡襄建，襄自隶其匾。宣和七年提刑俞向修。绍兴二年郡守程迈重修。

清闷亭[6]在九仙楼下石桥南之南园。宋绍兴十六年郡守薛弼建，又创亭于其东曰"与春"，后改名"清虚"。　**野云亭**在蕃宣楼之东。宋淳熙五年建上庵并亭凡一十二处，俱在旧威武军内。　**仁亭**宋淳熙三年建。　**薰风亭**宋嘉祐八年提刑王陶建，初名"绣衣"，后更名"薰风亭"。(上二亭在旧提刑司内。)

瀛航亭在冲真道观内。正统初知府张徽建。　**环山亭**在越王山南小山之上。　**四见亭**在越王山上。　**欧冶亭**在屏山下贡院之西。旧志以为欧冶子铸剑之处。亭久废，其址犹存。成化十五年，镇守太监卢胜移建于欧冶池西旁，十九年，为风雨所圮。

迎恩亭在西门外三里许。景泰五年，镇守奉御来往，撤废常俶仓材以建。亭之后有堂，凡迎诏敕、送表笺皆在于此。　**石岊亭**在一都之岊山。宋建炎间建。旧志云，亭东有石，异时岁觉增长，后因火乃止。　**便行亭**在九都郑公义渡头。成化四年里人唐濂建，以便行人之待渡者，俗呼"杨崎亭"。(上三亭俱府城西。)

爱亭在二都。相传为前代刺史劝农之所。时和岁丰，民怀其惠,故建此亭。今废。 **北岭亭**在六都。洪武间里人张善功创。景泰三年僧景初重修。 **擢秀亭**在凤池山下。峰峦峭拔,秀出天表,提刑俞陟名之曰“擢秀”,仍书额。 **览辉亭**旧名“凤池轩”,后更是名。今其址垦为田圃矣。 **翠微亭**在凤池山之阿。按旧志,建炎二年所建,士始题名于鲁侯堂,后以其隘遂移于此。 **静游亭**运使庞籍、郡守刘夔、程师孟俱有诗。 **览秀亭**(上二亭俱在升山贤沙寺。已上七亭俱府城北。) **四明亭**在旧县东北三里许。前汇澄渊,洞见眉睫,其路通连江、罗源、福宁、福安、宁德五县,亦一方之要冲也。宣德五年圮于水,景泰三年僧景初募众重建。 **闽越亭**在石岊,旧县前。按旧志,闽越王游赏之处也。 **谈笑轩**在安民堂北。宋熙宁间建[5]。 **筼筜轩**在信美堂之西南。(上二轩在旧威武军内。) **静寄轩**在旧提刑司中庆堂之东。宋康定元年提刑李敷建。 **藏翠轩**在越山旧天宫院内。宋元积中有诗。 **碧芦轩** **洞隐轩** **竹轩**(上三轩俱在旧县。宋知县吴与建。) **坐啸台**在逍遥堂之北,旧养和亭址也。宋熙宁二年郡守程师孟筑,初名“玩月”。宣和五年,提刑俞向以得象亭材构屋其上,更名“月榭”。绍兴二年郡守程迈重修,改今名。 **威武台**在城隍庙之东。宋熙宁二年郡守程师孟筑城,并封其址为之。 **熙春台**在府城北三都升山静亭之西,相传为凤池寺撷芳之所,今圮。

长乐县

谯楼在县治前。永乐二十一年知县詹奎章建。景泰元年知县龙韬重修。 **聚远楼**在福湖。宋时,里人有郑湖坂者从朱文公学,教授于乡,从游者众,并立文、行、忠、信四斋处之。斋之旁建楼,文公为题其匾曰“聚远楼”。 **待月阁**在县治厅事之西。宋元丰中主簿曾孝杰创。　**求海堂**　**紘歌堂**　**乐古堂**(上三堂俱在县治内。宋时建。)　**三桂堂**在县东翰林坊。宋宝祐初陈刚、陈合、陈谊兄弟三人联第,理宗亲洒宸翰,匾其堂曰"三桂",门曰"儒英"。　**胜会堂**在县南一里许南山。宋主簿蔡雍诗:"满前青嶂千屏列,直下澄江一带横。"　**昭山堂**在仁义里光严寺。　**见江亭**在观音寺内。宋县令袁正规诗:"倚栏望断暮云碧,不见长安见夕阳。"(上二堂并亭俱元祐中正规所建。)　**垂露亭**在瑞峰寺。宋庆历中,宪使苏才翁以书法名,尝大书刻于石,盖垂露体也,寺僧因以名亭。　**义浆亭**在宾贤里甘泉寺前之左。旧为茶亭,宋嘉祐中县令王企改是名。(已上四亭俱县东。)　**恩波亭**在县西隅太平港之上。　**高亭**在同荣里当阳寺。宋嘉祐中县令王企建。户曹林诰诗:"云霞千古态,松竹四时阴。岫列天边嶂,泉鸣涧底琴。"　**白云亭**　**溪会亭**(上二亭在十二都白云溪上。)　**九日亭**[6]在胜会亭之上。(上二亭俱宋元祐三年县令袁正规建。)　**瑞云亭**在逍遥里灵隐寺内。宋元丰中建。　**取翠亭**宋嘉祐中县令王介建。有诗:"岚光入座茶瓯绿,海气蓬春柱础腥。"　**望海亭**宋熙宁中转运使张□建[7]。(上二亭在良田里灵峰院内。已上七亭俱在县南。)　**登高亭**在登龙山。宋修撰林安上建。　**烟萝亭**宋庆历中县令董渊建。

清心亭宋皇祐中县令徐倪建。　**望江亭**宋熙宁中县令萧竑建。竹溪陈传诗:"山霭茫茫江岸深,望中亭影落江心。风恬万里流□玉,月上千波漾碎金[8]。"(上三亭在宾贤里天王寺内。已上四亭俱县西北。)　**望云轩**在求诲堂之北。元丰中权县令施闻建,以寓其思亲忠君之心。宋陈毅诗:"舜日捧来天自阔,汉龙从去雨成霖。"　**惜阴轩**在乐古堂之西。皇祐中县令吴仲举建。失名氏诗:"大禹当年惜寸阴,郎官能契古人心。"　**仰轩**在求诲堂东庑。　**尽心轩**在求诲堂西北。（上二轩俱宋元祐二年权县令施闻建。）　**揽翠轩**在主簿廨舍东。元祐二年主簿陈伯孙建。　**枕流轩**在天王寺之东。宋皇祐中县令吴仲举建。　**仁智轩**在光严寺寝堂之西。　**凝翠轩**　**安适轩**（上二轩在竹林寺寝堂之东西。）**芳兰轩**在甘泉寺法堂之后。宋皇祐中县令吴仲举建。　**乐寿台**在天王寺后。嘉祐中县令吴昱建。

连江县

敕书楼在县治正厅之前。　**悠然楼**在县丞厅之西。　**谯楼**在县治前。宋嘉定四年县令洪侣建。元泰定四年，达鲁花赤拜住修，并置铜壶。国朝宣德元年知县刘仲戬重修。成化十八年知县凌玉巩复修。　**环翠楼**在县治西灵慈庙之左。　**临清楼**在县治西南威奇庙之左。俯瞰鳌江，故名。正统七年乡人陈廉率众重建。（上二楼在钦平上里。）　**劝农阁**在县治内忠爱堂之后。　**清风阁**　**清涧阁**（上二阁在玉泉寺内。）　**灵源阁**在玉泉寺前。下瞰清泉，源源不息，故名。永乐十八年重修。（已上三阁俱在县西清河里。）　**听讼堂**　**介社堂**（上二堂俱在县治正厅之左。）　**留远堂**　**瑞莲堂**（上二堂俱在县治小厅之前。）　**友梅堂**在留远堂之侧。　**清安堂**在县治内。元至元三十一年县尹董政建。　**拥秀堂**在县西清河里玉泉寺内。久圮，正统十一年重建。　**御笔手诏亭**在县治大门前美政桥之东偏。　**乐此亭**在正顺行祠之旁。　**翔凤亭**在通齐桥北之西。　**宣诏亭**在县西钦平上里魁龙桥之东。　**飞泳亭**在通齐桥之北。（已上堂亭凡一十一处，俱废。）　**魁龙桥亭**在钦平上里灵勇庙前。　**流杯亭**在玉泉寺内。　**玉泉亭**在玉泉寺前半山下[9]。（上二亭在清河里。已上三亭俱县西。）　**熙春亭**在县治南新安里南宫祠之西。　**龙潦亭**在龙潦山下。正统元年乡人陈珏建。　**美润亭**（上二亭在贤义里。）　**至善亭**在钦平上里洋坂间。正统六年邑民孙寰重建。成化九年知县李纪重修。（上三亭俱县北。）　**明月轩**在县西大中玉泉寺内。　**筠溪钓台**在县西清河里濂湖山麓。宋侍郎李弥逊隐处其间，筑台湖上，以渔钓为乐，自号筠溪钓台，刻石志之。今旧址犹存。

福清县

谯楼在县治前。宋建炎三年圮于飓风。明年，知县陈大和重建。绍兴十三年、宝祐五年两经回禄。景定四年知县王庚重建。元至元十六年又圮于飓风，寻复建。后至元初废。　**红远楼**在县东方民里海口瑞峰西偏。　**志喜堂**在袭瑞堂之东。宋知县章伯奋建。　**袭瑞堂**　**琴清堂**　**双桂堂**宋知县范处义立。　**爱山堂**宋知县边应祥立。　**朝旌堂**元泰定四年达鲁花赤忽答沙建，知州吴涛书匾。　**瑞芝堂**旧为近民堂，元知州王庚更名“瑞芝”。（上七堂俱在县治内。）　**疏野堂**在龙山之西麓。里之章氏所创也。其下为粔楼滩。　**林氏草堂**在龙山南麓。宋时建，林光朝尝名之曰“绿野”。（上二堂俱在县东方民里海口。）　**宣诏亭**　**班春亭**（上二亭俱宋淳祐二年县令娄寅建，景定四年重建。）　**蜀香亭**宋县令阮夫建。亭植海棠，因以为名。　**憩亭**宋知县李宗惠建。（上四亭在县治内。）　**丽泽亭**在儒学内泮池之上。元至正九年知州林泉生建。　**咏归亭**在儒学明伦堂之东。　**采芹亭**在儒学中门之外。（上二亭俱天顺三年建。）　**郡玉亭**在县东门。　**接官亭**在县北门。　**半山亭**在县西永寿里石竹山。　**八卦亭**李构诗：“外阔分奇偶，中虚涵太极。默以见天心，画前本无易。”　**紫霄亭**李构诗：“晴岚烘曙光，朝霞乱秋色。何必问蓬莱？此即神仙宅。” **天章亭**（上四亭俱在县东新安里瑞岩山。） **秋云亭**在县西善福里显庆寺内。 **三思斋**宋县令曹绩建。初名“卧斋”，后县令范处义更名“委蛇”，李宗思复更名“三思”，又名“拔葵”。 **益斋**亦曹绩立。（上二斋在县治内。） **休休庐**江晖诗：“风吹松花香，雾霁山光湿。老僧不出门，闲卧看山色。” **宴坐轩**（上庐及轩俱在新安里瑞岩山。）

古田县

戴星楼 **平沙楼**（上二楼在县治正厅之东西。俱宋时建。） **草玄阁**宋景德二年县令李堪建。 **九经阁**宋嘉祐二年县令陈昌期建。（上二阁在儒学内，俱废。） **飞舄堂**宋宣和二年建。 **隐吏堂**宋绍兴八年县令郭昭仲建。 **知本堂**元至大二年达鲁花赤木薛建。 **舫斋** **不欺斋**宋乾道初邑人杨汝南建。 **以正亭**元至大二年达鲁花赤木薛重修。 **阳春亭**宋宣和二年建。（已上堂斋并亭凡七处在县治内，今俱废。） **涵丈亭**在儒学内。宋景德二年县令李堪建。 **涵碧亭**在东溪古鸣玉驿前。宋景德中建，后改名“平沙堂”，今废。 **溪山第一亭**在县北。宋淳化二年建，朱文公书匾。 **静轩**在县治内。宋宣和二年建。 **应沙轩**在儒学讲堂之侧。宋绍兴间建，邑人林好古为记。 **舞雩台**在儒学内。宋景德二年县令李堪筑。

永福县

敕书楼 **戴星楼**（上二楼俱宋熙宁三年县令沈亚夫建，后县令杨士训重建，士训自为记。） **清简堂**宋县令颜澈建，匾曰“虚心”，长乐林岊为记。后县令顾安老易其匾曰“清简”，安老自为记。　紫薇台宋淳熙间重建，巽溪教授黄师尹为记。　学爱堂　乐尽堂　美锦堂　无讼堂　自公斋宋庆元六年县令颜澈建，澈自为记。　契矩斋　浮香室　野意亭　桂林亭（已上所建斋室并亭凡一十三处，俱在县治内。）　玩芳亭在越峰之阳。宋邑令黄子理立匾并为记。　苏老亭在县东待旦里际云院，宋提刑苏舜元、吴栻俱有诗。　贤乐亭在仁义里香泉院。吴栻留题。　思政轩　读书轩宋县令董鸣立。（上二轩俱在县治内。）　悠然轩在一都官列。元潮州总管王翰隐居时作闻过斋，吴海记。

闽清县

鼓楼宋大中祥符间县令史温建。宝祐元年毁，国朝洪武九年主簿郑本重建。正统十三年毁于寇，成化十八年知县黄瑺复建。　敕书楼　将归楼　退食阁　南昌阁在鼓楼门之右。　无感斋　北堂亭　星徽亭　波心亭在公圃之内。　励俗台（已上楼、阁、斋、亭并台凡九处，俱在县治内，亦宋大中祥符间史温建。熙宁元年悉圮于水。）　陈祥道宅在县□□二都[9]。　龙门庵在县□石鼎峰梅溪之阳，双崖之下[10]。山水奇秀，神龙所潜。宋邑士林正卿结茅构庵以为祈祷游眺之地。黄勉斋为记。

罗源县

谯楼在县治前。洪武十年县丞庞益重建，成化八年知县施弘复重建而高广之。　读书楼　丰和堂（上楼并堂凡二处，俱在县治内。宋绍兴二年县令陈文建。）　文星堂　三槐堂　儒行堂　议道堂　安静堂（上五堂俱在儒学内。）　文兴堂在县西北新丰里。洪武间里人黄泽建，以祀先圣。 **环玉馆**在县西一里。宋邑人余深建，为聚书之所，以有水绕其旁，故名。 **手诏亭 班春亭 同乐亭 寅宾亭 尧民亭 盍簪亭 采日亭**（上七亭俱在县治内，俱陈文建。元季各废。） **迎恩亭**在县治西北。洪武十四年县丞陈逊建，正统十二年重建。 **捻亭**在□□里。其地土田饶沃，岁多丰稔，而亭屹立其中，故名。永乐十四年乡人募众重建。 **后山亭**在新丰里。洪武初里人陈明甫建，以憩行者。 **下梅岭亭**在县三里许。成化元年里人黄胜募众重建。（上三亭俱县东北。） **鳌峰亭**在县治西鳌峰铺侧。宋邑人尚书陈显伯建。 **上梅岭亭**在县北上梅岭头。宋提刑黄庸建，以憩行者。 **章洋亭**在新丰里。洪武间乡人李世昌建。 **护国亭**在徐公里。（上二亭俱县东北。） **报慈亭**在旱岭之巅。唐广明元年魏孙斋建。 **星岩上亭**在上洋。宋景德元年建。 **盘庄下亭**在盘庄前。元至元二年里人黄俊甫建。（上二亭在临济里。已上二亭俱县西北。） **劝农台**在县南山川坛侧，盖县大夫劝农之所也。（已上八处俱废，故址犹存。）

建宁府

建安县

太和殿在府治北黄华山之麓。五代晋天福八年伪殷王延政建，后为南唐所灭，殿遂废。今行都司即其址也。 **碧云楼**在旧府治内，即今行都司。宋时建。 **玉峰楼**宋提举司后城壕之北。旧有多美楼、悠然堂，皆提举王秬所作。绍兴四年，提举张涛合而一之，作玉峰楼。楼下有室，提举周颉匾其前曰“思贤”，吴挺匾其后曰“岁寒”。临壕又有醒心亭，倚城又有绿静亭。 **望**

京楼在府城东吉苑里。宋太平兴国间建。　映山楼在府城东梨岳祠之右。　临清阁在梨岳祠内。(上楼、阁二所，俱成化间知府刘钺修。)　建安堂在旧府治内。又有建宁、镇武、薰风、澄鲜、和丰诸堂，皆宋时建。　修贡堂在宋漕台。　思贤堂在府治北圃。以杨亿诗刻石立堂上，命曰"思贤"。　玉仙堂在旧郡圃。宋淳熙间郡守韩元吉得泉于城下亭，曰"艮泉"，构堂于中曰"玉仙"，以玉清洞、梅仙山合名。前立二亭，左曰"连绣"，右曰"留春"。堂后凿池以导北山之泉，作亭临之，号"紫霞洲"，因城为台曰"风月"。淳祐四年，郡守王遂又构亭于堂之东，曰"思洛"。

双清堂宋绍兴十三年提举杜杞建，提举司而作堂于厅后，临壕，匾以是名。其后提举洪昕又作堂于寝室之前，匾曰"志清"。

瑞华堂　擢秀堂绍兴十九年，提举司之后城壕中产十莲，合跗同茎，提举司袁复一因作二堂匾以是名。后改"擢秀"曰"问政"。(已上堂俱在旧提举司内。)　熙然堂在府城东光禄坊白鹤山之前。宋庆元三年郡守黄遹建，每岁劝农驻节于此。　乘风堂在府城东北凤凰山高处。旧有石碣，字大尺许，端劲有体，盖宋庆历中柯适记。　刘枢密宅在府治东登后坊宋贡院之左。郡志不载其名，疑即刘珙也。　迎晖馆在旧府治内。宋时建。　复斋在旧府治。宋绍兴二十七年郡守程芾建。　三省斋在宋提举司志清堂之右。提举宋若水建。　幔亭旧府治后。宋郡守苏峤培基城上，直紫霞洲之北建亭，取武夷君宴幔亭之义而为名，成化十九年都指挥佥事王皞重修。　紫芝亭在宋提举司内。又有复庵及读书室。　玻瓈亭在府城东，距黎岳祠里许。正统八年，监察御史罗绮因谒祠憩此，曰："峰峦秀丽石萦回。"遂与知府张瑛度其地建亭，匾曰："玻瓈"。　遥碧轩在宋提举司东偏佥厅之后，后改为宣德斋。　瞻辰轩在宋提举司寝室之后，提举吴挺立匾。 **凤凰台**在凤凰山。宋太平兴国中筑。

瓯宁县

丹青阁在府城南三里许。宋郡守石禹勤建。赵季西诗："跨壑飞檐屋数楹，上横山色下溪声。等闲题作丹青阁，未必丹青画得成。"又有一览亭，俱开元寺八奇中景也。 **不欺堂**后更名"思古"。 **浮香堂** **琴暇堂**（上三堂俱宋知县林朝俊建。）**民肥堂**宋知县魏彦材建，后改名"高远"。（已上四堂俱在县治内，今废。） **吕蒙宅**在开元寺中。吴吕蒙尝侨居于此。 **徐丞相宅**在府城西明德坊内。郡志不载其名，疑即徐清叟也。

浦城县

紫薇阁在县东玄妙观后。元至正间建。 **制锦堂**在县治之东。宋县令吴中建，今为典史公廨。 **昼锦堂**在县西南峰寺。宋章得象建。内刻仁宗赐诗，凡章氏子孙登第者俱刻名于此。 **真德秀宅**在县东隅越山下。旧有花园，元末废。国朝成化十年，筑城以为军营。 **皇华馆**在县北隅，吴永安中建，旧名"吴兴馆"，宋改今名，元废，今天心寺即其址也。 **西阳馆**在县南登云里。即古西阳亭。 **绿波亭**在县西南南浦溪侧。又有碧草亭在县西上相里。二亭俱宋时建，盖取江淹"春草碧色，春水绿波"之句为匾。元时废。 **睦亭**在县北长乐里仙阳镇之西山。宋真德秀建。取睦亲之义为名，德秀自为记。 **越王台**在县东越王山之巅。旧志云，越王于此置烽堠，旧址尚存。

建阳县

快倚楼 **壮哉楼**（上二楼俱在县治内。宋庆元二年知县储公用建。） **八景楼**在县治前浮桥巷。盖因景阳门旧址而重建也。邑人尝摭县之形胜分为八景，登斯楼者一目可尽，故以为名。成化中知县汪律修。 **双溪阁**在县东南。永乐十四年圮于水，天顺三年邑民重建，改名“圜通”，寻复圮。成化三年知县汪律等重修。 **近民堂**宋绍兴间建。 **敬简堂** **絃歌堂**（上二堂俱宋淳熙十年知县黄谦建。已上三堂俱在县治内。） **道源堂**宋熊禾诗：“伊洛何年此道南？道源堂上意谁参。古文夫子遗经六，建学文公精舍三。落落此生徒苦志，悠悠吾道岂空谈！是邦赖有贤师帅，扶植斯文首晦庵。” **晦庵**（上堂并庵俱在县西崇泰里云谷之上。宋乾道中朱文公建。旧址犹存。） **勉斋草堂**在县南三桂里考亭之西。宋庆元六年，朱熹卒，门人勉斋黄干偕诸生建草堂以服丧。旧址犹存。 **江为宅**详见《人物志》，其地今为靖安寺。 **朱熹宅**在考亭书院之右，详见《考亭书院志》。洪武二十五年知县陈敏重修，天顺六年巡按监察御史刘钎、顾俨移建书院之前。 **望考亭**南唐侍御史黄子稜建为望先之所，名曰“望考亭”。今考亭即其地也。 **聚星亭**在考亭书院之左。丞相陈旭建，庆元六年朱熹重修，有画屏赞并序，旧址犹存。 **天光云影亭**在考亭书院之西。宋绍兴二年，朱熹凿方塘半亩，构亭其上，匾曰“天光云影”。熹观书有感，诗：“半亩方塘一鉴开，天光云影共徘徊。问渠那得清如许？为有源头活水来。”名亭之义盖取诸此。国朝永乐十四年圮于水。天顺六年府推官胡组重建。（上二宅三亭俱在县西三桂里。） **秀野亭**在县西南兴贤上里。元时邑儒王仲渊建为读书之所。释志满诗：“锦江衬霞彩，龟屿叠瑶屏，胜绝乃如此，人杰由地灵。” **仙水亭**在县南兴贤里罗汉岭之麓。相传梅福尝修炼于此。有泉一穴，因甃石为井。元至正间道士郑觉清建亭其上。 **接官亭**在县南新岭，又县北焦湖岭，县西佛岭，各有接官亭。

松溪县

一宿楼在县治南。柳际寺之东楼也。宋德祐间，益王昰入闽，经此一宿，因名。今废，旧址犹存。 **剑峰堂**在县治北。宋开宝间建。后为主簿厅，今为知县廨舍。宋临川王益为松溪尉，生丞相安石于此。后丞相李纲母夫人由龙泉还，馆于是舍，纲实生焉。邑人以为胜事。（按《大明一统志》："华亭县尉厅旧有折桂阁，宋右文修撰李夔为尉时，生子纲于此，今建九峰院并祠之。"《建宁州志》乃谓纲母夫人馆于是舍，纲实生焉。未详何谓，岂邑人但以其母夫人尝馆于此，故传以为胜事，而志者不察，遂以纲实生于此也欤？） **会春亭**在县南遂应场圆珠山上。宋隆兴间，舍人林癸尝以春日游赏其上，因建亭。今废。

崇安县

高远楼在县治琴堂之后。其旁有柱笏轩。 **文会楼**在县治正厅之侧。 **尊经阁**在儒学明伦堂之后，旧杏坛址也。洪武二十三年教谕胡云等建，永乐十一年县丞杨以章等重建，而知县赵麟继成之。宣德四年主簿齐整等又重建，而县丞陈让继成之。

浮香阁在县治后圃，又有缓步亭。 **繁阴阁**在旧簿厅内，今为文定书院。 **见山堂**在县治琴堂之侧。知县张嗣孙建。 **武观堂**在旧尉厅内射圃。县尉方昭辅建。 **思献堂** **仰璿堂**（上二堂在县治后圃，俱宋绍兴间知县王纯建。） **绿野堂**在县治北里仁坊。宋康定间知县赵抃建。 **近民堂** **清慎堂**（上二堂在丞厅内，俱县丞杨注建。） **登春堂**在县治东昼锦坊。知县陈叔嘉建。 **明理堂**在县治左澄清坊。元县尹杨靓建。

观妙堂在武夷山冲佑观。宋时建。李弥逊尝宿此，去而遇雨复回，因留诗，有"可是仙翁谢逋客，船头无处避飓风"之句，朱熹为之题跋，重刻于石。　**顾野王宅**在县□□[11]。野王吴入仕陈为光禄卿，尝寓于此。　**张霭宅**在县南会仙里。　**刘夔宅**在四隅里黄屯旧隐浆里。中有披仙楼、知足亭、云堂、南轩、林梢阁、西圃、洗心沼、白圭泉，今西林灵顺祠即其址也。　**江贽宅**在县东南丰阳里。　**胡安国宅**　**胡宪宅**在胡坊旧籍溪里。匾曰"山居"，其游憩之所曰"芳亭"。　**刘韐宅**在潭溪之滨。中有一枝堂，乃其父民先所建，状元张孝祥书匾。　**刘勉之宅**在白水。匾曰"草堂"，即刘子翚、胡宪、朱熹相与讲学之地。　**刘子翚宅**在屏山之下。中有六经堂，又家园有早赋堂、悠然堂、横秋阁、凉阴轩、山馆，万石亭、意远亭、怀新亭、百花台、酴醾洞、海棠洲、莲池、橘林、桂岩、宴坐岩、醒心泉、南溪，凡十七景，子翚各赋一诗，后朱熹书而刻于石上。（上五宅俱在县东北内五夫里。）　**翁承赞宅**在县北吴屯里。承赞仕梁为谏议大夫，尝居于此　今邑人犹呼其地为"大夫闸"。　**刘韫宅**在县治南九曲巷。韫，韐之弟也，号秀野，仕宋历倅三州、典二郡，归隐于此。所居宅有家山堂、拙政堂、舫斋、山人方丈、龟峰楼、月波台、积芳园、药圃、春谷、香界、挽蔬园、秋香径、曲池、轩前村、秀野。朱文公为作十五咏。

朱熹宅在县东北内五夫里。熹之父松卒，以后事属刘子羽，子羽为筑室于其田里之旁居之。熹匾其厅事曰"紫阳书堂"，以新安有紫阳山，示不忘故土也。寝堂曰"韦斋"，皆以父之命名之。别室有晦堂、敬斋、义斋。熹有《名堂室记》。晚年始移居考亭。熹有《怀潭溪旧居诗》，见《词翰志》。元叶善夫诗："峨峨云谷山，淼淼沧洲水，中有宅一区，过者视阙里。"　**晞真馆**在武夷山。宋时建。李纲诗："清梦先曾到武夷，玉峰积雪倍幽奇，小舟游罢寻归路，恰似翛然梦觉时。"　**通鉴室**在光化寺门之右。宋张仲隆本营丘人，尝客于此。室不置余物，独取《资治通鉴》数十帙列其中，因名。朱熹为记。　**水云寮**在县南武夷山。宋御史游九言创。 **敬斋**在旧主簿厅内。 **畏斋**在旧射圃。今为民居。 **清献梅亭**在县治后。宋赵抃为县令时，手植梅于后圃，后人立石刻“清献梅”三字，并为铭曰：“召有棠，莱有柏，赵公之梅刻以石。”元县尹彭好古构亭其上。又县门外有清献松，亦抃所植也。徐九思诗：“他年留入诗人笔，不减西周蔽芾棠。” **君子亭**在旧尉厅内。朱熹诗：“清晨坐武观，凉风动高旌。扶弓一笑起，屈此四座英。破的亦已屡，穿杨讵云精。内正外自直，三揖奚所争。端居得深玩，君子非虚名。” **挹清亭**在县治南待贤坊之左。元县尹彭好古建。 **溪光亭**在长平驿之左。 **风泉亭**在县东五夫里。宋吴济建，朱熹书匾。 **黄亭**在县东南曹阳里。一本在武夷山。宋时建。亭以黄名，取土克水之义。陆游诗：“未到名山梦已新，千峰拔地玉嶙嶙。黄亭一夜风吹雨，似与游人洗俗尘。” **昼寒亭**在五夫里密庵。宋时建。朱文公命名，张紫薇书匾，韩元言诗：“红尘热客那知此，赤脚青松意自闲。”又有清湍、野鹤二亭。 **铁笛亭**在武夷山中。旧名“夺秀”。宋时建。胡寅尝与山之隐者刘衡游此，衡善吹铁笛，有穿云裂石之声，寅诗有：“更烦横铁笛，吹与众仙听”之句。后废。朱文公与客及道士数人寻其故址，适有笛声发于林外，悲壮回郁，岩石皆震，追感旧事，文公因复作亭故处，而以“铁笛”名之。 **无诸王拜郊台**在县东南建平里水南山。

政和县

折桂亭在县西门外。宋元丰间建。因邑人陈律登第，故名。 **攀龙堂**在英节庙。为邑士大夫游息之所。成化五年重建。 **致爽亭**在报国院西序。宋绍兴三十一年县令季裴建。以其揖西山之胜，故匾曰“致爽”。又县东有得初亭，亦季裴建。

泉州府

晋江县

北楼在府治北，即城楼也。唐贞元中刺史席相建，欧阳詹为记。宋郡守王十朋重修。　**谯楼**在府治西崇阳门内。元至正九年监郡偰玉立。郡守孙文英重修，三山吴鉴为记。　**天风海云楼**在府城东北三十六都海岸。宋季蒲寿庚建以望海舶，后废。　**中和堂**宋时建。旧名"清彻"，寻改"爱松"。蔡襄诗："偏爱东堂砌下松，三年潇洒伴衰翁。寒声动荡潮初上，疏影孤圆月正中。"又改"中和"。王十朋诗："堂前老树几经春，阅遍泉南旧守臣。尽向中和堂上坐，中和为治有何人？"绍定间郡守方淙重修。　**清暑堂**王十朋诗："仁风未慰黎民意，何忍堂中暑独清。"　**忠献堂**宋时建。以韩琦谥为名。　**安静堂**王十朋诗："前贤治迹尚堪寻，留得堂名直至今。若欲斯民尽安静，要须安静自家心。"（上四堂俱在旧府治内，今卫署也。）　**魁瑞堂**在府学讲堂右。宋时邦俊记："绍兴二十九年，有莲同蒂异萼，生于梁克家读书堂，因名其堂曰'瑞莲'。次年，克家廷对魁多士。乾道四年，生于贡院石，启宗复以亚魁显。庆元四年，生于学之槐亭，曾从龙作第一人。邑人因建堂以识之。"　**拱辰堂**在府治西北启荣坊内。旧名"朝天堂"。宋天圣间建。元至正间重修，改今名。国朝永乐中重建。　**四卿堂**在府城西朱明院。宋天圣中蓝承、赵诚、宋宜、陈侁读书于此，其后登科，同时为列卿，故名。　**欧阳氏宅**在府城南三十五都潘湖。环湖百余里四十余家，唐、宋时弦诵相闻，宾荐岁不乏，擢第者几三十人。后废为资福院。　**志善亭**在旧府治内。宋郡守倪思建。　**清芬亭**在宋市舶提举司。傅伯成诗："岁晚松篁期苦节，春光桃李任多情。"　**东湖亭**在东湖中。唐刺史席相、别驾姜公辅得奇阜，因构其上，郡人呼为“二公亭”。相尝宴赴举秀才于此，欧阳詹为序。 **茅亭**陈洪进宴游之地，今废。宋郡守韩逢吉诗：“陈氏当年为胜概，吾徒今日作良游，时迁代谢皆如此，细雨灯花莫浪愁。” **五老亭**在府治西南积善寺内。宋皇祐中建。郡守陆广与吕方平、李沂、李成、曾公济为五老会于此，后郡守潘珏与王景纯、柯述、谢履、林植复会于此，故名。今废。 **二山亭**宋元祐中郡守陈康民建。亭对北山、朋山，爽气可挹。淳祐四年侍郎颜顺仲重建，元时废。宋谢履诗：“凭高直接青云势，览胜双瞻碧玉颜。” **小山丛竹亭**在资寿寺内。宋绍兴间朱熹为同安簿，尝讲学于此，因书“小山丛竹”四字遗其僧。元至正间僧泽润建亭，取以为名。（上二亭在府治北。） **泗洲亭**在府治西圜阓坊内。宋嘉定间郡守真德秀建。 **真济亭**在府治西南。亦真德秀建，自书匾。 **环翠亭**在东岳行宫之侧。永乐间建。 **泉南佛国亭**在洛阳桥南。元至正间建。四明张即之书匾。 **君子亭**在三十都。 **得月清风二亭**在三十九都。（上五亭俱在府城东。） **仙迹亭**在十七都。宋尚书颜棫建。 **登瀛亭**在十九郡。宋季建。 **龙湖亭**在十四都龙湖之旁。元至顺二年建。 **濯缨亭**在沙塘。元季建，国朝洪武间重修。 **德星亭**元至顺二年建。 **远观亭**洪武间重建。（上二亭在二十五都。） **十里湖光亭**在盈塘。永乐间重修。（上七亭俱在府城南。） **望州亭**在三十九都瑞相岩之巅。宋元祐中建。

喜雨亭在九都。宋乾道元年，郡守韩仲通祷雨于清源洞，雨随应，遂因洞口小亭遗址重建，匾曰“喜雨”。 **闻钟亭**洪武中百户吴成重建。 **望仙亭**洪武间建。（上二亭在清源洞之前。上四亭俱在府城北。） **迎恩亭**在永宁卫城西。永乐间指挥沈谨建。又福全千户所城西亦有迎恩亭，成化十年千户蒋辅建亭，西有庵为憩息之所。　**千峰紫翠亭**在府城东北三十九都北山之麓。元时建。　**归云亭**在府城西南三十三都。今废。

南安县

明远楼在县治之左。宋郑丙有《新建楼记》。　**思古堂**在九日山延福寺。宋朱熹书匾。　**墨妙堂**在一都，旧奉先院也。中有蔡襄及诸名人题咏墨迹，宋乾道间因改今名。　**韩偓宅**在县□□[12]。偓自京兆徙此，其诗有："此地三年偶寓家，枳篱茅屋共桑麻。"　**应魁亭**在县治前武荣坊之南。　**绿野亭**在县治前半里许。取古诗"春回绿野家家酒，风软甘棠处处花"之意以名。（上二亭俱宋大观二年主簿朱延杨建。）　**欧阳亭**在县北。唐欧阳詹尝游憩于此，因名。　**秦君亭**在九日山上。唐秦系隐居于此，因名。宋陈瓘诗："世梗贤路塞，达人识穷通。搀枪天宝末，羡士如飘蓬。聘君当此时，卷迹云霞中。能令千载人，叹息诗人穷。"　**招贤亭**在县东三都。唐刺史王审邽作招贤院以延名士，后人因即其地建亭。　**仰高亭**在延福寺之东。宋元丰间建，国朝永乐间重建。　**翠光亭**在延福寺前。宋元丰中建。前临黄龙溪，天光云影，上下辉映，因名。　**廓然亭**在九日山之麓。宋朱熹诗："迟留访隐古祠旁，眼底樛松老更苍。山得吾侪应改观，坐无恶客自生凉。"　**姜相台**在九日山姜相峰之下。旧有石台，唐相姜公辅尝登览于此，因名。　**钓台**在九日山石佛岩之前。累石为台，下瞰黄龙溪，故名。

同安县

经史阁在儒学后。宋绍兴间朱熹建，以蓄古今载籍。元大德中重修。　**畏垒庵**在县西北。宋邑民陈良杰之居，朱熹官满俟代，尝假馆焉。邑之人谓熹处此，庶乎庚桑子之居畏垒也，因以名之，熹自为记。 **西轩**在县治内。宋簿厅之西轩也。 **高士轩**在县治内宋簿厅之西北隅。朱熹为簿时建，熹自为记。国朝成化间县丞刘珣器重修，修撰罗伦为记。 **熙春亭**在县东太师桥南。 **观澜亭**在儒学前城堞之上。成化十年府推官柯汉建。

德化县

登高阁在县治西。宋时建。邑人以重九日登高聚饮于此。

永春县

昼锦堂在县西二十四、五都。宋绍兴间建。 **留从效宅**在县南十四都。地名留变。 **魁星亭**旧名“豁然”。宋绍兴二十七年邑令黄瑶重建，易今名。 **班春亭**宋淳祐七年邑令林光廷建。（上二亭俱在县治之左。） **环翠亭**在县治东太平寺之侧。宋时建。邑人以重九日登高于此。又有万寿亭。 **迎恩亭**在县东东岳行宫之左。宋时建。 **平远台**在县治东。宋绍圣四年邑令张叡筑。

安溪县

道爱堂在县厅事西。

惠安县

泰山楼在县北东岳行宫前。元时用堪舆家之说建楼于此，以壮县治左龙之势。国朝洪武十八年，道会杨必椽、里人张崇道重建[13]。三十五年知县陈永年重修。 **鸣皋堂**在县治之左。宋龙溪李侯来知是县，惟一鹤随行。李莅止斯堂，与士友商较古今，鹤侍其旁，时或一鸣，声彻云霄，因名。　**接官亭**在县南郭外。元时建。国朝正统十年致仕监察御史陈竣重建。　**石盘亭**在县治右。旧用堪舆家之说建石亭于此，以关县治水口。成化间知县张桓重建。　**春台**在县西登科山上。宋卢瞻结屋读书于此，刻“春台”二字于石，以纪其胜。岁久屋坏。国朝景泰间道士陈静隐即旧基重建。

校　注

［1］应作“在府城”。

［2］乾隆《福建通志·古迹》作“宋孙觉有诗”。

［3］乾隆《福建通志·古迹》作“樊哙以下”。

［4］乾隆《福建通志·古迹》作“春坛馆”。

［5］乾隆《福州府志·公署》载：“嘉祐四年燕度建安民堂，熙宁间又创谈笑轩于安民堂北，后皆改名燕堂。”

［6］乾隆《福州府志·公署》作“清阏亭”。

［7］乾隆《长乐县志·古迹》作“运使张徽建”。

［8］乾隆《长乐县志·古迹》载：“马江亭在县西半里马江渡之北，旧名临江馆，宋元祐丁卯建，屡毁屡修。”附录陈传诗：“山蔼峩峩江岸深，望赊亭影落江心。无风万里磨平玉，有月千波漾碎金。”字句稍有不同。望江亭当即马江亭。

［9］乾隆《福州府志·园亭第宅》载：“在凤凰山下。”

［10］乾隆《福州府志·园亭第宅》载：“在石鼎峰梅溪之阳。”黄幹作记：“结茅为庵，名以龙门。”

［11］乾隆《福建通志·古迹》作“在崇安县治”。

［12］康熙《南安县志·列传》载：“韩偓寓居南安，辞朱全忠召，卒于南安龙兴寺。”未言宅址所在。

［13］乾隆《福建通志·古迹》载：“洪武十八年修泰山楼。”万历《泉州府志·杂志》载：“东岳行宫洪武十八年里人张崇道重建。”

八闽通志卷之七十四

宫　　室

漳州府

龙溪县

风月楼在府治右。宋开禧中通判留筠重修瑞鹊堂，因创楼于其上，取平分风月之意为名。郡守毛宻诗："君家自是为霖手，何止平分月与风！"　**南楼**在府治南。旧为州南城门楼。宋淳熙五年郡守赵纲重建。庆元二年郡守傅伯成更名"南楼"。淳祐九年郡守章大任累石为基，更新并建。　**喜雨楼**在府城中旧土城上。旧名"留观阁"。宋郡守黄启宗改为"观南楼"。嘉定间郡守赵汝谠祷雨获应，改是名。教授敖陶孙书额。　**谯楼**在府治西南。累石为基，高二丈许而楼于其上。宋嘉定中郡守方铨重建。元时火，漳州路令史李兰孙重建。国朝洪武初复火，正统间又重建。　**双门楼**在谯楼前百步许。宋时建，国朝永乐中重修。前有亭题曰"漳南状观"。成化十八年毁。　**齐云阁**在府治西北开元寺之西。宋蔡襄诗："紫阁青梯压翠岑，春愁秋思共登临。雨岚供眼横千仞，星汉垂檐直半寻。忍别朱栏真俗吏，独栖珍树只仙禽。当年人事多奇尚，拟托岩扃息此心。"淳祐间郡守黄朴更新之，匾其门曰"紫阁青梯"，取襄诗语也。　**飞跃阁**前有方池，广二十五丈，神物潜焉。每雷雨晦冥，或喷水上柱间。旧名"知化"，宋元祐间改“化龙”。淳祐间郡守黄朴改今名。　**御书阁**在泮池之左。宋绍定间知县傅天骥建。　**经史阁**在泮池右。宋淳祐间知县陈子植建，郡守李韶书匾。（上三阁俱在县学内。）　**飞凫阁**在县治左。宋绍定间知县苏应冲因旧重修。　**溪光阁**在县学之右。有龙祠、龙井、龙亭。　**瑞鹊堂**在旧通判厅之东。旧名“风月”。宋熙宁九年，通判柯述赈活饥民，有二鹊栖其厅事，比述去任，鹊送之，遂不复至。绍兴十七年，通判林安宅与宾客会，有飞禽中箭自户入，哀鸣，且驯服就获。安宅命去其箭，傅以药，释之，犹若有所诉然。安宅为物色所射之人，破其弩俾更业，遂飞翔而去。淳熙间通判李沆更名“异鹊”。后更今名。　**平易堂**在府治后圃。宋郡守方来建。取平易近民之义，并作诗。

自隐堂在名第山。唐周匡物有诗。　**同乐堂**在府治内。宋庆元间郡守赵伯逷建，匾曰“安静”。嘉定中郡守赵汝谠改今名。

瑞莲堂在同乐堂之左。宋端平中郡守赵以夫建。　**憩堂**在府治内。宋郡守方铨建堂之后，旧凿池莳花，岁久芜秽，郡守赵汝谠命植柑数百株，政暇领客游赏，亦胜处也。　**清心堂**在旧通判厅。宋宝庆间郡倅黄宦建。　**岁寒堂**宋绍兴间县令陆竑建。

不欺堂宋嘉定五年县令陈士会建。士会为铭，有曰：“鲁论内省，中庸谨独，圣有格言，敢不佩服。”（上二堂在县治内。）　**修教堂**在县学大成殿后。旧在殿东偏，尝易名“玉振”。宋嘉熙间县令黄师雍迁今所，仍其旧额，郡守李韶书。　**明德堂**旧曰“明善”。宋嘉熙三年教授陈太章易今名，郡守李韶书。　**道源堂**宋淳祐六年，郡守方来以朱文公尝守郡，郡人北溪陈淳执经从游，为门人高弟，令教授陈光大开讲堂之东，为屋四楹祀之，中塑文公像，旁塑北溪像以配。取其授受之语名堂，通判徐明叔为记。（上二堂在龙江书院。）　**水云馆**在府治东南隅。俯瞰大溪，群山环列拱揖，盖一郡胜处也。宋郡守傅伯成、章大任皆因旧重修。馆后有亭，匾曰“喜雨”。 **梅雪斋**在府城内。国朝林弼福建[1]，以为读书所。 **宣诏亭** **颁春亭**（上二亭在双门之左右。俱宋时建。） **君子亭**在府治后，旧为“复轩”。宋郡守朱文公建。后为月台，台后为隐室，其象圆，覆之以茅，环堵穴窗，窗棂随其方刻卦象，公余阅书史于此，后废。郡守赵汝谠即旧址为亭，匾曰“君子”。亭之外凿池筑二台，南北对峙。中作茅亭，下作假山。汝谠有诗云：“吟行小泓曲，意象阔沧溟。更上层台上，霜天净翠屏。” **九区亭**在府治前。宋郡守朱文公建，后守方来重修。**交翠亭**在府治东。郡守方来建。来有诗云：“濂溪窗外草茸茸，生意春融我意同。为甚此园多翠草？也因曾识紫阳翁。”观其诗，可以见其名亭之意矣。又有“远观”、“良光”、“清心”三亭，俱来所建。 **状元亭**在府治内。旧名“同乐”。郡守陈朴建，以馆其婿曾从龙[2]。开禧间权郡事倅章大任改今名。 **仰高亭**在府治西子城旧基。旧名“西山爽气”，后改“西眺”，又改“舒啸”。宋郡守方来修之，更其匾曰“仰高”，盖以寓景仰文公之意也。 **中亭**在府治后圃。宋郡守方来建。来自为铭，有曰：“矧我吏道，系民惨舒，恪此一念，贯彼万殊。万喙讙嚣，其孰能纪？执要御详，日中而已。忠恕有训，絜矩有方，中以布政，云何不臧。”（上二亭今废。） **先春亭**在府治内。宋郡守李弥逊建。 **亦佳亭**嘉定四年郡倅黄之传建。之传诗云：“小亭新筑亦佳哉，花木无多手自栽。若谓甘棠安敢比？清阴留与后人来。” **小有亭**宝庆三年郡倅黄宦建。（上二亭在旧通判厅。） **瑞荷亭**在府学内。宋乾道元年，泮水中有荷，四叶同干，因以名亭。 **白云亭**在府城中开元寺。宋蔡襄有诗。 **泽露亭**在府城中。宋李亨伯守邕管，遭母忧，不许解官，亨伯五上章哀请而后许。明年，甘露降其家庭柏上，因名。张商英、邹浩、陈瓘俱有诗。 **月渊亭**在府城中旧净众院。 **南闽达观亭**在齐云阁山顶。郡守黄朴建。又辟其后为亭，曰“流翠”，曰“挹浮丘”，以通碧玉千峰亭。　**盍簪亭**旧子城云霄门之址也。绍定间郡守李勋建。士大夫之南游者馆焉。

湖心亭在东湖。旧有亭二：曰“东湖”，曰“水阁”。后水阁坏。中有亭，曰“绿护”，曰“道院”，曰“梦月”，曰“茅亭”，曰“八角亭”。宝庆间郡守方淙重新之。　**碧玉千峰亭**在旧龙江书院之后。宋郡守危积建，匾曰“登高”。后守黄朴以犯高东溪姓名，易其匾曰“碧玉千峰”，并为诗。宋季兵毁。　**浴沂亭**在旧龙江书院外门隆寿山之右。构亭池中，匾曰“浴沂”，其前又有一亭，曰“化龙”。　**观政亭**在县治内。宋嘉熙间县令赵绛夫建。甃石为池，并为诗，有“取水观为政”之句。　**得仙亭**在名第山。宋蔡如松序：“泉人欧阳詹与吾乡周匡物、潘存实两先生相踵而出世，有元和得仙之谣，因以名亭。”　**接官亭**在府城东。洪武三年知府潘琳建，并建堂宇于亭北，以为候馆。成化十八年知府姜谅重建。　**威镇亭**在碧玉千峰后山之顶。重九日，郡人多登高于此。　**天开图画亭**在府城东鹤鸣山之巅。宋尚书颜颐仲归老所建。上倚巅崖，下瞰清溪，风帆钓艇之微茫，烟村林麓之掩映，飞鸟往来，晴云舒卷，宛然如画，故以名亭。　**龙江亭**在□□都。宋郡守方宗建。　**月波亭**在一、二、三都。乡人周武纲建。成化十八年知府姜谅重修，以为巡视海道官公馆。　**留佩亭**在二十六都。宋通判郑涣代去，郡人攀留，涣留佩以为别，后人即其地建亭，匾今名。（上六亭俱在府城东。）　**尚书岭亭**在府城南亭之右。有庵，宋尚书颜师鲁建。国朝景泰中知府谢骞、成化十八年知府姜谅俱尝重建。　**保安亭**在府城东南。成化十九年知府姜谅因砌石堤以护城垣，并构此亭。　**秋江亭**在府城内南隅。元吕养浩俯龙溪建亭，以其所自号而颜之曰“秋江”，杨志行为记。　**序宾亭**在府城□□都。　**清白亭**在府城□□都。

高明轩在府城普利寺周上人轩也。宋郭祥正诗：“周也漳南释，开轩瞰漳滨。山光并水色，二物长清新。” **养源轩**　**壶境轩**（上二轩在县治宅堂内。俱县令陈士会立。） **临漳台**在登高山之巅。据溪山最胜处。　**半漳台**在登高山半。郭祥正诗：“飞檐突兀压林丘，见尽临漳一半州。” **啸台**在圆山。郭祥正诗：“缥缈临诸峰，幔卷浓云开。秀特不可掩，擎天碧崔嵬。”

漳浦县

谯楼在县城东西两街之中。宋时建。前有亭二，左曰“宣诏”，右曰“班春”。绍兴间县令陈贯通重建，淳熙中县令杨浩然更新之。国朝正统十四年毁于兵，成化七年知县刘璧复建。　**净凉阁**在县治西偏。旧有池亭，匾曰“水阁”。宋嘉定间县令欧赓改曰“净凉”，后令赵师缙又改曰“风露香”。　**弦歌堂**在县厅东偏。宋元符元年建，庆元元年县令叶才老重建，才老之子佑甫为记。　**美报亭**在县东。宋嘉定间县令欧赓因凿放生池，遂构是亭。久废，国朝永乐中重建。　**迎风亭**在县北。洪武初建。成化七年县丞罗绅重建。

龙岩县

敕书楼在县治厅事之前。　**鸣弦堂**在县治厅事之后。（上楼并堂俱宋乾道六年县令林鼒建。） **宣诏亭**　**颁春亭**（上二亭在县门外之东西。） **仁会亭**在县南。宋开禧二年县令赵汝勉建。　**皆山亭**　**西爽亭**（上二亭俱在东岳祠。）

长泰县

谯楼宋绍定三年毁于寇，县令郑师申重立，郡守李韶书额。　**环珠楼**在县治南兴贤坊。元至正中建。　**琴堂**在县治之东偏。旧名“德逸”,宋县令丘微之建。嘉定五年县令黄孟永修,改今名,并为记。　**制锦堂**在县治内之西。旧名“道爱”,县令王孝恭改今名。　**嘉靖亭**在县治前。旧名“宣化”,宋绍定三年毁,县令赵崇秘重建,改今名。　**清安亭**在县之宅堂。　**瞻岩亭**在县治之左。旧名“志民”,县令郑师申以其前对天柱山,故改是名。　**熙春亭**在儒学东。元至正中建。又有“正阳亭”,在县治南。　**双清亭**在佑圣宫旁。宋县令吴臧建。壁间有诗云:“葛巾竹杖闲来此,好是心清迹亦清。”　**仁智亭**在县东。依山瞰溪,取“仁者乐山智者乐水”之义。宋嘉定间县令王自强建,黄孟永为记。　**笑梅轩**在琴堂之后。　**览胜台**在县治内之北。旧名“小蓬莱”,县令赵师申改今名,郡守黄朴书。又有“不欺斋”读书室。

南靖县

侍郎亭在县南清宁里三平山。唐王沨自吏部侍郎谪守漳浦郡,尝访僧义中于山中,故山有侍郎亭。亦三平山十一奇中景也。　**峰苍亭**在县北习贤里峰苍岭之巅。景泰五年知府谢骞重修。

汀州府

长汀县

谢公楼在府治南。唐张九龄诗:“谢公楼上好醉酒,二百青蚨买一斗。红泥乍擘绿蚁浮,玉碗才倾黄蜜剖。”　**环翠楼**在卧龙山下。宋时建。　**南楼**在府城上。宋郡守陈轩诗:“谁跨崇墉更起楼?卷帘平视四山头。田间草暖牛呼犊,叶底巢成鹊避鸠。”

道山楼在府治后正北。旧名“北楼”。楼之下为“熙春堂”。陈轩诗:“南极星边人望阙,北山楼上客思家。”府治又有雅歌楼、依光楼、览胜楼,俱宋时建。 **悠然楼**在府治东。旧通判厅又有堂,曰“寸碧轩”,曰“君子亭”,曰“横舟”,曰“岁寒”,曰“鄞江风月”,俱宋时建。 **蓬莱阁**在府治内。又有如心、道爱二堂,俱宋时建。 **云骧阁**在府城上东南隅。上接龙山,下瞰龙潭,或谓有滕王阁气象。旧名“青阴”,后改“延清”,又改“集景楼”,提刑刘峤改名“云骧阁”,郡守吴南老又改“双清”,郡守陈晔复改今名。宋郡守陈轩诗:“瓦流双涧碧,帘压乱山青。” **镇山堂**在府治内。宋绍兴十四年郡守陈定国建。 **东山堂**在卧龙山麓。宋宝祐中,郡守胡太初既辟旧郡圃,因摭前寺陈晔东山堂诗“常留绿野春光在”之句,匾其门曰“常春堂”。在圃之西北隅前有方沼。教授陈一新为记。又有时和岁丰之堂、赏静轩、仰高、快哉二亭、香远台,俱宋时建。 **冉香亭**在县圃。又有万雪亭、弦歌书院,俱宋时建。 **苍玉亭**在苍玉洞群石中。前有方池,宋宣和中建。陈轩诗:“我爱汀州好,山川秀所钟。阁前横滴水,亭畔列奇松。”端平间郡守李晔重建,长汀丞王九万为记。 **翠微亭**在苍王洞群石之巅。宋乾道间郡守谢知钱建[3]。绍定间郡守李晔重建。后毁。 **横翠亭**在东禅寺中门之左。宋郡守陈粹建。山光野色,横在目前。(上三亭俱在府城东。) **水月亭**在府城南旧颁条门外。宋宝庆间,郡守林岊筑堂三楹,匾曰“雅正”,为郡士丽泽之所,自为记。绍定间郡守李晔重建,改今名。绕亭翠柳红蕖,景物殊胜,王九万为记。 **寅湖亭**在府城东北。宋嘉定间郡守汪端中命长汀宰钱厚建。宝祐中郡守周晋重建。 **拂云轩**在府学右旧教授厅内。又有“瞻前”、“认香”二轩、策名亭、丛绿楼,俱宋时建。 **芙蓉台**在县治。宋时建。

宁化县

愿丰楼在县治内。有勤政堂、“书林”、“龟阴”、“如农”三亭，俱宋时建。 **悠然亭**在县南街之左。据城瞰溪。 **升仙台**在县西龙上下里。相传隋义宁间刘、熊二道士修炼于此，白日升天，居人遂筑台，列二像于石壁。

上杭县

盟鸥阁在县东。

武平县

读书堂在县西。宋李纲诗：“灵洞水清仙可访，南岩木古佛同居。公余问佛寻仙了，赢得工夫剩读书。”

清流县

观澜亭在县东。洪武末建。上抗龙津，下俯渔沧，大溪横于前，群峰峙于后，为邑人游观之所。

连城县

皆山楼在县治内。又有道爱堂、三异堂、立翠亭、义松亭、松芳亭、月林亭、爱莲轩、不欺室，俱宋时建，今废。 **清溪阁**在擢桂桥畔。宋淳祐中县令顾应奇重建。 **悠然阁**在在城里石门岩之前。（上二阁俱县东。） **迎恩亭**洪武三十四年知县叶普建。 **总宜亭**在在城里石门岩之前。宋绍兴中县令黄荦建，国朝洪武间邑民沈彦和募众重建。（上二亭在县东。）

归化县

镇远楼在县治前。成化中九年知县赖永正等建。 **真源堂**在县东瀼水坑。宋元祐间建。 **四贤堂**在县东兴善里翰溪。宋儒杨时族居龙湖市,与其友罗从彦游从,往来于此。国朝成化初,里人杨文俊因构堂并李侗、朱熹祀之,匾曰“四贤堂”,以为子弟讲学之所。 **石泉堂**在县西永安铺后。元至正间建。 **醒心亭**在县治西儒学后。成化八年知县郭润建。 **接官亭**在县治西。永乐间建。

永定县

纪功亭在县西卧龙山麓。成化八年知县王环建亭,而竖碑其中,以纪一时讨贼立县之功。 **接官亭**在县治西。成化十八年知县王环建。

延平府

南平县

双溪楼在府城东。 **九峰楼**在府城西桥头。(上二楼俱宋时建。元至正中废其址为城垣。) **清远楼**在府城南。宋时建。元至正二十年改为灵官阁。今废。 **市隐楼** **步云阁**(俱在府城外溪东。宋吴仪建。今废。) **垂虹阁**在府治内。**闻猿阁**以其望闻猿洞,故名。或云,阁初成,尝有二猿啼于南岭,因以名之。 **冷风阁**面仙山,俯剑潭,登者有出尘之想。宋王以咏诗:“剑水落霞晴熨绿,衍峰新月夜梳鬟。”(上二阁在府治南。) **剑归阁**在府治北。宋李纲书碑尚存。 **尊经阁**又名

“极高明”。宋郡守郑椿建。国朝正统九年知府王彪改建藏经阁。(按:延平《学校志》以为郑椿建,而《宫室志》又以为郡守李文渊建,未知孰是。)　**环演阁**在尊经阁旁。又有“衍山”、“魁星”二堂、“遥碧轩”、“肃容亭”,俱宋时建。元至顺二年郡守撤“肃容亭”建“思诚堂”。国朝洪武三年知府唐铎改“魁星堂”为“文昌祠”。永乐十七年知府方昞改“环演阁”、“梯山堂”、“遥碧轩”为教官廨舍。　**御书阁**在礼殿之后,讲堂之前。宋绍兴十一年郡守李文渊建。嘉定十四年郡守陈宓重修。元至大四年教授揭祐民重建,改名“宝章楼”。国朝正统九年知府王彪毁之,以其址为明伦堂前甬道。(上三阁俱在府学内。)　**青熙阁**在税务前。元时废。

双溪阁在府城外剑津上。宋陈瓘诗:“岁久漫传龙变化,潭深惟睹剑锋芒。”廖挺诗:“余波下作双溪水,只欠休文八味楼。”　**妙峰阁**在府城东黯淡院。前对高峰。旧有宋蔡襄题字及李孝彦草书。贾青诗:“溪声滩外急,草色雨中深。客意自南北,山光无古今。”　**清心堂**　**平理堂**(上二堂俱在旧州治之左。宋时建,其址今为延平卫右千户所。)　**紫气堂**　**怡颜堂**(上二堂俱在旧州治之左。元改建司狱司。)　**招衍堂**以衍仙山得名。　**时清堂**(上二堂俱在旧州治之右。宋时建,国朝洪武元年改建营房。)

衍仙堂在旧州治。据山之阜,溪山环绕,一目可尽,有登览之胜。　**九峰堂**在延平卫之后。堂面九峰山,故名。永乐间指挥同知王鼎重建。　**六桂堂**在凿滩。宋仁宗朝范迪简父子六人相继登进士第,因以名堂。陈瓘诗:“公家丹桂六枝芳,冷笑燕山窦十郎。”　**眉寿堂**宋漳州守张宪武之母寿九十,宣和间膺封诰,因名其堂。今废。(上二堂在衍仙下里。)　**咏归堂**在崇德里。宋隐士邑人吴仪建。杨时诗:“微吟曳双屐,踏破苍苔纹。归欤自乐只,此意将谁论?点狂圣所与,聊欲继余芬。”　**黄裳宅**在府城东隅三魁坊。今废。　**罗从彦宅**在罗源里,后徙沙县濑溪源。罗源故址，子孙世居焉。短墙矮屋，石径蔬园，过者兴叹。

李侗宅在崇仁里樟林。子孙散徙，故址为樵牧之区。（上二宅在府城南。） **溪山伟观亭**在旧州治内。宋真德秀记曰："延平据山为州，军士判官厅处山之半，后枕崇阜，前挹大溪。溪之南，九峰森罗，雄峙天表。厅事之西，故有小亭，对溪山最佳处，因名'伟观'。" **仰高亭**在府学前。正统十一年知府王彪建。**九峰亭** **云深亭**（上二亭在玄妙观前。） **聚星亭**在县治后。元至正中废。 **闲云亭** **化城亭**（上二亭在兴化寺前。） **东门亭**在府城东。洪武元年建。俗呼"接官亭"。永乐十四年圮于水。正统五年府通判李默重建。 **西门亭**在府城西嘉应庙下。

南溪亭在府城外水南。游者可揽溪山之胜。 **北门亭**在府治北门外。元至正间圮，故址犹存。 **共乐亭**在石岩之巅。宋时建。元至正中废其址为城垣。 **老圃亭**在吴仪所居咏归堂之前。杨时诗："睠怀经纶手，治此一亩居。知子非隐沦，聊以寓壮图。"其西北山麓又创二茅亭：一亭植梅二株，匾曰"暗香"；一亭种竹数百竿，匾曰"虚心"。上二亭时亦有诗。 **洞云亭**洪武间改为盘诘所。今废。（上三亭俱在府城东。） **画屏轩**宋蔡襄《舟宿延平津》诗："画屏曾倚孤舟看，今日孤舟宿画屏。" **野轩**宋黄庭坚赋"开轩如村落"，因名。 **越王台**在府城北百丈山。相传汉越王筑。 **钓台**在府城南迁乔里。宋吴仪渔钓其上，有石刻"钓台"二字在壁。

将乐县

杨时宅在县北遵道坊。时卒于宋绍兴五年，不久宅废为民业，嘉定二年郡守余嵘出帑金赎回，立祠庭中，拨田以赡其后。后守陈宓、董洪相继修葺。宝祐五年邑令林式之重修，汤汉为记。二十一年兵毁，故址犹存。 **钟翠亭**在县治后龙山。永乐十七年千户徐斌建。　**接官亭**在县东龙池都。　**南门亭**在县治南隅。　**义茶亭**在县西隆安都。洪武十三年道人张子仪建。先是，里人王梦得伪造楮币，子仪密得其状，白于官，梦得伏辜。诏赐子仪白金二百五十两，并籍梦得家资悉畀之。子仪因以赐金构亭，入田二十六亩，俾守者岁收其租，市茶以施行旅。　**金谿亭**在县南石壁山之巅。洪武十五年僧行齐建。登之者，一览可穷溪山之胜。　**校猎台**在县南。相传越王之子建此校猎，故名。

尤溪县

拱秀楼在县治右。以毓秀峰环拱于前，故名。　**环翠阁**在县治左。（上一楼一阁俱正统十四年毁于寇。）　**清夷堂**在县治左。　**节爱堂**在县治右。　**卧云堂**在县治七都双峰山之旁。昔有逸人创以为藏修之所，今废。　**胜芳亭**　**爱莲亭**　**忘机亭**　**冷风亭**　**胜概亭**　**野意亭**　**溪月亭**（俱在县治内，今废。）　**去思亭**在县东永丰门外。元达鲁花赤来达有善政，及满去，民作亭刻石，匾曰“去思”。国朝景泰三年亭毁，碑刻犹存。

沙县

湖山伟观楼在县治内。宋时建。　**览辉阁**　**晚对阁**　**集凤阁**　**借凉阁**　**挹爽阁**　**西池阁**（上六阁俱在县治内，宋时建，今废。）　**凝翠阁**在太史溪上。宋李纲谪官居此。纲诗：“登临缥渺出尘寰，疑是神仙昼不关。宴乐樽罍在天半，嬉游歌吹落人间。”　**步瀛阁**在县治东旧尉司之前，濒溪。　**观风阁**在翔凤桥之南。宋元符初邑令谢浚建。　**七峰阁**在兴国寺。前对土峰，因名。宋元符间废。　**枕碧阁**在九都广成庵东庑。宋大观元年邑令王瓘建。(上二阁俱县东。) **盈光阁**在县西二十二都。乡人游玩之所。 **环秀阁**在惠应行祠之左。昔人应举者多谒梦于此。 **魁星阁**在惠应行祠之右。 **凌虚阁**在碧云宫下。 **观澜阁**在真隐峰下。宋元祐八年建。 **涵清阁**在朝阳、妙高两峰之间。(上五阁俱在县溪南。) **琅溪阁**在县东南八都琅溪岸。 **邓公布宅** **张若** **谷宅** **黄复宅**(上三宅在兴义坊。) **曹辅宅**在洛阳里高沙。废为民业。(已上四宅俱县东。) **罗畸宅**在和仁坊。 **陈瓘宅**在劝忠坊。宋嘉定二年郡守余嵘访遗迹得旧屋三间,兴废补弊,仍揭以"了斋"之匾,肖瓘像于中,遣永福簿陈升奉祠。(上二宅俱县西。) **邓肃宅**在县东南洛阳里邓墩。 **仰高亭**在县治正厅之右。洪武二年建。为官僚游憩之所。 **水深亭**在县治之东池上。 **环翠亭**在县治东南凝翠峰之前。 **涌泉亭**在儒学讲堂之右。 **琼山亭**永乐十二年儒学教谕张善建。 **漱玉亭**(上二亭在洞天岩之右。) **栖碧亭**在二十二都。 **清阴亭**在二十三都新岭。(上四亭俱在县西。) **碧云亭** **桂华亭** **凝翠东亭** **凝翠西亭** **环秀亭** **真隐亭** **妙高亭** **朝阳亭**(上八亭俱在太史溪南七峰上。) **一览亭**在县溪南虎丘上。宋给事张致远诗:"三寺楼台烟雾里,一川芦苇画图中。"

顺昌县

步云阁在水南都。宋元祐中县令俞伟建。建炎间毁于兵。绍兴十四年县令詹好礼重建,乾道九年县令董居安重修。元季复毁于兵。 **叶秀阁**在步云之西。宋乾道九年县令董居安建。 **云岩阁**在石豆都。宋绍圣中县令吴浚建。(上三阁俱县南。) **世綵堂**在县西靖安都。宋廖刚所居之堂也。刚世享眉寿,相继见曾玄孙。作堂,匾曰“世綵”。当时士大夫皆诗以歆羡之。绍兴六年诗集经高宗御览,因名曰《御览世綵堂诗》。　**美事堂**宋广州倅廖迟建。迟,刚之子也。初,高宗览《世綵堂诗集》面谕刚曰:“昨见卿家《世綵堂诗集》,可谓人间美事。”刚既殁,迟乃于所居之东构堂,匾曰“美事”,识天语云。　**廖刚宅**在县西靖安都高峰之阳。　**瞻云亭**在县治后。元至正三年县尹鲁崇仁建。　**使星亭**一名“德星”。在县治西。中祀土谷神。　**活水亭**在县治西北。洪武七年因知县张缙开渠,遂构亭。　**钩玉亭**在县南石豆都普庆院后。旧有池如偃月,宋绍圣中县令吴浚作亭其上,名“月池”。绍兴五年邑人余良弼葺而新之,改今名。　**石台**在县治北。甃石为之,上有石栏。

永安县

临津阁在县治北二十六都固发渡口。元至正二十二年建。为行人待渡之所。　**瑞峰堂**在县东。宋嘉定中建。　**继忠亭**在县南门外唐田王庙前。洪武二十三年建。景泰三年邑人蔡岩从等重建。　**梅斋**在县北二十五都黄杨岩之下。宋邓肃建。

邵武府

邵武县

望江楼在府治东城上。下瞰长川,万境毕呈。　**敕书楼**在府城西大乾庙。内奉藏宋累代封福善王诰敕。　**平翠楼**在府城东北石鼓显应庙前。宋元祐五年县令王裕民建,自为记曰:“峰环溪带,万象一目,沙州起伏,流波回溯,奔赴崖岸。雨余而烟云四披,木落而松柏独茂。改曰‘平翠’。”元黄清老诗:“晴岚带雾结秋色,修竹过雨鸣寒泉。”　**保厘阁**在府城东石岐山水南丰庆庙前也。 **翠微阁**在府城南福山。元黄镇成记曰:“山为郡胜游之最,山之僧为阁,用以延宾客。匾曰‘翠微’,明幽胜也。”**雅歌堂**在府治内。宋时建。邵人黄希旦诗:“池上堂新构,公余此雅歌。阳春谁与和?明月夜相过。” **安淮堂**在府□□□□[4]。宋理宗以制置杜杲有安淮功,御书以赐。既归老,因以表其居第之堂。 **新美堂**在府城西灵泉南峰,即今西塔山。宋元祐间郡守方泽建。泽诗:“丹雘鲜鲜郡郭西,檐牙高啄翠云齐。地形旧压重城峻,天势初开叠嶂低。晚市浮烟生万瓦,晓窗寒月度双溪。庭前便是青松路,岂似桃源使客迷。” **育英堂**在府学内。宋淳祐中建。教授方灯孙为记。 **採芹亭**在府城外水北旧儒学前。宋时建。郡守方岳诗:“亭与樵岚一样新,诗书不受世间尘。清风明月来无尽,不在溪山只在人。” **濯泉亭**在府城东。宋少卿朱蒙正建。朱文公书匾。蒙正诗云:“风浪江头正激湍,小亭溪上水平宽。濯缨不作弹冠想,一曲沧浪钓雪寒。”

海棠亭在县治内。宋张仕逊宰邑时尝即听讼之所手植海棠,因以名亭。后登台衮,邑人封植以比甘棠。 **会景亭**在府城西登高山。宋时建。前观井邑,万瓦鳞次,左瞰清流,右临碧巘,为一郡伟观。 **清风亭**在惠应庙后。成化十二年知府冯孜建。

紫云溪亭在府城北紫云溪上。郡士詹药圃建。元翰林黄清老记曰:“溪上远山,多苍崖紫石,望之如云然。”故名。 **憩亭**在斯美堂西北。宋郡守李勉建。 **樵溪清致亭**在兴元峰下。

文会轩在府学东庑后。正统间,训导叶兴建,名“会文”。成化二十年知府刘元重建,改今名。 **听雨轩**在福山。元黄清老读书之所。 **瑞榴轩**在县学内。宋为郡学时,讲堂之旁有榴一株,士人每观其结实之数,以占科第。熙宁三年,树杪结双实差大,附枝亦有结双实者,凡十有四,是岁廷试叶祖洽上官均果名在一、二,何与京与狷兄弟暨郡登第者,凡十四人。时人因目为瑞榴。

咸淳五年县令张湘建轩。元至正间县令孔克俊重建。国朝永乐十四年圮于水。明年知县蒋忠复建。祖洽诗:“已分桂叶争云路,不负榴花结雾枝。” **城南小隐**在丹台山之阳。元总管铉建[5]为藏修之所。铉号冰壑,应龙四世孙也。 **越王台**汉越王无诸游猎之所,故址犹存。尝有牧童于土中得瓦,有罗纹雁翅之状,叩之铿然有金石声。宋黄希旦诗:“荒台枕古丘,伊昔越王游。辇路今何在?凄凉草木秋。” **熙春台**在登高山顶。旧在山半。宋至和中知军张师中建。元祐间郡守方泽夷其山顶,徙台其上。后废。宋黄通诗:“万家鸡犬环,四面城池沼。水落烟苍苍,天低云杳杳。”戴式之诗:“近水楼台隔云现,邻峰钟磬出林幽。” **钓鱼台**在熙春台西北。 **平楚台**在登高山之麓。其地今为崇玄道院。(上四台俱府城西。) **双女台**在府城东王堂[6]香岩寺后。详见“贞烈志”。

泰宁县

文昌阁在儒学明伦堂后。 **魁星亭**在文昌阁后。宋庆元二年,县令赵时绾为叶祖洽、邹应龙相继大魁作。 **留云亭**在县西梅口保挽舟岭上。 **南谷亭**在县南南禅寺前。宋邹应龙归休日建。理宗书“南谷”二字赐之。

建宁县

水明楼在县治北。 **清辉阁**在儒学畔。 **浚川阁**在县治东镇安桥畔。旧名“圆应”,县令廖邦杰改今名。 **来仪阁**在凤山。 **平远阁**在县南濉江之滨。 **西峰堂**在县东武调保。 **流绿亭**在县治北。 **魁星亭**在儒学门左。 **江月亭**在县东临濉江。 **野渡横舟亭**在县东街。 **濉城亭**去县一里。 **跨鳌亭**在东山绝顶。下瞰何潭。 **斗角亭**在何潭堤上。宋淳祐十二年县令廖邦杰建。(上三亭俱在县东。) **练江亭**在县南青山之上。 **复道亭**在北街显武坊。 **青云亭**在青云岭旁。(上二亭俱县北。) **越王台**在县北蓝田保百丈坳。相传闽越王无诸游田于此,因筑台。故址犹存。

光泽县

钟秀楼在交溪。邑士黄孟舟建。 **玉虚阁**在县西止马。 **半空烟雨亭**在县南云岩山上。宋时建,颇佳致。 **瑞竹亭**在县尹廨舍。宋上官均以言事谪宰邑时,有竹生于庭,一根四千十八节,人以为瑞。元至元二十四年朱万初由馆阁出尹,有惠政,行复生,因构亭,匾曰“瑞竹”。进士建安雷机为记。 **环翠亭**在坑头市。 **玉佩隐居**在县西莲花山下。后唐光州人郑璩以仆射镇兹邑,北居于此。元至正间其玄孙良贡构隐居之所[7],匾曰“玉佩”。翰林杜本为记。

兴化府

莆田县

谯楼在兴化卫前之东。宋太平兴国八年知军事段鹏并建。绍兴六年,经狂卒纵燎,知军事刘登重建。层楼翼张,置更漏鼓角于其上,揭军额于其下。左为“宣诏亭”右为“班春亭”,后圮。国朝景泰间巡海参政李颙重建。 **望壶楼**在旧郡治内。宋绍兴二十八年郡守韩彬建。以壶山名。 **万卷楼**在府城东北尊贤里延寿溪。唐徐寅所居也。徐氏有联句云:“壶公山下千钟粟,延寿溪头万卷书。”徐氏复迁壶山下梅陇,故云。 **尊经阁**在府学大成殿西。 **登瀛阁**在府城东北望江里岩峙昭灵庙。苏直为记。 **眠云阁**在蔡溪岩旁。 **通游阁** **宣寂阁**(上三阁在府城西北广业里。）　**儒雅堂**旧郡治小厅也。宋天圣六年知军李余庆建，乡贡进士陈安国为记。后更名“儒雅”。隆兴二年郡守刘韫又更名“平理”，乾道五年郡守何称复旧名。　**桂籍堂**宋崇宁四年郡守郭重建。追考至道以来郡进士题名，刻石置堂上，军学教授胡份为序。宣和七年郡守廖刚立石续记，堂旧在大厅之东，后徙于小厅之北。　**和简堂**宋绍熙元年郡守赵彦励建。堂之后曰“思无邪斋”。　**三瑞堂**宋天圣六年郡守李余庆创，匾曰“清心”。绍兴二十年，有五色雀集于大厅榕木之上，芝草产于后圃，麦秀两歧，郡守陆涣因更名“三瑞”。　**壶山堂**在旧郡圃内。初名“望山亭”，郡守陆涣更名“五芝亭”，林光朝为记。乾道间郡守张允蹈[8]又更名“壶山堂”。堂之后有台曰“流觞”，其东又有台曰“见遽”[9]，盖允蹈所创也。淳熙初，郡守潘畤更名“龢风”。　**流化堂**在旧通判厅之东。宋通判庄草名。　**志喜堂**在通判厅之右。通判周必达以“喜雨”名。其西南隅有“望壶台”。（已上七堂俱在旧郡治内，今废。）　**无毡堂**在军学西教授厅之右。旧名“无隐斋”，乾道间教授陆琰更今名。堂之东又有冷轩。　**尊德堂**在郡学礼殿东北。宋淳祐中郡守杨栋建，以处刘弥邵，弥邵卒，黄织继之。　**思贤堂**在旧莆田县前，即今县学泮池之北也。旧有亭，临水，曰“水亭”。唐乾符五年建。宋咸平中薛奎作邑，增辟为堂。更名“梦草”，后废。宣和间知县吕之材即其旧址而增筑之，匾曰“思贤”。盖以奎入参大政，民思之，故云。又为亭于池之南，曰“鉴亭”，跨城作榭曰“观稼”。乾道十年知县林介重修。越明年，知县李宗甫绘简肃之像于堂。　**徐复宅**在府城东二十里。按艾轩与守书，但言在城东二十里，不言其处。复赐号“冲晦处士”，老于杭之万松岭，南渡后故宅犹存。　**蔡襄故居**在府城南忠惠坊内。　**扶春馆**在旧郡治宅堂后。旧以酴醾名“翠香亭”。乾道元年郡守张允韬更今名。后敞一轩，北向，曰“山人方丈”。 **正己斋**在儒雅堂之西庑。旧名“学古”，郡守潘畤更今名，自隶额。 **强为善斋**在旧通判厅之左偏。通判周必达名之。 **靖共亭**在旧郡治小厅之后。天圣六年郡守李余庆创，名“式宴”。淳熙元年郡守潘畤更曰“北窗”。十三年郡守朱端学改今名。 **手诏亭**在谯门外宣化坊之南。 **嘉禾亭**在旧县治后圃。圃有古木樛曲如龙状，宋知县丘铎因以名亭。 **慨然亭**在府治西宋行衙之后。 **使星亭**在府治北里许。宋绍兴十一年郡守杨大任建。 **望海亭**在梅峰之上。由共乐台循城西偏数百步而至，面势豁然，苍莽无际。正字方翥为记。 **将迎亭**在乌石山之南。旁有一山，亭居其下，故以北亭名之。 **绿野亭**在旧宁贞门外二里许。宋殿中侍御史郑伯玉归田时所作，郡守俞希孟命以是名。今伯玉祠堂即其址也。 **龟纹亭**在府城西北龟纹岭上。为游人憩息之所。 **远香亭**在县学内。洪武间知县任益筑台于薛公池中而亭其上，匾曰“咏归”，成化二年知府岳正改今名。 **章公亭**在望海门外章公斗门桥之上。元至正十二年建。俗呼“花亭”。 **潮信亭**在熙宁桥之西。宋靖康二年郡守张读建。亭临白湖，风静波平，壶山倒影于此。绍熙二年郡守赵彦励重建。 **民信亭**在熙宁桥之东。靖康二年建。(上二亭俱废。) **濯缨亭**在景得里国清塘上。宋淳祐间里人林国钧建。 **接官亭**在拱辰门外。俗呼“第一亭”。宣德间县丞叶叔文建为送迎之所。 **果满亭**俗呼“第二亭”。元至正十四年建。(上二亭俱东厢。) **猿臂亭**在延兴里。俗呼“第三亭”。元至正十五年建。 **鼓楼亭**在奉谷里海滨。 **此心亭**洪武二十年里人宋怡斋建。 **却金亭**在南哨。景泰间，都指挥佥事王胜提督海道，有惠以及于人，后闻其被荐，将北上，乃相率囊金赆之。胜悉却不受，因为立亭道左，匾曰“却金”。(上二亭在武盛里。已上十亭俱府城东。）　**四览亭**在永丰塘上。俯瞰塘水。宋崇宁四年郡守郭重建。淳熙九年郡守林元仲斥亭前隙地之半创艾轩祠。绍兴二年郡守赵彦励重建。今废。　**关王庙前亭**永乐十一年通判董彬重建。　**锦亭**洪武七年建。（上三亭在南厢。）　**莆阳亭**在文赋里，今濑溪铺是也。（上四亭俱府城西南。）　**至止亭**在孝义里。　**清宁亭**在涵江清宁桥。宋绍兴二十三年建。**醮绿亭**在囊山寺前。正统十二年重建。（上二亭在延寿里。）**使华亭**在常泰里。旧名"延寿亭"，右驿路也。宋建炎二年建。临溪之西，瀑布高可百尺。先辈徐寅之别墅在焉。翁纬诗云："走青奔碧月潺湲，势与晴江远接连。沙草翠侵驱马路，岸花红湿钓渔船。烟生远店收寒雨，风起高梧咽暮蝉。徐氏旧居人识否？渡南溪下白云边。"　**常思亭**　**阜民亭**在松岭之上。永乐二年兴化县知县吴旭建。（上二亭在广业里。已上六亭俱府城东北。）

致爽轩在旧县治内，即今府治也。宋知县元伯泾建。并为记。　**共乐台**在府治后州峰之巅。郡城中登眺最胜处也。初名"共乐亭"。蔡襄诗云："庭有美音非独乐，会当炎暑有多风。山川形势阑干下，井径追游月色中。"宣和六年郡守廖刚重修，更亭曰台，后有轩曰"岸帻"，亦曰"后乐"。台前数百步有亭，曰"平远"，又曰"竞秀"。隆兴二年郡守刘韬榜其门，曰"芳菲谷"。淳熙九年郡守林元仲重修，即台之东偏榜曰"共瞩"。

仙游县

大隐楼在县治旧尉厅之东。宋时建。旧名"见山"，县尉周端赏改今名，并为记。又尉厅之前有"南轩"，西有"梅林轩"，梅林之北有"思贤堂"，县尉黄岩孙为记。堂之前旧有"熙春台"，循台而北有"环秀亭"，郡人陈宓书匾。　**望秀楼**在县治厅事之西。

丰登楼在旧兴化县宣化桥之上。宋隆兴二年县令陆楠建，林光朝为记。　**齐云楼**　**横翠楼**(上二楼在县北兴泰里旧兴化县治。)　**平政堂**在县治厅事之后。　**平易堂**在平政堂之后。旧名“清心轩”,又名“捐永”,后改名“五柳”。(上二堂俱宋嘉熙间知县姚遇重建。)　**道爱堂**在县治厅事之西。宋嘉定十二年知县许伯诩、宝祐四年知县赵与泌重建。　**吏隐堂**在旧兴化县治厅事之西。县令丁大容诗:“白马岭头回首处,黄绸被里报衙时。真成吏隐神仙地,往往宦游人未知。”　**澄心堂**在旧兴化县北山之巅。(上二堂俱县北兴泰里。)　**迎仙馆**在县东九仙门外东塘之侧。唐为迎宾馆。其外有迎宾□[10],郑士良为记。宋崇宁三年知县钱闻重建,更名“十洲亭”。宝祐元年知县赵崇迁修,更名“迎仙馆”,中有“爱香亭”。四年知县赵与泌复修,更名“九仙馆”,卓得庆为记。国朝永乐十年县丞宁保倡邑人张得宏、林以升重建,复名“迎仙”。　**衮华馆**在县西功建里。宋淳熙元年建。**登瀛馆**在折桂里。宋淳祐元年建。　**皇华馆**在旧兴化县治之西隅。(上二馆俱县东北。)　**移风厅**　**游圣亭**　**日新亭**　**中鹄亭**(上厅并亭凡四处在儒学内。宋咸平五年县尉段全建。)**色笑亭**在儒学内。宋时建。亭之前旧有皂荚树,每值诏岁[11],树所生荚,辄应举人之数,因名之曰“瑞荚堂”。绍定六年知县董登改今名。　**爱香亭**在县治东圃锦香径之中。循爱香而北,又有亭二,曰“横琴”,曰“制美”。循“制美”而南,有台二,曰“清越”,曰“玉照”,皆宋时建。其所谓“东圃”即“东旧梅圃”也。　**鸾栖亭**　**乐香亭**(上二亭在县治旧主簿厅之左右。旧名“高士矮屋”,俱宋主簿林扮建,后改今名。)　**恩波亭**在县治西二百步旧西塘之侧。塘久为邑民侵筑,宋乾道四年知县赵纲厘正之,浚为放生池,而作亭其上,是岁莲生,因名亭曰“瑞莲”。淳祐三年知县蔡次传重建,易今名。今废。　**俞潭亭**在香田里。宋绍兴元年建。国朝洪武十五年重修,岁久而圮。景泰元年龙华寺僧可成重建。　**锦井亭**在常德里。元至正二年建。国朝洪武三十四年修。　**里尾亭**在折桂里大溪北岸石马桥上流里许。　**白泉亭**在香亭里。景泰元年里人李伯让募众建。(上四亭俱县东。)　**大济亭**在善化里大济岳前。宋绍兴末并建,国朝景泰四年里人郑闾募众重建。　**龙首亭**在仁德里。元元贞二年建。以龙华寺之路由兹亭而入,故名。　**归仙亭**在善化里归仙岭上。洪武二十年建。　**屏山亭**在文贤里屏山之下。成化八年里人翰林检讨郑纪肇建。(上四亭俱县西。)　**仙溪亭**在仙游桥南。宋绍熙八年建,国朝永乐十年修,景泰七年重修。　**沧浪亭**宋天圣二年建。　**双林亭**其地有温泉,故立亭为游人盥濯之所。宋宝祐六年建,元至正五年修,国朝成化年间里人重建,匾曰"日新所"。　**仙岭亭**洪武元年建。(上三亭在永兴里。已上四亭俱县南。)　**风亭**亦名"枫亭"。在太平桥之北。宋淳熙二年、元至正二年俱尝修之。国朝成化十年驿丞曾铉复修。　**马岭亭**元末龟塘黄景德建,国朝洪武三十年修,天顺六年里人林吉轩等募众重修。今为枫亭驿迎送使客之所。　**锦岭亭**正统间里人郑彦辉募众建。　**濯缨亭**在枫亭太平桥之北。正统元年里人郑万、王秀募众建。　**蓝岭亭**在枫亭之南三、四里许。天顺七年里人募众修。　**清泽亭**在濯缨亭之南数百步。成化十一年里人户部郎中陈迁并建。　**黍稌亭**在塔斗山下后洋垅中。成化十二年里人封户部主事陈德通倡众并建[12]。(上七亭在连江里。)　**长岭亭**宋咸平二年建。国朝永乐四年重建。天顺二年象峰僧无外募众修。　**南浦亭**洪武间建。以地而名。成化间里人募众重建。(上二亭在香田里。已上九亭俱县东南。)　**宦游亭**　**双桂亭**　**惠政亭**在惠政桥之上。　**使星亭**　**十里亭**在旧兴化县治之南十里,故名。　**鲤湖亭**(上六亭在县东北兴泰里。今俱废。） **凤顶亭**在县西北兴贤里九座寺凤顶峰下。宋宝祐二年建。

福宁州

本州

栖碧楼在四十三都。宋里人黄馆建。馆有诗："窗分芳树绿，帘卷夕阳红。幽鸟管絃脆，远山图画同。" **光风霁月楼**在儒学内。宋咸淳七年知县李季可建。 **林嵩草堂**在于都太姥山。唐林嵩读书之所也。 **清远亭** **绿猗亭** **瑞莲亭**因泮沼有双莲之瑞而名。（上三亭俱在儒学内。元大德十一年州知事沈仲祥建。） **绣谷亭**在建善寺前。 **息心亭**在东门外。永乐八年邑人募众重建。 **桂枝亭**在赤岸。唐观察使李晦为进士林嵩建。 **驻履亭**在昆田里铁障山下。宋时里人程氏建为游息之所。（上四亭俱州东。） **冈溪亭**永乐十四年邑人募众建。 **迎恩亭**在教场之右。正统六年知县项智建。 **九重亭**在温府里。宋德祐间建。（上三亭俱州西。） **接官亭**在州治南南峰岭下。永乐十四年知县秦海建。

宁德县

迎凤楼在县东一都。 **观澜亭**在南坛之旁公馆之后。下瞰池塘，盖塘属于学，而亭亦为学建也，故以"观澜"名。 **超览亭**在灵溪寺之西。旧名"晴晖"，后改今名。宋淳祐十二年知县徐梦发重建。 **憩亭**在白鹤岭之半。宋枢密曹辅建。国朝成化十五年县丞潘旋重建。 **骖鸾亭** **跨鹤亭**（上二亭在白鹤岭旁。宋嘉定间县丞王克宽建。） **天峰亭**在白鹤岭之巅。宋淳祐十二年知县徐梦发建。(已上五亭俱在县东一部。)　**枫岭亭**在二十二都。洪武二十年宦源黄伯源建。　**石壁亭**在二十三都。正统四年道士陈卢中建[13]。(上二亭俱县西。)　**应石岭亭**在县北六都。元大德五年建。

福安县

飞凫阁在重金山之麓。　**锦屏堂**在县治西。四旁环植海棠五千余株,故名。　**玉春堂**在扆山之东。堂左右环植梅花。(已上阁、堂凡三所,俱淳祐八年知县林子勋建。)　**桂芗亭**在旧市易库之北。　**依仁亭**(上二亭俱在黄崎镇。今废。)　**扆峰亭**在县治后山顶。为县僚登眺之所。　**平远台**在县城南。山水环绕,为邑胜处。(上亭、台凡二所,俱宋淳祐间知县林子勋建。)

校　注

[1] 乾隆《福建通志·古迹》作“明林弼建,著书其中,号梅雪斋”。光绪《漳州府志·艺文》载有林弼《梅雪斋文集》。是梅雪斋为林弼所建,“福”字衍。

[2] 乾隆《福建通志·古迹》作“馆其甥曾从龙”。

[3] 乾隆《福建通志·古迹》作“谢知几建”。

[4] 民国《福建通志·古迹》作“在府城西”。

[5] 民国《福建通志·古迹》作“邹总管铉建”。

[6] 民国《福建通志·古迹》作“王塘”。

[7] 民国《福建通志·古迹》作“卜居于此,元至正间,其孙良贵构隐居之所”。

[8] 民国《福建通志·古迹》作“张允韬”。

[9] 民国《福建通志·古迹》作“曰见道”。

[10] 民国《福建通志·古迹》作“其外有迎宾亭”。

[11] 诏岁指封建皇朝所定乡举之年。民国《福建通志·古迹》作“每岁乡举”。

[12] 民国《福建通志·古迹》作“陈迁创建”。

[13] 民国《福建通志·古迹》作“陈虚中建”。

八闽通志卷之七十五

寺　　观

缁黄有庐，昉于后汉，而东南郡县犹未有也。自吴孙权始建。建初寺于江东，建洞元观于方山，而后寺观始蔓延诸郡以及于闽。历晋、宋、齐、梁而始盛，又历隋唐以及伪闽而益盛，至于宋极矣！名山胜地多为所占，绀宇琳宫罗布郡邑。自二氏较之，佛氏之居，视老氏又十八九焉。洪惟我太祖高皇帝创制立法，自非古有赐额为国祝厘者悉令归并，郡县并限僧之名数，而复禁其私度私创，使之自废。今之存者特千百之十一耳。然不考其已废者而并载之，则圣神之见度越前代帝王之远，孰得而窥之哉？乃志寺观。

福州府

闽县

开元寺在灵山之西。旧属怀安，梁太清三年置。旧名“灵山”，寻改“大云”，唐初改“龙兴”，开元二十六年改今名。寺之后有芝山，故复匾其门曰“芝山”。会昌中汰天下寺，州存其一，即此是也。宋天禧中灾。庆历三年合开元、庄严二寺之地重建，更名“开元庄严禅寺”，国朝为祝圣之所。中有平怀堂。　普光塔寺在府城东隅甘棠坊内。宋熙宁五年建。旧有塔五级，国朝洪武间增为七级。宣德间徙建于寺西百步许。（上二寺俱府治东。）

万岁寺在九仙山之西。唐天祐元年王审知建。五代梁赐今额。内有定光塔、金粟台。 **南法云寺**五代唐清泰元年伪闽建。初名地藏通文寺，宋祥符间赐今额。国朝宣德中内使卓广梁重建。

法海寺在九仙山之西北罗山之下。五代晋开运二年建，名"兴福院"，亦名"罗山寺"，宋祥符中改今名。政和中改为"神霄宫"。宣和初改为"女贞观"。建炎初复旧。内有放生池。我国朝初有司以储军器。正统二年重建。（上三寺俱府治东南。） **鼓山涌泉寺**在鼓山里。唐建中四年有龙现于山之灵源洞，因建寺镇焉。王审知尝命僧神晏居于其中，而倾其国资以给之。乾化五年改为"鼓山白云峰涌泉院"。中有华严台、妙峰阁、一多庵、痴坐轩、憨睡室、无尽门，总名曰"华严"。国朝复改寺，宣德初重建。

云门寺在南洋屿[1]。宋嘉定间建。中有吸江亭、石莲。国朝永乐间太监郑和重建。 **石泉寺**洪武三年建。（上二寺在江左里。） **衡山寺**[2]在江右里。唐景福二年建。 **海文殊寺**在嘉登里。 **大乘爱同寺**在东山。梁大同六年置"大乘寺"，十二年置"爱同寺"，唐大中十一年，合二寺为一，因名。宋元祐中，许将请为功德院，中有夜光台、神僧室、鉴净轩、放生池。 **文殊般若寺**唐景龙四年建。咸通中赐额，曰"东山文殊般若寺"。国朝成化七年重建。寺之山旧产金沙。（上二寺在瑞圣里。） **华严寺**在浦头。宋太平兴国八年建，即地藏塔院也。其地本唐翁承赞之第，有昼锦亭、狎鸥池。 **宝月寺**唐乾宁初建。宋乾道六年陈诚之请为功德院，改曰"广因报先"。国朝永乐元年重建。

东禅寺在白马山。旧名"净土"。唐武宗时废为"白马庙"。咸通中，撤庙为寺，号"东禅净土寺"。中有放生池。国朝成化三年重建，改名"东禅宝降禅寺"。 **地藏寺**唐乾宁元年建。（上四寺在易俗里。）　太平兴国寺在光俗里。旧名“咸通般若寺”。宋太平兴国四年　赐今额。　灵洞寺在至德里。唐咸通四年建。　龙瑞寺唐天复元年建。国朝天顺二年重修。　云林寺宋绍圣三年建。（上二寺在永南里。已上一十五寺俱府城东。）

妙峰寺在仁峰里妙峰山之巅。宋建隆元年建。　梁山寺在还珠里。　枕峰寺宋建隆元年建。西峡渡之南，驿道往来候潮之所。国朝正统九年重建。　吉祥寺宋景祐元年建。国朝成化间知府唐珣建。（上二寺在归义里。已上四寺俱府城南。通上寺凡二十四所俱存。）　祥光龙华寺梁时建。　华林寺陈天嘉中建。（上二寺在鼓山里。）　祥光延祐报恩寺在桑溪里。圆明寺在易俗里。　方山寺在光俗里。陈天嘉元年建。有贾岛、章敬碑铭。　瑞迹寺在开化里。唐咸通元年建。（上六寺俱府城东。）　报恩光孝寺在时升里。宋崇宁二年建。政和初改“天宁万寿禅寺”，绍兴间累改今名。有李纲所撰《瓯粤铭》。

头陀万寿寺在嘉崇里。宋至治二年建。　兴福藏寺在还珠里。　白鹿寺在精善里白鹿山之榕溪。唐元和四年建。诛茅之日，白鹿适至，咸通中因赐今额。前有白鹿亭。（上四寺俱府城南。）　唐兴寺梁天监元年建。　佛力寺梁普通五年建。闽光寺梁大同二年建。　陈棋寺　塔林寺（上二寺俱陈大建元年建。）　香林寺隋开皇十年建。（上六寺见旧记。已上寺凡一十六所，俱废。）　九仙文殊院唐景福二年王潮建。　嘉福院宋大中祥符四年建。　圆明院在九仙山之南。五代周显德五年建。　内汤院在府治东北。宋嘉祐间建。有温泉。（上四院俱存。）　报慈崇恩经院在开元寺东。宋太平兴国六年置。后并入开元寺。　九仙天王院宋天圣元年建。　九仙育王院宋嘉祐二年建。有海月堂。郡守程师孟有诗。　安福院在丁戊山。唐咸通十三年建。五代梁乾化二年王审知建。木塔七级,俗呼新塔。　**妙严院**在东南隅。宋天禧四年建。有熙春亭。(上五院俱废。已上九院俱在府城中。)　**弥勒院**在桑溪里。唐时建。又光德里亦有弥勒院,宋天圣九年建。　**妙相院**在鼓山里。　**飞泉院**唐武德元年建。　**幽居院**五代唐天成元年建。　**甘泉院**宋政和四年建。又开元里亦有甘泉院,唐开元元年建。　**招善院**宋庆历六年建。　**香炉院**五代晋天福二年建。　**云岩院**五代周显德六年建。(上六院在合北里。)　**香岩院**五代唐天成元年建。　**清福院**宋熙宁七年建。　**保福院**宋嘉定中建。又嘉崇、瑞圣、还珠三里各有保福院。　**重云院**元至正二十年重建。(上四院在江左里。)　**清胜院**在嘉登里。宋元符二年建。　**东报恩院**五代晋天福十年建。　**资福院**宋建中靖国间重修。又易俗、嘉崇、西集三里各有资福院。　**兴善罗汉院**宋天禧中建。　**东峰资圣院**宋熙宁二年建。又方岳里亦有东峰院,宋明道二年建。　**瑞林院**宋元丰元年建。(上五院在孝义里。)　**圣泉院**唐景龙元年建寺。旧名"法华",先天二年立今额。有多宝塔、御书堂、放生池。　**灵泉院**唐咸通二年建。又光俗里亦有灵泉院。　**永和院**五代唐天成元年建。　**报慈院**五代晋天福元年建。　**宝峰院**宋乾德二年建。　**华严院**宋景德四年建。　**眠云院**宋庆历五年建。　**闽山塔院**宋庆历七年建。　**普贤院**宋庆历八年建。　**凤山院**(上一十院在瑞圣里。)　**顺峰院**唐咸通九年建。　**三昧院**唐中和五年建。　**东报国院**唐天祐元年王审知为昭宗建,名"报国资圣院"。　**东林院**五代梁开平二年建。又光俗里亦有东林院,五代梁开平中建。　**无量寿院**宋乾德二年建。　**楞严院**宋建德五年建。　**同庆院**宋开宝三年建。　**舶塔院**开宝七年建,号“舶塔天王寺”。有宝鸡亭，以东望金鸡山故也。　崇福院宋太平兴国三年建。　崇寿院宋咸平元年建。　罗汉院　福林院（上二院俱天禧四年建。）　多宝院宋景福四年建。　南报国院　广福院（上二院俱宋治平四年建。）　德慧塔院宋元符三年建。　观音院宋大观二年建。又古山、永北、光德、至德、永庆、钦仁六里各有观音院。　瑞圣院宋天禧二年建。（已上一十八院在易俗里。）　国德院唐景龙三年建。　清凉院唐咸通五年建。又永南里亦有清凉院，五代晋天福五年建。（上二院在光俗里。）　广明院　光启院唐光启二年建。　佛顶院又瑞圣里亦有佛顶院。俱宋天历八年建。（上三院在至德里。）

崇林院在官贤里。宋治平三年建。　灵山院梁大同元年建。　泗洲院宋开宝七年建。　广福院　西方院（上二院俱宋康定元年建。）　西坊塔院宋康定二年建。　龙卧院宋嘉祐八年建。（上六院在仁惠里。）　石湖院唐广明二年建。　天王院宋太平兴国元年建。又归善、高详二里各有天王院。　鹫峰院宋熙宁三年建。（上三院在永北里。）　保圣院在开化里。宋元祐四年建。（已上六十二院俱府城东。）　玉泉院在时升里。宋景祐二年建。　超功院陈大建元年置。　高盖院唐咸通七年建。（上二院在仁丰里。）　圣迹院五代梁贞明二年建。

钓龙台院宋淳化四年建。中有达观亭，蔡襄有诗。碧光亭，程之邵有诗。　弥陀院宋开宝二年建。又官贤里亦有弥陀院，国朝洪武间以其址为白湖铺也。　兴圣院宋靖康元年重建。（上四院在嘉崇里。）　河口弥勒院在高惠里。宋乾德二年建。

报恩堂院五代梁贞明五年建。　隐峰院宋绍圣二年建。

兴福藏院　龙山院　隆兴院（上六院在还珠里。）　瑞峰院五代晋天福元年建。又易俗里亦有瑞峰院，宋建隆二年建。

宝积院宋天禧二年建。 勤峰院宋天禧间建。 新兴院(上四院在西集里。) 灵湖院宋雍熙二年建。 西岩院宋雍熙四年建。 五仙观音院唐天宝二年建。 紫薇院宋天圣三年建。 新兴院 文殊院宋景祐二年建。(上六院在方岳里。) 香云院在永庆里。宋大中祥符元年建。 应天院五代周广顺四年建。 三峰院宋元丰八年建。(上二院在清廉里。) 西林院在灵岫里。唐咸通中建。 大悲院唐咸通七年建。 开化院唐咸通八年建。 应瑞院宋开宝八年建。(上三院在绍惠里。) 宝林院宋乾德二年建。 广济院宋太平兴国七年建。 福圣院唐大中十二年建。 释迦院五代晋天福四年建。 报恩院 福兴院 应圣院 瑞云院(上八院在钦仁里。) 灵合院在积善里。唐开成二年建。 崇寿院在归义里。(已上四十院俱府城南。) 真隐院在永北里。唐光化二年建。院近西峡,往来者多憩焉。有止堂。 银峰院 兴福文殊院唐大中元年建。(上二院在高详里。已上三院俱府城东南。通上院凡一百五所,俱废。) 净业尼院在府治东南秀实坊。五代梁贞明六年建。 崇庆尼院宋雍熙元年建。(上二院俱存。) 九仙资福尼院宋元祐五年建。(上二院俱府治东南。) 法林尼院在易俗里。梁大通元年建。闽之尼院自此始。 栖隐尼院在瑞圣里。又光德里亦有栖隐尼院,五代唐同光四年建。 报恩尼院在孝义里。又嘉崇、方岳二里各有报恩尼院。 宝林尼院在孝义里。 栖林尼院宋绍兴中建。 崇圣尼院宋元丰二年建。 南法林尼院宋政和中建。(上三院在官贤里。) 水陆尼院在嘉崇里。宋元丰元年建。 福兴尼院 新兴尼院(上二院在还珠里。) 松峰尼院在归善里。宋宣和七年建。(已上一十二尼院俱废。) 大悲庵在孝义里。宋太平兴国五年建。 **新尼庵**在永福里。 **慈氏堂**在还珠里。(已上庵堂凡三所俱废。) **九仙观**在府治东南。初,郡人谓九仙、乌石两山左弱右强,乃建观于九仙山之巅,时宋崇宁二年也,号“天宁万寿”,绍兴间改为“报恩广孝”,寻复改“广孝”为“光孝”。政和间尚书黄裳增建楼阁。元至正初改为九仙观。国朝永乐间太监郑和、正统间内使柴山、左布政使周颐俱尝修建。成化十八年镇守太监陈道复修建一新。郡人王孜诗:“汉唐兴废犹昨日,沧海茫茫天一碧。西风杯酒须尽欢,当时九鲤成陈迹。”观有石刻古记一篇,大概谓有金埋于于山,但其文类谶讳语,莫晓所谓。

玄妙观在府城东门外。宋大中祥符三年建,名“天庆观”,元元贞元年改今名。国朝洪武二十四年并为丛林。 **泰和观**在府城东易俗里三昧山下,废。 **中山嵩岳崇福行宫**在府治东南岳临坊内丁戊山巅之南。 **太华宫**在光俗里。 **玉虚堂**在临清河边。元至正间建。又府城南时升里亦有玉虚堂,元大德九年建。 **云寓堂**在闽县前。元参政魏天祐建。(上二堂府治东。) **真武堂**元至正间建。 **北斗堂**永乐六年建。(上二堂在府治东北。) **混元堂**在光俗里。元大德间建。 **玄元堂**在府城南绍惠里。元至正二年建。

侯官县

神光寺在乌石山之麓。唐大历三年析南涧为“金光明院”,七年改为“大云”,会昌间废。大中三年,监军孟彪构亭凿池其间,号“南庄”,明年舍为寺,又明年赐今额。国朝两经回禄,随复建。成化十九年镇守太监陈道重建。 **仁王寺**在神光寺之右。五代晋天福三年伪闽连重遇建,国朝洪武间修。有雨花阁、横山楼,寻毁。天顺七年重建。 **南涧报国寺**在神光寺之左。梁大通六年建。唐宁二年王审知创天王殿,改号“南涧[3]”。护国天王以其在南涧之旁，故名。又有净胜轩。国朝景泰三年灾。成化十九年镇守太监陈道重建。　**石塔寺**在南涧寺之东。唐贞元十五年，德宗诞节，观察使柳冕造石塔，赐名“贞元无垢净光”。五代晋天福六年王延羲重建。国朝永乐、宣德、景泰、成化间俱尝修建。

地平瑜珈教寺在乌石山之北。元至正十七年建。国朝正统间镇守奉御来住重修。景泰六年奏改名“法禅寺”。俗呼“地平堂。”　**弥勒寺**在释迦寺东。（已上六寺俱在府城中。）　**怡山西禅长庆寺**旧号“信首”，隋末废。唐咸通八年重建。寻改名“清禅”，又改“延寿”，又改“长庆”，宋景祐五年敕号“怡山长庆寺”。中有奎华阁、紫翠亭、放生池。国朝宣德二年重建。正统间相继修建一新。　**楞伽寺**唐大历六年建。（上二寺在一都。）**石松寺**宋大中祥符三年建。国朝成化九年重建。　**奉先寺**梁乾化三年建。　**龙安寺**唐乾宁元年建。国朝成化三年重建。（上三寺在三都。）　**安元寺**在五都。宋景祐二年建。国朝正统三年修。（上六寺在府城西。）　**精岩寺**在七都。唐长兴二年建。有妙观亭、独露庵、金界亭、盘陀石、金刚窟、清凉台、月华庵、华峰亭、绿阴亭、喜见亭，俱宋元符间建，国朝洪武间重建。　**灵隐寺**在八都。唐咸通二年建。（上二寺在府城南。）　**仙宗寺**在五、六都。五代唐同光二年建。后毁，元至正二十三年重建。有历峰亭、白鹤岭、洗钵池、昙花磴、枢松关、金鸡岩、卓锡泉、垂萝径，号八景。　**禅林寺**在六都。五代唐天成五年建（上二寺在府城西南。）　**雪峰崇圣禅寺**在二十八、九、三十都。唐咸通十一年建。乾符二年赐号“真觉”，宋太平兴国三年赐号“崇圣”。有鼇山阁、枯木庵、留香堂、文殊台、白云堂、卧云堂、乘云台。　**超山报国寺**在十三都。隔大江沿浦而入，有孤阜超然突起，故名。元泰定初建。　**南禅寺**在十四都。五代梁乾化二年建。　**新兴寺**唐中和元年建。　**香林寺**五代晋天福六年伪闽建。（上二寺在二十四都。) **灵峰寺**在三十五都。宋庆历七年建。(上六寺俱在府城西北。已上二十二寺俱存。) **大沩寺**唐中和五年建。宋大观间余深请为坟庵。 **应真寺**唐光化二年建。 **西报恩寺**唐天复三年建。 **松山寺** **末山寺**(俱五代晋天福四年伪闽建。) **永隆寺**宋开宝元年,吴越钱氏建。 **香岩寺**宋淳化元年建。 **显报寺**宋祥符元年建。 **观音台寺**宋建炎三年建。(上九寺在一都。) **唐安寺**陈天嘉二年建。 **开元寺**宋景祐四年建。 **显庆寺**宋庆历六年建。(上三寺在草市都。)

云居寺唐乾符五年建。 **鸿恩寺**唐广明元年建。 **隆安寺**宋淳熙元年建。(上三寺在三都。) **双峰寺**在四都。唐咸通五年建。六年赐号"护圣禅院"。宋绍兴三十一年以为枢密富直柔功德院,号"崇因荐福"。 **妙峰寺** **洪山寺**(上二寺在□都[4]。已上一十八寺俱府城西。) **栖云慈峰寺**在七都。唐乾宁元年建。 **佛座寺**宋元祐元年建。 **幽林寺**宋大观三年建。(上二寺在九都。已上三寺俱府城西南。) **雪峰寺**唐建中初建。 **石门兴福寺**唐光启三年建。 **明山寺**宋天圣二年建。 **宝庆寺**宋庆历三年建。(上四寺在十二都。) **仁王寺**在十二、三都。宋庆历八年建。 **药山寺**晋太康元年建。 **象峰寺**梁太清元年建。 **石泉寺**宋乾德三年建。(上三寺在十四都。) **白龙寺**五代晋天福二年伪闽建。 **困山广福寺**天福四年伪闽建。(上二寺在十五都。) **南山寺**在十九都。唐光启二年建。 **邓山寺**在二十五、六都。宋治平三年建。 **金砂寺**在二十七都。宋建炎三年建。 **镇国寺**在三十四都。唐中和元年建。 **灵塔寺**在十一都。晋太康三年建。唐武德二年赐额。(已上一十五寺俱府城西北。通上凡三十五寺,除大沩、妙峰、洪山、灵塔四寺久废,其余三十一寺,国朝洪武间并为丛林。

今渐次俱废。） **宝峰寺**在甘蔗州。 **明空寺**刘宋升明三年建。 **妙果寺**齐永明三年建。 **临江寺**梁天监三年建。 **花山寺**梁大通四年建。（上五寺俱见旧记，赵宋时已不存矣。）

南报恩寺在南涧寺。南唐大中十一年以隙游亭之地创寺并塔七级。咸通中，敕号“神光塔院”，曰报恩塔院。周朴诗：“风云会处千寻险，日月中时八面明。”闽之浮屠始于萧梁，高者三百尺，至有倍之者，峻拔相望。乾符五年巢寇焚殄无遗。其后，王审知父子相继创建，凡七塔。宋谢泌诗云：“城里三山千簇寺，夜间七塔万枝灯。”国朝两经回禄，随复建，并入南涧寺。 **上生院**唐大中六年建。中有放生池。 **千福院**唐乾光三年置[5]。 **延祥院**五代晋天福五年置。本闽之邮馆，宋绍兴五年屯驻水军因以为延祥寨。 **释迦院**宋天圣四年建。（上五院俱在乌石山。）

育王塔院在右一坊。闽王时建。 **龙山院**宋端拱二年建。

开化院宋景祐四年建。（上二院在府治西。） **万寿院**在府治南隅。五代晋天福元年王继鹏以太平宫改建。 **祖堂院**宋开宝四年建。 **道清天王院**五代梁乾元二年建。（上二院在府治西南。） **法祥院**在府城南闽山。宋建隆初建。 **佛国院**宋太平兴国二年建。 **云林院**宋天禧二年建。 **兴福院**天禧五年建。 **翠峰罗汉院**宋天圣五年建。 **普通院**（上五院在草市都。） **应真院**唐光化六年建[6]。 **西罗汉院**唐乾化二年建[7]。 **西观音院**五代梁贞明六年建。 **太平兴国院**宋太平兴国元年建。 **报亲院**宋大中祥符元年建。 **极乐院**宋天圣元年建。 **清泉院**宋景祐四年建。 **东观音院**宋庆历三年建。 **报国东院** **石山院**宋熙宁元年建。 **永寿院**宋大观元年建。 **长汀院**宋崇宁二年建（上一十二院在一都。） **罗汉功德院**唐大中十三年建。咸通六年赐额。 **廊回院**唐咸通五年建。　吉祥院宋大中祥符九年建。　报先院宋至和元年建。　保庆院　瑞林院（上六院在二都。）　安元院在十二都。宋治平中建。　保福院在十二、三都。宋天圣三年建。又十九、二十一、二十二都，三十二、三都亦有保福院，俱府城西北。

仰月院在十三都，宋庆历八年建。　南禅院五代梁乾化三年建。　林洋院宋开宝二年建。　南峰院　资福院又二十八、九、三十都，三十一、二、三都亦有资福院。　荐福院（上五院在十四都。）　龙泉院唐麟德元年建。　三峰永宁院唐咸通二年建。　罗洋院五代晋天福九年建。　怡山院宋开宝元年建。（上四院在十六、七都。）　慈恩院宋景祐二年建。　归宗院　灵峰院（上二院俱宋庆历间建。）　万回院宋至和三年建。

广福院　延庆院　翠峰院（上七院在三十五都。已上四十二院俱府城西。）　资圣院唐大中十一年建。　奉天院五代梁乾化二年建。　香积院梁贞明六年建。　历山院宋天禧元年建。　白莲院（上五院在三都。）　鸿恩院在三、四都。唐广明元年建。　白云院　五云院（上二院俱唐天复三年建。）　积善院唐光启二年建。　中峰院光启三年建。　禅林院五代唐天成五年建。　保圣院宋熙宁八年建。　宝林院宋景祐二年建。（上七院在五、六都。）　福胜院唐大中十三年建。　新安院五代周广顺元年建。　靖安塔院宋大中祥符元年建。　圆庆院宋皇祐元年重建。　靖安院宋政和四年重建。（上五院在七都。）　安德院唐大中初建。　新兴院唐咸通中建。　灵源院宋嘉祐中建。（上三院在八都。）　报恩院在九都。宋至和元年建。又府城西北二十五、六都亦有报恩院，宋庆历三年建。（已上二十二院俱府城西南。）　龙龛院宋太平兴国七年建。　沩山竹林院宋乾德五年建。（上二院在十一都。）　福山院唐咸通九年建。　罗汉院五代唐长兴四年建。　慈云院宋皇祐元年建。　凌霄院宋元丰八年重建。(上四院在十五都。)　龙丘院在十八都。宋大中祥符五年建。　应山资福院五代汉乾祐中建。　净名院宋开宝九年建。　兴化院宋太平兴国六年建。　龟峰院宋政和元年重建。　福钱院(上六院在十九都。)　云顶院五代梁贞明二年建。　云际院宋太平兴国元年建。　福兴塔院宋康定元年建。　黄洋院　福兴院　雁湖院(上六院在十九、二十、二十一、二十二都。)　应天院五代周广顺二年建。　广寿院宋景祐二年建。　福圣院(上三院在二十三都。)　邓山院宋治平三年建。　弥陀院宋熙宁三年重建。(上二院在二十五、六都。)　方山院五代汉乾祐元年建。　锄洋院　华岩院(上三院在二十七都。)　禅林院宋天禧三年建。　延寿院宋治平中建。　观音院　西林院　兴福院又二十四都、三十四都俱有兴福院。(上五院在二十八、九、三十都。)　保安院宋庆历四年重建。　法云院　保寿院(上二院在三十一、二、三都。)　宝积院五代唐同光三年建。　崇庆院五代汉乾祐三年建。　崇寿院宋开宝七年建。　东林院宋治平中建。　龙瑞院　瑞云院　普贤庄院　清凉院　西林院(上二院俱宋天圣间建。)　瑞林院(上一十院在三十四都。)　报国院宋熙宁元年建。　妙峰院　南际院　福山塔院　佛顶院　广因院(上六院在三十六都。已上五十一院俱府城西北。)　西法林尼院在府治西南。宋崇宁二年建。　崇福尼院　资福尼院又十二都亦有资福尼院。宋庆历七年建。　西崇福尼院宋大观三年建。(上三院在一都。)　兴福尼院在十二都。宋天禧三年建。又七都亦有兴福尼院,五代唐清泰二年建。　新兴尼院宋至和二年建。　灵石尼院宋政和三年建。

（上二院在十四都。）　**观音尼院**在三都。宋元丰八年建。　**灵泉尼院**在八都。宋景德四年建。又二十四都亦有灵泉尼院。　**神安尼院**唐乾符元年建。　**灵峰尼院**（上二院在三十一、二、三都。）　**南际尼院**在三十六都。　**广林尼院**　**飞泉尼院**（上二院在二十七都。）　**荐福尼院**在二十三都。　**雪峰庵**在府城南隅福星坊内。乃侯官雪峰崇圣禅寺廨院也。成化十八年镇守太监陈道重建。　**寻山庵**在七都。陈太建元年建。　**紫极宫**在府治南聚英坊内之北。唐乾宁五年建。　**冲虚宫**在府城西西禅寺之南。按旧志，梁王霸父增自齐时渡江入闽，居西禅，善黄老术。霸自幼亦好之。尝于怡山之南凿井，有白龟吐泉，炼药既成，能点瓦为金。是岁闽中斗米千钱，乃鬻金运米以济贫民。后以所余药服之，旬日蜕去。唐贞元中观察使李若初尝登楼西，望有五色云当其宅，遂建冲虚宫，塑任敦、董奉、徐登及霸像为四仙祠。伪闽王延翰重建。

怀安县

乾元寺在府城北隅越山之南麓。晋太康三年建。初名“绍因”。唐乾元三年赐额。今其北为军营。　**华林寺**在越山之东麓。宋乾德二年郡守鲍修让建，号“越王吉祥禅院”。有环峰亭、绝学寮、胜会亭。国朝宣德六年重建。正统九年右参政宋彰奏请今额。　**北法云寺**在府治北。五代周显德四年建，宋祥符八年赐今额。其址今为军营。　**大中寺**在府城西南隅。内有小山曰“钟山”。梁普通二年建，隋改为“鸿业寺”，唐上元中更名“福唐寺”，大中四年赐今额。有定慧塔，五代唐开平中王审知建。　**太平寺**本开元寺地。五代唐同光元年王审知建。宋屡毁，随复修建。建炎三年敕奉安濮安懿王神主，遂以其寺之半为嗣王行府，绍兴五年因以为外宗正司，今福州中卫乃其故址地也。　**庆**

城寺在狮桥之东北。本伪闽王延羲之第，五代晋天福间建为“永隆金身罗汉禅寺”。宋祥符三年赐今额。国朝洪武十三年重建。(上二寺俱在府治东北。) 灵光寺在府城西一都。宋建炎四年重修。中有凤凰池。 安国寺在二都。始曰“龙丘”。唐会昌间废。乾宁间王审知复之。中有笺经台、放生池。 升山灵岩寺陈天嘉三年建。唐兴元间赐额。 贤沙寺在升山之下。五代梁开平元年建。绍兴间丞相朱淖请为功德院，赐额“教忠崇报”。国朝永乐七年重建。 凤池寺五代汉乾祐元年建。二年赐“凤池报恩”额。宋绍兴八年以为颜门、下岐焚修之场，改“显忠嗣庆”额。中有华藏阁。(上三寺在三、四都。已上四寺俱府城北。) 剑池院在越山剑池之上。唐元和十四年建。 保寿院宋乾德五年建。 越峰罗汉院宋太平兴国中建。(上二院在府城北隅。已上三院俱存。) 天宫院在越山。五代晋天福四年建。宋改为西外敦宗院。 灵山天王院在城东隅。宋皇祐三年建。 隆庆院在城东北隅。 荐福院宋天圣四年建。今为左卫。(上四院俱废。) 泗洲院在府城西一都。又五、六都、十一都亦各有泗洲院。 偃峰院五代梁乾化二年建。 香灯资福崇福院唐同光三年建。 太平山地藏院同光四年建。 白龙院五代晋天福元年建。 保福院五代周广顺二年建。 闽山院宋乾德四年建。 西峰院宋宝元元年建。 马鞍山地藏院宋开宝二年建。 兴圣院宋庆历三年建。 灵源院庆历五年建。 螺峰院宋嘉祐二年建。 资福院 北天王院 兴庆院宋开宝七年建。 仙宗塔院宋天圣二年建。 南塔院宋皇祐元年建。 秀峰院皇祐四年建。 大慈院宋元丰三年建。 凤山院 洪福院唐太和三年建。 鹿苑院宋崇宁五年建。 资圣院宋开宝九年建。 报先院宋元祐五年建。　菩提院宋元符二年建。　资国院　观寂院(上二十六院在二都。)　金华院唐大顺三年建。　崇福院宋太平兴国二年建。　药师院宋开宝八年建。　慈峰院　普明院宋开宝三年建。　宝峰院　普闻院宋太平兴国二年建。　白莲院　莲花院唐大顺二年建。　林阳院五代唐长兴二年建。　兴福院宋开宝四年建。　大仙宗院宋雍熙四年建。　报恩院宋大中祥符八年建。　盐山院宋庆历八年建。　资圣院宋熙宁三年建。　保福院宋绍兴三年建。(上一十六院在三、四都。)　幽居院唐广明元年建。　兴国院　隐峰院(上二院俱唐天复二年建。)　清凉院唐光启三年建。　广平院唐天祐四年伪闽建。　大林洋院五代晋天福元年伪闽建。　瑞云院天福三年伪闽建。　祥云院天福四年伪闽建。　慈云院　奉慈院(上二院宋太平兴国七年建。)　鹫峰院宋天圣二年建。　万安院宋嘉祐元年建。　长生院宋元丰三年建。(上一十三院在十六、七、八、九,二十一、二都。)　九峰院唐大中二年建。　东林院唐咸通三年建。　小资福院唐大顺三年建。　五台院唐光化三年建。　灵峰院五代唐同光三年建。　翠微院五代唐天成元年建。　崇福院　三峰院(上二院宋太平兴国三年建。又古蕉溪屯及府城东北五、六都亦有崇福院。)　丁山院宋元祐二年建。　瑞云院宋政和二年建。　兴福院　翠云院　保福院(上一十三院在二十二、三、四、五都。已上六十八院俱府城北。)　清流院唐太和三年建。　建兴院宋元丰四年建。　观音院又九都、十都亦有观音院。(上三院在七、八都。)　鹫峰院唐太和八年建。　白泉院唐天复三年建。　大善院　保寿院五代晋天福六年伪闽建。　弥陀院宋开宝二年建。　香灯地藏院　龙安院宋庆历元年建。　弥勒院宋嘉祐三年建。　保安院宋绍圣二年建。(上九院在九都、十都。)　南山院唐太和十年建。　兴义院五代晋天福八年建。　建瑞院(上三院在十一都。)　吉祥院唐咸通六年建。　栖隐院五代汉乾祐三年建。　云居院周显德三年建。　普济院宋开宝四年建。　重林院宋天禧元年建。　三明院宋熙宁六年建。(上六院在十一、二都。已上二十一院俱府城西南。)　石泉院在越王山之北。石壁峭立,泉出其下。唐元和中建院于泉侧,敕号"石泉"。又府城西南杨崎里亦有石泉院。　华岩院宋开宝七年建。　尧山院　资国院五代晋天福三年建。　西峰院　翠林院唐太和三年建。　新兴院　庆安院　寿山广应院唐光启三年建。　芙蓉院唐太和中建。咸通中赐"咸通延庆禅院"额。宋改"太平兴国"额。　资圣院唐天复四年建。　瀑布院五代梁乾化二年建。　灵峰院五代晋天福九年建。　罗汉院　云际院(上二院俱宋元丰七年建。)　前观音院　后观音院　五云院　秀峰院　资福院　中兴院(上二十一院俱在府城东北五、六都。)　广明郁林院唐广明元年建。　香溪石峰院五代唐天成元年建。　龙兴院五代周显德元年建。号"仙宗"。后改今额。　宝胜院宋建隆二年建。　报先院　法云院　宴云院　云林院(上二院俱宋太平兴国三年建。)　净安院　仰山院　庆云院闽王舍花园创建。后废。宋皇祐元年复建。　西台院宋淳化五年建。　般若院宋元丰六年建。(上一十三院在十三、四、五都。)　嵩山院五代梁乾化元年建。　白云院宋端拱元年建。　荐福院宋皇祐二年建。　西灵院(上四院在十一、二、三、四、五都。已上一十七院俱府城西北。)　景尼院在府城内东北。陈太建二年建。　崇林尼院在府城西九都、十都。宋绍兴二十年建。　保安净

居万定尼院五代梁乾化三年建。　**释迦尼院**宋元祐八年建。**观音尼院**宋嘉祐二年建。　**新兴尼院**（上四院在二都。）**报恩尼院**又府城西北超胜里亦有报恩尼院，宋雍熙四年建。**灵石尼院**（上二院在二十二、三、四、五都。已上六院俱府城北。）　**云溪尼院**在十一、二都。五代唐长兴二年建。　**祥山尼院**在九都、十都。宋元祐八年建。　**资福尼院**在七都、八都。崇宁二年建。（上三院俱府城西南。）　**昙山尼院**宋崇宁五年建。　**香林尼院**（上二院在十三、十四、十五都。）　**西林尼院**在三十四、五都。（上三院俱府城西北。）　**烟霞女贞观**在府治东子城坊。　**冲真道观**在府治西登云坊内。元至正二十年建。国朝正统初知府张徽修。成化十六年知府唐珣重修。　**虚夷观**在府治北中渎越峰之阳。五代唐长兴二年建。宋嘉定二年赵汝会重建虚夷堂于越王山之巅。今俱废。　**祐圣宫**在府治西新营巷内。　**迎仙道院**宋时迎玉蟾真人于此，故名。嘉定二年赐今额。　**西河道院**在眉寿坊内。元大德九年建。旁有玄坛祠。（上二道院俱府治西。）　**太清堂**永乐九年建。　**朝真堂**在小鼓楼。洪武二十八年建。（上二堂在府城东北。）

长乐县

观音寺在县东隅。唐咸通四年建。　**天王寺**在县西隅。唐大中七年建。有天王阁。　**资寿寺**在九都。宋太平兴国二年建。　**光岩寺**在十三都。陈大建九年建。（上二寺俱县东。）**西峰寺**在六都。五代梁开平二年建。　**当阳寺**在七都。唐咸通六年建。有山月堂，陈郊有诗。　**竹林寺**在十二都。唐大中十一年建。中有安适轩，又有三十六庵。宋庆历中并为寺，庵遂废。　**灵峰寺**在十九都。唐大中七年建。寺有石洞，里人尝见龙乘云而归，因号“龙龛山灵峰院”。八年赐额。陈襄诗：“天柱支南极，蓬山压巨鳌。云崩石道险，潮落海门高。客馆闻鳌鼓，秋风忆蟹螯。凭栏望乡国，千里楚江歌[8]。”张徽诗：“云蒸洞穴秋成雨，泉落庭除夏结冰。”湛俞诗：“万里碧光晴望海，一堂幽响夜听泉。”陈珏诗：“石洞云归春雨足，海门月上夜潮生。”林迥诗：“门前红日海千里，池上白莲山四邻。”僧子耶诗：“松欺腊雪千年在，竹引溪风六月寒。”（上四寺俱县东南。） **岩泉报恩寺**唐天复二年建。 **灵山寺**在二十一都。唐咸通五年建。 **皇恩寺**在二十三都。梁太清元年建。 **棋山寺**在二十四都。唐咸通五年建。 **祥云寺**在方安里。唐光化二年建。 **崇信寺**在大宏里。唐咸通二年建。（上六寺俱县东北。已上一十四寺俱存。） **灵隐寺**在九都。梁大通二年建。 **县山寺**梁大同五年建。 **兴国寺**陈大建五年建。 **灵芝寺**唐永泰元年建。（上三寺宋时已废。） **甘泉院**在县西隅。五代晋天福九年伪闽建。 **资圣院**在县西隅。宋太平兴国八年建。寺之南有石涧如船，俗呼“石船资圣院”。 **龟石泗洲院**在十都。宋太平兴国元年建。 **泗洲院**唐大中六年建。 **地藏院**宋建隆元年建。（上二院在十三都。） **龙宫院**唐乾符三年建。 **广顺院**五代周广顺元年建。 **北观音院**宋太平兴国二年建。（上二院在旧絃歌里。已上六院俱县东。） **新安院**五代唐同光元年建。 **灵握院**唐广明元年建。 **秀峰院**五代唐长兴二年建。 **中峰院**宋端拱初建。（上四院在四都。） **南栖林院**唐中和元年建。 **阮山院**唐中元二年建。 **南崇福院**五代晋天福二年建。 **东庵院**宋太平兴国四年建。 **乾元院** **保福院**（上二院俱宋太平兴国七年建。已上六院在五都。） **新成院**在十八都。唐大中十三年建。 **大溪新丰院**在十九都。宋淳化二年建。 **南阳院**唐景福元年建。　宝林院宋太平兴国二年建。初名“栖林”，治平中赐今额。　灵台院宋太平兴国八年建。（上三院在二十都。已上一十五院俱县南。）　南观音院唐咸通四年建。　南福兴院唐天祐二年建。　小门院五代晋天福二年建。　瑞峰院五代周广顺二年建。　灵源院宋开宝二年建。　极乐院宋太平兴国元年建。　南甘泉院宋太平兴国二年建。　报先院宋端拱二年建。（上八院在八都。）　建林院唐永泰元年建。　龙泉院唐大中十三年建。　兴国院唐大顺二年建。　福安院唐天祐二年建。（上四院在十一都。）　法涧院梁太清元年建。　光泽院唐天宝二年建。（上二院在十二都。）　五云院唐大中间建。　鸿庆院宋建隆元年建。　华藏院宋开宝九年建。　报恩院宋太平兴国九年建。（上四院在十七都。）　灵光院在旧海滨里。　灵鹫院（上二院俱唐咸通九年建。）　宝藏院宋太平兴国三年建。（上二院在旧昆由里。）　福兴院唐咸通二年建。　南崇信院咸通八年建。　净林院五代梁乾化二年建。　幽林院五代晋天福二年伪闽建。　三峰院　西崇福院（上二院俱五代汉乾祐二年建。）　灵山塔院宋开宝三年建。（上七院在旧崇丘里。已上二十八院俱县东南。）　双峰院唐咸通五年建。　资福院五代唐清泰二年建。　北崇福院五代晋天福十年建。　妙峰院五代汉乾祐二年建。　越峰院宋太平兴国七年建。（上五院在二十一都。）　灵瑞院在二十三都。唐天祐二年建。（上六院俱县东北。已上寺院凡六十一所俱废。）　禅林尼院唐咸通八年建。　栖林尼院五代晋时建。（上二尼院在十三都。）　金沙尼院在十一都。唐咸通五年建。　永寿尼院在旧昆由里。宋开宝三年建。　南山塔庵　普照庵（上二庵在西隅。）　东华观在县治北东偏。宋开宝元年建。　万寿道院在县东南十七都。宋宣和六年建,国朝成化十八年重修一新。

连江县

龙卧寺在钦平上里。隋仁寿三年建,国朝正统四年重建。**宝积寺**在二十七都。宋嘉祐二年建,国朝正统元年重建, **永宁寺**在二十九都。宋嘉祐二年建,国朝正统初重建。 **龙兴寺**在嘉贤下里。宋建隆初建,国朝景泰四年重建。(上四寺俱县东。) **大中玉泉寺**在清河里玉泉山。隋大业元年建。有玉泉岩。国朝永乐二年修,成化五年复修。 **北禅寺**宋天禧三年建。 **护国天王寺**唐大中二年建,国朝宣德五年重建。 **崇寿寺**宋天圣四年建,国朝宣德七年重建。(上三寺在钦平上里。已上四寺俱县西。) **石门寺**在县南新安里。唐中和元年建。**宝应寺**在仁贤里。唐乾宁三年建,国朝正统元年重建。 **清洋寺**五代周广顺元年建,国朝景泰三年重建。 **龙漈报恩寺**唐乾宁元年建,国朝景泰四年重建。(上二寺在贤义里。已上三寺俱县北。) **光化寺**在保安里。唐乾宁元年建。 **报国寺**在安德里。(上二寺俱县东北。) **西林寺**隋大业二年建。 **安善寺**陈至德元年建。 **建宁寺**梁大同二年建。 **藏寺**陈天嘉六年建。 **双林寺**隋仁寿元年建。(已上五寺见旧志。宋时已无所考。) **宝相院**宋皇祐元年建。 **弥陀院**(上二院在钦平下里。) **大柘院**在二十九都。宋太平兴国中建。 **兴教院**宋太平兴国元年建。 **澄岩院**宋天禧三年建。 **延安院**旧号"崇福院",宋嘉祐二年改赐今额。 **慈云院**(上四院在安庆里。) **东宝安院**在永贵里。五代唐同光三年建。旧名"永安"。**广应院**唐乾宁三年建。 **东招庆院**宋开宝元年建。 **龙漈院**宋嘉祐二年建。(上三院在嘉贤上里。) **地藏院**宋政和三年建。　宝寿院宋皇祐元年建。(上二院在嘉贤下里。已上十三院俱县东。)　北天王院在钦平上里。五代周显德三年建。

陀岭院唐咸通二年建。僧道坚植松千株以荫行人。寻移洋门岭,又创云际院,亦植松八百株。　义安院唐大顺中建。

长生院五代梁贞明二年建。　兴庆院　宝岩院(上二院俱五代周广顺元年建。)　西兴庆院宋建隆元年建。先在小湾山,大中祥符五年移建白石山。　广顺院宋太平兴国元年建。　石桥院宋天圣元年建。　西白莲院宋庆历元年建。(上九院在清河里。)　西招庆院唐大中三年建。　灵山院五代晋天福元年建。(上二院在中鹄里。)　宝山院在安仁上中里。唐光启二年建。(已上一十五院俱县西。)　保福院宋乾德四年建。　新泉院宋景德四年建。(上二院在新安里。)　白莲院在安庆里。宋建隆元年建。(上三院俱县西。)　灵果院宋康定元年建。

西瑞岩院宋乾德四年建。　国兴院宋庆历元年建。　净居院旧号"白岩",宋嘉祐二年改今名。　逍遥院唐大中元年建。

宝峰院五代唐天成元年建。　北山院　少法华院(上八院在安仁上中里。)　宝林院在中鹄里。唐大中六年建。　天宫院宋元丰元年建。　宝月院宋政和二年建。　法林院(上三院在贤义里。)　西保安院唐中和元年建。　东禅庄院宋元祐七年建。　长明院宋建中靖国元年建。(上三院在仁贤里。已上一十五院俱县北。)　资寿院在县东南钦平下里。宋开宝三年建。　东灵应院唐乾符五年建。　涌泉院唐广明元年建。

瑞云院五代唐同光元年建。(上三院在建兴里。)　贤沙院唐大同元年建。　仙宗院五代唐同光四年建。　罗汉院宋开宝元年建。　东宝福院宋乾德四年建。　永兴院(上五院在保安里)。　净安院旧名"祇洹寺"。梁大通元年建,唐咸通中更是额。　月华院唐大顺三年建。　报慈院宋庆历元年建。(上三院在安德里。)　峡山护国观音院唐元和四年建。　弥勒院　隐峰院(上二院俱宋开宝三年建。上三院在集政上里。通上一十四院俱县东北。)　大明院五代晋天福四年建。　瑞峰院宋天禧四年建。　云峰院宋元祐二年建。　小洄院宋庆历四年建。　清凉院宋天圣四年建。　感应院(上六院在光临里。)　四灵应院在安定里。唐乾符三年建。　灵峰院在中鹄里。五代梁贞明二年建。　广化院在凤凰山。唐乾宁元年建。　药师院五代晋天福中建。　五峰院宋明道二年建。(上三院在仁贤里。已上一十一院俱县西北。)　东禅林尼院　崇庆尼院　兴善尼院(上三院在县东钦平下里。)　西禅林尼院在县治西钦平上里。　瑞林塔尼院在县北安仁上中里。

河山庵元至正四年建,国朝永乐二年重修。　塔庵宣德八年重建。(上二庵在钦平下里。)　福岩庵在永贵里。元至正四年建。　净居庵在安庆里。宣德元年重建。　普照庵在二十六都。　海潮庵在二十七都。永乐二年建。(上六庵俱县东。)

宝华岩庵唐大中元年建,国朝永乐十七年重修。　观音塔庵唐大中初建。　驼岭庵唐咸通二年建。(上三庵在县西清河里。)　永恩庵在县南安庆里。洪武二十二年建。　巍峰庵在县东北保安里。宣德八年建。　真如庵正统三年建。　中际庵(上二庵在县西北光临里。)　瑞光堂　独觉堂　瑞云堂

龙兴观在钦平下里。宋景定三年建。国朝永乐十六年修,正统十六年复修。　玄都观在永贵里。(上二观俱县东。)　清隐院在县北中鹄里。元至正四年建。　三仙观在县东北安德里。元至正十五年建。　玄初道院　玄童道院(上二院在县东永贵里。)　真圣道院在清河里。　双溪道院在仁贤里。(上二

院俱县西。已上三道院俱废。)

福清县

圣迹寺在县北隅。五代唐天成五年建。有灵源洞、放生池。　**龙卧寺**在方成里。唐咸通五年建,国朝永乐三年重建。　**瑞岩寺**在新安里。宋宣和四年建,国朝洪武二十三年重建。永阳林泉生诗:“江流阔狭潮来往,山色有无云卷舒。”莆阳刘无竞诗:“亭柱半边危立壁,石岩千仞小无门。”范阳孛罗天章诗:“酒兴诗狂知趣少,水光山色得秋多。”　**佛顶寺**五代间建。　**报慈寺**宋元符元年建。(上二寺在永东里。已上四寺俱县东。)　**灵石寺**在县西清源里。唐武宗时始建为庵。宣宗时创精舍名“翠石院”。懿宗赠“灵石俱胝寺”额。宋天圣初复广寺宇,中有十胜,曰“仙人碑”、“偃松亭”、“竹帘轩”。余见《山川志》。又自香城北沿岭十里西入有蟠桃坞、石屏,又有“漱玉亭”、“溪光亭”、“散花堂”、“放鹤楼”、“待月楼”、“高视亭”、“白莲社”,俱废。又有“苍霞亭”,朱文公书额尚存。　**黄檗寺**在县西南清远里。唐贞元五年建。初名“般若堂”,大辟堂宇于其东。德宗赐建“福禅寺”额。国初重建。丁公言诗:“莫言尘世人来少,几许游方僧到稀。”(上三寺俱洪武间并为丛林。)　**重兴寺**在县南光贤里。五代周显德二年建。初为庵,名“大悲”。至是始拓之,因改今名。旁有石高峰、石马泉。　**福兴寺**在化南里。宋庆历四年建,国朝洪武二年重建。　**嘉福寺**在化北里下都。宋大中祥符三年建。(上二寺俱县东南。已上一十寺俱存焉。)　**陈田寺**在县南江阴里白屿之巅。宋建隆元年建。　**崇福寺**在县东南化北里。宋嘉祐二年建。　**水陆寺**在县西南。宋天圣四年建。寺西瞰长溪,有“泠泠亭”。(上三寺俱废。)　**瑞峰寺**在县东方成里。宋元丰元年建。　**积谷寺**在县东南化北里。宋熙宁中建。　**安善寺**

在安香里。宋至和二年建。 **应林寺**在灵德里。宋崇宁中建。(上二寺俱县西南。) **敛石寺**唐大中四年建。 **天竺寺**唐咸通中建。后有仙屏、石茶碾,碾覆石上,有两膝跪碾及足指之痕,旁又有汲桶痕,相传仙人碾茶汲泉之处。(上二寺在县西北方兴里。已上六寺俱存。) **白沙寺**宋太平兴国中建。 **择善寺**宋大中祥符中建。(上二寺在永宾里。) **延庆寺**五代唐长兴间建。其北有灵曜岭,因名"灵曜",宋天圣中赐今额。山泉味洌,试茶极佳,其地所产茶亦胜常品。 **永寿寺**五代晋天福八年伪闽建。(上二寺在新安里。已上四寺俱县东。) **广平寺**在县西隅。唐广明间建。 **困山寺**五代晋天福间伪闽建。 **华岩寺**宋嘉祐五年建。 **鹿苑寺**宋元祐中建。 **小香山寺**宋绍圣中建。(上四寺在善福里。) **瑞峰院**宋皇祐间建。 **大泽寺**宋嘉祐中建。(上二寺在新宁里。) **云洞寺**五代唐长兴二年建。 **灵云寺**宋至和二年建。 **龙溪寺**五代晋天福二年伪闽建。 **卢岩寺**宋熙宁八年建。(上四寺在永福里。已上一十寺俱县西。) **大兰寺**在浔洋里。宋绍圣间建。 **新福寺**宋庆历中建。 **双林寺**宋嘉祐中建。(上二寺在仁寿里。) **新兴寺**五代周广顺元年建。 **香灯寺**宋元丰四年建。(上二寺在平北里。) **观音寺**在平南里。宋大观元年建。 **南泉寺**宋崇宁四年建。 **东林寺**宋崇宁五年建。(上二寺在新丰里。已上八寺俱县西。) **义泉寺**宋建隆元年建。 **龙居寺**宋端拱二年建。 **龙泉寺**宋元丰二年建。(上三寺在县北遵义里。) **黄檗塔寺**在清远里。宋太平兴国中建。运使熊彻诗:"月塔影分山店北,暮钟声落海门边。" **竹浦寺**宋太平兴国二年建。 **泗洲寺**宋嘉祐二年建。 **资圣寺**宋庆历七年建。(上三寺在临江里。) **灵隐寺**在隆仁里。宋政和五年建。有不溢泉、平步台、海月庵,上又有小龙潭。　**应泉寺**在井得里。宋元符三年建。

北塔寺在化北里。宋嘉祐四年建。(上七寺俱县东南。)　**资福寺**在安香里。五代晋天福二年建。　**栖隐寺**在苏田里。宋大观元年建。　**西方寺**宋治平二年建。　**白岩寺**宋元丰三年建。　**上林寺**宋元祐二年建。　**幽岩寺**宋熙宁四年建。(上四寺在灵德里。已上六寺俱县西南。)　**净明寺**宋开宝二年建。

应乾寺宋皇祐二年建。(上二寺在修仁里。)　**地藏寺**在方兴里。五代唐清泰间伪闽建。(上三寺俱县西北。已上四十二寺俱废。通上凡四十八寺俱洪武间并入黄檗寺。)　**石竺寺**在县西北修仁里。唐大中元年建。见存。　**龙卧塔寺**宋天圣元年建。(上二寺在方成里。)　**涌泉寺**五代时孝子林安所居宅也。安尝庐墓于此,石裂泉涌,闽王赐是额。　**常丰寺**唐景福元年建。　**上林寺**　**报恩寺**宋天圣中建。又县南浔洋里亦有报恩寺。　**栖林寺**　**瑞龙寺**(俱宋明道中建。上五寺在新安里。)

药师寺唐天祐中建。　**施水坊寺**宋大观间建。　**白莲寺**宋绍兴二十八年建。(上三寺在永东里。已上一十寺俱县东。)

方乐寺陈大建元年建。　**东林寺**宋元祐中建。　**后塘寺**宋政和七年建。　**龙溪寺**　**招福寺**　**龙居寺**　**少林寺**　**大仵寺**(上八寺在新宁里。)　**里塔寺**唐大中四年建。　**感德寺**宋太平兴国中建。　**文殊寺**　**乌岩寺**　**福兴寺**　**香山寺**宋天圣元年建。(上六寺在清源里。)　**延寿寺**宋康定二年建。　**中峰寺**(上二寺在善福里。)　**兴国寺**宋天圣元年建。

中溪寺宋崇宁三年建。(上二寺在永福里。已上一十八寺俱县西。)　**钟山寺**陈天嘉二年建。　**罗汉寺**(上二寺在仁寿里。)　**天王寺**在浔洋里。　**闲居寺**唐开成二年建。　**广济寺**宋景祐四年建。(上二寺在江阴里。)　**灵瑞寺**唐大中四年建。　弥勒寺宋天圣元年建。　大中寺宋元祐四年建。　罗汉寺　龙水寺《三山志》作“流水院”。(上五寺在福唐里。)

护国寺唐开元中建。　高盖寺宋大中祥符中建。(上二寺在平南里。)　资国寺在时和里。宋太平兴国中建。　新兴寺在光贤里。宋太平兴国中建。本崇福院旧址,翁仁凯庐墓之处也。(上一十四寺俱县南。)　鹫峰寺五代汉乾祐间伪闽始建庵,宋宝元二年升为寺。有静轩。　弥陀寺宋宝元中建。(上二寺在县北隅。)　灵应寺陈天嘉三年建。　禅林寺唐天复二年建。　云林寺　寿山寺(上二寺宋宝元二年建。)　天福寺宋绍兴中建。　地藏寺宋太平兴国中建。　普贤寺宋熙宁五年建。(上七寺在遵义里。已上九寺俱县北。)　龙泉泗洲寺宋庆历二年建。　观音寺宋宣和间建。(上二寺在海坛里。)　瑞峰寺在方民里龙山之巅。西有红莲楼,上有石浮屠七级,可以观日出之处。　香林寺宋建炎三年建。　福林寺　栖岩寺(上三寺在隆仁里。)　竹浦塔寺在临江里。　灵庆寺在井得里。唐乾宁二年建。　应泉寺在化北里。宋太平兴国中建。(上九寺俱县东南。)　林泉寺陈永定元年建。　福胜寺唐大中四年建。　安福寺唐大中间建,宋嘉祐间重建。有熟梅轩。宋林希逸诗:“梅子黄时四月秋,小轩流水最清幽。山僧坐到禅机熟,不挂眉头一点愁。”　弥勒寺宋治平二年建。(上四寺在清远里。)

西峰寺宋宝元间建。　观音寺宋天禧四年建。　云岩寺宋崇宁中建。(上三寺在苏田里。)　灵凤寺唐大中元年建。　地藏寺宋宝元二年建。　新福寺(上二寺在灵德里。)　灵峰寺在安香里。唐景德元年建。(上一十一寺俱县西南。)　栖隐寺宋元丰二年建。　龙山寺　齐云寺宋崇宁二年建。(上三寺在方兴里。)　瑞云寺在修仁里。宋崇宁四年建。(上四寺俱县西北。已上七十六寺今废。通上凡七十七寺俱洪武间并入报慈寺。）　应峰寺在县西清源里。唐大中间建。见存。　凤林寺梁大同元年建。　岩泉寺陈永定元年建。　文殊寺五代梁开平中建。（上三寺在新安里。）　宝林寺在永东里。陈天嘉二年建。（上四寺俱县东。）　显庆寺在善福里。唐开元间建。初名“宝庆”。宋绍兴三十年枢密黄祖舜请为功德院，改名“教忠显庆”。　罗汉寺在清源里。唐大中间建。　庐山寺在永福里。陈永定元年建。　护国报恩寺唐乾符元年建。　仙井寺唐大顺二年建。（上二寺在永寿里。）　新城寺在新宁里。五代梁开平四年建。（上六寺俱在县西。）　中峰寺在浔洋里。宋大中祥符三年建。　报恩寺唐乾符中建。　五峰寺宋天圣元年建。（上三寺在江阴里。）　龙兴寺在福唐里。　福山寺唐大中二年建。宋郑侠尝读书于此。　南谷寺唐乾宁二年建。（上二寺在新丰里。已上六寺俱县南。）　仙岩寺　大乘寺（上二寺唐大中十四年建。）　天王寺梁大通二年建。初号“法建”，唐咸通二年改是额。有湖渟。　神泉寺五代唐天成五年建。招庆寺宋乾德二年建。景祐二年赐，因名“招庆院”额。（上五寺在县北遵义里。）　栖林寺在隆仁里。五代梁贞明二年建。上资寺在井得里。唐大中四年建。（上二寺俱县东南。）　香城寺在清远里。唐中和三年建。　太平寺宋元祐元年建。（上二十五寺今废。已上凡二十六寺俱洪武间并入灵石寺。）　法建寺梁大通中建。　灵曜寺陈永定元年建。　清泉院宋皇祐五年建。又县南江阴里亦有清泉院，宋天禧二年建。　资寿院（上二院在县西永福里。）　妙吉祥院在县南南匿里。　金峰院宋天圣二年建。　天福院宋绍兴十八年建。　罗汉院又海坛里亦有罗汉院，宋太平兴国六年建。　云际院（上四院在县北遵义里。） **五峰院**宋天圣四年建。 **宝胜院**宋元祐五年建。 **永乐院**（上三院在旧栖仁里。） **国清院**在拜井里。 **无碍浴院**在旧方乐南里。（上五院俱县东南。） **云峰院**在安香里。宋雍熙二年建。 **报恩院**在清远里。宋康定间建。 **应天院**亦宋康定间建。 **斋堂院**在万安里。宋政和七年建。（上二院在万安里。） **上林院**在苏田里。（上五院俱县西南。）

崇庆院宋大中祥符间建。 **兴福院**宋至和二年建。（上二院在修仁里。） **香林院**在方兴里。宋明道三年建。（上三院俱县西北。通上二寺并一十二院俱见旧志。久废。） **大悲尼院**在县东新安里。宋崇宁二年建，国朝洪武二十八年重修建。 **锦亭尼院**在县南仁寿里。永乐十五年重修。（上二院俱存。） **栖林尼院**在永东里。宋熙宁五年建。 **观音尼院**在文兴里。宋天圣五年建。（上二院俱县东。） **庐尼院**在县西永福里。宋天圣九年建。 **清胜尼院**在县南江阴里。宋太平兴国五年建。

宝林尼院在县北遵义里。宋元丰四年建。又县西南苏田里亦有宝林尼院，宋建炎四年建，旧在渔溪市，后改作“真人宫”。

新成尼院在县东南隆仁里。宋乾道二年建。 **义成尼院**在县西南万安里。宋祥符二年建。（已上八尼院俱废。） **泗洲庵**在县南南匿里。 **清凉庵**在县东南海坛里。五代唐清泰元年建。 **龟山塔堂** **讲堂**（上二堂在县东方乐里。） **泗洲堂**在县南南匿里。 **普光堂**在县东南归化北里。（已上庵堂凡六所，俱见旧志。久废。） **福真观**在县东方民里海口。宋元祐七年建。政和二年赐额。 **玉峰道院**在县治西塘边。元至元二十五年建，国朝永乐八年重修。（已上观并院俱存。） **灵宝观**在县南二里许。宋绍圣二年建。宣和三年为“灵宝道院”。乾道九年丞相史浩重修。 **水南观**在县南新丰里。又名“朝元”。

芳林道院在县东文兴里小孤山。宋咸淳间里之林斤[9]建于北梅亭之南畔，匾曰“三教堂”，即寒斋高士家也。内有“和靖寒斋祠”。（已上观并院各废。）　**佑圣宫**在县南时和里。元至元二十七年建。

校　注

[1] 民国《福建通志·名胜》、乾隆《福州府志·寺观》俱作“在江左里洋屿云门山”。

[2] 民国《福建通志·名胜》、乾隆《福州府志·寺观》俱作“衡山院”。

[3] 民国《福建通志·名胜》作“南涧寺”，并载：“唐乾宁二年王审知创天王殿。”

[4] 乾隆《福州府志·寺观》载：“上二寺在二都”。

[5] 按唐天州光年号。民国《福建通志·名胜》作“梁乾化三年建”。

[6] 民国《福建通志·寺观》作“唐光化二年建”。

[7] 民国《福建通志·名胜》作“梁乾化二年建”。

[8] 按《蔡忠惠公集》有《游灵峰院龙龛山》诗，末句作“千里楚江皋”，与此诗同，惟此处陈襄应为蔡襄之误。

[9] 民国《福建通志·名胜》作“里人林氏建”。

八闽通志卷之七十六

寺　　观

福州府

古田县

吉祥寺在县治后街。宋太平兴国四年建。有石浮屠。国朝成化间修。　**极乐寺**在县西十二都。唐天宝元年建。有息见亭、目真轩、放生池。国朝永乐三年重建。成化十七年修。宋知县李堪诗:“层崖太虚半,双壑瀑流斗。苔空绿钱死,松老清阴瘦。静鹤何孤恻?深萝苦纷构。怪石人所容,曲木天与寿。”[1]　**幽岩寺**五代晋天福五年伪闽建,国朝洪武十一年重建,成化间修。(上三寺俱洪武间并为丛林。)宋章孝参诗:“挂崖屋似六和塔,入路门如九里松。遥想空庭明月夜,浮图桂树影重重[2]。”　**崇寿寺**五代周广顺二年建。(上二寺在四十一都。)　**宝兴寺**在三十一都。五代唐长兴二年伪闽建。　**禅林寺**在三十六都。宋景德四年建,国朝永乐元年重建。　**秀峰寺**在四十都。五代汉乾祐元年建。(已上五寺俱县东。)　**牛头寺**一名“大云”。在一都。五代唐天成元年建。有白云堂、寒林轩。宋程师孟诗:“前日闽都旧长官,穷冬从此据征鞍。牛头寺里千峰月,水口村边万石滩。竹叶尽来堂少暖,荔枝无处地多寒。明朝出境重回首,依约三山马上看。”张浚诗:“暮出牛头寺,朝离虎节门。东风知我意,送我过前村。” **同云寺**在三都。宋皇祐二年建。 **清峰寺**在四都。五代唐长兴二年建。 **曹山寺**宋开宝元年建,国朝成化十八年重修。 **龙安寺**五代周广顺二年建。(上二寺在七都。) **开宝寺**宋开宝元年建,国朝成化八年重建。 **资福寺**宋熙宁七年建,国朝成化间修建。(上二寺在八都。) **灵瑞寺**在十都。宋至道二年建,国朝天顺间修。(已上八寺俱县西。)

天王寺唐中和二年建,国朝成化间修建。 **奉回寺**宋大中祥符二年建。(上二寺在十五都。) **弥勒寺**在十六都。宋大中祥符四年建。 **齐云寺**宋治平三年建。 **上生寺**五代周显德四年建。(上二寺俱国朝成化六年重建。) **凤栖寺**宋景德四年建。(上三寺在十七都。) **宝慈寺**宋政和二年建。旧志有“宝华寺”而县志不载;县志有“宝慈寺”而旧志不载。疑即一寺而字之误也。 **报恩寺**宋景德四年建。国朝成化元年重建。(上二寺在十八都。) **慈云寺**在二十都。宋乾德二年建。 **瑞峰寺**在二十二都。宋景德间建。 **鹫峰寺**在二十三都。宋元祐七年建。 **灵峰寺**在二十四都。宋太平兴国三年建。 **宝庆寺**在二十六都。五代唐长兴元年建。 **双峰寺**在二十七都。唐咸通元年建。 **灵岩寺**宋太平兴国二年建。 **北岩寺**宋雍熙元年建。(上二寺在二十八都。) **景福寺**在二十九隆二年建。

布金寺宋大中祥符元年建,国朝成化元年重建, **宝泉寺**宋建隆都,宋建二年建。 **善庆寺**宋崇宁二年建。(上二寺俱国朝成化十四年重建。已上三寺在三十都。通上二十寺俱县北。)

大目寺在县东南四十六都。唐咸通二年建,国朝永乐十六年重建。宋刘克庄诗:“寺小于诸刹,山高似众峰。未寒先得雪,已夏尚如冬。” **凤林寺**五代唐天成三年建。 **香林寺**宋景德四年建,国朝成化间重建。(上二寺在三十五都。)又县西五都亦有香林寺,五代唐天成二年建。今废。 **长生寺**在四十三都。唐光启二年建,国朝成化八年重建。 **瑞岩寺**宋庆历四年建,国朝天顺六年修。 **竹林寺**五代晋天福四年伪闽建。(上二寺在四十四都。) **小凤林寺**唐咸通二年建,国朝成化十四年重建。

西峰寺唐开元元年建,国朝成化间修。(上二寺在四十五都。已上八寺俱县东北。通上寺凡四十三所俱国初改为寺,今皆存。)

广福寺在县坊。 **长兴院**在三十一都。宋景德二年建。 **兴庆院**唐咸通元年建。 **保福院**宋建隆二年建。 **瑞云院**宋庆历元年建。(上三院在三十七都。) **善得院**宋熙宁二年建。 **香泉院**宋雍熙三年建。(上二院在三十八都。) **保福观音院**宋开宝七年建。 **龙兴院**宋乾道三年建, **灵峰院**唐咸通十年建。 **芹泮院**宋开宝二年建。(上四院在四十一都。已上一十一院俱县东。) **中峰院**在一都。 **大吉山资圣院**唐天宝六载建。名"天王院",宋大中祥符八年改"天王资圣禅院"。宋林夔孙诗:"华峰跨苍穹,下有云一壑。翚飞二百秋,蜂窠几千落。灵泉际空溜,宿雾临除箔。山呈万古姿,木陨十月箨。当年贤令尹,神交契冥漠。怀哉精魄归,永矣香火托。至今壁间诗,读者为嗟愕。好事继前志,刳岩成此阁。仰看斗插椽,俯听风入铎。晤言千载心,英气凛欲作。西南望冢顶,跻攀计已昨。忽复良友同,共写襟期乐。遐登破嵘屼,幽讨待绰约。磅礴富蒸郁,阴翳茫纷错。再拜五华君,许莅他日约。霜威净余氛,晴宇洞寥廓。" **慈云院**宋景德四年建。 **兴福院**宋太平兴国元年建。(上三院在二都。) **龙爬院**宋庆历元年建。 **香峰院**宋太平兴国三年建。 **应山院**宋景德四年建。(上三院在四都。) **永兴院**五代周显德元年建。 **圣寿院**宋景德间建。 **龙华院**

灵鹫院(上二院宋景祐元年建。已上四院在五都。)又十一都亦有灵鹫院，宋天圣二年建。　**茶亭院**在七都。宋乾德三年建。　**金峰院**宋乾德四年建。　**应福院**宋大中祥符八年建。　**建福院**宋熙宁七年建。　**永福院**宋庆历五年建。（上四院在八都。）　**五泉院**宋开宝三年建。　**越峰院**宋太平兴国二年建。　**太平院**太平兴国六年建。　**灵应院**宋崇宁二年建。（上四院在九都。）　**西峰院**唐开元间建。　**广福院**唐咸通元年建。　**淳化院**五代晋天福四年伪闽建。　**宝峰院**在黄檗山下。五代周显德间建。　**寿山院**五代周广顺元年建。　**释迦院**宋建隆元年建。　**瑞林院**宋至道二年建。　**瑞应院**宋太平兴国四年建。　**普门院**宋元祐二年建。（上九院在十都。）　**崇福院**在十一都。宋开宝三年建。　**建隆院**五代梁开平三年建。　**降迹院**宋庆历三年建。　**报恩院**宋景德四年建。　**北台院**宋皇祐五年建。　**福胜院**宋崇宁二年建。（上五院在十二都。已上三十六院俱县西。）　**华岩院**五代周广顺元年建。　**天宫院**广顺三年建。　**双漈院**宋雍熙三年建。　**荐福院**宋景德二年建。　**法云院**宋大中祥符三年建。　**泗洲院**宋皇祐元年建。　**灵洞院**宋治平四年建。（上七院在十五都。）　**皈依院**五代梁开平四年建。　**慈恩院**宋太平兴国五年建。　**灵圣院**宋大中祥符三年建。　**延福院**宋治平三年建。（上五院在十六都。）　**显德院**五代周显德三年建。　**延寿院**宋乾德二年建。（上二院在十七都。）　**灵皈院**在十八都。宋绍圣元年建。　**西林院**宋明道二年建。　**翠峰院**宋熙宁四年建。（上二院在二十都。）　**报恩院**唐天宝元年建。　**灵安院**唐咸通元年建。　**清泉院**宋元祐三年建。　**寿峰院**五代唐清泰元年建。　**罗山院**　**清洲院**（上二院俱宋开宝二年建。）　**石嶂院**宋嘉祐八年建。（上七院在二十一都。）　**慈峰院**宋乾道四年建。

白云院宋景德四年建。(上二院在二十三都。) 白莲院宋开宝二年建。 上洋院宋大中祥符二年建。 三峰院宋绍圣二年建。(上三院在二十七都。) 南泉院五代唐清泰三年建。 资寿院宋开宝二年建。 宝寿院宋开宝四年建。 文殊院宋太平兴国九年建。(上四院在三十都。已上三十二院俱县北。)

观音院宋庆历元年建。又县东北四十四都、县北二十都亦各有观音院,俱太平兴国中建。 资福院宋太平兴国七年建。(上二院在三十四都。) 广胜院在四十四都。唐咸通元年建。又旧邵南里亦有广胜院,宋开宝九年建。 游池院宋乾德五年建。又县西五都亦有游池院,宋庆历元年建。 福林院唐天祐三年建。又县南七都亦有福林院,宋开宝七年建。(上二院在四十五都。) 普贤院宋明道元年建。 宝林院宋景德四年建。又县北十五都、二十五都亦各有宝林院,俱宋时建。 新兴院宋皇祐二年建。 吴洋院宋熙宁三年建。 竹阴院宋元丰元年建。 云漈院宋元丰八年建。(上六院在四十三都。已上一十一院俱县东北。) 郑洋院宋至道二年建。 双林院(上二院在县东旧邵南里。) 僧伽院宋元祐二年建。 龙复院宋至道四年建。(上二院在县西旧和平里。) 崇福院宋元祐二年建。 应德院(上二院在县南旧崇礼里。) 永安院 天王台院(上二院在县北旧保安里)。 五峰报国院在旧邵南里。唐景福元年建。 天宝院在旧横溪里。唐开元二十九年建。

净戒院在旧保安里。宋淳化二年建。有凝翠阁、双溪亭。(上一十一院见旧志。) 独峰尼院在县东四十都。五代周广顺四年建。 永福尼院在县北十六都。宋景德四年建。 金仙尼院在县东北四十二都。宋绍圣元年建。(通上凡一百三院俱废。) 金仙庵在县东十四都。 西竺伏虎庵在县西十二都。

元至元四年建，国朝成化间修。　**龙石庵**在县南十三都。　**翠屏庵**在十三都。洪武十八年建。　**古佛庵**在十七都。唐中和四年建。　**石塔庵**在二十一都。（上三庵俱县北。）　**九峰庵**在县东北三十四都。　**西来堂**在县治南。元大德三年建。　**玉京观**在三十六都杉洋。元延祐五年建。　**紫极宫**在县坊。　**金仙宫**在县东五里。元元统二年建，国朝永乐十年修。　**瑞迹宫**在县西五都。元时建，国朝永乐间重建。　**嵩山道院**在县坊。元至元二十九年建。今废。　**醴泉道院**在县治西仙亭山下。元时建。　**栖真道院**在县西南八都王华山之巅。元延祐间建，国朝成化十三年重建。（上二道院俱存。）

永福县

方广寺旧名"方广岩"。在县东旧保安里。五代汉乾祐二年建，国朝永乐十四年重修。　**重光寺**在县南开平里。唐大中二年建。宋侍郎吴栻诗："晓阁浓阴云半岭，夜堂清影月双溪。池开今日青铜鉴，碑立何年碧玉圭？"有放生池、罗汉阁。　**能仁寺**在县西南旧保德里。五代梁天祐二年建。初名"寄林"，唐清泰二年[3]改名"瑞峰"，宋政和中又改"能仁"。有放生池。　**天柱观音院**唐咸通二年建。　**龙兴院**唐乾符三年建。　**下龙泉院**　**中和院**（上四院在旧永安里。）　**大兴院**唐咸通二年建。　**新兴院**唐乾符三年建。　**惠安院**唐光启元年建。初为"大普慈报国禅院"，宋大中祥符八年改今额。　**下资福院**唐光化二年建。　**梅山院**宋开宝元年建。　**禅林院**宋太平兴国元年建。　**灵源岩院**　**陆山院**（上八院在旧保安里。）　**云际院**唐大中五年建。　**上龙泉院**唐咸通十年建。　**中峰院**唐中和间建。　**鹫峰院**五代晋天福元年伪闽建。　**仙峰院**　**武陵岩**

院　中观音院（上七院在旧待旦里。已上十九院俱县东。）

布泉院唐乾宁二年建。　文殊院唐光化三年建。　宝积院　揔持院（上二院五代梁开平二年建。）　灵峰院五代梁乾化二年建。　延寿院五代唐同光六年建。　越峰院宋开宝元年建。有玩芳亭。　善净塔院宋太平兴国九年建。　极乐岩院宋太中祥符二年建。（上九院在旧开平里。）　北山院唐天复三年建。　清凉院五代梁乾化三年建。　凤栖院五代晋天福二年建。（上三院在旧光德里。）　三峰院唐咸通二年建。　栖林院咸通三年建。　白云院唐广明二年建。　报恩院五代晋景福元年建。　香林院（上五院在旧新丰里。）　高盖名山院唐文德元年建。五代唐天成中赐额。宋知县施常诗："步尽千山与万山，白云深处叩禅关。晓猿夜鹤应相笑，笑我劳生几度闲。"　灵居院五代梁乾化四年建。　谢岩观音院五代梁开成三年建。　闲居院五代唐同光五年建。（上四院在旧平盖里。）

瑞应院唐广明元年建。　翠峰院唐乾宁二年建。　集禅院乾宁三年建。　侫草院五代梁乾化三年建。　凤凰岩院五代晋天福六年建。　翠林岩院宋太平兴国元年建。（上六院在旧安乐里。）　枕烟院唐永徽元年建。　上林院　上生院（上二院唐咸通二年建。）　仙岩罗汉院唐光化二年建。　安仁院　下崇寿院宋太平兴国二年建。（上六院在旧唐元里。已上三十三院俱县南。）　灵鹫院在龙津里。五代梁开平二年建。

上资福院唐景福元年建。　香泉院唐乾宁二年建。有乐贤亭。　上崇寿院五代唐长兴二年建。　大会岩院（上四院在旧义仁里。）　安善院唐景福二年建。　上观音院宋建隆二年建。　北林院宋太平兴国八年建。（上三院在旧感应里。）　香盖院五代唐同光二年建。　秀峰院五代汉乾祐二年建。（上二院在旧保德里。）　**资国院**五代梁天祐二年建。　**北岩院**五代梁贞明二年建。（上二院在旧英达里。已上一十三院俱县西南。）

报恩尼院唐光化二年建。　**景星尼院**宋淳化四年建。　**保寿尼院**宋庆历元年建。（上三尼院在县南旧开平里。）　**普门庵**在县南旧唐元里。　**三清观**在县治之东。旧名“东岳”，宋端平元年改名“三清观”。　**蓝田宫**在二十三都。有朝元阁。　**狮子宫**在三十三都。石壁临溪，峭耸百余丈，中有一穴，出于天成，因构宫宇于其内。（上二宫俱在县西。）　**银凤宫**在县西南二十九都。双峰峙立若笔架然，宫后巨石上有仙人迹。　**乌石宫**在县西北三十五都。唐末建。

闽清县

白云寺在贺恩里。宋景祐三年建，今为丛林。　**报恩普贤寺**在护仁里。五代梁贞明二年建。有放生池。（上二寺俱存。）　**禅林院**唐咸通二年建。　**保福院**唐乾宁元年建。又县南盖平里亦有保福院。　**偃峰院**唐光化二年建。　**大漈院**五代梁贞明二年建。　**象峰院**五代晋天福元年建。　**法林院**宋淳化二年建。　**观音院**宋天禧元年建。（上七院在县东安仁里。）　**仁王院**唐大顺二年建。　**香山院**五代唐同光二年建。　**云居院**五代唐长兴元年建。　**东林院**宋景祐二年建。　**钟山院**　**兴福院**　**慈恩院**　**泗洲院**（上八院在贺恩里。）　**宝山院**唐大和元年建。初名“池坑”，后更名“幽林”，咸通间始赐“宝山观音”额。　**陈园院**唐咸通十四年建。　**灵岩院**五代梁乾化元年建。　**法华院**五代梁龙德三年建。　**中峰院**五代唐天成五年建。　**瑞林院**五代晋天福元年建。　**南泉院**五代周显德三年建。　**观音院**宋雍熙三年建。　**福山院**宋天圣五年建。 应福院(上十院在仁寿里。) 灵应院在宣政里。宋咸平元年建。 宝积院唐大中八年建。 资圣院 瑞云院(上三院在居仁里。) 新兴院 安乐院 龙兴院宋庆历五年建。又宣政里亦有龙兴院。 庆安院 宝胜院 名山院 罗汉院 宝林院 普安院(上九院在护仁里。) 鹤林院五代唐同光元年建。 宝峰院 云际院 云峰院 五峰院 许坑院 栖林院 中洲院(上八院在金砂里。) 药师院唐咸通二年建。 鹫峰院宋淳化二年建。 五台院宋淳化三年建。 西华院宋治平二年建。 广德院宋熙宁五年建。 崇庆院(上六院在孝顺里。已上四十五院俱县西。) 开明院唐天复二年建。 资福弥陀院宋乾德二年建。 报恩观音院宋雍熙三年建。(上三院在宣政里。) 灵洞院宋元丰二年建。 崇福院五代晋天福七年建。(上二院在孝顺里。) 兴隆院五代晋天福六年建。伪闽匾曰"瑞阳山"。 地藏院宋太平兴国中赐额。 文殊院宋太平兴国元年建,天圣二年重修。 资福院宋端拱二年建。 积善院宋大中祥符三年建。状元许将诗:"为爱山居乐,居山又忆家。菊黄来日蕊,梅白去时花。水阔离情远,霜晴别路赊。前程回首望,空指暮天霞。" 大悲院宋天圣九年建。 报恩院 保福院(上八院在盖平里。已上一十三院俱县南。) 普应院五代梁开平二年建。 天王院宋大中祥符九年建。 感应院宋天禧三年建。 育王塔院(上四院在县北宣政里。) 崇善尼院在护仁里。 石圳尼院在居仁里。(上二院俱县西。通上凡七十三院见旧志。俱废。) 圆通庵在县西宣政里。见存。 北庵宋太平兴国元年建。 南庵太平兴国二年建。(上二庵在县东居仁里。) 兴福庵宋开宝三年建。 泗水庵宋景德四年建。(上二庵俱县西。) 翠峰庵宋天圣元年建。　**云居庵**宋太平兴国五年建。　**霜峰庵**宋太平兴国四年建。(上三庵在孝顺里。)　**紫台庵**五代晋天福五年建。　**白莲庵**宋乾德四年建。　**慈氏庵**宋太平兴国九年建。　**石门庵**宋元丰六年建。　**大坑庵**　**重兴庵**(上六庵在盖平里。已上九庵在县南,俱废。)　**云津堂**在居仁里。正统十二年建。　**福善堂**在平盖里。宣德六年建。　**金沙堂**在金沙里。宋绍兴二十年建,国朝正统四年重修。　**双溪堂**在普贤寺前。景泰三年建。　**漳溪堂**宣德八年知县叶宗仁建。(上二堂在贺恩里。已上三堂俱县西。通上凡五堂并存。)　**芹山仙源道观**在县南钟山之左。元末废。

罗源县

水陆寺在东隅旧县址也。五代周显德四年建。国朝洪武三十二年,知县傅希悦修为公馆,后圮。成化三年重建为寺。内有井泉,甚清冽。　**金粟寺**在临济里。五代唐清泰二年建。(上二寺俱县东。)　**应德寺**五代唐清泰二年建。国朝洪武二十四年并为丛林。　**小云峰寺**唐大顺二年建。　**仙岩寺**宋元符二年建。(上三寺在新顺里。)　**兴王寺**唐大顺二年建。　**光化寺**五代梁乾化二年建。　**净明寺**宋建隆元年建。(上三寺在梅溪里。)　**普明寺**在善化里。宋嘉祐元年建。(已上七寺俱县西。)　**圣水寺**在莲花峰下。宋绍圣三年建。中有八景,曰笔砚峰、龙虎岩、仙源泉、补陀岩、玉壶井、金钟潭、栖云洞、眠鹤亭。　**龙漈寺**在拜井里。五代唐清泰二年建。(上二寺俱县南。)　**资福寺**在县北新丰下里。五代唐天成五年建。　**信安寺**在县东南拜井里。唐咸通元年建。　**翠峰寺**五代梁乾化二年建。　**龙华寺**五代唐长兴二年建。(上二寺在县东北徐公里。)　**凤**

山寺五代梁开平元年建。 观音寺宋乾德三年建。(上二寺在旧霍口里。) 圣寿寺五代唐天成二年建。 龙兴寺唐咸通十三年建。(上二寺在罗平里。) 庆田寺唐乾宁元年建。光化二年赐额。 白塔寺在铁嶂山下。宋开宝二年建。(上二寺在旧安金里。) 崇寿寺五代唐天成二年建。有放生池。 宝胜寺在宝胜山中。国朝宣德二年建。(上二寺在新丰上里。) 大云寺唐天复二年建。 旃檀寺唐广明元年建。 曹山尼寺五代周显德三年建。(上三寺在黄童下里。已上一十一寺俱县西北。通上凡二十六寺俱存。) 灵泉院 祥云院(上二院在临济里,俱宋时建。) 白马院唐时建。 西云院五代唐时建。 三学院宋时建。(上三院在招贤里。已上五院俱县东。) 报恩院在新丰里。唐时建。 灵山院在梅溪里。五代晋时建。 观音院唐时建。又县北临济里亦有观音院,五代晋时建。 白塔院塔尚存。 四明院(上二院宋时建。已上三院在旧安金里。) 灵岩院 荐福院(上二院在新顺里,俱宋时建。已上七院俱县西。) 崇胜院在新丰里。唐时建。 护国院五代唐时建。 慈氏院五代周时建。(上二院在徐公里。) 明安院五代周时建。 福兴院五代唐时建。(上二院在临济里。) 白云院在安金里。宋时建。(上六院俱县北。) 集云院五代唐时建。在县东南旧安金里莲花山麓。 神光院 仙茅院(上二院在县东北徐公里,俱唐时建。) 灵应院 南峰院(上二院在旧霍口里。) 资寿院在安金里梅岭之东。 安善院(上四院俱唐时建。) 泗洲院宋时建。(上二院在临济里。) 清泉院唐时建。 洪福院 报国院(上三院在罗平里。) 西峰院在林洋里。 翠岩院在善化里。(上四院俱宋时建。) 慈恩院在梅溪里。五代晋时建。(已上一十一院俱县西北。) 香林尼

院　**栖云尼院**(上二院在县东徐公里,俱宋时建。)　**灵峰尼院**在县西北临济里。宋时建。(已上三十五院俱废。)　**西溪庵**在县治南。景泰三年重建。其地溪水清冷,林木蕃茂,亦胜处也。

梅峰庵在旧安金里。宋绍圣三年建,国朝成化元年重建。　**紫峰庵**在徐公里。洪武九年建。(上二庵俱县北。已上三庵俱存。)　**泗洲庵**在县东南旧安金里。宋时建,今庵废。　**普贤堂**在县西南登高山下。景泰三年重建。　**文殊堂**在县西玉华山侧,今废。　**洞宫天庆观**在县东北起步桥之北。唐天宝七载建。内有八仙亭。

建宁府

建安县

白云崇梵寺在光禄坊。五代晋天福中肇建于从化坊,名"白云广福"。宋庆历六年改为"白云崇梵"。国朝洪武十三年以其地为永丰库,遂移建今所。　**永安寺**在黄华山之麓。五代唐长兴九年建。初为功德院,伪闽更名"永安",宋元丰中复更名"十方"。国朝洪武间重建。　**真如寺**在光禄坊白鹤山之麓。元为"天堂庵"。洪武十二年大建殿宇。二十四年改今额。　**洪福寺**在吉苑里。宋咸淳六年建。(上四寺俱府城东。)　**冷水禅寺**在府城西将相里,即旧冷水院也。南唐保大间建,国朝洪武七年重建。　**慈恩寺**在府城南登仙里。宋乾道二年建。(已上六寺俱洪武二十四年并为丛林。)　**崇圣寺**在吉苑里。五代梁开平二年建。　**资庆寺**在将相里。宋治平二年建。　**灵应寺**在东川里。宋时建。(上三寺俱国朝洪武间并入永安寺。)　**北岩寺**唐乾符四年建。　**保福寺**宋绍兴二年建。　**泗洲寺**宋咸淳二年建。 能仁寺元延祐二年建。（上四寺在东葨里。） 重兴寺唐龙纪元年建。 龙峰寺 报恩寺（上三寺在东川石里。已上七寺俱洪武间并入真如寺。） 新丰寺宋隆兴二年建。兴福寺宋庆历二年建。 迴龙寺宋嘉定八年建。 翠岩寺宋淳祐八年建，国朝永乐十一年重建。 能仁寺旧名"承天"，伪闽时建。宋至道中赐今额。元大德六年重建。 西峰寺南唐保大间建，元大德元年重建。 集福寺宋嘉定八年建。 仰山寺元大德间建。 广福寺（上九寺在吉苑里。） 永安寺旧名"永安真梵"。五代唐长兴三年建。 归复寺五代周显德五年建。 常乐寺宋治平三年建。 昭庆寺宋咸淳三年建。（上四寺在建宁里。已上一十三寺俱国朝洪武间并入洪福寺。）

东林寺宋绍兴五年建。 报恩寺宋嘉定九年建。（上二寺在吉苑里。） 药师寺在将相里。南唐保大间建。 慈恩寺宋淳化元年建。 文殊寺宋庆历七年建。 威岩寺旧名"归岩院"。宋嘉祐中建，国朝永乐十三年重建。 重兴寺宋庆历五年建。 天王寺伪闽时建。 资福寺宋太平兴国元年建，国朝永乐十三年重建。 报恩寺宋嘉祐六年建。（上七寺在南才里。） 安国寺宋时建，国朝洪武七年重建。 泗洲寺五代周显德中建。 安福寺（上三寺在安泰里。） 香山寺唐会昌中建。 福兴寺宋庆历三年建。 温洋寺宋绍兴二年建，元皇庆间重建。（上三寺在东葨里。已上一十六寺俱国朝洪武间并入冷水寺。通上凡三十九寺俱府城东。） 曹山寺旧名"曹山广福寺"。五代周显德六年建。 兰峰寺宋乾道二年建，国朝洪武十年重建。 集峰寺宋时建。 南岩寺宋建炎二年建。药师寺元至正十年建。 龙岩寺元至正二年建。 思善寺元毁。国朝洪武八年重建。 西峰寺 宝峰寺（上九寺在房村上里。）　瑞龙寺在登仙里衢村。（已上十寺俱府西。）　广教寺　善因寺　清流寺　昭庆寺（上四寺俱在府城南泰溪内里。）　卧云寺南唐保大中建。宋为报恩寺，元改今名。　兴国寺宋时建。　西山寺宋建炎三年建。　承天寺元至正二年建。　云漈寺　保国寺（上二寺俱元至正四年建。上六寺在登仙里。）　云峰寺　报恩寺（上二寺俱南唐保大中建。）　西高寺宋建炎二年建。　双漈寺　南兴寺（上二寺俱宋时建。）　崇隐寺元至正四年建。（上六寺在泰溪外里。已上一十二寺俱府城西南。通上凡二十六寺俱国朝洪武间并入慈恩寺。）

　龙居寺　五峰寺在黄华山下。　报恩塔寺　西塔寺　东禅寺其址洪武间改建白云崇梵寺。（上五寺在光禄坊，俱宋时建。）　南漈寺　黎峰寺　福寿寺　泗洲寺　地藏寺　石龙寺　云岩寺　常居寺　大佛寺（上九寺在南村里。）　报恩寺五代晋时建。　天王寺　保庆寺　普照寺（上三寺宋时建。）　观音寺　资福寺　普田寺（上七寺在东莪里。）　龙峰寺　灵岩寺（上二寺宋时建。）　资福寺　普顺寺（上二寺元时建。）　连云寺　临水寺　新兴寺（上七寺在顺阳里。）　广福寺五代唐时建。　资圣寺　报丰寺　灵集寺　崇圣寺（上五寺在安泰里。）　西岩寺　庄岩寺　石门寺　新兴寺　瑞峰寺　泗洲寺（上六寺在吉苑里。）　安福寺在建宁里。　延庆寺　广福寺　奉亲寺（上三寺在川石里。已上四十三寺俱府城东。）　西岩寺　泗洲寺　大源寺　龙池寺　圣寿寺　龙门寺　罗汉寺（上七寺俱在府城西房村上里。）　瑞迹寺在县南泰溪内里。　能仁寺在登仙里。　观音寺　重兴寺　乾峰寺　泗洲寺（上四寺在房村下里。已上五寺俱府城西南。）　芦山尼寺在建宁里。　资福尼寺在南村里。

净居尼寺在安泰里。　**龙居尼寺**在东葚里。(上四尼寺俱府城东。通上凡五十五寺俱废。)　**五台山庵**在府城东吉苑里。元至正二年建,国朝永乐二年重建。　**大隐庵**元至正四年建。　**瑞兴岩庵**元至正间建。　**圭峰岩庵**　**竹林庵**(上二庵俱洪武元年建。)　**回龙庵**洪武二年建。　**善庆庵**洪武十四年建。　**石鼓岩庵**洪武二十四年建。(上七庵俱在府城西房村上里。)　**天王堂**在县治东兴贤坊。五代梁开平三年建,国朝洪武十七年重建。　**注云堂**在吉苑里。宋咸淳五年建,国朝洪武二十二年重建。　**云峰堂**在顺阳里。内有井,其泉甚佳。成化十年重建。(上二堂俱府城东。)　**云山堂**唐时建,国朝洪武十七年重建。　**东山堂**洪武十三年建。(上二堂在府城西南房村下里。)　**报恩光孝观**在府城东。陈永定间建。旧记云:"陈顾野王故宅也。旧曰'白鹤',后更名'开元',宋大观中更名'天宁万寿',绍兴七年更名'报恩',十三年改今额。后毁。国朝洪武间复建。殿左有玉泉井,水甚清冽,凡岁旱必祷雨于此。"　**崇福道院**在府城东南林里。元至正间建。　**碧岩仙庵**在府城西秦溪内里。　**天堂庵**在府城西南秦溪外里。元时建。　**仙云庵**在府城东北安泰里。

瓯宁县

大中寺在和义坊。旧名"律寺"[4],唐贞观中建,大中初赐今额。旧有塔,甚壮丽。杨亿诗:"鸡园开净土,雁塔倚寒空。"国朝两毁于火,一圮于水。随复建。　**显亲寺**在移忠坊。五代晋天福八年建,国朝洪武十四年重建。(上二寺俱府治西。)　**云溪寺**在吉阳里。南唐保大间建,国朝洪武十八年重修。　**灵岩寺**在麻溪里。伪闽龙启中建,国朝洪武二十四年重修。(上二寺俱府城西。）　**开元寺**在云际山之麓。晋太康中建。初名“林泉”，唐赐今额，国朝洪武二年重建。蓝静之《九日开元寺登高》诗：“古木寒溪入翠微，西风九日扣禅扉。金银宫阙生秋草，锦绣山河下夕晖。陆羽泉荒龙已去，吕蒙祠古鸟空归。诸公且尽登临兴，莫叹尊前往事非。”　**报恩广孝寺**在紫芝坊。唐时建。旧名“龙兴”，宋咸平间赐额曰“景德”，绍兴间更今名。国朝洪武、永乐间屡尝修建。　**南禅寺**南唐保大元年建，国朝洪武三年重建。**罗汉寺**在铁狮峰下。伪闽龙启间建，旧名“罗汉院”，国朝洪武十九年重建。（上二寺在西隅。）　**方广寺**在紫芝上坊。洪武元年建。初为“七星奄”，后改今额。（已上五寺俱府城南。）　**吉祥寺**在北隅太平坊。伪闽龙德中建于鸡谷滩侧，南唐保大八年移建今所。国朝洪武三年重建。　**永乐寺**在紫溪里。元至正二年重建，国朝洪武二十二年修。（已上二寺俱府城北。）　**双石寺**唐大顺中建，乾宁五年赐额，国朝洪武十二年重修建。　**斗峰寺**洪武三年建。（上二寺俱在丰乐里。）　**楞伽寺**在禾义里。洪武十五年重修。（已上一十四寺俱洪武二十四年并为丛林。）

龙山寺在龙首山下。初建于长汀，名“龙山福王院”，五代梁贞明元年移建今所。内有瑞松亭。国朝洪武二十一年重建。**西禅寺**在和乐坊。唐末建于西津门外，匾曰“西禅福圣”。宋天圣间移于今所。国朝永乐间圮。成化二年，寺僧复即西津门外及和乐坊二故址各建屋以居。　**高砂寺**在府城西北丰乐里。宋端平二年建，元至正十五年重建。（上三寺国朝洪武间俱并入大中寺。）　**乾明寺**在府城西敬客坊。宋大中祥符间建。　**禅祖寺**在府城西北慈惠里。旧为“西庵”，宋崇宁元年改为院。（上三寺国朝洪武间俱并入显亲寺。）　**云峰寺**唐时建，元至正十年重建。　**瑞竹寺**唐时建，元至正间重建。　**禅林寺**五代晋天福二年建。 云际寺宋时建，元至正八年重建。 上重寺宋淳熙间重建。 文殊寺宋绍兴二年建，元至正间重建。（上六寺在吉阳里。国朝洪武间俱并入云溪寺。） 福庆寺南唐保大间建，国朝洪武三十一年重建。 圣龙寺宋雍熙二年建，元至正二十五年重建。 报恩寺宋政和二年建。 大明寺宋绍兴三年建，国朝洪武十九年重建。（上四寺俱在麻溪里。） 大照寺南唐保大间建，元至正二十三年重建。 兴福寺南唐保大三年建，国朝洪武六年重建。 西林寺南唐保大间建，元延祐五年重建。 龙山寺宋嘉定间建，国朝洪武十五年重建。 真珠寺宋时建，国朝洪武十七年重建。（上五寺在高阳里。） 瑞峰寺唐咸通元年建，国朝洪武五年重建。 崇寿寺宋绍兴元年建。 观音寺宋天圣七年建。 云际寺 郭岩寺洪武八年重建。（上五寺在梅岐里。已上一十四寺洪武中俱并入灵岩寺。通上凡二十寺俱府城西。） 郭际寺五代唐长兴元年建。 西瑞寺在封山。旧名“西瑞相院”。 东瑞寺旧名“东瑞相院”。（上二寺俱宋建中靖国初赐额。上三寺在崇安里。国朝洪武间俱并入光孝寺。） 中山寺唐时建，元至正五年重建。 真净寺 永兴寺（上二寺俱五代晋天福二年建。） 常乐寺元大德三年重建。 香山寺洪武十年重建。 迴龙寺伪闽时刺史许文缜匾曰“三峰迴龙寺”。 珠源寺（上四寺俱南唐保大间建。） 王源寺宋雍熙三年建。 尚历寺宋时建，元至正十二年重建。 光山寺永乐二年重建。 普安寺 隐峰寺（上三寺俱宋绍兴三年建。） 楮林寺 彭源寺（上二寺俱宋淳祐间建。） 寺源寺元泰定二年建。 庆安寺元泰定三年建。 善集寺 逍遥寺（已上一十八寺在禾义里。洪武间俱并入楞伽寺。） 云岩寺唐元和三年建。 林泉寺 广福寺 吴际寺（上三寺俱唐乾宁三年建。）　**资福寺**　**南山寺**宋绍兴三年建。（上六寺在禾供里。）　**云居寺**唐乾宁三年建。　**报圣寺**五代梁龙德二年建。　**安福寺**五代晋天福二年建。（上三寺在禾吉里。）　**上蓝寺**唐嗣圣三年建。　**双溪寺**五代梁龙德二年建。　**极乐寺**五代晋天福元年建。　**龙护寺**南唐保大十三年建。　**游源寺**宋建炎三年建。　**小资福寺**宋绍兴二年建。　**圣恩寺**绍兴四年建。　**香山寺**宋端平二年建。（上八寺在紫溪里。已上一十九寺国朝洪武间俱并入永乐寺。通上凡三十八寺俱府城北。）　**资化寺**在紫芝下坊。南唐保大七年建，国朝洪武十五年重建。　**永庆寺**在云际山上。旧曰“云际”，宋庆历中赐今额，国朝洪武十八年重建。　**文殊寺**在开元寺右。南唐保大元年建，国朝洪武间重建。（上三寺俱府城南。）　**北岩寺**在德胜坊。五代唐天成中建。　**大悲寺**　**宝光寺**五代晋天福八年建，元至正二十年重建。　**金山寺**元至正十年建。（上三寺在崇安里。）　**西林寺**唐会昌中建，国朝洪武二年重建。　**天堂寺**元至正十六年建。　**开化寺**至正十二年建。　**原历寺**　**临池寺**元延祐七年建。（上五寺在西乡里。）　**清凉寺**　**报国寺**（上二寺俱元延祐五年建。）　**双溪寺**（上三寺在禾供里。已上一十二寺俱府城北。）　**灵岩寺**在府城西北慈惠里。宋淳熙十六年建。（上一十六寺国朝洪武间俱并入罗汉寺。）　**升山寺**旧名“朗山资庆寺”。南唐保大间建，宋改今额。杨亿诗：“层峦连近郭，占胜有招提。”国朝洪武六年重建。　**观音教寺**南唐保大间建，国朝永乐十四年重修。（上二寺在县南紫芝上坊。）　**报恩寺**在县北崇安里。宋时建。（上三寺国朝洪武间俱并入方广寺。）　**大密寺**　**深溪寺**（上二寺在府城北崇安里，俱宋咸淳间建。）　**东历寺**　**西历寺**（上二寺在慈惠里，俱宋大中祥符三年建。）湆溪寺伪闽龙启中建，国朝天顺四年重建。 西峰寺五代晋天福八年建，元至正三年重建。 寺源寺元至元间重建。 妙湛寺（上二寺俱宋绍兴间建。） 灵峰寺宋淳熙三年建，国朝洪武五年重建。 资福寺宋嘉定间建，元至正元年重建。 洪历寺宋端平二年建。 天宝寺元至正间建。（上八寺俱在府城西北丰乐里。已上一十二寺国朝洪武间俱并入双石寺。） 天王寺在亲睦坊。闽王审知建。 庆成寺在移忠坊。五代唐时王延政建。 上生寺五代晋时建。 崇福寺宋时建。 北禅寺宋时重建。（上三寺在德胜坊。） 南禅塔寺在敬客坊。南唐保大中建。 太源寺 西林寺 居福寺 吴源寺（上四寺在吉阳里。） 西岩寺在麻溪里。 幽山寺 归皈寺（上二寺在高阳里。） 冯岩寺 福庆寺（上二寺在梅岐里。已上十寺俱府城西。） 三塔寺旧名"泗洲三塔院"。南唐时建。 梅福寺在梅仙山。 随求寺在铁狮峰下。（上二寺俱宋时建。已上三寺在府城南紫芝坊。） 寿山寺南唐时建。 福庆寺（上二寺在鸡笼山下。） 斸地寺 灵岩寺 琦源寺 杉山寺 归林寺 石龟寺 兴福寺（上九寺在崇安里。） 大资福寺 泔洋寺 报恩寺（上三寺俱宋时建。） 董源寺 弥勒寺 黄檀寺 保福寺 龙归寺 龙安寺 迴龙寺 上漈寺在黄村。 东漈寺 化成寺 延福寺（上十四寺在紫溪里。） 东漈寺宋时建。 罗汉寺旧名"寿山罗汉院"。 北坑寺 五峰寺在禾供里。 幽林寺 大源寺 峰源寺 云峰寺 宝福寺 上漈寺 洪福寺 南涧寺旧名"大坑南涧寺"。 大漈寺 同源寺 吕源寺 永隆寺 中林寺 中漈寺 灵感寺（上一十五寺在禾义里。） 西福寺 梁源寺 西林寺 禅岩寺旧名"岩院"。 北坑寺

苏源寺　北岩寺（上七寺在禾吉里。）　石橱寺　进福寺　龙林寺　新溪寺　大源寺（上五寺在西乡里。通上五十四寺俱府城北。）　北岩寺旧名“北岩乾峰寺”。五代梁时建。报恩寺　慈云寺　云漈寺　北坑寺　西岩寺　资圣寺　华岩寺　香山寺　兴国寺　佛岭寺　洪源寺（上一十二寺在慈惠里。）　杨源寺　报恩寺　保福寺　福兴寺　护国寺　曹山寺　回龙寺　翠岩寺　居福寺　陈原寺　大悲寺　回岩寺　地藏寺　大源寺　万历寺（上一十五寺在丰乐里。已上三十七寺俱府城西北。通上九十九寺俱废。）　圆通庵在县治西敬客坊。洪武十二年建。　东山庵元延祐三年建。

双峰岩庵元至正二年建，国朝永乐十五年重修。　五福庵元至正十年建。　白莲庵元至正十九年建。　东林庵元至正二十二年建。　蹑云岩庵元时建。内祀马氏神仙，旱涝祷之多应。国朝永乐元年重修建。　金凤岩庵元至正间建。　白云庵洪武五年建。　东林山顶庵洪武二十二年建。　华光庵永乐九年建。（上十庵在高阳里。）　登云庵元至正八年建。显祐庵洪武十五年建。　瑞云庵洪武十九年建。（上三庵在麻溪里。）　福兴庵宋咸淳六年建。　玉山庵元至正七年建。

西观音庵洪武五年建。　花光庵洪武二十六年建。（上四庵在海岐里。）　石塘岩庵在吉阳里。洪武二十二年建。（已上一十八庵俱府城西。）　西山庵元至正元年建。　金盘庵元至正十七年建。　正觉庵洪武四年建。　定光庵洪武十三年建。　北岩庵（二所上六庵在禾供里。）　谢叔庵唐嗣圣三年建，国朝洪武十二年重建。　黄石庵宋建中靖国间建，国朝永乐七年重建。　定源庵洪武三年建。（上三庵在崇安里。）　圣佛庵唐嗣圣间建，宋熙宁四年修，绍兴八年重修。　擎天岩庵宋至和间建，国朝永乐八年重建。 **翠峰庵** **云岩庵**（上二庵俱宋绍兴间建。） **北坪庵**洪武三年建。（上五庵在西乡里。） **蒋山庵**元至正七年建。 **禅岩庵**洪武十七年建。（上二庵在禾吉里。） **通济庵**元至元二年建。 **龙潭庵**元至正二十七年建。（上二庵在禾义里。） **天堂庵**在紫溪里。洪武二十二年建。（已上一十九庵俱府城北。） **云岩庵**宋淳熙十六年建。 **归宗岩庵**宋咸淳二年建，国朝永乐九年重修。 **宝石岩庵**元至正二年建，国朝洪武十八年重修。 **狮子岩庵**洪武三年建。（上四庵在府城西北慈惠里。） **观音堂**在府城西吉阳里。永乐十一年建。又府城北禾吉里亦有观音堂，洪武五年建。 **集福堂**宋绍兴二十二年建。 **圆通堂**洪武七年建。 **玉峰堂**永乐十四年建。（上三堂在禾供里。） **仁寿堂**在禾吉里。元至正二十二年建。 **紫竹堂**元至正三年建。 **西乐堂**元至正二十五年建。 **明德堂**洪武十八年建。（上三堂在禾义里。） **报恩堂**在紫溪里。元至正十九年建。 **西乾堂**在西乡里。元至正八年建。（已上九堂俱府城北。） **普庵堂**洪武十一年建。 **明心堂**洪武二十七年建。（上二堂在府城西北丰乐里。）

玄妙观在府城西玉清洞之右。宋大中祥符中改名“天庆”，元元贞元年改名“玄妙”，国朝洪武四年重建。 **凝真观**在府城南通仙桥头。宋绍兴间建，国朝洪武十五年重建。 **隆兴观**在府城北吉阳里。元至正元年建。 **南昌宫**在府城南紫芝坊。相传汉南昌慰梅福炼丹之所也。元初建，国朝永乐十年重建。西有丹成阁。 **玉宸道院**宋熙宁十年建。 **清真道院**元泰定元年建。 **集仙道院**元至元二年建。（上三院在崇安里。） **紫霞道院**在禾义里。元延祐二年建。（已上四院俱府城北。）

浦城县

胜果寺在县东隅。汉越王余善行宫故址也。梁武帝建，名“崇云寺”，唐改今额，国朝洪武、永乐、宣德、天顺间俱尝修建。

万寿寺在县南清湖里。宋皇祐元年建，元至正十五年重建。

天心寺在县治北隅华山之麓。宋开宝八年建，国朝洪武、永乐、正统间屡尝修建。（上三寺俱洪武间并为丛林。）　**罗汉寺**在县治东隅。唐乾元间建，国朝洪武五年重修建。　**永安寺**在县治大市之西。唐天宝十二年建，国朝洪武七年重建。　**圆通塔寺**在县治南隅。元至正二年建，国朝景泰四年重建。　**应迹寺**宋时建，国朝宣德五年重修。　**方广寺**元至正元年建，国朝宣德五年重建。（上二寺在泰宁里。）　**萝峰寺**元大德四年建。

白马寺元至正二年建。（上二寺在大石里。已上四寺在县东。）　**龙堂寺**唐嗣圣中建，元至正五年重建。　**清流寺**唐时建，元至正六年重建，国朝宣德九年复建。（上二寺在上原里。）

潘源寺在孝弟里。宋淳熙二年建，国朝正统七年重修。（上三寺俱县南。已上一十寺洪武间俱并入胜果寺。）　**南峰寺**宋咸平中，章德象建为功德院。中有“昼锦堂”，刻宋仁宗御赐《唱名诗》。嘉定间武宁尉章子仁重修，国朝洪武、景泰、成化间俱尝修建。　**昙华寺**元至正十五年建，国朝宣德五年重建。（上二寺在上相里。）　**资化寺**在新兴里。洪武六年重修。（上三寺俱县西。）　**护国寺**宋皇祐二年建，国朝洪武十六年重建。　**禅寂寺**宋大中祥符间建，元至正二十年重修。（上二寺在清湖里。）

善化寺在仁和里。唐嗣圣中建，元至正二年重建。　**广教寺**在总章里。宋皇祐元年建，元至十二年重建。（上四寺俱县南。）

龙归寺在安乐里。宋开禧元年建，国朝宣德四年重修建。

安国寺在船山里。宋大中祥符十三年建,元至正五年重修。(上二寺俱县北。) **松林寺**在通德里。宋时建,国朝宣德五年重建。 **栖云寺**在招贤里。元至正十七年重建。(上二寺俱县西北。已上一十一寺国朝洪武间俱并入万寿寺。) **瑞峰寺**在县南清湖里。元延祐二年建。 **新兴寺**在安乐里。宋时建,国朝宣德五年重建。又官田里亦有新兴寺,宋咸淳间建,国朝洪武十年重建。 **能仁寺**在长乐里。宋淳熙二年建。旧名"观音寺",寻改"能仁"。有杨亿读书阁。国朝洪武元年重建。 **安国寺**在太平里。宋皇祐间建,国朝洪武、宣德间俱尝修建。 **万叶寺**在乐平里。旧名"渔峰",唐龙纪初赐今额。寺有瀑布、石门菩萨岩、仙人迹、汙樽水帘、七松坛、万石阶等,号八景。 **华岩寺**洪武元年建,正统十年重修。 **李山寺**宋开宝八年建,国朝正统十二年重建。 **灵岩寺**元至正二年重建。(上三寺在忠信里。) **集庆寺**在永康里。宋嘉定七年建,国朝永乐十七年重建。 **临江寺**在毕岭里。元至正十五年重建,国朝景泰四年复建。 **翠峰寺**在官田里。元至正十五年重建,国朝正统十年重修。(上一十一寺俱县北。) **洪源寺**在县西北招贤里。元至正十七年建。(已上一十三寺国朝洪武间俱并入天心寺。) **善政寺**在郊阳里。宣德八年重建。 **石马寺**宣德元年重建。 **籐坑寺**景泰三年重建。 **翁山寺**永乐二十一年重建。 **黄山寺**正统十三年重建。(上四寺在大石里。已上五寺俱县东。) **西峰寺**宣德九年重建。 **等觉寺**宣德元年重建。 **齐云寺**正统九年重建。(上三寺在上相里。) **宝明寺**宣德四年重建。

国清寺景泰三年重建。(上二寺在新兴里。已上五寺俱县西。) **大同寺**在总章里。宣德十年重建。 **延庆寺**在东礼里。正统六年重建。 **清泉寺**在上原里。宣德九年重建。(上三寺俱县南。）　河源寺在登俊里。正统十年重建。　大姥寺在忠信里。永乐十二年重建。（上二寺俱县北。）　宝应寺在仁和里。正统四年重建。　圣寿寺在仁风里。景泰四年重建。（上二寺俱县西南。）　资圣寺宣德八年重建。　安国寺景泰二年重建。（上二寺在县西北通德里。已上一十九寺按旧志俱废，今因故址重建。）　凤栖寺　水陆庵寺　王山罗汉寺　净居寺　福兴寺（上五寺在东隅。）　白云寺　回龙寺　真净寺（上三寺在南隅。）　福庆寺　重云寺（上二寺在慕泰里。）　西山寺　卯斋寺　鸡雾山寺　东山寺（上四寺在泰宁里。）　宗寂寺　龙德寺　招福寺　仁济寺　宝光寺（上五寺在郊阳里。）　西坑寺　苦竹寺（上二寺在高泉里。）　龙岩寺在大石里。（已上一十四寺俱县东。）　奉国寺　灵峰寺　报恩寺　安国寺　双峰寺（上五寺在上相里。）　龙兴寺　广济寺　金峰寺　灵凤寺　保寿寺　兴福寺　上生寺　余生寺　石泉寺（上九寺在新兴里。）　香岩寺　云峰（上二寺在永平里。已上一十六寺俱县西。）　清泉寺　云峰寺　莲江寺　双峰寺　龙居寺　慈溪寺（上六寺在上原里。）　安福寺　西方寺　白岩寺　永庆寺　楞伽寺　巴兽寺　洪山寺（上七寺在总章里。）　灵凤寺　翠岩寺　龙潈寺　地藏寺　南源寺　碧岩寺　龟峰寺　西源寺　善清寺　般若寺（上十寺在清湖里。）　广德寺　石门寺　佛山圣天寺　宝峰寺（上四寺在东信里。）　双石寺　龙安寺　莲塘寺　永隆寺　张源寺　南源寺　黄连寺（上七寺在登云里。）　弥勒寺　临潈寺　罗源寺（上三寺在孝弟里。已上三十八寺俱县南。）　资圣寺　兴福寺（上二寺在毕岭里。）　景福寺　龙安寺　黄龙寺（上三寺在雁塘里。）　峡源寺　偃松寺

政善寺 永康寺(上四寺在官田里。) 福盖寺或云"福"当作"覆"。隋时,寺院例废,有僧过此,见山川奇秀,乃覆盖而去,后人因即其地建院,以福盖名之。杨文公《谈苑》又云:"浦城县福罗山有龙潭,是又以盖为罗也。"未详孰是。 报恩寺 西瞿寺(上三寺在西隅里。) 南山寺 崇福寺 泗洲寺 回向寺(上四寺在安乐里。) 福生寺 广福寺(上二寺在长乐里。) 感圣寺在永康里。 东庵寺在乐平里。 集庆寺在永吉里。今并入长乐寺。 余庆寺 山堂寺(上二寺在船山里。) 福寿寺 西峰寺 大源寺(上三寺在忠信里。已上三十六寺俱县北。) 崇庆寺 西禅寺 建福寺(上三寺在仁和里。) 北岩寺 盖竹寺 新漈寺 新开寺 峰顶寺(上五寺在靖安里。) 国寿寺 瑞云寺 张漈寺 青岩寺 南源寺 龙川寺 重兴寺 永福寺 乌石寺 资福寺 兴福寺 鹫峰寺 隐峰寺 黄柏寺 西隐寺(上十五寺在仁风里。已上二十三寺俱县西南。) 中峰寺 资福寺 百丈寺 广慈寺 瑞峰寺 白莲花寺 瑞隆寺 涌泉寺 宝胜寺 天圣寺 普归寺 崇胜寺(上一十二寺在县西北招贤里。通上凡一百三十六寺自元以来渐次俱废。) 瑞隆庵在西隅。洪武元年建,宣德七年重建。 能仁庵在南隅东岳行祠之左。 积善庵元至大四年建,国朝洪武九年重建。 吴山庵元至正间建。(上二庵在慕泰里。) 圆通庵元至正七年建。 妙音庵元至正二十二年建。(上二庵在大石里。旧志云在县北永康里。) 殿台庵在泰宁里。元大德四年建。 仁济庵在郊阳里。元大德六年建。旧志云在县南孝弟里。 般若庵在高泉里。元至正间建。(上七庵俱县东。) 大平庵在上相里。 炉峰庵 龟山庵 永圣庵 瑞应庵 庆寿庵 万云庵(上六庵在新兴里。已上七庵俱县西。）　**隆兴庵**在东礼里。　**狮子峰庵**　**凤山庵**元至正三年建。（上二庵在总章里。）　**天福庵**元至正二年建。　**南山庵**洪武三年建。（上二庵在清湖里。）　**妙知庵**在登云里。元至正间建。　**普明庵**　**高阳峰庵**　**仁济庵**元大德六年建。郡志有此庵，县志不载。（上三庵在孝弟里。已上八庵俱县南。）　**华岩庵**在忠信里。正统五年建。　**迴龙庵**　**梦觉庵**宋淳熙中建，元至正中修。（上二庵在长乐里。）**崇庆庵**在登俊里。元至正六年建，国朝成化十年修。　**善应庵**在太平里。洪武五年建。　**百向庵**洪武九年重建。　**碧峰庵**永乐中建，景泰三年重修。　**万善庵**元时建，国朝景泰间修。（上三庵在永康里。）　**施水庵**　**宝庆庵**（上二庵在安乐里。已上十庵俱府城北。）　**平地庵**在县西南仁风里。　**铜钵山庵**元时建。　**龟灵庵**元至正八年建。（上二庵在县西北通德里。）**庆兴堂**在郊阳里。宋皇祐二年建，元至正十三年重修，国朝宣德五年重建。　**报恩堂**在大石里。景泰三年建，（上二堂俱县东。）　**正性堂**正统元年重建。　**惠日堂**景泰二年重建。（上二堂在上相里。）　**慈济堂**在孝弟里。（上三堂俱县南。）　**湖山堂**在太平里。元时建，国朝洪武、正统间俱尝修建。　**三教堂**在官田里。宋元祐元年建，元至正间重建。　**高贤堂**在县西北招贤里。永乐二十一年重建。　**玄妙观**宋大中祥符三年建。初名“天庆”，元改今名。　**朝元道院**又名“和丰堂”。元元贞间建，国朝洪武十九年重修。　**迎仙道院**旧罗汉、资福二寺圃地也。初在布政分司之右，成化十年移建今所。（已上观并院俱在县治东隅。）

建阳县

开福寺在仙桂坊大潭山下。唐大中初建。初名“咸通”，后改"重光",宋天禧三年赐今额,国朝天顺二年重建。寺两廊之后,列十又八寺:曰报恩,曰上生,曰弥陀,曰释迦,曰泗洲,曰天王,曰孔雀,曰瑞像,曰观音,曰普贤,曰经藏,曰弥勒,曰报应,曰文殊,曰唐西,曰尊胜,曰罗汉,曰华岩。三门内之西又有三寺:曰天宫,曰延寿,曰白衣。　**景福寺**五代末建。旧名"报恩罗汉院",宋大中祥符元年赐今额,国朝永乐十三年重建。　**隆教寺**宋天禧二年建。国朝洪武、永乐间俱尝修建。(上三寺在县西隅。)　**水陆寺**在县南隅。东晋时建,唐嗣圣中重建,名"广福水陆院",宋熙宁三年赐名"圣寿水陆",乾道五年改今额。国朝天顺七年火,成化十一年知县项旻改为公馆。　**灵耀寺**晋元康中建为"广福灵耀院",宋熙宁三年赐名"圣寿灵耀院",乾道三年改今额。国朝洪武、宣德间俱尝修建。　**东漈寺**南唐保大元年建。　**永兴寺**旧名"莲口庵"。五代梁龙德元年建。　**安福寺**五代唐清泰元年建。　**洪恩寺**旧名"洪因院"。宋开宝四年建。　**宝林寺**唐景福元年建。(上六寺在县东同由里。)　**安闽寺**唐景福元年建,元至正二十年重建。　**安将寺**五代唐天成二年建。　**资福寺**五代梁龙德二年建。　**敖山寺**元至正二十六年建。　**大源寺**元大德元年建。　**灵岩寺**旧名"凌岩院"。唐光化二年建。

安福寺唐光启二年建。　**翠岚寺**五代晋天福七年建。**广成寺**伪闽通文中建。　**金峰寺**唐贞观中建。　**西漈寺**五代梁贞明二年建。　**圆明寺**　**迴龙寺**(上二寺元大德二年建。已上一十三寺在崇泰里。)　**中兴寺**元至正二十年建。　**岩山寺**　**广福寺**　**虎窟寺**五代晋天福间建。　**乌峰寺**宋咸淳八年建。　**保安寺**唐天祐四年建。　**资圣寺**元延祐三年建。**兴福寺**五代梁贞明四年建。　**西峰寺**元至正二年建。　**建宁寺**唐会昌二年建。　**报恩寺**　**巡风寺**(上二寺俱元至元十年建。）　福林寺　资国寺宋大中祥符二年建。　中化寺旧名“乾兴院”，宋宝祐三年改今额。　瑞峰寺伪闽龙祐中建。　禅居寺唐乾符元年建。　建福寺五代唐清泰元年建。（上一十八寺在永忠里。）　资福寺宋元祐二年建。　石门寺唐大中七年建。　慈济寺伪闽通文中建。　西漈寺宋建隆间建。　宣化寺元延祐四年建。　黄龙寺五代周显德元年建。（上六寺在禾平里。）　新兴寺唐乾符四年建。　龙兴寺五代唐同光中建。（上二寺在嘉禾里。已上三十九寺俱县西。）　灵峰寺在玉枕峰之麓。元至正四年建，国朝洪武、永乐、景泰间屡尝修建。

资化寺旧名“云峰”。唐开元中建，宋天圣间改今额。　白云寺旧名“白云崇果院”。唐时建，宋天圣元年赐今额。　建宗寺五代梁乾化四年建。　东林寺伪闽时建。宋天圣二年赐名“圣寿东林院”，绍兴二十三年改为“广福东林寺”。　岳山寺伪闽龙启初建，国朝洪武元年重建。　护国寺宋皇祐五年建。　靖安寺处士江为故宅也。元至正十五年建。　西庵寺元至正十五年建。　大悲寺旧废。洪武四年重建。　永隆寺旧名“瑞龙院”。元元统二年建。　凌云寺伪闽时建。　云际寺南唐保大中建。　均安寺唐天顺四年建。（上一十四寺在三桂里。）　保福寺元至正十四年重建。　高历寺五代唐长兴二年建。　延寿寺五代唐清泰二年建。　宝兴寺宋咸淳八年建。

西山寺五代唐长兴二年建。（上五寺在兴贤下里。已上一十九寺俱县南。）　弥勒寺　资福寺（上二寺俱唐光启中建。）　蕉源寺唐光化二年建。五代周显德三年赐今额。　福先寺宋淳祐元年建。　石壁太平寺旧名“太平院”。元至正三年建，国朝洪武十三年重建。（上八寺在崇仁德里。）　东山寺唐嗣圣三年建。　妙音寺唐咸通二年建。　普安寺唐咸通三年建。

南禅寺唐光启二年建。　延福寺唐乾符二年建。　鹿峰寺五代梁贞明中建。　慈云寺五代唐同光元年建。　报恩寺五代唐长兴元年建。　龙漈寺伪闽时建。　泗洲寺　新安寺（上二寺俱五代唐天成元年建。）　因果寺五代唐长兴四年建。　福兴寺五代唐清泰元年建。　崇荐寺　保大寺（上二寺俱五代晋天福中建。）　庐山寺宋建隆元年建。　灵凤峰寺宋元祐二年建。　新安寺元至大三年建。　禅居寺元至正二年建。　西岩寺旧名“东漈院”。洪武元年重建。（上二十寺在崇文里。）　禅居寺唐景福元年建。　西禅寺五代梁开平元年建。　永忠寺五代唐天成元年建。　云林寺五代晋天福元年建。　国泰寺元至正二十年重建。　西平寺元至正十年重建。（上六寺在建忠里。）　如是寺旧名“崇福院”。唐咸通间建，元至正十九年重建。　延福寺唐乾符二年建。　砚峰寺唐景福二年建。　崇福寺唐乾宁三年建。　护福寺五代唐同光二年建。　精舍寺五代唐天成二年建。　新兴寺天成三年建。　报恩寺五代晋天福元年建。　上文殊寺五代晋天福二年建。　西峰寺宋建隆元年建。　柘源寺宋天圣初建。　东山寺宋咸淳元年建。　福圣寺旧名“永兴院”。元至正五年建。（上十二寺在乐四里。已上四十七寺俱县北。）　南兴寺唐大顺元年建，元至正十五年重建。　庵山寺五代唐天成八年建。　岩峰寺五代唐清泰元年建。　南漈寺　南禅寺五代唐清泰二年建。　富山寺宋端平二年建。　药师寺元至顺四年建。　东山寺元至正二十三年建。　灵泉寺唐景福三年建。（上九寺在县东南均亭里。）　仰山寺在高仰山之巅。元泰定元年建。　金鸡寺唐咸通中建。　普觉寺宋政和五年建，元至正二十三年重建。　宝应寺唐咸通间建。　资福寺唐景福二年建。靖安寺五代唐长兴中建。天王寺　西兴寺（上二寺五代周显德元年建。）巾峰寺元至正二年建。延福寺至正二十三年建。清修寺宋元祐七年建。（上一十一寺在崇化里。）备山寺五代晋天福元年建。西林寺唐时建。

西漈寺宋建隆四年建。荐福寺唐中和二年建。观音寺五代梁开平元年建。报恩寺五代晋天福八年建。东漈寺唐景福元年建。后洋寺唐中和间建。洪山寺永乐十一年重建。庆寿寺伪闽时建。西安寺五代梁龙德元年建。

盖山寺唐中和三年建。石床寺唐时建。蕉山寺元大德元年建。（上一十四寺在崇政里。）龟山寺旧名“龟山万寿院”。五代唐时建，国朝永乐十八年重建。凌云寺宋淳熙十二年建。灵岩寺唐乾宁元年建。仙岩寺五代梁贞明二年建。资国寺元大德元年建。（上五寺在兴贤上里。）翠岩寺唐乾宁四年建。报恩寺宋建炎五年建。龙山寺五代晋天福六年建。（上三寺在兴贤中里。已上三十三寺俱县西南。）

天福寺唐嗣圣三年建，国朝正统八年重建。龙隐寺（上二寺在县东北三衢里。）普光寺唐乾符二年建。福寿寺五代梁开平元年建。长滩寺五代唐天成间建。福田寺五代汉乾祐二年建，元至正十五年重建。龙安寺五代周广顺二年建。乾光寺元至正三年建。（上六寺在县西北北乐里。）广贤寺在县西嘉禾里。五代梁贞明六年建。宝幢寺在三桂里。旧名石幢院，南唐保大中建。双峰寺在兴贤下里。五代唐长兴二年建。（上二寺俱县南。）贵安寺在县北崇仁德里。唐大顺元年建。丰林寺在县西北北乐里。五代唐长兴元年建。（已上五寺久废。）栖隐尼院在县治西隅。唐嗣圣中建。国朝永乐十四年圮于水。玉帘庵　圣明庵洪武八年建，正统十二年重修。(上二庵在县西崇泰里。)**半山庵**在妙高峰之右。成化十四年重建。山腰有井,其泉清洌。井之旁有亭,曰“览秀”。

龙山庵成化六年重建。 **宝山庵**在水南。永乐十四年圮于水,寻徙建于山麓。 **古佛庵**(上四庵在三桂里。) **积庆庵**元大德二年建,国朝正统十二年重修。 **黄杨庵**宋时建。朱文公书匾。(上二庵在兴贤下里。已上六庵俱县南。) **冲源庵**在县北崇仁德里。 **水月庵**在县东南莲台山之上。洪武间重修。

瑞竹庵在兴贤中里。元至正十一年建,国朝正统十三年重修建。 **龙德仙庵**在崇化里。永乐元年建。(上二庵俱县西南。)

天堂宋宝祐三年建。为邑之胜处。国朝永乐十四年,邑洪水为患,堂之层楼杰阁屹然俱存,民赖以活者数百人。宣德六年重修。 **南山万寿堂**(上二堂在县南三桂里。) **后山堂**在县西崇泰里。宋嘉熙三年建。 **鹤山堂**在乐田里。宋嘉祐二年建。

普照堂在崇仁德里。宋咸淳元年建,国朝洪武十七年重建。

福应堂在崇文里。元延祐三年建。(上三堂俱县北。) **洪山堂**在县西南崇政里。 **江源复一堂**在县西北北乐里。宋端平间建。 **东山观**在交溪之浒。宋绍兴四年建,国朝洪武十三年重建。左有沙洲,《山川志》以为米洲,俗号“沙龙”;右有石岩,俗号“石虎”。 **下玄真观**在兴贤下里。元大德元年建。(上二观在县南。) **高明观**在县西崇泰里。宋淳祐二年建,国朝洪武十八年重修建。 **延祐道院**元延祐三年建。国朝永乐十四年圮于水,惟殿宇仅存。 **混元道院**元至元间建,国朝永乐十一年重建。(上二院在县东同由里。) **崇玄道院**在县西关。宋绍定二年建,国朝洪武十六年重建。 **龙济道院**在县西和平里。旧名“白塔”。洪武三十二年重建。 **仙庵**在县东同由里。成化十四年建。邑有水旱则祈祷于此。 **真君堂**在县治后登高山下。

真武堂在县北崇文里。元泰定元年建。

校　注

［1］乾隆《福州府志·寺观》作“独鹤倏飞骞，深萝苦纷纠。踹涔待沃洲，芥子观灵鹫。净土人不来，尘寰廓然尽”。

［2］乾隆《福州府志·寺观》作“浮屠桂树影重重”。

［3］乾隆《福州府志·寺观》作“唐天祐二年建”，是。“五代”二字应移于下文“唐清泰二年”之上。

［4］乾隆《福建通志·古迹》作“旧名本律寺”。

八闽通志卷之七十七

寺　　观

建宁府

松溪县

普载寺在县治南隅东关里。旧在皈伏里，五代周广顺元年迁建今所。国朝景泰间重建。　**中峰寺**在县东皈依里。唐景福元年建，国朝正统五年重建。（上二寺洪武间俱并为丛林。）**崇德寺**在县西隅。元至正二十二年建。　**罗汉寺**五代唐清泰元年建，国朝正统四年重建。　**资寿寺**五代唐天成二年建，国朝正统三年重建。（上二寺在县东皈伏里。）　**云盖寺**梁开平元年建，国朝景泰三年重建。　**回龙寺**宋淳化二年建，国朝景泰五年重建。　**安福寺**五代唐长兴四年建，国朝景泰四年重修。**龙居寺**宋开宝三年建，国朝天顺五年重建。　**云岩寺**宋乾德四年建，国朝正统间屡尝修建。（上五寺在县西杉溪里。）　**西山寺**唐武德七年建，国朝天顺元年重建。　**柳潀寺**五代唐长兴四年建，国朝永乐、景泰间屡尝修建。（上二寺在县南东关里。）**古源寺**在县北永宁里。五代汉乾祐三年建。　**黄阳寺**宋绍兴五年建。　**北隐寺**唐乾符四年建，国朝景泰间重建。　**香林寺**唐会昌二年建。　**报恩寺**五代唐清泰元年建，国朝景泰四年重修。(上四寺在县西北庆原里。已上一十五寺洪武间俱并入普载寺。)　**华严寺**在县东皈依里。唐咸通八年建。　**灵石寺**在县南东关里。宋雍熙四年建。　**三龙寺**五代唐清泰元年建,国朝景泰二年重修。　**资福寺**齐永明七年建。(上二寺在永宁里。)　**崇圣寺**五代唐清泰元年建,国朝景泰四年重建。　**碧岩寺**宋咸平六年建,国朝宣德八年重修。　**瑞云寺**旧名"龙际庵",景泰元年重建改今名。　**嵩山寺**宋建隆二年建,国朝正统十一年重修。(上四寺在豪田里。)　**资圣寺**五代晋天福二年建。　**涌泉寺**唐咸通十一年建,国朝正统十二年重建。(上二寺在永和里。以上八寺俱县北。通上凡一十寺洪武间俱并入中峰寺。)　**石门寺**在县东皈依里。唐龙纪元年建,国朝正统八年重修。　**大仑寺**在县北庆原里。五代梁贞明二年建。　**云峰寺**在县东皈伏里。唐景福二年建。　**资严寺**在县治西慈善坊。元至元三年建。　**东庵寺**在县西杉溪里。元至顺三年建。

仁寿寺宋政和四年建。　**清泉寺**　**白岩寺**唐乾符二年建。(上三寺在县北永和里。)　**石龙寺**在县西北庆原里。五代唐长兴二年建。　**平田尼庵**在县东皈伏里。宋庆历元年建。(以上八寺自元以来渐次俱废。)　**石壁庵**在县南隅。一名"大沙庵"。元至正二十一年建,国朝正统元年重修。　**瑞相庵**在县西南隅。旧志云:"前临大溪,乃县之旧路也。宋政和间改建今所,淳熙十五年,改为东岳行宫,匾曰'坦虚道院',元至正十四年复建庵于宫左。"　**禅岩庵**元至正七年建,国朝天顺四年重建。　**白马岩庵**元至正二十五年建。　**草岩庵**洪武二十年建。(上三庵在县东皈依里。)　**云祐庵**在县西杉溪里。　**朱源庵**元至元二年建。　**福云庵**元至正十三年建。　**姥岭庵**元至正十七年建。　**瑞岩庵**　**云潈庵**　**德庆庵**一名"妙峰庵"。宋绍兴七年建，国朝正统八年重建。 **普济庵**正统九年建。（上七庵俱在县南东关里。） **圣境庵**在永宁里。宋咸淳八年建。 **白云庵**在永和里。一名“峦峰庵”。洪武三十年建。 **复新庵**元至正间建。名“天堂庵”，国朝永乐十九年移建于旧庵之东三百步许，改今名。 **碧峰庵**元至正二十年建，国朝正统五年重修。 **天竺庵**元至正二十五年建。 **楼峰庵**元至正间建，国朝洪武、正统间俱重修。 **般若庵**一名“金竹庵”。洪武三十年建。 **栖云庵**永乐十九年建，国朝正统五年重修。 **大觉庵**正统十二年建。（上七庵在濠田里。已上九庵俱县北。） **观音堂**在县治东大溪边。又县治西兴贤坊亦有观音堂。 **古佛堂**在县治西文奎坊。洪武十八年建，正统七年修。 **甘露堂**在县东皈依里。洪武二十二年建，正统九年修。 **普照堂**元至正十八年建。 **普庵堂**元至正间建，国朝正统十二年重修。（上二堂在县北濠田里。） **延真观**元皇庆元年建，国朝成化十七年重建。 **西山观**宋咸淳五年建，国朝洪武十八年重建。（上二观在县西隅。） **文昌观**在县西杉溪里。宋景定三年建，国朝洪武十五年建为天尊堂，后复为观，正统六年增建。 **玉枢道院**在慈善坊。元至正十八年建。 **龙津道院**在杉溪里。洪武四年建。山巅有丹室，匾曰“圆通”。（上二院在县西。） **栖霞道院**在县南东关里。元至正间建，国朝宣德三年重建。

崇安县

永隆寿圣寺距县三里。俗呼“三里寺”，唐乾宁四年陈司徒幼芳请额，赐名“永隆”，宋嘉祐中又赐额“寿圣”。旧在邑东，后迁今所。 **光化寺**在濯缨坊。唐咸通中建于隐浆之后田，宋大中祥符间迁今所，国朝景泰二年增建。 **护国寺**在儒学之左。唐天顺间建于石雄里，元至元间移建今所。国朝洪武、正统、景泰间俱尝修建。　**场南寺**宋庆历四年建，八年赐额。（上四寺在四隅里。）　**瑞岩寿圣寺**唐广明元年建。宋熙宁三年赐名“寿圣”，隆兴初赐今额。　**东山寺**五代唐清泰元年建。　**大智寺**宋建隆元年建。　**灵济寺**宋康定二年建。　**崇福寺**宋嘉祐八年建。　**延寿寺**宋开宝元年建。　**护安寺**唐天祐中建。　**太平寺**宋淳化二年建。　**暨历寺**宋乾德二年建。（上九寺在吴屯里。）　**乌山兴福寺**唐咸通五年建。　**祝圣寺**五代周显德六年建。宋元祐三年赐额。　**定光寺**旧名“圆彻”。唐乾宁间建。宋建隆中赐今额。　**黎山寺**唐咸通二年建。　**大黎寺**五代晋天福八年建。　**清潭寺**唐咸通二年建。　**石龙寺**界于崇安、浦城二县间，宋县令赵抃尝因祷雨留题于此。（上七寺在石白里。）　**岳山寺**五代梁龙德三年建。　**大同寺**宋开宝中建。　**报恩寺**唐咸通元年建。　**招福寺**唐会昌六年建。　**新兴寺**宋天圣六年建。　**白云寺**五代晋天福二年建。　**徐源寺**宋咸平二年建。　**云漈寺**五代唐长兴中建。（上八寺在大浑里。）　**中峰寺**　**江源寺**　**灵山寺**唐光化二年建。　**回向寺**宋刘子翚诗：“浅淡烟云里，回环紫翠间。”　**小洋寺**（上五寺在上梅里。）　**清泉寺**唐乾符六年建。　**灵阳寺**唐咸通中建。　**高山广福寺**唐乾宁元年建。　**南丰寺**五代晋天福四年建。　**报恩寺**五代唐清泰二年建。南唐李主书额。宋刘子翚为记。（上五寺在下梅里。）　**佛迹寺**　**资圣寺**　**罗汉寺**　**兴福寺**　**龟峰寺**（上五寺在建平里。）　**开善寺**五代唐同光初建。　**保福寺**五代梁贞明中建。　**林源寺**　**保禄寺**　**灵梵寺**宋康定二年建。　**西岩寺**唐大顺二年建。　**天竺寺**五代唐天成元年建。（上七寺在内外五夫里。）　**永隆寺**宋康定元年建。　**安宁寺宋景德元年建。 云居寺宋开宝二年建。朱文公尝读书于此。 箫际寺[1](上四寺在从籍里。已上凡五十寺俱县东。) 高历寺宋明道二年建。 福寿寺宋元丰元年建。 西林寺唐乾宁二年建。 觉惠寺宋元祐八年建。 安福寺 保福寺 兴福寺(上三寺俱宋太平兴国元年建。) 凤林寺宋乾德四年建。 崇兴寺五代梁龙德二年建。 泗洲寺 化成寺(上一十一寺在节和里。) 石台寺唐文德中建。寺之右有福善王祠,诏岁士子多乞灵于此。 睹潭寺唐会昌六年建。 西湖寺五代唐天成中建。 归化寺宋端平元年建。 龙头寺 西林尼寺(上六寺在黄伯里[2]。) 交泰寺唐天宝六载建。 王源寺 天宝寺唐天宝五载建。(上三寺在长平里。已上二十二寺俱县西。) 兴国寺五代晋天福中建,国朝永乐四年重修。 兴福寺五代晋天福五年建,元至正间重建。 石堂寺在星村盘坡,旧在武夷仙掌峰下。五代唐天成中迁大隐岩下,宋明道间雷震石陨,寺陷为潭,元皇庆六年迁建今所。 石门寺五代梁贞明三年建,国朝永乐十四年修。 峡门寺五代唐长兴四年建。 双门寺 大云寺在冲佑观东南隅。五代周广顺三年建。 金身寺在冲佑观西南。五代晋天福四年建。 曹峰寺 桃枝寺(上一十寺在会仙里。) 回龙寺 圣历寺(俱五代晋天福元年建。) 保安寺(上三寺在周村里。) 崇福寺五代唐清泰元年建。 长乐寺唐大中十一年建。(上二寺在黄村里。) 仙林寺 安福寺 云居寺宋时建。(上三寺在将村里。已上一十八寺俱县南。) 永丰仁寿寺宋祥符六年建。俗呼“桃枝寺”。 东报恩寺唐咸通元年建。俗呼“东寺”。 真如寺宋元丰三年建。 龙潭寺宋景德间建。 西中峰寺唐乾宁五年建。(上五寺在县北石雄里。) 地藏寺宋治平二年建。　保福寺五代唐长兴二年建。　西方寺唐嗣圣三年建。　开平寺宋太平兴国元年建。　兴福寺唐咸通二年建。　南邑寺五代周广顺元年南唐建。(上六寺在县东南丰阳里。)　西山兰若在贞节坊。宋绍兴二十三年建,国朝洪武间重建。　龙门庵宋时建。　石泉庵　东林庵宋时建。　东山庵宣德十年重建。　丘山庵(上五庵在四隅里。)　重来庵　西峰庵　浯州庵　寿山庵　佛座庵　七峰庵(上六庵在吴屯里。)　陶真庵在建平里。　密庵中有泉石轩,宋胡寅命名。庵为邑之胜处,朱文公及诸名人多题咏。又有自信庵、报德庵。(上三庵在内外五夫里。已上十庵俱县东。)　真如庵　圣水庵(上二庵在节和里。)　西山庵在长平里。(上三庵俱县西。)　报本庵　东源庵　万山庵(上三庵在周村里。)　东山庵在县南黄村里。　太古庵在县北石雄里。　圣水庵　梅山庵　一指庵(上三庵在县南丰阳里。)　慈济堂在礼善坊。　古佛补阙堂在美俗坊之右。　十善堂在仁义坊。宋时建。　福惠堂　福缘堂(上二堂在持宾坊之右。)　观音堂在继贤桥东。又县南周村里、县西节和里皆有观音堂。　妙应堂在美俗坊。　慈寺堂在礼义坊。(上八堂在四隅里。)　清应堂在县北石雄里。宋时名“白莲堂”。　灵宝观在四隅里。　白石观在县东大浑里。旧名“玉霞万寿宫”,后更今名。　升真观在武夷观之右,道家谓之“文化洞天”,岩石峭立,拔地千仞,下锐上哆,其巅林木合抱,岩腰有泉一穴,甚清冽,大旱不竭。　天游观在六曲仙掌峰下。　清微洞真观在水帘洞。(上三观在县南会仙里武夷山。)　弥罗观宋延祐五年建。　元真观(上二观在县东南丰阳里。)　太清宫在里仁坊。　三元宫在贞节坊。(上二宫在四隅里。)　武夷冲佑万年宫在天柱峰下。旧名“武夷观”。唐天宝间始建于洲渚之间，伪闽增建殿宇，后迁今所。宋咸平间赐额，元改观为宫，加赐“万年”额。内有持正等五院，止善等一十三堂。 **清微太和宫**在将村里武夷之九曲。中有清虚堂、凝云阁、宜晚亭，皆胜处也。（上二宫俱县南。） **太清道院**在岳祠之右，宋绍兴间建。 **冲和道院**元时建。 **合真道院**（上二院在仁义坊。） **丹碧道院**在澄清坊之东。（上四院在四隅里。） **南涧道院**在石臼里。 **定应道院**在下梅里。 **静安道院**在内外五夫里。（上三院俱县东。） **白云道院**在节和里。 **云岩道院** **虚白道院** **高明山冲玄道院** **招仙道院** **圆明道院** **圆觉道院**（上六院在黄伯里。） **云窝道院** **仙掌道院** **仙山道院** **天壶道院** **鼓子道院** **雨岩道院** **苍屏道院** **玄元道院** **清真道院**（上九院在会仙里武夷山。） **栖云道院**在黄村里。 **上清道院** **书堂道院**（上二院在将村里。） **龙济道院**在周村里。洪武三十二年重建。（已上一十三院俱在县南。） **集山道院** **佑圣道院** **洋岩道院** **望仙道院** **三华道院** **翠峦道院**祀葛仙翁。元大德十年，秋旱螟作，禳祷弗验，里人谒仙翁奉香火归，相率恳祷，不数日雷雨大沛，翌日有红蜻蜓自北蔽天而下，螟悉扫去，是岁大稔。（上六院在县北石雄里。） **真慈道院**在县东南丰阳里。右有龙井。 **止止庵**景泰元年重建。 **常庵** **齐云庵** **山水永乐庵** **崇真庵** **云岩庵** **复古庵**虞伯生匾。中有白玉蟾丹台。 **常清庵**（上八庵在会仙里武夷山。） **会仙庵**在周村里。 **灵岩庵**在漳村里。武夷一线天在焉。（已上一十庵俱县南。） **上真堂**在县南周村里。 **崇玄真馆**名“幽微洞天”。 **仙游馆**旧名“希真馆”。（上二馆在县南会仙武夷山。） **仁真精舍**在县东南丰阳里。元至大二年建。

政和县

龟岩寺[3]在县治西，宋县尉司址也。旧在黄熊山之原，宋绍兴元年建，国朝洪武十八年移建今所，成化十四年重修。　**报国寺**在县坊[4]。宋绍兴三十一年建。　**报恩资福寺**在县西东平里。五代梁龙德三年建，国朝洪武二十年重建，二十四年并为丛林。　**护国寺**五代晋天福四年建。　**南峰寺**五代晋天福三年建。（上二寺在感化上里。）　**延福寺**唐文德中建。　**保福寺**五代晋天福四年建。（上二寺在感化下里。）　**定峰寺**唐咸通五年建。　**靖平寺**唐咸通元年建。　**石门寺**宋绍兴元年建。（上三寺在政和南里。）　**西岩寺**在政和北里。宋庆历元年建。（已上八寺俱县东。）　**龙山寺**在东衢里。唐开元元年建。又县西北东平里亦有龙山寺，唐会昌二年建。国朝典史郭斯扆诗："门对稻田千顷阔，地连对市一街通；雨收溪树含晴碧，日出林霞散晓红。无限诗惰与禅意，黄花开遍竹篱东。"　**洞灵寺**宋建隆四年建。　**花林寺**宋庆历元年建。　**北岩寺**在石后。正统九年建。（上三寺在长城里。）　**慧圣寺**旧名"慧空庵"。元大德初建。　**金峰寺**天顺二年建。（上二寺在东平里。已上八寺俱县西。）　**宝岩寺**五代汉乾祐二年南唐建。　**资福寺**五代晋天福四年伪闽建。（上二寺在政和南里。）　**重兴寺**唐咸通元年建。　**迴龙寺**五代晋天福四年伪闽建。（上二寺在政和西里。）　**石龙寺**五代晋天福三年建。　**三漈寺**宋天圣二年建。　**报恩寺**宋庆历四年建。郭斯扆诗："十里青山花县近，一庭瑶草梵宫深。石塘鱼跃开萍叶，岩树鸡栖并野禽。客自往还僧自坐，白云流水两无心。"又县东南政和西里亦有报恩寺，宋庆历六年建。（上三寺在东衢里。已上七寺俱县南。）　**洞宫寺**在县东南政和西里。唐咸通元年建。 **禅岩寺**唐末始建庵，宋开禧元年改建为寺。按旧志云：“唐末邑人倪智耕于琵琶原，获金观音小像归，敬奉之。乾符中黄巢寇闽，执智索金像，曰：‘若斮不入，则真金也。’乃斮其颈者二皆入，贼以为非真金，遂还智。后又有贼欲得之，智乃诡言像有神，巢寇尝斮其颈不入，贼劫取验之，见其颈有二刃痕，亦舍而去。贼非神之，盖亦以为非真金也。闻者遂讹为像实有神，贼故不敢持去。自是智乃创庵以安像，其子德复施以田，十世孙士龙又请文于陈仲弓以实其事，建宁守张叔椿遂采入郡志，由是人皆信之不疑，而木知实妄也。因附著之，以祛群惑。”郭斯垕诗：“松硐日斜逢野鹿，竹枝云去见巢禽。上楼山色青无尽，到户溪光碧转沉。” **南漈寺**唐开元五年建。（上二寺在县西南高宅里。） **迴龙寺**在县西北东平里。唐会昌二年建。（已上二十八寺俱存。） **禅山寺** **瑞云寺**（上二寺在成化上里，俱五代晋时建。）范伯兴诗：“此境分明出世间，白云同我宿禅关。侵晨踏月下山去，回首白云浑自闲。” **南台寺**唐时建。 **资福寺**五代唐时建。 **白龟寺**五代周时建。 **北岩寺**又政和南里亦有北岩寺。（俱五代唐时建。） **保安寺** **龙峰**（俱宋时建。上六寺在感化下里。） **凤栖寺**在政和南里。（已上十寺俱县东。） **国清寺**在县西长城里。 **法海寺**在政和西里。 **福唐寺**（上三寺俱唐时建。） **遇明寺**宋时建。（上二寺在东衢里。已上三寺俱县南。） **天王寺**在县东南政和西里。 **云山寺** **云峰寺** **云漈寺** **绍福寺** **龙坑寺**（上五寺在县西北东平里。） **三峰尼寺**在县南政和西里。（上七寺俱唐时建。已上凡二十寺俱废。） **妙觉庵**在县坊。宋咸淳中建，元至正末重建。

般若庵在政和东里。元至正二年建。 **鹤岭庵**在感化下里。天顺六年建。（已上二庵俱县东。） **万松庵**宋末建。 **东林庵**元大德元年建。 **中浙庵**宣德间建。 **七星庵** **龙潭**

庵（上二庵俱正统间建。） **上浙山庵**正统八年重建。 **妙峰庵**景泰七年建。 **小浙庵**成化元年建。（上八庵在长城里。） **普照庵**宋淳化二年建。 **师姑庵**祀东梅女子。详见《山川志》奖山下。 **玄奖庵**一名"奖公庵"，一名"奖山堂"，唐时建。（上三庵在东平里。已上一十一庵俱县西。） **五峰庵**在县南政和西里。五代唐天成元年建。 **满月庵**宋嘉定四年建。 **福智庵**宋宣和七年建。国朝洪武三十三年撤其材以修县学，其产入龟岩寺，永乐元年重建。 **万竹庵**宋乾道八年建。元陈楠老诗："青山回望合，万竹净娟娟。宝殿晴光冷，瑶阶翠色妍。龙吟明月夜，鹤舞早秋天。坐听凉风发，轩棂响涧泉。" **佛字庵**宋宣和五年建。（上四庵在县西南东衢里。）国朝国子助教谢坤诗："落魄江湖老布衣，日边曾伴五云飞。不随丹凤巢阿阁，来听黄鹂历翠微。铜井日光摇佛殿，湛卢岚气拥禅扉。故人瓮里春多少，容我题诗尽醉归。" **紫微庵**在县东北感化下里。宋淳化四年建。 **上天堂**一名"白云庵"。宋咸淳二年建。其地有岩能吐雾。俗号"紫镜"，谓其照映坊隅不利于县，故建堂以障之，因号"白云"。 **中天堂**宋绍熙二年建，国朝洪武间重建。（上二堂在县北黄熊山。） **下天堂**在县东门。宋宣和五年建。内有"鸣霜楼"，李三省书匾。 **流庆堂**在县西南东衢里。宋宣和七年建。 **西山道院**在县西山上塘。五代唐天成元年建。 **玄真道院**在县东感化上里。元至正间建。 **熙真道院**宋景炎间建。 **青华道院**元至正间建。（上二院在县西长城里。）

寿宁县

三峰寺在县坊隅[5]。宋淳化四年建，国朝永乐十三年重建。 **西岩寺**宋庆历元年建，国朝永乐十七年重建。 **小兴**

福寺宋淳化四年建，国朝正统二年重建。 **灵岩寺**五代唐同光中建。（上三寺在县西北政和里。） **显灵庵**在县坊隅。宋淳化元年建。

泉州府

晋江县

承天寺在府治东南，五代时留从效南园址也。周显德间南唐创为南禅寺，宋景德四年赐今名，嘉祐中改“能仁”，政和七年复旧。元至大间建浮屠七级，后悉毁，国朝洪武间重建。 **大开元万寿禅寺**在肃清门外。唐嗣圣三年郡民黄守中[6]园有桑莲之瑞，因舍为“白莲瑞应道场”，后名“莲花寺”，寻改“兴教”，又改“龙兴”，开元中又改“开元”。五代梁贞明中，创东西二木塔，宋宝庆嘉熙中二塔俱毁，后易以石。又有支院二百一十有七，元并为一，赐今名。国朝洪武、正统间重修，匾曰“第一禅林”。 **报亲崇寿寺**宋开宝八年里妇赵氏以其舅、姑及夫俱亡，舍宅为寺，因名。绍兴中郡守连南天重建，元至正中毁，寻复建，国朝天顺间修建。 **福兴寺**洪武十六年重建。（上三寺俱府治西。） **崇福寺**在府治东北。地有晋时松四株，枝干特异，旧名“松湾”。五代时，陈洪进始建寺，宋太平兴国中赐名“崇胜”，又名“洪钟”，元祐六年改今名。元至正五年火，寻复建，国朝永乐、景泰、天顺间俱尝修建。 **护国永隆资寿讲寺**在府治北桂香坊内。宋景德中陈洪铭刺漳州，舍宅施田建庵，为兄洪进祈福。后改“永隆资寿院”，元赐今名，国朝永乐间重建。其地先有封崇寺，五代时留从效旧第也。周显德三年，舍为院，名“报恩”，后改“封崇”，入本寺。

水陆寺在府治西南肃清门外。唐天宝六载置放生池，因建水陆堂于池上。乾符六年郡守林鄂始广其堂，号“护国水陆院”。宋嘉祐中郡守蔡襄更为禅院。国朝洪武间改今名。　**镇国东禅寺**在府城东三十九都皇山之阳。唐乾符中建，广明初赐今额。宋德祐及元至正两遭回禄，寻复建。国朝宣德十年重修。　**明心寺**在三十六都濯缨堂之西。唐天祐中观察判官宋骈宰晋江，始建墓庵，名“护安宝林明心院”。五代唐同光三年圮于水。骈子起居舍人仁鲁等改卜于旧址之前湾，仍立骈祠堂于其中。宋嘉祐四年骈玄孙贡士理、评事瑜、泉州司法璋等重修，骈之来孙并为记。国朝洪武二十三年重建，明年改为寺。　**法云寺**在三十七都。唐天祐间刺史王延彬建，名“栖隐”。宋改“法云院”，寻改“禅苑”。国朝洪武二十四年改为寺。　**普照寺**在二十八都虚应山下。南唐保大间建。旧名“观音院”，宋治平恩赐名“普照”。国朝洪武二十四年改为寺。（上三寺俱府城南。）　**泰嘉寺**在府城北三十九都。宋绍兴中始建庵，号“泰嘉”。国朝洪武二十四年重修，改为寺。　**法石寺**在三十七都。五代时陈洪进葬其妻于山之后岗。宋建隆元年创寺以资冥福。乾德中改为“西方禅寺”，元易今名。国朝永乐、景泰、天顺间俱尝修建。　**虎岫寺**在二十都。旧为真武宫。宋绍兴中改为庵，匾曰“虎岫”，国朝洪武二十四年改为寺。　**方广寺**在六都。五代时建。初名“白马寺”，后改今名。　**金地寺**在三十二都。五代梁龙德间建。王审邽匾曰“荐福院”，宋治平间改今名。（上四寺俱府城东南。）　**崇先广教寺**五代时留从效建。名“上方广法”，宋绍兴初改今名，国朝永乐间重修。　**安福寺**在龙头岭下。唐嗣圣三年建，名“安福院”，国朝洪武二十四年改为寺，正统、天顺间俱尝修建。　**保福寺**初名“尊胜”。五代汉乾祐二年建，元元统间重建，改今名。国朝洪武二十四年重建，成化十八年重修。（上三寺俱府城西南三十三都。已上一十九寺俱存。）　**东崇寿寺**　**寿宁寺**旧紫极观址也。　**弥陀寺**　**观音寺**　**文殊寺**　**泗洲寺**　**小观音寺**

药师寺　妙果寺　北藏寺　西园寺（上一十一寺俱在府治东。）　栖隐寺　净居寺又名“西禅”。　陵岩寺内支院凡三十六。（上三寺俱在府治西。）　招福寺　善果寺　北崇寿寺　清凉寺（上四寺俱在府治北。）　释迦寺　兜率寺　中天竺寺（上三寺俱在府治东南。）　香积寺　天王寺　万寿寺洪天锡故宅也。（上三寺俱在府治东北。）　积善寺　崇胜寺在水陆寺侧。　清果寺（上三寺俱在府治西南。已上二十七寺俱废。）　朱明院在府城西三十五都龙首山。内有四乡堂。

浯渡弘济院在三十五都。宋季建，国朝永乐间重修。　空相院在十九都灵秀峰下。旧名“栖真”，五代梁开平中重建，易今名。国朝永乐间重建。内有凌霄塔、七佛塔、方外亭、透龙泉、青莲池、濯足池、待月桥、君子石、盘陀石、灵龟洞、海潮庵。　西资院在十四都卓望山。宋季建，国朝天顺三年重建。（上三院俱府城南。）　玉泉广济院在府城北四十一都。五代时留从效与朱文进交兵于此，杀伤甚众，从效遂即其地作数区葬之，名“千人冢”，复建是院，以荐冥魂。　布金院在府城东南二十四都。旧名“法华”，唐季更今名。国朝永乐五年重建。　定光万安桥院在三十八都洛阳岸南。旧名“定光”，在惠安县境。宋嘉熙间郡守刘炜叔请徙今所。　瑞峰院在三十七都。宋端拱间建。（上二院俱府城东北。已上八院俱存。）　护安院在东禅寺侧。

东太平院　崇寿院　弥勒院　下生院　崇恩院　报恩院　国田院　龙湖院　华岩院　吉祥院（上十一院在三十九都。）　资福院在三十六都。　清凉院在三十七都。　永福院　鸿福院（上二院在三十八都。已上一十五院俱府治东。）

慈恩院在十九都。　定林院在三十都。　尊胜院　演教院　福寿院　香灯院（上四院在三十三都。）　石塔院在石笱江滨。　观古院　广教院　珠明院(上四院在三十四都。已上十院俱府治西。)　普贤院　宝胜院　崇报院　报慈院　资福院　荐岩院初名“南峰”。　极乐院　地藏院　新兴院(上十院在三十五都。)　慈恩院在三十三都。又十九都亦有慈恩院。　上乘院　惠日院　佛寿院　栖真院(上四院在三十二都。)　悟空院在二十九都。　本觉院　宝积院(上二院在二十八都。)　西方院在二十六都。　青莲院在十九都。　大觉六胜万寿塔院在二十都。　灵水院在吴门山之阳。　海惠院旧名“净明”。(上二院在八都。已上二十四院俱府城南。)　报劬院在三十八都。　安福院　福建院　津梁院(上三院在三十九都。)　石马院　建福院　弥陀院　北报院　五峰院　报先院　中峰院(上七院在四十一都。)　山门弥陀院一在四十一都,一在四十二都。　西林院在四十二都。　灵清院　白岩院(上二院在四十一、二都。)　灵感院　瑞泉院(上二院在四十、四十一都。)　慈恩院在四十二、三、四都。　国兴院在四十三都。　三植院　护国院在高岩。　乾元院　净慈院　兴福院在狮子峰下。(上五院在四十五、六都。)　涌泉院在四十六都。　五台院　满觉院在四十四、五、六都。　花山院　龙启院　圆觉院(上三院在四十七都。已上三十一院俱府城北。)　罗汉院在府城东南三十七都。　净业院在三十二都。　楞枷院在三十九都。　资圣院　菩提院在清泉寺侧。(已上四院俱府城西南。)　悟空院　荐福院　泗洲院　宝峰院　观音院(上五院在三十九都。)　通泉院在三十七都。　石门院在三十六都。　保福院在三十三都。(已上八院俱府城东北。通上凡九十三院俱废。)　三圣庵　正觉庵(上二庵俱元至元间建。)　定惠庵宋德祐间建,国朝成化七年重建。　**直指庵**宋嘉定间建。　**五塔庵**元至正间建，国朝正统三年重修。又府城南三十都亦有五塔庵。　**迴龙七里庵**在三十九都迴龙岭下。元至元间建，国朝永乐、宣德间重修。(已上六庵俱府城东。)　**大乘普济庵**在忠孝坊内。宋德祐元年建。俗呼“岱铭堂”，国朝洪武十五年增建，改今名。**净住庵**在招顺巷。元至正二十四年建，国朝正统十四年增建。　**禅定庵**元至正二十四年建。　**妙庆庵**在永盛坊内。元元统中建，国朝宣德九年重建。　**宝林庵**在进贤坊内。元至正三年建，国朝正统三年重建。　**宝觉庵**宋绍兴中建，国朝正统二年重修。　**妙觉庵**在二十四都。又府城北三十九都亦有妙觉庵。(已上七庵俱府城西。)　**灵源庵**在五都。唐林知隐结茅为庵读书于此。国朝永乐间重建。　**玉泉圆明庵**宋淳熙二年建。**圆通庵**元季建，国朝永乐间重建。　**东禅庵**正统十二年重建。(上三庵在二十都。)　**掌桥庵**在十七、八都。元至正三年建。　**博济庵**元延祐二年建，国朝洪武、永乐间重修，景泰中复新之。　**玉栏浦寿昌庵**元至元间建。(上二庵在二十六都。)**海岸庵**在二十六都。宋景定初建，国朝永乐初重修。　**金埭庵**宋庆元间建，国朝正统十三年重建。(上三庵在二十七都。)**凌云庵**元元统中建。　**惠济庵**元至元间建。　**吴公庵**在二十八都。宋德祐间建。　**结津庵**在二十九都。元至元中建。　**法济庵**在三十都。元元统间建。　**顺济庵**元元统间建，国朝洪武二十八年重建。　**报恩庵**元至元三年建，国朝洪武六年重修。　**龙济庵**元至元四年建，国朝永乐六年里人重建。(上三庵在三十五都。)　**迎恩庵**在三十九都。正统四年重建。**不二庵**在十一都。成化十年建。(已上十九庵俱府城南。)　**后庵**在府城北三十九都清源山。宣德、正统间重修。　**华岩庵**元天历二年建。　**清隐庵**元至大三年建。(上二庵在二十二都。)　**海月庵**在三十六都。元元统间建。(已上三庵俱府城东南。)　**秀林庵**在一都。元至正二十六年建。　**普度庵**在二十四都。元至正元年建,国朝永乐十一年重建。(已上二庵俱府城西南。)　**上乘庵**在府治西北。元至正间建,国朝景泰五年重建。(通上凡四十一庵俱存。)　**真阳庵**在三十八都。　**吕埔庵**在四十一都。(上二庵俱府城东。)　**普光庵**在府治西。　**玉泉庵**　**海岸庵**(上二庵在三十三都。)　**草洲庵**在三十四都。(上三庵俱府城南。)　**无尘庵**　**舟峰庵**　**观音庵**　**灵源庵**(上四庵在府城北三十九都。)　**瑞光庵**在府城西南。(通上凡一十一庵俱废。)　**观音堂**在行春门内。成化间重建。又永宁卫城内及二十五都亦各有观音堂。　**龙湖堂**在三十九都。宋嘉熙中建,国朝洪武间重建。　**圆一堂**在三十五都。元至元中建。(上三堂俱府城东。)　**泗洲堂**元至顺二年建,国朝永乐二年重建。　**妙因堂**宋季建,国朝天顺间重修。　**清源堂**元至顺元年建。　**定应堂**元季建。(上四堂俱府治西。)　**灵泉堂**元至元五年建。　**宝月堂**在十七、八都。洪武十五年重建。　**般若堂**在二十都。元至正元年建。　**海龙堂**在二十二都。元延祐七年建,国朝洪武中重建。　**柯坑堂**元延祐中建。　**福海堂**宋季建。国朝永乐八年重建。　**规戒堂**俗呼"后蔡堂"。元季建。(上三堂在二十五都。)　**善庆堂**在十九都。元至正元年建。(已上八堂俱府城南。)　**白云堂**在府治西南。永乐十一年建。(通上凡一十八堂俱存。)　**章埕祈雨堂**在三十九都。

白虚堂在府城东,又一所在府城西南。(俱在三十五都。通上三堂俱废。)　**木龙室**在清源洞西。唐进士欧阳秬尝游梅岩,得古木根如龙,因携以归,复自作赞,刻于石。会昌四年僧仁泽始筑室其上，匾曰“木龙”。国朝正统、成化间皆尝修建。　**南台室**在北山之巅。唐蔡南玉祷雨之所。大历间，僧白云结屋其上以居，四明王子真为书“出岫无心”四大字，勒之于石。国朝成化间僧有惠禧者复凿山累石，建楼筑室于其上，匾曰“南台室”。（上二室在府城北三十九都。）　**云谷室**在府城东南三十七都太平山之阳。宋季建，国朝正统间重建。景泰三年知府胡志和祷雨于此，立应。

玄妙观在府治西南。晋太康中为“白云庙”，唐改为“老君祠”，开元中建“龙兴观”于祠西，宋大中祥符二年改“天庆”，元元贞元年改今名，国朝洪武、永乐、景泰、成化间相继增建。　**开元观**在紫极宫之右。唐神龙初创建，名“龙兴”。开元中改今名。国朝景泰三年产入紫极宫，天顺年间重建。　**净真观**在府治北希夷坊。旧为紫泽宫，宋崇宁中改今名，绍兴间重建。　**金粟崇真观**在府城西南三十三都金粟洞。唐时建，国朝洪武间重建。（上四观俱存。）　**广孝观**在通淮门内。旧为南草场，宋崇宁间建，名“崇宁观”，今产入玄妙观。　**柏庭观**在仙桂坊内。（上二观俱府治东南。）　**碧虚观**在府治东北清政坊内。　**衍庆道院**在府治西北华岩之后。　**通元道院**　**紫云道院**（上二院在府治东南。已上三观并三院俱废。）　**玉虚宫**在府治东行春门外。景泰三年重建。　**玉华宫**在三朝元老坊内。景泰二年重建。

真君宫在昼锦坊内。旧在坊畔，宋时建，国朝成化十三年改建今所。（上二宫俱府治西。）　**灵慈宫**在德济门内，盖天妃祠也。宋绍兴间建。　**灵济行宫**在八都。祀南唐徐知诰并弟知谔。元至元间建，国朝永乐间重建。（上二宫在府城南。）　**武当行宫**在府城北三十九都旧天王堂址也。洪武中重建。　**紫极宫**在玄妙观之右。旧在行春门外，唐天宝二年赐名“紫极”。五代末留从效改建于迎恩馆之西庑，即今所也。国朝永乐、天顺、成化间俱尝修建。　**慈济宫**在育材坊。宋乾道间学录宋英患背疡，祷于漳之白礁神祠，有灵验，遂祠于此。国朝洪武、永乐中俱尝修葺。　**祐圣宫**在临漳门内。正统间重建。（上三宫在府城西南。）　**东岳行宫**在府城东北三十九都皇迹山。旧附开元观侧，宋绍兴间始建于此，国朝正统四年重建。（通上凡十宫俱存。）

武当行宫在府城南水仙门内。旧设市舶提举司，因建此宫，今司移置福州，宫亦废。　**紫泽宫**在府城北三十九都清源下洞。元季废，其田产入于玄妙观。　**神霄宫**在府城西南天庆观侧。　**雷殿**在府治北。（上二宫并殿俱废。）　**东岳行祠**在府城南十一都。　**江南第一灵坛**在府城南八都。五代晋天福间建，匾曰“祐圣”，国朝正统间改今名。　**古玄室**在府城西南三十二都。旧为禅刹，正统九年有道人吴云静者辟其址建室以居，作小丹丘于崖巅，为修炼之所。　**玄隐室**在清源山之东。旧名“太公室”，宋季建，国朝成化间重建，改今名。（通上祠坛并室凡四处俱存。）

南安县

佛迹寺唐光启二年建，国朝洪武、永乐间重建。　**石谷寺**五代梁贞明三年建，元至元三十一年火，寻复建。（上二寺俱县东。）　**延福寺**在九日山下。唐大历三年建。寺有三十六奇，其最者翠光亭、御书阁、聚秀园、墨妙堂、秦君亭、廓然亭、乱峰轩、晋朝松、无名木、姜相台、仰高亭、钓台、醉石。余见《山川志》。国朝洪武中重建一新。　**云台寺**在三十二都。初名“荐福报恩禅寺”，元至元间改今名。至正十四年火，寻复建。　**新罗寺**在二十二都。宋季建，国朝洪武十八年重建。　**教忠显庆寺**在二十一都。唐天祐二年王延彬建教忠寺于城南淮水之右，匾曰“南淮定空禅院”。五代梁开平三年移建今所，宋绍兴间改为今名。

凉峰弥陀寺五代时刺史王继崇葬是山，其妻郝氏因建寺，命僧主之。宋治平中重建。　**凤凰寺**五代时王继业子传懿所建。元季火，寻复建。（上二寺在二十三都。）　**报亲寺**在一都。宋太平兴国中建，元至正间赐今额。（已上七寺俱县西。）　**兴福寺**在县南四十都。五代周显德六年建，国朝洪武中重建。　**东林寺**在四都。宋庆历中建。　**双林寺**在五都。宋崇宁中建，国朝洪武元年重修。（已上二寺俱县北。）　**清化院**在三十六都。唐嗣圣间建，元至正间圮，惟法堂仅存。　**南丰院**在三十五都。五代间建，宋端平中重建。　**西峰延寿院**在二十七都。唐乾宁初建，元至元间重修。　**金田南峰院**在二十三都。宋时为丞相曾公亮功德院，后改今名。（已上四院俱县西。）　**普化院**在三十八都。唐嗣圣间建，元大德间重建。　**报劬院**在三十九都。五代周显德中建。（已上二院俱县南。）　**灵秀院**在七都。宋建隆二年建，国朝洪武间重修。　**飞云院**在八都。宋德祐间建，国朝洪武初重修。　**菩提院**宋景定元年建，国朝永乐三年重修。　**新丰院**五代梁乾化中建。（上二院在十五都。已上四院俱县北。）　**禄寿院**在县西北二十七都。五代唐清泰中建，宋熙宁八年重修。（通上寺院凡二十三处俱存。）　**鸿福寺**在县西三十一都。五代汉乾祐中建，国朝洪武二十四年并入佛迹寺。

弥陀寺在县西南三十三都。五代周显德中建。宋元丰间丞相蔡确请为功德院。元季重建，改今名。国朝洪武间并入报亲寺。

对山南峰院在三十三都。　**北岩院**在二十四都。　**清洋院**有潇洒堂。　**报劬院**　**永寿院**（上三院在二十一都。已上五院俱县西。）　**白莲院**在县南四十都鹄岭下。　**报慈院**宋开宝间有僧法圆者，幼丧父，事母甚孝，因建庵于此，迎母以养，母卒，哀毁几绝。从母孀居，亦迎养之。后请为院，因名。　**齐云**

院(上二院在十二都。)　**建福院**在七都。五代梁开平元年建,国朝洪武二十四年并入云台寺。　**栖真院**在四都。(已上四院俱县北。)　**广福院**　**灵迹院**旧有五塔,因名“五峰岩”。(上二院俱在县西南三十五都。)　**徐道庵**在三十二都。　**母岭庵**在二十都。(上二庵俱县西。)　**泊泉庵**在县南四十三都。　**龙泉庵**在县北十一都。　**应魁庵**在县西南二都。(通上寺院并庵凡一十九处俱废。)　**慈济宫**在县西。宋时建,元至正中重建。**凤山宫**在县南二十六都。元泰定四年建,国朝洪武三十年重建。(上二宫俱存。)　**三清宫**在县西北莲花峰下。旧为“圆通庵”,宋淳祐中改为“三清宫”。今废。

同安县

梵天寺在大轮山之阿。旧名“兴教”,宋熙宁中改今名。国朝洪武九年重建。　**天兴寺**在长兴里佛子冈下。(上二寺俱县北。)　**夕阳寺**在县西安仁里十五都。　**普照寺**在县东北嘉禾里二十二都。　**朝元观**在县东北庆丰门外。洪武十五年重建。**东岳行宫**在县治东。成化十二年重建。　**慈济宫**在县治西南。宋景祐间建。

德化县

程田寺[7]在县东灵化里。五代时建,初名“感恩”,宋天禧中赐今名。国朝永乐间重建。　**五华寺**在永丰里。宣德间重建。　**资化寺**宣德八年重建。　**中峰寺**景泰五年重建。(上二寺在黄认团。已上三寺俱县西南。)　**仙峰寺**在县西小尤中团。景泰四年重建。　**戴云寺**在新化里。宋端拱元年建,天禧中赐额。　**香林寺**在杨梅上团。五代时建于湖山之北[8],宋天圣元年移建于西林，二年赐额。国朝宣德中重修。 **天王寺**在杨梅中团。（上三寺俱县北。已上八寺俱存。） **天宫寺** **龙安寺** **罗汉寺** **大云寺** **观音寺** **皈明寺** **洪圣寺** **东林寺** **相安寺** **三际寺** **仪林寺** **千福寺** **普光寺** **大兴寺** **翠峰寺** **长庆寺** **伪山寺**[9] **登乐寺** **乾福寺** **汤坑寺** **地藏寺** **法林寺** **螺峰寺** **陈平寺** **重兴寺** **龙兴寺** **香岩寺** **三峰寺** **宝积寺** **尊胜寺** **皈圣寺** **禅林寺** **卧龙寺** **清平寺** **灵福寺** **塔头寺** **大峰寺** **长兴寺** **中兴寺** **云峰寺** **宝藏寺** **福寿寺** **清泉寺** **妙峰寺** **登高庵** **龙济庵** **龙首庵** **云济庵** **小溪庵** **一山庵**（已上寺并庵凡五十处俱废。） **龙山观**在县治东妙峰山。宋乾道七年建，淳熙十一年重修。 **魁龙观**在县治西魁龙桥之南。 **蓬莱观**在县西小尤中团。永乐间重建。 **真君宫**在县东隅。景泰三年重建。 **显应宫**在县西小尤中团。正统八年重建。 **昭灵宫**在县东北东西团。景泰元年重建。 **通济宫**景泰四年重建。 **困山宫**永乐二十年重建。 **龙泉宫**正统六年重建。 **洪坑宫**景泰初重建。（上四宫在县西北东西团。）

永春县

太平寺在十五都。唐开成二年建，国朝洪武三年重修建。 **兴善寺**在十四都。唐天祐二年建，元至正十四年重修。 **白云寺**在十六都。唐大中间建。（上三寺俱县东。） **云居寺**在十一都。唐大中间建。 **慈云寺**在九十都。五代时建。（上二寺俱县西。） **南岳寺**在十二都。五代时建。 **惠明寺**在十三都。唐大中间建。初名“临水”，后废，宋庆历中重建，更今名。（上二寺俱县南。） **苦竹寺**在十一都。唐天成间建。 **山居**

寺在十四都。唐天祐间建，初名“石泉”，后改今名。宋雍熙四年火。　**西峰寺**在十六都。唐咸通十年建，元至正十六年火，寻复建，国朝洪武二十四年并入太平寺。（上三寺俱县北。）　**白马寺**在十四都。唐大中二年建，国朝洪武二十四年并为丛林。**云峰寺**在十六都。唐乾元中始建庵，寻改为院。后徙建于南峦，国朝洪武间并入太平寺。（上二寺俱县东北。）　**延寿寺**在八都。唐大中二年建，宋治平中重建。　**岩峰寺**在十都。宋绍兴十一年建。（上二寺俱县西北。）　**灵感寺**在县西南二十三都。隋末建，初名“思惠院”，唐咸通间改为“灵感寺”。　**西坑庵**宋德祐间建。　**覆鼎庵**元至元中建。　**纸坑庵**元至正元年建。（上三庵在三都。）　**乌髻庵**在七都。元至正间建。　**集福庵**在十四都。（上二庵俱县西。）　**寿峰庵**在县南十二都。宣德元年建。　**圣祖观**在一都。宋嘉熙中重修。　**三清观**在六、七都。元至正间建。（上二观俱县西。）　**东岳行宫**在县东北十四都。洪武二十三年建，成化十八年重建。

安溪县

清水寺在县西北崇善里。旧为“清水岩”，后易今名。正统间重建。　**钱江庵**在县东。正统八年重建。　**大石庵**在县北感化里。景泰五年建。　**济渡庵**在县西北来苏里。景泰元年建。　**东岳行宫**在县北。天顺四年重建。

惠安县

金相寺在县东三十三都。五代梁乾化三年建。　**寂光寺**在一都。唐王潮墓庵也，五代时留从效改今名。宋王献臣诗：“霸业何劳问废兴？前人楼阁后人登。海山有籍归真主，云物无情属野僧。”国朝永乐中重建。 宣妙寺在二十九都。唐天宝间名“法华”，宋治平间改今名。端平中籍其业充学廪。淳祐三年郡守颜颐仲复之。 灵应寺在十九都。宋天禧间建，名“白沙贞阳庵”，寻改为“头陀寺”，复改今名。国朝永乐间重建。 大福胜寺在二十五都。唐文德中建，名“锦田福胜寺”。元季火，寻复建。 圆常寺在二十八都。五代梁乾化中建，名“广福”，宋治平中改今名。国朝景泰五年重建。（已上五寺俱县南。） 普空寺在一都。旧名“龙兴”，宋大中初重建，改名“护国报恩”，治平中赐今额。国朝洪武八年重建。 大普安寺五代周广顺二年建，名“五峰罗汉寺”，宋治平二年改今名。 华林寺唐会昌间废，国朝天顺三年重建。（上二寺在五都。） 北舍利寺在六都。洪武二十二年重建。 离相寺在七都。唐天祐间建，旧名“荐福”，宋治平中改今额。 耆阇寺五代晋开运元年建，元至正中重建。 戒香寺在十三都。宋皇祐中建，治平三年赐额，国朝洪武二十四年重建。 大中寺在十五都。唐大中初重建，柳公权书额。 乾峰寺五代梁贞明二年建，国朝洪武四年修建，成化十年重新。（已上九寺俱县北。通上凡一十五寺俱存。） 鹿苑寺在三都。 甘泉寺 行林寺 龙门寺 禅净寺（上四寺在四都。） 舍利寺 妙音寺 圆通寺 西禅寺 宝檀寺 达观寺（上六寺在六都。） 定心寺在十六都。 甘露寺在三十四都。（已上十三寺俱县东。） 报劬寺 宗胜寺 兜率寺（上三寺在十六都。） 祖教寺在十七都。 大云寺 资福寺（上二寺在十八都。） 慈恩寺 护戒寺 云峰寺（上三寺在十九都。已上九寺俱县西。） 青林寺 竺乾寺（上二寺在一都。） 普利寺在二十都。 慈利寺在二十五都。 禅居寺在二十六都。 晋惠寺在二十八都。 福胜寺在二十九都。(上七寺俱县南。)　**泗洲寺**在三都。　**普润寺**在四都。　**显教寺**在六都。　**内宫寺**在十都。　**北禅寺**　**定光寺**(上二寺在十一都。)　**证果寺**　**海惠寺**　**真如寺**　**仁王寺**　**演教寺**　**普安寺**　**信善寺**(上七寺在十二都。)　**皇觉寺**　**荐福寺**(上二寺在十三都。)　**净业寺**在十四都。(已上十六寺俱县北。通上凡四十五寺俱废。)　**上田庵**在县南二十都。宋淳熙间建,国朝永乐六年重建。　**天湖庵**在县北七都。宋建隆三年建,元至元间重建。　**南塔堂**在县治西。宋熙宁间建堂并塔,后圮。国朝永乐、天顺间俱尝修建。　**南塔堂**在县治西。宋熙宁六年建堂并塔,国朝成化十二年重建。　**东岳行宫**在县治北。成化间重建。　**崇真观**在县西南礼兴里。旧名"奉先"。宋端拱元年改今名。后废,产入真武殿。

漳州府

龙溪县

开元净惠万岁寺在府治西北。唐嗣圣间建,开元三十六年诏改今名[10]。内有明皇铜像,又有松关。宋末寺毁于兵。元元贞中与净慧寺合为一,赐今额,国朝洪武间匾其门曰"紫芝峰"。宋张微诗:"铸金像出开元末,检玉书藏景祐间。"　**法济寺**在开元寺之右。旧为"普利隆寿院",五代周广顺二年建。宋乾德三年移建于郡北,祥符中改今名。国朝洪武间又移建于净安院旧址,即今所也。二十六年改为讲寺,匾其外门曰"隆寿"。　**净众寺**在府治西北。五代梁贞明二年建,元至治间重建。国朝永乐间匾其外门曰"万松峰"。宋郭祥正诗:"南州三百寺,此寺最辉焕。"　**南山报劬崇福寺**在府城南厢。宋乾德间建,元至正十九重建，国朝洪武、永乐间修建，匾其外门曰“丹霞峰”。 **招善寺**在税务之东。嘉定间火，见淳祐郡志。久废。 **普贤院**在府城西厢外。宋太平兴国三年建。 **净慧院**在府城西。五代唐天成中建，名“罗汉院”，祥符间改今名。 **大岩院**在一、二、三都。元大德四年建。 **观音院**在十一都。五代周广顺三年建。 **报慈院**在十八都。宋开宝六年建。 **迎福院**在二十二都。宋庆历七年建，国朝正统八年重建。 **保民院**宋绍兴四年建， **石室院**五代唐同光三年建，国朝天顺八年重建。（上二院在二十九、三十都。已上六院俱府城东。） **名第院**宋太平兴国七年建。 **法真院**宋乾德二年建，国朝天顺八年重建。（上二院在府城西二十一都。） **洪福院**在府城北二十三、四都。宋庆历八年建。（已上一十一院俱存。） 坚牢院 法华院 天王塔院 保寿院 延寿院 东下生院 清凉东院 北天王院 应瑞院 祥云院 西天王院 上生内院 释迦西院 香岩院 东林院 上生北院 慈恩南院 普光院 尊圣院 上方院 兜率院 广证院 般若院 广胜院 普香院 广教院 保岩院 妙乐院 报慈院 西方院 普明院 灵应院 观音院 西峰院 保宁院 齐云院 小崇福院 瑞明院 罗汉院 福生院 白莲院 普贤院 北清凉院 北报先院 灵泉院 国清院 保庆院 建隆院 永兴院 隆福院 洪福院 报先院 新兴院 帝释院 灵信院 瑞光院 应真院 金仁院 普通院 白莲院 上生院 福泉院 宝峰院 金仙院 吉祥院 福生院 方广院 圆明院 鹫峰院 兴国院 应瑞院 隆庆院 奉先院 永寿院 永陆院 兴寿院 龙兴院 内天王院 三平塔院 龙兴院 岩福院 均庆院 名第院 弥勒

院　法真院　中峰院　新恩院　保利院　隆庆院　西峰院　太平兴国院　幽蓟院　灵龟院　翠峰院　金峰院　报恩院　永兴院　灵庆院　报慈院　资寿院　崇恩院　石室院　龙门院　大岩院　灵泉院　云峤院　铜盘院　铜山院　大兴福院　大安福院　泗洲院　广化院　铜钵院　中台院　延寿院　小崇兴院　小中平院　大峩院　法泉院　龙台院　观音院　正峰院　延福院　西平院　云居院　东林院　瑞云院　中峰院　西明院　西峰院　小崇福院　资福院　大瑞峰院　东峰院　翠林院　崇寿院　大安福院　报先弥勒院　福先院　大智院　境济院　福庆院　翠峰院　双峰院　泗洲院　西峰院　智胜院　九龙院　灵瑞院　供福院　仪凤院　禅龛院　东峰院　安福院　圆峰院　招善院　大泗洲院　千佛院　大悲院　岩峰院　资寿院　龙台院　资福院(通上凡一百五十院俱见淳祐郡志。俱久废。)　绿萝庵在西湖白莲院。宋郭祥正有诗。　木绵庵在府城南十二、三都。宋贾似道自建州移谪循州,行至此,监押官郑虎臣杀之。先有人赠以诗曰:“循州不似台州好,何不当初早入山?”　玄妙观在府治西朝真坊内。唐开元间建于漳浦,名“开元观”。贞元间随郡徙建今所。宋大中祥符元年改名“天庆”,元改今额。国朝洪武八年重修。　东岳行宫在府城东。宋绍兴二十九年建,元大德元年重建。　慈济宫在府城东一、二、三都。宋景定元年建。　天妃宫在府治东北。元至正间建。又浯屿亦有宫。

漳浦县

兴教寺在县治北。唐景福元年建,宋嘉定二年重建,元大德、延祐间重修，国朝正统、成化间俱尝修建　**福寿院**在县东七都。元至正间建，国朝成化九年增建一新。　**泗洲塔院**在县治积善坊内。宋元祐间建，国朝成化三年重建。　**文兴院**　**永寿院**　**保安院**　**安德院**　**西林院**　**崇信院**　**资福院**　**普安院**　**重兴院**　**太平院**　**隆兴院**　**灵瑞院**　**瑞岩院**　**兴教院**　**青阳院**　**朱明院**　**保庆院**　**无象庵**在县南八都。旧有象出没为害，潮守黄定为书此匾，揭于庵之楣，象遂屏迹。

圆应堂在县治之北门，又有上真堂。　**九座堂**在北门之旁。(已上院及祐堂凡一十九处俱见淳祐郡志。)　**崇首观**在县治西朝天坊内。初在西门外，宋时建。元至正间移建今所。国朝成化十七年重建。

龙岩县

报恩寺宋绍兴二年建。　**地藏寺**　**东塔院**有砖浮屠五级。院今废。(上寺院凡三处俱在县治之东。)　**资政院**在县治之西。　**南塔院**在县治之南。乾道间建有砖浮屠五级，与县相对。　**三峰院**　**恩福院**　**药师院**(上三院在县东聚集里。)　**小地藏院**　**资寿院**(上二院在县北和睦里。)　**泗洲院**　**灵山院**(上二院在县东北集贤里。已上九院俱见淳祐郡志。)　**东岳观**在县治西砦山。宋景定二年建，元至正九年重建，国朝洪武二十三年修，成化十三年重修。

长泰县

祥光寺宋乾德二年建。内有真相院。国朝景泰五年重建。

报亲院有浮屠五级，今废。(上寺院二处俱在县治东南。)　**报慈院**在彰信里。　**福胜院**在人和里。(上二院俱县东。)

天王院在县西人和里。　**良岩院**在旌孝里。　**东岩院**在石铭里。（上二院俱县北。通上寺院凡七处俱存。）　**栖云院**　**瑞云院**　**金粟院**　**香灯院**　**紫极宫**宋宝庆元年郡守危稹建。　**佑圣宫**在县治北。今为祝圣所。（已上院并宫凡六处俱见淳祐郡志。）

南靖县

安福寺在县西习贤里。元大定三年始建于清宁里，至正十七年迁建今所。　**正峰寺**在县东南由义里。宋开禧三年建。　**三平院**在县南清宁里。　**西平院**在县东南由义里。元至元十九年重建。　**云顶庵**元时建，国朝正统十三年重建。　**万岫庵**又名“碧湖岩”。成化二年重建。（上二庵俱县西。）　**峰苍庵**在县北。景泰五年重修。（上三庵俱在习贤里。）

漳平县

松山寺在居仁里。　**资寿院**宋时建，元大德二年重修，国朝景泰三年重建。　**地藏院**景泰三年重建。（上二院在和睦里。已上寺院凡三处俱县北。）

校　注

[1] 雍正《崇安县志·寺观》作“萧际寺”。

[2] 雍正《崇安县志·寺观》作“黄柏里”，下同。

[3] 乾隆《福建通志·古迹》作“龟峰寺”。

[4] 乾隆《福建通志·古迹》作“在县治西”。

[5] 乾隆《福建通志·古迹》作“在县治西”。

［6］乾隆《福建通志·古迹》作“黄守恭”。

［7］黄任《永春州志·古迹》载：“唐行端修真于此，邑人程国知施田建寺，故赐名程田寺。”

［8］黄任《永春州志·古迹》作“萧坑社”，而《山川志》引《闽书》云“在香林山”。

［9］“伪山寺”疑为“沩山寺”之误。

［10］按开元无三十六年，此处有误。黄任《永春州志·古迹》载：“开元二十六年改名开元。贞元间徙州治，始从漳浦移建于龙溪紫芝山，在旧漳州府治西北。”

八闽通志卷之七十八

寺　　观

汀州府

长汀县

开元寺在县学之左。唐开元间建于旧郡，后随郡迁于此。旧有支院二十四环列其中。宋崇宁间改“崇宁万寿寺”，政和间更名“天宁万寿寺”，寻改“神霄玉清万寿宫”，建炎元年复今额。国朝洪武初重修。成化八年迁建县学，割法堂并寺右一直，以广学基。宋郡守陈轩有诗：“溪云影落杉松暝，檐铎声流殿阁寒。”

报恩光孝禅寺在朝天门内。五代梁贞明间建。初名“感应天王寺”，宋政和间更名“崇宁万寿”，建炎间又更“天宁万寿”，绍兴间复更“报恩广孝”，寻改今名。（上二寺俱在府治之东。）　**罗汉寺**在府城西右厢。五代晋天福间建，宋绍兴间重建。元至正间毁于兵，寻复建。国朝洪武、永乐间修建一新。　**定光院**在府治左。宋大中祥符间，郡守赵遂良建庵，为定光往来栖息之所。淳熙间郡守吕翼之并祀定光、伏虎二像于其中，嘉泰间郡守陈映从郡民之请，疏其显应之状于朝，赐今额。　**南廨院**在鄞江坊。正统间毁于寇，景泰三年重建，成化十八年增建。　**东禅院**五代梁贞明间建。院前有东山十景，宋长汀宰李存贤诗：“野云闲带雨，林木静无风。村落一溪外，民田四望中。”刘弼诗：“滩声来席上，亭影落溪中。”石英民诗：“云兼野色过松径，水带秋声入稻田。” **金泉院**宋建隆间建。（上三院在左厢。） **广福院**在四保里。五代时有异僧曰伏虎者驻锡于此，郡人为建庵，初名“普护”，宋建隆间卒，因以祀之。熙宁间赐名“圣寿院”，乾道间改今名。 **连章院**宋乾道间建。（上六院俱在府城东。） **保安院**在府城西。五代间南唐建。 **南山同庆院**五代周显德间建。宋绍兴间尝驻戍兵于此，乾道间毁，遂置南寨，后寨废，旧址尚存，今院乃旧院支刹也。 **金鸡院**在宣和下里。宋建隆间建。 **永乐院**在清泰里。五代梁贞明间建。 **禅宫院**宋乾道间建。（上四院俱在府城南。） **华严院**在府城东南成上里。五代梁贞明间建。（通上寺院凡一十五所俱存。） **护国塔院**在府治东。

伏虎廨院在府城东。 **罗汉院** **西峰院**宋陈轩诗：“疑有潮声生绝顶，晚风吹动半岩松。” **西方院**在西峰院之右。 **法林院**初名“三教荐福院”，更名“十方院”，复改今名。郡守陈轩诗：“云边借榻开僧阁，松下听泉洗客心。” **释迦院**（上五院俱在府城西。） **文殊院**与同庆院密迩，后山之陬有定光阁。 **隆寿院** **神王院** **招福院** **梁安院** **临池院** **福寿院** **长乐院** **龙安院** **保寿院** **丰乐院**（上十一院俱在府城南。）

感应天王院在府城北二里许。旧在府治东兴贤坊内。 **南安廨院**在府城东南。 **翠峰院**在府城东北。 **龙兴尼院**在府城西秩成门外。（通上凡二十二院俱废。） **伏虎庵**在左厢，去城五里。有青松对植，苍翠交阴，虽僻在一隅，盖一郡游赏之所也。 **叶坑庵**今名“白云庵”。（上二庵俱府城东。） **景星庵**在方湖之侧。宋端平间建。内有郡守李华祠。 **麻潭岭庵**在古贵里圆珠山侧。宋端平间建。（上二庵俱府城南。） **白鹤庵**

在府城东南。　**朱紫庵**在府城西北颁条门外。（通上六庵俱存。）　**金砂庵**　**有年庵**在有年桥侧。（上二庵俱府治东。）　**兴龙庵**在府城东北兴贤门外。　**定光堂**在府城西颁条门外。（通上三庵并堂俱废。）　**天庆观**在兴贤门内。旧名“开元观”，宋至道间改“至道宫”，大中祥符间改今名。　**金华观**五代梁贞明间建。　**仙隐观**在登俊坊。观左有放生池，右有鱼乐亭。（上三观在府城东。）　**黄仙人庵**在府城东。相传崇宁间郡有黄姓者得道于此，故名。（通上三观并庵俱存。）　**崇贞堂**在府城西清泉坊。今废。

宁化县

光严寺在县治北。洪武间重建，永乐间修。　**慈恩塔寺**在县南。永乐十二年毁。正统三年重建塔，今废。（上二寺在在城里。）　**龙山院**在在城里。五代梁开平间建。旧名“地藏院”，宋建隆间改今额。　**鹫峰院**在新村里。五代晋开运间建。宋运使蒋之奇诗曰：“日转竹阴侵阁冷，水流花片过门香。”推官臧子常诗：“望穷山下疑无路，行入壶中却有天。花落春岩朝带雨，月涵秋谷夜闻泉。”一本以此院在长汀县，有所未审。　**南福林院**宋熙宁间赐额。（上三院在县南。）　**西隐寺**在永丰里。宋熙宁间建，国朝永乐间重修建。　**宝池禅院**唐会昌间建，宋庆历间重修，元至大间复修，寻毁于兵，国朝洪武间重建。（上二院在县治北。）　**宝应院**在县治西南。五代晋天福间建，宋天圣初赐额。（通上寺院凡八所俱存。）　**晋现院**　**临田院**（上二院在县东。）　**荐福院**　**宝塔院**　**东峰禅院**　**华严院**　**报恩院**　**龙池岩院**（上六院在县南。）　**灵峰禅院**　**中兴禅院**（上三院在县北。）　**宝胜院**在县西南。　**福林院**在县东北。　**安福

院　**崇福尼院**在县东。(通上凡二十四院俱废。)　**金山庵**在永丰里。宋淳熙间建,国朝洪武初重修建。　**中华庵**在兴善里。宋端平间建,国朝天顺间重建。　**保林庵**洪武九年建。(上三庵俱县东。)　**西山庵**在县西门外。宋建炎间建,国朝永乐年间重建。　**苦井庵**旧有泉,病者饮之多愈。正统三年重建。　**西提庵**元至正间建,国朝永乐间重建。(上二庵在县西。)　**瓦庄庵**宋淳熙间建,国朝永乐间重修。(上五庵在在城里。)　**碧云峰庵**在兴善里,即今南山也。宋天圣间建,国朝永乐十年重建。　**兴福庵**在会同里。宋端平二年建。(上三庵在县南。)　**梅山庵**在招贤里。宋淳熙间建,国朝洪武二年重建。　**圆照庵**在在城里。元至正元年建。　**翠峰庵**在永丰里。宋淳熙间建,国朝永乐间重建。(上三庵俱县北。)　**普觉庵**在县东北泉上里。宋宝元初建,国朝宣德间重建。其地五山高耸于外,一山峙立其中,俗谓之"五龙聚宝"。(通上凡一十三庵俱存。)　**东庵**在县东。　**积翠庵**在县南。　**神须庵**在县南门外。　**大隐庵**在水南。(上四庵俱废。)　**白云禅关**在县东兴善里。　**崇善堂**在县东泉上里。洪武间建。　**观音堂**在县南在城里。(通上禅关并堂凡三处俱存。)　**凝贞观**[1]在县南在城里。旧名"上林",五代唐天成中建,宋天禧中改今名。国朝洪武十三年重建。　**蓬莱仙观**在县西龙上下里。按旧志为刘氏女升仙之所,因赐名"蓬莱",今废。刘氏女详见《仙释志》。　**大玄贞观**[2]元大德间建,国朝永乐间重建。　**仙隐观**宋政和间建,国朝洪武八年重建。(上二观在县东北泉上里。)　**佑圣堂**在县治北。正统十三年毁于寇,景泰四年重建。　**崇贞堂**[3]唐天宝中建,元末毁于寇,国朝洪武十年重修建。　**三官堂**宣德三年建。(上二堂在县南。已上三堂俱在在城里。通上观并堂凡七处俱存。)

上杭县

天王寺在县西。五代晋时建于钟寮场,号“天王院”,宋乾道三年随县迁今所,元至大间改建,更为寺。国朝洪武、成化间俱重建。　东竺寺在县治东。旧在钟寮场,名“塔院”。宋乾道三年随县迁今所,淳祐十一年改今额,元至正中重建。国朝永乐、正统、成化间俱尝修建。(上二寺在在城里。)　丰稔寺在县西胜运里。宋咸淳中建为庵,元至正中重建,国朝成化五年亦重建。义合寺唐光化中建,宋大观中重建,国朝洪武、天顺间俱尝修建。　南华寺永乐间重建,成化四年修。(上二寺在县南来苏里。已上五寺俱存。)　资福寺　报恩寺在县东北。　南塔院宋至和间建,国朝洪武、宣德、成化间俱尝修建。　禅林院宋绍兴间建,国朝永乐元年重建。(上二院在县南来苏里)。　西峰院在平安里。宋崇宁间建,元至正间修,国朝天顺、成化间俱尝修建。　上宝林院在太平里。唐乾符间建,国朝洪武、成化间修建。　下宝林院在在城里。宋熙宁中建,国朝天顺元年重建。(上三院俱县北。)　弘明院在县东北白砂里。洪武三十年建,成化九年重修。(上六院俱存。)　灵瑞院在县西。　盘瑞院在县南。(上二院俱废。)　德庆庵在县治西。旧名“弥陀庵”,元至正初建,国朝永乐、成化间俱重建。　安仁庵宋景定间建,国朝正统间重修。　东安庵在棉村。旧在安乡东安岩,洪武二十七年迁建今所,成化五年重修。黄岩庵元至大间建,国朝天顺二年重建。(上三庵俱在县西胜运里。)　崇福庵在县南溪南里。　禅林庵成化十八年修。　圆通庵成化六年修建。(上二庵在县北平安里。)　普应堂在县东钟寮场。旧名水陆院。宋乾德间建，国朝成化七年重修。 **玄贞观**[4]在县治东，旧在县南，名"麟符观"。宋建炎间建，国朝永乐十九年重建。（已上庵院堂观凡一十五所俱存。）

武平县

禅果寺在县治南门外[5]。宋淳熙间建，国朝永乐五年重建。寺左旧有塔院。 **古山寺**在丰顺平里。旧为"古山堂"，国朝洪武十七年改建为寺。 **延寿寺**在高泰里。 **禅隆寺** **思福寺** **弥勒寺** **兴福寺**（上四寺在信顺团里。已上六寺俱县东。） **禅福寺** **通林寺** **西峰寺**（上三寺在县西丘留东里。） **棉洋寺**宋时建，国朝永乐间重建。 **南山寺**在千户所南门外。洪武、成化间俱重建。 **西湖寺** **均庆寺**定光道场也。初一岩嵌空险僻，神怪所宅。宋乾道二年定光至，趺坐岩中，祥烟腾覆，邑人异之，相与筑室岩中。祥符四年赐额"均庆院"，国朝洪武十四年并入禅果寺。宋李纲诗："满山泉石有吾意，十里松筠生昼寒。" **分水寺**在高泰里。（上五寺俱县南。） **宝林寺** **福田寺** **太平寺**（上三寺在县北大湘亭里。）又县东信顺团里亦有太平寺。 **招福寺**在县西南高泰里。 **资福寺** **福林寺**在县东南盈塘里。（通上凡二十一寺俱存。） **太平兴国禅院**在县东。 **南安廨院**在县东北。 **灵洞天福院**在县西门。有二泉，派出葛山翁炼丹井，清澈可爱。宋梁顾诗："门外落将三市隔，此中人是几生修。千寻古木含云翠，一派寒泉绕槛流。"（通上三院俱废。） **屯营庵**在何屯冈下。相传五代时，有统军使何姓者部武艺军屯驻于此，筑城周围二里许，故址尚存。 **瑜珈山庵** **宝峰庵**（上二庵在信顺团里。已上三庵俱县东。） **伏虎岩庵** **兴福庵**（上二庵在丘留东里。） **西湖庵**在县北归田里。 **龙济岩庵** **清凉山庵**（上二庵在县西南丰顺平里。) **圣水庵**在县东南盈塘里。号"清凉礤"。(通上九庵俱存。) **永寿庵** **东流庵** **栖云庵** **石狮庵** **净信庵** **无量庵**(通上六庵俱废。) **白莲庵**在县北归郡里丰田。 **古佛道场**在县东门外,旧大观庵址也。(通上堂并道场凡二处俱存。)

崇贞观[6]在县治北。洪武十三年建。 **洞元观**在县治西,旧在灵洞山下。宋政和间赐额,绍兴间移建今所。

清流县

万寿寺在坊郭里。旧名"塔院"。宋隆兴间建,国朝天顺四年重建。 **福寿寺**在苍盈里。宋端平间建,名"福寿院",国朝洪武间改为寺。 **灵山寺**在梦溪里。唐贞观间建。(上三寺俱县东。) **永乐寺**在县西四保里。 **福潭寺**在县南永得里。宋绍兴间建。(通上凡五寺俱存。) **恩福院** **淳化院**(上二院在县东。) **云施院**在县西。 **新全院** **新通院** **圣恩院** **永乐院**(上四院在县南。) **永丰院** **丰饶院**(上二院在县西南。通上凡九院俱废。) **东华庵**宋元符间建。庵在山之绝顶,一石台陡起,登其上,则万山皆在目睫。 **金莲庵**即灞涌岩庵也。一径萦回而入,清泉白石,茂林修竹,殊可爱。(上二庵在坊郭里。) **福智庵**在苍盈里。 **上阳庵**在永得里。庵在山顶,每旦先得日光。(上四庵俱县东。) **西峰庵** **西灵庵**宋绍兴间建。(上二庵俱在县西坊郭里。) **南极庵**在县南坊郭里。幽巧清阒,邑之胜处也。 **高城庵**宋祥符间建。元末毁,今修建一新。 **灵龟庵**元大德七年建。(上二庵在城北永得里。) **闽山庵**在县东南梦溪里。庵内有一窍,深不可测,人或以纸覆其上,即飞去。论者谓地气所冲,理或然也。(通上凡十庵俱存。)

东庵在县东泽民坊。潇洒阒寂,盛夏绝无暑气也。邑人多乘凉于此。 **南庵**在县南门外。 **尼庵**在县东兴善坊。 **温泉庵**在县嵩口。旁有温泉,故名。(已上四庵俱废。) **观音堂**在龙津桥东。 **登贞观**[7]在县西二里。旧名"上生",宋崇宁间建,宣和间改今额。绍兴、淳熙、淳祐间俱尝修建。 **东岳行宫**在县东。元至元间建。(已上堂观及宫凡三所在坊郭里,俱存。)

通真院在县东北罗村里。 **皈真院**在县东。(上二院俱废。) **隐仙堂**在县东。 **佑圣堂**在县治南五十步。(上二堂俱在坊郭里。)

连城县

东塔守在县东隅。旧名"报恩塔院",宋乾道、淳祐间建塔,改今名。元季寺塔俱废,国朝洪武十二年重建。 **同关寺**在姑田里。五代唐天成间建,国朝永乐四年重建。 **慈悲寺**在北安里。五代梁贞明间建,宋淳熙间重建,国朝洪武十二年复建。旧为院,今改为寺。(上二寺俱县东。) **丰稔寺**在表席里。五代晋天福间伪闽刺史王延政建,名"保福院",宋泰定间改今名。国朝永乐八年重建。 **招福寺**五代唐天成间建,名"招福院",宋嘉祐间改为寺,国朝洪武三年重建。 **隆寿寺**五代唐天成间建。初名院,元至治间重建,改为寺。(上二寺在河源里。) **新林寺**在南顺里。宋天圣间建。初名院,嘉定间改为寺。国朝永乐间重建。(上四寺俱县南。) **定光寺**在县治西北隅。宋乾道间建,名"定光庵",嘉泰间改建为寺。元至正二十六年重建。 **宝寿院**旧名"东山九峰禅院",今废。 **宿云庵**宋绍兴间建,国朝洪武十一年重建。(上院并庵凡二所俱在县东在城里。) **西成庵**宋庆历间建,国朝洪武三十二年重建。 **新福庵**洪武十五年重建。 **泗洲庵**洪武十七年重建。 **南兴庵**永乐四年建。

安龙庵洪武二十五年建。(上五庵在姑田里。)　**清泉庵**在县治西在城里。元至正二十五年建,国朝永乐二十年重修。**圆应庵**宋绍兴间,有僧来自漳浦,结庵坐禅于此,年七十卒。乡人祀之,水旱有祷多应。嘉定间重修,名“圆应”。国朝永乐三年重建。　**福寿庵**洪武三十四年建。　**仰山庵**元至正二十四年建。(上三庵在表席里。)　**龙华庵**元至正间建,国朝洪武二十五年重建。　**资福庵**元至正二十六年建。　**深山庵**永乐六年建。(上三庵在南顺里。)　**永隆庵**永乐八年建。　**东山庵**永乐二年建。　**蓝若庵**元至正五年建。　**永福庵**洪武二十二年建。　**福兴庵**永乐七年建。(上五庵在河源里。已上十一庵俱县南。)　**北山庵**宋景定间建,国朝洪武十四年重建。　**文殊庵**元至正六年建,国朝永乐十一年重建。　**神石庵**宋咸淳六年建,国朝洪武十九年重建。(上三庵在县北北安里。)　**莲峰庵**在县东莲峰山上。　**西隐庵**在县西宝成门内。　**法界庵**　**保庵福**(上二庵俱在县南。)　**龙归庵**　**东林庵**(上二庵俱在县北。)　**太平庵**在县西南南顺里。　**海宝道场**在县东本仁坊。(通上七庵并道场俱废。)　**广福堂**在县南南顺里。洪武三十一年重建。　**福仙观**在县治西。宋乾道间建,国朝洪武三十四年重建。　**玄真堂**在县东北安里莲峰山上。洪武二十七年重建。

归化县

淳化寺在归下里。宋淳化元年建,元至正二十一年重建。**罗汉寺**在归上里。宋大观元年建。　**兴国寺**元至正二年建。　**圆觉寺**元至正二十三年建,国朝天顺七年重建。(上二寺在兴善里。已上四寺俱县东。)　**觉林寺**在县西归上里。元大德元年建,国朝成化十七年重建。 **宝庆庵**在归下里。宋嘉熙元年建。 **福林庵**宋淳熙二年建,国朝成化十二年重建。 **胜兴庵**元延祐四年建。 **滴水岩庵**元至正二年建。(上三庵在归上里。已上四庵俱县东。) **均山庵**在县东南归下里。宋嘉定十年建。 **鹤迁琳宫**在县东兴善里。相传初建三清坛于罗坑,尝修醮焚楮币,有鹤自空而下,衔余烬过青山而止,人以为异,遂即其地建宫,名曰"鹤迁"。 **东岳宫**在县南归上里。宋时建。

永定县

庆清寺宋德祐元年建,国朝天顺四年重建。 **万寿寺**元至正二年建,国朝洪武十八年重修。(上二寺在县东丰田里。) **丰稔寺**在县北胜运里。宋咸淳间始建为庵,国朝成化五年重建,今改为寺。 **金谷寺**元中统间建,国朝成化五年重建。 **隆寿寺**元至正间建,国朝成化七年重修。(上二寺在县西南溪南里。) **梅山庵**在县东丰田里。元中统间建,国朝成化二年重建。 **北山庵**元至正间建。 **龙皈庵**元至顺间建。(上二庵在县东北太平里。)

延平府

南平县

天宁光孝禅寺唐名"广济",宋政和六年,赐名"天宁万寿",绍兴七年改"报恩广孝",寻复改"光孝"。元至正二十年毁,寻复建,国朝永乐、景泰间俱尝修建,成化二十三年复毁。 **普通寺**梁普通元年建。旧为院,今改为寺。国朝洪熙元年毁,宣德五年重建。（上二寺在府城北隅。）　**梅山寺**在府城东隅。旧名“招福”。宋绍兴二年建为院，元改为寺。　**西林寺**在府城东南。五代梁时建。宋朱文公谒李延平受学，尝寓于此。　**兴化寺**在府城西隅。旧名“资寿”，五代唐同光元年建，宋太平兴国四年赐名“兴化院”，元改为寺。　**佛智开平寺**在开平里。五代梁开平四年建，旧名“报国显亲院”，元改为寺。国朝洪武三十年毁，寻复建。　**西岩寺**在大源外里。唐宝历二年建。旧为院，元改为寺。国朝景泰二年重建。　**慈恩寺**在天竺里。唐贞观二十二年建，名“西峰寺”，宋改为院，元复改为寺。　**西崇福寺**在建兴里。唐龙纪元年建，国朝正统五年重修建。　**龙德寺**在剑津里。五代梁龙德元年建，国朝景泰二年重建。　**西平寺**在大源内里。唐乾符中建，国朝正统八年重修。（上六寺俱府城西。）**含清寺**在余庆西里。宋绍兴元年建。初为院，元改为寺。国朝正统五年重建。内有含晴阁、清辉堂。　**泰平寺**在太平里。唐宝历二年建。（上二寺俱府城南。）　**龙湖保福寺**在保福里。唐贞观八年建。宋改为院，元复改为寺。国朝正统五年重建。**三吾院**在长安南里。唐大德元年建。旧为院，元改为寺。（上二寺俱府城东南。）　**黯淡寺**在府城东北衍仙下里。唐大顺二年建。旧为院，元改为寺。寺当黯淡滩之阳，滩水险悍，舟过多覆溺。僧无示者始结庵于此，募工疏凿，湍势稍平，因以滩名寺。国朝宣德十年重建。（通上一十六寺俱存。）　**释迦寺**在府城东仁州里。　**罗山寺**在府城东南普安里。（上二寺俱废。）　**塔院**在府城东仁州里。旧名“定光”。　**福兴院**在新兴里。　**庐峰院**在安福里。（上二院俱府城西。通上三院俱存。）　**报恩院**　**胜光院**（上二院在府城西太平里。）　**莲宫院**在府城北梅西里。

福城院在长安北里。　**善福院**在普安里。（上二院俱府城东南。通上五院俱废。） **莲花庵**在天竺里。元至正二十七年建。 **圆觉庵**在塘源里。永乐十七年建。（上二庵俱府城西，今皆存。） **圣者庵**在府城西剑津里。 **云顶庵**在梅西里。旧名“寂照”。 **香山庵** **大觉庵** **龟山庵**（上三庵在峡阳里。） **普应庵**在梅南里。（已上五庵俱城北。通上六庵俱废。） **南平玄妙观**在溪南九峰山之麓。五代周显德六年建，名“招仙道院”，宋大中祥符二年改为“天庆观”，元元贞二年赐额“玄妙观”。国朝洪武初及正统末两毁于兵，随复建。内有太乙宫、普化院，观之左有云深亭，濒津有冷风阁。 **披云道院**在府城西隅。宋宝祐六年建，国朝洪武十七年重修建。 **东岳行宫**在府城东北隅。宋绍兴二年建。国朝洪武初毁，其址并入东岳庙。 **铁像堂**宋祥符三年建。以铁铸真武像祀之，故名。国朝永乐七年毁，寻复建。正统十三年，沙、尤寇攻城，渠魁邓茂七见福州门上列黑色旗帜，旗中隐隐见七星光，一人披发伏剑循行其间，贼众惊慑，明日遁去，盖玄武神也。郡人奉祀滋谨。 **灵宝堂**宋祥符二年建。（上二堂俱府城东隅。） **真武堂**在府城东崇德里。堂临大溪，元至正中乡人以溪多水怪，因建祠以镇压之。 **福海堂**在府城东南隅。正统十三年毁于兵。 **淳贞堂**在府城南隅。 **招仙堂**在府城剑津里。（上三堂俱废。）

将乐县

大施寺在县东龙池都。唐文德元年建，国朝洪武八年重建。 **含云寺**在县西。四山环峙，云气氤氲。唐时有僧结庐其中以居，名含云。宋建中靖国间辟为寺，国朝洪武十七年重建。 **云山寺**在县南池湖都。唐开元二年建，元至正二十六年重建。 **证果寺**在县西南竹洲都。唐武德三年建，元至正二十六年重建。(上四寺俱国朝洪武二十四年并为丛林。) **修福寺**在县西黄潭都。五代唐同光二年建,国朝洪武三十一年重建。 **普济寺**在县南池湖都。宋乾道元年建,国朝洪武二年重修建。

西山院在县东积善都。元至正三年建。 **光明院**在光明都。宋乾道元年建。 **睡隆院**在睡隆都。宋绍兴二年建,国朝洪武元年重建。(已上寺院凡五所,洪武间并入含云寺。) **资圣院**在县北隅。宋绍兴四年建,国朝洪武十五年重建。 **报恩院**在县东高滩都。宋乾道二年建,国朝洪武间重建。 **崇业院**在龙池都。宋熙宁七年建,国朝洪武十二年重建。 **庄严院**在玉华都。宋咸淳二年建。 **璲光塔院**在水南都。宋元祐三年建,国朝永乐四年重建。 **兴福院**在永康都。宋乾道八年建。(上四院俱县南。) **禅定院**在万安上都。宋淳祐中建。 **长乐院**在安人都。元皇庆二年重建。(上二院俱县北。已上八院俱国朝洪武间并入大施寺。) **西林院**在竹洲都。元至正二十六年建。

梁岸院在永吉都。宋绍兴五年建,国朝洪武八年重建。(上二院俱县西。) **天王院**在蛟湖都。宋咸淳三年建,国朝永乐十五年重建。 **丰稔院**在中和都。元至正二十三年建。(上二院在县南。已上四院俱国朝洪武间并入灵山寺。) **善安院**在县东忠孝都。宋绍兴三年建。 **望江院**在县西南子教都。五代唐同光二年建。(上二院俱国朝洪武间并入证果寺。) **永福院**在县南隅。 **新化院**在县东积善都。 **桃源院**在桃源都。**善缘院**在隆集都。 **童福院**在上衢都。(上三院俱县西。) **丰饶院**在中和都。 **大洞玉华院**旧名“玉华大洞观”。 **小洞宝华院**(上二院在玉华都。) **临江院**在隆安都。 **上临江院**　**西隐院**　**西禅院**　**西岩院**(上四院在兴善都。已上八院俱县南。) **圆光院**在万安上都。 **保安院**在隆兴都。 **安**

定院在隆溪下都。　光启院在上衢都。（上四院俱县北。）隆福院在县西北隆荫都。（通上凡一十八院俱废。）　南华严庵在县西黄潭都。元大德元年建。　金华庵在永康都。宋绍兴二年建。　龙头岩庵在玉华都。旧名“虎头岩”，宋元丰六年建，县令谢梦符重修，改今名。（上二庵俱县南。）　宝源庵在县北万安下都。宋咸淳二年建。（已上四庵俱国朝洪武间并入含云寺。）　龙兴庵在县东高滩都。宋端平元年建。　庆云庵在龙溪下都。元至正二年建。　五台庵在永吉都。唐开元二年建。　望天庵在安仁上都。宋咸淳二年建。（上三庵俱县北。）　灵源庵在县东北忠孝都。一名“灵泉庵”。宋嘉定十五年建。（已上五庵俱国朝洪武间并入大施寺。）　太平庵在大里都。宋绍定二年建。　兴福庵在兴善都。元至正二年建。（上二庵俱县南。）　仙童庵在安仁上都。宋元祐元年建。（已上三庵俱国朝洪武间并入灵山寺。）　云台庵在积善都。宋元祐二年建。湖山庵在富谷都。元至正二年建。（上二庵俱县东。）　西竺庵在大里都。宋咸淳元年建。　圆觉庵在兴善都。元至正五年建。（上二庵俱县南。）　紫清庵在安仁上都。　小隐庵在万安下都。（上二庵俱县北，并元至正元年建。已上六庵国朝洪武间并入证果寺。）　保宁庵　资福尼庵（上二庵在县西隅。）崇福庵在县南隅。　金鸡庵在金鸡岩之巅。　隐居、西兴二庵在兴善都。（上三庵俱县南。）　大灵峰庵在上衢都。隆仙庵在隆集都。（上二庵俱县北。通上八庵俱废。）　迎禧观在县治东。旧名“福仙观”，相传梅福尝炼丹于此。宋祥符八年建，元毁于兵，其址陈有定遂开为城濠。国朝洪武二十四年徙建于演真道院之旁。　佑圣行宫在县治前。宋淳熙四年建，国朝永乐十年重修建。　玉隆万寿宫在县北龙池都。一名“封山道院”，相传昔杨道真君炼丹于山麓，有小石洞曰“杨贞君洞”。宋庆元元年建，元毁于兵，故址犹存。　**明贞道院**在县治东北。旧名“海棠洞”。元大德三年建，国朝永乐十年重建。　**烟霞道院**宋嘉定七年建。　**演真道院**宋开禧三年建。（上二道院在县南玉华都。）　**明真庵**在县治南池湖都。旧名“遇龙庵”。宋咸淳二年建。

尤溪县

保安寺在县东北积善坊。唐乾符三年建。旧为庵，乾宁四年改为寺。国朝景泰二年重建，成化十六年增建。　**永兴寺**在县治西昼锦坊。唐天祐三年重建，国朝景泰五年复重建。　**吉华寺**在县治东二十二都。五代梁乾化间建。　**永和寺**在县东北八、九都。五代唐清泰二年建。旧为院，后改为寺。国朝洪武年间并入保安寺。　**保林寺**在十七都。五代唐天成四年建。　**资寿寺**在十六都。五代唐长兴二年建。（上二寺俱县东。）　**龙泉寺**在县南二十三都。唐乾符四年建。（已上三寺国朝洪武间并入永兴寺。）　**天王瑜珈院**在县治东儒林坊。唐会昌三年建。　**松山院**在县东二十五都。五代梁贞明二年建。　**三峰院**在二都。五代汉乾祐三年建。　**黄坑院**在十五都。　**新禅院**在四十八都。（上三寺俱县西。已上五寺洪武间并入保安寺。）　**灵源院**在县西隅登云坊。　**水陆院**在县南隅兴文坊。　**西林院**在县西二都。　**牛林院**在县南十八都。　**文德院**在县北五十都。（已上五院洪武间并入永兴寺。）　**灵山院**在县东七都。　**福兴院**在二都。　**感德院**在三九都。　**大中院**在三十九都。（上三院俱县西。）　**建福院**在十九都。　**报慈院**在十七都。（上二院在县北。已上六院洪武间并入天王院。）

天湖院在县治南乘驷坊高峰。峰顶有池。 观音院在县东北迎春门外。 新恩院 资善院(俱在十八都。) 定林院在十五都。 南山院在七都。 灵感院在十二都。 报恩院

迎福院(上二院在十五都。) 崇福尼院在八、九都。 灵峰院在二十都。 香山院在二十五都。 地藏院在十一都。

下漈院在二十一都。 龙安院在四十八都。 珠林院在二十九都。 吉祥院 北林院(上二院在二十四都。已上一十六院俱县东。) 罗汉院在五都。旧名“鸡山”。 福岩院在万足里。 崇兴院在四十四都。 贞源院在四十五都。

广福院在六都。 小天王院在十七都。 鹫峰院在三十都。

同兴院在三十三都。 东林院 法林院(上二院在三十五都。) 万安院在四十七都。 香林院在三十七都。 永隆院在七都。(已上一十三院俱县西。) 资福院在二十三都。

报国院在八、九都。 龙光院在二十七都。(上三院俱县南。)

含云院在十三都。 祥云院在十四都。 崇善院在十六都。 净戒院在四十都。(上四院俱县北。) 报恩院在县西南二十九都。 弥勒院在县东北八、九都。 东山院在县西北四十六都。 凤仙尼院在县北十都。 剑门庵在二十五都。唐乾宁四年建。 显迹岩庵在十六都。元至正十年建。(上二庵俱县东。) 永仙庵在七都。元延祐二年建。 世尊岩庵在四十四都。宋绍定二年建。 隆兴岩庵宋景定三年建。 三宝庵元至治三年建。(上二庵在七都。已上四庵俱县西。) 西林庵在县东南十八都。宋绍定六年建。 石门庵在县东北十二都。宋绍熙三年建。 天福岩庵在县西北七都。元延祐二年建。 妙觉堂在县西昼锦坊。宋绍定六年建。

龙归堂在十六都。宋绍兴元年建。 万寿堂在十九都。元皇

庆二年建。(上二堂俱县东。) **圆应堂**在七都。元至治元年建。 **黄龙堂**五代晋开运二年建。 **龙湖堂**元延祐六年建。(上二堂在四十五都。) **瑞云堂**在四十四都。宋淳熙二年建。 **灵源堂** **普光堂**宋德祐元年建。(上二堂在七都。) **会圣堂** **沈水堂**(上二堂在三都。已上八堂俱县西。) **慈济堂**在三十六都。元皇庆元年建。 **清水堂**在二十九都。宋绍兴二年建。(上二堂俱县南。) **白鹤堂**在县南兴文坊。宋淳熙间建。祀钟、吕二仙,相传乡人赵希彦以郡守致仕归,春三月建丹阳会,忽有道人戏画一鹤于壁,道人抚掌歌舞,鹤亦舞,既而莫知道人所之,因匾以今名。

沙县

太平兴国寺在县东凝翠峰前。唐中和二年建。名"中兴",宋太平兴国三年赐额。李纲谪监沙县税尝寓于此。国朝景泰三年间重修建。 **云际寺**元延祐元年建,国朝景泰四年重建。 **天王寺**在县西北和仁坊。唐中和四年建。宋延祐三年建三门,陈瓘为记,国朝景泰四年重建。(上二寺俱在县西仁和坊。) **福圣寺**在县东北隅。旧名"天王台",五代晋天福八年建,宋天禧二年重建,赐今额。寺僧文轸善黄白之术,因台建塔三级,后毁于兵,僧端一意塔下有窖藏,发之,得泉一泓,病者饮之辄愈。国朝景泰间重建。 **延福寺**在县东二都。唐会昌二年建。宋给事中张致远尝赋拂波亭、茅亭、竹槛、古渡、老杉、乔松、修竹、溪声凡八诗,皆寺中景也。国朝景泰二年重建。 **兴化寺**在二十一都。旧名"万兴"。唐中和二年建,国朝景泰二年重建。 **栖云寺**在九都。伪闽王延政建,宋建隆三年重建,赐额。(上二寺俱县西。) **保福瑜珈寺**在县北十五都。五代周显德五年建。

龙光寺在归仁里。　小龙兴寺在善硖团。(上二寺俱县西。)　再兴寺在十四都。　云阳寺在十三都。　龙兴寺在十二都。宋邓肃尝避地居此。(上三寺俱县北。)　瑞峰寺在一都。　长兴寺在八都。(上二寺俱县东南。已上七寺洪武间并入太平兴国寺。)　兴云寺在县西善硖团。　宝峰寺在县北十一都。(上二寺洪武间并入云际寺。)　义恩寺在县北九都。　宝庆寺在八都。　龙山寺在洛阳里。(上二寺俱县东南。已上三寺洪武间并入天王禅寺。)　灵应寺在县北十都。　灵龟寺在县东南五都。(上二寺洪武间并入福圣寺。)　白云寺在一都。　玉山寺一名"宝山"。　安禅寺　石墨寺(上三寺在五都。已上四寺俱县东,洪武间并入延福寺。)　璲林寺在二十二都。　上延福寺在二十三都。(上二寺俱县西。)　龙泉寺在县东南八都。(上三寺洪武间并入兴化寺。)　普照寺在县北十都。　观音寺在县西南二十一都。(上二寺洪武间并入栖云寺。)　安仁寺在十二都。　云集寺　齐云寺(上二寺在十三都。)　灵峰寺在十五都。　静林寺在十八都。(上五寺俱县北。洪武间并入保福寺。)　资国寺在一都。　安峰寺　唐兴寺(上二寺在洛阳里。)　资寿寺在七都。(已上四寺俱县东南。)　大升寺在十六都。　通文寺　三峰寺(上二寺在十都。已上三寺俱县北。)　新塔院在洛阳里。　地藏院　移孝效忠院宋枢密使曹辅功德院也。(上二院在感义里。已上三院俱县东。)　兴福院在县南感义里。　金峰院　涌兴院　灵光院　白塔院　观音院(上五院在礼宾里。)　乌石院在感义里。　圣兴院在化剑里。(已上七院俱县北。)　太平院　栖霞院(上二院俱在县东北。)　洞天岩庵在县西和仁坊。　隐龙岩庵　永兴庵　长亭庵　天湖山庵(上四庵在洛阳里。)　广成庵在九都。（已上五庵俱县东。）　淘金山庵在感义里。招福庵在三十一都。（上二庵俱县西。）　太灵峰庵在感义里。　雷霆岩庵在十八都。　兴隆庵在十五都。（上三庵俱县北。）　福安岩庵　莲花山庵（上二庵俱县东北化剑里。）　楞岩堂在县治东。　普庆堂在县西和仁坊。　普照堂在县东五都。　如意堂在二十四都。　驻云堂在三十四都。　观音堂　龙兴堂　龙龟堂（上三堂在二十七都。）　隆兴堂在二十一都。　广庆堂在二十五都。（上七堂俱县西。）　兴明祖堂在县东南八都。　圆通阁在县西二十一都。　宜福观在县溪南贞隐峰下。旧名“宜福堂”，宋元祐八年重建。淳祐十二年改为观。　玉华道堂在县东兴义坊。元至正二十年建。　清和道院宋嘉熙三年建。　潜真道院宋端平三年建。（上二道院在县西和人坊。）　冲和道院宋淳祐三年建。　原和道院宋嘉定八年建。　玄真道院宋淳熙三年建。　庆龟道院宋景定四年建。（上四道院俱在县西归仁里。）　佑圣道院在县北感义里。宋绍定五年建。　白石道院在县西北九都。一名“白石庵”。元延祐五年建。

顺昌县

正识寺在县治北。一名“天湖藏院”。宋隆兴二年建，国朝洪武三十五年重建。　资圣寺五代汉乾祐三年建，国朝洪武初重建。　西来寺元至正二十六年建。（上二寺在县治西。通上三寺俱存。）　普庆寺在县东石豆都。　超华寺在县西北白水都。相传唐末有僧张姓者航海入闽，至是山，乐其幽胜，遂驻锡焉。山多虎豹蛇虺，至是皆远去。既而辟田数百亩，徒众大集，遂为名蓝。（已上二寺俱废。）　崇福院在义丰都。　西峰院在西峰都。　灵岩院在娄杉都。　龙归院在靖安都。　弥勒院在宁安都。(上五院俱县西。)　护国院在县西北石湖都。(已上六院洪武间并入正识寺。)　报国院　兴国院(上二院在县东石溪都。)　灵通院在长寿都。　长兴院在水南都。(上二院俱县南。)　狮峰院在县东南石豆都。　香城院　灵峰院(上二院在大干都。)　归宗院在寿荣都。　善山院在桂溪都。　报恩院在富屯都。　观音院在白水都。(上六院在县西北。已上凡十一院洪武间并入资圣寺。)　义恩院在吉丹都。　天王院在石湖都。(上二院俱县北。)　禅定院在莒口都。　宝兴院　塔院(上二院在兴贤都。)　西峰院在仁寿都。　岩山院在桂溪都。(上五院在县西北。已上凡七院洪武间并入西来寺。)　圆通院　紫峰院(上二院在娄杉都。)　宝峰院　归安院(上二院在宁安都。)　金峰院　静安院　宁安院(上三院在静安都。)　灵山院在富屯都。五代时一僧从王审知入闽,久之,欲云游岭表,道顺昌,遥望云山幽峻,乃叹曰:“此可为终焉之计,何必远求耶?”遂结茅于此,躬耕以自给,不与物接,故人终不知其名氏。　福安院　广福院(上二院在广福都。)　龙湖院在石湖都。　资寿院　招福院(上二院在长寿都。已上十三院俱县西。)　宝福院　证常院(上二院在县南水南都。)　西峰院　洞源院　资国院　安源院　胜禅院　西平院　北平院　建兴院(上八院在仙源都。)　报慈院　罗山院　福胜院(上三院在松溪都。已上凡一十一院俱县北。)　浮竹院　延庆院(上二院在石溪都。)　宝岩院　再升院内有山月堂,堂侧泓泉如鉴,岁旱不竭。(上二院在寿荣都。)　修城院在富屯都。　兴福院一名“龙兴”。　胜龙院　普济院(上三院在崧溪都。)　回龙院在莒口都。　天乐院在昏田都。　资福院在石湖都。　净戒院　仰山院　岚峰院　桐山院　感德院　黄龙院(上六院在杉溪都。)　龚山院　石门院　中峰院(上三院在桂溪都。)　宝胜院在仁寿都。(已上二十一院俱县西北。通上凡四十七院俱废。)　天湖庵在长寿都。洪武间并入正识寺。　宝月庵在县治西北。　圆明院在县西宁安都。　保福庵在莒口都。　福庆庵　超然庵(上二庵在富屯都。已上五庵洪武间俱并入资胜寺。)　圆通庵　普度庵(上二庵在县西西峰都。)　泗洲庵　龙头庵　龙潭庵(上三庵在水南都。)　龙湖庵在石豆都。　饶公庵在宁安都。　湖山庵在长寿都。(上六庵俱县南。)　谢公庵在县北仙源都。

圆山庵在县西南广福都。(通上凡一十一庵俱废。)　观音堂在县西娄杉都。　泗洲堂在义丰都。　普照堂在靖安都。(上二堂俱县西南。通上三堂俱废。)　东岳宫在县治北。永乐间火,寻复建。　玉隆道院在县治西。　玄明道院在县西北崧溪都。(已上二院洪武间并入东岳宫。)　重玄道院在县治之东。　紫微道院在县西北仁寿都。(已上二院俱废。)　朝真堂在县南石豆都。亦废。

永安县

高飞寺在县治北。唐中和二年建,国朝正统间重建。　进福寺在县东二十四都。五代唐天成二年建。　禅林寺在三十都。宋大中祥符六年建。　宝应寺在二十九都。宋景祐四年建。(上二寺俱县西。)　资福寺在县南二十七都。五代晋天福二年建。　善集寺唐会昌元年建,国朝正统三年重建。　同化寺唐中和四年建,国朝宣德元年重建。(上二寺在二十五都。)

栟榈寺在县北二十七都。五代晋天福五年建,国朝宣德五年重建。　宝林寺在二十九都。元延祐元年建，国朝景泰二年重建。　招化寺在三十都。唐会昌元年建。（上二寺在县西南。）　上灵峰寺在县东北二十二、四都。唐天祐二年建。　小进福院在二十四都。　延寿院在四十都。宋建隆元年建。　观音院在四十一都。　福岩院在四十二都。（上二院俱五代周广顺三年建。　报恩院五代晋天福元年建。　福寿院宋建隆三年建。（上二院在四十三都。已上六院俱县东。）　小祐院　新丰院唐龙纪元年建，国朝宣德八年重建。　上安仁院唐景福二年建。（上三院在三十二都。）　永庆院　天盖院　感恩院（上三院在三十都。）　大进福院　上景福院唐贞元二年建。（上二院在二十八都。）　永安院　上保福院　恩福院唐大顺间建。　西明院　小天王院　新兴院　东莱院　报慈院（上八院在三十一都。已上一十六院俱县西。）　永隆院　上平院五代梁开平二年建。　淳化院界永安、清流二县间。　翠云院宋陈世卿、陈若谷尝肄业于此。国朝宣德四年重建。（上四院在县北二十五都。）　保宁院　五峰院（上二院在二十九都。）　感应院　德兴院（上二院在三十都。已上四院俱县西南。）　东山庵宋绍兴元年建，国朝宣德八年重建。　弥陀庵（上二庵在县治东。）　秀峰庵在二十六都。　通仙岩庵在四十都。宋天圣六年建。　天保岩庵（上二庵在四十都。）　通天岩庵在四十一都。宋嘉泰三年建。（上六庵俱县东。）　象湖庵在县治西五里。　善福庵在三十二都。元至顺二年建。招福庵在三十一都。宋德祐元年建。（上二庵俱县西。）　白云庵在县南二十七都。元延祐元年建，国朝宣德四年重建。　永兴庵在二十五都。宋咸淳元年建，国朝景泰三年重建。　惠照庵在二十六都。宋咸淳元年建，国朝景泰三年重建。　东华山

庵　西华庵（上二庵在二十五都。）　观音庵在二十七都。（已上五庵俱县北。）　斗山庵在县东南二十七都。宣德、景泰间俱重建。　新岭庵在县东北二十五都。正统十三年毁于寇。　石笋岩庵在二十八都。宋咸淳元年建，国朝正统元年重建。　甘乳岩庵在二十九都。宋咸淳元年建，国朝正统八年重建。　龙安庵在二十都。宋绍熙元年建。　天台山庵在二十九都。（上四庵俱县西南。）　观音堂在县治西。元至顺间建。　龙兴堂在县治北。元中统三年建。　龙龟堂在二十七都。元至顺三年建。　瑞峰堂在四十一都。宋嘉定三年建。（上二堂俱县东。）　驻云堂在县西三十二都。元延祐四年建。　积庆堂元中统元年建。　南华堂　高明堂（上三堂在二十五都。）　东岳行宫在县治东百步许。　东岳宫　天妃宫（上二宫在二十六都。）　临水宫在二十五都。（已上三宫俱县治北。）　西山道院在县治西二里。

邵武府

邵武县

宝严寺在府城北宁德坊。五代唐天成二年建。初名“兴会”，后改“再兴”，宋天圣间赐今额。　永隆寺在府城东隅宁泰坊。宋太平兴国二年建。　五峰寺在府城南通衢坊。宋熙宁二年建。　西塔寺在金鳌山。唐名“寿圣”，元大德间建塔，改今名。沈日祯诗：“千里云山分远近，万家烟树拥高低。”　荐福寺五代唐天成二年建。　大觉寺宋绍兴间建。（上二寺在熙春山之麓。）　回向寺（上四寺俱府城西。）　仁寿寺宋端平中建。

西庵寺五代梁贞明二年建。宋黄希旦诗：“胜利幽深枕县西，我来正值孟冬时。虽无惠远门堪扣，幸有渊明驾可随。世态阶前朝槿色，岁寒云外老松枝。伊予本是林泉客，到此宁惭漫赋诗。”（上二寺俱府城南。） **唐兴寺**唐乾符中建。上官祐诗：“窗含远涧千峰碧，门掩苍苔一径深。” **北岩寺**宋宣和二年建。（上二寺俱府城北。） **松偃寺**唐会昌二年建。 **安国寺**宋景德二年建。（上二寺在一都。） **崇亲寺**唐开元十五年建。 **菩提寺**五代唐天成间建。 **宝隆寺**宋淳化元年建。（上三寺在三都。）

东林寺唐泰和二年建。 **保福寺**宋端平二年建。失名氏诗：“芳草山山绿，新泉涧涧通。道人指幽处，花影鸟声中。”（上三寺在四都。） **香岩寺**宋太平兴国四年建。 **北山寺**宋绍兴中建。又四十六都亦有北山寺。 **普觉寺**在鸡鸣峰。永乐三年建。（上三寺在五都。） **广福寺**在六都。又十四都亦有广福寺。 **禅兴寺**在东洋埂墟。宋绍兴二年建。 **隆安寺**宋绍兴五年建。 **报恩寺**（上二寺在七都。）又四十八都亦有报恩寺。

资福寺在八都。唐天宝五年建。 **宝胜寺**五代唐天成二年建。 **鹫峰寺**元大德二年建。（上二寺在九都。） **隆兴寺**在十都。又二十七都、四十七都皆有隆兴寺。 **宝福寺**唐天宝四年建。 **福兴寺**唐泰和二年建。（上二寺在十一都。） **新兴寺**唐永徽元年建。 **新丰寺**唐天祐元年建。 **弥勒寺**五代唐长兴二年建。（上三寺在十二都。） **临江寺**在十三都。五代唐长兴二年建。 **庆云寺**在十四都。唐天祐元年建。 **铭觉寺**唐会昌五年建。 **高阳寺**宋绍兴中建。（上二寺在十五都。）
感德寺唐永徽二年建。 **南源寺**宋太平兴国二年建。（上二寺在十六都。） **重兴寺**唐永徽二年建。 **安福寺**宋绍兴中建。（上二寺在十七都。） **灵龟寺**在十八都。唐天宝五年建。

双峰寺在二十二都。唐天宝四年建。 **寿隆寺**在二十五都。宋咸淳二年建。　**禅居寺**　**灵峰寺**(上二寺唐大中间建。)　**宁国寺**五代梁乾化元年建。　**崇兴寺**宋熙宁中建。(上四寺在二十七都。)　**贞如寺**　**灵山寺**(上二寺在二十九都,俱宋咸淳中建。)又四十五都亦有灵山寺。　**广德寺**在礦石。五代晋天福元年建。(已上凡四十一寺俱府城东。)　**禅林寺**在四十五都。元大德十一年建。　**龙招寺**在四十六都。宋祥符元年建。　**船坑寺**宋熙宁元年建。　**福禅寺**(上二寺在四十九都。)　**兴禅寺**在五十都。(上二寺俱宋咸淳元年建。)

崇德寺在五十二都。元至正二十一年建。　**禅证寺**五代唐天成二年建。　**积善寺**宋治平中建。(上二寺在五十三都。已上八寺俱府城西。)　**西峰寺**唐开元二年建。　**因果寺**宋靖康元年建。(上二寺在二十九都。)　**香林寺**宋乾德元年建。　**三华寺**宋绍兴二年建。　**药师寺**宋咸淳中建。(上三寺在三十都。)　**灵岩寺**在三十一都。　**建峰寺**(上二寺俱唐开元中建。)　**宝林寺**唐会昌二年建。　**胜光寺**唐咸通间建。(上三寺在三十二都。)　**保寿寺**在三十三都。宋绍兴中建。　**南阳寺**宋天禧中建。　**太和寺**元至正中建。(上二寺在三十五都。)

西隐寺在三十六都。宋绍兴中建。　**上生寺**唐开元二年建。　**超化寺**宋乾德元年建。(上二寺在四十八都。)　**惠林寺**在白渚段。唐开元元年建。　**香社寺**在灵台坳。唐会昌中建。　**隆福寺**在尚书坊。元至正二十四年建。(已上一十八寺俱府城南。)　**乌石寺**在一都。元大德中建。　**华岩寺**在五十三都。宋绍兴中建。(上二寺俱府城北。)　**净居寺**洪武五年建。　**西岩寺**元大德五年建。(上二寺在四十五都。)又五十三都亦有西岩寺。　**南禅寺**在四十八都。五代梁开平中建。

悟空寺在南禅寺左。宋治平二年建。(上四寺俱府城西南。)

大隐庵在府城西。元至正中建。 **福山庵**唐会昌中建。上官祐诗:“池分小涧澄寒碧,树引垂萝补夕阴。” **寿山庵**宋嘉熙四年建。(上二庵俱府城南。) **福庆庵**元大德中建。 **普应庵**元至正二十一年建。 **感泉庵**在三都。宋绍定中建。 **顶济庵**在五都。洪武五年建。 **连山庵**宋端平二年建。 **因地庵**元至顺中建。(上二庵在六都。) **金盘庵**在七都。 **龙山庵**五代唐天成中建。 **玉台庵**元大德中建。(上二庵在九都。) **云台庵**在十都。五代唐长兴元年建。 **福果庵** **碧潭庵**(上二庵在十一都。) **太平庵** **紫云庵** **北杭庵** **善应庵**(上四庵在十一都。) **雾峰庵**在十二都。 **妙岩庵** **扁岭庵**(上二庵在十五都。已上九庵俱元至正中建。) **槎峰庵**元大德中建。 **壶山庵**元至正二十一年建。周文通诗:“壶山崒嵂青摩空,森森玉笋金芙蓉。五云楼阁出天半,绮窗绣户悬朝虹。我来正值岩花发,一径红霞生木末。振衣长啸碧云端,声逐天风散林樾。平生放旷襟怀清,胸蟠五岳无纤尘。题诗屋壁惊霹雳,字字飞作秋空云。”(上二庵在十七都。) **显相庵**在十八都。 **报德庵**在十九都。宋嘉定九年建。 **天池庵**在二十一都。宋至道二年建。 **均山庵**元大德中建。 **佥岭庵**永乐中建。(上二庵在二十二都。) **回龙庵**在二十四都。元至正二十一年建。 **禅云庵**宋宝祐中建。 **青龙庵** **何公庵**旧名“武塘”。(上二庵俱宋咸淳中建,国朝景泰二年重建。上三庵在三十九都。已上凡三十庵俱府城东。) **慈云庵**元至正中建。 **眉寿庵**永乐间建。 **百寿庵**(上三庵在四十六都。) **景慈庵** **瑞应庵**(上二庵在四十七都,俱元至正间建。) **罗岩庵**在五十一都。元至大中建。 **铭山庵**宋景定元年建。 **罗公庵**(上二庵在五十三都。已上八庵俱府城西。) **万灵庵**在二十都。旧名“道人庄”。　华盖庵在二十九都。元至顺间建。　天平庵在三十一都。元至正中建。　普门庵元大德中建。　万寿庵元时建。　普济庵　南山庵(上四庵在四十八都。已上七庵俱府城南。)　银堂庵在五十一都。宋绍兴中建。　莲花庵宋皇祐二年建。　万峰庵宋嘉定三年建。　西来庵　圆照庵(上四庵在五十三都。已上五庵俱府城北。)　福田庵在府城东南二十九都。　玄妙观在府治东南。隋开皇中建,名“白鸪”,唐贞观元年改名“龙兴”,五代梁贞明间改名“九龙”,宋改名“天庆”,元元贞元年改今名。　迎真观在府城南。元大德六年建。　白鹿观在四都。唐乾宁中建。　紫霄观在十五都。元泰定元年建。　槎湖观在二十二都。洪武元年建。(上三观俱府城东。)

玉隆观在府城南三十七都。旧名“天符”,元大德中建。　太清道院堂在南隅。宋政和中建。旧名“白莲堂”。　丹台道院在府城南。　三泉道院在一都。旧为“三皇元君道场”,后改今名。　幞头道院在二都。　真应道院在五都。旧在会仙山,正统间徙建今所。　金山道院在六都。元中统初建。(上四道院俱府城东。)　紫阳道院在五十一都。洪武中建。　崇玄道院在五十三都。元至元中建。(上二道院俱府城西。)　巾山道院在府城北五十三都。旧名“玉隆行宫”,后改为道院。　旱山道院在一都。元至元初建。　苍山道院在五十三都。洪武四年建。(上二道院俱府城东北。)　玉虚道院在四十四都。宋端平中建。　潭山道院旧在凤凰山,名“贞应”,洪武中徙建于此,改今名。　寿星道院旧为旌阳祠,洪武初改今名。(上二道院在四十六都。)　中峰道院在四十七都。元至正中建。(上四道院俱府城西南。)

泰宁县

普劝寺唐天祐二年建。 **保安寺**宋天圣中建。(上二寺在县西隅。)又县东信义保、县南仁寿保皆有保安寺,俱宋时建。 **天王寺**在县北隅。唐会昌中建。 **感化寺**唐永隆中建。 **宝盖寺**五代唐同光中建为庵,宋绍兴中改为寺。黄履诗:“曲径山隈入,重扉木杪平。岩垂半空盖,泉滴四时声。”(上二寺在朱口保。) **国兴寺**在交溪保。 **大洋寺**在龙湖西保。(上二寺俱唐乾宁四年建。) **祇园寺**五代梁贞明中建。 **兴云寺**元延祐七年建。(上二寺在交溪保。) **报恩寺**在龙湖西保。元皇庆元年建。 **新兴寺**宋建炎元年建。 **青峰寺**宋乾道四年建。(上二寺在龙湖东保。) **安福寺**在将溪下保。元大德三年建。又县西永兴下保亦有安福寺,五代唐同光三年建。 **圣恩寺**在福山保。五代梁贞明三年建。(上十一寺俱县东。) **瑞云寺**在梅口保。五代梁贞明中建。 **丰岩寺**唐天祐二年建。 **丹霞寺**宋政和七年建。(上二寺在瑞溪保。) **资福寺**在善溪下保。五代梁贞明元年建。 **临江寺**唐永泰元年建。 **醴泉寺**宋咸淳元年建。(上二寺在南会保。) **感福寺**五代梁乾化二年建。 **进福寺**元中统三年建。(上二寺在大田东保。) **万德寺**在城步保。五代梁开平中建。(已上九寺俱县西。) **龙兴寺**元皇庆二年建。 **龙德寺**元至顺元年建。(上二寺在开善下保。) **南禅寺**唐天祐二年建。 **宸光寺**五代梁贞明三年建。 **罗汉寺**五代晋开运三年建。(上三寺在水南保。) **重兴寺** **灵龟寺** **皈仁寺**(上三寺在永兴上保,俱唐嗣圣间建。) **西隐寺**宋绍定四年建。 **崇光寺**元至正二年建。(上二寺在开善上保。已上十寺俱县南。) **龙池寺**在崇化下保。五代梁贞明四年建。 普光寺在长兴保。五代梁贞明三年建。 灵钟寺五代唐同光三年建。 唐兴寺元大德三年建。(上二寺在福兴下保。) 安仁寺在安仁保。宋咸淳七年建。(已上五寺俱县北。)

宝兴寺在依口保。宋治平元年建。 龙安寺在龙安保。宋大观二年建。(上二寺俱县西南。) 善圆寺唐开元元年建。 护民寺宋乾道元年建。(上二寺在县东北上高保。) 宝山庵元至元中建。 圆照庵元大德中建。(上二庵俱县东。) 炉峰庵元至元中建。 集庆庵 宝云庵(上二庵在县西。) 集福庵(已上三庵俱元至正中建。) 小田庵宋淳祐中建。(上二庵在县南。已上七庵俱在在城保。) 天堂庵 东山庵(上二庵在朱口保,元延祐间建。) 应贞庵宋景定中建。 凤林庵元至正中建。(上二庵在交溪保。) 瑞云庵在将溪上保。宋咸淳七年建。又县南永兴上保亦有瑞云庵,元至元中建。 九龙庵元至正五年建。 圆应庵洪武元年建。(上二庵在福山保。) 蓝若庵在梅口保。 四圣庵在善溪下保。(上二庵俱元至正中建。) 太平庵在依口保。元皇庆二年建。 圆通庵元至正十五年建。 三应庵元至顺二年建。 隆山庵元至顺三年建。(上三庵在南会保。已上十八庵俱县西。) 均庆庵 龙凤庵 中华庵 北山庵 清隐庵 添福庵(上六庵在开善下保,俱元至正间建。) 圆觉庵宋景和二年建。 檀香庵元至大三年建。 应山庵元天历元年建。 集云庵 普明庵 福缘庵 白云庵 善应庵 蟠龙庵 普慈庵洪武元年建。(上十庵在水南保。) 西竺庵元元统中建。 新溪庵元至大三年建。 保山庵元至元中建。(上三庵在永兴上保。) 惠济庵宋嘉定二年建。 松山庵元大德八年建。 永福庵 崇福庵(上二庵俱元延祐中建。) 均庵元至治三年建。 清

凉庵在开善上保。元延祐二年建。(已上二十五庵俱县南。) **庆云庵**在安仁保。五代唐同光中建。 **古灵庵**在长兴保。宋咸淳八年建。 **圣者庵**元至元中建。 **龙兴庵**元延祐二年建。(上二庵在福兴下保。已上四庵俱县北。) **龙山观**在县治西隅。宋政和七年建。 **玉坡道院**在县西南会保。宋建炎二年建。

建宁县

龙兴寺在凤池坊。五代梁龙德元年建。 **极乐寺**在凤山之麓。五代晋开运三年建。(上二寺俱县治西。) **佛顶寺** **广福寺**(上二寺俱五代梁开平二年建。) **长吉寺**在长吉坊。五代晋天福五年建。(上三寺俱县治南。) **莲花寺**唐嗣圣三年建。 **地藏寺**五代梁乾化三年建。(上二寺俱县治北。已上七寺俱在在城保。) **报恩寺**宋元祐中建。 **永和寺**五代梁乾化二年建。(上二寺在开山保。) **崇正寺** **药师寺**(上二寺在黄舟保。) **寿圣寺**在楚下保。(上三寺俱五代梁开平二年建。) **中峰寺**在武调保。五代梁乾化二年建。 **唐兴寺**唐中和间建。 **连江寺**宋建隆间建。(上二寺在赤上保。) **圣恩寺**在洛阳保。五代唐天成二年建。 **饶山寺**五代晋开运元年建。 **安福寺**(上二寺在赤下保。) **招贤寺**五代梁乾化二年建。 **恩福寺**五代唐天成二年建。(上二寺在永成保。已上十三寺俱县东。) **香林寺**在富田保。五代唐长兴元年建。 **五龙寺**五代唐同光二年建。 **崇圣寺**同光三年建。(上二寺在客坊保。) **新丰寺**在里原保。唐咸通三年建。又桂阳保亦有新丰寺,五代唐长兴间建。 **临池寺**五代汉乾祐元年建。 **龙山寺**五代梁贞明间建。(上二寺在里心保。)又县北黄溪保亦有龙山寺,五代周显德间建。　临江寺在银坑保。五代梁开平二年建。　吉祥寺在蓝田保。唐天复二年建。　禅山寺五代唐天成四年建。　太平寺宋乾德二年建。(上二寺在上黎保。)　禅福寺五代唐天成二年建。　福堂寺宋天圣二年建。　西隐寺唐中和间建。(上三寺在静安保。)又富田保、桂阳保、上查保皆有西隐寺，俱五代时建[8]。(已上一十三寺俱县西。)　报国寺五代梁龙德二年建。　缘心寺五代唐天成三年建。(上二寺在将屯保。)　顺化寺唐中和四年建。　龙平寺宋开宝二年建。(上二寺在饶村保。)　昭福寺在安吉保。宋咸平二年建。　龙头寺　龙归寺五代唐天成二年建。(上二寺在龙下保。已上七寺俱县南。)　兴仁寺在周平保。五代梁开平元年建。　东林寺开平二年建。　报安寺五代晋开运二年建。　资福寺五代晋天福八年建。(上三寺在蓝田保。)　永居寺在安仁保。宋太平兴国三年建。(已上五寺俱县北。)　东山庵宋绍兴中建。　济川庵宋淳祐中建。(上二庵俱县东。)　新庵在县治西。宋淳祐中建。　西际庵在县治南。元大德中建。　青云庵在县治北。宋绍兴中建。(上五庵俱在在城保。)　廖源庵在洛阳保。五代唐同光中建。　圣福庵在黄舟保。元至正间建。(上二庵俱县东。)　重庆庵五代梁开平中建。　崇庆庵　翠峰庵宋开禧中建。(上三庵在里心保。)　新丰庵在排前保。宋端平中建。　妙峰庵在安吉保。元至正间建。(上五庵俱县西。)　迎厘观在县治西。宋政和中建。　玄元观宋宣和中建。旧名“崇贞”。　溪东道院元顺德中建。(上观并院二所在县治北。已上观并院凡三所俱在在城保。)

光泽县

华严寺在县南。五代唐天成二年建。　龙兴寺宋崇宁中建。　普济寺　宝福寺(上三寺在一都。)又十四都亦有宝福寺,俱宋嘉定四年建。　北坑寺唐大通中建。　双峰寺五代晋天福四年建。　再兴寺宋乾道三年建。(上三寺在二都。)又四都亦有再兴寺,宋淳化四年建。　回龙寺在三都。晋永和中建。　龙安寺在四都。宋咸淳中建。　新兴寺在五都。又十一都、二十四都皆有新兴寺,俱五代时建。　净居寺在六都。宋咸淳二年建。　安民寺　象山寺(上二寺俱宋淳熙中建。)　报先寺宋宝庆元年建。(上三寺在八都。)　云溪寺唐咸通中建。　永成寺宋咸平二年建。(上二寺在九都。)　惠海寺唐咸通中建。　南山寺宋天圣五年建。　白鹿寺宋淳祐中建。(上三寺在十都。)　贞应寺在十一都。宋天禧中建。　西名寺在十二都。唐咸通中建。　上林寺五代唐天成中建。　杨源寺五代唐长兴中建。(上二寺在十三都。)　资福寺在十四都。元至正十八年建。　东林寺在十五都。五代晋天福中建。　崇安寺唐会昌中建。寺有八咏:曰圣泉、曰飞瀑、曰蛟穴、曰龙潭、曰七楮、曰八松、曰万竹、曰双柳。失名氏飞瀑诗:"千丈垂流落远峰,紫烟照日见长虹。银河直向天边下,应与庐山绝顶同。"万竹诗:"丛篁密荫互萦回,野翠冥濛隐殿台。夜半启窗看月色,只疑疏雨隔山来。"　太平寺五代唐长兴中建。　长山寺宋咸淳二年建。(上三寺在十六都。)　观音寺宋淳化中建。　楮林寺宋绍兴二十一年建。　邃岩寺五代唐长兴元年建。(上三寺在十七都。已上三十寺俱县西。)　乌源寺在县南十五都。宋天禧二年建。　仙花寺在一都。宋咸淳二年建。　均山寺在十八都。唐大中间建。　洪业寺唐天宝中建。　崇化寺　圣迹寺(上二寺俱唐咸通间建。)(已上三寺在十九都。)石痕寺　梅溪寺(上二寺俱唐会昌中建。)　清塘寺宋淳祐二年建。　兴福寺宋咸淳中建。(上四寺在二十二都。)　兴禅寺在二十三都。元至正二年建。　香林寺在二十四都。宋熙宁元年建。　兴宁寺宋天禧中建。　临江寺宋淳熙元年建。(上二寺在二十八都。)　临岗寺在三十都。五代唐天成二年建。(已上十四寺俱县北。)　宝莲庵在山川坛下。宋咸淳七年建。　西桥庵在徐公桥。宋嘉定五年建。(上二庵俱县西。)仙花庵在仙花里。宋咸淳中建。　遇龙庵在二都。元延祐三年建。　聚云庵元大德元年建。　白云庵元至正十六年建。(上二庵在三都。)　居洋庵在十一都。元大德十八年建。　福庆庵在十五都。元至正十五年建。　莲塘庵元延祐四年建。　回龙庵元至正中建。(上二庵在十六都。)　天堂庵在十七都。唐乾宁中建。(已上九庵俱县西。)　南山庵在县南五都。宋咸淳二年建。　解院庵在县北十八都。宋景祐中建。　龙兴观距县一里许。　东山观在十一都。(上二观在县西，俱宋建隆元年建。)　均山观在十八都。宋元祐元年建。　明贞观在二十四都。元皇庆元年建。　玉清观在二十八都。元延祐中建。(上三观在县北。)　玉楼观在县西北二十七都。宋咸淳六年建。　崇玄道院在隆兴观右。宋景祐中建。　天湖道院在县东十八都。宋天禧中建。　西清道院在十一都。元至正元年建。　长春道院在十三都。宋政和元年建。(上二道院俱县西。)　延康道院在二十都。元皇庆二年建。　崇仙道院在二十六都。宋天禧元年建。　福宁道院在二十九都。唐大和中建。(上三道院俱县北。)

校　注

［1］乾隆《福建通志·古迹》作“凝真观”。

［2］曾曰瑛《汀州府志·古迹》作“大玄真观”。

［3］曾曰瑛《汀州府志·古迹》作“崇真堂”。

［4］曾曰瑛《汀州府志·古迹》作“玄真观”。

［5］按乾隆《福建通志·古迹》和曾曰瑛《汀州府志·古迹》均只有“圣果寺”，无“禅果寺”。通志作在县南，与此合；府志作在县东，与此异，书以存疑。

［6］乾隆《福建通志·古迹》作“崇真观”。

［7］乾隆《福建通志·古迹》作“登真观”。

［8］光绪《邵武府志·古迹》载：“西隐寺，宋绍兴间建”，在何处不详。此言寺有四处，录以备考。

八闽通志卷之七十九

寺　观

兴化府

莆田县

万安永福禅寺在府治东，旧二院相邻。一曰“永福”，内有浮屠三级，号塔院，宋太平兴国初置郡时建，五年赐额，政和中增建浮屠为五级。一曰“万安水陆院”，旧为敬善院，唐开元中建，宋天圣五年赐额“万安”，政和中改神霄宫，建炎初仍旧，内有欧阳詹祠堂。元至正十四年二院俱火，僧霞谷请合建为一寺。十五年赐今额。国朝洪武三十一年修建。　**报恩光孝寺**在府治北梅峰。俗呼“讲寺”。崇宁三年建，赐额。宋崇宁、政和元年改“天宁万寿禅寺”，绍兴七年改“报恩广孝寺”，十三年改今名。内有卧云轩，徐师仁为记。国朝永乐六年重修，黄寿生为记。　**东岩寺**在府治东北乌石山。宋淳化元年建。有石浮屠三级。元皇庆二年修，吴涛为记。国朝洪武二十年重修，林环为记。旧为院，今改为寺。

云门国清寺在府治东北。元至元十二年建，大德九年修，林以顺为记。　**华岩寺**[1]在府城西北旧玉涧寺北岩也。黄滔诗：“江翻岛屿沉，木落楼台露。”唐大中六年刺史薛凝匾曰“华岩院”，十一年升为寺，宋元丰元年赐今额。旧有浮屠七级，又有妙峰堂、壁立轩、环秀亭、放生池。元至正二十六年火，寻复建。　**妙应**

寺在府城西。旧为“西岩石室”，唐僧涅槃[2]栖隐于此。宋绍圣中郡人构庵奉之。崇宁五年赐寺额。元时火，寻复建。国朝洪武、永乐间重建，黄寿生为记。柯举诗：“人在云间行路去，磬从天上送声来。”国朝林文诗：“山色有无云聚散，钟声远近寺东西。”方熙诗：“鸟道萦回石径斜，翠微深处梵王家。半岩楼阁诸天近，万井人烟一望赊。”按莆阳新志又有“石室岩精舍”，元至正三年建，国朝洪武十二年修。疑即此寺而重出也。　**石梯寺**在府城南灵川里。唐乾符四年建，乾宁三年赐额“石梯建福禅院”，今改为寺。　**石泉寺**在南力里。旧名“石泉院”。宋乾道间陈俊卿请为功德院，赐“宝忠纪孝”额。今改为寺。　**重兴寺**在黄石。宋乾德四年建。元至正十年火，寻复建，国朝正统九年重修。邑人黄谦诗：“生平爱奇胜，蹑磴访重兴。醉后凭栏望，芦峰雨外青。”

保瑞灵光寺唐天宝二年建，元皇庆元年修，国朝洪武间增建，林环为记。初为院，后改为寺。（上二寺在景德里。）　**新丰寺**在兴福里。五代唐天成二年建，宋天圣九年修。元皇统元年重建，柯济老为记。旧为院，国初改为寺。　**福波寺**在醴泉里。宋绍兴间建，国朝洪武二十四年重建，林环为记。（上五寺俱府城东南。）　**灵岩广化寺**在凤凰山下。梁陈间邑儒郑露家焉，俄有神人鹤发麻衣，夕见于堂，请易为佛刹，露拜而诺之。永定二年为金仙院。隋开皇九年升为寺。唐景云二年赐额“灵岩”，柳公权书匾。黄滔有《灵岩寺碑》。宋太平兴国改赐今额。内有放生池、万佛阁、溪声亭。寺别为院者十，为庵者百有二十，而法海弗隶焉。唐处士周朴诗云：“白日才离沧海底，清光先照户窗前。”又云：“连云天堑有山色，极目海门无雁行。”国朝林圭诗：“钟声远近疏烟里，殿影参差乱木中。且酌清樽消白日，免教黄菊笑西风。”柯钦诗：“胜日寻芳出郡南，凤凰山下驻吟骖。烟霞出没东西塔，松柏高低百二庵。”杨慈诗：“一双塔影东西见，百八钟声远近闻。”方熙诗：“野日收残千嶂雨，岩泉界破半山云。”林文诗：“松梢翻露归巢鹤，洞口随风出岫云。”　**法海寺**在广化寺西庑。陈太建十四年建，五代末留从效重建，宋天禧四年赐“法海院”额。前有御书阁，藏咸平、祥符、天圣、皇祐间所赐御书。元至正十四年寺厄于回禄，僧方岩修文。寻复圮，国朝改为寺，洪武、永乐间僧希闻、雪舟、云涯相继修葺。正统四年寺僧慧聪增建一新，柯潜为记。

龟山福清禅寺在文赋里。唐长庆二年始建庵，号“龟洋山”。咸通十三年建院，五代梁贞明中王审知改“龟山福清”额。中有六眸龟池、莼菜池、沈禅塔（唐薛承裕撰铭）、陈禅塔（唐黄滔撰碑）。国朝改为寺，景泰五年火，天顺二年重建。（上三寺俱府城西南。）

囊山慈寿寺唐中和元年僧涅槃栖隐于此。乾符三年诛茅为庵，四年更为延福院，光启二年王审知奏改“慈寿院”。法堂柱刻诗云：“山有重囊势，门开两迳斜。溪声寒走涧，海色月流沙。庵外曾游虎，堂中旧雨花。不知遗谶地，一一落谁家?”法堂之西有塔曰惠薰，即涅槃葬处也。寺屡经回禄，国朝洪武、永乐、宣德、正统间俱尝修建。内有十六奇，曰施蚊台、放目亭、蘸绿亭、瑞星堂、海月堂、倭蛭池、放光室。余见山川志。又有虎溪亭、苍霞亭、云涛轩、栖真轩、石屏轩、陈洪进、蔡襄祠堂。石屏上刻蔡襄所书陈伯孙诗：“六合万籁息，秋林月正辉。琴中弹不尽，石上坐忘归。”大字径尺许。又蔡襄自题云：“二十年前登第初，青衫羸马谒禅居。鬓毛白尽犹奔走，惭愧高人得自如。”国朝周莹游囊山寺诗云：“万壑秋声飞翠瀑，一亭爽气挹苍霞。”　**上生寺**唐大顺元年建。内有黄璞祠堂。元大德二年修。旧名“上生院”，今为寺。（上二寺在延寿里。）　**永明寺**在望江里。元初建，林以顺为记。（上三寺俱府城东北。）　**宝胜寺**在府城南胡公里。陈时为庵，曰“宝台”，唐咸通中更为“宝胜院”，国朝洪武中改为寺。　**妙寂寺**在府城西北常泰里。亦名“塔院”。五代晋开运元年建。宋林大鼐诗：“四围紫翠峰峦合，一片丹青楼阁开。”后改为寺。（上二寺今废。已上二十寺除法海寺外俱国朝洪武间并为丛林。） **大云寺**元至正元年建。 **石林寺**元至正七年建。 **宝华寺**宋状元吴叔告墓庵，后改今名。（上三寺在合浦里。） **万寿寺**在新安里。元泰定二年建。（上四寺俱府城东南。） **五云寺**在府城南文赋里。五代周广顺三年建。唐处士朱邺旧居也，有白莲池。失名氏诗云："五云已作黄金地，一水空余白玉花。" **灵源寺**在府城东北广业里。旧为院。元延祐四年重修，黄方子为记。国朝洪武二十四年改名"灵源寺"，并为丛林。（上二寺俱废。）

观音院在奉谷里。宋乾兴元年建，国朝洪武三年修。 **地藏院**在武盛里。宋治平元年建，国朝永乐二年建。（上二院府城东。） **资圣院**在谷清里。宋咸平二年建。又府城东北广业里亦有资圣院。 **嵩山护国院**在醴泉里。宋大观元年建，三年赐额。 **报恩香积院**宋景德六年建。寺东数里为竹啸山。 **上宝峰院**宋皇祐六年建，国朝洪武八年修。（上二寺在兴福里。） **兴福院**在合浦里。宋皇祐六年建，后毁，国朝永乐十三年修。 **瞻圣院**在新安里。宋大观四年建，后赐今额。国朝柯潜诗："云淡午风轻，寻幽入化城。径苔随意绿，檐竹可人情。萍破见天影，江喧疑雨声。胜游须有纪，扫壁醉题名。"（上六院俱府城东南。） **东塔院**在广化寺山门内之左。宋时建，有石浮屠五级。 **西塔院**在广化寺山门内之右，亦宋时建。有木浮屠三级。国朝成化间浮屠圮，二十年僧藏谷即其址建大雄殿，并新院宇。

月峰院在广化寺之左里许。宋时建，国朝成化二十二年都纲文达重建。 **西重院**在文赋里。唐元和间建，国朝永乐十四年重建。今圮。（上四院俱府城西南。） **景祥院**在常泰里。旧名"琉璃院"，据陈岩之腹，寻迁于此。内有徐夤祠堂。夤尝有诗："耕罢树阴黄犊卧，斋时山下白衣来。"元天历三年重修，训导李原记。　国欢院唐僧涅槃之宅,后施为院,其父母双冢在焉。国朝永乐六年重建,林环为记。　国泰院宋崇宁四年建,国朝永乐十三年重建。(上二寺在延寿里。)　崇圣院在兴教里。唐乾宁元年建,宋元祐中重建,元黄方子为记。　圣寿院在永丰里。唐光启间建,国朝永乐二年重建。(上五院俱府城东北。)　瑞龙院在府城西北。宋太平兴国八年建,国朝洪武二十四年修。(上一十八院俱存。)　石室院有铁浮屠九级。　广恩院梁开平三年建。有流杯亭,为郡人游赏之所。(上二院俱府城西。)　中和院在壶山之南。　太平院在胡公里。(上二寺俱府城南。)　翠峰院　白塔院(上二院在安乐里。)　上宝林院在国清里。宋皇祐元年建。　下宝峰院在兴福里。　皇龙院在新安里。　下宝林院　罗汉院(上七院俱府城东南。)　法界院　满月院　崇先文殊院旧名"大文殊",宋淳熙四年龚茂良请为功德院,赐今额。　西方院　回雁院　荐福院　西台院　云堂院　安养院(上九院在广化寺。)　东重院在文赋里。　西平院　龙凤院(上二院在新兴里。)　西峰院在灵川里。(已上一十三院俱府城西南。)　双峰显祖院唐大顺间建。号"双峰文殊院"。五代梁开平四年圮于水,改建于寺东里许,翁承赞请赐今额。有承赞祠堂。宋张伯常诗:"暖脉匀青地上苔,拂尘题柱记花开。海风一夜吹山雨,却送春寒入寺来。"　灵峰院　梅洋院　应圣院(上四院在待贤里。)　西隐院有林氏九牧祠。堂西有鲁禅岩,即旧西岩也。　乌齐院　佛岭院(上三院在尊贤里。)　保福院在平床岭上。　广福院在旧嘉禾里。　泗洲院　继善院(上二院在兴教里。)　九峰院在延寿里。　五峰院　报慈院五代周显德六年建。(上二院在待宾里。)　蛟池院　恩报院(上二院在望江里。)　天王院旧在青原西里。宋隆兴元年火，遂移建于三圣堂，即今所也。吏部王悦为记。 芗林院唐咸通十年赐额。有郑樵修史堂，又有通游阁、幻住庵、宴寂阁。 棋山院有轩，面仙掌，匾曰“仙掌轩”。 永宁院在望江岩之南麓。 香泉院 瑞峰院 汤泉院 螺峰院 祥云院 碧子院 天竺院 南峰院 大会院 资国院 龙兴院 双林院 贵山院 龟峰院 兜率资福院唐大中初建。（上一十八院在广业里。已上三十五院俱府城东北。） 招福院距府城里许。唐天祐二年建。有黄滔祠堂。 幽化院宋淳熙五年建。龚茂良诗：“岭云西去欲催暮，山雨北来浑似秋。” 长兴院 方广院 苦竹院（上二院俱宋咸平中建。） 新兴院 国安院 义兴院 阳岩院 碧岩院 建隆院 幽峰院 白马资福院 宝塔院 白岩院 报恩院 南峰院 鹫峰院 仁王院 灵隐善化院梁开平中建。（上一十九院在常泰里。已上二十院俱府城西北。） 崇福院又待贤里、广业里俱有崇福院。 资福院 北平院 林泉院 龙藏院 灵鹫院 中峰院宋天圣二年重建。 白云院宋余越诗：“松花簌簌糁苍苔，墙角梧桐取次开。倚遍阑干人未去，一双白鹭破山来。” 荐福院 显庆院 西林院（通上凡九十院俱废。）

龙泉尼院在府城西南维新里。宋绍兴中建，元皇庆元年重修。 龙寿尼院在府城东北孝义里，旧静空僧院也。宋乾德二年改为尼院，元延祐四年改赐今额。（上二尼院俱存。） 永和尼院在郡城西二里许。旧志永和元年建。 空寂尼院在府城北二里许。旧净空僧院，会昌例废。宋乾德二年更建为尼院，改今名。 瑞明尼院在府城东南国清里。 云峰尼院在文赋里。 广福尼院在新兴里。（上二院俱宋乾德七年建。） 观音尼院在灵川里。 瑞峰尼院（上二院俱宋开宝中建。） 郭洋尼院

（上五院俱在府城西南。）　西林尼院在府城东北广业里。　卓林尼院在旧保丰里。宋开宝五年建。　里洋尼院在保丰里。宋政和二年建。　陈墙尼院　嵩溪尼院宋乾德六年建。　中峰尼院　龙兴尼院　方坑尼院　励浦尼院　报劬尼院（已上一十八尼院俱废。）　朝宗庵在芦浦斗门之侧。宋绍兴间建，元毁于兵，国朝洪武九年重建。　渚林庵元至正十年建。　新庵在平海卫西里许。永乐十八年指挥同知王茂重建。（上二庵在武盛里。已上三庵俱府城东。）　新丰庵在莆田里。元至顺二年建，国朝洪武十一年重建。　永丰斗门庵在国清里。宋崇宁二年建，国朝永乐九年重建。　万安庵元至正间里人朱珏施地并建为乡闾祈报之所，国朝成化十九年里人孙秉玉募众重新之。　幻住庵元至正二十三年建，国朝洪武五年重建。（上二庵在连江里。）　妙泉庵在兴福里。元至正三年建。　万松庵在醴泉里芝山。宋吴世泽建。中有吴氏先祠。国朝景泰元年裔孙国耀重修。（上六庵俱府城东南。）　普门庵在广化寺放生池之左。中有唐御史黄滔祠堂。又莆田里小桥之北亦有普门庵，元至顺二年建，国朝洪武十一年修。　南山庵在广化寺西廊之后。　锦亭庵旧黄涅槃施水亭也。元至正三年创庵，国朝洪武七年重修建。（上三庵俱府城西南。）　果满庵在府城拱辰门外。元至正八年建。　圆智庵宋淳熙五年建。有亭以憩行者。　万岁庵元至大七年建，国朝洪武二十四年重修。　泗洲庵宋绍兴二年建。　积翠庵在尊贤里。元至正三年建。（已上凡一十八庵俱存。）　崇恩庵　金粟庵　大悲庵　明因庵　翠岩庵　崇兴庵　迎福庵　古山庵　光岩庵　东殿庵　深沙庵　内泗洲庵　普贤庵　三圣庵　天王庵　紫阁庵　罗汉庵　天台灵鹫庵宋蔡襄诗："幽人去未还，门户和云闭。

卓卓树阴圆，深冬泉响细。寒生群鸟鸣，晴彻孤鹤唳[3]。寂寞傍山归，写望沧溟际。”有屏山堂，绍兴三年郡守吴伟明建堂之后，层林迭障，隐然如屏，故名。曾开记云：“莆田登览之胜，萃于南山，而此堂又兼得莆田南山之胜也。”堂久废，绍熙二年太宁赵彦励重建。前有弄月池，龙学徐林疏泉名之，书刻于石。 上慈氏庵 东峰庵旧为黄滔书堂。记云“庭树双亚”，今庵前龙眼根株芽糵，尚有存者。 少林庵 大药师庵 东峰白莲庵 永寿庵 报劬庵 瑞像庵 清凉庵 下慈氏庵 广福庵 东报先庵 东碧云庵 永安庵 大千佛庵 瑞峰庵 崇寿庵 资庆庵 灵源庵龚茂良赴官建宁，宿于此，题云：“迟回不忍去，复作抱衾留。断续云间雨，萧骚木末秋。劳生那有此，渐老欲相投。最爱千峰暮，钟鸣处处幽。” 白莲庵 小文殊庵 尊胜庵 兜率庵 圆明庵 东释迦庵 崇福庵 鹫峰庵 宝峰庵 小千佛庵 中岳庵 净土庵 大释迦庵 金仙庵 菩提庵 灵泉庵 奉先庵 报慈庵 慈云庵 下观音庵 延庆庵 大地藏庵 崇信庵 鹿苑庵 福先庵 应圣庵 大崇胜庵 崇圣庵 松峰庵 南地藏庵 天庆庵 舍利庵 小崇胜庵 水月庵 兴福庵 西林并小地藏庵 般若并小释迦庵 瑞云并宝积庵 弥陀庵 普照庵 西报先庵 金峰庵 上生庵 天竺并义因庵 弥勒庵 南禅庵 崇安并崇庆庵 上观音庵 报恩庵 大南峰庵 太平庵 内南峰庵 下泗洲庵 中观庵 西碧云庵 宝山庵 小药师庵 中藏庵有黄滔祠堂。 上泗洲庵 戒律庵 西殿庵 西峰庵 天宫庵 瑞泉庵宋陈权诗：“飞练逼天象，疏棂逗岩烟。烹茶引高士，汲此石罅泉。泉深不盈尺，润物无颇偏。百川有盈涸，是坎常泓然。”有瑞泉阁。

中峰庵在灵岩上游。为郡人登眺之所。曾开《天宫记》云:"南山广化寺有庵百余区,檐楹相摩,轩槛层出。如中峰、瑞泉、天宫皆号为绝景。"有潘承祐祠堂。　六祖庵　吉祥庵　三身庵(已上一百有五庵俱在广化寺内。)　西弥陀庵　上观音庵　净居庵　巷头弥陀庵　延寿庵　上厅庵　下地藏庵　上地藏庵　东峰庵　慈氏庵　千佛庵　东弥陀庵　上弥陀庵　白莲庵(已上一十四庵俱见旧志。)　觉海庵在崇福里。

香山庵在合浦里。(上二庵在府城东南,俱元至正间建。通上凡一百二十一庵俱废。)　集贤堂在莆田里清浦之东皋。乡人周心鉴建为乡人祈祷及周氏子孙讲读之所。　万安堂在景德里。元至顺中建,国朝洪武十四年重建。　崇福堂元至正十年建。　神山堂洪武十一年建。(上二堂在崇福里。已上四堂俱府城东南。)　忠报堂在府城东北仁得里。宋绍兴四年郭义重建。(已上五堂俱存。)　思功堂在连江里。元延祐二年建,国朝洪武二十九年重建。　妙峰堂元延祐元年僧隆源建,国朝洪武、正统、景泰间屡尝修葺。成化元年吴氏请为祠堂。　大隐堂元延祐二年僧隆源建。国朝景泰间复为余氏祠堂。(上二堂在莆田里。已上三堂俱废。)　大梦岩精舍在大象峰。元至元间蜀僧大梦结庵于此。至正间毁于兵燹,国朝洪武二年重建,郡人陈观为记。郑力行诗:"楼台势倚青天外,钟磬声沉碧树间。驯鸟迎人啼石涧,小童候客扫松关。"林文诗:"山峙秋空千仞表,寺藏苍霭万重间。"　天泉岩精舍在石室妙应寺之右半里许。元至正二十年建。郡人郑力久诗:"老树攒空蔼翠氛,山连雉堞隔秋云。到来禅榻闲相伴,灯送檐花入夜分。"　弥陀岩精舍在大象峰后。元至正二十五年建。(上三精舍俱府城西。)　灵云岩精舍元延祐间建。中有桃花洞、万松关、七里塔、慈母阁、蘸月池,号“五奇”。国朝洪武七年重建。三山王偁为记。 **真净岩精舍**元至治间建。慈安卢希韩为记。 **南泉岩精舍**元大德二年建，林雨为记。国朝柯潜诗：“好山看不了，倦憩白云边。扫榻剪蕉叶，烹茶分涧泉。鸦翻松影碎，鱼跃浪痕圆。相对忘言处，风清月满天。”“最爱南泉好，闲来叩竹关。屋头岩溜白，花底雨苔斑。醉吸杯中月，吟看鸟外山。高人不出户，赢得一生闲。” **栖云岩精舍** **竹峰岩精舍**（上二精舍俱宋太平兴国二年建。已上五精舍俱在府城南壶公山。） **紫云岩精舍**在府城北陈岩山。元至正二年建，国朝洪武二十六年修，郡人黄隽为记。林崇宪诗：“彼紫云岩，招提深且窈。蹑磴忽穷探，鸟道回木杪。仰观碧汉低，俯视群峰小。坐久淡忘机，松阴下驯鸟。日夕赋归欤，歌声出云表。”黄原志诗：“九峰青嶜岏，一峰更幽奇。云扃敞新霁，石室涵朝曦。文盟集冠佩，少长同襟期。开筵俯山阁，笑咏杯行迟。横琴弹古调，剪烛评新诗。悠然淡忘虑，世途空险巇。” **松隐岩精舍**在府城东南谷城山上。宋淳祐三年建，元至正十六年毁于兵，寻复建，国朝胡隆成为记。 **紫霄岩精舍**在府城东北。旧曰“迎福院”，宋熙宁五年建。国朝方可学诗：“古径云根断，幽泉石罅通。”（已上一十一精舍俱存。） **文峰岩精舍**在塔山。宋绍兴四年建。 **炉峰岩精舍**在赤岐山前。元至正二年建，国朝洪武三十一年重修。 **涌泉岩精舍**在双髻山。宋淳祐元年建。（已上三精舍俱废。） **玄妙观**在旧宁真门外。俗呼“旧观”。宋大中祥符二年建，号“天庆观”，元元贞元年改赐今额。国朝永乐五年修，林圭为记。 **万寿宫**俗呼“新观”。元延祐元年郡人盐铁使方广翁建，并给以田，俾子孙甲乙住持之，广翁自为记。今道纪司在焉。（上二观在府治东北。） **玉虚东观**在涵江。宋嘉定三年建，国朝洪武三十一年修，成化二十一年重建。 **福神西观**在岬尾。宋嘉祐四年建，国朝永乐十一年重建。（上二观在延寿里。）　**祐圣观**在侍宾里江口。元至元二年建，国朝永乐十一年修。（上三观俱府城东北。）　**祐圣道观**在景得里黄石。宋淳祐七年建，国朝洪武、永乐、成化间屡尝修建，为乡人祈雨之所。

紫霄洞观在新安里莆禧。宋太平兴国三年建，国朝洪武二十年，通判曹大德重建。（上二观俱府城东南。）　**朝元观**在府城东北广业里。今废。　**北辰贞庆堂**在府城东南连江里塔兜堂之前。旧传其地有妖怪，创此以镇之。元至元五年修，国朝永乐二年重修，成化十九年重建。　**玉霄宫**在平海卫城东北。永乐四年百户王烈建。岁旱，祷雨多应。

仙游县

龙华万寿禅寺在仁德里。唐嗣圣三年建。有龙井、龙池，又有东西二塔。寺之中别为院一十有一，为庵七十有七。宋绍兴中火，后复建，王迈为记。元元贞间重建，并各庵院为一，赐今额。国朝洪武初重建，正统十四年重修。　**普惠大通瑜珈寺**在养志里。宋绍兴二年建，赐额“普惠福寿禅寺”，国朝洪武二十六年改今名，景泰间重建。（上二寺俱在县西南宝幢山下。）　**三会瑜珈寺**在县西善化里龙山下。唐景云中建。其旁为大坂洋。五代时郑元弼仕闽，会朱文进篡国，以言讥之，黜归仙水大坂庄。宋林彖《春日三会寺闲行》诗：“风摇陇麦东西浪，春入郊原远近花。闲趁溪流到村曲，断垣乔木两三家。”“溪上横冈一迳斜，成行鸥鹭落寒沙。竹篱茅屋林中见，仿佛孤山处士家。”旧有十院，宋元丰五年知县李适并十院为寺。国朝正统二年重建。（已上三寺洪武二十四年并为丛林。）　**九座太平院**在县西北闻贤里凤顶峰之下。唐咸通六年建，乾符中赐额。宋蔡襄书徐师仁诗云：“依依苔径荒，曲曲溪流急。九迭乍屏张，万仞俄壁立。平处地如掌，仰看天似笠。”林彖《寓九座院即事》诗：“沙路无泥屐齿轻，薄云笼日雨初晴。林间鸟弄歌千啭，溪上花开绣一绷。”“携僧缓步听溪声，课仆疏�出翠屏。泉石膏肓吾自许，余生应不愧山灵。”“短短桃花点绿荷，轻轻白鸟下晴波。宛然西塞江边路，只欠能诗张志和。”有无尘塔，塔亭之外老松数十株，枝干皆垂绿茸线缕，长二、三尺，俗呼“罗汉线”。宋嘉祐三年火，寻建。县尉黄岩孙、郡人刘克庄皆有记。元至元间又火，至正十一年复建，国朝永乐十五年重建。

净光院在县东常德里。唐天宝元年建，国朝永乐十五年修。

南峰福宁院在县东南香田里紫帽山之左。洪武三十年建，景泰元年重修。 **太平院**永乐六年重修。 **龙纪院**宣德间重建。（上二院在县东北兴泰里。） **高田宁国院**宋熙宁间建。有俱胜亭、祥云亭。国朝永乐十四年重建。 **中岳院**在梁山之南麓。成化十年重建。（上二院在县西北万善里。已上寺院凡十所俱存。） **水陆院**旧在县北大飞山下，号“咸通院”，后移于县西，改是额。 白塔院 东禅院 下生院 十王院 兴福院 上生院 上方院 报恩院 粥堂院 临水院 律院（已上十院并入龙华寺。） 山下生院 富阳院 兴善院 山宝林院 瑞岩院 保福院 兜率院 西溪院 开平院 新成院 金田院 秀峰院 天圣院 灵应院 银台院 白莲院 下报慈院 上灵瑞院 仙际院 瑞云院 泗洲院 龙堂院 金华院 北上生院 香林院 灵山院 栖云院 妙相院 南平院 栖真院 香积院 云居院 罗汉院 五峰院 长兴院 安养院 建兴院（上九院在闻贤里。） 三禅院 文殊院 上资福院 崇圣院 上报慈院（上三院在万善里。） 安福院 瑞香院 双崎院 福田院 上田院 西方院（上四院在善化里。） 因果院 上由岩院 上天王院 黄堂院 净居院 清泉院宋林象《寓清泉院即事》诗:"草上浓霜泫未乾,曈昽初日破朝寒。林中槁叶随风去,红柿犹余鸟啄残。""麦陇青青水满塘,天晴墟落散牛羊。霜余更觉园林好,几许深红间浅黄。""雨滴空阶不断声,夜长谁与破愁城。驱除直欲烦风伯,扫尽阴霾作好晴。" 中峰院　西山院　国安院　北岩院　资化院　上瑞峰院　上宝峰院　上建福院　中兴院　栖林院　永福院　显亲院　白石院　九峰院　下灵瑞院　香山院唐乾宁中赐额。宋绍兴中重建,尚书孙觌为记。　阳山院　下建福院　西塔院　资信院　下白岩院　黄重院　西峰院　灵泉院　下太平院　下瑞峰院　上双林院　灵陂院　灵峰院　灵岩院　南塔院　铜山院　荐福院　新峰院　下资福院　莲重院　地藏院　云岩院　下宝峰院　下双林院　三峰院　下北岩院　回龙院　东平院　下上生院　下中峰院　龙纪院　灵鹫院　云峰院　香岩院　崇福院　灵鉴院　西明院在慈孝里。　福清院　白衣院　洪山院　下天王院　霓峰院　南院　水陆院在兴化县南。宋太平兴国三年建。　西林院在旧兴化县西。五代晋天福间建。　翠峰院　平云院　五峰院　香山院五代梁开平中建。　大悲尼院在闻贤里。　净光尼院　荐福尼院　东林尼院　东山尼院　吴重尼院　月台尼院　灵水尼院　灵感尼院　仙泉尼院　诠诚尼院　崇福尼院　兴福尼院(已上一十二院在兴泰里。已上一十七院俱县东北。通上凡一百四十四院俱废。)　云林庵在县治北大飞山之麓。宋政和五年建。招讨副使张濬墓庵也。国朝永乐、景泰间俱尝修葺。　俞潭庵在香田里。有亭瞰官道。元元贞元年建,国朝景泰间重建。　里尾庵洪武七年建,咸化十三年修。　登果庵洪武初建。(上二庵在折桂里。)　锦井

庵　灵山庵(上二庵在常德里。已上五庵俱县东。)　美林庵　碧潭庵元至元二年建。有亭瞰官道。(上二庵在万善里。)　月山庵在养志里。(已上三庵俱县西。)　仙岭庵在洪山之侧。有亭瞰官道。洪武元年建。　双林庵(上二庵在永兴里。)　儒宜庵　大坂庵(上二庵在孝仁里。已上四庵在县南。)　南埔庵在香田里。有亭瞰官道。洪武三十年建。　枫亭庵在枫亭市。元延祐四年建。　马岭庵在马岭上。有亭瞰官道。洪武三十年建,成化十七年增建。　法雨庵(上三庵在连江里。已上四庵俱县东南。)　天柱庵元泰定二年建。地有温泉。　浯溪庵元元贞元年建。(上二庵在县东北安贤里。已上凡一十九庵俱存。)　深沙庵　普贤庵　省庵　天王庵　净因庵　龙兴庵　建法庵　永兴庵　鸿福庵　药师庵　净明庵　清岑庵　净岩庵　崇寿庵　资福庵　法华庵有萍斋,宋林象隐居之所。乾道间诏举遗逸,象起家为左迪功郎,添差军学教授卒,遂以为祠堂。又有听雨轩。象诗云:"身外无穷百不闻,算沙活计亦庸论。斋余闲倚蒲龛瞑,只有溪声落耳根。"　罗汉庵　小上生庵　吉祥庵　严福庵　宝楼庵　宝相庵　法因庵　陟屺庵　灵鹫庵　龙寿庵　云岩庵　延寿庵　中峰庵　兴教庵　净居庵　明贤庵　西岳庵　报劬庵　报先庵　华岩庵　地藏庵　三教庵　紫云庵　西峰庵　西慈庵　泗洲庵　宝胜庵　大广福庵　南峰庵　僧伽庵　天慈庵　六祖庵　崇因庵　龙目庵　法相庵　万缘庵　净土庵　小广福庵　文殊庵　释迦庵　观音庵　青龙庵　俱舍庵　戒律庵　中方庵　中宫庵　清凉庵　七佛庵　传教庵　宝林庵　西方庵　万安庵　东慈恩庵　弥勒庵　天宫庵　北峰庵　千佛庵　法云庵　妙恩庵　菩提庵

（已上庵七十六所元元贞间并入龙华寺。）　**洪山庵**在县坊之左。　**长岭庵**　**水尾庵**洪武间方诚中建。（上二庵在县东香田里。）　**圆通庵**　**兴福庵**（上二庵在养志里。）　**般若庵**在功建里。（上三庵在县西。）　**凤山庵**　**西峬庵**（上二庵在县南永兴里。）　**望仙庵**在县西北兴泰里。（已上庵凡八十五所俱废。）

兴明堂旧名"东峬堂"。在翘足山前。　**集庆堂**在水郊村。宣德十年重建，成化元年增建。　**凤山堂**在留仙山后。（上三堂俱县南永兴里。）　**法雨堂**在县东南孝慈里。宋庆历二年建。

金石山福神观在县东北里许。宋建炎四年建，王迈为记。国朝洪武十七年知县顾思敬重建，永乐、宣德、景泰、成化间屡尝修葺。　**何仙宫**在县北兴泰里九鲤湖之上。祀何氏九仙，今四方人士多谒梦于此。巨石上有丹臼药灶，东西石如门，凿"化龙洞"三字。北崇崖上镌"天子万年"四大字，每字径三四尺许。湖旁有亭，匾曰"湖光"。宋人王永端建，知县吴于为记。（已上宫观俱存。）　**紫泽观**在县东常德里。唐弘道二年建。宋《林光朝集》云："唐有紫泽观，在仙游。今谓之道观洋。"　**三清堂**在县东北兴泰里。（已上观并堂俱废。）

福宁州

本州

建善寺在州东门外。旧在温麻县之后，名"建福斋"，南齐永明元年建，唐景云二年移建今所，改今名。大中四年赐"大中建善"额。有放生池。　**瑞岩寺**在一都。五代唐清泰元年建，国朝正统九年修建。　**小兴福寺**在六都。宋开宝四年建。　**瑞云寺**在八都。五代晋天福元年建。　**灵峰寺**唐中和三年建。

国兴寺宋祥符四年建。（上二寺在十都。） 资福寺唐咸通二年建。 清溪寺咸通五年建。（上二寺在十一都。） 灵应寺在十三都。五代梁贞明六年建。 栖林寺在十七都。五代晋天福三年建。 资国寺在十九都。唐咸通元年建。（已上一十一寺俱州东。） 资寿寺在西门外，旧接待庵也。初在州东三十步许，五代周显德二年建，名“保明寺”，宋大中祥符六年赐今额。国朝洪武二十年改寺，置福宁卫，遂移今所。 地藏寺在三十四都。五代晋天福五年建。 双溪寺在道者岩之左。旧在直符岭，宋天圣中移建今所。 目连寺在三十六都。五代周显德元年建为“灵石庵”，宋淳化四年重建为寺。（上四寺俱在州西。） 南禅寺在南门外。五代周广顺元年建。内有虎溪亭。 宝伦寺宋乾兴元年建，国朝永乐十七年重建。（宝伦，《三山志》作“保岺”。） 弥陀寺在大金千户所后山。旧名“东宁庵”。洪武二十年以其址为所，公署，永乐十五年千户张得移建今所，改今名，以为官僚岁节习礼仪之所。（上二寺在五十二都。已上三寺俱州南。） 延寿寺在二十七都。宋建隆九年建。 小云寺在二十八都。唐大中元年建。（上二寺俱州北。） 大灵峰寺在州东南五十三都。五代唐清泰元年建。 清凉寺五代梁贞明五年建。 松峤寺宋太平兴国元年建。（上二寺在四十四都。） 清潭寺隋开皇二年建。 宝庆寺五代晋天福二年建，国朝宣德九年重建。（上二寺在四十五都。已上四寺俱州西南。） 广化寺隋开皇二年建。 天竺寺宋建隆元年建。（上二寺在二十四都。） 保安寺（上三寺俱州东北。） 龟湖寺在州西北。山顶有湖，其水视潮盈缩。寺有息心亭、觉心桥、接翠轩。（上二寺在二十五都，俱五代唐清泰元年建。通上凡三十寺俱存。） 瀑泉寺在一都。唐咸通元年建。宋崇宁元年赐额。 瑞峰寺金刚台寺（上二寺在二都。）　大报恩寺在三都。　广济寺在五都。　报德寺在六都。　观音寺在七都。　安福寺在十一都。　山门寺在十二都。　下兴福寺在二十都。　马冠寺在二十二都。（已上一十一寺俱州东。）　西禅员果寺在西隅。　广应寺　报福寺　惠日寺　中成寺　华岩寺　龙居寺　崇福寺（上八寺在三十六都。）　白莲寺　栖胜寺（上二寺俱三十七都。已上一十寺俱州西。）　报亲寺在二十六都。　灵泉寺　法林寺　万寿寺　栖云寺（上四寺在四十一都。）　隆寿寺　大建福寺　五台寺（上三寺在四十一都。）　漳洋寺　法华寺（上二寺在四十三都。）　宝岩寺在五十二都。（已上一十一寺俱州南。）　明宗塔寺　小建福寺（上二寺在州北隅。）　圣寿寺　宣圣寺（上二寺在二十六都。已上四寺俱州北。）　地藏寺在三十九都。　资崇寺在四十四都。　应庆寺在四十六都。　涌泉寺　南峰寺　西方寺（上三寺在四十八都。已上六寺俱州西南。）　昭圣寺在四都。　天王寺在二十都。　象山寺　上兴福寺（上二寺在十四都。已上四寺俱州东北。）　宝胜寺　小报恩寺（上二寺在二十七都。）　旃檀寺在三十六都。（已上三寺俱州西北。）　龙潭寺　卢岩寺　越峰寺　金光明寺　灵瑞寺（上五寺在旧温麻里。）　唐福寺在旧柘阳里。　慈寿寺在安民里。　六禅寺　报慈寺　南峰寺　报恩寺　地藏寺　药师寺（上六寺在旧万安里。）　观音寺又旧遥香里亦有观音寺。　龙泉寺　洋门寺（上二寺在旧擢秀里。）　福生寺在望海里。　善积寺在新北里。　昭明寺在旧廉江里。　兴圣寺　禅岩寺　禅林寺　辉光寺（上四寺见旧记。）　中峰尼寺在旧沿江里。（上二十五寺见《三山志》。）　西山尼寺在州西隅。　北山尼寺在州西北隅。 光化尼寺在州西四十四都。(通上凡七十七寺俱废。) 玄妙观在北门外。元至正间建,国朝天顺二年县丞宣谦重修。 石湖观在州东十都。元至治间建,国朝成化十五年重修。 西林宫在州东二、三都赤岸桥头,洪武间建,成化二十三年重修。

宁德县

资圣寺在县东五都。五代梁贞明二年建,宋建隆元年赐今额,元大历六年重修。 灵溪寺在一都。宋大观二年建。 竹林寺唐咸通三年建。 广化寺五代梁乾化间建,国朝成化五年重建。 瑞迹寺五代梁乾化二年建。 小灵鹫寺唐天复二年建。(上四寺在四都。) 大印寺唐咸通三年建。 保福寺五代梁贞明五年建。 荇溪显应寺宋太平兴国四年建。(上三寺在十都。) 仁丰寺在二十都。五代晋天福二年建。 鞠多寺宋淳化元年建。 金峰寺宋淳化二年建。(上二寺在二十一都。) 安禅寺唐咸通二年建。 南峰寺宋开宝二年建。(上二寺在二十二都。) 安仁寺唐大中元年建。元至元二十九年重新。 瑞林寺五代梁龙德二年建。(上二寺在二十三都。已上一十五寺俱县西。) 报恩寺在一都。唐咸通九年建。 永宁寺唐乾符元年建。 栖云寺唐景福元年建。(上二寺在二都。已上三寺俱在县南。) 天王寺在一都。五代晋天福七年建,国朝成化六年重建。教谕陈震诗:“青山去县无多路,芳草临门只一僧。” 瑞峰寺在三都。唐咸通元年建。 兴福寺梁大同二年建。金鄙寺唐大中八年建,元大德间重建。寺有盘陀石、露响石、乌马石、潜鳞沼、双石屏、碧水帘、涌金尺、蒙泉井、长老岩、祥云岩,号十奇。(上二寺在四都。) 香林寺在六都。唐天宝元年建。国朝林聪诗:“翠拥层峦合,流分曲涧梁。” **中际香积寺**俗呼“际峙”,唐乾符元年建,六年赐“香积”额,元大德间重建。旧有插天楼。 **双峰寺**唐元和十四年建。初号“九仙”,后改今名。 **灵山寺**唐咸通二年建,国朝天顺八年重建。 **资福寺**宋景德四年建。 **白莲寺**宋太平兴国七年建。(上五寺在八都。) **龟山寺**唐开成二年建。 **安福寺**唐咸通二年建。(上二寺在十都。) **甘露寺**唐元和十五年建。 **广教寺**在十一都。唐大中元年建。(上二寺在十一都。) **仙岩寺**唐咸通二年建。 **小支提寺**唐咸通九年建。 **布泉寺**唐乾符六年建。(上三寺在十二都。) **禅寂寺**在十三都。唐咸通五年建。 **凤山寺**在十四都。唐中和四年建,初名“资福”,宋太平兴国四年改为“崇胜寺”。中有碧云堂。 **太灵鹫寺**在十七都。宋太平兴国元年建。 **云门寺**唐咸通二年建。 **瑞龙寺**五代周广顺间建。(上二寺在十九都。已上二十二寺俱县北。) **应先寺**在县东北五都。宋雍熙二年建。 **支提寺**在县西北十二都。吴越钱氏建。宋政和间以郡守黄裳之请赐“政和万寿寺”额。(已上四十三寺俱存。) **永福寺**在旧金溪里。唐大中十二年建,初名“观音”,咸通四年改为“崇寿”,五代梁开平四年赐今额。 **禅林寺**在旧霍同里。唐咸通二年建。 **同圣寺**在旧水际里。五代晋天福四年建。(上三寺见《三山志》,俱废。) **宝花尼寺**在六都。唐咸通元年建。 **北山尼寺**五代周广顺四年建。 **宝安尼寺**宋太平兴国四年建。(上二寺在九都。) **太平尼寺**在十二都。宋开宝五年建。(已上凡四寺俱存。) **玄禧观**一名“怡云堂”。在二十二都。元大德五年建,国朝正统七年重建。 **鹤林宫**在十二都霍童山下。梁大通二年建。世谓之“鹤林洞天”。有桃花洲、午日岩,皆宫之胜概也。 **东山宫**在七都。宋宝庆初建。 **福林宫**在五都。宋景定四年建，为景祐真君庙，元泰定二年重建，改今名。鄱阳李辅诗："雨过石田瑶草长，春深洞府碧桃开。"又云："点《易》晓分花上露，烹茶时汲石间泉。"（上三宫俱县北。） **三元宫**在县西一都。元泰定元年建。 **棋峰道院**元至元二年建，国朝洪武二十七年修，司业周质夫为记。鄱阳李辅诗："瑶台昼静来黄鹤，石室春深长紫芝。" **怡灵堂**元大德五年建，国朝正统七年重建。（上道院并堂俱在县西二十二都。）

福安县

狮峰寺在二十四都。唐景福元年建，国朝洪武二十年重修。寺有狮子峰、金鸡石、卧牛石、鹿跑泉、双髻峰、笔架峰、石梯峰、环翠亭、伏虎桥、广化门，号十奇。《三山志》作"西峰"。 **资福寺**在三十六都。五代唐长兴元年建。（上二寺俱县东。） **栖隐寺**在二十三都。唐太中元年建，国朝天顺二年重建。 **栖灵寺**在五十八都。宋元符二年建。孟充诗："风收千嶂雨，帘卷满楼山。田种嶕峣上，人行图画间。"（上二寺俱县西。） **龟湖寺**在一都，距城半里。元至大四年主簿胡琏建，国朝洪武、正统、成化间俱尝修建。 **灵岩寺**在二十都。唐咸通元年建。国朝成化十八年增建。（上二寺俱县南。） **宝林寺**五代晋天福五年建。 **报恩寺**宋元符初建，国朝成化十九年重建。（上二寺在二十五都。） **大凝寺**在二十六都。 **兴云寺**在旧仁风里。（上二寺俱宋元符二年建。已上四寺国朝洪武间并入狮峰寺。）

曹山寺在三十一都。唐景福二年建，国朝成化十五年重新。

保林寺宋乾德四年建，国朝成化间修。 **青云寺** **白莲寺**（上二寺俱宋元符二年建。已上三寺在三十五都。） **仁王寺**宋乾德二年建。 **云林寺**宋乾德五年建。（上二寺在旧秦溪里，俱废。已上六寺国朝洪武间并入资福寺。通上十寺俱县东。）**兴庆寺**在二十三都。宋开宝元年建，国朝成化间重建。　**罗汉寺**在十七都。宋天圣七年建。国朝成化十六年重新。（上二寺俱县西。）　**资圣寺**在县南二十一都。宋元符二年建。（已上三寺国朝洪武间并入栖隐寺。）　**双岩寺**在县东南旧秦溪里。唐咸通中建，国朝洪武间并入栖云寺。　**石门寺**在县东。唐咸通五年建，国朝天顺四年重修。　**崇仁寺**在四都。唐咸通元年建，国朝成化间增建。　**崇福寺**在八都。唐光启三年建。　**栖善寺**在旧归化西里。唐大中三年建。（上三寺俱县西。）县志作“栖云寺”，恐误。　**祥云寺**在旧西兴里。宋开宝元年造。　**仙圣寺**在旧归化东里。宋元符二年建。（上二寺俱县南。）　**龙岩寺**唐咸通十年建，国朝宣德六年重建。　**南峰寺**五代晋天福三年建。内有郑佥枢祠，宋知县郑鼒立。佥枢，名讳事迹俱无可考，不知何许人也。国朝成化十五年重建。（上二寺在县北二、三都。已上八寺洪武间俱并入龟湖寺。）　**龟龄寺**在九都。唐咸通元年建。　**锁泉寺**在十都。宋元符二年建。（上二寺俱县西。）**慈云寺**唐大顺二年建。　**观音寺**宋开宝九年建。（上二寺在县南二十一都。已上四寺国朝洪武间并入灵岩寺。）　**天福西林寺**在县东二十七都。宋元符二年建，国朝成化间重修。　**五峰寺**在县南。宋元符六年建，国朝永乐十年重建。今废。　**寺宝幢**在县西旧西兴里。宋太平兴国元年建。　**宝林寺**在县东南旧秦溪东里。　**禅寂尼寺**五代梁乾化四年建。　**中峰尼寺**（上二寺在县东南旧沿江里。已上四寺见旧志，俱久废。）　**北山庵**在县北溪东。　**接待庵**在天堂山之下。元皇庆元年主簿胡琏建。　**天堂庵**在天堂山之巅。永乐八年建。（上二庵俱在县东南。）　**仙岭庵**在县西南仙岭上。　**观音堂**在县治东，旧阴阳学址也。 **普光堂**在县治北之右。 **贞庆观**在县东一都。宋淳祐十年知县林子勋建。国朝永乐、正统、成化间屡尝修葺。

丘　　墓

昌黎过田横之墓，则取酒以吊；东坡游桓魋之藏，则鼓琴而歌。夫均一荒墟废垄也，而所感之不同如此，亦惟其人焉耳。古今丘墓之在闽者不可胜计，录其所可吊而黜其所可歌，亦示劝戒之道也。乃志丘墓。

福州府

闽县

闽越王郢冢　**许将墓**　**许应龙墓**翁仲石兽犹存。（上三墓在瑞圣里。） **陈诚之墓**在易俗里宝月山。 **韩准墓**在瑞圣里凤丘山。（上五墓俱府城东。）

侯官县

林之奇墓在清泉山。 **林子冲墓**在清泉山之右。（上二墓在一都。） **张睦墓**在十都赤塘山。 **杨宏中墓**在四都厚山。（已上四墓俱府城西。） **陈孔硕墓**　**陈铧墓**（上二墓在府城西南九都龙湖村。） **康靖王墓**即古麻剌国王也。国朝永乐间入贡，至郡以疾卒，赐谥“康靖”，有司营葬及春秋祭之。 **萨琦墓**琦，色目人。其国俗葬埋之礼甚阔略，至琦治父母之丧，尽屏其俗,一遵朱子家礼。天顺间琦卒,敕有司治丧,遂为营墓于其先茔之侧。(上二墓在府城西草市都。)

怀安县

东越王余善冢　王审知墓在莲华山。初葬怀贤里凤池山,后改葬今所。赐神道碑,张文宝撰文。(上二墓在府城东北宁棋里。)　王抟墓在太平里。抟,唐人,与崔胤并相昭宗。胤素忌抟明达有谋,诬抟贬朱厓,后卒于此。按旧书本传抟贬崖州司户参军事,赐死蓝田驿,而旧志谓卒于此。未详。　余深墓在钦德里。深,罗源人,卒葬于此。　黄瑀墓在四都长箕山。黄洽墓在一都灵光山。(上四墓俱府城北。)　张觷墓在三都马鞍山。翁仲石兽犹存。　刘若虚墓在越城里。(上二墓俱府城东北。)　郑穆墓在北平里。　李纲墓在沙溪山。纲即邵武李丞相也。晚居侯官,卒葬于此。(上二墓俱府城西北。)　蓝光墓在府城东北升山。

长乐县

赵以夫墓在县东十步许。国朝正统中为盗所发,有司为修治之。　高丽王祖墓在县南逍遥里资寿寺山。高丽王宜星之父,元末任宜州判官,秩满将行,忽有星坠庭院,光煜煜射人,是夕宜星生,因以为名。宜星有奇质,言动大异凡儿。父既卒,高丽王入贡,将归国,宜星愿从之,袖诗谒见,王器其才。后王无子,因以宜星为嗣。　郑性之墓在县西南六都阮山。翁仲石兽犹存。

连江县

刘砺墓在县治北宝林寺东砺。号在轩。　李弥逊墓在县南新安里石门寺侧。 **常挺墓**在县西南光临里张旗山。 **郑昭先墓**在县东北广化寺后凤凰山。

福清县

虞雄墓在县西南苏田里渔溪市。雄事闽王审知,战没于此。 **林正华墓**在方成里古龙拱辰山下。宋尚书员外郎丘与龄篆“林孝子”三字刻于墓石。 **刘砥墓**在修仁里应乾寺之西原。初葬长乐县金鸡山,后改葬于此。(上二墓俱县东。) **林公遇墓**在清远里翁陂山。

古田县

张以宁墓在县西极乐山。

永福县

林泉生墓在县□永福山。

闽清县

陈祥道墓在县西贺恩里白云山之东。

罗源县

陈显伯墓在县北临济里九龙村。显伯仕宋事迹无可考,元季墓为盗所发,得景定三年所赐诏。其略曰:“朕惟谋谟帷幄,必资巨硕之儒;佐理纲常,尤赖忠贞之士。吏部尚书陈显伯,才优德赡,博古通今。文章足以黼黻于皇猷,礼乐足以笙镛于治道。昔尝侍讲于东宫,每陈政理;今已力辞于田里,犹切朕心。若不召卿以归朝,实则劳朕于梦弼。今特授卿端明殿大学士佥书枢密院事。尚傒安车，以慰侧席。故诏。”

建宁府

建安县

郑赐墓在府城东将相里西焙。

瓯宁县

曹觐墓在府城西。觐仕宋死节封州，归葬于此。墓上有旌忠亭。　**郑瑴墓**在府城南紫芝山。杨时撰墓志铭。墓前之左有景节堂，又前有宋高宗手诏碑亭。　**刘珙墓**在府城西丰乐里新历之原。朱文公撰神道碑。　**徐清叟墓**在府城北禾义里祝墩。　**杨荣墓**在府城西丰乐里馆前街。国朝正统间有司奉敕葬。

浦城县

徐凤墓在县东募泰里池师原。　**真德秀墓**在县东南孝悌里株林山之阳。　**章母夫人墓**在县□□里[4]。夫人太傅仔钧母也。旧传仔钧遇异人，指白羊眠处为穴，俗名“白羊坟”。

建阳县

刘处士墓在县北建忠里。处士唐孝子刘常父也。　**黄子棱墓**在县南三贵里考亭之李源。子棱，字元威，仕南唐为侍御史，谥曰“端”。　**祝夫人墓**在崇泰里天湖之阳。夫人文公母也。　**朱熹墓**在嘉禾里九峰山下大松谷。今七世锡筑室居于其旁。 **蔡抗墓**在永忠里留田。(上三墓俱县西。) **游九功墓**在县西南崇政里富龙窠。 **宋慈墓**在县东北乐田里昌茂。 **蔡沉墓**在九峰之东原。 **熊夫人墓**在枫林。夫人刘爚之母也。 **熊禾墓**在熊屯之横历。(上三墓俱县西崇泰里。) **熊刚大墓**在县北崇任得里贵湖。 **胡宪墓** **胡宁墓**(上二墓俱在县东北乐田里龙潭坑上。) **胡宏墓**在县北崇文里鼓楼岭。 **蔡元定墓**在县西崇泰里翠岚视头。

松溪县

陆宏墓在县东五里。旧志云:"宏仕吴为会稽南部都尉,巡历邑境,览山川之胜,慨然曰:'吾没当血食此土。'后卒,柩经于此,溪忽自涸,舟不能进。邑人异之,遂即其地葬焉。"详见《祠庙志》。 **陆戬墓**在县北尊师山之麓。

崇安县

翁承赞墓在县北新丰乡东山原口,其故宅之后也。 **刘韐墓**在县东南五夫里开善寺左拱辰山。朱文公拜墓诗:"理乱由来今古同,覆车那肯戒前踪?纷纷误国人无数,不愧丹心只此公。" **朱松墓**在县东寂历山中。其子熹为行状,有云:"公卒之明年,熹奉柩葬于五夫里西塔山,而其地卑湿,惧非久计,乃奉而迁于上梅里寂历山中峰僧舍之北,盖公之诗尝有'乡园落日苍茫外,樽酒寒花寂历中'之句。呜呼,此岂其谶耶!" **刘子羽墓**在蟹坑。张栻铭其墓,其略曰:"寒沍凛冽,乔松挺节,艰危反侧,志士秉烈。允毅刘公,孤忠业业!国耻家仇,刻骨泣血。誓不同天,心焉如铁。" **刘子翚墓**在拱辰山。朱文公撰墓表。(上二墓俱县东南五夫里。) **杜本墓**在县南存心桥之西。本字伯原,号清碧，京兆人，后徙居武夷之平川。元至正三年征为翰林待制兼国史编修官，至武林以疾归，卒葬于此。国朝蓝静之诗："皓首山林草《太玄》，鹤书征起又归田。一窝自得尧夫乐，三策谁知贾谊贤？空有墓碑临道路，更无书屋贮风烟。后来仰止前修远，慨想升平七十年。"

政和县

张谨墓在铁山。谨遇贼于此，连九战不克，乃瞠目大骂，为贼所害，因葬焉。　**朱良材墓**在护国寺侧莲花峰下。熹之祖也。（上二墓俱县东北感化下里。）　**吴元墓**在常思岭下。元仕宋为兵部尚书。文天祥为书墓道之匾。　**邵知柔墓**（上二墓俱在县西长城里。）

泉州府

晋江县

王审邽墓在府城东北二十七都皇绩山。　**留从效墓**在府城南二十八都。　**梁克家墓**在府城东北三十七都。　**傅自强墓**　**傅壅墓**（上二墓俱在府城南一都磁灶村。）　**留元刚墓**在府城北四十一都福泉山下。　**朱鉴墓**在府城西南三十三都陈坑庆云山。成化间有司奉敕葬。

南安县

姜公辅墓在县西九日山下。吴栻诗："满林黄叶坠纷纷，耆老犹言别驾坟。旧府光华关陇月，故乡萧索海南云。"　**傅察墓**在县西三十三都太平岭傅山头。察仕宋为员外郎，使金不屈死节，以骨归葬。 **韩渥墓** **苏缄墓**（上二墓俱在县北三都葵山之麓。） **刘安仁墓**在刘店安仁。南汉主袭之祖，本上蔡人，徙家闽中，卒葬于此。 **傅自得墓** **傅伯成墓**（上二墓俱在县西三十二都双象峰云台寺之旁。） **庄夏墓**在县东三都京塘。 **杨内墓**在郑山。 **诸葛廷瑞墓**在杨梅山下。（上二墓俱县西十九都。） **曾从龙墓**在县南三十五都白石古楼村。 **曾用虎墓**在县西北二十一都云峰山。 **赵士珸墓**在县西三十一都鹏洋冈。士珸，字巨器，宋高宗之从叔也，累官至少师，卒赠太师，谥“忠靖”，葬此。 **赵不虑墓**在县东三都小潘山。不虑，字子容，士珸次子也，累官至金紫光禄大夫，封沂国公，谥“忠定”。 **留正墓**在县西三十一都枫林山。 **留恭墓**在县西南三十二都下尾村。 **留筠墓**在县之长坂村。 **赵子镠墓**在三十三都柑榄安山。子镠，字子金，累官中奉大夫、都转运使。 **赵不流墓**在三十都龙湖山。不流，字子和，累官至金紫光禄大夫，卒赠太师申国公，谥“懿正”。（上二墓俱县西。）

同安县

苏颂墓在县西北胡芦山下。

安溪县

吴王墓在县东长泰里黄潭村。冢凡三十有六，萃于一山，其圹皆花砖，外有墓亭，耆旧相传为吴王墓。

惠安县

王潮墓在县西南一都盘龙山麓。 **吕夏卿墓**在县北十二都白岩山之麓。

漳州府

龙溪县

颜师鲁墓在府城南二十一都新村。　**陈淳墓**在府城北二十三、四都山北[5]。龙图陈宓题曰“北溪陈先生之墓”，并为志铭。宓，《寰宇志》作“密”，非。　**王遇墓**在府城南十二、三都架鼓山之麓。　**颜颐仲墓**在府城东二十七都鹤鸣铺西。　**迭理弥实墓**在府城东厢外表忠祠之后。国朝王祎为撰墓表。　**刘宗道墓**在府城南十二、三都橡林铺南。宗道卒无后，友人郭惠为葬于此，题曰“爱礼先生刘宗道之墓”。　**谢琏墓**在府城东二十七都三峰亭之左。国朝景泰间有司奉敕葬。

漳浦县

长孙冲墓在县东垅塘。冲，唐长孙无忌子，仕为秘书监，流岭南，卒葬于此[6]。　**陈政墓**在县将军山之麓。政，元光父也，唐时为诸卫将军，领兵戍闽，卒葬于此。俗名“将军墓”。其墓有祭田，至今佃人岁时祭扫。按郡志，元光初葬其父母于邑之云霄，后因术士谓其有王者气，亟改葬南靖新安里北溪社大峰山以避之。后元光战殁，庙食兹土，累封王爵。俗谓其役使鬼物，仍迁其柩葬于云霄山之故处。其言甚不经，然今二县皆有所谓将军墓者，意其初葬南靖，后迁漳浦，郡人神之，故以为是说也。　**高登墓**在县东门外。登，宋人，学者称为东溪先生，卒于容州，归葬于此。　**阮烈妇墓**在县北门外。元阮二姐，夫早亡，自缢而死。一监邑买撒都剌怜之，以礼合葬于此，碑曰“烈妇阮氏之墓”。

汀州府

连城县

彭母夫人墓在县东在城里龙爪陂之上。相传宋陇西郡开国侯彭孙之母葬于此。 **许景辉墓**县北北安里许坊[7]。景辉在元世保障乡邑有功,元贞间累官至临江路总管府治中。

延平府

南平县

罗从彦墓在罗源里黄潦。宋郡守刘允济刻志。 **李侗墓**在崇仁里。学士汪应辰制碑铭。 **黄裳墓**在剑津里尤坑丘。村民侵其荦地,碎墓碑于荆棘中,识者憾之。(上三墓俱府城南。)

将乐县

杨时墓在西山。宋胡安国撰墓志铭。 **穆肃墓**肃为汀州刺史,卒葬于此。详见《祠庙志》。(上二墓在水南都。) **刘琼墓**在金豁岩之左。琼,闽王审知副将也。详见《祠庙志》。(已上三墓俱县南。)

尤溪县

卢珧墓在县西。其墓有二:一在乾头,一在杉岭。珧为闽将,卒于寇难,身首异处,乡人义而收葬之,时不能萃而为一,故有二墓焉。

郑宜人墓在县东兴贤坊,濒溪。宜人卢珧母也。

沙县

越王墓在县东南八都越王山。五代时闽越王屯兵于此而殁，因葬焉，乡人立庙墓侧祀之[8]。　**郑光布墓**在县北十三都。光布，唐崇安镇将也。墓碑犹存。　**曹朋墓**在县东五都高砂九曲水之滨。朋，唐汀州司隶摄沙县事，卒葬于此。　**罗畸墓**在县西北九都。　**邓肃墓**在县东南八都。　**曹辅墓**墓下有院，建炎二年赐额曰"移孝效忠"，度僧守其祠墓。杨时撰墓志铭。　**曹中墓**中，辅之族弟，仕宋为秘书正字。胡寅撰墓志铭。（上二墓俱在县东沙州尾。）

顺昌县

林司空墓在县东旧正识院侧。有石麒麟。旧志云："宋判尚书省特之先世尝宰顺昌，秩满因家焉。以特贵累赠至司空，里人亦呼为林长官墓。"按特世系：父名保国，大父名揆。揆，南唐金州刺吏嵩之子，仕伪闽，初官永顺场，南唐升场为顺昌县，遂以揆为令，卒，子孙占籍顺昌。司空盖揆也，旧志失考耳。　**廖刚墓**在县西靖安都凤山之下。刚尝梦中作诗，有"家在五湖明月楼"之句，后葬于此。其子迟、过、遂、遽相继创楼墓下，因匾曰"明月楼"。　**余良弼墓**在县南石豆都龙山之原。良弼，宋宝章阁直学士、广东经略马步军都总管。初，良弼致政归，乐龙山幽胜，作堂其麓，为游息之所，匾曰"龙山"，且语其子姓曰："乐哉斯丘也。他日吾知所归矣。"既卒，其子大临、大用遂奉柩葬于此。　**廖德明墓**在县西靖安都。　**范旺墓**在县东。旺死于贼，乡人为葬于此，立庙墓前祀之。详见《祠庙志》。

永安县

陈世卿墓在县北二十七都。世卿，仕宋为秘书少监，夫人罗氏附葬焉。世卿墓,曾巩撰神道碑;罗氏墓,王安石撰碑铭。

邵武府

邵武县

欧阳祐墓在府城西五十里大乾山。详见《祠庙志》。 **黄中墓**在一都故县黄氏居第之北。朱文公撰墓志铭。 **黄中美墓**在铜青山下。朱文公撰神道碑铭。 **何镐墓**在台溪东砀山之原。朱文公撰墓碣铭,并志其圹。(上三墓俱府城东。) **吕祉墓**在府城西樵岚积善山。详见《祠庙志》。 **黄永存墓**[9]在府城东新屯。 **刘爚墓**在三都樵屯之桂林原。爚,建阳人,卒葬于此。真德秀撰神道碑。 **龚氏双烈女墓**在王塘香岩寺后。详见《贞烈志》。(上二墓俱府城东。) **黄镇成墓**在金泉山。危素撰墓志铭。 **陈泰墓**在福泉湾。国朝成化间有司奉敕葬。学士柯潜撰墓表。(上二墓俱府城西。)

泰宁县

越王冢在县西五里。高逾十丈,相传人触之则有风雨之异。 **邹应龙墓**在县南南禅寺左,有亭曰“南谷”。宋赵与筹撰圹志。

建宁县

陈岩墓在县西。 **谢近古墓**在县东黄舟保。近古,建人也。尉兹邑卒,贫不能以柩归建,遂葬于此。

光泽县

李郁墓在县水东黄岭之原。朱文公撰墓表。 **李方子墓**

在县南五都管密村。　**李闳祖墓**在县东回龙源。

兴化府

莆田县

郑露墓在府城南壶公山宝胜院侧。　**林尊墓**尊，攒之父也。　**林攒墓**（上二墓在府城西文赋里。后人名其山曰“林葬”。）　**黄璞墓**在府城东北延寿里国欢寺后。璞，侯官人，后迁莆，卒葬于此。　**黄滔墓**在府城西北招福院后。　**欧阳詹墓**在府城西南广化寺北。詹，泉之晋江人，卒葬于此。　**林九牧墓**在府城东北兴教里枫林积翠庵。唐林披九子，俱仕为刺史，列葬于此。　**徐寅墓**在府城西北常泰里北神山下。　**陈仁璧墓**在府城南壶公里壶公山。　**陈靖墓**在府城东南安乐里蒋山。天顺八年诏有司修天下名臣墓，十七世孙淮请于宪司檄郡邑修之。　**方慎从墓**在府城西南南厢锦亭佛肠山。　**朱默墓**在府城东南黄石北辰堂之前。宋祥符中默五世祖观察判官高遇异人指示，葬其父汉于此，后高亦附葬焉。既而默死为神，封侯爵，偕其弟等俱葬此山，凡十又八人，时人称为“十八大夫墓”。　**方侨墓**在府城东北兴教里枫岭下。　**郑伯玉墓**在石泉院后。　**陈大下墓**在南厢杭头温泉北山之后。　**陈中复墓**在木兰陂常思山下。（三墓俱府城西南。）　**方元寀墓**在府城西常泰里洋西山。　**林积仁墓**在灵隐山东冈。　**宋棐墓**在府城南赤龙岭。林光朝为铭。　**林孝泽墓**在五云寺东北。　**王晞亮墓**在招福院旁。　**陈俊卿墓**在妙寂院前。　**黄公度墓**在枫莲塘。后人名其山曰“状元林”。（上三墓俱府城西北。）　**宋藻墓**在府城东北囊山寺西。　**龚茂良墓**在府城西南双牌石马山。　**方**

翥墓在太平山。 林枅墓在花岩寺后。（上二墓俱在府城西北。） 郑樵墓在府城东北广业里越王山下。 郭义重墓在府城南深渎。 林光朝墓在府城西南厢接官亭。 刘夙墓在寿溪之上。 刘朔墓在囊山。（上二墓俱府城东北，皆永嘉叶适撰铭。） 方耒墓在府城西北常泰里洋西山。 郑侨墓在府城东北广业里龟岭。 方任墓在广埕山。 刘弥正墓在府城南宝涧之原。叶适撰铭。 宋钧墓在府城东南郑山。一名“塔山”。洪咨夔为记。 方信孺墓在府城南三十里。刘克庄为铭。 郑寅墓在府城东北吴山。 丁伯桂墓在府城西石室岩下。刘克庄撰铭。 方大琮墓在府城西南文赋里仁山大绳坑。王迈、徐明叔、刘克庄撰行状碑记。 陈宓墓在府城西下余陈岩山。 方大壮墓在府城西北太平山。 陈炜墓在乌石山东北方。 陈均墓在府城西常泰里玉涧社之阳。 林彬之墓在府城西隅。刘克庄为记。 林雩墓在府城南惟新里龙泉山。

吴叔告墓在府城东南合浦里跋石山。按刘克庄所撰墓铭在白杜路口。 黄绩墓在府城西北常泰里濑溪松峰后山。刘克庄撰铭。 刘克庄墓在府城东北孝义里鼓楼山。按洪天锡所撰铭在徐潭。 宋诩墓在府城西南文赋里梅峰山。 李丑父墓在府城东北待贤里。炉峰。 黄仲元墓在府城西北兴教里吴车。 方澄孙墓在府城东北白杜山。 方演孙墓在府城西北北山留坑。 李春墓在府城南永丰塘上路右。春，洪武间知兴化府，民爱之，及卒，留衣冠窆于此。 林环墓在府城西常泰里驷华陂白石山之原。 杨慈墓在府城西石室岩下。 黄寿生墓在罗汉峰之原。 陈用墓在锦亭之前。 林文墓在凤凰山之原。成化十二年有司奉敕葬。（上三墓俱府城西南。）

陈中墓在府城东南谷城山湖头岭。 方澥墓在府城南。

翁世资墓在府城东南连江里小龟屿之原。成化二十一年奉敕葬。　**陈俊墓**在府城西南新兴里汤亭之原。弘治二年奉敕葬。

柯潜墓在府城东南安乐里和温山。成化十年有司奉敕葬。潜之父封,尚宝少卿兼翰林院修撰,原朴墓在潜墓西数步许。先是,亦奉敕葬。

仙游县

郑良士墓在孝仁里飞凤山之西南山。　**蔡襄墓**在连江里赤湖蕉坑。　**朱绂墓**在孝仁里香山寺。(上三墓俱县南。)　**王回墓**在县北功建里鸡足山。　**张弼墓**在折桂里灵陂山。　**陈可大墓**在香田里东卢田山。(上二墓俱县东。)　**苏钦墓**在县西南仁德里宝幢山之麓。　**叶颙墓**在县西善化里乌石大旗山。

傅淇墓在县南孝仁里周泽灶颊之原[10]。　**陈说墓**在县西。

林彖墓在县东折桂里灵陂陂西[11]。　**郑勋墓**在县南孝仁里香山之原。　**王迈墓**在县东南慈孝里珠岭。　**叶大有墓**在县北功建里将军山之麓。　**王太冲墓**在嘉禾里山平。　**林义墓**在县北孝仁里大飞山下。详见《祠庙志》。

福宁州

本州

林嵩墓在擢秀里岱村。　**张叔振墓**在建善寺之东。(上二墓俱州乐。)

宁德县

林聪墓在县北八都。成化十九年有司奉敕葬。聪之父观,历官教谕,累赠右都御史,先是亦奉敕葬于县之七都。

福安县

薛令之墓在县西里泉埔山。宋嘉祐八年长溪令周尹为建亭立碑。后亭废,碑亦不存。　**陈最墓**在县南二十都城山。

校　注

［1］乾隆《福建通志·古迹》、弘治《兴化府志·二氏》俱作“华严寺”下同。

［2］弘治《兴化府志·二氏·妙应禅师》注:“俗呼涅槃”。

［3］逊敏斋《蔡忠惠公集·访天台庵》诗作:“亭午树阴圆……清彻孤鹤唳。”

［4］嘉庆《浦城县志·古迹》作“五代太傅章仔钧母夫人墓在西门外”,未言何里。

［5］乾隆《漳州府志·古迹》作“葬二十四都坂头保崎岭社”。乾隆《福建通志·古迹》作“在二十三都山北”。

［6］乾隆《漳州府志·古迹》载:“《唐书》,无忌与冲流岭外,无忌投缳,冲免死,不记卒在何所。旧志载冲卒葬于漳,墓在漳浦县东东垅塘。”多一“东”字。

［7］乾隆《福建通志·古迹》作“在安北里许坊”。

［8］乾隆《福建通志·古迹》作“闽王墓在八都,相传闽王屯兵没于此,因葬焉”。民国《沙县志·名胜》作“越王墓在八都越王山,相传越王屯兵于此而没,因葬焉”。此处有误。

［9］光绪《邵武府志·古迹》载:“据朱熹所撰《黄中美神道碑》,黄永存为黄中美次子。”

［10］乾隆《福建通志·古迹》载:“宗正少卿傅淇墓在乌岭。”

［11］乾隆《福建通志·古迹》载:“教授林象墓在东灵陂院山中。”

八闽通志卷之八十

古　迹

李商隐筹笔驿之诗，则亟慕武侯之筹略；苏子瞻昆阳城之赋，则深快贼莽之败亡。夫登临怀古其情一也，而所感不同，盖不于其地而于其人焉。

闽蕞尔数郡，在汉则为亡诸之封国，在五代则为王氏之僭伪，在宋则为少帝之行都，皆有遗迹。而历代城郭、官寺、建置、迁徙之不常，其故址亦历历俱存。从而纪之，匪特以资骚人、墨客之赋咏，而因其迹想其人，亦足以垂鉴戒也。乃志古迹。

福州府

闽县

提举行司在南街东，旧都作院地也。　通判厅宋初州置通判一员，厅在威武军门内之西。绍兴五年增一员，始居旌隐坊之北，以旧帅属廨舍为之。后通判移于威武军之东，乃以帅属廨舍为参议廨舍。　左司理院在虎节门外之左，今犹称左院巷。　都务官廨舍在旧旌隐坊北。　临河务官廨在法海寺北。　巡检厅在南台盐仓之西，后移置辜岭，遂以为闽县尉厅。　巡辖马铺厅在南台横山之西，后移白田，又移水口，寻仍旧。

临河务在府治东南美化门内，古南锁港北。百货舟载由此而入，故置务焉。 **使星馆**在海晏门内街北。 **全捷指挥营**在井楼门内之东。隶殿前司。 **铁库**在弥勒院之北，旧为船场。至元二十年行省右丞忙古歹造征东海船，以其地狭隘，拓以民田，构宇其中，后改为铁库云。 **旧县治**在今县治东里许闽都坊内。 **监押厅**在旧利涉门内之东。

侯官县

将官厅即旧崇轺驿也。 **都监厅**（上二厅在旧宁越门内之西。） **铁作院**在清远门内之东。 **迎仙馆**在南禅寺东。宋景祐中郡守范亢建，其后为转运行司。 **皇华馆**在环珠门外，旧春风楼地也。 **不教阅保节指挥第一营**在金镛桥之北。 **都作院指挥营**在浦尾金斗门之北。（上二营俱宋时建。） **亳州十翼上千户所**并在郡西门外雄边营，今侯官县草市都。 **亳州一翼下千户所**在郡西关外侯官县一都观音岭。 **亳州翼哈剌鲁千户所**在馆驿之西南隅右三厢罗汉洋。 **亳州万户府镇抚所**在雄边营。（上四所俱元时建。） **旧县治**在府城西十一都，今俗呼侯官市。 **右院巷**在虎节门外之右，今犹称右院巷。

怀安县

闽越王城在今布政司北二百步余。国朝王聪诗："屠龙人去山河改，衰草寒鸦起暮愁。" **察推厅** **节推厅** **签判厅**（俱在宋府东廊。治平间移察推厅于定安门内之北，元祐间建试院，仍复旧。） **曹官厅**按《庆历旧记》府院在威武军门外东偏，六曹官舍附之。 **驻泊兵马都监厅**在府东偏职官厅之东，政和中以为廉访治所，移环珠门外。 **监押仗库廨舍**旧在康泰门内之南，后以展拓试院，移欧冶池南庵舍。 **都仓**在府治西。旧名西版仓，今俗呼米仓巷。 **迎恩馆**在迎仙门内之北，有送客亭。淳熙元年始置馆于门外之南，为迎诏敕之所。 **如归馆**在威武军门外之西。 **威武营**在威武堂教场之南，旧驻泊广勇营之地也。淳熙五年为营以居衙兵。 **都尉营**在开元寺东直巷。吴置典船都尉，主谪徒作船于此。其地今为民居。 **泉山府兵左衙营**在州东百步。唐开元十九年置，元和八年改为毬场。宋谓之东毬场。 **威果二十四指挥营**在永桥北。 **威果二十五指挥营**在乾元寺西。 **广节指挥营**在康泰门外之北。宋熙宁六年改教阅保节指挥为广节。（上六营俱隶侍卫步军司。） **不教阅保节指挥第二营**在丰乐门外之南。 **第三营**在丰乐门外之北，牢城营之西。 **第四营**在广节营之东。 **有马雄略指挥营**在丽景坊内之东。隶本州驻泊司。 **壮城指挥营**在威果二十四指挥营之东。乾道九年改为忠顺官舍，后散居厢军营。 **牢城指挥营**在丰乐门外之北。（已上营俱宋时建。） **福新二翼上千户所**并在郡西北威武营，今越山之下。

福新一翼中千户所亦在威武营。 **福新三翼下千户所**亦在威武营。 **福新万户府镇抚所**在万户府西威武营内。

福兴万户府镇抚所在万户府之内理问所。 **营田司**在郭北宋郑尚书府。《三山续志》云“侵占官田者许百日内自首”，盖以核官田也。 **阴阳学教授厅**在欧冶池之南，即宋机宜衙也。

平准行用库在谯楼南之西，廉访司之右。 **惠民药局**在谯楼东，总管府仪门之西。 **蒙古字学**在亳州万户府之东。其学堂匾曰“同文堂”。元贞间教授宋友谅创，程雪楼为记。（已上自福新二翼以下俱元时建。） **旧县治**初置于芋原北三十里，后移于石岊亭之西。 **旧儒学**在旧县治之西。 **战坂**在府城旧县治北十里。相传五代晋开运三年唐兵攻李仕达[1]，战于此。 **陶灶**在县治北一十里。按旧记，五代梁开平元年闽王审知筑南北夹城陶砖于此，初审知令每陶砖上悉钱文，后李仕达举国归吴越，人以为砖上钱文盖其先兆云。

长乐县

吴航头今县水坎是也。《闽中记》云："吴王夫差乘船略地至此，故名。" **旧县治**在县东南敦素里平川，今俗呼"古县"。 **主簿厅**初在县治南，后移县治东南。 **尉厅**初在县市文行坊，后移县治东南隅。(上二厅俱宋时建。) **盐仓**旧在盐水□侧，熙宁中移置县□岭□[2]。

连江县

丞厅在县治西。宋熙宁间为簿厅，崇宁间改为丞厅。 **主簿厅**在县治西南隅，崇宁间建。 **尉厅**宋元祐间建于县治东南，乾道间移建县治第二门之左。 **盐仓**在县西南。

福清县

丞厅在县中门内之右。宋熙宁四年建。 **主簿厅**初在县右□峰路口，熙宁三年迁建县门内之东[3]。 **尉厅**在中门外之左。 **盐仓**在县东海口。 **省仓**在县门外之右。 **盐场**在县治南隅，西塘之西。 **军寨**在县西善福里石□□[4]。宋初游洋林氏以赀产霸一方，径往侵犯邻境，因宿重兵于此御之，故名军寨，今旁村犹有名虎屋者。 **古屯**在县西福善里。盖□人屯兵之所也[5]。 **鼓楼**在县南隆仁里。闽王审知调兵工筑海，□因创楼于此[6]，鸣鼓角以警夜，俗呼“鼓楼下”。又有闽王祭苗墩[7]，今尚存。

古田县

西溪巡检司在县之西溪。宋时设，元因之，国朝洪武十二年省。　**谷口巡检司**在县西南一都谷口，旧在水口，为水口巡检司，宋大中祥符五年建，元时移今所，国朝洪武三年重建，正统间省。　**监水口镇衙**在水口。元时省。　**水口务**宋置，元因之，国朝省。　**鸣玉驿**在县东洪濑滩。宋景德间县令李堪改滩曰“鸣玉”，遂以名桥，亦以名驿。绍兴七年县令邓观移驿于县之西北，其地遂为民居。　**巡辖铺厅**在水口。宋景祐二年自南台移置于此，后复移南台。　**盐仓**在水口镇。宋大中祥符五年置，建炎间移置怀安，今为名园圃。　**经总制仓**在县东。宋建，今废为民居。

永福县

丞厅在谯门内之东。　**簿厅**在县东隅四十步。（上二厅俱宋时建。）　**尉厅**在谯门内之西。宋时建，元元贞元年重建。　**廉访分司**在县治东。元时建。　**永泰镇**在县东三都。唐初置于今县治，大历间改为县，乃徙建于此。

闽清县

簿厅在县南驿地也。绍兴二十八年自县治徒置于此。　**丞厅**在县治西。　**尉厅**在丞厅之西。（俱绍兴元年重建。）按《三山续志》，尉司在县左，淳祐间建，宝祐元年重建。岂绍兴间建于县西，至淳祐间复迁于此欤？　**青窑巡检司**在安仁里。元时建。　**税务**在县南滨溪。元时建。

罗源县

簿厅初寓水陆寺，后寺灾，遂即其地创建。　**尉厅**宋淳熙间置于县西，元元贞初移置于侍郎黄序旧第。　**南湾巡检司**在县东北招贤里。旧在廉山，后迁于此。　**税务**在县治衮绣坊。元至元十八年置。　**四明驿**在县治西二里四明寺侧。宋建炎三年建，元至正间省。

建宁府

建安县

东瓯城在府城东南才里。汉吴王濞世子驹发兵围东瓯，即此地也。详见《郡名志》。　**古长城**在府城东安泰里。五代时王审知据闽，迁城于此，乡人呼其地曰"党城"。　**福建转运使司**在府城中，建安县治之东。北宋时置，以总各郡财赋，今布政分司即其地也。　**主管厅**今为府经历廨舍。　**干官廨**在山枣岐下。（上二厅在府治东中和坊内。）　**茶事提干厅**在府治东登俊坊，与贡院相邻，元时其地为小教场。　**司法厅**在府治北旧府治西之西壕，后徙于旧钱监厅。　**检踏厅**与司法厅相邻，即旧丰国监也。（上二厅更创为总管府库，国朝洪武十九年改建为建阳卫。）　**观察判官厅**今亦为建阳尉。　**录事参军厅**在府治北旧府治之左，今为建宁左卫千户所。　**东南副将厅**在府治西北亲睦坊，今为军营。　**节度推官厅**今为民居。　**尉厅**故址犹存。（上二厅俱在府治之东。）　**建宁路类试院**在府治东宣化坊内。乾道间运使沈枢即本司南门之左创建。　**宋府社稷**

坛在光孝观之右。唐永徽初创建于临江门内富沙驿之侧，宋庆元间徙建今所，风云、雷师坛附焉。淳祐中始建风云、雷师二坛于社稷之左右。元时郡守劝农于此，今鞠为蔬圃矣。　**宋县社稷坛**在旧县治之东，今为显祐祠。（上二坛俱在府城东宁远门外。）

省仓　**盐仓**在山枣岐。（上二仓俱在府治东中和坊。）　**学仓**在府治南崇儒坊。故址犹存。　**合同场**在府治东登俊坊。宋为郡圃，后为都监司。绍兴中改为场，盖批发茶引之所也。

威果第二十七指挥营在府治北亲睦坊东壕之上，旧宣毅营址也。　**广节第四指挥营**在府城东政和门内。元时更为南营。

广节第五指挥营在府治北亲睦坊。　**保节第十指挥营**在府治南崇儒坊。元时为保十营。（上四营今俱为建宁左卫军营。）

保节第十一指挥营在府治北亲睦坊。元为保十一营，今为军民居屋。　**保节第十二指挥营**在府治南崇儒坊。元时为保十二营，今亦为建宁左卫军营。　**丰国监营**在府治东中和坊旧府治之左，其址今入建阳卫。　**壮城营**在府治东宣化坊，今为广实仓。　**大教场**在府治西和乐坊。　**县教场**在府治东旧尉司前、社稷坛后。（上二教场今俱为军民居屋。）　**党口寨**在府城东东长里。　**埃竹寨**在府城南登仙里。　**黄孙寨**在房村下里。　**赤岸寨**在登仙里。（上二寨俱府城西南。已上四寨俱宋时置，元时废。）　**旧司狱司**在府治东南从化坊。宋绍定间建，国朝洪武间为司狱司，景泰间迁入府治内，其地今为民居。　**建宁左卫仓三所**一所在宣化坊，一所在中和坊府学之后，一所在亲贤坊黄华山。　**建宁右卫仓二所**一所在宣化坊，今改建为布政分司；一所在德政坊。（上二卫仓俱废。）

瓯宁县

古郡城在府城南覆船山下。详见《城池志》。　**司户厅**在府治西北升华坊。初在府治西南大中寺门外，后以其地建蕲王庙，遂徙于此，即旧醋库为之。元时改建为御史衙，今废。 **路分厅** **帐司厅** **都作院**（上二厅并院俱在府治北孚惠坊。） **常平提干厅**在府治西明德坊。 **监合同场官厅**在建溪门内。 **左翼军统制衙**在临江门内。 **兵马监押西厅**在临江门外平政桥侧。（上厅并衙凡四所俱府治西南。） **兵马监押南厅**在大中寺门右，其地今入于寺。 **旧县治** **丞厅** **簿厅** **尉厅**（俱在府治北太平坊内，今为建宁右卫仓。） **旧社稷坛**在今府治西旧县之右。 **富沙驿**在府治西南临江门内。初在平政门外，曰富沙馆，绍兴十年郡守郭东移建于城内尚书坊，隆兴间郡守陈正同始移建于此。 **水吉驿**在府城西北禾吉里。宋时建，元至正间废。 **丰乐驿**在府城南丰乐里，后改为丰乐铺。 **行用库**在府治西南和义坊。元时建，国朝洪武八年重建，永乐七年省。 **都税务** **监税务**（上二务俱在府治西平肆坊。） **保节第十三指挥营**在府治西南威武门内论秀坊。元时为保十三营。 **保节第十四指挥营**元时为保十四营。（上二营今俱为建宁右卫军营。） **都作院指挥营**元时为武宣王庙，今为居第。（上二营在府治北孚惠坊。） **宁节指挥营**在府治西北西濠之上。元时为军营。 **左翼军营**在府治西南临江门内。（上二营今为军民居屋。） **水吉都巡检寨**在府城西北禾吉里。故址犹存。 **水西寨**在府城西敬客坊。宋绍兴二十年吉阳里杜八子聚众窃发，泉州驻扎将官陈敏平之，乃留百人驻东禅院，寻移于水西显新寺。

浦城县

越王行宫在县东隅。汉越王余善建，今为胜果寺。 **丞**

厅在县治东。　**簿厅**在县治西。真德秀为记。　**尉厅**在县治东北一里许。　**监税厅**在县治东南百余步。(上四厅俱宋时建,元废,其址今为民居。)　**邑务**在县东隅。宋时建,今为民居。

临江驿在县南清湖里。今改为临江铺。　**大湖驿**在县西南人和里。今改为大湖铺。　**渔梁驿**在县西北乐平里渔梁山侧。其地高峻多寒,故谚云:"无衣无裳,莫过渔梁。"宋蒋之奇诗:"道上风兼雨,林间雪压霜。无衣无褐者,何以过渔梁?"　**盆亭驿**在县西北安乐里。两山高并,而驿居其间,旧名"细泉村"。乡人随泉势作曲堰数十处,其状如盆。秦汉有盆亭里。(上四驿俱宋时建。)　**临江镇**在清湖里。　**仙阳镇**在县西长乐里。宋时建,并设监官。绍兴初祖秀实奏罢之。　**吴山司**在县东募泰里。为闸办官往来居止之所。　**盐仓**在县治东。　**盆亭仓**在县北安乐里。(上二仓俱宋时建,废址犹存。)　**东仓**在县治东。

西仓在县治西。　**醋仓**在县门外之左。宋时建,今废为民居。　**保安寨**在县西北船山。宋时建,设士军巡捕。　**西安寨**在县西新兴里。宋绍兴中查源洞草寇窃发,因设兵镇之。**临江寨**在县南清湖里。亦因查源洞而设,每季差训练官统兵往来更戍。　**靖安寨**在县西南靖安里,旧名裹洋寨。宋乾道四年设指挥一员统之。　**载初寨**在县东北登俊里。宋绍兴五年因上湖詹村盗起,立寨备之。　**官田寨**在县北官田里。宋庆元五年诸郡寇发,乡民乞拨水西兵御守。

建阳县

大潭城在县治西隅。其地四山环抱,昔闽越王因山势筑城以拒汉,下瞰溪潭,故名。元至正二十七年平章陈友定复因故地增筑之,周围大约三里,高二丈,广七尺,环绕县治东西南北为四门，今废。 **闽王城**在县北崇文里。相传闽王审知筑城于此，其中殿基犹存。今土阜周回，隐隐如城，外有水田环绕，盖城壕也，故土人呼其地为“王殿”，村为“城村”。详见《山川志·宝盖洲》。 **沙寨**[8]宋时因唐石上中下三里地远民悍，置寨于木平里[9]以控制之。宣和初迁今所。 **麻沙镇**（上寨及镇在永忠里。） **后山河泊所**在崇泰里。洪武十六年建，正统六年省。（上寨镇并所俱县西。） **弓手营**在县西隅大潭山下。元时创为教阅之所，今俗呼后营。

松溪县

松源镇在县东皈伏里，即旧县也。宋开宝间迁今治，故址犹存。 **簿厅**在县治北。旧有丞厅，在县东平政桥之右，后省丞置簿，兼行丞事，而丞厅寻亦毁于兵，遂以剑峰堂为簿厅。详见《宫室志》。 **尉司**在县治西偏。旧在簿厅之左，宋开宝间建，绍兴二年毁于兵，后县尉杨云重建于此。旧址今为吏舍。 **旧驿舍三所**一所在县治内，一所在东平乡，一所在善政乡。上三所俱宋时建，故址犹存。 **使华馆**在县市南。宋绍兴中知县林敏元建，元季废，其址今为民居。 **宋社稷坛**在县南。宋时建，元季废，故址犹存。 **建新奕**在县治西兴贤坊。元初建为屯军之所，废址犹存。 **郢复奕**在县治南一里许。元初建为屯军之所，国朝洪武二年以其地为山川坛。 **梓亭寨**在县北七十里，即处州龙泉县松源乡之地，界龙泉、遂昌、松溪、政和四县境。宋时建，元改隶龙泉县，后废。 **盐仓**在县中门外西偏。宋时建，元废，其址今为县狱。

崇安县

魏王城在武夷之南，按《武夷志》，魏王子骞筑城于此，故名其地为“王城”。　**丞厅**在县治西兴贤坊之右。元初省，其址今为民居。　**尉厅**在兴贤坊营岭之南。内有甲仗库。永乐间以其地建射圃，今废为民业[10]。　**钤辖厅**在营岭之左。故址今为射阻。　**主学厅**在营岭之南。故址今为儒学厨库。　**巡检镇四所**一所在县南丰阳里黄亭，一所在县东外五夫里七市，一所在县东北石臼里墟头。（上三镇元季废。）一所在县西南将村里星村，洪武初改为星村巡检司，十四年省。（已上四镇俱元至大四年创置。）　**武夷驿**在营岭之左。宋绍兴间建。　**杨家驿**在县北石雄里。　**分水驿**在分水岭。　**赤石驿**在县南会仙里。　**镇守衙**宋钤辖厅故址也。元时为二奕千户议军政之所，今为学之射圃。　**皇华馆**（上衙并馆，俱在营岭之左。）　**新附奕　郢复奕**（二奕今为城隍庙。）　**闽王寨**在分水岭。　**闽王战场**在县东上梅里，旧为闽王习战之地。　**医学**在县治东澄清坊。元元贞间县尹杨靓建。中祀三皇像，后有明理堂，至正间毁于兵，其址今为民居。　**学仓**在县治西兴贤坊儒学之右。　**酒务**在县治前宣化坊之左。（上仓并务俱宋时建，今废。）　**盐仓**在县治西。县令王斋建[11]，元改为架阁库，今废。　**铜库**在营岭常平仓内。元改为际留仓。　**簿书库**在旧簿厅之左。其址今为文定书院。　**省库**在县治西。县令王齐与建[12]，今废。

政和县

福建廉访分司在县治后。　**丞厅**在县治西百余步。宋时置，后改为使华馆，今龟岩寺即其址也。　**簿厅**在县治东。后改为省仓，今故址犹存。　**尉厅**在县治西，旧丞厅址也。初在县东五十余步，宋绍兴中以其地改造县学，乃迁建于此，后又迁建于旧学之址，遂以此为使华馆，今龟岩寺即其地也。　**税务**在旧使华馆之西。宋时置，建炎二年省。 **关隶镇**唐末王朝建于天王寺北，宋咸平中升为县，镇徙于李溪东十里，今十七都镇前是也。 **铁山营**在县东北感化下里。唐招讨使张谨屯军之所。 **东漈营**在县西南高宅里。唐御史中丞李彦坚屯军之所。 **建新奕营**即今城隍庙也。 **郢复奕新营**即今城隍庙前地。（上二奕俱元都元帅佥事彭廷坚屯军之所。） **苦竹寨**在县西，界政和、松溪二县之间[13]。

泉州府

晋江县

刺桐城五代时留从效重加版筑，旁植刺桐环绕。宋吕造诗："闽海云霞绕刺桐，往年城郭为谁封。鹧鸪啼困芒前事，荳蔻香消减旧容。"其木高大，而枝叶蔚茂，初夏开花极鲜红。如叶先萌芽而其花后发，则五谷丰熟，丁谓廉问至此，赋诗云："闻得乡人说刺桐，叶先花发始年丰。我今到此忧民切，只爱青春不爱红[14]。" **南外宗正司**在府治西南忠厚坊。宋崇宁三年置于南京，靖康之变徙京口，建炎中自越移明，寻移泉州。始至时，宗属三百四十有九人。元改为清源驿，今为织染局。 **市舶提举司**在府治南水仙门内旧市舶务址。宋元祐初置，后废，宗宁初复置，高宗时亦罢而复置，元季废置不一，国朝洪武间仍置。成化八年移置福州。 **贡院**在府治西肃清门内。宋自乾道以前皆试士于泮宫，是岁郡守王十朋，始以部使者馆为贡院。嘉泰间郡守倪思、嘉定间郡守真德秀皆尝增建。中有从事堂、校文舍、万桂堂、光华坊、嘉宾亭、弥封誊录所、状元井。元至正十七年改为清源站，国朝洪武九年改为晋安驿。 **睦宗院**在府西南袭魁坊，清果、菩提二寺故址也。宋建炎中南外宗正司徙泉，因建睦宗院于此。嘉泰三年，郡守倪思以其狭隘，别创于府治西北居贤坊。　**左副新刷土军万户府**在府北泉山门外。元至元间以殿前司左翼军隶于府，复刷土军以益之，乃立营建署于州之后门，万户赤干迁建今所，国朝洪武初归附，调其军隶山东宁海卫，府署故址犹存。

殿前司左翼军统制厅在府城东三十九都。宋以东禅、护安、太平、龙湖、报慈五院隙地合建营寨，设统制厅以领之。元至元中以其军隶左副万户府，寻废。　**节度推官厅**在府治西谯楼门右。内有轩，下瞰莲塘，匾曰“纳凉”。王十朋诗：“有客游莲沼，开轩更傍凉。”宋淳祐中林希逸重建，匾曰“水木清华”。元改为总镇抚所。　**脱脱木孙衙**在府治西忠厚坊内。元至元中建，以司讥察非常。　**宗学**在府治西南，旧睦宗院门之东。宋绍兴初建。中有宣圣庙，崇教堂，宗强、升贤、立爱、怀德四斋。故址今归清果、菩提二寺。　**杂造局**在府治东。元时建，即宋废提学司故址也，今废。　**清源驿**在府治西南忠孝坊内。元时以宋宗正司改建，至正九年监郡偰玉立重修，后废，仅存惩劝所、自新斋，改为织染局。美蓉堂、天宝池今入水陆寺。　**市舶务**在府城南镇南门外，元改为杂造局。　**税务**在府城南二十五都塘市。元时建，国朝洪武六年徙于三十五都车桥村，更为税课局，今废为本局收课之所。　**石井镇巡检司**在府城南八都安海市。元时建，国朝洪武二十年徙于同安之陈坑，故址犹存。　**彭湖巡检司**在府城东南三十五都海岛中。元时建，国朝洪武二十年徙其民于近郭，巡检司遂废。　**港边巡检司**在府城南二十都。元时建，国朝洪武二十年徙于十六都之深沪，故址犹存。　**来远驿**在府城南三十五都车桥村。永乐三年建，以馆海外诸国之来贡者。成化八年提举司移置福州，驿遂废。　**宋州社稷坛**在府治西南净明坊内。宋时建，初以风雨、雷师附祭，嘉定十四年，郡守宋均复别建风雨、雷师坛于仁惠坊内东仓之隙地，元因之，后俱废。今净明坊故址悉为民居,东仓故址并入府治。　**宋县社稷坛**在玄妙观南。今为民居。　**石井镇**在府城西南。久废。　**牧马地**唐柳冕以闽为六朝牧马之地,宋天圣中向纯尝提点福泉、兴化,养放海屿马。

南安县

尉司在县治东北。宋绍兴间建。内有甲仗库、阅武亭、京仙堂、安靖堂、豫轩、清肃轩。元至元间毁,故址犹存。　**税务**在县东三都鹏溪。宋初设,宣和间始置监官,元移于金鸡,故址尚存。　**石井巡检司**在县西四十都下坊村。宋绍兴间置,元徙于晋江安海市,故址尚存。　**连河巡检司**在县南四十六都。洪武初设,二十年徙于同安之峰上,故址尚存。　**沃口驿**在县北十六都郑山。宋初设,后废。　**都巡寨**在县东三都潘山。宋绍兴间置,元至顺间徙于卢溪桥,改为卢溪巡检司。国朝洪武二十年徙于惠安之獭窟屿,今卢溪故址尚存。

同安县

石鼓寨在县西南。宋靖康间建,以御山寇,故址尚存。**射圃**在县西北庆丰门外。宋绍兴二十五年监税曹沆建,朱文公为记。故址尚存。

德化县

旧儒学在县治东南。详见《学校志》。故址犹存。　**税务**在县治西。洪武二年改为税课局,移建县治东。

永春县

旧儒学一在县东十四都,一在知政桥北。详见《学校志》。

故址犹存。

安溪县

大寨在县东南永安里。　**县后寨**在县北凤山腰。（上二寨唐季创，后废，故址犹存。）

惠安县

旧县治在县北六都龙屈岭下，后徙于螺山之阳，故址尚存。**旧儒学**在县治西登科山之阳。详见《学校志》。故址犹存。**尉司**在县治北壮猷坊内。　**税务**在县治北壮猷坊内。宋时建，国朝洪武二十年徙于县治北登龙坊之右，宣德十年省，故址犹存。　**皇华驿**在县治东。宋时设，元元贞中徙于县南名贤坊之内，故址尚存。　**沙格巡检司**在县北十都。洪武二年建，二十年徙于八都峰尾村，故址尚存。　**涂岭巡检司**在县北十三都。元元统二年建，国朝洪武二十年省，故址犹存。

漳州府

龙溪县

通判厅在谯门内之西。　**添差通判厅**即旧迎恩驿改建。**福建路钤司**在府治东，即兵马盗押厅旧地也。　**军事判官厅**在怀恩门外西街。初在双门内之东，与推官厅相直，绍兴间即其地为迎恩驿，乃移建于此。　**军事推官厅**在双门之内。**录事参军厅**在怀恩门外判官厅之右。　**司理参军厅**在司户厅之右。政和间尝有甘露零其庭。　**司户参军厅**在判官厅之左。　**司法参军厅**在司理厅之左。　**海口镇**收海道商税之所。 **威果第三十三营**在子城之东。 **广节第七营**在子城之北。 **税节第十八营**在子城西北。 **保节第十九营**在子城之东。 **保节第十营**在子城东北。 **殿前司左翼军寨**在府城西北。 **四县同巡检寨**在府城西黄林保。 **中栅寨**在中栅保。(已上俱宋时建。) **省仓**在子城内东北隅。 **盐仓**在清漳门内。前有池曰盐仓池。 **军资库**在鼓门内直北。 **公使库**在设厅西。凡州之器用仪从藏焉。淳祐九年郡守章大任撤而新之。 **酒库**在州议门内之南。 **甲仗库**在设厅前西廊。

税库在县东廊。 **节制司备安二库**左库在双门楼下之西,右库在子城庆丰门内之东。郡守方来既请置大池寨于漳、汀界,养军士百余人,以防盗寇,乃拨郡帑八万贯听民质之,以其息赡军。 **殿前司二解库**一在东库,一在西市。 **科举司**在郡厅之东南。初在架阁库后,以其地为佥厅,遇诏岁则截吏舍为之。淳祐九年郡守章大任建于今所。 **外教场**在子城外之东。 **内教场**在州厅东。有止戈堂,郡守赵汝谠立。 **殿前司左翼军教场**在寨外西湖,名阅武堂。淳熙十三年统领黄扬祖建。 **船场**在南城外东栅尾。 **竹木场**在南河水坎。 **贡院**在子城名第门内。宋时建。 **州学桂庄**宋嘉定四年,郡守傅壅拨西峰院租岁直二百一十八贯九百四十四文,省以相士子西行之费。

平湖桂庄宋端平初,郡人颜耆仲以私帑余万楮置漳浦县田,地曰云霄,保曰使田。岁入钱四十五万八百有奇,又新坡洋未垦之田,种可百余斛,尽以为平湖桂庄,别置库于大王院,以馈乡士之试于礼部者。竹溪林希逸为记。 **蒲癸关**在府城西南二十一都。汉时南越置此关。唐岭南节度使杨发诗:"南尽封邮见好山,苍苍桂岭类商颜。谁怜后夜思乡处,白草黄茅旧汉关。" **贡珠门**在府治北。郡守王冕《贡珠表序》云:"宋大中祥符六年三月，龙溪民丘颤于九龙溪网鱼，得珠一颗，围阔三寸七分，又有七珠颗如七曜，次七曜者不可胜数，于是列表以进，因改城北门曰贡珠门。”　**漳浦驿**在府城东。唐李德裕诗：“明朝便是南荒路，更上层楼望故乡。”杨发、常衮皆次韵。

漳浦县

故漳州城唐嗣圣初置州于漳浦县南八十里，开元初移置李澳川，即今漳浦县云霄驿也。　**南诏城**在县南三都。旧为南诏场，又为沿海巡检寨。元至正中，右丞罗良命屯官陈君用砌石为城，以备不虞，后为南诏县驿。　**赤湖城**在县东十五都。元季李志甫作乱，巨族曾仁礼率众筑此城，故址尚存。　**丞厅**在县门内之东。宋嘉定三年县丞赵汝僦修，县令陈舜申为记。淳祐八年县丞陈楷重建。　**薄厅**在县门内之西。宋嘉熙四年毁，淳祐十年县令陈子植重建。　**尉厅**在府城之北环珠门外。宋嘉定中尉薛舜庸修，嘉熙三年尉项公泽重建。其廨之南有教场。按此乃漳浦县尉厅也，而云在府城之北，恐误。　**废怀恩县**[15]在县西南六都，去县二百里。唐嗣圣间属漳州，开元末废为镇，入漳浦。

龙岩县

西砦在县西门内。有山突起，宋绍定三年县令赵性夫筑土城于其巅，可容千余家，寇不能犯。淳祐九年县令赵宗撲甃之以石，邑人号曰“赵公城”。元至正二十一年，达鲁花赤锁住间增辟县治，遂合而为一。今东岳庙及通灵庙即其地也。　**丞厅**在县治谯门内西隅。　**簿厅**在县后西隅。　**尉厅**在县西资政院之右。旧在县治鼓门内东北隅，宋淳祐间迁建于此。教场在县仓之后。　**盐税务**在县西南隅。　**县仓**在县治之右。　**大池寨**在龙门里东坑保。宋淳熙间建。　**虎头岭　巡检寨　大池**

巡检寨在县西。 **驻车驿**在县西登龙桥之东。宋嘉定间建。 **登龙驿**在县南桥之西南。有庵可以休行客。

长泰县

簿厅在县治之右。宋绍兴间合丞厅为一。 **尉厅**在簿厅之右，去县治百步。 **行衙**在县治之南。 **盐库**在县厅之前。 **武安馆**在县治东南。 **使星馆**在县之东二十里，后废。凡送迎皆寓虎渡桥庵。 **桂庄**嘉熙间县令郑师申根括绝产田，积三年所入以助举人之费，名曰“桂庄”。县尉吕桥为记。

南靖县

故南胜县一在县西南矾山之东，一在县西琯山之阳。 **儒学**在县西琯山之阳。元至正十六年随县迁于双溪，故址犹存。 **古雷巡检司**在县西小溪社。

汀州府

长汀县

古城在府城西五十里旧古城团。五代时王延政筑城于此，以备江南兵，今号“古城”。 **旧州城**在府城东五里，名东坊口。昔郡治自上杭、长汀村迁建于此。郡守陈轩诗：“五百年前兴废事，至今人号旧州城。草铺昔日笙歌地，云满当年剑戟营。” **新罗城**在府境。晋置，唐于此置汀州。《寰宇记》：“开元末新罗县令孙奉先昼坐厅事，见神曰：‘吾新罗山神也，今从府主求一牛为食。’奉先请以羊豕代牛，神怒，于是疠疫大起，奉先亦病亡。” **使院**在府治仪门之左。 **佥厅**在子城之内。 **通判厅**在府治东八十步。初在旧颁条门外，宋元丰间迁建今所。　**判官厅**在府治东南门下。　**推官厅**在府治东登俊坊。　**录事厅**在子城内谯楼之西。　**司理厅**在府治西崇福坊正街。　**司户厅**在府治东福寿坊。　**司法厅**在判官厅之右。　**教授厅**在府学之右。　**兵马押监厅**在府治西崇福坊城隍庙左。后改创州厢。　**添差南兵马都监厅**在府治西崇福坊。　**行训练禁军厅**即广节指挥营也。　**商税厅**在府治东福寿坊正街。务隶焉。　**旧县基**在府城福寿坊。旧请置州东坊口时置县于此。　**县丞厅**在县西尉厅之左。旧在县西青紫坊正街，县令任鄚迁建于此，而以旧址为县仓。　**县尉厅**在县西。　**巡辖厅**在旧颁条门外。　**贡院**在府治东北兴贤门内。旧在县治之东，宋绍兴二年郡守赵充夫迁建于此。郡倅赵善晤诗："天约闲云结嫩阴，苦无诗酒懒登临。一声鸡唱日初午，满地花寒秋已深。"　**作院**在府治东开元寺西。　**商税务**在府治东丽春门内。　**宋风师坛　雷雨师坛**在府城西通津门外社稷坛之左。　**宋县社稷坛**在县西一里。旧志云在县南富民坊，后徙建于此。　**凌波营**在府城东鄞河坊。按《江南野史》："南唐时，许诸郡竞渡，每端午，官给采牌，校点最胜者，标赏皆籍其名，后主因搜为水军，号'凌波军'，此其故营也。"　**牢城第六指挥营**在府治东横冈岭上。宁节指挥营附焉。　**广节第八指挥营**在府治东。　**保节第二十指挥营**在府治西。　**任节第二十一指挥营**在府治东。　**威果第三十五指挥营**在府治西。　**屯驻军寨**在府城南三里。宋建炎间杨倞乱后，赣、梅寇屡发，朝廷遣大军讨捕，驻扎城中，绍兴十四年始创寨处之，改隶左翼军。　**何田市寨**在府城南青泰里。宋嘉定间郡守邹非熊以其地市井阛阓，创寨以弹压之。　**都教场**在府城东三里。又名都试场。宋乾道间郡守晁子健创建。

上宝场在县治西百二十步。 拔口场务在府城西南八十里。 合同场在府治东正街推官厅之左。后改为卖盐场，又改为慈幼局。 省仓在府治南广储门内。宋绍兴初重建。 盐仓在军资库后，旧在军资库内。 军资库在府治西。 兴贤庄宋嘉定七年郡倅黄大全买章得之、罗六十田创置，官籍其租以助诸贡士之愿计谐者。各庄仿此。 万柱庄宋嘉定十四年郡守傅康籍吴缨田创置。 伏虎庵在府城东三里。青松对植，苍翠交阴，虽僻在一隅，盖一郡游赏之所。

宁化县

县丞厅在县治西北。 主簿厅在县治后。旧在县治左，迁建于此。 县尉厅在县治东北隅。（上三署俱宋端平间县令赵时馆重建。） 南平寨在县南乡潭飞漈。宋绍定六年招捕使陈韡奏移黄土寨于此。 北安寨在县东招贤里。宋绍定六年招捕使陈韡奏移苦竹寨于此。 商税务在簿厅东。 盐仓在县治东厅前。

上杭县

旧州在县北十五里长汀村。昔郡治尝自新罗徙于此，旧址犹存。 鳖沙 旧县在县东北白砂里。宋至道二年徙县于此。 语口市旧县在县北在城里。宋咸平二年徙县于此。 钟寮场旧县在县北平安里。宋天圣五年徙县于此。 丞厅在县治南。宋乾道七年县丞何镐因民屋葺之。 簿厅在县治东。 尉厅在县治西。 梅溪寨在县东梅溪口。 永兴场在县东五十里。 通利场在县南六十里。 金山场 利济场 龙山场 石门场 语口场（上七场俱宋时建，今废。） 诸色官

钱库　**税务**在县治西三十五步。　**盐仓**在县治西。

武平县

丞厅在县治西。　**簿厅**在县南文明坊。旧在禅果寺东偏，后迁于此。　**尉厅**在县门内弓手营。教场附其右。　**三摺溪寨**在县东五里。旧在溪西汀、赣、梅三州界首，后梅州奏罢，止隶汀、赣二州。绍兴初毁于寇，移寨于此。　**屯营庵**在县东何屯冈下。旧传五代时统军使何姓者尝部武艺军屯驻于此，筑小城周回二里许，故基犹存。　**盐仓**在县治西。　**商税务**在县治西。

清流县

丞厅在县治东二十步。　**主簿厅**在县治东北隅。　**尉厅**在县治西。　**盐仓**在县厅东。　**贡士庄**宋宝祐六年县令林昌泰、林应龙拨杨皋、萧应龙、李七六田创置。林应龙自为记。

连城县

主簿厅在县东赡岩馆。旧在县西，后迁于此。　**尉厅**在旧县南。迁于东塔之侧，宋淳祐间县尉李务行仍建于旧址。　**旧儒学**在县东南尉司旧址。详见《学校志》。　**金鸡场**　**吕溪场**在县南河源里。　**郭家山场**在县南三十里。　**宝成场**在县南南顺里。　**盐仓**在县西。　**北团寨仓**在县北北安里。　**免役库**在县西廊。　**税务**亦在县西廊。　**万桂庄**宋嘉熙二年郡守戴挺拨陈第四、陈丙娘、杨祖远、陈十六、陈岩归田创置。主簿张应卯为记。

归化县

子城在县治西。元末平章陈友定因邻邑有警，筑城以障乡闾，周回里许，故址犹存。　**黄杨巡检司**在县东归下里。宋绍兴间建，今废。　**平章寨**在县后市，空芜山之巅。元末福建行省平章陈友定立栅屯戍于此，故址犹存。

永定县

上杭场在县东丰田里。唐大历间始置场于此。详见《沿革志》。　**兴济场**　**端利场**　**嘉兴场**　**浮流场**　**锦丰场**（上五场俱宋时创。）　**秇梓保**在县北太平里。南唐徙上杭场于此。详见《沿革志》。　**蓝省庄**在溪南里。宋嘉兴四年县令谢观国拨兴化乡王七一田创。

延平府

南平县

废镡州五代时王延政以永平镇为镡州，寻废。　**废酒务**在府治东。宋嘉祐以前延平行榷酤之法，置都酒务，后废，其址为龙津驿，驿亦废。　**宋州风师坛**在府城西。　**雷雨师坛**在府城北。　**宋县社稷坛**在县治西。　**风师坛**　**雷雨师坛**（上二坛俱在县西北。）　**中军帐**在府城西北田坑广节营后山，乃凭高望远之处。宋绍兴初，叶文、叶武以万余人从间道入寇，郡守张翀建此以为斥堠。招捕使陈翀重建。　**广节营**在田坑广济桥之内。　**保节十五营**在招福坊。　**保节第十六营**在建安门内。　**保节十七营**在仰爱堂侧。（上三营俱府城东。）　**牢城**

营　宁节营（上二营俱在府城西登俊坊。）　威果营在府城西北田坑。（上七营俱宋端平二年郡守董洪建。）　黄墩关隘在府城西二十五里。　麻洲头关隘在府城北梅岐里东都。　卤水岭寨在府城西长沙上里。背山枕溪，上下壁立方仞，路仅通步，险巇数折，宋招捕使陈韡尝寨于此。　鹅鼻头尖寨在府城北考窠岭上。十二峰平地耸起，高十余丈，中有捷路，直通郡城中军帐。后道峡阳，前通溪源诸处，脱有邻警，则屯兵于此，以候望焉。

湖头寨在府城东十里，面溪背山，前建浮梁。宋建炎中张佃入寇，郡守张彻设伏于此，射杀之。浮梁久废。　阳门寨宋元丰三年建，隶剑浦县左翼军。　桐岭寨在府城西梧桐岭。宋嘉定七年提举刘允济建。　岭峡寨在岭峡镇上。宋元丰三年建。

弓兵营在府城将顺门外。宋嘉定五年郡守陈宓、县尉张元简建，越二年坏于洪水，端平三年郡守董洪、县令赵希繁重建。

永平镇在剑津北岸。五代时王延翰置都镇，屯驻闽城兵卒。王延政僭号于建安，召归辖下，改置鐔州。　废四镇延平旧有四镇：郡西门对岸谓之罗源镇口，自镇口而南十五里，地名罗源，其旧镇也；南平县西四十里，沙县、顺昌二水合流处为西津镇；南平县东凿滩，范迪简所居地为东津镇；今岭峡巡检司为静江镇。

废船场在溪南玄妙观东。后为南园。　省仓在府治西子城。

盐仓在省仓之南。（上二仓俱宋时建。）　小常村在府境。宋时叛卒杨倞寇南剑州，道出于此，掠一民妇欲与乱，誓死不受污，遂遇害，弃尸道旁。贼退，人为收瘗，尸所枕藉处，迹宛然不灭，每雨则乾，晴则湿，削去则复见，覆以他土，其迹愈明。

将乐县

高平苑在县南六十里，乃越王校猎之所。《建安记云》：“越王畋于将乐野岸高平苑。” **废镛州**王延政以将乐为镛州，寻废。 **废绥城县**在县西乡。普隆安间置，隋省，唐初复置，后并入邵武县。 **宋风师坛** **雷雨师坛**（上二坛俱在县西。） **濑口关**在县东南高滩都。宋绍定三年汀寇丘文直合晏头陀数千人，尝据此以拒王师。招捕使陈韡帅诸军夺其关，郡守黄埒挺身入贼垒，谕以祸福，贼遂降。 **黄土寨**在县南兴善都。宋庆元二年，以其地介清流二县境，民俗顽悍，特置寨以备之。元废，国朝洪武元年复置。十三年以与清流、明溪寨密迩，遂省。 **万安寨**在县北。宋元丰元年置寨，营亦在县北。 **弓兵营**在县城内。 **省仓**在县治东北。 **盐仓**在县治南。 **万安赡军营**在万安寨。（上三仓俱宋时建。） **葛坡**在县南五里。古冢累累相望，故老指为“葛王冢”。相传西晋末，有葛将军失其名，因世乱拥兵自据，僭称王号。既殁，多设疑冢。后人发之，圹中多金砖。

落星穴在县北门。晋义熙中有长星坠其处，忽成一穴，占者谓五百年后当生大贤，邑人因以德星坊名其地。宋杨时实生于此，人以为应。

尤溪县

宋风师坛在县西门外。 **雷雨师坛**在县东门外。 **牢城关**在县后崇岭之巅。宋建炎二年范汝为入寇，邑人自县西城内涪坑沿山崇岭，北接高源岭，南抵小村，即岭巅置砦以为御。寇之支党自沙县焦田来犯，至此为土兵所害。 **弓兵营**在县治右。宋元丰三年建。

沙县

旧县治在县东十里，古铜场对岸，今呼为故县。 **钱监**在县北三里。旧传为铸钱之所。 **商税务**在县治魁星巷口。宋时建，国朝洪武间省。　**七峰驿**在郭内。　**同爵驿**在县□四十里[16]。（上二驿宋时建，元因之。）　**旧鼓楼基**在县治后山之西北三里。今俗呼“鼓楼坪”。　**宋风雨坛**　**雷雨师坛**（上二坛俱在县西。）　**洛阳口寨**在县东南八都。宋元丰三年置，设巡检弹压，拨泉州翼虎飞熊军兼士兵戍守。　**沙阳镇**在县治东兴义坊。宋改为儒学。　**崇安镇**在县东九都。五代时置。相传山洲即镇之旧址，名崇安洲。　**洛阳口镇**在洛阳寨前。宋元丰间置。　**省仓**　**盐仓**（上二仓俱在县治东。）　**浮流赡军仓**在县西浮流寨。（已上三仓俱宋时建。）

顺昌县

土城在县北。久废，壕堑犹存。　**宋风师坛**　**雷雨师坛**（上二坛俱在县东北。）　**龙坛**在县南门。　**炼丹坛**在县西兴贤都梅仙山，汉梅福炼丹之所。有细石圆如药丸，名石药。坛上累石为塔，危若累卵，风雨飘摇，弗颠坠也，人指以为仙踪。**弓兵营**在县治西。　**同巡寨**在县西。又名“土兵寨”。宋元丰元年置，寨营去县百步许。　**石湖寨**在县西北石湖都。地势宽衺，可容千余家。南唐保大中左散骑常侍张彦成领兵置寨于此，故址犹存。　**鹧科镇**唐嗣圣四年，分抚州南乡将水口为镇，即今县治。　**省仓**在县治南。宋时建。

永安县

黄杨寨在县北。旧名“岩前寨”。宋嘉定十七年郡守赵汝追以其地险远，而民悍恶，宜置寨以备之。绍定四年招捕使陈韡拨翼虎、飞熊军充寨兵。元至元中置巡检。国朝洪武元年改名黄梅寨巡检司，十四年省。　**龙口寨**在县北。旧隶沙县，宋庆元四年置,拨北乡寨左翼军屯戍。 **大陶寨**在县北。元至元中置。 **莲花寨**在县东五里。山形如莲花,周围壁削,一小径至巅,仅容行一人,宋、元之季乡人多避寇于此。国朝正统十三年沙、尤寇发,乡民避居,赖以获全。

邵武府

邵武县

乐野宫在府城东三十五里。《建安记》:"越王无诸,以七百里山涧之地,畋猎纵乐。"故邑有乐野宫,其地今为民居。 **乌坂城**在府城东北。《建安记》:"昔越王拒汉筑城六,此其一也。" **通判厅**在府治东。 **佥判厅**在府治西。 **司法厅**在府治东南。元改为医学。(上三署俱宋时建。) **达鲁花赤厅**在府治西。 **推官厅**在府治东南隅。 **监司行署**在府治南。 **录事司**在府治西。 **司狱司**在府治东。 **蒙古字学**寓县学前之旧书阁。 **官医提领所**在医学西。(上七署俱元时建。) **尉司** **樵川站**(上二署俱在水北,元时建。) **杨坊寨**在府城东北五十里。 **拿口寨**在府城东八十里。 **同巡寨**在县南五十五里。(上三寨俱宋绍兴二年建,元改为巡检司,国朝洪武十一年省。) **万石仓**在熙春山麓。宋时建。 **贡士庄**宋有内庄、外庄,后[17]清凉、临江二寺所占。 **登云庄**宋咸淳中郡守廖邦杰拨浆源没入田创,会三年所入津发不由学而贡者。 **行用库**在府城南隅太平坊。元时置,后火毁,国朝洪武八年复置,寻省。

白鼠村在府城南。父老相传,此村昔尝有白蛇、白鼠相斗,因名。亦名"白渚"。 **王氏石铭**宋洪迈《夷坚志》:"邵武人危氏者,大观二年葬其亲于郡西塔院旁。逾月雨过,视坟侧有痕,掘之得银杯二,铜水缶及镜铭一。又得埋铭石,其文曰:'琅琊王氏女,江南熙载妻,丙申闰七月,葬在石城西。诸器皆依古制度,精巧非世工可及。'"

泰宁县

乐野宫邑志云,在县西隅,今为民居。　**高平苑**在县南。昔越王无诸校猎之所。　**县丞厅**在县治东。　**主簿厅**在县治西。　**尉厅**在县治东南。　**梅口寨**在县西三十里。宋绍定五年统领刘纯分忠武军于此,以镇罗源筋竹之寇。　**朱口寨**在县东三十里。宋绍定中设,元改为巡检司,后废。　**省仓**　**盐仓**(上二仓俱在县治西南,今为吏舍。)　**省库**在县治东南。

建宁县

旧县治在今县治西南三里许。　**丞厅**在旧县左。宋段震午有记。　**主簿厅**在旧县治北。吴七德有记。　**尉厅**在旧县东。胡云龙有记。　**尉司**　**上营**在簿厅前。　**下营**在旧县北。　**朝京馆**在县西。　**绥城驿**在县西熊家岭。黄震有记。　**凤山驿**在县东。　**濉江驿**在县北街。　**洛阳驿**在县东洛阳桥。　**都溪驿**在县南都溪保。　**罗汉寨**在县治旧北门。宋乾道四年张浚奏移汀州驻扎右翼兵屯戍,以御何白旗之寇。**永平寨**在县西新城保,即罗源筋竹寇区也。宋绍定五年设。**军口寨**在县东南赤土保。宋绍定五年设,元改为巡检司。　**将屯寨**在县东南将屯保。宋镇将谢望驻兵于此。　**巢隔**在将屯保。唐陈岩率民兵于此御巢寇,为隔绝不能进,故名。　**演武场**在县西一百二十步。　**淮军米仓**在县治之北。　**惠宁仓**在县北。　**省仓**在县治西。　**永安仓**在县西里心保、永安寨旁。 **赡用盐仓**在县治西旧盐廒之南。 **盐廒**在县治西。 **后廪库** **经制库**(上二库俱在丞厅。) **省库**在县厅西偏。 **武备库**在县治右廊。

光泽县

尉司在县治西。 **税务**在县治东。(上二署俱宋时建。) **铁牛关**在县北二十七都。唐广明间设,今属大寺寨巡检司分守。

兴化府

莆田县

旧郡治在府城东北广业里游洋。宋太平兴国四年建,八年迁治于莆田,遂以为县治。国朝正统间省。按《游洋志》云:"郡志谓县治乃林居裔故居。"今考之光禄陈铸《西林院记》云:"名茂殷,始以资武断乡曲,侵撼邻封,及败,尚据此土。太平兴国四年,遣偏师伐之,且谕以不死,遂率众降,因置军焉。" **判官厅**在行衙之东。大观元年建,今为民居。 **军院**在行衙之西偏。初在旧行衙之东,录事参军廨舍附焉。乾道七年议创贡院,遂迁于此。 **司理院**在谯门外通衢之西。司理廨舍附焉。 **司法厅**在善俗坊新路之东,寻废。淳熙初创为省马院,后又废为民居。 **丞厅**在旧县门之西偏,即今府治内。以都巡检廨为之,寻与主簿厅两易,乃徙于此。厅之右有"双梅堂",后更名"眉寿"。 **主簿厅**在旧县门内之东偏。初在县门内之西,后改建于此。 **尉司**在旧宁真门外,教场弓手营翼于东西。 **巡辖廨舍**在望京门外,以北门铺为之。 **迎仙仓**在迎仙驿之东。贮近附二里人户冬苗，以便迎仙寨士兵粮给。　**旧兴化县省仓**在县治之西。常平仓附焉。　**市务**在县郭西门侧。簿兼主之。（已上仓务在府城东北广业里。）　**威果指挥营**在军教场之西。隶侍卫步军司。　**广节指挥营**在子城之东壁。熙宁二年名教阅保节指挥，六年更名广节指挥。　**不教阅保节二十四指挥营**在朝天坊内。　**不教阅保节二十五指挥营**在擢秀坊内。　**壮城指挥营**绍兴二十年置于肃清门内，淳熙二年改为忠顺官舍，乃移于二十四指挥营之后。　**牢城指挥营**在望海门内义海坊通衢之北。　**教场**在贡院之南，东接薛公池，西联威果指挥营，中有阅武亭。宋宣和四年知军事张穆建，绍熙二年郡守赵彦励重修，更名其亭曰“整暇”。又一所在府城西北常泰里，去城四里许。俱废。　**贡院**在擢秀坊内。莆自置郡以来，每三岁诏举进士，俱试于学宫，寻徙于行衙，即旧转运廨舍也。其后就试之人益众，绍兴十年复迁于城南广化寺，凡历十有二举，而公私两病之，乾道七年郡守何偁始议改创，即移行衙军院于郡治之东偏，斥其地经始之，俄罢。淳熙二年，郡守姚康朝增辟保节二十五指挥营地之半，益其基建焉。陈俊卿为记。　**东驿**在德义坊郡治东第二街之左。　**西驿**一曰“待贤驿”。旧在擢秀坊，其地入贡院，遂移置于行衙门内之东偏。　**迎仙驿**在府城东北待贤里。唐为待贤馆。　**龙门**在旧县治东南。故事，大比郡歌鹿鸣既，乃谒令，令置酒毕，由龙门而出，率以为常。　**监盐仓廨舍**在延寿里涵头。　**同巡检廨舍**在迎仙市。　**巡盐廨舍**在县东南新安里系蓼澳。

仙游县

丞厅在县南二十五步。旧为“仙溪馆”，后改为“迟轩馆”。崇宁三年增葺为丞厅，厅之南有南馆。　**尉司**　**教场**在县西南隅。今废。 **风亭仓**在县东南连江里太平驿侧。贮旁近人户冬苗，以便系蓼寨土兵粮给。 **盐仓**在县东南太平驿侧。 **税务**在县东。丞兼主之。（已上俱宋时建。）

福宁州

本州

旧县在州南四十一都安民里。今州人犹称古县。 **丞厅**在县治大门之内。 **簿厅**在县东门之内。 **尉厅**在县东门之外。（上三厅俱宋时置。） **蒋洋巡检司**在九都。洪武二十年移于大篔筜。 **桐山巡检司**在十七都。洪武二十年移于水澳。（上二司俱州城东。） **西臼巡检司**在州城南五十三都。洪武二十年移于青湾。 **库溪巡检司** **小澜巡检司** **盐田巡检司**（上六巡检司俱元时置。） **温麻驿**在州城西门外，距州五里。 **盐田驿**在州城西。 **倒流溪驿** **饭溪驿**（上二驿在擢秀里。） **白琳驿**在遥香里。 **桐山驿** **分水驿**（上二驿在廉江里。已上五驿俱州东。通上七驿宋乾道元年设，元初废。） **分水岭关**与温州平阳县接境，今犹号军营。 **叠石关**（上二关在州东廉江里，伪闽立，以备吴越。） **营头关**在州南安民里霞浦山。前有小屿跨海与大山接，其中可容数百人。宋绍兴间海寇朱明凶焰可畏，乡人屯此以捍御之，贼不敢犯。 **后溪关**在州治北柘洋里，伪闽立。宋时建贼范汝为寇邻境，郡盗乘机窃发，欲由政和掠长溪。邑大姓王褒等率众据隘守关，贼至，知有备，遂取道古田以归。（上四关俱元初废。） **省仓**在县之东南。 **经总制库** **米价库**（上二库在县东。已上仓库俱宋时建。） **莆门镇**抵温州界。 **风伯坛**在县西明宗山下。 **雷雨师坛**在县东北龙泉山下。

宁德县

税课局在县治之东三百步许。　**崵村税课局**在县□七都。(上二局俱洪武元年设,后省。)　**三县寨**在县东三都。宋初建于三屿,元丰初移置于蛇崎山,界福宁、福安三县间,故名。洪武二十年移于福宁之松山。　**宁川驿**在旧簿厅西。　**飞泉驿**旧在县西南二都,后移置焦门峡。绍兴间以风涛险恶罢。　**省仓**在县东。　**省役库**在县西。

福安县

尉司在县鼓楼之右。元时建。　**辜岭巡检司**在县南飞鸾渡口。宋时置。　**渔洋巡检司**在县北九十里。洪武三年建,景泰六年省。按《三山续志》:“元时有渔溪巡检司,在十九都咸村。”疑即此也。　**下邳驿**在县东秦溪东里。　**黄崎镇**在县南一百五十里。唐僖宗时置,宋熙宁五年复置。崇宁三年镇官庞珣创收税亭、市易库,嘉熙四年罢。　**税粮场**在县南三江口。闽王审知置,东辖温麻港,西辖童境港,中辖甘棠港。宋熙宁五年行市易法,以风涛险恶,商舟艰于驻泊,乃移置黄崎。　**白沙务**在县南二十五里。宋绍兴二年置,寻罢。　**税课务**在县西南三里。洪武三年建,宣德间省。　**际留仓**在县西。

校　注

[1] 按《三山志·秩官》作“李仁达”,下同。

[2] 乾隆《长乐县志·古迹》载:“岭口盐场旧在县治西隅临水渡侧,宋

熙宁中移置于东隅岭口。”

［3］乾隆《福清县志·建置》载:“主簿衙旧在谯门之右,熙宁三年重建,今在知县堂之右。”

［4］乾隆《福清县志·杂事》载:“军寨在善福里石竺山,今村旁有名虎屋者。”可参证。

［5］乾隆《福清县志·杂事》作“邑人屯兵之所”。

［6］乾隆《福清县志·杂事》载:“闽王调兵筑海堤,建楼于此。”

［7］乾隆《福清县志·杂事》载:“祭苗墩为闽王审知祈谷处。”

［8］嘉靖《建宁府志·古迹》作“麻沙寨”。

［9］嘉靖《建宁府志·古迹》作“置寨于禾平里”。

［10］嘉靖《建宁府志·古迹》作“今废为民居”。

［11］嘉靖《建宁府志·古迹》作“宋淳熙元年知县王济舆建”。

［12］嘉靖《建宁府志·古迹》作“宋乾道九年知县王济舆建”。

［13］嘉靖《建宁府志·古迹》作“在长城里二十八都”。

［14］乾隆《福建通志·古迹》作“只爱青葱不爱红”。

［15］按乾隆《福建通志·古迹》所载,废怀恩县即今云霄地。

［16］民国《沙县志·名胜》载:“同爵驿离县四十里。”

［17］似漏一“为”字。

八闽通志卷之八十一

祥　异

祥异之见未有不由于人也。汉东海孝妇以冤死，郡枯旱三年，于公辨其冤，太守杀牛自祭孝妇冢，因表其墓，天立大雨。夫以一人之枉直而祥异之征其速如此，况一省、一郡、一邑之政，有得失而不足以致祥异之征乎？然窃闻之，征之休咎犹卦之吉凶，占者有德以胜之，则凶可为吉；无德以当之，则吉乃为凶。故德足胜妖，则妖不足虑；匪德致瑞，则物之反常者皆足为妖。妖不自作，人实与之。是以为政者不以祥异为休咎，亦勉于德而已矣。闽诸郡祥异，凡前代载籍所纪及近代见闻之可信者，皆足以垂示鉴戒，不可弃也。乃志祥异。

福建布政司诸史所纪祥异，凡统言福建者悉志于此。

〔唐〕

大历二年秋，福建水灾。

建中三年六月，福建大旱，井泉竭，人暍且疫死者甚众。

贞元六年夏，福建道疫。

大和二年，福建进瑞粟一十茎。

开成五年夏，福建蝗疫。

大中二年七月，福建观察使殷俨进瑞粟十茎，茎有五六穗。

〔五代(唐)〕

长兴四年闽地震。按《通鉴纲目》："初，闽王审知性节俭，府舍皆庳陋，及延钧僭伪大作宫殿，报土木之威。"尹氏发明曰："延钧以弑逆得国，遂至僭窃，又骄淫不道，《纲目》书闽地震者，明他国无预，闽地独震也。未几兵乱继作，遂至不得其死。天之告戒果可忽哉！夫以区区蕞尔之境而天戒犹若此，况奄有四海者哉！"

〔宋〕

天圣四年九月壬申，闽诸州雨，水坏民庐舍。

元祐八年，福建海风驾潮，害民田。

大观三年，福建旱。

绍兴二年春，福建饥，斗米千钱，馈饷繁急，民益艰食。令宪臣移广粟以赈。

六年春，福建饥。令帅臣部使者赈粟劝分，且漕广粟以助。

隆兴二年正月，福建诸州地震。

乾道三年八月，霖雨，闽禾、麻、菽、粟多腐。

六年夏，福建路旱，福、漳、建三州为甚。

淳熙十一年，福建旱。

十二年，福建饥，亡麦。令守臣赈粟。

十四年，福建旱，振之。

十六年五月，福建大霖雨。

绍熙二年四月，福建路霖雨至于五月。

五年九月雨至于十月，福建亦苦雨。

嘉泰二年六月，福建路连雨至于七月丁未，大风雨为灾。

开禧元年，福建旱。

嘉定八年，闽旱。

十四年，闽旱，福州为甚。

十六年，闽旱，亡麦、禾。

十七年五月，福建大水，建宁、南剑尤甚。七月丁酉朔，命福建路监司赈恤被水贫民。

绍定三年，福建蝗。

嘉熙四年，福建大旱。

淳祐七年，福建水。

十一年，闽旱。

宝祐元年，闽旱。

咸淳十年，闽中旱，冬十月闽中地震。

德祐元年三月，闽中地复大震。

〔元〕

元贞二年，福建饥，赈粟有差。

至正十四年，福建大旱。

福州府

〔唐〕

贞元十二年,大水。

十七年,剑池水赤如血。

〔宋〕

太平兴国八年二月,知福州何允昭献芝二本。

至通二年四月,福清县廨雨黄黑豆。又长乐、太平二乡雨黑豆,皆坚实异常。

景德二年八月,福州海上有飓风坏庐舍。

大中祥符元年十二月,怀安县龙眼树上紫芝连理。二年正月,荔枝树生连理芝二本。

四年四月,古田县僧舍竹一本,上分三茎。

五年十二月,侯官县山上生芝草五十四本。闽县望泉寺[1]生芝草十本。

七年四月,献芝草二本。

皇祐元年七月,生芝一十二本。

政和二年,福清县龙首桥溪流暴溢,忽深数丈,有物翻腾波浪间,荡居民数百家。时仪曹林挚及其弟攀挈家寓于文兴亭,俱没。

绍兴十八年六月,侯官县有竹实如米,饥民采实之。

二十年八月,冲虚观皂荚木翠叶再实。

二十九年七月戊戌,水入城漂闽、侯、怀三县田庐,官吏不以闻,宪臣樊光远坐黜。

隆兴二年，大旱，苗种不入，自春至八月。

乾道二年三月丙午夜，福清县石竹山大石自移，声如雷，石方可九丈[2]，所过成蹊才四尺，而山之木石如故。

淳熙四年五月庚子，大雨水至于壬寅，漂民庐数千家。

五年六月戊辰，古田县大水，漂民庐，圮县治市桥。闰月乙巳，暴风雨夜作，福清县及海口镇大水，漂民庐、官舍、仓库，溺死者甚众。

十年八月，霖雨，自己未至于九月乙丑。

十三年冬十月甲戌，火。

十五年，水。

绍熙二年五月己酉朔，水浸附郭民庐，怀安、侯官县漂千三百余家。古田、闽清亦坏田庐。

十一年，四月不雨至于八月。

嘉泰二年七月，水害苗稼。丙午，古田县水漂官舍民庐甚众，溺死者二百七十人。

三年四月，瑞麦生。是年十一月甲午，火燔四百余家。

嘉定四年十月辛卯，福州一夕再火，燔城门、僧寺、民庐千余家，死者数人。

九年五月，大水，漂田庐，害稼。

十三年，饥，人食草根。

十六年秋，大水，坏田稼十五、六。

十七年五月，大水，漂水口镇民庐皆尽。侯官县甘蔗砦漂数百家，人多溺死。是年秋飓风大作，坏田损稼。

景定四年，飓风，

十一月，福州火。

咸淳十年，长乐、福清二县大旱。

宋季时，昼锦坊有卖米者，一夕雷震死其家三人，大书尸上凡九字，其文曰：“兴口凡亼戻口冃六亘”。时盗起民贫，有买糠充饥者。雷击之家，卖米则先喷以水，卖糠则和以木渣。雷所书九字，人不能识，有好事者书于万寿塔柱，以询知者。有一老过之曰：“但于其中直贯一划则成文矣。”盖谓“米中用水，糠中用木查”也。按《罗源县志》所载如此，而不著年月，姑附于此。

〔元〕

大德六年，饥，五月丁巳，赈以粮一万四千七百石。

至正四年，大旱，自三月不雨至于八月。是年夏秋大疫。

十四年，大饥，人相食。

二十三年正月，连江县有虎入县治。

二十四年七月，白昼获虎于郡城西。

二十七年十月丙辰，雷雨，地震。十二月庚午又震，有声如雷。

〔国朝〕

成化十三年，火毁还珠门及民庐数百家。

十六年，长乐县十八都昆由里，地平突起小阜，高三四尺，人畜践之辄陷，乡人聚观以为异。明年，复于其左涌起一山，广袤五丈余。是年大疫，旁近居民病死甚众，向聚观者患罹其祸。

十八年七月癸巳，长乐县大雨至八月丁酉朔，漂禾稼，坏公私屋宇。先是，半占山裂(时十一年也)。至是，崩压居民庐舍，死者二十有七人。连江县亦于七月甲午风雨恶甚，至八月戊戌洪水横溢，县治、学宫、仓廒、坛遗及民舍、田禾俱为所坏，溺死者百二十人，牛畜、谷粟漂没不可胜计。

十九年六月庚辰，大风雨拔木发屋，坏公署、民庐不可胜计。环城敌楼战屋摧毁殆尽。闽、侯官、怀安、长乐、连江、福清、罗源、永福、闽清九县，滨江近溪屋宇夷荡尤甚，田畴禾稼崩陷摧流过半，官私舟船漂没万数，民溺死者千余人。

二十年十二月戊寅夜，地震有声。

二十一年，自三月雨至闰四月终不止，溪水泛溢，涌入城市。闽、侯官、怀安、古田、连江、罗源、闽清、永福八县，漂流官私庐舍，浸没仓粮、文牍，淹溺人畜、伤害田稼不可胜计。继复大疫，死者相枕藉。

是年十月丁未，地震，起自西北有声。

二十二年，春旱，五月以后大旱，禾稼薄收。连江、古田二县疫，十无一二宁者。是年六月己卯夜地震，九月丙寅夜又震。

二十三年，春旱无麦，秋大旱无禾。

建宁府

〔晋〕

太康八年十二月癸卯，建安雷电大雨。

元熙元年，建安人阳道无头正平，本下作女人形体。

〔唐〕

大历二年，水灾。

贞元十二年，大水。

嗣圣九年，蝗。

唐时建阳县时山有双松连理，又有双竹产于兴下里威怀庙外树柯中邑，人因呼其地曰“盖竹”。建人方言，“盖”与“怪”同音，疑所谓盖竹当为怪竹也。按郡志所载如此，而不著年月，姑附于此。

〔宋〕

淳化三年十二月，建安军城西火燔民舍，官廨等殆尽。

至道二年七月，溪水涨溢入州城，坏仓库、民舍万余区。

天圣四年六月丁亥，大水，诏赐被灾家米二石，溺死者官瘗之。

宝元元年，自正月雨至四月不止，溪水大涨入州城，坏民庐舍，溺死者甚众。赐死伤家钱有差，其无主者，官葬祭之。

至和五年三月，宗安县嘉禾一本九十茎。

治平四年秋，地震。

熙宁元年三月，大雷雨，州民杨纬所居之西有黄龙见，下有一木如龙，而形未具。七月，大雷雨，复有龙飞其下，及霁，木龙尾翼足皆具，归合旧木宛然一体[3]。明年绘图像以进。

政和四年八月,州境竹生米数千万石。是年木连理。

乾道四年六月,旱。

五年七月丁巳,瑞应场大际、山枣等山暴水涌出,漂民庐,溺死者甚众。

淳熙四年五月,庚子大雨至于壬寅,漂民庐数千家。

十五年,水圮民庐。

绍熙元年十二月,大雪深数尺,查源洞寇张海起,民避入山者多冻死。戊申,海寇浦城县,焚五百家。

二年二月庚申朔,大风雨雹,仆屋杀人。三月癸酉,大风雨雹,大如桃李实,平地盈尺,坏庐舍五千余家,禾、麻、蔬、果皆损。五月戊申,水。

庆元六年五月,大水自庚午至于甲戌,漂民庐,害稼。

嘉泰二年七月,水害苗稼。丙午,建安县漂军民庐舍百二十余。丁未,山摧覆民庐七十七家。

嘉定二年十一月丁亥,政和县火,燔百余家。

十一年,旱。

十七年五月,大水没平桥入城。

淳祐十二年六月,大水冒城郭,漂室庐,死者甚众。

景定元年,建阳县嘉禾生,一本十五穗,诏改建阳为嘉禾县。按《宋史》,改建阳为嘉禾县,而县志则曰:“唐石里产嘉禾,邑人因改其里名曰嘉禾里。”盖既改县名,并改里名也。

〔元〕

后至元元年,饥。

至正三年秋,浦城县民家豕生豚,二尾八足。

十一年十一月，浦城县雨黑子如稗实。

十九年四月己丑，瓯宁县有星坠于营山前，其声如雷，化为石。

〔国朝〕

正统五年，政和县民范奴田产嘉禾，异亩同颖，一茎有二穗、三穗、四穗者，凡十有余本。

成化十六年九月壬戌暮，有大星若奔，自西南流于东北，其色赤，其形长，其尾如炸，其声如雷[4]，数刻始没。

十九年五月戊戌，浦城连日骤雨。庚子，西南雁塘等六里山水泛溢，高三丈余，山崩地坼，漂民庐百三十家，坏桥梁十又三处，淤民田三十八顷有奇，溺死者四十人。

十九年二月甲子夜，火燔军民屋宇百六十三家。

二十一年夏，淫雨，山水骤溢，建安、瓯宁、建阳三县乡市民居多为所坏，濒溪聚落屋宇夷荡尤甚，田苗淤沙，人畜有溺死者。

泉州府

〔唐〕

贞观二年，蝗[5]。

二十一年八月，海溢。

〔宋〕

至道三年五月，甘露降。

咸平三年二月，甘露降。

天禧五年三月，甘露降。

治平四年秋，地震。

熙宁二年八月，大风雨，水与潮相冲泛溢，损田稼，漂官私庐舍。

十年，饥。

绍圣三年，粟二本五穗八穗。

绍兴三年七月，水三日，坏城郭庐舍。

崇宁元年，旱。

乾道三年五月，火。是月丙午，大雨，昼夜不止者旬日[6]。

淳熙元年十二月丁巳，火燔城楼及五十余家。令有司赈恤。

十一年，四月不雨至于八月。是年亡禾。令守臣赈粟贷种。

嘉定九年，大水，漂田庐，害稼。

十六年秋，大水，坏田稼十五、六。

〔元〕

至元二十七年[7]二月癸未，地震。

六月己丑，大水。

泰定元年十一月，州南安饥[8]，赈粜有差。

元统元年六月，霖雨，溪水暴涨，漂民居数百家。

至正九年七月庚寅，大风雨，永春县南象山崩，压死者甚众。

十年十月乙酉，安溪县候山鸣。

十三年七月，雨白丝。丁卯，海水日三潮。

十四年，大旱，种不入土，人相食。

二十六年七月丙辰，同安县大雷雨，三秀山崩。

〔国朝〕

成化十八年七月甲午，永春县大雨至八月丁酉，洪水泛滥，淤田畴，圮桥梁，坏官私庐舍，滨溪民居淹没尤甚，民亦有溺死者。

二十一年，自春徂夏积雨连月，晋江、同安、永春、德化、惠安五县，田庐禾稼多为所坏。

二十二年，春旱，五月以后大旱，禾稼薄收；秋复旱。

九月丙寅，地震。

二十三年，春旱无麦，秋大旱无禾。

漳州府

〔唐〕

开元十三年十一月朔，漳浦县梁山祥云现，绚烂亘百里，弥月而止。

天宝八载，漳浦县民钟文定获白鹿牝牡各一，送都[9]绘图以进。

〔宋〕

咸平二年十月，山水泛溢，坏民舍千余区，州民黄挐等十家溺死。

治平四年秋，地震。

熙宁十年，饥。

崇宁元年，旱。

政和七年二月十二日，甘露降于司理院双梅上，光灿射日，味甘如饴，三日未晞。

绍兴四年春，威惠庙燕堂中山茶叶上下吐两花如龙爪，一本五出，一本八出，青绿色而有异香。

十四年，灵芝三茎产于郡学戟门之东楹。

十六年，有瑞莲同蒂异萼，产于郡学直舍前之池中。

十八年，漳浦县崇照盐场海岸，连有巨鱼高数丈[10]，割其肉数百车，至剜目乃觉，转鬣而旁舰皆覆。又渔人获鱼长二丈余，重数千斤，剖之，腹横人骼，肤发如生。《京房易传》曰："海数见巨鱼，邪人进，贤人疏。"

隆兴二年，大旱，首种不入，自春至于八月。

淳熙十年九月乙丑，大风雨，水暴至，州城半没，浸八百九十余家。

十一年，四月不雨至于八月，是年亡禾。令守臣赈粟贷种。

嘉定九年五月，大水漂田庐，害稼。

十六年秋，大水，坏田稼十五六。

绍定元年，龙江书院仰高堂产瑞芝九茎，色如截肠。

淳祐九年，祠山庙戟门前桂树上花一簇十有四茎，茎间五叶，状如红梅。

〔元〕

至治三年九月，水。

泰定三年九月，水。

〔国朝〕

正统十年十一月癸未，地日夜连九震，鸟兽之属皆辟易飞走，山崩石坠，地裂水涌，公私屋宇摧压者多，凡百余日乃止。龙岩、长泰、南靖、漳平亦然。

天顺五年五月戊午夜，风雨大作，坠石拔木，洪水泛滥，漂人畜甚众。东门内外谯楼皆圮。龙溪县鸿山崩，松木随陷。漳浦县漂人畜尤甚。

七年七月，疾风暴雨，北溪洪水淹涨，平地深五丈许，柳营江桥亭漂没无遗。

成化九年四月，有大鸟止郡庭榕树上，身色青灰，翅黑，嘴足淡红，头耸高丈余，舒其翼盈二丈，攫紫背白鹭而吞之。知府张瑻射中其颈，飞去复来，为弩人射死。

十年七月戊午夜，暴雨连淫，山崩水涌，洪潦奄至，城垣几没，人物漂荡，浮尸蔽江。圮南门石桥二间，坏军民庐舍不可胜计。

十二年，大旱逾半载。八月中旬，龙溪县七都下坂社有物若云片乱坠，形类猴猿相牵援，长一二丈，初则活动，少顷消灭。

十八年秋八月甲寅夜，火燔双门楼及公私庐舍数百区。

二十一年，自春徂夏积雨连月，龙溪、漳浦、龙岩、漳平、南靖五县，田庐禾稼多为所坏。

汀州府

〔宋〕

治平四年六月，进桐木板二，有文曰“天下太平”。

元祐五年，嘉禾生三十六穗。

绍兴十七年，州羊无角。是年以盗妨农。令郡县赈粟贷种。

二十三年六月，莲生同蒂异萼者十有二。

淳熙十一年，四月不雨至于八月，是岁亡禾。令守臣赈粟贷种。

十四年三月辛未，水漂百余家、军垒六十余区。

十六年，大水浸民庐千五百余家，溺死三千人。

绍熙二年三月，宁化县连水，漂庐舍、田亩，溺死二十余人。

嘉泰二年七月，水害苗稼。丙午，上杭县水圮田庐，民多溺死。

淳祐十一年八月甲辰，山水暴至，漂人民。

〔元〕

后至元五年六月庚戌，长汀县山蛟出，大雨骤至，平地涌水深三丈余，没民庐八百余家，坏民田二百余顷，溺死者八千余人。户赈钞半锭，死者一锭。

至正四年，夏秋大疫。

十四年，大饥，人相食。

〔国朝〕

成化二十一年夏，淫雨，山水骤溢，长汀、清流、归化、宁化、上杭、永定、连城七县乡市民居多为所坏。濒溪聚落、屋宇夷荡尤甚，田苗淤沙，人畜有溺死者。

二十三年七月戊午夜，疾风迅雷，击破预备仓气楼栋柱，燔米七百余石。

延平府

〔宋〕

太平兴国七年七月，江水涨，坏居民庐舍一百四十余区。

至道三年，州民刘相妻产三男。

景德四年六月，山水泛溢，漂溺居民。

乾兴元年，麦一本五穗。

天圣四年六月丁亥，大水，坏官私庐舍千余区，溺死者百余人。诏赐被灾家米二石，溺死者官瘗之。

皇祐四年九月，有禾一本，双茎二十穗。

元丰元年五月，木连理。

元祐初，顺昌县瑞粟一本十二穗。

六年，顺昌县瑞粟一本三十九穗。

元符元年，禾一茎九穗。

绍兴十八年秋，尤溪县雨黑雨。

乾道四年，顺昌县槎溪祥云弥布，大雨至，田间水随云涌上，高三十余丈，东流百余丈皆澄潭，视之，苍然有神物变化其中。

淳熙四年五月，庚子大雨水至于壬寅，漂民庐数千家。

十六年九月，大火，民居存者无几。

庆元六年五月，大水自庚午至甲戌，漂民庐，害稼。

嘉泰二年七月，水害苗稼。丙午，剑浦县圮三百五十余家，溺者众。

嘉定九年七月甲戌，沙县火燔县门、官舍及民庐一千一百余家，有死者。令郡邑赈恤之。

十七年五月，大水，圮郡治城楼、郡狱、官舍，城坏，民避水楼上者皆死。

淳祐十二年六月，大水冒城郭，漂室庐，死者甚众。

宋时，尤溪县有陈油妻产二子，肢体异而胸腹相连属，惊异不敢举。按郡志所载如此，不著年月，姑附于此。

〔元〕

至正元年，顺昌县嘉禾生一茎五穗。

四年，夏秋大疫。

六年八月己巳，火燔官舍、民居八百余区，死者五人。

〔国朝〕

成化二十一年，自三月雨至闰四月终不止，溪水泛涌，高十余丈，舟楫由城上往来，害田伤稼，坏公私屋宇，濒溪民居漂荡尤甚，溺人畜不可胜纪，所辖诸县皆然。

二十三年八月甲戌夜，火延毁四鹤、西水二城门楼并公署、民庐、佛寺凡千余区。十一月己未夜，广丰仓火，燔仓之文牍并米廒八间，延及预备仓米谷。

邵武府

〔宋〕

天圣四年夏六月，大水，坏庐舍，溺人。诏赐被灾家米二石，溺死者官瘗之。

秋九月，雨水坏民庐舍。

天禧四年三月，甘露降。

治平四年秋，地震，地裂泉涌，压覆州郭、屋宇，兵民死者甚众。

乾道三年秋八月，霖雨，禾、麻、菽，粟多腐。

六年，旱。是年，泰宁县有雀飞鸣，立死于瑞宁佛刹香鼎。先是，绍兴初，有雀立死于丹霞佛刹之鼎，皆羽孽也。释子因释其妖谓之羽化[11]。

淳熙十二年，饥，亡麦[12]。

十六年夏五月，大雨。

绍熙二年夏，四月霖雨至五月。

五年秋，九月雨至十月。

庆元六年春，大旱，井泉竭，疫时者甚众。

嘉泰二年夏，六月雨至于七月。

开禧元年，水。

嘉定十四年，旱。

绍定三年，乱[13]。二月庚申，蠲福建被盗州县租税一年，夏四月丁巳，臣僚奏乞下福建诸路总漕仓司，应被寇州郡令解诸司钱物，比之常年期限，并展一季。

淳祐七年春正月戊寅，水。诏淮浙发运司给米二万，济建宁、邵武诸州被水之民。

夏六月己酉，旱。秋七月癸酉，诏赏福建路监司州郡所申官民之家济粜者凡九人，补转官资有差。

十二年，水。秋七月庚寅，以诸路水灾，令学士院降诏，遣使分郡赈恤。

秋七月辛丑，大水冒城郭，漂室庐，人民死者以万数。徐清叟奏："水退之后，贫民无以为生，亦有自经沟渎者闻，帅臣、漕臣发楮米以赈之，乞与除豁。"后悉得蠲。

德祐元年，大疫，民亡者几半。

〔元〕

至元元年，大旱，饥。

四年夏六月，大雨，水入城郭，平地二丈，漂沿溪民居殆尽。

秋八月，大旱。

五年秋七月，邵武、光泽县大水。

至正四年，夏秋大疫，八月旱。

五年，饥。

六年秋九月戊午，地震，翌日地中有声如鼓，夜复如之。

十一年冬十一月，大雨震电，雨黑黍如芦穄。

十三年秋，邵武、光泽二县陨霜杀稼。

十四年，大饥，人相食。

十二年春三月，邵武、光泽大水。

〔国朝〕

洪武十七年，大饥。

永乐十四年秋七月，邵武、光泽二县大水冒城，荡庐舍，溺男女万余。八月，大疫。

正统九年，饥，至冬十一月，地震。

十四年秋，大疫，死者以万计。

景泰六年，饥。

天顺二年夏四月，光泽县大水。

四年夏秋，疫。

成化二年，疫。

十年春正月，地震有声。是年旱，稼穑不成。

十一年夏四月，诸邑大疫，至冬方息。

十二年夏秋，大旱。

十七年夏，大水。

十九年，饥。

二十一年夏，淫雨，山水骤溢，邵武、建宁、泰宁三县乡市民居多为所坏，濒溪屋宇夷荡尤甚，田苗淤沙，人畜有溺死者。

兴化府

〔宋〕

太平兴国八年九月，太平军寻改今名。飓风拔木，坏廨宇、民舍千八十区。

雍熙四年十二月，甘露降罗汉峰前五松。

端拱二年八月，郡民刘政震死，有文在胸，曰“大不孝”。

淳化四年正月，知军冯亮献芝草。

咸平九年，红橘连理，又黄橘附桑枝而生。

熙宁十年，饥。

元祐五年《莆阳志》作元祐庚申。考之于史，元祐纪年无值庚申者，惟五年则值庚午，盖午与申字相近而误也。风大作，海居之民漂荡万数。

崇宁元年，旱。

大观四年十二月二十二日，雨雪[14]，遍山皆白，荔枝木皆冻死。

绍兴二十年四月，飞觞台之东南有芝草如婴儿之拳者，越旬日本茂而实滋，其大盈尺，小者亦或数寸，轮囷秀出，不可名象。芝初生，其色如涂金，旬日如凝脂，又如渥丹，后一变隐然如紫晕金。

隆兴二年，艰食。令守臣及常平使者赈之。

淳熙中，仙游县九座山古杉木末生花，气如兰。

五年闰六月乙巳，暴风雨夜作，漂民庐，有溺死者。

十一年，亡禾。令守臣赈粟贷种。

绍熙四年七月，海风害稼。

嘉定九年五月，大水，漂田庐，害稼十五六。

〔元〕

至正十九年三月，连日雨氂。

二十五年十月壬申，地震，有声如雷。

宝祐三年六月[15]，仙游县南桥溪上魁星祠前，溪中涌出开元钱,居民取之,钱背有“闽”字或“福”字。

〔国朝〕

景泰二年,春夏大旱,沟渠尽涸,斗米至二百钱。

六年夏,复大旱,人民艰食。

天顺三年,城北依山诸村落虎为害,伤人畜以数百计,白昼数十人同行亦有被伤者,山中数月几绝人迹。柯潜诗:“嗟哉山君何大恶,一啸生风卷丘壑。磨牙快作剑锋寒,纵有英雄不能搏。举头为城尾为旗,咆哮噬人如哺狸。东村少妇哭夫恸,西村老翁哭子悲。玄云寘寘日色暮,林下无人敢行路。安得贤守宋均来,敛迹藏威渡河去。”

成化八年,虎复为害,伤人畜不减天顺三年之数。

十二年,夏秋大旱,原田璺拆,晚禾不成。

十五年,虫伤早禾,米斗百钱,境内至无可籴者。

十九年夏,飓风大作,海水泛溢,害田禾,谷价腾涌,斗米值百余钱。

二十一年,自春徂夏大雨连月,莆田县田庐、禾稼多为所害。

二十二年,春旱,五月以后大旱,禾稼薄收。是年夏六月己卯地震有声,秋九月丙寅又震。

二十三年,春旱亡麦,秋大旱无禾。是冬潮人载谷鬻贩于莆,舳舻相踵,至于明年复不绝,谷价因之而平,民赖以济。

福宁州

〔宋〕

大中祥符五年,宁德县支提山石上生芝草十五本。

淳熙十年八月，霖雨，自己未至于九月乙丑大风雨，水暴至长溪，宁德县濒海聚落庐舍、人舟皆漂入海。

〔元〕

至元六年春二月，州大水，溺死人民。

〔国朝〕

成化二十一年，淫雨连旬，洪潦泛溢，州境及福安县田稼多为所伤。

二十二年，春旱，五月以后大旱，禾稼薄收。宁德县疫，十无一二宁者。是年夏六月己卯地震，秋九月又震。

校　注

［1］乾隆《福建通志·杂纪》作“圣泉寺”。

［2］乾隆《福建通志·杂纪》作“方可九尺”。

［3］乾隆《福建通志·杂纪》作“合旧木宛然一体”，上无“归”字。

［4］乾隆《福建通志·杂纪》作“自西北流入东北，色赤，尾长，声如雷”。

［5］乾隆《福建通志·杂纪》作“贞观二十年，蝗”。

［6］乾隆《福建通志·杂纪》作“大雨四旬，昼夜不止”。

［7］乾隆《福建通志·杂纪》作“至元二十二年”。

［8］乾隆《福建通志·杂纪》作“南安饥”，其上无“州”字。

［9］乾隆《福建通志·杂纪》作“送郡”。

［10］乾隆《福建通志·杂纪》作“有巨鱼至”，其上无“连”字。

［11］乾隆《福建通志·杂纪》作“绍兴初丹霞佛刹鼎上有雀立毙，皆羽孽也。释于妄诞，谓之羽化”。

［12］乾隆《福建通志·古迹》作“淳熙十二年饥，无麦禾”。

［13］乾隆《福建通志·杂纪》作“绍定三年寇乱”。

［14］乾隆《福建通志·杂纪》作“十二月二十日大雨雪”。

［15］乾隆《福建通志·杂纪》作“延祐三年六月”。按“延祐”为元仁宗年号，“宝祐”为宋理宗年号，“宝祐”疑误。

八闽通志卷之八十二

词　　翰

闽虽僻在一隅，然而伟人硕士绩行著焉，于是乎有列圣褒奖之宸章；高山大川灵秀萃焉，于是乎有风人品题之骚雅；方岳郡邑政教出焉，于是乎有名公纪述之文词。呜呼！圣训彰彰，昭回云汉，闽之臣庶固当佩服钦诵以自励矣。若夫先正之所品题纪述者，皆足以明物理，植世教，闽之人士亦乌可以不知哉！乃志词翰。

福州府

宸章

《我太祖高皇帝谕福建承宣布政使司参政魏鉴、翟庄诏二道》："今年仲夏，敕卿南行，又抵中秋，而被中政令得失杳无知者。卿，郡之籍民也，如民焉，殊于民者何，至于学焉，而闾里曰儒，如儒焉已，而超于儒者云何，乃至于尚志焉。故官于朝然，不考者而迁调之，于功未见，惟志，于业未见，惟勤。即今职于炎方，其所辖者甚众。且八闽之地，利尽南海，势控诸蕃。古今居是者，君子焉，小人焉，弊瞒焉，人情焉，珠玉焉，翡翠焉，金银焉，束帛焉，子女焉，贤人焉，非人焉，忠君焉，爱民焉，修身焉，笃孝焉，高名不朽焉，没身绝嗣焉，其焉焉殊于焉而又同焉。卿其审择焉，力行焉，功名遂而身家全矣。朕观上古天下之治乱，在于君臣能驭不能驭耳。若君能，则驭臣下以礼法；臣能，驭吏卒以体上，故治由此而始矣。若君罔知所以驭臣下，臣亦无知以绳吏卒，故乱由此而始矣。或云吏卒小人，其于治乱何干，然虽小人，凡施小诈，动伤国政，所以为乱始。若吏卒守分，民无枉扰，则民安矣。所以朕尝下令入于条章者，正欲使上官驭吏卒动以礼，次严之以法。若吏卒之徒，背理而违法者绳以死地无论。此令已入条章久矣。人皆贪官，动为下人所持，纵有吏卒纵横，安敢谁何？所以国政无施，天下之民受枉，治愈弛而乱愈生，由此也。朕尝切恨。若为官布政权，无驭吏卒之威，则诸事不成。盖吏卒能为股肱爪牙，若驭以得法，诸事办集，方今有职者孰能为此忽！九年秋，丞相奏福建两参政致极刑于一老吏，朕闻当哉，若不如律者，数加捶死，有何他论。故往谕之。今后凡有不如律者如是，近行者尤加急治，勿令欺侮，方称是官。”

《劳福建卫指挥敕》：“八闽之地旷，民好啸聚，凡守此者非智勇者不易。今卿当此方面之重，必昼夜筹策，抚善绳顽，则为将之能者也，戒慎之！”

《赐张以宁诗并序》：“朕闻历代贤君，必有贤臣能事其主者，居则规谏有方，出则能示威德以抚四夷。汉之陆贾□□于南越[1]，马援持书于窦融是也。朕居江左十有六年，思慕此等之臣，终未得志，怏怏于心。自即位之初，特遣翰林官知制诰事张以宁、典簿牛谅使安南。初未知其怀抱何如，去后，今年实封来奏，朕再三览之，喜不自胜。以宁至彼，其王已行长逝，彼国人请授王印于世子。我臣以宁言：‘此吉礼，非凶事也。今尔国有丧，况来文伊[2]先君之名，非世子之名，降之非礼也。尔国当遣使往奏，庶依大礼。’于是国人从之。今使者至，如以宁实封之言。朕思安南僻在外夷，瘴烟甚重，古人以为要荒，圣人不居之地，贤者不游之处，恐瘴烟乘其体故耳。今我臣以宁抱忠贞之气，奋古能使之风，执之以大义，守之以法，使安南复命而后降印。又安南国中人民、官属以我中国揖为大礼，见人长揖为礼毕。为我以宁能评之以礼，使彼国中今行稽首、顿首之拜。观其所以，我以宁非独抱忠贞而能使其事者能速化夷行中国之礼，可谓智哉！于戏！抱忠贞之气，奋守节之刚，非生性之自然，历练老成愚夫猛士可乎？使之善者，以宁也，缀诗以勉之，句虽不联，朕本非儒，文之不深，专述其事耳。《以宁初使》：'闻说西南瘴似烟，林丛草木有蛇蚿，承差不避言君命，自是前贤忠义传。'《得以宁实封》：'岭南南又海南边，惟有安南奉我天。使者往还多议说，瘴云埋树若堆烟。民人跣足为乡礼，断发衣袍似野禅。话到异方人异处，老臣何日得来前。'《念以宁涉江海》：'我臣奉命之丹徼，驿路迢遥渡几河？野宿听猿题夜月，朝看狸走疾岩阿。风尘末纪何回日？取性观山世态多。晴朗好瞻红日胜，但阴[3]驱逐片云过。''离马乘舟涉大洋，风号帆挂几寻樯。巨鳌闻诏冲前浪，渊底雄蛟翊驾航；舵转水鸣声霹雳，蚌开珠拥海云光。我臣劲节遐方靖，好把丹衷奉上苍。'《念以宁入重山》：'卿初奉命便前奔，道路崎岖实惨魂。千寻树杪猿飞走，万谷风生瘴气昏。日暮鸟啼人不到，月沈象吼夜还温。何时化作中原地，风俗流行礼乐敦。''使者登山日进程，崎岖石径动人惰。鸟啼深树声刺耳，兽立幽阴未识名。太古以来樵不到，至今人往兽无惊。峰头一点无科木，驻马观来四海平。'《慎言》：'卿因国事往期年，应是朝同世子贤。语善久知人道是，话非虽壮远无边。也知周庙三缄口，犹恐临时不自然。彼处受封王即位，但将诗庆便回旋。'《戒财》：'海滨邦国宝多珠，勿为区区化作迂。此去尔家丰俸禄，好将方寸向前图。功名千载诚难得，一失应须目下污[4]。记得黄金乘夜送，四知不纳却来诬。'《保身》：'华林江狭水湍流，为问民人是几秋。水色红黄民性犷，山生巨兽象为头。我臣至彼还修养，岂被南方瘴气愁。彼国有人依礼待，卿当归告甚崇优。'《谕强制诰令世子守服》：'安南世子性惟贤，志行将来必备全。初附能尊中国礼，讣音来报朕心怜。以宁休作殊邦看，万里神交是宿缘。更把圣书深道与，直教素服衣三年。'洪武三年四月□□日。"

《太宗文皇帝御制洪恩灵济宫碑》："朕惟自古英贤，生为名臣，著庇民之功；没为明神，赞天地之化。鼓动流荡，行乎两间，以荫福斯民。御灾悍患，叩枯[5]吹生，濯濯洋洋，如在其上，如在其左右，盖非智虑所可得而测也。《诗》曰：'神之格思，不可度思，矧可射思。'其此之谓欤！惟九天金阙明道达德大仙显灵溥济真人江王，九天玉阙宣化扶教上仙昭灵溥济真人饶王，其功德充溢，盖若是已。神南唐之胄，生有民社之勋，没录仙班之籍。伯仲齐美，华萼联芳。领职上天，耀灵下土，呼吸响应，电迈风行。下民是胄，父母其依。慈祥仁爱，物赖以宁。乃者朕躬弗豫，用药百计，罔底于效；神默运精灵，翊卫朕躬，顷刻弗违。随叩随应，屡显明征。施以灵符天医妙药，使殆而复安，仆而复起，有回生之功，恩惠博矣，盛矣。朕揆德凉薄，何由获兹？永怀神德，曷其能忘！海深岳峻，其焉有报。盖有功必报，国之恒典，是用祝册加封神号：伯曰'清微洞玄冲虚妙感慈惠洪恩真人'，仲曰'高明弘静冲淡妙应仁惠洪恩真人'，旧号俱如故。大新庙宇，亢爽轩豁，称神所栖。爰敕有司，虔洁香火，春秋祭祀，岁易时衣，给洒扫五户，表朕悃愊，荅神鸿庥。虽然，神功之厚而报赉之薄，神固无责于报否，在朕心不能已矣。夫天地之德曰生，神体天地之道，弼亮化机，出幽入明，翕张欻忽，遨游太清。监观四方，济利群生，功在霄壤，昭昭若此，固有不可得而名言者。乃彰神绩，勒于真石，树之于庙，垂示无穷。并系以诗曰：'天产英灵为世杰，出入幽明犹一觋。生著勋劳保瓯粤，没为明神崇伟烈。芒芒海甸倚芘樾，雨旸寒燠调以日。冬无凌兢夏无暍，冷气远殄靡飔飕。下稌高黍岁穰桀，驱扫不祥走妖蘖。晨钟暮鼓乐謦欬，卓彼鳌峰峻且嶻。蜿蜒回抱天造设，春兰荐芳秋菊馝。寒泉白石漱清洁，神之游兮羽葆翳。飞云翩翩道幢节，欻来忽往灵偲偲。呼吸响应速以偈，济利溥博无时偈。四时报享繁献醊，卫朕之力畴与埒？维矢铭心与刻骨，书思著德勒坚碣。垂示万古昭日月。'永乐十五年，五月初一日。"

题咏

《题咏登钓龙台》（唐）韩渥："无奈离肠易九回[6]，强摅怀抱立高台。中华地向城边尽，外国云从岛上来。四序有花长见雨，一冬无雪却闻雷。日宫紫气生冠冕，试望枝桑病眼开[7]。"（元）雅琥："自古瓯闽国富雄，南琛不与职方通。江流禹划纵横外，山入秦封苍莽中。逐鹿兵还神器定[8]，屠龙人去钓台空。海门日落潮头急[9]，何处繁华是故宫？"（国朝）王偁："高台远枕大江流，江上云屏宿霭收。才子挥毫春作赋，商人酾酒晚移舟。空潭龙去山河改，古殿云寒剑戟愁。莫向此中多感慨，汉家陵树已先秋。"（按《瀛奎律髓》以韩渥诗为《登南神光寺塔院作》。）

《邻霄台》僧惠颉："平台屹峰巅，去天不盈尺。云来隐巉岩[10]，云散露形迹。长笑视大荒，烦襟尽冰释[11]。不知身世远，但觉乾坤窄，一勺沧溟浮，万家烟树隔。解衣恣盘礴[12]，谢我山水癖。极目送斜晖，寥寥海天碧[13]。"

《游鼓山》（宋）蔡襄："郡栖瞻东方[14]，岚光莹人目。乘舟逐早潮，十里登南麓。云深翳前路，树暗迷幽谷。朝鸡乱木鱼，晏日明金屋。灵泉注石窦，清吹出篁竹。飞毫划峭壁，势力忽惊触。扪萝跻上峰，太空延眺瞩。孤清浮海山，长白挂天瀑。况逢肥遯人，性尚自幽独[15]。西景复向城，淹留未云足。"

《游鼓山大顶峰》（宋）黄干："登山如学道，可进不可已。悬岩更千仞，壮志须万里。平生石鼓怀，独酌灵源水。峨峨大顶峰，欲往辄中止。今朝复何朝[16]，击楫渡清泚。好风从西来，缥缈吹游子。褰裳陟危巅，万象皆俯视[17]。东南际大海，日月旋磨蚁。烟云隔洲渚，历历犹可指。城中十万家，嚣杂不到耳。郊原与廛市，琐碎如聚米[18]，同来皆良俦，酌酒共欢喜。深林更叫啸，盘石恣徙倚。摩挲陈公碑，岁月为我纪。更持末后句，归以铭石几。”（元）帖木儿：“肩舆直上白云梯，古刹林深路欲迷。绝顶一声长啸罢，海天空阔万山低。”

《题荔枝轩》（宋）杨朏：“曾观荔枝图，几费丹青妆。能红能紫亦能绿，不能写得天然香。曾读《荔枝谱》，品品堪第一[19]。较量滋味论高低，大抵闻名不如实。我疑真宰推化工，安排百果分番红。杏梅桃李不足数，先教碌碌随春风。锦囊玉液相浑沦，百果让作东南元。别有真香与真色[20]，一时分付荔枝轩。”

《三山九日》（元）黄镇成：“九日南州尚滞留，高风寒雁独登楼。自怜白发难为客，欲买黄花只负秋。南国美人鹦鹉赋，北庭公子鹔鹴裘。不愁大地风霜苦，更拟吹笙过十洲。”

《游大帽山》[21]（国朝）高廷礼：“灵境秘绝顶[22]，石房秋气多。只疑列仙居，俯视飞鸟过。群岛落天镜，玉盘浸青螺。相期谢尘鞅，归卧此岩阿。”

《游覆釜山玉华桐》（国朝）林鸿：“真仙构灵宅，洞府何嵌空？入洞可十里，流水咽其中。阴岛湿花露，石门度松风。怪石变万状，寻源竟无穷。有时起云雾，微径又不通。触目极香霭，游心但鸿濛。”“路尽忽有天，容光淡空青。蜕出风露外，了然心目醒。幽兴殊未已，又还宿云扃。终悲向朝市，尘鬓秋星星。”

纪述

《福州州学经史阁记》（宋）朱文公：“福州之学，在东南为最盛，弟子员常数百人。比年以来，教养无法，师生相视漠然如路人，以故风俗日衰，士气不作，长老忧之而不能有以救也。绍熙四年，今教授临邛常君濬孙始至，既日进诸生而告之以古昔圣贤教学之意[23]，又为之饬厨馔，葺斋馆以宁其居，然后谨其出入之防，严其课试之法，朝夕其间，训诱不倦。于是学者竞劝，始知常君之为吾师。而常君之视诸生，亦闵闵然唯恐其不能自勉以进于学也。故尝虑其无书可读，而业将病于不广，则又为之益置书史，合旧为若干卷，庋故御书阁之后，更为重屋以藏之；而以书来请记其事，且致其诸生之意，曰愿有以教之也。予惟古之学者无他，明德新民，求各止于至善而已。夫其所明之德，所止之善，岂有待于外求哉！识其在我而敬以存之，其亦可矣。其所以必曰读书云者，则以天地阴阳事物之理，修身事亲，齐家及国，以至于平治天下之道，与凡圣贤之言行、古今之得失、礼乐之名数，下而至于食货之源流、兵刑之法制，是亦莫非吾之度内有不可得而精粗者。若非考诸载籍之文，沈潜参伍以求其故，则无以明夫明德体用之全，而止其至善精微之极也。然自圣学不传，世之为士者不知学之有本，而唯书之读，则其所以求于书不越乎记诵、训诂、文词之间，以钓声名干利禄而已。是以天下之书愈多，而理愈昧；学者之事愈勤，而心愈放；词章愈丽，论议愈高，而其德业、事功之实，愈无以逮乎古人。然非书之罪也，读者不知学之有本而无以为之地也。今观常君之为教，既开之以古人教学之意，而后为之储书以博其问辩之趣，建阁以致其奉守之严，则亦庶乎本末之有序矣。予虽有言，又何以加于此哉。然无已而有一焉，则亦曰姑使二三子者，知乎为学之本有无待于外求者，而因以致其操存持守之力，使吾方寸之间清明纯一，真有以为读书之地，而后宏其规，密其度，循其先后本末之序，以大玩乎阁中之藏，则夫天下之理其必有以尽其纤悉而一以贯之。异时所以措诸事业者，亦将有本而无穷矣。因序其事而并书以遗之，二三子其勉之哉！凡阁之役，始于庆元初元五月辛丑，而成于七月戊戌。材甓佣食之费，为钱四百万有奇，则常君既率其属输俸入以首事，而帅守詹侯体仁、使者赵侯像之、许侯知新咸有以资之。至于旁郡之守，赵侯伯瓒、十二邑之长陈君珏等，亦以其力来助。而董其役者，学之选士杨诚中、张安仁、萧孔昭也。”

《闽县学记》(元)程钜夫:"闽为县自隋始,县有学自宋庆历始。学在九仙山之麓,鬻民地为之。庙成于熙宁方尹叔,完修于崇宁庄尹谊,至元戊寅毁焉。越五年创礼殿,又五年创西斋,苟完,不旋踵而敝,门径欲芜,士非无志,往往划于力不足。元贞二年春,教谕韩君挺特寔来,以兴复为己任,谋于予,乃谕县官劝学子协力图之。鸠工度材,修废补缺,缭以重檐,护以阑楯,新像设绘从祀,而庙始严,会讲有堂,易桷与瓦。置二斋,设小学,而学始备。以至门垣阶序,墁甃漆丹悉如式。于是故老来观,欢谓前所无有。诸生诣予征记。董子曰,设庠序以化于邑,然则邑学古庠序也,所以明人伦也,人而不伦则物矣。科目兴,月书季考,姑设利禄驱靡使从,岂道德果尽信哉?故明伦之说为书生常谈,其于化民成俗之意戾甚。闽为福附庸,非深山穷谷比,士风之盛,五百年于此矣。科举废,后生无所事聪明[24],日以放恣诗书而刀笔衣冠,而皂隶小有材者溺愈深[25],居近利者坏愈速,不能不蹈先儒之忧。天朝嘉惠学校,隶名者复其身,德行文学必由此选,是学校重矣,况邑于民尤近哉,今堂宇新,士习盍与之俱新?读书穷理,必思圣人所谓教者何事,充而仁义礼知之性,尽而君臣、父子、兄弟、夫妇、朋友之职,求无愧于为人,由一邑之善士,为一国天下之善士。庶几庠序不徒设,道德可尽信,且以解先儒溺、深、坏、速之忧。是惟明时崇儒重学之意[26],而亦司教化之责者所望于斯邑之士也,尚勉旃哉。韩君,故孝廉孔惠公之子,家学有渊源,故于斯文笃意如此。"

《道山亭记》(宋)曾巩:"闽故隶周者七,至秦开其地,列于中国,始并为闽中郡。自粤之太末与吴之豫章为其通路,其路在闽者,陆出则厄于两山之间,山相属无间断,累数驿乃一得平地,小为县,大为州,然其四顾亦山也。其途或逆坂如缘绠,或垂岩如一发,或侧径钩出于不测之溪。上皆石芒峭发,择然后可投步。负戴者虽其土人犹侧足然后能进,非其土人,罕不踬也。其溪行则水皆自高泻下，石错出其间，如林立，如士骑满野，千里下上不见首尾。水行其隙间，或冲缩蟉糅，或逆走旁射，其状若蚓结，若虫镂，其旋若轮，其激若矢。舟溯沿者，投便利，失毫分，辄破溺。虽其土长川居之人，非生而习水事者，不敢以舟揖自任也。其水陆之险如此。汉尝处其众江淮之间而虚其地，盖以其狭多阻，岂虚也哉。福州治侯官，于闽为土中，所谓闽中也。其地于闽为最平以广，四出之山皆远，而长江在其南，大海在其东。其城之内外皆涂，旁有沟，沟通潮汐，舟载者昼夜属于门庭。麓多桀木，而匠多良能，人以屋室巨丽相矜，虽下贫必丰其居，而佛老子之徒，其宫又特盛。城之中三山，西曰闽山，东曰九仙山，北曰粤王山，三山者鼎趾立。其附山盖佛老子之宫以数十百，其瑰诡殊绝之状，盖已尽人力。光禄卿直昭文馆程公为是州，得闽山嵚崟之际，为亭于其处。其山川之胜，城邑之大，宫室之荣，不下簟席而尽于四瞩。程公以谓在江海之上，为登览之观，可比于道家所谓蓬莱、方丈、瀛州之山，故名之曰'道山之亭'。闽以险且远，故仕者常惮往。程公能因其地之善，以寓其耳目之乐，非独忘其远且险，又将抗其思于埃壒之外，其志壮哉。程公于是州以治行闻，既新其城又新其学，而其余功又及于此，盖其岁满就更广州，拜谏议大夫？又拜给事中、集贤殿修撰，今为越州。字公辟，名师孟云。"

《勉斋书院记》（元）贡师泰："至正十九年冬十月，福州始作勉斋书院，明年秋八月告成。丁亥，廉访使者率郡大夫士行释奠礼。己丑，经略使李公国凤谒祠下，用便宜署今额。以儒人张理为山长。执事者间具本末请记于贡师泰曰：'书院遍天下，而闽中为盛，大率祠徽国朱文公师弟子居多，若延平、武夷、考亭、建安、三山、泉山、龙溪、双峰、北山之属皆是也。勉斋先生实文公高弟，独无专祠，顾非莅政者之缺欤？昔者佥事张引尝图经始，以调官浙东不果。经历孔汭，锐意作兴，以拜南台监察御史又不果。未几，行部闽广，适郡士林祖孟、祖益请以太平公辅里故宅一区为学官，厥位面阳，广轮合制，遂倡成之。而廉使赡思丁、副使元奴、佥事亦怜真必剌的纳、刘完者、郑潜，经历答理、蒙古知事黄普颜帖木儿、照磨傅居信、叶心相，事议若出一，且移郑君董视，而佐以属吏王兰焉。行省平章普化帖木儿闻之，亟发白金五十两及租田一百五十亩奇，以给以赡，于是即旧以图新，拓隘以增广，礼殿中崇像圣人之燕居，祠宇旁峙严先生之祀事堂曰'道源'，著师友之授受也。阁曰'云章'，以郑君正字端本时所得皇太子'麟凤龟龙'四大字刻置其上也。堂后叠石山曰'小鳌峰'，不忘先生读书精舍之名也。斋左曰'凝道'，右曰'尊德'。栖士有舍，待宾有馆，燕休有室，更衣有次，庖、湢、库、庾各有其所。重门衙衙，层庑翼翼。瞰以方池，度以石梁。其周九百八十四尺有奇，东西广九十尺，深视广之四，雄规伟观，穆然靓深。然后斯道之统有所尊，而讲学之士知所向矣。惟子之学盖亦得于先生者，请文诸石，以纪其成。顾师泰荒陋，何足以知此。然窃闻之，斯道也伏羲、神农、黄帝、尧、舜、禹、汤、文、武、周公之所以为治，孔子、颜氏、曾氏[27]、子思、孟轲氏之所以为教，不幸而变于管、商，惨于申、韩，杂于荀、杨，暴于鞅、斯，襍裂破碎于毛、郑、贾、马、王、范之徒[28]，幸而唐之韩愈氏能以所得，著之《原道》之书。然其于性也主三品，于仁也专博爱，则犹未免于不详不精之失焉。至宋全盛，濂溪启其源，伊洛溯其流，渡江再世，文公始集诸儒之大成，使千载不传之道复明于天下后世。吁，盛矣哉！于时门人弟子聪明卓越固不为少，然求其始终不渝、老而弥笃者先生一人而已。先生因刘子澄一拜文公于屏山之后，即慨然以斯道自任。听风声于屋头，对孤灯于天曙，其坚志苦思为何如也。自是得执子婿之礼，从登庐阜，涉彭蠡，过洞庭，望九疑，宦游淮、江、湖、湘、吴、越、瓯闽间。不惟口传心授于师门者，愈久而愈博，而其所见名山大川，渊深高厚，皆有以助夫精微广大之学矣。是故征诸事业，则城安庆，御汉阳最为伟绩；著之方册，则《四书通释》、《仪礼通解》尤为有功。盖先生有志于斯文，以陆沉下官，不能大行其学，固可深慨，然圣贤坠绪，非文公无以明，文公遗书，非先生无以成，则斯文吾道确乎其有所归矣。先生没，其传之著者，在闽则宓斋陈氏、信斋杨氏，在浙则北山何氏，江以西则临川黄氏，江以东则双峰饶氏，其久而益著者，则西山真氏衍义诸书。凡今经帷进。讲成均典教，皆出先生讲论之余也。呜呼！先生之道传之后世，先生之书行乎天下，孰不想慕其高风，渐被其余泽？况鳌峰、箕山之间，云烟苍莽，神气流行，慨然肃然，犹若有见乎其位，闻乎其容声者乎[29]？书院之作，其有功于世教，岂曰小补云哉！遂记不辞。先生讳干，字直卿，御史瑀之第四子，累官至大理寺丞，转承议郎致仕，勉斋其自号云。”

建宁府

题咏

《东溪泛舟》（唐）李频：“登岸还入舟，水禽惊笑语。晚叶低众色，温云带烦暑。落日乘醉归，溪流复几许。”

《游升山》（宋）杨亿：“层云连近郭，占胜有招提。宿雾蒙金像，飞泉溅石梯[30]。钟声空谷答，塔影乱云齐。千骑时来此，幽寻独杖藜。”

《游武夷山》（宋）陈襄：“万叠层峦接远空，瑞云晴霭气溶溶。高于泰华五千仞，秀出巫山十二峰[31]。蕙帐晓寒孤鹤怨，桃源春尽落花秾[32]。鸾凰一啸最深处，仙客楼台有几重[33]？”（宋）杨亿：“灵岳标真牒，孤峰入紫氛。藤萝暗仙穴，猿鸟骇人群。白道千年在[34]，悬流万壑分。汉坛秋藓驳，曾祀武夷君。”（宋）杨时：“函关崎嵚走秦鹿，天下并逐争群雄。抉云翻空鳌足折，黔黎窜伏如寒蛩。武夷山深水清泚，避世犹有高人踪。龙泓东注海波涌，玉女翠拥秋云松。赤霄真骨写虚壁，通泉凡笔惭非工。藏舟浮梁跨绝壑，隐见似与天潢通。当时鸡犬不复见，窠岩依旧烟霞笼。我来秋杪月既望，尚有幽菊埋榛丛。天容洗净雨新霁，云幕四卷清无风。掀蓬进棹穷异境，注目想见流残红。回船杖屦蹑幽径，松竹窈窕环琳宫。翠琬温辞耀华衮，金榜大字缠蛟龙。自怜病骨挂尘网。幔亭高会何由逢？解衣归卧玉锁碎[35]，仰看明月穿疏蓬。”《又和李倅韵》：“浓淡烟鬟半雨晴，溪光初借晚霞明。鳌头涌出三峰秀，天汉融成一鉴清。枌社有谁藏旧牒？宾云无处问遗声。幔亭寂寞仙何在？勾漏丹砂早晚成。”(宋)李纲[36]：“宴罢虹桥绝世氛，曾孙谁见武夷君？更无帟幕空中举[37]，时有笙竽静处闻。猿鸟夜啼千嶂月，松篁寒锁一溪云[38]。洞天杳杳知何处？翠石苍崖日欲曛。”刘子翚：“回薄溪流漾翠岑，东风一舸纵幽寻。幔亭落日笙箫断，毛竹连云洞府深。似有碧鸡翔木杪，谁将丹鹤写岩阴？神仙可学非身外，多少游人浪苦心。”朱文公《分韵得瑶字》：“秋声入庭户，残暑不敢骄。起趁汗漫期。雨袂天风飘。眷焉此家山，名号列九霄。相与一束集，旷然心朗寥。栖息共云屋，追寻唤渔船[39]。一水屡萦回，千峰郁岧峣。苍然大隐屏，林端耸孤标。下有云一壑，仙人久相招。授我黄素书，赠我英琼瑶。茅茨几时见？自此遗纷嚣。”蔡沉：“才既非时须[40]，性本爱岑寂。决策名山游，幽隐遂成癖。春风百花红，秋月千瘴碧。烟霞结绸缪，猿鸟自畴昔。乘间抚深旷，喷薄轰铁笛[41]。笑梠天柱峰，高寒几千尺。”

《过武夷作》朱文公：“弄舟绿碧间[42]，栖集灵峰阿。夏木纷已成，流泉注惊波。云阙启苍茫，高城郁嵯峨。眷言羽衣子，俛仰日婆娑。不学飞仙术，累累丘冢多。”(宋)方士繇：“丹岩石气凝高秋，碧溪上引天河流。金堂石室不可到，玉棺莓苔生古愁[43]。仙人昔乘紫云去，白马摇鞭在何处[44]。茫茫尘世那得知，幔亭空记当年事[45]。君不见茂陵松竹已萧疏，乾鱼犹祭同亭祠[46]。”

《武夷七咏》朱文公《天柱峰》：“屹然天一柱，雄镇干维东[47]。只说乾坤大，谁知立极功？”《洞天》：“绝壁上千寻，隐约岩栖处。笙鹤去不还，人间自今古。”《画鹤》：“谁写青田质？高超雁鹜群。长疑风月夜，清唳九霄闻。”《仰高堂》：“面势来空翠，哦诗独好仁。怀人今已矣，谁遣栋梁新？”《趋真亭》：“危亭久已倾，只有颓基在。何事往来人，不知容鬓改。”《大小藏岩》：“藏室岌相望，尘编何莽卤。欲问伯阳翁，风烟迷处所。”《丹灶》：“仙人推挂节，炼火守金丹。一上烟霄路，千年亦不还。”

《武夷九曲棹歌》朱文公：“武夷山上有仙灵，山下寒流曲曲清。欲识个中奇绝处，棹歌闲听两三声。”“一曲溪边上钓船，幔亭峰影蘸晴川。虹桥一断无消息，万壑千岩锁暮烟。”“二曲亭亭玉女峰，插花临水为谁容？道人不作阳台梦[48]，兴入前山翠几重。”“三曲君看架壑船，不知停棹几何年？桑田海水今如许，泡沫风灯敢自怜。”“四曲东西两石岩，岩花垂露碧氍毵。金鸡叫罢无人见，月满空山水满潭。”“五曲山高云气深，长时烟雨暗平林。林间有客无人识，欸乃声中万古心。”“六曲苍屏绕碧湾，茅茨终日掩柴关。客来倚棹岩花落，猿鸟不惊春意闲。”“七曲移船上碧滩，隐屏仙掌更回看。却怜昨夜峰头雨，添得飞泉几道寒。”“八曲风烟势欲开，楼鼓岩下水萦洄[49]。莫言此处无佳景，自是游人不上来。”“九曲将穷眼豁然，桑麻雨露见平川。渔郎更觅桃源路，除是人间别有天。”

《武夷精舍杂咏并序》朱文公：“武夷之溪东流凡九曲，而第五曲为最深，盖其山自北而南者至此而尽。耸全石为一峰，拔地千尺，上小平处微戴土，生林木极苍翠可玩。而四隤稍下则反削而入，如方屋帽者，旧经所谓大隐屏也。屏下两麓坡坨旁引，还复相抱，抱中地平广数亩，抱外溪水随山势从西北来，四屈折始过其南，乃复绕山东北流，亦四屈折而出。溪流两旁，丹岩翠壁，林立环拥，神剜鬼刻，不可名状。舟行上下者，方左右顾瞻错愕之不暇，而忽得平冈长阜、苍藤茂木，按衍迤靡，胶葛蒙翳，使人心目旷然以舒，窈然以深若不可极者，即精舍之所在也。直屏下两麓相抱之中,西南向为屋三间者'仁智堂'也。堂左右两室,左曰'隐求',以待栖息,右曰'止宿',以延宾友。左麓之外,复前引而右抱,中又自为一坞,因累石以门之,而命曰'石门之坞'。别为屋其中,以俟学者之群居,而取'学记'相观而善之义,命之曰'观善之斋'。石门之西少南,又为屋以居道流,取道书《真诰》中语,命之曰'寒栖之馆'。直观善前山之巅为亭,回望大隐屏最正且尽,取杜子美诗语,名以'晚对'。其东出山背,临溪水,因故基为亭,取胡公语名以'铁笛'。寒栖之外,乃植樱列樊以断两麓之口,掩以柴扉,而以'武夷精舍'之匾揭焉。经始于淳熙癸卯之春,其夏四月既望堂成,而始来居之。四方士友来者亦甚众,莫不叹其佳胜,而恨他屋之未具,不可以久留也。钓矶、茶灶皆在大隐屏西。矶石上平,在溪北岸;灶在溪中流,巨石屹然,可环坐八九人,四面皆深水,当中科臼自然如灶,可爨以瀹茗。凡溪水九曲,左右皆石壁,无侧足之径,惟南山之南有蹊焉,而精舍乃在溪北,以故凡出入乎此者非鱼艇不济[50]。总之,为赋小诗十有二篇以纪其实。若夫晦明昏旦之异候,风烟草木之殊态,以至于人物之相羊,猿鸟之吟啸,则有一日之间恍惚万变而不可穷者。同好之士其尚有以发于予所欲言而不及者乎哉。《精舍》:'琴书四十年,几作山中客。一日茅栋成,居然我泉石。'《仁智堂》:'我惭仁知心,偶自爱山林。苍崖无古今,碧涧日千里。'《隐求斋》:'晨窗林影开,夜枕山泉响。隐去复何求,无言道心长。'《止宿寮》:'故人肯相寻,共寄一茅宇。山水为留行,无劳具鸡黍。'《石门坞》:'朝开云气拥,暮掩薜萝深。自笑晨门者,那知孔氏心?'《观善斋》:'负笈何方来?今朝此同席。日用无余功,相看俱努力。'《寒栖馆》:'竹间彼何人?抱瓮靡遗力。逢夜更不眠,焚香坐看壁。'《晚对亭》:'倚筇南山巅,却立有晚对。苍峭矗寒空,落日明影翠。'《铁笛亭》:'何人轰铁笛?喷薄两崖开。千载留余响,犹疑笙鹤来。'(名亭之义,详见《宫室志》。)《钓矶》:'削成苍石稜,倒影寒潭碧。永日静垂竿，兹心竟谁识？'《茶灶》：'仙翁遗石灶，宛在水中央。饮罢方舟去，茶烟袅细香。'《渔艇》：'出载长烟重，归装片月轻。千岩猿鹤友[51]，愁绝棹歌声。'"

《题报恩寺》（宋）赵抃："松撼寒声竹锁阴，梵宫潇洒称行吟。庭前花意自荣落，门外山光同古今。夜榻近轩弧月满，晓锄寻药乱云深。中间若了休休事，不信欢愁解到心。"

《游紫云岩天然庵》（宋）刘韐："万叠青山入画图，最高高处着浮屠。薄云弄日明还暗，小雨飞空有却无。山鸟避人疑俗驾，道人好客点云腴。我来一笑忘尘虑，倒载归欤日欲晡。"

《金斗源瀑布》刘子翚："路穷岩瀑挂，爽气净尘纷[52]。溜险时依壁，源高半隔云。入池惊练尽，触石听雷分。接胜多幽侣，箫声破藓纹。"

《题将军岩》刘子翚："昔年栖险人何在？仿佛楼台杳霭间。事去长空飞鸟没，时请宴坐一僧闲。霜秋石壁黄金树，月夜云涛碧玉湾。杖策时来访奇绝，渔樵幽兴自相关。"

《访胡籍溪宅》刘子翚："寂寂临湖屋，湖风为掩门。鸟声幽谷树，山影夕阳村。好事长留客，虽贫亦置樽。平生枯淡意，去此与谁论？"

《游百丈山分韵得云字》朱文公："执热倦烦跼，驾言起宵分。随川踏晓月，度岭披朝云。攀缘白石梯，拂拭苍藓纹。喷薄惊快觌，琮琤喜先闻。奇哉此精庐，渺然隔尘氛。诸公肯同来，定非俗子群。永日坐清樾，短章策奇勋。慨然念畴昔，联裾已荒坟。中路忘磬折，寸心谩丝棼。惟应泉石愿，三生有余薰。兹游获重寻，十载心氤氲。他年访旧躅，山灵莫移文。"

《西山卜居》朱文公："卜居屏山下，俯仰三十秋。终然村墟近，未惬心期幽。近闻西山西，深谷开平畴。茆茨十数家，清川可行舟。风俗颇淳朴，旷土非难求。誓捐三径资，往遂一壑谋。伐木南山巅，结庐北山头。耕田东溪岸，濯足西溪流。朋来即共欢，客去成孤游。静有山水乐,而无身世忧。著书俟来哲,补过希前修。兹焉毕暮景,何必营菟裘?"

《游瑞岩次韵》朱文公:"踏破千林黄叶堆,林间台殿郁崔嵬。谷泉喷薄秋逾响,山翠空濛昼不开。一壑只今藏胜概,三生畴昔记曾来。解衣正作留连计,未许山灵便却回。"

《云谷二十六咏》朱文公《云谷》:"寒云无四时,散漫此山谷。幸乏霖雨姿,何妨媚幽独。"《南涧》:"危石下峥嵘,高林上苍翠。中有横飞泉,崩奔杂奇丽。"《瀑布》:"峰回危径转,垂练鬼千寻。不为登山倦,踌躇秋涧阴。"《云关》:"白云去复还,黄尘到难入。只有涧水声,出关流更急。"《莲诏》:"亭亭玉芙蓉,迥立映澄碧。只愁山月明,照作寒露滴。"《杉径》:"南起云关口,萦纡上草堂。天风发清籁,山月度寒光。"《云庄》:"小丘横翠几,层嶂复嵯峨。释耒闲来看,岩姿此处多。"《泉碣[53]》:"入关但平田,复□得清响[54]。何必问真源,神襟一萧爽。"《石池》:"两岩苍峭石,护此碧泓寒。秋月来窥影,骊珠吐玉盘。"《山楹》:"山楹一怅望,恨此云迷谷。仙人不可期,缥缈双髻绿。"《药圃》:"长镜斸灵根,莳此泉下圃。珍剂未须论,丹黄已堪煮。"《井泉》:"山高泽气通,石窦飞灵液。默料谷中云,多应从此出。"《西寮》:"畲田种胡麻,结草寄林樾。珍重无心人,寒栖弄明月。"《晦庵》:"忆昔屏山翁,示我一言教。自信久未能,岩栖冀微效。"《草庐》:"青山绕蓬庐,白云障幽户。卒岁聊自娱,时人莫留顾。"《怀仙》:"西望多奇峰,北瞰独仙府。欲致武夷君,石坛罗桂醑。"《挥手》:"山台一挥手,从此断将迎。不见尘中事,惟闻打麦声。《云社》:"自作山中人,即与云为友。一啸雨纷纷,无劳三奠酒。"《桃蹊》:"涧里春泉响,种桃泉上头。烂红纷委地,未肯出山流。"《竹坞》:"悄蒨桃蹊北,萧椮竹坞深。不堪秋夜永,风雨助悲吟。"《漆园》:"旧闻南华仙,作吏漆园里。应悟见割忧,嗒然空隐几。"《茶坂》:"携籝北岭西,采撷供茗饮。一啜夜窗寒,跏趺谢衾枕。"《绝顶》:"当年赫曦台,移治在兹岭。寥廓无四邻,三光疑倒影。”《北涧》:“土断川亦分,北下成阴涧。秀石得佳名,服膺吾敢慢。”(自注:“云涧有仁义石。”)《中溪》:“南下东岭阿,云是中溪道。岩树爱樛枝,石田悲蔓草。”《休庵》:“别岭有精庐,林峦亦幽绝。无事一往来,茶瓜不须设。”

《题风泉亭》朱文公:“涧谷居永久,高情未云酬。兹焉发天秘,始造寒岩幽。上有茂树阴,下有清泉流。结亭倚苍峭,凿磴穷嵌丘。翠壁自屏立,青藓亦环周。揭来憩永夏,凛若临清秋。仰空韵笙竽,俯槛铿琳球[55]。幽听一以会,悠然与神谋。遐哉超世心,暇日聊娱忧。笑问车马客,谁能此淹留?”

《游密庵分韵得绝字》朱文公:“闽乡饶奇山,仙洲故称杰。巍然一峰高,复与众山绝。传闻极目处,天水远明灭。万里倏往还,三光下罗列。我来发孤兴,径欲跻嵽嵲。病骨竟支离,何当攀去辙。”

《过胡文定公书堂》(宋)张栻:“入门认碧溪,循流识深源。念我昔此来,及今七寒暄。人事经几变,寒花故犹存。堂堂武夷翁,道义世所尊。永袖霖雨手,琴书贲丘园。当时经行地,尚想笑语温。爱此亭下水,烟若玻璃盘。晴看浪花涌,静见潜鳞翻。朝昏递日月,俯仰鉴乾坤。因之发深感,倚槛更无言。”

《西山》蔡沉:“紫荆相依倚,绿篠自蒙密。秋兰涧中花,山果路边实。沿岗引霜藤,临流坐寒石。日暮阴崖开,云收远山出。疏篱尚存菊,荒庭旧垂橘。丝桐想虚堂,简策见静室。俯仰今几时,漫然已陈迹。摩挲苍苔痕,屐齿不可识。”

《文公故宅》(元)叶善夫:“峨峨云谷山,淼淼沧州水。中有宅一区,过者视阙里。文献尚可征,岂不自鲁始。载咏邹氏书,千载若为俟。”

《采蕨行》(国朝)黄裳:“皇天养民山有蕨,蕨根有粉民争掘。朝掘暮掘山欲崩,救死岂知筋力竭。明朝重担向溪浒,濯彼清冷去泥土。夫舂妇滤呼儿炊,饥腹虽充不胜苦。棠阴诸公知不知，朝夕思飧醴与肥？赈饥无策未足怪，胡忍剥我民膏脂！嗟予黍为斯邑宰，致民多饥欲谁罪？见尔奔波心甚惭，立马无言颡生泚。但愿皇天怜尔苦，五日一风十日雨。雨顺风调五谷登，蕨根满山长不取。”

纪述

《重修建宁府学记》（宋）真德秀：“宝庆绍元之初年，天官尚书叶公以显谟阁学士出牧建安。清心饬躬，以治以教，期年民各遂于理。顾瞻泮宫，实维本原风化之地，由庆元后旷弗克修，垂三十祀。曰：‘予奉天子命寔来，固欲为国毓材，以俟举选。如宝璧玉，如护掎桐。惟学攸居[56]，其可弗饬。’乃命属役于僚吏之能者，而以郡博士董之。先葺大成殿，次及十六斋，又次及于三贤堂，然后增辟小学。起孟秋甲辰，迄九月甲寅，功用以成。于是学正叶瑞甫等书来，俾识厥事。某于乡邦为后进，谊不可以先长者，遂请辞[57]。而端甫等书再至，论勉愈力[58]，既弗获终辞，则诵所闻以告曰：‘诸公所为命仆者，岂欲相与讲明为学之士指欤？夫格物以致知，昔者圣人示人之正法也，请以缮修之役明之。今之学校，非昔之学校乎？昔之圮陋者，今屹焉以完，昔之阘郁者，今焕焉以新，非以修之之功故耶，学者之于学亦若是而已矣。盖受巿以生，万善咸备，犹此宇之本闳且丽也。私欲汩焉，邪说滑焉，犹其漂摇于风雨、漫漶于垢氛而浸朽以弊也[59]。一日自克，私胜而仁存；一念知悔，善章而咎泯。又如圮陋者之可以复完，阘郁者之可以复新也。夫忠信笃敬，学者立德之基；刚毅木讷，学者任重之实，而辞章华缛，特藻饰之美耳。圣门教人具有本末，故曰行有余力，则以学文，亦何异基址之固而后栋梁可施，栋梁之安而后丹雘可设也，盖缮修一役耳[60]，而为学之理具焉。自是推之，则凡天下之事事物物即器，而道已存，由粗而精，可见知至之功不难进矣。虽然，学岂徒知而已，盖学聚问辩，而必以居行继之；博学审问，而必以笃行终焉，断断乎不易之序也。《易》、《中庸》之旨不明，学者始以口耳为学，讲论践履，析为二致。至其甚也，以利欲之心，求义理之学，而以理义之说，文利欲之私，而去道愈邈矣。然则致知力行，交勉并进，岂非学者用功之至要哉！又岂非贤邦君所望于吾州之士者哉！若夫赋役之力，调度之目，在故府可覆，此不书。公名时，字秀发，括苍人。’”

《浦城县学重建文宣王殿记》杨时：“周道衰，陵夷至于战国，干戈日寻，帝王之迹熄，而典章文物沦丧无遗矣。孔子于是时，穷为旅人，无所用于世，退而删诗书，定礼乐，而先王所以为治之道，焕然著在方册，使后世有考焉。论其功，谓贤于尧舜，岂虚语哉！故庙食百世，虽天子之尊，北面而奉之，为道之存，非以是为荣观也。国家庆历中诏天下郡县立学，是时，陈公先生襄，以经术德义为一时儒宗，适主县簿，孜孜以教育人材为务。乃与其令谋，即县之东南隅筑宫于其上，以延后学。邑人徐翘营殿于其中，不侈不陋。故三舍行，堂庑一新。至建炎初，为贼火所焚，而殿得以独存，春秋无以奉祀事。绍兴三年冬，县令吴侯来，视事之始，历告诸神祠，独吾圣师无瞻依之所，喟然叹曰：‘今老佛之徒犹知严事其师，而吾徒独不知之耶？’于是慨然有建立之意。不数月，召邑之诸生刘寿、吴元宾[61]、吴震、全畴相与董其事，经始于四年中夏，落成于秋七月。良材坚甓增于前，用人之力与夫塑绘之工，其费无虑百余万，人乐输之不为厉。既而邑之士萧颉，以吴侯之书走吏诣予求文以为记。予为之言曰：‘学之废久矣，诐淫邪遁之辞盈天下，士溺于所习，冥行而已。予尝考之《周官·司徒》，以知、仁、圣、义、忠、和六德教万民。夫仁与圣孔子不敢居，而先王以是教万民者，盖天地万物一性耳，无圣贤智愚之异，故颜子曰：舜何人也？予何人也？有为者亦若是。孟子尝曰[62]：人皆可以为尧舜。故学者必以圣人为师，犹之射者栖鹄于侯以为的，惟巧力具，然后能中。巧而不至，至而不中，盖有之矣。然不为之的，则莫知孰为中否也。《司徒》以仁圣教民，盖亦栖鹄之义与之为的耳。然仁之为仁，圣之为圣，必有在矣。学者未知仁圣之所以为仁圣，虽有学，犹虚器也。世之论者，以谓仁者爱而已矣，盖未尝究观孔子之言耳。知孔子之言仁，则圣亦从而可知矣。夫浦城之为邑，盖东南贤士大夫之材薮，英材异禀出而擢高科、登朊士、进秉钧轴者，世有人焉。吴侯用心于此，非徒饰其祠以夸耀之也。盖欲邑之士肄业于其中者，既其文，茹其实[63]，心得而身行之，以趋圣贤之域。然后为学之成也。故并以告之。'"

《睦亭记》真德秀："嘉定十四年六月，西山精舍成，明年五月，作新亭于池上，而命之曰'睦亭'。客有问者曰：'夫睦，家庭之事也，予以名斯亭，何哉？'予曰：'古者合族而祭事，已必有藏私焉。祭所以尊尊，而燕所以亲亲，其义一也。予之为是精舍也，以吾王父与吾先人之丘垄在是也。有精舍焉，以奉吾王父先人之丘垄，而春秋飨祀无以为会吾宗族之地，是知尊尊矣，而未知亲亲也。凡人所为薄于宗族者，以其不知所出之本一也；诚知其所出之本一，则虽由衰焉而功，由功焉而缌，由缌焉而至于无服，譬之巨木百围，枝叶扶疏，而根干则一，夫岂容以异观哉！然予之所以为是者，非为今日虑也。自吾之曾王父，有子一人焉，是为吾王父，王父有子二人焉，是为吾先人，若吾叔父，吾叔父不幸无后，而有子者惟吾先人焉，吾之兄若弟是也。吾之兄不幸早世，而吾与叔季氏仅存，盖相倚以为命者，夫焉得而弗睦耶？予以所以为是者为后人虑也。苏公有言，吾之所与相视如涂人者，其初兄弟也。兄弟之初，一人之身也。今自吾之子与兄弟之子，降而为从兄弟，自吾之孙与兄弟之孙，降而为再从兄弟属。一降则恩为之一衰，又自是而降，则亲尽服穷而涂人矣。吁，亲未尽，服未穷而涂人焉，今之俗皆然也，况于亲之尽、服之穷而不涂人耶？此吾所以虑乎后之人也。今为精舍于斯，欲吾子子孙孙钦奉其先之祀。又为亭于斯，欲吾子子孙孙毕其先之祀，而相与会聚于斯亭。劝酬欢洽之余，追念本始，而知其所祖之一，则服属虽远而情不至于疏。情不至于疏，则恩不得而绝，庶其免于相视为涂人也，兹吾所望于后之人也。’客又曰：‘子之为虑则至矣，然吾观世之有田以具粢盛，有屋以眂茔域者，不为不多矣。而能保之以传于后者甚寡，又将何以为计耶？’曰：‘此非予所能知也。虽然，有一焉，夫自吾一家而观之，则吾之昆弟宗族同一体也。自天地而观之，则凡与吾并生于穹壤间者皆同一体也。以吾尊祖睦族之心推之，凡其有田以具粢盛，有屋以眂茔域者，犹吾心也，吾其忍以货与力取之耶？吾而不忍于人，人亦将不忍于我矣，此予之可知者。其所不可知者奚庸过计为哉！’客曰：‘然。’遂次其语为《睦亭记》。”

《**梦笔山房记**》（宋）魏了翁：“世传江文通为吴兴令，梦人授五色笔，由是文藻日新。今浦城县故吴兴也，县故有孤山里，人因以‘梦笔’称之。乡先生杨文庄公尝读书其间。比岁，真希元于山之麓得数亩地，艺卉木、营阛庐，为息游藏修之所。既为文庄识其事，又以书抵了翁，曰：‘子为我发之。’了翁每恨由周而上，圣贤之生，鲜不百年，盖历年弥久，则德盛仁熟，故虽从心所欲罔，有择言，皆足以信今贻后。《诗》三百，圣贤忧愤之所为者十六七；六艺之作、七篇之书亦出于历聘不遇，凡皆坦明敷畅，日星垂而江河流也。圣人之心，如天之运纯亦不已，如川之逝不舍昼夜，虽血气盛衰所不能免，而才壮志坚，始终弗贰，曷尝以老少为锐惰，穷达为荣悴者哉？灵均以来，文词之士兴，已有虚骄恃气之习。魏晋而后，则以纤文丽藻为学问之极致，方其年盛气强，位亨志得，往往恃以所能，哗世眩俗，岁滔月迈，血气随之，则不惟形诸文词衰飒不振，虽建功立事，蓄缩顾畏，亦非复盛年之比。无他，非有志以基之，有学以成之，徒以天资之美，口耳之知，才驱气驾而为之耳。如史所书，任彦升、丘灵鞠、江文通诸人皆有才尽之叹。而史于文通末年，至谓梦张景阳夺锦，郭景纯征笔，才不逮前，夫才命于气，气禀于志，志立于学者也，此岂一梦之间他人所得而予乎？穷当益坚,老当益壮,而他人亦可以夺之乎?为此言者,不惟昧先王梦祲之义[64],亦未知先民志气之学,由是梦笔之事如王元琳、纪少瑜、李巨山、李太白诸人史不绝书,而杜子美、欧阳永叔、陈履常庶几知道者,亦曰老去才尽,曰诗随年老,曰才随年尽,虽深自抑损,亦习焉言之,不知二汉时犹未有是说也。希元用力于圣贤之学,今既月异岁殊,志随年长,其自今所资益深,所居益广,则息游藏修于是山也,其必谓吾言然矣。睿圣武公年九十五,作抑之诗曰:'相在尔室,尚不愧于屋漏。'呜呼!为学不倦如此,才可尽而志可蹶乎[65],既以复于希元,又以自儆云。"

《西山书院记》(元)虞集:"建宁路浦城县,真文忠公之故居在焉。其孙渊子言其族人用建安祠朱文公之比,筑宫祠公,相率举私田给凡学于其宫者而清官为之立师。江浙行中书省上其事,朝廷题之,名之曰'西山书院',列为学官,实延祐四年四月也。是年,天子命大司农晏翰林学士承旨某,译公所著《大学衍义》,用国字书之,每章题其端曰'真西山云'。书成奏之,上常览观焉。昔宋臣尝缮写唐宰相陆宣公奏议以进,其言曰:'若使圣贤之相契,即如臣主之同时。'识者以为知言。由今观之,宣公之论治道可谓正矣,然皆因事以立言,至于道德性命之要,未暇推其极致也。公之书,本诸圣贤之学,以明帝王之治,据已往之迹,以待方来之事。虑周乎天下,忧及乎后世,君人之轨范,盖莫备于斯焉。董仲舒曰:'人主而不知《春秋》,前有谗而不知,后有贼而不见。'比虽未敢上比于《春秋》[66],然有天下国家者,诚反覆于其言,则治乱之别,得失之故,情伪之变,其殆庶几无隐者矣。公当理宗入继大统之初,权臣假公之出,以定人心。既而斥去之。十年复召,首上此书。当时方注意用之,未几而公亡矣。《诗》云'人之云亡,邦国殄瘁',公再出而世终不获被其用,岂非天乎?庸讵知百年之后,而见知遇于圣明之时也。然则公之祀岂止食于其乡而已乎!盖尝闻之[67],工师之为巨室也,犹必有尺度绳墨之用,朴斲缔构之制，未有无所受其法者也，为天下国家其可以徒用其才智之所及者哉[68]。今天子以聪明睿智之资，然能自得师，尊信此书以为道揆，况众人乎？学者之游于斯也，思公之心而立其志，诵公之书而致其学[69]，圣朝将得人于西山之下焉，不徒诵其言而已也。”

《建阳县学藏书记》朱文公：“古之圣人作为六经以教后世：《易》，以通幽明之故；《书》，以纪政事之实；《诗》，以导性情之正；《春秋》，以示法戒之严；《礼》，以正行；《乐》，以和心。其于义理之精微，古今之得失，所以该贯发挥，究竟穷极，可谓盛矣。而总其书不过数十卷，盖其简易精约又如此。自汉以来，儒者相与尊守而诵习之，传相受授，各有家法，然后训传之书始出。至于有国家者，历年行事之迹，又皆各有史官之记，于是文字之传益广。若乃世之贤人君子，学经以探圣人之心，考史以验时事之变，以至见闻感触有接于外而动乎中，则又或颇论著其说以成一家之言。而简策所载，箧椟所藏，殆不胜其多矣。然学者不欲求道则已，诚欲求之，是岂可以舍此而不观也哉？而近世以来，乃有所谓科举之业者以夺其志。士子相从于学校庠塾之间，无一日不读书，然问其所读，则举非向之所谓者。呜呼！读圣贤之言而不通于心，不有于身犹不免为书肆，况其所读又非圣贤之书哉！以此道人，乃欲望其教化行而风俗美，其亦难矣。建阳版本书籍行四方者，无远不至，而学于县之学者，乃以无书可读为恨。今知县事会稽姚侯耆寅始斥掌事者之余金，鬻书于市，上自六经下及训传、史记、子集凡若干卷以充入之，而世儒所诵科举之业者，一无得与于其间。诸生既得圣贤之书而读之，又相与讲于侯之意而知所兴起也。来谒予文以记之，予推姚侯之所以教其人[70]固可书矣；而诸生之所以承侯之意者，亦当得书也，抑予犹愿有告焉。诸君读侯之书，其必有以通诸心，有诸身而无徒为是书纬者，则庶几无□于侯之教，而是邦风俗之美亦将有以异于往时矣[71]。于是敬书其说，使刻石而立诸其庑以俟。”

《考亭书院记》(宋)熊禾:“周东迁而夫子出,宋南渡而文公生,世运升降之会,天必拟大圣大贤以当之者[72],三纲五常之道所寄也。道有统,羲、轩邈矣,陶唐氏迄今六十二甲辰,孟氏历叙道统之传,为帝为王者千五百余岁,则尧、舜、禹之于冀也,汤尹之于伊、亳也,文武周公之于岐、丰也,自是而下为霸为强者二千余岁,而所寄仅若此,儒者几无以借口于来世。呜呼! 微夫子六经,则五帝三王之道不传;微文公四书,则夫子之道不著,人心无所于主[73],利欲持世,庸有极乎? 七篇之终,所以大圣人之居而尚论其世者,其独无所感乎? 呜呼! 由文公以来又百有余岁矣,建考亭视鲁阙里,初名‘竹林精舍’,后更‘沧州’,宋理宗表章公学,以公从祀庙廷,始锡书院额,诸生世守其学不替。龙门方侯逢辰,灼见斯道之统有关于世运,故于此重致意焉。岁戊子,侯为郡判官,始克修复,邑令古澶郭君瑛又从而增辟之。乙巳,侯同知南剑郡事,道谒祠下,顾谓诸生曰:“居已完矣,其盍有所养乎?’书院旧有田九十余亩,春秋祀犹不给,侯将捐田为倡,郭君适自北来,议以克协。诸名贤之胄与邦之大夫士翕然和之,合为田五百亩有奇,供祀之余,则以给师弟子之廪膳,名曰‘义学田’。初,省府以公三世孙朱沂充书院山长。既殁,诸生请以四世孙朱椿袭其职。侯白之当路,仍增弟子员[74],属其事于邑簿汪君蒙,且以书来,曰:‘养可以粗给矣,而教之不可以无师也。’谓禾犹逮有闻,俾与前贡士魏梦牛分教大小学,盖有甚焰然者。既又属禾记其事,其将何以为词? 重惟文公之学,圣人全体大用之学也,本之身心,则为德行,措之国家天下[75]则为事业,其体有健顺、仁义、中正之性,其用则有治教、农礼、兵刑之具,其文则有小学、《大学》、《语》、《孟》、《中庸》、《易》、《诗》、《书》、《春秋》、三礼、《孝经》、图书、《西铭传义》及《通鉴纲目》、《近思录》等书,学者学此而已。今但知诵习公之文,而体用之学曾莫之究,其得谓之善学乎? 矧曰体其全而用其大者乎? 公之于考亭也[76],门人蔡氏渊尝言其晚年间居于大本大原之地，克养敦厚，人有不得窥其际者。盖其喜怒哀乐之未发，早闻师说于延平李先生者，体验已熟，虽其语学者非一端，而敬贯动静之旨，圣人复起[77]，不易斯言矣。呜呼！此古人接受心法也。世之溺口耳之学何足以窥其微哉？公之修三礼，自家乡至邦国王朝，大纲小纪，详法略则，悉以属之。门人黄氏榦且曰：'如用之固，当尽天地之变，酌古今之宜[78]，而又通乎南北风气，损文就质，以求其中可也。'使公之志克遂，有王者作，必来取法矣。呜呼！古人为治之大经大法，平居既，无素习，一旦临事，惟小功近利是视，生民亦何日蒙至治之泽乎？秦人绝学之后，六经无完书。若井田，若学校，凡古人经理人道之具尽废。汉犹近古，其大机已失之矣。当今治宇一统，京师首善之地，立胄学，兴文教，文公四书方为世大用。此又非世运方升之一机乎？邵氏观化所谓善变之则，帝王之道可兴者，以时考之可矣。诚能于此推原义、轩以来之统，大明夫子祖述宪章之志，上自辟雍，下逮庠序、祀典、教法，一惟我文公之训是式，古人全体大用之学复行于天下，其不自兹始乎？今公祠以文肃黄氏干配，旧典也。从以文节蔡氏元定、文简刘氏爚、文忠真氏德秀，建安武夷例也。我文公体用之学，黄氏其庶几焉。余皆守公之道不贰，其侑公也实甚宜。公以建炎庚戌生于剑之南溪，父吏部韦斋先生仕国也[79]。公蕴经世大业，属权奸相继用事，郁郁不得展，道学为世大禁，公与门人益务坚苦泊如也。庆元庚申，殁于考亭。后十年庚午，疆场事起，又六十七年丙子，宋亡，公子曾孙浚以死节著。呜呼！大圣大贤之生，其有关于天地之化，盛衰之运者，岂可以浅言哉！夫子之六经不得行于再世，而公之四书乃得彰著于当代，公之身虽屈于当时，而公之道卒信于其后者，天也。过江来，中州文献欲尽，自左丞覃怀、许公衡倡明公学，家诵其书，人尊其道，凡所以启沃君心、栽培相业以开治平之原者，皆公余泽也。方侯创义学，东平袁君璧适以臬事至闽，访求公后，表浚二子林、彬于省，长南溪、建安二书院，奉韦斋及公祠。又以考亭乃公旧宅，恳恳为语诸生小学入门之要，尤以师道不立为忧；既而金华陈君举司文吴会为胄学，征藏书，考寻文献，且欲于此继成公志，以复六经古文为属，诚钜典也，而必有俟焉。天运循环无往不复，欲观周道，舍鲁何适？主学一脉[80]，亟起而迓续之，则天地之心，生民之命，万世之太平当于此乎？在侯之功不亦远乎？侯世以德显，其仕闽以化为政，道南七书院皆其再造也。考亭西北偏有山曰云谷，晦庵在焉，亦为之起废[81]。汪君于山之麓为门以识之，凡公之坟宅，悉从而表树焉，庶乎知为政之先务矣。精舍创于绍熙甲寅，前堂后室制甚朴实。宝庆乙酉，邑令莆阳刘克庄始辟公祠，今燕居庙则淳祐辛亥漕使眉山史侯季温旧构也。书院之更造，惟公手创不敢改，栋宇门庑焕然一新，邑士刘熙实终始之。义学之创兴，宋奕、黄枢首帅以听，华恭孙、叶善夫、赵宗叟、盱江李廷玉与有谋焉。而厚帑庾、完塈茨以迄于成，则虞子建、刘实也，贤劳皆可书。时提调官总管燕山张仲仪、教授三山黄文仲、助田名氏悉书石阴。”

《崇安县学田记》朱文公：“崇安县故有学而无田，遭大夫之贤而有意于教事者，乃能缩取它费之赢，以供养士之费，其或有故而不能继，则诸生无所仰食，而往往散去，以是殿堂倾圮，斋馆芜废，率常更十数年乃一闻弦诵之声，然又不一二岁辄复罢去。淳熙七年，今知县事赵侯始至而有志焉，既葺其官庐之废坏而一新之，则又图所以为饮食久远之计者而未知所出也，一日，视境内浮屠之籍，其绝不计者凡五，曰中山，曰白云，曰凤林，曰圣历，曰暨历，而其田不耕者以亩计凡若干，乃喟然而叹曰：‘吾知所以处之矣。’于是悉取而归之于学。盖岁入租米二百二十斛，而士之肄业焉者，得以优游卒岁，而无乏绝之虑。既而学之群士十余人，相与走予所居之山间，请文以记其事，曰：‘不则惧夫后之君子莫知其所始，而或至于废坏也。’予惟三代盛时，自家以达于天子诸侯之国，莫不有学，而自天子之元子以至于士庶人之子莫不入焉，则其士之廪于学官者宜数十倍于今日，而考之礼典，未有言其费出之所自者，岂当时为士者其家各已受田，而其入学也有时故得以自食其食，而不仰给于县官也欤？至汉元成间，乃谓孔子布衣养徒三千而增学官、弟子至不复限以员数。其后遂以用度不足，无以给之，而至于罢。夫谓三千人者聚而食于孔子之家，则已妄矣。然养士之需，至以天下之力奉之而不足，则亦岂可不谓难哉？盖自周衰，田不井授，人无常产，而为士者尤厄于贫，反不得与为农工商者齿，上之人乃欲聚而教之，则彼又安能终岁裹饭而学于我，是以其费遂多，而或取之经常之外，势固有所不得已也。况今浮屠氏之说，乱君臣之礼，绝父子之亲，谣诬鄙诈，以殴诱一世之人，而纳之于禽兽之域，固先王之法之所必诛而不以听者也。顾乃肆然蔓衍于中国，丰屋连甍，良畴接畛，以安且饱，而莫之或禁。是虽尽逐其人，夺其所据而悉归之学，使吾徒之学为忠孝者得以无营于外，而益进其业，犹恐未足以胜其邪说；况其荒坠芜绝，偶自至此，又欲封植而永久之乎？赵侯取之，可谓务一而两得矣。故特为之记其本末与其指意所出者如此，以示后之君子，且以警夫学之诸生，使益用力乎予之所谓忠且孝者。职其事者又当谨其出内，于簿书之外而无龠合之私焉，则庶其无负乎赵侯之教矣。赵侯名某，材甚高，听讼理财，皆办其课，又有余力以及此，诸使者方上其治行于朝云。"

《崇安县五夫社仓记》朱文公："乾道戊子春夏之交，建人大饥，予居崇安之开耀乡，知县事诸葛侯廷瑞以书来属予及其乡之耆艾左朝奉郎刘侯如愚，曰：'民饥矣，盍为劝豪民发藏粟，下其直以振之？'刘侯与予奉书从事，里人方幸以不饥。俄而盗发浦城，距境不二十里，人情大震，藏粟亦且竭，刘侯与予忧之不知所出，则以书请于县、于府。时敷文阁待制信安徐公嚞知府事，即日命有司以船粟六百斛溯溪以来。刘侯与予率乡人行四十里，受之黄亭步下。归籍民口大小仰食者若干人，以率受粟，民得遂无饥乱以死,无不悦喜欢呼,声动旁邑。于是浦城之盗无复随和而束手就擒矣。及秋,徐公奉祠以去,而直敷文阁东阳王公淮继之。是冬有年,民愿以粟偿官贮。里中民家将辇载以归有司,而王公曰:'岁有凶穰,不可前料,后或艰食,得无复有前日之劳?其留里中,而上其籍于府。'刘侯与予既奉教,及明年复又请于府曰:'山谷细民无盖藏之积,新陈未接,虽乐岁不免,出倍称之息,贷食豪右,而官粟积于无用之地,后将红腐不复可食。愿自今以来,岁一敛散,既以纾民之急,又得易新以藏,俾愿贷者出息什二,又可以抑侥幸、广储蓄,即不欲者勿强。岁或不幸小饥则弛半息,大侵则尽蠲之,于以惠活鳏寡,塞祸乱原,甚大惠也,请著为例。'王公报皆施行如章。既而王公又去,直龙图阁仪真沈公度继之。刘侯与予又请曰:'粟分贮民家,于守视出纳不便,请仿古法,为社仓以储之,不过出捐一岁之息,宜可办。'沈公从之,且命以钱六万助其役。于是得籍坂黄氏废地以鸩工度材焉。经始于七年五月,而成于八月。为仓三,亭一,门墙守舍无一不具。司会计董工役者,贡士刘复、刘得舆、里人刘瑞也。既成,而刘侯之官江西幕府,予又请曰:'复与得舆皆有力于是仓,而刘侯之子将仕郎琦尝佐其父于此,其族子右修职郎坪亦廉平有谋,请得与并力。'府以予言悉具书礼请焉,四人者遂皆就事,方且相与讲求仓之利病,具为条约,会丞相清源公出镇兹土,入境问俗,予与诸君因得具以所为条约者迎白于公。公以为便,则为出教,俾归揭之楣间,以视来者。于是仓之庶事,细大有程,可久而不坏矣。予惟成周之际,县都皆有委积,以待凶荒,而隋、唐所谓社仓者,亦近古之良法也,今皆废矣,独常平义仓尚有古法之遗意,然皆藏于州县,所恩不过市井惰游辈,至于深山长谷,力穑远输之民,则虽饥饿频死而不能及也。又其为法太密,使吏之避事畏法者,视民之殍而不肯发,往往全其封鐍,递相付授,至或累数十年不一訾省,一旦甚不获已,然后发之,则已化为浮埃聚穰[82]而不可食矣。夫以国家爱民之深,其虑岂不及此？然而未之有改者，岂不以里社不能皆有可任之人，欲一听其所为，则惧其计私以害公？欲谨其出入同于官府，则钩校靡密，上下相遁，其害又必有甚于前所云者、是以难之而有弗暇耳。今幸数公相继，其爱民虑远之心，皆出乎法令之外，又皆不鄙吾人以为不足任，故吾人得以及是，数年之间，左提右挈，上说下教，遂能为乡闾立此无穷之计，是岂吾力之独能哉？惟后之君子视其所遭之不易者如此，无计私害公以取疑于上，而上之人亦毋以小文拘之如数公之心焉，则是仓之利夫岂止于一时，其视而效之者，亦将不止于一乡而已也。因书其本末如此，刻之石以告后之君子云。”

校　注

［1］似应为“汉之陆贾奉使于南越”。

［2］“伊”疑为“仍”之误。

［3］“阴”疑为“期”之误。

［4］“目下汗”似为“日下汙”之误。

［5］似应作“煦枯”。

［6］道光重刊明王应山《闽都记·卷十四》作“无那愁肠日九回”。

［7］道光重刊明王应山《闽都记·卷十四》作“离宫紫气生冠冕，试望扶桑病眼开”。

［8］道光重刊明王应山《闽都记·卷十四》作“逐鹿师还神器定”。

［9］道光重刊明王应山《闽都记·卷十四》作“海门最是潮头急”。

［10］道光郾调元《十闽名胜笺·卷一》作“云来隐巉巖”。

［11］道光重刊明王应山《闽都记·卷十》作“长笑观大荒，尘襟尽冰释”。

［12］道光重刊明王应山《闽都记·卷十》作“解衣恣磅礴”。

［13］道光重刊明王应山《闽都记·卷十》作“极目送斜晖，遥遥海

天碧”。

［14］道光重刊明王应山《闽都记·卷十二》及乾隆黄任《鼓山志·卷十》均作“郡楼瞻东方”。

［15］乾隆黄任《鼓山志·卷十》作“素尚自幽独”。

［16］道光重刊明王应山《闽都记·卷十二》作“今朝复何如”。

［17］道光重刊明王应山《闽都记·卷十二》及乾隆黄任《鼓山志·卷十》均作“褰裳陟遥颠，万象能俯视”。

［18］上述《闽都记·卷十二》及《鼓山志·卷十》均作“城中十万家，嚣喧不到耳；郊原与市廛，琐碎如聚米”。

［19］道光重刊明王应山《闽都记·卷十一》作“其品堪第一”。

［20］道光重刊明王应山《闽都记·卷十一》作“别有真香与味色”。

［21］道光郑调元《十闽名胜笺·卷一》作“游席帽山二首之二”。

［22］道光重刊明王应山《八闽名胜笺·卷一》作“灵境閟绝顶”。

［23］咸丰重刊《朱文公集·卷七十七》作“既日进诸生而告之以古昔圣贤学文学之意”。

［24］乾隆《福州府志·学校》作“科举废，后生无所事耳目”。

［25］乾隆《福州府志·学校》作“小有才者溺愈深”。

［26］乾隆《福州府志·学校》作“是虽明时崇儒重学之意”。

［27］乾隆《福州府志·学校》作“曾子”。

［28］乾隆《福州府志·学校》作“磔裂破碎于毛、郑、贾、马、王、范之徒”。

［29］乾隆《福州府志·学校》作“闻乎其音容者乎”。

［30］道光郑调元《十闽名胜笺·卷二》作“层峦连近郭，占胜有招提；宿雾昏金像，飞泉溅石梯”。

［31］乾隆董天工《武夷山志·艺文》作“秀出巫山十二重”。

［32］乾隆董天工《武夷山志·艺文》作“桃源春尽落花浓”。

［33］乾隆董天工《武夷山志·艺文》作“凤鸾一啸最深处，仙客楼台何处逢”。

［34］乾隆董天工《武夷山志·艺文》作“古柏千年在”。

［35］康熙重刊《杨龟山先生集·卷三十九》作“解衣归卧玉琐碎”。

［36］乾隆董天工《武夷山志·艺文》题作“幔亭峰”。

[37] 乾隆董天工《武夷山志・艺文》作“更无祻幕空中举”。
[38] 上述《武夷山志・艺文》作“松篁闲锁一溪云”。
[39] 咸丰重刊《朱文公集・卷一百二》作“追寻唤渔舠”。
[40] 乾隆董天工《武夷山志・艺文》作“才既非时用”。
[41] 乾隆董天工《武夷山志・艺文》作“喷薄鸣铁笛”。
[42] 咸丰重刊《朱文公集・卷九十五》作“弄舟绿碧涧”。
[43] 乾隆董天工《武夷山志・艺文》作“王馆莓苔生古愁”。
[44] 乾隆董天工《武夷山志・艺文》作“白马瑶鞭在何处”。
[45] 乾隆董天工《武夷山志・艺文》作“幔亭空说当年事”。
[46] 乾隆董天工《武夷山志・艺文》作“乾鱼犹记同亭祀”。
[47] 咸丰重刊《朱文公集・卷一百》作“雄镇斡维东”。
[48] 咸丰重刊《朱文公集・卷一百二》作“道人不作荒台梦”。
[49] 咸丰重刊《朱文公集・卷一百二》作“鼓楼岩下水潆洄”。
[50] 咸丰重刊《朱文公集・卷一百二》作“非渔艇不济”。
[51] 咸丰重刊《朱文公集・卷一百二》作“千载猿鹤友”。
[52] 光绪续修《浦城县志・艺文》作“爽气净尘氛”。
[53] 咸丰重刊《朱文公集・卷一百》作“泉硖”。
[54] 咸丰重刊《朱文公集・卷一百》作“复此得清响”。
[55] 咸丰重刊《朱文公集・卷一百》作“俯槛铿琳璆”。
[56] 嘉靖《建宁府志・学校》作“惟兹攸居”。
[57] 嘉靖《建宁府志・学校》作“请固辞”。
[58] 嘉靖《建宁府志・学校》作“谕勉愈力”。
[59] 嘉靖《建宁府志・学校》作“而寖朽以弊也”。
[60] 嘉靖《建宁府志・学校》作“夫缮修一役耳”。
[61] 康熙重刊《杨龟山先生集・卷二十四》作“吴元实”。
[62] 康熙重刊《杨龟山先生集・卷二十四》作“孟子亦曰”。
[63] 康熙重刊《杨龟山先生集・卷二十四》作“溉其文，茹其实”。
[64] 光绪重修《浦城县志・艺文三》作“不惟昧先王梦龄之义”。
[65] 光绪重修《浦城县志・艺文三》作“才有尽而志可踬乎”。
[66] 光绪重修《浦城县志・艺文三》作“斯虽未敢上比于春秋”。
[67] 光绪重修《浦城县志・艺文三》作“抑又闻之”。

［68］光绪重修《浦城县志·艺文三》作“为天下国家，可徒用其才智之所及哉”。

［69］光绪重修《浦城县志·艺文三》作“体公之心而立其志，诵公之书而笃其学”。

［70］咸丰重刊《朱文公集·卷七十六》作“予惟姚侯之所以教其人”。

［71］咸丰重刊《朱文公集·卷七十六》作“则庶几无负于侯之教，而是邦风俗之美，亦将有以异于往时矣”。

［72］道光《建阳县志·坛庙》作“天必生大圣大贤以当之者”。

［73］道光《建阳县志·坛庙》作“人心无所为主”。

［74］道光《建阳县志·坛庙》作“仍增置弟子员”。

［75］道光《建阳县志·坛庙》作“举而措之国家天下则为事业”。

［76］道光《建阳县志·坛庙》作“公之在考亭也”。

［77］道光《建阳县志·坛庙》作“则圣人复起”。

［78］道光《建阳县志·坛庙》作“如用之困，当尽天地之变，酌古今之宜”。

［79］道光《建阳县志·坛庙》作“韦斋先生之仕国也”。

［80］道光《建阳县志·坛庙》作“正学一脉”。

［81］道光《建阳县志·坛庙》作“考亭西北隅有山曰云谷，晦庵在焉，侯亦为之起废”。

［82］咸丰重刊《朱文公集·卷七十六》作“化为浮埃聚壤”。

八闽通志卷之八十三

词　翰

泉州府

题咏

《题云榭台》(宋)王十朋:"山生平地榭侵云,土木多应役鬼神。好向危楼高著眼,间阎无限困穷人。"

《洛阳桥》刘子翚:"跨海飞梁叠石成,晓风十里度瑶琼。雄如建业虎城峙,势若常山蛇陈横。脚底波涛时汹涌,望中烟屿晚分明[1]。往来利涉歌遗爱,谁复题桥继长卿。"(宋)陈博良:"跨海为桥布石牢,那知直下压灵鳌?基连岛屿规模壮,势截渊潭气象豪。铁马著行横绝漠,玉鲸长鬣露寒涛。缣图已幸天颜照,应得元丰史笔褒。"

《题洛阳桥柱》无名氏:"百年河洛污膻腥,何事斯桥浪得名。欲洗胸中不平恨,时来倚柱看潮生。"

《秦君亭》(宋)陈瓘:"世梗贤路塞,达人识穷通。搀枪天宝后,美士如飘蓬。聘君当此时,卷迹云霞中。翩翩稻粱外,不学低飞鸿。音尘万方远[2],轩冕一笑空。垂纶钓沧海,超然谢樊笼。清吟写其乐[3],孤标激颓风。能令千载下,叹息诗人穷。登临忽终日,俛仰寻高踪。山麓一回玩,松盖青重重。"

《姜相峰》王十朋："相国忠如宋广平，危言流落晋江城。天资自直无心卖，何事青山亦得名。"

《南安道中》朱文公："晓涧淙流急，秋山寒气深。高蝉多远韵，茂树有余阴。烟火居民少，荒蹊草露侵。悠悠秋稼晚，寥落岁寒心。"

《知郡傅丈载酒幞被过熹，于九日山夜泛小舟弄月剧饮》朱文公："扁舟转空阔，烟火浩将平。月色中流满，秋声两岸生。杯深同醉极，啸罢独魂惊。归去空山黑，西南河汉倾。"

《和林择之凤凰山韵》朱文公："木落髻鬟拥，湖平妆镜空。荒亡余旧事，惨淡只悲风。兴发千山里，诗成一笑中。诸君莫惆怅，吾道固当穷。"

《寄题九日山廓然亭》朱文公："昨游九日山，散发岩上石。仰看天宇近[4]，俯叹尘境窄。归来今几时？梦想挂苍壁。闻公结茅地，恍复记畴昔。年随流水逝，事与浮云失。了知廓然处，初不从外得。遥怜植杖翁，鹤骨双眼碧。永啸月明中，秋风桂花白。"

《莲花峰》（宋）陈休斋："多病登台今古情，□花摇荡午凉生[5]。山前木落石岩出，海上潮来秋渚平。野兴已随芳草远，归鞍更傍落霞明。愧无十丈开花句，独卧禅房心自清。"

《游九日山》（元）张翥："寂寞隐君宅，岧嶤丞相峰。石余唐日砚，树有晋朝松。把酒春阴薄，开轩晚翠重。遗诗刻高壁，留览更从容。"

《同安客舍夜作》朱文公："官署夜方寂，幽林坐月初。闲居秋意远，花香寒露濡。故国异时节，欲归怀简书。聊从西轩卧，尘思一萧疏。""窗户纳凉气，吏休散朱墨。无事一翛然，形神罢拘役。暂惕岂非闲，无论心与迹。"

《述怀》朱文公："夙尚本林壑，灌园无寸资。心怀经济策[6]，复愧轩裳姿。效官刀笔间，朱墨手所持。谓言殚蹇劣，讵敢论居卑？任小才亦短，抱念一无施。幸蒙大夫贤，加惠宽箠笞。抚己实已优，于道岂所期。终当反初服，高挹与世辞[7]。"

《再至同安假民舍以居示诸生》朱文公："端居托穷巷，廪食守微官。事少心虑怡，吏休庭宇宽。晨兴吟诵余，体物随所安。杜门不复出，悠然得真欢。良朋夙所敦，精义时一殚。壶餐虽牢落，此亦非所难。"

《同僚小集梵天寺，坐间雨作，已复开霁，步至东桥玩月赋诗》朱文公："杰阁翔林杪，披襟此日闲。层云生薄晚，凉雨遍空山。地迥衣裳冷，天高澄霁还。出门迷所适，月色满林关。""空山看雨罢，微步喜新凉。月出澄余景，川明发素光。星河方耿耿，云树转苍苍。晤语逢清夜，兹怀殊未央。"

《梵天观雨》朱文公："持身乏古节，寸禄久栖迟。暂寄灵山寺，空吟招隐诗。读书清磬外，看雨暮钟时。渐喜凉秋近，沧洲去有期。"

《之德化宿剧头铺，夜闻杜宇》朱文公："王事贤劳只自强，一官今是五年期。如何独宿荒山夜？更拥寒衾听子规。"

《安溪道中泉石奇甚，绝类建剑间山水佳处也》朱文公："驱车陟连冈，振辔出林莽。雾露晓方除，日照川如掌。行行遵曲岸，水石穷幽赏。地偏寒篠多，涧激淙流响。祗役未忘倦，心神暂萧爽。感兹怀故山，何日税征鞅？"

《留安溪三日按事未竟》朱文公："县郭四依山，清流下如驶。居民烟火少，市列无行次。岚阴常至午，阳景犹氛翳。向夕悲风多，游子不遑寐。我来亦何事，吏桀古所记。奉檄正淹留，何当语归计。"

纪述

《泉州儒学忠孝祠记》真德秀:"忠孝祠者,祠唐义阙林公攒、国朝皇城使赠司空忠勇苏公缄也。二公何以祠?曰:林公以孝行称,苏公以忠节显,祠之所以劝臣子厉风俗也。昔之君子以是名于世者众矣,奚独祠二公也?二公泉人,祠为泉人立也。然则泉人以忠孝著,独二公乎?曰:不然也。泉之士多工于文,而言能文者,必曰欧阳生詹,取其尤著焉者也。二公以忠孝名,犹是也。曰:二公之所以尤著焉者何也?曰:孰不事亲,林公之于亲,孝之至者也;孰不事君,苏公之于君,忠之报者也。今夫冬温而夏清,昏定而晨省,子之职也,而未可以言孝也。愉色而婉容,承颜而顺志,可以言孝矣,而未可以言至也。斋戒以见君,奔走以承命,臣之礼也,而未可以言忠也。美焉而将顺之,阙焉而弥缝之,可以言忠矣,而未可以言极也。然则孰谓至?曰:事死如生,事亡如存者,孝之至也。孰谓极?曰:主尔忘身,国尔忘家者忠之极也。吾观林公之丧亲也,水浆不入口五日,躬自陶甓而坟之,非苟以为难也。亲之存也,竭吾力,既设而遂怠焉,是死吾亲也。苏公之守邕而捍寇也,其子曰:'家可徙乎?'公曰:'不可。'父老曰:'城可弃乎?'公又曰:'不可。'卒奋其力以战,力不继死之,其家歼焉,非恶生而嗜死也。吾受君之禄,以荣其身,以及其家,临难而恤其私焉,是孤吾君也。夫为人子而死其亲,为人臣而孤其君,是犯天下之大戒也,二公之所不恶为也。故恩之当报,不以存亡贰其心;义之当徇,不以死生易其节,所以尽臣子之分也。若乃祥应之格乎天,爵号之加于朝,褒表于一时,焜耀于千载,则非二公之所以计也。盖以孝而徼福,其为孝必不诚;以忠而望根,其为忠必不笃。无所慕而为之,二公所以有功于名教也。兹予奉而祠之之意也。敢问学二公者将奚先?曰:事亲者人之所同,事君者必得位而后可也,然岂有二致哉?故曰事亲孝,则忠可移于君,盖孝者忠之基也。平居能为林公,则进而委质于朝廷,尽节于官守,其不愧苏公也必矣。此泉之士当朝夕勉焉者也。奉而祠之,且刻其事于石者,太守真德秀也。与其议者,郡博士吴实卿、从事李方子也。奉其祠者,郡之士黄龚也。”

《丞相苏公祠堂记》朱文公:“熹少从先生长者游,闻其道故相苏公之为人,以为博洽古今,通知典故,伟然君子长者也。熙宁中掌外制,时王丞相用事,尝欲有所引拔,公以其人不可用,且非故事,封上之,用此罢归。不自悔,守益坚,当世高其节,与李才元、宋次道并称三舍人云。后得毗陵邹公所撰公行状,又知公始终大节盖章章如是。以是心每慕其为人。属来为吏同安,同安公邑里也,以公所为问县人,虽其族家子不能言,而泉人往往反喜道曾宣靖、蔡新州、吕太尉事以为盛。予不能识其何说也。然尝伏思之,士患不学耳。而世之学者,或有所怵于外,则眩而失其守[8]。如公学至矣,又能守之,终其身一不变,此士君子之所难,而学者所宜师也。因为之立祠于学,岁时与学官弟子拜祠焉[9]。而记其意如此,以视邑人云。”

《高士轩记》朱文公:“同安主簿廨皆老屋支柱,殆不可居,独西北隅一轩,为亢爽可喜,意前人为之以待夫治簿书之暇日而燕休焉,然视其所以名,则若有不屑居之之意。予以为君子当无入而不自得,名此非是,因更以为‘高士轩’。而客或难予曰:‘汉世高士不为主簿者,实御史属。汉官御史府典制度文章,大夫位上卿,亚丞相,主其簿书者,名秩亦不卑矣,彼犹以为浼已而不顾焉,故足以为高也。今子仆仆焉,在尘埃之中,左右朱墨,蒙犯箠楚,以主县簿于此,而以高士名其居,不亦戾乎?’予曰:‘固也,是其言也。岂不亦曰:士安得独自高其不遭,则可亡不为已乎?予于其言,盖尝窃有感焉,然亦未尝不病其言之未尽也。盖谓士之不遭,可无不为,若古之乘田、委吏、抱关、击柝者焉可也。谓士不能独自高,则若彼者乃以未睹夫高也。夫士诚非有意于自高,其所以超然独立乎万物之表者，亦岂有待于外而后高耶？知此，则知主县簿者虽甚卑，果不足以害其高，而此轩虽陋，高士者亦或有时而来也。顾予不足以当之，其有待于后之君子云尔。'客唯唯而退，因书之壁以为记。"

《大同书院记》(元)林泉生："孔君师道尹同安之明年，政平民信，乃谋其邑人曰：'昔先正朱文公主是邑簿，民至今称之。今国家表章理学，凡文公旧所讲习之地，悉为立学设师，弟子员闽中最盛，同安独阙焉[10]，非所以致尊崇也。吾将兴举坠典，何如？'众欣然曰：'唯命。'乃卜邑学之东偏，相土之刚，度材之良，弘宇峻陛，列庑崇堂，建礼殿以奉先圣，作戟门于殿之外，又外为棂星门。殿之后作别室祠文公，以乡贤朴乡吕先生大圭配。讲室斋序如邑学。既成，名之曰'大同书院'。泉郡上其事于宪帅二府。适覃怀许公为闽海宪使，即为上闻，请额于朝，以列学官，邑人荣之。他日师道遣儒绅张与学以书来，求林泉生记之[11]。予嘉其能因民所尊信者而兴学立教，有循吏之风，记之不辞。按传，文公弱冠登进士第，授同安主簿，即从延平李先生问学，往复从游者十年，尽得濂洛要领，笃信力行，悟契古道。在同安教人，必以格物致知为言，盖断然以圣贤之道自任，人亦断然以圣贤之道期之。今去之二百年矣。予尝过同安，观所谓高士轩者，文公之所作也。古老相传，弊则必葺，俾勿坏。同安多古碑刻，凡朱子所撰述者，邑人能成诵之，彼岂为虚敬哉？诚之感人者，久而不泯也。不然，簿之为官微矣，何二年之绩有百年之思乎？余尝读朱子之书，而得其所用心者，则叹曰：呜呼！心公天下，学资后世，宜其身设而道彰，世远而言立也。夫孔子之道，至孟子而无传。两汉以来，学士大夫孰不欲为圣贤哉？穷理尽性之无其师，则知者立异，愚者昧焉。大道荒，圣门塞，则强者争歧，柔者画焉。寥寥千有余年，天生周元公于春陵，生二程于河洛，生张子于关中，相先后以为师弟朋友传心讲道，上继坠绪，烛幽启镭，尽破群疑。孔、曾、思、孟久湮之言，一旦皜皜行乎天下，天下始知圣贤之可学，六经、四书之可信也。观《太极图》、《通书》、《易传》、《西铭》等书，皆极性命道德之蕴，非东周以后之文也。四子之有功于斯道也大矣。及龟山杨氏载道而南，再传而得朱子。朱子又有功于四子者也。盖虑四子之书广大弘博，初学不知所入，尝与吕成公采周、程、张子之言，作《近思录》，圣门近思之教，至是始发之。朱子之序有曰：'使穷乡晚进志学而无师友者，得此而玩心焉，亦足得其门而入矣。'呜呼，即斯言也可以见朱子之心矣。夫天之生人无穷，而生圣贤则旷千载而一二焉。人不可一日而无学，圣贤不可待而师之。朱子有忧之，故述古成书，扩前圣未发之蕴，开后世入学之途，使圣贤不生，志道者得由书以悟入，非小补也。尝虑人无小学之功，讵入大学？矫揉致力，鲜不懈矣。故作小学书，使洒扫应对之童服习忠信孝弟之教。礼闲情欲，学变气质，则其成材也易。又虑学者以《大学》为大不可升，以《中庸》为幽深玄远不可能，以圣贤为无资之高不可到，则亦自弃而已矣。故作《四书集注》、《章句》、《或问》，使学者持敬，以入大学，则格致诚正修齐治平，皆一理也。由谨独戒惧，以入中庸，则始于日用常行，无过不及。及其至也，天地位、万物育焉。学颜子者自无间断始，学孟子者自求放心始。故切切以为训，使致力于是者，知圣贤可学而到也。不惟此耳，其他凡所著书，欲学者以约得之，则用力专而成功易。吾党小子，受其成简可以进道，敢忘先儒用功之勤乎？予所谓心公天下，学资后世者此也。今朱子之书布满天下，而战国秦汉后，百氏庞言不攻自废。天之兴起斯文，必自此始。因同安尊崇朱学，故详为之言。或者因予言而有得焉，不徙祠而祀之为崇也。师道名公俊，孔子五十三世孙也，闽海宪使魏国文公之孙从宣也。圣贤之后，克济世德，又于是复见之，可以书。书院作于至正十年之夏，成于十一年之秋，记于十六年正月。邑诸生王芳孙、谢宜翁、孔克原、郁璋、邑吏林英，皆服集事附列记后云。"

漳州府

题咏

《送李宣叔倅漳州》（宋）王安石："闽山到漳穷，地与南越错。山川郁雾毒[12]，瘴疠春冬作。荒茅篁竹间，蔽亏有城郭。居人特鲜少，市井宜萧索。野花开无时，蛮酒持可酌。穷年不用客，谁与分杯杓？朝廷尚贤俊，磊砢充台阁。君能喜节行，文艺又该博[13]。超然万里去，识者为不乐。予闻君子居，自可救民瘼。苟能御外物，得地无美恶。似闻最南方，比客今勿药[14]。林麓换风气，兽蛇雕毒。如漳犹近州、气冷又销铄。珍足海物味，其厚不为薄[15]。章举马甲柱，固已轻羊酪。蕉黄荔子丹，又胜相梨酢。缝衣比多士，往往在丘壑。从容与笑语，岂不慰寂寞？太守好觞咏，嘉宾应在幙。想即有新诗，流传至京洛。"

《题月渊亭》（宋）郭祥正："仰攀明月轮，俯瞰沧海渊。乾坤惜形势，此地何其偏？灵溪九龙跃，仙山一峰圆。邂逅摄邦守，所乐多林泉。"

《咏漳南俗》（国朝）王袆："漳水南边郡，闽乡到此穷。地偏冬少雪，海近夜多风。百粤山川属，三吴景物同。昔贤遗化在，千载紫阳翁。""此地多烟瘴，时清喜渐除。阻山犹盗贼，并海尽盐鱼。田稻春秋种，园蔷伏腊需。不才叨品倅，廪禄颇赢余。""可是闽南徼，阳多气候先？麦收正月尽，茶摘上元前。绿笋供春馔，黄蕉入夏筵。南方吾所适，久住亦相便。文物如邹鲁，斯言信不虚。科名唐进士，道学宋先儒。祠宇依山曲，遗书布海隅。风流今孰继，林子亦其徒。"（自注云：进士谓周匡物，先儒谓陈北溪，林子名唐臣，字元凯。）

《次漳浦驿》（唐）李德裕："嵩少心期杳莫攀，好山聊复一开颜。明朝便是南荒路，更上层楼望故关。"

《赠长泰县尹余良甫》(元)卢琦:“令尹余良甫,应劳抚字心。野人争卖剑,山县但闻琴。夏半畬田熟,秋深瘴雾沉。倘怀鐔水客,千里寄新吟[16]。”

纪述

《教授厅题名记》朱文公:“教授之为职,其可谓难矣。惟自任重而不苟者知之,其以为易而无难者则苟道也。何也?曰教授者,以天子之命教其邦人。凡邦之士,廪食县官而充弟子员者,多至五六百余,少不下百十数,皆惟教授者是师。其必有以率厉化服之,使躬学问、蹈绳矩、出入不悖所闻,然后为称,此非反之身而何以哉?是可不谓难矣乎!不特此耳[17],又当严先圣先师之典祀,领护庙学,而守其图书服器之藏,其体至重。下至金谷出内之纤悉,亦皆独任之呜呼,是亦难矣。然凡仕于今者,无大小莫不有所临制,总摄其任,无剧易,必皆具文书,使可覆视。是以虽甚弛者亦有所难而不敢肆。独教授官虽有统,若其任之本诸身者,则非簿书期会之所能察。至其具于有司而可考者,上之人又以其儒官优容之,虽有不合、不问以是为便。故今之仕者,反利焉而喜为之,而孰知所以充其任者如彼其难哉。故曰:惟自任重而不苟者知之,其以为易而无难者,则苟道也。予尝以事至漳,其教授陈君与予有故,馆予于其寓直之舍,因得尽观陈君所施于学者。予谓若陈君则可谓知其难矣。时陈君方将刻前人名氏于壁,属予记。予辞谢不能者再三,既不得命,乃退而书其所闻见如此以为记,且以厉后之君子云[18]。”

《东溪高先生祠记》朱文公:“孟子曰:圣人百世之师也,伯夷、柳下惠是也。故闻伯夷之风者,顽夫廉,懦夫有立志;闻柳下惠之风者,鄙夫宽,薄夫敦。备乎百世之上,百世之下,闻者莫不兴起也。夫孟子之于二子,其论之详矣。虽或以为圣之清,或以为圣之和,然又尝病其隘与不恭,且以其道不同于孔子,而不愿学也。及其一旦慨然发为此论，乃以百世之师归之，而孔子反不与焉，何哉？孔子道大德中而无迹，故学之者设身钻仰而不足，二子志洁行高而迹著，故慕之者一日感慨而有余也。然则二子之功，诚不为少[19]，而孟子之意，其亦可知也已。临漳有东溪先生高公者，名登，字彦先。靖康间游太学，与陈公少阳伏阙拜疏，以诛六贼、留种、李为请。用事者欲兵之，不为动也。绍兴初召至政事堂，又与宰相秦桧论不合，去为静江府古县令，有异政。帅守希桧意，捃其过以属吏，会帅亦以谗死狱中，乃得释。被檄试进士潮州，使诸生论直言不闻之可畏策闽浙水沴之所繇，而遂投檄以归。桧闻大怒，夺官徙容州。公学博行高，议论慷慨，口讲指画，终日衮衮[20]无非忠臣孝子之言、舍生取义之意。闻者凛然魄动神竦。其在古县，学者已争归之，至是，其徒又益盛。属疾自作埋铭，召所与游及诸生诀别，正坐拱手、奋髯张目而逝。呜呼！是亦可谓一世之人豪矣。虽其所学所行未尽合于孔子，然其志行之卓然，亦足以为贤者之清，而使百世之下闻其风者有廉顽立懦之操，则其有功于世教，岂可与夫隐忍回互以济其私、而自托于孔子之中行者同日而语哉！公没之后二十余年，延平田君澹为郡博士，乃始求其遗文刻之方版，又肖公像而奉祠之，以风厉其学者。间因郡人王君遇来求文以为记，属予病未及为，而田君去。今太守永嘉林侯元仲至，则又与王君更以书来督趣不置。予惟高公孤高之节既如彼，而诸贤崇立之志又如此，则予文之陋，诚不宜久以疾病为解，强起书之，辞不逮意。林侯试为刻之陷置祠壁，漳之学子与凡四方之士往来而有事于此者读之，果能有所感慨而兴起乎哉！”

《**四先生祠堂记**》(宋)赵汝谠：“漳旧祀郡先贤于学，其后始立周程三先生祠。新安朱公为守[21]，距今岁月远矣，郡人独未祠公。予至而谒学，首问诸生，以为大缺[22]，教授敖陶孙、推官黄挂、县尉郑斯立亦以为言，乃辟尊道堂之偏为两室，先贤居其左，三先生与公居其右。既成，将行舍菜礼，郡人有学于公者李唐咨、陈淳，阖门不出。予物色得之，亲访其家，延之入学[23]，使奉公祀。二子习礼朱氏，舍菜之日，执事其旁，苍发布袍，容体肃衎，人始知公之弟子也。退而序饮堂上，诸生献酬，咸大感悦，因请记之。予虽不足以知公之学，独念为儿童日，则已闻世有大儒师三人，公与广汉张公、东莱吕公一时同起，名震海内，士无愚智闻风而景从。其间英才尝接余论，心通而业成者有矣。故当乾道、淳熙之间，人物彬彬，号为最盛，是岂非义理薰陶之功欤？盖公与张、吕二公皆推本周、程氏之说，讲授学者，而公于究极尤精。阜陵晚欲用公，宰相多不乐，数沮之。既入为郎矣，旋即去。光宗朝稍起帅长沙。上初即位，丞相赵公汝愚在政府，首引公置径筵，公年几七十矣。每进讲必恳切为上陈述孝道，属时多故，奸臣得入禁中，将危赵公，图国柄。以公儒老，上所尊敬，恐有关说，且非己之利。群小人方嫉正，相与乘间用计去公。未几，赵公遭谗以贬，党论遂大起，变异日出。驯至开禧而兵祸作矣。彼奸臣虽武夫不学，然亦知公为士类所崇[24]，执典训以事人主，不去公，则凡其意所欲为者，终惮公而不敢发也。呜呼，国其可不用儒哉！公早岁中进士科，一为同安主簿，家居久，甚乐也。不曰不仕率少合而归。然得以其间穷经明教[25]，任亦重矣。此公之本志也。张、吕先殁，予不及识。甲寅岁拜公于都城，后十七年来守是邦，乐问公之行事，庶君子之遗风也。其纲目尚在，可为治郡法。尝条划经界甚详，请诸朝矣，议竟格不用，惜哉！”

《龙岩县学记》朱文公：“漳州龙岩县学，皇祐初置。其后迁徙不常，遂以废坏，盖三十有余年，而丞李君永始复营建，迫代去，不克就。温陵曾君秘来嗣其职，乃因其绪而成之。凡为屋若干楹，殿堂、门庑、师生之舍，无一不具。淳熙九年二月丁未，既率其诸生以奠菜于先圣先师，而以书来求记，且曰愿有教也。予闻龙岩为县斗僻，介于两越之间。俗固穷陋[26]，其为士者，虽或负聪明朴茂之姿，而莫有开之以圣贤之学，是以自其为县以来，今数百年未闻有以道义功烈显于时者[27]。岂其材之不足哉，殆为吏者未有以兴起之也。今二君相继贰令于此，乃能深以兴学化民为己任，其志既美矣，而曾君又尝从吾友石许诸君游，是必能诵其所闻以先后之者；此邑之士其庶几乎？乃为之书其本末而因以告其诸生曰：夫所谓圣贤之学者，非有难知难能之事也。孝弟忠信礼义廉耻以修其身，而求师取友颂诗读书以穷事物之理而已。是二端者，岂二三子之所不知不能哉？特怵迫于俯仰衣食之资，而不暇顾，诱夺于场屋雕篆之习，而不及为耳[28]。夫徇区区目前近小之利，而忘其所贵于己者固已悖矣，况其所徇又未必果可求也。二三子循已事而观之，则曷若慨然反是心以求之；而一用其力于吾之所谓者乎？使吾孝弟忠信礼义廉耻之行日笃，而身无不修也；求师取友颂诗读书之趣日深，而理无不得也。则自身而家，自家而国，以达于天下，将无所处而不当，固不必求道义功烈之显于时，而根深末茂，实大声闳，将有自然不可掩者矣。呜呼是说也，曾君盖亦尝为二三子言之乎？二三子其益以吾言相与勉焉。而《书》所谓惟教学半者，又曾君所宜深念也。其亦由是而勉旃哉！”

《双节庙碑》(元)揭傒斯：“皇帝元年，江浙行省言，漳州路万户府知事阚文兴死贼，其配王氏死其夫[29]，邦人既为之立庙，请加褒显，以慰邦人思，以为天下后世劝。乃下吏部定封，太常议谥，封阚文兴为英毅侯，王氏为真烈夫人，庙曰“双节”之庙。今右司郎中范阳张侯七弘为吏部侍郎时所力行者。新安郑王复持张侯命，请暴其事于丽牲之石。按江浙所具文书：阚文兴不知何许人，王氏金陵民家女。至元十三年，从万户贾将军戍漳州。十七年八月望，剧贼陈吊眼夜率为乱，杀招讨傅全及其一家，官军死者十八九。阚文兴力战死。其配为贼所执[30]，迫污之，给之曰：‘我不幸至此，岂敢爱其身？愿收葬其夫[31]，然后惟命。”贼义而许之。得其夫乱尸中，置积薪火之，遂跃火中[32]，并烧死。后十八年，府始上其事。连帅及部使者即上行省[33]。又九年，始闻于朝[34]，下礼部议。部请访王氏族里，旌其门间，复恤其家[35]，仍以事付史馆。事下江浙，求之经年无所得[36]。乃用漳守言，表其故营曰烈女之坊，然无及文兴者。一年，士民言之不已，以有今日之请。于戏，二人之死卓卓如此[37]，尤历五十有四年始获五鼎之封，双节之锡，且必待张侯赞之。人之伏岩薮，沉下寮，砥名励操，欲闻于天下亦难矣乎！况数十年之间，有司之请，朝廷之议，皆为王氏止[38]；王氏信莫及也，阚文兴讵可少哉[39]！天下绾符仗节、拥万夫之众、镇千里之地者，不知其几，一旦四方有急，天子之命未及于境，闭阁称疾者有矣，委众而去者有矣[40]。当是时变起仓卒，使阚文兴第守簿书期会之常，负妻子逾垣而避，人亦孰得而议之？而临难忘身，见危授命，蒙凶威，蹈白刃，奋不顾身之勇死而无悔者，何则？祸乱作于前，忠义激于内，不暇择地而死也。至于王氏决死生于俄顷，不辱其身，烈丈夫有弗逮矣。故君子曰人皆死于危，二人独死于安，以皆有苟免之道而不由也。然微张侯审纲常之重，英毅必不侯，真烈之封亦不及，而二人之死，亦岂欲求庙食与褒宠要誉于天下哉？诚不忍弃君臣夫妇焉耳[41]。傅全阖门死难，有司之请，朝廷之议，皆不及者，武臣死事，国有常恩云[42]。其词曰：'世道升降，视纲与常。纲常弗紊，国乃吉昌。仡仡阚侯，夙佐戎幕，匪矛伊戟，而簿书攸托。婉婉王姬，来嫔于阚[43]；夙兴夜寐，惟警戒是监。元有南国，受镇于漳[44]；闽山岩岩，以海为疆。谓国既平，谓威德既加，弗戒弗备，而内生蘖芽。盗夜斫城，侯亦战死，王姬既执，入火如水。五十四年，民请弗却，庙有新号，而封有新爵。载念厥初，夙教未立。三纲如此，大命胡不集？唯侯齐而家，而妇配尔德[45]。生虽不融，没有遗则。民心孔怀，庙食孔宜，式著刻辞，为臣妾之规。'"

《漳浦学校文庙碑记》王祎："洪武二年正月庚申，漳浦县新作孔子庙成，县大夫张侯以书来请曰：'愿有记也。'始侯将为庙，以其事言郡府。祎适忝佐郡，许为之记。及是庙成，而祎迫于召命，将还京师，因辞其请。侯复使来言曰：'庙成而记之，执事尝坠言矣，愿无卒辞。'辞既不获，乃为书其成绩以为记。按郡志，漳为州始于唐垂拱二年，实治漳浦县。后以其地有瘴疠，州移治龙溪，而漳浦为县如故。其县之有学，则自宋庆历四年始。盖自汉以来，孔子有庙，不出阙里，唐制天下州县始皆立庙祀孔子。然漳浦之有学虽始于宋，而学之有庙固始于唐矣。国家既定天下，庙学兼备，悉尊近代之制。洪武改元，漳既入职方[46]，朝廷拣贤才以牧远人，而吾张侯被选宰漳浦。既至，用故事谒孔子庙，见其栋挠柱折，颓弊已甚，慨然叹曰：'事有急于此者乎'？即图简材，募工而重作之。以十一月庀事，仅两月而庙已成。列楹二十有八，以间计者三，其崇三十有二尺，广五十有五尺，而深如广之数。轮奂其美，规制聿加。既又治其门庑，修其墙垣，于是始称其为圣人之居。而讲经之堂，肄业之所，与庖湢之属，皆易其旧使之新，而学制咸备矣。乃二月丁卯侯率僚属及为士者行释菜之礼。又俾民之子弟游于学，而延名儒为之师。凡可以崇教道而敦俗化者，侯无不究心也。盖漳浦为县，界乎闽广之交。其境阻山而负海，奸宄所出没。其俗悍，其民易以动。岭海之间，厥为岩邑。故必得长民者举圣人之道以导之，使之复其仁义礼智之性，而明乎君臣父子夫妇长幼朋友之伦；然后俗易以化而政易以成也。侯通今博古，夙以文学名，其为漳浦勤于政理，而尤汲汲焉学校是兴，可谓知为政之本矣。所可书者，讵止工役之勤而已哉！是役也，庙之费为最重，故祎举其重者特书之，使刻之石，用以志漳浦之学其兴自张侯始。侯名理，字玉文，番阳人[47]，由徽之黟县令以承事郎再调来漳浦。佐其事者丞金华陈尧民、典史钱塘方好文也。"

汀州府

题咏

《送汀州元使君》（唐）张籍："曾成赵北归朝计，因拜王门最好官。为郡暂辞双凤阙，全家远过九龙滩。山乡只有输蕉户，水镇应多养鸭栏。地僻寻常来客少，刺桐花发共谁看。”

《题道山楼》（宋）陈暎：“南涧吹云过北园，北山飞鸟入南山。区区云鸟缘何事？未似楼头太守闲。”

《题南楼》郭祥正：“楼外青山似故人，雨余山色净无尘。青山依旧人还老，一片离愁挂晚春。”

《题苍玉洞》郭正祥：“片片冰崖裂，淙淙雷浪声。举头看白鹭，相伴洗尘心。”（宋）蔡隽：“向来曾醉呼猿洞，乱石穿云拥坐隅。谁料七闽烟瘴底，半岩风物似西湖。”

《题宁化县显应庙》（宋）李纲：“不愁芒屦长南谪，满愿灵旗助北征。酹彻一杯揩泪眼，烟云何处是三京。”

《宁化县作》卢琦：“触热来宁化，居人已卖瓜。田园优五邑，市井近千家[48]。孤塔凌空耸，青山对县斜。萧条兵火后，抚景重咨嗟。”

纪述

《汀州重建谯楼记》刘克庄：“汀，古郡也，官寺皆百年老屋，廪廪覆压。绍定六年，建安李公出守，稍撤而新之，由堂寝至门庑，由库厩至亭榭，皆焕然改观，独谯楼以费伙未皇及。公益务节缩，得镪二万缗，将改作，适当路牟和左右望而豪夺，公虑是役之贾祸，移镪籴米若干斛为均惠仓，汀人始免贵籴之患。会上亲政，放黜贪浊，用真公德秀为帅，视属部如家。公临郡滋久，所积又万缗，乃申初志，六阅月而楼成。手诏颁春亭，旧翼以庑，属城南门，后废弗葺，居民冒侵，对列邸肆，中通线路，公别给以在官田宅，复两庑并城南门楼高大之，郡治之前可立万马，钜丽如是。然佣作募而使，材瓦市而致，六邑之民不知有役焉。初，庚寅、辛卯间，闽为盗区，祸起于汀，四封之内大抵皆盗，而营卒亦囚执郡将欲戕害，人情视汀，犹毒虺鸷兽之窟宅也。公以偏师袭礤而巨寇擒，单车入城而叛卒诛。天子嘉奖，就畀符竹。或者尚为公虑，曰：‘兵骄也，民悍也，财乏也。’既而公在郡四年，前之恣睢犯上不可调柔者，皆骈首顺令，兵果骄耶？前之强犷负固，未易拊循者，皆革面慕化，民果悍耶？乱离创残之后，练兵积粟，犹有余力以饰蛊坏、美轮奂，财果乏耶？昔《春秋》书新作南门以示讥，盖清风至而修城郭，营室中而土功始，司空塓人以时受功，周制具存，不待其敝而后改也。僖公治鲁二十年，而有斯役，则国内之事阙遗不及举者多矣。公岁月视僖公孰久？近楼视一门孰难易？窃意夫子复生，将特书大书之矣，而又奚讥？公名华，字实，天资忠义而辅以材智，计而战，战则克，虑而动，动必诚。余从真公文，见其尚论当世人物，如公仅屈一二指，故因斯楼之成具书之，以志后人云。”

《上杭县新城记》（国朝）柯潜：“上杭为汀之属邑，旧号乐土，而无反侧之虞。正统己巳，沙、尤寇发，延蔓旁邑，而上杭被其害为尤深。时知县德庆岑嵩奏请筑城，以民力罢惫不果作。景泰壬申，知县永嘉黄希礼申前请，得俞旨。于是右布政云中石公瑁临视其邑。知县率其邑人郑仕敬、林祖祯、孔文昌等二十余人协心供事，以成保障之功。天顺壬午溪南里愚民啸聚剽掠人[49]，巡按御史安城伍公骥、左布政使桐庐姚公龙、副使四明钱公琎、佥事丰城游公明同抚捕之。因民请，谓城郭宜守以兵，乃奏调汀州卫右千户所官军捍御其地。成化丙戌，巡按御史六安朱公贤、右参政文江许公报、参议洛阳张公雄、佥事西蜀牟公俸、豫章刘公子肃以城狭隘不足以居军，乃更斥大之，以知县古嵊胡钺任其事。丁亥，巡按御史剑江涂公棐又委成于本府同知新安程熙、通判四明吴桓，而以邑人唐纪等二十余人佐之。继而右参政宣城赵公昌、副使盱江何公乔新、佥事金川周公谟、都指挥新蔡吴公皋各出意见，经划其未备者，而周公劝督之力尤勤。遂以壬辰正月毕工，高广坚壮，邑人喜其可恃以为安也，谓宜有文以记其成。周公乃遣邑庠生林廷瑞□始末来属笔于余[50]。余惟君子之任官，贵于勤其政，溥其利于民，使民倾心仰戴可也。苟得民心虽划地而限，植表而守，效死者不去，冒死者不能入。否则，封疆之界不足以为域，山溪之险不足以为固，而况于城郭乎？虽然，城郭者先王创制立法所必有，王公设险见于《易》，商邑翼翼歌于《诗》，盖防患立极，皆政治所当先者，其可置而不问乎？巡按及藩宪诸公皆，朝廷之所抡选以为贤者，敷宣政教得本末先后之宜，是固有以得民心矣。又以为防患立极有不可缓者，此上杭之城所以作也。然自肇建迄今二十余载，功始告备。盖役民之力欲其纾，用民之财贵有节，而民心亦怡然承顺，未尝以为劳也。以此心而守此城，则上杭又将号为乐土以复其初。而凡与谋为此城者，其勋烈并著于永久而不陨矣。《春秋》之法重民力，凡有兴作必书，讥不时也。上杭之城作于寇难之后，而又施为有序，不失其时，异乎春秋之所讥者。余故为之记，俾刻石置于城隅，以告后之人焉。”

延平府

宸章

《我宪宗淳皇帝御制同仁桥碑》“朕寅绍丕图，统临万邦，宵旰倦倦，思欲济斯世斯民于生养安全之域。一夫不获，中心恻然。故凡足民衣食，有农桑之政；迪民礼义，有学校之教。至于桥梁利涉，亦王政之一端，屡敕有司时加修建，无非所以广仁爱于天下也。顷者朕之内臣司礼监太监黄赐御用监太监潘瑛顿首言：‘臣等居闽之南平邑长安北里武步乡，旧有黄龙桥一座，莫知其创造所始。比因樵童牧子弗戒于火，焚爇殆尽，行者病之。臣等荷蒙恩赐金帛，日积月累，弗敢他用，兹欲附归，俾臣乡间好义之士同臣两家子弟，鸠工凿石，重建斯桥，以利往来，则一方之利，皆上之赐也。敢请！’朕嘉其意，复赍助之。未几桥成，以图来献，特赐名曰'同仁桥'。其桥皆石布，下为四洞以酾水，上为屋若干楹以憩息行旅，中为碑亭，皆极于宏壮。所费虽非出劝募，故略而弗述。若赐若瑛，可谓有济人利物之志，不忘乡邑者矣。夫笃近举远者仁之序也，一视同仁者仁之量也。朕方期于天下之大皆归吾仁，况闻见所逮，可无劝奖之道乎？故于是桥之建，既为名之，而复述之于碑，庶几远近之间有所感化，以兴起其为善之心，凡可以利济于人者靡不竭力为之，尚何仁政之弗广、仁泽之弗博哉！孟子曰：'古之人所以大过人者无他，善推其所为而已。'若谓一桥之建夫何容心焉，得人人而济之，则非古人之意云耳。成化七年五月初五日。"

题咏

《剑潭》（唐）胡曾："延平津路水溶溶，峭壁危岑一万重。昨夜七星潭底见，分明神剑化为龙。"

《钓台》杨时："君不见钓璜溪上白发翁，一竿西去追冥鸿。畋车同载非罴熊，鹰扬烈气如飘风。又不见羊裘石濑垂纶叟，爽气凌天动星斗。万乘故人亲访求，卧对鸾舆忍回首。圣贤遇合自有时，洁身乱伦非所知。高风寥寥古已往，较然得失知者谁？君有钓台临滈水，滈溪不与桐溪比。收身欲蹑老渭踪，笑撚髭髯照清泚。澄潭夜月秋光浮，撇波小艇沿汀洲。长绳巨石不能系，飞帆片席归蓬丘。巨钩沉饵牵九牛，一钓直制金鳌头[51]。翻鳞摆鬣浪山起，霜鹏飞动隔千里[52]。跨云凭风上青冥，一点孤灯照箕尾[53]。"

《题西林院壁》朱文公："触目风光不易裁，此间何似舞雩台？病躯若得长无事，春服成时岁一来。""巾屦翛然一钵装[54]，何妨且住赞公房。却嫌宴坐观心处，不奈檐花抵死香。"（自注云："檐前有袖花。"）

《题西林可师达观轩》朱文公："窈窕云房深复深，层轩俄此快登临。卷帘一目遥山碧，底是高人达观心。"《再题并序》："绍兴庚辰冬，予来谒陇西先生，退而寓于西林院惟可师之舍，以朝夕往来受教焉。阅数月而后去。可师始尝为一室于其居之左，轩其东南，以徙倚瞻眺，而今铅山尉李兄端父名之曰'达观轩'，盖取贾子所谓达人大观、物无不可云者。予尝戏为之诗以示可师，既去而遂忘之。壬午春，复拜先生于建安而从以来，又舍于此者几月，师不予厌也。且欲予书其本末置壁间，因取旧诗读之，则岁月逝矣，而予心之所至者，未尺寸进焉，为之三叹自废。顾师请之勤勤不得辞，于是手书授之，而又叙其所以然者如此。虽其词鄙陋，若无足稽，然予之往来师门，盖未憗也。异时复至，又将假馆于此，仰视屋壁，因旧题以寻岁月，而惕然乎其终未有闻也。然则是诗之不没，亦予所以自励者。可师尝游诸方，问佛法大意，未倦而归，尚有以识予意也。'古寺重来感慨深，小轩仍是旧窥临。向来妙处今遗恨，万古长空一片心。'"

《用西林四韵》朱文公："一自篮舆去不回，故山空锁旧池台。伤心触目径行处，几度亲陪杖屦来。""上疏归来空皂囊，未妨随意宿僧房。旧题岁月那堪数，惭愧平生一瓣香。"

《挽延平李先生》朱文公："河洛传心后，毫厘复易差。淫辞方眩俗，夫子独名家。本本初无二，存存自不邪。谁知经济业，零落旧烟霞。""闻道无余事，穷居不计年。箪瓢浑漫与，风月自悠然。洒落濂溪句，从容洛社篇。平生行乐也，今日但新阡。""歧路方南北，师门数仞高。一言资善诱，十载笑徒劳。斩板今来此，怀经痛所遭。有疑无与析，挥泪首频搔。"

《港滩》(宋)倪思："长几赣石三百里，险过瞿唐十八滩。幸有溪旁平稳路，何须欲速冒惊端。"

《游龙门洞》(宋)朱松："阿游陆沉久，亦复太痴绝。未成安一枝，况乃辨三穴。唯予爱山意，如水必东折。首窜今几年？顾影愧琼玦。那知龙门客，尘底抱关闑。虚檐日偃仰，苍壁对横截。

柱藤危磴响,濯足细泉洁。束薪取奇观,滴乳当嘉设。摩石惊蜿蜿[55],信矣耆旧说。欻疑卷风雨,凛若践冰雪。远追神清游,复作武陵别。能诗有老休,联句比前哲。相逢快吟哦,亹亹霏锯屑。三山今入手,瀛海仅可啜。崎岖走林谷,王事烦此杰。拟结汗漫游,更待搀枪灭。"

《题善山院》(宋)许安仁:"瓦炉柏子袅残烟,午梦醒时一畅然。不悟功名负终老,荒山饥走又三年。"陈渊和韵:"拄颐长剑上凌烟,自古功名亦偶然。钟鼎山林俱不恶,一瓢吾欲尽吾年。"

《游黄杨岩》(宋)邓肃:"石壁巉岩惊鬼划,异草幽花锁春色,群山迤逦不能高,突兀独摩霄汉碧。芒鞋千尺上崔嵬,手摘星辰脚底雷,拨破烟云得洞户,醉眼恐是天门开。入门嵯峨森碧玉,冷风吹面天香馥,箕踞胡床挥尘尾,万指未充空洞腹。我因避地访名山,扁舟夜渡沙溪寒,辛勤博此一笑喜,太平犹在水云间。猛将今无三角虎,狐狸昼号鳅鳝舞,灵岩知有老龙潜,挽出人间作霖雨。"

纪述

《南剑州陈谏议祠堂记》杨时:"延平旧有学负城之隅,枕西山之巅,士之肄业于其中者无虚室。建炎四年为贼所焚,知州事刘侯子翼视旧址险而隘,故迁之城南,就夷旷也,方径始未及成而去。今太守周侯绾之来也,市材鸠工以终其事,教授石君公辙实董其役,二人相与协力成之。又即其西偏立谏议陈公莹中之祠,岁时从祀焉。堂成,属予为记。余谓周侯之政知所先务矣。谨庠序之教,追祀前哲,以矜式士类,非有尊德乐义之诚心,无以及此也。世之为吏者,举以治文书、理民讼为急,而不知使无讼者有在于是也。可无述乎?乃究其本而为之言曰:自孟子没,圣学失传,六经微言,晦蚀于异论。宋兴,捌纇夷荒[56],养息百有余年,名儒继出。至嘉祐治平间,文物之盛未有前比也。熙宁更新法度，以经术造士，世儒妄以私智之凿，分文析字，而枝辞蔓说乱经矣。假六艺之文，以济其申、商之术，一有戾己，则流放窜殛之刑随其后，虽世臣元老，概以四凶之辜目之，天下靡然无敢忤其意者。故佞谀成风，而正论熄矣。士气不振，积至于崇、宣述其事而流毒滋甚焉。当是时横流稽天，而莹中以身捍之，几灭顶而不悔。刚大之气充塞宇宙，先知之明为时蓍龟，非命世之才而能自拔于流俗者，未之有也。置之学校，使后生晚进日睹其遗像，宜有响风而兴起者。异时羽仪天朝，使奸谀屏息，将必有人矣。至是，邦人思咏周侯之遗德无穷已也。”

《龟山先生祠记》（宋）汤汉：“汉来，延平郡博士诸生暨道南之学者咸请诵其所闻，予恶乎空言，久矣逡巡，未有以发。适将乐群士书来告曰：‘龟山先生之旧宅，垂百数十年矣，往者[57]郡守余侯始扶植表章，建祠肖像，以寄响慕之诚。中尝再葺，久复敝漏，无以宁风雨。今大夫林君式之拜谒悸叹，亟出缗钱，市良材坚甓，撤腐败而新美之。观瞻改容，感发兴起，不有纪载，将无以示后，俾勿替，愿一言以赐之[58]。’予惟先生之存也，视敝庐厦屋皆可托宿，未尝有所择而求安然。自建炎大盗过之不敢犯，逮庚寅盗再过焉，复大书其门曰：‘此杨先生之居也，不可毁。’嗟呼！先生之殁久矣，冠带佩玉之声容不复接于世之耳目，而遗风余烈犹足以服强暴，岂学士大夫而不能为先生保此数亩之宫乎？虽百世可知矣。昔郑康成以大儒为百世所敬，不惟孔北海能褒大其闾，而黄巾亦为之敛避。二儒先之事[59]真所谓旷千载而相感者。若乃先生之学，超出于文字之外，则有非康成之所可拟议，予不敢不为诸君言也。子思子曰：‘喜怒哀乐之未发，谓之中。’中也者，天下之大本也。大道既蚀[60]，举一世伥伥于喜怒哀乐之末，而不知其有本。虽日用饮食由之，而卒莫识其所从来故。虽有聪明才智、闳硕专确之士，而大本之不明，不免于醉生而梦死也。先生之教使人于宴间静一之中，体验夫未发之气象，豫章、延平更以此相付授，而延平之所以语朱子者深切而著明矣[61]。他日论平旦之气湛然虚明，实与未发之旨相为表里。盖先生之学虽有所受，而以此建立宗旨，乃其深造而自得之者。其有功于天下来世，自程门高第罕能及之，不但高于汉大儒而已也。学者赖其言以得本心者众矣。然而曰体验云者，无乃涉于已发[62]与是心之灵非木槁而灰死也。虽其未发必有事焉，弗求观省，曷稽中德，故曰求则得之。又曰不思则不得，是思也非意，是求也非为，而何已发之疑乎？诸君既祗栗先生之宫墙[63]，盖亦闯其堂，窥其奥，反躬以验夫大本者之安在，不至于延平所谓洒然冻释[64]不止也。抑予所欲告道南与泮水者，亦若此而已矣。"

《尤溪县重修庙学记》朱文公："乾道九年九月，尤溪县修庙学成，知县事会稽石君憝以书来，语其友新安朱熹曰：'县之学，故在县东南隅。其地隆然以高，面山临流，背嚣尘而挹清旷，于处士肄业为宜。中徙县北源上，后又毁而复初。然其复也，士子用阴阳家说，为门斜指寅卯之间以出，而自门之内，因短就狭，遂无一物不失其正者。憝始至而病焉。顾以数学之初未皇外事[65]，岁之正月及始撤而新之。既使夫门堂斋序库庾庖湢无一不得其正，而又度作重屋于堂之东，以奉先贤，以尊古训。唯殿为因其旧，然亦缭以重栏，严其陛楯，而凡像设之不稽于古者，则使视诸太学而取正焉。靡金钱盖四十万，用人力三万工[66]，不资诸士，不取诸民，而事以时就。意者吾子亦乐闻之，倘辱记焉，以幸教其学者于无穷，是则憝之幸也。'熹惟石君之为是役也，则固已可书矣。抑熹尝得游于石君而知其所以学者，盖古人为己之学[67]。又尝以事至于其邑，而知其所以教者。又皆深造自得之余，是则其为可书盖有大于此役者。熹虽不敏，诚窃乐得推本而备论之，是以承命而不辞焉。盖熹闻之，天生斯人而予之以义礼仁智之性，而使之有君臣父子兄弟夫妇朋友之伦，所谓民彝者也。惟其气质之禀，不能一于纯秀之会，是以欲动情胜，则或以陷溺而不自知焉。古先圣王为是之故，立学校以教其民。而其为教，必始于洒扫应对进退之间，礼乐射御书数之际，使之恭敬朝夕，修其孝弟忠信而无违也，然后从而教之格物致知，以尽其道，使知所以自身及家，自家及国，而达之天下者，盖无二理。其正直辅翼，优柔渐渍，必使天下之人皆有以不失其性，不乱其伦而后已焉。此二帝三王之盛，所以化行俗美，黎民醇厚，而非后世之所能及也。自汉以来千有余岁，学校之政与时盛衰，以其所以为教者类皆不知出此。至于所以劝勉惩督之者，又多不得其方，甚者至或使之重失其性，益乱其伦而不悟，是不亦可悲也哉！至于我宋，文治应期，学校之官遍于郡县，其制度详密，规模宏远，盖已超轶汉唐娓娓乎唐虞三代之隆矣。而有司无仲山甫将明之材，不能祇承德意，若稽治古使学校之所以为教者，卓然有以远过于近代，儒先君子或遗恨焉。今石君乃独能学乎古之学，而推之以行于今，使其学者惟知修身穷理，以成其性、厚其伦之为事，而视世俗之学所以干时取宠者，有不屑焉。是则石君所以敷教作人，可书之大者，其视葺新[68]而学一时之功为如何哉？然是役也，石君之意，亦将以尊严国家教化之宫，而变其学者之耳目，使之有以养于外而齐其内，非徒以夸壮观、饰游声而已也。盖其敷教作人之功，于是为备，惜乎所试者小，而所及之不遐也。故特叙其本末而悉书[69]，盖非其特明石君之志，以励其学者，且将以风天下之凡为郡县者，使其皆以石君之心为心焉，则圣人之道、圣人之化将不优其不明于天下矣。”

《沙县陈谏议祠记》杨时：“建中之初，右司谏陈莹中论蔡氏兄弟，忤旨窜岭表。公之南迁不以其罪，举天下愤惜之，无敢言者。名隶党籍余二十年，转徙道途无宁岁，卒以穷死。初，京为翰林承者，以祠命为职，潜奸隐匿，未形于事，虽未通显，世之人盖莫知其非也。公于时力言京不可用，用之必为腹心患，宗社安危未可知也。闻者往往甚其言，以为京之恶不至是。已而阴结嬖幸，窃国柄，矫诬先烈，怙宠妄作，为宗社祸，悉如公言。于是人服始公为蓍龟也。昔王荆公安石以学行负时望，神宗皇帝用参大政，士大夫相庆于朝，谓三代之治可以立致。吕公献可独以为不然，抗章论之。虽文正温公犹以为太遽，欲献可姑缓之。未几，多变更祖宗故事，以兴利开边为务，诸公虽悉力交攻之，莫能夺其流毒，至于今未殄也。故温公每谓人曰：'献可之先见，余所不及，心诚服之。'余以谓公之于京，言之于未用之前，献可之于荆公，论之于既用之后，则公之先见于献可有光矣。二公之言盖异车而同辙也。靖康中，朝廷欲尽复祖宗之旧，而一时故老无在者，天子念公之忠，追赠谏议大夫，官其四子，所以宠嘉之甚厚。此非私于陈氏，盖将以风励臣节也。而公之邑人乃相与即县庠为祠堂以奉公祀。堂成，属余为记。余曰：公之德业，足以泽世垂后，虽方用于时[70]，而其流风余韵，犹足以立懦夫之志，盖天下士非一乡可得而私也。然居今之世，流离摈斥，其施不广。而邑之士大夫诵其书，尊其道，仗节秉义，继其风烈，时有人焉，则功施于其乡为多矣。古者有功于人则祀之，则公之祠当载之祀典，以遗来世，是宜书，则为之书[71]。"

校　注

[1] 乾隆《泉州府志·桥渡》及清鄢调元《十闽名胜笺》均作"望中烟景晚分明"。

[2] 乾隆《泉州府志·山川》作"音尘万事远"。

[3] 乾隆《泉州府志·山川》作"清吟写真乐"。

[4] 乾隆《泉州府志·山川》作"仰看天宇旷"。

[5] 乾隆《泉州府志·山川》作"莲花摇荡午凉生"。

[6] 咸丰《朱文公全集·诗》作"始怀经济策"。

[7] 咸丰《朱文公全集·诗》作"高揖与世辞"。

[8] 乾隆《泉州府志·学校》作“或有怵于外，则眩而失其守”。

[9] 乾隆《泉州府志·学校》作“岁时与学官弟子拜祀焉”。

[10] 乾隆《泉州府志·学校》作“同安称阙焉”。

[11] 乾隆《泉州府志·学校》无“林”字。

[12] 乾隆《漳州府志·艺文》作“山川郁雾氛”。

[13] 乾隆《漳州府志·艺文》作“文艺又皆博”。

[14] 乾隆《漳州府志·艺文》作“北客今勿药”。

[15] 乾隆《漳州府志·艺文》作“甚厚不为薄”。

[16] 乾隆《漳州府志·艺文》作“千里寄知音”。

[17] 咸丰《朱文公全集·记》作“不特此尔”。

[18] 咸丰《朱文公全集·记》作“且以厉后之君子尔”。

[19] 咸丰《朱文公全集·记》作“诚不为小”。

[20] 咸丰《朱文公全集·记》作“终日滚滚”。

[21] 乾隆《漳州府志·艺文》作“新安朱文公为守”。

[22] 乾隆《漳州府志·艺文》作“以为大缺典”。

[23] 乾隆《漳州府志·艺文》作“延请入学”。

[24] 乾隆《漳州府志·艺文》作“然亦知公为士类所宗”。

[25] 乾隆《漳州府志·艺文》作“究经明教”。

[26] 咸丰《朱文公全集·记》作“俗故穷陋”。

[27] 咸丰《朱文公全集·记》作“道义功业”。

[28] 咸丰《朱文公全集·记》作“而不及为尔”。

[29] 乾隆《漳州府志·艺文》作“漳州路万户府知事阚文兴死其君，配王氏死其夫”。

[30] 乾隆《漳州府志·艺文》作“其配王氏有美色，为贼所执”。

[31] 乾隆《漳州府志·艺文》作“愿收葬吾夫”。

[32] 乾隆《漳州府志·艺文》作“遂自跃火中”。

[33] 乾隆《漳州府志·艺文》作“连帅及部使者以达行省”。

[34] 乾隆《漳州府志·艺文》作“又九年，行省始闻于朝”。

[35] 乾隆《漳州府志·艺文》作“恤及宗亲。仍以其事付史馆”。

[36] 乾隆《漳州府志·艺文》作“求之六年无所得”。

[37] 乾隆《漳州府志·艺文》此段作“又二十一年，士民言之不已，以有

今日之请。于戏！二人之死卓卓如此”。

［38］乾隆《漳州府志·艺文》作“皆为王氏而止”。

［39］乾隆《漳州府志·艺文》作“阚文兴讵亦可少哉”。

［40］乾隆《漳州府志·艺文》作“闭合称疾者有矣，委众而逃者有矣”。

［41］乾隆《漳州府志·艺文》此段作“然江浙之请虽坚，中书之命虽下，微张侯审纲常之重，英毅必不侯，贞烈之封亦不及，而阚之死其君，王之死其夫，亦岂欲求庙食与褒宠要誉于天下哉？诚不忍弃君臣夫妇之义焉耳”。

［42］乾隆《漳州府志·艺文》作“国有常典云”。

［43］乾隆《漳州府志·艺文》作“来嫔于阚”。

［44］乾隆《漳州府志·艺文》作“元有南土，爰镇于漳”。

［45］乾隆《漳州府志·艺文》此段作“载念厥初，风教未立。王纲如此，命胡不集：唯侯克齐而家，而妇克配尔德”。

［46］乾隆《漳州府志·艺文》作“近代之制漳入职方”。

［47］乾隆《漳州府志·艺文》作“番禺人”。

［48］乾隆《汀州府志·艺文》作“田园忧五邑，市井仅千家”。

［49］乾隆《汀州府志·艺文》作“啸聚剽掠”，无“人”字。

［50］乾隆《汀州府志·艺文》作“具始末来属笔于余”。

［51］嘉靖《延平府志·艺文》作“一钓宜掣金鳌头”。

［52］嘉靖《延平府志·艺文》作“云鹏飞动倏千里”。

［53］嘉靖《延平府志·艺文》作“一点孤光照箕尾”。

［54］嘉靖《延平府志·艺文》及咸丰《朱文公全集·诗》均作“巾屦翛然一钵囊”。

［55］嘉靖《延平府志·艺文》作“摩石惊蜿蜒”。

［56］嘉靖及乾隆本《延平府志·艺文》均作“锄籁夷荒”。

［57］乾隆《将乐县志·学校》作“间者”。

［58］乾隆《将乐县志·学校》作“愿一言而记之”。

［59］乾隆《将乐县志·学校》作“二儒先世之事”。

［60］乾隆《将乐县志·学校》作“大道既隐”。

［61］乾隆《将乐县志·学校》作“豫章、延平更以此相传授，而延平之所以语朱子者尤深切而著明矣”。

［62］乾隆《将乐县志·学校》作“无乃其涉于已发”。

［63］乾隆《将乐县志·学校》作“诸君既外望先生之宫墙”。

［64］乾隆《将乐县志·学校》作“冰释”。

［65］嘉靖《延平府志·艺文》作“未遑外事”。

［66］嘉靖及乾隆本《延平府志·艺文》均作“用人力三十万工”。

［67］嘉靖及乾隆本《延平府志·艺文》均作“盖皆古人为己之学”。

［68］嘉靖及乾隆本《延平府志·艺文》均作“其视葺新庙”。

［69］嘉靖及乾隆本《延平府志·艺文》均作“故特叙其本末而悉书之”。

［70］嘉靖及乾隆本《延平府志·艺文》均作“虽不用于时”。

［71］嘉靖及乾隆本《延平府志·艺文》均作“乃为之书”。

八闽通志卷之八十四

词　　翰

邵武府

题咏

《送王子文宰昭武》(宋)刘爚:"樵川古乐国,谁遣生榛菅?往事忍复言,念之辄长叹。子往字其子,寄任良亦艰。伤哉周余民,十室九孤鳏。深心察苛痒,摩手苏痍瘢。愿加百倍功,勿作常时观。""荧荧匣中龙,烂烂岩下电。纷纶挥霍间,坐了百千变。虽然事几微,易瞩亦易眩。误从快处生,理向静中见。健决要安徐,聪明贵韬敛。潜斋有愚言,或可代箴砭。""百炼或绕指,粹白俄成缁。有初谅非难,其难在终之。道心渺丝粟,易为群物移。不有精一功,谁能胜安危?子今如玉雪,莹洁亡少疵。愿言保令德,岁晏以为期。"

《劝粜歌》(宋)王迈:"君不见汉州长者李君发,荒年作粥救饥渴。三十余年辨肯心[1],几千万人得存活。玉皇有籍注姓名,寅仲其孙应梦生。魁魁堂堂官阁学,簪缨世代转光荣。又不见饶州富民段念八,聚粟数仓逞豪猾。岁增高价计锥刀,不顾乡间人饿杀。天公震怒呼六丁,白昼霹雳飞雷霆。斧碎其躯火其廪,人不能祸天有刑。此邦菜色盈田野,富民闭籴何为者。满室贮钱不输舍,留与窟郎骑大马。郡人顶礼杜尚书,乞籴邻邦救里闾。仁人为善不徼福，天道福善影响如。我忧郊外人无饭，愿君为李不为段。为李受福段受殃，不用劝君君自断。”

《邵武道中》朱文公：“风色戒寒候，岁事已逶迟。劳生尚行役，游子能不悲？林壑无余秀，野草不复滋。禾黍径秋成，收敛已空畦。田翁喜岁丰，妇子亦嘻嘻。而我独何成？悠悠长路歧。凌雾即晓装，落日命晚吹[2]。不惜容鬓凋，镇日长空饥。征鸿在云天，落萍在清池。微踪政如此，三叹复何为！”

《紫云溪》(国朝)沈曰祯：“羁怀久凄怆，士子谋与娱。春光正明媚，相邀出城隅。泛舟樵溪上，花柳竞纷敷。乔林语众鸟，急濑浮群凫。夷犹荡两桨，缱绻倾一壶。烹炰具甘旨，取次供行厨。岂无渭川笋，亦有松江鲈。仰观载俯察，春意迷康衢。渼陂少陵杜[3]，赤壁眉山苏。流觞依曲水，浴沂临舞雩。世代虽有异，风致良不殊。因时且行乐，从容在吾儒。”

《游宝林寺》(宋)上官祐：“野寺无人到，春风扫落花。重寻旧游处，泉石绕烟霞。”邹应隆：“乳燕啼鸠三月暮[4]，淡云疏雨午时天。金罂花落无人管[5]，断送韶光又一年。”

《题大乾惠应庙并序》(元)吴澄：“‘大业龙舟竞远巡，义宁狐媚忍欺人。北方各署新年号，南峤犹遗旧守臣。身合沉湘甘殉楚，心知蹈海胜归秦。尘间俛仰几杨李，樵水东流万古春。’隋大业十四年戊寅，泉守欧阳公官满归至此，夫妇俱溺死。死时楚林士弘、长乐窦建德、魏李密、定阳刘武周、梁梁师都、秦薛举、凉李轨、梁萧铣各已僭号割据，而唐李渊以代王侑帝于长安。是年二月，江都有变，宇文化及立秦王浩，五月李渊王侑而自帝，以隋为唐；王世充立越王侗帝于东都。公洛人也，将安归乎？生盖不如死矣。噫！公之心谁其知之？后六百七十七年春二月朔，临川吴澄过庙铭壁。”

《天马山》(元)黄清老：“溪随天马西北行，半空忽见莲花生，双鸾欲下却飞去，旌旗引入丹霞城。攀萝上到猿啼处，恍然旷坐消百虑，千山无人云气深，终日徘徊不能去。虚空楼阁时自开，异香忽起三清台，风吹笑语落天半，知是神仙骑鹤来。百花潭上春自照[6]，白鹿呼人猿亦啸，路迷不敢轻问津，恐有贤人隐耕钓。苍岩曲折樵径通，绝顶可见西崆峒，尘心豁然臂欲羽，竦身直上凌天风。”

《游桃花岩》黄镇成：“小佥山中数块石，上出浮云几千尺，寒泉飞下绝涧响，老树倒挂苍苔碧。巨灵劈断知何年，中有古洞藏神仙，蓬莱宫阙浩杳霭，世外别有壶中天。巉岩磊块相缘入，云雾晦冥光景集，丹房石室净无尘，虎攫龙拿半空湿。山人旧说桃花岩，山高水绝无由探，我来正值桃花发，长啸独倚春风酣。同游雅士贪幽趣，自斸山云烧笋具，两山流水一川花，依稀似是桃源处。世上纷纷吹战尘，山中道人都不闻，欲从君住不可得，一声孤鹤唳空云。”

《南田耕舍》黄镇成：“离离南山田，采采山下绿。兹晨凉风发，秋气已可掬[7]。美人平生龙，零落在空后。颜色不可见，何由踵高躅？我耕南山田，我结南山屋。下山交桑麻，上山友麋鹿。还肯过邻家，邻家酒应熟。”

《郊行》(宋)李公晦：“避人忘井邑，耽静步郊原。落叶风能扫，寒花霜更繁。山空樵响答，滩浅楫声喧。愿结山阳伴，长年北灌园。”

《道峰山》(国朝)周文通：“道山崚嶒千丈高，群峰向下如奔涛，岗峦云气互吞吐，岩崖瀑布相喧嘈。石梯蟠屈苍苔冷，山开绝顶瞿昙境，树色深藏虎豹关，日光斜抱鱼龙影。楼阁高撑起远空，微芒城郭暮烟中[8]，一泓海水秋无际，万里关河望不穷。嗟余每爱云松宿，尽日登临看不足，秀色高峰若可分，拟傍阴崖结茅屋。”

《游宝盖岩》邹应隆[9]：“夙有斯岩约，今朝喜践盟[10]。路从支涧入，人在半空行。六月如霜候，四时长雨声。愿求容膝地，着我过浮生。”

《雪中度云际岭》(宋)李吕:"凌空石磴三千丈,匝地瑶林百万花。目有眼来方见此,直疑身已到仙家。"

纪述

《和平志序》刘克庄代作:"举一世所共荣者,曰科目,曰官职,曰世家而已。然,是三者,绝续晦显常不可必,其或绵延一二百载,绝而复续,晦而复显,则通天下以为罕见矣。夫举一世所共荣,通天下所罕见,而萃于一州一邑,谓之甚盛可也,况萃于一里乎?和平里在邵武县之南乡,里有危氏、上官氏、黄氏,上官氏尤盛,自景祐至嘉定,此三姓擢进士第者二十余人,入太学预乡赋[11]累累不绝书。起徒求至显官,因而传子孙为世家,榜籍迭书、衣冠袭起者,不可以数计也。呜呼盛哉!然以科目、官职、世家定荣悴盛衰,盖近世俗人之论,吾闻古之君子所谓殁而不朽者,不在是也。上官氏对策熙宁,不附新法,晚入元祐党籍,其子留守汴都,不屈于虏而死。二公所立如此,近于天下之善士矣,岂特足以重吾里哉!先民有言,谁谓华高,企而齐而,既以自勉,且勉里人。"

《邵武军学丞相陇西李公祠记》朱文公:"建炎丞相陇西李公,邵武人也。少有大志,自为小官即切切然以天下事为己忧。宣和初一日,大水猝至,几冒都城,人莫能究其所自来,相与震惧,而无有敢以为言者。公时适为左史,以为此夷狄兵戎之像也,不可以不戒。亟上疏言之,遂以谪去。数岁乃得召还,则虏骑已入塞而长驱向阙矣。公复慨然图上内禅之策,诚意感通,言未及发而大计已决。虏围既迫,群小方谋挟至尊犯不测为幸免计,公又独扣殿陛,力陈大义,得复城守,以退虏兵。然自是以来,割地讲和之议遂起,公又再谪,而大事去矣。光尧太上皇帝受命中兴,畴咨人望,首召公为宰相,公亦痛念国家非常之变,日夜图思所以修政事、攘夷狄者,本末甚备。盖方诛僭逆以正人心,而建遣张守[12]抚河北，傅亮收河东，宗泽守京城，遂将益据形便大明纪律，以示必守中原、必还两宫之势。而小人有害公者，遂三谪以去，而不复还矣。淳熙丙午距公去相适六十年，而永嘉徐君元德命教此邦，谓公之忠义筹略，海内有志之士莫不诵而传之，顾其乡人子弟乃无有能道其万一而兴起焉者，于是辟讲堂之东，肖公之像而立祠焉。四月吉日，合郡吏率诸生进拜跪奠妥侑如法。已事，而以书来，属熹记之。熹惟天下之义莫大于君臣，其所以缠绵固结而不可解者，是皆生于人心之本然，而非有所待于外也。然而世衰俗薄，学废不讲，则虽其中心之所固有，亦且沦胥陷溺而为全躯保妻子之计、以后其君者，往往接迹于当世。有能奋然拔起于其间如李公之为人，知有君父而不知有其身，知天下之有安危而不知其身之有祸福。虽以谗间窜斥，屡濒九死，而其爱君忧国之志终有不可得而夺者，是亦可谓一世之伟人矣。徐君之祠之也，非其志之所好，学之所讲，有在于是，则亦孰能及之哉？故熹喜闻其事而乐推其说以告郡之学者，虽病且衰而不自知其感慨发愤，犹复悟有平日之壮心也。”

《邵武军新建郡治谯楼记》刘克庄：“世言闽盗所从起必曰汀邵，非也。盗皆起于汀境，邵与之邻所渐者然耳。初宁化贼既残建、泰二邑，势且及郡，天子命朝臣某人某人出守，皆固辞；王侯遂独奉诏引道。未至，郡已失守，千里为墟。侯露居于野，握拳转战，诛筋竹洞渠魁，群丑或戮或降，惟下瞿贼犹据险戕县令，拒官军，侯方声罪致讨，会以风闻去。诏用赵侯以夫代之，慨然以夷难葺废为己责。一清溪洞，再造府朝，捋吏禀，严令工师受成抚[13]。以绍定四年八月经始，明年十一月落成，糜钱楮若干缗。堂寝显严闳邃，如大家甲族之营其居，谯楼突兀巨丽，如名藩雄镇之俗于力[14]，招捕使陈公韡过而叹曰：‘轮奂美哉。’初，朝家以祠牒八十助侯赡兵廪徒之费，侯一钱粒粟皆自致，归祠牒于朝，而属记于余。余观世之士大夫雅俗勇怯不同，及乎当乘障干方之任，或曰事不可为，辞不拜；或曰事尚可为，患力不足，求兵与财然后往。无雅俗无勇怯其说必同。昔越石于并，士稚于谯，咸无资粮，弗给铠仗，不旬月而荆棘复为官寺，夷虏愿为华人。长源于汴，弘靖于燕，士马强盛，金帛充斥，不俄顷而井邑荡为战场，部曲化为仇敌。盖祖、刘能疆理荒残久废之郡县，张、陆不能抚循治安无事之军府，牧守才不才，而一方之休戚、三军之生死、万姓之祸福系焉。乌可不谨择欤？故夫诿事于不可为，庸人也；有待于资与助，中人也；无待于资与助，豪杰之士也。若王侯驰单车横绝群寇，赵侯收余烬兴复一郡，孰资而助之哉？特其忠愤廉约有以奋盗贼之气，得军民之心尔。余故著之以辟夫谓事之不可为者也，且以愧夫谓事虽可为而患力不足者也。王侯，金坛人；赵侯，长乐人。”

《光泽县社仓记》朱文公：“光泽县社仓者，县大夫毗陵张侯斫之所为也。光泽于邵武诸邑最小而僻：自张侯之始至，则已病夫市里之间民无盖藏，每及春夏之交，则常籴贵而食艰也；又病夫中下之家当产子者，力不能举而至或弃杀之也；又病夫行旅之涉吾境者，一有疾病则无所于归，而或死于道路也。方以其事，就邑之隐君子李君吕而谋焉，适会连帅赵公亦下崇安、建阳社仓之法于属县，于是张侯乃与李君议，略放其意作为此仓[15]，而节缩经营，得他用之余财，市米千二百斛以充入之。夏则损价而粜以平市估，冬得增价而籴以备来岁。又买民田若干亩，籍僧田民田当没入者若干亩，岁收米合三百斛并入于仓，以助民之举子者如帅司法。既又附仓列屋四楹，以待道途之疾病者，使皆有以栖托食饮，而无暴露迫逐之苦。盖其创立规模、提挈纲领，皆张侯之功，而其条划精明、综理纤密者则李君之力也。邑人既蒙其利而歌舞之，部使者亦闻其事而加劝奖焉。于是张侯乐其志之有成，而思有以告来者使勿坏，则以书来请记。予读古人之书，观古人之政，其所以施于鳏寡孤独困穷无告之人者，至详悉矣。去古既远，法令徒设[16]而莫与行之，则为吏者赋敛诛求之外，亦饱食而嬉耳[17]，何暇此之问哉？若张侯者自其先君子而学于安定先生之门，则已悼古道之不行，而抱遗经而痛哭矣。及其闻孙遂传素业以施有政，宜其志虑之及此而能委心求助，以底于有成也。李君于予盖有讲学之旧，予每窃叹其负经事综物之才以老，而无所遇也。今乃特因张侯之举而得以粗见其毫末，是不亦有感夫？故予既书张侯之事，而又附以予之所感于李君者，来者尚有考云。绍熙四年春二月丁巳记。”

《云岩书院记》虞集：“古之长民者，治而教之之外无他事也。后世有簿书、期会、征调、供亿、趋走、逢迎之烦，私计之迫，而得尽心于民事者或寡矣。而舞文殖货者，又不与焉。其善者岂无德慧术智者哉，而于先王之法意未知其何如也。是故时之仕者审狱讼，时赋役，慎保守，不大得罪于民，则已为难矣！岂复有为治之具，而况于教乎？若夫以儒入官者，宜有见于此矣。或者于道实未有闻，于学实未有得，蒙其名以进，一旦莅事，不阘茸卤莽以取谬悠之讥，则反睢盱恣且窃取时俗之绪余，以苟且毫末之得而不耻者，亦何心哉！噫，何吾民之重不幸也如此！吾友况侯肩吾则不然。自其少壮读书，已有用世之意。及部使者连帅方伯取以为掾，持法严明而能恕，早有闻于时。稍迁盐筴莞库[18]，乃能从容为大府建通融之计，使其言尽用，所益固不细也。泰定末为光泽大夫，始得其民而用之。委曲于当时[19]法令之所得为，达其能，卓如也。下车之日，富强民素为长吏信从畏惮者，一不听入谒，独诸生讲学则循循与之言，于是始有延师教子者，侯曰：‘然则善人也。’乃稍以是得进见。讼者在庭，一见得其情伪，其负者故可立决也，侯曰：‘吾非不能立决，立决则伤而闾里亲戚之情矣。’迭教令退思之，是以多不终讼。尝有兄弟争田，侯曰：‘吾视若貌，非不恭友者。’授以《伐木》之诗，身为之讽咏解说，使日诵于学，未逾月皆感泣求解，知争田为深耻。县学弊，侯率儒家者更修之，曰：‘善为之，吾不以他役溷尔也。’而富人或请出财以助，侯不许，曰:‘有公上之供以待汝,修学非尔事也。’不日而学成。合邑之境,民聚为社者,皆请建学立师如令,而教养之舍,或略仿于县学,则又为义仓以附其旁,宽为之制,使民受成而守之。侯乃慨然曰:‘训其子弟而不本诸父兄,殆不足使之易知而速肖也。’即邑南三里有云岩书院故基在焉,故宋国子录通守辰州李先生方子讲学之故处也。先生祖、子、孙三世受学朱子之门,邑之乡先生也。书院废,李氏有遗田亦侵没于人。侯日退食即其处,理泉石,斩荆棘,徘徊咏叹,若将见乎其人者。得其遗文数篇,民间稍与学者诵说之。于是昔之愿修学而不得者,造庭而言曰:‘自侯之至于斯也,吾无汛役而有余力,请更作书堂以成侯之志,其许之乎?’侯曰:‘今可矣。’听为之。乃作室,像父子燕居;又作祠,像先生,作一讲堂、四斋舍,以容师弟子,门垣庖湢以次庀工经始,于天历二年二月八日告成。理侵没之田而得之,收其入以为养。率其僚吏诸生舍菜落成。郡守西公以其事达部使者,使者韪之。闽帅上其事请列为学官。至顺三年,侯至京师,请余书其事,将刻石以示后人。余乃为之言曰:昔周子、程子作于圣远言湮千载之下,而程子门人杨中立氏之归闽也,叔子叹曰‘吾道南矣’,宋既南渡,中立氏以其学传之豫章罗氏、延平李氏,至于朱子而益大显明焉。当是时,闽之学者比于邹鲁,秦从侯得先生所为《朱子年谱序》,知其于朱氏之学确守而不变,所谓毫分缕析致知力行盖终身焉。及其为《县学记》,恳恳焉欲其乡之士息奔趋流浪之志,以从事于爱亲敬兄之实必也。宗族亲孝,乡党亲弟,经明行修,然后谓之成材。噫,先生之于其乡之人,何其爱之深而虑之远也?乡之人诚能求先生之言于无穷,由是而学焉,则可以趋乎圣贤之域而无大过矣。呜呼!君子学道则爱人,小人学道则易使也。寥寥乎求一二于千百而不可得。吾况侯乃能笃信而推用之,吾焉得不为之喜乎斯邑也?由况侯而知先生,由先生而知学道,则吾况侯之遗爱岂有涯哉!四方长民之吏,闻况侯之风必有作而兴者。矧光泽之后至者乎?侯名逵，庐江人，后居高安，今为某官。其为政若平反冤狱之类，有去思碑，此因著其教事云。”

兴化府

宸章

《我太祖高皇帝征吴源诏》：“曩者朝臣荐卿学行，是用召卿至廷，官以四辅。而卿告年老难于步趋，遂命还乡。今者朕选公侯子弟入国子学，司业缺员，生徒无所矜式。卿其为朕一来，讲道授经，无筋力之劳，而有成就后学之益，亦儒者之素志。其速来，勿有所让！”

题咏

《思贤堂怀薛令》刘子翚：“创始人何在？空堂草棘侵。冲门狐窜急，穴柱蠹藏深。羽化王乔舄，尘昏子贱琴。独嗟民困甚，谁继昔贤心？”

《共乐亭》（宋）陈俊卿：“共乐台前花木深，登临当暑豁衣襟。红垂荔子千家熟，翠拥筤筜十亩阴。老退已寻居士服，清欢时伴醉翁吟。凭栏四望丰年稼，差慰平生忧国心。”

《题东岩》（国朝）方熙：“石径苍苔古，长廊白昼闲。昙花和雨坠[20]，独鸟向人还。”“竺国三千界，祇园第一山。宁知方外趣，只在市朝间。”“云影落庭外，松阴入座间。教童休扫去，留伴一僧闲[21]。”

《出郭呈张守》刘子翚：“出郭篮舆载酒随，林边萧寺趁幽期。云依石度遥看久，路绕田分欲去疑。落日悲风沧海外，黄花翠竹晚秋时。凭诗一写登临胜，为报壶山太守知。”

《游西门上溪》蔡襄：“寻溪因过上溪游，雨后溪浑水乱流。

因傍堤松却飞盖，为闻山鸟辍鸣驺。平田摆桠青云合，满谷芭蕉碧玉抽。开济无功须早去，故时瓜垅有通侯。”

《次韵张守同往华岩寺》刘子翚：“浅水荷花开傍桥，晚钟楼殿碧山椒。林松绕路行不御，野鸟避人飞更遥。喜有高情共丘壑，应须长啸混渔樵。老僧好事能延客，未觉山房苦寂寥。”

《游将军山》蔡襄：“赤日正停午[22]，解衣岩石下。石泉殊甘凉，野籁亦潇洒。惊猿度岭云，遗果坠庭瓦。披轩忽永叹，幽抱不可写。”

《过蔡忠惠故居》王十朋：“怀章南过蔡公乡，驻马遥瞻数仞墙。丹荔株株径品藻，乔松叶叶惠清凉。四贤诗出人增气，三谏章成国有光。真是济川三昧手，清源游戏作虹梁。”

《城山松隐岩》（宋）郑樵：“青嶂回环画屏倚，晴窗倒入春湖水，村村丛树绿于蓝，点点行人去如蚁。新秧未插水田平，高低麦垅相纵横，黄昏倦客忘归去，孤月亭亭云外生。”柯潜《游松隐岩》：“大山巍巍插天起，小山参差如聚米，长风吹我上高峰，一眺乾坤三万里。禅房花木深复深，危檐滴露生春阴，白云满地石苔古[23]，老鹤一声山月沈。松窗坐久转清悄，诗思撩人不知晓，我欲此地卜幽栖，须待他年济时了。”《重游松隐岩》：“好山无处不追寻，行到城山未夕阴。呼月台前看海色，兴云洞口听龙吟。孝廉坟古苍苔合，文节祠荒碧草深。最喜同游俱俊彦，清风满座共论心。”“十五年前此地游，重来正值一天秋。好山横碧水穷处，落日留红天际头。万顷桑麻连沃壤，数行凫雁下平洲。苍茫远景看都遍，又向松阴漱碧流。”“海天空阔绝纤埃，此日登临气壮哉。老树如龙当涧立，流云似马破山来。闲随野鹤行苔径，又跨天风上石台。佳景留人归未得，高烧银烛倒金罍。”

《题文峰岩》柯潜：“天作奇峰戴巨鳌，葱葱佳气映宫袍。千村草色兼天远，万壑秋声挟雨豪。海月欲生凉似水，硐云初起涌如涛。兴来把笔题新句[24]，只恐明朝纸价高。”

《城山国清塘》(宋)林光朝:"烛龙醉倒不开眼[25],遮空万里云张伞。小舟塘外水溶溶,渔歌忽断荷花风。倚岩僧舍扃深户,我来跋涉拳肩股。喘停更促短筇上,怪石周遭卧万鼓[26]。况是秋风到北山[27],惟有孤鸿时往还[28]。劳劳百年共缠缚,不似青山长自闲。古人古人嗟已远,长歌商颂归来晚。"

《庚午秋广化寺观进士入试》(宋)黄公度:"棘围晓辟万袍趋,邹鲁虽微士所都。三献有人怀楚璞,滥吹何事试齐竽?要令廋语题斋臼,莫把玄文覆酱瓿。袖手旁观君勿怪,箇中曾是老于菟。"

《题囊山寺》朱文公:"晓发渔溪驿,暮宿囊山寺。云海近苍茫,溪山拥深翠。行役倦修程,投闲聊一憩[29]。不学塔中仙,前途定何事[30]。"柯潜:"下马松关外,行行过虎溪[31]。钟鸣知寺近,云暗觉天低。涧底流泉滑,岩头古木齐。何当谢尘鞅,此地卜幽栖。""都是知心者[32],相随到古囊。云开山展碧,花落水流香。看竹穿苔径,谈棋坐石床。幽怀不可极,吟对晚烟苍。""借榻云深处,风窗夜不扃。兴来吟弄月,睡起坐听经。鹤舞松阴碎,龙归雨气腥。明朝赋归去,山色为谁青。""睡起夜将半,心清诗兴豪。钩帘观海月,倚榻听松涛。风送溪声近,楼擎山影高。坐来得真趣,便欲解青袍。"林文《和柯殿元韵》:"乘闲来古寺,随意扣岩扃。客赴松花供,僧翻贝叶经。池清鱼队见,树湿鹭巢腥。最喜朝来雨,群峰分外青。""画壁留珠玉[33],诗名尽俊豪。树红留夕照,山白涌云涛。门挹南壶远[34],岩临北斗高。兴来寻去路,露草乱青袍[35]。"

《游壶山真净岩》卢琦:"六月翠壶山下客,凌晨登山逾绝壁,支筇径上真净岩,头上青天才咫尺。高僧十载栖岩幽,启扉相见还相留,欣然坐我斗室底[36],满室岚气生清秋。开窗一览数千里,苍海微茫等杯水,客帆来往烟雨中,人家远近林峦里。平生读书苦不多,时事如此将奈何[37]!蝇头蜗角付一笑,会当结屋山之阿。”《重游真净岩》:“十载驰驱两鬓斑,兴来得得访名山。征途万里风尘暗,梵宇三更日月闲[38]。涧水疑从天上落,洞云直到海边还。只今三昧凭谁问,一笑高僧为启关。”“松扉迥入白云中,蹑磴扪萝路可通。结社几人思慧远[39],登山何处觅壶公?五更客梦茅檐雨,六月秋声木叶风。独倚阑干望沧海,故乡应在悔门东。”《和方时举韵》:“林下高僧睡得牢,春风几度到园桃。龙飞洞口云犹湿,鹤唳峰头月正高。千里溪山无战垒,半江烟雨有渔舠。我来还忆方时举,斗酒篇诗意气豪。”(国朝)陈中《和卢琦韵》[40]:“楼榭丹青树色中,岩高疑与白云通。四时有雨地长湿,六月多寒天不公。夜火人归黄石路,暮潮帆挂太湖风。壶仙一去无踪迹,满洞飞花西复东。”

《大象峰》(国朝)郭真:“摄衣陟崇冈,盘盘路回绕。驾言何所之,招提在深窈。径陡苔痕滑,寺古石室峭。时花烂岩阿,幽禽韵林杪。仰瞻星辰近,俯瞰江湖小。羡彼山中人,托身尘世表。何当远相从,谈玄坐昏晓。”

《游瑞龙院》(国朝)浦源[41]:“我岂好声利?跃马尘土间。浮生倏能几,不得一日闲。经过莆阳郡,恨望城西山[42]。山中有静者,木石同古颜。我今来访之,偶然得追攀。花雨湿樵径,松风冷禅关。徘徊清书永,兴尽始云还。”

《凤凰山登高》(国朝)岳正:“又是登高第二回,功名心事已全灰。此时偿却山灵债,明日放歌归去来。”“南山幽阻剩宜秋,飞盖时临最上头。故国五云回首是,不须重起望京楼。”“三年不去为谁留?十里南山似十洲。心性已成泉石僻[43],去年风雨不曾休。”“不是山人酷爱山,忙中谁解暂偷闲。昏昏终日兼终夜,百岁能逢几破颜?”“南来作牧近三秋,碌碌何曾展一筹。不是满篓禾稻熟,敢因佳节出郊游?”“席间群彦总金闺,对酒何劳怯日西。抹月批风三百首,醉来一任竹间题。”“悄悄幽怀几日开?须知一快在登台。白云堆里停朱毂,迟尔可人来不来[44]。”周莹《和岳太守韵》:“秀拥岩峦罨尽开,望中佳境旧楼台。山门我已非生客,去岁题糕今又来。”

《蒲弄草堂》柯潜:“艾轩先生鸣大宋,绝世文才岂天纵。横经讲道唱莆中[45],别构茅堂向蒲弄。蒲弄山高矗天起,倒影平湖三十里。渡头频系问奇船,间巷纷纷响珠履。一从观化去不来,旧基零落荒苍苔。高林日暮鸟相语[46],废圃春深花自开。花开花落几今古,风教何曾化尘土。绵绵书泽犹在人,满邑絃歌比邹鲁。我来曾过山之陬,夕阳驻马空回头。九原之魂不可作,临风一啸云悠悠。”

《题高田院桥亭》(唐)郑良士:“到此溪亭上,浮生始觉非。野僧还惜别,游客亦忘归。月满千岩静,风清一磬微。何时股尘役,杖屦愿相依。”

《挽王御史回》(宋)陈师道:“施报终何在,穷通共一空。两言成益友,百代仰高风。终始无遗恨,恩荣托至公。不应埋直气,会见吐长虹。”“良贵官何与?长年死不亡。身虽御魑魅,气已慑豺狼。不尽胸中蕴,犹堪地下郎。岂惟吾道庆,编简亦辉光。”

《仙水庙》(宋)林云:“天风吹我上瑶台,满眼烟霞扫不开。药灶无丹人已去,洞门有树鹤还来。溪声时带三秋雨,山色青无半点埃。更爱夜深清梦断,碧纱明月照苍苔[47]。”

《九鲤湖》(宋)徐师仁:“晨逾九仙山,暮访九鲤湖。何氏兄弟跨鲤鱼,同时轻举排天衢。山头云气故恍惚,三十六鳞今有无。琼浆白日醉天阙,何时华表归来乎?”卢琦:“朝跻何岭头[48],暮憩何岩陬,平生尘迹未能到[49],今夕何夕登斯楼。九仙跨鲤升天去,药灶丹炉几今古,白云满地孤鹤闲,怪木拿空老蛟怒。青山四面相萦回,流水百折声如雷,苍烟长挂屋上树,细雨忽落庭前梅。梅花似笑客来晚,客来洞底春犹浅,蹑蹬安知步履危[50],采芝自觉心期远。十年铅椠误此生,愿借一枕通仙灵,中宵梦觉饥骨冷[51],似闻玉笛空中鸣。曙色催人赋离别,袖拂松梢坠残雪,相期整展重来游,共濯沧湾弄明月[52]。”

《游龙华寺》刘克庄:“不见层岗与复岩[53],眼中夷旷似江南。烟收绿野连青障,树阚朱桥映碧潭。丞相无家曾住寺,聘君有字尚留庵。荒山数亩如堪买,径欲诛茅老一龛。”柯潜:“宝幢峰下烟霞古,老树如龙欲飞舞,花气薰成万壑云[54],泉声散作千林雨。我爱溪山事事幽,锦袍醉踏东风游,题诗净扫岩头石,把酒还登竹外楼。空门自与人间别,夜榻焚香卧清绝,明朝长笑拂衣归[55],闲却溪风与山月。”

纪述

《甘露述》(唐)欧阳詹:“述甘露,昭孝德也。贞元壬申岁,福州福唐县尉清源莆邑人济南林公攒太夫人终。公每一痛哭,至水浆不入口,或三日或五日,内外羸惫,殆至殒灭。癸酉将与先府君修合葬之礼,公之于亲,事存既竭其力,送终思尽其勤,含檖品章,则有王度不放越也。茔域同护,实在我私,当恳而行之。于是躬开坎室,自埏砖甓,与兄弟手攻肩负,以凿以筑,虽率情性而无愆法度,不违典礼而有异常仪,载考载理而未之窆也。春三月二日,忽异气自天氛氲下蒙,非云非烟,幂幂绵绵,彩耀光鲜,馨香馥然,朝起及暝,徘徊不散。先是,绕垄已栽松柏,洎晨枝叶间遍悬露滴,其滴齐大如梧桐子。公奇之,与兄弟及乡人时相慰者而尝之,其味甘,异于人间所甘之甘。日渐高不消不晞,转坚转明,荧然珠相,铿然玉声,如是者三日。睹者争取,或食或玩。噫!天冥冥,其间蓄灵;地陈陈,其间蓄神。灵无形,神无身,无形无言,无身无声,苟有可褒,以物而旌;苟无可褒,物不虚行,其德常,其物常,其德稀,其物稀。余闻甘露之说,莫睹甘露之实,其为稀也不亦甚乎?今为公而降,公之德岂常德欤!况殊香启途,异彩相鲜,凝结丰圆,向日翻坚者哉。则其至诚所招又多矣。余执手礼,幸而获见,弥耸不足,遂为之述。”

《图经序》林光朝:“子长多爱,爱奇也。退之爱奇如司马子长,尝过曲江,借图经于张史君,足迹所及,不为徒然者,况四海?曲江至是百年矣,开元人物或可以想象而得之,如探禹穴、窥九嶷、过齐鲁以观诸生习礼之处,不独子长为如是耳。莆之为邦,壤地褊迫,由蒜岭而南,有为谏大夫者,居漆林,以能诗称。福平山下即欧阳四门之庐。又十里有水一带如寒玉,刍牧走卒知有先辈徐君者,异时不肯仕,作赋夭矫如吴融,今断墙破屋仿佛犹在也。太史所书,惟颉阳三数处陂池所自出。他书可见者,有壶山、九仙山、百丈飞乌溪、转水台,其余茫昧不可知。我生三十年,尝一日扪藤萝直至蟹井。又尝走金溪,得蒲弄一席地,东望海上,远山出没。又尝走石门,观九鲤湖。发少齿落,才得一问津于石所、麦斜寒远无人之处。及由铜鼎瞩大飞,其秀杰之状过于他山。莆之大略惟是耳。太守钟离公以淮海之隽,有古昔之闻,尝出河朔,涉燕蓟,所历为甚多。其于治郡如治剧邑,穷日之力为不足,以火继之。公之退然自下,非缘斲削,每以我为知言者,我有惭色。偶一日道人物山川,且欲按图而求之。以县之北三里有故家为林氏,门安绰楔,出南郭可五里,端明蔡公有旧第,熟视双阙者,不觉敛容。过蔡公之门,或立马低徊不忍去。公以南北通途数里中乃得此,若求之井邑聚落,所得又益多,此图经所由出也。前时书未成,公属我叙其大略,不敢辞。是书访之名山,酌之故老,取之佚人,得之残牒、遗编,续稿旧志,论次先后,惟出一手,乃为军学教授长乐陆琰也。”

《兴化军学记》黄公度:“闽蜀相距各在西南一隅,而习俗好尚实有东周齐鲁遗风。蜀由汉以来号为文物善地,闽又其最后显者。莆之为郡,盖百有七十余年。咸平初,始有诏立学,中更三舍岁贡之法,生徒日滋,有司病其隘,乃斥而大之。未五十年,腐蠹漫漶,摧压略尽。绍兴十九年,永嘉徐君士龙来居师席。始至,慨然欲改作。一日,进诸生告以今国家稽古礼贤、崇饰学校之意。

复白其状于部使者鲍公延祖，得金钱一千三百万，以明年冬十一月始事，阅六月告成。旧学庙屋中峙，旁置诸生之馆。今兹东庙西学，俾祇祠隶业异焉[56]。凡庙学之制，细大毕具。庙之前有崇阁，以阏御书。后有广堂，以绘三礼名物。学之中庭，砻石潴水，约诸侯泮宫之度。又设县学于庙之东偏，傅以廪藏庖湢，为屋凡四百八十间。复推其余为教官治舍。非特制度宏伟，雄冠一时，而规划有理，虽百世不能改。既乃合三县生员筮日迎宾，陈侯介百拜饮酒而落之[57]。相与求文于公度，以识其成。公度曰：昔者吾夫子一旅人耳，千岁之下，享王者号，独处巍巍之宫而无愧者，以斯文所托也。吾徒食息学校，当求其不畔于吾夫子者，则群居于此亦庶乎其无愧矣。新而敝，敝而更，循环之理，今之一新，焉知久而不复敝乎？吾将以徐君行于己者遗于人，行于今者遗于后，其可也。西京文翁称为循吏，其治蜀也，知有所本，能使蜀人至今思之。下视赵、张、龚、黄辈平盗贼、理狱讼、课农桑，未免为俗吏。乃知一时之功利不足以当万世之教化。徐君乐吾闽之习俗，而思古人所以及物者，既能成就如此，犹以居冷官，力难使人为不足，设其势可以自为如文翁，讵可量哉！”

《兴化军修学增廪记》王迈：“毗陵张侯之治莆也，下车之明日，令于学曰：‘莆壤堕褊小，赋入薄，不敌江浙一大户，而家习诗书，多出魁人韵士，为中州冠。吾闻泮宫养士多而廪稍少，突不黔者累月，吾将为尔士续食焉。’主计以其经费阙若干来告，籍既上，于是捐金钱二十万赒其乏。已而曰：‘是苟纾目前耳，如来者之不可继何！’会吏白有废刹曰崇福，岁租余三百斛，例以供浮费，于是又割其田相学庾。阅三朔莅学，见诸生有声于列者曰：‘先生辱贶，衿佩厔矣，亦知十三斋旁风上雨之不可居乎？盍请往省之？’侯且行且顾，慨然曰：‘吾责也，其可以郡计凋窭辞！”于是力加樽节，又得二千楮以葺治横舍[58]。郡博士帅诸生拜侯赐，退而职事者相与传餐。课工役亡锱铢渗漏，禳栌梧柱之朽蠹者，新之以良材，荣庑砖级之圮缺者，易之以坚甓，垣壁轩槛之攲倾漶漫者，皆支补而赭垩之[59]，微而几榻皿器色色备具。月五，黉竣事，迈一日，得寓目焉。旧同舍林立，敬偕前列[60]，佥曰：'子尝业于斯，职于斯，其为识颠末。'余去学舍久，因诘：'今生员比前二十年增几何？'曰：'三之一。''职事增几何？'曰：'三之二。'余作而曰：'人物之盛，月异岁不同如此，微今侯殆无所乎馆餐矣。先是，牧吾邦者亦岂无是心，心至而力不至，辄止。间有力可以及之，而修宫者或遗于廪士，增田者或忽于庥士，今侯此举实兼二美，盖出文俗拘挛之外。凡我同志，亦盍知侯盛心之所存乎？今日学校之士，他日朝廷之士也。课文程艺非以竞华藻也，史掖词林之典册实基焉；谈经绎史，非以资口耳也，广厦细旃之讲论实昉焉。领袖颜行[61]，能纠正其徒之不帅者，为谏官御史必能以殿虎自许矣；会计财用，能不取一介之非义者，为方伯连帅，必能以琴鹤自随矣。容止端详，不失尺寸，正以习台阁之仪；局度闳阔，不立朋比，正以学庙堂之量。事师忠，必能陈善闭邪以事君；处友信，必能协恭和衷以处同列。此非侯期待吾党之盛心乎？'或曰：'子言为达士者设也。穷通有命，幼而学者安得人人皆壮而行之乎[62]？'曰：'不然也。孝友，其政也；仁义忠信，其爵也；言寡尤，行寡悔，其禄也。岂必圭组轩裳而后谓之达乎？人心涵万善，有不资之富；身并三才，有不位之贵。衣逢冠章[63]，居穷处独，无异庸常，而道之高明，则可以官天地而府万物也。德之川流，则可以泽生民而渐百世也。此又非侯大相期待之盛心乎？思昔吾邦为元老大臣，则有若正献陈公，正简叶公，庄、敏龚公，相业光明，宗社嘉赖；为耆师巨儒，则有若艾轩林公，湘乡夹漈二郑公，与近世复斋陈公，或勋业不竟，或肥遁自高，或急流勇退，皆得以并祠学宫。清风凛凛，百世可仰，是惓惓者，谁实使之？于以见君子之能为可贵，而秉彝好德之真在人心，未尝泯也。凡我同志，而今而后，共藏而修，共息而游，共趣而求，正心以谨其初，持敬以固其久，孝弟行于家庭，信义孚于州里。达而为公卿，则庞勋景铄，球美鼎彝[64]，穷而为师儒，则格言嘉德，流辉万册，庶几不负我侯修学增廪之德意。不然，则不养大体，不居广居，未仕者炫才而凉于德，轻猥躁扰以苟贱吾父生师教之身。既仕者屈学以谐于世，谲柔邪以狭小吾圣贤传异之道。使往哲得专美于前，来者得訾议于后，其不负侯之教育也几希！学尝修于淳熙之戊戌，中间虽小小葺理，非经久计。今又一戊戌矣，而复大修之，岂亦有关于气数乎？'侯名友，文靖之元孙，僳斋之孙。嗜学好修，趋向近正。刊《艾轩僳斋文集》以惠邦人，凡事关雅道者为之忘倦。诸生肖侯之像而祠之，申告后人，有引勿替。"

《兴化军名贤合祀记》（宋）黄灏："祭法有功烈于民者皆得祀，今之祠堂盖仿焉。或以功，或以德，或以名位，非有贵贱尊卑品节之限，凡人情所喜慕皆得为之。惟祠于学宫者，不敢以僭。孔门之学，以操履趋向为先。少有玷缺谬戾，皆圣门之罪人。虽一日不能安其侧，况同堂合席、百世并祀而不毁哉！故凡立祠于学，不以功德名位，诸不在六艺之科者不在列，不知君臣、父子、兄弟、夫妇、朋友之义者不在列，不知正心诚意、修身谨独之道者不在列，必欲其对越圣贤而无毫发愧怍者也。莆邦文学号邹鲁，学宫壮伟甲于闽郡。其巍峨岌嶪可望而不可亲者，夫子之宫墙堂奥也。当时及门之贤左右后先咸得配食。踵其后而济济衣冠者又有乡之善士，曰孝子林公攒、殿院林公蕴、侍郎林公藻、著作方公仪、端明蔡公襄、主客林公冲之、提干林公郁，丞相叶公颙、湘乡郑公厚、夹漈郑公樵、丞相陈公俊卿、参政龚公茂良、艾轩林公光朝、著作刘公夙、正字刘公朔、观文郑公侨，凡十有六人。合是邦典刑文物之盛而萃于一堂，邹鲁之风彬彬在是矣。岁时率诸生敬拜祠下，企遗躅，揖典刑，以革浮薄，以激廉耻，崇乡党之化莫尚焉。"

《艾轩祠堂记》陈俊卿："淳熙壬寅夏四月，永嘉林侯元仲来守此邦，政尚严明，以厚风俗、敦教化为本。阅数月，阖郡之士咸造于庭,曰:‘莆虽小垒,儒风特盛,自绍兴以来四五十年,士知洛学而以行义修饰闻于乡里者,艾轩先生实作成之也。先生学通六经,旁贯百氏。早游上庠,已而思亲还里,开门教授,四方之抠衣从学者,岁率数百人,其取巍科登显仕甚众。先生之为人,以身为律,以道德为权舆,不专习词章为进取计也。其出入起居语默问对,无非率礼蹈义,士者化之。间有经行井邑,而衣冠肃然有不可犯之色。人虽不识,望之知其为艾轩弟子也。莆之士风岂无所自?先生殁已六年,人思其矩范,愿得立为祠官,春秋荐以苾芬,以慰邦人之慕,而垂后来之劝,敢以为请。’太守喜曰:‘言会于心,其可后乎?古所谓乡先生殁而可祭于社者,非斯人其谁?’乃择城南隙地为屋十六楹,丹雘一新,像貌焕然,崇德尚贤,闻者兴起。越明年二月丁酉,太守率诸生有事祀下,一郡之人莫不奔走瞻敬。因谋刻岁月,谒记于余。余与艾轩游四十年,所谓三益之友,其可辞?先生讳光朝,字谦之,艾轩盖其自号也。少有声场屋,年五十始擢太常第。天子闻其名,召试馆职。入著庭为吏部外郎、国子司业,两学士人服其素行,矜式惟谨。出使广东,以儒生平剧贼,朝廷嘉其能,增秩召还,为国子祭酒。车驾幸学,命讲《中庸》,玉音嘉奖,赐以金章。不旬日,除中书舍人,以缴驳不当为御史者,迁工部侍郎。请外,以集英殿修撰知婺州。待次逾年,得疾三日不起。天下之士莫不伤其才有余而用未究也,况邦人群弟子乎?昔杨厚归犍为,以黄老教人,门人犹为之立祠[65],今艾轩之学行文章为吾里宗师,可无祠乎?然则守侯之政,亦可谓知所先务矣。”

《朱文公祠记》(宋)陈宓:“孔子所以为万世师者,学不厌、诲不倦而已。此二者若易而实难,其功若小而甚大,非至圣大贤不足与此。近世有儒宗,其好学也,不惟独得于师,而博采四方士友之长;不惟自有诸已,而下取一介贱微之善。大而天地阴阳之运,小而鸟兽草木之情,精而道德性命之源,粗而度数仪文之末,二帝三王之道，孔孟周程之心，既有以默参其奥，下至诸子百家、天官、地志、兵机、律历，莫不穷其理。其诲人也，无知愚敏钝贵贱疏戚，随其才性曲加诱掖。平生宦游之日少，家居之日多，自朝至暮，自少至老，孜孜矻矻，应接不休，有问斯答，如响应声，著书垂训，易箦而后已。呜呼！若文公朱先生者，可谓之学不厌、诲不倦非耶？此祠堂所为作也。先生所著书数十种，而尤切于世教者曰《大学》、《中庸》、《章句或问》、《语孟集注》、《近思录》、《家礼》、《小学》，家传而人诵之。莆虽蕞尔邑，昔称士乡。先生初仕于泉，及淳熙间凡三至焉。趋风承教之士不少。先生殁廿二年矣，前辈往往凋谢，晚生益知向慕。校官陈君汲，既刊前诸书以惠后学矣，谓诵其书不知其人，可乎？于是即学宫而祠之。末学小子，瞻望其端庄刚毅宽裕温和之容，反复其精微详密深切恳到之诲，可以释师儒不并世之憾矣。苟读其书而不体诸己，敬其像而不师其心，过斯堂宁无愧乎？陈君谓宓尝登先生之门，宜记作祠之岁月云。”

《兴化军新城记》刘克庄：“莆为郡且三百年，犹不克有城，皆曰：‘乐土也，缓事也。’一日盗起汀郡，他州皆增陴浚隍，惟莆四封荡然。破扉不阖。未几盗寖南侵，势且及境。富家窖宝物，窭人挈空身，咸欲溃去。郡队陈公宓始倡版筑之议，士民和之，台郡是之。会王侯克恭病，委其责于通守赵君汝盥。事方有绪，而王、赵相踵即世。赵侯汝固始至，顾郡力已屈，则拜疏求助于朝。有旨赐祠牒五十[66]，未至，而赵侯去。陈公与郡人太息曰：‘城其中辍乎？’于是天子擢曾侯用虎知军事。侯博访于众，或谓城颓且薄不足恃，或谓费杂且广无以继，侯奋然曰：‘庳者可高也，薄者可厚也，役不可以已也。且吾患无政，不患无财。’益市木石，益僦工徒。先是，官划丈尺，俾僧干筑，僧有能否，有勤惰，而官无赏罚，侯斥逐其不勉者。向之苟简，悉趋坚好。既成，长一千二百九十八丈，高一丈八尺。表里以石，覆以砖，五门楼堞丹垩焕然。凭高望之，巨丽突兀，疑化人之所为、画史之所摹也。凡用石以丈计者五万七千一百七十二，砖大小六十七万八百，夫五万一千四百。靡缗钱二万四千六百七十七，楮币六万六千八百，内楮四万朝家所盼[67]，钱楮各千漕台所助，余悉出郡帑。昉于绍定三年之春，讫于四年之冬。盖三百年不克为者，一朝而就。然则城果缓事乎？乐土果可常恃乎？夫敌无脆，有备者胜；国无小，善守者全[68]，乐毅能下齐，而不能拔莒、即墨之二城；佛狸能饮江，而不能克盱眙之孤垒，往事之明验也。先朝征侬寇之患，城广、城邕、城桂，岭海之民始奠其居。嘉定鉴开僖之迹，大城江北，楼橹相望，然后并边郡邑各能自立，近事之已效也。玩常而忽变，喜逸而惮劳，华元之讴，子罕之怍，人之常情也；以习安为惧，以恃陋为戒，墨翟之智，子囊之忠，侯之盛心也。侯治郡尤清苦，省逢迎之厨传，罢游观之土木，独民间有大利病，必勇于兴除，不以役巨费夥而沮。城成之明年，岁丰盗熄，乃下令蠲夏税一年，以撙节之赢代输。噫！侯知筑是城，又知所以守是城矣。初役之兴，陈公最尽力，且率大夫国人各相斤劚。其后通守赵君汝驷、判官赵君汝湙与有劳焉。莆人喜守备之固，美蕃宣之勤，复悲陈公之不及见也。某亦版籍一民，资不足以豪乡闾，力不足以荷畚锸，兹获以笔墨小技记事之成，顾非幸欤？”

《**仙游县学进士题名记**》蔡襄：“闽粤自唐欧阳詹始举进士，以文章与时闻人亢声名，为世所贵重。后有慕詹者继以仕进，及五代亦世有人焉。然文章愈衰薄，无能与詹比者。宋兴，复以文辞官人，四方学者缅然而起。其以名闻南方者，郑成之其尤者也。为道专一，使詹者存，或有所推以先之。其余为名进士，历显官，日益加众。兴化军属县三，仙游才为中县，然乡间幼学后生，不儒衣冠，不得与良子弟齿。岁时即先生旧德以指授经术。其为词章，相与讲导锻成，一律进取科第，若逢蒙之射、陶朱之贾，其失中而莫售者鲜矣。每朝廷取士，率登第言之，举天下郡县无有绝过吾郡县者，甚乎其盛也哉。然古之仕也取人，后之人也求仕。

取人者,宜而器之,行与能前仕而可知也。求仕者,惟其才与科合则中焉,行与能仕而后知也。夫学者岂特属文辞苟仕宦哉?是必先乎己立,而后择于人者也。开封掾廖君悉记县之登第者姓名等级,若年月日距今而上断某年以来,俾刻诸石,而植夫孔子堂之西偏,来者得以嗣而书焉。余知后之升孔子堂而观者,必摘名交议曰:'某者之为人也,德与位宜焉。或位虽屈而德伸,信乎其吉士也。'又曰:'某者之为人也,其德不有加,而其位过之,或缪戾著焉,信乎其非吉士也。'苟非其亲与仇,善恶必明。是其来观也既向其善者,而病其不善者,使之一日载名其上,必能思而畏乎后人之[69]指数吾名,犹吾之指数前人也,率以是而自勉欤。廖君洁志尚古,又务勉人为善。将记,以襄有乡里之旧,属之俾序其事。襄既道其所以,非敢专警于人,亦将以自省云。"

福宁州

题咏

《洪山》(唐)韩伯修:"壁立东南第一峰,问名知是葛仙翁。丹砂灶逼云头近,玉井泉流海眼通。六字籀文天篆刻,数间洞屋石栟幪。我来整屐层巅上,环视群山尽下风[70]。"

《鼓楼山》(唐)杨志:"兴废何年事?无由问老成。化为兜率地,留得鼓楼名。石塔添朝影,铜壶断漏声。我来空吊古,恨不赋芜城。"

《题支提寺》[71](宋)陆游:"高名每惯习凿齿,巨眼适逢支遁林。共语不知红烛短,对床空叹白云深。现前钟鼓何曾隐?匝地豪光不用寻。欲识天冠真面目,鸟啼猿啸总知音。"

《题鹤林宫》[72](元)白玉蟾:"王邓诸公安在哉?云林烟嶂锁苍苔[73]。大千世界飞双舄,第一洞天游两回[74]。太极光阴忙劫数，九重瑞气接蓬莱。烟花随分眼前绿，惹起朝猿暮鹤哀[75]。”

《怡云堂次韵》蔡伯原：“无赖惟能发酒颠，几来仙馆借宵眠。闲游漫费登山屐，欲隐惭无负郭田。深径鸟啼苔寂寂，野桥日暮水溅溅。题诗未得如椽笔，恼乱春风一惘然。”

《游香林寺》(国朝)林聪：“一径入幽林，香风散鸟音。逢僧时说偈，坐石独鸣琴。翠拥层峦合，流分曲涧深。兴阑归路杳，处处暮蝉吟。”

纪述

《福宁州学记》程钜夫：“予为孙君骁记宁德县学之三年，而又以记福宁州学为请。按长溪唐武德昉为望县，闽王氏析为宁德，宋末又析为福安，皇元一统，肇州福宁，二邑隶焉。初惟夫子庙，在县治之东，庆历癸未迁城东南陬始有学，自元祐庚午更新而堂宇备[76]，自师公古、郑公樵教授而经术明，自乡儒先游紫阳之门而弦诵衣冠盛。岁久屋且敝，至元丁亥，白侯璧改作，而飓风坏之。元贞乙未樊侯忠又改作，而飓风又坏之。丙申，陈侯翼请于台省，命同知州事孙璧董其事。协谋悉力，树戟门，作礼殿，绘从祀，祠先贤，会讲有堂，肄业有斋。畚土辇石，燥湿崇卑，翼翼严严，规宏而工密，可书已[77]。然予前记学，其说殊未竟。校庠序古矣[78]，明伦之外，无他说也。词章胜，德行微，先儒有忧之，归而求之性命。大雅不作，假性命之说以谋利达，而世道与人心俱往矣[79]。夫词章性命之学犹不能无弊，则夫管摄人心，扶植世道必有攸在。不然，群居终日，翕翕訿訿，相与商功利而较智术，弊又甚焉。圣朝一视远迩，制度考文，嘉惠儒者，隶名者不役于有司，其以德行文学进者，胥此途出。新州者，新学之兆也；新学者，新士习之机也。士无科举之累，盍亦思古人所谓明人伦者为何事。修其孝弟忠信，于家为孝子，于乡为善人，于国为忠臣，斯无负于国家设学之意。若夫工词章而不穷其理，谈性命而不践其实，其不为功利智术之归者无几矣。吾为此惧。”

《宁德县学先贤祠堂记》(宋)赵汝腾：“宁德邑学有祠以祀先贤尚矣[80]。前令尹李君泽民[81]、赵君侁之，先进五人：坎翁张公翰、童溪王君宗传、拙斋高君颐、大著余君复、信斋杨君复[82]。今令尹徐梦发至[83]，则曰：‘是一乡之善士也，盍亦进而尚友古人乎？’乃于殿之左架祠宇于其中，祠周元公、邵康节、张献公、程纯正公、司马文正公五先生。程、张之门人若游广平、吕兰田、谢上蔡、杨龟山、尹和靖、罗豫章、朱韦斋、李延平祔焉。又祠乾淳三先生：张宣公、朱文公、吕成公。右则祠朱文公之门人蔡西山、黄勉斋、陈北溪、真西山。左则祠黄公景仁，益以林公驷。祠成与邑之士友二十余人书来谒记[84]。予曰：何邑之小而祠之盛欤？岂欲在人识其小，而因识其大欤？遂为之秉笔。盖尝诵鲁论之训，十室之邑，必有忠信如夫子，而未如夫子之好学也。夫忠信可以受道，犹甘受和、白受采，然质美矣而不务学，则不能无所蔽。故有好仁而蔽于愚，好智而蔽于荡，好信而蔽于贼，好直而蔽于绞，好勇而蔽于乱，好刚而蔽于狂，学者所以去其蔽也[85]。他日夫子又曰：‘我非生而知之者也，好古敏以求之者也。’亦此章之旨也。孔子之于门人，惟称颜子为好学。颜殁，好学者曾子、子思、孟子三人而已。孟子殁千有百年[86]，其间岂无忠信之士？未有如颜、曾、思、孟之好学也。天作圣宋[87]，运值文明，笃生大儒，以任斯道[88]。时则元公以圣学自任自无欲入，而几于静虚动直，明通公溥。康节以皇极经世之学自观物入，而几于穷神知化。纯公自乾之存诚入，而几于德博而化[89]。正公自坤之敬义入，而几于直方。大献公自知礼入，而达于知性知天。文正公自不妄语入，而推于笃恭而天下平。是六先生者，可谓能继曾、思、孟之好学也[90]。是其学岂不足为百世之师欤？厥后宣公得于高明，而守以中庸。文公得于广大，而约以精微。成公得于博厚，而持以悠久。是三先生者，可继周、程、邵、张、司马之好学者也。是其学亦足为百世之师矣！夫学未始不由于好，好则乐，乐则生，生则恶可已。圣人之所以为圣人也，盖亦若是而已矣。夫子之言岂欺我哉？宁德之邑何止十室，忠信之姿何止一士，能于游学之际，睹诸儒之如在[91]，考正学之宗元，则必有跃然会于心者[92]。科举非所以税驾，而记问词章诡谋功利，一切曲学瞭然见之，如稊稗之害嘉谷，则舍九先生其谁归欤[93]？子曰：'就有道而正焉，可谓好学也已。'兹非诸儒先之所望于后学欤？贤令尹立祠劝学之意欤？又岂非哀拙之望于同心欤？记成而授令尹，以刊于学。"

《宁德县重修学记》程钜夫："福州旧领县十有二，二百年来士学为东南最，宁德较他县若弗及，虽然，此以科举之士言也[94]，初无与乎人才之实，闽故家星错棋置，迩来潜深伏隩不见人，而人不见者多矣。若余所及见宁德孙君骁者，又岂敢以科举之士例视之哉？君少年游太学，方众人汲汲进取之时，独能师其同舍之先辈俞君晣，从事于经学世务，及既成进士，官于浙，往来犹造其师之庐而考业焉。今老矣，务学如少年时。一日，诣余请曰：'宁德自宋嘉祐始有学，近岁邑再毁于寇，火将及孔庙辄息，异哉，若或相之者。宋末，割长溪之半置福安县，国朝遂升长溪为福宁州，而以宁德隶焉。至元二十六年，州之守行县，视庙学弗修，畀金俾前邑令葺讲堂，新四斋两庑。三十年冬，提学者命骁掌教事，学无廪，养士之粟岁贮于私家非便，首营构之[95]，而县大夫议大修完[96]，乃捐俸以倡，诸生亦各出力以助。县主簿董其役，鸠工度材成先圣殿，视昔加崇。朵室回廊靡不更理，缭以宫墙二百八十堵有奇。从祀金乡侯以下旧图于殿壁，兖公、郕公、沂公配飨西面坐，而三公之父立于后，于礼为未协，乃遵彝式，分绘于左右庑。以今年五月告成。钦遇皇帝御报，播告于天下，上承祖训，嘉惠学校，士类莫不闻风以兴然[97]，勉励宣明，部使者之职也，盍与本原[98]古者建学造士之意以诲饬于邑之诸生乎？为是敢有请。'某窃惟朱子以道鸣于建，闽之士家藏其书，人诵其说，而能实传其道者盖鲜。前此犹曰有科举之累也，而今无之，有能一日实用其力者乎？谓朱子之后不复有朱子，余不信也。宁德虽下邑，居若是其近，世若是其未远，而孙君又尝于科举之外有所讲闻矣，余何言哉！余何言哉！惟圣朝之敦儒崇化，州县之为政知本，与夫孙君之不失其所以教，是则可书已。邑尉高显、主簿李荣、令宁柄、其长曰抄儿赤、前令方秀仁、守白璧也。孙骁云。”

校　注

［1］嘉靖《邵武府志·王制》作“三十余年办肯心”。

［2］咸丰《朱文公全集·诗》作“落日命晚炊”。

［3］嘉靖《邵武府志·地理》作“桃溪少陵杜”。

［4］嘉靖《邵武府志·外志》作“乳燕啼莺三月暮”。

［5］嘉靖《邵武府志·外志》作“金樱花落无人管”。

［6］乾隆《邵武府志·山川》作“百花潭上春日照”。

［7］乾隆《邵武府志·古迹》作“秋色已可掬”。

［8］嘉靖《邵武府志·地理》及乾隆《邵武府志·山川》均作“微茫城郭暮烟中”。

［9］乾隆《邵武府志·山川》作“邹应龙”。

［10］乾隆《邵武府志·山川》作“今晨得践盟”。

［11］“乡赋”疑为“乡试”之误。

［12］嘉靖《邵武府志·王制》作“张所”。

［13］嘉靖《邵武府志·王制》作“工师受成算”。

［14］嘉靖《邵武府志·王制》作“如名藩雄镇之裕于力”。

［15］嘉靖《邵武府志·王制》作“略效其意作为此仓”。

［16］嘉靖《邵武府志·王制》作“公令徒设”。

［17］嘉靖《邵武府志·王制》作“亦饱食而嬉尔”。

［18］嘉靖《邵武府志·王制》作“稍迁盐筴筦库”。

［19］嘉靖《邵武府志·王制》作“当世法令”。

［20］弘治《兴化府志·礼纪》作“台花和雨坠”。

［21］弘治《兴化府志·礼纪》作“聊伴此僧闲”。

［22］《蔡忠惠公全集卷二》作“赤日正亭午”。

［23］弘治《兴化府志·礼纪》作“白云满地石台古”。

［24］《十闽名胜笺》作“兴来把笔题诗句”。

［25］《十闽名胜笺》作“烛龙醉卧不开眼”。

［26］《十闽名胜笺》作“怪石周遭横数鼓”。

［27］弘治《兴化府志·礼纪》及《十闽名胜笺》均作“况是秋风到此山”。

［28］《十闽名胜笺》作“惟有孤云时往还”。

［29］咸丰《朱文公全集·诗》作“投归聊一憩”。

［30］咸丰《朱文公全集·诗》作“名途定何事”。

［31］《十闽名胜笺》作“行行到虎溪”。

［32］《十闽名胜笺》作“都是知音者”。

［33］弘治《兴化府志·礼纪》作“四壁留珠玉”。

［34］弘治《兴化府志·礼纪》作“门挹南壶近”。

［35］弘治《兴化府志·礼纪》作“露草湿青袍”。

［36］《十闽名胜笺》作“坐我斗室下”。

［37］《十闽名胜笺》作“人事如此将奈何”。

［38］《十闽名胜笺》作“梵宇三间日月闲”。

［39］《十闽名胜笺》作“结社几人从慧远”。

［40］弘治《兴化府志·礼纪》题作“灵云岩”。

［41］弘治《兴化府志·礼纪》作“浦长源”。

［42］弘治《兴化府志·礼纪》作“怅望城西山”。

［43］弘治《兴化府志·礼纪》全句作“泉石癖成随意出”。

［44］弘治《兴化府志·礼纪》全首作:“悁悁幽怀几日开,偶因乘快一登台。白云深处停朱毂,迟尔可人来不来?”

［45］《十闽名胜笺》作“横经讲道倡莆中”。

［46］《十闽名胜笺》作“高林日暮鸟相唤”。

［47］弘治《兴化府志·礼纪》作“碧纱明月映苍苔”。

［48］弘治《兴化府志·礼纪》作“朝跻何岩头”。

［49］弘治《兴化府志·礼纪》作“平生尘迹不曾到”。

[50] 弘治《兴化府志·礼纪》作“蹑磴安知步履危”。

[51] 弘治《兴化府志·礼纪》作“中宵梦觉肌骨冷”。

[52] 弘治《兴化府志·礼纪》作“共向沧湾弄明月”。

[53] 弘治《兴化府志·礼纪》作“不见层峦与复岩”。

[54] 弘治《兴化府志·礼纪》及《十闽名胜笺》均作“花气薰成五色云”。

[55] 弘治《兴化府志·礼纪》及《十闽名胜笺》均作“明朝长啸拂衣归”。

[56] 弘治《兴化府志·礼纪》作“俾祇祠肄业异焉”。

[57] 弘治《兴化府志·礼纪》作“陈僎介百拜饮酒而落之”。

[58] 弘治《兴化府志·礼纪》作“黉舍”。

[59] 弘治《兴化府志·礼纪》作“垣壁轩楹之倾欹漶漫者，支补而赭垩之”。

[60] 弘治《兴化府志·礼纪》作“敬阶前列”。

[61] 弘治《兴化府志·礼纪》作“领袖班行”。

[62] 弘治《兴化府志·礼纪》作“安得人人皆壮而行之者乎”。

[63] 弘治《兴化府志·礼纪》作“衣缝冠章”。

[64] 弘治《兴化府志·礼纪》作“琢美鼎彝”。

[65] 疑有脱漏。弘治《兴化府志·礼纪》作:“昔杨厚归犍为，以黄老教人，门人犹为之立庙;严君平在蜀，以忠孝训俗，人亦为之立祠”。

[66] 弘治《兴化府志·礼纪》作“有旨赐祠牒五千”。

[67] 弘治《兴化府志·礼纪》作“朝家所赐”。

[68] 弘治《兴化府志·礼纪》作“夫敌无坚脆，有备者胜;国无大小，善守者全”。

[69] 弘治《兴化府志·礼纪》作“后之人”。

[70] 乾隆《福宁府志·地理》作“数间洞室石帡幪。我来整履层巅上，无数群田立下风”。

[71] 乾隆《福宁府志·地理》题作“霍林与僧夜谈”。

[72] 乾隆《福宁府志·地理》题作“题霍童山”。

[73] 乾隆《福宁府志·地理》作“云屏烟嶂锁苍苔”。

[74] 乾隆《福宁府志·地理》作“第一洞天过两回”。

[75] 乾隆《福宁府志·地理》作“桑田海水今如许，惹得朝猿暮鹤哀”。

[76] 乾隆《福宁府志·建置》两句作“庆历癸未迁城东南陬始有学，自

元祐庚午更新而葺之而堂宇始备”。

［77］乾隆《福宁府志·建置》“翼翼严严”下无此八字，而作“轮奂可观矣”。

［78］乾隆《福宁府志·建置》作“夫学校庠序古矣”。

［79］乾隆《福宁府志·建置》作“而世道与人心复不可问矣”。

［80］乾隆《福宁府志·建置》作“宁德邑学有祠以祀先贤旧矣”。

［81］乾隆《福宁府志·建置》作“前令李君泽民”。

［82］乾隆《福宁府志·建置》作“祀先进五人：坎翁张公翰、童溪王公宗传、拙斋高公颐、大著余公复、信斋杨公复”。

［83］乾隆《福宁府志·建置》作“今令徐梦发至”。

［84］乾隆《福宁府志·建置》作“谒予为记”。

［85］乾隆《福宁府志·建置》作“学也者所以去其蔽也”。

［86］乾隆《福宁府志·建置》作“孟子没千五百年”。

［87］乾隆《福宁府志·建置》作“天祚圣宋”。

［88］乾隆《福宁府志·建置》作“共肩斯道”。

［89］乾隆《福宁府志·建置》作“而几于德溥而化”。

［90］乾隆《福宁府志·建置》作“可谓能继颜、曾、思、孟之好学也”。

［91］乾隆《福宁府志·建置》作“能于游息之际，闻诸儒之绪论”。

［92］乾隆《福宁府志·建置》作“则必有悠然会于心者”。

［93］乾隆《福宁府志·建置》作“其谁与归”。

［94］乾隆《福宁府志·建置》作“此以科举言之也”。

［95］乾隆《福宁府志·建置》作“营营构之”。

［96］乾隆《福宁府志·建置》无“完”字。

［97］乾隆《福宁府志·建置》作“士类莫不闻风以兴焉”。

［98］乾隆《福宁府志·建置》作“曷与本原”。

八闽通志卷之八十五

拾　　遗

志所以志一方之事，凡可以裨益世教者无巨细皆可志也。闽为东南文献之邦，载籍所纪事迹甚伙，亦既以类相从而悉志之矣，其有不可以类分者不几于遗乎？夫天下之物稍可以资世用者，一有遗焉人必拾之以为用矣，况事关文献而可以裨益世教者其忍遗耶？乃志拾遗。

福州府

〔晋〕

郭璞《迁州记》："桑田为海，人事更改。六旬甲子，当见其害[1]。更重着衣，周回重载。郑国归朝，重关为待。鸟出木空，千载不昧。前有双眉，重施粉黛。溪涧水来，尽归于海。主辑其客，客住主在。稳首东日，高山镇寨。本自添金，因成右兑。但见蛇影[2]，莫知坐亥。事过方知，知而未会。龙山高山，光照其代。巧妇能裁，得令人爱。若解修心，得其终倍。市笼放火，聚集磊磊。有一老翁，手把竹筒。重添新宰。在言不在。铭曰：'太康之载，迁插瓯基。四色牢城，层峦三径。洪许南流，瑞龙地应。其主螺女，现对花峰。千载不杂。世代兴隆。诸邦万古，繁盛仁风。其城形状。如鸾似凤。势气盘拿，遇兵不馑，遇荒不掠，逢灾不染，其甲子满，废而复兴。”详见《三山旧志》。

太康三年，太守严高图越王山南之形势[3]以咨郭璞，璞曰：“方山秀拔于前，三山环峙于后，八百年后大盛。”又有谶曰：“中间岸兀创危亭[4]，八百年前兆此名。天降元精如汉佐，岳陶灵气似周臣。中坻不见客舠路[5]，古渡应无病涉人。好是褰裳待今日，罾浦坊中人挺生。”按《三山志》，尝有人得石刻于城南钓龙台，其文如此也。

〔唐〕

兴元元年，萧复为福建宣慰安抚使。

贞元四年四月，福建军乱，逐其观察使吴诜，大将郝诚谥自称“留后”。（上二事出《唐书》。）

陈通方，闽县人，贞元十年第四人及第，与相国王播同榜。时播年五十余。通方戏拊之曰：“王老王老奉赠一第。”言日暮途远同赠官也。播后入相，通方因之仕宦不达，竟以困踬而终。出《闽中记》。

元和四年，禁福建掠良民为奴婢者。出《唐书》。

陈彦博，字朝美，唐元和五年及第。初，梦至一公庭，帷幄荧煌，几榻上有尺牍，焕然若金字，主者曰：“比明年进士名，将奏之上帝。”彦博前观有三十二人，其名在焉。及榜出，果符前梦，官至信州贵溪令。

陈蜀，字文郁，唐乾符五年及第。初，梦神人谓曰：“当在山下水边及第。”至是，主司乃□澮者，岂非前兆乎。旧记乃下缺一字，疑“崔”字也。（上二事俱出《闽中记》。）

乾符五年十二月，黄巢陷福州。

景福二年五月，王潮陷福州，范晖死之。潮自称“留后”。是年建州刺史徐归范、汀州刺史钟全慕俱叛附于王潮。（上二事出《唐书》。）

初潮之未至也，闽人谣曰：“潮水来，岩头没；潮水去，矢口出。”其后潮入闽而观察使陈岩卒，及潮卒，而其弟审知代之，是其验也。

王审知身长七尺六寸，面紫色，方口，隆準。初潮之幽绪也，植剑于地，与众盟曰：“拜而倒者为帅。”至审知拜，剑跃而起，众遂推之。审知让潮，而己副焉。其营上常有紫气，识者曰：“此军中必有贵人。”既总府事，时四方窃据，或劝其建国，审知曰：“宁作开门节度使，不作闭门天子。”在位二十九年卒。

初王氏甃城日，陶砖者悉以钱文印其上。后城入钱氏，人以为先兆云。（上三事出《闽中记》。）

〔宋〕

雍熙二年七月[6]，遣使按问福建刑狱，仍察官吏勤惰以闻。

至道二年闰七月，诏福建民负人钱没入男女者还其家，故匿者有罪[7]。

四年，除民岁丁钱。

大中祥符四年七月，诏以两浙、福建、荆湖南北、广南东路六路尚循伪制，输丁身钱岁凡四十五万四百贯，民有子者或弃不养，或卖为童仆，或废为释老，悉除之。按蔡襄有札子奏免漳泉兴化军丁钱之事，盖引用上件诏令。

天圣二年[8]，诏禁福建巫觋挟邪术害人者。

六年，除福州民逋官庄钱十二万八千缗。（上六事出《宋史》。）

嘉祐五年二月，礼部贡院言准袷享赦书诸路、州、军解进士绝少处量增解额，内福建泉、南剑、漳、汀州、邵武、兴化军共增四十五人。出《仁宗实录》。时江浙、福建、川、广诸州、军共增解额一百三十五人。

永泰俗嗜屠牛，徐确为尉时禁止甚严。会令之子病，思啖牛心，屠者不敢违，已市一犊，且将鼓刀。犊逸，衔刀径趋尉治。确适在县厅，犊亦走庭下。确验问，为治屠者，送承天寺为长生牛。提点刑狱祖无颇刻石记其事。出《壶山集》。

元厚之平生嗜富贵，不喜处外，外补多觖望。及以给事中领长乐，亲旧祖道都门，勉以东闽盛府，百货所聚，永嘉之柑，乌石荔子，珍绝天下。绛下车作诗谢之云："丹荔黄柑北苑茶，劳君诱我向天涯。争如太液池边看，池北池南总是花。"出《名贤清话》。

福州泉州兴化军濒海，七八月多大风，俗云痴风，亦云飓风，其来风雨俱作，飞瓦拔木，甚者再宿乃止。食顷有风自南来，其势力盖盛，名为报风。出《遯斋闲览》。

盱江李觏，一日与处士陈烈同赴蔡君谟饮。时正春，营妓皆在后圃卖酒，君谟因命以佐饮，烈已不乐。酒行，众妓方歌，烈逾墙而遁，觏座上赋诗有"山鸟不知红粉乐，一声檀板便惊飞"之句。后烈闻之，遂投牒云："李觏本无士行，辄造宾筵，诋释氏为妖狐，指孟轲为非圣，按吾圣经云非圣人者无法，合依名教肆诸市朝。"君谟览牒，笑谓来者云:"传语先生,今后不复使弟子也。"出《道山清话》。

庆历六年十二月蔡襄知州日,作《太平圣惠方后序》,亲书于碑。其略曰:"太宗皇帝一平宇内,集古今名方与药石诊视之法,敕国医诠次,类分百卷,号曰《太平圣惠方》,诏颁州郡,传于吏民。州郡承之,大率严管籥[9],谨曝晾而已,吏民莫得与利焉。闽俗左医右巫,疾家依巫索祟,而过医门十才二三,故医之传益少。余治州之明年,议录旧所赐书以示于众。郡人何希彭者,通方伎之学,凡圣惠方有异域瓌怪难致之物,若食金石草木得不死之篇,一皆置之。酌其便于民用者,得方六千九十六[10]。希彭谨愿自守,为乡闾所信,因取其本誊载于板,列牙门之左右,所以尊圣主无穷之泽,又晓人以巫祝之谬,使之归经常之道,亦刺史之一职也。"其碑时在府宅堂之右。希彭家太平公辅坊,有墨宝轩藏蔡公真迹。

襄又作《五戒》,其一曰:观今之俗为父母者视己之子犹有厚薄,迨至娶妇,多令异食。贫者困于日给,其势不得不然,富者亦何为之?盖父母之心,不能均于诸子以至此,不可不戒。二曰:人子之孝本于养亲以顺其志,死生不违于礼,是孝诚之至也。观今之俗,贫富之家多是父母异财[11],兄弟分养,乃至纤悉无有不校。及其亡也,破产卖宅以为酒肴,设劳亲知与浮屠,以求冥福。原其为心,不在于亲,将以夸胜于世[12]。是不知为孝之本也,生则尽养,死不妄费[13]。三曰:兄弟之爱出于天性,少小相从,其心欢欣,岂有闲哉?后因娶妇[14],或至临财,憎恶一开,即成怨隙,至有兴诉讼、刑狱[15]至死而不息者,殊可哀也。盖由听妇言,贪财利,绝同胞之恩、友爱之情,遂及于此。四曰:娶妇欲以传嗣,岂为财也。观今之俗,娶妻不顾门户,直求资财,未有婚姻之家不为怨怒。原其由,盖婚礼之广靡费,已而校橐[16],朝索其一,暮索其二,姑辱其妇,夫虐其妻,求之不已,若不满意,至有割男女之爱,辄相弃背。习俗日久,不以为怪,此生民之大弊也[17]。五曰:凡人情莫不欲富,至于农人、百工、商贾之家,莫不昼夜营度,以求其利。然农人兼并,商贾欺谩,大率刻剥贫民,罔昧神理。譬如百虫聚居,强者食啖,曾不暂息,求而得之,广为施与,冀灭罪恶,其愚甚矣。今欲为福,孰若减刻剥之心,以宽贫民;去欺谩之行,以畏神理。为子孙之计,则亦久远,居乡党之间,则为良民[18]。其义至明,不可不志。

襄又作《山头斋会戒》曰:"使州体问自来风俗,被丧之家言,有靡用,破卖产业,置办酒食斋筵,名为孝行。至有亡殁之人,举家不敢哭临,先将田屋出账典卖,得人就头,商量打了定钱,方敢举殓。外拘人情,中抑哀毁,是不孝之人也。出殡之夕,邻里识与不识尽来吊问,恣食酒肉,包携归家,至使丧家费用无极。其于人情,邻里当有赠遗,以资丧家。慰吊之际,岂可恣食酒肉,以为宴乐?是无礼之人也。山头斋筵,僧俗之中,本非知识,斋食不足,每人散钱二百文,如有少缺,便即忿怒。送葬之礼虽出于古,岂有本无哀情,只趁斋食?丧家竭力,不给所求,此与乞丐何异?是无耻之人也。若不断绝,民间转见不易,礼义之日远[19]。右仰丧葬之家,丧夜,宾客不得置酒宴乐,山头不得广置斋筵聚会并分散钱物以充斋价。如有辄敢,罪在家长。并城外僧院不得与人办置山头斋,及坊虞侯耆长常切觉察。”

襄又作教民十六事：一、应有无徒辈欺诳[20]，是知州亲知于州县，打索关节，乞取财物，许人告[21]。二、市买卖物亏减价例，及不画时还钱，仰行人陈告。三、行人于诸官厅干当厨库公人及市买等处，每月若有行用钱物，罪在行人[22]。四、巡栏告税，不得擅入人家搜检税物，须申州取候指挥。五、市行见行铜钱[23]，如有夹杂砂腊新钱，许人告。六、银行辄造次银出卖，许人告捉。七、人户居停赌钱，本罪科断外，必定拆屋纳官。八、僧人不得止宿俗家。妇人不得听讲及非时入僧院。九、诸官除依条本厅并专辖处科决外，不得擅行决罚[24]。十、巡检使臣非承使州指挥，不得带甲领兵搜围人家，检索违禁物色。若窝藏强劫并杀人贼明有踪迹，许收捉。十一、诸县擅行科取修造，及诸色乡人敛掠人户钱物入己，许人陈理[25]。十二、在州坊虞候所由[26]并外县公人所受情弊，放散公事，不送州县，许人告。十三、推司、当直司并外县公人，因勘公事，广有所受，许人因事报覆。十四、诸坊只许管本地内争斗、火烛、奸盗、赌钱杀牛公事。十五、在城里外丧葬之家，丧夜不得置酒肉、宴乐，以亏孝道。山头不得广置斋筵，违者罪在家长。十六、士庶家不肖子弟盗卖家产，并转肩出利买客人货，贵买贱卖，如本人无钱，勒牙保人卖业填还。（上四事出《三山旧志》。）

庆历以前，福建厢军差在广南诸州屯驻及军回人数，比之去时，大半死损，蔡襄知福州，乞厢军屯驻广南系宣差者，只于比近军州节次那移对替，年岁计之，存救人命不可胜数。其后本军只差厢军于福州屯驻，合泉州、邵武军共一百五十人，今罢。又熙宁八年，以福建厢军驻泊邕州一千。候邕州招填澄海土兵替换五百人，令转运就整差拨替换。今后福建承例差赴广西屯戍，更不差拔。出曾师建记及长编。

蔡君谟知福州，以疾不视事者累日。每夜中即梦登鼓角楼，凭鼓而睡。通判有怪鼓角将累日不打三更者，因对："数夜有大蛇盘踞鼓上不敢近。"君谟既愈，与通判言所梦，正与鼓角将所说同。遂以君谟为蛇精。出《东斋记事》。

襄为闽漕日，禁绝蓄蛊甚严，凡破数百家，自后稍息。八年，仁宗阅福建奏狱，多以蛊毒杀人者，福建医工[27]林士元能以药下，遂诏录其方。又令太医集法方之善治蛊毒者为一篇，命参知政事杜履为序，颁之。嘉祐六年，郡守范师道乃牒诸县，各以其方雕板揭于县门云："应中蛊毒，不拘年代远近，先煮鸡子一枚，将银钗一只及熟鸡子纳口含之。待一饭久，取出钗及鸡子，俱黑色，是中毒也。可用一方：五倍子三两，木香、丁香各一十文[28]，甘草三寸，一半炮出火毒，一半生用，糯米二十粒，轻粉三分，硫黄末一钱重，麝香一十文，右八味入小沙瓶内，用水十分，同煎七分。候药面上生皱皮，是药熟。用绢滤去滓，取七分小碗通口服。须平旦仰卧，令头高，其药须三度上来，斗心即不得动。如吐出，则用桶盛之，若鱼脬类，乃是恶物。吐后用茶一盏以止。如泻亦不妨，泻后用白粥补。忌生冷、油腻、鲊酱。十日后，服后药，解毒丸三二丸补之，更服和气汤散，十余日平复。解毒丸者，如人中毒，十日以前，则此药可疗。五倍子半斤，甑中蒸炮令熟；丁香三两焙黄焦色；预知子半斤，一半蒸令熟，一半熔令黄色；木香三两，一半炮令黄色，一半焙过；麝香三文；甘草二两，一半炮黄色，一半生用；水银粉一盂子；朱砂一两细研为末。右件捣罗为细末，用陈米、烂饭为丸，如弹子大。用药时研令细，同酒一盏温服。”绍兴二年秋，连江、古田民有查佐等蓄蛊杀人[29]，其家来诉，张守为帅，依条断遣，仍榜十二县，委保正副结五家为保，互相觉察，知而不纠其罪与均。仍颁饬令赏格，散榜要处。出《三山旧志》。

蔡端明与屯田员外郎刘异约婚，厥后端明登禁从，而屯田既没，家益落。刘世为福州侯官人，端明出知福州，就寻前约，其家力以非偶为辞，端明曰：“古人挂剑尚有心许，吾与刘君气义相求，两家之好，虽在髫龄，媒聘未行，然一言岂可食耶？今其所不足者不过谓奁具尔。凡女家资遣乃悉自为治办。”遂使其子旬受室以归。出何紘所编《莆阳人物志》。

陈烈先生幼尝与蔡君谟同砚席，后君谟镇福唐，励精为郡，严肃吏治，毫发不容，合境大化。一日，先生往见焉，维舟庭下，闻公之严察不往谒，留诗曰：“溪山龙虎盘，溪水鼓角喧。中宵乡梦破，六月夜衾寒。风雨生残树，蛟螭喜怒澜。殷勤祝舟子，移棹过前滩。”庭吏录诗以呈公。公见，遽命以记谢过，曰：“先生既以诗诲之，不若耳提面教之也。”先生竟去，公为之少霁威。出《翰府名谈》。

重和元年，诏闽监司督责州县还集流民。

宣和三年八月，曲赦福建路。

靖康元年八月，福州军乱，杀其知州事柳廷俊。（上三事出《宋史》。）

叶梦得云，陈烈行怪多伪。蔡君谟母死，烈往吊，自其家匍匐而进，人问之，烈曰："此诗所谓凡民有丧，匍匐救之者也。"其所为类如此。出《石林燕语》。考之于史，王陶为福建提刑，亦尝诋烈贪诈，乞夺所受恩。司马温公为谏官，率同列力辩之，陶之说遂不行。以是观之，梦得之言盖亦陶之类耳。大抵流俗之见，善同恶异，君子之所为决非流俗之所能为也。流俗既不能为君子之所为，于是乎恶心生焉，恶心一生，则谤讪诋毁将无所不至矣。陶盖俗吏无足道者，而梦得以文雅名一时，其言亦如此，可怪也夫。

郑所南工写兰，不妄与人，邑宰求之不得，因胁以他事，所南怒曰："头可斫，兰不可得。"尝写一幅自题其上云："纯是君子，绝无小人。深山之中，以天为春。"又过齐子芳书塾题云："此世但除君父外，不曾别受一人恩。"又题寒菊云："御寒不籍冰为骨，去国自同金铸心。"其忠义之发于词章者多类此。出《连江县志》。

郑侠闻子侄诵《考槃》之义曰："弗谖者弗忘君之恶，弗过者弗过君之朝，弗告者弗告君以善，顾人之于君有惓惓之不忍也。故永矢以绝之。"侠叹曰："是何言欤？古之人在畎亩不忘君，况于贤者一不见用而忿戾若是哉。盖弗谖者弗忘君也，弗过者弗以为君过也，弗告者弗以告他人也。"其存心如此。出《福清县志》。

吴元美，字仲实，永福人，宋宣和六年进士，由太常寺簿出为福建宪司机宜文字，作《夏二子传》，其略云："天以商代夏，是以伊尹相汤伐桀而声其刻剥之罪。当是时，清商飙起，义气播扬，劲风四扫，宙宇清廓。夏告终于鸣条，二子之族无大小长少，皆望风殒灭，殆无遗类，天下之民始得安食酣饮而鼓舞于清世矣。”夏二子谓蚊蝇也。其乡人进士郑玮得之，持以告本路提点刑狱公事权福州孙汝翼，汝翼恶之，抵玮罪，玮怒，走行在，诉元美讥毁大臣。元美家有潜光亭、商隐堂，玮上秦桧启曰：“亭号潜光，盖有心于党李；堂名商隐，实无意于事秦。”他皆类此。桧进呈，上令有司究实取旨。法寺等言，元美指斥国家，讥毁大臣，法当死。上特宥之，除名容州编管，再谪南雄州以死。后五年，杨椿、洪遵等为言于朝，将旨官其子。出《永福县志》。嗟乎！方秦桧得政时，士大夫欲求速化者争奔走其门，炙手可热，玮谄媚倾险，小人之尤者，固无足道，而一时法寺亦希桧旨以陷害无辜，吁可畏哉。

欧阳文忠公曰：“唐之晚年诗人无复李杜豪放之格，然亦务以精意相高，如周朴者，构思尤艰，每有所得，必极其雕琢。故时人称朴诗月锻季炼，未及成篇，已播人口。其名重当时如此，而今不复传矣。余少时犹见其集，其句有云：‘风暖鸟声碎，日高花影重’。又云：‘晓来山雨闹，雨过杏花稀。’诚佳句也。”出《欧公诗话》，按《幕府燕谈》以“风暖鸟声碎，日高花影重”为杜荀鹤诗。欧公则以为周朴诗，必有所据。

建炎元年八月，遣使抚谕闽诸路及体访官吏贪廉、军民利病。

三年四月，诏减福建岁上供钱三之一。（上二事出《宋史》。）

郑首，字晋信，福清人。少年强记能文，年十九魁乡荐。朝廷新颁温公《通鉴》有鬻于门者，首一览辄能默识。

高宗南渡，大赦天下。首以赦书不文，别撰数语，遣弟子二百人驰宣于水南山下，躬效县官跪拜。又以乡人借地架屋，首戏答之曰："近来土地窄狭，无处可借。"遂为人告讦，有诏赐死。临刑之际，天雾酸黑，太史奏东南文星坠，上有旨赦之，而首已死矣。平生著述有《六经解》及《榕溪文集》行于世。出《福清县志》。呜呼！首虽有文才，而狂诞浮浅，自取夷戮，无足道者。志之以为世之轻俊者戒。

林仲嘉，福清人。留题长溪之虎溪曰："山阔青连海，溪长绿绕城。规模唐故郡，弦诵鲁诸生。"又曰："白日经檐短，风霜吹客衣。梅梢惊岁晚，沙际有春归。"其所作多类此。出《福清县志》。

绍兴元年六月[30]，禁福建转运司抑民出助军钱。

二年四月[31]，释福建诸州杂犯罪以下囚。是月，赐福建宣抚司赏军钱十万缗。七月，悉蠲福建诸州被兵之家田税。八月，赈福建饥民。是月，遣监察御史明橐等五人，宣谕江浙、湖广、福建诸路，仍降诏谕官吏以遣使按察、劝惩、诛赏之意。

五年五月，减福建贡茶岁额之半[32]。八月，蠲福建州军借拨常平钱米。十二月，赈福建饥民[33]，命监司、帅臣分选僚属及提举常平官躬行检察。

六年四月，命福建安抚司发水军讨海贼郑庆。

十年五月，以福建、广东盗起，命两路监司出境共讨。

十四年六月，赈福建被水之民。

二十四年八月，罢福建贡荔枝。

二十五年，禁闽浙川广贡真珠文犀。

二十六年，蠲闽浙诸州岁供军器所物料三之一，减诸工匠千人[34]。

二十七年，减福建盐铁钱岁八万缗。

乾道四年二月，罢福建路卖钞盐，蠲转运司岁发钞盐十五万缗[35]。（上十七事出《宋史》。）

魏几，字天随，福清人，少师事艾轩。尝赋《丹霞夹明月》诗，有“半白在梨花”之句，人以“半白梨花郎”目之。后潜德无耀，其昆仲有雪堂、天游，亦名士也。

黄直卿与李道传字贯之，隆州井研人。书云：“向来同学之士今凋零殆尽，闽中则潘谦之、柄，三山人。杨志仁、复，福安人。一林正卿、学蒙。一林子武、夔孙。（俱三山人。）李守约、闳祖。李公晦；方子。（俱邵武人。）江西则甘吉父、节。黄去私、张元德；洽。江东则李敬子、燔。胡伯量、泳。蔡元思；浙中则黄味道、贺孙。潘子善、时举。黄子洪，士毅，其先莆田人。大约不过此数人。年来得尊兄并大府陈寺丞宓，莆田人。相与接续，尤觉此道之不孤也。”出《勉斋文集》。愚桉文公高弟因此书可以考见其一二，故录之。

浦舍人初至闽时，往见林子羽，子羽不出，使二玄问所为来，浦舍人乃书《送人之荆门》一诗投之曰：“以此相评耳。”二玄读至“云边路绕巴山色，树里河流汉水声”，大喜曰：“此吾家诗也。”遂以白子羽，子羽始出，相见甚欢，因流连久之，盖多所唱和，浦舍人之诗名于是大噪。士伸于知己，屈于不知己，此固其理欤。出刘钦谟《岳台集》。浦舍人，名源，字长源，吴人。二玄谓周又玄、黄玄之也。

薛弼绍兴中帅福州，议门外夹道榕木，鹭巢其上，弼欲尽伐之。是夜参议曾悟梦介胄者恳云：“府主恶鹭秽，可去之。”明日大雨，鹭群悉空。出《大明一统志》。

海寇郑广陆梁莆、福间，帆驶兵犀，云合亡命，无不一当百，官军莫能制，自号滚海蛟。有诏勿捕，命以官，使主福之延祥兵，以徼南溟。延祥隶帅阃，广旦望趋府，群僚以其故所为，遍宾次无与立谈者。广郁郁弗言。一日，晨入，未衙，群僚偶语风檐，或及诗句，广矍然起于坐曰：“郑广粗人，欲有拙诗白之诸官，可乎？”众属耳，乃长吟曰：“郑广有诗上众官，文武看来总一般。众官做官却做贼，郑广做贼却做官。”满座惭噱。章以初好诵此诗，每曰：“今天下士大夫愧郑广者多矣，吾侪可不知自警乎？”出《桯史》。

郑性之丞相府清风堂石阶上有卧尸迹，天阴时尤显[38]。盖其当宋季以暮年登科，未几拜相，时侵渔百姓至夺其屋庐以广第宅，有被逼抑者遂自杀于此。见《南村辍耕录》。

黑虎，王医师者继先之别名也，富甲一郡。世业医，其大父居京师以黑虎丹自名，因号“黑虎王家”。及继先幸于高宗，积官留后，通国称为医师。初，秦桧擅权而未张，颇赂上左右以固宠，继先实表里之。当其盛时势焰与桧等。诸子至列筵阁，金紫盈门，揜顾赇宠[37]，攘市便腴，抑民子女为妾侍，罪不可胜纪。而依凭城社，中外不敢拟者三十年。绍兴三十一年，蜀人杜莘老欲击之而未发。会边衅启，继先首辇重宝为南遁计，都城为之骚然，上闻之不乐，刘锜帅京口，请以先发制人之策，决用兵，上意犹隐忍不决，但欲以兵应。继先素怯，犹幸和议之坚以窃安，因间言于上曰：“边鄙本无事，盖新进用主兵官，好作弗靖，欲邀功耳。各斩一二人，和可复固。”上不答，徐谓侍貂曰：“是欲我斩刘锜耶？”莘老遂上疏列其十罪。初进读，帝犹拂然，莘老扣榻曰：“臣以执法事陛下，不能去一医，死不敢退。”犹未许。因密言：“外议谓继先以左道幸，恐谤议从起，臣且不忍听。”上始变色首肯。诏继先居于福，子孙勒停都城，田宅皆没官，奴婢之强鬻者从便。令下，中外大悦。继先以先事闻诏，多藏远徙，虽籍不害其富也。迄今其故居华栋连甍，犹号巨室。一传而子弟荡析，至不能家，或者谓其致不以道，宜于厚亡。

胡铨乞斩秦桧，窜新州，一时士大夫畏罪钳舌，莫敢与立谈，独王卢溪廷珪诗而送之。桧怒，坐以讪谤，流夜郎。又有朝士陈刚中、三山寓公张仲宗亦以作启与词为饯而得罪，时论韪之。（上二事出《桯史》。）

宝祐六年七月，诏前福建漕臣高斯得已夺职镌官，其赃百余万严限征偿，以惩贪吏。

德祐二年正月，福建路马军总管沈世隆降于元。八月，以王积翁为福建提刑招捕使兼知南剑州备御上三郡。九月，元阿剌罕寇建宁府，执守臣赵崇饥。积翁弃城去，走行都，遣人纳款于元。十一月，元军寇福州，积翁为内应，遂与知州王刚中以城降。元军引还，留潜悦友为福州宣慰使，积翁副之。淮兵在福州者谋杀积翁以应张世杰，事觉，为积翁所杀。祥兴元年，元延海经略司左副都元帅刘深言积翁既已降附，复通谋于张世杰，心怀两端。积翁亦上言兵力单弱，若不暂从，恐为阖郡生灵之患。元主原其罪。

祥兴元年三月，元以蒙古带唆都、蒲寿庚行中书省事于福州，镇抚濒海诸郡。（上三事出《宋史》。）

〔元〕

至元十七年，唆都部下顾总管聚党于海道劫夺商货，范文虎招降之。

十八年十二月，获福州叛贼林天成，戮于市。免福州路今年税二分，十八年以前租税俱免征。

二十年，免福建归附后未征苗税。

二十九年八月，福建行省参政魏天祐献计，发民一万凿山炼银，岁得万五千两。天祐赋民钞市银输官，而私其一百七十锭，台臣请追其赃而罢炼银事，从之。

三十年正月，敕福建毋进鹘。七月，诏免福建岁输皮货及泉州织作纻丝。

至顺二年，立福建道广教总管府从掌僧尼之政，秩正三品。府设达鲁花赤总管、同知府事、判官各一员，宣政院选流内官拟注以闻，总管则僧为之。

至正十八年八月，江浙行省平章政事三旦八遁于福建。先是，三旦八讨饶州，贪财玩寇，久而无功，遂妄称迁职福建行省，至福建，为廉访佥事般若帖木儿所劾，拘之兴化路。

二十二年五月，泉州赛甫丁据福州路，福建行省平章政事燕只不花击败之，余众航海，还据泉州。

二十七年，大明兵由海道取福州，守臣平章政事曲出遁，行宣政院使朵耳死之。（上十事出《元史》。）

邵京实，字仲坚，闽县人，务学而尚隐。国初名流若叶钺、林玉、钟耆德、钟明德、任宗仁、林延孙、吴忠皆为道谊交，有过从即相与唱和为乐。词皆清雅，为一时乡邦之所推重。惜其遗稿皆散逸弗传，惟明德为京实所题《山居十六咏》仅存，今录三、二首以附于篇，其他亦可概见矣。《山屏秋月》诗有云："浩歌起舞不成眠，清寒入骨疑欲仙。山风吹夜露华滴，一声孤鹤秋连天。"《赤石暮霞》诗有云："岩前昔日仙人家，仙人结庐炼丹砂。火光照石石为赤，只今暮暮流云霞。"《巫顶飞云》诗云："白云飞去山色深，白云飞归山色阴，时来时去自今古，山亦无语云无心。有人结庐占巫顶，白石支头卧云影，清宵云起随飞龙，行雨归来人未醒。"出《福州府新志》。

乡饮酒礼，古宾兴贤能，察其德行道艺，后世因之用为养老尊贤之礼，而推有齿德者获与焉。又后更益以有官而致仕者。要之，亦须有德有艺者也。高皇帝《大诰》颁行乡饮，以为移风易俗之本，言则古昔称先王，上自府县，下至乡都，敕令奉行惟谨。或者昧于风化，谩不加省，一切委之儒学，递委诸生，因循苟简，遂致贤愚不辨，齿爵无分。其于宾主百拜之礼，王道易易不知为何说也。往年，闽郑珞守宁波，岁乡饮必选诸列邑中齿德尊者为宾，特以定海陈端礼先生为之。陈固介特者也，仅一行，而次年礼虽有加，陈坚却不赴。若郑可谓知体，而陈信非泛然刍豢者矣。主宾不苟，其于风化有足裨哉。出《杭州志》。

建宁府

〔南唐〕

张、陈二将者，闽太傅章氏之爱将也。后奔南唐。南唐主命查文徽征闽，以二将为副，屯军于五夫里。有吴翁者善卜，二将召翁占之曰吉。未几王延政降，二将同文徽归。复次五夫。因召翁与语，赉遗甚厚，翁辞焉。二将曰："不意有大贤居此。"因名其山曰"居贤"。谓翁曰："吾欲弃人间事与翁为林泉交，可乎？"翁乃为大将卜居隐仙岩之旁，今曰"大将村"，为小将卜居于贤山之侧，今曰"小将村"，其驻马之地曰"马鞍山"，埋鼓角之地曰"鼓角峰"，藏刀剑之地曰"剑山"，弃旗鼓之地曰"鼓亭"。一日，文徽辞二将，饯之于鹅山之阳。文徽顾岩石奇磊，登岩长啸，声出金石，后人因名其岩曰"将军"。二将从翁学长生久视之道，皆百余岁而卒。绍兴间邑人张岗为记。出《崇安县志》。

〔宋〕

陈升之，建阳三桂里人。将生，母荆国夫人尝闻排榻有声者累日，索之无所见。既产升之，其声遂辍。得大蛇蜕于蓐下，鳞甲首尾俱备，惟腹下脱一鳞。升之既长，腹亦有一鳞，可磨指甲。仕宋，封秀国公。出本志。

章子厚初生时，父母欲不育，浸于水盆，后复育之。长工诗文，为时所重。出守湖州，尝以诗寄东坡，坡用其韵和二首云："方丈仙人出渺茫，高情犹爱水云乡。功名谁使连三捷，身世何缘得两忘？早岁归休心共在，他年相见话偏长。只应未报君恩重，清梦时时到玉堂。""绛阙云台总有名，应须极贵又长生。鼎中龙虎黄金贱，松下龟蛇绿骨轻。霅水未浑缨可濯，弁峰初见眼应明。两卮春酒真堪羡，独占人间分外荣。"此二诗甚佳，前诗言其出渺茫而终贵显，后诗言其好炉火而饵茯苓，皆善谑也。子厚得诗不乐数日。出《菊坡丛话》。

章才邵性喜赋诗，尝题《严子陵钓台》，有云："短棹夷犹千里滩，人亡依旧水光寒。汉家名节君知否？尽在先生一钓竿。"时以为佳作。出本志。

京师景德寺僧房壁题云："明月斜，秋风冷，今夜故人来不来，教人立尽梧桐影。"世传乃回仙所作。及柳耆卿作倾杯词云："愁绪终难整，又立尽梧桐碎影。"盖用前语也。耆卿一夕忽梦妇人来谢，云："妾非今世人，尝作一词，数百年无人称道，公能用之。"梦觉，因记其事。出《古今词话》。

范镗至宏甫，尝被酒自邑归，寝于溪桥上，夜半微醒，闻有言者云："学士在此。"后镗果官至龙图阁学士云。

陈蒙正《送退斋东归序》有云："孔子，天之孝子也；朱子，孔子之孝子也。孝子者，以父母之心为心者也。世之学者能以尽己为学，而又能推己及人，则可谓孝朱子者矣。退斋熊先生之言曰：'斯道也，何道也？全体大用之道也。'管、商权谲，无体之用也，佛老虚无，无用之体也，以是观之，则先生所自得者微矣，其孝于朱子者欤？"（上二事出本志。）

胡寅夫人翁氏，密州司户揆之女也。生之前一夕，其祖殿撰，梦有通谒者曰："吾婺女星也，当生君家。"翌日而翁氏生，红光满室，殿撰曰："此必清贵而寿者也。"长归于寅以妇德闻。见元孙者三，累封太原宁郡太夫人。出《胡氏内传》。

建守陈觉民《过武夷》诗："升真洞口接天门[40]，灵草丹桃日日春。听说列仙来瑞世，三朝德业在斯民。”盖章圣出自武夷神考，哲庙亦武夷君应世，故此有三朝德业之句。出《方舆胜览》。

熊博，兵部尚书秘之子也，为建州刺史，寓治建阳，尝乘舟江上，见山岩崩啮处有棺将坠，博使人往视之，则有铭焉。其辞曰：“筮卦吉，龟卦凶，三十年后洪水冲。欲陷不陷被藤缚，欲落不落被沙阁。五百年后遇熊博。”博感叹，为移葬他里。中有《八诔》诗，其一曰：“唱义扶唐室，同时此握兵。风高雁行失，遗像凛如生。”博后仕至工部尚书。出本志。

杨亿之初生也，母章氏梦羽衣人自言武夷仙托化。既诞，则一鹤雏也，尽室惊骇，贮而弃之江。其叔父曰：“吾闻间世之人，其生必异，如姜嫄有弃，简狄有契。”乃追至江滨，开视之，鹤已蜕而婴儿具焉。体犹有紫毳尺余，既月乃落。出《浦城县志》。

蔡元定贬道州，疾革，俄有星若大石坠于牖间。顷之，元定遂逝。后数月，所寓之邻曰何八公者，梦元定云：“汝可别赁屋，我居此间不便，将为都护所据矣。”逾旬，果有新任都监来僦居焉。又一日，州人欧阳春梦元定曰：“汝为我雇六七仆能轿者，我得旨许归葬。”春异之，往郡中问焉，则归葬之命已下矣。

刘珙少时尝谒梦于大乾惠应祠，梦金牌上有“曲巷勒回风”五字，未晓所以。迨登第，除诸王官教。一夕，上幸宫邸，问诸王何业，珙答以属对，时月照窗隙，上曰：“可令对‘斜窗拗明月’。”诸王方思索间，珙遽以“曲巷勒回风”对，上曰：“此神语也。”(上二事出本志。)

世言团茶始于丁晋公，前此未有也。庆历中，蔡君谟为福建漕，更制小团以充岁贡。元丰初，下建州，又制密云龙以献，其品高于小团，而制益精矣。曾文昭所谓“莆阳学士蓬莱仙，制成月团飞上天”，又云“密云新样尤可喜，名出元丰圣天子”是也。出《韵语阳秋》。论者谓君谟学行、政事高一世，独贡茶一事，比于宦官宫妾之爱君，而闽人岁劳费于茶，殆未有穷已，是亦所谓君子而未仁者。故虽一事之失而众善不能掩之云。出吴源《莆阳名公事述》。

故老相传建阳县南兴上里山谷中水极清洌，尝产白蟹，有直行之异。遇岁旱，乡人入谷，以盆贮之，迎而归，即雨。

翁迈年十三为本郡举首，邑宰欧阳竦欲试其能，俾之联对云：“笋出攒赞天。”迈即答云：“蕈生钉钉地。”人以为奇对。郡守元晾易其幼而不礼，且扣之曰：“小解元所读何书？”答曰：“无书不读，日下所讲者《诗》之《相鼠》耳。”守虽知其讥。□□□□能文，逮宴鹿鸣，复命小妓就之觅诗，迈即戏题云：“□東十三四，娇羞懒举头。你心还似我，全未识风流。”守大称赏。

咸溪童铸□□□人一白一花，共出一母，性狡狯，善知人意。后□□□目俱盲，弗能进牢而食。主家作草窝卧于檐□，□□日衔饭吐而饲之。夜则卧于其旁。白者既死，主□之□于门前山麓间，花者朝夕往埋所，绕数匝□□泣状，卧其旁，少顷始返。（上三事出本志。）

建炎二年九月，建州军校张员等作乱，执守臣张动，转运使毛登为其所杀，判官曹仔婴城自守[39]。二年五月，转运判官谢如意执员等六人诛之。是年六月，建州卒叶侬等作乱，寇福州陷之。七月，入宁德县，复还建州。命御营中军统制张俊同两浙提点刑狱赵哲率兵讨之。十二月，哲大破侬兵于建州城下，浓遁而降，复谋为变，张俊擒斩之。

三年四月，以韩世忠为江浙制置使讨苗傅、刘正彦于浦城县，获正彦，傅遁走，其裨将江池杀翊苗降于周望。傅走建阳县。土豪詹标执之以献。

四年三月，宣抚司节制军马李允文部兵至鄂州，御营前军将杨勍叛，由浙入闽。六月，勍等焚建州。七月，勍受刘光世招安，寻复叛去，迫泉州。

是月，建州民范汝为作乱，命统制李捧收捕，复命福建安抚使程迈会兵讨之。捧击汝为于建州，官军皆溃，捧遁去。十月，遣前御史台检法官谢向招汝为。十月，复命神武副军都统制辛企宗讨之。十二月，汝为降，诏补民兵统领。绍兴元年正月，向率汝为讨平建阳贼刘时举。二月，以企宗为福建制置使，诏企宗及向罢遣汝为兵，汝为不听命。六月，崇安民廖公昭合汝为余党熊志守作乱。众既散，志宁复与建阳民丁朝佐合兵陷二县。八月，遣企宗移军福州，讨志宁及胡江等诸贼，寻遣御史胡世将督捕。十月，汝为复叛入建州。守臣王浚民弃城走，企宗退屯福州。汝为犯邵武，守臣吴必明、统制李山率兵拒之，众溃，退保光泽县。十一月，以孟庚为福建江西荆湖宣抚使，神武右军都统制韩世忠副之。是月，汝为犯光泽县，李山走信州。十二月，汝为遣叶澈寇南剑州，守臣张觷拒战，大破之。企宗罢，仍追三官，率兵赴军前自效。二年正月，韩世忠围建州拔之，汝为自焚死，斩其二弟，余党悉平。二月，以施逵、谢向、陆棠党汝为，逵除名婺州编管，向、棠械赴行在，俱道死。出《宋史》。按《朱文公语录》，施逵后改名宜生，与欧阳颖士、吴宋俱善文章，多材艺，或已登科。颖士及宗，时亦从贼。棠，龟山先生子婿也，为士人时极端重，似有德器者，向亦有乡誉，俱不获，已从贼。又按岳珂《桯史》，宜生后逃入北虏，仕至翰林侍讲学士。详见《邵武府拾遗志》。

绍兴元年六月，蠲建、剑、汀州、邵武军租。

四年七月，罢建州茶蜡。

二十年六月，建州民张大一作乱。（上八事出《宋史》。）

王纯，字长肱，福州人，绍兴二十六年知崇安县事，凡事覆案发之若神，吏惮其严。一日，食炊饼未半，亟入宅堂，仆地而卒。后二日，有小婢忽狂言，举止言语与纯无异，踞榻而坐，呼小吏招丞簿及尉。既至，录事吏亦来，命左右杖之，曰："杀我者此人也，吾数日前尝面数其罪，彼惧，乃赂庖者，置毒饼中，食其半方觉，亟归，未及语妻子而绝，幸为启棺视之。"吏遽服，并庖者送于府，以正其罪。邑人祀之。出《崇安县志》。

乾道四年，建宁府饥民啸聚，遣官措置赈济。

端平元年四月[40]，建阳县盗发，众数千人，焚劫邵武、麻沙、长平。诏殿司选精锐千人，命统制娄拱、统领杨辛讨捕之。七月，权邵武军王埜以平建阳寇有功，官两转，余推赏有差。

景定五年九月，建宁府教授谢枋得校文宣城及建康漕闱，发策十余问，言权奸误国，赵氏必亡。左司谏舒有开劾其怨望腾谤大不敬，窜兴国军。

德祐元年，贾似道谪建州居住，翁合上言："建宁实朱熹讲道之阙里，虽三尺童子亦知向，方闻似道名咸欲呕唾，况见其面乎？乞远投荒昧，以御魑魅。"遂责授高州团练副使，循州安置。籍其家，遣使监押之贬所。会稽县尉郑虎臣以其父尝为似道所配，欲报之，忻然请行。似道时寓建宁之开元寺，侍妾尚数十人，虎臣至，悉屏去，撤轿盖，暴行秋日中，令舁轿夫唱杭州歌谑之。每名斥似道，窘辱备至。舟次南剑州黯淡滩，虎臣曰："水清甚何不死于此？"似道曰："太皇许我不死，候有诏即死。"一日，入古寺，壁上有吴潜南行所题字，虎臣呼似道曰："吴丞相何以至此？"似道惭不能对。至泉州洛阳桥，遇叶李自漳州放还，李赋词赠之，似道俯首谢焉。十月，至漳州木绵庵，虎臣曰："吾为天下杀似道，虽死何憾。"遂拘其子与妾别馆，即厕上拉其胸杀之。陈宜中至福州，捕虎臣，毙于狱。

二年九月，元福建宣慰使行征南都元帅唆都，遣招讨使百家奴丁广取建宁之崇安等县及南剑州。（上五事出《宋史》。）

蒋粹翁，政和人，宋季为太学生。元混一天下，遂归隐于满月山。尝言其先世家九峰山下，畜一牝马。舍侧有龙潭，马入浴其中，龙与之媾而生驹焉，龙首马身，状如负河图者。有父老语先人曰："昔仲尼笔削六经而麒麟出，今晦翁表章四书而龙马生，圣人之瑞也。"先人闻之甚喜，尤谨刍秣。后牧于山林，竟失所在。出本志。

〔元〕

至元二十年七月，蠲建宁路至元十七年以前未纳苗税。十月，建宁路官军总管黄华叛，众几十万，号“头陀军”。伪称宋祥兴五年，犯崇安、浦城等县，围建宁府。诏卜邻吉带、史弼等将兵二万二千人讨之。二十一年正月，华自杀。

二十六年十一月，建宁贼黄华弟福结、陆广、马胜复谋乱，事觉皆论诛。

延祐四年，建宁等处流民群聚，持兵抄掠，敕所在有司：“其伤人及盗者罪之，余并给粮遣归。”

至正二十八年正月，大明兵取建宁、延平二路，陈友定被执。（上五事出《元史》。）

校　注

[1]《三山志·谣谶》作“当其有害”。

[2]《三山志·谣谶》作“但见蛇形”。

[3]《三山志·谣谶》作“图越王山南之西势”。

[4]《三山志·土俗》作“石间崒兀创危亭”。

[5]《三山志·土俗》作“中坻不见客船路”。

[6]《宋史·太宗纪二》作“雍熙二年八月”。

[7]《宋史·太宗纪二》作“敢匿者有罪”。

[8]《宋史·仁宗纪一》作“天圣元年十一月”。

[9]《三山志·土俗》作“大率严管钥”。

[10]《三山志·土俗》作“得方六千九十”。

[11]《蔡忠惠公集·五戒》作“贫富之家多于父母异财”。

[12]《蔡忠惠公集·五戒》作“将以夸胜于人”。

[13]《蔡忠惠公集·五戒》作“是不知为孝之本也，生则尽养，死不妄费，如此岂不善乎”。

［14］《蔡忠惠公集·五戒》作“迨因娶妇”。

［15］《蔡忠惠公集·五戒》作“至有兴诉讼、冒刑狱”。

［16］《蔡忠惠公集·五戒》作“已而校奁橐”。

［17］《蔡忠惠公集·五戒》作“此生民之大弊,人行最要者也”。

［18］《蔡忠惠公集·五戒》作“居乡党之间,则为良善”。

［19］《三山志·土俗》作“礼义之欲,安之日远”。

［20］《三山志·土俗》作“应有无图辈欺诳”。

［21］《三山志·土俗》作“打筑关节……许人陈追”。

［22］《三山志·土俗》作“每月若有行用钱物,须申州取候指挥”。

［23］《三山志·土俗》作“行见用铜钱”。

［24］《三山志·土俗》作“不得擅行赏罚”。

［25］《三山志·土俗》作“诸县擅行科配修造……仰人陈理”。

［26］《三山志·土俗》作“在州坊虞侯所田”。

［27］《三山志·土俗》作“福州医工”。

［28］本志“木香、丁香各一十文”不作“甘草三寸……”而《三山志·土俗》在“木香、丁香各一十文”下作“硫黄米一钱重,麝香一十文”,两者未知孰是,予以并列。

［29］《三山志·土俗》作“古田民有查伍等蓄蛊杀人”。

［30］《宋史·高宗纪三》作“绍兴元年九月”。

［31］《宋史·高宗纪四》作“绍兴二年闰四月”。

［32］《宋史·高宗纪五》作“绍兴五年六月减福建贡茶岁额之半”。

［33］《宋史·高宗纪五》作“绍兴六年正月赈福建饥民”。

［34］《宋史·高宗纪八》作“减诸州工匠千人”。

［35］《宋史·孝宗纪二》作“蠲转运司岁发钞盐钱十五万缗”。

［36］《南村辍耕录·清风堂尸迹》作“天阴雨时迹尤显”。

［37］《桯史·黑虎王医师》作“揜顾赇谢”。

［38］《方舆胜览·建宁府武夷山》载陈觉民《过武夷》诗作“昇真洞口援天门”。

［39］《宋史·高宗纪一》作“执守臣张动、转运使毛奎、判官曹仔为所杀”。

［40］《宋史·理宗纪一》作“端平元年五月”。

八闽通志卷之八十六

拾　　遗

泉州府

〔唐〕

紫极宫寿星殿前有古桧一株，围一丈六尺，高七丈余，枝如虬龙，香叶荫郁如幄。旧志云：晋时植，旁有石刻“晋朝桧”三字。许弥安《晋桧行》：“紫极宫中晋朝桧，故老语我今千年。根盘厚地龙蛇走，干薄霄汉星斗悬。玄冬飞雪断人迹，贞姿不改平时妍。虬枝香叶翠如幄，一子不落含苍烟。胡为大厦构梁栋？如此大材能弃捐。伊昔晋朝纷乱日，衣冠南渡依江壖。风流王谢更幻化，肝胆铁石兹挺然[1]。”出本志。

始，泉州杨廷式，字宪臣，唐末明经升第，为京官，求太常博士，及除太子舍人，恚怒，将诘责宰相。翁承赞为同里人，闻之，曰：“吾进士及第宏词登科，求一直馆学士不可得，廷式何人，敢望太常博士？”贻书贺之。廷式亦悟，曰：“黄逋村中何尝有太子舍人？”乃受命。廷式既避乱南归，颇能以清苦名节自立云。详见《十国纪年》。

陈洪进据漳、泉二州，有沙门行云者谓人曰：“陈氏当有五侯之象。去此五年后，有戎马千万众，前歌后舞入此城，喜而不怒。”泉人闻之，疑洪进所管二州，何以容五侯？当克汀、建以自益耳。后洪进入朝，献其地，改镇徐州；文颢，通州团练使；文顗、文顼、文显三人并受诸州刺史。王师入城，作箾鼓为乐，悉如其言。出本志。

南安县刘店马铺之西有刘王墓，即广州伪汉刘龑之祖葬于此。盖龑祖安仁自上蔡徙闽中，商贾南海，因家焉。出《清源志》。

陈洪进在泉州日，方昼，有苍鹤翔集内斋前，引吭向洪进。洪进视之，有鱼鲠其喉，即以手探取之，鱼犹活。鹤驯扰斋中数日而后去，人皆异之。出《宋史》。

〔宋〕

太平兴国八年三月，金部员外郎奚屿言奉诏相度泉、福、建、剑、汀州、邵武、兴化军盐货，请许通商，官为置场厅，商旅以金银钱帛博买，每斤为钱二十五文，可省盘盐脚钱，复免散失。从之。出《宋朝会要》。是年四月，宋太宗尝览福建版籍，谓宰相曰：“陈洪进只以漳、泉二州赡数万众，无名科敛，民所不堪[2]，比朝廷悉已蠲削，民皆感恩，朕亦不觉自喜。”出《续长编》。

南安县有黄龙江，相传有黄龙见于溪南，而曾楚公曾为进士第二。乾道四年，龙复见，石起宗亦为第二。出《方舆胜览》。

皇祐三年十一月减泉州、漳州、兴化军丁米。出《宋史》。

按《宋史》，谓江公望尝编管南安军，即今江西南安府是也,《泉州志》遂误以公望为编管南安县。又见公望所作《多暇亭记》有云:“东山之中,有西蜀隐者居焉,危坐不寐二十年。”遂以西蜀隐者亦载于《泉州仙释志》,今考之《大明一统志》,载公望于《南安府流寓志》,而所谓东山者,亦南安府之山也。则公望与西蜀隐者,俱未尝至泉州明矣。新增。

韩魏公生于州治,陈了翁两随侍来守郡,二名贤生长于此,此郡人所喜谈者。出《方舆胜览》。

仁宗朝,蔡君谟以便养知泉州,架洛阳桥。先是,君谟为闽部使者,夹道种松,以蔽歊毒,闽人即桥旁作堂以祠之。又作诗二章,俾歌以祀公。一曰《道边松》:“大义渡至漳泉东,问谁植之我蔡公。岁久广荫如云浓,甘棠蔽芾安可同?委蛇夭矫腾苍龙,行人六月不知暑,千古万古长清风。”一曰《洛阳桥》:“一望五里排琨瑶,行人不忧沧海潮。冲冲往来乘仙飙,蔡公作成去还朝。玉虹依旧横青霄,考之溱洧功何辽,千古万古无倾摇。”出《方舆胜览》。

绍兴四年十月,后宫自温州泛海如泉州。

端平元年六月,诏蠲泉、漳、兴化三州丁米钱。

德祐二年二月,元伯颜遣不周青招泉州蒲寿庚、寿宬兄弟。景炎二年三月,漳、泉二郡蒲寿庚、印得傅、李珏、李公度及建宁府通判郭缵皆以城降,行中书省承制,以福、泉、汀、漳、剑、建宁、邵武、兴化诸郡降官各治其郡。

德祐二年十一月,元兵寇闽,陈宜中、张世杰奉帝航海至泉州。招抚使蒲寿庚来谒,请驻跸,世杰不可。初,寿庚提举泉州舶司,擅蕃舶利者三十年。或劝世杰留寿庚，凡海舶不令自随。世杰不从，纵之归。继而舟不足，乃掠其舟，并没其资，寿庚乃怒，杀诸宗室及士大夫与淮兵之在泉者。帝移潮州。十二月，寿庚及知州田贞子以城降于元。七月，张世杰以元军既退，自将淮兵讨寿庚。时汀、漳诸路剧盗陈吊眼及许夫人所统诸峒畲军皆会，兵势稍振。寿庚闭城自守。世杰遂传檄诸路，陈瓒起家丁民义五百人应之。世杰使谢洪永进攻泉州南门不利，寿庚复阴赂畲军攻城不力，得间道求救于唆都。九月，唆都来援，世杰遂解围还。（上四事出《宋史》。）

宋季，益、广二王从福州行都航海幸泉州，驻跸港口。守臣蒲寿庚拒城不纳。寿庚武人寡谋，其计皆出于兄寿宬所筹画。部署决策既定，佯著黄冠野服，归隐山中，自称处士，示不臣二姓之意，而密俾寿庚以蜡丸裹降表，命善水者由水门潜出，纳款于唆都。既而元以寿庚归附之功，授官平章，开平海省于泉州，富贵冠一时。寿宬亦居甲第。忽二书生踵门，自云从潮州来求谒处士。阍人以处士方昼寝弗为白，书生曰："愿得纸笔书姓名，俟觉，敢烦一投，幸甚！"阍人乃遗以纸笔，遂各赋诗一首。其诗曰："梅花落地点苍苔，天意商量要入梅。蛱蝶不知春去也，双双飞过粉墙来。""剑戟纷纷扶主日，山林寂寞闭门时。水声禽语皆时事，莫道山翁总不知。"书毕不著名，拂袖而去。寿宬既觉，阍人以诗进，惶汗失措，大恚不早白。遂遣人四出追之，竟不复见。出本志。

祥兴元年八月，元诏两淮运粮五万石赈泉州军民。

二年五月，元以泉州经张世杰兵，减今年租税之半。（上二事出《宋史》。）

〔元〕

至元十七年正月，敕泉州行省所辖州郡山寨未即归附者率兵援之，已援复叛者屠之。

二十五年十二月[3]，湖头贼张治国掠泉州。免泉州今岁田租。

二十六年五月[4]，泉州南安县贼陈七师反，讨平之。

至大元年，大尉脱脱奏泉州大商合只铁即剌进异木沉檀可构宫室者，敕江浙行省驿致之。

至治三年正月[5]，泉州民留应总作乱，命江浙行省遣兵捕之。

泰定元年十月，泉州饥，赈之。

至正二十八年二月，泉州、漳州皆降于大明。（上七事出《元史》。）

漳州府

隋末盗贼蜂起，自刘武周而下四十有九处。

〔唐〕

太宗渐次芟夷，独闽广间犹有遗孽。嗣圣元年，徐敬业起兵维扬，潮梅[6]间又有梁感者为之羽翼。朝廷遣玉钤卫大将军梁郡公李孝逸提三十万众以破之，而梁感之徒尚在也。陈元光父子奉命讨贼，兴建营屯，扫除凶丑，方数千里间无桴鼓之警。又为之立郡县，置社稷，筚路蓝缕，以启山林，至捐躯陨命而后已。唐史传阙而不载，使元光之丰功伟烈无传焉。因志于此，以待后之补唐史者。

宋吕璹《威惠庙》诗:"当年平贼立殊勋,时不旌贤事忍闻?唐史无人修列传,漳江有庙祀将军。"张翥诗:"功名不到凌烟阁,读尽丰碑泪欲流。"刘涛诗:"史书失记当年事,野老丰碑语不同。"张遵诗:"莫道盖棺方事定,将军身后更封侯。"

开元中,漳泉地界未平,讼于台省数年。有州官虔祷于神,俄而迅雷甚雨,崖壁裂为一径,去地丈余,有古篆六行二十四字,字皆广数尺。贞元初,有李协者辨曰:"漳泉两州,分地大平。永安龙溪,山高气清。千年不惑,万古作程。"盖永安、龙溪乃两州首乡名也。今长泰有石铭里。(上二事出本志。)

光启元年正月,王绪陷漳、汀二州。出《唐书》。

福建下四州,如泉、兴、福州军府之额皆用真书,漳州之额用古篆体。故老相传,谓漳字从泣,从早,在书法当忌,不得已为篆书。然伪闽刺史董思安尝改为南州,若奏改为南州,何有不可?否则去水独用章字名州,亦不失为存古。盖水以漳名,取其清浊相杂而有文章者也。沈存中《笔谈》:"水以漳名者最多,略举数处:赵晋之间有清漳、浊漳,当阳、赣上、亳州、安州偕有漳水,鄣郡有漳江,漳州有漳浦,此概举一二耳。其义则清浊相杂为章,章者,文之别也。"

〔宋〕

庆历中,吕璹为漳浦令,因市人陈氏死于虎,命为穽于县东虎坑岭,榜之曰"暴吾民者入吾穽"。居三日,虎自投于穽中。(上二事出本志。)

绍兴十四年十二月,汀贼叶齐[7]寇漳州长泰县,安抚司遣兵捕之,为所杀,将佐赵成等死之。十五年四月,遣后军统制张渊讨捕福建盗贼。十六年九月,赏张渊、韩京等讨捕福建、广东诸盗功，各进官有差。出《宋史》。

淳熙十三年，草寇杨勍等五百余人突入县境，民居官舍秋毫无所犯。继是有叶齐寇，闻诸朝，命韩总管追捕，获俘首以献。又有盐商廖官、沈射等寇迄就招降。

沈彬，同安人。尝指葬穴于长泰县恭顺里曷山之旁以示家人，后开圹见有漆灯一盏，以石为台。圹头有铜牌，篆文云："佳城今已开，虽开不葬埋。漆灯犹未灭，留待沈彬来。"出诗话。后有状元沈晦者，即其苗裔也。

绍定元年冬，盐商寇龙岩近境，县令赵善政调炉丁黄辉部[8]枪手防捍县治，辉到县庭参谒，吏杨悦需求弗获，白于令，以后至挞之。辉怒去，杀牛酾酒，集恶少夤夜杀铺卒，突至县廨，抄掠无所获。出西门，劫居民冯氏，从龙门里过汀州界逸去。官司分路追蹑，自次名而下皆就获，独辉贼网漏，由是有庚戌甲午之变。

三年三月，汀寇杀掠人民，焚荡屋宇，所仅存者朝天坊一带耳。自是邑民皇皇，无日无警报。自李竹湖书东门曰"武胜"，取止戈为武之义，民始获安居。淳祐三年秋，凶徒过县界，皆望风遁去。竹湖盖李韶之号也。

李韶曾祖弥逊以礼部侍郎斥秦桧和戎之非，出知漳州。后韶亦以礼部侍郎知是州。其来也，士民咸喜。韶于春日揭桃符于门，曰："方千里内一太守，二百年间两侍郎。"

淳祐四年七月，虎岭寨兵汤兴为权县丞厅差遣，至期不还，遂从凶徒吴七三聚党行劫。至县表政里白土张坊村，与巡尉乡[9]兵遇，杀巡检官及弓兵等若干人。迨八月，吴七三之党复至龙门里赤水坑东村，所过杀伤者甚众。郡守章大任檄虎岭寨权巡检江武会巡尉隅总兵掩捕，生擒汤兴、吴七三戮于市，贼党遂平。（上六事出本志。）

清漳杨汝南，少年时以乡贡试临安，待捷旅邸，夜梦有人以油沃其首，惊而寤。榜既出，辄不利，如是者三，窃怪之。绍兴乙丑，复与计偕，惧其复梦也，榜揭之夕，招同邸者告以故，益市酒殽，明烛，张博具，相与剧饮，期以达旦。夜，向阑，其仆曰："刘五卧西牖下，呻呼如魇。"亟振而呼之醒，乃具言："初就枕，忽有二人者扛油鼎自楼而登，顾见主之在坐也，执而注之。我怒而争，是以魇。"汝南闻之大恸，曰："二千里远役，今复已矣。"同邸亦相与叹咤，为之罢博。及明，漫强之观榜，而其名俨然中焉。视榜陈于地，暗若有迹，振衣拂之，油渍其上。盖御史莅书淡墨，以夜仓猝覆灯盌，吏不敢以告。观此则人之科第有定分，非可以知[10]力求也。出《桯史》。

德祐二年八月，漳州乱，以陈文龙为闽广宣抚使讨之。寻以黄恮为同提刑招捕使，兼知漳州，备御下三郡，而以文龙知兴化军。出《宋史》。

〔元〕

至元十七年，陈桂龙据漳州反，唆都率兵讨之，桂龙亡入畲洞。

二十一年二月，漳州盗起，命江浙行省调兵进讨。

二十五年三月，循州贼万余人寇漳浦，泉州贼二千人寇长泰，汀、赣畲贼千余人寇龙溪，皆讨平之。

二十六年正月，蠲漳、汀二州田租。是年畲民丘大老集众千人寇长泰县，福州路达鲁花赤脱欢同漳州路总管高杰讨平之。十月，广东贼江罗等以八千人寇漳州。十一月，漳州贼陈机察等八千人寇龙岩，执千户张武义，与枫林贼合。福建行省兵大破之[11]，陈机察、丘大老、张顺等以其党降。

大德元年，福建平章高兴言："漳州漳浦县大梁山出水晶，乞割民百户取之。"帝曰："不劳民则可，劳民勿取。"

后至元六年三月，漳州贼李志甫作乱，义士陈君用袭杀之。赦漳、潮二州民为李志甫、刘虎仔胁从之罪，褒赠军将死事者。是月，龙岩县尉黄佐才获李志甫余党郑子箕。佐才因与贼战，妻子四十余口皆遇害。以佐才为龙岩县尹。（上十事出《元史》。）

汀州府

〔唐〕

志云，开福、抚二州山洞置汀州。自今考之，州之南境旧为新罗县，隶泉州，北与石城、南丰、将乐、建宁、泰宁为邻。南丰隶抚州，而建、邵犹未郡，诸县所隶非抚即福，时闽中止福、建、泉三郡耳。故以福、抚二州言，而四山崇峻盘互交锁，其民狞犷，郡盗屡作，当时谓之山洞固宜。

〔宋〕

郑文宝尝过缑氏山，有诗云："秋阴漠漠[12]秋云轻，缑氏山头月正明。帝子西飞仙驭远，不知何处夜吹笙。"后晏殊守洛，过而见之，取乐天语书其后曰："此书在在处处有神物护持。"又题绿野堂诗："水暖凫鹥行哺子，溪深桃李卧开花。”欧阳修谓不减王摩诘、杜少陵[13]。惜其全集不传，脍炙诸公谈薮者仅此存耳。

吴简言尝经巫山神女庙，题绝句云：“惆怅巫娥事不平，当时一梦是虚成。只因宋玉闲唇吻，流尽巴江洗不清。”是夜梦神女来见，曰：“君诗雅正，当以顺风为谢。”明日解缆，一瞬数十里。（上三事出本志。）

绍兴元年二月，处州贼李敦仁犯汀州。

十四年三月，蠲汀、漳、泉、建四州经贼残蹂民户赋役一年。

十五年六月，免汀、漳二州秋税。

十九年五月，以汀、漳、泉三州民田被贼蹂践，蠲其二税。是月赏平福、建郡盗功，以选锋军统制刘宝为武泰军承宣使，余将士迁秩有差。三十一年，宝落节钺福建路居住[14]。

二十五年五月以前知泉州宗室令衿讥讪秦桧，遂坐交结罪人，汀州居住。

淳熙十三年，减汀州盐价岁万缗。

德祐二年六月，命文天祥为同都督。七月，开府南剑州，经略江西。十月，帅师次于汀州。景炎二年正月[15]，元兵破汀关，天祥欲据城拒敌，汀守黄去疾闻车驾航海，拥兵有异志，天祥乃移屯漳州。未几去疾及吴浚降，后二年浚至漳说天祥降，天祥责以大义斩之。（上八事出《宋史》。）

〔元〕

至元十七年四月[16]，漳、汀叛贼廖得胜等伏诛。

十八年十一月，敕诛汀、漳陈吊眼首恶者，余并收其兵仗，系送京师。十九年，征蛮元帅完者都等平吊眼巢穴。吊眼父文桂及兄弟桂龙、满安纳款，命护送赴京师。其党吴满、张飞迎敌，就诛之。二十年，流桂龙于憨答孙之地。

二十五年四月，广东贼董贤举等七人皆称大老，聚众反，剽掠吉、赣、瑞、抚、龙兴、南安、韶、雄、汀诸郡连岁，击之不能平。

延祐二年八月，赣州贼蔡五九陷汀州宁化县，僭称王号。诏遣江浙行省平章张驴等率兵讨之。九月，五九众溃，伏诛，余党悉平。敕赏军士讨捕功，并官其死者子孙。

至正六年六月，汀州连城县民罗天麟、陈积万叛，陷长汀县，福建元帅府经历贞宝[17]、万户廉和尚等讨之。八月，命江浙行省右丞忽都不花、江西行省右丞秃鲁统军合讨天麟。九月，克复汀州。闰月，贼徒罗德用杀天麟、积万以首级送官，余党悉平。

十八年十一月，陈友谅陷汀州路。二十二年，福建行省参知政事陈有定复之。

二十八年二月，汀州路总管陈谷珍以城降于大明。（上七事出《元史》。）

延平府

〔汉〕

庸岭下北隰有巨蛇长八丈余，围一丈，里俗惧以为神，玄庙祀之，岁用童女一人，前后已用九女矣。里人李诞女名寄应募，至期，手一剑，以犬并米餈置石穴口，蛇闻香气出啖之，寄即放犬斩蛇，蛇跃出至庭而死。东越王闻而壮之，聘以为后。

〔宋〕

崇宁二年春，沙县有异鸟集陈正敏舍。明年，巢天王院，如婴儿声。僧恶甚，探巢得一雏，烹而食之。是岁正敏丧父，邻居人与寺僧死者数十。或云即贾谊所赋鹏鸟也。

罗巩，沙县人，大观间肄业太学，中有神祠甚灵。巩以前程事默祷之，夕梦神告之曰："子已得罪于幽冥，宜亟还乡，前程不须问也。"巩恳之曰："某平生操守惟谨，鲜有过举，愿告获罪之由。"神曰："无他过，惟父母久殡不葬耳。"巩曰："家有兄弟，独罪巩何也？"神曰："以子习礼义为儒者，独任其咎。诸子碌碌不足责也。"巩寤悔恨，遂速装遽归，甫及家而卒。

政和间，沙县叶隆吉家，瑞花生于庭，状如牡丹，红莹[18]不谢。建炎中，隆吉第进士，衣锦归，名其堂曰"瑞花"。

宣和初，尤溪东市[19]榕树腾异光，经三日夜。迩树居者卢安邦、吴士逸、李仕美相继第进士。

五年春，顺昌县交溪廖懋以奉议大夫家居[20]。役夫解柿木为薪，木中有文曰"圣元天何"四字，字体制端楷，墨色莹然。（上六事出本志。）

绍兴元年十二月，广贼龚富等围南剑州。

二年八月[21]，顺昌县贼余胜等作乱，通判南剑州王元鼎捕杀之。

三年十一月，蠲南剑州所负民间献纳钱十六万缗。

德祐二年，益王、广王入闽，时黄万石降元，以尝为福建漕使，欲取全闽为己功。汀、建诸州方谋从万石送款，闻二王至，复闭门以拒万石。南剑守臣林起鳌遣军逐之，万石败走，其将士多来归，兵势稍振。

〔元〕

至元十七年四月，中书省臣言：唆都军士扰民，故南剑等路民复叛，及忙古带往招徕之，民始获安。诏以忙古带仍行省福州。是年，镇守南剑路万户吕宗海窃兵亡去，诏追捕之。

〔国朝〕

正统十三年，沙、尤二县民邓茂七等作乱，僭称王号，伪署官职，攻陷郡县，八郡为之骚动。诏遣兵讨之，而以都督刘聚为总兵，都督陈荣、刘德新为左右参将，佥都御史张楷监军，贼犹未下。十四年，复命宁阳侯蒋懋为总兵，保定伯梁瑶、平江伯陈懋为副总兵，都督范雄、都督佥事董兴为左右翼总兵，太监吉祥、陈梧监军，刑部尚书金濂参赞军务。是年，茂七为乱兵所杀，福建始平。景泰元年，其余党复寇沙县，朝廷又命范雄及太监廖秀奉御马讨平之。新增。

邵武府

〔宋〕

大中祥符五年七月[22]，赐邵武军被水者钱粟。出《宋史》。

神宗时，闽中患苦盐法，献言者众。郡人黄履适以礼部尚书召，上谓履自闽来，恃以为决，履乃陈法甚便，遂不复革，乡论鄙之。

黄伯思颇好道家，自号云林子，别字霄宾。政和间，为详定《九域图志》所编修官。丁外艰，宿抱羸瘵，因丧尤甚。服除至京，梦人告曰："子非久人间，上帝有命典司文翰。"觉而书之，不逾月卒。

朱震初以八行荐，时谢上蔡在西京，震谒之，曰："先生何以教？"谢曰："待说一部《论语》。"已而具酒，日暮无一语。震复请，上蔡拱手诵《子见齐衰》与《师冕见》两章，曰："圣人之道，无显无隐，无内无外，以至于天道，本末一贯，一部《论语》只恁地看。"又尝访胡文定以出处之宜，文定曰："世间惟讲学论政则当切切博问，至于行已、去就、语默，如人饮食，饥饱、迟速、可否、冷暖，自家斟酌，不可决之他人，他人亦不能决也。"（上三事出本志。）

施宜生，邵武人。岳珂《桯史》以为福人。少游乡校。有僧善风鉴，过其家，援手周视，曰："子有奇相，他日当语子。"又数年，遇诸涂，宜生方踬场屋不胜困，因以所向扣之。僧复援其手曰："面有权骨，可公可卿。而视子身之毛皆逆上，且覆腕，然则必有合乎此而后可贵也。"时范汝为讧建、剑，宜生心欲以严庄、尚让自期，而未脱诸口。闻其言大喜，杖策径谒，干以秘策，汝为亟尊用之。亡何而汝为败，变服为佣，渡江至泰，有大姓吴翁者，家僮数千指，宜生佣其间者三年。一日，翁屏人问曰："我视尔非佣，必以实告，不然且捕汝于官。"宜生初不服，翁曰："余日者宴客，执事咸馂，汝独逊诸侪，撤器有噫声，若歆然不怡，此鱼服而角也。我固将全汝，而何以文为？"宜生遂告之由。翁曰："官购方急，汝安所逃？龟山有僧，余交之旧矣，可托以心，汝宜往投之，介以入北，策之良也。"至寺，主僧出，俨然乡校之所见者。留之，余数旬，持桡夜济宜生于淮，曰："必得志毋忘中国。逆而顺，天所祐也。"虏法无验不可行，遂杀一人于道，而夺其符。至燕，上书自言道国虚实，不见用，而縻之黄龙。会赦得释，因以教授自业。虏有附试畔归之士，谓之归义，试连捷。逆亮时有意南牧，校猎国中，一日而获熊三十六，廷试多士，遂以命题，宜生奏赋曰："圣天子讲武功，云屯八百万骑！日射三十六熊。"亮览而喜，擢为第一。不数年，仕至礼部尚书。绍兴三十年，虏来贺正旦，宜生以翰林侍讲学士为之使。朝廷闻之，命张焘以吏部尚书侍读馆之都亭。时戎盟方坚，国备大弛，而谍者传造舟调兵之事无虚日，上意不深信。馆者因以首丘风之，至天竺，微问其的，宜生忽廋语曰："今日北风甚劲。"又取几间笔扣之曰："笔来！笔来！"于是始大警。及高景山告衅，而我粗有备矣。归为介所告，烹而死。夫逆而显，顺而戮，岂其相然耶？椎埋于先，一折枝而赎其恶，固神理之所不容也。出《桯史》。

绍兴六年五月，盗入邵武。出《宋史》。

叶武子擢甲科，注岳州教授，不待次。有贫而母老者，名在武子下，乃亟逊于其人，而己后之，遂授郴州。出本志。

德祐二年十一月，元军入邵武军。景炎二年，张世杰遣将复之。九月，元参政也的迷失将兵复取邵武军。出《宋史》。

〔元〕

至元十八年正月，邵武民高日新据龙楼寨为乱，擒之，赏忻都等战功。日新寻复叛，十月降。日新及其弟鼎新等至阙，以日新两为叛首，授山北路民职，文庆之属遣还泉州。

至正十二年四月，江西宜黄贼涂佑[23]与邵武、建宁贼应必达等攻陷邵武路，总管吴按摊不花以兵讨之。千户魏淳以计擒佑、必达复其城。

十八年五月，陈友谅遣康泰、赵琮[24]、邓克明以兵寇邵武路。

十九年十一月，陈友谅兵陷杉关。

二十七年十二月，大明兵入杉关，取邵武路。时邵武、建宁、延平、福州、兴化、泉、漳、汀、潮诸州，皆陈友定所据。（上五事出《元史》。）

兴化府

〔晋〕

永嘉二年，中州板荡，衣冠始入闽者八族，所谓林、黄、陈、郑、詹、丘、何、胡是也。今福州有黄巷，云永嘉中黄氏所居。复有黄兼巷，亦云黄、郑二姓兼居之。又泉州有晋江者，亦是晋时八族来居江侧，故名。既以中原多事，畏难怀居，无复北向者，故六朝间仕宦名迹鲜有闻也。

〔唐〕

大历中，李椅观察福、建、泉、漳、汀五州军事。始至，兴学校，于是独孤及所为新学碑，乃有“比屋为儒，俊选如林”之辞，而莆人林藻犹以其“缦胡之缨，化为青衿”之语为可愤。自是欧阳詹、詹虽为晋江人，而莆之灵岩寺、福平山，乃詹读书之所，其子孙多错居莆田。林蕴、陈峤、许稷、徐夤、黄滔相继成名。广明之乱，王氏父子据有全闽，虽号不知书，然一时浮光士族多与之俱南。其后颇折节下士、开学馆以育才为意。其从子王延嗣者，以道义自任，盖当时目之为唐五经，而内翰范淳夫尝为之立传矣，其人以启迪人才为重，凡唐末大夫士避地而南者，王氏率皆厚礼延纳，作招贤院以馆之，所以闽之风声气习往往浸与上国争列。出《闽中记》及《五代史》、《九国志》。

梅妃姓江氏，莆田人。年九岁，能诵二南诗，语父仲逊曰：“我虽女子，期以此为志。”父奇之，名曰采苹。开元中，高力士使闽，妃以选入侍明皇，大见宠幸。妃能属文，自比谢女。尝淡妆雅服而姿态明秀，纤秾中度。性喜梅，所居栏槛，悉植数株，上榜曰“梅亭”。梅开赋赏，夜分尚顾花下不能去。上以所好戏名曰“梅妃”。有《萧兰》、《梨园》、《梅花》、《凤笛》、《玻璃杯》、《剪刀》、《绮窗》等赋。上尝与妃斗茶，顾诸王戏曰：“此梅精。吹玉笛作惊鸿舞，一一光辉，今斗茶又胜我矣。”妃应声曰：“草木之戏，误胜陛下，设使调和四海，烹饪鼎鼐，万乘自有宪法，贱妾何能校胜负也？”上大悦。会杨妃得宠，颇忌之，遂迁于上阳东宫，因作《东楼赋》以寓意。已而上在华萼楼，命封珍珠赐妃。妃不受，以诗谢之曰：“桂叶双眉久不描，残妆和泪污红绡。长门自是无梳洗，何必真珠慰寂寥？”上得诗怅然，令乐府度为新声，名《一斛珠》。后安禄山犯京阙，失妃，不知所在。乘舆东还，得其尸于温泉池侧梅树下，上自制文诔之，以妃礼改葬焉。此传同叶石林得之朱道度家，乃大中二年七月所书云。

林藻省试《“珠还合浦赋”》，赋成假寐，若有告者曰：“何不叙珠去来？”悟而增之曰：“珠之去兮，山无色兮，氛露冥冥，海无光兮，空水浩浩；珠之来兮，川有媚兮，祥风习习，地有闰兮，生物振振。”果中第。及谢主司，杜黄裳曰：“序珠去来，若有神助。”出《唐摭言》。

林蕴仕不称意，纵酒自适，多忤时政。刑部尚书白居易赠诗戒之曰：“世上如今重检身，吾侪恃酒似狂人。西曹旧日多持论，慎莫吐他丞相裀。”

许稷挟策入关，遇舍人陈诩、四门助教欧阳詹、校书郎邵楚苌、侍御林藻在京师，闽川举子醵酒食，会诸先达，詹以稷为乡人亲故，特与之。藻酣，乃戏曰：“今日之会，子何人斯，辄冒其间？”稷投杯愤悱，曰：“男子患不能立志，霄汉岂有扃鐍？王侯出处岂必常邪？叨此一食，稷之过矣。”遂唠酒而去。深入终南山，隐学三年，出就府荐，遂擢第。（上二事出《闽中名士传》。）

《唐宗室世系表》：李丹，尚书祠部郎中、朝议郎，行泉州莆田令。咸通十五年，以金州刺史召还而卒，敕葬松岭茅洋山。琅琊王审邽撰墓铭曰：“昆山玉碎，汉水珠沉，天丧贤宰，号恸民心。”其子孙今家于后埭。出旧志。

僧黄涅槃生于唐末，出言成谶。尝曰：“生吾前者非圣人，生吾后者非圣人，吾去世六纪之后，有无边身菩萨来治此国。听吾辞曰：‘走月小烁烁，千聚复万落，处处凤离巢，家家种葵藿。’”至皇朝肇造，混一区宇，其谶始验。见《囊山院碑》。

曹山释耽章，泉州莆田黄氏子，幼而奇逸。年十九弃家为僧，名冠丛林。南州帅南平钟王雅闻其有道，礼致之，不赴，但书偈付使者曰：“摧残枯木倚寒林，几度逢春不变心。樵客见之犹不采，郢人何事苦搜寻？”

徐寅唐末号能赋，谒朱全忠，误犯其讳，全忠色变，寅狼狈走。出未及门，全忠呼知客将，责以不先告语，斩于界石南。寅欲遁去，恐不得脱，乃作《过太原赋》以献。其略曰：“千金汉将，感精魄以神交；一眼胡奴，望英风而胆落。”全忠大喜，遗绢五百疋。全忠自言梦见淮阴使受兵法，一眼胡奴，指李克用也。见《东坡志林》。又张齐贤记云：“梁祖读至此，令军士讽诵之。敕字酬一缣，不责前事。”（此二事出旧志。）

昭宗开寒进路[25]。乾宁二年，刑部尚书崔凝知举放张贻宪等二十五人。但是子弟，无问文章厚薄，皆行考落，其间屈人不少。孤寒中惟程晏、黄滔擅场之外，其余以程试考之，滥得亦不少矣。见《唐摭言》。二月八日，昭宗御武德殿，宣翰林学士陆扆重试《曲直不相入》赋、询于《蓟荛》诗，考落九人。重放状头赵观文以下十有五人。

敕赵观文、程晏、崔赏封，谓才藻优赡，义理昭然，深穷体物之能，曲尽缘情之妙。所试诗赋，词义精通，皆合本意。其卢赡、卢鼎、黄滔、崔仁宝、沈松、王贞白、李龟禎、张蠙、陈饶、韦希震、卢赓等十人，所试诗赋，义理精通，宜跻异级，用振儒风。其赵观文四人并卢赡等十人，并与及第。其张贻宪、孙浦、李途、李光序、李枢等五人所试诗赋，不副题目兼词句稍下，宜付有司许复再举。其崔砺、杜承昭、郑稼、苏楷等四人所试最下，芜纇颇甚，不及格式，曾无守业，敢窃科名？付有司落下，不许再入举场。其崔凝爵秩已崇，委托殊重，司吾取士之柄，且乖慎选之规，辜朕明恩，自贻伊咎，委中书门下商量处分，可使持节合州诸军事合州刺史。出《唐摭言》及《唐登科记》。

黄滔在闽中为威武军推官，王审知馈之鱼。滔方与徐寅对谈，寅代为谢笺，其略云：“衔诸断索，才从羊续悬来；列在雕盘，便到冯驩食处。”时人称之。出《五代史补》。

黄滔游东林寺诗云：“平生爱山水，下马虎溪时。已到终嫌晚，重游预作期。寺寒三伏雨，松偃数朝枝。翻绎[26]如曾见，白莲开满地。”杨万里云：“此诗三四举唐人无此淡而有味之作。五六佳。”出《瀛奎律髓》。又杨万里序其集云：“诗至唐而盛，至晚唐而工，御史黄公之诗尤奇，如《闻雁》：‘一声初触梦，半白已侵头。余灯依古壁，片月下沧州。’如《游东林寺》：‘寺寒三伏雨，松偃数朝枝。’如《退居》：‘青山寒带雨，古木夜啼猿。’此与韩致光、吴翩辈并游，未知何人徐行后长也。”

〔南汉〕

《刘隐世家》：“隐之祖安仁，居上蔡以贩鬻为事，避乱徙居莆田，再迁番禺，遂占籍焉。”出《九国志》。

陈郯，泉州仙游人，家贫力学，通五经。王仁达功高居宿卫，言事未尝避忌，闽王猜恶之，竟诬以谋叛，族诛。郯掌仁达笺记，收郯属吏。使者籍没仁达家，惟得郯歌诗文稿，闽王嘉伏不诛，擢为宣徽使。出《十国纪年》。

〔宋〕

曹修古知兴化军，夏日清心堂睡起，日方停午，因成绝句云：“天府鞠囚三节日，前年为开封判官，凡在京百官正冬寒食皆休务，惟判官州狱倍多不得休。霜台待漏五更时。去年知杂御史，故事，钟鸣先百官到待漏院。薰风一觉清凉睡，莫问浮名高与卑。”太常卿知军事许当跋云：“谏议大夫曹修古明道前知杂御史，是时明肃临朝，以直言忤旨，授刑部员外郎，出守莆川。壬申夏六月，留诗一绝于斋之壁。后三十七年，当以便亲得请，叨牧此郡，睹公诗笔，钦想风概。惜夫岁久，墨迹漫灭，异日人思之而不可见。遂别写之，镌于石。出旧志。

淳化元年五月，诏兴化军在陈洪进伪命日以官牛赋于民，岁输其租，牛已死，州县以长生牛米为名岁督之，自今并除放，仍以官牛给租户。出《宋朝会要》。

庆历四年，秘书丞张纬出宰莆田，再新县中堂，其基太高，不与他室等，治之使平，得一石铭长五尺，阔亦如之。验之无刊镂痕，乃墨迹焉。其文曰：“石敢当，镇百鬼，压灾殃。官吏福，百姓康。风教盛，礼乐张。唐大历五年四月十日县令郑押字记。”并有石符二枚具存。自唐大历五年至今几三百年，符记皆墨迹如故，物之隐伏，岂不待时而后出耶？昔岁号大历，今号庆历，昔五年四月，今五年四月，及所得之日，一无差异，其契合有如此者。出《青项集》、《石铭记》。

王安石所作《陈执方神道碑》云："兴化多进士，就乡举者常八九百人，而学舍敝小，无文籍，公至则新而大之，为之讲书，而国子之所有者皆具。时庆历中也。今三岁一诏就试，凡六千九百三十四人，几七倍也。"

谏议大夫方慎言，初赴廷试，宋仁宗为太子，年尚幼，因睹慎言所用砚，谓之曰："以是与我！"慎言期以试毕。至暮，仁宗又至，慎言以衣袖洁砚跪而进之。仁宗持入以奏，真宗嘉其有礼。唱名之日，仁宗立御案旁，指慎言曰："此多髯者是也。"已而慎言旋跻贵显，说者谓实基于此。

都官郎中方慎从守嘉州日，尝于公圃手植荔枝，赋诗云"留取清阴待子孙"。其后曾孙禧以殿中侍御史持节蜀部，巡历至嘉，父老拥车，诵慎从所作之句以为禧贺。

御史中丞杜衍判审官院，会奉诏举属官，即乞方偕殿中侍御史，朝廷以资浅不如诏。又请御史里行，以其官久废罢之。衍奏曰："臣之所知无如偕，即不如例，愿令他官举荐。"于是除推直官。（上四事出旧志。）

方偕善饮，酒后聪明尤过常时。北番每宴使人，劝酒器不一，其间最大者剖大瓠之半，托以金，受三升，前后使人无能饮者，唯偕一举而尽，戎为大喜。至今目其器为方家瓢，每宴南使即出之。出《东轩笔谈》。

范仲淹贬知饶州，余靖上疏论救，尹洙请与同贬，欧阳修移书责司谏高若讷，皆坐贬。蔡襄作四贤一不肖诗以记其事。四贤谓淹、靖、洙、修，不肖谓若讷也。其诗播于都下，士人争传写之，鬻书者市之，颇获厚利。契丹使至，密市以还。后张中庸使北，幽州馆舍中有写襄所作欧阳修诗于壁者。出《宋仁宗政要》。

庆历初，欧阳永叔、余安道、王素俱除谏官，君谟以诗贺曰："御笔新除三谏官，喧然朝野竞相欢[27]。当年流落丹心在，自古忠良得路难；必有谋猷裨帝右，直须风采动朝端。世间万事俱尘土，留取功名久远看。"三人以其诗荐于上，寻亦除谏官，时号为"一棚鹘"。出《记闻》及王巩《见闻近录》。

庆历中，蔡君谟自福建转运使召为谏官，时王逵知福州，作诗送行。不记其破题，后六句云："好将公道口，去沃圣君心。民困鱼思水，兵骄隼在林。天涯一樽酒，不为别离斟。"出吕原明《杂记》。

始蔡襄为谏官，宰臣晏殊罢政，因荐富弼代殊。仁宗怒，以为进用宰相，臣下不宜有所指陈，遂相陈执中。既极言不听，则相与求罢为外官。时杜衍为相，奏谏官无故出，终非美事，乞且仍旧。上可之。不得请，遂自陈。上曰："卿等言一不听，则求去，令朕有逐言者名，自为计则善也。"襄亦以养亲为言。先是，襄尝乞告至莆田迎亲，而亲不果来，至是，上乃曰："卿昨迎亲不来，何不遂留侍养？"襄皇恐不能对。孙甫徐进曰："襄所以辞亲远来事陛下者，冀万一有裨补，今言既不行，襄是以须却思归。"出《南丰杂志》。

张尧佐以侄女为修媛，一日而迁四使。御史唐介上疏引杨国忠为戒，复请逐文彦博而相富弼，又言谏官观望挟奸，而言涉宫掖，语甚切直。上趣召两府以疏示之，玉音甚厉，众恐祸出不测。是时，襄立殿陛，即进曰："介诚狂直，然纳谏容言，人主之美德，必望全贷。"介以此贬春州别驾，寻改英州。梅尧臣所为书窜诗，其略曰"即敢救者谁？襄执左史笔。谓此傥不容，盛美有所咈"是也。魏隐居《东轩笔录》。

苏子容云，欧公不言文章，而喜谈政事；君谟不言政事，而喜论文章，各不矜其所能也。出《苏氏谈训》。

王禹玉曰，蔡君谟草诗有"时平生战地，农惰入春田"之句，其言干教化[28]，非"野火烧不尽，春风吹又生"之比。出旧志。

欧阳文忠公论书云："蔡君谟独步当世。"此为至言。君谟行书第一，小楷第二，草书第三，就其所长，求其所短，大字为少疏也。天资既高，又辅以笃学，其独步当世，宜哉！余评近岁书以君谟为第一，而论者或谓不然，殆未易与不知者言也。书法当自小楷出，而世或有未能正书，而以行草称也。君谟年二十九，而楷法如此，可知其本末矣。世之书，篆不兼隶，行不及草，殆未能通其意者也。如君谟书真、行、草、隶无不如意，其遗力余意变为飞草，自言有翔龙舞凤之势，可爱而不可学，非通其书意，能如是乎？见《东坡志林》[29]。又《韵语阳秋》云："本朝书，米元章、蔡君谟为冠，余子莫及。君谟始学周越书，其变体出于颜平原。元章始学罗让书，其变体出于王子敬。君谟泉州桥柱题记，绝逼平原。元章镇江焦山方丈六板壁所书，与子敬行笔绝相类。艺志于此亦难矣。"

蔡君谟既为余书《集古目录序》刻石，其字尤精劲，为世所珍。余以鼠须栗尾笔、铜绿笔格、大小龙茶、惠山泉等物为润笔，君谟大笑，以为太清而不俗。后月余，有人遗余以清泉香饼一篋者，君谟闻之，叹曰："香饼来迟，使我润笔独无此一种物。"兹又可笑也。出《六一归田录》。

韩献肃公守成都时，蔡君谟与之书曰："襄启：岁行甫新，鲁钝之资，日益衰老，虽勉就务[30]　其于精力不堪劳苦。念君之生，相去[31]旬日，如闻年来补治有方，当愈强健，果如问哉？襄于京居，尚留少时，伫君还軫，伸眉一笑。倾怀之极。今因樊都官西行，奉书问动静，不一一。襄上子华端明阁下。"此帖语简而情厚，初无寒温之问、寝食之祝、颂德[32]之佞也。今风俗日以偷薄[33]，士大夫之猥浮者，于尺牍之间益出新巧，习惯自然，虽有先达笃实之贤，亦不敢自拔以速嘲骂。每诒书多至十数纸，必系衔，相与之际，悉忘其真，言语不情，诚意扫地，相呼不以字而云某丈，僭紊官称[34]，无复差等，观此其少愧乎！出《容斋随笔》。

兴化有壶公山，古谶曰："水绕壶公山，此时方好看。壶公山欲断，莆阳朱紫半。"蔡君谟兴水利，灌民田，引水绕壶公山，而登第者于前为多，继兴利者凿山而浚通，遂多通显[35]者。故虽山川之镇流，亦有因人之穷通、时之否泰以兆于灾祥者矣。出《搜神秘览》。按旧志："李宏创木兰陂，遂疏渠导水，障东流而南注，以绕壶山。此云君谟兴水利，盖误也。"

校　注

[1] 乾隆《福建通志·寺观》作"还依然"。

[2]《续资治通鉴·太宗本纪》作“民亦不堪”。
[3] 道光《福建通志·元外纪》作“二十四年十一月”。
[4] 道光《福建通志·外纪》作“二十七年夏五月”。
[5] 道光《福建通志·元外纪》作“三年春”。
[6]《漳州府志》作“潮海”。
[7] 乾隆《漳州府志》作“华齐”,下同。
[8] 道光《福建通志·宋外纪》作“募”。
[9] 道光《福建通志·宋外纪》“巡尉”下无“乡”字。
[10]《档史·黠儿酝梦》作“智”。
[11] 道光《福建通志·元外纪》作“遣兵大破之”。
[12] 乾隆《汀州府志·丛谈》作“淡淡”。
[13] 同治《汀州府志·丛谈》作“少陵摩诘风味”。
[14]《宋史·高宗本纪》作“刘宝落节钺”。
[15] 见《宋史·瀛国公纪》。
[16]《元史·世祖本纪》作“五月”。
[17]《元史本纪》作“真宝”。
[18] 道光《福建通志·宋祥异》作“荣”。
[19] 道光《福建通志·宋祥异》作“宣和元年,尤溪县东南”。
[20] 道光《福建通志·宋祥异》作“奉议大夫致政家居”。
[21] 道光《福建通志·宋外纪》作“绍兴元年正月”。
[22]《宋史·真宗本纪》作“六月”。
[23] 道光《福建通志·元外纪》作“涂祐”。
[24] 道光《福建通志·元外纪》作“赵宗”。
[25] 道光《福建通志·丛谈》作“为寒畯开路”。
[26]《瀛奎律髓》作“翻译”。
[27]《宋人轶事》卷九作“士林相贺复相欢”。
[28]《蔡忠惠集·别记补遗》作“关教化”。
[29]《东坡志林》无此文,系出自《仇池笔记》。
[30]《容斋随笔·蔡君谟帖语》作“虽勉就职务”。
[31]《容斋随笔·蔡君谟帖语》作“距”。
[32]《容斋随笔》作“讲德”。

［33］《容斋随笔》作“媮薄”。

［34］《容斋随笔》作“官阶僭猎”。

［35］《蔡福州外纪·政事编》无“通”字。

八闽通志卷之八十七

拾　　遗

兴化府

庆历元年四月，赐布衣朱复[1]号“冲晦处士”。复世为郡人，今以为建州人，非也。初，复游京师，举进士不中，退而学《易》，通流衍卦气法，自筮知无禄，遂亡进取意。游淮浙间，以学《易》为事，凡数年，益通阴阳、天文、地理、遁甲、占射诸家之说。他日，听其乡人林鸿范说《诗》，且言《诗》之所用于乐者，忽若有得，因以声器求之，遂悟大乐于七音十二律清浊次序及钟磬侈弇匏竹高下制度皆洞达。仁宗方留意于乐，诏天下求知乐者，大臣荐胡瑗，瑗作钟磬文变古法[2]，复笑曰：“圣人寓器以声，今不先求其声，而更其器，其可用乎？”后瑗制作皆不效。范仲淹过润州见复，问曰：“今以衍卦占之四夷，无变异乎？”复克西方当用兵[3]，推其月日，后无少差，于是与郭京俱召见。仁宗问天时人事，复对曰：“以京房易卦推之，今年所配年月日当小过也。刚失位而不中，其在强君德乎？”仁宗又问：“变故与前世何若？”复对曰：“如唐德宗居奉天时。”仁宗惊曰：“何至此？”复曰：“虽然，君德不同，陛下无深虑也。”仁宗问何故，复曰：“德宗惟忌刻[4]，好功利，欲以兵伏天下，其德与凶运会，故奔走失国，仅乃能免。陛下恭俭仁恕，不难屈己容纳[5]，西羌之变，起自元昊，陛下不得已应之，虽兵连不解，而神人知非陛下本心。时与德宗同，而德与之异，卦气虽不得无他也，不久定矣。”仁宗称善。又问明年主何卦，复曰：“乾卦用事，说至九五，尽而止。”命为大理评事，固以疾辞。乃赐“处士”号。复后归隐杭州万松岭，与林和靖同时称二处士。其后沈遘知杭州，榜其居曰“高士坊”。出《龙川志》、《石林避暑录》及《续通鉴编》。

扬州察推宋堂与端明蔡公君谟为友，端明尝有句云：“堂中偕老百年妇，膝下含饴五代孙。”盖是时堂之父寺评及其母年皆九十五、六，故云。敷文阁待制棐，堂之曾孙也。出《莆阳居士集》。

故事，馆职皆试诗、赋各一篇，熙宁元年，召试王介、安焘、陈侗、蒲宗孟、朱初平，始命改册论各一道，于是始出《敕天之命惟时》及《论古用民岁不过三日策》。出《石林燕语》。侗，莆人也，后知陕州，东坡以诗送之，其警句云：“甘棠古乐国，白酒金叵罗。知君不久留，治行中新科。过客足嗔喜，东堂记分鹅。此外但坐啸，后生工揣摩。”出《东坡文集》。又刘忠肃有《送陈侗知湖州》诗，其略云：“使君磊落襟度大，得失喜愠心能忘。安贫乐圣士之分，十年蓬馆亲缣缃。口无一语论饥饱，九尺曼倩空堂堂。周旋朋友绝芥蒂，过酒快饮能百觞。请符赐节惬所愿，开府正得东南乡。稍留里社上楸陇，锦衣昼日生辉光。招延故老费吴酎，正是鲈肥柑子黄。守居清绝水精国，洲渚四面苹花香。席前海物滋味足，宴客不恨无肥羊。平日所怀傥尽试，定有美政传循良。离群索居不足道，及时功业其自强。”出本集。

初，寇莱公准知归州巴东县[6]，手植双柏于县庭，至今民以比甘棠[7]，谓之“莱公柏”。元祐九年，巴东大火，柏与公祠俱焚。明年，莆阳郑赣来为令，悼柏之焚，惜公手植，不忍剪伐，因种凌霄于下，使附于以上，以著公遗迹，且慰邦人之思。见《渑水燕谭》。

方峻谪监润州茶税，其子元寀适与伊川先生同处于润学。伊川实生于明道二年癸酉，视元寀为同甲，而月居长，遂相友善。其后元寀归莆，伊川归洛，书问往来不绝，或以方弟呼之。今方氏所藏伊川真迹，凡十有二纸。其三纸朱晦翁已刻石于白鹿书院，且题云后一帖乃嘉祐二年语，时先生之年才二十有五。其语曰：“比得二书，皆有与世背驰，求合古圣贤之语，足下其非混俗之流而志道之士乎？甚善甚善。颐愚无他能，断断圣人之道有年矣。非徒自尽其心而已，思欲天下之心吾心也。故闻足下之言，探足下之意，欣然不能已。愿足下精心致志，期于至而后已。圣人之道坦如大路，学者病不得其门耳，得其门，无远之不可到也。求入其门，不由于经乎！今之治经者亦众矣，然而买椟还珠之蔽，人人皆是。经所以载道也，诵其言辞，解其训诂，而不及道，乃无用之糟粕耳。觊足下由经以求道，勉之又勉。异日见卓尔有立于前，然后不知手之舞足之蹈，不加勉而不能自止矣。相去邈数千里，无以将意，姑以此言为赠云。”见《白鹿书院石刻》。

方子容南圭为惠州太守，适东坡谪居于此，雅相善，其诗刻犹存。今《东坡集》中有《和方南圭寄迓周文之》三首，最后一首云：“此生真欲老墙阴，却扫都忘岁月深。拔薤已观贤守政，摘蔬聊慰故人心。风流贺监常吴语，憔悴钟仪独楚音。治状两邦俱第一，颍川归去肯重临？”出《东坡大全集》，又《东坡志林》云：“余在惠州，忽被命责儋耳，太守方子容自携告身来，且予余曰：‘此固前定，可无恨。’吾妻沈，素事僧伽谨甚，一夕梦和尚告别，沈问所往，答曰：‘当与苏子瞻同行，后七十二日当有命。’今适七十二日矣，岂非前定乎？”

绍圣初，王巩谪官签书荣州判官厅公事，过别殿中侍御史陈次升当时，曰：“且缓行[8]，上意未可知。”余深叩之，陈曰：“早来请对，上语我曰‘章厚文字不要绝了[9]’。”余问曰：“公何以报？”陈曰：“唯唯。”余曰：“胡不曰[10]：‘臣为耳目之官，帝王犹心也，心所不知，耳目所以传道之也；心既知之，何用耳目？’陛下既知厚[11]，何不能斥，更待臣等文字？”陈谢曰：“甚是[12]。”待数日再对。又数日，陈召余曰：“早来对如公言。但上曰未有以代厚者[13]。”出王巩《甲申杂记》。当时，次升字也。

陈次升始为谏官，时奏事殿中，哲宗顾问近日有何议论，次升力言曰：“宣仁皇太后保佑圣躬，始终无间，愿勿听小人销骨之谤，恐伤国体，上亏圣德，下及无辜。”上首颔之再。及吕升卿为广南按察使，次升又言：“陛下欲保全元祐臣僚，升卿天资惨刻，喜求人过，今将使指于元祐臣僚迁谪之地，非便。”卒不遣。刘安世闻之，叹曰：“陈当时有德于元祐人深矣。”见《谠论集序》。

侍御史陈次升乞罢言官，并自内批不由三省进拟，曾布力争不得，乞降黜。范纯礼徐进曰：“次升所陈，不过防执政官引用亲党及罢黜不附己者耳。苟执政官无所私，固所不恤。言之者无罪，闻之者足以戒，安用深责之也？”

上以为然。又殿中侍御史龚夬两上章，言："尚书左丞蔡卞操心深险，前则陈次升因事被逐，后则邹浩以言获罪。"已而夬又言翰林学士蔡京，朝廷不以夬言为然，夬将去位，陈瓘上疏言："绍圣以来，七年间五逐言者常安民、孙谔、董敦逸、陈次升、邹浩，五人者皆与京异。虽间以罪遣，而京之所恶无不去者。"出《徽庙实录》。

邹浩闻归田之命，《怀同废诸公》诗云："同时废逐十余人，我是丹书第一名。方向岭边思往咎，忽闻天上许归耕。诸公想亦茅连茹，此日宜皆水濯缨。覆载恩深约图报，从今尤在罄精诚。"同废诸公谓龚夬、江公望、陈瓘、陈祐、任伯雨、张庭坚、马涓、李深、丰稷、王觌、张舜民、谢文瓘、陈次升也。独予出于特旨，名姓仍在诸公之上。出《邹道乡文集》。

方宙提举京西常平日，有奏札云："伏见通直郎权判西京国子监程颐，博学好古，躬行仁义，夷险一节，老而益坚。颐于元丰间以钱数百千市汝州户绝荒田二十余顷，躬耕以赡亲族，逾十六年，开垦灌注渐成熟土。至绍圣元符之际，颐得罪远谪，而旧佃人乘隙争买，户部以闻朝廷两夺之，下汝州出榜重卖。按颐初以处士召用，久侍哲宗于经筵，今蒙恩复官，既老且病，将辞禄以归，而贫窭特甚，几无以为生。窃见前世高士如颐等辈，多蒙朝廷赐田给粟以养成其节，况颐本自有田，于法当得，而有司不为申理，使之与亲族百口濒于饥饿，殆非国家所以优贤奖善、敦励风俗之意也。颐田被夺，虽在臣未到任以前，然卖户绝田乃臣所领职事，既有所见，不敢缄默。乞下汝州，依元买价给还颐田。"出旧志。

苏轼称林豫为利器之资，特荐于朝，其后轼以作诗下御史狱，豫适赐对，神宗问谁所荐，豫曰："苏轼。"问："何以识之？"曰："臣始经由杭州，时轼为太守，因会客识之。"又问："是日所谈何事？"豫顿首曰："臣子所谈，无非忠孝。"识者韪之。见玉泉先生《喻撜记》。

元祐间，朝廷设经明行修科，郡以黄颖应诏。颖坚卧不起，所知或勉之，颖曰："吾幸以恩免，倘有仕进意则就之，岂俟经行之举耶？"时天下弗就者裁二人，颖其一也。宋哲宗阅所举之籍，以不至者为问，御史中丞孙觉旧于广德知颖为详，因对曰："若黄颖，臣实识之。"遂条其学行之醇懿。诏授以官，降袍笏即其家赐之。见阮铬所作《黄颖传》。

方惟深，字子通，隐居不仕，以诗知名。尝吟《古柏》诗云："四边乔木尽儿孙，曾见吴宫几度春。若使当时成大厦，也应随例作埃尘。"又《舟下建溪》诗云："湍流怪石碍通津，一一操舟若有神。自是世间无妙手，古来何事不由人？"荆公一见大爱之。出李元文《云斋广录》。

王荆公喜方惟深诗，如"客帆收浦月黄昏，野店无灯欲闭门。半出岸沙枫欲死，系舟犹有去年痕"。至书之坐间，遂印在荆公集中。出曾公卷《南游纪旧》。

钱正老云，近时士大夫中，若使蹈鼎镬、临白刃而不回者，除是方子通，时流但以诗篇见称，此盖其末事耳。尝与饮酒，曰："借令老兄立朝，刚风劲气，足以耸动朝野，须还老兄；然一句撞倒墙，亦须是老兄做得。"子通大笑曰："论立朝则吾岂敢，然一句撞倒墙，亦诚是有此耶？"出胡珵《苍梧集》。

郢州别驾黄泳，字宋永，年三岁，书一过目辄成诵。大观二年，应童子科，得旨赴阙。十二月引见，徽宗摘《毛诗》如“南山之寿”之句以发诵，泳应声曰：“不骞不坠。”上以“坠”字为问，对曰：“诗人之言不识忌讳，臣安敢复遁？”上大悦。时尚垂髫，以儒冠见，有一侏儒傅粉戏于上前，脱其冠曰：“阇梨子乃求官耶？”泳即顿首跪谢，曰：“臣何罪而免冠乎？且臣实非僧，故以儒冠见。此曹非男子耶？安得为妇人饰！”上笑而奇之。乃命历见后嫔，争遗以金钱果饵。越明年，赐五经及第。

余祖奭旧名祖禹。通判兰州，会地大震，摇陷山川，城郭、关塞、公私庐舍摧坏几尽，陷溺者不可胜计。祖奭当颠危之际，若有神物护持，置之隙地，人甚异之。（上二事出旧志。）

方梅州渐尝谓闽人无植产，恃以为生者读书一事耳。所至以书自随，积之至数千卷，皆手自窜定。就寝多不解衣，林艾轩质之，公曰：“解衣拥衾，会有所检讨，则怀安熟寝矣。”增四壁为阁以藏其书，榜曰“富文”。出朱舍人翌《富文阁记》。

宣和四年，燕云初复，召陈淬字君锐。授河北第将。明年，女真人陈许举蔚州降，命淬部千人守之，隶谭稹节制。虏酋乌陆钵巾大王以二十万围城，稹下令曰：“两国已通好，敢有取虏级者死，伤者刑。”虏谍知之，沿城而上者累累然。淬不得已，乃突重围而出，直抵云中，与虏相论曲直，且请死节于此。虏相义之，遣五千骑送淬南还。拜忠州团练使、真定府路马步军副都统、兵马钤辖。时粘罕传檄州县，惟淬降书不可得。真定城陷，淬之妻孥死者凡八人。寻知恩州，虏有王善者乃拥众数十万长驱两河，遂袭恩，淬与长子仲刚出战，飞刀伤淬，仲刚以身蔽刃死之。建炎元年，解恩印来京师。二年，善复拥众屯陈留，留守杜充授淬诸军都统制，领兵四千讨之。善惧，退守其城。淬遣卒持妇人巾履骂辱之，善不能堪，乃出战，大败，胔骸相藉二十里。升康州防御使。三年，车驾渡江，诏淬捍壁建康。杜充夺其兵柄，乃请祠提举江州太平观。自题其像曰："数奇不是登坛将，竹杖芒鞋归去来。"俄而李成举泗州叛，为虏响导，犯滁、和，游骑深入。充不得已，授淬御营使司六军都统制、淮南路招抚副使，与招抚使王瓔合兵以御之。初战于真州六合，再战于长芦，追奔逐北至滁州，破其木寨，国威方振。会北兵绕出其后犯采石，充檄淬还援建康，淬请扼采石渡，伏兵南岸逆击之，力诤不从。板桥失守，仓卒出战，连日大捷。复出，北兵益至，不可当，三军皆溃。淬据胡床大骂杜充而死。诏赠拱卫大夫明州观察使，仍与两资恩泽。出旧志。

左史林震自号介翁，长子集句，其所用诗凡三百八十家。介翁尝记一日与客饮，视壁间有题阳关辞者，客曰："试用'劝君更尽一杯酒'以侑尊。"因举而属曰："'与尔同消万古愁'可乎？"又尝晚春至山光寺览观陈迹，则曰"青山有恨花初谢"，有间得之云"流水无言草自春"。前后所集厘为七卷，徐著作师仁跋其后云："胸次应余五色线，世间争认百家衣。"见中桥居士吴敏《集句序》。

兴化邑人黄畸翁，年八十余卒。喜作诗，尝云："流落人间一万篇。"有句云："身闲不入红尘市，梦好频惊画角声。"春日闲居云："日高三丈宿酒醒，鸟唤一声春梦惊。"

出方仲告《诗话》。

郑樵《家谱后序》云:“吾祖出荥阳,过江入闽,皆有沿流,孰为光州固始人哉?夫闽人称祖皆曰自光州固始来,实由王潮兄弟以固始之众从王绪入闽,王审知因其众克定闽中,以桑梓故独优固始人,故闽人至今言氏族者皆云固始,以当审知之时贵固始也,其实滥谬。”见《夹漈集》。

闽人郑生褒,字成之。举进士来辇下,会诏罢去,枉趾滁上。是岁日官置历,闰在孟秋,暑之烦酷前一月为甚,某因留褒俟秋而行。生曰:“褒有母老,向之去数千里、别数百日者,欲干名而显亲,故虽远且久,若褒之在母左右也。今诏下将及闽,则乡人必以告吾母,必等程数日以待褒也,后一日必贻母之忧,用是不敢闻命矣。”某曰:“生有纯孝欤?为生泣而赋诗,亦足以警世之为人子者。诗曰:‘褒也瓯闽士,文高行益修。千名逢诏罢,归计逼亲忧。鸥鸟终相狎,公卿谩欲留。刺桐花下宅,兰蕨奉晨羞。’”出五黄州《元之集》。

黄公度《秋夜独酌》诗云:“溪山态足身无事,天地功深岁有秋。投老相从管城子,平生得意醉乡侯。卷帘清坐月排闼,横笛人家风满楼。可是离人更遗物,何缘身世两无求?”方万里云:“公度字师宪,莆田人。绍兴八年大魁,思陵在御,丁未至壬午三十六年,首甲科十有一人。梁克家丞相,陈诚之枢使,三尚书曰汪应辰、刘章、王佐,五从官曰李易、张九成、赵逵[14]、张孝祥、王十朋。独师宪以忤秦桧得正字即被论与祠,后倅肇庆。绍兴二十五年,桧死,始得召为考功员外郎而卒,年不逮五十。”洪景卢序其《知稼集》有句曰:“雨意欲晴山鸟乐,寒声初到井梧知。"景卢谓大历十才子不能窥藩。又有句曰:"还乡且尽田家乐,举世谁非市道交。醉乡归去疑无路,诗笔拈来似有神。"是可以言诗矣。出《瀛奎律髓》。

蔡楙少好学问,时出秀句,若"竹静深留月,花多不辨香"、"曙分林影外,春尽雨声中",皆人所脍炙。又工于字画,能世其家。论者以本朝名能书端明为天下第一,而楙独得其用笔妙处云。出何纮所编《莆阳人物志》。

赵仲白《岁除即事诗》云:"连夜缝纫辨,今朝杵臼频。买花簪稚女,送米赠穷邻。宦薄惟名在,年华与鬓新。桃符诗句好,恐动往来人。"方万里云:"赵庚仲白寓居兴化军,赵紫芝为晚唐诗名冠四灵,而仲白亚紫芝,尾句大自矜。"出《瀛奎律髓》。

德祐二年十一月,王刚中既降元,遣使至兴化军,文龙斩之,而发民固守。阿剌罕复遣使招之,文龙复斩之。使部将林华伺元兵于境上,华反导元兵至城下。通判曹澄孙开门降,执文龙,欲降之,文龙不屈死。景炎二年三月,文龙从叔陈瓒举兵诛林华,复之。十月,唆都至,瓒闭城拒守。唆都临城谕之,矢石雨下,乃造云梯炮石攻破其城,巷战终日,获瓒车裂之。屠其民,血流有声。出《宋史》。

〔元〕

至正十二年三月,仙游民陈君信、秦通甫、黄文五等聚众数百人攻陷县治,达鲁花赤倒剌沙、主簿要束木皆遁。君信等遂肆焚掠,谋逼郡城,莆田民黄信一等亦聚众应之。未几,信一父子三人先就获,而福建元帅府经历高本祖率兵至仙游招捕，君信势穷走永春，县尹卢琦诱获之，俱送元帅府伏诛。

十四年夏，泉州安溪人李大、南安人吕光甫等聚众为盗。七月，围泉州城。八月，遣其党刘广仁等率兵围兴化，攻陷仙游，执达鲁花赤倒剌沙杀之，胁县民并驱来攻城，为莆田人陈孙通、许必珍、黄德宝等民兵所败，获贼渠数人。余党奔仙游，万户成三宝、同知官保合官军民兵追击，遂退走。十月，广仁复驱其众大至，官军民兵又合击败之。广仁等狼狈奔安溪，仙游始平。

十八年十二月，福州省宪构兵。时前平章三旦八已除行宣政院使，寓兴化，而前总管安童弃官为道士，买宅州峰之下居焉。平章普化帖木儿遣官通三旦八、安童令集兵为己援，又赂泉州亦思巴奚，调其兵进。

十九年正月，三旦八称平章，安童称参政，开分省于路治，吓郡军民官令各以兵会。二月，三旦八驱兴化及亦思巴奚兵合数千人往援福州，安童独留，专兴泉分省之任。其意轻亦思巴奚兵，以为易制，屡挑之，于是亦思巴奚之酋阿迷里丁自领其兵来，名为援福州，实欲袭兴化也。安童亦知之。三月，阿迷里丁至城下。安童信漳州总管陈君用等谋，闭城门，陈兵城上，示有战守具。又聚乌合之众西门外，以为可以疑伏却之也。是时，三旦八闻阿迷里丁兵且至，轻骑至兴化，劝安童纳其兵，不从，三旦八乃自出城迎之，阿迷里丁留之城外，纵火焚城门，矢乱发射城上，城中亟取水沃灭火，矢石亦乱下如雨，相持一日不决。翌旦复急攻，视城之西近山处稍低，射走守者，数百人缘而上，遂陷之。安童狼狈遁走，阿迷里丁遂以三旦八入城据之，虏获安童妻子财物，纵兵杀掠蹂践郡境几一月。闻安童在兴化县龙纪寺起兵，而郡民亦随处屯结欲与之抗，无肯附者，阿迷里丁颇内惧，四月，遂执三旦八及驱所虏获男女奔回泉州。

二十年正月，兴化路推官林德隆集民兵陈于黄石，胁府判柳伯祥走之，德隆遂以兵入城。时广东元帅苫思丁以福建省平章便宜檄升右丞，分省兴化，观伯祥、德隆相仇恶，既不之问；及伯祥走，德隆驱兵入城，亦不之阻，莫知何意也。是年秋，惠安人陈从仁以军功累升兴化路同知，其冬，莆田人林德隆亦以军功累升兴化路总管，二人素以豪不相下，又屡以嫌隙交恶，各拥兵自卫。而从仁之党众且强，其弟同又潜以其兵入，遂密与右丞苫思丁谋诛德隆。十二月，德隆以事出，从仁遣兵执之，系于狱，诬以谋为不轨之罪，搒掠无完躯。既而囊沙压杀之，明日以病死告，出其尸检验，令数卒舁至西山，烬而蹂之。复遣兵莆禧没其财产。德隆长子珙奔福州赛甫丁，次子许瑛奔泉州阿迷里丁，祈哀于二酋，欲有所图。二酋既受其赂，亦怜德隆冤死，且受戕虐太甚，朝夕遣人至苫思丁所，潜议复仇。

二十一年四月，珙自赛甫丁所回，大集民兵陈于湖头诸处，阿迷里丁又急遣兵击同于惠安，而苫思丁已与二酋有密约，遂以计杀从仁于分省之后堂，亦以谋为不轨罪之，解其尸。时阿迷里丁兵至枫亭，珙兵奔突黄石，得苫思丁传至从仁首与臂，乃各退去。同亦以兵来救从仁，至南门外，闻从仁已死，遂奔漳州罗良。未几，苫思丁回福州行省，复遣参政忽都沙、元帅忽先分省兴化。六月，同等自漳州航海回惠安，陷县治，杀官吏，尽驱其民为兵，声言为从仁复仇。珙得报，即以刘希良、林子敬、陈县尉等民兵趋枫亭迎攻，为所败。于是同之姐夫柳伯顺与其党杨九、黄国辅等率兵追珙至吴山、下林诸处。流血波道，飞焰薰天，所至毒甚。然客兵深入，久之不克攻，则与忽先通。七月，伯顺以杜武惠、胡庆甫、林全、李德正等兵袭郡城，由西门梯而入，突至忽都沙家，胁取除授及讨珙文字。于是伯顺称府判据城，威逼官军民兵与柳子仪等驱以攻珙。许瑛又急奔泉州，乞兵于阿迷里丁。八月，扶信以亦思巴奚等兵进至城下，连日急攻。伯顺兵少力弱，度不能支，先送忽先回福州，而后并其党夜遁去。九月，扶信以其兵入城，自称元帅。而拱亦以兵入城，自称总管，据城守之。亦思巴奚之兵既杀掠无禁，而许瑛又日以兵哨莆之南北洋为暴，马合谋以亦思巴奚等兵陷仙游县，胡兴祖、上官惟大又领兵穷追伯顺等至兴化县，郡人遭其惨酷，无一方免者。

二十二年二月，泉州阿巫那杀阿迷里丁将穷其党，扶信惧，林珙送之奔福州，赛甫丁令珙还兴化，仍以总管据之。三月，柳伯顺由永福潜兵陷兴化县，杀官吏，驱县民逼郡城，与陈同约夹攻，而同未至，伯顺自以兵突至宁真门外。珙兵衄，其党几溃。适泉州亦思巴奚两骑至，珙厚赂之，声言泉州兵大至，乃以兵从泉州两骑鼓噪而出。伯顺以为泉州兵突来，又其兵方饥劳，休以待食，出其不意直攻之，遂大败，僵尸以千计。伯顺等惭愤退。四月福州平章燕只不花会诸军攻围赛甫丁，因调珙兵，珙辞以故。六月，伯顺复驱兴化县民兵来攻，兵一交即大败，僵尸又以千计，自是遂不复出。珙据城数月，而余阿里自海道还，得燕只不花便宜檄守御兴化。既而尚书李士赡诱赛甫丁、扶信登海舟，参政魏留家奴蹙杀亦思巴奚兵数百人。燕只不花克复省治，余阿里以江西行省左丞在兴化，遏赛甫丁、扶信奔败之兵，开分省，立官府，余民稍有生意。未几，而参政郑旻代余阿里分省，为两家解仇，珙始还莆禧，而同及伯顺亦各罢兵。莆四百年文物郡，自陈从仁、林德隆作难，兵连不解，遂引异类肆其惨毒，前后戕杀二万余人，焚荡三四万家，虽已解仇罢兵，而陈同犹据仙游县，柳伯顺犹据兴化县，林珙、许瑛亦据有新安、合浦等十余里，分省所治惟附城数里而已。其年，陈同、柳伯顺等势既穷蹙，走仙游求谢必恭助粮与兵，必恭不从。五月，同及伯顺率兵千余人，突至必恭所居谢岩，攻败之，毁其室庐，俘获其妻孥、财物，遂陷仙游县，遣所设县尹林规据守。十一月，必恭自尤溪招诱凶徒百余人至仙游，杀县民陈子仁等，趋龙华寺，袭同所称镇抚詹伯颜，为所败。二十三年十二月，必恭再与土官郑深甫、钱鉴等驱尤溪凶党二百余人，由九座山间道进，方谋攻袭，而同及伯顺得觇报已知之，乘其未至，亲率劲卒迎击于县之廉洁里，尽歼其众。追至柘山，擒必恭拘于龙华寺，寻毒杀之。必恭，仙游人，始因集民兵击败陈君信等，继又聚众助同知官保击刘广仁，累以功举充仙游县尹，乃拥众居谢岩之阻，有桀骜心，凌轹郡县，攘取官赋民租，胁驱二十六里之民，无敢不从者，至是凡七八年而败。

二十三年十一月，泉州阿巫那遣其党白牌、大阔等率官军民兵攻陈同惠安寨，搜之不获。追至仙游，遂陷县治，杀官民。又追至兴化县龙纪寺搜柳伯顺，无在者，遂肆杀掠回，聚其兵枫亭。怒分省左丞郑旻党伯顺及同，明年正月，进兵逼郡城，分省官吏皆挈其妻孥遁去，而禁民不得动，人心惶惶。最后用其掾史任守礼谋，杀伯顺所遣数人，而福建行省亦遣其左右司员外郎德安往泉州，喻阿巫那令退师。二月兵还。

二十四年四月，福建行省左丞观孙自京师至，奉旨分省兴泉，提调市舶军马。恃有朝命及铸降印信，遂轻视阿巫那等，以为皆当禀属于已，遣所设员外郎任立往泉州，封市舶库及检计仓库钱谷。阿巫那空市舶库待之，又阻止不与封视，就用观孙提调军马之文，遣湖州左副千百户领军三百至兴化听调。阳为尊奉，实示悖慢，且以觇之。观孙处之无法，听其为暴而不能禁制，故适以启其桀骜之心，自是使传无日不来，然皆侵上生事为不逊语，又日纵兵往来惠安之境以恐胁之。观孙惶惑不知所为，遂缮城浚河，日役万夫，苛政滋出，民不堪扰。至观孙罢分省还京师，德安以郎中摄分省事，阿巫那乃召其兵退，民始安息。

二十五年三月，福建行省左丞贴木儿不花分省兴化，前摄分省事郎中德安仍参赞之。四月，泉州阿巫那复用恐胁观孙故智，遣湖州左副奕军三百至兴化，又遣同知石家奴、推官林宗和来追取军储，出入城内外，公行为虐，无所顾忌。至帖木儿不花罢归行省，德安仍以郎中摄分省事，乃召其军去。其年十一月，前左丞观孙又以皇太子命分省兴、泉，行省平章燕只不花密令德安自为计拒之，德安遂大集民兵。而行省复与孟孙两同佥兵并力守御。德安又用照磨余宗海谋，遣人达意于泉州阿巫那求兵为助，于是阿巫那遣其通事哈散、惠安县尹黄希善率官军民兵至郡城外。哈散意欲攻走两同佥兵，而孟同佥急纵兵逐之，杀二人，哈散等奔还。于是城中官民皆以为亦思巴奚兵必至，无贵贱夜挈家走。明日，德安亦遁去。既而哈散、黄希善果以亦思巴奚等兵突至，时分省官既去，无敢主其事者，哈散、黄希善遂以兵入。而马合谋、白牌亦以兵继至。明日，白牌等遂出兵大掠涵头、江口、新岭诸处，直至蒜岭、宏路，逼近福清，所至焚掠。行省乃急遣兵拒截常思岭，而令左丞郑旻、郎中易里雅思至白牌等军，喻令退师，不从。最后乃以阿巫那之命始还。

二十六年正月，白牌、金阿里等议留哈散、黄希善兵守城，而自以兵攻陷兴化、仙游二县，所至杀掠毒甚。二月，林珙、柳伯顺合谋，乘城中单弱，遣李佛保、许应元等潜兵至城，梯而上，与哈散等兵战城中，大败之。杀亦思巴奚数十人，执哈散至莆禧杀之，纵黄希善遁去不追。于是李佛保、许应元各称珙、伯顺所伪署官据守兴化，而伯顺又遣其党杜武惠等胁驱民夫千人筑寨涵头，民不胜劳扰。白牌、马合谋在仙游，闻城中已变，遂各引兵还泉州。三月，白牌、马合谋、金阿里等复领其兵由枫亭沿海直趋吴山攻珙及许瑛，于是珙据守所筑蛎前寨与之抗，而许瑛率众航海往来援之。白牌、马合谋、金阿里等先攻许瑛海上，许瑛战败困蹙，尽其党溺水死。白牌、马合谋、金阿里等遂率兵莆禧，大搜，尽获许瑛妻子财物。既而珙闻许瑛败，亦遁去。白牌、马合谋、金阿里等遂纵兵夷珙家坟墓，并毁其屋宇、营寨，而新安、武盛、奉国、醴泉、合浦诸里之民，亦皆被其杀掠，扫荡一空。亦思巴奚兵方暴海滨，而分省全左丞急回福州，伯顺乘城内虚遂入据之。时陈有定已得行省讨捕番寇之文，拥兵南下，伯顺得报，始有固心，城中官民亦幸有主事者可以定计战守，故皆乐附之。白牌、马合谋、金阿里等闻伯顺据城中，急回其兵疾驱迫城。三月，进至熙宁桥，遂围东南西北四门，而置宁真门不攻，以故城内外得相接应为计。四月，白牌、马合谋、金阿里等始移营乌石山，谋攻宁真门，而不知陈有定之子宗海已领兵夜入城中。明日，宗海开西门、南门纵其兵出，白牌、马合谋、金阿里等见城门骤开已疑，又见兵出者旗帜衣装鲜明，进退步趋严肃，益恐。亦思巴奚所恃者弓箭刀牌，而宗海兵并心协力，直前搏执之，于是亦思巴奚之兵皆仓卒无所施，遂大败僵尸数千。追擒白牌、马合谋、金阿里等杀之，余星散鼠窜，所在农民亦以锄、梃乱杀，无得免者，惟逸四骑去。是日，有定师至，抚集军民，宪复路治，声势赫然。伯顺已在城中听号令，而同及珙亦皆敛兵入奉约束，遂命宗海督伯顺及同等兵合珙水军进讨泉州，有定亦以其师往。五月，诸军克泉州，擒阿巫那等。至是，兴、泉二郡始获免亦思巴奚之祸。

二十七年十二月，国朝征南将军兵下福州。明年正月，前参政袁仁遣宣使关住至兴化，喻陈有定所设府判徐昇、经历郑元明及元帅王思义、叶万等令纳款。王思义、叶万遂与徐昇密谋杀关住及元明，尽取丰盈库银帛，驱其兵走泉州。于是兴化无主事者，军民惶惧莫能为谋，皆推李子诚、吴弥明等计议。二人首倡迎降之说，然必前其未至，往福州纳款，差可救解兵祸，不然，未可测也。于是众皆愿出道途所费，亟集城内外老者数十人从之往福州，全城归附。（上十五事出吴源《至正近记》。）

元季，莆诸先辈相与结社以文字为乐，号曰“壶山文会”。初会者九人，曰：宋贵诚、见《荐辟志》。方时举、见《人物志》。宋德善、丘伯安、见《荐辟志》。蔡景诚、陈本初、杨元吉、名嘉，号原素，以医名。刘晟、字性存，见《荐辟志》。陈廷俊。续会者十三人，曰：陈维鼎、李叔英、笃实好古，博学多闻。当元季隐居不仕。其父早卒，事母尽孝。母卒哀毁尽礼，独居三年，纨绮不至于身，酒肉不入于口。吴源尝作《述孝》以美之。郭维真、名完，号沧洲，工诗。陈必大、吴元善、建安人，工画。元末弃官居于莆。方用晦、见《人物志》。郑德孚、以医荐，为兴化县医学训科。黄性初、黄孟仁、名安。陈熙、字虚中，号雪巢。（上三人俱见《荐辟志》。）方坦、字复道。叶原中，其一人曰清源，方外士也，合之凡二十有二人，约月必一会，坐以齿，饮以礼，酒无定等，食无常品，过丰者罚，会而不至者罚。会之日或诗，或文，或琴，或弈，或书，或画，或清谈雅歌，惟陶冶性灵，消除世虑，志不玩乎物也。次会者或命题请赋，而后会则众出所述共商确焉。一时风流文雅有足尚者。而复过相规，善相资，贫相周，难相恤，足以激近世浇薄之俗也。敬录之。新增。

福宁州

〔宋〕

真宗时，天下乂安，王钦若、丁谓导帝以封禅，眷遇日隆。钦若自以深达道教，多所建明，而谓附会之，与陈彭年、刘承珪等蒐讲坠典，大修宫观。以林特有心计，使为三司使，以干财利。五人交通，踪迹诡秘，时号“五鬼”。

出《续纲目》。特，州志以为长溪赤岸人，而《延平志》又云特之祖揆宰顺昌，因家焉，二说不同，未详何谓，岂揆初家顺昌，而其子孙复还长溪欤？

淳祐八年二月，福安县民罗母年过百岁，特封孺人，复其家，敕有司岁时存问，以厚风化。出《宋史》。

〔元〕

至正十二年七月，徐寿辉伪将王善、康寿、四江、二蛮等陷福安、宁德等县。出《元史》。

校　注

[1]《龙川别志》卷下作“余杭徐复者，高人也”，《续资治通鉴·宋纪》作“徐复，建州人”。

[2]《续资治通鉴·宋纪》作“大变古法”。

[3]《续资治通鉴·宋纪》作“复言西方当用兵”。

[4]《龙川别志》卷下作“德宗性忌刻”。

[5]《龙川别志》卷下作“不难屈己容物”。

[6]《渑水燕谭·事志》作“莱公初及第，知归州巴东县”。

[7]《渑水燕谭·事志》作“至今民爱之”。

[8]《甲申杂记》作：“过别殿中侍御史陈次升当时，当时曰：‘且缓行。’”

[9]《甲申杂记》作“章惇文字不要绝了”。

[10]《甲申杂记》作“余曰胡不白上”。

[11]《甲申杂记》作“陛下既知惇”。

[12]《甲申杂记》作“陈谢曰甚是、甚是”。

[13]《甲申杂记》作“早来对如公之言言之，但上曰未有以代惇者”。

[14]《瀛奎律髓·酒类》作“赵达”。

八闽通志跋

成化庚子，予奉命镇闽，欲知其风土俗尚，始求八郡之志观焉。然事多叠出，文无统纪，搜考之余，令人厌倦。乃欲鼎新修纂，顾难其人也。巡按暨藩、臬二司合谋而欲成之，以大理寺副黄仲昭先生荐，予因致书币敦请，属以是书其事皆因八郡所修之志而采辑者，然始而分类立例，终而删润去取，皆出于先生之手。自成化甲辰至弘治己酉，凡六阅岁而始成。夫郡国有志，实史氏之所资也。其所载善可劝，恶可惩，全闽风土之美，文物之盛，咸有足征，其所系岂小也哉！然自宋季迄于我朝至于今日，数百年全志始得纂辑通为一书，一览在目，先生之功亦大矣。予尝曰："非予无以成先生之功，非先生无以成予之志。"信矣。后之来者能相续而修之，俾传之于无穷不亦韪欤。镂板既成，用跋其始末云。弘治三年，岁在庚戌，敕镇守福建御用太监。